D1698417

Quellen zur Geschichte der deutschen Gewerkschaftsbewegung
im 20. Jahrhundert

**Quellen zur Geschichte
der deutschen Gewerkschaftsbewegung
im 20. Jahrhundert**

Begründet von
Erich Matthias

Herausgegeben von
Dieter Dowe, Anja Kruke, Michael Schneider

Band 16

**Der Deutsche Gewerkschaftsbund
1969–1975**

Der Deutsche Gewerkschaftsbund 1969–1975

Eingeleitet und bearbeitet
von Klaus Mertsching

Gefördert von der Deutschen Forschungsgemeinschaft,
der Friedrich-Ebert-Stiftung und der Hans-Böckler-Stiftung

Bibliografische Information der Deutschen Bibliothek

Die Deutsche Bibliothek verzeichnet diese Publikation in der
Deutschen Nationalbibliografie; detaillierte bibliografische Daten
sind im Internet über *http://www.dnb.ddb.de* abrufbar.

ISBN 978-3-8012-4218-3

© 2013 by Verlag J.H.W. Dietz Nachf. GmbH
Dreizehnmorgenweg 24, 53175 Bonn
Umschlag: Roberto Patelli, Köln
Satz: Just in Print, Bonn
Druck und Verarbeitung: Westermann Druck Zwickau GmbH, Zwickau
Alle Rechte vorbehalten
Printed in Germany 2013

Besuchen Sie uns im Internet: *www.dietz-verlag.de*

Inhalt

Vorwort der Herausgeber 7

Einleitung:
Die Politik des DGB in den sozial-liberalen Reformjahren 9

    I.   Organisationsentwicklung in der ersten Hälfte der 1970er Jahre 16

    II. Führungs- und Organisationsstrukturen 22
          1. Aufbau und Organe des DGB 22
          2. Organisatorische Änderung in der Bundesvorstandsverwaltung 25
          3. Führungspersonal 26

    III. Satzungsreform – innerorganisatorische Reformen 43

    IV. Gewerkschaftliche Programmdiskussion und -umsetzung 45

    V.   Tarifpolitik und Konzertierte Aktion 55

    VI. Deutschlandpolitik des DGB und seiner Gewerkschaften 59

    VII. Transnationale Gewerkschaftspolitik 63

    VIII. Quellenauswahl und Errichtung der Edition 69

Verzeichnis der Dokumente 73

Dokumente 81

Mitglieder des Bundesvorstandes 975
Verzeichnis der Archivalien 978
Verzeichnis der Periodika 980
Verzeichnis der abgekürzt zitierten gedruckten Quellen und Literatur 982
Abkürzungsverzeichnis 992
Personenregister 997
Sach- und Ortsregister 1023

Vorwort der Herausgeber

Der hier vorgelegte Band führt die von Erich Matthias begründete, dann von Klaus Schönhoven und Hermann Weber betreute Edition der »Quellen zur Geschichte der deutschen Gewerkschaftsbewegung im 20. Jahrhundert« fort. Zeitlich schließt er direkt an Band 13 an, in dem – bearbeitet von Wolther von Kieseritzky – zentrale Dokumente zur Entwicklung des Deutschen Gewerkschaftsbundes (DGB) in den Jahren von 1964 bis 1969 präsentiert wurden.

Mit dem Bundeskongress des DGB und der Wahl Heinz Oskar Vetters zum Vorsitzenden im Mai 1969 begann eine von hohen Erwartungen und Hoffnungen begleitete Phase der Gewerkschaftspolitik: Für einige Jahre sah es so aus, als könnten die Gewerkschaften den sozialen Wandel von der Industrie- zur Dienstleistungsgesellschaft und die Herausbildung einer sozialliberal geprägten politischen Öffentlichkeit für die Stärkung ihrer Organisationskraft und zudem für die Realisierung ihrer programmatisch-politischen Zielvorstellungen nutzen. Im Aufbruch-Klima Ende der 1960er Jahre setzten die Gewerkschaften darauf, mit Hilfe der SPD, die seit September 1969 mit Willy Brandt den Bundeskanzler stellte, ihre zentralen politischen Forderungen erfüllen zu können: Profilierte Gewerkschafter traten als Minister in die Bundesregierung ein. Willy Brandts Regierungserklärung, nach der die neue Regierung »mehr Demokratie wagen« wollte, schien den Gewerkschaften die baldige gesetzliche Verankerung ihrer Mitbestimmungsforderungen zu verbürgen.

Mit einem Feuerwerk an Reformprogrammen beteiligte sich der DGB an den Debatten der ersten Jahre der Regierungszeit der sozial-liberalen Koalition. Das Spektrum der Themen reichte von der Ausbildungsreform unter Einschluss der Hochschulen über die Modernisierung des Ehe- und Scheidungsrechts bis hin zur Übertragung der paritätischen Mitbestimmung nach dem Montan-Modell auf alle Großunternehmen. Außerdem bemühten sich die Gewerkschaften unter der Führung des DGB in allen Fragen des innerdeutschen Dialogs, speziell mit dem Freien Deutschen Gewerkschaftsbund, sowie mit ihren bilateralen »Ost-Kontakten« um die flankierende Unterstützung der Neuen Ostpolitik. Die komplizierte Gratwanderung zwischen Ausloten von Kooperationsmöglichkeiten einerseits und deutlicher politischer Abgrenzung andererseits zeigte sich nicht nur im Verhältnis des DGB und seiner Gewerkschaften zu den Gewerkschaften in Ost-Mittel-Europa, sondern kennzeichnete auch die DGB-Politik in den Gremien internationaler

Gewerkschaftsverbände, wenn es etwa um die Aufnahme von (kommunistischen) Richtungsgewerkschaften nicht zum »Ostblock« gehörender Staaten ging.

Wer glaubte, es werde in der »Ära Vetter« zu einem engen Schulterschluss zwischen der von der SPD angeführten Bundesregierung und den Gewerkschaften des DGB kommen, sah sich getäuscht. Allzu deutlich blieb schon in den ersten Jahren der sozial-liberalen Regierungszeit die politische Umsetzung der gewerkschaftlichen Vorstellungen hinter den programmatischen Forderungen zurück: Die Entwicklung der »Konzertierten Aktion« sowie vor allem dann die Verzögerung und schließlich das Ergebnis der Mitbestimmungs-Gesetzgebung sorgten für Enttäuschung bei den Gewerkschaften. So markierte der Wechsel vom »Reform-Kanzler« Willy Brandt zum »Macher« Helmut Schmidt 1974 das Ende der »Reform-Euphorie«; die sich bereits zu dieser Zeit zeigenden neuen wirtschaftlichen und politischen Herausforderungen sollten dann die 1975 beginnende zweite »Amtszeit« Vetters als DGB-Vorsitzender prägen.

Die Edition zur Politik des DGB 1969 bis 1975 ermöglicht tiefe Einblicke in den Prozess der Meinungs- und Willensbildung auf höchster Gewerkschaftsebene. Dabei ging es nicht nur um Entscheidungen zur Anpassung der Gewerkschaftsorganisation an den sozialen und politischen Wandel, dem die Gewerkschaften mit dem Ausbau der Zielgruppenarbeit und mit der Straffung der Organisation begegneten; sondern die Gewerkschaften schalteten sich aktiv in die politischen Debatten ein, die – denkt man an das Verhältnis zur SPD – mit überraschender Schärfe ausgetragen wurden. Dabei zeigten sich nicht nur die Konfliktlinien innerhalb der Gewerkschaftsbewegung, etwa zwischen den Vertretern der IG Bau – Steine – Erden und denen der IG Metall; deutlich wird vielmehr, dass die Gewerkschaften die Regierungspolitik durchweg kritisch bis skeptisch begleitet haben. Bei aller Nähe zur regierenden Sozialdemokratie spiegeln die Beratungen in den Führungsgremien des DGB Selbstverständnis und Funktion der Gewerkschaften, die auch in dieser Phase hoher politischer Aktivität nicht zum »Transmissionsriemen« der Sozialdemokratie, schon gar nicht der sozial-liberalen Koalitionsregierung, in die Arbeitnehmerschaft und in die Betriebe hinein wurden.

Dieser Band wäre ohne die Finanzierung durch Drittmittel nicht zustande gekommen. Wir danken der Friedrich-Ebert-Stiftung, die die Erstellung der Edition und – zusammen mit der Hans-Böckler-Stiftung – den Druck dieses Werks ermöglicht hat. Und wir danken dem Verlag J.H.W. Dietz Nachf., vor allem Frau Hilde Holtkamp und ihren Mitarbeiterinnen und Mitarbeitern, für die sorgfältige Betreuung der Edition während der Drucklegung.

Bonn, im Sommer 2013

Dieter Dowe   Anja Kruke   Michael Schneider

Die Politik des DGB in den sozial-liberalen Reformjahren

Die 1970er Jahre erscheinen rückblickend für die deutschen Gewerkschaften ein »goldenes Jahrzehnt« gewesen zu sein. Kontinuierliche Mitgliederzuwächse, erfolgreiche Tarif- und Streikbewegungen und sozialpolitische Reformen aufgrund eines weitreichenden politischen Einflusses illustrieren diese These. Da zwischen 1966 und 1982 mit der SPD die Partei in der Regierungsverantwortung stand, die aufs Engste mit den Gewerkschaften verbunden war, glaubte man sich weniger auf die eigene Kraft verlassen und auf das ureigenste Feld der Gewerkschaftspolitik, die Tarifpolitik, konzentrieren zu müssen.[1] In keiner anderen Phase bundesrepublikanischer Entwicklung haben die Gewerkschaften ihre Bemühungen um Beeinflussung der Politik so intensivieren können wie in den sozial-liberalen Reformjahren.[2]

Für die Gewerkschaften war der durch die Bundestagswahl vom September 1969 ermöglichte »Machtwechsel« eines der entscheidendsten innenpolitischen Ereignisse seit der Gründung der Bundesrepublik. Die unter dem Bundeskanzler Willy Brandt gebildete sozial-liberale Koalition markierte für die Gewerkschaften den Aufbruch in eine neue Ära, die das Potenzial der gewerkschaftlichen Partizipationschancen im staatlichen Bereich als günstig erscheinen ließ. Waren die Gewerkschaften noch zur Zeit der Großen Koalition und erst recht vorher darauf angewiesen, die Mitgliederinteressen primär im wirtschaftlichen Bereich, vornehmlich durch Tarifverhandlungen, zu verfolgen[3], richteten sich die Aktivitäten jetzt intensiver auf die politisch-

---

1 Vgl. Wolfgang Schroeder: Gewerkschaften als soziale Bewegung – soziale Bewegung in den Gewerkschaften in den Siebzigerjahren, in: AfS 44, 2004, S. 243–266, hier: S. 243.

2 Vgl. Klaus Lompe: Gewerkschaftliche Politik in der Phase gesellschaftlicher Reformen und der außenpolitischen Neuorientierung der Bundesrepublik 1969 bis 1974, in: Hemmer/Schmitz: Geschichte der Gewerkschaften, S. 281–338, hier: S. 330.

3 Zu den Gewerkschaften in der Großen Koalition vgl. Arno Klönne/Hartmut Reese: Zeiten des Umbruchs – Die Gewerkschaften unter der Großen Koalition, in: Hemmer/Schmitz: Geschichte der Gewerkschaften, S. 249–279; allgemein: Schönhoven: Wendejahre. Weitere grundlegende Literatur zur Geschichte und Funktion der Gewerkschaften in der Bundesrepublik: Schneider: Kleine Geschichte, insbes. S. 270–339; Schönhoven: Die deutschen Gewerkschaften, S. 197–237; Armingeon: Westdeutsche Gewerkschaften, sowie für die Zeit 1949 bis 1969 die Bände Kaiser: Quellen 11, Hildebrandt/Schwitzer: Quellen 12 und Kieseritzky: Quellen 13.

Einleitung

parlamentarische Durchsetzung gesellschaftlicher Reformen[4] und zentraler gewerkschaftlicher Zielvorstellungen.[5] Die Chancen dazu hatten sich durch die personelle Verflechtung mit der SPD und die programmatische Nähe von Gewerkschaften und SPD erheblich vergrößert.[6]

Die Durchsetzbarkeit von gewerkschaftlichen Forderungen und Zielvorstellungen wurde noch dadurch gestärkt, dass erstmalig in der westdeutschen Nachkriegsgeschichte ein Ex-Gewerkschaftschef, der ehemalige Vorsitzende der IG Bergbau und Energie (IGBE), Walter Arendt, an die Spitze des für die Sozialgesetzgebung zuständigen Ministeriums berufen wurde.[7] Außerdem übernahmen weitere führende Gewerkschafter während der sozial-liberalen Koalition bis 1982 Ministerämter: Georg Leber (1969–1972 Bundesminister für Verkehr und für das Post- und Fernmeldewesen, 1972–1978 Bundesminister der Verteidigung), Kurt Gescheidle (1974–1980 Bundesminister für Verkehr und für das Post- und Fernmeldewesen, 1980–1982 Bundesminister für das Post- und Fernmeldewesen), Hans Matthöfer (1974–1978 Bundesminister für Forschung und Technologie, 1978–1982 Bundesminister der Finanzen, 1982 Bundesminister für das Post- und Fernmeldewesen), Herbert Ehrenberg (1976–1982 Bundesminister für Arbeit und Sozialordnung)[8] und Anke Fuchs (1982 Bundesministerin für Jugend, Familie und Gesundheit). Neben diesem direkten und zudem privilegierten Zugang zur Regierung gab es für die Gewerkschaften durch die »Konzertierte Aktion« zwischen 1967 und 1977 die Möglichkeit als gleichberechtigter gesellschafts- und wirtschaftspolitischer Akteur anerkannt zu werden und zu wirken. Durch die traditionelle enge Verbundenheit mit der SPD entwickelten sich die Gewerkschaften zu einer der wichtigsten Unterstützergruppen der sozialdemokratischen Regierung in der ersten Hälfte der 1970er Jahre. Diese weitgehende Verankerung der Gewerkschaften in der sozialdemokratisch geführten Regierungspolitik, jenseits der traditionellen Partnerschaft zwischen den Organen der Arbeiterbewegung, wurde vonseiten der christlich-sozialen Kollegenschaft im DGB

---

4 Vgl. Heinz O. Vetter: Was heißt Gesellschaftsreform?, in: Heinz O. Vetter: Mitbestimmung – Idee, Weg und Ziel – Beiträge zur Gesellschaftspolitik 1969 bis 1979, hrsg. v. Hans-Otto Hemmer, Köln 1979, S. 59 ff. und Otto Brenner: Gesellschaftsreform als gewerkschaftliche Aufgabe, in: Der Gewerkschafter 19, 1971, Nr. 9, S. 328 f.

5 Die Akzentuierung des eigenen Selbstverständnisses als Schutz- und Gestaltungsmacht spiegelte sich in den 1970er Jahren in den programmatischen Absichtserklärungen zur Mitbestimmung, Vermögensbildung, Steuer-, Gesundheits- und Bildungspolitik wider. Vgl. Heinz O. Vetter: Ein neues Jahrzehnt, in: GMH 21, 1970, Nr. 1, S. 1–4.

6 Vgl. Lompe: Gewerkschaftliche Politik; auch Faulenbach: Das sozialdemokratische Jahrzehnt, insbes. S. 216 ff., 321 ff. und 440 ff. Zu den gewerkschaftlichen Mitwirkungschancen im politischen Entscheidungsprozess siehe Armingeon: Westdeutsche Gewerkschaften, S. 130 f.

7 Vgl. Klaus Schönhoven: Sozialstaatsdiskussion und Entwicklung des Sozialstaates in Deutschland seit 1945, in: GMH 50, 1999, Nr. 12, S. 750–756, hier: S. 754. Die christdemokratischen Vorgänger Walter Arendts – Anton Storch, Theodor Blank und Hans Katzer waren ebenfalls gewerkschaftlich organisiert – Blank war zweiter stellvertretender Vorsitzender der IG Bergbau und Energie.

8 Nach dem Rücktritt von Walter Arendt wegen der Rentenpläne (Rentenfinanzierung in den 1980er Jahren) seines Ministeriums wurde Herbert Ehrenberg zum Bundesminister ernannt. Siehe auch: AdsD, SPD-Bundestagsfraktion VIII. Wahlperiode, Fraktionssitzung vom 15.12.1976, 2/BTFA00003.

Einleitung

zwar als eine gewisse Parteipolitisierung im DGB kritisiert, aber eine Auseinandersetzung zwischen den DGB-Parteilagern fand nur gelegentlich statt.[9] Wegen der Gewerkschaftsmitgliedschaft von Kanzlern und Ministern und der wachsenden Anzahl von gewerkschaftlich organisierten Bundestagsabgeordneten[10] versuchten die politischen Gegner der Regierungskoalition und die Spitzen der Unternehmerverbände mit Formeln wie »Gewerkschaftskabinett« oder »Gewerkschaftsstaat« den Eindruck zu erwecken, dass die Bundesregierung zu einem Instrument des DGB geworden sei.[11] Verstärkt wurde diese Polemik auch dadurch, dass die Objektbereiche der gewerkschaftlichen Reformforderungen weitestgehend identisch waren mit denen der sozialliberalen Koalition, teilweise jedoch mit unterschiedlichen Akzenten. Neben den Hauptbereichen *Sozialpolitik, Mitbestimmung, Bildung und Humanisierung des Arbeitslebens,* kamen bei den Gewerkschaften programmatisch hinzu: *Umweltschutz, öffentliche Armut und privater Reichtum sowie multinationale Unternehmen.*[12]

Die Erwartungen, dass die gewerkschaftlichen Reformvorstellungen in gesetzliche Bestimmungen überführt werden könnten, wurden zum einen dadurch geprägt, dass die SPD in der Regierungsverantwortung auch die Leitlinien in der Arbeits- und Sozialpolitik bestimmen konnte, und zum anderen, dass die Regierungserklärung Willy Brandts vom 28.10.1969 zentrale Elemente der gewerkschaftlichen Vorstellungen, z. B. die Reform des Betriebsverfas-

---

9 So beispielsweise die Auseinandersetzung um die Nachfolge des 1972 aus Altersgründen ausgeschiedenen Bernhard Tacke sowie die Auseinandersetzung um die Verträge von Warschau und Moskau. Siehe auch: Dok. 62 und 63. Zur Einheitsgewerkschaft siehe Norbert Blüm: Einheitsgewerkschaft und christlich-demokratische Arbeitnehmer, in: GMH 25, 1974, Nr. 4, S. 238–242. Nach Blüm wird gegen das Prinzip der Einheitsgewerkschaft verstoßen, wenn die Sozialdemokraten im DGB ihre Parteiziele »kurzerhand« mit Gewerkschaftszielen identifizieren – oder wenn die Gewerkschaften als »Parteiersatz hypostasiert« werden. Für den DGB ist – strategisch gesehen – die Einheitsgewerkschaft »eine unverzichtbare Voraussetzung für die volle Entfaltung der gewerkschaftlichen Stoßkraft in den politischen Bereich hinein«, die also nicht politisch neutral bleiben kann. Vgl. Eugen Loderer: Gewerkschaften und Politik, in: Frankfurter Hefte 28, 1973, S. 107. Siehe auch: Heinz O. Vetter: DGB und politische Parteien, in: GMH 25, 1974, Nr. 4, S. 201–205, hier: S. 203.

10 In der VI. Wahlperiode (1969–1972) waren von 518 Bundestagsabgeordneten 227 Mitglied in einer der DGB Gewerkschaften (= 43,8%), in der VII. Wahlperiode (1972–1976) erhöhte sich der Anteil auf 252 Abgeordnete (= 48,6%); siehe Walter Böhm: Willensbildung im parlamentarischen und vorparlamentarischen Raum – aus gewerkschaftlicher Sicht, in: GMH 25, 1974, Nr. 4, S. 249–255. Ergänzend hierzu die Analysen der Bundestagswahlen seit 1957 von Kurt Hirche: Gewerkschafter im Siebten Deutschen Bundestag, in: GMH 24, 1973, Nr. 2, S. 83–90. Kurt Hirche und Walter Böhm waren Leiter der Parlamentarischen Verbindungsstelle des DGB-Bundesvorstandes in Bonn und berichteten in den »Gewerkschaftlichen Monatsheften« regelmäßig über die Zusammensetzung des Deutschen Bundestages.

11 Zur Diskussion um den Begriff »Gewerkschaftsstaat« siehe u. a. Institut der deutschen Wirtschaft (Hrsg.): Auf dem Weg in den Gewerkschaftsstaat?, 2. Aufl., Köln 1974. Zur generellen Klassifizierung der Verbindung zwischen Staat und Gewerkschaft vgl. M. Löwitsch: Der Einfluß der Gewerkschaften auf Wirtschaft, Gesellschaft und Staat, in: Recht der Arbeit, 1975, Nr. 28, S. 53–58; Zacher: Staat und Gewerkschaften; Popp: Öffentliche Aufgaben.

12 Siehe Brief Vetters mit diesen zentralen gewerkschaftlichen Anliegen an die Bundestagskandidaten vom 1.9.1969, Dok. 2.

Einleitung

sungsgesetzes und der betrieblichen Mitbestimmung, oder die Stärkung der Tarifautonomie und die Einführung des Bildungsurlaubs, beinhaltete.[13] Die innen- und gesellschaftspolitischen Reformaktivitäten der sozial-liberalen Koalition bezogen sich auf die Bereiche: Wirtschaft und Finanzen, Justiz, Bildung und Kultur, Forschung und Wissenschaft, Arbeit und Soziales – insgesamt »423 Versprechen, Ankündigungen und Anregungen«.[14] Einige dieser Bereiche standen auch im Zentrum gewerkschaftlicher Forderungen des Aktionsprogramms von 1972.[15] Darüber hinaus versuchten die Gewerkschaften die politischen Entscheidungen mit einer Fülle von programmatischen Erklärungen in ihrem Sinne zu beeinflussen.[16]

Wertet man für diese Phase die in diesem Band überlieferten Sitzungsprotokolle des Bundesvorstandes aus, so kommt darin eine immense Breite der gewerkschaftlichen Reflexionen zum Ausdruck. Von der Debatte internationaler und außenpolitischer Sachverhalte über innen-, wirtschafts- und finanzpolitischen Diskussionen bis zu Themen wie Mitbestimmung, Vermögensbildung, Gesundheits- und Bildungspolitik könnte die Geschichte der sozial-liberalen Koalition auch im Spiegel der gewerkschaftlichen Überlieferung dargestellt werden.

Die von der sozial-liberalen Koalition durchgeführten Reformen in der ersten Hälfte der 1970er Jahre gehen auch auf eine Anzahl von gewerkschaftlichen Forderungen und Initiativen zurück.[17] Die Verdoppelung des Sparbetrags beim Vermögensbildungsgesetz, die Einführung der flexiblen Altersgrenze in der Rentenversicherung, die Abschaffung der Aussteuerung in der Krankenversicherung, das Arbeitssicherheitsgesetz und die Arbeitsstättenverordnung, der Jugendarbeitsschutz und eine wesentliche Verbesserung des Schwerbeschädigtengesetzes sowie die Reformierung der betrieblichen Altersversorgung und die Verabschiedung des Konkursausfallgesetzes standen gleichfalls auf der gewerkschaftlichen Agenda.

Während die Gewerkschaften für den engeren sozialpolitischen Bereich eine äußerst erfolgreiche Bilanz ziehen konnten[18], verliefen dagegen die Auseinan-

---

13 Vgl. Regierungserklärung Brandt, in: Verhandlungen des Deutschen Bundestages, Stenographische Berichte VI. Wahlperiode, Bd. 71, 5. Sitzung, 28.10.1969, S. 20–34.
14 Koch: Brandt, S. 334. Siehe auch: Bundestagsdrucksachen VI/1620, VI 1953, VI 2604 und VI 2709. Siehe zur Justizreform: Profittlich: Mehr Mündigkeit wagen; zur Hochschulreform: Bocks: Mehr Demokratie gewagt?
15 Das Aktionsprogramms 1972 war eine Aktualisierung des Aktionsprogramms von 1965. Die Neuerungen waren in zwei Gruppen zusammengefasst: a) Forderungen nach gesellschaftlichen Strukturveränderungen, etwa durch Mitbestimmung, Vermögensbildung, Arbeitsplatzsicherung und Steuerpolitik und b) Forderungen nach Verbesserung der Lebensqualität, etwa Fragen des Miet- und Bodenrechts, des öffentlichen Nahverkehrs und des Umweltschutzes. Vgl. DGB (Hrsg.): Aktionsprogramm 1972, Düsseldorf 1972.
16 So beispielsweise 1972 die »Leitsätze des DGB zum Umweltschutz«, das »Programm für Arbeitnehmerinnen«, das »Gesundheitspolitische Programm«, abgedr. in: Leminsky/Otto: Politik und Programmatik, S. 218 ff. und 365 ff. In den folgenden Jahren kamen u. a. hinzu die »Bildungspolitischen Vorstellungen des DGB«, die »Forderungen des DGB zur Hochschulreform« sowie Vorschläge zur »Humanisierung der Arbeitswelt«.
17 Siehe DGB-Geschäftsbericht 1972–1974.
18 Vgl. Remeke: Gewerkschaften und Sozialgesetzgebung.

dersetzungen um die Mitbestimmung sowie um das Betriebsverfassungs- und Personalvertretungsgesetz enttäuschend. In den hier edierten Sitzungsprotokollen von Bundesvorstand und -ausschuss nehmen insbesondere die Diskussionen um die Novellierung des Betriebsverfassungsgesetzes und der Mitbestimmung einen breiten Raum ein. Weitere Themenschwerpunkte sind die Gesprächsrunden der »Konzertierten Aktion« sowie die »DGB-Zielprojektionen« (Konzepte für die wirtschaftliche und soziale Entwicklung), die den Diskussionsprozess zwischen den Gewerkschaften und den politischen Entscheidungsträgern intensivierten.[19]

Neben den zentralen Teilen der Reformpolitik wurde auch die neue Ostpolitik der Bundesregierung von den Gewerkschaften nachdrücklich unterstützt. Die Gewerkschaften mobilisierten ihre Mitglieder, als die Umsetzung dieser Politik durch das angekündigte Misstrauensvotum der CDU/CSU-Bundestagsfraktion zu scheitern drohte.[20] In der Auseinandersetzung um die Verträge von Warschau und Moskau wurde dem DGB und insbesondere seinem Vorsitzenden Heinz O. Vetter von christlich-sozialer Seite die Verletzung der Prinzipien der Einheitsgewerkschaft vorgeworfen.[21]

Die politische und wirtschaftliche Entwicklung seit 1972 beeinflusste auch die gewerkschaftliche Arbeit. Das fehlgeschlagene Misstrauensvotum gegen Willy Brandt, die Neuwahl des Bundestages, bei der die Kandidaten des Bundestages erstmalig die Forderungen des DGB in Form von acht Wahlprüfsteinen vorgelegt bekamen[22], und der Kanzlerwechsel 1974 von Willy Brandt auf Helmut Schmidt waren innenpolitische Zäsuren. Gleichzeitig schwächte sich die wirtschaftliche Entwicklung ab.[23] Die in den Regierungserklärungen von Willy Brandt und Helmut Schmidt angekündigten grundlegenden gesellschaftspolitischen Reformen stießen auf erheblichen Widerstand der Re-

---

19 In den Bundesvorstandsprotokollen werden die Zielkonflikte zwischen der Regierung und den Gewerkschaften in der Wirtschafts- und Finanzpolitik insbesondere bei den Sitzungen mit Alex Möller (Dok. 25) und Helmut Schmidt (Dok. 53) deutlich. Hierzu kam noch die Auseinandersetzung mit Karl Schiller der sich bei den Sitzungen der »Konzertierten Aktion« für einen Staatsinterventionismus bei der tariflichen Lohnfindung aussprach. Vgl. Dok. 7, 40 und 45.
20 Siehe Kundgebungen von Gewerkschaftsseite und Forderungen an den DGB, sich nicht offiziell an den Aktionen zu beteiligen. Vonseiten des DGB wurde argumentiert: »Ein konstruktives Mißtrauensvotum ist legal. Solange die verfassungsmäßigen Bestimmungen eingehalten werden, kann und wird der DGB nicht zu besonderen Aktionen aufrufen.« Siehe Artikel: Eine Woche wie noch nie, in: WdA 23, 5.5.1972, Nr. 18, S. 4.
21 Vgl. dazu zusammengefasst Wilhelm Kaltenborn: Einheitsgewerkschaft und Parteien, in: GMH 23, 1972, Nr. 10, S. 617–625, hier: S. 617. Zu den Forderungen des DGB, die Ostverträge zu unterzeichnen, siehe u. a. 29. BV-Sitzung vom 10.4.1972 (Dok. 59) sowie Appelle des DGB an die Bundestagsabgeordneten, in: ND, 13.4.1972, Nr. 107 und 25.4.1972, Nr. 122.
22 Siehe 1. BV-Sitzung am 5./6.9.1972, Dok. 63.
23 Mit dem Ölpreisschock im Gefolge des ägyptisch-israelischen Krieges vom Herbst 1973 begann eine Phase der weltwirtschaftlichen Depression, deren Auswirkungen auf dem Arbeitsmarkt insbesondere die Branchen der Werft-, Stahl- und Textilindustrie betrafen. Durch die zunehmende Verteuerung der Rohstoffe wurde die konjunkturelle Aufschwungphase gebremst, die dann 1974/75 in eine verschärfte Rezession überging.

Einleitung

formgegner, insbesondere bei der gesetzlichen Verankerung der paritätischen Mitbestimmung und bei der Reform der beruflichen Bildung.[24]

Dabei gerieten die Gewerkschaften ins Fadenkreuz der Gegner der Reformpolitik. Insbesondere die Unternehmerverbände verstärkten ihre Propaganda gegen die Mitbestimmung wie gegen die gewerkschaftliche Reformpolitik insgesamt. Auf der von ihr selbst am 26.3.1974 in Köln veranstalteten Kundgebung unter dem Motto: »Marktwirtschaft oder Gewerkschaftsstaat«[25] warnte die Bundesvereinigung der Deutschen Arbeitgeberverbände (BDA) davor, dass es, falls den Gewerkschaften noch mehr Macht zufiele[26], zu einer Zerstörung der Freiheit und des Eigentums kommen würde.[27]

Die »Propagandaschlacht« der Arbeitgeberverbände gegen den angeblich drohenden »Gewerkschaftsstaat« verfehlte nicht ihre Wirkung in der öffentlichen Meinung. Das negative Image der Gewerkschaften in der Öffentlichkeit, vor dem Hintergrund der gesamtwirtschaftlichen Krisenerscheinungen im Kontext der Ölkrise 1973/74, wurde durch den Streik im öffentlichen Dienst im Februar 1974, der den öffentlichen Nahverkehr und die Müllabfuhr lahmlegte[28], und durch den darauffolgenden dreiwöchigen Arbeitskampf der Metallarbeiter im Unterwesergebiet[29] noch verstärkt.[30]

Durch die wirtschaftshistorische Zäsur 1973/74 wurden die Gewerkschaften mit dem Sachverhalt konfrontiert, dass der Verteilungsspielraum für die Finanzierung von Reformen enger wurde. So stand nach dem Rücktritt des

---

24 Vgl. Lompe: Gewerkschaftliche Politik, S. 291; vgl. auch Vorwort des DGB-Geschäftsberichts 1972–1974. Siehe zur Mitbestimmung die Dok. 89 und 97 bis 102 sowie Hinweise zur Reform des Mitbestimmungsrechts weiter unten in dieser Einleitung. Zur Reform der beruflichen Bildung siehe Dok. 102 und DGB-Geschäftsbericht 1972–1974, Abt. Berufliche Bildung, S. 186 ff. sowie Entschließung zur Reform der Berufsbildung, in: Protokoll 10. Bundeskongreß, Teil: Anträge und Entschließungen, S. 156 ff., hier: S. 158.

25 Bei der Kundgebung kam es zu gezielten Störungen, an denen auch gewerkschaftliche Gruppen beteiligt gewesen sein sollten. Vgl. Fragwürdige Methoden, in: Der Spiegel 28, 1.4.1974, Nr. 14, S. 83. Vertreten wurde die »Gewerkschaftsstaatsthese« vor allen von Autoren im Umfeld des BDI-nahen Instituts der deutschen Wirtschaft. Dazu gehörte Triesch: Gewerkschaftsstaat.

26 Vgl. Jahresbericht der BDA, 1. Dezember 1973–30. November 1974, S. 157.

27 Vgl. auch Hanns Martin Schleyer: Das soziale Modell, Stuttgart o. J., S. 229 und 241.

28 Vgl. Weiß: ÖTV, S. 171–181; Heinz Hauser: Der Streik im öffentlichen Dienst 1974, in: Jacobi u. a.: Kritisches Jahrbuch 1974, S. 101–115; Hemmer/Simon: Kluncker, S. 167–176; Faulenbach: Das sozialdemokratische Jahrzehnt, S. 399; Ehmke: Mittendrin, S. 231 sowie ÖTV-Geschäftsbericht 1972–1975, S. 88 ff.

29 Vgl. Dietrich Eissegg: Der Streik der Metallarbeiter im Unterwesergebiet 1974, in: Gewerkschaften und Klassenkampf, a. a. O., S. 116–129; Forschungsgruppe »Metallerstreik«, Streik und Arbeiterbewusstsein. Eine sozialwissenschaftliche Untersuchung des Metallerstreiks im Unterwesergebiet, Frankfurt/M. 1979 sowie IG Metall Geschäftsbericht 1974–1976, S. 126 f.

30 Der DGB setzte sich mit dieser antigewerkschaftlichen Kampagne und deren antidemokratisch-autoritären Inhalten massiv auseinander. Vgl. Heinz O. Vetter: Gewerkschaften im Visier der Reaktion, in: GMH 25, 1974, Nr. 10, S. 602–614; Hans-Otto Hemmer/Ulrich Borsdorf: »Gewerkschaftsstaat« – Zur Vorgeschichte eines aktuellen Schlagworts, ebd., S. 640–653; Gerhard Leminsky: Gewerkschaftsorganisation und »Gewerkschaftsstaat«, ebd., S. 654–661 sowie WSI-Mitteilungen, Sonderheft August 1976, »Gewerkschaftsstaat oder Unternehmerstaat«.

»Reformkanzlers« Willy Brandt aufgrund der Guillaume-Affäre[31] die Regierungserklärung des neuen Kanzlers Helmut Schmidt im Zeichen der Formel, dass nur noch Reformen fortgeführt werden sollten, die »kein Geld kosten« würden. Leitbegriffe der Regierungserklärung waren »Kontinuität und Konzentration«, die auch das Motto für die Regierungsarbeit abgeben sollten.[32] Es sollten künftig keine tief greifenden gesellschaftlichen Veränderungen angestrebt werden. Die innenpolitischen Reformvorhaben auf den Feldern Bildung und Wissenschaft, soziale Sicherung, Vermögensbildung, Mitbestimmung und Umweltschutz sollten auf das jeweils ökonomische und finanziell Vertretbare konzentriert werden.[33]

Zur Belebung der Konjunktur und zur Verbesserung des Arbeitsmarktes wurde von der Bundesregierung Mitte Dezember 1974 das »Programm stabilitätsgerechter Aufschwung«[34] vorgelegt. Das zentrale wirtschaftspolitische Ziel der Bundesregierung war es, der weiteren Abschwächung der gesamtwirtschaftlichen Entwicklung durch einen fundierten Aufschwung der Binnennachfrage ohne inflatorische Impulse entgegenzuwirken. Obwohl das Programm versuchte, mit Investitionszulagen und Lohnzuschüssen bei der Einstellung älterer Arbeitnehmer gegen die Arbeitslosigkeit vorzugehen[35], wirkte es sich auf dem Arbeitsmarkt nicht aus. Infolge der im Frühherbst 1974 begonnenen Rezession wuchs die Zahl der Arbeitslosen von 557.000 Ende September 1974 auf über 1,2 Millionen Mitte 1975 mit steigender Tendenz in den folgenden Jahren. Auch nahm die Zahl der Kurzarbeiter auf knapp eine Million zu. Diese Wende auf dem Arbeitsmarkt erforderte einen Zuschussbedarf der Bundesanstalt für Arbeit für 1976, der den Bundeshaushalt zu sprengen drohte.[36] Aufgrund dieser Situation legte die Bundesregierung ein Haushaltsstrukturgesetz vor[37], das ab 1976 einen beschäftigungspolitischen Paradigmenwechsel einleitete. Mit dem Gesetz wurde auch eine

---

31 Zur Guillaume-Affäre und zum Kanzlerwechsel vgl. Faulenbach: Das sozialdemokratische Jahrzehnt, S. 398 ff.
32 Vgl. Regierungserklärung Helmut Schmidts in der 100. Sitzung des Bundestags am 17.5.1974, in: Verhandlungen des Deutschen Bundestages, VII. Wahlperiode, Bd. 88, S. 6593–6605. Zur Regierungserklärung, siehe auch: Faulenbach: Das sozialdemokratische Jahrzehnt, S. 435–439, insbes. S. 435; Osterroth/Schuster: Chronik, S. 12 sowie DGB-Stellungnahme zur Regierungserklärung, in: ND, 17.5.1974, Nr. 133.
33 Vgl. Faulenbach: Das sozialdemokratische Jahrzehnt, S. 439. Einen Tag nach der Regierungserklärung fand auf Wunsch Helmut Schmidts ein zweistündiges Gespräch mit den Vorsitzenden der Gewerkschaften und den Mitgliedern des Geschäftsführenden Bundesvorstandes in der Friedrich-Ebert-Stiftung statt (siehe Dok. 106). Mit diesem Treffen wollte der Bundeskanzler der Öffentlichkeit demonstrieren, dass er weiterhin für eine Zusammenarbeit mit den Gewerkschaften eintrat.
34 Vgl. Bulletin des Presse- und Informationsamtes der Bundesregierung Nr. 153/1974, S. 1549–1555 sowie Erklärung zum Konjunkturprogramm von Helmut Schmidt in der 137. Sitzung des Deutschen Bundestages am 13.12.1974, in: Verhandlungen des Deutschen Bundestages, VII. Wahlperiode, Bd. 90, S. 9420–9427.
35 Vgl. Faulenbach: Das sozialdemokratische Jahrzehnt, S. 447.
36 Aus erwarteten 3,2 Mrd. DM waren Ende 1974 8,4 Mrd. DM geworden, was ein Drittel der Kreditaufnahme des Bundes ausmachte. Für 1976 wurde mit einem Zuschussbedarf von 11 Mrd. DM gerechnet. Vgl. Schmuhl: Arbeitsmarktpolitik, S. 510.
37 Gesetz zur Verbesserung der Haushaltsstruktur des Arbeitsförderungs- und des Bundesversorgungsgesetzes (HStruktG-AFG) vom 18.12.1975, BGBl. 1975, Teil 1, S. 3113 ff.

Einleitung

Epoche der »Reformökonomisierung« eingeleitet, die viele gewerkschaftliche Forderungen nicht mehr durchsetzbar machte.[38]
Trotz der hohen Arbeitslosenzahlen stand die Beschäftigungspolitik noch nicht im Fokus der gewerkschaftlichen Interessen, weil man zum Wachstumspfad zurückzufinden hoffte. Erst unter dem Eindruck der anhaltenden Massenarbeitslosigkeit in der zweiten Hälfte der 1970er Jahre gingen die Gewerkschaften in eine beschäftigungspolitische Offensive[39] und wurden von der wichtigsten Unterstützergruppe für die sozialdemokratische Regierung »zu einem problematischen Kritiker, [der] schließlich Anfang der Achtzigerjahre auch vom Mittel der Demonstration gegen die Politik der Regierung Gebrauch machte«.[40]

I. Organisationsentwicklung in der ersten Hälfte der 1970er Jahre

Nach einer Phase relativer Stagnation in den 1960er Jahren folgte bei den DGB-Gewerkschaften nach der Regierungsübernahme der SPD eine deutliche Steigerung der Mitgliederzahlen, die auch in der zweiten Hälfte der 1970er und den beginnenden 1980er Jahren nicht abgebremst wurde. Diese Entwicklung verdeutlicht, dass sich in dieser Phase die Mitgliederzuwächse bzw. die Organisationsgrade weder positiv durch wirtschaftliche Aufschwungphasen noch negativ durch Krisenphänomene bestimmen lassen. Die Zahl der gewerkschaftlich Organisierten wuchs deutlich überproportional zur Zahl der abhängig Beschäftigten.[41] Die klaren Unterschiede in der Entwicklung der Mitgliederzahlen hatten branchenspezifische[42], aber auch gewerkschaftsorganisatorische Ursachen.[43] In dieser Phase begann auch eine strukturelle Wandlung hin zur »Dienstleistungsgesellschaft«[44], die bis in die heutige Zeit die Mitgliederstruktur der einzelnen Gewerkschaften mitgeprägt hat.

---

38 Vgl. Klaus von Beyme: Der Konflikt zwischen Reform und Verwaltung der Wirtschafts- und Sozialordnung, in: Hans-Adam Pfromm (Hrsg.): Krise und Reform in der Industriegesellschaft, Materialien zur IG Metall Tagung, Frankfurt/M. 1976, Bd. 1, S. 116–133.
39 Vgl. Schönhoven: Die deutschen Gewerkschaften, S. 253.
40 Schroeder: Gewerkschaften als soziale Bewegung, S. 244.
41 Im gleichen Zeitraum stieg anfänglich die Zahl der abhängig Erwerbstätigen von 1969 von 21,9 Mio. bis 1972 auf 22,9 Mio. und fiel dann bis 1975 auf 21,4 Mio. Vgl. Bergmann / Müller-Jentsch: Gewerkschaftliche Lohnpolitik, S. 359.
42 So beispielsweise die Mitgliederverluste der Gewerkschaften Textil-Bekleidung (GTB) und Gartenbau, Land- und Forstwirtschaft (GGLF). Zur Mitgliederentwicklung dieser Gewerkschaften siehe die Geschäftsberichte der Jahre 1971 ff. sowie auch die Dok. 35, 48 und 87.
43 So u. a. die von den DGB-Gewerkschaften vorgenommenen internen Reformen, die die Mitgliederwerbung und Mitgliederbetreuung effizienter und professioneller werden ließen. Zum Ausbau lokaler Stützpunkte, besseren Funktionärsschulungen, verstärkter Vertrauensleutearbeit und verbesserter Informations- und Pressearbeit vgl. Schönhoven: Die deutschen Gewerkschaften, S. 243 f.
44 Siehe u. a. den Mitgliederzuwachs der HBV von fast 60% zwischen 1969 und 1975.

Mitgliederentwicklung der DGB-Gewerkschaften[45]

Gewerkschaft/DGB	Mitgliederzahl in Mio. Jeweils zum 31.12. des Jahres			
	1969	1972	1974	Veränderung in % 1969 zu 1974
DGB gesamt	6.482	6.986	7.407	+14,2
IG BSE	0.497	0.521	0.518	+4,2
IGBE	0.403	0.381	0.374	−7,2
IG CPK	0.553	0.627	0.656	+18,7
DruPa	0.143	0.153	0.164	+14,7
GdED	0.402	0.435	0.453	+12,6
GEW	0.113	0.126	0.132	+17,0
GGLF	0.049	0.042	0.040	−18,8
HBV	0.148	0.191	0.237	+59,4
GHK	0.130	0.131	0.135	+4,1
Gew. Kunst	0.033	0.035	0.036	+10,1
Gew. Leder	0.061	0.059	0.058	−6,2
IG Metall	2.071	2.355	2.593	+25,2
NGG	0.243	0.250	0.248	+2,1
ÖTV	0.970	0.998	1.051	+8,4
DPG	0.355	0.391	0.420	+18,4
GTB	0.311	0.292	0.288	−7,5

Der in absoluten Zahlen jeweils höchste Mitgliederzuwachs erfolgte in den Jahren 1970 (230.457, davon 43.000 weibliche Mitglieder = 3,5%) und 1974 (338.137, davon 104.838 weibliche Mitglieder = 4,7%). Während 1970 der überwiegende Anteil der Neumitglieder unter 25 Jahre alt war (Steigerung von 9,1 auf 14,3%)[46], waren 1974 über 60% über 25 Jahre alt.[47] Gleichzeitig stieg auch der Organisationsgrad der Erwerbspersonen in der ersten Hälfte der 1970er Jahre von 24,7% (1969) auf 27,2% (1974).[48] Der Frauenanteil an der Mitgliedschaft in den DGB-Gewerkschaften stieg von 1969 mit 15,2% bis Ende 1974 auf 17,3%, der Anteil jugendlicher Mitglieder von 14,8% (1970)

---

45 Zahlen aus den DGB-Geschäftsberichten 1969 bis 1977.
46 Der Zuwachs an Mitgliedern unter 25 Jahren ist verstärkt auf die politische Arbeit der Gewerkschaftsjugend mit Bezug auf die konkreten Probleme und Bedürfnisse der Jugend zurückzuführen. In diesem Kontext wurde das Erscheinungsbild der Gewerkschaftsjugendzeitung, neben dem Titel – ehemals »Aufwärts«, jetzt »ran« – auch die inhaltliche Aufmachung verändert. Vgl. Bericht der Abteilung Jugend, in: DGB-Geschäftsbericht 1969–1971, S. 349 ff.; vgl. auch die Diskussion um »ran« auf der 5. BA-Sitzung am 2.12.1970, Dok. 34.
47 Vgl. hierzu die Mitgliederzahlen in den DGB-Geschäftsberichten 1969–1971, S. 71–69, 1972–1974, S. 446–451 und 1975–1977, S. 422–427.
48 Die Erwerbspersonenzahlen der abhängig Beschäftigten sind entnommen aus dem jeweiligen Statistischen Jahrbuch für 1969 bis 1975 und in Verhältnis gesetzt zu den jeweiligen Mitgliederzahlen des DGB. Demgegenüber gibt Klaus Armingeon den Bruttoorganisationsgrad des DGB 1970 mit 30,9% und 1975 mit 33,1% an: Klaus Armingeon: Gewerkschaften heute – krisenresistent und stabil?, in: GMH 39, 1988, Nr. 6, S. 330–342, hier: S. 331 (Tabelle 1 mit erklärender Anmerkung zur Ermittlung der Organisationsgrade).

Einleitung

auf 16,2% (1974).[49] Mit der großen Zahl jugendlicher Mitglieder verjüngte sich zwangsläufig auch die Altersstruktur der Gewerkschaften insgesamt.[50]

Für den Mitgliederzuwachs in dieser Phase werden in der Literatur institutionelle Arrangements zwischen Gewerkschaft, Unternehmern und Staat als Erklärungsmuster herangezogen; dabei wird darauf verwiesen, dass die sozial-liberale Regierung die Position der Gewerkschaften durch die Einbeziehung in die wirtschaftliche Mitverantwortung im Rahmen der »Konzertierten Aktion«, die Stärkung der innerbetrieblichen Position durch das Betriebsverfassungsgesetz von 1972 und der Mitbestimmung in Großunternehmen außerhalb der Montanindustrie gestärkt habe.[51] Dadurch konnten die Gewerkschaften ihren gesellschaftlichen Einfluss vergrößern und ihr soziales Ansehen in der Bevölkerung erhöhen.[52] Ein Hauptgrund für den Mitgliederzuwachs war der Zugewinn an ökonomischer und politischer Macht der Gewerkschaften.[53]

Die Attraktivität der Gewerkschaften für potenzielle Mitglieder hing immer davon ab, inwieweit sie die Interessen ihrer Mitglieder im politischen Bereich und im traditionellen Bargaining-Prozess durchsetzen und nachhaltige Erfolge im lohnpolitischen Bereich aufweisen konnten.[54] Von zentraler Bedeutung ist jedoch der politische Klimawechsel gewesen, sind doch die Gewerkschaften mit der Etablierung der sozial-liberalen Regierungskoalition und ihrem wachsenden Einfluss im politischen System gesellschaftlich und politisch aufgewertet worden. Zusammen mit den geänderten Bewusstseinsstrukturen sowie der Mobilisierungs- und Partizipationsbereitschaft der Bürger kann dies als ein wichtiges Erklärungsmuster herangezogen werden.[55]

Das Anwachsen der absoluten Mitgliederzahlen des DGB wurde vor allem von den Gruppen der Frauen (Arbeiterinnen, weibliche Angestellte und Beamtinnen), Angestellten und Jugendlichen getragen.[56]

---

49 Siehe hierzu in den Geschäftsberichten des DGB von 1969 bis 1975 die Berichte der Abteilungen Frauen und Jugend. Nach den Leitsätzen der DGB-Jugend, verabschiedet vom DGB Bundesausschuss am 8.9.1970, wurden jetzt in der Statistik der Abteilung Jugend die jugendlichen Mitglieder unter 25 Jahren (vor 1970 nur Jugendliche unter 21) aufgeführt. Das erklärt den Anstieg der Mitgliederzahl von 593.537 (1969) auf 968.845 (1974); siehe DGB-Geschäftsbericht 1969–1971, S. 349. Vgl. Katzer: Gewerkschaftsjugendbewegung, S. 78 f.
50 Vgl. DGB-Geschäftsbericht 1972–1974, Abt. Jugend, S. 466 f.
51 Vgl. Wolfgang Streeck: Gewerkschaftliche Organisationsprobleme in der sozialstaatlichen Demokratie, Königstein 1983, S. 224.
52 Vgl. Schönhoven: Die deutschen Gewerkschaften, S. 244.
53 Vgl. Armingeon: Westdeutsche Gewerkschaften, S. 71 ff.
54 Die bereinigte Lohnquote stieg von 1969 von 61,4% auf 66,0% 1974, der jährliche prozentuale Zuwachs gegenüber dem Vorjahr bei den Durchschnittsverdiensten lag zwischen 9,0% (1972) und 14,7% (1970). Vgl. Sachverständigenrat, Jahresgutachten 1982/83, S. 87, und Bundesministerium für Arbeit und Sozialordnung (Hrsg.): Sozialbericht 1978, S. 316. Zur Entwicklung der Reallöhne, die auch ein Indiz für die Verhandlungsmacht der Gewerkschaften in dieser Phase waren, vgl. Abelshauser: Wirtschaftsgeschichte, S. 135 f.
55 Vgl. Lompe: Gewerkschaftliche Politik, S. 296.
56 Siehe hierzu auch die Kampagnen zum »Jahr des jungen Arbeitnehmers« 1971, zum »Jahr der Arbeitnehmerinnen« 1972 und die verstärkte Mitgliederwerbung bei den Angestellten.

Einleitung

Mitgliedergruppen in den DGB-Gewerkschaften absolut in Tausend und in Prozent der Gesamtmitglieder[57]

Jahr	Arbeiter	Angestellte	Beamte	Frauen	Jugendliche
1969	4.927 (76,0%)	0.930 (14,3%)	0.625 (9,7%)	0.984 (15,2%)	0.594 (9,2%)
1970	5.009 (75,8%)	0.986 (14,7%)	0.637 (9,5%)	1.027 (15,3%)	0.602 (9,0%)
1975	5.310 (72,1%)	1.382 (17,7%)	0.673 (10%)	1.313 (17,8%)	1.213 (16,5%)

Nach wie vor waren die Arbeiter überrepräsentiert. 1972 waren 55,3% aller abhängig Beschäftigten Arbeiter und 37,6% Angestellte.[58] Die Bedeutung der Angestelltenarbeit hatte sich nach 1960 verstärkt. So erhöhte sich der Anteil, der in der Industrie beschäftigten Angestellten von 17,1% (1960) auf 32,1% (1970).[59] Infolge der Verbesserung der Angestelltenarbeit[60] haben die DGB-Gewerkschaften bei den Angestellten Erfolge erzielt. Seit Mitte der 1960er Jahre hatte sich die Zahl der gewerkschaftlich organisierten Angestellten fast verdoppelt.[61]

Die DGB-Angestelltenarbeit verzichtete auf ein gesondertes Angestellten-Aktionsprogramm (siehe: Frauen und Jugendliche) mit sozial-, tarif- und bildungspolitischen Zielen, da alle Forderungen der Angestellten bereits im Grundsatz und Aktionsprogramm vorhanden waren. Es gelang dem DGB und seinen Gewerkschaften in der Presse- und Öffentlichkeitsarbeit die Folgen der Rationalisierung und Automation für die Angestellten, deren Einbeziehung in die Mitbestimmung einschließlich der leitenden Angestellten sowie die Gestaltung der Gehälter nach dem Leistungsprinzip ins Zentrum der Aktivitäten zu stellen.[62]

Die Mitgliederentwicklung im Angestelltenbereich hielt jedoch nicht Schritt mit der insgesamt steigenden Zahl der Angestellten, sodass die gewerkschaftliche Organisierung in diesem Bereich nicht wesentlich anstieg.[63] Im Vergleich zu den Angestellten wuchs der Organisationsgrad des klassischen Arbeiters im DGB in den 1970er Jahren erheblich schneller. Am Ende der Dekade betrug er 47% während für die Angestellten 1980 nur ein Wert von 16,3% erreicht wurde.[64]

---

57 Zahlen über die Mitgliederstände, in: DGB-Geschäftsbericht 1969–1971, S. 72f. und 1975–1977, S. 423.
58 Vgl. Jacobi u.a.: Kritisches Jahrbuch 1975, S. 276.
59 Hans Hofbauer: Ausgewählte Daten zur Entwicklung und Struktur der Angestellten, in: GMH 25, 1974, Nr. 9, S. 528–539, hier: S. 530.
60 Vgl. Günter Stefan: Politik im Interesse der Angestellten – Die Angestelltenarbeit des DGB, in: GMH 25, 1974, Nr. 9, S. 521–523. Siehe auch weitere Artikel zur Angestelltenarbeit in diesem Heft.
61 So erhöhte sich beispielsweise die Zahl der in der IG Metall organisierten Angestellten allein von 1971 bis 1973 von 238.000 auf 320.000 (um ca. 34%). Der Organisationsgrad der Angestellten in der IG Metall erhöhte sich von 19% auf ca. 25%. Vgl. IG Metall Geschäftsbericht 1971–1973, S. 215.
62 Vgl. detailliert: DGB-Geschäftsbericht, Abt. Angestellte, 1969–1971, S. 391ff. und 1972–1974, S. 503ff.
63 Vgl. Armingeon: Westdeutsche Gewerkschaften, S. 91.
64 Vgl. Müller-Jentsch/Ittermann: Industrielle Beziehungen, Tabelle C10.

Einleitung

Beachtlich bei den Mitgliederzuwächsen war die Entwicklung bei den Frauen und den Jugendlichen. Insbesondere bei den Frauen fällt der sprunghafte Anstieg seit Beginn der 1970er Jahre ins Auge. In den Jahren 1969 bis 1975 traten knapp 350.000 Frauen neu in die DGB-Gewerkschaften ein. Neben Politisierung und Mobilisierungsschub durch die Frauenbewegung trug auch die veränderte Frauenrolle in dieser Phase dazu bei. Dieses spiegelte sich auch in der Gewerkschaftsarbeit wider. Seit den 1970er Jahren fand in DGB-Gewerkschaften verstärkt eine eigene Frauenarbeit statt – Ausnahmen waren lediglich die GEW, die IG Bau, Steine, Erden und die Gewerkschaft Gartenbau, Land- und Forstwirtschaft. Mit einer Neufassung der Richtlinien für die gewerkschaftliche Frauenarbeit sollten sich die Frauenausschüsse »mehr auf die Belange der Frauen im Betrieb, [in] Verwaltung und Gewerkschaft [und] die Kreisfrauenausschüsse mehr auf die Probleme der Frauen in Beruf, Familie und Gesellschaft beziehen«.[65] Die verstärkte gewerkschaftliche Werbung mit der Betonung auf Frauenthemen war vor allen Dingen bei der Kampagne zum »Jahr der Arbeitnehmerinnen« 1972 offensichtlich. Das Programm betonte die Bedeutung der Berufstätigkeit der Frau für die Volkswirtschaft, forderte die Verwirklichung der Gleichberechtigung und Chancengleichheit sowie angemessene Arbeitsbedingungen, konkret: gleicher Lohn für gleiche Arbeit, Berücksichtigung frauenspezifischer Forderungen im Betriebsverfassungsgesetz, soziale Sicherung für ältere und gleichberechtigte Ausbildung für jüngere Frauen. Anlässlich dieser Kampagne wurde auch die Studie »Arbeitnehmerinnen '72« erstellt, in der 400 Arbeitnehmerinnen befragt wurden, wie Frauen, aber auch wie Männer über die Berufstätigkeit der Frauen dachten.[66] Das Ergebnis dieser Kampagne war, dass im Jahr 1972 64.787 Frauen neu in die Gewerkschaften eintraten, ein Anteil von 55,4% unter den neuen Gewerkschaftsmitgliedern. Auch im folgenden Jahr war der Zuwachs mit 64.496 Frauen kaum geringer. Gemessen an der Zahl der abhängig Beschäftigten (Männer und Frauen) 1973 lag der Anteil der Frauen bei 34% (ca. 7,8 Mio.).[67] Diese beachtenswerten Erfolge standen im Zusammenhang mit der verstärkten politischen Orientierung und Aktivierung der Frauen, auf die der DGB und seine Gewerkschaften intensiv hingearbeitet hatten. Gleichzeitig hatte sich auch die Zahl der Betriebs- und Personalrätinnen von ca. 16.000 bei den Wahlen 1969 auf rund 23.000 bei den Wahlen 1972 erhöht. Die erfolgreiche Mitgliederwerbung in der ersten Hälfte der 1970er Jahre zeigte, dass sich Frauen für die Gewerkschaften gewinnen ließen, wenn man sie gezielt ansprach und wenn die wirtschaftlichen und politischen Rahmenbedingungen »stimmten«.

Ähnlich wie bei den Frauen wuchsen die Zahl und der Organisierungsgrad der Jugendlichen nach 1969 kontinuierlich an, was vielleicht auf die aktivere

---

65 Protokoll der Sitzung des DGB-Bundesfrauenausschusses am 13./14.8.1970, in: DGB-Archiv, DGB-BV, Abt. Frauen 5/DGAR000030.
66 Erschienen war diese Studie in: Frauen und Arbeit, September 1972. Die Befragung selbst wurde vom Sample-Institut durchführt.
67 Vgl. DGB-Geschäftsbericht 1972–1974, Abt. Frauen, S. 114. 1974 nahm die Zahl der weiblichen Gewerkschaftsmitglieder um 104.738 (43,9%) zu. Dieses war die höchste Zuwachsrate der 1970er Jahre. Vgl. DGB-Geschäftsbericht 1975–1977, Abt. Frauen, S. 135.

Einleitung

politische Arbeit der Gewerkschaftsjugend inner- und außerhalb des DGB, aber gewiss auch auf die allgemeine Politisierung »der« Jugend zurückzuführen war. Die zunehmend politisch gewordene gewerkschaftliche Jugendarbeit orientierte sich mehr an den konkreten Problemen und Bedürfnissen der lohnabhängigen Jugend und hatte nicht mehr, wie bisher, einen jugendpflegerischen Charakter. Eine Konsequenz der »neuen« politischen Arbeit waren die, nach mehr als vierjähriger Diskussion, am 8.9.1970 auf der 4. Sitzung des Bundesausschusses beschlossenen »Leitsätze der Gewerkschaftsjugend«.[68] Mit der Verabschiedung dieser Leitsätze wurde die Gewerkschaftsjugend auch formal als politischer Jugendverband innerhalb der Gesamtorganisation anerkannt.[69]

Zum Ende des Jahres 1968 bildete sich im Kontext der allgemeinen Proteste der außerparlamentarischen Opposition und der Studentenbewegung eine Lehrlingsbewegung heraus. Die Lehrlinge thematisierten mit öffentlichen Postesten ihre Ausbildungssituation.[70] Diese Bewegung schlug sich auch in der Gewerkschaftsjugend – der traditionellen Interessenvertretung junger Beschäftigter und Auszubildender – nieder. Das Anwachsen der Lehrlingsbewegung war eine Reaktion auf die im Bereich der beruflichen Bildung deutlich werdenden Widersprüche. Die auf Bedarfs- und Unternehmerinteressen ausgerichtete Ausbildungspraxis entsprach nicht einer umfassenden theoretischen sowie praktischen Bildung und den Erfordernissen einer technisch fortschreitenden Arbeitswelt.[71] Ihren Höhepunkt hatte die Lehrlingsbewegung 1971/72 mit der Errichtung von mehr als 120 Lehrlings- und Jugendarbeiterzentren sowie zahlreichen betrieblichen und überbetrieblichen Arbeitskreisen. Gleichzeitig begann Ende 1971, nach der Kampagne zum »Jahr des jungen Arbeitnehmers« 1971, in der Forderungen nach mehr Rechten für Jugendvertreter, einer Reform des Berufsbildungswesens und des Jugendschutzes im Vordergrund standen[72], die Bewertung der bisherigen gewerkschaftlichen Jugendpolitik, in der Kritik an den Lehrlingszentren laut wurde.[73] Eine Bestandsaufnahme der Arbeit in Lehrlingszentren fand am 29./30.4.1972 in Frankfurt/M. auf der Bundesarbeitstagung der gewerkschaftlichen Lehrlings-

---

68 Die Diskussion um die »Leitsätze« begann mit dem Antrag 247 des 7. Ordentlichen Bundeskongresses des DGB 1966. Grundlage dieses Antrages bildeten die beiden Grundsätze: a) Die Gewerkschaftsjugend ist ein integraler Bestandteil der Gesamtorganisation und b) Die jungen Arbeitnehmer können auch ihre politischen Vorstellungen in der Gesamtorganisation vertreten. Vgl. Protokoll 7. Bundeskongreß, Teil: Anträge und Entschließungen, S. 210 ff.
69 Zu den Schwerpunkten der Leitsätze vgl. Leitsätze der Gewerkschaftsjugend, hrsg. v. DGB-Bundesvorstand, Abt. Jugend, Düsseldorf 1970 sowie DGB-Geschäftsbericht 1969–1971, Abt. Jugend, S. 349 f.
70 Zum Kontext und den Entstehungsfaktoren der Lehrlingsbewegung siehe Templin: Lehrzeit, S. 13 ff.
71 Vgl. DGB-Geschäftsbericht 1972–1974, Abt. Jugend, S. 464 f. sowie Lompe: Gewerkschaftliche Politik, S. 297 f.
72 Die »Jugendpolitischen Forderungen der Gewerkschaftsjugend« wurden auf der 8. Bundesjugendkonferenz 1971 in Dortmund beschlossen (Vgl. DGB-Archiv, DGB-BV, Abt. Jugend 5/DGAU000718) und auf dem 9. Ordentlichen Bundeskongress unter der Antragsnummer 295 verabschiedet und damit zu einem neuen offiziellen Bestandteil gewerkschaftlicher Politik, vgl. Protokoll 9. Bundeskongreß, Teil: Anträge und Entschließungen, S. 234 ff.
73 Vgl. hierzu mehrere Artikel in: GMH 21, 1970, Nr. 11, S. 656–705.

zentren statt.[74] Im Laufe des Jahres lösten sich die meisten Lehrlingszentren auf und deren Mitglieder wendeten sich stärker der betrieblichen Arbeit und der Mitarbeit in den gewerkschaftlichen Gremien zu.

Durch die verstärkte Mitarbeit der Gewerkschaftsjugend in der Gesamtorganisation kam es Mitte 1972 in vielen Betrieben zur Gründung von Betriebsjugendgruppen, nachdem mit der Novellierung des Betriebsverfassungsgesetzes 1972 die Rechte der Jugendvertreter erheblich ausgeweitet worden waren.[75] Die Arbeit der in vielen Betrieben gewählten Jugendgremien (jugendliche Vertrauensleute) orientierte sich an jugendspezifischen Forderungen (Berufsbildung, Jugendarbeitsschutz). Die verstärkte Jugendarbeit in den Betrieben führte dazu, dass die Zahl der in der Gewerkschaftsjugend Organisierten erstmalig die Millionengrenze (1.033.070) überschritt; sie hatte anschließend 1973 ihren größten Zuwachs mit 144.881.[76] Die spezifischen Ausgangsbedingungen im gesellschaftlichen System der 1960er Jahre und die Fokussierung gewerkschaftlicher Jugendarbeit auf die Lebens- und Partizipationschancen junger Arbeitnehmer können eine Erklärung sein für die verstärkte gewerkschaftliche Organisierung von Jugendlichen.[77]

II. Führungs- und Organisationsstrukturen

II.1. Aufbau und Organe des DGB

Die Führungsstrukturen des DGB haben sich seit seiner Gründung 1949 nicht wesentlich geändert. Auch nach dem 3. Außerordentlichen Bundeskongress 1971, auf dem die Satzung modernisiert wurde[78], sind Bundeskongress, Bundesausschuss und Bundesvorstand die drei entscheidenden Organe des Bundes.[79]

Der *Bundeskongress* als höchstes Beschlussorgan findet in der Regel alle drei, ab 1978 alle 4 Jahre statt. Er nimmt die Tätigkeitsberichte der Geschäftsführenden Bundesvorstandsmitglieder der vergangenen Amtsperiode entgegen, beschließt über das Grundsatzprogramm, die Satzungsänderungen und die vorliegenden Kongressanträge. Antragsberechtigt sind die Vorstände der Gewerkschaften, der Bundesvorstand, die Landesbezirksvorstände und die Personengruppenausschüsse auf Bundesebene. Eine vom Bundesvorstand

---

74 Zur Bilanz der Lehrlingsarbeit und zu den Perspektiven für die künftige gewerkschaftliche Jugendarbeit siehe Solidarität, 1972, Nr. 6, S. 2–6.
75 Vgl. ebd.
76 Vgl. DGB-Geschäftsbericht 1972–1974, Abt. Jugend, S. 467.
77 Vgl. Lompe: Gewerkschaftliche Politik, S. 298. Zur Entwicklung der gewerkschaftlichen Jugendarbeit in den 1970er Jahren siehe Themenheft GMH 32, 1981, Nr. 3/4, darin insbes. Hanns Brauser: Jugend und gewerkschaftliche Jugendarbeit, S. 157–164.
78 Die Satzungen sind jeweils in den Protokollen der Bundeskongresse des DGB abgedruckt. Ebenso in: Leminsky/Otto: Politik und Programmatik, S. 453 ff.
79 Zur Organisation der Gewerkschaften vgl. Anke Hassel: Organisation: Struktur und Entwicklung, in: Schroeder/Weßels: Gewerkschaftshandbuch, S. 102–121; Wilke: Funktionäre.

gewählte Antragskommission[80] aus den Delegierten bereitet die Kongressanträge vor und spricht Empfehlungen aus. Ausschlaggebend für die Delegiertenzahl sind die pro Mitglied an den DGB von den Mitgliedsgewerkschaften abgeführten Beiträge. Auf diese Weise dominieren zwei Gewerkschaften die Kongresse. Von den 453 und 478 Delegierten 1972 bzw. 1975 stellte die IG Metall 159 (1972) bzw. 168 (1975), die ÖTV 68 (1972) bzw. 67 (1975) Delegierte. Damit hatten beide zusammen mit 227 (1972) und 235 (1975) knapp die Hälfte aller Mandate. Zählt man noch die 144 (1972) bzw. 151 (1975) Delegierten der »Mittelgruppe« (IGBE; IG BSE, IG CPK, GdED und DPG) hinzu, hatten diese sieben Gewerkschaften 1972 371 von 453 und 1975 386 von 478 Mandaten. Die restlichen neun Gewerkschaften teilten sich die verbleibenden 82 bzw. 92 Mandate. Gegen diese Phalanx konnten die kleineren Verbände nur wenig ausrichten.

Laut Satzung kommt dem Bundeskongress die Aufgabe zu, die »allgemeinen Richtlinien der Gewerkschaftspolitik festzulegen« (§ 7.3).[81] Deren Umsetzung liegt in der Hand von Bundesausschuss und Bundesvorstand, was bei umstrittenen Beschlüssen, wie beispielsweise bei der Vermögensbildung, zum Streit über die Auslegung und inhaltliche Deutung der Beschlüsse führen konnte.[82]

Der *Bundesausschuss* ist das höchste Organ zwischen den Bundeskongressen. Jede der 16 Gewerkschaften entsendet mindestens drei Mitglieder, die Verteilung der restlichen 52 von den insgesamt 100 von den Gewerkschaften zu entsendenden Delegierten wird nach der Mitgliederzahl vorgenommen.[83] Hinzu kommen die Mitglieder des Geschäftsführenden Bundesvorstandes (GBV) und die Vorsitzenden der DGB-Landesbezirke. Der Bundesausschuss tagt vierteljährlich und hat umfassende Aufgaben: Er bestätigt den DGB-Haushalt, die Mitglieder der Landesbezirksvorstände und die Gehalts- und Anstellungsbedingungen der Angestellten des Bundes. Er erlässt Richtlinien für die Geschäftsführung des Bundes, bestimmt die Verwendung von Mitteln aus dem Solidaritätsfonds und beschließt Richtlinien für die Abgrenzung von Organisationsgebieten der Einzelgewerkschaften. Er beschließt über Aufnahme und Ausschluss einer Gewerkschaft und hat das Recht, ein Mitglied des Geschäftsführenden Bundesvorstandes mit zwei Dritteln Mehrheit abzuberufen. Der Bundesausschuss war und ist bis heute auch Entscheidungsorgan, wenn es um gewichtige Fragen der Gewerkschaftspolitik ging, die in den Gewerkschaften kontrovers diskutiert wurden, um zu verhindern, dass der DGB die Kontroverse durch eine vorschnelle öffentliche Festlegung beeinflusste. Mit Ausnahme der Vermögensbildung kam es zwischen den vorherigen Beschlüssen des Bundesvorstandes und der anschließenden Bestätigung durch den Bundesausschuss zu keinen wesentlichen Divergenzen. In der Tagespolitik war bzw. ist der Bundesvorstand das Organ, das die Gewerkschaftspolitik des DGB formuliert und vollzieht.

---

80 Vgl. 28. BV-Sitzung vom 7.3.1972, Dok. 58.
81 Nach geänderter Satzung vom 9. Ordentlichen Bundeskongress 1972.
82 Vgl. Dok. 76 bis 78.
83 Aufgrund der Satzungsänderung 1971 erhöhte sich die Mitgliederzahl des Bundesausschusses auf 100.

Einleitung

Der monatlich zusammentretende *Bundesvorstand* setzt sich aus den Mitgliedern des Geschäftsführenden Bundesvorstandes und den Vorsitzenden der im Bund vertretenen Gewerkschaften zusammen. Des Weiteren nehmen regelmäßig ohne Stimmrecht die Vorsitzenden der DGB-Landesbezirke, der Bundesvorstandssekretär, die DGB-Pressestelle, die Verbindungsstelle des DGB in Bonn und die Chefredakteure bzw. Leiter der Organe »Welt der Arbeit«, »Die Quelle« und »Gewerkschaftliche Monatshefte« teil. Der Bundesvorstand vertritt den DGB nach innen und außen und ist dabei an die Satzung sowie die Beschlüsse des Bundeskongresses bzw. Bundesausschusses gebunden.[84]

Der streng föderative Aufbau des DGB verdeutlicht, dass der *Geschäftsführende Bundesvorstand*, sprich die Bundesvorstandsverwaltung, keine autonomen Befugnisse hat. Laut Satzung ist sie kein eigenes Bundesorgan, sondern wird nur im Zusammenhang mit dem Bundesvorstand erwähnt. Die gesamte Willensbildung verläuft über die Mitgliedsgewerkschaften. Ihre Delegierten im Bundeskongress und Bundesausschuss wählen den GBV und die Gewerkschaften führen ihre Beiträge an die Dachorganisation ab[85], die selbst über keine eigene Finanzierungsgrundlage verfügt.

Der Geschäftsführende Bundesvorstand diskutierte fast alle Entscheidungen vorher und erstellte die entsprechenden Beratungsvorlagen, die fast immer vom Bundesvorstand verabschiedet wurden. Selten fiel das Votum anders aus. Die zur Erfüllung der Aufgaben des Bundes notwendige Bundesvorstandsverwaltung mit Sitz in Düsseldorf gliederte sich im Editionszeitraum in 9 Vorstandsbereiche der Geschäftsführenden Bundesvorstandsmitglieder mit insgesamt 22 Abteilungen[86], hinzu kamen die Verbindungsstelle in Bonn und die DGB-Bundesrechtsstelle in Kassel.

Für bestimmte Projekte werden bis heute Arbeitskommissionen gebildet. Die wichtigste im Editionszeitraum war die »Kommission zur Durchführung des Aktionsprogramms«, welche weiterhin von Otto Brenner, als Leiter der Programmkommission, geleitet wurde.[87] Auf dem 8. Ordentlichen Bundeskongress wurde dem Bundesvorstand der Auftrag erteilt, eine Kommission zu berufen[88], für Vorarbeiten zu einer weitergehenden Satzungsänderung und für 1971 einen außerordentlichen Bundekongress einzuberufen. Zum Kom-

---

84 Zur Repräsentanz der Gewerkschaftsmitglieder in den Gremien bzw. dem Bundeskongress siehe Tabelle 3 bis 5, in: Leminsky/Otto: Politik und Programmatik, S. 458–460.
85 Über die Höhe der Beitragsabführung gab es immer wieder Diskussionen, siehe z. B. zur Beitragsleistung der GTB 32. BV-Sitzung am 23.6.1972 und 1. BV-Sitzung am 5./6.9.1972, Dok. 62 und 63.
86 Für fachliche Arbeiten waren die Abteilungen zuständig: Vorsitzender, Gesellschaftspolitik, Internationale Abteilung, Tarifpolitik, Arbeiter-Handwerk, Finanzen, Europäische Integration, Wirtschaftspolitik, Sozialpolitik, Arbeitsrecht, Frauen, Bildung, Berufliche Bildung, Beamte-Öffentlicher Dienst, Personal, Angestellte, Werbung, Organisation und Verwaltung, Ausländische Arbeitnehmer, Jugend und Kulturpolitik. Vgl. DGB-Geschäftsbericht 1972–1974.
87 Otto Brenner wurde auf dem 6. Ordentlichen Bundeskongress des DGB 1962 zum Leiter der Kommission für die Neufassung des Aktionsprogramms von 1955 gewählt.
88 Zur konstituierenden Sitzung der Kommission siehe DGB-Archiv, DGB-BV, Sekretariat Franz Woschech 5/DGCQ000051.

missionsvorsitzenden wurde Heinz O. Vetter gewählt, die Geschäftsführung lag bei Franz Woschech, dem für die Abteilung Organisation zuständigen Geschäftsführenden Bundesvorstandsmitglied.

Zur Willensbildung innerhalb des DGB trugen auch die neun DGB-Landesbezirke, die weitgehend deckungsgleich mit den Grenzen der Bundesländer waren, und die DGB-Kreise[89] bei. Die wichtigste Aufgabe der Landesbezirksvorstände ist bis heute neben der allgemeinen Vertretung der gewerkschaftlichen Interessen im Landesbezirk die Durchführung der Weisungen des Bundesvorstandes. Mindestens einmal im Jahr trifft sich der GBV zur Koordinierung der Arbeit zu einer gemeinsamen Sitzung mit den Landesbezirksvorsitzenden.

Mit der Satzungsreform 1962[90] und der Revision des Grundsatzprogramms 1963[91] hatte der DGB nach seiner Gründung neue Akzente für die Gewerkschaftsarbeit gesetzt. Eine knappe Dekade später mussten, geprägt von der Aufbruchsstimmung zum Ende der 1960er Jahre, organisatorische Reformen durchgeführt und programmatische Perspektiven[92] innerhalb der Gewerkschaften weiterentwickelt werden.

II.2. Organisatorische Änderung in der Bundesvorstandsverwaltung

Als Ausdruck der gewerkschaftlichen Beteiligung an der Reformpolitik wurde nach dem Bundeskongress 1969 der Geschäftsbereich des Vorsitzenden durch die Abteilung *Gesellschaftspolitik* erweitert. Die neue Abteilung war aus den ehemaligen Abteilungen Mitbestimmung und Vermögenspolitik hervorgegangen.[93] Mit der Neufassung der DGB-Satzung auf dem außerordentlichen Bundeskongress 1971 wurde die Verbraucherpolitik wieder als eigenständige Aufgabe der Bundesvorstandsverwaltung herausgestellt.[94] Nach dem Bundeskongress 1972 wurde im Juli 1972 aus der Internationalen Abteilung

---

89 In den §§ 11 und 12 der DGB-Satzung sind die Aufgaben der DGB-Landesbezirke und -Kreise geregelt.

90 Die Satzung ist abgedruckt in: Hildebrandt/Schwitzer: Quellen 12, Dok. 105.

91 Ausführlich zum Charakter des Programms u. a. Schönhoven: Die deutschen Gewerkschaften, S. 229–231 sowie Helga Grebing: Gewerkschaften: Bewegung oder Dienstleistungsorganisation 1955 bis 1965, in: Hemmer/Schmitz: Geschichte der Gewerkschaften, S. 179.

92 Vgl. dazu die Diskussion, die insbesondere seit Anfang 1971 in den »Gewerkschaftlichen Monatsheften« geführt wurde und das Referat Heinz O. Vetters »Gedanken zur Satzungs- und Gewerkschaftsreform«, auf dem 3. Außerordentlichen Bundeskongress des DGB 1971. Siehe auch: Kap. III der Einleitung.

93 Vgl. DGB-Geschäftsbericht 1969–1971, S. 3. Bei der Diskussion über die Geschäftsverteilung des Geschäftsführenden Bundesvorstandes auf dessen 1. Sitzung wurde die Zuordnung beim Vorsitzenden u. a. mit der Notwendigkeit einer Entlastung von Georg Neemann (Wirtschaftspolitik) wegen dessen Parlamentstätigkeit begründet. Zu den weiteren Kernbereichen dieser Abteilung gehörten Gewerkschaftspolitische Grundsatzfragen, Neuordnung der Wirtschaft, Umweltschutz und Zukunftsforschung. Auch wurde der Bereich Europäische Integration als Koordinierungsstelle bei der Abteilung Finanzen (ab 1972 eigenständige Abteilung) auf dieser Sitzung beschlossen, vgl. Dok. 1.

94 Mit erweiterten Aufgaben wurde dieser Bereich durch Beschluss des Geschäftsführenden Bundesvorstandes auf seiner 92. Sitzung am 26.9.1971 der Abteilung Wirtschaftspolitik übertragen. Siehe DGB-Archiv, DGB-BV, Abt. Vorsitzender 5/DGAI000193.

der Bereich *Europäische Integration* als eigenständige Abteilung ausgegliedert und dem Vorstandsbereich von Alfons Lappas (Finanzen) zugeordnet. Der DGB begründete die Entscheidung damit, »dass die die Europapolitik nicht mehr länger als Außen-, sondern in erster Linie als Wirtschafts-, Sozial- und Gesellschaftspolitik« anzusehen sei und die Auswirkungen dieser Politikfelder einen großen Einfluss auf die einzelnen Nationalstaaten besäßen.[95] Aufgrund der politisch immer dringender werdenden Fragen zur Beschäftigung von ausländischen Arbeitnehmern – Anwerbestopp und steigende Arbeitslosigkeit – beschloss der Geschäftsführende Bundesvorstand mit Wirkung vom 1.12.1973[96], das »Referat ausländische Arbeitnehmer« aus der Abteilung Organisation herauszulösen und als eigenständige politische Abteilung *Ausländische Arbeitnehmer* weiterzuführen.[97] Zugeordnet wurde die Abteilung dem Vorstandsbereich von Karl Schwab (Organisation/ Verwaltung, Jugend und Kulturpolitik).

II.3. Führungspersonal

Die Wahl des DGB-Vorsitzenden in der Nachfolge von Ludwig Rosenberg wurde nach einem längeren Diskussionsprozess erst im Anschluss an die 32. Sitzung des Bundesvorstandes am 31.3.1969 entschieden. Obwohl Kurt Gscheidle von der Kandidatur zurückgetreten war[98], hatten sich in der Abstimmung 12 der im Bundesvorstand vertretenen 16 Gewerkschaftsvorsitzenden weiterhin für ihn ausgesprochen. Bei der weiteren Beratung im Bundesvorstand wurde abschließend einstimmig Heinz O. Vetter die Kandidatur für den DGB-Vorsitz angetragen.[99]

Mit der Wahl Heinz O. Vetters auf dem 8. Ordentlichen Bundeskongress des DGB vom 18. bis 23.10.1969 in München wurde ein Gewerkschafter zum DGB-Vorsitzenden gewählt, dessen gewerkschaftliche Betätigung erst nach dem Zweiten Weltkrieg begonnen hatte.[100] Seine Vorgänger hatten ihre ge-

---

95 Interne Mitteilung des DGB vom 17.7.1972 zur Errichtung der Abteilung Europäische Integration. DGB-Archiv, DGB-BV, Internationale Abt. 5/DGAJ000213. Zur Geschichte der Abteilung siehe auch: Jürgen Mittag/Maren Zellin, Grenzen der Koordination europäischer Gewerkschaftspolitik: Die Episode der Abteilung Europäische Integration (1972–1975), in: Mitteilungsblatt des Instituts für soziale Bewegungen, 2009, Nr. 42, S. 165–185.
96 Siehe Protokoll der 54. Sitzung des Geschäftsführenden Bundesvorstandes vom 22.10.1973 in DGB-Archiv, DGB-BV, Abt. Vorsitzender 5/DGAI000383.
97 Erster Geschäftsbericht der Abteilung siehe DGB Geschäftsbericht 1972–1974, S. 461–463.
98 Zur Auseinandersetzung um die Kandidatur des stellv. Vorsitzenden der DPG, Kurt Gscheidle, zum DGB-Vorsitzenden, siehe Dok. 93 bis 96, in: Kieseritzky: Quellen 13, S. 812–848.
99 Vgl. hierzu die Ausführungen Ludwig Rosenbergs auf der 8. Sitzung des DGB-Bundesausschusses am 1.4.1969. DGB-Archiv, DGB-BV, Abt. Vorsitzender 5/DGAI000444.
100 Zu seinem gewerkschaftspolitischen Werdegang siehe die Kandidatenrede auf dem 8. Ordentlichen Bundeskongress des DGB: Protokoll 8. Bundeskongreß, S. 338f. Erstaunlich ist, dass es über Heinz O. Vetter, den bisher am längsten amtierenden DGB-Vorsitzenden (13 Jahre), keine biografische Publikation gibt. Der Altersunterschied zwischen Vetter und seinem Vorgänger Rosenberg betrug zwar nur 14 Jahre, hatte aber dennoch qualitatives Gewicht, denn Vetters Generation wuchs bereits vor einem ganz anderen zeitgeschichtlichen Hintergrund auf als die Funktionärsgeneration Rosenbergs, Brenners und Bleichers.

werkschaftliche Arbeit bereits in der Weimarer Republik auf der unteren bzw. mittleren Funktionärsebene ausgeübt.[101] Neben Heinz O. Vetter wurden mit Gerd Muhr, Alfons Lappas[102] und Franz Woschech ebenfalls Vertreter jener Generation in den Geschäftsführenden Bundesvorstand gewählt, die in der biografischen Forschung auch als sogenannte »Kriegsgeneration« bezeichnet wird.[103] Nach dem frühen Tod von Franz Woschech wurde Karl Schwab auf der 7. Sitzung des Bundesausschusses vom 6.3.1974 zu seinem Nachfolger gewählt.[104] Bernhard Tacke[105] und Waldemar Reuter, die beiden dienstältesten Mitglieder des Geschäftsführenden Bundesvorstandes, gaben auf dem 9. Ordentlichen Bundeskongress des DGB 1972 den »Staffelstab« an Martin Heiß, der ebenso wie Bernhard Tacke den christlichen Gewerkschaftsflügel repräsentierte, und an Gerhard Schmidt weiter. Mit Ausnahme von Maria Weber und Georg Neemann waren alle GBV-Mitglieder vorher Mitglied im Hauptvorstand einer Einzelgewerkschaft.

Wie schon bei dem ersten Generationswechsel auf dem 4. Ordentlichen Bundeskongress 1956 verjüngte sich die Altersstruktur der gewählten Mitglieder des Geschäftsführenden Bundesvorstandes im Altersdurchschnitt um 10 Jahre.[106] Ebenso wie im Geschäftsführenden Bundesvorstand fand auch bei den Gewerkschaftsvorsitzenden zum Ende der 1960er und Anfang der 1970er Jahre ein Generationswechsel statt.[107] Nahezu alle neuen Gewerkschaftsvorsitzenden zählten zu den Geburtsjahrgängen zwischen 1918 und 1930.[108]

---

101 In den 1950er Jahren bestimmte die »Kaiserzeit Generation« (Jahrgänge vor 1900), Hans Böckler, Christian Fette, Walter Freitag und Willi Richter, die Politik des DGB. Sie wurde abgelöst von der sog. »Weimarer Generation« (Jahrgänge 1900 bis 1910), die die Politik des DGB und seiner Gewerkschaften bis zum Ende der 1960er Jahre prägte. Ludwig Rosenberg und Otto Brenner waren die personellen Synonyme dieser Generation. Siehe Grewe u. a.: Funktionärskarrieren, S. 49 ff.
102 Ursprünglich hatte die Antragskommission zum Bundeskongress Martin Lange von der GTB vorgeschlagen; er starb kurz vor dem Kongress und es wurde nun Alfons Lappas vorgeschlagen, siehe Beratungsunterlagen zu der 33. BV-Sitzung am 6.5.1969. DGB-Archiv, DGB-BV, Abt. Vorsitzender 5/DGAI000462.
103 Diese Generation vollzog ihren gewerkschaftlichen Aufstieg in der Zeit von Wiederaufbau und Nachkriegsprosperität. Vgl. Grewe u. a.: Funktionärskarrieren, S. 53 ff.; Klaus Dörre: Gewerkschaftseliten nach 1945 – Kontinuität und Wandel der Führungsgruppen deutscher Gewerkschaften: Das wiederbelebte Interesse an den gewerkschaftlichen Führungsgruppen, in: Mitteilungsblatt des Instituts für soziale Bewegungen, 2006, Nr. 35, S. 7–27, hier: 13 f.; Witjes: Gewerkschaftliche Führungsgruppen, S. 125.
104 Siehe Protokoll der 7. Sitzung des Bundesausschusses vom 6.3.1974 (Dok. 103).
105 In der gewerkschaftlichen Biografieforschung wurden die christlichen Gewerkschafter im DGB und in seinen Gewerkschaften weitgehend ausgeklammert. Eine Kurzbiografie »Christlicher Wachposten: Bernhard Tacke«, in: Mühlbradt / Lutz: Sozialpartnerschaft, S. 92–96.
106 Siehe Grewe u. a.: Funktionärskarrieren, S. 45 ff.
107 Bei der ÖTV Kummernuß / Kluncker, der IG CPK Gefeller / Hauenschild, der DPG Stenger / Breit, der GdED Jahn / Seibert und bei der GTB Bock / Buschmann. Bei den übrigen Gewerkschaften wurden die Vorsitzenden häufiger gewechselt. Zwar fand eine Verjüngung bei den Vorstandmitgliedern statt, jedoch kein Generationswechsel im eigentlichen Sinne. Vgl. Abbildung 4 (Generationsabfolge von Gewerkschaftsvorsitzenden ausgewählter DGB-Gewerkschaften), in: Grewe u. a.: Funktionärskarrieren, S. 61.
108 Ausnahmen waren anfänglich noch Otto Brenner, IG Metall (1907), Karl Buschmann, GTB (1914) und Adolf Mirkes, Gewerkschaft Leder (1913).

Diese Generation trug maßgeblich den materiellen Wiederaufbau und den politisch-gesellschaftlichen Neubeginn. Sie dominierte seit den 1960er Jahren mehr und mehr die bundesdeutsche Arbeitnehmerschaft. Ihre prägenden Erfahrungen stellten die Herrschaft des Nationalsozialismus sowie der Zweite Weltkrieg dar. Sie hatten in den Kriegsjahren als junge Soldaten und Flakhelfer gedient. Den meisten von ihnen wurde die menschenverachtende Brutalität des Krieges erst nach 1945 bewusst. Ihre Jugend war ihnen geraubt worden und sie fühlten sich als verratene oder betrogene Generation.[109]

In dieser Generation, auch »Nachkriegsgeneration«[110] genannt, gab es kaum noch Arbeiterberufe und ebenso waren die formalen Qualifikationen gegenüber den bisherigen Bundesvorständen gestiegen. »Mittlere Reife«, Abitur und abgeschlossenes Studium (Waldemar Reuter, Franz Woschech) oder eine Ausbildung an den gewerkschaftsnahen Akademien (Heinz O. Vetter, Martin Heiß) wurden zur Normalität.[111] Alle Bundesvorstandsmitglieder, ausgenommen Maria Weber, wiesen Karrieren innerhalb ihrer Gewerkschaft auf, die über die ehrenamtliche und nebenamtliche Funktionärstätigkeit im Betrieb und den regionalen Gewerkschaftsgliederungen der Landesbezirke in den Hauptvorstand der Gewerkschaft und anschließend zum DGB führten. Der »Stallgeruch« galt als unabdingbare Voraussetzung für die Gewerkschaftskarriere.[112]

Neben den Mitgliedern des GBV entstammten nahezu alle Gewerkschaftsvorsitzenden der sozial-liberalen Regierungsperiode der »Vetter- bzw. Nachkriegsgeneration«, so beispielsweise Ernst Breit (1924), Karl Hauenschild (1920), Heinz Kluncker (1925), Leonhard Mahlein (1921) und Eugen Loderer (1920). Diese gewerkschaftliche Führungsebene zeichnete sich durch eine außerordentliche Stabilität aus. Die ungewöhnlich lange Verweilzeit an der Gewerkschaftsspitze zeigt sich insbesondere bei Heinz O. Vetter (1969–1982), Eugen Loderer (1972–1983), Heinz Kluncker (1964–1982) und Karl Hauenschild (1969–1982).[113] Alle diese Gewerkschafter repräsentieren in ihrer Biografie noch die alte Arbeiterbewegung: Aufgewachsen in der Weimarer

---

109 Vgl. Bude: Deutsche Karrieren sowie Friedhelm Boll: Jugend im Umbruch vom Nationalsozialismus zur Nachkriegsdemokratie, in: AfS 37, 1997, S. 482–520, hier: S. 497.
110 Claus Winfried Witjes teilt die gewerkschaftlichen Führungsgruppen zwischen Neugründung und 1970er Jahren in zwei politische Generationen ein: a) die »Brückengeneration«, die schon in der Weimarer Republik gewerkschaftlich aktiv war und nach dem Krieg eine Kontinuität in der Gewerkschaftsbewegung verkörperte und b) die »Nachkriegsgeneration«, welche ihren gewerkschaftlichen Aufstieg in der Zeit des Wiederaufbaus und der Nachkriegsprosperität vollzog. Vgl. Witjes: Gewerkschaftliche Führungsgruppen, S. 125. In der Literatur wird diese Generation auch »45er« oder »Vetter-Generation« genannt.
111 Zur Bedeutung des Generationswechsels in den Gewerkschaften und zu den gewerkschaftlichen Funktionseliten siehe Ulrich Borsdorf: Deutsche Gewerkschaftsführer – biographische Muster, in: ders. u. a.: Gewerkschaftliche Politik, S. 11–41; Dörre: Gewerkschaftseliten nach 1945; Schönhoven/Braun: Generationen und Karl Lauschke: Weder Kämpfer noch Bürokrat oder Dienstleister. Zum Wandel der Gewerkschaftsfunktionäre in der 2. Hälfte des 20. Jahrhunderts, in: Kössler/Stadtland: Funktionäre, S. 221–238.
112 Ulrich Borsdorf identifizierte dieses Muster des Rekrutierungsweges der Gewerkschaftseliten bis in die 1970er Jahre. Vgl. Borsdorf: Deutsche Gewerkschaftsführer.
113 Zur These einer besonderen personellen Kontinuität der Gewerkschaftsspitzen in den 1970er Jahren, vgl. Schroeder: Gewerkschaften als soziale Bewegung, S. 252 ff.

Einleitung

Republik, erlebten sie bewusst den Nationalsozialismus, waren Kriegsteilnehmer und gehörten zu jener Gruppe, deren Mitglieder beim Wiederaufbau als Gewerkschaftsfunktionäre mitwirkten.[114]

Unverändert blieb auch die parteipolitische Bindung der Mitglieder des Bundesvorstandes. Sie gehörten mehrheitlich der SPD an. Nur Bernhard Tacke, sein Nachfolger Martin Heiß und Maria Weber waren Mitglieder der CDU und besetzten die für Christdemokraten reservierten Positionen. Georg Neemann war noch bis zum Ende der 6. Wahlperiode (1972) sozialdemokratischer Abgeordneter des Deutschen Bundestages. Andere Parteiämter hatte im Bearbeitungszeitraum kein Vorstandsmitglied des DGB inne. Die interessenpolitische Verflechtung von Parteien und Gewerkschaften fand über die Mitarbeit der Gewerkschaftsfunktionäre in den verschiedenen Gremien von SPD und CDU/CSU sowie in den Koordinierungstreffen des SPD-Gewerkschaftsrats[115] oder dem gewerkschaftlichen Beirat der CDU[116] statt.

Mit der Wahl des 2. Vorsitzenden der IG Bergbau und Energie, **Heinz O. Vetter** (1917–1990) wurde der Generationswechsel in der Führungsspitze des DGB vollzogen. Das Ende der Weimarer Republik erlebte er als Jugendlicher. In der Hitlerjugend groß geworden[117], machte er nach der Volksschule und einer Schlosserlehre 1933 als »Externer« das Abitur. Danach wurde er zum Wehrdienst eingezogen und war am Ende des Zweiten Weltkriegs Leutnant der Luftwaffe. 1946 trat er als Grubenschlosser auf der Zeche »Robert Müser« in die IG Bergbau und Energie ein und wurde Vertrauensmann bei der Harpener Bergbau AG. Nach einem viersemestrigen Studium an der Akademie für Gemeinwirtschaft wurde er 1952 hauptamtlicher Sekretär und acht Jahre später Mitglied im Geschäftsführenden Vorstand seiner Gewerkschaft. Auf dem Gewerkschaftstag 1964 wurde er zum 2. Vorsitzenden der IGBE gewählt. Bei seiner Wahl 1969 zum DGB-Vorsitzenden, war er für die Delegierten des Bundeskongresses ein weitgehend unbekannter Mann. Die Bedenken und Skepsis bei den Delegierten gegenüber Vetter spiegelten sich in dem Wahlergebnis wider. Von den 427 Delegierten stimmten nur 267 mit Ja, die übrigen mit Nein oder Enthaltung. Obwohl Vetter sich der ungünstigen Startbedingungen bewusst war, entsprang seine Bereitschaft zu kandidieren aus einer individuellen Mischung von Pflichtgefühl und Zuversicht, die neue Aufgabe letztlich doch »packen« zu können.[118] Aufgrund seines ausgeprägten Engagements für die europäische Arbeiterbewegung übernahm er von 1974 bis 1979 die Präsidentschaft des Europäischen Gewerkschaftsbundes (EGB).

---

114 Vgl. ebd.
115 Der SPD-Gewerkschaftrat wurde auf Initiative von Willy Brandt auf dem Parteitag 1968 in Nürnberg gegründet, vgl. Parteitagsprotokoll, S. 109.
116 Der Gewerkschaftliche Beirat der CDU hatte seine konstituierende Sitzung am 5.4.1972. Die Treffen des Beirats fanden immer in der Konrad-Adenauer-Stiftung statt. Vgl. DGB-Archiv, DGB-BV, Sekretariat Martin Heiß 5/DGCS000020 sowie 5/DGCS000022 und 5/DGCS000023.
117 Insbesondere seine Zeit in der Hitlerjugend stand im Bundesvorstand bei der Auseinandersetzung um seine Kandidatur im Vordergrund. Vgl. die Dok. 93 bis 96, in: Kieseritzky: Quellen 13, S. 812–848.
118 Vgl. Götz: Vetter, S. 23.

Für die Sozialdemokratische Partei, deren Mitglied er seit 1952 war, wurde er für zwei Wahlperioden (1979–1989) als Abgeordneter in das Europäische Parlament gewählt.

Gerd Muhr (1924–2000), der stellvertretende DGB-Vorsitzende, wechselte vom IG Metall-Vorstand in die Führung des DGB und bestimmte bis 1990 die gewerkschaftliche Sozial- und Arbeitspolitik des DGB und seiner Gewerkschaften.[119] Der gelehrte Mechaniker trat 1946 in die IG Metall ein. Seine Gewerkschaftskarriere begann als Betriebsratsvorsitzender und führte über die Geschäftsführung der Verwaltungsstelle Siegburg 1955 in den Hauptvorstand der IG Metall. 1963 wurde er zuständiges Vorstandsmitglied der IG Metall für den Bereich Sozialpolitik.[120] Er war Mitglied der SPD und saß ab 1965 im Sozialpolitischen Ausschuss beim SPD-Parteivorstand. Als Gerd Muhr im Mai 1969 von der Frankfurter Zentrale der IG Metall in den DGB-Bundesvorstand nach Düsseldorf wechselte, wandelten sich durch die sozial-liberale Regierungskoalition die Bedingungen für den gewerkschaftlichen Einfluss grundlegend. Blickt man auf die Sozialgesetzgebung der sozial-liberalen Reformphase, wird Gerd Muhr als gewerkschaftliches Pendant zu Walter Arendt angegeben.[121] Nicht nur auf der nationalen Ebene war er die »sozialpolitische Stimme« der Gewerkschaften, auch auf der europäischen Ebene setzte er sich für einen sozialen Rechtsstaat europäischer Prägung und ein umfassendes sozialpolitisches Programm für die Europäische Gemeinschaft ein.[122] So war er seit 1970 Mitglied der Arbeitnehmer im Verwaltungsrat der Internationalen Arbeitsorganisation (IAO) und von 1980–1990 Sprecher der Arbeitnehmergruppe. Im Juni 1990 wurde er als erster deutscher Gewerkschafter und zweiter Arbeitnehmervertreter für ein Jahr zum Präsidenten des Verwaltungsrates der IAO gewählt. Er war ebenfalls Mitglied im Wirtschafts- und Sozialausschuss der EU und wurde für die Periode 1984–1986 deren Präsident.

Bernhard Tacke (1907–1994) war gemeinsam mit Maria Weber das dienstälteste GBV-Mitglied und repräsentierte innerhalb des Führungsgremiums des Dachverbandes gemeinsam mit Maria Weber den christlichen Gewerkschaftsflügel. Innerhalb des DGB standen die christlichen Gewerkschafter der dominierenden Mehrheit sozialdemokratischer Gewerkschaftsfunktionäre gegenüber. Tacke war im Bundesvorstand der Sozialausschüsse der Christlich-Demokratischen Arbeitnehmerschaft (CDA) und dort Vorsitzender der Arbeitsgemeinschaft christlich-demokratischer DGB-Gewerkschaf-

---

119 Zeitgenössische Porträts über Gerd Muhr siehe Remeke: Weber/Muhr sowie Ursula Engelen-Kefer: Nachruf. Gerd Muhr gestorben, in: GMH 51, 2000, Nr. 3, S. 189–191; Günter Pehl: Gerd Muhr wurde 60 Jahre alt, in: Die Quelle 35, 1984, Heft 5, S. 300.
120 Zu seinem gewerkschaftlichen Werdegang siehe Kandidatenrede vor dem DGB-Bundeskongress zu den Bundesvorstandswahlen, Protokoll 8. Bundeskongreß, S. 343.
121 Stefan Remeke: Gerd Muhr und Maria Weber: Eine sozialpolitische Elite des DGB in den frühen Jahren der sozialliberalen Koalition (1969–1974), in: Mitteilungsblatt des Instituts für soziale Bewegungen 35, 2006, S. 207–223.
122 Vgl. Antrag 167 des Bundesvorstandes, »Sozialpolitik in der Europäischen Gemeinschaft«, in: Protokoll 9. Bundeskongreß, Teil: Anträge und Entschließungen, S. 140 f.

ter, die er mitbegründet hatte.[123] Sein Eintreten für die Einheitsgewerkschaft fand nicht immer Rückhalt in den Reihen der CDU. Für Tacke war die Einheitsgewerkschaft eine historische Errungenschaft, deren Bestand nicht gefährdet werden durfte.[124] Der gelernte Weber kannte die Konflikte zwischen den Richtungsgewerkschaften aus seiner hauptamtlichen Tätigkeit zwischen 1928 und 1933 im Zentralverband der Christlichen Textilarbeiter. Nach seiner Entlassung 1933 zu Beginn der NS-Herrschaft arbeitete er als Lagerarbeiter für Haushaltswaren. 1941 wurde er zum Kriegsdienst einzogen und geriet in britische Kriegsgefangenschaft. Unmittelbar nach seiner Entlassung aus der Kriegsgefangenschaft nahm er wieder eine gewerkschaftliche Tätigkeit auf. Als Mitbegründer der Gewerkschaft Textil-Bekleidung (GTB) für das linksrheinische Gebiet wurde er zum stellvertretenden Vorsitzenden gewählt. Auf dem 4. Ordentlichen Bundeskongress des DGB 1956 wurde er als Nachfolger für Matthias Föcher zum stellvertretenden Bundesvorsitzenden des DGB gewählt. Dieses Amt hatte er bis 1972 inne, wobei ihm die Zuständigkeit für die Abteilungen Bildung und Tarifpolitik oblag.

Wie Bernhard Tacke und sein Nachfolger Martin Heiß repräsentierte **Maria Weber** (1919–2002) den christlich-sozialen Gewerkschaftsflügel. Sie wurde auf dem 9. Ordentlichen Bundeskongress 1972 als Nachfolgerin für Bernhard Tacke zur stellvertretenden DGB-Vorsitzenden gewählt, die sie bis 1982 blieb.[125] Wenn man berücksichtigt, wie schwer die Gewerkschaften ihren Funktionärinnen eine Spitzenkarriere machten[126], dann war jene von Maria Weber bis in die 1970er Jahre einmalig. Die gelernte Schneiderin machte nach Kriegende eine rasante gewerkschaftliche Karriere. Nach ihrem Eintritt 1945 in die IG Chemie-Papier-Keramik (IG CPK) wurde sie 1946 Betriebsrätin, besuchte 1947/48 den ersten Nachkriegslehrgang der Akademie der Arbeit in Frankfurt/M. und kehrte in ihren Betrieb zurück, wo sie stellvertretende Betriebsratsvorsitzende wurde. Außerdem war sie Mitglied des Zonen-Frauenausschusses der britischen Zone. 1950 wechselte sie zum DGB und wurde Sachbearbeiterin der Abteilung Frauen im Geschäftsbereich von Thea Harmuth. Nach deren Tod trat Maria Weber als zweitjüngstes Mitglied des Bundesvorstandes deren Nachfolge an. Ihr Aufgabenbereich im Geschäftsführenden Bundesvorstand war keineswegs auf Frauenarbeit und Frauenbewegung fixiert, sondern umfasste bereits vor 1972 auch die wichtigen Bereiche Berufliche Bildung und Handwerk. Nach 1972 wurde sie auch zuständig für Fragen der gewerkschaftlichen Bildungsarbeit, der allgemeinen Bildungspolitik und der Tarifpolitik. In der Frauenpolitik war ihr besonderes

---

123 Zu den christlich-sozialen Gewerkschafter(inne)n im DGB nach 1949 siehe besonders Schroeder: Gewerkschaftspolitik, S. 11 ff. und S. 27 ff.; ebd. Interview mit Bernhard Tacke.
124 Zusammen mit Ludwig Rosenberg verfasste er die Schrift: Der Weg zur Einheitsgewerkschaft, Düsseldorf, DGB-Bundesvorstand, Abt. Werbung-Medienpolitik, 1978.
125 Porträts über Maria Weber finden sich etwa bei, Horst Kowalak: Nachruf. Maria Weber gestorben, in: GMH 53, 2002, Nr. 7, S. 428–420; Maria Weber wurde 60 Jahre alt, in: Die Quelle 31, 1980, Heft 2, S. 58; Maria Weber, in: Frauen und Arbeit, 1982, Heft 6/7, S. 10 f. Remeke: Weber/Muhr sowie biografische Hinweise in Hildebrandt/Schwitzer: Quellen 12, S. 16 f. und Kieseritzky: Quellen 13, S. 30.
126 Zur Geschlechterbeziehung in den deutschen Gewerkschaften siehe Pinl: Arbeitnehmer-Patriarchat.

Ziel die Durchsetzung des gleichen Lohns für gleichwertige Arbeit. Dafür initiierte sie über den DGB-Bundesfrauenausschuss in der Kampagne zum »Jahr der Arbeitnehmerinnen« 1972 die Aktion »Gerechte Eingruppierung«. In der Beruflichen Bildung baute sie als erste eine zielgerichtete gewerkschaftliche Berufsbildungspolitik auf. Auf der europäischen Ebene sorgte sie als Mitglied des Wirtschafts- und Sozialausschusses der Europäischen Gemeinschaft dafür, dass dieser sich eingehend mit Fragen der Bildungs- und Berufsbildungssysteme befasste und dass 1975 ein Europäisches Zentrum für berufliche Bildung errichtet wurde, dessen Präsidentin sie zeitweilig auch war. Im Rahmen der gewerkschaftlichen Bildung ließ sie die DGB-Bundesschulen und ihre Lehrinhalte modernisieren und bestärkte die arbeiterbildenden Akademien in Dortmund und Frankfurt/M. in ihrem Auftrag. 1974 führte sie in der örtlichen DGB-Bildungsarbeit bundesweite Schwerpunktthemen ein, zur Flankierung der aktuellen Gewerkschaftspolitik, und ab 1975 die systematische Ausbildung von DGB-Nachwuchskräften.

Günter Stephan[127] (1922–2012) der schon 1962 in den Geschäftsführenden Bundesvorstand gewählt wurde und ihm 20 Jahre angehörte, hat dazu beigetragen, das Bild einer modernen Gewerkschaft zu prägen. Nach Krieg und Gefangenschaft übernahm der gelernte Buchhändler nach mehrjähriger Tätigkeit als Behördenangestellter 1952 seine erste hauptamtliche Gewerkschaftsfunktion als Bezirkssekretär der HBV in Koblenz. Ein Jahr später wurde er DGB-Kreisvorsitzender in Neuwied, gleichzeitig Jugendleiter und Vorstandsmitglied des Landesbezirks Rheinland-Pfalz der HBV. Auf dem HBV-Verbandstag 1961 in Berlin wurde er zum 2. Vorsitzenden gewählt, zuständig für Organisations- und Werbearbeit. Im folgenden Jahr wurde er auf dem 6. Ordentlichen Bundeskongress des DGB in den GBV gewählt. Wieder wurde er mit den Aufgaben der Organisation und außerdem mit der Jugendarbeit betraut. Nach dem Bundeskongress 1969 in München übernahm er die Abteilungen Angestellte und Werbung und fand damit neue Aufgabengebiete, die von ihm geprägt wurden. Er setzte sich besonders für die gewerkschaftliche Zusammenführung der Angestellten ein und gab neue Impulse für die Organisierung der leitenden Angestellten. Im Bereich der Werbung suchte er neue Wege die Öffentlichkeit über die Gewerkschaftsbewegung zu informieren. Als Vertreter des DGB in den Gremien von Rundfunk und Fernsehen setzte er sich für den öffentlich-rechtlichen Charakter der Rundfunk- und Fernsehanstalten ein.

Georg Neemann (1917–1993) wurde 1967 vom DGB-Bundesausschuss als Nachfolger von Wilhelm Haferkamp, der 1967 in die Europäische Kommission berufen worden war, in den GBV gewählt.[128] Er übernahm das Aufgabengebiet Wirtschaftspolitik. Die DGB-Kongresse in München und Berlin

---

127 Weitere biografische Daten siehe Kieseritzky: Quellen 13, S. 30; Günter Stephan 50 Jahre, in: ND, 24.2.1972, Nr. 49 sowie Vorwort zum Bestand Günter Stephan im DGB-Archiv.
128 Auf der 15. Sitzung des Bundesvorstandes am 10.10.1967 wurde beschlossen, Georg Neemann als Nachfolger von Wilhelm Haferkamp dem Bundesausschuss vorzuschlagen. Vgl. Kieseritzky: Quellen 13, S. 539, Dok. 65. Neemann war bis 1975 Mitglied des Geschäftsführenden Bundesvorstandes.

wählten bzw. bestätigten ihn mit großer Mehrheit in diesem Amt. Neemann[129] war einer der wenigen aus der »Nachkriegsgeneration«, die in der NS-Zeit verhaftet worden waren, und zwar aufgrund seiner Mitgliedschaft in der Sozialistischen Arbeiterjugend sowie im Arbeiter-Turn- und Sportbund der Weimarer Republik. Nach Kriegsteilnahme und englischer Gefangenschaft schloss er sich 1946 der SPD und der Gewerkschaft ÖTV an und wechselte später in die IG Metall. Ab 1950 begann seine hauptamtliche Tätigkeit in der Gewerkschaftsbewegung, zunächst bis 1963 als Bezirkssekretär und Bezirksleiter der IG Metall für Münster und Ostwestfalen, dann von 1963 bis 1967 als Vorsitzender des DGB-Landesbezirkes Nordrhein-Westfalen. Parallel zu seiner Aufgabe beim DGB-Bundesvorstand war er von 1965 bis 1972 Bundestagsabgeordneter der SPD.

Waldemar Reuter (1920–1993) war schon seit 1956 Mitglied des GBV.[130] Unmittelbar nach dem Abitur 1938 trat er den Militärdienst an. Sein juristisches Studium begann er während des Krieges in Prag, welches er nach Kriegsteilnahme, Verwundung und amerikanischer Kriegsgefangenschaft 1949 in Köln mit der ersten juristischen Staatsprüfung abschloss. Seine gewerkschaftliche Tätigkeit begann 1950 als Referent zunächst in der Abteilung Arbeitsrecht beim DGB-Landesbezirk NRW, bevor er 1952 die Leitung der Abteilung Beamte übernahm. Bereits ein Jahr vor seiner Wahl zum Bundesvorstandsmitglied wurde er als Leiter der Abteilung Beamte in den DGB-Bundesvorstand berufen. Mit seiner Wahl auf dem 4. Ordentlichen Bundeskongress 1956 in den Geschäftsführenden Bundesvorstand wurde erstmals ein Akademiker federführend und nicht nur beratend in einer der höchsten Positionen des Dachverbandes gewählt. Bis zu seinem Ausscheiden 1972 blieb er für die Beamten zuständig.

Auf der Bundesausschusssitzung am 2.2.1972[131] wurde **Gerhard Schmidt** (1919–1984) in den GBV gewählt. An der Stelle von Waldemar Reuter war er für die Beamtenpolitik des DGB verantwortlich.[132] Vor seiner Berufung gehörte er dem Geschäftsführenden Hauptvorstand der ÖTV an. Nach kaufmännischer Lehre als Handlungsgehilfe, Militärdienst und Kriegsgefangenschaft arbeitete er seit 1947 bei der Steuerverwaltung der Stadt Berlin. Ab 1952 begann dort seine hauptamtliche Gewerkschaftstätigkeit als Leiter des Bezirksbeamtensekretariats bei der Bezirksverwaltung der ÖTV. Dort blieb er bis Juni 1964. Anschließend wurde er in den Geschäftsführenden Hauptvorstandes der ÖTV gewählt und war dort verantwortlich für die Beamtenarbeit. In zwei Legislaturperioden (1958–1967) war Schmidt Mitglied der SPD-Fraktion des Abgeordnetenhauses von Berlin.

---

129 Weitere biografische Daten siehe Kieseritzky: Quellen 13, S. 30 sowie Georg Neemann zieht Kandidatur aus Krankheitsgründen zurück, in: ND, 8.4.1975, Nr. 104.
130 Weitere biografische Daten siehe Hildebrandt/Schwitzer: Quellen 12, S. 17 und Kieseritzky: Quellen 13, S. 31.
131 Vgl. 2. Sitzung des Bundesausschusses am 2.2.1972. DGB-Archiv, DGB-BV 5/DGAI000445.
132 Biografische Daten siehe Gerhard Schmidt Nachfolger Waldemar Reuters, in: Die Quelle 23, 1972, Heft 3, S. 156 sowie ND, 2.2.1972, Nr. 29.

Einleitung

Franz Woschech (1919–1973), der auf dem Bundeskongress des DGB in München 1969 gewählt[133] und in Berlin 1972 als Mitglied des Geschäftsführenden Bundesvorstandes bestätigt wurde, konnte nur vier Jahre in seinen Zuständigkeitsbereichen Jugend und Kulturpolitik sowie Organisation und Verwaltung Impulse setzen.[134] Insbesondere bei der Gewerkschaftsjugend gelang es ihm, jüngere Arbeitnehmer für die Gewerkschaften zu interessieren. Nach seinem Pädagogikstudium in Prag und Braunschweig und seinem Militär- und Kriegsdienst war er 10 Jahre Lehrer in Braunschweig. Seine ehrenamtliche gewerkschaftliche Tätigkeit begann 1946 in der Jugend- und Bildungsarbeit des Gesamtverbandes Braunschweiger Lehrer. 1956 wurde er zum hauptamtlichen Sekretär und Junglehrersprecher im Bundesvorstand der Gewerkschaft Erziehung und Wissenschaft (GEW) berufen, ab 1959 war er Geschäftsführer des Landesverbandes Nordrhein-Westfalen der GEW und zugleich Mitglied im Hauptvorstand dieser Gewerkschaft. Er verstarb überraschend am 24.11.1973.

Anfang März 1974 wählte der Bundesausschuss den damaligen Vorsitzenden des DGB-Landesbezirks Baden-Württemberg, **Karl Schwab** (1920–2003), als Nachfolger für den verstorbenen Franz Woschech.[135] Der gelernte Bäcker kehrte nach über vierjähriger Haftzeit (1940–1944) im »Jugendschutzlager Moringen«, welches dem Reichssicherheitshauptamt der SS unterstellt war, und seiner Einberufung zur Wehrmacht 1944 im April 1945 aus dem Krieg zurück. Anfang 1946 trat er dem Bayerischen Gewerkschaftsbund bei, wurde 1948 Betriebsratsvorsitzender bei der Firma Siemens-Schuckert in Nürnberg und ehrenamtliches Mitglied der Ortsverwaltung Nürnberg der IG Metall. Ab 1953 war er hauptamtlicher Geschäftsführer des Gesamtbetriebsrates der Siemens-Betriebe. Im Verlauf des Metallarbeiterstreiks in Bayern 1954 wurde er wegen aktiver Streikbeteiligung – er war in Nürnberg Streikleiter der IG Metall – fristlos entlassen. Ende 1954 wurde er Sekretär der IG-Metall Verwaltungsstelle Stuttgart, wo er ab 1957 die Stelle des ersten Bevollmächtigten einnahm. Auf der Landesbezirkskonferenz des DGB am 30.1.1969 wurde er, als Nachfolger des zum zweiten Vorsitzenden der IG Metall gewählten Eugen Loderer, zum Vorsitzenden des DGB-Landesbezirks Baden-Württemberg gewählt. 1972 erfolgte seine Wiederwahl. Neben kommunalen Parteiämtern war er von 1968 bis 1975 stellvertretender Landesvorsitzender der SPD Baden-Württemberg und ab 1972 Mitglied des Staatsgerichtshofes Baden-Württemberg.

Als Bernhard Tacke aus Altersgründen aus dem DGB-Bundesvorstand ausschied, wurde **Martin Heiß** (1922–2005) auf dem Bundeskongress 1972 in

---

133 Zur Kandidatur Franz Woschechs, der erst auf dem 8. Ordentlichen Bundeskongress als Gegenkandidat zu Anton Fittkau aufgestellt wurde, siehe Kieseritzky: Quellen 13, S. 31 sowie Protokoll 8. Bundeskongreß, S. 351 ff.
134 Siehe Nachrufe: Franz Woschech gestorben, in: Die Quelle 24, 1973, Heft 12, S. 486 sowie ND, 26.11.1973, Nr. 397.
135 Vgl. hierzu 7. Sitzung des Bundesausschusses am 6.3.1974, Dok. 103. Siehe auch: Karl Schwab wurde in den Bundesvorstand gewählt, in: Die Quelle 25, 1974, Heft 3, S. 136 sowie ND, 6.3.1974, Nr. 50. Siehe auch: Nachruf, in: GMH 54, 2003, Nr. 7, S. 454 f.

Berlin zu seinem Nachfolger gewählt.[136] Er übernahm die Leitung der Abteilungen Tarifpolitik und Arbeiter/Handwerk. Der gelernte Maler war nach Wehrdienst und Kriegsgefangenschaft von 1946 bis 1948 Angestellter der Spruchkammer in seiner Heimatstadt Rosenheim. Im gleichen Jahr trat er der Gewerkschaft ÖTV bei, organisierte die dort beschäftigten Angestellten und wurde deren Vertrauensmann. Nach dem Besuch von Aufbaukursen wurde er 1948/49 Hörer an der Akademie der Arbeit in Frankfurt/M. und nahm anschließend seine erste hauptamtliche Tätigkeit als DGB-Rechtsschutzsekretär in Rosenheim auf. Nach dreijähriger Tätigkeit als DGB-Kreisvorsitzender in Schongau wechselte er 1954 zur Gewerkschaft Textil-Bekleidung. Nach seiner Tätigkeit als Geschäftsführer der Verwaltungsstelle Rosenheim wurde er auf dem 5. Ordentlichen Gewerkschaftstag der Gewerkschaft Textil-Bekleidung 1957, als Nachfolger von Bernhard Tacke, Mitglied im Geschäftsführenden Hauptvorstand der GTB. Dort leitete er zunächst die Abteilungen Sozialpolitik und Angestellte und später die Abteilungen Betriebsräte, Vertrauensleute und Arbeitsrecht. Auf dem Gewerkschaftstag der GTB 1968 wurde er zum stellvertretenden Vorsitzenden gewählt. Er war Mitglied der christlich-sozialen Kollegenschaft im DGB sowie Mitglied des Bundesfachausschusses Wirtschaftspolitik der CDU.

Mit **Alfons Lappas** (geb. 1929), dem Vorsitzenden der Gewerkschaft Gartenbau, Land- und Forstwirtschaft (GGLF), wurde ein Vertreter einer kleinen Gewerkschaft auf dem Bundeskongress 1969 in den Bundesvorstand gewählt.[137] Während seiner Ausbildung zum Waldfacharbeiter trat er 1948 in die GGLF ein und wurde hauptamtlich in der Fachgruppe Forstangestellte seiner Gewerkschaft tätig. Drei Jahre später wurde er Bezirksleiter der GGLF in Darmstadt und Fulda und rückte nach erfolgreicher Tätigkeit in diesem Bezirk 1957 zum Landesbezirksleiter in Rheinland-Pfalz auf. 1959 wurde er in den Hauptvorstand der GGLF als Leiter der Abteilung Tarifpolitik berufen und trat in dieser Eigenschaft 1961 als Mitglied in den Geschäftsführenden Hauptvorstand der Gewerkschaft ein. 1966 wurde er mit großer Mehrheit zum stellvertretenden Vorsitzenden und im Oktober 1968 auf dem 8. Ordentlichen Gewerkschaftstag nahezu einstimmig zum 1. Vorsitzenden der GGLF gewählt. Ab Herbst 1968 war er auch Präsident der Europäischen Landarbeiter-Föderation. In den acht Jahren als Mitglied des Bundesvorstandes war er zuständig für die Abteilungen Finanzen, später Europäische Integration und Gewerkschaftliche Beteiligung. Nach seinem Ausscheiden 1977 wurde er Vorstandsmitglied und ab 1985 bis 1987 Vorstandsvorsitzender der Beteiligungsgesellschaft für Gemeinwirtschaft AG.

Ähnlich den Generationsschnitten beim DGB fand auch Ende der 1960er Jahre ein Wechsel in der Führungsstruktur der Einzelgewerkschaften statt. Eine identische Zäsur bei der Ablösung der Vorsitzenden lässt sich bei fünf

---

136 Weitere biografische Daten, etwa die Kandidatenrede auf dem Bundeskongress des DGB 1972, in: Protokoll 9. Bundeskongreß, S. 143–145 sowie in: Die Quelle 23, 1972, Heft 7/8, S. 377 und Martin Heiß 50 Jahre in: ND, 13.10.1972, Nr. 304.

137 Weitere biografische Daten, etwa die Kandidatenrede auf dem Bundeskongress des DGB 1969, in: Protokoll 8. Bundeskongreß, S. 346 sowie Reuther: Porträts, S. 25.

Einleitung

DGB-Gewerkschaften aufzeigen: bei der ÖTV: Adolph Kummernuss/Heinz Kluncker, der IG CPK: Wilhelm Gefeller/Karl Hauenschild, der DPG: Carl Stenger/Ernst Breit, der GdED: Hans Jahn/Philipp Seibert und der GTB: Werner Bock/Karl Buschmann. Bei den übrigen Gewerkschaften fand zwar auch eine Verjüngung bei den Vorstandsmitgliedern statt jedoch kein Generationswechsel im eigentlichen Sinne.[138]

Das dienstälteste Bundesvorstandsmitglied, **Otto Brenner** (1907–1972), war schon in den 1960er Jahren einer der profiliertesten Gewerkschafter.[139] In der Weimarer Republik engagierte er sich in linkssozialistischen Organisationen und wurde in der NS-Zeit wegen der Zugehörigkeit zu einer Widerstandsgruppe zu zwei Jahren Gefängnis verurteilt. Nach 1945 beteiligte er sich maßgeblich am Wiederaufbau des gewerkschaftlichen und politischen Lebens. In der IG Metall stieg er rasch auf und wurde 1956 deren erster Vorsitzender. Er galt als programmatischer Kopf und stellte in allen politischen Fragen die Weichen für zahlreiche politische Entscheidungen, wie vor allem in der Kampagne gegen die umstrittenen Notstandsgesetze der Großen Koalition und im Kampf um die Mitbestimmung. Er war der Kontrastpunkt zu den eher sozialpartnerschaftlich orientierten kleineren Gewerkschaften wie der IG Bau, Steine, Erden.[140]

Nach Otto Brenners plötzlichem Tod fiel **Eugen Loderer** (1920–1995) die Aufgabe zu, die IG Metall zu führen.[141] Loderer war kein gewerkschaftstheoretischer Programmatiker wie Otto Brenner, sondern konzentrierte sich stattdessen darauf, die Arbeits- und Lebensbedingungen der abhängig Beschäftigten allmählich zu verbessern. Kurz nach seiner Lehre als Metalltuchweber musste er zur Kriegsmarine einrücken. Erst nach Kriegsende fand er Anschluss an die Gewerkschaftsbewegung. Er wurde in seinem Lehrbetrieb zum Betriebsratsvorsitzenden gewählt. Bereits 1946 wurde er in die Geschäftsstelle der Heidenheimer IG Metall geholt, deren Bevollmächtigter er 1951 wurde. Acht Jahre später ging er als hauptamtlicher Mitarbeiter zur baden-württembergischen Bezirksleitung unter Willi Bleicher nach Stuttgart. Gemeinsam organisierten beide den einzig großen Streik der IG Metall in den 1960er Jahren.[142] Nach seiner Tätigkeit als Bezirkssekretär wurde er 1963 zum Vorsitzenden des DGB-Landesbezirks Baden-Württemberg gewählt, fünf Jahre später wurde er stellvertretender Vorsitzender der IG Metall.

Mit **Heinz Kluncker** (1925–2005) hatte die ÖTV auf ihrem 5. Ordentlichen Gewerkschaftstag 1964 einen Vorsitzenden gewählt, der durch sein Verhandlungsgeschick und seine Härte in den Tarifauseinandersetzungen erstaun-

---

138 Vgl. Abbildung 4 (Generationsabfolge von Gewerkschaftsvorsitzenden ausgewählter DGB-Gewerkschaften), in: Grewe u. a.: Funktionärskarrieren, S. 61.
139 Weitere biografische Daten etwa Becker/Jentsch: Brenner; Kalbitz: Otto Brenner sowie Hildebrandt/Schwitzer: Quellen 12, S. 19 und Kieseritzky: Quellen 13, S. 31.
140 Vgl. seine Auseinandersetzung mit dem damaligen Vorsitzenden der IG BSE, Georg Leber, in den 1960er Jahren über die Vermögensbildung.
141 Siehe die ausführliche Biografie: Kempter: Loderer.
142 Vgl. Kempter: Loderer, S. 162 ff. Vgl. zu Willi Bleicher etwa Abmayr: Bleicher, S. 106 ff.

liche Erfolge erzielte[143], wie beispielweise der Streik im öffentlichen Dienst 1974 zeigte.[144] Nach kaufmännischer Lehre, Kriegsteilnahme und Kriegsgefangenschaft in den USA arbeitete er als Sekretär bei der SPD. Seine sozialpolitische Aktivität eröffnete ihm die Möglichkeit, an der damaligen Akademie für Gemeinwirtschaft in Hamburg zu studieren. Anschließend war er als Sozialpraktikant an der Dortmunder Hüttenunion tätig. 1952 kam er als Volontär in den Hauptvorstand der ÖTV, stieg dann ein Jahr später zum Sachbearbeiter im Tarifsekretariat auf und wurde 1958 Bundesarbeitssekretär. Drei Jahre später wurde er in den Geschäftsführenden Hauptvorstand gewählt und übernahm die Leitung des Sekretariats für Tarifpolitik.

Auch **Rudolf Sperner** (1919–2010) war bereits vor dem Krieg tätig gewesen, und zwar als kaufmännischer Angestellter und danach Bauhelfer. Nach Kriegsteilnahme und Gefangenschaft schloss er sich 1945 der Gewerkschaft Bau-Steine-Erden an. Nach mehrjähriger ehrenamtlicher Gewerkschaftsarbeit begann er seine hauptamtliche Tätigkeit 1949 als DGB-Kreisausschussvorsitzender in Rheine. Seine Funktionärslaufbahn führte ihn vom Bezirkssekretär über die Bezirksleitung 1960 in den Hauptvorstand. Drei Jahre nach seiner Wahl zum 2. Vorsitzenden wurde er, aufgrund der Ernennung seines Vorgängers Georg Leber zum Bundesminister, 1966 vom Beirat der IG BSE zum neuen Vorsitzenden gewählt. Er stand 16 Jahre an der Spitze der Gewerkschaft und führte die gemäßigte Linie Lebers weiter. In seiner Amtszeit betrat er auch tarifpolitisches Neuland, indem er bei den Verhandlungen das Konkursausfallgeld und die beruflichen Bildungskassen durchsetzte.[145]

Als Vorsitzender der IG Chemie-Papier-Keramik löste **Karl Hauenschild** (1920–2006) 1969 Wilhelm Gefeller ab. Der gelernte Industriekaufmann trat nach Kriegsteilnahme der Gewerkschaft bei und war Anfang 1947 bereits hauptamtlich in der Verwaltungsstelle Hannover der IG CPK tätig. Auf dem Vereinigungsverbandstag seiner Gewerkschaft 1948 in Hannover wurde er in den Geschäftsführenden Hauptvorstand gewählt, zuständig für den Bereich Jugend und Bildung und später das Ressort Organisation und Verwaltung. 1973 wurde er zum Präsidenten der »Internationalen Föderation der Chemie- und Fabrikarbeitergewerkschaften« gewählt, nachdem er von 1960 bis 1973 bereits deren Vizepräsident gewesen war. Gleichzeitig war er Vertreter im Wirtschafts- und Sozialausschuss der Europäischen Gemeinschaft.[146]

Als Nachfolger Walter Arendts, der in die sozial-liberale Bundesregierung als Minister für Arbeit und Sozialordnung wechselte, wurde **Adolf Schmidt** (geb. 1925), bis dahin Leiter der Hautabteilung Organisation und Finanzen, im November 1969 auf dem Ordentlichen Gewerkschaftstag der IG Bergbau

---

143 Detaillierter zu Heinz Kluncker siehe Hemmer/Simon: Kluncker sowie Kieseritzky: Quellen 13, S. 33 f.
144 Zu diesem Streik und der These, dass Kluncker mit diesem Streik zum Rücktritt des Bundeskanzlers Willy Brandt beitrug, etwa Faulenbach: Das sozialdemokratische Jahrzehnt, S. 327 und S. 399 sowie Hemmer/Simon: Kluncker, S. 172 ff.
145 Weitere biografische Daten siehe Gewerkschaftsreport, hrsg. v. Institut der Deutschen Wirtschaft, 13. Jg., 1979, Nr. 2, S. 20 f. sowie Kieseritzky: Quellen 13, S. 33.
146 Biografische Daten entnommen aus: 100 Jahre Industriegewerkschaft Chemie-Papier-Keramik, hrsg. v. IG Chemie-Papier-Keramik, VB Bildung-Jugend, Hannover/Köln 1990.

Einleitung

und Energie zum neuen Vorsitzenden gewählt. Nach einer Lehre als Grubenschlosser, dem anschließenden Wehrdienst und Kriegsgefangenschaft begann er seine gewerkschaftliche Laufbahn 1947 als Betriebsrat. Nach dem Besuch der Akademie der Arbeit in Frankfurt/M. war er 1951/52 hauptamtlicher Gewerkschaftssekretär für Jugendfragen in der Bezirksleitung München, anschließend Leiter der Geschäftsstellen in Freiburg/Br. und Gießen, 1963/64 Tarif- und Betriebsrätesekretär für den Bezirk Hessen/Rheinland-Pfalz und ein Jahr später Bezirksleiter. Im gleichen Jahr (1965) wurde er in den Hauptvorstand der IGBE berufen. Er besaß einen nüchternen Pragmatismus und setzte mehr auf Gespräche und Verhandlungen als auf Konfrontation und Kampf.[147]

Carl Stenger (1905–1982), einer der Mitbegründer des DGB, stand von 1949 bis 1971 an der Spitze der DPG.[148] Aufgrund seiner schlechten Erfahrung in der Weimarer Republik mit der gewerkschaftlichen Zersplitterung war er in der Nachkriegszeit ein entschiedener Kämpfer für die Einheitsgewerkschaft. Der hohe Organisationsgrad der Postbeschäftigten war nicht zuletzt darauf zurückzuführen, dass er stets die Einheitsgewerkschaft der Beamten, Arbeiter und Angestellten sowie die parteipolitische Unabhängigkeit der DPG anstrebte. 1949 führte er die DPG in die Internationale des Personals der Post-, Telegraphen- und Telefonbetriebe (IPTT), deren Präsident er von 1960 bis 1969 war. Die Interessen der Postbediensteten vertrat er seit 1954 in dem neu gebildeten Verwaltungsrat der Deutschen Bundespost. Außerdem war er von 1957 bis 1971 Mitglied der SPD-Bundestagsfraktion.

Auf dem 10. Ordentlichen Kongress der DPG 1971 wurde **Ernst Breit** (1924–2013) zu seinem Nachfolger gewählt. Er hatte bis zu seiner Wahl eine kontinuierliche gewerkschaftliche Karriere absolviert. Die begann 1948 als Betriebsrat beim Postamt Heide (Holstein), führte über die Leitung des DPG Bezirks Kiel von 1953–1959 und 1965 zum Beisitzer der Gruppe »Beamte« im Geschäftsführenden Hauptvorstand der DPG. Gleichzeitig war er Vorsitzender des Hauptpersonalrates im Bonner Postministerium. In seiner Amtszeit von 1971 bis 1982[149] stellte er die DPG neu auf und führte 1980 erfolgreich deren ersten selbstständigen Streik.[150]

Nach einer kaufmännischen Lehre und der Kriegsteilnahme begann **Philipp Seibert** (1915–1987) seine Gewerkschaftskarriere mit der Tätigkeit bei der Eisenbahn im Sommer 1945. Anfänglich war er ehrenamtlich als Ortsjugendleiter, später als Bezirksjugendleiter und anschließend als Vorsitzender der Ortsverwaltung Mainz tätig. In hauptamtlicher Funktion arbeitete er bis 1952 in der Lohn- und Tarifabteilung des Hauptvorstandes der Eisenbahnergewerkschaft (GdED) in Frankfurt/M. und wurde 1953 in den Geschäfts-

---

147 In Claus Winfried Witjes Analyse der gewerkschaftlichen Führungsgruppen wurde Adolf Schmidt deshalb als Prototyp eines deutschen Spitzengewerkschafters bezeichnet.
148 Biografische Daten siehe Kieseritzky: Quellen 13, S. 32; Beier: Schulter an Schulter, S. 177–182 sowie Nachrufe, in: Deutsche Post, 20.7.1982, Nr. 13/14 und ND, 29.6.1982, Nr. 144.
149 Zu seiner Amtszeit als DPG Vorsitzender und weiteren biografischen Daten siehe Hemmer: Breit, insbes. S. 59–68.
150 Vgl. Lauschke: Postgewerkschaft, S. 25–46.

führenden Hauptvorstand gewählt. Bereits 1956 wählte ihn die GdED zum 2. Vorsitzenden und 1959 zum 1. Vorsitzenden. Während seiner Zeit als Gewerkschaftsvorsitzender (1959–1979) war er Exekutivmitglied der International Transport Workers' Federation (ITF), Präsident der Verkehrskommission der Europäischen Verkehrsgewerkschaft sowie Vizepräsident des Verwaltungsrates der Deutschen Bundesbahn. Von 1961 bis 1976 gehörte er als SPD-Abgeordneter dem Deutschen Bundestag an.[151]

Von den Vorsitzenden der kleineren Gewerkschaften stand **Erich Frister** (1927–2005)[152], der 1968 zum 1. Vorsitzenden der Lehrergewerkschaft GEW gewählt wurde, mit seiner Gewerkschaft im Mittelpunkt der Extremistendebatte der 1970er Jahre. Sein Bestreben, die GEW zu einem Sammelbecken aller im Bildungswesen beschäftigten »fortschrittlichen Kräfte« zu machen, öffnete die Gewerkschaft auch linksextremen Kräften. Im Juni 1974 grenzte sich der GEW-Bundeskongress nach heftiger Gegenwehr einer beachtlichen Minderheit gegen die Extremisten ab.[153] Frister verstand es, die relativ kleine, damals nur rund 120.000 Mitglieder zählende Gewerkschaft zu einem Machtfaktor im Bereich der Bildungspolitik zu machen, nicht zuletzt unter Ausnützung des Bildungsbooms seit dem Beginn der sozial-liberalen Koalition.

Dem 1965 als Nachfolger von Werner Ziemann gewählten **Heinz Vietheer** (1921–1996) gelang es in seiner 15-jährigen Amtszeit als Vorsitzender, die Anzahl der Mitglieder der HBV fast zu verdreifachen. Nach einer Lehre in einer Anwaltsfirma, anschließendem Kriegsdienst und Gefangenschaft wurde er 1949 Mitglied der 1948 gegründeten HBV. Schon ein Jahr später begann seine hauptamtliche Gewerkschaftskarriere die über den Landesbezirksvorsitz der HBV Niedersachsen/Bremen, den Geschäftsführenden Landesvorstand des DGB-Landesbezirks Niedersachsen/Bremen zum Vorsitz der HBV führte.[154]

Die von **Leonhard Mahlein** (1921–1986)[155] von 1968 bis 1983 geführte Gewerkschaft Druck und Papier vollzog als erste DGB-Gewerkschaft einen Integrationsprozess und zwar mit der Aufnahme des Verbandes deutscher Schriftsteller (VS).[156] Mit dieser Fusion begann für die traditionsreiche »Druckergewerkschaft« der mühsame Weg in die Mediengewerkschaft, die

---

151 Vgl. weitere biografische Daten bei Kieseritzky: Quellen 13, S. 34; zum 60. Geburtstag, ND, 18.3.1975, Nr. 93 sowie Nachruf, in: Der Deutsche Eisenbahner 40, 1987, Nr. 12, S. 10.
152 Zu biografischen Daten Fristers siehe u. a. Munzinger Personenarchiv, Nachruf, in: Erziehung und Wissenschaft, 2005, Nr. 12, S. 29 sowie Kieseritzky: Quellen 13, S. 35.
153 Vgl. hierzu Diskussionen und Entschließungen (Abgrenzungsbeschluss gegenüber Extremisten) auf dem ordentlichen Bundeskongress der GEW im Juni 1974 in Mainz. Auf der außerordentlichen Vertreterversammlung der GEW am 8.3.1975 in Köln wurden weitere Beschlüsse gefasst, gegen alle Versuche radikaler Gruppen die GEW für ihre parteipolitischen Zwecke zu missbrauchen. Vgl. Protokoll des Bundeskongresses 1974 sowie der Vertreterversammlung 1975.
154 Weitere biografische Daten siehe Kieseritzky: Quellen 13, S. 35 sowie Nachruf, in: Ausblick 48, September 1996, S. 12.
155 Biografische Daten siehe Nachrufe auf Leonhard Mahlein, in: GMH 37, 1986, Nr. 1, S. 61 und in: Druck + Papier 124, 1986, Nr. 1, S. 13.
156 Vgl. Dok. 53.

am 3.12.1985 in Düsseldorf durch den Zusammenschluss mit der Gewerkschaft Kunst gegründet wurde.

Nach Kriegsteilnahme und Gefangenschaft trat der gelernte Tischler **Gerhard Vater** (1924–1982) 1946 der Gewerkschaft Holz bei. Aufgrund seiner ehrenamtlichen Gewerkschaftsarbeit wurde er 1949 hauptamtlicher Geschäftsführer der Verwaltungsstelle Dortmund. Wenig später wurde er Bezirksleiter seiner Gewerkschaft von Nordrhein-Westfalen. 1957 wurde er zum 2. Vorsitzenden und drei Jahre später zum 1. Vorsitzenden der Gewerkschaft Holz und Kunststoff gewählt – und damit zum jüngsten Gewerkschaftsvorsitzenden im DGB.[157]

Nach der Rückkehr aus der Kriegsgefangenschaft begann **Herbert Stadelmaier** (1916–2009) seine Gewerkschaftskarriere als Kassierer in der NGG Ortsverwaltung Hamburg. 1947 wurde er in den Gewerkschaftsvorstand für die britische Besatzungszone gewählt und 1949 auf dem NGG-Gründungskongress zum Mitglied des Geschäftsführenden Hauptvorstandes. 1962 auf dem Gewerkschaftstag in Essen wurde er zum 2. Vorsitzenden und vier Jahre später zum Nachfolger von Alfred Schattanik gewählt. Zwölf Jahre, bis 1978 prägte er als 1. Vorsitzender die Politik der NGG.[158]

Eine kürzere Amtszeit hatte der ausgebildete Waldfacharbeiter **Alois Pfeiffer** (1924–1987), der 1969 als Nachfolger von Alfons Lappas zum Vorsitzenden der GGLF gewählt wurde. Er trat 1946 der Gewerkschaft bei und übernahm erste ehrenamtliche Gewerkschaftsfunktionen. Nach dem Besuch der Akademie der Arbeit 1948/49 wurde er 1949 hauptamtlicher Bezirksleiter, später Landesbezirksleiter und 1966 in den Geschäftsführenden Hauptvorstand und 1968 zum 2. Vorsitzenden gewählt. Nach dem Ausscheiden Georg Neemanns aus dem Geschäftsführenden Bundesvorstand des DGB ernannte ihn der Bundesausschuss 1975 zu dessen Nachfolger. Er übernahm die Leitung der Abteilung Wirtschaftspolitik.[159]

Die Vorsitzenden der Gewerkschaft Leder, **Adolf Mirkes** (1913–1998)[160] und der Gewerkschaft Textil-Bekleidung, **Karl Buschmann** (1914–1988)[161], waren schon vor dem Editionszeitraum im Bundesvorstand vertreten.[162] Beider Funktionärskarrieren begannen nach dem Krieg mit der »gewerkschaftlichen Ochsentour«. Der Weg des Schuhmachers Mirkes führte über seine ehrenamtlichen Gewerkschaftstätigkeiten 1950 in den Geschäftsführenden Haupt-

---

157 Weitere biografische Daten siehe Nachrufe, in: GMH 34, 1983, Nr. 1, S. 63; WdA 33, 6.1.1983, Nr. 1; Holzarbeiter Zeitung, 1983, Nr. 2.
158 Weitere biografische Daten siehe Einigkeit, Dezember 1991, Nr. 12, S. 30.
159 Weitere biografische Daten siehe u. a. Nachrufe, in: Die Quelle 38, 1987, Heft 9, S. 472; Der Säemann 39, 1987, Nr. 9, S. 2; Sozialdemokratischer Pressedienst Europa 7, 6.8.1987, Nr. 31.
160 Biografische Daten siehe auch: Dieter Schuster: 1949–1989. Vierzig Jahre Gewerkschaft Leder, Stuttgart 1989, S. 169.
161 Zu den biografischen Daten siehe Nachruf Karl Buschmanns von Berthold Keller, in: GMH 39, 1988, Nr. 3, S. 192.
162 Beide Organisationen hatten in den 1970er Jahren, nachdem sie bereits in den 1960er Jahren schwächelten, aufgrund eines massiven Arbeitsplatzabbaus in ihren Branchen auch mit erheblichen Mitgliederverlusten zu kämpfen. Vgl. zur Situation in der Textilindustrie die Dok. 87 und 94.

vorstand, 1953 zum stellvertretenden und 1959 zum Vorsitzenden seiner Gewerkschaft, ein Amt, das er bis 1976 innehatte. Ähnlich war der Weg des Maurers Buschmann. 1951 wurde er in den Geschäftsführenden Hauptvorstand gewählt, von 1963 bis 1978 zum Vorsitzenden seiner Gewerkschaft.

Otto Sprenger (1917–2006), Abteilungsleiter beim Norddeutschen Rundfunk und ehrenamtlicher Vorsitzender der Rundfunk-Fernseh-Film-Union (RFFU), leitete von 1973 bis 1980 als Bundesvorsitzender die Gewerkschaft Kunst. In seiner Amtszeit war er maßgeblich an der Gründung der Künstlersozialkasse[163] beteiligt, die freischaffenden Journalisten und Künstlern Zugang zu Leistungen aus der gesetzlichen Renten- und Krankenversicherung ermöglicht. Otto Sprenger war Nachfolger des Operntenors und künstlerischer Direktor des Stuttgarter Opernhauses **Wolfgang Windgassen** (1914–1974), der von 1966 bis 1973 die Gewerkschaft Kunst im Bundesvorstand vertrat. Windgassen war von 1963 bis 1972 auch Präsident der Genossenschaft Deutscher Bühnenangehöriger. Beide ließen sich während des Editionszeitraumes oft durch das Vorstandsmitglied **Joachim Freitag** vertreten.

Auch die Vorsitzenden der DGB-Landesbezirke gehörten mit Ausnahme von **Peter Michels** (1910–1990) und bis 1972 **Philipp Pless** (1906–1973) der »Nachkriegsgeneration« an.[164] Sie repräsentierten ihre Landesbezirke bei den Sitzungen des Bundesvorstandes, hatten Rederecht, aber kein Stimmrecht im Bundesvorstand. Unter den Landesbezirksvorsitzenden gab es fünf Vertreter, die ihren Landesbezirk über den gesamten Zeitraum des Bandes im Bundesvorstand repräsentierten. **Wilhelm Rothe** (1914–2003) war seit 1958 Leiter des Angestelltensekretariats beim DGB-Bundesvorstand und wurde 1969 auf der Landesbezirkskonferenz zum Vorsitzenden des Landesbezirks Bayern gewählt. Die Funktion hatte er bis 1978 inne. **Walter Sickert** (1919–2013), der gelernte Maschinenschlosser und Mitglied des Berliner Abgeordnetenhauses von 1967 bis 1975 auch dessen Präsident, leitete den Landesbezirk Berlin von 1960 bis 1982. Insbesondere bei den Diskussionen zu den gewerkschaftlichen Ostkontakten und den deutsch-deutschen Gesprächen mit dem FDGB nahm er vehement die Interessen der Berliner Gewerkschaften und damit eine gesamtdeutsche Position war.[165] Von seinen insgesamt 35 Jahren gewerkschaftlicher Tätigkeit leitete **Jan Sierks** (geb. 1924) 18 Jahre von 1969 bis 1988 den Landesbezirk Nordmark. Den Landesbezirk NRW führte von 1968 bis 1975 **Peter Michels,** der bereits seit 1957 Mitglied des Geschäftsführenden Landesbezirksvorstandes war. **Julius Lehlbach** (1922–2001) war von 1965 bis 1986 Vorsitzender des Landesbezirks Rheinland-Pfalz.[166] **Karl Schwab** (1920–2003), der Landesvorsitzende von Baden-Württemberg, war

---

163 Rechtliche Grundlage für die zum 1.1.1983 eingefügte Künstlersozialkasse war das Gesetz über die Sozialversicherung der selbstständigen Künstler und Publizisten (Künstlersozialversicherungsgesetz – KSVG) vom 27. Juli 1981, BGBl. 1, S. 705.
164 Biografische Daten zu Peter Michels siehe Nachruf, in: ND, 13.9.1990, Nr. 226 und Nachruf auf Philipp Pless, in: ND, 10.12.1973, Nr. 422.
165 Vgl. hierzu u. a. die Diskussionen auf den Bundesvorstandssitzungen vom 6.1.1970 und 7.4.1970, Dok. 10 und 21.
166 Biografische Daten siehe Nachruf auf Julius Lehlbach von Volker Bahl, in: GMH 52, 2001, Nr. 5, S. 318f.

Einleitung

nach seiner Berufung in den Geschäftsführenden Bundesvorstand bis zur Neuwahl des Landesvorsitzes 1975 noch weiterhin kommissarisch im Amt.
Den Landesbezirk Niedersachsen-Bremen leitete bis zu seiner Ernennung zum Minister für Wirtschaft und öffentliche Arbeiten in Niedersachsen 1970 **Helmut Greulich** (1923–1993). Ihm folgte der Bezirksleiter der Gewerkschaft Textil-Bekleidung für Niedersachsen-Nordmark, **Georg Drescher** (1921–2003). Nachfolger von **Philipp Pless,** der sein Amt als Landesbezirksvorsitzender für Hessen von 1967 bis 1972 ausübte, wurde **Armin Clauss** (geb. 1938). Der ehemals hauptamtliche Gewerkschaftssekretär bei der IG Metall blieb bis 1976 Vorsitzender des Landesbezirks. Er war Mitglied des SPD-Landesverbandes Hessen und des SPD-Bezirksvorstandes Hessen-Süd. Gleichzeitig gehörte er seit Dezember 1970 dem Hessischen Landtag an und war 1976 SPD-Fraktionsvorsitzender. Nach dem Rücktritt von Ministerpräsident Albert Osswald (SPD) legte Clauss sein Amt als DGB-Landesbezirksvorsitzender nieder und wurde im Oktober 1976 unter der neuen Landesregierung von Holger Börner (SPD) hessischer Sozialminister. Dem saarländischen Landtagsabgeordneten **Leo Moser** (1920–1984) folgte 1972 **Manfred Wagner** (geb. 1934). Auch er war von 1970 bis 1979 Mitglied des Saarländischen Landtags und stellvertretender Vorsitzender der SPD-Landtagsfraktion.[167]

In den Sitzungen des Bundesvorstandes waren neben dem Bundesvorstandssekretär, die Vertreter der Verbindungsstelle des DGB in Bonn und der Gewerkschaftspresse anwesend. **Bernd Otto** (geb. 1940) wurde 1970 Bundesvorstandssekretär und wechselte im Januar 1975 in den Vorstand der »co op«. Bis zum DGB-Bundeskongress im Mai 1975 übernahm der Leiter der Presseabteilung **Walter Fritze** (1908–1999) interimistisch diese Funktion. Die Verbindungsstelle des DGB in Bonn war mit **Kurt Hirche** (1904–1999) und ab 1970 durch **Walter Böhm** (geb. 1919)[168] vertreten. Neben **Ulrich Preussner** (geb. 1923), der im Januar 1975 zum Leiter der DGB-Pressestelle ernannt wurde, waren als Vertreter der Gewerkschaftspresse die Chefredakteure der »Welt der Arbeit«, **Richard Becker** (geb. 1926), und der Funktionärszeitschrift »Die Quelle«, **Günter Pehl** (geb. 1923), sowie der Leiter der »Gewerkschaftlichen Monatshefte«, **Walter Fabian** (1902–1992) und ab 1971 **Gerhard Leminsky** (geb. 1934) anwesend. Für die Beratungen im Vorstand war ihre Teilnahme ohne unmittelbare Bedeutung, gleichwohl hatten sie für die Öffentlichkeitsdarstellung des DGB eine wichtige Funktion.

---

167 Die biografische Daten der Landesbezirksvorsitzenden wurden entnommen aus: Kieseritzky: Quellen 13, S. 35 f. sowie Jubiläums-, Geburtstags- oder Todesdaten, soweit vorhanden, aus: DGB-Nachrichtendienst und der Sammlung Personalia des DGB-Archivs.
168 Walter Böhm wurde im November 1974 unter Spionageverdacht für den Ostblock verhaftet, fünf Monate später aber rehabilitiert. Vgl. hierzu auch die 21. und 24. BV-Sitzung, Dok. 114 und 118.

III. Satzungsreform – innerorganisatorische Reformen

Seit Mitte der 1960er Jahre rangen der DGB und seine Gewerkschaften um ein neues theoretisches Fundament. Für den innerorganisatorischen Bereich fanden diese Diskussionen mit der Satzungsannahme auf dem 3. Außerordentlichen Bundeskongress 1971 ihren vorläufigen Abschluss. Eine kritische Überprüfung des gewerkschaftlichen Selbstverständnisses sowie eine Neuorientierung von gewerkschaftlichen Aktionen fanden ihren Niederschlag erst in dem auf dem 4. Außerordentlichen Bundeskongress 1981 verabschiedeten Grundsatzprogramm.

Auslöser für die Überlegungen zu einer Reform des DGB waren zweifellos die Wirtschaftskrise 1966 in der Bundesrepublik und die Bildung der großen Koalition 1966 sowie deren Instrument zur Behebung der Krise, die »Konzertierte Aktion«. Die Nachwirkungen dieser Ereignisse wurden auch in den Diskussionsbeiträgen zum Geschäftsbericht auf dem 8. Ordentlichen Bundeskongress 1969 deutlich.[169] Die auf diesem Kongress betonte Autonomie der Gewerkschaften hatte ihre Ursache in der enttäuschten Erwartung, dass durch die Regierungsbeteiligung der SPD eine größere Durchsetzungsfähigkeit der gewerkschaftlichen Forderungen möglich sei.

Vor diesem Hintergrund war die Diskussion zur »DGB-Reform« auf dem Bundeskongress 1969 geprägt von der Problematik »Zentralisierung« auf Bundesebene einerseits und der Beibehaltung der »relativen Autonomie der Einzelgewerkschaften«, also Dezentralisierung, andererseits.[170] Aus jener Entwicklung wurde auch der Schluss gezogen, dass organisatorische Veränderungen erforderlich seien, die zur Durchsetzung gewerkschaftlicher Forderungen gegenüber den Adressaten gewerkschaftlicher Politik führen sollten.[171]

Auf dem 8. Ordentlichen Bundeskongress des DGB 1969 wurde der Antrag Nr. 2 »Neufassung der Satzung des DGB/DGB-Reform«[172] mit der Empfehlung der Antragskommission angenommen. Von jeder Gewerkschaft sowie dem Geschäftsführenden Bundesvorstand des DGB sollte je ein Vertreter für die Reform-Kommission benannt werden. Die entsprechenden Vorarbeiten sollten bis spätestens 1.10.1970 zur Diskussion vorgelegt werden, damit im Jahre 1971 die Einberufung eines außerordentlichen Bundeskongresses des DGB erfolgen könne.[173] Auf der ersten und zweiten Sitzung des Bundes-

---

169 Vgl. u. a. den Redebeitrag von Julius Lehlbach, Vorsitzender DGB-LB Rheinland-Pfalz, in dem er die Selbstständigkeit und Handlungsfreiheit der Gewerkschaften, durch den Zwang zur Loyalität gegenüber der Großen Koalition, bedroht sah, in: Protokoll 8. Bundeskongreß, S. 199 ff.
170 Insbesondere der Satzungsentwurf der DPG fokussierte die Diskussion auf die Formel »gewerkschaftlicher Föderalismus oder Zentralismus«; vgl. hierzu auch die Diskussionsbeiträge vor dem Bundeskongress, in: WdA, 1.5.1969, Nr. 18, S. 13–23 sowie Artikel von Richard Becker: »Patentrezepte gibt es nicht«, in: ebd., 4.4.1969, Nr. 14. Siehe auch: Redebeitrag Otto Brenners auf dem Kongress, in: Protokoll 8. Bundeskongreß, S. 422.
171 Vgl. Horst W. Schmollinger: Zur Diskussion der Reform von Politik und Organisation des DGB, in: GMH 22, 1971, Nr. 6, S. 342–349, hier: S. 343.
172 Siehe Protokoll 8. Bundeskongreß, Teil: Anträge und Entschließungen, S. 27 ff.
173 Siehe hierzu Diskussion und Beschluss auf dem 8. Bundeskongress, in: Protokoll 8. Bundeskongreß, S. 438–441.

Einleitung

vorstandes am 1.7. und 2.9.1969 wurde nach lebhafter Diskussion über die Kommissionszusammensetzung, deren Stellung, Funktion und Aufgaben[174] der Beschluss zur Konstituierung gefasst.

Die Konstituierung der Kommission fand nach einer Unterbrechung der 3. Bundesvorstandssitzung am 7.10.1969 im Hans-Böckler-Haus statt.[175] Die Kommission bestand aus 17 Mitgliedern, zu deren Vorsitzendem Heinz O. Vetter gewählt wurde. Die Geschäftsführung oblag dem zuständigen geschäftsführenden Bundesvorstandsmitglied für die Abteilung Organisation, Franz Woschech. Auf dieser Sitzung wurde auch die Arbeitsweise der Kommission vereinbart, die nach Eingang aller Vorschläge bis zum 31.12.1969 eine Synopse wie auch einen Entwurf aus diesen Vorschlägen erarbeiten sollte.[176] In 8 Sitzungen zwischen dem 7.10.1969 und 16.3.1971 wurden die vom Bundeskongress überwiesenen Anträge und die ergänzenden Stellungnahmen von 9 Gewerkschaften beraten und im Oktober als Satzungsentwurf vorgelegt.[177] In den gewerkschaftlichen Publikationen fanden die Arbeit der Satzungskommission und der Satzungsentwurf in Diskussionsforen einen breiten Niederschlag.[178] Gleichzeitig waren die Gewerkschaften sowie die DGB-Landesbezirke und -kreise aufgefordert, das Ergebnis der Kommissionsberatungen zu diskutieren und eigene Anträge zum außerordentlichen Bundeskongress des DGB im Mai 1971 einzureichen.

Ein wichtiger Aspekt in der Reformdiskussion waren die spontanen Streiks, die nach dem Münchner Kongress 1969 stattgefunden hatten. In ihnen zeigten sich die Konflikte zwischen der Organisation und der Mitgliederbasis der Einzelgewerkschaften. Diese Diskussion betraf nicht nur die Inhalte der gewerkschaftlichen Politik und deren Durchsetzungsfähigkeit, sondern auch die Frage der innergewerkschaftlichen Demokratie, also der Einbeziehung der Mitglieder in den Willensbildungs- und Entscheidungsprozess der gewerkschaftlichen Organe.

Auf dem 3. Außerordentlichen Bundeskongress (14./15. Mai 1971 in Düsseldorf) wurden mit der Verabschiedung einer neuen Satzung, die am 1. Juli 1971 in Kraft trat, die ersten organisatorischen Konsequenzen aus den veränderten gesellschaftlichen und gewerkschaftlichen Situationen gezogen. Gleichzeitig bekannten sich der DGB und seine Gewerkschaften »zur frei-

---

174 Siehe hierzu Vermerk des Justitiars des DGB Heinz Gester zur Stellung und Funktion der Satzungskommission, beigefügt dem Brief von Heinz O. Vetter an die Mitglieder des Bundesvorstandes vom 13.8.1969 zur Satzungskommission. Anlage zum Protokoll der 2. Sitzung des Bundesvorstandes am 2.9.1969, Dok. 1 und 3.
175 Siehe hierzu DGB-Archiv, DGB-BV, Sekretariat Franz Woschech 5/DGCQ000051 sowie Dok. 4.
176 Siehe Protokoll der konstituierenden Sitzung, in: Franz Woschech 5/DGCQ000051.
177 Siehe 13. Sitzung des Bundesvorstandes vom 6.10.1970 (Dok. 31). Der Bundesvorstand hat diesen Entwurf als Antrag zur Beratung und Beschlussfassung an den 3. Außerordentlichen Bundeskongress 1971 weitergeleitet und nicht zum eigenen Antrag erhoben.
178 So wurde beispielsweise in: Die Quelle von Heft 11/1969 bis 3/1970 eine Leserdiskussion unter der Rubrik »Diskussion zur DGB-Reform« geführt, die ab Heft 11/1970 mit der Empfehlung der Reformkommission wieder aufgenommen wurde, »Entwurf einer Neufassung der Satzung des DGB«. Siehe auch die Diskussion die Anfang 1971 zur gewerkschaftlichen Programmatik geführt wurde, etwa im Themenheft der GMH 22, 1971, Nr. 4.

heitlich-demokratischen Grundordnung der Bundesrepublik Deutschland«
und setzten sich für »Sicherung und Ausbau des sozialen Rechtsstaates und
die weitere Demokratisierung von Wirtschaft, Staat und Gesellschaft«[179] ein.
Außerdem befürwortete der Kongress die »Schaffung eines vereinten Europas mit demokratischer Gesellschaftsordnung« (§ 2d). Mit diesen Punkten
sowie dem gesamten Satzungsparagrafen 2 umriss der DGB seine gesellschaftspolitische Stellung innerhalb der Bundesrepublik und gab gleichzeitig
in der Satzung erstmals ein Bekenntnis zu Europa ab.

In der neuen Satzung wurde auch die Position des DGB als Dachorganisation stärker abgesichert und die Aufgaben des Bundesausschusses wurden
neu geordnet (§ 8).[180] Erstmals wurde auch die »Erarbeitung von Grundsätzen für die Tarifpolitik« (§ 3f) satzungsgemäß festgehalten. Zu den bisher
vorhandenen »Personengruppenausschüssen« kamen auf Antrag der ÖTV
»Arbeiter-Ausschüsse« hinzu. Weiterhin wurden auch die Voraussetzungen
dafür geschaffen, dass künftig andere Gewerkschaften leichter in den DGB
aufgenommen werden konnten. Das »totale Vetorecht« der Einzelgewerkschaften wurde hierbei abgeschafft (§ 3.2.). Abschließend wurde der Bundesvorstand von den Delegierten beauftragt, »bis zum 10. Ordentlichen Bundeskongress Vorschläge für weitere organisatorische Reformmaßnahmen und
dazu notwendige Satzungsänderungen zu entwickeln«.[181]

Außerdem sollte der DGB, nach dem Initiativantrag von ÖTV-Vorsitzenden
Heinz Kluncker und Genossen, seine Organisationsstruktur, sein Betragsund Leistungssystem und sein Informations- und Kommunikationswesen von
leistungsfähigen und unabhängigen wissenschaftlichen Instituten untersuchen lassen.[182] Dieser Antrag wurde dem DGB-Bundesvorstand als Material
überwiesen – mit der einschränkenden Bemerkung, dass für diese Untersuchung noch ein geeignetes Institut gefunden werden müsse.[183]

IV. Gewerkschaftliche Programmdiskussion und -umsetzung

Die Doppelaufgabe der Gewerkschaften in dieser Periode, Schutz der Arbeitnehmer und gesellschaftlicher Gestaltungswille, zeigt sich auch in der
Flut der Programmerklärungen in den ersten beiden Wahlperioden Vetters.[184]
Gab es zu Beginn der 1970er Jahre noch den Glauben, dass mit dem Wirtschaftswachstum eine Gestaltungsmöglichkeit der wirtschaftlichen und sozialen Entwicklung möglich sei, änderten sich mit dem Einbruch der Krise

---

179 Vgl. § 2c der beschlossenen Satzung. Weitere Zitate aus der Satzung siehe Protokoll 3. Außerordentlicher Bundeskongreß, Teil: Anträge und Entschließungen, S. 22 f.
180 Zur Diskussion um die Aufgaben des Bundesausschusses siehe 1. Sitzung des Bundesausschusses am 3.11.1971, Dok. 51.
181 Vgl. Protokoll 3 Außerordentlicher Bundeskongreß 1971, Teil: Anträge und Entschließungen, Neufassung des Antrages 239 des Landesbezirks Niedersachsen/Bremen zur Bildung einer Reformkommission, S. 168.
182 Vgl. Initiativantrag 1, in: Protokoll 3. Außerordentlicher Bundeskongreß, S. 179 f.
183 Vgl. Protokoll 3. Außerordentlicher Bundeskongreß, S. 279 f.
184 Vgl. Schneider: Kleine Geschichte, S. 341 f.

Einleitung

die Perspektiven. Die im November 1972 beschlossenen Zielprojektionen 1973 bis 1977[185] und die Wahlprüfsteine 1972 gingen noch davon aus, dass ein Konjunktureinbruch verhindert werden könne. Das Aktionsprogramm 1972 setzte sich kritisch mit dem wirtschaftlichen Wachstum auseinander und stellte als zentrales gewerkschaftliches Anliegen die Verbesserung der allgemeinen Lebens- und Arbeitsqualität in den Mittelpunkt.[186]

Die Aktionsprogramme sind für den DGB wesentliche Beiträge zur Koordinierung der Gewerkschaftspolitik, indem sie einen Überblick über die gewerkschaftlichen Prioritäten in dieser Phase der Entwicklung der Bundesrepublik geben.[187] In dem vom 9. Ordentlichen Bundeskongress des DGB in Berlin beschlossenen Aktionsprogramm 1972, das eine Weiterentwicklung des im März 1965 vom Bundesausschuss beschlossenen Aktionsprogramms war[188], wurden die Forderungen in zwei Gruppen zusammengefasst.[189] Bei den »Forderungen nach gesellschaftlichen Strukturveränderungen« wurden neben der »alten« Forderung nach Mitbestimmung die Forderung nach Vermögensbildung durch ein überbetriebliches System der Ertragsbeteiligung, eine vorausschauende Arbeitsmarktpolitik auf der Grundlage eines volkswirtschaftlichen Rahmenplanes, die Errichtung paritätisch besetzter Wirtschafts- und Sozialräte im Zusammenhang mit der gesamtwirtschaftlichen Mitbestimmung, die Mitbestimmung auch in multinationalen Konzernen und öffentlichen Unternehmen sowie die Stärkung der Gewerkschaftsrechte in den Betrieben und Verwaltungen gefordert. Neu im Forderungskatalog war der Abschnitt über die Fortentwicklung des Arbeits- und Dienstrechtes.

In der zweiten Gruppe »Verbesserung der Lebensqualität« wurden neben einer Veränderung der Steuer- und Finanzpolitik zur besseren Finanzierung von Gemeinschaftsaufgaben die grundlegende Forderung nach menschengerechten Arbeitsbedingungen, die Verbesserung der Sozialpolitik durch Anhebung der Versicherungspflichtgrenze, Reform des Krankhauswesens und besondere Rentenansprüche der Frau aufgenommen. Bei den Forderungen zum Bildungswesen wurden erstmals die allgemeine und berufliche Bildung

---

185 Siehe Bundesvorstandssitzungen vom 7.11.1972, Dok. 67. Zur Diskussion über die Weiterführung der Zielprojektionen siehe Bundesvorstandssitzung vom 3.7.1973 und vom 1.–3.10.1973, Dok. 86 und 88 sowie DGB-Geschäftsbericht 1972–1974, Abt. Wirtschaftspolitik, S. 372 f.

186 Ergänzend zum verabschiedeten Aktionsprogramm wurde der Antrag 7 der IG Metall angenommen, der sich systematisch mit Fragen der quantitativen und qualitativen Entwicklung des wirtschaftlichen Wachstums auseinandersetzte. Daraus wurde gefolgert: »Soll eine menschenwürdige Infrastruktur erreicht werden, muß daher künftig die Qualität des Wachstums im Vordergrund aller Überlegungen stehen. Dabei muß die Befriedung kollektiver Bedürfnisse Vorrang erhalten, welche die Qualität des menschlichen Lebens verbessern.« Protokoll 9. Bundeskongreß, Teil: Anträge und Entschließungen, S. 11. Siehe auch: Diskussion zum Antrag 7 vor dem 10. DGB-Bundeskongress 1975 in Dok. 117.

187 Bis 1979 gab eine Trennung der »Ziele«: So wurden im Grundsatzprogramm die Fernziele und im Aktionsprogramm die Nahziele definiert.

188 Vgl. Protokoll der 8. BA-Sitzung vom 19.3.1965, TOP 2, in: DGB-Archiv, DGB-BV, Abt. Vorsitzender 5/DGAI000443. Im Gegensatz zu den bisherigen Aktionsprogrammen wurde das Programm erstmalig vom Bundekongress verabschiedet.

189 Vertiefende Erläuterungen zu den einzelnen Forderungen siehe in der Rede Heinz O. Vetters, in: Protokoll 9. Bundeskongreß, S. 179–182.

zusammengefasst und konkretisiert durch Ziele wie obligatorische Vorschule, integrierte Gesamtschule und finanzielle Förderung der Lernenden. Erstmalig wurde ein besseres soziales Miet- und Bodenrecht sowie Umweltschutz gefordert.[190] Der gesamte Forderungskatalog ließ einerseits neue Schwerpunkte der gewerkschaftlichen Reformpolitik, andererseits auch die wachsende Politisierung des gewerkschaftlichen Kampfes erkennen.

Aufgrund der veränderten wirtschaftlichen und gesellschaftlichen Rahmenbedingungen wurde auf dem Bundeskongress 1975 der DGB-Bundesvorstand aufgefordert, den Gesellschaftspolitischen Ausschuss mit dem Entwurf einer Überarbeitung des geltenden Grundsatzprogramms von 1963 und des Aktionsprogramms zu beauftragen und letzteres auf dem nächsten Bundeskongress vorzulegen.[191] Damit sollten das Grundsatz- und Aktionsprogramm erstmalig im Zusammenhang neu entwickelt werden.[192]

Verbunden mit der Diskussion über die Vorstellungen zur Verbesserung der Lebensqualität waren die zentralen Forderungen des Aktionsprogramms nach menschengerechten Arbeitsbedingungen durch mehr Arbeitsschutz, Arbeitszeitverkürzung und Milderung der allgemeinen Belastung bei der Arbeit, eben die Forderung nach »Humanisierung der Arbeitswelt«.[193] Zielten die Gewerkschaften in den 1960er Jahren in erster Linie darauf ab, die technische Entwicklung sozial kontrollierbar zu machen, wurden durch die fortschreitende Arbeitsteilung, Mechanisierung, Automatisierung usw. Konzepte für eine Gestaltung von Technik und Arbeit erforderlich.[194] Die von der Bundesregierung am 9.2.1971 einberufene »Kommission für wirtschaftlichen und sozialen Wandel«[195] sollte bis Anfang 1976 ein Gutachten erstellen über die mit dem technischen, wirtschaftlichen und sozialen Wandel zusammenhängenden Probleme in der Arbeitswelt.[196] Der DGB befasste sich auf einer internationalen Tagung im Mai 1974 mit dieser Thematik.[197] Die Gewerkschaften begrüßten und unterstützen auch die Bemühungen der Bundesregierung ein »Aktionsprogramm zur Humanisierung der Arbeitswelt« aufzustellen. Das

---

190 Das Aktionsprogramm ist auch abgedruckt in: Protokoll 9. Bundeskongreß, Teil: Anträge und Entschließungen, S. 3–7.
191 Vgl. Antrag 1, in: Protokoll 10. Bundeskongreß, Teil: Anträge und Entschließungen, S. 3. Der Gesellschaftspolitische Ausschuss ist faktisch mit dem Bundesvorstand gleichzusetzen.
192 Zur Entwicklung des Grundsatzprogramms vgl. Detlef Hensche: Grundsatzprogramm und Wirtschaftsordnung. Zur gewerkschaftlichen Programmatik seit 1945, in: GMH 27, 1976, Nr. 11, S. 688–695. Ebenfalls in diesem Heft Gerhard Leminsky: Zur Entwicklung des DGB-Aktionsprogramms, S. 696–709.
193 Vgl. Heinz O. Vetter: Humanisierung der Arbeitswelt als gewerkschaftliche Aufgabe, in: GMH 24, 1973, Nr. 1, S. 1–10.
194 Vgl. hierzu Martens u. a.: Arbeit u. Technik, S. 3 ff.
195 Zur Konstituierung der Kommission siehe Bulletin des Presse- und Informationsamtes der Bundesregierung, 10.2.1972, Nr. 20, S. 213.
196 Zur Arbeit der Kommission und – in dem Zusammenhang – auch die 4. Internationale Arbeitstagung der IG Metall vom 11. bis 14.4.1972 in Oberhausen zur »Qualität des Arbeitslebens«, siehe IG Metall: Geschäftsbericht 1971–1973, S. 423 f.
197 Zu den Zielsetzungen und Beschlüssen dieser Tagung siehe DGB-Geschäftsbericht 1972–1974, Abt. Vorsitzender S. 26 f. sowie Dok. 102.

Einleitung

von der Regierungskoalition 1974 beschlossene Aktionsprogramm wurde erst 1976 durch eine angemessene finanzielle Ausstattung voll wirksam.[198]

In der Reformphase standen in der Programm- und Umsetzungsdiskussion die drei Themenkomplexe Sozialpolitik, Bildungspolitik und Mitbestimmung im Mittelpunkt der gewerkschaftlichen Forderungen. Die Gewerkschaften hatten von 1969 bis 1974 für den Bereich der Sozialpolitik einschließlich des Arbeitsrechtes eine erhebliche Zahl von gewerkschaftlichen Forderungen realisiert.[199] Mit dem quantitativen Ausbau der sozialen Sicherheitssysteme entwickelten sich die Sozialpolitik und das Arbeitsrecht aus Sicht des DGB auch zum »Motor innerer Reformen«.[200] Weitergehende Forderungen nach einer Umgestaltung der kapitalistisch-marktwirtschaftlich orientierten Wirtschaftsordnung wurden dabei nicht gestellt. Unterhalb dieser Ebene entsprachen sich die Vorstellungen des DGB und der SPD bezüglich einer Dynamisierung der Sozialleistungen. So wurden u. a. die Unfallversicherung auf Schüler, Studenten und Kinder ausgedehnt (18.3.1971), die Studenten in die Krankenversicherung einbezogen und die Versicherungspflichtgrenze für Angestellte in der Krankenversicherung dynamisiert sowie 1970 die Kriegsopferversorgung der allgemeinen Einkommensentwicklung angepasst.[201] Mit dem Dritten Vermögensbildungsgesetz vom 27.6.1970 wurde die staatlich geförderte Sparleistung auf 624 DM verdoppelt.[202]

Eine von den Gewerkschaften geforderte Änderung der einseitigen Verteilung des Produktivvermögens wurde nicht erreicht. Zwar wurden in den Gewerkschaften und der SPD verschiedene Modelle der Beteiligung der Arbeitnehmer am Produktivvermögen diskutiert, aber eine Einigung konnte weder innerhalb der Gewerkschaften noch in der sozial-liberalen Koalition erzielt werden.[203]

Das Rentenreformgesetz vom 21.9.1972 fand vonseiten des DGB nur begrenzten Zuspruch. Die Einführung der flexiblen Altersgrenze[204] und die Rente nach Mindesteinkommen wurde als »erster Schritt« in die richtige Richtung angesehen. Abgelehnt wurde dagegen, die vom Bundestag beschlossene Öffnung der Rentenversicherung für Selbstständige und weiterer Personengruppen, da nach Meinung des DGB deren Alterssicherung zum Teil auf

---

198 Vgl. Hans Matthöfer: Humanisierung der Arbeit und Produktivität der Industriegesellschaft, Köln/Frankfurt/M. 1978.
199 Vgl. DGB-Geschäftsbericht 1972–1974, Abt. Sozialpolitik, S. 43.
200 Siehe Gerd Muhr: Sozialpolitik – für innere Reformen, in: Soziale Sicherheit, 1971, Nr. 1, S. 1–6.
201 Zum Ausbau der sozialen Sicherung siehe u. a. Bundesminister für Arbeit und Sozialordnung (Hrsg.): Sozialbericht 1973, Bonn 1973, S. 15–24.
202 Vgl. BGBl. 1, 1970, S. 930.
203 Zu den unterschiedlichen Vermögensbildungsplänen siehe auch: Klaus v. Beyme: Gewerkschaftliche Politik in der Wirtschaftskrise I 1973 bis 1978, in: Hemmer/Schmitz: Geschichte der Gewerkschaften, S. 356–358. Zur innergewerkschaftlichen Diskussion siehe auch: Dok. 18, 50, 52 und 76.
204 Damit wurde der Einstieg in die Rente ab 63 eingeführt. Von Gewerkschaftsseite wurde die Senkung der Altersgrenze auf 60 Jahre gefordert. Vgl. auch Dok. 27: Forderung des DGB zur Popularisierung der flexiblen Altersgrenze.

Kosten der Arbeitnehmer erfolgen würde.[205] Neben der Weiterentwicklung in der Rentenversicherung waren in der ersten Hälfte der 1970er Jahre die Lohnfortzahlung im Krankheitsfall, die Verbesserung der Arbeitssicherheit und des Jugendarbeitsschutzes, das Schwerbeschädigtenrecht[206], das Konkursausfallgeld und die Erhöhung des Kindergeldes aus Sicht der Gewerkschaften wichtige soziale Fortschritte.

Ebenso wie die sozial-liberale Koalition die Bildungsreform als Kernbereich der inneren Reformen betrachtete, hatte auch in der gewerkschaftlichen Programmatik der Bildungs- und Ausbildungsbereich eine hohe Priorität. Mit den »Bildungspolitischen Vorstellungen des DGB« vom März 1972, den »Forderungen des DGB zur beruflichen Bildung« vom April 1972 und den »Forderungen des DGB zur Hochschulreform« vom Mai 1973[207] wurde ein aufeinander abgestimmtes bildungspolitisches Konzept vorgelegt.[208] Ziel dieser gewerkschaftlichen Forderungen war es, durch ein integriertes Bildungssystem von der vorschulischen Erziehung bis zur Hochschulreform und zur Erwachsenenbildung die Benachteiligung von Arbeitnehmerkindern durch die Herstellung von Chancengleichheit zu beseitigen; inhaltlich sollte das Bildungswesen zu Kritikfähigkeit und demokratischem Bewusstsein erziehen.[209]

Im Zentrum der Programmdiskussion in der ersten Hälfte der 1970er Jahre stand die Reform der beruflichen Bildung mit der Forderung nach einer Neufassung des unter der Federführung der Großen Koalition 1969 verabschiedeten Berufsbildungsgesetzes.[210] Dieses Gesetz wurde von den Gewerkschaften abgelehnt, da es aus ihrer Sicht keinesfalls ein Instrument zur Demokratisierung des Berufsbildungswesens und zur Durchsetzung gleicher Bildungschancen war, weil es am »dualen System« (Trennung der Lernorte in Schule und Betrieb) festhielt und somit die bisherigen Verhältnisse sanktionierte. Die Bemühungen der Gewerkschaften um ein zeitgemäßes Berufsbildungsgesetz wurden durch die beschlossenen Forderungen zur Beruflichen Bildung im April 1972 konkretisiert.[211] Die aus 111 Thesen bestehenden Forderungen für langfristige Ziele und kurzfristige Maßnahmen reichten von der vorberuflichen Bildung in der Vollzeitpflichtschule bis zur beruflichen

---

205 Zur Rentendiskussion vgl. DGB-Geschäftsberichte 1969–1971 und 1972–1974, Abt. Sozialpolitik, S. 117 ff. und S. 45 ff.
206 Vgl. Remeke: Gewerkschaften und Sozialgesetzgebung, hier: insbes. S. 101 ff. und 208 ff.
207 Zu den Forderungen siehe auch: Dok. 58, 59 und 81 und DGB-Geschäftsbericht 1972–1974, Abt. Bildung, S. 150 sowie Berufliche Bildung, S. 185. Vgl. auch Leminsky/Otto: Politik und Programmatik, S. 84 ff. Siehe auch: Bocks: Mehr Demokratie gewagt?, insbes. S. 70 ff.
208 In den folgenden Jahren wurden diese Forderungen um die Leitsätze zur Studienreform (1978), Forderungen zur Weiterbildung (1978), zur Arbeitslehre (1977) und zur Gestaltung des zehnten Schuljahres in der Hauptschule (1979) ergänzt. Auf dem 4. Außerordentlichen Bundeskongress des DGB im März 1981 wurden im Grundsatzprogramm in den Kapiteln 24 bis 28 – »Bildungsgrundsätze und Bildungsplanung«, »Berufliche Bildung«, »Weiterbildung«, »Schule, Hochschule und sonstige Bildungseinrichtungen« sowie »Wissenschaft und Forschung« – die grundsätzlichen Aussagen des DGB zu allen Bereichen des Bildungswesens zusammengefasst. Vgl. Grundsatzprogramm des DGB, Düsseldorf 1981, S. 22–26.
209 Vgl. Schneider: Kleine Geschichte, S. 342.
210 Das Berufsbildungsgesetz vom 14.8.1969, BGBl. 1, 1969, S. 1112, trat am 1.9.1969 in Kraft.
211 Siehe Bundesvorstandssitzung vom 9.10.1972, Dok. 59.

Einleitung

Erwachsenenbildung. Es wurde auch eine Vereinheitlichung der Ausbildungsbedingungen sowie eine Aufsicht und Kontrolle über den Ablauf der betrieblichen Ausbildung gefordert.[212] 1973 begrüßten die Gewerkschaften die von der Bundesregierung vorgelegten »Grundsätze zur Neuordnung der beruflichen Bildung (Markierungspunkte)«, da sie im Wesentlichen Forderungen des DGB beinhalteten. Kritisiert wurde jedoch, dass eine umfassende Zuständigkeit des Bildungsministers[213] auf der Bundesebene nicht vorgesehen war, dass die Unternehmerkammern als Interessenvertreter der Arbeitgeber alle Funktionen im Bildungsbereich behielten, wobei ein Mitwirkungsrecht der Gewerkschaften nur in Teilbereichen möglich sein sollte.[214] Waren die Markierungspunkte aus gewerkschaftlicher Sicht nicht weitreichend genug, versuchten die Unternehmer eine Konkretisierung der Markierungspunkte zu einem Entwurf für ein neues Berufsbildungsgesetz zu verhindern. Der Regierungsentwurf eines Berufsbildungsgesetzes vom 16.4.1975[215] entsprach nur in einigen Punkten den Forderungen der Gewerkschaften, so bei der Einführung einer Berufsausbildungsabgabe, während eine Neuregelung der Finanzierung und eine sinnvolle Organisation mit der gleichberechtigten Mitbestimmung der Gewerkschaften im Regierungsentwurf nicht vorgesehen war. Der DGB versuchte vergebens, ausgehend von Anträgen des 10. Ordentlichen Bundeskongresses 1975, auf die parlamentarischen Beratungen Einfluss zu nehmen und eine Verbesserung des Gesetzgebungsverfahrens zu erreichen.[216]

Mit dem Eintritt der SPD in die Bundesregierung 1966 hatten die Gewerkschaften die Hoffnung verbunden, ihre lang gehegte Forderung nach der Ausweitung der Mitbestimmung realisieren zu können, hatte sich doch die SPD auf ihrem Parteitag 1964 in Karlsruhe dafür ausgesprochen, »die qualifizierte Mitbestimmung der Arbeitnehmer über die Montanindustrie hinaus auf alle Großunternehmen« auszudehnen.[217] Diese Forderung beinhalteten auch bereits der 1962 vom DGB ausgearbeitete Gesetzentwurf zur Mitbestimmung und das Düsseldorfer Grundsatzprogramm von 1963. Auch der Arbeitnehmerflügel der CDU unterstrich auf seiner 12. Bundestagung am 9.7.1967 in Offenburg die Forderung nach einem Ausbau der Mitbestimmungsrechte.[218] Von den Arbeitgeberverbänden gab es massive Widerstände dagegen. Von

---

212 Die Thesen wurden abgedruckt in: DGB (Hrsg.): Forderungen des DGB zur Bildungspolitik, Beruflichen Bildung und Hochschulreform, Düsseldorf o. J., S. 25–40.
213 Im Dezember 1972 wurden Kompetenzen in der beruflichen Bildung, die beim Bundesminister für Arbeit und Sozialordnung und dem Bundesminister für Familie, Jugend und Gesundheit lagen, auf den Bundesminister für Bildung und Wissenschaft übertragen.
214 Zur Diskussion über die Markierungspunkte siehe Bundesvorstandssitzung vom 5.3.1974, Dok. 102.
215 Vgl. Bundesratsdrucksache 160/3/75 vom 28.5.1975. Zur Diskussion über den Referentenentwurf zum Berufsbildungsgesetz siehe die Klausurtagung des Bundesvorstandes am 4./5.2.1975 sowie Bundesvorstandssitzung am 4.3.1975, Dok. 115 und 116.
216 Auf dem Bundeskongress wurde ein Telegramm an den Bundesrat verabschiedet, in dem erwartet wurde, dass der Bundesrat dem Antrag der CDU/CSU-regierten Bundesländer das Gesetz abzulehnen nicht zustimmen werde. Vgl. Protokoll 10. Bundeskongreß, S. 327 f.
217 Protokoll der Verhandlungen des Parteitages der SPD vom 23. bis 27.11.1964 in Karlsruhe, Bonn 1964, S. 1022.
218 Vgl. Lauschke: Mehr Demokratie, Dokumentenband, S. 18.

Einleitung

der Großen Koalition unter Bundeskanzler Kurt Georg Kiesinger (CDU) wurde im November 1967 eine Sachverständigenkommission unter der Leitung von Kurt Biedenkopf eingesetzt, die die bisherigen Erfahrungen bei der Mitbestimmung analysieren und Empfehlungen für den Gesetzgebungsprozess formulieren sollte. Um das Parlament zu bewegen, sich mit einer Neuregelung der Mitbestimmung zu befassen, aktualisierte der DGB im März 1968 seinen Gesetzentwurf von 1962 und startete mit einer groß angelegten Mobilisierungs- und Aufklärungskampagne.[219]

Mit der Regierungserklärung Willy Brandts vom 28.10.1969, in der er eine Reform des Betriebsverfassungsgesetzes und eine Ausweitung der Mitbestimmung angekündigt hatte, hatten die Gewerkschaften sich fast am Ziel ihrer Wünsche gesehen. Von Anfang an waren diese beiden Themen aber zugleich zentrale Koalitionsprobleme, da die FDP entschieden gegen die Übertragung der Montanmodelle auf andere Großunternehmen opponierte.

Zunächst ging es um die Ausweitung der betrieblichen Mitbestimmung durch die Novellierung des Betriebsverfassungs- und des Bundespersonalvertretungsgesetzes. Der DGB legte nach intensiver Diskussion eine Novellierung seines Gesetzesvorschlags zur Änderung des Betriebsverfassungsgesetzes vom Oktober 1967 vor[220], die die Grundlage für mehrere Gespräche mit dem Bundesarbeitsminister im Laufe des Jahres 1970 bildeten. Die Novellierungsvorschläge der Gewerkschaften wurden dadurch untermauert, dass der DGB-Bundesausschuss im Dezember 1970 eine öffentliche Kampagne unter dem Motto »Für ein besseres Betriebsverfassungsgesetz« beschlossen hatte, die sich bewusst auf die Propagierung der betrieblichen Mitbestimmungsrechte konzentrierte.[221]

Von den Gewerkschaften wurde der Regierungsentwurf zum Betriebsverfassungsgesetz vom 28.1.1971 deutlich kritisiert, da er weder die Paritätsforderungen der Gewerkschaften erfüllte noch den Bestellungsmodus des Arbeitsdirektors befriedigend gelöst hatte. Des Weiteren betraf die Kritik den verschlechterten Zugang der Gewerkschaften zum Betrieb, die Nichteinbeziehung der leitenden Angestellten in das Gesetz, die Erweiterung der Gruppenrechte und die fehlenden Beteiligungsrechte in Tendenzbetrieben.[222] Nachdem wenige Tage später die CDU/CSU-Bundestagsfraktion ihre Gesetzesvorschläge eingebracht hatte, in denen insbesondere die Zulassung von

---

219 Detaillierter zur Entstehungsgeschichte des Mitbestimmungsgesetzes von 1976: Lauschke: Mehr Demokratie; zu den gewerkschaftlichen Kampagnen für die Mitbestimmung in den 1960er Jahren auch Kieseritzky: Quellen 13, S. 49–51 und Schönhoven: Wendejahre, S. 365–380.
220 In der Bundesvorstandssitzung am 4.3.1970 wurde die Konzeption, welche die Vorschläge aus dem Jahre 1967 ergänzte, verabschiedet, Dok. 18. Zum Entwurf vom Herbst 1967 siehe Bundesvorstandssitzung vom 10.10.1967, DGB-Archiv, DGB-BV, Abt. Vorsitzender 5/DGAI000535 sowie Milert/Tschirbs: Andere Demokratie, S. 466 f.
221 Vgl. Dok. 34.
222 Vgl. Gerd Muhr: Vorwort, in: DGB-Bundesvorstand (Hrsg.): Für ein besseres Betriebsverfassungsgesetz. Eine vergleichende Darstellung zum Regierungsentwurf, Düsseldorf 1971, S. 5, siehe auch: Situationsbericht Gerd Muhrs zur Novellierung des Betriebsverfassungsgesetzes auf der Bundesvorstandssitzung am 2.3.1971, Dok. 38.

Sprecherausschüssen für leitende Angestellte und die Begünstigung von Minderheiten- und Gruppenrechten heftig kritisiert wurden[223], wandte sich der DGB am 8.2.1971 in einem Brief an die Bundestagsabgeordneten, um die Position der Gewerkschaften zu verdeutlichen.[224]

In Spitzengesprächen zwischen dem DGB und der Regierungskoalition konnten für die Gewerkschaften nur Teilerfolge erzielt werden. Gerd Muhr führte dazu allerdings in der Bundesvorstandssitzung am 5.10.1971 aus, dass die Ergebnisse der Koalitionsgespräche besser als erwartet seien.[225] In der Sitzung des Bundesausschusses am 3.11.1971 wurde die Absage einer geplanten Großveranstaltung zur Durchsetzung der betrieblichen Mitbestimmung damit begründet, dass von den besonders kritisierten Punkten des Regierungsentwurfs die überwiegende Mehrzahl zwischenzeitlich so verändert worden sei, dass sie ganz oder teilweise den DGB-Vorstellungen entsprächen.[226] Der DGB akzeptierte damit den Verhandlungskompromiss, der am 10.11.1971 mit den Stimmen der Koalitionsparteien und von 27 CDU-Abgeordneten verabschiedet wurde.[227]

Ohne Zweifel brachte das neue Betriebsverfassungsgesetz, das am 19.1.1972 in Kraft trat, wesentliche Verbesserungen gegenüber dem Gesetz aus dem Jahre 1952. Dazu zählte vor allem, dass die Mitwirkungsrechte des Betriebsrates bei sozialen und personalen Angelegenheiten erheblich erweitert, die Vertretung der Jugendlichen ausgebaut und das Zugangsrecht der Gewerkschaften, nach Unterrichtung des Arbeitgebers, gewährt wurden.[228]

Auch wenn das novellierte Betriebsverfassungsgesetz letztlich ein »Reformgesetz mit starkem Kompromisscharakter«[229] war, hatten sich die Gewerkschaften aus ihrer Sicht in einem ihrer wichtigsten Anliegen politisch durchgesetzt. Vetter bewertete es jedenfalls als einen »positiven Beitrag zur gesellschaftlichen Reform«.[230] Kritisch wurde vor allem angemerkt, dass auch das neue Gesetz kaum wirksame Mitbestimmungsrechte in wirtschaftlichen Angelegenheiten vorsah und die Aufspaltung der Belegschaft in Arbeiter, Angestellte und leitende Angestellte eine geschlossene Interessenvertretung erschwerte.[231] Insbesondere das Problem der Abgrenzung der »leitenden Angestellten« führte in der Folgezeit zu zahlreichen Konflikten zwischen Gewerkschaften und Arbeitgebern. Mit der engen Umschreibung der »leitenden Angestellten« durch das Urteil des Bundesverfassungsgerichtes vom März 1974, nach dem als »leitend« nur Angestellte mit unternehmerischen Ent-

---

223 Vgl. IG Chemie, Papier und Keramik Geschäftsbericht 1969–1971, Hannover o.J. [1972], S. 351–353.
224 Heinz O. Vetter und Gerd Muhr an alle Bundestagsabgeordneten vom 8.2.1971, abgedr. in: Leminsky/Otto: Politik und Programmatik, S. 124–126.
225 Siehe Dok. 49, TOP 5.
226 Siehe Dok. 51, TOP 6.
227 Vgl. Schneider: Kleine Geschichte, S. 345.
228 Vgl. ebd.
229 Borgmann: Reformgesetz, S. 38.
230 Heinz O. Vetter: Gesellschaftspolitische Bilanz des Jahres 1971, in: Die Quelle 22, 1971, Heft 12, S. 481.
231 Vgl. Schneider: Kleine Geschichte, S. 345.

scheidungsfunktionen zu gelten hatten, wurde zwar die gewerkschaftliche Position unterstützt[232], jedoch zeigte dieses Urteil keine Auswirkungen auf die Abfassung des Mitbestimmungsgesetzes.
Auch in dem am 12.12.1973 vom Bundestag verabschiedeten Personalvertretungsgesetz fanden die Kritikpunkte des DGB an dem Referentenentwurf (1972) und dem Regierungsentwurf (1973) nur wenig Berücksichtigung.[233] Der DGB hatte schon 1968 Änderungsvorschläge in einem Gesetzesvorschlag zusammengefasst[234] und 1970 nach längerer Diskussion eine nochmals überarbeitete Konzeption vorgelegt.[235] Trotz erheblicher Mängel begrüßte der DGB dennoch das neue Personalvertretungsgesetz insgesamt als fortschrittlich.[236] Die Gewerkschaften sahen aber vor allen Dingen in dem Gesetz die Mitbestimmungsrechte der Personalräte als zu sehr eingeschränkt und kritisierten die Gruppeneinteilung in Arbeiter, Angestellte und Beamte. Insbesondere die Gewerkschaft ÖTV bekräftigte die gewerkschaftliche Ansicht, dass das bisherige Tarif- und Dienstrecht durch ein neues einheitliches Dienstrecht auf tarifvertraglicher Grundlage ersetzt und außerdem ein einheitliches Personalrecht, welches die »Ausübung uneingeschränkter Koalitionsrechte für die Beschäftigten des Öffentlichen Dienstes« gewährleistet, geschaffen werden sollten.[237]

Parallel zu den Beratungen zur Reform des Betriebsverfassungs- und des Personalvertretungsgesetzes nahm die Debatte um die Ausweitung der paritätischen Mitbestimmung Fahrt auf. Der Bericht der »Biedenkopf-Kommission«[238] wurde 1970 vorgelegt, als die Mitbestimmungsdiskussion schon Gestalt angenommen hatte. In dem Bericht wurde der Einwand entkräftet, dass die paritätische Mitbestimmung »systemwidrig« sei, gleichzeitig sollten jedoch die Vertreter der Anteilseigner im Aufsichtsrat ein zahlenmäßiges Übergewicht haben.[239] Darüber hinaus sahen die Empfehlungen der Kommission keinen Arbeitsdirektor vor und den Gewerkschaften wurde nicht das Recht zugebilligt, Arbeitnehmervertreter in den Aufsichtsrat zu entsenden. Auch die politischen Leitgedanken der gewerkschaftlichen Mitbestimmungsforde-

---

232 Vgl. Schneider: Kleine Geschichte, S. 346 sowie ND, 6.3.1974, Nr. 47 und Sitzung des Bundesvorstandes vom 5.3.1974, Dok. 102.
233 Zur Kritik des DGB am Referenten- und Regierungsentwurf, siehe ND, 25.5.1972, Nr. 168 und ND, 2.4.1973, Nr. 113 sowie DGB-Bundesvorstand (Hrsg.): Für ein besseres Personalvertretungsgesetz. Vergleichende Darstellung zur Änderung des Personalvertretungsgesetzes, Düsseldorf, o. J.
234 Siehe Bundesvorstandssitzungen vom 7.5. und 2.7.1968, DGB-Archiv, DGB-BV, Abt. Vorsitzender 5/DGAI000535.
235 Siehe Bundesvorstandsitzung vom 3./4.3.1970, Dok. 18.
236 DGB begrüßt Personalvertretungsgesetz, in: ND, 13.12.1973, Nr. 428 sowie Wolfgang Schneider, DGB begrüßt neues Personalvertretungsgesetz, in: Die Quelle 25, 1974, Heft 1, S. 25 ff.
237 Gewerkschaft ÖTV (Hrsg.): Modernisierung im öffentlichen Dienst. Einheitliches Personalrecht 3, Stuttgart 1976, S. 3, zit. nach: Schneider: Kleine Geschichte, S. 346.
238 Vgl. Mitbestimmung im Unternehmen. Bericht der Sachverständigenkommission zur Auswertung der bisherigen Erfahrungen bei der Mitbestimmung, Bochum im Januar 1970, Bundestagsdrucksache VI/334.
239 Ebd., Teil V, Ziffer 1, S. 96.

rungen wurden als sachfremd verworfen. Für die Kommission war die oberste Prämisse, dass die Mitbestimmung dazu dienen sollte, die Arbeitnehmer in die marktwirtschaftliche Ordnung besser zu integrieren.[240]

Den Arbeitgeberverbänden ging der Kommissionbericht in der Zurückweisung der gewerkschaftlichen Ansprüche nicht weit genug, sie begrüßten aber die Ablehnung der paritätischen Mitbestimmung und die Absage an die Institution des Arbeitsdirektors.[241] Einen Kompromiss zu den Vorstellungen der Regierungsparteien konnte dieser Kommissionsbericht nicht leisten. Während die SPD auf ihren Gesetzentwurf von 1968 beharrte, bekräftigte die FPD auf ihrem Freiburger Parteitag im Oktober 1971 im »Riemer Modell« die Absicht die Vormachtstellung der Kapitalseite nicht anzutasten. Nach diesem Modell sollte die Hälfte der Aufsichtsratssitze den Anteilseignern vorbehalten bleiben, vier der zwölf Sitze sollten den Arbeitnehmervertretern zustehen und zwei den leitenden Angestellten zugesprochen werden. Auch die CDU beschloss auf ihrem Düsseldorfer Parteitag im Januar 1971 ein Modell, welches im Oktober 1972 auf ihrem Parteitag in Wiesbaden »Regierungsprogramm« wurde, bei dem die Anteilseigner ein zahlenmäßiges Übergewicht hatten. Die Ergebnisse des Kommissionsberichtes hielten die Gewerkschaften nicht davon ab, weiterhin ihre Position zur Mitbestimmung zu vertreten.[242] Auf dem DGB-Bundeskongress Ende Juni 1972 in Berlin ließ der DGB-Vorsitzende Heinz O. Vetter keine Zweifel daran: »Die Mitbestimmung der Arbeitnehmer und ihrer Gewerkschaften ist und bleibt unsere Forderung Nr. eins!«.[243] Nach den Neuwahlen zum Bundestag im November 1972, aus dem die Regierungskoalition gestärkt hervorging, schöpften die Gewerkschaften Hoffnung, dass die Ausweitung der paritätischen Mitbestimmung endlich verwirklicht werden könnte.[244] Verstärkt wurde diese Hoffnung durch die Regierungserklärung Willy Brandts vom 18.1.1973, in der er ankündigte, dass die Unternehmensmitbestimmung auf der Grundlage der »Gleichberechtigung und Gleichgewichtigkeit von Arbeitnehmern und Anteilseignern« zu verwirklichen sei.[245]

Im Laufe des Jahres 1973 fanden vonseiten des DGB mehrere Gespräche mit den im Bundestag vertretenen Parteien sowie mit Regierungsmitgliedern und Bundeskanzler Willy Brandt statt.[246] Im Herbst 1973 begannen die Gewerkschaften eine breit angelegte Kampagne mit örtlichen und regionalen Veranstaltungen zur Propagierung der gewerkschaftlichen Mitbestimmungs-

---

240 Ebd., Teil IV, Ziffer 32, S. 69.
241 Vgl. Jahresbericht der BDA, 1. Dezember 1969–30. November 1970, o. O. o. J., S. 30.
242 Zur Diskussion über den Bericht der »Biedenkopf-Kommission« und dem weiteren Vorgehen siehe Sitzung des Gewerkschaftsrats vom 29.1.1970 und 6. BV-Sitzung am 3.2.1970, Dok. 12 und 14 sowie Stellungnahme des Bundesausschusses vom 4.3.1970; zum Kommissionsbericht siehe auch: ND, 21.1.1970, Nr. 22 und 3.2.1970, Nr. 37.
243 Protokoll 9. Bundeskongreß, S. 158.
244 Auf der Klausurtagung des BV am 9.12.1972 legte der Bundesvorstand seine Kernforderungen fest. Vgl. Dok. 71.
245 Presse- und Informationsamt der Bundesregierung (Hrsg.): Regierungserklärung Willy Brandts vom 18.1.1973, S. 47. Siehe auch: Stenogr. Berichte 7. Deutscher Bundestag, 7. Sitzung, Bd. 81, S. 121-134.
246 Siehe Mitbestimmungsdiskussion mit Willy Brandt am 10.10.1973, Dok. 89.

forderungen, deren Höhepunkt die DGB-Veranstaltung vom 7.5.1974 in der Essener Gruga-Halle war.[247]

Nach monatelangen Verhandlungen legte der Bundesarbeitsminister Walter Arendt im Januar 1974 einen ersten Kompromissvorschlag der Regierungskoalition zur Mitbestimmung vor, der im Wesentlichen schon die Eckpunkte des späteren Regierungsentwurfs beinhaltete. DGB-Bundesvorstand und Bundesausschuss nahmen in außerordentlichen Sitzungen im Januar und Februar dazu Stellung.[248] Im Folgenden prallten die Argumente der Befürworter und Gegner des Kompromisses teilweise unversöhnlich aufeinander. Der Druck auf die Regierung, den Koalitionskompromiss zugunsten der Arbeitgeber zu revidieren, wuchs seit dem Anhörungsverfahren vor dem federführenden Bundestagsausschuss für Arbeit und Sozialordnung und der Bundestagsanhörung im Dezember 1974, in der erhebliche verfassungsrechtliche Bedenken gegen den Regierungsentwurf erhoben wurden.[249] Um eine Klage vor dem Bundesfassungsgericht zu verhindern, verhandelte die Regierungskoalition erneut über den Entwurf, ohne dass die Gewerkschaften darauf Einfluss nehmen konnten.[250] Der im Dezember 1975 gefundene Kompromiss über ein Mitbestimmungsgesetz trug die Handschrift der FPD und kam den Arbeitgeberverbänden weitgehend entgegen.[251] Dieser, auch von der CDU/CSU mitgetragene Kompromiss, wurde am 18.3.1976 vom Deutschen Bundestag mit großer Mehrheit verabschiedet. Die meisten Gewerkschafter betrachteten die Verabschiedung des Gesetzes als »die größte Niederlage gewerkschaftlicher Programmatik« seit der Verabschiedung des Betriebsverfassungsgesetzes von 1952.[252]

V. Tarifpolitik und »Konzertierte Aktion«

Im Editionszeitraum veränderte sich die Streikstatistik in der Bundesrepublik. Während die 1960er Jahre als die streikärmste Zeit der Bundesrepublik angesehen wurden[253] wurde »das sozialpartnerschaftliche Musterjahrzehnt«[254] mit den Septemberstreiks 1969 und den in der ersten Hälfte der 1970er Jahre folgenden Spontanstreiks beendet. Im Vergleich zum vorhergehenden Jahr-

---

247 Zu den Herbst-Aktionen siehe Bundesvorstandssitzung am 4.9.1973, Dok. 87 und zur Kundgebung in Essen, Bundesvorstandssitzung vom 2.4.1974, Dok. 104.
248 Siehe Dok. 97, 99 und 100.
249 Zu den Anhörungen und den verfassungsrechtlichen Bedenken siehe Dok. 111, 112 und 114.
250 Selbst eine DGB-Kundgebung am 8.11.1975 in Dortmund mit 45.000 Teilnehmern konnte das Blatt nicht wenden. Vgl. Die Quelle 26, 1975, Heft 11, S. 481 ff.
251 Vgl. Lauschke: Mehr Demokratie, S. 87 ff.
252 Vgl. Milert/Tschirbs: Andere Demokratie, S. 475.
253 Walter Müller-Jentsch bezeichnete diese Jahre als »Dekade des sozialen Friedens«, Walter Müller-Jentsch: Streiks und Streikbewegungen in der Bundesrepublik 1950–1978, in: Bergmann: Beiträge, S. 21–71.
254 Wolfgang Schroeder: Industrielle Beziehungen in den 60er Jahren – unter besonderer Berücksichtigung der Metallindustrie, in: Schildt u. a.: Dynamische Zeiten, S. 493.

zehnt verdoppelte sich die Zahl der am Streik beteiligten Arbeitnehmer und die ausgefallenen Arbeitstage stiegen um das Dreifache.[255]

Die Jahre zwischen 1969 und 1974 waren auch Jahre der lohnpolitischen Erfolge: Die Reallöhne stiegen spürbar an, die Einkommensverteilung verschob sich zugunsten der Lohneinkommen. Bedingt durch die Preisentwicklung, wurden vonseiten der Gewerkschaften nachdrückliche Lohnforderungen angemeldet. Die Lohnrunden wurden, im Gegensatz zu früheren Konflikten, von zahlreichen Warnstreiks begleitet, die nicht selten in größere Arbeitskämpfe mündeten. So streikten 40.000 Beschäftigte der chemischen Industrie im Juni/Juli 1971 rund vier Wochen, um Lohn- und Gehaltsverbesserungen durchzusetzen, und im November/Dezember 1971 traten 115.000 Arbeitnehmer der baden-württembergischen Metallindustrie in den Ausstand. Auf diesen Schwerpunktstreik antworteten die Arbeitgeber mit einer flächendeckenden Aussperrung, von der über 300.000 Arbeiter und Angestellte betroffen waren.[256] Während dieser Streik primär ein traditioneller Lohnkampf war, betrat der Arbeitskampf der IG Metall im Oktober 1973 insofern Neuland, als die Arbeitsbedingungen auf tarifpolitischem Weg verbessert wurden. So wurde ein richtungsweisender Manteltarifvertrag erkämpft, der den Kündigungsschutz für ältere Arbeitnehmer beinhaltete.[257] Vor diesem Streik kam es von Mai bis Oktober zu zahlreichen spontanen Arbeitsniederlegungen, in denen angesichts der Geldentwertung Teuerungszulagen gefordert wurden.[258]

Den Gewerkschaften gelang es, den Vertrauensverlust, welcher sich zum Ende der 1960er Jahre durch die zurückhaltende Streikpolitik angedeutet hatte und durch die Septemberstreiks 1969 verstärkt worden war, zu Beginn der 1970er Jahre durch Lohnerhöhungsforderungen oberhalb von 10% wettzumachen. In mehreren Branchen konnten Lohnerhöhungen in dieser Größenordnung durchgesetzt werden.[259] Angesichts der sich abzeichnenden Wirtschaftskrise wurden in der Lohnrunde 1974 die überhöhten Lohnforderungen der Gewerkschaften mit den veränderten Verteilungsregeln begründet. Schrittmacherfunktion übernahm diesmal die ÖTV, die sich in der Tarifrunde das ehrgeizige Ziel gesetzt hatte, den Rückstand gegenüber der stärker prosperierenden Einkommensentwicklung in der Privatwirtschaft mindestens auszugleichen. Sie forderte eine Lohn- und Gehaltserhöhung von 15%. Für die Bundesregierung war ein Tarifabschluss mit zweistelligen Zuwächsen aufgrund ihrer Stabilitätspolitik ausgeschlossen. Wegen des Streik im Februar 1974 sowie des anwachsenden innerparteilichen und gewerkschaftlichen Drucks stimmte am Ende die Bundesregierung einer Lohnerhöhung von 11%

---

255 Vgl. Schroeder: Gewerkschaften als soziale Bewegung, S. 254. Siehe auch die entsprechenden Streikstatistiken bei Wolfgang Schroeder, sowie bei Friedhelm Boll: Streik und Aussperrung, in: Schroeder/Weßels: Gewerkschaftshandbuch, S. 506–510.
256 Vgl. hierzu ausführlich Schneider: Kleine Geschichte, S. 350 ff.
257 Siehe hierzu Geschäftsbericht der IG Metall 1971–1973, Frankfurt/M. 1974, S. 147 f.
258 Insbesondere die Arbeitnehmer in der Metallindustrie fühlten sich durch die maßvollen Tarifabschlüsse zu Beginn des Jahres benachteiligt. Vgl. DGB-Geschäftsbericht 1972–1974, Abt. Tarifpolitik, S. 240. Siehe auch: Bundesvorstandssitzung vom 4.9.1973 mit Bundeswirtschaftsminister Hans Friderichs, Dok. 87.
259 Siehe DGB-Geschäftsbericht 1969–1971, Abt. Tarifpolitik, S. 200 f.

zu.[260] Die Abschlüsse der IG Metall folgten mit 12 %. Trotz Steigerung der tariflichen Nominallöhne lagen die Effektivlöhne vielfach noch höher. Deshalb beschlossen die DGB-Gewerkschaften auf dem Bundeskongress 1975 in Hamburg, sich zukünftig stärker für die Sicherung der Effektivlöhne einzusetzen.[261]

Mit dem Einbinden in die »Konzertierten Aktion«[262] in der Großen Koalition gewannen die Gewerkschaften als politischer Verband an Bedeutung[263], auch wenn es »nur« um die Mitwirkung in einem koordinierenden Zweckbündnis ging. Trotz positiver Signale der Gewerkschaftsvorsitzenden zur konstruktiven Mitarbeit war die Teilnahme von Beginn an innergewerkschaftlich umstritten[264] und bildete auch ein zentrales und stark diskutiertes Element des gewerkschaftlichen Handelns im politischen System während des hier untersuchten Zeitraums. War zu Beginn der »Konzertierten Aktion« das gemeinsame Interesse aller Beteiligten die Überwindung der ersten Nachkriegs-Rezession, verlor dieser Steuerungsmechanismus Anfang der 1970er Jahre seine Bedeutung. Es war die Hoffnung des DGB, in diesem Gesprächskreis auf Spitzenebene neben den Lohnorientierungsdaten auch Probleme der Investitions-, Preis- und Strukturpolitik diskutieren zu können und zu verbindlichen Absprachen mit der Kapitalseite zu kommen.[265] Jedoch ließen sich die unterschiedlichen Vorstellungen der Gewerkschaften und Unternehmerverbände schwer in Einklang bringen. Während die Unternehmerverbände diesen Gesprächskreis primär als ein Instrument zur Eingrenzung der gewerkschaftlichen Lohnforderungen sahen, wollten die Gewerkschaften diesen Kreis zu einem Instrument der gesamtgesellschaftlichen Mitbestimmung und allgemeiner gesellschaftlicher Reformen erweitern.[266]

Obwohl die »Konzertierte Aktion« nicht in die Tarifpolitik eingreifen sollte, wurden die von der Bundesregierung veröffentlichten Jahresberichte in den Sitzungen als eine Art »Lohnleitlinie« interpretiert, was in den Gewerkschaften viel Kritik hervorrief.[267] Aufgrund dieser polarisierenden Debatte in den Gewerkschaften zur »Konzertierten Aktion« in der Frage, ob die Teilnahme

---

260 Vgl. Frank Deppe: Zwischen Integration und autonomer Klassenpolitik – die DGB-Gewerkschaften in der Ära des Sozialliberalismus (1966/67–1982), in: ders. u. a.: Geschichte, S. 623.
261 Vgl. Schneider: Kleine Geschichte, S. 353.
262 Zur »Konzertierten Aktion« im Rahmen der »Großen Koalition« siehe Kieseritzky: Quellen 13, S. 51–54 sowie allgemein: Wolfgang Schroeder: »Konzertierte Aktion« und »Bündnis für Arbeit«: Zwei Varianten des deutschen Korporatismus, in: Zimmer/Weßels: Verbände, S. 30–40.
263 Vgl. Schmidt: Keynesianismus, S. 167 ff.
264 Zur Diskussion über die negativen Auswirkungen der Teilnahme an der »Konzertierten Aktion« für die Gewerkschaften siehe IG Metall Gewerkschaftstag 1968 auf dem es zu einer Kampfabstimmung über das Verbleiben in der »Konzertierten Aktion« kam. IG Metall Gewerkschaftstag 1968, Protokollband, S. 383 ff. sowie Wolfgang Schroeder: »Konzertierte Aktion«, S. 35 f.
265 Vgl. Schönhoven: Die deutschen Gewerkschaften, S. 236.
266 Vgl. Lompe: Gewerkschaftliche Politik, S. 332.
267 Siehe als Beispiel die Debatte auf dem Kongress der IG Metall 1968 in München. Ausführlich dazu Schroeder: Gewerkschaften als soziale Bewegung, S. 258 und ders.: »Konzertierte Aktion«, S. 35 f.

Einleitung

eine Einschränkung der gewerkschaftlichen Handlungsfreiheit bedeute, wurden von den Delegierten des 8. Ordentlichen Bundeskongresses Leitlinien für die Teilnahme an der »Konzertierten Aktion« beschlossen.[268]

Das erste Gespräch zur »Konzertierten Aktion« nach der sozial-liberalen Regierungsübernahme fand am 13.11.1969 statt.[269] Daran nahmen vonseiten des DGB Heinz O. Vetter, Bernhard Tacke, Gerd Muhr und Georg Neemann und von Gewerkschaftsseite Otto Brenner, Karl Buschmann, Karl Hauenschild, Heinz Kluncker, Rudolf Sperner und Heinz Vietheer teil.[270]

Im Mittelpunkt der Gespräche zwischen der 13. (20.6.1969) und 33. (15.1.1975) Sitzung standen die aktuelle wirtschaftliche Lage und die konjunkturellen Aussichten des jeweiligen Jahres sowie die sich daraus ergebenden wirtschaftlichen Perspektiven und wirtschaftspolitischen Verhaltensstrategien der Bundesregierung. Themenschwerpunkte der Gewerkschaften bis 1972 waren die, als Kontrapunkt zu den Jahresberichten der Bundesregierung, veröffentlichten wirtschafts- und finanzpolitischen Zielprojektionen des DGB[271] und die Tarif- und Sozialpolitik, hier insbesondere die Diskussion um die Lohnleitlinien.[272] Insbesondere die Lohnzuwächse in den Jahren 1969 bis 1971, die über die Orientierungsdaten hinweggingen, waren für die Arbeitgeberseite immer wieder Streitpunkte bei den Sitzungen der »Konzertierten Aktion«.[273]

Seit 1972 verlor die die »Konzertierte Aktion« immer mehr an Bedeutung aufgrund der fehlenden Entscheidungskompetenz, der wachsenden Diskrepanz in der Wahrnehmung der sozialen und wirtschaftlichen Wirklichkeit, der inflationären Ausweitung des Teilnehmerkreises[274] und der vorrangigen

---

268 In dem Antrag 299 hieß es u. a. »Die gewerkschaftliche Teilnahme an den Beratungen der Konzertierten Aktion erfolgt mit dem Ziel einer stärkeren Berücksichtigung der Arbeitnehmerinteressen. Dabei muß jedoch vorausgesetzt werden, daß gesamtwirtschaftliche Zielprojektionen lediglich Orientierungsdaten geben. Es kann auf keinen Fall die Aufgabe der Konzertierten Aktion sein, die gewerkschaftliche Tarifpolitik an sogenannte Leitlinien zu binden. Der Kongreß wendet sich entschieden gegen jeden Versuch, die Tarifautonomie direkt oder indirekt zu beschränken oder gar aufzuheben.« Protokoll 8. Bundeskongreß, Teil: Anträge und Entschließungen, S. 265.
269 Vor der eigentlichen Sitzung fand ein Vorgespräch über die Tagesordnungspunkte mit Gerhard Weisser, dem persönlichen Referenten von Karl Schiller, statt. Vgl. Vermerk vom 3.11.1969 zu diesem Sitzungstermin vom Vorstandssekretär Johannes Naber an das Büro des DGB-Vorsitzenden, in: Bratungsunterlagen zur Bundesvorstandssitzung am 4.11.1969, Dok. 6.
270 Zu Besetzung des Teilnehmerkreise siehe Bundesvorstandssitzung am 7./8.10.1969, Dok. 4.
271 In der Bundesvorstandssitzung am 4.11.1969, Dok. 6, wurde der Entwurf der ersten Zielprojektion 1970–74 vorgelegt, der sich auf den angenommenen Antrag 297 »Mittelfristige Wirtschaftsplanung« des 8. Ordentlichen Bundeskongresses bezieht. Siehe Protokoll 8. Bundeskongreß, Teil: Anträge und Entschließungen, S. 262 f.
272 Siehe die zusammenfassenden Berichte zu den einzelnen Sitzungen in den DGB-Geschäftsberichten 1969–1971, S. 172 ff. und 1972–1974, S. 362 ff.
273 Vgl. Jahresbericht der BDA 1971, S. 70 f.
274 Beim ersten Spitzengespräch der »Konzertierten Aktion« am 17.2.1967 nahmen 34 Personen aus 9 Organisationen teil. Im Laufe der Zeit erhöhte sich die Teilnehmerzahl auf fast 200. Vgl. Schroeder: »Konzertierte Aktion«, S. 32. Waren zunächst nur die Wirtschaftsverbände, Gewerkschaften, Mitglieder des Sachverständigenrates und der Bundesbank sowie des Wirtschaftsministerium beteiligt, so wurden später immer mehr Verbände und Ministerien beteiligt, so u. a. die Vertreter der Bauern, Beamten, Handwerker, Groß- und Einzelhändler, Genossenschaften und Verbraucherverbände.

lohnpolitischen Diskussion gegenüber preis-, investitions- und beschäftigungspolitischen Entscheidungen.[275] Hinzu kam, dass die Globalsteuerung, zu deren Unterstützung die »Konzertierte Aktion« geschaffen worden war, die »konjunkturellen Fieberkurven«[276] nicht beseitigen konnte. Gleichzeitig wurde auch die Kritik der Gewerkschaftsseite gegenüber der »Konzertierten Aktion« stärker.[277]

Unter den veränderten Bedingungen der ökonomischen Krise 1973/74 gelang es den Gewerkschaften zunächst nicht, sich auf den damit einhergehenden ökonomisch-politischen Paradigmenwechsel einzustellen.[278] Die Instrumente der bisherigen globalen Steuerung waren in dieser Krise nicht anwendbar. Folglich artete der Dialog zwischen den gesellschaftlichen Gruppen, die sich immer weniger auf ein gemeinsames Instrumentarium für die Steuerung der gesamtwirtschaftlichen Situation einigen konnten, immer mehr zu einem Propagandakrieg in der Medienöffentlichkeit aus. Ein willkommener Anlass, aber nicht die Ursache für den Rückzug der Gewerkschaften aus der »Konzertierten Aktion«, bot die Verfassungsklage der Unternehmer gegen das Mitbestimmungsgesetz vor dem Bundesverfassungsgericht.[279]

VI. Deutschlandpolitik des DGB und seiner Gewerkschaften

Auf dem Münchner DGB-Bundeskongress 1969 wurde der Bundesvorstand beauftragt, »nach verantwortungsbewusster Prüfung« zu entscheiden, »ob auf seiner Ebene auch offizielle Kontakte zum FDGB und seinen Gewerkschaften aufgenommen werden können«.[280] Damit lockerte der Bundeskongress das bis dahin festgefügte Verbot offizieller Kontakte zwischen den Gewerkschaften der Bundesrepublik und denen der DDR.[281] Der Teil des Antrages 67, laut dem die gewerkschaftliche Ostpolitik auf die DDR zu erweitern und das früher beschlossene Kontaktverbot zu den FDGB-Gewerkschaften aufzuheben sei, wurde zwar gestrichen, aber die Diskussion darüber ließ eine deutliche Tendenz erkennen. So meinte Heinz Kluncker auf dem Kongress, dass sich die Gewerkschaften »von der Illusion freimachen [sollten], wir könnten [...] die DDR ausklammern oder gar umklammern«.[282]

---

275 Vgl. Lompe: Gewerkschaftliche Politik, S. 332 f.
276 Vgl. Lompe: Sozialstaat, S. 185.
277 Siehe etwa Beschlüsse zur Konzertierten Aktion auf dem 9. Ordentlichen Bundeskongress 1972.
278 Vgl. Schroeder: Gewerkschaften als soziale Bewegung, S. 258.
279 Vgl. Lompe: Sozialstaat, S. 185 f.
280 Im mehrheitlich angenommenen Antrag 67 der IG Druck und Papier sollten auch die Kontakte zu den Osteuropäischen Gewerkschaften, trotz der verurteilten Ereignisse von 1968 in der CSSR, weiter ausgebaut werden. Protokoll 8. Bundeskongreß, Teil: Anträge und Entschließungen, S. 85.
281 Auf dem 7. Ordentlichen Bundeskongress 1966 erteilten die Delegierten den Bestrebungen des FDGB, Kontakte zum DGB herzustellen, mit der einstimmigen Annahme der Entschließung 33 »Allgemeine Gewerkschaftspolitik« eine scharfe Absage. Vgl. Protokoll 7. Bundeskongreß, Teil: Anträge und Entschließungen, S. 25 f.
282 Protokoll 8. Bundeskongreß, S. 466.

Nach dem Kongress sprachen sich neben den Gewerkschaften ÖTV, IG Druck und Papier sowie IG Chemie-Papier-Keramik auch DGB-Kreisvorstände für Kontakte zum FDGB aus.[283] Der Bundesvorstand beauftragte in seiner Sitzung am 2.9.1969 den Geschäftsführenden Bundesvorstand, die politischen Möglichkeiten für eine Kontaktaufnahme zu Prüfen und die Ergebnisse dieser Prüfung dem Bundesvorstand vorzulegen.[284]

Anfang 1970 – parallel zur neuen Entspannungs- und Deutschlandpolitik der Bundesregierung – begannen die deutsch-deutschen Gewerkschaftskontakte. Der Bundesvorstand schlug dem FDGB ein erstes Sondierungsgespräch vor.[285] Der FDGB stimmte zu und sprach eine Einladung nach Ostberlin für das Zusammentreffen aus, ohne irgendwelche Bedingungen daran zu knüpfen. Das erste Sondierungsgespräch über eine offizielle Kontaktaufnahme zwischen dem DGB und dem FDGB fand am 18.3.1970 in Düsseldorf statt.[286] Dieses Gespräch und ein bald folgendes scheiterten an der Berlinfrage. Der FDGB forderte, dass die Anreise der DGB-Delegation nach Ostberlin auf keinen Fall über Westberlin erfolgen dürfe. Vom DGB wurde diese Auflage zurückgewiesen, weil er darin eine Infragestellung der Integrität seiner Gesamtorganisation und eine Verletzung der Gleichberechtigung der Gesprächspartner sah.[287] Auch die alternativ vom FDGB vorgebrachten Tagungsorte Boltenhagen und Magdeburg wurden vom DGB abgelehnt.[288] Im weiteren Verlauf der Vorgespräche konnten weder der Reiseweg noch die Frage der Zugehörigkeit Westberlins zum DGB geklärt werden.[289] In der Bundesvorstandssitzung am 1.12.1970 wurde beschlossen, dem FDGB mitzuteilen, dass der DGB sich nur dann zu einem Treffen bereit erklären könne, »wenn der FDGB die Integrität des DGB einschließlich seiner Westberliner Organisation nicht in Frage stellt und das Recht des DGB-Bundesvorstandes respektiert, alle Mitglieder des DGB zu vertreten.«[290] Nach diesem Schreiben kam die Kontaktanbahnung zwischen dem FDGB und dem DGB zum Stillstand.

---

283 Beispielsweise der Vorsitzende des DGB-Kreises Bottrop-Gladbeck, in: WAZ, 24.10.1969.
284 Vgl. hierzu die Dok. 3 und 10. Zu den Vorstellungen des FDGB über die Kontakte zum DGB vgl. Tribüne, 14.11.1969, Nr. 224, S. 2. In diesem Artikel wurden rein politische Themen für die Gespräche vorgeschlagen.
285 Vgl. Bundesvorstandssitzung vom 3.2.1970, Dok. 14 und den auf dieser Sitzung beschlossenen Brief an den FDGB-Vorsitzenden Herbert Warnke, Dok. 15.
286 Zu den jeweiligen Dreiergruppen von Gewerkschaftssekretären gehörten vonseiten des DGB Wilhelm Gronau, Helmut Pinther, Walter Fritze und vom FDGB Walter Hantsche, Edith Steininger und Hermann Junge.
287 Siehe Diskussionen hierzu auf der Bundesvorstandssitzung am 7.4. und 5.5.1970, Dok. 20 und 21 sowie den darauffolgenden Briefwechsel zwischen Vetter und Warnke, Dok. 23 und 24.
288 Ebd.
289 So die DGB/FDGB-Begegnung am 9.7.1970 in Ostberlin an der vonseiten des DGB Waldemar Reuter, Alfons Lappas und Bernd Otto und vonseiten des FDGB Wolfgang Beyreuther, Heinz Claus, Joachim Hoffmann und Edith Steininger teilnahmen. Vgl. ND, 10.7.1970, Nr. 205. Die achtseitige Sitzungsniederschrift der DGB-Vertreter, in: DGB-Archiv, DGB-BV, Abt. Vorsitzender 5/DGAI001690.
290 Brief abgedruckt in: ND, 1.12.1970, Nr. 334, siehe auch: Diskussion in der Bundesvorstandssitzung vom 1.12.1970, Dok. 33.

Das Viermächteabkommen über Berlin vom September 1971, die Verträge von Moskau und Warschau und die Verhandlungen zum Grundlagenvertrag veranlassten den FDGB seine starre Position in der Berlinfrage, die den bisherigen Delegationsaustausch verhinderte, zu überdenken. Noch vor den beiden parallel stattfindenden Bundeskongressen von DGB und FDGB vom 25. bis 30. 6. 1972 in West- bzw. Ostberlin, führte eine Delegation des DGB-Bundesvorstandes am 27.5.1972 mit dem FDGB in Ostberlin ein Gespräch zur Vorbereitung eines Spitzentreffens ihrer Vorsitzenden. Auf dem DGB-Bundeskongress 1972 wurde der DGB-Bundesvorstand beauftragt, unter Wahrung der Integrität der Organisation seine Bemühungen um die Kontakte zum FDGB fortzusetzen.[291]

Nach einem weiteren Vorbereitungsgespräch am 16.9.1972 in Düsseldorf, in dem der organisatorische Ablauf und die Gesprächsthemen für das Treffen besprochen wurden, fand am 18./19.10.1972 nach 25 Jahren Unterbrechung das Gespräch zwischen Vertretern des DGB und des FDGB in Berlin-Schmöckwitz statt.[292] Mit diesem Gespräch wurde eine neue Phase der innerdeutschen Beziehungen eingeleitet. Vonseiten des DGB nahmen neben Heinz O. Vetter die Mitglieder des geschäftsführenden Bundesvorstandes Maria Weber, Alfons Lappas und Gerhard Schmidt und der Bundesvorstandssekretär Bernd Otto[293] teil, vom FDGB-Bundesvorstand Herbert Warnke sowie sein Stellvertreter Wolfgang Beyreuther.[294] Das Gespräch war zunächst durch die im September 1972 erfolgte Verhaftung von Wilhelm Gronau (Sekretär der Abt. Gesellschaftspolitik beim DGB-Bundesvorstand) wegen nachrichtendienstlicher Tätigkeit für die DDR belastet.[295] Zu Beginn des Gespräches distanzierte sich der FDGB von diesem Spionagefall.[296] Im Mittelpunkt des Meinungsaustausches standen Fragen der Gewerkschaftspolitik und der gewerkschaftlichen Interessenvertretung, wie sie sich aus den unterschiedlichen gesellschaftlichen Systemen ergaben. Ein Beratungsergebnis war, dass die Beziehungen zwischen den Bundesvorständen von DGB und FDGB fortgesetzt werden sollten. Der Gegenbesuch Warnkes fand am 14/15.3.1973 in Düsseldorf statt. Bei diesem Treffen kamen die Delegationen überein, weitere Schritte zur Normalisierung der Beziehungen zwischen dem DGB und dem FDGB zu gehen, insbesondere die Aufnahme von Beziehungen zwischen den Industriegewerkschaften und Gewerkschaften von

---

291 Vgl. Antrag 54 des Bundesvorstandes »Kontakt zu osteuropäischen Gewerkschaften und zum FDGB«, in: Protokoll 9. Bundeskongreß, Teil: Anträge und Entschließungen, S. 53 sowie Diskussion über diesen Antrag S. 211 f.
292 Siehe Bundesvorstandssitzung vom 7.11.1972, Dok. 67.
293 Bernd Otto (geb. 1940), von 1970–1974 Bundesvorstandssekretär.
294 Herbert Warnke (1902–1975), 1948 bis 1975 1. Vorsitzender des FDGB. Wolfgang Beyreuther, 1971 bis 1977 stellv. FDGB-Vorsitzender.
295 Vgl. hierzu Diskussion auf der Bundesvorstandssitzung am 2./3.10.1972, Dok. 65.
296 Siehe hierzu Schriftwechsel zwischen Heinz O. Vetter und Herbert Warnke vom September 1972, in: DGB-Archiv, DGB-BV, Abt. Vorsitzender 5/DGAI001692.

Einleitung

DGB und FDGB.[297] In der Folgezeit fand ein intensiver Delegationsaustausch zwischen den Einzelgewerkschaften des DGB und des FDGB statt.[298] Unterbrochen wurden die Gespräche auf der Spitzenebene nach dem Beschluss des Bundesausschusses auf seiner Sitzung vom 5.12.1973 zur Verdoppelung der Zwangsumtauschsätze; der FDGB wurde aufgefordert, auf die Regierung der DDR einzuwirken, die Umtauschquote auf den früheren Stand zu reduzieren.[299] In einem entsprechenden Brief Vetters an Warnke vom 25.1.1974 verurteilte er die Aufrechterhaltung des Schießbefehls; beide Gewerkschaftsbünde sollten darauf hinwirken, »daß die Grenze zwischen der DDR und der BRD so menschlich wie möglich gestaltet wird. Nur so kann die friedliche Koexistenz gesichert werden. Worte und Taten müssen übereinstimmen, wenn das gelingen soll.«[300] Die Antwort Warnkes vom 18.3.1974 fiel schroff aus: »Die in Deinem Schreiben aufgeworfenen Fragen widersprechen dem Geist der Beratungen von Berlin und Düsseldorf, komplizieren die Anfänge der Normalisierung der Beziehungen zwischen unseren Organisationen und können deshalb von uns nicht akzeptiert werden. [...] Unser Anliegen sollte jede Einmischung in die Angelegenheiten des anderen fremd sein.«[301]

Hinzu kam die Verhaftung des ehemaligen Kanzlerreferenten Günter Guillaume im Frühjahr 1974 und der sich daraus ergebende Kanzlerwechsel.[302] Daraufhin wurden alle vorgesehenen Gespräche vorerst abgesagt.[303] Erst auf der Bundesvorstandssitzung im April 1975 wurde beschlossen, dem FDGB vorzuschlagen, mit einer DGB-Spitzendelegation im Sommer 1975 die Kontakte fortzusetzen.[304]

---

297 Vgl. hierzu Bericht Vetters auf der Bundesvorstandssitzung am 3.4.1973, Dok. 77. Siehe auch: die Berichterstattung, in: DGB-Geschäftsbericht 1972–1974, S. 4–6.
298 Zwischen November 1973 und April 1974 trafen sich die IG Chemie-Papier-Keramik, die IG Druck und Papier, die IG Metall, die Gewerkschaft Holz und Kunststoff sowie die ÖTV mit den Gewerkschaften des FDGB. Siehe Geschäftsberichte der jeweiligen Gewerkschaft sowie DGB-Geschäftsbericht 1972–1974, S. 5 f. Siehe auch eine von Walter Böhm erstellte Liste der DGB-Besuche in der DDR 1973/74 vom 10.6.1974, in: DGB-Archiv, DGB-BV, Abt. Vorsitzender 5/DGAI001692.
299 Beschluss abgedruckt in: ND, 6.12.1973, Nr. 417, »Reduzierung der Umtauschquoten für DDR-Besucher verlangt«. Siehe auch: Bundesvorstandssitzung vom 4.12.1973, TOP 17i, Dok. 92.
300 DGB-Archiv, DGB-BV, Abt. Vorsitzender 5/DGAI001692.
301 Ebd.
302 Zum Kanzlerwechsel siehe Faulenbach: Das sozialdemokratische Jahrzehnt, S. 398 ff.
303 Vgl. Bundesvorstandssitzung vom 7.5.1974, Dok. 105. Erst vom 21.–24.10.1974 weilte eine Delegation der IG Bau/Holz des FDGB auf Einladung der Gewerkschaft Holz und Kunststoff in Düsseldorf. Dabei kam es zu einer kurzen Begegnung mit Heinz O. Vetter. Vgl. Wirtschafts- und Tätigkeitsbericht 1973–1976 der GHK, S. 162 f.
304 Siehe Dok. 117. Das Treffen des DGB mit dem am 28.4.1975 gewählten FDGB-Vorsitzenden Harry Tisch fand erst im November 1976 statt. Vgl. DGB-Geschäftsbericht 1975–1977, S. 3. Der Grund für die Verschiebung des Treffens war die Verhaftung des IG Metall Vorstandsmitgliedes Heinz Dürrbeck wegen angeblicher nachrichtendienstlicher Tätigkeit für das Ministerium für Staatssicherheit der DDR. Siehe auch: »Keine DGB-Delegation in die DDR«, in: ND, 5.9.1975, Nr. 218. Zur Person Heinz Dürrbecks siehe Müller: Dürrbeck.

VII. Transnationale Gewerkschaftspolitik

Die ersten beiden Jahrzehnte gewerkschaftlicher »Außenpolitik« waren bestimmt durch die Herausforderung zur aktiven Mitarbeit und Gestaltung einer internationalen Gewerkschaftspolitik und durch die politischen und gesellschaftlichen Folgen der europäischen Wirtschaftsintegration. Die Kampagne für die Aufnahme von diplomatischen Beziehungen zu Israel sowie die »Nichtkontakte« zu den osteuropäischen Gewerkschaften waren weitere Schwerpunkte in der »Außenpolitik« des DGB in den 1960er Jahren; Kontakte zum FDGB waren für den DGB ein innerdeutsches Problem, also nicht Teil der gewerkschaftlichen »Außenpolitik«. Ein Wandel in der internationalen Gewerkschaftspolitik war ab Mitte der 1960er Jahre festzustellen, der zum einen der veränderten außenpolitischen Konstellation und der konsequenten Versöhnungspolitik Willy Brandts und zum anderen einem Generationswechsel in den gewerkschaftlichen Führungsspitzen geschuldet war. Die Auslandsarbeit des DGB und seiner Gewerkschaften in der ersten Hälfte der 1970er Jahre war geprägt von einer aktiven Mitwirkung am europäischen Integrationsprozess, der verstärkten Zusammenarbeit der europäischen Gewerkschaftsbünde mit der Gründung des Europäischen Gewerkschaftsbundes und einer Verbesserung der Kontakte mit osteuropäischen Arbeitnehmerorganisationen.[305]

Der erste Schritt für einen Europäischen Gewerkschaftsbund wurde auf der 6. Generalversammlung der Freien Gewerkschaften der sechs Mitgliedsstaaten der Europäischen Gemeinschaft am 23.4.1969 in Den Haag gelegt und zwar mit der Gründung des Europäischen Bundes Freier Gewerkschaften (EBFG). Der Bund umfasste die dem Internationalen Bund Freier Gewerkschaften (IBFG) angeschlossenen Bünde der 6 Länder der Europäischen Wirtschaftsgemeinschaft (EWG) sowie die in Form von Gewerkschaftsausschüssen bestehenden Zusammenschlüsse demokratischer Gewerkschaften für ein oder mehrere Wirtschaftsbereiche im Rahmen der EWG. Er trat an die Stelle des bisherigen Europäischen Gewerkschaftssekretariats, das seit 1958 die Interessen der Arbeitnehmer auf der europäischen Ebene wahrgenommen hatte.

Gleichzeitig schlossen sich die IBFG-Gewerkschaften der Länder der Europäischen Freihandelszone (EFTA) zu einem Gewerkschaftsausschuss für die EFTA zusammen. Diesem Gewerkschaftsausschuss (EFTA-TUC) gehörten an: TUC-Großbritannien, LO-Dänemark, LO-Norwegen und die ICTU-Irland. Beide Zusammenschlüsse waren bisher in der Europäischen Regionalen Organisation (ERO) des IBFG vertreten. Diese ERO löste sich am

---

305 Entsprechend den Entscheidungen des 8. Ordentlichen Bundeskongresses des DGB 1969 wurden der Beschluss des Bundesvorstandes auf seiner Sitzung am 28.8.1968 und die auf dem 7. Ordentlichen Bundeskongress des DGB 1966 verabschiedeten Richtlinien zur Unterbrechung der Kontakte zu den Gewerkschaften im Ostblock durch die Anträge 63 und 67 aufgehoben und der Delegationsaustausch fortgesetzt. Siehe Protokoll 8. Bundeskongreß, Teil: Anträge und Entschließungen, S. 82 und 85 und Bundesvorstandssitzung vom 2.9.1969, Dok. 3.

Einleitung

31.12.1969 auf, weil die Gewerkschaftsarbeit auf der europäischen Ebene vom EBFG und der Gewerkschaftsgruppe EFTA-TUC geleistet wurde.

Auf der ersten Jahrestagung des EBFG im Oktober 1970 in Düsseldorf, an der auch Gewerkschaften aus den EFTA-Ländern teilnahmen, wurde die Frage der multinationalen Konzerne erörtert. Zwei Monate später wählte der Exekutivausschuss Heinz O. Vetter einstimmig zum neuen Präsidenten. Auf der 2. Jahresversammlung im Oktober 1971 in Toulouse wurde eine europäische Integrationspolitik gefordert; außerdem wurden Fragen zur Erweiterung der Europäischen Gemeinschaft diskutiert, und damit zusammenhängend auch die zukünftigen Entwicklung des EBFG.

Am 19./20.6.1971 in Frankfurt/M. und am 5./6.11.1971 in Oslo fanden auf Initiative von Heinz O. Vetter, Victor Feather (TUC-Großbritannien) und Arne Geijer (LO-Schweden) Konferenzen der europäischen IBFG-Mitgliedsorganisationen statt, in denen die zukünftige Zusammenarbeit zwischen den EWG- und EFTA-Gewerkschaften geklärt werden sollte. Die angenommene Entschließung in Oslo sah die Schaffung von Arbeitsgruppen vor, die konkrete Vorschläge für die Struktur und Ziele einer Organisation sowie für die weitere Zusammenarbeit zwischen den europäischen Gewerkschaften erarbeiten sollten. Bei den Zusammenkünften dieser Arbeitsgruppen wurden die Strukturen und Finanzen der zukünftigen Gewerkschaftsorganisation festgelegt.[306]

In der Zwischenzeit befasste sich der Exekutivausschuss des IBFG in seiner Sitzung im März 1972 und hauptsächlich auf seinem Weltkongress vom Juli 1972 in London mit der Entwicklung der europäischen Gewerkschaftsstrukturen. Die Gewerkschaftsorganisationen außerhalb Europas befürchteten, dass die Konstituierung einer solchen Organisation den Anschein einer Abspaltung des »Klub der Reichen« innerhalb des IBFG erwecken würde. Der Kongress musste auch über die Benennung der neuen europäischen Organisation und die Auslegung zwischen der neuen Organisation und dem IBFG entscheiden.[307]

Die Beitrittsgesuche von England, Dänemark, Irland und Norwegen zur Europäischen Gemeinschaft machte auch eine Reform der europäischen Gewerkschaftsstrukturen erforderlich, um die Aktionen der Gewerkschaften gegenüber den gemeinschaftlichen Institutionen und den multinationalen Gesellschaften besser und effektiver führen zu können.[308] Mit der Gründung des Europäischen Gewerkschaftsbundes am 8./9.2.1973 in Brüssel sollte eine neue gewerkschaftliche Macht in Europa geschaffen werden. 17 Gewerkschaftsorganisationen aus 15 Ländern schlossen sich zu diesem europäischen Dachverband zusammen, um die sozialen, wirtschaftlichen und kulturellen

---

306 Sitzungsprotokolle der Arbeitsgruppen zur Erweiterung der gewerkschaftlichen Zusammenarbeit in Europa siehe DGB-Archiv, DGB-BV, Internationale Abt. 5/DGAJ000280.
307 Zu der Diskussion auf dem IBFG-Weltkongress 1972 siehe auch: Fußnote 15 in Dok. 61, Fußnote 23 in Dok. 63 sowie DGB-Archiv, DGB-BV, Internationale Abt. 5/DGAJ000205.
308 Vgl. insbesondere die Sitzungen des Bundesvorstandes zur Erweiterung des EBFG am 2./3.10., 7.11. und 21.11.1972, Dok. 66 bis 68.

Interessen der Arbeitnehmer auf der europäischen Ebene gegenüber den europäischen Institutionen zu vertreten.[309] Koordination und Unterstützung leistete das EGB-Sekretariat für die Arbeitnehmergruppe des Wirtschafts- und Sozialrates und für die Arbeit der Gewerkschaftsdelegationen in den unterschiedlichen Ausschüssen der Europäischen Gemeinschaft.[310] Außerdem sollte er die Tätigkeit der angeschlossenen Gewerkschaften durch europäische Aktionsprogramme harmonisieren.[311]

Erster Vorsitzender des neuen Bundes wurde auf Vorschlag von Heinz O. Vetter der Vorsitzende des britischen Gewerkschaftsbundes TUC, Victor Feather. Heinz O. Vetter, der dänische Gewerkschaftsvorsitzende Thomas Nielsen und der belgische Gewerkschaftsvorsitzende Georges Debunne wurden zu gleichberechtigten Vizepräsidenten gewählt.[312] In das oberste Organ des Bundes – den Exekutivausschuss – entsendete jede Mitgliedsorganisation einen Vertreter. Da der DGB und der britische Gewerkschaftsbund TUC jeweils über 5 Millionen Mitglieder verfügten, hatten sie jeweils das Anrecht auf einen zusätzlichen Sitz.[313]

Nach der Gründung begann die Erweiterung der organisatorischen Basis des EGB mit dem Beitritt der acht ehemaligen Mitgliedsgewerkschaften der Europäischen Organisation des Weltverbandes der Arbeitnehmer (EO-WVA)[314] auf dem außerordentlichen Kongress 1974 in Kopenhagen.[315] Der Exekutivausschuss des EGB stimmte im Juli 1974 gegen den Widerstand des DGB mehrheitlich für die Aufnahme der italienischen Gewerkschaft Confederazione Generale Italiana del Lavoro (CGIL)[316], während es beim Aufnahmeantrag der ebenfalls kommunistisch orientierten französischen Gewerkschaft Confédération Générale du Travail (CGT) erhebliche Bedenken bestanden, ob die CGT die Politik des EGB »mitträgt und vertritt«.[317] Mit der kontinuierlichen Erweiterung des EGB seit seiner Gründung wurde die gewerkschaft-

---

309 Siehe Präambel des Programms des EGB; vgl. auch Ludwig Rosenberg: Die Verantwortung der Gewerkschaften in einer zukünftigen Wirtschafts- und Währungsunion, in: Europa Archiv, 1972, Folge 9, S. 314 ff.
310 Vgl. Werner Reutter/Peter Rütter: Internationale und europäische Gewerkschaftsorganisationen: Geschichte, Struktur und Einfluss, in: Schroeder/Weßels: Gewerkschaftshandbuch, S. 512–542, hier: S. 536 f.
311 Vgl. Volker Jung: Der neue europäische Gewerkschaftsbund, in: GMH 24, 1973, Nr. 4, S. 206 ff.
312 Victor Feather (1908–1976), von 1969–1973 Generalsekretär des TUC, Thomas Nielsen (geb. 1917), von 1967–1981 Präsident des Dänischen Gewerkschaftsbundes, Georges Debunne (1918–2008), von 1968–1983 Präsident des Gewerkschaftsbundes FGTB in Belgien.
313 Für den Exekutivausschuss wurden vonseiten des DGB als Vollmitglieder bzw. vertretende Mitglieder Heinz O. Vetter, Eugen Loderer, Alois Pfeiffer, Maria Weber, Alfred Schmidt und Karl Schwab angegeben.
314 Zur Diskussion im Bundesvorstand über die Aufnahme der christlichen Gewerkschaften in den EGB siehe Sitzungen vom 4.12.1973, 5./6.2.1974 und 2.4.1974, Dok. 92, 99 und 104.
315 Auf dem außerordentlichen Kongress wurde Heinz O. Vetter zum Präsidenten des EGB gewählt und blieb dies bis 1979.
316 Zur Diskussion und dem Beschluss des Bundesvorstandes zur Nichtaufnahme der CGIL, siehe Sitzungen vom 7.5.1974 und 2.7.1974, Dok. 105 und 109.
317 Vgl. Tätigkeitsbericht des EGB 1973–1976, Brüssel 1976, S. 38.

liche Zersplitterung, d. h. das Nebeneinander von verschiedenen Gewerkschaftsinternationalen, auf der europäischen Ebene aufgelöst.

Ein weiterer wichtiger Akzent im Rahmen der internationalen Arbeit des DGB war im Editionszeitraum der Kontakt zu den osteuropäischen Arbeitnehmerorganisationen. Durch den Beschluss des 8. Ordentlichen Bundeskongresses wurde der Bundesvorstand beauftragt, alle Maßnahmen zu fördern, die der Normalisierung der Beziehungen zwischen der Bundesrepublik Deutschland und den osteuropäischen Ländern dienten.[318] Der erste Kontakt mit der Sowjetunion nach der Niederschlagung des »Prager Frühlings« 1968 in der CSSR fand Ende Mai/Anfang Juni 1969 statt. Otto Kersten, Leiter der Abteilung Ausland beim DGB-Bundesvorstand, reiste im Auftrag der Reformkommission des Auswärtigen Amtes nach Moskau, wo er Gespräche mit dem Zentralrat des sowjetischen Gewerkschaftsbundes aufnahm.[319] Ende November, Anfang Dezember 1969 fuhr Heinz O. Vetter zu Gesprächen nach Moskau, deren Ergebnisse weitreichende Verabredungen über den Austausch von Materialien sowie Fachdelegationen waren. Offen blieb allerdings, ob und inwieweit auch Westberliner Gewerkschaftsmitglieder in dem geplanten Austausch einbezogen werden sollten.[320] Parallel wurden Gespräche mit dem polnischen Gewerkschaftsbund geführt. Die von der polnischen Seite geforderte Anerkennung der Oder-Neiße-Grenze als Vorbedingung für ein Gespräch wurde vom DGB abgelehnt.[321] Bei dem Besuch im April 1970 erklärte Vetter informell, dass der DGB die Oder-Neiße-Grenze akzeptiere und Widerstand gegenüber einer Revision der europäischen Nachkriegsordnung leisten würde, aber eine staatspolitische Anerkennungserklärung für die polnische Grenze nicht abgeben könne, denn das sei und bleibe die Aufgabe der Bundesregierung.[322]

Die Unstimmigkeiten, insbesondere zur Zugehörigkeit der Westberliner Gewerkschafter zum DGB führten dazu, dass die Kontakte mit den polnischen und sowjetischen Gewerkschaften erneut für längere Zeit eingefroren wurden.[323] Erst nach Abschluss der Verträge von Moskau im August und Warschau im Dezember 1970 sowie das Vier-Mächte-Abkommen vom September

---

318 Siehe hierzu Protokoll 8. Bundeskongreß, Teil: Anträge und Entschließungen Nr. 63 und 67, S. 82 ff. Mit seiner ablehnenden Haltung gegenüber der Aufrechterhaltung der Ostkontakte befand sich Otto Brenner auf dem Bundeskongress in der Minderheit, selbst bei »seinen eigenen Metallern«. Vgl. Kempter: Loderer, S. 242.
319 Siehe Bericht Otto Kersten »DGB und Ostkontakte« vom 30.9.1970, S. 2, in: DGB-Archiv, DGB-BV, Internationale Abt. 5/DGAJ000825.
320 Siehe Protokoll des Gesprächs zwischen dem DGB und dem Zentralrat der sowjetischen Gewerkschaften am 5.12.1969, Dok. 9.
321 Vgl. Bundesvorstandssitzung vom 6.1.1970, Dok. 10.
322 Zu der Erklärung des DGB, siehe Die Quelle 21, 1970, Heft 5, S. 204 sowie die Diskussion auf der Bundesvorstandssitzung am 2.6.1970, TOP 11, Dok. 25.
323 Bei dem Gegenbesuch der sowjetischen Gewerkschaften vom 25.5. bis 2.6.1970 in Düsseldorf erklärten sie, den Westberliner DGB nicht als Bestandteil der Bundesorganisation anzuerkennen. In ihrer Begründung unterschieden sie nicht zwischen dem staatsrechtlichen Status Westberlins und dem Status nicht-staatlicher Organisationen. Zu dem Treffen und dessen Ergebnissen siehe ND, 1.6.1970, Nr. 167 und 2.6.1970, Nr. 170 sowie Dok. 25.

1971[324] akzeptierten die sowjetischen Gewerkschaften Westberliner als Angehörige bundesdeutscher Gewerkschaftsdelegationen, sodass die Kontakte wieder aufgenommen werden konnten. Nach dem Abschluss der Verträge kam es zu verstärkten Kontakten mit osteuropäischen Gewerkschaften in Übereinstimmung mit der vom 9. Ordentlichen Bundeskongress des DGB festgelegten Politik.[325] Der DGB unterhielt bis Ende 1975 bilaterale Beziehungen zu den Gewerkschaftszentralen in der Sowjetunion, in Polen, in der Tschechoslowakei, in Ungarn, in Bulgarien, in Rumänien und in Jugoslawien. Im Rahmen dieser Kontakte (Spitzendelegationen, Fachdelegationen, Gewerkschaftsjournalisten und DGB-Jugend) hatten gegenseitige Besuche auf allen gewerkschaftlichen Ebenen stattgefunden.

Zum jugoslawischen Gewerkschaftsbund bestand ein Sonderverhältnis, weil die Arbeitskontakte, die sich in Bezug auf die jugoslawischen Arbeitnehmer in der Bundesrepublik ergaben, eine Zusammenarbeit in Sachfragen erforderten. Ein jugoslawischer Gewerkschaftsfunktionär, mit einem Büro beim DGB-Bundesvorstand, betreute die jugoslawischen Arbeitnehmer in der Bundesrepublik auf sozialem und kulturellem Gebiet.[326] Zwischen dem DGB und dem jugoslawischen Gewerkschaftsbund wurde eine Ständige Gemeinsame Kommission gebildet, die sich um die Interessen der in der Bundesrepublik tätigen jugoslawischen Arbeitnehmer kümmern sollte.[327]

Ein umstrittenes Thema im Zusammenhang mit den Ostkontakten des IBFG und der Ostpolitik der deutschen Gewerkschaften war der vom Vorstand der US-Gewerkschaften der American Federation of Labor – Congress of Industrial Organizations (AFL-CIO) am 2. Februar 1969 beschlossene Austritt aus dem IBFG wegen dieser politischen Ausrichtung. Unter dem damaligen Präsidenten George Meany[328] vertrat der AFL-CIO einen strikten antikommunistischen Kurs und konnte deshalb die Ost- und Entspannungspolitik nicht mittragen. Ein weiterer Punkt für den AFL-CIO war die Gründung des EGB unter Einschluss ehemals dem Weltgewerkschaftsbund (WGB) angehörender kommunistisch orientierter Gewerkschaften.[329] Trotz der unterschiedlichen Standpunkte in der Entspannungspolitik bemühte sich der DGB im Editionszeitraum um eine erneute Annäherung an den US-Gewerkschaftsbund

---

324 In dem Moskauer Vertrag vom 12.8.1970 und dem Warschauer Vertrag vom 7.12.1970 sicherte die Bundesrepublik zu, dass die Oder-Neiße-Linie Westgrenze Polens sei. Der Deutsche Bundestag ratifizierte beide Verträge am 17.5.1972. Vgl. Dokumente zur Deutschlandpolitik, VI. Reihe/Bd. 1, bearb. v. Daniel Hofmann, München 2002, S. LIII–LXIII. Text des Viermächte-Abkommens, in: Verträge, Abkommen und Vereinbarungen zwischen der Bundesrepublik Deutschland und der Deutschen Demokratischen Republik, hrsg. v. Presse- und Informationsamt der Bundesregierung, Stuttgart 1973, S. 196–199.
325 Siehe die Anträge 53 bis 58, in: Protokoll 9. Bundeskongreß, Teil: Anträge und Entschließungen, S. 63–66.
326 Siehe hierzu Beschluss auf der Bundesvorstandssitzung vom 4.11.1969, Dok. 6.
327 Siehe hierzu Berichte des Referates bzw. der Abt. Ausländische Arbeitnehmer in den DGB-Geschäftsberichten 1969–1971 und 1972–1974 sowie die Überlieferung des Jugoslawischen Büros im Aktenbestand: DGB-Archiv, DGB-BV, Abt. Ausländische Arbeitnehmer.
328 George Meany (1894–1980) war von 1952 bis 1979 Präsident der AFL-CIO.
329 Vgl. Link: Amerikanische Gewerkschaften, S. 93 ff.

Einleitung

und seine Rückkehr in den IBFG.[330] Vom 6. bis 16. Oktober 1974 reiste eine siebenköpfige Delegation des DGB zu Sondierungs- und Informationsgesprächen mit dem Vorstand der AFL-CIO, um weitere Möglichkeiten der Zusammenarbeit auszuloten.[331] Erst unter dem 1980 neugewählten Präsidenten Lane Kirkland[332] trat der AFL-CIO zum 1.1.1982 wieder dem IBFG bei.

Im Editionszeitraum berief der IBFG zwei Weltkonferenzen der Gewerkschaften zu besonderen Problemen ein. Die Weltwirtschaftskonferenz vom 24. bis 26.6.1971 in Genf behandelte drei Themen: Inflation und Arbeitsmarkt, die Gewerkschaften in der Zweiten Entwicklungsdekade und Multinationale Gesellschaften.[333] Die zweite Konferenz fand am 3./4.6.1974 ebenfalls in Genf statt und war den Problemen der ausländischen und staatenlosen Arbeitnehmern gewidmet.[334] Neben der verstärkten Mitarbeit in den Gremien des IBFG[335] beteiligte sich der DGB in Zusammenarbeit mit der Friedrich-Ebert-Stiftung am Aufbau der Gewerkschaften in den Entwicklungsländern, dem bilateralen Ausbau der Beziehungen zu den freien Gewerkschaften in Westeuropa und dem Aufbau von freien Gewerkschaften in Portugal nach der »Nelkenrevolution«.[336] Weitere Schwerpunkte in der Auslandsarbeit des DGB waren die Unterstützung einer »Internationalen Gewerkschaftskonferenz gegen Apartheid«[337], gewerkschaftliche Initiativen zu den Problemen der Apartheid in Südafrika[338] und eine Koordinierung der gewerkschaftlichen Initiativen zur Unterstützung der chilenischen Gewerkschaften und der Unterstützung von Exil-Chilenen.[339]

---

330 Zur Diskussion über den Austritt der AFL/CIO und dem Bemühen des DGB um eine Annäherung zum US-Gewerkschaftsbund siehe die Dok. 6, 14, 18, 26, 30, 49, 51, 66 und 71.
331 Zur Zusammensetzung der Delegation unter der Leitung des Vorsitzenden IG Bau, Steine, Erden, Konrad Carl, und den Ergebnissen siehe ND, 4.10.1974, Nr. 254 und 17.10.1974, Nr. 272.
332 Lane Kirkland (1922–1999) war von 1979–1995 Präsident der AFL-CIO.
333 Zu der Weltwirtschaftskonferenz siehe DGB-Archiv, DGB-BV, Internationale Abt. 5/DGAJ000448.
334 Zu der Konferenz siehe DGB-Archiv, DGB-BV, Sekretariat Karl Schwab 5/DGCR000087.
335 Im Antrag 65 des 9. Ordentlichen Bundeskongresses wurde der Bundesvorstand aufgefordert aktiv an der Gestaltung der Politik des IBFG mitzuwirken. Vgl. Protokoll 9. Bundeskongreß, Teil: Anträge und Entschließungen, S. 62 f.
336 Siehe Dok. 105, 111 und 112 sowie auch Rede Otto Kersten auf dem 10. Ordentlichen Bundeskongress des DGB 1975, Protokoll 10. Bundeskongreß, S. 36 ff.
337 Im Rahmen der Internationalen Arbeiterorganisation (IAO) fand die Konferenz am 15./16.6.1973 in Genf statt. Vgl. Bundesvorstandssitzung am 6.11.1973, Dok. 91.
338 So veranstaltete der DGB in Zusammenarbeit mit der EKD Seminare für Betriebsräte deutscher Firmen mit Investitionen in Südafrika. Vgl. DGB-Geschäftsbericht 1972–1974, Internationale Abt., S. 38.
339 In einer Erklärung verurteilte der Bundesvorstand u. a. die Menschenrechtsverletzungen, die Auflösung der Gewerkschaftsorganisationen, die Beschränkung des Vereinigungsrechtes und das Recht zu kollektiven Tarifverhandlungen und forderte die Freilassung aller inhaftierten Arbeitnehmer und Gewerkschafter. Vgl. »DGB zum Jahrestag des chilenischen Militärputsches«, in: ND, 5.9.1974, Nr. 223.

VIII. Quellenauswahl und Errichtung der Edition

Dieser vorliegende Editionsband ist Bestandteil der Reihe »Quellen zur Geschichte der deutschen Gewerkschaftsbewegung im 20. Jahrhundert« und folgt in seiner Konzeption und inhaltlichen Schwerpunktsetzung den Zielsetzungen der Gesamtedition.

Dieser Band dokumentiert die politische und gewerkschaftliche Entwicklung des DGB in der Ära der sozial-liberalen Regierung im Zeitraum vom 8. bis zum 10. Ordentlichen Bundeskongress des DGB im Mai 1975. Er knüpft chronologisch an den Band 13 dieser Reihe an, der die Politik des DGB bis zum 8. Ordentlichen Bundeskongress im Mai 1969 umfasst. Die Edition beginnt mit der ersten Bundesvorstandssitzung am 1. Juli 1969, auf der die Vertreter der Reformkommission benannt wurden; er endet mit der Bundesvorstandssitzung am 24./25. Mai 1975, in der die Anträge zum Bundeskongress diskutiert wurden.

Die Edition umfasst 119 Dokumente, die aus dem Archiv des Deutschen Gewerkschaftsbundes im Archiv der sozialen Demokratie der Friedrich-Ebert-Stiftung in Bonn stammen. Im Mittelpunkt stehen die Protokolle der Sitzungen des monatlich tagenden Bundesvorstandes des DGB. Sie bilden das »Quellengerüst« dieses Bandes und werden in ihm – zum Teil gekürzt – abgedruckt. Diese Vorstandsprotokolle vermitteln einen facettenreichen Einblick von dem Willensbildungsprozess des zentralen Entscheidungsorganes des DGB. Sie dokumentieren auch die thematische Vielfalt der Gewerkschaftspolitik in der ersten Hälfte der 1970er Jahre, den sozialliberalen Reformjahren. In den Protokollen spiegelt sich auch die Hoffnung auf die Durchsetzung von Reformvorhaben auf gesamtstaatlicher Ebene und deren Enttäuschung wider. Außerdem werden Themen wie die Entwicklung der Organisation, der Bereich der Tarifpolitik sowie die verstärkte europapolitische Aktivität des DGB in organisatorischer und programmatischer Hinsicht sowie die »Wiederbelebung« der deutsch-deutschen Gewerkschaftskontakte, die auch im Kontext der gewerkschaftlichen Ostkontakte, insbesondere mit dem Zentralrat der sowjetischen Gewerkschaften stand, verdeutlicht. Die Aussagekraft der Bundesvorstandsprotokolle ist allerdings unterschiedlich groß, da sich neben ausführlichen Wiedergaben der Äußerungen von Vorstandsmitgliedern im Wesentlichen knappe Zusammenfassungen der Diskussionen finden, die nur den Tenor der jeweiligen Meinungsäußerungen referieren.

Die Protokolle des Bundesausschusses, der als höchstes Organ zwischen den Bundeskongressen in der Regel vierteljährlich zusammentrat, wurden nur insofern berücksichtigt, wie sie den internen Diskussionsprozess über zentrale gewerkschaftliche Themen vertiefen. Auf eine vollständige Wiedergabe dieser Protokolle wurde verzichtet, weil im Bundesausschuss hauptsächlich Routineangelegenheiten besprochen wurden, deren Aussagewert gering ist und die keine zusätzlichen Informationen für die Willensbildungsprozesse der gewerkschaftlichen Entscheidungsgremien enthalten. Zwar ist der Bundesausschuss formal das höchste Entscheidungsgremium zwischen den Bunde-

Einleitung

skongressen, aber die zentrale Entscheidungsfindung fand in den Sitzungen des Bundesvorstandes statt. Im Editionszeitraum gibt es keinen Vorgang, in dem die Voten von Bundesvorstand und Bundesausschuss differierten.

Nicht dokumentiert wurden die Sitzungsprotokolle des Geschäftsführenden Bundesvorstandes, da es sich hierbei um Beschlussprotokolle handelt, die nur einen geringen Rückschluss auf die geführten Diskussionen im Bundesvorstand erlauben. Zur Kommentierung der Bundesvorstands- und Bundesausschusssitzungen wurde in den Anmerkungen auf die protokollierten Ergebnisse hingewiesen. Ergänzend zu den Bundesvorstandprotokollen sind Entschließungen, Beschlüsse, Kommuniqués sowie vom DGB veröffentlichte Memoranden, Erklärungen und Aufrufe in dem Dokumentenkorpus aufgenommen, wenn sie Entscheidungsprozesses oder zentrale Manifestationen des DGB darstellen. Die Protokolle des höchsten Gremiums des DGB, des bis 1978 im dreijährigen Abstand tagenden Bundeskongresses, liegen in gedruckter Form vor und können wie die Geschäftsberichte des DGB zur Ergänzung herangezogen werden. Im vorliegenden Zeitraum handelt es sich um den 3. Außerordentlichen Bundeskongress in Düsseldorf im Mai 1971 sowie um die Bundeskongresse 1972 in Berlin und 1975 in Hamburg.[340]

Die in diesem Band veröffentlichten Bundesvorstandsprotokolle spiegeln die gesellschaftspolitischen Auseinandersetzungen in der ersten Hälfte der 1970er Jahre als auch die inneren Konflikte des Gewerkschaftsbundes wider. Der Entscheidungs- und Willensbildungsprozess des DGB wird ebenso sichtbar wie das Spannungsverhältnis zwischen den Einzelgewerkschaften und dem DGB-Bundesvorstand. Zur näheren Beleuchtung dieser Prozesse wurden Dokumente anderer Provenienzen aus anderen Archiven miteinbezogen. Dazu gehört Korrespondenz des DGB-Vorsitzenden Heinz O. Vetter mit den Bundeskanzlern Willy Brandt und Helmut Schmidt sowie dem Vorsitzenden der SPD-Bundestagsfraktion, Herbert Wehner, zur Vermögensbildung, Konjunkturpolitik und Preispolitik, zur Mitbestimmung und Europapolitik sowie der Briefaustausch mit dem FDGB-Vorsitzenden Herbert Warnke zum deutsch-deutschen Gewerkschaftstreffen. Weiterhin wurden programmatische Äußerungen des DGB, wie z. B. zur Konjunkturpolitik und Vermögensbildung, miteinbezogen. Hinzu kommen die Sitzungen bzw. Kommuniqués zu den Gesprächsrunden der »Konzertierten Aktion«[341], Sitzungen des SPD-Gewerkschaftsrates und Treffen mit Bundeskanzler Willy Brandt zur Mitbestimmung und mit Bundeskanzler Helmut Schmidt zur künftigen Regierungspolitik und zur Zusammenarbeit mit den Gewerkschaften. Ebenso wurden Sachakten der federführenden Abteilungen des DGB-Bundesvorstandes für die Beratungsunterlagen und Beschlussvorlagen sowie Protokolle einzelner DGB-Ausschüsse als ergänzende Materialien hinzugezogen, um auf diese Weise Entstehungs- und Entscheidungsprozesse transparenter zu machen. Die in den Anlagen zu den Sitzungen angegebenen Memoranden,

---

340 Vgl. Protokoll 3. Außerordentlicher Bundeskongreß, Protokoll 9. Bundeskongreß, Protokoll 10. Bundeskongreß.
341 Zur »Konzertierten Aktion« siehe Einleitung, Kap. V. Siehe auch: Dok. 7, 8, 40, 45 und 82.

Erklärungen, Stellungnahmen und Briefwechsel des DGB werden ebenfalls abgedruckt, oder es wird auf sie in den Anmerkungen hingewiesen.

Die Dokumente sind chronologisch fortlaufend angeordnet und nummeriert. Gemäß den bisher angewandten Prinzipen der bereits erschienen Bände zur »Geschichte der deutschen Gewerkschaftsbewegung im 20. Jahrhundert« wurde jedes Dokument mit einem Titel und Datum eingeleitet. Das Kopfregest informiert über die Form des Textes und bei Protokollen über den entsprechenden Veranstaltungsort, die Sitzungsdauer, den Sitzungsvorsitz, die Protokollanten, über Umfang und Art der Ausfertigung des Dokuments sowie über die Provenienz. Beginn und Ende der Sitzung sind in standardisierter Form wiedergegeben. Weitere Hinweise zur Entstehung des Textes sind jeweils in der ersten Fußnote angeführt. Dazu gehören der Zeitpunkt der Einladung und die Benennung der nicht erschienenen Gremienmitglieder sowie dahinter in Klammern deren jeweilige Vertretung. Die in den Protokollen oft fehlerhafte Angabe über die Anwesenheit wurde vervollständigt durch die handschriftlichen Anwesenheitslisten sowie die entsprechenden Absageschreiben der Gremienmitglieder, die sich in den Sitzungsakten von Heinz O. Vetter befinden. Zur besseren Orientierung wird im Anhang eine Aufstellung aller Bundesvorstandsmitglieder während des Editionszeitraumes geboten. Bei den überlieferten Bundesausschusssitzungen wurde auf die Angabe der abwesenden Mitglieder verzichtet. Das Aufzählen aller fehlenden Personen hätte nur eine geringe Aussagekraft aufgrund der Fluktuation der von den Gewerkschaften entsandten Delegierten.

Neben der Wiedergabe der Bundesvorstandssitzungen wurde auch weitgehend eine themenorientierte Erschließung vorhandener Archivalien vorgenommen. In den Dokumentenkommentaren (Fußnoten) werden nicht nur Hinweise zur Forschungsliteratur und Publizistik gegeben, sondern auch zu weiterführenden Materialien, Akten einzelner Abteilungen und Vorstandssekretariate des DGB-Bundesvorstandes sowie Überlieferungen von Hauptvorständen der Gewerkschaften, deren Akten sich im Archiv der sozialen Demokratie befinden. Zahlreiche Querverweise vernetzen die abgedruckten Dokumente miteinander und auch die bisher erschienenen Bände der Editionsreihe werden miteinbezogen. In den Anmerkungen wurden jene Sachverhalte und Probleme zusätzlich kommentiert, deren Bedeutung aus den Dokumenten nicht allein ersichtlich ist. In den Anmerkungen wurde auch besonderer Wert auf Hinweise zu Artikeln in gewerkschaftlichen Publikationen und zur zeitgenössischen Presseberichterstattung gelegt. Mehrfach erwähnte Sekundärliteratur wird aus Platzgründen nur in Kurztiteln zitiert. Der vollständige Titel ist im Anhang verzeichnet.

Den in die Edition aufgenommenen Protokollen ist eine rekonstruierte Tagesordnung vorangestellt. Die Nummerierung und der Titel der Tagesordnung wurden aus dem Original übernommen. Vorschläge von Bundesvorstandmitgliedern zur Erweiterung bzw. Ergänzung der Tagesordnung werden entweder zu Beginn der Sitzung oder in den Anmerkungen dokumentiert. Bei der Dokumentenwiedergabe wurde die Form der Vorlage beibehalten. Die Dokumente sind in der Regel ungekürzt wiedergeben. Alle Eingriffe in den

Einleitung

Text sind gekennzeichnet: Diskussionsgegenstände und Debatten, deren Bedeutung in keinem vertretbaren Verhältnis zu dem für einen Abdruck erforderlichen Raum steht, werden in eckigen Klammern in einem Regest zusammengefasst, um dem Leser einen Hinweis auf die Inhalte der Tagesordnung zu geben.

Stillschweigend sind alle offenkundigen Schreib-, Rechtschreib- und Interpunktionsfehler korrigiert, jedoch nicht stilistische Eigenheiten der Redner. Zeittypische Schreibweisen werden beibehalten. Die Namen der Redner sind im Text durch Kursivdruck hervorgehoben. In den Dokumenten wurden die Monatsnamen ausgeschrieben und alle nicht gebräuchlichen Abkürzungen aufgelöst. Die in der Edition verwendeten Abkürzungen sind in einem Verzeichnis im Anhang aufgeführt.

Biografische Hinweise finden sich nicht nur im Personenregister sondern auch in den Fußnoten zu den jeweiligen Dokumenten. Der Umfang der Informationen hängt von der Bedeutung der Person im Editionszusammenhang ab, wobei der Schwerpunkt auf dem Lebensabschnitt liegt, der in den Bearbeitungszeitraum fällt. Die in den bereits vorliegenden Bänden der Editionsreihe gemachten Personenangaben wurden übernommen und soweit erforderlich ergänzt und gegebenenfalls korrigiert. Informationen zu den Personen sind den einschlägigen biografischen Nachschlagewerken, den gewerkschaftlichen Publikationen und der Sammlung Personalia des DGB-Archivs entnommen. In besonderen Fällen half auch eine Anfrage bei den Gewerkschaften, den DGB-Landesbezirken, der DGB-Unterstützungskasse sowie bei Verbänden und Archiven.

Ich danke allen, die an der Erstellung dieser Edition beteiligt waren. Den Mitarbeiterinnen und Mitarbeitern des Archivs der sozialen Demokratie und der Bibliothek der Friedrich-Ebert-Stiftung, Bonn, die mich bei meinen Recherchen unterstützten. Den Herausgebern der Edition, Prof. Dr. Dieter Dowe, Dr. Anja Kruke und Prof. Dr. Michael Schneider, danke ich für die aufmerksame und hilfreiche Begleitung der Editionsarbeit.

Verzeichnis der Dokumente

Dokument	Datum	Titel	Seite
Nr. 1	1. Juli 1969	Protokoll der 1. Sitzung des Bundesvorstandes nach dem 8. Ordentlichen Bundeskongress des DGB vom 18. bis 23. Mai 1969	83
Nr. 2	1. September 1969	Schreiben des Vorsitzenden des DGB, Vetter, an die Kandidaten für die Wahl zum Deutschen Bundestag am 28.9.1969	97
Nr. 3	2. September 1969	Protokoll der 2. Sitzung des Bundesvorstandes	98
Nr. 4	7./8. Oktober 1969	Protokoll der 3. Sitzung des Bundesvorstandes	109
Nr. 5	28. Oktober 1969	Stellungnahme des DGB zur Regierungserklärung von Bundeskanzler Willy Brandt für die sozial-liberale Koalition	120
Nr. 6	4. November 1969	Protokoll der 4. Sitzung des Bundesvorstandes	121
Nr. 7	24. November 1969	Protokoll der 14. Sitzung der Konzertierten Aktion	136
Nr. 8	26. November 1969	Kommuniqué der 14. Sitzung der Konzertierten Aktion vom 24.11.1969	143
Nr. 9	5. Dezember 1969	Bericht der DGB-Abteilung Ausland über das offizielle Gespräch mit dem Zentralrat des sowjetischen Gewerkschaftsbundes in Moskau	144
Nr. 10	6. Januar 1970	Protokoll der 5. Sitzung des Bundesvorstandes	153
Nr. 11	6. Januar 1970	Entwurf eines Antwortschreibens an den Vorsitzenden des Zentralrates des polnischen Gewerkschaftsbundes	173
Nr. 12	29. Januar 1970	Kurzprotokoll der Sitzung des Gewerkschaftsrates beim Parteivorstand der SPD	174
Nr. 13	2. Februar 1970	Entwurf des Protokolls der Sitzung der Kommission zur Durchführung des Aktionsprogramms	176
Nr. 14	3. Februar 1970	Protokoll der 6. Sitzung des Bundesvorstandes	185
Nr. 15	4. Februar 1970	Brief des Vorsitzenden des DGB, Vetter, an den Vorsitzenden des FDGB, Warnke	210

Verzeichnis der Dokumente

Dokument	Datum	Titel	Seite
Nr. 16	26. Februar 1970	Bericht über die Besprechung des DGB mit der Bundesregierung in Bonn zu den Lohnsteuersätzen	212
Nr. 17	3. März 1970	Protokoll der gemeinsamen Sitzung des Bundesvorstandes und des Tarifpolitischen Ausschusses	215
Nr. 18	3./4. März 1970	Protokoll der 7. Sitzung des Bundesvorstandes	221
Nr. 19	3. März 1970	Antwortschreiben des Vorsitzenden des DGB, Vetter, an den Vorsitzenden des FDGB, Warnke	238
Nr. 20	7. April 1970	Protokoll der 8. Sitzung des Bundesvorstandes	239
Nr. 21	8. April 1970	Telegramm des Vorsitzenden des DGB, Vetter, an den Vorsitzenden des FDGB, Warnke	246
Nr. 22	5. Mai 1970	Protokoll der 9. Sitzung des Bundesvorstandes	247
Nr. 23	8. Mai 1970	Schreiben des Vorsitzenden des DGB, Vetter, an den Vorsitzenden des FDGB, Warnke	262
Nr. 24	2. Juni 1970	Protokoll der 10. Sitzung des Bundesvorstandes	264
Nr. 25	5. Juni 1970	Antwortschreiben des Vorsitzenden des FDGB, Warnke, an den Vorsitzenden des DGB, Vetter	278
Nr. 26	3. Juni 1970	Protokoll der 3. Sitzung des Bundesausschusses	281
Nr. 27	7. Juli 1970	Protokoll der 11. Sitzung des Bundesvorstandes	292
Nr. 28	7. Juli 1970	DGB-Erklärung zur Konjunkturpolitik	303
Nr. 29	12. Juli 1970	Brief des Vorsitzenden der SPD-Bundestagsfraktion, Wehner, an den Vorsitzenden des DGB, Vetter, zur DGB-Erklärung zur Konjunkturpolitik	304
Nr. 30	7. September 1970	Protokoll der 12. Sitzung des Bundesvorstandes	306
Nr. 31	6. Oktober 1970	Protokoll der 13. Sitzung des Bundesvorstandes	320
Nr. 32	3. November 1970	Protokoll der 14. Sitzung des Bundesvorstandes	331
Nr. 33	1. Dezember 1970	Protokoll der 15. Sitzung des Bundesvorstandes	338
Nr. 34	2. Dezember 1970	Protokoll der 5. Sitzung des Bundesausschusses	346
Nr. 35	2. Februar 1971	Protokoll der 16. Sitzung des Bundesvorstandes	357

Verzeichnis der Dokumente

Dokument	Datum	Titel	Seite
Nr. 36	3. Februar 1971	Protokoll der Klausurtagung des Bundesvorstandes und der Vorstandsspitzen der gemeinwirtschaftlichen Unternehmen	366
Nr. 37	10. Februar 1971	Schreiben des Vorsitzenden des DGB, Vetter, an die Mitglieder des Bundesvorstandes zur Mitbestimmung bei der BfG	375
Nr. 38	2. März 1971	Protokoll der 17. Sitzung des Bundesvorstandes	377
Nr. 39	3. März 1971	Protokoll der 6. Sitzung des Bundesausschusses	390
Nr. 40	4. März 1971	Protokoll der 20. Sitzung der Konzertierten Aktion	405
Nr. 41	6. April 1971	Protokoll der 18. Sitzung des Bundesvorstandes	415
Nr. 42	27. April 1971	Schreiben des Vorsitzenden des DGB, Vetter, an die Mitglieder des Bundesausschusses zum gewerkschaftlichen Austauschprogramm Bundesrepublik – UdSSR	426
Nr. 43	12. Mai 1971	Protokoll der 19. Sitzung des Bundesvorstandes	427
Nr. 44	1. Juni 1971	Protokoll der 20. Sitzung des Bundesvorstandes	432
Nr. 45	7. Juni 1971	Kommuniqué der 21. Sitzung der Konzertierten Aktion vom 4.6.1971	443
Nr. 46	6. Juli 1971	Protokoll der 21. Sitzung des Bundesvorstandes	445
Nr. 47	16. Juli 1971	Gemeinsames Kommuniqué des Spitzengesprächs zwischen dem DGB und den Arbeitgeberverbänden	453
Nr. 48	7. September 1971	Protokoll der 22. Sitzung des Bundesvorstandes	454
Nr. 49	5. Oktober 1971	Protokoll der 23. Sitzung des Bundesvorstandes	467
Nr. 50	2. November 1971	Protokoll der 24. Sitzung des Bundesvorstandes	477
Nr. 51	3. November 1971	Protokoll der 1. Sitzung des Bundesausschusses nach dem a.o. Bundeskongress vom 14./15.5.1971	486
Nr. 52	16. November 1971	Thesen des DGB zur Vermögensbildung	495
Nr. 53	7. Dezember 1971	Protokoll der 25. Sitzung des Bundesvorstandes	496
Nr. 54	20./21. Januar 1972	Beratungsergebnis der Klausurtagung des Bundesvorstandes des DGB und des Vorstandes der Unternehmensgruppe Neue Heimat	507

Verzeichnis der Dokumente

Dokument	Datum	Titel	Seite
Nr. 55	22. Januar 1972	Protokoll der 26. Sitzung des Bundesvorstandes	509
Nr. 56	1. Februar 1972	Protokoll der 27. Sitzung des Bundesvorstandes	515
Nr. 57	9. Februar 1972	Schreiben des Vorsitzenden des DGB, Vetter, an die Mitglieder des Bundesvorstandes und die Vorsitzenden der DGB-Landesbezirke zu bilateralen Kontakten des DGB mit dem Zentralrat der sowjetischen Gewerkschaften	523
Nr. 58	7. März 1972	Protokoll der 28. Sitzung des Bundesvorstandes	526
Nr. 59	10. April 1972	Protokoll der 29. Sitzung des Bundesvorstandes	533
Nr. 60	2. Mai 1972	Protokoll der 30. Sitzung des Bundesvorstandes	541
Nr. 61	29. Mai 1972	Protokoll der 31. Sitzung des Bundesvorstandes	548
Nr. 62	23./27. Juni 1972	Protokoll der 32. Sitzung des Bundesvorstandes	557
Nr. 63	5./6. September 1972	Protokoll der 1. Sitzung des Bundesvorstandes nach dem 9. Ordentlichen Bundeskongress des DGB vom 25. bis 30. Juni 1972	564
Nr. 64	8. September 1972	Brief des Vorsitzenden des DGB, Vetter, an Bundeskanzler Willy Brandt über die Erwartungen des DGB an die Europapolitik der Bundesregierung	576
Nr. 65	2./3. Oktober 1972	Protokoll der Klausurtagung und der 2. Sitzung des Bundesvorstandes	579
Nr. 66	2./3. Oktober 1972	Arbeitspapier der Abteilung DGB-Vorsitzender: Erweiterung des EBFG	590
Nr. 67	7. November 1972	Protokoll der 3. Sitzung des Bundesvorstandes	593
Nr. 68	21. November 1972	Protokoll der Sondersitzung des Bundesvorstandes	606
Nr. 69	5. Dezember 1972	Protokoll der 4. Sitzung des Bundesvorstandes	611
Nr. 70	6. Dezember 1972	Protokoll der 2. Sitzung des Bundesausschusses	619
Nr. 71	9. Dezember 1972	Protokoll der Klausurtagung des Bundesvorstandes	629
Nr. 72	5. Februar 1973	Protokoll der 5. Sitzung des Bundesvorstandes	636
Nr. 73	6. Februar 1973	Protokoll der Sitzung des Gesellschaftspolitischen Ausschusses des Bundesvorstandes	642
Nr. 74	6. März 1973	Protokoll der 6. Sitzung des Bundesvorstandes	648

Verzeichnis der Dokumente

Dokument	Datum	Titel	Seite
Nr. 75	6. März 1973	Ergebnisprotokoll der internen Bundesvorstandssitzung	658
Nr. 76	23. März 1973	Protokoll der Sitzung des Bundesvorstandes zur Vermögensbeteiligung	659
Nr. 77	3. April 1973	Protokoll der 7. Sitzung des Bundesvorstandes	667
Nr. 78	4. April 1973	Protokoll der 3. Sitzung des Bundesausschusses	680
Nr. 79	17. April 1973	Schreiben des Vorsitzenden des DGB, Vetter, an den Bundeskanzler, Willy Brandt, zur Preispolitik	699
Nr. 80	4. Mai 1973	Ergebnisprotokoll der außerordentlichen Sitzung des Organisationsausschusses	701
Nr. 81	8. Mai 1973	Protokoll der 8. Sitzung des Bundesvorstandes	703
Nr. 82	18. Mai 1973	Kommuniqué der 28. Sitzung der Konzertierten Aktion	717
Nr. 83	21. Mai 1973	Schreiben des Vorsitzenden des DGB, Vetter, an die Mitglieder des Bundesvorstandes und des Bundesausschusses zu den Kontakten mit dem FDGB	719
Nr. 84	5. Juni 1973	Protokoll der 9. Sitzung des Bundesvorstandes	722
Nr. 85	6. Juni 1973	Protokoll der 4. Sitzung des Bundesausschusses	733
Nr. 86	3. Juli 1973	Protokoll der 10. Sitzung des Bundesvorstandes	739
Nr. 87	4. September 1973	Protokoll der 11. Sitzung des Bundesvorstandes	748
Nr. 88	1.–3. Oktober 1973	Beschlussprotokoll der Klausurtagung des Bundesvorstandes	763
Nr. 89	10. Oktober 1973	Kurzprotokoll zur Mitbestimmungsdiskussion mit Bundeskanzler Willy Brandt	768
Nr. 90	12. Oktober 1973	Brief des Vorsitzenden des DGB, Vetter, an den Bundeskanzler, Willy Brandt, zur Preisstabilität	772
Nr. 91	6. November 1973	Protokoll der 12. Sitzung des Bundesvorstandes	775
Nr. 92	4. Dezember 1973	Protokoll der 13. Sitzung des Bundesvorstandes	787
Nr. 93	5. Dezember 1973	Brief des DGB an die DAG zwecks Gesprächs zur Herstellung der deutschen Gewerkschaftseinheit	797
Nr. 94	21. Dezember 1973	Schreiben des Bundeskanzlers, Willy Brandt, an den Vorsitzenden des DGB, Vetter, zur aktuellen Wirtschaftspolitik	798

Verzeichnis der Dokumente

Dokument	Datum	Titel	Seite
Nr. 95	12. Januar 1974	Schreiben des Vorsitzenden des DGB, Vetter, an die Vorsitzenden der Mitgliedsgewerkschaften des Europäischen Gewerkschaftsbundes	802
Nr. 96	22. Januar 1974	Fernschreiben des Vorsitzenden des DGB, Vetter, an den Bundeskanzler, Willy Brandt, zur Mitbestimmung	805
Nr. 97	29. Januar 1974	Ergebnisprotokoll der außerordentlichen Sitzung des Bundesvorstandes	807
Nr. 98	31. Januar 1974	Schreiben des Bundeskanzlers, Willy Brandt, an den Vorsitzenden des DGB, Vetter, zur Mitbestimmung	809
Nr. 99	5./6. Februar 1974	Protokoll der Klausurtagung des Bundesvorstandes	810
Nr. 100	16. Februar 1974	Protokoll der außerordentlichen Sitzung des Bundesausschusses	828
Nr. 101	28. Februar 1974	Brief des Vorsitzenden des DGB, Vetter, an den Bundeskanzler, Willy Brandt, zum Mitbestimmungsentwurf der Bundesregierung	835
Nr. 102	5. März 1974	Protokoll der 14. Sitzung des Bundesvorstandes	840
Nr. 103	6. März 1974	Protokoll der 7. Sitzung des Bundesausschusses	850
Nr. 104	2. April 1974	Protokoll der 15. Sitzung des Bundesvorstandes	854
Nr. 105	7. Mai 1974	Protokoll der 16. Sitzung des Bundesvorstandes	860
Nr. 106	18. Mai 1974	Gespräch des DGB-Bundesvorstandes mit Bundeskanzler Helmut Schmidt	865
Nr. 107	30. Mai 1974	Bericht über das Gespräch DGB/DAG in Hannover	873
Nr. 108	4. Juni 1974	Protokoll der 17. Sitzung des Bundesvorstandes	876
Nr. 109	2. Juli 1974	Protokoll der 18. Sitzung des Bundesvorstandes	885
Nr. 110	3. September 1974	Protokoll der 19. Sitzung des Bundesvorstandes	893
Nr. 111	30. September/ 1. Oktober 1974	Kurzprotokoll der Klausurtagung des Bundesvorstandes	905
Nr. 112	5. November 1974	Protokoll der 20. Sitzung des Bundesvorstandes	918
Nr. 113	25. November 1974	Schreiben des Vorsitzenden des DGB, Vetter, an den Bundeskanzler, Helmut Schmidt, zur wirtschaftspolitischen Situation	927
Nr. 114	3. Dezember 1974	Protokoll der 21. Sitzung des Bundesvorstandes	929

Verzeichnis der Dokumente

Dokument	Datum	Titel	Seite
Nr. 115	4./5. Februar 1975	Protokoll der Klausurtagung des Bundesvorstandes	940
Nr. 116	4. März 1975	Protokoll der 22. Sitzung des Bundesvorstandes	950
Nr. 117	7./8. April 1975	Protokoll der 23. Sitzung des Bundesvorstandes	959
Nr. 118	6. Mai 1975	Protokoll der 24. Sitzung des Bundesvorstandes	966
Nr. 119	24. u. 26. Mai 1975	Protokoll der 25. Sitzung des Bundesvorstandes	970

Dokumente

Dokument 1

1. Juli 1969: Protokoll der 1. Sitzung des Bundesvorstandes nach dem 8. Ordentlichen Bundeskongress des DGB vom 18. bis 23. Mai 1969

Hans-Böckler-Haus in Düsseldorf; Vorsitz: Heinz O. Vetter; Protokollführung: Anton Fittkau; Sitzungsdauer: 11.15–17.15 Uhr; ms. vermerkt: »Vertraulich«.[1]
Ms., hekt., 23 S., 2 Anlagen.[2]

DGB-Archiv, 5/DGAI000536.

Tagesordnung:
 1. Genehmigung des Protokolls der 33. Bundesvorstandssitzung
 2. Geschäftsverteilung des Geschäftsführenden Bundesvorstands
 3. Reformkommission
 4. Aufklärung über DGB-Vermögen
    a) spezielle Wahljahrinformation
    b) kontinuierliche Information für Sekretäre
 5. Arbeitnehmerkammern – 13. Bundestagung der CDU-Sozialausschüsse
 6. Kongreßanalyse
 7. Gutachten über Koalitionsrecht der Beamten
 8. Berichterstattung über die Jugendkundgebung in Köln
 9. Bestätigung von Landesbezirksvorstandsmitgliedern
10. Lohn- und Gehaltssituation
11. Kommission zur Durchführung des Aktionsprogramms
12. Bundesvorstandssitzungen
13. Empfang des nordrhein-westfälischen Ministerpräsidenten für den neu gewählten Bundesvorstand
14. Bestätigung der neu gewählten Mitglieder des Beirats der Gesellschaft für Jugendheime
15. Beirat der Bund-Verlag GmbH
16. Beirat VTG
17. Übertragung von Geschäftsanteilen der VTG
18. Vereinbarung über die Mitbestimmung in den gewerkschaftseigenen Unternehmen
19. Bundesausschusssitzung

Beginn der Sitzung: 11.15 Uhr

[*Vetter* eröffnet die 1. Bundesvorstandssitzung nach dem 8. Ordentlichen Bundeskongress und begrüßt den neugewählten Vorsitzenden der GGLF, *Alois Pfeiffer,* und *Günter Pehl,* verantwortlicher Redakteur für »Die Quelle«, Nachfolger des verstorbenen *Horst Helbing.*]

---

1 Einladungsschreiben vom 30.5. und 28.6.1969. Nicht anwesend: Helmut Greulich, Julius Lehlbach, Wilhelm Gefeller (vertreten durch Karl Hauenschild), Walter Arendt (vertreten durch Karl Krämer), Peter Michels (vertreten durch Bert Hartig). DGB-Archiv im AdsD, DGB-BV, Abt. Vorsitzender 5/DGAI000462.
2 Anlagen: Anwesenheitsliste; vollständige Liste der Mitglieder der Reformkommission mit handschriftlichen Ergänzungen.

Dokument 1   1. Juli 1969

1. GENEHMIGUNG DES PROTOKOLLS DER 33. BUNDESVORSTANDSSITZUNG

Der Bundesvorstand genehmigt das Protokoll der 33. Bundesvorstandssitzung.³

2. GESCHÄFTSVERTEILUNG DES GESCHÄFTSFÜHRENDEN BUNDESVORSTANDS

Kollege *Vetter* erläutert die den Bundesvorstandsmitgliedern zugestellte Vorlage⁴ und weist darauf hin, daß die Geschäftsverteilung ohne große Veränderungen für die einzelnen Geschäftsführenden Vorstandsmitglieder erfolgte. Der Geschäftsführende Bundesvorstand habe sich mehrfach grundsätzlich mit der Geschäftsverteilung befaßt. Er sei zu dem Ergebnis gekommen, die jetzt vorhandene Struktur nicht zu verändern, da durch den außerordentlichen Bundeskongreß sicherlich noch Änderungen zu erwarten seien. Auch sei durch die Auswahl der neuen Mitglieder des Geschäftsführenden Bundesvorstands eine Vorbestimmung für die Geschäftsverteilung gegeben worden. Der Geschäftsführende Bundesvorstand sei sich darüber im klaren, daß die jetzt vorliegende Geschäftsverteilung keine optimale Verteilung der einzelnen Ressorts bedeute. Kollege Vetter erläutert dann die Veränderungen der Aufgabenverteilung und weist besonders darauf hin, daß zur Entlastung von Kollegen Georg Neemann⁵ wegen seiner Parlamentstätigkeit die bisher zu seiner Abteilung gehörende Abteilung Mitbestimmung in die neugebildete Abteilung Gesellschaftspolitik beim Vorsitzenden eingegliedert wird.

[Es folgen Nachfragen zu den Aufgabenfeldern der einzelnen Abteilungen, zur Geschäftsordnung des GBV und zur Federführung im Bereich Europäische Integration.]

Auf die Frage des Kollegen *Kluncker*, in welchen Bereich die Energiepolitik fällt, antwortet Kollege *Vetter,* daß dieses Aufgabengebiet durch die »Springener Beschlüsse«⁶ weggefallen sei. Das gelte auch für weitere Gebiete im Bereich der Wirtschaftspolitik. Für diese Fachgebiete sind keine Stellen mehr im Stellenplan ausgewiesen.

Kollege *Kluncker* will wissen, ob dann jede einzelne Gewerkschaft auf diesen Gebieten machen kann, was sie will.

---

3 Die 33. BV-Sitzung war die vorletzte Sitzung vor dem Bundeskongress und fand unter dem Vorsitz von Ludwig Rosenberg am 6.5.1969 in Recklinghausen statt. Diskussionsschwerpunkte waren die organisatorischen Vorbereitungen zum 8. Ordentlichen Bundeskongress sowie finanzielle und organisatorische Probleme der Rentenversicherung. Protokoll abgedr. in: Kieseritzky: Quellen 13, S. 858–866, Dok. 97.
4 Die Beschlussvorlage wurde auf der 5. Sitzung des GBV am 23.6.1969 verabschiedet. DGB-Archiv, DGB-BV, Abt. Vorsitzender 5/DGAI000176. Zur Geschäftsverteilung des Bundesvorstandes siehe Einleitung in diesem Band, S. 26 ff.
5 Georg Neemann war MdB der SPD in der 5. und 6. Wahlperiode (1965 bis 1972).
6 Siehe (Beschluss-)Protokoll der Sondertagung des Bundesvorstandes am 24.1.1967 im Schulungs- und Erholungsheim der DruPa in Springen/Taunus zur Konsolidierung der Gewerkschaftsfinanzen. Unter Punkt 17 wurde einstimmig beschlossen, dass in der Abteilung Wirtschaftspolitik u. a. auf den Aufgabenbereich Energiewirtschaft verzichtet werden solle. DGB-Archiv, DGB-BV, Abt. Vorsitzender 5/DGAI000456.

Kollege *Neemann* erinnert daran, daß wegen der Auslegung der Springener Beschlüsse ein Briefwechsel zwischen den Kollegen Brenner und Haferkamp[7] bestehe. Kollege Neemann ist der Auffassung, daß bei widersprüchlicher Meinung in den Aufgabengebieten, die beim Bundesvorstand nicht mehr hauptamtlich bearbeitet werden können, der DGB durch Koordinierungsausschüsse versuchen muß, eine einheitliche Meinung herzustellen.

Kollege *Brenner* unterstreicht den letzten Gedanken des Kollegen Neemann und fordert, daß der DGB einen Ausschuß mit den betroffenen Gewerkschaften bilden sollte, um ein einheitliches Vorgehen in den betreffenden Fragen sicherzustellen. So sei zum Beispiel die Energiepolitik eine Koordinierungsaufgabe der Abteilung Wirtschaftspolitik.

[Im weiteren Verlauf der Diskussion folgen Erläuterungen zur Abteilung Angestellte und zum Berufsfortbildungswerk des DGB[8] sowie ein Antrag zur Verstärkung der Parlamentarischen Verbindungsstelle[9], damit die Verbindungsstellen der Gewerkschaften in Bonn entfallen können. Anschließend stimmt der Bundesvorstand der vorgelegten Geschäftsverteilung des GBV zu.]

3. Reformkommission[10]

Kollege *Vetter* verweist auf die den Bundesvorstandsmitgliedern ausgehändigte Vorlage[11], die leider noch nicht vollständig sei, da einige Vorstände und Hauptvorstände ihren Vertreter für die Reformkommission noch nicht benannten.

[Daraufhin werden benannt: Rudolf Sperner (BSE), Alois Pfeiffer (GGLF), Heinz Vietheer (HBV), Dr. Joachim Freitag (Gew. Kunst), Herbert Stadelmaier (NGG).]

---

7 Wilhelm Haferkamp war von 1962 bis 1967 GBV-Mitglied, zuständig für die Abt. Wirtschaftspolitik.
8 Das Berufsfortbildungswerk des DGB (GmbH, Düsseldorf) hat sich seit seiner Gründung 1954 zu einem der führenden nicht öffentlichen Träger der beruflichen Weiterbildung in Deutschland entwickelt. Nach dem 3.10.1990 wurde als »Tochterunternehmen« das Berufsfortbildungswerk (GmbH) mit Sitz in Berlin gegründet, um auch in Ostdeutschland geeignete Qualifizierungsmaßnahmen anbieten zu können. Vgl. DGB-Geschäftsbericht 1990–1994, S. 164.
9 Gemeint ist hier der Antrag Nr. 108 der Gewerkschaft der Eisenbahner Deutschlands (GdED), in dem der Bundesvorstand beauftragt wird, eine Verstärkung der Interessenvertretung des DGB in Bonn vorzulegen. Protokoll 8. Bundeskongreß, Teil: Anträge und Entschließungen, S. 111.
10 Antrag Nr. 2 der CPK zur »Neufassung der Satzung des DGB/DGB-Reform« wurde in einer Neufassung angenommen. Darin wurde definiert, nach welchen Kriterien die zu bildende Kommission berufen werden solle, was ihre Aufgabe sei und dass ihr Arbeitsergebnis bis spätestens 1.10.1970 zur Diskussion vorliegen müsse. Protokoll 8. Bundeskongreß, Teil: Anträge und Entschließungen, S. 27 f.
11 In der Beschlussvorlage vom 27.6.1969 sind die bis dato benannten Kommissionsmitglieder der Gewerkschaften aufgeführt: Walter Arendt, Eugen Stotz, Heinz Frieser, Erich Frister, Gerhard Vater, Adolf Mirkes, Otto Brenner, Hans Faltenmeier, Gustav Fehrenbach und Berthold Keller. DGB-Archiv, DGB-BV, Abt. Vorsitzender 5/DGAI000462.

Dokument 1   1. Juli 1969

Kollege *Vetter* erinnert dann daran, daß auf dem Kongreß angeregt wurde, die Kommission durch weitere Mitglieder zu ergänzen. Er denke jetzt besonders daran, daß die Kommission durch weitere GBV-Mitglieder und durch einen Landesbezirksvorsitzenden ergänzt werden sollte. Der Geschäftsführende Bundesvorstand schlägt daher vor, die Kommission solle die Kollegen Woschech und Lappas mit der Geschäftsführung der Kommission beauftragen. Beide Kollegen sind von der Geschäftsverteilung her am stärksten mit diesen Fragen befaßt. Außerdem solle als Vertreter der Landesbezirke der Landesbezirksvorsitzende Peter Michels von Nordrhein-Westfalen ebenfalls der Kommission angehören.

[In der anschließenden Aussprache wird über die Zusammensetzung und die Geschäftsordnung der Kommission diskutiert, auch darüber, ob die Kommission ihre Ergebnisse direkt dem außerordentlichen Bundeskongress berichten solle.]

Kollege *Hauenschild* ist der Meinung, daß sich die Kommission nicht verselbständigen kann, sondern sich ständig an dem wirklichen Wollen der einzelnen Gewerkschaften orientieren müsse. Dabei komme es nicht darauf an, wie die Gewerkschaften in der Kommission personell vertreten sind.

Kollege *Kluncker* ist der Ansicht, daß die Kommission ihre Tätigkeit beende, wenn sie die Vorschläge an die Gewerkschaften weitergeleitet habe. Antragsberechtigt an den außerordentlichen Bundeskongreß sind der Bundesvorstand und die Gewerkschaften. Die Mitarbeit der Gewerkschaftsvorsitzenden in der Kommission hält der Kollege Kluncker nicht für sinnvoll. Aufgabe der Kommission sei es, zunächst eine Analyse zu geben und dann Modelle für Lösungen zu entwerfen.

Kollege *Woschech* unterstreicht die Auffassung des Kollegen Kluncker. Die Kommission habe kein eigenes Antragsrecht an den außerordentlichen Bundeskongreß. Wenn die Kommission ihre Arbeit abgeschlossen hat, muß der Bundesvorstand oder eine Gewerkschaft die endgültige Vorlage an den Kongreß leiten.

[Im weiteren Diskussionsverlauf wird neben der Berichterstattung über das Kommissionsergebnis gegenüber dem außerordentlichen Bundeskongress auch die damit verbundene Frage der Verselbstständigung der Kommission behandelt.]

Kollege *Frister* antwortet darauf, daß die Kommission nicht das Recht habe, ihr Ergebnis an den Kongreß als Antrag einzubringen. Sie kann höchstens das Ergebnis als Bericht an den Kongreß geben. Dabei ist nicht auszuschließen, daß das Kommissionsergebnis vom Bundesvorstand oder von den einzelnen Gewerkschaften übernommen wird.

Nach Meinung von Kollegen *Vetter* können die Antragsberechtigten nur zum Generalantrag der Kommission Änderungsanträge einbringen. Das bedeute also, daß ein Grundantrag der Kommission vorliegen muß.

Kollege *Schwab* verweist auf den Beschluß des Kongresses. Danach können die Gewerkschaften bis zum 31.12.1969 ihre Auffassungen der Kommission mitteilen. Dann wird die Kommission weiter beraten und ihr Ergebnis dem Bundesvorstand und den Gewerkschaften vorlegen. Die Anträge an den außerordentlichen Kongreß müßten von dieser Grundvorlage ausgehen.

Kollege *Hauenschild* unterstreicht noch einmal, daß es kein Problem sei, ob die Kommission antragsberechtigt ist oder nicht, denn die Kommission soll die verschiedensten Ansichten der Gewerkschaften auf einen Nenner bringen. Kollege Hauenschild geht dann noch einmal auf die Frage ein, in welcher Weise die Kommission erweitert werden sollte. Er schlägt vor, nicht der Bundesvorstand solle beschließen, wie die Kommission erweitert werden sollte, sondern die Kommission selbst. Sie sollte bestimmen, welche Sachverständigen noch hinzugezogen werden sollen.

Kollege *Brenner* bemerkt, daß die Unklarheit des Beschlusses von München dadurch entstanden sei, daß der Antrag der Antragskommission ein Kompromißvorschlag verschiedener Anträge gewesen sei. Ziel dieser Anträge war es, die Gesamtorganisation in die Diskussion über den Satzungsentwurf einzubeziehen. Erst wenn das Ergebnis der Kommission vorliegt, können zum Entwurf Anträge gestellt werden und diese Anträge sollten nach seiner Auffassung an den außerordentlichen Bundeskongreß gestellt werden. Von dieser Auffassung ausgehend, ist er mit der Meinung des Kollegen Kluncker nicht einverstanden.

Kollege *Pfeiffer* erinnert daran, daß die Antragskommission eine Diskussion in der Organisation erreichen wollte. Wenn es zu keiner übereinstimmenden Auffassung in der Kommission kommt, könnte man entweder den Bundesausschuß einschalten oder die Minderheitsmeinung der Kommissionsmitglieder in den Vorschlag aufnehmen.

[Als Zwischenergebnis der Diskussion stellt *Vetter* fest, dass die Mehrheit der Bundesvorstandsmitglieder der Auffassung sei, dass der Satzungsentwurf als Generalantrag dem Kongress vorgelegt werden soll. Daneben ist es Aufgabe einer Antragsberatungskommission, den Grundantrag mit den weiteren Anträgen des Bundesvorstandes und der Gewerkschaften zu verbinden.]

Kollege *Stadelmaier* unterbreitet einen Vorschlag für den Verfahrensweg. Danach legt die Kommission ihre Arbeit bis zum 1.10.1970 den Gewerkschaften vor. Ein Vierteljahr später leiten die Gewerkschaften ihre Stellungnahmen dem Bundesvorstand zu. Der Bundesvorstand verarbeitet dann den Kommissionsvorschlag und die Stellungnahmen der Gewerkschaften zu einem eigenen Antrag,

Kollege *Kluncker* teilt die vorgetragene Auffassung in dem Punkt nicht, der vorsieht, daß die Reformkommission das Recht habe, Anträge an den Kongreß einzubringen. Die Konsequenz aus Abs. 3 des Antrages Nr. 2 besagt, daß die Kommission am 1.10.1970 ihre Arbeit einstellt, wenn sie ihr Ergebnis den Gewerkschaften zur Stellungnahme vorgelegt hat. Zur Arbeit der Kommission bemerkt Kollege Kluncker, daß diese Kommission auch weitergehende Vorstellungen über die Organisation entwickeln sollte. Der Bundesvorstand oder die Gewerkschaften müßten dementsprechende Anträge an die Kommission einbringen.

Dokument 1   1. Juli 1969

Kollege *Vetter* hält das vorgeschlagene Verfahren für ziellos, wenn sich die Gewerkschaften nicht an einem Grundvorschlag orientieren. Wenn der Bundesvorstand einen eigenen Entwurf einbringen soll, ist der Auftrag an die Kommission nicht verständlich. Der Bundesvorstand sollte heute über diese Frage entscheiden.

[*Reuter*, *Brenner* und *Woschech* plädieren dafür, dass der Bundesvorstand dem Ergebnis der Kommission zustimmt, aber die Freiheit hat, selbst zu entscheiden, in welcher Form das Ergebnis an den Kongress herangetragen wird.]

Beschluß:

Der Bundesvorstand stimmt den Vorschlägen für die Zusammensetzung der Reformkommission zu. Die Kommission wird sich im September konstituieren. Der Bundesvorstand beschließt ferner, daß die Gewerkschaften schon jetzt aufgefordert werden sollen, Vorschläge für die Arbeit der Kommission einzureichen. Der Bundesvorstand beschließt außerdem, der Kommission vorzuschlagen, für die Mitglieder der Kommission namentlich benannte Stellvertreter vorzusehen.[12]

4.   AUFKLÄRUNG ÜBER DGB-VERMÖGEN
   A)   SPEZIELLE WAHLJAHRINFORMATION[13]
   B)   KONTINUIERLICHE INFORMATION FÜR SEKRETÄRE

Kollege *Vetter* legt dar, daß es nicht gelungen sei, die Mitglieder in ausreichendem Umfange über das DGB-Vermögen aufzuklären. Es sei damit zu rechnen, daß sich in der Wahlzeit die Angriffe der verschiedensten Gruppen auf das DGB-Vermögen mehren. Er schlägt daher vor, unverzüglich eine leichtfaßliche Aufklärungsschrift für Mitglieder herauszugeben.

[Weiter führt er aus, dass es notwendig sei, die Sekretäre kontinuierlich über die gemeinwirtschaftlichen Unternehmen der Gewerkschaften zu informieren. Daher habe der Geschäftsführende Bundesvorstand beschlossen, in Zusammenarbeit mit den gemeinwirtschaftlichen Unternehmen eine breit angelegte Informationsarbeit in Gang zu setzen. Der Bundesvorstand nimmt die Vorschläge zustimmend zur Kenntnis.]

---

12   Die konstituierende Sitzung der Kommission fand am 7.10.1969 statt. Heinz O. Vetter wurde zum Vorsitzenden gewählt und die Geschäftsführung oblag Franz Woschech (zuständiges GBV-Mitglied für die Abteilung Organisation). DGB-Archiv, DGB-BV, Sekretariat Franz Woschech 5/DGCQ000051.
13   In einer Aktennotiz an Heinz O. Vetter vom 22.8.1969 teilte der Leiter der Presseabteilung, Walter Fritze, mit, dass das Flugblatt »Das Märchen von den Wahl-Millionen« am 11.8.1969 den Landesbezirken, Kreisen und Betriebsräten angeboten und bereits in einem Umfang von 200.000 Exemplaren angefordert worden sei. DGB-Archiv, DGB-BV, Abt. Vorsitzender 5/DGAI000178.

5. ARBEITNEHMERKAMMERN[14] – 13. BUNDESTAGUNG DER CDU-SOZIALAUSSCHÜSSE

Kollege *Vetter* berichtet, daß er diesen Punkt auf die Tagesordnung gesetzt habe, als beabsichtigt war, daß er an der 13. Bundestagung der CDU-Sozialausschüsse teilnahm. Dabei war damit zu rechnen, daß auf dieser Bundestagung auch die Frage der Arbeitnehmerkammern angesprochen wird.[15] Es gehe ihm darum, daß im Bundesvorstand eine Leitlinie abgesprochen werden sollte, wie in Zukunft dieses Thema bei öffentlichen Auseinandersetzungen mit dritten Stellen behandelt werden sollte. Leider könne er nun wegen anderweitiger Termine an der Bundestagung der CDU-Sozialausschüsse nicht teilnehmen. In diesem Zusammenhang erinnert Kollege Vetter daran, daß in einigen Bundesländern Bemühungen unternommen werden, recht bald zu einer Gesetzgebung über Arbeitnehmerkammern zu kommen. Es sei daher erforderlich, daß der DGB unverzüglich seine Meinung zu diesen Fragen abklärt. Die Kommission Aktionsprogramm habe bereits den Auftrag, ein Konzept zu entwickeln; bis dahin solle der DGB und die Gewerkschaften sich in der öffentlichen Diskussion passiv verhalten.

[Während *Mirkes* vorschlägt, den Antrag zur Beschlussfassung dem Bundesausschuss zuzuleiten[16], spricht sich *Rothe* gegen dieses Verfahren aus, da noch vor der Sommerpause dem Bayerischen Landtag ein Arbeitnehmerkammergesetz zugeleitet werden solle und der Landesbezirk Bayern dann keine Möglichkeiten habe, auf die Gesetzgebung Einfluss zu nehmen.[17] *Buschmann* spricht sich für eine baldige Behandlung des Kongressauftrages aus und gegen eine Überweisung an den Bundesausschuss.]

6. KONGRESSANALYSE

Kollege *Vetter* teilt mit, daß die Abteilungen im Bundesvorstand beauftragt wurden, eine Analyse der Entschließungen und Anträge des 8. Ordentlichen Bundeskongresses anzufertigen. Aus dieser Analyse sollen die wesentlichen Konsequenzen der Beschlüsse für die kommende Arbeit sichtbar werden. Er teilt ferner mit, daß in Zukunft die Anträge der Gewerkschaften zu den ein-

---

14 In den nachfolgenden Protokollen wurden die Begriffe »Arbeitnehmerkammern« und »Arbeitskammern« gleichgesetzt.
15 Auf der 13. Bundestagung der CDU-Sozialausschüsse vom 4. bis 6.7.1969 in Oldenburg wurde der Antrag 7 des LV Rheinland-Pfalz »Errichtung von Arbeitskammern« behandelt. DGB-Archiv, DGB-BV, Sekretariat Bernhard Tacke 5/DGCY000163. Zur Diskussion über die Arbeitskammern (Arbeitnehmerkammern) siehe Sitzung der Kommission zur Durchführung des Aktionsprogramms vom 2.2.1970, TOP 1 (Dok. 13).
16 Gemeint ist hier der Antrag Nr. 363 der Gewerkschaft Textil-Bekleidung für die Bildung einer Kommission zur Prüfung von Arbeitnehmerkammern. Der Antrag wurde als Material an den Bundesausschuss überwiesen. Protokoll 8. Bundeskongreß, Teil: Anträge und Entschließungen, S. 337. In der 1. Sitzung des Bundesausschusses am 8.10.1969 wurde beschlossen, eine Kommission zur Beratung von Arbeitskammerfragen einzusetzen. DGB-Archiv, DGB-BV, Abt. Vorsitzender 5/DGAI000444.
17 Bereits im Februar bzw. März 1969 waren zwei Gesetzentwürfe zur Errichtung von Arbeitskammern im Freistaat Bayern vorgelegt worden, die später in die parlamentarische Beratung kamen. Siehe hierzu Geschäftsbericht 1969–1971 des DGB Landesbezirks Bayern, S. 21 f.

zelnen Gewerkschaftstagen vom Bundesvorstand auf ihre Übereinstimmung mit den vom Bundeskongreß verabschiedeten Anträgen überprüft werden, das soll sowohl für die Beurteilung der Anträge vor der Verabschiedung als auch für die verabschiedeten Anträge gelten. Das Ergebnis dieser Prüfung soll dann den einzelnen Gewerkschaften zur Verfügung gestellt werden, die dann feststellen können, wo die eigenen Anträge mit den DGB-Beschlüssen übereinstimmen und wo dieses nicht der Fall ist.

[*Hauenschild* berichtet, dass dieses vorgeschlagene Verfahren bei dem jetzigen Gewerkschaftstag der CPK angewendet werde. Anschließend werden die Information und die Anregung hinsichtlich der Behandlung der Anträge zu den Gewerkschaftskongressen zustimmend zur Kenntnis genommen.]

Kollege *Stotz* beantragt im Zusammenhang mit diesem Tagesordnungspunkt, daß in einer der nächsten Sitzungen des Bundesvorstandes geprüft werden soll, wie mit dem DGB-Antrag zur Kontaktaufnahme mit dem FDGB verfahren werden soll.

Kollege *Vetter* erinnert daran, daß nach wie vor der Beschluß gültig sei, der Kontakte zu den Gewerkschaften in der DDR ablehnt. Selbstverständlich müsse aber vom Bundesvorstand geprüft werden, wie der auf dem 8. Ordentlichen Bundeskongreß angenommene Antrag 67 behandelt werden soll.[18]

Kollege *Vater* schlägt vor, den Beschluß des Bundesvorstandes vom 28.8.1968 aufzuheben.[19] Eigentlich hätte der Bundesvorstand diesen Beschluß vor dem Kongreß aufheben sollen; zumal unmittelbar nach Ende des Kongresses eine sowjetische Bergarbeiterdelegation auf Einladung der Industriegewerkschaft Bergbau und Energie in der Bundesrepublik weilte.

Kollege *Kluncker* meint, daß der Beschluß vom 28.8.1968 als gegenstandslos betrachtet werden sollte.

Kollege *Stotz* teilt mit, daß im August eine Delegation seiner Gewerkschaft in die Sowjetunion reise.

Kollege *Vetter* ist der Auffassung, daß der Kongreßbeschluß zum Antrag 63 des Bundesvorstandes als Rahmenbeschluß den Beschluß des Bundesvorstandes vom 28.8.1968 aufgehoben habe.[20]

Kollege *Brenner* bezieht sich auf den Text des Antrages 67 und weist darauf hin, daß hier ausdrücklich darauf hingewiesen wird, daß nach verantwortungsbewußter Prüfung der politischen Möglichkeiten der Bundesvorstand entscheiden soll, ob auf seiner Ebene auch offizielle Kontakte zum FDGB und seinen Gewerkschaften aufgenommen werden können. Da hier klar ge-

---

18 Gemäß Antrag 67 der DruPa, »Ostkontakte«, sollte das Kontaktverbot zu den FDGB-Gewerkschaften aufgehoben werden. Protokoll 8. Bundeskongreß, Teil: Anträge und Entschließungen, S. 85.
19 In der Sondersitzung des Bundesvorstandes zur militärischen Besetzung der CSSR am 28.8.1968 wurde beschlossen, die Kontakte zu den Okkupationsmächten zu unterbrechen. DGB-Archiv, DGB-BV, Abt. Vorsitzender 5/DGAI000535.
20 Der Antrag 63 des Bundesvorstandes, »Ostpolitik«, setzte sich für eine Normalisierung der gewerkschaftlichen Ostkontakte ein. Protokoll 8. Bundeskongreß, Teil: Anträge und Entschließungen, S. 82.

sagt worden ist, was man will, hat der Bundesvorstand nun die politischen Gegebenheiten zu prüfen.

MITTAGSPAUSE: 14.00 BIS 14.50 UHR

Kollege *Vetter* schlägt vor, von der Reise der Delegation der IG Druck und Papier in die Sowjetunion Kenntnis zu nehmen. Weiter soll in der nächsten Sitzung des Bundesvorstandes grundsätzlich über die weiteren Ostkontakte beraten werden.

Beschluß:
Der Bundesvorstand nimmt davon zustimmend Kenntnis, daß eine Delegation der IG Druck und Papier im August in die Sowjetunion reise.

Kollege *Kluncker* stellt dann den Antrag, den alten Zustand im Hinblick auf die Ostkontakte der Gewerkschaften, wie er vor der Besetzung der CSSR bestand, wieder herzustellen.

Kollege *Stotz* sagt dazu, daß der Vorstand seiner Gewerkschaft der Meinung war, daß mit den Beschlüssen des 8. Ordentlichen Bundeskongresses der alte Beschluß, die Ostkontakte zu unterbrechen, gegenstandslos geworden sei. Sollte der Kongreßbeschluß anders ausgelegt werden, so würde der Hauptvorstand seiner Gewerkschaft für dieses Verhalten kein Verständnis aufbringen.

Kollege *Brenner* erinnert daran, aus welchem Grunde seinerzeit der Beschluß zur Unterbrechung der Kontakte gefaßt wurde. Würde der Bundesvorstand heute diesen Beschluß aufheben, so bleibt das Verhalten des Bundesvorstandes vom August 1968 unverständlich. Für die Wiederaufnahme der Kontakte müßte der Bundesvorstand politische Gründe heranziehen und sein Verhalten überprüfen. Keinesfalls könnte einfach der alte Zustand wieder hergestellt werden, ohne die politischen Gegebenheiten zu beachten.

Kollege *Kluncker* bemerkt dazu: Je mehr Zeit ins Land geht bis zu dem Zeitpunkt, wo der alte Beschluß aufgehoben wird, umso schwieriger wird die politische Motivation. Nach seiner Meinung habe der Bundeskongreß den alten Beschluß des Bundesvorstandes aufgehoben.

Kollege *Vietheer* bemerkt, daß aus der Tagesordnung nicht hervorging, daß heute die Wiederaufnahme der Ostkontakte zu den Okkupationsmächten beschlossen werden sollte. Eine Absprache innerhalb der Gewerkschaften war daher nicht möglich. Er schlägt daher vor, zu dieser Frage in der nächsten Sitzung des Bundesvorstandes Stellung zu nehmen.

Kollege *Seibert* erinnert daran, daß der Bundesvorstand seine Auffassung zur Wiederaufnahme der Ostkontakte vor sich hergeschoben habe. Letztlich wurde dann erwartet, daß der Bundeskongreß eine Entscheidung treffen sollte. Der Antrag 67 besteht aus drei Teilen. 1. Die Kontaktaufnahmen des DGB und der Gewerkschaften werden gebilligt. 2. Der Bundesvorstand wird beauftragt, diese Kontakte trotz der Ereignisse in der CSSR weiter auszubauen. 3. Es soll geprüft werden, ob auf Vorstandsebene auch offizielle Kontakte zum FDGB und seinen Gewerkschaften aufgenommen werden können. Kollege Seibert ist der Meinung, daß nach der Annahme der Anträge 63 und 67 es keines Beschlusses des Bundesvorstandes für die Kontaktaufnahme mit den Gewerkschaften in den Ländern bedarf, die an der Besetzung der CSSR beteiligt waren.[21]

Kollege *Frister* schließt sich dieser Auffassung an. Wenn der Beschluß des Bundesvorstandes vom 28.8.1968 durch den Bundeskongreßbeschluß nicht als gegenstandslos anzusehen gewesen wäre, hätte die Gewerkschaft Erziehung und Wissenschaft einen entsprechenden Antrag zur Aufhebung des Beschlusses gestellt.

Kollege *Freitag* schlägt vor, der Bundesvorstand möge folgendes beschließen: Der Entscheidung des 8. Ordentlichen Bundeskongresses folgend, hebt der Bundesvorstand seinen Beschluß vom 28.8.1968 auf.

Auch Kollege *Stadelmaier* weist darauf hin, daß sein Hauptvorstand den Kongreßbeschluß von München so verstanden habe, daß der Beschluß des Bundesvorstandes aus dem Jahre 1968 aufgehoben wurde. Die Gewerkschaft Nahrung, Genuß, Gaststätten habe daher auch die Verbindungen zu den osteuropäischen Gewerkschaften wieder aufgenommen. Im übrigen hätten die CSSR-Gewerkschaften bei ihren Besuchen in der Bundesrepublik wiederholt den Wunsch geäußert, daß der Bundesvorstand Kontakte zum Tschechischen Gewerkschaftsbund, aber auch zu den Gewerkschaften der anderen osteuropäischen Länder aufnimmt.

Kollege *Hauenschild* erinnert an seine Vorschläge, wonach Prinzipien formuliert werden sollten, die als Grundlage für die weitere Kontaktaufnahme gelten könnten. Man müßte klären, was Kontakte können und was sie nicht können und welchen Zweck sie letztlich haben sollten. Diese vom Bundesvorstand aufzustellenden Prinzipien müßten Grundlage für alle Delegationen sein. Das gleiche Verfahren sollte auch im Hinblick auf mögliche FDGB-Kontakte Anwendung finden. Auch hier müßten diese Bedingungen vorsorglich ausformuliert werden.

Kollege *Schwab* setzt sich mit der Wirksamkeit des damaligen Bundesvorstandsbeschlusses auseinander und meint, daß sich die Interventionsmächte von der Kontaktunterbrechung der Gewerkschaften in ihrer Politik nicht beeinflussen ließen. Auch nach seiner Meinung ist durch die Beschlußfassung auf dem Bundeskongreß der Beschluß des Bundesvorstandes aufgehoben worden.

Kollege *Vetter* faßt die Diskussion zusammen. Er schlägt vor, der Bundesvorstand möge bis zur nächsten Sitzung zur Kenntnis nehmen, was hinsichtlich weiterer Ostkontakte passiert. In der nächsten Sitzung soll dann das weitere Vorgehen in dieser Frage beraten werden. Mittelpunkt dieser Beratung soll die Beschlußfassung über die Prinzipien sein, die den weiteren Ostkontakten zugrunde gelegt werden sollen.

---

21 Der Wortlaut der beiden Anträge zur Ostpolitik, in: Protokoll 8. Bundeskongreß, Teil: Anträge und Entschließungen, S. 83 und 85.

Beschluß:

Der Bundesvorstand beschließt für die 2. Sitzung des Bundesvorstandes folgenden Tagesordnungspunkt: »Die Politik des DGB gegenüber den Gewerkschaften im Ostblock«.

7. GUTACHTEN ÜBER KOALITIONSRECHT DER BEAMTEN

[Nach eingehender Diskussion bewilligt der Bundesvorstand aufgrund der Vorlage von Reuter DM 35.000,-- aus Mitteln des Fonds für die Mitbestimmung für ein Rechtsgutachten über das Koalitions- und Streikrecht der Beamten.[22]]

8. BERICHTERSTATTUNG ÜBER DIE JUGENDKUNDGEBUNG IN KÖLN

Kollege *Woschech* verweist auf den schriftlich vorliegenden Bericht[23] und sagt, daß die Beurteilung der Kundgebung davon abhänge, von welchen Standorten man die Kundgebung erlebte. Er selber betrachte die Kundgebung nicht für einen Fehlschlag und gibt zu, daß der Bericht von dieser Auffassung her optimistisch gefaßt sei. Bedauerlich sei allerdings, daß die Kundgebung das Ziel, die Gesetzgebung zur Berufsausbildung zu beeinflussen, nicht erreicht habe. Kollege Woschech berichtet dann über Einzelheiten der Veranstaltung. So habe es zunächst einmal einige Zeit gedauert, bis die Veranstaltungsleitung die Veranstaltung fest in der Hand hatte. Aus dieser Gegebenheit heraus ist auch der Abbruch der Rede von Kollegin Weber zu verstehen. Zum Schluß seiner Darlegungen verweist Kollege Woschech auf Seite 9 des Berichts, wo unter der Ziffer 8 die Arbeitsaufträge für alle zuständigen Gremien aufgeführt sind.[24]

[Nach der anschließenden Diskussion nimmt der Bundesvorstand den Bericht von Woschech über die Kundgebung »Opas Berufsausbildung ist tot« zur Kenntnis.]

---

22 Beschlussvorlage der Abteilung Beamte vom 18.6.1969 – Gutachten über Beamtenstreik. DGB-Archiv, DGB-BV, Abt. Vorsitzender 5/DGAI000462. In der Sitzung des Bundes-Beamtenausschusses am 22.4.1969 wurde unter TOP 10 beschlossen, dass ein Gutachten von Prof. Thilo Ramm, Universität Gießen, bis zum Frühjahr 1970 zur Erweiterung des Koalitionsrechts für Beamte erstellt werden solle. DGB-Archiv, DGB-BV, Abt. Beamte 5/DGAS000028.
23 Neunseitiger Bericht vom 26.6.1969 von Franz Woschech über den Verlauf der Protestkundgebung »Opas Berufsbildung ist tot« zur Novellierung des Berufsbildungsgesetzes am 7.6.1969 in Köln. DGB-Archiv, DGB-BV, Abt. Vorsitzender 5/DGAI000462. Ursprünglich sollte die Kundgebung in der Bonner Beethovenhalle stattfinden. In der 34. Bundesvorstandssitzung am 17.5.1969 wurde beschlossen, dass aufgrund der größeren Raumkapazität die Kundgebung in den Kölner Messehallen durchzuführen sei. Vgl. ebd. Siehe auch: Bericht über die Kundgebung »Für eine bessere berufliche Bildung der jugendlichen Arbeitnehmer«, in: ND, 6.6.1969, Nr. 158.
24 In der Sitzung des Bundesjugendausschusses am 25.6.1969 beim Vorstand der IG Metall wurde unter TOP 4 der Ablauf der Veranstaltung diskutiert und anschließend eine Ad-hoc-Arbeitsgruppe mit dem Arbeitsauftrag: »Entwicklung taktischer und strategischer Formen für jugendpolitische Aktionen« beschlossen. DGB-Archiv, DGB-BV, Abteilung Jugend 5/DGAU000023.

9. BESTÄTIGUNG VON LANDESBEZIRKSVORSTANDSMITGLIEDERN

[Der Bundesvorstand empfiehlt dem Bundesausschuss, die Wahl von *Gerd Ballentin* (DruPa) in den LBV Berlin zu bestätigen.[25]]

10. LOHN- UND GEHALTSSITUATION

Kollege *Vetter* berichtet, daß der Geschäftsführende Bundesvorstand zu der Auffassung gekommen sei, der Bundesvorstand solle den Geschäftsführenden Bundesvorstand in die Lage versetzen, mit einer Verhandlungskommission des Gesamtbetriebsrates in Verbindung zu treten, um über eine Lohn- und Gehaltserhöhung ab einer noch zu bestimmenden Zeit zu verhandeln.

Kollege *Stephan* erläutert dem Bundesvorstand das Verfahren, wie bisher die Lohn- und Gehaltserhöhungen für die Beschäftigten des DGB zustande kamen. Danach wurde in den letzten 15 Jahren jeweils mit dem Betriebsrat eine Gehaltserhöhung ausgehandelt, die dann dem Bundesvorstand und Bundesausschuß zur Beschlußfassung vorgelegt wurde. Bei der letzten Gehaltserhöhung hat der Gesamtbetriebsrat die dort vereinbarte Laufzeit von 1 1/2 Jahren nicht akzeptiert, weil eine Absprache nur mit dem Betriebsratsvorsitzenden getroffen wurde. Und wie der Betriebsrat heute sagt, auch keine Betriebsvereinbarung über eine Gehaltserhöhung abgeschlossen wurde. Für die Zukunft wünscht der Gesamtbetriebsrat Betriebsvereinbarungen über die Lohn- und Gehaltserhöhungen und ein stärkeres Mitbestimmungsrecht des Betriebsrates überhaupt. Der Bundesvorstand solle nun die Laufzeit von 18 Monaten aufheben, damit der Geschäftsführende Bundesvorstand mit dem Betriebsrat verhandeln kann. Kollege Stephan berichtet dann noch über einige Betriebsversammlungen der Beschäftigten des DGB. Diese Versammlungen hätten gezeigt, daß eine starke Unruhe unter den Beschäftigten herrscht und daß die Beschäftigten kein Verständnis für die lange Laufzeit der letzten Gehaltserhöhung aufbringen. Außerdem wurde die nicht geringe Gehaltserhöhung für die Mitglieder des Geschäftsführenden Bundesvorstandes von September 1968 kritisiert.

[In der anschließenden Diskussion setzen sich einige BV-Mitglieder für eine einheitliche Regelung im Lohn- und Gehaltsgefüge aller Gewerkschaften ein. Nach ergänzenden Ausführungen von Lappas zum Haushalt 1969 und zu den aufzuwendenden Personalkosten werden in den folgenden Beiträgen die Gehaltserhöhung des GBV und die Verhandlung darüber mit dem Gesamtbetriebsrat diskutiert. Abschließend wird der GBV ermächtigt, mit dem Gesamtbetriebsrat in Verhandlungen einzutreten, um mit ihm eine noch zu bestimmende lineare Gehaltserhöhung zum Zeitpunkt x zu vereinbaren und gleichzeitig eine Überprüfung der Gehaltsstruktur vorzunehmen.]

---

25 Der Bundesausschuss bestätigte die Wahl in seiner 1. Sitzung am 8.10.1969. DGB-Archiv, DGB-BV, Abt. Vorsitzender 5/DGAI000444.

11. KOMMISSION ZUR DURCHFÜHRUNG DES AKTIONSPROGRAMMS

[Der Bundesvorstand bestätigt die in der Beschlussvorlage aufgeführten Mitglieder für die Kommission zur Durchführung des Aktionsprogramms.[26]]

12. BUNDESVORSTANDSSITZUNGEN

[Es wird beschlossen, die August-Sitzung wegen der Urlaubszeit ausfallen zu lassen und die September-Sitzung aus Anlass des 8. Ordentlichen Gewerkschaftstages der IG Chemie, Papier, Keramik am 2. September 1969 nach Wiesbaden einzuberufen.]

13. EMPFANG DES NORDRHEIN-WESTFÄLISCHEN MINISTERPRÄSIDENTEN FÜR DEN NEU GEWÄHLTEN BUNDESVORSTAND

Der Bundesvorstand ist damit einverstanden, daß am 6. Oktober 1969 der Empfang des nordrhein-westfälischen Ministerpräsidenten für den neu gewählten Bundesvorstand stattfindet.

14. BESTÄTIGUNG DER NEU GEWÄHLTEN MITGLIEDER DES BEIRATS DER GESELLSCHAFT FÜR JUGENDHEIME[27]

[Gemäß Satzung der Gesellschaft werden die neu gewählten Mitglieder des Beirates bestätigt.]

15. BEIRAT DER BUND-VERLAG GMBH

[Der Bundesvorstand beschließt für die infolge Tod oder Pensionierung ausgeschiedenen Kollegen die neue personelle Zusammensetzung des Beirats.]

16. BEIRAT VTG[28]

[Der Bundesvorstand beruft den aus 6 Mitgliedern des Geschäftsführenden Bundesvorstandes bestehenden Beirat der VTG neu.]

---

26 Siehe Fußnote 11 in diesem Dokument.
27 Ende 1955 wurde zwischen dem DGB-Bundesvorstand, federführend die Abt. Jugend, und der Vermögensverwaltungsgesellschaft des DGB eine Vereinbarung getroffen und die Gesellschaft für Jugendheime (GFJ), mit Sitz beim DGB-Bundesvorstand, gegründet, die die Aufgabe hatte, Errichtung und Ausbau weiterer Jugendheime und Schulen zu fördern. Hatte die Gesellschaft in den 1970er Jahren noch acht Schulungs- und Erholungsheime, zuzüglich den Bildungsstätten der Gewerkschaftsjugend in Oberursel und Hattingen, existierte davon 2009 nur noch die Bildungsstätte in Hattingen. Alleiniger Gesellschafter war die VTG mit einem Stammkapital von 25.000 €. Vgl. DGB-Geschäftsbericht 2006–2009, Anhang: Übersicht VTG Beteiligungen.
28 Die 1947 von den regionalen Gewerkschaftsbünden gegründeten Vermögensverwaltungsgesellschaften schlossen sich 1956 der seit 1950 bestehenden Vermögensverwaltungs- und Treuhand-Gesellschaft des DGB mbH (VTG) an. Auftrag und Aufgabe der VTG war die treuhänderische Verwaltung von Vermögenswerten für den DGB und seine Gewerkschaften. Die Organe der Gesellschaft waren Beirat (GBV-Mitglieder und die Gewerkschaftsvorsitzenden), ein Arbeitsausschuss (Mitglieder wurden vom Beirat benannt) und die Geschäftsführung.

17. Übertragung von Geschäftsanteilen der VTG

[Der Bundesvorstand ist damit einverstanden, dass bei der VTG Anteilsübertragungen von Ludwig Rosenberg auf Heinz O. Vetter, von Hermann Beermann auf Gerd Muhr und von Kurt Stühler auf Alfons Lappas vorgenommen werden.]

18. Vereinbarung über die Mitbestimmung in den gewerkschaftseigenen Unternehmen

Kollege *Brenner* erläutert kurz die beiden Entwürfe für eine Vereinbarung über die Mitbestimmung in den gewerkschaftseigenen Unternehmungen.[29] Er bittet den Bundesvorstand, dieser Vereinbarung zuzustimmen, damit die Kommission Mitbestimmung auf dieser Grundlage mit den Unternehmen verhandeln kann.

[In der Diskussion melden einige Mitglieder Bedenken gegen einzelne Paragrafen sowie das gesamte Verfahren an. Demgegenüber verweist *Brenner* auf den Kongressbeschluss, wonach in den gemeinwirtschaftlichen Unternehmen Modelle für die qualifizierte Mitbestimmung geschaffen werden sollen.[30] Der Bundesvorstand stimmt beiden Entwürfen zu.]

19. Bundesausschusssitzung

Der Bundesvorstand beschließt, die nächste Bundesausschusssitzung auf den 8. Oktober 1969 nach Düsseldorf einzuberufen.

Ende der Sitzung: 17.15 Uhr

Nachdem bis Ende der 1970er Jahre der Erwerb von Grundstücken und die Errichtung von Gebäuden zur Nutzung als Gewerkschaftshäuser, Schulen und Jugendheime Schwerpunkte der Arbeit waren, liegt heute die Hauptaufgabe in der Instandhaltung, Sanierung, Modernisierung und wirtschaftlichen Verwaltung der vorgenannten Objekte. Vgl. Geschäftsberichte der VTG und DGB, Geschäftsberichte der Abt. Finanzen, sowie, zur Gründungsgeschichte, Weinert: Gemeinwirtschaft, S. 65–71.

29 Zwei Musterentwürfe einer Vereinbarung über die Absicht, die qualifizierte Mitbestimmung noch vor einer gesetzlichen Regelung bei der Bank für Gemeinwirtschaft und bei der Neuen Heimat einzuführen.

30 Siehe angenommenen Antrag Nr. 354 »Mitbestimmung in gemeinwirtschaftlichen Unternehmen« des Landesbezirks Baden-Württemberg. Protokoll 8. Bundeskongreß, Teil: Anträge und Entschließungen, S. 331 f.

DOKUMENT 2

1. September 1969: Schreiben des Vorsitzenden des DGB, Vetter, an die Kandidaten für die Wahl zum Deutschen Bundestag am 28.9.1969

Beschlossen auf der 10. Sitzung des Geschäftsführenden Bundesvorstands am 25.8.1969[1] unter dem Vorsitz von Heinz O. Vetter und der Protokollführung von Isolde Funke.
Abgedruckt in: DGB-Informationsdienst – ID 22/69

DGB-Archiv, 5/DGAI000178.

Sehr geehrte Damen und Herren!

Trotz aller Erfolge, die in der Bundesrepublik in den vergangenen Jahren auf politischem und insbesondere auf wirtschaftlichem Gebiet errungen worden sind, darf nicht übersehen werden, daß in folgenden[2] entscheidenden gesellschaftspolitischen Fragen praktisch keine Fortschritte erzielt werden konnten:[3] In der Wirtschaft verfügt nach wie vor eine sehr kleine Zahl von Menschen über das alleinige Bestimmungsrecht ohne ausreichende demokratische Legitimation und Kontrolle, und die enormen Vermögenssteigerungen sind allein einer kleinen Gruppe von Besitzenden zugute gekommen. Daß eine weitere Verzögerung der Lösung dieser Probleme die Glaubwürdigkeit unserer gesamten demokratischen Ordnung in Frage stellen kann, liegt auf der Hand. Aus diesem Grunde haben der Deutsche Gewerkschaftsbund und die in ihm zusammengeschlossenen Einzelgewerkschaften seit einigen Jahren verstärkt die Erweiterung der Mitbestimmung und eine wirksame Vermögensbildung in Arbeitnehmerhand gefordert.

Bei den gewerkschaftlichen Mitbestimmungsvorstellungen geht es darum, daß einmal die Mitwirkungs- und Mitbestimmungsrechte der Betriebs- und Personalräte[4] am Arbeitsplatz und in sonstigen betrieblichen Fragen erheblich verstärkt werden und daß zum anderen in den großen Unternehmen bei der Einsetzung und Kontrolle des Managements die Arbeitnehmer neben den Kapitalgebern gleichberechtigt beteiligt werden. Zu beiden Mitbestimmungsebenen hat der DGB schon vor längerer Zeit ausformulierte und begründete Gesetzentwürfe vorgelegt, von denen in der Anlage je ein Exemplar zu Ihrer Information beigefügt ist.[5] Selbstverständlich handelt es sich bei diesen Ent-

---

1 In dem Anschreiben an die Mitglieder des Geschäftsführenden Bundesvorstandes vom 22.8.1969 zu dem Briefentwurf betonte Heinz O. Vetter, dass in diesem Brief besonders die Vermögensbildung und die Mitbestimmung herausgestellt werden sollten. In der Sitzung am 25.8.1969 wurde unter TOP 4 der eingebrachte Briefentwurf Heinz O. Vetters mit einigen Änderungen angenommen.
2 Es wurde »*folgenden*« im Briefentwurf eingefügt.
3 Der folgende Halbsatz: »*Das zeigt sich vor allem darin, daß*« wurde gestrichen.
4 »*– und Personal*« wurde dem Entwurf hinzugefügt.
5 Entwurf und Begründung eines Gesetzes über die Mitbestimmung der Arbeitnehmer in Großunternehmen und Großkonzernen (Mitbestimmungsgesetz) vom 31.1.1968, erarbeitet durch die Kommission Mitbestimmung, siehe DGB-Archiv, DGB-BV, Sekretariat Bernhard Tacke 5/DGCY000002.

würfen nur um Vorschläge, über deren Einzelheiten durchaus diskutiert werden kann. Entscheidend ist allein, daß Mitbestimmungsregelungen gefunden werden, die die bestehenden Privilegien beseitigen und eine gleichberechtigte Wahrnehmung der Interessen der Arbeitnehmer gegenüber denen der Kapitalgeber gewährleisten.

Das zweite wichtige gesellschaftspolitische Ziel der Gewerkschaften ist die Verwirklichung einer gerechten Einkommens- und Vermögenspolitik für die Arbeitnehmer. Nach unserer Auffassung ist es dringend erforderlich, alle Volksschichten an der volkswirtschaftlichen Vermögensbildung zu beteiligen. Der Umfang der Beteiligung der Arbeitnehmer am Ergebnis der wirtschaftlichen Tätigkeit ist ein wesentlicher Maßstab für soziale Gerechtigkeit. Wichtige Voraussetzungen breiterer Vermögensbildung sind ein höherer Anteil der Arbeitnehmer am Volkseinkommen, der Abbau der Steuerprivilegien für hohe Einkommen und die besondere Förderung der Ersparnis- und Vermögensbildung bei den unteren und mittleren Einkommensgruppen.

Ich habe mir erlaubt, Sie auf diese beiden zentralen gewerkschaftspolitischen Anliegen besonders hinzuweisen, weil sie nach Auffassung des DGB für die nächste Legislaturperiode des Deutschen Bundestages von außerordentlicher Bedeutung sind. Da Sie künftig die Verantwortung für die Gestaltung unserer Lebensordnung tragen wollen, würden wir uns freuen, wenn Sie sich vorrangig mit den hier angedeuteten Problemen befassen und eine fortschrittliche Behandlung unterstützen könnten.

Die übrigen Fragen, die der Deutsche Gewerkschaftsbund in der nächsten Legislaturperiode für wichtig hält, sind in einem Wahlaufruf aufgeführt.[6]

<Heinz O. Vetter>

DOKUMENT 3

2. September 1969: Protokoll der 2. Sitzung des Bundesvorstandes

Taunus Hotel in Wiesbaden; Vorsitz: Heinz O. Vetter; Protokollführung: Anton Fittkau, Isolde Funke; Sitzungsdauer: 11.15–16.25 Uhr; ms. vermerkt: »Vertraulich«.[1] Ms., hekt., 21 S., 1 Anlage.[2]

DGB-Archiv, 5/DGAI000536.

---

6 Dieser Wahlaufruf wurde ebenfalls in der Sitzung des GBV am 25.8.1969 unter TOP 5 verabschiedet. Darin forderten die Gewerkschaften: gesicherte Arbeitsplätze, Ausbau eines sozialen Schutzsystems, bessere Bildungsmöglichkeiten und Chancengleichheit für alle. Abgedr. in: ND, 27.8.1969, Nr. 222.

1 Einladungsschreiben vom 15.8. und 21.8.1969. Nicht anwesend: Wilhelm Gefeller, Rudolf Sperner (vertreten durch Konrad Carl), Philipp Seibert (vertreten durch Heinz Frieser), Karl Buschmann (vertreten durch Martin Heiß), Maria Weber (vertreten durch Hilde Junker-Seeliger). DGB-Archiv, DGB-BV, Abt. Vorsitzender 5/DGAI000462.

2 Anlage: Anwesenheitsliste.

2. September 1969 **Dokument 3**

Tagesordnung:
1. Genehmigung des Protokolls der 34. Bundesvorstandssitzung
2. Reformkommission
3. Die Politik des DGB gegenüber den Gewerkschaften im Ostblock
4. DGB-Kurier
5. Kuratorium des WWI
6. Tagesordnung für die 1. Bundesausschußsitzung am 8.10.1969
7. Gehaltssituation beim DGB
8. Bestätigung von Landesbezirksvorstandsmitgliedern
9. Programm des DGB für Arbeitnehmerinnen
10. Offener Brief des Schriftstellers Bernt Engelmann, Rottach-Egern
11. Neuregelung der Sonderunterstützung anläßlich des Weihnachtsfestes an Unterstützungsempfänger
12. Anpassung der Unterstützungen ab 1. Januar 1970
13. Unterstützungs- und Beschwerdeausschuß für den Unfallunterstützungsfonds für ehrenamtliche Gewerkschaftsfunktionäre und für den Fonds »Ehemalige Gewerkschaftsangestellte«
14. Forumsgespräche mit Bundestagskandidaten – Teilnahme von Kandidaten der DFU
15. Brief des Kollegen Vetter an die Sekretärinnen und Sekretäre im Hans-Böckler-Haus
16. Vereinbarung über die Mitbestimmung in den gewerkschaftseigenen Unternehmen
17. Anfragen und Mitteilungen

Beginn der Sitzung: 11.15 Uhr

[*Vetter* eröffnet die Sitzung und schlägt vor, die Tagesordnung um vier Punkte zu erweitern.³

Heiß beantragt, den Punkt 9 der Tagesordnung »Programm des DGB für Arbeitnehmerinnen« so lange abzusetzen, bis zwischen der GTB und dem GBV eine Übereinstimmung über den Inhalt des Programms erzielt ist. Nach ergänzenden Beiträgen von *Stephan, Heiß* und *Junker-Seeliger* schlägt *Vetter* vor, diesen Punkt nicht abzusetzen, sondern in die Diskussion um das Programm einzutreten. Sollte sich herausstellen, dass die GTB einen entscheidenden Einwand gegen das Programm hat, könne erneut die Frage der Zurückstellung dieses Punktes erwogen werden. Die vorgeschlagene Tagesordnung wird angenommen.]

1. Genehmigung des Protokolls der 34. Bundesvorstandssitzung

Der Bundesvorstand genehmigt das Protokoll der 34. Bundesvorstandssitzung.⁴

---

3 Gegenüber dem Einladungsschreiben vom 21.8.1969 wurde die Tagesordnung um die TOPs 11 bis 14 ergänzt. DGB-Archiv, DGB-BV, Abt. Vorsitzender 5/DGAI000462.
4 Die 34. BV-Sitzung am 17.5.1969 war die letzte Sitzung vor dem Bundeskongress unter dem Vorsitz von Ludwig Rosenberg. Tagesordnungspunkte waren die Kundgebung zum Berufsbildungsgesetz und organisatorische Vorbereitungen zum 8. Ordentlichen Bundeskongress. Vgl. DGB-Archiv, DGB-BV, Abt. Vorsitzender 5/DGAI000462.

Dokument 3   2. September 1969

2. REFORMKOMMISSION

Kollege *Vetter* teilt mit, daß inzwischen alle Gewerkschaften ihre Mitglieder für die Reformkommission benannt haben. Er verweist auf die dem Bundesvorstand ausgehändigte Übersicht, die die Namen aller Mitglieder der Kommission enthält, und bittet den Bundesvorstand, von der jetzt vollständigen Kommission zustimmend Kenntnis zu nehmen.[5] Kollege Vetter schlägt dann weiter vor, in der Mittagspause die Reformkommission zu konstituieren.

Die Kollegen *Stenger* und *Kluncker* melden gegen diesen Vorschlag Bedenken an, weil nicht alle Mitglieder der Kommission von der heutigen Konstituierung verständigt wurden. Nach ihrer Meinung müsse dazu besonders eingeladen werden.[6]

Kollege *Brenner* bittet darum, diese Kommission nicht Reformkommission zu nennen, sondern sie vielmehr, wie es auch der Antrag 2 des 8. Ordentlichen Bundeskongresses vorsieht, Satzungskommission zu nennen.[7]

[Nach der Diskussion über die Stellung und Funktion der Kommission ist der Bundesvorstand einverstanden, dass die Satzungskommission dem BV einen Vorschlag über ihre Stellung und Funktion zur Zustimmung vorlegt.]

3. DIE POLITIK DES DGB GEGENÜBER DEN GEWERKSCHAFTEN IM OSTBLOCK

Kollege *Vetter* erinnert daran, daß der Bundesvorstand in seiner letzten Sitzung beschlossen habe, diesen Punkt auf die heutige Tagesordnung zu setzen. Der Geschäftsführende Bundesvorstand habe sich mit diesem Problem eingehend befaßt und schlage dem Bundesvorstand die drei vorgelegten Punkte zur Beschlußfassung vor. Kollege Vetter erläutert dann die drei Punkte und bittet den Bundesvorstand um Zustimmung zu den Vorschlägen.[8]

Kollege *Kluncker* stimmt den Vorschlägen zu. Nach seiner Meinung sollte es im Punkt 1 nicht Antikontaktbeschluß, sondern nur Beschluß des Bundesvorstandes heißen, da der Beschluß nur eine Unterbrechung der Kontakte vorsah.

Beschluß:

1. Es besteht Übereinstimmung im Bundesvorstand darüber, daß durch die Annahme der Anträge 63 und 67 auf dem 8. Ordentlichen Bundeskongreß der Beschluß des Bundesvorstandes vom 28.8.1968 aufgehoben wurde und damit diese Beschlüsse für die Politik des DGB gegenüber den Gewerkschaften in Osteuropa verbindlich sind. Dadurch gelten die nach dem 7. Ordent-

---

5   Vorlage vom 26.8.1969 zur Zusammensetzung der Reformkommission, in: DGB-Archiv, DGB-BV, Abt. Vorsitzender 5/DGAI000462.
6   Die Konstituierung der Kommission fand nach einer Unterbrechung der 3. Bundesvorstandssitzung am 7.10.1969 (siehe Dok. 4) statt. Siehe auch: DGB-Archiv, DGB-BV, Sekretariat Franz Woschech 5/DGCQ000051.
7   Siehe Antrag Nr. 2 der CPK »Neufassung der Satzung des DGB/DGB-Reform«, in: Protokoll 8. Bundeskongreß, Teil: Anträge und Entschließungen, S. 27 f.
8   Die Beschlussvorlage vom 1.9.1969 ist mit einer Änderung identisch mit dem späteren BV-Beschluss. DGB-Archiv, DGB-BV, Abt. Vorsitzender 5/DGAI000462.

lichen Bundeskongreß erlassenen Richtlinien für Reisen in die Ostblockländer weiter.[9]

2. Der Geschäftsführende Bundesvorstand wird beauftragt, diese Richtlinien unter Berücksichtigung der bei den Ostkontakten gemachten Erfahrungen zu überarbeiten und gegebenenfalls dem Bundesvorstand neue Richtlinien zur Beschlußfassung vorzulegen.

3. Der Geschäftsführende Bundesvorstand wird beauftragt, die politischen Möglichkeiten für eine Kontaktaufnahme zum FDGB zu prüfen und dem Bundesvorstand im Dezember 1969 das Ergebnis dieser Prüfung vorzulegen.

4. DGB-KURIER

Kollege *Vetter* erläutert die dem Bundesvorstand ausgehändigte Vorlage[10] und verweist auf die vorliegende Null-Nummer des DGB-Kuriers.[11] Der Geschäftsführende Bundesvorstand sei der Auffassung, daß aufgrund des Auftrages des 8. Ordentlichen DGB-Bundeskongresses der DGB alles zu unternehmen habe, um einen Einzug vor allem der rechtsradikalen NPD in den Bundestag zu verhindern. Darüber hinaus sei es aber auch erforderlich, eine klare Aussage zum Linksradikalismus zu machen. Es wird daher vorgeschlagen, den Beitrag »Kriminalkommissar Hürtgen erzählt« von der Seite 2 ersatzlos zu streichen und an seine Stelle die Beiträge der vierten Seite »Finanzierungstricks«, »RAD-Drill« und die Karikatur treten zu lassen. Ebenfalls soll der Beitrag »Kirchturmpolitik« auf der vierten Seite ersatzlos gestrichen werden. An die Stelle der gestrichenen Beiträge soll auf der letzten Seite unter der Überschrift »Blinder Radikalismus zerstört« ein neuer Beitrag eingebaut werden. Der Text dieses Beitrags ist aus der den Bundesvorstandsmitgliedern überreichten Vorlage zu entnehmen. Kollege Vetter bittet den Bundesvorstand darum, der Herstellung des vierseitigen DGB-Kuriers in einer Auflagenhöhe von 6 Mio. Exemplaren zuzustimmen und die hierfür aufzuwendenden Kosten in Höhe von DM 150.000,-- zu genehmigen. Er bittet ferner darum, daß sich alle Gewerkschaften an den Kosten für den DGB-Kurier und an seiner Verteilung beteiligen. So habe z. B. die IG Metall bereits 2 Mio. Stück des DGB-Kuriers zum Preis von DM 50.000,-- angefordert.

[Nach Diskussionsbeiträgen über redaktionelle Änderungen wird beschlossen, dass der Beitrag »Blinder Radikalismus zerstört« als Ergänzung des DGB-Kuriers aufgenommen wird und die graphische Darstellung mit Text »Soll Deutschland noch kleiner werden?« gegen eine Karikatur von Paul A. Weber ausgetauscht werden soll. In der nachfolgenden Diskussion über

---

9 Siehe den angenommenen Antrag A 28 der IG Metall »Innerdeutsche Fragen – Reisen in Ostblockländer«. Protokoll 7. Bundeskongreß, Teil: Anträge und Entschließungen, S. 22.
10 Beratungsunterlage vom 28.8.1969 mit beigefügter Neufassung des Beitrags: »Blinder Radikalismus zerstört«. DGB-Archiv, DGB-BV, Abt. Vorsitzender 5/DGAI000462.
11 Mit der Balkenüberschrift: »Landgericht Hannover. Aktenzeichen 2.0.288/68 vom 17. September 1968. Die NPD ist arbeitnehmerfeindlich!«, DGB-Archiv, DGB-BV, Abt. Vorsitzender 5/DGAI000462. Zur gerichtlichen Auseinandersetzung zwischen dem DGB-Kreis Hannover und der NPD siehe auch: DGB-Archiv, DGB-BV, Sekretariat Bernhard Tacke 5/DGCY000136.

Dokument 3   2. September 1969

die Bezahlung und Verteilung des DGB-Kuriers wird beschlossen, dass der Bundesvorstand der Herstellung des vierseitigen DGB-Kuriers in einer Auflagenhöhe von 7 Mio. Exemplaren zustimmt, dass er grundsätzlich, von Ausnahmen abgesehen, damit einverstanden ist, dass der DGB-Kurier über die DGB-Kreise verteilt wird und die Kosten für die Herstellung und Verteilung des DGB-Kuriers von den Gewerkschaften aufgrund eines Kostenschlüssels übernommen werden sollten.]

5. Kuratorium des WWI

[Der Bundesvorstand beschließt, in das Kuratorium des WWI Heinz O. Vetter, Gerd Muhr, Bernhard Tacke, Georg Neemann, Walter Arendt, Otto Brenner, Heinz Kluncker, Alfons Lappas, Philipp Seibert zu berufen.]

6. Tagesordnung für die 1. Bundesausschusssitzung am 8.10.1969

[Der Bundesvorstand beschließt die Tagesordnung für die 1. Bundesausschusssitzung am 8.10.1969.[12]]

7. Gehaltssituation beim DGB

Kollege *Woschech* verweist auf die den Bundesvorstandsmitgliedern ausgehändigte Vorlage, die er erläutert und in einigen Punkten ergänzt.[13] Das mit einer Verhandlungskommission des Gesamtbetriebsrats erzielte Ergebnis kann von keiner Seite als »großer Erfolg« bezeichnet werden. Er weist darauf hin, daß sich weder die Vertreter des Bundesvorstands als Arbeitgeber betrachtet haben, noch die Mitglieder der Verhandlungskommission des Betriebsrats sich in der Rolle einer Tarifvertragspartei sahen, vielmehr hätte man die Übereinkunft in partnerschaftlicher Weise erzielt. Kollege Woschech teilt dann mit, daß der Gesamtbetriebsrat am 29. August 1969 dem Verhandlungsergebnis zugestimmt habe. Kollege Woschech erläutert dann die vier Punkte des Beschlußvorschlages. Es sei nur ein geringer Verhandlungsspielraum für die an der Verhandlung beteiligten Mitglieder des Geschäftsführenden Bundesvorstands gegeben gewesen. Zu Punkt 3 des Vorschlages sollen Einzelheiten erst dann zur Beschlußfassung vorgelegt werden, wenn die Verhandlungen mit der Verhandlungskommission des Gesamtbetriebsrats abgeschlossen sind. Kollege Woschech bittet den Bundesvorstand um Zustimmung zu dem Beschlußvorschlag.

[Zu Beginn der Diskussion gehen *Vater* und *Lappas* detailliert auf die finanziellen Auswirkungen des Ergebnisses der Verhandlungskommission auf die Personalkosten im Haushalt des DGB ein. Für sie können die aufzu-

---

12 Als Tagesordnung wurde beschlossen: 1. Genehmigung der Protokolle der 8. und 9. Sitzung, 2. Bericht des Vorsitzenden, 3. Bestätigung von Landesbezirksvorstandsmitgliedern, 4. Wahl der Revisoren und 5. Bericht über Personalfragen und Beschlussfassung über eine Lohn- und Gehaltserhöhung. Vgl. DGB-Archiv, DGB-BV, Abt. Vorsitzender 5/DGAI000444.
13 Vorlage Franz Woschechs vom 25.8.1969, DGB-Archiv, DGB-BV, Abt. Vorsitzender 5/DGAI000462.

wendenden Mehrausgaben nur durch Einsparungen im Ausgabenbereich kompensiert werden. In den nachfolgenden Beiträgen bis zur Mittagspause setzen sich die Mitglieder mit den bisherigen Verfahren bei den Lohn- und Gehaltserhöhungen, den Entwürfen einer Betriebsvereinbarung des Gesamtbetriebsrats, die eine Beteiligung an Lohn- und Gehaltsfragen beinhaltet, mit deren Rechtsverbindlichkeit sowie mit der Laufzeit der Gehaltsregelungen auseinander.]

DIE SITZUNG WIRD VON 13.05 BIS 14.15 UHR (MITTAGSPAUSE) UNTERBROCHEN.

Nach Wiederaufnahme der Beratungen schlägt Kollege *Vetter* vor, der Bundesvorstand solle den Bericht des Geschäftsführenden Bundesvorstands zur Kenntnis nehmen und dem Bundesausschuß vorschlagen.[14]

[Während *Vater* bei diesem Vorschlag Deckungsvorschläge für die Mehrausgaben vermisst, warnt *Brenner* davor, den Betriebsrat mit der Gehaltsvereinbarung tariffähig zu machen und vor der langen Laufzeit von 15 Monaten. Anschließend wird die Frage diskutiert, ob diese Vereinbarung eine Tarifvereinbarung oder eine Willenserklärung sei. Nachdem der Bundesvorstand den Bericht zur Kenntnis genommen hat, beschließt er, den Beschlussvorschlag zur Neuregelung der Gehaltsbedingungen dem Bundesausschuss vorzuschlagen.[15]]

8. BESTÄTIGUNG VON LANDESBEZIRKSVORSTANDSMITGLIEDERN

[Der Bundesvorstand empfiehlt dem Bundesausschuss, die Wahl von *Günther Lappas* (GGLF) in den LBV Hessen und *Wolfgang Baumhöver* (IG CPK) in den LBV Nordmark zu bestätigen.[16]]

9. PROGRAMM DES DGB FÜR ARBEITNEHMERINNEN

Kollege *Stephan* erinnert daran, daß dieses Programm ein Auftrag des Bundeskongresses sei.[17] Er bemerkt, daß diese Frage sehr ausführlich im Geschäftsführenden Bundesvorstand behandelt wurde. Man könne sicherlich nicht mit jedem Punkt hundertprozentig einverstanden sein. Es handelt sich

---

14 Der Beschlussvorschlag befindet sich auf der zweiten Seite der Vorlage.
15 Der Bundesausschuss stimmte in seiner 1. Sitzung am 8.10.1969 dem Beschlussvorschlag des Bundesvorstandes zu, der einen einmaligen Pauschalbetrag und ab 1.10.1969 eine lineare Erhöhung der Gehälter um 5 % vorsah. Außerdem wurde der GBV beauftragt, strukturelle Verbesserungen des Gehaltsgefüges zu erarbeiten, und der Bundesausschuss beauftragt, dem BV eine Synopse über die Gehaltsregelungen aller Beschäftigten des DGB und seiner Gewerkschaften bis zur nächsten Bundesausschusssitzung vorzulegen. DGB-Archiv, DGB-BV, Abt. Vorsitzender 5/DGAI000444.
16 Der Bundesausschuss bestätigte die Wahl in seiner 1. Sitzung am 8.10.1969. Vgl. ebd.
17 Der Antrag 403 des Bundesvorstandes, »Programm des DGB für Arbeitnehmerinnen – Grundsätze und Forderungen«, wurde unter der Voraussetzung mit angenommen, dass der BV ihn vor der Veröffentlichung überarbeiten solle. Protokoll 8. Bundeskongreß, Teil: Anträge und Entschließungen, S. 369 ff.

hierbei hauptsächlich um eine Aussage an die weiblichen Mitglieder. Das war auch vom Kongreß so gewollt. Kollege Stephan ist der Meinung, daß selbst bei einem Gespräch mit der Gewerkschaft Textil-Bekleidung nichts anderes als das jetzige Programm herausgekommen wäre. Die Gewerkschaft Textil-Bekleidung habe zuerst an dem Programm mitgearbeitet und dann ein klares Nein zum Programm erklärt. Alle anderen Gewerkschaften sind mit dem Programm einverstanden. Kollege Stephan bittet den Bundesvorstand, dem vorliegenden Programm des DGB für Arbeitnehmerinnen zuzustimmen.

Kollege *Heiß* teilt mit, daß sich der Geschäftsführende Hauptvorstand der Gewerkschaft Textil-Bekleidung gestern mit dieser Frage beschäftigt hatte, da die Kollegin Weber am 8. August 1969 mitgeteilt hat, daß dem Wunsch der Gewerkschaft Textil-Bekleidung nach Aufschub nicht nachgekommen werden kann.[18] Er verliest dann den Antrag 403 an den Bundeskongreß und stellt fest, daß dem Beschluß des Kongresses im wesentlichen nicht Rechnung getragen wurde. Das Programm ist nur redaktionell geändert worden. Nach seiner Auffassung sollten nicht nur redaktionelle Änderungen vorgenommen werden, sondern zum Programm selbst sollten wesentliche Äußerungen gemacht werden. Darum hat die Gewerkschaft Textil-Bekleidung um einen Aufschub bis Ende Oktober gebeten. Die Gewerkschaft Textil-Bekleidung war der Meinung, daß es genügen würde, wenn man den Arbeitnehmerinnen das Grundsatz- und das Aktionsprogramm überreichen würde, denn in diesen Programmen ist alles enthalten, was jetzt im Programm steht. Kollege Heiß verliest dann auszugsweise den Brief der Gewerkschaft Textil-Bekleidung vom 15. Juli 1969 an den Kollegen Vetter, in dem gebeten wurde, den Gewerkschaften so viel Zeit zu geben, damit sie in ihren eigenen Gremien das Programm beraten und Vorschläge unterbreiten können.[19]

Die Kollegin Weber hatte zugesagt, mit dem Kollegen Buschmann darüber zu sprechen. Leider ist es nicht dazu gekommen. Nach Meinung des Kollegen Heiß wird in dem Programm zuviel Allgemeines ausgesagt. Es sollte aber etwas Spezielles für Frauen ausgesagt werden. Es sollte neben dem Grundsatz- und Aktionsprogramm nicht noch ein Programm gestellt werden. Kollege Heiß stellt dann den Antrag, diesen Punkt von der Tagesordnung abzusetzen. Die Gewerkschaften sollten bis zu einem bestimmten Termin entsprechende Änderungsvorschläge unterbreiten, um dann im Bundesvorstand das Programm wieder zu beraten.

[In der folgenden Diskussion werden Passagen des Programms näher erläutert, redaktionelle Änderungen vorgenommen und das Programm mit dem

---

18 Vgl. 32. Sitzung des GHV der GTB am 1.9.1969. AdsD, Bestand Gewerkschaft Textil-Bekleidung, vorläufige Sign. X010022.
19 In dem Schreiben des stellv. Vorsitzenden Martin Heiß an Heinz O. Vetter wird auf ein Schreiben von Maria Weber an Karl Buschmann vom 10.7.1969 Bezug genommen. Maria Weber hält es in diesem Schreiben nicht für vertretbar, dass der Frauenausschuss der GTB einen völlig neuen Programmentwurf präsentiere, der den gefassten Kongressbeschluss (Antrag 403) ändere. Da der vorliegende Entwurf nicht den Vorstellungen der GTB entspreche, müsse dieser, vor der Verabschiedung, noch gründlich überarbeitet werden. DGB-Archiv, DGB-BV, Abt. Frauen 5/DGAR000805.

Hinweis, dass noch Änderungen vorgenommen werden könnten, verabschiedet.[20]]

10. OFFENER BRIEF DES SCHRIFTSTELLERS BERNT ENGELMANN, ROTTACH-EGERN

[*Vetter* verweist auf den vorliegenden offenen Brief, der den DGB auffordert, anlässlich der 30. Wiederkehr des Tages, an dem der Zweite Weltkrieg (1. September 1939) begann, der wachsenden Flut des Neonazismus wirkungsvoll entgegenzutreten.[21] Mit seinem Vorschlag, diesen Brief mit einer detaillierten Schilderung aller Maßnahmen, die der DGB bisher unternommen hat, zu beantworten, ist der Bundesvorstand einverstanden.]

11. NEUREGELUNG DER SONDERUNTERSTÜTZUNG ANLÄSSLICH DES WEIHNACHTSFESTES AN UNTERSTÜTZUNGSEMPFÄNGER

[Der Bundesvorstand beschließt die Gewährung der Weihnachtszuwendung in Höhe von DM 75,-- bzw. für Witwen DM 50,-- ab 1969 für Unterstützungsempfänger.]

12. ANPASSUNG DER UNTERSTÜTZUNGEN AB 1. JANUAR 1970

[Der Bundesvorstand schlägt der Mitgliederversammlung der Unterstützungskasse des DGB e.V. eine Erhöhung der Unterstützungen um 6,35% mit Wirkung zum 1. Januar 1970 vor.]

13. UNTERSTÜTZUNGS- UND BESCHWERDEAUSSCHUSS FÜR DEN UNFALLUNTERSTÜTZUNGSFONDS FÜR EHRENAMTLICHE GEWERKSCHAFTSFUNKTIONÄRE UND FÜR DEN FONDS »EHEMALIGE GEWERKSCHAFTSANGESTELLTE«

[Der Bundesvorstand beschließt die personelle Besetzung für den Unterstützungs- und Beschwerdeausschuss.]

14. FORUMSGESPRÄCHE MIT BUNDESTAGSKANDIDATEN – TEILNAHME VON KANDIDATEN DER DFU

Kollege *Vetter* teilt hierzu mit, daß ein Landesbezirk von verschiedenen DGB-Kreisen Anfragen erhielt, ob Bedenken bestehen, Vertreter der DFU bei den Forumsgesprächen über Mitbestimmung zu beteiligen. Da in den

---

20 Das 23-seitige Programm wurde auf der Sitzung des Bundesfrauenausschusses am 25.7.1969 überarbeitet, siehe DGB-Archiv, DGB-BV, Abt. Frauen, 5/DGAR000091; auf der 9. Sitzung des GBV vom 18.8.1969 wurde empfohlen, das Programm dem Bundesvorstand zur Verabschiedung vorzulegen, DGB-Archiv, DGB-BV, Abt. Vorsitzender 5/DGAI000177. Das Programm wurde mit einem Vorwort von Maria Weber veröffentlicht in: Frauen und Arbeit 10, 1969, hrsg. v. Abt. Frauen des DGB-Bundesvorstandes.
21 Der offene Brief »An die Führungsgremien des DGB und der Industrie-Gewerkschaften« ist mit einem Anschreiben von Bernt Engelmann beim DGB am 18.8.1969 eingegangen, DGB-Archiv, DGB-BV, Abt. Vorsitzender 5/DGAI000462. Ein Antwortschreiben Vetters auf diesem Brief ist nicht überliefert.

infrage kommenden DGB-Kreisen die DFU-Leute im Rat der Stadt bzw. Mitglieder des Kreistages sind und außerdem einige von ihnen den Ortsverwaltungen verschiedener Gewerkschaften und sogar den DGB-Kreisdelegiertenversammlungen angehören, werden aus dieser Tatsache heraus die Kreisvorsitzenden bei Einrichtung von Forumsgesprächen mit Bundestagskandidaten unter Druck gesetzt. Aus diesem Grunde wird eine Entscheidung des Bundesvorstandes in dieser Sache gewünscht. Der Geschäftsführende Bundesvorstand ist der Auffassung, daß bei den Forumsgesprächen mit Bundestagskandidaten nur die Kandidaten der im Bundestag vertretenen Parteien eingeladen werden sollen. Das bedeutet, daß die Kandidaten der ADF (DFU/DKP) zu den Forumsgesprächen nicht hinzugezogen werden.[22]

[*Michels* plädiert für einen Bundesvorstandsbeschluss, während sich *Schwab* dagegen ausspricht. Abschließend stellt *Vetter* fest, dass im Bundesvorstand keine Neigung zu einem konkreten Beschluss bestehe. Der BV ist vielmehr der Meinung, dass solche Fragen in örtlicher Zuständigkeit und nach den örtlichen Gegebenheiten geregelt werden sollen.]

15. Brief des Kollegen Vetter an die Sekretärinnen und Sekretäre im Hans-Böckler-Haus

Dieser Punkt der Tagesordnung wurde auf Anregung des Kollegen Stotz in die Tagesordnung aufgenommen. Kollege Stotz wünscht Aufklärung über einen Brief, den der Kollege Vetter am 1. August 1969 an die Sekretärinnen und Sekretäre im Hans-Böckler-Haus gerichtet hat.

Kollege *Vetter* teilt hierzu mit, daß sich dieses persönliche und vertrauliche Schreiben mit der Weitergabe von Informationen durch Beschäftigte in der Bundesvorstandsverwaltung an Journalisten befaßte. Er berichtet in diesem Zusammenhang über eine Reihe von Beispielen, wo durch Informationen aus dem Hans-Böckler-Haus in der Öffentlichkeit Verwirrung gestiftet wurde und er oder andere Vorstandsmitglieder gezwungen waren, solche Informationen öffentlich richtig zustellen. Aus diesen Gründen sei der Geschäftsführende Bundesvorstand gezwungen gewesen, diesen Brief zu schreiben, der von den Sekretärinnen und Sekretären verlange, daß jedes Interview der Pressestelle vorausgehend gemeldet bzw. durch die Pressestelle vermittelt werden soll. Nur wenn so verfahren würde, könnte Schaden vom DGB abgewendet werden. Kollege Vetter verliest dann den Wortlaut des Schreibens vom 1. August 1969.[23]

Kollege *Stotz* teilt dazu mit, daß der Hauptvorstand der IG Druck und Papier durch eine Pressemitteilung über das Schreiben des Kollegen Vetter informiert wurde. Aus diesem Grunde sah sich der Hauptvorstand veranlaßt,

---

22 Beschluss in der 10. Sitzung des GBV am 25.8.1969. DGB-Archiv, DGB-BV, Abt. Vorsitzender 5/DGAI000178. Anlass waren ein Schreiben von Peter Michels an Wilhelm Gronau vom 11.8.1969 über die Teilnahme von DFU-Kandidaten an Forumsgesprächen sowie eine Aktennotiz von Wilhelm Gronau an Heinz O. Vetter vom 13.8.1969 zu diesem Schreiben.
23 Brief vom 1.8.1969 »Persönlich – Vertraulich!«, DGB-Archiv, DGB-BV, Abt. Vorsitzender 5/DGAI000462.

eine Stellungnahme zur Pressefreiheit abzugeben. Kollege Stotz erklärt, daß die IG Druck und Papier nicht zuständig sei, dem DGB oder den Gewerkschaften Vorschriften über den Umgang mit der Presse zu machen. Kollege Stotz nimmt die Erklärung des Kollegen Vetter und auch den Wortlaut des Schreibens vom 1. August 1969 zur Kenntnis. Er erklärt, daß seine Gewerkschaft darin keine Einschränkung der Informationsfreiheit für die Journalisten sehe. Er bitte aber darum, daß der Informationsfluß zur Förderung einer sachlichen Zusammenarbeit mit der Presse vom DGB und von den Gewerkschaften verstärkt werden müsse. Er betont dann, daß der Brief des Kollegen Mahlein an den Kollegen Vetter nicht der Presse übergeben worden sei, sondern daß vielmehr auf Anfragen von Journalisten mitgeteilt wurde, daß Kollege Mahlein das aus einer Pressemitteilung entnommene Verfahren beim DGB-Bundesvorstand für bedenklich halte.

Kollege *Michels* schildert, wie er sich beim Erscheinen des ersten Presseartikels zum Schreiben des Kollegen Vetter an die Sekretärinnen und Sekretäre verhalten habe. Er habe beim Bundesvorstand angerufen und dort den wahren Sachverhalt erfahren. Das hätten nach seiner Meinung auch andere Kollegen tun können, bevor sie zu der sinnentstellenden Pressemeldung Stellung nahmen.

Kollege *Vater* stellt die Frage, ob der Inhalt des Schreibens vom 1. August 1969 auch für die GBV-Mitglieder gelte und ob das Schreiben an die Sekretärinnen und Sekretäre im Geschäftsführenden Bundesvorstand besprochen worden sei.

Kollege *Vetter* erklärt dazu, daß selbstverständlich diese Anweisung nicht für die Mitglieder des Geschäftsführenden Bundesvorstandes gelte. Wenn durch ein Versehen die Mitglieder des Geschäftsführenden Bundesvorstandes in der Anschrift des Schreibens erwähnt wurden, so bedeute das nicht, daß das Schreiben auch für diesen Kreis Gültigkeit habe. In seinem handgeschriebenen Entwurf dieses Schreibens habe er ausdrücklich darauf hingewiesen, daß den Mitgliedern des Geschäftsführenden Bundesvorstandes dieses Schreiben lediglich zur Kenntnis zugeleitet werden soll. Außerdem ist das Verfahren für das Verhalten der Beschäftigten in der Bundesvorstandsverwaltung bei Interviews im Geschäftsführenden Bundesvorstand eingehend besprochen worden.[24]

16. Vereinbarung über die Mitbestimmung in den gewerkschaftseigenen Unternehmen

Kollege *Brenner* weist auf den Beschluß in der letzten Bundesvorstandssitzung hin[25], wonach der Bundesvorstand damit einverstanden war, daß die Verhandlungskommission auf der Grundlage der vorgelegten Entwürfe mit den gemeinwirtschaftlichen Unternehmen verhandeln kann. Dies ist in der

---

24 Entsprechendes Schreiben von Heinz O. Vetter an die Mitglieder des Geschäftsführenden Bundesvorstandes vom 22.8.1969, DGB-Archiv, DGB-BV, Abt. Vorsitzender 5/DGAI000462.
25 Vgl. 1. BV-Sitzung vom 1.7.1969, TOP 18 (Dok. 1).

Dokument 3 2. September 1969

Zwischenzeit geschehen. Dabei sind die beiden vorgelegten Vereinbarungen für die Bank für Gemeinwirtschaft und für die Neue Heimat beschlossen worden. Es entstand dabei die Frage, mit wem diese Vereinbarungen abgeschlossen werden sollen. Aus bestimmten Gründen hätte man gerne diese Vereinbarungen mit den Betriebsräten abgeschlossen. Das ging aber nicht, denn dann hätte man den Arbeitgebern ein gutes Argument geliefert, in Zukunft solche Art von Mitbestimmungsvereinbarungen mit den Betriebsräten abzuschließen. Damit wären die Gewerkschaften dann praktisch ausgeschlossen. Den Vereinbarungen sollte das Montan-Mitbestimmungsmodell zugrunde gelegt werden. Daher konnte keine andere Form genommen werden als die jetzt vorliegende. Am 6. August 1969 ist mit den Vorstandsvorsitzenden der gemeinwirtschaftlichen Unternehmen Übereinstimmung über die Vereinbarungen erzielt worden. Parallel dazu sind gleichzeitig Besprechungen mit den Betriebsräten der Unternehmen aufgenommen worden. Die Betriebsräte haben die Vereinbarungen vorliegen. Die Kommission hofft, daß auch die Betriebsräte zustimmend Kenntnis nehmen. Kollege Brenner bittet den Bundesvorstand, den vorgelegten Vereinbarungen zuzustimmen.
[In den folgenden Diskussionsbeiträgen geht es um die Besetzung der Aufsichtsräte. Abschließend stimmt der Bundesvorstand den vorgelegten Vereinbarungen für die Bank für Gemeinwirtschaft und für die Neue Heimat zu.[26]]

17. ANFRAGEN UND MITTEILUNGEN

[*Vetter* informiert über die Beurlaubung von Richard Boljahn (DGB-LB Niedersachsen) und über ein Schreiben des Zentralrates der Polnischen Gewerkschaften vom 25. August 1969. Im Folgenden berichtet er, dass eine Einladung durch den Zentralrat der Sowjetischen Gewerkschaften für einen Besuch einer kleinen Delegation im November d.J. vorliege. Der GBV sei der Meinung, dass diese Delegation aus fünf Teilnehmern – zwei Mitgliedern des GBV und drei Gewerkschaftsvorsitzenden – bestehen solle. In einer anschließenden Diskussion wird noch einmal festgehalten, dass man Einladungen in osteuropäische Länder nur stattgeben solle, wenn gleichzeitig von der einladenden Stelle eine Gegeneinladung akzeptiert wird. Es werden als Delegationsteilnehmer Mirkes, Sperner, Hauenschild, Arendt und Kluncker vorgeschlagen.

Weiterhin berichtet *Vetter* über ein Gespräch mit dem Parteivorsitzenden der FDP, Walter Scheel, bei dem u. a. die Probleme der Mitbestimmung und der Vermögensbildung angesprochen wurden. Im Folgenden erinnert *Kluncker* an die Synopse über die Gehaltsregelungen bei den 16 Gewerkschaften und Industriegewerkschaften, die der GBV versprochen habe. Als nächstes schlägt er vor, dass die Herstellung von Vordrucken für die Briefwahl der DGB übernehmen solle. Abschließend teilt *Vetter* mit, dass in den nächsten Tagen 1 Million Exemplare des Faltblattes »Die 1,5 Milliarden des DGB«

---

26 Vereinbarungen vom 26.8.1969 zwischen dem DGB (Vertreter aller Anteilseigner) und der HBV für die BfG und der IGBSE für die Neue Heimat, ebd.

herausgebracht werden. Dieses Faltblatt befasst sich besonders mit den Angriffen der Publikationsorgane auf das DGB-Vermögen.²⁷]

Ende der Sitzung: 16.25 Uhr

DOKUMENT 4

7. und 8. Oktober 1969: Protokoll der 3. Sitzung des Bundesvorstandes

Hans-Böckler-Haus in Düsseldorf; Vorsitz: Heinz O. Vetter; Protokollführung: Isolde Funke; Sitzungsdauer: 7. Oktober: 10.00–14.00 Uhr, 8. Oktober: 9.15–10.15 Uhr; ms. vermerkt: »Vertraulich«.¹ Ms., hekt., 14 S., 2 Anlagen.²

DGB-Archiv, 5/DGAI000536.

[*Vetter* eröffnet die Sitzung und schlägt vor, den Tagesordnungspunkt »Die politische und gewerkschaftliche Lage« als letzten Punkt zu behandeln. Es sei nicht beabsichtigt, den Tagesordnungspunkt »Geschäftsordnung des Bundesvorstandes« in der aktuellen Sitzung zu beraten.]

Tagesordnung:
1. Genehmigung der Protokolle der 1. und 2. Bundesvorstandssitzung
2. Geschäftsordnung des Bundesvorstands
3. Errichtung eines Friedensdenkmals auf dem Münchener Olympia-Gelände
4. Schreiben des Vorsitzenden des Zentralrates der Gewerkschaften Polens
5. Betriebsvereinbarung für die Beschäftigten des DGB
6. Festlegung von Termin und Tagungsort
   a) für den Außerordentlichen Kongreß
   b) für den 9. Ordentlichen Bundeskongreß
7. Revisionsbericht
8. 4. Bundesvorstandssitzung am 4. November 1969
9. Bestätigung von Landesbezirksvorstandsmitgliedern
10. Aktion »Politische Bücher und Zeitschriften«
11. Die politische und gewerkschaftliche Lage

Beginn der Sitzung: 10.00 Uhr

---

27 Auf der 13. Sitzung des GBV am 15.9.1969 wurde hierzu ein überarbeiteter Text für das Faltblatt »Die 1,5 Milliarden des DGB« beschlossen. DGB-Archiv, DGB-BV, Abt. Vorsitzender 5/DGAI000178.
1 Einladungsschreiben vom 25.9.1969; bei der Fortsetzung der Sitzung am 8.10. waren 11 Mitglieder nicht anwesend. DGB-Archiv, DGB-BV, Abt. Vorsitzender 5/DGAI000463.
2 Anlagen: Anwesenheitsliste vom 7.10 und 8.10.1969.

Dokument 4 7. und 8. Oktober 1969

1. GENEHMIGUNG DER PROTOKOLLE DER 1. UND 2. BUNDESVORSTANDSSITZUNG

Der Bundesvorstand genehmigt die Protokolle der 1. und 2. Bundesvorstandssitzung.

2. GESCHÄFTSORDNUNG DES BUNDESVORSTANDS

[*Vetter* erklärt, dass der Entwurf einer Geschäftsordnung des BV den Bundesvorstandsmitgliedern jetzt nur übergeben worden sei, damit sie ihn bis zur nächsten Bundesvorstandssitzung überarbeiten können. Der BV ist damit einverstanden, den Punkt in der nächsten Sitzung zu behandeln.]

3. ERRICHTUNG EINES FRIEDENSDENKMALS AUF DEM MÜNCHENER OLYMPIA-GELÄNDE

Kollege *Vetter* verweist auf die den Bundesvorstandsmitgliedern ausgehändigte Vorlage und erinnert daran, daß sich der Bundesvorstand bereits mehrfach mit dieser Angelegenheit befaßt habe. Es sei beschlossen worden, nach Feststellung der genauen Höhe der Kosten diese Frage erneut im Bundesvorstand zu behandeln.[3] Jetzt liege der endgültige Kostenvoranschlag mit DM 200.000,-- vor. Die Stadt München bitte den DGB, von dieser Summe DM 100.000,-- zu übernehmen. Von den Gewerkschaften in Bayern und dem Landesbezirk Bayern könnten von dieser Summe DM 50.000,-- gedeckt werden. Es bleiben also für den Bundesvorstand noch DM 50.000,--. Es bliebe die Frage, ob der DGB an der Errichtung des Denkmals festhalten solle und ob und wie die DM 50.000,-- aufzubringen seien.

[Im Anschluss an die Diskussion um die Restfinanzierung wird der GBV beauftragt, sich mit den gemeinwirtschaftlichen Unternehmen in Verbindung zu setzen und sie zu bitten, die Summe von DM 50.000,-- für die Errichtung eines Friedensdenkmals auf dem Münchener Olympia-Gelände aufzubringen.]

4. SCHREIBEN DES VORSITZENDEN DES ZENTRALRATES DER GEWERKSCHAFTEN POLENS

[*Vetter* verweist auf die beiden Schreiben des Vorsitzenden des Zentralrates der Gewerkschaften Polens sowie die Vorlage.[4] Da andere westeuropäische

---

3   Siehe Diskussion um das »Hiroshima-Denkmal« in der 19. (6.2.1968) und 30. (4.2.1969) Bundesvorstandssitzung, abgedr. in: Kieseritzky: Quellen 13, S. 618 ff. und 802 ff., Dok. 72 und 92. Die Vorlage wurde auf der 13. Sitzung des GBV am 15.9.1969 beschlossen. DGB-Archiv, DGB-BV, Abt. Vorsitzender 5/DGAI000178.
4   Schreiben von Ignacy Loga-Sowinski an Heinz O. Vetter vom 25.8.1969 und vom September 1969 (Eingangsstempel 19.9.1969). Vgl. die 5-seitige Vorlage: »Empfehlung zur Behandlung des Anliegens der osteuropäischen Gewerkschaften hinsichtlich eines Meinungsaustausches über Frieden und Sicherheitsfragen in Europa« sowie als Anlage das Antwortschreiben von Heinz O. Vetter vom 11.9.1969 auf das erste Schreiben vom 25.8.1969, DGB-Archiv, DGB-BV, Abt. Vorsitzender 5/DGAI000463.

Gewerkschaftsbünde ebenfalls die Schreiben erhielten, soll heute kein Beschluss über ein Antwortschreiben gefasst werden, sondern abgewartet werden, welche Meinung das Exekutivkomitee des EBFG vertrete, um diese Auffassung dann in das Antwortschreiben mit einzubeziehen. Der Bundesvorstand ist damit einverstanden.]

5. BETRIEBSVEREINBARUNG FÜR DIE BESCHÄFTIGTEN DES DGB

Kollege *Vetter* erklärt, daß die Entwürfe einer Betriebsvereinbarung vom Gesamtbetriebsrat und vom Betriebsrat der Bundesvorstandsverwaltung den Bundesvorstandsmitgliedern lediglich als Material zur Information zugegangen seien.[5] Der Geschäftsführende Bundesvorstand schlage vor, sie zur Kenntnis zu nehmen. Die Bundesvorstandsmitglieder sollten sich innerhalb ihrer Gewerkschaften damit befassen.

[Ergänzend führt *Woschech* aus, dass erst nach der Diskussion mit dem Gesamtbetriebsrat ein Entwurf als Beratungsgrundlage für die Novembersitzung erstellt wird. *Brenner* weist darauf hin, dass diese Betriebsvereinbarung mit den bei den Gewerkschaften abgeschlossenen Betriebsvereinbarungen korrespondieren müsse.]

6. FESTLEGUNG VON TERMIN UND TAGUNGSORT

[*Woschech* gibt einen Zwischenbericht über die vorgesehenen Termine und Orte für den Außerordentlichen Kongress und für den 9. Ordentlichen Bundeskongress. In der anschließenden Diskussion werden Vorschläge für den Tagungsort gemacht, es wird beschlossen, dass der Außerordentliche Kongress in Düsseldorf stattfinden solle und für den ordentlichen sollen neben Hamburg noch andere Städte im norddeutschen Raum überprüft werden.]

7. REVISIONSBERICHT

[*Lappas* teilt mit, dass die Revisionskommission die Bundeshauptkasse des DGB geprüft und es keine Beanstandungen gegeben habe. Der Bundesvorstand nimmt den Bericht zustimmend zur Kenntnis.]

8. 4. BUNDESVORSTANDSSITZUNG AM 4. NOVEMBER 1969

[Es wird beschlossen, die Bundesvorstandssitzung nach Dortmund einzuberufen, da zur gleichen Zeit dort der Gewerkschaftstag der Gewerkschaft Holz und Kunststoff stattfindet.]

---

5 Schreiben Franz Woschech an die Mitglieder des Bundesvorstandes vom 19.9.1969 und 30.9.1969 über den Stand der Beratungen einer neuen Betriebsvereinbarung für den DGB, ebd.

Dokument 4 7. und 8. Oktober 1969

9. BESTÄTIGUNG VON LANDESBEZIRKSVORSTANDSMITGLIEDERN

[Der Bundesvorstand empfiehlt dem Bundesausschuss, die Wahl von Eduard Kolitsch (CPK) in den LBV Berlin zu bestätigen.[6]]

10 AKTION »POLITISCHE BÜCHER UND ZEITSCHRIFTEN«

Kollege *Vetter* berichtet, daß ihn Walter Dirks besucht und über die Aktion »Politische Bücher und Zeitschriften« informiert habe. Walter Dirks habe ihm mitgeteilt, daß diese Aktion 1968 beschlossen und von einigen Gewerkschaften aktiv unterstützt worden sei.[7] Jetzt sei jedoch ein Defizit von ca. DM 63.000,-- entstanden. Herr Dirks habe darauf hingewiesen, daß die Gewerkschaften sich insgesamt verpflichtet hätten, diese Aktion für 1968 zu finanzieren. Kollege Vetter fragt, ob es stimme, daß die Kostenerstattung zugesagt worden sei.

[In der folgenden Diskussion wird diese Aktion grundsätzlich positiv bewertet, jedoch eine weitere Fortführung, aufgrund der bisherigen finanziellen Aufwendungen, infrage gestellt. *Brenner* schlägt vor, die bisher aufgelaufenen Kosten aus dem Solidaritätsfonds abzudecken und damit die Aktion abzuschließen. In diesem Sinne beschließt der Bundesvorstand, dass an Prof. Eugen Kogon ein Brief gerichtet wird, in dem mitgeteilt wird, dass der DGB die Aktion »Politische Bücher und Zeitschriften« nicht mehr finanziell unterstützen könne und die bisher angefallenen Kosten aus dem Solidaritätsfonds abgedeckt würden.]

11. DIE POLITISCHE UND GEWERKSCHAFTLICHE LAGE

Kollege *Vetter* teilt mit, daß er die Vorsitzenden der IG Metall, IG Bergbau und Energie und der ÖTV gebeten habe, in der Bundesvorstandssitzung über die spontanen Arbeitsniederlegungen zu berichten.[8]

---

6 Der Bundesausschuss bestätigt die Wahl in seiner 1. Sitzung am 8.10.1969. DGB-Archiv, DGB-BV, Abt. Vorsitzender 5/DGAI000444.
7 Siehe hierzu Protokolle der 7. (10.1.1967) und 24. Sitzung (2.7.1968) des Bundesvorstandes, abgedr. in: Kieseritzky: Quellen 13, S. 386 ff. und 719 ff., Dok. 47 und 81.
8 In einem Schreiben vom 24.9.1969 an Otto Brenner, Heinz Kluncker und Walter Arendt bittet Heinz O. Vetter sie um eine kurze Berichterstattung über die Situation in ihrer Gewerkschaft. DGB-Archiv, DGB-BV, Abt. Vorsitzender 5/DGAI000463. Zu den sog. Septemberstreiks von 1969: Schreiben Heinz O. Vetter an die Vorstände der Industriegewerkschaften und Gewerkschaften und die Vorsitzenden der DGB-Landesbezirke vom 8.10.1969 mit einem zusammenfassenden Bericht über die Streiksituation (spontane Arbeitsniederlegungen im September 1969) einschließlich zwei Anlagen a) der Abt. Tarifpolitik mit einem detaillierten Streikbericht und der damit verbundenen Tarifsituation und b) eine politische Analyse der Streiksituation. Zur politischen Analyse, siehe Schreiben Heinz O. Vetter an Walter Arendt vom 17.10.1969 zu dessen Artikel in der »Einheit« Nr. 19 vom 1.10.1969: »Hinter den Kulissen angeführt. DKP gab Startsignal«, mit einer beigefügten, vertraulichen Ausarbeitung des Bundesinnenministeriums unter dem Titel: »Linksradikale Gruppen und die Streikbewegung«. DGB-Archiv, DGB-BV, Abt. Vorsitzender 5/DGAI000015. Siehe hierzu auch Leitartikel von Heinz O. Vetter in der »WdA« vom 26.9.1969 und Otto Brenner in der »Metall« vom 30.9.1969 zu den Streiks. Dazu u. a. auch: Karl Lauschke: Der Wandel in der betrieblichen und gewerkschaftlichen Interessenvertretung nach den westdeutschen

7. und 8. Oktober 1969 **Dokument 4**

Kollege *Brenner* berichtet, daß für den Bereich der Metallverarbeitung ein Tarifvertrag mit einer Laufzeit von 18 Monaten bestanden habe, der im vergangenen Jahr abgeschlossen worden sei. Das gleiche sei bei der eisen- und stahlerzeugenden Industrie der Fall. Dieser Vertrag habe jedoch eine um drei Monate längere Laufzeit. Die Tariffreiheit wäre also ab November gegeben. Diese längerfristigen Tarifverträge seien unter dem Eindruck der damals gerade überwundenen Rezession der Jahre 1966/1967 zustande gekommen. Die IG Metall habe ihre wesentliche Aufgabe darin gesehen, die Effektivverdienste zu sichern. Durch das Rationalisierungsabkommen sei versucht worden, größeren Schwierigkeiten vorzubeugen. Bevor die Tarifverträge ausgelaufen seien, habe die IG Metall das Urlaubsabkommen gekündigt und die zentrale Forderung gestellt, den arbeitsfreien Samstag nicht mehr auf den Urlaub anzurechnen. Bekanntlich sei jedoch den Bezirken die Tarifhoheit übertragen, um eine breite Streuung zu erreichen. Durch den gekündigten Urlaubsvertrag sei die IG Metall ständig mit dem Arbeitgeberverband Gesamtmetall, der nur noch zentrale und keine regionalen Verhandlungen wünsche, zu Spitzengesprächen zusammengekommen. Für den Fall, daß demnächst nur noch zentrale und keine regionalen Verhandlungen mehr stattfinden, habe Gesamtmetall angeboten, mit der IG Metall über insgesamt fünf Punkte einschließlich Lohn und Gehalt zu verhandeln. Die IG Metall habe sich dazu bereiterklärt, wenn vorzeitig neue Tarifverträge in Kraft gesetzt würden. Das sei geschehen, habe aber dazu geführt, daß vom 1. September an, als in der Metallverarbeitung die Tarifverträge in Kraft traten, innerhalb der eisen- und stahlerzeugenden Industrie die Unzufriedenheit immer mehr gestiegen sei. Es wurden Vergleiche angestellt. Man stelle sich die Frage, warum die anderen schon früher mehr Geld bekämen. Bei den Hoeschwerken hätten zudem seit der Fusionierung 1967 in der Lohn- und Gehaltsstruktur große Unterschiede bestanden. Die Betriebsräte hätten beim Vorstand immer wieder gedrängt, diese Sache in Ordnung zu bringen, aber leider ohne Erfolg. Erst nach einem 1½ tägigen Streik habe eine Vereinbarung getroffen werden können. Dieser Vorgang habe bei den Gewerkschaften zu neuen Überlegungen geführt. Die Arbeitgeber seien also unter Druck bereit, mehr zu geben als unter normalen Verhältnissen.

Nach Meinung des Kollegen Brenner sind die Arbeitsniederlegungen nicht von außenstehenden Kräften ausgelöst worden. Diese hätten sich lediglich später der Sache bemächtigt. Sie seien aber sofort abgesprungen, als die Gewerkschaften wieder Herr der Lage wurden. Bei der Klöckner Hütte in Bremen und bei den Howaldt-Werken hätten die Streiks etwas länger gedauert. Rund 70. bis 80.000 Beschäftigte seien zeitweilig daran beteiligt gewesen, bei der eisen- und stahlerzeugenden Industrie fast 400.000. Durch Presseberichte sei der Eindruck entstanden, als sei die gesamte Eisenindustrie daran beteiligt gewesen. Das sei aber nicht der Fall. Ursachen und Wirkung müßten jetzt

---

Septemberstreiks, in: Gehrke: 1968 u. d. Arbeiter, S. 76–91; Schumann u. a.: Septemberstreiks; Institut für Marxistische Studien und Forschungen: Die Septemberstreiks: Darstellung, Analyse, Dokumente der Streiks in der Stahlindustrie, im Bergbau, in der metallverarbeitenden Industrie und anderen Wirtschaftsbereichen, Frankfurt/M. 1969.

genau untersucht und analysiert werden. Die IG Metall habe gehört, daß der DGB eine solche Analyse erstellen wolle. Sie nehme deshalb davon Abstand, für ihren Bereich eine gesonderte Analyse zu erstellen. Ein Gesamtbericht sei wertvoller als ein Bericht für einen bestimmten Sektor.

Aufgrund dieser Vorfälle werde es dazu kommen, kürzere Laufzeiten für Tarifverträge zu vereinbaren. Die vereinbarten Laufzeiten verpflichteten aber auch aufgrund der Friedenspflicht zur Einhaltung der Tarifverträge. In der eisen- und stahlerzeugenden Industrie hat man sich aufgrund der Entwicklung sehr schnell bereiterklärt, Verhandlungen aufzunehmen, um schnell zu einem guten Ergebnis zu kommen. Bei der Metallverarbeitung werde das nicht so einfach sein. Kollege Brenner schlägt vor, daß der Kollege Tacke so schnell wie möglich den Tarifpolitischen Ausschuß zusammenruft.

Kollege *van Berk* teilt mit, daß vom Vorstand der IG Bergbau und Energie vertrauliche Unterlagen über die spontanen Arbeitsniederlegungen in ihrem Bereich erstellt werden. Er werde den Vorstand bitten, diese Unterlagen auch den Bundesvorstandsmitgliedern zuzustellen. Kollege van Berk möchte nicht aus tarifpolitischer Sicht berichten, sondern einen Situationsbericht geben.

Gestern sei ein Initiator der wilden Streiks, ein Betriebsratsmitglied, mit Zustimmung des Betriebsrates fristlos entlassen worden. Es sei bewiesen, daß dieser Mann bereits am 1. September in den Betrieben geäußert habe, daß in den ersten Septembertagen etwas geschehen werde. Die Belegschaft habe auf die Entlassung keine Reaktion gezeigt. Weiter seien gestern zwei kaufmännische Angestellte entlassen worden, denen nachgewiesen wurde, daß sie Flugblätter im Betrieb auf Schreibmaschinen des Betriebes gefertigt und verteilt hätten. Sie seien wegen Störung des Betriebsfriedens entlassen worden. Es sei bekannt geworden, daß APO-Leute in Dortmund[9] von Schachtanlage zu Schachtanlage gefahren seien und die Beschäftigten in Diskussionen verwickelt hätten. Nach Meinung des Kollegen van Berk seien die Voraussetzungen für solche Aktionen sehr unterschiedlich zu beurteilen und die Aktionen selbst hätten sehr unterschiedliche Folgen gezeigt. Im Bergbau sei es anders als in der Metallverarbeitung. Die DKP habe im Bereich Bergbau eine wesentliche Rolle gespielt. Es sei ihnen gelungen, bei der Schachtanlage Minister Stein den Betriebsrat in seinem Zimmer zurückzuhalten. Es habe furchtbare Szenen gegeben. Es sei ihnen gelungen, die Arbeiterschaft von der Führung zu trennen. Außerdem seien bestellte Leute mit roten Fahnen angetreten.

Im Saargebiet würden die Verhältnisse etwas anders liegen. In der Grube Luisenthal gebe es einen Führer, der aufputschen wolle. Bei einem Vergleich in der Lohnordnung zwischen Ruhr und Saar könne man einen Unterschied bis zu 15% feststellen. Dazu käme, daß man an der Saar durch den großen Energieplan 4.500 Leute zuviel habe. Im Ruhrgebiet dagegen habe man zu wenig Leute. Die Kollegen an der Saar seien unter der Parole angetreten, den Unterschied aufzuholen.

---

9 Vgl. »Hinter den Kulissen angeführt. DKP gab Startsignal« und weitere Artikel zu den Aktivitäten der APO und der DKP in Dortmund, in: Einheit 22, 1.10.1969, Nr. 19, S. 3.

Die IG Bergbau und Energie habe bei diesen Unruhen erkannt, daß sie ihre Schulung umstellen müsse. Die Kollegen müßten über die Kommunisten aufgeklärt werden, insbesondere über die Abwehr dieser Leute. Dieser Bericht sei nur ein erster Extrakt aus der zu erstellenden Dokumentation.[10]

Kollege *Kluncker* berichtet über die Unruhen im Bereich der ÖTV. Am 7. September habe er die ersten Informationen über Unruhen in verschiedenen Bereichen der Organisation bekommen. Am 8. September 1969 habe sich der Geschäftsführende Hauptvorstand mit dieser Entwicklung befaßt, weil der Informationsfluß nicht in allen Bereichen gut funktioniert habe. Ein besonderer Brennpunkt seien die Rheinisch-Westfälischen Elektrizitätswerke gewesen. Weitere Unruhen entstanden bei den Stadtwerken im Raume Bremen. Er sei dann am 9. September sofort nach Bremen geflogen und habe mit den Funktionären aus dem Bereich der Seehäfen und der Stadtwerke gesprochen. Dadurch sei wieder Ruhe eingekehrt. Ein neuer Brennpunkt sei bei den Stadtwerken Dortmund durch den Abbau von Effektivlohnbedingungen entstanden. Es sei also auch hier kein politisches Motiv gewesen.

Am 11. September seien die Bezirksleiter der ÖTV zu einer Situationsanalyse nach Düsseldorf einberufen und die Arbeitgeber zu einem Gespräch aufgefordert worden. Dieses Gespräch habe am 16. September stattgefunden. Beteiligt waren Vertreter des Bundes, der Länder und der Gemeinden. In diesem Gespräch habe der Bundesinnenminister darauf hingewiesen, daß man zur Vermeidung einer Präjudizierung der neuen Regierung nicht in konkrete Erörterungen eintreten könne.[11] Die ÖTV habe daraufhin erklärt, daß

---

10 In einem Schreiben vom 4.11.1969 an die Protokollantin, Isolde Funke, stellte Karl von Berk einige Unrichtigkeiten im Bericht über seine Ausführungen fest, da die »Kollegin« nicht mit der »Bergbau-Materie vertraut sei«. Die beigefügte 2-seitige Protokollberichtigung wurde dem Protokoll der 4. BV-Sitzung beigefügt (Dok. 6). DGB-Archiv, DGB-BV, Abt. Vorsitzender 5/DGAI000463. Neben einigen Satzumstellungen wurde der Unterschied in der Lohnordnung im Vergleich Saar/Ruhr detaillierter dargestellt und die Schlussfolgerungen aus dem Streik wurden neu formuliert: »Der Vorstand der IG Bergbau und Energie habe sich entschieden gegen die Forderungen aller Streikenden, die auf Bezahlung der Streikschichten drängten, gestellt. Wäre der Vorstand dieser Forderung gefolgt, hätte ein allgemeiner Streik an der Ruhr nicht mehr aufgehalten werden können. Man könne feststellen, so sagte Kollege van Berk, daß alle Aktionen vorher geplant gewesen und gezielt angesetzt worden seien. Es bestünde kein Zweifel, daß die DKP dahinter gestanden habe, die ihr altes Ziel, die Arbeiterschaft von der Führung zu trennen, noch immer nicht aufgegeben habe. Aus diesen Erfahrungen ergäben sich für uns die Konsequenzen, über Schulungen unsere Funktionäre mit den Taktiken der DKP vertraut zu machen. Die DKP sei eine Partei, die ihre Kader bereits in allen Betrieben – das gilt sowohl für die Eisen- und Stahlindustrie als auch für den Bergbau – eingesetzt hat. Der Vorstand der IG Bergbau und Energie habe vertrauliche Unterlagen über die spontanen Arbeitsniederlegungen im Bergbau erstellt, die auch der Bundesvorstand erhalten werde.«.

11 Das Gespräch mit Bundesinnenminister Hans-Dietrich Genscher und den öffentlichen Arbeitgebern fand am 16.11.1969 im Bundesinnenministerium in Bonn statt. Es kam zu keinem Ergebnis, da Bund, Länder und Gemeinden nicht bereit waren, die Einkommen der Beschäftigten im öffentlichen Dienst noch vor Ablauf der geltenden Tarifverträge an die allgemeine Einkommensentwicklung in Wirtschaft und Industrie anzupassen. Vgl. zusammenfassender Bericht der Abt. Tarifpolitik vom 26.9.1969 über die Streiksituation, in: DGB-Archiv, DGB-BV, Abt. Tarifpolitik 5/DGAY000007, sowie in: ÖTV-Magazin, 1969, Nr. 10, S. 2–7.

sie keine Garantien mehr für die weitere Entwicklung übernehmen könne. Am 18. September haben der Hauptvorstand und die große Tarifkommission der ÖTV in Berlin getagt. Am gleichen Tage habe u. a. in Berlin die Müllabfuhr nicht gearbeitet und sei die U-Bahn stundenweise nicht gefahren. Das habe einige Ministerpräsidenten und die Regierungschefs von Hamburg und Bremen veranlasst zu erklären, daß sie zu Verhandlungen bereit seien. Am 21. September 1969 habe es in Köln einen neuen Tarifabschluß für die Rheinisch-Westfälischen Elektrizitätswerke und für die Seehäfenbetriebe gegeben. Diese beiden Abschlüsse seien die besten Ergebnisse, die in den letzten Jahren in diesen Bereichen erzielt worden seien. Am 22. September habe dann die Mitgliederversammlung der Vereinigung kommunaler Arbeitgeberverbände stattgefunden, am 23. eine Sondersitzung des Kabinetts. Das Ergebnis sei als der Versuch eines einstimmigen Verschaukelns der Gewerkschaften anzusehen. Am 24. September habe sich die Mehrheit der Länder dafür ausgesprochen, auf die Haltung der Bundesregierung zu warten. Am 26. September habe ein zweites Sondierungsgespräch mit den Vertretern des Bundes und der Länder stattgefunden. Am 3. Oktober sei die ÖTV dann mit den Vertretern des Bundes und der Länder zu einem Zwischenergebnis gekommen. Die Gemeinden hätten bewiesen, daß sie ein aufgeschlossener Arbeitgeber seien. Die ÖTV werde sich am 9. Oktober mit Bund und Ländern unter der Voraussetzung einigen, daß man für alle einen Betrag von DM 300,-- anerkenne.

Einen »wilden Streik« habe es nur für eine Stunde bei den Gabelstaplern in Bremen und im Seehafen gegeben. Die Arbeitsniederlegungen seien diszipliniert und zeitlich abgestimmt gewesen. Es habe keine Ausschreitungen und keine Solidarisierung mit der APO gegeben. Kollege Kluncker ist der Auffassung, daß der Informationsfluß besser werden müsse. Er habe am 8. September den Geschäftsführenden Bundesvorstand durch Anruf um eine Sondersitzung gebeten. Am 9. September habe er durch Fernschreiben eine Antwort bekommen. Der Informationsfluß müsse anders gestaltet werden. Es dürfe nicht dazu kommen, daß man Informationen dpa-Meldungen entnehmen müsse.

Diskussion:

Kollege *Tacke* weist darauf hin, daß der Geschäftsführende Bundesvorstand sich bemüht habe, auf dem Laufenden zu sein über das, was sich in einzelnen Unternehmungen und Werken abgespielt habe. Er erklärt, daß der Geschäftsführende Bundesvorstand bei seinen Informationsversuchen schon sehr früh entweder auf die Unwissenheit zuständiger Geschäftsführer und Bevollmächtigter gestoßen sei oder die Antwort erhalten habe, daß das den DGB und die Gewerkschaft nichts angehe. Manches, was sich abgespielt habe, sei wie ein Blitz aus heiterem Himmel gekommen.

Kollege *Seibert* ist der Auffassung, daß man durch die Vorgänge bei der IG Metall zu der Schlußfolgerung kommen müsse, in Zukunft kürzere Laufzeiten für Tarifverträge zu vereinbaren. Eine Laufzeit von 12 Monaten wäre eine angemessene Zeit. Durch den Abschluß der ÖTV befänden sich sowohl die Deutsche Postgewerkschaft als auch die Gewerkschaft der Eisenbahner Deutschlands in Schwierigkeiten, da der Bund nicht nur für die Beschäftigten aus dem Bereich der ÖTV Tarifverträge abschließe, sondern auch für den Bereich der beiden anderen Gewerkschaften. Das Kabinett habe einstimmig eine differenzierte Regelung vorgeschlagen.[12] Die betroffenen Beschäftigten hätten sich schon die Erhöhungen ausgerechnet. Daher seien heute viele für eine differenzierte Regelung, obwohl er selbst seit Wochen eine Differenzierung abgelehnt habe. Ende nächster Woche müsse die Gewerkschaft der Eisenbahner Deutschlands aber erklären, daß sie einen anderen Weg als ÖTV gehen müsse. Kollege Seibert bittet schon jetzt um Verständnis dafür.

Kollege *Stephan* teilt mit, daß zu der vom Kollegen Brenner angesprochenen Untersuchung des DGB gestern im Geschäftsführenden Bundesvorstand eine Vorlage beraten und zurückgestellt worden sei.[13] Diese Untersuchung würde DM 35.000,-- kosten. Kollege Stephan fragt den Bundesvorstand, ob diese Untersuchung vorgenommen werden soll.

Kollege *Brenner* ist der Meinung, daß es jetzt darauf ankomme, den Weg der koordinierten Tarifpolitik nicht außer acht zu lassen; er müsse weiter beschritten werden. Zunächst im kleineren Kreis sollten die Fragen der zentralen Tarifverhandlungen, der tariflichen Laufzeiten und der Friedenspflicht geprüft werden; letztere auch unter dem Aspekt, daß wir nach geltendem Recht regreßpflichtig werden, wenn wir spontane Arbeitsniederlegungen sanktionieren bzw. finanzieren.

Kollege *Stadelmaier* weist darauf hin, daß die zur gleichen Zeit laufenden normalen Tarifverhandlungen durch die Vorgänge beeinflußt worden seien. Die Mitglieder hätten zu erkennen gegeben, daß das, was die ÖTV könne, auch von unserer Gewerkschaft erwartet werden müsse.[14] Kollege Stadelmaier erinnert sich, daß der Geschäftsführende Bundesvorstand angefragt habe, ob eine Sondersitzung stattfinden solle. Die Gewerkschaft Nahrung, Genuß, Gaststätten sei der Meinung gewesen, daß erst dann eine Sitzung einberufen werden sollte, wenn sich die Arbeitsniederlegungen ausweiten würden.

Kollege *Buschmann* erklärt, daß die Gewerkschaft Textil-Bekleidung die gleiche Stellungnahme zu einer Sondersitzung abgegeben habe wie die Gewerkschaft Nahrung, Genuß, Gaststätten. Durch die Verhältnisse bedingt, müsse die Gewerkschaft Textil-Bekleidung jetzt auch Verhandlungen aufnehmen. Ihre Mitglieder würden auch bereits von DM 100,--, DM 200,-- und mehr an Lohnerhöhungen sprechen. Kollege Buschmann ist der Meinung, daß sich der Bundesvorstand in Zukunft bei der Tarifpolitik nicht nur vom Tarifpolitischen Ausschuß beraten lassen sollte. Die Grundsätze und Verhaltenswei-

---

12 Zu den Ergebnissen der Sondersitzung des Bundeskabinetts vom 23.9.1969 vgl. Bonn musste nachgeben. Das Kabinett entschied: Mehr Geld im öffentlichen Dienst, in: WdA 20, 26.9.1969, Nr. 39, S. 1. Ebenso in: Der Deutsche Eisenbahner 22, 2.10.1969, Nr. 10, S. 1–5, sowie den zusammenfassenden Bericht der Abt. Tarifpolitik vom 20.2.1970 über die Streiksituation 1969, DGB-Archiv, DGB-BV, Abt. Tarifpolitik 5/DGAY000007.
13 Schreiben Günter Stephans vom 30.9.1969 »Untersuchung zum Komplex spontane Arbeitsniederlegungen« zur 16. Sitzung des GBV am 6.10.1969, DGB-Archiv, DGB-BV, Abt. Vorsitzender 5/DGAI000178.
14 Zur Tarifpolitik der Gewerkschaft Nahrung, Genuß, Gaststätten 1969 siehe NGG-Geschäftsbericht 1966–1969, Hauptabteilung 2 (Tarifpolitik), S. 90 ff.

Dokument 4 7. und 8. Oktober 1969

se sollten vielmehr im Bundesvorstand festgelegt werden. In den Sitzungen sollte diese Frage immer wieder diskutiert werden, damit die Gewerkschaften zu einer einheitlichen Politik kommen könnten.

Kollege *Hauenschild* vertritt die Auffassung, daß es in der chemischen Industrie ohne Hoesch nicht zu neuen Verträgen gekommen wäre. Hier sei man von der Parole ausgegangen, was die anderen können, müssen wir auch können. Es sei dabei festgestellt worden, daß die Betriebsräte nicht immer die geeigneten Organe zur Wahrnehmung unserer Belange seien.

Kollege *Carl* stellt fest, daß die Unruhen durch innerbetriebliche Maßnahmen im Bereich der IG Metall ausgelöst worden seien. Wie in der Vergangenheit habe das auch Einfluß auf das Baugewerbe genommen, in dem allerdings, bis auf eine kleine Ausnahme, Ruhe geherrscht habe. Am 2. Oktober habe man ohne Zwang der Verhältnisse mit den Bauunternehmern verhandeln können. Dabei sei es vor allem um die Nichtanrechnung des Samstags auf den Urlaub gegangen. Mit Wirkung vom 1. April sei eine 6,5%ige Lohn- und Gehaltserhöhung vorgenommen worden. Mit Wirkung vom 1. Oktober 1969 sei nun bei 2,4%igem Lohnausgleich die 40-Stunden-Woche tarifvertraglich verankert worden. Eine 6 bzw. 7%ige Lohnerhöhung werde jetzt mit Wirkung vom 15. Dezember 1969 mit einer Laufzeit bis zum 31. Juli 1970 in Kraft treten. Weitere Gespräche würden mit anderen Zweigen stattfinden, die sich an diesem Ergebnis orientieren würden.

Kollege *Vetter* faßt die Diskussion zusammen. »Wilde Streiks« oder spontane Arbeitsniederlegungen hätten zuerst in der eisen- und stahlerzeugenden Industrie und dann im Bergbau stattgefunden. Dabei hätten die Verbände alle Hände voll zu tun gehabt, um mit der Situation fertig zu werden. In der ersten Phase habe der DGB erklärt, daß zwar die Wahrung der tariflichen Friedenspflicht notwendig sei, daß man aber Verständnis für die eingetretene Entwicklung habe. Dabei habe es in den ersten Tagen überhaupt keine feste Meinung zu den Problemen gegeben. Erst am dritten, vierten Tage sei es zu konkreten Maßnahmen gekommen. In dieser ersten Phase habe es zwei Anrufe bzw. zwei Fernschreiben des Kollegen Kluncker gegeben, die man mit anderen Vorstandsmitgliedern erörtert habe. Dabei sei man zu dem Ergebnis gelangt, zu versuchen, die Unruhen auf die betroffenen Bereiche zu beschränken. Der Geschäftsführende Bundesvorstand sei der Auffassung gewesen, daß eine Bundesvorstandssitzung zwangsläufig dazu geführt hätte, dass die Mitglieder der Gewerkschaften über das Ergebnis hätten informiert werden wollen. Das aber sei unter den gegebenen Umständen nicht erwünscht gewesen. Das Ziel habe sein sollen, die Unruhen einzudämmen.

Während die Kollegen der ÖTV in Düsseldorf waren, habe der Geschäftsführende Bundesvorstand den ganzen Tag ununterbrochen mit ihnen in Kontakt gestanden. In dieser Phase habe man bei allen Vorständen versucht, sich über die Lage in ihren Bereichen zu informieren. Auch sei die Frage einer Bundesvorstandssitzung erörtert worden. Die grundsätzliche Meinung war, daß man abwarten sollte. Außerdem sollte die ÖTV davon abgehalten werden, sich nun ihrerseits in der Sache zu engagieren. Man sei aber dann doch zu der Auffassung gekommen, daß man der ÖTV Handlungsfreiheit geben müsse.

Kollege Vetter weist zu dem Vorschlag, eine einheitliche Tarifpolitik im Bundesvorstand festzulegen, darauf hin, daß in den Sitzungen des Tarifpolitischen Ausschusses immer wieder versucht worden sei, dieses Ziel zu erreichen. Wenn das jetzt der einheitliche Wunsch der Vorsitzenden sei, müßten diese mit ihren Tarifpolitikern insbesondere diese Lage durchsprechen. Kollege Vetter bittet darum, daß dem Geschäftsführenden Bundesvorstand aus jeder Organisation ein Kollege vier Wochen lang zur Verfügung gestellt werde, um eine umfassende Analyse zu erstellen. Im Hinblick auf die eingetretene tarifliche Situation müsse jetzt wieder eine einheitliche Linie gefunden werden. Kollege Vetter bittet noch einmal, dem Geschäftsführenden Bundesvorstand Gelegenheit zu geben, mit je einem Kollegen aus dem Bereich der ÖTV, IG Metall und der IG Bergbau und Energie zusammenarbeiten zu können.

Kollege *Hauenschild* bittet die Gewerkschaften, wenn möglich eine Mitgliederbilanz der Monate September/Oktober aufzustellen, um die Auswirkungen der Unruhen zu erkennen.

Kollege *Brenner* erwidert darauf, daß nach den Berichten, die die IG Metall vorliegen habe, eine positive Entwicklung festzustellen sei.

Beschluß:

Der Bundesvorstand beauftragt den Geschäftsführenden Bundesvorstand, eine Untersuchung zum Komplex spontane Arbeitsniederlegungen durchführen zu lassen. Er bewilligt hierfür einen Betrag von DM 35.000,--.[15]

UNTERBRECHUNG DER SITZUNG AM 7. OKTOBER 1969 UM 14.00 UHR[16]
FORTSETZUNG DER SITZUNG AM 8. OKTOBER 1969 UM 9.15 UHR

Kollege *Vetter* weist auf einen Artikel in der heutigen »Welt« hin, in dem steht, daß der DGB bisher vermieden habe, zur Regierungsbildung – die ja bis zur Stunde noch keineswegs als absolut gesichert angesehen werden könne – Stellung zu nehmen. Der DGB habe bisher nur zum Wahlergebnis Stellung genommen.[17] Diese Stellungnahme sei keine Festlegung gewesen; man habe bewußt vermieden, bei der bevorstehenden Regierungsbildung eine bestimmte Regierungskoalition zu bevorzugen. Tatsache sei, daß ein Teil der leitenden Gewerkschaftsfunktionäre einer kleinen Koalition von SPD/FDP den Vorzug vor einer großen Koalition gebe. Es müßte jetzt die Frage der Durchsetzung unseres DGB-Programms untersucht werden und ferner, inwieweit unser Programm sich an einer Regierungserklärung orientieren müsse oder wieweit wir frei seien, unser Ziel trotz dieser Erklärung durchzusetzen.

Kollege Vetter teilt mit, wie der DGB bei früheren Regierungsbildungen reagiert habe. Nach der Bundestagswahl habe der DGB eine Stellungnahme abgegeben; nach der Kanzlerwahl sei eine zweite Erklärung und nach der

---

15 Der DGB gab beim Infas-Institut eine Untersuchung über die spontanen Arbeitsniederlegungen in Auftrag, siehe Dok. 17, Fußnote 5.
16 Wegen der konstituierenden Sitzung der Reformkommission wurde die Sitzung unterbrochen. Zur konstituierenden Sitzung siehe DGB-Archiv, DGB-BV, Sekretariat Franz Woschech 5/DGCQ000051.
17 DGB zum Ergebnis der Bundestagswahl, in: ND, 29.9.1969, Nr. 262.

Regierungserklärung eine dritte Erklärung herausgegeben worden. Es müsse jetzt geklärt werden, was der DGB nach der Bundesausschußsitzung sagen sollte. Kollege Vetter unterrichtet den Bundesvorstand, dass ein Entwurf einer Erklärung vorbereitet wurde, der sofort verteilt werden soll. Er verliest den Text. Es stelle sich die Frage, ob wir jetzt und in dieser Form an die Öffentlichkeit treten sollten.

Kollege Vetter ist der Meinung, daß die Gewerkschaften in der Frage der Mitbestimmung stärker strapaziert werden, wenn die Regierungsbildung aus SPD/FDP zustande komme. Die Abgabe unmißverständlicher Erklärungen sei notwendig. Die beiden Parteien hätten miteinander abgesprochen, in dieser Frage keine Initiative zu ergreifen.

Kollege Vetter teilt dann mit, daß in Bochum ein Gespräch eines Kreises von sozialdemokratischen Gewerkschaftern mit Georg Leber stattgefunden habe. Dabei sei klar gesagt worden, daß der DGB von seinen Forderungen nicht abweichen könne, sie aber in der Dringlichkeit nicht unbedingt am ersten Tage stellen würde.

[Im Anschluss an die Diskussion zu diesem Artikel wird der Entwurf einer Erklärung an die Bundesregierung verteilt, Änderungsvorschläge zu der Erklärung werden diskutiert und der geänderte Entwurf wird dem Bundesausschuss zur Annahme empfohlen.[18]]

Ende der Sitzung: 10.15 Uhr

DOKUMENT 5

28. Oktober 1969: Stellungnahme des DGB zur Regierungserklärung von Bundeskanzler Willy Brandt für die sozial-liberale Koalition

Abgedruckt in: Nachrichtendienst der Bundespressestelle des DGB – ND 299/69.

Der Deutsche Gewerkschaftsbund begrüßt, daß der Bundeskanzler in seiner Regierungserklärung die Mitbestimmung und Mitverantwortung in den verschiedenen Bereichen unserer Gesellschaft als eine bewegende Kraft der kommenden Jahre bezeichnet hat. Die Gewerkschaften sind bereit, das damit verbundene Angebot einer vertrauensvollen Zusammenarbeit anzunehmen. Der DGB erwartet allerdings, daß über die angekündigte Reform des Betriebsverfassungs- und Personalvertretungsgesetzes hinaus nach Vorliegen des Berichtes der Mitbestimmungskommission auch die weitergehenden Vorstellungen des DGB für eine qualifizierte Mitbestimmung in den Großunternehmen und in der Wirtschaft berücksichtigt werden.

---

18 Entwurf der Erklärung mit handschriftlichen Änderungen, in: DGB-Archiv, DGB-BV, Abt. Vorsitzender 5/DGAI000463. Endfassung siehe DGB-Erklärung zur politischen Lage, in: ND, 8.10.1969, Nr. 276.

Der DGB begrüßt es, daß in der Regierungserklärung große Teile der Vorschläge und Forderungen enthalten sind, die er der neuen Bundesregierung unterbreitet hat. Das gilt u. a. für die konsequente Anwendung des Gesetzes zur Förderung der Stabilität und des Wachstums der Wirtschaft, für die angekündigte umfassende Förderung der Vermögensbildung in Arbeitnehmerhand und die zugesagte Wahrung und Stärkung der Tarifautonomie.

Der DGB anerkennt die Absicht der Bundesregierung, mit einem langfristigen Bildungsplan und einem nationalen Bildungsbudget die Probleme der Zukunft zu meistern und die soziale Demokratie zu verwirklichen. Dazu gehört auch der angekündigte Bildungsurlaub.

Gleichfalls begrüßt der DGB die vorgesehenen umfassenden Reformen im sozialen Bereich. Er erwartet, daß mit der Erstellung des Arbeits- und Sozialgesetzbuches eine fortschrittliche Ausgestaltung der Arbeitnehmerrechte erfolgt. Begrüßt werden die angekündigten sozialen Verbesserungen, insbesondere bei den Hilfen für die Familien und bei der Gesundheitssicherung, sowie das angekündigte Gesetz über eine flexible Altersgrenze in der Rentenversicherung.

Der DGB stellt mit Befriedigung fest, daß im Gegensatz zu allen Regierungserklärungen seit 1949 dieses Mal die Wünsche der Arbeitnehmer und ihrer Gewerkschaften in hohem Maße berücksichtigt wurden. Er wird allerdings die neue Bundesregierung daran messen, inwieweit sie ihre Pläne in die Tat umsetzen wird.

DOKUMENT 6

4. November 1969: Protokoll der 4. Sitzung des Bundesvorstandes

Bank für Gemeinwirtschaft in Dortmund; Vorsitz: Heinz O. Vetter; Protokollführung: Isolde Funke; Sitzungsdauer: 10.15–16.10 Uhr; ms. vermerkt: »Vertraulich«.[1]
Ms., hekt., 20 S., 3 Anlagen.[2]

DGB-Archiv, 5/DGAI000536.

[*Vetter* eröffnet die Sitzung und schlägt Änderungen in der Reihenfolge und Ergänzungen zur Tagesordnung vor. Falls die Vorlage zu der »Zielprojektion 1970 bis 1974« in der vorliegenden Fassung beschlossen wird, sollte diese eventuell gegen Mittag in einer Pressekonferenz erläutert werden. Der Bundesvorstand ist mit der geänderten Tagesordnung einverstanden.]

---

1 Einladungsschreiben vom 24.10.1969. Nicht anwesend: Walter Arendt, Herbert Stadelmaier, Gerhard Vater, Carl Stenger (vertreten durch Gustav Fehrenbach), Rudolf Sperner (vertreten durch Konrad Carl), Wilhelm Rothe (vertreten durch Alois Seitz). DGB-Archiv, DGB-BV, Abt. Vorsitzender 5/DGAI000463.
2 Anlagen: Anwesenheitsliste; Berichtigungen von Otto Brenner und Karl van Berk zu ihren Ausführungen auf der 3. Bundesvorstandssitzung zum TOP 11 »Die politische und gewerkschaftliche Lage« (Dok. 4).

Dokument 6   4. November 1969

Beginn der Sitzung: 10.15 Uhr

Tagesordnung:
1. Genehmigung des Protokolls der 3. Bundesvorstandssitzung
2. Zielprojektion 1970 bis 1974
3. Konzertierte Aktion
4. Nächste Bundesvorstandssitzung
5. Entwurf einer Geschäftsordnung des Bundesvorstandes
6. Schreiben des Vorsitzenden des Zentralrates der Gewerkschaften Polens
7. Grundsätze des Deutschen Gewerkschaftsbundes zur Erwachsenbildung
8. Spende aus dem Solidaritätsfonds
9. Entschließung des 8. Ordentlichen Bundeskongresses zur Pressefreiheit
10. Maßnahmen gegen die NPD;
    aus Anlaß des geplanten Bundesparteitages der NPD am 15./16. November 1969 in Saarbrücken
11. Verschiedenes

1. GENEHMIGUNG DES PROTOKOLLS DER 3. BUNDESVORSTANDSSITZUNG

[Das Protokoll der 3. Bundesvorstandssitzung wird mit den Änderungen von Brenner und van Berks (siehe Anlage) und einer Ergänzung von Kluncker genehmigt.]

2. ZIELPROJEKTION 1970 BIS 1974[3]

Kollege *Vetter* weist darauf hin, daß diese Zielprojektion aufgrund des Auftrages des letzten Kongresses erstellt worden sei. Die erste Unterlage sei dem Wirtschaftspolitischen Ausschuß und dem Bundesausschuß zugegangen. In etwa 100 Exemplaren sei diese Unterlage der engeren Gewerkschaftsführung zugegangen.[4] Dabei müsse ein Exemplar der Presse in die Hand gekommen sein, denn sie habe darüber berichtet. Dabei habe man versucht, die Gewerkschaftsführungen gegeneinander auszuspielen. Es sei dann eine zweite Unterlage vom Wirtschaftspolitischen Ausschuß erstellt worden, die ebenfalls in die Presse gelangt sei. Er bitte um Entschuldigung, daß dieses Projekt

---

3   Das Diskussionspapier der Abteilung Wirtschaftspolitik mit dem Titel:»Gewerkschaftliche Ziele der Wirtschaftsentwicklung in der Bundesrepublik Deutschland – DGB-Projektion 1970 bis 1974« wurde erstellt von Rudolf Henschel (Vorstandssekretär von Georg Neemann) und den Bundesvorstandsmitgliedern von Georg Neemann am 29.10.1969 zugesandt. DGB-Archiv, DGB-BV, Abt. Vorsitzender 5/DGAI000463. Siehe Mittelfristige Finanzplanung. Ein DGB-Projekt für die Jahre 1970 bis 1974, in: ND, 10.11.1969, Nr. 314.

4   Das am 9.10.1969 im Wirtschaftspolitischen Ausschuss beschlossene Konzept wurde mit einem Vorwort von Georg Neemann und einem Tabellensatz kostenlos auf Anforderung an Gewerkschaften und DGB-Kreise verteilt. DGB-Archiv, DGB-BV, Abt. Wirtschaftspolitik 5/DGAN000088. Der Entwurf dieser Zielprojektion ist in drei Abschnitte unterteilt. Abschnitt A enthält die globalen Zielsetzungen in Bezug auf die vom DGB angestrebte Verteilungssymmetrie sowie die Vermögens-, Arbeitszeit-, Beschäftigungs- und Preisentwicklungen. Der Abschnitt B enthält die erforderlichen konjunktur-, währungs-, wettbewerbs-, preis-, steuer- und sozialpolitischen Maßnahmen, die zur Erreichung der genannten Ziele notwendig seien. Der Abschnitt C enthält eine verbale Wiedergabe der wirtschaftlichen und sozialen Entwicklungstendenzen mit einer kurzen Kommentierung der wichtigsten Fakten.

von außen an den Bundesvorstand herangetragen worden sei. Es müsse jetzt festgestellt werden, ob der Bundesvorstand dieser Vorlage zustimmen könne und wie sie gehandhabt werden solle. In dem Schreiben eines Landesbezirks sei darauf hingewiesen worden, daß eine so hoch gezogene Zielprojektion in der Praxis der Tarifpolitik nicht erreicht werden könne. Man solle daran denken, daß die Mitglieder keine Fachleute seien. Der Geschäftsführende Bundesvorstand habe sich eingehend mit dieser Zielprojektion befaßt und sei zu der Auffassung gekommen, das abschließende Ergebnis heute der Öffentlichkeit zu übergeben.

[*Neemann* erläutert die Vorlage einer eigenen mittelfristigen Zielprojektion der Gewerkschaften für die wirtschaftliche, soziale und gesellschaftliche Entwicklung der folgenden fünf Jahre. In der detaillierten Darstellung des Konzepts werden die wirtschaftlichen und finanziellen Möglichkeiten und Grenzen der Verwirklichung an konkreten Zahlenbeispielen vorgerechnet. Hauptziele seien die Beseitigung des Ungleichgewichts in der Einkommensentwicklung, die Stabilisierung des Preisniveaus und Vollbeschäftigung bei stetigem Wachstum. Die Zielprojektion sei in erster Linie eine Orientierungshilfe, die die Beurteilung wirtschafts-, steuer- und sozial-politischer Forderungen an den Staat sowie die Stellungnahme zum Jahresgutachten und zum Wirtschaftsbericht der Regierung erleichtern sollten. Damit solle der Kongressbeschluss erfüllt werden. Der Bundesvorstand müsse heute entscheiden, ob er diese Zielprojektion der Öffentlichkeit übergeben oder sie nur als internes Arbeitspapier verwenden wolle. Die Gewerkschaften kämen nicht daran vorbei, in der Konzertierten Aktion[5] dem Gesamtkonzept der Ministerien ein eigenes Konzept entgegenzustellen.]

Kollege *Brenner* erinnert daran, daß der Antrag 297 vom Bundesvorstand vorgelegt worden sei.[6] Der Antrag sei dadurch entstanden, daß die Gewerkschaften der Zielprojektion der Bundesregierung im Rahmen der Konzertierten Aktion nichts entgegensetzen konnten. Es sei richtig, daß man zwischen den Zielen, die man mit der Projektion verfolge, und den Maßnahmen der Regierung, die erforderlich sind, um die Erfüllung der Ziele zu erleichtern, unterscheiden müsse. Es sei allerdings nicht einfach, das in der Öffentlichkeit deutlich zu machen. Die Mitglieder würden gewiß Vergleiche ziehen. An einigen Stellen der Vorlage sei zudem erklärt worden, daß der DGB ein bestimmtes Wachstum erreichen werde. Das sei aber mißverständlich ausgedrückt. Die Gewerkschaften hätten nicht die Mittel der Wirtschaft in der Hand, um

---

5 Zur Bilanz der »Konzertierten Aktion« in der zweiten Hälfte der 1960er Jahre siehe Kieseritzky: Quellen 13, S. 51 f. und entsprechende Dokumente.

6 Siehe angenommen Antrag 297 des Bundesvorstandes zur »Mittelfristigen Wirtschaftsplanung«, Protokoll 8. Bundeskongreß, Teil: Anträge und Entschließungen, S. 262 ff. Der Antrag sah vor, dass der DGB jährlich zum 15. Oktober seinen DGB-Gewerkschaften eine eigene Nationalbudgetrechnung für die folgenden Jahre mit einem Ausblick auf die Entwicklungsmöglichkeiten in den nachfolgenden vier Jahren vorzulegen habe. Die Stellungnahmen zum Jahresgutachten des Sachverständigenrates und zum Wirtschaftsbericht der Bundesregierung sollten auf der Grundlage der Projektion abgegeben werden. Die Projektion sollte laufend überprüft und anhand der tatsächlichen Entwicklung korrigiert werden.

das zu erreichen. Es sei vielmehr die Aufgabe der Gewerkschaften, mit ihren Forderungen die Wirtschaft zu veranlassen, das gesteckte Ziel zu erreichen.

Kollege *Vetter* berichtet, daß seinerzeit versucht worden sei, vom damals feststehenden Ressortminister[7] zu einer Aussprache im Frühstadium seiner Gedanken zur Regierungserklärung für seinen Bereich empfangen zu werden. Dazu sei es leider nicht gekommen. Es hätten nur grobe Erläuterungen per Telefon ausgetauscht werden können. Das sei nach seiner Meinung kein guter Stil gewesen. Ebenso sei es nicht gut, die Preisstabilität von vornherein mit dem Anspruch auf eine Dämpfung der Lohnentwicklung zu begleiten. Das habe dazu geführt, daß jeder Tarifvertrag bei den Mitgliedern den Gedanken aufkommen lasse, daß die Gewerkschaften dem Bundeswirtschaftsminister 2 % geopfert hätten, weil die Löhne gedämpft würden.

Kollege *Neemann* ist der Auffassung, daß die Zahlen der Zielprojektion auch dann durchsickern würden, wenn die Projektion nur ein internes Arbeitspapier bliebe. Es sei ein Unterschied, ob man von einem Arbeitspapier ausgehe oder ob man diese Projektion mit allen Zahlen der Presse bekannt gebe. Der Bundesvorstand müsse das sehr genau überlegen.[8]

Kollege *Tacke* erklärt, daß man sich klar sei, daß hier ein Kongreßbeschluß ausgeführt werde, der den Gewerkschaften nicht nur Vorteile, sondern auch Schwierigkeiten schaffen könnte, z. B. dann, wenn man über die Zahlen hinauskommen würde. Man werde dann sagen, daß die Politik falsch umgesetzt worden sei. Wie sich die Dinge entwickelt hätten, sei er der Meinung, daß der Bundesvorstand an einer Veröffentlichung nicht vorbeikomme. Es sei in der Öffentlichkeit bekannt, daß der Bundesvorstand heute in dieser Angelegenheit zu einer Verabschiedung kommen würde. Wenn die Zielprojektion so verabschiedet würde, dann hätten die Gewerkschaften auch die Pflicht, die errechneten Zahlen gegen andere Zielprojektionen zu verteidigen.

Kollege *Hauenschild* weist darauf hin, daß die Mitglieder diese Zielprojektion als ein von uns erreichbares Ziel betrachten würden. Nach seiner Meinung sollte die Einführung zur Zielprojektion unverbindlicher gehalten werden. Man sollte zum Ausdruck bringen, daß das ein maximal erstrebenswertes Ziel sei, das mit Mitteln der Wirtschaftspolitik erreicht werden könnte. Diese Zielprojektion sollte der Öffentlichkeit übergeben werden.

Kollege *Buschmann* bemerkt, daß klar gesagt werden müsse, wie wir diese Zielprojektion verstehen würden und daß wir die Möglichkeit hätten, je nach der Entwicklung der Dinge die Projektion laufend zu überprüfen und zu ändern. Jeder, der mit diesem Gebiet zu tun habe, würde wissen, daß diese Zahlen nicht endgültig sein könnten und auch nicht sein sollten. Es käme auf die Interpretation in der Presse und auf die Diskussionen, die wir führen

---

7 Der zuständige Ressortminister war der Bundesminister für Wirtschaft, Karl Schiller (SPD).
8 In der »WdA« (20, 1969, Nr. 43, S. 2) wurde unter der Überschrift »Störmanöver« auf mehrere Artikel in »Die Welt« oder anderen Presseorganen des Springer-Verlags eingegangen. Darin wurde behauptet, dass der DGB Zielprojektionen beschlossen habe, die auf einen Lohnzuwachs von mehr als 50 v.H. hinauslaufen würden. Siehe auch: DGB: Keine Zielprojektion verabschiedet, in: ND, 15.10.1969, Nr. 284.

würden, an. Kollege Buschmann spricht sich für eine Veröffentlichung der Zielprojektion aus.

Kollege *Kluncker* hat keine Einwände gegen politische Absichtserklärungen. Man solle aber von der Veröffentlichung von Zahlen zum jetzigen Zeitpunkt absehen. Mit dem Inhalt der Seiten 2, 3 und 4 sei er grundsätzlich einverstanden; er weise nur darauf hin, dass in die Ziffer 4 auf Seite 2 (Anhebung der Kilometer-Pauschale) im Hinblick auf die verkehrspolitischen Probleme auch ein Ausgleich für die öffentlichen Verkehrsmittel mit einbezogen werden müsse. Große Bedenken äußert Kollege Kluncker gegen die Aussage in Abschnitt C, Ziffer 2, erster Satz, hinsichtlich des Preisanstiegs von 2%. Er halte eine solche Zahl für sehr problematisch. Er rege außerdem an, die Ziffer 4 auf Seite 4 zu streichen oder zu verändern. Man könne nicht von einem »Ansteigen« des Anteils der Arbeitnehmer an der Vermögensbildung sprechen, weil nach seiner Ansicht die Arbeitnehmer bisher überhaupt nicht an der Vermögensbildung teilgenommen hätten. Zusammenfassend erklärt Kollege Kluncker, daß er mit der Veröffentlichung der Seiten 1 bis 4 nach nochmaliger kritischer Durchsicht einverstanden sei. Eine Veröffentlichung der Seiten 5 ff. halte er erst dann für erwägenswert, wenn von der Bundesregierung bzw. in der Konzertierten Aktion uns ein Zahlentableau vorgelegt werde, das eine Alternativrechnung möglich mache.[9]

Kollege *Vetter* weist darauf hin, daß das heute besprochene Dokument bereits in den Händen einiger Journalisten sei. Wenn wir jetzt von einer Veröffentlichung absähen, könnte der Eindruck entstehen, daß der DGB sich an den Wünschen und Vorstellungen der Bundesregierung orientieren wolle.

Kollege *Muhr* ist der Meinung, daß wir deutlich betonen sollten, daß es sich bei der Ausarbeitung nur um eine Projektion unter bestimmten Voraussetzungen handele. Wir hätten damit jederzeit die Freiheit, uns an neue Situationen anzupassen, und es bestehe somit auch nicht die Gefahr, daß uns in Mitgliederkreisen vorgeworfen werden könne, wir hätten nicht erreicht, was wir gefordert haben.

Kollege *Seibert* ist ebenfalls der Meinung, daß man, unserem Antrag entsprechend, unsere Vorstellungen veröffentlichen sollte und eine spätere Korrektur je nach der Entwicklung nicht problematisch sei. Zum Punkt Arbeitszeitentwicklung der Vorlage schlägt Kollege Seibert vor, bei den Zahlen zu vermerken, ob es sich um Prozente oder Stunden handele. Zur Aussage über die Kilometerpauschale regt Kollege Seibert eine Ergänzung an in der Form, daß für die Ausgaben im Berufsverkehr generell eine Pauschale gefordert werden sollte, die neben der Werbungskostenpauschale zu gewähren sei. Diese Frage sei bereits im Finanzministerium diskutiert worden. Zum Abschnitt B, Ziffer 7 hält es Kollege Seibert für notwendig zu erklären, dass gemeinwirt-

---

9 Heinz Kluncker und ebenso die folgenden Bundesvorstandsmitglieder beziehen sich bei ihren Ausführungen auf das 8-seitige Arbeitspapier der Abteilung Wirtschaftspolitik vom 28.10.1969 »Entwurf – Gewerkschaftliche Ziele der Wirtschaftsentwicklung in der Bundesrepublik Deutschland – DGB-Projektion 1970 bis 1974«. Siehe Fußnote 4 in diesem Dokument.

Dokument 6   4. November 1969

schaftlichen Verkehrsunternehmen durch öffentliche Mittel eine Ausgleichszahlung in voller Höhe der Kosten gewährt werden müsse, wenn sie gehalten seien, die Tarife nach gemeinwirtschaftlichen Prinzipien zu gestalten.

Kollege *Pfeiffer* ist der Ansicht, daß der Bundesvorstand die Risiken, die mit einer Veröffentlichung des Papiers verbunden seien, mit einkalkuliert habe. Er sieht die Problematik deshalb nicht so groß, weil dem Papier eine entsprechende Einleitung beigegeben sei, die einen Appell an die künftige Politik der Bundesregierung beinhalte. Da die Frage des Preisanstiegs im Wirtschaftspolitischen Ausschuß sehr eingehend diskutiert worden sei, schlägt Kollege Pfeiffer vor, an der angegebenen Zahl festzuhalten. Im Abschnitt B, Ziffer 7 müsse der Ausdruck »Anpassungsbeihilfen« (für Landwirte) entweder gestrichen oder durch das Wort »Ausgleichszahlungen« ersetzt werden.

Kollege *Brenner* hält eine Veröffentlichung des Papiers für möglich, wenn man davon ausgehe, daß in der Konzertierten Aktion eine Stellungnahme der Gewerkschaften erwartet werde. Das bedeute, daß der DGB Vorarbeiten geleistet habe, die keinen Anspruch auf Endgültigkeit erheben würden.

Kollege *Kluncker* kommt noch einmal auf den ersten Satz der Ziffer 2 im Abschnitt C (Preisanstieg) zurück und erklärt dazu, daß die Gewerkschaft ÖTV spätestens Anfang Dezember ihre Lohnforderungen für 1970, in Zahlen ausgedrückt, bekannt geben werde. Dabei müsse selbstverständlich berücksichtigt werden, was an Preissteigerungen für 1970 zu erwarten sei. Bei einer Veröffentlichung der von uns jetzt genannten 2 % Preissteigerungen würde der Bundeswirtschaftsminister der ÖTV diese Zahl mit Sicherheit vorhalten. Die Folge wäre, daß sich die ÖTV in den Tarifverhandlungen von dieser Zahl des DGB krass distanzieren müsste. Kollege Kluncker schlägt deshalb noch einmal die Herausnahme der Zahl vor.

Kollege *Hauenschild* macht darauf aufmerksam, daß wir mit der Veröffentlichung von Zahlen Lohnorientierungsdaten geradezu provozieren würden, gegen die wir uns bisher in der Konzertierten Aktion entschieden gewehrt hätten.

Kollege *Buschmann* fragt, ob nach den Beratungen im Wirtschaftspolitischen Ausschuß[10] die Ausarbeitung nicht in den Vorständen der Gewerkschaften diskutiert worden sei, damit man das Papier heute endgültig beschließen könne.

Kollege *Vetter* erklärt, daß das wohl möglich gewesen sei und man dann die Änderungsvorschläge für die heutige Vorlage hätte berücksichtigen können. Das sei aber nicht geschehen.

Kollege *Fehrenbach* ist zu der Frage »Preisanstieg« anderer Meinung als Kollege Kluncker. Er sieht es als Ziel an, daß der Preisanstieg auf 2 % begrenzt werden solle, und nicht als Feststellung. Da der Preisanstieg für 1970 schon jetzt höher geschätzt werde, könne man den Entwurf vielleicht insofern kor-

---

10 Gemeint ist hier die Sitzung des Wirtschaftspolitischen Ausschusses des DGB vom 9.10.1969, auf der das Papier verabschiedet wurde. DGB-Archiv, DGB-BV, Abt. Wirtschaftspolitik 5/DGAN000086.

rigieren, daß man sagen würde, die Teuerungsrate 1970 werde infolge der Nachwirkung stärkerer Preiserhöhungen im »1. Halbjahr 1970« etwas höher ausfallen.

Kollege *Neemann* erwidert darauf, daß es möglich sei, das in diesem Sinne zu ändern.

Kollege *Brenner* bemerkt, daß in den Erklärungen tatsächlich darauf hingewiesen worden sei, daß im ersten Halbjahr 1970 mit einem stärkeren Preisanstieg, im zweiten Halbjahr 1970 dagegen mit einer Stabilisierung zu rechnen sei.

Kollege *Vetter* wirft ein, daß diese Durchschnittszahl mit einschließe, daß es stärkere Preissteigerungen geben könne.

Kollege *Michels* sieht keine Schwierigkeit, bei Lohnverhandlungen festzustellen, daß das, was wir gewünscht haben, nicht erreicht worden sei. Wir müßten sagen, daß wir unsere Forderungen aufgrund der Zahlen stellen würden. Wieweit unsere Forderung an die Regierung und an die Wirtschaftspolitik von Erfolg gekrönt würde, sei eine andere Sache. Kollege Michels fragt, ob es nicht am sinnvollsten sei, den Text nacheinander durchzugehen und dazu Bemerkungen zu machen.

Kollege *Neemann* erklärt, daß er sich nochmals überlegt habe, wie man die sogenannte Verpackung am besten bringen könnte, damit sie nicht zu Mißverständnissen führe. Das könne man aber nicht heute machen, so schnell gehe das nicht. Kollege Neemann schlägt deshalb dem Bundesvorstand vor, daß man ihm ein paar Tage Zeit zur Überarbeitung und ihm gleichzeitig freie Hand in bezug auf den Termin der Veröffentlichung lassen sollte. Zu den Äußerungen des Kollegen Kluncker bemerkt Kollege Neemann, daß man diesen Satz anders fassen könnte. Er gibt bekannt, daß man ihm jetzt die Änderungswünsche schriftlich gegeben hätte. Der Bundesvorstand müsse sich entscheiden, ob der Text mit den Begründungen jetzt veröffentlicht werden sollte oder ob man der Abteilung Wirtschaftspolitik Zeit zur Überarbeitung geben wolle.

Beschluß:
Der Bundesvorstand beschließt, daß die Zielprojektion anhand der unterbreiteten Änderungsvorschläge überarbeitet werden soll. Die Zielprojektion soll spätestens vor dem nächsten Gespräch der Konzertierten Aktion veröffentlicht werden.

3. Konzertierte Aktion

Kollege *Vetter* teilt mit, daß zum ersten Gespräch im Rahmen der Konzertierten Aktion in der neuen Legislaturperiode eingeladen worden sei.

Das Vorgespräch der Gewerkschaftsteilnehmer solle am 10. November 1969 um 16.00 Uhr in Bonn stattfinden.[11] Der Termin für das eigentliche Gespräch

---

11 Fernschreiben des Bundeswirtschaftsministers, Karl Schiller, an den DGB-Vorsitzenden, Heinz O. Vetter, vom 3.11.1969 mit der Einladung zum Vorgespräch und zum Plenargespräch der Konzertierten Aktion, DGB-Archiv, DGB-BV, Abt. Vorsitzender 5/DGAI000463.

Dokument 6   4. November 1969

im Rahmen der Konzertierten Aktion sei vom 14. auf den 13. November 1969 um 16.00 Uhr vorverlegt worden. Der Bundeswirtschaftsminister bitte die Teilnehmer des DGB um Nachricht, ob sie mit diesem Termin einverstanden seien. Kollege Vetter teilt dann die Namen der Kollegen mit, die bisher an den Gesprächen der Konzertierten Aktion teilgenommen haben. Er spricht sich dagegen aus, diesen Kreis zu erweitern.

[Alternativ schlägt *Lappas* vor, Pfeiffer zukünftig an den Gesprächen zu beteiligen. Anschließend wird die Verhaltensweise der DGB-Delegation gegenüber dem Präsidenten des BDI, Fritz Berg, diskutiert. Dabei ist sich der Bundesvorstand einig, dass man wegen Berg nicht der Sitzung fernbleiben und über die ganze Angelegenheit hinweggehen solle.[12] Nach der Diskussion um eine Erweiterung der DGB-Delegation[13] ist der Bundesvorstand damit einverstanden, dass zu der bisherigen DGB-Delegation Alois Pfeiffer hinzutritt und an dem Gespräch der Konzertierten Aktion am 13. November 1969 teilnimmt. In einer der nächsten Bundesvorstandssitzungen soll beraten werden, ob die Zusammensetzung der Delegation geändert werden soll.[14]]

4. Nächste Bundesvorstandssitzung

[Der Bundesvorstand beschließt auf Vorschlag von *Vetter*, die Dezember-Sitzung ausfallen zu lassen und die nächste Sitzung am 6. Januar 1970 durchzuführen.]

5. Entwurf einer Geschäftsordnung des Bundesvorstandes

Kollege *Vetter* weist darauf hin, daß heute noch eine überarbeitete Liste der Ausschüsse verteilt wurde. Der Entwurf der Geschäftsordnung für den Bundesvorstand liege allen Bundesvorstandsmitgliedern vor und solle nunmehr diskutiert werden.[15]

Kollege *Buschmann* teilt mit, daß er die Meinung seiner Gewerkschaft dem Geschäftsführenden Bundesvorstand bereits schriftlich mitgeteilt habe. Danach sollten für den Versand der Einladungen und der Tagesordnung Fristen gesetzt werden. Nur so sei gewährleistet, daß die Vorstände der Gewerkschaften die Tagesordnungspunkte vor der jeweiligen Sitzung noch durchsprechen

---

12 Der Präsident des BDI, Fritz Berg, hat im Zusammenhang mit den Arbeitsniederlegungen bei Hoesch AG, Dortmund, nach Informationen des Spiegels folgende Äußerungen getan: »Die hätten doch ruhig schießen sollen, einen totschießen, dann herrschte wenigstens Ordnung«, in: ND, 16.9.1969, Nr. 244.
13 Teilnehmer an den Gesprächen der »Konzertierten Aktion« waren vonseiten des DGB: Heinz O. Vetter, Gerd Muhr, Georg Neemann, Bernhard Tacke und von den Einzelgewerkschaften: Otto Brenner, Karl Buschmann, Karl Hauenschild, Heinz Kluncker (vertrat auch die GdED und DPG), Rudolf Sperner und Heinz Vietheer. Der Vertreter der IG Bergbau und Energie musste noch bestimmt werden, da der bisherige Vorsitzende, Walter Arendt, Bundesminister für Arbeit und Sozialordnung geworden war. DGB-Archiv, DGB-BV, Abt. Vorsitzender 5/DGAI000463.
14 In der nächsten Sitzung am 6.1.1970 und in der folgenden am 3.2.1970 wurde nicht über die endgültige Zusammensetzung der Delegation beraten. Alois Pfeiffer (GGLF) gehörte seit dem 13.11.1969 zum Teilnehmerkreis.
15 Siehe auch: TOP 5 der 3. Bundesvorstandssitzung am 7. und 8.10.1969 (Dok. 4).

könnten. Auch die Protokolle der Bundesvorstandssitzungen sollten möglichst frühzeitig übersandt und eine Frist für Beanstandungen gesetzt werden. Kollege Buschmann schlägt weiter vor, die Protokolle demnächst nur noch als Ergebnisprotokolle anzufertigen, in die auf Wunsch persönliche Erklärungen von Sitzungsteilnehmern wörtlich aufgenommen werden könnten. Ferner setzt sich Kollege Buschmann dafür ein, daß der Geschäftsführende Bundesvorstand und der Bundesvorstand getrennte Geschäftsordnungen erhalten sollten. Nach seiner Meinung sollten die Ausschüsse nicht mit zum Inhalt der Geschäftsordnung gemacht werden.

[Nach der Aussprache über die Vorschläge Buschmanns beschließt der Bundesvorstand, dass wie bisher ausführliche Verhandlungsprotokolle angefertigt werden sollten. Die Protokolle sollten jeweils 14 Tage vor der nächsten Bundesvorstandssitzung versandt werden und die Tagesordnungen jeweils am Montag der einer Sitzung vorausgehenden Woche zugegangen sein. In der weiteren Diskussion werden einzelne Passagen der Vorlage diskutiert und abschließend wird beschlossen, dass der Entwurf einer Geschäftsordnung des Bundesvorstandes unter Berücksichtigung der Diskussion noch einmal überarbeitet und in der Januar-Sitzung wieder vorgelegt wird.]

6. SCHREIBEN DES VORSITZENDEN DES ZENTRALRATES DER GEWERKSCHAFTEN POLENS

[*Vetter* verliest den Brief an Ignacy Loga-Sowinski, in dem er ihn informiert, dass der DGB bereit sei, die inoffiziellen Gespräche zwischen den beiden Organisationen fortzusetzen. Nach der sich anschließenden Diskussion ist der Bundesvorstand mit dem Antwortschreiben einverstanden.[16]]

UNTERBRECHUNG DER SITZUNG UM 13.25 UHR (MITTAGSPAUSE)
FORTFÜHRUNG DER SITZUNG UM 14.45

7. GRUNDSÄTZE DES DEUTSCHEN GEWERKSCHAFTSBUNDES ZUR ERWACHSENENBILDUNG[17]

[*Tacke* bittet, die vorliegenden Grundsätze zu verabschieden. Im Anschluss an die Nachfrage von *Pleß,* ob nur die Volkshochschulen in das Gesetz

---

16 Den Brief von Heinz O. Vetter an den Vorsitzenden des Zentralrates der Gewerkschaften Polens vom 16.10.1969 erhielten die Bundesvorstandsmitglieder mit Anschreiben am 6.11.1969 zur Kenntnis. DGB-Archiv, DGB-BV, Abt. Vorsitzender 5/DGAI000463. Siehe auch: Diskussion zu diesen Briefen auf der 3. Bundesvorstandssitzung am 7./8.10.1969 und »Empfehlung zur Behandlung des Anliegens der osteuropäischen Gewerkschaften hinsichtlich eines Meinungsaustausches über Friedens- und Sicherheitsfragen in Europa«, DGB-Archiv, DGB-BV, Abt. Vorsitzender 5/DGAI000463.
17 Vorlage des Diskussionspapiers der Abteilung Bildung vom 27.10.1969. Darin wird die Erwachsenenbildung als Teil des Bildungssystems angesehen, deren Auftrag es sein sollte, Bildungsdefizite zu »mildern«. Gefordert werden eine gesetzliche Regelung zur Erwachsenenbildung, eine staatliche Förderung der Bildungseinrichtungen und eine Erhöhung der Zahl hauptamtlicher Mitarbeiter. DGB-Archiv, DGB-BV, Abt. Berufliche Bildung 5/DGAW000062. Siehe hierzu auch: Woschech: keine Ersatzlösungen in der beruflichen Bildung, in: ND, 10.11.1969, Nr. 335.

Dokument 6   4. November 1969

mit einbezogen werden sollten, und die Erwiderung von *Tacke* werden die Grundsätze des Deutschen Gewerkschaftsbundes zur Erwachsenenbildung verabschiedet.[18]]

8. SPENDE AUS DEM SOLIDARITÄTSFONDS

[Nachdem der Bundesvorstand dem Bundesausschuss empfohlen hatte, eine Spende in Höhe von DM 50.000,-- zur Linderung der durch die Unwetterkatastrophe in Tunesien[19] entstandenen Notlage aus dem Solidaritätsfonds zu gewähren, berichtet *Muhr* über die Informationen von jugoslawischen Gewerkschaftskollegen zum Erdbeben in Banja Luka.[20] Die Frage einer Spende soll unter Punkt »Verschiedenes« beraten werden.]

9. ENTSCHLIESSUNG DES 8. ORDENTLICHEN DGB-BUNDESKONGRESSES ZUR PRESSEFREIHEIT

Kollege *Stephan* erinnert an den Beschluß des Bundeskongresses, wonach eine Kommission eingesetzt werden sollte, die sich mit Fragen der Pressefreiheit befasse.[21]

[Auf Vorschlag des Geschäftsführenden Bundesvorstands werden Günter Stephan, Hanns P. Schlobben, Eugen Stotz, Helmut Haselmayr, Dr. Friedrich Wenzlau, Prof. Walter Fabian, Dr. Werner Thönnessen, Richard Becker und Rolf Gall in die Kommission berufen.]

10. MASSNAHMEN GEGEN DIE NPD AUS ANLASS DES GEPLANTEN BUNDESPARTEITAGES DER NPD AM 15./16. NOVEMBER 1969 IN SAARBRÜCKEN

Kollege *Woschech* verweist auf die den Bundesvorstandsmitgliedern ausgehändigte Vorlage.[22] Er erinnert daran, daß sich alle am Tage nach der Bundestagswahl über den Mißerfolg der NPD gefreut hätten, aber die Gefahr des Extremismus sei damit nicht beseitigt. Der DGB müsse den Kampf weiterführen. Deshalb wolle man im Saarland etwas gegen den Parteitag unternehmen. Die Versuche des Landesbezirks Saar, diesen Parteitag zu verhindern, seien bisher leider gescheitert. Daher sollten die Maßnahmen in erster Linie der Weiterführung des Kampfes gegen diese Kräfte bis zu den Landtagswahlen dienen. Kollege Woschech bittet den Bundesvorstand um Zustimmung.

---

18 Abgedr. in: Die Quelle 20, 1969, Heft 12, S. 515f. Siehe auch: DGB-Archiv, DGB-BV, Sekretariat Bernhard Tacke 5/DGCY000218.
19 In der 2. Sitzung des Bundesausschusses am 4.3.1970 wurde diese Spendenempfehlung nicht behandelt. Vgl. DGB-Archiv, DGB-BV, Abt. Vorsitzender 5/DGAI000444.
20 Am 26. und 27. Oktober 1969 wurden Banja Luka und Umgebung (Bosnien & Herzegowina) von einem starken Erdbeben erschüttert. 15 Menschen starben und 1117 wurden verletzt.
21 Gemeint war der angenommene »Initiativantrag 7« von Fritz Gent (DruPa) und Genossen zur Pressefreiheit siehe Protokoll 8. Bundeskongreß, Teil: Anträge und Entschließungen, S. 438.
22 Zu dieser Vorlage Franz Woschechs vom 29.10.1969 gibt es noch einen Aktenvermerk von Johannes Naber an Heinz O. Vetter vom 20.10.1969 zum Verbot der NPD. DGB-Archiv, DGB-BV, Abt. Vorsitzender 5/DGAI000463.

[Nach der anschließenden Diskussion wird der Bericht zustimmend zur Kenntnis genommen, und DM 20.000,-- werden aus dem Etattitel »Sonderveranstaltungen« bewilligt. Der BV erwartet einen detaillierten Bericht über die durchgeführten Maßnahmen.]

11. VERSCHIEDENES

a) Betreuung ausländischer Arbeitnehmer

Kollege *Woschech* weist auf die den Bundesvorstandsmitgliedern ausgehändigte Vorlage hin und erläutert sie kurz.[23] Obwohl sich die Finanzlage seit 1966 nicht geändert habe, müsse ein neuer Anfang gemacht werden, insbesondere in bezug auf die zahlreichen jugoslawischen Arbeitnehmer. Kollege Woschech teilt mit, daß vom 20. bis 27. November 1969 eine fünfköpfige DGB-Delegation Jugoslawien besuchen werde.[24] Diese Delegation würde gerne eine Entscheidung mitnehmen. Kollege Woschech bittet um Zustimmung zur Vorlage.

Kollege *Carl* teilt mit, daß vier Kollegen seiner Organisation in Belgrad gewesen seien und mit den dortigen Bauarbeitergewerkschaften verhandelt hätten. Aufgrund der Kontaktaufnahme seien gestern zwei Kollegen eingestellt worden unter ähnlichen Bedingungen, wie sich der Modellfall hier vollziehen solle. Diese beiden Kollegen unterständen der Weisung der IG Bau, Steine, Erden und erhielten die Möglichkeit, Kontakt mit jugoslawischen Bauarbeitern aufzunehmen und sich zu informieren. Inwieweit die IG Bau, Steine, Erden sich an der geplanten Einrichtung beim DGB finanziell beteiligen könne, müsse erst in Gesprächen mit dem Vorstand geklärt werden.

Kollege *Buschmann* spricht sich dagegen aus, zum jetzigen Zeitpunkt von den Ergebnissen von Springen abzurücken.[25] Er weist darauf hin, daß sich die großen Gewerkschaften ja selbst helfen würden. Sie würden bestimmt nicht an einer Zentralstelle interessiert sein. Die kleineren Gewerkschaften dagegen seien darauf angewiesen. Kollege Buschmann fragt, was die Einrichtung eines solchen Büros kosten würde.

Kollege *Sickert* ist der Meinung, daß die Betreuung ausländischer Arbeitnehmer nicht nur eine Aufgabe der Gewerkschaften, sondern auch der öffentlichen Hand sei. Er habe eine Vorlage in das [Berliner] Abgeordnetenhaus

---

23 In dem Diskussionspapier der Abt. Organisation vom 3.11.1969 wird beantragt, ein jugoslawisches Betreuungsbüro beim DGB-Bundesvorstand zum 1.1.1970 einzurichten, ebd.
24 Vermerk von Harald Simon an Heinz O. Vetter vom 16.10.1969 über den Besuch des Zentralrats der Jugoslawischen Gewerkschaften beim DGB vom 8. bis 14.10.1969 sowie eine Aktennotiz von Franz Woschech an die GBV-Mitglieder vom 28.10.1969 über die Gespräche mit dem Jugoslawischen Gewerkschaftsbund am 9./10.10.1969. Bei diesem Treffen wurde ein Gegenbesuch des DGB-Vorsitzenden Ende November beschlossen. DGB-Archiv, DGB-BV, Abt. Ausländische Arbeitnehmer 5/DGAZ000205.
25 Auf der Sondertagung des Bundesvorstandes am 24.1.1967 in Springen/Taunus und auf der 11. Sitzung des Bundesvorstandes am 2.5.1967 wurde die Finanzierung der Betreuungsbüros durch die Einzelgewerkschaften beschlossen. DGB-Archiv, DGB-BV, Abt. Vorsitzender 5/DGAI000535, siehe Kieseritzky: Quellen 13, S. 418ff. und 456ff., Dok. 52 und 56.

eingebracht. Diese sehe Mittel für die Errichtung eines Büros mit drei fremdsprachigen Gewerkschaftsfunktionären, einem deutschen Leiter und entsprechenden Schreibkräften vor.[26] Kollege Sickert empfahl, das auch in anderen Ländern zu versuchen.

Kollege *Muhr* ist der Auffassung, daß die Notwendigkeit der Errichtung eines solchen Büros ausreichend begründet sei. Es bestehe die Schwierigkeit, daß in Jugoslawien drei offizielle Sprachen gesprochen würden. Das Material, das verwandt werde, müsse in dreifacher Ausfertigung erstellt werden. Es sei unsinnig, dieses Material von jeder Gewerkschaft einzeln zu erarbeiten. Das könnte auch zu unterschiedlichen Ergebnissen führen. Der Bundesvorstand sollte sich einigen, daß es insbesondere Aufgabe dieses Zentralbüros sei, die Koordination des Informationsmaterials, das die jugoslawischen Arbeitnehmer über Rechte und Pflichten in ihrem Arbeitsverhältnis informiert, herbeizuführen. Kollege Muhr spricht sich für die Vorlage aus. Es könnte später geprüft werden, ob die Beibehaltung eines solchen Büros berechtigt sei oder ob es sogar ausgeweitet werden müsse.

Kollege *Michels* bittet den Geschäftsführenden Bundesvorstand, bei den Gewerkschaften zu erfragen, wer an der Errichtung eines solchen Büros interessiert und wie die Finanzierungsfrage zu lösen sei. Sollten große Gewerkschaften kein Interesse haben, weil sie sich selbst schon geholfen hätten, müsse diese Angelegenheit sehr eingehend im Bundesvorstand besprochen werden. In Springen sei beschlossen worden, diese Aufgabe aus Geldmangel den Gewerkschaften zu überlassen. Später habe man erkannt, daß diese Entscheidung falsch gewesen sei. Jetzt würden die Gewerkschaften mehr Geld dafür ausgeben, als wenn die Aufgabe beim DGB verblieben wäre. Die Bezuschussung durch die öffentliche Hand sei auch für Nordrhein-Westfalen interessant, wenn auch nicht in so großem Umfange. Der ganze Komplex müsse noch einmal durchgesprochen werden. Mit dem Vorschlag sei der erste Anfang gemacht worden, zu einer Lösung zu kommen. Der DGB sollte schon aus Kostengründen für alle Gewerkschaften gemeinsam die Aufgabe wahrnehmen.

Kollege *Mirkes* ist an der Sache sehr interessiert. Er teile nicht die Auffassung des Kollegen Michels. Nach seiner Meinung komme die Tätigkeit eines ausländischen Sekretärs bei einer einzelnen Gewerkschaft (IG Bau, Steine, Erden oder IG Metall), wo die Zahl der jugoslawischen Arbeitnehmer groß sei, mit der Arbeit eines zentralen DGB-Sekretärs nicht in Konflikt. Er jedenfalls werde in seinem Vorstand die Beteiligung an der Finanzierung prüfen.

Kollege *Carl* weist darauf hin, daß der zentrale Mann nur zur Koordinierung beitrage und nicht direkt am Mitglied sei. Im Baugewerbe müßten aber die

---

26 In den Sitzungsprotokollen des Berliner Abgeordnetenhauses für das Jahr 1969 ist lediglich ein fraktionsübergreifender »Berichtsantrag« zur Situation der ausländischen Arbeitnehmer in Berlin überliefert. Vgl. Stenographische Berichte des Abgeordnetenhauses von Berlin, Sitzung 52, Heft 9, Bd. III, Wahlperiode V, 12.6.1969, S. 319 f. Eine Vorlage von Sickert ist nicht überliefert. Im Januar 1970 richtete der DGB-Berlin eine Ausländerberatungsstelle ein, die auch durch öffentliche Mittel gefördert wurde. Siehe Berliner Nachrichtendienst des DGB vom 23.2.1970, in: DGB-Archiv, DGB-LB Berlin-Brandenburg, 5/DGBG000320.

Arbeitnehmer direkt aufgesucht werden, auch in den Unterkünften. Das bedeute aber nicht, daß sie sich an der Finanzierung nicht beteiligen wollten. Man müsse zwischen der unmittelbaren Werbung des Sekretärs in seiner Organisation und der Koordinierungsaufgabe des Sekretärs im DGB unterscheiden.

Kollege *Woschech* teilt mit, daß die Einrichtung dieses Büros ca. DM 45.000,-- im Jahr kosten würde. Das könne natürlich nicht genau gesagt werden. Er sehe auch keine Gefahr der Kollision der Arbeiten der einzelnen Gewerkschaften und der des DGB. Es müsse nur vernünftig und richtig geplant werden. Der Geschäftsführende Bundesvorstand werde natürlich die Möglichkeit einer eigenen Finanzierung ebenso prüfen wie die Finanzierung durch öffentliche Mittel. Kollege Woschech weist darauf hin, daß der DGB bereits öffentliche Mittel für die Ausländerseminare in Berlin bekomme.[27] Mit Hilfe von öffentlichen Mitteln werde auch ohne Kosten für den DGB eine jugoslawische Arbeitnehmerzeitung herausgegeben.[28]

Kollege *Stephan* unterstützt den Vorschlag. Nach Springen habe er den Auftrag gehabt, diese Fragen zu koordinieren. Es sei daran gescheitert, daß ein Teil der Gewerkschaften an der Weiterführung der Zeitungen und ein anderer Teil an der Weiterführung des Büros interessiert gewesen sei. Die größten Gewerkschaften hätten damals erklärt, daß sie diese Arbeit selbst übernehmen wollten, während die kleineren Gewerkschaften sich dazu außerstande zeigten. Kollege Stephan spricht sich dafür aus, daß es jetzt wieder eine gemeinsame Aufgabe werden sollte.

Kollege *Vetter* weist darauf hin, daß es darauf ankomme, bei den jugoslawischen Arbeitnehmern in einem Modellfall zu untersuchen, ob ein zentral eingesetzter Kollege zentrale Aufgaben in Koordinierung mit den bei den Gewerkschaften tätigen Sekretären übernehmen könne. Die damit verbundene Belastung solle anteilmäßig von den Gewerkschaften getragen werden.

Kollege *Woschech* verweist auf Ziffer 3 der Vorlage. Der Erfahrungsbericht der Gewerkschaft Textil-Bekleidung habe den letzten Anstoß gegeben, diese Sache wieder aufzunehmen. Wenn ein Mann länger als drei Monate zu uns komme, könnten die jugoslawischen Gewerkschaften die Kosten nicht übernehmen. Außerdem sollte dieser Mann unserer Weisung unterstehen.

Beschluß:

Der Bundesvorstand billigt die Einrichtung eines jugoslawischen Büros beim DGB-Bundesvorstand. Es ist ab 1. Januar 1970 mit einem jugoslawischen Sekretär und einer Schreibkraft zu besetzen. Das Büro untersteht der Ab-

---

27 Seit 1964 führte der DGB zentrale Seminare für Vertrauensleute und Betriebsräte nichtdeutscher Nationalität in Berlin durch, die vom Gesamtdeutschen Ministerium finanziell unterstützt wurden. Siehe Berlin-Seminare der einzelnen Arbeitnehmergruppen der Anwerbeländer, in: DGB-Archiv, DGB-BV, Abt. Ausländische Arbeitnehmer 5/DGAZ000038 ff.
28 Unabhängig von der Planung des DGB gab die IG Metall bereits ab Januar 1969 für jugoslawische Arbeitnehmer in Metallbetrieben ein Mitteilungsblatt in serbo-kroatischer Sprache heraus mit Informationen zum Arbeits- und Sozialrecht und zur Tarifpolitik. Siehe hierzu: IG-Metall-Geschäftsbericht 1968–1970, S. 97 f.

teilung Organisation. Seine Aufgaben bestehen vorrangig in der Betreuung jugoslawischer Arbeitnehmer und in ihrer Werbung für die Gewerkschaften des DGB. Die Maßnahme hat Modellcharakter. Im Oktober 1970 ist ein Erfahrungsbericht vorzulegen. Der Geschäftsführende Bundesvorstand wird beauftragt, die dafür erforderlichen Mittel durch Verhandlung mit besonders interessierten Gewerkschaften bereitzustellen.[29]

b) Spende für die Erdbebenopfer in Banja Luka

[Auf Antrag von *Muhr* beschließt der Bundesvorstand, für die Erdbebenopfer in Banja Luka eine Solidaritätshilfe von DM 20.000,-- zur Verfügung zu stellen, die in Form eines Schecks anlässlich der Reise der DGB-Delegation nach Jugoslawien überreicht werden könnte. Der Bundesausschuss soll nachträglich um Gewährung dieser Spende aus dem Solidaritätsfonds gebeten werden.[30]]

c) Veröffentlichung in der Frankfurter Rundschau

[*Vetter* verweist auf den Artikel von Rolf Fischer in der Frankfurter Rundschau und kritisiert das journalistisch unsaubere Verhalten.[31] Der Bundesvorstand stimmt Vetters Anregung zu, eine Anfrage Fischers nach DGB-Stellungnahmen zur Mitbestimmungsfrage, zur Haltung gegenüber der Koalition usw. vorerst unbeantwortet zu lassen.]

[*Michels* wie auch *Vetter* berichten über Tagungen im außergewerkschaftlichen Bereich, in denen grundlegende Fragen der Gewerkschaftspolitik behandelt worden seien. Abschließend teilt Vetter mit, dass der DGB die gewerkschaftlich organisierten Bundestagsabgeordneten im Januar 1970 zu einem Treffen einladen werde.[32] Zweck dieser Zusammenkunft solle sein, die Zusammenarbeit und den Kontakt zwischen den Bundestagsabgeordneten und dem DGB zu stärken.]

d) Bericht über das Gespräch mit der AFL/CIO

Kollege *Vetter* gibt einen kurzen Bericht über den Verlauf des Gesprächs, das Vertreter des IBFG Ende Oktober in New York mit Vertretern der AFL/CIO

---

29 In dem Bericht vom 25.9.1970 für den GBV führte Woschech u. a. aus, dass das Büro am 1.4.1970 mit zwei Mitarbeitern eröffnet wurde. Der Referatsleiter und die Dolmetscherin wurden vom Jugoslawischen Gewerkschaftsbund vorgeschlagen und eingestellt und die Gewerkschaften beteiligten sich finanziell an dem Büro. Vgl. 55. GBV-Sitzung am 28.9.1970, in: DGB-Archiv, DGB-BV, Abt. Vorsitzender 5/DGAI000187.
30 Auf der 2. Sitzung des Bundesausschusses am 4.3.1970 wurde die Solidaritätshilfe für Banja Luka nicht behandelt. Vgl. DGB-Archiv, DGB-BV, Abt. Vorsitzender 5/DGAI000444.
31 Der Artikel Rolf Fischers, »Vetter will DGB-Führung stärker an die Leine legen. Erlaß an Angestellte: Schreibtische aufräumen, Dienstzeiten einhalten und Verspätung melden«, in der »Frankfurter Rundschau« vom 4.11.1973 bezog sich auf das Schreiben Vetters an die Angestellten der DGB-Bundesvorstandsverwaltung vom 1.8.1969. Siehe hierzu 2. BV-Sitzung vom 2.7.1969, TOP 15 (Dok. 3).
32 Am 29.1.1970 empfing der DGB in Bonn die 230 den DGB-Gewerkschaften angehörenden Bundestagsabgeordneten. Anwesend waren auch Bundeskanzler Willy Brandt und einzelne Bundesminister sowie der Geschäftsführende Bundesvorstand und die Vorsitzenden der 15 Einzelgewerkschaften. Vgl. Parlamentarisch-Politischer-Pressedienst 21, 1970, Nr. 21.

geführt haben.³³ Dieses Gespräch sei auch von den amerikanischen Kollegen gewünscht worden und sollte dem Zweck dienen, die Möglichkeit einer Rückkehr der AFL/CIO in den IBFG zu prüfen.³⁴ Es habe sich gezeigt, daß die bisher erhobenen Vorwürfe gegen den IBFG nicht mehr das entscheidende Gewicht besitzen würden. Man erwarte allerdings nach wie vor uneingeschränkt, daß die Gewerkschaft der Automobilarbeiter³⁵ nicht in den IBFG aufgenommen werde. Kollege Vetter hält es für möglich, daß der IBFG in seiner nächsten Vorstandssitzung erklären werde, daß die amerikanische Automobilarbeitergewerkschaft nicht aufgenommen werde, wenn die AFL/CIO wieder in den IBFG zurückkehre. Dabei ergebe sich allerdings auch das rechtliche Problem, daß der Grundsatz des Schutzes eines nationalen Bundes vor Abspaltung nur solange vertreten werden könne, wie dieser Bund Mitglied des IBFG sei. Es sei den amerikanischen Kollegen klargemacht worden, daß nur noch für eine kurze Zeit die Möglichkeit der Rückkehr in den IBFG bestehe. Danach wäre auch die Schutzbedürftigkeit nicht mehr gegeben. Das entscheidende Problem jedoch, das noch der Klärung bedürfe, sei die möglicherweise sehr unterschiedliche Auffassung des IBFG und der AFL/CIO zur Entwicklungspolitik. Die Beurteilung der Ostpolitik der deutschen Gewerkschaften habe sich offenbar inzwischen geändert, und man habe wohl eingesehen, daß diese Verbindungen nicht die Gefahr beinhalteten, die eine Trennung vom IBFG rechtfertigen würden. Dem Wunsch der amerikanischen Kollegen nach einem zweiten Gespräch werde man wahrscheinlich nachkommen, um zu versuchen, unter Einhaltung der bisherigen Grundsätze die AFL/CIO doch noch für eine Rückkehr in den IBFG zu gewinnen. Dies sei auch im Interesse des IBFG selbst, besonders auch im Hinblick auf die finanzielle Situation, wünschenswert. Andernfalls sei zu befürchten, daß sich die internationale Gewerkschaftsarbeit künftig ganz auf die internationalen Fachorganisationen und Berufssekretariate³⁶ verlagere und sich die europäischen Gewerkschaften schließlich auf den EBFG zurückzögen. Deshalb sollten noch einmal alle Anstrengungen für eine Einigung unternommen werden.

---

33 Siehe Korrespondenzen, Berichte zu diesen Gesprächen über die Rückkehr des AFL/CIO zum IBFG, in: DGB-Archiv, DGB-BV, Internationale Abt. 5/DGAJ000325. Hierzu auch: Erwin Kristoffersen: Die internationale Gewerkschaftspolitik des DGB, in: GMH 27, 1976, Nr. 9, S. 567–572. Erst unter dem seit 1980 neuen Präsidenten Lane Kirkland trat die AFL/CIO zum 1.1.1982 wieder dem IBFG bei.
34 Der amerikanische Gewerkschaftsbund AFL/CIO war im Februar 1969 aus dem IBFG ausgetreten, u. a. aufgrund der Ostkontakte des IBFG und insbesondere der »Ostpolitik« der deutschen Gewerkschaften sowie der Gründung des EGB unter Einschluss ehemals dem WGB angehörender, kommunistisch orientierter Gewerkschaften. Siehe Link: Amerikanische Gewerkschaften, S. 93–99; Lutz Niethammer: Defensive Integration – der Weg zum EGB und die Perspektive einer westeuropäischen Einheitsgewerkschaft, in: Borsdorf u. a.: Gewerkschaftliche Politik, S. 567–596.
35 Zum Antrag der Automobilgewerkschaft der USA (UAW) um Aufnahme in den IBFG, siehe Dok. 14, Fußnote 24.
36 Zu den Internationalen Berufssekretariaten (IBS) siehe Reutter/Rütters: Internationale und europäische Gewerkschaftsorganisationen: Geschichte, Struktur und Einfluss, in: Schroeder/Weßels: Gewerkschaftshandbuch, S. 512–542.

[Der Vorschlag von *Sickert*, jüngere Gewerkschaftssekretäre künftig auch in wichtigen Fremdsprachen auszubilden, solle bei der bevorstehenden Diskussion über grundsätzliche Personalfragen berücksichtigt werden.]

Ende der Sitzung: 16.10 Uhr

DOKUMENT 7

24. November 1969: Protokoll der 14. Sitzung der Konzertierten Aktion[1]

Bundeswirtschaftsministerium in Bonn-Duisdorf; Protokoll: Rudolf Henschel[2]; Sitzungsdauer: 14.45–0.30 Uhr.
Ms., hekt., 11 S., 5 Anlagen.[3]
DGB-Archiv, 5/DGAI001979.

A. VORBESPRECHUNG DER DGB-VERTRETER[4]

In der Vorbesprechung wurde in bezug auf die Stellungnahmen zu den vorgesehenen Tagesordnungspunkten Übereinstimmung erzielt.

Die Vorbereitung bezog sich auf folgende Punkte:

1. Verbesserung der Verfahrenstechnik der KA;

   a) Vorbereitung der Sitzungen der KA,

   b) Gestaltung der Orientierungsdaten im Wirtschaftsbericht.

2. Zur Konjunkturlage Herbst 1969 mit dem Schwerpunkt »Preisentwicklung«.

3. Eckdaten der wirtschaftlichen Entwicklung 1970.

---

1 Das Protokoll wurde von Georg Neemann mit einem Anschreiben am 2.12.1969 an die Mitglieder des DGB-Bundesausschusses verschickt. Briefkopf der ersten Protokollseite: »Deutscher Gewerkschaftsbund Abteilung Wirtschaftspolitik, Düsseldorf, den 28. November 1969 Hans-Böckler-Str. 39/Tel. 4301301, Hl/iS«.

2 Rudolf Henschel (geb. 1922), von 1967–1985 Leiter der Abteilung Wirtschaftspolitik beim DGB-Bundesvorstand, Zuständigkeitsbereich: Konjunktur-, Preis- und Einkommensfragen.

3 Teilnehmerliste (1); Schreiben von Heinz O. Vetter und Georg Neemann an Bundeswirtschaftsminister Karl Schiller vom 27.11.1969 (2); 9 Thesen zur Wirtschaftslage vom Bundesministerium für Wirtschaft I A 2 vom 17.11.1969 (3); Vorläufige Eckdaten der Gesamtwirtschaftlichen Entwicklung für das Jahr 1970 vom BMWi – I D – 02 00 23 – Stand 10.11.1969 (4); BMWi, Kommuniqué der Sitzung der Konzertierten Aktion vom 24.11.1969 (5). Anlage 5, siehe Dok. 8.

4 Die Vorbesprechung fand am 24.11.1969 um 14.00 Uhr im Haus I A, Saal 307 des BMWi statt. Nach einem Vermerk von Johannes Naber an Heinz O. Vetter vom 21.11.1969 waren anwesend: Adolf Schmidt, Otto Brenner, Karl Buschmann, Karl Hauenschild, Heinz Kluncker, Gerd Muhr, Georg Neemann, Rudolf Sperner, Bernhard Tacke, Heinz Vietheer und Alois Pfeiffer sowie vom Beraterkreis: Heinz Markmann, Heinz Beykirch, Rudolf Henschel und Alfred Schmidt. DGB-Archiv, DGB-BV, Abt. Vorsitzender 5/DGAI001979.

B. Sitzung der Konzertierten Aktion

Nach Abklärung der Angelegenheit »Fritz Berg«[5] begann die Sitzung um 14.45 Uhr.

Teilnehmer siehe Anlage 1.

[In der Eröffnungsrede stellt Bundeswirtschaftsminister *Schiller* die künftige Wirtschaftspolitik vor und unterrichtet über die D-Mark-Aufwertung als erste Maßnahme zur Preisstabilisierung.]

Punkt 1) Verbesserung der Verfahrenstechnik

Schöllhorn[6] erläuterte die Vorschläge der Regierung, die künftigen Sitzungen der KA besser als bisher vorzubereiten. Dazu gehören Vorbesprechungen der Arbeitsunterlagen im Arbeitskreis der Sachverständigen und eine Vorabstimmung der Tagesordnungspunkte im Kreis der Staatssekretäre, Geschäftsführer und Abteilungssekretäre. (Von Seiten des DGB nahmen an der ersten Vorbesprechung am 20.11.1969 teil die Kollegen Markmann, Beykirch und Henschel.) Das mit einer frühen Diskussion der Arbeitsunterlagen verbundene Risiko vorzeitiger Veröffentlichungen, ist das BWM [BMWi] bereit in Kauf zu nehmen. Dieses Risiko darf nach Aussagen von Schöllhorn die Zielsetzung einer gründlicheren Vorbereitung nicht behindern.

Zur künftigen Gestaltung des Wirtschaftsberichtes und der darin enthaltenen Orientierungsdaten wurde vorgeschlagen:

1. Alle Zieldaten auf volle Prozentpunkte abzurunden, um Mißdeutungen in bezug auf die Verbindlichkeit der Daten zu vermeiden.
2. Im Zieltableau keine Tariflohndaten aufzunehmen; wohl aber die tarifpolitischen Prämissen der im Projektionsteil enthaltenen Einkommensentwicklung aufzuzeigen.

Vom DGB wurde herausgestellt, daß diese Verbesserungsvorschläge prinzipiell zu begrüßen sind. Es dürften aber keine Mißverständnisse darüber bestehen, daß der DGB Tariflohnorientierungen grundsätzlich ablehnt. Tariflohn-Orientierungsdaten dürften daher auch im Textteil nicht erscheinen. Die amtliche Nennung solcher Daten gibt ihnen in Verbindung mit den Projektionszielen eine Verbindlichkeit, die ihnen nicht zukommt.

Schiller interpretierte die Regierungsvorlage:

Im Zielkatalog nur die Bruttolohnsumme und durchschnittlichen Lohnsätze von Beschäftigten. Im Textteil nähere Erläuterungen der durchschnittlichen Lohnentwicklung in bezug auf die erforderliche Tariflohnentwicklung.

Vom DGB wurde eingewandt, daß diese Interpretation nicht eindeutig sei. Es wurde nochmals betont, daß der DGB jegliche Tariflohnsatz-Orientierungen im Tabellen- oder Textteil ablehne.

---
5   Siehe hierzu: Dok. 6, Fußnote 12.
6   Johann Baptist Schöllhorn (1922–2009) war von 1967 bis 1972 beamteter Staatssekretär im Bundesministerium für Wirtschaft.

Dokument 7 24. November 1969

Nach einem Meinungsaustausch zwischen Schiller und mehreren Mitgliedern der DGB-Delegation über die Auslegung früherer Verlautbarungen der KA wurde von Seiten des DGB die gewerkschaftliche Auffassung nochmals vorgetragen:

1. Jede Tariflohnsatz-Orientierung enthält das Problem, daß mit der amtlichen Nennung konkreter Tariflohnsätze auch die Lohndrift vorfixiert wird.
2. Darüber hinaus können Durchschnittssätze die Sondersituation in den einzelnen Branchen nicht genügend berücksichtigen.
3. Die Tarifvertragsparteien müssen die Freiheit behalten, in Kenntnis der gesamtwirtschaftlichen Entwicklungstendenzen die tarifpolitischen Konsequenzen selbst zu bestimmen.

Auch ein längeres Gespräch zwischen Schiller und den DGB-Vertretern konnte die Frage nicht klären, wie sich die Bundesregierung die Erläuterung der in der Zielprojektion enthaltenen Einkommensentwicklungen konkret vorstellt. Die Äußerungen von Seiten des Bundeswirtschaftsministeriums könnten so ausgelegt werden, daß man nach wie vor die Nennung von Tariflohnsätzen im erläuternden Textteil beabsichtigt. Es wurde daher von Seiten des DGB vorgeschlagen, daß die Gewerkschaften ihre Vorstellungen dem Minister in Kürze schriftlich überreichen werden (Anlage 2).

Von Seiten der BDA wurde die Kritik der Gewerkschaften an der Tariflohnorientierung unterstützt. Allerdings wäre man bereit, eine tarifpolitische Erläuterung der projektierten Einkommensgrößen im Textteil zu akzeptieren und dabei auch Tariflohnsätze zu nennen, die allerdings keine Verbindlichkeit haben dürften.

Es wurde schließlich vorgeschlagen, diese Diskussion nach Kenntnis des neuen Sachverständigengutachtens fortzusetzen.

PUNKT 2) KONJUNKTURPOLITISCHE SITUATION

Schöllhorn erläuterte die neuen Thesen zur Konjunkturpolitik. (Anlage 3). Er ergänzte diese Thesen um die in der Vorbesprechung von Seiten des DGB gemachten Vorschläge, daß die Preisentwicklung nicht durch die Entwicklung der Lohnkosten erklärt werden kann, da die Lohnkosten auch im Herbst 1969 noch niedriger sind als vor 2 bis 3 Jahren, und daß sich die Preissteigerung aus dem Bestreben der Unternehmen ergebe, ihre im Aufschwung ausgedehnten Gewinnmargen auch in der jetzigen Konsolidierungsphase aufrecht zu erhalten.

Der Tagesordnungspunkt 2) wurde daraufhin in folgende Unterthemen aufgeteilt:

1. Ausgaben der Gebietskörperschaften
2. Vorschläge zur Vermögenspolitik
3. Vorschläge zur Wettbewerbspolitik
4. Vorschläge zur administrativen Preispolitik

Schiller erläuterte die Notwendigkeit, Einzelbewilligungen von Haushaltsausgaben nicht mehr zu genehmigen und die öffentlichen Ausgaben vor allem im 1. Halbjahr, in der Phase der stärksten Preissteigerungen, zu strecken, um dafür im 2. Halbjahr durch höhere Ausgaben zur Stützung der Konjunktur beizutragen.

Er erläuterte ferner die Notwendigkeit, durch stärkere Vermögensbildung der Arbeitnehmer die Konsumnachfrage einzuschränken. Die Vermögenspolitik erhält damit in der gegenwärtigen Situation nicht nur einen sozialen, sondern auch einen preisstabilisierenden Effekt.

Die Wettbewerbspolitik kann sich zur Zeit nur auf eine schärfere Auslegung des Gesetzes gegen Wettbewerbsbeschränkungen stützen. Diese Aufgabe liegt ausschließlich beim Kartellamt.

Die Entwicklung der administrativen Preise kann zwar nicht losgelöst von der allgemeinen Preis- und Kostenentwicklung gesehen werden, ihre Handhabung sollte aber in der jetzigen Phase zu keiner Beschleunigung des Preisanstiegs beitragen.

[Ergänzende Ausführungen zur Vermögens- und Preispolitik werden von *Blessing* (Bundesbank), *Rauschenbach* (Bundeskartellamt), *Schlecht* (BMWi) und *Bauer* (Sachverständigenrat) vorgetragen.[7]]

Schlecht erläuterte im Einzelnen die vermögenspolitischen Vorschläge der Regierung, die sich auf das Modell B) der vier Alternativvorschläge vom Frühjahr 1969 beziehen.[8] Dieser Vorschlag sieht vor, die Steuer- und Sozialabgabenfreiheit für vermögenswirksame Leistungen von 312 DM auf 624 DM zu erhöhen, sofern derartige Leistungen durch Tarifverträge oder Betriebsvereinbarungen festgelegt werden.

Von Seiten des DGB und der DAG wurde die Frage aufgeworfen, ob die vermögenspolitischen Vorschläge die große Lösung darstellen sollen. Von Seiten des DGB wurde zusätzlich betont, daß derartige vermögenspolitische Vereinbarungen in Tarifverträgen nur zusätzlich abgeschlossen werden können.

Die BDA begrüßte die vermögenspolitischen Vorschläge als eine kleine Lösung, die jedoch keine Chance hätte, wenn die Gewerkschaften auf der Forderung nach Zusätzlichkeit bestehen bleiben, da die Frage der Zusätzlichkeit niemals exakt zu klären sei.

Schöllhorn stellte schließlich fest, daß die Tarifvertragsparteien das vorgeschlagene Konzept der Vermögensbildung grundsätzlich bejahten.

---

7 Karl Blessing, von 1957–1969 Präsident der Deutschen Bundesbank; Gerhard Rauschenbach, von 1959–1970 Vizepräsident des Bundeskartellamtes; Otto Schlecht, Referent und ab 1973 beamteter Staatssekretär im Bundesministerium für Wirtschaft; Wilhelm Bauer, von 1964–1970 Vorsitzender des Sachverständigenrates zur Begutachtung der gesamtwirtschaftlichen Entwicklung.
8 Siehe Kommuniqué zum 12. Gespräch im Rahmen der Konzertierten Aktion am 28.2.1969, DGB-Archiv, DGB-BV, Abt. Vorsitzender 5/DGAI001979. Die einzelnen vermögenspolitischen Modelle wurden auch im Gesellschaftspolitischen Beraterkreis des Wirtschaftswissenschaftlichen Instituts des DGB diskutiert. Dieser Kreis hatte seine konstituierende Sitzung am 17.12.1969. DGB-Archiv, DGB-BV, Abt. Gesellschaftspolitik 5/DGAK000020.

Dokument 7 24. November 1969

Zum Thema »Preispolitik« faßte *Schiller* die Vorstellungen der Regierung nochmals zusammen. Sie betreffen:
1. Streckung der Haushaltsausgaben Anfang 1970
2. Förderung der Vermögensbildung der Arbeitnehmer zur Eindämmung der Konsumnachfrage
3. Aktivierung der Wettbewerbspolitik durch Maßnahmen des Kartellamtes
4. Steuerung der Preisentwicklung auf dem Gebiet der administrativ beeinflußbaren Preise

Anschließend erwähnte Schiller eine größere Anzahl eindeutiger Preisverstöße.

Von Arbeitgeberseite wurden gegen diese Konzeption unterschiedliche Einwände erhoben. Es wurde betont, daß die erwähnten Preissteigerungen bei Glühlampen eine Folge der Leuchtmittelsteuer seien, daß Preissteigerungen bei Haferflocken die Folge erhöhter Lohnkosten wären, weil in diesem Bereich keine Erhöhung der Arbeitsproduktivität möglich sei. Es wurde als unmöglich unterstellt, die erwarteten Preissenkungen bei Agrarprodukten an die Verbraucher weiterzugeben, da die Verarbeitungskosten z. B. bei Zuckerrüben außerordentlich hoch wären.

Von Vertretern des DGB wurde darauf hingewiesen, daß diese Argumentation sich selbst der Lächerlichkeit preisgebe.

– Gerade die angeführten Preisbeispiele für Nahrungsmittel stammen aus Produktionsbereichen, die für ihre großen Rationalisierungsmöglichkeiten bekannt sind.
– Sinkende Kosten für Rohstoffe und Vorfabrikate sind logischerweise genauso weiterzugeben, wie dies bei steigenden Kosten regelmäßig der Fall ist.

Wichtig sei vor allem, daß die Öffentlichkeit über die Gründe der gegenwärtigen Preiswelle informiert werde. Der DGB kann sich hierbei auf Berechnungen der Lohnkosten stützen, die eindeutig beweisen, daß die Stücklohnkosten in der Industrie im Jahre 1969 niedriger waren als vor 2 bis 3 Jahren. (Zu gleichen Ergebnissen kommt die Bundesbank in ihren Statistischen Beiheften zu den Monatsberichten, November 1969, und der Sachverständigenrat in seinem diesjährigen Gutachten, Ziffer 61 bis 64.) Die Tatsache, daß die Lohnkosten zwischenzeitlich noch tiefer lagen, ist keine Begründung für steigende Preise. Die auch in Regierungsverlautbarungen wiederholten Hinweise auf die seit dem Tiefstand wieder angestiegenen Lohnkosten liefern durch ihre missverständliche Auslegung geradezu ein Alibi für neue Preiserhöhungen und untergraben den Widerstand gegen neue Preisforderungen.

Punkt 3) Eckdaten der Entwicklung 1970

Schöllhorn referierte einleitend über die vorläufige Prognose der Bundesregierung für 1970 (Anlage 4). Der Schwerpunkt dieser Prognose liegt in der Abschwächung der realen Produktion auf 4 bis 4,5% und des Anstiegs des Preisniveaus auf ebenfalls 4 bis 4,5%, so daß eine nominale Erhöhung des

24. November 1969 **Dokument 7**

Sozialprodukts von 8 bis 9% erwartet wird. Dabei wird angenommen, daß sich die Löhne um durchschnittlich 11% erhöhen, so daß eine gewisse Umverteilung zugunsten der Arbeitnehmer eintritt.
Trotz zusätzlicher Sparförderung erwartet die Regierung jedoch einen Rückgang der Sparquote, während im Wohnungsbau Preissteigerungen um mehr als 5% angenommen werden.
Als Begründung für die relativ gering geschätzte Produktionssteigerung verwies Schöllhorn auf ähnliche Schätzungen des DIW, der EWG-Kommission und der OECD wie auch des Sachverständigenrates, die sich jedoch untereinander voraussichtlich stark beeinflußt haben.[9]
Vom DGB wurden diese Erwartungen der eigenen Zielprojektion gegenübergestellt. Der Unterschied besteht vor allem in 2 Punkten:
1. Der DGB rechnet (ebenso wie das WWI) mit einem um 0,5 bis 1% stärkeren Wachstum des realen Sozialprodukts um 5%. Die Gewerkschaften schätzen also ebenso wie in den Vorjahren (1968 und 1969) die realen Wachstumschancen optimistischer als die Regierung ein, die in den letzten beiden Jahren mit ihren Prognosen um jeweils 50% hinter der tatsächlichen Entwicklung zurückblieb.
2. Der DGB hält es bei einer aktiven Preispolitik für möglich, daß der Preisanstieg für den privaten Verbrauch auf 2 bis 2,5% (Regierungsprognose 3%) und für das Bruttosozialprodukt auf 2,5 bis 3% (Regierungsprognose 4,5%) beschränkt werden kann.

Die Preisstabilisierung hätte nach Auffassung des DGB eine stärkere Aufwertung (10%) und ein Verbot der Preisbindung der 2. Hand erfordert. Möglich ist noch eine konsequente Fusionskontrolle, das Verbot der Marktbeherrschung und eine preisstabilisierende Handhabe der administrativen Preise. Die Zielsetzungen der Gewerkschaften sind nach der erfolgten Aufwertung[10] und den gegebenen Koalitionsabsprachen[11] nicht mehr vollständig zu realisie-

9 Die geschätzten Produktionssteigerungsdaten für 1970 beliefen sich beim DIW auf 4,5%, bei der EWG-Kommission auf 4% und bei der OECD auf 4,25%. Vgl. Thesen zur Wirtschaftslage, hrsg. v. Bundeswirtschaftsministerium, I A2 vom 17.11.1969, in: DGB-Archiv, DGB-BV, Abt. Vorsitzender 5/DGAI001979.
10 Durch Beschluss der Bundesregierung vom 24.10.1969 wurde die DM um 8,5% aufgewertet, um das Ungleichgewicht in der Zahlungsbilanz zu beseitigen und die Preisentwicklung für das Jahr 1970 zu dämpfen. Vgl. hierzu: Regierungserklärung des Bundeskanzlers Willy Brandt am 28.10.1969, in: Bulletin des Presse- und Informationsamtes der Bundesregierung, 29.10.1969, Nr. 132, S. 1222. Der DGB begrüßte diese Aufwertung, vgl. Die Quelle 20, 1969, Heft 11, S. 441, obwohl das WWI für die gewerkschaftlichen Zielsetzungen einen Aufwertungssatz von 10% für erforderlich hielt. Vgl. ND, 17.10.1969, Nr. 286. Ursprünglich wollte Bundeswirtschaftsminister Schiller die DM um 10% aufwerten, jedoch ergab sich im Gespräch mit der FDP, die die deutsche Exportwirtschaft schonen wollte, der Kompromiss von 8,5%. Vgl. Der Spiegel 23, 27.10.1969, Nr. 44, S. 27.
11 Die Gewerkschaften bemängelten an der Koalitionsabsprache insbesondere, dass die paritätische Mitbestimmung vorerst ausgeklammert wurde und eine Umverteilung des Produktivvermögen nicht vorgesehen war. Zu der Koalitionsvereinbarung vgl. Wolfgang Jäger: Die Innenpolitik der sozial-liberalen Koalition 1969–1974, in: Karl Dietrich Bracher/Wolfgang Jäger/Werner Link: Republik im Wandel 1969–1974. Die Ära Brandt, Stuttgart 1986, S. 15–160. Siehe auch: Gespräch Günter Gauss mit Willy Brandt zur Regierungskoalition, in: Der Spiegel 23, 27.10.1969, Nr. 44, S. 29–34.

Dokument 7 24. November 1969

ren. Sie halten es jedoch nach wie vor für möglich, den erwarteten Preisanstieg durch wettbewerbspolitische Maßnahmen und durch eine umfassende Aufklärung der Öffentlichkeit abzuschwächen.

Vom WWI wurden anschließend die Entwicklungserwartungen der Gewerkschaften dargelegt unter der Voraussetzung, daß die Regierung weitere preisdämpfende Aktivitäten unterläßt. In diesem Fall rechnet der DGB ebenfalls mit Preissteigerungen von 3% beim privaten Verbrauch und 4% beim Bruttosozialprodukt. Die nominalen und realen Verteilungsproportionen sind in diesem Fall für die Arbeitnehmer entsprechend ungünstiger.

Von Seiten der Unternehmer konnte eine eigene, in sich geschlossene Entwicklungsschätzung nicht vorgelegt werden, obwohl sie seit mehreren Wochen an einer derartigen Vorausschätzung arbeiten. Die von ihnen genannten Einzelschätzungen deckten sich teilweise mit der schon vor Wochen publizierten WWI-Prognose. Auch die Unternehmer schätzen für 1970 ein reales Wachstum von 5%. Die von ihnen erwarteten Lohnsteigerungen wurden jedoch nicht genannt. Sie erwarteten aber eine Steigerung des privaten Verbrauchs um 10% bei einer Erhöhung des Preisniveaus für den privaten Verbrauch um 3% und für das Bruttosozialprodukt um 4%. Die Zunahme der Bruttogewinne schätzen sie auf 3%. – Diese Annahmen sind jedoch in sich nur schlüssig, wenn die Lohnerhöhungen mit mehr als 10% eingerechnet wurden.

Die anschließende Abstimmung über den Text des Kommuniqués nahm mehrere Stunden in Anspruch.

Die Arbeitgeber versuchten, folgende Thesen in dem Kommuniqué unterzubringen:

1. daß erwartet wird, daß im 2. Halbjahr 1970 ein konjunktureller Rückschlag eintritt;
2. daß die Aussage über die preisdämpfende Wirkung der Aufwertung abgeschwächt wird;
3. daß die Forderung nach notwendiger Weitergabe der Agrarpreis- und Importpreissenkungen weniger deutlich ausgesprochen wird.

Die Auffassung der Gewerkschaften, daß die Preissteigerungen nicht kostenbedingt wären und auch nach den Berechnungen der Bundesbank der Lohnkostenanteil in der Industrie z. Z. noch unter dem Stand von 1966 und 1967 liege, wurde ebenfalls nicht in das Kommuniqué aufgenommen.

Die Beteiligten einigten sich schließlich auf das als Anlage 5) beigefügte Kommuniqué.[12]

Schluss der Sitzung   Für das Protokoll
25.11.1969 – 0.30 Uhr   <Rudolf Henschel>

---

12 Siehe Dok. 8.

DOKUMENT 8

26. November 1969: Kommuniqué der 14. Sitzung der Konzertierten Aktion vom 24.11.1969

Hekt., 2 S.[1]

DGB-Archiv, 5/DGAI001979.

Am 24. November 1969 wurden die Beratungen im Rahmen der Konzertierten Aktion zwischen den Spitzenorganisationen der Unternehmer, den Gewerkschaften, dem Sachverständigenrat, der Deutschen Bundesbank und den beteiligten Ressorts unter Vorsitz von Bundeswirtschaftsminister Prof. Dr. Karl Schiller wieder aufgenommen.[2] An den Beratungen nahmen erstmals Vertreter der Landwirtschaft teil.

Als gemeinsames Programm für die künftige Arbeit nannte der Minister Schiller die »Stabilisierung ohne Stagnation«. Voraussetzung für eine erfolgreiche Arbeit der Konzertierten Aktion sei eine in sich widerspruchsfreie staatliche Wirtschafts-, Finanz- und Geldpolitik.

Zur Intensivierung der Arbeit in der Konzertierten Aktion einigten sich die Beteiligten auf Verbesserungen des Verfahrens. Staatssekretär Dr. Schöllhorn teilte mit, daß für den Jahreswirtschaftsbericht 1970 zur Vermeidung von Mißverständnissen eine veränderte Darstellung der Jahresprojektion geplant sei.

In der Beurteilung der Konjunkturlage stimmen die Beteiligten weitgehend überein. Die Wirtschaft der Bundesrepublik stehe gegenwärtig in einer ausgeprägten Hochkonjunktur. Übereinstimmend wurde betont, daß die Stabilität auf absehbare Zeit den Vorrang in der Wirtschaftspolitik behalten müsse:

1. Die Finanzpolitik von Bund, Ländern und Gemeinden dürfe den Stabilisierungseffekt der Aufwertung nicht durch eine übermäßige Ausweitung der staatlichen Ausgaben gefährden, um so eher sei sie dann bei einer Konjunkturabschwächung in der Lage, durch eine entsprechende Ausgabenpolitik zur Aufrechterhaltung eines hohen Beschäftigungsstandes beizutragen.

2. Die Vermögenspolitik könne in der gegenwärtigen Konjunkturlage auch einen Beitrag zur Stabilisierung leisten. Die Offerte der Bundesregierung, das 312-DM-Gesetz vor allem für tarifvertragliche Vereinbarungen zu erweitern, wurde positiv beurteilt.

3. Angesichts der gegenwärtigen Preisentwicklung müßten die Möglichkeiten des Gesetzes gegen Wettbewerbsbeschränkungen ausgeschöpft werden. Dabei berichtete Minister Schiller über die vom Bundeskartellamt eingeleitete Verstärkung der Mißbrauchsaufsicht bei den sich häufenden Preis-

---

1 Anlage 5 zum Protokoll der Sitzung der Konzertierten Aktion vom 24.11.1969 (Dok. 7).
2 Die letzte Sitzung der »Konzertierten Aktion« unter der alten Bundesregierung der Großen Koalition hatte am 28.2.1969 stattgefunden. Vgl. Kommuniqué der Sitzung, DGB-Archiv, DGB-BV, Abt. Vorsitzender 5/DGAI001979.

Dokument 9   26. November 1969

erhöhungen auf unvollkommenen Märkten und bei preisgebundenen Waren.
4. Im Bereich der staatlich beeinflußten Preise müsse die Entwicklung in engen Grenzen gehalten werden.

In der Aussprache über die voraussichtliche Entwicklung im Jahre 1970 wurden die zahlenmäßigen Vorstellungen der Beteiligten ausgetauscht. Dabei ergab sich eine weitgehende Übereinstimmung des Prognosebildes. Von allen Gesprächsteilnehmern wurde auf die unmittelbaren Gefahren für die Preisstabilität hingewiesen. Die Gesprächsteilnehmer erwarten, daß die Aufwertung der D-Mark diesen Gefahren entgegenwirkt. Gleichwohl sind zur Unterstützung dieser Wirkungen weitere Stabilisierungsbemühungen notwendig. Dazu gehört auch eine anteilige Weitergabe der aufwertungsbedingten Senkung der landwirtschaftlichen Erzeugerpreise ab 1. Januar 1970 an die Verbraucher.

Die nächste Sitzung der Konzertierten Aktion findet am 12. Januar 1970, 14.00 Uhr, statt.

DOKUMENT 9

5. Dezember 1969: Bericht der DGB-Abteilung Ausland über das offizielle Gespräch mit dem Zentralrat des sowjetischen Gewerkschaftsbundes in Moskau[1]

Hekt., 11 S.[2]

DGB-Archiv, 5/DGAI000463.

An dem Gespräch nahmen von sowjetischer Seite teil:

Kollege A. N. Schelepin,	Vorsitzender des Zentralrats der sowjetischen Gewerkschaften,
Kollege P. T. Pimenow,	Sekretär und Mitglied des Geschäftsführenden Vorstands des Zentralrats der sowjetischen Gewerkschaften,
Kollege W. I. Prochorow,	wie vor[heriger]
Kollege B. A. Averjanow,	Leiter der Abteilung für Internationale Beziehungen,

von deutscher Seite die Kollegen

Heinz O. Vetter, Heinz Vietheer, Otto Kersten, Walter Fritze.

---

1   Anlässlich des zweitägigen Aufenthaltes von Boris A. Averjanow beim DGB-Bundesvorstand wurde der Delegationsbesuch in Moskau vereinbart. Siehe »Bericht über das mit dem Leiter der Internationalen Abteilung des sowjetischen Gewerkschaftsbundes geführte Gespräch am 28. und 29. August 1969«, erstellt von Otto Kersten am 4.9.1969, DGB-Archiv, DGB-BV, Abt. Vorsitzender 5/DGAI000463.
2   Dieser Bericht wurde unter TOP 3 auf der 5. Sitzung des Bundesvorstandes am 6.1.1970 diskutiert. Siehe Dok. 10.

26. November 1969 **Dokument 9**

1. GEWERKSCHAFTSPOLITISCHE THEMEN UND AUSTAUSCHPROGRAMM

Die sowjetische Seite brachte ihre *Genugtuung über den Beschluß des DGB-Bundeskongresses*[3] in München, die Kontakte wieder aufzunehmen, zum Ausdruck. Die Bedeutung, die dem Besuch der DGB-Delegation in der Sowjet-Union beigemessen wurde, ist aus dem relativ großen Echo bei den Massenmedien zu erkennen.

Der DGB hat eine *Gegeneinladung einer gleichen* [sic!] *repräsentativen Delegation* des Zentralrates der sowjetischen Gewerkschaften ausgesprochen. Kollege Schelepin hat Kollegen Vetter persönlich wissen lassen, daß er es auf Grund einer möglichen negativen Pressekampagne in der Bundesrepublik vorziehen würde, die Delegation nicht zu leiten. Kollege Vetter hat jedoch darauf bestanden, daß die für die zweite Hälfte des Monats Mai 1970 eingeladene sowjetische Delegation von Kollegen Schelepin geleitet wird. Eine endgültige Einigung in dieser Frage ist noch nicht erzielt worden. Zwischenkontakte auf der Ebene der internationalen Abteilungen sollen diese Angelegenheit noch klären.

Hinsichtlich des *Delegationsaustausches auf der fachlichen Ebene* wurde vorbehaltlich der noch zu treffenden Entscheidungen auf beiden Vorstandsebenen die Vertiefung des Studiums nachstehender Bereiche gewerkschaftlicher Tätigkeit beraten: Mitbestimmung, Arbeitssicherheit, Soziale Sicherheit, Gesundheitsfürsorge, Erwachsenenbildung. Hierbei ist daran gedacht, daß jeweils eine sowjetische Delegation in der Bundesrepublik und eine deutsche Delegation in der Sowjet-Union diese Themen beraten.

In Bezug auf den *Austausch von Gewerkschaftsjournalisten* wurde vorgeschlagen, im nächsten Jahr je eine Delegation der Gewerkschaftspresse des DGB und der Gewerkschaftszeitung »Trud« auszutauschen. Außerdem wurde ein erster Austausch von Artikeln, die eine Selbstdarstellung der eigenen Organisation beinhalten können, vorgeschlagen.

In den Vorständen sei noch über die Möglichkeiten eines *Austausches von Delegationen aus den Regionalbezirken beider Organisationen* zu beraten. Die sowjetische Seite schlug vor, den Regionalaustausch z. B. auf der Ebene von regionalen Treffen der Landesbezirke vorzunehmen (Hamburg/Leningrad, Frankfurt/Moskau etc.).

Weitere Punkte des Austauschprogramms sind

a) Austausch von Ausstellungen über die Aktivitäten des DGB in der Sowjet-Union

b) Festlegung eines Austauschprogramms in den Gewerkschaftsheimen beider Organisationen auf der Grundlage der Gegenseitigkeit

c) Zur Zeit noch ungelöste Frage der Einbeziehung Berliner Kollegen in DGB-Delegationen

---

3 Gemeint sind hier die angenommenen Anträge 63 und 67 zur Wiederaufnahme der gewerkschaftlichen Ostkontakte. Protokoll 8. Bundeskongreß, Teil: Anträge und Entschließungen, S. 82 und 85.

Dokument 9   26. November 1969

d) Erweiterung der Kontakte zwischen den Industriegewerkschaften beider Organisationen, wobei von sowjetischer Seite insbesondere Wert auf folgende Bereiche gelegt wird: Chemie, Metall, NGG, ÖTV, Post, Lehrer, HBV

e) Jeweilige Zeitungsabonnements in mehreren Exemplaren (soweit sprachlich auswertbar) zwischen »TRUD« und »WdA«

f) Entsendung von Delegationen zu Kongressen

Hinsichtlich der *Mitwirkung von Westberliner Kollegen,* was Kollege Vetter als seinen ausdrücklichen Wunsch bezeichnete, gab Kollege Schelepin zu verstehen, daß es *zum gegenwärtigen Zeitpunkt nicht opportun sei,* diese Frage anzuschneiden. Offensichtlich ist die politische Führung der Sowjet-Union zur Zeit damit beschäftigt, eine neue Interpretation der Stellung Westberlins auszuarbeiten.

Der sowjetische Vorschlag, eine *gemeinsame ständige gewerkschaftliche Kommission* zwischen dem DGB und dem WZSPS einzurichten, wurde nicht diskutiert. Die sowjetische Seite bestand nicht auf einer sofortigen Stellungnahme des DGB zu ihrem Vorschlag. Schelepin erinnerte daran, daß die bereits bestehenden bilateralen ständigen Kommissionen zwischen seinem Verband und dem finnischen Gewerkschaftsbund SAK und dem japanischen Gewerkschaftsbund SOHYO jährlich einmal tagen und die beiderseitigen, insbesondere gewerkschaftspolitischen und politischen Fragen eingehend beraten werden. Es ist vorzuschlagen, diesem Vorschlag nicht näher zu treten.

Die *Fragen der europäischen Sicherheit* nahmen einen breiten Raum in der Diskussion ein. Offensichtlich war Kollege Schelepin nicht sehr glücklich über die wenig vorbereitete Aktion des polnischen Vorsitzenden Loga-Sowinski. Wie bekannt waren die Antworten nahezu aller westlichen Gewerkschaften auf den Brief Loga-Sowinskis (Wunsch auf Abhaltung einer gesamteuropäischen Sicherheitskonferenz der Gewerkschaften) negativ.[4] Kollege Schelepin hätte es lieber gesehen, wenn auf der bilateralen Ebene der Internationalen Abteilungen hierfür entsprechende Vorbereitungen getroffen worden wären. Er gab auf entsprechende Hinweise des Kollegen Vetter zu, daß eine solche Konferenz nur durch eine umfassende und gute Vorbereitung Erfolge verzeichnen könnte.

Der sowjetische Vorschlag, eine *gesamteuropäische Konferenz,* in deren Verlauf alle Fragen der europäischen wirtschaftlichen, kulturellen und sozialen Kooperation behandelt werden sollen (also Ausklammerung der politischen und militärischen Sicherheitsfragen), einzuberufen, wurde in den Beratungen beider Delegationen eingehend erörtert. Von Seiten des DGB wurde hinsichtlich der guten Vorbereitung insbesondere die Verfahrensweise und die Auswahl der Themen erörtert. Es wäre vorstellbar, eine solche Konferenz im Rahmen der Internationalen Arbeitsorganisation durchzuführen. Von sowjetischer Seite wurde hierzu ergänzend vorgeschlagen, daß ein entsprechendes

---

4   Siehe Diskussion zu diesem Brief und dessen Beantwortung in der 3. Bundesvorstandssitzung vom 7./8.10.1969 (Dok. 4) und der 4. Bundesvorstandssitzung vom 4.11.1969 (Dok. 6).

Vorbereitungskomitee, welches sich beispielsweise aus Vertretern folgender Gewerkschaften zusammensetzen könnte, zu bilden wäre: DGB, ÖGB, SAK (Finnland), polnischer und ungarischer Gewerkschaftsbund. Sollte der Vorstand beider Organisationen hierüber Übereinstimmung erzielen, wäre die Vorbereitung auf der Ebene der Leiter der Internationalen Abteilungen beider Organisationen in Angriff zu nehmen. Die Konferenz könnte in der zweiten Hälfte 1970 stattfinden.

Der Bundesvorstand hat über die Zweckmäßigkeit einer solchen Veranstaltung in seiner Sitzung am 6. Januar zu entscheiden.[5]

Zum *Verhältnis des DGB zum FDGB* wurde von deutscher Seite ausgeführt, daß der Bundesvorstand im Januar hierüber einen konkreten Beschluß fassen wird. Es wurde der Befürchtung Ausdruck gegeben, daß der FDGB für ein evtl. Treffen mit dem DGB politische Bedingungen stellen könnte, die für den DGB unannehmbar wären. Schelepin betonte, daß der FDGB autonom sei, daß man aber dennoch seitens der sowjetischen Gewerkschaften hierzu einiges tun könnte. Kollege Vetter hob hervor, daß es unverständlich wäre, eine europäische Gewerkschaftskonferenz abzuhalten, bevor man sich nicht auf der bilateralen Ebene getroffen hätte. Das gilt auch für den *polnischen Gewerkschaftsbund,* der inzwischen seine *Bereitschaft erklärt* hat, bilaterale Spitzenkontakte *ohne jede Vorbedingungen aufzunehmen.*

Zu den internationalen Gewerkschaftsfragen führte Kollege Schelepin aus, daß der letzte WGB-Kongress in Budapest über alle Erwartungen hinaus erfolgreich verlaufen ist.[6] Natürlich seien die Beziehungen der Gewerkschaften innerhalb des Warschauer Paktes qualitativ besser als mit anderen dem WGB angeschlossenen Organisationen. Die Beschaffenheit der von den Gewerkschaften zu behandelnden Fragen erklärt diesen Unterschied. Aber auch ihre bilateralen Kontakte zu Gewerkschaftsbünden und Einzelgewerkschaften außerhalb des Weltgewerkschaftsbundes sind beachtlich. Im Jahre 1969 waren 85 Gewerkschaftsdelegationen aus folgenden 15 Mitgliedsorganisationen des IBFG Gäste der Sowjet-Union: Australien, Österreich, Großbritannien, Belgien, Dänemark, Kanada, Finnland, Japan, Irland, Malaysia, Norwegen, Neuseeland, USA (Stahl- und Hafenarbeiter), Singapur und Schweden. Schelepin brachte seine Genugtuung zum Ausdruck, dass der Antikommunismus in der internationalen Gewerkschaftspolitik in zunehmendem Maße scheitert. Er nahm zur Kenntnis, daß der IBFG alle Bemühungen unternommen hat, die AFL-CIO in den IBFG zurückzuführen, vertrat jedoch die Auffassung; daß das kein logischer Schritt sei, wenn man berücksichtigt, was die AFL-CIO an Stellungnahmen zu internationalen politischen Fragen (z. B. Vietnam) eingenommen hatte.[7]

---

5 Siehe Diskussion in der 5. Bundesvorstandssitzung am 6.1.1970 zu TOP 3 »Ostkontakte« (Dok. 10), DGB-Archiv, DGB-BV, Abt. Vorsitzender 5/DGAI000463.
6 Auf dem VII. Weltkongress vom 17. bis 26.10.1969 in Budapest wurde u. a. das Statut dahin gehend geändert, dass den angeschlossenen Gewerkschaftszentralen mehr Selbstständigkeit bei der Durchführung ihrer Politik eingeräumt wurde, vgl. Der Weltgewerkschaftsbund. Ausgewählte Dokumente 1945–1985, Berlin (Ost) 1986, S. 80 f.
7 Vgl. zum Austritt des ALF/CIO aus dem IBFG Fußnoten 33–35 in Dok. 6.

Dokument 9   26. November 1969

Schelepin schlug vor, daß die Internationalen Berufssekretariate nähere Kontakte miteinander unterhalten sollten. Man könnte jeweils Beobachter entsenden, die zu prüfen hätten, ob eine solche Kontaktnahme den gewerkschaftlichen Interessen des jeweiligen Internationalen Berufssekretariats entspräche.

Für die Trennung von WGB und IBFG seien nach Auffassung Schelepins zwei Gründe maßgebend gewesen: a) der Kalte Krieg, b) das vom IBFG ausgesprochene Kontaktverbot.

Beide Gründe seien seiner Meinung nach nunmehr entfallen, sodaß die Hoffnung besteht, künftig auch auf dieser Ebene einander näher zu kommen. Über nachstehende *Einzelfragen* wurde grundsätzlich Übereinstimmung erzielt:

Die sowjetischen Gewerkschaften werden sich dafür einsetzen, daß das Bolschoi-Ballett an den Ruhrfestspielen teilnimmt.

Der WZSPS hat sich in den beiden vorgelegten Fällen der Familienzusammenführung erfolgreich für die Interessen der beiden deutschen Kollegen Stahr und Simon eingesetzt.

Für alle gegenseitigen Besuche von Delegationen und Einzelpersonen werden sogenannte »devisenlose« Lösungen angestrebt, d. h., daß die jeweilige einladende Organisation die vollen Aufenthaltskosten übernimmt. Die Fahrtkosten sollen jeweils zu Lasten der eingeladenen Organisation gehen. Alle Einladungen erfolgen auf der Grundlage der Gegenseitigkeit, d. h., daß durch die Verwirklichung des vorgeschlagenen Besuchsprogramms erreicht wird, daß unvollkommene und teilweise falsche Klischee-Vorstellungen über die jeweils besuchten Länder abgebaut werden.

Kollege Schelepin wird prüfen, wie weit die Unternehmen der Gemeinwirtschaft mehr als bisher in die bilateralen Wirtschaftsbestrebungen zwischen der Sowjet-Union und der Bundesrepublik eingeschaltet werden können.

2. POLITISCHE FRAGEN

Kollege Schelepin begrüßte das *Wahlergebnis der Bundestagswahl* vom 28. September 1969 und die auf dieser Grundlage erfolgte Bildung der neuen Regierung. Er brachte zum Ausdruck, dass diese Entwicklung eine neue Ära der Beziehungen zwischen der Sowjetunion und der Bundesrepublik Deutschland einleiten kann.[8] Er meinte, daß auch die Arbeitnehmer an dem Zustandekommen der Wahl einen großen Anteil hatten.

Schelepin wisse, daß die *neue Bundesregierung* ohne positive Stellungnahme des DGB nur sehr schwer hätte zustande kommen können. Positiv sei für ihn, daß zwanzig Jahre CDU-Regierungszeit zu Ende gegangen sei, während der die Regierung stets auf der alten Position bestanden hätte, nie einen Aus-

---

8 Die nach der Bundestagswahl gebildete sozial-liberale Regierungskoalition übergab am 15.11.1969 dem sowjetischen Außenministerium eine Note der Bundesregierung mit dem Wunsch nach baldigen deutsch-sowjetischen Verhandlungen über einen gegenseitigen Gewaltverzicht. Siehe Chronik des Jahres 1969, in: Neue Gesellschaft, Jahresübersicht 1969, Bonn-Bad Godesberg, S. 590.

gleich zwischen Ost und West zu suchen. Schelepin lehnte es entschieden ab, das deutsche Volk als Feinde, Revanchisten oder Faschisten zu bezeichnen Die Mehrheit dieses Volkes setze sich aus der Arbeitnehmerschaft zusammen. Beide Völker hätten im letzten Krieg schwer gelitten. Er sei der festen Überzeugung, daß beide Völker keinen Krieg mehr wollen. Das sei seine ehrliche Meinung. Aus diesem Grunde seien die gemeinsamen Interessen der Völker und Arbeitnehmer beider Staaten nach Frieden und Ausgleich in der Politik voll zu respektieren.

Schelepin betonte, daß er mit folgenden Bemerkungen *nicht beabsichtige, sich in die inneren Angelegenheiten der Bundesrepublik einzumischen:*

Seiner Auffassung nach sollte man den Versuch zur Rückgewinnung alter politischer Positionen, sei es auf der Ebene der Wirtschaft, der Massenmedien, der Bundeswehr oder anderer gesellschaftlicher Bereiche sehr sorgfältig beobachten. Er erwähnte außerdem die Notwendigkeit, die künftige Entwicklung der NPD nicht zu unterstützen, obwohl sie in den Wahlen einen Rückschlag erlitten hat. Auch in Bezug auf die endgültige Stellungnahme des DGB zur Notstandsgesetzgebung[9] äußerte er sich kritisch, betonte jedoch auch hier, daß er sich in diese inneren Angelegenheiten nicht einmischen wolle.

Für die neue Politik der Bundesregierung sei es Schelepins Meinung nach sehr schwierig, die politische Erbschaft der zurückliegenden zwanzig Jahre zu überwinden. Fast mit ein wenig Mitleid wurde von sowjetischer Seite die Verwirklichung der mit der Regierungserklärung gestellten Aufgaben beobachtet.

In Bezug auf die *innere wirtschaftliche Entwicklung in der Bundesrepublik* sehe er eine große Gefahr in der Ausdehnung amerikanischer Großunternehmen in allen Wirtschaftszweigen der Bundesrepublik. Amerikanische Monopole hätten nicht nur in der Elektro-Industrie, Chemie und Datenverarbeitung großen Einfluß. Aber er möchte hier nur seiner und seiner Freunde Besorgnis Ausdruck geben und diese Stellungnahme keineswegs als den Versuch einer Einmischung in unser bilaterales Verhältnis zu den USA gewertet wissen.

Er vermisse auch in allen Erklärungen des DGB zu diesen und ähnlichen wirtschaftspolitischen Fragen den »Klassenstandpunkt«. Eine wissenschaftliche Analyse der Stellung und des Einflusses wirtschaftlicher Monopolunternehmen würde deutlich ihren negativen Einfluß auf die Arbeitnehmerschaft bloßlegen, doch wisse er auch bezüglich dieser Frage, daß der DGB seine

---

9 Der Deutsche Bundestag hatte im Mai 1968 in 2. und 3. Lesung die Notstandsgesetzgebung verabschiedet. Viele Bundestagsabgeordnete, die der Gewerkschaftsbewegung angehörten, hatten diesem Gesetz zugestimmt, dessen Einschränkungen auch das Koalitions- und Streikrecht der Gewerkschaften beeinträchtigen. In der Entschließung des DGB-Bundesvorstandes wurde ein »allgemeiner Streik (Generalstreik) zur Verhinderung der Notstandsgesetze ausdrücklich abgelehnt« – als mit den Grundsätzen einer parlamentarischen Demokratie nicht vereinbar. Zur Diskussion um die Notstandsgesetze in der Schlussphase vgl. Protokoll der 23. BV-Sitzung am 19.6.1968, abgedr. in: Kieseritzky: Quellen 13, S. 703 ff., Dok. 79. Nach der Verabschiedung des Gesetzes durch den Bundestag appellierte der DGB an den Bundesrat, den Notstandsgesetzen nicht zuzustimmen. Vgl. ND, 10.6.1968, Nr. 193, siehe auch: Schneider: Demokratie.

Politik auf der Grundlage seiner Grundsatzvorstellungen durchführt und auch einem anderen gesellschaftlichen System verhaftet sei. Er sehe auch die Schwierigkeiten, die für den DGB entstehen, wenn der DGB die neue Regierung zu sehr unterstützt und sich dafür den Verlust der Aktionsfreiheit einhandle oder die volle Aktionsfreiheit wahre und die Unterstützung der neuen Regierung einstelle.

Bezüglich der *Frage der Abrüstung* sagte Schelepin, daß unbedingt auch die konventionelle Rüstung in die Abrüstungsmaßnahmen einbezogen werden müßte. Schelepin verglich die wirtschaftlichen Verhältnisse in der Sowjet-Union mit denen in Japan. Er stellte die Frage, ob der japanische Arbeiter, Angestellte, Ingenieur wichtiger sei als der russische, und kam zu der Schlußfolgerung, daß für das japanische Wirtschaftswunder doch wohl vorwiegend der Tatbestand ausschlaggebend sei, daß Japan keine Rüstungskosten entstehen, die besonders ihre Exportwirtschaft erheblich belasten würden. Die Sowjet-Union dagegen sei auf Grund der internationalen Weltlage gezwungen, erhebliche Beträge für die Rüstung auszugeben. Diese Tatsache sei auch die Erklärung für manchen Rückstand in der industriellen Produktion, insbesondere von Verbrauchsgütern. Die erheblichen Mittel für die Armee und der Mangel an Wohnungen sind die zur Zeit großen Sorgen, die die sowjetische Führung belastet. Aus diesem Grunde sei man ehrlich an internationalen und bilateralen Abkommen interessiert, die eine Senkung der Rüstungsausgaben zur Folge haben. Wenn man auch nicht von paradiesischen Zuständen in der Sowjet-Union sprechen könnte und der Warenmangel augenscheinlich sei, führte Schelepin weiter aus, so dürfe jedoch nicht in Vergessenheit geraten, daß trotz der Rüstungsbelastung ständig Verbesserungen in der Warenbereitstellung gemacht werden könnten. Hier liege auch ein Schlüssel für weitere fruchtbare Zusammenarbeit zwischen der sowjetischen und der deutschen Gewerkschaft.

Die wirtschaftlichen Beziehungen zwischen der Bundesrepublik und der Sowjet-Union müßten seines Erachtens erheblich verbessert werden. Die zur Zeit verhandelten Röhren- und Gaslieferungen[10] seien ein guter Beginn für eine Vertiefung der wirtschaftlichen Beziehung in allen Bereichen. Ungeahnte Möglichkeiten bieten sich für die deutsche Wirtschaft, insbesondere auf den Gebieten der Kooperation zwischen einzelnen Unternehmen. Andere westliche Firmen haben in diesem Bereich bereits gute Beispiele gesetzt. Er erinnerte dabei an das neue Fiat-Werk in Togliatti, welches im nächsten Jahr mit der Produktion von etwa 650.000 Personenwagen beginnen wird.[11] Der deutschen Wirtschaft stehen in allen Bereichen ähnliche Chancen offen.

Schelepin mahnte, die Behandlung dieser Fragen nicht hinauszuzögern, da durch die guten Wirtschafts- und Handelsbeziehungen mit Japan für die So-

---

10 Das Erdgas-Röhrengeschäft: Die Rohre wurden von Mannesmann für den Pipelinebau in der Sowjetunion geliefert, vorfinanziert von der Deutschen Bank, und der Ruhrgas-Konzern wurde im Gegenzug mit Gas aus der Sowjetunion beliefert.
11 1967 wurde in Kooperation mit Fiat der Bau des größten PKW-Werkes der Sowjetunion in der Stadt Togliatti (benannt nach dem 1964 verstorbenen Mitbegründer der italienischen KP, Palmiro Togliatti) begonnen. 1970 wurde das Werk in Betrieb genommen.

wjet-Union durchaus Möglichkeiten bestünden, noch bestehende Lücken durch entsprechende Verträge mit Japan direkt zu schließen. Er sei daran interessiert, daß durch die Verbesserung der wirtschaftlichen Beziehungen der Bundesrepublik mit der Sowjet-Union auch der Grundstein für die Lösung politischer Fragen gelegt werden könnte. Abschließend warnte er davor, ähnlich wie in der gemeinsamen Agrarpolitik der EWG[12] neue Verfahrensregeln für die gemeinschaftliche Handelspolitik der Europäischen Gemeinschaft zu entwickeln, die die Aktionsmöglichkeiten des deutschen Osthandels erheblich einengen würden, und demzufolge die Erwartungen der sowjetischen Regierung enttäuschen könnten.

Die Europäische Sicherheitskonferenz der Staaten wurde von beiden Seiten als ein wertvoller Beitrag für den Frieden in Europa bezeichnet.[13] Schelepin schloß sich der DGB-Auffassung an, daß gerade für diese Konferenz eine gute, umfassende Vorbereitung erforderlich sei. Eine solche Konferenz darf keine einseitigen Vorteile anstreben und nur dann abgehalten werden, wenn auch eine gewisse Aussicht auf Erfolg vorhanden ist. Schelepin vertrat die Auffassung, daß eine solche Konferenz in der zweiten Hälfte des Jahres 1970 möglich sei. Er brachte ferner zum Ausdruck, daß mitentscheidend für den Erfolg dieser Konferenz auch die Regelung der bilateralen Fragen zwischen den europäischen Staaten sei. Ein Gewaltverzichtsabkommen zwischen der Bundesrepublik und der Sowjet-Union wäre ein guter Schritt auf diesem Wege.

Hinsichtlich der *Regelung der innerdeutschen Verhältnisse* hatte Kollege Vetter auf die Vorschläge der neuen Bundesregierung verwiesen, die auch vom DGB befürwortet werden, die DDR staatsrechtlich anzuerkennen; eine völkerrechtliche Anerkennung sei indiskutabel, da es sich um zwei *deutsche* Staaten handele. Es wurde auf den DGB-Kongreß-Beschluß von München verwiesen, in dem in der Entschließung für Frieden und Entspannung deutlich zum Ausdruck gebracht wurde, daß Gespräche zwischen Ost und West nicht durch Vorbedingungen und Tabus belastet werden dürfen. Der DGB wolle auch durch seine Gespräche mit dem FDGB, vorbehaltlich der Zustimmung des Bundesvorstandes, dazu beitragen, daß zwischen beiden deutschen Staaten ein geregeltes, friedliches Nebeneinander erzielt wird. Dieses würde auch zur Erleichterung der zwischenmenschlichen Beziehungen beider deutschen Staaten beitragen.

---

12 Schelepin bezog sich hierbei auf den Artikel 39 des EWG-Vertrages von 1957 zur gemeinsamen Agrarpolitik. Dieser Artikel sah u. a. vor, die landwirtschaftlichen Güter der EWG-Mitgliedsstaaten vor billigen Importen durch Einfuhrschranken (Importzölle für Drittstaaten) zu schützen. Vgl. EWG-Vertrag: Grundlagen der Europäischen Gemeinschaft. Text des EWG-Vertrages und der ergänzenden Bestimmungen, bearb. v. Thomas Läufer, Bonn 1990, S. 34.
13 Auf der Konferenz der Staaten des Warschauer Vertrags am 17.3.1969 in Budapest wurde ein Appell an alle europäischen Länder zur Einberufung einer gesamteuropäischen Sicherheitskonferenz verabschiedet. Vgl. Europa-Archiv 24, 1969, Dokumente, Folge 7, S. D 151–153 und Marshall D. Schulman: Sowjetische Vorschläge für eine europäische Sicherheitskonferenz (1966–1969), in: Europa Archiv 24., 1969, Beiträge und Berichte, S. 671–684.

Dokument 9   26. November 1969

Von sowjetischer Seite wurde hierzu vermerkt, daß man die Aussage der DGB-Entschließung in München anerkenne und ohne Bedingung auf allen Ebenen die Gespräche zwischen Ost- und West aufnehme. Schelepin ging nicht auf die Frage der staatsrechtlichen oder völkerrechtlichen Anerkennung der DDR ein.

Die *Berlinfrage* war mehrere Male Gegenstand von Beratungen und Erörterungen. Seitens des DGB wurde darauf verwiesen, daß zu den viel zitierten Realitäten in Europa auf der gewerkschaftlichen Ebene auch gehöre, daß es in Westberlin einen Landesbezirk des DGB gebe. Die Verbindungen zwischen Berlin und der Bundesrepublik seien auf vielen Ebenen vorhanden. Außerdem lägen Initiativen der Westmächte vor, die eine zufriedenstellende Lösung für Berlin und den Zugang zu dieser Stadt anstrebten. Schelepin brachte zum Ausdruck, daß er *zum derzeitigen Zeitpunkt* seine Stellungnahme zum Fragenkomplex Berlin nicht geben könne. Es gebe vielleicht auch andere Lösungen, Westberliner Delegationen in die Sowjet-Union einzuladen. *Im Moment* sollte man besser *davon absehen*, dieses Problem aufzugreifen.

Das *erstmalige Erscheinen Schelepins* nach der Abberufung des früheren deutschen Botschafters Kroll[14] in der *Residenz des deutschen Botschafters* sowie die von Botschafter Allardt[15] und Schelepin ausgebrachten Trinksprüche auf die Verbesserung der deutsch-sowjetischen Beziehungen wurde in Moskau wie auch in der Bundesrepublik allgemein positiv herausgestellt. Seitens der engsten Mitarbeiter Schelepins wurden nach dem Treffen der gute Verlauf der Aussprache und besonders diese Begegnung in der Residenz des deutschen Botschafters als kaum erwartetes und zukunftweisendes Faktum in den Beziehungen zwischen der Bundesrepublik und der Sowjet-Union bezeichnet. Man gab zu verstehen, daß nach diesem, auch politisch zu wertenden Ereignis des Besuches des DGB-Vorsitzenden in Moskau alsbald offizielle Schritte der Sowjet-Union in Bezug auf die Eröffnung der bilateralen Gespräche mit der Bundesrepublik erfolgen werden. Offensichtlich ist der Besuch der DGB-Delegation für die publizistische Auswertung eine innen- und außenpolitisch relevante Maßnahme für die Einleitung des offiziellen deutsch-sowjetischen Dialogs gewesen.[16]

---

14 Hans Kroll war vom Februar 1958 bis September 1962 Botschafter der Bundesrepublik Deutschland in Moskau. Aufgrund seiner Ansichten zur Ost- und Deutschlandpolitik, die im Gegensatz zur Außenpolitik der Bundesregierung standen, wurde er abberufen. Siehe Munzinger Personenarchiv, Ravensburg 1991.
15 Helmut Allardt war von 1968–1972 Botschafter der Bundesrepublik Deutschland in Moskau.
16 Im Nachtrag zu dem Beschluss der Bundesvorstandssitzung vom 6.1.1970 erhielten die Mitglieder des Bundesvorstandes und die DGB-Landesbezirke ein Schreiben von Heinz O. Vetter mit der beigefügten Kopie eines Schreibens des Zentralrates des sowjetischen Gewerkschaftsbundes zum Delegationsaustausch zwischen den beiden Organisationen, siehe DGB-Archiv, DGB-BV, Abt. Vorsitzender 5/DGAI000464. Die Diskussion über diesen Delegationsaustausch fand auf der 6. Sitzung des Bundesvorstandes am 3.2.1970 (Dok. 14) statt. Auf der 10. Sitzung des Bundesvorstandes am 2.6.1970 wurde unter Tagesordnungspunkt 11 ausführlich über die Kontakte mit den sowjetischen Gewerkschaften diskutiert. Der Bundesvorstand billigte die Gespräche (Dok. 25). Vom 25.5. bis 2.6.1970 fand ein Gegenbesuch des Zentralrats der sowjetischen Gewerkschaften unter der Leitung von Pjotr T. Pimenow statt, ND, 1.6.1970, Nr. 167.

DOKUMENT 10

6. Januar 1970: Protokoll der 5. Sitzung des Bundesvorstandes

Hans-Böckler-Haus in Düsseldorf; Vorsitz: Heinz O. Vetter; Protokollführung: Isolde Funke, Marianne Jeratsch; Sitzungsdauer: 10.00–17.30 Uhr; ms. vermerkt: »Vertraulich«.[1]
Ms., hekt., 21 S., 1 Anlage.[2]
DGB-Archiv, 5/DGAI000536.

Beginn der Sitzung: 10.00 Uhr

[*Vetter* eröffnet die Sitzung, ehrt den anwesenden ehemaligen Vorsitzenden der CPK, Wilhelm Gefeller und gratuliert Maria Weber zum 50. Geburtstag.]

Tagesordnung:
1. Genehmigung des Protokolls der 4. Bundesvorstandssitzung
2. Gewerkschaftlicher Lagebericht
3. Ostkontakte
4. Geschäftsordnung des Bundesvorstandes
5. Fragen der Bundeswehr
6. Benennung von Mitgliedern des DGB in der Sachverständigenkommission »Arbeitsgesetzbuch«
7. Termin und Tagesordnung für die 2. Bundesausschusssitzung
8. Bestätigung von Landesbezirksvorstandsmitgliedern
9. Bericht über die Aktionen gegen den NPD-Parteitag in Saarbrücken
10. Erfolgswerbung zum Thema Lohnfortzahlung
11. Bericht über die Informationsreise einer Studiendelegation des DGB nach Jugoslawien
12. Maimotto 1970
13. Verfassungsrechtliche Zulässigkeit tarifvertraglicher Differenzierungsklauseln

1. Genehmigung des Protokolls der 4. Bundesvorstandssitzung

[Der Bundesvorstand genehmigt das Protokoll der 4. Bundesvorstandssitzung mit einer redaktionellen Änderung sowie die Neufassung des Protokolls über die 3. Sitzung des Bundesvorstandes.[3]]

---

1 Einladungsschreiben vom 23.12.1969. Nicht anwesend: Alfons Lappas, Georg Neemann und Alois Pfeiffer, Karl Hauenschild (vertreten durch Ferdinand Eichhorn), Rudolf Sperner (vertreten durch Konrad Carl). DGB-Archiv, DGB-BV, Abt. Vorsitzender 5/DGAI000463.
2 Anlage: Anwesenheitsliste.
3 Die Korrektur des Beitrags von Otto Brenner auf der 3. BV-Sitzung zu den Septemberstreiks (Dok. 4) wurde per Telex am 17.11.1969 an die Abt. Vorsitzender des DGB geschickt. Eine Neufassung des Protokolls mit der revidierten Redepassage Brenners wurde nicht angefertigt. Das Telex wurde der Seite 7 des Protokolls beigefügt. DGB-Archiv, DGB-BV, Abt. Vorsitzender 5/DGAI000463.

Dokument 10 6. Januar 1970

2. GEWERKSCHAFTLICHER LAGEBERICHT

Kollege *Vetter* schlägt vor, erst in der Februarsitzung des Bundesvorstandes die Gesamtbetrachtung über die Situation des DGB vorzunehmen, damit dann eine breite Diskussion geführt werden könne. Er beantragt, diese Berichterstattung als Punkt 1 der Tagesordnung vorzusehen.

[Auf die Frage *Vetters* nach einer gemeinsamen Sitzung des Tarifpolitischen Ausschusses mit den Vorsitzenden der Gewerkschaften, um die Folgen aus der Streiksituation zu erörtern, antwortet *Tacke*, daß als Sitzungsgrundlage die Berichte der hauptsächlich betroffenen Gewerkschaften wie IG Metall, IG Bergbau und Energie und ÖTV über den Verlauf dieser Aktionen dienen sollen. *Brenner, Schmidt* und *Kluncker* geben Auskunft über den Stand der Berichte. Da das nächste Gespräch des Tarifpolitischen Ausschusses mit den Vorsitzenden der Gewerkschaften erst im Februar stattfindet, beschließt der Bundesvorstand Termine für März: 3. März 1970, morgens 6 Uhr. Bundesvorstandssitzung, nachmittags gemeinsame Sitzung mit dem Tarifpolitischen Ausschuss und am 4. März 1970 2. Bundesausschusssitzung. Ferner ist er damit einverstanden, dass der gewerkschaftliche Lagebericht in der Februarsitzung besprochen wird.]

3. OSTKONTAKTE

Kollege *Vetter* weist darauf hin, daß der Bericht der Abteilung Ausland über die Kontakte mit den sowjetischen Gewerkschaften dem Bundesvorstand zugegangen sei.[4] Er erinnert daran, daß es auch der Wille des Bundesvorstandes war, entsprechend dem Auftrag des Kongresses die Ostkontakte aufzunehmen. Das sei in vielfacher Hinsicht geschehen. Die DGB-Delegation, die Ende November/Anfang Dezember in Moskau Gespräche geführt habe, sei die erste offizielle Delegation gewesen. Die sowjetischen Gewerkschaften hätten dabei erklärt, daß sie sich mit den aus unserem Besuch ergebenden Problemen beschäftigen und uns nach Weihnachten ihre Meinung dazu in einem Brief mitteilen würden. Das sei bisher noch nicht geschehen. Es sei uns nur gestern ein mündlicher Bescheid durch einen Vertreter der Botschaft gegeben worden. Danach sei der Zentralrat der sowjetischen Gewerkschaften damit einverstanden, daß die Kontakte zwischen den DGB-Gewerkschaften und den sowjetischen Gewerkschaften sich wie folgt abspielen sollten: Die Kontakte sollten parallel zwischen den einzelnen Gewerkschaftsvorständen und zwischen dem DGB und dem Sowjetischen Gewerkschaftsbund verlaufen. Das Präsidium des Sowjetischen Gewerkschaftsbundes beabsichtige jedoch nicht, diese Kontakte wahllos laufen zu lassen. Jede Delegation solle ungefähr einer Gegendelegation entsprechen. Der Austausch solle auf devisenfreier Basis erfolgen. Jedes Land übernehme danach die Kosten für die Gastdelegation. Außerdem sollten Gewerkschaftsjournalisten kurzfristig ausgetauscht werden, damit Multiplikatoren in der Gewerkschaftspresse da seien. Ein Austausch gewerkschaftlicher Presseorgane solle ebenfalls

---

4 Siehe hierzu Dok. 9.

erfolgen. Die sowjetischen Gewerkschaften hätten zugestimmt, daß wir in ihren Zeitungen und sie in unseren schreiben können. Gleich zu Anfang solle eine Journalistendelegation für zehn Tage ausgetauscht werden. Der Austausch von Fachdelegationen würde den gesamten Bereich der gewerkschaftlichen Arbeit umfassen, mit Schwerpunkten Arbeits- und Gesundheitsschutz, Mitbestimmung der Arbeitnehmer in den Betrieben sowie allgemeine gesellschaftspolitische und gewerkschaftliche Themen. Wenn der Austausch so zustande gekommen sei, wolle man prüfen, ob man ihn auch auf die unteren Ebenen verlegen könnte (Landesbezirke, Kreise, Ortsverwaltungen der Gewerkschaften usw.). Die sowjetischen Gewerkschaften (Zentralrat) möchten in der zweiten Hälfte Mai eine repräsentative Delegation des Präsidiums zu uns schicken, um die Gespräche weiterzuführen, die wir begonnen haben.

Die beiden anderen Probleme seien etwas schwieriger. Um den 1. September herum (Anti-Kriegs-Tag) habe der polnische Gewerkschaftsvorsitzende an uns und an die anderen europäischen Gewerkschaftsbünde, außer Schweiz und Belgien, einen Brief geschrieben, der eine europäische Gewerkschafts- bzw. Friedenskonferenz gefordert habe. Alle Bünde hätten sich nach ihren Darlegungen ablehnend dazu geäußert. Nach den Darstellungen sowjetischer und polnischer Gewerkschafter seien die Antworten allerdings nicht so negativ gewesen, sie ließen vielmehr positive Deutungen zu. Wir hätten in unserem Antwortschreiben den Polen bilaterale Kontakte angeboten. Als das Gespräch in Moskau auf dieses Thema gekommen sei, sei die Reaktion recht interessant gewesen. Man fand, daß die polnische Aktivität zu weit gegangen sei. Man war der Meinung, daß man sich erst einmal mit sozialpolitischen und gewerkschaftlichen Themen befassen sollte. Wir hätten dazu nicht definitiv Stellung genommen. In der Zwischenzeit sei in bezug auf eine solche Konferenz immer wieder das Sicherheitsthema neu aufgetaucht. Im übrigen hätten wir in Moskau den Eindruck gewonnen, daß die allgemeine politische Lage (Haltung der neuen Bundesregierung zur Konferenz in Finnland)[5] dazu beigetragen habe, daß die Russen nicht an einer solchen Konferenz interessiert seien. Wir hätten uns auch daran erinnert, daß vor dem Einmarsch der Warschauer-Pakt-Staaten in die CSSR[6] eine Europäische Regionalkonferenz zu gewerkschaftlichen Themen beim Internationalen Arbeitsamt in

---

5 Zur Vorgeschichte der Konferenz über Sicherheit und Zusammenarbeit in Europa (KSZE) und dem finnischen Memorandum vom 5. Mai 1969 an die Regierungen aller europäischen Staaten sowie der USA und Kannada: In dem Memorandum wurde jedem einzelnen Staat eine Stellungnahme zum Projekt der europäischen Sicherheitskonferenz abverlangt. Die finnische Regierung erklärte sich bereit, die Gastgeberrolle für ein Vorbereitungstreffen und für die spätere Konferenz zu übernehmen. Die Bundesregierung unter Bundeskanzler Brandt förderte das Zustandekommen der KSZE-Vorbereitungen. Vgl. Senoo: KSZE, S. 50–65; Hakkarainen: CSCE.
6 In der Nacht zum 21.8.1968 marschierten Truppen der Sowjetunion, Polens, Ungarns und Bulgariens in die damalige CSSR ein. Die sowjetische Führung rechtfertigte den Einmarsch mit dem Vorwand, dass die politische Führung in Prag einen Hilferuf nach Unterstützung gegen die imperialistischen Kräfte im Land verlangt habe. Detailliert zu den Reformen in der CSSR vom Januar bis August 1968 und zur außenpolitischen Einmischung durch die Sowjetunion und die Warschauer-Pakt-Staaten: Bollinger: Prager Frühling.

Dokument 10 6. Januar 1970

Vorbereitung gewesen sei.[7] Das sei nicht weitergeführt worden. Wenn man einer solchen europäischen Konferenz nähertreten wolle, dann könnte man die damalige Idee neu aufgreifen. Man habe damit eine neutrale Basis. Der Geschäftsführende Bundesvorstand sei der Meinung, man sollte den Gedanken einer europäischen Gewerkschaftskonferenz in eine Europäische Regionalkonferenz des IAA[8] umfunktionieren. Ein weiterer Vorschlag der sowjetischen Gewerkschafter sei, eine ständige deutsch-sowjetische Kommission einzurichten, wie sie schon mit den finnischen und japanischen Gewerkschaften bestehe. Der Geschäftsführende Bundesvorstand schlage vor, da wir über die Sache noch keinen ausreichenden Überblick hätten, eine Einladung des finnischen Gewerkschaftsbundes zu benutzen, sich über diese Einrichtung zu informieren. Der finnische Gewerkschaftsbund SAK sei Partner der sowjetischen Gewerkschaften in dieser Kommission. Kollege Vetter ist der Auffassung, daß das Ergebnis dieser Information abgewartet werden solle. Kollege Lappas, der zur Zeit in Asien weile, werde auf der Rückreise in Tokio mit dem Präsidenten von SOHYO ebenfalls über deren Erfahrungen sprechen. Anschließend könnte dann im Bundesvorstand zu dem Thema Stellung genommen werden. Die Stellung Westberlins bei den Kontakten sei angesprochen worden, wobei wir nachdrücklich unseren Standpunkt klargelegt hätten. Kollege Vetter schlägt dem Bundesvorstand vor,

1. den Katalog der Kontakte so zu verabschieden, wie er vorgetragen wurde,

2. dem Gedanken einer europäischen Regionalkonferenz auf IAA-Basis näherzutreten,

3. die Entscheidung über eine ständige deutsch-sowjetische Kommission zurückzustellen.

Kollege *Frister* teilt in bezug auf die Teilnahme von Berlinern an Ostkonferenzen mit, daß die GEW ihre Delegation für eine zehntägige Reise nach Moskau bestätigt bekommen habe. An dieser Reise werden zwei Berliner Kollegen teilnehmen, nämlich die stellv. Vorsitzende der GEW Kollegin Hoppe und er selbst.[9] Wenn es Schwierigkeiten geben sollte, werde es eben keine Kontakte mit der GEW geben. Man könne also abwarten, wie sie sich verhielten.

---

7 Die Europäische Regionalkonferenz sollte vom 2. bis 14.12.1968 in Genf stattfinden. Im Schreiben des Bundesministeriums für Arbeit und Sozialordnung vom 29.11.1968 wurde dem DGB mitgeteilt, dass der Verwaltungsrat der ILO auf seiner 173. Tagung beschlossen hatte, die Konferenz ohne einen neuen Termin zu verschieben. Die zweite Europäische Regionalkonferenz fand vom 14.1. bis 23.1.1974 in Genf statt. DGB-Archiv, DGB-BV, Abt. Sozialpolitik 5/DGAO000079.

8 Auf der 27. GBV-Sitzung am 5.1.1970 wurde zu TOP 10 »Gesamteuropäische Konferenz der Gewerkschaften« beschlossen, dem BV zu empfehlen, dass der GBV die Teilnahme des DGB an einer gesamteuropäischen Konferenz der Gewerkschaften unter der Leitung des IAA prüfen solle. DGB-Archiv, DGB-BV, Abt. Vorsitzender 5/DGAI000181. Auf der 15. GBV-Sitzung am 29.9.1969 wurde die Internationale Abt. aufgefordert, ein Positionspapier des DGB zur Europäischen Gewerkschaftskonferenz zu erstellen. DGB-Archiv, DGB-BV, Abt. Vorsitzender 5/DGAI000178.

9 Satz aufgrund eines Beschlusses der 5. Sitzung des Bundesvorstandes korrigiert in der Vorlage und handschriftlich eingefügt. Im Ursprungstext: [...] nehme die Kollegin Hoppe teil, die Berlinerin sei.«.

Kollege *Vetter* sieht das Verhalten der Russen in dieser Sache als ein stillschweigendes Einverständnis an.

Kollege *Vietheer* bestätigt den Bericht des Kollegen Vetter in großen Teilen. Er fügt noch hinzu, daß sie in der Diskussion auf der mittleren und auf der betrieblichen Ebene und mit den Spitzen der einzelnen Organisationen einen anderen Eindruck gewonnen hätten. Der Zusammenhang zwischen Partei und Gewerkschaften sei dort deutlich hervorgetreten. Der Eindruck bei dem Kontakt mit Schelepin müsse ein anderer gewesen sein als der auf der unteren Ebene.

Kollege *Vetter* ist dankbar für den Hinweis. Sein Eindruck hänge mit der Person Schelepin zusammen. Er gebe sich aber auch keinen Täuschungen über die Situation hin.

Kollege *Mirkes* weist darauf hin, daß er auch Teilnehmer der Delegation gewesen sei, aber nicht an den Spitzengesprächen teilgenommen habe. Er fragt, ob sich die Teilnehmer der Delegation nicht auf einen gemeinsamen Bericht einigen sollten. Dann brauche man nicht heute über Einzelheiten zu sprechen. Kollege Mirkes bestätigt den Eindruck des Kollegen Vietheer, daß sich die sowjetischen Gewerkschaften mit der Partei eins fühlten. Man könne aber trotzdem mit den sowjetischen Gewerkschaftsführern fruchtbare Gespräche über gewerkschaftspolitische Fragen führen. Aber es gebe irgendwo eine Grenze dafür. Im Grundsatz seien die Reisen zu begrüßen. Die Beziehungen zu den Gewerkschaften sollten auf der Grundlage der Vorschläge vertieft werden.

Kollege *Brenner* vertritt die Auffassung, daß der Bundesvorstand nicht ohne Diskussion über diese wichtige Frage hinweggehen solle. Es sei damals diese Delegation beschlossen worden.[10] Der Kongreßbeschluß sei recht vage. Der Bundesvorstand habe damals versäumt, mögliche Ziele aufzuzeigen und festzulegen. Nach den schriftlichen Berichten und nach den Berichten in der Presse[11] müsse der Eindruck entstehen, als wenn eine gewisse Euphorie bestehe, die keine Grenzen mehr kenne und die nicht mit dem nötigen politischen Hintergrund gesehen werde. Es sollten die Unterschiede zwischen den gesellschaftspolitischen Systemen sehr deutlich gesehen und berücksichtigt werden. Ferner sollte daran gedacht werden, daß auf der anderen Seite alles mit politischen Absichten geschehe. Darauf müsse man sich auch bei uns einrichten. Er habe den Bericht gelesen und gehört, was zusätzlich dazu gesagt worden sei. Es wäre seiner Meinung nach nützlich gewesen, nicht nur den offiziellen Ablauf zu registrieren, sondern auch die Atmosphäre, die Hintergründe und die persönlichen Erfahrungen zu schildern. Kollege Brenner weist darauf hin, daß weder die Frage des Programms, das hier angeboten werde, noch die Berichte in den Vorständen besprochen worden seien. Er sei der Auffas-

---

10 Zur Delegation, die vom 23.11. bis 2.12.1969 die Sowjetunion besuchte, gehörten Alfons Lappas (Leitung), Adolf Mirkes, Alois Pfeiffer, Heinz Vietheer und Walter Fritze. Siehe DGB-Delegation besucht Sowjetunion, in: ND, 16.11.1969, Nr. 329.

11 Vgl. u. a. Walter Günzel: Die Rolle des DGB im kommunistischen Planspiel. Der Ostblock will den Deutschen Gewerkschaftsbund gegen die Bundesregierung mobilisieren, in: Die Welt, 6.1.1970.

Dokument 10 6. Januar 1970

sung, daß der Bundesvorstand erst nach einer Diskussion in den Vorständen zu den Vorschlägen konkret Stellung nehmen könne. Er befürchtet, daß die bestehenden Richtlinien, unter denen die Kontakte aufgenommen werden könnten, nicht genug beachtet worden seien. Außerdem hätten sich die sowjetischen Gewerkschafter bisher immer dahingehend geäußert, daß sie gerade den Kontakt auf den unteren Ebenen wünschten. Auch in unseren Organisationen werde diese Art der Kontaktpflege mehr gewünscht, als wir das haben wollten. Wir sollten daran festhalten, daß die Vorstände der einzelnen Gewerkschaften und der Bundesvorstand die Sache in der Hand behielten. Wir müßten auch auf die Frage der Zusammensetzung der Delegation achten. Die Frage der Teilnahme von Berliner Gewerkschaftern sei ja wohl bei den Gesprächen in Moskau ausgeklammert worden. Darauf sollten wir uns aber nicht einlassen. Diese Frage müsse vorher geklärt werden. Kollege Brenner fragt dann, was man unter einer gemeinsamen Gewerkschaftskommission verstehe.

Kollege *Vetter* antwortet, daß diese gemeinsame Gewerkschaftskommission, die zwischen dem Sowjetischen Gewerkschaftsbund und dem Finnischen Gewerkschaftsbund SAK sowie zwischen dem Sowjetischen und Japanischen Gewerkschaftsbund SOHYO bestehe, einmal im Jahr zusammentrete und gemeinsam interessierende Fragen bespreche.

Kollege *Brenner* hält es für falsch, zu einer Zusammenarbeit mit den sowjetischen Gewerkschaften auf der Grundlage einer Gewerkschaftskommission zu kommen. Die Eingebundenheit innerhalb des IBFG und der Internationalen Berufssekretariate lasse nicht zu, daß wir völlig andere Beschlüsse faßten als diese Organisationen. Man müsse deshalb genau überlegen, welche Schritte zu welcher Zeit unternommen werden könnten. Er sei nicht gegen Kontakte. Man müsse aber auf diese Dinge auch im internationalen Rahmen achten und Rücksicht nehmen. In bezug auf eine europäische Sicherheitskonferenz halte er den Ausweg über das IAA nicht für gut. Gewerkschaftlich und politisch laufe das alles nebeneinander her. Man sollte unsere gute Sache nicht durch solche Dinge gefährden. Es müsse auch berücksichtigt werden, welche Haltung der EBFG und der IBFG zu diesen Fragen einnehmen. Kollege Brenner spricht dann die vorgelegte Erklärung des Kollegen Frister an, die die Darlegungen in der Presse richtig stellt.[12] Er halte es nicht für richtig, wenn einzelne Gewerkschaften vor der Beschlußfassung im Bundesvorstand vorprellen, so dass der Eindruck entstehe, der DGB sei dadurch in seiner Meinungsbildung präjudiziert. Wir sollten uns alle in unserer Meinungsäußerung etwas zurückhalten.

Kollege *Vetter* hält es für selbstverständlich, daß die Frage der Teilnahme Westberliner Kollegen als gleichberechtigte Teilnehmer an Delegationen eine der Prämissen sei, die wir in unserer Antwort an die sowjetischen Gewerk-

---

12 Die gemeinsame Erklärung von Erich Frister und dem Vorsitzenden des Landesverbands Hessen der GEW, Gustav Ludwig, zu den Presseverlautbarungen wegen einer Kontaktaufnahme der GEW zum FDGB und einer Teilnahme von Erich Frister an einer Lehrerkonferenz in Ostberlin sowie Äußerungen von Gustav Ludwig finden sich in: DGB-Archiv, DGB-BV, Abt. Vorsitzender 5/DGAI000463.

schaften hervorheben werden. Er ruft nochmals in Erinnerung, daß die deutsche Delegation zwei Grundsätze immer wieder deutlich herausgestellt habe:
1. daß wir unsere Auffassung von freiheitlicher Demokratie nicht antasten lassen werden

und dass wir

2. eingebunden seien in unsere internationale und nationale Situation.

Daß andere Gewerkschaftsbünde nicht immer diese klare Haltung zeigten, beweise die Tatsache, daß 84 Delegationen aus dem IBFG-Bereich Besuche in der UdSSR gemacht hätten (u. a. auch TUC).[13] Die Situation sei sowieso schizophren. An sich dürften wir von unserer Grundauffassung her überhaupt keine Kontakte zu den östlichen Gewerkschaften haben. Aber bei der allgemeinen politischen Lage sei doch das Gespräch die einzige Basis für das Zusammenleben auf internationaler Ebene. Selbst Buiter[14] habe vorgeschlagen, die Europäische Regionalkonferenz auf IAA-Basis anzuregen.[15]

Kollege *Reuter* erinnert an die Erfahrungen, die man damals bei dem ersten Besuch in der Sowjetunion gesammelt habe Es könne keine Illusion darüber geben, daß die Gewerkschaften im Ostblock reine Organe der Partei seien. Das »Ziel der Weltrevolution« sei drüben in keiner Weise aufgegeben worden und alles werde diesem untergeordnet. Die politische Richtung, die sie hätten, bleibe immer bestehen. Vor der Praxis der Basisgruppenverbindung warne er aus der Erfahrung heraus. Die unteren Ebenen seien drüben anders geschult als bei uns. Dort werde jeder, der einer Delegation angehören solle, von der Zentrale ausgewählt und überprüft. Bei uns sei das völlig anders. Wir hätten kein Auswahlrecht. Man solle ernsthaft überlegen, ob wir nicht bei all diesen Ostkontakten uns zu sehr fesseln und von unseren eigenen Problemen ablenken ließen. Er sei nicht gegen Kontakte, aber wir sollten diese Kontakte ohne jede Illusion sehen und ihnen nicht zu viel Raum geben.

Kollege *Vetter* berichtet, daß es der Wille des Präsidiums der sowjetischen Gewerkschaften gewesen sei, die Kontakte vorläufig kanalisiert zu halten. Dieser Wille sei ganz deutlich gewesen. Ob wir das auch könnten, sei die Frage. Man solle im übrigen bedenken, daß wir ein gutes Verhältnis zu Rumänien[16] hätten und ein gewaltsam gestörtes zur CSSR. Trotzdem seien die CSSR-Gewerkschaften auch heute noch freier, als die rumänischen es je waren.

Kollege *Kluncker* erinnert daran, daß die grundsätzliche Frage der Beziehungen zu den Ostblockstaaten auf dem Kongreß genug diskutiert worden sei. Niemand habe die Illusion gehabt, daß wir etwas drüben ändern könnten,

---

13 In Dok. 9 ist von 85 Gewerkschaftsdelegationen aus 15 IBFG-Mitgliederorganisationen im Jahre 1969 die Rede.
14 Der Niederländer Harm G. Buiter war von 1967 bis 1971 Generalsekretär des IBFG.
15 Siehe die Sitzungen des IBFG-Ausschusses über die Beziehungen oder Kontakte zu kommunistisch beherrschten Gewerkschaftsorganisationen. Die erste Sitzung des Ausschusses fand am 24.6.1968 in Brüssel statt. DGB-Archiv, DGB-BV, Internationale Abt. 5/DGAI000201.
16 Seit dem Frühjahr 1968 gab es einen gegenseitigen Austausch von Gewerkschaftsdelegationen, der nicht unterbrochen wurde, weil sich Rumänien nicht an dem Einmarsch des Warschauer Paktes in die CSSR im August 1968 beteiligte. DGB-Archiv, DGB-BV, Internationale Abt. 5/DGAJ000309.

Dokument 10 6. Januar 1970

und auch von der anderen Seite her sei nicht der Versuch gemacht worden, bei uns etwas zu ändern. Die Unterschiede seien immer deutlich herausgestellt worden. Mit der Ausdehnung der Kontaktmöglichkeiten sei er einverstanden. Er sei aber dagegen, eine europäische Friedenskonferenz durch die Gewerkschaften ad hoc abzuhalten. Wir sollten die Bestrebungen der Bundesregierung zur Entspannung unterstützen. Auf politischer Ebene würden wir eine solche europäische Konferenz bestimmt begrüßen. Es gebe keine gemeinsame Resolution der ÖTV und der sowjetischen Gewerkschaften. Er stimme der Überprüfung der von sowjetischer Seite angestrebten ständigen Gewerkschaftskommission und der Frage der europäischen Gewerkschaftskonferenz zu. Was regionale Beziehungen anbelange, so habe er die Feststellung gemacht, dass gerade die Sowjets Wert darauf legten, daß die zu uns kommenden Delegationen gesteuert seien. Die Botschaften überprüften jeden Besucher und meldeten ihn. Bei uns werde das auch durch unsere Geheimdienste gemacht. Die betrieblichen Kontakte könnten nur mit Wissen der Hauptvorstände der einzelnen Gewerkschaften erfolgen. Das hätten wir durch Bundesvorstands- und Kongreßbeschlüsse belegt. Die ÖTV habe sich immer ganz streng daran gehalten. Für die FDGB-Kontakte könne er das nicht genau sagen. Für seine Gewerkschaft erkläre er, daß man sich so verständigt habe, auch die Berliner ÖTV-Organisation immer an Kontakten zu beteiligen. Das sei auch geschehen. Man könne diese Frage pragmatisch behandeln.

Kollege Kluncker stimmt in wesentlichen Punkten mit der Schilderung des Kollegen Vetter und den Vorschlägen des Geschäftsführenden Bundesvorstandes überein. In einem Punkt habe er allerdings Zweifel. Der mündliche Bericht über Schelepin sei etwas anders als die Darlegungen auf der ersten Seite des Berichts. Man solle vorsichtig sein, damit es nicht um die Person von Schelepin zu Schwierigkeiten komme. Bei der schwierigen Situation genüge nicht die Zusicherung irgendeines Mannes oder einer Stelle des Außenministeriums. Man sollte da ganz sicher gehen. Eine rechtsstaatlich verbindliche Erklärung sei nötig. Die Anregung des Geschäftsführenden Bundesvorstandes stimme nach seiner Ansicht mit den bisherigen Beschlüssen überein. Kollege Kluncker begrüßt die Fortsetzung der bisherigen Pläne, ohne sich einer Illusion hinzugeben, daß sich die Situation sehr schnell ändern könne.

Kollege *Vetter* ist der Auffassung, daß die Behauptung, ein mit Diplomatenpaß ausgestatteter Gewerkschafter könne nicht unbesorgt in die Bundesrepublik einreisen, eine Provokation der sowjetischen Gewerkschafter der deutschen Delegation gegenüber war. Man sei übereingekommen, daß die vorgesehene Delegation zunächst ohne Schelepin komme. Erst wenn wir sicher seien, daß seine Einreise ohne Komplikationen möglich sei, werde er kommen.

Kollege *Schmidt* ist im Großen und Ganzen mit dem Vorgetragenen einverstanden. Wegen des Berlin-Problems sei er allerdings in Sorge. Nach dem Gespräch mit Schelepin sehe es etwas besser aus. Es müsse deutlich gemacht werden, daß derjenige, der mit dem DGB spreche, auch mit Westberliner Arbeitern, die ein selbstverständlicher Teil dieser Organisation seien, spreche.

6. Januar 1970 **Dokument 10**

Er halte in dieser Beziehung einen abwartenden Standpunkt nicht für richtig. Man müsse das jetzt deutlicher als bisher machen.

Kollege *Vetter* faßt zusammen. An sich sollte zu der heutigen Sitzung eine Erklärung des Zentralrates der sowjetischen Gewerkschaften vorliegen. Das konnte nach ihrer Erklärung aus technischen Gründen noch nicht geschehen. Der Brief werde erst mit Diplomatenpost am 8. oder 9. Januar 1970 hier eintreffen. Wir könnten nur von den mündlichen Berichten der russischen Diplomaten ausgehen. Der Bundesvorstand sollte jedoch seine Beschlußfassung von dem Vorliegen einer konkreten und authentischen Unterlage abhängig machen. Die Entscheidung sollte deshalb bis zur Februarsitzung vertagt werden. In der Zwischenzeit könne in den Vorständen über die Problematik beraten werden. Man wisse ja ungefähr, was in dem Brief stehen werde. Das Problem der Touristik könne nicht auf DGB-Ebene, sondern nur von den Gewerkschaften geregelt werden. Der Bundesvorstand werde also abwarten, was in dem Brief stehe, und seine Entscheidung in der Februarsitzung treffen. Inzwischen sollte es bei dem alten Beschluß über Kontakte verbleiben. Was darüber hinausgehe, könne heute noch nicht abschließend behandelt werden, da der noch ausstehende Brief als Grundlage fehle.

Kollege *Brenner* weist darauf hin, daß bis Punkt 10 des Berichtes das wiedergegeben werde, was bisher beschlossen worden sei. Die Entscheidung über die weiteren Punkte müsse zurückgestellt werden.[17]

Kollege *Vetter* erwidert, daß damit Klarheit bestehe und entsprechend beschlossen sei.

Kollege *Vetter* weist auf den den Bundesvorstandsmitgliedern vorliegenden Brief des Vorsitzenden des Polnischen Gewerkschaftsbundes, Loga-Sowinski, hin. Darin sei zum Ausdruck gebracht, daß man bei den Gesprächen mit dem DGB über die Oder-Neiße-Grenze sprechen wolle.[18]

Kollege *Tacke* ist der Auffassung, daß der Inhalt des Briefes vom 29.12.1969 zu weit gehe. Es müsste richtiggestellt werden, dass der DGB zur Oder-Neiße-Grenze nichts sagen könne.

Kollege *Vetter* teilt mit, daß vor dem Brief ein Telegramm eingetroffen sei, in dem lediglich mitgeteilt werde, dass eine technische Delegation nach Deutschland kommen möchte. Der Geschäftsführende Bundesvorstand habe sich mit diesem Besuch einverstanden erklärt. Der jetzt vorliegende Brief sei erst gestern angekommen, der nun eine Auflage hinsichtlich der Anerkennung der Oder-Neiße-Grenze beinhalte. Im Geschäftsführenden Bundesvorstand habe Einigkeit geherrscht, daß eine Begegnung nicht unter bestimmten Voraussetzungen, die in diesem Brief gefordert würden, stattfinden könne. Der Geschäftsführende Bundesvorstand wolle nur das Angebot von tech-

---

17 Otto Brenner bezieht sich hierbei auf einen Bericht von Otto Kersten vom 4.9.1969 über ein von ihm geführtes Gespräch mit dem Leiter der Internationalen Abteilung des sowjetischen Gewerkschaftsbundes am 28./29.8.1969. DGB-Archiv, DGB-BV, Abt. Vorsitzender 5/DGAI000463.
18 Die 3-seitige Übersetzung des Briefes hat den Eingangsstempel vom 5.1.1970, ebd.

nischen Kontakten nicht abrupt zurückweisen. Der Brief gehe politisch in vielen Dingen viel zu weit.[19]

Kollege *Brenner* meint, die Polen würden voraussetzen, daß wir ihre Bedingungen anerkennen würden. Er fragt, warum sie überhaupt über politische Fragen sprechen wollten. Man sollte ihnen sagen, daß wir überwiegend über gewerkschaftspolitische Dinge diskutieren möchten.

Kollege *Vetter* wirft ein, daß diese Überlegungen vom Geschäftsführenden Bundesvorstand geteilt würden.

Kollege *Stenger* hat nichts gegen diesen Kontakt. Aber wenn der Inhalt dieses Briefes bekannt werde, dann werde in der Presse stehen, daß der DGB über die Oder-Neiße-Grenze mit den polnischen Gewerkschaften verhandeln werde. Nach seiner Meinung sollte die Delegation nicht abgesagt werden, aber man sollte ganz entschieden mitteilen, daß wir über diese Dinge nicht sprechen würden.

Kollege *Frister* hält es nicht für »Anerkennung«, wenn über die Frage der Anerkennung diskutiert werde. Es sollte deutlich gemacht werden, daß es nicht unsere Aufgabe sei, über Grenzen und Staaten zu sprechen, sondern daß unsere Aufgabe Gewerkschaftspolitik sei und daß über den politischen Meinungsaustausch hinaus auf jeden Fall gewerkschaftliche Themen im Mittelpunkt stehen müßten. Das sollte hervorgehoben werden. Davon spreche man auch auf Seite 1 des Briefes. Wir sollten aber auch Verständnis dafür haben, daß die polnischen Gewerkschaften über politische Probleme sprechen wollten. Das, was auf der ersten Seite des Briefes stehe, sollten wir in den Mittelpunkt heben. Es könne eben nicht unsere Aufgabe sein, Außenpolitik zu betreiben.

Kollege *Sickert* weist darauf hin, daß der Ausgangspunkt für die weitere Diskussion die Behandlung der Anerkennungsfrage sei.

Nach Auffassung des Kollegen *Vetter* würde das bedeuten, daß unverzüglich in einem Brief an die polnischen Gewerkschaften mitgeteilt werden müßte, daß die Entscheidung außenpolitischer Fragen nicht in unsere Zuständigkeit gehörte.

Kollege *Stephan* erinnert daran, daß es eine Vorgeschichte gebe. Dies sei ja alles nichts Neues. Damals bei unseren Gesprächen in Polen seien die politischen Fragen Voraussetzungen für Gespräche gewesen. Später habe es eine technische Delegation bei den polnischen Gewerkschaften gegeben.[20] Auch da seien diese Voraussetzungen gemacht worden. Nach seiner Meinung sollte trotzdem die Delegation jetzt nicht ausgeladen werden.

Kollege *Vetter* berichtet, daß auf den ersten Brief von Loga-Sowinski ablehnend geantwortet und bilaterale Gespräche angeboten worden seien. Am

---

19 Auf der 27. Sitzung des GBV wurde unter TOP 1 »Ostkontakte« der Besuch einer Delegation von Sachverständigenkollegen des Polnischen Gewerkschaftsbundes vom 13. bis 15.1.1970 in Düsseldorf diskutiert. DGB-Archiv, DGB-BV, Abt. Vorsitzender 5/DGAI000181.
20 Siehe Bericht von Horst Helbing über die mit Otto Kersten durchgeführten ersten Kontaktgespräche mit den polnischen Gewerkschaften vom 19. bis 21.8.1968 in Warschau. DGB-Archiv, DGB-BV, Internationale Abt. 5/DGAJ000546.

22.11.1969 hätten sich die polnischen Gewerkschaften damit einverstanden erklärt und ein Spitzengespräch angeboten. Daraufhin hätten wir sie mit einem Telegramm eingeladen. Wenn er die Diskussion richtig werte, dann sei der Bundesvorstand der Meinung, die technische Delegation zu empfangen. Vorher sollte jedoch in einem Brief zum Ausdruck gebracht werden, daß wir keine Vorbedingungen akzeptieren und in den außenpolitischen und Anerkennungsfragen keine Zusagen machen könnten.

Kollege *Reuter* weist darauf hin, daß erst der Brief und dann das Telegramm abgeschickt worden seien. Er spreche sich dafür aus, daß erst mit der Delegation gesprochen und dann überlegt werden sollte, ob man einen solchen Brief schreiben solle.

Kollege *Woschech* spricht sich gegen die Absendung eines Briefes aus. Die Situation sei schwierig. Es könne zweifellos der Verdacht aufkommen, daß der DGB sich außenpolitisch engagieren wolle. Streiten wir jedoch eine politische Diskussion ab, gerieten wir andererseits in den Verdacht, als gehörten wir zu der kleinen Minderheit, die gegen die Beibehaltung der Oder-Neiße-Grenze sei. Er würde ohne weiteres mit ihnen diskutieren und ihnen dabei erklären, welche Rolle die Gewerkschaften hier in der freien Welt hätten.

Kollege *Carl* ist ebenfalls der Auffassung, daß es nicht Aufgabe des DGB sei, Außenpolitik zu betreiben. Nach seiner Meinung sollte die Delegation nicht ausgeladen werden, aber man müsse deutlich erklären, daß von unserer Seite keine Zugeständnisse erwartet werden könnten. Wir könnten mit der technischen Delegation sprechen, aber nicht weiter, als es unsere Probleme angehe.

Nach Meinung des Kollegen *Eichhorn* ist dieser polnische Vorstoß einer der Schritte des Ostblocks, in ihrer Sache weiterzukommen. Die gewerkschaftspolitischen Fragen würden von ihnen nur als Vorwand benutzt für ihre politischen Absichten. Bei den Gesprächen würde sich das herausstellen. Er sei dafür, diesen Kontakt aufzunehmen, aber sofort abzubrechen, wenn wieder die alte Tour eingeschlagen werde.

Kollege *Schmidt* unterstützt den Vorschlag, einen Brief zu schreiben, daß über die Fragen auf der ersten Seite gesprochen werden könnte. Für uns gehe es in erster Linie um Kontakte mit sozialpolitischen und auch wirtschaftspolitischen Zielen.

Kollege *Frister* vertritt die Auffassung, daß man eine so deutliche Scheidung von der Regierungspolitik nicht treffen könne. Dann hätten wir eine große Zahl von außenpolitischen Beschlüssen auf den Kongressen nicht fassen können. Man müsse versuchen, den Polen klarzumachen, dass Meinungen, die wir äußern würden, nur Meinungen der Gewerkschaften seien und keine Regierungserklärungen. Wir müßten für die Öffentlichkeit feststellen, daß wir über diese Dinge auf der ersten Seite sprechen würden und dass Meinungsäußerungen über die anderen Dinge möglich seien.

Nach Meinung des Kollegen *Brenner* kann man sich nicht nur auf die sozialpolitischen Aufgaben der Gewerkschaften zurückziehen. Man sollte ihnen sagen, daß wir bereit seien, mit ihnen über diese und jene Fragen zu sprechen, daß wir das aber nicht als Ausgangspunkt des Gesprächs ansehen würden.

Kollege *Rothe* weist darauf hin, daß das letzte Schreiben von Loga-Sowinski nicht durch uns publiziert zu werden brauche. Es könnte auch durch den Osten publiziert werden. Daraus könnte dann eine hochpolitische Frage gemacht werden. Man sollte schreiben, ohne auf Einzelpunkte einzugehen, daß grundsätzliche Bereitschaft bestehen würde, über die gewerkschaftspolitischen und politischen Fragen zu sprechen.

Kollege *Sickert* weist darauf hin, daß zweifellos all diese Fragen der Öffentlichkeit bekannt würden und man schreiben werde, der DGB wolle mit den Polen über die Oder-Neiße-Grenze und die Anerkennung der DDR diskutieren. Über die Einzelheiten der differenzierten Diskussionen im Bundesvorstand würde dagegen nichts bekannt werden. Er sei jedenfalls nicht bereit, mit Polen über Deutschland (Zwei-Staaten-Theorie, Berlin-Status) zu diskutieren. Über feststehende Tatsachen könne man nicht diskutieren.

Kollege *Mirkes* unterstützt den Vorschlag des Kollegen Reuter, erst die Delegation abzuwarten. Wenn der Bundesvorstand jedoch beschließen würde, den Brief zu beantworten, würde er zu dem Vorschlag des Kollegen Rothe neigen.

Kollege *Freitag* schlägt vor, nur ein Telegramm zu schicken, daß wir bereit seien, mit der technischen Delegation über die Dinge zu diskutieren, die wir in unserem Brief vom 16.10.1969 dargelegt hätten.

Kollege *Tacke* verweist auf den letzten Absatz der Seite 1 und auf den ersten Absatz der Seite 2. Diese Ausführungen seien eindeutig.[21] Wenn wir ihnen in der Öffentlichkeit einen anderen Sinn unterschieben, werde man uns auslachen. Die Delegation solle nicht ausgeladen werden, aber sie müßten wissen, daß über diese Fragen nicht mehr zu reden sei. Es sollte von uns aus alles versucht werden, daß wir nicht in der Öffentlichkeit in ein schiefes Licht kommen.

Kollege *Stadelmaier* meint, daß die Polen eine entsprechende Vorauserklärung in der Oder-Neiße-Linie erwarten würden. Wir seien aber nicht berechtigt, eine solche Erklärung abzugeben. Das sei Sache der Bundesregierung. Der Brief müßte, bevor die Delegation komme, beantwortet werden.

Kollege *Kluncker* ist ebenfalls für eine Beantwortung des Briefes. Es sollte aber deutlich gemacht werden, daß wir keinen Wert darauf legen würden, als Quasi-Regierung oder Quasi-Parlament Erklärungen abzugeben. Wir sollten

---

21 Die beiden Absätze in dem Brief von Ignacy Loga-Sowinski lauten: »Bei den gegenseitigen Beziehungen zwischen unseren Organisationen wird die positive Stellungnahme des DGB zur Frage der Anerkennung durch die Regierung der BRD der Westgrenze unseres Staates an der Oder und Lausitzer Neisse von grundlegender Bedeutung sein.
Zu diesem Zweck schlagen wir als Ausgangspunkt des Meinungsaustausches die Frage der Anerkennung unserer Westgrenze als endgültig und unantastbar vor. Wir möchten mit Ihnen ebenfalls die Anerkennung aller europäischer Realien diskutieren, u. a. die bedingungslose Achtung der territorialen Integrität aller europäischer Staaten in ihren derzeitigen Grenzen sowie die Anerkennung der Tatsache des Bestehens zweier gleichberechtigter deutscher Staaten.« DGB-Archiv, DGB-BV, Abt. Vorsitzender 5/DGAI000463.

mitteilen, daß wir für Entspannung und Frieden, Rüstungsbegrenzung usw. seien, und feststellen, daß wir uns auf Kontakte und Gespräche freuen würden. Im Mittelpunkt müßte der Erfahrungsaustausch auf gewerkschaftlicher Ebene stehen. Fragen der Regelung des Kontaktes zum FDGB usw. seien Sache der beiden betroffenen Gewerkschaftsbünde. Man sollte nicht ganz auf staatspolitische Äußerungen verzichten. Ein so formulierter Brief könnte für alle Sprachregelungen in dieser Angelegenheit gelten. Er sei der Auffassung, dass die Gewerkschaften überhaupt zu diesen politischen Fragen einmal grundsätzlich Stellung nehmen müßten, allerdings nicht aus Anlaß dieser deutsch-polnischen Gespräche.

Kollege *Vater* schlägt folgenden Text für ein Telegramm vor: »Nach Erhalt Ihres Briefes vom 29.12.1969 und Ihres Telegramms vom 31.12.1969 sehen wir dem Eintreffen Ihrer technischen Delegation gern entgegen, damit die Gespräche auf der mit unserem Brief vom 16.10.1969 vorgeschlagenen Basis in Gang kommen können.«

Kollege *Seibert* vertritt die Auffassung, daß spätestens beim Eintreffen der Delegation festgestellt werden könne, wohin der Weg gehen solle. Ein Ausweichen bei unserer Antwort habe deshalb keinen Zweck. Die Polen würden unsere Auffassung kennen lernen wollen, und wir müßten Farbe bekennen.

Kollege *Vetter* interpretiert noch einmal den vorletzten Absatz des Briefes. Die Kernfrage bleibe nach wie vor bestehen. In der Mittagspause sollten keine Äußerungen der Presse gegenüber gemacht werden.

Kollege *Brenner* meint, daß wir daran interessiert seien, die angeknüpften Kontakte mit den Polen weiterzuführen. Man brauche den Brief nicht mit zwei Sätzen zu beantworten, das könne ausführlicher getan werden. Die Vorbedingungen dürften nicht Ausgangspunkt für das Gespräch sein.

Kollege *Vetter* stellt abschließend fest, daß bis jetzt noch keine Übereinstimmung im Bundesvorstand bestehe.

UNTERBRECHUNG DER SITZUNG: 14.00 UHR
FORTFÜHRUNG DER SITZUNG 14.55 UHR

Kollege *Vetter* gibt bekannt, daß der Entwurf eines Antwortschreibens vorbereitet werde, der gleich zur Verteilung komme.

Kollege *Vetter* verweist auf die den Bundesvorstandsmitgliedern ausgehändigte Vorlage, die aus zwei Teilen bestehe. Die Einleitung befasse sich mit dem Verhältnis zwischen DGB und FDGB und gehe von dem Auftrag des Bundeskongresses aus. Der zweite Teil sei ein Briefentwurf an den Vorsitzenden des FDGB, Herbert Warnke.[22] Man könne über dieses Thema viel

---

22 In diesem Briefentwurf erklärt sich der DGB grundsätzlich zur Aufnahme von Kontakten mit dem FDGB bereit und schlägt die Erörterung der folgenden Problemkreise vor: »1. die deutsche und europäische Situation aus der Sicht der Gewerkschaften; 2. Verbesserung der zwischenmenschlichen Beziehungen zwischen beiden Teilen Deutschlands einschließlich Berlins [...]; 3. Austausch von Informationsmaterial, insbesondere Gewerkschaftszeitungen und -zeitschriften; 4. a) sozialpolitische Probleme, wobei im Vordergrund Fragen der Mitbestimmung der Arbeitnehmer, des Arbeitsschutzes und Probleme des Schutzes der Arbeitnehmer vor Automationsfolgen stehen, b) bildungspolitische Fragen, c) kulturelle Fragen«. DGB-Archiv, DGB-BV, Abt. Vorsitzender 5/DGAI000463.

Dokument 10 6. Januar 1970

Pro und Kontra sagen. Diese Begegnung zwischen DGB und FDGB scheine mehr begründet zu sein als zu den anderen Gewerkschaften des Ostblocks. Wir hätten bisher zu allen Staaten des Ostblocks Kontakte gehabt. Die DDR würde eine Rolle im Ostblock einnehmen, die über die Rolle anderer Ostblockstaaten hinausgehe. Die DDR habe schon recht große Ansprüche bei der letzten Gipfelkonferenz in Moskau gestellt.[23] In dieser Weise habe sich auch Schelepin geäußert. Wir würden uns in einer großangelegten Phase befinden, um zu einer Möglichkeit des Nebeneinanderlebens zu kommen. Es sei zu überlegen, ob wir nicht den ersten Schritt auf den FDGB hin tun sollten, ungeachtet der Kritik, die wir damit hervorrufen würden. Wir sollten sie zu Gesprächen einladen, die mindestens so frei bleiben müßten wie die Kontakte mit den polnischen Gewerkschaften. Anerkennung der DDR im völkerrechtlichen Sinne könne nicht zum Ausgangspunkt der Diskussion gesetzt werden, und wir könnten nicht über den Standpunkt der Bundesregierung hinausgehen. Jeder im Geschäftsführenden Bundesvorstand sei von einer Fraktionsmeinung entbunden worden. Es gehe hier noch mehr als bei den anderen Fragen um unsere Verantwortung als Vertretung der Arbeitnehmer und Bürger in Deutschland. Hier sollte mit besonderer Sorgfalt überlegt und entschieden werden, ob dieser Weg gegangen werden könne. Es würde dem DGB in seiner gesamten Politik und auch gegenüber den anderen Gewerkschaften im Ostblock nützen, wenn er ernsthaft auf den FDGB zugehe. Wenn kein Verständniswille auf der anderen Seite da sei, dann sei es besser, daß sie das aussprechen, als daß wir uns ständig von der öffentlichen Meinung und auch aus der Mitgliedschaft unter Druck setzen ließen. Deshalb solle das Thema ausführlich diskutiert werden.

Kollege *Vetter* verliest dann den Entwurf eines Antwortbriefes an den Vorsitzenden des Polnischen Gewerkschaftsbundes, Loga-Sowinski.[24]

Beschluß:

Der Bundesvorstand ist mit dem vorgelegten Entwurf eines Antwortbriefes an den Vorsitzenden des Polnischen Gewerkschaftsbundes, Loga-Sowinski, einverstanden.

Kollege *Sickert* möchte noch einmal feststellen, daß niemand den DGB zu dieser Kontaktaufnahme zwinge, sondern daß der Kongreß nur den Auftrag gegeben habe, zu prüfen, ob solche Kontakte aufgenommen werden sollten. Kollege Brenner habe klargestellt, daß eine solche Kontaktaufnahme nur erfolgen solle, wenn sie Sinn und Zweck für uns habe. Er müsse, wenn der Bundesvorstand Kontakte beschließe, in Berlin begründen, warum das geschehe. Der FDGB habe den Bau der Mauer ausdrücklich befürwortet. Er habe außerdem befürwortet und begründet, warum keine Besuchskontakte mög-

---

23 Bei der Gipfelkonferenz der Staaten des Warschauer Pakts, Anfang Dezember 1969, verlangte die DDR für ein Verkehrsabkommen mit der Bundesrepublik Deutschland und bilaterale Verhandlungen der Bundesrepublik mit Moskau, Warschau und anderen Oststaaten vorab die völkerrechtliche Anerkennung ihres Staates. Bei dem Abschlusskommuniqué der Konferenz wurde diese Vorbedingung der DDR nicht berücksichtigt. Vgl. Der Spiegel 23, 8.12.1969, Nr. 50, S. 27 f.
24 Siehe Dok. 11.

lich seien. Der DGB suche von sich aus den Kontakt zum FDGB, ohne dazu gezwungen zu sein. Zu dem Briefentwurf bittet Kollege Sickert, daß, wenn er geschrieben werde, von Anfang an Berlin als zur Bundesrepublik gehörig in die Gespräche mit einbezogen werde.

Kollege *Vetter* unterstellt die Teilnahme von Berliner Kollegen als selbstverständlich. Das sollte aus taktischen Erwägungen nicht besonders erwähnt werden.

Kollege *Kluncker* erinnert daran, daß bisher noch der Beschluß bestehe, Kontakte mit dem FDGB nicht aufzunehmen. Dieser Beschluß sollte seines Erachtens vorläufig nicht aufgehoben werden. Man sollte abwarten, was die Vorgespräche ergeben. Es bestehe ein Bundesvorstandsbeschluß, wonach der DGB für die Kontaktaufnahme mit dem Ostblock zuständig sei. Man sollte ihn den Gewerkschaften jetzt noch nicht überlassen.

Kollege *Brenner* verweist auf den Antrag des Bundeskongresses, der von einer Prüfung der Kontaktaufnahme spreche. Er fragt, ob der Brief, der jetzt als Entwurf vorliege, dieser Prüfung dienen solle oder ob man unterstelle, daß man eine Prüfung schon vorgenommen habe. Er würde unter Prüfung etwas anderes verstehen. Wenn der Geschäftsführende Bundesvorstand geprüft hätte, dann müßte er das Ergebnis seiner Prüfung hier mitteilen. Der Brief gehe seines Erachtens schon ein bißchen weit. Es sollte heute lediglich berichtet werden, und die Vorsitzenden würden dann in ihren Vorständen darüber beraten. Über das Schreiben dieses Briefes sollte heute nicht endgültig beschlossen werden. Man sehe an der Berlin-Frage, daß die Dinge noch nicht genug diskutiert seien. Dieses Thema könnte zwar als selbstverständlich übergangen werden, aber man müßte überlegen, ob wir das nicht doch ausdrücklich ansprechen.

Auf die Frage des Kollegen *Vetter*, was er konkret von einer solchen Prüfung erwarte, erinnert Kollege *Brenner* in dem Zusammenhang an die Arbeitnehmerkonferenzen in Ostdeutschland, die darauf ausgerichtet seien, unser System zu unterlaufen.[25]

Nach Meinung des Kollegen *Vetter* müssen folgende zwei Punkte überprüft werden: 1. Ist der Partner ein anderer als in den anderen Ostblockstaaten? 2. Wie ist die Meinung bei den in der Regierungsverantwortung Stehenden? Kollege Vetter teilt mit, dass er am 23.12.1969 ein Gespräch mit dem Bundeskanzler gehabt habe.[26] Dieser habe die Kontakte zum FDGB grundsätzlich befürwortet. Auch die anderen Kontakte mit den Ostblockländern würden von der Bundesregierung bejaht. Die Mitglieder des Bundesvorstandes seien als Bürger der Bundesrepublik und als Gewerkschafter doppelt berührt. Die

---

25 Der DGB und seine Gewerkschaften erhielten regelmäßig Einladungen des Ständigen Ausschusses der Arbeiterkonferenzen, Berlin (Ost), zu den Konferenzen. Die Teilnahme von westdeutschen Gewerkschaftern wurde vonseiten des FDGB propagandistisch ausgenutzt. DGB-Archiv, DGB-BV, Abt. Vorsitzender 5/DGAI001132 und 5/DGAI002112. Siehe auch: DGB warnt vor Teilnahme an der XXIV. Deutschen Arbeiterkonferenz, in: ND, 18.8.1966, Nr. 196.
26 Laut Terminkalender von Willy Brandt fand das Gespräch zwischen 10.30 und 11.30 Uhr statt. WBA, A1, 31.

Dokument 10   6. Januar 1970

heutige Entscheidung dürfe nicht in Eile und Hast erledigt werden. Man solle vor allem zu einer gemeinsamen Willensbildung durch die Gewerkschaften kommen.

Kollege *Muhr* nimmt zu den Ausführungen des Kollegen Brenner hinsichtlich des Kongreßauftrages Stellung. Bei dem Brief werde sich entscheiden, ob die andere Seite überhaupt Gespräche aufnehmen will. Er schlägt eine Änderung des ersten Absatzes auf Seite 2 vor. Der zweite Satz solle wie folgt beginnen: »In diesem Fall könnte ein Gespräch zur Erörterung...«.

Kollege *Vetter* wirft ein, daß das auch eine Bedingung sei.

Kollege *Buschmann* begrüßt die Initiative des Geschäftsführenden Bundesvorstandes, meint aber, daß es besser wäre, diese viel Geduld und Überlegung erfordernden Fragen etwas mehr zurückzustellen und zu versuchen, durch eine Vertiefung der übrigen Kontakte mit dem Ostblock die Plattform für Kontakte mit dem FDGB vorzubereiten. Der Punkt solle abgesetzt und die Angelegenheit in den Vorständen diskutiert werden.

Kollege *Kluncker* hält es für notwendig, eine möglichst einheitliche Meinung über diese Fragen im Bundesvorstand zu erreichen, bevor die früheren Beschlüsse endgültig geändert werden. Er sieht den Brief auch als einen Versuch an, festzustellen, ob beim FDGB eine echte Bereitschaft zur Kontaktaufnahme bestehe.

Kollege *Sickert* weist darauf hin, daß in Westberlin der FDGB offiziell zugelassen sei und welche Schwierigkeiten sich in diesem Zusammenhang ergeben könnten. Wenn dieser Brief als ein Teil der Prüfung angesehen werde, müßten seines Erachtens weitere Punkte aufgenommen werden. Andererseits seien jetzt Themen angesprochen, von denen wir genau wissen würden, daß der FDGB auf ihre Regelung keinen Einfluß habe (z. B. Post).

Kollege *Stadelmaier* sieht den Briefentwurf als einen Bestandteil der geforderten Prüfung an und bittet Kollegen Brenner um Erläuterung seiner Einwände.

Mit dem Hinweis darauf, daß in dem Brief bereits Kontaktaufnahme angeboten werde, bekräftigt Kollege *Brenner* seinen Standpunkt, daß damit das Stadium der Prüfung überschritten sei. Außerdem müsse man sich vorher völlig klar darüber sein, was politisch mit einem solchen Schritt beabsichtigt sei. Er plädiert deshalb noch einmal dafür, den Briefentwurf erst in den Vorständen ausführlich zu diskutieren, umso mehr, als innerhalb der Organisation zwar nicht gegen Ostkontakte allgemein, wohl aber gegen Kontakte mit dem FDGB erhebliche Vorbehalte bestünden.

Kollege *Eichhorn* bestätigt die von Kollegen Brenner erwähnten Vorbehalte gegen Kontakte mit dem FDGB innerhalb seiner Gewerkschaft und spricht sich ebenfalls für eine Diskussion der Fragen in den Hauptvorständen aus.

Diesem Wunsche schließt sich auch Kollege *Carl* an. Daß dies in möglichst kurzer Frist geschehen solle, zeigt er an der Frage auf, wie wir uns verhalten wollten, wenn Warnke von sich aus in einem Brief ähnliche Vorschläge mache wie die polnischen Gewerkschaften.

Kollege *Woschech* stellt die Frage, wie eine Prüfung der Lage denn noch vorgenommen werden solle, wenn nicht durch diesen Brief, für dessen Absendung er sich einsetze. Die Situation sei bestimmt nicht einfacher, wenn wir uns in der Februarsitzung des Bundesvorstandes mit einem Brief des FDGB zu beschäftigen hätten.

Die gleiche Ansicht vertritt Kollege *Frister*. Er habe wohl Verständnis für den Wunsch nach Verschiebung der Entscheidung. Seines Erachtens könne man aber nicht Kontakte mit den Gewerkschaften der Ostblockstaaten haben und dabei den FDGB ausklammern.

Kollege *Vater* weist darauf hin, daß auch die Kollegen in den Betrieben kein Verständnis dafür hätten, dass zwar Kontakte mit den sowjetischen Gewerkschaften bestünden, nicht aber mit dem FDGB. Der Bundesvorstand habe die Entscheidung in dieser Frage seit September vor sich hergeschoben. Man solle nun die Initiative ergreifen und den Brief absenden.

Kollege *Schwab* möchte, daß nicht nur die Vorsitzenden, sondern auch die Vorstände der Gewerkschaften vor einer endgültigen Beschlußfassung Stellung zu diesen Fragen genommen haben.

Kollege *Mirkes* hebt noch einmal die Notwendigkeit einer möglichst einheitlichen Meinung im Bundesvorstand hervor und plädiert deshalb für eine Vertagung der Entscheidung bis zur Februarsitzung des Bundesvorstandes.

Kollege *Tacke* warnt davor, so zu tun, als gäbe es keine Unterschiede mehr zwischen den Gewerkschaften des Ostblocks und dem FDGB. Er sehe aber den Brief nicht als eine Aufnahme von Kontakten, sondern als Prüfung an, ob Kontakte möglich seien.

Kollege *Vetter* hebt noch einmal deutlich hervor, daß es das Ziel unserer Ostkontakte sei, zur Entspannung der Beziehungen mit dem Ostblock beizutragen.

Kollege *Rothe* glaubt, daß es nicht nur darauf ankomme, für unsere Vorhaben eine breite Basis in den Gewerkschaften zu finden, sondern daß es auch notwendig sei, die Mitgliedschaft und die Öffentlichkeit über unsere Motive aufzuklären.

Auch Kollege *Seibert* sieht in dem Absenden des Briefes die Erfüllung des Kongreßauftrages nach Prüfung der politischen Möglichkeiten.

Kollege *Vietheer* begrüßt die Initiative des Geschäftsführenden Bundesvorstandes ebenfalls. Obwohl er selbst das Absenden des Briefes befürworte, schlage er vor, dem Wunsch nach eingehender Diskussion in den Vorständen zu entsprechen.

Kollege *Vetter* stellt abschließend das Einverständnis des Bundesvorstandes fest, die endgültige Beschlußfassung über den Vorschlag des Geschäftsführenden Bundesvorstandes in der Februarsitzung des Bundesvorstandes zu fällen. Der redigierte Briefentwurf solle den Gewerkschaften umgehend zugeschickt werden.[27]

---

27 Siehe DGB-Bundesvorstand beschließt über Ostkontakte, in: ND, 7.1.1970, Nr. 2 sowie DGB-Bundesvorstand über Ostkontakte, in: Die Quelle 21, 1970, Heft 1, S. 12f.

Dokument 10 6. Januar 1970

4. GESCHÄFTSORDNUNG DES BUNDESVORSTANDES

Der Bundesvorstand verabschiedet die geänderte Geschäftsordnung des Bundesvorstandes.

5. FRAGEN DER BUNDESWEHR

[Nachdem *Reuter* mitgeteilt hat, dass die Unterlagen noch nicht fertiggestellt sind, wird beschlossen, diesen Tagesordnungspunkt in der Februarsitzung zu beraten.]

6. BENENNUNG VON MITGLIEDERN DES DGB IN DER SACHVERSTÄNDIGENKOMMISSION »ARBEITSGESETZBUCH«

[Aufgrund der Vorlage Muhrs und einer Ergänzung von Kluncker wird beschlossen, für die Sachverständigenkommission zur Schaffung eines Arbeitsgesetzbuches beim Bundesministerium für Arbeit und Sozialordnung Helmut Pinther, Olaf Radke, Karl Lichtenstein und Rechtsanwalt Kurt Thon zu benennen.]

7. TERMIN UND TAGESORDNUNG FÜR DIE 2. BUNDESAUSSCHUSSSITZUNG

[Wie bereits beschlossen, findet die 2. Bundesausschusssitzung am 4. März 1970 mit folgender Tagesordnung statt: 1. Gewerkschaftspolitischer Bericht und 2. Spenden aus dem Solidaritätsfonds.]

8. BESTÄTIGUNG VON LANDESBEZIRKSVORSTANDSMITGLIEDERN

[Der Bundesvorstand empfiehlt dem Bundesausschuss die Wahl von Manfred Kiesewetter (Stellvertreter des Landesjugendausschusses) in LBV Hessen und Günther Lappas (GGLF), Karl Schäfer (BSE) und Armin Clauss (Stellvertreter des Landesjugendausschusses) in LBV Rheinland-Pfalz zu bestätigen.[28]]

9. BERICHT ÜBER DIE AKTIONEN GEGEN DEN NPD-PARTEITAG IN SAARBRÜCKEN

[Der Bundesvorstand nimmt den Bericht von *Woschech* über die Aktionen gegen den NPD-Parteitag in Saarbrücken zur Kenntnis.[29]]

---

28 Der Bundesausschuss bestätigte die Wahl in seiner 2. Sitzung am 4.3.1970. DGB-Archiv, DGB-BV, Abt. Vorsitzender 5/DGAI000444.
29 Bericht der Abteilung Organisation (Hermann Adam) vom 23.12.1969 und Kostenaufstellung vom 2.1.1970, DGB-Archiv, DGB-BV, Abt. Vorsitzender 5/DGAI000463. Neben Presseerklärungen, Plakataktionen in Saarbrücken und Funktionärskonferenzen waren zwei Protestkundgebungen am 14. und 15.11.1969 geplant. Der Innenminister des Saarlands verbot den NPD-Parteitag und auch die in diesem Zusammenhang stehenden Protestkundgebungen. Diese Verbote wurden vom Oberverwaltungsgericht bestätigt.

10. ERFOLGSWERBUNG ZUM THEMA LOHNFORTZAHLUNG

[Nach eingehender Diskussion der Vorlage[30] von Stephan wird beschlossen, dem Bundesausschuss vorzuschlagen, aus dem Solidaritätsfonds DM 260.000,-- für die Durchführung der Werbekampagne zu bewilligen.]

11. BERICHT ÜBER DIE INFORMATIONSREISE EINER STUDIENDELEGATION DES DGB NACH JUGOSLAWIEN

Der Bundesvorstand nimmt den Bericht zur Kenntnis.[31]

12. MAIMOTTO 1970

Kollege *Stephan* berichtet, daß der Geschäftsführende Bundesvorstand lange über das Maimotto beraten habe. Der Geschäftsführende Bundesvorstand habe mit Mehrheit folgendes Maimotto beschlossen: »DGB – Fortschritt durch Veränderung.«[32] Kollege Stephan bittet den Bundesvorstand, dieses Maimotto zur Kenntnis zu nehmen. Die anderen Parolen hätten gelautet: »DGB – Wir sichern den Fortschritt« und »DGB – Fortschritt in der Gesellschaft von morgen.« Kollege Stephan gibt bekannt, daß über die Maiveranstaltungen im Februar beraten werden müsse. Das Maimotto wird aber jetzt gebraucht.

Nach einer kurzen Diskussion beschließt der Bundesvorstand folgendes Maimotto für 1970: »DGB – Wir sichern den Fortschritt.«

13. VERFASSUNGSRECHTLICHE ZULÄSSIGKEIT TARIFVERTRAGLICHER DIFFERENZIERUNGSKLAUSELN

Kollege *Dr. Gester* gibt einen kurzen Überblick über den Stand des Verfahrens beim Bundesverfassungsgericht. Der Präsident des BVerfG[33] habe dem DGB mit Schreiben vom 18.6.1969 anheimgestellt, zu der von dem Prozeßbevollmächtigten der Gewerkschaft Textil-Bekleidung, Herrn Rechtsanwalt Dr. [Adolf] Arndt, eingelegten und schriftsätzlich begründeten Verfassungsbeschwerde Stellung zu nehmen.

Der erste Entwurf einer Stellungnahme sei den Vorständen und Hauptvorständen der Gewerkschaften mit Anschreiben vom 3.10.1969 mit der Bitte zugeleitet worden, sich bis Ende Oktober 1969 hierzu zu äußern. Die ange-

---

30 Sitzungsvorlage der Abteilung Werbung vom 30.12.1969 mit zwei Vorschlägen für Werbemaßnahmen. In der 2. Sitzung bewilligt der Bundesausschuss den Betrag für die Werbekampagne. DGB-Archiv, DGB-BV, Abt. Vorsitzender 5/DGAI000444.
31 Der 39-seitige Bericht über den achttägigen Besuch der DGB-Delegation unter der Leitung von Gerd Muhr wurde gemeinsam von Harald Simon (Internationale Abteilung) und Gerd Muhr erstellt. Vgl. auch DGB-Delegation aus Jugoslawien zurück, in: ND, 27.11.1969, Nr. 343.
32 Siehe 27. Sitzung des GBV vom 5.1.1970, TOP 17, DGB-Archiv, DGB-BV, Abt. Vorsitzender 5/DGAI000181.
33 Dr. Gebhard Müller (1900–1990) war von 1959–1971 Präsident des 1. Senats des Bundesverfassungsgerichts.

Dokument 10 6. Januar 1970

schriebenen Gewerkschaften hätten überwiegend ihre Zustimmung zu dem Entwurf erklärt (ÖTV, Deutsche Postgewerkschaft, IG Bau-Steine-Erden, Gew. Nahrung, Genuß, Gaststätten, Gew. Gartenbau, Land- und Forstwirtschaft, Gew. Textil-Bekleidung, Gew. Druck und Papier). Die von einigen Gewerkschaften (Textil-Bekleidung und Druck und Papier) angeregten, zum Teil redaktionellen, zum Teil sachlichen Änderungen seien in dem überarbeiteten, nunmehr dem Bundesvorstand vorliegenden Entwurf vom 24.11.1969 berücksichtigt worden.[34]

Kollege Dr. Gester verweist alsdann auf die von Seiten der IG Metall erhobenen, grundsätzlichen Bedenken, die sich dagegen richteten, die unbefriedigende Mitgliederentwicklung in einem Schriftsatz zum BVerfG zu offenbaren und andererseits die Differenzierungsklausel als ein wichtiges tarifpolitisches Instrument zur Schaffung einer sinnvollen Ordnung des Arbeitslebens anzuerkennen. Die Einwände der IG Metall seien zum Teil durch eine Abänderung der ursprünglichen Formulierung (S. 10 und 11 des Entwurfs vom 24.11.1969) berücksichtigt worden. Eine weitere Kritik zur Sache sei jedoch unbegründet, weil davon ausgegangen werden müsse, dass tarifvertragliche Differenzierungs- und Spannenklauseln ein wichtiges Mittel tarifautonomer Gestaltung der Arbeits- und Wirtschaftsbedingungen seien. Man müsse sich als Gewerkschaften zum Funktionieren der Tarifautonomie bekennen. Gerade in Zeit[en] der Konjunktur sei eine tarifvertragliche Differenzierungsklausel ein koalitionsspezifisches Mittel, welches gleichzeitig die Mitgliedschaft an die Organisation binde, indem es dem Mitglied einen Ausgleich für seine mit der Organisationszugehörigkeit verbundenen Aufwendungen gebe, und zugleich auch ein wirksames Mittel werbewirksamer Tarifpolitik gegenüber den Nichtorganisierten.

Zur Verfahrensaussicht der Verfassungsbeschwerde äußert sich Kollege Dr. Gester dahin, daß kein Grund bestehe, besonders optimistisch zu sein. Immerhin müßten für den Fall einer positiven Entscheidung des BVerfG fünf der neuen Richter sich für den gewerkschaftlichen Standpunkt entscheiden.[35]

[Nach einer Formulierungsänderung von *Frister* ist der Bundesvorstand mit dem vorgelegten Entwurf eines Briefes an den Präsidenten des Bundesverfassungsgerichts als Vorsitzenden des Ersten Senates zur verfassungsrechtlichen Zulässigkeit tarifvertraglicher Differenzierungsklauseln einverstanden.]

Ende der Sitzung: 17.30 Uhr

---

34 Der 15-seitige Entwurf der Verfassungsbeschwerde der Gewerkschaft Textil-Bekleidung findet sich in den Beratungsunterlagen zu der Sitzung. DGB-Archiv, DGB-BV, Abt. Vorsitzender 5/DGAI000463. Die Verfassungsbeschwerde wurde 1971 abgewiesen. Vgl. Dok. 27, Fußnote 24.
35 In einem Vermerk vom 21.1.1970 hat Heinz Gester seine im Protokollentwurf aufgeführten Äußerungen handschriftlich ergänzt bzw. korrigiert. Diese wurden hier nicht berücksichtigt. Vgl. jedoch DGB-Archiv, DGB-BV, Abt. Vorsitzender 5/DGAI000463.

DOKUMENT 11

6. Januar 1970: Entwurf eines Antwortschreibens an den Vorsitzenden des Zentralrates des polnischen Gewerkschaftsbundes[1]

Ms., hekt., 1 S.

DGB-Archiv, 5/DGAI000463.

Wir bestätigen hiermit den Erhalt Ihres Telegramms vom 31.12.1969 sowie Ihres Schreibens vom 29.12.1969 und nehmen Bezug auf unsere Telegramme vom 23.12.1969 und 6.1.1970, mit denen wir Ihre Delegation zur Vorbereitung von Spitzengesprächen in der Zeit vom 13. bis 15.1.1970 in die Bundesrepublik Deutschland eingeladen haben.[2]

Wir sind mit Ihnen der Auffassung, daß die auf Seite 1 Ihres Schreibens vom 29.12.1969 aufgeführten gewerkschaftspolitischen Themen Besprechungspunkte der beiden Vorbereitungsdelegationen sein sollten.[3]

Wir sind jedoch der Meinung, daß es – wie wir bereits in unserem Schreiben vom 16.10.1969 mitgeteilt hatten – angebracht wäre, Gespräche zwischen unseren beiden Gewerkschaftsbünden ohne jedwede Vorbedingungen und Tabus aufzunehmen. Der DGB hat auf seinem letzten Bundeskongreß diese Ansicht bekräftigt und darauf hingewiesen, daß keine der beiden Seiten wichtige Probleme von der offenen und freien Diskussion ausschließen darf.

Aus diesem Grunde können unsres Erachtens die in Ihrem Schreiben vom 29.12. auf Seite 2 enthaltenen politischen Themen *nicht zum Ausgangspunkt* von Besprechungen zwischen unseren beiden Gewerkschaftsbünden gemacht werden.[4]

Andererseits erklären wir jederzeit unsere Bereitschaft, alle, beide Gewerkschaftsbünde interessierenden politischen und gewerkschaftspolitischen Fragen zu erörtern.

Wir sehen der Ankunft Ihrer Vorbereitungsdelegation gern entgegen und hoffen auf erfolgreiche Gespräche.[5]

---

1 Zur Diskussion und Verabschiedung dieses Briefentwurfes siehe Dok. 10.
2 Vonseiten des Zentralrates der Gewerkschaften wurden in dem Schreiben vom 29.12.1969 an den DGB Edward Marek (Leiter der Abt. für Ökonomische Analyse), Witold Suchowicz (Sektorenleiter Abt. Internationale Verbindungen) und Malgorzata Zelazna (Delegationssekretärin) als Delegationsmitglieder genannt. DGB-Archiv, DGB-BV, Abt. Vorsitzender 5/DGAI000463.
3 Als mögliche Besprechungspunkte wurden in diesem Schreiben u. a. aufgeführt: Arbeitsverhältnisse, Gesundheitsschutz, Organisierung der Erholung und Touristik für die Werktätigen, des Gewerkschaftssports, der Arbeitsgesetzgebung, die Sozialversicherungen sowie die berufliche, soziale, kulturelle und volksbildende Tätigkeit. Ebd.
4 Unterstreichung im Text. Siehe Diskussion zu diesem Punkt auf der 5. Bundesvorstandssitzung (Dok. 10), u. a. Fußnote 16, ebd.
5 Zu den Gesprächen siehe DGB-Bundesvorstand nach Warschau eingeladen, in: ND, 16.1.1970, Nr. 14.

DOKUMENT 12

29. Januar 1970: Kurzprotokoll der Sitzung des Gewerkschaftsrates beim Parteivorstand der SPD[1]

Erich-Ollenhauer-Haus, Bonn; Ms., hekt., 3 S.

DGB-Archiv, 5/DGAI001802.

Tagesordnung:
1. Deutschland- und Außenpolitik
2. Jahreswirtschaftsbericht

Willy Brandt erläuterte zunächst die Deutschland- und Außenpolitik der Bundesregierung und bezeichnete die Ostpolitik als Teil der Europapolitik. Ohne Rückhalt bei den westlichen Verbündeten seien keine »Ost-Schritte« möglich. Die Bundesregierung brauche gerade für diesen Teil ihrer Politik eine Rückendeckung nach innen und außen. Die Unterstützung der Gewerkschaften sei deshalb besonders notwendig, da sie auch in der Vergangenheit stets für den Frieden, die Selbstbestimmung der Völker und für klare politische Verhältnisse eingetreten seien.

Als besondere Aufgaben der Gewerkschaften umriß Willy Brandt in diesem Zusammenhang:

1. Die Gewerkschaften helfen der Bundesregierung, indem sie ihr gegenüber veralteten Vorstellungen und feindseligen Angriffen den Rücken freihalten.

2. Die Gewerkschaften wirken auch an der internationalen Absicherung der deutschen Friedenspolitik mit. Wo unsere Freunde sitzen, muß für jedermann klar sein und bleiben.

3. Die potentiellen östlichen Partner müssen vor dem Irrtum bewahrt werden, als könnten sie die Träger gewerkschaftlicher und politischer Verantwortung in der Bundesrepublik Deutschland gegeneinander ausspielen.

4. Europäische Konferenzen auf staatlicher und auf anderer (nicht nur gewerkschaftlicher) Ebene dürfen wegen der völlig unterschiedlichen Voraussetzungen nicht in einen Topf geworfen werden.

5. Informatorische und fachliche Kontakte mit Gewerkschaften in den Ost-Staaten können dazu beitragen, Vorurteile abzubauen.

6. Ostkontakte müssen unter Kontrolle bleiben und können nur durch die legitimierten Führungskörperschaften kontrolliert werden. Wo Kontakte auf »unteren« Ebenen angestrebt werden, muß a) auf Gegenseitigkeit bestanden und b) der Gefahr der Infiltration begegnet werden.

Gegenüber dem FDGB empfiehlt sich besondere Zurückhaltung, solange nicht erkennbar ist, ob und wie die DDR-Regierung auf das umfassende

---
1 Mit Anschreiben von Hans Hermsdorf wurde das Protokoll am 9.2.1970 an die Privatadresse von Heinz O. Vetter in Mülheim/Ruhr geschickt. Weder im Anschreiben noch im Protokoll selbst wurde die Protokollführung erwähnt. Nach Unterlagen im Willy-Brandt-Archiv müsste der Protokollant Hans Hermsdorf gewesen sein. Vgl. WBA, A 11.8, Sign. 5.

Gesprächsangebot der Bundesregierung reagiert. Unabhängig davon wird darauf zu achten sein, dass künftige Gesprächsthemen möglichst konkret gefaßt werden und daß dem Grundsatz der Nichteinmischung eine vernünftige Deutung gegeben wird.

Heinz O. Vetter schilderte zunächst die Entwicklung der gewerkschaftlichen Beratungen über die Aufnahme von Kontakten mit dem FDGB und stellte in Aussicht, daß der DGB-Bundesvorstand höchstwahrscheinlich in seiner Sitzung am 3.2.1970 beschließen werde, einen Brief an den FDGB-Vorsitzenden Herbert Warnke zwecks gemeinsamer Untersuchung von technischen und sachlichen Möglichkeiten für eine Kontaktaufnahme zwischen DGB und FDGB zu richten.

In der anschließenden Diskussion legten insbesondere *Otto Brenner* und *Georg Leber* ihre Auffassung zu diesem Fragenkomplex dar.

Zu Punkt 2 der Tagesordnung erläuterte *Professor Dr. Karl Schiller* zunächst den am gleichen Tage veröffentlichten Jahreswirtschaftsbericht und schloß daran einen Bericht über die Konjunkturlage in der Bundesrepublik und über konjunkturpolitische Maßnahmen der Bundesregierung an.[2]

Willy Brandt kündigte an, daß der Gewerkschaftsrat so rechtzeitig vor dem vom 11. bis 14. Mai 1970 stattfindenden Parteitag in Saarbrücken zu seiner nächsten Sitzung eingeladen werde, damit er sich ausführlich mit den ihn interessierenden Anträgen befassen könne.

Zur Prüfung des Biedenkopf-Gutachtens[3] werde vom Präsidium eine Kommission berufen werden[4], die in Zusammenarbeit mit Vertretern des Bundesarbeitsministeriums eine Stellungnahme erarbeiten solle. Das sehr umfangreiche Gutachten werde von der Bundesregierung dem Bundestag zugeleitet, so daß es in absehbarer Zeit als Bundestagsdrucksache vorliegen werde.

Heinz O. Vetter trug dann den Wunsch des DGB vor, die Novellierung des Betriebsverfassungsgesetzes[5] so zügig voranzutreiben, daß die Frühjahr 1971

---

2 Zum Standpunkt des DGB mit Bezug auf den Jahreswirtschaftsbericht 1970 der Bundesregierung siehe Schreiben von Heinz O. Vetter und Georg Neemann vom 14.1.1970 an Bundeskanzler Willy Brandt, in: DGB-Archiv, DGB-BV, Abt. Gesellschaftspolitik 5/DGAK000017.
3 Am 21.1.1970 übergab die von der Großen Koalition im November 1967 beschlossene und im Januar 1968 vom damaligen Bundesminister für Arbeit und Sozialordnung, Hans Katzer, eingesetzte Mitbestimmungskommission (Biedenkopf-Kommission) das Gutachten Bundeskanzler Willy Brandt. DGB-Archiv, DGB-BV, Abt. Gesellschaftspolitik 5/DGAK000030.
4 Laut »SPD-Pressemitteilungen und Informationen« Nr. 54/70 vom 6.3.1970 wurden in die Kommission zur Überprüfung des Gutachtens der Biedenkopf-Kommission berufen: Hans-Jürgen Junghans (Vorsitzender), Herbert Wehner, Helmut Schmidt, Walter Arendt, Klaus Dieter Arndt, Hermann Brandt, Otto Brenner, Hermann Buschfort, Karl Hauenschild, Walter Hesselbach, Harald Koch, Hans Matthöfer, Georg Neemann, Philipp Rosenthal, Friedrich Simon, Ernst Schellenberg und Heinz O. Vetter.
5 In der Regierungserklärung von Willy Brandt am 28.10.1969 wurde auch die Ausweitung der betrieblichen Mitbestimmung durch die Novellierung des Betriebsverfassungs- und Personalvertretungsgesetzes angekündigt. Verabschiedet wurde das Betriebsverfassungsgesetz erst 1972. Mit einem Vorschaltgesetz wurde die Amtszeit der nach dem 30.12.1970 zu wählenden Betriebsräte bis zum 30.4.1972 verlängert. DGB-Geschäftsbericht 1969–1971, S. 143 f. Siehe auch: Artikel zum neuen Betriebsverfassungsgesetz von Gerd Muhr, Friedhelm Farthmann, Günter Hartfiel, Heinz Gester, in: GMH 23, 1972, Nr. 1, S. 1–23.

zu wählenden Betriebsräte dann bereits die Möglichkeit hätten, mit dem Novellierungsgesetz zu arbeiten. [Anlagen.][6]

DOKUMENT 13

2. Februar 1970: Entwurf des Protokolls der Sitzung der Kommission zur Durchführung des Aktionsprogramms

Hans-Böckler-Haus in Düsseldorf; Vorsitz: Otto Brenner; Protokollführung: Wilhelm Gronau; Sitzungsdauer 17.15–21.40 Uhr.

Ms., hekt., 12 S.[1]

DGB-Archiv, 5/DGAI001434.

[Anwesend vom GBV: Heinz O. Vetter, Bernhard Tacke, Gerhard Muhr, Georg Neemann, Günter Stephan; von den Gewerkschaften: Rudolf Sperner, Heinz Werner Meyer für Adolf Schmidt, Karl Hauenschild, Heinz Vietheer, Gerhard Vater, Adolf Mirkes, Otto Brenner, Herbert Stadelmaier, Heinz Kluncker; es fehlte Philipp Seibert; von den Bundesvorstandsabteilungen: Dr. Friedhelm Farthmann, Wilhelm Gronau, Günter Scheer und von acon Rudi Iffland.]

Beginn der Sitzung: 17.15 Uhr   Ende der Sitzung: 21.40 Uhr

Tagesordnung
1. Arbeitskammern
   – Bericht über den jetzigen Stand – Berichterstatter: Dr. Farthmann
2. Genehmigung des Protokolls der letzten Sitzung
3. Antrag E 146 des Gewerkschaftstages der IG Chemie, Papier, Keramik
   – Überführung von Banken in Gemeineigentum – Berichterstatter: Karl Hauenschild
4. Überarbeitete Vorschläge zur Verbesserung der Position des DGB und seiner Gewerkschaften
5. Mitbestimmung im öffentlichen Dienst – Berichterstatter: Heinz Kluncker
6. Verschiedenes

[Zum 1. Tagesordnungspunkt sind die Vorsitzenden der Landesbezirke des DGB eingeladen. Von diesen sind anwesend: Karl Schwab (LB Baden-Württemberg), Xaver Senft für Wilhelm Rothe (LB Bayern), Walter Sickert (LB Berlin), Helmut Greulich (LB Niedersachsen), Jan Sierks (LB Nordmark), Peter Michels (LB Nordrhein-Westfalen), Julius Lehlbach (LB Rheinland-Pfalz), Leo Moser (LB Saar); es fehlt Philipp Pless (LB Hessen).]

---

6 Entwurf einer Presseerklärung zu dieser Sitzung und Anwesenheitsliste, DGB-Archiv, DGB-BV, Abt. Vorsitzender 5/DGAI001802.
1 Einladungsschreiben zur Sitzung von Otto Brenner am 6.1.1970. Protokollentwurf: Briefkopf: Deutscher Gewerkschaftsbund Bundesvorstand Kommission zur Durchführung des Aktionsprogramms, Düsseldorf, den 12. Febr. 1970. Diktatzeichen Gr-Rs [Wilhelm Gronau – Carmen Rüsch], DGB-Archiv, DGB-BV, Abt. Vorsitzender 5/DGAI001434.

[Nachdem *Brenner* die Sitzung eröffnet hat, schlägt *Vetter* vor, die Reihenfolge der Tagesordnungspunkte zu ändern und Punkt 4 an die Satzungskommission zu verweisen.]

TAGESORDNUNGSPUNKT 1 – ARBEITSKAMMERN

Kollege *Vetter* führt hierzu aus, daß bei der Betrachtung der politischen Situation die Arbeitskammern in Bremen und dem Saargebiet[2] erst einmal ausgeklammert werden müßten. Sie sollten als Gegebenheiten toleriert werden und erst zum Abschluß unserer Überlegungen in die Untersuchung einbezogen werden. Zum anderen ist es wichtig zu wissen, daß – falls wir zu einer Ablehnung der Arbeitskammern kommen – die betreffenden Länderregierungen wahrscheinlich nicht darauf bestehen werden, Arbeitskammern einzurichten. Die vom Bundesausschuß eingesetzte Kommission, die entsprechende Unterlagen für einen Beschluß über die Arbeitskammern erstellen soll, ist identisch in personeller Besetzung mit der Aktionskommission, weshalb die hier vorhandene Meinung bei der Arbeit der BA-Kommission von Bedeutung ist.[3] Die Überprüfung der Frage muss ein klares »ja« oder ein klares »nein« zu den Arbeitskammern ergeben. Bei unseren Überlegungen spielt auch die Tatsache eine Rolle mit, daß wir die Verfassungsklage gegen die Arbeitskammer der Saar unterstützen.[4]

Kollege *Farthmann* gibt dann eine Übersicht über den Stand in den einzelnen Ländern. Die einfachste Lösung wäre, wenn das Bundesverfassungsgericht der Verfassungsbeschwerde aus dem Saarland entsprechen würde, womit Arbeitskammern als verfassungswidrig erklärt würden. Es sieht aber eher so aus, als ob das Bundesverfassungsgericht der Klage nicht stattgeben wird. Unsere Unterstützung der Klage beim Bundesverfassungsgericht bedeutet aber, daß wir uns schon gegen die Arbeitskammern festgelegt haben. Eine offizielle Stellungnahme ist aber vom Bundesausschuß noch nicht verabschiedet.

---

2 Die beiden Arbeitskammern werden hier nicht berücksichtigt, da die Bremer Kammer bereits 1921 gegründet worden ist, die Arbeitskammer Saarland 1951. Zur Frage der Arbeitskammern siehe Artikel des Bundesarbeitsgerichtspräsidenten Gerhard Müller: Die Mitbestimmung auf Unternehmensebene, in: Der Betrieb, Düsseldorf, 22, 1969, H. 40, S. 1794–1797.
3 Auf dem 8. Bundeskongress des DGB in München 1969 wurden vom LB Hessen und der GTB die Anträge 362 und 363 zur Bildung einer Kommission zur Prüfung von Arbeitnehmerkammern als Material an den Bundesausschuss überwiesen: Protokoll 8. Bundeskongreß, Teil: Anträge und Entschließungen, S. 336 f. Der Bundesausschuss beschloss in seiner 1. Sitzung am 8.10.1969 die Bildung einer Kommission, DGB-Archiv, DGB-BV, Abt. Vorsitzender 5/DGAI000405, deren konstituierende Sitzung am 5.3.1970 stattfand, siehe Einladungsschreiben von Friedhelm Farthmann (Abteilung Gesellschaftspolitik) an die Kommissionsmitglieder vom 18.2.1970, DGB-Archiv, DGB-BV, Abt. Tarifpolitik 5/DGAY000004.
4 In der Sitzung des Arbeitsrechtlichen Arbeitskreises des Wirtschaftswissenschaftlichen Instituts des DGB am 30.9.1969 wurde eine Verfassungsklage diskutiert, da die Arbeitskammern Zwangsgewerkschaften ohne Tariffähigkeit und kein freigebildeter Verband seien. Die Klagebegründung sollte sich dabei auf die Artikel 2 und 9 Absatz 3 GG stützen. DGB-Archiv, DGB-BV, Abt. Vorsitzender 5/DGAI001434. Zur Verfassungsbeschwerde gegen das Saarländische Gesetz siehe Beschluss des GBV in seiner 29. Sitzung am 18./19.1.1970, DGB-Archiv, DGB-BV, Abt. Vorsitzender 5/DGAI000181.

Dokument 13 2. Februar 1970

Akut ist die Frage der Arbeitskammern eigentlich nur in Bayern, Baden-Württemberg und Rheinland-Pfalz.[5] In Bayern gibt es noch keinen Kabinettsbeschluß. Wenn sich auch in Bayern einige Sekretäre positiv zu den Arbeitskammern geäußert haben, so ist doch der DGB-Landesbezirk gegen die Einrichtung der Arbeitskammern, was auch dem Arbeitsminister deutlich gemacht wurde. In Baden-Württemberg wurde seitens der Länderregierung noch keine Initiative entwickelt. Die vorhandenen Bestrebungen sind noch nicht weit gediehen. In Rheinland-Pfalz sind die Dinge am meisten forciert worden. Hier fordert das Kabinett Arbeitskammern.[6]

Der Arbeitsminister hat zugesagt, daß gegen den geschlossenen Widerstand des DGB keine Arbeitskammern eingeführt werden sollen. Trotzdem wurde aber ein Entwurf vorgelegt. Der DGB-Landesbezirksvorstand hat den Arbeitskammern eine eindeutige Absage erteilt.

Bei den vorliegenden Entwürfen – in Rheinland-Pfalz vom Arbeitsministerium und in Bayern vom Werkvolk[7] – kann festgestellt werden, daß sie im wesentlichen übereinstimmen. Es ist eine Unterrepräsentanz des DGB vorgesehen, daß bei der Wahl alle Verbände Vorschlagsrecht haben mit dem Vorteil eines Minderheitenschutzes, also mindestens die Hälfte der Sitze bekommen. DGB und DAG teilen sich dann in den Rest. Während die werbewirksamen Aufgaben, wie z. B. Rechtsschutz, den Kammern voll übertragen werden sollen, bleiben die entscheidenden Merkmale der Berufsausbildung wieder bei den Industrie- und Handelskammern.

Zusammenfassend bemerkt Kollege Farthmann, daß er die Einrichtung von Arbeitskammern aufgrund der vorliegenden Entwürfe für äußerst bedenklich hält.

Kollege *Vetter* stellt noch einmal die wichtigsten Punkte, die gegen die Arbeitskammern sprechen, zusammen. 1. Es ist eine Zwangsmitgliedschaft vorgesehen. 2. Es handelt sich um eine quasi gewerkschaftliche Organisation. 3. Die Aufgaben der Arbeitskammern umfassen die gewerkschaftswirksamen Aufgaben. Wenn wir die Einrichtung von Arbeitskammern zulassen, dann werden wir in eine ständige Kampfsituation gedrängt. Hinzu kommt noch die Gefahr der Abwanderung von potenten Sekretären, die bei den Arbeitskammern eine bessere Bezahlung erhalten.

---

5 Siehe Sachstand zu den Initiativen zur Einführung von Arbeitskammern: Werner Mühlbrandt: Mit oder ohne Arbeitskammern, in: Die Welt, 14.3.1970.
6 Siehe Presse-Informationsdienst des DGB-LB Rheinland-Pfalz [Januar 1970?] zum Referentenentwurf des Sozialministeriums zur Schaffung einer Arbeitskammer in Rheinland-Pfalz.
7 Vgl. Entwurf eines Gesetzes über die Arbeitskammer im Freistaat Bayern vom 10.3.1969 vom Werkvolk – Süddeutscher Verband Katholischer Arbeitnehmer, DGB-Archiv, DGB-BV, Abt. Tarifpolitik 5/DGAY000004. Für den süddeutschen Raum wurde 1947 das »Werkvolk – Süddeutscher Verband Katholischer Arbeitnehmer« als Nachfolger der katholischen Arbeitervereine von vor 1933 gegründet. Vgl. Festvortrag Hans Maier: Katholische Arbeiterbewegung zugleich – 100 Jahre KAB Süddeutschlands, in: Solidarität. 100 Jahre 1891–1991 KAB Süddeutschlands. Dokumentation, München 1993, S. 142 f.

Kollege *Lehlbach* berichtet, daß der Sozialminister von Rheinland-Pfalz, Dr. Geissler[8], erklärt habe, daß die Arbeitskammern in Rheinland-Pfalz den Gewerkschaften helfen sollen. Zwei §§ der Verfassung des Landes Rheinland-Pfalz bilden Grundlage für die Errichtung von Kammern. §69/1 besagt, daß Kammern gebildet werden können, und §69/2 fügt hinzu, daß sie paritätisch von Arbeitnehmern und Arbeitgebern besetzt werden müssen – also auch die Industrie- und Handelskammern. Die Sozialausschüsse der CDU forderten in der sogenannten Offenburger Erklärung[9] im Jahre 1968 Arbeitskammern. Vom Arbeitsministerium wurde dann ein Entwurf erstellt. Der Landesbezirksvorstand des DGB in Rheinland-Pfalz hat den Beschluß gefaßt: »Die Landesregierung hat den Verfassungsauftrag, die Industrie- und Handelskammern paritätisch zu besetzen, nicht erfüllt. Die Arbeitskammern werden in dem vorliegenden Entwurf abgelehnt.«[10] Kollege Lehlbach macht noch darauf aufmerksam, daß in dem Entwurf die Standesorganisationen den Gewerkschaften gleichgestellt werden. Wenn also der DGB anteilig in den Selbstverwaltungsorganen vertreten ist, so bedeutet das, daß er nur 1/3 der Sitze erhalten wird, weil bei ihm auch nur 1/3 der Arbeitnehmer organisiert sind. Die endgültige Auswahl der Vertreter soll vom Landtag für 6 Jahre vorgenommen werden. Im §2 des Entwurfs werden nicht nur Arbeiter und Angestellte als vertretbar, sondern auch Beamte aufgeführt, so daß hier mittelbar und unmittelbar diejenigen in die Selbstverwaltungskammern kommen könnten, die auch die Aufsicht ausführen sollen. Die Aufgaben sind identisch mit denen der Gewerkschaften. Da der Landesbezirksvorstand die Auffassung vertritt, daß es sich bei diesen vorgesehenen Arbeitskammern nicht um Selbstverwaltungsorgane, sondern mehr oder weniger um Staatsarbeitskammern handelt, hat er schon am 2.9.1968 den Beschluß gefaßt, sich gegen die Arbeitskammern auszusprechen und sich weder an den Beratungen noch an der Selbstverwaltung zu beteiligen.[11] Verlangt wird dagegen die paritätische

---

8 Im Beitrag der ZDF-Sendung »Länderspiegel« – »Arbeitskammer im Streit der Meinungen« – vom 21.6.1969 führte der Sozialminister von Rheinland-Pfalz, Heinrich [Heiner] Geissler, aus: »Dass die Arbeitskammer die Tätigkeit der Gewerkschaften nicht einenge, sondern höchstens von Aufgaben entlaste, die eigentlich gar nicht unmittelbar und in erster Linie in ihren Aufgabenbereich hineingehören. Die Gewerkschaften sollten sich aktiv mit in die Organisation dieser Arbeitskammer einschalten. Dann gereiche es sowohl den Arbeitnehmern als auch den Gewerkschaften zum Vorteil«, in: Informationsdienst Gewerkschaftspresse 15, 11.7.1969, Nr. 127, hrsg. v. DGB-BV, Abt. Werbung.
9 Siehe Die CDU-Sozialausschüsse fordern jetzt Arbeitskammern nach dem Saar-Modell, in: Industriekurier, 18.2.1969. Der Beschluss des Arbeitskreises »Überbetriebliche Mitbestimmung« der CDU-Sozialausschüsse wurde in der Bundesvorstandssitzung der CDU-Sozialausschüsse am 8.3.1969 genehmigt.
10 Auf der 7. Sitzung des DGB-Landesbezirksvorstands am 9.12.1969 wurde u. a. beschlossen, dass Arbeitskammern in Rheinland-Pfalz nur gegen den Willen des DGB und seiner Gewerkschaften geschaffen werden könnten, es gebe keine Beteiligung an der Beratung des Gesetzes und an der Selbstverwaltung der Arbeitskammer. Es sollte an der Forderung nach paritätischer Besetzung der bestehenden IHKs festgehalten werden, wie es in der Verfassung von Rheinland-Pfalz festgelegt sei. DGB-Archiv, DGB-LB Rheinland-Pfalz 5/DGBM000015.
11 Am 2.9.1968 fand keine Landesbezirksvorstandssitzung statt. In den Sitzung am 29.8. und der folgenden am 15.10.1968 wurde das Arbeitskammerproblem lt. Protokoll nicht behandelt, auch nicht in den anschließenden und vorherigen Sitzungen. DGB-Archiv, DGB-LB Rheinland-Pfalz 5/DGBM000020.

Dokument 13 2. Februar 1970

Mitbestimmung bei den Industrie- und Handelskammern nach den Bestimmungen des Landes Rheinland-Pfalz. Der Landesbezirksvorstand hat sehr deutlich gemacht, daß in Rheinland-Pfalz gegen den Willen des DGB keine Arbeitskammern geschaffen werden können. Es wäre zu begrüßen, wenn auch seitens des DGB-Bundesvorstandes eine klare Aussage über die Arbeitskammern gemacht wird.

Kollege *Senft* bemerkt, daß Kollege Farthmann das Wesentliche in bezug auf die Situation in Bayern gesagt hat. Nach seiner Ansieht ist der österreichische Einfluß[12] nicht so groß, wie angenommen wird.

Kollege *Michels* berichtet, daß in NRW die CDU-Landtagsfraktion sich für Arbeitskammern ausgesprochen hat.[13] Der Landesbezirksvorstand des DGB ist mit wenigen Ausnahmen gegen Arbeitskammern. Er vertritt die Ansicht, daß die Industrie- und Handelskammern, die Handwerkskammern und Landwirtschaftskammern zusammengeschlossen werden sollten und die betreffenden Organe paritätisch besetzt werden müssen.

Kollege *Schwab* bemerkt, daß weder von Regierung noch Parlament in Baden-Württemberg in bezug auf Bildung von Arbeitskammern besondere Aktivitäten zu verzeichnen sind, interessant ist auch zu wissen, daß die Vertreter der christlichen Gewerkschaften in Baden-Württemberg gegen die Einrichtung von Arbeitskammern gesprochen haben. Er vertritt die Auffassung, daß die Frage der Arbeitskammern nicht vorangetrieben werden soll und man sie »auf kleiner Flamme hält«. Wenn auch unter den Bezirksleitern der Gewerkschaften in Baden-Württemberg verschiedene Auffassungen über die Arbeitskammern vorhanden sind, so sind doch die Argumente gegen Arbeitskammern so stark, daß es nicht schwer fällt, sie abzulehnen. Kollege Schwab begrüßt, dass Bundesvorstand und Bundesausschuß in absehbarer Zeit eine Stellungnahme zu den Arbeitskammern abgeben werden.

Kollege *Kluncker* vertritt die Meinung, daß die Arbeitskammern keinesfalls eine Verbesserung der Position des DGB bringen können. Er bemerkt, daß er ihnen skeptisch bis ablehnend gegenübersteht. Man sollte aber auch zur Kenntnis nehmen, daß dort, wo Arbeitskammern vorhanden sind, aus der eigenen Organisation positive Stimmen für die Arbeitskammern eintreten. Es ist notwendig, möglichst bald, dem Beschluß des letzten Bundeskongresses entsprechend, im Bundesausschuß zu einer Aussage über die Arbeitskammern zu kommen und Klarheit zu schaffen.

Kollege *Vetter* zeigt noch einmal die chronologische Entwicklung auf, die zum Beschluß des Bundeskongresses geführt hat. Er bemerkt hierzu, daß es leider noch nicht möglich war, eine Sitzung der vom Bundesausschuß eingesetzten Kommission einzuberufen, da bisher die Termine nicht abgestimmt werden konnten. Die Mitglieder der Kommission sollten aber möglichst bald

---

12 Siehe K. J. Wohlhüter: Arbeitnehmer sollen Pflichtmitglieder werden. Arbeitnehmerkammer in Bayern vorgesehen, in: Nürnberger Nachrichten, 13.6.1969.
13 Bei der NRW-Landesregierung und der SPD-Landtagsfraktion bestand im Gegensatz zur CDU nicht die Absicht, eine Arbeitskammer zu errichten. Protokoll der DGB-Landesbezirksvorstandssitzung vom 28.8.1969, DGB-Archiv, DGB-LB NRW 37/19.

einberufen werden, um dem Bundesausschuß dann entsprechendes Material zu einem Beschluß vorlegen zu können. Falls bis zur Bundesausschußsitzung im März das Material vorgelegt werden kann, wäre es dann möglich, in der Juni-Sitzung des Bundesausschusses einen entsprechenden Beschluß zu fassen.

Kollege *Brenner* bemerkt, daß so verfahren werden soll.

TAGESORDNUNGSPUNKT 2 – GENEHMIGUNG DES PROTOKOLLS DER LETZTEN SITZUNG

[Eine schriftlich eingereichte Protokolländerung von *Rothe*, bezogen auf die geplante Einrichtung von Arbeitskammern in Bayern.[14]]

TAGESORDNUNGSPUNKT 3 – ANTRAG E 146 DES GEWERKSCHAFTSTAGES DER IG CHEMIE, PAPIER, KERAMIK – ÜBERFÜHRUNG VON BANKEN IN GEMEINEIGENTUM[15]

Kollege *Hauenschild* vertritt die Ansicht, daß der Antrag des Gewerkschaftstages der IG Chemie, Papier, Keramik selbstverständlich dem DGB zur weiteren Beschlußfassung zugeleitet werden muß. Dieser Antrag E 146 war kein Antrag des Hauptvorstandes der IG Chemie, Papier, Keramik, wird aber abgedeckt durch entsprechende Ausführungen im Grundsatzprogramm.

[Während *Vietheer* mitteilt, dass die HBV solche Forderungen nicht übernehmen könne[16], verweist *Brenner* darauf, dass nur ein Kongress des DGB über einen solchen Antrag entscheiden könne, weshalb die IG Chemie, Papier, Keramik den Antrag an den DGB weiterleiten solle, damit sich der nächste Bundeskongress des DGB damit befassen könne.]

TAGESORDNUNGSPUNKT 4 – ÜBERARBEITETE VORSCHLÄGE ZUR VERBESSERUNG DER POSITION DES DGB UND SEINER GEWERKSCHAFTEN

[*Stephan* legt die vom DGB-Werbeausschuss überarbeitete Fassung vor[17], und nach kurzer Diskussion stellt *Brenner* fest, dass die Mitglieder der Kommission die Auffassung vertreten, dass es Aufgabe der Satzungskommission ist, sich mit den Vorschlägen zu beschäftigen.]

---

14 Auf Seite 4 sollte der Satz, beginnend mit »Aufgrund ...«, geändert werden in »Aufgrund dieser Situation zieht die SPD in Bayern in Erwägung, einen eigenen Entwurf eines Gesetzes zur Errichtung von Arbeitskammern vorzubereiten und evtl. später im Landtag einzubringen.« DGB-Archiv, DGB-BV, Abt. Vorsitzender 5/DGAI001434.
15 Siehe Protokollband der Verhandlungen des 8. Ordentlichen Gewerkschaftstages der IG CPK vom 31.8. bis 6.9.1969 in Wiesbaden, Teil: B, Anträge, S. 111. Der Antrag der Bezirksdelegierten-Konferenz Nordrhein wurde bei einer Enthaltung angenommen, siehe ebd., S. 374.
16 Siehe Schreiben von Heinz Vietheer zu diesem Beschluss an Alfons Lappas vom 10.9.1969, sowie Antwortschreiben von Heinz O. Vetter vom 19.9.1969, DGB-Archiv, DGB-BV, Abt. Vorsitzender 5/DGAI001434.
17 Die erste Fassung des Entwurfs vom Mai 1969 wurde in den Sitzungen des Werbeausschusses am 9.12.1969 und 14.1.1970 überarbeitet. DGB-Archiv, DGB-BV, Abt. Werbung – Medienpolitik 5/DGBM000062.

Dokument 13 2. Februar 1970

TAGESORDNUNGSPUNKT 5 – MITBESTIMMUNG IM ÖFFENTLICHEN DIENST

Kollege *Kluncker* gibt hierzu folgenden Bericht: 1968 wurde in der ÖTV eine Arbeitsgruppe »Mitbestimmung im öffentlichen Dienst« gebildet. Außer den hauptamtlichen Vertretern der ÖTV wurden auch versierte Kommunalpolitiker und in sonstigen wichtigen Positionen tätige Mitglieder der ÖTV in diese Arbeitsgruppe berufen. U. a. wurde auch Kollege Dr. Farthmann zu den Sitzungen der Arbeitsgruppe eingeladen. Grundlage der Beratungen bildete die Mitbestimmung in der Montanindustrie. Abweichend hierzu sind 1. Die Wahl der Vertreter der Arbeitnehmergruppe, die durch Urwahl gewählt werden sollen; 2. daß als sogenannter 11. Mann ein gewählter Volksvertreter agieren soll; 3. die Bestellung des Mitgliedes in der Geschäftsleitung für Personal- und Sozialangelegenheiten und 4. daß bei den Betrieben die Mindestanzahl der Beschäftigten nicht auf 2.000, sondern auf 500 festgelegt wurde. Es sollten keinesfalls neue Mitbestimmungsgrundlagen geschaffen werden, sondern es war der Gedanke vorhanden, die Eigenbetriebsgesetze im öffentlichen Dienst zu berücksichtigen. Er gibt zu, daß es sich bei den Unterschieden gegenüber dem Montan-Modell um gravierende Punkte handelt. Er bemerkt aber hierzu, daß es sich bei der Vorlage der ÖTV nicht um einen fertigen Entwurf handelt, sondern um eine Diskussionsgrundlage, die aber vom Hauptvorstand der ÖTV einstimmig verabschiedet wurde.

Es ist damit zu rechnen, daß in ca. 6 Monaten die Stellungnahmen aus der eigenen Organisation vorhanden sind, wobei zu hoffen ist, daß auch seitens des DGB kritische Anmerkungen gemacht werden.[18]

Kollege *Vetter* macht darauf aufmerksam, daß der Vertreter des DGB in der ÖTV-Arbeitsgruppe seine Meinung sehr deutlich gemacht hat, jedoch seiner schriftlich fixierten Meinung keine Antwort zuteil wurde. Der DGB war über den gedruckten Entwurf sehr überrascht.

Kollege *Farthmann* bemerkt hierzu, daß er vom Kollegen Hoffmann von der ÖTV zu den Sitzungen immer eingeladen wurde und, soweit er anwesend war, auch eine gute Diskussion stattgefunden hat. In der Sitzung im Mai des letzten Jahres blieb die Frage offen, wie die Wahl der Arbeitnehmervertreter vorgenommen werden sollte. In dem Protokoll dieser Sitzung war aber dann der Modus zur Wahl festgelegt, ohne daß dieses beschlossen war. Er habe den Kollegen Hoffmann schriftlich darauf aufmerksam gemacht. Auf seinen Brief bekam er aber keine Antwort. Leider kam dann die nächste geplante Sitzung nicht zustande, aber in der GK-Information vom 28.8.1969 stand dann das jetzt veröffentlichte Modell drin. Der Einladung zur September-Sitzung konnte Kollege Farthmann nicht folgen.

Kollege *Brenner* vertritt die Auffassung, daß ohne ersichtlichen Grund nicht vom Montan-Mitbestimmungs-Modell abgewichen werden sollte.

---

18 Siehe hierzu ÖTV-Geschäftsbericht 1968–1971, Bericht des Vorstandsbereichs zur Arbeitsgruppe »Mitbestimmung im öffentlichen Dienst«, S. 240f. Vgl. auch dpa-Meldung vom 16.10.1969: ÖTV legt Modelle für Mitbestimmung im Öffentlichen Dienst vor, in: DGB Presse-Spiegel, 17.10.1969, Nr. 194.

Kollege *Kluncker* macht noch darauf aufmerksam, daß die vorliegende Diskussionsgrundlage nur für die Eigenbetriebe Geltung haben soll, nicht für den gesamten Kommunalbereich. Hierzu sollen vorher noch Besprechungen mit den übrigen interessierten Gewerkschaften stattfinden.

Kollege *Brenner* meint, daß zumindest in der Aktionskommission eine Diskussion hätte stattfinden müssen, um hier einigermaßen eine Abklärung zu schaffen, denn dafür sei letzten Endes die Kommission ja auch da.

Kollege *Sperner* bemerkt, daß bereits im gemeinnützigen Bereich zu verspüren sei, welche Wirkung der Entwurf der ÖTV bisher gehabt hat. Das betrifft in der Hauptsache die Urwahl.

Kollege *Farthmann* macht darauf aufmerksam, daß die Begründung in der Einleitung für die Urwahl sehr unglücklich gewählt ist. Wegen dieser Formulierung könnten in der Montan-Industrie Schwierigkeiten auftreten.

Auch Kollege *Muhr* vertritt die Auffassung, daß eine Überarbeitung des Entwurfs dringend erforderlich ist. Das gilt in der Hauptsache für die Sozialversicherungsträger; hier könnte es sehr leicht sein, daß seitens des DGB nur eine Minderheit in den Aufsichtsrat kommt. Diese Frage bedarf unbedingt noch einmal der Überprüfung.

Kollege *Kluncker* bittet darum, zu einer der nächsten Sitzungen der Kommission den Kollegen Hoffmann, der federführend zeichnet für den Entwurf, hinzuzuziehen.

Kollege *Brenner* bemerkt hierzu, daß dagegen nichts einzuwenden sei und Kollege Hoffmann zu einer der nächsten Sitzungen eingeladen werden soll. In diesem Zusammenhang verweist Kollege Brenner auch auf die Novellierungsvorschläge des DGB bezüglich des Betriebsverfassungsgesetzes. Durch die Veröffentlichung der Biedenkopf-Kommission über die Mitbestimmung entsteht eine Lage, die wir nutzen sollten. Wir sollten unsere Vorschläge noch einmal überprüfen, um dann möglichst bald über den DGB Verbesserungsvorschläge vorzulegen.

Kollege *Muhr* ergänzt die Ausführungen des Kollegen Brenner mit dem Bemerken, daß es gelungen sei, Bundesinnenminister Genscher zu veranlassen, nicht mit eigenen Vorschlägen zum Personalvertretungsgesetz vorzuprellen. Entsprechende Vorschläge können nur in Zusammenarbeit zwischen Innen- und Sozialministerium erarbeitet werden. Es kommt also nunmehr darauf an, daß wir schnellstens unsere Vorschläge vorlegen, damit seitens der Bundesregierung ein entsprechender Entwurf erstellt werden kann.

Vorgesehen ist, daß am 10.2.1970 im GBV abschließend beraten werden soll, damit am 11.2.1970 per Eilbrief die Vorschläge an die Mitglieder des Bundesvorstandes abgeschickt werden können, damit sie in der Bundesvorstandssitzung am 3.3.1970 dann noch einmal beraten werden können.[19]

---

19 Am 10.2. fand keine Sitzung des GBV statt. In der 31. (16.2.) und 32. (23.2.) Sitzung wurde dieser Themenkomplex nicht behandelt. Siehe DGB-Archiv, DGB-BV, Abt. Vorsitzender 5/DGAI000182.

Dokument 13   2. Februar 1970

TAGESORDNUNGSPUNKT 6 – VERSCHIEDENES

a) Mitbestimmungsregelung bei der BfG

[Die Diskussion wird vorerst zurückgestellt, aber beschlossen, die Aktionskommission wie auch der Bundesvorstand sollten sich schon möglichst bald mit der Angelegenheit beschäftigen.]

b) Vermögensbildung

Kollege *Vetter* vertritt die Ansicht, daß die Frage der Vermögensbildung zumindest gleichrangig mit der Mitbestimmung behandelt werden müsste. Der Unterschied hierbei sei aber, daß wohl in der Mitbestimmung klare Vorstellungen vorhanden sind, ein vermögensbildendes Gesamtprogramm aber erstellt werden muss. Grundlage hierfür könnte sowohl der Gleitze- als auch der Krelle-Plan sein.[20]

Anschließend wird Kollege Erhard Schumacher zur Sitzung hinzugezogen. Seine Ausführungen werden diesem Protokoll als Anlage beigefügt.[21]

Kollege *Brenner* bemerkt zur Vermögensbildung, daß die Gewerkschaften unbedingt versuchen müssen, die Initiative zu behalten. Es ist bekannt, daß die Bundesregierung vermögenswirksamen Leistungen wohlwollend gegenübersteht. Mit der klassischen Tarifpolitik allein kommen wir in der Vermögensbildung nicht mehr weiter. Vermögensbildung und Vermögensverteilung können nicht allein über die Tarifpolitik erfolgen.

In der folgenden Diskussion, an der sich alle anwesenden Kollegen beteiligen, spielt auch der Burgbacher-Plan[22] eine wesentliche Rolle. Er wird als unbrauchbar abgelehnt.

Kollege *Brenner* faßt die Diskussion zusammen mit dem Bemerken, daß in der Öffentlichkeit der Eindruck vorhanden ist, der DGB habe ein vermögensbildendes Programm in der Tasche. Jetzt will es die Öffentlichkeit sehen und wir müssen versuchen, sobald wie möglich ein solches Programm zu erstellen.

---

20 Die Pläne zur Vermögensbildung von Wilhelm Krelle (Prof. für wirtschaftliche Staatswissenschaften an der Universität Bonn) und Bruno Gleitze (Direktor des Wirtschaftswissenschaftlichen Instituts des DGB) u. a. zur Beteiligungsquote an einem Vermögensbildungsfonds und vermögenswirksame Ertragsbeteiligung von Arbeitnehmern wurden im Gesellschaftspolitischen Beraterkreises beim Wirtschaftswissenschaftlichen Institut des DGB diskutiert. Grundlage für das unveröffentlichte Arbeitspapier war die Studie von Gleitze: Sozialkapital sowie von Krelle u. a.: Ertragsbeteiligung, S. 267–279. Vgl. DGB-Archiv, DGB-BV, Abt. Gesellschaftspolitik 5/DGAK000020 und 5/DGAK000024.
21 9-seitiges Arbeitspapier »Möglichkeiten und Grenzen der Vermögenspolitik« vom 18.2.1970, DGB-Archiv, DGB-BV, Abt. Vorsitzender 5/DGAI001434.
22 Der Gesetzentwurf der Arbeitsgruppe »Eigentum« der CDU/CSU-Bundestagsfraktion über die Beteiligung der Arbeitnehmer am Produktivvermögen in der Wirtschaft vom 4.12.1969 (Burgbacher-Plan) war eine Weiterführung des von Burgbacher mitgestalteten »312-DM-Gesetzes«, siehe DGB-Archiv, DGB-BV, Abt. Vorsitzender 5/DGAI000466. Zur Person Fritz Burgbacher siehe Rudolf Vierhau/Ludolf Herbst (Hrsg): Biographisches Handbuch der Mitglieder des Deutschen Bundestages 1949–2001, Bd. 1, »A-M«, S. 114 f. sowie Buchstab: Burgbacher.

Kollege *Brenner* schließt die Sitzung und erzielt Einigung für eine Sitzung der Kommission am 3. März, 9.00 Uhr. Bis zu Beginn der Bundesvorstandssitzung sollen neue Aktivitäten für die Forderungen des Aktionsprogramms besprochen werden, um dann in der Bundesvorstandssitzung einen entsprechenden Beschluß zu fassen.

DOKUMENT 14

3. Februar 1970: Protokoll der 6. Sitzung des Bundesvorstandes

Hans-Böckler-Haus in Düsseldorf; Vorsitz: Heinz O. Vetter/Bernhard Tacke; Protokollführung: Isolde Funke, Marianne Jeratsch; Sitzungsdauer: 10.20–19.45 Uhr; ms. vermerkt: »Vertraulich«.[1]
Ms., hekt., 25 S., 4 Anlagen.[2]

DGB-Archiv, 5/DGAI000536.

Beginn der Sitzung: 10.20 Uhr

[*Vetter* eröffnet die Sitzung und gratuliert Waldemar Reuter zum 50. und Walter Sickert zum 51. Geburtstag. Nachdem mitgeteilt worden ist, dass der Bundesausschuss im März Ort und Zeit des Außerordentlichen und Ordentlichen Bundeskongresses festlegt, werden von *Woschech* zwei zusätzliche Tagesordnungspunkte angeregt: TOP 13 und 15.]

Tagesordnung:
1. Genehmigung des Protokolls der 5. Bundesvorstandssitzung
2. Gewerkschaftlicher Lagebericht
3. Bericht der Sachverständigenkommission der Bundesregierung zur Auswertung der bisherigen Erfahrungen bei der Mitbestimmung (Biedenkopf-Kommission)
4. Ostkontakte
5. Haushalt 1970
6. Fragen der Bundeswehr
7. 1. Mai-Veranstaltungen
8. Entwürfe von Betriebsvereinbarungen
9. Benennung der Mitglieder der deutschen Arbeitnehmerdelegation zur 54. Tagung der Internationalen Arbeitskonferenz 1970 in der Zeit vom 3. bis 25. Juni 1970
10. Kilometerpauschale
11. Tagesordnung für die 2. Bundesausschußsitzung am 4.3.1970
12. Absprache zwischen dem DGB und dem Jugoslawischen Gewerkschaftsbund vom 9./10. Oktober 1969

---

1 Einladungsschreiben vom 22.1.1970. Neben dem Protokoll der 5. Bundesvorstandssitzung wurde zum TOP 4 ein Schreiben von Karl Buschmann (Vorsitzender GTB) vom 19.1.1970 zur Aufnahme von Kontakten zum FDGB beigefügt. DGB-Archiv, DGB-BV, Abt. Vorsitzender 5/DGAI000464.
2 Anlagen: Anwesenheitsliste, Vorlagen zu den Pressemeldungen: a) DGB-Bundesvorstand beriet Biedenkopf-Gutachten, b) DGB-Brief an den FDGB und c) DGB zu Fragen der Bundeswehr.

13. Jugoslawische Arbeitnehmer
14. Gesetzentwurf der Bundestagsfraktion der CDU/CSU zur Vermögensbildung
15. Kundgebung gegen den Rechtsradikalismus am 14. Februar 1970 in Wertheim/Main
16. Beirat der VTG
17. Bestätigung von Landesbezirksvorstandsmitgliedern
18. Revisionsbericht

1. GENEHMIGUNG DES PROTOKOLLS DER 5. BUNDESVORSTANDSSITZUNG

Der Bundesvorstand genehmigt das Protokoll der 5. Bundesvorstandssitzung mit folgender Änderung:

Auf Seite 5 ist der zweite Satz der Ausführungen des Kollegen Frister wie folgt zu ändern: »An dieser Reise werden zwei Berliner Kollegen teilnehmen, nämlich die stellv. Vorsitzende der GEW, Kollegin Hoppe, und er selbst.«[3]

2. GEWERKSCHAFTLICHER LAGEBERICHT

Kollege *Vetter* gibt einen gewerkschaftlichen Lagebericht. Dem DGB gehe es wie der neuen Bundesregierung, die sich als eine Regierung der inneren Reformen deklariert habe, aber nicht umhinkönne, außenpolitische Schlagzeilen zu machen. Wir müßten jedoch Fragen, die die einzelnen Mitglieder unmittelbar berühren, vorrangig sehen. So sei die Wirtschaftspolitik für uns besonders wichtig. Unsere Forderung gegenüber jeder Regierung, besonders aber gegenüber der Regierung der Großen Koalition, aber auch der neuen Regierung heiße: Stabilität bei angemessenem Wachstum. Bei der heutigen Bewusstseinslage der Mitglieder, die wir noch in einer Zurückblende auf den September 1969 betrachten müssten, seien aus der Wirtschaftspolitik zwei Problemkreise hervorzuheben:

1. Preispolitik einschl. der zu bewältigenden und zu stabilisierenden Konjunktur (Erhaltung der Arbeitsplätze)
2. Tarifpolitik

Wir müßten von der Bundesregierung verlangen, daß in kurzem eine relative Preisstabilität erreicht werde. Wir hätten unsere Stellungnahme zu den Problemen und Absichten der Bundesregierung schon vorausgehend in der letzten Konzertierten Aktion ganz deutlich gemacht.[4] Wir hätten erklärt, daß die wirtschaftspolitische Impotenz der alten Bundesregierung ab Anfang des vergangenen Jahres bis zu den Wahlen zur Verhinderung der rechtzeitigen Aufwertung geführt habe. Alle Wissenschaftler seien der Meinung, daß die

---

3 Siehe Schreiben Erich Fristers vom 28.1.1970 an die Abteilung Vorsitzender des DGB-Bundesvorstandes, in: DGB-Archiv, DGB-BV, Abt. Vorsitzender 5/DGAI000464. Die Änderung bezieht sich auf den TOP 3 »Ostkontakte« der 5. Bundesvorstandssitzung. In dem Protokoll wurde die Ausführung von Erich Frister wiedergegeben: »Kollege Frister teilt in bezug auf die Teilnahme von Berlinern an Ostkonferenzen mit, dass die GEW ihre Delegation für eine zehntägige Reise nach Moskau bestätigt bekommen habe. An dieser Reise, *nehme die Kollegin Hoppe teil, die Berlinerin sei.* Wenn es Schwierigkeiten geben sollte, werde es eben keine Kontakte mit der GEW geben. Man könne also abwarten, wie sie sich verhielten«. Vgl. Protokoll, in: DGB-Archiv, DGB-BV, Abt. Vorsitzender 5/DGAI000536.
4 Siehe Sitzung der Konzertierten Aktion vom 24.11.1969, Dok. 7 u. 8.

Aufwertung, wenn auch verspätet, trotzdem richtig war.⁵ Durch die Verspätung könnten wir mit einem echten Stabilisierungseffekt erst Mitte des Jahres rechnen. Diese verzögerte Anwendung eines konjunkturpolitischen Instrumentariums durch die Bundesregierung führe zu einer Preissteigerung, die von uns dann toleriert werden könnte, wenn sie in einer Höhe von etwa 2,5 bis 3 % in der ersten Hälfte des Jahres 1970 liege. In der zweiten Jahreshälfte müßte allerdings eine Änderung eintreten und die Preissteigerungen auf einen vertretbaren Stand zurückgeführt werden (ca. 2 bis 2,2 %). In der Konzertierten Aktion hätten wir eine Reihe von Maßnahmen vorgetragen, die zu Stabilität und Wachstum führen und die derzeitige Liquiditätsenge am Geldmarkt und die negativen Einflüsse auf die Investitionspolitik der Unternehmen beseitigen könnten. Die Hochzinspolitik der Bundesbank mache uns Sorgen.⁶ Die Bundesregierung habe die konjunkturstabilisierenden Mittel und Maßnahmen vorgetragen bekommen. Unser Vorschlag war, die Banken von ihrer Hochzinspolitik herunterzubringen und das Geld billiger zu machen. Im Rahmen der Konzertierten Aktion sei uns das abgenommen worden. Die Arbeitgeber hätten zwar die meisten unserer preisstabilisierenden Maßnahmen abgelehnt, die Frage der Geldpolitik im Grundsatz jedoch angenommen. Im Vergleich der Zielprojektion des DGB⁷ mit der anderer Gruppen seien alle wesentlichen Eckwerte angenähert. Das Realeinkommen im Durchschnitt der arbeitenden Bevölkerung könne um rund 7 % im nächsten Jahr zuwachsen, wenn alles normal verlaufe. Wir hätten in der Konzertierten Aktion grundsätzlich abgelehnt, über die Interpretation dieser Eckwerte zu sprechen. 7 % real bedeuteten, daß wir eine Tarifmarge erreichen müßten, die die Geldentwertung im Sinne einer Preissteigerung so weit einkalkuliert, daß trotzdem noch 7 % reale Lohnerhöhung herauskomme. Das sei jedoch noch nicht alles. Dem September-Desaster⁸ müsse mit einem tarifpolitischen Instrumentarium begegnet werden. Die DKP erkläre gegenüber den Arbeitnehmern: Ihr habt gesehen – wenn Euer starker Arm es will, dann klappt es.⁹ Diese Methode, die für uns so überraschend gekommen sei,

---

5 Der Bundeswirtschaftsminister der Großen Koalition, Karl Schiller, wollte eine DM-Aufwertung im Mai 1969 durchführen, welche von den CDU/CSU-Ministern abgelehnt wurde. Siehe Günter Pehl: Keine Aufwertung. Eine Entscheidung gegen die Arbeitnehmer, in: Die Quelle 20, 1969, Heft 6, S. 249–251. Zu den ersten Beschlüssen der sozial-liberalen Bundesregierung im Oktober 1969 gehörte die DM-Aufwertung mit dem Ziel der Preisstabilität. Siehe Hans-Georg Wehner: Aufwertung, in: WdA 21, 31.10.1969, Nr. 44, S. 2.

6 Während der DGB eine Senkung der Zinssätze für eine preisstabilisierende Wirtschaftspolitik für erforderlich hielt, wurden im März 1970 von der Bundesbank die Zinssätze erhöht. Siehe DGB bedauert Diskonterhöhung, in: ND, 9.3.1970, Nr. 77 und Georg Neemann: Ausblick auf die Wirtschaftspolitik 1970, in: Die Quelle 21, 1970, Heft 1, S. 5–7.

7 Vgl. hierzu die ausführliche Diskussion zum TOP 2 auf der 4. Bundesvorstandssitzung vom 4.11.1969 (Dok. 6).

8 Siehe Diskussion zu den »September-Streiks« auf der 3. Sitzung des Bundesvorstandes am 7./8.10.1969 (Dok. 4) und der gemeinsamen Sitzung des Bundesvorstandes mit dem Tarifpolitischen Ausschuss am 3.3.1970 (Dok. 17).

9 Siehe hierzu u. a. DKP-Betriebsgruppe Westfalenhütte vom 2.9.1969, Flugblatt: »Heisse Eisen – Alle Räder stehen still, wenn der Arbeiter es will«, in: Die Septemberstreiks 1969. Darstellung, Analyse, Dokumente, hrsg. v. Institut für Marxistische Studien und Forschungen (IMSF), Frankfurt/M. 1969. Vgl. auch den Beitrag Karl van Bergs zu den Septemberstreiks auf der 3. Sitzung des Bundesvorstandes am 7./8.10.1969 (Dok. 4).

könne wieder zur Diskussion in den Betrieben führen. In der Gestaltung und der Höhe unserer Tarifverträge müßten wir zeigen, daß wir in der Lage seien, uns durchzusetzen, und nicht nur in der Frage der Laufzeit der Tarifverträge. Über diesen Gesamtkomplex wollten wir am 3.3.1970 nachmittags mit dem Tarifpolitischen Ausschuß gemeinsam beraten. Zu den September-Ereignissen komme heute Vormittag noch ein Bericht eines Befragungsinstituts.[10]

Die Bundesregierung werde Mitte Februar einen Ergänzungsbericht zum Jahreswirtschaftsbericht geben. Wir hätten auf dem Bundeskongreß ausdrücklich erklärt, daß tarifpolitisch bindende Daten vom Bundeswirtschaftsministerium nicht angenommen würden. Nach der Vorlage des Wirtschaftsberichts müßten wir sicher auf diesem Gebiete wieder aktiv werden müssen.

Gesellschaftspolitik

Kollege *Vetter* spricht dann zur Gesellschaftspolitik. Wichtig bleibe wegen der relativen Willenseinheit der drei Parteien[11], daß die Betriebsverfassungs- und Personalvertretungsgesetze rechtzeitig novelliert würden, um die nächsten Wahlen in diesen Bereichen richtig gestalten und vorbereiten zu können. Es werde notwendig sein, sich auch in einem gewissen Zeitrahmen (Mitte des Jahres) zur Frage der Arbeitskammern zu äußern. Wir müßten uns klar darüber sein, daß ein großer Teil der Mitgliedschaft die Arbeitskammern ablehne. Andererseits dürften wir nicht vergessen, daß wir im Bundesvorstand auf Vorschlag der Kommission Aktionsprogramm einen Ad-hoc-Ausschuß gegründet hätten, der dem Bundesausschuß unmittelbar verantwortlich sei und der jetzt dem Bundesausschuß eine Basis für seine Willensbildung im Sinne des Kongreßbeschlusses erarbeiten solle. Wir hätten uns gestern noch einmal in der Kommission Aktionsprogramm darüber unterhalten und folgenden Plan aufgestellt: spätestens in der Bundesausschußsitzung im Juni solle die Stellungnahme des DGB zu dieser Frage zur Verabschiedung kommen.[12] Zum Betriebsverfassungs- und Personalvertretungsgesetz sei zu sagen, daß der DGB gewissermaßen eine letzte Stellungnahme erarbeite, die die Zeit und Entwicklung überbrücken solle, die sich von unseren ersten Vorschlägen bis heute ergeben habe. Diese Entwicklung solle in der Stellungnahme berücksichtigt werden. Es sei bekannt, daß das Bundesarbeitsministerium nicht daran denke, zunächst einen eigenen Vorschlag vorzulegen. Es wolle erst die Arbeitgeber und uns auffordern, unsere Meinung zu einer Novellierung dieser beiden Gesetze zu sagen. Das müsse erst abgewartet werden und dann könne man weitersehen.

---

10 Im November 1969 beauftragte der DGB das Infas-Institut mit einer Umfrage zu den spontanen Arbeitsniederlegungen vom September 1969. Ergebnisse dieser Befragung in: Die Quelle 21, 1970, Heft 4, S. 170f. Siehe auch: Dok. 17, Fußnote 5.
11 Die »drei Parteien« waren die Bundesregierung (SPD und FDP), die in der Regierungserklärung Willy Brandts am 28.10.1969 eine Novellierung des Betriebsverfassungs- und Personalvertretungsgesetzes vorschlug, vgl. Regierungserklärung Willy Brandt, Bulletin des Presse- und Informationsamtes der Bundesregierung, 29.10.1969, Nr. 132, S. 1126, und die Gewerkschaften.
12 Siehe TOP 1 der Kommissionssitzung (Dok. 13).

Ein zweiter Punkt der Gesellschaftspolitik sei die Vermögensbildung. Darauf werde später zurückgekommen, und zwar in Zusammenhang mit dem von der CDU/CSU vorgelegten Gesetzentwurf.[13] Wir sollten uns zumindest über die Problematik klar werden. In der Kommission Aktionsprogramm sei man zu der Auffassung gekommen, daß wir zwischen vermögenswirksamen Leistungen im Rahmen von Sparförderungsmaßnahmen und einer Vermögenspolitik, die zur Umverteilung der neu zuwachsenden Vermögen führe, unterscheiden müßten. Das 312-DM-Gesetz könne allenfalls in sehr begrenztem Umfange und nur unter ganz bestimmten Voraussetzungen (insbesondere »Zusätzlichkeit« der Leistung) eine Umverteilungswirkung haben. Der Burgbacherplan[14], der eine gesetzliche Investivlohnregelung darstelle, sei nicht akzeptabel, weil er in den Gestaltungsrahmen der Tarifpartner eingreife und auch eine gesetzliche Verordnung besagte Zusätzlichkeit in keiner Weise sicherstellen könne. Daher sollten Investivlohnmaßnahmen nur auf dem Wege über Tarifverträge durchgesetzt werden. Dabei müsse Klarheit darüber herrschen, daß ohne Schaden für die Gesamtwirtschaft mehr als 4 bis 6% der jährlichen Bruttolohn- und Gehaltssumme als zusätzliche Leistung nicht vereinbart werden könnten. Die Diskussion in der Kommission Aktionsprogramm habe ergeben, daß man zwar von einer Umverteilungswirkung ausgehen könne, eine derartige Konzeption jedoch in absehbarer Zeit aus politischen Gründen als nicht realisierbar erscheine. Kollege Vetter teilt mit, daß zur Frage der Mitbestimmung nach dem Biedenkopf-Gutachten Kollege Farthmann später Stellung nehmen werde. Das vierte Problem betreffe die Konfliktforschung und Friedensplanung.[15] Wir hätten uns vorgestellt, daß unter der Schirmherrschaft des Bundespräsidenten die Sache Bundesangelegenheit werden solle. Interministerielle Gespräche hätten stattgefunden und Fortschritte seien erzielt worden. Außerdem befasse sich das Wissenschaftszentrum in Berlin mit diesen Fragen. Der DGB werde sowohl im Kuratorium als auch im Sachverständigenbeirat dieser Gremien vertreten sein.

Satzungsreform

Die Zahl der Beiträge zur Organisations- und Satzungsreform des DGB, die Anfang Dezember vorlagen, habe ein kümmerliches Bild ergeben. Wenn Anfang Dezember ein Urteil über den Reformwillen hätte gefällt werden müssen, wäre das sehr negativ ausgefallen. Heute läge eine beachtliche Anzahl von Vorschlägen vor, die jetzt in einer Synopse zusammengefasst würden. Es müsse deutlich gemacht werden, daß nach dem Beschluß des Kongresses nicht eine Organisationsreform vorbereitet werde, sondern eine Reform der Satzung. Bei unserer Mitgliedschaft werde das nicht auseinandergehalten. Das habe sich auch deutlich in den Eingaben gezeigt. Wir würden mit dem Bundesausschuß darüber zu beraten haben, ob wir uns auf den Auftrag des

---

13 Zum Gesetzentwurf der Arbeitsgruppe »Eigentum« der CDU/CSU-Bundestagsfraktion, siehe auch: Dok. 13, Fußnote 22.
14 Hans Mundorf: Burgbacher-Plan. Keine Chance für Vermögenspolitik. Wirtschaft gegen Zwangssparen, in: Industriekurier, 10.1.1970, Nr. 4.
15 Zur Gründung der Deutschen Gesellschaft für Friedens- und Konfliktforschung siehe 5. Sitzung des Bundesausschusses vom 2.12.1970, Dok. 34, Fußnote 18.

Kongresses beschränken oder die Sache weiterfassen wollten. Heute sollte nicht weiter auf das Thema eingegangen werden, sondern am 2.3.1970 in der Sitzung der Satzungskommission darüber beraten werden.[16] In der Bundesvorstandssitzung könne dann ein erster Bericht über unsere Auffassungen vorgetragen werden.

Außenpolitik des DGB

Dieser Begriff sei richtiger als der Begriff Ostpolitik. Der DGB müsse eine Politik nach beiden Seiten betreiben. Im europäischen Bereich sei zunächst eine recht kritische Situation eingetreten, als man sich in einer Vorstandssitzung des EBFG mit den Ereignissen der Haager Gipfelkonferenz zu befassen hatte.[17] Besonders die belgischen und italienischen Gewerkschaften wären überhaupt nicht einverstanden gewesen. In der europäischen Öffentlichkeit sei die Haager Gipfelkonferenz allerdings als ein echter neuer Ansatz der Belebung einer Europapolitik im Sinne der EWG verstanden worden. In Pressemeldungen seien neben kritischen Bemerkungen auch die Erfolge dieser Konferenz dargelegt worden. Nach einer gewissen Zeit sollten die Ergebnisse überprüft und abschließend Stellung genommen werden. Ein besonderes Problem stelle die dreiteilige Beschäftigtenkonferenz der EWG dar, an der zum erstenmal gleichberechtigt auch kommunistische Gewerkschafter teilnehmen würden (Frankreich, Italien).[18] Man müsse sehen, was sich aus einer solchen Konferenz ergebe. Neben dieser Arbeitskonferenz sei ein anderes Problem im Rahmen des EBFG nach wie vor akut: die Mitbestimmung in der europäischen Handelsgesellschaft.[19] Dies sei für die grenzüberschreitende Entwicklung der nationalen Konzerne aller Art sehr notwendig. Wenn wir die europäische Handelsgesellschaft ohne eine Gesamtbetriebsverfassung und Mitbestimmung bekämen, müßten die beteiligten Gewerkschaften dafür sorgen, daß die jeweiligen Betriebsorganisationen zu einer Willensbildung ohne institutionellen Rahmen zusammengeführt würden. Es erscheine notwendig, z. B. im Fall Fokker und VTW, die deutschen und holländischen Betriebsräte zusammenzubringen, um eine gemeinsame Tarifpolitik zu versuchen. Der

---

16 Zu Sitzungsprotokollen, Materialien und Berichten der Satzungskommission siehe DGB-Archiv, DGB-BV, Abt. Organisation 5/DGAL000098 bis 5/DGAL0000103.
17 In der Sitzung des Exekutivausschusses am 11./12.12.1969 wurden die Ergebnisse der am 1./2.12.1969 in Den Haag stattgefundenen Konferenz der Staats- und Regierungschefs der Länder der Europäischen Wirtschaftsgemeinschaft (EWG) diskutiert. Neben Themen zur Wirtschafts- und Währungsunion, der Agrarregelung, der industriellen Forschung und des Europäischen Sozialfonds wurde auch der Beitritt anderer europäischer Staaten in die Gemeinschaft auf der Konferenz behandelt. DGB-Archiv, DGB-BV, Internationale Abt. 5/DGAJ000685.
18 Zur Vorbereitung und zu den Ergebnissen der dreigliedrigen Europäischen Arbeitsmarktkonferenz vom 27.–30.4.1970 in Luxemburg über die Beschäftigungspolitik der EWG siehe Sitzungen des Exekutivausschusses des EBFG vom 13.3. und 13./14.5.1970, in: DGB-Archiv, DGB-BV, Internationale Abt. 5/DGAJ000685 sowie DGB-Archiv, DGB-BV, Abt. Sozialpolitik 5/DGAO000080.
19 Siehe Ausschuss des EBFG zur »Demokratisierung der Wirtschaft«. Beratungsunterlagen von Friedhelm Farthmann zu den Sitzungen, in: DGB-Archiv, DGB-BV, Abt. Gesellschaftspolitik 5/DGAK000031.

Kollege Tacke sei Vorsitzender des Tarifpolitischen Ausschusses im Rahmen der freien Gewerkschaftsbewegung.

Situation IBFG – AFL/CIO

Kollege Vetter erinnert an seine Ausführungen zu dieser Angelegenheit in den vergangenen Sitzungen.[20] Der DGB habe sich klar an die in der letzten Bundesausschußsitzung festgelegte Linie gehalten. Es werde jetzt ein weiteres Gespräch zwischen der Verhandlungskommission des IBFG und der AFL/CIO vom 13. bis 16. Februar in Miami stattfinden. Es bestehe die Hoffnung, daß bei diesen Verhandlungen die Amerikaner zurückkommen. Der Vorstand tage zur gleichen Zeit in Miami, so daß ein entsprechender Beschluß gefaßt werden könnte.

Ostpolitik

Kollege Vetter weist darauf hin, daß die Sowjets einen Brief geschrieben haben, der im Prinzip bestätigt, was der DGB an Kontakten für richtig halte.[21] Zum Thema Deutsch-sowjetische Gewerkschaftskommission müsse noch der Bericht der Kollegen abgewartet werden, die in Kürze nach Finnland reisen. Darüber könne in der nächsten Bundesvorstandssitzung berichtet werden.

Die von den Polen vorgeschlagene europäische Friedens- bzw. Gewerkschaftskonferenz werde in dem Schreiben der Sowjets überhaupt nicht erwähnt. Es brauche deshalb darüber jetzt nicht diskutiert zu werden. Der IBFG habe uns den Vorschlag gemacht, als Ersatzmaßnahme eine Konferenz des IAA durchzuführen. Das hätte den Vorteil, daß nur Themen behandelt würden, die im Rahmen der Aufgaben des IAA liegen.

In bezug auf Polen berichtet Kollege Vetter, daß die technische Delegation einen Brief mitgebracht habe, der im Ton völlig anders sei als der vorher eingegangene und keine Tabus beinhalte. Deshalb habe der Geschäftsführende Bundesvorstand dem Besuch einer Spitzendelegation im April in Warschau zugestimmt, um prüfen zu können, ob weitere Kontakte aufgenommen werden könnten.[22]

DGB-Organisationsfragen

Der Geschäftsführende Bundesvorstand sei einhellig der Meinung, daß er alles in seiner Verantwortung Stehende selbsttätig tue und nicht auf große Reformen warte. Was jetzt schon getan werden könne, einschließlich Konzentration und Rationalisierung, solle laufend durchgeführt werden. Dazu gehöre auch, mit den gemeinwirtschaftlichen Unternehmen zu einer anderen Art der Zusammenarbeit zu kommen. Die Aufgabenstellung und finanzielle Ausstattung der gemeinwirtschaftlichen Unternehmen habe sich sehr erwei-

---

20 Siehe 4. Sitzung des Bundesvorstandes vom 4.11.1969 zum Austritt der AFL/CIO aus dem IBFG – Dok. 6, Fußnote 33–35.
21 In dem Schreiben des Zentralrats des Sowjetischen Gewerkschaftsbundes vom 29.12.1969 an den DGB-Vorsitzenden wurde der Austausch von Delegationen beider Organisationen vorgeschlagen. Das umfangreiche Austauschprogramm wurde für die Jahre 1970 und 1971 konzipiert. DGB-Archiv, DGB-BV, Abt. Vorsitzender 5/DGAI000464.
22 DGB-Bundesvorstand nach Warschau eingeladen, in: ND, 16.1.1970, Nr. 14.

Dokument 14 3. Februar 1970

tert. Es müsse im Bundesvorstand eine Konzeption entwickelt werden, die dann gegenüber den gemeinwirtschaftlichen Unternehmen vertreten werde.

Diskussion

Kollege *Hauenschild* fragt hinsichtlich des Betriebsverfassungsgesetzes, ob die Frage des Minderheitenschutzes vom DGB mit der Regierung abgesprochen worden sei.

Kollege *Vetter* erwidert, daß bisher keine Absprache mit den Parteien stattgefunden habe. Parteizugehörigkeit sei keine Garantie für gewerkschaftliches Verhalten. Der Bundesarbeitsminister werde sich ganz sicher für unsere Interessen einsetzen.[23] Ob das jedoch ausreichend sein werde, wisse man noch nicht.

Kollege *Brenner* fragt, ob die Ausführungen des Kollegen Vetter nur zur Information sein sollten. Nach seiner Meinung müsse darüber diskutiert werden. Außerdem sollte bei den gesellschaftspolitischen Fragen auch die Zukunftsforschung nicht außer acht gelassen werden. In Sachen IBFG – AFL/CIO müsse auch die Meinung des Bundesvorstandes festgelegt werden.

Kollege *Vetter* erinnert daran, daß die Fragen Ostpolitik und Mitbestimmung in gesonderten Punkten später behandelt werden. Zum IBFG-Komplex sei in der letzten Bundesausschußsitzung die Haltung des DGB-Vertreters klar dargelegt worden. Daran habe sich nichts geändert.

Kollege *Brenner* weist darauf hin, daß von der AFL/CIO bestimmte Vorbedingungen für die Rückkehr in den IBFG gestellt wurden. Unter anderem forderten sie, daß man die UAW verurteile.[24] Man sei sich damals einig gewesen, daß man darauf nicht eingehen könne. Unser Bestreben könne nur sein, dass sich UAW und AFL wieder zusammenschließen und die Lage sich wieder normalisiert. Diese Linie sollte auch bei den bevorstehenden Besprechungen eingehalten werden.

Kollege *Vetter* erklärt, daß er sich im Hinblick auf die AFL/CIO-Verhandlungen immer klar darüber sei, daß er Vertreter dieses Bundesvorstandes mit besonderer Verantwortung sei. Zum Betriebsverfassungs- und Personalvertretungsgesetz sagt er, daß der Biedenkopf-Bericht dazu verlocke, die Mitbestimmungspositionen in die Diskussion um die Novellierung des BVG und PVG mit hineinzunehmen. Bisher bestehe die Absicht, nur den betriebsverfassungsrechtlichen Teil des Gesetzes zu novellieren. Jetzt ständen wir vor der Frage, ob auf der Basis dieses Berichts auch die Mitbestimmung in den Aufsichtsräten mit einbezogen werden sollte.

---

23 Weil Bundesarbeitsminister Walter Arendt ehemals Vorsitzender der IG Bergbau und Energie gewesen war, erhoffte sich der DGB eine größere Gesprächsbereitschaft des Ministers und seiner Mitarbeiter als in den vergangenen 20 Jahren. Siehe hierzu: Bundesarbeitsminister besuchte DGB, in: ND, 12.1.1970, Nr. 5.

24 Nachdem am 22.2.1969 die AFL/CIO den Beschluss gefasst hatte, den IBFG zu verlassen, stellte die UAW (Automobilarbeiter-Gewerkschaft der USA) am 23.5.1968 – Schreiben Walter P. Reuther an Bruno Storti und Harm G. Buiter – einen Antrag auf Aufnahme in den IBFG. Dieser Antrag wurde am 12.4.1969 wiederholt. DGB-Archiv, DGB-BV, Sekretariat Bernhard Tacke 5/DGCY000009.

3. Februar 1970 **Dokument 14**

Kollege *Muhr* berichtet über die bisherigen und kurz vor dem Abschluß stehenden Vorarbeiten in Sachen Betriebsverfassungsgesetz. Es werde eine Synopse erstellt, die nächste Woche zur Versendung komme. Eventuelle Änderungsvorschläge sollten dann bis zur nächsten Bundesvorstandssitzung unterbreitet werden, in der dieser Punkt dann behandelt werde, damit diese Vorschläge noch im März der Bundesregierung mitgeteilt werden könnten. Das Einbeziehen der Mitbestimmung in die Novellierungsfrage des BVG sollte ebenfalls am 3. März behandelt werden. Er hoffe, daß diese Frage am 3. März abschließend behandelt werden könne.

Kollege *Kluncker* ist dankbar für den Bericht zur Lage. Er bittet, für künftige Fälle zu erwägen, ob nicht abschnittsweise in der Diskussion vorgegangen werden könne. Er greife drei Punkte aus dem Bericht heraus.

a) Er sei mit der Linie bezüglich der internationalen Zusammenarbeit einverstanden. Es müsse alles getan werden, daß in dem Fall UAW nicht irgendwelche Konsequenzen zu einem dauerhaften Bruch führten.

b) Er glaube, daß die Zeit kommen werde, wo man sich über die Entwicklung in den gemeinwirtschaftlichen Unternehmen sehr ausführlich unterhalten müsse. Es müsse ein klärendes Wort hinsichtlich der Geschäftspolitik und der innerorganisatorischen Entwicklung gesprochen werden. Darüber müsse in einem besonderen Tagesordnungspunkt diskutiert werden.

c) Es ergebe sich die Frage, ob sich der DGB offiziell zu dem Jahreswirtschaftsbericht der Bundesregierung äußern müsse, wie das früher üblich war.[25] Wenn das nicht beabsichtigt sei, könne er seine Bemerkungen auf die Märzsitzung verschieben. Die Ziffer 49 des Berichts könne nach seiner Auffassung nicht die Beantwortung unseres Briefes an Brandt bedeuten.[26] Wenn wir uns in diesem Punkt nicht einigen könnten, werde für ihn die Gewissensfrage bestehen, ob er noch in der Konzertierten Aktion mitarbeiten könne. Was in Ziffer 49 am Ende gesagt werde, sei de facto ein Tarif-Orientierungsdatum.[27] Das würde die Gewerkschaftsarbeit in ei-

---

25 In einer ersten Stellungnahme des DGB wurde die zugrunde liegende Zielsetzung der Bundesregierung in dem Wirtschaftsbericht 1970 positiv bewertet, vgl. ND, 30.1.1970, Nr. 34; weitere Stellungnahmen in Informationsdienst Gewerkschaftspresse, 2.2.1970, Nr. 12 (allgemeine Stellungnahme, insbesondere Einkommensorientierung) und 10.2.1970, Nr. 15 (öffentlicher Haushalt). Eine zusammenfassende Stellungnahme der Abt. Wirtschaftspolitik vom 19.2.1970 findet sich in: DGB-Archiv, DGB-BV, Abt. Gesellschaftspolitik 5/DGAK000017.
26 Schreiben Georg Neemann/Heinz O. Vetter an Willy Brandt vom 14.1.1970 zu den Beratungen im Rahmen der »Konzertierten Aktion« am 12.1.1970, über den Jahreswirtschaftsbericht 1970 und die darin enthaltene Zielprojektion der Bundesregierung, insbesondere den Eingriff in die Tarifautonomie aufgrund der Lohnorientierungsdaten der Bundesregierung. Vgl. auch Protokoll von Georg Neemann der Sitzung der Konzertierten Aktion am 12.1.1970, Bundeswirtschaftsministerium, Bonn. Beide: DGB-Archiv, DGB-BV, Abt. Gesellschaftspolitik 5/DGAK000017. Auf der Sitzung des SPD-Gewerkschaftsrats am 29.1.1970 im Erich-Ollenhauer-Haus, Bonn, fand ein Informations- und Meinungsaustausch zum Jahreswirtschaftsbericht 1970 statt, vgl. Dok. 12.
27 In der Ziffer 49 des Jahreswirtschaftsberichts wird infolge der höheren Preissteigerungskonzessionen von der Regierung eine Erhöhung der Arbeitnehmer-Bruttoeinkommen von 12,5 bis 13,5% erwartet. Siehe Stellungnahme der Abt. Wirtschaftspolitik, in: DGB-Archiv, DGB-BV, Abt. Gesellschaftpolitik 5/DGAK000017.

ner Weise belasten, die er sehr ernst nehme. Der Bundeswirtschaftsminister habe Tariforientierungsdaten hineingebracht, woran die Abhängigkeit oder Unabhängigkeit der Gewerkschaftsbewegung gemessen werde. Es müsse darüber diskutiert und die Konsequenzen daraus besprochen werden.

Kollege *Vetter* teilt mit, daß die UAW dem DGB eine Einladung zum Kongreß geschickt habe. Die Haltung zur UAW sei sehr problematisch. Zur Frage der gemeinwirtschaftlichen Unternehmen solle sich der Bundesvorstand in einer seiner nächsten Sitzungen ausführlich äußern.

Zum Jahreswirtschaftsbericht sei der Geschäftsführende Bundesvorstand der Auffassung, daß der DGB nicht nur zum gedruckten Bericht, sondern auch zu den mündlichen Äußerungen der Bundesregierung Stellung nehmen sollte. Der mündliche Bericht werde wahrscheinlich Mitte Februar abgegeben werden. Es könne dann noch einmal darauf zurückgekommen werden, auch zu Ziffer 49.

Kollege *Brenner* meint, daß die Mitglieder des Bundesvorstandes jede Freiheit und jede Möglichkeit hätten, sich als Mitglieder der Aufsichtsräte über die Geschäftspolitik der gemeinwirtschaftlichen Unternehmen zu unterhalten. Der Bundesvorstand sollte aber gewisse Grundsätze als DGB diesen Unternehmen gegenüber entwickeln.

Kollegen *Vetter* scheint sowohl das Verhältnis der gemeinwirtschaftlichen Unternehmen gegenüber dem DGB als auch das Verhältnis der gemeinwirtschaftlichen Unternehmen untereinander von Interesse zu sein. Er weist darauf hin, daß in den Aufsichtsgremien auch noch andere als DGB-Vertreter sitzen und deshalb nicht immer eine Diskussion über alle Fragen möglich sei.

Kollege *Neemann* teilt mit, daß der DGB über den Wirtschaftsbericht der Bundesregierung eine Zusammenfassung bringen werde, d. h. er werde zu einigen Punkten, die als diskussionsnotwendig angesehen werden, seine Meinung sagen. Er weist auf einige Begebenheiten hin. In den Berichten für 1968 und 1969 habe man unterstellt, daß der Lohnüberhang bzw. Rückstand für alle Tarifbereiche einheitlich sei.[28] Es sei schwer gewesen, zu überzeugen, daß das nicht so sei. Außerdem werde angenommen, dass die Lohndriftabstände zwischen Effektiv- und Tariflöhnen überall gleich groß und unvermeidlich seien. Außerdem habe man festgelegt, daß alle Lohnsteigerungen in den Einzelbereichen gleich groß sein müßten. Kollege Neemann verweist darauf, daß es nicht die Aufgabe seiner Abteilung sei, zu entscheiden, ob an der Konzertierten Aktion teilgenommen werde oder nicht. Wenn aber teilgenommen werde, dann müßten die gewerkschaftlichen Auffassungen dargelegt werden, was wir in bezug auf Tariforientierungsdaten auch getan hätten. 1968 habe ein Gespräch mit dem Bundeswirtschaftsminister stattgefunden[29], um diese

---

28 Stellungnahmen des DGB zu den Jahresberichten 1968 und 1969 der Bundesregierung, in: ND, 2.2.1968, Nr. 22 und 10.2.1969, Nr. 51.
29 Das Gespräch fand vor dem 7. Gespräch der »Konzertierten Aktion« am 7.3.1968 statt. Siehe dazu Bericht Ludwig Rosenbergs zur Konzertierten Aktion auf der 5. Sitzung des Bundesausschusses am 29.3.1968, DGB-Archiv, DGB-BV, Abt. Vorsitzender 5/DGAI000444 sowie 5/DGAI001167.

unsere Auffassungen darzulegen. Das sei auch in einer Sitzung des Wirtschaftspolitischen Ausschusses der SPD getan worden.[30] Kollege Tacke habe denselben Standpunkt in einer Sitzung der Konzertierten Aktion im Herbst 1968 vertreten.[31]

Kollege Neemann stellt dann die einzelnen Gespräche und Verhandlungen zu den verschiedenen Gelegenheiten in den vergangenen Jahren dar. Bei allen Gesprächen sei dieser Standpunkt vorgetragen worden, auch in dem letzten Brief an den Bundeskanzler.[32] Der Geschäftsführende Bundesvorstand habe den Bundesvorstand und Bundesausschuß darüber informiert. Zur Ziffer 49 gesteht Kollege Neemann ein, daß tatsächlich in der sprachlichen Fassung die Einkommensentwicklung überhaupt nicht mit dem Begriff Projektion zu vereinbaren sei. Er wisse aber nicht, warum das geschehen sei. Diese Fassung des Abschnitts 49 gehöre unter den Oberbegriff Prognose; das sei eine weichere Fassung und erscheine für uns von Vorteil. Auch hätte besser 10 bis 11 % Tariflohnniveau nicht erwähnt werden sollen. Das Effektivlohnniveau sei ein Datum der Volkswirtschaftlichen Gesamtrechnung und das Gegenstück zu dem vorher erwähnten Bruttoeinkommen. In Ziffer 49 werde davon gesprochen, daß über die Steigerungssätze der Tariflöhne im einzelnen nichts gesagt werden könne. Es werde mit dem unterschiedlichen Abstand zwischen Effektiv- und Tariflohn begründet. Er sei der Meinung, daß das zu Recht bestehe. Darüber hinaus sei er aber unterschiedlicher Auffassung.

Kollege *Kluncker* sieht den Fortschritt gegenüber den Vorjahren. Er fragt, welchen Stellenwert Lohnleitlinien in Zusammenhang mit gesamtwirtschaftlichen Darstellungen hätten. Er macht auf die Gefahr aufmerksam, daß auf diesem Wege Lohnleitlinien zum Gegenstand von Projektionen gemacht werden sollen. Das habe einen Stellenwert bei Tarifverhandlungen. Für Kollegen Kluncker stehe und falle die Frage der Zusammenarbeit damit, ob bei den Vertretern im Bundeswirtschaftsministerium Redlichkeit bestehe. Er erinnert daran, daß Kollege Vetter im Rahmen der letzten Konzertierten Aktion neun Punkte vorgetragen habe, die er vollinhaltlich decke.[33] Für die Teilnehmer habe keine Gelegenheit bestanden, das vorher durchzusprechen und zu hören. Deshalb rege er an, daß, wenn solche Punkte eingebracht werden sollen, man dann in der Vorbesprechung die Möglichkeit habe, sich darüber zu verständigen.

---

30 Vorsitzender des Ausschusses war Karl Schiller, sein Stellvertreter Georg Kurlbaum (1902–1988). Zu den Mitgliedern des Ausschusses siehe SPD-Jahrbuch 1968/69, Bonn o. J., S. 308. Im Aktenbestand des SPD-PVs im AdsD sind die Sitzungen des Ausschusses für das Jahr 1968 nicht überliefert. Auch in den Akten der Abt. Wirtschaftspolitik beim DGB-BV gibt es keine Hinweise auf diese Ausschusssitzungen.

31 Im 10. Gespräch vom 18.10.1968 wurde in einem internen Vorgespräch das Thema der Tariforientierungsdebatte behandelt. Diskussionsschwerpunkt dieser Sitzung war die vom DGB geforderte arbeitsrechtliche Lösung der Lohnfortzahlung im Krankheitsfall. DGB-Archiv, DGB-BV, Abt. Vorsitzender 5/DGAI001162 sowie DGB-Geschäftsbericht 1965–1968, Abt. Wirtschaftspolitik, S. 256.

32 Siehe Brief von Heinz O. Vetter und Georg Neemann an Willy Brandt vom 14.1.1970, siehe Fußnote 26 in diesem Dokument.

33 Siehe Dok. 7, Kommuniqué der Sitzung der Konzertierten Aktion am 24.11.1969, Tagesordnungspunkt 3 – Eckdaten der wirtschaftlichen Entwicklung 1970.

Dokument 14   3. Februar 1970

Auf die Frage des Kollegen *Vetter,* ob es zeitlich ausreicht, wenn die Antwort auf den Jahreswirtschaftsbericht und die mündlichen Darstellungen des Wirtschaftsministers Anfang März behandelt werden, erwidert Kollege *Neemann,* daß bisher eine kurze Pressemeldung herausgegeben wurde. Vor März sei es nicht notwendig, mehr zu veröffentlichen.

Kollege *Vetter* teilt mit, daß die nächste Sitzung der Konzertierten Aktion am 17. März bereits um 11.00 Uhr sein werde. Das würde bedeuten, daß die Vorbesprechung an einem anderen Tag stattfinden müsse. Die Vorbesprechung um 9.00 Uhr abzuhalten, erscheine ihm dann zu kurz.

Kollege *Kluncker* wirft ein, daß zwei Stunden für die Vorbesprechung ausreichen würden, wenn den Teilnehmern die wesentlichen Dinge vorher schriftlich zugeleitet würden.

Kollege *Vetter* verspricht, daß sie sich bemühen werden, den Teilnehmern der Konzertierten Aktion vorher alles rechtzeitig zuzuschicken.

Er stellt allgemeines Einverständnis fest.

Kollege *Mirkes* berichtet, daß er zu einer Sitzung der Reformkommission eingeladen wurde. Unmittelbar vor der Sitzung sollten die Mitglieder die Synopse erhalten. Er bittet, daß der Kommission alle eingegangenen Anträge zur Verfügung gestellt werden, bevor die Synopse erstellt ist.

Kollege *Woschech* teilt mit, daß damit begonnen worden sei, das gesamte Material zu fotokopieren und zu ordnen. Leider sei in der Zwischenzeit der Kollege, der mit dieser Sache beauftragt wurde, erkrankt. Kollege Woschech hofft aber, daß den Mitgliedern der Ordner mit dem gesamten Material in der nächsten Woche zugeschickt werden könne. Die Synopse werde erst Ende Februar fertiggestellt sein.

Kollege *Stadelmaier* fragt, ob sich der Bundesvorstand in der nächsten Sitzung oder jetzt mit dem Problem der Familienrechtsschutzversicherung bzw. mit der Diskussion darüber befassen werde.[34] Seine Gewerkschaft vertrete die Auffassung, daß dieses Problem einer Lösung zugeführt werden müsse. Dann spricht er zur Errichtung eines Instituts für Berufsbildung. Er bittet um nähere Erläuterung. Er habe gehört, daß es nicht mehr in Berlin, sondern in Nordrhein-Westfalen errichtet werden solle.[35]

Kollege *Vetter* teilt mit, daß der Geschäftsführende Bundesvorstand im April zu einem Gespräch mit der Volksfürsorge zusammenkomme. Es habe kein früherer Termin gefunden werden können.

---

34 Auf der 8. BV-Sitzung am 7.4.1970 wurde unter TOP 3 »Familienrechtsschutz- und Freizeit-Unfallversicherung als Leistungen der Gewerkschaften« diskutiert und eine abschließende Diskussion auf der 9. BV-Sitzung am 5.5.1970 beschlossen. Siehe Dok. 20 und 22. Siehe auch: DGB-Archiv, DGB-BV, Abt. Vorsitzender 5/DGAI000465.
35 Gemeint ist das Berufsförderungszentrum Essen, dessen Initiator der damalige Vorsitzende der IGBE, Walter Arendt, war. Siehe Walter Arendt zur beruflichen Bildung, in: Die Quelle 21, 1970, Heft 1, S. 49f.

3. Februar 1970 **Dokument 14**

Kollege *Vietheer* empfiehlt, das Gespräch des Geschäftsführenden Bundesvorstandes mit der Volksfürsorge abzuwarten. Die Gewerkschaften sollten sich verpflichten, nicht eigenständig vorzugehen.

Kollege *Vetter* stellt das Einverständnis des Bundesvorstandes fest.

Kollegin *Weber* antwortet auf die Ausführungen des Kollegen Stadelmaier in bezug auf das Berufsausbildungsgesetz.[36] Auf Initiative der Gewerkschaften sei etwas geschehen, was weit über den Rahmen des Bisherigen hinausgehe. Die Domäne der Arbeitgeber sei lange eindeutig gewesen. Kollegin Weber meint, daß man sich in bezug auf die Arbeitskammern sehr viel mehr mit dieser Frage befassen sollte. Man könne die Arbeitskammerfrage abfangen, wenn man die anderen Kammerfragen energisch aufgreifen würde. Die Interessen der BDA und der IHK's seien nicht einheitlich. Dadurch sei sie an den Vorsitz gekommen. Zu dem Institut für Berufsbildung teilt sie mit, daß der Präsident von den Gewerkschaften gestellt werden solle. Das Institut müsse fest an die Gewerkschaften gebunden werden. Als Standort käme eventuell Berlin in Frage. Nach ihrer persönlichen Meinung wäre allerdings der Sitz im Ruhrgebiet besser, schon wegen der vollen Breite des Angebots an Berufen. Berufsausbildung könne nur gebracht werden, wenn sie praxisbezogen sei. Sie verstehe die politischen Motive sehr gut, halte aber die Gebundenheit an die Praxis für ebenso wichtig.

Kollege *Vetter* weist darauf hin, daß die Kollegin Weber ihren persönlichen Standpunkt dargelegt habe. Der Geschäftsführende Bundesvorstand habe sich abschließend noch nicht mit der Angelegenheit beschäftigt.

Kollege *Sickert* teilt mit, daß die Frage schon im Landesbezirksvorstand in Berlin behandelt worden sei, weil dort die Meinung der Kollegin Weber bekannt wurde. Die Meinung der Politiker gehe dahin, das Institut nach Berlin zu bringen. Nun sei der Eindruck entstanden, der DGB (durch Maria Weber) spreche sich für das Ruhrgebiet aus. In Berlin seien fast alle Betriebszweige vertreten. Die gegen Berlin vorgebrachten Argumente treffen also nicht zu. Die Frage, ob die Professoren nach Berlin wollen oder nicht, könne nicht ausschlaggebend sein, wenn man ein Institut errichten wolle.

Kollegin *Weber* erklärte, daß sie nicht daran gedreht habe. Dies Institut solle ja erst aufgebaut werden. Dazu brauche man gute Leute, die sehr rar seien. Es handle sich dabei nicht um Beamte, die man dahin versetzen kann.

Kollege *Frister* ist der Auffassung, daß man den Ort nicht isoliert behandeln kann. Es gehe mehr um die ganze Sache.

Kollege *Buschmann* bittet, den Tagesordnungspunkt abzuschließen, und ersucht den Geschäftsführenden Bundesvorstand, Prioritäten zu setzen und einzelne Tagesordnungspunkte aufzustellen, damit man die Dinge auch wirklich ausdiskutieren könne.

---

36 Das Berufsausbildungsgesetz (BBiG) wurde am 12.6.1969 durch den Bundestag verabschiedet und trat am 1.9.1969 in Kraft, vgl. BGBl. I, S. 1112. Mit dem Gesetz wurde die berufliche Ausbildung festgelegt. Zu den Bedenken des DGB gegenüber diesem Gesetz siehe DGB-Geschäftsbericht 1969–1971, Abteilung Berufliche Bildung, S. 275 f. Allgemein zum Berufsbildungsgesetz siehe Greinert: Berufsausbildung.

Dokument 14 3. Februar 1970

3. BERICHT DER SACHVERSTÄNDIGENKOMMISSION DER BUNDESREGIERUNG ZUR AUSWERTUNG DER BISHERIGEN ERFAHRUNGEN BEI DER MITBESTIMMUNG (BIEDENKOPF-KOMMISSION)[37]

Kollege *Vetter* teilt mit, daß der Kollege Farthmann den Geschäftsführenden Bundesvorstand in seiner Klausur bereits kurz über den Inhalt des Gutachtens informiert habe. Er sei froh, daß sich alle an die Bitte gehalten hätten, sich einheitlich zu dem Gutachten zu äußern.[38]

Kollege *Farthmann* führt im Wesentlichen folgendes aus: Der Bericht der Biedenkopf-Kommission bestehe insgesamt aus fünf Teilen. Der erste Teil befasse sich mit Auftrag und Arbeitsweise der Kommission. In dem zweiten Teil werde über den Stand der gegenwärtigen Mitbestimmungsdiskussion berichtet. Beide Teile dienten einer fairen Darstellung und seien politisch nicht interessant. Sehr wichtig sei demgegenüber der dritte Teil, der sich mit dem Ergebnis der Befragungen von Mitbestimmungsträgern aus der Montan-Industrie und dem BVG-Bereich befasse. Dieser Teil widerlege sämtliche Einwendungen der Mitbestimmungsgegner und enthalte eine glänzende Bestätigung der gewerkschaftlichen Auffassungen zur Mitbestimmung. Dabei würden insbesondere die Argumente der zentralen Gewerkschaftssteuerung in Unternehmen, die Hemmung unternehmerischer Initiative durch die Mitbestimmung und die Verquickung von sachfremden Gesichtspunkten mit unternehmenspolitischen Entscheidungen widerlegt.

Von großer Bedeutung sei auch der vierte Teil des Biedenkopf-Berichts, der sich mit den Grundlagen der Mitbestimmungsidee befasse. Dieser Teil beginne mit einem eindeutigen Bekenntnis der Kommission zur Mitbestimmung auf Unternehmensebene. In diesem Teil werde festgestellt, daß das Anliegen der unternehmensbezogenen Mitbestimmung nicht durch eine Verbesserung der betriebsbezogenen Mitbestimmung kompensiert werden könne. Gleichzeitig bekenne sich die Kommission nachdrücklich zu einer Beteiligung von außerbetrieblichen Gewerkschaftsvertretern im Rahmen der Mitbestimmung. Allerdings lehne die Kommission Vertreter des öffentlichen Interesses, also sogenannte weitere Mitglieder, im Aufsichtsrat ausdrücklich ab.

Im fünften Teil des Berichts habe die Kommission eigene Vorschläge für eine künftige Mitbestimmungsregelung entwickelt. Dabei sei zu bedauern, daß sie sich trotz der überaus positiven Äußerungen im dritten und vierten Teil des Berichts nicht zu einer paritätischen Beteiligung von Arbeitnehmern und Kapitalgebern bekenne. Vielmehr knüpfe sie hier an den Gedanken an,

---

37 Mitbestimmungskommission 1970: Mitbestimmung im Unternehmen. Bericht der Sachverständigenkommission zur Auswertung der bisherigen Erfahrungen bei der Mitbestimmung. Vgl. Bundestagsdrucksache VI/334. Zum Votum der Sachverständigenkommission und zu den Reaktionen auf das Gutachten siehe Lauschke: Mehr Demokratie, S. 51–55.
38 Siehe DGB zum Gutachten der Biedenkopf-Kommission, in: ND, 21.1.1970, Nr. 22; Günter Pehl: Mitbestimmungs-Gutachten. Die Mitbestimmung hat sich bewährt, in: Die Quelle 21, 1970, Heft 2, S. 80 f.; Lothar Neumann: Die Tauglichkeit des Mitbestimmungsberichts zur politischen Entscheidungshilfe, in: GMH 21, 1970, Nr. 9, S. 536–541; Friedhelm Farthmann: Die Besetzung des Vorstandes ist Zentralfrage der Mitbestimmung, in: Handelsblatt, 25.2.1970.

der bereits in der Studie der evangelischen Kirche zum Ausdruck gekommen sei, wonach der Aufsichtsrat aus 12 Mitgliedern bestehen solle, wobei 6 Vertreter der Anteilseigner, 4 Vertreter der Arbeitnehmer und 2 sogenannte neutrale Mitglieder seien. Nach aller Erfahrung müsse damit gerechnet werden, daß die beiden neutralen Mitglieder auf jede Seite aufgeteilt würden und infolgedessen ein Gesamtverhältnis von 7 zu 5 entstehe. Die Institution des Arbeitsdirektors werde zwar grundsätzlich bejaht; ein besonderes Bestellungsrecht für dieses Vorstandsmitglied sei jedoch nicht vorgesehen. Um die fehlende Parität im Aufsichtsrat auszugleichen, sehe die Kommission allerdings eine paritätische Besetzung des Aufsichtsratspräsidiums vor. An diese Lösung dürfte[n] jedoch keine allzu hohen Erwartungen gestellt werden, da die Bedeutung des Präsidiums stark herabsinken werde, wenn in ihm andere stimmenmäßige Kräfteverhältnisse herrschen als im Gesamtaufsichtsrat.

Zum Schluß wirft Kollege Farthmann die Frage auf, welchen Standpunkt der DGB einnehmen solle, wenn der Gesetzgeber eine Lösung im Sinne des Biedenkopf-Modells vorsehen sollte.

Nach Meinung des Kollegen *Vetter* befindet sich der DGB in einer verzwickten Lage. Auf der einen Seite werde in dem Bericht die Gesellschafts- und Wirtschaftsordnung verteidigt und darin eingeschlossen der Eigentumsbegriff. Das würde bedeuten, daß der DGB das Biedenkopf-Gutachten aus grundsätzlichen Erwägungen ablehnen müsse. Andererseits könne man sagen, daß es ein gutwilliger und fairer Versuch sei, eine Auflösung der Gegensätze und ein Treffen in der Mitte zu suchen. Eine sicher recht interessante Frage wäre, was wir getan haben würden, wenn uns ein solches Modell vor zwei Jahren auf den Tisch gelegt worden wäre. Man könne heute nicht mit Sicherheit sagen, ob das Biedenkopf-Gutachten nicht als eine Treppenstufe im Rahmen der Mitbestimmungsgespräche gesehen werden könne. Es stelle sich die Frage, ob es ein Abgesang an alle weitergehenden Vorstellungen oder nur eine Zwischenlösung sei. Für die Zwischenlösung spreche eine ganze Reihe von Fakten, u. a. daß die Montanmitbestimmung als Modell nicht angetastet werde. Das Gutachten verlange nicht eine Egalisierung. Aus dieser Sicht müsse sich der DGB heute und wahrscheinlich in einem Monat äußern. Die Stellungnahme werde verlangt und sei unumgänglich.

Kollege *Tacke* glaubt, daß von dem Gutachten her selbst die Alternative gestellt werde, abzulehnen oder anzunehmen. Der DGB solle klar zum Ausdruck bringen, daß das für ihn keine Alternative sei, sondern daß es sich nur um ein Gutachten handele. Für uns stehe der Wille der Gewerkschaften zur Mitbestimmung über diesem Gutachten. Das Gutachten könne uns nützlich sein bei unseren Überlegungen, es könne aber auch in anderen Teilen von uns abgelehnt werden. Kollege Tacke hat Sorge, daß man jetzt sagt: »Nehmt an, oder ihr bekommt überhaupt nichts.«

Kollege *Brenner* vertritt die Auffassung, daß der Bundesvorstand in einer Ad-hoc-Diskussion, ohne die Substanz des Gutachtens zu kennen, nicht zu endgültigen Erkenntnissen kommen könne. Es könne darüber keine detaillierte Aussprache geführt werden. Er halte es aber für notwendig, daß man über die heute gegebene Interpretation hinaus sich genaueren Einblick verschaffe. Es werde die grundsätzliche Einstellung zum Problem der Mitbestimmung überhaupt gefordert. Dabei sollte nicht vergessen werden, daß es sich hier um ein Gutachten handele, um einen Auftrag, den eine Regierung an Professoren gegeben habe, wie sie es auch in anderen Bereichen tue. Die Bestandteile dieses Gutachtens seien dazu da, daraus die entsprechenden Lehren zu ziehen oder auch zu sagen, daß der DGB anderer Meinung in dem einen oder anderen Punkt sei. Für die Zukunft werde der DGB seinen Standpunkt zur Mitbestimmung klar sagen und erklären müssen, ob er für oder gegen das Gutachten sei. Er müsse sich auch zu den einzelnen Punkten äußern. Es sei aus dem »Frankfurter Gesprächskreis von Bundestagsabgeordneten«[39] bekannt geworden, daß die CDU auf der Grundlage dieses Gutachtens einen Gesetzentwurf erarbeiten wolle.[40] Gerade wenn so etwas zu erwarten sei, müsse der DGB von vornherein seinen Standpunkt allen Fraktionen des Bundestages gegenüber klarstellen.

Kollege *Seibert* verweist auf ein Spiegel-Interview.[41] Er ist ebenfalls der Meinung, daß der DGB zu dieser Frage etwas sagen müsse. Die Stellungnahmen, die die Gewerkschaften dazu abgeben, müßten unbedingt einheitlich sein. Im März sollte dazu einiges Klärende gesagt werden, das bindend für alle Gewerkschaftsfunktionäre, auch wenn sie Bundestagsabgeordnete sind, ist.

Kollege *Vetter* hält es für richtig, eine Sprachregelung für die Öffentlichkeit festzulegen. Seines Erachtens sei die öffentliche Meinung auf der Seite dieses Gutachtens. Bisher hätten sich alle Parteien an einer klaren Stellungnahme zum Gutachten vorbeigedrückt. Das Gutachten sei dazu geeignet, die Gewerkschafter zu verlocken, sich auf dieser Ebene zu versammeln. Das werde uns aber nicht entbinden, zu sagen, daß ein Ja oder Nein zu diesem Gutachten jetzt nicht zur Debatte stehe. Dieses Gutachten sei eine Entscheidungshilfe, wie es auch von der Regierung gedacht worden sei.

Kollege Vetter schlägt folgenden Zeitplan vor. Es solle heute eine differenzierte, aber freibleibende Stellungnahme abgegeben werden. Im Verlaufe des Monats müsse zu einer echten Beurteilung des Gutachtens gekommen werden, die in der Märzsitzung des Bundesausschusses abschließend behandelt werde, um als Erklärung des DGB im Rahmen der gemeinsamen Tagung der Hans-Böckler-Gesellschaft und der Stiftung Mitbestimmung Anfang April veröffentlicht zu werden.[42]

---

39 Der »Frankfurter Kreis« war eine Arbeitsgemeinschaft der Linken in der SPD und wurde 1966 von Walter Müller und Jochen Steffen gegründet. Die Jahrestreffen fanden in Oer-Erkenschwick statt. Siehe hierzu: AdsD, SPD-Parteivorstand – Bundesgeschäftsführer Holger Börner 2/PVCO000090 sowie Büro Oskar Lafontaine 2/PVDE000374, 2/PVDE000439 und 2/PVDE000476.
40 Die CDU/CSU-Bundestagsfraktion legte im Februar 1971 einen eigenen Mitbestimmungsentwurf vor (Bundestagsdrucksache VI/1806), der vom DGB und seinen Gewerkschaften für unzulänglich und rückschrittlich gehalten wurde. Vgl. ND, 10.2.1971, Nr. 33; Der Spiegel 25, 8.2.1971, Nr. 7, S. 24 sowie Metall-Pressedienst, 9.3.1971.
41 Vgl. »Das lassen wir uns nicht abhandeln«, Spiegel-Interview mit dem IG Metall-Vorstandsmitglied Willi Michels über Mitbestimmung, in: Der Spiegel 24, 2.2.1970, Nr. 6, S. 30 f.
42 Siehe Kurzfassung der Stellungnahme des DGB-Vorsitzenden Heinz O. Vetter zu dem Mitbestimmungsbericht der Biedenkopf-Kommission auf der öffentlichen Veranstaltung der Hans-Böckler-Gesellschaft am 7.4.1970 in Düsseldorf, in: ND, 7.4.1970, Nr. 96.

MITTAGSPAUSE VON 14.10 BIS 15.05 UHR

Kollege *Vetter* stellt fest, daß Kollege Farthmann beauftragt wird, eine Stellungnahme des DGB zu erarbeiten und vorzulegen.

4. OSTKONTAKTE

Kollege *Vetter* verweist auf die Vorlagen.[43] Er stellt zunächst die Entscheidung über ein Austauschprogramm für 1970 mit dem Zentralrat des Sowjetischen Gewerkschaftsbundes zur Diskussion.

Kollege *Kluncker* steht auf dem Standpunkt, daß auf keinen Fall eine Friedenskonferenz von uns in Erwägung gezogen werden sollte. Die bisherigen Kontakte sollten beibehalten werden.

Kollege *Vetter* erklärt, daß eine Europäische Gewerkschaftskonferenz, wie sie uns vorgeschlagen wurde, nicht in Frage komme, sondern eventuell das IAA eine regionale Konferenz abhalten sollte. In bezug auf die von den Sowjets vorgeschlagene bilaterale Gewerkschaftskommission wollten wir abwarten, welche Ergebnisse unsere Kollegen von ihrer Finnlandreise mitbringen. Es gehe jetzt nur noch um den Katalog des Austausches mit der UdSSR, wobei die Touristik ausgenommen werden müsse.

Kollege *Brenner* kommt noch einmal auf den Austausch von Delegationen zurück. Ihm scheinen einige Dinge unklar, wenn er das Protokoll über das Gespräch mit Schelepin mit dem Brief vergleiche. Im Brief werde der wechselseitige Austausch von Delegationen vorgeschlagen. Das sei sehr viel weniger, als vorher besprochen worden sei. Er meine, daß der DGB auch die Möglichkeit der Darstellung seiner Gewerkschaftsbewegung haben müsse; ebenso müsse die Darstellung der anderen Seite bei uns möglich sein. Er sehe darin einen wichtigen Punkt. Außerdem habe man auch davon gesprochen, daß es eine bestimmte Reihenfolge des Austausches von Delegationen der Gewerkschaften gebe. Jetzt sehe es so aus, als wollte man in der UdSSR nur bestimmte Gewerkschaftsdelegationen sehen. Er fragt, warum das so sei.

Kollege *Vetter* weist darauf hin, daß über das Austauschprogramm ausschließlich der Zentralrat der sowjetischen Gewerkschaften bestimme. Er bestätigt, daß ein Punkt, und zwar der Austausch von Artikeln, in dem Katalog fehle. Alles andere, was in dem Programm vorgesehen war, sei auch im Brief enthalten. Kollege Vetter berichtet, dass bekannt sei, daß alle Korrespondenten von Trud[44], die sich mit deutschen Fragen befassen, ihre Artikel nicht mehr

---

43 Den Bundesvorstandsmitgliedern wurden als Beratungsunterlagen übersandt oder übergeben 1.) Briefentwurf an den FDGB, 2.) Briefe des polnischen Gewerkschaftsvorsitzenden Loga-Sowinski vom 29.12.1969 und 13.1.1970, 3.) Brief des BV an den Zentralrat des polnischen Gewerkschaftsbundes vom 6.1.1970 (wie auf der BV-Sitzung vom 6.1.1970 beschlossen), 4.) Brief des Zentralrats des sowjetischen Gewerkschaftsbundes vom 31.12.1969 (Vorschlag für ein Austauschprogramm), 5. Vermerk über das Gespräch mit der Vorbereitungsdelegation des polnischen Gewerkschaftsbundes am 14./15.1.1970 in Düsseldorf, DGB-Archiv, DGB-BV, Internationale Abt. 5/DGAJ000546.
44 »Trud«, übersetzt »Arbeit, Werk«, war die Zeitung der sowjetischen Gewerkschaften und wurde 1921 gegründet.

Dokument 14 3. Februar 1970

unmittelbar an Trud geben, sondern über die Auslandsabteilung laufen lassen müßten. Wenn in dem Katalog der Artikelaustausch nicht mehr aufgeführt sei, dann lasse sich sicher schnell eine Klärung herbeiführen. Kollege Vetter sieht die Sache allerdings nicht als entscheidend an. Für die Kontakte mit den einzelnen Gewerkschaften scheine es verschiedene Gründe zu geben. Kollege Vetter glaubt nicht, daß die Sowjets einzelne Gewerkschaften aus dem Programm ausschließen wollten. Sie hätten der DGB-Delegation deutlich dargelegt, daß sie im Jahr etwa 400 Weltkontakte hätten, zu denen nun unsere neuen noch hinzukämen. Dabei hätten sie um Verständnis gebeten, wenn das nicht gleich in der ganzen Breite geschehen könne. Es sei jetzt die Frage, ob diese Auslese eine grundsätzliche Einschätzung oder sogar eine Bedingung bedeute.

Kollege *Kersten* schlägt vor, einen Brief an den Zentralrat zu schreiben, in dem unsere Einwände vorgebracht und nach unklaren Dingen gefragt werde (z. B. auch Mitbestimmungsdelegation). Genehmigungen für Westkontakte aller Art würden durch den Zentralrat vorgenommen. Das sei anders als bei den Polen.

Kollege *Vetter* faßt zusammen: Es solle dieser Brief bestätigt und gefragt werden, warum eine solche Auslese geschehen sei. Alle Gewerkschaften stünden für Kontakte zur Verfügung und wir würden diese Fragen anläßlich ihres Besuches im Mai mit ihnen besprechen. Vorab würden wir aber anregen, den Artikelaustausch vorzunehmen.

Kollege *Buschmann* erinnert, daß in dem Anschreiben vorgeschlagen werde, zu überlegen, ob die Gewerkschaften ihre Ferienheime für sowjetische Urlauber zur Verfügung stellen sollten. Er bittet um Auskunft, wer dazu in der Lage sei.

Kollege *Vetter* bemerkt, daß der Geschäftsführende Bundesvorstand sich schon gedacht habe, daß das sehr schwierig sein werde. Seiner Ansicht nach sollte diese Angelegenheit auf das nächste Jahr verschoben werden. Die einzelnen Gewerkschaften sollten dann diese speziellen Kontakte selbst übernehmen. Es sei natürlich eine Frage des Geldes, wer z. B. die Fahrt bezahlt. Die Unterbringung wäre möglich.

[Im weiteren Verlauf der Diskussion werden die regionalen Kontakte und eine Devisenregelung für die Austauschdelegationen angesprochen. Abschließend herrscht Einverständnis darüber, dass der Antwortbrief an den Zentralrat der sowjetischen Gewerkschaften auf der Grundlage der Diskussion auf dieser Sitzung geschrieben wird.]

Zu den Kontakten mit Polen teilt Kollege *Vetter* mit, daß im April eine Spitzendelegation nach Warschau fahren werde.[45] Hinsichtlich der Kontakte mit anderen osteuropäischen Ländern unterrichtet er die Bundesvorstandsmitglieder, daß im April eine Delegation nach Bulgarien entsandt werde und

---
45 Vom 8.4. bis 11.4.1970 wird eine Delegation des GBV – Heinz O. Vetter, Bernhard Tacke, Alfons Lappas, Otto Kersten und Walter Fritze – Gespräche mit dem Zentralrat der polnischen Gewerkschaften führen, in: ND, 3.4.1970, Nr. 92.

daß eine rumänische Delegation im März in die Bundesrepublik komme.[46] Kollege Vetter bittet, daß der Geschäftsführende Bundesvorstand über die Reisen informiert werde, die die einzelnen Gewerkschaften in die Ostblockländer unternehmen wollen. Der Geschäftsführende Bundesvorstand habe gute Kontakte dorthin und könnte vielleicht Hilfe geben.

Schreiben an den FDGB

Kollege *Vetter* erinnert daran, daß in der letzten Sitzung beschlossen wurde, heute über den Briefentwurf abschließend zu beraten. Er verweist auf die vorliegenden Entwürfe des Geschäftsführenden Bundesvorstandes und der IG Metall.[47] Kollege Vetter spricht sich für den Entwurf des Geschäftsführenden Bundesvorstandes aus. Ihm gefalle der letzte Satz des ersten Absatzes des Entwurfs der IG Metall nicht.[48]

Kollege *Brenner* erklärt, daß der Vorschlag der IG Metall ein Entwurf sei, über den diskutiert werden könne. Wenn der letzte Satz des ersten Absatzes zu Mißverständnissen führe, sei er einverstanden, den Satz zu streichen. Seines Erachtens sei es notwendig, daß ein Brief, der vom DGB geschrieben werde, auch veröffentlicht werden könne. Kollege Brenner ist der Auffassung, daß kein Katalog aufgestellt werden sollte, sondern es sollte sich auf die Probleme konzentriert werden, die zu besprechen seien. Das sei in dem Entwurf der IG Metall deutlich geworden. Kollege Brenner spricht sich für die Annahme des Briefentwurfs der IG Metall aus.

Die Kollegen *Reuter* und *Hauenschild* unterstützen den Entwurf der IG Metall.

Kollegen *Frister* scheint der Vorschlag des Geschäftsführenden Bundesvorstandes klarer. Bei dem IG Metall-Entwurf habe er eine Reihe von Bedenken wegen der Interpretierbarkeit.

Kollege *Buschmann* berichtet, daß sich sein Hauptvorstand sehr eingehend mit den Fragen beschäftigt habe. Der Hauptvorstand habe dem Geschäftsführenden Bundesvorstand ein Schreiben in dieser Angelegenheit zugestellt.[49] Seiner Ansicht nach sei die Prüfung für die Möglichkeit von Gesprächen mit dem FDGB noch nicht ausreichend vorgenommen worden. Sorgfältige Ab-

---

46 Vom 9.4. bis 15.4. wird eine zweite Delegation des GBV – Gerd Muhr, Maria Weber, Franz Woschech, Helmut Pinther – Gespräche mit dem Zentralrat der bulgarischen Gewerkschaften führen, in: ND, 3.4.1970, Nr. 92. Die rumänische Gewerkschaftsdelegation kam erst Ende April nach Düsseldorf, siehe Rumänische Gewerkschaften für engere Beziehungen zum DGB, in: ND, 27.4.1970, Nr. 120.
47 Briefentwurf der Abt. Vorsitzender des IG Metall-Vorstands vom 30.1.1970, DGB-Archiv, DGB-BV, Abt. Vorsitzender 5/DGAI000464.
48 Der beanstandete Satz: »Der Ausgang der Bundestagswahlen und die Bildung der neuen Bundesregierung unter sozialdemokratischer Führung sind nicht zuletzt mit ein Ergebnis unserer Arbeit«, ebd.
49 Schreiben von Karl Buschmann vom 19.1.1970 mit dem Beschluss des Hauptvorstandes vom 13.1.1970 zur Aufnahme von Kontakten zum FDGB im Rahmen des Kongressbeschlusses. Vor der Kontaktaufnahme sollten Gespräche mit dem Bundesminister für innerdeutsche Beziehungen und den Vorsitzenden der Bundestagsfraktionen geführt werden. DGB-Archiv, DGB-BV, Abt. Vorsitzender 5/DGAI000464.

stimmung und Vorbereitung sei nötig. Der Hauptvorstand sei der Meinung, daß dem Kongreßbeschluß durchaus Genüge getan werde, wenn in dieser Frage noch die politischen Voraussetzungen geprüft würden. Wenn trotzdem ein Brief geschrieben werden solle, spreche sich Kollege Buschmann für den Entwurf der IG Metall aus. Wenn der FDGB dem DGB Kontakte zusage und die Regierung der DDR die Wünsche der Bundesregierung ablehne, komme der DGB in eine sehr schlechte Situation. Nach seiner Meinung sei die Zeit noch nicht reif, solche Gespräche zu führen.

Kollege *Vetter* berichtet, Kollege Buschmann habe in einem Schreiben vorgeschlagen, der DGB solle erst Gespräche mit den Parteien und Regierungsstellen führen, bevor er die Kontaktaufnahme vorschlage. Dazu sei zu sagen, daß das Bundesministerium für innerdeutsche Beziehungen an seine Berliner Stelle, die die Ostseminare durchführe, geschrieben und vorgeschlagen habe, die Seminarteilnehmer in den Ostsektor von Berlin zu schicken und sie mit den dortigen Dienststellen und Organisationen in Kontakt und Gedankenaustausch zu bringen.[50] Als der Geschäftsführende Bundesvorstand davon erfuhr, habe er den zuständigen Minister[51] gebeten, diesen Vorschlag wieder zurückzuziehen. Bei den Bundestagsfraktionen sei es so, daß zumindest der Fraktionsvorsitzende und der Geschäftsführer der SPD[52] uneingeschränkt Kontakte bejahen. Wenn die Antwort Ostberlins an den Bundeskanzler einen Affront gegen das Volk ausdrücken sollte, dann würde das der DGB auf jeden Fall auch für sich zu berücksichtigen haben.

Kollege *Tacke* hat nicht nur Bedenken gegen den ersten Absatz. Der DGB sollte vermeiden, sich irgendwie mit einer bestimmten Regierung zu identifizieren. Er sollte auch künftig eine eigenständige Politik betreiben, wie er es in der Vergangenheit auch immer getan habe. Kollege Tacke unterstützt den Briefentwurf des Geschäftsführenden Bundesvorstandes.

Kollege *Kluncker* teilt nicht die Auffassung des Kollegen Buschmann. Es handele sich nicht darum, durch diesen Brief im Sinne des Kongreßbeschlusses Sondierungen einzuleiten. Ihm scheine dagegen der Brief eine konsequente Fortsetzung der Sondierungen zu sein. Kollege Kluncker schlägt Änderungen für den Entwurf der IG Metall vor.

---

50 Nach dem Bau der Berliner Mauer 1961 fanden ab 1962 Ost-West-Seminare des DGB in Berlin statt. Arbeitsthema dieser einwöchigen Seminare war das geteilte Deutschland im Spannungsfeld zwischen Ost und West. Diese Seminare wurden zum Teil finanziell unterstützt vom Bundesministerium für innerdeutsche Beziehungen (bis 1969 Gesamtdeutsches Ministerium). Das Ministerbüro Berlin des Bundesministeriums hatte am 29.11.1969 in einem Schreiben an die stellv. Landesbezirksvorsitzende von Berlin, Anneliese Girnatis-Holtz, diesen Gedankenaustausch vorgeschlagen, der über das bisherige Verfahren der Seminare hinausging und eine Kontaktaufnahme mit dem FDGB bedeutet hätte. Vgl. DGB-Archiv, DGB-BV, Abt. Vorsitzender 5/DGAI001749.
51 Am 7.1.1970 fand eine Unterredung zwischen Heinz O. Vetter und dem damaligen Bundesminister für innerdeutsche Beziehungen, Egon Franke, statt. Notizen zu diesem Gespräch sind nicht überliefert. Eine Recherche im Nachlass Egon Franke, im AdsD, war nicht möglich, da dieser bis auf Weiteres gesperrt ist.
52 In den Aktenbeständen des AdsD vom Fraktionsvorsitzenden Herbert Wehner und vom Bundesgeschäftsführer Hans-Jürgen Wischnewski sowie in dem Aktenbestand des DGB-Vorsitzenden befinden sich keine Belege für die Aussage von Heinz O. Vetter.

Kollege *Vetter* stellt Einverständnis fest, daß der Briefentwurf der IG Metall mit den vorgeschlagenen Änderungen akzeptiert wird. Er soll nach Überarbeitung noch einmal vorgelegt werden.

Kollege *Frister* fragt, ob die an die GEW ergangene Einladung zum Lehrerkongreß nach Ostberlin[53] noch zurückgestellt werden solle.

Kollege *Vetter* ist der Meinung, daß die Einladung nicht zurückgestellt werden solle. Von der Zentrale in Prag aus hätten die osteuropäischen Lehrerverbände nach Ostberlin eingeladen. Eine solche Einladung sei auch der GEW zugegangen. Formal könne also von einer Kontaktaufnahme zum FDGB nicht gesprochen werden, wenn die beiden GEW-Kollegen in Ostberlin an dem Kongreß teilnehmen.[54]

Kollege *Vetter* stellt fest, daß sich der Bundesvorstand seiner Ansicht anschließe und mit der Teilnahme der GEW an diesem internationalen Kongreß in Ostberlin einverstanden sei.

Auf die Frage des Kollegen *Mirkes*, ob der Brief, der an den FDGB geschrieben werden solle, heute schon publiziert werde, antwortet Kollege *Vetter*, daß man den Brief noch heute als Fernschreiben senden und ihn dann heute auch schon veröffentlichen könne.[55]

5. HAUSHALT 1970

Kollege *Lappas* weist darauf hin, daß die endgültige Kompetenz beim Bundesausschuß liege. Er erläutert die einzelnen Positionen der vorgelegten Vorlage.[56] Abschließend bittet er im Namen des Geschäftsführenden Bundesvorstandes, daß der Bundesvorstand dem Haushalt seine Zustimmung gebe.

[Nach weiteren Anmerkungen *Vaters* zur finanziellen Situation des DGB und der Bitte, der Haushaltskommission erweiterte Kompetenzen zu geben, billigt der Bundesvorstand den DGB-Haushalt mit einem Gesamtvolumen von 60.355 Mio. DM für das Jahr 1970 in der vorgelegten Form. Des Weiteren wird die Haushaltskommission beauftragt, über das Jahr 1970 hinaus eine Untersuchung der Finanzstruktur des DGB vorzunehmen und zu gegebener Zeit dem Bundesvorstand darüber zu berichten.]

Erklärung zum Biedenkopf-Gutachten

Der vorgelegte Entwurf soll noch einmal überarbeitet und dann als Pressemeldung herausgegeben werden (siehe Anlage).[57]

---

53 Vom 6.4. bis 10.4.1970 fand auf Einladung der Internationalen Vereinigung der Lehrergewerkschaften (FISE) eine Weltkonferenz der Lehrer in Ostberlin statt. Vgl. Tribüne 26, 6.4.1970, Nr. 66, siehe auch Dok. 20, Fußnote 10.
54 Die GEW sagte eine Teilnahme an der Weltkonferenz ab. GEW-Pressestelle Nr. 17/70 vom 3.4.1970, in: GEW-Geschäftsbericht 1968–1971, S. 301.
55 DGB-Brief an den FDGB, in: ND, 4.3.1970, Nr. 38.
56 Der vom GBV verabschiedete Haushaltsentwurf für 1970 wurde mit Schreiben von Alfons Lappas am 28.1.1970 an die BV-Mitglieder verschickt. In einer Ergänzungsvorlage vom 3.2.1970 wurde vorgeschlagen, dass die Haushaltskommission eine Untersuchung der Finanzstruktur des DGB vornehmen und dem BV zu gegebener Zeit darüber berichten solle. DGB-Archiv, DGB-BV, Abt. Vorsitzender 5/DGAI000464.
57 DGB-Bundesvorstand beriet Biedenkopf-Gutachten, in: ND, 3.2.1970, Nr. 37, sowie DGB-Bundesausschuß zum Biedenkopf-Gutachten, in: ID, 9.3.1970, Nr. 5.

Dokument 14   3. Februar 1970

Schreiben an den FDGB

[Nach kurzer Debatte beschließt der Bundesvorstand den Brief an den FDGB. Der Brief soll dem FDGB per Fernschreiben übermittelt und noch am selben Tage veröffentlicht werden.[58]]

Vorsitz: Bernhard Tacke

6. Fragen der Bundeswehr

[*Reuter* legt den Entwurf einer Pressemitteilung zu der Studie des Heeresinspekteurs, Generalleutnant Albert Schnez, vor, in der sich Tendenzen in der Bundeswehr widerspiegeln, die dem Integrationsprozess der Bundeswehr in Staat und Gesellschaft entgegenwirken. In der anschließenden Diskussion werden Änderungsvorschläge unterbreitet, und die Vorlage wird in der redigierten Form als Pressemeldung verabschiedet.[59]]

7. 1. Mai-Veranstaltungen

Kollege *Stephan* erläutert kurz die den Bundesvorstandsmitgliedern ausgehändigte Vorlage. Er weist darauf hin, daß die Vorlage mit den Landesbezirken abgestimmt sei. Man solle den DGB-Kreisen die Freiheit lassen, ihre Veranstaltungen je nach den örtlichen Gegebenheiten selbst auszugestalten.

Kollege *Schwab* weist darauf hin, daß die Mai-Anzeigen, die zum 1. Mai in der Presse veröffentlicht werden, keine Möglichkeit ließen, gleichzeitig auf die örtlichen Kundgebungen aufmerksam zu machen. Dies müsse immer gesondert geschehen und sei recht schwierig. Das gleiche gelte für die Mai-Plakate, die so gestaltet seien, daß kein Eindruck der örtlichen Veranstaltung möglich sei. Er fragt, ob das nicht geändert werden könne.

Kollege *Stephan* erwidert, daß es unmöglich sei, die Plakate so zu gestalten, daß sie als Plakat gut seien und außerdem den Eindruck gestatteten. Sie hätten sich früher im Kreis so beholfen, daß sie Streifen hätten drucken lassen, die angeklebt wurden. Es sei schon überlegt worden, ob zwei verschiedene Sorten von Plakaten gemacht werden sollten; aber das sei eine Frage der Finanzen. Die Anzeigen des DGB seien die Grundlage der Berichterstattung in der örtlichen Presse. All diese Fragen seien mit den Landesbezirken eingehend besprochen worden. Kollege Stephan werde sie aber für das nächste Jahr noch einmal vormerken.

Kollege *Vetter* berichtet, daß am Vorabend des 1. Mai über alle Rundfunksender die repräsentative Feierstunde des DGB übertragen werde. Außerdem habe bisher die ARD für den 1. Mai nach der Tagesschau eine Sendezeit von einigen Minuten für eine Ansprache des DGB-Vorsitzenden zur Verfügung gestellt. Das ZDF werde das wahrscheinlich auch tun.

---

58 Siehe Dok. 15. Der Brief wurde am 5.2.1970 auch an George Meany und Jay Lovestone (AFL/CIO) in Übersetzung geschickt. DGB-Archiv, DGB-BV, Internationale Abt. 5/DGAJ000575.
59 DGB zu Fragen der Bundeswehr, in: ND, 4.2.1970, Nr. 39. Siehe auch: DGB kritisiert Schnez-Studie, in: Kölner Stadt-Anzeiger, 6.2.1970, sowie Gewerkschaftskritik an der Schnez-Studie, in: Die Welt, 21.2.1970.

Kollege Vetter teilt mit, daß der Landesbezirk Berlin ihn gebeten habe, in Berlin zu sprechen. Er habe nicht abgelehnt, sondern sich die Zusage vorbehalten. Einige Zeit danach veröffentlichte der Landesbezirk Berlin eine Pressemeldung mit dem Inhalt, dass Bundesminister Leber seine Teilnahme an der Mai-Veranstaltung zugesagt habe und der Vorsitzende des DGB ebenfalls dort sprechen solle.[60] Kollege Vetter habe sich die Entscheidung auch aus dem Grund vorbehalten, um zu sehen, wie sich die Kontaktfrage mit dem FDGB entwickelt. Er halte die Art und Weise, wie die Berliner Pressestelle in dieser Sache vorgegangen sei, nicht für richtig. Inzwischen habe der DGB-Landesbezirk Berlin einen anderen Referenten[61] für den 1. Mai gewonnen. Er wollte, daß die Vorsitzenden über den Verlauf dieser Angelegenheit unterrichtet werden und nicht der Eindruck eines Affronts seinerseits gegenüber Berlin entstehe.

Kollege *Stephan* weist darauf hin, daß der DGB-Landesbezirk Berlin in diesem Jahr zum erstenmal eine eigene Mai-Kundgebung auf dem Kennedy-Platz durchführe. Es werde nicht wie in früheren Jahren eine zentrale Kundgebung gemeinsam mit den politischen Parteien geben. Eine zentrale DGB-Maikundgebung wie in den Vorjahren, z. B. 1969 in Hamburg, werde es ebenfalls nicht mehr geben. Solche Veranstaltungen seien aus finanziellen Gründen nicht mehr durchführbar.

Beschluß:
Der Bundesvorstand ist mit der Vorlage zum 1. Mai einverstanden.

[*Stephan* weist darauf hin, dass auf den Musterplakaten der Grafiker durch ein Versehen nicht das vom Bundesvorstand beschlossene Motto berücksichtigt hat. Nach kurzer Diskussion beschließt der Bundesvorstand, dass in der Märzsitzung neue Entwürfe mit dem seinerzeit beschlossenen Motto vorgelegt werden sollen.]

8. Entwürfe von Betriebsvereinbarungen

Kollege *Woschech* erinnert an die Diskussion in der Bundesvorstandssitzung am 7. Oktober 1969, die bei der Erstellung der Vorlage berücksichtigt worden sei.[62] Der Novembertermin sei nicht einzuhalten gewesen. Er verweist dann auf die zwei Entwürfe, die als Beschlussvorlage vorliegen. Heute seien dann

---

60 In der 29. GBV-Sitzung am 26.1.1970 unterrichtete Vetter die Vorstandsmitglieder davon, dass er das Maireferat nicht in Berlin halten werde. Stattdessen war Vetter Redner auf der DGB-Kundgebung in Hamburg. Vgl. DGB-Archiv, DGB-BV, Abt. Vorsitzender 5/DGAI000181.
61 Laut Berichtsbogen der Maiveranstaltung 1970 des DGB-LB Berlin vom 5.5.1970 waren Walter Sickert, Klaus Schütz (Regierender Bürgermeister), Georg Leber (Bundesminister der Verteidigung) und vom DGB-Bundesvorstand Philipp Seibert (GdED) die Referenten der Maiveranstaltung. Vgl. DGB-Archiv, DGB-BV, Abt. Werbung/Medienpolitik 5/DGAM000260 sowie auch DGB-Archiv, DGB-LB Berlin-Brandenburg 5/DGBG000660..
62 Der Beschlussvorlage Franz Woschechs vom 20.1.1970 waren zwei Entwürfe der Betriebsvereinbarungen beigefügt. Im Nachtrag hierzu überreichte er mit Schreiben vom 30.1.1970 die Betriebsvereinbarungen der ÖTV, IG Metall, HBV und Gewerkschaft Textil-Bekleidung den Bundesvorstandsmitgliedern. DGB-Archiv, DGB-BV, Abt. Vorsitzender 5/DGAI000464.

Dokument 14 3. Februar 1970

noch als Ergänzung die Betriebsvereinbarungen von HBV, ÖTV, IG Metall und Textil verteilt worden. Es würden deshalb zwei Betriebsvereinbarungen vorgelegt, da die eine das Rahmenwerk darstelle, das die Beziehungen zwischen Geschäftsführendem Bundesvorstand und Gesamtbetriebsrat regeln solle, während die andere als Modell für die 13 Einzelbetriebsräte des DGB gedacht sei. Auch diese Modell-Betriebsvereinbarungen für die einzelnen Betriebsräte sollten mit dem Gesamtbetriebsrat vereinbart werden. Es solle keine Einzelvereinbarungen geben. Das taktische Vorgehen sei vom Gesamtbetriebsrat gebilligt worden. Mit Datum vom 30.9.1969 seien dem Bundesvorstand die Entwürfe des Betriebsrates zugegangen. Im Vergleich könne man deutlich erkennen, daß der Geschäftsführende Bundesvorstand in einer ganzen Reihe von Punkten nicht der Linie des Betriebsrates folgen könnte. Kollege Woschech zeigt einzelne Unterschiede auf. In Zusammenhang mit dem Haushaltsplan teilt er mit, daß sich im Gesamtbetriebsrat eine Mehrheit gefunden habe, die Verhandlungen über die Verbesserung der Gehaltsstruktur zu führen. Gegenvorschläge des Gesamtbetriebsrates zu dem von uns vorgelegten Diskussionsentwurf seien eingegangen; sie würden diskutiert werden. Frühestens im April/Mai könne endgültig darüber beschlossen werden. Der Geschäftsführende Bundesvorstand bittet, daß die Gewerkschaften sich bemühten, [sich] bei ihren weiteren Schritten etwas an den DGB anzulehnen, damit eine weitere Auseinanderentwicklung verhindert und eine weitere Harmonisierung des Sozialstatus der Beschäftigten erreicht werden könne.

[In der folgenden Diskussion berichtet *Kluncker* über eine neue, verbesserte Betriebsvereinbarung der ÖTV; *Vietheer* hält es für gut, wenn die Gewerkschaften nach der Verabschiedung dieser Betriebsvereinbarung gleiche Vereinbarungen abschließen würden. Nach weiteren Diskussionsbeiträgen nimmt der Bundesvorstand die Entwürfe der Betriebsvereinbarungen des GBV als Verhandlungsgrundlage mit dem Betriebsrat zur Kenntnis.]

9. BENENNUNG DER MITGLIEDER DER DEUTSCHEN ARBEITNEHMERDELEGATION ZUR 54. TAGUNG DER INTERNATIONALEN ARBEITSKONFERENZ 1970 IN DER ZEIT VOM 3. BIS 25. JUNI 1970

[Der Bundesvorstand benennt die Vertreter des DGB und deren Berater dem Bundesministerium für Arbeit und Sozialordnung.[63]]

10. KILOMETERPAUSCHALE

Der Bundesvorstand beschließt, diesen Punkt bis zur nächsten Sitzung zurückzustellen.

---

63 Als Delegierter wurde Gerd Muhr, als stellv. Delegierter und Berater Hermann Beermann benannt, zuzüglich 10 Berater vom DGB-BV, der IGM, Gew. Leder und der CPK. DGB-Archiv, DGB-BV, Abt. Vorsitzender 5/DGAI000464.

11. TAGESORDNUNG FÜR DIE 2. BUNDESAUSSCHUSSSITZUNG AM 4.3.1970

[Der Bundesvorstand beschließt die Tagesordnung für die 2. Bundesausschussitzung am 4.3.1970.⁶⁴]

12. ABSPRACHE ZWISCHEN DEM DGB UND DEM JUGOSLAWISCHEN GEWERKSCHAFTSBUND VOM 9./10. OKTOBER 1969

Der Bundesvorstand nimmt das vorgelegte Protokoll zustimmend zur Kenntnis.⁶⁵

13. JUGOSLAWISCHE ARBEITNEHMER

Der Bundesvorstand empfiehlt, die Karenzzeit für die Anrechnung der Mitgliedschaft im Jugoslawischen Gewerkschaftsbund bis zum 30.6.1970 zu verlängern.

14. GESETZENTWURF DER BUNDESTAGSFRAKTION DER CDU/CSU ZUR VERMÖGENSBILDUNG

Der Bundesvorstand beschließt, diesen Punkt bis zur nächsten Sitzung zurückzustellen.

15. KUNDGEBUNG GEGEN DEN RECHTSRADIKALISMUS AM 14. FEBRUAR 1970 IN WERTHEIM/MAIN

Kollege *Woschech* verweist auf die den Bundesvorstandsmitgliedern ausgehändigte Vorlage und bittet um Zustimmung.⁶⁶

[Nach kurzer Diskussion beschließt der Bundesvorstand, die Kundgebung des DGB gegen den Rechtsradikalismus am 14. Februar 1970 in Wertheim/

---

64 Als Tagesordnung wurde beschlossen: 1. Genehmigung des Protokolls der 1. BA-Sitzung, 2. Gewerkschaftspolitischer Bericht, 3. Probleme der Mitbestimmung, 4. Stellung des DGB zur Einführung der Arbeitnehmerkammer, 5. Haushalt 1970, 6. Anstellungsbedingungen des DGB, 7. Spenden aus dem Solidaritätsfonds, 8. Bestätigung der Landesbezirksvorstandsmitglieder und 9. Verschiedenes.
65 Das Gesprächsprotokoll wurde mit Datum vom 14.12.1969 von Franz Woschech und den beiden Vertretern des Jugoslawischen Gewerkschaftsbunds, Raif Disdarevic und Andreja Bajic, abgezeichnet. Diskussionspunkt war u. a. die Betreuung der in der Bundesrepublik arbeitenden 300.000 jugoslawischen Arbeitnehmer. Es wurde beschlossen, ein Verbindungsbüro in Düsseldorf zu errichten und zukünftig eine 14-tägig erscheinende Zeitung des DGB in serbokroatischer Sprache herauszugeben. Siehe hierzu auch DGB-Archiv, DGB-BV, Abt. Ausländische Arbeitnehmer 5/DGAZ000205. Aufgrund unzureichender Mittelzuwendungen durch das Presse- und Informationsamt der Bundesregierung, konnte die Herausgabe der Zeitung für jugoslawische Arbeitnehmer nicht realisiert werden. Vgl. Ergebnisprotokoll der Ständigen Kommission des Jugoslawischen Gewerkschaftsbundes mit dem DGB am 26./27.2.1971, in: DGB-Archiv, DGB-BV, Abt. Ausländische Arbeitnehmer 5/DGAZ000336.
66 Schreiben Franz Woschechs an die Bundesvorstandsmitglieder vom 30.1.1970 mit beigefügtem Protokoll über die Besprechung in Wertheim/M. mit Vertretern der Landesbezirke am 29.1.1970.

Dokument 15   4. Februar 1970

Main zu unterstützen und einen Zuschuss zu den Kosten bis zu DM 15.000,-- aus dem Etattitel »Sonderveranstaltungen« zu gewähren.]

16. BEIRAT DER VTG

Der Bundesvorstand beschließt, anstelle des aus dem Beirat der VTG ausgeschiedenen Kollegen Walter Arendt den Kollegen Adolf Schmidt (IGBE) zu berufen.

17. BESTÄTIGUNG VON LANDESBEZIRKSVORSTANDSMITGLIEDERN

[Der Bundesvorstand empfiehlt dem Bundesausschuss, die Wahl von Walter Hacker (IGBE) als Mitglied des LBV Rheinland-Pfalz und des LBV Saar von Horst Kynast (GHK), Luise Rothenbergers (GEW), Hans-Georg Meyer (DGB-Jugend), Günter Kempel (GGLF) und Hans Steinmetz (BSE) als Stellvertreter im LBV Rheinland-Pfalz zu bestätigen.[67]]

18. REVISIONSBERICHT

[Der Bundesvorstand nimmt den Bericht der Revisionskommission über die vorgenommene Prüfung der Bundeshauptkasse zustimmend zur Kenntnis.]

Ende: 19.45 Uhr

DOKUMENT 15

4. Februar 1970: Brief des Vorsitzenden des DGB, Vetter, an den Vorsitzenden des FDGB, Warnke

Anlage Nr. 3 zur 6. Sitzung des Bundesvorstands.[1]

DGB-Archiv, 5/DGAI000464.

Werter Kollege Warnke,

der Bundesvorstand des DGB hat sich eingehend mit der Frage möglicher Kontakte zum FDGB beschäftigt. Als demokratisch gewählte Vertreter der größten Arbeitnehmerorganisation der Bundesrepublik unterstützen wir jede Maßnahme, die geeignet ist, die internationale Entspannung zu fördern.

In unserem Bemühen, zur Verbesserung der Beziehungen der Völker, zur Sicherung des Friedens und zum Wohlergehen der arbeitenden Menschen beizutragen, haben wir auch mit Gewerkschaftsvorständen von Mitgliedsstaaten

---
67 Der Bundesausschuss bestätigte die Wahl in seiner 2. Sitzung am 4.3.1970. DGB-Archiv, DGB-BV, Abt. Vorsitzender 5/DGAI000444.
1 Der Briefentwurf mit handschriftlichen Berichtigungen und Ergänzungen – siehe Beratungsunterlagen zur 6. BV-Sitzung – wurde einstimmig gebilligt.

4. Februar 1970 **Dokument 15**

des Warschauer Paktes Gespräche aufgenommen und sind bestrebt, positive Resultate zu erzielen.[2]

Es gilt abzuklären, ob Kontakte zwischen unseren Organisationen für das friedliche Zusammenleben der Völker und die Förderung der gemeinsamen Interessen beider Teile Deutschlands von Nutzen sein können. Wir haben nicht die Absicht, uns in die inneren Angelegenheiten anderer Staaten einzumischen und uns dem Vorwurf einer Bevormundung auszusetzen. Wir haben auch nicht die Absicht, in der Art der Leipziger Arbeitnehmerkonferenzen[3] den Mitgliedern des FDGB Ratschläge zu erteilen, was sie in ihren Organisationen tun oder nicht tun sollen. Wir halten überhaupt jeden Eingriff in den Organisationsbereich der anderen Seite für unvereinbar mit dem Geiste friedlicher Koexistenz und dem Recht der Selbstbestimmung der Mitglieder in ihren eigenen Verbänden.

Wir sind der Auffassung, daß eine freimütige Darlegung der gegenseitigen Meinungen durch die verantwortlichen Sprecher der jeweiligen Organisationen in den Publikationen und Massenmedien der Kontaktpartner notwendig ist. Bekanntlich vertreten unsere Organisationen in vielen politischen und gesellschaftlichen Fragen sehr verschiedenartige Standpunkte. Wir wünschen jedoch eine sachgerechte Beurteilung der existierenden gesellschaftlichen Systeme und der gewerkschaftlichen Zielsetzungen. Daher muss die Möglichkeit der Selbstdarstellung in den Publikationsmitteln der anderen Seite gewährleistet sein.

Ebenso wie die Bundesregierung sind wir der Meinung, daß die bestehenden Hindernisse für die menschlichen Beziehungen in beiden Teilen Deutschlands abgebaut und am besten aufgehoben werden sollen. Selbstverständlich gibt es noch andere Fragen, an denen wir interessiert sind. Wir verweisen nur auf den Bereich sozialpolitischer Themen sowie Fragen gewerkschaftlicher Bildungspolitik, insbesondere der Berufsausbildung.

Welchen Nutzen die offizielle Aufnahme von Kontakten in Hinblick auf die eben dargelegten Gesichtspunkte haben könnte, sollte in Sondierungsgesprächen zwischen Vertretern des DGB und des FDGB geklärt werden. Zur Erörterung technisch-organisatorischer Einzelheiten wäre ein Vorgespräch auf Referentenebene erforderlich, das in Kürze stattfinden könnte.

Mit kollegialem Gruß

Heinz O. Vetter

Vorsitzender des Deutschen Gewerkschaftsbundes

---

2 Briefwechsel mit dem Vorsitzenden des Zentralrates der Gewerkschaften Polens im Oktober 1969, siehe 4. Bundesvorstandssitzung (Dok. 6) und erstes offizielles Gespräch am 5.12.1969 mit dem Zentralrat der sowjetischen Gewerkschaften und 5. Bundesvorstandssitzung (Dok. 9 und 10).

3 Der DGB lehnte immer eine offizielle Teilnahme an den Deutschen Arbeiterkonferenzen ab, da »[...] im anderen Teil Deutschlands keine Koalitionsfreiheit hergestellt ist, die Gründung freier, unabhängiger Gewerkschaften nicht zugelassen und die Unverletzlichkeit der Person nicht zum Rechtsgrundsatz erhoben wird [...]«, in: DGB warnt vor Teilnahme an der XXIV. Deutschen Arbeiterkonferenz, in: ND, 18.8.1966, Nr. 196.

DOKUMENT 16

26. Februar 1970: Bericht über die Besprechung des DGB mit der Bundesregierung in Bonn zu den Lohnsteuersätzen[1]

DGB-Archiv, 5/DGAK000017.

An der Besprechung nahmen teil: die Bundesminister Schiller und Möller und der Präsident der Bundesbank, Klasen. Vom DGB die Kollegen Neemann, Lappas und Tacke.

Die Besprechung war von der Bundesregierung vorgeschlagen worden, nachdem am 23.2.1970 der geschäftsführende Bundesvorstand mit einem Fernschreiben an den Herrn Bundeskanzler eindeutig gegen eine Erhöhung der Lohnsteuersätze etc. Stellung genommen hatte.[2]

Minister *Schiller* erklärte eingangs der Besprechung, daß die Bundesregierung gehalten sei, weitere Maßnahmen gegen eine expansive Konjunkturausweitung zu ergreifen. Eine Konjunkturrücklage sei bereits gebildet worden. Die Mittel reichten aber nicht aus, um die erforderliche Dämpfung des Preisauftriebs herbeizuführen. Die Erhöhung bzw. Ausweitung der Investitionssteuer etc. sei nicht möglich. Es bliebe der Bundesregierung nunmehr nur noch übrig, von dem § 26 des Stabilitätsgesetzes[3] Gebrauch zu machen und durch erhöhte Steuern eine zusätzliche Abschöpfung der Kaufkraft vorzunehmen. Die bisherigen Maßnahmen erwiesen sich als nicht ausreichend und angesichts der Tatsache, daß die Preisauftriebstendenz nach wie vor gegeben sei, müßte die Lohn- und Einkommensteuer stärker belastet werden. Der Index der Erzeugerpreise sei allein im Januar d.J. um 1,2% gestiegen. Die Preise für Walzstähle hätten teilweise eine Steigerung bis zu 15% erfahren.

Bei den Überlegungen der stärkeren Heranziehung der Einkommensteuer sei man davon ausgegangen, daß bei dem derzeitig gegebenen Volumen an Lohnsteuer man an der zusätzlichen Belastung derselben nicht vorbeigehen könne. Minister Schiller gab zu bedenken, ob man nicht in Abwandlung des § 26 des Stabilitätsgesetzes mit sogenannten Steuergutscheinen arbeiten könne, wonach die Steuervorauszahlungen bzw. die erhöhten Steuerzuschläge für das Jahr 1971 als zuviel gezahlte Steuern wieder eingelöst werden

---

1 Der Bericht wurde vom Vorstandssekretariat Bernhard Tacke am 2.3.1970 mit dem Kürzel Bg-Ta/Nn (Bildung-Sekretariat Bernhard Tacke/Anneliese Neunkirchen) verfasst.
2 In dem Fernschreiben, welches von Bernhard Tacke und Gerd Muhr unterzeichnet wurde, wird auf ein Schreiben vom 20.2.1970 von Georg Neemann an Bundeskanzler Willy Brandt zum Komplex der Lohnsteuersätze hingewiesen und um eine Unterredung gebeten. Ebenfalls zu dieser Thematik ein Fernschreiben des Vorsitzenden der IG Chemie, Papier, Keramik, Karl Hauenschild, an SPD-Bundesgeschäftsführer Hans-Jürgen Wischnewski vom 26.2.1970. Beide Fernschreiben in: DGB-Archiv, DGB-BV, Abt. Gesellschaftspolitik 5/DGAK000017. Siehe auch: Gewerkschaftsvertreter sprechen noch mit Schiller und Möller vor der endgültigen Entscheidung über Steuererhöhungen, in: SZ, 26.2.1970.
3 Gesetz zur Förderung der Stabilität und des Wachstums der Wirtschaft (StWG) vom 8. Juni 1967, BGBl. I, S. 582 f. In § 26 des Gesetzes wird die Änderung des Einkommensteuergesetzes aufgeführt.

könnten. Diese Überlegung stieß auf den Widerspruch von Bundesfinanzminister *Möller,* der erklärte, daß eine solche Regelung nach den Bestimmungen des Stabilitätsgesetzes nicht möglich sei. Es wäre dazu ein neues Gesetz erforderlich, das aber sicherlich in der Beratung auf außerordentlich große Schwierigkeiten stoßen würde, während die auf die Einkommens- und Lohnsteuer zu erhebenden Zuschläge auf dem Weg einer Rechtsverordnung ermöglicht würden.

Nach dem derzeitigen Stand der Beschäftigten und Lohnsteuerpflichtigen ergäben sich folgende Möglichkeiten:

Gesamtbeschäftigtenzahl derzeitig 24,4 Millionen

Davon Lohnsteuerpflichtig 19,8 Millionen

Wenn für alle Lohnsteuerpflichtigen auf die zu zahlende Lohnsteuer ein Zuschlag erhoben würde, so ergäbe das für ein halbes Jahr eine zusätzliche Stilllegung von 3 Mrd. DM Kaufkraft.

Würde man bei einer Heranziehung zu den erhöhten Lohnsteuern nur diejenigen heranziehen, die beim derzeitigen Einkommen monatlich 50,-- DM Lohnsteuer zu entrichten hätten, so würden davon 10 Mill. Arbeitnehmer betroffen. Der Effekt wäre eine Kaufkraftabschöpfung von 2,8 Mrd. DM.

Würde man bei Heranziehung zur erhöhten Lohnsteuer von einer Lohnsteuer von monatlich 100,-- DM ausgehen, so würden von dem erhöhten Steuersatz 7,5 Mill. Arbeitnehmer betroffen, und es würde eine Kaufkrafteinsparung von zusätzlich 2,5 Mrd. DM erfolgen.

Erfaßt würden bei der Anwendung des dritten Vorschlages Ledige mit einem Bruttoeinkommen von monatlich 812,-- DM, Verheiratete ohne Kinder mit 956,-- DM, Verheiratete mit einem Kind mit 1.050,-- DM, Verheiratete mit 2 Kindern mit 1.195,-- DM, Verheiratete mit 3 Kindern mit 1.245,-- DM. (Über diese Zahlen gab es keine völlige Übereinstimmung zwischen beiden Ministern.)

Unsererseits wurden gegen die beabsichtigten Maßnahmen große Bedenken vorgetragen, weil

1.) wenn andere Maßnahmen, gleich aus welchen Gründen, nicht durchgeführt werden könnten, bestünde nicht das Recht, dafür die Last des Verzichts dem Arbeitnehmer aufzuerlegen;

2.) der Erfolg bei der Anwendung der vorgesehenen Maßnahme in Bezug auf die Dämpfung der Kaufkraft zweifelhaft sei. Die Preissteigerungen sind nicht durch den Zuwachs an Massenkaufkraft bedingt worden.

3.) Die Maßnahme würde möglicherweise wirksam werden, wenn die Kammlage der Konjunktur erreicht ist und wir nicht bereits wieder in eine Abschwungphase hineingeraten. In diesem Falle würde der Effekt genau gegenteiliger Art sein.

4.) Die materiellen und psychologischen Auswirkungen würden in einem starken Maße zu einer Unzufriedenheit und Verbitterung der Arbeitnehmerschaft führen. Es würden sich sicherlich in Bezug auf die Lohnpolitik daraus Konsequenzen ergeben. Diese Maßnahme würde auch nicht im Sinne der

Dokument 16 26. Februar 1970

sozialen Symmetrie liegen. Möglicherweise könnten sich Auseinandersetzungen vom Herbst vergangenen Jahres wiederholen.[4] So würden insgesamt die Nachteile sicherlich viel stärker sein als mögliche Vorteile in Bezug auf eine Stabilisierung der Preisentwicklung.

Es wurde noch darauf verwiesen, daß es zweifellos, wie der DGB bereits wiederholt vorgeschlagen habe, andere Möglichkeiten der Dämpfung der Preisentwicklung gebe. Von den Ministern wurde im Zusammenhang damit als Äquivalent für die sicherlich den Arbeitnehmern belastenden Maßnahmen eine Verbesserung des 312,-- DM-Gesetzes angekündigt, indem das Gesetz über die Erhöhung des Betrages von 312,-- auf 624,-- DM sofort vorgelegt und ab Januar 1971 die Zuschläge für die gesparten Beträge von 20 auf 30 % erhöht werden sollten. Hier sähe man in gewisser Hinsicht ein Äquivalent für die Belastung durch die Steueranhebung.

Unsererseits wurde darauf verwiesen, daß der Gedanke zwar gut und vom Ansatz her auch wohl nützlich sein, daß aber zu bedenken wäre, daß bis heute noch kein Tarifvertrag abgeschlossen werden konnte, der die Möglichkeiten des 312,-- DM-Gesetzes voll ausschöpft. Es sei nicht anzunehmen, dass die Wirtschaft alsbald bereit sei, Tarifverträge abzuschließen, die auf den vollen Satz von 624,-- DM Bezug nähmen. Insofern bleibe also die mögliche Verbesserung des Gesetzes in der Praxis vorerst noch recht problematisch.

Es wurde weiter von uns darauf hingewiesen, daß die »Wirtschaft« wohl auch kaum daran interessiert sei, wenn zunehmend größere Einkommensteile der Arbeitnehmerschaft dem Konsum vorenthalten blieben. Aus diesen Gründen dürften wohl auch die Arbeitgeber sich gegen die höheren Belastungen der Einkommens- und Lohnsteuer aussprechen. (Zum Zeitpunkt der Besprechung war uns die Erklärung des Deutschen Industrie- und Handelskammertages noch nicht bekannt. Wir konnten nachträglich aber feststellen, daß die von uns vorgetragene Meinung auf dem Industrie- und Handelskammertag[5] tatsächlich vertreten wurde.)[6]

Die Besprechung endete ohne eine irgendwie verbindliche Zusage. Es wurde von den beiden Ministern lediglich darauf verwiesen, daß die Beratungen über die beabsichtigten Maßnahmen im Wirtschaftskabinett fortgeführt würden.[7]

---

4 Gemeint sind hier die Septemberstreiks von 1969, dazu siehe 3. BV-Sitzung vom 7./8.10.1969, Top 11 (Dok. 4).
5 Der Deutsche Industrie- und Handelskammertag (DIHT) ist die Dachorganisation der Industrie- und Handelskammern in Deutschland. In der Zeit von 1969–1988 war Otto Wolff von Amerongen ihr Vorsitzender.
6 Hierzu siehe auch: Schreiben Otto A. Friedrichs (Präsident der Bundesvereinigung der Deutschen Arbeitgeberverbände) an Heinz O. Vetter vom 1.3.1970, DGB-Archiv, DGB-BV, Abt. Gesellschaftspolitik 5/DGAK000017.
7 Am 27.2.1970 erfolgte ein Fernschreiben von Bernhard Tacke, Georg Neemann und Alfons Lappas an Bundeskanzler Willy Brandt mit der Bekräftigung der ablehnenden Haltung des DGB gegen die Variierung der Lohnsteuersätze zur Stabilisierung der Preise, in: DGB-Archiv, DGB-BV, Abt. Gesellschaftspolitik 5/DGAK000017. Ebenfalls am 27.2. appellierte die IG Metall an die Bundestagsfraktion der SPD in der Frage der Lohnsteuererhöhung, vgl. Metall-Pressedienst, 27.2.1970.

Dokument 17

3. März 1970: Protokoll der gemeinsamen Sitzung des Bundesvorstandes und des Tarifpolitischen Ausschusses

Hans-Böckler-Haus in Düsseldorf; Vorsitz: Gerd Muhr, Heinz O. Vetter; Protokollführung: Bernhard Tacke, Heinz Beykirch; Sitzungsbeginn: 16.00 Uhr; ms. vermerkt: »Vertraulich«.[1]
Ms., hekt., 9 S., 1 Anlage.[2]
DGB-Archiv, 5/DGAI000466.

Tagesordnung: Tarifpolitische Situation, die sich aufgrund der im Herbst vergangenen Jahres stattgefundenen spontanen Arbeitsniederlegungen ergeben hat.

Kollege *Gerd Muhr* eröffnet die Sitzung zunächst in Vertretung des Kollegen H. O. Vetter und stellt einleitend noch einmal fest, daß der Bundesausschuß in seiner Sitzung am 8.10.1969 beschlossen hatte, die Auswirkungen der im Herbst vergangenen Jahres erfolgten spontanen Arbeitsniederlegungen auf die gewerkschaftliche Tarifpolitik in einer gemeinsamen Sitzung zu beraten.[3]

Es wird dazu auf den vorliegenden zweiten zusammenfassenden Bericht der Abteilung Tarifpolitik über die erfolgten Streikbewegungen bis einschließlich 20.2.1970[4] und auf den Bericht über die erste beim Institut für angewandte Sozialwissenschaft, Abteilung Umfrageforschung, Bad Godesberg, vom DGB in Auftrag gegebene Untersuchung über die spontanen Arbeitsniederlegungen im September 1969 hingewiesen.[5]

Kollege *Tacke* gibt einen kurzen einleitenden Bericht über die Streikbewegungen sowie über die tarifpolitische Situation. Er weist auf einige Kriterien hin, die mit den spontanen Arbeitsniederlegungen besonders im Herbst 1969 in Zusammenhang stehen:

1. Die Benachteiligung eines großen Teils der Arbeitnehmer in ihrer Entlohnung gegenüber dem gewaltigen wirtschaftlichen Wiederaufschwung mit überhohen Gewinnen;

2. das Verhältnis zwischen den Tariflöhnen und Effektivverdiensten und der damit verbundenen immer größer werdenden Spannen sowie

3. die Frage der Laufzeiten und Anwendung der Lohn- und Gehaltstarifverträge.

---
1 Einladungsschreiben vom 10.2.1970 an die Mitglieder des Bundesvorstandes und des Tarifpolitischen Ausschusses von Heinz O. Vetter, in: DGB-Archiv, DGB-BV, Abt. Vorsitzender 5/DGAI000466.
2 Anwesenheitsliste.
3 Siehe auch: 3. BV-Sitzung vom 7./8.10.1969 zu TOP 11 (Dok. 4).
4 In dem 18-seitigen Bericht von Heinz Beykirch werden die Streiks vom 2.9.1969 bis 20.2.1970 detailliert aufgelistet. DGB-Archiv, DGB-BV, Abt. Tarifpolitik 5/DGAY000007.
5 Infas-Umfrage: Streik ohne Gewerkschaft. Positive Einstellung in den spontanen Arbeitsniederlegungen, in: Industriekurier, 26.2.1970, und Befragung von Arbeitnehmern bei Kohle und Stahl: Arbeitsdirektor wenig beliebt. Fast zwei Drittel begrüßten wilden Streik von 1969, in: WAZ, 24.2.1970.

Dokument 17 3. März 1970

Der Tarifpolitische Ausschuß hatte bereits in seiner Sitzung am 2.12.1969 den Ansatz versucht, aus diesen Erkenntnissen heraus gewisse Schlußfolgerungen zu ziehen. Dieser Versuch konnte jedoch nach Ansicht des Kollegen Tacke einmal wegen der bei den Hauptvorständen der Industriegewerkschaften und Gewerkschaften noch nicht abgeschlossenen Diskussion und auch wegen der geringen Teilnahme an der Sitzung des Tarifpolitischen Ausschusses nicht ganz gelingen.[6]

Außerdem haben für die Vorausschau auf die tarifpolitischen Vorhaben der Gewerkschaften im Jahre 1970 in der genannten Sitzung des Tarifpolitischen Ausschusses am 2.12.1969 Fragen über die möglichen Kündigungstermine, die Höhe der Forderungen sowie über die Möglichkeiten der Vereinbarung über vermögenswirksame Leistungen in Tarifverträgen zur Diskussion gestanden.

Für 1970 ergaben sich Kündigungsmöglichkeiten für etwa 15 Mill. Arbeitnehmer, die, gemessen an früheren Jahren, die denkbar größte Zahl bedeutet. Genutzt wurden bisher alle Kündigungsmöglichkeiten.

In den Monaten Januar/Februar 1970 wurden nach den vorläufigen Berechnungen der Abteilung Tarifpolitik 125 neu vereinbarte Lohn- und Gehaltstarifverträge gezählt. Bei diesen Neuabschlüssen wurde eine durchschnittliche tarifliche Lohn- und Gehaltserhöhung von 10,4 v.H. erreicht.

Neben dieser Erhöhung konnten andere tarifliche Abmachungen (weitere Arbeitszeitverkürzungen, Urlaubsverbesserungen, Urlaubsgeld, vermögenswirksame Leistungen) in Höhe von durchschnittlich 1,3 v.H. vereinbart werden. Von diesen genannten Tarifverbesserungen waren rd. 4,5 Mill. Arbeitnehmer betroffen. Die Laufzeit der abgeschlossenen Verträge beträgt im allgemeinen 12 Monate.

Diese erreichte durchschnittliche Tariferhöhung liegt nach Ansicht des Kollegen Tacke weitgehend im Rahmen der DGB-Zielprojektionen, jedoch nicht im Rahmen der Zielprojektionen der Arbeitgeber, die sie aber vermutlich selber nicht ernst nehmen.

Vermögenswirksame Leistungen konnten bis Februar 1970 in 67 Tarifverträgen der DGB-Gewerkschaften vereinbart werden. Davon enthalten 20 Verträge Leistungen nach dem 2.VermBG.[7]

In Ergänzung dazu weist Kollege Tacke auf die augenblicklichen Bemühungen der Bundesregierung hin – zu denen der DGB inzwischen gehört worden ist –, das 2. VermBG durch Aufstockung der Leistungen von DM 312,--/468,-- auf DM 624,--/936,-- sowie durch die Einführung einer Sparzulage in Höhe von 30 v.H. ab 1.1.1971 zu verbessern. Diese Sparzulage, die direkt an diejenigen Arbeitnehmer, die die Leistungen des Gesetzes in

---

6 Vertrauliches Protokoll der Sitzung, DGB-Archiv, DGB-BV, Sekretariat Bernhard Tacke 5/DGAY00002. Ebenfalls in der Akte befinden sich Kurz- und zusammenfassende Berichte zur Streiksituation von Bernhard Tacke an Heinz O. Vetter zur Kenntnisnahme an die GBV-Mitglieder vom 12., 15. und 26.9.1969.
7 Zweites Gesetz zur Förderung der Vermögensbildung der Arbeitnehmer (2. Vermögensbildungsgesetz – 2. VermBG) vom 1. Juli 1965, BGBl. III, S. 800–6. Änderungen und Ergänzungen zum Gesetz, in: DGB-Archiv, DGB-BV, Abt. Tarifpolitik 5/DGAY000008.

Anspruch nehmen, ausgezahlt werden soll, ist als Ersatz für die bisherige Befreiung vermögenswirksamer Leistungen von der Lohnsteuer und den Sozialbeiträgen gedacht. Allerdings ergibt sich dabei für die Gewerkschaften die Frage, wie z. B. ein solcher aufgestockter Betrag von DM 624,--/936,-- tarifvertraglich auszunutzen ist und wie sich die Arbeitgeber dazu stellen, die wohl seit langer Zeit für vermögenswirksame Leistungen in Tarifverträgen eintreten, sie jedoch nicht zusätzlich gewähren wollen.

Auf die allgemeine lohnpolitische Situation eingehend, wird festgestellt, daß die Arbeitgeber wieder – wie meistens zu Beginn eines Jahres – damit begonnen haben, die lohnpolitische Lage zu dramatisieren. Allerdings läßt sich nicht von der Hand weisen – das zeigen die erreichten Tarifverbesserungen der ersten beiden Monate –, daß von einer unbesonnenen Lohn- und Tarifpolitik der Gewerkschaften nicht die Rede sein kann. Daher sollte überlegt werden, so führt Kollege Tacke aus, was getan werden kann, um der Öffentlichkeit nachzuweisen, daß ausreichende Tarifverbesserungen für die Arbeitnehmer weder einen negativen Einfluß auf die Preisentwicklung noch sonstige Gefahren für die Wirtschaft mit sich bringen.

Als ein besonderes Problem wird der erneut immer größer werdende Unterschied zwischen den Tariflöhnen und Effektivverdiensten sowie auch die immer stärker werdende Lohndrift, d. h., der Unterschied, der zwischen der tariflichen und effektiven Lohnentwicklung besteht und der auch in den Gesprächen im Rahmen der Konzertierten Aktion immer wieder eine Rolle spielt, angesehen.

Die Arbeitgeber haben bisher nach Ansicht des Kollegen Tacke mit allen erdenklichen Argumenten – wobei sie teilweise durch fragliche [sic!] Arbeitsrechtsprechungen noch bestärkt worden sind – immer verhindern können, daß eine gewisse Tarifwahrheit erreicht werden konnte, obwohl für die Tarifpolitik genügend Spielraum vorhanden wäre, die Effektivverdienste und somit vor allen Dingen zusätzliche Leistungen tarifvertraglich abzusichern.

Diskussion:

Es wird gleich zu Beginn der Diskussion darauf hingewiesen, dass zu dem Problem der *Lohndrift* noch der time-lag, d. h. die zeitliche Verzögerung bei Tarifverhandlungen, kommt. Es entstehe häufig schon der Eindruck, daß die Gewerkschaften zu spät reagieren. Daher sollte überlegt werden, inwieweit nicht Tarifverträge ohne *Laufzeiten* anzustreben seien.

Dieser Gedanke findet in der weiteren Diskussion allerdings keine Mehrheit, wenn auch zugegeben wird, daß vereinbarte Laufzeiten von Tarifverträgen in Phasen einer hektischen Wirtschaftsentwicklung von den Arbeitnehmern als gegen sie gerichtet empfunden werden. Die Frage der Laufzeiten – so wird auch festgestellt – hänge nicht zuletzt vom Partnerschaftsverhalten der jeweiligen Tarifparteien ab.

Auf die vereinbarten langen Laufzeiten von vor 2 bzw. 3 Jahren im Verlauf der späteren Diskussion eingehend, wird von verschiedenen Seiten darauf hingewiesen, daß damals fast alle Mitglieder des Tarifpolitischen Ausschusses damit einverstanden waren und diese langen Laufzeiten teilweise nicht ohne

Dokument 17 3. März 1970

Grund vereinbart worden sind. So wäre es z. B. für die Metallindustrie bei einer damals kürzeren Laufzeit kaum zu dem Abschluß einer Rationalisierungsschutzvereinbarung gekommen.[8]

In Verbindung mit der Frage der Laufzeiten von Lohn- und Gehaltstarifverträgen wird auch die Möglichkeit von besonderen *Klauseln* in Tarifverträgen angesprochen, wodurch die Tarifparteien in die Lage versetzt werden sollen, vorzeitig in Tarifgespräche eintreten zu können, falls es die wirtschaftliche und konjunkturelle Situation erfordert.

Dabei wird jedoch auf die tarifpolitischen Grundsätze des DGB von April 1967 hingewiesen[9], in denen eine Reglementierung von Löhnen und Gehältern durch Bindung an die Produktivitätsentwicklung, an sogenannte Lohnleitlinien oder an einzelne statistische Messziffern abgelehnt wird.

Bei den hier angesprochenen Klauseln handelt es sich allerdings nicht um derartige feste Indexklauseln.

In einigen Bereichen, so z. B. auch im Öffentlichen Dienst, wurde in einer besonderen schriftlichen Verabredung festgelegt, im Interesse einer rechtzeitigen Regelung für 1971 auf Verlangen der Gewerkschaft ÖTV, die Verhandlungen über die Lohn- und Gehaltstarifverträge bereits ab Oktober 1970 zu beginnen.

In der Frage der Unterschiede zwischen den *Tariflöhnen und Effektivverdiensten* sowie in der Frage der *Lohndrift* sollte der Hebel – wie es auch schon angesprochen wurde – bei dem Verbot von Effektivklauseln aufgrund der unverständlichen Entscheidungen des Bundesarbeitsgerichts[10] angesetzt werden. Allerdings wird auch darauf hingewiesen, daß die hohen Unterschiede teilweise auch die Schuld der eigenen gewerkschaftlichen Tarifpolitik sind, da in vielen Fällen die unterschiedlichsten Betriebsgrößen bzw. Betriebsarten unter ein und denselben Tarifvertrag fallen. Daher sollte versucht werden, zunächst stärker zu betriebsbezogenen Tarifverträgen zu kommen.

Außerdem sollte versucht werden, die Tarifabschlüsse mit der Zeit für den Gesetzgeber und die Rechtsprechung unerreichbar zu machen.

Ebenso wird festgestellt, daß auch das jetzige *Tarifvertragsgesetz*[11] unbefriedigend und nicht mehr vereinbar ist mit dem, was mit dem Tarifvertragsge-

---

8 Mit dem Abschluss von Rationalisierungsschutzabkommen in der Metall-, Chemischen- und Papierindustrie sowie dem grafischen Gewerbe bestanden Ende 1968 für ca. 10 Mio. Arbeitnehmer derartige tarifvertragliche Abmachungen. DGB-Geschäftsbericht 1965–1968, Abt. Tarifpolitik, S. 308 f.
9 Der DGB-BV verabschiedete die Tarifpolitischen Grundsätze in seiner Sitzung am 4. April 1967. DGB-Archiv, DGB-BV, Abt. Vorsitzender 5/DGAI000535 und abgedr. in: ND, 4.4.1967, Nr. 78. Siehe auch: Kieseritzky: Quellen 13, S. 440–442, Dok. 54.
10 Urteil des IV. Senats vom 14.2.1968, 4 AZR 275/67. »Eine Tarifbestimmung, nach der eine Erhöhung des tariflichen Stundenlohns je Arbeitnehmer und Stunde voll wirksam werden muß [sog. Begrenzte Effektivklausel], ist unwirksam«, in: Mitglieder des Bundesarbeitsgerichts (Hrsg.): Entscheidungen des Bundesarbeitsgerichts, Bd. 20, Berlin 1970, S. 308–324.
11 Das Tarifvertragsgesetz trat am 9.4.1949 in Kraft und umfasst 13 Paragrafen, die den rechtlichen Rahmen für die Tarifverhandlungen festlegen. Die 1970 gültige Neufassung des Gesetzes ist vom 25.8.1969, in: BGBl. I, S. 1323. Siehe u. a. auch: Jürgen Kädtler: Tarifpolitik und tarifpolitisches System in der Bundesrepublik, in: Schroeder/Weßels: Gewerkschaftshandbuch, S. 344–375.

setz eigentlich gewollt war. Daher sollte auch so schnell wie möglich vom Deutschen Bundestag eine Novellierung des Tarifvertragsgesetzes verlangt werden.

Bezüglich der *betriebsnahen Tarifverträge* ist man der Ansicht, daß sich wohl theoretische, aber doch weniger praktische Möglichkeiten anbieten. Vor allem wird darauf hingewiesen, betriebsnahe Tarifverträge nicht als ein Allheilmittel in der Tarifpolitik anzusehen. Ebenso könne mit betriebsnahen Tarifverträgen keinesfalls das Organisationsverhältnis positiv verändert werden.

Der Vertreter der IG Metall wandte sich im übrigen auch gegen Branchen- oder Werkstarifverträge, die im Extremfall zu einer Automatisierung der gewerkschaftlichen Tarifpolitik führen können. Der regionale Tarifvertrag sei vielmehr durch Öffnungsklauseln für zusätzliche Vereinbarungen durchlässig zu machen.

Vermögenswirksame Leistungen in Tarifverträgen werden als Frage der Optik angesehen.

Bezüglich der Zusätzlichkeit ist man der Auffassung, daß diese unter dem Strich doch immer mit den übrigen Tarifverbesserungen aufgerechnet wird. Eine Vermögensumverteilung sei im Übrigen auch über tarifliche Vereinbarungen und bei den augenblicklichen Möglichkeiten aufgrund des 2. VermBG nicht gegeben.

Die Auffassung der Aufrechnung von vermögenswirksamen Leistungen wird allerdings nicht allgemein geteilt, da man andererseits der Meinung ist, daß eine solche Aufrechnung im Höchstfall für das erste Jahr der Laufdauer von Tarifverträgen mit vermögenswirksamen Leistungen zutreffen kann, jedoch nicht mehr für die folgenden Jahre. Wegen der *DGB-Zielprojektionen* wird die Frage gestellt, ob der DGB noch zu den Berechnungen steht und wieweit z. B. die IG Chemie-Papier-Keramik bei ihren kommenden Tarifverhandlungen Flankenschutz vom DGB erhält. Die Bereitschaft zu einem Flankenschutz wird bejaht, so wie es in jedem Fall für alle Gewerkschaften Geltung hat.

Dagegen wird darauf hingewiesen, daß sich die Zielprojektionen des DGB natürlich aufgrund der tatsächlichen wirtschaftlichen Entwicklung ändern können. Sie können daher auch nicht als festverbindliche Daten angesehen werden, obwohl sie bisher in keinem Fall widerlegt werden konnten.

Bezüglich der DGB-Projektionen wurde auch der Hinweis gebracht, darauf zu achten, daß sie nicht in Widerspruch zu den tarifpolitischen Grundsätzen des DGB geraten dürfen.

In Verbindung mit den bisherigen *spontanen Arbeitsniederlegungen* ist man allgemein der Auffassung, daß man künftig bedeutend früher in lohn- und tarifpolitischen sowie in preispolitischen Fragen reagieren muß, damit es zu den Entwicklungen vom Herbst 1969 nicht mehr kommen kann.

Sollte die jetzige Bundesregierung nicht in der Lage sein, mit einer vernünftigen Wirtschaftspolitik ihren Beitrag zu leisten, so wird teilweise die Auffassung vertreten, daß die Gewerkschaften sie dann auch nicht mehr schützen können.

Dokument 17 3. März 1970

Die Haltung gegenüber den Arbeitgebern, die – so wird festgestellt – anscheinend die Situation vom Herbst 1969 schon wieder vergessen hätten, sollte konsequent hart sein.

Aufgabe des Tarifpolitischen Ausschusses sollte es sein, die von der Arbeitgeberseite bewußt angesteuerte Unterminierung der gewerkschaftlichen Tarifpolitik in eine andere, für die Gewerkschaften günstigere Richtung zu lenken.

Bezüglich einer *Abstimmung über gewerkschaftliche Vorhaben und Forderungen* sollte trotz des eigentlichen negativen Ergebnisses der letzten tarifpolitischen Ausschußsitzung – aufgrund der erwähnten Gründe – dennoch versucht werden, eine Abstimmung für diejenigen Bereiche über das, was tarifpolitisch erforderlich und möglich ist, zu finden, die noch vor Verhandlungen in diesem Jahr stehen.

In Verbindung damit ergibt sich erneut die Frage einer besseren *Koordinierung*. Dabei wird als ein Beispiel der funktionierenden Koordinierung die ständig vor einer großen Tarifbewegung im Öffentlichen Dienst stattfindende zeitige Absprache zwischen den Gewerkschaften ÖTV, Bahn, Post, GGLF sowie Erziehung und Wissenschaft, der Abteilung Beamte und der für die tarifpolitische Koordinierung zuständigen Abteilung Tarifpolitik beim DGB-Bundesvorstand erwähnt.

Von anderer Seite wird aber auch darauf hingewiesen, daß man keine vollwertige Koordinierung auf Bundesebene erwarten könne, solange bei den Verbänden selber eine solche nicht zu erreichen ist.

Das bisherige aufgrund der Koordinierung Erreichte auf Bundesebene bedeute das äußerste, was unter diesen Umständen zu erreichen war. Im Übrigen gebe es auch eine Vielzahl von tarifpolitischen Fragen, die so stark voneinander abweichen, daß sie sich kaum koordinieren lassen. Daher läßt es sich nach Ansicht der Vorsitzenden[12] nicht immer verhindern, daß man hin und wieder bei den Tarifverhandlungen zu unterschiedlichen Ergebnissen kommen muß.

Zu dem im Verlauf der Sitzung erwähnten Tarifabschluß bei den *Privatbanken* wird darauf hingewiesen, dass die Tarifverbesserung allgemein günstiger liege, als es durch die bekanntgewordenen Tariferhöhungen von 7 v.H. in der Öffentlichkeit wiedergegeben wurde.

Zu den in der Diskussion angesprochenen Tarifverbesserungen im *Bauhauptgewerbe* wird festgestellt, daß die erreichten Zulagen, wie z. B. die Bauausgleichszulage und die Neueinführung des Begriffs »gehobene Facharbeiter« in den Berufsgruppenkatalog des Bundesrahmentarifvertrages einfach erforderlich waren, um den Bauarbeiterberuf wieder attraktiv zu machen.

Um wieder eine bessere Teilnahme an den *Sitzungen des Tarifpolitischen Ausschusses* zu erreichen, wird vorgeschlagen, zukünftig einen festen Terminplan aufzustellen, damit alle Mitglieder des Tarifpolitischen Ausschusses schon lange im voraus – ähnlich wie bei den Bundesvorstandssitzungen – diese Termine einplanen können. Der Vorschlag wird begrüßt und die Abteilung

---

12 Gemeint sind hier die Vorsitzenden der DGB-Gewerkschaften.

Tarifpolitik wird beauftragt, alles Notwendige dazu sofort in die Wege zu leiten.

Es wird auch der Wunsch ausgesprochen, künftig häufiger als bisher zu tagen und [dass] der Tarifpolitische Ausschuß in der Lage sein sollte, evtl. auch kurzfristig zusammenzukommen.

Dem gemachten Einwand, diese gemeinsame Sitzung finde zu spät statt, wurde andererseits entgegengehalten, daß man aufgrund der besseren vorliegenden Berichte erst jetzt in der Lage sei, die gesamte Entwicklung seit Herbst 1969 klarer zu beurteilen.

Abschließend wird festgestellt, daß die tarifpolitische Arbeit durch diese gemeinsame Sitzung und deren Ergebnis eine neue Plattform erhalten habe.

DOKUMENT 18

3./4. März 1970: Protokoll der 7. Sitzung des Bundesvorstandes

Hans-Böckler-Haus in Düsseldorf; Vorsitz: Heinz O. Vetter; Protokollführung: Isolde Funke, Marianne Jeratsch; Sitzungsdauer: 3. März: 10.00–16.10 Uhr, 4. März: 09.10–18.05 Uhr; ms. vermerkt: »Vertraulich«.[1]
Ms., hekt., 25 S., 3 Anlagen.[2]
DGB-Archiv, 5/DGAI000536.

[*Vetter* eröffnet die Sitzung, ehrt die an dieser Sitzung teilnehmenden ausgeschiedenen GBV-Mitglieder Ludwig Rosenberg, Werner Hansen und Kurt Stühler und gratuliert Günter Stephan zum Geburtstag.]

Tagesordnung
1. Genehmigung des Protokolls der 6. Bundesvorstandssitzung
2. Gesetzentwurf der Bundestagsfraktion der CDU/CSU zur Vermögensbildung
3. Schreiben des Vorsitzenden des FDGB vom 18.2.1970
4. Kilometerpauschale
5. Novellierung des Betriebsverfassungs- und Bundespersonalvertretungsgesetzes
6. Aktion Mitbestimmung
7. Neubenennung der Mitglieder für den Wirtschafts- und Sozialausschuß
8. 1. Mai
   a) Maiaufruf
   b) Maiplakat
9. Entnahmen aus dem Solidaritätsfond
10. Bestellung von Wirtschaftsprüfern

---

1 Einladungsschreiben vom 10.2. und 20.2.1970. Nicht anwesend: Philipp Seibert, Gerhard Vater, Alfred Schmidt (vertreten durch Helmut Gelhorn), Alois Pfeiffer (vertreten durch Josef Rothkopf), Wilhelm Rothe (vertreten durch Xaver Senft), Helmut Greulich (vertreten durch Adolf Heidorn), Julius Lehlbach (vertreten durch Heinz Andersch). DGB-Archiv, DGB-BV, Abt. Vorsitzender 5/DGAI000465.
2 Anlagen: Anwesenheitslisten jeweils vom 3.3. und 4.3., Initiativantrag Nr. 13 des 8. Ordentlichen Bundeskongresses: »Vereinbarung zwischen den Gewerkschaften HBV und ÖTV.«

11. Bau- und Finanzplan der VTG für das Jahr 1970
12. Jahresbericht der VTG für das Jahr 1968
13. Gewerkschaftshaus Bremen GmbH
14. Mieterhöhung in den Gewerkschaftshäusern
15. Bestätigung von Landesbezirksvorstandsmitgliedern
16. Neue Gehaltsregelung für die Beschäftigten des DGB ab 1. April 1970
17. Gegenüberstellung der Gehälter und sonstigen Leistungen für die Beschäftigten der Gewerkschaften und des DGB
18. Termine für Kongresse
19. Verschiedenes
    a) Bericht des Kollegen Vetter über die Verhandlungen mit der AFL/CIO
    b) Bericht über Finnlandreise
    c) Aussprache über wirtschaftspolitische Situation

1. GENEHMIGUNG DES PROTOKOLLS DER 6. BUNDESVORSTANDSSITZUNG

Die Genehmigung des Protokolls wird bis zur nächsten Sitzung zurückgestellt.

2. GESETZENTWURF DER BUNDESTAGSFRAKTION DER CDU/CSU ZUR VERMÖGENSBILDUNG[3]

Kollege *Vetter* führt einleitend aus, daß die Sachverständigenanhörung zum Gesetzentwurf der CDU/CSU-Bundestagsfraktion zur Vermögensbildung – dem sogenannten Burgbacher-Plan – von Januar auf Mitte März verschoben worden sei und sich nun die Notwendigkeit ergebe, abschließend über die Stellungnahme des DGB zu diesem Plan zu beraten.[4] Den Mitgliedern des Bundesvorstandes sei heute eine Ausarbeitung vorgelegt worden, die sich mit dem Begriff »Vermögensbildung« befasse und zu Definitionen komme, die gewerkschaftspolitisch verwendet werden könnten. Diese Ausarbeitung sei als Diskussionsgrundlage gedacht. Sie solle in den Hauptvorständen beraten werden, damit der Bundesvorstand in einer seiner nächsten Sitzungen zu einem Beschluß über die Haltung des DGB zur Vermögensbildung kommen könne.

Kollege *Farthmann* erläutert kurz die Vorlage und weist darauf hin, wie notwendig es sei – auch im Hinblick auf die geplante Novellierung des 2. Vermögensbildungsgesetzes –, möglichst bald zu einer klaren und konsequenten Aussage des DGB zur Vermögensbildung zu gelangen. In der Öffentlichkeit sei schon der Eindruck entstanden, als nehme der DGB diese Forderung

---

3 Der Burgbacher-Plan zum gesetzlichen Investivlohn wurde von der CDU/CSU-Bundestagsfraktion als »Entwurf eines Beteiligungslohngesetzes« eingebracht. Nach diesem Plan sollte der Investivlohn an die Arbeitnehmer verbunden werden mit der gesetzlichen Auflage, sie als individuell verfügbares Vermögen über den Kapitalmarkt in den Unternehmenssektor zurückzuleiten. Vgl. Bundestagsdrucksache VI/616. Stellungnahmen des DGB zu diesem Gesetzentwurf sowie eigene Konzeptionsvorschläge in: DGB-Archiv, DGB-BV, Abt. Gesellschaftspolitik 5/DGAK000024.
4 Siehe Schriftwechsel zwischen Heinz O. Vetter und Fritz Burgbacher mit Bitte um terminliche Verschiebung der geplanten Aussprache mit der Arbeitsgruppe »Eigentum« der CDU/CSU-Bundestagsfraktion am 30.1.1970, DGB-Archiv, DGB-BV, Abt. Vorsitzender 5/DGAI000466.

nicht ernst.⁵ Wenn wir den im Burgbacher-Plan vorgesehenen gesetzlichen Investivlohn ablehnten, müßten wir eine Alternative anbieten. Der vorgelegte Entwurf bewege sich im Rahmen der bisherigen Äußerungen des Bundesvorstandes, schließe keine tarifpolitischen Regelungen aus und könne selbstverständlich verändert oder ergänzt werden.

[*Schwab*, *Neemann* und *Vietheer* halten Ergänzungen insbesondere mit einer stärkeren Berücksichtigung der Steuerfragen für notwendig. Während *Vetter* darauf hinweist, dass diese Vorlage ein Entwurf sei und Ergänzungen und Änderungen zulasse, ist *Sperner* der Meinung, dass der Geschäftsführende Bundesvorstand sich auch über den Inhalt einer Vorlage einigen solle, bevor sie dem Bundesvorstand vorgelegt werde.⁶ Für *Muhr* ist die Vorlage in ihren Grundzügen akzeptabel, um sie am 13.3.1970 im Hearing zu verwenden.⁷]

Nach Meinung des Kollegen *Brenner* ist der Burgbacher-Plan von uns grundsätzlich abzulehnen. Er versuche im Grunde genommen, das 312-DM-Gesetz durch eine gesetzliche Regelung des Zwangssparens auf anderer Grundlage abzulösen und schließe somit jede Möglichkeit der tarifvertraglichen Regelung aus. Unbedingt notwendig sei es, ein eigenes Modell des DGB zur Vermögensbildung zu entwickeln, das dann auch die Unterschiede zwischen Vermögensbildung und Vermögensumverteilung aufzeigen könne. Nach unseren bisherigen Vorstellungen sollten die vermögenswirksamen (sparfreundlichen) Maßnahmen zusätzlicher Art sein. Wenn es jetzt um die gesetzliche Verankerung solcher Maßnahmen gehe, müsse man sicher über die Frage der Zusätzlichkeit unter Berücksichtigung der verschiedenen Gesichtspunkte noch ausführlich diskutieren.

Kollege *Kluncker* ist ebenfalls der Ansicht, daß ein eigenes Modell des DGB möglichst bald verabschiedet werden sollte; daß der vorgelegte Entwurf aber noch gründlich diskutiert werden müsse. Er regt an, die in Ziffer 3 auf Seite 2 erwähnten Voraussetzungen für den Verkauf oder die Beleihung von Zertifikaten mit politischen Auflagen zu versehen.⁸ Auch sollte die gesellschafts-

---

5 In der 2-seitigen Diskussionsvorlage vom 2.3.1970 wurden dagegen die bisherigen gewerkschaftlichen Zielvorstellungen zur Vermögensbildung dargestellt. DGB-Archiv, DGB-BV, Abt. Gesellschaftspolitik 5/DGAK000024.
6 Gemeint sind hier die 32. Sitzung des GBV vom 23.2.1970, TOP 9, und die 33. Sitzung vom 2.3.1970, TOP 17. DGB-Archiv, DGB-BV, Abt. Vorsitzender 5/DGAI000182.
7 Am 13.3.1970 fand ein Hearing der CDU/CSU-Bundestagsfraktion, Arbeitsgruppe »Eigentum«, statt, in dem die DGB-Vertreter getrennt von den anderen Arbeitnehmerorganisationen zum gesetzlichen Beteiligungslohn (Burgbacher-Plan) angehört wurden. Vgl. DGB-Archiv, DGB-BV, Abt. Tarifpolitik 5/DGAY000016.
8 Ziffer 3 der BV-Vorlage vom 2.3.1970: »Der DGB fordert den Gesetzgeber auf, die Voraussetzungen für eine überbetriebliche Ertragsbeteiligung der Arbeitnehmer zu schaffen. Unternehmen, in denen sich die Kapitalakkumulation im Wesentlichen vollzieht, müssen zur Abführung von Teilen ihres Gewinnes gesetzlich verpflichtet werden. Die abzuführenden Gewinne sollen mehreren Fonds zufließen, die ihrerseits unentgeltlich Zertifikate (Beteiligungspapiere) an alle Arbeitnehmer ausgeben. Die Zertifikate sind zu verzinsen. Die Fonds sollen einer öffentlichen Kontrolle unterliegen. Um eine Rekonzentration der Vermögen zu vermeiden, ist zu gewährleisten, daß die Zertifikate von den Arbeitnehmern nur unter bestimmten Voraussetzungen verkauft oder beliehen werden können.« DGB-Archiv, DGB-BV, Abt. Gesellschaftspolitik 5/DGAK000024.

Dokument 18   3./4. März 1970

politische Komponente bei der Vergabe von Fondsmitteln im Hinblick auf die Finanzierung von Gemeinschaftsaufgaben stärker akzentuiert werden. Kollege Kluncker bittet noch einmal um Übersendung des kürzlich von Kollegen Schumacher vorgetragenen Materials[9] zur Vermögensbildung.

Kollege *Vetter* sagt die Übersendung weiteren Materials zu. Er weist auf die gesellschaftspolitische Bedeutung der Vermögensbildung hin, wie sie unter Ziffer 3 skizziert ist. Wenn der DGB jetzt mit einer solchen Forderung an die Öffentlichkeit trete, müsse auch die politische Linie für das weitere Vorgehen festgelegt werden. Es müsse überlegt werden, ob man bei der augenblicklichen wirtschaftspolitischen Situation und in Zusammenhang mit der Forderung nach Ausweitung der Mitbestimmung das Thema vordringlich behandeln solle. Von besonderer Bedeutung sei auch die in enger Verbindung mit der Mitbestimmung stehende Frage der öffentlichen Kontrolle der Fonds, die in immer stärkerem Maße an die Stelle des Geldmarktes treten würden. Alle diese Fragen müßten gründlich diskutiert werden. Kollege Vetter stimmt der Ansicht des Kollegen Brenner zu, daß der Burgbacher-Plan abgelehnt werden müsse.

Kollege *Tacke* hält aus realpolitischen Überlegungen eine Verwirklichung der unter Ziffer 3 angeführten Forderungen zum gegenwärtigen Zeitpunkt und auch in den nächsten Jahren nicht für möglich. Man solle nüchtern sehen, daß wir unsere Position erschweren, wenn wir unsere Forderungen jetzt konkretisieren, da unsere Mitglieder dann auch erwarten, daß wir für ihre Realisierung sorgen. Obwohl er die Dinge grundsätzlich befürworte, sehe er keine Möglichkeiten. S.E. wäre es besser, in der Frage der sogenannten kleinen Lösungen[10], von denen in der Konzertierten Aktion immer die Rede sei, zu konkreten Vorstellungen zu kommen. Die primäre Frage sei, ob das im Wege zusätzlicher Vereinbarungen zu den Tarifverträgen möglich wäre oder nur durch Hereinnehmen in die Lohnforderungen. Wenn wir in dieser Sache zu einer befriedigenden Lösung kämen, wäre das die beste Antwort auf den Burgbacher-Plan.

Kollege *Frister* widerspricht der Meinung des Kollegen Tacke, daß man zum Thema Vermögensbildung jetzt nicht Stellung nehmen solle, weil die Dinge nicht zu realisieren seien. Er begrüßt an der Vorlage, daß sie mit der Verschleierung des Begriffs Vermögensbildung Schluß mache.

---

9   Das Arbeitspapier von Erhard Schumacher vom 18.2.1970 trug den Arbeitstitel »Möglichkeiten und Grenzen der Vermögenspolitik«. DGB-Archiv, DGB-BV, Abt. Gesellschaftspolitik 5/DGAK000024.

10 Im neunten Gespräch der »Konzertierten Aktion« am 5.7.1968 wurde von der Arbeitsgruppe »Einkommens- und Vermögensverteilung« ein umfassender Katalog verschiedener vermögenspolitischer Förderungsmaßnahmen vorgelegt. In den folgenden Sitzungen konzentrierte sich die Diskussion bei den Lösungsmöglichkeiten auf drei vermögenspolitische Konzeptionen: 1. ein Sofortprogramm mit Zusatzprämien für Sparer mit kleinem Einkommen, 2. die Ausgabe eines besonderen Bundessparbriefes und 3. die Novellierung des 312-DM-Gesetzes durch stärkere tarifvertragliche Vereinbarungen. Vgl. DGB-Archiv, DGB-BV, Abt. Wirtschaftspolitik 5/DGAN000109 sowie Sekretariat Bernhard Tacke 5/DGCY000265.

Kollege *Farthmann* geht auf die in der Diskussion geäußerten kritischen Anmerkungen und Vorschläge ein, die er bei der Überarbeitung des Entwurfs berücksichtigen werde.

Kollege *Buschmann* wünscht, daß noch einmal festgelegt werde, wie die DGB-Vertreter bei dem Hearing am 13.3.1970 taktieren sollten.[11] Ihm scheine die von Kollegen Brenner vorgetragene realistische Einstellung im Hinblick auf die Frage der Zusätzlichkeit von Leistungen richtig zu sein.

Kollege *Vetter* faßt die Diskussion noch einmal zusammen und stellt fest, daß der Bundesvorstand sich in der Ablehnung des Burgbacher-Planes einig ist. Die Vertreter des DGB könnten auf der Grundlage des vorgelegten Papiers nicht nur die Gründe der Ablehnung darlegen, sondern auch ein Konzept des DGB andeuten. Nach der Diskussion der Vorlage und weiteren Materials in den Hauptvorständen könne dann in einer der nächsten Bundesvorstandssitzungen die endgültige Stellungnahme des DGB erarbeitet und über den politisch richtigen Zeitpunkt ihrer Veröffentlichung entschieden werden.

Der Bundesvorstand ist mit diesen Vorschlägen einverstanden.

3. SCHREIBEN DES VORSITZENDEN DES FDGB VOM 18.2.1970

Kollege *Vetter* verweist auf die den Bundesvorstandsmitgliedern ausgehändigten Unterlagen.[12] Er erinnert an den Brief des DGB an den FDGB, in dem u. a. zur Erörterung technisch-organisatorischer Einzelheiten ein Vorgespräch auf Referentenebene für erforderlich gehalten worden sei. In der Antwort des FDGB sei zum Ausdruck gekommen, daß man direkte Beratungen zwischen offiziellen Delegationen des Bundesvorstandes des FDGB und des Bundesvorstandes des DGB für zweckmäßig halte und als Tagungsort für die erste Zusammenkunft die Hauptstadt der DDR, Berlin, vorschlage. Der Unterschied bestehe darin, daß der FDGB nicht auf diese technischen Gespräche eingehe. Der Geschäftsführende Bundesvorstand sei nach einer ausführlichen Diskussion zu der Meinung gekommen, daß man weiterhin auf dem Vorschlag einer technischen Vorausberatung bestehen und die Einladung für Berlin annehmen sollte. Diese Meinung bringe der Briefentwurf an den FDGB zum Ausdruck.[13]

---

11 Im Schreiben der CDU/CSU-Bundestagsfraktion, Arbeitsgruppe »Eigentum«, vom 5.3.1970 wird Heinz O. Vetter zu einem Sachverständigengespräch über den Entwurf zur Vermögensbildung am 13.3.1970, 14.00 Uhr, im Bundeshaus eingeladen. DGB-Archiv, DGB-BV, Abt. Gesellschaftspolitik 5/DGAK000024.
12 Dem Schreiben Bernhard Tackes vom 19.2.1970 an die Bundesvorstandsmitglieder wurden beigefügt a) ein Blitztelegramm des Bundesvorstandes des FDGB vom 18.2.1970, in dem mitgeteilt wird, dass am 19.2. zwei Vertreter des FDGB – Harri Weber und Werner Rogge – ein Schreiben von Herbert Warnke zu Händen des Vorsitzenden Heinz Oskar Vetter übergeben wollten, b) Schreiben von Herbert Warnke und c) Entwurf eines Antwortbriefes. Das Schreiben von Herbert Warnke wurde von Alfons Lappas und Wilhelm Gronau entgegengenommen. DGB-Archiv, DGB-BV, Abt. Vorsitzender 5/DGAI000466.
13 Ein detaillierter Bericht über die Ost- und innerdeutschen Kontakte des DGB, insbesondere zum FDGB, von Heinz O. Vetter in der 2. Sitzung des Bundesausschusses am 4.3.1970, TOP 2 – Gewerkschaftspolitischer Bericht, DGB-Archiv, DGB-BV, Abt. Vorsitzender 5/DGAI000444.

Dokument 18   3./4. März 1970

[In der folgenden Aussprache werden inhaltliche und redaktionelle Änderungen am Briefentwurf vorgenommen, insbesondere zum Tagungsort der Zusammenkunft und zu den vom FDGB vorgeschlagenen Vorgesprächen. Abschließend stellt *Vetter* fest, daß der Bundesvorstand mit dem Brief in der geänderten Form einverstanden sei. Otto Kersten solle eine Überarbeitung vornehmen und den Brief noch einmal vorlegen. Eine Veröffentlichung des Briefes solle nach der Änderung am selben Nachmittag um 16.00 Uhr erfolgen.]

4. KILOMETERPAUSCHALE

Bevor Kollege *Neemann* auf den Tagesordnungspunkt näher eingeht, unterrichtet er den Bundesvorstand über vertrauliche Informationen, die ihm heute morgen zugegangen sind:

Nachdem der Plan der Lohnsteuervorauszahlungen fallengelassen wurde, seien folgende Ersatzlösungen in Erwägung gezogen worden:

1. Die monatliche Einkommensteuervorauszahlung soll anstelle der bisher vierteljährlichen eingeführt werden.
2. Die vorgesehene Verdoppelung des Arbeitnehmerfreibetrages soll vom 1.7.1970 auf den 1.1.1971 verschoben werden.
3. Eine zusätzliche Prämienerhöhung auf Sparleistungen im Rahmen der Sparförderung, die allerdings nur dann eintreten soll, wenn die Einzahlungen im ersten Halbjahr erfolgen.

Das Hinausschieben der Verdoppelung des Arbeitnehmerfreibetrages würde bedeuten, dass im 2. Halbjahr ein Betrag von rund 500 Mio. DM als Steuerbelastung nicht wirksam werde.

Es sei zu überlegen, wie der DGB gegebenenfalls auf die vorgesehenen drei Maßnahmen reagieren solle. Die Punkte »Einkommensteuervorauszahlung« und »Erhöhung der Sparprämie« könne man undiskutiert lassen. Zur Terminverschiebung in Sachen »Arbeitnehmerfreibetrag« müsse man aber sicher Stellung beziehen. Kollege Neemann erinnert dabei an die auf dem Kongreß geforderte Erhöhung des Weihnachtsfreibetrages.[14]

Zum Thema Kilometerpauschale bittet Kollege Neemann den Bundesvorstand um die Klärung des Standpunktes des DGB und des weiteren Vorgehens, weil die einzelnen Gewerkschaften unterschiedliche Auffassungen in dieser Frage vertreten würden. Er habe in der Vorlage Argumente für und gegen eine Wiedererhöhung bzw. Senkung der Kilometerpauschale zusammengestellt.[15] Die Bundesregierung habe eine Wiedererhöhung der Pauschale abgelehnt.

14 Siehe die angenommenen Anträge 304 und 305 des Bundesvorstandes zur Steuerreform bzw. zu steuerpolitischen Sofortmaßnahmen sowie ergänzend den Antrag 310 der Gewerkschaft Holz und Kunststoff zur Neuordnung des Einkommensteuerrechts. Protokoll 8. Bundeskongreß, Teil: Anträge und Entschließungen, S. 272 ff.
15 Vorlage vom 18.12.1969. In einem Schreiben an Johannes Naber vom 19.1.1970 bittet Georg Neemann, das Thema Kilometerpauschale am 3.2.1970 auf die Tagesordnung der Bundesvorstandssitzung zu setzen. DGB-Archiv, DGB-BV, Abt. Vorsitzender 5/DGAI000466.

[In der ausführlichen Diskussion wird klar, dass es bei der Forderung nach Wiedererhöhung der Kilometerpauschale bleiben solle, dass sie aber in Zusammenhang u. a. mit Fragen der Infrastruktur und Zulagensysteme gebracht werden müsse. Die Diskussionsvorschläge sollen geprüft und in neuer Form vorlegt werden. Diesem Vorgehen stimmt der Bundesvorstand zu.

Die Diskussion zu den wirtschaftspolitischen Informationen von Neemann soll unter dem Punkt »Verschiedenes« erfolgen.]

5. NOVELLIERUNG DES BETRIEBSVERFASSUNGS- UND DES PERSONALVERTRETUNGSGESETZES

Kollege *Muhr* verweist auf die alten Vorschläge des DGB aus dem Jahre 1967, die auf dem letzten Bundeskongreß noch einmal durch Beschluß bekräftigt worden seien.[16] Eine weitere Prüfung habe ergeben, daß dazu jetzt nur ergänzende Vorschläge gemacht werden sollten. Kollege Muhr verweist auf die den Bundesvorstandsmitgliedern vorliegenden Vorschläge.[17]

Kollege *Brenner* teilt mit, daß die IG Metall noch Änderungswünsche habe, die aber leider noch nicht vorliegen würden.

Kollege *Muhr* hat Bedenken, die Entscheidung deshalb auf die April-Sitzung zu verschieben. Die Vorschläge hätten dann nicht mehr die Chance, mit in die Novellierung der Bundesregierung aufgenommen zu werden. Es würde dann nur bei den Vorschlägen des DGB von 1967 verbleiben. Kollege Muhr schlägt vor, die jetzt vorliegenden Vorschläge zu verabschieden und der Regierung mitzuteilen, daß im Verlaufe der weiteren Anhörungen noch ergänzende Vorschläge eingebracht werden könnten. Es dürfe nicht vergessen werden, daß sowohl die DAG als auch der Deutsche Beamtenbund ihre Vorschläge schon unterbreitet hätten.[18]

Auf die Frage des Kollegen *Tacke,* ob es sich bei den Ergänzungs- bzw. Änderungsvorschlägen der Gewerkschaften um völlig andere Auffassungen handele, erwidert Kollege *Muhr,* daß das nicht der Fall sei und gegen die vorliegenden Änderungen nichts einzuwenden wäre.

Kollege *Tacke* fragt, ob nach dem Vorschlag des Kollegen Muhr verfahren werden soll.

Kollege *Muhr* weist darauf hin, daß die ursprünglichen Vorschläge nur vom Bundesvorstand und nicht vom Bundesausschuß verabschiedet worden

---

16 Angenommene Anträge 290 bis 294 zur Novellierung des Betriebsverfassungs- und Personalvertretungsgesetzes. Protokoll 8. Bundeskongreß, Teil: Anträge und Entschließungen, S. 259–261.
17 Schreiben Gerd Muhr vom 10.2.1970 an die Bundesvorstandsmitglieder mit Änderungen zu den 1967 und 1968 vorgelegten Novellierungsforderungen des DGB zum Betriebsverfassungs- und Personalvertretungsgesetz. Ferner je ein Exemplar der bisherigen Fassung der DGB-Novellierungsvorschläge, DGB-Archiv, DGB-BV, Abt. Vorsitzender 5/DGAI000466. Mit Schreiben vom 27.2.1970 erhielten die Bundesvorstandsmitglieder noch Ergänzungen zu den bisherigen Novellierungsvorschlägen. Ebd.
18 Abschrift der Novellierungsentwürfe von DAG und DBB in der Anlage zu den Informationsschreiben von Wolfgang Schneider vom 20.3. und 1.4.1970 an die Mitglieder des Ausschusses Betriebsräte- und Personalvertretungswesen, DGB-Archiv, DGB-BV, Abt. Sozialpolitik 5/DGAO000081.

seien. Es würde nach seiner Meinung eigenartig wirken, wenn die jetzigen geringeren Änderungen in den Bundesausschuß sollten.

Kollege *Kluncker* sieht die Schwierigkeit darin, daß die Vorschläge der IG Metall von grundlegender Bedeutung seien, die jetzt nicht gewertet werden könnten. Er fragt, ob man nicht einen Kreis ermächtigen könnte, für den Bundesvorstand diese Änderungen zu prüfen. Der Bundesvorstand könne sich jetzt nicht auf einer Linie einigen.

Kollege *Sickert* fragt Kollegen Brenner, ob es nicht möglich sei, diesen Tagesordnungspunkt auf die Nachmittagssitzung zu verschieben und bis dahin die Änderungsvorschläge fernschriftlich aus Frankfurt zu bekommen.

Kollege *Brenner* schlägt vor, in der morgigen Bundesausschußsitzung das Thema zu behandeln.

Kollege *Vetter* schlägt vor, die Prüfung dem Ausschuß für Betriebsräte- und Personalvertretungswesen zu übertragen, der das Ergebnis an den Geschäftsführenden Bundesvorstand weiterleiten sollte, der die Vorschläge dann verabschieden könnte. Er fragt, ob die Zeit dafür noch vorhanden sei.

Kollege *Muhr* antwortet, daß die Regierung auf unsere Vorschläge warte. Die Chance, dass unsere Vorschläge in dem Referentenentwurf Berücksichtigung finden, würde dann geringer werden. Der IG Metall käme es doch offensichtlich auf eine Änderung des § 49 an.[19] Kollege Muhr sieht keine Möglichkeit, in dem Ausschuß zu einer anderen Auffassung als bisher zu kommen.

Kollege *Brenner* erklärt, ihm sei gesagt worden, daß die Sache nicht so eilig wäre und es würde noch einmal im Ausschuß darüber beraten werden. Es liege also offensichtlich ein Mißverständnis vor.

Kollege *Kluncker* stellt den Antrag zur Geschäftsordnung, die Diskussion abzubrechen und morgen vor der Bundesausschußsitzung von 9.00 bis 10.00 Uhr weiter zu beraten, da man jetzt die Änderungen der IG Metall nicht vorliegen habe.

Der Bundesvorstand ist damit einverstanden, die Diskussion über diesen Tagesordnungspunkt morgen um 9.00 Uhr fortzusetzen.

Brief an den FDGB

[*Vetter* verliest den Briefentwurf und der Bundesvorstand ist mit dem Text einverstanden.[20]]

6. AKTION MITBESTIMMUNG

Kollege *Stephan* erläutert die Vorlage zur Fortsetzung der Aktion Mitbestimmung. Einzelheiten seien schon ausführlich in der Kommission zur Durchführung des Aktionsprogramms diskutiert worden. Der Bundesausschuß

---

19 Im § 49 des Betriebsverfassungsgesetzes wird die Zusammenarbeit zwischen Arbeitgeber und Betriebsrat genauer definiert.
20 Siehe Dok. 19.

solle nun gebeten werden, DM 1,5 Mio. aus dem Solidaritätsfonds zur Verfügung zu stellen.[21]

[Die nachfolgende Diskussion behandelt die Wirksamkeit von Flugblättern und Anzeigen in der Bild-Zeitung. Die überwiegende Meinung der Diskussionsteilnehmer ist, dass DGB-Anzeigen in der Bild-Zeitung weder wirkungsvoll genug noch angebracht seien und dass man Anzeigen in der sogenannten Heimatpresse den Vorzug geben solle. Der Bundesvorstand beschließt, dass auf Antrag der Kommission zur Durchführung des Aktionsprogramms der DGB-Bundesausschuss für die Fortsetzung der Aktion Mitbestimmung um Bewilligung eines Betrages von DM 1,5 Mio. aus dem Solidaritätsfonds gebeten wird.]

7. NEUBENENNUNG DER MITGLIEDER FÜR DEN WIRTSCHAFTS- UND SOZIALAUSSCHUSS

Kollege *Vetter* verweist auf die den Bundesvorstandsmitgliedern ausgehändigte Vorlage und erläutert sie kurz.[22] Er bittet um Zustimmung zu dem Beschlußvorschlag.

[Der Bundesvorstand beschließt, die im Beschlussvorschlag benannten Kollegen dem Bundesministerium für Wirtschaft für die Mitgliedschaft im Wirtschafts- und Sozialausschuss der Europäischen Wirtschaftsgemeinschaft vorzuschlagen.]

8. 1. MAI

[Der Bundesvorstand billigt den Maiaufruf und den vom Geschäftsführenden Bundesvorstand vorgeschlagenen Plakatentwurf zum 1. Mai 1970.[23]]

9. ENTNAHMEN AUS DEM SOLIDARITÄTSFONDS

Kollege *Lappas* verweist auf die zusammengefaßte Vorlage. Dazu komme noch die Unterstützung für die Internationale Artisten-Loge.[24] Er bittet im Namen des Geschäftsführenden Bundesvorstandes um Zustimmung. Kollege Lappas ist der Meinung, dass der Bundesvorstand gelegentlich über den Solidaritätsfonds beraten sollte.

---

21 Vorlage der Abteilung Werbung vom 3.3.1970, DGB-Archiv, DGB-BV, Abt. Vorsitzender 5/DGAI000466. In der 2. Sitzung des Bundesausschusses am 4.3.1970 wurde der Betrag für die Fortsetzung der Aktion bewilligt. DGB-Archiv, DGB-BV, Abt. Vorsitzender 5/DGAI000444.
22 In der Vorlage wurden für die Gruppe II – Arbeitnehmervertreter – vorgeschlagen: Maria Weber, Gerd Muhr, Alfons Lappas, Adolf Schmidt, Karl Hauenschild, Otto Brenner und Karl-Heinz Hoffmann. Für die Gruppe III – Vertreter freier Berufe und sonstige Interessenvertretungen – wurden vorgeschlagen: Norbert Blüm und 1 Vertreter der co-op. DGB-Archiv, DGB-BV, Abt. Vorsitzender 5/DGAI000466.
23 Der DGB-Maiaufruf 1970 unter dem Motto: »Wir sichern den Fortschritt. DGB«, abgedr. in: Die Quelle 21, 1970, Heft 4, S. 153. Maiplakat: Unterhalb des Maimottos wurde eine Erdkugel mit zwei darbietenden Händen dargestellt.
24 Die Gewerkschaft Kunst hatte für die Internationale Artisten-Loge (Mitgliedsverband der Gewerkschaft Kunst) einen Zuschuss für ihren Gewerkschaftskongress 1970 in Höhe von 12.000 DM aus dem Solidaritätsfonds beantragt.

Dokument 18 3./4. März 1970

[Während *Buschmann* darauf hinweist, dass er sich wegen der Zweckentfremdung (D 2) der Stimme enthalte[25], bedankt sich *Vietheer* im Namen der HBV für die Unterstützung, die seine Gewerkschaft in den vergangenen Jahren aus dem Solidaritätsfonds erhalten habe. Nach kurzer Diskussion beschließt der Bundesvorstand bei einer Stimmenthaltung zu Punkt D 2, dem Bundesausschuss zu empfehlen, den in der Vorlage vorgeschlagenen Ausgaben aus dem Solidaritätsfonds zuzustimmen. Ferner empfiehlt er dem Bundesausschuss, der Gewerkschaft Kunst für die Internationale Artisten-Loge einen Zuschuss in Höhe von DM 12.000,-- für ihren diesjährigen Gewerkschaftskongress aus dem Solidaritätsfonds zu gewähren.]

10. Bestellung von Wirtschaftsprüfern

[Für die Prüfung der Jahresabschlüsse 1969 des DGB wird die ATH, Allgemeine Treuhandgesellschaft mbH, und für die VTG Wirtschaftsprüfer Dr. Walter Röser, Essen, bestellt.]

11. Bau- und Finanzplan der VTG für das Jahr 1970

[Der Bundesvorstand stimmt dem Bau- und Finanzplan der VTG für 1970 zu.]

12. Jahresbericht der VTG für das Jahr 1968

[Der Bundesvorstand nimmt den Jahresbericht der VTG für das Jahr 1968 zur Kenntnis.]

13. Gewerkschaftshaus Bremen GmbH

Der Bundesvorstand stimmt der Übernahme der Beteiligung der Gewerkschaft Textil-Bekleidung an der Gewerkschaftshaus Bremen GmbH im Nominalwert von DM 2.500,-- durch die VTG des DGB zu.

[Die Bereinigung kleiner Anteile anderer Gewerkschaften bittet Stenger zu überprüfen.]

14. Mieterhöhungen in den Gewerkschaftshäusern

[Nach kurzer Diskussion beschließt der Bundesvorstand bei einer Stimmenthaltung die vorgeschlagenen Mieterhöhungen, ferner ersucht der Bundesvorstand die Vorstände der Gewerkschaften, ihren Bezirks- und Ortsverwaltungen von der bevorstehenden Mieterhöhung Kenntnis zu geben, ihnen gegenüber die Notwendigkeit zu bejahen und – wenn erforderlich – sie in den Stand zu setzen, die erhöhten Mieten zu zahlen.]

---

25 Die Vorlage war in 4 Ausgabepositionen eingeteilt: A Zuwendungen an internationale Gewerkschaften, B Zuwendungen an DGB-Gewerkschaften, C Unterstützungen an sonstige Einrichtungen und D Verschiedenes. Unter »D2« war die Ausgabe: Erfolgswerbung zum Thema Lohnfortzahlung DM 260.000,-- aufgeführt. Dieser Betrag wurde auf der Bundesvorstandssitzung am 6.1.1970 beschlossen. Siehe Dok. 10.

15. BESTÄTIGUNG VON LANDESBEZIRKSVORSTANDSMITGLIEDERN

[Der Bundesvorstand empfiehlt dem Bundesausschuss, die Wahl von Karl Schäfer und Hans Steinmetz (beide BSE) als Mitglied und Stellvertreter im LBV Saar zu bestätigen.[26]]

16. NEUE GEHALTSREGELUNG FÜR DIE BESCHÄFTIGTEN DES DGB AB 1. APRIL 1970

[*Woschech* bittet um Kenntnisnahme der auch als Information für den Bundesausschuss gedachten Vorlage und gibt ergänzende Informationen zu dem Einigungsverfahren mit dem Gesamtbetriebsrat, welches am 11.3.1970 stattfinden soll. Das Ergebnis werde dem Bundesvorstand dann umgehend zugeschickt, so dass eine Verabschiedung durch den Bundesausschuss, rückwirkend ab 1.4.1970, in der Juni-Sitzung möglich sei. Die Vorlage wird zustimmend zur Kenntnis genommen.]

17. GEGENÜBERSTELLUNG DER GEHÄLTER UND SONSTIGEN LEISTUNGEN FÜR DIE BESCHÄFTIGTEN DER GEWERKSCHAFTEN UND DES DGB

Kollege *Woschech* erläutert kurz die Vorlage und dankt allen Gewerkschaften für die Bereitwilligkeit der Mitarbeit. Eine solche synoptische Übersicht hätte in der kurzen Zeit nicht vorgelegt werden können, wenn wir uns nicht auf wesentliche Tatbestände konzentriert hätten. Eine Gegenüberstellung sämtlicher Tätigkeitsmerkmale, Entlohnungsgruppen usw. würde die Übersicht viel zu umfangreich gemacht haben und wäre wahrscheinlich nie endgültig fertigzustellen gewesen.

[Dem vorlegten Beschlussvorschlag für den Bundesausschuss wird zugestimmt.]

18. TERMINE FÜR KONGRESSE

a) Außerordentlicher Bundeskongreß 1971

[Nach kurzer Diskussion ist der Bundesvorstand einverstanden mit der Durchführung des Außerordentlichen Bundeskongresses am 14. und 15. Mai 1971 in Düsseldorf, Kongresshalle.]

b) 9. Ordentlicher Bundeskongreß 1972

[*Kluncker* bittet um Bekanntgabe des ungefähren Termins, da seine Gewerkschaft ebenfalls in Verhandlungen für ihren Kongress stehe. *Woschech* gibt den Stand der Verhandlungen bekannt, kann aber noch nicht sagen, ob sie bis April abgeschlossen seien. Die Information über die Vorbereitungen zum 9. Ordentlichen Bundeskongress wird zur Kenntnis genommen.]

MITTAGSPAUSE: 14.10 BIS 15.05 UHR

---

26 Der Bundesausschuss bestätigte die Wahl in seiner 2. Sitzung am 4.3.1970. DGB-Archiv, DGB-BV, Abt. Vorsitzender 5/DGAI000444.

Dokument 18   3./4. März 1970

Kollege *Vetter* teilt mit, daß die Vorsitzenden für den 27. April 1970 um 19.00 Uhr zum Bundeskanzler und dem Kabinett eingeladen worden seien. Ferner gibt er bekannt, dass am 20. März 1970 die Sitzung des Kuratoriums des WWI durchgeführt werde.

Vorlage zur Vermögensbildung

Kollege *Vetter* schlägt vor, die jetzt verteilte Vorlage zur Vermögensbildung in der gemeinsamen Sitzung mit dem Tarifpolitischen Ausschuss zu behandeln.[27]

Kollege *Brenner* erinnert daran, daß sich der Bundesvorstand klar gewesen sei, auf der Grundlage des vorliegenden Entwurfs die Diskussion in der Öffentlichkeit zu führen. Nach seiner Meinung müsse es statt »das nachstehende Papier« besser »die nachstehenden Ausführungen« heißen.

Der Bundesvorstand ist mit der Vorlage zur Vermögensbildung einverstanden.

19. VERSCHIEDENES

A) BERICHT DES KOLLEGEN VETTER ÜBER DIE VERHANDLUNGEN MIT DER AFL/CIO

Kollege *Vetter* gibt einen kurzen Bericht über die Gespräche, die die Vertreter des IBFG im Februar in Miami mit den Kollegen der AFL/CIO geführt haben. Er kommt noch einmal kurz auf die vorausgegangenen Ereignisse in Zusammenhang mit dem Austritt der AFL/CIO aus dem IBFG zurück. Nachdem der IBFG nun ausdrücklich die Abspaltung der UAW von der AFL/CIO mißbilligt habe, habe Meany bei den Verhandlungen erklärt, daß er damit die Einmischung des IBFG in die inneramerikanischen Angelegenheiten als bereinigt ansehe.[28] Große Bedenken bestünden nach wie vor gegen die Ostkontakte des DGB, die auch einer der Gründe seien, warum sich die AFL/CIO vorläufig nicht zu einer Rückkehr in den IBFG entschließen könne. Die Angriffe Meanys auf den DGB in dieser Sache seien so massiv gewesen, daß selbst der Präsident des TUC, Feather, sich veranlaßt gesehen habe, sich für die Haltung des DGB einzusetzen und darüber hinaus für seinen eigenen Verband dieselbe Handlungsfreiheit zu beanspruchen. Kollege Vetter führte weiter aus, daß er mit aller Härte die Meinung des DGB vertreten und darauf hingewiesen habe, daß der DGB in keinem Punkt gegen die Satzung der Internationale verstoßen und das Thema Ostkontakte mehrfach im IBFG zur Diskussion gestellt habe, ohne auf den Widerstand der angeschlossenen Verbände zu stoßen. Meany habe dann im Verlauf der Gespräche seine Angriffe auf die italienischen Gewerkschaften gerichtet. In den Verhandlungen sei der Eindruck entstanden, als sei Meany froh darüber, der Eingebundenheit in eine internationale Gewerkschaftspolitik entronnen zu sein, und auch

---

27 Siehe Dok. 17.
28 Chronologie des Austritts der AFL/CIO aus dem IBFG, der Aufnahmeantrag der UAW und deren Nichtaufnahme in den IBFG auf der Herbsttagung des IBFG-Vorstands, erstellt vom Generalsekretär des IBFG, Harm G. Buiter, DGB-Archiv, DGB-BV, Abt. Organisation 5/DGAL000145.

nicht unzufrieden darüber, den an den IBFG zu leistenden Beitrag nun, ohne Einigung mit anderen, für eigene Vorhaben verwenden zu können. Trotzdem habe er vorgeschlagen, daß sich der gleiche Gesprächskreis im Juni in Genf zu neuen Verhandlungen treffe. In einer abschließenden Pressekonferenz habe auch Meany auf dieses geplante Treffen in Genf verwiesen und dazu erklärt, daß in diesen Gesprächen weitere Streitpunkte erledigt werden sollten und die AFL/CIO schließlich in den IBFG zurückkehren werde.[29]

Die Vertreter des IBFG seien allerdings in der Beurteilung der Lage wesentlich pessimistischer. Es sei nun abzuwarten, ob der Vorstand des IBFG in seinen Sitzungen am 11. und 12.3.1970 sich mit der Fortsetzung dieser Gespräche einverstanden erkläre. Wichtig sei nach seiner Meinung, daß der IBFG sich realistisch auf die Möglichkeit einstelle, daß die Verhandlungen in Genf nicht die Rückkehr der AFL/CIO bringen. Er müsse das sowohl in finanzieller als auch in gewerkschaftspolitischer Hinsicht tun, wenn er nicht als internationale Gewerkschaftsorganisation seine Bedeutung völlig verlieren wolle und die Internationalen Berufssekretariate, in denen die AFL/CIO mit ihren Verbänden ja immer noch vertreten sei, nach und nach seine Funktionen übernehmen sollten. Er sei jedoch der Auffassung, dass die Verhandlungen des IBFG mit der AFL/CIO weitergeführt werden müßten.

Auf die Frage des Kollegen *Kluncker,* wer an den Gesprächen in Miami beteiligt war bzw. welche Vertreter der Verhandlungsdelegation des IBFG angehören, antwortet Kollege *Vetter,* daß der Delegation der Präsident und der Generalsekretär des IBFG, der Präsident des TUC, der Vorsitzende des NVV und der Vorsitzende des DGB angehören. In Miami seien die Kollegen Storti und Kloos nicht anwesend gewesen.[30]

B) BERICHT ÜBER FINNLANDREISE

Kollege *Stephan* gibt einen kurzen Bericht über die Finnlandreise der DGB-Delegation.[31] Er erläutert die Situation nach der Vereinigung der SAK und SAJ.[32] Die Skandinavier hätten sich gewerkschaftlich wieder zusammen-

---

29 Informelle Sitzung der Mitglieder des Unterausschusses des IBFG und der AFL/CIO-Delegation am 17.6.1969 in Genf. Auf dieser Sitzung wurden die jeweiligen Standpunkte ausgetauscht und auf Vorschlag des TUC ein intergewerkschaftlicher Ausschuss beschlossen. In diesem Ausschuss sollten neben Vertretern der AFL/CIO, des TUC, des NVV (Niederlande) und des DGB der Präsident und der Generalsekretär des IBFG mitarbeiten. DGB-Archiv, DGB-BV, Abt. Organisation 5/DGAL000145.
30 Zum Treffen des intergewerkschaftlichen Ausschusses in Miami liegt keine schriftliche Überlieferung vor. Bei den Verhandlungen über den Wiedereintritt der AFL/CIO in den IBFG am 25.6.1970 in Genf wird kurz das Treffen in Miami erwähnt. DGB-Archiv, DGB-BV, Abt. Organisation 5/DGAL000145.
31 Zur Delegation unter der Leitung von Günter Stephan gehörten Gerhard Vater und Jan Sierks. Siehe DGB Besucht finnischen Gewerkschaftsbund, in: ND, 6.2.1970, Nr. 45 sowie Günter Stephan: Die Gewerkschaften in Finnland von 1970, in: Die Quelle 21, 1970, Heft 1, S. 189–191.
32 Es gab zwei Gewerkschaftsbünde in Finnland, die kommunistisch beeinflusste SAK und die sozialdemokratische SAJ. Auf dem Kongress der SAK im Juni 1969 wurde das Statut geändert, damit die SAJ-Gewerkschaften einer neuen Einheitsorganisation beitreten konnten. Am 10.10.1969 wurde zwischen beiden Gewerkschaftsbünden ein Beitrittsabkommen

Dokument 18 3./4. März 1970

gefunden und avisiert, daß Kollege Vetter eine Einladung zu ihren Beratungen im April bekommen werde. Eine besondere Rolle würde dabei die Frage spielen, wie weit eine Zusammenarbeit mit dem WGB und FDGB überhaupt möglich sei. Die Frage einer Sicherheitskonferenz sei gleich am ersten Abend ins Gespräch gebracht worden. Da diese Konferenz von unserer Delegation abgelehnt worden sei, sei man auf ihre Gewerkschaftskonferenz ausgewichen. Darauf hätten wir erklärt, daß man sich eine Gewerkschaftskonferenz nur auf IAA-Ebene vorstellen könnte. Die sozialdemokratischen Zeitungen hätten sehr eingehend über den Besuch berichtet, während die kommunistischen Zeitungen mitgeteilt hätten, daß sie erst dann berichten würden, wenn die Delegation wieder abgereist sei.

Die Delegation habe versucht, die Frage der ständigen Gewerkschaftskommission zwischen finnischen und sowjetischen Gewerkschaften zu prüfen. 80 % der ganzen Tätigkeit dieser Kommission bestehe darin, die Kontakte des vergangenen Jahres und diesen Ablauf zu besprechen sowie das Programm für das kommende Jahr aufzustellen. 15 bis 20 % der Tätigkeit sei internationale Politik. Die Delegation sei zu der Erkenntnis gekommen, daß es nicht empfehlenswert sei, eine ständige Gewerkschaftskommission mit dem sowjetischen Gewerkschaftsbund zu bilden, weil sie der Meinung sei, daß die Spitzendelegationen die Möglichkeit hätten, diese Probleme zu behandeln.

Ferner sei eine Einladung an die SAK ausgesprochen worden. Die Delegation habe gespürt, daß die SAK etwas betrübt gewesen sei, daß der DGB und seine Gewerkschaften bisher fast ausschließlich Kontakte mit der SAJ gepflegt hätten. Die Kollegen hätten zugesagt, eine Delegation im September in die Bundesrepublik zu entsenden. Sie solle sich aus zwei sozialdemokratischen und zwei kommunistischen Funktionären zusammensetzen.

Die deutsche Handelsmission habe anläßlich unseres Besuches in Finnland zu einem Empfang eingeladen. Es sei dabei zum erstenmal gelungen, die finnischen Kollegen zu einem Empfang der Handelskommission zu bekommen.

Ferner habe die amerikanische Botschaft laufend versucht, zu erfahren, was die DGB-Delegation im Moment mache und ob die Reise zu einer groß angelegten Ostinitiative gehöre.

Im ganzen könne man in bezug auf die SAK sagen, daß die Reise ein Erfolg gewesen sei und daß man die neue SAK unter anderen Aspekten als die alte SAK betrachten müsse. Die Betriebsbesuche hätten gezeigt, daß die finnische Gewerkschaftsbewegung an Ansehen gewonnen habe.

Kollege *Brenner* spricht zu der Frage AFL/CIO. Was das Verhältnis zum IBFG betreffe, so könne auch nach seiner Meinung das Problem noch nicht als abgeschlossen angesehen werden. Es wäre zumindest verfrüht, sich so einzurichten, als könne man ohne die Amerikaner existieren. Man müsse sich

---

unterzeichnet. Vgl. Berichte zur Gewerkschaftssituation in Finnland und Skandinavien von Max Geissler an Otto Kersten, DGB-Archiv, DGB-BV, Internationale Abt. 5/DGAJ000435. Die Vereinigung beider Parallelverbände dauerte bis Ende 1974, vgl. Valkonen: Finnische Gewerkschaften, S. 64 f.

darauf einstellen, daß diese Gewerkschaftsbewegung, zu der auch Kanada gehöre, eines Tages ohne die Persönlichkeit Meanys auskommen müsse. Der Weg zurück sollte für die AFL/CIO nicht verbaut werden.

c) AUSSPRACHE ÜBER WIRTSCHAFTSPOLITISCHE SITUATION

Kollege *Vietheer* erinnert daran, dass der Bundesvorstand sich auf eine allgemeine Sprachregelung im Hinblick auf die aktuelle wirtschaftspolitische Situation einigen wollte.

Kollege *Neemann* bittet darum, wegen der Vertraulichkeit der Information vom Vormittag keine offizielle Stellungnahme des DGB dazu abzugeben. Er ist außerdem der Meinung, daß man zu zwei der voraussichtlichen drei Maßnahmen von Seiten des DGB keine Stellung zu beziehen brauche, nämlich zu

1. der monatlich statt bisher vierteljährlichen Einkommensteuervorauszahlung, da sie nur einen ganz kleinen Teil der Arbeitnehmer betreffe, und

2. der zusätzlichen Prämienerhöhung im Rahmen der Sparförderung bei Sparleistungen, die im 1. Halbjahr eingezahlt werden.

Schwieriger sei es mit dem dritten Punkt.

3. Verschiebung des Termins des Inkrafttretens der Verdoppelung des Arbeitnehmerfreibetrages vom 1.7.1970 auf den 1.1.1971.[33]

Zwei Verhaltensweisen seien hierbei denkbar: Wir könnten die Terminvorschiebung kommentarlos zur Kenntnis nehmen oder Vorschläge machen, wie die Benachteiligung der Arbeitnehmer durch diese Maßnahme gemildert werden könnte. Folgende Vorschläge seien möglich:

a) Forderung nach Verdoppelung des Lohnsteuerfreibetrages für Weihnachten von DM 100,-- auf DM 200,--

b) Forderung nach Erhöhung des Arbeitnehmerfreibetrages auf 600,-- statt auf 480,--

[In der anschließenden Diskussion um die Erhöhung des Weihnachtsfreibetrags und des Arbeitnehmerfreibetrags vertritt *Brenner* die Meinung, dass man von einer Beschlussfassung zu diesem Thema absehen solle, zumal es völlig ungewiss sei, welche Maßnahmen die Bundesregierung tatsächlich vorschlagen werde. *Vetter* weist darauf hin, dass dieses Thema noch Gegenstand der Beratungen in der nachfolgenden gemeinsamen Sitzung von Bundesvorstand und Tarifpolitischem Ausschuss sein werde.]

---

33 In der 2. Bundesausschusssitzung am 4.3.1970 wurde die Forderung beschlossen, dass die Verdoppelung des Arbeitnehmerfreibetrages endgültig zum 1.7.1970 in Kraft treten solle. Vgl. Protokoll der Bundesausschusssitzung, DGB-Archiv, DGB-BV, Abt. Vorsitzender 5/DGAI000444 sowie Gegen Verschiebung des erhöhten Arbeitnehmerfreibetrages, in: ND, 5.3.1970, Nr. 70.

Dokument 18 3./4. März 1970

ENDE DER SITZUNG: 16.10 UHR – ANSCHLIESSEND SITZUNG DES BUNDESVORSTANDS MIT DEM TARIFPOLITISCHEN AUSSCHUSS[34]

FORTFÜHRUNG DER SITZUNG AM 4. MÄRZ 1970 UM 9.10 UHR

Kollege *Vetter* erinnert daran, daß die Fortsetzung der Diskussion über die Novellierung des Betriebsverfassungs- und Bundespersonalvertretungsgesetzes stattfinden sollte.

Kollege *Mirkes* teilt mit, daß heute Morgen in der Zeitung der Wortlaut des Briefes des BDA-Präsidenten Friedrich gestanden habe, der gestern in der Sitzung verteilt worden sei. Ihn interessiere außerdem, ob eine Entschließung zu der Problematik dieses Briefes für den Bundesausschuß vorbereitet werden müsse.[35]

Kollege *Vetter* antwortet, dass das geschehe.

[Der Bundesvorstand ist mit dem Verfahren einverstanden, dass zunächst die bereits vorliegenden Vorschläge zur Novellierung des Betriebsverfassungsgesetzes behandelt und erst dann die Vorschläge der IG Metall und die beiden Vorschläge nacheinander zur Abstimmung gestellt werden.[36] Der Bundesvorstand ist mit den Änderungen zu den §§ 1, 50, 81 BetrVG und § 81b PerVG einverstanden. Ergänzend zum PerVG (Bund) schlägt *Kluncker* vor, dass für die Beschäftigten bei den Stationierungsstreitkräften das mindere Recht für die Betriebsvertretung beseitigt werde und die Soldaten als vierte Gruppe in das PerVG (Bund) übernommen werden sollten. Die Ausführungen von Kluncker nimmt der Bundesvorstand zur Kenntnis.]

Kollege *Muhr* weist dann auf ein Schreiben der Gewerkschaft Handel, Banken und Versicherungen hin, daß sich auf den Initiativantrag Nr. 15 des Bundeskongresses bezieht. Dieser Antrag behandele das Problem der Mitbestimmung in den öffentlich-rechtlichen Wirtschaftsunternehmen (Sparkassen, Landesbanken usw.). Leider müsse hierzu festgestellt werden, daß zwischen den Gewerkschaften ÖTV und Handel, Banken und Versicherungen noch keine Übereinstimmung bestehe. Kollege Muhr schlägt vor, die beiden Gewerkschaften zu bitten, möglichst bald einen gemeinsamen Vorschlag vorzulegen. Man könne bei der Übergabe unserer Vorschläge an die Bundesregierung den Vorbehalt machen, daß in Kürze weitere Vorschläge, die sich auf diese Unternehmen beziehen, unterbreitet würden.

Kollege *Kluncker* teilt mit, daß eine Übereinstimmung zwischen beiden Organisationen unmittelbar bevorstehe.

Kollege *Muhr* erklärt, das der Bundesvorstand einverstanden sein könnte, wenn ein praktikabler Vorschlag unterbreitet werde. Kollege Muhr stellt dann

---

34 Protokoll der Sitzung siehe Dok. 17.
35 In dem Zeitungsartikel behauptet der BDA-Präsident, dass die gewerkschaftliche Lohnpolitik für die steigenden Preise verantwortlich sei. Siehe hierzu: DGB: Lohnpolitik nicht für Preisanstieg verantwortlich, in: ND, 4.3.1970, Nr. 68 sowie DGB widerspricht Arbeitgebern: Lohnpolitik nicht Ursache der Preissteigerungen, in: FR, 5.3.1970.
36 16-seitiges Beratungspapier: »Vorschläge der IG Metall zur Novellierung des BetrVG«, DGB-Archiv, DGB-BV, Abt. Vorsitzender 5/DGAI000466.

den IG Metall-Vorschlag zur Diskussion und bittet Kollegen Pinther, die kritischen Punkte aufzuzeigen.

Nach Auffassung des Kollegen *Pinther* liegt die Schwierigkeit darin, daß die Vorschläge dem Bundesvorstand erst jetzt zur Kenntnis gelangen. Sie hätten aus diesem Grunde nicht im zuständigen Ausschuß behandelt werden können. Er glaube aber, daß er die Mehrheitsmeinung des Ausschusses gleichwohl mitteilen könne, da fast alle Probleme im Laufe der Beratungen schon einmal zur Diskussion gestanden hätten.

Die vorgeschlagene Änderung von § 1 Abs. 2, den Betriebsrat als Interessenvertreter der Arbeitnehmer im Betrieb besonders herauszustellen, berge die Gefahr in sich, daß damit die Bedeutung der Gewerkschaften auch für die Interessenvertretung der Arbeitnehmer im Betrieb gemindert werden könne.

Kollege *Brenner* wirft ein, daß man diese Regelung im Zusammenhang mit § 49 Abs. 1 BetrVG und den dazu vorgeschlagenen Änderungen sehen müsse.

Kollege *Pinther* weist darauf hin, daß die Fassung des § 49 immer eine sehr große Rolle in der Diskussion gespielt habe. Die Mehrheit des Ausschusses sei dabei der Meinung gewesen, daß nach der heutigen Fassung des Gesetzes zwar eine große Diskrepanz zwischen dem in § 49 erklärten Ziel des Gesetzes auf partnerschaftliche Zusammenarbeit und den gesetzten Normen bestehe. Diese würde aber, wenn unsere Forderungen verwirklicht würden, weitgehend beseitigt werden. Man halte es deshalb auch politisch nicht für zweckmäßig, gerade zu diesem Zeitpunkt die Worte »vertrauensvoll«, »zum Wohle des Betriebes« und »unter Berücksichtigung des Gemeinwohls« zu streichen. Im Übrigen habe die Rechtsprechung gerade mit Hilfe des Begriffes »der vertrauensvollen Zusammenarbeit« eine Reihe günstiger Entscheidungen für die Arbeitnehmer getroffen.

An der Diskussion über § 49 beteiligen sich die Kollegen *Muhr, Pinther, Vetter, Brenner, Woschech* und *Hauenschild.*

Die Diskussion wird unterbrochen und soll nach der Bundesausschußsitzung (nach dem Mittagessen) fortgesetzt werden.

UNTERBRECHUNG DER SITZUNG UM 10.00 UHR. FORTFÜHRUNG DER SITZUNG UM 16.20 UHR.

[Die Diskussion über die Vorschläge der IG Metall zur Novellierung des Betriebsverfassungsgesetzes wird fortgesetzt mit der Beratung der §§ 1 und 49, einschließlich eines Ergänzungspapiers zu Ziffer VI.[37] Die Vorschläge der IG Metall werden mit Ausnahme des § 50 – hier soll die beschlossene Fassung des GBV erhalten bleiben – übernommen. Der Bundesvorstand beschließt, die Abteilung Sozialpolitik zu beauftragen, eine redaktionelle und rechtstechnische Überarbeitung des Entwurfs vorzunehmen.]

---

37 Ergänzungspapier der IG Metall zum Protokoll: Ziffer VI sollte zu Ziffer VIII werden und folgender Text eingefügt werden: »Der Wirtschaftsausschuss soll entfallen; seine Aufgaben soll der Betriebsrat übernehmen.« Dieser Vorschlag wurde vom Bundesvorstand gebilligt. DGB-Archiv, DGB-BV, Abt. Vorsitzender 5/DGAI000466.

Dokument 19 3. März 1970

Die Vorlage des DGB zur Novellierung des Betriebsverfassungsgesetzes soll keine Regelung über den Aufsichtsrat und alle in § 76 ff. enthaltenen Bestimmungen zu diesem Komplex enthalten.

Im Übrigen sollen die Vorschläge des DGB zur Novellierung des Bundespersonalvertretungsgesetzes entsprechend den heute gefaßten Beschlüssen sinngemäß geändert werden.

Die Gewerkschaften ÖTV und Handel, Banken und Versicherungen überreichen in der Sitzung eine zwischen ihnen getroffene Vereinbarung, die als Anlage dem Protokoll beigefügt wird.[38]

Der Bundesvorstand ist mit den in der Vereinbarung enthaltenen Grundsätzen einverstanden und beauftragt die Abteilung Sozialpolitik des DGB-Bundesvorstandes, die entsprechenden gesetzestechnischen und redaktionellen Änderungen vorzunehmen.

Ende der Sitzung: 18.05 Uhr

Dokument 19

3. März 1970: Antwortschreiben des Vorsitzenden des DGB, Vetter, an den Vorsitzenden des FDGB, Warnke[1]

Ms., hekt., 1. S.

DGB-Archiv, 5/DGAI000465.

Werter Kollege Warnke!

Wir bestätigen den Empfang Ihres Schreibens vom 18. Februar 1970.

Wir begrüßen, daß Sie mit uns der Auffassung sind zu prüfen, ob und in welcher Form Kontakte zwischen unseren beiden Organisationen durch eine Begegnung von Spitzendelegationen hergestellt werden können. Wir würden bereit sein, Ihren Vorschlag, als Tagungsort für die erste Zusammenkunft Ostberlin vorzusehen, anzunehmen.

In Anbetracht der Tatsache, daß verschiedene Fragen noch einer Klärung bedürfen, halten wir es jedoch für erforderlich, dass zunächst Vorgespräche auf der Referentenebene stattfinden. Hierzu laden wir eine Delegation Ihrer Organisation nach Düsseldorf ein. Als Termin schlagen wir die Woche vom

---

38 Die Vereinbarung bezog sich auf den Initiativantrag Nr. 13 »Mitbestimmung der Arbeitnehmer in öffentlich-rechtlichen Wirtschaftsunternehmen« des 8. Ordentlichen Bundeskongresses 1969. Protokoll 8. Bundeskongreß, Teil: Anträge und Entschließungen, S. 446 f. Die Vereinbarung umfasste die Beteiligungsrechte der Arbeitnehmervertreter in den Organen der Unternehmen und die Mitbestimmungsrechte der Personalräte in personellen Angelegenheiten im öffentlich-rechtlichen Bereich.

1 Beschlossen auf der 7. BV-Sitzung (Dok. 18). Briefkopf: Deutscher Gewerkschaftsbund Bundesvorstand. Adressanschrift: Herrn Herbert Warnke, Vorsitzender des Freien Deutschen Gewerkschaftsbundes, X102 Berlin 2, Fritz-Heckert-Str. 70. Brief auch abgedr. in: ND, 3.3.1970, Nr. 67.

16. bis 21. März 1970 vor.² Zu diesen Gesprächen stehen die Sekretäre des DGB-Bundesvorstandes Helmut Pinther, Walter Fritze und Wilhelm Gronau zur Verfügung. Wir hoffen, daß in diesen Vorgesprächen – wie mit unserem Schreiben vom 4. Februar angeregt³ – der Sache dienende Vorschläge für die Gesprächspunkte der Begegnung unserer offiziellen Delegationen gemacht werden.
Der Ankunft Ihrer Vorbereitungsdelegation sehen wir gerne entgegen.
Mit kollegialen Grüßen
Heinz O. Vetter
Vorsitzender

DOKUMENT 20

7. April 1970: Protokoll der 8. Sitzung des Bundesvorstandes

Hans-Böckler-Haus in Düsseldorf; Vorsitz: Heinz O. Vetter; Protokollführung: Isolde Funke, Marianne Jeratsch; Sitzungsdauer: 10.00–14.30 Uhr; ms. vermerkt: »Vertraulich«.¹
Ms., hekt., 14 S., 1 Anlage.²

DGB-Archiv, 5/DGAI000536.

Beginn der Sitzung: 10.00 Uhr

[*Vetter* eröffnet die Sitzung. *Buschmann* bittet, die Tagesordnung um den Punkt »Heranziehung von Streikunterstützung zur Lohnsteuer« zu ergänzen. Der Bundesvorstand ist mit dieser Ergänzung einverstanden.]

Tagesordnung:
1. Genehmigung der Protokolle der 6. und 7. Bundesvorstandssitzung
2. Arbeitskreise des DGB an Hochschulorten
3. Familienrechtsschutz- und Freizeit-Unfallversicherung als Leistungen der Gewerkschaften
4. Spende für die Opfer der Erdbebenkatastrophe in der Türkei
5. Entschließungsentwurf »Städtebauförderungsgesetz vorrangig«
6. Nächste Bundesvorstandssitzung
7. Kontakt zum FDGB
8. Verschiedenes

---

2 Am 18.3.1970 fand die Zusammenkunft für die technisch-organisatorischen Vorbereitungen des Gesprächs zwischen DGB und FDGB statt. Delegation des DGB: Helmut Pinther, Walter Fritze, Wilhelm Gronau. Delegation des FDGB: Edith Steininger, Walter Hantsch, Hermann Junge. Bei diesem Gespräch konnte keine Einigkeit über den Reiseweg nach Ostberlin erzielt werden. Siehe Auflistung der Daten zum Kontakt DGB – FDGB von Wilhelm Gronau (Vorlage für die 8. Bundesvorstandssitzung), DGB-Archiv, DGB-BV, Abt. Vorsitzender 5/DGAI000465.
3 Siehe Dok. 15.
1 Einladungsschreiben vom 11.3. und 18.3.1970 mit geänderter Tagesordnung, DGB-Archiv, DGB-BV, Abt. Vorsitzender 5/DGAI000465.
2 Anlage: Anwesenheitsliste.

Dokument 20   7. April 1970

1. GENEHMIGUNG DER PROTOKOLLE DER 6. UND 7. BUNDESVORSTANDS-
   SITZUNG

[*Brenner* bittet um einige redaktionelle Änderungen im Protokoll der 7. Sitzung sowie eine Neuformulierung seiner Ausführung zur AFL/CIO.³ Nach Ergänzungen von *Eichhorn* und *Muhr* zum Themenkomplex Novellierung des BetrVG in der 7. Sitzung, genehmigt der Bundesvorstand das Protokoll der 6. Sitzung ohne und das der 7. mit den vorgeschlagenen Änderungen.]

2. ARBEITSKREISE DES DGB AN HOCHSCHULORTEN

[Nachdem *Tacke* die Vorlage⁴ erläutert hat, werden in den anschließenden Ausführungen von *Sierks, Frister, Brenner, Stadelmaier, Vietheer, Sperner, Sickert, Seibert* und *Senft* insbesondere die Gewerkschaftszugehörigkeit der Mitglieder und deren Berufung durch den DGB-Kreisvorstand, das Aufgabenprofil der Arbeitskreise und die Koordinierung der Arbeit der Arbeitskreise durch den Landesbezirk diskutiert. Nach der Zusage *Vetters*, dass die DGB-Kreisvorsitzenden über diese Diskussion informiert würden, stimmt der Bundesvorstand der Errichtung von Arbeitskreisen des DGB an Hochschulorten zu.]

3. FAMILIENRECHTSSCHUTZ- UND FREIZEIT-UNFALLVERSICHERUNG ALS
   LEISTUNGEN DER GEWERKSCHAFTEN

Kollege *Woschech* weist auf § 7 der DGB-Satzung hin, der wie folgt lautet: »Der Bund beschließt die Einführung von notwendigen und gleichen Unterstützungsarten und Unterstützungssätzen durch die Gewerkschaften für alle ihre Mitglieder. Die Richtlinien dazu erläßt der Bundesausschuß; diese sind für alle Gewerkschaften bindend.« Bisher sei es leider nicht zu einer Realisierung dieser Satzungsbestimmung gekommen. Seit dem Bestehen des DGB hätten sich die Leistungen auseinanderentwickelt. Manche Unterstützungsarten und -leistungen seien zunehmend bedeutungslos geworden. In den Gewerkschaften verstärken sich die Bemühungen, alte Bestimmungen abzuschaffen und zeitgemäßere Leistungen einzuführen. Die beiden in der Vorlage aufgeführten Versicherungsleistungen seien in den letzten beiden Jahren aufgetreten. Bisher hätten vier Gewerkschaften die Freizeitunfallversicherung eingeführt. Wie die Erfahrungen zeigen, mit guten Erfolgen. In der Mitgliedschaft zeige sich Unmut über die unterschiedlichen Leistungen und Unterstützungen der Einzelgewerkschaften. Hinsichtlich der Familienrechts-

---

3 Die handschriftliche Neuformulierung seiner Aussage lautete: »Kollege Brenner spricht zur Frage AFL/CIO und UAW. Was das Verhältnis zum IBFG betreffe, so dürfe nach seiner Meinung das Problem als noch nicht abgeschlossen angesehen werden. Auch wäre es verfrüht, sich schon jetzt im IBFG so darauf einzustellen, daß der Austritt der AFL/CIO als endgültig angesehen werden müsse. Um eine Rückkehr der AFL/CIO in den IBFG sollten wir uns nach wie vor bemühen.« DGB-Archiv, DGB-BV, Abt. Vorsitzender 5/DGAI000465.
4 In der Vorlage vom 12.3.1970 wird das Verhältnis des DGB zu den Hochschulen und den Studentengruppen an den Hochschulen konzeptionell neu geordnet, da das Verhältnis des DGB zu den Hochschulen nicht nur über die »unabhängigen gewerkschaftlichen Studentengruppen« zu regeln sei. DGB-Archiv, DGB-BV, Abt. Vorsitzender 5/DGAI000465.

schutzversicherung sei man dem Druck des privaten Versicherungsgewerbes ausgesetzt. Kollege Woschech weist auf das vorliegende umfangreiche Material hin. Der Vorlage seien Beratungen in mehreren Ausschüssen vorangegangen. Die Vorlage sei nicht mehr als eine Ermächtigung des Geschäftsführenden Bundesvorstandes, ein weiteres Auseinanderentwickeln auf diesem Sektor zu verhindern. Durch eine Art Stufenplan solle nunmehr versucht werden, eine gewisse Einheitlichkeit der Leistungen für alle Mitglieder zu garantieren. [Er bittet um Zustimmung zur Vorlage.[5]]

[In der nachfolgenden Diskussion geht es um die Auslegung des §7 der DGB-Satzung und um die unterschiedlichen Leistungen und Unterstützungen der Einzelgewerkschaften. Abschließend schlagen *Vetter* und *Woschech* vor, dass der GBV diesen Fragenkomplex weiter überprüfe und Gespräche mit der Volksfürsorge geführt würden unter Berücksichtigung dieser Diskussion, damit nicht erneut unterschiedliche Leistungen eingeführt würden. Der Bundesvorstand folgt diesem Vorschlag.]

4. SPENDE FÜR DIE OPFER DER ERDEBENKATASTROPHE IN DER TÜRKEI

[Der Bundesvorstand beschließt, der Arbeiterwohlfahrt DM 50.000,-- für die Opfer der Erdbebenkatastrophe in der Türkei zur Verfügung zu stellen.[6]]

5. ENTSCHLIESSUNGSENTWURF »STÄDTEBAUFÖRDERUNGSGESETZ VORRANGIG«

[Der Bundesvorstand stimmt dem Entschließungsentwurf zu.[7]]

6. NÄCHSTE BUNDESVORSTANDSSITZUNG

[Der Bundesvorstand beschließt, die 9. Sitzung am 5.5.1970 in Düsseldorf durchzuführen.]

7. KONTAKTE ZUM FDGB

Kollege *Vetter* geht kurz auf die letzten Ereignisse in Zusammenhang mit den Kontakten zum FDGB ein und verweist auf die Vorlage, die in Stichworten

---

5 In den Beratungsunterlagen zu dieser Sitzung fehlt die von Franz Woschech erstellte Vorlage.
6 Am 28.3.1970 ereignete sich ein Erdbeben in der türkischen Region Gediz und Emet. Bei diesem Beben kamen 1.100 Menschen ums Leben. 3.500 Häuser wurden zerstört und 80.000 Menschen obdachlos. Siehe DGB-Spende für türkische Erdbebenopfer, in: ND, 7.4.1970, Nr. 99.
7 Auf der 37. GBV-Sitzung vom 6.4.1970 wurde beschlossen, den »Entschließungsentwurf« vom 23.3.1970 dem Bundesvorstand vorzulegen. Vgl. DGB-Archiv, DGB-BV, Abt. Vorsitzender 5/DGAI000183. Die Bundesregierung legte einen überarbeiteten Entwurf (Grundlage war ein Entwurf aus der Zeit der Großen Koalition) für ein Städtebauförderungsgesetz im Januar 1970 dem Bundesrat vor, der am 13.2.1970 ausführlich dazu Stellung nahm. Nachdem am 24.2.1970 die CDU/CSU-Bundestagsfraktion einen eigenen Gesetzentwurf vorgelegt hatte, wurde der Regierungsentwurf zu einem Städtebauförderungsgesetz am 12.3.1970 in den Deutschen Bundestag eingebracht (Bundestagsdrucksache VI/434 und VI/510). Die Entschließung ist abgedr. in: ND, 7.4.1970, Nr. 97. Das Gesetz trat am 1.9.1971 in Kraft. Siehe BGBl. I, S. 1125.

Dokument 20   7. April 1970

die Entwicklung seit dem letzten Bundeskongreß in München schildert.[8] Er ist der Meinung, daß der FDGB mit seiner Einladung zu einem Treffen der Spitzendelegationen in der »Hauptstadt der DDR« - die wir als Einladung nach »Ostberlin« angenommen haben - und der Bedingung, nicht über Westberlin anzureisen, die Diskussion über die Berlin-Frage provozieren wollte. Als wir abgelehnt hatten, uns den Reiseweg vorschreiben zu lassen, habe der FDGB uns angeboten, das Treffen in seinem Erholungsheim in Boltenhagen an der Zonengrenze, in der Nähe von Lübeck, stattfinden zu lassen. Es sei nun die Frage, wie wir uns entscheiden sollten. Die sehr ausführliche Diskussion im Geschäftsführenden Bundesvorstand habe mehrere Möglichkeiten erkennen lassen, die alle im Prinzip zum Ziel hatten, das Gespräch mit dem FDGB doch noch zustande kommen zu lassen.[9] Es habe Übereinstimmung darin bestanden, daß das Nachgeben in Bezug auf den Reiseweg nach Ostberlin ein Aufgeben unserer Position hinsichtlich der Integrität des DGB einschließlich seines Landesbezirks Berlin bedeuten würde. Eine Alternative in der Diskussion sei gewesen, die Sache als technische Angelegenheit anzusehen und einen anderen Ort in der DDR als Treffpunkt zu akzeptieren. Damit wäre die Frage Berlin vorerst ausgeklammert. Die andere Alternative sei gewesen, den FDGB zu kontern und ihn in die Bundesrepublik einzuladen. Provokativ wolle er jetzt die Frage stellen, ob man sich durch Schwierigkeiten, die noch zu verkraften wären, davon abbringen lassen solle, die Frage Westberlin in einem direkten Gespräch mit den Vertretern des FDGB zu klären.

Kollege *Frister* weist kurz darauf hin, daß es die Schwierigkeiten in Bezug auf Berlin in früheren Jahren bei den Kontakten mit den Gewerkschaften der Ostblockländer nicht gegeben habe, wie sie zum Beispiel für seine Person in den letzten Wochen bei zwei Gelegenheiten aufgetreten seien.[10] Jetzt sehe man die Frage in Zusammenhang mit den politischen Verhandlungen, und bei der Gleichschaltung von Staat und Gewerkschaften auf der anderen Seite werde jedes Zugeständnis in dieser Richtung vermieden. Seiner Ansicht nach sei es für den DGB unmöglich, bei seiner Entscheidung die Zugehörigkeit der Westberliner Kollegen außer Acht zu lassen und sich den Reiseweg nach Ostberlin vorschreiben zu lassen. Es gäbe nur die Alternative, die bisherigen, technischen Kontakte abzubrechen und die vom Kongreß geforderte »Prüfung« als abgeschlossen zu betrachten oder eine Einladung in die Bundesrepublik auszusprechen.

---

8   3-seitige Vorlage von Wilhelm Gronau vom 6.4.1970, in der die wichtigsten Daten vom 7. Mai 1969 bis zum 2.4.1970 aufgeführt sind. DGB-Archiv, DGB-BV, Abt. Vorsitzender 5/DGAI000465.
9   Auf der 36. (23.3.1970) und 37. (6.4.1970) Sitzung des GBV wurde ausführlich die Frage der Aufnahme von Kontakten zum FDGB aufgrund der Ergebnisse der technischen Vorbereitungsgespräche diskutiert. DGB-Archiv, DGB-BV, Abt. Vorsitzender 5/DGAI000183.
10 Frister bezieht sich hier u. a. auf die Einladung zur Teilnahme an der Weltkonferenz der Lehrer vom 6. bis 10.4.1970 in Ostberlin und seine Absage vom 2.4.1970, weil ein Vertreter der GEW Westberlins nicht teilnehmen durfte. DGB-Archiv, DGB-BV, Abt. Vorsitzender 5/DGAI000465.

7. April 1970 **Dokument 20**

Kollege *Brenner* bedauert, daß die Diskussion über diese wichtige Frage unter Zeitdruck geführt werden müsse. Er hätte es für richtig gehalten, einen ausführlichen Bericht über die bisher geführten technischen Gespräche zu erhalten, der auch etwas über die Atmosphäre ausgesagt hätte, in der sie stattgefunden haben. Er halte es für unmöglich, die Forderungen des FDGB zu akzeptieren. Es sei unter unserer Würde, auf alles einzugehen, was man uns vorschlage, und so zu tun, als wäre es für uns nicht auch eine Prestigefrage, ob wir unsere Berliner Organisation durch Umgehung oder Ausklammerung ihrem Schicksal überlassen. Für uns sei die organisatorische Einheit des DGB eine sehr wichtige Frage, über die wir auch unseren Mitgliedern gegenüber Rechenschaft abzulegen hätten.

Es sei außerdem nicht akzeptabel, daß der FDGB von »Verhandlungen« spreche, die wörtlich protokolliert werden sollten. Es sei doch klar gewesen, daß es sich bei dem ersten Treffen der Spitzendelegationen nicht um »Verhandlungen«, sondern um Sondierungsgespräche handele. Das müsse auf jeden Fall klargestellt werden.

Kollege *Vetter* geht auf die letzten Äußerungen des Kollegen Brenner ein und erklärt, daß es sich dabei nicht um Vereinbarungen zwischen den technischen Delegationen gehandelt habe, sondern um Wünsche der anderen Seite, die wir selbstverständlich nicht akzeptieren würden. Im Großen und Ganzen sei man auf unsere Vorstellungen eingegangen. Der strittige Punkt sei der Reiseweg gewesen, den man versucht habe, durch den Vorschlag eines neuen Tagungsortes zu umgehen. Klar sei, daß damit die Diskussion über die Berlin-Frage nur aufgeschoben werde, die von unserer Seite unüberhörbar zu stellen sei. Trotzdem sollte man den Vorschlag, der auch im Geschäftsführenden Bundesvorstand überlegt wurde, noch einmal ernsthaft erwägen, den FDGB in die Bundesrepublik einzuladen. Damit würde die Möglichkeit offengelassen, zu untersuchen, ob Kontakte unter den gegebenen politischen Verhältnissen möglich seien.

Kollege *Schwab* gibt zu bedenken, daß der FDGB die Gespräche als gescheitert erklären könnte, wenn wir das Treffen in Boltenhagen ablehnen würden. Man solle ihm diese Möglichkeit, auf die er vielleicht nur wartet, nicht eröffnen. Außerdem könne in der Öffentlichkeit der Eindruck entstehen, als wolle der DGB mit dieser Entscheidung die Begegnung Brandt/Stoph in Erfurt kritisieren.[11] Er halte es für tragbar, einen anderen Tagungsort in der DDR zu akzeptieren, um dort auch in aller Deutlichkeit die Frage einer Einheitlichkeit unserer Organisation vorzubringen.

Auch Kollege *Frister* ist der Meinung, daß es schwierig sein werde, in der Öffentlichkeit die unterschiedliche Situation von Bundesregierung und DGB klarzumachen. Für die Bundesregierung sei Erfurt kein Nachgeben in der

---

11 Treffen zwischen Willy Brandt und Willi Stoph am 19.3.1970 in Erfurt. Ursprünglich sollte vonseiten der DDR das Treffen in Ostberlin stattfinden. Nachdem Willi Stoph auf Ostberlin verzichtete und stattdessen Erfurt vorschlug, verzichtete Willy Brandt darauf, mit An- und Abreise über Westberlin die Bindungen der Stadt an die Bundesrepublik zu dokumentieren. Siehe u. a. Der Spiegel 24, 16.3.1970, Nr. 12, S. 27–29.

Dokument 20   7. April 1970

Sache gewesen, für den DGB würde es das aber sein, wenn er einem anderen Tagungsort zustimme. Man könne das überbrücken, indem man den FDGB nach Düsseldorf einlade.

Kollege *Muhr* hält es für die entscheidende Frage, ob wir in der Verlegung des Tagungsortes ein technisches oder ein politisches Problem sehen. Für ihn sei es eine politische Frage, und er würde das Ausweichen für ein Nachgeben halten.

Kollege *Woschech* weist darauf hin, daß das Berlin-Problem nur vertagt würde, wenn wir Boltenhagen als Tagungsort nicht annehmen und nach Düsseldorf einladen. Bei diesem Treffen müßten wir die Frage nach dem Weitergang der Gespräche in Hinsicht auf Westberlin stellen, der FDGB würde wahrscheinlich wieder nach Ostberlin einladen, weil er selbst noch nicht endgültig Stellung beziehen wollte. So würde das immer hin und her gehen. Er sei deshalb dafür, Boltenhagen als Tagungsort zu akzeptieren. Für den FDGB bedeute ja dieser Vorschlag schon einen Kompromiß.

Kollege *Sickert* ist der Meinung, daß die Berlin-Frage bei jedem Gespräch, gleichgültig wo es stattfindet, zur Sprache kommen werde. Wir sollten uns aber nicht von der anderen Seite zwingen lassen, auf ihre Vorstellungen einzugehen, zumal wir ja bereit gewesen seien, den ersten Tagungsort, den sie vorgeschlagen hatten, bedingungslos zu akzeptieren. Man solle sich auch daran erinnern, daß der FDGB den Teilnehmern an den Arbeiterkonferenzen, die aus der Bundesrepublik kommen, nie den Anreiseweg vorgeschrieben habe und es ihm gleich gewesen sei, ob sie über Westberlin in die DDR kommen. Er spreche sich deshalb für eine Einladung in die Bundesrepublik aus.

Kollege *Vetter* bittet Kollegen Sickert in diesem Zusammenhang, den im Spiegel erschienenen Bericht zu diesem Thema richtigzustellen, in dem auch einige Äußerungen des Kollegen Sickert angeführt wurden.[12]

Kollege *Sickert* schildert kurz den Verlauf seines Gesprächs mit dem Spiegel-Redakteur und erläutert, daß seine Äußerungen in dem Artikel nicht richtig wiedergeben worden seien.[13]

Für Kollegen *Kluncker* ist die Festlegung eines Reiseweges nach Ostberlin unzumutbar. Aus politischen Gründen hält er die Überlegung über eine Alternative für notwendig. Wenn der DGB es jetzt zu einem Bruch kommen lasse, würde in der Öffentlichkeit einerseits der Eindruck entstehen, daß der DGB der »Kalte Krieger«, andererseits, daß die Bundesregierung zu nachgiebig sei. Der Schwarze Peter würde dann sicher bei uns liegen. Er sei der Meinung, daß die Alternative Ostberlin mit selbst bestimmtem Reiseweg oder Düsseldorf als Sitz des Bundesvorstandes des DGB sei.

---

12 In einem Schreiben vom 6.4.1970 informierte Vetter die Mitglieder des GBV darüber, dass der Bonner Korrespondent des »Spiegel«, Riek, am 3.4.1970 in einem Telefongespräch mit Walter Sickert über die Kontakte zwischen DGB und FDGB Spekulationen angestellt hatte, und über ein klärendes Telefonat mit Sickert zu diesem Interview am 4.4.1970. DGB-Archiv, DGB-BV, Abt. Vorsitzender 5/DGAI000183.
13 Zu den technischen Vorgesprächen und den Aussagen von Sickert: DDR-Kontakte. Bleibt mal hart, in: Der Spiegel 24, 6.4.1970, Nr. 15, S. 30 f.

Kollege *Brenner* unterstützt diesen Vorschlag, weist aber noch einmal auf die Frage der »Verhandlungen« und des Wortprotokolls hin. Diese Dinge müßten in einer Antwort an den FDGB klargestellt werden.

Kollege *Eichhorn* meldet sich zur Geschäftsordnung und stellt den Antrag auf Schluß der Debatte und Abstimmung.

Kollege *Stadelmaier* spricht gegen den Antrag und wünscht die Weiterführung der Diskussion.

Kollege *Vetter* läßt über beide Anträge abstimmen und stellt fest, daß sich eine große Mehrheit der Mitglieder des Bundesvorstandes für den Schluß der Debatte und damit für den Antrag des Kollegen Eichhorn ausgesprochen hat.

Er faßt die Diskussion zusammen und macht folgenden Beschlußvorschlag:

Der Bundesvorstand hält seine Zusage, zu einem Spitzengespräch mit dem FDGB nach Ostberlin zu kommen, weiterhin aufrecht, unter der Bedingung, daß ihm der Reiseweg freigestellt wird. Boltenhagen als Tagungsort wird abgelehnt. Als neuer Tagungsort wird dem FDGB Düsseldorf als Sitz des DGB-Bundesvorstandes vorgeschlagen. In dem Schreiben an den FDGB soll außerdem klargestellt werden, daß es sich bei dem Treffen der Spitzendelegation nicht um »Verhandlungen«, sondern um Sondierungsgespräche handelt und die Anfertigung eines Wortprotokolls deshalb nicht in Frage komme. Gegebenenfalls könne ein Schlußkommuniqué veröffentlicht werden.

Auf Wunsch einiger Mitglieder des Bundesvorstands stellt Kollege *Vetter* den Vorschlag zur Abstimmung. Die Abstimmung ergibt, daß sich der Bundesvorstand einstimmig für die Annahme des Vorschlages ausspricht.

Kollege *Stenger* stellt die Frage, ob die Teilnehmer der DGB-Delegation für das Spitzengespräch schon festgelegt worden seien.

Kollege *Vetter* teilt mit, es sei vorgesehen, daß die drei Vorsitzenden des DGB der Delegation angehören sollten und als Begleitung die Kollegen, die die technischen Gespräche geführt haben.[14]

Kollege *Tacke* erklärt, daß er seine Zustimmung zu der Beteiligung an den Gesprächen nur für Ostberlin mit uneingeschränktem Anreiseweg und für Düsseldorf gegeben habe. Einen anderen Kompromiß würde er für seine Person nicht akzeptieren.

Kollege *Kluncker* gibt eine persönliche Erklärung zu seiner kürzlich erfolgten Reise nach Moskau ab. Diese Reise sei bereits für Oktober 1969 geplant gewesen und nur wegen der damals anstehenden Tarifverhandlungen der Gewerkschaft ÖTV verschoben worden. Sie habe lediglich der Vorbereitung von Seminaren gedient, die zwischen der Gewerkschaft ÖTV und den 6 betroffenen sowjetischen Gewerkschaften geplant seien.[15]

Der Bundesvorstand nimmt diese Erklärung zur Kenntnis.

---

14 Danach würde sich die Delegation aus Vetter, den beiden stellv. Vorsitzenden Muhr und Tacke sowie Pinther, Fritze und Gronau zusammensetzen.

15 Zur internationalen Gewerkschaftsarbeit der ÖTV und zum Austausch von Studiendelegationen: ÖTV-Geschäftsbericht 1968–1971, Bericht Vorstandssekretariat 1, S. 32–36.

Dokument 21 8. April 1970

8. VERSCHIEDENES

a) Erklärung zu den Vorgängen in Guatemala

[Die Frage *Stadelmaiers,* ob der DGB eine Erklärung zur Ermordung des Deutschen Botschafters in Guatemala abgegeben habe, bejaht *Vetter.*[16]]

b) Heranziehung von Streikunterstützung zur Lohnsteuer

[Auf die Bitte *Buschmanns,* dieses Thema zu behandeln, erwidert *Muhr,* dass sich die für diese Frage zuständige Abteilung des DGB-BV mit der GTB in Verbindung setzen solle, um ein gemeinsames Vorgehen zu besprechen. Der Bundesvorstand ist mit diesem Vorgehen einverstanden.]

Ende der Sitzung: 14.30 Uhr

DOKUMENT 21

8. April 1970: Telegramm des Vorsitzenden des DGB, Vetter, an den Vorsitzenden des FDGB, Warnke[1]

Ms., hekt., 1 S.

DGB-Archiv, 5/DGAI001687.

Werter Kollege Warnke!

Der Bundesvorstand des Deutschen Gewerkschaftsbundes hat sich in seiner heutigen Sitzung mit den Vorschlägen beschäftigt, die von der Verhandlungskommission des FDGB bei den Gesprächen am 18. März und 2. April 1970 unterbreitet wurden. Der DGB-Bundesvorstand ist nach wie vor bereit, Ihrer Einladung nach Ostberlin zu folgen, wenn Sie es der DGB-Delegation überlassen, auf welchem Wege sie anreist. Die von Ihnen nachträglich gestellte Forderung, Westberlin bei einer Anreise nach Ostberlin nicht zu betreten, wurde vom DGB-Bundesvorstand einstimmig abgelehnt. Wir sind der Auffassung, daß eine Umgehung Westberlins die Integrität unserer Organisation in Zweifel ziehen würde. Der Landesbezirk Berlin ist unabhängig von allen staatsrechtlichen Erwägungen nach unserer Satzung ein unverzichtbarer Bestandteil des Deutschen Gewerkschaftsbundes.

---

16 Im April 1970 wurde der Deutsche Botschafter in Guatemala, Karl Graf von Spreti, von Mitgliedern der »Bewaffneten Revolutionären Streitkräfte« (FAR) entführt und nachdem die Forderung der FAR nach Freilassung von 22 politischen Gefangenen und ein Lösegeld von 25 Mio. DM nicht erfüllt worden waren, ermordet. Siehe hierzu Artikel in: Der Spiegel 24, 13.4.1970, Nr. 16, S. 121–125 und Der Gewalt ausgeliefert? in: Die Zeit 25, 10.4.1970, Nr. 15. DGB Erklärung abgedr. in: ND, 6.4.1970, Nr. 94.
1 Beschlossen auf der Sitzung des Bundesvorstandes am 7.4.1970. Mit Schreiben vom 8.4.1970 erhielten die BV-Mitglieder das Telegramm zu Kenntnisnahme. DGB-Archiv, DGB-BV, Abt. Vorsitzender 5/DGAI000465.

Der DGB-Bundesvorstand ist jedoch an dem Zustandekommen des Spitzengesprächs zur Prüfung der Kontaktmöglichkeiten zwischen beiden Organisationen nach wie vor interessiert. Er erklärt sich deshalb bereit, eine Spitzendelegation des FDGB auch in Düsseldorf – dem Sitz des Bundesvorstandes des Deutschen Gewerkschaftsbundes – am 25.4.1970 zu empfangen. Ihr Vorschlag, das Gespräch an einem anderen Ort der DDR zu führen, um damit das Problem Westberlin auszuklammern, wurde vom DGB-Bundesvorstand einmütig abgelehnt.

Ferner vertritt der DGB die Auffassung, daß es beim ersten Zusammentreffen beider Spitzendelegationen um Sondierungsgespräche und nicht um Verhandlungen geht. Deshalb hält er ein Wortprotokoll für nicht angebracht, ist aber zu einem gemeinsamen Abschlußkommuniqué bereit.

Ungeachtet der Schwierigkeiten, die sich bei den Vorgesprächen ergeben haben, drücke ich die ernste Hoffnung aus, daß unser Gespräch stattfinden wird.[2]

Mit kollegialen Grüßen
Heinz O. Vetter
Vorsitzender des Deutschen Gewerkschaftsbundes

Dokument 22

5. Mai 1970: Protokoll der 9. Sitzung des Bundesvorstandes

Hans-Böckler-Haus in Düsseldorf; Vorsitz: Heinz O. Vetter; Protokollführung: Isolde Funke, Marianne Jeratsch; Sitzungsdauer: 10.00–16.15 Uhr; ms. vermerkt: »Vertraulich«.[1]
Ms., hekt., 19 S., 2 Anlagen.[2]
DGB-Archiv, 5/DGAI000536.

Beginn der Sitzung: 10.00 Uhr

[*Vetter* eröffnet die Sitzung und schlägt vor, einige Tagesordnungspunkte umzustellen. Um eine eingehende Diskussion über Kontakte zum FDGB zu ermöglichen, sollte dieser Punkt auf die zweite Stelle vorgezogen werden, und anschließend sollten die »Berichterstattung über die Ergebnisse der Gewerkschaftsbarometer-Untersuchungen 1969 und der Motivationsstudien« sowie die Themen Freizeitunfallversicherung und Familienrechtsschutzver-

---

2 In einem Antwortfernschreiben schlug Warnke als Tagungsort Magdeburg vor. Vetter lehnte dies ab und bedauerte seinerseits, dass der FDGB nicht auf den Vorschlag Düsseldorf eingegangen sei. Siehe Vetter antwortet FDGB, in: ND, 13.4.1970, Nr. 104.

1 Einladungsschreiben vom 24.4.1970. Nicht anwesend: Maria Weber, Helmut Greulich (vertreten durch Meino Nielsen). DGB-Archiv, DGB-BV, Abt. Vorsitzender 5/DGAI000465.
2 Anlagen: Anwesenheitsliste; Entwurf einer Erklärung zu den Kontakten mit dem FDGB (siehe Dok. 23).

247

Dokument 22 5. Mai 1970

sicherung behandelt werden. Der Bundesvorstand ist mit der Änderung der Tagesordnung einverstanden.]

Tagesordnung:
1. Genehmigung des Protokolls der 8. Bundesvorstandssitzung
2. Kontakt zum FDGB
3. Berichterstattung über die Ergebnisse der Gewerkschaftsbarometer-Untersuchungen 1969 und Motivationsstudien
4. Freizeitunfallversicherung
5. Familienrechtsschutzversicherung
6. Einladung der SPD-Fraktion
7. Termine für Sitzungen des Bundesvorstandes
   a) im September 1970
   b) im November 1970
   c) in Brüssel
8. Verschiedenes
9. Zentraler Einsatz der Datenverarbeitung
10. Teilnehmerkreis an der Sozialpolitischen Gesprächsrunde
11. Neuregelung der Arbeitszeitordnung
12. Situation im Rechtsschutz des DGB
13. Gehaltsregelung für die Beschäftigten des DGB
14. Leitsätze der Gewerkschaftsjugend
15. Mitwirkung des DGB im Verband für Sicherheit in der Wirtschaft e. V.
16. Tagesordnung für die 3. Bundesausschußsitzung am 3.6.1970
17. Änderung der Richtlinien für die Gewährung von Unterstützung an ehemalige Gewerkschaftsangestellte und deren Witwen
18. Revisionsbericht
19. Mitbestimmung

1. GENEHMIGUNG DES PROTOKOLLS DER 8. BUNDESVORSTANDSSITZUNG

[Der Bundesvorstand genehmigt das Protokoll mit einer Änderung.[3]]

2. KONTAKT ZUM FDGB

Kollege *Vetter* weist einleitend darauf hin, daß sich der Bundesvorstand noch immer in der Phase der Sondierung befinde und daß erst das vorgesehene Spitzengespräch mit dem FDGB den Abschluß der Prüfung bedeute, um zu entscheiden, ob Kontakte mit dem FDGB möglich seien. Er gibt noch einmal einen kurzen Überblick über die Entwicklung seit dem ersten Schreiben des DGB an den Vorstand des FDGB im Februar dieses Jahres. Der augenblickliche Stand sei folgender: Noch immer bestehe die Zusage des DGB, nach Ostberlin zu kommen, allerdings ohne jede Beschränkung des Reiseweges. Die Einladung des DGB an den FDGB, sich in Düsseldorf zu treffen, bestehe nach wie vor, ohne daß der FDGB darauf bisher eingegangen sei. Nun liege eine Einladung des FDGB nach Magdeburg vor, über deren Annahme oder Ablehnung der Bundesvorstand heute entscheiden müsse. Die Erörterungen im Geschäftsführenden Bundesvorstand hätten ergeben, daß man,

---
3 Auf Seite 2 des Protokolls sollte es heißen »Betriebsversammlung« anstatt »Betriebsverfassungsgesetz«.

wie bei der vorigen Bundesvorstandssitzung, die verschiedenen zur Sprache gekommenen Möglichkeiten zur Diskussion stellen wolle.[4] Der FDGB habe offenbar die Absicht, uns mit seiner Einladung nach Magdeburg zu zwingen, das Problem Westberlin vorläufig auszuklammern. Auch der Bundesvorstand hatte nicht die Absicht, es hochzuspielen. Wenn man uns aber hindern wolle, die Integrität des DGB zu bewahren, sei es notwendig, eindeutig dazu Stellung zu beziehen. Deshalb stelle er folgenden Vorschlag zur Diskussion: Könnte man nicht die Einladung nach Magdeburg annehmen, wenn man einen Westberliner Kollegen, d. h. den Vorsitzenden des DGB-Landesbezirks Berlin, in die Delegation des DGB aufnähme? Man würde damit die Zugehörigkeit des DGB in Westberlin zum Deutschen Gewerkschaftsbund ganz deutlich machen. Der FDGB müsse sich dann entscheiden und niemand könne uns den Vorwurf machen, wir hätten die aufgenommenen Beziehungen abbrechen wollen.

Kollege *Vater* ist der Meinung, daß dieser Vorschlag nicht praktikabel sei, da er keine wirkliche Alternative bedeute. Er spreche sich für die Beibehaltung der letzten Beschlüsse des Bundesvorstandes aus, ohne Vorbedingungen nach Ostberlin zu reisen bzw. den FDGB ohne Vorbedingungen nach Düsseldorf einzuladen. Die Zugehörigkeit des Berliner DGB zu uns sei klar, und man würde auch in der Öffentlichkeit unsere Entscheidung verstehen und billigen.

Kollege *Vietheer* ist der gleichen Ansicht wie Kollege Vater. Er würde es darüber hinaus auch nicht für gut halten, wenn wir hinsichtlich der Zusammensetzung der DGB-Delegation Bedingungen stellen. Es würde uns nur – auch in der Öffentlichkeit – in neue Schwierigkeiten bringen, wenn der FDGB sie ablehne. Man müsse auch an die politischen Funktionen des Kollegen Sickert in Westberlin denken.

Auch Kollege *Sperner* spricht sich gegen den Vorschlag aus, weil er neue Komplikationen hervorrufen würde.

Auf den Hinweis des Kollegen *Freitag*, daß wir mit der Einbeziehung des Kollegen Sickert in die Delegation dem Westberliner DGB eine Sonderstellung einräumen würden, antwortet Kollege *Vetter*, daß man auch noch den einen oder anderen Landesbezirksvorsitzenden in die Delegation aufnehmen könnte, um diesen Eindruck zu vermeiden.

Kollege *Hauenschild* macht den Vorschlag, noch einmal die technischen Kommissionen tagen zu lassen, um vor dem ersten Spitzengespräch die Klärung aller strittigen Fragen und Probleme zu versuchen. Selbst wenn beispielsweise ein Spitzentreffen in Düsseldorf zustande käme, würden sich die gleichen Fragen hinsichtlich des Treffpunktes in der DDR, des Anreiseweges und der Zusammensetzung der Delegation ergeben wie heute. Dann würden wir in der schlechteren Position sein, und in der Öffentlichkeit könnte der Eindruck entstehen, wir hielten uns nur an Formalien fest.

---

4 In der 38. Sitzung des GBV am 13.4.1970 wurde ein Fernschreiben des FDGB-Vorsitzenden Warnke vom 13.4.1970 mit der Einladung für ein Spitzengespräch in Magdeburg diskutiert. DGB-Archiv, DGB-BV, Abt. Vorsitzender 5/DGAI000183.

Dokument 22   5. Mai 1970

Kollege *Vetter* hält es für nicht sehr wahrscheinlich, daß der FDGB bereit sein würde, jetzt in weiteren technischen Gesprächen diese wichtigen Fragen entscheiden zu lassen. Er zeigt außerdem die Möglichkeit auf, daß, wenn der FDGB nach Düsseldorf kommen sollte, wir sofort das Berlin-Problem ansprechen könnten. Sollten die FDGB-Vertreter unsere Auffassung nicht akzeptieren, könnten wir von uns aus auf weitere Kontakte verzichten mit dem Hinweis auf die Bedingungen, die die andere Seite dem DGB stellen will.

Nach Meinung des Kollegen *Mirkes* hat sich die Situation gegenüber dem Stand von vier Wochen auch durch den Vorschlag Magdeburg nicht geändert. Es sei auch mit Sicherheit zu erwarten, daß der FDGB die Beteiligung eines Westberliner Gewerkschafters in der Delegation ablehnen werde. Auch die Überlegungen des Kollegen Hauenschild, in weiteren Vorgesprächen die Westberlin-Frage zu klären, würden nach seiner Ansicht die Situation nicht erleichtern. Die ganze Sache würde immer mehr zu einer Prestigefrage, besonders für den FDGB. Er sei, wie Kollege Vater, für die Beibehaltung des letzten Bundesvorstandsbeschlusses. Notfalls müsse man dann deutlich sagen, daß die Prüfung ergeben hätte, daß im Augenblick keine politischen Möglichkeiten für Kontakte mit dem FDGB vorhanden seien. Das würden sicher auch unsere Mitglieder verstehen.

Kollege *Brenner* hält es für notwendig, die anstehenden Fragen ausführlich zu diskutieren, um nicht zu voreiligen Beschlüssen zu kommen, die nicht mehr korrigierbar seien. Er bittet um Auskunft, ob in der übersandten Unterlage über die bisherigen Kontakte mit dem FDGB der dem Wortlaut des Fernschreibens des FDGB vom 13.4.1970 nachfolgende Absatz die Antwort des DGB auf dieses Fernschreiben sei.[5] Man könne den Eindruck gewinnen, als enthalte die Antwort des DGB nicht viel mehr als den Hinweis auf die bevorstehende Entscheidung des Bundesvorstandes am 5. Mai. Er halte es für unbedingt erforderlich, dem FDGB mitzuteilen, daß die in der »Tribüne« wiedergegebene Darstellung falsch sei und wir eine Klarstellung verlangten.[6] In der »Tribüne« sei behauptet worden, der DGB habe das Zustandekommen eines Treffens mit der Westberlin-Frage verquickt. Das Gegenteil sei richtig. Vielleicht würde sich auch die Möglichkeit ergeben, durch eine Klarstellung des Tatbestandes zu erreichen, was Kollege Hauenschild vorgeschlagen habe, nämlich noch einmal zu Vorgesprächen zu kommen, ohne die Brücke gleich abzubrechen.

Kollege *Vetter* bestätigt, daß der Absatz nach dem Fernschreiben des FDGB vom 13.4.1970 einen Teil der Antwort des DGB wiedergibt. Kollege Vetter betont, daß er in seinem Antwortschreiben an den FDGB mit allem Nach-

---

5   Otto Brenner bezieht sich auf den Beschluss des GBV in seiner Sitzung am 13.4.1970: »Der Geschäftsführende Bundesvorstand beschließt, den Empfang des o. a. Fernschreibens zu bestätigen und dabei sein Bedauern darüber auszusprechen, daß der FDGB in keiner Weise auf den vom DGB vorgeschlagenen Tagungsort Düsseldorf eingegangen ist. Eine Antwort auf die jetzt vom FDGB unterbreitete Einladung für ein Spitzengespräch in Magdeburg wird nach der Bundesvorstandssitzung am 5. Mai 1970 in Düsseldorf erfolgen.« DGB-Archiv, DGB-BV, Abt. Vorsitzender 5/DGAI000183.
6   FDGB wiederholt seine Einladung an den DGB, in: Tribüne 26, 14.4.1970, Nr. 72.

druck darauf hingewiesen hat, daß es der FDGB gewesen sei, der durch seine Forderungen ein Zustandekommen des Treffens in Frage gestellt hat.

Auch Kollege *Pfeiffer* betont noch einmal, daß nicht wir, sondern der FDGB das Berlin-Problem hochgespielt habe. Vorbedingungen der anderen Seite dürften wir auf keinen Fall annehmen. Wir sollten auf unsere Ausgangsstellung zurückgehen und bei unserer Zusage bleiben, ohne Bedingungen nach Ostberlin zu kommen. Von einem Scheitern der Kontakte brauche noch nicht gesprochen zu werden.

Kollege *Schmidt* hat den letzten Beschluß des Bundesvorstandes grundsätzlicher, absoluter in Erinnerung. Seiner Meinung nach hätten wir gesagt, daß ein Treffen entweder am Sitz des FDGB oder am Sitz des DGB stattfinden solle, also an keinem anderen Ort, weder in der DDR noch in der Bundesrepublik. Er halte deshalb unsere Situation gar nicht für so ungünstig. Wir könnten unsere Zusage, nach Ostberlin zu kommen, und unsere Einladung nach Düsseldorf noch einmal wiederholen, sollten aber vom Bundesvorstandsbeschluß vom April seiner Ansicht nach nicht abgehen.[7]

Kollege *Vater* teilt zwar die Auffassung des Kollegen Brenner, daß der FDGB durch die falsche Darstellung in der »Tribüne« versucht hat, dem DGB den Schwarzen Peter zuzuschieben, glaubt aber nicht, daß Richtigstellungen viel Sinn haben. Wenn die Angelegenheit schon zur Prestigefrage – besonders für den FDGB – geworden sei, der ja auch Anweisungen aus dem Kreml zu beachten habe, andererseits bei uns der Wunsch bestehe, die Tür nicht endgültig zuzuschlagen, rege er an, zu überlegen, ob das Treffen nicht an einem neutralen Ort, vielleicht am Sitz des Internationalen Arbeitsamtes in Genf stattfinden könne. Dabei sei ihm klar, daß das Berlin-Problem anstehe, egal, an welchem Ort ein Treffen zustande käme.

Kollege *Vetter* glaubt nicht, daß ein neutraler Treffpunkt uns aus den augenblicklichen Schwierigkeiten heraushelfen könne. Vorrangig sei die Klärung des Berlin-Problems, und das hätte im Zweifelsfall genauso in Boltenhagen geschehen können. Wichtig sei vor allem, zu überlegen, welcher Weg, die Phase der Sondierungen abzuschließen, auch vor unseren Mitgliedern und der Öffentlichkeit der bessere sei. Man könne einmal die Gespräche als gescheitert ansehen, wenn keine Übereinstimmung hinsichtlich der Berlin-Frage und damit in der Frage des Reiseweges erzielt werde; zum anderen aber könne man die Gespräche beenden, wenn in Düsseldorf keine Einigung erzielt werde. Er halte die erste Begründung für wirkungsvoller.

Kollege *Frister* ist der Meinung, daß der Beschluß der letzten Bundesvorstandssitzung bestehen bleiben sollte, es sei denn, man entschließe sich, eine völlig neue Position zu beziehen. Daß das Problem Berlin ein wesentlicher Prüfstein sei, den man nicht übergehen könne, habe sich immer wieder gezeigt. Die Frage sei allerdings, ob die Politik der anderen Seite so festgelegt sei, daß sie sich nicht ändern werde. Da könne man Zweifel haben, und deshalb sei ein Zeitgewinn vielleicht nützlich. Die Aufnahme eines Westberliner

---

7 Siehe Beschluss der 8. BV-Sitzung vom 7.4.1970 (Dok. 20).

Dokument 22   5. Mai 1970

Gewerkschafters in die Delegation halte er nicht für eine gute Lösungsmöglichkeit. Wir sollten unsere früheren Angebote noch einmal wiederholen und im Augenblick keine Erklärung abgeben, daß wir die Kontakte für abgebrochen halten.

Kollege *Vetter* weist darauf hin, daß wir ursprünglich unsere Delegation schon so zusammengesetzt hatten, daß sie keine Provokation für die andere Seite bedeuten konnte. Wir sollten uns auch darüber im Klaren sein, daß über das Berlin-Problem hinaus sich später noch weitere Schwierigkeiten ergeben würden, z. B. die Probleme der Unterwanderung, die Arbeitnehmerkonferenzen in Leipzig, zwischenmenschliche Beziehungen usw.

Auch Kollege *Brenner* hält den Beschluß der letzten Bundesvorstandssitzung für eine klare Antwort. Nach seiner Ansicht gibt es dazu keine andere Alternative als die, etwas Zeit zu gewinnen und die Tür jetzt nicht zuzuschlagen. Man sollte das auch im Hinblick auf die für den 21. Mai bevorstehenden Gespräche zwischen Brandt und Stoph versuchen, weil sich daraus vielleicht neue Möglichkeiten ergeben würden.[8] Dass wir auf die Berichterstattung in der DDR-Presse keinen Einfluß haben, sei klar. Das habe sich in der Vergangenheit gezeigt. Trotzdem sei er nach wie vor der Meinung, daß wir eine Richtigstellung der in der »Tribüne« gemachten falschen Behauptungen verlangen sollten. Er würde vorschlagen, dies auch in unser Antwortschreiben an den FDGB aufzunehmen, in dem noch einmal ausführlich unser Standpunkt dargelegt und unsere früher gemachten Vorschläge wiederholt werden sollten.

Kollege *Tacke* spricht sich ebenfalls für ein ausführliches Antwortschreiben an den FDGB aus, in dem chronologisch noch einmal die bisherige Entwicklung aufgezeigt werden sollte. Daraus würde sich dann auch eindeutig ergeben, daß nicht der DGB Bedingungen gestellt habe, sondern der FDGB. Kollege Tacke zitiert dazu einige Punkte aus dem Protokoll über die Gespräche der technischen Kommissionen, die diesen Sachverhalt unterstreichen. Er hält es für möglich, dass der FDGB von sich aus einlenkt, an einen Abbruch der Verbindungen glaubt er nicht.

Kollege *Fehrenbach* weist im Auftrage des Kollegen Stenger darauf hin, daß die in einem Kommentar der Frankfurter Rundschau erwähnte Äußerung des Kollegen Stenger, er wolle Magdeburg als Tagungsort akzeptieren, nicht richtig wiedergegeben sei. Richtig sei vielmehr, daß er nichts gegen Magdeburg einzuwenden gehabt hätte, wenn der FDGB es in seinem ersten Schreiben statt Ostberlin vorgeschlagen hätte. Das wäre dann aber eine völlig andere

---

8   Gemeint ist hier das zweite Treffen zwischen Willy Brandt und Willi Stoph in Kassel, dessen Ergebnisse möglicherweise Auswirkungen auf die Politik des FDGB gegenüber dem DGB hätten haben können. Die Anfang 1970 – parallel zur Entspannungs- und Deutschlandpolitik der Bundesregierung – begonnenen deutsch-deutschen Gewerkschaftskontakte scheiterten daran, dass der FDGB eine Anreise der DGB-Delegation über Westberlin ablehnte, während der DGB-Bundesvorstand darauf bestand. Die Briefe im Lauf des Jahres 1970 zwischen Vetter und Warnke (Vgl. Dok. 23, 25, 30 TOP 3 und 33 TOP 17a) konnten diese Hürde ebenso wenig überwinden wie ein weiteres Gespräch im Juli in Ostberlin. Am Ende des Jahres war die Kontaktanbahnung zwischen FDGB und DGB zum Stillstand gekommen und erst nach Abschluss des Viermächte-Abkommens über Berlin im September 1971 wieder angelaufen.

Situation gewesen. Im Übrigen teilt Kollege Fehrenbach die Auffassung, daß man an dem Beschluß der letzten Bundesvorstandssitzung festhalten solle.

Kollege *Sperner* betont noch einmal, daß man es – auch in der Mitgliedschaft – nicht als Abbruch der Sondierungsgespräche auslegen könne, wenn wir auf den Stand vom 18. Februar und unser Angebot, das Treffen in Düsseldorf abzuhalten, zurückkommen. Auch er ist der Meinung, daß die Regierungsgespräche am 21. Mai in Kassel nicht ohne Auswirkungen auf das Verhalten des FDGB sein werden.

Kollege *Sickert* ist dankbar für die chronologische Übersicht, die Kollege Tacke gegeben hat. Dadurch sei noch einmal deutlich geworden, daß der FDGB die Schwierigkeiten hervorgerufen habe, indem er der DGB-Delegation den Reiseweg vorschreiben wollte. Das gleiche würde auch bei einem Treffen in Magdeburg eintreten. Eine Organisation wie der DGB könne sich aber solchen Bedingungen nicht unterwerfen. Auch er plädiere für die Beibehaltung des letzten Bundesvorstandsbeschlusses.

Kollege *Michels* spricht sich ebenfalls für die Beibehaltung des Bundesvorstandsbeschlusses aus.

In einer ersten Zusammenfassung stellt Kollege *Vetter* fest, daß die Diskussion ergeben habe, wie klar und eindeutig wir in jeder Phase der Entwicklung unseren Standpunkt vertreten haben. Auf dieser Basis sei es leicht, den besprochenen Brief an den FDGB zu formulieren, in dem wir auf jeden Fall noch einmal unsere Bereitschaft zur Weiterführung der Gespräche betonen sollten. Der Wortlaut des Schreibens könnte dann auch der Öffentlichkeit übergeben werden.

Auf die Frage des Kollegen *Hauenschild* nach der Vertraulichkeit der technischen Gespräche antworten die Kollegen *Vetter* und *Muhr*, daß die Vertraulichkeit durch die andere Seite bereits durchbrochen worden sei und wir deshalb in keiner Weise gebunden wären.

Die Anregung, eine Dokumentation über die bisherigen Beziehungen zum FDGB zu erstellen, beantwortet Kollege *Vetter* dahingehend, daß beabsichtigt sei, ähnlich wie in einem Rundschreiben an die DGB-Landesbezirke und -Kreise, den Wortlaut des Kongreßbeschlusses, der Beschlüsse des Bundesvorstandes und des Briefwechsels zwischen DGB und FDGB zusammenzustellen, dem dann auch das heute besprochene, etwa 3 Seiten lange Schreiben an den FDGB beigegeben werde. Er glaube, daß daraus die Entwicklung deutlich erkennbar werde.

Kollege *Freitag* meint, daß es sicher nützlich sein würde, auch aus dem Protokoll über die technischen Vorgespräche einige Passagen zu übernehmen.

Kollege *Vetter* schlägt vor, im Vorgriff auf das ausführliche Schreiben an den FDGB eine kürzer gehaltene Erklärung vorzubereiten, die den wesentlichen Inhalt vorab wiedergibt.

Kollege *Vetter* bittet den Bundesvorstand, über das vorgeschlagene Vorgehen abzustimmen. Er stellt einstimmiges Einverständnis des Bundesvorstandes fest.

Dokument 22 5. Mai 1970

In einer kurzen Diskussion, an der sich die Kollegen *Frister, Vetter, Sperner, Vietheer, Kersten* und *Michels* beteiligen, werden noch einige Fragen geklärt, die sich in Zusammenhang mit dem bevorstehenden Besuch der sowjetischen Delegation beim DGB ergeben. Der Besuch soll vom 26.5. bis 2.6.1970 stattfinden. Gespräche mit dem Geschäftsführenden Bundesvorstand, an denen nach überwiegender Meinung kein sonstiges Bundesvorstandsmitglied teilnehmen sollte, sind für den 26.5. und 1.6.1970 vorgesehen. Die Berlin-Frage soll, wie in früheren Bundesvorstandssitzungen festgelegt, in den Gesprächen mit der sowjetischen Delegation behandelt werden.

Kollege *Hauenschild* erkundigt sich, ob auch andere Gewerkschaften von der Sowjetischen Botschaft Einladungen zu Empfängen und Gesprächen erhielten und ob es opportun sei, sie anzunehmen.

Kollege *Vetter* bejaht diese Frage und meint, daß keine Bedenken bestünden, Einladungen anzunehmen.

3. BERICHTERSTATTUNG ÜBER DIE ERGEBNISSE DER GEWERKSCHAFTSBAROMETER-UNTERSUCHUNGEN 1969 UND DER MOTIVATIONSSTUDIEN

[*Klaus Liepelt,* Infas-Institut Bad Godesberg, referiert zum Gewerkschaftsbarometer 1969[9] und zu der Motivationsuntersuchung Februar 1970; er macht in seinen Ausführungen deutlich, dass sich die Gewerkschaften im Bewusstsein der Öffentlichkeit relativ positiv darstellten, und zeigt die Gründe für diese Entwicklung auf. Nach kurzer Aussprache ist der Bundesvorstand damit einverstanden, dass dieses Thema im Herbst noch einmal eingehender beraten werden solle. Der Fragenkatalog des Gewerkschaftsbarometers soll überprüft werden.]

4. FREIZEITUNFALLVERSICHERUNG

Kollege *Woschech* erinnert an die Diskussion über die Freizeitunfallversicherung und Familienrechtsschutzversicherung in der letzten Bundesvorstandssitzung.[10] Es habe sich gezeigt, daß die Entscheidung über diese beiden Komplexe, die in der letzten Sitzung zusammen behandelt worden seien, getrennt getroffen werden müßte. Die Zahl von vier Abschlüssen zur Freizeitunfallversicherung habe sich inzwischen auf sieben erhöht. Da nun bereits 3,5 Mio. Mitglieder aufgenommen seien, sei diese Leistungsart voll gesichert. Es frage sich jetzt, in welchem Ausmaß sich die übrigen Gewerkschaften der Freizeitunfallversicherung anschließen. Die satzungsmäßige und die praktische Situation sei in den einzelnen Gewerkschaften sehr unterschiedlich.

---

9 Im Auftrag des DGB wurde das »Gewerkschaftsbarometer« von 1963 bis 1978 durch das Infas-Institut erstellt und publiziert. Von 1979 bis 1982 wurde das »DGB-Gewerkschaftsbarometer« von der MARPLAN Forschungsgesellschaft mbH erstellt. Danach wurde durch die Gesellschaft für Politik und Sozialforschung mbH (polis) unregelmäßig ein DGB-Trendbarometer erstellt.

10 Auf der 8. BV-Sitzung am 7.4.1970 wurde unter TOP 3 über »Familienrechtsschutz- und Freizeit-Unfallversicherung als Leistungen der Gewerkschaften« diskutiert und eine abschließende Diskussion für die 9. BV-Sitzung beschlossen. DGB-Archiv, DGB-BV, Abt. Vorsitzender 5/DGAI000465.

Man könne aber durchaus sagen, daß eine Einheitlichkeit der Leistungen in diesem Bereich sichergestellt sei. Der Unterschied in der Anwartschaft und Wartezeit, die zwischen drei und zwölf Monaten betrage, sei vertretbar. Kollege Woschech bittet um Annahme des Beschlußvorschlages.[11]
[Nach kurzer Diskussion ist der Bundesvorstand mit dem Vorschlag einverstanden.]

5. FAMILIENRECHTSSCHUTZVERSICHERUNG

Kollege *Woschech* weist auf die Problematik dieser Angelegenheit hin. Man hoffe, mit der Einführung dieser Leistung einen Anreiz zu schaffen, den satzungsgemäßen Beitrag zu zahlen und gleichzeitig die Mitgliederfluktuation einzudämmen. Es sei klar geworden, daß diese Familienrechtsschutzversicherung angestrebt werde, weil es zu einer Konkurrenzsituation gegenüber dem privaten Versicherungsgewerbe gekommen sei. Diese Situation sei in den Gewerkschaften unterschiedlich. Während sie in der ÖTV kaum auftrete, mache sie sich im Bereich der Gewerkschaft Textil-Bekleidung sehr bemerkbar, wie der Brief des Kollegen Buschmann zeige.[12] Kollege Woschech wiederholt, daß die Mittel für diese Leistung nicht kollektiv aufgebracht werden können. Die Gewerkschaft Textil-Bekleidung sei entschlossen, das Kollektivangebot der Volksfürsorge-Rechtsschutzversicherung zu akzeptieren.

Kollege *Fink* wirft ein, daß die Gew. Nahrung, Genuß, Gaststätten das Gleiche tun werde.

Kollege *Woschech* teilt weiter mit, daß die Beratungen mit der Volksfürsorge in Hamburg ergeben hätten, daß die Mitgliederzahl dieser beiden Gewerkschaften nicht ausreichen würde, um das Kollektivangebot von DM 5,-- pro Kopf im Jahr für längere Zeit aufrechtzuerhalten. Dieses Versicherungsangebot ist kalkuliert worden auf der Basis einer Startbeteiligung von 1 Mio. Versicherter. Das Angebot könne nur aufrechterhalten werden, wenn sichergestellt sei, daß im Laufe von wenigen Jahren diese Zahl erreicht würde und möglichst darüber hinausgehen werde. Kollege Woschech verweist auf die Vorlage und bittet den Bundesvorstand, den Empfehlungen zuzustimmen.[13]
In Hamburg sei noch einmal sehr sorgfältig geprüft worden, ob nicht mehrere Lösungen nebeneinander möglich seien, dass z. B. die Gew. Textil-Bekleidung und Nahrung, Genuss, Gaststätten den Kollektivvertrag abschließen könnten

---

11 Im Beschlussvorschlag der Abt. Organisation zur Freizeit-Unfall-Versicherung vom 22.4.1970 wurde der GBV beauftragt, zu gegebener Zeit einen Erfahrungsbericht vorzulegen. Darüber hinaus wurde empfohlen, bei der Einbeziehung weiterer Gewerkschaften in diese Leistungen auf die notwendige Einheitlichkeit zu achten. DGB-Archiv, DGB-BV, Abt. Vorsitzender 5/DGAI000465.
12 Schreiben Karl Buschmann an Heinz O. Vetter vom 28.4.1970 zur Familienrechtsschutz-Versicherung. Diesem Schreiben war die Kopie eines Schreibens von Karl Buschmann an Rudolf Sperner vom 28.4.1970 beigefügt, in dem er für eine kollektive Familienrechtsschutz-Versicherung plädierte. DGB-Archiv, DGB-BV, Abt. Vorsitzender 5/DGAI000465.
13 In der Beschlussvorlage der Abt. Organisation wurde vorgeschlagen, dass der GBV beauftragt werde zu prüfen, ob eine schrittweise Einführung von Kollektivverträgen möglich sei oder ob Rahmenverträge für Mitglieder mit einem Sondertarif der Volksfürsorge abgeschlossen werden könnten. DGB-Archiv, DGB-BV, Abt. Vorsitzender 5/DGAI000465.

Dokument 22 5. Mai 1970

und dann trotzdem ein Rahmenvertrag für die anderen möglich wäre. Dabei würde dann das einzelne Mitglied eine Summe zwischen 15,-- DM und 20,-- DM zahlen, während der Beitrag des anderen Mitglieds in seinem Mitgliedsbeitrag enthalten wäre.

[In der anschließenden Diskussion[14] geht es um die Grundsatzfrage »Gruppen- oder Einzelversicherung«, um die Teilnehmerzahl der versicherten Gewerkschaftsmitglieder, wodurch sich der Beitragssatz bestimmte und welche Gewerkschaften daran teilnehmen wollen. Da bei den Gewerkschaften Druck und Papier, Nahrung, Genuss, Gaststätten und Textil-Bekleidung ein Interesse an der Kollektivversicherung besteht sowie bei einigen Landesverbänden der Gewerkschaft Erziehung und Wissenschaft, beschließt der Bundesvorstand, die Empfehlungen der Beschlussvorlage umzusetzen.]

Erklärung zu Kontakten zum FDGB

Kollege *Vetter* verliest den Entwurf einer Erklärung zu Kontakten mit dem FDGB.

Der Bundesvorstand ist mit dieser Erklärung einverstanden (siehe Anlage).

MITTAGSPAUSE: 14.05 BIS 14.50 UHR

6. EINLADUNG DER SPD-FRAKTION

Der Bundesvorstand nimmt die Einladung der SPD-Bundestagsfraktion für den 1. Juni 1970, 19.00 Uhr, in Bonn an.

7. TERMINE FÜR SITZUNGEN DES BUNDESVORSTANDES

[Der Bundesvorstand ist einverstanden, seine Sitzungen am 8. September 1970 in Berlin, am 6. Oktober 1970 in Brüssel und am 3.11.1970 in Hamburg durchzuführen.]

8. VERSCHIEDENES

[*Vetter* informiert über eine telegrafische Anfrage des Amerika-Instituts der Universität München, ob der DGB bereit sei, zu einer einstündigen bundesweiten Arbeitsniederlegung als symbolischem Protest gegen die Invasion Kambodschas[15] aufzurufen, und über ein Schreiben des DGB-Kreises Kassel

---

14 Diskussionsgrundlage waren auch eine Offerte der Volksfürsorge vom 20.2.1970 sowie ergänzende Anmerkungen der Volksfürsorge in ihrem Schreiben vom 16.3.1970 an die Hauptvorstände der dem DGB angeschlossenen Gewerkschaften, siehe Beratungsunterlagen zur Sitzung, DGB-Archiv, DGB-BV, Abt. Vorsitzender 5/DGAI000465.

15 Im Mai/Juni 1970 fand eine kombinierte Operation amerikanischer und südvietnamesischer Truppen in das neutrale Kambodscha statt, um die Rückzugsgebiete der kommunistischen »Vietcong« und deren Hauptquartier zu zerstören. Die Gebiete im Osten Kambodschas wurden im Rahmen dieser Operation fortlaufend bis 1973 bombardiert. Als mittelbare Folgen der Angriffe auf Kambodscha kam es 1975 zur Machtübernahme der kommunistischen »Roten Khmer«, die einen beispiellosen Massenmord an mehreren Millionen Landsleuten verübten. Vgl. Thomas Hummitzsch: Das Kambodscha Tribunal: späte Gerechtigkeit, in: Internationale Politik und Gesellschaft, 2008, Heft 4, S. 87–104.

zu einer gewerkschaftlichen Veranstaltung anlässlich der Gespräche zwischen Bundeskanzler Willy Brandt und Ministerpräsident Willi Stoph.]

9. ZENTRALER EINSATZ DER DATENVERARBEITUNG

Kollege *Woschech* verweist auf das bereits übersandte umfangreiche Material zu diesem Thema, das Gegenstand von Beratungen in einer gemeinsamen Sitzung des Finanz- und Organisationsausschusses des DGB gewesen ist. Die Anregung, sich mit dem Problem zu beschäftigen, sei von Kollegen Eick von der IG Metall gekommen. Der Beschluß, um den der Geschäftsführende Bundesvorstand heute bitte, sei nur als Einleitungsbeschluß zu verstehen, der die Aufnahme von Vorarbeiten zusammen mit den gemeinwirtschaftlichen Unternehmen ermögliche.[16] Die Vorbereitungsphase werde etwa 2 Jahre in Anspruch nehmen, so daß es dringend erforderlich sei, bald zu beginnen.

[Der Bundesvorstand beauftragt den Geschäftsführenden Bundesvorstand gemäß Beschluss des 8. Ordentlichen Bundeskongresses, Antrag Nr. 429[17], die Vorarbeiten für den zentralen Einsatz der Datenverarbeitung bei der Erfüllung der gewerkschaftlichen Aufgaben in Angriff zu nehmen.]

10. TEILNEHMERKREIS AN DER SOZIALPOLITISCHEN GESPRÄCHSRUNDE[18]

Kollege *Muhr* teilt mit, daß in einem Fernschreiben vom 6. März 1970 einige vom Geschäftsführenden Bundesvorstand für die Teilnahme an diesem Sozialpolitischen Gespräch in Aussicht genommenen Gewerkschaften um Nennung von Teilnehmern gebeten worden seien. Der Geschäftsführende Bundesvorstand habe sich bei dieser Auswahl von der Größe der Gewerkschaften und von den zur Diskussion stehenden sozialpolitischen Themen leiten lassen. In dem Fernschreiben sei ausdrücklich betont worden, daß es sich hierbei um eine ausgewählte Besetzung für das erste Gespräch handele. Die Zusammensetzung brauche nicht für zukünftige Gespräche zu gelten. Es habe jeweils ein Vertreter der Gewerkschaften Bau-Steine-Erden, Bergbau und Energie, Chemie-Papier-Keramik, Gartenbau, Land- und Forstwirtschaft, IG Metall und ÖTV sowie vom Geschäftsführenden Bundesvorstand die Kollegen Vetter und Weber teilgenommen. Die Zahl der Teilnehmer an der Sozialpolitischen Gesprächsrunde sei für den DGB auf neun begrenzt.

---

16 Der Beschlussvorlage der Abt. Organisation vom 18.3.1970 waren als Anlagen u. a. beigefügt: Überblicke über den Einsatz der EDV bei der CPK und der BSE. DGB-Archiv, DGB-BV, Abt. Vorsitzender 5/DGAI000465.
17 Antrag Nr. 429: Gewerkschaft Textil-Bekleidung – Errichtung einer Datenverarbeitungsanlage. Protokoll 8. Bundeskongreß, Teil: Anträge und Entschließungen, S. 390 f.
18 Auf Einladung von Bundesarbeitsminister Walter Arendt fand am 13.3.1970 die 1. Sozialpolitische Gesprächsrunde statt. An dieser Runde nahmen die Gewerkschaften, Arbeitgeberverbände, Sozialverbände und Vertreter der Wissenschaft teil. Diskussionsschwerpunkt war der Sozialbericht, der im April 1970 mit dem Sozialbudget dem Bundestag vorgelegt wurde. Vgl. FAZ, 16.3.1970, S. 5. In der 2. Gesprächsrunde wurde über die Probleme älter werdender Arbeitnehmer diskutiert. Vgl. Der Spiegel 24, 22.6.1970, Nr. 26., S. 75 f. Es folgten weitere Gesprächsrunden in unregelmäßigen Abständen.

[Anschließend folgt eine kurze Diskussion über die Zusammensetzung der Gesprächsrunde.]

11. NEUREGELUNG DER ARBEITSZEITORDNUNG

Kollege *Muhr* erläutert kurz die Vorlage[19] und weist darauf hin, daß es im Hinblick auf die bereits laufenden Beratungen im Bundesarbeitsministerium notwendig sei, möglichst bald zu einer Stellungnahme des DGB zur Neuregelung der Arbeitszeitordnung zu kommen. Die internen Beratungen hätten ergeben, daß unterschiedliche Auffassungen darüber bestehen, ob in einem neuen § 3 die regelmäßige wöchentliche Arbeitszeit auf 40 Stunden begrenzt werden solle. Einzelne Gewerkschaften seien der Meinung, daß bei einer gesetzlichen 40-Stundenwoche die tarifliche Gehaltsfreiheit eingeschränkt würde. Die Mehrheit der Ausschußmitglieder sei jedoch überzeugt, daß die gesetzliche Festsetzung der regelmäßigen wöchentlichen Arbeitszeit auf 40 Stunden notwendig und für die tarifpolitische Bewegungsfreiheit nicht hinderlich sei. Die von der Gewerkschaft Nahrung, Genuß, Gaststätten befürwortete Festsetzung der regelmäßigen wöchentlichen Arbeitszeit auf 44 Stunden würde u. E. künftige weitere Arbeitszeitverkürzungen durch Tarifvereinbarungen sehr erschweren.

[*Tacke* stimmt der Ansicht Muhrs zu, und es wird beschlossen, dass der § 3 AZO wie folgt zu ändern ist: »Die regelmäßige tägliche Arbeitszeit darf die Dauer von 8 Stunden, die regelmäßige wöchentliche Arbeitszeit die Dauer von 40 Stunden nicht überschreiten.«]

12. SITUATION IM RECHTSSCHUTZ DES DGB

Kollege *Muhr* verweist auf die den Bundesvorstandsmitgliedern ausgehändigte Vorlage über die Situation im Rechtsschutz des DGB.[20] Die Schlußfolgerung sei ihm schwer gefallen. Bisher seien vierzehn Rechtsstellen unbesetzt und keine Bewerber in Aussicht. Jede zehnte Rechtsstelle sei damit unbesetzt. Außerdem müsse man berücksichtigen, daß sehr viele Rechtsschutzsekretäre krank oder alt seien oder durch Urlaub ausfallen. Man könne davon ausgehen, daß von zehn Rechtsstellen durchschnittlich nur sieben bzw. außerhalb der Urlaubszeit acht im günstigsten Falle besetzt seien. Die Mitglieder werden nicht selten von verschiedenen [Rechtsstellen] vertreten. Aus diesem Grunde sehe sich der Geschäftsführende Bundesvorstand nicht mehr in der Lage, einen angemessenen Rechtsschutz zu gewährleisten, wenn nicht der Nachwuchs sichergestellt werde. Im vergangenen Jahr habe der

---

19 Die Beschlussvorlage vom 23.4.1970 bezog sich auf die angenommenen Anträge 266 (Änderung der Arbeitszeitordnung vom 30.4.1938) und 268 (Änderung des § 3 AZO zur täglichen und wöchentlichen Regelarbeitszeit) des 8. Bundeskongresses, vgl. Protokoll 8. Bundeskongreß, Teil: Anträge und Entschließungen, S. 242 f.
20 Im Schreiben Gerd Muhrs vom 23.4.1970 an die Mitglieder des Bundesvorstandes zur Situation im Rechtsschutz des DGB wurde mitgeteilt, dass die hohe Fluktuation im Rechtsschutz nicht durch qualifizierten Nachwuchs ausgeglichen werde. DGB-Archiv, DGB-BV, Abt. Vorsitzender 5/DGAI000465.

5. Mai 1970 **Dokument 22**

DGB von 12 Seminarteilnehmern nur noch sieben für sich gewinnen können, da fünf von Gewerkschaften für andere Arbeiten abgeworben worden seien. Da der Geschäftsführende Bundesvorstand den Absolventen des Seminars keine vertragliche Verpflichtung auferlegen wolle, für eine bestimmte Zeit als Rechtssekretär in den Diensten des DGB zu verbleiben, bitte er den Bundesvorstand zu beschließen, die Hauptvorstände der Gewerkschaften aufzufordern, Absolventen des arbeits- und sozialrechtlichen Seminars des DGB-Bundesvorstandes nicht vor Ablauf von fünf Jahren nach Abschluß des Seminars als Angestellte in ihren Gewerkschaften zu beschäftigen.

[Nach der anschließenden Diskussion empfiehlt der Bundesvorstand den Gewerkschaften, bei der Einstellung von Sekretären darauf Rücksicht zu nehmen, dass beim DGB ein akuter Mangel an Rechtssekretären besteht.]

13. GEHALTSREGELUNG FÜR DIE BESCHÄFTIGTEN DES DGB

Kollege *Woschech* berichtet, dass sich der Geschäftsführende Bundesvorstand in seiner gestrigen Sitzung mit der Vorlage beschäftigt habe und die Annahme des Beschlußvorschlages mit einer kleinen Änderung, die sich als notwendig erwiesen habe, empfehle.[21] Auf Seite 12 der Anlage soll in der 4. Zeile von unten bei der Tätigkeitsbezeichnung »Gewerkschaftssekretäre« das Wort »überwiegend« gestrichen werden. Die nachträgliche Zustimmung des Gesamtbetriebsrates zu dieser redaktionellen Korrektur sei sicher.

Kollege Woschech weist außerdem darauf hin, daß mit dieser Neuregelung einige kritische Schwerpunktfragen gelöst werden konnten. So seien besonders die Gehälter der Rechtsschutzsekretäre kräftig angehoben, was allerdings bei einem durchschnittlichen Gehaltsvolumen die Benachteiligung anderer Gruppen bis zum 1.7.1971 bedeute. Mit dem Gesamtbetriebsrat sollen rechtzeitig Verhandlungen aufgenommen werden, um dann zu einer linearen Verbesserung zu kommen. Noch vor der Bundesausschuß-Sitzung solle eine Erklärung über die Umgruppierungsmodalitäten abgegeben und eine Korrektur der Anstellungsbedingungen vorgenommen werden.

[Nach der Diskussion über die Harmonisierung der Gehaltsregelungen (Annäherung des DGB an die Regelungen der Gewerkschaften), die geplante Gehaltserhöhung und deren Auswirkungen auf den DGB-Haushalt empfiehlt der Bundesvorstand dem Bundesausschuss, die zwischen dem Geschäftsführenden Bundesvorstand und dem Gesamtbetriebsrat vereinbarte Gehaltsneuregelung in Verbindung mit dem neuen Tätigkeitskatalog mit Wirkung vom 1. April 1970 und einer Laufzeit bis zum 30. Juni 1971 zu beschließen.]

---

21 Die Vorlage der Abt. Organisation vom 28.4.1970 mit Gehaltstabelle und einem 18-seitigen Tätigkeitskatalog wurde in der 41. Sitzung des GBV am 4.5.1970 verabschiedet. DGB-Archiv, DGB-BV, Abt. Vorsitzender 5/DGAI000184.

Dokument 22 5. Mai 1970

14. LEITSÄTZE DER GEWERKSCHAFTSJUGEND

Kollege *Woschech* verweist auf die den Bundesvorstandsmitgliedern ausgehändigte Vorlage.[22] Der Geschäftsführende Bundesvorstand habe in einem Schreiben den Bundesvorstand auf einige Bedenken aufmerksam gemacht. Der Geschäftsführende Bundesvorstand sei der Meinung, daß die Leitsätze der Gewerkschaftsjugend heute verabschiedet werden könnten. Allerdings könnten sie auch als erste Beratung betrachtet und noch einmal in den Hauptvorständen beraten werden. Bereits im vergangenen Herbst sei eine Gegenüberstellung der alten und neuen Leitsätze verschickt worden. Nur von der Gew. Leder seien bisher einige Anregungen und kritische Bemerkungen gemacht worden, die sich in der Anlage des Geschäftsführenden Bundesvorstandes befinden. Der Geschäftsführende Bundesvorstand sei bereit, in der Anlage Modalitäten zuzustimmen. Diese könnten dann in der BJA-Sitzung beraten und dann erneut in den Bundesvorstand eingebracht werden. Die Leitsätze stehen in zwei Punkten mit der Satzung nicht in Einklang. Einmal ist das direkte Antragsrecht an den Bundeskongreß durch die Satzung nicht abgedeckt. Hier könnte die Hilfsformulierung Anwendung finden, daß die Bundesjugendkonferenz Anträge über den Bundes-Jugendausschuß weiterzugeben hätte. Dies sei bisher so üblich. Zum anderen steht noch der Wunsch im Widerspruch mit der Satzung, daß Vertreter der Gewerkschaftsjugend in Organen des DGB unmittelbar vertreten würden. Hier könnte eine Formulierung gefunden werden, die besagt, sofern irgendwelche Delegationen auf der Jugendebene in Beratungsgremien und Ausschüssen zur Erledigung bestimmter Dinge nötig seien, sollte sie der Bundesjugend-Ausschuß bestimmen.

Kollege Woschech weist dann auf einen Brief des Kollegen Mirkes hin, in dem angefragt wird, ob man nicht mit der Verabschiedung der Leitsätze bis nach dem Außerordentlichen Kongreß warten könne. Kollege Woschech bittet, das nicht zu tun. Sollte durch den Außerordentlichen Kongreß in irgendeinem Bereich eine Satzungsänderung vorgenommen werden, die auf die Leitsätze der Gewerkschaftsjugend zurückwirke, würden die Leitsätze selbstverständlich korrigiert. Kollege Woschech bittet, zu bedenken, daß bereits drei Jahre an den Leitsätzen gearbeitet würde und sie jetzt gebraucht würden. Wenn der Bundesvorstand mit den o. a. Einschränkungen zustimmen könnte, wäre es sehr erfreulich. Sonst müßte eine nochmalige Beratung vorgenommen werden.

[Nach kurzer Diskussion sagt *Woschech* zu, den Hauptvorständen der Gewerkschaften jeweils noch einige Exemplare der Unterlage sowie die in der Abteilung Jugend erstellte Synopse zuzusenden. Der Bundesvorstand be-

---

22 Schreiben Franz Woschechs an die Bundesvorstandsmitglieder vom 27.4.1970 mit 6 Anlagen als Beratungsunterlagen: 1. Entwurf der Leitsätze, 2. Die z. Zt. gültigen Leitsätze (DGB-Grundsatzprogramm vom 21./22.11.1963), 3. Entschließung A 247 (Gewerkschaftliche Jugendarbeit) des 7. Ordentlichen Bundeskongresses 1966, 4. Entschließung 438 (Jugendarbeit des DGB) des 8. Ordentlichen Bundeskongresses, 5. Eine Zusammenstellung »Altersbegrenzungen deutscher Jugendpflegeverbände« und 6. Hinweise der Ergebnisse der GBV-Beratungen. DGB-Archiv, DGB-BV, Abt. Vorsitzender 5/DGAI000465.

schließt, in seiner nächsten Sitzung die erneute Beratung dieser Vorlage vorzunehmen.]

15. MITWIRKUNG DES DGB IM VERBAND FÜR SICHERHEIT IN DER WIRTSCHAFT E. V.[23]

Kollege *Vetter* weist darauf hin, daß das Angebot zur Mitwirkung des DGB im Verband für Sicherheit in der Wirtschaft zwar in diesem Fall für den Bereich Nordrhein-Westfalen gelte, daß man aber mit ähnlichen Angeboten in anderen Bundesländern rechnen müsse. Deshalb solle hier eine Entscheidung getroffen werden, die grundsätzlich sei und für das ganze Bundesgebiet gelte. Der Geschäftsführende Bundesvorstand sei der Meinung, daß eine Mitarbeit des DGB in solchen Gremien nur dann in Frage komme, wenn die Einführung der Mitbestimmung in den Kammern die gleichberechtigte Mitwirkung der DGB-Vertreter in diesen Kammern gewährleiste. Deshalb solle das Angebot mit einer entsprechenden Begründung abgelehnt werden.

[Nach ergänzenden Hinweisen *Muhrs* zur stattgefundenen Diskussion im GBV[24] ist der Bundesvorstand einverstanden, das Angebot zur Mitwirkung im Verband für Sicherheit in der Wirtschaft e. V. abzulehnen und in einem Schreiben entsprechend zu begründen.]

16. TAGESORDNUNG FÜR DIE 3. BUNDESAUSSCHUSSSITZUNG AM 3.6.1970

[Der Bundesvorstand ist einverstanden, dass der Geschäftsführende Bundesvorstand von sich aus die Tagesordnung der Bundesausschusssitzung aufstellt, wenn bis zum 15. Mai keine Vorschläge eingehen.]

17. ÄNDERUNG DER RICHTLINIEN FÜR DIE GEWÄHRUNG VON UNTERSTÜTZUNG EHEMALIGER GEWERKSCHAFTSANGESTELLTER UND DEREN WITWEN

Der Bundesvorstand ist mit dem Vorschlag des Unterstützungsausschusses des DGB einverstanden und beschließt, die Richtlinien in der vorliegenden Fassung dem Bundesausschuß zur endgültigen Beschlußfassung vorzulegen.[25]

18. REVISIONSBERICHT

[Der Revisionsbericht über die vorgenommene Prüfung der Bundeshauptkasse am 5.3.1970 wird vom Bundesvorstand zustimmend zur Kenntnis genommen.]

---

23 Der Verband für NRW mit Sitz in Essen wurde 1968 gegründet. Der Verband wollte die innerbetriebliche Sicherheit durch Informationen, Beratungen, Seminare und Lehrgänge auf dem Gebiet des Werkschutzes fördern. Siehe hierzu DGB-Archiv, DGB-BV, Abt. Arbeitsrecht 5/DGBR000025. In einem Schreiben des Verbands vom 13.3.1970 an den DGB-LB NRW wurde den Gewerkschaften ein Sitz im Vorstand angeboten. Vgl. 39. GBV-Sitzung vom 20.4.1970, DGB-Archiv, DGB-BV, Abt. Vorsitzender 5/DGAI000183.
24 Auf der 39. GBV-Sitzung wurde beschlossen, sich nicht in diesem wirtschaftlichen Teilbereich zu engagieren. DGB-Archiv, DGB-BV, Abt. Vorsitzender 5/DGAI000183.
25 In seiner 3. Sitzung am 3.6.1970 beschloss der Bundesausschuss die Änderung der Richtlinien. DGB-Archiv, DGB-BV, Abt. Vorsitzender 5/DGAI000444.

Dokument 23 8. Mai 1970

19. MITBESTIMMUNG

[*Vetter* erläutert kurz die von der Kommission zur Durchführung des Aktionsprogramms gebilligte Vorlage und weist auf einen Schreibfehler unter Ziffer 5 »Matern, Artikel und Bilder für die Gewerkschaftspresse« hin. Dort muss es DM 20.000,-- statt DM 200.000,-- heißen.[26] Nach kurzer Diskussion zur Finanzierungsfrage weist *Buschmann* darauf hin, dass den Vorständen der Gewerkschaften die Möglichkeit gegeben sein sollte, die Vorlage zu beraten. Mit dem Verfahrensvorschlag Vetters, die Vorlage annehmen, vorbehaltlich der Zustimmung der Vorstände, ist der Bundesvorstand einverstanden.]

Ende der Sitzung: 16.15 Uhr

DOKUMENT 23

8. Mai 1970: Schreiben des Vorsitzenden des DGB, Vetter, an den Vorsitzenden des FDGB, Warnke[1]

Briefkopf des DGB-Vorsitzenden. Ms., hekt., 3 S.

DGB-Archiv, 5/DGAI001695.

Werter Kollege Warnke!

Der DGB-Bundesvorstand hat durch den 8. Ordentlichen Bundeskongreß des DGB in München den Auftrag erhalten, »nach verantwortungsbewusster Prüfung der politischen Möglichkeiten« zu entscheiden, »ob auf seiner Ebene auch offizielle Kontakte zum FDGB und seinen Gewerkschaften aufgenommen werden können.«

Aufgrund dieses Beschlusses habe ich Ihnen im Auftrage des DGB-Bundesvorstandes am 4. Februar 1970 in einem Brief Gespräche zwischen Vertretern des FDGB und des DGB über den Nutzen einer offiziellen Aufnahme von Kontakten vorgeschlagen.[2] In diesem Brief habe ich auch darauf hingewiesen, daß der DGB in dem Bemühen, zur Verbesserung der Beziehungen zwischen den Völkern beizutragen, bereits mit mehreren Gewerkschaften der Mitgliedsstaaten des Warschauer Pakts Gespräche aufgenommen hat, die inzwischen zum Austausch offizieller Delegationen führten.

Alle diese Kontakte können nach Meinung des DGB nur als Begegnungen zweier Organisationen angesehen werden, die mit den staatsrechtlichen Beziehungen der jeweiligen Regierungen nichts zu tun haben. Der DGB hat deshalb die Gespräche auch stets davon abhängig gemacht, daß sie mit keinerlei Vorbedingungen oder Auflagen verknüpft wurden.

---
26 Vorlage vom 5.5.1970, DGB-Archiv, DGB-BV, Abt. Vorsitzender 5/DGAI000465.
1 Der Brief wurde in der 9. BV-Sitzung am 5.5.1970 beschlossen (Dok. 22).
2 Siehe Dok. 15.

Sie haben nun meinen Brief vom 4. Februar am 18. Februar 1970 beantwortet[3] und Ihre Bereitschaft »zu Verhandlungen mit dem Bundesvorstand des Deutschen Gewerkschaftsbundes über die Herstellung normaler Beziehungen zwischen den Gewerkschaftsbünden der Deutschen Demokratischen Republik und der Bundesrepublik auf der Basis der völligen Gleichberechtigung« erklärt. In diesem Schreiben haben Sie ferner als Tagungsort für die erste Zusammenkunft Berlin als Sitz des FDGB vorgeschlagen. Mit dieser schriftlichen Einladung waren keinerlei Vorbedingungen verknüpft. Der DGB hat diese Einladung ebenfalls bedingungslos angenommen. Bei den technisch organisatorischen Vorbesprechungen wurde dann aber von der Verhandlungskommission des FDGB in letzter Minute die Bedingung gestellt, daß die DGB-Delegation bei ihrer Anreise nach Ostberlin auf keinen Fall Westberlin betreten darf.

Mit dieser nachträglich gestellten Vorbedingung wird die Integrität des DGB ernsthaft verletzt, so daß diese Bedingung zurückgewiesen werden muß. Der DGB hat nie einen Zweifel daran gelassen, dass er als Organisation einschließlich seines Bezirks Berlin verstanden sein will. Diese Tatsache ergibt sich unabweisbar durch die mit gleichen Rechten und Pflichten bestehende satzungsgemäße Bindung unseres Bezirks Berlin an die Gesamtorganisation. Das vom FDGB selbst genannte Prinzip der völligen Gleichberechtigung beinhaltet aber, daß man den Gesprächspartner als Gesamtorganisation akzeptiert und seine Integrität nicht in Frage stellt.

Als neuen Tagungsort hat der FDGB in der Folge Boltenhagen vorgeschlagen, was vom DGB nach den vorausgegangenen Vorbereitungsgesprächen nur als eine Ausklammerung der Integritäts-Frage verstanden werden kann.

Der DGB hat daraufhin in seinem Schreiben vom 7. April 1970 erneut auf der Basis der ersten Willenserklärung beider Seiten (siehe Schreiben vom 4. Februar und 18. Februar 1970) den Tagungsort Berlin ohne Beschränkung hinsichtlich des Reiseweges bestätigt bzw. als möglichen Tagungsort den Sitz des Deutschen Gewerkschaftsbundes, Düsseldorf, vorgeschlagen, was dem Tagungsort Berlin voll entspricht.[4]

Der FDGB war jedoch in seinem Antwortschreiben vom 13. April 1970 nicht bereit, auf diese Vorschläge einzugehen und bot seinerseits Magdeburg als Treffpunkt an, was genauso zu beurteilen ist wie der Vorschlag Boltenhagen. In diesem Schreiben sind Sie auf den Vorschlag Berlin ohne Einschränkung oder Düsseldorf nicht eingegangen, wie ich bereits in meiner Zwischenantwort vom 14. April 1970 dargelegt habe.[5]

Mit dieser Lage hatte sich der DGB-Bundesvorstand am 5. Mai 1970 zu befassen. Er ist einstimmig zu der Auffassung gelangt, dass für ein Spitzengespräch beider Organisationen unverändert die Orte in Frage kommen, an denen beide Organisationen ihren Sitz haben.[6]

---

3 Siehe Diskussion über diesen Brief in der 7. Bundesvorstandssitzung am 3./4.3.1970 (Dok. 18).
4 Telegramm von Heinz O. Vetter an Herbert Warnke, beschlossen auf der 8. Bundesvorstandssitzung am 7.4.1970 (Dok. 21).
5 Siehe hierzu Diskussion in der 9. Bundesvorstandssitzung am 5.5.1970 (Dok. 22).
6 DGB lehnt Magdeburg ab, in: ND, 5.5.1970, Nr. 136.

Dokument 24   2. Juni 1970

Der DGB-Bundesvorstand fordert den Bundesvorstand des FDGB auf, nunmehr auf Vorbedingungen und Auflagen zu verzichten, damit das Gespräch endlich, entsprechend dem erkennbaren Willen der Mitglieder unserer beiden Organisationen, begonnen werden kann.
Mit kollegialen Grüßen
Heinz O. Vetter

DOKUMENT 24

2. Juni 1970: Protokoll der 10. Sitzung des Bundesvorstandes

Hans-Böckler-Haus in Düsseldorf; Vorsitz: Heinz O. Vetter; Protokollführung: Marianne Jeratsch; Sitzungsdauer: 10.15–16.40 Uhr; ms. vermerkt: »Vertraulich«.[1] Ms., hekt., 14 S., 1 Anlage.[2]

DGB-Archiv, 5/DGAI000536.

Beginn der Sitzung: 10.15 Uhr

[*Vetter* eröffnet die Sitzung und schlägt vor, die Tagesordnung umzustellen, um der Diskussion über die internationale gewerkschaftliche Lage mehr Raum zu geben. Um 12.00 Uhr werde außerdem Bundesfinanzminister Alex Möller mit einigen Mitarbeitern dem Bundesvorstand einen Besuch abstatten.[3] Der Bundesvorstand ist mit der Änderung der Tagesordnung einverstanden.]

Tagesordnung:
 1. Genehmigung des Protokolls der 9. Sitzung des Bundesvorstandes
 2. Kapitalerhöhung bei der BfG
 3. Detaillierter Vorschlag für die Durchführung des 9. Ordentlichen Bundeskongresses
 4. Bericht über die Bulgarienreise
 5. Erfahrungsberichte über Reisen von Gewerkschaftsdelegationen in Ostblockländer
 6. Bundesvorstandssitzung am 6.10.1970 in Brüssel
 7. Konzertierte Aktion
 8. Aktion »Politische Bücher und Zeitschriften«
 9. Spende für die Hochwassergeschädigten in Rumänien
 10. Tätigkeitskatalog und Anstellungsbedingungen für die Beschäftigten des DGB (hier: Zusatzregelung für Kraftfahrer)
 11. Lagebericht (Kontakte mit den sowjetischen Gewerkschaften)
 12. Leitsätze der Gewerkschaftsjugend

---

1 Einladungsschreiben vom 21.5.1970. Nicht anwesend: Maria Weber, Gerd Muhr, Adolf Schmidt, Georg Vater, Adolf Mirkes, Helmut Greulich (vertreten durch Adolf Heidorn). DGB-Archiv, DGB-BV, Abt. Vorsitzender 5/DGAI000465.
2 Anlage: Anwesenheitsliste.
3 Finanzminister Möller besuchte den DGB-Bundesvorstand, in: ND, 2.6.1970, Nr. 169.

2. Juni 1970 **Dokument 24**

1. GENEHMIGUNG DES PROTOKOLLS DER 9. SITZUNG DES BUNDES-
VORSTANDES

[Nach dem Hinweis *Muhrs* auf einen Schreibfehler im Protokoll wurde dieses genehmigt.[4]]

2. KAPITALERHÖHUNG BEI DER BFG

Kollege *Lappas* erläutert kurz die Notwendigkeit der Kapitalerhöhung bei der BfG angesichts der steigenden Expansion im Kapitalgeschäft, die vom Aufsichtsrat beschlossen worden sei. Bei Beibehaltung der bisherigen Quoten entfallen auf den DGB 8 Mio. DM. Da diese 8 Mio. DM aus dem liquiden Vermögen des DGB nicht genommen werden können, andererseits das Zeichnungsrecht des DGB gesichert werden solle, sei mit dem Vorstand der Unterstützungskasse des DGB vereinbart worden, dass die VTG aus dem Vermögen der Unterstützungskasse ein entsprechendes Darlehen erhält, das mit effektiv 6,25 % verzinst wird. Der Geschäftsführende Bundesvorstand bitte den Bundesvorstand um Zustimmung für das geplante Vorgehen.

[In der kurzen Diskussion werden Gerüchte über eine Außenbeteiligung der BfG, Dividendenhöhe und die ungünstigere Entwicklung im 1. Halbjahr 1970 gegenüber früheren Jahren angesprochen.[5] Abschließend stimmt der Bundesvorstand der Erhöhung des Anteils des DGB am Kapital der BfG auf die vorgesehene Weise zu.]

3. DETAILLIERTER VORSCHLAG FÜR DIE DURCHFÜHRUNG DES 9. ORDENT-
LICHEN BUNDESKONGRESSES

[Gegen den Termin des 9. Ordentlichen Bundeskongresses in der Zeit vom 5. bis 10. Juni 1972 in Berlin erhebt *Kluncker* Einspruch und bittet um Überprüfung des Termins, da im Bundesvorstand beschlossen wurde, dass der Kongress im Mai stattfinde. Mit Zustimmung des Bundesvorstandes wird der Tagesordnungspunkt zurückgestellt und ein neuer Vorschlag in der nächsten Sitzung vorgelegt.]

4. BERICHT ÜBER DIE BULGARIENREISE

[Dem vorgelegten schriftlichen Bericht von Woschech über die Bulgarienreise[6] sowie der Anregung *Hauenschilds,* dass die Berichte der Gewerkschaften

---

4 Auf Seite 13 des Protokolls muss es heißen: statt »tarifliche Gehaltsfreiheit« »tarifliche Gestaltungsfreiheit«.
5 Im Gegensatz zu den Gerüchten wird im DGB-Geschäftsbericht 1969–1971, S. 56–58, die günstige Entwicklung der Bank auf allen Geschäftsfeldern durch eine Intensivierung der Kooperation mit gemeinwirtschaftlichen Unternehmen im In- und Ausland, die zu einer Bilanzzuwachsrate von 40 % führte, beschrieben.
6 16-seitiger Bericht von Helmut Pinther über den Besuch einer Delegation des DGB beim Zentralrat der bulgarischen Gewerkschaften vom 9. bis 15.4.1970. Von DGB-Seite nahmen teil: Gerd Muhr, Maria Weber, Franz Woschech und Helmut Pinther. DGB-Archiv, DGB-BV, Abt. Vorsitzender 5/DGAI000465.

über Reisen in Ostblockländer vom GBV zusammengefasst und ausgewertet werden sollen, wird zugestimmt.]

5. ERFAHRUNGSBERICHTE ÜBER REISEN VON GEWERKSCHAFTSDELEGATIONEN IN OSTBLOCKLÄNDER

Kollege *Vetter* stellt fest, daß dieser Tagesordnungspunkt durch den vorigen als erledigt angesehen werden könne. Er möchte nur bei dieser Gelegenheit den Gewerkschaften für ihre ausführliche Berichterstattung über ihre Kontakte danken.[7]

6. BUNDESVORSTANDSSITZUNG AM 6.10.1970 IN BRÜSSEL

Da die Kommission der Europäischen Gemeinschaften uns mitgeteilt habe, daß eine Sitzung des Bundesvorstandes im Oktober in Brüssel wegen der gleichzeitig stattfindenden Sitzung des Ministerrates und der Tagung des Europa-Parlaments sehr ungünstig sei, schlägt Kollege *Vetter* vor, die Februar-Sitzung des Bundesvorstandes (am 1., 2. und 3.2.1971) in Brüssel abzuhalten.

Der Bundesvorstand ist mit diesem Vorschlag einverstanden.

7. KONZERTIERTE AKTION

Kollege *Vetter* trägt vor, daß von den 12 DGB-Teilnehmern an der Konzertierten Aktion nur drei den vom Bundeswirtschaftsministerium vorgesehenen Termin 24. Juni wahrnehmen könnten. Er schlage deshalb vor, für den DGB den Termin abzusagen und um einen neuen Gesprächstermin nach dem 24. Juni zu bitten.

Der Bundesvorstand ist mit diesem Vorschlag einverstanden.

8. AKTION »POLITISCHE BÜCHER UND ZEITSCHRIFTEN«

Kollege *Lappas* verweist auf die Vorlage und den früheren Beschluß des Bundesvorstandes zur Abdeckung der im Rahmen der Aktion aufgelaufenen Kosten.[8] Da die damals genannte Summe wesentlich überschritten worden sei, werde der Bundesvorstand um erneute Beschlußfassung gebeten.

Kollege *Vetter* stellt fest, daß der Bundesvorstand mit der Abdeckung der jetzt noch offenen DM 80.000,-- aus dem Solidaritätsfonds unter der Bedingung der endgültigen Einstellung der Aktion »Politische Bücher und Zeitschriften« einverstanden ist.

---

[7] Heinz O. Vetter bezog sich hierbei auf einen Vermerk von Otto Kersten vom 30.4.1970 für die BV-Sitzung am 5.5.1970, in dem gewünscht wurde, dass die Erfahrungsberichte der Gewerkschaften dem DGB zugestellt werden würden. DGB-Archiv, DGB-BV, Internationale Abt. 5/DGAJ000490.

[8] Siehe Beschluss der 3. BV-Sitzung TOP 10 (Dok. 4). Die Vorlage von Alfons Lappas wurde beschlossen auf der 43. Sitzung des GBV am 25.5.1970. DGB-Archiv, DGB-BV, Abt. Vorsitzender 5/DGAI000184.

9. Spende für die Hochwassergeschädigten in Rumänien[9]

Kollege *Lappas* berichtet, daß der Geschäftsführende Bundesvorstand in einem Vorsorgebeschluß DM 25.000,-- als Spende zur Linderung der Hochwasserkatastrophennot in Rumänien vorbehaltlich einer Überprüfung der angemessenen Relation zu den früheren Katastrophenfällen in anderen Ländern genehmigt habe.[10]

[Der Bundesvorstand gibt seine Zustimmung, dass der Betrag dem Rumänischen Gewerkschaftsbund überwiesen wird. Abschließend bittet *Lappas* darum, dass sich DGB und Gewerkschaften künftig über Spendenzahlungen untereinander abstimmen.]

10. Tätigkeitskatalog und Anstellungsbedingungen für die Beschäftigten des DGB (hier: Zusatzregelung für Kraftfahrer)

[Nachdem *Woschech* auf die Vorlage zum Tätigkeitskatalog verwiesen hat, die lediglich eine Formulierungsänderung zum bereits beschlossenen Tätigkeitskatalog beinhalte, stimmt der Bundesvorstand der Formulierungsänderung im Tätigkeitskatalog und der Neufassung der Zusatzregelung für Kraftfahrer in der vorgelegten Form zu.[11]]

11. Lagebericht (Kontakte mit den sowjetischen Gewerkschaften)[12]

Kollege *Vetter* berichtet zunächst, dass der FDGB bisher auf unseren letzten Brief nicht geantwortet habe.[13] Möglicherweise wolle man dort das Ergebnis des Besuchs der sowjetischen Delegation in Düsseldorf abwarten.

In Zusammenhang mit den Gesprächen des Geschäftsführenden Bundesvorstandes mit den sowjetischen Gewerkschaftern erinnert Kollege Vetter daran, daß das Berlin-Problem beim Besuch der DGB-Delegation in Moskau auf Wunsch der Sowjets, besonders auch im Hinblick auf die damalige politische Situation im Ostblock, zurückgestellt worden sei. Der Geschäftsführende Bundesvorstand habe nun, entsprechend den Beschlüssen des Bun-

---

9 Nach heftigen Regenfällen überschwemmten am 14.5.1970 die Karpaten-Quellflüsse riesige Flächen im nordöstlichen und westlichen Rumänien. Es gab über 170 Tote und ca. 300.000 Menschen mussten evakuiert werden. Vgl. Der Spiegel 24, 1.6.1970, Nr. 23, S. 109 f.
10 Beschluss der 43. Sitzung des GBV am 25.5.1970, in: DGB-Archiv, DGB-BV, Abt. Vorsitzender 5/DGAI000184.
11 Der Entwurf des Tätigkeitskataloges für die Beschäftigten beim DGB-Bundesvorstand, den DGB-Landesbezirken und -Kreisen (Allgemeine Anstellungsbedingungen) wurde von der Kommission des Geschäftsführenden Bundesvorstandes und des Gesamtbetriebsrates am 23.4.1970 verabschiedet. Die Neufassung wurde in der 4. Bundesausschusssitzung am 8.9.1970 bestätigt. Vgl. DGB-Archiv, DGB-BV, Abt. Vorsitzender 5/DGAI000444.
12 Zum Bericht erhielten die BV-Mitglieder folgende Beratungsunterlagen: Schreiben Heinz O. Vetters vom 29.5.1970 an P. T. Pimenow mit dem Memorandum des Bundesvorstandes »DGB-Landesbezirk Berlin fester Bestandteil des DGB« und das gemeinsame Kommuniqué über den Besuch der sowjetischen Gewerkschaftsdelegation vom 25.5. bis 2.6.1970. DGB-Archiv, DGB-BV, Abt. Vorsitzender 5/DGAI000465.
13 Schreiben Heinz O. Vetters an Herbert Warnke und Antwortschreiben Warnkes (Dok. 23 und 24).

desvorstandes, in den Verhandlungen mit den sowjetischen Gewerkschaftern die Haltung in der Berlin-Frage eingenommen, wie sie aus dem vorgelegten Memorandum hervorgehe. Er habe besonders betont, daß die Wahrung der Integrität des DGB und die Nichteinmischung Voraussetzungen für die Weiterführung der Kontakte seien. Die sowjetische Delegation habe, im Gegensatz zu früheren Äußerungen, unmißverständlich darauf verwiesen, daß die Politik von Gewerkschaften, Partei und Staat in der Sowjetunion völlig einheitlich sei und deshalb eine Unterscheidung des staatsrechtlichen Status von Westberlin und der Zugehörigkeit der Westberliner Gewerkschaftsorganisationen zum DGB unmöglich sei. Man könne unseren Vorstellungen nicht folgen. Man erkenne zwar die Existenz des Westberliner DGB und der Westberliner Gewerkschaften an und sei auch bereit, Kontakte mit den Westberliner Organisationen aufzunehmen, sogar gleichzeitig eine Berliner Delegation und eine Delegation aus der Bundesrepublik in der Sowjetunion zu empfangen, aber nur unter der Bedingung einer klaren Trennung der beiden Gruppen. Der Geschäftsführende Bundesvorstand habe unverändert seinen Standpunkt vertreten. In der nachfolgenden Pressekonferenz habe sich eine fast feindliche Atmosphäre der Journalisten bemerkbar gemacht. Der sowjetischen Delegation sei mitgeteilt worden, daß die eingetretene Lage erneut im Bundesvorstand diskutiert werde.

Kollege *Vetter* hält es für unbedingt erforderlich, daß der Bundesvorstand die Haltung des Geschäftsführenden Bundesvorstandes in dieser Frage ausdrücklich billigt und für verbindlich erklärt. Das sei umso notwendiger, als offenbar in den einzelnen Organisationen unterschiedliche Auffassungen bestehen über die Ausdeutung des Integritätsbeschlusses des DGB. Es sei nicht tragbar, daß Westberliner Bezirke einzelner Gewerkschaften direkte Kontakte mit sowjetischen Gewerkschaftsstellen halten wollten.

Nach Ansicht des Kollegen *Hauenschild* wird das Berlin-Problem für die Gewerkschaften erst in der zweiten Phase der Kontakte akut werden. Bei den bisherigen Spitzenkontakten sei es nie zur Sprache gekommen. Da es seines Erachtens völlig offen sei, ob die zweite Phase der Kontakte überhaupt von sowjetischer Seite gewünscht werde, könne er nicht einsehen, weshalb man die Kontakte jetzt durch die Berlin-Frage stören lassen sollte.

Kollege *Vetter* weist darauf hin, daß dem Bundesvorsitzenden einer DGB-Gewerkschaft die Einreise in die Sowjetunion verweigert wurde, weil er Westberliner Bürger sei. Er glaube nicht, daß die anderen Gewerkschaften an dieser Tatsache vorbeigehen könnten, selbst wenn sie im Augenblick nicht gehalten seien, Westberliner Kollegen in ihre Delegationen mit aufzunehmen. Was die zweite Phase der Kontakte betreffe, so sei die Reihenfolge der Weiterführung auf unteren Ebenen bereits in Gesprächen und [im] Schriftwechsel mit den sowjetischen Gewerkschaften festgelegt.

Kollege *Freitag* fragt, was die Äußerung von Pimenow zu bedeuten habe, daß eine sowjetische Delegation Westberlin besuchen werde.

Kollege *Vetter* antwortet, daß zwischen dem Westberliner Bezirk der Gewerkschaft ÖTV und der entsprechenden sowjetischen Gewerkschaft eine Absprache bestehen solle, wonach ein Besuch sowjetischer Gewerkschafter in Westberlin vorgesehen sei. Zu der sowjetischen Delegation sollen aber auch andere Vertreter als die der zuständigen Gewerkschaft gehören.

Kollege *Kluncker* ergänzt dazu, daß über diese Angelegenheit noch einmal in Kürze im Vorstand der ÖTV beraten werde. Zu der Diskussion über die Gespräche mit der sowjetischen Delegation regt Kollege Kluncker an, heute noch keine endgültigen Beschlüsse zu fassen, sondern den Vorsitzenden Gelegenheit zu geben, in ihren Vorständen darüber zu berichten und zu beraten. Er halte es aber für unbedingt erforderlich, daß DGB und Gewerkschaften in dieser Frage von besonderer politischer Bedeutung eine einheitliche Meinung haben und sich nicht auseinanderdividieren lassen. Er sei außerdem der Meinung, daß wir versuchen sollten, zu einer flexibleren Regelung mit den Ostblockgewerkschaften zu kommen als gegenüber dem FDGB. Wir hätten keine Veranlassung, dem FDGB gegenüber weich zu werden.

Zur eingetretenen Situation im Hinblick auf die sowjetischen Gewerkschaften zeigt Kollege Kluncker zwei Möglichkeiten auf. Die erste wäre der Abbruch der Kontakte, zu dem er sich aber nur sehr schwer entschließen könne, weil er grundsätzlich für die Aufrechterhaltung von Beziehungen sei. Die zweite wäre der Versuch, akzeptable Kontaktmöglichkeiten zu finden. Man könnte Spitzendelegationen zusammensetzen aus den Geschäftsführenden Vorständen des DGB bzw. der Gewerkschaften. Schwierigkeiten wie bei der GEW würden für keine andere Gewerkschaft auftreten, weil sie keine Berliner in ihren Vorständen haben. Die weiteren Kontakte könnte man auf die unteren gleichwertigen Ebenen verlegen, z. B. auf Länderebene Bayern und die Ukraine oder Schleswig-Holstein und Sibirien oder auf Kreisebene München und Kiew usw. Die letzte Alternative wären Fachseminare mit gewerkschaftspolitischen Themen, an denen sowohl westliche als auch östliche Gewerkschaftsvertreter teilnehmen könnten. Damit würde ein Minimum an Kontakten aufrechterhalten und die Tür nicht ganz zugeschlagen.

Kollege *Vetter* unterbricht die Diskussion und begrüßt Bundesfinanzminister Dr. Möller und seine Mitarbeiter.[14] Er dankt ihnen für ihren Besuch beim Bundesvorstand und für die Möglichkeit, die Gewerkschaften interessierende Fragen, insbesondere Steuerfragen, besprechen zu können.[15]

Auch Kollege *Neemann* gibt seiner Freude darüber Ausdruck, daß die Gelegenheit gegeben ist, in direktem Gespräch zwischen maßgeblichen Herren des Bundesfinanzministeriums und Mitarbeitern seiner Abteilung Probleme zu diskutieren, die für die Arbeitnehmer von besonderer Bedeutung sind. Er erwähnt kurz einige Themen, die später im kleinen Kreis erörtert werden sollen, so z. B. Fragen der Lohnsteuer und des Lohnsteuerverfahrens, Körper-

---

14 Neben Bundesfinanzminister Möller waren anwesend seine Staatssekretäre Hans Georg Ende und Heinz Haller sowie zwei Abteilungsleiter.
15 Auf der 43. Sitzung des GBV am 25.5.1970 wurde beschlossen, dass Bundesfinanzminister Alex Möller auf der Bundesvorstandssitzung über die Grundzüge der Finanz- und Steuerpolitik der Bundesregierung informieren solle. DGB-Archiv, DGB-BV, Abt. Vorsitzender 5/DGAI000184. Siehe auch: Schreiben Georg Neemanns an Heinz O. Vetter vom 29.5.1970, ebd.

schaftssteuer, Erbschafts- und Vermögenssteuer, Steuerflucht, Erhöhung des Weihnachtsfreibetrages, Steuerfreiheit für Streikgelder, Fahrtkosten in Zusammenhang mit der 40-km-Grenze, steuerliche Behandlung von Abfindung und Übergangsgeldern bei Entlassungen aus Rationalisierungsgründen usw.

Bundesfinanzminister *Dr. Möller* dankt für die Möglichkeit, vor dem Bundesvorstand des DGB und mit den Sachverständigen des DGB sprechen zu können. Er stellt seine Mitarbeiter vor und weist darauf hin, daß sie dem DGB jederzeit mit Rat und Tat zur Verfügung stehen. In einem kurzen Überblick möchte Dr. Möller auf die vordringlichsten Aufgaben seines Ministeriums eingehen. Die Beantwortung von Detailfragen soll dem späteren Expertengespräch vorbehalten bleiben.

Noch in dieser Legislaturperiode eine radikale Steuerreform durchzuführen, hält Dr. Möller für die wichtigste Aufgabe seines Ministeriums. Deshalb sei neben der Steuerreformkommission eine Arbeitsgruppe unter Leitung von Staatssekretär Prof. Haller eingesetzt worden. Diese Arbeitsgruppe werde in der Lage sein, nach Fertigstellung des Gutachtens der Steuerreformkommission etwa Ende Dezember sofort Alternativvorschläge vorzulegen und in kurzer Frist entsprechende Gesetzentwürfe zu erstellen, was anderenfalls mindestens einen Zeitraum von einem Jahr nach Vorliegen des Gutachtens in Anspruch nehmen würde. So erhoffe er sich die Durchführung der Steuerreform noch bis zum 31.12.1972.

Die Arbeiten seines Ministeriums würden in starkem Maße auch beeinflußt durch die Vorgänge in der EWG, durch die unterschiedlichen Auffassungen der einzelnen Mitgliedstaaten z. B. zu den Fragen der Wirtschafts- und Währungsunion, der direkten und indirekten Steuern, der Mehrwertsteuer usw.

Eine auch für die Gewerkschaften akzeptable Lösung erwartet der Minister im Hinblick auf die Erhöhung des Arbeitnehmerfreibetrages, der zwar erst zum 1.1.1971 ausgezahlt, aber bereits zum 1.7.1970 wirksam werden solle.

Er persönlich habe sich gegen einen Zuschlag zur Lohn- und Einkommenssteuer und eine Lohnsteuervorauszahlung ausgesprochen, und er glaube auch, daß darüber in Zukunft nicht mehr diskutiert werden würde. Er sei außerdem der Überzeugung, daß sich die Fiskalpolitik im Jahre 1970 mindestens konjunkturgerecht verhalten habe, und werde sich bemühen, daß dies auch im Jahre 1971 fortgesetzt werde. In einer Klausurtagung des Bundeskabinetts im Juni werde sein Ministerium für den Haushalt 1971 eine Prioritätenliste vorlegen, und das Kabinett müsse dann darüber entscheiden, damit endlich der Streit zwischen dem Bundesfinanzministerium und den anderen Ressortministerien aufhöre. Auf der Grundlage dieser Beschlüsse des Kabinetts werde dann der Haushalt 1971 erstellt. Einen besonders großen Finanzbedarf werde es auf dem Gebiet von Wissenschaft und Bildung geben.

Der Minister geht noch kurz auf das 3. Vermögensbildungsgesetz[16] ein. Er habe dieser 3. Novellierung besondere Aufmerksamkeit geschenkt, weil er

---

16 Das 3. Vermögensbildungsgesetz (VermBG) wurde am 27.6.1970 erlassen und trat am 1.7.1970 in Kraft. BGBl. I, S. 930. Gegenüber dem 2. VermBG wurde der Sparbetrag von 312 auf 624 DM aufgestockt. Vgl. DGB-Geschäftsbericht 1969–1971, Abt. Tarifpolitik, S. 204 f.

sie für eine wichtige Maßnahme im Rahmen der Konjunkturpolitik halte. Schwierigkeiten seien jedoch aufgetaucht, u. a. dadurch, daß es sich nicht nur um eine Änderung des Wirksamkeitsrahmens, sondern um eine Systemänderung handele und außerdem die Länder und Gemeinden sich weigerten, die auf sie entfallenden Kosten zu tragen. Eine Entscheidung darüber müsse noch fallen. Er persönlich möchte die Sache nicht daran scheitern lassen, daß der Bund sich eventuell sehr viel höher beteiligen müsse.

Kollege *Heiß* kommt noch einmal auf die Besteuerung der Streikgelder zurück und ergänzt, daß es darüber hinaus auch um die steuerliche Behandlung der nach Beendigung von Streiks durch die Gewerkschaften gezahlten Gemaßregeltenunterstützungen gehe. Auch darüber müsse möglichst bald positiv entschieden werden.

Kollege *Vetter* dankt Bundesfinanzminister Dr. Möller für seine Ausführungen, die großes Interesse beim Bundesvorstand gefunden hätten. Er gibt der Hoffnung Ausdruck, daß dies erst der Beginn einer guten und vertrauensvollen Zusammenarbeit zwischen DGB und Bundesfinanzministerium im Interesse der Arbeitnehmerschaft sei.

Nach der Verabschiedung des Bundesfinanzministers wird die Diskussion über die Kontakte mit den sowjetischen Gewerkschaften fortgesetzt.

Kollege *Brenner* knüpft an den Beitrag des Kollegen Kluncker an und unterstützt seine Ansicht, daß der DGB und die Gewerkschaften sich auf keinen Fall in dieser Frage auseinander manövrieren lassen dürfen. Die Alternativvorschläge des Kollegen Kluncker jedoch scheinen ihm nicht geeignet, mit dem anstehenden Problem fertig zu werden. Man müsse die Frage stellen, ob tatsächlich der Zeitpunkt eingetreten sei, die Kontakte als beendet anzusehen, oder ob man nicht in Ruhe prüfen solle, was in Zukunft noch möglich sei. Seiner Ansicht nach sollte man die Tür nicht jetzt schon zuschlagen, sondern versuchen, einen Weg zu weiteren Kontakten zu finden, ohne die eingenommene Position aufgeben zu müssen. So sollten die Vorsitzenden es auch in ihren Vorständen vortragen, wenn dort die auch von ihm gewünschte Diskussion stattfinde, bevor der Bundesvorstand zu endgültigen Beschlüssen komme. Sehr interessieren würde ihn, und das sei bisher nicht klar geworden, wer die Berlin-Frage bei den Gesprächen mit der sowjetischen Delegation in die Diskussion gebracht habe. Kollege Brenner erwähnt noch kurz, daß der Vorsitzende der sowjetischen Brudergewerkschaft auf dem Empfang in der Sowjetischen Botschaft die bereits vor zwei Jahren ausgesprochene Einladung an die IG Metall wiederholt habe, ohne daß dabei das Berlin-Problem erwähnt wurde. Er habe ihm selbstverständlich noch keine feste Zusage gegeben.

Kollege *Vetter* antwortet auf die Frage des Kollegen Brenner, daß nicht der Geschäftsführende Bundesvorstand, sondern die sowjetische Delegation die Berlin-Frage zuerst angesprochen habe. Im ersten Gespräch habe der Geschäftsführende Bundesvorstand die interne Organisation und die politische Stellung des DGB innerhalb der Bundesrepublik deutlich gemacht. Die Sowjets hätten daraufhin – wie bereits erwähnt – auf den politischen Standort der sowjetischen Gewerkschaften und ihre Eingebundenheit in Staat und Partei hingewiesen. Bei der Darstellung ihrer Aufgaben sei dann bei Punkt 4 »Auswärtiges« der Versuch gemacht worden, en passant die Berlin-Frage zu übergehen, in dem Sinne, daß man sich lieber mit positiven Dingen beschäftigen wolle. Es wurde aber kein Zweifel daran gelassen, dass sie das Problem als in unserem Sinne nicht lösbar betrachten. Das sei unmißverständlich gewesen. Aus Zeitgründen sei es nicht möglich gewesen, sofort auf diese Frage einzugehen. Deshalb sei das dem Bundesvorstand vorliegende Memorandum angefertigt und der sowjetischen Delegation überreicht worden, in dem unser Standpunkt noch einmal eindeutig klargemacht worden sei.

Kollege *Reuter*, der der ständige Begleiter der sowjetischen Delegation auf ihrer Reise war[17], bekräftigt die Darstellung des Kollegen Vetter und ergänzt sie durch die Schilderung von Eindrücken, die er während der Reise in Gesprächen und durch das Verhalten der sowjetischen Delegationsteilnehmer gewonnen hat. Er sei trotzdem überzeugt, daß die Sowjets keinen Abbruch der Beziehungen wünschten, und auch er spreche sich dafür aus, die Möglichkeit des Weiterdiskutierens zu erhalten.

In der anschließenden Diskussion, an der sich die Kollegen *Pfeiffer*, *Reuter*, *Vetter* und *Brenner* beteiligen, wird erwähnt, daß die Sowjets behauptet haben, Kollege *Frister* habe ein politisches Problem schaffen wollen, weil er auf ihren Vorschlag, seine beiden Pässe, also auch den bundesrepublikanischen, für die Einreise in die Sowjetunion zu benutzen, nicht eingegangen sei.[18] Klar sei auch, daß jede DGB-Delegation nach diesen Gesprächen, egal wo sie hingehe, mit der Westberlin-Frage konfrontiert werde. Nicht zu unterschätzen sei auch der Hinweis von Pimenow, daß man gegebenenfalls von sowjetischer Seite an die Basis, d. h. zu den Werktätigen, ginge und die Spitze ausschalten würde.[19]

Kollege *Hauenschild* stellt konkret die Frage, wie nun mit den bereits seit längerem geplanten Kontakten und Besuchen zwischen den Gewerkschaftsvorständen verfahren werden solle, ob sie, auch wenn das Berlin-Problem überhaupt nicht berührt würde, nach dem Ergebnis der Gespräche abgebrochen werden müßten. Ein Ausweichen auf die unteren Ebenen seitens der Sowjets halte er für nicht sehr wahrscheinlich.

Kollege *Vetter* stimmt Kollegen Hauenschild im letzten Punkt im Prinzip zu, glaubt aber, daß Kontakte auf betrieblicher Ebene da sehr wohl möglich sind, wo durch die gezielte Tätigkeit von DKP und ähnlichen der Boden vorbereitet ist. Im übrigen halte er es für unbedingt erforderlich, daß den sowje-

---

17 Auf Einladung des DGB-Bundesvorstandes besuchte vom 25.5. bis 2.6. eine Delegation der Gewerkschaften der UdSSR die Bundesrepublik Deutschland. Zum gemeinsamen Kommuniqué des Besuchs siehe ND, 1.6.1970, Nr. 167.
18 In der Zeit vom 21.2. bis 1.3.1970 sollte eine GEW-Delegation unter der Leitung von Erich Frister auf Einladung der Gewerkschaft der Erzieher und Wissenschaftler der UdSSR zu Gesprächen nach Moskau reisen. Da Erich Frister und seine Stellvertreterin Hoppe ihren ständigen Wohnsitz in Westberlin hatten, wurde Ihnen das Einreisevisum verweigert. Siehe hierzu Realitäten anerkennen, in: Allgemeine Deutsche Lehrerzeitung, 1970, Nr. 3 und Moskau-Reise der GEW fällt aus, in: FR, 20.2.1970.
19 Pimenow meinte hier eine sog. »Volksfront von unten«.

tischen Gewerkschaften die Einheitlichkeit der Auffassung von Geschäftsführendem Bundesvorstand und Bundesvorstand dadurch deutlich gemacht werden müßte, daß die Kontakte nicht einfach so weitergeführt würden wie vor den Gesprächen.

Kollege *Vetter* erwähnt noch kurz, daß versucht worden sei, Kollegen des Berliner Landesbezirksvorstandes in das Gespräch mit der sowjetischen Delegation mit einzubeziehen, daß dies aber an dem ausdrücklichen Widerstand von Pimenow gescheitert sei.

Kollege *Woschech* spricht sich nachdrücklich für die Weiterführung von sorgfältig geplanten und koordinierten Kontakten aus, wie das auch im Abschlußkommuniqué vereinbart worden sei. Wenn jede Delegation, egal woher sie komme, die Gelegenheit benutzen würde, immer wieder unseren Standpunkt, auch in der Berlin-Frage, deutlich zu machen, werde das auch auf die sowjetischen Gewerkschaftsführer nicht ohne Einfluß bleiben und sich vielleicht langfristig positiv auswirken.

Kollege *Vetter* stellt zu dem Kommuniqué fest, daß es so formuliert worden sei, um den sowjetischen Gewerkschaftern die Möglichkeit zu lassen, in ihren Gremien noch darüber zu beraten.[20] Die mündlichen Erklärungen des Geschäftsführenden Bundesvorstandes seien um einiges darüber hinausgegangen. Außerdem könne man wohl bisher nicht von »sorgfältig geplanten Kontakten« reden.

Auch Kollege *Tacke* ist der Meinung, daß man die Kontakte nicht als beendet erklären sollte. Er würde für das taktische Verhalten eine Denkpause vorschlagen, in der beide Seiten prüfen könnten, wie es weitergehen soll. An die Möglichkeit der Ausklammerung der Berlin-Frage glaube er allerdings nicht mehr. Er sehe da auch einen Zusammenhang mit dem Verhalten des FDGB. Auf jeden Fall müsse der Eindruck vermieden werden, als gebe es in dieser Frage unterschiedliche Auffassungen zwischen Geschäftsführendem Bundesvorstand und Bundesvorstand.

Kollege Tacke geht noch kurz auf Presseveröffentlichungen ein, in denen davon berichtet wurde, daß der Vorsitzende der IG Druck und Papier bei seinem Besuch in Polen[21] die Oder-Neiße-Grenze anerkannt habe. Das stehe, wenn die Berichte stimmten, in Widerspruch zu der Haltung, die kürzlich die DGB-Delegation in Polen eingenommen habe.[22] Er halte aber auch in dieser Frage eine einheitliche DGB-Meinung für notwendig.

---

20 Kommuniqué abgedr. in: ND, 1.6.1970, Nr. 167.
21 Vom 24.5. bis 31.5. besuchte eine fünfköpfige Delegation der DruPa unter Leitung von Leonhard Mahlein die Volksrepublik Polen. Bericht über diese Reise und das abschließende gemeinsame Kommuniqué mit dem polnischen Gewerkschaftsbund in: Druck und Papier 108, 15.6.1970, Nr. 12, S. 7–9.
22 Zur DGB-Delegation gehörten Heinz O. Vetter, Bernhard Tacke, Alfons Lappas, Otto Kersten und Walter Fritze. Bei den Gesprächen trug die polnische Seite den Wunsch nach Anerkennung der polnischen Westgrenze vor. Vetter trug vor, dass »[...] der DGB mit allen Mitteln Widerstand leisten würde, wenn jemals versucht werden sollte, die Oder-Neiße-Grenze mit Gewalt zu ändern [...]. Der DGB könne aber keine staatspolitische Anerkennungserklärung für die polnische Grenze abgeben, denn das sei und bleibe die Aufgabe der Bundesregierung [...]«. Die Quelle 21, 1970, Heft 5, S. 204.

Dokument 24   2. Juni 1970

Nach Ansicht von Kollegen *Kluncker* können wir nicht so tun, als stünden wir noch am Punkt Null und könnten noch sondieren. Die Lage sei völlig klar, daß zumindest in diesem Jahr kein Berliner Gewerkschafter in eine Spitzendelegation des DGB oder der Gewerkschaften aufgenommen werden könne. Trotzdem plädiere er nicht für einen Abbruch der Kontakte. Man müsse in diesem Zusammenhang auch die allgemeine und außenpolitische Situation in der Bundesrepublik berücksichtigen. Er möchte noch einmal wiederholen, daß es für ihn entscheidend sei, daß der DGB und die Einzelgewerkschaften sich nicht auseinander manövrieren lassen. Seine früher geäußerten Alternativvorschläge sollten dazu dienen, in der Diskussion vielleicht einen Ausweg zu finden. Das Beschränken auf gemeinsame politische Veranstaltungen, wie z. B. die Europäische Friedenskonferenz, halte er nicht für einen gangbaren Weg. Er sehe nach wie vor die Möglichkeiten von Fachseminaren mit gewerkschaftlichen Themen oder den Austausch kleiner zentraler Spitzendelegationen, bei denen die Berlin-Frage keine Rolle spiele. Seiner Meinung nach sollte sich die Einreiseverweigerung für Kollegen Frister nicht so auswirken, daß überhaupt keine Kontakte mehr stattfänden, weil das auch Einfluß auf den Kontakt mit den anderen Ostblockgewerkschaften haben würde. Er glaube auch nicht, daß die GEW das verlange.

SITZUNGSUNTERBRECHUNG: MITTAGSPAUSE VON 13.45 BIS 14.30 UHR.

Kollege *Hauenschild* regt an, die sowjetischen Gewerkschaften zu bitten, sich schriftlich zu dem von uns überreichten Memorandum zu äußern.

Kollege *Vetter* hält das zwar für möglich, glaubt aber nicht, daß uns die Antwort weiterhelfen könnte, weil sie sicher nicht anders ausfiele als die Stellungnahme der Delegation.

Auch Kollege *Heiß* würde es bei dem offensichtlichen Festliegen der Standpunkte beider Seiten für wenig nützlich halten, jetzt von den sowjetischen Gewerkschaften eine schriftliche Stellungnahme zu dem Memorandum zu verlangen. Für ihn habe sich aus der bisherigen Diskussion folgendes ergeben: Er begrüße den Vorschlag, die Angelegenheit noch einmal in den Vorständen der Gewerkschaften zu beraten. Diese Beratung solle doch wohl möglichst zum Ziel haben, zu einer einheitlichen Auffassung in der Berlin-Frage zu kommen, d. h. den vom Geschäftsführenden Bundesvorstand eingenommenen Standpunkt mit zu tragen. Sollten die einzelnen Gewerkschaften trotzdem zu einer anderen Auffassung kommen, müßte man darüber eben noch einmal sprechen. Die bisher gemachten Vorschläge schienen ihm für die Lösung des Problems nicht ausreichend. Er möchte an dieser Stelle fragen, ob man in den Vorständen der einzelnen Organisationen berichten könne, daß nach wie vor Einmütigkeit in der Berlin-Frage im Bundesvorstand gegeben sei.

Kollege *Sickert* berichtet, dass er soeben telefonisch gebeten worden sei, dem Bundesvorstand mitzuteilen, daß die Berliner IG Metall in einer Vorstandssitzung einstimmig beschlossen habe, keinerlei Kontakte mit sowjetischen Gewerkschaften zu halten oder aufzunehmen, solange der jetzige Standpunkt des DGB in der Berlin-Frage aufrechterhalten würde. In der gleichen Weise habe er sich auch eben in einem Interview mit dem RIAS geäußert. Seine Bitte, besonders auch nach den gestrigen Erfahrungen mit der sowjetischen Delegation, gehe dahin, daß keine Gewerkschaft, solange die Spitzengespräche noch liefen, ihre Berliner Kollegen ermuntere, direkte Kontakte mit den sowjetischen Gewerkschaften herzustellen. Man würde sonst den Sowjets die Möglichkeit geben, unsere Einheit zu zerstören und dem DGB in den Rücken zu fallen.

Kollege *Mahlein* kommt zurück auf die Bemerkung des Kollegen Tacke bezüglich der Anerkennung der Oder-Neiße-Grenze. Die Behauptung sei falsch, daß er in dem Kommuniqué über den Polen-Besuch die Oder-Neiße-Grenze anerkannt habe. Richtig sei vielmehr, daß er eine Entschließung des Außerordentlichen Gewerkschaftstages 1969 zitiert habe, in der die Bundesregierung aufgefordert wird, die Oder-Neiße-Grenze anzuerkennen.[23]

Zur Frage der Kontakte mit den sowjetischen Gewerkschaften könne er für seine Gewerkschaft sagen, daß von Anfang an vereinbart war, alle Kontakte, auch die auf Landesebene z. B., über die Zentralen abzuwickeln. Der direkte Kontakt zwischen Betrieben sei für sie nicht nur eine politische, sondern auch eine finanzielle Frage. Aus finanziellen Gründen käme ein Kontakt auf dieser Ebene für seine Gewerkschaft gar nicht in Frage.

Kollege *Brenner* ist der Meinung, daß man versuchen sollte, nun zu einer gemeinsamen Auffassung über die diskutierten Fragen zu kommen, ohne endgültige Beschlüsse vorwegzunehmen. Man müsse auch wissen, was gegenüber Presse und Fernsehen geäußert werden solle. Er möchte folgende Punkte kurz festhalten:

1. Es dürfen keinerlei Zweifel an der Einheit der Organisation des DGB aufkommen. Die völlige Übereinstimmung des Bundesvorstandes mit dem Geschäftsführenden Bundesvorstand in bezug auf das Memorandum und die eingenommene Haltung in der Berlin-Frage muß klar herausgestellt werden.
2. Es muß deutlich werden, daß wir, im Gegensatz zu den sowjetischen Gewerkschaften, als DGB nicht die Beauftragten der Regierung sind.
3. Wir wollen nicht Kontakte um der Kontakte willen, d. h. ohne daß wir ein Motiv dazu hätten. Wir müssen uns auch in diesem Punkt um eine einheitliche Auffassung innerhalb des DGB und seiner Gewerkschaften bemühen. Das erfordert Zeit. Die politischen Gesichtspunkte sind weder in diesem Gremium noch auf Kongressen oder [en ausdiskutiert worden.
4. Wir wünschen keinen Abbruch der Gespräche. Das muß ebenfalls deutlich gesagt werden. Wir sind davon überzeugt, daß nur über den Weg von Verhandlungen und Gesprächen eine Verständigung möglich ist.

---

23 Im Entschließungsantrag Nr. 3 »Zur Regierungsneubildung« wird im 2. Absatz u. a. gefordert: »Die Anerkennung der Oder-Neiße-Grenze, die Erklärung der Nichtigkeit des Münchner Abkommens, die Normalisierung der Beziehungen zur DDR und die Unterzeichnung des Atomwaffensperrvertrages«. Außerordentlicher Gewerkschaftstag der Industriegewerkschaft Druck und Papier, Koblenz 1969, [22.10.–25.10.1969], Stuttgart 1970, S. 39.

5. Man sollte bei allen Überlegungen auch die historische Entwicklung sehen, sowohl in der Sowjetunion als auch in der kommunistischen Welt insgesamt. Außerdem sollte auf den demokratischen Einfluß der Gewerkschaften in der westlichen Welt und in der Bundesrepublik hingewiesen werden.

Kollege Brenner würde es für richtig halten, wenn man neben der ausdrücklichen Billigung des Verhaltens des Geschäftsführenden Bundesvorstandes noch erklären würde, daß die heutige Berichterstattung und Beratung im Bundesvorstand in den Vorständen der im DGB vereinten Gewerkschaften zur Diskussion gestellt werde und in der nächsten oder – wie es angeregt wurde – einer der nächsten Bundesvorstandssitzungen eine endgültige Stellungnahme abgegeben würde. Wir sollten auf jeden Fall auch herausstellen, daß wir nach wie vor Kontakte wünschen, damit die Entspannungs- und Verständigungspolitik des DGB gegenüber dem Ostblock fortgesetzt werden könne.

Kollege *Vetter* faßt noch einmal kurz das Ergebnis der Diskussion wie folgt zusammen:

Der Bundesvorstand hat in seiner heutigen Sitzung ausdrücklich die Haltung des Geschäftsführenden Bundesvorstandes gebilligt, der in seinem Auftrag mit der sowjetischen Delegation verhandelt hat. Er stellt sich auch vollinhaltlich hinter das Memorandum »DGB-Landesbezirk Berlin fester Bestandteil des Deutschen Gewerkschaftsbundes«. Er ist nach eingehender Diskussion zu der Auffassung gelangt, die Fragen nunmehr in den Vorständen der einzelnen Gewerkschaften zu erörtern und in einer der nächsten Bundesvorstandssitzungen abschließend zu behandeln. Er bringt darüber hinaus unverändert seinen Willen zum Ausdruck, daß Kontakte zwischen dem DGB und den Gewerkschaften des Ostblocks aufrechterhalten werden sollen.

In der anschließenden Diskussion, an der sich die Kollegen *Sperner, Brenner, Vetter, Freitag, Tacke, Kersten, Pfeiffer, Fehrenbach* und *Hauenschild* beteiligen, wird diese Linie grundsätzlich gebilligt. Es wird erneut die Frage gestellt, wie sich die Gewerkschaften bis zur abschließenden Beratung in einer der nächsten Bundesvorstandssitzungen in bezug auf bereits vorbereitete oder geplante Kontakte mit sowjetischen Gewerkschaften verhalten sollen und ob darüber in der Öffentlichkeit eine Erklärung abgegeben werden müßte.

Kollege *Vetter* weist, unterstützt von einigen Kollegen, noch einmal mit allem Nachdruck darauf hin, wie notwendig es sei, den eingenommenen Standpunkt durch entsprechendes Verhalten zu bekräftigen, d. h. die Kontakte in der Zwischenzeit ruhen zu lassen. Das bedeute keineswegs, daß man Absagen aussprechen müsse. Man könne mit irgendwelchen Begründungen Terminverschiebungen erreichen. Vielleicht könnten die Verzögerungen sogar bewirken, daß die sowjetische Gewerkschaftsführung noch einmal zu den Gesprächen Stellung nehme.

Eine erneute Diskussion, an der sich die Kollegen *Woschech, Hauenschild, Vetter, Hirche, Vietheer, Kluncker, Brenner, Sickert, Fehrenbach, Pfeiffer* und *Tacke* beteiligen, ergibt sich aus der Frage, ob eine Delegation des DGB im Juli nach Moskau reisen soll, um ein bereits seit langem geplantes und mit öffentlichen Mitteln bezuschußtes Modellseminar zwischen deutscher und sowjetischer Gewerkschaftsjugend vorzubereiten. Es war vorgesehen, daß Kollege Woschech die Delegation leiten und in Moskau die Gespräche führen sollte. Einige Gewerkschaftsvorsitzende weisen darauf hin, daß sie ihren Vorständen eine befristete Unterbrechung der Kontakte nicht überzeugend klarmachen könnten, wenn ein solcher Beschluß des Bundesvorstandes nicht auch für die Mitglieder des Geschäftsführenden Bundesvorstandes gelte. Auch der Einwand, daß ein GBV-Mitglied in Moskau die Haltung zur Berlin-Frage erneut vortragen und vertreten könne und daß außerdem die Beteiligung von Berliner Kollegen, sowohl bei dem Seminar in der Bundesrepublik als auch später in der Sowjetunion, vorgesehen sei, kann die überwiegende Mehrheit des Bundesvorstandes nicht zu einer Änderung ihrer Auffassung veranlassen. Auch diese Tatsachen würden nicht zu einer Klärung der Situation beitragen, sondern eher das Gegenteil bewirken. In der weiteren Diskussion ergibt sich schließlich die übereinstimmende Meinung, daß die im Juli in Moskau zur Vorbereitung der Jugendseminare zu führenden Gespräche rein technischer Art sein werden und der Bundesvorstand damit einverstanden ist, daß die technische Kommission des DGB vom Bundesjugendsekretär geleitet wird.

Kollege *Vetter* stellt abschließend die Zustimmung des Bundesvorstandes zu der von ihm vorher vorgetragenen gemeinsamen Linie und dem vorläufigen befristeten Verzögern weiterer Kontakte fest. Dies wird sowohl für die Gewerkschaften als auch den Geschäftsführenden Bundesvorstand verbindlich sein.[24]

12. LEITSÄTZE DER GEWERKSCHAFTSJUGEND

[Nach kurzer Diskussion beschließt der Bundesvorstand, die Leitsätze der Gewerkschaftsjugend in der nächsten Bundesvorstandssitzung als Punkt 2 der Tagesordnung abschließend zu beraten.]

[Anschließend legt *Woschech* einen neuen Terminvorschlag für die Durchführung des 9. Ordentlichen Bundeskongresses vor: 28.5. bis 3.6.1972. Der Bundesvorstand ist mit diesem Termin einverstanden.]

Ende der Sitzung: 16.40 Uhr

---

24 Siehe Stellungnahme des Bundesvorstandes zu den Ostkontakten, in: ND, 2.6.1970, Nr. 170 sowie in einem Artikel in der WdA, 12.6.1970, Nr. 24. Hier nahm Heinz O. Vetter zum Besuch der sowjetischen Gewerkschaftsdelegation Stellung und zog eine Zwischenbilanz der Ostkontakte.

DOKUMENT 25

5. Juni 1970: Antwortschreiben des Vorsitzenden des FGDB, Warnke, an den Vorsitzenden des DGB, Vetter[1]

Briefkopf: Freier Deutscher Gewerkschaftsbund Bundesvorstand. Ms., hekt., 5 S.

DGB-Archiv, 5/DGAI001695.

Werter Kollege Vetter

Das Präsidium des Bundesvorstandes des Freien Deutschen Gewerkschaftsbundes hat Ihr vom 8. Mai dieses Jahres datiertes Schreiben an den Vorsitzenden des Bundesvorstandes des FDGB am 26. Mai 1970 erhalten. Es stellt fest, daß der Brief bereits am 11. Mai durch den Bundesvorstand des DGB der Öffentlichkeit bekannt gegeben wurde und schon vorher Stellungnahmen dazu gegenüber der Presse erfolgten, ohne daß der FDGB im Besitz dieses Briefes war.

Wir haben mit großem Bedauern und Befremden davon Kenntnis genommen, daß sich der Bundesvorstand des DGB wiederum nicht bereiterklärt hat, die Einladung des FDGB für ein Gespräch, diesmal nach Magdeburg, anzunehmen. Angesichts dieser Sachlage entstehen Zweifel, ob die Worte des Bundesvorstandes des DGB über seine Bereitschaft zu Gesprächen im Interesse der Verbesserung der Beziehungen der Völker, zur Sicherung des Friedens und zum Wohlergehen der arbeitenden Menschen ernst gemeint sind und der DGB-Bundesvorstand auch gewillt ist, sie in die Tat umzusetzen.

Wir sind nach wie vor an einem Stattfinden des Gesprächs interessiert und gehen davon aus, daß auch der DGB eine Organisation der Arbeiterklasse ist. Diese aber ist an der Herbeiführung der friedlichen Koexistenz zwischen der DDR und der Bundesrepublik, an der Beratung über solche Probleme wie soziale Sicherheit, Mitbestimmungsrechte, Gleichberechtigung der Frau, Recht der Jugend, Fragen der Bildung und andere gewerkschaftliche Probleme interessiert.

Wir haben es deshalb nicht an großer Geduld und Entgegenkommen gegenüber dem DGB-Bundesvorstand fehlen lassen und ihm Vorschläge und Einladungen übermittelt.

Wir verstehen es nicht, daß Sie Magdeburg als Ort des Treffens ablehnen, wenn Sie wirklich das Gespräch von Delegationen des Bundesvorstandes des FDGB und des Bundesvorstandes des DGB wollen. Der vom Bundesvorstand des DGB nun schon wiederholt bezogene Standpunkt, daß für die

---

1 Fernschreiben von Vetter an den FDGB vom 9.6.1970: »Werter Kollege Warnke! Ich möchte nicht versäumen, Ihnen schriftlich den Empfang Ihres Schreibens vom 5. Juni 1970 zu bestätigen, das mir die Kollegin Dr. Steininger und der Kollege Walter Hantsche in Düsseldorf haben übermitteln lassen. Sie werden sicherlich inzwischen darüber berichtet haben, daß der DGB-Bundesvorstand sich in seiner nächsten Sitzung am 7. Juli 1970 mit diesem Schreiben beschäftigen wird. Mit kollegialen Grüßen Heinz O. Vetter.« DGB-Archiv, DGB-BV, Abt. Vorsitzender 5/DGAI000465.

Gespräche ausschließlich Düsseldorf oder Berlin, als Sitz der jeweiligen Bundesvorstände, in Betracht kämen, ist noch keine Antwort auf unsere wiederholten Einladungen, sondern eine nachträglich erhobene ultimative Forderung. Der Bundesvorstand des FDGB weist ganz entschieden den Versuch des Bundesvorstands des DGB zurück, bestimmen zu wollen, in welchen Ort der Deutschen Demokratischen Republik er eine Delegation des Bundesvorstands des DGB einladen darf und wohin nicht. Das ist ureigenste Angelegenheit des FGDB.

In Ihrem Schreiben stellten Sie die Behauptung auf, der FDGB habe Vorbedingungen für eine Zusammenkunft gestellt. Das ist unwahr! Die Beratungen können sofort in Magdeburg ohne Vorbedingungen stattfinden.

Wie ist denn die Lage? Der Bundesvorstand des FDGB hatte am 18. Februar 1970 den DGB in die Hauptstadt der DDR, Berlin, eingeladen. Mit Ihrem Antwortschreiben vom 3. März 1970 nahmen Sie diese Einladung an. In einem technischen Vorgespräch am 18. März 1970 im Hause des DGB in Düsseldorf wurde Einigung über die Zusammensetzung der Delegationen, den Termin der Begegnung, die Tagungsstätte sowie den technisch-protokollarischen Verlauf erzielt.[2] Deshalb konnte die Arbeitsgruppe des FDGB am Schluß des Vorgesprächs die höfliche Frage stellen, an welchem Grenzort wir als Gastgeber die Delegation des DGB begrüßen könnten. Niemals war von unserer Seite die Frage Westberlin in die Debatte geworfen worden. Aber nunmehr kam die erste durch den DGB gestellte Vorbedingung. Der DGB-Vorstand ließ antworten, daß er nicht, wie in solchen Fällen üblich, über die Grenze zwischen beiden Staaten, sondern über Westberlin in die DDR einreisen wolle. Westberlin gehört nicht zur Bundesrepublik. Aber der FDGB sollte veranlaßt werden, dem Anspruch der herrschenden Kreise Westdeutschlands auf Zugehörigkeit Westberlins zur Bundesrepublik direkt oder indirekt zuzustimmen. Eine solche politische Vorbedingung weist der FDGB, als die umfassende Klassenorganisation der Arbeiter, Angestellte und Angehörigen der Intelligenz der DDR, entschieden zurück.

Es ist doch bekannt, welche Funktion Westberlin seit über 20 Jahren in der DDR-feindlichen und gegen den Sozialismus gerichteten Politik des westdeutschen Monopolkapitals und seiner herrschenden Kräfte zugewiesen ist, daß es gegen die Interessen für Frieden und Entspannung missbraucht wird. Auch der Bundesvorstand des DGB sollte wissen, daß die Westberlin-Frage nicht mit Kniffen aus der Welt geschafft werden kann. Der Bundesvorstand des DGB versteht sehr wohl, dass er mit seiner gegenwärtigen Haltung eine Hürde gegen eine Zusammenkunft in Berlin, der Hauptstadt der DDR, aufstellte. Die von Ihnen aufgestellte Vorbedingung ist Wasser auf die Mühlen von verständigungsfeindlichen Kräften. Das richtet sich nicht zuletzt gegen die Interessen der Westberliner Arbeiter, Angestellten und Gewerkschafter, denen ein Abbau der Störenfried-Rolle Westberlins nur zugute käme.

---

2 Siehe Besprechungsnotiz vom 20.3.1970, erstellt von Wilhelm Gronau, DGB-Archiv, DGB-BV, Abt. Vorsitzender 5/DGAI001693.

Dokument 25 5. Juni 1970

Unsere nächste Einladung in den FDGB-Erholungsort Boltenhagen bewies den ernsthaften Willen des FDGB, für das Zustandekommen eines Gesprächs eine Weg zu finden, der auch für den DGB bei gleicher Ernsthaftigkeit seiner Bemühungen annehmbar gewesen wäre.

Offensichtlich gibt es jedoch Kräfte in und außerhalb der DGB-Führung, die daran nicht interessiert sind. Wie sonst soll man es verstehen, [daß] die Bundesvorstandssitzung des DGB am 7. April 1970 die Einladung nach Boltenhagen schroff ablehnte?[3] Zuvor [war] jedoch in einem zweiten technischen Vorgespräch am 2. April 1970, ebenfalls im Hause des DGB in Düsseldorf, vollständige Einigung über die technischen und organisatorischen Fragen eines Gesprächs in Boltenhagen erzielt worden. Darüber gibt es eine schriftliche, von beiden Seiten unterzeichnete Vereinbarung, die auch die Einreiseformalitäten und das Eintreffen der DGB-Delegation am 25. April 1970 um 8.30 Uhr am Grenzübergangsort Selmsdorf vorsah. Der Bundesvorstand des DGB aber antwortete mit »Nein«! Wir schlugen darauf, wiederum ohne Vorbedingungen, Magdeburg als Tagungsort vor. Abermals hat jetzt der Bundesvorstand das DGB mit »Nein« geantwortet.

Diese Haltung steht doch offensichtlich im Widerspruch zu dem in den letzten Tagen und Wochen geäußerten Verlangen einer wachsenden Zahl westdeutscher Gewerkschafter nach einem geregelten, friedlichen Nebeneinanderleben der DDR und der BRD, der völkerrechtlichen Anerkennung der DDR und nach normalen Beziehungen zwischen unseren Organisationen.

Das zutage getretene erschreckende Ausmaß des Neonazismus und Revanchismus in der Bundesrepublik – nicht zuletzt in Kassel 20./21.5.1970[4] – zeigt, wie notwendig es ist, die Kraft der Arbeiterklasse und ihrer gewerkschaftlichen Organisationen gegen diese Kräfte und ihre Politik einzusetzen.

Für die Arbeiter und Gewerkschafter, für alle Kräfte, die Frieden und wirkliche Entspannung ehrlich wollen, ist wiederum bewiesen worden, dass heute mit der Politik des Antikommunismus, mit dem Ignorieren der Realitäten keines der anstehenden Probleme gelöst werden kann. Davon sollte auch der Bundesvorstand des DGB ausgehen.

Der Bundesvorstand des FDGB lädt erneut eine Delegation des DGB-Bundesvorstands zum Gespräch in die DDR ein. Wir wiederholen unseren Vorschlag, das erste Gespräch in Magdeburg zu führen, und sind bereit, zu einem weiteren Gespräch Ihre Einladung nach Düsseldorf oder einem anderen von Ihnen vorgeschlagenen Ort der Bundesrepublik anzunehmen.

---

3 In der 8. Bundesvorstandssitzung am 7.4.1970 fand unter TOP 7 »Kontakte zum FDGB« die Diskussion über Tagungsort und Einreise zum Treffen statt. Das Gespräch sollte am 25.4.1970 in dem Erholungsheim des FDGB »Fritz-Reuter« in Boltenhagen, Bez. Rostock, stattfinden und die Einreise der DGB-Delegation sollte über den Grenzübergang Selmsdorf erfolgen. DGB-Archiv, DGB-BV, Abt. Vorsitzender 5/DGAI000465 (Dok. 20).

4 Gemeint ist hier die Demonstration von Rechtsextremisten gegen Willi Stoph und die DDR beim Treffen zwischen Willy Brandt und Willi Stoph in Kassel siehe hierzu u. a.: Merseburger: Brandt, S. 605 ff.

Es könnte auch in Betracht gezogen werden, die erste Zusammenkunft an einem zweiten Tag in der BRD, zum Beispiel in Braunschweig oder einem anderen vom DGB zu bestimmenden Ort, fortzusetzen.
Mit kollegialem Gruß
H. Warnke, Vorsitzender

Dokument 26

3. Juni 1970: Protokoll der 3. Sitzung des Bundesausschusses

Hans-Böckler-Haus in Düsseldorf; Vorsitz: Heinz O. Vetter; Protokollführung: Marianne Jeratsch; Sitzungsdauer: 10.15–15.30 Uhr; ms. vermerkt: »Vertraulich«.[1]
Ms., hekt., 13 S., 1 Anlage.[2]

DGB-Archiv, 5/DGAI000444.

Beginn der Sitzung: 10.15 Uhr

[Nachdem *Vetter* Alfons Lappas, Eugen Loderer und Josef Rothkopf zum Geburtstag gratuliert hat, wird die folgende Tagesordnung beschlossen.]

Tagesordnung:
1. Genehmigung des Protokolls der 2. Bundesausschußsitzung [4.3.1970]
2. Bundesausschusssitzung am 9.9.1970 in Berlin
3. Spende für die Opfer der Erdbebenkatastrophe in der Türkei
4. Spende für die Hochwassergeschädigten in Rumänien
5. Aktion »Politische Bücher und Zeitschriften«
6. Bericht der Revisoren
7. Änderung der Richtlinien für die Gewährung von Unterstützung an ehemalige Gewerkschaftsangestellte und deren Witwen
8. Gehaltsregelung für die DGB-Beschäftigten
9. 9. Ordentlicher Bundeskongreß
10. Information über die Problematik »Arbeitnehmerkammern«
11. Gewerkschaftspolitischer Lagebericht
12. Fragestunde
13. Verschiedenes

1. Genehmigung des Protokolls der 2. Bundesausschusssitzung

[Nach Korrektur von zwei von Lappas schriftlich ausgewiesenen Unrichtigkeiten im Protokoll wird dieses genehmigt.]

---
1 Einladungsschreiben vom 11.5. bzw. 20.5.1970, DGB-Archiv, DGB-BV, Abt. Vorsitzender 5/DGAI000406.
2 Anlage: Anwesenheitsliste.

Dokument 26 3. Juni 1970

2. BUNDESAUSSCHUSSSITZUNG AM 9.9.1970 IN BERLIN

Der Bundesausschuß ist damit einverstanden, daß seine nächste Sitzung in Zusammenhang mit dem Kongreß der Gewerkschaft Nahrung, Genuß, Gaststätten und den Sitzungen vom Geschäftsführenden Bundesvorstand und Bundesvorstand am 9.9.1970 in Berlin stattfindet.

3. SPENDE FÜR DIE OPFER DER ERDBEBENKATASTROPHE IN DER TÜRKEI

[Auf Empfehlung von GBV und Bundesvorstand sollen DM 50.000,-- gespendet und der Arbeiterwohlfahrt zur weiteren Verwendung überwiesen werden.[3]]

4. SPENDE FÜR DIE HOCHWASSERGESCHÄDIGTEN IN RUMÄNIEN

[Zweckgebunden sollen DM 25.000,-- aus dem Solidaritätsfonds zur Verfügung gestellt werden.[4]]

5. AKTION »POLITISCHE BÜCHER UND ZEITSCHRIFTEN«

[Zur Deckung der Kosten sollen die noch offenen DM 80.000,-- aus dem Solidaritätsfonds unter der Bedingung der endgültigen Einstellung der Aktion bereitgestellt werden.[5]]

6. BERICHT DER REVISOREN

Der Bundesausschuß nimmt den Revisionsbericht zustimmend zur Kenntnis.[6]

7. ÄNDERUNG DER RICHTLINIEN FÜR DIE GEWÄHRUNG VON UNTERSTÜTZUNG AN EHEMALIGE GEWERKSCHAFTSANGESTELLTE UND DEREN WITWEN

[Der Änderung wird in der vorlegten Form zugestimmt.[7]]

8. GEHALTSREGELUNG FÜR DIE DGB-BESCHÄFTIGTEN[8]

[Die Vorlage *Woschechs* zeigt den Verhandlungsgang mit dem Gesamtbetriebsrat bis zum Abschluss der Gehaltsregelung und der Neufassung der Anstellungsbedingungen. Nach einer Verständnisfrage des Kollegen *Hoffmann*

---

3 Siehe Beschluss des Bundesvorstandes in seiner 8. Sitzung am 7.4.1970 (Dok. 20).
4 Siehe Beschluss des Bundesvorstandes in seiner 10. Sitzung am 2.7.1970 (Dok. 25).
5 Siehe ebd.
6 Siehe Beschluss des Bundesvorstandes in seiner 9. Sitzung am 5.5.1970 (Dok. 22).
7 Siehe Vorlage von Alfons Lappas vom 26.5.1970 mit einer Gegenüberstellung der alten und neuen Fassung, DGB-Archiv, DGB-BV, Abt. Vorsitzender 5/DGAI000406. Durch die Änderung in den Richtlinien erhalten gewerblich Beschäftigte (z. B. Reinmachefrauen, Hilfskräfte in Gewerkschaftsschulen usw.) die Möglichkeit, sich als Versorgungsberechtigte der Unterstützungskasse anzuschließen.
8 Vorlage Franz Woschech vom 21.5.1970, DGB-Archiv, DGB-BV, Abt. Vorsitzender 5/DGAI000406 und Annahmeempfehlung des Bundesvorstandes in seiner 9. Sitzung am 5.5.1970 (Dok. 22).

zur Gehaltsstruktur wird die Gehaltsregelung beschlossen und der Formulierungsänderung im Tätigkeitskatalog sowie der Neufassung der Zusatzregelung für Kraftfahrer in der vorgelegten Form zugestimmt.]

9. 9. ORDENTLICHER BUNDESKONGRESS

[Es wird beschlossen, dass der Kongress vom 28.5. bis 3.6.1972 in Berlin stattfindet.]

10. INFORMATION ÜBER DIE PROBLEMATIK »ARBEITNEHMERKAMMERN«

Kollege *Vetter* weist auf den vorgelegten Entwurf einer Stellungnahme des DGB betreffend die Verfassungsmäßigkeit der Arbeitskammer des Saarlandes hin[9] und erteilt Kollegen Farthmann dazu und zu einem kurzen Bericht über die bisherige Arbeit der Kommission »Arbeitnehmerkammern« das Wort.[10]

Kollege *Farthmann* erinnert daran, daß der letzte Bundeskongreß den Bundesausschuss beauftragt hat, in einer Arbeitsgruppe eine endgültige Stellungnahme des DGB zum Problem der Arbeitskammern vorzubereiten.[11] Die Kommission habe unter Vorsitz des Kollegen Vetter zweimal getagt. Eine dritte Sitzung sei für den 19. Juni vorgesehen.[12] Das bisherige Arbeitsergebnis sei sehr erfreulich. Man habe weitgehende Übereinstimmung in der Frage der Ablehnung von Arbeitskammern erzielt. Beschlüsse darüber seien jedoch noch nicht gefaßt worden. Viele neue Gesichtspunkte zum Gesamtkomplex der überbetrieblichen Mitbestimmung seien erörtert worden, und man war sich einig, dass der DGB sich nicht darauf beschränken könne, Arbeitskammern abzulehnen, sondern ein positives Gegenkonzept entwickeln müsse. Die Tendenz ginge dahin, den bisher bestehenden Industrie- und Handelskammern und den Handwerkskammern ihren öffentlich-rechtlichen Status zu entziehen. Neue, paritätisch zu besetzende Institutionen, Wirtschaftskammern, sollen an ihre Stelle treten und die öffentlich-rechtliche Aufgabe dieser Kammern übernehmen. Eine entsprechende Vorlage für die nächste Sitzung der Kommission am 19.6. werde zurzeit erarbeitet.[13]

---

9 17-seitiger Entwurf eines Briefes an den Präsidenten des Bundesverfassungsgerichts als Vorsitzenden des Ersten Senats: Verfassungsbeschwerde gegen das Urteil des Bundesverwaltungsgerichts vom 25.2.1966, Az I BvR 259/66, DGB-Archiv, DGB-BV, Abt. Vorsitzender 5/DGAI000406.
10 Schriftverkehr, Beratungsunterlagen und Sitzungsprotokolle der Kommission, in: DGB-Archiv, DGB-BV, Abt. Gesellschaftspolitik 5/DGAK000025 bis 5/DGAK000027.
11 Siehe Anträge 362 (LB Hessen) und 363 (GTB) zu den Arbeitskammern bzw. zur Bildung einer Kommission zur Prüfung der Arbeitnehmerkammern, in: Protokoll 8. Bundeskongreß, Teil: Anträge und Entschließungen, S. 336–338. In den Beratungsunterlagen, Anträgen oder Entschließungen gibt es keine einheitliche Sprachregelung. Die Arbeiterkammer ist identisch mit Arbeitnehmerkammer.
12 Die erste Kommissionssitzung fand am 5.3.1970 statt. DGB-Archiv, DGB-BV, Abt. Gesellschaftspolitik 5/DGAK000027.
13 Das 7-seitige Arbeitspapier »Arbeitskammern und gesamtwirtschaftliche Mitbestimmung« wurde am 11.6.1970 von Wilhelm Kaltenborn den Kommissionsmitgliedern zugesandt. DGB-Archiv, DGB-BV, Abt. Gesellschaftspolitik 5/DGAK000025.

Dokument 26 3. Juni 1970

Zu dem vorgelegten Entwurf einer Stellungnahme an das Bundesverfassungsgericht erklärt Kollege Farthmann, daß der DGB schon im vergangenen Jahr aufgefordert worden sei, seine Stellungnahme zu der Verfassungsbeschwerde eines Angestellten aus dem Saarland hinsichtlich der Verfassungsmäßigkeit der Arbeitskammer im Saarland abzugeben.[14] Es sei Fristaufschub erbeten worden, weil die eigene Meinungsbildung zu dem Thema noch nicht abgeschlossen war. Letzter Abgabetermin sei nun der 30. Juni. Kollege Farthmann weist auf die Schwierigkeit hin, daß der DGB sich bei Unterstützung der Verfassungsbeschwerde in einer Teilfrage des Gesamtproblems festlegen würde, d. h. auch später an der Ablehnung der Arbeitskammern festhalten müsse. Andererseits sei es kaum vertretbar, auch im Hinblick auf die erbetene Fristverlängerung, die Abgabe einer Stellungnahme an das Bundesverfassungsgericht abzulehnen.

Kollege *Vetter* betont, daß damit zu rechnen sei, daß die Kommission zu einer Ablehnung der Arbeitskammer komme und daß sie außerdem einen Vorschlag zur überbetrieblichen Mitbestimmung vorlegen werde. Seiner Absicht nach sei es erforderlich, gegenüber dem Bundesverfassungsgericht eine Stellungnahme abzugeben, zumal man sich in der Kommission in der Ablehnung von Zwangszusammenschlüssen einig sei. Die Aufgabe einer solchen Teilstellungnahme würde jedoch den DGB politisch nicht binden.

Kollege *Jacobi* spricht sich gegen eine Stellungnahme des DGB zum jetzigen Zeitpunkt aus. Die umfangreiche Vorlage sei erst heute übergeben und auch vom Bundesvorstand noch nicht diskutiert worden. Außerdem solle man einer abschließenden Erklärung zu dem Gesamtproblem nicht vorgreifen. Im Übrigen gelte für die Arbeitskammer Bremen wohl das gleiche wie für die Arbeitskammer Saarland.

Kollege *Heiß* weist auf die politische Bedeutung verfassungsrechtlicher Fragen hin, die auch für die Verfassungsbeschwerde der Gewerkschaft Textil-Bekleidung zutreffe, die zurzeit beim Bundesverfassungsgericht zur Entscheidung anstehe.[15] Auch Kollege Heiß ist gegen die Abgabe einer nicht ausreichend diskutierten Stellungnahme. Seiner Ansicht nach müßte die Arbeit der Kommission umfassender sein, als von Kollege Farthmann dargestellt.

Auch Kollege *Stadelmaier* kritisiert die Arbeit der Kommission und hält wegen der politischen Bedeutung eine Stellungnahme zum jetzigen Zeitpunkt nicht für ratsam.

Kollege *Lehlbach* schlägt vor, daß nicht der Bundesausschuss, sondern die juristische Abteilung des DGB die seiner Ansicht nach notwendige Stellungnahme zur Arbeitnehmerkammerfrage abgibt. Im Übrigen halte er die Arbeit der Kommission für absolut übereinstimmend mit dem Kongreßauftrag. Man solle das neue Modell durchgliedern bis hin zu einem Bundeswirtschaftsrat

---

14 Siehe Diskussion über die Errichtung von Arbeitskammern auf der Sitzung der Kommission zur Durchführung des Aktionsprogramms am 2.2.1970 (Dok. 13).
15 Verfassungsbeschwerde der GTB zur verfassungsrechtlichen Zulässigkeit tarifvertraglicher Differenzierungsklauseln. Siehe dazu Bericht von Heinz Gester auf der 5. Sitzung des Bundesvorstandes am 6.1.1970, Top 13 (Dok. 10).

und so eine durchgängige Konzeption der überbetrieblichen Mitbestimmung schaffen.

Kollege *Vetter* weist darauf hin, daß die Frage der Zwangsmitgliedschaft ein Problem sämtlicher öffentlich-rechtlicher Einrichtungen ist und der DGB jede Gelegenheit wahrnehmen sollte, seine Meinung dazu zu äußern. Wenn wir in bezug auf die Arbeitskammern die Verfassungsmäßigkeit der Zwangsmitgliedschaft bestreiten, könnte das auch dazu führen, dass einzelne Bundesländer es sich überlegen, solche Arbeitskammern zu gründen, wie es jetzt teilweise geplant sei.[16] Kollege Vetter ist nach wie vor der Meinung, daß eine vom Bundesausschuß abgegebene rechtliche Stellungnahme des DGB nicht hindern wird, später endgültig politische Stellung zu nehmen.

[In der anschließenden Diskussion wird die Meinung bekräftigt, dass nicht die juristische Abteilung des DGB, sondern der Bundesausschuss eine klare Stellungnahme abzugeben habe.]

Kollege *Vetter* bringt einen weiteren Gesichtspunkt in die Diskussion und unterstreicht die Notwendigkeit eine DGB-Stellungnahme. Kollege Vetter sieht sich nicht in der Lage, die Bundesregierung weiterhin nachdrücklich aufzufordern, sich im Sinne der Gewerkschaft Textil-Bekleidung zur Klage dieser Gewerkschaft beim Bundesverfassungsgericht in Sachen Differenzierungsklausel zu äußern, wenn sich der DGB weigere, zur Frage der Verfassungsmäßigkeit der Arbeitskammer Saarland Stellung zu nehmen.

Kollege *Pfeiffer* weist auf Seite 11 der Vorlage und die ihm logisch erscheinende Billigung der Zwangsmitgliedschaft in der Industrie- und Handelskammer hin.[17]

Kollege *Vetter* greift den Einwand auf. Er hält es nicht für erforderlich, in diesem Zusammenhang auf das Thema einzugehen. Man solle sich auf die Aussage beschränken, die von uns erwartet wird.

Die Kollegen *Hauenschild* und *Jacobi* sprechen sich für eine unterstützende Stellungnahme zu der Verfassungsbeschwerde aus, wünschen jedoch, daß weitgehende politische Äußerungen aus der Vorlage herausgenommen werden.

Kollege *Reuter* hält es für unmöglich, sich ohne Begründung gegen etwas auszusprechen. Ein Gutachten könne nicht ohne politische Argumente abgegeben werden. Wenn man in der Frage der Zwangsmitgliedschaft bei Arbeitskammern und Industrie- und Handelskammern unterschiedliche Auffassungen habe, müsse man das, wie in der Vorlage geschehen, deutlich sagen.

Die Kollegen *Michels* und *Benz* sprechen sich noch einmal dafür aus, die Formulierungen auf der Seite 11 aus der Stellungnahme herauszunehmen,

---

16 Siehe Gesetzentwürfe über die Errichtung von Arbeitskammern der Landesarbeitsministerien von Baden-Württemberg, Bayern und Rheinland-Pfalz sowie einen revidierten Entwurf eines Landesarbeitskammergesetzes der CDU-Sozialausschüsse vom April 1970, DGB-Archiv, DGB-BV, Abt. Gesellschaftspolitik 5/DGAK000026.

17 Die folgende Diskussion bezieht sich auf die Seite 11 des 17-seitigen Entwurfs eines Briefes des DGB-Justiziars, Heinz Gester, an den Präsidenten des Bundesverfassungsgerichts, siehe Fußnote 9 in diesem Dokument.

Dokument 26 3. Juni 1970

unterstreichen aber nachdrücklich die Notwendigkeit einer baldigen Klärung unseres Standpunktes zum Problem der Industrie- und Handelskammern, insbesondere im Hinblick auf die so wichtigen Struktur- und Ausbildungsfragen.

Kollege *Vetter* stellt abschließend fest, daß der Bundesausschuß mit der Abgabe einer Stellungnahme des DGB zur Verfassungsmäßigkeit der Arbeitskammer des Saarlandes an das Bundesverfassungsgericht grundsätzlich einverstanden ist. Die Vorlage soll noch einmal im Sinne der heutigen Diskussion überarbeitet und so abgefaßt werden, dass die politische Entscheidungsfreiheit des DGB in Hinblick auf das Gesamtproblem der Arbeitskammern nicht beeinträchtigt wird.

11. GEWERKSCHAFTSPOLITISCHER LAGEBERICHT

Kollege *Vetter* gibt zunächst einen kurzen Bericht über die Gespräche mit der sowjetischen Gewerkschaftsdelegation. Er erinnert daran, daß beim Besuch der DGB-Delegation in Moskau das Berlin-Problem auf Wunsch der sowjetischen Gewerkschaftsführer, besonders auch im Hinblick auf die damalige politische Situation im Ostblock, zurückgestellt worden war. Die Haltung, die der Geschäftsführende Bundesvorstand bei den jetzt stattgefundenen Gesprächen in der Berlin-Frage eingenommen habe, gehe aus dem dem Bundesausschuß vorliegenden Memorandum hervor und entspreche den Beschlüssen des Bundesvorstands.[18] Der Geschäftsführende Bundesvorstand habe nachdrücklich betont, daß die Wahrung der Integrität des DGB und der Grundsatz der Nichteinmischung wesentliche Voraussetzungen für die Weiterführung der Kontakte seien. Im Gegensatz zu früheren Äußerungen habe die sowjetische Gewerkschaftsdelegation unmißverständlich darauf verwiesen, daß die Politik von Gewerkschaften, Partei und Staat in der Sowjetunion völlig einheitlich sei und deshalb eine Unterscheidung des staatsrechtlichen Status von Westberlin und der Zugehörigkeit der Westberliner Gewerkschaftsorganisationen zum DGB unmöglich sei. Man erkenne zwar die Existenz des Westberliner DGB und der Westberliner Gewerkschaften an und sei auch bereit, Kontakte mit den Westberliner Organisationen aufzunehmen. Man sei sogar bereit, gleichzeitig eine Berliner Delegation und eine Delegation aus der Bundesrepublik in der Sowjetunion zu empfangen, allerdings unter der Bedingung einer klaren Trennung der beiden Gruppen. Der Geschäftsführende Bundesvorstand habe seinen Standpunkt unmißverständlich vertreten und der sowjetischen Delegation mitgeteilt, daß die durch die starre Haltung der sowjetischen Gewerkschaften eingetretene Lage erneut im Bundesvorstand beraten werde.

Die sehr ausführliche Diskussion habe im Bundesvorstand zu folgendem Ergebnis geführt:[19]

---

18 Siehe Dok. 25, Fußnote 10.
19 Siehe 10. Sitzung des Bundesvorstandes am 2.6.1970, Top 11 (Dok. 25).

1. Der Bundesvorstand billigt ausdrücklich die Haltung des Geschäftsführenden Bundesvorstands, der in seinem Auftrag mit der sowjetischen Delegation verhandelt hat.
2. Der Bundesvorstand stellt sich vollinhaltlich hinter das Memorandum »DGB-Landesbezirk Berlin fester Bestandteil des Deutschen Gewerkschaftsbundes«.
3. Die offenen Fragen sollen nunmehr in den Vorständen der einzelnen Gewerkschaften erörtert und in einer nächsten Bundesvorstandssitzung abschließend behandelt werden.
4. Der Bundesvorstand bringt seinen unveränderten Willen zum Ausdruck, Kontakte zwischen dem DGB und den Gewerkschaften des Ostblocks aufrechtzuerhalten.

Es sei im Bundesvorstand außerdem verabredet worden, bis zur abschließenden Beratung im Bundesvorstand die bereits angelaufenen Kontakte mit den sowjetischen Gewerkschaften ruhen zu lassen. Man wolle damit auch der sowjetischen Gewerkschaftsführung Gelegenheit geben, das Ergebnis der Düsseldorfer Gespräche noch einmal zu überdenken, um vielleicht zu einer anderen Auffassung zu gelangen.

Zum Thema FDGB verweist Kollege *Vetter* auf die übersandte Dokumentation über den Schriftwechsel mit dem FDGB. Mehr sei im Augenblick dazu nicht zu berichten.[20]

Die Kontakte mit den Gewerkschaften in Polen, Rumänien, Bulgarien, Jugoslawien und Ungarn verliefen zufriedenstellend und seien bisher durch das Berlin-Problem nicht belastet. Eine unterschiedliche Aussage habe sich allerdings in bezug auf die Oder-Neiße-Grenze ergeben. Während die DGB-Delegation eine Stellungnahme dazu abgelehnt habe, habe eine Delegation der IG Druck und Papier, basierend auf einem Kongreßbeschluß, die Anerkennung der Oder-Neiße-Grenze gefordert.[21]

Im Übrigen legt Kollege Vetter Wert auf die Feststellung, daß es eine internationale Gewerkschaftspolitik und keine West- oder Ostpolitik des DGB gibt.

Auf die Frage des Kollegen *Vitt*, ob man sich schon Gedanken über die Fortführung der Kontakte nach der sogenannten Funkstille gemacht habe, und den Einwand des Kollegen *Rappe*, ob man nicht, insbesondere angesichts der heftigen außenpolitischen Debatten in der Bundesrepublik[22], eine etwas flexiblere Haltung hätte einnehmen und auch die Bereitschaft zu weiteren

---

20 Siehe auch: Chronologische Darstellung der Kontakte DGB-FDGB, in: DGB-Archiv, DGB-BV, Internationale Abt. 5/DGAJ000545. Vgl. auch »Sozialpolitischer Kommentar« des Bayerischen Rundfunks vom 12.5.1970 von Egon Lutz: »Das Elend der gewerkschaftlichen Ostpolitik«, Ms., 6 Seiten, DGB-Archiv, DGB-BV, Abt. Vorsitzender 5/DGAI000406.
21 Siehe den angenommenen Antrag Nr. 258 »Oder-Neiße-Grenze« auf dem Gewerkschaftstag 1968 der IG Druck und Papier. 8. Ordentlicher Gewerkschafttag der Industriegewerkschaft Druck und Papier, Koblenz 1968, [22.10.–25.10.1968], Stuttgart o. J., S. 156.
22 Gemeint war Widerstand gegen die Ostpolitik der Bundesregierung vonseiten der CDU/CSU-Opposition, den Vertriebenenverbänden und Teilen der Medien, insbesondere der Springer Presse. Siehe hierzu u. a. Faulenbach: Das sozialdemokratische Jahrzehnt, S. 102 ff.

Dokument 26 3. Juni 1970

Kontakten hätte betonen sollen, antwortet Kollege *Vetter:* Nach übereinstimmender Auffassung sei im Augenblick keine andere Stellungnahme als die abgegebene möglich gewesen, wolle man nicht von vornherein die Haltung von Geschäftsführendem Bundesvorstand und Bundesvorstand in Frage stellen. Der Wille zu weiteren Kontakten als Beitrag zur Völkerverständigung sei deutlich genug herausgestellt worden. Man könne das Berlin-Problem jetzt nicht einfach übergehen und so tun, als sei nie darüber gesprochen worden. Kollege Vetter erinnert in diesem Zusammenhang noch einmal an die Visaverweigerung für die Kollegin Hoppe und den Kollegen Frister als Westberliner Bürger. Auch hätten die Sowjets deutlich erkennen lassen, daß sie fest entschlossen seien, den direkten Kontakt mit Berliner Gewerkschaften unter Umgehung der Bundesorganisationen zu suchen. Das könne auf keinen Fall hingenommen werden. Über die Fortführung der Kontakte solle erst beraten werden, wenn der Bundesvorstand zu einer abschließenden Stellungnahme gekommen sei. Im Übrigen gelte für die Mitglieder des Geschäftsführenden Bundesvorstandes das gleiche wie für die Gewerkschaften, daß man sich vorläufig an keinerlei Kontakten mit den sowjetischen Gewerkschaften beteilige. Ein bereits festgelegtes technisches Gespräch über einen Jugendaustausch zwischen der Sowjetunion und der Bundesrepublik Deutschland werde deshalb in Moskau nur vom Leiter der DGB-Jugendabteilung geführt.

Kollegin *Hoppe* schildert kurz, wie es nach der in Prag ausdrücklich ausgesprochenen Einladung zur Teilnahme an einem internationalen Kongreß zu der Visaverweigerung für sie und den Kollegen Frister gekommen ist.

Kollege *Brenner* stellt noch einmal deutlich heraus, daß wir die Kontakte zu den sowjetischen Gewerkschaften nicht abgebrochen haben, sondern nur aus den bereits dargelegten Gründen eine Verzögerung eintreten lassen. Es müsse auch in der Öffentlichkeit klar gemacht werden, dass wir Kontakte mit den Ostblockländern nicht um der Kontakte willen wünschen, sondern weil wir damit bestimmte politische Überlegungen verbinden. Man müsse versuchen, in der Öffentlichkeit deutlich zu machen, daß bei den Kontaktbemühungen mit dem FDGB nicht der DGB, sondern die östliche Seite die Berlin-Frage aus Prestigegründen hochgespielt habe. Wahrscheinlich sei auch ein direkter Zusammenhang zwischen der harten Haltung der sowjetischen Delegation und dem Verhalten des FDGB gegeben. Wichtig sei auf jeden Fall, die Tür offen zu halten, bis die Beratungen in den Hauptvorständen der Gewerkschaften und anschließend im DGB-Bundesvorstand abgeschlossen seien.

Kollege *Hauenschild* möchte ausdrücklich festgelegt wissen, daß alle Gewerkschaften bereit sind, sich an die Absprache der gestrigen Bundesvorstandssitzung zu halten, die Kontakte mit den sowjetischen Gewerkschaften zwar nicht abzubrechen, sie aber bis zu einer Entscheidung im Bundesvorstand ruhen zu lassen. Nach seiner Ansicht müsse unbedingt der Eindruck unterschiedlicher Auffassungen zwischen DGB und einzelnen Gewerkschaften in der Öffentlichkeit vermieden werden.

---

23 DGB-Bundesvorstand nimmt Stellung zu Ostkontakten, in: ND, 2.6.1970, Nr. 170.

Kollege *Vetter* bekräftigt die Meinung des Kollegen Hauenschild und weist noch einmal auf die Versuche der Sowjets hin, durch Einzelkontakte mit den Berliner Gewerkschaften – wie z. B. durch die angeblich ausgesprochene Einladung der ÖTV Berlin – die Bundesorganisationen zu umgehen und die gemeinsame Haltung von DGB und Gewerkschaften zu durchbrechen. Vielleicht sollte man überlegen, ob nicht die Vorsitzenden der Gewerkschaften in einem Schreiben an die sowjetischen Brudergewerkschaften die eingetretene Situation erläutern und um Beratung im Sinne einer möglichen Weiterführung der Kontakte bitten sollten. Ich [Vetter] habe auch in Erwägung gezogen, die bereits gestern abgegebene Erklärung noch durch den Bundesausschuß ergänzen zu lassen, sei aber zu der Überzeugung gekommen, dass dies wie eine Interpretierung des Willens des Bundesvorstandes wirken könne.[23]

Kollege *Schmidt* berichtet kurz über den Besuch einer Delegation der IG Bergbau und Energie in der Sowjetunion und über die Widerstände, die die Sowjets dem Wunsch nach Kontakten auf betrieblicher Ebene entgegengesetzt hätten. Das decke sich mit der gestern erwähnten stillschweigenden Übergehung der sowjetischen Delegation hinsichtlich des vereinbarten Kontaktes auf den unteren Ebenen.

Kollege *Brenner* hält es für unbedingt erforderlich, daß wir an der Einheit der Gesamtorganisation einschließlich Westberlin keinerlei Zweifel aufkommen lassen. In dieser für den DGB so wichtigen Frage dürfen sich die Gewerkschaften nicht auseinander manövrieren lassen. Kollege Brenner bittet deshalb darum, daß man bei den Beratungen in den einzelnen Vorständen den Versuch unternimmt, zu einer einheitlichen Auffassung zu kommen. Es sollte dabei klar zu Ausdruck gebracht werden, daß der DGB und die Gewerkschaften einen Mißbrauch der Haltung des DGB in der Berlin-Frage für parteipolitische Zwecke ablehnen.

Kollege *Vetter* schlägt vor, in der gesamten Gewerkschaftspresse in diesem Sinne zu berichten und auch damit die einheitliche Auffassung zu bekräftigen. Kollege Vetter stellt abschließend fest, daß der Bundesausschuß nach eingehender Beratung die gestern abgegebene Stellungnahme des Bundesvorstandes einstimmig billigt und mit dem beschlossenen Vorgehen einverstanden ist.

Kollege *Vetter* geht nun auf die Entwicklung der internationalen Beziehungen im westlichen Bereich ein. Es erscheint ihm notwendig, im Rahmen des Europäischen Bundes Freier Gewerkschaften[24] zu einer wirkungsvolleren Zusammenarbeit zu kommen. Er würde es für wünschenswert halten, wenn sich der DGB und die Gewerkschaften einmal mit der Frage beschäftigen würden, ihre Satzungen dahingehend zu ergänzen, daß Beschlüsse des EBFG für sie bindend sind, wie das z. B. beim NVV in Holland schon geschehen sei. Wich-

---

24 Der EBFG wurde im April 1969 in Den Haag gegründet als Nachfolger des Europäischen Gewerkschaftssekretariats. Abgelöst wurde er am 8./9.2.1973 durch den in Brüssel gegründeten Europäischen Gewerkschaftsbund (EGB). Mit der Gründung der Abt. Europäische Integration (Dok. 1, TOP 2) war nicht nur eine stärkere Mitwirkung des DGB an der Europapolitik, sondern auch das Bemühen um eine effiziente Koordinierung innerhalb der Gewerkschaften in spezifischen europabezogenen Problemfeldern beabsichtigt.

tig wäre es auch, zu gemeinsamen Aussagen in sozial- und tarifpolitischen Fragen zu kommen. Ein erster Schritt zur gemeinsamen Aktion sei bisher nur im Bereich der Chemiewirtschaft erfolgt. Erste Kontakte über die Aufnahme der britischen und skandinavischen Gewerkschaften in den EBFG seien geknüpft und würden in Kürze weiter ausgebaut.

Die durch den Austritt der AFL/CIO für den IBFG heraufbeschworene Situation sieht Kollege Vetter nach wie vor als schlecht an. Er glaube nicht, daß die für den 25. und 26. Juni geplanten Gespräche zwischen Vertretern des IBFG und der AFL/CIO, falls sie überhaupt zustande kämen, eine Änderung der Lage herbeiführen könnten.[25] Auch der Tod Reuthers würde sich sicher nicht positiv auswirken und eher noch die harte und starre Haltung Meanys verstärken.[26] Weitere Verhandlungen mit der AFL/CIO seien kaum noch vertretbar. Möglicherweise würde es dazu kommen, daß die Fachinternationalen[27] die Kontakte übernehmen müßten, was sicher für den IBFG ungünstig wäre. Deshalb habe man bisher den Versuch noch nicht aufgegeben, unter Aufrechterhaltung der notwendigen Selbständigkeit die AFL/CIO in den IBFG zurückzuholen, um die mögliche Bildung einer weiteren, vierten Internationale zu verhindern.[28]

Auf die Frage des Kollegen *Vitt*, ob in den USA noch immer ein Vertreter des IBFG tätig sei und eventuell unter dem Einfluß der AFL/CIO stehe, erklärt Kollege *Vetter*, daß es seines Wissens nur noch einen IBFG-Vertreter bei der UNO gebe, der aber lediglich für technische Fragen zuständig sei. Schwierig sei dagegen die Lage in Nordamerika, d. h. im kanadischen Bereich. Die Selbständigkeitsbestrebungen der kanadischen Gewerkschaften verstärken sich, und sie seien auch nicht bereit, der AFL/CIO zu folgen und aus dem IBFG auszutreten. Wie die Entwicklung dort weitergehe, sei noch nicht zu übersehen.

SITZUNGSUNTERBRECHUNG: MITTAGSPAUSE VON 13.30 BIS 14.20 UHR

[Zu Beginn der Nachmittagssitzung stellt *Vetter* fest, dass, wie bei den vorherigen Sitzungen, eine größere Anzahl von Bundesausschussmitgliedern die Sitzung bereits verlassen hatte. Dies sei bedauerlich in Hinblick auf die

---

25 Am 25./26.6.1970 in Genf kam es zu Verhandlungen des intergewerkschaftlichen Ausschusses über den Wiedereintritt der AFL/CIO in den IBFG, siehe TOP 19 der 7. Sitzung des Bundesvorstandes am 3./4.3.1970 (Dok. 18).
26 1968 beschloss der UAW-Vorstand – nicht zuletzt aufgrund unüberbrückbarer Differenzen zwischen Walter P. Reuther und George Meany – den Austritt der Automobilgewerkschaft aus der AFL/CIO. Walter P. Reuther kam am 9.5.1970 bei einem Flugzeugabsturz in Michigan ums Leben. Siehe Biografie über Reuther: Lichtenstein: Reuther.
27 Die Fachinternationalen waren die Internationalen Berufssekretariate (IBS). Zwischen dem IBFG und den IBS bestand eine »Arbeitsteilung«, nach der die IBS die industriespezifischen Interessen vertrat, während der IBFG sich auf die allgemeinen gewerkschaftspolitischen Anliegen konzentrieren sollte. Zur Kooperation zwischen dem IBFG und den IBS siehe Werner Reutter: Internationale Berufssekretariate – Restposten nationaler Gewerkschaftspolitik oder globale Akteure?, in: Alemann/Weßels: Verbände, S. 137–161.
28 Nach dem Austritt der ALF/CIO aus dem IBFG bestand die Gefahr, dass der AFL/CIO einen neuen internationalen Gewerkschaftsbund gründen könnte.

Bestrebungen, die Wirkungsmöglichkeit des Bundesausschusses zu stärken. Anschließend führt er aus, dass Bundestagsabgeordnete und die Vertreter der IG Bergbau und Energie, der Gewerkschaft Leder und der Gewerkschaft Textil-Bekleidung wegen anderer Verpflichtungen nicht mehr teilnehmen könnten. Im Weiteren berichtet er über das internationale Symposium über Gewerkschaftstheorien in der DGB-Bundesschule Bad Kreuznach und über die Überlegungen zur Durchführung der Veranstaltungen zum 1. Mai.]

Kollege *Vetter* gibt nun einen kurzen Bericht über den Stand der Beratungen in der Satzungskommission. Zwei Überlegungen seien vielleicht besonders erwähnenswert: Man erwäge, im Rahmen eines einführenden Referats auf dem außerordentlichen Kongreß, das die Selbstdarstellung des DGB und seiner Aufgaben zum Inhalt haben sollte, die Dinge anzusprechen, die man nicht in Paragraphen erfassen kann, die aber zur Straffung und Stärkung der Organisation beitragen könnten. Außerdem denke man daran, alle Mitgliedsgewerkschaften anzuregen, bis zum Kongreß eine Art mittelfristige Zukunftsplanung zu erarbeiten, die für einen Zeitraum von etwa fünf Jahren aussagt, wie sich der eigene Organisationsbereich entwickeln wird und welche Konsequenzen daraus zu ziehen sind. Die Ergebnisse dieser gewerkschaftlichen Zukunftsforschung könnten eine wertvolle Bereicherung und Ergänzung des außerordentlichen Kongresses darstellen und sollten dann auch zu gemeinsamen Schlußfolgerungen führen. Im Übrigen würden bis zur Erstellung eines eigenen Entwurfs sicher noch zwei Sitzungen der Satzungskommission notwendig sein. Es müsse abgewartet werden, wie dann die Diskussion in den einzelnen Gremien und Organen vor sich gehe und welche Anträge dann noch eingereicht würden.

Kollege *Vetter* führt weiter aus, daß sich für die gewerkschaftlichen Vorhaben im innerpolitischen Bereich durch die Koalitionsbildung in Bonn zwangsläufig eine gewisse Rangfolge ergeben habe. So sei nach seiner Ansicht kaum damit zu rechen, die qualifizierte Mitbestimmung im Verlauf eines Jahres durchzusetzen. Deshalb habe unser besonderes Interesse im Augenblick bei der Novellierung des Betriebsverfassungsgesetzes gelegen. Wichtig sei, künftig die Arbeitnehmer gerade in den Betrieben zu informieren und zu aktivieren, die nach den DGB-Vorstellungen unter die qualifizierte Mitbestimmung fallen sollen.

Nach den Landtagswahlen am 14. Juni[29] sollten auch die bereits begonnenen Gespräche mit den Parteien wieder aufgenommen werden, um zu prüfen, welche unserer Forderungen künftig durchsetzbar sind.

12. FRAGESTUNDE

[An dem Gespräch zur Broschüre über die Tagung in Bad Kreuznach, einer DGB-Konzeption zur Steuerreform und einer vergleichenden Übersicht über

---

29 Am 14.6.1970 fand die Wahl zum Niedersächsischen Landtag statt. Die SPD erhielt die parlamentarische Mehrheit. Alfred Kubel wurde Ministerpräsident.

Dokument 27 7. Juli 1970

die Gehälter der Vorsitzenden und Vorstandsmitglieder beteiligen sich *Vitt, Vetter, Heiß* und *Woschech*.

13. VERSCHIEDENES

[*Vetter* teilt den geplanten Termin für die nächste Sitzung der Konzertierten Aktion mit, und *Henschel* gibt einen Bericht zu Steuerfragen und einer stattgefundenen Besprechung mit Bundesfinanzminister Alex Möller.]

Ende der Sitzung 15.30 Uhr

DOKUMENT 27

7. Juli 1970: Protokoll der 11. Sitzung des Bundesvorstandes

Hans-Böckler-Haus in Düsseldorf; Vorsitz: Heinz O. Vetter; Protokollführung: Isolde Funke, Marianne Jeratsch; Sitzungsdauer: 10.05–16.45 Uhr; ms. vermerkt: »Vertraulich«.[1]
Ms., hekt., 12 S., 2 Anlagen.[2]

DGB-Archiv, 5/DGAI000536.

Beginn der Sitzung: 10.05 Uhr

[*Vetter* eröffnet die Sitzung und nach kurzer Diskussion wird die Tagesordnung beschlossen.]

Tagesordnung:
 1. Genehmigung des Protokolls der 10. Bundesvorstandssitzung
 2. Leitsätze der Gewerkschaftsjugend
 3. Konjunkturpolitische Lage
 4. Kuratorium Unteilbares Deutschland – Aussprache mit Vertretern des Kuratoriums
 5. Sonderleistung für Organisierte
 6. Versteuerung von Streikunterstützung
 7. Novellierung des Betriebsverfassungsgesetzes
 8. Kontakt zum FDGB
 9. Erklärung zum Weißbuch 1970 der Bundeswehr
 10. Erklärung zur Wehrdienstverweigerung
 11. Popularisierung der DGB-Forderung für eine flexible Altersgrenze
 12. Sitzungen des Bundesvorstandes
    a) im August 1970
    b) im September 1970
    c) im Oktober 1970

---

1 Einladungsschreiben vom 10. und 24.6.1970. Nicht anwesend: Georg Neemann, Herbert Stadelmaier, Adolf Mirkes (vertreten durch Gerhard van Haaren), Helmut Greulich (vertreten durch Adolf Heidorn). DGB-Archiv, DGB-BV, Abt. Vorsitzender 5/DGAI000465.
2 Anlagen: Anwesenheitsliste, Stellungnahme des DGB zur Konjunkturpolitik.

1. Genehmigung des Protokolls der 10. Bundesvorstandssitzung

Der Bundesvorstand genehmigt das Protokoll der 10. Bundesvorstandssitzung.

2. Leitsätze der Gewerkschaftsjugend

Kollege *Woschech* verweist auf den vorliegenden Entwurf der Leitsätze der Gewerkschaftsjugend und die hierzu unterbreiteten Änderungsvorschläge vom 6. Juli.[3] Er bittet, die Leitsätze zu beraten und sie einschließlich der vorgelegten Änderungsvorschläge zu beschließen.

[Nach kurzer Diskussion wird beschlossen, jede Seite des Entwurfs der Leitsätze einzeln zu beraten. Es werden u. a. folgende Änderungen bzw. Neuformulierungen beschlossen: dass die Festsetzung der Altersgrenze auf 25 Jahre erfolgen müsse aufgrund der Vorschriften des Bundesjugendplans, dass die Vertreter des Bundesjugendausschusses entsprechend der DGB-Satzung zu wählen seien, dass die Bundesjugendkonferenz ihre Anträge über den Bundesjugendausschuss an den Bundeskongress, den Bundesausschuss und den Bundesvorstand weiterleite und dass der Bundesjugendausschuss in der Regel aus je einem hauptamtlichen Vertreter der Gewerkschaft bestehe. Abschließend empfiehlt der Bundesvorstand dem Bundesausschuss, dem geänderten Entwurf der Leitsätze der Gewerkschaftsjugend zuzustimmen.[4]]

3. Konjunkturpolitische Lage

Einleitend gibt Kollege *Vetter* einen kurzen Bericht über ein Gespräch am 1.7.1970, zu dem der Bundeskanzler kurzfristig eingeladen hatte, um zusammen mit einigen Mitgliedern des Kabinetts und Vertretern des DGB und der Gewerkschaften die aktuelle konjunkturpolitische Situation zu erörtern.[5] In dem Gespräch sei deutlich geworden, daß sich die Bundesregierung angesichts der wachsenden Unruhe in der Bevölkerung über die steigenden Preise veranlaßt sehe, Maßnahmen zu ergreifen, die sowohl konjunkturpolitische als auch psychologische Wirkungen haben sollten.

Als eine der Maßnahmen, die insbesondere die Arbeitnehmer betreffe, sei eine 10%ige Steuervorauszahlung für einen bestimmten Zeitraum geplant, für alle diejenigen, die mehr als DM 100,-- Lohnsteuer monatlich zahlen.

---

3 Siehe Sitzungsvorlage des Bundesjugendsekretärs, Walter Haas, vom 6.7.1970 mit den Änderungsvorschlägen zum Entwurf der Leitsätze, DGB-Archiv, DGB-BV, Abt. Vorsitzender 5/DGAI000465.
4 In seiner 4. Sitzung am 8.9.1970 stimmt der Bundesausschuss unter TOP 6 der Vorlage »Leitsätze der Gewerkschaftsjugend« zu, siehe DGB-Archiv, DGB-BV, Abt. Vorsitzender 5/DGAI000406. Die Leitsätze sind abgedr. in: ID, 22.9.1970, Nr. 18.
5 Zum Konjunkturgespräch hatten Rudolf Henschel und Heinz Markmann für Vetter Informationen bereitgestellt. Notizen über dieses Gespräch von Rudolf Henschel, DGB-Archiv, DGB-BV, Abt. Gesellschaftspolitik 5/DGAK000016. In den Terminkalendern bzw. Terminplänen Willy Brandts ist vermerkt am 1.7.1970: »20.15 Uhr Kanzlerbungalow, Abendessen und Gespräch mit Vertretern des DGB«, WBA, A1 Persönliche Unterlagen/Biografische Materialien 1913–1992, 32. Ein Gesprächsprotokoll wurde nicht angefertigt.

Dokument 27 7. Juli 1970

Außerdem erwäge man, die vorgesehene Erhöhung des Arbeitnehmerfreibetrages bis zu einem konjunkturgünstigeren Zeitpunkt zurückzustellen. Kollege Vetter führt weiter aus, daß die Vertreter des DGB ihre bereits mehrfach geäußerte Ablehnung von Steuervorauszahlungen zu Lasten der Arbeitnehmer erneut unmißverständlich zum Ausdruck gebracht hätten. Der DGB sei im Übrigen der Meinung, daß die durch die vorgesehenen Maßnahmen angestrebte Kaufkraftabschwächung nicht dazu führen würde, tatsächlich preisdämpfend zu wirken. Irgendwelche Absprachen habe es in dem Gespräch am 1.7.1970 entgegen anderslautenden Pressemeldungen nicht gegeben.[6] Eine erste kurze Stellungnahme des DGB sei bereits veröffentlicht.[7]

Kollege *Henschel* erläutert, daß bei einer Steuervorauszahlung von 10%, für die sich die Mehrheit des Kabinetts ausgesprochen habe, und bei der vorgesehenen Grenze von DM 100,-- Lohnsteuer monatlich etwa 15% aller Arbeitnehmer betroffen würden, d. h. praktisch alle Facharbeiter und damit die Masse unserer Mitglieder. Dazu komme noch, psychologisch erschwerend, die für die Mehrzahl der Arbeitnehmer ungünstigere unterschiedliche Belastung von Lohn- und Einkommensteuerpflichtigen. Die Einkommensteuer werde rückwirkend gezahlt, die Lohnsteuer jedoch nach dem gegenwärtigen Einkommen berechnet. Eine Änderung dieses Systems sei leicht durchführbar und werde vom DGB seit längerem gefordert. Kollege Henschel ist der Meinung, daß man im Hinblick auf die bevorstehenden Fraktionsverhandlungen noch einmal deutlich machen sollte, daß der DGB an seiner Ablehnung von Steuervorauszahlungen festhält, weil er sie ökonomisch nicht für angebracht und, sozialsymmetrisch gesehen, für eine übermäßige Belastung der Arbeitnehmer hält. Im Übrigen habe er den Eindruck gewonnen, daß sich die Verärgerung der Bevölkerung nicht generell gegen die Preissteigerungen richte, sondern z. B. insbesondere gegen die Erhöhung der Mieten, der Kfz-Versicherung u.ä. Diese Preissteigerungen aber würden durch die vorgesehenen Maßnahmen überhaupt nicht berührt. Man sollte deshalb in die Diskussion gezielte, selektive Maßnahmen zur Preisdämpfung mit einbeziehen.

Kollege *Seibert* berichtet, daß er in der SPD-Fraktion den Vorschlag gemacht habe, die Zahl der von den Steuervorauszahlungen betroffenen Arbeitnehmer dadurch zu verringern, dass die Grenze von DM 100,-- Lohnsteuer monatlich auf DM 150,-- heraufgesetzt würde.[8] Außerdem habe er sich für eine Verzinsung der Steuervorauszahlung ausgesprochen. Beide Anregungen sollten s.E. bei der DGB-Stellungnahme berücksichtigt werden.

Kollege *Kluncker* ist der Ansicht, daß die Gewerkschaften ihren Mitgliedern gegenüber verpflichtet seien, die geplanten Maßnahmen nicht stillschweigend hinzunehmen, sondern Aktionen zu erwägen, nachdem feststehe, daß die

---

6 Bei der Aussprache im Kanzleramt sollten sich Heinz O. Vetter und andere Vertreter des DGB nicht mehr grundsätzlich den Steuererhöhungen zur Konjunkturdämpfung widersetzt haben. Vgl. DGB nicht mehr gegen Steuererhöhungen, in: Rheinische Post, 3.7.1970.
7 In einer Pressemeldung dementierte der DGB seine Zustimmung zu einer konjunkturbedingten Erhöhung der Lohnsteuer, in: ND, 3.7.1970, Nr. 193 sowie Nr. 194, 3.7.1970.
8 Auf der Sitzung der SPD-Bundestagsfraktion am 7.7.1970 wurde dieser Vorschlag diskutiert. AdsD, SPD-Bundestagsfraktion, VI. Wahlperiode, 2/BTFF000036.

gewünschte Wirkung im Hinblick auf die Dämpfung des Preisniveaus nicht eintreten werde. Zurückhaltung in der Lohnpolitik für 1970 sei auch deshalb indiskutabel. Das könne er jedenfalls für seine Gewerkschaft sagen. Kollege Kluncker weist noch auf das für den 17.7. vorgesehene Gespräch im Rahmen der Konzertierten Aktion hin und regt eine Diskussion über den Sinn dieser Zusammenkunft angesichts der geplanten Maßnahmen an.

Auch Kollege *Sickert* hält die Maßnahmen für wenig wirkungsvoll. Da in der Presse bereits wieder der Eindruck erweckt worden sei, daß die Gewerkschaften durch ihre Lohnforderungen die Preissteigerungen verursacht[9] und auch die Regierungsparteien mit ähnlichen Äußerungen diesen Eindruck verstärkt hätten[10], sei es seiner Meinung nach wichtig, unser Nein zu begründen und damit unsere Mitglieder über die wirklichen Tatbestände aufzuklären.

Kollege *Vetter* weist in diesem Zusammenhang auf den 9-Punkte-Katalog zur Konjunkturpolitik hin, den der DGB in der letzten Konzertierten Aktion vorgelegt hatte.[11] Von diesen Vorschlägen habe die Regierung nicht einen einzigen aufgegriffen.

Kollege *Hauenschild* regt an, zu überlegen, ob man nicht auf die Beratungen der Fraktionen und damit auf die für das Wochenende zu erwartenden Entscheidungen des Parlaments[12] noch Einfluß nehmen könnte, vielleicht durch Gespräche, Petitionen oder ähnliches.

Kollege *Muhr* erwähnt aus dem Gespräch am 1. Juli, daß auch der Bundeswirtschaftsminister[13] nicht bestreiten konnte, daß die Anhebung des Preisniveaus nur zum geringeren Teil auf die Preiserhöhungen auf dem Konsumsektor zurückzuführen sind. Deshalb müsse man deutlich machen, daß eine Übernachfrage der Arbeitnehmer gar nicht vorhanden ist und jede Maßnahme in diese Richtung unwirksam sein würde, daß darüber hinaus die Arbeitnehmer bereits eine Reihe von Vorleistungen erbracht hätten. Kollege Muhr berichtet in diesem Zusammenhang, daß die Arbeitnehmer zurzeit etwa 4 Mrd. DM Sozialversicherungsbeiträge mehr zahlen, als zur Abdeckung der Verpflichtungen im nächsten und übernächsten Jahr erforderlich sind. Der Verband Deutscher Rentenversicherungsträger erwäge, den Versicherungsanstalten zu empfehlen, einen großen Teil dieser Mittel stillzulegen und damit auch zur Konjunkturstabilisierung beizutragen. Kollege Muhr ist

---

9 Vor kräftigen Lohn- und Gehaltsforderungen, die eine erneute Preiswelle auslösen würden, warnten u. a. Schleyer: Betonung des Klassenkampfes, in: Industriekurier vom 20.6.1970 und Hohe Zuwachsraten bei der Lohnsteuer, in: Die Welt vom 3.7.1970.
10 In der Synopse der Abt. Wirtschaftspolitik vom 10.6.1970, »DGB zur Preispolitik«, wurden keine konkreten Angaben zu den Äußerungen der Regierungsparteien aufgeführt. Vgl. DGB-Archiv, DGB-BV, Abt. Wirtschaftspolitik 5/DGAN000110.
11 Die Auffassungen des DGB für eine preisstabilisierende Wachstumspolitik wurden auf der Sitzung am 12.1.1970 von Georg Neemann erläutert. DGB für preisstabilisierende Wachstumspolitik, in: ND, 12.1.1970, Nr. 6.
12 Der Deutsche Bundestag hatte am 10./11.7.1970 eine Sondersitzung, in der die steuerlichen Maßnahmen zur Dämpfung der Konjunktur und zur Verhinderung weiterer Preissteigerungen beschlossen wurden. Siehe hierzu auch: DGB-Appell an den Bundestag, in: ND, 9.7.1970, Nr. 204.
13 An der Gesprächsrunde am 1.7.1970 im Kanzlerbungalow nahm auch Bundeswirtschaftsminister Karl Schiller teil. Siehe Fußnote 5 in diesem Dokument.

der Meinung, daß der DGB sein Nein zu den Steuervorauszahlungen begründen und mit Alternativen versehen sollte, um deutlich zu machen, daß von der Regierung für erforderlich gehaltene Maßnahmen nicht wieder zu Lasten der Arbeitnehmer gehen dürften. Man sollte z. B. die Aufhebung der Preisbindung 2. Hand wieder ins Gespräch bringen und Maßnahmen in Richtung Mietpreissteigerungen und Bodenspekulation fordern.

Kollege *Brenner* hält es für sehr wahrscheinlich, daß nach den durch das Kabinett bereits gefaßten Beschlüssen hinsichtlich der degressiven Abschreibung die Regierungsfraktionen auch den geplanten Steuervorauszahlungen ihre Zustimmung geben werden.[14] Dadurch ergebe sich sowohl für die Gewerkschaften als auch für die Regierung eine wenig erfreuliche Situation. Kollege Brenner bedauert, daß die Bundesregierung keinen der vom DGB bereits im Januar vorgelegten Vorschläge bei ihren Überlegungen berücksichtigt habe.[15] Er erinnert in diesem Zusammenhang auch an die Kontroversen mit Staatssekretär Dr. Arndt[16] und an die letzten Berichte des von ihm geleiteten Deutschen Instituts für Wirtschaftsforschung, in denen eindeutig behauptet wurde, daß die Löhne die Hauptursache für die starken Preissteigerungen seien.[17] Nach Meinung des Kollegen Brenner, die auch von einer Reihe von Wirtschaftsforschungsinstituten vertreten werde, sei es zum gegenwärtigen Zeitpunkt nicht mehr erforderlich, besondere Bremsmaßnahmen durchzuführen.[18] Eine Normalisierung der Konjunktur sei zu erwarten. Ganz sicher aber werde es im Herbst eine harte Tarifbewegung geben, bei der auch die Befristung der Tarifverträge eine Rolle spielen werde. Zusammenfassend unterstreicht Kollege Brenner die Notwendigkeit einer begründeten Ablehnung von Steuervorauszahlungen. In diese Stellungnahme des DGB sollten auch die bereits angesprochenen Fragen wie Preisbindung 2. Hand usw. einbezogen werden.

---

14 Die Koalitionsfraktionen von SPD und FDP hatten in ihrer jeweiligen Fraktionssitzung am 7.7.1970 dem vom Bundeskabinett beschlossenen Entwurf eines Gesetzes über die Erhebung eines rückzahlbaren Konjunkturzuschlages zur Einkommens- und Körperschaftssteuer zwischen August 1970 und Juli 1971 und der zweiten Verordnung über steuerliche Konjunkturmaßnahmen (Bundestagsdrucksache VI/1013) zugestimmt. Siehe Sitzung der SPD-Bundestagsfraktion am 7.7.1970, AdsD, SPD-Bundestagsfraktion, VI. Wahlperiode, 2/BTFF000036.
15 Siehe Anmerkungen in Fußnote 8 in diesem Dokument.
16 Klaus Dieter Arndt (1927–1974), 1967–70 Parlamentarischer Staatssekretär im Bundesministerium für Wirtschaft. Die Kontroversen zwischen Arndt und den Gewerkschaften in Fragen der mittelfristigen Finanz- und Wirtschaftsplanung der Bundesregierung. Siehe zur Kontroverse auch das Gespräch des Bundeswirtschaftsministers Karl Schiller und Klaus Dieter Arndts mit dem Bundesvorstand auf der 16. Sitzung am 2.11.1967. DGB-Archiv, DGB-BV, Abt. Vorsitzender 5/DGAI000535. Ein weiterer kontroverser Punkt zwischen Arndt und den Gewerkschaften war seine Ansicht, dass die »Konzertierte Aktion« ein Schritt zur überbetrieblichen Mitbestimmung sei.
17 Das Deutsche Institut für Wirtschaftsforschung hielt die Äußerungen von Otto Brenner, dass kräftige Lohn- und Gehaltserhöhungen die richtige Antwort auf die gegenwärtige Wirtschaftslage seien, für unverantwortlich. Vgl. Deutsche Industrieinstitut, in: Industriekurier, 20.6.1970.
18 Vgl. hierzu Otto Brenner: Bremsmaßnahmen nicht angebracht, in: Industriekurier, 7.7.1970. Die These Brenners unterstützte u. a. das Ifo-Institut, München, mit seinem im Mai 1970 herausgegebenen Konjunkturbericht.

Kollege *Tacke* weist darauf hin, daß die Bundesregierung ganz offenbar unter dem Zwang der Währungspolitik der Deutschen Bundesbank handelt.[19] Diese Politik richte sich eindeutig in den letzten Monaten gegen die Entwicklung der Arbeitnehmereinkommen.

Nach Meinung des Kollegen *Vetter* hat die Diskussion eine einheitliche Auffassung des Bundesvorstandes zu den angesprochenen Fragen ergeben. Er schlägt vor, daß die Wirtschaftsexperten einen Entwurf für eine DGB-Stellungnahme erarbeiten und sie dem Bundesvorstand so schnell wie möglich zur Beratung und Beschlußfassung vorlegen. Diese Stellungnahme sollte neben der Ablehnung der Steuervorauszahlungen eine ausführliche Begründung enthalten und alle in der Diskussion vorgebrachten Gesichtspunkte berücksichtigen.

Der Bundesvorstand ist mit diesem Vorschlag einverstanden. Der Presse soll mitgeteilt werden, daß nach der Mittagspause eine Stellungnahme des DGB zur Konjunkturpolitik veröffentlicht wird und erst danach die Beratungen über die Kontakte zum FDGB aufgenommen werden.

4. KURATORIUM UNTEILBARES DEUTSCHLAND – AUSSPRACHE MIT VERTRETERN DES KURATORIUMS[20]

Herr *Dr. W. W. Schütz,* der Geschäftsführende Vorsitzende des Kuratoriums Unteilbares Deutschland, macht folgende Ausführungen: Der Deutsche Gewerkschaftsbund gehört zu den Gründern des Kuratoriums. Von Anfang an habe sich eine gute Zusammenarbeit mit dem DGB ergeben, die sich bis jetzt immer wieder bewährt habe. Wenn man von Deutschlandpolitik rede, so gehöre nicht nur die Deutschlandfrage dazu, sondern selbstverständlich auch die Gesellschafts- und Außenpolitik. Aufgrund der Zusammensetzung des Kuratoriums solle dieses politisch über die Parteien wirksam werden. Die Kontroversen aber, die sich gerade in der Deutschland- und auch in der Außenpolitik gezeigt hätten, würden natürlich auch in das Kuratorium hineinreichen. Sowohl Rechts- als auch Linksextremisten würden versuchen, ihre politischen Phrasen, die zum Teil antiquiert seien, den Bürgern in der Bundesrepublik zu oktroyieren; wobei die Rechtsextremisten in demokratischen Parteien wirksam würden mit dem Ziel, diese in ihrem Sinne zu beeinflussen. Die Politik der Bundesregierung werde nur von einem Teil der Bundesbürger begriffen. Es müsse deshalb auch Aufgabe des Kuratoriums sein, diese Politik deutlich zu machen. Diese Verdeutlichung könne aber nicht direkt seitens des Bundeskuratoriums geschehen, sondern müsse über die Landeskuratorien in die Ortskuratorien hinein wirken. Die Schwierigkeit hierbei sei, daß die Wirksamkeit des Kuratoriums jenseits der Parteipolitik stehen müsse.

---

19 Der Zentralbankrat der Bundesbank beschloss zum 1.7.1970, dass die Kreditinstitute zusätzlich ca. 3 Mrd. DM auf den unverzinslichen Konten der Bundesbank unterhalten müssten. Damit wollte die Bundesbank teilweise die liquidisierende Wirkung der in die Bundesrepublik geflossenen Devisen neutralisieren. Vgl. Die Welt, 2.7.1970.

20 In der 38. Sitzung des GBV am 13.4.1970 wurde beschlossen, Dr. Wilhelm Wolfgang Schütz und Gerd Honsálek als Vertreter des Kuratoriums zu einem Gespräch über gemeinsame Interessen in Fragen der Deutschland- und Ostpolitik in der Bundesvorstandssitzung zu empfangen. DGB-Archiv, DGB-BV, Abt. Vorsitzender 5/DGAI000183.

Dokument 27 7. Juli 1970

Die deutsche Frage komme aber nicht mehr zum Stillstand. Der Dialog hierüber werde nicht nur bei uns, sondern auch in den sozialistischen Staaten geführt. Das sei mit einer der Gründe, dass vorbereitende permanente Diskussionen unerlässlich sind, wenn wir in diesem Dialog bestehen wollen. Wenn auch augenblicklich noch die begonnenen Kontakte mit den Ostblockstaaten lediglich auf der oberen Ebene stattfinden, so sollte man sich doch darüber im Klaren sein, daß die Verlagerung auf die mittlere und untere Ebene nicht zu verhindern ist. Bei dem Gedankenaustausch der Bundesregierung mit der UdSSR und auch mit Polen sei deutlich geworden, daß bei diesen Gesprächspartnern Verständnis herrsche, daß das Verhältnis zwischen der BRD und der DDR ein anderes sei als das Verhältnis der BRD zu den Ostblockländern. Zusammenfassend macht er darauf aufmerksam, dass die deutsche Frage nicht mehr aus der Diskussion wegzudenken sei und es deshalb wichtig wäre, daß alle demokratischen Kräfte in der Bundesrepublik und hier in vorderster Linie der Deutsche Gewerkschaftsbund in Zusammenarbeit mit dem Kuratorium dafür Sorge tragen sollten, daß die nötige Aufklärung mehr als bisher geschaffen werde.

Kollege *Vetter* dankt Herrn Schütz für seine Ausführungen mit dem Bemerken, daß die Deutschland- und Ostpolitik für die nächste Zeit Schwerpunkt bleiben werde. Die Erfahrungen von Schütz würden sich mit denen decken, die der DGB in seinen Gesprächen mit russischen und polnischen Gewerkschaften gemacht habe. Die grundlegenden Gedanken und die Zusammenhänge der Deutschland- und Ostpolitik müßten nicht nur den Bürgern der Bundesrepublik näher gebracht werden, sondern vor allem den Mitgliedern der Gewerkschaften, wobei eine Zusammenarbeit zwischen dem DGB und dem Kuratorium begrüßenswert sei. Zu allen Dialogen sei die Friedensbereitschaft und die Verständigung mit den sozialistischen Völkern Basis der Gespräche. Wenn auch die Begegnungen manchmal sehr mühsam und lästig seien, so müsse der Versuch doch immer wiederholt werden. Wichtig sei auch nach seiner Ansicht, dass über die Arbeit und die Aufgaben des Kuratoriums unter den Mitgliedern der Gewerkschaften eine bessere Aufklärung geschaffen werden müßte.

Kollege *Stephan* nimmt zur Jahrestagung des Kuratoriums in Berlin Stellung[21] und gibt seiner Freude Ausdruck, daß diese Jahrestagung in diesem Jahr als eine Arbeitstagung abgewickelt werden solle und nicht wie bisher als eine Massenveranstaltung.[22] Das Treffen des Präsidiums bei Brandt sei sehr gut gewesen.[23] Man könne hoffen und wünschen, daß es nicht die letzte Bespre-

---

21 Die Jahrestagung fand vom 5. bis 7.12.1969 in der Berliner Kongresshalle statt. An ihr nahmen 70 Gewerkschafter teil, die sich am 4.12. zu einer Vorbesprechung, zwecks Absprache über Themen und Stellungnahmen, im Berliner Gewerkschaftshaus trafen. DGB-Archiv, DGB-BV, Abt. Gesellschaftspolitik 5/DGAK000043.
22 Auf der Arbeitstagung des Kuratoriums am 14.4.1970 wurde vorgeschlagen, die Jahrestagung vom 4. bis 6.12.1970 als eine interne Arbeitstagung durchzuführen, wobei der Teilnehmerkreis eingeschränkt werden sollte auf die wirklich aktiven Mitarbeiter des Kuratoriums. Vgl. Bericht Wilhelm Gronau über die Arbeitstagung, in: ebd.
23 Laut Terminkalender von Willy Brandt fand dieses Treffen am 16.6.1970 statt. WBA, A1 Persönliche Unterlagen, Biographische Materialien 1913–1992, 32.

chung dieser Art gewesen sei, nur seien am nächsten Tag die Ereignisse zum Teil von einigen Teilnehmern sehr schief dargestellt worden. Er vertritt auch die Ansicht, dass nicht nur auf der Bundesebene, sondern auch auf der Landes- und Ortsebene die Deutschlandpolitik der Bundesregierung mehr als bisher deutlich gemacht werden müßte.

Herr *Schütz* bemerkt zu den Ausführungen des Kollegen Stephan, daß auch er der Ansicht sei, dass die Jahrestagungen des Kuratoriums des Öfteren mißbraucht würden und eine Arbeitstagung für die weitere Fortführung der Arbeit besser sei. Das Präsidium des Kuratoriums werde sich in nächster Zeit öfter als bisher treffen, wobei aber nicht auszuschließen sei, daß innerhalb des Präsidiums genau die verschiedenartigen Meinungen vertreten würden, die heute im Bundestag diskutiert würden. Auf die Dauer gesehen werde sich aber die Deutschlandpolitik der Bundesregierung durchsetzen und auch die, die sie bisher nicht mitvertreten, werden einsehen müssen, daß man die Uhr der Geschichte nicht zurückdrehen könne.

Kollege *Vetter* bedankt sich bei Herrn Schütz für seine Ausführungen und verknüpft damit die Hoffnung auf eine weitere gute Zusammenarbeit in der Zukunft.

SITZUNGSUNTERBRECHUNG: MITTAGSPAUSE VON 11.00 BIS 14.15 UHR

5. SONDERLEISTUNG FÜR ORGANISIERTE

Kollege *Muhr* führt dazu aus, daß es hierbei in erster Linie um die anstehende Verfassungsbeschwerde der Gewerkschaft Textil-Bekleidung vom Dezember 1967 gehe.[24] Das Bundesverfassungsgericht habe auf Anforderung eine Reihe von unterschiedlichen Stellungnahmen dazu erhalten.[25] Auch die Bundesregierung war aufgefordert worden, sich zur Verfassungsbeschwerde zu äußern. Dies sei aber bis heute nicht geschehen, weil das Kabinett auf Intervention des Bundesinnenministers die Weiterleitung einer gemeinsam vom Bundesjustiz- und Bundesarbeitsministerium erarbeiteten, nach unserer Auffassung guten Stellungnahme abgelehnt habe.[26] Diese Tatsache sei dem Bundesverfassungsgericht bekannt und könnte auf den Ausgang der Verfassungsbeschwerde einen erheblichen negativen Einfluß haben.[27]

---

24 Verfassungsbeschwerde der GTB gegen den Beschluss des Großen Senats des BAG vom 29.11.1967 zur tariflichen Differenzierungsklausel, DGB-Archiv, DGB-BV, Sekretariat Günter Stephan 5/DGCU000308.
25 In den Stellungnahmen der Arbeitgeberverbände von BDA und BDI wurde die Differenzierungsklausel abgelehnt. Das Bundesverfassungsgericht hatte die Klage der GTB abgewiesen. Siehe Beschluss vom 4.5.1971, in: NJW 1971, S. 1212.
26 Siehe Schriftverkehr zwischen Gerd Muhr, Heinz Gester und Bernd Otto über die Stellungnahme der Bundesregierung zur Verfassungsbeschwerde in Sachen Differenzierungsklausel. DGB-Archiv, DGB-BV, Abt. Vorsitzender 5/DGAI000465. Nach einem Vermerk Muhrs an Vetter vom 22.7.1970 sollte Vetter bei dem in Aussicht genommenen Gespräch mit Willy Brandt die Punkte Differenzierungsklausel und Novellierung des Betriebsverfassungsgesetzes ansprechen. Ebd.
27 Siehe Schreiben Helmut Pinthers an Heinz O. Vetter vom 3.7.1970 zum Schreiben Karl Buschmanns vom 29.6.1970, auf der 11. Bundesvorstandssitzung den Tagesordnungspunkt »Sonderleistungen für Organisierte« zu behandeln. DGB-Archiv, DGB-BV, Abt. Vorsitzender 5/DGAI000465.

Dokument 27 7. Juli 1970

Kollege Muhr regt an, zu beschließen, noch einmal mit Nachdruck beim Bundeskabinett vorstellig zu werden, dass die Bundesregierung ihre Stellungnahme auf der Basis des von den beiden Ministerien erarbeiteten Papiers abgibt. Vielleicht sollte man dieses Papier auch den Kollegen in den DGB-Landesbezirken vertraulich zur Verfügung stellen, damit sie auf die Mitglieder ihrer Landesregierungen in unserem Sinne einwirken können.

Der Bundesvorstand ist mit diesen Vorschlägen einverstanden.

6. VERSTEUERUNG VON STREIKUNTERSTÜTZUNG

Zu diesem Thema, dessen Behandlung auch von der IG Chemie-Papier-Keramik gewünscht worden sei[28], berichtet Kollege *Vetter*, daß sowohl mit dem Bundesfinanzminister als auch mit seinen zuständigen Mitarbeitern Gespräche stattgefunden haben, die jedoch bisher ohne befriedigendes Ergebnis geblieben seien. Kollege Muhr habe auch mit der FDP in dieser Sache Kontakt aufgenommen. Da die weiteren Verhandlungen mit dem Bundesfinanzministerium vermutlich zu keinem positiven Ergebnis führen würden, sei vorgesehen, nun an den Bundeskanzler und die Regierungsfraktionen direkt heranzutreten.[29]

[Nach Ergänzungen *Muhrs* gibt der Bundesvorstand seine Zustimmung zu dem geplanten Vorgehen.]

7. NOVELLIERUNG DES BETRIEBSVERFASSUNGSGESETZES

Dazu teilt Kollege *Muhr* mit, daß nach ihm zugegangenen vertraulichen Informationen das Ergebnis der Beratungen im Bundesarbeitsministerium weitgehend unseren Vorstellungen entspreche. Es sei jedoch zu befürchten, daß die FDP im Kabinett einem Entwurf in der vorgesehenen Form nicht zustimmen werde. Deshalb sei es dringend erforderlich, die Bundesregierung noch einmal an ihre entsprechenden Ausführungen in der Regierungserklärung zu erinnern[30] und auch an die SPD-Fraktion heranzutreten. Das solle noch während der Parlamentsferien geschehen.[31]

Der Bundesvorstand ist mit den vorgesehenen Maßnahmen einverstanden.

---

28 Siehe Schreiben von Karl Hauenschild vom 30.6.1970 an Heinz O. Vetter sowie dazu einen Vermerk von Heinz Gester für Heinz O. Vetter, DGB-Archiv, DGB-BV, Abt. Vorsitzender 5/DGAI000465.
29 Bericht über das Gespräch von Heinz Gester und Hans-Georg Wehner im Bundesfinanzministerium am 16.7.1970, in: ebd.
30 In der Regierungserklärung vom 28.10.1969 kündigte Bundeskanzler Willy Brandt eine Novellierung des Betriebsverfassungsgesetzes und der Unternehmensmitbestimmung an. Grundlage hierfür sollten die Gesetzentwürfe von CDU/CSU, SPD und FDP aus der 5. Legislaturperiode sein. Vgl. Bulletin des Presse- und Informationsamtes der Bundesregierung, 29.10.1969, Nr. 132, S. 1126. Zu den Gesetzentwürfen siehe Borgmann: Reformgesetz, S. 36.
31 Siehe 2. Punkt des Schreibens von Gerd Muhr an Heinz O. Vetter vom 22.7.1970 zu dem in Aussicht genommenen Gespräch mit Bundeskanzler Willy Brandt, in: DGB-Archiv, DGB-BV, Abt. Vorsitzender 5/DGAI000465

In Zusammenhang mit der Novellierung des Betriebsverfassungsgesetzes bittet Kollege *Muhr* den Bundesvorstand, damit einverstanden zu sein, daß der Geschäftsführende Bundesvorstand der Bundesregierung gegenüber die Zustimmung des DGB erklärt, durch ein Vorschaltgesetz die Legislaturperiode der Betriebsräte um ein Jahr bis 1972 zu verlängern. Da die Novellierung des Betriebsverfassungsgesetzes nicht vor den turnusmäßig im Frühjahr 1971 stattfindenden Wahlen verabschiedet werden könne, sei bei einer Verlängerung der Periode gewährleistet, daß die Wahlen nach dem neuen Recht durchgeführt werden könnten.

Der Bundesvorstand gibt seine Zustimmung.

Zu TO-Punkt 3. Konjunkturpolitische Lage

Dem Bundesvorstand wird der Entwurf einer Stellungnahme des DGB zur Konjunkturpolitik vorgelegt.[32]

[In der anschließenden Diskussion über dieses Papier besteht Übereinstimmung darüber, dass der Entwurf in seiner Grundkonzeption den Vorstellungen des Bundesvorstandes entspricht, aber einiger redaktioneller Änderungen, Umstellungen und verstärkter Aussagen bedarf. Weiterhin wird der Vorschlag erörtert, diese Stellungnahme des DGB durch eine Delegation den Bundestagsfraktionen der SPD und FDP vortragen und erläutern zu lassen. Abschließend werden die Experten beauftragt, auf der Grundlage dieser Diskussion die Stellungnahme noch einmal zu überarbeiten.]

8. Kontakt zum FDGB

Kollege *Vetter* geht kurz auf das letzte Schreiben des FDGB vom 5. Juni 1970 ein, das den Mitgliedern des Bundesvorstandes bereits zugegangen ist.[33] Da dieser zwar sehr umfangreiche Brief keinerlei neue Gedanken, andererseits aber eine Reihe von groben Fälschungen und Entstellungen enthält, regt Kollege Vetter an, in einem sehr nüchtern gehaltenen Schreiben die Beschuldigungen zurückzuweisen, falsche Darstellungen richtig zustellen und auf die Sinnlosigkeit eines so geführten Schriftwechsels hinzuweisen. Dem FDGB solle damit vorgeschlagen werden, auf den Ausgangspunkt der Kontaktnahme zurückzukommen, d.h. zu einem ersten Sondierungsgespräch entweder in Ostberlin oder in Düsseldorf – selbstverständlich ohne jede Bedingung – zusammenzutreffen. Dieser Brief sollte durch zwei Vorstandsmitglieder des DGB, die über Westberlin anreisen, dem Vorstand des FDGB übergeben und interpretiert werden.

[Nach kurzer Diskussion erklärt sich der Bundesvorstand damit einverstanden, dass ein in dem besprochenen Sinne vom Geschäftsführenden Bundesvorstand formuliertes Schreiben in den nächsten Tagen durch die Kollegen

---

32 Entwurf mit handschriftlichen Anmerkungen von Heinz O. Vetter, in: DGB-Archiv, DGB-BV, Abt. Gesellschaftspolitik 5/DGAK000016.
33 Siehe Dok. 24.

Dokument 27 7. Juli 1970

Lappas und Reuter dem Vorstand des FDGB in Ostberlin überreicht und interpretiert wird. Die Presse soll vorerst nur über diesen Tatbestand informiert werden.³⁴]

ZU TO-PUNKT 3. KONJUNKTURPOLITISCHE LAGE

Der Bundesvorstand stimmt die [der] in der überarbeiteten Fassung vorgelegte[n] DGB-Erklärung zur Konjunkturpolitik zu (siehe Anlage).³⁵

[In diesem Zusammenhang werden kurz die Fragen der Teilnahme und des Vorgehens der DGB-Vertreter bei dem nächsten Gespräch im Rahmen der Konzertierten Aktion am 17. Juli 1970 diskutiert. In dem vorher stattfindenden Expertengespräch beim Bundeswirtschaftsministerium soll versucht werden, Einfluss auf die Tagesordnung in Richtung auf längerfristige Maßnahmen zu nehmen.]

9. ERKLÄRUNG ZUM WEISSBUCH 1970 DER BUNDESWEHR

10. ERKLÄRUNG ZUR WEHRDIENSTVERWEIGERUNG

[Den beiden Vorlagen *Reuters* wird mit einer Änderung zur Erklärung zum Weißbuch 1970 der Bundeswehr zugestimmt.³⁶]

11. POPULARISIERUNG DER DGB-FORDERUNG FÜR EINE FLEXIBLE ALTERSGRENZE

[Der Bundesvorstand bittet den Bundesausschuss, aus dem Solidaritätsfonds einen Betrag von DM 250.000,-- für Maßnahmen zur Popularisierung der DGB-Forderung für eine flexible Altersgrenze zu bewilligen.³⁷]

12. SITZUNGEN DES BUNDESVORSTANDES

[Mit den Vorschlägen, die Bundesvorstandssitzung im August ausfallen zu lassen, die 12. BV-Sitzung am 7.9. und die Bundesausschusssitzung am 8.9. in Berlin sowie die 13. BV-Sitzung am 6. und 7.10. in Brüssel durchzuführen, ist der Bundesvorstand einverstanden.]

Ende der Sitzung: 16.45 Uhr

---

34 Hierzu TOP 11 der 45. Sitzung des GBV am 15.6.1970, DGB-Archiv, DGB-BV, Abt. Vorsitzender 5/DGAI000184. DGB-Vorstandsmitglieder in Ostberlin, in: ND, 10.7.1970, Nr. 205.
35 Siehe Dok. 28.
36 Siehe hierzu: Erklärung zur Wehrdienstverweigerung, in: ND, 8.7.1970, Nr. 200 und Erklärung zum Weißbuch 1970 der Bundeswehr, in: ID, 8.7.1970, Nr. 15.
37 Hierzu Schreiben von Günter Stephan an die Mitglieder des Bundesvorstandes vom 7.7.1970 mit den vorgesehenen Maßnahmen der Werbeaktion zum Herbst 1970, DGB-Archiv, DGB-BV, Abt. Vorsitzender 5/DGAI000465. Auf der 4. Sitzung des Bundesausschusses am 8.9.1970 wurde die Vorlage von Günter Stephan vom 16.7.1970 genehmigt, siehe DGB-Archiv, DGB-BV, Abt. Vorsitzender 5/DGAI000406.

DOKUMENT 28

7. Juli 1970: DGB-Erklärung zur Konjunkturpolitik

Abgedruckt in: Nachrichtendienst der Bundespressestelle des DGB – ND 199/70

Die gegenwärtige Konjunkturentwicklung erfordert nach Auffassung des Deutschen Gewerkschaftsbundes keine Abschöpfung der Massenkaufkraft. Die Konsumentennachfrage hat sich bisher völlig im Rahmen des Wirtschaftsberichtes der Bundesregierung gehalten. Eine Dämpfung dieser Nachfrage würde die Wachstumschancen der nächsten Zeit beeinträchtigen.

Der Bundesvorstand des Deutschen Gewerkschaftsbundes hat daher auf seiner Sitzung am Dienstag in Düsseldorf nach eingehender Beratung die beabsichtigten Vorauszahlungen auf die Lohnsteuer abgelehnt. Eine solche Maßnahme, von der keine preisdämpfende Wirkung zu erwarten ist, würde eine zusätzliche Belastung der davon betroffenen Arbeitnehmer darstellen, die sozial unzumutbar und konjunkturpolitisch nicht gerechtfertigt ist.

Der DGB betrachtet es bereits als Vorleistung der Arbeitnehmer, daß die zum 1. Januar 1970 versprochene Verdoppelung des Arbeitnehmer-Freibetrages verschoben wurde. Es widerspricht zugleich dem Gedanken der sozialen Symmetrie, daß infolge der Steuerprogression die steuerliche Belastung der Arbeitnehmer in letzter Zeit wesentlich stärker gestiegen ist als die Steuerlast der Selbständigen.

Der DGB fordert zur Stabilisierung des Preisniveaus Bundesregierung und Parlament zu folgenden Maßnahmen auf:

1. Bindung der Mietpreise;

2. Verhinderung der Bodenspekulation;

3. Verbot der Preisbindung der Zweiten Hand;

4. Beseitigung von Wettbewerbsbeschränkungen;

5. keine Erhöhung der von der öffentlichen Hand beeinflußten Preise zum gegenwärtigen Zeitpunkt;

6. Vergabe öffentlicher Arbeiten nur an Unternehmen, die Preisdisziplin bewahren.

In Ergänzung der bereits beschlossenen Abschreibungsänderungen erwartet der DGB, dass das Zinsniveau gesenkt und die Kreditversorgung der Wirtschaft dem angestrebten Wachstum wieder angepaßt wird. Der DGB hat diese Vorschläge bereits im Januar d.J. vorgelegt. Er erwartet, daß sich jetzt eine parlamentarische Mehrheit für die Verwirklichung dieser Vorschläge findet.

DOKUMENT 29

12. Juli 1970: Brief des Vorsitzenden der SPD-Bundestagsfraktion, Wehner, an den Vorsitzenden des DGB, Vetter, zur DGB-Erklärung zur Konjunkturpolitik[1]

Ms., hekt., 3 S.

DGB-Archiv, 5/DGAK000016.

Lieber Kollege Vetter!

Die Umstände bringen es leider mit sich, daß ich Dich nicht unmittelbar sprechen kann, weil Du auswärts bist und ich heute verreisen muss. Deshalb bitte ich Dich um Deine Aufmerksamkeit für einige Zeilen, in denen ich Dir zu erklären versuchen möchte, was eigentlich Gegenstand eingehenderer Aussprache sein sollte.

Am 7. Juli hatte die Bundestagsfraktion der SPD die Vorlagen zu diskutieren, in denen Maßnahmen, die von der Bundesregierung aus konjunkturpolitischen Gründen für dringend erforderlich gehalten werden, zusammengefaßt worden sind. Während dieser Sitzung traf einer unserer Kollegen, der dem Bundesvorstand des Deutschen Gewerkschaftsbundes angehört, aus Düsseldorf kommend mit der »DGB-Erklärung zur Konjunkturpolitik« ein, die – entsprechend der Bedeutung, die von den Mitgliedern der Bundestagsfraktion der SPD dem Deutschen Gewerkschaftsbund beigemessen wird – in der weiteren Diskussion sachlich ernsthaft gewürdigt worden ist.[2]

Ohne daß ich versuchen möchte, jetzt das Für und Wider nachzuzeichnen, das sich in der ausgiebigen Diskussion ergeben hat, muß ich unumwunden einräumen, daß die sechs Maßnahmen, die in der Erklärung als Aufforderung des DGB an Bundesregierung und Parlament aufgezählt worden sind, zwar von uns als Ausdruck berechtigter Sorgen und des Bemühens, Abhilfe zu schaffen, Punkt für Punkt gewürdigt wurden, aber insgesamt leider nicht geeignet schienen, als Alternativprogramm zu den von der Bundesregierung ins Auge gefaßten Maßnahmen angenommen zu werden. In der Diskussion sind in der Form von Abänderungsanträgen zu den Punkten des Gesetzentwurfs einzelne Punkte eingebracht, erörtert, nachgerechnet und abgestimmt worden. Sie haben insgesamt das sachliche Gewicht der ausgewogenen Gesamtheit der konjunkturpolitisch notwendigen und in der Vorlage vorgesehenen Maßnahmen leider nicht zu verändern vermocht. Deshalb sehen wir uns vor die Notwendigkeit gestellt, in der Frage der Mietpreise, der Eindämmung der Bodenspekulation, der Beseitigung der Wettbewerbsbeschränkungen usw.

---

1 Brief mit Eingangsstempel vom 18.7.1970 und Anmerkungen. Beigefügt sind diesem Brief sechs Anlagen. Auflistung der Anlagen siehe am Ende des Briefes.
2 In der Sitzung der SPD-Bundestagsfraktion am 7.7.1970 wurde der Entwurf eines Gesetzes über die Erhebung eines rückzahlbaren Konjunkturzuschlages zur Einkommensteuer und Körperschaftsteuer diskutiert. Aus dem Sitzungsprotokoll geht nicht hervor, wer die DGB-Erklärung zur Konjunkturpolitik (Dok. 28) einbrachte, AdsD, SPD-Bundestagsfraktion, VI. Wahlperiode, 2/BTFF000036.

Überlegungen anzustellen, die greifen werden, aber die berechtigte Anmeldung dieser Beschwerden enthebt uns nicht der Notwendigkeit, jetzt konkret wirksam werdende Maßnahmen zur Sicherung der Kaufkraft der D-Mark zu unterstützen.

Niemand von uns ist zufrieden oder selbstzufrieden damit, daß es erforderlich wurde, Maßnahmen solcher Art zur Sicherung der Kaufkraft der D-Mark und der Stabilität und des Wachstums der Wirtschaft zu treffen. Aber wir möchten so verstanden werden, daß wir das Menschenmögliche versucht haben, dabei die Interessen der sozial am wenigsten geschützten und schwachen Mitbürger, zum Beispiel der Rentner, der Kriegsopfer und -Hinterbliebenen, zu wahren. Wir wollen sie nicht den Gefahren von Teuerung und Kaufkraftschwund aussetzen oder überlassen; wir müssen sie von Belastungen befreien, die durch Preissteigerungen und durch die Angst vor Geldentwertung (die ja leider von gewissen Kreisen ganz systematisch geschürt worden ist, wovon sogar in der Bundestagsdebatte noch viel zu spüren war) entstanden sind.

Es tut mir leid, daß ein Teil der Arbeitnehmer dabei durch zeitlich befristete Steuervorauszahlungen zur Sicherung des Ganzen beitragen muß. Ebenso wie ein Teil der Selbständigen, die nicht eindeutig zu den Beziehern oder Inhabern sehr hoher Einkommen gehören. Aber wir hoffen, daß beide angesprochenen Teile der gesellschaftlichen Kräfte, die am sozialen Ausgleich interessiert sind, einsichtig sein werden und nicht der verantwortungslosen Hetze Tribut zollen, die nicht davor zurückscheut, zu behaupten, es sei doch angeblich gar nicht sicher, daß die Rückzahlung der Steuervorauszahlungen tatsächlich vorgenommen werde. Der Bundeskanzler hat mit Recht in Erinnerung gebracht, daß die Sozialdemokraten in der Zeit der Großen Koalition zwar nicht daran haben vorbeigehen können, zur damals unerläßlichen Ordnung der Staatsfinanzen sogar eine Belastung der Rentner mit zu beschließen[3], daß aber eine der ersten Maßnahmen der nach der Bundestagswahl 1969 zustande gekommenen Bundesregierung unter sozialdemokratischer Führung den Krankenversicherungsbeitrag der Rentner mit rückwirkender Kraft wieder aufgehoben hat. Wir wissen, was wir dem sozialen Ausbau unserer Demokratie schuldig sind.[4]

Das Herausgreifen oder Vergröbern von Einzelpunkten aus der Gesamtheit der konjunkturpolitisch erforderlichen Maßnahmen würde nicht den Interessen der Arbeitnehmer und weiterer breiter Volksschichten an wirtschaftlicher Stabilität und Sicherung der Kaufkraft unserer D-Mark dienen, sondern ge-

---

3 Im Rahmen der Haushaltssanierung beschloss das Bundeskabinett der Großen Koalition im April 1967 eine Streichung der öffentlichen Ausgaben in Höhe von 36 Mrd. DM. Dabei wurden der Rentenversicherung 459 Mio. DM gestrichen. Vgl. Strauß kann nicht hart genug sein, in: Die Zeit 22, 14.4.1967, Nr. 15, siehe hierzu auch 11. Sitzung des Bundesvorstandes mit Bundesarbeitsminister Hans Katzer am 2.5.1967, DGB-Archiv, DGB-BV, Abt. Vorsitzender 5/DGAI000535.
4 Die Bundesregierung beschloss, zum 1.1.1970 den 2%igen Beitrag der Rentner zur Krankenversicherung zu streichen, siehe DGB wünscht Aktualisierung der Rentenbemessungsgrundlage, in: ND, 13.11.1969, Nr. 333. Auf der Fraktionssitzung am 7.7.1970 begründete Willy Brandt den Beschluss der Bundesregierung zur Konjunkturpolitik, vgl. Information der SPD-Fraktion, Tagesdienst 410.

rade diese Interessen schädigen. Deshalb haben wir so beharrlich darauf hingewiesen, dass wir nicht jenen Kräften Vorschub geleistet sehen möchten, die zum Beispiel 1966 die wirtschaftliche Rezession als »heilsam« usw. angesehen haben, sich hartnäckig sogar gegen die 1967 und 1968 vom Bundesminister für Wirtschaft angeregten und schließlich durchgesetzten Maßnahmen zur Belebung der Konjunktur gesperrt haben und dann 1969 dringend erforderliche Maßnahmen zur außen- und innenwirtschaftlichen Absicherung verhindert haben.[5] Wir befinden uns in einer harten Auseinandersetzung mit politischen Kräften, die verhindern möchten, daß die auf Sicherung der Vollbeschäftigung und sozial leistungsfähiger Wirtschafts- und Finanzgrundlagen orientierte Politik der sozialdemokratisch geführten Bundesregierung die Grundlinien der Wirtschafts- und Finanzpolitik und ihrer Beziehungen zum sozialen Ausbau unserer Demokratie bestimmt.

Ich erlaube mir, diesen Zeilen einige Anlagen beizufügen, die sowohl die Begründung der Stellungnahme der Bundestagsfraktion der SPD als auch die tatsächlichen Inhalte und Auswirkungen der beschlossenen Maßnahmen erkennbar machen: die Protokolle der 62. und 63. Sitzung des Deutschen Bundestages vom 10. und 11. Juli 1970, eine Übersicht über Inhalt und Auswirkung der Maßnahmen (Kompendium), einen Abgeordnetenbrief und zwei Informationen, die durch den Vorstand der SPD herausgegeben worden sind (Blitzinformationen und Stichwort: Steuervorauszahlung).

In der Hoffnung auf eine Fortsetzung des Gedankenaustausches verbleibe ich mit kollegialen herzlichen Grüßen,

Dein Herbert Wehner [handschriftliche Unterschrift]

DOKUMENT 30

7. September 1970: Protokoll der 12. Sitzung des Bundesvorstandes

»Prälaten« in Berlin-Schöneberg; Vorsitz: Heinz O. Vetter; Protokollführung: Isolde Funke, Marianne Jeratsch; Sitzungsdauer: 9.10–17.00 Uhr; ms. vermerkt: »Vertraulich«.[1]
Ms., hekt., 14 S., 1 Anlage.[2]

DGB-Archiv, 5/DGAI000536.

Beginn der Sitzung: 9.10 Uhr

---

5 Wehner meinte hier vermutlich u. a. die Ausführungen auf dem Wirtschaftstag der CDU/CSU am 26./27.6.1969 in Bonn, auf dem die wirtschaftspolitische Konzeption Karl Schillers sowie seine Wirtschaftspolitik während der Großen Koalition abgewertet wurden. Vgl. Günter Pehl: Zurück zur Sozialromantik, in: Die Quelle 20, 1969, Heft 7/8, S. 289.
1 Einladungsschreiben vom 25.8.1970. Nicht anwesend: Heinz Vietheer, Gerhard van Haaren, Peter Michels (vertreten durch Adolf Müller). DGB-Archiv, DGB-BV, Abt. Vorsitzender 5/DGAI000467.
2 Anlage: Anwesenheitsliste.

[*Vetter* eröffnet die Sitzung. Nach kurzer Diskussion wird die Tagesordnung beschlossen.]

Tagesordnung:
1. Genehmigung des Protokolls der 11. Bundesvorstandssitzung
2. Gewerkschaftspolitischer Lagebericht
3. Kontakt zum FDGB
4. Der Deutsche Gewerkschaftsbund am 1. Mai
5. Gewerkschaftsbarometer 1970
6. Neuordnung des Beamtenrechts
7. Familien- und Vertrags-Rechtsschutz ohne Arbeits- und Sozialrechtsschutz
8. Änderung der »Allgemeinen Anstellungsbedingungen für die Beschäftigten des DGB«
9. Bericht über die Entwicklung von G-U-T
10. Ausschreibung des Außerordentlichen Bundeskongresses 1971
11. Leitsätze der Gewerkschaftsjugend
12. Bestätigung von Landesbezirksvorstandsmitgliedern
13. Revisionsberichte
14. Verschiedenes

1. Genehmigung des Protokolls der 11. Bundesvorstandssitzung

Der Bundesvorstand genehmigt das Protokoll der 11. Bundesvorstandssitzung.

2. Gewerkschaftspolitischer Lagebericht

Kollege *Vetter* informiert den Bundesvorstand über die Pläne und Vorarbeiten zur Gründung einer gewerkschaftlich-gemeinwirtschaftlichen Gesellschaft für Zukunftsforschung.[3] Die Vorlage eines schriftlichen Vorschlages wird erst in einer der nächsten Sitzungen möglich sein, weil sich in den Gesprächen mit den Vertretern der gemeinwirtschaftlichen Unternehmen neue Aspekte hinsichtlich der Zielsetzung und der Zusammensetzung der Gesellschaft ergeben haben.

Kollege Vetter berichtet dem Bundesvorstand über Gespräche, die er mit dem Bundeskanzler und einigen Bundesministern geführt hat.[4] Dabei seien u. a. Themen wie Sonderleistungen für Organisierte, einkommensteuerliche Behandlung von Streikunterstützung: Novellierung des BVG, Finanzfragen in Zusammenhang mit den Ruhrfestspielen und Ostkontakte erörtert worden. Besonders nachdrücklich habe er darauf hingewiesen, daß die Gewerkschaften von dieser sozialdemokratisch geführten Bundesregierung nun endlich mehr Aktivitäten in gesellschaftspolitischen Fragen und weniger Rücksichtnahme auf den Koalitionspartner FDP erwarteten. Ersteres sei vom Bun-

---

3 Die geplante gewerkschaftlich-gemeinwirtschaftliche Gesellschaft für Zukunftsforschung sollte mittel- bis langfristige Alternativen insbesondere für die Bereiche der Wirtschafts- und Gesellschaftspolitik erarbeiten, Gunther Heyder: Mitbestimmung auch bei der Zukunftsforschung, in: Die Quelle 21, 1970, Heft 12, S. 497.
4 In Vetters Merkpunkte-Papier für den gewerkschaftlichen Lagebericht ist unter »3. Gespräche mit der Bundesregierung« aufgeführt: »a) Bundeskanzler – politische Schwierigkeiten FDP – Beispiel Mitbestimmung/BVG und b) Bundesjustizminister Jahn – Mitbestimmung im europäischen Bereich«. DGB-Archiv, DGB-BV, Abt. Vorsitzender 5/DGAI000467.

Dokument 30 7. September 1970

deskanzler für den Herbst in Aussicht gestellt worden. In einigen Punkten sei die gewerkschaftliche Intervention bereits erfolgreich gewesen, so z. B. beim Vorschaltgesetz[5] und in Fragen der Mitbestimmung im europäischen Bereich.[6] Eine für die Gewerkschaften negative Entscheidung habe die Bundesregierung allerdings in Sachen Differenzierungsklausel[7] getroffen, indem sie die Abgabe einer Regierungsstellungnahme ablehnte.

Kollege Vetter hält es für fraglich, ob die im Juli nach längerer Pause wieder aufgenommenen Spitzengespräche mit der Bundesvereinigung Deutscher Arbeitgeberverbände in nächster Zeit fortgesetzt werden können, nachdem die BDA durch die Herausgabe einer polemischen Broschüre zum BVG die Atmosphäre entscheidend verschlechtert hat.[8]

Zu internationalen Fragen übergehend, berichtet Kollege Vetter über die zu den jugoslawischen und türkischen Gewerkschaften aufgenommenen Kontakte sowie über sein persönliches Gespräch mit dem jugoslawischen Staatschef [Josip Broz] Tito. Bei allen Kontakten seien die Probleme der Gastarbeiter von besonderer Bedeutung gewesen. Mit den jugoslawischen Gewerkschaften sei u. a. ein Erfahrungsaustausch über Mitbestimmungsfragen verabredet worden.[9]

Kollege Vetter schildert kurz seine Eindrücke, die er in Kanada und Australien im Kontakt mit den dortigen Gewerkschaften gewonnen hat.[10]

---

5 Die Bundestagsfraktionen von SPD und FDP hatten gemeinsam den »Entwurf eines Gesetzes über die Verlängerung der Amtszeit der Betriebsräte« in den Bundestag eingebracht, wodurch sich die Amtszeit der Betriebsräte bis zum 30.4.1972 verlängerte. Die Wahlen sollten dann nach dem neuen Betriebsrätegesetz durchgeführt werden. Vgl. Sitzung der SPD-Bundestagsfraktion vom 2.11.1970, AdsD, SPD-Bundestagsfraktion, VI. Wahlperiode, 2/BTFF000151 sowie DGB begrüßt Vorschaltgesetz, in: ND, 9.11.1970, Nr. 314.

6 In den Sitzungen des Ausschusses »Demokratisierung der Wirtschaft« beim Europäischen Bund Freier Gewerkschaften wurde bei den Beratungen über die Statuten einer Europäischen Aktiengesellschaft die Vertretung der Arbeitnehmer im Aufsichtrat nach dem deutschen Mitbestimmungsmodell vorgeschlagen. Vgl. DGB-Archiv, DGB-BV, Internationale Abt. 5/DGAJ0005659. Ebenfalls DGB-Stellungnahme zur »Europäischen Handelsgesellschaft«, in: ND, 9.7.1970, Nr. 203.

7 Grundlage war ein Beschluss des 8. Ordentlichen Bundeskongresses 1969, der die Bundesregierung aufforderte, dem Bundestag einen Gesetzentwurf vorzulegen, der es ermögliche, in tarifvertraglichen Vereinbarungen Vorteilsregelungen für Gewerkschaftsmitglieder festzulegen (Differenzierungsklausel). Vgl. Protokoll 8. Bundeskongreß, S. 518 zum Antrag 158 der ÖTV. Siehe auch: 11. BV-Sitzung vom 7.7.1970, TOP 5 (Dok. 27).

8 Im Gespräch zwischen dem DGB und dem Präsidium der BDA am 22.7.1970 in Dürscheid/Köln ging es um die Reformvorschläge zum Betriebsverfassungsgesetz. Kritisiert wurde die vom BDA herausgegebene, als »Denkhilfe für Unternehmer« vorgelegte Broschüre zur Betriebsverfassung »DGB-Betriebsverfassung – ein trojanisches Pferd«, in: Gesprächsprotokoll, erstellt von Heinz O. Vetter und Bernd Otto, DGB-Archiv, DGB-BV, Abt. Vorsitzender 5/DGAI000467. Siehe auch: Arbeitgeber gefährden weitere Spitzengespräche, in: ND, 28.7.1970, Nr. 216.

9 Eine Delegation unter Leitung von Franz Woschech war vom 22. bis 30.8.1970 in der Türkei zu Gesprächen mit dem Türkischen Gewerkschaftsbund TÜRK-IS. Kurzprotokoll über die Verhandlung mit dem Türkischen Gewerkschaftsbund, in: DGB-Archiv, DGB-BV, Sekretariat Günter Stephan 5/DGCU000344. Zum Besuch Vetters in Jugoslawien vom 9. bis 13.7.1970 und einem Treffen mit dem jugoslawischen Staatspräsidenten Tito siehe ND, 7.7.1970, Nr. 197.

10 Vetter besucht kanadischen Gewerkschaftsbund, in: ND, 29.7.1970, Nr. 218 sowie DGB-Vorsitzender Heinz O. Vetter in Australien, in: ND, 12.8.1970, Nr. 234.

Kollege Vetter geht kurz auf die Haltung des amerikanischen Gewerkschaftsbundes AFL/CIO gegenüber dem DGB ein und skizziert die Rolle des Vorsitzenden Meany, die dieser bei der Einstellung der amerikanischen Beiträge für die ILO gespielt hat. Kollege Vetter erläutert die Maßnahmen des DGB in dieser Sache.

Kollege Vetter informiert den Bundesvorstand, daß in Kürze eine technische Delegation des DGB in Warschau mit Vertretern des Polnischen Gewerkschaftsbundes noch einmal über die Vorbereitung eines Spitzengesprächs und die damit verbundenen politischen Fragen sprechen werde.[11] Ein Abweichen von der bisherigen Linie sei nicht vorgesehen. Eine technische Delegation des Ungarischen Gewerkschaftsbundes werde im Oktober in Düsseldorf erwartet, um ein für Anfang 1971 vorgesehenes Spitzentreffen vorzubereiten.[12]

Kollege *Farthmann* gibt einen kurzen Bericht über den Stand der Arbeiten der Kommission zur Prüfung der Arbeitnehmerkammer-Probleme. Entgegen dem bisherigen Eindruck habe sich inzwischen gezeigt, daß die Kommission wahrscheinlich nicht zu einer einstimmigen Ablehnung der Arbeitskammern kommen werde. Übereinstimmung dagegen sei bei der Beratung von Einzelfragen der überbetrieblichen Mitbestimmung erzielt worden. Die Kommission befürworte die Gründung eines Bundeswirtschafts- und Sozialrates. Die Einsetzung von Wirtschafts- und Sozialräten auf Landesebene werde ebenfalls positiv beurteilt. Noch nicht abgeschlossen seien die Beratungen über entsprechende Einrichtungen auf regionaler Ebene.

Kollege *Kluncker* betont, daß die bisherigen Beratungen in der ÖTV über die Arbeitnehmerkammer-Problematik, einem Auftrag des Gewerkschaftstages entsprechend, lediglich Sondierungen seien. Eine Entscheidung für oder gegen Arbeitskammern sei bisher nicht getroffen worden, und man wolle damit warten, bis die Diskussion in der vom Bundesausschuß eingesetzten DGB-Kommission abgeschlossen sei.

Kollege *Brenner* spricht sich für die Vorlage einer abschließenden Stellungnahme in der Bundesausschußsitzung im Dezember aus und fordert die Kommission auf, alles zu versuchen, um zu einer einheitlichen Auffassung in der Kammerfrage zu gelangen.

Kollege *Vetter* stellt fest, daß der Bundesvorstand den Zwischenbericht der Kommission zur Kenntnis genommen hat, die sich bemühen wird, ihre Arbeit möglichst bald abzuschließen.

---

11 Das Schreiben Loga-Sowinskis vom 15.8.1970 mit einer Einladung zum zweiten Gespräch vom 4. bis 7.9.1970 in Warschau wurde auf der Klausurtagung des GBV am 31.8./1.9.1970 behandelt. Es wurde beschlossen, ein zweites Gespräch zu prüfen. Alfons Lappas sollte die Leitung der technischen Vorbereitungskommission übernehmen. DGB-Archiv, DG-BV, Abt. Vorsitzender 5/DGAI000393.

12 Die ungarische Delegation sollte in der Zeit vom 5. bis 12.10.1970 den DGB besuchen. Schreiben Harald Simons vom 8.10.1970 an die GBV-Mitglieder, dass der Ungarische Gewerkschaftsbund telefonisch das Treffen auf einen späteren Zeitpunkt verschieben müsse. Die Delegation war dann vom 2. bis 8.11.1970 in der Bundesrepublik. DGB-Archiv, DGB-BV, Sekretariat Günter Stephan 5/DGCU000005.

Dokument 30 7. September 1970

Kollege *Hauenschild* bittet unter Bezugnahme auf einen im »Spiegel« vom 7.9.1970 erschienenen Artikel um eine kurze Information über die Beziehungen des DGB zum Bertelsmann-Verlag.[13]

Kollege *Vetter* legt dar, daß er mit den Herren Köhnlechner und Mohn[14] ein rein informatives Gespräch ohne jede Themenfestlegung geführt habe, um die Haltung des Verlages in Zusammenhang mit der geplanten Übernahme von Springer-Anteilen zu erfahren. Kollege Vetter hat nachdrücklich darauf hingewiesen, daß der Organisationsgrad der Beschäftigten in den Bertelsmann-Betrieben außerordentlich schlecht ist und daß die Arbeit der Gewerkschaft im Bertelsmann-Verlag sehr erschwert werde. Voraussetzung für die Weiterführung der Gespräche sei, daß hier eine grundsätzliche positive Änderung im gewerkschaftlichen Sinne herbeigeführt werde. Die Behauptungen des »Spiegel« über Absprachen und Verpflichtungen zwischen Verlag und DGB seien, so betont Kollege Vetter, unwahr und entbehrten jeder Grundlage.

An einer kurzen Diskussion zur Frage des Bildungsurlaubs beteiligen sich die Kollegen *Sickert, Vetter, Muhr, Buschmann* und *Tacke,* die auf die Dringlichkeit des Problems hinweisen. Dem DGB liegen Informationen darüber vor, daß im Bundesarbeitsministerium ein Gesetzentwurf zum Bildungsurlaub[15] vorbereitet wird und man den Bildungsurlaub an die Spitze der zu regelnden gesellschaftspolitischen Fragen stellen will. Man ist sich darin einig, daß über die gesetzliche Verankerung des Bildungsurlaubs hinaus versucht werden sollte, den Bildungsurlaub auch tarifvertraglich festzulegen, weil sich daraus noch weitergehende und finanziell günstigere Möglichkeiten ergeben könnten.

Kollege *Stephan* ergänzt den Bericht des Kollegen Vetter über die Beziehungen zu den jugoslawischen Gewerkschaften und geht auf die Schwierigkeiten ein, die sich auf dem Gebiet der Rundfunkpolitik in Jugoslawien ergeben haben.[16]

---

13 In dem Artikel wird unter der Überschrift »Bertelsmann/DGB. Auf höherer Ebene« das starke Interesse des Bertelsmann-Konzerns an DGB-Unternehmen dargestellt, anhand eines Gesprächs zwischen Vetter und Manfred Köhnlechner. Der Spiegel 24, 7.9.1970, Nr. 37, S. 57.

14 Manfred Köhnlechner (1925–2002) war von 1958 bis 1970 Syndikus und Generalbevollmächtigter des Bertelsmann-Konzerns. Reinhard Mohn (1921–2009) gründete 1950 den Bertelsmann-Verlag. 1969 stieg Mohn durch den Erwerb eines Anteils von 25% am Hamburger Druck- und Verlagshaus Gruner & Jahr in das Zeitschriftengeschäft ein. Biografische Daten siehe Munzinger-Personenarchiv.

15 Zur Einführung eines Gesetzes für Bildungsurlaub siehe Gesetz für Bildungsurlaub, in: Handelsblatt, 31.8.1970. Vor den Delegierten des 6. Ordentlichen Gewerkschaftstags der NGG in Berlin kündigte Bundesarbeitsminister Walter Arendt eine Gesetzesinitiative der Bundesregierung an zur Einführung eines zwei Wochen langen Bildungsurlaubs. Vgl. Protokoll über die Verhandlungen des 6. Ordentlichen Gewerkschaftstages der Gewerkschaft NGG, 6.–11.9.1970 Berlin, Hamburg o. J., S. 241 f. sowie Arendt kündigt großes Reformprogramm an, in: FNP, 10.9.1970.

16 Aktennotiz Heinz Richters vom 14.8.1970 über ein Gespräch mit dem Jugoslawischen Gewerkschaftsbund am 10./11.6.1970 in Zagreb, in dem die Rundfunk- und Fernsehsendungen für jugoslawische Arbeiter und die Rundfunkpolitik Jugoslawiens besprochen wurden. DGB-Archiv, DGB-BV, Sekretariat Günter Stephan 5/DGCU0000509.

Kollege *Vetter* stellt abschließend fest, daß der Bundesvorstand den Bericht zur Gewerkschaftspolitischen Lage zustimmend zur Kenntnis genommen hat.

3. Kontakt zum FDGB

Kollege *Vetter* verweist auf den den Bundesvorstandsmitgliedern übersandten Brief des FDGB vom 4.8.1970.[17] Der Geschäftsführende Bundesvorstand schlage vor, in einem kurzen Schreiben den Eingang des Briefes zu bestätigen und den FDGB aufzufordern, auf der Ebene der Gespräche in Berlin in Düsseldorf ein Spitzengespräch abschließend vorzubereiten.[18]

Kollege *Brenner* ist der Meinung daß man sich die Beantwortung des Briefes genau überlegen und vor allem vermeiden sollte, nach dem Besuch von zwei GBV-Mitgliedern beim FDGB wieder auf die Ebene von rein technischen Gesprächen zurückzukommen, die erneute Protokoll- und Verfahrensschwierigkeiten hervorrufen könnten.[19] Wichtig sei, daß bei der nächsten Begegnung auch der Inhalt des vorgesehenen Spitzengesprächs einmal angesprochen werde. Die ungehinderte Einreise der beiden GBV-Mitglieder über Westberlin lasse die Vermutung zu, daß diese Frage heute vielleicht nicht mehr die entscheidende Rolle spiele wie in der Vergangenheit. Eine Gesprächskombination – 1 Tag Düsseldorf, 1 Tag Ostberlin – könnte eventuell möglich sein.

Kollege *Lappas* ergänzt den schriftlichen Bericht über den DGB-Besuch vom 9.7.1970 in Ostberlin durch einige Gesprächsdetails.[20] Er betont, es sei Übereinstimmung darin erzielt worden, die Vorbereitungsgespräche künftig auf Vorstandsebene fortzuführen. Schwierigkeiten bereite nach wie vor die Frage des Begegnungsortes, die auch nach Meinung der Delegation nicht durch die ungehinderte Anreise über Westberlin gemindert sei.

Die Vertreter des FDGB hätten in Berlin der von den GBV-Mitgliedern vorgetragenen Alternative des Bundesvorstandes – Spitzenbegegnung in Düsseldorf oder in Ostberlin bei freier Anreise – ihre Alternative des Doppelgesprächs Magdeburg-Braunschweig gegenübergestellt. Die DGB-Delegation hätte schließlich erkennen lassen, daß der Bundesvorstand gegebenenfalls

---

17 Das Schreiben von Herbert Warnke wurde am 6.8.1970 durch die Mitarbeiter in der Bundesvorstandsverwaltung des FDGB Walter Hantsche und Werner Rogge überreicht, siehe u. a. ND, 6.8.1970, Nr. 229.
18 In der 52. Sitzung des GBV am 31.8.1970 wurde dieser Brief behandelt und der Entwurf eines Antwortschreibens verabschiedet. DGB-Archiv, DGB-BV, Abt. Vorsitzender 5/DGAI000182.
19 Der vom GBV beschlossene Briefentwurf: »Werter Kollege Warnke! Der Bundesvorstand des Deutschen Gewerkschaftsbundes hat den Brief des Bundesvorstandes des Freien Deutschen Gewerkschaftsbundes am 4. August 1970 zur Kenntnis genommen. Zwecks Weiterführung des am 9. Juli in Ostberlin begonnenen Gespräches laden wir den Bundesvorstand des FDGB nach Düsseldorf in das Haus des DGB-Bundesvorstandes ein. Es ist unser Wunsch, das begonnene Gespräch auf gleicher Ebene weiterzuführen, um die erforderlichen Einzelheiten für das Spitzengespräch festzulegen. Wir erwarten Ihre Terminvorschläge.« DGB-Archiv, DGB-BV, Abt. Vorsitzender 5/DGAI000467.
20 Die GBV-Mitglieder Waldemar Reuter und Alfons Lappas trafen sich am Sitz des FDGB in Ostberlin mit Wolfgang Bayreuter (FDGB-Präsidium) sowie Heinz Claus und Joachim Hoffmann (FDGB-Bundesvorstand) zur Vorbereitung von Spitzengesprächen zwischen beiden Organisationen. ND, 10.7.1970, Nr. 205.

Dokument 30 7. September 1970

seine eigene Kondition – Ostberlin mit freier Anreise – auflösen und nach einer ersten Begegnung in Düsseldorf einer zweiten Begegnung in einem Ort der DDR zustimmen könnte unter der Voraussetzung, daß bei dem Düsseldorfer Gespräch die Frage der Integrität des DGB-Landesbezirks Berlin zufriedenstellend geklärt würde.

Kollege *Reuter* fügt der Schilderung des Kollegen Lappas noch einige Einzelheiten hinzu. So sei versuchsweise der Vorschlag einer Begegnung Magdeburg-Braunschweig gemacht worden, mit der Bedingung, daß der FDGB zuvor eine Erklärung darüber abgebe, daß er den DGB-Landesbezirk Berlin als integrierten Bestandteil des DGB anerkenne. Dieser Vorschlag sei eindeutig abgelehnt worden. Im Übrigen sei uns zugetragen worden, daß man das Problem des Begegnungsortes eventuell durch die Hereinnahme eines Berliner Kollegen in die DGB-Delegation umgehen könne.

Über eine andere Version, angeblich aus sowjetischen Gewerkschaftskreisen, berichtet Kollege *Stephan*. Danach solle der DGB durch die DDR [ein-] und über Westberlin abreisen.

Kollege *Kluncker* spricht sich für den Vorschlag des Geschäftsführenden Bundesvorstandes aus, die vorbereitenden Gespräche auf Vorstandsebene in Düsseldorf weiterzuführen. Seiner Ansicht nach sind damit neue Voraussetzungen gegeben und die bisher strittigen Fragen zunächst vom Tisch. Die Frage des Treffpunkts sei wieder offen, allerdings mit der Einschränkung, daß der DGB seinen Reiseweg selbst bestimme, falls der FDGB nach Ostberlin einladen sollte. Die Vorbereitungsgespräche sollte man zweckmäßigerweise nicht mit politischen Entscheidungen belasten. In der ersten Spitzenbegegnung müsse das Problem Berlin geklärt und bei negativer Haltung des FDGB der Kontakt beendet werden.

Kollege *Muhr* ist der Meinung, daß der FDGB auf jeden Fall seine Bedingungen hinsichtlich der Anreise nach Ostberlin aufgeben müßte, die ja auch durch ihn und nicht durch den DGB in die technischen Gespräche hineingebracht worden seien. Ein Treffen in Düsseldorf würde dieses Problem nicht lösen. Trotzdem solle man versuchen, auf der jetzt vorgesehenen Gesprächsebene einen befriedigenden Kompromiß zu finden.

Kollege *Schmidt* befürwortet ebenfalls den Vorschlag des Geschäftsführenden Bundesvorstandes und spricht sich dafür aus, die Gespräche nicht von vornherein einzugrenzen, sondern das Ergebnis der Begegnung auf Vorstandsebene abzuwarten.

Auch Kollege *Frister* spricht sich für Vorbereitungsgespräche auf Vorstandsebene in Düsseldorf aus. Er vertritt die Meinung, daß bereits in den Vorgesprächen die Frage der Integrität des Westberliner DGB befriedigend geklärt werden müßte. Sollte der FDGB dies ablehnen, so müsse man die Prüfung von Kontaktmöglichkeiten als beendet erklären.

Kollege *Sickert* ist der Ansicht, daß der DGB sich auf keinen Fall die Zugehörigkeit seiner Westberliner Organisation durch den FDGB anerkennen lassen sollte. Die Integrität sei für uns doch selbstverständlich. Man solle deshalb bei den Gesprächen auf Vorstandsebene, die er ebenfalls befürworte, nicht darauf abstellen, sondern die Teilnahme Westberliner Kollegen an den weiteren Kontakten fordern.

Kollege *Kluncker* schlägt [als] die Marschroute für das für Düsseldorf vorgesehene Vorstandsgespräch folgende Alternative vor: Spitzengespräch entweder in Ostberlin mit freiem Anreiseweg oder an einem anderen Ort der DDR mit einer DGB-Delegation, der ein Westberliner Kollege angehört.

Kollege *Brenner* bittet darum, daß sich der DGB-Bundesvorstand erneut mit der Frage der Spitzengespräche zwischen FDGB und DGB befaßt, wenn sich nach der Antwort des FDGB auf das kurze Schreiben des DGB neue Gesichtspunkte ergeben sollten.

Kollege *Vetter* sagt dies zu und stellt abschließend das Einverständnis des Bundesvorstandes fest, dass der FDGB in einem kurzen Schreiben eingeladen wird, das in Ostberlin begonnene Gespräch »auf gleicher Ebene« in Düsseldorf fortzusetzen. Das Gespräch soll dann in dem von Kollegen Kluncker vorgeschlagenen Sinne geführt werden.[21]

4. DER DEUTSCHE GEWERKSCHAFTSBUND AM 1. MAI

Kollege *Stephan* weist darauf hin, daß in der Maisitzung des vergangenen Jahres Kollege Kluncker sowie einige weitere Bundesvorstandsmitglieder darum gebeten haben, neue Grundsätze für die Veranstaltungen zum 1. Mai zu erarbeiten. Nach dem letzten DGB-Kongreß in München haben sehr umfangreiche Aussprachen und Beratungen mit den Landesbezirken und dem Maiausschuß stattgefunden. Die Ergebnisse seien in der Vorlage niedergelegt, die auch morgen im Bundesausschuß verabschiedet werden solle. Kollege Stephan bittet um Zustimmung.

[In der Diskussion ist man sich einig, dass die Vorlage zwar wesentliche Anregungen, nicht aber eine grundsätzliche Lösung offener Fragen bringe. Um keine Aktivitäten zu bremsen und wesentliche Initiativen zu stoppen, spricht man sich für die Zurückziehung der Vorlage aus. Es sollen lediglich durch Rundschreiben Empfehlungen an die Landesbezirke gerichtet werden. Im April 1971 sollen die Landesbezirke mit den DGB-Kreisen die Gestaltung der Maifeiern beraten und verbindlich festlegen.]

5. GEWERKSCHAFTSBAROMETER 1970

[Auf der Bundesvorstandssitzung am 5.5.1970 berichtet *Klaus Liepelt* vom Infas-Institut, Bad Godesberg, über das Gewerkschaftsbarometer 1969. Vor der Herausgabe des nächsten Barometers sollte ein neuer Fragenkatalog er-

---

21 Von einigen stilistischen Änderungen abgesehen, wurde der Wortlaut des Briefentwurfs (Fußnote 19) übernommen, siehe FDGB nach Düsseldorf eingeladen, in: ND, 15.9.1970, Nr. 257.

stellt werden. Dem vorgelegten Fragenkatalog für die Untersuchung »Gewerkschaftsbarometer 1970« wird vom Bundesvorstand zugestimmt.[22]]

6. NEUORDNUNG DES BEAMTENRECHTS

[*Reuter* erläutert die dem Bundesvorstand zugeleitete Vorlage und schildert den Verlauf der Beratungen, die zur einstimmigen Verabschiedung des Konzepts durch den Bundes-Beamtenausschuß führte.[23] Nach einigen Formulierungsänderungen bzw. Streichungen beschließt der Bundesvorstand die »Grundsätze zur Neuordnung des Beamtenrechts – Gliederung in Statusrecht und Folgerecht«.]

7. FAMILIEN- UND VERTRAGS-RECHTSSCHUTZ OHNE ARBEITS- UND SOZIALRECHTSSCHUTZ

Kollege *Woschech* verweist auf die den Bundesvorstandsmitgliedern ausgehändigte Vorlage und gibt einige ergänzende Erläuterungen. In der letzten Beiratssitzung der »Vorag« sei der in die Verhandlungen einzubeziehende Fragenkatalog um den Vertragsrechtsschutz und den Mieterschutz erweitert worden. Die ersten Vorgespräche über diesen Rahmenvertrag seien bereits geführt worden. Es sei vorgesehen, daß der Vertrag mit der »Vofü« zunächst für zwei Jahre terminiert werde.[24] Mit dem Abschluß einer Rahmenversicherung verzichtet die »Vofü« auf das private Einzelversicherungsgeschäft außerhalb der Mitglieder des DGB. Sollten sich mehr Gewerkschaften als bisher entschließen, Kollektivverträge abzuschließen, so wäre zu einem späteren Zeitpunkt die allmähliche und schrittweise Ablösung dieses Rahmenvertrages in Kollektivverträge von einzelnen Gewerkschaften möglich. Kollege Woschech bittet um Annahme der Empfehlung, wie sie der Geschäftsführende Bundesvorstand ausgearbeitet hat.

Kollege *Buschmann* weist auf ein Angebot der [Vereins- und] »Hypo-Bank« hin, aus dem man entnehmen könne, wie man um unsere Mitglieder werbe. Er erinnert an die erste Sitzung mit der »Vofü« in Hamburg, an der alle Gewerkschaften teilgenommen und sich positiv für diese Entwicklung ausgesprochen

---

22 Vorlage Günter Stephans vom 25.8.1970 mit vierseitigem Fragenkatalog. Der 28 Fragen umfassende Katalog gliedert sich in 4 Abschnitte: I. Trendfragen, II. Allgemeine Fragen zur Situation der Gewerkschaften und zur Gewerkschaftspolitik, III. Wirtschafts- und Konjunkturpolitik, IV. Ausländische Arbeitnehmer. DGB-Archiv, DGB-BV, Abt. Vorsitzender 5/DGAI000467.
23 Die Grundsätze wurden auf der Sitzung des Bundes-Beamtenausschusses am 17.7.1970 verabschiedet. DGB-Archiv, DGB-BV, Abt. Beamte 5/DGAS000028. Die Grundsätze wurden abgedruckt in der Schriftenreihe »Der Deutsche Beamte«, 1970, Nr. 10, hrsg. v. DGB Abt. Beamte. Vgl. auch DGB-Geschäftsbericht 1969–1971, Abt. Beamte, S. 454. Die wesentlichen Forderungen der Grundsätze waren a) die Beibehaltung des Beamtentums, b) ein einheitliches Dienstrecht für Beamte, Angestellte und Arbeiter im öffentlichen Dienst, c) mehr Mitbestimmung für Beamte und d) eine Aufteilung des Beamtenrechts in ein Status- und Folgerecht.
24 Siehe Diskussion um die Verträge mit der Volksfürsorge (Vofü) und der Volksfürsorge Rechtsschutz-Versicherung AG (Vorag) in der 8. und 9. Bundesvorstandssitzung (Dok. 20 und 22).

hätten. Danach habe man in einzelnen Gewerkschaftsgremien nach Wegen gesucht, wie man eine solche Möglichkeit gewerkschaftspolitisch ausnutzen könne. Die Gewerkschaft Textil-Bekleidung unternehme den Versuch, mit einer solchen Versicherung ihre Beitragsentwicklung wieder in Ordnung zu bekommen. Es seien alle Vorbereitungen getroffen, in der nächsten Woche in einem zweitägigen außerordentlichen Gewerkschaftstag den Beitrag auf 1 % des Einkommens festzulegen und eine weitere gewerkschaftliche Leistung anzubieten. In den Orts- und Bezirksbereichen habe man sich einmütig für eine solche Entwicklung ausgesprochen. Die Gewerkschaft Textil-Bekleidung sei der Meinung, daß man hier genauso wie mit der Freizeitunfallversicherung verfahren sollte. Sie glaube, daß in ihrer Organisation ein Musterbeispiel praktiziert werden könne. Als Vertreter der Gewerkschaft Textil-Bekleidung kann Kollege Buschmann nicht der Vorlage des Geschäftsführenden Bundesvorstandes zustimmen. Auf dem Gewerkschaftstag seiner Organisation müsse er leider sagen, daß der Bundesvorstand den Vorstellungen der Gewerkschaft Textil-Bekleidung nicht zugestimmt habe. Dafür werde man kaum Verständnis haben. Kollege Buschmann bittet die Hauptvorstände der Einzelgewerkschaften, sich diesen Vorschlag noch einmal zu überlegen. Spätestens in einem Jahr sei die IG Bau-Steine-Erden dabei, diese Entwicklung mitzumachen. Damit wäre bereits 1971 die 1-Millionen-Grenze sichergestellt.

Kollege *Vetter* bringt sein Verständnis für die Situation des Kollegen Buschmann zum Ausdruck. Seiner Auffassung nach sei hier allerdings eine andere Situation als bei der Freizeitunfallversicherung gegeben.

Nach Meinung von Kollegen *Muhr* befinden sich die Gewerkschaften in dieser Frage in einer Zwickmühle, weil einerseits die Entwicklung im Prinzip begrüßt würde, die Kollege Buschmann gerne sehen würde. Das Unfallversicherungsgeschäft sei nicht lukrativ, so daß hier der »Vofü« kein großes Geschäft entgehe. Bei der o. a. Versicherung wäre es allerdings anders. Auf dem Gebiet der Rechtsschutzversicherung würden von den großen Versicherungsgesellschaften Angebote einschließlich Arbeits- und Sozialrechtsschutz gemacht. Das sei eine Gefahr für die Gewerkschaften, die darauf hinauslaufen könne, daß die Mitglieder sich die Frage stellten, wozu brauchen wir noch Gewerkschaften. Kollege Muhr empfiehlt, die Angelegenheit noch einmal ernsthaft mit der »Vofü« zu besprechen, insbesondere im Hinblick darauf, ob die Frage nicht mit der Gründung zweier Gesellschaften gelöst werden könne. Eine Gesellschaft könnte sich mit der Kollektiv-, die andere mit der Individualversicherung beschäftigen. Aber auch das würde von der Kalkulationsbasis her erst möglich sein, wenn sich eine ausreichend große Zahl beteiligen würde.

Kollege *Schmidt* versteht die Ausführungen von Kollegen Woschech dahin, daß die Gewerkschaften erst durch diesen Beschluß in eine Zwickmühle kommen. Würden die Mitglieder aller Gewerkschaften dieses Angebot aufgreifen und eines Tages eine Gewerkschaft einen Kollektivvertrag abschließen, so wären alle anderen Verträge aufgelöst. Wenn diese Schlußfolgerung richtig sei, würden wir den Ärger, der eines Tages doch kommen würde, nur vor uns herschieben. Die übrigen Gewerkschaften wären dadurch eventuell gegen ihren Willen in einem Zugzwang, ohne andere Satzungsleistungen ablösen zu können. Kollege Schmidt kann der Beschlußvorlage nicht zustimmen. Seiner Meinung nach sollten die Ergebnisse der morgigen Beiratssitzung der »Vofü« abgewartet werden.

Kollege *Woschech* weist darauf hin, daß ein einziger Kollektivvertrag sowohl den Rahmenvertrag für alle anderen als auch das Einzelgeschäft ausschließen würde. Wenn sich die »Vofü« zu einem Kollektivvertrag mit der Gewerkschaft Textil-Bekleidung entschließen sollte, so wäre ein Rahmenvertrag nicht mehr möglich. Wenn dann z. B. ein IG-Metall-Mitglied einen solchen Vertrag abschließen wollte, müßte man es praktisch an die Allianz[25] verweisen. Sollte in einigen Jahren die Situation eintreten, daß nach der Gewerkschaft Textil-Bekleidung noch einige andere Gewerkschaften nachziehen, dann würde es zu einem bestimmten Zeitpunkt möglich sein, vom Rahmenvertrag zu Kollektivverträgen überzugehen. Kollege Woschech bittet nochmals um Zustimmung zum Beschlußvorschlag. Er hätte allerdings auch keine Bedenken, wenn man noch einen Monat mit der Entscheidung wartet.

Kollege *Kluncker* äußert finanzielle Bedenken. Die Situation der Gewerkschaft ÖTV sei anders als die der Gewerkschaft Textil-Bekleidung. Die ÖTV habe »billige« Organisationen im Nacken sitzen. Die Spanne zwischen Einnahmen und Ausgaben sei nicht groß. Das Beitragsniveau solle gesteigert werden. Die Lage seiner Organisation würde eine solche Lösung nicht zulassen. Wenn man z. B. für die Mitglieder Prämien zahlen wollte, so müßte man andere Leistungen abbauen. Kollege Kluncker ist bereit, die GBV-Vorlage zu verschieben, um nicht den Kongreß der Gewerkschaft Textil-Bekleidung zu präjudizieren.

[Es wurde beschlossen, die Vorlage »Familien- und Vertrags-Rechtsschutz ohne Arbeits- und Sozialrechtsschutz« bis zur Oktober-Sitzung in Brüssel zurückzustellen.]

8. ÄNDERUNG DER »ALLGEMEINEN ANSTELLUNGSBEDINGUNGEN FÜR DIE BESCHÄFTIGTEN DES DGB«

[Die von *Woschech* vorgelegte Änderung der Allgemeinen Anstellungsbedingungen wurde nach kurzer Diskussion beschlossen.[26]]

---

25 Gemeint war hier die Allianz Versicherungs AG.
26 Beratungsvorlage Franz Woschechs vom 27.8.1970 mit einer Gegenüberstellung der bisherigen und der geänderten Anstellungsbedingungen. DGB-Archiv, DGB-BV, Abt. Vorsitzender 5/DGAI000467. Gegenüber den Allgemeinen Anstellungsbedingungen vom 1.4.1969 wurden einzelne Absätze in den §§ 7 Gehalt, 9 Versetzung, 10 Arbeitszeit, 11 Trennungsentschädigung, Familienheimfahrt, 21 Weihnachtszuwendungen und 26 Kündung geändert.

9. Bericht über die Entwicklung von G-U-T

[An der Vorlage²⁷ werden in der folgenden Diskussion insbesondere die Reiseziele – Griechenland und andere undemokratische Staaten im Mittelmeerraum – problematisiert. Abschließend wird der Vorlage zugestimmt.]

10. Ausschreibung des Ausserordentlichen Bundeskongresses 1971

[Mit der Bitte *Woschechs,* diesen Punkt zurückzuziehen und erst im Oktober zu beraten, ist der Bundesvorstand einverstanden.]

11. Leitsätze der Gewerkschaftsjugend

[Der Bundesvorstand empfiehlt dem Bundesausschuss die Vorlage von Woschech über die Leitsätze der Gewerkschaftsjugend zur Annahme.²⁸]

12. Bestätigung von Landesbezirksvorstandsmitgliedern

[Der Bundesvorstand empfiehlt dem Bundesausschuss, die Wahl von Kurt Gmählich als Mitglied des Landesbezirksvorstandes Bayern; die Mitglieder und ihre ständigen Vertreter im Landesbezirksvorstand Berlin; Eugen Fabian (Gewerkschaft Leder), Dieter Greese (Landesbezirksjugendausschuss), Günther Schmale (GTB) als Mitglieder des Landesbezirksvorstandes Rheinland-Pfalz; Eugen Fabian und Alfred Kühn (beide IGM) als Vertreter des Kollegen Hans Pleitgen (IGM) als Mitglieder des Landesbezirksvorstandes Saar zu bestätigen.²⁹]

13. Revisionsberichte

[Der Bundesvorstand nimmt die Revisionsberichte und die vorgenommene Prüfung des Jahresabschlusses 1968 zustimmend zur Kenntnis.]

14. Verschiedenes

Kollege *Vetter* erinnert daran, daß beschlossen worden sei, den 9. Ordentlichen DGB-Kongreß in der Zeit vom 28.5. bis 3.6.1972 durchzuführen. Der ÖTV-Gewerkschaftstag sollte ursprünglich in der Zeit vom 25.6. bis 1.7.1972 stattfinden. Der Hauptvorstand der Gewerkschaft ÖTV bittet jetzt darum, die Termine zu tauschen. Laut Satzung darf aber drei Monate vor einem

---

27 In der Beratungsvorlage »g-u-t-reisen und Freizeitwerke« vom 1.9.1970 wurde empfohlen, dass die DGB-Freizeitwerke sich der g-u-t anschließen sollten. Als Anlage zur Vorlage waren eine Auflistung der Entwicklung und Planungen der Reisebuchungen 1970/71 vom 4.9.1970 beigefügt. DGB-Archiv, DGB-BV, Abt. Vorsitzender 5/DGAI000476.
28 Die Leitsätze sind abgedr. in: ID, 22.9.1970, Nr. 18. Die Leitsätze beinhalteten die konkreten Aufgaben für die gewerkschaftliche Jugendarbeit und den organisatorischen Aufbau (Organe der gewerkschaftlichen Jugendarbeit des DGB).
29 Der Bundesausschuss bestätigte die Wahl in seiner 4. Sitzung am 8.9.1970. DGB-Archiv, DGB-BV, Abt. Vorsitzender 5/DGAI000444.

Dokument 30 7. September 1970

DGB-Kongreß kein anderer Kongreß stattfinden. Kollege Vetter bittet, hier eine Ausnahmeregelung vorzunehmen.

[Die anschließende Diskussion wird unterbrochen wegen der Begegnung mit Vertretern der Deutschen Bundesbank.]

GESPRÄCH MIT VERTRETERN DER DEUTSCHEN BUNDESBANK[30]

Kollege *Vetter* begrüßt den Präsidenten der Deutschen Bundesbank, Herrn Dr. Klasen, sowie seine beiden Stellvertreter, die Herren Dr. Emminger und Dr. Irmler, und dankt ihnen für ihre Bereitschaft, sich dem Bundesvorstand des DGB zu einem Gespräch zur Verfügung zu stellen. Er gibt der Hoffnung Ausdruck, daß durch diese Aussprache ein besseres Verständnis der gegenseitigen Standpunkte und Verhaltensweisen erreicht werde.[31]

Dr. Klasen freut sich, vor einem so großen Kreis kompetenter Gewerkschaftsvertreter seine Ansichten über die Aufgaben der Bundesbank und die derzeitige wirtschaftspolitische Situation in der Bundesrepublik erläutern zu können. Er weist zunächst darauf hin, daß die Deutsche Bundesbank nach dem Gesetz verpflichtet ist, für die Stabilität der Währung zu sorgen und die Wirtschaftspolitik der Bundesregierung zu unterstützen. Aus dieser Aufgabenstellung ergebe sich bei der derzeitigen konjunkturellen Anspannung und der bedrohlichen Preissituation die Haltung der Bundesbank zu den Lohnforderungen der Gewerkschaften. Die Bundesbank sei nach den bei ihr erarbeiteten Daten und Unterlagen zur Überzeugung gelangt, daß Lohnerhöhungen in der jetzt von den Gewerkschaften geforderten Größenordnung eine so erhebliche Kostensteigerung hervorrufen würden, daß eine Abwälzung auf die Preise unvermeidlich sei. Diese Preissteigerungen würden wiederum die breite Masse der Arbeitnehmer am meisten treffen und gleichzeitig zu einer Entwertung der Spareinlagen führen. Ein realer Einkommensgewinn aus überhöhten Lohnforderungen sei also für die Arbeitnehmer nicht zu erwarten. Die Bundesbank hält einen ständigen Appell an die Gewerkschaften, ihre Lohnforderungen in vernünftigem Rahmen zu halten, nicht nur für notwendig, sondern auch für gerechtfertigt.

Dr. Irmler erläutert danach im Einzelnen die dem Bundesvorstand vorgelegten Unterlagen der Deutschen Bundesbank, die nach Ansicht der Bundesbank-Vertreter die Richtigkeit ihrer Haltung und Auffassung beweisen.

---

30 Auf der 39. Sitzung des GBV am 20.4.1970 wurde beschlossen, ein Gespräch mit dem Präsidenten der Deutschen Bundesbank außerhalb einer normalen GBV-Sitzung durchzuführen. DGB-Archiv, DGB-BV, Abt. Vorsitzender 5/DGAI000183. An dem Gespräch nahmen vonseiten der Deutschen Bundesbank teil: Karl Klasen (1909–1991) von 1970–1977 Präsident der Deutschen Bundesbank, sein Nachfolger Otmar Emminger (1911–1986) war von 1977–1979 Präsident und Heinrich Irmler (1911–2002) war von 1964–1979 Mitglied des Präsidiums.

31 Heinz Markmann (WWI-Geschäftsführung) übergab am 3.9.1970 Heinz O. Vetter für dieses Gespräch eine kurze Ausarbeitung über die WWI-Bewertung der Bundesbankpolitik in den Jahren seit der Veröffentlichung des sog. »Blessing-Gutachtens«. DGB-Archiv, DGB-BV, Abt. Vorsitzender 5/DGAI000467.

In der nachfolgenden Diskussion vertreten die Kollegen *Vetter, Tacke, Muhr, Neemann, Buschmann* und *Brenner* den Standpunkt, daß die Gewerkschaften seit 1945 in ihrer Lohnpolitik ein hohes Verantwortungsbewußtsein gegenüber Wirtschaft und Staat bewiesen und sich mit ihren Lohnforderungen immer in einem Rahmen bewegt hätten, der von der Wirtschaft zu bewältigen gewesen sei. Genauso verantwortungsbewußt und sorgfältig sei auch in dieser Lohnphase, z. B. durch die IG Metall, die wirtschaftliche Lage in der Metallindustrie geprüft worden, bevor man sich zu der Forderung nach 15 % entschlossen habe. In diesem Zusammenhang wird Kritik daran geübt, daß der Bundesbankpräsident durch die Nennung von Prozentzahlen Verwirrung in die Lohndiskussion gebracht habe.

Bei aller Würdigung der Aufgaben der Deutschen Bundesbank erscheint es den Diskussionsrednern nicht gerechtfertigt, daß sich die Kritik der Bundesbank und der Appell zu konjunkturgerechtem Verhalten ausschließlich an die Gewerkschaften richten. Ganz offensichtlich seien z. B. eine Reihe von Preissteigerungen von den Unternehmern mehr oder weniger willkürlich und auch in abflachenden Konjunkturphasen vorgenommen worden, ohne daß dafür Lohnsteigerungen als Argument angeführt werden konnten. Da offenbar Bundesbank und Gewerkschaften bei ihren Überlegungen und Stellungnahmen von sehr unterschiedlichen Daten und Unterlagen ausgingen, würde es der DGB begrüßen, wenn der Gedankenaustausch und der Kontakt zwischen diesen beiden Institutionen verbessert und vertieft werden könnten.

Dr. Klasen greift diesen Vorschlag auf. Auch er ist der Meinung, daß ein ständiges Gespräch zwischen Bundesbank und DGB notwendig und nützlich sein werde. Im Übrigen weise er den Vorwurf einer einseitigen Stellungnahme gegen die Gewerkschaften mit dem Hinweis auf die Kritik zurück, die die Bundesbank z. B. auch an den öffentlichen Haushalten und an der Ausnutzung der Marktsituation durch die Unternehmer übe. Er sei verpflichtet, immer wieder deutlich zu machen, daß allein über eine vernünftige, gemäßigte Lohnpolitik die Stabilität der Konjunktur in der Bundesrepublik zu erhalten bzw. zu erreichen sei. Erfahrungen in allen Ländern der westlichen Welt bestätigen nach Meinung von Dr. Klasen diese Ansicht.

Kollege *Vetter* dankt dem Präsidenten der Bundesbank sowie seinen beiden Stellvertretern für die Möglichkeit eines so offenen Gedankenaustausches. Er gibt der Hoffnung Ausdruck, daß dieser Kontakt eine für beide Seiten fruchtbare Fortsetzung finden werde.

Ein Beschluß über den Tausch der Termine für den DGB- und ÖTV-Kongreß 1972 wird in dieser Sitzung nicht mehr gefaßt. Der Bundesausschuß beschließt jedoch am folgenden Tage in seiner Sitzung vom 8.9.1970, die Termine für die beiden Kongresse zu tauschen. Somit finden der ÖTV-Gewerkschaftstag in der Zeit vom 28.5. bis 3.6. und der DGB-Kongreß vom 25.6. bis 1.7.1972 statt.

Ende der Sitzung: 17.00 Uhr

Dokument 31

6. Oktober 1970: Protokoll der 13. Sitzung des Bundesvorstandes

Haus des IBFG in Brüssel; Vorsitz: Heinz O. Vetter; Protokollführung: Isolde Funke, Marianne Jeratsch; Sitzungsdauer: 9.05–17.50 Uhr; ms. vermerkt: »Vertraulich«.[1]
Ms., hekt., 11 S., 1 Anlage.[2]
DGB-Archiv, 5/DGAI000536.

Beginn der Sitzung: 9.05 Uhr

[*Vetter* eröffnet die Sitzung, und *Harm G. Buiter*[3] begrüßt den Bundesvorstand beim IBFG in Brüssel. Vetter weist darauf hin, dass Werner Hansen aufgrund seines 65. Geburtstags zur Sitzung eingeladen worden sei. Danach wird die Tagesordnung beschlossen, ergänzt um den Punkt »Mitarbeiterverhältnis von Kollegen Prof. Dr. Walter Fabian«. Der Punkt »Neuordnung der Unternehmensgruppe Neue Heimat« wird bis zur nächsten Sitzung zurückgestellt.]

Tagesordnung:
1. Genehmigung des Protokolls der 12. Bundesvorstandssitzung
2. Mitarbeiterverhältnis des Kollegen Prof. Dr. Walter Fabian
3. Satzungsdiskussion
4. Familien- und Vertrags-Rechtsschutz ohne Arbeits- und Sozialrechtsschutz
5. Jugoslawisches Büro
6. Bericht ACE/WACE/GUV
7. Ausschreibung des Außerordentlichen Bundeskongresses 1971
8. Bestätigung von Landesbezirksvorstandsmitgliedern
9. Konzertierte Aktion – Zielprojektion
10. Technische Abwicklung von Bundesvorstandssitzungen

1. GENEHMIGUNG DES PROTOKOLLS DER 12. BUNDESVORSTANDSSITZUNG

[*Muhr* bittet den sinnentstellenden Satz »Das Unfallversicherungsgeschäft sei nicht lukrativ, so daß hier der ›VoFü‹ kein großes Geschäft entgehe« beim Tagesordnungspunkt 7 folgendermaßen zu ändern: »Die Unfallversicherung sei auf der Basis der Freizeitunfallversicherung als Individualversicherung nicht interessant. Aus diesem Grunde entstehe der ›Vofü‹ hierbei keine Konkurrenz …«. Mit der Änderung wird das Protokoll genehmigt.]

---

1 Einladungsschreiben vom 23. und 29.9.1970. Nicht anwesend: Leonhard Mahlein, Karl Hauenschild (vertreten durch Heinz Vosshenrich), Erich Frister (vertreten durch Erwin Walz), Heinz Vietheer (vertreten durch Anni Moser). DGB-Archiv, DGB-BV, Abt. Vorsitzender 5/DGAI000468.
2 Anlage: Anwesenheitsliste.
3 Harm G. Buiter (1922–1971) war von 1956 bis 1971 Generalsekretär des IBFG.

2. Mitarbeiterverhältnis des Kollegen Prof. Dr. Walter Fabian[4]

Im Hinblick auf die in den letzten Tagen erfolgte einseitige und tendenziöse Berichterstattung in Presse und Rundfunk[5] über die Auflösung des Mitarbeiterverhältnisses mit dem Chefredakteur der »Gewerkschaftlichen Monatshefte«, Kollegen Prof. Dr. Walter Fabian, gibt Kollege *Vetter* im Namen des Geschäftsführenden Bundesvorstandes eine Erklärung ab. Er erinnert daran, daß Kollege Fabian bei Abschluß der Vereinbarung über sein Mitarbeiterverhältnis mit dem Bund-Verlag im Jahre 1957 ausdrücklich Wert darauf gelegt hat, von den Bindungen eines Anstellungsverhältnisses frei zu sein, um auch andere Tätigkeiten ausüben zu können.[6] In der Vereinbarung habe der Verlag auch auf ein Direktionsrecht gegenüber Kollegen Fabian verzichtet. Es sei völlig klar gewesen, daß Kollege Fabian als freier Mitarbeiter keinerlei Anspruch auf Altersversorgung erwirbt. Im Jahre 1964 kam es dann nach Meinungsverschiedenheiten über die einseitige politische Orientierung der »Gewerkschaftlichen Monatshefte« zu einer auch dem Bundesvorstand bekannten weiteren Vereinbarung zwischen dem Geschäftsführenden Bundesvorstand und Kollegen Fabian.[7] Danach wurde der DGB-Vorsitzende Rosenberg der verantwortliche Herausgeber. Als Nachfolger des Kollegen Rosenberg zeichne nun er, Kollege Vetter, als verantwortlicher Herausgeber. Als Kollege Fabian 1967 das 65. Lebensjahr erreicht hatte, sei, wie aus den Akten hervorgehe, zwischen den Kollegen Rosenberg und Stühler besprochen und Kollegen Fabian mitgeteilt worden, daß auf ihn die DGB-Regelung, wonach hauptamtliche Mitarbeiter des DGB mit 65 Jahren ausscheiden müssen, nicht angewandt werde, da er freier Mitarbeiter sei.[8] Um die Kontinuität in der Führung der »Gewerkschaftlichen Monatshefte« zu gewährleisten, habe, als sich die Möglichkeit bot, einen geeigneten Nachfolger zu gewinnen, Anfang November 1969 ein Gespräch mit Kollegen Fabian über sein späteres Ausscheiden stattgefunden.[9] In diesem Gespräch sei mit Kollegen Fabian Ein-

---

4   Mitteilung des GBV zur Auflösung des Vertragsverhältnisses mit Walter Fabian zum 31.12.1970, siehe In den wohlverdienten Ruhestand, in: ND, 2.10.1970, Nr. 276. Beschluss der Kündigung des Mitarbeiterverhältnisses von Walter Fabian auf der 54. Sitzung des GBV vom 21.9.1970, DGB-Archiv, DGB-BV, Abt. Vorsitzender 5/DGAI000186.
5   Siehe u. a. Fußnote 18 und 19 in diesem Dokument.
6   Vereinbarung zwischen Walter Fabian und Wilhelm Biedorf (Bund-Verlag) vom 27.11.1957 über die Übernahme der Redaktion der »Gewerkschaftlichen Monatshefte« zum 1.12.1957, DGB-Archiv, DGB-BV, Sekretariat Bernhard Tacke 5/DGCY000175.
7   Grund für die Vereinbarung zwischen Walter Fabian und dem GBV vom 5.5.1964 waren Artikel in der März-Ausgabe der GMH (Vgl. Protokoll der 62. GBV-Sitzung, TOP 2, DGB-Archiv, DGB-BV, Abt. Vorsitzender 5/DGAI000378). Insbesondere der Beitrag zur Deutschlandpolitik hatte zu erheblicher Unruhe geführt. In dem Aufsatz mit dem Titel »Plädoyer für eine neue Politik« forderte Helmut Lindemann die Anerkennung der »Koexistenz zweier deutscher Staaten«, da die Wiedervereinigung »auf absehbare Zeit nicht zu erreichen sei« (GMH 15, 1964, Nr. 3, S. 129–134). Auch zwei andere Beiträge – zur Ostpolitik und zum Frankfurter Auschwitzprozess – lösten zahlreiche kritische Zuschriften an die GMH aus. Vgl. Protokoll der 16. BV-Sitzung vom 7.4.1964, TOP 2 und 17. BV-Sitzung vom 6.5.1964, TOP 2, DGB-Archiv, DGB-BV, Abt. Vorsitzender 5/DGAI000534.
8   Der § 27 der »Allgemeinen Anstellungsbedingungen des DGB« besagte, dass das Angestelltenverhältnis ende nach Ablauf des Monats, in dem der Beschäftigte das 65. Lebensjahr vollende. In besonderen Fällen konnte Abweichendes vereinbart werden.

verständnis über die Person seines Nachfolgers erzielt und ihm eine Übergangsregelung angeboten worden. Die damals angebotene Summe von DM 25.000,-- habe Kollege Fabian als zu gering abgelehnt. Im März habe dann der Geschäftsführende Bundesvorstand als Nachfolger für Kollegen Fabian den Kollegen Walter Köpping vorgesehen.[10] In einem weiteren Gespräch mit Kollegen Fabian am 6. April 1970 sei Form und voraussichtlicher Zeitpunkt seines Ausscheidens besprochen[11] und darauf hingewiesen worden, daß der Geschäftsführende Bundesvorstand über die finanzielle Regelung – über die bereits angebotenen DM 25.000,-- hinaus – noch beraten werde. Der Geschäftsführende Bundesvorstand habe daraufhin statt einer einmaligen Zahlung die Einkaufsmöglichkeit in eine Lebensversicherung auf Rentenbasis für Kollegen Fabian geprüft. Die dazu notwendige Summe von DM 130.000,-- sei jedoch als zu hoch angesehen worden. Im September 1970 sei der Geschäftsführende Bundesvorstand übereinstimmend zu der Auffassung gelangt, daß das Mitarbeiterverhältnis von Kollegen Fabian zum 31.12.1970 gelöst und für Kollegen Fabian eine Abfindung bis zu DM 50.000,-- vorgesehen werden sollte.[12] Der Geschäftsführende Bundesvorstand habe die Kollegen Lappas und Woschech beauftragt, über die Abwicklung der finanziellen Modalitäten mit Kollegen Fabian zu sprechen. Da Kollege Fabian wegen längerer Krankheit und Antritt eines Genesungsurlaubs auch für weitere persönliche Gespräche nicht erreichbar gewesen sei, habe der Bund-Verlag ihm fristgerecht das Kündigungsschreiben in seine Wohnung zugestellt. Kollege Vetter führt weiter aus, daß es entgegen der Darstellung in der Presse keinerlei politische oder andere Kontroversen zwischen ihm und Kollegen Fabian gegeben habe. Er habe von seinem Einspruchsrecht als verantwortlicher Herausgeber der GM nur in wenigen Ausnahmefällen Gebrauch gemacht. Da Kollege Fabian andererseits bereits seit einem Jahr über die Notwendigkeit einer ordnungsgemäßen Übergabe der Redaktionsgeschäfte und die Person seines möglichen Nachfolgers sowie über die Bereitschaft zu einer finanziellen Übergangsregelung informiert war, sei dem Geschäftsführenden Bundesvorstand die völlig einseitige und entstellende Berichterstattung und Kommentierung in der Presse absolut unverständlich. Es sei der Eindruck entstanden, als habe Kollege Fabian selbst, bewußt oder unbewußt, zu dieser falschen Presseberichterstattung beigetragen.

Kollege *Brenner* ist der Meinung, daß eine solche unerfreuliche Auseinandersetzung in der Öffentlichkeit hätte vermieden werden können, wenn die Versorgung des Kollegen Fabian rechtzeitig geregelt worden wäre, wie es

---

9 Am 7.11.1969 führte Vetter ein ausführliches Gespräch mit Fabian über das spätere Ausscheiden und über einen möglichen Nachfolger. Ein Protokoll dieses Gesprächs wurde nicht angefertigt. Vgl. DGB-Archiv, DGB-BV, Abt. Organisation 5/DGAL000091.
10 Walter Köpping (geb. 1923), Abteilungsleiter beim Hauptvorstand der IG Bergbau und Energie, wurde auf der 36. GBV-Sitzung am 23.3.1970 als Nachfolger für Walter Fabian vorgeschlagen. DGB-Archiv, DGB-BV, Abt. Vorsitzender 5/DGAI000183.
11 Es wurde keine Einigung erzielt. DGB-Archiv, DGB-BV, Sekretariat Bernhard Tacke 5/DGCY000175.
12 Auf der 54. GBV-Sitzung am 21.9.1970. Vgl. DGB-Archiv, DGB-BV, Abt. Vorsitzender 5/DGAI000186.

1964 der Wunsch des Bundesvorstandes gewesen sei.[13] Seiner Ansicht nach bestehe eine moralische Verpflichtung, Kollegen Fabian nach 13-jähriger Tätigkeit für die Gewerkschaftsbewegung zu einer gesicherten Versorgung zu verhelfen. Dieser Fall zeige, wie wichtig es sei, grundsätzlich und generell rechtzeitige Vereinbarungen über Versorgungsfragen zu treffen. Er würde es sehr begrüßen, wenn man zu einer befriedigenden Lösung für den Kollegen Fabian kommen könnte. Im Übrigen sei er der Meinung, daß solche Personalfragen nicht allein in die Zuständigkeit des Geschäftsführenden Bundesvorstandes, sondern auch in die des Bundesvorstandes fielen.

Kollege *Stenger* stellt folgende Fragen:

1. Wurde der Vertrag des Kollegen Fabian 1957 mit dem Geschäftsführenden Bundesvorstand oder mit dem Bund-Verlag abgeschlossen?
2. War es der Wunsch von Kollegen Fabian, einen freien Mitarbeitervertrag (ohne Sozialversicherung usw.) abzuschließen?
3. Hat Kollege Fabian neben seinem festen Gehalt Honorare für Artikel erhalten, wenn ja, in welcher Höhe?

Kollege *Biedorf* antwortet, daß der Vertrag 1957 zwischen Kollegen Fabian und dem Bund-Verlag abgeschlossen wurde. Dieser Vertrag habe keine Bestimmungen über die Kündigungsfrist enthalten. Sie hätte in diesem Fall einen Monat betragen. Auf Wunsch von Kollegen Fabian wurde diese Frist durch eine Zusatzvereinbarung im Jahre 1958 auf sechs Wochen zum Schluß eines jeden Vierteljahres verlängert.[14] Im Dezember 1960 sei diese Zusatzvereinbarung aufgehoben und auf erneuten Wunsch von Kollegen Fabian eine Kündigungsfrist von drei Monaten zum 30. Juni bzw. 31. Dezember eines jeden Jahres vereinbart worden.[15] Zur zweiten Frage erklärt Kollege Biedorf, daß Kollege Fabian ausdrücklich Wert darauf gelegt habe, ein freies Mitarbeiterverhältnis und kein Anstellungsverhältnis mit dem Bund-Verlag zu haben, weil er als freier Mann auch noch anderweitig tätig sein wolle. Er habe auch später eine Änderung des freien Mitarbeiterverhältnisses nie angestrebt und sei auf entsprechende Angebote des Bund-Verlages nicht eingegangen. Bei Abschluß der Vereinbarung und auch später habe Einverständnis darüber bestanden, dass keinerlei Versorgungsansprüche für Kollegen Fabian bestehen. Zur dritten Frage antwortet Kollege Biedorf, dass Einzelhonorare über die pauschale Entschädigung hinaus an Kollegen Fabian nicht gezahlt worden seien, daß sein Pauschalhonorar aber 1962 auf seinen Wunsch und unter Hinweis auf sein freies Mitarbeiterverhältnis erhöht worden sei und dem Spitzengehalt der Redakteure des Bund-Verlages entspreche.

Kollege *Stephan* weist darauf hin, daß der Presseausschuß des DGB von ihm die Einberufung einer außerordentlichen Sitzung gefordert habe, um die

---

13 Siehe hierzu 16. (7.4.1964) und 17. Sitzung (6.5.1964) des Bundesvorstandes, in: Kieseritzky: Quellen 13, S. 92 ff., Dok. 5 und 6.
14 Zusatzvereinbarung vom 23.12.1957, DGB-Archiv, DGB-BV, Abt. Organisation 5/DGAL000091.
15 Vertrag vom 9.12.1960 zwischen dem Bund-Verlag (Wilhelm Biedorf) und Walter Fabian, Zürich, ebd.

Dokument 31 6. Oktober 1970

Angelegenheit Fabian zu diskutieren. Da die nächste ordentliche Sitzung des Presseausschusses für Ende Oktober in Berlin in Anwesenheit des Kollegen Vetter vorgesehen sei, erbitte er die Zustimmung des Bundesvorstandes, die Einberufung einer außerordentlichen Sitzung abzulehnen.

Kollege *Sperner* erinnert an die Schwierigkeiten, die sich für ihn in der Öffentlichkeit ergeben haben, als er wegen politischer Differenzen das Mitarbeiterverhältnis des Redakteurs der IG Bau, Steine, Erden, Kuno Brandel, löste.[16] Man solle sich bei solchen Entscheidungen nicht durch Presse oder Öffentlichkeit unter Druck setzen lassen. Er empfiehlt die Herausgabe einer sachlichen Darstellung der Tatbestände um die Lösung des Mitarbeiterverhältnisses mit dem Kollegen Fabian. Da Kollege Fabian ausdrücklich ein freies Mitarbeiterverhältnis gewünscht habe, spreche er sich darüber hinaus gegen eine hohe finanzielle Abfindung aus.

Kollege *Muhr* betont noch einmal, daß Kollege Fabian aus der getroffenen Vereinbarung keinerlei rechtliche Versorgungsansprüche ableiten könne. Es sei ihm immer klar gewesen, daß er selbst für seine Alterssicherung sorgen müsse. Trotzdem habe der Geschäftsführende Bundesvorstand eine finanzielle Übergangsregelung erwogen, die mit DM 25.000,-- etwa den bei einem Anstellungsverhältnis für ihn zu zahlenden Versicherungsbeiträgen entsprochen hätte. Weil ihm dieser Betrag zu gering gewesen sei, habe man nun sogar einen Betrag bis zu DM 50.000,-- vorgesehen. Von einer moralischen Schuld könne wohl unter diesen Voraussetzungen nicht mehr gesprochen werden. Kollege Muhr weist noch darauf hin, daß Kollege Fabian zwar für Gespräche mit dem Geschäftsführenden Bundesvorstand nicht verfügbar gewesen sei, zur gleichen Zeit aber offiziell in Verhandlungen mit anderen Persönlichkeiten und Stellen gestanden habe.

Kollege *Brenner* warnt mit einem Hinweis auf die Erwähnung des Falles Kuno Brandel davor, politische Akzente in die Angelegenheit Fabian zu bringen, die ja offenbar ausschließlich eine Alters- und Versorgungsfrage sei.

Kollege *Vetter* stellt noch einmal klar, daß die Empfehlung zur Auflösung des Mitarbeiterverhältnisses mit Kollegen Fabian keinerlei politische Hintergründe gehabt habe. Für den Geschäftsführenden Bundesvorstand seien lediglich Alter und Gesundheitszustand des Kollegen Fabian sowie der Wunsch nach reibungsloser Übergabe und Weiterführung der Redaktionsgeschäfte der GM ausschlaggebend gewesen. Bedauerlicherweise seien diese Dinge in der Presse völlig falsch dargestellt worden. Die Vermutung liege nahe, daß Kollege Fabian selbst mit dazu beigetragen habe.[17]

---

16 Kuno Brandel, Ost-West-Sachbearbeiter im Hauptvorstand der BSE, hatte in einem offenen Brief in »Die Welt« vom 4.7.1967, »Appell an den DGB-Vorsitzenden Rosenberg«, die nachgiebige Haltung des DGB gegenüber dem Ostblock kritisiert und vor einer Teilnahme des DGB an der 50-Jahr-Feier zur Oktoberrevolution in Moskau gewarnt. Siehe auch: 15. Sitzung des Bundesvorstandes am 16.10.1967, TOP 3. DGB-Archiv, DGB-BV, Abt. Vorsitzender 5/DGAI000535.

17 Siehe u. a. Artikel von Friedrich Kassebeer: Risiko zwischen »ran« und raus. Arbeitnehmer als Arbeitgeber: Der Fall Fabian beleuchtet die Pressefreiheit beim Gewerkschaftsbund, in: SZ, 15.10.1970.

Kollegin *Weber* und die Kollegen *Vosshenrich, Tacke, Sickert, Stadelmaier, Schmidt, Woschech* und *Stenger* vertreten in der Diskussion die Auffassung, daß Kollege Fabian keinerlei rechtliche Versorgungsansprüche stellen könne. Er habe selbst ausdrücklich und wiederholt ein freies Mitarbeiterverhältnis gewünscht. Die Vorsorge für sein Alter sei seine persönliche Angelegenheit gewesen. Das Verhalten des Geschäftsführenden Bundesvorstandes sei deshalb nicht zu tadeln. Von mehreren Kollegen wird Kritik daran geübt, daß es, entweder unter Mitwirkung des Kollegen Fabian, zumindest aber mit seiner stillschweigenden Billigung, in der Presse zu einer unrichtigen und entstellenden Berichterstattung kommen konnte. Bei den Überlegungen über eine finanzielle Übergangsregelung für Kollegen Fabian müsse man auch daran denken, daß dadurch ein Präzedenzfall geschaffen werden könne. Bei ähnlichen Vereinbarungen müsse künftig darauf geachtet werden, daß rechtzeitig und generell Regelungen getroffen würden.

Die Kollegen *Vosshenrich, Schmidt* und *Stenger* sprechen sich gegen eine finanzielle Abfindung an Kollegen Fabian in Höhe von DM 50.000,-- aus.

Kollege *Walz* gibt zu bedenken, daß der zuerst in der »Frankfurter Rundschau« von Rolf Fischer erschienene Artikel[18] vielleicht doch mehr der bekannten unsauberen journalistischen Haltung von Fischer anzulasten sei als dem Kollegen Fabian.

Auch Kollege *Brenner* ist der Meinung, daß man die Dinge erst richtig beurteilen könne, wenn man beide Seiten gehört habe. Ziel der zwischen den Kollegen Lappas, Woschech und Fabian vorgesehenen Besprechung sollte nach seiner Ansicht eine einvernehmliche Regelung sein, zu der man dann auch der Öffentlichkeit gegenüber eine Erklärung abgeben könne, um die bestehenden widersprüchlichen Darstellungen richtig zu stellen, die doch letztlich dem Ansehen des DGB insgesamt schadeten.

Kollege *Mirkes* regt ebenfalls eine einvernehmliche Regelung an, zumal der DGB gewissermaßen im Wort stehe. Vielleicht könne man in dem Zusammenhang auch die Abgabe einer Erklärung von Kollegen Fabian erreichen.

Kollege *Schwab* erbittet Auskunft über ein angeblich von der IG Druck und Papier an den Kollegen Vetter gerichtetes Protestschreiben. Er ist außerdem der Meinung, dass zur Informierung im gewerkschaftlichen Bereich eine Darstellung über die hier vorgetragenen Tatbestände herausgegeben werden sollte.

Kollege *Vetter* berichtet, daß der Vorsitzende des Landesbezirks NRW der IG Druck und Papier, Kollege Gent, einen in etwas ungewöhnlicher Form gehaltenen Protestbrief an ihn gerichtet habe.[19]

---

18 Rolf Fischer: Im Hintergrund. Der DGB feuert sein Gewissen, in: FR, 2.10.1970.
19 In den Unterlagen zur Beendigung des Mitarbeiterverhältnisses von Walter Fabian befindet sich nicht der Protestbrief von Fritz Gent, lediglich ein Schreiben von Eugen Stotz (DruPa) an den Vorsitzenden des Beirats der Bund-Verlag GmbH, Alfons Lappas, vom 5.10.1970. Darin findet Stotz es unzumutbar, dass die Mitglieder des Beirats weder zurate gezogen noch informiert wurden über die Kündigung. DGB-Archiv, DGB-BV, Sekretariat Bernhard Tacke 5/DGCY000175.

Dokument 31 6. Oktober 1970

Kollege *Biedorf* ergänzt, daß Kollege Gent in Begleitung des Kölner Ortsvorsitzenden der IG Druck und Papier[20] am Vortage bei ihm Einsicht in die Akten genommen und gemeint hätte, daß rechtlich kaum eine Möglichkeit bestünde, gegen die Kündigung anzugehen.

Kollege *Vetter* faßt die Diskussion wie folgt zusammen:

Der Geschäftsführende Bundesvorstand wird eine Dokumentation zum Mitarbeiterverhältnis von Kollegen Walter Fabian erstellen und sie den Mitgliedern des Bundesvorstandes übersenden.[21]

In dem zwischen den Kollegen Lappas, Woschech und Fabian vorgesehenen Gespräch soll versucht werden, zu einer einvernehmlichen Regelung der Beendigung des Mitarbeiterverhältnisses und zur Abgabe einer richtigstellenden Erklärung von Kollegen Fabian zu kommen. Die Kündigung selbst wird aufrechterhalten. Eine außerordentliche Presseausschußsitzung soll nicht vor der für Ende Oktober vorgesehenen Sitzung einberufen werden.

Der Bundesvorstand ist mit diesen Vorschlägen einverstanden.

Kollege *Brenner* ist der Meinung, daß die Auswahl des neuen Chefredakteurs der GM wie auch der anderen DGB-Presseorgane nicht allein Angelegenheit des Geschäftsführenden Bundesvorstandes sein könne, sondern auch im Bundesvorstand beraten werden müsse.

Kollege *Tacke* weist darauf hin, daß die Einstellung der Chefredakteure durch den Beirat des Bund-Verlages nach Auswahl durch den Geschäftsführenden Bundesvorstand erfolge. Im Beirat seien die Gewerkschaften durch ihre Vorsitzenden oder Stellvertreter repräsentiert und damit die Mitsprache des Bundesvorstandes gewährleistet.

Kollege *Brenner* hält das nicht für ausreichend und erinnert an frühere Praktiken.

Kollege *Vetter* sichert zu, daß in dieser Frage auch künftig so verfahren würde wie bisher, daß der Geschäftsführende Bundesvorstand die Auswahl treffe und der Bundesvorstand gegebenenfalls seine Einwände gegen die Auswahl vorbringen könne.

3. SATZUNGSDISKUSSION

Kollege *Vetter* verweist auf den Satzungsentwurf der Satzungskommission, der auftragsgemäß bis 1. Oktober 1970 dem Bundesvorstand vorgelegt wurde.[22] Da die Satzungskommission nach der Satzung des DGB keine an-

---

20 Zur Unterstützung Walter Fabians durch den Bezirk NRW der DruPa siehe Druck und Papier 108, 19.10.1970, Nr. 21 sowie 2.11.1970, Nr. 22.
21 Die Dokumentation »Stellungnahme des DGB zur Lösung des Mitarbeiterverhältnisses des Redakteurs der Gewerkschaftlichen Monatshefte, Prof. Walter Fabian«, wurde allen Bundesvorstandsmitgliedern am 14.10.1970 zugestellt. DGB-Archiv, DGB-BV, Sekretariat Bernhard Tacke 5/DGCY000175.
22 Mit Schreiben vom 30.9.1970 baten Vetter und Woschech, dem Bundesvorstand den 35-seitigen Satzungsentwurf als Antrag für den Außerordentlichen Bundeskongress zur Beratung und Beschlussfassung weiterzuleiten. DGB-Archiv, DGB-BV, Abt. Vorsitzender 5/DGAI000468.

tragsberechtigte Kommission für den Bundeskongreß ist, müsse der Bundesvorstand den Entwurf als Antrag weiterleiten. Kollege Vetter bittet, wie vorgeschlagen, zu verfahren.

Kollege *Stenger* erklärt sich einverstanden, fragt aber, ob dieser Antrag das Antragsrecht der einzelnen Gewerkschaften berührt.

Kollege *Vetter* verneint dies.

Kollege *Stadelmaier* ist mit dem Beschlußvorschlag einverstanden. Er schlägt vor, den Zusatz aufzunehmen, daß der Bundesvorstand empfiehlt, Anträge auf der Grundlage dieses Antrages des Bundesvorstandes zu stellen und nicht auf der Grundlage der jetzt noch gültigen Satzung, um ein mögliches Durcheinander zu vermeiden.

Kollege *Mirkes* spricht sich gegen den Vorschlag des Kollegen Stadelmaier aus, da die gültige Satzung geltendes Recht ist. Es könne niemandem verweigert werden, Anträge auf der Grundlage der gültigen Satzung zu stellen.

Kollege *Brenner* regt an, diesen Entwurf jetzt nicht an den Bundeskongreß weiterzuleiten, sondern ihn in den Organisationen zur Diskussion zu stellen. Es sollte dann eine bestimmte Frist gesetzt werden, bis zu der man Stellung nehmen könnte. Anschließend sollten die Anträge noch einmal in der Satzungskommission beraten werden. Nach seiner Meinung würde das die Arbeit des Außerordentlichen Bundeskongresses, der nur zwei Tage dauert, erleichtern. Allerdings würde das bedeuten, daß der Bundesvorstand den Satzungsentwurf später behandelt.

An der Diskussion über die Vorschläge der Kollegen Stadelmaier und Brenner beteiligen sich die Kollegen *Vetter, Reuter, Woschech, Brenner, Faltermeier, Stenger, Muhr, Pfeiffer, Stephan, Schwab* und die Kollegin *Weber,* wobei es zu keiner einheitlichen Meinungsbildung kommt. Es wird darauf hingewiesen, daß die Antragsfrist bis Mitte März 1971 laufen würde.

Kollege *Stadelmaier* erläutert noch einmal seinen Vorschlag. Auf dem letzten Gewerkschaftstag der Gewerkschaft NGG sei ihre Satzung neu geregelt worden.[23] Man habe den Antragstellern empfohlen, die Anträge auf der Grundlage des Satzungsentwurfs zu stellen. Dabei habe man die Erfahrung gemacht, daß nur sehr wenige sich nicht an diese Empfehlung gehalten haben. Dadurch sei die Arbeit wesentlich erleichtert worden.

Auch Kollege *Brenner* erklärt noch einmal seinen Vorschlag. Wenn sich die Mehrheit des Bundesvorstandes in der Endabstimmung für den Entwurf ausspricht, ist es ein Entwurf des Bundesvorstandes. Dann kann der Bundesvorstand nicht noch eigene Änderungsvorschläge stellen.

[Nach der Diskussion schließt sich der Bundesvorstand dem Vorschlag an, dass dem Entwurf der Satzungskommission Antragscharakter verliehen wird, aber alle antragsberechtigten Gremien frei sind, weitere Anträge zu stellen.]

---

23 Auf dem Gewerkschaftstag der NGG 1970 in Berlin wurde die Neufassung der Satzung beschlossen. Protokoll über die Verhandlungen des 6. Ordentlichen Gewerkschaftstages der Gewerkschaft NGG, 6. bis 11.9.1970 in Berlin, Berlin o. J., S. 198–228 und 253–258.

Dokument 31 6. Oktober 1970

4. FAMILIEN- UND VERTRAGS-RECHTSSCHUTZ OHNE ARBEITS- UND SOZIALRECHTSSCHUTZ

5. JUGOSLAWISCHES BÜRO

6. BERICHT ACE/WACE/GUV[24]

Diese Punkte werden zurückgestellt.

7. AUSSCHREIBUNG DES AUSSERORDENTLICHEN BUNDESKONGRESSES 1971

Dieser Punkt ist erledigt, da die Daten in der Diskussion zu Punkt 3 bekannt gegeben wurden.

8. BESTÄTIGUNG VON LANDESBEZIRKSVORSTANDSMITGLIEDERN

[Der Bundesvorstand empfiehlt dem Bundesausschuss die Wahl von Georg Drescher als Vorsitzenden des LB Niedersachsen und von Leberecht Lange (DruPa), Heinrich Hartwig (IGBE), Ulrich Pagelsdorf (HBV), Helmut Lohmann (Gesamtverband niedersächsischer Lehrer) und Hasso Düvel (Personengruppe Jugend) als Mitgliedern des Landesbezirksvorstandes Niedersachsen zu bestätigen.[25]]

9. KONZERTIERTE AKTION – ZIELPROJEKTION

Kollege *Neemann* weist darauf hin, daß am 9.10.1970 die nächste Sitzung der Konzertierten Aktion stattfinden wird. In diesem Zusammenhang sei auch die Zielprojektion des DGB für die Zeit von 1971 bis 1975 zu sehen, die nach eingehenden Beratungen im Wirtschaftspolitischen Ausschuß des DGB und im Geschäftsführenden Bundesvorstand zur Annahme vorgelegt werde.[26] Kollege Neemann erläutert die Vorlage in einzelnen Punkten und führt aus, daß die Sicherung der vier Ziele des Stabilitätsgesetzes auch für die Gewerkschaften im Vordergrund stehe. Sie können aber von uns nicht isoliert betrachtet werden. Die Einkommensverteilung stehe für die Gewerkschaften immer mit zur Diskussion. Mit der Zielprojektion werde unser verteilungspolitisches Konzept vorgelegt und gezeigt, wie die Ziele unter Aufrechterhaltung der wirtschaftlichen Stabilität erreicht werden können. Die verteilungspolitische Auseinandersetzung mit einer Regierung, die eine aktive Wirtschafts-

---

24 Gemeint sind hier die gemeinwirtschaftlichen Unternehmen: Auto-Club-Europa e. V. (ACE), Wirtschaftsdienst-GmbH des ACE (WACE) und die Gemeinschaftliche Unterstützungseinrichtung für Verkehrsberufe bzw. für Verkehrsteilnehmer (GUV). In dem Tagesordnungspunkt geht es um eine klare Funktionstrennung von ACE und GUV nach der Ausgründung des ACE 1966 aus der GUV. Siehe hierzu Lauschke: GUV/FAKULTA.
25 Der Bundesausschuss bestätigte die Wahl in seiner 5. Sitzung am 2.12.1970. DGB-Archiv, DGB-BV, Abt. Vorsitzender 5/DGAI000444.
26 In der Sitzung des Wirtschaftspolitischen Ausschusses des DGB vom 30.9.1970 wurde die Zielprojektion abschließend diskutiert und verabschiedet. Siehe DGB-Archiv, DGB-BV, Abt. Wirtschaftspolitik 5/DGAN000086.

politik und eine mittelfristige Wirtschaftsplanung betreibt, mache es für die Gewerkschaften notwendig, die eigenen Ziele und deren Realisierung offen darzulegen. Die Lohnpolitik sei unser Instrument zur Erreichung der Verteilungsziele. Sie dürfe dem Stabilitätsziel nicht untergeordnet werden. Verzicht auf Lohnerhöhung schaffe kein stabiles Preisniveau. Die Zielprojektion will nur einen globalen Anhaltspunkt zur für uns möglichen Einkommensentwicklung geben. Die tarifpolitischen Spielräume dürfen dadurch nicht eingeengt werden. Im ersten Jahr der Zielprojektion konnte ein Drittel des Lohnrückstaus aufgeholt werden. Die Reallohnsteigerung 1970 sei die größte seit 15 Jahren und stimme fast genau mit dem vorgegebenen Ziel für 1970 überein. Die neue Zielprojektion zeige, daß bis 1973 der Lohnrückstand voll aufgeholt werden könne. Zur Erreichung der Ziele werden für 1971 folgende Maßnahmen gefordert: Keine Abstriche am Haushalt 1971 – Aufgabe des Restriktionskurses der Bundesbank – Aufhebung der Steuervorauszahlung.

Bei der Beurteilung der Entwicklung für 1971 dürfe nicht vergessen werden, daß die Fehlentwicklung dieses Jahres sich noch auswirke. Die Wirksamkeit der von uns geforderten Maßnahmen hänge nicht davon ab, ob sie verwirklicht, sondern vielmehr wann sie durchgesetzt werden. Bei einer auf Sicherung von Wirtschaftswachstum und Vollbeschäftigung ausgerichteten Wirtschaftspolitik könne das Ziel einer 6%igen Kaufkrafterhöhung für Arbeitnehmer durchaus erreicht werden.

Kollege Neemann geht noch kurz auf die Diskussion über die Unterschiedlichkeit der WWI-Prognose[27] und der DGB-Projektion ein und verweist auf das übergebene Papier, das nachweise, daß die Unterschiede sich allein aus dem unterschiedlichen Auftrag ergeben: Die WWI-Prognose solle aufzeigen, welche Fehlentwicklungen bei einer Politik des status-quo auftreten, die DGB-Projektion solle zeigen, welche sozialen und wirtschaftlichen Chancen bei einer entsprechenden Politik 1971 gegeben sind.

In der nachfolgenden Diskussion, an der sich die Kollegen *Stadelmaier, Peschel, Faltermeier, Vetter, Henschel, Tacke* und *Speyer* beteiligen, werden noch einige Zahlen und Aussagen der Zielprojektion erläutert und besprochen.

Ein besonderer Diskussionspunkt ist die in der Projektion mit 4% ausgewiesene Wachstumsrate für 1971. Kollege *Faltermeier* trägt die Bedenken seiner Gewerkschaft [ÖTV] vor, durch eine so niedrig angesetzte Prozentzahl den tarifpolitischen Spielraum von vornherein einzuengen. Ein höherer Ansatz von 5 oder sogar von 5,5% wäre wünschenswert. Die nachfolgende Diskussion ergibt, daß eine Wachstumsrate von 5,5% für 1971 theoretisch wohl möglich, von der wirtschaftspolitischen Situation her aber kaum realisierbar ist. Es wird Übereinstimmung erzielt, die Wachstumsrate mit 4% für 1971 in der Zahlenübersicht der Projektion wie vorgesehen aufzuführen, aber mit einer Anmerkung in dem besprochenen Sinne zu versehen.

---

27 Arbeitspapier der Abteilung Wirtschaftspolitik vom 8.10.1970 mit einer Gegenüberstellung von WWI-Prognose und DGB-Projektion. DGB-Archiv, DGB-BV, Abt. Vorsitzender 5/DGAI000486.

Dokument 31 6. Oktober 1970

Kollege *Brenner* erinnert an seine schon bei der ersten Zielprojektion des DGB geäußerten grundsätzlichen Bedenken.[28] Von uns vorgegebene Zahlen könnten uns, je nach der Entwicklung, vor allem im tarifpolitischen Bereich, vorgehalten werden. Deshalb sollte noch einmal überprüft werden, ob wir uns einen guten Dienst erweisen, wenn wir eine eigene Zielprojektion vorlegen. Die Frage sei auch, ob es richtig ist, von gewerkschaftlicher Seite die Forderung zu erheben, an der Erstellung von Zielprojektion und Daten der Regierung vorher beteiligt zu werden. Wir müßten dann auch die Verantwortung für die Politik mit übernehmen, könnten von Lohnleitlinien nicht mehr abkommen und würden die Tarifautonomie damit gefährden. Das würde die Gewerkschaften in eine gefährliche Situation bringen.

Kollege *Neemann* greift den Vorschlag des Kollegen Brenner auf, nach Abschluß dieser zweiten Projektionsperiode die Veröffentlichung weiterer Zielprojektionen zu diskutieren. Es werde allerdings unausweichlich notwendig sein, für den internen Gebrauch auch weiterhin Projektionen zu erarbeiten, solange eine Bundesregierung, ausgehend von dem Stabilitätsgesetz, Jahreswirtschaftsberichte vorlegt. Zu dem anderen Einwand des Kollegen Brenner erklärt Kollege Neemann, daß es nie die Auffassung des DGB gewesen sei, an der Erstellung der Daten der Regierung beteiligt zu werden. Man habe lediglich eine Information darüber gefordert, wie die Daten zustande kommen und wie sie aufgebaut werden.

Kollege Vetter stellt abschließend fest, daß der Bundesvorstand der vorgelegten Zielprojektion unter Berücksichtigung der diskutierten Änderungen und Ergänzungen zustimmt.[29]

10. TECHNISCHE ABWICKLUNG VON BUNDESVORSTANDSSITZUNGEN

Dieser Punkt wird zurückgestellt.

MITTAGSPAUSE: 13.15 BIS 15.45 UHR

In der Nachmittagssitzung geben die Kollegen *Buiter* und *Rasschaert*[30] einen Überblick über die Arbeiten und Probleme von IBFG und EBFG. Die Mitglieder des Bundesvorstandes diskutieren mit den beiden Kollegen aktuelle internationale und europäische Gewerkschaftsfragen.

Ende der Sitzung: 17.50 Uhr

---

[28] Siehe Diskussion zu der Zielprojektion auf der 4. Bundesvorstandssitzung am 4.11.1969 (Dok. 6).
[29] DGB-Zielprojektionen 1971 bis 1975. Die wirtschaftlichen und sozialen Entwicklungsmöglichkeiten in der Bundesrepublik Deutschland, vom 7.10.1970 – 8-seitiges Papier mit 4 statistischen Anlagen. DGB-Archiv, DGB-BV, Abt. Wirtschaftspolitik 5/DGAN000086.
[30] Theo Rasschaert (geb. 1927), war von 1967–1969 Generalsekretär des Europäischen Gewerkschaftssekretariats des IBFG und von 1969–1973 Generalsekretär des Europäischen Bundes Freier Gewerkschaften (EBFG).

Dokument 32

3. November 1970: Protokoll der 14. Sitzung des Bundesvorstandes

Haus der Neuen Heimat in Hamburg; Vorsitz: Heinz O. Vetter; Protokollführung: Isolde Funke, Marianne Jeratsch; Sitzungsdauer: 9.25–13.00 Uhr; ms. vermerkt: »Vertraulich«.[1]
Ms., hekt., 8 S., 1 Anlage.[2]
DGB-Archiv, 5/DGAI000536.

Beginn der Sitzung: 9.25 Uhr

[*Vetter* eröffnet die Sitzung, die aus Anlass der Verleihung des Heinrich-Plett-Preises nach Hamburg verlegt worden ist.[3] Er teilt mit, dass der Geschäftsführende Bundesvorstand mit den Vorsitzenden der Gewerkschaften übereingekommen ist, den Punkt »Mitbestimmung (Aufsichtsrat) bei der BfG« bis zur Dezember-Sitzung zurückzustellen.]

Tagesordnung:
1. Neuordnung der Unternehmensgruppe Neue Heimat
2. Mitteilungen
   a) Gespräch mit Kollegen Walter Fabian
   b) Erklärung zur Bildungspolitik
   c) Erklärung zur gewerkschaftlichen Organisation der Polizei
   d) Erklärung zur politischen Situation um die Novellierung des Betriebsverfassungsgesetzes
   e) Schreiben des FDGB
   f) Verhandlungen mit Polen
3. Verschiedenes
   a) Entschließung des Landesverbandes Bayern der DJU zu einer Bundeswehrtagung
   b) Lehrlingskongreß der Jungsozialisten
4. Genehmigung des Protokolls der 13. Bundesvorstandssitzung

1. NEUORDNUNG DER UNTERNEHMENSGRUPPE NEUE HEIMAT

Kollege *Vietor* berichtet über die Vorschläge zur Neuordnung der Unternehmensgruppe Neue Heimat. Die Unternehmensgruppe habe praktisch drei sich überschneidende Entwicklungsabschnitte hinter sich. *Erstens*[4] die Zusammenfassungsphase, die 1956 abgeschlossen werden konnte, d. h. der Auftrag der Gewerkschaften an die Neue Heimat, alle gewerkschaftseigenen Unternehmen unter einer Muttergesellschaft zusammenzufassen. *Zweitens*

---
1 Einladungsschreiben vom 23.10.1970. Nicht anwesend: Otto Brenner, Franz Woschech, Leo Moser, Peter Michels (vertreten durch Bert Hartig), DGB-Archiv, DGB-BV, Abt. Vorsitzender 5/DGAI000468.
2 Anlage: Anwesenheitsliste.
3 Der Heinrich-Plett-Preis für Verdienste um den Wohnungs- und Städtebau wurde verliehen an Hans Kampffmeyer und Tassilo Sittmann. Auf Vorschlag eines Preis-Kuratoriums beschlossen Aufsichtsrat und Geschäftsführung der Neuen Heimat GmbH die jeweiligen Preisträger. DGB-Archiv, DGB-BV, Abt. Organisation 5/DGAL000146.
4 Im Original unterstrichen.

Dokument 32   3. November 1970

der Wandel in der Wohnungsversorgung, d. h. nach dem Krieg mußte in erster Linie dafür gesorgt werden, daß die Wohnungsnot beseitigt werden konnte. Jetzt steht ein erhebliches Veränderungsprogramm für diese Wohnungen bevor, da sie den jetzigen Anforderungen nicht mehr entsprechen. Die *dritte Phase* hat etwa 1963/64 mit dem Bau von Schulen, Kindergärten usw. begonnen. In dieser Zeit ist es zu Neugründungen gekommen, wie Neue Heimat »Kommunal«, Gewerbebauträger und Neue Heimat »International«. Diese dritte Phase hat zu einer gewaltigen Veränderung innerhalb der Unternehmensgruppe »Neue Heimat« geführt. Während der Umsatz 1963 etwa 520 Millionen DM betrug, lag der Umsatz 1969 bei über 2 Milliarden DM. Dies ist zum Teil auch auf die Veränderung der Geschäftspolitik, z. B. Bau von öffentlichen Einrichtungen, zurückzuführen. Der umfassende Auftrag an die Neue Heimat muß jetzt anders gesehen werden. Die Unternehmensgruppe hat über 70 Beteiligungen. So ist eine Organisation notwendig geworden, die die Neue Heimat in die Lage versetzt, eine entsprechende Geschäftspolitik auch tatsächlich umfassend durchzusetzen. Das würde z. B. Personalveränderungen, Schaffung von Schwerpunkten usw. bedeuten. Kollege Vietor spricht die Veränderungen in der Regionalorganisation an, wie sie in der Vorlage dargelegt werden.[5] Die ganze internationale Tätigkeit soll unter der Führung der Neuen Heimat International erfolgen. Gesellschaften, wie z. B. Neue Heimat Wohnspar, Neue Heimat Kommunal und Neue Heimat Berlin unterstehen auch in Zukunft dem Vorstand direkt. Bisher bestand der Vorstand aus 6 Mitgliedern. Dieser Vorstand soll in Zukunft durch die Wahl eines Personalvorstandsmitgliedes erweitert werden. Außerdem soll eine Verzahnung der Kopfstellen mit dem Vorstand der Unternehmensgruppe erfolgen. Die vorgelegte Neuordnung macht einen Vorstand notwendig, der auch zahlenmäßig in der Lage ist, sowohl den zentralen wie den regionalen Aufgaben gerecht zu werden. Das neue Personalvorstandsmitglied soll für alle Mitarbeiter zuständig werden. Im übrigen verweist Kollege Vietor auf die vorliegenden Organisationsvorschläge.[6]

Kollege *Sperner* weist auf die in diesem Zusammenhang im Aufsichtsrat geführten Beratungen hin, wo zunächst Bedenken gegen die Ausweitung des Vorstandes bestanden hätten.[7] Kollege Sperner macht auf einen Schönheitsfehler aufmerksam, und zwar die Begriffsbestimmung »Zentralvorstand«. Da würde die Überlegung »Zentralvorstand SED« aufkommen. Wenn der Bundesvorstand dieser Neuordnung zustimmt, könnte man wieder von einer geschlossenen Politik der Neuen Heimat sprechen. Der gemeinnützige Teil würde in der Öffentlichkeit zurzeit nicht mehr klar erkannt. Es käme bei den

---

5 Exposé von Albert Vietor beigefügt über die vorgesehenen organisatorischen Veränderungen in der NEUE-HEIMAT-Gruppe, DGB-Archiv, DGB-BV, Abt. Vorsitzender 5/DGAI000468.
6 Siehe Anlage A zum Exposé von Vietor über die künftigen Konzernaufgaben des Gesamtvorstandes, ebd.
7 In den Aufsichtsratssitzungen am 2.7.1970 und am 10.11.1970 wurde die Neugliederung der Neuen Heimat kontrovers diskutiert. Insbesondere die Erweiterung des Vorstands um vier weitere Mitglieder für die Bereiche Nord, West, Südwest und Süd aufgrund der geplanten Aufteilung der Konzernleitung in zentrale und regionale Vorstandsbereiche. DGB-Archiv, DGB-BV, Abt. Vorsitzender 5/DGAI003913.

Mitgliedern leicht der Gedanke auf, was haben die Gewerkschaften noch mit Wohnungsbau zu tun.

Kollege *Vetter* meint zur Begriffsbestimmung Zentralvorstand, daß hier eigentlich das Gegenteil eingetreten sei, nämlich eine vernünftige Dezentralisation in der Aufgabenverteilung des Vorstandes. Die Politik der Neuen Heimat könne demgegenüber im vergrößerten Vorstand wieder zusammengeführt werden. Im Übrigen sollte man bei dem einfachen Begriff Vorstand bleiben.

Auf die Frage des Kollegen *Schmidt*, ob er die Feststellung, daß die Neue Heimat nach außen ein Konzern, aber nach innen eine Führungsgesellschaft sei, richtig verstanden hätte, erwidert Kollege *Vietor*, daß die Neue Heimat zwar schon immer ein Konzern gewesen sei, bisher aber die letzte Konsequenz nicht gezogen sei. Auf den Hinweis des Kollegen *Schmidt* auf die Aufgaben des Vorstandes teilt Kollege *Vietor* mit, daß die Aufgaben die gleichen wie bisher bleiben. Die Bauaufsicht, die Beschaffung erfolgt von Hamburg aus. Die Aufgaben der Aufsichtsräte bleiben ebenfalls die gleichen, da sie nach dem Gesetz daran gehalten sind.

Kollegin *Weber* weist auf die Unterlage A hin und fragt, ob die freien Bereiche wieder zusammengefaßt sind und ob das Schwierigkeiten mit sich bringt.[8]

Kollege *Vietor* teilt mit, daß die Durchführung der Bautätigkeit die gleiche ist. Es gibt nur den einen Unterschied, daß der Städtebau steuerpflichtig ist und gemeinnütziger Wohnungsbau nicht.

Kollege *Vetter* macht darauf aufmerksam, daß die Verabschiedung der Neuordnung durch den Bundesvorstand einen Auftrag an den Aufsichtsrat darstellt. In der nächsten Sitzung des Aufsichtsrats müßte dann dort die offizielle Verabschiedung erfolgen.

Kollege *Buschmann* hätte diese Frage gern mit seinem Vorstand diskutiert. Da das Rundschreiben mit »persönlich/vertraulich« gekennzeichnet war, war es nur für ihn bestimmt.[9] Nach seiner Meinung wäre es gut, wenn eine solche Angelegenheit in breiterer Form, d.h. auch in den Vorständen, diskutiert würde. So könne man nur seine persönliche Auffassung vortragen. Kollege Buschmann meint, daß dieser Weg richtiger sei.

Kollege *Vetter* unterstreicht, daß hier ein wichtiges Problem angerührt wird. Ist der Bundesvorstand ein Organ von Vertretern der Gewerkschaften oder ist er ein Organ, das in sich selbst kraft Delegation Rechte hat. Kollege Vetter hat nichts dagegen, daß da, wo es notwendig erscheint, in den Vorständen darüber diskutiert wird. Er fragt, ob man den Zeitpunkt der nächsten Aufsichtsratssitzung verstreichen lassen soll.

Kollege *Buschmann* wirft ein, daß er falsch verstanden worden wäre. Er wäre für die Neuordnung und nicht für einen Aufschub. Nach seiner Meinung wäre es besser gewesen, auf einer breiten Plattform zu diskutieren.

8 In der [Unterlage] Anlage A (Konzernaufgaben) wurden die freien Bereiche einem Vorstandsmitglied zugeordnet sowie die Geschäftsausweitung der »Neuen Heimat International« nebst Tochtergesellschaften behandelt. Ebd.
9 Dem Rundschreiben von Heinz O. Vetter vom 25.9.1970 zur Neuorganisation der Unternehmensgruppe Neue Heimat ist das Exposé von Albert Vietor beigefügt. DGB-Archiv, DGB-BV, Abt. Vorsitzender 5/DGAI000468.

Dokument 32   3. November 1970

Kollege *Vetter* stellt Einverständnis des Bundesvorstandes fest, den Aufsichtsratsmitgliedern der Anteilseignerseite zu empfehlen, in der nächsten Aufsichtsratssitzung diese Neuordnung, wie sie vorgelegt wurde, zu beschließen.

Kollege *Pleß* spricht die Frage des sozialen Wohnungsbaues an.

[In der anschließenden Diskussion wird darin Übereinstimmung erzielt, dass diese Angelegenheit zu einem späteren Zeitpunkt eingehend erörtert werden soll, wenn eine Untersuchung der GEWOS[10] vorliegt.]

2. MITTEILUNGEN

a) Gespräch mit Kollegen Walter Fabian

Kollege *Vetter* weist darauf hin, daß in der letzten Bundesvorstandssitzung in Brüssel ein Gespräch mit Kollegen Fabian zur Regelung der Abfindungsmodalitäten in Aussicht genommen worden war, das inzwischen stattgefunden hat. Außer dem Kollegen Fabian seien daran die Kollegen Lappas, Woschech, Niedorf und Gent beteiligt gewesen. Er gibt Kollegen Lappas zu einer kurzen Berichterstattung das Wort.

Kollege *Lappas* schildert, daß sich in dem Gespräch mit Kollegen Fabian, durch Unterlagen belegt, ergeben habe, daß er entgegen der bisherigen Annahme zweimal den Wunsch geäußert habe, sein freies Mitarbeiterverhältnis in ein festes umzuwandeln. Einmal sei dies 1961 gegenüber dem Bund-Verlag geschehen, ein weiteres Mal 1964 gegenüber dem Kollegen Werner Hansen. Weder dem alten noch dem neuen Geschäftsführenden Bundesvorstand sei dieser Tatbestand bekannt gewesen. Selbst wenn sich dadurch keine Veränderung der Rechtslage ergeben habe, sei der Gesprächsablauf doch verändert und beeinflußt worden. Kollege Fabian habe sich mit einer einmaligen Abfindung nicht einverstanden erklärt. Er erwarte eine monatliche Leistung, die etwa der Leistung der Unterstützungskasse des DGB angepaßt sein solle. Das würde einen monatlichen Betrag von etwa 1.120,-- DM ausmachen. Durch den Kollegen Gent habe er außerdem Ansprüche für seine Frau angemeldet, die im Übrigen selbst in der Angestelltenversicherung versichert sei. Kollege Fabian habe in dem Gespräch eine Verantwortung für die Pressekampagne um seine Person nachdrücklich abgelehnt. Er habe lediglich den Kollegen Thönessen über die Tatbestände unterrichtet, mit der Bitte, den Kollegen Brenner darüber zu informieren.

In der nachfolgenden Diskussion, an der sich die Kollegin *Weber* und die Kollegen *Vetter, Sickert, Schmidt, Reuter, Mirkes, Pleß, Muhr, Stenger, Sperner* und *Drescher* beteiligen, wird noch einmal betont, daß weder den alten noch den neuen Geschäftsführenden Bundesvorstand eine Schuld an der Entwicklung der Dinge um den Kollegen Fabian trifft und Kollege Fabian eine gewisse Eigenverantwortung für seine Altersversorgung vermissen ließ. Einige Kollegen wiederholen ihre Bedenken, daß damit ein Präzedenzfall für andere

---

10 Die Gesellschaft für Wohnungs- und Siedlungswesen e.V. gehörte zur Unternehmensgruppe der Neuen Heimat. Zur Neuen Heimat und zu den Siedlungsgesellschaften siehe Kramper: Neue Heimat.

Beschäftigte des DGB geschaffen werden könne. Kollege *Schmidt* spricht sich wiederum nachdrücklich gegen eine finanzielle Regelung aus, die einen Betrag von etwa 100.000,-- DM ausmachen würde. Die Mehrzahl der Diskussionsredner ist dennoch der Auffassung, daß versucht werden sollte, nicht aus einer rechtlichen Verpflichtung heraus, sondern aus politischen Gründen eine einvernehmliche finanzielle Regelung der Angelegenheit zu finden. Es müsse dann aber auch gewährleistet sein, daß Kollege Fabian eine richtigstellende Erklärung zu den in Presse und Öffentlichkeit erhobenen Anschuldigungen gegen den DGB abgebe.

Kollege *Vetter* faßt die Diskussion zusammen und stellt fest, daß der Bundesvorstand den Bericht über das Gespräch mit Kollegen Fabian und die Absicht des Geschäftsführenden Bundesvorstandes zustimmend zur Kenntnis genommen hat, die finanziellen Fragen zu überprüfen und die Verhandlungen im besprochenen Sinne zu Ende zu führen. Die den Bundesvorstandsmitgliedern übermittelte Dokumentation soll vorläufig nicht weitergegeben werden.[11]

b) Erklärung zur Bildungspolitik

Der Bundesvorstand stimmt der von der Gewerkschaft Erziehung und Wissenschaft vorgelegten Erklärung zur Bildungspolitik mit einer kleinen redaktionellen Änderung zu.[12]

c) Erklärung zur gewerkschaftlichen Organisation der Polizei

[Kollege *Kluncker* erläutert den Entwurf einer Erklärung zur gewerkschaftlichen Organisation der Polizei.[13] Mit den in der Diskussion vorgeschlagenen Textänderungen wird die Erklärung beschlossen.]

d) Erklärung zur politischen Situation um die Novellierung des Betriebsverfassungsgesetzes

Der Bundesvorstand stimmt dem vorgelegten Entwurf einer Erklärung zur politischen Situation um die Novellierung des Betriebsverfassungsgesetzes zu.[14]

---

11 Siehe 13. BV-Sitzung vom 6.10.1970, Dok. 31, Fußnote 22.
12 In dem Beschlussentwurf begrüßt der DGB die Absicht der Bundesregierung, die Bildungspolitik als Mittel der Gesellschaftspolitik einzusetzen. Der DGB fordert mit Nachdruck die zügige Verwirklichung der Bildungsreform vom Ausbau der Kindergärten bis zum Bildungsurlaub für die politische und berufliche Fortbildung der Arbeitnehmer. Im Fernschreiben vom 2.11.1970 an Vetter hält Frister eine Stellungnahme des DGB für erforderlich, nachdem der Präsident des DIHT, Wolff von Amerongen, sich massiv gegen die bildungspolitischen Absichten der Bundesregierung ausgesprochen hat. DGB-Archiv, DGB-BV, Abt. Vorsitzender 5/DGAI000468.
13 Beschlussvorlage des Geschäftsführenden Hauptvorstands der ÖTV vom 2.11.1970, DGB-Archiv, DGB-BV, Abt. Vorsitzender 5/DGAI000468. Siehe hierzu auch: Polizisten und Steuerbeamte wollen unter die Fittiche des DGB, in: WAZ, 12.11.1970.
14 In dem Beschluss wird u. a. bedauert, dass die Verabschiedung des Regierungsentwurfes zur Novellierung des Betriebsverfassungsgesetzes in der Kabinettssitzung am 29.10.1970 verschoben wurde. Der Beschluss ist abgedr. in: ND, 3.11.1970, Nr. 307.

Dokument 32 3. November 1970

e) Schreiben des FDGB

Kollege *Vetter* verweist auf das den Bundesvorstandsmitgliedern übermittelte letzte Schreiben des FDGB, in dem man ihn zu einem Gespräch nach Magdeburg eingeladen habe.[15] Er schildert das Gespräch, das er mit dem Überbringer des Schreibens, dem Persönlichen Referenten des FDGB-Vorsitzenden Warnke[16], gehabt hat.

[Der Bundesvorstand ist nach kurzer Diskussion übereinstimmend der Auffassung, dass erst die weitere Entwicklung der politischen Lage abgewartet und die Angelegenheit ausführlich in der Dezember-Sitzung des Bundesvorstandes behandelt werden solle.]

f) Verhandlungen mit Polen

Kollege *Vetter* berichtet, daß von polnischer Seite der Wunsch an den DGB herangetragen worden ist, die Bundesregierung zur Anerkennung der Oder-Neiße-Grenze zu veranlassen. Er habe zwar in verschiedenen Gesprächen mit Bundesministern seine Meinung dahingehend geäußert, daß man die Anerkennungsfrage mit der Forderung nach fairer Regelung der humanitären Angelegenheiten der Deutschen in Polen verbinden solle. Er halte es jedoch für fraglich, ob der DGB zum gegenwärtigen Zeitpunkt eine Erklärung abgeben solle.[17]

Der Bundesvorstand ist der Ansicht, dass der DGB sich angesichts der schwebenden Verhandlungen zwischen der Bundesregierung und der polnischen Regierung nicht zur Frage der Oder-Neiße-Grenze äußern soll.

3. Verschiedenes

a) Entschließung des Landesverbandes Bayern der DJU zu einer Bundeswehrtagung[18]

Kollege *Rothe* bittet um Auskunft über eine angebliche Geheimtagung der Bundeswehr, an der Gewerkschafter und Arbeitgeber beteiligt gewesen sein sollen und die zu einer Entschließung der Landeskonferenz Bayern der DJU geführt hat.

Kollege *Vetter* verliest die Entschließung, und Kollege *Reuter* erläutert kurz die Zusammenhänge. Er stellt richtig, daß es sich dabei keineswegs um eine

---

15 Das Schreiben Herbert Warnkes vom 23.10.1970 ist das Antwortschreiben auf den Brief Vetters vom 14.9.1970 (siehe Dok. 30, Fußnote 18). DGB-Archiv, DGB-BV, Abt. Vorsitzender 5/DGAI000468.
16 Der Brief wurde, wie die bisherigen Briefe auch, von Walter Hantsche übergeben. Vgl. Dok. 25, Fußnote 1 und Dok. 30, Fußnote 17.
17 Siehe dazu die umfangreiche Korrespondenz Heinz O. Vetters und Otto Kerstens mit Ignacy Loga-Sowinski. DGB-Archiv, DGB-BV, Internationale Abt. 5/DGAJ000546.
18 In den Akten der DGB-Gremien, der Abt. Beamte sowie dem DGB-LB Bayern im DGB-Archiv ist der Wortlaut der Entschließung nicht überliefert, ebenso wenig beim Landesverband Bayern der Deutschen Journalisten Union (DJU) im Bestand der IG Medien im AdsD. Auch in der Gewerkschaftspresse gab es keine Hinweise auf die Entschließung oder auf die Bundeswehrtagung.

Geheimtagung, sondern um eine der üblichen Informationstagungen der Bundeswehr gehandelt habe.[19] Da an der Tagung jedoch erstmalig neben Gewerkschaftsvertretern auch Vertreter der Industrie teilgenommen haben, will Kollege Vetter beim Bundesverteidigungsministerium gegen solche gemeinsamen Tagungen Einspruch erheben und die Angelegenheit noch einmal überprüfen lassen. Der DJU Bayern soll eine entsprechende Mitteilung gemacht werden.

Der Bundesvorstand nimmt zustimmend Kenntnis.

b) Lehrlingskongreß der Jungsozialisten

Kollege *Stenger* spricht den für den 28. und 29. November 1970 geplanten Lehrlingskongreß der Jungsozialisten an, der unter Beteiligung der Gewerkschaftsjugend stattfinden soll.

[Die nachfolgende Diskussion ergibt, dass es unbedingt erforderlich sei, dass solche Veranstaltungen, insbesondere dann, wenn sie gemeinsam mit anderen Verbänden durchgeführt würden, ausführlich vorher im Geschäftsführenden Bundesvorstand und im Bundesvorstand beraten würden. Es sollte geprüft werden, ob der DGB in Zusammenhang mit dem »Jahr der Gewerkschaftsjugend 1971« in den ersten Monaten des kommenden Jahres einen eigenen Lehrlingskongress durchführen solle.]

4. Genehmigung des Protokolls der 13. Bundesvorstandssitzung

Der Bundesvorstand genehmigt das Protokoll der 13. Bundesvorstandssitzung.

Ende: 13.00 Uhr

---

19 Schreiben Bernd Ottos vom 13.11.1970 an Wilhelm Rothe, in dem er mitteilte, das die als »geheim« angesprochene Wehrübung vom 19.–30.10.1970 in der Truppenkampfschule Munster den Zweck hatte, Mensch und Technik im Heer kennenzulernen. Dem Schreiben war eine Pressemeldung des Bundesministeriums der Verteidigung beigefügt: »Leitende Herren aus Industrie und Gewerkschaft übten erstmalig beim Heer«. DGB-Archiv, DGB-BV, Abt. Vorsitzender 5/DGAI001566. Siehe auch: Schreiben Theo Brinkmann (Abt. Beamte) an Heinz O. Vetter vom 17.11.1970 zu dieser Wehrübung für die 62. GBV-Sitzung am 23.11.1970. DGB-Archiv, DGB-BV, Abt. Vorsitzender 5/DGAI000188.

DOKUMENT 33

1. Dezember 1970: Protokoll der 15. Sitzung des Bundesvorstandes

Hans-Böckler-Haus in Düsseldorf; Vorsitz: Heinz O. Vetter; Protokollführung: Isolde Funke, Marianne Jeratsch; Sitzungsdauer: 10.05–16.40Uhr; ms. vermerkt: »Vertraulich«.[1]
Ms., hekt., 10 S., 2 Anlagen.[2]
DGB-Archiv, 5/DGAI000536.

Beginn der Sitzung: 10.05 Uhr

[*Vetter* eröffnet die Sitzung und bittet die Gewerkschaftsvorsitzenden mit dem GBV zu einer internen Aussprache in den Nebenraum. Anschließend wird nach kurzer Diskussion die Tagesordnung ergänzt: Spenden an die Stiftung Mitbestimmung und Novellierung des Betriebsverfassungsgesetzes.]

Tagesordnung:
 1. Interne Aussprache der Bundesvorstandsmitglieder
 2. Spenden an die Stiftung Mitbestimmung
 3. Genehmigung des Protokolls der 14. Bundesvorstandssitzung
 4. Neubesetzung des Aufsichtsrats der Bank für Gemeinwirtschaft
 5. Arbeitnehmerkammerfrage
 6. Volksfürsorge Rechtsschutz-Versicherung
 7. Jugoslawisches Büro
 8. Bericht ACE/WACE/GUV
 9. WWI-Gesellschafter
 10. Revisionsbericht
 11. Unterstützungskasse des DGB
 12. Nachtrag zum Haushalt 1969
 13. Nachwahl für den Kollegen Alois Seitz, hauptamtliches Vorstandsmitglied des Landesbezirks Bayern
 14. a) Regelung für die Benutzung angestelleneigener Kraftwagen für Dienstzwecke
    hier: Erhöhung des Kilometergeldes
    b) Regelung für die Benutzung von Dienstfahrzeugen für Privatzwecke
 15. Ausschreibung des Außerordentlichen Bundeskongresses des DGB 1971
 16. Novellierung des Betriebsverfassungsgesetzes
 17. Verschiedenes

---

1 Einladungsschreiben vom 12.11. und 20.11.1970. Nicht anwesend: Heinz Kluncker, Philipp Seibert, Rudolf Sperner (vertreten durch Konrad Carl). DGB-Archiv, DGB-BV, Abt. Vorsitzender 5/DGAI000469.
2 Anlagen: Anwesenheitsliste, vollständige Liste der Mitglieder der Reformkommission mit handschriftlichen Ergänzungen.

1. Dezember 1970 **Dokument 33**

1. INTERNE AUSSPRACHE DER BUNDESVORSTANDSMITGLIEDER VON 10.20 BIS 12.10 UHR[3]

GESPRÄCH MIT VERTRETERN DES BUNDESFINANZ- UND BUNDESWIRTSCHAFTSMINISTERIUMS

Kollege *Vetter* begrüßt um 12.10 Uhr die Staatssekretäre Reischl (Bundesfinanzministerium) und Rohwedder (Bundeswirtschaftsministerium) sowie deren Mitarbeiter Lamby und Lantzke und dankt ihnen für ihre Bereitschaft, den Bundesvorstand über die Pläne zur Gründung einer Bundesholding zu informieren.[4]

Staatssekretär *Reischl* führt aus, daß unter der Verwaltung des Bundesfinanzministeriums 7 Bundesunternehmen stehen, und zwar 5 mit Mehrheitsbeteiligungen des Bundes – VIAG, Saar-Bergbau, Salzgitter/Peine, IVG und Prakla – und 2 mit Beteiligungen des Bundes unter 50% – VEBA und VW.[5] Bei der Prüfung der Frage, welche Unternehmen zusammengeschlossen werden könnten in der Form, daß eines die Bundesholding wird, der die anderen als Töchter eingegliedert werden, habe sich die VIAG angeboten, die ganz in der Hand des Bundes sei. Als Töchter seien die VEBA, die IVG und die Prakla vorgesehen. Die ertragsunsicheren Problemunternehmen Salzgitter und Saar-Bergbau sollen einer künftigen Regelung vorbehalten bleiben. VW solle von der Bundesholding treuhänderisch verwaltet werden. Für eine Beteiligung der VEBA hätten sich allerdings inzwischen Widerstände sowohl von Seiten des Vorstandes als auch des Betriebsrates der VEBA ergeben. Die Hauptziele einer Bundesholding seien eine effizientere Unternehmensführung, die Entlastung des Bundeshaushaltes vom Kapitalbedarf und die Förderung der privaten Vermögensbildung.

---

3 In der Aussprache ging es u. a. um die Zusammensetzung des Aufsichtsrates bei der BfG und um die außerordentliche Hauptversammlung zur Einführung der paritätischen Mitbestimmung, welche am 18.2.1971 stattfinden sollte. Nach der Hauptversammlung sollte die konstituierende Sitzung des Aufsichtsrats stattfinden. Siehe hierzu Sitzung des Aufsichtsratspräsidiums der BfG am 6.11.1970, DGB-Archiv, DGB-BV, Sekretariat Alfons Lappas 5/DGEC000002. Ein Protokoll dieser Aussprache ist nicht überliefert.
4 Schreiben des Bundeswirtschaftsministeriums an Bernd Otto vom 12.11.1970 mit beigefügtem Vermerk über den Verhandlungsstand (5.11.1970) zur Bundesholding als Beratungsunterlage für die Sitzung der Bundesvorstandsmitglieder mit dem Finanzministerium am 17.11.1970. Diese Sitzung wurde vertagt und fand am 23.11.1970 statt. An der Vorbesprechung über das Projekt einer Bundesholding nahmen teil vonseiten des DGB-Bundesvorstandes H. O. Vetter, B. Tacke, R. Henschel, B. Otto, vonseiten der Bundesregierung D. K. Rohwedder, Bundeswirtschaftsministerium, sowie G. Reischl, W. Lamby, Bundesfinanzministerium. Aktennotiz vom 30.11.1970 von Rudolf Henschel über diese Besprechung, DGB-Archiv, DGB-BV, Abt. Vorsitzender 5/DGAI000469. Siehe hierzu auch: Anleihe bei Flick, in: Der Spiegel, 2.11.1970, Nr. 45, S. 78.
5 Der Beteiligungsbesitz des Bundes beruhte auf »ererbten« Beteiligungen aus dem Besitz des ehemaligen Deutschen Reiches und des Landes Preußen. Die Beteiligungen wurden dezentral (aufgabenbezogen) von dem entsprechenden Bundesministerium geführt. Ab 1969 wurden das Bundesministerium für Finanzen und das Bundesministerium für Wirtschaft für das industrielle Bundesvermögen zuständig. Vgl. hierzu Regierungserklärung Willy Brandts vom 28.10.1969, Teil: IX. Strukturpolitik, in: Bulletin des Presse- und Informationsamtes der Bundesregierung, 29.10.1969, Nr. 132, S. 1125.

Dokument 33   1. Dezember 1970

Dr. *Lamby* ergänzt die Ausführungen von Staatssekretär Reischl und erklärt, daß die Überlegungen des Bundesfinanzministeriums, eine Bundesholding zu gründen, bereits seit Anfang des Jahres laufen und nicht etwa eine Reaktion auf den Gesetzentwurf der CDU/CSU zur Privatisierung des Bundesvermögens darstellen.[6] Er geht kurz auf die früher erfolgten Privatisierungsaktionen des Bundes und die Vorstellungen der CDU/CSU ein. Die Privatisierung sei eine politische und keine unternehmerische Frage. Wenn sie nicht zu einer überzeugenden Lösung des Problems führe, müsse man überlegen, ob Privatisierung dann überhaupt sinnvoll sei. Unter diesem Gesichtspunkt seien auch die Pläne seines Ministeriums zu sehen, einen vernünftigen Kompromiß zu finden.

In den Diskussionsbeiträgen der Kollegen *Vetter, Brenner, Neemann, Schmidt* und *Hirche* wird betont, daß die Ausführungen der Herren aus dem Bundesfinanz- und Bundeswirtschaftsministerium als eine erste Information über die Pläne der Bundesregierung angesehen werden und eine Stellungnahme des DGB zum Problem einer Bundesholding erst nach gründlicher Beratung in den Gremien des DGB erfolgen kann. Über die wirtschaftspolitische Bedeutung hinaus berühre die Frage einer Bundesholding eine Reihe für die Arbeitnehmer wichtiger Probleme, z. B. im sozialpolitischen Bereich, auf dem Gebiet der Vermögensbildung und Mitbestimmung. Nach der bisherigen Meinung des DGB sei davon auszugehen, daß er Privatisierungsabsichten ablehnend gegenüberstehe. Auch sei es die Ansicht des DGB, daß Bundesbesitz als Regulativ, d. h. preisstabilisierend und marktbeeinflussend, eingesetzt werden solle.

Die Staatssekretäre *Reischl* und *Rohwedder* betonen, daß eine Privatisierung alten Stils auf keinen Fall beabsichtigt sei. Eine echte Bundesholding würde eigentlich nur die sein, der alle Bundesgesellschaften angehören. Aber dieser großen Lösung stände eine Reihe von Schwierigkeiten entgegen, u. a. das Problem der Fusionskontrolle. Deshalb versuche man, schrittweise voranzugehen, ohne spätere weitergehende Maßnahmen unmöglich zu machen. Wichtig sei auch, die Überlegungen des Bundesarbeitsministeriums zur Vermögensbildung[7] mit in die Planung einzubeziehen. Nach Ansicht beider

---

6   Der Gesetzentwurf der CDU/CSU-Bundestagsfraktion sah eine Herauslösung der Industriebeteiligungen aus der Bundesadministration vor. Allerdings sollte keine Bundesholding, sondern die Kreditanstalt für Wiederaufbau die Betreuung des Beteiligungsbesitzes übernehmen. Vgl. Bundestagsdrucksache VI/1434 vom 16.11.1970. Siehe auch: Artikel in der »Kettler Wacht«, 1970, Nr. 11 von Wolfgang Vogt, MdB/CDU, »Was soll unter welches Dach? Keinen Misch-Masch-Konzern bilden«. Die Initiative des Bundesfinanzministers Alex Möller für eine Zusammenfassung der industriell-kommerziellen Bundesvermögen unter einer Holding-Gesellschaft stieß auch innerhalb der Bundesregierung auf Widerstand und wurde nicht weiter verfolgt. Hierzu: Fritz Knauss: Die Entscheidungen der Bundesregierung zur Privatisierung. Ein Sachstandsbericht, in: Brede: Privatisierung, S. 159 ff.

7   Im Auftrag des Bundeskanzlers wurde von den vier Parlamentarischen Staatssekretären Helmut Rohde (BM für Arbeit und Sozialordnung), Philip Rosenthal (BM für Wirtschaft), Gerhard Reischl (BM der Finanzen) und Wolfram Dorn (BM des Innern) eine Vorlage zur Vermögensbildung für Arbeitnehmer erarbeitet, in der die Arbeitnehmer durch eine überbetriebliche Gewinnbeteiligung am Vermögenszuwachs der Wirtschaft beteiligt werden sollten. Dieser Plan sollte die Anwendung des 3. Vermögensbildungsgesetzes ergänzen. Vgl. Neue Bonner Pläne zur Vermögenspolitik, in: Die Quelle 21, 1970, Heft 11, S. 453 sowie AdsD, SPD-Bundestagsfraktion, VI. Wahlperiode, 2/BTFF000788.

Herren ergeben sich bei der sogenannten kleinen Lösung keine Probleme hinsichtlich der Mitbestimmung. Sie sehen nach den bisherigen Erfahrungen auch nicht die Möglichkeit, Bundesunternehmen als entscheidendes wirtschafts- oder konjunkturpolitisches Regulativ einsetzen zu können.

Kollege *Vetter* dankt abschließend den Gästen für die interessanten Informationen. Er bittet um Übermittlung der bereits vorhandenen Unterlagen und Unterrichtung über den Fortgang der Beratungen. Der DGB werde sich bemühen, seine Stellungnahme so bald wie möglich zu erarbeiten.

2. Spenden an die Stiftung Mitbestimmung[8]

Kollege *Farthmann* erläutert kurz den auf dem letzten DGB-Bundeskongreß angenommenen Initiativantrag zur Neuregelung der Spendenabführung an die Stiftung Mitbestimmung.[9] Inzwischen habe sich ergeben, daß die Durchführung dieses Kongreßbeschlusses eine Minderung der Einnahmen der Stiftung Mitbestimmung um etwa 75 % bedeuten würde. Er verweist auf die Vorlage, die einige Berechnungsbeispiele enthält. Die Überlegung sei deshalb notwendig, den Bundesausschuß zu bitten, in seiner morgigen Sitzung entweder den Beschluß wegen innerer Widersprüchlichkeit als unverbindlich zu erklären oder ihn dahingehend zu korrigieren, daß auch bei Vergütungen über DM 6.000,-- im Jahr mindestens 15 % des Bruttobetrages abgeführt werden müssen. Da der Kongreßbeschluß für alle Vergütungen gilt, die für das erste Geschäftsjahr gezahlt werden, das nach dem 31.12.1969 beginnt, sei die Angelegenheit so eilbedürftig.

[Nach kurzer Diskussion ist der Bundesvorstand damit einverstanden, dass die Frage in der morgigen Bundesausschusssitzung abschließend behandelt werden soll.]

Mittagspause: 13.50 bis 14.30 Uhr

[*Vetter* teilt mit, dass Georg Neemann, Adolf Schmidt und Karl Buschmann an der Nachmittagssitzung nicht mehr teilnehmen können, und gratuliert Carl Stenger nachträglich zu seinem 65. Geburtstag.]

---

8 In den Sitzungen am 10./11.12.1953 des Bundesvorstandes und -auschusses wurde die Errichtung der Stiftung Mitbestimmung und der Hans-Böckler-Gesellschaft beschlossen. Siehe DGB-Archiv, DGB-BV, Abt. Vorsitzender 5/DGAI000439 und 5/DGAI000529. Die Stiftung Mitbestimmung hatte die Aufgabe begabte Arbeitnehmer zu fördern, die ein Studium der Rechts-, Sozial- oder Wirtschaftswissenschaften absolvieren wollten. Durch Beschluss des Bundesvorstandes vom Dezember 1976 wurde die Stiftung Mitbestimmung mit der Hans-Böckler-Gesellschaft zur Hans-Böckler-Stiftung zusammengeführt. Vgl. DGB-Archiv, DGB-BV, Abt. Vorsitzender 5/DGAI000493 sowie Peter Seideneck: Würdigung einer einzigartigen Institution, in: Mitbestimmung, 2004, Nr. 5.
9 Siehe Initiativantrag 6 von Heinz Kluncker und Genossen: Vergütung für Aufsichtsratsmitglieder, in: Protokoll 8. Bundeskongreß, Teil: Anträge und Entschließungen, S. 437 f.

Dokument 33 1. Dezember 1970

3. GENEHMIGUNG DES PROTOKOLLS DER 14. BUNDESVORSTANDSSITZUNG

Der Bundesvorstand genehmigt das Protokoll der 14. Bundesvorstandssitzung.

4. NEUBESETZUNG DES AUFSICHTSRATS DER BANK FÜR GEMEINWIRTSCHAFT

Der Geschäftsführende Bundesvorstand berät mit den Vorsitzenden der Gewerkschaften und Industriegewerkschaften die Neubesetzung des Aufsichtsrats der Bank für Gemeinwirtschaft.[10]

5. ARBEITNEHMERKAMMERFRAGE

Kollege *Vetter* teilt mit, daß dem Bundesausschuß in seiner morgigen Sitzung ein kurzer Bericht über den Stand der Beratungen gegeben werden soll.

6. VOLKSFÜRSORGE RECHTSSCHUTZ-VERSICHERUNG

Kollege *Woschech* verweist auf die den Bundesvorstandsmitgliedern ausgehändigte Vorlage und bittet um Zustimmung. Er teilt mit, daß der Organisationsausschuß vorsorglich für den Fall der Zustimmung bereits eine kleine Verhandlungsgruppe gebildet hat.[11]

[Nachdem Bedenken ausgeräumt sind und festgestellt worden ist, dass der Rahmenvertrag für keine Gewerkschaft zwingend ist, wird der GBV beauftragt, mit der Volksfürsorge Rechtsschutz-Versicherung AG über einen Rahmenvertrag für die Mitglieder aller DGB-Gewerkschaften Verhandlungen zu führen. Die Vorstände der Gewerkschaften sollen über das Verhandlungsergebnis unterrichtet werden.]

7. JUGOSLAWISCHES BÜRO

[Der Bundesvorstand nimmt zur Kenntnis, dass der DGB für die Betreuung ausländischer Arbeitnehmer im Jahre 1970 vermutlich Zuschüsse vom Bundesarbeitsministerium bekommen wird. Die Beträge der sich finanziell am Jugoslawischen Büro beteiligenden Gewerkschaften werden dann zurückgezahlt.[12]]

8. BERICHT ACE/WACE/GUV

[Der Bundesvorstand beschließt, diesen Punkt bis zur nächsten Sitzung zurückzustellen.]

---

10 Siehe TOP 1 dieser Sitzung und Dok. 37.
11 Der Organisationsausschuss des DGB empfahl in seiner Sitzung am 11./12.11.1970, über einen Rahmenvertrag mit der Volksfürsorge zu verhandeln. Als Verhandlungskommission wurde vorgeschlagen: Ernst Baumann (Gew. Leder), Josef Rothkopf (GGLF), Hans Faltermeier (ÖTV) sowie Heinz Richter und Franz Woschech (DGB-BV). DGB-Archiv, DGB-BV, Abt. Organisation 5/DGAL000148.
12 Die Gewerkschaften BSE, CPK, DruPa, Leder, NGG und ÖTV erklärten sich bereit, das Jugoslawische Büro mit insgesamt 23.600 DM mitzufinanzieren. Siehe Beschlussvorlage Franz Woschechs vom 30.9.1970, DGB-Archiv, DGB-BV, Abt. Vorsitzender 5/DGAI000469.

9. WWI-GESELLSCHAFTER

[Nach kurzer Erläuterung der Vorlage[13] wird folgender Beschluss gefaßt]:

Der Bank für Gemeinwirtschaft, der Unternehmensgruppe Neue Heimat und der Volksfürsorge, vertreten durch die jeweiligen Vorstände bzw. deren Vorsitzende, wird das Angebot unterbreitet, mit Wirkung vom 1.1.1971, als Gesellschafter in das Wirtschaftswissenschaftliche Institut der Gewerkschaften GmbH einzutreten. Sie können einen Gesellschafteranteil von jeweils DM 25.000,--übernehmen.

Der § 4 der Satzung des Wirtschaftswissenschaftlichen Instituts der Gewerkschaften GmbH in der Fassung vom 25.6.1970 muß nach Zustimmung entsprechend geändert werden. In das Kuratorium des WWI werden die Kollegen Walter Hesselbach, Albert Vietor und Walter Rittner berufen werden.

10. REVISIONSBERICHT

Der Bundesvorstand nimmt den Bericht der Revisionskommission zustimmend zur Kenntnis.

11. UNTERSTÜTZUNGSKASSE DES DGB

[Der Bundesvorstand schlägt der Mitgliederversammlung der Unterstützungskasse des DGB e.V. vor, alle Unterstützungen um 5,5% und Unfallunterstützung ehrenamtlicher Gewerkschaftsfunktionäre um 9,3% vom 1. Januar 1971 an zu erhöhen.]

12. NACHTRAG ZUM HAUSHALT 1969

[Der Bundesvorstand beschließt den Nachtragshaushalt für 1969 mit Einnahmen und Ausgaben von insgesamt TDM 1.869,--.]

13. NACHWAHL FÜR DEN KOLLEGEN ALOIS SEITZ, HAUPTAMTLICHES VORSTANDSMITGLIED DES LANDESBEZIRKS BAYERN

Kollege *Woschech* verweist auf die den Bundesvorstandsmitgliedern ausgehändigte Vorlage. Er macht besonders auf § 12 Ziffer 2 Buchstabe c) der Satzung des DGB aufmerksam, wonach der Bundesausschuß Ergänzungswahlen vornehmen kann. Da die Zeit bis zur nächsten Landesbezirkskonferenz zu lang erscheint, sollte der Bundesausschuß diese Ersatzwahl vornehmen, was auch in vollem Einverständnis mit dem Landesbezirksvorstand geschehen würde.

Kollege *Sickert* bezweifelt die Richtigkeit dieses Vorgehens. Die Satzung sagt eindeutig, daß für Landesbezirksvorstände ausschließlich die Landesbezirkskonferenz zuständig ist. Er erinnert daran, daß in der letzten Zeit auch schon

---

[13] Anschreiben Alfons Lappas' mit Beschlussvorlage vom 23.11.1970, DGB-Archiv, DGB-BV, Abt. Vorsitzender 5/DGAI000469.

außerordentliche Landesbezirkskonferenzen beschlossen wurden. Kollege Sickert weist auf die Möglichkeit hin, daß eine Wahl im Bundesausschuß zum Gegenteil führen könnte, indem die nächste Landesbezirkskonferenz den Kollegen Deffner abwählt, weil nicht satzungskonform vorgegangen sei. Er schlägt vor, daß Kollege Deffner das Amt kommissarisch bis zur nächsten Landesbezirkskonferenz übernehmen sollte.

[Nach kurzer Diskussion ist der Bundesvorstand damit einverstanden, dass Deffner kommissarisch die Nachfolge für den Kollegen Seitz übertragen und der Bundesausschuss um Zurückziehung der. Vorlage gebeten wird.[14]]

14. a) REGELUNG FÜR DIE BENUTZUNG ANGESTELLTENEIGENER KRAFTWAGEN FÜR DIENSTZWECKE
HIER: ERHÖHUNG DES KILOMETERGELDES

b) REGELUNG FÜR DIE BENUTZUNG VON DIENSTFAHRZEUGEN FÜR PRIVATZWECKE

[Der Bundesvorstand empfiehlt dem Bundesausschuss, die neuen »Regelung für die Benutzung von angestellteneigenen Kraftwagen für Dienstzwecke«, wie vorgelegt, zu beschließen und die »Regelung für die Benutzung von Dienstfahrzeugen für Privatzwecke« zur steuerrechtlichen Prüfung zurückzuziehen.]

15. AUSSCHREIBUNG DES AUSSERORDENTLICHEN BUNDESKONGRESSES DES DGB 1971

[Der Bundesvorstand ist damit einverstanden, dass die Ausschreibung des Außerordentlichen Bundeskongresses des DGB am 14. und 15. Mai 1971 in der vorgelegten Form erfolgt.]

16. NOVELLIERUNG DES BETRIEBSVERFASSUNGSGESETZES

Kollege *Muhr* erläutert im Einzelnen die in der dem Bundesvorstand vorliegenden Zusammenstellung aufgeführten Vergleiche zwischen den Regelungen, die sich durch das am 17.11.1970 geführte Koalitionsgespräch ergeben haben, und den entsprechenden bisherigen Bestimmungen des Referentenentwurfs des Bundesarbeitsministeriums.[15] Er bittet den Bundesvorstand, damit einverstanden zu sein, ein Telegramm an die heute tagende SPD-Bundestagsfraktion zu senden, in dem der DGB nachhaltig gegen die Verschlechterung des

---

14 In der 5. Sitzung des Bundesausschusses am 2.12.1970 wurde die kommissarische Nachfolge genehmigt (Dok. 34).
15 In der 10-seitigen Zusammenstellung der Abt. Sozialpolitik vom 30.11.1970 wurden die Veränderungen in den §§ 2 (Zusammenarbeit Betriebsrat und Gewerkschaften), 3 (Mitbestimmungsrecht des Betriebsrats), 5 (Leitende Angestellte), 27, 38, 47 (Minderheitenrechte) und 74 (parteipolitische Betätigung von Betriebsrat und Arbeitgebern) gegenüber dem Referentenentwurf vom Oktober 1970 dargestellt. DGB-Archiv, DGB-BV, Abt. Vorsitzender 5/DGAI000469 sowie Abt. Arbeitsrecht 5/DGBR000024. Siehe auch: Umfassende Neugestaltung der Betriebsverfassung, in: ND, 20.10.1970, Nr. 291.

Referentenentwurfs, insbesondere des Minderheitenrechts, protestiert. Dem Bundesausschuß sollte es in seiner morgigen Sitzung überlassen bleiben, eine offizielle Erklärung zu dem Gesamtkomplex abzugeben.

In der nachfolgenden Diskussion, an der sich die Kollegen *Vetter, Hauenschild, Rothe, Stephan, Vietheer* und *Muhr* beteiligen, wird besonders das Problem der Leitenden Angestellten erörtert. Es besteht Übereinstimmung darüber, daß über das Telegramm an die SPD-Bundestagsfraktion hinaus zum gegebenen Zeitpunkt die gewerkschaftlich organisierten Bundestagsabgeordneten direkt angesprochen und mit der Meinung des DGB bekannt gemacht werden müssen. Kollege Muhr wird beauftragt, den Entwurf eines Telegramms an die SPD-Fraktion vorzulegen.

17. VERSCHIEDENES

a) FDGB

Kollege *Vetter* erinnert an das Schreiben des FDGB vom 23.10.1970, das dem Bundesvorstand bereits vorliegt und in dem er von Warnke zu einem Gespräch in Magdeburg eingeladen wurde. Der Bundesvorstand solle heute die als Entwurf vorliegende Antwort beraten.

An der nachfolgenden Diskussion beteiligen sich die Kollegen *Mirkes, Vetter, Sickert, Frister, Schwab, Michels, Brenner, Stenger, Pfeiffer* und *Hauenschild*. Dabei wird festgestellt, daß die politische Situation nach wie vor unverändert ist. Es besteht Übereinstimmung darüber, daß der Antwortbrief keine Formulierung enthalten soll, die den FDGB ausdrücklich zur Anerkennung der Integrität des DGB einschließlich seiner Westberliner Organisation auffordert. Auch sollten in dem Schreiben keinerlei Ortsangaben für spätere Treffen gemacht werden.

Der Bundesvorstand stimmt dem Antwortschreiben an den FDGB in der veränderten Form zu.[16]

b) 50. Todestag von Karl Legien am 26.12.1970

[Nach kurzer Diskussion ist der Bundesvorstand einverstanden, dass nach Überprüfung der Situation durch den DGB-Landesbezirk Berlin der Geschäftsführende Bundesvorstand endgültig entscheidet, ob des 50. Todestages von Karl Legien durch Kranzniederlegungen an der Gedenkstätte in Westberlin und dem Grab von Karl Legien in Ostberlin gedacht werden soll.[17]]

---

16 DGB zu sofortigen Gesprächen mit FDGB bereit, in: ND, 1.12.1970, Nr. 334. Für den DGB hätten die Gespräche sofort beginnen können, »[...] wenn der FDGB die Integrität des Deutschen Gewerkschaftsbundes einschließlich seiner Westberliner Organisationen nicht in Frage stellt und das Recht des DGB-Bundesvorstandes respektiert, alle Mitglieder des DGB zu vertreten.«

17 In der 65. Sitzung des GBV am 21.12.1970 wurde beschlossen, sowohl an der Gedenkstätte in Westberlin als auch am Grab von Karl Legien in Ostberlin einen Kranz des DGB niederzulegen. DGB-Archiv, DGB-BV, Abt. Vorsitzender 5/DGAI000189.

Dokument 34 2. Dezember 1970

c) Erklärung des DGB gegenüber dem Verband Deutscher Schriftsteller
[Nach kurzer Diskussion entscheidet der Bundesvorstand, dass der Entwurf noch einmal überarbeitet und dem Bundesausschuss in seiner morgigen Sitzung zur Beschlussfassung vorgelegt werden soll.[18]]

d) Einladung des Israelischen Botschafters
[Der Israelische Botschafter hat den Bundesvorstand zu einem Empfang am Abend des 1. Februar 1971 nach Bonn-Bad Godesberg eingeladen.]

e) Nächste Sitzung des Bundesvorstandes
[Der Bundesvorstand beschließt, dass die nächste Sitzung am 2. Februar 1971 im Bonner Raum stattfinden wird; am 3. Februar 1971 wird sich eine Klausurtagung der Gewerkschaftsvorsitzenden mit dem Geschäftsführenden Bundesvorstand, ebenfalls im Bonner Raum, daran anschließen.]

[Mit dem von *Muhr* vorgelegten Telegrammentwurf an die SPD-Bundestagsfraktion in Sachen Novellierung des BVG ist der Bundesvorstand einverstanden.[19]]

Ende der Sitzung: 16.40 Uhr

DOKUMENT 34

2. Dezember 1970: Protokoll der 5. Sitzung des Bundesausschusses

Hans-Böckler-Haus in Düsseldorf; Vorsitz: Heinz O. Vetter; Protokollführung: Isolde Funke, Marianne Jeratsch; Sitzungsdauer: 10.30–14.00 Uhr; ms. vermerkt: »Vertraulich«.[1]
Ms., hekt., 11 S., 1 Anlage.[2]
DGB-Archiv, 5/DGAI000444.

---

18 Innerhalb des Schriftstellerverbands gab es Bestrebungen, sich einer zuständigen DGB-Gewerkschaft anzuschließen. Der DGB begrüßte diese Bestrebungen. Siehe TOP 13 der 5. Sitzung des Bundesausschusses (Dok. 34).
19 Das Fernschreiben wurde am 1.12.1970 um 16.47 Uhr von Vetter und Muhr an den Vorsitzenden der SPD-Bundestagsfraktion, Herbert Wehner, gesendet. Darin nimmt der Bundesvorstand mit Enttäuschung zur Kenntnis, »[...] daß das Koalitionsgespräch vom 24.11.1970 den ursprünglichen Referentenentwurf in wesentlichen Punkten verschlechtert hat. [...] dies gilt insbesondere für die Erschwerung des Zutrittsrechtes der Gewerkschaftsvertreter zum Betrieb, die nach dem vorliegenden Text des Koalitionskompromisses auch für die Zusammenarbeit von Gewerkschaften und Betriebsräten gelten soll [...]. Der Bundesvorstand des DGB bittet die Fraktion der SPD mit allem Nachdruck, für eine Fassung des Regierungsentwurfes einzutreten, die eine Beratung und Verabschiedung des Gesetzes gegen den Widerstand der Gewerkschaften vermeidet.« AdsD, Nachlass Herbert Wehner 1/HWAA000829.
1 Einladungsschreiben vom 12. und 20.11.1970, DGB-Archiv, DGB-BV, Abt. Vorsitzender 5/DGAI000406.
2 Anlage: Anwesenheitsliste.

2. Dezember 1970 **Dokument 34**

Beginn der Sitzung: 10.30 Uhr

[Vetter eröffnet die Sitzung und teilt die ergänzenden Tagesordnungspunkte mit.³]

Tagesordnung:
1. Genehmigung des Protokolls der 4. Bundesausschusssitzung
2. Spenden an die Stiftung Mitbestimmung
3. Erklärung des Bundesausschusses zur Novellierung des Betriebsverfassungsgesetzes
4. Arbeitnehmerkammerfrage
5. Nachwahl für den Kollegen Alois Seitz, hauptamtliches Vorstandsmitglied des Landesbezirks Bayern
6. Bestätigung von Landesbezirksvorstandsmitgliedern
7. a) Regelung für die Benutzung angestellteneigener Kraftwagen für Dienstzwecke
hier: Erhöhung des Kilometergeldes
b) Regelung für die Benutzung von Dienstfahrzeugen für Privatzwecke
8. Bericht der Revisoren
9. Nachtrag zum Haushalt 1969
10. Gewerkschaftspolitischer Lagebericht
11. Fragestunde
12. Sturmflutkatastrophe in Ost-Pakistan – Spende des DGB –
13. Erklärung des DGB gegenüber dem Verband Deutscher Schriftsteller
14. Politisch-Sozialer Dienst (Funkwelle)

1. GENEHMIGUNG DES PROTOKOLLS DER 4. BUNDESAUSSCHUSSSITZUNG

Der Bundesausschuss genehmigt das Protokoll der 4. Bundesausschußsitzung.

2. SPENDEN AN DIE STIFTUNG MITBESTIMMUNG

Kollege *Farthmann* geht kurz auf den Inhalt des auf dem letzten DGB-Bundeskongreß angenommenen Initiativantrages zur Neuregelung der Spendenabführung an die Stiftung Mitbestimmung ein.⁴ Inzwischen habe sich ergeben, daß die Durchführung dieses Kongreßbeschlusses eine Minderung der Einnahmen der Stiftung Mitbestimmung um etwa 75 % bedeuten würde. Er verweist auf die Vorlage, die einige Berechnungsbeispiele enthält.⁵ Es sei notwendig geworden, den Bundesausschuß zu bitten, entweder den Beschluß wegen innerer Widersprüchlichkeit als unverbindlich zu erklären oder ihn dahingehend zu korrigieren, daß auch bei Vergütungen über DM 6.000,-- im Jahr mindestens 15 % des Bruttobetrages abgeführt werden müssen. Da der Kongreßbeschluß für alle Vergütungen gilt, die für das erste Geschäftsjahr gezahlt werden, das nach dem 31.12.1969 beginnt, sei die Angelegenheit so eilbedürftig.

---
3 Die Tagesordnung wurde um die Punkte 2 und 3 ergänzt.
4 Siehe Initiativantrag 6 von Heinz Kluncker und Genossen: Vergütung für Aufsichtsratsmitglieder, in: Protokoll 8. Bundeskongreß, Teil: Anträge und Entschließungen, S. 437 f.
5 Schreiben von Heinz O. Vetter an die Mitglieder des Bundesausschusses vom 1.12.1970, DGB-Archiv, DGB-BV, Abt. Vorsitzender 5/DGAI000406.

Dokument 34 2. Dezember 1970

[Nach der anschließenden Diskussion um die Korrektur des Kongressbeschlusses stimmt der Bundesausschuss der Korrektur zu.]

3. ERKLÄRUNG DES BUNDESAUSSCHUSSES ZUR NOVELLIERUNG DES BETRIEBSVERFASSUNGSGESETZES

Kollege *Muhr* weist darauf hin, daß die Mitglieder des Bundesausschusses über Inhalt und Absichten des Referentenentwurfs des Bundesarbeitsministers zur Novellierung des BVG[6] bereits informiert worden sind und er sich deshalb auf das Ergebnis des Koalitionsgespräches beschränken könne. Er erläutert im Einzelnen die in der dem Bundesausschuß vorliegenden Zusammenstellung aufgeführten Vergleiche zwischen den Regelungen, die sich durch das am 17.11.1970 geführte Koalitionsgespräch ergeben haben, und den entsprechenden bisherigen Bestimmungen des Referentenentwurfs des Bundesarbeitsministeriums.[7]

Kollege Muhr gibt abschließend den Wortlaut des Telegramms bekannt, das der Bundesvorstand aus seiner gestrigen Sitzung an die SPD-Fraktion gerichtet hat, mit dem der DGB nachhaltig gegen die Verschlechterung des Referentenentwurfs, insbesondere des Minderheitenrechts, protestierte.[8] Die Herausgabe einer Stellungnahme habe der Bundesvorstand dem Bundesausschuß überlassen wollen. Er bitte deshalb darum, die im Entwurf vorgelegte Erklärung zu beschließen.

Kollege *Vetter* unterstreicht noch einmal die Notwendigkeit einer solchen Stellungnahme. Da die Betriebsverfassung nicht ausdrücklich Gegenstand der Koalitionsvereinbarung sei, bestehe immer noch die Möglichkeit der eigenen Meinungsbildung innerhalb der Fraktionen. Wenn die Bundesregierung – was leider nach letzten Informationen zu erwarten sei – trotz des Protestes und der Einwände des DGB den Gesetzentwurf in dieser Form beschließe, ergebe sich für uns eine neue Situation. Sicher wünsche niemand eine Wiederholung der Situation von 1952.[9] Deshalb werde es dann notwendig sein, den dem DGB angehörigen Bundestagsabgeordneten im Parlament eine Einflußnahme in unserem Sinne abzuverlangen. Es müsse auch deutlich gemacht werden, daß wir entschlossen sind, das Interesse unserer Funktionäre in den Betrieben zu wahren.

---

6 Vgl. Dok. 33, TOP 16, Fußnote 15.
7 Schreiben der Abteilung Sozialpolitik – Wolfgang Schneider – »Novellierung Betriebsverfassungsgesetz«, DGB-Archiv, DGB-BV, Abt. Vorsitzender 5/DGAI000406. Streitpunkte in dem Betriebsverfassungsgesetz waren: 1. Mitwirkungs- und Zutrittsrechte der Gewerkschaften, 2. Politische Betätigung im Betrieb und 3. Vertretung der Leitenden Angestellten. Darüber hinaus war im Referentenentwurf des Bundesarbeitsministeriums die Möglichkeit vorgesehen, die Befugnisse des Betriebsrates durch Tarifvereinbarungen auszuweiten.
8 Siehe 15. BV-Sitzung vom 1.12.1970, Dok. 33, Fußnote 19.
9 Zu den Auseinandersetzungen zwischen dem DGB und der Bundesregierung um das Betriebsverfassungsgesetz 1952 siehe u. a. Milert/Tschirbs: Andere Demokratie, S. 393–420; Werner Müller: Die Gründung des DGB, der Kampf um die Mitbestimmung und der Übergang zum gewerkschaftlichen Pragmatismus, in: Hemmer/Schmitz: Geschichte der Gewerkschaften, S. 123 ff.; Kaiser: Quellen 11, siehe u. a. Dok. 42 und 45–49; Schneider: Kleine Geschichte, S. 275 ff.; Schmidt: Verhinderte Neuordnung, S. 208 ff.

2. Dezember 1970 **Dokument 34**

Kollege *Georgi* befürchtet, daß sich die beiden Regierungsfraktionen auch bei den Debatten im Parlament einig sein werden, den Kabinettsentwurf[10] in der jetzigen Form zu unterstützen. Er ist deshalb der Meinung, daß man es nicht bei schriftlichen und den üblichen Protesten belassen sollte. Er schlägt vor, die Bundestagsabgeordneten, die hauptamtliche Funktionäre der Gewerkschaften sind, in den nächsten Wochen zusammenzurufen, damit sie noch einmal im einzelnen mit den Vorstellungen des DGB vertraut gemacht werden und sie – z. B. auf dem Weg des Initiativantrags – in die parlamentarische Debatte einbringen können.

Kollege *Vetter* greift den Vorschlag auf und regt folgendes Vorgehen an: Zunächst sollten die uns besonders nahestehenden Bundestagsabgeordneten angesprochen werden. Danach sollten alle im DGB organisierten Abgeordneten eingeladen und ihnen die Meinung des DGB vorgetragen werden. Schließlich könnten diese Abgeordneten in ihren eigenen Wahlkreisen durch unsere Funktionäre in den Betrieben aufgefordert werden, ihnen Rede und Antwort zu stehen. Kollege Vetter würde diese Art des Vorgehens für erfolgversprechender halten als Demonstrationen o.ä.

Die Kollegen *Sickert* und *Hauenschild* schlagen redaktionelle Änderungen der vorgelegten Stellungnahme vor, Kollege *Dürrbeck* äußert Bedenken gegen die Katalogform. Im erschiene eine allgemeiner gehaltene, sehr harte Formulierung im Augenblick wirkungsvoller.

Kollege *Muhr* bittet zu berücksichtigen, daß große Teile des Entwurfs für uns akzeptabel und als ein Fortschritt zu bezeichnen sind. Wenn die Stellungnahme zu allgemein gehalten würde, könne der Eindruck entstehen, als sprächen wir uns gegen den Gesetzentwurf insgesamt aus.

Kollege *Benz* wirft die Frage auf, inwieweit die jetzige Vorlage aus unserer Sicht als ein Erfolg zu bezeichnen sei. Darüber sei noch nicht diskutiert worden, und man könne sehr unterschiedlicher Auffassung sein. Deshalb schließe er sich der Auffassung des Kollegen Dürrbeck an, jetzt eine allgemeiner gehaltene Formulierung zu finden und ernsthaft die weiteren Schritte und Aussagen zu überlegen. Wichtig sei es s.E., das Problem direkt in den Wahlkreisen der Abgeordneten anzusprechen. Interessant erscheine ihm die Ansicht, daß von Demonstrationen abgesehen werden solle. Sicher gebe es in diesem Kreis niemand, der noch einmal die Situation von 1952 haben möchte. Doch gehe es um unsere betrieblichen Funktionäre und unser Verhältnis zu ihnen. Für unsere Kollegen sei die Betriebsverfassung das zentrale Problem. Deshalb stelle sich die Frage, ob die Gewerkschaften in dieser Situation ohne eine ihrer stärksten Waffen auskommen können. Kollege Benz bittet, ernsthaft zu überlegen, ob wir uns letzten Endes mit diesem Gesetz

---

10 Das Bundeskabinett beschloss in seiner Sitzung am 3.12.1970 die Neugestaltung des Betriebsverfassungsgesetzes. Vgl. Pressemitteilung vom 3.12.1970, Nr. 1690/70 des Presse- und Informationsamtes der Bundesregierung, AdsD, WBA, A8.1 Bundeskanzler – Persönliche Referenten, 3. Vor diesem Beschluss fanden am 27. und 30.11.1970 Koalitionsgespräche statt. Nach Abschluss des zweiten Gesprächs schrieb Walter Arendt an die Mitglieder der SPD-Bundestagsfraktion einen Informationsbrief mit den Grundzügen des neuen Betriebsverfassungsgesetzes. Vgl. AdsD, WBA, A8, 16.

abfinden, ob es in dieser Form nach einer so langen Zeit tatsächlich einen Fortschritt darstellt oder wir zu der Auffassung kommen, daß wir es nachdrücklich ablehnen.

Kollege *Dürrbeck* kommt noch einmal auf seine früheren Einwände zurück und wiederholt, daß die vorgelegte Erklärung weder für die Öffentlichkeit noch für unsere Funktionäre ausreiche. Man sollte zusätzlich zum Ausdruck bringen, daß der Bundesausschuß sich noch einmal mit den notwendigen weiteren Schritten beschäftigen werde.

Kollege *Vetter* ist der Ansicht, daß wir uns darüber im Klaren sein sollten, daß das Problem der Novellierung des Betriebsverfassungsgesetzes in der breiten Öffentlichkeit deshalb kein so großes Interesse findet, weil es ein zu spezielles Thema ist, und daß auch in den Betrieben die Einzelheiten nicht so deutlich gesehen werden, um zu einer Solidarisierung zu führen. Wenn wir jetzt einen Plan von Aktionen festlegen, müssen wir uns auch daran halten. Von vorrangiger Bedeutung sei nach seiner Meinung, die erste Phase der direkten Kontaktnahme mit den Bundestagsabgeordneten wie besprochen durchzuführen.

Die Kollegen *Sperner* und *Mirkes* stimmen den Vorschlägen und Auffassungen der Kollegen Muhr und Vetter zu und halten die Erklärung in der vorgelegten Form als erste Meinungsäußerung für ausreichend. Der Gesetzentwurf enthalte durchaus eine Reihe positiver und fortschrittlicher Punkte. Deshalb solle man jetzt nur die uns besonders berührenden Probleme ansprechen und kritisieren. Je nach dem Verlauf der Beratungen in Bundesrat und Parlament stehe es Bundesvorstand und Bundesausschuß jederzeit frei, weitere Stellungnahmen und Maßnahmen zu beschließen.

[In der nachfolgenden Diskussion werden sachliche Ergänzungsvorschläge und redaktionelle Änderungen beraten.]

Auf die Anregung des Kollegen *Ulbrich,* umgehend auch die Funktionäre über den Stand der Dinge zu informieren, damit sie bei eventuellen Gesprächen mit Bundestagsabgeordneten über Einzelheiten unterrichtet sind, gibt Kollege *Muhr* einen kurzen Überblick über die zunächst vorgesehenen Schritte. Für die Beratungen im Bundesrat soll versucht werden, Abänderungsanträge einzubringen. Danach soll die Kontaktnahme mit den Bundestagsabgeordneten, wie bereits erwähnt, erfolgen. Nach Vorliegen des endgültigen Gesetzentwurfs wird der DGB-Ausschuß für Betriebsräte- und Personalwesen zusammentreten, der wahrscheinlich bis Ende Dezember eine Stellungnahme beraten und beschließen kann.[11] Selbstverständlich werden die Funktionäre über alle Einzelheiten umfassend und schnell informiert werden.

Kollege *Vetter* faßt die Diskussion noch einmal kurz zusammen und stellt das Einverständnis des Bundesausschusses zu folgendem Vorgehen fest:

---

11 Auf der Ausschusssitzung am 17.12.1970 wurde die Regierungsvorlage beraten und am 4.1.1971 die DGB-Schwerpunktkritik am Regierungsentwurf zur Änderung des Betriebsverfassungsgesetzes den Ausschussmitgliedern zugesandt. DGB-Archiv, DGB-BV, Abt. Arbeitsrecht 5/DGBR000024.

Der Bundesausschuß gibt – unter Berücksichtigung der erörterten Änderungen – eine Erklärung zur vorgesehenen Verschlechterung des Betriebsverfassungsgesetzes ab. In den nächsten Wochen werden die im DGB organisierten bzw. dort als hauptamtliche Funktionäre tätigen Bundestagsabgeordneten zu einem Gespräch eingeladen, damit sie über die Meinung des DGB informiert werden und sich bei der Beratung des Gesetzentwurfs im Parlament für die Vorstellungen des DGB einsetzen können. Weitere Aktionen in den Wahlkreisen der Abgeordneten werden geplant. Bundesvorstand und Bundesausschuß werden gegebenenfalls kurzfristig weitere Aktivitäten beraten und beschließen.[12]

4. ARBEITNEHMERKAMMERFRAGE

Kollege *Vetter* berichtet, daß die ursprünglich für diese Sitzung vorgesehene Beschlußfassung über die inzwischen erarbeitete Stellungnahme zur Arbeitnehmerkammerfrage auf Bitten der Gewerkschaft ÖTV zurückgestellt werden solle. Die Gewerkschaft ÖTV habe den Wunsch geäußert, daß die Bundesausschuß-Kommission in einer in den nächsten Wochen stattfindenden gemeinsamen Sitzung mit der ÖTV-Kommission versuchen solle, zu einer Übereinstimmung in den noch strittigen Punkten der Stellungnahme zu kommen. Sollte es sich vor der endgültig für die März-Sitzung vorgesehenen Beschlußfassung aufgrund plötzlicher Aktivitäten in den Ländern Bayern und Rheinland-Pfalz in dieser Frage als notwendig erweisen, kurzfristig die Stellungnahme des DGB abzugeben, schlägt Kollege Vetter vor, daß der Bundesausschuß den Bundesvorstand zur vorzeitigen Verabschiedung der Vorlage ermächtigt.

[Nach der anschließenden Diskussion ist der Bundesausschuss einverstanden, dass die endgültige Verabschiedung einer Stellungnahme zur Arbeitnehmerkammerfrage auf die März-Sitzung verschoben oder kurzfristig eine Sondersitzung durchgeführt wird.]

5. NACHWAHL FÜR DEN KOLLEGEN ALOIS SEITZ, HAUPTAMTLICHES VORSTANDSMITGLIED DES LANDESBEZIRKS BAYERN

[Die Vorlage wird zurückgezogen. Deffner soll die Nachfolge von Seitz kommissarisch bis zur nächsten Sitzung des zuständigen Wahlorgans übernehmen.]

6. BESTÄTIGUNG VON LANDESBEZIRKSVORSTANDSMITGLIEDERN

[Georg Drescher wird als Landesbezirksvorsitzender, die übrigen Kollegen werden als Mitglieder des Landesbezirksvorstandes Niedersachsen bestätigt.]

---

12 DGB kündigt erbitterten Widerstand gegen Verschlechterung des Betriebsverfassungsgesetzes an, in: ND, 2.12.1970, Nr. 336 sowie DGB gegen Abstriche am Arendt-Entwurf, in: ND, 27.11.1970, Nr. 332. Vgl. Bericht der Abt. Sozialpolitik und Arbeitsrecht, in: DGB-Geschäftsbericht 1969–1971, S. 143 ff.

Dokument 34   2. Dezember 1970

7. a) Regelung für die Benutzung angestellteneigener Kraftwagen für Dienstzwecke,
   hier: Erhöhung des Kilometergeldes

   b) Regelung für die Benutzung von Dienstfahrzeugen für Privatzwecke

[Der Bundesausschuss stimmt den Beschlüssen der Bundesvorstandssitzung vom Vortag zu.[13]]

8. Bericht der Revisoren

[Der Bundesausschuss nimmt den Bericht der Revisionskommission zustimmend zur Kenntnis.]

9. Nachtrag zum Haushalt 1969

[Der Bundesausschuss beschließt den Nachtrag zum Haushaltsvoranschlag 1969 in Höhe von TDM 1.869,--.]

10. Gewerkschaftspolitischer Lagebericht

Kollege *Vetter* geht kurz auf die allgemeine innenpolitische Situation und die Rolle ein, die die FDP besonders in jüngster Zeit in der Koalitionsregierung spielt.

Er berichtet, daß die Gespräche mit den Parteien fortgesetzt werden und am 14.12.1970 ein Treffen des Geschäftsführenden Bundesvorstandes mit dem CDU-Präsidium stattfinden wird, in dessen Mittelpunkt Fragen der Gesellschaftspolitik stehen sollen. Im Zusammenhang mit dem im Januar nächsten Jahres stattfindenden CDU-Parteitag werden die Probleme der Mitbestimmung von besonderer Bedeutung sein.[14]

Ebenfalls mit gesellschaftspolitischen Themen haben sich Gespräche beschäftigt, die mit Vertretern der Evangelischen und Katholischen Kirche geführt wurden.[15] Hier sei insbesondere die Frage des Bildungsurlaubs angesprochen worden. Weitere Kontaktgespräche habe es mit dem Bundesverband Deut-

---

13 Siehe Beschluss zu TOP 14 der 15. Bundesvorstandssitzung vom 1.12.1970 (Dok. 33). DGB-Archiv, DGB-BV, Abt. Vorsitzender 5/DGAI000406.
14 Einladungsschreiben des Generalsekretärs der CDU, Bruno Heck, vom 20.11.1970 zum Gespräch mit dem CDU-Präsidium am 14.12.1970. Als Gesprächsthemen wurden vorgeschlagen: 1. Mitbestimmung (betriebliche, Unternehmens- und überbetriebliche Mitbestimmung), 2. Konjunkturpolitik, 3. Vermögenspolitik. DGB-Archiv, DGB-BV, Abt. Vorsitzender 5/DGAI001978. Siehe auch: Gespräch zwischen CDU und DGB, in: ND, 15.12.1970, Nr. 352.
15 Auf der 57. Sitzung des GBV am 19.10.1970 wurde ein Treffen mit dem Rat der EKD am 16.11.1970 beschlossen. DGB-Archiv, DGB-BV, Abt. Vorsitzender 5/DGAI000187. Außerdem fanden am 18.10.1970 eine Aussprache mit dem Bundesvorstand der Evangelischen Arbeitnehmer sowie Präsidiumsmitgliedern der Evangelischen Aktionsgemeinschaft für Arbeitnehmerfragen und am 22.11.1970 ein Treffen mit dem Vorsitzenden der Katholischen Arbeitnehmerschaft statt. DGB-Geschäftsbericht 1969–1971, S. 28 f.

scher Zeitungsverleger und mit den Intendanten der Rundfunk- und Fernsehanstalten gegeben.[16]

Im Bereich der Gesellschaftspolitik sei neben der Novellierung des BVG die Diskussion um die Durchsetzung der Mitbestimmung von Bedeutung. Da eine Realisierung unserer Forderung nach paritätischer Mitbestimmung bei der derzeitigen Zusammensetzung des Parlaments kaum zu erwarten sei, müsse seines Erachtens die Aufklärung der von dieser Mitbestimmungsform betroffenen Arbeitnehmer verstärkt fortgesetzt worden. Sicher habe der Bundesausschuß die Aufgabe, zu gegebener Zeit den bisher eingeschlagenen Weg zu überprüfen. Er persönlich sei jedoch der Meinung, daß die Parität nach wie vor die Schlüsselfrage sei und es einen schweren Rückschlag auch für das Ansehen der Gewerkschaften bedeuten würde, wenn der DGB in diesem Punkt von seinen Mitbestimmungsforderungen abrücken würde.

Zum Thema Vermögensbildung liege wegen der unterschiedlichen Auffassung einzelner Ressorts der Bundesregierung noch immer keine Stellungnahme vor. Der DGB habe zwar seine Leitlinien zur Vermögensbildung bekannt gegeben.[17] Es werde aber bald notwendig sein, sich detaillierter zu dem Komplex zu äußern.

Auch auf dem Gebiet der Friedens-, Konflikt- und Zukunftsforschung werde der DGB in absehbarer Zeit – wie bereits früher angedeutet – aktiv werden. In der inzwischen auf Initiative des Bundespräsidenten gegründeten Deutschen Gesellschaft für Friedens- und Konfliktforschung sei der DGB als Gründungsmitglied und im Kuratorium vertreten.[18]

Kollege Vetter geht noch kurz auf die Jugendarbeit im DGB ein, die durch die für 1971 vorgesehene Aktion »Jahr des jungen Arbeitnehmers« aktiviert werden soll. In diesem Zusammenhang weist Kollege Vetter auf die Notwendigkeit hin, Möglichkeiten für die Wiedereinstellung von qualifizierten Jugendsekretären zu schaffen.

Zur Situation im internationalen Bereich berichtet Kollege Vetter über Verhandlungen mit Gewerkschaftsbünden in den europäischen Ländern, die sich mit einem eventuellen Beitritt zur EWG beschäftigen. Die Kontakte mit

---

16 Am 27.11.1970 fand das sogenannte »6. Königsteiner Gespräch« statt, in dem sich die Intendanten der Rundfunk- und Fernsehanstalten mit Mitgliedern des DGB-Bundesvorstandes trafen, zum Gedankenaustausch über die aktuelle Rundfunkpolitik. Das erste Treffen dieser Art fand 1959 statt. Vgl. DGB-Archiv, DGB-BV, Sekretariat Günter Stephan 5/DGAM000405. Zu dem Treffen mit dem Bundesverband Deutscher Zeitungsverleger gibt es keine Überlieferung.
17 Die vermögenspolitischen Leitlinien des DGB wurden auf der 7. BV-Sitzung am 3./4.3.1970 verabschiedet. Vgl. Dok. 18.
18 Am 28.10.1970 wurde unter der Schirmherrschaft des Bundespräsidenten Gustav Heinemann die Gesellschaft gegründet. Der DGB in Person von Heinz O. Vetter war Gründungsmitglied. Siehe AdsD, SPD-Bundestagsfraktion, VI. Wahlperiode, Büro des Parlamentarischen Geschäftsführers 2/BTFF000563 f. Foto zur Gründungsversammlung, in: WdA 21, 6.11.1970, Nr. 45, S. 8. Zu den Aufgaben der Gesellschaft siehe auch: Günther Heyder: Friedensforschung. Aufklärungskampagne gegen den Selbstmord der Menschheit, in: Die Quelle 22, 1971, Heft 3, S. 109 f.

dem Jugoslawischen und Ungarischen Gewerkschaftsbund[19] seien inzwischen fortgesetzt worden, um Spitzenbegegnungen vorzubereiten.

Ein gewisser Stillstand sei in den Kontakten mit den sowjetischen Gewerkschaften eingetreten. Auch die Beziehungen zum FDGB konnten trotz eines einigermaßen zufriedenstellenden Zusammentreffens von GBV-Mitgliedern und Vorstandsmitgliedern des FDGB im Juli nicht weiter vorangetrieben werden. Kollege Vetter gibt kurz den Inhalt des letzten FDGB-Schreibens und der vom Bundesvorstand in der gestrigen Sitzung beschlossenen Antwort wieder.[20]

Abschließend teilt Kollege Vetter mit, daß er als Mitglied der Begleitdelegation des Bundeskanzlers zur Vertragsunterzeichnung nach Polen reisen werde.[21]

11. FRAGESTUNDE

Kollege *Georgi* erbittet Auskunft, ob und in welcher Weise Vertreter des DGB an den Arbeiten zur Steuerreform beteiligt sind, die auch in Zusammenhang mit dem Vermögensbildungsplan der vier Staatssekretäre[22] zu sehen sei.

Kollege *Neemann* antwortet, daß in der Steuerreformkommission nach wie vor unser Kollege Dr. Köppen mitarbeitet, jedoch nicht als offizieller Vertreter des DGB. Eine bessere Vertretung des DGB in der Kommission sei deshalb nicht möglich, weil sie während der Regierungszeit der Großen Koalition berufen und in ihrer Zusammensetzung – genau wie die Biedenkopf-Kommission[23] – auch bei einem Regierungswechsel nicht verändert werden

---

19 Die bilateralen Gespräche mit dem Jugoslawischen Gewerkschaftsbund vom Juli und August 1970 (siehe auch: Dok. 30, Fußnote 9) wurden 1971 fortgesetzt. Siehe hierzu: ND, 15.10.1971, Nr. 333 und 2.11.1971, Nr. 345. Vom 2. bis 8.11.1970 fand eine Informationsreise ungarischer Gewerkschafter durch die Bundesrepublik statt. Neben Gesprächen mit den Vorständen der DGB-Gewerkschaften fand auch ein zweitägiges Informationsgespräch beim DGB-Bundesvorstand statt. Vgl. WdA 21, 6.11.1970, Nr. 45. Ein Gegenbesuch beim Ungarischen Gewerkschaftsbund unter der Leitung von Waldemar Reuter fand vom 11.–20.2.1971 statt. Vgl. DGB-Archiv, DGB-BV, Sekretariat Georg Neemann 5/DGDM000002.
20 Zum Brief siehe Dok. 33, TOP 17, Fußnote 16.
21 Neben Heinz O. Vetter war der DGB-Bundesjugendsekretär Walter Haas Mitglied der Begleitdelegation. Vgl. WBA, A 19 Reisen und Veranstaltungen, 270. Am 7.12.1970 wurde in Warschau der Vertrag zwischen der Bundesrepublik Deutschland und der Volksrepublik Polen über die Grundlagen der Normalisierung ihrer gegenseitigen Beziehungen unterzeichnet und am 17.5.1972 vom Deutschen Bundestag ratifiziert (BGBl. II, S. 362 ff.). Detailliert zum Vertrag siehe u. a. Winkler: Deutsche Geschichte, S. 287 f.
22 Die vier Staatssekretäre, welche das Arbeitspapier zum Vermögensbildungsplan vorlegten, waren: Helmut Rohde (Arbeit), Philip Rosenthal (Wirtschaft), Gerhard Reischl (Finanzen), alle SPD, und das FDP-Mitglied Wolfram Dorn (Inneres). Stellungnahme zum Vermögensbildungsplan der Staatssekretäre, in: DGB-Archiv, DGB-BV, Abt. Gesellschaftspolitik 5/DGAK000024 sowie auch: Der Spiegel 24, 26.10.1970, Nr. 44, S. 31 f.
23 Die konstituierende Sitzung der »Sachverständigenkommission zur Auswertung der bisherigen Erfahrungen bei der Mitbestimmung« (Mitbestimmungskommission)« fand am 24.1.1968 statt. Zu den Mitgliedern der Kommission, deren Auftrag und Arbeitsweise sowie den ersten Ergebnissen siehe Bernd Otto: Biedenkopf-Kommission empfiehlt Ausweitung der Mitbestimmung, in: GMH 21, 1970, Nr. 3, S. 129–134.

könne.[24] Die bisherigen Arbeitsergebnisse der Kommission seien aus der Sicht des DGB nicht sehr positiv. Es sei jedoch dafür Sorge getragen, daß Minderheitenvorstellungen im Protokoll festgehalten werden, wo es notwendig erscheine. Im Übrigen habe der Geschäftsführende Bundesvorstand beschlossen, in Kürze eine Zusammenstellung der steuerpolitischen Vorstellungen des DGB herauszugeben.

Kollegin *Hoppe* erwähnt in diesem Zusammenhang, daß die Mitglieder der GEW mit Mißvergnügen zur Kenntnis genommen haben, daß der Deutsche Beamtenbund die Mitarbeit eines Vertreters in dieser Kommission besonders herausgestellt hat und dies für den DGB nicht geschehe.

[Nach kurzer Diskussion erklärt *Vetter*, dass der DGB seinen Plan zur Vermögensbildung veröffentlicht, wenn die Differenzen zwischen Bundesarbeits- und Bundesfinanzministerium beigelegt sind.[25]]

12. STURMFLUTKATASTROPHE IN OST-PAKISTAN – SPENDE DES DGB –

Kollege *Vetter* berichtet, daß der IBFG den DGB aufgefordert hat, sich an der Spendenaktion zur Linderung des entstandenen Elends in Ost-Pakistan zu beteiligen.[26] Der Bundesausschuß müßte jetzt über die Größenordnung der Spende entscheiden. Der Geschäftsführende Bundesvorstand sei der Auffassung gewesen, die Angelegenheit ohne Meinungsbildung in den Bundesausschuß zu geben. Es sollte Beschluß gefaßt werden, die Mindestspende in Höhe von DM 30.000,-- zu bewilligen.

[In der Diskussion kommt zum Ausdruck, dass erst geprüft werden sollte, ob der nationale Hilfsfonds in Pakistan die richtige Adresse für diese Spende sei. Falls der richtige Adressat für eine solche Spende zur Linderung des entstandenen Elends in Ost-Pakistan gefunden werden kann, beschließt der Bundesausschuss vorsorglich eine Spende in Höhe von DM 30.000,-- aus dem Solidaritätsfonds.]

---

24 Die konstituierende Sitzung der Steuerreformkommission fand am 16.12.1968 im Beisein des damaligen Bundesfinanzministers Franz-Josef Strauß statt. Sie sollte die Konzeption eines reformierten Steuersystems erarbeiten, welches gerechter und einfacher gestaltet sein sollte. Die Kommission übergab das Gutachten am 30.3.1971 Bundeskanzler Willy Brandt. Vgl. Wilfried Höhnen: Das Gutachten der Steuerreformkommission: Ein Beitrag zur gerechten Verteilung der Steuerlasten?, in: GMH 21, 1971, Nr. 7, S. 427–434.
25 Im Vorfeld des SPD-Parteitages (18.–20.11.1971 in Bonn) wurde in der 24. Sitzung des Bundesvorstandes (Dok. 50, TOP 13) eine Stellungnahme des DGB zur Vermögensbildung diskutiert und 5 Thesen wurden verabschiedet. Siehe Thesen des DGB zur Vermögensbildung, in: ND, 16.11.1971, Nr. 364.
26 Im August und November 1970 war Ostpakistan (Bangladesch) von einer Flutkatastrophe betroffen. Die Überschwemmungen forderten Hunderttausende von Toten und Millionen Obdachlose. Zu den internationalen Hilfsaktionen vgl. Der Spiegel 24, 30.11.1970, Nr. 49, S. 135, sowie zum Spendenaufruf WdA 19, 4.12.1970, Nr. 49.

Dokument 34 2. Dezember 1970

13. ERKLÄRUNG DES DGB GEGENÜBER DEM VERBAND DEUTSCHER SCHRIFTSTELLER

Kollege *Vetter* teilt mit, daß der Schriftstellerverband mit dem DGB Kontakt aufgenommen hat, um festzustellen, ob er eine gewerkschaftliche Organisation gründen oder dem DGB beitreten könne.

Der Schriftstellerverband hat jetzt den Auftrag, nach dem Schriftstellerkongreß mit dem DGB zu verhandeln, ob Beitrittsmöglichkeiten bestehen. Mit dieser Erklärung sollen alle Türen offengehalten werden.

[Nach kurzer Diskussion kommt der Bundesausschuss überein, dass diese Erklärung gegenüber dem Verband Deutscher Schriftsteller nur als Erklärung des Bundesvorstandes herausgegeben werden soll.[27]]

14. POLITISCH-SOZIALER DIENST (FUNKWELLE)[28]

Kollege *Vetter* erinnert an seine Mitteilung in der letzten Sitzung, daß eine Funkwelle angemietet wird, die ihre Nachrichten an Tageszeitungen, an Funk und Fernsehen zu den günstigsten Tageszeiten übermittelt. Gleichzeitig wurde um aktive Beteiligung aller Gewerkschaften gebeten. An diesem Politisch-Sozialen Dienst beteiligen sich aber bisher nur die IG Bau, Steine, Erden, die IG Chemie, Papier, Keramik und die IG Metall. Bindende Zusagen von den Gewerkschaften HBV und NGG liegen vor.

Auf einen Einwurf des Kollegen *Hoffmann* sagt Kollege *Vetter*, daß er die bindende Zusage von ÖTV nicht vorliegen habe. Leider sei Kollege Freitag nicht anwesend, der über die Reaktionen auf diese Welle berichten könnte. Kollege Vetter bittet noch einmal alle Gewerkschaften, sich an diesem Dienst zu beteiligen.

[Weitere Diskussionspunkte sind die Jugendarbeit im DGB und ein Meinungsbild zur Jugendzeitschrift »ran«.[29] Abschließend erklärt *Vetter*, dass der Inhalt der Zeitschrift sorgfältig beobachtet wird und der Geschäftsführende Bundesvorstand die Absicht habe, in der März-Sitzung des Bundesausschusses – nach dann halbjährigem Erscheinen – einen Erfahrungsbericht über »ran« zu geben.]

Ende der Sitzung: 14.00 Uhr

---

27 DGB unterstützt Bestrebungen der Schriftsteller, in: ND, 2.12.1970, Nr. 337.
28 Der Politisch-Soziale Dienst sammelte Nachrichten aus dem gesamten gewerkschaftlichen und gemeinwirtschaftlichen Bereich. Diese Nachrichten wurden zweimal täglich per Fernschreiben an die Redaktionen von Presse, Funk und Fernsehen geschickt. Vgl. DGB-Geschäftsbericht 1969–1971, Abt. Vorsitzender, S. 25.
29 Das DGB-Jugendmagazin »ran« ist am 1.10.1970 mit einer Auflage von 100.000 Exemplaren erstmals erschienen. Es löste die bisher erschienene Jugendzeitschrift »aufwärts« ab. DGB-Geschäftsbericht 1969–1971, S. 371. Da es positive wie negative Meinungen zum neuen Jugendmagazin gab, sollte in der 6. Sitzung des Bundesausschusses (3.3.1971) nach halbjährigem Erscheinen ein Erfahrungsbericht abgegeben werden. DGB-Archiv, DGB-BV, Abt. Jugend 5/DGAU000329. Vgl. auch Das neue DGB-Jugendmagazin im Kreuzfeuer der Kritik. »ran« schockiert alte Gewerkschaftsmitglieder. Betriebsrat: verschont uns mit Pornographie, in: Düsseldorfer Nachrichten, 11.1.1971.

DOKUMENT 35

2. Februar 1971: Protokoll der 16. Sitzung des Bundesvorstandes

Haus der Friedrich-Ebert-Stiftung in Bonn-Bad Godesberg; Vorsitz: Heinz O. Vetter; Protokollführung: Isolde Funke, Marianne Jeratsch; Sitzungsdauer: 10.05–16.15 Uhr; ms. vermerkt: »Vertraulich«.[1]
Ms., hekt., 13 S., 1 Anlage.[2]

DGB-Archiv, 5/DGAI000536.

Beginn der Sitzung: 10.05 Uhr

[*Vetter* eröffnet die Sitzung im Hause der Friedrich-Ebert-Stiftung. *Alfred Nau* begrüßt als Hausherr die Bundesvorstandsmitglieder. Anschließend gedenkt *Vetter* Heinrich Hansens, ehemaliger Vorsitzender der IG Druck und Papier, der am Vortag verstorben ist, und gratuliert Waldemar Reuter und Walter Sickert zu ihrem Geburtstag. Nach der Ergänzung um den Punkt: Deutsche Versicherungsakademie wird die Tagesordnung beschlossen.]

Tagesordnung:
1. Genehmigung des Protokolls der 15. Bundesvorstandssitzung
2. Termine für Bundesvorstands- und Bundesausschußsitzungen Mai/Juni 1971
3. Organisatorische Lage GGLF
4. Haushalt 1971
5. Zentraler Einsatz der Datenverarbeitung,
6. Bestätigung von Landesbezirksvorstandsmitgliedern
   hier: Landesbezirk Berlin
7. Leitende Angestellte
8. Maimotto 1971
9. Delegation für die Internationale Arbeitskonferenz 1971 in Genf
10. ACE/GUV
11. Vereinbarung mit TÜRK-IS
12. Vereinbarung Volksfürsorge Rechtsschutz-Versicherung AG Familien-Rechtsschutz-Versicherung
13. Verschiedenes

1. GENEHMIGUNG DES PROTOKOLLS DER 15. BUNDESVORSTANDSSITZUNG

Der Bundesvorstand genehmigt das Protokoll der 15. Bundesvorstandssitzung.

---

1 Einladungsschreiben vom 21.12.1970 und 20.1.1971. Nicht anwesend: Adolf Mirkes (vertreten durch Alfred Stähnisch), Leo Moser (vertreten durch Oskar Detemple). DGB-Archiv, DGB-BV, Abt. Vorsitzender 5/DGAI000469.
2 Anlage: Anwesenheitsliste.

Dokument 35 2. Februar 1971

2. TERMINE FÜR BUNDESVORSTANDS- UND BUNDESAUSSCHUSSSITZUNGEN MAI/JUNI 1971

[Nach kurzer Diskussion um die Terminvorschläge des Geschäftsführenden Bundesvorstandes wird beschlossen, die Maisitzung des Bundesvorstands vom 4. Mai auf den 13. Mai 1971, morgens, zu verlegen und die Bundesausschusssitzung nachmittags durchzuführen. Der Termin für die Junisitzung des Bundesvorstandes ist der 1. Juni 1971. Ein Termin für die erste Sitzung des Bundesausschusses nach dem Außerordentlichen Bundeskongress wird erst nach dem Kongress festgelegt.]

3. ORGANISATORISCHE LAGE GGLF

Kollege *Pfeiffer* dankt für die Möglichkeit, die Probleme seiner Gewerkschaft vor dem Bundesvorstand ansprechen zu können. Er will nicht auf die Vielzahl der Schwierigkeiten eingehen, die sich im Laufe der Jahre für seine Organisation ergeben haben, und verweist auf die Ausarbeitung, die den Mitgliedern des Bundesvorstandes übermittelt worden ist.[3] Man habe darin versucht, die Ursachen der Schwierigkeiten aufzuzeigen und darzustellen, welche Maßnahmen bisher ergriffen worden seien, um die Situation zu verbessern. Weitere Einschränkungen und Rationalisierungen im eigenen Apparat seien praktisch nicht mehr möglich, wenn die Betreuung der Mitglieder in einigermaßen angemessener Form weitergeführt werden solle.

In dem Arbeitspapier sei eine Reihe von Denkmodellen aufgezeigt, über die er und seine Kollegen jederzeit bereit wären zu diskutieren. Notwendig erscheine ihnen zunächst die politische Aussage des Bundesvorstandes, ob er die in dem Papier niedergelegten Auffassungen der GGLF teile, die Existenz der Gewerkschaft für politisch notwendig halte und bereit sei, die Arbeit der GGLF weiter zu unterstützen. Sicher werde die Diskussion über eventuelle neue Formen einen längeren Zeitraum beanspruchen. Man werde sie nach dem Außerordentlichen DGB-Kongreß weiterführen und auf dem Gewerkschaftstag der GGLF im Herbst fortsetzen.[4] In Gesprächen mit dem Geschäftsführenden Bundesvorstand sei bereits geprüft worden, ob mit einer Erhöhung der Zuschüsse die Arbeit der GGLF wenigstens für das laufende Jahr gesichert werden könne. Er hoffe, daß der Bundesvorstand sich der Empfehlung des Geschäftsführenden Bundesvorstandes anschließen werde. So wichtig auch die Regelung finanzieller Fragen im Augenblick sei, bemerkt Kollege Pfeiffer abschließend, entscheidend sei für ihn und seine Kollegen

---

3 Dem Schreiben Alois Pfeiffers an Heinz O. Vetter vom 21.1.1971 ist eine 23-seitige Aufarbeitung der organisatorischen Situation der GGLF vom September 1970 beigefügt. DGB-Archiv, DGB-BV, Abt. Vorsitzender 5/DGAI000469. Vorab fanden Beratungsgespräche zwischen dem GBV und dem Hauptvorstand der GGLF am 29.6. und 7.12.1970 zur Lage der Gewerkschaft statt. Siehe Geschäftsbericht 1968–70 der GGLF, S. 7.

4 Auf dem Gewerkschaftstag der GGLF 1971 in Bad Harzburg wurden die organisatorische Situation der Gewerkschaft und der Strukturwandel in der Land- und Forstwirtschaft diskutiert und Beschlüsse gefasst. Siehe Protokoll 9. Ordentlicher Gewerkschaftstag der Gewerkschaft GLF. 10.–13.10.1971, Bad Harzburg, o. O., o. J., Anträge 5 bis 9, Antragsanhang, S. 3–5.

letztlich die politische Aussage des Bundesvorstandes über die Existenz der GGLF.

[Nachdem *Muhr* die Empfehlung des Geschäftsführenden Bundesvorstandes[5] begründet und *Vater* aus Sicht der Haushaltskommission den Zuschussbetrag gebilligt hat, bewilligt der Bundesvorstand nach kurzer Diskussion die Gewährung eines Zuschusses in Höhe von DM 500.000,-- aus dem Solidaritätsfonds an die GGLF und unterstreicht dabei die Notwendigkeit, dass es eingehende Beratungen zu einer Klärung der Situation der Gewerkschaft geben müsse.]

4. HAUSHALT 1971

Kollege *Lappas* weist darauf hin, daß die endgültige Kompetenz beim Bundesausschuß liege. Er erläutert die einzelnen Positionen des vorgelegten Haushaltsvoranschlags. Abschließend bittet er im Namen des Geschäftsführenden Bundesvorstandes, daß der Bundesvorstand dem Haushalt seine Zustimmung gebe.

[Nachdem *Vater* im Namen der Haushaltskommission den Haushalt gebilligt hat, gibt es Nachfragen zu einzelnen Haushaltspositionen, den Rücklagen, den Beitragsaufkommen der Gewerkschaften, der Personengruppenarbeit, den Landesbezirksbeilagen der DGB-Bezirke in der »Welt der Arbeit« und zu den Mieterhöhungen. Abschließend stimmt der Bundesvorstand dem vorgelegten Haushaltsvoranschlag 1971 und der Weiterleitung an den Bundesausschuss zu.]

5. ZENTRALER EINSATZ DER DATENVERARBEITUNG

Kollege *Woschech* erläutert die in der Vorlage festgehaltenen Beratungsergebnisse der gemeinsamen Kommission des Organisationsausschusses und des Ausschusses für Finanzen und Verwaltung. Besonders im Hinblick auf die zweite Etappe, d. h. Entscheidungshilfen für die Führungsgremien des DGB und der Gewerkschaften zu schaffen, ergibt sich die Notwendigkeit einer zentralen, gemeinsamen Anlage und – bei einer voraussichtlichen Planungsphase von vier Jahren – der umgehenden Arbeitsaufnahme eines Planungsteams.[6] Kollege Woschech bittet deshalb, der Empfehlung des Geschäftsführenden Bundesvorstandes, DM 100.000,-- für diese Aufgabe bereitzustellen, zu-

---

5 Auf der 67. Sitzung des GBV am 18.1.1971 wurden die Finanzmittel empfohlen, um eine Angleichung der GGLF-Gehaltstabelle an die des DGB zu ermöglichen. DGB-Archiv, DGB-BV, Abt. Vorsitzender 5/DGAI000190.
6 Auf der 9. Sitzung des Bundesvorstandes am 5.5.1970 (Dok. 22, TOP 9) wurde beschlossen, für den Datenverarbeitungseinsatz bei den Gewerkschaften eine Kommission des Organisationsausschusses zu bilden, die allgemeingültige, organisatorische und systemtheoretische Grundlagen erarbeiten solle. Das Beratungsergebnis dieser Kommission wurde in der Sitzung des DGB-Organisationsausschusses am 11./12.11.1970 gebilligt. Es sah vor, auf der Grundlage der zu bewältigenden Massenprobleme den Einsatz der Datenverarbeitung als Entscheidungshilfen für die Beschlussorgane des DGB und seiner Gewerkschaften zu entwickeln. Für eine detaillierte Zielbeschreibung war ein Planungsteam aus Fachkräften vorgesehen. DGB-Archiv, DGB-BV, Abt. Organisation 5/DGAL000148.

Dokument 35 2. Februar 1971

zustimmen. Im Übrigen stehe Kollege Schnabel von der BfG für weitere Auskünfte zur Verfügung.

[Nach den Diskussionsbeiträgen über die Bedeutung der EDV für die Gewerkschaften und die dafür geplante finanzielle Bereitstellung wird Schnabel um eine kurze Stellungnahme aus der Sicht der BfG gebeten.]

Kollege *Schnabel* hebt hervor, daß man klar trennen muß zwischen der Bewältigung der Massenprobleme und der Arbeit im wissenschaftlichen Raum. Aus der Sicht des Fachmanns werden bei den Gewerkschaften die Massenprobleme allgemein noch nach ziemlich veralteten Gesichtspunkten bearbeitet. Es gebe Fortschritte unterschiedlicher Art, aber auch Zweifel darüber, ob die Benutzung von EDV-Anlagen unter optimalen Kostenvorstellungen erfolge. Er könne auf jeden Fall behaupten, daß die Zusammenarbeit zwischen ÖTV und BfG zu erheblichen Kostenersparungen geführt habe. Die Zusammenarbeit mit weiteren Gewerkschaften sei in Vorbereitung.

Die Annahme der heute vorliegenden Empfehlung würde bedeuten, daß die Arbeit forciert werden könnte. Wichtig sei aber vor allem für die sogenannte zweite Etappe, zu untersuchen, welche Daten für die Gewerkschaften relevant sind, welche Aussagen in welchem Zeitraum erarbeitet werden müssen, welche Informationen man braucht, was überflüssig ist. Darüber bestehe noch gar keine Klarheit.

[Die nachfolgende Diskussion ergibt, dass die Haushaltskommission den Betrag von DM 100.000,-- nach ausführlicher Beratung für 1971 als Sondertitel eingesetzt und für die Planungsarbeiten festgelegt hat. Es besteht Übereinstimmung darüber, dass das vorgesehene Planungsteam seine Arbeit aufnehmen solle. Über die Ergebnisse der Arbeit solle der Bundesvorstand laufend unterrichtet werden, um zu gegebener Zeit entscheiden zu können, ob und in welcher Weise die Planungsarbeiten fortgesetzt werden sollen. Unter Berücksichtigung der diskutierten Vorbehalte stimmt der Bundesvorstand der Empfehlung zu.]

6. BESTÄTIGUNG VON LANDESBEZIRKSVORSTANDSMITGLIEDERN
    HIER: LANDESBEZIRK BERLIN

[Der Bundesvorstand empfiehlt dem Bundesausschuss, die Wahl von Manfred Foede als Stellvertreter des Landesbezirksjugendausschusses und Ingeborg Achtelik als Stellvertreterin des Landesbezirksfrauenausschusses zu bestätigen.[7]]

7. LEITENDE ANGESTELLTE

Kollege *Stephan* berichtet ausführlich über die durch die Diskussionen um das BVG initiierten Aktivitäten in Richtung auf die Leitenden Angestellten. Die Ergebnisse z. B. der Anzeigenaktion in verschiedenen Zeitungen seien

---

7 Der Bundesausschuss bestätigte die Wahl in seiner 6. Sitzung am 3.3.1971. DGB-Archiv, DGB-BV, Abt. Vorsitzender 5/DGAI000444.

sehr positiv gewesen.[8] Eine unerwartet große Zahl von Zuschriften sei eingegangen. Auch die Reaktion auf die Übersendung eines Fragebogens war überraschend groß. Man habe ein reges Interesse Leitender Angestellter an weiteren Informationen und Material festgestellt, sogar an einer Mitgliedschaft im DGB. Selbstverständlich sei auch Kritik geübt worden, aber in sehr geringem Umfang. Eine durch ein unabhängiges Institut durchgeführte Befragung habe weitere interessante Ergebnisse über die Einstellung der Leitenden Angestellten und ihre besonderen Probleme gebracht und dem DGB Material an die Hand gegeben, den Angriffen der ULA zu begegnen.[9] Eine umfassende Information aller DGB- und Gewerkschaftsgremien über dieses Thema werde vorbereitet. Außerdem soll die Öffentlichkeit auf einer in den nächsten Tagen stattfindenden Pressekonferenz über die Haltung des DGB unterrichtet werden. Der Bundesangestelltenausschuß habe darüber hinaus die Errichtung eines Arbeitskreises »Leitende Angestellte« beschlossen.[10] Weitere Aktionen werden folgen, die in Koordinierung zwischen DGB und Gewerkschaften durchgeführt werden sollen. Der Bundesvorstand werde in einer der nächsten Sitzungen über die Ergebnisse erneut informiert werden.

Auf die von Kollegen *Frister* gegen die Errichtung eines besonderen Arbeitskreises »Leitende Angestellte« geäußerten Bedenken antworten die Kollegen *Stephan* und *Vetter,* daß dieser Arbeitskreis nach einstimmiger Auffassung des Bundesangestelltenausschusses gegründet werden sollte, besonders auch im Hinblick darauf, daß diese Gruppe von Angestellten nach dem vorliegenden Regierungsentwurf zur Novellierung des BVG[11] nicht mehr der Belegschaft zugerechnet werden würde. Da es sich außerdem bei dem Arbeitskreis um einen Ad-hoc-Ausschuß handele, sei der DGB jederzeit frei, ihn umzuwandeln oder aufzugeben. Es bestehe aber für den DGB die grundsätzliche Notwendigkeit, sich intensiver mit dem Problem der Leitenden Angestellten zu beschäftigen.

---

8 Die Anzeige »Aufstand am Schreibtisch« wurde in folgenden Publikationen veröffentlicht: Capital, Der Spiegel, Wirtschaftswoche/Volkswirt, Stern, FAZ, SZ, Die Welt, Handelsblatt, Die Zeit (im Dezember 1970), Industrie Magazin und Plus (im Januar 1971). Dieser Anzeige war ein Coupon angehängt, um beim DGB-BV, Abt. Angestellte einen »Musterarbeitsvertrag für leitende Angestellte und Führungskräfte« zu bestellen. Bis zum 26.1.1971 waren 12.607 Bestellungen eingegangen. Siehe den ersten zusammenfassenden Zwischenbericht vom 3.2.1971 über die DGB-Initiative »Leitende Angestellte und Führungskräfte«, DGB-Archiv, DGB-BV, Abt. Angestellte 5/DGAT000011.
9 Siehe Pressemeldung des DGB: DGB gegen Sprecherausschüsse für leitende Angestellte, in: ND, 14.1.1971, Nr. 9, als Reaktion darauf: ULA-Nachrichten, 19.1.1971, in denen sich die ULA gegen den Vorwurf, dem DGB ausschalten zu wollen, verteidigt. »Die Union der Leitenden Angestellten (ULA) betrachtet es als infame Verdächtigung, dass die in Gang befindliche Gründung von Sprecher-Ausschüssen leitender Angestellter den Betriebsfrieden stört [...]. Vielmehr ist es der DGB, der durch seine Forderung, die leitenden Angestellten in die Betriebsräte zu zwingen, Unruhe in die Betriebe getragen hat, [...]«. DGB-Archiv, DGB-BV, Abt. Angestellte 5/DGAT000011.
10 Auf der Sitzung des Bundes-Angestelltenausschusses am 27./28.1.1971 wurde unter TOP 2 die PR-Aktion »Leitende Angestellte« diskutiert und beschlossen, einen Arbeitskreis »Leitende Angestellte« zu bilden, der eine Vertretung dieser Personengruppe garantiere. DGB-Archiv, DGB-BV, Sekretariat Günter Stephan 5/DGCU000076.
11 Nach dem Regierungsentwurf zum BVG (Bundesratsdrucksache 715/70 vom 18.12.1970) konnten nach § 5 die Arbeitgeber den Kreis der Leitenden Angestellten, die nicht mehr unter das BVG fallen, nach ihren Vorstellungen erweitern.

Dokument 35 2. Februar 1971

Kollege *Vetter* erwähnt in diesem Zusammenhang kurz die Aktivitäten, die für den Monat Februar in Form von Gesprächen und Begegnungen mit Bundestagsabgeordneten usw. in bezug auf die Beratungen über die Novellierung des BVG vorgesehen sind.[12] In der Märzsitzung des Bundesvorstandes werde dann sicher die Möglichkeit gegeben sein, unsere Haltung klar zu definieren und Ziele zu setzen für das weitere Vorgehen.

Auf die Frage des Kollegen *Hauenschild* nach der Beteiligung des DGB und betrieblicher Vertreter an dem für den 24. und 25.2.1971 vorgesehenen Hearing des Bundestagsausschusses für Arbeit und Sozialordnung erläutert Kollege *Muhr* kurz die Zusammensetzung der DGB-Delegation und das Verfahren der Benennung von Sachverständigen für das Hearing.[13]

Der Bundesvorstand nimmt die Berichte zu den Themen »Leitende Angestellte« und »Novellierung des BVG« zustimmend zur Kenntnis.

8. MAIMOTTO 1971

[In der Diskussion um die Vorlage wird die Frage aufgeworfen, ob es richtig sei, die Mitbestimmung in der Maiparole herauszustellen. Es werden verschiedene Vorschläge[14] für das Maimotto unterbreitet, wobei es zu keiner einheitlichen Auffassung kommt.]

MITTAGSPAUSE: 13.40 BIS 14.15 UHR

[Die Diskussion wird fortgesetzt und weitere Vorschläge werden unterbreitet. Abschließend wird das Maimotto beschlossen: »Mitbestimmung. Der Mensch im Mittelpunkt – DGB«.]

9. DELEGATION FÜR DIE INTERNATIONALE ARBEITSKONFERENZ 1971 IN GENF[15]

[Als Vertreter des DGB sollen dem Bundesministerium für Arbeit und Sozialordnung benannt werden: Delegierter: Gerd Muhr; Stellvertretender De-

---

12 Siehe »Situationsbericht zur BVG-Novellierung« von Gerd Muhr auf der 17. Bundesvorstandssitzung am 2.3.1971 (Dok. 38, TOP 4).
13 An dem Hearing sollten teilnehmen: Gerd Muhr und Günter Stephan sowie Vertreter der Abt. Sozialpolitik, Angestellte, Jugend und Gesellschaftspolitik. Ursprünglich war auch Olaf Radke (IG Metall) als Delegationsmitglied vorgesehen. Beschlüsse der 69. Sitzung des GBV und der Klausurtagung am 8./9.2.1971. DGB-Archiv, DGB-BV, Abt. Vorsitzender 5/DGAI000190.
14 Handschriftlich wurden auf der Beratungsvorlage von Heinz O. Vetter folgende Vorschläge notiert: »Die Gesellschaft verändern – Mitbestimmung«, »Mitbestimmung gewährleistet gesellschaftlichen Fortschritt« und »Mitbestimmung – die Formel der Vernunft«. DGB-Archiv, DGB-BV, Abt. Vorsitzender 5/DGAI000469.
15 Die 56. Tagung der Internationalen Arbeitskonferenz fand vom 2. bis 24. Juni 1971 in Genf statt. Die Internationale Arbeitskonferenz ist die höchste Instanz der Internationalen Arbeitsorganisation (IAO) und tritt in der Regel jährlich zusammen. Wesentliche Aufgabe der Konferenz besteht in der Ausarbeitung allgemeingültiger sozialer Normen in Form von internationalen Übereinkommen oder von Empfehlungen, die den Regierungen der Mitgliedstaaten unterbreitet werden. Zur 56. Tagung siehe Handakte von Karl Kehrmann, DGB-Archiv, DGB-BV, Abt. Arbeitsrecht 5/DGBR000024.

legierter und Berater: Hermann Beermann und als Berater: Edmund Duda (DGB-BV), Klaus W. Hinne (CPK), Karl Kehrmann (DGB-BV), Helmut Schüssler (DGB-BV), Werner Vitt (CPK) und Heinz Wolf (DGB-BV).]

10. ACE/GUV

Kollege *Woschech* verweist auf die den Bundesvorstandsmitgliedern ausgehändigte Ausarbeitung und gibt einige Erläuterungen.[16] Er teilt mit, daß auf der Hauptversammlung des ACE im November 1970 ein radikaler Kurswechsel durchgesetzt werden konnte. Statt drei Geschäftsführern wird nur noch ein Geschäftsführer eingesetzt, wobei ein Führungswechsel vorgenommen wurde.

[Nach der Diskussion, in der die Kfz-Haftpflichtversicherung, die Schuldentilgung und Beitragsfragen angesprochen werden, nimmt der Bundesvorstand den Bericht über den ACE zur Kenntnis.]

11. VEREINBARUNG MIT TÜRK-IS[17]

Kollege *Woschech* verweist auf das dem Bundesvorstand vorliegende Protokoll[18] über Verhandlungen von DGB-Vertretern mit führenden Vertretern von TÜRK-IS vom 26.8.1970 und bittet um zustimmende Kenntnisnahme. Er bemerkt dazu, daß das Verhältnis des DGB zum Türkischen Gewerkschaftsbund deshalb nicht so problemlos ist wie zu anderen ausländischen Gewerkschaftsbünden, weil TÜRK-IS durch Gewerkschaftsgesetz geschaffen wurde und die politische Situation in der Türkei recht schwierig sei.

Die Kollegen *Hauenschild* und *Brenner* weisen in diesem Zusammenhang auf Schwierigkeiten hin, die sich nach ihren Informationen für den DGB aus der Tätigkeit des Kollegen Ombulak[19] in dem hiesigen Verbindungsbüro ergeben können. Man wirft Ombulak vor, daß er Regierungspolitik betreibe, und fordert, daß die türkischen Arbeitnehmer allein durch den DGB betreut werden.

In der nachfolgenden Diskussion, an der sich die Kollegen *Vetter*, *Schwab*, *Woschech*, *Seibert*, *Brenner* und *Hauenschild* beteiligen, werden die Möglichkeiten zur alleinigen Übernahme der Betreuung der türkischen Gastarbeiter

---

16 Der Bericht (Ausarbeitung) über den ACE wurde erstellt von dem ACE-Vorsitzenden Ludwig Gosepath und dem WACE-Geschäftsführer Ernst Baumann. Siehe hierzu auch die Beiratsakten des ACE von Günter Stephan, DGB-Archiv, DGB-BV, Sekretariat Günter Stephan 5/DGCU000133.
17 Zum 1947 gegründeten, sozialdemokratisch orientierten Türkischen Gewerkschaftsbund TÜRK-IS, siehe Harun Gümrükcü: Gewerkschaften in der Türkei, in: GMH 32, 1982, Nr. 9, S. 578–591.
18 In den Gesprächen ging es um die gewerkschaftliche Betreuung der ca. 300.000 türkischen Arbeitnehmer in der Bundesrepublik. Vgl. Kurzprotokoll über die Verhandlungen einer DGB-Delegation mit dem Vorsitzenden Seyfi Demirsoy (1920–1974) sowie weiteren Vorstandsmitgliedern von TÜRK-IS vom 23.–26.8.1970 in Ankara, DGB-Archiv, DGB-BV, Sekretariat Franz Woschech 5/DGCQ000006.
19 Ekmal Ombulak war Leiter des Verbindungsbüros Westeuropa der TÜRK-IS.

Dokument 35 2. Februar 1971

und zur Ausschaltung des Regierungseinflusses erörtert. Kollege *Vetter* sagt zu, daß diese Fragen eingehend geprüft und einer tragbaren Lösung zugeführt werden sollen.

12. VEREINBARUNG VOLKSFÜRSORGE RECHTSSCHUTZ-VERSICHERUNG AG – FAMILIEN-RECHTSSCHUTZ-VERSICHERUNG

Kollege *Woschech* teilt mit, daß entsprechend dem Bundesvorstandsbeschluß den Bundesvorstandsmitgliedern die Vorvereinbarung eines Rahmenvertrages mit der Vorag zugeschickt wurde. Er erläutert kurz diese Vorlage und bittet um Zustimmung.[20]

[Aus der folgenden Diskussion geht hervor, dass die Mehrheit der Bundesvorstandsmitglieder dem § 1, Ziffer 2 des Rahmenvertrags[21] nicht zustimmen könne wegen der darin enthaltenen Verpflichtung zur Werbung. Außerdem gibt es kein einheitliches Vorgehen für die Einführung dieser Versicherung, da die Gew. Textil-Bekleidung bereits einen Vertrag abschlossen habe und die Deutsche Postgewerkschaft sich weigere, diesem Rahmenvertrag beizutreten. Die Vorlage wird nicht verabschiedet, der GBV soll diesen Vertrag noch einmal behandeln.]

13. VERSCHIEDENES

Der Bundesvorstand stimmt der von der Gewerkschaft HBV vorgelegten Erklärung »Für gleiche Bildungschancen bei der Errichtung von Fachhochschulen« zu.[22]

Auf die Frage des Kollegen *Vietheer*, welche Auskunft er seinem Hauptvorstand in der Angelegenheit Fabian geben kann, antwortet Kollege *Lappas*, daß die Ausscheidungsmodalitäten einvernehmlich mit Kollegen Fabian in der Weise geregelt wurden, wie sie seinerzeit im Bundesvorstand besprochen worden sind.

Kollege *Hauenschild* bittet um Auskunft über den Stand der Verhandlungen mit dem Polnischen Gewerkschaftsbund.

---

20 In der 15. BV-Sitzung (Dok. 33) wurde der GBV beauftragt, über einen Rahmenvertrag für die Mitglieder aller DGB-Gewerkschaften mit der Volksfürsorge-Rechtsschutz-Versicherung AG (Vorag) zu verhandeln. Der GBV hatte in seiner 67. Sitzung am 18.1.1971 dem in der Beschlussvorlage beigefügten Rahmenvertrag vom 13.1.1971 zugestimmt. DGB-Archiv, DGB-BV, Abt. Vorsitzender 5/DGAI000190.
21 § 1, Ziffer 2 des Rahmenvertrages: »Der DGB und die beteiligten Gewerkschaften geben das Versicherungsangebot der Vorag in der Verbandspresse, in Mitgliederversammlungen und in Rundschreiben bekannt und erklären sich bereit, die Verbreitung der Familien-Rechtsschutzversicherung für Gewerkschaftsmitglieder zu fördern«. Ebd.
22 In der Beschlussvorlage der HBV vom 2.2.1971 wurden die Landesregierung und das Wissenschaftsministerium des Landes NRW aufgefordert, bei der Errichtung der Fachhochschule Köln die Einrichtung eines Studienganges »Versicherung« zu gewährleisten, weil nur dadurch für alle Studierenden der Höheren Wirtschaftsfachschulen der Übergang zu den neuen Fachhochschulen gesichert werde. DGB-Archiv, DGB-BV, Abt. Vorsitzender 5/DGAI000469. Siehe auch: Fachhochschule statt Akademie, in: ND, 12.2.1971, Nr. 39.

2. Februar 1971 **Dokument 35**

Kollege *Vetter* erklärt, daß wegen des Wechsels in der Gewerkschaftsspitze die Situation im Augenblick unübersichtlich ist. Er hat bei dem Besuch einer polnischen Parlamentarierdelegation das Thema angesprochen und hofft auf Klärung in den nächsten Wochen.[23]

Kollege *Hauenschild* berichtet, daß er verschiedentlich aus Kollegenkreisen gefragt worden ist, ob der DGB sich zu dem Abhörurteil in Hessen[24] äußern wird. Kollege *Vetter* sagt die Prüfung der Angelegenheit zu.

Kollege *Stadelmaier* erbittet Auskunft, was in Sachen »Aktion Widerstand« geschehen wird.[25]

Kollege *Vetter* erklärt, daß über diese Angelegenheit bereits ausführlich mit den Landesbezirksvorsitzenden diskutiert worden ist. Eine Kleine Kommission wurde einberufen, und in der Märzsitzung des Bundesvorstandes soll zu diesem Thema berichtet werden.

Ende der Sitzung: 16.15 Uhr

---

23 Wegen der Streikbewegung (u. a. wegen Preissteigerungen von Lebensmitteln wenige Tage vor Weihnachten), die zur Jahreswende in Nordpolen begann und sich auf weitere Teile Polens ausbreitete, trat der Vorsitzende des Zentralrats der Polnischen Gewerkschaften, Ignacy Loga-Sowinski, zurück. An seiner Stelle wurde Wladyslaw Kruczek neuer Vorsitzender. Vgl. Die Quelle 22, 1971, Heft 4, S. 164. Ebenfalls wurden auch der polnische Ministerpräsident und der KP-Vorsitzende ausgewechselt. Vgl. Der Spiegel 24, 28.12.1970, Nr. 53, S. 60–62 und 25, 4.1.1971, Nr. 1/2, S. 63–65. sowie Nachrichtenspiegel des Presse- und Informationsamtes der Bundesregierung, Nr. 353/70, in: AdsD, SPD-Bundestagsfraktion, VI. Wahlperiode, 2/BTFF000396. Die polnische Parlamentarierdelegation traf bei ihrem dreitägigen Besuch Mitglieder der SPD- und FDP-Bundestagsfraktion und Vertreter der CDU sowie Bundespräsident Gustav Heinemann, Bundeskanzler Willy Brandt und Außenminister Walter Scheel. Vgl. Parlamentarisch-Politischer-Pressedienst 22, 22.1.1971, Nr. 15.
24 Vermutlich meinte Hauenschild das Urteil des 2. Senats des Bundesverfassungsgerichts vom 15.2.1970, nach dem die Überwachung des Brief-, Post- und Fernmeldeverkehrs im Rahmen der Notstandsgesetze nicht verfassungswidrig sei. Das Bundesland Hessen, vertreten durch den Ministerpräsidenten, Georg August Zinn, SPD, hatte mit Schriftsatz vom 29.9.1969 ein Normenkontrollverfahren gegen dieses Gesetz beantragt. Zum Urteil siehe 2 BvF 1/69 und 2 BvR 629/68 und 308/69. Hierzu auch: SZ, 16.12.1970 und Der Spiegel 24, 21.12.1970, Nr. 52, S. 26f. sowie 25, 11.1.1971, Nr. 3, S. 31f.
25 Die Aktion Widerstand e. V. wurde formell am 5.10.1970 von NPD-Funktionären gegründet. Auf dem Gründungskongress der Aktion Widerstand am 30.10.1970 in Würzburg waren 3.000 Rechtsextremisten zugegen. Fokussiert waren alle Aktionen dieser Organisation auf den Versuch, die Ostpolitik der Bundesregierung zu stoppen. Hintergrundmaterial, Schriftverkehr und Besprechung mit den Landesbezirksvorsitzenden in: DGB-Archiv, DGB-BV, Abt. Vorsitzender 5/DGAI001593 sowie Aktion Widerstand. Eine antidemokratische Bewegung, dargestellt in Dokumenten, hrsg. v. Friedrich-Ebert-Stiftung, Bonn-Bad Godesberg 1971 sowie Günter Pehl: Aktion Widerstand Strauß und Springer. Blindwütig gegen Politik und Vernunft, in: Die Quelle 22, 1971, Heft 1, S. 10f.

DOKUMENT 36

3. Februar 1971: Protokoll der Klausurtagung des Bundesvorstandes und der Vorstandsspitzen der gemeinwirtschaftlichen Unternehmen

Haus der Friedrich-Ebert-Stiftung in Bonn-Bad Godesberg; Vorsitz: Heinz O. Vetter; Protokollführung: Hans-Detlef Küller[1]; Sitzungsdauer: 10.17–14.31Uhr; ms. vermerkt: »Vertraulich«.[2]
Ms., hekt., 12 S., 1 Anlage.[3]

DGB-Archiv, 5/DGAI000536.

Beginn der Sitzung: 10.17 Uhr

Kollege *Vetter* eröffnet die Sitzung mit der Bemerkung, Ziel dieser gemeinsamen Tagung des Bundesvorstandes und der Vorstandsspitzen der gemeinwirtschaftlichen Unternehmen sei es, zu einem besseren Verständnis der Notwendigkeit dieser Unternehmen zu gelangen. Da diese erste Tagung lediglich in der Lage sei, die anstehenden Probleme anzudiskutieren, müsse noch in diesem Jahr die Diskussion vertiefend fortgesetzt werden.

In seinem einleitenden Referat skizziert Kollege Vetter zunächst die Ausgangslage: Der DGB und die Gewerkschaften seien in der jüngsten Vergangenheit häufig Vorwürfen in der Öffentlichkeit bezüglich der gemeinwirtschaftlichen Unternehmen ausgesetzt[4], deren Resonanz auch im Kreise der Gewerkschaftskollegen beachtlich sei. Trotz einer Unzahl von Veranstaltungen für Funktionäre und Mitglieder sei die erwartete Aufklärung ausgeblieben.[5] Zurückzuführen sei dies auch auf eine bisher nicht in ausreichendem

---

1   Hans-Detlef Küller, Abt. Gesellschaftspolitik, Referat Betriebs- und Unternehmenspolitik Mitbestimmung.
2   Einladungsschreiben vom 21.12.1970 und 20.1.1971 zur 16. BV-Sitzung und zur Klausurtagung. Nicht anwesend Adolf Mirkes (vertreten durch Alfred Stähnisch). DGB-Archiv, DGB-BV, Abt. Vorsitzender 5/DGAI000469.
3   Anwesenheitsliste.
4   Siehe beispielsweise den Artikel »Wir haben die Schnauze voll«, in: Stern, 13.9.1970, Nr. 38, in dem Ursachen für die [angebliche] Entfremdung der Gewerkschaftsbürokratie von den Mitgliedern aufgezeigt wurden. Vgl. auch 1. BV-Sitzung vom 1.7.1969, TOP 4 »Aufklärung über das DGB-Vermögen« (Dok. 1, Fußnote 13).
5   Vgl. u. a. Schreiben der IG Metall, Verwaltungsstelle Waiblingen, vom 22.11.1970, in dem mitgeteilt wurde, dass innerhalb der Belegschaften die Frage nach der Funktion und der Notwendigkeit gewerkschaftseigener Unternehmen gestellt werde. In den Vertrauensleutesitzungen wurde deshalb vereinbart, Informationsgespräche über die gewerkschaftseigenen oder mit Gewerkschaftsbeteiligung arbeitenden Unternehmen zu führen. DGB-Archiv, DGB-BV, Abteilung Werbung 5/DGAM000103. In den Sitzungen des DGB-Werbeausschusses 1970 wurde eine »Werbekonzeption Gemeinwirtschaft« diskutiert. Zum Zweck der Erstellung konkreter Informationen für die Gewerkschaftsmitglieder über die Aufgaben und die marktregulierende Stellung der gemeinwirtschaftlichen Unternehmen konstituierte sich eine »Arbeitsgruppe Gemeinwirtschaft« am 24.2.1971. Vgl. DGB-Archiv, DGB-BV, Abteilung Werbung 5/DGAM000030. Siehe auch: 11-seitige Broschüre des DGB über die Gemeinwirtschaft, »Davon haben alle etwas«, Düsseldorf o. J. [1970].

Umfange vorgenommene Definition der gemeinwirtschaftlichen Zielsetzung. Ein entsprechender Auftrag an den Bundesvorstand des DGB sei bisher nicht in Angriff genommen worden und müsse nunmehr zu erfüllen versucht werden.

Kollege Vetter streift dann kurz die Ausgangssituation, als Kollegen früherer Gewerkschaftsgenerationen die Grundlagen der heute bestehenden gemeinwirtschaftlichen Unternehmen legten. Da die ursprünglich vorhandene Notlage der Arbeitnehmerschaft durch das Wirken der gemeinwirtschaftlichen Unternehmen, durch eine verschärfte Gesetzgebung und schließlich durch einen wesentlich verstärkten Wettbewerb auf Teilmärkten weitgehend abgebaut sei, müsse nunmehr die Aufgabenstellung neu definiert und eventuell nach der Existenzberechtigung aller oder einzelner gemeinwirtschaftlicher Unternehmen gefragt werden.

Nach Meinung des Kollegen Vetter ist diese Frage dahingehend zu beantworten, daß in der Geschäftspolitik eines gemeinwirtschaftlichen Unternehmens sowohl eine vorbildliche Ergänzung des marktwirtschaftlichen Systems durch eine Demonstration von Verhaltensweisen als auch der Ansatz einer Systemüberwindung erkennbar sein muß, indem versucht wird, gemeinwirtschaftliche Verhaltensweisen auch in anderen Unternehmen in bescheidenem Umfange durchzusetzen. Als Mittel zur Erfüllung dieser Aufgabe sei der Versuch zu werten, die im Grundsatzprogramm angegebenen Ziele mit marktmäßigen Mitteln zu erreichen.[6]

Als ein gegenüber dem zuvor erörterten Fragenkomplex zweitrangiges Problem sei die Frage zu bewerten, wie sichergestellt werden könne, daß der von den Gewerkschaften gestellte Auftrag erfüllt werde, und ob eine Verankerung des gemeinwirtschaftlichen Auftrages in den Gesellschaftssatzungen notwendig sei. Diese Frage könne aber nicht losgelöst von einer Betrachtung der verschiedenen Interessengruppen beantwortet werden.

Als die an einem gemeinwirtschaftlichen Unternehmen interessierten Gruppen beschreibt dann Kollege Vetter ausführlich die fünf Gruppen Gewerkschaftsinstitutionen, Gewerkschaftsmitglieder, Belegschaften der gemeinwirtschaftlichen Unternehmen und der Konkurrenzunternehmen sowie die Öffentlichkeit im weitesten Sinne. Da sich die Forderungen dieser fünf Gruppen in einem gemeinwirtschaftlichen Unternehmen zum Teil nicht gleichzeitig vereinbaren lassen, sei es nur schrittweise möglich, diese Forderungen zu erfüllen, wobei die Zeitpunkte für die jeweils vorzunehmende Gewichtung der Forderungen von den Aufsichtsräten gut festgelegt werden könnten, denn in ihnen seien in der Regel alle fünf Gruppen vertreten. Auch wenn dies nicht der Fall sei, könne bei der gefundenen Mitbestimmungsregelung eine Repräsentanz aller Gruppen angenommen werden, wenn das neutrale Aufsichtsratsmitglied als Vertreter der Öffentlichkeit angesehen werde. Nach Meinung des Kollegen Vetter hat diese Betrachtungsweise den Vorteil, daß Interessen-

---

6 Vgl. Ausführungen zu den wirtschaftspolitischen und sozialpolitischen Grundsätzen im Grundsatzprogramm, abgedr. in: Protokoll Außerordentlicher Bundeskongreß 1963, S. 450–477.

Dokument 36 3. Februar 1971

verschiedenheiten von vornherein als bestehend hingenommen werden und somit eine Lösung der Konflikte leichter möglich ist. Als bereits vorhandenes Beispiel für eine derartige Betrachtungsweise führt Kollege Vetter schließlich die nationale Wirtschaftspolitik an, wo eine Erkenntnis des Konflikts von verschiedenen Zielen deren Erfüllung bereits erleichtert habe.

Nach dem Hinweis, daß in der sich anschließenden Diskussion noch geklärt werden müsse, welche gewerkschaftspolitischen Aufgaben die Gemeinwirtschaft heute erfüllen solle, trägt Kollege Vetter einige Überlegungen zur praktischen Geschäftspolitik der Unternehmen vor. Er betont dabei, daß eine Überprüfung der geschäftlichen Möglichkeiten durch die vier Gruppen BfG[7], Neue Heimat[8], Volksfürsorge[9] und co op[10] stets gemeinsam zu erfolgen habe und darüber hinaus die gesellschaftspolitischen Konsequenzen stets zusammen mit den Gewerkschaften überprüft werden müßten.

Kollege Vetter macht sodann einige konkrete Vorschläge: Es müßte seiner Meinung nach geprüft werden, ob eine gemeinsame Lehrlingsausbildung als demonstrativer Schritt möglich sei, um die Forderungen der Gewerkschaften nach einer Loslösung der Lehrlingsausbildung von den Betrieben zu unter-

---

7   Nach dem Zweiten Weltkrieg gründeten die Gewerkschaften und Konsumgenossenschaften 1949/50 regionale Kreditinstitute aufgrund des Zentralisierungsverbots der Besatzungsmächte. Nach Aufhebung des Verbots schlossen sich die dezentralisierten Banken zu überregionalen Institutionen zusammen, im Dezember 1958 zur Bank für Gemeinwirtschaft mit Sitz in Frankfurt/M. Siehe Achim von Loesch: Die Bank für Gemeinwirtschaft (Schriftenreihe Gemeinwirtschaft, Nr. 20), hrsg. v. Bank für Gemeinwirtschaft, Abt. Gemeinwirtschaft, 2. Aufl., Frankfurt/M./Köln 1977 sowie die auf den Seiten 61-63 angegebene Literatur; Walter Hesselbach: Berichte aus der gemeinwirtschaftlichen Praxis – BfG, in: GMH 23, 1972, Nr. 3, S. 161-163.

8   Entstanden ist die Neue Heimat (NH) zwischen 1950 und 1954 aus dem Zusammenschluss einer Vielzahl kleinerer, in der Weimarer Republik gegründeter Wohnungsbaugesellschaften. Sie war für den Wohnungsbau der 1950er Jahre in der Bundesrepublik von zentraler Bedeutung. Mit der Hinwendung zum Städtebau konnte ihre Expansionsbewegung in den 1960er Jahren aufrechterhalten werden. Siehe auch: Ausführungen Albert Vietors auf der 14. Sitzung des Bundesvorstandes zur Neuordnung der Unternehmensgruppe Neue Heimat (Dok. 32). Zur Entwicklungsgeschichte der Neuen Heimat siehe Kramper: Neue Heimat.

9   Die Volksfürsorge wurde 1912 als Selbsthilfeeinrichtung der deutschen Gewerkschafts- und Konsumgenossenschaftsbewegung gegründet. Am 2.5.1933 wurde die Volksfürsorge ebenso wie die Gewerkschaften von den Nationalsozialisten ihrer Herrschaft unterworfen. 1947 wurde sie in der alten Form unter dem Namen »Alte Volksfürsorge« wiedergegründet. Seit 1968 heißt sie wieder »Volksfürsorge«. Siehe Loesch: Gemeinwirtschaftliche Unternehmen, S. 204-220; Wolfgang Thiele und Wilhelm Göhring: Ein halbes Jahrhundert Volksfürsorge. Werden und Wirken eines Versicherungsunternehmens, hrsg. v. Vorstand der Alten Volksfürsorge, Darmstadt 1962; Wolfgang Otte (Red.): 75 Jahre Volksfürsorge: kleine Geschichte 1913-1988, Hamburg 1988.

10 Die Reform der einzelnen Konsumgenossenschaften begann 1967, als der Bund der deutschen Konsumgenossenschaften gegründet wurde, der an die Stelle des alten Zentralverbandes trat. 1969 fand eine Namensänderung in co op statt und am 5.11.1974 wurde die Frankfurter co op-Zentrale gegründet als Holding der Konsumgenossenschaften. Vgl. Horst von Heukelum: co op-Gruppe auf neuer Grundlage, in: Öffentliche Wirtschaft und Gemeinschaft 24, 1975, Heft 1; Walter Hesselbach: Die gemeinwirtschaftlichen Unternehmen – Instrumente gewerkschaftlicher und genossenschaftlicher Struktur- und Wettbewerbspolitik, Frankfurt/M. 1971; Wilhelm Kaltenborn: Gewerkschaften und Konsumgenossenschaften, in: GMH 53, 2003, Nr. 6, S. 324-334; Bösche: Konsumgenossenschaften.

streichen. Darüber hinaus solle auch erwogen werden, ob nicht generell eine größere Anzahl von Auszubildenden beschäftigt werden könnte, um auf lange Sicht das Verhalten der jeweiligen Branche zu beeinflussen. Auch könne die Beteiligung der Gemeinwirtschaft an dem Berufsfortbildungswerk[11] eventuell dazu benutzt werden, modernen Lehrmethoden mit Hilfe des Kassettenfernsehens[12] zum Durchbruch zu verhelfen. Kollege Vetter greift schließlich den Medienmarkt, die von der Neuen Heimat geplanten Ärztezentren und die Werbung für Führungspersonal auf, um zu fragen, ob nicht auch hier Möglichkeiten bestehen, gemeinwirtschaftliche Verhaltensweisen durchzusetzen. Mit einigen kurzen Ausführungen zum Ausweis der Vermögensbildung in den Bilanzen und zur geplanten Gesellschaft für Zukunftsforschung[13], die den Spielraum nicht nur für die Gewerkschaften, sondern auch für die Gemeinwirtschaft erweitern helfen soll, schließt Kollege Vetter sein Referat ab.

Kollege *Hesselbach*[14] ergänzt zunächst die Ausführungen des Kollegen Vetter über die allgemeine Situation der Gemeinwirtschaft. Im Gegensatz zur Öffentlichkeit werde in der Wissenschaft über den Begriff der Gemeinwirtschaft seit langem sehr stark diskutiert, so daß man bereits von einer neuen Disziplin sprechen könne. Kollege Hesselbach erwähnt in diesem Zusammenhang die Arbeit der Gesellschaft für öffentliche Wirtschaft in Berlin[15] und der Inter-

---

11 Das Berufsfortbildungswerk des DGB (BfW) wurde 1954 gegründet und entwickelte sich zum größten nicht öffentlichen Träger beruflicher Weiterbildungsmaßnahmen in der Bundesrepublik. In Zusammenarbeit mit der Abt. Angestellte beim DGB-BV wurde die berufliche Weiterbildung im kaufmännisch-verwaltenden und gewerblich-technischen Bereich, im Sozial- und Gesundheitswesen, in der elektronischen Datenverarbeitung und in Sprachen angeboten. DGB-Geschäftsberichte 1965–1968, S. 574ff. und 1969–1971, S. 397f.; Marion Landgraf: Das Berufsfortbildungswerk, gemeinnütziges Bildungswerk des DGB GmbH und seine Aufgaben, seine Ziele, sein Konzept, sein Programm, seine Einrichtungen, seine besonderen Einrichtungen und Maßnahmen und seine Erfolge, Düsseldorf 1983; Reinhard Pogorzelski: 40 Jahre bfw in Publikationen und Dokumenten des DGB, Düsseldorf 1993.
12 In einem Gespräch mit der Zeitschrift »Die Quelle« erklärte DGB-Vorstandsmitglied Günter Stephan, dass die Gewerkschaften das Kassettenfernsehen für ihre Bildungsarbeit nutzen und dieses Medium nicht privaten Gruppen überlassen wollten, in: Die Quelle 21, 1971, Heft 1, S. 43. Siehe auch zum Problem des Urheberrechts an der wirtschaftlichen Verwendung von Bild-Ton-Kassetten: Gewerkschaft Kunst zum Kassettenfernsehen, in: ND, 30.3.1971, Nr. 108 sowie Themenheft Kassettenfernsehen – Selbstbedienung am Bildschirm, in: Der Spiegel, 19.7.1971, Nr. 30.
13 Auf den Klausurtagungen des GBV am 31.8./1.9. und 12./13.10.1970 wurde eingehend über eine Gesellschaft für Zukunftsforschung diskutiert und beschlossen, eine umfangreiche Konzeption auszuarbeiten. DGB-Archiv, DGB-BV, Abt. Vorsitzender 5/DGAI000395. Siehe auch: 23. BV-Sitzung am 5.11.1971, TOP 12 (Dok. 49).
14 Die Vorstandsvorsitzenden der gemeinwirtschaftlichen Unternehmen: der Bank für Gemeinwirtschaft, Walter Hesselbach (1915–1993), der Volksfürsorge, Walter Rittner (1920–1985), und der Neuen Heimat, Albert Vietor (1922–1984), wurden auf Vorschlag von Alfons Lappas eingeladen, um in Kurzreferaten ihre persönlichen Auffassungen zur Gemeinwirtschaft als Ganzes sowie die Stellung bzw. Funktion der jeweiligen Unternehmensgruppe in ihr zu umreißen. DGB-Archiv, DGB-BV, Abt. Vorsitzender 5/DGAI000469.
15 Die Gesellschaft wurde 1951 unter persönlicher Mitwirkung des Regierenden Bürgermeisters Ernst Reuter in Berlin gegründet. Die Gesellschaft wurde 1960 die deutsche Sektion der Internationalen Forschungs- und Informationsstelle für Gemeinwirtschaft (IFIG). Ende der 1960er Jahre fand eine Namensänderung statt in: »Gesellschaft für öffentliche Wirtschaft und Gemeinwirtschaft e.V.« Der DGB war mit dem Leiter der parlamentarischen

Dokument 36 3. Februar 1971

nationalen Forschungs- und Informationsstelle für Gemeinwirtschaft (IFIG) in Brüssel und verschiedener Universitätsinstitute. Die in der BfG errichtete Abteilung Gemeinwirtschaft habe versucht, unter Anlehnung an die Tradition die Diskussion voranzutreiben, was bereits Erfolge gebracht habe.

Zur Frage, ob die Gemeinwirtschaft lediglich Regulativ oder Keimzelle für eine neue Wirtschaftsordnung sein sollte, meint Kollege Hesselbach, eine derartig ausschließliche Fragestellung sei nicht sinnvoll. Zurzeit könne die Gemeinwirtschaft nur das marktwirtschaftliche System ergänzen, denn man könne nicht der Meinung des Kollegen Vetter folgen, daß die ursprünglich vorhandenen Mißstände bereits beseitigt seien. Die Gemeinwirtschaft habe aber darüber hinaus die Chance, allein durch ihre Existenz bestimmte Verhaltensweisen am Markt zu erzwingen. Ein Ansatz zur Systemüberwindung könne indes nur darin liegen, daß die Gemeinwirtschaft Alternativen aufzeigt, deren Formulierung stets neu diskutiert werden müsse. Ein weitergehender Versuch, das vorhandene System zu überwinden, könne dagegen die Unternehmen sehr schnell ausmanövrieren.

Bei jeglicher Diskussion über die Gemeinwirtschaft ist nach Meinung des Kollegen Hesselbach zu beachten, daß man zwar über begrenzte Vorteile für Gewerkschaftsmitglieder diskutieren kann, dies aber niemals als ein primäres Ziel anzusehen ist, wobei ohnehin die durch den Gesetzgeber festgesetzte steuerliche Grenze beachtet werden müsse. Als weitere Fehlinterpretation der gemeinwirtschaftlichen Zielsetzung sei ebenfalls die Meinung anzusehen, die Unternehmen könnten ein Dorado für die in ihnen Beschäftigten sein, obwohl Vorbilder in der sozialen Betriebsführung natürlich nicht ausgeschlossen seien.

Kollege Hesselbach skizziert sodann die spezielle Aufgabe der BfG und beschreibt die drei übereinandergelagerten Kreise, die die Geschäftätigkeit der BfG ausmachen: Während sie zwar im Kern noch Hausbank der Gewerkschaft, sodann auch Instrument zur Liquiditätssicherung der übrigen Gemeinwirtschaft sei, bestehe heute ihre wesentliche Aufgabe darin, als Geschäftsbank im Dienste der gesamtwirtschaftlichen Interessen Beispiele am Markt zu setzen. Kollege Hesselbach erwähnt hier insbesondere die geschäftspolitischen Maßnahmen in bezug auf Anschaffungsdarlehen, Sparschuldverschreibungen, ferner das bewährte Experiment BSV[16], die vorbildliche Beteiligungspolitik und schließlich auch die neue Unternehmensverfassung nach Einführung der Mitbestimmung. Als spezielle Dienste für die Gewerkschaften

---

Verbindungsstelle in Bonn, Kurt Hirche, im Vorstand und mit dem DGB-Justiziar Otto Kunze im wissenschaftlichen Beirat vertreten. 1969 traten die Neue Heimat und die Volksfürsorge der Gesellschaft bei. Siehe auch: Vortrag Walter Hesselbachs auf der Mitgliederversammlung am 6.5.1970 in Berlin zum Thema »Gemeinwohl und Gemeinwirtschaft – Versuch einer Begriffsbestimmung«, in: Tätigkeitsbericht 1968–1969, hrsg. v. Gesellschaft für öffentliche Wirtschaft und Gemeinwirtschaft e.V., Berlin 1970, S. 31–44.

16 Die Bank für Sparanlagen und Vermögensbildung (BSV) wurde von der BfG im Herbst 1965 gegründet. Bei dieser Bank gab es eine »Sparer-Mitverwaltung«, da die Sparer die Mehrheit der Sitze im Aufsichtsrat innehatten. Oskar George: Die Bank für Sparanlagen und Vermögensbildung. Aufgaben – Organisation – Leistung (Schriftenreihe Gemeinwirtschaft, Nr. 26), hrsg. v. BfG, Abt. Gemeinwirtschaft, Frankfurt/M. 1977, S. 34.

3. Februar 1971 **Dokument 36**

erwähnt er schließlich einige Vorteilsregelungen für Gewerkschafter, die Versuche, zur Imagebildung beizutragen, und letztlich die angemessene Verzinsung des Eigenkapitals, die den Gewerkschaftsapparat entlaste.

Am Ende seines Referats geht Kollege Hesselbach kurz auf einige Vorschläge des Kollegen Vetter ein und unterstützt insbesondere seine Vorstellungen zur Imagebildung, Nachwuchsförderung und Sicherstellung einer Kooperation innerhalb der Gemeinwirtschaft.

In seinem Referat hebt der Kollege *Vietor* zunächst den Charakter aller gemeinwirtschaftlichen Unternehmen als Instrumente gewerkschaftlicher Strukturpolitik hervor. Gemeinsames Motiv sei immer das Gemeinwohl gewesen, wobei sich infolge des rasanten Wandels der letzten zwanzig Jahre die Notwendigkeit ergeben habe, die Aufgabenstellung für die Unternehmen zu verändern. So sei z. B. die Gewerkschaftsbewegung durch eine Veränderung der Aufgabenstellung für die Neue Heimat nunmehr in der Lage, vom bloßen Reagieren fortzukommen und die Gestaltung der Umwelt selbst in die Hand zu nehmen. Auf die Geschichte eingehend, skizziert Kollege Vietor dann die Ursprünge gewerkschaftlicher Wohnungsbaugesellschaften nach dem Ersten Weltkrieg, wo – wie auch lange Zeit nach 1945 – die Beseitigung des bloßen Wohnungselends im Vordergrund gestanden habe. Später sei aber bei den Gewerkschaften mehr und mehr die Bedeutung einer humanen Umwelt erkannt worden, wozu auch die Ruhrkrise wesentlich beigetragen habe.[17] In den Beschlüssen des Münchner Kongresses 1969 seien diese Vorstellungen in einem Auftrag an die Gruppe Neue Heimat formuliert worden, dem die inzwischen erfolgte Neuordnung der Unternehmensgruppe Rechnung trage.[18]

Auf den Gemeinnützigkeitscharakter der Neuen Heimat eingehend, betont Kollege Vietor, daß man die Neue Heimat trotz der Staatsaufsicht nicht als Stiftung ansehen könne, da die Ziele letztlich durch die Gewerkschaften bestimmt seien. Dieser Führungsanspruch kann auch wegen der Präsenz in den Aufsichtsräten nach Meinung des Kollegen Vietor durch die Belegschaften oder das Management nicht unterlaufen werden. Auf der anderen Seite müsse aber stets darauf geachtet werden, daß der Wunsch nach Vorteilen für Gewerkschaftsmitglieder nicht zu einem Gefälligkeitssozialismus führe. Kollege Vietor geht sodann auf die Auslandstätigkeit der Neuen Heimat und das dadurch entstandene Bild in der Öffentlichkeit ein. Er betont dabei, daß die Anregungen für eine Bautätigkeit im Ausland meist von den Gewerkschaften des Auslands gekommen seien, denen man gern gefolgt sei. Kollege Vietor bedauert, daß dennoch das Bild der Neuen Heimat bei den Gewerkschaftsmitgliedern nicht so gut sei wie in der gesamten Öffentlichkeit, und

---

17 Zur Krise im Ruhrkohlenbergbau und zu den Zechenstilllegungen siehe u. a. Abelshauser: Ruhrkohlenbergbau, S. 87–117; Nonn: Ruhrbergbaukrise, S. 210–258.
18 Leitsätze des DGB zur Regional-, Städtebau- und Wohnungspolitik, beschlossen auf dem 8. Ordentlichen DGB-Bundeskongreß, in: Protokoll 8. Bundeskongreß, Teil: Anträge und Entschließungen, S. 301. Nach dem Bundeskongress wurde die Neue Heimat Städtebau gegründet, um der Städteentwicklung unternehmerisch nachzukommen. Siehe hierzu Albert Vietor: Interview, in: Einigkeit, Zentralorgan der Gewerkschaft Nahrung-Genuß-Gaststätten, 1974, Heft 1.

Dokument 36 3. Februar 1971

führt als Erklärung dafür an, daß bei einem Bestand von gegenwärtig 300.000 Wohnungen der größte Teil der DGB-Mitglieder nicht die Möglichkeit hätte, die Leistungen der Neuen Heimat zu testen. Als Konsequenz müsse daher die Öffentlichkeitsarbeit der Gewerkschaften erheblich verstärkt werden, um den gemeinnützigen Charakter der Neuen Heimat allen Mitgliedern bewußt zu machen.

Auf die Marktstellung der Neuen Heimat eingehend, unterstreicht Kollege Vietor, daß zwar ein großer Vorsprung gewonnen sei, daß damit aber auch ein erhöhter Anspruch an die Gruppe gegeben sei, dem gerecht zu werden es großer Anstrengungen bedürfe. Deshalb sei es auch stets notwendig, die Funktionsfähigkeit der Gruppe weiter zu erhalten.

Auch Kollege *Rittner* geht zunächst in seinem Referat auf die Geschichte ein[19] und schildert ausführlich die Ausgangslage in der Volksversicherung vor dem Ersten Weltkrieg. Die heute nicht mehr vorstellbaren Mißstände seien mit einer durch die Volksfürsorge erzwungenen Reform der Gesetzgebung[20] weitgehend beseitigt worden. Die damaligen Ziele seien zwar heute längst erreicht, aber auch heute sei die Volksfürsorge in der Lage, den Markt durch beispielhafte Konditionen spürbar zu beeinflussen. Eine totale Aufsichtspflicht und die immer schärfer werdende Konkurrenz würden allerdings den Spielraum für Konditionsverbesserungen zunehmend einengen.

Kollege Rittner führt sodann als Beispiel für den dennoch erfüllten gemeinwirtschaftlichen Auftrag die seit 1969 durchgesetzten Konditionen in der Lebensversicherung, den ACE, die Freizeitunfallversicherung, den Versicherungsschutz von g-u-t und die neuen Vermögensbildungstarife an. Darüber hinaus sei aber auch seit Kriegsende der Wohnungsbau in einem Maße gefördert worden, das beispielhaft sei. Auf die in Zukunft zu erwartende Konkurrenz aus dem Ausland habe man sich frühzeitig eingestellt und Kooperationsabkommen mit fünfzehn genossenschaftlichen Versicherern abgeschlossen. Die zu erwartenden EWG-Bestimmungen[21] erforderten aber in Zukunft eine noch bessere Kapitalausstattung der Volksfürsorge.

Auf die Zusammenarbeit mit der übrigen Gemeinwirtschaft eingehend, warnt Kollege Rittner eindringlich vor einer drohenden Aufsplitterung des Außendienstes der Volksfürsorge, wenn dieser laufend mit neuen Anforderungen konfrontiert werde. Auch nach seiner Meinung ist eine Vorteilsregelung für Gewerkschaftsmitglieder mit dem Charakter eines gemeinwirtschaftlichen

---

19 Vgl. Loesch: Gemeinwirtschaftliche Unternehmen, insbes. 1. Kapitel: Entstehung und Organisation der Arbeiterbewegung und ihrer gemeinwirtschaftlichen Unternehmen, S. 15–158.
20 Vgl. Beschluss des Deutschen Reichstags vom 16.5.1917, nach dem die Versicherungsverträge von Kriegsteilnehmern bei Nichterfüllung von Vertragspflichten (Einstellung der Prämienzahlungen) nicht erloschen, sondern ihre Gültigkeit behielten, in: Wolfgang Otte (Red.): Volksfürsorge, S. 51–55.
21 Rittner meinte hier die künftige Verordnung 1408/71/EWG des Europarates vom 14.6.1971 über die Anwendung der Systeme der sozialen Sicherheit auf Arbeitnehmer und Selbstständige sowie deren Familienangehörige, die innerhalb der Gemeinschaft zu- und abwandern. Veröffentlicht am 5.7.1971 im Amtsblatt L 149, S. 2. Die Verordnung trat in Kraft am 1.10.1972.

Unternehmens unvereinbar. Er unterstreicht schließlich die Bemerkungen des Kollegen Hesselbach, daß trotz vorbildlicher Leistungen an die Belegschaft ein gemeinwirtschaftliches Unternehmen nicht mehr als zwei Schritte vor der Konkurrenz voraus sein könne, wenn die Funktionsfähigkeit nicht verloren gehen soll.[22]

Kollege *Vetter* eröffnet sodann die Diskussion und bittet darum, die Familienrechtsschutzversicherung, die Bausparkasse und die Mitbestimmung auszuklammern und die Beiträge in ihrer Gesamtheit zu diskutieren.

Kollege *Brenner* führt zunächst aus, daß der Charakter einer Klausurtagung in den bisherigen Beiträgen insofern verlassen worden sei, als auf die Selbstdarstellung zuviel Gewicht gelegt worden sei. Es müsse vielmehr auf die von Kollegen Vetter angesprochenen Fragen ankommen, um das Prinzip der Gemeinwirtschaft überhaupt zu klären. Die Frage nach der Existenzberechtigung beantwortet Kollege Brenner dahingehend, daß sie selbstverständlich gegeben sei, man aber angesichts der veränderten Ausgangslage heute vorsichtiger in der Begriffsbestimmung werden müsse. Nach einigen Bemerkungen zur BfG betont Kollege Brenner dann die Notwendigkeit einer vernünftigen Kooperation aller gemeinwirtschaftlichen Unternehmen, wobei als Klammer der DGB respektiert werden solle.

Zur Frage der Mitbestimmung meint Kollege Brenner, daß diese nicht herausgestellt werden solle, um die vorhandenen Unterschiede nicht allzu sehr in die Öffentlichkeit dringen zu lassen. Der Charakter der Gemeinwirtschaftlichkeit müsse aber stärker als bisher unterstrichen werden, da die Debatte um die Sozialisierung wieder im Zunehmen begriffen sei. Auf die Gesellschaft für Zukunftsforschung eingehend, unterstreicht Kollege Brenner die Notwendigkeit, diese Einrichtung möglichst schnell zu schaffen, um den Vorsprung der Industrie nicht allzu groß werden zu lassen. Dabei müsse eine Beteiligung aller Unternehmen der Gemeinwirtschaft erfolgen.

Kollege *Vetter* unterstreicht nochmals die Notwendigkeit, über neue Formen einer sinnvollen Kooperation zu beraten.

Kollege *Lappas* spricht sodann die Eigenkapitalausstattung der BfG und die Gründung einer Bausparkasse an.

In der weiteren Diskussion, an der sich die Kollegen *Schmidt, Woschech, Kluncker, Vetter, Sperner, Paulig, Stephan, Hauenschild* und *Vietor* beteiligen,

---

22 Die Referate wurden dem Einladungsschreiben zur zweiten Klausurtagung zum Thema »gemeinwirtschaftliche Unternehmen« am 4.5.1971 um 10.00 Uhr in Düsseldorf beigefügt. Auf der Klausurtagung des GBV am 19./20.4.1971 wurde unter TOP 15 beschlossen, dass die Kollegen Albert Vietor, Walter Rittner und Oswald Paulig (1922–2006) zur Klausurtagung des BV eingeladen werden sollten. DGB-Archiv, DGB-BV, Abt. Vorsitzender 5/DGAI000395. Zuzüglich wurden im Schreiben vom 29.4.1971 die fünf Thesen zur Gewerkschaftspolitik in den gemeinwirtschaftlichen Unternehmen und »Maßnahmen zur Aufklärung über die gemeinwirtschaftlichen Unternehmen der Gewerkschaften« beigefügt. DGB-Archiv, DGB-BV, Abt. Vorsitzender 5/DGAI000470. Zu dieser Klausurtagung ist *kein* Protokoll überliefert. Handschriftliche Notizen zu dieser Sitzung von Heinz Vietherr in: AdsD, Hauptvorstand HBV, 5/HBVA 061263.

Dokument 36 3. Februar 1971

werden Fragen zur Mitbestimmung, der Vorteilsregelung, der Eigenkapitalausstattung und der Kooperation der Unternehmen angesprochen.

Auf Anregung des Kollegen *Kluncker* faßt der Bundesvorstand den Beschluß, die Aussprache am 13./14. März 1971 in einer weiteren Klausurtagung fortzusetzen.

Kollege *Vetter* sagt zu, einen thesenartigen Katalog der Probleme und Lösungsmöglichkeiten erstellen zu lassen und als Material für diese zweite Klausur zu versenden. Kollege Vetter spricht sodann die Mitbestimmung bei der BfG an und referiert die seit der letzten Bundesvorstandssitzung mit dem Gesamtbetriebsrat der BfG geführten Verhandlungen. Danach habe der ursprünglich als Personalvorstand gesehene Dr. Bernhard im Zuge der Willensbildung innerhalb der Belegschaft von einer Bestellung als Personalchef Abstand genommen. Als neutraler Mann sei der Geldstromanalytiker Prof. Köhler, ein von den Gewerkschaften vorgeschlagenes Mitglied des Sachverständigenrates[23], in Aussicht genommen. Als Personalvorstand werde nach Absprache mit dem Gesamtbetriebsrat und den Kollegen Hesselbach und Vietheer die frühere Betriebsratsvorsitzende Melanie Radke vorgeschlagen, die gegenwärtig als Direktorin in der Personalabteilung des Kollegen Dr. Bernhard arbeite.

In der sich anschließenden ausführlichen Debatte, an der sich die Kollegen *Schmidt, Vietheer, Kluncker, Vetter, Hauenschild, Sperner, Hesselbach, Buschmann* und *Lappas* beteiligen, wird der Bericht des Kollegen Vetter diskutiert.

Dabei wird vor allem von den Kollegen *Schmidt* und *Kluncker* Kritik an dem Nachgeben gegenüber dem Gesamtbetriebsrat geübt und die Meinung vertreten, der Bundesvorstand sei bisher stets davon ausgegangen, daß der Kollege Vetter wie bei der Neuen Heimat und der Volksfürsorge als 21. Aufsichtsratsmitglied fungieren würde. Die Frage der Hereinnahme eines Außenstehenden in den Aufsichtsrat sei neu und von einer derart prinzipiellen Art, daß darüber noch ausgiebig diskutiert werden müsse. Die Frage, ob Kollegin Radke als Personalvorstand akzeptiert werden könne, wird dagegen von den Kollegen Kluncker und Sperner als nicht so prinzipiell angesehen, so daß in diesem Punkt ein Nachgeben gegenüber dem Betriebsrat möglich sei, zumal Kollegin Radke das Vertrauen der Belegschaft habe.

Mit Rücksicht auf die sehr kontroversen Diskussionsbeiträge und aufgeworfenen Zweifel an der Beschlußfähigkeit[24] beschließt der Bundesvorstand, die Entscheidung zu diesem Punkt zu vertagen und am 18.2.1971, 14.00 Uhr, im

---

23 Claus Köhler (1928), Volkswirtschaftler, wurde 1969 auf Vorschlag der Gewerkschaften als fünftes Mitglied in den »Sachverständigenrat zur Begutachtung der gesamtwirtschaftlichen Entwicklung« für 5 Jahre berufen. Er wechselte zum 1.4.1974 in das Direktorium der Deutschen Bundesbank. Vgl. Munzinger-Personenarchiv.
24 Demnach müssten über die Hälfte der BV-Mitglieder nicht mehr an der Sitzung teilgenommen haben. Aus den Sitzungsunterlagen geht nicht hervor, welche BV-Mitglieder aus terminlichen oder anderweitigen Gründen die Sitzung vorzeitig verlassen haben. Vgl. DGB-Archiv, Abt. Vorsitzender 5/DGAI000469.

Hause der BfG (anstelle der abzusagenden Aufsichtsratssitzung) erneut zusammenzukommen, um endgültig Beschluß zu fassen.[25] Die für denselben Tag vorgesehene Hauptversammlung der BfG soll nach Möglichkeit verschoben werden.

Ende der Sitzung: 14.31 Uhr

DOKUMENT 37

10. Februar 1971: Schreiben des Vorsitzenden des DGB, Vetter, an die Mitglieder des Bundesvorstandes zur Mitbestimmung bei der BfG

Ms., hekt., 3 S., Diktatzeichen V/Re. (Heinz O. Vetter/Wilma Remke).

DGB-Archiv, 5/DGAI000469.

Liebe Kollegin, liebe Kollegen!

In unserer Klausurtagung am 3.2.1971 in Bad Godesberg hat es Meinungsverschiedenheiten über die Durchführung der Mitbestimmung bei der BfG gegeben. Damit wir bei unseren Diskussionen nicht von falschen Voraussetzungen ausgehen, möchte ich den Sachverhalt noch einmal verdeutlichen:

Die ersten Bestrebungen, in den gewerkschaftlichen Unternehmen durch Vereinbarung die Mitbestimmung einzuführen, waren bereits im Jahre 1968. Seit dieser Zeit hat es ständig Resolutionen in Gewerkschaftsschulungen und Anregungen aus dem Mitgliederkreis gegeben, in der Gemeinwirtschaft mit einem guten Beispiel voranzugehen. Nach vielen Gesprächen setzte sich die Bereitschaft dazu zunächst in der Kommission Aktionsprogramm und dann im Bundesvorstand durch. Diese Bemühungen wurden abgeschlossen durch den angenommenen Antrag Nr. 354 des DGB-Bundeskongresses im Mai 1969 in München, durch den der Bundesvorstand aufgefordert wurde, mit den zuständigen Organen der gemeinwirtschaftlichen Unternehmen zu verhandeln mit dem Ziele, dort die qualifizierte Mitbestimmung freiwillig einzuführen.[1] In der Folgezeit kam es zum Abschluß entsprechender Mitbestimmungsvereinbarungen mit der Unternehmensgruppe Neue Heimat (inzwischen ergänzt durch eine Vereinbarung auch mit der Neue Heimat Städtebau), mit der Volksfürsorge Leben, mit der Volksfürsorge Sachversicherung und mit der BfG.[2] Als erster Schritt der Verwirklichung dieser Verträge wurde bereits im November 1969 der Aufsichtsrat bei der Neuen Heimat gewählt.

---

25 Einladungsschreiben von Heinz O. Vetter vom 12.2.1971 zur außerordentlichen Bundesvorstandssitzung am 18.2.1971, 13.00 Uhr, im Haus der BfG, Frankfurt/M. Die Aufsichtsratssitzung fand am 14.6.1971 statt, anschließend die Hauptversammlung der BfG, DGB-Archiv, DGB-BV, Sekretariat Alfons Lappas 5/DGEC000001.

1 Siehe Protokoll 8. Bundeskongreß, Teil: Anträge und Entschließungen, S. 331 f.

2 Siehe Ausführungen Vetters zu den Verhandlungen über die Einführung der paritätischen Mitbestimmung bei der BfG, in: 20. BV-Sitzung am 1.6.1971 (Dok. 44) sowie Walter Hesselbach: Berichte aus gemeinwirtschaftlicher Praxis, ebd., S. 162. Die Mitbestimmungsvereinbarungen

Dokument 37   10. Februar 1971

Nachdem die damit zusammenhängenden personellen Probleme inzwischen in allen übrigen gemeinwirtschaftlichen Unternehmen gelöst sind, steht immer noch die Verwirklichung der Mitbestimmung in der BfG aus. Das beruht insbesondere auf Schwierigkeiten, die von den Betriebsräten im Frankfurter Raum herrühren. Kollege Hesselbach hatte wiederholt in Aussicht gestellt, die Schwierigkeiten mit seinen Betriebsräten zu beheben.[3] Dies ist ihm jedoch bisher leider nicht gelungen.

Neben der Frage der Gründung und Besetzung eines Beirats und der Position des Arbeitsdirektors ist zurzeit noch die Frage des 21. Mannes ungeklärt. Bereits bei der Bundesvorstandssitzung in Hamburg am 3.11.1970[4] ist jedoch über die Zusammensetzung des Aufsichtsrats gesprochen und klargestellt worden, daß ich als DGB-Vertreter auf der Anteilseignerseite fungieren würde, weil im Gegensatz zur Neuen Heimat und zur Volksfürsorge in den Beratungen mit den Betriebsräten der BfG nicht sichergestellt werden konnte, daß der DGB-Vorsitzende als 21. Mann auch von den betrieblichen Arbeitnehmervertretern im Aufsichtsrat der BfG getragen werden würde.

Allerdings wurde auf dieser Sitzung noch kein Beschluß gefaßt, nachdem die vorgeschlagene Lösung für eine Zusammensetzung der Anteilseignerseite von einigen Mitgliedern des Bundesvorstandes kritisiert worden war.[5] Eine endgültige Beschlußfassung erfolgte aber am 1.12.1970, als wir vor der eigentlichen Bundesvorstandssitzung uns in einem Extraraum zur Besprechung dieser Frage zurückgezogen hatten.[6] Hier wurde die empfohlene Lösung erneut diskutiert und nochmals unterstrichen, daß ich nicht als 21. Mann, sondern als Vertreter des DGB auf der Anteilseignerseite in Erscheinung treten müsse. In diesem Sinne ist sodann beschlossen worden.

Als möglicher 21. Mann wurde Prof. Köhler, der als langjähriger Mitarbeiter des WWI sehr eng und loyal mit den Gewerkschaften zusammengearbeitet und sich als Geldstromanalytiker in der Bundesrepublik einen Namen gemacht hat, vorgeschlagen. Bedauerlicherweise haben unverbindliche Vorgespräche mit den BfG-Betriebsräten den Eindruck erweckt, als sei seitens des Bundesvorstandes Prof. Köhler vorgeschlagen.

---

wurden nicht publiziert. Aufgrund des Mitbestimmungsgesetzes vom 4.5.1976 wurden neue Verträge für die qualifizierte Mitbestimmung bei den gemeinwirtschaftlichen Unternehmen erforderlich. In dieser Akte sind auch Kopien der Vereinbarungen von 1970 vorhanden. Vgl. DGB-Archiv, DGB-BV, Abt. Gesellschaftspolitik 5/DGAK000072.

3   Die Betriebsräte weigerten sich, Vetter als »neutrales Mitglied« im Aufsichtsrat anzuerkennen. Vgl. hierzu 20. BV-Sitzung am 1.6.1971 (Dok. 44, Fußnote 9).
4   Siehe 14. Sitzung des Bundesvorstandes (Dok. 32), Diskussion zu TOP 1 »Neuordnung der Unternehmensgruppe Neue Heimat«.
5   Siehe Ausführungen Rudorf Sperners auf der 14. BV-Sitzung (Dok. 32), die sich auf die Diskussionen in den Sitzungen des Aufsichtsrats der NH am 2.7. und 11.10.1970 bezogen.
6   Siehe 15. Sitzung des Bundesvorstandes (Dok. 33), in der Heinz O. Vetter die Gewerkschaftsvorsitzenden mit dem GBV zu einer internen Aussprache in einen Nebenraum bat. Aufzeichnungen zu diesem Gespräch liegen nicht vor. Lediglich unter TOP 4 der Sitzung »Neubesetzung des Aufsichtsrates der BfG« wird mitgeteilt, dass der GBV und die Gewerkschaftsvorsitzenden darüber beraten haben. DGB-Archiv, DGB-BV, Abt. Vorsitzender 5/DGAI000469.

Die Gewerkschaft HBV hat in Mitbestimmungsfragen der Bank stets in Übereinstimmung mit mir gehandelt. Dass Ihr über die Person des in Aussicht genommenen 21. Mannes nicht umfassender informiert worden seid, lag ausschließlich daran, daß im Januar keine Bundesvorstandssitzung stattgefunden hat. Bisher sind wir immer davon ausgegangen, daß Mitbestimmungsfragen der Gemeinwirtschaft nicht in der Kommission Mitbestimmung, sondern im Bundesvorstand, der ja die Anteilseigner repräsentiert und praktisch die Hauptversammlung verkörpert, erörtert werden.

Mir lag daran, Euch diesen Sachverhalt noch einmal in Erinnerung zurückzurufen, da ich ihn bei unserer letzten Sitzung selbst nicht mehr genau präsent hatte. Ein Teil der Überlegungen in unserer Sitzung am 3.2.1971 ist deshalb von falschen Voraussetzungen ausgegangen.

Nähere Einzelheiten können wir auf unserer Sitzung am 18.2.1971 um 14.00 Uhr in Frankfurt abschließend erörtern.[7]

Mit freundlichen Grüßen

gez. Heinz O. Vetter

PS: Die Sitzung findet im Hause der BfG statt und beginnt mit einem gemeinsamen Mittagessen um 13.00 Uhr.

DOKUMENT 38

2. März 1971: Protokoll der 17. Sitzung des Bundesvorstandes

Hans-Böckler-Haus in Düsseldorf; Vorsitz: Heinz O. Vetter; Protokollführung: Isolde Funke, Marianne Jeratsch; Sitzungsdauer: 10.20–14.00 Uhr; ms. vermerkt: »Vertraulich«.[1]
Ms., hekt., 13 S., 2 Anlagen.[2]
DGB-Archiv, 5/DGAI000536.

Beginn der Sitzung: 10.20 Uhr

Kollege *Vetter* eröffnet die 17. Sitzung des Bundesvorstandes. Er teilt mit, daß in der UZ[3] und in der sonstigen kommunistischen Presse berichtet worden ist,

---

7 In der Aktenüberlieferung der Abteilung Vorsitzender sowie in den Gremienakten des DGB-Bundesvorstandes befindet sich kein Protokoll zu dieser außerordentlichen Sitzung. In den Akten des Hauptvorstands der HBV liegt anstelle des Protokolls eine handschriftliche Notiz zu dieser Sitzung von Heinz Vietheer, dass die Sitzung stattfand. AdsD, Hauptvorstand HBV, 5/HBVA 0621263.
1 Einladungsschreiben vom 8. und 17.2.1971. Nicht anwesend: Philipp Pless, Wilhelm Rothe (vertreten durch Jakob Deffner). DGB-Archiv, DGB-BV, Abt. Vorsitzender 5/DGAI000470.
2 Anlagen: Anwesenheitsliste, Entwurf einer Presseerklärung des Bundesausschusses zu den angekündigten sozialen Reformen der Bundesregierung, siehe ND, 3.3.1971, Nr. 66.
3 In der »UZ«, Wochenzeitung der DKP, befindet sich in den Ausgaben vom Dezember 1970 bis März 1971 kein Bericht über die hier angeführten Abhörmaßnahmen.

Dokument 38 2. März 1971

daß die Telefone usw. einiger unserer Kollegen abgehört würden, und zwar vornehmlich die der Kollegen Kluncker, Hauenschild und Vitt. Daraufhin habe sich der DGB an den Bundesinnenminister gewandt, der das vorliegende Antworttelegramm schickte. Laut Aussage des Innenministeriums wird von den deutschen Stellen niemand abgehört. Kollege Vetter sieht keinen Grund, an dieser Aussage zu zweifeln.[4]

[Nach einer kurzen Diskussion teilt *Vetter* einige Punkte mit, die unter »Verschiedenes« behandelt werden sollen.]

Kollege *Vietheer* bittet um Aufnahme des Punktes »Organisationsstreit BSE/HBV«. Da die IG Bau, Steine, Erden nicht vertreten ist, möchte er nur eine Erklärung zu Protokoll geben, ohne daß die Angelegenheit diskutiert wird. In diesem Zusammenhang regt Kollege *Michels* an, auch den Organisationsstreit zwischen der IG Chemie, Papier, Keramik und der IG Metall wegen Kaiser-Aluminium zu behandeln.

Tagesordnung:
1. Genehmigung der Protokolle der 16. Bundesvorstandssitzung und der Bundesvorstandsklausurtagung am 3.2.1971
2. Bundesvorstandssitzung im Juni 1971
3. Gründung eines Instituts für Zukunftsforschung
4. Situationsbericht zur BVG-Novellierung
5. Konzertierte Aktion
6. Leistungen aus dem Solidaritätsfonds für das Jahr 1971
7. Unterstützungs- und Beschwerdeausschuß für den Unfallunterstützungsfonds für ehrenamtliche Gewerkschaftsfunktionäre und für den Fonds »Ehemalige Gewerkschaftsangestellte«
8. Familien-Rechtsschutzversicherung
9. ACE/GUV
10. Mai-Plakat
11. Verschiedenes

1. GENEHMIGUNG DER PROTOKOLLE DER 16. BUNDESVORSTANDSSITZUNG UND DER BUNDESVORSTANDSKLAUSURTAGUNG AM 3.2.1971

Kollege *Vetter* teilt mit, dass das Protokoll der Bundesvorstandsklausurtagung vom 3.2.1971 erst in der nächsten Klausurtagung am 13./14.3.1971 genehmigt werden soll.[5]

[Die Änderungsanträge von *Buschmann* und *Hauenschild* zu den Ausführungen über die Freizeitunfallversicherung und zum Kollektivvertrag der Gewerkschaften werden genehmigt.]

---

4 Das Telegramm war am 2.3.1971 eingegangen und wurde unterzeichnet vom Ministerialdirektor Günther Nollau. Zu den kommunistischen Behauptungen über Abhörmaßnahmen wurde Heinz O. Vetter mitgeteilt: »Bereits am 2. Februar 1971 hat das Bundesministerium des Innern die kommunistischen Behauptungen über Abhörmaßnahmen als frei erfunden bezeichnet. Das bedeutet: diese Behauptungen sind auch insoweit frei erfunden, als sie sich auf Angehörige der Gewerkschaft beziehen.« DGB-Archiv, DGB-BV, Abt. Vorsitzender 5/DGAI000470.

5 Diese Sitzung hat wegen Urlaub und Krankheit nicht stattgefunden. Siehe 6. BA-Sitzung vom 3.3.1971 (Dok. 39).

2. Bundesvorstandssitzung im Juni 1971

Kollege *Vetter* verweist auf den Beschluß in der letzten Bundesvorstandssitzung, wonach die Junisitzung des Bundesvorstandes am 1. Juni 1971 stattfinden soll. Es wird vorgeschlagen, die Sitzung wegen des Kongresses der GEW in Kiel durchzuführen und am Nachmittag des 1. Juni zu beginnen.
[Nach kurzer Diskussion wird beschlossen, die Sitzung am 1. Juni 1971, 14.00 Uhr, in Kiel durchzuführen.]

3. Gründung eines Instituts für Zukunftsforschung

Kollege *Vetter* schlägt vor, diese Vorlage in der Aprilsitzung des Bundesvorstandes zu verabschieden, da sie sehr kurzfristig erstellt wurde. Der Geschäftsführende Bundesvorstand sei zu der Auffassung gelangt, daß sich innerhalb der nächsten vier Wochen die Vorstände der Gewerkschaften mit diesen Unterlagen befassen sollten, um dann abschließend im Bundesvorstand beraten zu können. Kollege Vetter bittet jedoch, wesentliche Änderungswünsche bis zum 24. März 1971 mitzuteilen.
Der Bundesvorstand ist mit dieser Verfahrensweise einverstanden.

4. Situationsbericht zur BVG-Novellierung

Kollege *Muhr* erläutert kurz den dem Bundesvorstand vorgelegten Aktionsplan »Für ein besseres Betriebsverfassungsgesetz«, dessen Durchführung, in zwei Phasen aufgeteilt, DM 962.000,-- erfordern werde. Da diese Mittel im ordentlichen Haushalt nicht zur Verfügung stehen, müßten sie dem Solidaritätsfonds entnommen und neu beschlossen werden. Der Geschäftsführende Bundesvorstand bitte den Bundesvorstand um seine Zustimmung. Er schlage jedoch vor, über die Inanspruchnahme des größeren Teils der Mittel für die zweite Phase erst dann zu entscheiden, wenn sich die weitere Entwicklung absehen lasse.

Kollege Muhr fährt fort, daß er die Absicht habe, in der morgigen Sitzung des Bundesausschusses in einer Gegenüberstellung einen Überblick über die bisher vorliegenden Gesetzentwürfe zur Novellierung des BVG[6] zu geben und die Punkte aufzuzeigen, die der DGB unbedingt ablehnen muß und die er begrüßen bzw. akzeptieren kann.

Er berichtet kurz über den Verlauf des Hearings, das vor einigen Tagen stattgefunden hat und in dem insbesondere die Schwerpunktkritik des DGB vorgetragen wurde.[7] Diese umfaßt folgende Punkte: den Zugang der Gewerkschaften zum Betrieb, die nicht in das Gesetz einbezogenen »Leitenden

---

6 Die Gegenüberstellung von geltendem Gesetz, DGB-Vorschlag, Regierungsentwurf und DGB-Stellungnahme wurde als Broschüre veröffentlicht: Für ein besseres Betriebsverfassungsgesetz. Eine vergleichende Darstellung zum Regierungsentwurf, Düsseldorf 1971, 95 S.
7 Bundestagsausschuß hört DGB-Vorstand an, in: ND, 24.2.1971, Nr. 53. Siehe auch: 16. BV-Sitzung vom 2.2.1971 (Dok. 35, Fußnote 12). Vgl. Protokolle der 45. und 46. Sitzung des Bundestagsausschusses für Arbeit und Sozialordnung am 24./25.2.1971 in Bonn, DGB-Archiv, DGB-BV, Sekretariat Bernhard Tacke 5/DGCY000133.

Dokument 38   2. März 1971

Angestellten«, die Erweiterung der Gruppenrechte, die wirtschaftliche Mitbestimmung des Betriebsrates sowie die Beteiligungsrechte in den Tendenzbetrieben. Zum letzten Punkt werde noch ein gesondertes Hearing stattfinden.[8] Im Übrigen habe sich während des Hearings bei einem Teil der Punkte übereinstimmende Auffassung mit der DAG feststellen lassen.

Kollege Muhr weist abschließend darauf hin, daß am Abend ein Gespräch des Geschäftsführenden Bundesvorstandes mit dem Präsidium der FDP stattfinden werde[9], dem erhebliche Bedeutung beigemessen werde. Hierbei werde sich erkennen lassen, bei welchen Punkten unserer Kritik noch eine Möglichkeit der Änderung gegeben sei. Für weitere Auskünfte zum Thema stehe er selbstverständlich gern zur Verfügung.

Kollege *Brenner* ist der Meinung, daß man die Beschlußfassung über den Aktionsplan und die Mittel der am Nachmittag tagenden Kommission zur Durchführung des Aktionsprogramms übertragen solle, um eine Koordinierung der vorgesehenen Maßnahmen herbeizuführen.

Kollege *Vetter* unterstützt den Vorschlag des Kollegen Brenner.

Kollege *Vater* erinnert daran, daß bereits in der Dezembersitzung des Bundesausschusses[10] gefordert worden war, es nicht bei den üblichen Protesten zu belassen, und daß zugesichert worden sei, die gewerkschaftlich organisierten Bundestagsabgeordneten in den nächsten Wochen zusammenzuholen.

Kollege *Muhr* teilt mit, daß für den 9. März 1971 ein Gespräch mit den gewerkschaftlich organisierten Mitgliedern des Bundestagsausschusses für Arbeit und Sozialordnung vorgesehen ist.[11] Zum Zeitpunkt der 2. und 3. Lesung des Gesetzentwurfs seien weitere Gespräche mit allen gewerkschaftlich organisierten Bundestagsabgeordneten geplant. Diese Reihenfolge der Gespräche habe der Geschäftsführende Bundesvorstand für zweckmäßig gehalten. Kollege Muhr betont noch einmal, daß die Vorbereitungen für die zweite Phase

---

8 Auf dem Hearing sprach sich Günter Stephan (zuständiges Vorstandsmitglied Abt. Angestellte) gegen die vorgesehene Herausnahme eines großen Teils der Angestellten aus der Betriebsverfassung aus, die zur Spaltung der Arbeitnehmerschaft führe. Vgl. Protokoll der 46. Sitzung des Bundestagsausschusses für Arbeit und Sozialordnung, ebd.
9 Auf der 70. GBV-Sitzung am 15.2.1971 wurde ein Treffen des GBV mit der FDP über das Betriebsverfassungsgesetz am 2.3.1971, 19.30 Uhr, in Bonn beschlossen. Ein weiteres geplantes Gespräch am 1.4.1971 fand nicht statt. Siehe Schriftverkehr Wolfgang Schneider, Bernd Otto mit Wolfgang Mischnick, DGB-Archiv, DGB-BV, Abt. Vorsitzender 5/DGAI000883. An dem Gespräch nahmen vonseiten des DGB teil: Heinz O. Vetter, Gerd Muhr, Alfons Lappas, Georg Neemann, Waldemar Reuter, Günter Stephan und Franz Woschech, vonseiten der FDP: Walter Scheel, Hans-Dietrich Genscher, Wolfgang Mischnick, Josef Ertl und die Bundestagsabgeordneten Werner Mertes, Knut Freiherr von Kühlmann-Stumm, Alfred Ollesch, Gerhard Kienbaum, Carlo Graaff und Hansheinrich Schmidt. Siehe Gespräch DGB-Vorstand mit dem FDP-Präsidium, in: ND, 3.3.1971, Nr. 62.
10 Vgl. Diskussion auf der 5. Sitzung des Bundesausschusses am 1.12.1970 zu TOP 3 (Dok. 33).
11 Ob dieses Treffen tatsächlich stattgefunden hat, kann nicht bestätigt werden, da weder in den Akten des Vorstandssekretariats von Gerd Muhr noch in der Abt. Sozialpolitik Hinweise überliefert sind. Auch gibt es hierzu keine Meldungen in den Publikationen des DGB und seiner Gewerkschaften sowie in der Aktenüberlieferung der SPD-Bundestagsfraktion, VI. Wahlperiode.

bereits anlaufen könnten, auch wenn heute erst – wie vorgeschlagen – über die erste Phase ein Beschluß gefaßt werde.

Kollege *Vetter* ergänzt, daß weitere Maßnahmen, wie Gespräche von Funktionären mit Abgeordneten am Orte, ab Mitte März folgen sollten, weil bis zu diesem Zeitpunkt eine umfassende Unterrichtung der Funktionäre über die Stellungnahme des DGB möglich sei.

In der nachfolgenden Diskussion, an der sich die Kollegen *Muhr, Vetter, Brenner, Stenger* und *Sickert* beteiligen, wird angeregt, von der Verwendung des Wortes »Phasen« abzusehen und die Maßnahme »Demonstrationsstreik« nur dann im Aktionsplan aufzuführen, wenn sichergestellt ist, daß es sich um ein ausschließlich internes Arbeitspapier handele. Kollege *Stenger* spricht sich gegen die Übertragung der Beschlußfassung auf die Kommission zur Durchführung des Aktionsprogramms aus, die nach seiner Meinung grundsätzlich vor einer Bundesvorstandssitzung tagen müßte. Kollege *Vetter* erklärt dazu, daß das im Allgemeinen auch üblich sei, aber heute wegen eines Gesprächs mit dem Verband Deutscher Schriftsteller nicht möglich gewesen wäre.[12] Er bitte trotzdem darum, die Kommission diesen ersten, mehr technischen Teil der Maßnahmen beschließen zu lassen, besonders auch im Hinblick auf die Notwendigkeit, die Planungen hinsichtlich der qualifizierten Mitbestimmung zunächst zugunsten einer Konzentration auf das BVG zurückzustellen.

Der Bundesvorstand ist mit dem vorgeschlagenen Verfahren einverstanden.

Auf die Frage des Kollegen *Michels* nach den Hintergründen der Äußerungen von Conrad Ahlers zur flexiblen Altersgrenze[13] berichtet Kollege *Muhr* kurz über ein Gespräch mit Bundesarbeitsminister Arendt in dieser Angelegenheit und verweist auf den vorliegenden Entwurf einer Presseerklärung.[14]

5. Konzertierte Aktion

Kollege *Vetter* ist der Ansicht, daß die bevorstehende nächste Sitzung der Konzertierten Aktion[15] und die für die Gewerkschaften negative Berichter-

---

12 An dem zweiten Gespräch mit dem Verband Deutscher Schriftsteller (VS) nahmen teil für den VS: Dieter Lattmann, Ingeborg Drewitz und Reinhard Baumgart, für den GBV: Heinz O. Vetter, Franz Woschech und Günter Stephan, für die DruPa: Leonhard Mahlein und für die Gewerkschaft Kunst: Joachim Freitag und Heinz Richter. Bei dem Gespräch gab es Übereinstimmung darüber, dass die Gründung oder der Ausbau der Gewerkschaft »Kultur« nur ein langfristiger Vorgang innerhalb des DGB sein könne. Siehe DGB: Gründung Gewerkschaft »Kultur« langfristiger Vorgang, in: ND, 2.3.1971, Nr. 61.
13 Der Sprecher der Bundesregierung, Conrad Ahlers, sagte bei einer Pressekonferenz am 25.2.1970, dass über die flexible Altersgrenze nicht vor 1974 entschieden werden solle, da es sich hierbei nur um eine Absichtserklärung handele und nicht um ein Reformvorhaben der Bundesregierung. Vgl. Flexible Altersgrenze vermutlich nicht vor 1974, in: NRZ, 26.2.1971.
14 Der Entwurf einer Presseerklärung vom 2.3.1971 mit dem Diktatkürzel Fe/vD (Walter Fritze/Ingrid van Dahlen) und einigen handschriftlichen Änderungen im ersten Absatz, in: DGB-Archiv, DGB-BV, Abt. Vorsitzender 5/DGAI000470. Siehe Die Quelle 22, 1971, Heft 3, S. 132f.
15 Die 20. Sitzung der »Konzertierten Aktion« fand am 4.3.1971 statt und behandelte im Wesentlichen die aktuelle Wirtschaftslage sowie den Jahreswirtschaftsbericht 1971 der Bundesregierung. Vgl. DGB-Archiv, DGB-BV, Sekretariat Günter Stephan 5/DGCU000051 sowie Abt. Tarifpolitik 5/DGAY000011.

Dokument 38   2. März 1971

stattung in der Presse[16] sowie die Äußerungen führender Persönlichkeiten gegen die Lohnpolitik der Gewerkschaften[17] eine Diskussion der Lage und des weiteren Verhaltens erforderlich mache.

Kollege *Neemann* ergänzt, daß noch eine andere Überlegung zur Aufnahme dieses Tagesordnungspunktes geführt habe, nämlich die Annahme, daß der Komplex Konzertierte Aktion einschließlich der DGB-Zielprojektion Diskussionsgegenstand auf dem Außerordentlichen Bundeskongreß werde. Aus beiden Gründen sei es notwendig, zu einer gemeinsamen Auffassung im Bundesvorstand zu kommen. In letzter Zeit haben sich die Äußerungen des Bundeswirtschaftsministers[18] und anderer führender Wirtschaftspolitiker gemehrt, die Lohnforderungen zu dämpfen und sich an Orientierungsdaten zu halten. Die Presse, auch die uns nahestehende, habe das in verstärktem Maße aufgegriffen. Es zeichne sich ab, daß Arbeitgeber, Bundeswirtschaftsministerium und Bundesbank in der nächsten Konzertierten Aktion mittels derselben Sprachregelung auf Minderung der Tarifforderungen drängen werden. Deshalb müßte der Versuch einer Analyse und der Konzipierung einer Antwort auf diese Situation gemacht werden. Zwei Dinge sollten dabei auseinandergehalten werden: 1. die Gesprächsrunde der Konzertierten Aktion an sich und 2. die Darstellung gegenüber der Öffentlichkeit.

Zum ersten Komplex gibt Kollege Neemann einen kurzen Rückblick über die Ergebnisse der Konzertierten Aktion in den vergangenen Jahren[19], die für uns durchaus nicht immer negativ gewesen sind. Ab etwa Mitte 1969 sei eine neue Phase eingetreten, in deren Verlauf der Bundeswirtschaftsminister gemeinsam mit den Unternehmern für eine Drosselung der Lohnentwicklung eingetreten sei. Auch das 9-Punkte-Programm des DGB sei in dieser Phase unberücksichtigt geblieben.[20]

Wenn auch die Gespräche von der Sache her überflüssig erscheinen mögen, sei es doch, so meint Kollege Neemann, unmöglich, sich ihnen zu entziehen,

---

16 So u. a. Gewerkschaften auf Kollisionskurs, in: Volkswirt, 7.2.1971; Friedrich Nowottny: Überfahrene Signale. Konzertierte Aktion muß mehr Gewicht erhalten, in:« NRZ, 18.2.1971 sowie Werner Mühlbradt: Schiller und die Gewerkschaften, in: Die Welt, 11.1.1971.
17 So u. a. Dietz warnt vor echter Inflation. Brandt soll den Gewerkschaften die Notwendigkeit einer vernünftigen Lohnpolitik klar machen, in: FNP, 12.2.1971 – Fritz Dietz, Präsident des Bundesverbands des deutschen Groß- und Außenhandels. Bundesbank betont ihre Sorge über Preise und Löhne. DGB spricht von Panikmache, in: Ruhrnachrichten, 16.2.1971 sowie Eberhard Starosta: Zynismus in der Lohnpolitik, in: Handelsblatt, 1.2.1971.
18 Auf dem Forum der Frankfurter Frühjahrsmesse betonte Bundeswirtschaftsminister Schiller, dass die Löhne und Gehälter nicht mehr so steigen könnten wie im Vorjahr. Die Lohnerhöhungen sollten sich im Rahmen der »Bonner Orientierungsdaten« bewegen, vgl. WdA 22, 5.3.1971, Nr. 10, S. 2 sowie Schiller warnt vor Lohnsteigerungen wie 1970. Maßhalte-Appell bei der Eröffnung der Frankfurter Messe, in: Rheinische Post, 1.3.1971.
19 Siehe hierzu Schriftverkehr, Berichte, Materialien, Protokolle und Kommuniqués der Sitzungen vom März 1969 bis März 1971, DGB-Archiv, DGB-BV, Abt. Wirtschaftspolitik 5/DGAN000099.
20 Das 9-Punkte-Programm zur Wahrung der Preisstabilität und Sicherung des Wirtschaftswachstums legte der DGB auf der 15. Sitzung der »Konzertierten Aktion« am 12.1.1970 vor. Vgl. Bericht der Abt. Wirtschaftspolitik, in: DGB-Geschäftsbericht 1969–1971, S. 173 sowie TOP 2 der 6. BV-Sitzung am 3.2.1970 (Dok. 14).

um sich nicht dem öffentlichen Vorwurf auszusetzen, einer sachlichen Diskussion auszuweichen.

Ein sehr kritischer Punkt sei der zweite von ihm angesprochene Komplex, nämlich die Darstellung der Gespräche in der Öffentlichkeit. Die einseitige Berichterstattung habe den falschen Eindruck aufkommen lassen, als hätten sich die Gewerkschaften an die Kette legen lassen. Die Öffentlichkeit erfahre Verlauf und Ergebnis der Konzertierten Aktion nur aus dem Abschlußkommuniqué, und die andere Seite, d. h. wir, hat es dann sehr schwer, ihren abweichenden Standpunkt deutlich zu machen.

Zusammenfassend ergeben sich folgende Fragen für uns:

1. Können wir es uns gegenüber der Öffentlichkeit erlauben, den Diskussionen in der Konzertierten Aktion aus dem Wege zu gehen?
2. Können wir bei weiterer Teilnahme an der Konzertierten Aktion Fehlinterpretationen wirksam unterbinden durch eigene intensive Unterrichtung der Massenmedien, durch die Herausgabe eines eigenen Kommuniqués, vielleicht durch zusätzliche Offenlegung der Protokolle?

Diese Fragen müssten sorgfältig überdacht werden.

Kollege Neemann berichtet noch kurz, daß das Bundeswirtschaftsministerium diesmal das sonst übliche Vorgespräch der Experten abgesagt habe. Er habe daraufhin den Minister daran erinnert, daß in der letzten Konzertierten Aktion[21] die Vertreter des DGB unter seiner Zustimmung die Vorgespräche für unbedingt notwendig erklärt hätten.

Kollege Neemann hält es auch für erforderlich, in der bevorstehenden Sitzung der Konzertierten Aktion auf Äußerungen des Bundeswirtschaftsministeriums einzugehen[22], daß die Grenzen der Orientierungsdaten bei 7 bis 8% Anhebung der ›Effektivverdienste‹ liegen sollen. Er betont in diesem Zusammenhang noch einmal, daß sich die grundsätzliche Auffassung über Orientierungsdaten beim DGB nicht geändert habe.

Auf das Thema »DGB-Zielprojektion« eingehend, schlägt Kollege Neemann abschließend vor, über Wert oder Unwert dieser Zielprojektion erst nach dem Außerordentlichen Bundeskongreß abschließend zu beraten.

Kollege *Tacke* erklärt, daß er nach wie vor der Meinung sei, daß man den Gesprächen nicht ausweichen und sich weiter an der Konzertierten Aktion beteiligen solle. Was die Sache kritisch mache, sei, daß auf diesem Instrument verschieden gespielt werde, daß die Aussagen praktisch vorher festliegen und den Tatbestand nicht objektiv wiedergeben, so daß in der Öffentlichkeit falsche Vorstellungen über die tatsächliche Situation entstehen. So habe beispielsweise das Ergebnis der letzten Konzertierten Aktion im Dezember 1970

---

21 Das Schreiben Georg Neemanns an Bundeswirtschaftsminister Schiller vom 26.2.1971 wurde den Bundesvorstandsmitgliedern mit Schreiben vom 10.3.1971 neben dem Sitzungsprotokoll der »Konzertierten Aktion« als Anlage beigefügt. Vgl. DGB-Archiv, DGB-BV, Sekretariat Günter Stephan 5/DGCU000051.
22 Siehe Protokoll der Sitzung (Dok. 40). Zum Abschlusskommuniqué siehe Stellungnahme des DGB zum Kommuniqué, DGB antwortet Schiller, in: ND, 8.3.1971, Nr. 73.

in Verbindung mit der Darlegung des Wirtschaftsberichts der Bundesregierung ein völlig anderes Gesicht erhalten.[23] Kollege Tacke zitiert einige Ziffern des Wirtschaftsberichts und zeigt auf, daß mit der Herausstellung von Orientierungsdaten die Zielprojektion vom 2.12.1970 umfunktioniert worden ist. Dieses Umfunktionieren bzw. diese Interpretation von Daten und Prozentsätzen habe dazu geführt, daß die Lohnpolitik der Gewerkschaften in den letzten Wochen so sehr in die Schußlinie geraten sei. Tatsache ist, daß in den ersten zwei Monaten des Jahres 1971 für etwa 1 Mio. Arbeitnehmer Tarifabschlüsse getätigt worden seien, die mit 9% sogar noch unter unserer eigenen Zielprojektion und 1,4% niedriger als die Tarifabschlüsse von 1970 liegen. Kollege Tacke regt an, in der nächsten Konzertierten Aktion ein Gespräch über die Lohnpolitik abzulehnen und stattdessen Auskunft über die Preispolitik und die Preissteigerungen zu verlangen, die nicht Folge der Lohnpolitik sein können. Ein Gespräch über Effektivlöhne käme für die Gewerkschaften ohnehin nicht in Frage.

Für Kollegen *Hauenschild* ergeben sich zwei Diskussionspunkte: einmal die Vorbereitung auf die nächste Sitzung der Konzertierten Aktion, zum anderen die grundsätzliche Frage der weiteren Beteiligung an der Konzertierten Aktion. Kollege Hauenschild spricht sich für eine weitere Teilnahme aus, zumal Bundesregierung, Bundeswirtschaftsminister, Bundesbank usw. auch unabhängig von der Konzertierten Aktion in der Lage seien, Daten, Behauptungen u.ä. in die Welt zu setzen, wann immer sie wollen. Er sieht die Schwierigkeit in der richtigen Darstellung der Sachverhalte in der Öffentlichkeit. Es sei sicher, daß durch das bisherige Verfahren das Mißtrauen besonders in der Mitgliedschaft wächst, daß Dinge hinter verschlossenen Türen geschehen und die Gewerkschaften sich unterdrücken lassen. Man müßte versuchen, dem entgegenzuwirken, auch wenn es schwierig sei, komplizierte Sachverhalte allgemeinverständlich darzustellen. Er schlägt vor, daß die DGB-Vertreter zu den Sitzungen der Konzertierten Aktion ein der Tagesordnung entsprechendes Papier vorbereiten und versuchen, eigene Passagen in das Abschlußkommuniqué einzubringen, das offenbar von Schiller bereits vorher weitgehend so abgefaßt wird, wie er es nach der Sitzung haben will. Bei entsprechender Vorbereitung und rechtzeitiger Information unserer Funktionäre müßte es nach Ansicht des Kollegen Hauenschild möglich sein, den Eindruck zu verwischen, als verstünden die Gewerkschaften es nicht, ihren Part zu spielen. Dazu müßte die allgemeine Publikationspolitik der Gewerkschaften und auch die des DGB-Bundesvorstandes mehr als bisher beitragen.[24]

Kollege *Brenner* knüpft an die Ausführungen des Kollegen Hauenschild an und meint, daß man sich mehr auf die Frage konzentrieren solle, welchen

---

23 Im Jahreswirtschaftsbericht der Bundesregierung vom 22.1.1971 wurden abweichend von den Zielprojektionen und Prognosen im 19. Gespräch der »Konzertierten Aktion« (10.12.1970) unmittelbare Lohnorientierungsdaten genannt. Siehe Rolf Seitenzahl: Dank der Bundesregierung. Der Jahreswirtschaftsbericht hat viele Haken und Ösen, in: WdA 22, 5.2.1971, Nr. 6. Rudolf Henschel: Richtige Ziele – aber falsche Mittel, in: Die Quelle 22, 1971, Heft 2, S. 58 f.
24 Siehe hierzu auch: Gespräch mit Karl Hauenschild. Konzertierte Aktion kritisch betrachtet, in: Die Quelle 22, 1971, Heft 4, S. 155 f.

Wert die Konzertierte Aktion für die Gewerkschaften überhaupt hat und ob wir nicht mehr oder weniger auch ein Opfer falscher politischer Darstellungen werden. Schon der Name »Konzertierte Aktion« erwecke die falsche Vorstellung, zu gemeinsamem Handeln verpflichtet zu sein. Dieser Begriff sei seinerzeit einfach vom Sachverständigenrat übernommen worden, auch, weil er in anderen Ländern eine Rolle spiele. Trotzdem würde die Öffentlichkeit kein Verständnis dafür haben, wenn sich die Gewerkschaften aus einem Kreis ausschließen würden, in dem sie gegenüber Regierung und Arbeitgebern ihre Meinung zum Ausdruck bringen können. Ähnliche Einrichtungen, wenn auch nicht unter diesem Namen, habe es unter allen Wirtschaftsministern gegeben. Es steht also nicht, so meint Kollege Brenner, die Frage, ob wir in der Konzertierten Aktion bleiben oder hinausgehen. Die Konzertierte Aktion wird mit oder ohne uns existieren. Wichtig ist dagegen für uns das Problem der Stellungnahme zu Zielprojektionen und Orientierungsdaten. Zielprojektionen haben wir in unserem Grundsatzprogramm selbst gefordert, und Orientierungsdaten waren – zur Ankurbelung der Wirtschaft 1967/68 – in unserem Interesse. Die Problematik der Orientierungsdaten heute ist nicht nur, daß sie umfunktioniert werden können in Lohnleitlinien. Sie werden als Obergrenze angesehen, bis zu der Tariferhöhungen vorgenommen werden dürfen. Was darüber hinausgeht, wird der Kritik unterworfen, nicht mehr mit der Regierungspolitik konform zu gehen. Auf der anderen Seite wäre das Anerkennen solcher Orientierungsdaten durch uns nicht nur psychologisch, sondern auch in der Sache falsch. Hier scheint der entscheidende Punkt für uns zu sein, zu dem wir konkret und eindeutig Stellung nehmen müssen, nämlich die Frage der Tarifautonomie. Wenn die Regierung und speziell der Bundeswirtschaftsminister sich nicht überzeugen lassen wollen, dann müssen sie eben zur Kenntnis nehmen, daß die Gewerkschaften nicht bereit sind, die Tarifautonomie antasten zu lassen. Man muß in diesem Zusammenhang aber auch sehen, daß sich die Gewerkschaften nicht in die Rolle des Verbündeten der Opposition drängen lassen dürfen. Wir sollten versuchen, vom gewerkschaftlichen Standpunkt aus objektive Maßstäbe aufzustellen. Wenn wir offen sprechen, begreifen auch die Funktionäre, welche Aufgaben die Gewerkschaften in der Konzertierten Aktion haben.

Kollege *Kluncker* ist der Meinung, daß es bisher selten so massive Angriffe gegen die Gewerkschaften und die Tarifautonomie gegeben habe. Er zeigt in einem kurzen Rückblick die Entwicklung der Konzertierten Aktion und das Verhalten der Bundesregierung, insbesondere des Bundeswirtschaftsministers, auf, das gerade in den letzten Monaten zu einer Verschärfung der Situation geführt hat. Kollege Kluncker zitiert aus Äußerungen und Beschlüssen der Bundesregierung, aus dem Wirtschaftsbericht und dem Jahresgutachten des Sachverständigenrates[25] und kritisiert besonders die Ableitung von Daten aus der Zielprojektion. Er stellt die Frage, welchen Einfluß die Tatbestände zusammen – die Fortsetzung der Konzertierten Aktion, die Heraus-

---
25 Siehe hierzu auch Artikel von Bernhard Tacke: Mißtöne im Konzert – Lohnpolitik zwischen Lob und Tadel, in: WdA 22, 12.3.1971, Nr. 11, sowie Rolf Seitenzahl: Konzertierte Aktion gegen die Gewerkschaften, in: Informationsdienst Gewerkschaftspresse 17, 16.3.1971, Nr. 39.

Dokument 38 2. März 1971

gabe von Zielprojektionen des DGB, die dann umfunktioniert werden, das stillschweigende Hinnehmen von Orientierungsdaten – auf die wirklichen Machtverhältnisse in unserem Staat und auf unsere Mitglieder haben werden. Auch er sei der Meinung, daß sich die Gewerkschaften nicht aus der Konzertierten Aktion zurückziehen sollten. Wir sollten aber prüfen, ob wir nicht für das weitere Verbleiben in der Konzertierten Aktion Bedingungen stellen. Dabei glaube er nicht, im Gegensatz zu Kollegen Tacke, daß die Debatte von Preis-Lohn-Spiralen zu einem Ergebnis führen würde. Kollege Kluncker schlägt vor, das Verbleiben in der Konzertierten Aktion von folgendem abhängig zu machen:

1. Die Regierung bringt eine Vorlage im Bundestag ein (für die sie sich auch im Bundesrat entsprechend einsetzt), daß eine Einkommens- und Vermögensstatistik erstellt wird.
2. Die Regierung verpflichtet sich, alles zu unterlassen, was für Tarifverhandlungen Maßstäbe setzen könnte.
3. Der Bundesvorstand des DGB veröffentlicht so lange keine eigene Zielprojektion, bis die Regierung sich verpflichtet, daraus keine Ableitungen vorzunehmen.

Kollege Kluncker ist der Meinung, daß man noch in Ruhe darüber diskutieren müsse, ob das Grundsatzprogramm des DGB eine Zielprojektion des DGB rechtfertige und auch in Zukunft Zielprojektionen veröffentlicht werden sollten. Er sei nicht der Meinung, vor allem, weil sie keine gesellschaftspolitischen Vorentscheidungen beinhalten, sondern lediglich eine Fortschreibung der volkswirtschaftlichen Gesamtrechnung sind.

Kollege Kluncker regt an, in Kürze eine ausführliche Diskussion über die von ihm angesprochenen wirtschaftspolitischen Fragen zu führen. Auf jeden Fall müßten alle Angriffe auf die Tarifautonomie energisch abgewehrt werden.

Kollege *Vetter* begrüßt den Vorschlag einer umfassenden wirtschaftspolitischen Diskussion. Im Hinblick auf die bevorstehende Sitzung der Konzertierten Aktion stellt er die Frage, ob der Bundesausschuß in seiner morgigen Sitzung in einer ausführlichen Presseerklärung zu den heute angesprochenen Fragen – vor allem zum Problem Lohnleitlinien und Tarifautonomie – Stellung nehmen sollte.

[In der abschließenden Diskussion werden noch kurz einige Einzelaspekte erörtert. *Neemann* ist der Meinung, dass eine am nächsten Tag herauszugebende Presseerklärung nicht in ausreichender Weise alle diskutierten Punkte enthalten könne, und unterstreicht die Notwendigkeit einer baldigen und umfassenden Erörterung der Probleme.]

6. LEISTUNGEN AUS DEM SOLIDARITÄTSFONDS FÜR DAS JAHR 1971

[Nach kurzer Diskussion stimmt der Bundesvorstand einer Aufstellung der Zuwendungen und Aufwendungen für besondere Aktionen zu.]

7. Unterstützungs- und Beschwerdeausschuss für den Unfallunterstützungsfonds für ehrenamtliche Gewerkschaftsfunktionäre und für den Fonds »Ehemalige Gewerkschaftsangestellte«

[Der Bundesvorstand beschließt die Vorlage von *Lappas* mit der Neubesetzung des Unterstützungs- und Beschwerdeausschusses.]

8. Familien-Rechtsschutzversicherung

[*Woschech* gibt einen kurzen Zwischenbericht über die zwischenzeitlich stattgefundenen Gespräche, in denen die aufgeworfenen Fragen des Bundesvorstands noch nicht restlos geklärt werden konnten. Da noch weitere Gespräche zu führen sind, sei es im Moment nicht möglich zu sagen, in welcher Sitzung eine endgültige Verabschiedung erfolgen könne. Der Bundesvorstand ist mit diesem Vorgehen einverstanden.]

9. ACE/GUV

[Der Bundesvorstand nimmt den Bericht von *Woschech* über den Schuldentilgungsplan des ACE sowie den Bericht über GUV zur Kenntnis.[26]]

10. Mai-Plakat

[*Stephan* weist auf die vier aufgestellten Plakate hin, erläutert sie und bittet um eine Entscheidung. Nach kurzer Diskussion kommt der Bundesvorstand überein, die Plakate mit dem mehrfarbigen Kreis und der Personengruppe in Reinzeichnung herstellen zu lassen und sich in der Klausurtagung am 13./14.3.1971 endgültig für ein Plakat zu entscheiden.]

11. Verschiedenes

a) Bestellung von Wirtschaftsprüfern

[Der Bundesvorstand stimmt der Vorlage von *Lappas* zu, dass für die Prüfung der Jahresabschlüsse 1970 für den DGB und die VTG die ATH Allgemeine Treuhandgesellschaft mbH bestellt wird.]

b) Bericht aber das Ergebnis der Beratungen der Kleinen Kommission des Ausschusses zur Bekämpfung des Rechtsradikalismus

Kollege *Vetter* teilt mit, daß man in diesem kleinen Kreis zu einem Papier gekommen sei, das nach seiner Überarbeitung dem Bundesvorstand in der nächsten Sitzung vorgelegt wird. Der DGB soll für zukünftige Aktionen gegen den Rechtsradikalismus eine Zusammenarbeit mit den drei im Bundestag vertretenen Parteien anstreben. Entsprechende Gespräche mit den Parteispitzen sollen umgehend geführt werden. Beim Bundesvorstand soll für zukünftige Aktionen eine Ad-hoc-Kommission (Entscheidungsstab) gebildet

---

26 Siehe TOP 6 der 13. Sitzung des Bundesvorstandes, Dok. 31, Fußnote 24. Der Bericht über die Arbeitsgemeinschaft Gewerkschaftlicher Unterstützungseinrichtungen für Verkehrsberufe (GUV) wurde erstellt von Günter Stein und beschreibt die Entwicklung der Arbeitsgemeinschaft seit ihrer Gründung 1950. DGB-Archiv, DGB-BV, Abt. Vorsitzender 5/DGAI000470.

Dokument 38 2. März 1971

werden, die anhand eines sogenannten Mob-Planes organisatorische, technische und finanzielle Entscheidungen trifft. Die Unterrichtung der Mitgliedschaft über den Rechtsradikalismus soll intensiviert werden. Nach Abschluß der Beratungen über den Komplex Rechtsradikalismus soll der Ausschuß zur Bekämpfung des Rechtsradikalismus dem Bundesvorstand eine Konzeption zur Verabschiedung vorlegen. Der Bundesvorstand hätte also im April das Ergebnis dieser Kommission zu verabschieden. Nach Behandlung des Komplexes Rechtsradikalismus soll das völlig anders geartete Problem des Linksradikalismus von demselben Ausschuß behandelt werden.[27]

c) Kommission für wirtschaftlichen und sozialen Wandel

Kollege *Vetter* informiert den Bundesvorstand, daß die Kommission für wirtschaftlichen und sozialen Wandel vom Bundeskanzler berufen wurde und sich konstituiert hat. Dieser Kommission gehören folgende Kollegen an: Dr. Ursula Schumm-Garling (ÖTV), Dr. Günter Friedrichs (IG Metall), Dr. Gerhard Leminsky (WWI), Dr. Heinz Markmann (WWI) und Dr. Scheer (DAG).

Auf die Frage des Kollegen *Vater* erwidert Kollege *Vetter,* daß die Kommission in vier Jahren eine umfassende Empfehlung zu der ganzen Fülle der Probleme im Zusammenhang mit dem wirtschaftlichen, technischen und sozialen Wandel vorlegen soll. Zu diesem Zweck sei es sehr erwünscht, wenn die gewerkschaftlichen Mitglieder der Kommission sich auf die sachkundige Beratung aus dem Bereich der Gewerkschaften stützen könnten. Die Gewerkschaften werden diesbezüglich angeschrieben, um diese Wünsche zu konkretisieren.

d) Mitbestimmung an der Akademie der Arbeit[28]

[*Vetter* gibt bekannt, dass in nächster Sitzung eine Vorlage über die Mitbestimmung an der Akademie der Arbeit vorgelegt werden soll.]

e) Mitbestimmung bei der BfG

Kollege *Vetter* teilt mit, daß nach dem Gespräch, das Kollege Adolf Schmidt und er geführt haben. noch einige Fragen offen geblieben sind. Das Ergebnis soll in der Klausurtagung am 13./14.3.1971 besprochen werden.

f) Aktientausch BfG

[*Lappas* informiert den Bundesvorstand, dass zum Jahreswechsel 1970/71 das Aktienkapital der BfG von 230 Mio. DM auf 280 Mio. DM erhöht wurde, welches von der Neuen Heimat gezeichnet wurden.[29] Der Aktientausch findet die Zustimmung des Bundesvorstands.]

---

27 Siehe Bericht (26.2.1971) von Johannes Naber über die Sitzung am 19.2.1971, DGB-Archiv, DGB-BV, Abt. Vorsitzender 5/DGAI000470.
28 Dokumentation zum Stand der Diskussion um die Mitbestimmung an der Akademie für Arbeit an der Universität Frankfurt/M., zusammengestellt von der Mitbestimmungskommission, Frankfurt/M. 1970; vgl. auch: Diether Döring: Die Akademie der Arbeit an der Universität Frankfurt als Beispiel universitärer Arbeiterbildung, in: Richert: Subjekt, S. 121–131.
29 Es war erforderlich aus steuerlichen Gründen, einen Aktientausch vorzunehmen. Nach § 7 der Geschäftsanweisung der VTG bedurfte ein solcher Aktientausch der Zustimmung des Bundesvorstandes.

g) Entwicklungsprojekt Tansania

Kollege *Vetter* berichtet, daß der Schwedische Gewerkschaftsbund, der Jugoslawische Gewerkschaftsbund und einige politische Schriftsteller an den DGB herangetreten sind, um ein dreiparteiliches Gewerkschaftsprojekt zum Entwicklungsprojekt in Tansania vorzunehmen. Eine kleine Kommission, die aus Mitteln des Bundesministeriums für wirtschaftliche Zusammenarbeit finanziert wird, unterrichtet sich an Ort und Stelle über dieses Projekt. Wenn das Ergebnis der Prüfungskommission vorliegt, wird die Angelegenheit im Bundesvorstand beraten.

h) Organisationsstreit BSE/HBV

Kollege *Vietheer* trägt unter Angabe an [von] Einzelheiten vor, daß die IG Bau, Steine, Erden eine auch an Mitglieder und Funktionäre seiner Gewerkschaft gerichtete Werbeaktion gestartet habe, die unter den Funktionären der Gewerkschaft HBV große Unruhe und Empörung ausgelöst habe. Er bedauert, dass kein Vertreter der IG Bau, Steine, Erden in der Bundesvorstandssitzung anwesend ist, und bittet deshalb, von einer Diskussion der Angelegenheit abzusehen.

Zum geschilderten Verhalten der IG Bau, Steine, Erden gibt Kollege Vietheer in aller Schärfe den Protest seiner Gewerkschaft zu Protokoll. Das Vorgehen der IG Bau, Steine, Erden stelle einen Verstoß gegen die Solidarität dar und sei ein Zeichen von Unkollegialität.

i) Organisationsstreit CPK/IGM (Firma Kaiser-Aluminium)

Kollege *Michels* macht darauf aufmerksam, daß in Dinslaken der Betrieb Kaiser-Aluminium mit 200 Angestellten neu aufgebaut wird. Es entsteht ein schwieriger Zustand, da der Kreisvorsitzende gebeten wurde, die interessierten Gewerkschaften bei ihrer Werbung zu unterstützen. Durch diesen Organisationsstreit haben sich viele Angestellte in der DAG organisiert, während eine große Zahl der Arbeiter im CGD ist.[30] Es müsste bald zu einer Klärung kommen.

Kollege *Hauenschild* erklärt, daß bereits eine Terminabsprache für ein Gespräch mit der IG Metall besteht. Wenn dieses Gespräch nicht zu einer Entscheidung führt, müßte der DGB als Schiedsrichter eingeschaltet werden.

j) Redaktion Gewerkschaftliche Monatshefte

[*Vetter* teilt mit, dass vorgesehen sei, die Redaktion der »Gewerkschaftlichen Monatshefte« Dr. Gerhard Leminsky zu übertragen. Nach einer dreimonatigen Einarbeitung soll er uneingeschränkt die Chefredaktion übernehmen

---

30 Der Christliche Gewerkschaftsbund Deutschlands (CGD) wurde am 30.10.1955 in Essen gegründet, da manchen christlich-demokratischen Gewerkschaftern die gewerkschaftspolitische Ausrichtung des DGB in den 1950er Jahren missfiel. Siehe Klaus Mertsching: Mathias Föcher. Ein christlicher Gewerkschafter in der Einheitsgewerkschaft, in: Klaus Tenfelde (Hrsg.): Mitteilungsblatt des Instituts für soziale Bewegungen. Forschungen und Forschungsberichte Nr. 35, Bochum 2006, S. 80 f. sowie Schroeder: Katholizismus, S. 185 ff.

und die presserechtliche Verantwortlichkeit. Nach kurzer Diskussion bejaht der Bundesvorstand die Festanstellung von Leminsky.]

k) Presseerklärung

Die vorliegende Presseerklärung wird dem Bundesausschuß morgen mit einer Änderung im zweiten Satz zur Verabschiedung vorgelegt werden.[31]

Ende der Sitzung: 14.00 Uhr.

DOKUMENT 39

3. März 1971: Protokoll der 6. Sitzung des Bundesausschusses

Hans-Böckler-Haus in Düsseldorf; Vorsitz: Heinz O. Vetter; Protokollführung: Isolde Funke, Marianne Jeratsch; Sitzungsdauer: 10.15–16.05 Uhr; ms. vermerkt: »Vertraulich«.[1]
Ms., hekt., 14 S., 1 Anlage.[2]

DGB-Archiv, 5/DGAI000444.

Beginn: 10.15 Uhr

Vorsitz: Heinz O. Vetter

[*Vetter* eröffnet die Sitzung, folgende Tagesordnung wird beschlossen:]

Tagesordnung:
1. Genehmigung des Protokolls der 5. Bundesausschusssitzung
2. Arbeitnehmerkammerfrage
3. Gründung eines Instituts für Zukunftsforschung
4. Gewerkschaftspolitischer Lagebericht
5. Situationsbericht zum BVG
6. Haushalt 1971
7. Leistungen aus dem Solidaritätsfonds für das Jahr 1971
8. Bestätigung von Landesbezirksvorstandsmitgliedern
9. Termin
10. Presseerklärung
11. Wirtschaftspolitische Lage
12. Fragestunde

---

31 Die Presseerklärung wurde nach der Verabschiedung im Bundesausschuss nicht im Nachrichtendienst der Bundespressestelle des DGB veröffentlicht. In dieser Erklärung ging es um die flexible Altersgrenze in der Rentenversicherung und den Rechtsanspruch des Arbeitnehmers auf bezahlten Bildungsurlaub. DGB-Archiv, DGB-BV, Abt. Vorsitzender 5/DGAI000470 sowie Fußnote 14 in diesem Dok.
1 Einladungsschreiben vom 5.1. und 17.2.1971, DGB-Archiv, DGB-BV, Abt. Vorsitzender 5/DGAI000407.
2 Anlage: Anwesenheitsliste.

3. März 1971 **Dokument 39**

1. GENEHMIGUNG DES PROTOKOLLS DER 5. BUNDESAUSSCHUSSSITZUNG
[Nach einer redaktionellen Änderung wird das Protokoll genehmigt.]

2. ARBEITNEHMERKAMMERFRAGE

Kollege *Farthmann* führt aus, daß über die Arbeit der Kommission zur Prüfung des Arbeitskammerproblems bereits in mehreren Sitzungen berichtet worden sei. In ihrer letzten Sitzung am 12.11.1970 ist die Kommission zu einem Abschluß gekommen. Das Ergebnis ist in einer Konzeption zur Mitbestimmung im gesamtwirtschaftlichen Bereich, einschließlich der Frage der Arbeitnehmerkammern, zusammengefaßt und den Mitgliedern des Bundesausschusses übermittelt worden.[3] Im Rahmen dieser Konzeption ist die Frage der Errichtung von Wirtschafts- und Sozialräten auf der Ebene von Bund und Ländern relativ unproblematisch. Schwierig war dagegen das Problem des Ersatzes der bestehenden Unternehmenskammern durch die regionalen Wirtschafts- und Sozialräte. Hierbei handelt es sich um ein völlig neues System, das gewährleisten soll, daß die bisher von den Kammern wahrgenommenen Aufgaben auch künftig sinnvoll erfüllt werden.

Kollege Farthmann erläutert kurz die Konstruktion und Aufgabenstellung der Wirtschafts- und Sozialräte auf den drei Ebenen. Die von der Gewerkschaft ÖTV gestellten Änderungsanträge zur Vorlage der DGB-Kommission beinhalten nach seiner Meinung in der Hauptsache begrüßenswerte Präzisierungen und redaktionelle Änderungen und sprechen ein für die künftige Diskussion wichtiges Thema, den Bildungsurlaub, an. Sie stören die Gesamtkonzeption nicht und können ohne weiteres in die Vorlage übernommen werden.[4]

[Nach kurzer Diskussion stimmt der Bundesausschuss, unter Berücksichtigung der Änderungsanträge der Gewerkschaft ÖTV und einiger kleiner redaktioneller Veränderungen, der Vorlage der DGB-Kommission »Die Mitbestimmung im gesamtwirtschaftlichen Bereich«[5] zu.]

3. GRÜNDUNG EINES INSTITUTS FÜR ZUKUNFTSFORSCHUNG

Kollege *Vetter* teilt mit, daß Kollege Farthmann über die beabsichtigte Gründung eines Instituts für Zukunftsforschung den Bundesausschuß nur infor-

---

3 Dem BA lag ein 21-seitiges Papier von Friedhelm Farthmann vor: »Die Mitbestimmung im gesamtgesellschaftlichen Bereich«. DGB-Archiv, DGB-BV, Abt. Vorsitzender 5/DGAI000407.
4 Siehe Arbeitspapier: »Änderungsanträge der Gewerkschaft ÖTV, Hauptvorstand, zur Vorlage der DGB-Kommission ›Mitbestimmung im gesamtwirtschaftlichen Bereich‹, die am 3. März vom Bundesausschuss beschlossen werden soll« sowie 21-seitiges Arbeitspapier der Kommission zur Prüfung des Arbeitskammerproblems vom 16.11.1970, in: DGB-Archiv, DGB-BV, Abt. Vorsitzender 5/DGAI000407. Zu diesem Tagesordnungspunkt wurde eine Pressemitteilung herausgegeben: DGB schlägt Wirtschafts- und Sozialräte vor, in: ND, 3.3.1971, Nr. 65.
5 Die Änderungsanträge des ÖTV-Hauptvorstands bezogen sich auf die Ausführungen zu I. Grundsätze, II. Die Frage der Arbeitnehmerkammer und III. Bundeswirtschafts- und Sozialrat. Antragspapier, in: DGB-Archiv, DGB-BV, Abt. Vorsitzender 5/DGAI000407 sowie 5. BA-Sitzung vom 2.12.1970, TOP 4 (Dok. 34).

mieren wird. Der Bundesvorstand will erst in seiner Aprilsitzung über dieses Institut entscheiden.

Kollege *Farthmann* berichtet, daß seit einem Jahr Einigkeit darüber bestehe, daß die mit der Zukunftsforschung zusammenhängenden Fragen für die Gewerkschaften von großer Bedeutung seien und deshalb die Gewerkschaften einen eigenen Beitrag dazu leisten müßten, nicht zuletzt im Hinblick auf die Gründung des ITE von Seiten der Arbeitgeber.[6] Seit vergangenem Jahr seien konkrete Vorschläge vorhanden, wie der DGB ein eigenes Institut unter seiner Regie in Zusammenarbeit mit den gemeinwirtschaftlichen Unternehmen errichten könne. Man sei zunächst der Meinung gewesen, daß man nur eine Adresse zu schaffen brauche, die nichts kosten, aber öffentliche Aufträge erhalten würde und sich somit finanzieren könnte. Diese Idee habe sich aber als nicht realisierbar erwiesen. Dann sei die Möglichkeit überlegt worden, das Institut in das WWI aufzunehmen. Diese Frage hätte aus verschiedenen Gründen mehrere Nachteile.[7] In verschiedenen Gesprächen mit den gemeinwirtschaftlichen Unternehmen und mit befreundeten Instituten seien dann verschiedene Möglichkeiten erörtert worden. Auch wurden über das Gewos-Institut[8] Gutachten zugezogen, die sich in den Unterlagen für die Bundesvorstandsmitglieder niedergeschlagen hätten. Es handele sich hierbei um eine Ausarbeitung über das Forschungsprogramm des Instituts, einen Satzungsentwurf für die Gründung der GmbH und einen Finanzierungsplan. Auf lange Sicht werde in Aussicht genommen, evtl. auch andere Institutionen zur Mitarbeit oder zum Beitritt zu gewinnen. Die Finanzierung solle durch jährliche Beiträge erfolgen, wodurch die Unabhängigkeit gesichert werde. Nach Abschluß der Aufbauphase würde das später 1 Mio. DM pro Jahr erfordern. Es würde versucht werden, diese Unkosten in gewissem Maße durch Hereinnahme öffentlicher Aufträge zu decken. Die gemeinwirtschaftlichen Unternehmen hätten global ihre Bereitschaft zur Mitarbeit an einem solchen Institut erklärt. Vorerst müßte aber der Bundesvorstand das Institut beschließen.

[In der Diskussion wird die Gründung des Instituts begrüßt. Man hofft, dass es später möglich sein werde, dieses Institut und das WWI zusammenzulegen. Abschließend wird darauf hingewiesen, dass die Vorsitzenden der Gewerkschaften diese Vorlage in ihren Vorständen beraten lassen sollten.]

---

6 Der VW-Chef Kurt Lotz hatte auf der Hannovermesse 1969 das Industrie-Institut zur Erforschung technischer Entwicklungslinien (ITE) eröffnet – eine Gemeinschaftsgründung von 51 westdeutschen Industriefirmen. Siehe Auseinandersetzung zwischen den Gründungsmitgliedern um den richtigen Weg bei der Zukunftsforschung in: Der Spiegel, 24, 23.3.1970, Nr. 13, S. 195.
7 Bei einer Übernahme durch das WWI wäre bei einer Beteiligung der Friedrich-Ebert-Stiftung und Gewos-Institut eine Aufnahme dieser beiden Institute als Gesellschafter in das WWI erforderlich gewesen, was aus gewerkschaftspolitischen Gründen bedenklich gewesen wäre. Vgl. Beratungsvorlage von Friedhelm Farthmann für 57. GBV-Sitzung am 12.10.1984, DGB-Archiv, DGB-BV, Abt. Vorsitzender 5/DGAI000187.
8 Gewos-Institut für Stadt-, Regional- und Wohnforschung, Hamburg, ist ein interdisziplinäres Forschungsinstitut für Forschung mit dem Schwerpunkt Wohnungswirtschaft.

4. Gewerkschaftspolitischer Lagebericht

Zu Beginn seines Berichts weist Kollege *Vetter* darauf hin, daß zwei im Augenblick besonders wichtige Themen aus dem innenpolitischen Bereich später gesondert behandelt werden sollen, nämlich das Betriebsverfassungsgesetz und die wirtschaftspolitische Lage.

Auf außenpolitischem Gebiet steht noch immer die Lösung des Berlin-Problems auch für die Gewerkschaften im Vordergrund. Trotz der Verträge von Moskau und Warschau[9] zeichne sich bisher keine befriedigende Regelung ab, so daß die seinerzeit beschlossene sogenannte »Funkstille« gegenüber den östlichen Arbeitnehmerorganisationen weiterbestehen müsse. Ein in den letzten Tagen aufgenommener direkter Kontakt des Leiters der Auslandsabteilung des DGB[10] mit der sowjetischen Gewerkschaftsführung habe jedoch erkennen lassen, daß diese in absehbarer Zeit mit einer Berlin-Lösung zu rechnen scheint und aus diesem Grunde wiederum die Durchführung eines Kontaktprogramms vorschlägt. Dabei ist zunächst an den Austausch von Gewerkschaftsjournalisten gedacht. Danach sollen ein Austausch zwischen zwei DGB-Landesbezirken und entsprechenden Bereichen in der Sowjetunion und später ein Austausch von Spitzendelegationen der Gewerkschaftsbünde unter Einbeziehung von Berliner Kollegen stattfinden. Diese Vorschläge müssen sorgfältig geprüft werden.

Mit Polen und der CSSR zeigen sich im Augenblick wegen der schwierigen politischen Situation in den Ländern kaum Kontaktmöglichkeiten. Dagegen werden die Beziehungen zu Rumänien, Ungarn, Bulgarien und Jugoslawien systematisch weiterentwickelt. Es finden gegenseitige Besuche zur Vorbereitung von Spitzendelegationen statt. Im Kontakt mit den jugoslawischen Gewerkschaften spielen Fragen der Selbstverwaltung eine besondere Rolle. In den Beziehungen zum FDGB ist keine neue Entwicklung eingetreten.

Kollege Vetter berichtet weiter kurz über ein Projekt, das im Augenblick auf seine Durchführbarkeit geprüft wird. Es handelt sich um ein Entwicklungsprojekt für Tansania, zu dem sich eventuell aus drei europäischen Ländern, nämlich Schweden, Jugoslawien und Bundesrepublik, der jeweilige Gewerkschaftsbund, ein namhafter Schriftsteller und je eine Wochen- oder Tageszeitung zusammenfinden wollen. Nach Prüfung der Möglichkeiten werde weiter darüber berichtet.

Die Lage im Bereich der europäischen Gewerkschaften sei im Augenblick etwas schwierig. Bei den im EBFG zusammengeschlossenen Gewerkschaften habe sich eine gewisse Europa-Ernüchterung eingestellt, der insbeson-

---

9 In dem Moskauer Vertrag vom 12.8.1970 und dem Warschauer Vertrag vom 7.12.1970 sicherte die Bundesrepublik zu, dass die Oder-Neiße-Linie Westgrenze Polens sei. Der Deutsche Bundestag ratifizierte beide Verträge am 17.5.1972. Vgl. DzD VI, Bd. 1, bearb. v. Daniel Hofmann, München 2002, S. LIII–LXIII.
10 8-seitiger Bericht von Otto Kersten über die Gespräche in Moskau vom 28.2. bis 2.3.1971 u. a. mit dem Leiter der Internationalen Abt, Boris Averjanow. Dem Bericht ist ein Plan für den Delegationsaustausch im Jahr 1971 beigefügt. DGB-Archiv, DGB-BV, Sekretariat Bernhard Tacke 5/DGCY000140.

dere der DGB mit klaren Zielsetzungen im EBFG versuchen müsse zu begegnen. Auch Beschlüsse des Monnet-Komitees[11] auf seiner letzten Tagung hätten diesem Zweck gedient. Besondere Bedeutung sei der Stärkung des Wirtschafts- und Sozialausschusses innerhalb der EWG zugekommen. Auf Schwierigkeiten bei den nationalen Bünden stoße auch die Kontaktnahme zwischen EBFG und Christlichen Gewerkschaften[12], die bisher nur in der Spitze stattgefunden habe.

Ein weiteres Problem im europäischen Bereich stelle sich durch die veränderte Haltung der Gewerkschaften in den beitrittswilligen Staaten, d. h. in England und den skandinavischen Ländern. In einer zweiten Konferenz im Januar[13] sei versucht worden, die Bedenken auszuräumen. In Großbritannien ist die Situation wegen der Probleme um das Gewerkschaftsgesetz[14] im Augenblick besonders schwierig. Aber die Bemühungen sollen weiter fortgesetzt werden.

Die politische Diskussion um eine Europäische Sicherheits- oder auch Gewerkschaftskonferenz ist, so fährt Kollege Vetter fort, in ein Stadium gekommen, das Aktivitäten der demokratischen europäischen Gewerkschaften notwendig macht. Im IBFG sei deshalb die Abhaltung einer Europäischen Konferenz der Freien Gewerkschaften beschlossen worden.[15] Damit solle insbesondere den östlichen Vorwürfen begegnet werden, die uns als Friedensgegner abstempeln möchten.

---

11 Das Aktionskomitee für die Vereinigten Staaten von Europa (Monnet-Komitee), gegründet 1955, verabschiedete auf seiner 17. Tagung am 23./24.2.1971 in Bonn eine Entschließung zur künftigen Gestaltung Europas. DGB-Archiv, DGB-BV, Internationale Abt. 5/DGAJ000151 und DGB fordert Stufenplan für Europa, in: ND, 24.2.1971, Nr. 52.
12 Auf der Tagung des gewerkschaftlichen Arbeitskreises für internationale Fragen und europäische Integration am 26.2.1971, an der auch Harm Buiter (Generalsekretär des EBFG) teilnahm, wurde eine verstärkte gemeinsame Interessenvertretung von EBFG und Christlichen Gewerkschaften in der EWG als Ziel angestrebt. DGB-Archiv, DGB-BV, Internationale Abt. 5/DGAJ000461 und Für demokratische Gewerkschaftsarbeit, in: Die Quelle 22, 1971, Heft 3, S. 106.
13 Am 13./14.1.1971 fand in Helsingør (Dänemark) die 2. Deutsch-skandinavische Gewerkschaftskonferenz über den Beitritt der skandinavischen Länder zur EWG und über die gewerkschaftliche Zusammenarbeit in Europa statt. Die erste Konferenz tagte am 24./25.9.1970 in Malmö. DGB-Archiv, DGB-BV, Internationale Abt. 5/DGAJ000461.
14 Die britische Regierung unter dem konservativen Premierminister Edward Heath beschloss mit dem »Industrial Relations Act« von 1971 eine umfassende Neuordnung der Arbeitsbeziehungen, wodurch bisherige Rechtsbestimmungen der Gewerkschaften aufgehoben wurden. Vgl. Benjamin Carr: Tories wollen den Gewerkschaften eine Zwangsjacke verpassen. Bedenkliche Einschränkung der Koalitionsfreiheit in England?, in: WdA 22, 1.1.1971, Nr. 1 sowie Hans Kastendiek: Großbritannien – ein Erfolgsmodell?: Die Modernisierung unter Thatcher und New Labour, Bonn 1999 (FES Analyse), Electronic ed.: Bonn: FES Library 2000.
15 Auf der 51. Vorstandssitzung des IBFG am 8./9.12.1970 wurden die Vorschläge der polnischen und anderer kommunistischer Organisationen für eine gesamteuropäische Gewerkschaftskonferenz abgelehnt. Stattdessen sollte eine Europäische Konferenz der freien Gewerkschaften [IBFG- und WVA-Gewerkschaften] der Internationalen Arbeitsorganisation 1971 einberufen werden. Ein Termin wurde noch nicht festgelegt. DGB-Archiv, DGB-BV, Sekretariat Bernhard Tacke 5/DGCY000009.

Kurz auf innenpolitische Fragen eingehend, erwähnt Kollege Vetter, daß die Bundesregierung im Rahmen ihres Programms der Inneren Reformen[16] zwar einige Probleme angepackt und auch zum Teil durchgeführt habe, daß aber eine Reihe von Fragen noch offen sei, so z. B. das Betriebsverfassungsgesetz, die Vermögensbildung, der Bildungsurlaub, die qualifizierte Mitbestimmung und die flexible Altersgrenze. Sehr enttäuschend sei u. a. gewesen, daß der für Ende 1970 angekündigte Vermögensbildungsbericht[17] noch immer nicht vorliege.

Abschließend berichtet Kollege Vetter, daß die Gewerkschaftsvorsitzenden und der GBV mit den Vorstandsvorsitzenden der gemeinwirtschaftlichen Unternehmen zu einer Klausurtagung zusammengekommen sind[18], um die Beziehungen zwischen Gewerkschaften und gemeinwirtschaftlichen Unternehmen zu untersuchen und zu koordinieren. Weitere Sitzungen sollen folgen.

5. SITUATIONSBERICHT ZUM BVG

Kollege *Muhr* erinnert eingangs an den Protest des Bundesausschusses im Dezember zu einigen Punkten des am gleichen Tage vom Bundeskabinett zu verabschiedenden Regierungsentwurfs. Er wolle heute versuchen, anhand des vorliegenden Regierungsentwurfs[19] sowohl die Punkte aufzuzeigen, die für den DGB akzeptabel sind, als auch die, denen er unter keinen Umständen seine Zustimmung geben könne. Bei dieser Übersicht werde er auch den erst kurz vor der 1. Lesung eingebrachten Entwurf der CDU heranziehen, soweit er zu dem einen oder anderen Punkt bessere Vorschläge als der Regierungsentwurf enthalte.[20]

Kollege Muhr geht zunächst auf die Teile des Regierungsentwurfs ein, die ganz oder überwiegend annehmbar sind. Tatsache sei, daß die Bundesregierung bei den Voraussetzungen für die Betriebsratstätigkeit, bei der Frage des Zustandekommens der Betriebsräte und ihrer Bewegungsmöglichkeiten eine Reihe positiver Vorschläge gemacht habe. Er führt dann im einzelnen folgende Punkte auf:

---

16 Unter »Innere Reformen« verstand die Bundesregierung eine schrittweise Veränderung der staatlichen und gesellschaftlichen Wirklichkeit, die sich an den Grundwerten eines sozialen und demokratischen Rechtsstaats orientiere. Vgl. Regierungserklärung vom 28.10.1969, in: Bulletin des Presse- und Informationsamtes der Bundesregierung, 29.10.1969, Nr. 132, S. 1123 ff. Siehe hierzu auch: Günter Pehl: Bonn gab Zwischenbilanz der Reformpolitik, in: Die Quelle 22, 1971, Heft 4, S. 156–159.
17 Zum Nichterscheinen des Vermögensbildungsberichtes der Bundesregierung vgl. Günter Pehl: Warten auf den Vermögensbildungsbericht. Werden die Arbeitnehmer am Gewinn beteiligt?, in: Die Quelle 22, 1971, Heft 3, S. 100–103.
18 Gemeint ist hier die Klausurtagung am 3.2.1971 (Dok. 36).
19 Siehe vergleichende Darstellung zum Regierungsentwurf, 17. BV-Sitzung, Dok. 38, Fußnote 6.
20 Vgl. CDU/CSU-Bundestagsfraktion: »Gesetzentwurf über die Mitbestimmung der Arbeitnehmer in Betrieben und Unternehmen«, Bundestagsdrucksache VI/1806. Siehe zur DGB-Kritik: CDU/CSU-Entwurf schwächt Arbeitnehmerrechte, in: Die Quelle 22, 1971, Heft 3, S. 125.

Dokument 39 3. März 1971

Verbesserte Staffelung der Zahl der Betriebsräte (§ 9 des Regierungsentwurfs); Zeitpunkt der Betriebsratswahlen (§ 13); bei den Wahlvorschriften (§ 14) das Recht der im Betrieb vertretenen Gewerkschaften, selbst Wahlvorschläge einzureichen, wenn ein Betriebsrat nicht besteht; bei der Bestellung des Wahlvorstandes (§ 16), die Möglichkeit der Berufung von Mitgliedern einer im Betrieb vertretenen Gewerkschaft, die nicht Arbeitnehmer des Betriebes sind; Änderung des Kündigungsschutzgesetzes (§ 124), d. h. besonderer Kündigungsschutz der Wahlvorstandsmitglieder und der Wahlbewerber, gleichzeitig auch für Jugendvertreter; Verbesserung der Freistellungsmöglichkeiten für Betriebsratsmitglieder (§ 38); Einberufung von Betriebs- und Abteilungsversammlungen (§ 43), wobei den Gewerkschaften auch eingeräumt wird, eine Betriebsversammlung verlangen zu können, wenn der Betriebsrat seiner Verpflichtung nicht nachkommt; Verbesserung der Vorschläge über die Jugendvertretung (§§ 60–73); Verbesserung der Individualrechte der Arbeitnehmer, denen auch der CDU-Entwurf besondere Bedeutung beimißt; Behandlung von Beschwerden durch den Betriebsrat (§ 85), auch in Zusammenhang mit dem nächsten Kapitel zu sehen »Mitbestimmung bei sozialen Angelegenheiten« (§§ 87–89) (mehr Mitbestimmungsmöglichkeiten durch Einzelbeschwerde); Komplex der Mitbestimmung bei personellen Angelegenheiten (Fünfter Abschnitt), hier besonders verbesserte Mitwirkungs- und Mitbestimmungsmöglichkeiten bei der Personalplanung (§ 92); Verbesserung der Regelungen in bezug auf die Berufsbildung (§§ 96–98), hierbei scheint der CDU-Entwurf in seinen Vorschlägen weiterzugehen; erweiterte Rechte des Betriebsrats hinsichtlich der Mitbestimmung bei Kündigungen (§ 102).

Dies, so führt Kollege Muhr aus, seien im Wesentlichen die Punkte, denen der DGB voll oder eingeschränkt seine Zustimmung geben könne.

Er wendet sich dann den Teilen zu, die der DGB nicht oder nur unter großen Bedenken akzeptieren könne. Es handelt sich dabei in erster Linie um die bereits in der »Schwerpunktkritik« genannten fünf Punkte: Sie betreffen den Zugang der Gewerkschaften zum Betrieb (§ 2 Abs. 3), die nicht in das Gesetz einbezogenen »Leitenden Angestellten« (§ 5 Abs. 3), die Erweiterung der Gruppenrechte (§§ 26 ff.), die wirtschaftliche Mitbestimmung des Betriebsrates (§§ 111 ff.) sowie die Beteiligungsrechte in den Tendenzbetrieben (§ 119). Daneben enthalte der Entwurf eine Reihe weiterer Regelungen, deren Änderung notwendig sei. Aus taktischen Gründen habe man sich jedoch bisher auf die Schwerpunktkritik beschränkt, um zu verhindern, daß man im Bundestag dem DGB in anderen kritisierten, aber nicht so bedeutungsvollen Punkten entgegenkommt, dagegen die Kritik des DGB an den als wesentlich angesehenen Regelungen unberücksichtigt lässt. Die bisherigen Ergebnisse scheinen dieser Taktik Recht zu geben. Das habe sich auch im Hearing gezeigt.[21] Kollege Muhr geht nun auf die aktuelle Situation ein. Er berichtet über das Gespräch des Geschäftsführenden Bundesvorstandes mit dem Präsidium

---

21 Gemeint ist das Hearing des Bundestagsausschusses für Arbeit und Sozialordnung am 24./25.2.1971 zur Novellierung des Betriebsverfassungsgesetzes. Vgl. 16. und 17. BV-Sitzung (Dok. 35 und 36). Auch Klaus Jelonneck: Jeder muß seine Kröte schlucken. Streiflichter vom Bonner Hearing über das Betriebsverfassungsgesetz, in: WdA 22, 5.3.1971, Nr. 10, S. 3.

3. März 1971 **Dokument 39**

der FDP am gestrigen Abend, das die Schwerpunktkritik des DGB zum Gegenstand hatte. In einigen Punkten scheine noch eine Verständigung mit der FDP möglich zu sein. In bezug auf die Minderheitenrechte allerdings sei man auf absoluten Widerstand der FDP gestoßen.[22]

Die Teilnahme von DGB-Vertretern an zwei entscheidenden Sitzungen auf Länderebene habe positive Abänderungsanträge zum Ergebnis gehabt, die allerdings im Plenum des Bundesrates abgelehnt wurden.[23] Allen Abgeordneten, den Parteien und der Bundesregierung sei Anfang des Jahres die Schwerpunktkritik des DGB übermittelt worden. Große Beachtung habe auch die dem Bundesausschuß vorliegende Synopse gefunden, die die erste dieser Art in bezug auf das Betriebsverfassungsgesetz ist.

Für den 9. März ist ein Gespräch mit den gewerkschaftlich organisierten Abgeordneten des Bundestagsausschusses für Arbeit und Sozialordnung vorgesehen, um ihnen noch einmal die Stellungnahme des DGB im Einzelnen vorzutragen.

Einige Landesbezirke des DGB haben bereits, wie in der letzten Bundesausschußsitzung besprochen, die Bundestagsabgeordneten ihres Bereiches zu Gesprächen eingeladen. Auch in einer Reihe von DGB-Kreisen sei das bereits geschehen bzw. geplant.

Kollege Muhr erläutert nun kurz den vorgelegten Aktionsplan »Für ein besseres Betriebsverfassungsgesetz«, der gestern durch die Kommission zur Durchführung des Aktionsprogramms beraten und mit einer Mittelbewilligung aus dem Solidaritätsfonds in Höhe von zunächst DM 500.000,-- zur Annahme vorgeschlagen wird. Über die Inanspruchnahme der weiter im Plan vorgesehenen Mittel solle zu einem späteren Zeitpunkt bzw. von Fall zu Fall entschieden werden, wenn sich die weitere Entwicklung absehen lasse.

Abschließend weist Kollege Muhr darauf hin, daß die Kritik des DGB an den Vorschlägen zum BVG nicht zu allgemein gehalten und nicht zu scharf sein sollte, damit nach der Verabschiedung des Gesetzes nicht der – falsche – Eindruck entstehen könne, der DGB sei in allen seinen Bemühungen erfolglos gewesen.

Kurz auf das Personalvertretungsgesetz[24] eingehend, erklärt Kollege Muhr, daß ein Gesetzentwurf noch nicht vorliege. In Kürze werde ein Gespräch

---

22 Siehe Gespräch DGB-Vorstand mit dem FDP-Präsidium, in: ND, 3.3.1971, Nr. 62.
23 Am 13./14.1.1970 sprachen die Arbeitsrechtsreferenten im Bundesratsausschuss für Arbeit und Soziales über das Betriebsverfassungsgesetz und formulierten Änderungsanträge. Vgl. Bundesratsausschüsse haben keine Einwände, in: Die Welt, 20.1.1971. Auf der 361. Sitzung des Bundesrates am 29.1.1971 wurde der Entwurf des Betriebsverfassungsgesetzes (Bundesratsdrucksache 715/70) unter TOP 12 diskutiert, nachdem Staatsminister Dr. Horst Schmidt (SPD, Sozialminister, Hessen) die Berichterstattung für den Ausschuss übernommen hatte. Die Änderungsanträge des Ausschusses wurden von den CDU/CSU-regierten Bundesländern abgelehnt. Vgl. Protokoll der 361 Bundesratssitzung, S. 12–17. und DGB kritisiert Bundesrat, in: ND, 1.2.1971, Nr. 20, sowie Politik im Betrieb, in: WdA 22, 12.2.1971, Nr. 7, S. 3.
24 Das Bundeskabinett beschloss in seiner Sitzung am 24.5.1972 einen Entwurf zur Änderung des Bundespersonalvertretungsgesetzes (Bundestagsdrucksache VI/3721 vom 15.8.1972). Der DGB kritisierte diesen Gesetzentwurf, da er nach seiner Meinung noch hinter dem neuen Betriebsverfassungsgesetz sowie den in den letzten Jahren verabschiedeten Landes-

Dokument 39 3. März 1971

zwischen Mitgliedern des GBV und den Vorsitzenden der betroffenen Gewerkschaften stattfinden. Es müsse auf jeden Fall dafür Sorge getragen werden, dass PVG und BVG in der öffentlichen Betrachtung im Zusammenhang gesehen würden.

Die Kollegen *Georgi* und *Vitt* melden Bedenken gegen die Zustimmung des DGB zum § 43 des Regierungsentwurfs betreffend Betriebs- und Abteilungsversammlungen an, Kollege *Heiß* zur Formulierung in § 74, Ziff. 2: »... durch die der Arbeitsablauf oder der Friede des Betriebes beeinträchtigt werden ...«.

Kollege *Muhr* weist darauf hin, daß der Ausschuß für Betriebsräte und Personalvertretungswesen nach ausführlicher Beratung in beiden Punkten zu einer weitgehenden Übereinstimmung gekommen ist. Er werde trotzdem bei den weiteren Besprechungen die vorgebrachten Einwände berücksichtigen.

Kollege *Vitt* ist der Meinung, daß es jetzt schwierig sei, in eine rechtliche und rechtspolitische Analyse der Entwürfe einzutreten. Die Diskussion sollte sich auf die weiteren Aktivitäten konzentrieren, die vor allem an der Basis wesentlich verstärkt werden müßten. DGB und Gewerkschaften sollten unter Einsatz der politischen Möglichkeiten versuchen, die Gestaltung des BVG zu verbessern. Er frage sich deshalb auch, ob die Aussagen in der Vorlage ausreichend seien. Es gebe schon gute Beispiele erfolgreichen Handelns an der Basis, wie z. B. das persönliche Ansprechen von Abgeordneten auf der örtlichen Ebene. Hier müsse aber wesentlich mehr getan werden. Dafür erscheine ihm der vorgesehene Betrag von DM 500.000,-- ungenügend. Kollege Vitt spricht sich für eine Erhöhung des Betrages auf 1 Mio. DM aus.

Die Kollegen *Vetter* und *Muhr* erläutern, daß es sich bei der heute zu beschließenden Summe nur um einen Teilbetrag für die erste Phase des Aktionsplanes handelt, die etwa den Zeitpunkt bis zum Außerordentlichen Kongreß umfaßt. In der nächsten Sitzung des Bundesausschusses im Mai solle dann über weitere Mittel und Aktionen Beschluß gefaßt werden. Für den Aktionsplan sei insgesamt ein Betrag von etwa 1 Mio. DM vorgesehen. Im Übrigen sei für Aktivitäten auf der Kreisebene keine besondere Vorlage für den Bundesausschuß erforderlich. Sie seien selbstverständlich vorgesehen und auch zum Teil schon durchgeführt. In diesem Zusammenhang wird das Beispiel der IG Metall erwähnt, die bereits alle bei ihr organisierten Abgeordneten zu Gesprächen zusammengeholt hat.[25] Es wäre wünschenswert, wenn auch andere Gewerkschaften diesem Beispiel folgen würden.

Kollege *Heiß* hat Bedenken gegen die in den § 3 des Regierungsentwurfs aufgenommene Zustimmungsbedürftigkeit für Tarifverträge durch den Gesetz-

---

Personalvertretungsgesetzen der Länder Bremen, Berlin, Hessen und Niedersachsen erheblich zurückfiel. Vgl. ND, 25.5.1972, Nr. 168. Zum Personalvertretungsgesetz des Landes Bayern siehe DGB-Archiv, DGB-LB Bayern, 5/DGBF000096.

25 Weder im Aktenbestand des IG Metall-Archivs (Vorstandssitzungen) noch im Geschäftsbericht sowie in den Zeitschriften »Der Gewerkschafter« und »Metall« gibt es Hinweise auf »offizielle« Treffen mit den Bundestagsabgeordneten, ebenfalls nicht in der Überlieferung der SPD-Bundestagsfraktion, VI. Wahlperiode. Es ist jedoch nicht auszuschließen, dass »informelle« Gespräche stattgefunden haben.

geber.[26] Zur Frage der Finanzierung des Aktionsplanes trägt er die Meinung seines Hauptvorstandes vor, daß die Mittel besser aus dem Haushalt genommen werden sollten.

Kollege *Vitt* wiederholt seinen Vorschlag, den zu beschließenden Betrag auf 1 Mio. DM zu erhöhen, und erhebt ihn zum Antrag.

Kollege *Vater* nimmt als Vorsitzender der Haushaltskommission zu dem Antrag Stellung und führt aus, daß niemand die Notwendigkeit der zu treffenden Maßnahmen verkenne, daß sich aber bei der ohnehin schon starken und noch zu erwartenden Inanspruchnahme des Solidaritätsfonds einfach die Frage stelle, woher die Mittel kommen sollten. Von der Sache her halte er die Bereitstellung von 1 Mio. DM zum jetzigen Zeitpunkt für sehr wünschenswert, nur sei das aus dem Solidaritätsfonds nicht möglich. Es ergebe sich die Frage, ob nicht die Gewerkschaften in solchen Fällen gemeinsam die Mittel tragen sollten.

Kollege *Vetter* macht den Vorschlag, es bei dem vorgesehenen Betrag von DM 500.000,-- zu belassen, mit der Auflage, die Mittel vorrangig für Aktivitäten an der Basis zu verwenden, und nach einem Erfahrungsbericht in der Sitzung des Bundesausschusses am 13.5. über die notwendige Erweiterung der Mittel zu entscheiden.

Kollege *Vitt* wünscht die prinzipielle Freigabe des Betrages bis zu 1 Mio. DM durch den Bundesausschuß, damit der Bundesvorstand schon jetzt seine Dispositionen für alle notwendig werdenden Maßnahmen treffen kann.

Der Einwand des Kollegen *Lappas*, daß solche Vorsorgebeschlüsse nicht erforderlich sind, weil der Bundesvorstand bei Bedarf selbst über die Entnahme bestimmter Beträge aus dem Solidaritätsfonds beschließen könnte, ist für Kollegen *Vitt* nicht akzeptabel.

Kollege *Vetter* stellt abschließend fest, daß die überwiegende Mehrzahl der Bundesausschußmitglieder für die Beibehaltung des Betrages von DM 500.000,-- stimmt, und schlägt vor, unter Berücksichtigung der von Kollegen Vitt vorgetragenen Anregungen über die Verwendung der Mittel die Vorlage in der vorliegenden Form zu verabschieden.

Der Bundesausschuß stimmt der Vorlage mit einer Gegenstimme zu.

6. HAUSHALT 1971

[Lappas erläutert einzelne Positionen des vorliegenden Haushaltsvoranschlags für 1971. Nachdem die Haushaltskommission am 20.1.1971 die Annahme empfohlen hat, stimmt der Bundesausschuss dem vorgelegten Haushaltsvoranschlag in Höhe von DM 64.910.000,-- zu.]

---

26 Siehe hierzu die Vorlage vom 17.2.1971 für die Sitzung des Hauptvorstands der GTB am 24./25.2.1971, AdsD, GTB-HV, vorläufige Sign. X020011.

Dokument 39   3. März 1971

7. LEISTUNGEN AUS DEM SOLIDARITÄTSFONDS FÜR DAS JAHR 1971

Kollege *Lappas* erläutert kurz die den Bundesvorstandsmitgliedern ausgehändigte Vorlage, die nur in der höheren Zuwendung an die Gew. Gartenbau, Land- und Forstwirtschaft gegenüber dem Vorjahr abweicht. Er weist noch einmal darauf hin, daß dem Solidaritätsfonds pro Jahr 1 1/2 Mio. DM mehr entnommen werden, als hereinkommen. Vielleicht könnten die Mitglieder des Bundesausschusses Anregungen zur Verbesserung geben. Kollege Lappas bittet den Bundesausschuß um Zustimmung zur Vorlage.

[In der anschließenden Diskussion um ein Streichen bzw. Reduzieren der Zuwendung an das Kuratorium Unteilbares Deutschland wird abschließend die Auffassung vertreten, dass man dessen Kongress abwarten wolle, um zu sehen, ob die Vorstellungen des DGB dort verwirklicht würden.[27] Bei einer Stimmenthaltung wird der Vorlage zugestimmt.]

8. BESTÄTIGUNG VON LANDESBEZIRKSVORSTANDSMITGLIEDERN

[Der Bundesausschuss bestätigt Manfred Foede als Stellvertreter des Landesbezirksjugendausschusses und Ingeborg Achtelik als Stellvertreterin des Landesbezirksfrauenausschusses im LBV Berlin.]

9. TERMIN

[Der Bundesausschuss beschließt, seine 7. Sitzung am 13. Mai 1971, vormittags, durchzuführen,

Vetter teilt mit, dass die für den 13./14.3.1971 vorgesehene Bundesvorstandsklausur wegen Urlaub und Krankheit einiger Bundesvorstandsmitglieder nicht durchgeführt werden könne.]

10. PRESSEERKLÄRUNG

[Dem vorgelegten Entwurf einer Presseerklärung wird nach der anschließenden Diskussion mit einigen Änderungen zugestimmt.[28]]

---

27 Der DGB vermisste auf der letzten Jahrestagung (4.–6.12.1970) eine inhaltliche Neuorientierung der Kuratoriumsarbeit aufgrund der Ostpolitik der sozial-liberalen Koalition. Diese Kritik fand ihren Niederschlag in den von Schütz am 24.2.1971 veröffentlichten »14 Thesen zur Ostpolitik«, die eine langfristige Perspektive für die Kuratoriumsarbeit sein sollten, einschließlich der Jahrestagungen. Vgl. Meyer: Kuratorium, S. 443 ff. Letztmalig erhielt das Kuratorium 1974 eine finanzielle Zuwendung vom DGB, siehe 14. BV-Sitzung am 5.3.1974, Top 8 (Dok. 102).
28 Aufgrund einer Äußerung des Regierungssprechers Conrad Ahlers, dass die sozialen Reformen hinausgeschoben werden sollten (vgl. NRZ, 26.2.1971, siehe Dok. 38, FN 13), appellierte der DGB an die Bundesregierung, die angekündigten sozialen Reformen sobald wie möglich zu verwirklichen. Die geforderten Reformen waren a) die Einführung einer flexiblen Altersgrenze, b) keine Kürzungen der Bundeszuschüsse in das Finanzierungssystem der Rentenversicherung, vielmehr die Bundeszuschüsse langfristig auf ein Drittel der Ausgaben der Rentenversicherung anzuheben und das weitere Wachstum des Bundes an die Ausgaben der Rentenversicherung zu koppeln und c) einen Rechtsanspruch der Arbeitnehmer auf bezahlten Bildungsurlaub. Vgl. ND, 3.3.1971, Nr. 66.

3. März 1971 **Dokument 39**

Mittagspause: 14.00 bis 14.50 Uhr

11. Wirtschaftspolitische Lage

Kollege *Vetter* regt eine Diskussion über die wirtschaftspolitische Situation und über die Konsequenzen an, die wir als DGB, insbesondere im Hinblick auf die bevorstehende Sitzung der Konzertierten Aktion, ziehen müssen.

Kollege Neemann erinnert einleitend daran, daß in der letzten Bundesausschußsitzung ausführlich über die Frage der Steuerreform gesprochen wurde. Die damals zugesagte Darstellung des eigenen Standpunktes sei inzwischen als Sonderdruck der »Welt der Arbeit« erschienen.[29] In Zusammenhang mit der Tagung des Finanzkabinetts ist es jetzt notwendig geworden, sich mit der Frage möglicher Steuererhöhungen und vorgesehener Einsparungen – die auch Teile der Inneren Reform betreffen – zu beschäftigen. Wichtig erscheine ihm auch, dazu Stellung zu nehmen, wie es zu den Ausfällen in den Steuereinnahmen gekommen ist. Er habe bereits gestern darauf hingewiesen, daß die Lohnsteuereinnahmen im Gegensatz zu den Gewinnsteuern im Jahre 1970 um 30% angestiegen sind und daß sich außerdem das Lohnsteueraufkommen zwischen 1960 und 1970 von 8 Mrd. DM auf 35 Mrd. DM erhöht habe. Eine entsprechende Erklärung des DGB zu diesen Themen werde noch in dieser Woche veröffentlicht.[30]

Für besonders bedeutungsvoll hält Kollege Neemann die Auseinandersetzungen, die die Gewerkschaften in jüngster Zeit mit den Darstellungen des Bundeswirtschaftsministers und des Bundesbankpräsidenten in bezug auf tarifpolitische Vorgänge und Orientierungsdaten führen müssen.[31] Das betreffe speziell auch die bevorstehende Sitzung der Konzertierten Aktion.

Kollege Neemann kritisiert nachdrücklich die Äußerungen verschiedener Minister in Zusammenhang mit den Tarifbewegungen im Bereich der Gewerkschaft ÖTV und der IG Druck und Papier[32], die in der Öffentlichkeit falsche

---

29 Mit Steuern leben. Die Steuerreform muß sich für die Arbeitnehmer lohnen, in: WdA, Sonderdienst, Januar 1971, 4 Seiten, in: DGB-Archiv, DGB-BV, Abt. Wirtschaftspolitik 5/DGAN000101.
30 Trotz der Steigerung der Lohnsteueraufkommen war u. a. durch Inanspruchnahme von Steuerbegünstigungen, Steuerflucht, verzögernde Gewinnsteuerauszahlungen und -nachzahlungen eine Gewinnsteuerlücke entstanden. DGB: Gewinnsteuerlücke von 3 Milliarden DM, in: ND, 5.3.1971, Nr. 71.
31 Bundesbankpräsident Klasen und Bundeswirtschaftsminister Schiller kritisierten die außerordentlichen Lohnforderungen der Gewerkschaften, die jenseits der Orientierungsdaten lägen. Vgl.Bundesbank in größter Sorge, in: Rheinische Post, 21.1.1971 und Schiller mahnt Tarifpartner zur Vernunft, in: SZ, 22.1.1971 sowie Schiller: Löhne sollten 1971 nicht über 8 v.H. steigen, in: WAZ, 10.2.1971. Zur Auseinandersetzung über die Lohnorientierungsdaten siehe Protokoll der 20. Sitzung der Konzertierten Aktion (Dok. 40).
32 Bei den Streiks des Bodenpersonals der Deutschen Lufthansa, bei den Journalisten der Nachrichtenagentur UPI und bei den Tarifverhandlungen in der Druckindustrie lagen die erzielten Tarifabschlüsse zwischen 9 und 18,3%. Siehe ÖTV-Geschäftsbericht 1968–1971, S. 137 f. und IG Druck und Papier Hauptvorstand, Geschäftsbericht 1968–1971, S. 149. Kritik an den Tarifabschlüssen, die oberhalb der Orientierungsdaten lägen, kamen u. a. vom Bundeswirtschaftsminister und der Deutschen Bundesbank, siehe Mahnung an die Gewerkschaften und Der überflüssige Streik, in: Die Welt, 22.1.1971 bzw. 8.2.1971 sowie Schiller zeigt Mut, in: Rheinische Post, 22.1.1971.

401

Vorstellungen hervorgerufen haben. Irreführend und unverständlich sei auch die im Bundesbankbericht[33] geäußerte Meinung, daß sich Lohnabschlüsse auf der Basis von Effektivverdiensten bis zur Höhe von 7 bis 8% bewegen müßten. Das Hauptproblem in der nächsten Zeit scheine ihm überhaupt darin zu liegen, daß die Gewerkschaften sich energisch gegen das Umfunktionieren von Orientierungsdaten in Lohnleitlinien zur Wehr setzen müssen. Das werde auch morgen in der Konzertierten Aktion notwendig sein. Die Meinung des DGB zu Orientierungsdaten sei unverändert. Das habe auch der Bundesvorstand gestern bestätigt.

Abschließend gibt Kollege Neemann die für die morgige Sitzung der Konzertierten Aktion durch das Bundeswirtschaftsministerium festgelegte Tagesordnung bekannt[34] und erwähnt besonders den Punkt 22 der »Thesen zur Wirtschaftspolitik«, der die zügige Anpassung der Preis- und Lohnpolitik an die Orientierungsdaten zum Inhalt hat.

Kollege *Vetter* ist der Meinung, daß die Angriffe auf die Tarifautonomie in den 50er Jahren schärfer gewesen sind als heute[35], daß aber sicher auf diesem Gebiet noch einiges bevorstehe.

Nach Ansicht des Kollegen *Kluncker* hat es zwar in der Nachkriegszeit wiederholt Angriffe auf die Tarifautonomie gegeben. Er sieht jedoch in der jetzigen Entwicklung die Gefahr einer grundsätzlichen Infragestellung der Tarifautonomie. Den Gewerkschaften soll ganz offensichtlich in der Öffentlichkeit die Verantwortung für Fehlentwicklungen in der Wirtschaft aufgebürdet werden. Das gehe aus den verschiedensten Äußerungen und Stellungnahmen insbesondere des Bundeswirtschaftsministers deutlich hervor.[36] Trotzdem spricht sich Kollege Kluncker für ein Verbleiben in der Konzertierten Aktion aus. Er ist jedoch der Meinung, daß sich die Gewerkschaften gegen die ständigen Angriffe stärker zur Wehr setzen müssen, wenn die Lohnverhandlungen nicht nur optischen Wert haben sollen. Für das Verbleiben in der Konzertierten Aktion regt Kollege Kluncker zwei Bedingungen an, die der DGB stellen sollte:

---

33 In dem Bundesbankbericht vom 16.2.1971 wurde insbesondere die Steigerung der Effektivverdienste kritisiert, siehe Lohnquote auf Nachkriegshöchststand, in: FAZ, 17.2.1971. Der DGB hielt diese lohnpolitischen Äußerungen für reine Panikmache, vgl. ND, 16.2.1971, Nr. 44.
34 Als Tagesordnung war vorgesehen: 1. Thesen zur Wirtschaftslage, 2. Jahreswirtschaftsbericht (Orientierungsdaten) und 3. Mittelfristige Zielprojektionen. DGB-Archiv, DGB-BV, Abt. Tarifpolitik 5/DGAY000011, auch 17. BV-Sitzung vom 2.3.1971, Dok. 38, Fußnote 21 sowie Dok. 40.
35 Vgl. hierzu die entsprechenden Dokumente in den Bänden Kaiser: Quellen 11 und Hildebrandt/Schwitzer: Quellen 12 sowie insbes. Pirker: Blinde Macht.
36 U.a. verlangte Schiller bei der Eröffnung der Internationalen Frankfurter Frühjahrsmesse für eine bessere Wirtschaftsentwicklung festgelegte Lohnorientierungsdaten, da die gewerkschaftlichen Lohnforderungen außerhalb einer realistischen Beurteilung lägen. Vgl. Schiller: Bewährungsprobe für die Tarifautonomie, in FAZ vom 8.2.1971. Weitere Stellungnahmen zur Tarifautonomie 1970/71 siehe Einheitsfront gegen die Tarifautonomie, in: Der Gewerkschafter 19, 1971, Nr. 3, S. 93.

1. Bund und Länder betreiben eine Gesetzesinitiative zur Erstellung einer Einkommens- und Vermögensstatistik.
2. Die Regierung unterläßt alle Manipulationen mit der DGB-Zielprojektion, d. h. sie nimmt keine Ableitungen vor. Das ist in den letzten Monaten immer wieder geschehen und kann nicht länger hingenommen werden.

In diesem Zusammenhang hält es Kollege Kluncker für erforderlich, zu prüfen, ob der DGB weiterhin eigene Zielprojektionen erstellen soll. Dieser ganze Fragenkomplex sollte in Kürze ausführlich diskutiert werden.

Kollege *Brenner* stimmt diesem Vorschlag des Kollegen Kluncker zu. Er bedauert besonders, daß die Angriffe auf die Tarifautonomie wie in den 50er Jahren sich jetzt unter einer Regierung wiederholen, die wir im Prinzip unterstützen. Die im Grunde gegen die Tarifpolitik der Gewerkschaften gerichteten Äußerungen des Bundeswirtschaftsministers hält Kollege Brenner nicht für Zufallserscheinungen, sondern für dessen Überzeugung. Deshalb müsse morgen in der Konzertierten Aktion noch einmal eindeutig unsere Haltung, insbesondere zu Orientierungsdaten, klargemacht werden. Eine Umfunktionierung in verbindliche Größen bedeute für die Gewerkschaften auch eine große psychologische Gefahr. Wenn die Gewerkschaften bei ihren Lohnforderungen über die von der Regierung genannte Grenze hinausgehen, werden sie in der Öffentlichkeit getadelt und für Fehlentwicklungen der Wirtschaft verantwortlich gemacht. Wenn sie sich in den gesetzten Grenzen bewegen, werden die Mitglieder ihnen vorwerfen, daß sie sich in der Konzertierten Aktion anbinden lassen. Trotzdem spricht sich auch Kollege Brenner für ein Verbleiben in der Konzertierten Aktion aus. Nur müsse man ihre Grenzen deutlich aufzeigen.

Auch nach Meinung des Kollegen *Hauenschild* sollte der DGB sich nicht aus der Konzertierten Aktion zurückziehen. Er hält es dagegen für wichtig und notwendig, daß die DGB-Vertreter mit vorbereiteten Formulierungen in die Konzertierte Aktion gehen und versuchen, diese in das Abschlußkommuniqué einzubringen. Damit sollte die Möglichkeit einer objektiveren Berichterstattung in der Öffentlichkeit geschaffen werden.

In der nachfolgenden Diskussion unterstreichen die Kollegen *Vetter*, *Benz*, *Döding*, *Vater* und *Kluncker* die Meinung, daß ein Zurückziehen aus der Konzertierten Aktion aus verschiedenen Gründen nicht zweckmäßig sein würde. Es müsse jedoch mit aller Deutlichkeit klargemacht werden, daß die Gewerkschaften sich nicht durch vorgegebene Zahlen binden und die Tarifautonomie unter gar keinen Umständen einschränken lassen. Für besonders notwendig halten die Kollegen eine Einflußnahme auf das Abschlußkommuniqué der Konzertierten Aktion und eine umfassende und aufklärende Unterrichtung der Mitgliedschaft über die angesprochenen Probleme.

Abschließend teilt Kollege *Vetter* mit, daß am Abend einige der SPD angehörende Bundesvorstandsmitglieder ein Gespräch mit dem Bundeswirtschaftsminister führen[37] und dabei die in der Diskussion behandelten Einzelheiten zur Sprache bringen werden.

---

37 Gemeint war das Gespräch mit Karl Schiller vor der Sitzung der »Konzertierten Aktion«, siehe Dok. 40, Fußnote 5.

Dokument 39 3. März 1971

12. FRAGESTUNDE

a) Kollege *Döding* fragt in bezug auf den gewerkschaftspolitischen Lagebericht, ob nach wie vor die Auffassung von Juni 1970 richtig sei, wonach die Kontakte zu den sowjetischen Gewerkschaften weiterhin nicht im Wege des Austausches von Delegationen wahrgenommen werden, sondern ruhen.

Kollege *Vetter* erwidert, daß er mit dem Kollegen Kersten, der gestern aus Moskau zurückgekommen ist, noch nicht persönlich sprechen könne. Es liege lediglich eine schriftliche Äußerung des Kollegen Kersten vor. Danach würde ein neuer Abschnitt in den Beziehungen eingeleitet werden. Kollege Vetter bittet noch um etwas Geduld in dieser Frage.

b) Kollege *Vomberg* spricht die Studienkommission für die Reform des öffentlichen Dienstrechtes[38] an, in der ein Kollege des DGB-Bundesvorstandes vertreten ist. Da der DGB bisher noch keine Stellungnahme zum einheitlichen öffentlichen Dienstrecht abgegeben habe, fragt Kollege Vomberg, welche Auffassung dieser Kollege vertritt.

Kollege *Vetter* sagt zu, Kollegen Reuter diese Frage zuzuleiten, der die Interessierten informieren werde.

c) Kollege *Sierks* weist auf das Buch »Die Macht der Mächtigen – Deutschland und seine Wirtschaftsriesen«, Droste-Verlag, hin, in dem es auf den Seiten 217 ff. um Wahlkampfspenden des DGB an die Parteien[39] geht. Kollege Sierks berichtet, daß er wegen dieser Ausführungen Schwierigkeiten habe und fragt, ob und inwieweit dieser Behauptung entgegengetreten werden könne. Da die Behauptung illusionär sei, sollte der Behauptung nach Auffassung des Kollegen *Vetter* je nach Lage entgegengetreten werden.

Ende der Sitzung: 16.05 Uhr

---

38 Die von der Bundesregierung eingesetzte Studienkommission sollte bis zum 31.12.1971 Vorschläge für ein modernes öffentliches Dienstrecht unterbreiten. Vgl. DGB-Geschäftsbericht 1969–1971, Abt. Beamte, S. 423.
39 Vgl. Marcus: Macht d. Mächtigen.

Dokument 40

4. März 1971: Protokoll der 20. Sitzung der Konzertierten Aktion[1]

Bundeswirtschaftsministerium in Bonn; Vorsitz: Karl Schiller; Protokollführung: Georg Neemann (?); Sitzungsdauer: 14.00–? Uhr.
Ms., hekt., 12 S., 6 Anlagen.[2]

DGB-Archiv, 5/DGCQ000057.

[Sitzungsteilnehmer: Die Bundesminister Karl Schiller und Alex Möller, Staatssekretäre und Mitarbeiter des Bundeswirtschafts-, Bundesfinanz-, Bundesarbeits- und Bundesinnenministeriums sowie des Bundeskanzleramts. Vertreter der Bundesbank, des Sachverständigenrates, des Deutschen Beamtenbundes. 25 Vertreter der Unternehmerseite.[3] Von Seiten des DGB: Otto Brenner, Karl Buschmann, Karl Hauenschild, Heinz Kluncker, Georg Neemann, Rudolf Sperner, Bernhard Tacke, Heinz O. Vetter, Heinz Vietheer sowie Heinrich Beykirch, Heinz Markmann, Peter Peschel, Rolf Seitenzahl und von der DAG: Gerda Hesse und Hermann Brandt.]

[Vor der Sitzung fand eine interne Vorbesprechung der Gewerkschaftsvertreter, einschließlich der DAG-Vertreter, statt. Die Besprechung begann um 11.00 Uhr und es wurden die drei vom Bundeswirtschaftsministerium genannten Tagesordnungspunkte 1. Thesen zur Wirtschaftslage, 2. Jahreswirtschaftsbericht (Orientierungsdaten) und 3. Mittelfristige Zielprojektionen behandelt. Neben kritischen Anmerkungen zu den Tagesordnungspunkten 1 und 3 wurde ausführlich über den Jahreswirtschaftsbericht diskutiert. Besonders die darin enthaltenen Lohnorientierungsdaten von 7 bis 8% wurden übereinstimmend von allen Gewerkschaftsvertretern abgelehnt.]

Protokoll des 20. Gesprächs der Konzertierten Aktion

Wirtschaftsminister *Schiller* eröffnete die Sitzung mit einigen grundsätzlichen Äußerungen. Er sagte, die Konzertierte Aktion hat im Laufe der Zeit viele

---

1 Die Überlieferung des Protokolls von staatlicher Seite befindet sich im Bundesarchiv, Aktenbestand B 102, Bundesministerium für Wirtschaft, Konzertierte Aktion gemeinsame Gespräche, Aktensignatur B 102/136754 Bd. 1. Vonseiten des Arbeitgeberverbandes gibt es keine Überlieferung des Protokolls, lediglich der Jahresbericht 1971 der Bundesvereinigung der Deutschen Arbeitgeberverbände gibt auf den S. 68–70 eine Zusammenfassung zur Lohnpolitik und zur »Konzertierten Aktion«.
2 Anlagen: 1. Brief Georg Neemann an Wirtschaftsminister Karl Schiller vom 26.2.1971 zur Frage der Vorbereitung der Konzertierte-Aktion-Gespräche; 2. und 3. Thesen und Zahlenspiegel des Bundeswirtschaftsministeriums zur wirtschaftlichen Entwicklung; 4. Pressemeldung des DGB, abgegeben in der Sitzung der Konzertierten Aktion – »DGB für Lockerung der Konjunkturbremse«; 5. Kommuniqué der Sitzung; 6. Pressespiegel zum Inhalt und Ablauf der Sitzung. Das Protokoll und die Anlagen wurden den Mitgliedern des DGB-Bundesausschusses am 10.3.1971 von Georg Neemann zugesandt. DGB-Archiv, DGB-BV, Sekretariat Franz Woschech 5/DGCQ000057.
3 In der Niederschrift wurden die Vertreter der Arbeitgeber nicht namentlich aufgeführt.

Dokument 40 4. März 1971

Abstriche erfahren, sie ist jedoch nach wie vor ein Forum der freien Meinungsäußerung und Information. Jeder verläßt die Sitzung ebenso frei, wie er sie betreten hat. Er betonte, das Wort »Lohnleitlinien« gibt es im Hause des Wirtschaftsministers seit 1966/67 nicht mehr. Das ist inhaltlich ein ganz anderer Begriff als der Begriff »Orientierungsdaten«. Orientierungsdaten sind *gesamtwirtschaftliche* Hilfen der Orientierung der Verbände im Rahmen der marktwirtschaftlichen Ordnung. Sie sind keine in Zahlen gefaßten staatlichen Dekrete. Mit diesen gesamtwirtschaftlichen Orientierungsdaten wird die wirtschaftliche Entscheidungsfreiheit sowohl bei der Lohn- als auch Preisbildung nicht angetastet. Diese Daten werden laut Stabilitätsgesetz nur »zur Verfügung« gestellt, d. h. sie haben keinen Zwangscharakter.

Schiller meinte, daß sie auf der anderen Seite aber auch kein »Romon« sind, sondern gewisse Hinweise auf ein richtiges, vernünftiges Verhalten aller Beteiligten unter Wahrung der vollen Freiheit der Beteiligten geben. Alle Seiten sollten bei allen Bedenken an den Orientierungsdaten würdigen und anerkennen, daß die Regierung hier einer gesetzlichen Verpflichtung nachkommt und nicht über das Gesetz hinausgeht. Auch ist zu bedenken, daß bei anderen Regierungen zu anderen Zeiten nicht auszuschließen wäre, daß eine stärkere staatliche Lohnreglementierung einsetzt.

Schiller erklärte noch einmal, er ist gegen Verwischung der Konzertierten Aktion mit anderen Einrichtungen und gegen Verwischung des Begriffs »Orientierungsdaten« in Richtung auf Lohnleitlinien.

Nebenbei ging Schiller auf den Vorschlag zur Einsetzung eines Arbeitsausschusses ein, der die verschiedenen mittelfristigen Projektionen vergleichen sollte. Die Konstituierung dieses Ausschusses sollte MinDir. Dr. Schlecht mit den Experten der Arbeitgeber- und Arbeitnehmerseite ausmachen. Damit war der Tagesordnungspunkt 3 vorgezogen und erledigt.

Die Gewerkschaften betonten, daß es bei den unterschiedlichen Betrachtungsweisen der an der Konzertierten Aktion Beteiligten ein gemeinsames Handeln nicht geben kann. Die Konzertierte Aktion kann nur eine Gesprächsrunde sein. Es wurde bekräftigt, daß die Gewerkschaften selbst Orientierungsdaten in ihrem Grundsatzprogramm gefordert haben. Diese dürfen aber die freie Entscheidung der Verbände nicht antasten. Die jetzige Handhabung des speziellen Lohnorientierungsdatums geht dahin, daß die Gewerkschaften für ein Abrutschen der Wirtschaft verantwortlich gemacht werden, wenn das Orientierungsdatum nicht strikt eingehalten wird. Wenn man Orientierungsdaten als feste, unveränderliche Größe versteht, ist die Tarifautonomie kaputt. In der Rede Schillers zur Eröffnung der Frankfurter Messe am 28.2.71[4] ist die Grenze erreicht, wo die Tarifautonomie gefährdet ist, weil die Orientierungsdaten nicht mehr als einzelne Orientierungspunkte interpretiert werden, sondern als Einhaltungsgebote, als Lohnleitlinien (Schiller hatte in Frankfurt gesagt, die Tarifabschlüsse müssen sich stärker und deut-

---

4 Vgl. Dok. 39, Fußnote 36.

licher an das Orientierungsdatum der Effektivlöhne von +7 bis 8% für 1971 annähern).[5]

Von *Gewerkschaftsseite* wurde noch hinzugefügt, daß veröffentlichte Orientierungsdaten einen eigenen Stellenwert bekommen. Es wurde ein Schreiben aus dem Finanzministerium vorgelegt, in dem ausdrücklich von Lohnleitlinien die Rede ist. Auch in der Pressekonferenz nach dem Kabinettsbeschluß über die Orientierungsdaten am 22.10.1970 war von Tarifzahlen die Rede.[6] Die Handhabung der Orientierungsdaten geht eindeutig dahin, daß Obergrenzen für die Tarifabschlüsse gezogen werden.

Zum Tagesordnungspunkt 1 trug *Schöllhorn* die Thesen der Bundesregierung zur Wirtschaftslage vor (Anlage II und III).[7] Besonders betonte er die kräftigen Steigerungsraten beim privaten Verbrauch. Die Einzelhandelsumsätze zeigen deutlich expansive Züge. Die weitere Entwicklung der Endnachfrage wird auch in den nächsten Monaten aufgrund der letzten Lohnabschlüsse und der Einkommenssteigerung des letzten Jahres lebhaft bleiben. Die öffentliche Hand wird ebenfalls expansiven Einfluß auf die Wirtschaftsentwicklung nehmen. Die Bundesrepublik ist in eine gute Weltkonjunktur[8] eingebettet. Aus diesen Gründen ist die Wirtschaftsentwicklung bei uns abgesichert. Auch die Investitionsentwicklung ist durchaus lebhaft, so daß auch von dort kein Konjunktureinbruch stattfinden wird. Von wirklicher Preisberuhigung kann man nicht sprechen. Die Erzeugerpreise industrieller Produkte machten von Dezember 1970 auf Januar 1971 einen deutlichen Sprung nach oben, sowohl im Verbrauchsgüterbereich (+ 1,5%) als auch im Investitionsgüterbereich (+ 1,6%), Die Entwicklung wurde in Grenzen gehalten durch: 1. die hohe Sparquote im 2. Halbjahr 1970, deren wichtigster Grund der starke Einkommenszuwachs des 2. Halbjahres 1970 war (Schöllhorn: die Sparfähigkeit ist durch die starke Lohnpolitik weiter gut gesteigert worden); 2. den Konjunkturzuschlag; 3. die fortdauernd hohe Kapazitätsauslastung.

Schiller kommentierte anschließend diese Thesen: Er kommt nicht zu dem Schluß, daß wir eine Rezession bekommen. Die Gesamtentwicklung macht

---

5 Auf Einladung von Karl Schiller fand am 3.3.1971 ein bilaterales Gespräch mit Otto Brenner, Karl Hauenschild, Heinz Kluncker, Georg Neemann und Heinz O. Vetter statt, in dem u. a. die Lohnorientierungsdaten des Jahreswirtschaftsberichts behandelt wurden. Zuvor traf sich Schiller mit den Unternehmern. In der bisherigen Praxis der Gespräche war es üblich, dass einige Tage vor Beginn der Sitzung in einem sog. Lenkungsausschuss Vorgespräche zwischen den Vertretern der Gewerkschaften und der Wirtschaft stattfanden und manchmal auch Entscheidungen getroffen wurden.
6 Vgl. Schiller rechnet mit drei Prozent Preisanstieg 1971, in: FAZ, 23.10.1970 sowie Mißverständnis, in: FR, 23.10.1970.
7 Die Anlagen II und III waren Thesen und Zahlenspiegel des Bundeswirtschaftsministeriums zur wirtschaftlichen Entwicklung.
8 In dem 12. Konjunkturbericht des Bundeswirtschaftsministeriums (letzter Vierteljahresbericht 1970) war die wirtschaftliche Lage der Bundesrepublik von einem deutlich hervortretenden konjunkturellen Entspannungsprozess gekennzeichnet – die Grundlage für die Rückkehr zur Stabilität. Vgl. Karl Schiller: Wirtschaftspolitik 1971. Mit Zuversicht in das neue Jahr, in: WdA 22, 1.1.1971, Nr. 1. Auch für die Weltkonjunktur wurde gegenüber 1970 ein wirtschaftliches Wachstum zwischen 4 und 6% prognostiziert. Vgl. Anlagen II und III dieser Sitzung.

Dokument 40 4. März 1971

sehr allmähliche Fortschritte auf eine konjunkturelle Entspannung hin. Das ganze Bild ist jedoch verunziert durch die Entwicklung bei den Preisen und Kosten. Die Preisentwicklung ist jetzt wesentlich von den Kosten bestimmt, nicht mehr von der Nachfrage. Aber die lebhafte Expansion des Endverbrauchs ist für die Preisstabilität nicht förderlich. Im Bereich der Endnachfrage läßt sich immer noch mehr auf die Preise überwälzen als im intermediären Nachfragebereich. Schon an den Lohn- und Preisüberhängen aus 1970 haben wir schrecklich zu knacken. 1971 ist stabilitätspolitisch ein sehr schwieriges Jahr – noch dazu, wenn man sich gezwungen sieht, sein Einvernehmen hinsichtlich der Gebührenerhöhungswünsche großer Bundesunternehmen[9] zu bekunden. Anhand deren Kostenunterlagen kommt man nicht umhin, diese administrativen Preiserhöhungen anzuerkennen, so ungerne man sie auch haben möchte.

Von Feury[10] führte bewegte Klage über die Situation der Landwirtschaft. Er bat dringend darum, daß Schiller und Ertl[11] in Brüssel möglichst hohe Preissteigerungen im Agrarsektor durchsetzen. Er verlangte, daß die Probleme der Landwirtschaft in der Konzertierten Aktion behandelt werden und daß das auch seinen Niederschlag in den Kommuniqués findet.

Schiller erwiderte, daß die jüngsten Forderungen der Bauern den Lebenshaltungsindex um 0,4 bis 0,7 % nach oben drücken würden.

Anschließend legten die *Gewerkschaften* Ihren Standpunkt zu den Thesen zur Wirtschaftslage dar:

1. *Der DGB* stimmt nach wie vor mit den wirtschaftspolitischen Zielen (Vollbeschäftigung, Preisstabilität usw.) überein, wie sie die Bundesregierung im Wirtschaftsbericht für 1971 niedergelegt hat. Er beurteilt jedoch die gegenwärtige Wirtschaftslage und damit die zum Erreichen dieser Ziele erforderlichen Maßnahmen wie folgt:

Der noch fortdauernde Preisanstieg ist jetzt wesentlich durch die vielfach erforderliche nachträgliche Anpassung öffentlich reglementierter Preise und Tarife mitbedingt. Diese Ausläufer der vorangegangenen Preiswelle können durch weitere Konjunkturdrosselung nicht gestoppt werden. Im Übrigen sind die Preise im Unternehmensbereich unabhängig von Kosten und Nachfrageentwicklung weiter erhöht worden.

---

9 Zum 1. März 1971 wurden die Fahrpreise der Bundesbahn um durchschnittlich 15 % erhöht (vgl. Fahrplan der neuen Bahntarife, in: SZ, 17.2.1971) sowie die Gebührenerhöhung der Deutschen Bundespost vom 8.5.1971 (BGBl. I, S. 439) beschlossen.
10 Otto Freiherr von Feury (1906–1998), seit 1969 stellv. Vorsitzender des Deutschen Bauernverbands. Siehe Munzinger Personenarchiv.
11 Josef Ertl, FDP (1925–2000), war während der gesamten Zeit der sozial-liberalen Koalition Bundesminister für Ernährung, Landwirtschaft und Forsten. Für die Agrarverhandlungen in Brüssel forderte der Bauernverband eine Preiserhöhung von 10 %, während die Bauernverbände der anderen EWG-Staaten durchschnittlich 5 % Erzeugerpreiserhöhung verlangten. Vgl. Parlamentarisch-Politischer Pressedienst 22, 4.1.1971, Nr. 1, siehe auch: Bundestagsdebatte vom 10.3.1971 zum Agrarbericht 1971 (Bundestagsdrucksache VI/3090), in: SPD-Bundestagsfraktion, VI. Wahlperiode, 2/BTFF001446 und 2/BTFF001448.

Die bisherigen Maßnahmen von Bundesregierung und Bundesbank zur Konjunkturdämpfung haben die Nachfrage auf allen Gebieten längst normalisiert. Nach den Investitionen ist auch der private Verbrauch in seiner Entwicklung zum Stehen gekommen. Seit über einem Vierteljahr stagnieren die Umsätze des Einzelhandels. Die geringere Nachfrage nach Arbeitskräften wird allerorts in Überstundenabbau und erhöhter Kurzarbeit sichtbar. Allein die außergewöhnlich günstige Witterung und die Hoffnung der Unternehmen auf eine Wende der Konjunkturpolitik haben bisher ein Emporschnellen der Arbeitslosenzahl verhindert. Die Unternehmen werden die damit verbundene Verschlechterung von Produktivitäts- und Kostenentwicklung längerfristig kaum hinnehmen. Jedes weitere Hinauszögern einer Lockerung der Konjunkturbremsen vergrößert damit die Gefahr von Arbeitskräftefreisetzungen.

Dieser Gefahr kann und muß rechtzeitig begegnet werden. *Der DGB* fordert daher von Bundesregierung und Bundesbank umgehend die restlose Zurücknahme aller konjunkturdrosselnden Maßnahmen. Der Zuschlag zur Lohn- und Einkommensteuer darf nicht länger erhoben werden, Zins- und Mindestreservesätze sind endlich den konjunkturellen Erfordernissen anzupassen. Schieben Bundesregierung und Notenbank diesen überfälligen wirtschaftspolitischen Kurswechsel weiter hinaus, so tragen sie die alleinige Verantwortung für die sich daraus ergebende Entwicklung.

2. *Der DGB* wendet sich deshalb entschieden gegen die fortgesetzten Aufforderungen von Bundeswirtschaftsminister und Bundesbank zu tarifpolitischer Zurückhaltung Die Verantwortung für die Konjunkturentwicklung kann nicht auf die Gewerkschaften abgewälzt werden. Eine solche Einmischung in die Tarifautonomie steht darüber hinaus in Widerspruch zur Erklärung der Bundesregierung, ihre Orientierungsdaten seien auf die Tarifpolitik generell nicht übertragbar, und zu ihrem klaren Bekenntnis zur Bewahrung und Stärkung der Tarifautonomie. Die Gewerkschaften werden ihr Recht auf eigene freie Entscheidung über die allgemeine Zielsetzung und über die konkrete Ausgestaltung ihrer Tarifpolitik gegen jedermann und mit allen Mitteln verteidigen.

3. *Der DGB* muß es ablehnen, daß eine fortgesetzte Drosselung der Konjunktur ernste Fehlentwicklungen provoziert. Er ist jedoch nach wie vor bereit, den von ihm proklamierten neuen Kurs der Konjunkturpolitik aktiv zu unterstützen.

4. *Der DGB* hat die Grundlinien eines solchen Kurses und die Richtung der gewerkschaftlichen Unterstützung in seiner Zielprojektion dargelegt. Der DGB würde es begrüßen, wenn die Bundesregierung durch eindeutige Festlegungen hinsichtlich Stopp und Rückzahlung des Steuerzuschlags sowie der Gestaltung des Lohnsteuerfreibetrages den lohnpolitischen Entscheidungen die sichere Basis schaffen würde, die sie den unternehmerischen Entscheidungen hinsichtlich Investitionssteuer und Abschreibungen gegeben hat. Der DGB lehnt es ab, daß die Lohnpolitik die Last der sowohl konjunkturell wie verteilungspolitisch notwendigen Kaufkraftsicherung tragen soll.

Dokument 40 4. März 1971

Von Seiten der Gewerkschaften wurde ebenfalls gefordert, die Gespräche der Konzertierten Aktion jetzt wieder auf eine gesellschaftspolitische Ebene zu bringen. Zum Beispiel ist das Problem der Vermögensbildung ein dringliches Behandlungsobjekt.

Zu den Thesen zur Wirtschaftslage wurde von den Gewerkschaften vorgebracht, daß die Einzelhandelsumsätze von September auf Dezember 1970 nur um 0,6% gestiegen sind. Die Regierung zieht Jahresvergleiche, aber in den letzten Monaten ist – zwar auf sehr hohem Niveau – eine Stagnation des privaten Verbrauchs eingetreten. Der Privatkonsum steigt tatsächlich nicht so stark, wie Schöllhorn es zum Ausdruck brachte.

Schiller wies das zurück. Er betonte das riesig hohe Niveau des Privatverbrauchs und die riesigen Steigerungsraten, die auch in der letzten Zeit zu verzeichnen sind. Das habe der Einzelhandelsverband selbst gesagt.

Ein anderer Kritikpunkt der *Gewerkschaften* an den Thesen zur Wirtschaftslage waren die unterschiedlichen Zeitvergleiche, die methodisch gegen die Gewerkschaften gerichtet sind. Die Entwicklung der Nachfragefaktoren wird in einem 12-Monatsvergleich aufgezeigt, diejenige der anderen Faktoren in Quartals- oder Monatsvergleichen.

Schöllhorn versicherte, daß dahinter keine bestimmte Absicht oder Methode steckt. Bei der künftigen Erstellung der Thesen zur Wirtschaftslage soll mit sehr deutlichem Hinweis unterschieden werden, welche Zahlen saisonbereinigt sind und welche einen Vorjahresvergleich beinhalten.

Amerongen[12] meinte, an der Bundesbankpolitik soll nichts geändert werden. Sie ist keine Restriktionspolitik mehr. Der Ertragsrückgang bei den großen Unternehmen, die Monatsbilanzen erstellen, hat sich als enorm gezeigt. Die Unternehmen, die keine Monatsbilanzen erstellen, werden das noch sehr spürbar feststellen.

Die Gewerkschaften warfen ein, daß die Wirtschaftspolitik hinter der Tagesentwicklung herläuft. Die letztverfügbaren Konjunkturindikatoren liegen zeitlich immer lange zurück. Die neuesten Zahlen der Thesen zur Wirtschaftslage sind beispielsweise Januarwerte. Daher besteht die Sorge, daß der Fuß zu spät von der Konjunkturbremse genommen wird und deshalb die Gefahr einer Rezession heraufziehen kann.

Schiller entgegnete, daß Gefahren eher darin liegen, daß wir uns auf einem sehr hohen Plateau von Kosten und Preisen bewegen. Auch vom Arbeitsmarkt und den Umsätzen (Privater Verbrauch) her ist es nicht ratsam, den Konjunkturhebel jetzt schon umzulegen. Man kann den Wendepunkt zwar für jetzt festlegen, aber dann ist das Niveau der Wirtschaftstätigkeit noch zu hoch. Man sollte besser noch etwas zuwarten. Für den Fall einer Rezession ist die jetzige Regierung so gut gewappnet wie nie eine andere vor ihr. Insgesamt können 6 Mrd. DM an Konjunkturzuschlag und Konjunkturausgleichsrücklage in den Wirtschaftskreislauf gepumpt werden.

---

12 Otto Wolff von Amerongen (1918–2007), Präsident des Deutschen Industrie- und Handelstages. Siehe Munzinger Personenarchiv.

Schiller bekräftigte die Absicht, daß die Orientierungsdaten (alle, nicht nur ein bestimmtes) im Bewußtsein der Öffentlichkeit verankert werden müssen. Die Regierungspolitik besteht jetzt in einer Bewußtseinsschärfung der Öffentlichkeit für die Orientierungsdaten.

Klasen[13] richtete einen dringenden Appell an die Gewerkschaften. Die Stabilität ist ernstlich gefährdet, am stärksten durch die Zuwachsrate der Löhne im Vorjahr. Wenn die Tariflohnerhöhungen zukünftig weiter über 7 bis 8% liegen, ist mit nur 3% Preissteigerungen nicht zu rechnen. Wenn die Tariflohnentwicklung 1972 nicht ganz erheblich *darunter* liegt, dann ist auch 1972 das Ziel der Preisstabilität nicht erfüllt. *Klasen* betonte, es geht jetzt *nur* um die Preise. Die Bundesbank hat den Auftrag, die Währung zu hüten. Die Löhne müssen herunter, weil es um die Preise geht. Wenn Tariferhöhungen durchgesetzt werden, wie sie jetzt gefordert werden, und wenn die Tariferhöhungen in den nächsten Jahren nicht erheblich heruntergehen, dann wird unser freiheitliches Wirtschaftssystem in die Binsen gehen. Die Tarifautonomie ist gefährdet, wenn und dadurch daß die Gewerkschaften tariflich nicht bei + 7 bis 8% stehen bleiben. Wenn bei den Löhnen und Gewerkschaften keine Disziplinierung einsetzt, werden wir, so meinte *Klasen*, nicht umhinkönnen, die Tarifautonomie aufzulösen und staatlichen Zwang auszuüben. Er bekommt überall von seinen Kollegen und von allen Seiten zu hören, daß die Löhne der Gefährdungsfaktor sind und daß befürchtet wird, daß unser Wirtschaftssystem durch die Lohnerhöhungen kaputtgeht. Es geht ihm allmählich auf die Nerven, wenn er immer und überall auf die fortlaufenden Lohnerhöhungen angesprochen wird.

Dann machte *Möller*[14] einige Ausführungen zum Bundeshaushalt 1971 und zum Steueraufkommen.[15]

Danach brachte *Kloten*[16] in einigen Thesen zur Wirtschaftslage die Meinung aller anwesenden Mitglieder des Sachverständigenrats zum Ausdruck (Köhler[17] konnte wegen einer Urlaubsreise nicht teilnehmen). Er sagte: 1. Die konjunkturelle Situation ist, gemessen am Stabilitätsgesetz, noch sehr labil. Eine Stabilisierung ist nicht gewährleistet. 2. Es besteht die Furcht, daß sich die Inflationserwartungen noch verstärken. Wenn der Verteilungskampf so weitergeht wie bisher, dann wird eine Preisstabilisierung nicht erreicht. 3. Die jetzigen Steigerungsraten der Löhne sind mit den Orientierungsdaten nicht vereinbar.

---

13 Karl Klasen (1909–1991), Präsident der Deutschen Bundesbank. Siehe Munzinger Personenarchiv.
14 Alex Möller (1903–1985), Bundesminister der Finanzen. Siehe Munzinger Personenarchiv.
15 Das Steueraufkommen für 1971 belief sich auf 172 Mrd. DM. Gegenüber 1970 war das eine Erhöhung um 18 Mrd. DM. 1972 stieg das Steueraufkommen auf 197 Mrd. DM. Vgl. Statistisches Jahrbuch für die Bundesrepublik Deutschland 1970 bis 1973, Wiesbaden 1974
16 Norbert Kloten (1926–2006), 1970–76 Vorsitzender des Sachverständigenrates zur Begutachtung der gesamtwirtschaftlichen Entwicklung. Siehe Munzinger Personenarchiv.
17 Claus Köhler (geb. 1928) Mitglied des Sachverständigenrates. Zur Person siehe Dok. 36, Fußnote 23.

Dokument 40 4. März 1971

Zur Erläuterung dieser Thesen holte *Kloten* ein Papier des Sachverständigenrats »Zum Spielraum für Lohnerhöhungen im Rahmen der Orientierungsdaten der Bundesregierung«[18] hervor, das nur intern zur Unterrichtung der Teilnehmer der Konzertierten Aktion erstellt war. Darin versuchten die Sachverständigen anhand verschiedener statistischer Zahlen folgendes zu errechnen: Wenn angenommen wird, daß die Beschäftigten, für die im 2. Quartal 1971 neue Tarifverträge gültig werden, maximal 4,3 % effektiv bekommen, dann bleiben für die Beschäftigten, deren neue Tarifabschlüsse im 3. und 4. Quartal 1971 liegen, nur noch effektive Lohnerhöhungen von 0 % übrig, wenn die Orientierungsdaten der Regierung eingehalten werden sollen. Andernfalls werden die Preise 1971 nicht um 3 %, sondern um 4 % steigen. Durch den Lohnüberhang aus 1970 und durch die hohen Lohnabschlüsse im 1. Quartal 1971 ist die Effektivlohnsteigerung je Mann von durchschnittlich 9 % in 1971 gegenüber 1970, die die Regierung im Wirtschaftsbericht[19] als Orientierungsdaten vorgibt, schon so gut wie »verbraten«.

Die Schlußfolgerungen aus dieser Rechnung sind laut *Kloten:* Die Voraussetzungen für einen Erhebungsstopp und die baldige Rückzahlung des Konjunkturzuschlags sind nicht gegeben. Die gegenwärtige konjunkturelle Situation fordert eine noch entschiedenere Haltung der Regierung. Sie erfordert, daß die Tarifpartner klare Richtlinien für ihre Verhandlungen an die Hand bekommen und daß die Öffentlichkeit eine Urteilsbasis bekommt. Einer direkten preispolitischen Intervention und Maßnahmen in Form eines Preis- und/oder Lohnstopps stehen erhebliche ordnungspolitische Bedenken entgegen.

Nach einer kurzen Pause, in der alle übrigen an der Konzertierten Aktion beteiligten Seiten ihre Überraschung und Verlegenheit über diese Aktion der Sachverständigen zeigten (offensichtlich hatte vorher niemand etwas davon gewußt), machte *Schöllhorn* eine grundsätzliche Einwendung: Man kann nicht ein einzelnes Aggregat aus der Volkswirtschaftlichen Gesamtrechnung herausnehmen – eben die Löhne – und dann in einer solchen hypothetischen Rechnung alle übrigen Aggregate unberücksichtigt lassen – zumal, wenn nur statistische Ergebnisse für einen Monat des Jahres verfügbar sind und man dennoch bis zum 31.12.1971 durchrechnet.

Kloten schränkte ein, daß in dieser Rechnung nicht die Tarifvorstellungen des Sachverständigenrats zum Ausdruck kommen. Man dürfe nicht aus dem

---

18 Das 3-seitige Beratungspapier des Sachverständigenrates zur Begutachtung der gesamtwirtschaftlichen Entwicklung vom 3.3.1971 zeigte die Entwicklung der Effektiv- und Tariflöhne für 1970 und den Spielraum für Tariferhöhungen für 1971 auf. DGB-Archiv, DGB-BV, Abt. Tarifpolitik 5/DGAY000011. Siehe hierzu auch: SPD-Pressedienst »Volkswirtschaft« 26, 10.3.1971, Nr. 19.
19 In dem Jahreswirtschaftsbericht der Bundesregierung vom 22.1.1971 wurden Lohnorientierungsdaten von 8,5 bis 9,5 % genannt. Da im ersten Quartal bereits dieser Wert bei den Tarifabschlüssen erreicht wurde, sah der Sachverständigenrat in seinem Beratungspapier einen rechnerischen Spielraum vom 2. Quartal an nahe 0 %. Siehe auch: Bernhard Tacke: Mißtöne im Konzert – Lohnpolitik zwischen Lob und Tadel, in: WdA 22, 12.3.1971, Nr. 11; Rolf Seitenzahl: Konzertierte Aktion gegen die Gewerkschaften, in: Informationsdienst Gewerkschaftspresse 17, 16.3.1971, Nr. 39 sowie Stuttgarter Nachrichten, 6.3.1971 und Handelsblatt, 10.3.1971, zur »Lohndisziplin«.

Papier schließen, daß im 2. Halbjahr 1971 keine Tarif- und Effektiverhöhungen mehr durchgeführt werden dürfen. Auf der Basis des Jahreswirtschaftsberichts und nach dem, was sich bisher ergeben hat, zeigt dieses Papier die Tatsachen und den Stand der Dinge auf. Der Lohnsektor ist der entscheidende, und es steht viel auf dem Spiel – auch für 1972. Da aber auch weiterhin Lohnerhöhungen erfolgen werden, ist das Stabilitätsziel stärker gefährdet, als es im Jahreswirtschaftsbericht zum Ausdruck kommt.

Die Gewerkschaftsvertreter machten darauf aufmerksam, daß der Sachverständigenrat Effektiv- und Tariflohnerhöhungen gleichgesetzt hat, daß es bisher aber noch nie gelungen ist, einen Tarifabschluß auf der Basis der Effektivverdienste abzuschließen. Außerdem ist über ein Drittel der unselbständig Beschäftigten nicht von Tarifabschlüssen erfaßt, wohl aber in das Sachverständigenpapier mit eingerechnet. An die Regierung und den Sachverständigenrat richteten *die Gewerkschaftsvertreter* die Frage, ob eine solche Überhangsrechnung nicht auch für die Preise gemacht wurde bzw. warum nicht. Dann wäre zumindest die Soziale Symmetrie gewährleistet gewesen. Es ist interessant, daß gerade und nur der Lohnsektor vom Sachverständigenrat herausgegriffen wurde.

Gutowski[20] meinte, für den Sachverständigenrat ging es momentan nur um das Stabilitätsziel. Wenn die Gewerkschaften weiter solche Lohnerhöhungen fordern und durchsetzen, dann haben wir bald Inflation. Der *rechnerische* Spielraum für Lohnerhöhungen ist nicht groß. Hinter dem Sachverständigenpapier steht aber keine Empfehlung und keine Gerechtigkeitsvorstellung.

Kloten gab zu, daß man auch dann, wenn die Lohnabschlüsse sich an die Orientierungsdaten gehalten hätten, trotzdem nicht sagen könne, daß die Preise stabil geblieben wären. Von dem Sachverständigenpapier kann man keine Rückschlüsse auf die Preisentwicklung ziehen. Das wäre spekulativ, weil die Produktivitätsentwicklung, die Preisspielräume usw. unbekannt sind. Aber die Orientierungsdaten des Jahreswirtschaftsberichts müssen geändert werden. Sie sind jetzt schon an der tatsächlichen realen Entwicklung vorbeigegangen.

Seitens der Gewerkschaften verwahrte man sich entschieden dagegen, daß es Aufgabe und Sache des Sachverständigenrats ist, solche Äußerungen wie in dem Papier zu machen. Das darf höchstens in Form eines Sondergutachtens geschehen, das dann aber von allen 5 Mitgliedern des Rats gemeinsam erstellt werden muß und offiziell der Bundesregierung zuzuleiten ist. Außerdem hat der Rat laut Gesetz keine Empfehlungen für bestimmte wirtschafts- und sozialpolitische Maßnahmen zu geben.

Kloten erwiderte, es ist Aufgabe des Sachverständigenrats, Fehlentwicklungen aufzuzeigen. Er knüpfte die – von ihm aus gesehen – rhetorische Frage an, wo anders er diese Fehlentwicklungen jetzt aufzeigen soll, wenn nicht im Lohnbereich. Der Sachverständigenrat muß die Sachverhalte aufzeigen, und die sind seiner Meinung nach nun einmal so schlimm, wie in dem

---

20 Armin Gutowski (1930–1987), 1970–78 Mitglied im Sachverständigenrat. Siehe Munzinger Personenarchiv.

Dokument 40 4. März 1971

betreffenden Papier dargestellt. Dieses Papier darf aber nicht so ausgedeutet werden, daß der Rat damit Lohnleitlinien propagiert.

Kollege *Brandt* wandte sich entschieden gegen die Ausführungen Klasens, daß künftige Tariferhöhungen 7 bis 8 % nicht überschreiten dürfen, und gegen die Haltung Schillers, der die gesamtwirtschaftlichen Orientierungsdaten wie Tarifdaten handhabt. Er fügte hinzu, daß es völlig unverständlich ist, dass der Sachverständigenrat jetzt Lohnerhöhungen von + 0 % anbietet und daß sich innerhalb von 3 Monaten (seit Veröffentlichung des Jahresgutachtens des Sachverständigenrates) die Schlußfolgerungen für den Lohnsektor so stark ändern.

Da das mangelnde politische Fingerspitzengefühl des Sachverständigenrates alle Seiten erstaunte und auch das Wirtschaftsministerium dieses Papier offenbar nicht vorher gekannt hatte, ließ *Schiller* die im Raume verteilten Exemplare der hypothetischen Lohnspielraumrechnung wieder aus dem Verkehr ziehen. Inzwischen war aber bereits ein Exemplar durch einen Unternehmervertreter nach außen gelangt und machte unter den Journalisten die Runde.[21] Der Sachverständigenrat reagierte darauf mit großem Erschrecken und bedauerte diese Entwicklung, die er nicht gewollt hatte.

Nach einer Pause wurde abschließend der Kommuniqué-Entwurf des Wirtschaftsministeriums für diese Sitzung behandelt. Im Verlauf dieser Kommuniqué-Behandlung zogen sich die Gewerkschaften zu einer internen Beratung zurück. *Die Gewerkschaften* erreichten schließlich, daß der von ihnen vorgeschlagene letzte Satz des 2. Absatzes des Kommuniqués (vgl. Anlage V; »Die Gewerkschaften unterstreichen ...«[22]) ins Kommuniqué aufgenommen wird. Der vom Wirtschaftsministerium vorformulierte Satz: »Die Gesprächsteilnehmer erklärten übereinstimmend, daß sie es respektierten, wenn die Bundesregierung dieser gesetzlichen Verpflichtung nachkomme«, der an dieser Stelle stand, wurde nach langem Hin und Her auf Wunsch der Gewerkschaften gestrichen. Der vorletzte Satz des Kommuniqués (»Die Vertreter der Unternehmensverbände ...«[23]) wurde ebenfalls auf Drängen der Gewerkschaften in deren Sinne abgeändert. Ursprünglich hatte es dort geheißen: »Die Vertreter der Unternehmensverbände und der Gewerkschaften erklärten ihre Bereitschaft, die Anstrengungen der Bundesregierung und der Bundesbank zur Wiedergewinnung der Stabilität durch entsprechende preis- und tarifpolitische Entscheidungen zu unterstützen.«[24]

---

21 Siehe Konzertierte Aktion. Was soll das?, in: Der Spiegel 25, 8.3.1971, Nr. 11, S. 24.
22 Im Kommuniqué: »Die Gewerkschaften unterstreichen ihre Auffassung, daß weder die Tariflöhne generell noch die Effektivverdienste im Einzelfall durch Orientierungsdaten festgelegt werden können.«.
23 Im Kommuniqué: »Die Vertreter der Unternehmensverbände und der Gewerkschaften erklärten ihre Bereitschaft, die Anstrengungen der Bundesregierung durch entsprechende Entscheidungen zu unterstützen.«.
24 Nach der Verabschiedung des gemeinsamen Kommuniqués erweckte der Bundeswirtschaftsminister vor der Presse den Eindruck, dass die gewerkschaftlichen Tarifforderungen die Ursache seien für einen möglichen Preisanstieg. Siehe DGB antwortet Schiller, in: ND, 8.3.1971, Nr. 73.

Das nächste Gespräch soll am 4. Juni 1971 um 10 Uhr stattfinden. Das Vorgespräch (Lenkungsausschuß) ist auf den 1. Juni 1971, 16 Uhr, festgelegt.

DOKUMENT 41

6. April 1971: Protokoll der 18. Sitzung des Bundesvorstandes

Hans-Böckler-Haus in Düsseldorf; Vorsitz: Bernhard Tacke; Protokollführung: Isolde Funke, Marianne Jeratsch; Sitzungsdauer: 10.10–14.00 Uhr; ms. vermerkt: »Vertraulich«.[1]
Ms., hekt., 13 S., 1 Anlage.[2]
DGB-Archiv, 5/DGAI000536.

Beginn der Sitzung: 10.10 Uhr

[*Tacke* eröffnet die Sitzung, gratuliert Mahlein nachträglich zu seinem 50. Geburtstag und ergänzt die Tagesordnung um die folgenden drei Punkte: Unterstützungsantrag der Gewerkschaft HBV, Betriebsratswahl 1972, Öffentlichkeitsaktion: Stoppt die Preistreiberei! Auf die Frage *Klunckers* nach einer Stellungnahme des DGB zu den Steuerreformplänen der Bundesregierung erwidert *Neemann*, dass bereits eine Presseerklärung herausgegeben worden sei.[3]]

Tagesordnung:
 1. Genehmigung des Protokolls der 17. Bundesvorstandssitzung
 2. Gründung eines Instituts für Zukunftsforschung
 3. Hörermitbestimmung an der Akademie der Arbeit, Frankfurt/M.
 4. Publizierung der Forderungen des DGB-Aktionsprogramms für den Zeitraum 2. Halbjahr 1971 bis 1. Halbjahr 1972
 5. Öffentlichkeitsaktion: Stoppt die Preistreiberei!
 6. Gewerkschaftliches Austauschprogramm Bundesrepublik – UdSSR
 7. Dienstverträge für Mitglieder des Geschäftsführenden Bundesvorstandes des DGB und Landesbezirksvorsitzende
 8. Beteiligung Deutsche Presse-Agentur (dpa)
 9. Jahresbericht der VTG für 1969
10. Bau- und Finanzplan der VTG für das Jahr 1971
11. Unterstützungsantrag der Gewerkschaft HBV
12. Betriebsratswahl 1972
13. Verschiedenes

---

1 Einladungsschreiben vom 10. und 24.3.1971. Nicht anwesend: Heinz O. Vetter, Waldemar Reuter, Franz Woschech, Karl Hauenschild (vertreten durch Ferdinand Eichhorn), Erich Frister (vertreten durch Herbert Enderwitz), Carl Stenger (vertreten durch Heinz Esders), Leo Moser (vertreten durch Oskar Detemple). DGB-Archiv, DGB-BV, Abt. Vorsitzender 5/DGAI000470.
2 Anlage: Anwesenheitsliste.
3 DGB zur Steuerreform, in: ND, 31.3.1971, Nr. 111. In der Presseerklärung wird angekündigt, dass der DGB Mitte Mai einen eigenen Vorschlag unterbreiten werde. Siehe Die gewerkschaftlichen Vorschläge zur Steuerreform, in: ID, 18.5.1971, Nr. 5.

Dokument 41   6. April 1971

1. GENEHMIGUNG DES PROTOKOLLS DER 17. BUNDESVORSTANDSSITZUNG

Der Bundesvorstand genehmigt das Protokoll der 17. Bundesvorstandssitzung.

2. GRÜNDUNG EINES INSTITUTS FÜR ZUKUNFTSFORSCHUNG

Kollege *Farthmann* verweist auf die Vorlage und den Beschluß der letzten Bundesvorstandssitzung, heute eine Entscheidung zu treffen.[4] Die einzelnen Organisationen hätten die Möglichkeit gehabt, Änderungswünsche einzureichen, wovon auch Gebrauch gemacht worden sei. Einmal seien Einwände gegen die Rechtsform der GmbH erhoben worden; zum anderen würden ein größerer Einfluß der Gesellschafter gegenüber den Kuratoriumsmitgliedern gefordert, außerdem die Einbeziehung des öffentlichen Dienstrechtes sowie mehr Demokratisierung. Fast von allen würde vorgeschlagen, kein eigenes Institut zu gründen, sondern diesen Fragenkreis in der Übergangsphase im WWI zu behandeln. In der Vorlage sei auch aufgeführt, wie viel Geld für ein solches Institut benötigt würde. Es sei aber noch nicht geklärt gewesen, wie viel Geld wir tatsächlich bekommen würden. Dazu mußten noch Gespräche geführt werden, die am Freitag zwischen den Kollegen Lappas, Farthmann, Walter Hesselbach (BfG), Wolfgang Werner (Neue Heimat) sowie Heidermann und Grunwald (FES)[5] stattgefunden haben. Dabei habe sich folgendes ergeben: Die FES sei nicht bereit, in diesem Umfang Geld zur Verfügung zu stellen. Die Volksfürsorge habe durch Hesselbach erklären lassen, daß sie rechtlich nicht in der Lage sei, Geld zu geben. Die Neue Heimat habe ebenfalls erklären lassen, daß sie freie Beträge überhaupt nicht geben könne. Allerdings würde sie großzügig formulierte Aufträge vergeben. Für die BfG habe Hesselbach erklärt, daß er angesichts der Belastungen für das WWI nur einen Betrag von DM 100.000,-- bis 150.000,-- pro Jahr zur Verfügung stellen könne. So ist die Finanzierung eines solchen Instituts nicht möglich.

Kollege *Tacke* teilt mit, daß sich der Geschäftsführende Bundesvorstand gestern ausführlich mit dieser Frage beschäftigt habe und vorschlage, diese Vorlage zu einer nochmaligen Beratung zurückzuziehen.[6] Wie Kollege Farthmann ausführte, habe sich eine neue Situation ergeben. Es sollten vorerst noch klärende Gespräche geführt werden, bevor der Bundesvorstand eine Entscheidung treffe.

Kollege *Brenner* ist erstaunt, daß nach monatelangen Gesprächen diese Situation eingetreten ist. Er unterstützt den Vorschlag des Geschäftsführenden Bundesvorstandes. Man sollte sich nicht nur auf die vier angegebenen Geldgeber beschränken, sondern auch die Gewerkschaften einbeziehen.

---

4 Siehe TOP 3 der 17. BV-Sitzung vom 2.3.1971 (Dok. 38) und 6. Bundesausschusssitzung vom 3.3.1971 (Dok. 39).
5 Schreiben von Alfred Nau an Heinz O. Vetter vom 25.3.1971, in dem er die Bedenken der FES zum Satzungsentwurf (die Rechtsform sollte ein eingetragener Verein sein und keine GmbH) und zur vorgesehenen Finanzplanung des geplanten Instituts mitteilt, DGB-Archiv, DGB-BV, Abt. Vorsitzender 5/DGAI000470.
6 Siehe 76. Sitzung des GBV vom 5.4.1971, DGB-Archiv, DGB-BV, Abt. Vorsitzender 5/DGAI000192.

6. April 1971 **Dokument 41**

Kollege *Tacke* stellt fest, daß der Bundesvorstand damit einverstanden ist, daß die Vorlage zunächst noch einmal in die Beratungen mit den entsprechenden und evtl. hinzukommenden Parteien zurückgeht und dann dem Bundesvorstand erneut vorgelegt wird.[7]

3. HÖRERMITBESTIMMUNG AN DER AKADEMIE DER ARBEIT, FRANKFURT/M.[8]

[*Tacke* erläutert kurz die Vorlage und den vom Geschäftsführenden Bundesvorstand beschlossenen Vorschlag zur Zusammensetzung des Kuratoriums[9] sowie den Vorschlag zur satzungsgemäßen Verankerung des Hörerrates. In der nachfolgenden Aussprache wird die Frage der Besetzung des Kuratoriums diskutiert und eine Drittelung des Kuratoriums (Vertreter der Gewerkschaften/Hörer und Dozenten/Öffentliche Hand) vorgeschlagen. Mit diesem Vorschlag und dem vorgelegten Entwurf einer Satzung der Hörer der Akademie der Arbeit ist der Bundesvorstand einverstanden.]

4. PUBLIZIERUNG DER FORDERUNGEN DES DGB-AKTIONSPROGRAMMS FÜR DEN ZEITRAUM 2. HALBJAHR 1971 BIS 1. HALBJAHR 1972

Kollege *Stephan* verweist auf die den Bundesvorstandsmitgliedern ausgehändigte Vorlage und bittet den Bundesvorstand um Zustimmung.[10]

Kollege *Schwab* berichtet, daß er in letzter Zeit mit den Vorstandsmitgliedern in den DGB-Kreisen die Frage der notwendigen Einsparungen behandelt habe, dabei auch u. a. die Zusammenlegung von Kreisen. Bei diesen Diskussionen sei immer wieder die Frage gestellt worden, ob es keine anderen Einsparungsmöglichkeiten gebe. Dabei wurde gesagt, daß eine Broschüre weniger die Arbeit der Kreise nicht so sehr beeinflussen würde. Die Kollegen in den Kreisen, aber auch die Bezirksleiter und Bevollmächtigten der Gewerkschaften klagen über die Papierfluten, die nicht nur in den Büros, sondern auch bei den Betriebsräten lagern. Nach Auffassung des Kollegen Schwab sei die Frage der Mitbestimmung ohnehin bei den Kollegen auf Eis gelegt worden. Die Frage der Preise sei s.E. viel wichtiger. Kollege Schwab bittet, zu überlegen, ob der Betrag von 1,5 Mio. DM nicht reduziert werden könne.

---

7 Beratungspapier: Forschungskonzept, Satzung und Haushalt vom 19.2.1971, DGB-Archiv, DGB-BV, Abt. Vorsitzender 5/DGAI000470.

8 Zur Akademie der Arbeit siehe Diether Döring: Die Akademie der Arbeit an der Universität Frankfurt als Beispiel universitärer Arbeiterbildung, in: Richert: Subjekt; Jochen Richert: Zur Zusammenarbeit zwischen Gewerkschaften und Hochschulen in Hessen, in: GMH 28, 1977, Nr. 2, S. 101–103 sowie Zum Stand der Diskussion um die Mitbestimmung an der Akademie der Arbeit in der Universität Frankfurt am Main, Dokumentation, zsgest. von der Mitbestimmungskommission, Frankfurt/M. 1970.

9 Die Vorlage mit 2 Anlagen (Zusammensetzung des Kuratoriums und Satzungsentwurf) wurde am 26.2.1971 in der Sitzung der Kommission zur Überprüfung der Akademien beschlossen. Gegenüber der am 12.10.1966 durch den Hessischen Landtag beschlossenen Kuratoriumssatzung sollten die Hörer, die im Hörerrat eine besondere Interessenvertretung gegenüber der Akademieleitung hatten, eine besondere Vertretung im Kuratorium erhalten. Vorher waren zwei Vertreter der Hörer der Gruppierung der Gewerkschafter zugeordnet. DGB-Archiv, DGB-BV, Abt. Bildung 5/DGAV000472.

10 Vorlage Günter Stephan vom 18.3.1971, in der für die Publizierung des Aktionsprogramms 1,5 Mio. DM gefordert werden, in: ebd.

Dokument 41 6. April 1971

Kollege *Stephan* erklärt, daß die Kommission zur Durchführung des Aktionsprogramms der Überzeugung sei, daß die vorgeschlagenen Maßnahmen durchgeführt werden müßten. Auf die vom Kollegen Schwab angesprochene Papierflut bemerkt er, daß Broschüren, Schriften etc. nur auf Anforderung herausgegeben werden.

[Der Bundesvorstand diskutiert insbesondere über die Reduzierung des Betrags von 1,5 Mio. DM für die Mitbestimmungskampagne um DM 500.000,-- DM für die Preisaktion und über die Höhe der bereitzustellenden Mittel für die Popularisierung des Aktionsprogramms.]

5. ÖFFENTLICHKEITSAKTION: STOPPT DIE PREISTREIBEREI!

Kollege *Stephan* bittet, jetzt den Punkt »Öffentlichkeitsaktion: Stoppt die Preistreiberei!« mit einzubeziehen.[11] Die Vorstände hätten eine genaue Aufstellung erhalten, wonach DM 350.000,-- umzulegen seien. Der Rest von DM 100.000,-- aus dem Werbeetat würde für diese Aktion verwandt, so daß nur noch DM 250.000,-- zur Umlage anstünden. Es seien folgende Antworten eingegangen: Die Gewerkschaft NGG beteiligt sich mit DM 10.000,--; IG Druck und Gewerkschaft Leder haben abgesagt unter der Prämisse, falls sich nicht alle Gewerkschaften beteiligen; die Entscheidung von IG Bergbau ist angekündigt worden. Kollege Stephan schlägt vor, daß nun die Aktionen 2, 3 und 4 laut Vorlage in Angriff genommen werden.[12] DM 8.000,-- würden aus eigenen Mitteln bezahlt.

[Nach dem ergänzenden Hinweis *Tackes* zum Finanzrahmen wird der Bundesausschuss um Bewilligung von 1,5 Mio. DM aus dem Solidaritätsfonds gebeten, und zwar für Maßnahmen zur Publizierung des DGB-Aktionsprogramms für den Zeitraum Juli 1971 bis Juni 1972 und für die »Öffentlichkeitsaktion: Stoppt die Preistreiberei!« In der abschließenden Diskussion herrscht Übereinstimmung, dass die Texte so prägnant und so kurz wie möglich abgefasst werden sollen.]

6. GEWERKSCHAFTLICHES AUSTAUSCHPROGRAMM BUNDESREPUBLIK – UDSSR

Kollege *Tacke* schlägt vor, daß Kollege Kersten über die in der Vorlage enthaltenen Einzelheiten hinaus über seinen Besuch beim Zentralrat der sowjetischen Gewerkschaften vom 28.2. bis 2.3.1971 berichtet.[13]

---

11 Siehe hierzu Schreiben von Bernhard Tacke und Günter Stephan an die Vorstände der Gewerkschaften und Industriegewerkschaften vom 23.3.1971 mit 2 Anlagen der Abteilung Wirtschaftspolitik (Finanzierungsplan und Anzeigentext), DGB-Archiv, DGB-BV, Abt. Vorsitzender 5/DGAI000470.
12 Die Aktionen 2 bis 4 umfassten die Maßnahmen: Flugblatt mit dem Titel »Stoppt die Preistreiberei«; Referentenmaterial mit ergänzenden Beispielen und Quellennachweis für die Thesen und Argumente; Presseschaubilder, ebd.
13 Die Vorlage, erstellt von Otto Kersten am 30.4.1971, wurde Grundlage für das Schreiben Heinz O. Vetters vom 27.4.1971 an die Mitglieder des Bundesausschusses, siehe Dok. 42.

6. April 1971 **Dokument 41**

Kollege *Kersten* führt aus, daß er sowohl mit dem Leiter der Internationalen Abteilung als auch dem Vorsitzenden des Zentralrates Gespräche geführt habe. Letzterer habe sehr massiv kritisiert, daß der DGB eine Politik der Einbahnstraße betrieben habe, was nicht mit dem Moskauer Vertrag der Bundesregierung in Einklang stehe. Es wäre nach seiner Ansicht besser gewesen, wenn der DGB-Bundesvorstand ab und zu eine Delegation in die Sowjetunion entsandt hätte. Die unterschiedliche Auffassung zum Thema Europäische Gewerkschaftskonferenz sei ebenfalls wieder deutlich geworden. Interessant in diesem Zusammenhang sei das Arbeitsergebnis eines Vorbereitungskomitees des Weltgewerkschaftsbundes[14], das kürzlich in dieser Sache in Sofia zusammengetreten ist und zu dem gleichen Vorschlag gekommen ist wie wir, nämlich eine Regionalkonferenz der IAO abzuhalten.

Von besonderer Bedeutung bei den Gesprächen sei natürlich nach wie vor das Berlin-Problem gewesen, und damit die Vier-Mächte-Verhandlungen.[15] Man versuchte von sowjetischer Seite das Thema Bundesanwesenheit in Berlin zu neutralisieren und legt Wert auf die Trennung in Begriffe allgemeine politische Präsenz (z. B. DGB, Parteien), die zu akzeptieren sei, und bundespolitische Präsenz, die nach wie vor abgelehnt wird. Man äußerte die Meinung, daß die Vertretung des DGB in Berlin durch den Landesbezirk keine Schwierigkeiten bei den Vier-Mächte-Gesprächen bereite.

Kollege Kersten geht kurz auf die in der Vorlage vorgeschlagene Vereinbarung ein und erläutert die einzelnen Punkte. Zum Austausch von Gewerkschaftsjournalisten rege Kollege Vetter an, die Leitung der Delegation dem zuständigen GBV-Mitglied zu übertragen. Beim Austausch von Gewerkschaftsdelegationen bedeute die Nennung einiger Gewerkschaften selbstverständlich keinerlei Festlegung. Sie sollten nur in erster Linie berücksichtigt werden. Über dieses Programm hinaus soll in diesem Jahr wiederum, als Gegenstück zu dem Besuch der sowjetischen Gewerkschaftsjugend in der Bundesrepublik[16], ein Jugendseminar laufen. Es wird nicht wie bisher über den politischen Jugendverband laufen, sondern über eine eigens für den gewerkschaftlichen Jugendaustausch geschaffene Trägerorganisation[17] der sowjetischen Gewerkschaften.

---

14 Das Hauptberatungsthema des konsultativen Treffens des WGB am 4.3.1971 in Sofia war eine Analyse der Situation in der europäischen Gewerkschaftsbewegung. Siehe Tribüne 27, 5.3.1971, Nr. 45 sowie Sitzungsbericht, in: Odboror, Funktionärszeitung der tschechoslowakischen Gewerkschaften, 1971, Nr. 6, S. 24 f. Übersetzung des Berichts in: DGB-Archiv, DGB-BV, Sekretariat Günter Stephan 5/DGCU000254.
15 Am 26.3.1971 wurden die Verhandlungen zwischen Frankreich, USA, dem Vereinigten Königreich und der Sowjetunion über die Berlinfrage aufgenommen. Vgl. Information des sowjetischen Botschafters in der DDR über das 17. Berlin-Gespräch der Botschafter der Vier Mächte, in: Dokumente zur Deutschlandpolitik, VI. Reihe/Bd. 2, bearb. v. Hanns Jürgen Küsters u. a., München 2004, S. 152 ff. (Dok. 38).
16 Vom 11. bis 22.11.1970 fand im Haus der Gewerkschaftsjugend, Oberursel, ein DGB-Jugendseminar mit dem Komitee der Jugendorganisation der UdSSR statt. Seminarbericht von Bundesjugendsekretär Walter Haas in: DGB-Archiv, DGB-BV, Abt. Jugend 5/DGAU000120 sowie ND, 11.11.1970, Nr. 316.
17 Eine gesonderte Trägerorganisation wurde nicht gegründet. Der Ansprechpartner war weiterhin das Komitee der Jugendorganisation der UdSSR.

Dokument 41 6. April 1971

Kollege *Tacke* weist besonders auf die Ziffer 3 der vorgeschlagenen Vereinbarung hin, die primär das Berlin-Problem berührt. Sollte die für den Herbst erhoffte Berlin-Regelung[18] nicht gefunden und damit die Beteiligung von Berliner Kollegen in Gewerkschaftsdelegationen strittig sein, müßte erneut darüber verhandelt werden.

Auch Kollege *Sickert* hält die Ziffer 3 für den wesentlichen Punkt. Seiner Ansicht nach sollte man schon bei der ersten Stufe, dem Austausch von Gewerkschaftsjournalisten, durch die Hereinnahme eines Berliner Kollegen die Bereitschaft der sowjetischen Gewerkschaften testen, den DGB Berlin anzuerkennen. Eine weitere Testmöglichkeit ergebe sich bei der Entsendung einer Delegation des Bundesjugendausschusses nach Moskau[19], der den Vorsitzenden des Landesbezirksjugendausschusses Berlin in die Delegation gewählt habe.

Kollege *Kersten* antwortet, daß die sowjetischen Gewerkschaftsführer sich für beiderseitige Flexibilität ausgesprochen haben. Ein Berliner Gewerkschaftsjournalist sollte jedoch nicht in der Delegation vertreten sein.

Kollege *Vater* macht auf folgendes aufmerksam: Offenbar in Auswirkung der Gespräche des Kollegen Kersten hat die Gewerkschaft Holz und Kunststoff mit Datum vom 2.3.1971 die Einladung einer Delegation in die Sowjetunion erhalten, und zwar für die zweite Hälfte des Monats Mai. Wenn es sich auch um eine Gegeneinladung handelt, habe man die Sowjets nicht im unklaren darüber gelassen, daß erst die Berlin-Frage im Sinne der Auffassungen des Bundesvorstandes geregelt sein müsse. Im Hinblick auf den in Ziffer 3 genannten Herbsttermin werde die Gewerkschaft Holz und Kunststoff die Einladung für Mai nicht annehmen, sondern die Angelegenheit bis in den Herbst hinein verschieben, um die Reaktion der sowjetischen Gewerkschaftsführung abzuwarten. Kollege Vater nimmt an, daß sich ähnliche Vorgänge in Kürze auch bei anderen Gewerkschaften wiederholen werden. Er hält deshalb eine

---

18 Ziffer 3 der vorgeschlagenen Vereinbarung lautete: »Austausch von Spitzendelegationen beider Gewerkschaftsbünde im Herbst dieses Jahres bei freier Entscheidung über die Zusammensetzung der Delegation«. DGB-Archiv, DGB-BV, Abt. Vorsitzender 5/DGAI000470. Am 3.9.1971 wurde im Gebäude des Alliierten Kontrollrats das Viermächteabkommen über Berlin unterzeichnet. Das Abkommen trat mit der Unterzeichnung des Schlussprotokolls zum Viermächte-Abkommen am 3.6.1972 in Kraft. Siehe Die Berlin-Regelung. Das Viermächte-Abkommen über Berlin und die ergänzenden Vereinbarungen, in: Verträge, Abkommen und Vereinbarungen zwischen der Bundesrepublik Deutschland und der Deutschen Demokratischen Republik, hrsg. v. Presse- und Informationsamt der Bundesregierung, Stuttgart 1973, S. 196–199.

19 Das geplante Jugendfreundschaftstreffen vom 28.6. bis 11.7.1971 in der UdSSR fand nicht statt, da von sowjetischer Seite die Teilnahme des Westberliner Jugendsekretärs Klaus Pommeränig nicht erwünscht war. Absageschreiben vom 1.6.1971 des Bundesjugendsekretärs Walter Haas an das Komitee der Jugendorganisationen der UdSSR. DGB-Archiv, DGB-BV, Abt. Jugend 5/DGAU000493. Siehe auch: Ausführungen O. Kerstens über ein Telefonat mit Boris Averjanow auf der 19. Sitzung des Bundesvorstandes (Dok. 43). Der Gegenbesuch einer Delegation der DGB-Jugend unter der Leitung von Werner Haas in die UdSSR fand erst vom 16. bis 27.9.1973 statt. Bericht Walter Haas über Treffen mit Vertretern des Zentralrates der sowjetischen Gewerkschaften und dem Komitee der Jugendorganisationen, in: DGB-Archiv, DGB-BV, Abt. Jugend 5/DGAU000572 sowie ND, 28.9.1973, Nr. 312.

6. April 1971   **Dokument 41**

Abstimmung des Verhaltens für erforderlich, damit die Gewerkschaften im DGB nicht auseinanderdividiert werden.

Auf die Frage des Kollegen *Rothe,* ob der Austausch von Gewerkschaftsdelegationen im Herbst bei freier Entscheidung über die Zusammensetzung eine Berlin-Regelung der vier Mächte voraussetze, antwortet Kollege *Kersten,* daß die Sowjets eine solche Voraussetzung nicht fordern und ausdrücklich erklärt haben, daß Berliner Kollegen einbezogen werden sollen.

Kollege *Tacke* erklärt, daß nach Meinung des Geschäftsführenden Bundesvorstandes die in der Vorlage enthaltenen Punkte nur dann realisiert werden können, wenn der Zentralrat der Sowjetischen Gewerkschaften sie insgesamt und in Form einer Vereinbarung akzeptiert.

Kollege *Kluncker* stellt die Frage, ob man bereits bei der ersten Stufe Vorbedingungen stellen muß, wenn es sich um eine beiderseitige Vereinbarung handelt. Den Punkten 1 bis 3 könne er voll zustimmen. Der Punkt 4 dagegen sei so formuliert, als sollten die Beziehungen der Gewerkschaften unter die Obhut des DGB genommen werden. Nach seiner Ansicht können aber die Beziehungen zwischen den Einzelgewerkschaften der Bundesrepublik und der Sowjetunion nicht zum Objekt von Verträgen zwischen dem Zentralrat und dem DGB gemacht werden. Die Gewerkschaften sollten allein entscheiden, wer fährt. Selbstverständlich bestehe nach wie vor die Bereitschaft, sich an den Bundesvorstandsbeschluß zu halten und ohne Regelung des Berlin-Problems nicht von der Linie abzuweichen.

Kollege *Stadelmaier* berichtet, daß auch seine Gewerkschaft eine Einladung in die Sowjetunion erhalten habe, und zwar für April.[20] Unter Berücksichtigung des Bundesvorstandsbeschlusses habe sein Hauptvorstand entschieden, die Angelegenheit auf die zweite Hälfte des Jahres zu verschieben. Für die Delegation sei ein Berliner Kollege mit aufgestellt. Im übrigen würde er es für nützlich halten, zu besprechen, welche Gewerkschaften noch in diesem Jahr in die Sowjetunion reisen sollten.

Kollege *Vietheer* stimmt der Vorlage zu. Er fragt, ob die vereinbarte sogenannte Funkstille auch dann gilt, wenn eine sowjetische Gewerkschaft den Wunsch nach einer Einladung in die Bundesrepublik äußert.

Auch für Kollegen *Seibert* sind die Punkte 1 bis 3 akzeptabel. Für den Punkt 4 schlägt er aus den gleichen Gründen wie Kollege Kluncker folgende Formulierungsänderung vor: »Zum gleichen Zeitpunkt oder später Austausch von Delegationen der Einzelgewerkschaften beider Bünde *nach Vereinbarung zwischen den Hauptvorständen der Einzelgewerkschaften.*«

Kollege *Tacke* erklärt zu den Einwänden der Kollegen Kluncker und Seibert zum Punkt 4, daß natürlich nicht daran gedacht gewesen sei, den Gewerkschaften Vorschriften zu machen oder sie binden zu wollen. Die Formulierung sei mehr aus taktischen oder Sicherheitsgründen gegenüber den Sowjets

---

20 Auf Einladung des Zentralvorstands der Gewerkschaft der Arbeiter der Lebensmittelindustrie in der UdSSR besuchte eine NGG-Delegation unter der Leitung von Herbert Stadelmaier erst vom 22.7.–1.8.1972 die Sowjetunion. NGG-Geschäftsbericht 1970–1973, S. 149.

so gewählt worden, um zu verhindern, daß Einzelgewerkschaften unter anderen Bedingungen als den in Punkt 3 genannten (freie Entscheidung über Delegationszusammensetzung) vor Realisierung des Punktes 3 in die Sowjetunion eingeladen werden. Die von Kollegen Seibert vorgeschlagene Formulierungsänderung könne jedoch übernommen werden, wenn die Reihenfolge der Punkte unverändert bliebe. Sonst wäre die ganze Vereinbarung sinnlos. Auf die Frage des Kollegen *Vietheer* antwortet Kollege *Tacke*, dass Reisen von sowjetischen Delegationen in die Bundesrepublik nicht unter die sogenannte Funkstille fallen.

Kollege *Muhr* unterstreicht die Ausführungen des Kollegen Tacke. Sinn der Sache sei es, mit dieser Vereinbarung und der Reihenfolge der Punkte eine Situation zu schaffen, die es den Gewerkschaften erlaubt, in ihre Delegationen nach eigenem Wunsch Berliner Kollegen aufzunehmen, was vor Vollzug des Punktes 3 mit Sicherheit nicht möglich sein würde.

Nach Meinung des Kollegen *Brenner* sollte man überlegen, wozu ein solches Austauschprogramm überhaupt beschlossen werden soll. Schon früher sei darüber gesprochen worden, mit Ausnahme des Punktes 4, zu dessen Inhalt er die gleiche Ansicht vertrete wie die Kollegen Kluncker und Seibert. Die Bindung an ein solches Programm würde ganz sicher auch eine große, noch nicht abzusehende finanzielle Belastung für die Gewerkschaften und den DGB bedeuten. Auch darüber müsse man sich klar sein. Er glaube im übrigen nicht, daß die Sowjets aufgrund dieses Programms darauf verzichten würden, weiterhin Einzeleinladungen an Betriebsräte usw. auszusprechen, um von der unteren Ebene her ihre politischen Ziele zu verfolgen.

Kollege *Kersten* antwortet, daß der Geschäftsführende Bundesvorstand einen wichtigen Grund für die Vereinbarung darin gesehen hätte, in der Öffentlichkeit damit besser dazustehen und auf mehr Verständnis zu stoßen, als wenn wir unsere Prinzipien brechen und die eine oder andere Delegation in die Sowjetunion entsenden. Hinsichtlich des Kontaktes auf der unteren Ebene wünsche man nach Aussagen der sowjetischen Gewerkschaftsführer, daß sich dieser ebenfalls nur nach Verabredung auf Spitzenebene vollziehe.

In der nachfolgenden, abschließenden Diskussion, an der sich die Kollegen *Eichhorn, Vietheer, Tacke, Mirkes, Kersten, Seibert, Kluncker* und *Michels* beteiligen, ist man sich einig, daß die von der IG Chemie, Papier, Keramik schon für Juni/Juli angenommene Einladung in die Sowjetunion – offenbar beruhend auf einem Mißverständnis in einem persönlichen Gespräch zwischen den Kollegen Vetter und Hauenschild – bestehen bleiben soll. Sie soll aber in keinerlei Zusammenhang mit der zu treffenden Vereinbarung mit dem Zentralrat der sowjetischen Gewerkschaften gebracht werden. Im Prinzip soll nach wie vor die im Bundesvorstand getroffene Absprache gelten, bis die Realisierung der Vereinbarung insbesondere im Punkt 3 zu einer befriedigenden Regelung des Berlin-Problems geführt hat.

Kollege *Tacke* stellt fest, daß der Bundesvorstand dem in der Vorlage vorgeschlagenen Schreiben an den Zentralrat der sowjetischen Gewerkschaften unter Berücksichtigung der Formulierungsänderung im Punkt 4 zustimmt.

7. Dienstverträge für Mitglieder des Geschäftsführenden Bundesvorstandes des DGB und Landesbezirksvorsitzende

Kollege *Vater* teilt mit, daß sich die Haushaltskommission nach dem Münchner DGB-Bundeskongreß in mehreren Sitzungen mit den Dienstverträgen für Mitglieder des Geschäftsführenden Bundesvorstandes und für die Landesbezirksvorsitzenden des DGB beschäftigt hat, da sie nicht mehr den heutigen Gegebenheiten entsprechen. Die Haushaltskommission hat in ihrer Sitzung am 1.3.1971 diese Vorlage einstimmig verabschiedet und bittet den Bundesvorstand um Zustimmung.[21]

[Nach kurzer Diskussion beschließt der Bundesvorstand die neuen Verträge für Mitglieder des Geschäftsführenden Bundesvorstandes und Landesbezirksvorsitzende des DGB mit der Änderung, dass sie nicht Dienstverträge, sondern Anstellungsverträge heißen müssen.]

8. Beteiligung Deutsche Presse-Agentur (dpa)

[Der Bundesvorstand stimmt der Vorlage zu, dass die VTG beauftragt wird, einen weiteren Geschäftsanteil von DM 7.200,-- zu übernehmen.]

9. Jahresbericht der VTG für 1969

[Der Bundesvorstand nimmt den Geschäftsbericht der VTG für das Jahr 1969 zur Kenntnis.]

10. Bau- und Finanzplan der VTG für das Jahr 1971

[Der Bundesvorstand stimmt dem Bau- und Finanzplan der VTG für 1971 zu.]

11. Unterstützungsantrag der Gewerkschaft HBV

Kollege *Vietheer* verweist auf sein vorliegendes Schreiben.[22] Er rechne damit, daß die Arbeitgeber, denen eine Frist bis zum 8. April 1971, 12.00 Uhr, gestellt worden sei, ein Angebot unterbreiten würden. Die Bewilligung der beantragten 2 Mio. DM sollte nur vorsorglich geschehen, um sicherzustellen, daß die Gewerkschaft HBV evtl. Arbeitskampfmaßnahmen durchführen könne. Sie würden natürlich nur über die Beträge abrechnen, die dringend benötigt würden. Kollege Vietheer bittet um Bewilligung von 2 Mio. DM aus dem Solidaritätsfonds.

---

21 Anschreiben von Gerhard Vater (GHK) an die Mitglieder des Bundesvorstandes vom 29.3.1971 mit beigefügtem Entwurf eines Dienstvertrages, DGB-Archiv, DGB-BV, Abt. Vorsitzender 5/DGAI000470.
22 Schreiben Heinz Vietheer an Alfons Lappas vom 5.4.1971 zur Unterstützung der HBV bei Arbeitskampfmaßnahmen im Saarland. Siehe hierzu auch Beschluss auf der 76. Sitzung des GBV vom 5.4.1971, DGB-Archiv, DGB-BV, Abt. Vorsitzender 5/DGAI000192.

Dokument 41 6. April 1971

[In der Diskussion wird auf die §§ 11 und 12 der Richtlinien des DGB zur Führung von Arbeitskämpfen[23] und auf § 15 der Satzung der Gewerkschaft HBV[24] hingewiesen, die hier Anwendung finden. Deshalb empfiehlt der Bundesvorstand dem Bundesausschuss, der Gewerkschaft HBV einen Betrag bis zu 2 Mio. DM aus dem Solidaritätsfonds zur Führung von Arbeitskämpfen zu bewilligen.]

12. BETRIEBSRATSWAHL 1972

Kollege *Muhr* berichtet, daß der Ausschuß für Betriebsräte und Personalvertretungswesen, in dem alle Gewerkschaften vertreten sind, sich in seiner Sitzung am 1. April mit den nach dem neuen BVG für den Zeitraum vom 1.3. bis 31.5.1972 vorgesehenen Betriebsratswahlen beschäftigt hat. Der Ausschuß ist zu der Auffassung gekommen, daß es sinnvoll und wünschenswert wäre, wenn alle Gewerkschaften zusammen mit dem DGB die Vorbereitungen und Aktionen für diese Wahlen gemeinsam und koordiniert durchführen würden. Kollege Muhr bittet den Bundesvorstand um seine grundsätzliche Zustimmung zu diesem Vorschlag des Ausschusses. Bis zur nächsten Bundesvorstandssitzung sollte dann eine Vorlage erarbeitet werden, die als Grundlage für den gemeinsamen Wahlkampf dienen könnte. Die Frage der Finanzierung des Wahlkampfes werde dann noch zu besprechen sein. Der Ausschuß verspreche sich von einer zentralen Vorbereitung und Führung des Wahlkampfes eine größere Effektivität und eine erhebliche Entlastung der einzelnen Gewerkschaften.

Kollege Muhr fügt hinzu, daß sich zum Thema Personalratswahlen im Augenblick noch nichts Konkretes sagen lasse. Der normale Wahltermin würde ebenfalls 1972 sein. Es sei jedoch wahrscheinlich, daß durch ein Vorschaltgesetz wie beim BVG[25] der Termin um ein Jahr auf 1973 verschoben werde.

[In der nachfolgenden Diskussion wird der Vorschlag des Ausschusses im Prinzip begrüßt. Den Gewerkschaften müsse allerdings genügend Spielraum für Initiativen und Aktionen im eigenen Bereich verbleiben. Es wird vorgeschlagen, derzeit noch keine Beschlüsse zu fassen, sondern die Überlegungen des Ausschusses den Gewerkschaften in einem Brief zu übermitteln, möglichst zusammen mit der für die nächste Bundesvorstandssitzung vorgesehenen Vorlage und einer Kostenaufstellung, damit die Vorstände Gelegenheit zur Diskussion auch über die Finanzierung hätten.]

---

23 Die §§ 11 und 12 führen aus, dass der Bundesausschuss in besonderen Fällen, wenn die Durchführung des Arbeitskampfes im allgemeinen Gewerkschaftsinteresse liege, finanzielle Hilfe aus Bundesmitteln gewähren und darüber hinaus allgemeine Sammlungen veranlassen kann. Vgl. Richtlinien des DGB zur Führung von Arbeitskämpfen, in: Protokoll des Gründungskongresses des DGB vom 12. bis 14. Oktober 1949 in München, S. 330–335, hier: 333 f.
24 Im § 15 der Satzung werden unter III. die Unterstützungsleistungen bei Streiks aufgeführt. Vgl. Satzung, beschlossen auf dem 7. Ordentlichen Gewerkschaftstag der Gewerkschaft HBV vom 18.9.–20.9.1968 in Bremen, Düsseldorf o. J.
25 Siehe Dok. 30, Fußnote 5.

13. Verschiedenes

a) Auf die Frage des Kollegen *Neemann* nach dem weiteren Tagungsablauf erwidert Kollege *Tacke*, daß nach der Mittagspause zunächst die Sitzung des Kuratoriums WWI und dann die Sitzung der Kommission zur Durchführung des Aktionsprogramms stattfinden sollen.

b) Kollege *Brenner* regt an, daß die Hans-Böckler-Gesellschaft am 21. Mai 1971 zum 20. Jahrestag der Verabschiedung des Montan-Mitbestimmungsgesetzes[26] eine ähnliche Öffentlichkeitsaktion wie beim 10. Jahrestag durchführen sollte.

Kollege *Tacke* weist darauf hin, daß am gleichen Tage die Akademie der Arbeit in Frankfurt/M. 50-jähriges Jubiläum hat. Es sollte zu keinen Terminüberschneidungen kommen.

c) Kollege *Stadelmaier* erinnert an die Diskussion über die Inserate in der »Welt der Arbeit«. Er weist auf das Inserat des griechischen Touristikbüros für Reisen nach Griechenland hin. Solche Anzeigen sollten nicht erscheinen.

[In der anschließenden Diskussion wird auf die Beiratssitzung des Bund-Verlages vom Vortag[27] hingewiesen, in der über die Entwicklung der »Welt der Arbeit« gesprochen worden ist.]

d) Kollege *Tacke* teilt mit, daß ein Schreiben der Studenten der Akademie für Wirtschaft und Politik[28] an den Bundesvorstand wegen des Studentenheimes in Hamburg unterwegs sein soll. Er habe dieses Schreiben bis jetzt nicht gesehen. Nach Auffassung des Kollegen *Brenner*, der das Schreiben kennt, sollte man darauf nicht reagieren, da das Schreiben nicht unterzeichnet und somit also anonym sei.

Kollege *Tacke* erklärt sich damit einverstanden.

Ende der Sitzung: 14.00 [Uhr]

---

26 Im Anschluss an die Mitgliederversammlung der Hans-Böckler-Gesellschaft e.V. fand am 8.11.1961 im Haus der Wissenschaft, Düsseldorf, eine Festveranstaltung »10 Jahre Montan-Mitbestimmungsgesetz« statt. Vgl. DGB-Archiv, DGB-BV, Abt. Vorsitzender 5/DGAI001875. Siehe auch die Sondernummer, hrsg. v. Hans-Böckler-Gesellschaft: Das Mitbestimmungsgespräch 7, 1961, Nr. 11.

27 In der Beiratssitzung am 5.4.1971 wurden u. a. die Gewinn- und Verlustrechnungen für das Geschäftsjahr 1970 behandelt, insbesondere die Verluste bei der »WdA«. In den Jahren 1968 und 1969 wurden diese Verluste durch eine Bezuschussung des Verlags ausgeglichen. Die Betriebsprüfer hatten Bedenken gegen diese Bezuschussung, die möglicherweise als verdeckte Gewinnausschüttung angesehen würde. Im Beschlussprotokoll wurde keine Diskussion hierzu niedergeschrieben. Vgl. DGB-Archiv, DGB-BV, Sekretariat Günter Stephan 5/DGCU000199.

28 Gegründet 1948 als »Akademie für Gemeinwirtschaft« unter Beteiligung des DGB (Vorbild »Akademie der Arbeit«), wurde sie eine Institution des zweiten Bildungsweges. Der DGB, vertreten im Beirat der Akademie, konnte Hörer an die Akademie delegieren. 1961 umbenannt in »Akademie für Wirtschaft und Politik« und 1970 in »Hochschule für Wirtschaft und Politik« (HWP). Vgl. Bildungsauftrag und Berufspraxis. Festschrift zum 30jährigen Bestehen der Gesellschaft der Freunde und Förderer der HWP, Mai 1982, Opladen 1982. 2005 wurde die HWP in die Universität Hamburg integriert. In den Beiratsakten von Bernhard Tacke sowie in den Akten der Abteilung Bildungswesen ist dieses anonyme Schreiben nicht überliefert.

Dokument 42

27. April 1971: Schreiben des Vorsitzenden des DGB, Vetter, an die Mitglieder des Bundesausschusses zum gewerkschaftlichen Austauschprogramm Bundesrepublik – UdSSR

Ms., hekt., 2 S., Diktatzeichen V/Md. (Vetter/Maiwald).

DGB-Archiv, DGB-Landesbezirk Bayern 5/DGBF000193.

Betrifft: Gemeinsames gewerkschaftliches Austauschprogramm Bundesrepublik – UdSSR

Liebe Kolleginnen, liebe Kollegen!

Klarstellend zum Rundschreiben[1], das unter dem 22. April 1971 an die Mitglieder des Bundesausschusses ging, möchte ich feststellen, daß es sich hier um Information über Entwicklungen in diesem Bereich handelte und nicht, wie der irrtümlich in den Text aufgenommene letzte Absatz vermuten ließ, um eine Vorlage zur Beschlußfassung durch den Bundesausschuß.

Ergänzend sei mitgeteilt, daß die Angelegenheit des gemeinsamen gewerkschaftlichen Austauschprogramms Bundesrepublik – UdSSR in der Bundesvorstandssitzung vom 6. April 1971 erörtert und, den unterbreiteten Vorschlägen des DGB entsprechend, beschlossen worden ist. Demgemäß ist am 6. April 1971 folgendes Telegramm an den Präsidenten des Zentralrates des Sowjetischen Gewerkschaftsbundes, Alexander Schelepin, gegangen:

»Sehr verehrter Präsident Schelepin!

Auf der Grundlage der in der Zeit vom 28. Februar bis 2. März 1971 geführten Vorgespräche schlägt Ihnen der Deutsche Gewerkschaftsbund nach der heutigen Beschlußfassung in seinem Bundesvorstand folgende Regelung für ein Austauschprogramm beider Gewerkschaftsbünde vor:

Die Vorstände beider Gewerkschaftsbünde kommen überein, nachstehendes Programm des Austausches von Delegationen und Informationen gemeinsam abzuschließen:

1. Austausch von je einer Delegation von Gewerkschaftsjournalisten in der Bundesrepublik und in der Sowjetunion im Frühjahr 1971. Zusammensetzung der Delegation: 5 Journalisten und Dolmetscher.

2. Austausch von Delegationen der Landesbezirke bzw. Gebietsräte von Hamburg – Leningrad, Berlin – Moskau, Frankfurt – Rostow. Die Zahl der Delegationsmitglieder sollte fünf nicht überschreiten. Die Delegationen sollten zum gleichen Zeitpunkt in der Sowjetunion und in der Bundesrepublik sein. Als Termin käme der Sommer dieses Jahres in Frage.

---

1 4-seitiges Schreiben von Heinz O. Vetter an die Mitglieder des Bundesausschusses vom 22.4.1971 zum Austauschprogramm, in: DGB-Archiv, DGB-BV, Sekretariat Bernhard Tacke 5/DGCY000140.

3. Austausch von Spitzendelegationen beider Gewerkschaftsbünde im Herbst dieses Jahres bei freier Entscheidung über die Zusammensetzung der Delegation.
4. Zum gleichen Zeitpunkt oder später, Austausch von Delegationen der Einzelgewerkschaften beider Bünde nach Vereinbarung zwischen den Hauptvorständen der Einzelgewerkschaften.

Wir bitten, uns mitzuteilen, ob Sie mit diesen Vorschlägen einverstanden sind.

Bernhard Tacke, Stellvertr. Vorsitzender des Deutschen Gewerkschaftsbundes«

Inzwischen ist bei uns eine Antwort des Zentralrates der Sowjetischen Gewerkschaften eingegangen, aus der sich u. U. die Schlußfolgerung ziehen läßt, daß seitens der sowjetischen Gewerkschaften keine grundsätzlichen Bedenken gegen unsere Vorschläge bestehen.[2]

Wir werden diese Angelegenheit abschließend im Mai im Bundesvorstand beraten und entscheiden.

Mit freundlichen Grüßen
gez. Heinz O. Vetter

DOKUMENT 43

12. Mai 1971: Protokoll der 19. Sitzung des Bundesvorstandes

Hans-Böckler-Haus in Düsseldorf; Vorsitz: Heinz O. Vetter; Protokollführung: Isolde Funke, Marianne Jeratsch; Sitzungsdauer: 15.10–18.30 Uhr; ms. vermerkt: »Vertraulich«.[1]
Ms., hekt., 6 S., 1 Anlage.[2]
DGB-Archiv, 5/DGAI000536.

Beginn der Sitzung: 15.10 Uhr

[*Vetter* eröffnet die Sitzung, berichtet über die am selben Morgen stattgefundene Besprechung über die BfG[3] und trägt einige Korrekturen zur Tagesordnung vor.]

2 Abschrift des Briefes vom 15.4.1971 in der Übersetzung vom 22.4.1971, in: DGB-Archiv, DGB-BV, Sekretariat Bernhard Tacke 5/DGCY000140.
1 Einladungsschreiben vom 13. und 28.4.1971. Nicht anwesend: Herbert Stadelmaier (vertreten durch Günter Döding), Wilhelm Rothe (vertreten durch Xaver Senft). DGB-Archiv, DGB-BV, Abt. Vorsitzender 5/DGAI000470.
2 Anlage: Anwesenheitsliste.
3 Vgl. Schreiben Heinz O. Vetter an die Bundesvorstandsmitglieder vom 5.5.1971, in dem er mitteilte, dass auf der Bundesvorstandsklausur am 3.2.1971 beschlossen wurde, die Diskussion um die Besetzung des 21. Mandates im Aufsichtsrat der BfG in der Bundesvorstandssitzung am 12.5.1971 um 10.00 Uhr fortzusetzen, um die Frist zur Einladung der Hauptversammlung der BfG am 16.6.1971 zu wahren. DGB-Archiv, DGB-BV, Abt. Vorsitzender 5/DGAI001787. Vgl. zur Klausurtagung Dok. 36, Fußnote 25.

Dokument 43 12. Mai 1971

Tagesordnung:
1. Genehmigung des Protokolls der 18. Bundesvorstandssitzung
2. Außerordentlicher Bundeskongreß des DGB
3. Gespräch mit der BDA
4. Schreiben des Zentralrates der Sowjetischen Gewerkschaften vom 15.4.1971
5. Vorschläge des DGB zur Steuerreform
6. Mittelfristige Finanzplanung
7. Bestätigung von Landesbezirksvorstandsmitgliedern
8. Verschiedenes

1. GENEHMIGUNG DES PROTOKOLLS DER 18. BUNDESVORSTANDSSITZUNG

Der Bundesvorstand genehmigt das Protokoll der 18. Bundesvorstandssitzung.

2. AUSSERORDENTLICHER BUNDESKONGRESS DES DGB

Kollege *Vetter* teilt mit, daß der Geschäftsführende Bundesvorstand sich eingehend mit der Frage befaßt habe, ob dem o. a. DGB-Bundeskongreß Entschließungen zu aktuellen wirtschafts-, sozial- oder gesellschaftspolitischen Themen vorgelegt werden sollten. Man sei zu der Auffassung gelangt, diese Frage im Bundesvorstand entscheiden zu lassen.

[Nach der Diskussion kommt der Bundesvorstand überein, dem Bundesausschuss den Entwurf einer Entschließung vorzulegen, die mit der Bitte um Verabschiedung an den Bundeskongress weitergeleitet werden soll. Die Entschließung soll im Anschluss an das Referat von Kollegen Vetter auf dem Kongress behandelt werden und die Themen Wirtschaftspolitik, Novellierung des BVG und flexible Altersgrenze enthalten.]

3. GESPRÄCH MIT DER BDA

Kollege *Vetter* weist auf die den Bundesvorstandsmitgliedern in Fotokopie vorgelegte Einladung der Bundesvereinigung Deutscher Arbeitgeberverbände zu einem Gespräch hin und bittet um Diskussion und Entscheidung darüber, ob und gegebenenfalls in welcher Form diese Einladung angenommen werden sollte.[4]

[Die Diskussion hat folgendes Ergebnis: Die Einladung der BDA, auch wenn sie offensichtlich aus propagandistischen Gründen ausgesprochen worden sei, soll grundsätzlich angenommen werden. Der DGB wird jedoch nicht die einseitige Themenfestsetzung durch die BDA akzeptieren, sondern eine Aussprache über die allgemeine wirtschaftliche Situation verlangen. Dementsprechend wird der DGB die Beteiligung von Vertretern der Tarifträgerverbände bei diesem Gespräch ablehnen. Das Gespräch soll vielmehr durch Vertreter der beiden Spitzenverbände DGB und BDA geführt werden. Anschließend

---
4 Telex von Otto A. Friedrich an Heinz O. Vetter vom 10.5.1971, 13.45 Uhr, in dem er vorschlug, dass sich BDA und DGB baldmöglichst über einen »stabilitätsorientierten Lohnkurs« sprechen sollten. DGB-Archiv, DGB-BV, Abt. Vorsitzender 5/DGAI000470.

verliest Kollege Vetter den Entwurf eines Antwortschreibens an die BDA, dem der Bundesvorstand seine Zustimmung gibt.⁵]

4. SCHREIBEN DES ZENTRALRATES DER SOWJETISCHEN GEWERKSCHAFTEN VOM 15.4.1971

Kollege *Vetter* erläutert, daß wegen der im Antwortschreiben des Zentralrates der Sowjetischen Gewerkschaften vom 15.4.1971 enthaltenen Unklarheiten ein Telefongespräch zwischen den Leitern der Auslandsabteilungen beider Bünde stattgefunden habe, aus dem sich eine neue Situation ergeben hat.

Kollege *Kersten* berichtet Einzelheiten aus diesem Telefongespräch.⁶ Danach hat der Vertreter des Sowjetischen Gewerkschaftsbundes, Averjanow, sofort – zur Vermeidung weiterer Schwierigkeiten, wie er sagte, – gewünscht, daß der gewählte Berliner Vertreter aus der Jugenddelegation des DGB, die zu einem Seminar in die Sowjetunion reisen soll, wieder herausgenommen wird. Bei der Erörterung der einzelnen vom DGB vorgeschlagenen Programmpunkte habe sich anfangs für die meisten Punkte weitgehende Übereinstimmung ergeben. Zu Punkt 3 jedoch, der den Austausch von Spitzendelegationen beider Verbände bei freier Entscheidung über die Zusammensetzung der Delegationen im Herbst dieses Jahres vorsieht, hat Averjanow eindeutig erklärt, daß die DGB-Interpretation der Moskauer Gespräche in keiner Weise den sowjetischen Vorstellungen entspräche, somit eine völlig neue Situation eingetreten sei und damit das sowjetische Antwortschreiben hinfällig wäre. Das Präsidium des Zentralrates müsse sich erneut mit dieser Frage beschäftigen. Mehr könne dazu jetzt nicht gesagt werden.

Kollege *Woschech* berichtet zur Reise der Jugenddelegation, daß inzwischen für alle Teilnehmer, auch für den Berliner Kollegen, Visaanträge gestellt worden sind, auf die jedoch noch keine Antwort eingegangen sei. Es bestehe ein einstimmiger Beschluß des Bundesjugendausschusses, die Reise gegebenenfalls auch kurzfristig abzusagen, wenn dem Berliner Kollegen die Einreise verweigert werden sollte.

Kollege *Vetter* stellt fest, daß die Sowjets offensichtlich noch immer nicht gewillt sind, ihre Haltung in der Berlin-Frage zu ändern. Damit sei vorläufig für den DGB wieder die alte Situation eingetreten. Er schlägt vor, zunächst abzuwarten, ob dem Berliner Kollegen die Einreise in die Sowjetunion genehmigt wird. Danach sollte in der nächsten Bundesvorstandssitzung noch einmal über die eingetretene Lage diskutiert werden. Der Bundesvorstand ist mit diesem Vorschlag einverstanden.⁷

---

5 DGB nimmt BDA-Einladung an, in: ND, 13.5.1971, Nr. 170.
6 Vermerk von Otto Kersten an Heinz O. Vetter vom 12.5.1971 über den Anruf von Boris Averjanow, WZSPS, Moskau, am 12.5.1971 – 13.30 Uhr. DGB-Archiv, DGB-BV, Abt. Vorsitzender 5/DGAI000470.
7 Ostkontakte eingefroren, in: ND, 13.5.1971, Nr. 169.

Dokument 43 12. Mai 1971

5. Vorschläge des DGB zur Steuerreform

Kollege *Neemann* verweist auf die dem Bundesvorstand am 28.4.1971 übersandten Vorschläge des DGB zur Steuerreform sowie auf die zusätzlich verteilten Ergänzungen und Korrekturen, die der Arbeitskreis Steuerreform in seiner Sitzung am 5. Mai erarbeitet hat.[8] Die Beschlußfassung über die Vorschläge und der Entwurf eines Schreibens an den Bundeskanzler stehe deshalb unter einem gewissen Zeitdruck, weil das Bundeskabinett unerwartet schon morgen Entscheidungen zu diesem Thema treffen wolle. Kollege Neemann berichtet kurz über die Tätigkeit und Zusammensetzung des Arbeitskreises Steuerreform, in die [sic!] fast alle Gewerkschaften ihre Vertreter entsandt hatten. Er betont, dass das DGB-Konzept nicht als eine Stellungnahme zum Steuerreform-Gutachten, sondern als eigener Vorschlag des DGB abgefaßt ist. Abschließend erläutert er einige Punkte aus dem DGB-Programm.

Kollege *Stephan* meldet erhebliche Bedenken gegen die Vorschläge zur Reform des Splitting-Verfahrens im Rahmen der Einkommenssteuer an, die den Bemühungen des DGB um die Leitenden Angestellten sehr schädlich sein würden.

[In der nachfolgenden Diskussion wird insbesondere das Splitting-Verfahren erörtert. Man ist sich einig, dass der DGB zu diesem Thema Stellung nehmen müsse, dass man aber von der Nennung konkreter Zahlen absehen könne. Der Bundesvorstand stimmt mit einigen Änderungen den DGB-Vorschlägen zur Steuerreform sowie dem Schreiben an den Bundeskanzler[9] zu.]

Zu 2. »Ausserordentlicher Bundeskongress des DGB«

[*Woschech* bittet den Bundesvorstand um Entscheidungshilfe bei der Frage, wie er sich auf dem Kongress verhalten solle, da er als Sprecher der Satzungskommission benannt sei. Er weist darauf hin, dass die Vorschläge und Empfehlungen der Antragsberatungskommission nicht noch einmal von der Satzungskommission beraten worden sind. Nach kurzer Diskussion kommt der Bundesvorstand zur Auffassung, dass Woschech nach dem Sprecher der Antragsberatungskommission den Antrag der Satzungskommission kurz begründen solle. Danach solle er nur noch dann das Wort ergreifen, wenn kontroverse Meinungen aufträten.]

6. Mittelfristige Finanzplanung

[*Lappas* trägt die Erwartungen für den Haushalt 1970 vor: so die Aufstockung der DGB-Anteile bei der Neuen Heimat Städtebau, die zu erwartenden Mehrabgaben an die Unterstützungskasse ab 1972 und die zu erwartende

---

8 Dem Schreiben waren beigefügt der Entwurf von DGB-Vorschlägen zur Steuerreform in vollem Wortlaut und der Entwurf eines Schreibens an den Bundeskanzler und an alle Bundesminister mit einer Kurzfassung der DGB-Vorschläge, in: DGB-Archiv, DGB-BV, Abt. Wirtschaftspolitik 5/DGAN000091.

9 Das Schreiben des DGB, von Vetter und Neemann unterzeichnet, an Bundeskanzler Willy Brandt vom 12.5.1971 beinhaltet die Vorschläge des DGB zur Steuerreform. DGB-Archiv, DGB-BV, Abt. Wirtschaftspolitik 5/DGAN000091.

Erhöhung des Personalkostenvolumens. Wegen der Gehaltsentwicklung bittet der GBV, der Bundesvorstand solle dem Bundesausschuss empfehlen, die Haushaltskommission des Bundesvorstandes zu beauftragen, gemeinsam mit der Abteilung Finanzen die Mittelfristige Finanzplanung unter Berücksichtigung der Beitragsentwicklung 1970, insbesondere im Hinblick auf die Personalausgaben im Jahre 1971, zu überprüfen. Für die Neuregelung der Gehälter der DGB-Beschäftigten ab 1.7.1971 solle der Bundesausschuss die endgültige Beschlussfassung ausnahmsweise wegen der Dringlichkeit dem Bundesvorstand übertragen. Gegen dieses Abweichen vom üblichen Beschlussverfahren und gegen eine möglicherweise übereilte Beschlussfassung in für den DGB so wichtigen Finanzfragen meldet *Vater* Bedenken an. Abschließend wird dem Vorschlag zugestimmt.]

7. BESTÄTIGUNG VON LANDESBEZIRKSVORSTANDSMITGLIEDERN

[Der Bundesvorstand empfiehlt dem Bundesausschuss, Günther Lepnies, Eckardt Schön und Fred Habicht als Mitglieder des LBV Nordmark zu bestätigen.[10]]

8. VERSCHIEDENES

Kollege *Lappas* bittet den Bundesvorstand, damit einverstanden zu sein, daß Kollege Vater die Anstellungsverträge der GBV-Mitglieder neben den zwei GBV-Mitgliedern, die nach § 13, Ziffer 7 der Satzung des DGB dazu ermächtigt sind, mit unterzeichnet. Dadurch würde sich an der Rechtslage nichts ändern.[11]

[Nach kurzer Diskussion ist der Bundesvorstand mit der vorgeschlagenen Verfahrensweise einverstanden.]

Ende der Sitzung: 18.30 Uhr

---

10 Der Bundesausschuss bestätigte die Wahl in seiner 7. Sitzung am 13.5.1971. DGB-Archiv, DGB-BV, Abt. Vorsitzender 5/DGAI000445.
11 In der 78. GBV-Sitzung am 10.5.1971 informierte Lappas unter dem TOP »Hausmitteilungen« den GBV über den Wunsch des Vorsitzenden der Haushaltskommission, Gerhard Vater, die Anstellungsverträge mit den GBV-Mitgliedern mitzuunterzeichnen. Ohne Diskussion stimmte der GBV diesem Wunsch zu. Vgl. DGB-Archiv, DGB-BV, Abt. Vorsitzender 5/DGAI000192.

DOKUMENT 44

1. Juni 1971: Protokoll der 20. Sitzung des Bundesvorstandes

Haus des DGB-Kreises in Kiel; Vorsitz: Heinz O. Vetter; Protokollführung: Isolde Funke, Marianne Jeratsch; Sitzungsdauer: 14.15–19.03 Uhr; ms. vermerkt: »Vertraulich«.[1]
Ms., hekt., 13 S., 1 Anlage.[2]

DGB-Archiv, 5/DGAI000536.

Beginn der Sitzung: 14.15 Uhr

[Vetter eröffnet die Sitzung und teilt mit, dass der »Bericht über die Tagung der ständigen Kommission des DGB und des Jugoslawischen Gewerkschaftsbundes in Hamburg« zurückgezogen und die »Aussprache über den Außerordentlichen Bundeskongress des DGB« bis zur Juli-Sitzung des Bundesvorstandes zurückgestellt wird.[3]]

Tagesordnung:
1. Kurzreferat Philipp Rosenthal
2. Bildung einer Arbeitsgruppe zur Bekämpfung des Rechtsradikalismus
3. Gehaltsneuregelung ab 1. Juli 1971
4. Bank für Gemeinwirtschaft
   a) Aufsichtsrat
   b) Kapitalerhöhung
5. Verschiedenes
   a) Solidaritätsfonds – Spende für Opfer der Erdbebenkatastrophe in der Türkei
   b) Schreiben der IG Druck und Papier, Landesbezirk Nordrhein-Westfalen, betr. Protestmarsch auf Bonn
   c) Zweites deutsch-sowjetisches Jugendseminar in Moskau
   d) Veranstaltungen kommunistischer Gruppen
   e) Spitzengespräch DGB/BDA
   f) Konzertierte Aktion

1. KURZREFERAT PHILIP ROSENTHAL[4]

Kollege *Vetter* begrüßt Staatssekretär Rosenthal und dankt im Namen des Bundesvorstandes für die Möglichkeit, sich über den neuesten Stand zum

---

1 Einladungsschreiben vom 13.4. und 18.5.1971. Nicht anwesend: Gerd Muhr, Waldemar Reuter, Maria Weber, Leonhard Mahlein, Otto Brenner, Philipp Pless, Julius Lehlbach, Rudolf Sperner (vertreten durch Konrad Carl), Gerhard Vater (vertreten durch Karlheinz Schwark), Adolf Mirkes (vertreten durch Gerhard van Haaren), Carl Stenger (vertreten durch Heinz Esders), Walter Sickert (vertreten durch Fritz Giersch), Leo Moser (vertreten durch Oskar Detemple). DGB-Archiv, DGB-BV, Abt. Vorsitzender 5/DGAI000470.
2 Anlage: Anwesenheitsliste.
3 Im Schreiben vom 7.6.1971 an die Bundesvorstandsmitglieder wurde mitgeteilt, dass die aus zeitlichen Gründen nicht behandelten Tagesordnungspunkte in der 21. BV-Sitzung besprochen werden sollen. DGB-Archiv, DGB-BV, Abt. Vorsitzender 5/DGAI000470.
4 Philip Rosenthal (1916–2001) war seit Herbst 1970 anstelle von Klaus-Dieter Arndt (1924–1974) Parlamentarischer Staatssekretär im Bundeswirtschaftsministerium. Er setzte sich für

432

Thema Vermögensbildung zu informieren.[5] Der DGB habe eigentlich erwartet, daß die Bundesregierung den schon länger angekündigten Vermögensbildungsbericht veröffentliche. Er selbst habe bereits im März 1970 Leitlinien zur Vermögensbildung herausgegeben, die inzwischen durch ein weiteres Diskussionspapier ergänzt worden seien.[6]

In seinem Kurzreferat geht Staatssekretär *Rosenthal* zunächst auf die allgemeine Vermögenssituation in der Bundesrepublik ein und erläutert anhand von Zahlenmaterial, daß sich nach dem Kriege eine ungeheure Konzentration von Vermögen und damit von Verfügungsmacht über Produktionsmittel vollzogen hat. Das Ergebnis ist, daß nach der Vermögenssteuerstatistik 1966 rund 160.000 vermögenssteuerpflichtige Personen mit Anteilen an Kapitalgesellschaften über rund 90 % des Gesamtbestandes an Aktien und Investmentzertifikaten verfügten, die sich im Besitz privater Haushalte befanden. Um zu einer Änderung dieser ungerechten Vermögensverteilung zu kommen, kann man nach Ansicht Rosenthals nur zwei Schlüsse ziehen: entweder Vergesellschaftung oder Beteiligung der Arbeitnehmer am Produktivvermögen. Da die Vergesellschaftung, unabhängig davon, ob sie wünschenswert ist oder nicht, wie der Staatssekretär im einzelnen erläutert, zur Zeit nicht durchführbar ist, bleibt die Forderung nach einer anderen Vermögensverteilung. Nach seiner Ansicht steht diese in einer Reihe mit den Forderungen der Gewerkschaften nach Mitbestimmung und Bildung. Wenn auch die Verwirklichung der zuletzt genannten Ziele für die Arbeitnehmer auf die Dauer von größerer Bedeutung sein wird, so ist doch die direkte Wirkung der Vermögensbildungsfrage auf den Menschen nicht zu unterschätzen. Für die Bundesregierung, die Parteien und insbesondere für die Gewerkschaften biete sich hier eine gute Möglichkeit, für den Einzelnen sichtbar tätig zu werden. Auch ein Teil der Unternehmer habe inzwischen eingesehen, daß etwas geschehen muß. Da eine Umverteilung über die Lohnpolitik erwiesenermaßen nicht zu erreichen sei, ergebe sich folgerichtig die Forderung nach Vermögensbildung an Produktivmitteln. Man wird den Gewerkschaften bei einer solchen Forderung auch nicht vorwerfen können, daß sie gegen die Stabilität handelten oder die notwendigen Investitionen der Unternehmer damit störten. Die Abführung von Beteiligungen wird dem Investitionswillen der Unternehmer nicht entgegenstehen. Staatssekretär Rosenthal erläutert dann an einigen Zahlenbeispielen, daß man die schon laufenden und noch geplanten Vermögensbildungsmaßnahmen nicht als bedeutungslos für die Arbeitnehmer bezeichnen

---

die staatliche Förderung der Vermögensbildung in Arbeitnehmerhand ein. Nach Differenzen mit Minister Schiller wegen der ungenügenden Fortschritte bei der Beteiligung der Arbeitnehmer am Produktivvermögen trat er am 17.11.1971 als Parlamentarischer Staatssekretär zurück. Vgl. Munzinger-Personenarchiv.

5 Auf der Klausurtagung des GBV am 19./20.4.1971 wurde beschlossen, Philipp Rosenthal zu dieser Sitzung einzuladen. DGB-Archiv, DGB-BV, Abt. Vorsitzender 5/DGAI000192. Einladungsschreiben Heinz O. Vetters vom 28.4.1971 und Terminbestätigung von Philipp Rosenthal am 11.5.1971, DGB-Archiv, DGB-BV, Abt. Vorsitzender 5/DGAI000470.

6 Erhard Schumacher stellte dieses Diskussionspapier »Modell einer überbetrieblichen Ertragsbeteiligung« mit den Vermögenspolitischen Leitlinien des DGB vom 6.3.1970 den Bundesvorstandsmitgliedern mit Schreiben vom 27.5.1971 zu. DGB-Archiv, DGB-BV, Abt. Vorsitzender 5/DGAI000470.

kann. Er geht anschließend kurz auf die verschiedenen Pläne zur Vermögensbildung ein, die von Kommissionen, Ministerien und im Kabinett vorbereitet und diskutiert werden. Die meisten Aussichten auf baldige Realisierung habe ein Plan des Bundeswirtschafts- und Finanzministers Schiller, der vorsieht, die jetzige Investitionssteuer in Höhe von vier Prozent in eine ständige Abgabe für die Vermögensbildung in Arbeitnehmerhand umzuwandeln. Nach dem geltenden Recht würde diese Steuer 1973 auslaufen. Die im Rahmen der Steuerreform vorgesehene Umwandlung würde für das Jahr 1974 und die folgenden Jahre Einnahmen von jährlich 4 Milliarden DM für die Vermögensabgabe erwarten lassen. Staatssekretär Rosenthal nennt noch einige Einzelheiten dieses Planes und betont die Notwendigkeit, diesen Schritt auf dem Wege der Vermögensbildung gesetzlich zu verankern.

Kollege *Vetter* dankt Staatssekretär Rosenthal für seine Ausführungen. Er stellt sie zur Diskussion und bittet den Bundesvorstand, zu einer Meinungsbildung zu dem vorgetragenen Plan zu kommen.

Kollege *Kluncker* wirft die Frage auf, ob es nicht vorrangig notwendig sei, statt privaten Reichtum anders zu verteilen, durch Abbau der Vermögenskonzentration die öffentliche Armut zu bekämpfen. Er möchte wissen, wie die zur Diskussion stehenden vermögenspolitischen Konzeptionen in Einklang zu bringen sind mit den Erfordernissen, die öffentliche Armut zu überwinden. Was nützt die Überbetonung der privaten Investitionen, wenn die Armut der öffentlichen Finanzen gesellschaftspolitisch eine Gefährdung bedeutet.

Staatssekretär *Rosenthal* erläutert, daß es sich dabei um zwei verschiedene Dinge handele. Es sei natürlich notwendig, einen größeren Anteil in die öffentlichen Investitionen zu stecken. Deshalb sei er für eine mutige Steuerreform. Andererseits dürften aber die privaten Investitionen nicht mehr nur den Wenigen, den Besitzern, zugute kommen.

Kollege *Vetter* stellt fest, daß die von Kollegen Kluncker vorgetragene Sorge nicht unbeachtet bleibt, daß sie aber durch das hier diskutierte Problem nicht berührt wird. Wenn der Gedanke auftauchen sollte, die Anteiligkeit am Produktivvermögen in Fonds zu geben, die nicht wieder in privatwirtschaftliche Investitionen zurückfließen, sondern für die Finanzierung von Gemeinschaftsaufgaben vorgesehen werden, wäre das ein neuer Gesichtspunkt, der zu überprüfen wäre.

Kollege *Stadelmaier* knüpft an die Ausführungen des Kollegen Kluncker an und äußert Bedenken, daß durch die vorgesehenen Maßnahmen ein Steuerausfall entsteht, der sich nachteilig auf die Finanzierung der Gemeinschaftsaufgaben auswirkt. Außerdem möchte er wissen, ob und welche Steuerbelastung bei der vorgetragenen Konstruktion auf den einzelnen Arbeitnehmer zukommen würde.

Staatssekretär *Rosenthal* antwortet, daß ein Steuerausfall bei der vorgesehenen Konstruktion nicht eintreten wird.

Kollege *Hauenschild* ist der Meinung, daß die Diskussion von Modellen zur Vermögensbildung nicht so sehr in den Vordergrund treten solle. Viel wichtiger erscheint ihm die politische Aussage zur Sache selbst. Die Bundesregierung bzw. die SPD müßte erklären, daß sie in dieser Frage tätig werden will. Auch gegenüber den Mitgliedern wäre es notwendig, zu wissen, wie die Absichten der Koalition sind, etwas zu tun, und wieweit wir auf frühere Zusicherungen bauen können. Kollege Hauenschild spricht noch kurz die Frage an, welche Auswirkungen die jüngsten Pläne auf die Lohnpolitik haben könnten.

Auch Staatssekretär *Rosenthal* ist der Ansicht, daß das Diskutieren von Modellen, wie die Vergangenheit gezeigt hat, in der Sache nicht weiterführt. So ließe sich beispielsweise auch darüber reden, ob die Beteiligungen über die Investitionen oder über die Gewinne erfolgen sollen. Was ihm vordringlich erscheint, ist folgendes: Zum erstenmal sei, besonders auch bei Bundeswirtschafts- und Finanzminister Schiller, die Bereitschaft erkennbar, in dieser Richtung politisch tätig zu werden. Nach seiner Meinung solle der DGB jetzt aktiv werden und beispielsweise in persönlichen Schreiben an Bundeskanzler Brandt, Schiller usw. zum Ausdruck bringen, er erwarte von der Bundesregierung, daß sie zugleich mit ihren steuerpolitischen Vorschlägen durch Beteiligung der Arbeitnehmer am Produktivvermögen einen ersten Schritt in Sachen Vermögensbildung mache. Über Einzelheiten der vorgesehenen Maßnahmen müsse später sowieso noch diskutiert werden. Wichtig sei jetzt vor allem die politische Willensentscheidung der Regierung, ob sie bereit ist, den Arbeitnehmern etwas zukommen zu lassen.

Kollege *Seibert* würde es optisch für besser halten, wenn die Gewerkschaften sich für eine Vermögensumverteilung über die Gewinne aussprechen würden.

Kollege *Schumacher* hält den Ansatzpunkt Investitionen für etwas problematisch. Er führt das Beispiel Ruhrkohle AG[7] an und meint, daß man über diese Dinge noch ausführlicher diskutieren müsse. Was ihm bedeutsamer erscheint, ist die Frage, welche Konzeption hinter diesem Modell steckt, ob die Zertifikate veräußerbar sind, ob nicht doch wieder eine Rekonzentration der Vermögen eintritt.

Staatssekretär *Rosenthal* erläutert an einigen Beispielen, daß er die angesprochenen Schwierigkeiten nicht für so schwerwiegend hält. Ihm erscheint zunächst die politische Willensäußerung entscheidender.

Kollege *Schmidt* erklärt, daß es keine Meinungsverschiedenheiten darüber geben kann, daß etwas geschehen muß. Auf welche Weise das geschieht, erscheint ihm zweitrangig. Worauf es ihm ankommt, ist, daß bei den Arbeitnehmern nicht Hoffnungen auf unmittelbare Erfüllbarkeit erweckt werden, die den Gewerkschaften dann zu schaffen machen.

---

7 Im Zuge der Neuordnung des Steinkohlebergbaus wurde die Ruhrkohle AG gegründet. Das Gemeinschaftsunternehmen von 24 Montanbetrieben nahm am 1.1.1969 seine Arbeit auf. Zum 1.12.1969 hatten die »Muttergesellschaften« ihr Bergbauvermögen auf die Ruhrkohle AG, als Einheitsgesellschaft des Ruhr-Bergbaus, übertragen. Gleichzeitig wurden die Arbeiter und Angestellten der bisherigen Betriebe Mitarbeiter der Ruhrkohle AG. Die Bundesregierung bürgte für die Schulden der angeschlagenen Einzelunternehmen, damit die Arbeitsplätze erhalten blieben. Zu den Grundsätzen der Einheitsgesellschaft siehe IG Bergbau und Energie (Hrsg,): Jahrbuch 1968/69, Bochum 1970, S. 7–13.

Kollege *Vetter* greift noch einmal die Frage des Kollegen Hauenschild nach den möglichen Auswirkungen auf die Lohnpolitik auf.

Nach Ansicht von Staatssekretär *Rosenthal* wird eine Beeinträchtigung des Lohnspielraums durch die vorgesehenen Maßnahmen nicht eintreten, selbst wenn die Unternehmer das behaupten sollten.

Kollege *Buschmann* gibt zu bedenken, ob sich die Gewerkschaften durch die Unterstützung einer solchen gesetzgeberischen Maßnahme nicht der Möglichkeit begeben, selbst initiativ zu werden und z. B. über tarifvertragliche Regelungen in Sachen Vermögensbildung Erfolge für sich zu verbuchen.

Kollege *Pfeiffer* erinnert daran, daß der DGB in seinem Aktionsprogramm die Vermögensbildung auf drei Wegen fordert.[8] Dabei sollte man im Prinzip bleiben, auch wenn man die jetzt vorgesehenen Maßnahmen unterstützt.

Staatssekretär *Rosenthal* greift die Bedenken des Kollegen Buschmann auf und erklärt dazu, daß diese Frage auch diskutiert sei. Man erwäge, die Unternehmer, die die tarifvertraglichen Regelungen voll ausschöpfen, teilweise von der gesetzlichen Abgabe zu entlasten. Auf diese Weise würde eine Förderung der Vermögensbildung auf Tarifebene erreicht.

Kollege *Vetter* faßt die Diskussion zusammen und stellt das Einverständnis des Bundesvorstandes fest, daß der DGB in dem besprochenen Sinne ein Schreiben an die Bundesregierung richtet und sie auffordert, im Rahmen der Steuerreform für die Vermögensbildung tätig zu werden.[9] Abschließend spricht Kollege Vetter Staatssekretär Rosenthal den herzlichen Dank des Bundesvorstandes für seinen Besuch und informativen Ausführungen aus.

2. BILDUNG EINER ARBEITSGRUPPE ZUR BEKÄMPFUNG DES RECHTSRADIKALISMUS

Kollege *Vetter* verweist auf die den Bundesvorstandsmitgliedern ausgehändigte Vorlage und bittet um Zustimmung zum Beschlussvorschlag.

Kollege *Lappas* weist darauf hin, daß der letzte Teil des Beschlußvorschlages die Form einer Empfehlung an den Bundesausschuß haben müsse, da nur er Beschlußrechte über die Entnahme aus dem Solidaritätsfonds habe.

In der Diskussion, an der sich die Kollegen *Hauenschild, Vetter, Drescher* und *Naber* beteiligen, wird vorgeschlagen, auch den Linksradikalismus zu berücksichtigen, Es wird mitgeteilt, daß in absehbarer Zeit auch eine Vorlage Linksradikalismus[10] unterbreitet werden wird. Zu dem Hinweis auf den

---

8 Die drei Wege für eine bessere Vermögensverteilung waren: a) Sparförderungsmaßnahmen, b) Investivlohnregelungen und c) Systeme übertrieblicher Ertragsbeteiligung. Siehe hierzu die konkreten Maßnahmen zur Verwirklichung der Ziele in: DGB-Aktionsprogramm, Februar 1971, überarbeitete Auflage, S. 16–18 sowie Dok. 52.
9 In dem Brief des DGB zur Vermögensbildung an Bundeswirtschafts- und Finanzminister Karl Schiller wird die Erwartung ausgesprochen, dass die Bundesregierung mit ihren steuerpolitischen Vorschlägen auch den angekündigten Plan zur Vermögensbildung vorlegt. Gleichzeitig wird die Auffassung des DGB zur überbetrieblichen Ertragsbeteiligung dargestellt. Siehe ND, 7.6.1971, Nr. 199.
10 Siehe Bundesvorstandsklausur vom 1. bis 3.10.1973, TOP 3 (Dok. 88).

vorgesehenen NPD-Parteitag wird berichtet, daß dieser Parteitag erst im November 1971 stattfinden wird.

Beschluß:

Der Bundesvorstand beschließt die Bildung einer Arbeitsgruppe zur Bekämpfung des Rechtsradikalismus. Der Arbeitsgruppe gehören an: der DGB-Vorsitzende oder einer seiner beiden Stellvertreter; einer der in Düsseldorf ansässigen Gewerkschaftsvorsitzenden; ein Vertreter der Abteilung Organisation und der Referent für Rechts- und Linksradikalismus in der Abteilung Vorsitzender. Der Bundesvorstand stattet die Arbeitsgruppe mit organisatorischen Vollmachten aus und bittet den Bundesausschuß, einen Betrag von DM 100.000,-- aus dem Solidaritätsfonds bereitzustellen. Bei Bedarf verfügt die Arbeitsgruppe über eine notwendige Summe bis zu DM 100.000,-- zweckentsprechend.

3. GEHALTSNEUREGELUNG AB 1. JULI 1971

[*Woschech* verweist auf die den Bundesvorstandsmitgliedern ausgehändigten Unterlagen und gibt einige Erläuterungen[11], insbesondere zu den Eingruppierungen in den unterschiedlichen Gehaltsgruppen. Nach einigen haushaltspolitischen Erläuterungen von *Lappas* zu den Unterlagen und der anschließenden Diskussion über die Gehaltsneuregelungen wird beschlossen, dass die Gehaltstabelle vom 1.7.1971 an gelten soll, die Gehaltsneuregelung bis zum 30.9.1972 befristet ist und der vorgelegte Tätigkeitskatalog mit den aufgeführten Änderungen bzw. Neuerungen zum 1.7.1971 wirksam wird.]

4. BANK FÜR GEMEINWIRTSCHAFT

a) Aufsichtsrat

Kollege *Vetter* unterrichtet den Bundesvorstand über den Stand der Mitbestimmungsverhandlungen. Danach scheint es nicht möglich zu sein, die paritätische Mitbestimmung bei der für den 14. Juni vorgesehenen Hauptversammlung der BfG einzuführen, Die Arbeitnehmervertreter haben sich bisher nicht damit einverstanden erklärt, analog der Regelung bei der Neuen Heimat und der Volksfürsorge, als 21. Mann den DGB-Vorsitzenden zu akzeptieren.[12] Sollten die noch vorgesehenen Gespräche in der Sache zu keiner Einigung führen, bliebe nur die Möglichkeit, den neuen Aufsichtsrat bei der Hauptversammlung wie bisher vorläufig nach dem BVG zu wählen. Das würde bedeuten, daß zu den 10 für die Anteilseignerseite vorgesehenen Kollegen 4 weitere

---

11 Als Beschlussvorlage wurde den Bundesvorstandsmitgliedern mit Schreiben vom 25.5.1971 das Verhandlungsergebnis zwischen der Kommission des Gesamtbetriebsrats und des Geschäftsführenden Bundesvorstandes beigefügt. Als Anlage waren beigefügt: 1. die neuen Gehaltstabellen und 2. die Änderungen im Tätigkeitskatalog bei der Gehaltsgruppe Verwaltungsangestellte und der Gruppe Sekretärinnen, Buchhalter, Lohnbuchhalter und Wirtschaftsleiterinnen. DGB-Archiv, DGB-BV, Abt. Vorsitzender 5/DGAI000470.

12 Bei der paritätischen Mitbestimmung müssen sich beide Seiten auf ein »neutrales Mitglied« einigen. Da der DGB Anteilsigner bei der BfG war, wurde der DGB-Vorsitzende von den Arbeitnehmervertretern nicht als »neutrales Mitglied« akzeptiert.

Dokument 44   1. Juni 1971

Kollegen aus dem Beirat ordentliche Aufsichtsratsmitglieder würden, die bei späterer Einführung der paritätischen Mitbestimmung wieder in den Beirat zurückgehen müssten. Zur Frage des Arbeitsdirektors gibt Kollege Vetter zu überlegen, ob man dieses Problem vorab, auch aus optischen Gründen, regeln sollte, ohne dabei die Gesamtkonzeption aufzugeben.

[Nach kurzer Diskussion, in der auch die Funktion des Beirats angesprochen wird, nimmt der Bundesvorstand den Bericht zustimmend zur Kenntnis.]

b) Kapitalerhöhung

Kollege *Lappas* führt aus, daß die BfG ihr Stammkapital – wie bekannt – von 280 auf 320 Mio. DM erhöhen muß. Obwohl es für den DGB schwierig sei, sich an der Aufstockung des Kapitals zu beteiligen, werde dem Bundesvorstand folgender Vorschlag mit der Bitte um zustimmende Kenntnisnahme vorgetragen: Der DGB beteiligt sich an der Kapitalerhöhung der BfG mit einem Betrag von 5 Mio. DM, die aus den zur Zeit knapp 9 Mio. DM betragenden Festgeldern des DGB genommen werden, sowie mit 2,7 Mio. DM, die der Vorstand der Unterstützungskasse aus seinem Vermögen zur Verfügung stellt. Im Hinblick auf die für 1972 erneut zu erwartende Kapitalerhöhung um 60 Mio. DM soll dazu erklärt werden, daß es sich um die letzte Möglichkeit einer Beteiligungserhöhung für den DGB handelt.[13]

[In der nachfolgenden Diskussion werden kurz das Für und Wider der geplanten Maßnahme und die Situation der Unterstützungskasse erörtert, anschließend gibt der Bundesvorstand, entsprechend der Geschäftsanweisung der VTG[14], seine Zustimmung zum Vorschlag.]

5. Verschiedenes

a) Solidaritätsfonds – Spende für Opfer der Erdbebenkatastrophe in der Türkei[15]

[Nach kurzer Diskussion über die Beschlussvorlage von Lappas ist der Bundesvorstand einverstanden, dass aus dem Solidaritätsfonds ein Betrag von DM 50.000,-- der Arbeiterwohlfahrt in Bonn zweckgebunden für die Opfer der Erdbebenkatastrophe in der Türkei überwiesen wird.]

---

13 Siehe auch: Schreiben Alfons Lappas' vom 28.5.1971 an den Geschäftsführenden Bundesvorstand zur Kapitalerhöhung bei der BfG. DGB-Archiv, DGB-BV, Abt. Vorsitzender 5/DGAI000470.
14 Nach §7, Ziffer 4 der Geschäftsanweisung der VTG muss für Beteiligungsänderungen die Zustimmung des Bundesvorstandes eingeholt werden.
15 Am 12.5.1971 und 22.5.1971 kam es in dem südwestlichen Teil der Türkei zu Erdbeben, bei denen über 1.000 Menschen starben, vgl. auch: ND, 2.6.1971, Nr. 194.

b) Schreiben der IG Druck und Papier, Landesbezirk Nordrhein-Westfalen, betr. Protestmarsch auf Bonn[16]

[*Vetter* berichtet, dass der Landesbezirk Nordrhein-Westfalen der IG Druck und Papier kurzfristig die Durchführung einer Großkundgebung in Sachen BVG in Bonn gefordert habe. Übereinstimmend wird in der folgenden Diskussion festgestellt, dass von der Sache her nach dem augenblicklichen Stand der Beratungen um das BVG eine solche Großkundgebung nicht opportun und nicht der Bundesvorstand, sondern der Hauptvorstand der IG Druck und Papier der richtige Adressat für dieses Schreiben sei.]

c) Zweites deutsch-sowjetisches Jugendseminar in Moskau

Kollege *Woschech* erinnert an seine Information in der letzten Bundesvorstandssitzung über das zweite deutsch-sowjetische Jugendseminar.[17] Der Bundesjugendausschuß habe seinerzeit den Berliner Kollegen Klaus Pommeränig mit in die Delegation für dieses Seminar gewählt und beschlossen, nur zu reisen, wenn alle Teilnehmer akzeptiert würden. Am Montag vergangener Woche sei das Visum für Pommeränig von Ostberlin erteilt worden. Am Mittwoch erschien eine Mitteilung aufgrund eines Rundfunkinterviews des Kollegen Vetter, worin Kollege Vetter diese Visumerteilung ein Signal der Hoffnung genannt habe. Am Donnerstag habe die »Ostberliner Zeitung« die Mitteilung des Kollegen Vetter als Lüge bezeichnet.[18] Am späten Freitagnachmittag habe eine Dolmetscherin aus Moskau in deutscher Sprache als Nachricht des Zentralrates der Sowjetischen Gewerkschaften dem DGB telefonisch mitgeteilt, daß Kollege Klaus Pommeränig mit der Jugenddelegation zwar in die Sowjetunion einreisen, aber nicht am Moskau-Seminar teilnehmen könne; es sei für ihn ein Sonderprogramm ausgearbeitet. Diese Information habe den DGB veranlaßt, diese Reise abzusagen.[19] Die Mitglieder der Jugenddelegation seien telegrafisch darüber informiert worden. Kollege Woschech bittet den Bundesvorstand nachträglich um Zustimmung. Ferner teilt Kollege Woschech mit, daß sich im Laufe des Monats Juni eine Delegation sowjetischer Jugendfunktionäre auf Einladung der Deutschen Gesellschaft für internationalen Jugendaustausch[20] in der Bundesrepublik aufhalten

---

16 Schreiben des Landesbezirksvorsitzenden Fritz Gent an den DGB-Vorsitzenden vom 11.5.1971 sowie hierzu Schreiben von Wolfgang Schneider (Abt. Sozialpolitik) an Heinz O. Vetter vom 28.5.1971 zum Stand der Novellierung des Betriebsverfassungsgesetzes, DGB-Archiv, DGB-BV, Abt. Vorsitzender 5/DGAI000470.
17 Siehe 19. BV-Sitzung, TOP 4 (Dok. 43).
18 Vgl. Faustdicke Lüge, in: Berliner Zeitung (Ostberlin), 27.5.1971.
19 Siehe auch: Querschuss vom FDGB, in: Die Quelle 21, 1971, Heft 6, S. 259.
20 Gegründet wurde die Gesellschaft 1953, um den internationalen Jugendaustausch insbesondere auf der europäischen Ebene, zu intensivieren. Bis 1961 war der DGB (Willi Richter) einer der Schirmherren der Gesellschaft, dann Austritt des DGB wegen Reisen in die »osteuropäischen Diktaturstaaten«. Vgl. DGB-Archiv, DGB-BV, Abt. Vorsitzender 5/DGAI001787. Die Gesellschaft war nicht Mitglied im Deutschen Bundesjugendring, da sie als halbkommerzielles Jugendreisebüro nicht in der Lage war, die vielfältige deutsche Jugendarbeit im In- und Ausland zu repräsentieren (Beschluss der 33. DBJR-Vollversammlung am 18./19.11.1966 in Bremen), siehe DGB-Archiv, DGB-BV, Abt. Jugend 5/DGAU000885. Zur weiteren Entwicklung der Gesellschaft siehe 40 Jahre internationale Jugendarbeit der Bundesrepublik Deutschland, in: IJAB-Journal 2, März 2008. Zur Finanzierung der Gesellschaft siehe Jugendaustausch. Generöse Spritze, in: Der Spiegel 34, 7.4.1980, Nr. 15, S. 117 f.

werde, die auch einen Informationsbesuch bei der Abteilung Jugend machen sollte. Kollege Woschech bittet um Zustimmung, diese Gruppe – trotz des geplatzten Seminars – zu empfangen.

Kollege Woschech berichtet dann über die vorgesehene Entsendung von 150 Jugendfunktionären des Bundesjugendringes[21] zu einem großen Ferienlager in der Sowjetunion. Die Gewerkschaftsjugend habe ein Kontingent von 10 Teilnehmern erhalten. Kollege Woschech bittet, damit einverstanden zu sein, dass diese 10 Plätze wahrgenommen würden. Der Rest der Teilnehmer würde vom Bundesjugendring und vom Ring politischer Jugend[22] entsandt.

Kollege *Vetter* fragt, ob es nicht möglich wäre, den mit uns zusammenarbeitenden Verbänden klar zu machen, daß sie so wie der DGB zu reagieren hätten.

Kollege *Woschech* teilt mit, daß vorgesehen sei, die Delegation für das Ferienlager aus technischen Gründen aus Nordrhein-Westfalen auszusuchen. Dem Bundesjugendring sei bisher noch keine Zusage erteilt.

Die Kollegen *Pfeiffer* und *Michels* sprechen sich dafür aus, den Bundesjugendring aufzufordern, auch Berliner in ihre Delegation aufzunehmen.

Kollege *van Haaren* teilt mit, daß die Gew. Leder eine Einladung vorliegen hätte, in die UdSSR zu reisen, wobei nicht vorgesehen wäre, einen Berliner Kollegen mitzunehmen. Wenn der Bundesvorstand jedoch eine einheitliche Meinung vertrete, sei der Geschäftsführende Vorstand der Gew. Leder bereit, sich dieser Willensbildung anzuschließen.

Kollege *Hauenschild* berichtet, daß die IG Chemie, Papier, Keramik ebenfalls eine Einladung vorliegen habe, die bereits von ihnen angenommen worden sei. Die IG Chemie wolle aber das Jugendseminar abwarten.

Auch die Gewerkschaft Holz und Kunststoff hat eine Einladung vorliegen. Kollege *Schwark* gibt bekannt, daß seine Gewerkschaft so lange auf eine Reise verzichte, bis Klarheit über die sowjetischen Verhältnisse besteht.

Kollege *Stephan* erinnert an den Beschluß, keinen Austausch vorzunehmen, bevor nicht diese grundsätzliche Frage geklärt sei.[23]

Für Kollege *Kluncker* ist die Situation eindeutig im Sinne des Beschlusses. Auch die ÖTV habe Einladungen vorliegen, worauf sie den Sowjets mitgeteilt hätten, daß Kontakte vor Klärung dieser Frage nicht möglich sei.

Kollege *Schmidt* weist darauf hin, daß die Lage in seinem Organisationsbereich anders ist. Die IG Bergbau und Energie habe später als die anderen Gewerkschaften Kontakte aufgenommen, die weit über die Funktionärsebene

---

21 Der Deutsche Bundesjugendring (DBJR) ist ein Netzwerk der deutschen Jugendverbände. Die DGB-Jugend ist seit 1949 Mitglied und laut Satzung des DBJR in der Vollversammlung mit 6 Vertretern beteiligt. Der Bundesjugendsekretär des DGB, Walter Haas, wurde 1970 zum Vorsitzenden des DBJR gewählt. Vgl. DGB-Geschäftsbericht 1969–1971, S. 376.
22 Der Ring politischer Jugend (RpJ) ist die Bezeichnung mehrerer Zusammenschlüsse von parteipolitischen Jugendverbänden in der Bundesrepublik Deutschland auf Bundes-, Landes- und kommunaler Ebene.
23 Siehe Beschluss auf der 10. BV-Sitzung am 2.6.1970, TOP 11 (Dok. 24).

hinaus ausgedehnt worden seien. Für die IG Bergbau gäbe es kein Problem Berlin. Man sei entschlossen, die Kontakte fortzuführen.

Nach Auffassung des Kollegen *Stadelmaier* muß der Beschluß für alle Geltung haben. Die Gew. Nahrung, Genuß, Gaststätten habe eine Einladung für den Herbst erhalten, wobei sie einen Kollegen aus dem Landesbezirk Berlin benannt hätte. Die sowjetische Antwort stünde noch aus.

Kollege *Giersch* unterstellt, daß die DGB-Delegation zur Bundesjugendring-Veranstaltung einen Berliner Kollegen mitnimmt. Es sei aber doch anzunehmen, daß der Bundesjugendring trotzdem in die Sowjetunion reise, wenn diesem Berliner die Einreise verweigert würde.

Kollege *Woschech* wirft ein, daß diesbezüglich mit dem Bundesjugendring noch kein Kontakt aufgenommen worden sei.

Kollege *Vetter* stellt fest, daß sich alle Gewerkschaften – mit Ausnahme der IG Bergbau und Energie – einig geworden seien, die UdSSR-Kontakte bis zur Klärung der Berlinfrage zu unterbrechen. Er hofft, daß die IG Bergbau vor dieser Klärung nicht in Schwierigkeiten komme.

Kollege *Schmidt* bittet zu überlegen, ob es nicht empfehlenswert sei, daß irgendwo ein Kontakt bestehen bleibe, der nicht schädlich sei. Die Lösung des Berlinproblems könne lange dauern. Für die IG Bergbau bestünde das Problem nicht, da sie nur ein halbes Dutzend Mitglieder in Berlin hätten. Außerdem sei für sie der Kontakt mit den Polen wichtiger.

Nach Auffassung des Kollegen *Vetter* sei das eine Sache des gemeinsamen Handelns und der Solidarität. Andere Gewerkschaften hätten auch nur wenige Mitglieder in Berlin.

Die Kollegen *Kluncker* und *Hauenschild* sind der Meinung, daß die Gewerkschaften einheitlich verfahren müssen. Kollege Kluncker erläutert noch einmal die Situation bei der ÖTV.

Kollege *Vetter* stellt fest, daß der Bundesvorstand der Meinung ist, daß die Gewerkschaften bis zur Klärung der Berlinfrage [d. h. DGB-Landesbezirk Berlin ist integraler Bestandteil des DGB] sowie die [sic!] Freiheit in der Delegationszusammensetzung, die Kontakte mit dem Zentralrat zu unterbrechen [sic!].

Kollege *Schmidt* spricht sich dagegen aus. Die Kontakte der IG Bergbau und Energie seien keine Kontakte des DGB.

Kollege *Tacke* erinnert daran, daß der Beschluß die Unterbrechung der Kontakte [betreffend] seinerzeit in Anwesenheit eines Vertreters der IG Bergbau und Energie einstimmig gefaßt wurde.[24]

Auf eine Zwischenfrage eingehend erklärt Kollege *Vetter*, daß gegen Kontakte auf deutschem Boden keine Bedenken bestünden. Kollege Vetter stellt noch

---

24 Auf der 10. Bundesvorstandssitzung war kein Vertreter der IG Bergbau anwesend, jedoch auf der am folgenden Tag (3.6.1970) stattgefundenen Bundesausschusssitzung, auf der unter TOP 11 der Beschluss des BV bestätigt wurde (Dok. 26).

einmal fest, daß der Bundesvorstand den seinerzeit gefaßten Beschluß bestätigt, der für alle Mitgliedsgewerkschaften verbindlich sei.

d) Veranstaltungen kommunistischer Gruppen

[*Vetter* berichtet über eine am 4. April 1971 in Köln-Mülheim stattgefundene Festveranstaltung italienischer Kommunisten aus Anlass der Gründung der Kommunistischen Partei Italiens[25] und über eine internationale sozialistische Kundgebung in der Stadthalle Köln-Mülheim am 1. Mai 1971, an der eine große Zahl kommunistischer Gruppen teilgenommen haben.]

e) Spitzengespräch DGB/BDA

Kollege *Vetter* berichtet kurz über das am 28. Mai 1971 stattgefundene Gespräch zwischen Vertretern des DGB und der BDA. Es verlief in sachlicher Atmosphäre. Fragen der Tarifpolitik wurden, wie beschlossen, nicht erörtert. Zwei Vorschläge seien diskutiert worden, für die Kollege Vetter den Bundesvorstand um Zustimmung bittet. Ein Ausschuß von Experten beider Verbände, ähnlich wie der bereits früher tätig gewordene, soll eingesetzt werden, um die Zusammenhänge zwischen Kosten und Preisen zu untersuchen. Das Arbeitsergebnis dieser Kommission könne dann nach ca. 4 bis 6 Wochen in einem erweiterten Spitzengespräch beraten werden. Der zweite Vorschlag geht dahin, im Verlauf der nächsten Wochen zu einem Gespräch mit Vertretern der Spitzenverbände der Wirtschaft (BDI, BDA, DIHT usw.) einerseits und einer entsprechenden Delegation des DGB-Bundesvorstandes andererseits zusammenzukommen.[26] Dabei sei von unserer Seite deutlich gemacht worden, daß in beiden Gesprächen diejenigen Gewerkschaften nicht einbezogen werden, die zur Zeit in Lohnverhandlungen stehen.

Kollege *Neemann* unterstützt die Vorschläge und benennt Kollegen aus der Abteilung Wirtschaftspolitik und dem WWI, die für die Expertenkommission herangezogen werden sollen. Er bittet die Gewerkschaften, je einen Vertreter für einen Arbeitskreis zu entsenden, damit der ständige Meinungsaustausch zwischen Gewerkschaften und der Expertenkommission gewährleistet wird.

Der Bundesvorstand ist mit den Vorschlägen einverstanden.[27]

f) Konzertierte Aktion

[*Kluncker* meldet erhebliche Bedenken sowohl zum Inhalt der vom Bundeswirtschaftsminister zur Konzertierten Aktion herausgegebenen Unterlagen als auch zu deren kurzfristiger Übersendung an.

---

25 Auf der 77. GBV-Sitzung am 19.4.1971 berichtete Franz Woschech über diese Veranstaltung, in der auch zum 1. Mai zu einer internationalen Sozialistischen Kundgebung in der Stadthalle Köln-Mülheim aufgerufen wurde. DGB-Archiv, DGB-BV, Abt. Vorsitzender 5/DGAI000192. Die KP Italiens wurde im Januar 1921 als Abspaltung von der Sozialistischen Partei Italiens auf Initiative u. a. von Palmiro Togliatti und Antonio Gramsci gegründet. Vgl. Riechers: Gramsci, S. 59 ff.
26 Siehe auch: 21. BV-Sitzung vom 6.7.1971 (Dok. 46, TOP 8) sowie Dok. 47.
27 Spitzengespräch erbrachte zwei Vorschläge, in: ND, 1.6.1971, Nr. 191.

In der nachfolgenden Diskussion herrscht Einigkeit darüber, dass je nach dem Ergebnis der Vorbesprechung gegebenenfalls in der Konzertierten Aktion unter Hinweis auf die aufgezeigten Tatbestände eine Stellungnahme des DGB abzulehnen sei.[28] Der Bundesvorstand ist mit diesem Vorgehen einverstanden, noch offene Fragen entweder in der nächsten Bundesvorstandssitzung erneut vorzubringen oder, soweit möglich, in der Zwischenzeit schriftlich zu behandeln.]

Ende der Sitzung: 19.03 Uhr

DOKUMENT 45

7. Juni 1971: Kommuniqué der 21. Sitzung der Konzertierten Aktion vom 4.6.1971

Hekt., 3 S.[1]

DGB-Archiv, 5/DGAY000011.

Unter Vorsitz des Bundesministers für Wirtschaft und Finanzen, Professor Dr. Schiller, fand am 4. Juni 1971 in Anwesenheit von Bundesbankpräsident Dr. Klasen das 21. Gespräch in der Konzertierten Aktion statt.

Die Beteiligten erörterten eingehend die konjunkturelle Situation. Nach allgemeiner Auffassung ist der Entspannungsprozeß in den letzten Monaten nicht weiter fortgeschritten. Dabei entwickelt sich die Geschäftslage in den einzelnen Wirtschaftsbereichen zunehmend unterschiedlich.

Minister *Schiller* erläuterte das Stabilisierungsprogramm der Bundesregierung vom 9. Mai 1971 und dessen Ziele.[2]

Bundesbankpräsident *Klasen* legte die jüngsten kreditpolitischen Beschlüsse des Zentralbankrates dar und erklärte, daß die Bundesbank durch ihr Verhalten auf dem Devisenmarkt und mit ihrer Kreditpolitik das Stabilitätsprogramm der Bundesregierung unterstützt.[3]

---

28 Siehe hierzu Schreiben von Karl Schiller vom 21.5.1971 an Heinz O. Vetter zum 21. Gespräch sowie Schreiben Heinz O. Vetters an den Teilnehmerkreis der »Konzertierten Aktion« mit obigem Schreiben und beigefügten Materialien der Abt. Wirtschaftspolitik zum 21. Gespräch. DGB-Archiv, DGB-BV, Abt. Vorsitzender 5/DGAI001979.
1 Das Kommuniqué wurde abgedr. in: ID, 7.6.1971, Nr. 6.
2 Beschlüsse der Bundesregierung vom 9.5.1971 zur Preisstabilisierung und zur Sicherung des außenwirtschaftlichen Gleichgewichts. Insbesondere sollten Haushaltsausgaben bei Bund, Ländern und Gemeinden gekürzt bzw. zeitlich gestreckt werden. Auf Einladung von Bundeskanzler Willy Brandt fand am 12.5.1971 ein Gespräch mit Vertretern der Gewerkschaften und der Wirtschaft statt, um die ergriffenen währungspolitischen und binnenwirtschaftlichen Maßnahmen zur Preisstabilität zu erörtern. DGB-Archiv, DGB-BV, Abt. Tarifpolitik 5/DGAY000011.
3 Der Restriktionskurs der Bundesbank (Hochzinspolitik und Geldverknappung) und die Freigabe des Wechselkurses der D-Mark sollten die Preisstabilität gewährleisten. Siehe hierzu Beratungsunterlagen zur 21. Sitzung der Konzertierten Aktion, DGB-Archiv, DGB-BV, Abt. Tarifpolitik 5/DGAY000011.

Mitglieder des Sachverständigenrates unterstrichen, daß nun die Möglichkeiten des neuen Stabilisierungsprogramms voll genützt werden müßten.[4] Es könne nur dann zum Erfolg führen, wenn die autonomen Gruppen sich in der Preis- und Lohnpolitik stabilitätsgerecht verhalten. Das bedeute, daß es für die Lohnpolitik darauf ankommt, jetzt den Kontakt zur Produktivitätsentwicklung wieder herzustellen und im übrigen nur die für unvermeidlich zu haltenden künftigen Preissteigerungen mit sich allmählich verringernden Raten zu berücksichtigen. Je mehr das gelinge, desto geringer werde das Beschäftigungsrisiko sein. Die Tarifparteien trügen jetzt in erhöhtem Maße Mitverantwortung für den Beschäftigungsstand.

Die Vertreter der Unternehmerverbände und der Gewerkschaften erkannten an, daß mit dem 9. Mai 1971 eine neue Lage eingetreten ist.[5] Von Unternehmerseite wurde ausdrücklich betont, daß – obgleich die Freigabe des Wechselkurses der D-Mark für die exportierende Wirtschaft Schwierigkeiten mit sich bringe – dennoch die Entscheidung voll respektiert würde. Der Vorsitzende des DGB wies darauf hin, daß der Deutsche Gewerkschaftsbund sich positiv zu den wechselkurspolitischen Maßnahmen unter bestimmten Voraussetzungen eingestellt habe.

Die an der Konzertierten Aktion Beteiligten begrüßten, daß die Bundesvereinigung der Deutschen Arbeitgeberverbände und der Deutsche Gewerkschaftsbund sich zu Spitzengesprächen gefunden haben.[6] Es wurde auch gutgeheißen, daß in diesen Spitzengesprächen ein Ständiger Ausschuß zur Überprüfung der Ertrags- und Kostenentwicklung der deutschen Wirtschaft gebildet worden sei. Auch sollten die Voraussetzungen für ein gleichmäßiges und gleichzeitiges stabilitätsgerechtes Verhalten verbessert werden.

Der Vorsitzende des Deutschen Gewerkschaftsbundes sprach einige konkrete Fragen der künftigen Verhandlungen zwischen den Unternehmerverbänden und den Gewerkschaften an: Einmal müsse ein größerer Teil der betrieblichen und übertariflichen Vergütungen in den Bereich der Tarifverträge einbezogen werden; zum anderen wären flexiblere Tarifvertragsfristen ins Auge zu fassen; schließlich könnten die Gewerkschaften mit den Unternehmerverbänden nicht allein in deren Eigenschaft als Arbeitgeber verhandeln, sondern wünschten, auch eine Aussprache mit den wirtschaftspolitischen Verbänden zu führen. Von Unternehmerseite wurde die Bereitschaft zur Verhandlung dieser und anderer konkreter Fragen erklärt.

---

4 Der Sachverständigenrat zur Begutachtung der gesamtwirtschaftlichen Entwicklung stellte am 6.5.1971 seine Meinung über die konjunkturelle Lage dar und hielt in einem zusätzlichen Gutachten vom 24.5.1971 das Stabilisierungsprogramm der Bundesregierung für richtig und notwendig. Vgl. Pressemitteilungen des Bundesministers für Wirtschaft, Nr. 4245 vom 7.5.1971 und Nr. 4255 vom 28.5.1971.
5 Am 9. Mai fand eine Sitzung des Bundeskabinetts statt, in der die Deutsche Bundesbank ersucht wurde, die bisherigen Interventionen an den Devisenmärkten einzustellen. Die Wechselkursfreigabe fand am 10.5.1970 statt. Vgl. Erklärung Karl Schillers vom 11.5.1971, in: Bulletin des Presse- und Informationsamts der Bundesregierung, 12.5.1971, Nr. 71, S. 721 ff.
6 Siehe 20. BV-Sitzung vom 1.6.1971, TOP 5e (Dok. 44). Bericht über das Treffen im Haus Hammerstein bei Hückeswagen in: Die Quelle 22, 1971, Heft 6, S. 261.

Nach einer von gegenseitigem Verständnis bestimmten Aussprache über die Erfordernisse der Stabilitätspolitik kam man zu folgendem Ergebnis: Die am Gespräch der Konzertierten Aktion Beteiligten werden den von ihnen vertretenen Unternehmerverbänden und Gewerkschaften die Chancen und die Risiken der derzeitigen wirtschaftlichen Lage und ihrer weiteren Entwicklung darstellen und erläutern. Sie werden dabei in voller Eigenverantwortlichkeit auf Unternehmer und Gewerkschaften einwirken mit dem Ziel, daß alle Beteiligten sich nicht an den Preis- und Einkommenserwartungen des Booms orientieren, sondern an den Notwendigkeiten einer Phase der gesamtwirtschaftlichen Konsolidierung. Nach dem Verständnis aller Beteiligten bedeutet das keine Stillhaltepause für die Einkommen, sondern vielmehr eine Phase, in der die Ertrags- und Kostenentwicklung der Unternehmungen sich normalisiert und in der die realen Einkommenserhöhungen, die die Arbeitnehmer in den letzten beiden Jahren erreicht haben, gesichert werden. Damit würde eine wichtige Voraussetzung geschaffen, den Anteil der Arbeitnehmer an den wachsenden Erträgen der Volkswirtschaft zu gewährleisten.[7]

Um die Orientierung ihres Verhaltens am mittelfristigen Wachstumspotential der Volkswirtschaft und an mittelfristigen Zielen zu verbessern, kamen die Unternehmerverbände und Gewerkschaften mit dem Bundesminister für Wirtschaft und Finanzen überein, im Herbst neue mehrjährige Zielprojektionen aufzustellen. Dabei soll versucht werden, die Vorstellungen der verschiedenen Seiten einander weiter anzunähern.

Das nächste Gespräch im Rahmen der Konzertierten Aktion findet am 17. September 1971, 10.00 Uhr, statt.

DOKUMENT 46

6. Juli 1971: Protokoll der 21. Sitzung des Bundesvorstandes

Hans-Böckler-Haus in Düsseldorf; Vorsitz: Heinz O. Vetter; Protokollführung: Isolde Funke, Marianne Jeratsch; Sitzungsdauer: 10.10–14.15 Uhr; ms. vermerkt: »Vertraulich«.[1]
Ms., hekt., 11 S., 1 Anlage.[2]

DGB-Archiv, 5/DGAI000536.

Beginn der Sitzung: 10.10 Uhr

---

7 Stellungnahme des DGB zum Stabilitätsgesetz, in: DGB zur Preisstabilisierung, in: ND, 4.6.1971, Nr. 197 und Günter Pehl: Scharfer Stabilitätskurs mit vielen Risiken, in: Die Quelle 22, 1971, Heft 6, S. 251–254.
1 Einladungsschreiben vom 9. und 23.6.1971. Nicht anwesend: Bernhard Tacke, Georg Neemann, Leonhard Mahlein (vertreten durch Hermann Schwiedel), Wilhelm Rothe (vertreten durch Xaver Senft), Georg Drescher (vertreten durch Adolf Heidorn). DGB-Archiv, DGB-BV, Abt. Vorsitzender 5/DGAI000471.
2 Anlage: Anwesenheitsliste.

Dokument 46 6. Juli 1971

[*Vetter* eröffnet die Sitzung und begrüßt Walter Rittner, der dem DGB und seinen Gewerkschaften im Namen der Volksfürsorge eine Konferenzglocke überreicht.

Nachdem er einige Änderungen zur Tagesordnung bekannt gegeben hat, teilt Vetter mit, dass um 13.00 Uhr der Empfang einer israelischen Gewerkschaftsdelegation unter Leitung von Ben-Aharon vorgesehen ist. Nach den Informationen über die internationalen Kontakte und über ein Treffen mit dem Vorsitzenden des Zentralrates der Sowjetischen Gewerkschaften, Schelepin, wird sich der Bundesvorstand in seiner Septembersitzung erneut mit den Ostkontakten beschäftigen.]

Tagesordnung:
1. Genehmigung der Protokolle der 19. und 20. Bundesvorstandssitzungen
2. Zusammensetzung des DGB-Bundesausschusses gemäß § 8, 2 der Satzung
3. Bundesvorstandssitzung am 5. Oktober 1971
4. Haltung der politischen Parteien zum gesamtwirtschaftlichen Mitbestimmungskonzept des DGB
5. Änderung der Aufteilung des Gesellschaftskapitals des Berufsfortbildungswerkes des DGB GmbH
6. Pressewesen und Publikationsreport
7. Werbemaßnahmen anlässlich der Betriebsratswahlen 1972
8. Erweitertes Spitzengespräch DGB/BDA
9. Verschiedenes
10. Modell einer überbetrieblichen Ertragsbeteiligung

1. Genehmigung der Protokolle der 19. und 20. Bundesvorstandssitzungen

[Aufgrund von Nach- und Verständnisfragen zum Tagesordnungspunkt 4. b) »Kapitalerhöhung bei der BfG« der 20. Bundesvorstandssitzung werden dem Bundesvorstand nachträglich Arbeitsunterlagen zu diesem Punkt zur Verfügung gestellt. In der anschließenden kurzen Diskussion zu der Bildung von Arbeiterausschüssen auf den Kreisdelegiertenkonferenzen im Herbst kommt der Bundesvorstand überein, dass die Gewerkschaften sowie die DGB-Landesbezirke und Kreise dafür sorgen sollen, dass die Bildung der Arbeiterausschüsse bis nach der Beratung in der 1. Sitzung des neuen Bundesausschusses zurückgestellt wird. Anschließend genehmigt der Bundesvorstand die Protokolle der 19. und 20. Bundesvorstandssitzungen.]

2. Zusammensetzung des DGB-Bundesausschusses gemäss § 8, 2 der Satzung

[Nach kurzer Diskussion über die Vorlage[3] von Woschech beschließt der Bundesvorstand, dass die Mitglieder des Bundesausschusses gemäß vorge-

---
3 Der § 8, 2 der Satzung legte fest, dass der Bundesausschuss aus 100 von den Gewerkschaften zu entsendenden Mitgliedern, zuzüglich dem Bundesvorstand sowie den Landesbezirksvorsitzenden, besteht. In der Vorlage wurde die Zusammensetzung des Bundesausschusses nach der Zahl der abgerechneten Mitglieder 1970 jeder Gewerkschaft aufgelistet. DGB-Archiv, DGB-BV, Abt. Vorsitzender 5/DGAI000471.

legter Sitzverteilung baldmöglichst zu benennen sind, da die erste Sitzung des neuen Bundesausschusses am 3. November 1971 stattfindet.]

3. BUNDESVORSTANDSSITZUNG AM 5. OKTOBER 1971

[Da diese Bundesvorstandssitzung in die Zeit des Kongresses der Deutschen Postgewerkschaft fällt, bittet *Stenger,* die Sitzung in Wiesbaden durchzuführen. Außerdem wird zur gleichen Zeit der Kongress der Gewerkschaft Textil-Bekleidung in Dortmund durchführt. Der Bundesvorstand ist einverstanden, die Sitzung in Wiesbaden durchzuführen.]

4. HALTUNG DER POLITISCHEN PARTEIEN ZUM GESAMTWIRTSCHAFTLICHEN MITBESTIMMUNGSKONZEPT DES DGB[4]

Kollege *Vetter* geht kurz auf die Behandlung dieses Themas auf dem vor einigen Tagen in Koblenz stattgefundenen Kongreß der CDU-Sozialausschüsse[5] ein. Sicher solle man die Initiativen der Sozialausschüsse nicht überbewerten, aber es sei deutlich geworden, dass der DGB bald zu einer eindeutigen Aussage, vor allem auch zur Arbeitnehmerkammer-Frage, kommen müsse. Das sei sowohl vor der Öffentlichkeit als auch für unsere Kollegen notwendig. Kollege Vetter schlägt deshalb vor, in der Septembersitzung des Bundesvorstandes anhand einer neuen Vorlage über die gesamtwirtschaftliche Mitbestimmung einschließlich der Arbeitnehmerkammer-Frage zu beraten.

Kollege *Loderer* stellt fest, daß die zu diesen Themen eingehenden Anträge zum Kongreß der IG Metall im September erkennen lassen, wie groß die Unkenntnis der Kollegen über diese Dinge ist. Er fragt, ob die Möglichkeit besteht, dazu noch Aufklärendes durch Publikationen usw. zu sagen.

Kollegin *Weber* erinnert an die dem Bundesausschuß vorgelegten Unterlagen zur Politik der Kammern und erwähnt ein Gutachten von Professor Reuß.[6] Aus allen Unterlagen ergibt sich nach Meinung der Kollegin Weber die von den meisten nicht erkannte Machtposition der Kammern, d. h. der Unternehmer. Man sollte deshalb dieses Thema als eines der gesellschaftspolitisch vordringlichen behandeln. Kollegin Weber verweist in diesem Zusammenhang auf die Dissertation von Kollegen Otto.[7]

[Die nachfolgende Diskussion ergibt Übereinstimmung darüber, dass es notwendig ist, die Funktionäre und Mitglieder so schnell wie möglich zu informieren und ihnen Material vor der endgültigen Verabschiedung an die Hand

---

4 Diskussionsgrundlage war ein Vermerk an Heinz O. Vetter von Wilhelm Kaltenborn (Abt. Gesellschaftspolitik) vom 2.7.1971 mit den Reaktionen seitens der Parteien auf die DGB-Konzeption zur gesamtwirtschaftlichen Mitbestimmung. DGB-Archiv, DGB-BV, Abt. Vorsitzender 5/DGAI000471.
5 Auf der 14. Bundestagung der CDU-Sozialausschüsse vom 2.–4.7.1971 berichtete die »Kommission Arbeitskammer« unter der Leitung von Helmut Duvernell über den Diskussionsstand in dieser Frage. Vgl. DGB-Archiv, DGB-BV, Abt. Gesellschaftspolitik 5/DGAK000036.
6 Rechtsgutachten von Wilhelm Reuß über die Organisationsstruktur der handwerklichen Selbstverwaltung. DGB-Archiv, DGB-BV, Abt. Berufliche Bildung 5/DGAW000769.
7 Otto: Mitbestimmung.

zu geben. Die zusammengestellten und kommentierten Fakten könnten in den »Gewerkschaftlichen Monatsheften«, der »Welt der Arbeit« und in »Die Quelle« veröffentlicht werden. Der Bundesvorstand ist mit diesen Vorschlägen, die möglichst bis Mitte September realisiert werden sollen, einverstanden.]

5. ÄNDERUNG DER AUFTEILUNG DES GESELLSCHAFTSKAPITALS DES BERUFSFORTBILDUNGSWERKES DES DGB GMBH

[Die Vorlage[8] von Lappas zur Neuordnung des Stammkapitals beim Berufsfortbildungswerk nimmt der Bundesvorstand zur Kenntnis und genehmigt in diesem Zusammenhang die Überführung von DM 75.000,-- Stammanteilen von der VTG an die Neue Heimat Städtebau.]

6. PRESSEWESEN UND PUBLIKATIONSREPORT

Kollege *Stephan* erklärt, daß er diesen Punkt auf die Tagesordnung habe setzen lassen, weil eine Vorentscheidung fallen müsse, wie es in dieser Frage weitergehen solle. Es hätten viele Diskussionen sowohl im Presseausschuß als auch in der Kommission »Kongressantrag Nr. 456«[9] stattgefunden, wie die beiden Anträge, Antrag Nr. 456 des 8. Ordentlichen Bundeskongresses 1969 und Antrag Nr. 240 des Außerordentlichen Bundeskongresses 1971[10], zu realisieren seien. Dabei sei man aber zu keinem Ergebnis gekommen. Kollege Stephan weist darauf hin, daß bis Ende Juni nächsten Jahres eine wissenschaftliche Untersuchung, wie im Antrag 456 gefordert, nicht entscheidungsreif vorgelegt werden könne. Außerdem sei auch die Mittelfrage hierzu ungeklärt. Mittel des DGB stünden nicht zur Verfügung und der Werbeetat sei für diesen Zweck nicht vorgesehen. Gleichzeitig weist Kollege Stephan auf den nächsten Tagesordnungspunkt hin, wo DM 250.000,-- aus dem Werbeetat entnommen werden sollten. Nach Auffassung des Kollegen Stephan müßten die Gewerkschaften zu einer Entscheidung in den politischen Fragen kommen.

---

8 Für das Berufsfortbildungswerk (BFW) waren 20 neue Schulzentren vorgesehen, mit einem Investitionsvolumen von 395 Mio. DM. Als Voraussetzung für ein finanzielles Engagement der Neuen Heimat wurde die Übernahme von 51 % des Stammkapitals des BFW vorgesehen. Das Stammkapital belief sich auf 1,5 Mio. DM. Vor der Änderung war die Aufteilung: VTG = 750.000,-- DM, NH = 250.000,-- DM, VoFü = 250.000,-- DM und BfG = 250.000,-- DM, anschließend: NHS (51%) = 765.000,-- DM, VTG (45%) = 675.000,-- DM, VoFü (2%) = 30.000,-- DM und BfG (2%) = 30.000,-- DM. Vgl. DGB-Archiv, DGB-BV, Abt. Vorsitzender 5/DGAI000471.
9 Antrag 456 der Gew. NGG, »Entschließung zu Fragen der Gewerkschaftspresse«, sah vor, die Wirksamkeit der Gewerkschaftspresse wissenschaftlich zu untersuchen und die Möglichkeit eines einheitlichen Pressewesens innerhalb des DGB zu prüfen. Protokoll 8. Bundeskongreß, Teil: Anträge und Entschließungen, S. 414 f. Zur Kommission »Kongreßantrag Nr. 456« siehe DGB-Archiv, DGB-BV, Sekretariat Günter Stephan 5/DGCU000027.
10 Antrag 240 der CPK sah vor, dass der Bundesvorstand zum nächsten Ordentlichen Bundeskongress einen Publikationsreport vorlegen sollte, der alle gewerkschaftlichen Zeitungen, Zeitschriften und Periodika umfasste. Protokoll 3. Außerordentlicher Bundeskongreß, Teil: Anträge und Entschließungen, S. 168 f.

6. Juli 1971 **Dokument 46**

In der nachfolgenden Diskussion, an der sich die Kollegen *Hauenschild, Loderer, Stephan, Kluncker, Stenger, Buschmann, Vetter, Vater, Mirkes* und *Sperner* beteiligen, wird vorgeschlagen, den Bundesvorstandsmitgliedern ein Arbeitspapier mit den einzelnen Möglichkeiten und Vorschlägen zuzuleiten. Die aufgeworfene Frage, ob die Kommission »Kongreßantrag Nr. 456« weiter bestehen bleibt und den Antrag Nr. 240 mit bearbeitet, wird bejaht. Eingehend wird die Frage der Konzentration und der Kooperation im Pressewesen diskutiert. Dabei kommt zum Ausdruck, daß die Vorstände der Gewerkschaften bereit sind, über diese Frage zu beraten. Es wird der Vorschlag unterbreitet, sich am Nachmittag der September-Sitzung ausführlich mit dieser Angelegenheit zu beschäftigen. Vorher sollten den Gewerkschaften Fragebogen über die Herstellung ihrer Zeitung zugestellt werden.

Der Bundesvorstand kommt überein, diese Frage insgesamt in seiner Sitzung im September erneut zu behandeln. Kollege Stephan wird den Bundesvorstandsmitgliedern Arbeitsunterlagen zur Verfügung stellen.[11]

Kollege *Pfeiffer* erklärt zu der auf Seite 4 der Niederschrift der Presseausschußsitzung wiedergegebenen Fragestunde, daß die GGLF zumindest im Augenblick mit keiner Gewerkschaft Gespräche über einen möglichen Zusammenschluß führt. Das wird auch bis zum Gewerkschaftstag nicht der Fall sein. Kollege Pfeiffer geht davon aus, daß der Gewerkschaftstag einen Antrag akzeptieren wird, zu überprüfen, welche Fusionsmöglichkeiten ggfs. für die GGLF in Frage kommen.

7. Werbemassnahmen anlässlich der Betriebsratswahlen 1972[12]

Kollege *Muhr* weist auf die Notwendigkeit gemeinsamer Werbemaßnahmen insbesondere im Hinblick auf die 1972 erstmals nach dem neuen Gesetz und mit erweiterten Rechten stattfindenden Betriebsratswahlen hin. Das sei auch die einstimmige Auffassung der dem Ausschuß für Betriebsräte- und Personalvertretungswesen angehörenden Gewerkschaftsvertreter. Im übrigen sei man der Meinung, daß die vorgesehene Entnahme von DM 750.000,-- aus den Mitteln zur Popularisierung des Aktionsprogramms dadurch gerechtfertigt sei, daß das neue BVG und die Arbeit der Betriebsräte ein Schritt auf dem Wege zur im Aktionsprogramm geforderten Verbesserung der Mitbestimmung seien.[13]

---

11 Das Thema wurde erst auf der Oktober-Sitzung des Bundesvorstandes unter TOP 4 behandelt (Dok. 49).
12 Für die Werbemaßnahmen wurden 1,64 Mio. DM eingeplant. Neben den Mitteln aus dem Aktionsprogramm sollte die Finanzierung über den Werbeetat des DGB sowie den Haushalt 1972 und eventuelle Haushaltsreserven aus 1971 erfolgen. Zur durchgeführten Kampagne vgl. DGB-Geschäftsbericht 1972–1974, Abt. Werbung, S. 541 f.
13 Siehe Schreiben von Gerd Muhr an die Mitglieder des Bundesvorstandes vom 22.6.1971 mit beigefügtem Werbeplan. Der 7-seitige Werbeplan sah neben öffentlichkeitswirksamen Maßnahmen (wie Anzeigen in regionalen Tageszeitungen und in der Boulevard- bzw. Verkaufspresse sowie Plakatierungen in den industriellen Ballungszentren) Werbemittelangebote für die Gewerkschaften vor. DGB-Archiv, DGB-BV, Abt. Vorsitzender 5/DGAI000471.

Dokument 46   6. Juli 1971

[Nach intensiver Diskussion über die Finanzierung der Werbemaßnahmen aus den Mitteln für die Popularisierung des Aktionsprogramms stimmt der Bundesvorstand mit einer Stimmenthaltung der Vorlage »Werbemaßnahmen anlässlich der Betriebsratswahlen 1972« zu.]

8. ERWEITERTES SPITZENGESPRÄCH DGB/BDA

Kollege *Vetter* erinnert daran, daß bei dem letzten Gespräch mit Vertretern der BDA die Einsetzung einer gemeinsamen Expertenkommission beschlossen wurde, deren Arbeitsergebnis so bald wie möglich in erweitertem Kreis diskutiert werden sollte.[14] Dieser Zeitpunkt sei jetzt gekommen, und die BDA habe zu einem Spitzengespräch am 16. Juli 1971 um 11.00 Uhr nach Köln eingeladen. Den Unternehmern soll bei dieser Zusammenkunft u. a. klargemacht werden, welcher Anteil an der wirtschaftlichen Entwicklung zu ihren Lasten geht und welche politischen Aufgaben sie haben. Wie besprochen, sollen außer Mitgliedern des Geschäftsführenden Bundesvorstandes auch die Vorsitzenden der Gewerkschaften an dem Spitzengespräch teilnehmen, die sich zur Zeit nicht in akuten Lohnauseinandersetzungen befinden.

Kollege *Henschel* erklärt, daß es Aufgabe der Expertenkommission war, festzustellen, was man anhand der vorliegenden Statistiken über die Einkommens- und Vermögensentwicklung aussagen kann. Er berichtet dann kurz über die Arbeit der Kommission und deren Ergebnisse, die zwar für den DGB recht zufriedenstellend sind, zu denen die BDA aber eine Erklärung abgeben wird, daß sie nicht alle getroffenen Aussagen teilt. Übereinstimmendes Ergebnis der Untersuchungen sei jedoch die Feststellung, daß die heute vorhandenen Statistiken eine eindeutige Aussage nicht zulassen. Beide Gruppen sind der Meinung, daß der Gesetzgeber für bessere Statistiken sorgen muß, wenn sachliche Gespräche geführt werden sollen.

[*Vetter* stellt das Einverständnis des Bundesvorstandes fest, dass die Vorsitzenden mit einer Delegation des Geschäftsführenden Bundesvorstandes an dem Spitzengespräch mit der BDA am 16.7.1971 teilnehmen.]

9. VERSCHIEDENES

[*Vetter* teilt mit, dass der Entwurf eines Bundesgrenzschutzgesetzes[15] zurückgestellt wird, ein Sonderdruck seines Kongressreferats zur Gewerkschafts- und Satzungsreform veröffentlicht wird und Bundesverteidigungsminister Helmut Schmidt mit seinen Staatssekretären zu einer Aussprache in eine

---

14 Das 35-seitige Arbeitspapier diente als Vorlage zum Spitzengespräch. In dem Papier werden die Einkommensentwicklung in der Bundesrepublik, die Kosten und Ertragsentwicklung in der deutschen Wirtschaft, jeweils aus der Sicht des DGB und der BDA, sowie Vorschläge zur Verbesserung des statistischen Instrumentariums dargestellt. DGB-Archiv, DGB-BV, Abt. Tarifpolitik 5/DGAY000011.

15 Der Gesetzentwurf der Bundesregierung über den Bundesgrenzschutz wurde auf der 372. Sitzung des Bundesrates vom 22.10.1971 behandelt (Bundesratsdrucksache 491/71) und verabschiedet. Das Bundesgrenzschutzgesetz wurde am 18.8.1972 (BGBl. I, S. 1834) verkündet. Zum Gesetzentwurf siehe auch: Deutsche Polizei, Zeitschrift der Gewerkschaft der Polizei, 1971, Nr. 8, S. 233 und 1971, Nr. 12, S. 362.

Bundesvorstandssitzung kommen möchte. Die Aussprache soll in der Sitzung am 2. November 1971 stattfinden.]

13.30 Uhr: Besuch der israelischen Gewerkschaftsdelegation

Kollege *Vetter* begrüßt die israelischen Gewerkschaftskollegen, insbesondere ihren Generalsekretär, Kollegen Ben-Aharon, und heißt sie beim Bundesvorstand des DGB herzlich willkommen. Er geht kurz auf den gemeinsamen Besuch im KZ Dachau und bei der Bank für Gemeinwirtschaft[16] in Frankfurt ein und erinnert an die vielen freundschaftlichen Kontakte, die es in den zurückliegenden Jahren zwischen dem Deutschen Gewerkschaftsbund und Histadrut gegeben hat.[17] Dies und die Erkenntnis der vielen Gemeinsamkeiten der beiden Völker, Gesellschaften und Gewerkschaften im Aufbau und in der Zielsetzung nach dem Kriege sollten Ausgangspunkt für unsere Gespräche sein, in die auch unsere Aufgaben für die Arbeitnehmer in Europa und der internationalen Welt einbezogen werden sollten.

In einer längeren Ansprache dankt Kollege *Ben-Aharon* zunächst für die Einladung in den Bundesvorstand des DGB und die Gelegenheit zur Aussprache über eine Reihe von Problemen, die ihm Sorge bereiten. Nach seiner Ansicht besteht z. B. durch das Fehlen einer klaren internationalen Strategie die Gefahr, durch die energisch betriebene internationale Politik des Kapitals, der Monopole und Arbeitgeber überrundet und mehr und mehr in nationale Positionen, Auffassungen und Egoismen zurückgedrängt zu werden. Auch die Entwicklung einer europäischen Gewerkschaftsgemeinschaft bereite den Gewerkschaften der kleinen und nicht-europäischen Länder Sorge, weil sie die Ausrichtung der Gewerkschaftsbewegung und ihrer Politik an den reichen Industriestaaten Europas befürchten. Er stelle deshalb für sich und seine Kollegen die Frage, ob die internationale Gewerkschaftsbewegung ein Programm hat, internationaler zu werden und mehr mit den kleinen und armen Gewerkschaften zusammenzuarbeiten als bisher.

Kollege Ben-Aharon geht dann auf die politische Situation Israels und die seiner Meinung nach nicht ganz ungetrübten Beziehungen zwischen Israel und Deutschland ein. Ganz sicher habe auch die Ostpolitik der Bundesrepublik zu einer gewissen Abkühlung des Verhältnisses geführt, wenn auch kein Zweifel an der persönlichen Lauterkeit und Freundschaft der maßgebenden Politiker bestehe. Kollege Ben-Aharon erwähnt des weiteren den Kampf Israels gegen die faschistischen und nationalistischen Kräfte insbesondere in den arabischen Ländern. Er ist der Ansicht, daß gerade die deutsche Arbeiterbewegung einen eindeutigen Standpunkt gegenüber diesen reaktionären faschistischen Tendenzen einnehmen sollte. Sozialistisch-demokratische Par-

---

16 Zum Besuch der israelischen Gewerkschaftsdelegation siehe ND, 7.7.1971, Nr. 228 sowie Für enge Kontakte zum DGB. Israelischer Gewerkschaftschef Ben-Aharon besucht die Bundesrepublik, in: WdA 22, 25.6.1971, Nr. 26.
17 Der DGB unterstützte die Histadrut und organisierte Informationsbesuche zwischen beiden Staaten; siehe hierzu u. a. DGB-Geschäftsbericht 1962–1965, S. 29; Kieseritzky: Quellen 13, S. 54 f. und entsprechende Dokumente sowie DGB-Geschäftsbericht 1969–1971, S. 20 f.

Dokument 46   6. Juli 1971

teien und die freien Gewerkschaftsbewegungen sollten gemeinsam mit den Israelis für Frieden und klare international gerechte Beziehungen zwischen Israelis und Arabern eintreten. Trotz aller Schwierigkeiten und mancher noch nicht erreichter Ziele glaubt Kollege Ben-Aharon, daß Israel auf dem richtigen Weg ist und jeden seiner Schritte richtig abgeschätzt hat. Sehr befriedigend sei auch die Entwicklung der zweiten und dritten Generation im Lande, die ihren Eltern in nichts nachstehe.

Kollege Ben-Aharon geht noch kurz auf die beiden Ländern gemeinsamen Schwierigkeiten ein, die sich aus der Konfrontation von Gewerkschaften und Parteien ergeben, wenn sie die Regierung übernehmen.

Trotz vieler ungelöster Probleme und mancher Sorgen, die ihn bedrücken, nehme er, so führt Kollege Ben-Aharon aus, aus den Begegnungen und Gesprächen, die er jetzt in Europa habe, das Gefühl mit, daß unsere Bewegung zwar große Schwächen habe, sich aber langsam ein neues Bewußtsein durchsetze.

Abschließend spricht Kollege Ben-Aharon den deutschen Gewerkschaften seinen Dank für alle Beweise ihrer Solidarität und Freundschaft aus. Er hofft, dass diese Begegnung heute für die weitere Zusammenarbeit fruchtbar sein und die Freundschaft vertiefen wird.

Kollege *Vetter* dankt Kollegen Ben-Aharon für seine offenen und alle bewegenden Worte. Vieles Gemeinsame sei angesprochen worden, das keiner besonderen Erwiderung bedürfe. Eines könne er jedoch für die deutschen Gewerkschaften versichern: Sowohl in der europäischen wie in der internationalen Bewegung seien sie ausschließlich darum bemüht, diese zu stärken, damit sie ihre Aufgaben für die gesamte Arbeiterbewegung erfüllen kann. Zu den Sorgen der israelischen Kollegen wegen der Ostkontakte des DGB erklärt Kollege Vetter, daß die deutschen Gewerkschaften wohl immer bewiesen haben, daß sie die Begegnungen mit den Arbeitnehmerorganisationen der Warschauer-Pakt-Staaten deshalb aufgenommen haben, um endlich aus militärischen Grenzen politische werden zu lassen und den Frieden für unser geteiltes Volk zu bewahren. Die deutschen Gewerkschaften haben dabei nie die Situation Israels aus den Augen verloren, sie haben klare Position bezogen, wenn es um die Interessen Israels ging. Das wird auch weiterhin so bleiben. Kollege Vetter versichert, dass der Deutsche Gewerkschaftsbund alles tun wird, damit die Verbindungen zu Israel nicht gestört werden, ganz gleich, was das Schicksal auch immer für unsere beiden Völker bereithält. Vordringlich wird es sein, den Internationalen Bund so zu stärken, dass er uns bei der Erfüllung unserer Aufgaben im Rahmen der Gewerkschaftsbewegung hilft. Der Deutsche Gewerkschaftsbund wird sein Bestes dazu tun.

10. Modell einer überbetrieblichen Ertragsbeteiligung

Der Tagesordnungspunkt wird zurückgestellt.

Ende der Sitzung 14.15 Uhr

DOKUMENT 47

16. Juli 1971: Gemeinsames Kommuniqué des Spitzengesprächs zwischen dem DGB und den Arbeitgeberverbänden[1]

Hekt., 1 S.

DGB-Archiv, 5/DGAI001824.

Bei dem Spitzengespräch der Gewerkschaften[2] und der Arbeitgeberverbände[3], das am 16. Juli im Haus der Deutschen Arbeitgeber in Köln stattfand, erklärten beide Seiten ihren gemeinsamen Willen, die Stabilitätspolitik der Bundesregierung nachdrücklich zu unterstützen. Insbesondere wollen sie sich um eine Verstetigung des Konjunkturverlaufs im Interesse von Vollbeschäftigung, Preisstabilität und Wirtschaftswachstum bemühen. Nach Auffassung der Arbeitgeber bedarf es hierzu vor allem einer Einordnung der Lohnentwicklung in den jetzt notwendigen Volkswirtschaftlichen Konsolidierungsprozeß. Von Gewerkschaftsseite wurde erklärt, daß die Lohnpolitik der wirtschaftlichen Entwicklung besser angepaßt werden könnte, wenn eine Stabilisierung der Preise und Fortschritte in der Vermögenspolitik für die Arbeitnehmer verwirklicht werden könnten. Einverständnis bestand darüber, dass die Tarifautonomie voll erhalten und der Verantwortungsspielraum der Tarifpartner funktionsfähig bleiben muß.

Die von dem gemeinsam eingesetzten Expertenkreis erarbeitete Vorlage über die Einkommensentwicklung in der Bundesrepublik sowie über die Kosten- und Ertragsentwicklung in der deutschen Wirtschaft wurden eingehend erörtert.[4] Die hierbei zutage getretenen Meinungsverschiedenheiten beruhten auch auf den noch weitgehend unzureichenden Statistiken. Beide Seiten schlagen der Bundesregierung vor, statistische Lücken so bald wie möglich zu schließen. Inzwischen sollen die gegensätzlichen Auffassungen des Expertenkreises gemeinsam mit einem neutralen wirtschaftswissenschaftlichen Institut besprochen werden, um sie einer Klärung zuzuführen. Im Zusammenhang mit den beratenen Vorlagen wurden Fragen der Lohnpolitik, der Investitionsfähigkeit und der weiteren Wirtschaftsentwicklung behandelt.

---

1 Das von den Pressestellen des DGB und der Bundesvereinigung der Deutschen Arbeitgeberverbände herausgegebene Kommuniqué ist abgedruckt unter der Überschrift: »Stabilitätspolitik der Bundesregierung wird unterstützt«, in: ND, 19.7.1971, Nr. 240.
2 Vonseiten des DGB nahmen teil: Heinz O. Vetter, Bernhard Tacke, Gerd Muhr, Karl Buschmann (GTB), Karl Hauenschild (CPK), Eugen Loderer (IGM), Rudolf Sperner (BSE), Herbert Schwiedel (DruPa), Heinz Vietheer (HBV), Rudolf Henschel (DGB-BV), Wilfried Höhnen (WWI) und Bernd Otto (DGB-BV), siehe Schreiben H. O. Vetter an Otto A. Friedrich vom 13.7.1971, DGB-Archiv, DGB-BV, Abt. Vorsitzender 5/DGAI001824.
3 Als Teilnehmer vonseiten des BDA wurden im Schreiben Otto A. Friedrichs an Heinz O. Vetter vom 7.7.1971 benannt neben Otto A. Friedrich, Herbert van Hüllen, Hanns Martin Schleyer, Otto Esser, G. Friedrich Baur, Hans Coenen, Hans Langemann als Vertreter des Präsidiums und Vertreter aus 9 Wirtschaftsbereichen. DGB-Archiv, DGB-BV, Abt. Wirtschaftspolitik 5/DGAN000102.

Dokument 48   7. September 1971

Der sachlich verlaufende Meinungs- und Gedankenaustausch soll auf Wunsch der beiden Spitzenorganisationen fortgesetzt werden, wobei künftig auch praktische Probleme der beiderseitigen Beziehungen besprochen werden sollen. Schließlich würde es begrüßt werden, wenn die tariflichen Fachspitzenverbände auch in ihren Bereichen ähnliche Gespräche führen würden.[5]

Dokument 48

7. September 1971: Protokoll der 22. Sitzung des Bundesvorstandes

Hans-Böckler-Haus in Düsseldorf; Vorsitz: Heinz O. Vetter; Protokollführung: Isolde Funke, Marianne Jeratsch; Sitzungsdauer: 9.40–16.55 Uhr; ms. vermerkt: »Vertraulich«.[1]
Ms., hekt., 14 S., 1 Anlage.[2]

DGB-Archiv, 5/DGAI000536.

Beginn der Sitzung: 9.40 Uhr

[*Vetter* eröffnet die 22. Sitzung und stellt Walter Böhm vor, der ab 1. September 1971 als Nachfolger von Dr. Kurt Hirche die Leitung der Parlamentarischen Verbindungsstelle des DGB in Bonn übernommen hat.]

Tagesordnung
1. Genehmigung des Protokolls der 21. Bundesvorstandssitzung
2. Entnahme aus dem Solidaritätsfonds
3. Bericht zur Lage
4. Beitragsleistung der Gewerkschaft Textil-Bekleidung an den DGB
5. Novellierung des Betriebsverfassungsgesetzes
6. DGB-Zielprojektion 1972
7. GBV-Gehälter
8. Bestätigung von Landesbezirksvorstandsmitgliedern
9. Verschiedenes

---

4   Einleitende Stellungnahmen des DGB zur »Expertenvorlage« von Rudolf Henschel und des BDA von Brettschneider, DGB-Archiv, DGB-BV, Abt. Vorsitzender 5/DGAI001825. Zur Vorbereitung für dieses Treffen und der Stellungnahme des DGB fand am 6.7.1971 in Frankfurt/M. ein Treffen der Wirtschaftsreferenten der DGB-Gewerkschaften statt. DGB-Archiv, DGB-BV, Abt. Wirtschaftspolitik 5/DGAN000102.

5   In einem gemeinsamen Brief vom 23.7.1971 teilten Heinz O. Vetter und Otto A. Friedrich den Bundesministern Walter Arendt, Karl Schiller und Hans-Dietrich Genscher sowie dem Vorsitzenden der Bundestagsfraktionen: Herbert Wehner (SPD), Wolfgang Mischnick (FDP) und Rainer Barzel (CDU/CSU) die Ergebnisse dieses Spitzengesprächs mit. DGB-Archiv, DGB-BV, Abt. Vorsitzender 5/DGAI001825.

1   Einladungsschreiben vom 28.7. und 23.8.1971. Nicht anwesend waren: Bernhard Tacke, Waldemar Reuter, Franz Woschech, Günter Stephan, Wilhelm Rothe, Georg Drescher, Philipp Seibert (vertreten durch Erwin Plaumann), Peter Michels (vertreten durch Bert Hartig), Leo Moser (vertreten durch Oskar Detemple). DGB-Archiv, DGB-BV, Abt. Vorsitzender 5/DGAI000471.

2   Anlage: Anwesenheitsliste.

7. September 1971 **Dokument 48**

1. Genehmigung des Protokolls der 21. Bundesvorstandssitzung

[Der Bundesvorstand genehmigt das Protokoll mit der Änderung der Ausführungen von Alois Pfeiffer zum Tagesordnungspunkt »Pressewesen und Publikationsreport«.³]

2. Entnahme aus dem Solidaritätsfonds

Kollege *Vetter* weist auf die Diskussion über die Werbemaßnahmen anläßlich der Betriebsratswahlen 1972 in der Bundesvorstandssitzung am 6. Juli 1971 hin, wo der Bundesvorstand bei der Stimmenthaltung des Kollegen Loderer zu der Auffassung gekommen ist, dass die BVG-Novellierung praktisch mit in die Durchführung des Aktionsprogramms gehört, und es möglich schien, die Summe von DM 750.000,-- aus dem bewilligten Betrag zur Publizierung der Forderungen des Aktionsprogramms auszusondern und für die Publizierung des neuen BVG und die Arbeit der Betriebsräte zu verwenden. Otto Brenner habe diese Angelegenheit überprüft und uns gebeten, diesen Punkt noch einmal in der Bundesvorstandssitzung zu behandeln. Kollege Vetter verliest den Brief des Kollegen Brenner.⁴

Kollege *Muhr* erinnert an das Zustandekommen der Beschlußfassung. Im Mai sei dem Bundesvorstand eine Vorlage zur Mittelbewilligung für diese Werbemaßnahmen unterbreitet worden, wobei der Bundesvorstand die Notwendigkeit einer solchen Kampagne festgestellt, aber den vorgeschlagenen Finanzierungsweg als nicht durchführbar angesehen habe. Daraufhin habe der Ausschuß für Betriebsräte- und Personalvertretungswesen erneut beraten, welche Finanzierungsmöglichkeiten gegeben seien. Danach sei die Vorlage für die Julisitzung des Bundesvorstandes erstellt worden, die die Billigung des Bundesvorstandes gefunden habe. Nach Auffassung des Kollegen Muhr sei der Beschluß des Bundesausschusses nicht falsch ausgelegt worden und die Publizierung der erweiterten Rechte der Betriebsräte gehöre zur Popularisierung der Forderungen des Aktionsprogramms.

Kollege *Brenner* erläutert seine Vorstellung zu diesem Punkt. Natürlich könne alles entsprechend begründet werden. Der Bundesausschuß habe seinerzeit die 1 1/2 Mio. DM aus dem Solidaritätsfonds beschlossen, um die Fragen der Mitbestimmung, die nicht zu verwechseln seien mit dem BVG, in dieser Legislaturperiode der Bundesregierung so populär wie möglich zu machen, damit eine künftige Regierung an diesen Fragen nicht vorbeikomme. Die im Juli beschlossenen DM 750.000,-- sollten aber für die Vorbereitung der Be-

---
3 Schreiben Alois Pfeiffers vom 13.8.1971 mit der Protokolländerung zur 21. BV-Sitzung: »Kollege Pfeiffer geht davon aus, daß der Gewerkschaftstag einen Antrag akzeptieren wird, zu überprüfen, ob durch Kooperationsmaßnahmen – ein Teilbereich oder generell – eine Verbesserung der Situation der GGLF erzielt werden kann, und daß dadurch der Weg offiziell frei würde, verschiedene Möglichkeiten zu prüfen«. DGB-Archiv, DGB-BV, Abt. Vorsitzender 5/DGAI000471.
4 Schreiben Otto Brenners an Heinz O. Vetter vom 13.8.1971 zum Beschluss der 21. BV-Sitzung, einen Teil der Gelder der Aktion »Stoppt die Preistreiberei« für Werbemaßnahmen anlässlich der Betriebsratswahlen 1972 zur Verfügung zu stellen. DGB-Archiv, DGB-BV, Abt. Vorsitzender 5/DGAI000471.

Dokument 48   7. September 1971

triebsratswahlen 1972 verwandt werden. Das sei nach seiner Auffassung eine andere Sache als die Popularisierung der Frage der Mitbestimmung. Kollege Brenner ist nicht damit einverstanden, dass Mittel, die vom Bundesausschuß beschlossen worden sind, durch einfachen Beschluß des Bundesvorstandes anderweitig verwandt werden.

[Nach eingehender Diskussion über die Einbeziehung der Werbemaßnahmen für die Betriebsratswahlen 1972 in die Publizierung der Forderungen des Aktionsprogramms ist der Bundesvorstand einverstanden, dass der Bundesausschuss in seiner nächsten Sitzung am 3.11.1971 mit der Frage der Bewilligung von DM 750.000,-- aus dem Solidaritätsfonds zur Finanzierung der Betriebsratswahlkampagne 1972 befasst wird. Bereits eingeleitete Maßnahmen werden vorübergehend aus dem Etat der Kommission Aktionsprogramm gedeckt. Nach Bewilligung der DM 750.000,-- durch den Bundesausschuss werden die in Anspruch genommenen Gelder an den Etat der Kommission Aktionsprogramm überwiesen.]

3. BERICHT ZUR LAGE

Kollege *Vetter* informiert den Bundesvorstand darüber, daß in Ausführung des Auftrages des Bundesvorstandes in einer kleinen Arbeitskommission mit dem WWI die Möglichkeit geprüft worden ist, durch die Umgründung des WWI in ein Wissenschaftliches Institut der Gewerkschaften und die Hereinnahme der Forschungsbereiche Zukunftsplanung, Umweltschutz usw. in die Arbeit des WWI vor der Mitgliedschaft und auch vor der Öffentlichkeit das Engagement des DGB in diesen Bereichen zu demonstrieren. Die Beratungen seien zwar noch nicht abgeschlossen, aber inzwischen so weit gediehen, daß für die Oktobersitzung des Bundesvorstandes mit einer Beschlußvorlage gerechnet werden könne. Kollege Vetter erinnert in diesem Zusammenhang an frühere Diskussionen im Bundesvorstand über die Gründung einer gewerkschaftseigenen Gesellschaft für Zukunftsforschung, die zu keinem befriedigenden Ergebnis geführt hatten.[5] Die gemeinwirtschaftlichen Unternehmen und die Friedrich-Ebert-Stiftung, die dieses Institut mittragen sollten, hatten sich außerstande gesehen, die erforderlichen Mittel dafür bereitzustellen. Damit mußte der Gedanke einer eigenen Institutsgründung fallengelassen werden. Die zunehmende Aktualität der angesprochenen Themen mit ihren Auswirkungen auf die gesamte Bevölkerung mache es jedoch gerade für den DGB notwendig, nun bald aktiv zu werden. Deshalb sei die seinerzeit im Bundesvorstand geäußerte Meinung aufgegriffen worden, das WWI mit diesen Aufgaben zu betrauen und zu diesem Zweck das Institut umzugliedern und umzubenennen. Dabei könnte nach den bisherigen Beratungen auf die Dauer eine Gleichwertigkeit der Bereiche Wirtschaftswissenschaften, Gesellschaftswissenschaften und Zukunftsforschung, Umweltschutz usw. erreicht werden, wobei die bisherigen Leistungen des WWI nicht eingeschränkt, aber vielleicht rationalisiert werden sollten.

---

5   Siehe hierzu Dok. 38, 39 und 41.

Auf die Frage des Kollegen *Hauenschild,* wie denn das WWI diese neuen Aufgaben finanziell verkraften solle, wenn die gemeinwirtschaftlichen Unternehmen sich nicht dazu in der Lage gesehen hätten, erläutert Kollege *Vetter,* daß eine genaue Durchkalkulation der zunächst erforderlichen Mittel noch nicht abgeschlossen sei. Ganz sicher aber seien sie erheblich geringer als bei einem eigenen Institut. Hinzu komme, daß die Gemeinwirtschaft, die jetzt schon durch namhafte Beträge das WWI mittrage, bei der vorgesehenen neuen Konstruktion in der Lage wäre, sowohl als Anteilseigner des WWI, aber auch als potenter Auftraggeber größere Summen zur Verfügung zu stellen, die eine Finanzierung der neuen Aufgaben ermöglichen würden.

Kollege *Vietheer* bekräftigt aus seiner Mitarbeit in der Arbeitskommission des WWI, daß die bisherige Aufgabenstellung des WWI nicht eingeschränkt, sondern um den neuen Bereich Zukunftsforschung und Umweltschutz ergänzt werden soll.

Kollege *Brenner* ist überrascht über die vorgetragenen, für ihn neuen Überlegungen. Nach seiner Ansicht sei nach wie vor, entsprechend den Absichtserklärungen aller DGB-Gremien, die Gründung eines eigenen Instituts für Zukunftsforschung anzustreben, auch in Zusammenhang mit den gemeinwirtschaftlichen Unternehmen. Zur Finanzierung eines solchen Instituts müßten neben der Gemeinwirtschaft dann auch die Gewerkschaften und der DGB mehr beitragen. Kollege Brenner hält die Aufgabe eines derartigen Instituts für so umfassend, daß sie wohl kaum als ein Nebenbereich durch ein umgegründetes WWI zu bewältigen wäre. Im übrigen erscheint ihm die Information über die neuen Pläne nicht ausreichend, um dazu Stellung zu nehmen.

Kollege *Vetter* weist noch einmal darauf hin, daß der neue Forschungsbereich gleichberechtigt neben die bisher bestehenden treten soll und ein so umgegründetes WWI auch vor der Öffentlichkeit ein vollwertiger Ersatz für ein eigenes Institut sein könnte. Dazu käme noch, wie schon ausgeführt, die bessere Finanzierungsmöglichkeit.

Kollege *Lappas* erinnert kurz an den Ablauf der Beratungen über dieses Thema. Nach positiv verlaufenen Vorgesprächen auf Referentenebene hatte sich in der entscheidenden Diskussion mit den Verantwortlichen gezeigt, daß die erforderlichen Mittel für eine so große Lösung von den vorgesehenen Beteiligten nicht aufgebracht werden konnten. Daraus hatten sich die Überlegungen ergeben, entweder den Gedanken einer Institutsgründung – zu Lasten der Gewerkschaften – weiter zu verfolgen oder, wie es jetzt geschehen sei, die Möglichkeiten einer Eingliederung in das WWI zu prüfen. Kollege Lappas spricht sich für den von Kollegen Vetter vorgetragenen Vorschlag aus, der sicher nicht der große Wurf sein könne, aber den finanziellen Gegebenheiten und wohl auch dem Kongreßauftrag entsprechen würde.

Kollege *Kluncker* wendet ein, daß er bisher in keinem der Aufsichtsorgane der gemeinwirtschaftlichen Unternehmen mit dieser Frage beschäftigt worden ist. Nach seiner Ansicht kann eine Absage in bezug auf die finanzielle Beteiligung an einem solchen Institut nur dann wirksam sein, wenn sie von

Dokument 48   7. September 1971

den zuständigen Organen der gemeinwirtschaftlichen Unternehmen ausgesprochen wird. Im übrigen scheint ihm auch die heute vorgetragene Lösung nicht befriedigend.

Kollege *Lappas* weist darauf hin, daß sich die Dinge etwas anders darstellen, wenn man berücksichtigt, in welchem Umfange die gemeinwirtschaftlichen Unternehmen z. B. im WWI finanziell engagiert sind. Auch gäbe es keinen Zweifel, daß die Aufsichtsräte in der Weise auf die Geschäftspolitik der Unternehmen einwirken könnten, daß eine Beteiligung an dem Institut erreicht würde. Sie sei bei dem damaligen Gespräch der Verantwortlichen auch gar nicht abgelehnt worden. Man habe nur, im Hinblick auf das Zurückziehen der Friedrich-Ebert-Stiftung und die damit auf alle Beteiligten zukommenden finanziellen Konsequenzen, von dieser Form eines Instituts abgeraten. Wenn man sich für die jetzt vorgetragene Lösung entscheiden würde, wäre mit Sicherheit anzunehmen, daß man den Forschungsbereich nach und nach weiter ausbauen könne. Dieser Weg sei sicher besser, als mit großem Aufwand ein Institut zu gründen, das man später finanziell nicht mehr tragen könne.

Auch Kollege *Sperner* ist der Meinung, daß man bei dieser Diskussion nicht außer acht lassen dürfe, welche finanziellen Belastungen die gemeinwirtschaftlichen Unternehmen heute schon tragen und wie oft von ihnen schnelle Hilfe erwartet wird. Kollege Sperner bedauert jedoch, daß die Gewerkschaften, die seinerzeit zur Mitarbeit an dem Projekt bereit waren, an der weiteren Diskussion nicht mehr beteiligt wurden. Er schlägt die Hinzuziehung dieses Kollegenkreises und eine erneute gründliche Information des Bundesvorstandes vor.

Kollege *Brenner* unterstreicht diese Auffassung des Kollegen Sperner mit Nachdruck. Er ist außerdem der Meinung, daß die ursprünglichen Pläne nicht ausreichend auf ihre Realisierungsmöglichkeiten, vielleicht in veränderter Form, überprüft worden sind. Er wünscht erneute Beratungen mit allen Beteiligten und Konkretisierung der Vorschläge.

Kollege *Buschmann* schlägt vor, die Diskussion heute zu beenden. In Zusammenarbeit mit allen Beteiligten und auch in Gesprächen mit den Vorsitzenden der gemeinwirtschaftlichen Unternehmen soll ein detailliertes Papier erstellt und vorgelegt werden.

Kollege *Vetter* weist noch einmal darauf hin, daß über dieses Thema bereits ausführlich in zwei Bundesvorstandssitzungen im März und April dieses Jahres diskutiert wurde. Die Bedenken im Bundesvorstand wegen der unzureichenden Finanzierungsmöglichkeiten durch die Gemeinwirtschaft und die erschwerte Mittelbeschaffung aus dem Bundeswissenschaftsministerium hatten damals dazu geführt, die Überprüfung eines anderen Weges vorzuschlagen. Dass dies inzwischen in Angriff genommen worden sei, habe er mit seinem Zwischenbericht darlegen wollen. Man werde nun unter Berücksichtigung der heute vorgetragenen Anregungen und auch nach erneutem Gespräch mit den Vorsitzenden der Gemeinwirtschaft die Arbeit fortsetzen, um nach nochmaliger gründlicher Diskussion möglichst in der Oktobersitzung des Bundesvorstandes zu einer schnellen Entscheidung in dieser wichtigen Frage zu kommen.

Der Bundesvorstand ist mit diesem Vorgehen einverstanden.

[Auf *Vetters* Frage, ob sich der DGB in irgendeiner Form zu dem bevorstehenden Kongress der DAG⁶ äußern solle, spricht sich der Bundesvorstand nach kurzer Diskussion dagegen aus. Anschließend nimmt der Bundesvorstand Vetters Bericht zur Kenntnis, dass der GBV in seiner Sitzung am 21. Oktober 1971 zusammen mit den Landesbezirksvorsitzenden und Vertretern der Abteilung Jugend über aktuelle und langfristige Fragen der gewerkschaftlichen Jugendarbeit diskutieren wird.⁷ Der Bundesvorstand wird in der nachfolgenden Sitzung über das Ergebnis unterrichtet.]

Zum Thema Vermögensbildung führt Kollege *Vetter* aus, daß die Bundesregierung mit ihrer Entscheidung, die Verabschiedung der Steuerreform bis hinter den SPD-Parteitag⁸ zu verschieben, die damit gekoppelten Vermögensbildungspläne ebenfalls zurückgestellt hat. Damit sei auch der DGB aus der zeitlichen Drucksituation heraus, kurzfristig eine eigene Stellungnahme abgeben zu müssen. Wie bekannt, seien bereits umfangreiche Vorarbeiten für eine solche Stellungnahme durchgeführt worden. Inzwischen haben aber einige Gewerkschaften Bedenken sowohl in bezug auf das Modell als auch in bezug auf die Grundsätze der Vermögenspolitik angemeldet. Es stelle sich nun die Frage, ob es angesichts der kritischen wirtschafts- und tarifpolitischen Situation sinnvoll sei, den Gedanken der Vermögensbildung in der von uns vorgeschlagenen klassischen Form einzubringen oder ob man ihn nicht besser im Interesse der Gemeinschaftsaufgaben und deren Finanzierung zurückstellt. Kollege Vetter erwähnt noch kurz die Äußerungen der Bundesvereinigung Deutscher Arbeitgeberverbände⁹, die zwar die Vermögensbildung bejaht, aber der jetzigen Form der Ersparnisbildung durch Tarifvertrag den Vorzug gibt. Er erwähnt außerdem, daß eine Nachrichtenagentur¹⁰ das Vermögensbildungs-

---

6 Auf dem 10. Bundeskongress der DAG wurde das »Gewerkschaftspolitische Programm der DAG zur Gesellschaftspolitik« verabschiedet und der Vorstand vom Kongress beauftragt, mit dem DGB über eine »bessere Verständigung in Sachfragen«, über eine Zusammenarbeit durch Bildung von Tarif- und Aktionsgemeinschaften sowie über Maßnahmen zu verhandeln, die »zum Abbau bzw. zur Aufhebung gewerkschaftlicher Konkurrenz führen«. 10. Bundeskongress, der DAG vom 11.10. bis 15.10.1971 in Nürnberg, Hamburg o. J., S. 142 ff. sowie WdA 22, 22.10.1971, Nr. 43, S. 3.
7 Auf der 84. Sitzung des GBV am 12.7.1971 wurde dieser Sitzungstermin beschlossen. DGB-Archiv, DGB-BV, Abt. Vorsitzender 5/DGAI000193.
8 Auf dem Außerordentlichen Parteitag der SPD vom 18.–20.11.1971 wurde der Parteivorstand aufgefordert, eine Kommission zur Vermögensbildung einzuberufen. Alle Anträge auf dem Parteitag zur Vermögensbildung sollten an diese Kommission weitergeleitet werden, die daraus einen Vorschlag erarbeiten solle, damit auf dem nächsten Parteitag eine Beschlussfassung zur Vermögenspolitik erfolgen könne. Vgl. Protokoll des außerordentlichen Parteitages, Teil 1, Anträge, Bonn o. J., S. 691. Neben Herbert Wehner als Kommissionsvorsitzendem waren u. a. Walter Hesselbach, Walter Arendt, Georg Leber, Jan Sierks, Friedhelm Farthmann weitere Kommissionsmitglieder. Zu diesem Parteitagsbeschluss siehe auch: DGB begrüßt Vermögensbildungsinitiative der SPD, in: ND, 19.11.1971, Nr. 369.
9 Vgl. hierzu Walter Fritze: Das ewige Nein der Arbeitgeber gegen Gewinnabgabe, in: WdA 22, 3.9.1971, Nr. 36, S. 1.
10 Gemeint ist das Diskussionspapier von Erhard Schumacher »Modell einer überbetrieblichen Ertragsbeteiligung«, welches zur 20. BV-Sitzung vorlag (Dok. 44, Fußnote 6). Eine handschriftliche Notiz »dpa« von Vetter auf dem Diskussionspapier meint möglicherweise die Nachrichtenagentur. DGB-Archiv, DGB-BV, Abt. Vorsitzender 5/DGAI000470.

Dokument 48 7. September 1971

papier des DGB verbreitet habe, das in der Bundesvorstandssitzung in Kiel behandelt wurde. Die politische Absicht, die dahinterstecke, sei klar. Kollege Vetter schlägt vor, in einer Sitzung der Sachbearbeiter aller Gewerkschaften die inzwischen bekannt gewordenen neuen Gesichtspunkte kritisch zu überprüfen und für die nächste Bundesvorstandssitzung eine neue Vorlage erarbeiten zu lassen.

In der nachfolgenden Diskussion, an der sich die Kollegen *Kluncker, Hauenschild, Vetter, Vietheer, Buschmann* und *Brenner* beteiligen, wird u. a. kurz die Frage angesprochen, ob die in der Vermögensbildungskommission der SPD[11] mitarbeitenden Bundesvorstandsmitglieder eventuell mit der Stellungnahme des DGB in Widerspruch geraten könnten. Diese Frage wird verneint, weil sich das Papier der SPD in seinen Grundlagen mit der Stellungnahme des DGB deckt. Beim SPD-Papier besteht allerdings die Möglichkeit einer weiteren Auslegung. Einen breiteren Raum in der Diskussion nimmt die Frage der Sperrfristen für die Zertifikate[12] ein. Man ist sich einig in der Auffassung, daß der Bundesvorstand noch einmal ausführlich über alle offenen Fragen diskutieren sollte, bevor der DGB eine endgültige Stellungnahme abgibt. Die Vorlage soll den Bundesvorstandsmitgliedern so rechtzeitig übersandt werden, daß sie vor der Beschlußfassung im Bundesvorstand in den Geschäftsführenden Hauptvorständen der Gewerkschaften beraten werden kann.

Kollege *Vetter* stellt das Einverständnis des Bundesvorstands fest.

Durch die Äußerungen der FDP zur Mitbestimmung in Vorbereitung auf ihren Parteitag[13] sind nach Meinung von Kollegen *Vetter* neue Akzente gesetzt worden. Trotzdem scheine es nicht ratsam, zum gegenwärtigen Zeitpunkt dazu Stellung zu nehmen. Kollege Vetter schlägt vor, in der für den 19.10.1971 vorgesehenen Klausurtagung der Kommission zur Durchführung des Aktionsprogramms auch über den FDP-Vorschlag zu diskutieren.

[In der nachfolgenden Diskussion stellt der Bundesvorstand übereinstimmend fest, dass zur Zeit keine Stellungnahme zum Vorschlag der FDP abgegeben werden soll. Die Kommission Aktionsprogramm wird sich auch mit dieser Frage in ihrer Sitzung am 19.10.1971 befassen, in der über die Aktivierung der Mitbestimmungsfrage nach Verabschiedung des BVG beraten werden soll.]

---

11 Da die Vermögensbildungskommission erst auf dem außerordentlichen Parteitag der SPD gegründet wurde (siehe Fußnote 8 in diesem Dokument), ist hier vermutlich die Kommission für Steuerreform und Vermögensbildung gemeint, deren Vorsitzender Erhard Eppler war. Siehe Bericht über die Beratungsergebnisse der Kommission. SPD außerord. Parteitag, Teil 1, S. 157 ff.
12 Siehe hierzu Dok. 52, Thesen des DGB zur Vermögensbildung.
13 Auf dem 22. ordentlichen Bundesparteitag der FDP, Ende Oktober 1971, in Freiburg im Breisgau wurde mit einer Stimme Mehrheit das Mitbestimmungsmodell des NRW-Wirtschaftsministers Horst-Ludwig Riemer verabschiedet. In diesem Modell sollen sich die Aufsichtsräte der Betriebe, mit mehr als 1500 Beschäftigten im Verhältnis 6-2-4 (6 Anteilseigner, 2 Leitende Angestellte, 4 Arbeitnehmer) zusammensetzen, zugleich soll dadurch die Montanmitbestimmung abgelöst werden. Vgl. Klaus Jelonneck: Schwalben am Himmel. Aber noch lange kein Mitbestimmungssommer in der FDP, in: WdA 22, 5.11.1971, Nr. 45, S. 2.

In diesem Zusammenhang berichtet Kollege *Vetter* über den Verlauf eines zweiten Gespräches mit den Spitzenvertretern des Handwerks, das am 3.9.1971 stattgefunden hat.[14] Dabei sind vorrangig Fragen der gesamtwirtschaftlichen Mitbestimmung behandelt worden. Es sei erwogen worden, eine kleine Arbeitsgruppe aus Vertretern beider Seiten einzusetzen, um festzustellen, wie weit die Repräsentanten des Handwerks in der Mitbestimmungsfrage zu gehen bereit sind. Eine Annäherung scheint nicht ausgeschlossen, möglicherweise sogar das Angebot auf paritätische Besetzung der Kammern. Das würde dann allerdings im Gegensatz zu unserem jetzigen Mitbestimmungsmodell stehen. Im übrigen scheine auch der DIHT den Wunsch nach einem Gespräch mit dem DGB über diese Fragen zu haben.

Kollegin *Weber* ergänzt den Bericht des Kollegen Vetter in einigen Punkten und weist noch einmal auf die Mitbestimmungsproblematik bei den Kammern hin. Sie spricht sich für eine Fortsetzung der Gespräche auch mit dem DIHT aus, um vielleicht auf diese Weise gegen die Machtzusammenballung bei den Kammern einen Schritt weiterzukommen. Falls erforderlich, sollten auch unsere eigenen Überlegungen noch einmal überprüft werden.

Der Bundesvorstand ist mit dem vorgeschlagenen Vorgehen einverstanden.

[Nach kurzer Diskussion akzeptiert der Bundesvorstand den Termin 17.9.1971 für die nächste Sitzung der Konzertierten Aktion und legt eine Vorbesprechung für 11.00 Uhr des gleichen Tages fest. Anschließend informiert *Vetter* den Bundesvorstand über die Kandidatur von Kersten als Generalsekretär des IBFG. Der Bundesvorstand spricht sich dafür aus.]

Kollege *Vetter* erinnert daran, daß dem sowjetischen Gewerkschaftsvorsitzenden Schelepin im Juli in einem Telegramm mitgeteilt worden ist, daß der Bundesvorstand sich erst in seiner Septembersitzung mit internationalen Fragen beschäftigen wird, und wir darum bitten, ihre Beratungen über das Thema ebenfalls so lange zurückzustellen. Schelepin hat das in seinem Antwortschreiben bestätigt.[15] Angesichts des positiven Ergebnisses der Botschaftergespräche über Berlin[16] und auch nach den persönlichen Gesprächen

---

14 Bei dem Treffen wurde beschlossen, eine gemeinsame Kommission zur Prüfung der Frage einzusetzen, inwieweit sich die Mitbestimmung der Arbeitnehmer in der Handwerkskammer bewährt habe und weiter entwickelt werden könne. Vgl. DGB-Archiv, DGB-BV, Sekretariat Irmgard Blättel 5/DGCW000059 sowie Es geht um mehr Mitbestimmung im Handwerk, in: ND, 6.9.1971, Nr. 284.
15 Antwortschreiben Schelepins mit dem Eingangsstempel 12.7.1971: »[...] Das Präsidium der Sowjetischen Gewerkschaften hat sorgfältig den ausführlichen Bericht unserer Delegation über die mit Ihnen in Finnland durchgeführten Verhandlungen erörtert. Am Morgen vor der Sitzung des Präsidiums [...] erhielt ich Ihr Telegramm bezüglich der Sitzung des Bundesvorstandes des DGB, wo Sie die Frage unserer zweiseitigen Beziehungen erörtert hatten. Das WZSPS-Präsidium hat Ihre Bitte berücksichtigt.« DGB-Archiv, DGB-BV, Abt. Vorsitzender 5/DGAI000471.
16 In dem 21. Berlin-Gespräch der Botschafter der Vier Mächte am 7.6.1971 kam es zu der Regelung eines ungehinderten Verkehrs zwischen der Bundesrepublik und (West-)Berlin. Es wurde vereinbart, dass Insassen von PKWs nur auf ihre Identität überprüft und LKWs vor dem Grenzübergang zur DDR verplombt werden. Vgl. Dok. 64, in: Hanns Jürgen Küsters u. a.: DzD VI., Bd. 2, München 2004, S. 288 ff. In den 22. bis 26. Botschaftergesprächen zwischen dem 25.6. und 30.7.1971 wurden weitere Berlin-Vereinbarungen getroffen, ebd., S. 302 ff.

Dokument 48 7. September 1971

mit Schelepin in Helsinki[17] kann damit gerechnet werden, daß einer gemeinsamen Repräsentation aller DGB-Angehörigen, einschließlich der Berliner Kollegen, auf Auslandsreisen, in Delegationen und bei Kontakten von sowjetischer Seite nicht mehr widersprochen wird. Kollege Vetter schlägt vor, unter dieser Voraussetzung die Bereitschaft des DGB zu erklären, das seinerzeit vereinbarte Programm – bei souveräner Zusammensetzung der eigenen Delegationen – durchzuführen.

In der nachfolgenden Diskussion, an der sich die Kollegen *Sperner, Vetter, Hauenschild, Frister, Muhr, Freitag, Loderer* und *Kluncker* beteiligen, wird die Meinung geäußert, daß nicht der DGB verpflichtet ist, initiativ zu werden. Die Bedingungen seien von sowjetischer Gewerkschaftsseite gestellt worden, und man könne eigentlich erwarten, daß sie auch von dieser Seite als gegenstandslos erklärt würden. Außerdem solle der DGB nicht von dem bisher geübten Grundsatz der Trennung von staatsrechtlichen und gewerkschaftlichen Problemen abgehen. Man einigt sich schließlich in der Auffassung, dass der DGB nach wie vor – ohne Bezugnahme auf das Berlin-Abkommen – unter der Voraussetzung der souveränen Auswahl seiner Delegationen die Fortsetzung der Beziehungen zum Sowjetischen Gewerkschaftsbund begrüßen würde. Wenn dem von sowjetischer Seite keine Vorbehalte mehr entgegengestellt werden, könnten die Kontakte wieder aufgenommen werden.

Kollege *Vetter* stellt die Zustimmung des Bundesvorstandes fest.

4. BEITRAGSLEISTUNG DER GEWERKSCHAFT TEXTIL-BEKLEIDUNG AN DEN DGB

Kollege *Vetter* teilt mit, daß der Geschäftsführende Bundesvorstand mit dem Geschäftsführenden Hauptvorstand der Gew. Textil-Bekleidung über diese Frage gesprochen hat. Er verweist gleichzeitig auf den vorliegenden Antrag der GTB.[18]

Kollege *Buschmann* berichtet, daß schon seit Jahren versucht werde, die Organisation über einen Organisations- und Finanzplan stabil zu halten. Aber der Zustand habe sich immer mehr verschlechtert. Bis 1969 sank der Beitragsanteil am Lohn auf 0,75 %. Wenn die Gew. Textil-Bekleidung keine drastischen Maßnahmen eingeführt hätte, wäre sie bereits 1972 in die roten Zahlen gekommen. Sie habe in dieser Zeit bis zur äußersten Sparsamkeit gewirtschaftet. Man habe Personal entlassen, Gehälter heruntergedrückt, Sparmaßnahmen getroffen usw., die fast nicht mehr zumutbar in der Organisation gewesen wären. Die GTB mußte den Schritt nach vorn machen, um aus dieser Entwicklung herauszukommen. Dabei sei man zu dem Schluß gekommen, den Beitrag auf 1 % festzulegen, um die Ausgaben der Organisation gut

---

17 Im Rahmen des SAK-Kongresses vom 30.6. bis 2.7.1971 in Helsinki, an dem Heinz O. Vetter und Otto Kersten teilnahmen, fand dieses Gespräch statt. Siehe Fußnote 15 in diesem Dokument.
18 Anfrage der GTB vom 7.9.1971 zur Beitragsleistung an den DGB mit beigefügtem Beschluss des Hauptvorstandes und des Beirats in der Sitzung vom 2.7.1971 in Kempten/Allgäu. DGB-Archiv, DGB-BV, Abt. Vorsitzender 5/DGAI000471.

abdecken zu können. Im zweiten Quartal dieses Jahres habe die GTB rund 92% ihrer Mitglieder auf 1% gebracht und die Beiträge sind vom 1. Halbjahr 1970 bis zum 1. Halbjahr 1971 um 30% gestiegen. Daneben mußten den Mitgliedern aber auch Leistungen geboten werden. Deswegen habe die GTB die Rechtsschutzversicherung und die Freizeitunfallversicherung eingeführt, die vom Außerordentlichen Gewerkschaftstag im Herbst letzten Jahres beschlossen worden seien. Diese Aktion habe die Organisation bis an den Rand der Finanzmöglichkeiten gebracht. Es wird versucht, das mit diesem Antrag an den DGB auszugleichen. Man wolle nicht den Solidaritätsfonds in Anspruch nehmen. Kollege Buschmann bittet den Bundesvorstand, dem Antrag der GTB zuzustimmen.

Kollege *Mirkes* weist darauf hin, daß dieser Antrag eine grundsätzliche Frage sei, die auch in den Vorständen hätte beraten werden müssen. Dies konnte aber nicht geschehen, weil die Vorlage erst heute morgen auf den Tisch gelegt wurde. Die Absicht dieses Antrages sei wohl für jeden erkennbar. Natürlich habe es, wenn sich Gewerkschaften in besonderen Situationen befunden haben, Beschlüsse gegeben, die sie ganz oder teilweise von Beitragsleistungen entlastet hätten. Aber dann sei der Bundesvorstand von der Notwendigkeit überzeugt gewesen. Diese Überzeugung kann Kollege Mirkes bei diesem Antrag nicht aufbringen. Jede Gewerkschaft versuche seit Jahr und Tag, möglichst den satzungsgemäßen Beitrag zu bekommen. Es sei überall mit erheblichen Kosten verbunden, den Mitgliederstand zu halten. Nach Auffassung des Kollegen Mirkes solle die GTB einen Antrag an den Solidaritätsfonds stellen. Diesem Antrag könne er so nicht zustimmen. In diesem Zusammenhang mache er auf die Satzung, §4, Ziffer 2, erster und zweiter Satz, aufmerksam, wo von einer Beitragsordnung die Rede ist, die noch nicht vorliegt. Außerdem sei es Sache des Bundesausschusses, über einen solchen Antrag zu entscheiden. Der Bundesvorstand könne das nicht erledigen.

Die Kollegen *Loderer* und *Kluncker* unterstreichen die Ausführungen des Kollegen Mirkes und sprechen sich ebenfalls gegen die Annahme dieses Antrages aus. Man könne nicht für eine Gewerkschaft eine Ausnahmeregelung schaffen.

Kollege *Lappas* berichtet über seine Teilnahme an verschiedenen Sitzungen des Hauptvorstandes der GTB zu dieser Frage. Er spricht sich gegen diesen Antrag aus und schlägt ebenfalls vor, einen entsprechenden Antrag an den Solidaritätsfonds zu stellen.

MITTAGSPAUSE: 14.05 BIS 14.45 UHR

Nach Auffassung des Kollegen *Vater* trifft das, was Kollege Buschmann gesagt hat, auch für die eine oder andere Organisation zu. Fast jede Organisation muss sich einschränken. Zu einem eventuellen Antrag an den Solidaritätsfonds meint Kollege Vater, daß dieser erst in dem Moment in Anspruch genommen werden könne, wenn die ersten Reserven erschöpft seien. Außerdem müßten die Finanzen offen dargelegt werden. Kollege Vater kann diesem Antrag ebenfalls nicht zustimmen.

Dokument 48   7. September 1971

[Nach einer kurzen Diskussion über die unterschiedlichen Beitragszahlen der Gewerkschaften[19] fasst *Vetter* die Diskussion zusammen, dass der Bundesvorstand für diesen Antrag nicht das Entscheidungsgremium sei, sondern der Bundesausschuss. Der Bundesvorstand ist damit einverstanden, dass die Gewerkschaft Textil-Bekleidung einen Antrag an den Bundesausschuss richtet, in dem dieser aufgefordert wird, zur Frage der geplanten Änderung des Beitragsabführungsverfahrens durch die GTB Stellung zu nehmen.]

5. NOVELLIERUNG DES BETRIEBSVERFASSUNGSGESETZES

Kollege *Muhr* weist kurz auf die im März durch den Bundesausschuß beschlossenen Maßnahmen[20] zur Durchsetzung eines besseren BVG hin, die inzwischen bis auf den letzten Punkt »Großkundgebungen« durchgeführt wurden. Auf den derzeitigen Stand der Beratungen eingehend berichtet Kollege Muhr, daß der Bundestagsausschuß für Arbeit und Sozialordnung in einer Sondersitzung[21] in der kommenden Woche den Entwurf des BVG abschließend diskutieren und einen Vorschlag für die 2. Lesung erarbeiten wird. Im Augenblick laufen Koalitionsgespräche zwischen SPD und FDP, über deren Ergebnis der DGB am Donnerstag unterrichtet werden soll.[22] Am gleichen Tag findet ein Gespräch mit dem Bundeskanzler statt, in dem noch einmal die DGB-Vorstellungen, insbesondere auch zum Tendenzparagraphen[23], vorgetragen werden sollen. Kollege Muhr geht dann kurz auf einige inoffizielle Informationen ein, die die Schwerpunktkritik des DGB betreffen. Da

---

19 Die Beiträge der Gewerkschaften an den DGB betrugen 12% vom Beitragsaufkommen der Gewerkschaften. Für den DGB-Haushalt 1970 waren es insgesamt 60.785.576,13 DM. Die IG Metall als größter Beitragszahler entrichtete davon 33,8% = 20.553.789,11 DM und die Gewerkschaft Kunst als geringster Beitragszahler 0,2% = 108.400,10 DM. Der Beitrag der Gewerkschaft Textil-Bekleidung für das Jahr 1970 war 3,7% = 2.265.557,66 DM. Vgl. Haushalt des DGB für 1970, DGB-Archiv, DGB-BV, Abt. Vorsitzender 5/DGAI000408.
20 Vgl. Dok. 39.
21 Zu den Ergebnissen der 2. Lesung des Bundestagsausschusses für Arbeit und Sozialordnung in der Woche vom 14.–17.9.1971 siehe DGB-Archiv, DGB-BV, Abt. Sozialpolitik 5/DGAO000089 sowie Die Betriebsverfassung ist auf dem Weg der Besserung, in: WdA 22, 1.10.1971, Nr. 40, S. 4.
22 Die Abgeordneten der Regierungskoalition hatten in ihrer Sitzung am 14.9.1971 zum Entwurf des Betriebsverfassungsgesetzes Abänderungsanträge für die zweite Lesung gestellt. Dabei wurden einige Forderungen des DGB berücksichtigt, wie die zu den leitenden Angestellten, zu den Tendenzbetrieben, zum Mitbestimmungsrecht des Betriebsrates bei Betriebsänderungen und zum Recht der Gewerkschaften auf Zugang zum Betrieb. Vgl. detaillierter: DGB begrüßt Vereinbarung zum Betriebsverfassungsgesetz, in: Parlamentarisch-Politischer Pressedienst 22, 15.9.1971, Nr. 176 sowie DGB zum Koalitionsgespräch über das Betriebsverfassungsgesetz, in: ND, 15.9.1971, Nr. 295, des Weiteren Einigung in letzter Stunde, in: WdA 22, 17.9.1971, Nr. 38 und Betriebsverfassungsgesetz: SPD und FDP in vollem Einvernehmen, in: SZ, 15.9.1971.
23 Im Entwurf zum Betriebsverfassungsgesetz sollten im § 119 bei Tendenzbetrieben und Religionsgemeinschaften die §§ 106 bis 113 (Unterrichtung in wirtschaftlichen Angelegenheiten und bei Betriebsänderungen) keine Anwendung finden. Tendenzbetriebe sind Unternehmen und Betriebe, die politischen, gewerkschaftlichen, konfessionellen, karitativen, erzieherischen, wissenschaftlichen und künstlerischen Bestimmungen dienen. Vgl. Deutscher Bundestag, 6. Wahlperiode, Bundestagsdrucksache VI/2729, Entwurf eines Betriebsverfassungsgesetzes (schriftlicher Bericht des Ausschusses für Arbeit- und Sozialordnung) vom 14.10.1971.

der bisherige Verlauf der Koalitionsverhandlungen in bezug auf die Schwerpunktkritik zu vorsichtigem Optimismus Anlaß gebe, man aber das endgültige Ergebnis abwarten müssen, schlägt Kollege Muhr vor, vorsorglich die Einberufung einer Sondersitzung des Bundesvorstandes zu beschließen, falls sich kurzfristige Entscheidungen über weitere Maßnahmen als erforderlich erweisen. Kollege Muhr bittet außerdem um Zustimmung zu der im Entwurf vorgelegten Entschließung.[24]

[Nach kurzer Diskussion wird dem Vorschlag Muhr und der Entschließung zugestimmt.]

Zur Novellierung der Wahlordnung für die Betriebsrätewahlen verweist Kollege *Muhr* auf die dem Bundesvorstand übermittelte Vorlage, die vom Ausschuß für Betriebsräte- und Personalvertretungswesen verabschiedet worden ist. Der Inhalt ist im wesentlichen unbestritten. Es müßte lediglich über die zusätzlich von einer Arbeitsgruppe erarbeiteten Vorschläge für ein vereinfachtes Wahlverfahren bei Kleinbetrieben beraten werden. Kollege Muhr geht kurz auf die Problematik ein und bittet den Bundesvorstand im Namen des Geschäftsführenden Bundesvorstandes, sich für ein tarifvertraglich zu regelndes Wahlverfahren auszusprechen.

[In der nachfolgenden Diskussion beschließt die Mehrheit des Bundesvorstands die vom Ausschuss für Betriebsräte- und Personalvertretungswesen erarbeiteten Vorschläge für ein vereinfachtes Wahlverfahren.]

6. DGB-Zielprojektion 1972

Kollege *Neemann* bittet den Bundesvorstand um eine Entscheidung darüber, ob die Abteilung Wirtschaftspolitik beim DGB mit der Erstellung von Zielprojektionen beginnen soll oder nicht. Die von Kollegen Kluncker geforderte grundsätzliche Diskussion müsse seiner Ansicht nach nicht unbedingt zum jetzigen Zeitpunkt geführt werden, weil in der bevorstehenden Sitzung der Konzertierten Aktion am 17.9.1971 dieses Thema nicht zur Diskussion stehe. Man könne das dann tun, wenn die Bundesregierung, wahrscheinlich zur nächsten Konzertierten Aktion, ihre Zahlen vorlege. In diesem Zusammenhang berichtet Kollege Neemann über das Ergebnis einer schriftlichen Umfrage bei den Hauptvorständen der Gewerkschaften. Außer der IG Chemie, Papier, Keramik und den Gewerkschaften ÖTV und Kunst haben alle Gewerkschaften geantwortet und sich im Prinzip für die Erstellung von Zielprojektionen ausgesprochen, die IG Bergbau und Energie mit der Einschränkung, daß die Zielprojektion zwar erstellt, aber nicht veröffentlicht werden solle.

[Nach kurzer Diskussion erklärt sich der Bundesvorstand mit der Fortschreibung der Zielprojektion durch die Abteilung Wirtschaftspolitik des DGB einverstanden.]

---

24 Schreiben von Gerd Muhr an die Bundesvorstandsmitglieder vom 30.8.1971 mit den verabschiedeten Beschlüssen des Ausschusses für Betriebsräte und Personalvertretungswesen (Sitzungsprotokoll, in: DGB-Archiv, DGB-BV, Abt. Arbeitsrecht 5/DGBR000023) und dem Entschließungsentwurf. DGB-Archiv, DGB-BV, Abt. Vorsitzender 5/DGAI000471.

Dokument 48   7. September 1971

7. GBV-GEHÄLTER

[*Vater* berichtet, dass sich die Mitglieder der Haushaltskommission in ihrer letzten Sitzung am 19.5.1971 mit der mittelfristigen Finanzplanung befasst und dabei auch eine Gehaltserhöhung für die Beschäftigten des DGB von 10,5%, außer den GBV-Mitgliedern, ab 1.7.1971 beschlossen haben. Die Kommission ist der Auffassung, dass auch die Gehälter der GBV-Mitglieder rückwirkend zum 1.7.1971 um einheitlich DM 500,-- angehoben werden sollen. Der Bundesvorstand ist bei Stimmenthaltung der anwesenden GBV-Mitglieder mit der rückwirkenden Gehaltserhöhung einverstanden.]

8. BESTÄTIGUNG VON LANDESBEZIRKSVORSTANDSMITGLIEDERN

Unter Hinweis auf die Vorlage vom 2. Juli 1971 teilt Kollege *Lehlbach* mit, daß der Kollege Walter Gorges (LB Rheinland-Pfalz) inzwischen verstorben ist. Anschließend empfiehlt der Bundesvorstand dem Bundesausschuss, die Wahl von Siegfried Vergin (LB Baden-Württemberg), Bernhard Klein, Heinz Witt und Horst Helterhof (LB Berlin), Günter Kasten (LB Niedersachsen), Wilhelm Mendel (LB Nordmark), Günter Almstedt und Hans Georg Weber (LB Rheinland-Pfalz), Manfred Sander, Arnold Thome und Helmut Jablonsky (LB Saar) zu bestätigen.[25]]

9. VERSCHIEDENES

[Kollege *Vetter* informiert über den bevorstehenden Besuch von Bundesverteidigungsminister Helmut Schmidt in der Novembersitzung und von Bundeswissenschaftsminister Leussink in der Dezembersitzung des Bundesvorstandes; er bittet um Benennung von Kollegen für die Internationale Konferenz über Tendenzen im Bereich der Arbeitnehmer-Arbeitgeber-Beziehungen vom 9. bis 14. Januar 1972 in Tel Aviv[26]; informiert über den Spendeneingang für die Histadrut[27]; bittet um Zustimmung zu einer Presseerklärung, die das gesetzliche Verbot des Missbrauchs interner Unternehmensinformationen[28] fordert und informiert abschließend über eine mögliche Fusion der Europäischen Verlagsanstalt mit dem Bund-Verlag.[29]]

Ende der Sitzung: 16.55 Uhr

25 Der Bundesausschuss bestätigte die Wahl in seiner 1. Sitzung am 3.11.1971 (Dok. 51).
26 Als Teilnehmer wurden benannt: Heinz O. Vetter, Gerhard Leminsky, Heinz Markmann und Bernd Otto sowie als mögliche Kandidaten: Günter Friedrichs (IGM), Ursula Schumm-Garling (ÖTV) und Werner Vitt (CPK). DGB-Archiv, DGB-BV, Abt. Vorsitzender 5/DGAI000471.
27 Der Spendeneingang hatte zu diesem Zeitpunkt eine Höhe von 84.000 DM. Es hatten jedoch noch nicht alle Gewerkschaften ihren Spendenbeitrag bekannt gegeben.
28 Für gesetzliches Verbot des Missbrauchs von internen Unternehmens-Informationen, in: ND, 8.9.1971, Nr. 285.
29 Auf der Beiratssitzung des Bund-Verlags am 15.10.1971 berichtet Walter Hesselbach über das Ergebnis der Beiratssitzung der Europäischen Verlagsanstalt (EVA). Der Beirat hatte einer Zusammenarbeit mit dem Bund-Verlag zugestimmt. Gleichzeitig hatte sich die BfG verpflichtet, die EVA weiterhin finanziell zu unterstützen. Eine Fusion war nicht vorgesehen. Auf der Beiratssitzung des Bund-Verlags am 7.3.1972, im Beisein von Vertretern der EVA, wurde ein Entwurf einer Geschäftsordnung für die Zusammenarbeit verabschiedet. Vgl. DGB-Archiv, DGB-BV, Abt. Organisation 5/DGDL000091.

Dokument 49

5. Oktober 1971: Protokoll der 23. Sitzung des Bundesvorstandes

Hotel Schwarzer Bock in Wiesbaden; Vorsitz: Heinz O. Vetter; Protokollführung: Isolde Funke, Marianne Jeratsch; Sitzungsdauer: 10.10–15.10 Uhr; ms. vermerkt: »Vertraulich«.[1]
Ms., hekt., 10 S., 1 Anlage.[2]

DGB-Archiv, 5/DGAI000536.

Beginn der Sitzung: 10.10 Uhr

Tagesordnung
1. Genehmigung des Protokolls der 22. Bundesvorstandssitzung
2. Bericht zur Lage
3. Aussprache über den Außerordentlichen Bundeskongreß
4. Pressewesen und Publikationsreport
5. Novellierung des Betriebsverfassungsgesetzes
6. Revisionsbericht
7. Nachtrag zum Haushalt 1970
8. Tagesordnung für die 1. Bundesausschußsitzung am 3.11.1971
9. Gebietsreform der Bundesrepublik Deutschland
10. Bericht über die Sitzung der ständigen Kommission des Jugoslawischen Gewerkschaftsbundes und des Deutschen Gewerkschaftsbundes am 26./27.2.1971 in Hamburg
11. Bericht über den Besuch einer TÜRK-IS-Delegation vom 11. bis 18.7.1971 in der BRD
12. Institut für Zukunftsforschung
13. Vermögenspolitik
14. Verschiedenes

1. Genehmigung des Protokolls der 22. Bundesvorstandssitzung

[Nach einem kurzen Hinweis von *Kluncker* zu Punkt 6, »DGB-Zielprojektion«, und einer ergänzenden Anmerkung von *Vetter,* dass das ausführliche Protokoll noch erstellt wird, ist der Bundesvorstand mit dem Ergebnisprotokoll einverstanden.]

2. Bericht zur Lage

Kollege *Vetter* stellt seinem aus der vorigen Bundesvorstandssitzung nachzutragenden Bericht über die Auslandsarbeit einige Bemerkungen über eine Informationsreise der Neuen Heimat nach Südamerika voran, an der neben Vertretern der Geschäftsführung einige Kollegen des Bundesvorstandes teilgenommen haben.[3] Diese Reise nach Venezuela, Peru und Brasilien sollte

---

1 Einladungsschreiben vom 16. und 24.9.1971. Nicht anwesend: Waldemar Reuter, Maria Weber, Carl Stenger, Günter Pehl, Karl Buschmann. DGB-Archiv, DGB-BV, Abt. Vorsitzender 5/DGAI000471.
2 Anlage: Anwesenheitsliste.
3 An der Informationsreise vom 13.9. bis 25.9.1971 nahmen vom GBV Heinz O. Vetter und Alfons Lappas teil, die beide auch im Aufsichtsrat der Neuen Heimat saßen. Siehe 87. GBV-Sitzung vom 9.8.1971, DGB-Archiv, DGB-BV, Abt. Vorsitzender 5/DGAI000193.

Dokument 49 5. Oktober 1971

dazu dienen, die Möglichkeiten eines Engagements der Neuen Heimat International in diesen Ländern zu prüfen. Kollege Vetter geht in diesem Zusammenhang auf einen Artikel in der letzten Spiegel-Nummer ein, der nur zu einem Teil den Tatsachen entspricht.[4] Er schildert kurz die politische und gewerkschaftliche Situation Lateinamerikas insbesondere am Beispiel Brasiliens und betont, daß Kontakte mit dortigen Gewerkschaftern nicht auf Initiative der deutschen Delegation zustande gekommen sind. Im übrigen sei er der Meinung, daß im Aufsichtsrat der Neuen Heimat International in Kürze ausführlich über das Auslandsengagement der NHI diskutiert werden müßte, um festzustellen, ob es den ursprünglichen Zielsetzungen entspricht.[5]

Die Kollegen *Vietheer*, *Rothe* und *Sperner* sind der Ansicht, daß es wünschenswert wäre, größere Klarheit und bessere Kommunikation hinsichtlich der Auslandstätigkeit der Neuen Heimat zu erreichen. Kollege *Vetter* schlägt vor, in den Gremien der Neuen Heimat diese Fragen anzusprechen und in einer der nächsten Bundesvorstandssitzungen[6] darüber zu diskutieren.

Zum Thema Ostkontakte trägt Kollege *Vetter* vor, daß führende Gewerkschafter der CSSR – wie bereits bei dem jugoslawischen Selbstverwaltungskongreß in Sarajewo[7] – jetzt an Kollegen Reuter während eines Urlaubs in der CSSR herangetreten sind, um zu erfahren, ob der DGB eine Einladung des tschechoslowakischen Gewerkschaftsbundes positiv beantworten würde. Er bittet den Bundesvorstand um eine Stellungnahme.

Die Kollegen *Hauenschild* und *Brenner* sind der Meinung, dass es zunächst erforderlich sei, uns über Sinn und Zweck unserer Bemühungen in Sachen Ostkontakte klar zu werden und wieder zu einer Linie zu finden.[8] Kollege Brenner berichtet über Erfahrungen, die die IG Metall auf ihrem Kongreß

---

4 In dem Artikel »Yes I will« wird ausgeführt, dass die Neue Heimat International zusammen mit dem US-Mischkonzern Loew's Amerikas Slums sanieren wollte. Der Spiegel 25, 20.9.1971, Nr. 39, S. 129.
5 Zur verstärkten Tätigkeit der Neuen Heimat International (NHI) wurde im Februar 1972 eine Tochtergesellschaft, die Neue Heimat Interconsult (NHIC), gegründet die »Projekte aus allen Bereichen der Förderung von wirtschaftlichen und sozialen Entwicklungen im Ausland sowie insbesondere auch in den Ländern der Dritten Welt« übernehmen sollte und dabei die »Vorbereitung, Planung und Betreuung der Realisierung von Projekten, Trägertätigkeiten und Finanzierungsaufgaben« zur Aufgabe hatte. Bericht über die Auslandstätigkeit der NHI und NHIC, Vorlage zu TOP 1.6. der Aufsichtsratssitzung Neue Heimat Städtebau (NHS) vom 13.7.1973, DGB-Archiv, DGB-BV, Abt. Vorsitzender 5/DGAI003912. Zur Internationalisierung der NH siehe auch: Kramper: Neue Heimat, S. 433–442.
6 Siehe hierzu die Dok. 54 und 55.
7 Vom 5. bis 8. Mai 1971 fand in Sarajewo der 2. Kongress der Selbstverwaltung statt, auf dem eine Bilanz über die bisherige Tätigkeit der Selbstverwaltung gezogen wurde. Zur Arbeiterselbstverwaltung in Jugoslawien, vgl. Die Quelle 22, 1971, Heft 5, S. 205–208. Siehe auch einen dreiteiligen Beitrag von Günter Pehl in »Die Quelle« über Arbeitsweise und Probleme der jugoslawischen Arbeiterselbstverwaltung sowie über das System der Einkommensverteilung, in: Die Quelle 21, 1970, Heft 12, und 22, 1971, Heft 1 und 2.
8 Aktenvermerk von Otto Kersten an Heinz O. Vetter vom 25.8.1971 über ein Telefonat mit Otto Brenner zum geplanten Tagesordnungspunkt 3 – Ostkontakte des Bundesvorstandes – am 7.9.1971 mit handschriftlicher Anmerkung von Heinz O. Vetter »Wiedervorlage Oktober BV«, DGB-Archiv, DGB-BV, Abt. Vorsitzender 5/DGAI000471.

mit Gästen aus den Ostblockstaaten gemacht hat.[9] Ganz offensichtlich versuchten die Sowjets, ihre Gewerkschaftsfreunde in bezug auf die Berlin-Frage zu beeinflussen. Das beweise doch, daß das Berlin-Problem für die sowjetischen Gewerkschaften keineswegs ausgestanden sei.

Kollege *Vetter* erinnert noch einmal an seine Gespräche in Helsinki und den offensichtlichen Wunsch der sowjetischen Gewerkschaften, die unterbrochenen Kontakte zum DGB wieder aufzunehmen. Inzwischen hat sich gezeigt, daß die sowjetische Seite noch nicht bereit ist, offiziell ihre Vorbehalte zurückzunehmen. Kollege Vetter berichtet, daß Kollege Hämälainen vom SAK am 13. Oktober zu einem Gespräch nach Düsseldorf kommen wird[10], von dem er weitere Aufschlüsse über die Haltung der Sowjets erwarte. Er werde den Bundesvorstand in seiner November-Sitzung über das Ergebnis informieren.

Auch Kollege *Woschech* hält eine Klärung der Situation insbesondere aus der Sicht der Gewerkschaftsjugend für wünschenswert. Mittel des Auswärtigen Amtes und des Bundesjugendplanes für internationale Seminare können aufgrund der Unsicherheit nicht genügend eingeplant und in Anspruch genommen werden. Kollege Woschech berichtet, daß der Bundesjugendausschuß im September beschlossen hat, das im Juli abgesagte deutsch-sowjetische Jugendseminar erst dann durchzuführen, wenn die sowjetischen Gewerkschaften von sich aus mitteilen, dass der Aufnahme eines Berliner Kollegen in die Delegation nichts mehr im Wege stehe.[11] Kollege Woschech erwähnt die Durchführung eines ersten deutsch-rumänischen Jugendseminars[12], bei dem das Berlin-Problem ohne Vorbehalte angesprochen worden sei. Zum Thema CSSR meint Kollege Woschech, daß man im Moment nur die Integrationsfrage zum Maßstab für Kontakte machen und nicht danach fragen sollte, ob es in dem einen oder anderen Land mehr oder weniger viele Stalinisten gibt.

Kollege *Muhr* erinnert an die Situation beim Einmarsch der Warschauer Pakt-Staaten in die CSSR im Jahre 1968 und an den Abbruch der Kontakte

---

9 Auf dem 10. Ordentlichen Gewerkschaftstag der IG Metall vom 27.9. bis 2.10.1971 in Wiesbaden waren infolge der bilateralen Kontakte mit den Metallgewerkschaften des Ostblocks Gäste aus Jugoslawien, Polen, Rumänien, der Sowjetunion und Ungarn anwesend. Protokoll des Gewerkschaftstags, Gästeliste, S. 722 ff. und IG Metall-Geschäftsbericht 1971–1973, S. 35.
10 Im Vordergrund des Gesprächs zwischen Vetter und Hämälainen stand die Ausweitung der Zusammenarbeit beider Gewerkschaftsbünde. Vgl. WdA 22, 22.10.1971, Nr. 43, S. 2.
11 Auf der Sitzung des Bundesjugendausschusses vom 21.–23.9.1971 in Bonn wurde beschlossen, dass das deutsch-sowjetische Seminar in der ursprünglichen Zusammensetzung angestrebt werden soll. DGB-Archiv, DGB-BV, Abt. Jugend 5/DGAU000426.
12 Bericht von Walter Haas über den Verlauf des gemeinsamen Seminars in der DGB-Bundesjugendschule Oberursel auf der Sitzung des Bundesjugendausschusses vom 21.–23.9.1971, ebd.
Anlässlich des deutsch-rumänischen Seminars des Deutschen Bundesjugendringes vom 3.–8.5.1971 in der Bundesrepublik fand ein Gespräch zwischen dem DGB und führenden Vertretern des kommunistischen Jugendverbandes Rumäniens (Ion Boncota) statt. Man kam überein, dass im September 1971 ein gemeinsames Seminar zwischen der Gewerkschaftsjugend des DGB und der rumänischen Jugend in der Bundesrepublik stattfinden solle. ND, 6.5.1971, Nr. 162.

zu den Okkupanten.¹³ Der Kongreßbeschluß 1969, die Möglichkeit der Wiederaufnahme von Kontakten zu prüfen, gelte s.E. auch für die CSSR.¹⁴ Für ihn stehe höchstens die Frage, ob dafür die Gewerkschafter infrage kommen, die nach dem Einmarsch die Oberhand bekamen. Die zweite Frage betreffe die Berlin-Regelung. Eine Behinderung der Integrität könne der Aufnahme von Kontakten entgegenstehen. Für die Beziehungen zu den Balkan-Staaten spiele das wohl keine Rolle. Sollte sich das nach den Erfahrungen auf denn IG Metall-Kongreß ändern, müsse die Lage neu überdacht werden.

Kollege *Vetter* beurteilt die Situation ähnlich und sieht Schwierigkeiten hauptsächlich in den Beziehungen zu den Gewerkschaften in der UdSSR, der CSSR und der DDR. Man sollte seiner Meinung nach zu der Auffassung kommen, der Aufnahme von Kontakten dann nichts in den Weg zu legen, wenn diese Gewerkschaftsbünde sich so verhalten wie die anderen Ostblockgewerkschaften.

Kollege *Brenner* legt Wert darauf, daß seine Intervention als wichtige gewerkschaftspolitische Frage angesehen wird, die einheitlich entschieden werden muß. Es gehe nicht, daß jeder seinen Weg für sich suche und keiner Sinn und Zweck des vom DGB Gewollten wirklich kenne. Wenn wir die richtige politische Aussage gefunden haben, können wir auch einen gemeinsamen Weg gehen. Dann sei auch die CSSR-Frage nicht mehr wichtig. Es dürfe auch nicht der Eindruck entstehen, daß durch die Euphorie des Kontaktwillens die unterschiedlichen gesellschaftspolitischen Gegebenheiten verwischt werden sollen. Wichtig sei eine Standortbestimmung unserer politischen Meinung für ein einheitliches Vorgehen.

Kollege *Kluncker* ist der Meinung, daß man durch die Aufnahme neuer Kontakte bei den sowjetischen Gewerkschaften nicht den Eindruck einer Einkreisung hervorrufen sollte. Man könnte den tschechoslowakischen Gewerkschaften gegenüber eine gewisse Bereitschaft zur Kontaktaufnahme erkennen lassen, ohne die Beziehungen besonders zu aktivieren, bevor nicht die Situation mit den sowjetischen Gewerkschaften geklärt ist.

Kollege *Vetter* faßt die Meinung des Bundesvorstandes dahingehend zusammen, daß in der jetzt eingetretenen Zwischenphase Kontakte nicht forciert werden sollten. Von einer Beschlußfassung soll abgesehen und die Entwicklung der nächsten Wochen abgewartet werden.

Kollege *Vetter* erwähnt, daß Ende Oktober eine jugoslawische Spitzendelegation zu Gesprächen mit dem DGB in die Bundesrepublik kommt. U. a. soll

---

13 In der Sondersitzung des Bundesvorstandes am 28.8.1968 wurde beschlossen, die Gewerkschaftskontakte zur UdSSR, zu Polen, Ungarn und Bulgarien zu beenden, weil deren Truppen in der Nacht vom 20. auf den 21.8.1968 die CSSR besetzt hatten, um den reformorientierten »Prager Kurs« der KPC unter Alexander Dubcek u. a. zu beenden. Vgl. DGB-Archiv, DGB-BV, Abt. Vorsitzender 5/DGAI000535 sowie Stellungnahme des DGB zum Einmarsch der Truppen des Warschauer Paktes in die CSSR, in: ND, 21.8.1968, Nr. 263.

14 In dem angenommenen Antrag 67 der DruPa wird der Bundesvorstand des DGB beauftragt, die »Kontakte trotz der von uns scharf verurteilten Ereignisse in der CSSR weiter auszubauen, soweit es die allgemeine politische Lage zulässt.« Protokoll 8. Bundeskongreß, Teil: Anträge und Entschließungen, S. 85 f.

über das gemeinsame Tansania-Projekt beraten werden.¹⁵ Über das Ergebnis wird der Bundesvorstand informiert.

Am 5. und 6.11. wird in Oslo eine Tagung der europäischen Gewerkschaftsvorsitzenden und Generalsekretäre im IBFG stattfinden.¹⁶ Es ist zu erwarten, daß u. a. das Problem der Vereinigung der drei italienischen Gewerkschaftsbünde angesprochen wird.¹⁷ Es besteht die Gefahr, daß ein vereinigter italienischer Gewerkschaftsbund zwar dem EBFG beitreten will, nicht aber dem IBFG. Darüber werde sicher auch auf der bevorstehenden Jahresversammlung des EBFG diskutiert werden.

Abschließend informiert Kollege *Vetter* den Bundesvorstand über ein Schreiben von George Meany, der auf die Einladung des DGB mitgeteilt hat, daß zu seinem Bedauern wegen der augenblicklichen schwierigen Situation in den USA der Besuch einer AFL/CIO-Delegation zum vorgesehenen Zeitpunkt Ende des Jahres nicht möglich sein wird.¹⁸

3. Aussprache über den Ausserordentlichen Bundeskongress

[Der Bundesvorstand ist damit einverstanden, dass dieser Punkt auf eine der nächsten Sitzungen verschoben wird, da das Informationsmaterial der Abteilung Organisation noch nicht vorliegt.]

4. Pressewesen und Publikationsreport

Kollege *Stephan* bedankt sich bei allen Vorsitzenden, die das Informationsmaterial zur Verfügung gestellt haben. Er berichtet, dass die Kollegen

---

15 Die Gespräche mit der jugoslawischen Gewerkschaftsdelegation unter der Leitung des Vorsitzenden Dusan Petrovic fanden vom 25. bis 31.10.1971 statt. Themenschwerpunkt war die gewerkschaftliche Betreuung der jugoslawischen Arbeitnehmer in der Bundesrepublik, auch das gemeinsame Entwicklungsprojekt mit Jugoslawien und Schweden wurde in dem Gespräch konkretisiert. Zum Entwicklungsprojekt Tansania siehe 17. BV-Sitzung vom 2.3.1971, TOP 11g (Dok. 38). DGB-Archiv, Ausländische Arbeitnehmer 5/DGAZ000479 sowie Erfolgreiche Zusammenarbeit mit dem Jugoslawischen Gewerkschaftsbund, in: ND, 2.11.1971, Nr. 345.
16 Die Konferenz der dem IBFG angehörenden europäischen Gewerkschaftsbünde diskutierte infolge der Erweiterung der EWG eine Reorganisation der europäischen gewerkschaftlichen Dachorganisation. Die Konferenz beschloss, eine Arbeitsgruppe einzusetzen, die Vorschläge für die Organisationsstruktur und Zielsetzungen eines erweiterten Bundes bis zum 15.3.1972 ausarbeiten sollte. DGB-Archiv, DGB-BV, Internationale Abt. 5/DGAJ000267. Vgl. auch Walter Fritze: In Oslo wurde ein Signal gesetzt. Europas Gewerkschaften rücken zusammen, in: WdA 22, 19.11.1971, Nr. 47, S. 2.
17 Am 21.9.1971 beabsichtigten die drei italienischen Gewerkschaftsbünde CISL, UIL (Mitglied im IBFG und EBFG) sowie die CGIL (Weltgewerkschaftsbund), ihre Organisationen durch entsprechende Kongressbeschlüsse aufzulösen und 1972 einen neuen Verband zu gründen, der aus den bestehenden internationalen Gewerkschaftsbünden austreten sollte. Die Verhandlungen zwischen den drei Gewerkschaftsbünden scheiterten jedoch. DGB-Archiv, DGB-BV, Internationale Abt. 5/DGAJ000750 sowie DGB-Archiv, DGB-BV, Sekretariat Franz Woschech 5/DGCQ000005.
18 Einladungsschreiben Heinz O. Vetters vom 30.8. und Absageschreiben George Meanys, wegen ernster ökonomischer Probleme mit der »Nixon Administration«, vom 23.9.1971, in: DGB-Archiv, DGB-BV, Internationale Abt. 5/DGAJ000575.

Dokument 49   5. Oktober 1971

Vietheer, Vater und Buschmann ihr Einverständnis gegeben hatten, in einem Experiment in Düsseldorf für alle drei Zeitungen eine gemeinsame Redaktion oder Redaktionskonferenz und acht gemeinsame Seiten zu schaffen.[19] Dabei habe sich ergeben, daß sie zwar das gleiche Format, aber unterschiedliche Druckverfahren haben, so daß bei der Kalkulation für HBV eine so große Verteuerung herausgekommen ist, daß man von diesem Experiment absehen mußte. Jetzt werde versucht, dieses Experiment mit der Gewerkschaft Textil-Bekleidung und der Gewerkschaft NGG zu machen. Bis zum nächsten Kongreß werde man aber wohl nicht über den Artikelaustausch hinauskommen. Kollege Stephan verweist auf die heute verteilte Vorlage über die Funktionärszeitung.[20] Man sei im GBV auf den Gedanken gekommen, den »Gewerkschafter«, der bei IG Metall erscheint, für alle als Funktionärszeitung herauszugeben, anstelle von »Quelle«.[21] Dabei müssten dann alle Gewerkschaften die Mittel, die sie bisher für ihre Zeitungen aufwendeten, zusammenlegen, um diese Funktionärszeitschrift herausgeben zu können. Kollege Stephan bittet, die Möglichkeiten in den Vorständen zu überlegen. Außerdem müsse noch entschieden werden, ob eine Untersuchung, wie vom letzten Kongreß beschlossen[22], noch vorgenommen werden solle, was mit erheblichen Kosten verbunden wäre.

[Nach kurzer Diskussion kommt der Bundesvorstand überein, dem Bundesausschuss die jetzige Lage im gewerkschaftlichen Pressewesen vorzutragen und von einer Untersuchung durch ein Institut abzusehen.]

Kollege *Stephan* informiert den Bundesvorstand über das Vorhaben des ZDF, ab 1. Januar 1972 bereits um 19.00 Uhr mit dem Abendprogramm zu beginnen, während die ARD bei 20.00 Uhr bleibt. Hierzu müßte der DGB eine Meinung vertreten. Der GBV ist der Auffassung, daß es bei einem Beginn von 19.45 Uhr bleiben sollte. Sowohl die Ministerpräsidenten als auch die Intendanten der ARD würden dafür plädieren. Die Entscheidung sei jetzt erst einmal bis zum Frühjahr verschoben worden.

---

19 Der Kooperationsversuch zwischen den Redaktionen des »Ausblick« (HBV), der »Holzarbeiterzeitung« (GHK) und der »Textil-Bekleidung« (GTB) scheiterte aus organisationspolitischen Erwägungen und finanziellen Überlegungen, sodass eine Vereinheitlichung des Pressewesens bei einem gleichzeitigen Verzicht auf die »eigenständige Zeitung« nicht stattfand. Vgl. DGB-Archiv, DGB-BV, Sekretariat Günter Stephan 5/DGCU000027. Siehe auch: HBV-Geschäftsbericht 1968–1971, Düsseldorf O.J., S. 14–22.
20 Vorlage der Abt. Werbung vom 20.8.1971: Pressewesen und Publikationsreport Gewerkschaftspresse (Manuskript als Diskussionsgrundlage für jede Veröffentlichung gesperrt). DGB-Archiv, DGB-BV, Abt. Vorsitzender 5/DGAI000471.
21 Die bisherige Funktionärszeitschrift der IG Metall, »Der Gewerkschafter«, sollte beim Wegfall der Funktionärszeitschriften der einzelnen Gewerkschaften und des DGB (z. B. »Die Quelle«) als gemeinsame Zeitschrift herausgegeben werden. Für die Gewerkschaften würden 4 bis 16 Innenseiten reserviert, für die die jeweiligen Gewerkschaftsredaktionen das Material zusammenstellen müssten. Das werde eine Kostenersparnis von über 500.000,-- DM ergeben. Siehe Arbeitspapier: Weitere Überlegungen zur Zusammenstellung Pressewesen und Publikationsreport Gewerkschaftspresse der Abt. Werbung vom 31.8.1971, DGB-Archiv, DGB-BV, Abt. Vorsitzender 5/DGAI000471.
22 Antrag 456 der Gewerkschaft NGG, »Entschließung zu Fragen der Gewerkschaftspresse«, in dem eine wissenschaftliche Untersuchung über die Wirksamkeit der Gewerkschaftspresse gefordert wurde. Vgl. Protokoll 8. Bundeskongreß, Teil: Anträge und Entschließungen, S. 414 f.

[Nach der anschließenden Diskussion über die Auswirkungen auf das Regionalprogramm, die Frage einer eventuellen Gebührenerhöhung und einer kurzen schriftlichen Stellungnahme der Kollegen, die in den Rundfunkräten sitzen, nimmt der Bundesvorstand die Information zustimmend zur Kenntnis.]

5. NOVELLIERUNG DES BETRIEBSVERFASSUNGSGESETZES

Kollege *Muhr* verweist auf die vorgelegte Übersicht über die wichtigsten positiven und negativen Änderungen des Regierungsentwurfs zur Novellierung des BVG, wie sie sich aufgrund der Koalitionsgespräche und der 2. Lesung im Bundestagsausschuß für Arbeit und Sozialordnung ergeben haben.[23] Er erläutert einige Punkte im einzelnen und stellt fest, daß das Ergebnis der Koalitionsgespräche besser als erwartet ist. Deshalb habe der GBV auch davon abgesehen, die im September vorsorglich beschlossene außerordentliche Bundesvorstandssitzung einzuberufen. Der Bundesvorstand müsse heute darüber entscheiden, ob die letzte noch offene Maßnahme aus dem im März durch den Bundesausschuß festgelegten Katalog – eine zentrale Großkundgebung – noch durchgeführt werden solle. Der GBV habe sich gegen eine solche Großkundgebung ausgesprochen. Abschließend bittet Kollege Muhr um Beratung und Verabschiedung der im Entwurf vorgelegten Presseerklärung.

Kollege *Vetter* erwähnt, daß nach bisherigen Informationen mit massiven Angriffen der Unternehmer auf den Gesetzentwurf zu rechnen sei. Dann werde auch der DGB noch einmal aktiv werden müssen.

Kollege *Farthmann* berichtet ergänzend über die Koalitionsverhandlungen und sich abzeichnende Abstimmungsschwierigkeiten im Bundestag. Nach seiner Ansicht ist die Hoffnung auf eine weitere Verbesserung des jetzigen Kompromisses unrealistisch.

In der Diskussion über die vorgelegte Presseerklärung[24] spricht sich Kollege *Mahlein* gegen die Formulierung bezüglich der Tendenzbetriebe aus. Er kündigt in diesem Zusammenhang die Veröffentlichung eines Papiers auf dem bevorstehenden Kongreß seiner Gewerkschaft an.[25] Kollege *Rothe* erhebt Bedenken gegen die Interpretation des Begriffes der parteipolitischen Betätigung. Kollege *Hauenschild* ist der Meinung, daß angesichts der zu erwartenden Aktionen der Arbeitgeber auch eine entsprechende Formulierung in die Presseerklärung aufgenommen werden sollte, wenn die Herausgabe einer solchen Erklärung zum jetzigen Zeitpunkt überhaupt notwendig sei.

---

23 Schreiben von Gerd Muhr an die Bundesvorstandsmitglieder vom 28.9.1971 mit der beigefügten Übersicht, erstellt von Wolfgang Schneider, DGB-Archiv, DGB-BV, Abt. Vorsitzender 5/DGAI000471.
24 Entwurf einer Entschließung (durchgestrichen, statt dessen »Presseerklärung«). DGB-Archiv, DGB-BV, Abt. Vorsitzender 5/DGAI000471.
25 Die Streichung des Tendenzschutzparagrafen (§ 81 BVG) wurde in mehreren Anträgen zur Novellierung des Betriebsverfassungsgesetzes gefordert. Vgl. Anträge 335 bis 338 auf dem 9. Ordentlichen Gewerkschaftstag der IG Druck und Papier, in: 9. Ordentlicher Gewerkschaftstag der IG Druck und Papier. Nürnberg 1971 [24.- 30.10.1971], Stuttgart o. J., S. 176–179.

Kollege *Kluncker* spricht sich grundsätzlich gegen die Veröffentlichung der vorgesehenen Pressemeldung aus. Nach seiner Ansicht ist die Abgabe einer Stellungnahme des DGB zum vorliegenden Kompromiß weder erforderlich noch ratsam, zumal mit weiteren Verbesserungen ganz offensichtlich nicht mehr zu rechnen ist. Auch die Durchführung einer Protestkundgebung ist s.E. indiskutabel. Er schlägt vor, den Bericht des Kollegen Muhr zur Kenntnis zu nehmen und von einer Presseerklärung abzusehen.

Die Kollegen *Muhr* und *Vetter* stellen abschließend fest, daß im Hinblick auf die erst für die zweite Novemberwoche vorgesehene 3. Lesung des Gesetzes im Bundestag noch in der November-Sitzung des Bundesvorstandes und Bundesausschusses Gelegenheit zu einer Erklärung des DGB gegeben ist, falls sich das als notwendig erweisen sollte.

Der Bundesvorstand nimmt den Bericht des Kollegen Muhr zur Kenntnis. Er beschließt, keine Presseerklärung zu veröffentlichen und beauftragt den GBV, bei eventuellen Aktionen der Arbeitgeber kurzfristig die nötigen Maßnahmen zu treffen.

6. Revisionsbericht

[Der Bundesvorstand nimmt den Bericht der Revisionskommission über die vorgenommene Prüfung der Bundeshauptkasse zustimmend zur Kenntnis.]

7. Nachtrag zum Haushalt 1970

[Der Bundesvorstand schlägt dem Bundesausschuss vor, den vorlegten Nachtragshaushalt in Höhe von TDM 3.969 zu beschließen.[26]]

8. Tagesordnung für die 1. Bundesausschusssitzung am 3.11.1971

[Der Bundesvorstand beschließt die vorgelegte Tagesordnung für die erste Sitzung des Bundesausschusses nach dem außerordentlichen Bundeskongress.]

9. Gebietsreform der Bundesrepublik Deutschland

[Der Bundesvorstand ist einverstanden, dass der Anfrage der Sachverständigenkommission[27] für die Neugliederung des Bundesgebietes beim Bundesminister des Innern an den DGB, noch im Laufe des Oktobers eine gewerk-

---

26 Auf der 1. Bundesausschusssitzung am 3.11.1971 wurde der Nachtragshaushalt beschlossen (Dok. 51).
27 In seiner Regierungserklärung vom 28.10.1969 gab Bundeskanzler Willy Brandt unter Punkt »V. Reformpolitik« eine Länderneugliederung bekannt. Vgl. Bulletin des Presse- und Informationsamtes der Bundesregierung, 29.10.1969, Nr. 132, S. 1123 f. Für die Neugliederung der Bundesländer wurde im Oktober 1970 eine Sachverständigenkommission von Bundesinnenminister Hans-Dietrich Genscher eingesetzt, die nach ihrem Vorsitzenden, dem früheren Staatssekretär im Bundesinnenministerium, Werner Ernst, benannt war. Vgl. Bulletin des Presse- und Informationsamtes der Bundesregierung, 23.9.1970, Nr. 127, S. 1319. In dem Abschlussbericht der Kommission, vom Dezember 1972, wurde eine Reduzierung der Bundesländer von 11 auf 5 vorgeschlagen.

schaftliche Stellungnahme abzugeben, einstweilen nicht entsprochen wird, da der GBV gestern beschlossen hat, dazu eine Arbeitsgruppe zu bilden.[28]]

10. BERICHT ÜBER DIE SITZUNG DER STÄNDIGEN KOMMISSION DES JUGOSLAWISCHEN GEWERKSCHAFTSBUNDES UND DES DEUTSCHEN GEWERKSCHAFTSBUNDES AM 26./27.2.1971 IN HAMBURG

11. BERICHT ÜBER DEN BESUCH EINER TÜRK-IS-DELEGATION[29] VOM 11. BIS 18.7.1971 IN DER BRD

Kollege *Woschech* verweist auf die beiden vorliegenden Berichte und bittet den Bundesvorstand um Kenntnisnahme. Gleichzeitig teilt er mit, daß sie [er und die Abteilung Organisation beim DGB-BV] in den letzten drei Monaten in der Lage waren, das Referat Ausländische Arbeitnehmer auszuweiten, dessen Finanzierung durch Zuschüsse des Bundesarbeits- und Sozialministeriums gedeckt sei. Ab 1. August 1971 habe das Türkische Büro seine Arbeit aufgenommen, ab 1. September 1971 das Spanische und das Griechische Büro[30] und ab 1. Oktober 1971 habe auch der deutsche Leiter des Referats seine Arbeit aufgenommen.

Der Bundesvorstand nimmt die o. a. Berichte zur Kenntnis.

12. INSTITUT FÜR ZUKUNFTSFORSCHUNG

Kollege *Vetter* erläutert kurz die vorgelegten Alternativen zur Frage der Ausgestaltung eines Instituts für Zukunftsforschung.[31] Er weist darauf hin, daß bei der Zustimmung zur sogenannten kleinen Lösung, d. h. Abteilung innerhalb des WWI, selbstverständlich der 3. Forschungsbereich entsprechend personell ausgestaltet und, neben den bisherigen Geschäftsführern für die Forschungsbereiche Wirtschaft (Koll. Markmann) und Gesellschaftspolitik (Koll. Farthmann), einem eigenen Geschäftsführer unterstellt würde.

---

28 93. Sitzung des GBV vom 4.10.1971, DGB-Archiv, DGB-BV, Abt. Vorsitzender 5/DGAI000193.
29 Die grundsätzliche Vereinbarung über die deutsch-türkische Zusammenarbeit im Bereich der türkischen Arbeitnehmer vom August 1970 wurde auf der 16. BV-Sitzung (2.2.1971) zur Kenntnis genommen (Dok. 35, TOP 11). Im 2. Arbeitsgespräch kam man überein, eine »Ständige Kommission« zu bilden, die sich zweimal im Jahr treffen sollte, um alle beide Seiten interessierenden Fragen zu behandeln. Weitere Beratungspunkte siehe Ergebnisprotokoll des Gesprächs vom 16.7.1971, DGB-Archiv, DGB-BV, Sekretariat Franz Woschech 5/DGCQ000006 sowie Türkische Arbeitnehmer wollen mit ihren Familien leben, in: ND, 16.7.1971, Nr. 239.
30 Siehe Schreiben Franz Woschechs und Heinz Richter vom 19.11.1971 in dem sie den Hauptvorständen der Gewerkschaften, den Landesbezirksvorständen und DGB-Kreisen mitteilten, dass die Büros mit »Kollegen« aus den Anwerbeländern besetzt wurden. DGB-Archiv, DGB-BV, Abt. Ausländische Arbeitnehmer 5/DGAZ000336.
31 Schreiben Heinz O. Vetters vom 29.9.1971 an die Mitglieder des Bundesvorstandes mit einer Gegenüberstellung der beiden Alternativen – eigenständiges Institut / Abteilung innerhalb des WWI, DGB-Archiv, DGB-BV, Abt. Vorsitzender 5/DGAI000471.

Dokument 49 5. Oktober 1971

[Nach kurzer Diskussion stimmt der Bundesvorstand dem Vorschlag Vetters zu, einen Vorsorgebeschluss in der Form zu fassen, dass die Alternative Umgründung des WWI mit entsprechender personeller Erweiterung und Öffentlichkeitswirksamkeit realisiert wird, wenn sich durch die noch ausstehenden Gespräche mit dem Arbeitskreis Gemeinwirtschaft und Albert Vietor keine neue Situation mehr ergibt.]

13. VERMÖGENSPOLITIK

Kollege *Vetter* erinnert daran, daß der Bundesvorstand in seinen Sitzungen im März und Juni mit der Verabschiedung der Richtlinien im Prinzip die Grundsätze zur Vermögensbildung festgelegt hat. Inzwischen war der Auftrag erteilt, eine Definition hinsichtlich der Sperrfristen zu erarbeiten. Kollege Vetter geht kurz auf die Problematik ein. Wegen der Schwierigkeiten, die sich bei den Beratungen in dem zuständigen Ausschuß ergeben haben, konnte die Diskussion erst in den letzten Tagen abgeschlossen werden. Kollege Vetter schlägt deshalb vor, die abschließende Behandlung des Themas auf die November-Sitzung des Bundesvorstandes zu verschieben. Die Vorlage wird den Bundesvorstandsmitgliedern im Verlaufe einer Woche zugeschickt, mit der Bitte, sie in ihren Vorständen zu beraten. Da die Bundesregierung das für Mitte Oktober vorgesehene Verbände-Hearing zur überbetrieblichen Ertragsbeteiligung bis voraussichtlich Ende November verschoben hat, wäre eine Beschlußfassung über die Konzeption des DGB in der November-Sitzung ausreichend. Bis dahin müßten allerdings die bisher festgelegten Grundsätze zur Vermögensbildung vor der Öffentlichkeit aufrecht erhalten werden.

[In der nachfolgenden Diskussion wird noch einmal die Problematik der Sperrfristen und der Fondsverwaltung angesprochen.[32] Abschließend stellt Vetter die Zustimmung des Bundesvorstandes dazu fest, dass die neue Vorlage in den nächsten Tagen versandt und in den Vorständen der Gewerkschaften beraten wird, um zu einer endgültigen Beschlussfassung im November – wenn nötig, in einer Klausurtagung – zu kommen.]

14. VERSCHIEDENES

[Auf Nachfrage von *Hauenschild* bestätigt *Vetter*, dass für die Behandlung des Tagesordnungspunktes zum Thema »Arbeiterausschüsse« in der nächsten

---

32 Grundlage der Diskussion war das 4-seitige Beratungspapier: »Modell einer überbetrieblichen Ertragsbeteiligung« vom 30.6.1971 für die 21. BV-Sitzung am 6.7.1971 (Dok. 46), in dem die Ausgestaltung des Systems einer überbetrieblichen Ertragsbeteiligung dargestellt wurde. »Zur Fondskonstruktion: Es werden mehrere selbstständige, regional gegliederte Fonds gegründet, die einer staatlichen Rechtsaufsicht unterliegen. Eine zentrale Verrechnungsstelle ermittelt den Wert des jährlichen Ertragsbeteiligungsaufkommens und den auf jeden Arbeitnehmer entfallenden Anteil. Die einzelnen Fonds verwalten sich unabhängig von der Verrechnungsstelle. Fondsorgane sind die Delegiertenversammlung, der Aufsichtsrat und der Vorstand. Für die Zertifikate sollen ewige Sperrfristen gelten und sie sollten nur in äußersten Notfällen zum Verkauf freigegeben werden.« DGB-Archiv, DGB-BV, Abt. Vorsitzender 5/DGAI000471. Siehe auch: 5 Thesen zur Vermögensbildung (Dok. 52).

Bundesausschusssitzung Vorbereitungen getroffen werden. Abschließend berichtet Vetter über das Abschiedsgeschenk für Carl Stenger.]

Ende der Sitzung: 15.10 Uhr

Dokument 50

2. November 1971: Protokoll der 24. Sitzung des Bundesvorstandes

Senatshotel in Köln; Vorsitz: Heinz O. Vetter; Protokollführung: Isolde Funke, Marianne Jeratsch; Sitzungsdauer: 11.10–19.25 Uhr; ms. vermerkt: »Vertraulich«.[1] Ms., hekt., 11 S., 1 Anlage.[2]

DGB-Archiv, 5/DGAI000536.

Beginn der Sitzung: 11.10 Uhr

[*Vetter* eröffnet die Sitzung, begrüßt Ernst Breit, den neuen Vorsitzenden der Deutschen Postgewerkschaft, im Bundesvorstand und gratuliert Brenner, Buschmann, Mahlein und Pfeiffer zu ihrer Wiederwahl.]

Tagesordnung:
1. Genehmigung der Protokolle der 22. und 23. Bundesvorstandsitzung
2. DGB-Jahresabschluß 1970
3. Beiträge an den Fonds für ehemalige Gewerkschaftsangestellte und Erhöhung der Beiträge an die Unterstützungskasse des DGB
4. Anpassung der Unterstützungen ab 1. Januar 1972
    a) Unterstützungskasse des DGB
    b) Unfallunterstützungsfonds für ehrenamtliche Gewerkschaftsfunktionäre
5. Revisionsbericht
6. Geschäftsbericht VTG 1970
7. 9. Ordentlicher Bundeskongreß des DGB
8. Entwurf eines Arbeitspapiers »Die deutschen Gewerkschaften und die ausländischen Arbeitnehmer«
9. Bestätigung von Landesbezirksvorstandsmitgliedern
10. Beschluß des Bundesvorstandes über die Auflösung von DGB-Kreisen im Landesbezirk Berlin
11. Beitragsordnung DGB gemäß § 4, Ziffer 2 der Satzung
12. DGB-Zielprojektion 1972–1976
13. Vermögensbildung
14. GmbH-Reform
15. Dienstverträge für GBV-Mitglieder und Landesbezirksvorsitzende
16. Satzung des DGB § 2, Ziffer 3 h (Arbeiterausschüsse)
17. Haushaltskommission

---

1 Einladungsschreiben vom 11. und 20.10.1971, DGB-Archiv, DGB-BV, Abt. Vorsitzender 5/DGAI000472.
2 Anlage: Anwesenheitsliste.

Dokument 50 2. November 1971

1. GENEHMIGUNG DER PROTOKOLLE DER 22. UND 23. BUNDESVORSTANDSSITZUNG

[Nach einer von *Buschmann* gewünschten Änderung bezüglich seines Beitrages auf der 22. Sitzung werden beide Protokolle genehmigt.]

2. DGB-JAHRESABSCHLUSS 1970

[*Stadelmaier* weist darauf hin, dass in der Vorlage von Lappas in den Übersichten über die Entwicklung der Beitragseinnahmen 1963–1970 der NGG ein Rechenfehler sei. Nachdem *Lappas* mitgeteilt hat, dass eine mündliche Korrektur in der morgigen Bundesausschusssitzung vorgetragen wird, nimmt der Bundesvorstand den Kassenbericht zustimmend zur Kenntnis.]

3. BEITRÄGE AN DEN FONDS FÜR EHEMALIGE GEWERKSCHAFTSANGESTELLTE UND ERHÖHUNG DER BEITRÄGE AN DIE UNTERSTÜTZUNGSKASSE DES DGB

[*Lappas* erläutert kurz die finanzielle Entwicklung der Unterstützungskasse (Einnahmen und Ausgaben) von 1963 bis 1970. Auf den Einwurf *Klunckers*, dass die gewerkschaftlichen Einrichtungen ohne angemessene Beitragsleistung ebenfalls in den Genuss der Leistungen gekommen sind, erwidert Lappas, dass diese Einrichtungen den festgelegten Beitragssatz von 6 % abgeführt hätten. In dem Beschlussvorschlag wird dem Bundesausschuss empfohlen, die Beitragszahlung an den Fonds ehemaliger Gewerkschaftsangestellter am 31.12.1971 einzustellen und gleichzeitig die Beiträge an die Unterstützungskasse zu erhöhen.[3]]

4. ANPASSUNG DER UNTERSTÜTZUNGEN AB 1. JANUAR 1972

a) Unterstützungskasse des DGB

b) Unfallunterstützungsfonds für ehrenamtliche Gewerkschaftsfunktionäre

[Der Bundesvorstand empfiehlt, beide Unterstützungen zum 1.1.1972 zu erhöhen.]

5. REVISIONSBERICHT

[Der Revisionsbericht über die Prüfung der Bundeshauptkasse wird zustimmend zur Kenntnis genommen.]

---

3   Die DGB-Gewerkschaften überwiesen 0,75 % ihres Beitragsaufkommens an den Fonds für ehemalige Gewerkschaftsangestellte (EG). Auf Beschluss des Bundesausschusses vom 19.2.1965 wurden diese Beiträge zur Verstärkung der Finanzgrundlage der Unterstützungskasse herangezogen. Die Haushaltskommission des DGB hatte in ihrer Sitzung am 9.9.1971 die Einstellung der Beiträge an den Fonds EG und stattdessen eine Erhöhung der Beiträge zur Unterstützungskasse von 6 % auf 9 % vorgeschlagen, um den Wegfall der Beiträge aus dem Fonds EG ausgleichen zu können. Vgl. DGB-Archiv, DGB-BV, Sekretariat Günter Stephan 5/DGCU000062.

6. Geschäftsbericht VTG 1970

[Der Geschäftsbericht wird zustimmend zur Kenntnis genommen.]

7. 9. Ordentlicher Bundeskongresss des DGB

[Nachdem *Vetter* und *Woschech* mitgeteilt haben, dass in der nächsten Sitzung die Tagesordnung und der Delegiertenschlüssel gesondert mit eingebracht werden, empfiehlt der Bundesvorstand dem Bundesausschuss, gemäß § 8, Nr. 3, Buchstabe 1 der Satzung, den 9. Ordentlichen Bundeskongress in der Zeit vom 25. Juni bis 1. Juli 1972 in Berlin durchzuführen. Die Anzahl der Delegierten wird auf 453 festgelegt (430 Delegierte beim 8. Ordentlichen Bundeskongress). Letzter Termin für die Einreichung der Anträge und die Meldung der Delegierten ist der 17. März 1972.]

8. Entwurf eines Arbeitspapiers »Die deutschen Gewerkschaften und die ausländischen Arbeitnehmer«

Kollege *Woschech* verweist auf das vorliegende Arbeitspapier[4], das seit einem Jahr in den Ausschüssen und Hauptvorständen beraten worden sei. Alle Änderungsvorschläge seien eingearbeitet worden. Dieses Papier sei lediglich eine Arbeitsgrundlage. Auf dem nächsten Bundeskongreß könne man vielleicht eine Entschließung zu diesem Themenkreis vorlegen.[5] Der Bundesvorstand werde um inhaltliche Zustimmung gebeten. Redaktionell würde das Papier noch überarbeitet werden.

In der anschließenden Diskussion, an der sich die Kollegen *Sperner, Kluncker, Woschech, Stadelmaier, Sickert, Michels, Vetter, Schwab* und *Pleß* beteiligen, werden Anregungen zu diesem Arbeitspapier gegeben. Der Bundesvorstand ist mit dem Wortlaut des Arbeitspapiers »Die deutschen Gewerkschaften und die ausländischen Arbeitnehmer« einverstanden. Der GBV wird dieses Papier redaktionell überarbeiten. Schriftliche Stellungnahmen hierzu können bis zum 15. November 1971 eingereicht werden.

9. Bestätigung von Landesbezirksvorstandsmitgliedern

[Der Bundesvorstand empfiehlt dem Bundesausschuss, die Wahl von Manfred Sander (IGBE) als Mitglied sowie Hans Volpp (NGG) als stellvertretendes

---

4 Der 21-seitige Entwurf (Stand 7.6.1971) wurde den Bundesvorstandsmitgliedern am 30.9.1971 zugesandt. DGB-Archiv, DGB-BV, Abt. Vorsitzender 5/DGAI000472. Unter dem Arbeitstitel »Leitsätze und Forderungen« gab der Entwurf eine Bestandsaufnahme der sozialen Benachteiligungen ausländischer Arbeitnehmer in der Bundesrepublik. Die Gewerkschaften zielten daher darauf, die beschleunigte Integration der ausländischen Arbeitnehmer materiell und ideell zu fördern. Vgl. DGB-Archiv, DGB-BV, Abt. Ausländische Arbeitnehmer 5/DGAZ000336.
5 Dieses Arbeitspapier war Grundlage für den angenommenen Antrag 263 der IG Metall, »Ausländische Arbeitnehmer«, Protokoll 9. Bundeskongreß, Teil: Anträge und Entschließungen, S. 205 ff.

Dokument 50   2. November 1971

Mitglied des LBV Rheinland-Pfalz und Hermann Kramer (CPK) als ständigen Vertreter für Hans Schweitzer im LBV Saar zu bestätigen.[6]]

10. BESCHLUSS DES BUNDESVORSTANDES ÜBER DIE AUFLÖSUNG VON DGB-KREISEN IM LANDESBEZIRK BERLIN

[*Woschech* verweist auf die Vorlage[7] und *Sickert* berichtet, dass die aufgelösten Kreise ehrenamtlich fortbestehen und vom Landesbezirk betreut werden. Der Bundesvorstand beschließt, die DGB-Kreise aufzulösen und in Ortskartelle umzuwandeln.]

12.10 UHR: BESUCH DES BUNDESVERTEIDIGUNGSMINISTERS

Kollege *Vetter* begrüßt Bundesverteidigungsminister Schmidt und seine Mitarbeiter im Namen des Bundesvorstandes.[8] Er erinnert kurz an die Probleme, die es in früheren Zeiten zwischen den bewaffneten Streitkräften und der Gewerkschaftsbewegung gegeben hat, und an die harten Diskussionen Anfang der fünfziger Jahre im Deutschen Gewerkschaftsbund über die Fragen der Wiederbewaffnung.[9] Alle diese Schwierigkeiten sind inzwischen längst überwunden. Heute geht es darum, eine optimale Form des Zusammenwirkens zwischen Bundeswehr und Gewerkschaften zu finden, insbesondere zum Wohle der jungen Arbeitnehmer, die für eine gewisse Zeit zur Ableistung der Wehrpflicht aus dem Berufsleben herausgenommen werden.

Bundesverteidigungsminister *Schmidt* bedankt sich auch im Namen seiner Mitarbeiter, die er kurz vorstellt, für die Möglichkeit eines offenen Gesprächs mit den Spitzen des Deutschen Gewerkschaftsbundes. Er geht zunächst auf Fragen der Sicherheitspolitik ein und berichtet dann über Pläne seines Ministeriums, mehr Wehrpflichtige als bisher zu ziehen, dafür aber die Dienstpflicht zu kürzen. Außerdem bemühe man sich um absolute Gleich-

---

6   In der 1. Sitzung des Bundesausschusses am 3.11.1971 wurde die Wahl bestätigt (Dok. 51).
7   In dem Beschlussvorschlag vom 28.10.1971 wurde ausgeführt, dass vier der fünf DGB-Kreise des Landesbezirks Berlin keinen hauptamtlichen Kreisvorsitzenden hatten. Da die 1971 beschlossene DGB-Satzung zwingend einen hauptamtlichen Kreisvorsitzenden vorschrieb (§ 12, Ziffer 8), hätte ein hauptamtlicher Kreisvorsitzender gewählt und eingestellt werden müssen. DGB-Archiv, DGB-BV, Abt. Vorsitzender 5/DGAI000472.
8   Neben Helmut Schmidt nahmen vonseiten des Ministeriums Karl-Wilhelm Berkhan (Parlamentarischer Staatssekretär), Ernst Wolf Mommsen (Staatssekretär), vonseiten der Bundeswehr Ulrich de Maizière (Generalinspekteur), Generalleutnant Ernst Faerber (Führungsstab des Heeres), Generalleutnant Günter Rall (Führungsstab der Luftwaffe), Konteradmiral Horst von Schroeter (Stellv. Inspekteur der Marine), Generaloberstabsarzt Dr. Eberhard Daerr (Inspektion des Sanitäts- und Gesundheitswesens) sowie Herbert Laabs (persönlicher Referent, Leitungsstab) teil. DGB-Archiv, DGB-BV, Abt. Vorsitzender 5/DGAI000472. Siehe auch: Spitzengespräch Bundeswehr – DGB, in: ND, 2.11.1971, Nr. 348.
9   Zur Auseinandersetzung um die Wiederbewaffnung der Bundesrepublik siehe u. a. Antrag 163 der IG Metall zum Wehrbeitrag des 3. Ordentlichen Bundeskongresses des DGB 1954 in Frankfurt/M., S. 811; Sitzungen des Bundesvorstandes und Bundesausschusses zur Wiederbewaffnung, in: Kaiser: Quellen 11; Köpper: Gewerkschaften u. Außenpolitik, insbes. Kapitel IV und V; Lothar Kamp: Gewerkschaftsjugend und Wiederaufrüstung in der Bundesrepublik in den fünfziger Jahren. Endbericht des Projektes Geschichte der Gewerkschaftsjugend 1945–1956, Bd. 2, hekt. Typoskript, Frankfurt/M. 1986.

behandlung von Aktiven, um gute Kontakte zu den Interessenverbänden der Soldaten, um den Aufstieg der Unteroffiziere und die Neuordnung des Dienst- und Ausbildungssystems in der Bundeswehr.

Es folgt eine Diskussion, an der sich von Seiten des Bundesvorstandes die Kollegen *Vetter, Hauenschild, Stadelmaier, Woschech, Sperner, Kluncker* und Kollegin *Weber,* von Seiten der Bundeswehr Bundesverteidigungsminister *Schmidt,* Staatssekretär *Berkhan,* General *Faerber,* der Generalinspekteur der Bundeswehr, *de Maiziére,* Generalleutnant *Rall* und Staatssekretär *Mommsen* beteiligen. Dabei werden folgende Themen angesprochen: Fragen einer europäischen Sicherheitskonferenz, Heranführung der jungen Menschen in den Schulen an die Probleme der Bundeswehr bzw. der Verteidigungspolitik, Wehrdienstverweigerung und Betreuung der Wehrpflichtigen, soziale Herkunft der Offiziersanwärter, Aufstieg in die Offizierslaufbahn, Freizeitgestaltung der Soldaten, staatsbürgerlicher Unterricht bei der Bundeswehr, Rückgliederung der jungen Soldaten in das Arbeitsleben, Materialbeschaffung und Instandsetzung bei der Bundeswehr.

Besonders deutlich wird die Sorge der Bundesvorstandsmitglieder über die zunehmende Entfremdung der jungen Soldaten von ihren Gewerkschaften und die Schwierigkeiten der Rückgliederung in das Arbeitsleben. Die Gäste halten dem entgegen, daß es in erster Linie Aufgabe der Gewerkschaften sei, die erforderlichen Kontakte zu den Soldaten zu halten. Man sei bemüht, dies zu erleichtern und informiere im möglichen Rahmen selbstverständlich auch über die Tätigkeit der Gewerkschaften.

In ihren Schlußworten begrüßen Bundesverteidigungsminister *Schmidt* und Kollege *Vetter* noch einmal diese erste offizielle Gelegenheit eines Gesprächs zwischen Bundeswehr und DGB und sprechen die Hoffnung nach weiterer Vertiefung der Kontakte aus.

UNTERBRECHUNG DER SITZUNG: 13.40 UHR BIS 16.35 UHR

11. BEITRAGSORDNUNG DGB GEMÄSS § 4, ZIFFER 2 DER SATZUNG

Kollege *Lappas* weist darauf hin, daß der Außerordentliche Bundeskongreß die Satzung § 4 Ziffer 2[10] dahingehend geändert hat, daß der Bundesausschuß eine Beitragsordnung erlassen soll. Kollege Lappas verweist auf die den Bundesvorstandsmitgliedern vorliegende Beitragsordnung und erläutert die einzelnen Ziffern. Kollege Lappas bittet um Zustimmung zu dieser Beitragsordnung.

Kollege *Vater* berichtet, daß die Haushaltskommission sich in ihrer Sitzung am 9.9.1971 in Frankfurt auch mit der Beitragszahlung der einzelnen Verbände beschäftigt habe. Dabei habe man darüber diskutiert, eine Kontrolle über

---

10 § 4 Ziffer 2: »Die Beiträge sind vierteljährlich an den Bund zu entrichten. Der Bundesausschuß erläßt hierzu eine Beitragsordnung«. Die neue Satzung wurde vom 3. Außerordentlichen Bundeskongreß 1971 beschlossen. Protokoll 3. Außerordentlicher Bundeskongreß, S. 198.

Dokument 50 2. November 1971

die Beitragsabführung an den Bund herbeizuführen. Es sei eine Empfehlung an den Bundesvorstand ausgesprochen worden, die morgen in der Sitzung des Bundesausschusses auch Bestandteil dieser Beitragsordnung werden müßte. Die Haushaltskommission empfehle, der Revisionskommission das Recht einzuräumen, bei den Gewerkschaften zu prüfen, ob die Beiträge an den DGB satzungsgemäß entrichtet werden. Man sei sich im klaren gewesen, daß bei der Verabschiedung einer neuen Beitragsordnung diese Passage zumindest mit behandelt werden müsse. Kollege Vater stellt anheim, diese Empfehlung morgen beim Bundesausschuß mit aufzunehmen.

Kollege *Lappas* erklärt, daß er an der Meinungsbildung in der Haushaltskommission beteiligt war. Er habe diesen Vorschlag nicht in die Beitragsordnung aufgenommen, da es seiner Meinung nach ausreichen würde, wenn nach der Verabschiedung der vorliegenden Beitragsordnung auch so praktiziert würde.

Kollege *Hauenschild* wirft ein, daß es im Moment so aussehe, als ob es eine doppelte Buchführung gebe. Er fragt, ob die übrigen Gewerkschaften, so wie die IG Chemie, Papier, Keramik, Quartalsabrechnungen an den DGB geben.

Nach Auffassung des Kollegen *Sperner* müsse eine Ordnung im Beitragsverfahren sein. Aufgrund der Satzung habe der DGB nicht nur das Recht, sondern auch die Pflicht, Kontrollen vorzunehmen. Der Bundesausschuß könne immer eine Ausnahme genehmigen.

Wegen der unterschiedlichen Beitragszahlungen weist Kollege *Stadelmaier* auf seinerzeit stattgefundene bilaterale Gespräche zwischen Albin Karl und der Gewerkschaft NGG hin.[11] Kollege Stadelmaier beantragt, diesen Punkt heute von der Tagesordnung abzusetzen, um genügend Zeit zur Diskussion zu haben und diesen Punkt erst dann in den Bundesausschuß zu bringen.

Kollege *Vater* erklärt, daß niemand behauptet habe, daß Abrechnungen von Einzelgewerkschaften manipuliert würden. Man habe lediglich festgestellt, daß unterschiedliche Beitragszahlungen geleistet würden, die man in den Griff bekommen wolle. Es müsse ein Kontrollorgan geschaffen werden, damit man zu einer einheitlichen Ordnung komme. Wenn nicht die Revisionskommission, dann solle dafür der Hauptkassierer bestimmt werden.

Kollege *Mahlein* unterstützt Kollegen Stadelmaier. Nach seiner Auffassung müßten Unterlagen gegeben werden, wie sich die 12%ige Abführung an den DGB genau errechnet. Es müßte ein prozentualer Satz festgelegt werden, der zur Beitragsbemessung dient.

Kollege *Kluncker* spricht sich gegen eine Vertagung dieses Punktes aus. In der Satzung stünde ganz klar, daß die Gewerkschaften an den Bund Beiträge in Höhe von 12 vom Hundert des Beitragsaufkommens zu zahlen hätten. Vor

---

11 Albin Karl (1889–1976) war von 1949 bis 1956 zuständiges Bundesvorstandsmitglied der Hauptabteilung Finanzen und Vermögensverwaltung. Die Gespräche mit dem damaligen NGG-Vorsitzenden Hans Nätscher (1896–1980) sind weder im Aktenbestand der NGG noch im DGB-Archiv überliefert. Auf dem 2. Ordentlichen Bundeskongress wurde der Beitragsanteil der Gewerkschaften für den DGB von 15% auf 12% gesenkt und festgelegt, dass die Beiträge vierteljährlich nachträglich zu entrichten seien. Möglicherweise ging es in diesen Gesprächen um andere Termine für die zu entrichtenden Beiträge.

einigen Jahren habe man zum erstenmal versucht, Ordnung in die Dinge zu bringen, indem man bestimmte Beträge, die einzelne Gewerkschaften nicht aufbringen konnten, aus dem Solidaritätsfonds überwiesen habe. Die vorliegende Beitragsordnung sei nach seiner Auffassung satzungskonform.

Kollege *Vetter* weist nochmals darauf hin, daß der Bundesausschuß durch Satzungsauftrag eine Beitragsordnung erlassen muß. Diese Beitragsordnung müsse dann auch eingehalten werden. Nur der Bundesausschuß könne Ausnahmen aufgrund einer besonderen Situation einräumen.

Kollege *Buschmann* vertritt die Auffassung, dass die vorliegende Beitragsordnung nicht satzungskonform ist. Wenn man den § 4, Ziffer 2 zugrunde legt, dann stimmen nur die Absätze 4, 5, 6 und 10, die über die Beitragsordnung etwas aussagen. Es sei immer deutlich gesagt worden, daß die Gewerkschaften selber über Beitragsaufkommen durch ihre eigenen Satzungen entscheiden würden. Im § 4, Ziffer 2 der DGB-Satzung würden lediglich Aussagen zur Beitragsordnung gemacht. In der vorgelegten Beitragsordnung sei aber auch die Rede von Beitragsaufkommen und Richtlinien des Solidaritätsfonds. Nach Auffassung des Kollegen Buschmann entscheiden die Gewerkschaften autonom. Der Bundesausschuß sei nicht in der Lage, einen Gewerkschaftsbeschluß (Satzung) auszusetzen. Kollege Buschmann spricht sich für einen neuen Entwurf einer Beitragsordnung aus.

[Abschließend schlägt *Vetter* vor, den Zusatzantrag von Vater zunächst einmal zurückzustellen und stellt den Antrag von *Stadelmaier* auf Vertagung zur Abstimmung. Der Bundesvorstand spricht sich bei drei Gegenstimmen und zwei Stimmenthaltungen für die sofortige Verabschiedung der Beitragsordnung aus und der Antrag des Kollegen Vater wird zu Protokoll genommen.]

12. DGB-ZIELPROJEKTION 1972–1976

[*Neemann* gibt einige Erläuterungen zum übersandten Entwurf der DGB-Zielprojektion 1972–1976.[12] In der nachfolgenden Diskussion wird deutlich, dass sich ein Teil der Bundesvorstandsmitglieder nicht in der Lage sieht, den Entwurf der Zielprojektion in dieser Sitzung abschließend zu beraten, da keine Gelegenheit zur Behandlung der Vorlage in ihren Vorständen gegeben war und damit entfällt auch die Beschlussfassung in der Bundesausschusssitzung des nächsten Tages. Der Bundesvorstand ist einverstanden, dass die Beratung über die Zielprojektion des DGB in der Dezember-Sitzung des Bundesvorstandes erfolgen wird.]

13. VERMÖGENSBILDUNG

Kollege *Vetter* stellt fest, daß die neuen Unterlagen zur Vermögensbildung entsprechend dem Beschluß der letzten Bundesvorstandssitzung den Bundesvorstandsmitgliedern zugegangen sind. Heute sollte entschieden werden, ob man zu einer Beschlußfassung kommen könne oder diese erst nach einer

---

12 10-seitiges Entwurfspapier mit tabellarischen Anhängen der Abt. Wirtschaftspolitik, DGB-Archiv, DGB-BV, Abt. Vorsitzender 5/DGAI000472.

Dokument 50 2. November 1971

Klausurtagung über das Thema möglich sei. Letzteres sei offenbar die überwiegende Meinung der Bundesvorstandsmitglieder. Im Hinblick auf den bevorstehenden Parteitag der SPD werde jedoch eine Stellungnahme des DGB zur Vermögensbildung erwartet.[13] Kollege Vetter schlägt vor, sich im Sinne der Kieler Beschlüsse[14] zu äußern und die Erarbeitung der endgültigen Stellungnahme des DGB einer Klausurtagung vorzubehalten.

In der Diskussion ist man sich weitgehend einig, daß die Erarbeitung einer endgültigen Stellungnahme des DGB zur Vermögensbildung erst in einer Klausur möglich sein wird. Trotzdem erscheint eine Äußerung vor dem SPD-Parteitag erforderlich, nicht zuletzt deshalb, weil das ursprünglich von einer Kommission erarbeitete Papier der SPD, das sich in vielen Teilen mit der Konzeption des DGB deckte, inzwischen in einem nicht mehr akzeptablen Maße verwässert worden ist.[15] Es wird ferner auf jüngste Äußerungen von Bundeswirtschafts- und -finanzminister Schiller hingewiesen, der sich für Vermögensverteilung im Wege der Sparförderung ausgesprochen hat.[16] Dem steht die Forderung des DGB nach Beteiligung der Arbeitnehmer am Produktivvermögen entgegen. Einige Diskussionsredner greifen noch einmal die Problematik der Sperrfristen und der Fondsfrage auf und weisen auf die Schwierigkeiten hin, Funktionäre und Mitglieder von der Bedeutung einer etwas abstrakten Form der Vermögensbildung der Arbeitnehmer zu überzeugen. Schließlich wird der Vorschlag gemacht, die in der innergewerkschaftlichen Diskussion unstrittigen und in dem vorgelegten Papier enthaltenen drei Grundsätze unter Berücksichtigung der SPD-Vorschläge in einer neuen Vorlage zusammenzufassen. Der vierte, noch nicht ausdiskutierte Punkt, die Zertifikate betreffend, soll herausgenommen werden, um eventuell zu einer Beschlußfassung über die drei anderen Grundsätze zu kommen.

[*Vetter* stellt abschließend das Einverständnis des Bundesvorstandes darüber fest, dass die neu erarbeitete Vorlage am nächsten Tag nach der Bundesausschusssitzung in einer kurzen Zusammenkunft der Bundesvorstandsmitglieder beraten werden soll und die endgültige und umfassende Behandlung des gesamten Komplexes in einer Klausurtagung des Bundesvorstandes erfolgen soll.]

---

13 Vor dem Außerordentlichen Parteitag der SPD, 18.–20.11.1971, veröffentlichte der DGB fünf Thesen zur Vermögensbildung, siehe Dok. 52.
14 Siehe hierzu 20. BV-Sitzung am 1.6.1971 (Dok. 44).
15 In dem Arbeitspapier zum Außerordentlichen Parteitag der SPD 1971 waren u. a. die Teile Sperrfristen, Abgabepflicht und Abgabeform der Unternehmer sowie Anlagegrundsätze unterschiedlich zu den DGB-Grundsätzen formuliert. Siehe Synopse der vermögenspolitischen Programme von SPD, FDP, CDU/CSU, DGB und BDA, in: AdsD, SPD-Bundestagsfraktion, VI. Wahlperiode, 2/BTFF000822.
16 Vgl. Äußerungen Schillers nach der Sitzung des Bundeskabinetts am 29.10.1971 zur Vermögensbildung und zur Steuerreform. Siehe Differenzen über Vermögensbildung, in: Rheinische Post, 30.10.1972.

14. GmbH-Reform

Kollege *Vetter* erwähnt kurz, daß der DGB noch einmal gegen den Entwurf eines GmbH-Gesetzes[17], den die Bundesregierung dem Bundestag zur Verabschiedung zuleiten will, protestieren wird.[18]

15. Dienstverträge für GBV-Mitglieder und Landesbezirksvorsitzende

[Nach kurzer Diskussion besteht im Bundesvorstand Einvernehmen über die von *Kluncker* vorgeschlagene Textänderung, dass die Dienstverträge durch eine Passage bezüglich der Beitragsabführung an die Unterstützungskasse ergänzt werden.]

16. Satzung des DGB § 2, Ziffer 3 h (Arbeiterausschüsse)

[In der Diskussion über die Vorlage kommt der Bundesvorstand überein, dem Bundesausschuss zu empfehlen, den Bundesvorstand zu beauftragen, Richtlinien für Arbeiterausschüsse zu entwerfen und bis zum Beschluss über diese Richtlinien von der Gründung von Arbeiterausschüssen abzusehen.]

17. Haushaltskommission

[Nach dem Ausscheiden von Stenger aus dem Bundesvorstand und der Haushaltskommission ist der Bundesvorstand einverstanden, als Nachfolger Ernst Breit zu benennen.]

Ende der Sitzung: 19.25 Uhr

---

17 Vgl. Bundestagsdrucksache VI/3088. Stellungnahme und Kritik an dem Regierungsentwurf: DGB kritisiert GmbH-Reform, in: ND, 26.11.1971, Nr. 362 sowie DGB-Geschäftsbericht 1969–1971, Abt. Vorsitzender, S. 4.
18 In der Vorlage der Abt. Gesellschaftspolitik vom 29.10.1971 zur GmbH-Reform liegt in der Anlage ein Entwurf eines Fernschreibens an Bundeskanzler Brandt. DGB-Archiv, DGB-BV, Abt. Vorsitzender 5/DGAI000472. In dem Fernschreibenentwurf wurde insbesondere die geplante Ausklammerung der Mitbestimmung kritisiert. In dem Regierungsentwurf war vorgesehen, dass die Gesellschaften nicht verpflichtet seien, entsprechend den Vorschriften des Betriebsverfassungsgesetzes einen mitbestimmten Aufsichtsrat zu bilden.

Dokument 51

3. November 1971: Protokoll der 1. Sitzung des Bundesausschusses nach dem a.o. Bundeskongress vom 14./15.5.1971

Hotel Intercontinental in Düsseldorf; Vorsitz: Heinz O. Vetter; Protokollführung: Isolde Funke, Marianne Jeratsch; Sitzungsdauer: 10.10-16.00 Uhr; ms. vermerkt: »Vertraulich«.[1]
Ms., hekt., 11 S., 1 Anlage.[2]
DGB-Archiv, 5/DGAI000445.

Beginn der Sitzung: 10.10 Uhr

1. ERÖFFNUNG UND BEGRÜSSUNG

[*Vetter* eröffnet die Sitzung, begrüßt die alten und die neuen Bundesausschussmitglieder und beglückwünscht Heinz Scholz zu seinem 44. Geburtstag. Er berichtet kurz über die Aufgaben des Bundesausschusses laut Satzung[3] und schlägt ergänzend vor, dass der Bundesausschuss jetzt regelmäßig alle drei Monate zusammenkommen soll. Die Teilnahme der einzelnen Bundesausschussmitglieder soll demnächst genau festgehalten werden, und über die Sitzung soll ein ausführliches Ergebnisprotokoll angefertigt werden.]

Tagesordnung:
 1. Eröffnung und Begrüßung
 2. Protokoll der 7. Sitzung des Bundesausschusses
 3. Bericht zur gewerkschaftspolitischen und organisatorischen Situation
 4. Bildung einer Arbeitsgruppe zur Bekämpfung des politischen Extremismus
 5. Entnahme aus dem Solidaritätsfonds
 6. Novellierung des Betriebsverfassungsgesetzes
 7. Organisatorische Behandlung von Arbeiterausschüssen
 8. Gewerkschaftliches Pressewesen
 9. Bericht der Revisoren
 10. Nachtrag zum Haushalt 1970
 11. DGB-Jahresabschluß 1970
 12. Beiträge an den Fonds für ehemalige Gewerkschaftsangestellte und Erhöhung der Beiträge an die Unterstützungskasse des DGB
 13. Bestätigung von Landesbezirksvorstandsmitgliedern
 14. Beitragsordnung DGB gemäß § 4, Ziffer 2 der Satzung
 15. 9. Ordentlicher Bundeskongreß

---

1 Einladungsschreiben vom 13.10.1971 und ergänzendes Schreiben von Heinz O. Vetter vom 18.10.1971 mit der Bitte, den Tagesordnungspunkt »Bildung einer Arbeitsgruppe zur Bekämpfung des politischen Extremismus« abzusetzen. DGB-Archiv, DGB-BV, Abt. Vorsitzender 5/DGAI000408.
2 Anlage: Anwesenheitsliste.
3 In der Satzung § 8 Ziffer 3 sind die 15 Aufgaben des Bundesausschusses aufgelistet. Vgl. Neue Satzung in: Protokoll 3. Außerordentlicher Bundeskongreß, S. 202 f.

2. Protokoll der 7. Sitzung des [alten] Bundesausschusses[4]

[*Vetter* stellt fest, dass das Protokoll von den »alten« Bundesausschussmitgliedern genehmigt worden ist.]

3. Bericht zur gewerkschaftspolitischen und organisatorischen Situation

Zu Beginn seines Überblicks weist Kollege *Vetter* darauf hin, daß es sich in der Vergangenheit als nützlich erwiesen hat, in regelmäßigen Abständen sowohl im Bundesvorstand als auch im Bundesausschuß einen Situationsbericht zu geben. Das solle auch heute geschehen. Er kündigt an, dass aktuelle Berichtspunkte rechtzeitig vor der nächsten Sitzung mitgeteilt werden, damit die Bundesausschußmitglieder sich auf die Diskussion vorbereiten können. Zur organisatorischen Lage geht Kollege Vetter kurz auf die Aufgaben ein, die sich aus den Reformbeschlüssen des ordentlichen und des außerordentlichen Bundeskongresses ergeben haben. Er erwähnt die Bemühungen zur Überwindung der Auswirkung der Springener Beschlüsse[5] durch Wiedereinstellung von Mitarbeitern im wirtschaftspolitischen und Jugendbereich und die Umorganisierung der früheren Abteilung Mitbestimmung in eine gesellschaftspolitische Grundsatzabteilung, die ihre Ergänzung durch eine Verstärkung der gesellschaftspolitischen Tätigkeit im WWI erfahren soll. In diesem Zusammenhang erwähnt Kollege Vetter die Bemühungen des DGB, ein eigenes Institut für Zukunftsforschung und ähnliche Bereiche zu gründen[6], die daran gescheitert seien, daß die notwendigen finanziellen Mittel nicht aufzubringen waren. Angesichts dieser Situation habe man sich nun darauf geeinigt, das WWI umzugründen und ihm neben seinen bisherigen Aufgaben einen vierten Bereich zuzuordnen, der die Themen Zukunfts- und Konfliktforschung, Umweltschutz usw. umfaßt. Im Rahmen einer Pressekonferenz soll die Umgründung und Namensänderung des Wirtschaftswissenschaftlichen Instituts in ein Wirtschafts- und Sozialwissenschaftliches Institut so erläutert werden, daß der neue Bereich in der Öffentlichkeit als eine von den Gewerkschaften anerkannte und mit aller Intensität betriebene Aufgabe zum Ausdruck kommt.

Kollege Vetter geht kurz auf die Probleme im Bereich der Angestellten ein, die auf dem kürzlich stattgefundenen Kongreß der DAG und auf dem Bun-

---

[4] Die 7. Sitzung des Bundesausschusses fand am 13.5.1971 statt. Die Tagesordnungspunkte waren: Außerordentlicher Bundeskongress, Publizierung der Forderungen des DGB-Aktionsprogramms, mittelfristige Finanzplanung, Bestätigung der Landesbezirksvorstandsmitglieder, Bericht der Revisoren und Verschiedenes. Vgl. DGB-Archiv, DGB-BV, Abt. Vorsitzender 5/DGAI000407.

[5] In der Klausurtagung des DGB-Bundesvorstandes am 24.1.1967 im Schulungs- und Erholungsheim der DruPa in Springen/Taunus ging es um die Konsolidierung der Gewerkschaftsfinanzen. Die beschlossenen Einsparungen reichten vom Stellenabbau in der Vorstandsverwaltung und der DGB-Zentrale über die Reduzierung der Personengruppenarbeit bis zur Betreuung ausländischer Arbeitnehmer. Vgl. DGB-Archiv, DGB-BV, Abt. Vorsitzender 5/DGAI000456.

[6] Siehe hierzu die Diskussionen auf der 17., 18. und 23. BV-Sitzung (Dok. 38, 41, 49).

desangestelltentag des DGB besonders deutlich geworden sind.[7] Man sollte den sich daraus ergebenden organisationspolitischen Fragen s.E. verstärkte Aufmerksamkeit widmen, was zunächst, mit entsprechender Hilfestellung des DGB, Angelegenheit der betroffenen Einzelgewerkschaften sei.

Zum Thema Verhältnis zur Gemeinwirtschaft berichtet Kollege Vetter, daß sich der Bundesvorstand in diesem Jahr einige Male mit diesen Fragen beschäftigt habe, ohne allerdings bisher zu einem einheitlichen Konzept zu kommen. Wie notwendig dies jedoch sei, habe z. B. die Diskussion um die Einführung der Mitbestimmung bei der BfG gezeigt.[8] Die Bemühungen würden weitergeführt und der Bundesausschuß über den Fortgang unterrichtet.

Auf den gesellschaftspolitischen Teil seines Berichts eingehend, verweist Kollege Vetter auf die auch im Aktionsprogramm festgelegten kurz- und mittelfristigen vordringlichen Schwerpunkte der Gewerkschaftspolitik, d. h. Mitbestimmung, Betriebsverfassungs- und Personalvertretungsgesetz einerseits und Vermögensbildung und Bildungsreform andererseits. Daß daneben eine aktive Lohn- und Gehaltspolitik zu den Hauptaufgaben der Gewerkschaften gehört, ist selbstverständlich, wenn auch die Situation angesichts der wirtschaftspolitischen Entwicklungen nicht einfacher geworden ist. Kollege Vetter geht kurz auf die Ursachen und Auswirkungen der Entwicklung ein und erwähnt die Aktivitäten des DGB im Rahmen der Konzertierten Aktion, im Gewerkschaftsrat der SPD, bei den CDU-Sozialausschüssen usw. Auch auf anderen Gebieten ist insbesondere gegenüber der Bundesregierung der Standpunkt des DGB nachdrücklich vertreten worden, so z. B. in Sachen BVG, in Bezug auf die GmbH-Reform und die Steuerreform usw. Besuche verschiedener Bundesminister im Bundesvorstand – des Finanz-, Verteidigungs- und Wissenschaftsministers – sollen dazu beitragen, die Standpunkte des DGB zu den einzelnen Aufgabenbereichen im persönlichen Gespräch mit den Ministern und ihren Mitarbeitern deutlicher zu machen. Dazu sollen auch die Kontakte mit den Arbeitnehmerorganisationen der beiden großen Kirchen dienen, die erneut angeknüpft worden sind.

Diesen Themenbereich abschließend, erwähnt Kollege Vetter das jetzt zu Ende gehende, vom DGB durchgeführte »Jahr des jungen Arbeitnehmers«, dessen erste Ergebnisse auf der bevorstehenden Bundesjugendkonferenz bekannt gegeben werden dürften. Eine ähnliche Kampagne für die Frauen sei für 1972 vorgesehen.

Zur internationalen gewerkschaftlichen Situation übergehend, gibt Kollege Vetter zunächst einen Überblick über die Lage im europäischen Raum. Die Arbeit im Rahmen des EBFG gestaltet sich recht schwierig, nicht zuletzt wegen der verschiedenartigen Struktur und Interessenlage der einzelnen Mitgliedsorganisationen und der mit Konsequenzen für den EBFG und IBFG

---

7 Der 10. Bundeskongress der DAG fand vom 11. bis 15.10.1971 in Nürnberg und der 7. Bundes-Angestelltentag des DGB am 26./27.10.1971 in Mainz statt. Siehe Protokoll des 7. Bundes-Angestelltentages des DGB, Düsseldorf o. J.; Günter Stephan: Die Angestellten für die Gewerkschaften gewinnen, in: Die Quelle 22, 1971, Heft 11, S. 434 f. sowie Dok. 48, Fußnote 6.
8 Zur Mitbestimmung bei der BfG siehe Dok. 36 und 37.

zu erwartenden Fusionsbestrebungen der italienischen Gewerkschaftsbünde. Die Situation des IBFG nach dem Austritt der AFL/CIO ist nach wie vor unverändert und eine Rückkehr des amerikanischen Gewerkschaftsbundes auf absehbare Zeit nicht zu erwarten. In diesem Zusammenhang erwähnt Kollege Vetter die Kandidatur des Kollegen Kersten für das Amt des Generalsekretärs des IBFG nach dem Ausscheiden des Kollegen Buiter und berichtet kurz über den Verlauf der IBFG-Vorstandssitzung am 22.10.1971.

Abschließend gibt Kollege Vetter einen Überblick über die Beziehungen des DGB zu den Gewerkschaftsbünden der Ostblockstaaten, die sich im allgemeinen einigermaßen positiv gestaltet haben. Ein Stillstand in der Entwicklung der Kontakte ist aus den bekannten Gründen noch immer mit den Gewerkschaftsbünden der UdSSR und der DDR zu verzeichnen. Eine Änderung ist eventuell in Zusammenhang mit einer erfolgreich verlaufenden Ostpolitik der Bundesregierung zu erwarten.

Kollege *Vietheer* spricht das Thema DAG an und ist der Meinung, daß man unter keinen Umständen den Eindruck entstehen lassen sollte, als sei der DGB gegenüber der DAG verhandlungs- und sprechbereit, solange die DAG nur aus vordergründigen Interessen den Kontakt mit dem DGB sucht[9] und nicht ausdrücklich erklärt, daß sie auch über organisatorische Fragen sprechen will. Kollege Vietheer ist außerdem der Auffassung, daß diese Probleme nicht Sache einzelner Gewerkschaften sind, sondern daß der DGB entsprechend seinem Führungsanspruch koordinierend tätig werden müßte. Er beantragt, daß der Bundesvorstand sich eingehend mit dieser Frage beschäftigt und dem Bundesausschuß Bericht erstattet.

Kollege *Loderer* spricht noch einmal für die IG Metall das Bedauern über das Scheitern der Pläne aus, ein eigenes Institut des DGB für Zukunftsforschung zu gründen. Er begrüßt andererseits die Initiative des DGB zur Verbesserung des Verhältnisses zu den gemeinwirtschaftlichen Unternehmen. Auf europäische Fragen eingehend, berichtet Kollege Loderer ausführlich über die Tagung der Metall-Internationale[10], in deren Verlauf es zu einer heftigen Kontroverse zwischen den deutschen und britischen Teilnehmern gekommen ist, die in unqualifizierter Weise die Erweiterung des auf europäischer Ebene bestehenden Metallarbeiterausschusses kritisiert und von der Gründung einer zweiten Metall-Internationale gesprochen haben. Abschließend gibt Kollege Loderer einen Überblick über den neusten Stand der Tarifverhandlungen in Baden-Württemberg.[11]

---

9 Siehe hierzu Dok. 48, Fußnote 6.
10 Der 22. Kongress des Internationalen Metallarbeiterbundes (IMB) fand vom 26. bis 30.10.1971 in Lausanne statt. Zum Kongress siehe u. a. IMB-Pressedienst vom 26.10.1971 sowie IG Metall-Geschäftsbericht 1971–1973, Frankfurt/M. 1974, S. 35 f.
11 Die Tarifverhandlungen in der Metallindustrie Nordwürttemberg-Nordbaden waren nach dem Angebot der Arbeitgeber von 4,5 % am 17.10.1971 gescheitert. Die IG Metall forderte 10 %. Am 2.11.1971 kam es zu einem Schiedsspruch der Schlichtungsstelle: 7,5 % Lohnerhöhung bei einer Laufzeit von 7 Monaten. Dieser Schiedsspruch wurde von der IG Metall angenommen und von den Arbeitgebern abgelehnt. Nach Urabstimmung und Streik kam es am 10.12.1971 zum Tarifabschluss: 7,5 % + 180 DM Pauschale für drei Monate bei einer Laufzeit von 15 Monaten. Zum Schlichtungsverfahren siehe Dok. 53, Fußnote 18 sowie IG Metall-Geschäftsbericht 1971–1973, Frankfurt/M. 1974, S. 102 f.

Dokument 51   3. November 1971

Kollege *Georgi* ist der Meinung, daß man der Mitbestimmungsfrage wieder mehr Aufmerksamkeit schenken sollte, die durch die Beschlüsse des FDP-Parteitages und die dort vorgetragenen verschiedenen Modelle wieder in die öffentliche Diskussion gekommen sei. Insbesondere das Problem Leitende Angestellte[12] müßte sowohl für die Mitglieder als auch für die Öffentlichkeit durch den DGB ganz deutlich dargestellt werden.

Kollege *Vetter* versichert, daß dies für die nächste Zeit vorgesehen sei, wie überhaupt das Thema Mitbestimmung nach Abschluß der Aktivitäten für das BVG wieder in den Vordergrund rücken werde. Kollege Vetter stellt anschließend fest, daß der Bundesausschuss den Situationsbericht zustimmend zur Kenntnis genommen hat.

4. Bildung einer Arbeitsgruppe zur Bekämpfung des politischen Extremismus

Kollege *Vetter* erklärt, daß vorgesehen war, heute über diesen Punkt Beschluß zu fassen. Fast alle Parteien von der DKP über SPD bis NPD haben ihre Parteitage entweder schon gehabt oder werden sie noch in diesem Monat durchführen. Damit ergeben sich neue Erkenntnisse für den Begriff des politischen Extremismus. Hierüber wird eine Analyse angefertigt werden, die in der Vorlage für den Bundesausschuß ihren Niederschlag finden soll. Kollege Vetter bittet, diesen Tagesordnungspunkt bis zur Fertigstellung dieser Analyse über alle Parteitage zurückzustellen.

Der Bundesausschuß ist mit der Zurückstellung dieses Tagesordnungspunktes einverstanden.

5. Entnahme aus dem Solidaritätsfonds

Kollege *Muhr* erläutert kurz die den Bundesausschußmitgliedern ausgehändigte Vorlage und bittet um Zustimmung zum Beschlußvorschlag.

[Ergänzend, auf Nachfrage *Radkes*, teilt *Muhr* mit, dass es nicht nur um die Maßnahmen zu den Betriebsratswahlen, sondern auch um die Popularisierung des neuen BVG gehe. Der Ausschuss für Betriebsräte und Personalvertretungswesen werde auf seiner nächsten Sitzung am 3. Dezember 1971 Einzelheiten zur Wahlvorbereitung und Popularisierung des Gesetzes festlegen.[13] Anschließend bewilligte der Bundesausschuss den Betrag von DM 750.000,-- aus dem Solidaritätsfonds zur Finanzierung der Betriebsratswahlkampagnen 1972 und unterstützt die vorgeschlagenen öffentlichkeitswirksamen betrieblichen Maßnahmen der Gewerkschaften.[14]]

---

12 Zum Freiburger Parteitag der FDP siehe Dok. 48, Fußnote 13. Siehe auch: FDP auf halbem Weg stehen geblieben, in: ND, 28.10.1971, Nr. 341. Bernd Otto: FDP mit neuem Programm zur Gesellschaftspolitik, in: Die Quelle 22, 1971, Heft 11, S. 438 ff.
13 Die Ausschusssitzung fand erst am 10.12.1971 statt, siehe DGB-Archiv, DGB-BV, Abt. Arbeitsrecht 5/DGBR000022.
14 Als Maßnahmen wurden vorgeschlagen: Wahlaufruf des DGB-Bundesvorstandes, Durchführung von Pressekonferenzen auf allen Ebenen, Herausgabe von Pressemitteilungen, Interviews und Diskussionen in bestimmten Fernseh- und Rundfunksendungen, Einschaltung

6. Novellierung des Betriebsverfassungsgesetzes

Kollege *Muhr* gibt einen kurzen Rückblick auf den Verlauf der Beratungen über den Gesetzentwurf zur Novellierung des Betriebsverfassungsgesetzes und auf die durch den Bundesausschuß in seinen Sitzungen im Dezember 1970 und März 1971[15] beschlossenen Aktivitäten und Maßnahmen, die bis auf eine im Bedarfsfall vorgesehene Großkundgebung durchgeführt worden sind. Er erwähnt die den Bundesausschußmitgliedern bekannte und vom DGB besonders hervorgehobene sogenannte Schwerpunktkritik, die sich gegen 5 von den Gewerkschaften in der vorgelegten Form nicht zu akzeptierende Gesetzesbestimmungen richtete. Inzwischen konnte erreicht werden, daß durch die Bemühungen des DGB 4 der 5 Punkte so verändert worden sind[16], daß sie ganz oder teilweise den DGB-Vorstellungen entsprechen. Kollege Muhr geht kurz auf diese und weitere Verbesserungen des Regierungsentwurfs ein, die als Erfolg der konsequenten Politik des DGB zu verzeichnen sind. Wenn auch der Gesetzentwurf keineswegs die volle Zustimmung des DGB finden könne, sei man doch zu der Ansicht gekommen, daß die Gefahr bestünde, die gewerkschaftlichen Erfolge entscheidend zu verwässern, wenn der DGB jetzt noch z. B. durch eine Großkundgebung gegen den Gesetzentwurf protestieren würde. GBV und Bundesvorstand hätten deshalb beschlossen, keine weiteren Öffentlichkeitsmaßnahmen mehr durchzuführen. Kollege Muhr bittet den Bundesausschuß um seine Zustimmung zu dem Vorschlag, sich angesichts der für den 10. November bevorstehenden 2. und 3. Lesung im Bundestag auf eine Erklärung des Bundesausschusses in Form eines Briefes an alle Bundestagsabgeordneten zu beschränken, in dem die Erwartung zum Ausdruck gebracht wird, dass sie den gefundenen Kompromiß akzeptieren. Abschließend weist Kollege Muhr darauf hin, daß es noch eingehender Überlegungen bedürfen wird, mit welchen Mitteln und Maßnahmen eine effektive Praktizierung des Gesetzesinhaltes nach Erlangung der Rechtskraft zu erreichen ist.

In der nachfolgenden Diskussion, an der sich die Kollegen *Vitt, Vetter, Hoffmann, Georgi, Michels* und *Muhr* beteiligen, werden eine Reihe einzelner Gesetzesbestimmungen kritisch beleuchtet und erörtert, insbesondere das Thema Leitende Angestellte. Es werden ferner u. a. die Probleme hinsichtlich des Termins der noch zu verabschiedenden Wahlordnung angesprochen. Der Abteilung Sozialpolitik wird der Dank für die gute Arbeit ausgesprochen und angeregt, ein Gleiches gegenüber den gewerkschaftlich organisierten Bundestagsabgeordneten zu tun. Außerdem wird vorgeschlagen, mit diesen Abgeordneten noch einmal zu einem Gespräch zusammenzukommen, damit sie die Vorstellungen des DGB bei den entscheidenden Abstimmungen unterstützen.

---

von Anzeigen in der Boulevardpresse und regionalen Tageszeitungen, Plakatierung in industriellen Ballungszentren und der Deutschen Bundesbahn. Vgl. Vorlage Günther Stephan vom 14.10.1971, DGB-Archiv, DGB-BV, Abt. Vorsitzender 5/DGAI000408.

15 Siehe 5. und 6. Sitzung des alten Bundesausschusses, Dok. 34 und 39.
16 Die Forderung des DGB »Wiedereinführung des weitgehenden Verbots der politischen Betätigung der Betriebsräte« wurde nicht aufgegriffen. Zu den vier berücksichtigten DGB-Forderungen siehe DGB zum Koalitionsgespräch über das Betriebsverfassungsgesetz, in: ND, 15.9.1971, Nr. 295.

Dokument 51 3. November 1971

Kollege *Muhr* bittet den Bundesausschuß, mit dem vorgesehenen Brief an die Bundestagsabgeordneten einverstanden zu sein und darüber hinaus den GBV zu beauftragen, im Bedarfsfall kurzfristig notwendig werdende Maßnahmen zu treffen.

Kollege *Vetter* stellt die Zustimmung des Bundesausschusses zu den Vorschlägen des Kollegen Muhr fest.

7. ORGANISATORISCHE BEHANDLUNG VON ARBEITERAUSSCHÜSSEN[17]

[Der Bundesausschuss beauftragt den Bundesvorstand, Richtlinien für Arbeiterausschüsse zu entwerfen und bis zum Beschluss über diese Richtlinien von der Gründung von Arbeiterausschüssen im DGB und in den Gewerkschaften abzusehen.]

8. GEWERKSCHAFTLICHES PRESSEWESEN

Kollege *Stephan* erinnert die Bundesausschußmitglieder an die Aufträge des 8. Ordentlichen Bundeskongresses 1969 und des Außerordentlichen Bundeskongresses 1971 in dieser Frage, die sehr eingehend im Bundesvorstand erörtert worden ist. Am 6. Juli 1971 wurden Fragebogen getrennt nach »Gewerkschaftszeitung«, »Funktionärszeitschrift« und »Gewerkschaftliche Nachrichtendienste« an die Gewerkschaften verschickt, worauf am 16. Juli eine »Darstellung über Möglichkeiten für eine andere Gestaltung der Gewerkschaftspresse in Form und Inhalt« folgte. Am 24. August wurde dann noch eine Zusammenstellung »Pressewesen und Publikationsreport Gewerkschaftspresse« (Kalkulationsbeispiele) versandt. Dieses Material war Grundlage für die Beratung im Bundesvorstand am 5.10.1971. Dabei hat sich herausgestellt, daß nicht alle Gewerkschaften auf ihre eigene Gewerkschaftszeitschrift verzichten würden. Dann wurde eine Kosten- und Nutzenanalyse erstellt und an die Gewerkschaften versandt. Die Gewerkschaften HBV, Holz und Textil hatten sich bereit erklärt, in einem Experiment in Düsseldorf für alle drei Zeitungen eine gemeinsame Redaktion oder Redaktionskonferenz und acht gemeinsame Seiten zu schaffen. Dabei hat sich ergeben, daß sie zwar das gleiche Format, aber unterschiedliche Druckverfahren haben, so daß bei der Kalkulation für HBV eine so große Verteuerung herausgekommen ist, daß man von diesem Experiment absehen mußte. Jetzt wird versucht, dieses Experiment mit der Gewerkschaft Textil und der Gewerkschaft NGG zu machen, das noch nicht abgeschlossen ist. Der GBV ist außerdem auf den Gedanken gekommen, den »Gewerkschafter«, der bei IG Metall erscheint, für alle als Funktionszeitung anstelle von »Quelle« herauszugeben. Dabei

---
17 DGB-Satzung: §2, Ziffer 3h (Arbeiterausschüsse), Ziffer 3: »Politische Aufgaben des Bundes sind: [...] h) die Wahrnehmung der gemeinsamen Aufgaben der Gewerkschaften für die Arbeiter, die Angestellten, die Beamten, die Frauen und die Jugend«. Vgl. Neue Satzung, beschlossen vom 3. Außerordentlichen Bundeskongress 1971, in: Protokoll 3. Außerordentlicher Bundeskongreß, S. 195. Da die Personengruppe »Arbeiter«, satzungsrechtlich den anderen Personengruppen gleichgestellt wurde, mussten Richtlinien für die Arbeit der »Arbeiterausschüsse« beschlossen werden. Zur Personengruppe »Arbeiter« vgl. DGB-Geschäftsbericht 1972–1975, Abt. Arbeiter-Handwerk, S. 275 ff.

müßten dann alle Gewerkschaften die Mittel, die sie bisher für ihre Zeitungen aufgewandt haben, zusammenlegen, um diese Funktionärszeitschrift finanzieren zu können. Dieser Vorschlag steht jetzt in den Vorständen der Gewerkschaften zur Beratung an. Anfang nächsten Jahres muß sich dann der Bundesvorstand erneut mit dieser Frage befassen, da dem Bundeskongreß Ergebnisse zugeleitet werden müssen.

[Nach der anschließenden Diskussion wird Stephan beauftragt, den Bundesausschuss auf dem Laufenden zu halten.]

9. Bericht der Revisoren

[Nach ergänzenden Ausführungen des Sprechers der Revisionskommission nimmt der Bundesausschuss den Bericht über die vorgenommene Prüfung der Bundeshauptkasse zustimmend zur Kenntnis.]

Mittagspause: 13.20 bis 14.50 Uhr

10. Nachtrag zum Haushalt 1970

[Der Bundesausschuss billigt einstimmig den Nachtragshaushalt und den neuen Haushalt 1970.]

11. DGB-Jahresabschluss 1970

[Nach den Erläuterungen einzelner Aufstellungen im DGB-Jahresabschluss 1970 nimmt der Bundesausschuss den DGB-Jahresabschluss 1970 zustimmend zur Kenntnis.]

12. Beiträge an den Fonds für ehemalige Gewerkschaftsangestellte und Erhöhung der Beiträge an die Unterstützungskasse des DGB

Kollege *Lappas* erläutert kurz die den Bundesausschußmitgliedern zugegangene Vorlage. Das Verfahren sei seit langem als ungerecht empfunden worden. 3/4 des Beitragsaufkommens der Gewerkschaften würden restlos in das Vermögen der Unterstützungskasse fließen, an deren Leistungen über die Gewerkschaften hinaus auch andere gewerkschaftliche Einrichtungen partizipiert hätten, die nicht Beiträge an den Fonds geleistet hätten. Die Haushaltskommission schlage daher dem Bundesvorstand vor, die Beitragsleistung an den Fonds EG einzustellen und den dadurch entstehenden Beitragsausfall bei der Unterstützungskasse durch entsprechende Erhöhung der Beiträge an die Unterstützungskasse auszugleichen.[18] Kollege Lappas teilt mit, daß eine Untersuchung durch den Versicherungsmathematiker Dr. Heismann[19] ange-

---

18 Die Beratungsvorlage der Abt. Finanzen wurde auf der Sitzung der Haushaltskommission am 9.9.1971 beschlossen. Vgl. DGB-Archiv, DGB-BV, Sekretariat Günter Stephan 5/DGCU000062.
19 Zu den Ergebnissen der Untersuchung siehe DGB-Geschäftsbericht 1969–1971, Abt. Finanzen, S. 48 ff.

Dokument 51 3. November 1971

stellt würde, welche Beitragsmittel bei den Beanspruchungen der Unterstützungskasse benötigt würden. Dadurch müsse sich der Bundesausschuß noch einmal mit dieser Problematik befassen. Namens des Bundesvorstandes, der gestern einstimmig der Vorlage zugestimmt habe, bitte er den Bundesausschuß ebenfalls um Zustimmung zum Beschlußvorschlag.

[Im Anschluss an die Ausführungen von *Radke* und *Lappas* zum Leistungssystem der Unterstützungskasse beschließt der Bundesausschuss einstimmig, dass die Beitragszahlung an den Fonds EG am 31.12.1971 eingestellt wird. Gleichzeitig sollen mit Wirkung vom 1.1.1972 die Beiträge an die Unterstützungskasse von 6% auf 9% des Bruttogehaltes der Versorgungsberechtigten erhöht werden.]

13. BESTÄTIGUNG VON LANDESBEZIRKSVORSTANDSMITGLIEDERN

[Der Bundesausschuss bestätigt die Empfehlung des Bundesvorstands für die neuen Landesbezirksvorstandsmitglieder.]

14. BEITRAGSORDNUNG DGB GEMÄSS § 4, ZIFFER 2 DER SATZUNG

[Nachdem sich die Kollegen *Buschmann*, *Pfister* und *Hoffmann* gegen die Annahme der vorliegenden Beitragsordnung ausgesprochen haben, verabschiedet der Bundesausschuss bei 13 Gegenstimmen und zwei Stimmenthaltungen die vorliegende Beitragsordnung gemäß § 4 Ziffer 1 und 2 sowie § 8 Ziffer 3 der Satzung des DGB.[20]]

15. 9. ORDENTLICHER BUNDESKONGRESS

[Dem vorliegenden Beschlussvorschlag[21] unter Ausklammerung der Tagesordnung stimmt der Bundesausschuss zu.]

Ende der Sitzung: 16.00 Uhr

---

20 Siehe Neue Satzung beschlossen vom 3. Außerordentlichen Bundeskongress 1971, in: Protokoll 3. Außerordentlicher Bundeskongreß, S. 198 und 202 f.
21 Beschlussvorschlag mit Schreiben von Franz Woschech vom 28.10.1971 an die Ausschussmitglieder, DGB-Archiv, DGB-BV, Abt. Vorsitzender 5/DGAI000408. Der Vorschlag sah vor: a) die Terminierung des Kongresses, b) die Tagesordnung, c) die Anzahl der Delegierten und d) den letzten Termin für die Einreichung der Anträge und die Anmeldefrist für die Delegierten.

DOKUMENT 52

16. November 1971: Thesen des DGB zur Vermögensbildung[1]

Abgedruckt in: DGB-Nachrichtendienst, ND 364/71

Im Zuge der Beratungen zur Vermögensbildung hat der DGB-Bundesvorstand folgende Thesen verabschiedet:[2]

1. Der DGB fordert die Beteiligung der Arbeitnehmer an dem Vermögenszuwachs von Unternehmen ab einer bestimmten Gewinnhöhe.

    Das Beteiligungsaufkommen soll in der Anfangszeit 4 bis 6 Mrd. DM jährlich betragen.

    Die Leistungen nach dem dritten Vermögensbildungsgesetz[3] dürfen nicht auf die gesetzliche Ertragsbeteiligung angerechnet werden.

2. Die Unternehmen sollen die Gewinne in der Form von Beteiligungswerten, ausnahmsweise auch durch Schuldverpflichtungen oder Barmittel, abführen.

3. Die Anteile, Schuldverpflichtungen und Barmittel sind an dezentral gegliederte, nicht miteinander konkurrierende Fonds weiterzuleiten.

    Die Fonds geben unentgeltlich wertgleiche und verzinsliche Zertifikate an alle Arbeitnehmer aus, deren zu versteuerndes Jahreseinkommen 24000 DM (Verheiratete: 48000 DM) nicht übersteigt.

4. Die Fonds werden von den Arbeitnehmern unter Beteiligung des öffentlichen Interesses selbst verwaltet.

    Die Fonds müssen zu diesem Zweck in der Rechtsform der Anstalt oder Körperschaft des öffentlichen Rechts oder als Stiftung gegründet werden.

5. Um eine Rekonzentration der Vermögen zu vermeiden, ist zu gewährleisten, daß die Zertifikate von Arbeitnehmern nur unter bestimmten Voraussetzungen verkauft oder beliehen werden können.

---

1 Die Thesen 1–4 ergänzten und präzisierten die »DGB-Leitlinien für die Vermögensbildung«, die These 5 war eine Wiederholung des Bundesvorstandsbeschlusses vom 3./4.3.1970 (Dok. 18). Hierzu auch: Das Mitbestimmungsgespräch 17, 1971, Heft 2/3, S. 51. Die Thesen sind abgedr. in: Die Quelle 22, 1971, Heft 12, S. 495.

2 In der Sitzung des »Frankfurter Kreises« (Wirtschaftsreferenten der DGB-Gewerkschaften und DGB-Landesbezirke) am 29.10.1971 wurden nach der Diskussion über das Vermögensbildungsmodell »Grundlagen der Vermögenspolitik durch überbetriebliche Ertragsbeteiligung« die fünf Thesen erstellt, die in der 24. BV-Sitzung vom 2.11.1971 (Dok. 50) beraten wurden. DGB-Archiv, DGB-BV, Abt. Gesellschaftspolitik 5/DGAK000038.

3 Im Dritten Vermögensbildungsgesetz vom 27. Juni 1970 wurde die Steuerbegünstigung der Vermögensanlage durch eine Arbeitnehmer-Sparzulage ersetzt. Arbeitnehmer erhielten vermögenswirksame Leistungen bis max. 624 DM pro Jahr, wenn ihr steuerpflichtiges Einkommen nicht mehr als 24.000 DM (Alleinstehende) bzw. 48.000 DM (Verheiratete) betrug. Siehe hierzu Günter Halbach: Erfolge, Möglichkeiten und Grenzen der Vermögenspolitik, in: GMH 23, 1972, Nr. 2, S. 65–71.

495

Dokument 53

7. Dezember 1971: Protokoll der 25. Sitzung des Bundesvorstandes

Hans-Böckler-Haus in Düsseldorf; Vorsitz: Heinz O. Vetter; Protokollführung: Isolde Funke, Marianne Jeratsch; Sitzungsdauer: 10.05–17.15 Uhr; ms. vermerkt: »Vertraulich«.[1]

Ms., hekt., 11 S., 1 Anlage.[2]

DGB-Archiv, 5/DGAI000536.

Beginn der Sitzung: 10.05 Uhr

[*Vetter* eröffnet die Sitzung.]

Tagesordnung:
1. Genehmigung des Protokolls der 24. Bundesvorstandssitzung
2. Rücktritt des Kollegen Adolf Schmidt aus dem Wirtschafts- und Sozialausschuß in Brüssel
3. Novellierung des Betriebsverfassungsgesetzes
4. Kapitalerhöhung bei der BfG
5. Beirat der Bund-Verlag GmbH
6. »Gewerkschaftliche Monatshefte«
7. Entwurf einer Entschließung zum Lehrernachwuchs
8. Konzertierte Aktion
9. Terminplanung 1972
10. Aussprache über die Diskussion zu § 218 StGB
11. 9. Ordentlicher Bundeskongreß des DGB
12. Beteiligung von Nichtorganisierten an den Kosten der Gewerkschaften
13. DGB-Satzung, § 9, 5 k (Vorschlagsrecht des Bundesvorstandes für die Wahl des Landesbezirksvorsitzenden und der hauptamtlichen Mitglieder des Landesbezirksvorstands)
14. DGB-Zielprojektion
15. Brief des Kollegen Frister an die Angehörigen der westdeutschen Hochschulen
16. Einbeziehung des Verbandes deutscher Schriftsteller in die IG Druck und Papier

1. GENEHMIGUNG DES PROTOKOLLS DER 24. BUNDESVORSTANDSSITZUNG

[Das Protokoll wird genehmigt.]

2. RÜCKTRITT DES KOLLEGEN ADOLF SCHMIDT AUS DEM WIRTSCHAFTS- UND SOZIALAUSSCHUSS IN BRÜSSEL

[*Vetter* bittet nachträglich um Zustimmung, dass van Berk für die Gewerkschaften im Einvernehmen mit dem zuständigen Bundeswirtschaftsminister

---

1 Einladungsschreiben vom 11.11. und 24.11.1971. Nicht anwesend: Leonhard Mahlein, Adolf Schmidt (vertreten durch Helmut Gelhorn), Walter Sickert (vertreten durch Fritz Giersch). DGB-Archiv, DGB-BV, Abt. Vorsitzender 5/DGAI000473.
2 Anlage: Anwesenheitsliste.

für einen befristeten Zeitraum in den WiSoA berufen wird. Der Bundesvorstand erklärt nachträglich sein Einverständnis zu dieser Regelung.[3]]

3. NOVELLIERUNG DES BETRIEBSVERFASSUNGSGESETZES

Kollege *Muhr* erläutert kurz die Situation, die dadurch eingetreten ist, daß der Bundesrat in seiner Sitzung am 3.12.1971 mit den Stimmen der CDU-regierten Länder[4] in Sachen Betriebsverfassungsgesetz den Vermittlungsausschuß angerufen hat.[5] Diese Entwicklung kam nach der vorausgegangenen Behandlung des Gesetzentwurfes überraschend und macht es für den DGB notwendig, die sich eventuell daraus ergebenden Konsequenzen schnell und genau zu überdenken. Kollege Muhr legt im einzelnen dar, daß die Gefahr nicht auszuschließen ist, daß die Behandlung des Gesetzentwurfs sich so verzögert, daß die im Gesetz vorgesehenen Wahltermine für die Betriebsratswahlen und die Endtermine für die Verlängerung der Amtsperiode der amtierenden Betriebsräte nicht mehr einzuhalten sind. Schlimmstenfalls könnte das Gesetz schließlich sogar ganz abgelehnt werden. Nach Meinung des GBV, der auch schon mit den Landesbezirksvorsitzenden über die Situation in ihren Ländern beraten habe, müßte unter allen Umständen versucht werden, den Bundesrat für seine Sitzung am 17.12.1971 zu einer Zustimmung zum Gesetzentwurf zu bewegen.[6] Der GBV schlägt deshalb vor, zunächst

---

3   Wegen der schwierigen Situation bei der Ruhrkohle AG konnte Adolf Schmidt sein Mandat im WiSoA nicht ordnungsgemäß wahrnehmen. Deshalb sollte Karl van Berk befristet für ein Jahr an seiner Stelle in den Ausschuss berufen werden. Die Ruhrkohle AG, bestehend aus 53 Einzel-Zechen, wurde am 27.11.1968 gegründet. Zur Gründungsgeschichte vgl. Ranft: Vom Objekt zum Subjekt, S. 95–100. Zu den Betriebsverlusten des Konzerns bis 1972, den Sanierungskonzepten und der Situation im Bergbau siehe u. a. IG Bergbau und Energie: Jahresbericht 1972/73, Hauptabteilung Vorsitzender, S. 1 ff. sowie Der Spiegel 26, 21.2.1972, Nr. 9 und Ultimo ist die Kasse leer, in: Die Zeit, 27, 10.3.1972, Nr. 10.
4   Die CDU- und CSU-Bundesländer (Schleswig-Holstein, Rheinland-Pfalz, Saarland, Baden-Württemberg und Bayern) hatten gegen das Inkrafttreten des Gesetzes den Vermittlungsausschuss angerufen. Vgl. 374. Sitzung des Bundesrates vom 3.12.1971, Stenographischer Bericht, TOP 2, S. 341–349.
5   Als Beratungsgrundlage lagen vor ein 8-seitiges Arbeitspapier der Abt. Sozialpolitik, »Stellungnahme zu den vom Bundesrat dem Vermittlungsausschuss vorgelegten Anträgen zur Änderung des Betriebsverfassungsgesetzes«, ein 3-seitiger Bericht der Parlamentarischen Verbindungsstelle des DGB über die Ablehnung der CDU-regierten Länder und ein 24-seitiges Schreiben vom 3.12.1971 an den Präsidenten des Bundesrates und den Vorsitzenden des Vermittlungsausschusses mit den Gründen der CDU/CSU-Länder für die Einberufung des Vermittlungsausschusses zum Betriebsverfassungsgesetz. Die Gründe waren: 1. Einführung eines Kataloges für Grundrechte der Arbeitnehmer am Arbeitsplatz und im Betrieb, 2. Sprecherausschüsse für leitende Angestellte, 3. Verstärkung der Minderheitsrechte, 4. Minderung der Befugnisse der Einigungsstelle, 5. Einschränkung der Mitbestimmungsrechte, 6. Beibehaltung des derzeitigen Wirtschaftsausschusses und 7. Umkehrung der Beweislast bei Kündigungen. DGB-Archiv, DGB-BV, Abt. Vorsitzender 5/DGAI000473. Siehe auch: Scharfer Protest des DGB gegen Bundesrats-Entscheidung, in: ND, 3.12.1971, Nr. 381.
6   Nachdem der Vermittlungsausschuss zwischen Bundesrat und Bundestag die Änderungsanträge der CDU/CSU-Länder abgelehnt hatte, appellierte der DGB an den Bundesrat, das Gesetz zu verabschieden, denn: »(...) Ein erneutes Festhalten der CDU/CSU-Länderregierungen an ihrer arbeitnehmerfeindlichen Haltung in der Bundesratssitzung am 17. Dezember 1971 hätte nicht nur eine Verzögerung für die im Frühjahr 1972 vorgesehenen Betriebsratswahlen zur Folge, sondern würde vor allem die unmittelbare Gefahr eines Scheiterns des

Dokument 53 7. Dezember 1971

kurzfristig mit den Ministerpräsidenten der CDU-regierten[7] Länder Kontakt aufzunehmen und sie um persönliche Gespräche mit GBV-Mitgliedern zu ersuchen. Darüber hinaus sollten für die nächste Woche in den Landeshauptstädten Kundgebungen vorgesehen werden, auf denen mit aller Deutlichkeit die Meinung des DGB zum Ausdruck gebracht werden sollte.

Kollege *Vetter* bittet, mit zu überdenken, ob man sich in der von Presse, Rundfunk und Fernsehen erwarteten Stellungnahme zunächst auf die Ankündigung der Gespräche mit den Ministerpräsidenten beschränken sollte. Bei gleichzeitig in Aussicht gestellten Protestkundgebungen könnten sich diese Ministerpräsidenten sonst unter Druck gesetzt fühlen und entsprechend negativ reagieren. Vielleicht sollte der Bundesvorstand einen Vorsorgebeschluß fassen, der den GBV ermächtigt, nach den Gesprächen unverzüglich alle notwendigen Maßnahmen zu treffen.

An der anschließenden ausführlichen Diskussion beteiligen sich die Kollegen *Mirkes, Buschmann, Vetter, Stephan, Kluncker, Senft, Hauenschild, Muhr, Tacke, Döding, Lehlbach* und *Breit*. Es besteht völlige Übereinstimmung darüber, daß angesichts der Situation Aktivitäten des DGB erforderlich sind. Die Vorschläge des GBV werden begrüßt. Zunächst sollten die Gespräche mit den Ministerpräsidenten der CDU-regierten Länder geführt werden. In diesem Zusammenhang wird kurz die Lage in den einzelnen Ländern beleuchtet. Die Durchführung von Kundgebungen sollte zwar vorgesehen, aber im Augenblick nicht offiziell angekündigt werden. Andere Aktivitäten werden angeregt und diskutiert: Hinzuziehung der Arbeitsminister zu den Ministerpräsidentengesprächen, Briefaktionen an die Ministerpräsidenten, umfassende Information der Öffentlichkeit über die Hintergründe und Zusammenhänge des Bundesratsbeschlusses, Gespräche mit uns nahestehenden Politikern der CDU und Abgeordneten der Landtage, Podiumsdiskussionen in Gewerkschaftshäusern, Fernsehdiskussionen, Flugblattaktionen vor Großbetrieben. Es wird außerdem vorgeschlagen, daß der GBV auch mit dem CDU-Präsidium ein Gespräch führt. Angesichts der schwierigen und unübersichtlichen Rechtslage besteht Übereinstimmung darüber, daß es vordringlich notwendig ist, Funktionäre und Mitglieder über die Situation und die Zusammenhänge umfassend zu informieren. Zu diesem Zweck sollte unverzüglich ein Flugblatt erstellt und verteilt werden. Kurz angesprochen wird auch die Terminfrage der nächsten Betriebsratswahlen. Die weitere Entwicklung soll erst abgewartet werden, bevor dazu konkrete Überlegungen angestellt werden.

---

gesamten Gesetzgebungsverfahrens heraufbeschwören. (...)«. ND, 14.12.1971, Nr. 401. In der 375. Sitzung des Bundesrates wurde das Gesetz verabschiedet. Vgl. DGB begrüßt Bundesratsentscheidung, in: ND, 17.12.1971, Nr. 405. Gesetzestext abgedr. in: Die Quelle 23, 1972, Heft 2, S. 51 ff. sowie BGBl. I, 15.1.1972, S. 13.

7 Fernschreiben an die Büros der Ministerpräsidenten Gerhard Stoltenberg (Schleswig-Holstein), Helmut Kohl (Rheinland-Pfalz), Franz Josef Roeder (Saarland), Kurt Georg Filbinger (Baden-Württemberg) und Alfons Goppel (Bayern) vom 8. und 9.12.1972 mit der Bitte um einen Gesprächstermin zum Betriebsverfassungsgesetz vor der Bundesratssitzung am 17.12.1972. DGB-Archiv, DGB-BV, Abt. Vorsitzender 5/DGAI001170.

7. Dezember 1971 **Dokument 53**

Kollege *Vetter* faßt das Ergebnis der Diskussion wie folgt zusammen: Der GBV wird beauftragt, zunächst Gespräche mit den Ministerpräsidenten der CDU-regierten Länder und mit dem CDU-Präsidium zu führen. Der Bundesvorstand faßt einen Vorsorgebeschluß, der den GBV ermächtigt, danach alle notwendig und durchführbar erscheinenden weiteren Maßnahmen zu treffen. Der Informationsstand der Mitglieder wird unverzüglich und umfassend verbessert und eine Flugblattaktion durchgeführt. Der Bundesvorstand protestiert in einer Presseerklärung schärfstens gegen die Blockierung des neuen BVG durch die CDU-Mehrheit im Bundesrat.

Der Bundesvorstand stimmt dem von Kollegen Vetter vorgetragenen Diskussionsergebnis voll zu und verabschiedet später nach kurzer Diskussion den vorgelegten Entwurf der Presseerklärung.[8]

4. Kapitalerhöhung bei der BfG

[Der Bundesvorstand beschließt entsprechend einer Empfehlung der Haushaltskommission, für 3,25 Mio. DM Anteile an der Kapitalerhöhung zu übernehmen.]

5. Beirat der Bund-Verlag GmbH

[Für den ausgeschiedenen Carl Stenger wird Ernst Breit in den Beirat delegiert.]

6. »Gewerkschaftliche Monatshefte«

[Die Mitglieder des Bundesvorstandes (die Mitglieder des Beirates der Bund-Verlag GmbH) sind einverstanden mit den Veränderungen (Layout, Schriftgrad und Papier) der »Gewerkschaftlichen Monatshefte«.]

7. Entwurf einer Entschliessung zum Lehrernachwuchs

[Dem Entschließungsentwurf mit einem Appell an die Bundesländer zur Einstellung des Lehrernachwuchses schließt sich der Bundesvorstand an.[9]]

8. Konzertierte Aktion

Kollege *Vetter* teilt mit, daß der Bundeswirtschaftsminister[10] heute noch einmal zur nächsten Sitzung der Konzertierten Aktion am 10.12.1971, um

---

8 DGB will mit Ministerpräsidenten sprechen, in: ND, 7.12.1971, Nr. 393.
9 Schreiben Erich Fristers vom 24.11.1971 an Heinz O. Vetter mit beigefügtem Entschließungsentwurf, DGB-Archiv, DGB-BV, Abt. Vorsitzender 5/DGAI000473. Der Entschließungsentwurf wurde veröffentlicht als DGB: Lehrernachwuchs sichern, in: ND, 7.12.1971, Nr. 392.
10 Fernschreiben Karl Schillers an Heinz O. Vetter vom 7.12.1972 mit der geplanten Tagesordnung: 1. Wirtschaftliche Lage und Ausblick auf 1972, 2. Aussprache über das Gutachten des Sachverständigenrates und 3. Wirtschaftspolitische Schlussfolgerungen für 1972. Vgl. DGB-Archiv, DGB-BV, Abt. Vorsitzender 5/DGAI001979. Zur 23. Gesprächsrunde siehe auch: DGB-Geschäftsbericht 1969–1971, Abt. Wirtschaftspolitik, S. 176.

Dokument 53 7. Dezember 1971

16.00 Uhr, nach Bonn eingeladen habe. Er berichtet über ein Telefonat am gestrigen Tage mit Kollegen Loderer auch über die Nichtteilnahme der IG Metall an der Konzertierten Aktion. Demgegenüber gebe es eine frühere Meinung Otto Brenners, nach der die Teilnahme nicht mit den jeweils laufenden Tarifverhandlungen in Beziehung gesetzt werden sollte.[11] Über die Haltung der IG Metall müsse nach dem Stand der Dinge noch endgültig entschieden werden. Es handele sich bei der Konzertierten Aktion ja nicht um Tarifgespräche, auch wenn eine schwierige Kampfsituation bestünde. Die abschließende Meinung der IG Metall sollte im Verlauf der Bundesvorstandssitzung durch ein Telefonat erkundet werden.

In der nachfolgenden lebhaften Diskussion sprechen sich die Kollegen *Kluncker, Neemann* und Kollegin *Weber* angesichts der Zuspitzung des Tarifstreits in der Metallindustrie für ein Fernbleiben der gesamten DGB-Delegation von der bevorstehenden Sitzung der Konzertierten Aktion aus. Wenn die IG Metall sich in dieser Situation nicht in der Lage sieht, mit den Arbeitgebern in der KA an einem Tisch zu sitzen, sollte man sich solidarisch erklären. Das solle nicht eine grundsätzliche Absage an die Konzertierte Aktion bedeuten. Man könne beispielsweise, entsprechend begründet, eine Verschiebung der Sitzung beantragen. Bei einer Teilnahme des DGB ohne die IG Metall müsse auch an die negative Wirkung in der Öffentlichkeit und vor allem bei den Mitgliedern gedacht werden.

Kollege *Hauenschild* bittet, die eingetretene Lage gründlich zu überdenken. Bei einem Fernbleiben des DGB, begründet mit den Tarifauseinandersetzungen, könnte beispielsweise der Eindruck entstehen, als sei die in der Öffentlichkeit weit verbreitete Meinung doch richtig, es handele sich bei der Konzertierten Aktion um eine reine Harmonisierungsveranstaltung, der man nun aus gegebenem Anlaß nicht beiwohnen könne. Ähnliche Anlässe von anderer Seite würden sich mit Sicherheit finden lassen und damit die KA im Prinzip gefährden. Wenn man schon eine Absage erwäge, könne man sie vielleicht besser damit begründen, daß alle Spitzenfunktionäre des DGB sowohl durch den Tarifstreit als auch wegen des BVG im Augenblick zeitlich völlig gebunden seien.

Kollege *Vetter* gibt zu bedenken, ob es nicht vielleicht wirkungsvoller sei, an der Konzertierten Aktion teilzunehmen, dort massiv aufzutreten und eine deutliche Stellungnahme abzugeben. Im übrigen ist er der Meinung, daß noch einmal telefonisch die Haltung der IG Metall erfragt werden und die Diskussion nach dem Besuch von Wissenschaftsminister Leussink fortgesetzt werden soll.

---

11 Nachdem die im Oktober 1971 begonnene Tarifverhandlung der IG Metall im Bezirk Nordwürttemberg-Nordbaden gescheitert war und die Metallarbeitgeber den Schlichterspruch (7 % Lohnerhöhung bei einer Laufzeit von 7 Monaten) abgelehnt hatten, kam es vom 22.11. bis 14.12.1971 zu Streiks mit Schwerpunktaktionen und vom 26.11. bis 13.12.1971 zu einer von Arbeitgebern verfügten Aussperrung. Nach einer »besonderen Schlichtung« und dem Einschalten von Bundeskanzler Brandt und Minister Schiller kam es am 10.12.1971 zu einem Tarifabschluss (7,5 % + 180 DM Pauschale für 3 Monate und 15 Monate Laufzeit), der bei der Urabstimmung aber nur 71,2 % Zustimmung bekam. Vgl. Bergmann u. a.: Gewerkschaften, S. 252–260.

7. Dezember 1971 **Dokument 53**

UM 11.55 UHR TRIFFT BUNDESWISSENSCHAFTSMINISTER LEUSSINK MIT SEINEN MITARBEITERN IM BUNDESVORSTAND EIN.

Kollege *Vetter* begrüßt Minister Leussink und seine Begleiter herzlich im Namen des Bundesvorstandes.[12] Er unterstreicht die besondere Bedeutung der Bildungsreform für die Gewerkschaften und die gesamte Arbeitnehmerschaft und die sich daraus ergebenden gesellschaftsverändernden Möglichkeiten. Kollege Vetter erwähnt kurz, daß der DGB sich intensiv mit der Erstellung eines bildungspolitischen Gesamtprogramms und der Gründung eines DGB-Bildungswerkes beschäftigt. Das besondere Interesse des DGB gelte verständlicherweise dem Bereich der beruflichen Bildung. Der Bundesvorstand würde es begrüßen, dazu mehr über die Absichten der Bundesregierung zu erfahren.

Minister *Leussink* dankt zunächst für die Möglichkeit eines Gesprächs mit den Spitzenvertretern des Deutschen Gewerkschaftsbundes. Er hofft auf eine weiter verbesserte Zusammenarbeit. Unter Hinweis auf die dem Bundesvorstand vorgelegte Dokumentation führt der Minister aus, daß die Bundesregierung, gemessen an ihrer Regierungserklärung[13], bereits beachtliche Erfolge auf dem Sektor Bildung und Wissenschaft zu verzeichnen hat. Minister Leussink geht kurz auf die Arbeit der Bund-Länder-Kommission[14] ein und wendet sich dann im einzelnen den Problemen der beruflichen Bildung zu, deren Bedeutung die Bundesregierung in ihrem Bildungsbericht 1970[15] besonders hervorgehoben habe. Er erläutert ausführlich die geplanten und bereits erzielten Fortschritte auf diesem Gebiet. Minister Leussink spricht dann kurz die Frage der finanziellen Beteiligung des Bundes an der Bildungspolitik an, die, wie er an Beispielen aufzeigt, zu Unrecht in der Öffentlichkeit so hart kritisiert

---

12 Bundesminister Hans Leussink wurde begleitet von dem Parlamentarischen Staatssekretär Klaus von Dohnanyi, dem Ministerialdirektor für Bildungsplanung Eberhard Böning, dem Ministerialrat Schmidt und dem persönlichen Referenten, Ministerialrat Luft. DGB-Archiv, DGB-BV, Abt. Vorsitzender 5/DGAI000473.
13 Vgl. Regierungserklärung des Bundeskanzlers Willy Brandt vom 28.10.1969, Punkt »VIII. Bildungspolitik«, Bulletin des Presse- und Informationsamtes der Bundesregierung, 29.10.1969, Nr. 132, S. 1124 f.
14 Die Kommission wurde am 25.6.1970 als Bund-Länder-Kommission für Bildungsplanung und Forschungsförderung (BKL) durch ein Verwaltungsabkommen zwischen dem Bund und den Bundesländern gegründet. Diese Regierungskommission war bis Ende 2007 das ständige Gesprächsforum für alle Bund und Länder gemeinsam berührenden Fragen des Bildungswesens und der Forschungsförderung. Sie gab den Regierungschefs von Bund und Ländern Empfehlungen für die Bildungsplanung. Zum 1.1.2008 wurden die Aufgaben der BKL teilweise durch die neu gegründete Gemeinsame Wissenschaftskonferenz (GWK) übernommen. Siehe Jahresberichte der Bund Länder-Kommission.
15 Die Bundesregierung legte am 10.6.1970 ihren Bildungsbericht 1970 vor. In dem Bericht wurde detailliert der Stand des Bildungswesens in der Bundesrepublik dargestellt und daraus Zielvorstellungen entwickelt, beispielsweise die Gleichrangigkeit der beruflichen Bildung mit der allgemeinen Bildung. Siehe Bundesminister für Bildung (Hrsg.): Bildungsbericht 1970. Bericht der Bundesregierung zur Bildungspolitik, Bonn 1970. Auch: Chronik der deutschen Sozialdemokratie, hrsg. v. Franz Osterroth und Dieter Schuster, Electronic ed. Bonn, FES Library, 2001, Stichtag 10. Juni 1970.

Dokument 53 7. Dezember 1971

wird. Abschließend erwähnt der Minister die sogenannten Leitlinien[16] für die Struktur der Forschungszentren, die die Einführung umfassender Mitbestimmungsrechte wissenschaftlicher und technischer Mitarbeiter in Zentren und Instituten gebracht haben.

In der nachfolgenden Diskussion, an der sich die Kollegin *Weber* und die Kollegen *Vetter, Tacke, Woschech, Buschmann, Jostarndt*[17]*, Kluncker* und *Frister* einerseits sowie Minister *Leussink* und einige seiner Mitarbeiter andererseits beteiligen, werden seitens der Bundesvorstandsmitglieder besonders die vielfältigen Probleme der beruflichen Bildung angesprochen. Es werden Anregungen zur Verbesserung der Situation gegeben, und es wird Kritik geäußert an der nach Ansicht des DGB unzureichenden Berücksichtigung der beruflichen Bildung im Rahmen der gesamten Bildungspolitik, auch in personeller und finanzieller Hinsicht. Ferner werden Probleme der Erwachsenenbildung, der Mittelverteilung im Bildungs- und Forschungsbereich, der politischen Bildung, der Schulstufen und Gesamthochschule erörtert.

Minister *Leussink* dankt abschließend für die vielfältigen Anregungen aus dem Kreis des Bundesvorstands. Er verweist noch einmal auf die für die kurze Zeit schon erfreulichen Erfolge der Bundesregierung in Bildung und Wissenschaft und versichert, daß sein Ministerium die Bemühungen um weitere Verbesserungen und Reformen trotz vielfältiger Schwierigkeiten verstärkt fortsetzen wird.

Kollege *Vetter* spricht Minister Leussink und seinen Mitarbeitern den Dank des Bundesvorstandes für die offene und interessante Diskussion und die Hoffnung auf weitere, fruchtbare Kontakte aus.

MITTAGSPAUSE: 13.45 BIS 15.25 UHR

9. TERMINPLANUNG 1972

[Den vorgelegten Terminplan für die nächsten Sitzungen des Bundesvorstands bzw. Bundesausschusses, die Klausurtagung zur Vermögenspolitik und für die erste Sitzung nach dem Bundeskongress nimmt der Bundesvorstand zur Kenntnis.]

---

16 Die erste Vorlage der Leitlinie für die Struktur der Forschungszentren wurde am 25.11.1970 verabschiedet. Siehe hierzu auch Regierungserklärung vom 28.10.1969 zur Bildungspolitik, Bulletin des Presse- und Informationsamtes der Bundesregierung, 29.10.1969, Nr. 132, S. 1124 f. Seit Ende 1970 hatte das Hahn-Meitner-Institut für Kernforschung in Berlin eine neue Satzung mit einer paritätischen Vertretung gewählter Wissenschaftler in der wissenschaftlichen Leitung in Kraft gesetzt. Das Institut wurde zu 90% vom Bundesministerium für Bildung und Forschung und zu 10% vom Land Berlin finanziert. Vgl. Diskussionspapier von Hans Leussink: Vergleichende Übersicht über die in der Regierungserklärung vom 28.10.1969 formulierten Absichten für die Politik in Bildung und Wissenschaft und über den Stand der politischen Arbeit, DGB-Archiv, DGB-BV, Abt. Vorsitzender 5/DGAI000473.
17 Karl Jostarndt, Referatsleiter Berufliche Bildung beim DGB-Bundesvorstand.

FORTSETZUNG ZU 8. KONZERTIERTE AKTION

Kollege *Vetter* berichtet, dass inzwischen im Metall-Tarifstreit von dem Schlichter, Professor Wannagat, ein Angebot auf 7,5 % gemacht worden ist.[18] Außerdem hat Bundeskanzler Brandt die Tarifparteien zu einem Gespräch nach Bonn eingeladen.[19] Er bittet dann Kollegen Otto, über sein Telefongespräch mit dem Persönlichen Referenten des Kollegen Brenner[20] zu berichten.

Kollege *Otto* gibt den Inhalt des Telefonats wieder. Die IG Metall sieht sich angesichts des Tarifstreits nicht in der Lage, an der Konzertierten Aktion teilzunehmen. Man würde es aber zum gegenwärtigen Zeitpunkt als einen übertriebenen Akt der Solidarität ansehen, wenn der DGB insgesamt der bevorstehenden Sitzung fernbleiben würde. Es ist jedoch die Bitte ausgesprochen worden, daß der DGB in einer Erklärung deutlich macht, daß er Verständnis dafür hat, daß die IG Metall in Anbetracht der gegenwärtigen tarifpolitischen Lage nicht an der Konzertierten Aktion teilnehmen wird. Die IG Metall verlange also nicht vom DGB, daß er der KA fernbleibe. Im übrigen erwarte man, daß durch das Gespräch mit dem Bundeskanzler und durch den Schlichtungsvorschlag eine gewisse Beruhigung der Lage eintrete.

Kollege *Kluncker* äußert noch einmal seine Bedenken, unter diesen Umständen an der bevorstehenden Sitzung teilzunehmen. Nach seiner Ansicht geht dieser Tarifkonflikt weit über den üblichen Rahmen hinaus und hat besonderes politisches Gewicht. Das solle man auch bei dieser ja nicht grundsätzlich gegen die Konzertierte Aktion gerichteten Entscheidung über Teilnahme oder Nichtteilnahme berücksichtigen.

In der nachfolgenden Diskussion plädieren die Kollegen *Sierks, Seibert, Tacke, Hauenschild, Buschmann* und *Vetter* in Anbetracht der gegebenen Situation für eine Teilnahme der übrigen DGB-Delegation an der bevorstehenden Sitzung der Konzertierten Aktion. Sie sind der Meinung, daß es vor der Öffentlichkeit und auch im Sinne der IG Metall wirkungsvoller ist, in der Konzertierten Aktion einen harten Standpunkt zu vertreten und eine entsprechend formulierte scharfe Erklärung vor der Sitzung abzugeben.

---

18 Am 1.12.1971 begann die besondere Schlichtung unter der Leitung von Prof. Georg Wannagat (1916–2006), der bereits im Tarifkonflikt in der chemischen Industrie im Juni 1971 als Schlichter fungiert hatte. Das Schlichtungsverfahren zog sich über eine Woche hin. Nachdem die besondere Schlichtung gescheitert war und auch die Intervention von Willy Brandt erfolglos geblieben war, kam es zu einer zentralen Protestkundgebung der IG Metall am 8.12.1971 in Stuttgart. Am 10.12.1971 brachten neue Verhandlungen zwischen den Tarifpartnern einen Abschluss. Vgl. Bergmann: Beiträge, S. 256. Otto Brenner zum Abschluß des Tarifkampfes 1971, in: Metall, 26.12.1971, Nr. 25/26, S. 3 sowie Trotz allem blieb Willy hart. Streik und Aussperrung schärften das politische Bewußtsein der Metallarbeiter, in: WdA 22, 17.12.1971, Nr. 51, S. 3.
19 Kurz vor der Veröffentlichung des Schlichterspruchs, dem die Unternehmer nicht zustimmen wollten, lud Bundeskanzler Willy Brandt die Vertreter von IG Metall und Gesamtmetall zu einem Gespräch nach Bonn ein. Vgl. Bergmann: Beiträge, S. 256.
20 Fritz Opel (1912–1973), seit 1956 in der Vorstandsverwaltung der IG Metall und persönlicher Referent von Otto Brenner. Zuletzt Leiter der Abteilungen Ausland und Grundsatzfragen, siehe Der Gewerkschafter 21, 1973, Nr. 11.

Dokument 53 7. Dezember 1971

Kollege *Vetter* stellt abschließend fest, daß der Bundesvorstand überwiegend der Meinung ist, unter Berücksichtigung der diskutierten Punkte und im grundsätzlichen Einvernehmen mit der IG Metall an der Konzertierten Aktion am 10.12.1971 als DGB-Delegation teilzunehmen und vor der Sitzung eine entsprechend formulierte und gut vorbereitete Erklärung abzugeben.[21] Eine Vorbesprechung der DGB-Delegation soll am gleichen Tag um 13.00 Uhr in Bonn stattfinden.

10. AUSSPRACHE ÜBER DIE DISKUSSION ZU §218 STGB

Der Bundesvorstand beschließt, die Aussprache über die Diskussion zu §218 StGB in seiner Sitzung am 22. Januar 1972 durchzuführen.

11. 9. ORDENTLICHER BUNDESKONGRESS DES DGB

[Der Bundesvorstand beschließt die Meldefrist der Anträge, die Ermittlung der Delegiertenzahl und die Tagesordnung[22] für den Bundeskongress.]

12. BETEILIGUNG VON NICHTORGANISIERTEN AN DEN KOSTEN DER GEWERKSCHAFTEN

Der Bundesvorstand beschließt, die Beratung dieses Punktes auf seine Sitzung am 22. Januar 1972 zu vertagen.

13. DGB-SATZUNG, §9, 5 K (VORSCHLAGSRECHT DES BUNDESVORSTANDES FÜR DIE WAHL DES LANDESBEZIRKSVORSITZENDEN UND DER HAUPTAMTLICHEN MITGLIEDER DES LANDESBEZIRKSVORSTANDES)

[Der Bundesvorstand nimmt die Vorlage des Kollegen Woschech zur Kenntnis.[23]]

---

21 In der Erklärung spricht sich Vetter gegen den Versuch aus, die »Konzertierte Aktion« zur Festlegung von Lohnsatz-Orientierungsdaten zu missbrauchen. Vetter »[...] stellte erneut fest, dass sich die Gewerkschaften nur an der Konzertierten Aktion beteiligen, soweit sie der gegenseitigen Information und Beratung der Regierung und der Vertreter der Wirtschaft über die künftige wirtschaftliche Entwicklung dient. Sonst hätten die Gewerkschaften in Anbetracht der Tatsache, daß die Arbeitgeber durch ihre Haltung im Metalltarifkonflikt die denkbar schlechtesten Voraussetzungen für diese Runde der Konzertierten Aktion geschaffen haben, berechtigte Gründe der Nichtteilnahme gehabt [...]«. WdA 22, 17.12.1971, Nr. 51, S. 1. Zum Ablauf der 23. Gesprächsrunde der KA am 10.12.1972 siehe DGB-Geschäftsbericht 1969–1971, Abt. Wirtschaftspolitik, S. 176 sowie auch Viel Unsicherheit bei der Konzertierten Aktion, in: SZ, 13.12.1972.
22 Der Schlusstermin für die Einreichung der Anträge und die Meldung der Delegierten wurde auf den 24.3.1972 festgelegt. Als Tagesordnung wurde vorgeschlagen: 1. Eröffnung, 2. Konstituierung, 3. Geschäftsbericht des Bundesvorstandes, 4. Wahlen, 5. Referat des Vorsitzenden und 6. Beratung der Anträge. Vorlage der Abt. Organisation vom 30.11.1971, DGB-Archiv, DGB-BV, Abt. Vorsitzender 5/DGAI000473.
23 Vertrauliche Vorlage der Abt. Organisation vom 16.11.1971 an die Mitglieder des Bundesvorstandes mit der Liste der für die Landesbezirkskonferenzen zur Wahl vorgeschlagenen Landesbezirksvorstände, DGB-Archiv, DGB-BV, Abt. Vorsitzender 5/DGAI000473.

504

14. DGB-ZIELPROJEKTION

Kollege *Vetter* bittet, zu entscheiden, ob in Anbetracht der fortgeschrittenen Zeit die vorgelegte Zielprojektion des DGB ohne besondere Diskussion verabschiedet werden kann oder ob sich Widerspruch dagegen erhebt.

Kollege *Kluncker* spricht sich auch unter Hinweis auf die von ihm vorgelegte Ausarbeitung dagegen aus, die Zielprojektion einfach zu akzeptieren.[24]

Kollege *Hauenschild* ist der Meinung, dass man nach mehrfachen Verschiebungen heute zu der Entscheidung kommen solle, entweder die Daten bekannt zugeben oder den GBV mit der Veröffentlichung zu beauftragen.

Im Hinblick auf die umfangreiche Stellungnahme der Gewerkschaft ÖTV schlägt Kollege *Vetter* vor, dass der GBV erst nach Absprache mit Kollegen Kluncker die Zielprojektion veröffentlicht.

Kollege *Neemann* weist noch einmal auf die Grundlagen hin, auf denen die Erstellung der Zielprojektion basiert. Der Bundesvorstand hatte sich auch in diesem Jahr grundsätzlich dafür ausgesprochen. In der letzten Sitzung wurde die Verabschiedung vertagt, um den Vorständen der Einzelgewerkschaften Gelegenheit zur Diskussion zu geben. Alle inzwischen eingegangenen Änderungswünsche wurden für das jetzt vorliegende Konzept berücksichtigt.[25] Außer der durch den Bundesvorstand genehmigten Unterrichtung von Professor Kloten[26] sei bisher nichts veröffentlicht worden. Heute allerdings halte er eine Veröffentlichung für erforderlich. Nach seiner Ansicht könne die Wirtschaftspolitische Abteilung des DGB nicht eine Zielprojektion vertreten, der nicht auch die Gewerkschaften ihre Zustimmung gegeben haben. Sollte der Bundesvorstand heute eine Verabschiedung der Zielprojektion ablehnen, müßte man s.E. eine entsprechende Erklärung für die Öffentlichkeit abgeben. Kollege Neemann würde das bedauern, weil dann auch die Möglichkeit einer gewissen Einflußnahme auf den in Kürze zu veröffentlichenden Wirtschaftsbericht der Bundesregierung[27] genommen sei.

An der nachfolgenden Diskussion über das Für und Wider der Verabschiedung der Zielprojektion beteiligen sich die Kollegen *Kluncker, Tacke, Frister, Vetter, Hauenschild, Buschmann* und *Pfeiffer*. Die Befürworter der Veröffent-

---

24 Die 11-seitige Stellungnahme Klunckers gegen die Zielprojektion des DGB beinhaltet: 1. grundsätzliche Bedenken gegen die Erstellung der Veröffentlichung einer eigenen Zielprojektion, 2. inhaltliche Kritik an der vorgelegten DGB-Zielprojektion und 3. methodische Anmerkungen zur DGB-Zielprojektion. DGB-Archiv, DGB-BV, Abt. Vorsitzender 5/DGAI000473.
25 Der überarbeitete Entwurf der Zielprojektion wurde am 30.11.1971 von Georg Neemann an die Bundesvorstandsmitglieder verschickt. In der Zielprojektion setzte der DGB voraus, dass die öffentlichen Ausgaben durch eine stärkere Heranziehung der Gewinn- und Vermögenseinkommen finanziert werden würden. Gleichzeitig wurden Forderungen nach einer konkreten Ausgestaltung der Staatsausgaben gestellt. DGB-Archiv, DGB-BV, Abt. Vorsitzender 5/DGAI000473.
26 Norbert Kloten war seit 1967 Mitglied des Wissenschaftlichen Beirats beim Bundeswirtschaftsministerium und Mitherausgeber des am 22.11.1971 veröffentlichten Jahresgutachtens 1971/72.
27 In der 23. Sitzung der »Konzertierten Aktion« am 10.12.1971 wurden vom Bundeswirtschaftsministerium die Eckwerte der wirtschaftlichen Entwicklung 1972 genannt. Vgl. DGB-Geschäftsbericht 1969–1971, S. 176.

Dokument 53 7. Dezember 1971

lichung sind sich einig, daß es heute nicht darum gehen kann, grundsätzlich über die Erstellung einer Zielprojektion zu entscheiden. Darüber könne nur der nächste Bundeskongreß beschließen. Übereinstimmung besteht auch darüber, daß man vom DGB auf jeden Fall die Nennung von Zahlen und Fakten verlangen und erwarten wird und daß es unter diesen Umständen ganz sicher wünschenswert sei, wenn dies einheitlich geschehe. Über Textformulierungen könne man sich immer noch absprechen.

In einem längeren Diskussionsbeitrag legt Kollege *Kluncker* noch einmal seine grundsätzlich ablehnende Meinung zu den Zielprojektionen des DGB dar. Er hebt insbesondere die seiner Ansicht nach mehr negativen Wirkungen vor allem in Tarifauseinandersetzungen hervor. Er hält dagegen die vom WWI regelmäßig veröffentlichten Ausarbeitungen und Prognosen für völlig ausreichend und wirkungsvoller. Sollte der Bundesvorstand trotzdem der vorgelegten Zielprojektion zustimmen, so würde er den Beschluß tolerieren, aber auf dem nächsten Bundeskongreß einen Antrag einbringen und vertreten, solche Zielprojektionen abzuschaffen.

Nach Auffassung von Kollegen *Neemann* wird es schwer sein, zu beweisen, ob die Zielprojektion negative oder positive Auswirkungen z. B. auf Tarifabschlüsse hat. Trotzdem hält er für 1972 die Veröffentlichung der Zielprojektion für erforderlich und begründet diese Meinung noch einmal.

Nach kurzer Diskussion der Kollegen *Vetter, Kluncker, Hauenschild, Buschmann* und *Tacke* schlägt Kollege *Neemann* vor, damit einverstanden zu sein, daß die der Zielprojektion anhängenden Zahlen in der Sitzung der Konzertierten Aktion am 10.12.1971 verwendet werden können, der Text aber noch einmal überarbeitet wird.

Kollege *Vetter* stellt abschließend fest, daß bei Widerspruch der Bundesvorstand mit Mehrheit damit einverstanden ist, daß die Zahlen der Zielprojektion in der Konzertierten Aktion verwendet werden können, der Text überarbeitet und dann ohne neue Beschlußfassung durch den Bundesvorstand veröffentlicht wird.[28]

15. BRIEF DES KOLLEGEN FRISTER AN DIE ANGEHÖRIGEN DER WESTDEUTSCHEN HOCHSCHULEN

Kollege *Kluncker* beanstandet den letzten Absatz in dem Brief des Kollegen Frister an die Angehörigen der westdeutschen Hochschulen vom 29.3.1971, der auch in der Broschüre »Personalstruktur für den Gesamthochschulbereich« der GEW von Oktober 1971 abgedruckt ist.[29] Nach seiner Ansicht könne man das dort Gesagte nicht unwidersprochen im Raum stehen lassen.

---
28 Zu der dritten Zielprojektion des DGB siehe DGB-Geschäftsbericht 1969–1971, S. 171.
29 Der von Kluncker beanstandete Absatz in dem Brief von Erich Frister: »Die GEW ist mehr als andere Gewerkschaften eine Mitgliederorganisation. Sie hat nur einen sehr kleinen hauptamtlichen Apparat; auch die Mehrheit der Vorstandsmitglieder auf der Bundesebene übt ihr Amt nur ehrenamtlich aus. Das mag manchmal die Schlagkraft der Organisation mindern, verhindert aber, daß der Wille der Mitglieder durch die Geschäftigkeit einer Gewerkschaftsbürokratie erstickt wird. Für Sie aber heißt das auch, daß Sie Mitglied werden sollten, in den Mitgliederversammlungen um Mehrheiten für Ihre Argumente kämpfen

[In der anschließenden Diskussion entschuldigt sich *Frister* bei Kluncker. Man wird bemüht sein, das vorgesehene Spitzengespräch zwischen GEW/ÖTV und dem DGB endlich durchzuführen.]

16. EINBEZIEHUNG DES VERBANDES DEUTSCHER SCHRIFTSTELLER IN DIE IG DRUCK UND PAPIER

Kollege *Vetter* bittet Kollegen Freitag, die Angelegenheit mit Kollegen Mahlein zunächst intern zu regeln.[30]

Ende der Sitzung: 17.15 Uhr

DOKUMENT 54

20./21. Januar 1972: Beratungsergebnis der Klausurtagung des Bundesvorstandes des DGB und des Vorstandes der Unternehmensgruppe Neue Heimat

Anlage zur 26. Sitzung des Bundesvorstands. Ms., hekt., 2 S.

DGB-Archiv, 5/DGAI000537.

In einer gemeinsamen Sitzung des DGB-Bundesvorstandes mit dem Vorstand der Unternehmensgruppe Neue Heimat am 20./21.1.1972 in Garmisch-Partenkirchen wurden grundsätzliche und aktuelle Fragen dieser gemeinwirtschaftlichen Unternehmensgruppe erörtert, Aspekte der Beziehungen zwischen Gewerkschafts- und Unternehmenspolitik diskutiert sowie Gedanken über die Entwicklung neuer Beteiligungs- und Kapitalstrukturen vorgetragen. Es bestand Einverständnis darüber, daß die Unternehmensgruppe Neue Heimat

1. zur allgemeinen Anhebung des Wohnstandards der Arbeitnehmer und ihrer Familien
    a) ihren Beitrag zur Beseitigung der Wohnungsnot durch Erhöhung der Wohnungsproduktion in den Bedarfsgebieten sowie
    b) die Modernisierung von Wohnungen systematisch verstärken soll.
    c) Darüber hinaus soll der Bau von Einrichtungen der öffentlichen und privaten Versorgung und Kommunikation (Kindergärten, Einkaufszentren, Ärztezentren, Bildungszentren usw.) forciert werden.

---

müssen, daß es nicht genügt, nur einen Gewerkschaftsfunktionär für sich zu gewinnen. Bei dieser, manchmal mühsamen, aber auf jeden Fall demokratischen Arbeit, wünsche ich Ihnen viel Erfolg und würde mich freuen, Sie als Mitglied in der GEW begrüßen zu können.« Personalstruktur für den Gesamthochschulbereich. Dokumente zur Hochschularbeit der GEW, Oktober 1971, S. 16.

30 In den Schreiben von Joachim Freitag und Heinz Richter (Leiter des Sekretariats der Gew. Kunst beim DGB-BV) an Heinz O. Vetter, den Hauptvorstand der DruPa und Ingeborg Drewitz (VS) geht es um die Zulässigkeit der Aufnahme des Verbandes der Schriftsteller (VS) in die DruPa. DGB-Archiv, DGB-BV, Abt. Vorsitzender 5/DGAI000473.

2. Die Unternehmensgruppe Neue Heimat wird neue Formen der Kooperation zwischen den Mietern sowie Mieter und Vermieter entwickeln und erproben.
3. Die bisherigen Aktivitäten der Unternehmensgruppe Neue Heimat zur Förderung der Regional-, Stadt-, Wohnungs- und Bauforschung wurden begrüßt, ihre Erweiterung auf raumbezogene Zukunftsforschung wurde als dringend geboten gehalten.
4. Zur Integration gesellschaftlicher Problemgruppen und zur menschenwürdigen Unterstützung ausländischer Arbeitnehmer sollen besondere Erprobungsprogramme geschaffen werden.
5. Es bestand Einverständnis darüber, daß zur Beseitigung der Wohnungsnot in der Dritten Welt und zur Hebung des Wohnstandards innerhalb der EWG und der EFTA, aber auch in anderen Staaten des Auslands, ausländischen IBFG-Gewerkschaften und gemeinnützigen Organisationen die Erfahrungen der Unternehmensgruppe Neue Heimat verstärkt vermittelt und praktische Hilfen beim Aufbau eigener gemeinnütziger Wohnungs- und Städtebau-Organisationen und Bauwirtschaften gegeben werden sollen.
6. Zur Verbreitung und Vertiefung des Verständnisses gemeinwirtschaftlicher Leistungen zugunsten der Verbraucher soll die Öffentlichkeitsarbeit innerhalb und außerhalb der DGB-Gewerkschaften verstärkt werden.
7. Die Möglichkeiten einer Verstärkung der Consultingtätigkeit der Unternehmensgruppe Neue Heimat im nationalen und internationalen Rahmen sollen überprüft werden.
8. Es bestand Einigkeit darüber, daß die Unternehmensgruppe Neue Heimat die Kooperation mit den anderen gewerkschaftseigenen und gemeinnützigen Unternehmen verstärken sollte.
9. Die Mitglieder des Bundesvorstandes betonten, daß die Mitarbeiterschulung in fachlichen und gesellschaftspolitischen Fragen im Bereich der Unternehmensgruppe Neue Heimat verstärkt werden sollte.
10. Besonderes Gewicht wurde den Untersuchungen über die Entwicklung einer gewerkschaftlichen und gemeinwirtschaftlichen Datenbank beigemessen.
11. Nachdrücklich unterstrichen die Vorstände, dass die Bedeutung der Gemeinwirtschaft in der Wettbewerbswirtschaft und für die Demokratisierung der Wirtschaft verdeutlicht werden muß. Der Ausbau der Unternehmensgruppe Neue Heimat soll in Kooperation mit anderen gemeinwirtschaftlichen Unternehmen so verstärkt und das Leistungsangebot verbreitert werden, daß diese Unternehmen ihre Funktionen, insbesondere

Preisdruck,

Qualitätsverbesserung,

Deckung lebenswichtiger Bedarfe,

Forcierung des technischen Fortschritts,

Demokratisierung im Betrieb

auf ihrem bisherigen Arbeitsgebiet, aber auch in weiteren für Arbeitnehmer lebenswichtigen Bereichen erfüllen können.

Voraussichtlich im Monat März soll dem Bundesvorstand das gemeinsame Arbeitsergebnis der beiden Arbeitsgruppen Gemeinwirtschaft über die Grundsatzfragen der Gemeinwirtschaftspolitik zur Beschlußfassung vorgelegt werden.[1]

Dokument 55

22. Januar 1972: Protokoll der 26. Sitzung des Bundesvorstandes

Rießersee-Hotel in Garmisch-Partenkirchen; Vorsitz: Heinz O. Vetter; Protokollführung: Bernd Otto; Sitzungsdauer: 10.10–19.40 Uhr; ms. vermerkt: »Vertraulich«.[1]

Ms., hekt., 7 S., 2 Anlagen.[2]

DGB-Archiv, 5/DGAI000537.

Beginn der Sitzung: 10.10 Uhr

[*Vetter* eröffnet die Sitzung.]

Tagesordnung:
1. Finanzielle Situation des DGB
2. Kandidatur von Kollegen Waldemar Reuter für die Funktion eines Geschäftsführers beim Beamtenheimstättenwerk
3. Aussprache über die Diskussion zu § 218 StGB
4. Beratungsergebnis der Klausurtagung Bundesvorstand DGB und Vorstand der Unternehmensgruppe Neue Heimat
5. Persönliche Erklärung von Kollegen Reuter

1. Finanzielle Situation des DGB

Kollege *Lappas* informiert den Bundesvorstand über die allgemeine finanzielle Situation des DGB und macht auf Sonderprobleme bei der Haushaltsgestaltung 1972 aufmerksam, die durch erhebliche Steigerungen für Personal- und Materialkosten charakterisiert werden. Gegenüber dem Haushalt 1971 wird für 1972 eine Steigerungsrate von ca. 15 % erwartet. Kollege Lappas erläutert die wichtigsten Haushaltspositionen und zeigt die Entwicklung der

---

1 Siehe Arbeitspapier: »Ziele und Funktionen der gemeinwirtschaftlichen Unternehmen« zur 28. BV-Sitzung am 7.3.1972, TOP 13 f. (Dok. 58).
1 Einladungsschreiben vom 27.12.1971 und 14.1.1972. Nicht anwesend: Günter Stephan, Leonhard Mahlein (vertreten durch Herbert Schwiedel), Adolf Mirkes (vertreten durch Gerhard van Haaren). DGB-Archiv, DGB-BV, Abt. Vorsitzender 5/DGAI000473.
2 Anlagen: Beratungsergebnis der Klausurtagung (Dok. 54), Anwesenheitsliste.

Dokument 55 22. Januar 1972

einzelnen Ansätze auf. Im gesamten DGB-Bereich soll eine verstärkte Rationalisierung mit dem Ziel einer beträchtlichen Kostensenkung betrieben werden. Dies scheint umso notwendiger, als die Einnahmeerwartungen für die kommenden Jahre keine andere Alternative zulassen. In diesem Zusammenhang kündigt Kollege Lappas für 1972 Mieterhöhungen durch die VTG an. Schon jetzt zeichnen sich, bedingt durch die Aufstockung des Beteiligungskapitals bei den gemeinwirtschaftlichen Unternehmen, Finanzierungsschwierigkeiten ab. Nach einem Zeitraum von ca. zwei Jahren ist mit der Notwendigkeit neuer Sparbeschlüsse, analog Springen, zu rechnen[3], zumal auch von einer Reform des Beitragswesens, etwa durch allgemeine Einführung des Lohnabzugsverfahrens, keine grundlegende Veränderung der finanziellen Lage des DGB zu erwarten sei. Am Beispiel der Gewerkschaften Chemie, Papier, Keramik, Leder und Textil-Bekleidung werden kurz Einzelprobleme der Beitragsgestaltung erörtert.

Kollege *Vater* unterstreicht und ergänzt die Ausführungen von Kollegen Lappas zur Finanzpolitik des DGB und betont dabei, daß eine Lösung der Finanz- und Haushaltsprobleme allein durch Einsparungsmaßnahmen unwahrscheinlich ist. Eine Anhebung des Beitragssatzes scheint daher unvermeidlich. Der in Einnahmen und Ausgaben ausgeglichene Haushalt 1972, der keine Lohn- und Gehaltserhöhungen für die DGB-Beschäftigten ausweist, basiert auf der Annahme einer weiterhin ausgeglichenen Konjunkturlage in der BRD.

In der Diskussion spricht sich Kollege *Seibert* für Personaleinsparungen auf mittlerer Ebene im Rahmen des natürlichen Abgangs aus und betont, daß den DGB-Beschäftigten, analog dem öffentlichen Dienst, Lohn- und Gehaltserhöhungen gewährt werden sollten. Seiner Meinung nach sollte der Bundesvorstand stärker noch als bisher versuchen, die allgemeine Kostenentwicklung zu bremsen. Sollte dies nicht möglich sein, so müsse eine Überprüfung der Beitragslage erfolgen.

Kollege *Sperner* spricht die Auffassung aus, daß die ursprüngliche Geschlossenheit und Dynamik des DGB, so wie sie sich nach den letzten Wahlen darstellte[4], allmählich abnimmt und verloren zu gehen droht. Statt gemeinsamer Aktionen würden immer stärker Einzelmaßnahmen der Gewerkschaften durchgeführt. Langfristig sieht Kollege Sperner keine andere Möglichkeit zur Lösung der Finanzprobleme des DGB als eine Beitragserhöhung.

Kollege *Buschmann* verweist auf die Beratungen von Springen und zeigt die Alternative Solidaritätsbeitrag und Beitragsabführungsverfahren[5] oder aber Anhebung der Beiträge auf. Seiner Meinung nach sollte in Spitzengesprächen mit den Arbeitgebern die Frage der Beitragsabführung diskutiert werden.

---

3 Vgl. Dok. 51, Fußnote 5.
4 Gemeint ist hier der 8. Ordentliche Bundeskongress 1969, auf dem Geschlossenheit demonstriert wurde. Vgl. Die Reform ist in Gang. Bilanz des Münchner Bundeskongresses, in: WdA 20, 30.5.1969 und DGB-Bundeskongreß. Die Richtung stimmt, in: Die Quelle 20, 1969, Heft 6, S. 244 ff.
5 Siehe Sondertagung des Bundesvorstandes am 24.1.1967 in Springen/Taunus, TOP 1 »Beitragsanteile der Gewerkschaften«, DGB-Archiv, DGB-BV, Abt. Vorsitzender 5/DGAI000456.

Von Kollegen *Woschech* wird darauf hingewiesen, daß der DGB bereits mehrere Maßnahmen zur Rationalisierung und Kosteneinsparung eingeleitet hat und soweit möglich und vertretbar öffentliche Mittel zur Finanzierung der Gewerkschaftsarbeit, so etwa in der Jugendarbeit, herangezogen hat. Kollege Woschech zeigt die eng mit der Finanzproblematik verbundenen Personalfragen auf und schildert die organisatorischen Probleme einzelner Kreiszusammenlegungen. Der Schaffung moderner und effektiverer Verwaltungseinheiten mit dem Ziel der Personal- und Sachkosteneinsparung wird große Bedeutung zugemessen.

Vorrangiges Ziel der DGB-Finanzpolitik muß es nach Kollegen *Brenner* sein, die Kosten- und Einnahmenentwicklung im DGB in Übereinstimmung zu bringen. Eine kontinuierliche Entwicklung im Mitgliederbereich sollte durch eine Eindämmung der Fluktuationsraten gefördert werden. Die Freizeitunfallversicherung[6] war nach den Erfahrungen der IG Metall ein stabilisierendes Element der Mitgliederbewegung. Kollege Brenner vertritt auch im Hinblick auf die Behandlung eventueller Anträge an den DGB-Bundeskongreß die Auffassung, dass nur interne Appelle zur Verbesserung des Beitragswesens ausgesprochen werden sollten. Am Beispiel des Metallarbeiterstreiks in Baden-Württemberg[7] zeigt Kollege Brenner die begrenzte Finanzkraft der Gewerkschaften auf.

Kollege *Vetter* spricht sich dafür aus, daß die Abteilung Organisation umfassende Informationen an die DGB-Kreise und an die Gewerkschaften geben und zur Neuorganisation anregen sollte.

Kollege *Hauenschild* vertritt die Auffassung, daß vom DGB nur begrenzt auf die Einnahmeseite Einfluß genommen werden kann, es jedoch an der Zeit sei, endlich mit der personellen und materiellen Verschwendung durch Parallelarbeit und unzureichende Nutzung technischer Kapazitäten in den einzelnen Gewerkschaftshäusern Schluß zu machen und eine Verwaltungsvereinfachung durchzusetzen. Kollege Hauenschild spricht sich dafür aus, kurzfristig die Kapazitäten der DGB- und Einzelgewerkschaftsschulen für Bildungsmaßnahmen im Bereich der Betriebsverfassung zur Verfügung zu stellen.

Kollege *Schmidt* betont, daß bei der Schaffung neuer Organisations- und Verwaltungsbereiche eine gleichmäßige Mitgliederbetreuung gewährleistet sein muß. In effektiver Organisation und verstärkter Rationalisierung, auch wenn dabei die Gefahr des Unpopulären gegeben sei, wird die Chance zur Lösung der Finanzprobleme gesehen. Kollege Schmidt setzt sich im Bereich der Vermögensverwaltung für die Festsetzung kostendeckender Mietpreise durch die VTG ein und regt an, eventuell zusätzliche Dienstleistungen gegebenenfalls mit einer Gebühr zu belegen.

6 Im Bericht des Hauptkassierers der IG Metall, Karl Heinz Troche, für die Jahre 1971–1973 wird ein Mitgliederzuwachs um über 10% (237.000 neue Mitglieder) aufgezeigt. Ein Zusammenhang zwischen der Freizeitunfallversicherung und den steigenden Mitgliederzahlen wird in dem Bericht nicht aufgeführt. Vgl. Geschäftsbericht 1971–1973 des Hauptvorstands der IG Metall, Frankfurt/M. 1974, S. 465 ff. Zur Diskussion um die Freizeitunfallversicherung siehe auch die Dok. 20 und 22.
7 Siehe Hans Mayr: IG Metall erstreikt Erfolg im Tarifkonflikt, in: Die Quelle 23, 1972, Heft 1, S. 14 f., siehe auch: Dok. 53, Fußnoten 11, 18 und 19.

Dokument 55 22. Januar 1972

Kollege *Sperner* unterstreicht die Notwendigkeit der Rationalisierung im DGB-Bereich und spricht unter Hinweis auf die Regelung des Wahlverfahrens im neuen Betriebsverfassungsgesetz[8] die Hoffnung aus, daß in Zukunft die besonderen Strukturen einzelner Wirtschaftszweige stärker bei der gewerkschaftlichen Willensbildung berücksichtigt werden. Kollege Sperner unterbreitet dann den Vorschlag zur Entwicklung einer gemeinsamen Werbekampagne, um den Mitgliederstand des DGB zu verbessern.

Kollege *Vater* macht noch einmal darauf aufmerksam, dass ungeachtet sonstiger flankierender Maßnahmen Beitragserhöhungen als ein permanenter Prozess gesehen werden müssen.

In der anwachsenden Mitgliederentwicklung sieht Kollege *Vetter* eine Bestätigung der Attraktivität der Gewerkschaften.

Kollege *Seibert* spricht die Kostenexplosion im Bereich des DGB-Rechtsschutzes[9] an und bittet um eine detaillierte Übersicht über die Inanspruchnahme durch die Einzelgewerkschaften.

Kollege *Lappas* betont die unterschiedliche Inanspruchnahme des Rechtsschutzes durch die Gewerkschaften und sichert eine Überprüfung der Rechtsschutzkosten zu.

2. KANDIDATUR VON KOLLEGEN WALDEMAR REUTER FÜR DIE FUNKTION EINES GESCHÄFTSFÜHRERS BEIM BEAMTENHEIMSTÄTTENWERK[10]

Kollege *Vetter* informiert den Bundesvorstand über die Kandidatur von Kollegen Reuter für die Funktion eines für Personal- und Sozialfragen zuständigen Geschäftsführers beim BHW und zeigt die Motive auf, die die Berufung eines profilierten Gewerkschafters in die BHW-Geschäftsführung notwendig machen.[11]

---

8 In dem am 19.1.1972 in Kraft getretenen Betriebsverfassungsgesetz, Teil 2, Abschnitt 1: Zusammensetzung und Wahl des Betriebsrats wird von Sperner in diesem Zusammenhang insbesondere der § 8 (Wählbarkeit) hervorgehoben. Darin ist u. a. das Mindestalter für die Wählbarkeit in den Betriebsrat (passives Wahlrecht) von 21 auf 18 Jahre herabgesetzt worden und nach sechsmonatiger Betriebszugehörigkeit (vorher 1 Jahr) konnte man in den Betriebsrat gewählt werden, was auch für ausländische Arbeitnehmer galt. Vgl. Erläuterungen zum Betriebsverfassungsgesetz, in: Die Quelle 23, 1972, Heft 2, S. 58 f.
9 Während der Geschäftsbericht des DGB 1965–1968 71.940 arbeitsrechtliche Prozessverfahren aufwies, stieg diese Zahl laut Geschäftsbericht für die Jahre 1969–1971 auf 78.510 Fälle. Die Erhöhung der Streitfälle erfolgte durch zahlreiche Änderungen arbeitsrechtlicher Gesetzesvorschriften und dadurch, dass in einigen Rechtsschutzbereichen, die in der Vergangenheit noch durch Einzelgewerkschaften selber wahrgenommen worden waren, die Prozessvertretung auf den DGB übertragen wurde. Vgl. DGB-Geschäftsbericht 1965–1968, S. 134 ff. und DGB-Geschäftsbericht 1969–1971, S. 149 ff. Eine Übersicht der Prozesse, aufgeschlüsselt nach Gewerkschaften, liegt nicht vor.
10 Das 1928 in Berlin gegründete Beamtenheimstättenwerk (BHW) war für die Angehörigen des öffentlichen Dienstes die gemeinnützige Bausparkasse, an dessen Gesellschaftskapital der DGB über seine Vermögensverwaltung zur Hälfte beteiligt war. Siehe DGB-Geschäftsbericht 1965–1968, S. 68 f.
11 Persönliches Schreiben von Heinz O. Vetter an die Mitglieder des Bundesvorstandes vom 27.12.1971 zur Kandidatur von Waldemar Reuter, DGB-Archiv, DGB-BV, Abt. Vorsitzender 5/DGAI000473.

[Die anwesenden Bundesvorstandsmitglieder erklären ihr grundsätzliches Einverständnis mit der Kandidatur und betonen die gute Zusammenarbeit mit Reuter. *Kluncker* stellt als möglichen Nachfolgekandidaten Gerhard Schmidt vom ÖTV-Hauptvorstand vor. Nach der Aussprache benennt der Bundesvorstand Gerhard Schmidt als Kandidaten für die Nachfolge von Waldemar Reuter. Die anschließende Wahl zum Geschäftsführenden Bundesvorstand soll durch den Bundesausschuss in seiner Februarsitzung erfolgen.]

UNTERBRECHUNG DER SITZUNG: 13.15 BIS 18.00 UHR

3. AUSSPRACHE ÜBER DIE DISKUSSION ZU § 218 STGB[12]

Kollege *Vetter* gibt einen Überblick über den Stand der Diskussion zur Reform des Sexualstrafrechts §§ 218 ff. StGB und zeigt die unterschiedlichen Interessenlagen in den verschiedenen gesellschaftlichen Gruppierungen, Kirchen, Parteien und Verbänden auf. Kollege Vetter betont, daß die Reform des § 218 auf politischer Ebene gelöst werden muß und daß die innergewerkschaftliche Diskussion, ausgehend von der Betonung des Grundsatzes der Gewissensfreiheit des Einzelnen, nicht den Bestand der Einheitsgewerkschaft gefährden darf.

Kollege *Breit* verweist auf die Beschlüsse der Bundesfrauenkonferenz sowie der Gewerkschaftstage und spricht sich für den Gedanken der Fristenlösung aus.

Kollege *Hauenschild* betont, daß die o. a. Beschlüsse in aller Öffentlichkeit diskutiert worden sind, und daß es keine Abstinenz des DGB in der Fragen geben kann. Die bisherigen Stellungnahmen aus dem gewerkschaftlichen Bereich sollten an die Parteien weitergeleitet werden und dabei betont werden, daß keine Einschränkung der Gewissensfreiheit des Einzelnen beabsichtigt noch möglich sei.

Kollege *Tacke* unterstreicht unter Bezugnahme auf die Notstandsgesetzgebungsdiskussion den Gedanken der Wahrung der Gewissensfreiheit des Einzelnen. Verbindliche Beschlüsse in der Frage der Reform des § 218 könne es nicht geben.

Die Kollegen *Hauenschild* und *Breit* machen deutlich, daß selbstverständlich die Gewissensfreiheit der Minderheit, die sich gegen die Reform des § 218 ausspricht, gewahrt bleiben muß.

Die Kollegen *Vetter* und *Seibert* diskutieren kurz den möglichen Inhalt einer Stellungnahme des DGB.

Kollege *Brenner* gibt einen Überblick über die Entwicklung der innergewerkschaftlichen Diskussion zu § 218 StGB und verweist auf die bei der IG Metall

---

12 Materialien zu dem Tagesordnungspunkt waren u. a. ein Schreiben des Erzbischofs von Köln, Joseph Kardinal Höffner, vom 9.9.1971, der Beschluss der 7. Bundesfrauenkonferenz des DGB 1971 in Kassel sowie Antrag 40 an den 7. Ordentlichen Bundeskongress des DGB 1966. DGB-Archiv, DGB-BV, Abt. Vorsitzender 5/DGAI000473 und DGB-Archiv, DGB-BV, Abt. Frauen 5/DGAR000170 bis 5/DGAR000180.

Dokument 55 22. Januar 1972

gefaßten Beschlüsse. Eine Bindung des einzelnen Mitgliedes liegt nicht vor und kann es in dieser Sache auch nicht geben.

Kollegin *Weber* legt die gegenwärtige Antragssituation dar und spricht sich dafür aus, in einer DGB-Stellungnahme deutlich die abweichende Auffassung der Minderheit zu vertreten.

In der weiteren Diskussion, an der sich die Kollegen *Vetter, Tacke, Hauenschild, Pfeiffer, Brenner, Reuter, Neemann, Seibert, Frister, Breit* sowie Kollegin *Weber* beteiligen, vertritt der Bundesvorstand die Auffassung, daß im DGB die gewerkschaftsinterne Diskussion zur Frage der Reform des §218 StGB fortgeführt werden kann, wobei stets darauf hingewiesen werden sollte, daß es eine Bindung der Gewissensfreiheit des Einzelnen in dieser Frage nicht geben kann. Wegen der gesellschaftspolitischen Bedeutung einer Reform des §218 StGB wird sich der 9. Ordentliche Bundeskongreß mit diesem Aspekt der Neuordnung des Sexualstrafrechts befassen. Gegenüber Parteien, Kirchen und interessierten Einzelpersonen wird der innergewerkschaftliche Diskussionsstand, der von einer sehr großen Mehrheit, die sich für eine Fristenlösung[13] ausspricht, charakterisiert wird, deutlich gemacht werden.

4. BERATUNGSERGEBNIS DER KLAUSURTAGUNG BUNDESVORSTAND DGB UND VORSTAND DER UNTERNEHMENSGRUPPE NEUE HEIMAT

[Nach einer kurzen Erklärung von *Otto* nimmt der Bundesvorstand das vorgelegte Beratungsprotokoll zustimmend zur Kenntnis.[14]]

5. PERSÖNLICHE ERKLÄRUNG VON KOLLEGEN REUTER

[In einer persönlichen Erklärung dankt *Reuter* für die vertrauensvolle Zusammenarbeit und *Vetter* dankt ihm für die geleistete Arbeit. Vetter schließt die Sitzung mit einem kurzen Hinweis auf interessante Entwicklungen im jugoslawischen Selbstverwaltungssystem.]

Ende der Sitzung: 19.40 Uhr

---

13 Auf dem 9. Ordentlichen Bundeskongress befassten sich die Anträge 304 bis 309 mit der Reform bzw. der Streichung des §218 StGB. In allen Anträgen wurde der Schwangerschaftsabbruch während der ersten drei Monate grundsätzlich als straffrei gefordert, wenn er von einem fachlich ausgebildeten Arzt vorgenommen werde. Protokoll 9. Bundeskongreß, Teil: Anträge und Entschließungen, S. 260–266. Der angenommene Antrag 304 des DGB-Landesbezirks Berlin begründete die geforderte Fristenlösung.
14 Siehe Dok. 54.

DOKUMENT 56

1. Februar 1972: Protokoll der 27. Sitzung des Bundesvorstandes

Hans-Böckler-Haus in Düsseldorf; Vorsitz: Heinz O. Vetter; Protokollführung: Isolde Funke, Marianne Jeratsch; Sitzungsdauer: 14.10–18.30 Uhr; ms. vermerkt: »Vertraulich«.[1]

Ms., hekt., 9 S., 1 Anlage.[2]

DGB-Archiv, 5/DGAI000537.

Beginn der Sitzung: 14.10 Uhr

[*Vetter* eröffnet die Sitzung und teilt mit, dass sich Leonhard Mahlein in stationäre Behandlung begeben musste.]

Tagesordnung:
1. Genehmigung des Protokolls der 25. Bundesvorstandssitzung
2. Antrag der Gewerkschaft Gartenbau, Land- und Forstwirtschaft auf Beitragsbefreiung
3. Haushalt 1972
4. Entnahme aus dem Solidaritätsfonds
5. Mieterhöhung durch die VTG
6. Unterstützungs- und Beschwerdeausschuss für den Unfallunterstützungsfonds für ehrenamtliche Gewerkschaftsfunktionäre und für den Fonds »Ehemalige Gewerkschaftsangestellte«
7. Gemeinsame Funktionärszeitschrift
8. Maimotto 1972
9. Mitbestimmung in kommunalen Eigenbetrieben
10. Entwürfe von Betriebsvereinbarungen
11. Geschäftsordnung für den Bundesausschuß
12. Änderung des § 28 AAB – Vermittlungsausschuß
13. Struktur der DGB-Kreise
14. Aufrufe des DGB zu den Betriebsratswahlen 1972
15. DGB-Aktionsprogramm
16. Verschiedenes
17. DGB-Satzung, § 9, 5 k
18. Verabschiedung Otto Kersten

1. GENEHMIGUNG DES PROTOKOLLS DER 25. BUNDESVORSTANDSSITZUNG

[Der Bundesvorstand genehmigt das Protokoll der Sitzung.]

---

1 Einladungsschreiben vom 27.12.1971 und 20.1.1972. Nicht anwesend: Rudolf Sperner (vertreten durch Konrad Carl), Adolf Schmidt und Leonhard Mahlein. DGB-Archiv, DGB-BV, Abt. Vorsitzender 5/DGAI000473.
2 Anlage: Anwesenheitsliste.

Dokument 56   1. Februar 1972

2. ANTRAG DER GEWERKSCHAFT GARTENBAU, LAND- UND FORSTWIRTSCHAFT AUF BEITRAGSBEFREIUNG

Der Bundesvorstand beschließt, den Antrag der Gewerkschaft Gartenbau, Land- und Forstwirtschaft befürwortend an den Bundesausschuß weiterzuleiten.[3]

3. HAUSHALT 1972

[*Lappas* erläutert einzelne Positionen des Haushaltsvoranschlags für 1972 in Höhe von 74,62 Mio. DM, der eine Steigerung von 9,71 Mio. DM aufweist. Nach kurzer Diskussion wird einstimmig dem Bundesausschuss empfohlen, den Haushaltsvoranschlag zu verabschieden.]

4. ENTNAHME AUS DEM SOLIDARITÄTSFONDS

[*Lappas* verteilt eine aktualisierte Vorlage, erläutert kurz die einzelnen Positionen.[4] Nach kurzer Diskussion, in der *Vietheer* berichtet, dass die HBV ab 1.1.1972 den 12%igen Beitrag zahlt[5], beschließt der Bundesvorstand, dem Bundesausschuss zu empfehlen, den in der Vorlage vorgeschlagenen Ausgaben aus dem Solidaritätsfonds zuzustimmen.]

5. MIETERHÖHUNG DURCH DIE VTG

[*Lappas* erläutert kurz die Vorlage des Beirates der VTG. Der Bundesvorstand stimmt bei drei Gegenstimmen der vom Beirat beschlossenen Mietanpassung zum 1.7.1972 in der von der Geschäftsführung errechneten Höhe zu.[6]

6. UNTERSTÜTZUNGS- UND BESCHWERDEAUSSCHUSS FÜR DEN UNFALLUNTERSTÜTZUNGSFONDS FÜR EHRENAMTLICHE GEWERKSCHAFTSFUNKTIONÄRE UND FÜR DEN FONDS »EHEMALIGE GEWERKSCHAFTSANGESTELLTE«

[Der Bundesvorstand beschließt, für den Unterstützungsausschuss: Karl-Heinz Troche anstelle von Hans Eick (beide IGM); Josef Hoffmann statt

---

3   Die GGLF stellte den Antrag, von der Beitragsleistung für das 2. Halbjahr 1971 und für das Jahr 1972 befreit zu werden. Begründet wurde der Antrag damit, dass infolge von Strukturveränderungen die Zahl der Beschäftigten in der Land- und Forstwirtschaft zurückgegangen und damit ein Mitgliederrückgang von 6.000 zu verzeichnen sei. DGB-Archiv, DGB-BV, Abt. Vorsitzender 5/DGAI000473.
4   Das Gesamtvolumen der Ausgaben betrug 3.168.000 DM. Aufgeteilt war dieser Betrag in: a) Zuwendungen an Internationale Gewerkschaftsbünde, b) Zuwendungen an DGB-Gewerkschaften, c) Ausfallbeiträge an den DGB, d) Unterstützungen an sonstige Einrichtungen und e) Verschiedenes. DGB-Archiv, DGB-BV, Abt. Vorsitzender 5/DGAI000473.
5   Siehe Unterstützung der HBV in der 18. BV-Sitzung am 4.4.1971, TOP 11 (Dok. 41).
6   In der Vorlage vom 20.1.1972 für den Bundesvorstand wurde die Mieterhöhung mit den Defiziten von 2,4 Mio. DM (1970) und 2 Mio. DM (1971) bei der Vermietung der Gewerkschaftshäuser begründet. Durch die geplante Einteilung neuer Mietgruppen, die sich an dem Alter der Gebäude orientierten, sei mit jährlichen Mietmehreinnahmen von 550.000 DM zu rechnen. DGB-Archiv, DGB-BV, Abt. Vorsitzender 5/DGAI000473.

1. Februar 1972 **Dokument 56**

Paul Trost (beide GTB) und für den Beschwerdeausschuss: Werner Schüssler für Josef Kürten (beide DruPa) zu benennen.]

7. GEMEINSAME FUNKTIONÄRSZEITSCHRIFT

Kollege *Stephan* erinnert an seine Berichte in der Bundesvorstands- und Bundesausschuss-Sitzung im November 1971 und teilt mit, daß die Gewerkschaften um ihre Meinungsäußerung gebeten worden sind.[7] Es hat sich ergeben, daß der größte Teil negativ geantwortet hat. Einige Gewerkschaften haben überhaupt keine reine Funktionärszeitschrift mehr, also auch keine Mittel dafür zur Verfügung. Damit wäre diese Angelegenheit im Moment erledigt, und ein entsprechender Bericht müßte an den Bundeskongreß geleitet werden. Kollege Stephan bittet die Bundesvorstandsmitglieder, das ihm von den Gewerkschaften zur Verfügung gestellte Material für diesen Bericht an den Bundeskongreß verwenden zu dürfen.[8] Abschließend berichtet er, daß eine verstärkte Kooperation zwischen einzelnen Gewerkschaften auf dem Gebiet des Pressewesens weiter verfolgt wird.

Der Bundesvorstand nimmt den Bericht zur Kenntnis.

8. MAIMOTTO 1972

Kollege *Stephan* erläutert kurz den Beschluß des GBV, dem Bundesvorstand als Maimotto 1972 »In Frieden arbeiten – in Freiheit leben – DGB« mit der Bitte um Zustimmung vorzuschlagen.

[In der nachfolgenden Diskussion werden andere in der Vorlage enthaltene Vorschläge kurz erörtert.[9] Der Bundesvorstand ist sich einig, den 1. Mai 1972 unter ein umfassenderes Motto zu stellen, das auch z. B. solche aktuellen Themen wie Umweltschutz, Konfliktforschung usw. umfasst, und beschließt als Maimotto 1972 »Für eine bessere Welt – DGB!«.]

9. MITBESTIMMUNG IN KOMMUNALEN EIGENBETRIEBEN

Kollege *Vetter* bittet den Bundesvorstand um Zustimmung zu der durch die Kommission Aktionsprogramm verabschiedeten Vorlage.[10]

---

7 Siehe Dok. 49 und 51.
8 Siehe hierzu G. Stephans Geschäftsbericht an den Bundeskongress, in: Protokoll 9. Bundeskongreß, S. 78 f.
9 Als weitere Vorschläge für das Maimotto 1972 standen zur Diskussion: 1. Vollbeschäftigung – gesicherter Lebensstandard – sozialer Fortschritt. DGB; 2. Für eine bessere Welt – DGB; 3. Im Dienste der arbeitenden Menschen – DGB; 4. Mehr Menschlichkeit – mehr Mitbestimmung – DGB; 5. Besinnung auf das Menschen – DGB; 6. Wir wollen die Demokratie im Betrieb – nicht die Unordnung – DGB; 7. Auf dem Weg in eine bessere Zukunft – DGB; 8. Mehr Erfolg – je mehr wir sind – DGB. DGB-Archiv, DGB-BV, Abt. Vorsitzender 5/DGAI000473; siehe auch: Sitzungen des Maiausschusses, DGB-BV, Abt. Werbung-Medienpolitik 5/DGAM000233.
10 In der Kommissionssitzung vom 6.12.1971 wurden Grundsätze für die Frage der Mitbestimmung in den kommunalen Eigenbetrieben fixiert. Das 8-seitige Arbeitspapier vom 11.1.1972 wurde am 1.2.1972 auf der Sitzung der Kommission zur Durchführung des Aktionsprogramms verabschiedet. Siehe DGB-Archiv, DGB-BV, Abt. Vorsitzender 5/DGAI001439.

Dokument 56 1. Februar 1972

[Nachdem *Kluncker* und *Stadelmaier* auf die Änderungsvorschläge seitens ihrer Gewerkschaften hingewiesen[11] und *Brenner* zur gründlichen Beratung der Änderungen um eine Vertagung gebeten hat, zieht *Vetter* die Vorlage zurück. Die Formulierungsänderungen sollen abschließend in der nächsten Bundesvorstandssitzung beraten werden.]

10. ENTWÜRFE VON BETRIEBSVEREINBARUNGEN

Kollege *Woschech* weist darauf hin, daß nach langen und intensiven Verhandlungen zwischen den Kommissionen des Geschäftsführenden Bundesvorstandes und des Gesamtbetriebsrates die dem Bundesvorstand vorgelegten Entwürfe von Betriebsvereinbarungen erarbeitet worden sind. Sowohl der GBV als auch der Gesamtbetriebsrat haben diesen Entwürfen zugestimmt.

Kollege *Vetter* stellt fest, daß der Bundesvorstand zustimmend Kenntnis nimmt von den Entwürfen

a) einer Betriebsvereinbarung mit dem Gesamtbetriebsrat des DGB

b) einer Muster-Betriebsvereinbarung mit den Einzelbetriebsräten des DGB (Landesbezirke und Bundesvorstandsverwaltung) sowie den Änderungsvorschlägen des GBR zu den §§ 6 und 8.[12]

In diesem Zusammenhang bitten die Kollegen *Vetter* und *Woschech* die Mitglieder des Bundesvorstandes um ihre Meinungsäußerung in folgender Angelegenheit: Der Vorsitzende des Gesamtbetriebsrates hat dem GBV mitgeteilt, daß der GBR zwei Vertreter in eine vom Betriebsrat der GdED initiierte Arbeitsgemeinschaft von Betriebsräten mehrerer Gewerkschaften entsenden will. Der GBV hat im Prinzip keine Bedenken dagegen.

In der nachfolgenden Diskussion, an der sich die Kollegen *Kluncker, Vetter, Woschech, Breit, Eichhorn* und *Muhr* beteiligen, wird erkennbar, daß sich noch nicht alle Gewerkschaften mit dieser Frage beschäftigt haben. Es wird außerdem erörtert, ob das für Personalfragen zuständige GBV-Mitglied möglicherweise an den Sitzungen dieser Arbeitsgemeinschaft teilnehmen sollte. Man kommt schließlich überein, die Entwicklung abzuwarten und in einer der nächsten Sitzungen die Angelegenheit noch einmal zu beraten.

---

11 In den Schreiben von Günter Döding (NGG) vom 13.1.1972 und Heinz Kluncker (ÖTV) vom 12.1.1972 teilten sie ihre Änderungsvorschläge zu den Punkten Arbeits- und Dienstrecht, mehr Mitbestimmung, gesicherte Arbeitsplätze und gerechte Vermögensverteilung mit. Diese Änderungswünsche und jene der anderen Gewerkschaften sowie der Bundesvorstandsabteilungen wurden von Heinz O. Vetter mit Schreiben vom 18.1.1972 den Bundesvorstandsmitgliedern zugeschickt. Vgl. DGB-Archiv, DGB-BV, Abt. Vorsitzender 5/DGAI001439.

12 Dem Schreiben Woschechs vom 21.1.1972 an die Bundesvorstandsmitglieder waren der Entwurf einer Betriebsvereinbarung mit dem Gesamtbetriebsrat des DGB und eine Muster-Betriebsvereinbarung mit den Einzelbetriebsräten des DGB (Landesbezirke und Bundesvorstandsverwaltung) beigefügt, dem ergänzenden Schreiben vom 26.1.1972 die letzten Änderungsvorschläge des GBR zu § 6 Einigungsstelle und zu § 8 Stellenausschreibung und -besetzung, Tätigkeitskatalog und Eingruppierung. DGB-Archiv, DGB-BV, Abt. Vorsitzender 5/DGAI000473.

11. Geschäftsordnung für den Bundesausschuss

[Nach der Erörterung einiger Änderungsvorschläge wird beschlossen, der Bundesvorstand solle den Entwurf an den Bundesausschuss zur Beratung weiterleiten.]

Die Ziffern 2, 5, 13 und 16 sollen wie folgt lauten:

2. Die Tagesordnung wird vom Bundesvorstand vorgeschlagen und ist den Mitgliedern des Bundesausschusses spätestens zwei Wochen vor der Sitzung zuzustellen.
5. Anfragen zum Tagesordnungspunkt Fragestunde werden rechtzeitig vorher, spätestens aber zu Beginn der Sitzung des Bundesausschusses dem Vorsitzenden vorgelegt. Sie sind von den jeweils zuständigen Mitgliedern des Bundesvorstandes zu beantworten.
13. Der Bundesausschuss kann aus seiner Mitte für besondere Aufgaben Ausschüsse einsetzen (§ 8, Ziffer 3 h) der Satzung). Diese Ausschüsse können Sachverständige hinzuziehen. Das Ergebnis der Ausschußberatung ist dem Bundesausschuss, unter Wahrung der Frist nach Abs. 3, in der folgenden Sitzung vorzulegen.
16. Anträgen auf namentliche Abstimmung ist Folge zu leisten, wenn sich für einen solchen Antrag 10 stimmberechtigte Mitglieder des Bundesausschusses erklären. Anträgen auf geheime Abstimmung ist Folge zu leisten.

12. Änderung des § 28 AAB – Vermittlungsausschuss

[Die Vorlage Woschechs mit der Änderung bei den Allgemeinen Anstellungsbedingungen (§ 28 AAB – Vermittlungsausschuss) wird zur Beschlussfassung dem Bundesausschuss zugeleitet.[13]]

13. Struktur der DGB-Kreise

[Der Bundesvorstand beschließt, dass es unterhalb von politischen Kreisen keine DGB-Kreise gibt.[14] Die Abteilung Organisation wird beauftragt, notwendige Maßnahmen vorzubereiten.]

14. Aufrufe des DGB zu den Betriebsratswahlen 1972

[Der Bundesvorstand ist mit den von Muhr vorgelegten Entwürfen des DGB zu den Betriebsratswahlen 1972 einverstanden.[15]]

---

13 Die Neufassung des Paragrafen wurde aufgrund der Tatsache erforderlich, dass die Personalhoheit nicht mehr bei den Landesbezirken, sondern beim Geschäftsführenden Bundesvorstand liegen sollte.
14 Mit dem Grundsatzbeschluss zur Struktur der DGB-Kreise sollte verhindert werden, dass durch die geplante Gebietsreform einiger Bundesländer mehrere DGB-Kreise für einen politischen Kreis (Gebietskörperschaft) zuständig seien. DGB-Archiv, DGB-BV, Abt. Vorsitzender 5/DGAI000473.
15 Für die Betriebsratswahl gab es zwei Aufrufe, jeweils einen für deutsche und für ausländische Arbeitnehmer. Vgl. ND, 2.2.1972, Nr. 25.

Dokument 56 1. Februar 1972

15. DGB-AKTIONSPROGRAMM[16]

Die Kollegen *Vetter* und *Brenner* berichten über die Arbeit der Kommission zur Erstellung des dem Bundesvorstand vorgelegten Aktionsprogramms 1972. Sie verweisen auf die beabsichtigte Thesenhaftigkeit des Programms und die zur Ergänzung notwendige und vorgesehene Kommentierung. Anträge dazu können noch eingebracht werden. Das Aktionsprogramm soll dann durch den Bundeskongreß verabschiedet werden.[17]

Die beiden Kollegen bitten den Bundesvorstand darum, dem vorgelegten Aktionsprogramm so zuzustimmen und nach Möglichkeit den Thesencharakter des Programms nicht durch Formulierungserweiterungen zu verändern.

Kollege *Frister* erläutert kurz die durch seine Gewerkschaft vorgelegten Ergänzungsvorschläge zum Abschnitt »Gleiche Bildungschancen und bessere Berufsbildung« und bittet um deren Berücksichtigung.

[Die nachfolgende Diskussion ergibt folgende Formulierungsänderung bzw. Ergänzung]

im Abschnitt »Gleiche Bildungschancen und bessere Berufsbildung«: »Vorrangig sind gute Lernbedingungen in der Grundschule sowie vorschulische Förderungsmöglichkeiten. Ziel muß eine obligatorische Vorschule sein. [...] Alle für Jungen und Mädchen unterschiedlichen Bildungspläne und Stundentafeln sind zu beseitigen.«

Zum Abschnitt »Steuer- und Finanzpolitik« schlägt Kollege *Kluncker* folgende Umstellung vor, die vom Bundesvorstand akzeptiert wird: »Die Steuer- und Finanzpolitik muß vor allem auf die Finanzierung notwendiger Gemeinschaftsaufgaben zugeschnitten sein. Das Steuersystem muß vereinfacht und sozial gerechter werden und eine Umverteilung der Gesamtsteuerlast zugunsten der unteren Einkommen bringen.«

[Unter Berücksichtigung der diskutierten redaktionellen Änderungen stimmt der Bundesvorstand dem vorgelegten Aktionsprogramm 1972 zu.]

---

16 Im März 1970 beschloss die Kommission zur Durchführung des Aktionsprogramms, den Text des Aktionsprogramms von 1965 (letzte Fassung und Entwürfe in: DGB-Archiv, DGB-BV, Abt. Vorsitzender 5/DGAI000534) zu überarbeiten, da der Katalog der Forderungen teilweise überholt war. Zu den Kommissionssitzungen 1970–1972 siehe DGB-Archiv, DGB-BV, Abt. Vorsitzender 5/DGAI001438 bis 5/DGAI001440.

17 Das Aktionsprogramm wurde bei einer Gegenstimme auf dem 9. Ordentlichen Bundeskongress beschlossen. Vgl. Protokoll 9. Bundeskongreß, S. 193–195 und Teil: Anträge und Entschließungen, S. 3–11. Der Bundeskongress stellte außerdem fest, dass das Grundsatzprogramm von 1963 (beschlossen auf dem außerordentlichen Bundeskongress am 21./22.11.1963) unverändert gültig sei, die im Aktionsprogramm herausgestellten Nahziele deshalb von den Forderungen des Grundsatzprogramms ausgehen, ständig überprüft, aktualisiert und erweitert werden müssten. Vgl. ebd. Das Aktionsprogramm 1972 ist herausgegeben als Broschüre und auch abgedr. in: Die Quelle 23, 1972, Heft 7/8, S. 343–348.

16. VERSCHIEDENES

a) Einladung des Bundesministers Georg Leber in den Bundesvorstand

Der Bundesvorstand ist damit einverstanden, daß Georg Leber zur nächsten Bundesvorstandssitzung am 7. März 1972 eingeladen wird.

b) 9. Ordentlicher Bundeskongreß des DGB

Kollege *Vetter* teilt mit, daß von einigen Gewerkschaften der Wunsch geäußert wurde, auf dem Bundeskongreß für ihre Gewerkschaft zusätzliche Beratungsräume zur Verfügung zu haben. Kollege Vetter bittet, davon Abstand zu nehmen, da das für alle ein Problem darstelle. Es seien genügend Räume vorhanden, die von den Gewerkschaften genutzt werden könnten.

An der anschließenden Diskussion beteiligen sich die Kollegen *Kluncker*, *Vetter* und *Woschech*. Es wird Einverständnis darüber erzielt, daß Kollege Woschech bei einem Gespräch mit Kollegen Faltermeier am 16.2.1972 in Berlin versuchen wird, diese Frage technisch zu klären.

c) Entwurf einer Entschließung der GEW

Kollege *Frister* bittet den Bundesvorstand um Zustimmung zu dem vorgelegten Entschließungsentwurf, in dem der Bundeskanzler und die Ministerpräsidenten der Länder gebeten werden, ihren Beschluß vom 28.1.1972 in dem Sinne zu ergänzen, daß die Ablehnung von Bewerbern des öffentlichen Dienstes wegen verfassungswidriger Aktivitäten vor den Verwaltungsgerichten überprüfbar sein muß.[18]

Die nachfolgende Diskussion, an der sich die Kollegen *Vetter*, *Reuter*, *Frister*, *Muhr*, *Kluncker* und *Sickert* beteiligen, ergibt, daß im Prinzip keine Einwände gegen eine solche Erklärung erhoben, jedoch eine Reihe von Formulierungsänderungen gewünscht werden.

Kollege *Brenner* äußert in diesem Zusammenhang die Meinung, daß es notwendig wäre, sich einmal grundsätzlich mit den Thesen und der Einstellung zu Gewerkschaften z. B. der DKP, zu beschäftigen. Kollege *Vetter* erklärt dazu, daß sich der Arbeitsausschuß Politischer Extremismus beim Bundesvorstand bereits eingehend mit diesen Fragen befaßt habe und eine entsprechende Vorlage in einer der nächsten Bundesvorstandssitzungen beraten werde.

Kollege *Vetter* stellt abschließend fest, daß der Entschließungsentwurf noch einmal überarbeitet und morgen verabschiedet werden soll.

---

18 Der abgeänderte Entschließungsentwurf der GEW ist veröffentlicht in: ND, 2.2.1972, Nr. 27 – DGB zur Frage der verfassungswidrigen Aktivität. Aus dem Entwurf der GEW wurde der folgende Passus herausgenommen: »Daher muß jede Ablehnung eines Bewerbers wegen verfassungswidriger Aktivitäten vor den Verwaltungsgerichten überprüfbar sein. Es muß davor gewarnt werden, dass Behörden ›schwarze Listen‹ anlegen und dann die Ablehnung eines Bewerbers offiziell auf andere, vorgeschobene Gründe stützen. Unsere Rechtsstaatlichkeit steht und fällt mit der peinlich genauen und aufrichtigen Begründung von Ablehnungsbescheiden, damit dem Betroffenen der Rechtsweg garantiert bleibt. Wer sich an diese elementaren Grundsätze nicht hält, leistet Gesinnungsschnüffelei und Duckmäusertum Vorschub. Die freiheitliche Demokratie könnte dann von denen zerstört werden, die sich als ihre Retter ausgeben.« DGB-Archiv, DGB-BV, Abt. Vorsitzender 5/DGAI000473.

Dokument 56 1. Februar 1972

d) Bundesvorstandssitzung und IG Metall-Arbeitstagung am 11.4.1971

Kollege *Vetter* weist darauf hin, daß vorgesehen war, am 11.4.1972 vormittags einen Empfang aus Anlaß des 65. Geburtstages des Kollegen Tacke zu geben und am Nachmittag die Bundesvorstandssitzung durchzuführen. Gleichzeitig wird jedoch am Nachmittag des 11.4.1972 die Arbeitstagung der IG Metall in Oberhausen eröffnet. Es wird vorgeschlagen, die Bundesvorstandssitzung bereits am Nachmittag des 10.4.1972 durchzuführen, wobei die Sitzung des GBV mit den Landesbezirksvorsitzenden ausfallen würde.

Der Bundesvorstand beschließt, seine April-Sitzung am Montag, dem 10. April 1972 um 15.00 Uhr durchzuführen.

e) Vermögenspolitik

Kollege *Vetter* ist der Auffassung, daß der Bundesvorstand ein Arbeitspapier zur Vermögenspolitik für den DGB erarbeiten muß, womit sich der Bundeskongreß beschäftigen kann. Es muß jetzt ein Termin gesucht werden, an dem ausreichend Zeit für eine ausführliche Diskussion gegeben ist.

Kollege *Kluncker* schlägt vor, die Juni-Sitzung des Bundesvorstandes vom 6. Juni auf den 29. Mai zu verlegen und in Berlin während des ÖTV-Kongresses durchzuführen.[19]

Kollege *Vetter* sagt zu, rechtzeitig für die März-Sitzung ein Arbeitspapier zur Vermögenspolitik vorzulegen. Wenn dann erkennbar werden sollte, daß eine längere Diskussion notwendig ist, wird die Erörterung auf die Juni-Sitzung vertagt.

Der Bundesvorstand beschließt, seine Juni-Sitzung auf Montag, den 29. Mai 1972, zu verlegen und im Begegnungszentrum der ÖTV in Berlin durchzuführen.

f) Brief Schelepin und Gespräch mit Boris Averjanow

Kollege *Vetter* informiert den Bundesvorstand über den Inhalt eines Schreibens des Vorsitzenden des Zentralrates der Sowjetischen Gewerkschaften, Scheljepin, und über Gespräche, die kürzlich in Brüssel mit dem Leiter der Auslandsabteilung, Averjanow, geführt worden sind.[20] Die dabei zum Ausdruck gebrachte Bereitschaft der sowjetischen Gewerkschaftsführung, eine Delegation des DGB zu ihrem Kongress im März zu empfangen und künftig auch Berliner Kollegen in DGB-Delegationen zu akzeptieren, eröffnet für uns die Möglichkeit, die seinerzeit unterbrochenen Kontakte wieder aufzunehmen und das damals festgelegte Besuchsprogramm durchzuführen.

Kollege Vetter berichtet außerdem kurz über Gespräche mit dem Vorsitzenden des Ungarischen Gewerkschaftsbundes in Wien[21], die u. a. die Abhaltung

---

19 Vom 28.5. bis 3.6.1972 fand der 7. Ordentliche Gewerkschaftstag der ÖTV in Berlin statt. Die 31. Sitzung des Bundesvorstandes wurde während des Gewerkschaftstages am 29.5. im ÖTV-Bildungs- und Begegnungszentrum in Berlin-Wannsee durchgeführt (Dok. 61).
20 Siehe Dok. 57.
21 Zu dem Treffen mit Sandor Gaspar siehe Dok. 57, Fußnote 6.

einer Regionalkonferenz der ILO sowie Kontakte zu Ostblockgewerkschaften zum Inhalt hatten.

Der Bundesvorstand nimmt die Ausführungen des Kollegen Vetter zustimmend zur Kenntnis.

17. DGB-Satzung, §9, 5 k

[Der Bundesvorstand nimmt die Vorschläge für die Wahl der Vorsitzenden und der hauptamtlichen Vorstandsmitglieder des Landesbezirks Bayern (Wilhelm Rothe, Xaver Senft, Jakob Deffner) und des Landesbezirks Hessen (Fred Link, als Nachfolger für den ausscheidenden Dudene) zustimmend zur Kenntnis.]

18. Verabschiedung Otto Kersten

Der Bundesvorstand verabschiedet Kollegen Otto Kersten, der zum Generalsekretär des IBFG gewählt wurde, und dankt ihm für die bisher geleistete Arbeit und wünscht ihm viel Erfolg in seinem neuen Amt.

Ende der Sitzung: 18.30 Uhr

Dokument 57

9. Februar 1972: Schreiben des Vorsitzenden des DGB, Vetter, an die Mitglieder des Bundesvorstandes und die Vorsitzenden der DGB-Landesbezirke zu bilateralen Kontakten des DGB mit dem Zentralrat der sowjetischen Gewerkschaften[1]

Ms., hekt., 3 S.
DGB-Archiv, Vorstandssekretariat Günter Stephan 5/DGCU000345.

Liebe Kolleginnen und Kollegen!

Nach meinen Ausführungen im Bundesvorstand des DGB am 1. d.Mts. in Düsseldorf möchte ich Euch heute nochmals kurz über den Stand der bilateralen Kontakte des DGB mit dem Zentralrat der Sowjetischen Gewerkschaften schriftlich unterrichten.[2]

Bundesvorstand und Bundesausschuß waren sich in der Vergangenheit einig, daß ein Delegationsaustausch zwischen dem DGB und dem Zentralrat

---

1 Zur Kenntnisnahme der DGB-Pressestelle und Eingangsstempel 15.2.1972 und Kürzel Günter Stephan.
2 Auf der 27. Sitzung des Bundesvorstandes am 1.2.1972 berichtete Heinz O. Vetter unter TOP 16f über den Brief von Schelepin und das Gespräch mit Boris Averjanow. DGB-Archiv, DGB-BV, Abt. Vorsitzender 5/DGAI000473.

Dokument 57   9. Februar 1972

der Sowjetischen Gewerkschaften nur möglich ist, wenn unabhängig von staatsrechtlichen Überlegungen der DGB-Landesbezirk Berlin als fester Bestandteil des Deutschen Gewerkschaftsbundes respektiert wird und Gewerkschaftskollegen aus Berlin von der Teilnahme der DGB-Delegationen nicht ausgeschlossen werden.

Die Einigung der Botschafter der vier Großmächte über ein Rahmenabkommen für Berlin[3], in dem grundsätzlich anerkannt wird, daß künftig Westberliner gleichberechtigt neben Vertretern der Bundesrepublik an Delegationen zu internationalen Begegnungen teilnehmen können, hat zweifellos dazu beigetragen, die beim Delegationsaustausch mit dem Zentralrat der Sowjetischen Gewerkschaften bisher bestehenden Schwierigkeiten abzubauen.

Ende Dezember 1971 wurde ich vom Vorsitzenden des Zentralrates der Sowjetischen Gewerkschaften, Alexander Schelepin, schriftlich unterrichtet, daß er mit uns der Meinung sei, »daß der Zeitpunkt erreicht ist, die Termine der Verwirklichung der von uns früher verabredeten Kontakte festzulegen«.[4] Dazu sollten Vertreter des DGB die Verhandlungen mit dem Zentralrat aufnehmen.

Mit Januar dieses Jahres fand in Brüssel ein Gespräch mit dem Leiter der Internationalen Abteilung des Zentralrates der Sowjetischen Gewerkschaften und Präsidiumsmitglied dieses Zentralrates, Boris Averjanow, statt, in dem dieser betonte, daß, nachdem die Berlinverhandlungen abgeschlossen sind, sowjetischerseits keine Bedenken mehr bestehen, daß einer DGB-Delegation in der Sowjetunion auch Kollegen aus Westberlin angehören.[5]

Weiterhin teilte er mit, daß am 20. März 1972 der Kongreß der sowjetischen Gewerkschaften in Moskau beginnt. Obgleich der Zentralrat der Sowjetischen Gewerkschaften keine schriftliche Einladung dem DGB zugeleitet hat, sei er beauftragt, im Namen des Zentralratsvorsitzenden Alexander Schelepin, eine solche Einladung auszusprechen. Sobald der DGB zu erkennen gibt, daß er die Einladung annimmt, wird die schriftliche Einladung dem DGB nach Düsseldorf übersandt. Als Erklärung für dieses Verfahren gab er an, daß man beiden Seiten Peinlichkeiten ersparen wollte, wenn eine Wahrnehmung des Termins in Moskau durch den DGB nicht möglich sei.

---

3 Das Viermächte-Abkommen über Berlin vom 3.9.1971, in dem die faktische Zugehörigkeit Westberlins zur Wirtschafts-, Gesellschafts- und Rechtsordnung der Bundesrepublik festgesetzt wurde, trat zusammen mit den Ost-Verträgen am 3.6.1972 in Kraft. Vgl. 3. Juni 1972 das Viermächte-Abkommen in Kraft. Erklärungen der vier Außenminister, des Bundeskanzlers und des Regierenden Bürgermeisters – Text des Viermächte-Abkommens, hrsg. Presse- und Informationsamt des Landes Berlin, Berlin 1972.
4 Aus Schreiben Alexander N. Schelepin an Heinz O. Vetter vom 20.12.1971 (Übersetzung). DGB-Archiv, DGB-BV, Internationale Abt. 5/DGAJ000824.
5 Ein Protokoll bzw. ein Bericht über dieses Gespräch ist weder im Aktenbestand des DGB-Vorsitzenden noch in dem der Internationalen Abteilung überliefert. Möglicherweise stand dieses Gespräch im Kontext des Beschlusses der 69. GBV-Sitzung vom 1.2.1972, in dem Otto Kersten beauftragt wurde, in Moskau den Standpunkt des DGB in der Berlinfrage erneut deutlich zu machen und auf die notwendigen Voraussetzungen bilateraler Beziehungen hinzuweisen. Vgl. DGB-Archiv, DGB-BV, Abt. Vorsitzender 5/DGAI000190.

9. Februar 1972 **Dokument 57**

Ende Januar führte ich in Wien ein umfassendes Gespräch mit dem Generalsekretär des Zentralrates der ungarischen Gewerkschaften, Sandor Gaspar, der offensichtlich eine vermittelnde Rolle hinsichtlich der Kontakte zwischen WGB und IBFG-Organisationen übernommen hat, über verschiedene internationale Probleme.[6] Dabei wurde vom ihm aus die Frage aufgeworfen, ob der DGB auf dem am 20. März 1972 in Moskau beginnenden Kongreß des Zentralrates der Sowjetischen Gewerkschaften vertreten sein würde. Ich habe ihn darauf von den in Brüssel mit Kollegen Averjanow geführten Gesprächen unterrichtet. Darüber hinaus teilte ich Ihm mit, daß, nachdem sich die maßgeblichen DGB-Gremien mit dieser Frage befaßt haben, mit der Entsendung einer Gewerkschaftsdelegation zu rechnen sei.

Unmittelbar nach der Bundesausschußtagung am 2. d.Mts. in Düsseldorf[7] wurde von mir mit Schreiben vom 4. Februar 1972 der Vorsitzende des Zentralrates der Sowjetischen Gewerkschaften, Alexander Schelepin, in Kenntnis gesetzt, daß wir uns freuen würden, wenn zu dem Gewerkschaftskongreß in Moskau eine aus vier Kollegen bestehende Beobachterdelegation des Deutschen Gewerkschaftsbundes eingeladen würde. Diese Delegation, bestehend aus zwei Mitgliedern des Bundesvorstandes die von Mitgliedern der Auslands- und Presseabteilung begleitet werden, wäre auch legitimiert, die früher abgesprochenen Kontakte im Einzelnen und verbindlich festzulegen.[8]

Am Schluß des Briefes habe ich bereits vorsorglich eine Beobachterdelegation des Zentralrates der Sowjetischen Gewerkschaften zum 9. Ordentlichen Bundeskongreß des DGB vom 25. Juni bis 1. Juli dieses Jahres nach Berlin eingeladen.[9] Eine offizielle Einladung an den Zentralrat wird jedoch noch in Kürze ergehen.

Mit freundlichen Grüßen

[Heinz O. Vetter]

---

6 Protokoll zu diesem Gespräch am 28.1.1972, in: DGB-Archiv, DGB-BV, Internationale Abt. 5/DGAJ000514.
7 Auf der 2. Sitzung des Bundesausschusses am 2.2.1972 berichtete Vetter über den Stand der Gespräche mit dem Zentralrat der Sowjetischen Gewerkschaften. Vgl. DGB-Archiv, DGB-BV, Abt. Vorsitzender 5/DGAI000445.
8 Die Delegation bestand schließlich aus 5 Mitgliedern: dem stellv. DGB-Vorsitzenden Gerd Muhr, dem Vorsitzenden der DPG, Ernst Breit, dem Vorsitzender der GEW, Erich Frister, dem Leiter der DGB-Bundespressestelle, Walter Fritze, und dem stellv. Leiter der DGB-Auslandsabteilung, Harald Simon. Der Bericht von Gerd Muhr über den Kongress wurde auf der 29. Bundesvorstandssitzung unter TOP 2 »Intergewerkschaftliche Lage« diskutiert, siehe Dok. 59.
9 Vom Zentralrat der Sowjetischen Gewerkschaften waren auf dem 9. Ordentlichen Kongress anwesend Pjotr Pimenow, Anatolij Dimitriewskij, Iwan Pukinow und Alexej Sherewtschuk, siehe Protokoll 9. Bundeskongreß, Gewerkschaftsgäste Ausland, S. 93–108. Heinz O. Vetter traf sich am 29.6.1972 mit A. Schelepin in Ostberlin. Über den Gesprächsverlauf informierte er den neuen GBV auf seiner konstituierenden Sitzung am 30.6.1972. Siehe DGB-Archiv, DGB-BV, Abt. Vorsitzender 5/DGAI000201.

DOKUMENT 58

7. März 1972: Protokoll der 28. Sitzung des Bundesvorstandes

Hans-Böckler-Haus in Düsseldorf; Vorsitz: Heinz O. Vetter; Protokollführung: Marianne Jeratsch; Sitzungsdauer: 10.05–17.10 Uhr; ms. vermerkt: »Vertraulich«.[1]

Ms., hekt., 7 S., 22 Anlagen.[2]

DGB-Archiv, 5/DGAI000537.

Beginn der Sitzung: 10.05 Uhr

Kollege *Vetter* eröffnet die 28. Sitzung des Bundesvorstandes und teilt mit, daß Kollege Brenner bereits seit einiger Zeit erkrankt ist. Der Bundesvorstand wird ihm Genesungswünsche übermitteln. Kollege Vetter begrüßt den neugewählten Vorsitzenden des DGB-Landesbezirks Hessen, Kollegen Claus, und beglückwünscht die wiedergewählten Landesbezirksvorsitzenden.

Kollege Vetter teilt mit, daß Kollege Woschech für den DGB am Kongreß des Bulgarischen Gewerkschaftsbundes teilnimmt. Die für den gleichen Zeitpunkt vorgesehene Begegnung zwischen einer von Kollegen Woschech geleiteten DGB-Delegation und einer Delegation der drei italienischen Gewerkschaftsbünde in Rom hat der Geschäftsführende Bundesvorstand wegen der unklaren gewerkschaftspolitischen Situation in Italien abgesagt. In diesem Zusammenhang verweist Kollege Vetter auf sein Schreiben an die Bundesvorstandsmitglieder vom 29. Februar 1972.[3]

Tagesordnung:
1. Mai-Plakate 1972
2. Genehmigung der Protokolle der 26. und 27. Bundesvorstandssitzung
3. Bundeskongreß (Anträge)
4. Wahl der Arbeitnehmervertreter in Aufsichtsräte, die der Mitbestimmung nach dem Betriebsverfassungsgesetz unterliegen
5. Mitbestimmung in kommunalen Eigenbetrieben
6. Benennung der Mitglieder der deutschen Arbeitnehmerdelegation zur 57. Tagung der Internationalen Arbeitskonferenz 1972 in der Zeit vom 7. bis 29. Juni 1972
7. Internationaler Bund Freier Gewerkschaften,
   hier: Benennung der Delegierten des DGB zum 10. Weltkongreß des IBFG vom 10.–14. Juli 1972 in London

---

1 Einladungsschreiben vom 15.2. und 24.2.1972. Nicht anwesend: Franz Woschech, Alfons Lappas, Leo Moser, Adolf Schmidt (vertreten durch Helmut Gelhorn), Rudolf Sperner (vertreten durch Konrad Carl), Otto Brenner (vertreten durch Eugen Loderer), Jan Sierks (vertreten durch Willi Prüm). DGB-Archiv, DGB-BV, Abt. Vorsitzender 5/DGAI000474.
2 Anlagen: Anwesenheitsliste, 21 Anträge an den Bundeskongress in der Neufassung.
3 Dem Schreiben von Vetter sind beigefügt: ein Vermerk an Franz Woschech zu dem geplanten Gespräch von Vertretern des DGB mit italienischen Gewerkschaften am 8./9.3.1972 in Rom, aufgrund einer Einladung vom 11.2.1972 und eine Übersetzung aus »Le Monde« vom 23.3.1972 »Gewerkschaftseinheit ist möglich«. In diesem Artikel wurde aus einem Interview des Generalsekretärs der UIL, Rafael Vanni, mit der Wochenzeitschrift »Europeo« zur möglichen Gewerkschaftseinheit in Italien zitiert. DGB-Archiv, DGB-BV, Abt. Vorsitzender 5/DGAI000474 und Sekretariat Franz Woschech 5/DGCQ000005.

8. Vorstellungen des DGB zur Bildungspolitik
9. Geschäfts- und Wahlordnung für den 9. Ordentlichen Bundeskongreß des DGB
10. Beirat der VTG
11. Beirat der Bund-Verlag GmbH
12. DGB-Satzung, § 9,5 k
13. Verschiedenes

1. Mai-Plakate 1972

Nach kurzer Diskussion über die 6 vorgelegten Entwürfe einigt sich der Bundesvorstand auf einen der beiden vom Geschäftsführenden Bundesvorstand vorgeschlagenen Plakatentwürfe, der das diesjährige Mai-Motto »Für eine bessere Welt« in der Form darstellt, daß der dunkle Halbkreis in der unteren Hälfte des Plakats die Schwierigkeiten symbolisiert, die Chancen für eine bessere Welt in jeder Beziehung durch den regenbogenfarbigen oberen Kreisteil dargestellt werden.

2. Genehmigung der Protokolle der 26. und 27. Bundesvorstandssitzung

[Mit der Berichtigung eines Schreibfehlers im Protokoll der 27. Sitzung werden beide Protokolle genehmigt.]

Kollege *Kluncker* regt an, künftig den Wortlaut von Entschließungen, Stellungnahmen u.ä., die der Bundesvorstand in seinen Sitzungen beschließt, den Protokollen beizufügen.

Im Zusammenhang mit dem im Protokoll der letzten Bundesvorstandssitzung unter »Verschiedenes« aufgeführten Punkt »Entwurf einer Entschließung der GEW« fragt Kollege Kluncker, ob es beabsichtigt sei, hierzu noch eine weitergehende Stellungnahme des DGB abzugeben. Er hält das angesichts einer Vielzahl von zu erwartenden entsprechenden Anträgen für erforderlich, auch im Hinblick auf die wünschenswerte Einheitlichkeit der Aussage.

Kollege *Vetter* führt dazu aus, daß eine baldige Aussprache über das Thema »politischer Extremismus« im Bundesvorstand vorgesehen ist, die zu einer gemeinsamen Stellungnahme führen soll.

Der Bundesvorstand einigt sich darauf, daß das Thema »politischer Extremismus« als Punkt 1 der Tagesordnung der Mai-Sitzung des Bundesvorstandes behandelt wird. Entsprechendes Material soll rechtzeitig an die Mitglieder des Bundesvorstandes verschickt werden.

3. Bundeskongress (Anträge)

Die Mitglieder des Bundesvorstandes diskutieren ausführlich die vom Geschäftsführenden Bundesvorstand vorgelegten Antragsentwürfe für den 9. Ordentlichen Bundeskongreß. Abgesehen von einigen Ausnahmen sollen die Entwürfe entsprechend den Diskussionsergebnissen vor der Weiterleitung an die Antragskommission überarbeitet werden.

(Die Neufassung der Anträge liegt diesem Protokoll bei.)

Dokument 58 7. März 1972

4. WAHL DER ARBEITNEHMERVERTRETER IN AUFSICHTSRÄTE, DIE DER MITBESTIMMUNG NACH DEM BETRIEBSVERFASSUNGSGESETZ UNTERLIEGEN

Kollege *Vetter* geht kurz auf die Probleme ein, die zur Vorlage des dem Bundesvorstand übersandten Beschlußvorschlages geführt haben. Wegen der grundsätzlichen Bedeutung bittet er den Bundesvorstand um seine Zustimmung.[4]

Kollege *Loderer* bittet um Ergänzung des Beschlußvorschlages in dem Sinne, daß in Übereinstimmung mit dem DGB-Entwurf zur qualifizierten Mitbestimmung die Gewerkschaften bei der Bestellung der betrieblichen Arbeitnehmervertreter ein Beratungs- und Vetorecht erhalten und daß eine verbindliche Regelung über die gewerkschaftliche Einflußnahme auf die Bestellung außerbetrieblicher Arbeitnehmervertreter aufgenommen wird.

Der Bundesvorstand ist mit der Vorlage einschließlich der vorgeschlagenen Ergänzung einverstanden.

5. MITBESTIMMUNG IN KOMMUNALEN EIGENBETRIEBEN

Der Bundesvorstand stimmt dem Papier »Mitbestimmung in kommunalen Eigenbetrieben« unter Berücksichtigung der vorgelegten Änderung zu.[5]

6. BENENNUNG DER MITGLIEDER DER DEUTSCHEN ARBEITNEHMERDELEGATION ZUR 57. TAGUNG DER INTERNATIONALEN ARBEITSKONFERENZ 1972 IN DER ZEIT VOM 7. BIS 29. JUNI 1972

Der Bundesvorstand beschließt, daß folgende Kollegen als Vertreter des Deutschen Gewerkschaftsbundes dem Bundesministerium für Arbeit und Sozialordnung als Mitglieder der deutschen Arbeitnehmerdelegation zur 57. Tagung der Internationalen Arbeitskonferenz 1972 benannt werden:

Delegierter: Kollege Gerd Muhr

Stellvertretender Delegierter und Berater: Kollege Heinz Wolf

Berater: Kollege Hans Diers (ÖTV), Kollege Gerhard van Haaren (Leder) Kollege Freddy Mahlstedt (ÖTV), Kollege Olaf Radke (IGM), Kollege Hanshorst Viehof (DGB), Kollege Harald Simon (DGB).

---

4 Der Beschlussvorlage vom 8.2.1972 ist ein Schreiben des Konzernbetriebsrats der Deutschen Unilever GmbH vom 6.12.1971 an den Bundesvorstand beigefügt, in dem empfohlen wurde, die Änderung des Wahlverfahrens nach § 75 BetrVG zu unterstützen. Danach sollte die Wahl der Arbeitnehmervertreter im Konzern und in solchen Unternehmen, denen räumlich getrennte Betriebe angehören, dem Betriebsrat übertragen werden. Im Beschlussvorschlag des BV wurde der Gesetzgeber aufgefordert, durch eine Änderung des § 75 BetrVG und der Wahlordnung die Wahl der Arbeitnehmervertreter zum Aufsichtsrat dem Betriebsrat zu übertragen. DGB-Archiv, DGB-BV, Abt. Vorsitzender 5/DGAI000474.

5 Die Beschlussvorlage (siehe Dok. 56, Fußnote 10) wurde mit der Streichung von zwei Sätzen beim Abschnitt »Wahl- und Bestellverfahren« verabschiedet. DGB-Archiv, DGB-BV, Abt. Vorsitzender 5/DGAI000474.

7. März 1972 **Dokument 58**

7. INTERNATIONALER BUND FREIER GEWERKSCHAFTEN, HIER: BENENNUNG DER DELEGIERTEN DES DGB ZUM 10. WELTKONGRESS DES IBFG VOM 10. BIS 14. JULI 1972 IN LONDON

[Zum Weltkongress des IBFG beschließt der Bundesvorstand für den GBV: Heinz O. Vetter, Bernhard Tacke (bzw. sein Nachfolger), Gerd Muhr, Maria Weber, Alfons Lappas, Georg Neemann und für die Gewerkschaften: Otto Brenner, Heinz Kluncker, Alois Pfeiffer, Adolf Schmidt, Rudolf Sperner und Gerhard Vater als Delegierte zu entsenden.]

8. VORSTELLUNGEN DES DGB ZUR BILDUNGSPOLITIK

Der Bundesvorstand stimmt dem Entwurf »Bildungspolitische Vorstellungen des Deutschen Gewerkschaftsbundes« (Stand 3. März 1972) zu.[6]

9. GESCHÄFTS- UND WAHLORDNUNG FÜR DEN 9. ORDENTLICHEN BUNDESKONGRESS DES DGB

Kollege *Vetter* schlägt vor, über die vorgelegten Entwürfe einer Geschäftsordnung und einer Wahlordnung[7] für den 9. Ordentlichen Bundeskongreß des DGB getrennt und nach einzelnen Punkten zu beraten.

a) Geschäftsordnung

Kollege *Vetter* trägt vor, daß die Deutsche Postgewerkschaft zum Punkt 1) einen Änderungsvorschlag mit folgendem Wortlaut vorgelegt hat:

»Der Kongreß wählt ein Präsidium, das aus 9 Ordentlichen Delegierten besteht. Sechs Präsidiumsmitglieder führen abwechselnd die Rednerliste und unterstützen die übrigen Präsidiumsmitglieder bei der Leitung des Kongresses.«

[Bei der nachfolgenden Diskussion spricht sich die Mehrzahl der Diskussionsteilnehmer für eine Annahme des durch den Geschäftsführenden Bundesvorstand vorgelegten Vorschlags aus, der es dem Kongress möglich macht, Bundesausschußmitglieder und damit auch Mitglieder des Geschäftsführenden Bundesvorstandes in das Präsidium zu wählen. Die Abstimmung über die beiden Vorschläge zu Ziff. 1 der Geschäftsordnung ergibt bei einer Gegenstimme und einer Stimmenthaltung die Annahme des GBV-Vorschlags.]

---

6 Am 11.2.1972 erhielten die Bundesvorstandsmitglieder von Bernhard Tacke einen Entwurf der Vorstellungen des DGB zur Bildungspolitik (Stand 7.2.1972). Eine überarbeitete Fassung, Stand: 3.3.1972, war Diskussionsgrundlage der Sitzung. Vgl. DGB-Archiv, DGB-BV, Abt. Vorsitzender 5/DGAI000474 und Abt. Bildung 5/DGAV000637. Die Bildungspolitischen Vorstellungen sind abgedr. in: Die Quelle 23, 1972, Heft 4, S. 232–234.
7 Aufgrund der neuen Satzung vom 1.7.1971 (außerordentlicher Bundeskongress) war eine Überarbeitung der Geschäftsordnung des 8. Ordentlichen Bundeskongresses notwendig. Mit Schreiben vom 24.2.1972 erhielten die Bundesvorstandsmitglieder von Franz Woschech den Entwurf sowie zwei Alternativen für die Wahlordnung. DGB-Archiv, DGB-BV, Abt. Vorsitzender 5/DGAI000474. Text der beschlossenen Fassung der Geschäfts- und Wahlordnung siehe Protokoll 9. Bundeskongreß, o.S.

Dokument 58 7. März 1972

[In der Diskussion zu den Ziffern 2) bis 14) der Geschäftsordnung werden insbesondere die Arbeit der Antragsberatungskommission, die Fristenfestsetzung für Initiativanträge und die unter 14) genannten Abstimmungsverfahren angesprochen. Abschließend wird den Ziffern 2) bis 14) der Geschäftsordnung mit Formulierungsänderungen zugestimmt.]

b) Wahlordnung

Kollege *Vetter* weist kurz auf die unterschiedlichen Formulierungen der vorgelegten Alternativen 1 und 2 hin und gibt bekannt, daß sich die Deutsche Postgewerkschaft für die Annahme der Alternative 2 ausspricht, die der Einzelwahl der Mitglieder des Geschäftsführenden Bundesvorstandes den Vorzug vor der Blockwahl in Alternative 1 gibt.

Die Kollegen *Mirkes, Hauenschild, Vetter, Muhr, Vietheer* und *Breit* diskutieren das Für und Wider der beiden Alternativen. Man ist sich einig, daß der Kongreß keine Ressortverteilung auf die Mitglieder des Geschäftsführenden Bundesvorstandes vornehmen kann. Der Geschäftsführende Bundesvorstand hat das Recht, eigene Ressortvorschläge zu machen, die dann vom Bundesvorstand beschlossen werden.

Die Abstimmung über beide vorgelegten Alternativen ergibt 8 Stimmen für Alternative 1 und 9 Stimmen für Alternative 2.

Damit hat sich der Bundesvorstand für die Annahme der Alternative 2 zur Wahlordnung gemäß § 13, 6 entschieden.

10. BEIRAT DER VTG

Der Bundesvorstand ist damit einverstanden, daß anstelle des ausscheidenden Kollegen Waldemar Reuter der Kollege Gerhard Schmidt in den Beirat der VTG berufen wird.

11. BEIRAT DER BUND-VERLAG GMBH

Der Bundesvorstand ist damit einverstanden, daß anstelle des ausscheidenden Kollegen Waldemar Reuter der Kollege Gerhard Schmidt in den Beirat der Bund-Verlag GmbH berufen wird.

12. DGB-SATZUNG, § 9, 5 K (VORSCHLAGSRECHT DES BUNDESVORSTANDES FÜR DIE WAHL DES LANDESBEZIRKSVORSITZENDEN UND DER HAUPTAMTLICHEN MITGLIEDER DES LANDESBEZIRKSVORSTANDES)

Der Bundesvorstand nimmt die Vorschläge für die Wahl der Vorsitzenden und der hauptamtlichen Vorstandsmitglieder der Landesbezirke Berlin (W. Sickert, A. Girnatis-Holtz, F. Giersch), Nordmark (J. Sierks, W. Prüm, D. Heering) und Saar (M. Wagner, T. Schuler, E. Wilden) zustimmend zur Kenntnis.

13. Verschiedenes

a) Insider-Informationen

Der Bundesvorstand ist nach wie vor der Meinung, daß das Problem »Insider-Informationen« einer gesetzlichen Regelung bedarf.[8]

b) Schreiben in Sachen § 218

Kollege *Vetter* teilt mit, daß in dieser Sache Antwortschreiben der drei Fraktionsvorsitzenden im Bundestag sowie des Bundesjustizministers eingegangen sind. Sie werden dem gleichen Empfängerkreis wie bisher zur Kenntnis gegeben.[9]

c) Information über die Lage in Jugoslawien

Kollege *Vetter* teilt mit, daß der in der »Berliner Zeitung« vom 20.12.1971 erschienene Bericht nach Aussagen kompetenter Stellen die Stellungnahme des jugoslawischen Gewerkschaftsvorsitzenden Petrovic korrekt wiedergibt.[10]

d) Zeichnung von Israel-Bonds[11]

Kollege *Lappas* verweist auf sein Schreiben an die Gewerkschaftsvorsitzenden und bittet um Meinungsäußerungen zu einer eventuellen Beteiligung an der Zeichnung von Israel-Bonds.

Nach kurzer Diskussion stimmt der Bundesvorstand dem Vorschlag des Kollegen Lappas zu, zu erwägen, für den Fall eines neuen Engagements durch die Bildung eines Pools alle Gewerkschaften des DGB zu erfassen und damit ein gemeinsames Vorgehen zu erreichen. In der nächsten Bundesvorstandssitzung soll abschließend darüber beraten werden.

e) Delegation des DGB zum Kongreß der Sowjetischen Gewerkschaften

Der Bundesvorstand nimmt zustimmend Kenntnis davon, daß eine Delegation des DGB auf Einladung des Zentralrates der Sowjetischen Gewerk-

---

8 Vgl. Für ein gesetzliches Verbot des Missbrauchs von internen Unternehmens-Informationen, in: ND, 8.9.1971, Nr. 255.
9 In den Antwortschreiben von Bundesjustizminister Gerhard Jahn und dem SPD-Fraktionsvorsitzenden Herbert Wehner unterstützen beide die DGB-Entscheidung zur Fristenlösung. DGB-Archiv, DGB-BV, Abt. Vorsitzender 5/DGAI000474. In den Schreiben des CDU/CSU-Fraktionsvorsitzenden Rainer Barzel vom 21.2.1972 und des FDP-Fraktionsvorsitzenden Wolfgang Mischnick vom 16.2.1972 wurde der Standpunkt des DGB zur Kenntnis genommen und an die Fraktionsmitglieder weitergeleitet. DGB-Archiv, DGB-BV, Abt. Frauen 5/DGAR000280.
10 Die »Berliner Zeitung« berichtete über eine Präsidiumssitzung des Jugoslawischen Gewerkschaftsbundes, in der sich Dusan Petrovic kritisch zur materiellen Situation der jugoslawischen Arbeiterklasse äußerte. Ein Schreiben der Deutschen Botschaft in Belgrad vom 8.2.1972 bestätigte diesen Zeitungsbericht. DGB-Archiv, DGB-BV, Internationale Abt. 5/DGAJ000626.
11 1967, nach dem Nahost-Krieg, beschloss der Bundesvorstand, dass der DGB und seine Gewerkschaften 3.000.000 DM und aus dem Solidaritätsfonds 1.000.000 DM in Israel-Bonds (Staatsanleihen) anlegen sollte. Vgl. 12. Sitzung des Bundesvorstandes am 6.6.1967, DGB-Archiv, DGB-BV, Abt. Vorsitzender 5/DGAI000535. In der nächsten Bundesvorstandssitzung wurde der TOP »Israel-Bonds« zurückgestellt (Dok. 59).

Dokument 58 7. März 1972

schaften als Beobachter an dem am 20. März 1972 beginnenden Kongreß der Sowjetischen Gewerkschaften in Moskau teilnimmt. Die Delegation setzt sich zusammen aus den Kollegen Muhr (Delegationsleiter), Breit und Frister sowie den Kollegen Fritze und Simon als Berater.

f) Gemeinwirtschaftliche Unternehmen

Kollege *Vetter* verweist auf ein an den Vorsitzenden übergebenes Papier »Ziele und Funktionen der gemeinwirtschaftlichen Unternehmen«[12], das das Beratungsergebnis des gemeinsamen Ausschusses von Vertretern des DGB und der gemeinwirtschaftlichen Unternehmen darstellt.[13] Kollege Vetter bittet um Diskussion des Papiers in den Vorständen, um möglichst in der April-Sitzung des Bundesvorstandes zu einer abschließenden Beratung des Entwurfs zu kommen. Danach soll eine Aussprache mit den Vorsitzenden der Vorstände der gemeinwirtschaftlichen Unternehmen erfolgen.

g) Zeitschrift 'ran

Im Hinblick auf das beachtliche finanzielle Engagement der IG Metall bittet Kollege *Loderer* um Auskunft über die Situation der Jugendzeitschrift »ran«.

Kollege *Vetter* schlägt vor, zunächst die Beratungen im Beirat Bund-Verlag insbesondere über die Kostenlage abzuwarten, um dann in einer der nächsten Bundesvorstandssitzungen abschließend darüber zu diskutieren.

h) Fortsetzung der heutigen Bundesvorstandssitzung

Kollege *Vetter* geht kurz auf die Termingründe ein, die ihn veranlaßt hatten, eine Verlegung bzw. Fortsetzung der heutigen Bundesvorstandssitzung auf den 15. März vorzuschlagen. Er stellt fest, daß aufgrund der zügigen Beratungen am heutigen Tage eine Fortsetzung der Sitzung am 15. März nicht mehr erforderlich ist.

i) Mai-Aufruf

Die noch notwendige Verabschiedung des Mai-Aufrufs des DGB soll nach unverzüglicher Übersendung des Entwurfs im Umlaufverfahren erfolgen.

j) Kontoführungsgebühr bei der BfG

Kollege *Hauenschild* regt an, daß der Bundesvorstand sich noch einmal nachdrücklich gegen die Erhebung von Kontoführungsgebühren durch die BfG ausspricht. Er verweist auf sehr unterschiedliche Handhabung in den einzelnen Niederlassungen.

Kollege *Vetter* sagt eine Überprüfung zu.

Ende der Sitzung: 17.10 Uhr

---

12 Das Papier wurde in der gemeinsamen Sitzung des Bundesvorstandes mit den Vorständen der gemeinwirtschaftlichen Unternehmen am 24.5.1972 verabschiedet. Dieser Beschluss wurde den Delegierten des 9. Ordentlichen Bundeskongresses als Material vorgelegt. Der Text wurde als Broschüre im November 1972 vom DGB-Bundesvorstand herausgegeben.
13 Siehe Dok. 54.

DOKUMENT 59

10. April 1972: Protokoll der 29. Sitzung des Bundesvorstandes

Hans-Böckler-Haus in Düsseldorf; Vorsitz: Heinz O. Vetter; Protokollführung: Isolde Funke, Marianne Jeratsch; Sitzungsdauer: 15.25–19.30 Uhr; ms. vermerkt: »Vertraulich«.[1]

Ms., hekt., 10 S., 2 Anlagen.[2]

DGB-Archiv, 5/DGAI000537.

Beginn der Sitzung: 15.25 Uhr

[*Vetter* eröffnet die Sitzung und teilt mit, dass sich die Gewerkschaftsvorsitzenden bzw. ihre Stellvertreter im Anschluss an die Sitzung noch zu einer kurzen Besprechung treffen wollen.[3] Anschließend verabschiedet er Pleß und gratuliert Wagner zu seiner Wahl zum DGB-Landesbezirksvorsitzenden Saar.]

Tagesordnung
1. Genehmigung des Protokolls der 28. Bundesvorstandssitzung
2. Intergewerkschaftliche Lage
3. Wahl der Arbeitnehmervertreter in Aufsichtsräte, die der Mitbestimmung nach dem Betriebsverfassungsgesetz unterliegen
4. Tagesordnung für die 3. Bundesausschußsitzung am 3.5.1972
5. Aktionen rechtsradikaler Kreise
6. Volksbegehren zur Änderung der bayrischen Verfassung
7. Forderungen des DGB zur beruflichen Bildung
8. Finanzplan der VTG für das Jahr 1972
9. Zeichnung von Israel-Bonds
10. Revisionsbericht
11. Richtlinien gemäß § 12, Ziffer 4 der Satzung des DGB für die Einberufung und Durchführung der Kreisdelegiertenversammlungen
12. Arbeitsgemeinschaft der Betriebsräte in den Verwaltungen der DGB-Gewerkschaften
13. 9. Ordentlicher Bundeskongreß
14 Bestätigung der Mitglieder der Landesbezirksvorstände des DGB
15. Verschiedenes

1. GENEHMIGUNG DES PROTOKOLLS DER 28. BUNDESVORSTANDSSITZUNG

[Der Bundesvorstand genehmigt das Protokoll der 28. Bundesvorstandssitzung mit einer vom Kollegen *Loderer* gewünschten Ergänzung zu TOP 3. »Bundeskongress (Anträge)«.]

---

1 Einladungsschreiben vom 23. und 30.3.1972. Nicht anwesend: Rudolf Sperner (vertreten durch Konrad Carl), Karl Buschmann (vertreten durch Martin Heiß), Georg Drescher (vertreten durch Meino Nielsen). DGB-Archiv, DGB-BV, Abt. Vorsitzender 5/DGAI000475.
2 Anlagen: Erklärung des Bundesvorstandes zum Volksbegehren in Bayern, Anwesenheitsliste.
3 Bei diesem Treffen wurde der Wahlvorschlag zum Bundeskongress für die Mitglieder des Geschäftsführenden Bundesvorstandes besprochen. Eingeladen zu diesem Treffen hatte Adolf Mirkes mit Schreiben vom 17.3.1972. DGB-Archiv, DGB-BV, Abt. Vorsitzender 5/DGAI000475.

2. INTERGEWERKSCHAFTLICHE LAGE

Kollege *Vetter* verweist auf die den Bundesvorstandsmitgliedern übersandten Berichte der Kollegen Woschech und Muhr über den Kongreß des Bulgarischen Gewerkschaftsbundes im März in Sofia und die Beobachter-Delegation zum 15. Kongreß der Gewerkschaften der UdSSR in Moskau. Kollege Vetter bittet Kollegen Muhr um mündliche Ergänzung über einen vertraulichen Punkt.[4]

Kollege *Muhr* informiert den Bundesvorstand über Zustandekommen und Verlauf eines vertraulichen Gesprächs zwischen Vertretern der DGB-Delegation (Muhr, Fritze) und der FDGB-Delegation (Warnke, Bayreuther) anläßlich des Kongresses der sowjetischen Gewerkschaften, das die Möglichkeiten einer Wiederaufnahme der Beziehungen zum Inhalt hatte. Um eventuelle zukünftige Kontakte nicht durch spektakuläre Presseberichterstattung stören zu lassen, ist man sich einig, zunächst einmal die Aufnahme technischer Kontakte zwischen den beiden Organisationen abzuwarten, bevor der Bundesvorstand sich offiziell mit diesen Dingen befaßt.

In Zusammenhang mit der im Delegationsbericht erwähnten europäischen Gewerkschaftskonferenz bittet Kollege *Seibert* um Auskunft über eine sogenannte Sicherheits- oder Friedenskonferenz europäischer Gewerkschaften in Brüssel.

Kollege *Vetter* gibt einen kurzen Überblick über die bisherigen Bemühungen von östlicher und westlicher Seite um eine europäische Gewerkschaftskonferenz. Während von östlicher Seite durch wechselnde Initiatoren mit unterschiedlichen Zielsetzungen immer wieder versucht worden ist, solche Konferenzen zustande zubringen, sind sich die im IBFG vereinigten europäischen Gewerkschaftsbünde einig, sich nur an einer Europäischen Regionalkonferenz der ILO zu beteiligen. Die Bemühungen um eine solche Konferenz laufen. Über die von Kollegen Seibert angesprochene Konferenz in Brüssel hat der DGB nur inoffizielle Informationen. Sie ist offenbar mehr von politischen Funktionären der Sowjetunion als von den Gewerkschaften initiiert. Man hat versucht, DGB-Funktionäre gegeneinander auszuspielen. Nach unseren Informationen sind die Bemühungen um diese Konferenz bisher nicht erfolgreich gewesen.

Kollege *Muhr* ergänzt, daß bei den Gesprächen mit Schelepin in Moskau diese sogenannte Friedenskonferenz in Brüssel nie erwähnt worden ist, sondern dass immer nur von einer Europäischen Gewerkschaftskonferenz im Rahmen der ILO die Rede war.

An der nachfolgenden Diskussion beteiligen sich die Kollegen *Hauenschild, Vetter, Kluncker, Muhr, Mirkes, Loderer* und *Breit*. Kollege *Kluncker* legt Wert auf die Feststellung, daß die im Rahmen des Programms mit dem Sowjetischen Gewerkschaftsbund vorgesehenen Kontakte zwischen Einzel-

---

4 Bericht Franz Woschechs vom 28.3.1972 über den 7. Kongress des Bulgarischen Gewerkschaftsbundes vom 7.3. bis 10.3.1972 in Sofia und von Gerd Muhr vom 4.4.1972 über den 15. Kongress der Gewerkschaften der UdSSR vom 20.3. bis 25.3.1972 in Moskau, DGB-Archiv, DGB-BV, Abt. Vorsitzender 5/DGAI000475.

gewerkschaften beider Bünde in die Verantwortung der jeweiligen Vorstände fallen. Die Kollegen *Muhr* und *Breit* bestätigen, daß das vorgesehen ist. Kollege *Loderer* spricht sich für die IG Metall – unter Beachtung der bisherigen Grundsätze – für eine Wiederaufnahme der Beziehungen zum Sowjetischen Gewerkschaftsbund aus. Er ist jedoch der Meinung, daß eine ständige Information und Absprache zwischen DGB und Gewerkschaften erfolgen sollte, um ein einheitliches Verfahren zu gewährleisten.

Abschließend erwähnt Kollege *Vetter* die Teilnahme von DGB-Vertretern an einem Symposium über die Rolle der Gewerkschaften in Jugoslawien. Ein ähnliches Symposium wird im Herbst in der Bundesrepublik unter Beteiligung einer jugoslawischen Delegation stattfinden.[5] Der Bundesvorstand soll durch einen kurzen schriftlichen Bericht über Einzelheiten informiert werden.

Auf die Frage des Kollegen *Wagner* nach Kontakten zur CFDT und CGT gibt Kollege *Vetter* einen kurzen Überblick über die bisherigen Beziehungen.[6] Er bittet um abwartendes Verhalten gegenüber Kontaktbemühungen bis zur Klärung der Lage.

Kollege *Vetter* stellt abschließend fest, daß der Bundesvorstand die Berichte zustimmend zur Kenntnis nimmt.

3. WAHL DER ARBEITNEHMERVERTRETER IN AUFSICHTSRÄTE, DIE DER MITBESTIMMUNG NACH DEM BETRIEBSVERFASSUNGSGESETZ UNTERLIEGEN

[Der Bundesvorstand beschließt die ergänzende Vorlage vom 24.3.1972 mit einer vorgeschlagenen Korrektur von *Pfeiffer*.[7]]

4. TAGESORDNUNG FÜR DIE 3. BUNDESAUSSCHUSSSITZUNG AM 3.5.1972

[Der Bundesvorstand beschließt die Tagesordnung[8] für die 3. Bundesausschusssitzung.]

---

5 Am 22./23.2.1972 fand in Belgrad ein Symposium des jugoslawischen Gewerkschaftsbundes über die Rolle der jugoslawischen Gewerkschaft unter den gegenwärtigen Bedingungen statt. Vonseiten des DGB nahmen Detlev Hensche und Gerhard Leminsky teil. Ein Termin für das Seminar in der Bundesrepublik wurde nicht genannt. Vgl. DGB-Archiv, DGB-BV, Internationale Abt. 5/DGAJ000626. In der 3. Sitzung der Ständigen deutsch-jugoslawischen Gewerkschaftskommission vom 10. bis 14.9.1972 in Dubrovnik wurde nicht erwähnt, ob das Seminar stattgefunden hatte oder nicht. Vgl. DGB-Archiv, DGB-BV, Abt. Ausländische Arbeitnehmer 5/DGAZ000209.
6 Zu den seit 1970 stattgefundenen deutsch-französischen gewerkschaftlichen Spitzengesprächen siehe DGB-Geschäftsbericht 1969–1971, S. 15. Zu den ideologischen Auseinandersetzungen zwischen der CFDT und der CGT siehe umfangreiche Materialsammlung und Protokolle der Spitzengespräche in: DGB-Archiv, DGB-BV, Internationale Abt. 5/DGAJ000768.
7 In der BV-Sitzung am 7.3.1972 (Dok. 58) wurde die Vorlage zur Änderung des Wahlverfahrens nach § 76 BetrVG diskutiert und ergänzt. In der erweiterten 5-seitigen Beschlussvorlage der Abt. Vorsitzender vom 24.3.1972 wurde bei der Begründung zur Änderung des Wahlverfahrens der Satz zur detaillierten Information der Belegschaft über die Aufsichtsratssitzung gestrichen. DGB-Archiv, DGB-BV, Abt. Vorsitzender 5/DGAI000475.
8 Als Tagesordnung war vorgesehen: 1. Genehmigung des Protokolls der 2. Bundesausschusssitzung, 2. Bericht zur gewerkschaftspolitischen und organisatorischen Situation, 3. Berichterstattung zur Situation betr. Personalvertretungsgesetz, 4. Anträge gemäß § 6 der Beitragsordnung, 5. Geschäftsordnung für den Bundesausschuss, 6. Änderung des § 26 AAB –

Dokument 59   10. April 1972

5. AKTIONEN RECHTSRADIKALER KREISE

Kollege *Vetter* berichtet über ein Schreiben des Landesbezirks NRW, in dem über einen geplanten »Marsch auf Bonn« der »Aktion Widerstand« am 5. Mai informiert wird. Der Landesbezirk schlägt eine entsprechende Gegenaktion vor.[9] Nach eingehender Überlegung sei man zu der Auffassung gekommen, von einer Gegenaktion abzusehen. Falls überhaupt, sollte eine Aktion zur Ratifizierung der Ostverträge[10] durchgeführt werden.

Kollege *Naber* gibt einen kurzen Bericht über die allgemeine Lage. In der NPD machen sich die Auswirkungen der Parteitage in Holzminden und München[11] sowie des Spaltungsversuches von Dr. Pöhlmann immer stärker bemerkbar. Viele Mitglieder sind ausgetreten und die Partei findet in der Bevölkerung kaum Resonanz. Zur Lage der »Aktion Neue Rechte«[12] ist zu sagen, dass die organisatorische Entwicklung nur zögernd voran geht und ihre Chancen, das rechtsradikale Lager zu integrieren, wegen der unterschiedlichen Einstellung der Anhängerschaft zu ideologischen Fragen und radikalen Aktionen gering sind. Der Vorsitzende der »Deutschen Volksunion« (DVU), Dr. Frey[13], wirbt weiterhin für den »Marsch auf Bonn« und betont die Gemeinsamkeit mit der »Aktion Oder-Neiße«[14] (AKON) und der »Aktion Neue Rechte« (ANR). Die DVU hat am 25. März in Nürnberg eine »Europa-Kundgebung« durchgeführt, die sehr gestört wurde. Ihre »Großdemonstration« ist für Anfang Mai 1972, ohne genaues Datum, vorgesehen.

Vermittlungsausschuss, 7. Richtlinien gemäß § 12, Ziffer 4 der Satzung des DGB für die Einberufung und Durchführung der Kreisdelegiertenversammlungen, 8. Bestätigung der Mitglieder der Landesbezirksvorstände des DGB, 9. 9. Ordentlicher Bundeskongreß und 10. Verschiedenes.

9 Schreiben Peter Michels' vom 24.3.1972 an den DGB-Vorsitzenden, DGB-Archiv, DGB-BV, Abt. Vorsitzender 5/DGAI000475.

10 Zur Ratifizierung der Ostverträge richtete der DGB an die Opposition und an die Abgeordneten des Bundestages den dringenden Appell, im Interesse des Friedens ihre Zustimmung zu geben. Vgl. ND, 13.4.1972, Nr. 197 und 25.4.1972, Nr. 122.

11 Auf dem Bundesparteitag der NPD vom 19.–21.11.1971 in Holzminden bezeichnete Adolf von Thadden die NPD als »unführbar«, nachdem militante Gruppierungen um den Bayerischen Landesvorsitzenden Siegfried Pöhlmann deutlich an Einfluss in der Partei gewonnen hatten. Thadden trat nicht mehr zur Wahl an und Martin Mußgnug wurde in einer Kampfabstimmung gegen Pöhlmann gewählt. Auf dem Bezirksparteitag der NPD München-Oberbayern am 21.9.1971 in München wurde gegen Willy Brandt und die Ostverträge »gehetzt« und eine Zusammenarbeit mit der »Aktion Widerstand« gefordert. Vgl. Hoffmann: NPD, S. 138–161.

12 Der ehemalige bayerische NPD-Landesvorsitzende Pöhlmann gründete 1972 die ANR, der sich viele »Nationalrevolutionäre« anschlossen. Die ANR zerfiel wegen grundsätzlicher Meinungsverschiedenheiten zwischen Alt- und Neu-Nationalisten. Vgl. Ästhetik und Kommunikation 9, 1978, Heft 32, Themenheft: Faschismus heute?, S. 49.

13 Der Verleger Gerhard Frey, Besitzer der »Deutschen Nationalzeitung«, gründete am 18.1.1971 die rechtsextreme »Deutsche Volksunion e.V.«, mit der er hoffte, auch Mitglieder der zerfallenden NPD anzuziehen. Wie für die NPD stand wie für die DVU das Jahr 1972 ganz im Zeichen des Kampfes gegen die Ostverträge. Vgl. detaillierter Hoffmann: NPD, S. 164–172 und Wolfgang Benz: Organisierter Rechtsradikalismus in der Bundesrepublik Deutschland. Ein Überblick 1945–1984, in: GWU 38, 1987, S. 98.

14 Die AKON gehörte wie der Bund Heimattreuer Jugend (BHJ) zur Dachorganisation des »Arbeitskreises Volkstreuer Verbände« (AVV), dessen Vorsitzender zugleich die Geschäfte der Aktion Widerstand führte. Vgl. Hoffmann: NPD, S. 142–148.

[In der anschließenden Diskussion kommt zum Ausdruck, dass von einer Gegenaktion abgesehen werden solle; falls überhaupt, solle eine Aktion für die Ratifizierung der Ostverträge durchgeführt werden. Es solle abgewartet werden, ob nach den Maiveranstaltungen und nach der Ratifizierung der Ostverträge im Parlament überhaupt noch ein »Marsch auf Bonn« erfolgt. Dann könne man sich erneut mit der Angelegenheit befassen.]

6. VOLKSBEGEHREN ZUR ÄNDERUNG DER BAYRISCHEN VERFASSUNG

Kollege *Rothe* setzt voraus, daß bekannt ist, daß die Mehrheit im bayrischen Landtag, nämlich die CSU, eine Änderung des bayrischen Rundfunkgesetzes durchgesetzt hat, die sehr schwerwiegende Folgen für den bayrischen Rundfunk hat.[15] Das war der erste Schritt und weitere werden folgen. Dazu gehört auch ein Gesetz, das die Möglichkeit bringen soll, private Sendestationen für Hörfunk und Fernsehen zu errichten; ferner eine weitere Änderung des bayrischen Rundfunkgesetzes, daß künftig die Vertreter der im Rundfunkrat relevanten Gesellschaftsgruppen auf Vorschlag dieser Gruppen vom Landtag bestimmt werden. In der Zwischenzeit ist ein Bürgerkomitee gegründet worden. Mit diesem Volksbegehren, das von weiten Kreisen getragen wird, soll die bayrische Verfassung durch einen Artikel ergänzt werden (s. Antrag auf Zulassung eines Volksbegehrens). Mit dem Bundesinnenministerium und dem Bundesjustizministerium ist geklärt worden, daß eine solche Änderung aufgenommen werden kann. Kollege Rothe weist auf die vorliegende Blitzumfrage, die in Bayern durchgeführt wurde, hin. Diese Umfrage zeigt u. a., daß über 70 % der bayrischen Wähler mit der vorgenommenen Änderung des Rundfunkgesetzes nicht einverstanden sind. Jetzt steht die Frage der DGB-Beteiligung an dem Volksbegehren an, wozu der Landesbezirksvorstand am 14.3.1972 in Anwesenheit des Kollegen Vetter einen Beschluß gefaßt hat, der den Bundesvorstandsmitgliedern ebenfalls vorliegt. Dieses Volksbegehren soll einen überparteilichen Charakter bekommen.

In der anschließenden Diskussion, an der sich die Kollegen *Vetter, Rothe, Stephan, Wagner, Schwab* und *Hauenschild* beteiligen, wird darauf hingewiesen, daß die Rundfunkgesetze bei den verschiedenen Anstalten sehr unterschiedlich sind. Es muß hier eine Koordinierung erfolgen. Im Saarland wird ähnlich wie in Bayern vorgegangen. Man kommt zu der Auffassung, daß die Aktion in Bayern unterstützt werden soll. Hierzu wird eine Erklärung des Bundesvorstandes vorbereitet. In den Gewerkschaftszeitungen soll ebenfalls über diese Angelegenheit berichtet werden, in Abstimmung mit dem Landesbezirksvorstand Bayern.

Der Bundesvorstand beschließt, den DGB-Landesbezirk Bayern bei dessen Beteiligung am überparteilichen Volksbegehren hinsichtlich des neuen Rundfunkgesetzes in organisatorischer, materieller und finanzieller Hinsicht zu unterstützen, da er der Auffassung ist, dass das Volksbegehren für die

---

15 Schreiben von Willi Rothe an Heinz O. Vetter vom 21.3.1972 u. a. mit dem Beschluss des Landesbezirksvorstands vom 14.3.1972 sowie 44 weiteren Anlagen zum Volksbegehren.

Sicherung der Informations- und Meinungsfreiheit über die Grenzen Bayerns hinaus Bedeutung hat.

7. FORDERUNGEN DES DGB ZUR BERUFLICHEN BILDUNG

[Zu dem von Maria Weber übersandten Entwurf[16] bemerkt *Wagner,* dass einige Punkte ausführlicher dargestellt werden müssten, so z. B. die Festsetzung von Prioritäten, das Problem Gesamtschule. *Lehlbach* ist der Ansicht, dass die betriebliche Seite der Berufsbildung zu wenig und die schulische zu sehr berücksichtigt wurde. Nachdem *Maria Weber* daran erinnert hat, dass es sich bei dem Entwurf um Zielvorstellungen handele, die in Zusammenhang mit der Forderung nach der Integration des beruflichen Bildungswesens in das Gesamtbildungswesen zu sehen sind, verabschiedet der Bundesvorstand einstimmig den vorgelegten Entwurf.]

8. FINANZPLAN DER VTG FÜR DAS JAHR 1972

[Der Bundesvorstand stimmt dem Finanzplan der VTG in Höhe von DM 12.864.000,-- für 1972 zu.]

9. ZEICHNUNG VON ISRAEL-BONDS

Dieser Tagesordnungspunkt wird zurückgestellt.

10. REVISIONSBERICHT

[Der Bundesvorstand nimmt den Bericht der Revisionskommission über die Prüfung der Bundeshauptkasse zustimmend zur Kenntnis.]

11. RICHTLINIEN GEMÄSS § 12, ZIFFER 4 DER SATZUNG DES DGB
    FÜR DIE EINBERUFUNG UND DURCHFÜHRUNG DER KREISDELEGIERTEN-
    VERSAMMLUNGEN

Kollege *Woschech* verweist auf die den Bundesvorstandsmitgliedern ausgehändigte Vorlage[17] und bittet um Zustimmung.

In der anschließenden Diskussion, an der sich die Kollegen *Schwab, Woschech, Michels, Rothe, Vetter, Hauenschild, Clauss, Loderer, Mirkes* und *Sickert* beteiligen, werden von den Landesbezirksvorsitzenden Bedenken gegen Einzelheiten des Entwurfs der Richtlinien erhoben. Besonders bedenklich erscheint, daß der neue Delegiertenschlüssel gemäß Ziffer 10 in manchen

---

DGB-Archiv, DGB-BV, Abt. Vorsitzender 5/DGAI000475.

16 Der 21 Seiten umfassende Entwurf wurde auf der Sitzung des DGB-Bundesausschusses für berufliche Bildung am 9.2.1972 verabschiedet. DGB-Archiv, DGB-BV, Abt. Berufliche Bildung 5/DGAW000397.
17 Auf dem Außerordentlichen Bundeskongress 1971 wurde eine Überarbeitung der Richtlinien beschlossen. Vgl. Protokoll 3. Außerordentlicher Bundeskongreß, Teil: Anträge und Entschließungen, S. 187–193 und 136 ff. Dem neuen Entwurf war die bisherige Richtlinie beigefügt, beschlossen vom 5. Bundesausschuss am 29.3.1968. Vgl. DGB-Archiv, DGB-BV, Abt. Vorsitzender 5/DGAI000403.

Fällen zu zahlenmäßig größeren Konferenzen führen würde.[18] Dadurch ergäbe sich einmal eine größere Diskrepanz zwischen den Delegiertenzahlen von Kreisdelegiertenkonferenzen zu denen der Landesbezirkskonferenzen, zum anderen erhebliche finanzielle Mehrbelastungen. Es wird darauf hingewiesen, daß der Organisationsausschuß diesen Entwurf mit Mehrheit verabschiedet hat. Bei einer erneuten Beratung würde es zu keinem anderen Ergebnis kommen.

Der Bundesvorstand beauftragt den Geschäftsführenden Bundesvorstand, die Bedenken zu überprüfen und gegebenenfalls eine neue Vorlage einzubringen.

12. ARBEITSGEMEINSCHAFT DER BETRIEBSRÄTE IN DEN VERWALTUNGEN DER DGB-GEWERKSCHAFTEN

Kollege *Woschech* erinnert an die Beratung in der letzten Bundesvorstandssitzung und bittet um Zustimmung zu der vorliegenden Beschlußvorlage.[19]
An der nachfolgenden Diskussion beteiligen sich die Kollegen *Loderer, Woschech, Hauenschild, Vetter, Heiß, Kluncker, Vietheer, Lappas, Sickert, Muhr, Vater, Michels, Lehlbach*. Im Prinzip ist man sich einig, daß die Bildung einer solchen Arbeitsgemeinschaft als gegeben anzusehen ist. Einige Kollegen begrüßen sie als Möglichkeit zur besseren gegenseitigen Information. Kollege *Heiß* trägt vor, daß im Vorstand seiner Gewerkschaft die Meinungsbildung darüber noch nicht abgeschlossen ist und er wegen einer Reihe von noch offenen Fragen heute keine Stellungnahme abgeben kann. In der Diskussion ergibt sich eine Anzahl von Punkten, die nach Meinung des Bundesvorstandes zunächst einer Klärung bedürfen, so z. B. die Frage der Übernahme von Reisekosten und Spesen, des Delegationsprinzips, des Adressaten oder Partners der Arbeitsgemeinschaft und die Formulierung »Verhandlungen« in der Geschäftsordnung. Kollege *Loderer* schlägt vor, die Vorlage zunächst zurückzuziehen und Kollegen Woschech mit der Klärung der offenen Fragen zu beauftragen.

Der Bundesvorstand einigt sich schließlich darauf, Kollegen Woschech zu beauftragen, für den Bundesvorstand an der für den 13.4.1972 vorgesehenen Sitzung der Arbeitsgemeinschaft teilzunehmen, die im Prinzip positive Einstellung des Bundesvorstandes vorzutragen und die in der Diskussion angesprochenen Punkte zu klären. Die Angelegenheit soll danach noch einmal vorgetragen werden.

---

18 Nach dem neuen Delegiertenschlüssel, der sich nach der Zahl der Gewerkschaftsmitglieder im DGB-Kreis richtete, konnten für bis zu 20.000, 40.000 und stufenweise bis zu 100.000 und mehr Mitgliedern 100 Delegierte entsandt werden. Nach den alten Richtlinien konnten maximal 20 Delegierte bei 20.000 und mehr Mitgliedern entsendet werden. Vgl. Vorlage vom 13.3.1972, S. 3, in: DGB-Archiv, DGB-BV, Abt. Vorsitzender 5/DGAI000403
19 Schreiben Franz Woschechs vom 22.3.1972 mit der Geschäftsordnung der Arbeitsgemeinschaft als Anlage. DGB-Archiv, DGB-BV, Abt. Vorsitzender 5/DGAI000475. Die erste Beratung zu dieser Arbeitsgemeinschaft erfolgte in der 27. BV-Sitzung am 1.2.1972 unter TOP 10 (Dok. 56).

13. 9. Ordentlicher Bundeskongress

[Der Bundesvorstand wählt die in der Vorlage aufgeführten Kollegen für die Antragskommission und beschließt, für die Wahl ins Präsidium Anke Fuchs, Walter Sickert und Heinz O. Vetter vorzuschlagen.]

14. Bestätigung der Mitglieder der Landesbezirksvorstände des DGB

[Der Bundesvorstand empfiehlt dem Bundesausschuss, die Mitglieder der Landesbezirksvorstände des DGB zu bestätigen.]

15. Verschiedenes

[Auf die Frage nach dem Stand der Beratungen über die Jugendzeitschrift »ran« wird von *Lappas* mitgeteilt, dass im Beirat des Bund-Verlags die finanzielle Frage besprochen worden sei, aber die politische Diskussion über die Zeitschrift im BV stattfinden solle. Zur Frage einer einheitlichen Linie bei den Verhandlungen mit den Landesbehörden zum § 37, 7 des neuen BetrVG (Freistellung von Betriebsräten für Schulungs- und Bildungsveranstaltungen) teilt *Muhr* den augenblicklichen Verhandlungsstand mit, der es ratsam erscheinen lasse, eine zentrale Lösung der Frage abzuwarten.]

Im Hinblick auf die bevorstehenden Beratungen im Exekutivausschuß des EBFG über Satzungsfragen trägt Kollege *Loderer* die Meinung seines Vorstandes vor. Der Vorstand der IG Metall warnt vor übereilten Beschlüssen, die nach dem Beitritt der vier Länder zur EWG[20] und der entsprechenden Gewerkschaftsbünde zum EBFG zur Ausschaltung der dem EBFG bisher als Mitglieder angehörenden Gewerkschaftlichen Ausschüsse[21] (Industrieausschüsse) führen könnten. Dies würde nach Meinung der IG Metall eine Beeinträchtigung der Zusammenarbeit im europäischen Raum zur Folge haben können.

Kollege *Vetter* berichtet, daß bisher im EBFG keine Neigung besteht, die Satzung in dem Sinne zu ändern. Man bemüht sich um einen Beitritt der weiteren Gewerkschaftsbünde unter Anerkennung der bestehenden Satzung. Sollten die von Kollegen Loderer angesprochenen Probleme auftreten, so würde darüber selbstverständlich eingehend im EBFG und den nationalen Bünden beraten werden müssen.

---

20 In der Sitzung des Vorstands der IG Metall am 11.4.1972 in Oberhausen wurde die Satzungsfrage im Zusammenhang mit der Aufnahme der EFTA-Gewerkschaften diskutiert. Vgl. AdsD, IG Metall, 5/IGMA020056. Am 1.1.1973 traten die Länder Großbritannien, Irland, Norwegen und Dänemark der EWG bei.
21 Im EBFG gelang die Integration der gewerkschaftlichen Ausschüsse des Europäischen Gewerkschaftssekretariats (EGS) und der Europäischen Regional-Organisation (ERO) des IBFG. Die Gewerkschaftsbünde der EFTA-Staaten, vormals vertreten in der ERO des IBFG, gründeten zunächst den EFTA-TUC, dessen Zusammenschluss mit dem EBFG 1973 zur Gründung des Europäischen Gewerkschaftsbundes (EGB) führte. Siehe Diskussionen in der 3. BV-Sitzung am 7.11.1972 (Dok. 67) und Sondersitzung des BV am 21.11.1972 (Dok. 68).

FORTSETZUNG ZU TOP 6 VOLKSBEGEHREN ZUR ÄNDERUNG DER BAYRISCHEN VERFASSUNG

Der Bundesvorstand ist mit dem Entwurf einer Erklärung des Bundesvorstandes zum Volksbegehren in Bayern einverstanden (s. Anlage).[22]

Ende der Sitzung: 19.30 Uhr

DOKUMENT 60

2. Mai 1972: Protokoll der 30. Sitzung des Bundesvorstandes

Hans-Böckler-Haus in Düsseldorf; Vorsitz: Heinz O. Vetter; Protokollführung: Isolde Funke, Marianne Jeratsch; Sitzungsdauer: 14.15–18.40 Uhr; ms. vermerkt: »Vertraulich«.[1]

Ms., hekt., 11 S., 4 Anlagen.[2]

DGB-Archiv, 5/DGAI000537.

Beginn der Sitzung: 14.15 Uhr

[*Vetter* eröffnet die Sitzung und gedenkt des verstorbenen Otto Brenner. Anschließend bittet *Kluncker*, sich mit dem Urteil des Bundesarbeitsgerichts zum Arbeitskampfrecht zu befassen.]

Tagesordnung:
 1. Genehmigung des Protokolls der 29. Bundesvorstandssitzung
 2. Politischer Extremismus
 3. Mitbestimmung in den Sparkassen
 4. Blitzbefragung der bayrischen Bevölkerung zum Rundfunkgesetz in Bayern
 5. Forschungsauftrag Abteilung Angestellte
 6. Gesundheitspolitisches Programm des DGB
 7. Novelle zur HwO
 8. Anträge gemäß Ziffer 6 der Beitragsordnung
 9. Beitragsregelung Gewerkschaft Textil-Bekleidung
 10. Prüfung des Jahresabschlusses 1971
 11. Reisekostenregelung für den 9. Ordentlichen Bundeskongreß
 12. Richtlinien gemäß § 12, Ziffer 4 der Satzung des DGB für die Einberufung und Durchführung der Kreisdelegiertenversammlungen
 13. Richtlinien über die Gewährung von Unterstützungen aus dem Sozialfonds für die Beschäftigten des DGB
 14. Verschiedenes

---

22 DGB-Bundesvorstand unterstützt Bayerisches Volksbegehren, in: ND, 11.4.1972, Nr. 102.
1 Einladungsschreiben vom 18.4.1972. Nicht anwesend: Bernhard Tacke, Peter Michels (vertreten durch Bert Hartig). DGB-Archiv, DGB-BV, Abt. Vorsitzender 5/DGAI000475.
2 Anlagen: Erklärung des GBV zur Beitragsleistung der GTB, Erklärung Karl Buschmanns in der Frage der Beitragsabführung an den DGB, Rechtsgutachten von Heinz Gester vom 26.1.1972 zur Beitragsordnung, Anwesenheitsliste.

541

Dokument 60 2. Mai 1972

1. GENEHMIGUNG DES PROTOKOLLS DER 29. BUNDESVORSTANDSSITZUNG

Der Bundesvorstand genehmigt das Protokoll der 29. Bundesvorstandssitzung.

2. POLITISCHER EXTREMISMUS

Kollege *Vetter* erinnert an die kurze Diskussion zu dieser Frage in der Februarsitzung des Bundesvorstandes.[3] Seinerzeit hatte der Hamburger Senat die Angelegenheit angefaßt und der Bundesvorstand hat daraufhin die Erklärung »DGB zur Frage der verfassungswidrigen Aktivität« am 2. Februar 1972 abgegeben.[4] Es sei in der damaligen Bundesvorstandssitzung zugesagt worden, rechtzeitig vor dem Bundeskongreß einen Definitionsentwurf vorzulegen, der zur Beratung in den Vorständen der Gewerkschaften geeignet sei. Nun liege diese Ausarbeitung vor. Es sei daran gedacht, diese Unterlage und die Ergebnisse der heutigen Diskussion für die Beratungen in den Vorständen der Gewerkschaften zu verwenden, damit der Bundesvorstand in seiner Sitzung am 29.5.1972 in Berlin abschließend darüber beraten könne. Die Anträge an den 9. Ordentlichen Bundeskongreß sind ebenfalls in den Unterlagen enthalten. In der Antragsberatungskommission war man zu der Auffassung gelangt, dem Bundeskongreß den Antrag 251 der IG Metall zur Annahme zu empfehlen und den Antrag 15 des Bundesjugendausschusses als Material zu Antrag 251 hinzuzunehmen.[5] Jetzt steht die zweite Konferenz der Landesinnenminister bevor.[6] Es sollte versucht werden, die Innenminister zu einer klaren Haltung zu bewegen. Im Bundesvorstand müsse geklärt werden, ob heute über diese Vorlage diskutiert werden soll oder ob sie nach einer kurzen Andiskussion zur Mitberatung in die Vorstände der Gewerkschaften gegeben werden soll. Ferner müsse entschieden werden, ob ggf. noch eine eigene Stellungnahme des Bundesvorstandes – entweder als Initiativantrag zum Bundeskongreß oder als Diskussionsmaterial zur Durchsetzung der vorliegenden Anträge -erarbeitet werden solle.

In der anschließenden Diskussion, an der sich die Kollegen *Hauenschild, Vetter, Loderer, Kluncker, Woschech, Adolf Schmidt, Gerhard Schmidt, Sperner, Rothe, Pfeiffer, Sickert, Frister, Drescher, Schwab* und *Stadelmaier* beteiligen, sprechen sich die Kollegen für den Antrag 251 aus. Die spezielle Frage der Beschäftigung von politischen Extremisten im öffentlichen Dienst muß aber gesondert gesehen werden. Die Erklärung des Bundesvorstandes

---
3 Siehe 27. BV-Sitzung am 1.2.1972, TOP 16c (Dok. 56).
4 DGB zur Frage der verfassungswidrigen Aktivität, in: ND, 2.2.1972, Nr. 27.
5 Beratungsunterlagen, Anträge der Kommissionssitzungen vom 17.–21.4.1972. Insgesamt sind 4 Anträge zum politischen Extremismus eingegangen. Es wurden der Antrag 251 der IG Metall »Bekämpfung des politischen Extremismus« und der Antrag 15 des Bundesjugendausschusses »Maßnahmen gegen Neofaschismus in der BRD« angenommen, in: DGB-Archiv, DGB-BV, Sekretariat Franz Woschech 5/DGCQ000049.
6 In Ergänzung zum Radikalenerlass vom 28.1.1972 beschlossen die Landesinnenminister auf ihrer zweiten Konferenz, dass Angehörige radikaler Gruppierungen, die im öffentlichen Dienst arbeiten wollen, ihre Treue gegenüber der Verfassung erklären müssten. Vgl. Kluncker: Gewerkschaften sind kein Ordnungsfaktor, in: FR, 16.5.1972. Heinz Kluncker kritisierte diesen Beschluss in einem Interview mit den sozialpolitischen Nachrichten der dpa.

vom 2. Februar 1972 muß in Abstimmung mit den Gewerkschaften des öffentlichen Dienstes vertieft werden. Es wird auf den Beschluß des 8. Ordentlichen Bundeskongresses zur Sicherung der Demokratie hingewiesen[7], der noch Gütigkeit hat. Die Schaffung einer internen Vereinbarung, mit welchen Gruppen gemeinsame Aktivitäten entwickelt werden könnten, wird abgelehnt.

Kollege *Vetter* stellt anschließend fest, daß der Bundesvorstand dem Antrag 251 inhaltlich beipflichtet. Auf der Grundlage der Erklärung des Bundesvorstandes vom 2.2.1972 sollen Vorschläge für eine Stellungnahme an die Innenministerkonferenz erarbeitet werden, die den Bundesvorstandsmitgliedern fernschriftlich übermittelt werden. Diese Stellungnahme wird dann gegenüber der Innenministerkonferenz im Namen des Bundesvorstandes vertreten. Eine abschließende Beratung erfolgt in der Sitzung des Bundesvorstandes am 29. Mai 1972.

3. MITBESTIMMUNG IN DEN SPARKASSEN

[Nach einer kurzen Diskussion, in der angeregt wird, eine Synopse der in den einzelnen Bundesländern geltenden Sparkassengesetze zu erstellen, stimmt der Bundesvorstand Vorschlägen zur Mitbestimmung in den Sparkassen zu.[8]]

4. BLITZBEFRAGUNG DER BAYRISCHEN BEVÖLKERUNG ZUM RUNDFUNKGESETZ IN BAYERN

[Nachdem *Rothe* den Stand der Aktion zum Volksbegehren mitgeteilt hat, stimmt der Bundesvorstand der Kostenübernahme für die Blitzbefragung durch Infratest mit der Rechnungssumme von DM 27.084,-- zu.]

5. FORSCHUNGSAUFTRAG ABTEILUNG ANGESTELLTE

[Der Bundesvorstand bewilligt DM 26.000,-- aus dem Etat der Abteilung Angestellte zur Durchführung einer Untersuchung über die gewerkschaftliche Angestelltenarbeit.[9]]

6. GESUNDHEITSPOLITISCHES PROGRAMM DES DGB

[In der Diskussion des von *Muhr* vorgelegten Entwurfs[10] ist man sich einig, dass im Sachprogramm des DGB auch die jeweils zuständige Gewerkschaft

---

7 Vgl. Antrag Nr. 75 »Sicherung der Demokratie«, in: Protokoll 8. Bundeskongreß, Teil: Anträge und Entschließungen, S. 90 f.
8 Beratungsvorlage (internes Arbeitspapier nicht zur Veröffentlichung bestimmt) von Heinz O. Vetter mit einer 6-seitigen Anlage vom 17.4.1972, DGB-Archiv, DGB-BV, Abt. Vorsitzender 5/DGAI000476.
9 Die Untersuchung sollte das Ziel haben zu überprüfen, inwieweit der DGB und seine Gewerkschaften bei den Angestellten ankommen bzw. ob der DGB für die Angestellten eine interessante Interessenorganisation sei. Zu den Ergebnissen dieser Untersuchung siehe DGB-Geschäftsbericht 1972–1974, Abt. Angestellte, S. 503 ff.
10 Erarbeitet auf den Sitzungen des Sozialpolitischen Ausschusses, in: DGB-Archiv, DGB-BV, Abt. Sozialpolitik 5/DGAO000078.

erwähnt werden soll. Das Vorwort zum Gesundheitspolitischen Programm des DGB soll entsprechend dem Wunsch der Gewerkschaft ÖTV ergänzt werden. Mit der diskutierten Ergänzung stimmt der Bundesvorstand dem Programm zu.[11]]

7. NOVELLE ZUR HwO

[Die Vorlage zur »Novelle der Handwerksordnung (HwO)«, die vom DGB-Bundeshandwerksausschuss und dem Geschäftsführenden Bundesvorstand gebilligt worden ist[12], wird einstimmig verabschiedet.]

8. ANTRÄGE GEMÄSS ZIFFER 6 DER BEITRAGSORDNUNG

[Nach kurzer Diskussion beschließt der Bundesvorstand, dem Bundesausschuss für die Verbände der Gewerkschaft Kunst – DMV, RFFU, IAL, GDBA, DOV – die Annahme von Sonderregelungen bei den Beitragsregelungen zu empfehlen, ebenso für die DruPa und die GEW, während die Gewerkschaften GGLF und NGG ihre Anträge zurückgezogen haben.]

9. BEITRAGSREGELUNG GEWERKSCHAFT TEXTIL-BEKLEIDUNG

Kollege *Lappas* verweist auf die Vorlage[13] und bittet um Zustimmung. Kollege *Buschmann* versteht nicht, warum in der Frage der Gleichbehandlung unterschiedliche Linien gezogen werden. Anderen Gewerkschaften würden Möglichkeiten eingeräumt, die man der GTB verwehre. Kollege *Buschmann* gibt eine Erklärung zu Protokoll (s. Anlage).[14]

Kollege *Lappas* bemerkt, daß nun auch eine Erklärung des Geschäftsführenden Bundesvorstandes erarbeitet und dem Protokoll beigefügt werden müsse, da die Aussagen des Kollegen Buschmann unrichtig seien (s. Anlage).[15] Kollege Lappas macht darauf aufmerksam, daß sich die Revisionskommission bei ihm erkundigt habe, wie die Gespräche mit den Gewerkschaften stünden, die nicht satzungsgemäß an den DGB abführten. Nach Information durch

---

11 Grundlage des Programms war eine WWI-Studie »Die Gesundheitssicherung in der Bundesrepublik Deutschland – Analyse und Vorschläge zur Reform« dazu: DGB legt Gesundheitspolitisches Programm vor, in: ND, 3.5.1972, Nr. 139.
12 Siehe hierzu Materialien und Sitzungsprotokolle des Bundeshandwerksausschusses, in: DGB-Archiv, DGB-BV, Abt. Arbeiter/Handwerk 5/DGAA000020. Die verabschiedeten DGB-Forderungen zur Handwerksordnung wurden am 21.6.1972 dem Bundeswirtschaftsminister und den Bundestagsfraktionen zugeleitet und am 17.6.1972 der Öffentlichkeit übergeben, und in Form einer Synopse in der DGB-Zeitschrift »Gewerkschafter im Handwerk«, 1972, Nr. 6, veröffentlicht.
13 Beschlussvorlage Alfons Lappas' vom 14.4.1972, in der die Ausnahmeregelungen der Beitragszahlungen der Gewerkschaft Kunst, der DruPa, der Gewerkschaft NGG und der GGLF aufgeführt sind sowie die Überprüfung der Beitragszahlung der GTB durch die Revisionskommission. Bei der Prüfung wurde festgestellt, dass die GTB 565.442,61 DM zu wenig an den DGB abgeführt hatte. Vgl. DGB-Archiv, DGB-BV, Abt. Vorsitzender 5/DGAI000476.
14 2-seitige Erklärung Karl Buschmanns vom 2./3.5.1972 in der Frage der Beitragsabführung an den DGB, in: DGB-Archiv, DGB-BV, Abt. Vorsitzender 5/DGAI000537.
15 Erklärung des DGB zu den Ausführungen Karl Buschmanns, ebd.

Kollegen Lappas habe die Revisionskommission darauf verzichtet, diese Gewerkschaften noch einzeln aufzuführen. Kollege Lappas hält es für ausgeschlossen, daß eine Kommission bis zum Kongreß einen Regelungsvorschlag machen kann. Die Antragsberatungskommission hat bereits zu den verschiedenen Anträgen Stellung genommen; auch der Antrag der GTB wurde abgelehnt.

[In der anschließenden Diskussion sieht man keine andere Möglichkeit, als den Antrag der GTB abzulehnen und dem Beschlussvorschlag der Revisionskommission zuzustimmen, da man sonst einen Präzedenzfall schaffen würde. Bei einem Antrag der GTB an den Solidaritätsfonds oder auf Nachlass von Beiträgen würden die Finanzen der GTB sehr genau überprüft. Bei den Reserven der GTB könne aber nicht von einer Finanzmisere gesprochen werden. Deshalb empfiehlt der Bundesvorstand bei einer Gegenstimme und einer Stimmenthaltung dem Bundesausschuss, die Gewerkschaft Textil-Bekleidung aufzufordern, den rückständigen Beitrag an den DGB und den Fonds EG für 1971 in Höhe von insgesamt DM 565.442,61 bis zum 20. Mai 1972 an die Hauptkasse des DGB zu überweisen.]

10. Prüfung des Jahresabschlusses 1971

[Der Bundesvorstand ist damit einverstanden, dass für die Prüfung der Jahresabschlüsse die ATH, Allgemeine Treuhandgesellschaft mbH, Hamburg, bestellt wird.]

11. Reisekostenregelung für den 9. Ordentlichen Bundeskongress

[Nach kurzer Diskussion beschließt der Bundesvorstand, dem Bundesausschuss die Reisekostenregelung für den 9. Ordentlichen Bundeskongress in Berlin zur Annahme zu empfehlen.]

12. Richtlinien gemäss § 12, Ziffer 4 der Satzung des DGB für die Einberufung und Durchführung der Kreisdelegiertenversammlungen

[Der Bundesvorstand empfiehlt dem Bundesausschuss, die Richtlinien für Einberufung und Durchführung der Kreisdelegiertenversammlungen zu verabschieden.]

13. Richtlinien über die Gewährung von Unterstützungen aus dem Sozialfonds für die Beschäftigten des DGB

[*Woschech* erläutert die Richtlinien, bei denen es nach der Übertragung der Personalhoheit auf den GBV um eine Koordinierung von Unterstützungsleistungen geht, die vorher bei den Landesbezirken und der Bundesverwaltung unterschiedlich gehandhabt wurden. Aus grundsätzlichen Überlegungen lehnt *Hauenschild* spezielle Sozialmaßnahmen für Gewerkschaftsbeschäftigte ab. Bei einer Gegenstimme nimmt der Bundesvorstand die vorgelegten Richtlinien zustimmend zur Kenntnis.]

Dokument 60   2. Mai 1972

14. Verschiedenes

a) Entscheidung des Großen Senats des BAG

Kollege *Kluncker* geht kurz auf den Inhalt der Entscheidung des Großen Senats des Bundesarbeitsgerichts zum Arbeitskampfrecht vom 21.4.1972 ein.[16] Die Gewerkschaft ÖTV habe dagegen vorsorglich Verfassungsbeschwerde eingelegt. Er möchte dazu die Meinung des Bundesvorstandes hören, um gegebenenfalls, was möglich wäre, die Beschwerde wieder zurückzuziehen.

Kollege *Muhr* erklärt dazu, daß im DGB die Angelegenheit eingehend geprüft worden sei und die Juristen zu der Auffassung gekommen seien, daß eine Verfassungsbeschwerde aus verfahrensrechtlichen Gründen abgelehnt werden würde. Mit der Gewerkschaft ÖTV habe eine Absprache in dieser Sache stattgefunden. Es sei richtiger, die Verfassungsbeschwerde durch eine Gewerkschaft einlegen zu lassen, die sich als Tarifpartner betroffen fühle, als durch den DGB. Sollte die Verfassungsbeschwerde als unzulässig abgewiesen werden, würde sich keine andere Möglichkeit mehr ergeben. Wenn das nicht geschieht, müßte der Bundesvorstand sich mit der Sache beschäftigen und über die politische Zweckmäßigkeit entscheiden. Kollege Muhr sagt zu, in der Zwischenzeit die bestehenden unterschiedlichen Auffassungen und Materialien erarbeiten zu lassen. Es bestünden jedenfalls im Augenblick keine Bedenken, die Verfassungsbeschwerde der Gewerkschaft ÖTV weiter laufen zu lassen.

Der Bundesvorstand nimmt die o. a. Angelegenheit zustimmend zur Kenntnis.

b) Kontakte zu Gewerkschaften des Ostblocks

Kollege *Vetter* informiert den Bundesvorstand darüber, daß in der nächsten Woche eine ungarische Spitzendelegation zu Gesprächen mit dem DGB nach Düsseldorf kommen wird. Er bittet in diesem Zusammenhang darum, zu einem Vortrag des Generalsekretärs des Ungarischen Gewerkschaftsbundes, [Sandor] Gaspar, am Freitag, dem 12. Mai, möglichst von jeder Gewerkschaft vier Vertreter zu entsenden.[17]

---

16 Da es mit diesem Datum keine Entscheidung des Großen Senats des BAG gibt, ist hier vermutlich die Entscheidung vom 21.4.1971 gemeint. Bei einem von der HBV geführten Streik gegen die Spielbank Bad Neuenahr, der mit einer Aussperrung beantwortet wurde, wurden nach Beendigung des Streiks mehrere Arbeitnehmer nicht mehr eingestellt. In dem Urteil bekräftigte der Senat mit Nachdruck, dass der Streik immer nur das letzte mögliche Mittel sein könne. – Der Streik war also nicht grundsätzlich erlaubt, sondern grundsätzlich verboten (Verbotsgrundsatz); Streiken war folglich nur ausnahmsweise und auch nur dann gestattet, wenn es keinen Ausweg mehr gab, die kollektive Niederlegung der Arbeit zu vermeiden. Vgl. Entscheidungen des Bundesarbeitsgerichts, Bd. 23, Berlin/New York 1974, S. 292–320.
17 Die fünfköpfige ungarische Gewerkschaftsdelegation war vom 9. bis 13.5.1972 in der Bundesrepublik. In den Gesprächen wurde neben dem weiteren Ausbau der Kontakte u. a. vereinbart, ein baldiges Treffen der Vorsitzenden der europäischen Gewerkschaften im Rahmen der Internationalen Arbeitsorganisation zu bejahen und zu fördern. Vgl. Die Quelle 23, 1972, Heft 6, S. 302.

Eine polnische Spitzendelegation wird für die zweite Hälfte des Monats Juli in der Bundesrepublik erwartet. Der Bundesvorstand wird darüber noch gesondert informiert werden.

Kollege Vetter teilt weiter mit, daß nach einem Brief von [Alexander N.] Schelepin der Zentralrat der Sowjetischen Gewerkschaften eine Delegation unter Leitung von [Pjotr T.] Pimenow zum 9. Ordentlichen Bundeskongreß des DGB in Berlin entsenden wird.

In der nachfolgenden Diskussion, an der sich die Kollegen *Hauenschild, Vetter, Kluncker, Muhr* und *Schmidt* beteiligen, werden kurz die Fragen der Begrüßungsreden auf den Kongressen und der Einladung von Generalsekretären der Internationalen Berufssekretariate angesprochen.

c) Arbeitsgemeinschaft der Betriebsräte

[Die Thematik wird nach Beratung im Geschäftsführenden Bundesvorstand im Bundesvorstand wieder vorgetragen.]

d) Gehaltssituation

[Auf Nachfrage antwortet *Vetter*, dass es noch keine Verhandlungen gegeben habe über Gehaltserhöhungen für die DGB-Beschäftigten.]

e) Bericht zur Lage im Bundesausschuß

Kollege *Hauenschild* macht darauf aufmerksam, daß damit zu rechnen ist, daß in der morgigen Sitzung des Bundesausschusses die innenpolitischen Vorgänge der letzten Woche und die Haltung des DGB[18] dazu angesprochen werden. Nach seinen Informationen habe man draußen zwar Verständnis für die neutrale Haltung des DGB zum Mißtrauensvotum[19] gehabt, nicht aber für das Schweigen zu den spontanen Reaktionen. Kollege Hauenschild regt an, sich auf solche Diskussionsbeiträge vorzubereiten.

An der nachfolgenden Diskussion beteiligen sich die Kollegen *Vetter, Hauenschild, Frister, Muhr, Stadelmaier* und *Sperner*. Die Kollegen sind sich im Prinzip einig, daß der DGB keine andere Stellung beziehen konnte, wie sie auch von der Bundesregierung als opportun angesehen wurde. Man bedauert allerdings die zum Teil unzulängliche oder unzutreffende Berichterstattung in Presse, Funk und Fernsehen und ist der Meinung, daß man versuchen sollte, hier mehr Einfluß zu nehmen. Im Augenblick erscheint jedenfalls eine weitere Stellungnahme des DGB zu den innenpolitischen Vorgängen als nicht angebracht.

---

18 In der Sitzung des Bundesausschusses am 3.5.1972 ging Vetter in seinem Bericht zur gewerkschaftspolitischen und organisatorischen Situation auf das konstruktive Misstrauensvotum der CDU/CSU Bundestagsfraktion vom 27.4.1972 gegen Bundeskanzler Willy Brandt ein sowie auf die spontanen Aktionen und Bürgerinitiativen, wie sie sich in diesem Zusammenhang ergeben haben. Eine Diskussion zu diesem Thema fand jedoch nicht statt. Vgl. Sitzungsprotokoll, in: DGB-Archiv, DGB-BV, Abt. Vorsitzender 5/DGAI000445.

19 Eine offizielle Stellungnahme des DGB zu diesen Vorgängen gab es nicht. Nur in der Gewerkschaftspresse wurde hierzu Stellung genommen. Vgl. u. a. Die Quelle 23, 1972, Heft 5 sowie WdA 23, 28.4.1972, Nr. 17 und 5.5.1972, Nr. 18.

Kollege *Vetter* erklärt abschießend, daß der Geschäftsführende Bundesvorstand in diesem Sinne auf eine eventuelle Diskussion im Bundesausschuß vorbereitet sei.

Ende der Sitzung: 18.40 Uhr

DOKUMENT 61

29. Mai 1972: Protokoll der 31. Sitzung des Bundesvorstandes

ÖTV-Bildungs- und Begegnungszentrum in Berlin-Wannsee; Vorsitz: Heinz O. Vetter; Protokollführung: Isolde Funke, Marianne Jeratsch; Sitzungsdauer: 10.00–16.10 Uhr; ms. vermerkt: »Vertraulich«.[1]

Ms., hekt., 10 S., 1 Anlage.[2]

DGB-Archiv, 5/DGAI000537.

Beginn der Sitzung: 10.00 Uhr

[*Vetter* eröffnet die Sitzung und *Kurt Bruchmann*, Leiter des ÖTV-Bildungs- und Begegnungszentrums, begrüßt die Bundesvorstandsmitglieder.]

Tagesordnung:
 1. Genehmigung des Protokolls der 30. Bundesvorstandssitzung
 2. Politischer Extremismus
 3. Erweiterung des EBFG
 4. Informationskampagne zur Popularisierung des DGB-Aktionsprogramms 1972/73
 5. Tagesordnung für die 4. Bundesausschußsitzung am 24.6.1972
 6. Neuordnung des Leistungswesens der Unterstützungskasse des DGB e. V.
 7. Beitragsleistung der Gewerkschaft Textil-Bekleidung
 8. Kontoführungsgebühren
 9. Änderung der Anlage der Geschäftsordnung des Bundesvorstandes
 10. Leitsätze des Deutschen Gewerkschaftsbundes zum Umweltschutz
 11. Zusammenlegung von DGB-Kreisen
 12. Kontakte mit dem FDGB

1. GENEHMIGUNG DES PROTOKOLLS DER 30. BUNDESVORSTANDSSITZUNG

[Nach einer Richtigstellung von *Stadelmaier* (Beiträge der NGG)[3] wird das Protokoll mit der Änderung genehmigt.]

---

1 Einladungsschreiben vom 16.5.1972. Nicht anwesend: Günter Stephan, Adolf Schmidt (vertreten durch Helmut Gelhorn), Karl Hauenschild (vertreten durch Werner Vitt), Gerhard Vater (vertreten durch Karlheinz Schwark). DGB-Archiv, DGB-BV, Abt. Vorsitzender 5/DGAI000476.
2 Anlage: Anwesenheitsliste.
3 Siehe TOP 8 der Sitzung (Dok. 60).

29. Mai 1972 **Dokument 61**

2. POLITISCHER EXTREMISMUS

Kollege *Vetter* erinnert an die Diskussion in der letzten Bundesvorstandssitzung. Von den Vertretern der Beamtengewerkschaften wurde inzwischen ein Entschließungsentwurf vorbereitet, der den Bundesvorstandsmitgliedern vorliegt. Ferner sollte der Begriff des politischen Extremismus für den Kongreß definiert werden. Ein entsprechender Antrag habe in der letzten Sitzung vorgelegen, der inzwischen etwas geändert worden sei. Kollege Vetter bittet, zu entscheiden, ob der Bundesvorstand diesen Entwurf eines Initiativantrags in den Bundeskongreß einbringen könne.[4]

Kollege *Vietheer* weist darauf hin, daß der Bundesvorstand festgelegt hätte, den Antrag der IG Metall zu vertreten. Es sei nur die Frage des Extremismus im öffentlichen Dienst offen geblieben.[5] Kollege Vietheer hält den Initiativantrag für politisch nicht klug. Wenn die DKP als linksextrem eingeordnet werden solle[6], hätten die Gewerkschaften die Auffassung vertreten müssen, daß kein DKP-Mitglied für die Betriebsratswahlen hätte kandidieren dürfen.

[Nachdem der Bundesvorstand sich den Ausführungen des Kollegen Vietheer angeschlossen hat, schlägt *Vetter* vor, diesen Teil zunächst einmal zu vertagen, bis die Unterlagen des letzten Kongresses vorliegen. Jetzt sollte vorerst über den Entschließungsentwurf zum Öffentlichen Dienst beraten werden[7], der nach kurzer Diskussion mit einer redaktionellen Änderung verabschiedet wird.]

3. ERWEITERUNG DES EBFG

Kollege *Vetter* erinnert an die vor kurzem im Bundesvorstand geführte Diskussion über die Probleme der Erweiterung des EBFG und die Haltung des DGB dazu.[8] Er berichtet, daß inzwischen die Vorsitzenden der im IBFG zusammengeschlossenen europäischen Gewerkschaftsbünde zweimal getagt und eine Arbeitsgruppe eingesetzt haben, die prüfen sollte, unter welchen Umständen der EBFG auch andere europäische Gewerkschaftsbünde auf-

---

4 Initiativantrag der Abt. Vorsitzender »Sicherung der Demokratie« vom 25.5.1972. »Die links- und rechtsextremistischen Gruppierungen sind – wie die Erfahrung lehrt – einem ständigen Wechsel in der Existenz, Aktivität, Namen und Bedeutung sowie konkreter Zielsetzung unterworfen. Unter den gegenwärtigen Umständen müssen als links- bzw. rechtsradikal u. a. die DKP, die SDAJ, die NPD und die Aktion Widerstand angesehen werden [...]«. DGB-Archiv, DGB-BV, Abt. Vorsitzender 5/DGAI000476.
5 Der Entschließungsentwurf zu verfassungsfeindlichen Bestrebungen von Beschäftigten im öffentlichen Dienst wurde unter der Leitung von Gerhard Schmidt, Heinz Kluncker, Erich Frister und Gustav Fehrenbach erstellt.
6 Am 10. Ordentlichen Gewerkschaftstag der IG Metall 1971 hatten 27 DKP-Mitglieder als Delegierte teilgenommen (DKP-Pressedienst, 5.10.1971, Nr. 122) und auf dem 9. Gewerkschaftstag der IG Druck und Papier 1971 waren ebenfalls kommunistische Delegierte zugegen. Es gab 408 DKP-Betriebsgruppen, über die Hälfte davon in der Metallindustrie und 17 im öffentlichen Dienst. Vgl. »Vertrauliches Papier«. Nur zur persönlichen Information (für die Bundesvorstandsmitglieder), DGB-Archiv, DGB-BV, Abt. Vorsitzender 5/DGAI000476.
7 Dieser Entschließungsentwurf wurde auf dem Bundeskongreß als Initiativantrag Nr. 7 einstimmig angenommen. Protokoll 9. Bundeskongreß, S. 346 f.
8 Siehe 29. BV-Sitzung am 10.4.1971, TOP 16 (Dok. 59).

549

nehmen könnte als die aus den der EWG jetzt beitretenden Ländern.[9] Es hat sich gezeigt, daß die allgemeine Meinung dahin geht, offen zu sein für alle beitrittswilligen Bünde. Der DGB hat bisher seine im Bundesvorstand beschlossene Haltung vertreten, zunächst nur die Bünde aus den der EWG beitretenden Ländern aufzunehmen. Nach dem letzten Stand der Beratungen ist nun damit zu rechnen, daß der DGB bei der nächsten, am 6. Juni in Genf stattfindenden Besprechung der Vorsitzenden mit dieser Meinung ziemlich isoliert dastehen wird. Kollege Vetter schlägt deshalb für die Sitzung in Genf folgende Linie vor: Der DGB bleibt grundsätzlich bei seiner bisher vertretenen Auffassung, lehnt aber eine eventuelle spätere Öffnung des EBFG nicht von vornherein ab, sondern vertagt die Entscheidung darüber bis nach erfolgter Integration der jetzt im Rahmen der EWG aufzunehmenden Gewerkschaftsbünde. Kollege Vetter bittet den Bundesvorstand um seine Meinung zu diesem Vorschlag.

Kollege *Muhr* schildert den Verlauf der Sitzung des IBFG[10], in der dieses Problem behandelt und von ihm der Standpunkt des DGB vorgetragen wurde. Er geht kurz auf die Schwierigkeiten ein, die sich bei einer sogenannten großen Lösung möglicherweise für den IBFG und die Internationalen Berufssekretariate sowie in der Frage der Regionalorganisationen ergeben würden.

Kollege *Loderer* befürchtet ähnliche Schwierigkeiten und ist überrascht über die für ihn völlig unerwartete offensichtliche Übereinstimmung der europäischen Bünde. Er erinnert in diesem Zusammenhang an die Probleme bei der Gründung des Europäischen Metallarbeiterbundes.[11]

Kollege *Lappas* berichtet aus den Beratungen des von Kollegen Vetter erwähnten Arbeitsausschusses, dem neben Vorstandsmitgliedern aus den europäischen IBFG-Gewerkschaften auch Vertreter der EFTA-Gewerkschaften[12] und des TUC angehören. Gerade die englischen Kollegen haben hier den Wunsch der skandinavischen Gewerkschaften nachhaltig unterstützt, in einen erweiterten EBFG auch die Gewerkschaften aus dem EFTA-Bereich, d.h. zum Beispiel aus Schweden, Österreich, der Schweiz, aufzunehmen. Interessant in diesem Zusammenhang sei sicher auch, daß an den Beratungen der Arbeitsgruppe der stellvertretende Generalsekretär des IBFG gleichberechtigt teilgenommen hat[13], ohne gegen diese Pläne ein Veto vor-

---

9 Zu den Konferenzen des EBFG mit der EFTA-TUC zur Erweiterung der gewerkschaftlichen Zusammenarbeit in Europa siehe DGB-Archiv, DGB-BV, Abt. Vorsitzender 5/DGAI002360. Die Gewerkschaftsbünde der vier Beitrittsländer waren aus Großbritannien (Trade Union Congress – TUC), Irland (Irish Congress of Trade Unions – ICTU), Norwegen (Landsorganisasjonen i Norge – LO) und aus Dänemark (Landsorganisationen i Danmark – LO).
10 Auf der Sitzung des Exekutivausschusses des IBFG am 13.4.1972 wurden die Berichte über die Begegnungen EBFG/EFTA-TUC diskutiert und die Beratungspunkte für die nächste Begegnung am 10.5.1972 festgelegt. DGB-Archiv, DGB-BV, Abt. Vorsitzender 5/DGAI0002360.
11 Am 29./30.6.1971 schlossen sich in Brüssel die 8 Mitglieder des »European Metalworkers' Committee« zum Europäischen Metallgewerkschaftsbund in der Gemeinschaft zusammen. Vgl. Geschäftsbericht 1971–1973 des Vorstands der IG Metall, S. 16 und Christine Bobzien: Europäischer Metallgewerkschaftsbund, in: Optenhögel u.a.: Europ. Gewerkschaftsorganisationen, S. 38f.
12 Siehe hierzu Berichte in DGB-Archiv, DGB-BV, Abt. Vorsitzender 5/DGAI0002360.
13 Ebd.

zubringen. Diese Haltung widerspreche deutlich den von Kollegen Muhr in der IBFG-Sitzung gemachten Erfahrungen. In einem vom Arbeitsausschuß erstellten Satzungsentwurf sei vorgesehen, bei Fragen, die die EWG betreffen, nur die Mitglieder der Bünde abstimmen zu lassen, die in den EWG-Bereich gehören. Im Hinblick auf das Arbeitsergebnis spricht sich Kollege Lappas für den Vorschlag des Kollegen Vetter aus.

Kollege *Vetter* ist der Meinung, daß es für die Gewerkschaften sehr bald notwendig sein wird, über die nationale Politik hinaus eine echte europäische Gewerkschaftspolitik zu betreiben. Die Arbeitgeber haben längst ihre Zusammenarbeit auf europäischer Ebene gefunden.[14] Dazu dürfte aber ein Bund wie der heute bestehende nicht in der Lage sein.

Kollege *Vitt* zeigt eine andere Perspektive des Themas auf. In den Fachinternationalen arbeiten die Gewerkschaften bereits seit langem im europäischen Raum über die Grenzen der EWG hinweg zusammen. Das ist angesichts der ständig zunehmenden Großkonzerne unerlässlich. Auch das sei ein Gesichtspunkt, keine allzu starre Haltung in Bezug auf die Öffnung des EBFG einzunehmen. Kollege Vitt empfiehlt, eine endgültige Entscheidung über diese Fragen nach dem IBFG-Kongreß[15] zu treffen.

In der nachfolgenden Diskussion, an der sich die Kollegen *Muhr, Vitt, Vetter, Wagner, Seibert* und *Pfeiffer* beteiligen, wird noch einmal das Für und Wider einer breiten Öffnung des EBFG erörtert, Die Frage der Internationalen Berufssekretariate wird in diesem Zusammenhang angesprochen und auf die Notwendigkeit einer IBFG-konformen Entwicklung hingewiesen. Man ist sich einig, daß der gesamte Fragenkomplex noch einmal ausführlich behandelt werden soll.

Kollege *Vetter* faßt die Diskussion abschließend zusammen, daß in den Gesprächen in Genf versucht werden soll, endgültige Entscheidungen über eine Öffnung des EBFG zu verhindern, um sowohl die weitere Entwicklung im IBFG und das Ergebnis des IBFG-Kongresses in London abzuwarten, als auch eine erneute gründliche Beratung im Bundesvorstand zu ermöglichen.

Der Bundesvorstand ist mit diesem Vorschlag einverstanden.

---

14 Am 1.3.1958 wurde die »Union der Industrien der Europäischen Gemeinschaften« von den 10 Industriespitzenverbänden der 6 EWG-Staaten gegründet. Vgl. Platzer: Unternehmensverbände.
15 Auf dem 10. Weltkongress des IBFG vom 10.7. bis 14.7.1972 in London wurde über die Schaffung einer regionalen Gewerkschaftsorganisation für Europa diskutiert. Von den Gewerkschaften aus den Entwicklungsländern wurde die Gründung des EBFG und dessen mögliche Erweiterung kritisiert, da sie befürchteten, dass eine Konkurrenzorganisation zum IBFG erwachsen könnte, ein »Klub der Reichen«, der den »Spaltpilz« in sich berge. Die Delegierten der EBFG-Gewerkschaften betonten, dass sie niemals einem Bund beitreten würden, der in seinen Zielen oder seiner Organisation gegen den IBFG gerichtet sei. Vgl. DGB-Archiv, DGB-BV, Internationale Abt. 5/DGAJ000205.

Dokument 61 29. Mai 1972

4. INFORMATIONSKAMPAGNE ZUR POPULARISIERUNG DES DGB-AKTIONSPROGRAMMS 1972/73

[Nach kurzer Diskussion beschließt der Bundesvorstand, dem Bundesausschuss zu empfehlen, für eine Informationskampagne zur Popularisierung des DGB-Aktionsprogramms für den Zeitraum Juli 1972 bis September 1973 DM 2.500.000,-- aus dem Solidaritätsfonds zur Verfügung zu stellen.]

5. TAGESORDNUNG FÜR DIE 4. BUNDESAUSSCHUSSSITZUNG AM 24.6.1972

[Der Bundesvorstand beschließt die Tagesordnung für die 4. Bundesausschusssitzung.[16]]

6. NEUORDNUNG DES LEISTUNGSWESENS DER UNTERSTÜTZUNGSKASSE DES DGB E.V.

[*Lappas* weist darauf hin, dass die Vorlage deshalb erst so kurzfristig erstellt werden konnte, weil ein von der Haushaltskommission eingesetzter Ausschuss seine Beratungen nicht früher abschließen konnte, und erläutert im Folgenden kurz die aus steuerlichen Gründen notwendig gewordene vorgeschlagene Neuordnung des Leistungswesens der Unterstützungskasse und die sich daraus ergebende Herabsetzung der Hinterbliebenenunterstützung von 80 auf 60%. In der folgenden Diskussion werden insbesondere Einwände gegen die Anrechnung der Pensionsbezüge von Bundes- und Landtagsabgeordneten geltend gemacht. Die angesprochenen Punkte sollen noch einmal überprüft und das Ergebnis den Bundesvorstandsmitgliedern umgehend schriftlich mitgeteilt werden, damit eine Beschlussfassung in der Juni-Sitzung des Bundesvorstandes[17] möglich wird.]

7. BEITRAGSLEISTUNG DER GEWERKSCHAFT TEXTIL-BEKLEIDUNG

Kollege *Lappas* bittet den Bundesvorstand um Verständnis, daß die Vorlage erst so kurzfristig vorgelegt worden sei.[18] Der Geschäftsführende Bundesvorstand habe sich gestern sehr eingehend mit der Vorlage der Gew. Textil-Bekleidung[19] befaßt und sei zu dem Ergebnis gekommen, das in der heute verteilten Vorlage zum Ausdruck komme. Es gebe nur zwei Möglichkeiten. Entweder man finde einen Kompromiß oder der Ausschluß der Organisation

---

16 Als Tagesordnung war vorgesehen: 1. Genehmigung des Protokolls der 3. BA-Sitzung, 2. Bericht zur gewerkschaftspolitischen und organisatorischen Situation, 3. Informationskampagne zur Popularisierung des DGB-Aktionsprogramms 1972/73, 4. 9. Ordentlicher Bundeskongress, 5. Beitragsleistung der GTB und 6. Fragestunde. DGB-Archiv, DGB-BV, Abt. Vorsitzender 5/DGAI000476.
17 Siehe 32. BV-Sitzung am 23.6.1972, TOP 4 (Dok. 62).
18 Die Beratungsvorlage der Abt. Finanzen vom 26.5.1972 sollte den Antragstext der GTB ersetzen. Danach sollte der Bundesausschuss beschließen, dass der GTB von ihrer 12%igen Beitragspflicht (gemäß § 4, Ziffer 1 der DGB-Satzung) für 1971 530.000 DM und für 1972 570.000 DM erlassen würden. DGB-Archiv, DGB-BV, Abt. Vorsitzender 5/DGAI000476.
19 Vgl. Diskussion und Beratungsunterlagen zur 119. GBV-Sitzung vom 28.5.1972, DGB-Archiv, DGB-BV, Abt. Vorsitzender 5/DGAI000200.

werde satzungsgemäß eingeleitet. Da die GTB erkennen lasse, daß sie zum Einlenken bereit sei, unterbreite der Geschäftsführende Bundesvorstand diesen Vorschlag. Kollege Lappas bittet um Zustimmung.

[Nach einer kurzen Erklärung von *Buschmann* zum Antrag der GTB[20] spricht sich in der anschließenden Diskussion die Mehrheit für den Vorschlag des Geschäftsführenden Bundesvorstandes aus. Es wird beschlossen, bei zwei Stimmenthaltungen und einer Gegenstimme, den von der Gewerkschaft Textil-Bekleidung vorgelegten Antragstext durch den vorgeschlagenen Wortlaut des Geschäftsführenden Bundesvorstands zu ersetzen. Der Gewerkschaft Textil-Bekleidung wird eine Erklärungsfrist von drei Wochen eingeräumt.]

FORTSETZUNG ZU TOP 2 »POLITISCHER EXTREMISMUS«

Kollege *Vetter* weist auf die jetzt vorliegenden Anträge 75, 76 und 77[21] des letzten Bundeskongresses hin.

Kollege *Sickert* bemerkt, daß der Antrag 75 fast identisch ist mit dem Antrag 251.[22] Antrag 76 ist als Material zu Antrag 75 überwiesen worden. Dort ist die DKP noch erwähnt gewesen.

Nach Auffassung des Kollegen *Frister* steht der Antrag 75 in keinem Widerspruch zu dem Antrag 251. Die DKP sei im Zusammenhang mit einem damals aktuellen Vorgang erwähnt gewesen[23], was jetzt nicht der Fall sei.

Kollege *Sickert* weist auf den letzten Absatz hin, in dem steht, daß der DGB die Zusammenarbeit ablehnt. Die DKP sei heute als einer der schärfsten Gegner des DGB anzusehen. Auf dem Kongreß wird die Frage kommen, wie man zu der DKP stehe.

Kollege *Seibert* macht darauf aufmerksam, daß im Antrag 251 immer von linksextremistischen Aktivitäten gesprochen werde. Er fragt, ob man sich

---

20 Der Geschäftsführende Hauptvorstand der GTB beantragt, dass die GTB für die Jahre 1971 und 1972 ihren Beitragsanteil von 12% auf der Beitragsbasis von 0,8% des Bruttolohnes ihrer Mitglieder entrichten soll. Diesem Antrag sind ein fünfseitiges Begleitschreiben von Karl Buschmann an die Mitglieder des Bundesausschusses vom 19.5.1972 sowie ein Gutachten von Erich Frey über einige Rechtsfragen der Beiträge von Gewerkschaften an den DGB beigefügt. DGB-Archiv, DGB-BV, Abt. Vorsitzender 5/DGAI00047.
21 Antrag 76 – Gefährdung der Demokratie – wurde als Material zu Antrag 75 an den Bundesvorstand überwiesen. Antrag 77 – Rechtsradikalismus – wurde durch die Annahme des geänderten Antrags 79 – Verbot der NPD und der »National Zeitung« – als erledigt angesehen. Im Antrag 79 wurden die Forderungen zum Verbot der NPD des 7. Ordentlichen Bundeskongress 1966 aktualisiert. Vgl. Protokoll 8. Bundeskongreß, Teil: Anträge und Entschließungen, S. 91 ff.
22 Der angenommene Antrag 75 – Sicherung der Demokratie – des letzten Bundeskongresses war fast identisch mit dem jetzigen Antrag 251. Siehe Protokoll 8. Bundeskongreß, S. 90 f.
23 Auf der 28. Bundesvorstandssitzung am 3.12.1968 wurde beschlossen, der im September 1968 gegründeten DKP keine Sitzungs- und Versammlungsräume in Gewerkschaftshäusern zur Verfügung zu stellen. Die Nutzung der Räume durch die DKP sei mit den gewerkschaftspolitischen Grundsätzen des DGB nicht vereinbar gewesen. Anlass des Beschlusses war die Vergabe von gewerkschaftseigenen Räumen an die DKP in Augsburg. Vgl. DGB-Archiv, DGB-BV, Abt. Vorsitzender 5/DGAI000461. Zur Parteigründung und dem Verhältnis zu den Gewerkschaften siehe u. a. Wilke u. a.: DKP.

scheut, die DKP zu nennen. Vielleicht könne man sagen »z. B. DKP« oder »u. a. DKP« und das in Klammern dahinter setzen.

Kollege *Wagner* wirft ein, daß die gegenwärtige Lage auch für die Funktionäre in den Ortskartellen schwierig sei. Man müsse klar Stellung nehmen.

Kollege *Loderer* bittet, es bei der Formulierung des Antrags 251 zu belassen. Die NPD sei genant worden, weil ein Bundesvorstandsbeschluß über die Unvereinbarkeit der Mitgliedschaften vorliege.

Nach Auffassung der Kollegen *Vetter* und *Vitt* wird die Frage nach der DKP sowieso auf dem Kongreß gestellt werden. Dann müsse dazu deutlich Stellung genommen werden.

Kollege *Pfeiffer* weist darauf hin, daß in der letzten Sitzung festgestellt worden sei, daß jeder Fall einzeln untersucht werden sollte. Man könne nicht pauschal von der DKP reden. Dann müßte man nämlich alle DKP-Mitglieder ausschließen.

Kollege *Vetter* schlägt vor, bis zur nächsten Sitzung einen Erklärungsentwurf zum Verhalten gegenüber den Aktivitäten der DKP, SDAJ u. a. vorzubereiten, falls diese Frage auf dem Kongreß angesprochen wird.

Der Bundesvorstand ist mit diesem Verfahren einverstanden.

UNTERBRECHUNG DER SITZUNG: 13.10 BIS 14.45 UHR[24]

8. KONTOFÜHRUNGSGEBÜHREN

[*Neemann* erläutert kurz die den Bundesvorstandsmitgliedern übermittelte Vorlage, insbesondere die Punkte der Kostenübernahme durch den Arbeitgeber und die Zahl der gebührenfreien Buchungen. Dieser Bericht und die Vorlage werden zustimmend zur Kenntnis genommen.]

9. ÄNDERUNG DER ANLAGE DER GESCHÄFTSORDNUNG DES BUNDESVORSTANDES

[Der Bundesvorstand ist damit einverstanden, dass die Anlage[25] zur Geschäftsordnung des Bundesvorstandes um die Ausschüsse für Gesellschaftspolitik und Arbeitsrecht ergänzt wird.]

10. LEITSÄTZE DES DEUTSCHEN GEWERKSCHAFTSBUNDES ZUM UMWELTSCHUTZ

Kollege *Vetter* berichtet kurz, daß unter Federführung des Kollegen Farthmann und der Abteilung Gesellschaftspolitik eine Arbeitsgruppe die den Bundesvorstandsmitgliedern kurzfristig übermittelten Leitsätze des DGB

---

24 Um 14.00 Uhr fand eine Beratung des Bundesvorstandes über das Gemeinwirtschaftspapier in Anwesenheit der Vorsitzenden der gemeinwirtschaftlichen Unternehmen statt (siehe auch: Dok. 54). DGB-Archiv, DGB-BV, Abt. Vorsitzender 5/DGAI000476.
25 In der Anlage waren die insgesamt 27 Ausschüsse bzw. Kommissionen des DGB und die jeweils federführenden Abteilungen des Bundesvorstandes aufgeführt.

zum Umweltschutz fertiggestellt hat.[26] Die Leitsätze sind als Grundlage eines künftigen DGB-Umweltschutzprogramms gedacht und sollten möglichst dem Bundeskongreß als Diskussionsmaterial vorgelegt werden. Wegen der Eilbedürftigkeit sei das Papier nicht bis ins letzte ausgefeilt. Kollege Vetter bittet trotzdem um Beratung durch den Bundesvorstand und Verabschiedung der Arbeitsunterlage.

Kollege *Farthmann* weist noch auf einige kritische Punkte des Papiers hin, z. B. mögliche Interessengegensätze auch zwischen einzelnen Organisationen bzw. Industriezweigen. So ist beispielsweise die IG Chemie, Papier, Keramik vom Verbot von Einwegflaschen, Kunststofftüten usw. berührt. Das habe sich auch in den Beratungen der Arbeitsgruppe gezeigt, der die zuständigen Sekretäre der Gewerkschaften und Landesbezirke angehören. Kollege Farthmann nennt ferner auf Seite 11 den Absatz, der die Tarifpolitik betrifft, und auf Seite 13, oben, die Passage bezüglich der Bürgerinitiativen. Beide Punkte sollten noch einmal überdacht und möglicherweise gestrichen werden. Einige vorhandene sprachliche Unausgewogenheiten lassen sich nach Ansicht von Kollegen Farthmann ohne Schwierigkeiten korrigieren.

Kollege *Vitt* legt Wert auf die Feststellung, daß sich die IG Chemie, Papier, Keramik trotz ihrer eventuell besonderen Interessenlage nicht gegen die Vorlage ausgesprochen hat. Er regt jedoch an, aus dem sehr umfangreichen Papier eine höchstens zweiseitige Resolution für den Bundeskongreß zusammenzustellen und dann einem Gremium, z. B. dem Bundesausschuß, die sorgfältige und gründliche Erarbeitung eines Papiers zum Umweltschutz zu übertragen.

[In der nachfolgenden Diskussion wird das Für und Wider einer so ausführlichen Vorlage kurz beraten und der Vorschlag für eine zusätzliche zusammenfassende Entschließung gemacht. Nach einigen Streichungen sowie sprachlichen Änderungen wird das Papier verabschiedet[27], das dem Bundeskongress als Arbeitsunterlage unterbreitet werden soll.]

11. Zusammenlegung von DGB-Kreisen

Die Vorlage wird zurückgezogen.[28]

---

26 Schreiben Heinz O. Vetters an die Bundesvorstandsmitglieder vom 25.5.1972 mit den Leitsätzen als Anhang. Die Leitsätze lagen in ihrer politischen Aussage auf derselben Linie wie die 12 Anträge zum Umweltschutz des 9. Ordentlichen Bundeskongresses. DGB-Archiv, DGB-BV, Abt. Vorsitzender 5/DGAI000476. Die Leitsätze wurden erarbeitet in der 1. (6.4.1972) und 2. (24.5.1972) Sitzung des »Arbeitskreises für Umweltschutz im DGB«. DGB-Archiv, DGB-BV, Abt. Gesellschaftspolitik 5/DGAK000039.
27 Das verabschiedete Papier wurde der Antrag 34 des 9. Ordentlichen Bundeskongresses. Dieser Antrag wurde als Material zum Antrag 33 der IG Metall zum Umweltschutz angenommen. Siehe Protokoll 9. Bundeskongreß, Teil: Anträge und Entschließungen, S. 37 ff.
28 Laut der Vorlage sollten kleinere Kreise zu leistungsfähigeren Organisationskreisen zusammengeschlossen werden. Ziel der Strukturreform sollte es sein, bis 1975 Verwaltungseinheiten zu schaffen, die eine optimale Betreuung der Mitglieder der Gewerkschaften ermöglichten.

Dokument 61 29. Mai 1972

12. KONTAKTE MIT DEM FDGB

Kollege *Lappas* informiert den Bundesvorstand darüber, daß am 27. Mai 1972 im Gästehaus des FDGB in Berlin-Schmöckwitz vorbereitende Gespräche für eine Spitzenbegegnung der Vorstände von DGB und FDGB stattgefunden haben, an denen von Seiten des DGB er und Kollege Dr. Otto sowie von Seiten des FDGB das Präsidiumsmitglied und Sekretär des Bundesvorstandes des FDGB, Thiele, und die stellvertretende Abteilungsleiterin im FDGB, Edith Steiniger, teilgenommen haben. Die Aussprache hatte folgendes Ergebnis: In der ersten Oktoberhälfte dieses Jahres werden sich in Berlin-Schmöckwitz die Vorsitzenden der beiden Gewerkschaftsbünde in Begleitung von je drei Vorstandsmitgliedern zu einem zweitägigen Meinungs- und Informationsaustausch über beiderseitig interessierende Fragen der Gewerkschaftspolitik treffen. Im Anschluß an halbstündige Einführungsreferate der Vorsitzenden ist eine allgemeine Diskussion vorgesehen. Von einer Pressebeteiligung soll bei dieser ersten Spitzenbegegnung abgesehen werden. Für die An- und Abreisewege der DGB-Delegation gibt es keinerlei Bedingungen.[29]

Von der FDGB-Delegation wurde ferner das starke Interesse ihres Bundes an einer Europäischen Gewerkschaftskonferenz betont. Kritisch äußerte man sich über die Haltung der Bundesregierung in der Frage der Aufnahme der DDR in die Weltgesundheitsorganisation.[30]

Abschließend berichtet Kollege Lappas, daß für die gleichzeitig stattfindenden Kongresse des DGB und FDGB vereinbart worden sei, je einen Pressevertreter zu entsenden.

Nach einer kurzen Diskussion, an der sich die Kollegen *Vetter, Freitag, Otto* und *Vitt* beteiligen, faßt Kollege *Vetter* zusammen, daß über die Tatsache der für den Herbst vorgesehenen Spitzenbegegnung der Presse berichtet werden kann. Weitergehende Informationen sollen nicht gegeben werden. Die weiteren Teilnehmer der DGB-Delegation liegen noch nicht fest.

Der Bundesvorstand nimmt den Bericht des Kollegen Lappas über die Aussprache mit dem FDGB und die vorgesehene Spitzenbegegnung zustimmend zur Kenntnis.

Ende der Sitzung: 16.10 Uhr

---

29 Siehe Zusammentreffen mit dem FDGB im Oktober, in: ND, 31.5.1972, Nr. 174.
30 Am 8.5.1973 wurde die DDR als Mitglied in die Weltgesundheitsorganisation (WHO) aufgenommen. Der erste Antrag zum Beitritt 1966 war nicht behandelt worden. Die Bundesrepublik Deutschland war seit 1951 Mitglied der WHO und wurde 1960 erstmals in den Exekutivrat gewählt.

DOKUMENT 62

23. und 27. Juni 1972: Protokoll der 32. Sitzung des Bundesvorstandes

Hotel Ambassador in Berlin (23. Juni) bzw. Messehallen am Funkturm (27. Juni); Vorsitz: Heinz O. Vetter; Protokollführung: Isolde Funke, Marianne Jeratsch; Sitzungsdauer: 23. Juni: 14.10-16.25 Uhr, 27. Juni: 16.15-17.00 Uhr; ms. vermerkt: »Vertraulich«.[1]

Ms., hekt., 8 S., 1 Anlage.[2]

DGB-Archiv, 5/DGAI000473.

Beginn der Sitzung [23.6.]: 14.10 Uhr

[*Vetter* eröffnet die Sitzung.)

Tagesordnung:
1. Genehmigung des Protokolls der 31. Bundesvorstandssitzung
2. 9. Ordentlicher Bundeskongreß
3. Beitragsleistung der Gewerkschaft Textil-Bekleidung
4. Neuordnung des Leistungswesens der Unterstützungskasse des DGB e. V.
5. Beiträge zum IBFG
6. Revisionsbericht
7. Volksbegehren zur Änderung der bayerischen Verfassung
8. Benennung der Kandidaten zur Wahl in die Revisionskommission des DGB
9. Benennung eines Kandidaten zur Wahl als Präsident des WSA

1. Genehmigung des Protokolls der 31. Bundesvorstandssitzung

Der Bundesvorstand genehmigt das Protokoll der 31. Bundesvorstandssitzung mit folgenden Änderungen:

Auf Seite 3, letzte Zeile, muß es statt Metallarbeiterbundes »Metallgewerkschaftsbundes« heißen.

Auf Seite 5 muß als letzter Absatz eingefügt werden:

»Kollege *Breit* hält eine Prüfung für erforderlich, ob für die vorhandenen Empfänger von Hinterbliebenenunterstützung statt einer pauschalen Kürzung von 80 auf 60 % nicht eine soziale Gesichtspunkte berücksichtigende Regelung möglich ist. Sie sollte die Empfänger niedrigerer Bezüge weniger treffen als die Empfänger höherer Bezüge.«

2. 9. Ordentlicher Bundeskongress

[*Vetter* und *Woschech* berichten über den Stand der technisch-organisatorischen Vorbereitungen für den Bundeskongress. Auf die Frage *Vietheers*,

---
1 Einladungsschreiben vom 7.6. und 13.6.1972. Nicht anwesend: Philipp Seibert (vertreten durch Hubert Vomberg). DGB-Archiv, DGB-BV, Abt. Vorsitzender 5/DGAI000476.
2 Anlage: Anwesenheitsliste.

welche Einreichungsfrist für Initiativanträge vorgesehen ist, soll der Antragsberatungskommission eine Frist von anderthalb Tagen vorgeschlagen werden. Anschließend gibt *Mirkes,* als Sprecher der Vorsitzenden, eine kurze Darstellung zu den personellen Entscheidungen, die vom Bundeskongress getroffen werden müssen.]

Kollege *Mirkes* will sich auf eine kurze Information beschränken, weil eine ausführliche Unterrichtung in der morgigen Sitzung des Bundesausschusses erfolgen soll. Er teilt mit, daß die Vorsitzenden gestern noch einmal getagt haben und zu folgenden Wahlvorschlägen gekommen sind: Kollege Vetter soll zur Wiederwahl als Vorsitzender, die Kollegin Weber und Kollege Muhr als stellvertretende Vorsitzende vorgeschlagen werden; als weitere Mitglieder des Geschäftsführenden Bundesvorstandes die Kollegen Heiß, Lappas, Neemann, Schmidt, Stephan und Woschech. Sowohl die Kollegin Weber als auch Kollege Heiß haben sich bereit erklärt, für die vorgesehenen Ämter zu kandidieren. Die Gründe, weshalb die Vorsitzenden den Kollegen Adolf Müller nicht als Kandidaten vorgeschlagen haben, sind bekannt.[3]

Kollege *Tacke* bittet darum, auch die Berichterstattung in der morgigen Bundesausschußsitzung möglichst kurz zu halten, um erneute, unerfreuliche Diskussionen zu vermeiden. Er trägt außerdem vor, daß Kollegin Weber Wert auf die Feststellung legt, daß Kollege Adolf Müller von seiner Kandidatur zurückgetreten ist.[4]

3. Beitragsleistung der Gewerkschaft Textil-Bekleidung

Kollege *Lappas* bemerkt, daß er dem Schreiben der GTB vom 14.6.1972 entnehmen mußte, daß der in der letzten Bundesvorstandssitzung gemachte

---

3 Insbesondere wegen seiner Stellungnahme zu den Ostverträgen war die Kandidatur des stellvertretenden DGB-Landesbezirksvorsitzenden NRW strittig geworden. In der Bundesausschusssitzung am 2. Februar 1972 hatte er einer Resolution zu den Ostverträgen zugestimmt (siehe »Zwei Seelen in der Brust«, Interview Klaus Jelonneck mit Adolf Müller, in: WdA 23, 24.3.1972, Nr. 12, S. 3) und in der Bundestagsabstimmung zur Ratifizierung der Ostverträge enthielt er sich der Stimme. Die Ablehnung der Gewerkschaftsvorsitzenden, Adolf Müller als designierten stellvertretenden DGB-Vorsitzenden zu akzeptieren, stieß innerhalb der christlich-sozialen Kollegenschaft auf Protest. Siehe hierzu Protestbriefe an Heinz O. Vetter, DGB-Archiv, DGB-BV, Abt. Vorsitzender 5/DGAI001795. Auch Bericht zum Streit um die Kandidatur des CDU-Bundestagsabgeordneten Müller, in: Der Spiegel 26, 26.6.1972, Nr. 27, S. 59.

4 In einem Fernschreiben von Adolf Mirkes vom 19.6.1972 an Heinz O. Vetter teilte er mit: »[...] Nach der Zusammenkunft der Vorsitzenden am Donnerstag, dem 15. Juni, hat am Freitag, dem 16. Juni, eine Sitzung des geschäftsführenden Ausschusses der Arbeitsgemeinschaft christlich-demokratischer DGB-Gewerkschafter stattgefunden. Ich habe die Entscheidung der Vorsitzenden vom Vortage bekannt gegeben. Und dann die Sitzung zeitweise verlassen. Zum Schluss der Beratungen wurde mir mitgeteilt, dass der geschäftsführende Ausschuss der Arbeitsgemeinschaft so gut wie einstimmig beschlossen hat, an seiner Empfehlung, den Kollegen Adolf Müller zum stellv. DGB-Vorsitzenden vorzuschlagen, nicht mehr festhalte und den Vorsitzenden zu empfehlen, die Kollegin Maria Weber als stellv. DGB-Vorsitzende und den Kollegen Martin Heiss als weiteres Mitglied des GBV vorzuschlagen. Die Kollegin Weber und der Kollege Heiss haben in der Zwischenzeit ihre Zustimmung zu einer Kandidatur gegeben [...]«. DGB-Archiv, DGB-BV, Abt. Vorsitzender 5/DGAI001796.

Versuch, zu einer Lösung zu kommen, als nicht gelungen betrachtet werden mußte.⁵ Jetzt stünde die Frage an, ob man versuchen wolle, im Bundesausschuß zu einer Lösung zu kommen, oder dieses Problem als Diskussionsstoff auf dem Bundeskongreß entwickeln lasse. Der Geschäftsführende Bundesvorstand sei zu der Auffassung gelangt, diese Angelegenheit auf der nächsten Sitzung des Bundesausschusses nach dem Bundeskongreß zu behandeln.

In der anschließenden Diskussion, an der sich die Kollegen *Vater, Stadelmaier, Vetter, Hauenschild, Mirkes, Lappas, Sperner, Loderer, Buschmann, Vietheer, Kluncker* und *Sickert* beteiligen, spricht sich die Mehrheit der Kollegen für eine Vertagung bis zur nächsten Bundesausschußsitzung aus. Es wird auf die Anträge 239 bis 243 an den Bundeskongreß hingewiesen.⁶ Dabei kommt zum Ausdruck, daß versucht werden sollte, diese Anträge ohne große Diskussion nach der Empfehlung der Antragsberatungskommission zu verabschieden. Sollte die Frage der Beitragsleistung der GTB trotzdem angesprochen werden, müßte darauf hingewiesen werden, daß der Bundesausschuß kurz vor dem Bundeskongreß in Anbetracht der Anträge keinen Beschluß mehr fassen könnte und die Frage auf seine erste Sitzung nach dem Kongreß vertagt hätte.

Kollege *Vetter* faßt die Diskussion zusammen. Dem Bundesausschuß werde morgen die Situation vorgetragen und vom Bundesvorstand vorgeschlagen, die Beratung der Beitragsleistung der GTB in Anbetracht der Tatsache, daß der Bundeskongreß eine Entscheidung zum Antrag 239⁷ fassen würde, auf seine erste Sitzung nach dem Bundeskongreß zu vertagen.

4. NEUORDNUNG DES LEISTUNGSWESENS DER UNTERSTÜTZUNGSKASSE DES DGB E.V.

Kollege *Lappas* verweist auf die den Bundesvorstandsmitgliedern aufgrund der Diskussion in der letzten Sitzung zugegangenen Vorlagen zur Neuordnung der Hinterbliebenenunterstützung vom 2.6.1972 und zur Anrechnung von Pensions- bzw. Ruhegeldbezügen für ausgeschiedene Abgeordnete des Bundestages und der Landtage vom 9.6.1972. Er bedauert, daß auch eine nochmalige Überprüfung ergeben hat, daß eine Kürzung der Hinterbliebenenunterstützung von 80 auf 60% notwendig und damit die Herbeiführung von sozialen Härten unumgänglich sein wird. Auch die Anregung des Kol-

---

5 In dem Schreiben von Karl Buschmann an Alfons Lappas wurde mitgeteilt, dass Hauptvorstand und Beirat der GTB am 9.6.1972 in Kiel den Beschluss des Bundesvorstandes vom 29.5.1972 (Dok. 61) nicht akzeptieren konnten und den Beschluss vom 24.4.1972 aufrechterhielten. DGB-Archiv, DGB-BV, Abt. Vorsitzender 5/DGAI000476.
6 Die Anträge befassten sich mit Ergänzungen zum §4 der DGB-Satzung (Beiträge). Protokoll 9. Bundeskongreß, Teil: Anträge und Entschließungen, S. 189–193.
7 In dem angenommenen Antrag des Bundesvorstandes wurde der §4 neu gefasst: »1. Zur Erfüllung seiner Aufgaben haben die Gewerkschaften an den Bund Beiträge in Höhe von 12 vom Hundert des Beitragsaufkommens zu zahlen. Das Beitragsaufkommen setzt sich aus den von den Mitgliedern der Gewerkschaften gezahlten Beiträgen (Voll-, Anerkennungs-, freiwillige Beiträge) zusammen. 2. Die Beiträge sind vierteljährlich nachträglich an den Bund zu entrichten. 3. Der Bundesausschuß erlässt eine Beitragsordnung. Er kann Ausnahmen von der Pflicht zur Beitragsleistung beschließen.« Protokoll 9. Bundeskongreß, Teil: Anträge und Entschließungen, S. 189f.

Dokument 62 23. und 27. Juni 1972

legen Breit, die Bezieher niedriger Einkommen weniger, die höherer mehr zu belasten bzw. die Unterstützung bis zu einem bestimmten Betrag von der beabsichtigten Herabsetzung auszunehmen, hat sich als nicht durchführbar erwiesen. Kollege Lappas erläutert dann ausführlicher die ebenfalls erwogene Möglichkeit, die Herabsetzung der Hinterbliebenenunterstützung von 80 auf 60 % sukzessive vorzunehmen und durch die Dynamisierungsbeträge auszugleichen. Selbst wenn dieser Weg gangbar sein sollte, würde mit an Sicherheit grenzender Wahrscheinlichkeit bei der derzeitigen Situation die Unterstützungskasse körperschaftssteuerpflichtig werden und jährlich mit ca. 1,7 bis 2 Mio. DM belastet sein. Das wiederum würde notwendigerweise eine Erhöhung der Beiträge an die Unterstützungskasse von jetzt 9 auf 11,4 % erforderlich machen. Kollege Lappas erklärt abschließend, daß der Versuch einer Prüfung der sukzessiven Lösung und der Möglichkeit, die Steuerpflicht so für einen bestimmten Zeitraum loszulösen, in der Kürze der Zeit nicht gelungen ist und nun auf jeden Fall wenigstens ein Vorsorgebeschluß gefaßt werden müsse.

Kollege *Breit* trägt zwei von den Fachleuten seiner Gewerkschaft ausgearbeitete Vorschläge vor. Sie werden als nicht steuerschädlich angenommen und könnten dazu beitragen, eine Benachteiligung der Witwen im Prinzip zu vermeiden. Der erste, umfassendere Vorschlag sieht vor, die Witwenbezüge aus der Unterstützungskasse – generell auf die steuerunschädlichen 60 % festzusetzen und die verlorenen 20 % den Witwen mit Hilfe einer Versicherungsregelung bei der Volksfürsorge auf anderem Weg zukommen zu lassen. Damit würde der Charakter der Gemeinnützigkeit der Unterstützungskasse nicht berührt. Die Beiträge an die Unterstützungskasse könnten gesenkt und dafür Beiträge für die Versicherung an die Volksfürsorge gezahlt werden. Die zweite Möglichkeit wäre die, den Witwen aus der Unterstützungskasse 60 % zu zahlen und die Differenz zu 80 % von den Einzelgewerkschaften tragen zu lassen. So würden die alten Bezüge erhalten bleiben und die Gewerkschaften könnten die eingesparten Beiträge an die Unterstützungskasse für die Differenzzahlung an die Witwen verwenden. Dieser Lösungsvorschlag müßte noch genau berechnet werden, auch hinsichtlich einer Aufzehrklausel. Kollege Breit schlägt vor, beide vorgetragenen Möglichkeiten von Steuerfachleuten gründlich prüfen zu lassen, bevor endgültige Beschlüsse gefaßt werden.

[In der kurzen Diskussion wird u. a. die Frage der Waisenunterstützung und des nicht verfallbaren Anspruchs erwähnt. Abschließend stellt *Vetter* das Einverständnis des Bundesvorstandes fest, dass die vorgetragenen Anregungen und Vorschläge noch einmal überprüft und das Ergebnis in einer neuen Vorlage den Bundesvorstandsmitgliedern umgehend zugestellt werden soll. Die Beschlussfassung zur geplanten Abgeordnetenregelung soll in der nächsten BV-Sitzung erfolgen.]

5. Beiträge zum IBFG

[*Lappas* begründet den vorliegenden Beschlussvorschlag. Da die Mitgliedsbünde der 1969 vorgeschlagenen Beitragserhöhung von jährlich 5 % für fünf Jahre nicht gefolgt sind, wird nunmehr eine 25%ige Erhöhung vorgeschlagen.

Mit der Zustimmung des Bundesvorstands zum Beschlussvorschlag wird die DGB-Delegation für den IBFG-Kongress[8] ermächtigt, einer eventuellen Beitragserhöhung um 25 % an den IBFG zuzustimmen unter der Voraussetzung, dass auch alle anderen Mitgliedsbünde eine solche Beitragserhöhung leisten, ohne ihre Zuwendungen an den Internationalen Solidaritätsfonds zu kürzen.]

6. REVISIONSBERICHT

[Der Bericht der Revisionskommission des DGB über die am 7.6.1972 vorgenommene Prüfung der Bundeshauptkasse wird zustimmend zur Kenntnis genommen.]

7. VOLKSBEGEHREN ZUR ÄNDERUNG DER BAYERISCHEN VERFASSUNG

Kollege *Rothe* verweist auf die Vorlagen[9] und erläutert kurz die einzelnen Ziffern der Vorlage des Landesbezirks Bayern. Er bittet den Bundesvorstand, der Vorlage des Geschäftsführenden Bundesvorstandes zuzustimmen.[10] Kollege Rothe schlägt vor, dem Bundesausschuß morgen einen Initiativantrag für den Bundeskongreß vorzuschlagen, den er im Entwurf vorbereitet hat und verliest.[11]

[In der Diskussion spricht sich die Mehrheit für die Zustimmung zur Beschlussvorlage aus. Dabei wird auf den Bundesvorstandsbeschluss vom April hingewiesen.[12] Abschließend wird der Bewilligung eines Betrages bis zu DM 700.000,-- aus dem DGB-Haushalt zur Finanzierung des Volksbegehrens zur Änderung der bayerischen Verfassung zugestimmt.]

8. BENENNUNG DER KANDIDATEN ZUR WAHL IN DIE REVISIONSKOMMISSION DES DGB

[Der Bundesvorstand beschließt, die von den Gewerkschaften genannten Karl-Heinz Troche (IGM), Werner Schüssler (DruPa) und Ernst Baumann (Gew. Leder) als Kandidaten zur Wahl in die Revisionskommission des DGB vorzuschlagen.]

---

8 Der 10. IBFG-Kongress fand vom 10. bis 14.7.1972 in London statt. Siehe dazu Vorbericht in: ND, 3.7.1972, Nr. 212. Sowie Otto Kersten: Aufgaben des IBFG in unserer Zeit, in: Die Quelle 23, 1972, Heft 7/8, S. 349f. und Gunther Heyder: 10. Weltkongress des IBFG – Große Aufgaben – beschränkte Mittel, in: Die Quelle 23, 1972, Heft 9, S. 383ff.
9 In der Vorlage des DGB-Landesbezirks Bayern wurden der organisatorische Ablauf des Volksbegehrens dargestellt, die unterstützenden Organisationen und die geplanten Maßnahmen des DGB Landesbezirks, einschließlich deren Finanzierung, aufgeführt. DGB-Archiv, DGB-BV, Abt. Vorsitzender 5/DGAI000476.
10 In der Vorlage von Alfons Lappas wird die politische Bedeutung des Volksbegehrens hervorgehoben und eine Finanzierung der organisatorischen Maßnahmen zur Durchführung des Volksbegehrens in Höhe von 700.000 DM aus dem DGB-Haushalt vorgeschlagen. DGB-Archiv, DGB-BV, Abt. Vorsitzender 5/DGAI000476.
11 Auf der 4. Sitzung des Bundesausschusses am 24.6.1972 wurde unter TOP 4 nur der Bericht von Heinz O. Vetter zu diesem Thema zu Kenntnis genommen. Ein Initiativantrag zum Bundeskongress wurde nicht behandelt. DGB-Archiv, DGB-BV, Abt. Vorsitzender 5/DGAI000445.
12 Vgl. ND, 11.4.1972, Nr. 102.

Dokument 62   23. und 27. Juni 1972

9. BENENNUNG EINES KANDIDATEN ZUR WAHL ALS PRÄSIDENT DES WSA[13]

Kollege *Vetter* erinnert daran, daß ein Nachfolger für den verstorbenen Kollegen Otto Brenner als Präsidentschaftskandidat für den Wirtschafts- und Sozialausschuß in Brüssel benannt werden muß. Mit der Arbeitnehmergruppe im WSA ist Einvernehmen darüber erzielt worden, daß der Kandidat wieder vom DGB vorgeschlagen wird. Das sollte erst nach erfolgter Wahl des Geschäftsführenden Bundesvorstandes auf dem Bundeskongreß geschehen. Die Benennung muß jedoch bis zur nächsten Sitzung der Arbeitnehmergruppe am 28. Juni 1972, vormittags, erfolgen. Kollege Vetter bittet den Bundesvorstand, damit einverstanden zu sein, daß der neu gewählte Bundesvorstand nach der Wahl zusammentritt und über den Kandidaten für das Amt des Präsidenten entscheidet.

Auf die Frage des Kollegen *Kluncker* nach dem Namen des vorgesehenen Kandidaten erklärt Kollege *Vetter*, daß daran gedacht sei, ihn aus dem Kreis des Geschäftsführenden Bundesvorstandes zu nehmen, d. h. es sollte eines der drei GBV-Mitglieder sein, die dem WSA angehören. Wenn man unterstellt, daß die drei betroffenen Kollegen wieder in den Geschäftsführenden Bundesvorstand gewählt werden, sei die Situation so, daß Kollege Muhr wegen seiner starken Inanspruchnahme in Genf auf eine Kandidatur verzichte, aber die Kollegin Weber und Kollege Lappas an einer Benennung interessiert seien. Sein Interesse habe auch Kollege Hoffmann, ÖTV, angemeldet. Das von der IG Metall neu zu benennende WSA-Mitglied liege noch nicht fest und komme also für diese Position nicht in Frage.

Nach kurzen Diskussionsbeiträgen der Kollegen *Kluncker, Hauenschild* und *Sperner* schlägt Kollege *Vetter* vor, daß der Bundesvorstand nach erfolgter Wahl des Geschäftsführenden Bundesvorstandes zu einer kurzen Sitzung zusammentritt, um den Kandidaten für das Amt des Präsidenten des WSA zu bestimmen.

Der Bundesvorstand ist mit diesem Vorschlag einverstanden.

ENDE DER SITZUNG: 16.25 UHR
FORTSETZUNG DER SITZUNG: 27.6.1972, 16.15 UHR (MESSEHALLEN AM FUNKTURM)

ZU TOP 9. »BENENNUNG EINES KANDIDATEN ZUR WAHL ALS PRÄSIDENT DES WSA«

Kollege *Vetter* knüpft an die kurze Diskussion in der Bundesvorstandssitzung am 23.6.1972 in der o. a. Sache an und erinnert daran, daß der Bundes-

---

13 Der Europäische Wirtschafts- und Sozialausschuss wurde 1957 durch den Vertrag von Rom gebildet, als beratendes Organ aus Arbeitgebern, Gewerkschaften, Landwirten, Verbrauchern und anderen Interessengruppen. Die Mitglieder wurden von den EU-Regierungen vorgeschlagen, waren in ihrer Arbeit aber politisch völlig unabhängig. Ihre Amtsperiode dauerte vier Jahre. Eine Wiederernennung war zulässig. Zur Gründung des WSA siehe Erich Goettlicher: Der Wirtschafts- und Sozialausschuß im Gemeinsamen Markt, in: GMH 8, 1975, Nr. 10, S. 598–602. Der »WSA« hat eine beratende Funktion und wird angehört von dem Europäischen Parlament, dem Europäischen Ministerrat und der Europäischen Kommission zu Verträgen, die die Sozial- und Wirtschaftspolitik der Europäischen Union betreffen.

vorstand nun über den Kandidaten für das Amt des Präsidenten des WSA entscheiden müsse, damit dieser der morgen früh tagenden Arbeitnehmergruppe des WSA mitgeteilt werden könne. Kollege Vetter nennt noch einmal die Namen der dem WSA angehörenden Kollegen: Kollegin Weber und die Kollegen Muhr, Lappas, Hauenschild, Hoffmann und, vorübergehend in Vertretung des Kollegen Adolf Schmidt, Karl van Berk. Der Geschäftsführende Bundesvorstand sei nach wie vor der Meinung, daß der Kandidat aus seinem Kreis kommen solle. Kollegin Weber und Kollege Lappas haben ihr Interesse angemeldet. Das gleiche gelte für Kollegen Hoffmann. Der Geschäftsführende Bundesvorstand habe [sich] noch keine abschließende Meinung gebildet. Er neige jedoch in seiner Mehrheit zu der Ansicht, die er auch für sich persönlich vortragen wolle, Kollegen Lappas für das Amt des Präsidenten vorzuschlagen. Dafür gäbe es einige Gründe: Kollege Lappas sei bereits vom Bundesvorstand mit der Aufgabe eines sogenannten EWG-Koordinators betraut worden. Er verfüge außerdem als ehemaliger Vorsitzender der GGLF über Erfahrungen im internationalen Bereich. Zum dritten würde es sicher nicht schlecht sein, ihm eine zusätzliche Aufgabe im Rahmen des Geschäftsführenden Bundesvorstandes zu übertragen. Kollegin Weber, die aufgrund ihrer langen Zugehörigkeit zum WSA einen gewissen Anspruch auf ein solches Amt haben könnte, bittet Kollege Vetter, sich mit aller Kraft ihrer Aufgabe als stellvertretende Vorsitzende des DGB zu widmen. Er habe außerdem einige Zweifel, ob die Arbeitnehmergruppe sie als Kandidaten akzeptieren würde. An ihrem Verbleiben im WSA werde sich ja nichts ändern.

Kollegin *Weber* protestiert gegen die Behauptung, daß die Arbeitnehmergruppe sie nicht als Kandidatin annehmen würde. Im übrigen habe sie nicht darauf bestanden, nominiert zu werden. Ihre Entscheidung darüber hänge aber wesentlich von der Aufgabenverteilung innerhalb des neuen Geschäftsführenden Bundesvorstandes ab.

Kollege *Kluncker* erhebt Einspruch gegen die von Kollegen Vetter vorgetragene Begründung für eine Kandidatur des Kollegen Lappas. Die noch nicht erfolgte Geschäftsverteilung innerhalb des Geschäftsführenden Bundesvorstandes gelte für Kollegen Lappas genauso wie für Kollegin Weber. Damit stehe auch die EWG-Koordinierungsfunktion zur Disposition. Darüber hinaus sei nach seiner Meinung die Finanzlage des DGB so wenig geordnet, daß das zuständige GBV-Mitglied nicht noch große zusätzliche Aufgaben übernehmen sollte. Auch die mit diesem Bereich verbundene Aufgabe der Koordinierung der gemeinwirtschaftlichen Unternehmen müsse viel intensiver betrieben werden und dürfe sich nicht nur auf die Einholung von Gefälligkeitsspenden beschränken. Nach Abwägung aller Gesichtspunkte scheint ihm die Repräsentation des DGB in Brüssel durch seine stellvertretende Vorsitzende sinnvoller.

Kollege *Hauenschild* erwartet nach seinen bisherigen inoffiziellen Informationen, daß Kollege Lappas von der Arbeitnehmergruppe als Kandidat akzeptiert würde. Für den Fall, daß Kollege Lappas auch nach der neuen Geschäftsverteilung sein bisheriges Ressort behalten würde, scheint ihm, daß er im Gegensatz zu allen anderen GBV-Mitgliedern am wenigsten durch politische und regierungsbezogene Termine belastet ist. Das aber sei wesentlich bei einer Tätigkeit, die ihn als Präsident des WSA sicher zwei Wochen im Monat in Brüssel beanspruchen würde.

Kollege *Vetter* bittet noch einmal darum, daß die beiden stellvertretenden DGB-Vorsitzenden sich, auch zu seiner Entlastung, mehr dieser Aufgabe widmen und daß Kollege Lappas als Kandidat akzeptiert wird.

Nach kurzer allgemeiner Diskussion läßt Kollege *Vetter* über den Vorschlag, Kollegen Lappas zu nominieren, abstimmen.

Bei zwei Gegenstimmen und drei Enthaltungen stimmt der Bundesvorstand der Kandidatur des Kollegen Lappas zum Präsidenten des Wirtschafts- und Sozialausschusses zu.[14]

Ende der Sitzung: 17.00 Uhr

Dokument 63

5./6. September 1972: Protokoll der 1. Sitzung des Bundesvorstandes nach dem 9. Ordentlichen Bundeskongress des DGB vom 25. bis 30. Juni 1972

Hans-Böckler-Haus in Düsseldorf; Vorsitz: Heinz O. Vetter; Protokollführung: Isolde Funke, Marianne Jeratsch; Sitzungsdauer: 10.15–19.40 Uhr und 9.00–9.45 Uhr; ms. vermerkt: »Vertraulich«.[1]

Ms., hekt., 15 S., 3 Anlagen.[2]

DGB-Archiv, 5/DGAI000537.

Beginn der Sitzung: 10.15 Uhr

Kollege *Vetter* begrüßt die Bundesvorstandsmitglieder zur ersten Sitzung.

Tagesordnung:
1. Genehmigung des Protokolls der 32. Bundesvorstandssitzung
2. Geschäftsverteilung des Geschäftsführenden Bundesvorstandes
3. Forderungen des DGB zur Bundestagswahl
4. Presseerklärungen

---

14 Alfons Lappas wurde in der Septembersitzung des WSA im ersten Wahlgang zum Präsidenten gewählt. Vgl. ND, 27.9.1972, Nr. 286.
1 Nach Einladungsschreiben vom 4.7.1972 sollte die 1. Sitzung am 18.7.1972 stattfinden, wurde aber mit Schreiben vom 10.7. sowie 2.8.1972 verschoben auf den 5.9.1972. Nicht anwesend: Eugen Loderer (vertreten durch Hans Mayr), Walter Sickert (vertreten durch Anneliese Girnatis-Holtz), Georg Drescher (vertreten durch Wolfgang Schultze), Julius Lehlbach (vertreten durch Heinz Andersch). DGB-Archiv, DGB-BV, Abt. Vorsitzender 5/DGAI000476.
2 Anlagen: Anwesenheitsliste, Presseerklärung zum Terroranschlag in München, Erklärung gegen Ausreisesteuern aus der UdSSR. Die sowjetischen Behörden erheben je nach Ausbildung und Beruf eine gestaffelte Ausreisesteuer, von der vornehmlich Juden betroffen sind, die nach Israel auswandern wollen.

5. Besuch von Bundeswirtschafts- und -finanzminister Schmidt im Bundesvorstand
6. Aktivitäten zur staatsbürgerlichen Wählerinformation
7. Nachtragshaushalt 1971
8. Reisekostenregelung gemäß § 12 AAB
9. Bewilligung aus dem Solidaritätsfonds, hier: DM 18.000,-- für den Deutschen Musikerverband
10. Revisionsbericht
11. Neuregelung der DGB-Gehälter
12. Betriebsräteschulung gemäß § 37,7 BetrVG
13. Unterstützung der Vereinigung Deutscher Wissenschaftler
14. Verschiedenes
15. Beitragsleistung der Gewerkschaft Textil-Bekleidung

1. GENEHMIGUNG DES PROTOKOLLS DER 32. BUNDESVORSTANDSSITZUNG

Der Bundesvorstand genehmigt das Protokoll der 32. Bundesvorstandssitzung.

2. GESCHÄFTSVERTEILUNG DES GESCHÄFTSFÜHRENDEN BUNDESVORSTANDES

[In der Diskussion über die Vorlage zur Geschäftsverteilung des GBV wird darauf hingewiesen, dass diese Ressortverteilung, falls sich unüberbrückbare Schwierigkeiten bemerkbar machen, geändert werde.[3] Der vorgelegten Geschäftsverteilung wird zugestimmt.[4] Anschließend werden die Mitglieder für den Beirat der VTG berufen, die Nachwahl in den Aufsichtsrat der Büchergilde Gutenberg geregelt und Eugen Loderer für den verstorbenen Otto Brenner und Maria Weber für Bernhard Tacke für den Beirat des Bund-Verlags vorgeschlagen.]

3. FORDERUNGEN DES DGB ZUR BUNDESTAGSWAHL

Kollege *Vetter* verweist auf die im Entwurf vorliegenden »Forderungen des DGB zur Bundestagswahl«[5] und erinnert an das allgemein auf die bevorstehende Bundestagswahl bezogene Schreiben vom 8.8.1972 an die Landesbezirke und Kreise des DGB sowie Bundesvorstand und Gewerkschaftspresse.

---

3 Aufgrund des Artikels »DGB-Vorstand über Geschäftsverteilung uneinig. Nachwirkungen des Konflikts zwischen den Gewerkschaften und den CDU-Sozialausschüssen« in der »Stuttgarter Zeitung« vom 25.7.1972 sah sich der GBV veranlasst, dem Bundesvorstand mitzuteilen, dass die vorliegende Geschäftsverteilung in der 2. Sitzung des GBV am 17./18.7.1972 einstimmig verabschiedet worden sei. DGB-Archiv, DGB-BV, Abt. Vorsitzender 5/DGAI000202.
4 Gegenüber dem Geschäftsverteilungsplan 1969–72 gab es nur Veränderungen in den Zuständigkeitsbereichen der Nachfolger von Bernhard Tacke (Martin Heiß) und Waldemar Reuter (Gerhard Schmidt). Die Abteilung Bildung kam in den Zuständigkeitsbereich von Maria Weber, dafür erhielt Martin Heiß die neugegründete Abteilung Arbeiter-Handwerk. Gerhard Schmidt erhielt zusätzlich die Abteilung Personal. Vgl. auch ND, 5.9.1972, Nr. 251 und die Organigramme in den DGB-Geschäftsberichten 1969–1971 und 1972–1974. Zur Ressortverteilung im neuen DGB-Bundesvorstand siehe Die Quelle 23, 1972, Heft 10, S. 485 f.
5 18-seitige Vorlage vom 5./6.7.1972 und zwei Aktennotizen von Detlef Hensche (Abt. Gesellschaftspolitik) an Heinz O. Vetter vom 5.9.1972 zu möglichen Änderungsvorschlägen sowie grundsätzliche Bedenken von Eugen Loderer zum Teil »Vermögensbildung«, DGB-Archiv, DGB-BV, Abt. Vorsitzender 5/DGAI000476.

Dokument 63 5./6. September 1972

Nach einer kurzen Rückschau auf die politischen Ereignisse der vergangenen Monate, die nun zu einer vorgezogenen Bundestagswahl wahrscheinlich Anfang Dezember führen, erläutert Kollege Vetter die Überlegungen des Geschäftsführenden Bundesvorstandes, ein sogenanntes Wahlpapier des DGB herauszugeben. Zunächst sollen Parteien und Öffentlichkeit darüber informiert werden, was der Deutsche Gewerkschaftsbund – basierend auf seinem in Berlin beschlossenen neuen Aktionsprogramm – von den Bundestagskandidaten und dem künftigen Parlament für die Arbeitnehmerschaft erwartet. Das vorliegende Papier soll außerdem, vielleicht als Sonderdruck der »Quelle«[6], allen Funktionären an die Hand gegeben werden, damit sie im bevorstehenden Wahlkampf auf allen Ebenen und bei allen Gelegenheiten, umfassend informiert, die Bundestagskandidaten mit den Forderungen des DGB konfrontieren können. Sie sollen auch in der Lage sein, die Mitglieder auf die Wichtigkeit der Bundestagswahl hinzuweisen und so zu einer besseren Wahlbeteiligung der Arbeitnehmer beitragen. Besondere Aktionen sollen noch für die weiblichen Arbeitnehmer, die Jugend (hier besonders abgestellt auf das Thema »Berufliche Bildung«) und den Bereich des Handwerks folgen. Kollege Vetter bittet den Bundesvorstand, die Vorlage zu beraten, damit sie morgen dem Bundesausschuß zur Verabschiedung übergeben und dann in einer nachfolgenden Pressekonferenz der Öffentlichkeit vorgetragen werden kann.

Unter Hinweis auf eine zur Information verteilte Vorlage erläutert Kollege Vetter dann kurz, wie die Umsetzung der DGB-Wahlforderungen vorgesehen ist. Neben dem für die Funktionäre bestimmten 18-seitigen Papier, das eine übersichtliche Zusammenfassung des Aktionsprogramms darstellt, soll aus dieser Basisbroschüre in Millionenauflage ein übersichtliches, prägnantes Flugblatt für die Mitgliedschaft erarbeitet werden. Außerdem soll die Zeitung »pro« in den kommenden Wochen in einer Normalausgabe von 2 bis 3 Millionen Stück und in einer Wahlausgabe mit 8 Millionen Auflage erscheinen. Darüber hinaus sind Matern für die Gewerkschaftspresse und Maßnahmen vorgesehen, die die Regionalpresse am Ort aktivieren sollen. Besondere Bedeutung wird die Tätigkeit auf Orts- und Kreisebene in Funktionärskonferenzen usw. haben, die jede Unterstützung erfahren sollte, um die Arbeitnehmerschaft als Wähler zu mobilisieren. Voraussetzung für die Herausgabe der Forderungen des DGB zur Bundestagswahl ist nach Meinung des Geschäftsführenden Bundesvorstandes, daß der Bundesvorstand, d. h. die Gewerkschaften, sich geschlossen hinter dieses Papier des DGB stellen und, abgesehen von Einzelaktivitäten für ihre Bereiche, diese Forderungen gemeinsam vertreten.

Kollege *Stephan* weist ergänzend auf die Vorlage »Aktivitäten zur staatsbürgerlichen Wählerinformation« hin und bittet den Bundesvorstand, damit einverstanden zu sein, aus den von Kollegen Vetter dargelegten Gründen dem Bundesausschuß in seiner morgigen Sitzung zu empfehlen, den für die

---
6 Die Quelle 23, 1972, Heft 7/8, S. 343–348.

Popularisierung des DGB-Aktionsprogramms aus dem Solidaritätsfonds bewilligten Betrag von DM 2,5 Mio. um eine Million DM zu erhöhen.[7]

Kollege *Kluncker* erklärt zunächst, daß der Vorstand seiner Gewerkschaft sich wegen der Ferienzeit mit der Vorlage noch nicht beschäftigen konnte und er deshalb für ihn keine Stellungnahme abgeben könne. Er geht dann auf einige Details der Vorlage ein und kritisiert insbesondere die im Kapitel »Vermögensbildung« aufgeführten Unterabsätze 2, 3 und 4.[8] Sie beinhalten nach seiner Meinung eine unzulässige Vorwegnahme von Beschlüssen, deren Erarbeitung der Bundeskongreß einer Kommission des Bundesausschusses übertragen hat.[9]

Nach Ansicht von Kollegen *Sperner* ist eine abschließende Behandlung der Vorlage weder im Bundesvorstand noch im Bundesausschuß möglich; sie müßte erst durch die Vorstände der Gewerkschaften beraten werden. Das sei für ihn und seine Organisation wegen der Urlaubszeit nicht möglich gewesen. Im Übrigen unterstützt er die Einwände des Kollegen Kluncker und möchte außerdem die Erfolge der Gewerkschaften auf dem Gebiet der tarifvertraglichen Vermögensbildung mehr herausgehoben haben. Grundsätzlich gibt Kollege Sperner zu bedenken, ob es nicht ausreichen würde, das Aktionsprogramm zu veröffentlichen und ob für die vorgesehenen Aktionen überhaupt genug Kollegen zur Verfügung stehen werden.

Kollege *Vetter* ist der Meinung, daß alle gesellschaftlichen Gruppen mehr oder weniger direkt in den Wahlkampf eingreifen werden, wie das zum Teil schon geschehen ist.[10] Das zeige, welche Bedeutung dieser Bundestagswahl beigemessen wird. Deshalb sei es undenkbar, daß der DGB schweige. Sicher könne an der Vorlage noch einiges geändert oder verbessert werden, aber er bitte ernsthaft darum, sie zum jetzigen Zeitpunkt zu verabschieden.

Kollege *Hauenschild* unterstützt die Auffassung des Kollegen Vetter, daß der DGB mit einer Stellungnahme nicht noch ein paar Wochen warten kann.

---

7 In der 1. Sitzung des Bundesausschusses am 6.9.1972 wurde unter TOP 4 der Betrag für die Informationskampagne zur Popularisierung des Aktionsprogramms bewilligt. DGB-Archiv, DGB-BV, Abt. Vorsitzender 5/DGAI000410.
8 In den Unterpunkten wurden als Maßnahmen für einen zweiten Weg der Vermögensbildung angegeben: »(2) Zu diesem Zweck haben alle Unternehmen von einer bestimmten Gewinnhöhe an unentgeltliche Beteiligungsrechte (Aktien, GmbH-Anteile, Kommanditanteile) abzuführen. (3) Die Beteiligungsrechte werden von regionalen, nicht miteinander konkurrierenden Vermögensbildungsfonds gehalten, die von den bezugsberechtigten Arbeitnehmern selbst verwaltet werden. (4) Die Fonds geben an die Arbeitnehmer der unteren Einkommensgruppen unentgeltlich verzinsliche Zertifikate aus, die die Rechte der Arbeitnehmer am Produktivvermögen verbriefen.« S. 6 der Vorlage. DGB-Archiv, DGB-BV, Abt. Vorsitzender 5/DGAI000476.
9 Vgl. angenommener Antrag 27 und als ergänzende Materialien die Anträge 28 bis 32 zur Vermögensbildung. Protokoll 9. Bundeskongreß, Teil: Anträge und Entschließungen, S. 27–37.
10 Auch die Gewerkschaften engagierten sich für »ihren« Bundeskanzler bei dieser vorgezogenen Bundestagswahl, die in die bundesrepublikanische Geschichte als »Willy-Wahl« eingegangen ist. Vgl. hierzu entsprechende Artikel und Leserbriefe in den Gewerkschaftszeitungen, z. B. »Metall« oder »WdA« in den Monaten September bis November 1972. Siehe auch: Baring: Machtwechsel, S. 184 ff.; Schöllgen: Brandt, S. 503 ff.; Merseburger: Brandt, S. 647 ff.

Dokument 63   5./6. September 1972

Die Formulierungen zum Thema Vermögensbildung sollten s. E. noch einmal gründlich durchdacht werden.

Kollege *Adolf Schmidt* hält diese erste Diskussion für viel zu konkret. Er hätte eine Sondersitzung des Bundesvorstandes angesichts der Wichtigkeit des Themas für besser gehalten, um grundsätzliche politische Überlegungen anzustellen, was die deutsche Gewerkschaftsbewegung in diesem Wahlkampf will. Er erinnert in diesem Zusammenhang an frühere, recht erfolglos gebliebene Aktivitäten. Er ist zwar grundsätzlich der Meinung, daß der DGB sich äußern muß, aber über Art, Inhalt und Umfang der vorgesehenen Maßnahmen sollte man sich doch noch einmal in Ruhe unterhalten.

Kollege *Vetter* erläutert noch einmal kurz, wie die einzelnen Aktivitäten geplant sind. Er weist außerdem darauf hin, daß nach zuverlässigen Informationen die Parteien in Kürze ihre Wahlprogramme herausgeben werden. Angesichts dieser Tatsache sei es nach Meinung des Geschäftsführenden Bundesvorstandes unbedingt notwendig, daß der DGB vorher, d. h. jetzt, seine Forderungen an die Öffentlichkeit gebe.

Kollege *Mayr* bedauert zwar auch den Zeitdruck, unter dem die Vorlage beraten werden muß, aber das sei nicht Schuld des Geschäftsführenden Bundesvorstandes, sondern durch die außergewöhnlichen Umstände verursacht. Zum Inhalt des Papiers habe er, wie einige der Kollegen, noch Änderungsvorschläge, die man vielleicht abschnittweise durchsprechen könne; grundsätzlich sei er jedoch der Meinung, daß die Vorlage möglichst morgen durch den Bundesausschuß endgültig verabschiedet werden sollte. Die Mitgliedschaft habe ein Recht darauf, rechtzeitig zu erfahren, was die Gewerkschaften von Parteien und Bundestagskandidaten fordern und erwarten.

Auch Kollege *Michels* bittet, die Vorlage zu verabschieden, damit den Kollegen draußen so schnell wie möglich ausreichendes Material zur Verfügung gestellt werden kann.

Kollege *Muhr* erinnert daran, daß sich die Kommission Aktionsprogramm bereits im April mit Maßnahmen zur Popularisierung des vom Kongreß zu verabschiedenden Aktionsprogramms beschäftigt hat. Daß die Schwergewichtigkeit der Maßnahmen durch die politischen Ereignisse nun vorzuziehen sei, habe man damals noch nicht absehen können. In der Sache aber bestehe kein Unterschied. Da das Aktionsprogramm Grundlage des vorliegenden Papiers sei – wobei man über Details noch diskutieren könne – plädiere auch er für eine Verabschiedung morgen durch den Bundesausschuß.

In weiteren Diskussionsbeiträgen sprechen sich die Kollegen *Schwab, Gerhard Schmidt, Seibert* und Kollegin *Weber* für die Verabschiedung der Vorlage aus. Kollege *Pfeiffer* weist darauf hin, daß es notwendig sein wird, über das Papier des DGB hinaus weitere Forderungen für Einzelbereiche zu stellen. Kollege *Vetter* bestätigt das. Kollege *Breit* bekräftigt noch einmal die Meinung der vorausgegangenen Diskussionsredner und schlägt vor, die Vorlage Punkt für Punkt zu beraten.

Der Bundesvorstand diskutiert anschließend die Vorlage seitenweise, berät über inhaltliche und redaktionelle Änderungen, Ergänzungen und Streichungen, wobei das Kapitel Vermögensbildung im Sinne der eingangs vorgebrachten Einwände geändert wird.

Kollege *Vetter* stellt anschließend fest, daß der Bundesvorstand damit einverstanden ist, dem Bundesausschuß in seiner morgigen Sitzung die »Forderungen des DGB zur Bundestagswahl« unter Berücksichtigung der beschlossenen Änderungen zur Verabschiedung zu empfehlen.[11]

MITTAGSPAUSE: 14.00 BIS 15.15 UHR

4. PRESSEERKLÄRUNGEN

[Nach einigen Formulierungsänderungen wird der Presseerklärung zum Terroranschlag in München[12] zugestimmt. Das gilt auch für die »Erklärung des DGB zur Erhebung von Ausreisesteuern aus der UdSSR«; diese soll erst in einigen Tagen veröffentlicht werden.[13]]

5. BESUCH VON BUNDESWIRTSCHAFTS- UND -FINANZMINISTER SCHMIDT IM BUNDESVORSTAND[14]

Kollege *Vetter* begrüßt Minister Schmidt und seine Mitarbeiter im Namen des Bundesvorstandes herzlich.

Er geht zunächst auf die Vormittagssitzung des Bundesvorstandes ein, in der eingehend über die Haltung des DGB in der gegenwärtigen politischen Situation und die Forderungen des DGB zur Bundestagswahl diskutiert wurde, und erläuterte kurz die Absichten und Maßnahmen.

Für das Gespräch mit dem Minister nennt Kollege Vetter dann einige Themen, wie Konzertierte Aktion, Stabilität, Währung, Steuerreform, zu denen der Bundesvorstand sicher gern die Meinung des Ministers hören würde,

---

11 Der Bundesausschuss stimmte in seiner 1. Sitzung nach dem Bundeskongress am 6.9.1972 den »Forderungen des DGB zur Bundestagswahl« 1972 zu. DGB-Archiv, DGB-BV, Abt. Vorsitzender 5/DGAI000410. Die Forderungen waren unterteilt in 8 »Wahlprüfsteine«. Die einzelnen Themen lauteten: 1. Mitbestimmung, 2. Vermögensbildung, 3. Bildungsreform, 4. Größere soziale Sicherheit und bessere Gesundheitssicherung, 5. Wirtschaftspolitik, 6. Verwirklichung der rechtlichen, wirtschaftlichen und sozialen Gleichstellung der Frau, 7. Weiterentwicklung des Arbeits- und Tarifrechts und 8. Umweltschutz. Die Forderungen wurden u. a. abgedr. in: Sonderheft, Die Quelle 23, 1972, September 1972. Die Ausführungen/Stellungnahmen von Rainer Barzel für die CDU/CSU und Willy Brandt für die SPD zu den DGB-Forderungen wurden veröffentlicht, in: Die Quelle 23, 1972, Heft 10, S. 449–461.
12 In der Nacht zum 5. September 1972 kletterten 8 Mitglieder der palästinensischen Terror-Gruppe »Schwarzer September« über den Zaun des Olympischen Dorfes in München, drangen ins Quartier der israelischen Olympiateilnehmer ein, erschossen zwei Israelis und nahmen neun weitere als Geisel. Bei der Befreiungsaktion der Geiseln auf dem Fliegerhorst Fürstenfeldbruck wurden 17 Menschen getötet. Vgl. DGB verurteilt Terror-Anschlag in München, in: ND, 5.9.1972, Nr. 254.
13 DGB gegen Ausreisesteuer aus der UdSSR, in: ND, 8.9.1972, Nr. 260.
14 Schriftverkehr zwischen Helmut Schmidt und Heinz O. Vetter zum Besuchstermin, DGB-Archiv, DGB-BV, Abt. Vorsitzender 5/DGAI000476.

ebenso zu einem Artikel in der »Welt« vom heutigen Tage über Äußerungen Helmut Schmidts vor dem Verein für Sozialpolitik.[15]

Bundesminister *Schmidt* bedankt sich für die Einladung des DGB und stellt seine Mitarbeiter – Parlamentarischer Staatssekretär [Rainer] Offergeld, die Staatssekretäre [Ernst Wolf] Mommsen, [Hans Georg] Emde und [Detlev Karsten] Rohwedder und die Herren [Manfred] Schüller und [Otto] Schlecht – vor.

In einem kurzen Referat geht Minister *Schmidt* auf eine Reihe von Themen wie Soziale Marktwirtschaft, Preispolitik, Konjunkturlage, Bundeshaushalt, Finanz- und Steuerpolitik, Europäische Wirtschaftsgemeinschaft ein und trägt seine Meinung zu den verschiedenen Bereichen vor, wie er sie auch vor einem Kreis von Wirtschaftlern und Unternehmern vertreten hat. Er geht besonders auf die Konzertierte Aktion ein, begrüßt die Initiativen des DGB dazu und versichert, daß er bemüht sein wird, zu einer effektiveren Arbeit im Rahmen der Konzertierten Aktion zu kommen.[16]

An der nachfolgenden Diskussion beteiligen sich von Seiten des Bundesvorstandes die Kollegen *Vetter, Neemann, Vietheer, Breit, Seibert, Kluncker, Buschmann* und Kollegin *Weber,* von den Gästen Minister *Schmidt,* die Staatssekretäre *Offergeld, Emde* und *Mommsen* sowie *Dr. Schlecht.*

Die Bundesvorstandsmitglieder sprechen folgende Themen an: Preis- und Lohnstopp – der auch von den Gewerkschaften nicht vertreten wird; Bundeshaushalt, wobei das WSI zu höheren Schätzungen für die Wachstumsrate als die Bundesregierung gekommen ist; Mehrwertsteuer – deren Erhöhung der DGB ablehnen würde; Kartellnovelle und Fusionskontrolle; Steuerreform; Konzertierte Aktion; effektivere Arbeit der Finanzämter. Besonderes Interesse finden die Probleme der Mitbestimmung, sowohl der paritätischen als auch der gesamtwirtschaftlichen, sowie der Komplex Orientierungsdaten.

In den Antworten der Gäste wird in einer Reihe von Punkten übereinstimmende Auffassung zu der DGB-Meinung festgestellt. So spricht sich Minister *Schmidt* absolut gegen Lohnorientierungsdaten aus und sagt noch einmal zu, die Arbeit der Konzertierten Aktion effektiver und den Rahmen kleiner zu gestalten. Er akzeptiert auch die Kritik am Jahreswirtschaftsbericht, ohne die gegebenen Schwierigkeiten zu übersehen. Auch in Steuerfragen zeigen sich Gemeinsamkeiten der Auffassung, wobei Minister Schmidt jedoch auf durch die EWG gegebene Realitäten hinweist. Der Minister trägt noch einmal kurz seine persönliche Meinung zur Mitbestimmung vor. Die Durchsetzung der vom DGB geforderten paritätischen Mitbestimmung ist nach seiner Überzeugung nur durch eine allein von der SPD geführte Regierung möglich. Teillösungen, wie sie vielleicht mit dem Koalitionspartner FDP möglich wären, hält er nicht für erstrebenswert.

15 Vgl. Schmidt: Marktwirtschaft ist besser als andere Systeme, in: Die Welt, 5.9.1972.
16 Schwerpunkte des Referats wurden von Schmidt in einem Beitrag für »Die Quelle« niedergeschrieben. Dem sozialen Fortschritt verpflichtet, in: Die Quelle 23, 1972, Heft 9, S. 387–389. Zur »Konzertierten Aktion«, vgl. auch: Hermann Adam: Die Konzertierte Aktion in der Bundesrepublik Deutschland, in: WSI-Studie Nr. 21, Köln 1972 und Schönhoven: Wendejahre, S. 340 ff.

Mit herzlichem Dank für die offene Aussprache verabschiedet Kollege *Vetter* Bundesminister Schmidt und seine Mitarbeiter.

6. Aktivitäten zur staatsbürgerlichen Wählerinformation

[Es wird dem Bundesausschuss empfohlen, für die z. Z. anlaufende Informationskampagne zur Popularisierung des DGB-Aktionsprogramms für die Zeit bis einschließlich September 1973 über die bereits beschlossenen 2,5 Mio. DM hinaus einen zusätzlichen Betrag in Höhe von 1 Mio. DM aus dem Solidaritätsfonds zur Verfügung zu stellen.[17]]

7. Nachtragshaushalt 1971

[Nach Erläuterungen zu einzelnen Positionen und einem Änderungsvorschlag[18] empfiehlt der Bundesvorstand dem Bundesausschuss, den vorgelegten Nachtragshaushalt 1971 in Höhe von DM 71,626 Mio. mit der Änderung zu verabschieden.]

8. Reisekostenregelung gemäss § 12 AAB

[Der Bundesvorstand empfiehlt dem Bundesausschuss, der Anpassung der Reisekostenregelung an die gestiegenen Preise in der vorgelegten Fassung zuzustimmen.]

9. Bewilligung aus dem Solidaritätsfonds, hier: DM 18.000,-- für den Deutschen Musikerverband

[Nach kurzen Erläuterungen von *Lappas* und *Vater* zum Antrag empfiehlt der Bundesvorstand dem Bundesausschuss, dass dem DMV zur Durchführung seines Verbandstages im Herbst d.J. ein Zuschuss von DM 18.000,-- zur Verfügung gestellt wird.]

10. Revisionsbericht

[Der Bundesvorstand nimmt den Bericht der Revisionskommission über die Prüfung der Bundeshauptkasse zur Kenntnis.]

11. Neuregelung der DGB-Gehälter

[*Woschech* erläutert die Vorlage mit den einzelnen Anlagen und den Stand der Verhandlungen mit dem Gesamtbetriebsrat. Dazu erfolgen ergänzende Anmerkungen von *Lappas* und *Vater* für die Haushaltskommission. Anschließend nimmt der Bundesvorstand bei einer Stimmenthaltung die Vorschläge

---

17 Siehe hierzu Beschluss der 5. Sitzung des GBV am 21.8.1972, DGB-Archiv, DGB-BV, Abt. Vorsitzender 5/DGAI000202.
18 Der Änderungsvorschlag sah vor, von dem »Überschuss« in Höhe von 1.667.000 DM einen Betrag von 500.000 DM gesondert als »Rückstellung für den Bundeskongreß 1975« auszuweisen.

des Geschäftsführenden Bundesvorstandes für die zum 1. Oktober 1972 vorgesehene Gehaltserhöhung um durchschnittlich 9% und für die Änderung des Tätigkeitskataloges zustimmend zur Kenntnis und empfiehlt dem Bundesausschuss ebenfalls Zustimmung.]

12. BETRIEBSRÄTESCHULUNG GEMÄSS § 37,7 BETRVG

Kollegin *Weber* verweist auf die Vorlage vom 21.8.1972 und bittet, wegen der heute nicht für eine umfassende Diskussion ausreichenden Zeit nur über diese spezielle Frage zu entscheiden.[19] Die gesamte, den § 37,7 betreffende Problematik soll nach Absprache mit Kollegen Muhr zunächst in einer gemeinsamen Sitzung des Bildungspolitischen Ausschusses mit dem Ausschuß für Betriebsrätearbeit bzw. Arbeitsrecht wahrscheinlich Anfang Oktober behandelt und dann im Bundesvorstand diskutiert werden. Wichtig sei vor allem, in der Frage der Mitwirkung von hauptamtlichen Kolleginnen und Kollegen bei Arbeitgeberschulungen zu einem einheitlichen Vorgehen zu kommen.

Kollege *Schwab* ist der Meinung, daß man in die Entscheidung auch die Teilnahme an Podiumsdiskussionen einbeziehen sollte. Im übrigen sei es dringend erforderlich, ein größeres Schulungsangebot für die Betriebsräte zu schaffen, damit sie nicht vorgeben können, auf Arbeitgeberschulungen angewiesen zu sein.

Kollege *Muhr* erklärt, daß bereits ein gutes Schulungsangebot nach § 37,7 besteht. Es reiche zwar noch nicht aus, aber die Bemühungen würden verstärkt fortgesetzt. Bei Podiumsveranstaltungen müsse man unterscheiden, ob es solche sind, die sich an die Öffentlichkeit wenden. Bei der erbetenen Entscheidung handele es sich ausschließlich um solche Veranstaltungen, die sich nur an Betriebsräte richten.

Kollege *Vater* ist der Auffassung, daß nach den Erfahrungen im Bereich seiner Gewerkschaft ein einheitlicher und bindender Beschluß des Bundesvorstandes dringend nötig wäre. Die Arbeitgeber bedienten sich, unabhängig davon, ob es sich um Lehrgänge oder Podiumsveranstaltungen handelt, oft einer gewissen Tarnung, so daß der Anschein erweckt wird, es bestehe eine Zusammenarbeit zwischen Gewerkschaft und Arbeitgebern. Die Kollegen wären dann nicht in der Lage, zu unterscheiden, und könnten zu falschen Informationen kommen. Es gibt auch Fälle, wo die Arbeitgeber Gewerkschaftssekretäre aus anderen Wirtschaftsbereichen ansprechen.

Nach Meinung von Kollegen *Sperner* ist ein solcher einheitlicher Beschluß nicht praktikabel und auch nicht wünschenswert. Er hält es für besser, Kollegen auf Anforderung in Arbeitgeberveranstaltungen zu schicken, die dann dort die Meinung der Gewerkschaft vertreten können und auch vertreten werden. Bei Überschneidungen setzt er im Übrigen eine Absprache zwischen den betroffenen Organisationen voraus.

---

19 Ausgangspunkt war eine Anfrage des DGB-LB Berlin, ob bei Betriebsräteschulungen gem. § 37,7 BetrVG, die vom Arbeitgeber veranstaltet würden, Gewerkschaftssekretäre als Referenten mitwirken dürften? DGB-Archiv, DGB-BV, Abt. Vorsitzender 5/DGAI000476.

[In der weiteren Diskussion wird noch einmal die Notwendigkeit betont, ein breiteres eigenes Schulungsangebot nach § 37,7 zu schaffen und die Mitwirkungsmöglichkeiten an den Entscheidungen der obersten Landesarbeitsbehörden zu nutzen. Es solle unter allen Umständen verhindert werden, dass Arbeitgeberschulungen durch die Beteiligung von Gewerkschaftsfunktionären aufgewertet oder umfunktioniert werden. Unter Berücksichtigung der zu Protokoll gegebenen letzten Äußerung Klunckers[20] und bei Stimmenthaltung von Sperner stellt *Muhr* das Einverständnis des Bundesvorstandes fest, im Sinne der Vorlage des Geschäftsführenden Bundesvorstandes zu verfahren.]

13. Unterstützung der Vereinigung Deutscher Wissenschaftler[21]

[Nach kurzer Diskussion über die Vorlage von Lappas wird der Geschäftsführende Bundesvorstand beauftragt, die Finanzierung der VDW beim Bundeswissenschaftsministerium zu prüfen und dem Bundesvorstand das Ergebnis mitzuteilen. Falls diese Finanzierung nicht möglich ist, empfiehlt der Bundesvorstand den Gewerkschaften sowie den gewerkschaftlichen Unternehmen, die Arbeiten der VDW durch Spenden zu unterstützen. Die Aufbringung von Spenden soll noch im Einvernehmen mit den Gewerkschaften und Unternehmen festgelegt werden.]

14. Verschiedenes

a) Vermögensbildung

[*Vetter* bittet, den Gesellschaftspolitischen Ausschuss als beratendes Organ des Bundesvorstandes anzuerkennen und dem Bundesausschuss vorzuschlagen, dass dieser Ausschuss gemäß dem Auftrag des Bundeskongresses mit der Erarbeitung eines Modells des DGB zur Vermögensbildung bis zur übernächsten Bundesausschuss-Sitzung, Anfang Februar 1973, beauftragt wird. Der Bundesvorstand stimmt beiden Vorschlägen zu.[22]]

b) Erweiterung des EBFG

Kollege *Vetter* bittet den Bundesvorstand, damit einverstanden zu sein, daß am 2. Oktober 1972, ab 15.00 Uhr, im Hause der BfG in Dortmund eine Klausurtagung über Europa-Fragen abgehalten wird. Für die in der Zwi-

---

20 Laut Protokoll war Kluncker der Meinung, »daß die Frage der Abhaltung von Schulungen nach § 37,7, durch Beteiligung oder Nichtbeteiligung von Gewerkschaftsreferenten nicht gelöst wird und anders angepackt werden muß. Das Problem ist differenzierter und muß noch einmal behandelt werden«. Ebd.
21 Die Vereinigung Deutscher Wissenschaftler wurde 1959 durch Carl Friedrich von Weizsäcker und anderen prominenten Atomwissenschaftlern in Berlin gegründet. In ihren wissenschaftlichen Arbeiten und Publikationen nahmen die Mitglieder der VDW Stellung zu Fragen der Wissenschaftsforschung, Technologieentwicklung sowie Friedens- und Sicherheitspolitik. Vgl. Stephan Albrecht/Ernst Ulrich von Weizsäcker/Hartmut Graßl u. a. (Hrsg.): Wissenschaft – Verantwortung – Frieden. 50 Jahre VDW, Berlin 2009.
22 Der Bundesausschuss war in seiner Sitzung am 6.9.1972 mit dem Vorschlag einverstanden. DGB-Archiv, DGB-BV, Abt. Vorsitzender 5/DGAI000410.

Dokument 63 5./6. September 1972

schenzeit stattfindenden Beratungen möchte Kollege Vetter die Zustimmung des Bundesvorstandes zu folgenden Punkten haben: 1. Ein erweiterter europäischer Bund muß in seiner Satzung eine inhaltsgleiche Präambel wie der bisherige EBFG erhalten. 2. Die bisherigen grundsätzlichen Entscheidungen des EBFG, z. B. hinsichtlich der Europäischen Aktiengesellschaft werden bei einer Erweiterung nicht angetastet. 3. Die Beziehungen zwischen EBFG und IBFG werden im Sinne der Londoner Erklärung[23] geregelt, d. h. der Generalsekretär und der Vorsitzende des einen Bundes haben Sitz und Stimme im Vorstand des anderen Bundes. Außerdem so fährt Kollege Vetter fort, ist es erforderlich, die Ende November stattfindende Vorstandssitzung des IBFG abzuwarten, bevor ein fester Termin für einen sogenannten Gründungskongress des erweiterten EBFG festgelegt werden kann. Dem Bundesvorstand soll für seine Klausurtagung am 2. Oktober kurzfristig eine Unterlage über die bis dahin eingetretene Entwicklung vorgelegt werden.

Der Bundesvorstand stimmt dem Sitzungstermin 2. Oktober 1972 und der von Kollegen Vetter vorgetragenen Linie zu.

c) Wirtschafts- und Sozialausschuss der EWG

[Der Bundesvorstand ist einverstanden, dass für das durch den Tod von Otto Brenner frei gewordene Mandat im Wirtschafts- und Sozialausschuss der EWG für eine absehbare Zeit in dieser Legislaturperiode der Bundesregierung Karl-Heinz Friedrichs[24] vorgeschlagen werde.]

d) Dienstbesprechung der Direktoren und Leitenden Ärzte der Auslandsdienststellen der Bundesanstalt für Arbeit

[Der Bundesvorstand ist einverstanden, dass Vertreter des DGB und der Gewerkschaften an der Dienstbesprechung vom 16.–10.10.1972 in Madrid teilnehmen.]

e) Beitragsleistung der Gewerkschaft Textil-Bekleidung

[Der Tagesordnungspunkt wird vertagt auf den nächsten Morgen, 9.00 Uhr.]

f) Kommission zur Durchführung des Aktionsprogramms

[Der Bundesvorstand wählt die in der Vorlage aufgeführten Mitglieder[25] für die Kommission und ist nach dem Tod Otto Brenners mit der Übernahme des Vorsitzes durch Vetter einverstanden.]

---

23 Vgl. Beratungsunterlagen zum 10. Weltkongress des IBFG vom 10.–14.7.1972 in London, in: DGB-Archiv, DGB-BV, Internationale Abt. 5/DGAJ000205.
24 Karl-Heinz Friedrichs (geb. 1921) war Leiter der Abt. Wirtschaftspolitik beim IG Metall Vorstand.
25 Mitglieder der Kommission waren vom GBV: Heinz O. Vetter, Maria Weber, Gerd Muhr, Georg Neemann, Günter Stephan und Martin Heiß, von den Gewerkschaften: Rudolf Sperner, Adolf Schmidt, Karl Hauenschild, Philipp Seibert, Heinz Vietheer, Gerhard Vater, Adolf Mirkes, Eugen Loderer, Herbert Stadelmaier, Heinz Kluncker und als Vertreter der DGB-Landesbezirke: Wilhelm Rothe. DGB-Archiv, DGB-BV, Abt. Vorsitzender 5/DGAI000476.

g) Kommission Mitbestimmung

[Der Bundesvorstand wählt die in der Vorlage aufgeführten Mitglieder für die Kommission.[26]]

h) 1. Mai 1973

Kollege *Stephan* spricht das Problem der Finanzierung der Maiveranstaltungen an. Die Hälfte aller DGB-Kreise habe darauf hingewiesen, daß der Verkauf von Maiabzeichen unmöglich ist. 1972 erbrachte der Verkauf einen Betrag von ca. DM 900.000,--, wovon DM 100.000,-- für Plakatdruck und Plakatierung 1. Mai weggingen. Gestern habe man sich in den Sitzungen der Maikommission, des Geschäftsführenden Bundesvorstandes und des GBV mit den Landesbezirksvorsitzenden eingehend mit dieser Frage beschäftigt. Man sei zu der Auffassung gekommen, daß im Oktober eine endgültige Entscheidung fallen müsse. Wenn die Maifeiern weiter stattfinden sollen – die Notwendigkeit wurde von den Landesbezirksvorsitzenden betont –, muß ein anderer Finanzierungsweg gefunden werden, eventuell Umlageverfahren.

[Nach kurzer Diskussion kommt der Bundesvorstand überein, den Bundesausschuss darüber zu informieren, dass der Bundesvorstand sich nach Beratung in den Gewerkschaftsvorständen im Oktober mit dieser Angelegenheit befassen wird.]

Ende der Sitzung: 19.40 Uhr

Fortsetzung der Sitzung: 6.9.1972 um 9.00 Uhr

15. Beitragsleistung der Gewerkschaft Textil-Bekleidung

Kollege *Lappas* erklärt, daß nach dem letzten Gespräch mit dem Geschäftsführenden Hauptvorstand der GTB eine neue Situation entstanden ist, woraus die Vorlage resultiert. Die GTB ist mit der Bezeichnung der Beitragsordnung des DGB als Rechtsgrundlage für die Antragstellung einverstanden, nachdem die Satzung des DGB durch den 9. Ordentlichen Bundeskongreß präzisiert wurde. Die GTB geht davon aus, daß der Bundesvorstand auf der Grundlage des vom Kongreß angenommenen Antrages 242[27] baldmöglichst Initiativen ergreift, die letztlich zu einer gerechteren Beitragsleistung an den DGB führen. Die GTB bittet, die Entscheidung für den Beitragsnachlaß im Jahr 1973 in die Beschlußfassung einzubeziehen, weil dies im Rahmen ihrer mittelfristigen Finanzplanung so vorgesehen sei. Obwohl sich der Geschäftsführende Hauptvorstand der GTB nicht ausdrücklich festlegen konnte, kann damit gerechnet werden, daß Anträge über das Jahr 1973 hinaus nicht gestellt werden. Die für die Jahre 1971 bis 1973 degressiv gestaffelten Beträge in

---

26 Als Mitglieder wurden gewählt vom GBV: Heinz O. Vetter, Maria Weber, Georg Neemann, von der IG Metall: Eugen Loderer, Rudolf Judith und von der IG Bergbau: Adolf Schmidt, Walter Schmidt. DGB-Archiv, DGB-BV, Abt. Vorsitzender 5/DGAI000476.

27 Antrag 242 des DGB-Landesbezirks Baden-Württemberg, »Gleiche Beiträge und gleiche Leistungen innerhalb der Gewerkschaften«, Protokoll 9. Bundeskongreß, Teil: Anträge und Entschließungen, S. 192.

Dokument 64   8. September 1972

der Höhe des Beitragsnachlasses sollen deutlich machen, dass die GTB eine schrittweise Anpassung an ihre vollen Beitragsverpflichtungen gegenüber dem DGB wünscht. Kollege Lappas erklärt, daß er den Kollegen der GTB deutlich gemacht hat, daß der Solidaritätsfonds eine Beanspruchung über das wirklich notwendige Maß hinaus sicherlich nicht mehr verkraften kann. Namens des Geschäftsführenden Bundesvorstandes bittet Kollege Lappas um Zustimmung zum Antrag.

Nach kurzer Diskussion, an der sich die Kollegen *Mayr, Lappas, Vetter, Vater, Hauenschild, Buschmann* und *Kluncker* beteiligen, faßt der Bundesvorstand folgenden Beschluß:

Der Bundesvorstand empfiehlt dem Bundesausschuß, gemäß Ziffer 6 der Beitragsordnung vom 3. November 1971 zu beschließen, daß die GTB für 1971 DM 600.000,--, für 1972 DM 500.000,-- und für 1973 DM 400.000,-- weniger an den DGB abführt, als es dem 12%igen Anteil an ihren Beitragseinnahmen entspricht.[28]

Ende der Sitzung: 9.45 Uhr

DOKUMENT 64

8. September 1972: Brief des Vorsitzenden des DGB, Vetter, an Bundeskanzler Willy Brandt über die Erwartungen des DGB an die Europapolitik der Bundesregierung[1]

Ms., hekt., 4 S.

DGB-Archiv, 5/DGAJ000227.

Sehr geehrter Herr Bundeskanzler!

In den vergangenen Jahren hat sich unser Eindruck verstärkt, daß die Bundesregierung den Willen besitzt, auch in Zukunft einen bestimmenden Einfluß auf die Politik der Europäischen Gemeinschaft auszuüben.

Sie wissen, daß im Gegensatz dazu die Europäischen Gewerkschaften, und an ihrer Spitze der Deutsche Gewerkschaftsbund, seit der Gründung der

---

28 Der Bundesausschuss stimmte diesem Beschluss in seiner Sitzung am 6.9.1972 zu. DGB-Archiv, DGB-BV, Abt. Vorsitzender 5/DGAI000410.

1 Anlass des Schreibens war die Pariser Gipfelkonferenz der Staats- und Regierungschefs am 19./20. Oktober 1972, auf der die Bundesrepublik den Vorsitz hatte. Der Brief an Willy Brandt und ein weiterer von Alfons Lappas an die Parlamentarische Staatssekretärin im Bundeskanzleramt, Katharina Focke, wurden von Volker Jung entworfen. DGB-Archiv, DGB-BV, Internationale Abt. 5/DGAJ000227. Im Vorfeld des Schreibens an Brandt hatte am 8.8.1972 ein Treffen von Anton Müller-Engstfeld (persönlicher Referent Vetters) mit Katharina Focke und Vertretern des Bundesministeriums für Arbeit und Sozialordnung stattgefunden, in dem die Standpunkte und Erwartungen des DGB hinsichtlich des Pariser Gipfels ausführlich dargelegt wurden. Siehe Rundschreiben Volker Jungs an die DGB-Abteilungen vom 30.8.1972, DGB-Archiv, DGB-BV, Internationale Abt. 5/DGAJ000215.

Europäischen Gemeinschaft[2] stets eine Stärkung der europäischen Institution gefördert haben.[3] Die europäischen Gemeinschaften sind heute – in einer Zeit, in der sich Institutionen der Gemeinschaft zu zwischenstaatlichen Gebilden zurückentwickeln, die zu einer selbständigen Politik kaum noch in der Lage sind – im Begriff, sich im Zuge der Erweiterung der Europäischen Gemeinschaft neue – supranationale – Organisationsformen zu geben und sich im Interesse einer gemeinsamen europäischen Politik ungeschützt einem einheitlichen Willen zu unterwerfen. Das ist umso bemerkenswerter, als die großen Gewerkschaften der beitretenden Staaten der europäischen Integration ablehnend oder zumindest skeptisch gegenüberstehen.[4] In dieser Haltung drückt sich die Sorge der europäischen Gewerkschaften aus, angesichts der Dynamik der wirtschaftlichen Integration die Interessen der Arbeitnehmer allein nicht mehr wirksam vertreten zu können.

Die Errichtung einer Wirtschafts- und Währungsunion, die die Volkswirtschaften der Mitgliedstaaten noch enger miteinander verbindet, wird die Aktionsmöglichkeiten der europäischen Wirtschaft – teilweise auf Kosten der Interessen der Arbeitnehmer – erheblich erweitern. Die europäischen Arbeitnehmer und ihre Gewerkschaften – in den Gründerstaaten der Europäischen Gemeinschaft ebenso wie in den beitretenden Staaten – können daher eine Vertiefung der wirtschaftlichen Integration ohne eine soziale Integration Westeuropas nicht mehr länger unterstützen. Diese Haltung sollte Ihr Verständnis finden, denn die Arbeitnehmer werden von den Folgen regionaler und struktureller Fehlentwicklungen und der Konzentration von Kapital und Unternehmen, die mit der wirtschaftlichen Integration unvermeidlich verbunden sind, am empfindlichsten getroffen.

Aus diesen Gründen fällt der Bundesregierung eine besondere Verantwortung für die soziale Integration in Westeuropa zu. Sie muß dafür Sorge tragen, daß auf der Gipfelkonferenz im Oktober 1972 eine gemeinsame Sozial- und Gesellschaftspolitik eingeleitet wird[5], die das wirtschaftliche Wachstum in

---

2   Am 25.3.1957 wurde die Europäische Wirtschaftsgemeinschaft (EWG) mit der Unterzeichnung der Römischen Verträge durch Belgien, Frankreich, Italien, Luxemburg, Niederlande und die Bundesrepublik Deutschland gegründet. Zur Entstehungsgeschichte und Entwicklung der Europäischen Union siehe Herbst: Marshallplan sowie die Überblicksdarstellungen von Brunn: Europäische Einigung; Elvert: Die europäische Integration; Mittag: EU.
3   Vgl. hierzu Otto Brenner: Europa und die soziale Frage: die Gewerkschaften und die EWG, in: Neue Gesellschaft 19, 1972, S. 259–262.
4   Siehe z. B. Ausführungen der skandinavischen Gewerkschaftsvorsitzenden zum Europäischen Gewerkschaftsbund auf der 3. BV-Sitzung am 7.11.1972 und die Diskussion auf der Sondersitzung des BV am 21.11.1972 (Dok. 67 und 68).
5   Mit den Ergebnissen des »Pariser Gipfels« wurde eine zweite Phase der europäischen Sozialpolitik eingeleitet. Während in der ersten Phase 1958–1972 die Sozialpolitik ein »Annex zur Wirtschaftspolitik« war, standen in der zweiten Phase die Arbeitnehmerrechte im Vordergrund. Vgl. Bernd Schulte: Europäische Integration und sozialer Schutz, in: Kraus/Geisen: Sozialstaat Europa, S. 295–303. Zum Ergebnis des Gipfels siehe Stefan Remeke: Der DGB und das soziale Europa (1957–1974), in: Jürgen Mittag (Hrsg.): Deutsche Gewerkschaften und europäische Integration im 20. Jahrhundert (Mitteilungsblatt des Instituts für soziale Bewegungen, Nr. 42), Essen 2009, S. 143 f. sowie Erklärung der Pariser Gipfelkonferenz, in: Bulletin der Europäischen Gemeinschaften, Oktober 1972, Nr. 10, S. 15–24.

den Dienst des sozialen Fortschritts und der Demokratisierung aller Lebensbereiche in Westeuropa stellt:

Als oberstes Ziel der gemeinsamen Wirtschafts- und Währungspolitik muß die Vollbeschäftigung anerkannt werden.

Die Arbeitnehmer müssen einen wirksamen Schutz vor Folgen der regionalen und strukturellen, der sektoralen und technologischen Entwicklung, vor den Folgen von Rationalisierungen, Fusionen und Betriebsstillegungen genießen.

Der Ministerrat muß sich sobald wie möglich auf die grundlegenden Ziele einer gemeinsamen Sozialpolitik einigen. Die Ziele müssen durch einen sozialen Stufenplan, der parallel zu dem Stufenplan für die Wirtschafts- und Währungsunion durchzuführen ist und der Gemeinschaft die entsprechenden sozialpolitischen Befugnisse überträgt, konkretisiert werden.

Voraussetzung für eine schrittweise Angleichung der Arbeits-, Lohn- und Gehaltsbedingungen ist eine fortschreitende Harmonisierung des Tarifvertragsrechtes und der Tarifpolitik in der Europäischen Gemeinschaft, ohne die Tarifautonomie in den Mitgliedsstaaten einzuschränken.

Eine besondere Bedeutung gewinnt bei der Ausbreitung der multinationalen Gesellschaften in Westeuropa die Kontrolle wirtschaftlicher Macht. Sie muß durch die Demokratisierung der Wirtschaft auf allen Ebenen, auf denen wirtschaftliche und politische Entscheidungen getroffen werden, sichergestellt werden.

Die Europäische Gemeinschaft muß eine langfristige Raumordnungskonzeption entwickeln, um den Mitgliedsstaaten eine Orientierung ihrer Regionalpolitik an der zukünftigen Struktur der Gemeinschaft zu ermöglichen und konterkarierende Maßnahmen der Regierungen zu vermeiden.

Eine Beteiligung der Gewerkschaften kann nur in den Institutionen als sinnvoll betrachtet werden, die an den wirtschaftlichen und politischen Entscheidungen der Europäischen Gemeinschaft wirksam mitwirken. Aus diesem Grunde muß dem Wirtschafts- und Sozialausschuß endlich ein Initiativrecht verliehen werden.

Diese Gedanken, die ich hier nur andeuten konnte, werden in einem Aide Mémoire[6], das ich Frau Staatssekretär Focke mit der gleichen Post zustellen lasse, ausführlicher dargestellt.

In der Gewißheit, daß Sie mit mir die Überzeugung teilen, daß es höchste Zeit für eine sozialpolitische Initiative in der europäischen Politik ist, verbleibe ich

mit vorzüglicher Hochachtung
Heinz O. Vetter

---

6 In dem 6-seitigen Papier Volker Jungs vom 6.9.1972 wurden die gewerkschaftlichen Forderungen an die Gipfelkonferenz aufgeführt. DGB-Archiv, DGB-BV, Internationale Abt. 5/DGAJ000227. Siehe hierzu auch Veröffentlichung eines Pressegesprächs mit Vetter zum Thema Gewerkschaftliche Forderungen an die EWG-Gipfelkonferenz in Paris, in: ND, 15.9.1972, Nr. 269.

DOKUMENT 65

2./3. Oktober 1972: Protokoll der Klausurtagung und der 2. Sitzung des Bundesvorstandes

Haus der Bank für Gemeinwirtschaft in Dortmund; Vorsitz: Heinz O. Vetter; Protokollführung: Isolde Funke, Marianne Jeratsch; Sitzungsdauer: 2. Oktober, 15.00–18.15 Uhr, 3. Oktober, 10.15–12.30 Uhr; ms. Vermerkt: »Vertraulich«.[1]

Ms., hekt., 11 S., 3 Anlagen.[2]

DGB-Archiv, 5/DGAI000537.

Beginn der Sitzung: 15.00 Uhr

[Direktor *Heinz Schmidt*, BfG, begrüßt die Bundesvorstandsmitglieder, anschließend eröffnet *Vetter* die Sitzung und gratuliert den »neuen« Vorsitzenden zu ihrer Wiederwahl.[3]]

Tagesordnung:
1. Angelegenheit Wilhelm Gronau
2. Neuordnung des Leistungswesens der Unterstützungskasse des DGB e.V.
3. Erweiterung des EBFG
4. Genehmigung des Protokolls der 1. Bundesvorstandssitzung
5. Erstellung von einheitlichem Bildungsmaterial zur Mitbestimmung
6. Antrag Nr. 320 des 9. Ordentlichen Bundeskongresses; Programm des DGB für Arbeitnehmerinnen
   Ergänzung: Hilfen für das Alter
7. Internationale Medienkommission
8. 1. Mai
9. Information über Gehaltsneuregelung ab 1. Oktober 1972
10. Konferenz über Emigration und Immigration vom 24. bis 26. April 1972 in Belgrad
11. Verschiedenes

1. Angelegenheit Wilhelm Gronau

Kollege *Vetter* informiert den Bundesvorstand ausführlich über die Verhaftung von Wilhelm Gronau.[4]

---

1 Einladungsschreiben vom 21.9.1972. Nicht anwesend: Ernst Breit, Heinz Vietheer, Gerhard Vater, Günther Döding (Vertreter von Herbert Stadelmaier), Karl Schwab, Georg Drescher, Walter Sickert, Wilhelm Rothe. DGB-Archiv, DGB-BV, Abt. Vorsitzender 5/DGAI000477.
2 Anlagen: Anwesenheitsliste 2./3.10.1972; Entwurf einer Presseerklärung zum FDGB-Kontakt.
3 Auf dem 9. Ordentlichen Gewerkschaftstag der IG CPK vom 17. bis 21.9.1972 in Dortmund wurde Karl Hauenschild und auf dem 9. Ordentlichen Kongress der GdED vom 17. bis 22.9.1972 wurde Philipp Seibert im Amt des Vorsitzenden bestätigt.
4 Wilhelm Gronau wurde am 22.9.1972 bei einem konspirativen Treff in Berlin festgenommen. Bei seiner Festnahme wurden u.a. Kleinfilmaufnahmen wichtiger Unterlagen aus dem Arbeitsbereich des DGB-Bundesvorstandes sichergestellt. Am 23.9. wurde ein Haftbefehl wegen dringenden Verdachts der geheimdienstlichen Tätigkeit erlassen. Nach der Unterrichtung der Bundesanwaltschaft am 25.9. über die Schwere der Verfehlung wurde Gronau fristlos gekündigt. Das Kündigungsschreiben wurde ihm in der Untersuchungshaft zugestellt. Vgl. DGB-Archiv, DGB-BV, Abt. Vorsitzender 5/DGAI002955. Zur Kündigung siehe ND,

Dokument 65   2./3. Oktober 1972

Es müßte jetzt die Frage geklärt werden, ob die bevorstehende Begegnung mit dem FDGB durchgeführt werden soll oder nicht.[5]

[In der anschließenden Diskussion spricht sich der Bundesvorstand für die Durchführung der vorgesehenen Begegnung mit dem FDGB aus. Am Anfang der Begegnung solle der FDGB aufgefordert werden, sich von diesem Fall zu distanzieren.]

2. NEUORDNUNG DES LEISTUNGSWESENS DER UNTERSTÜTZUNGSKASSE DES DGB E. V.[6]

Kollege *Lappas* verweist auf die Unterlage vom 25. August 1972, der zu entnehmen sei, daß den Anregungen des Bundesvorstandes Rechnung getragen worden sei. Die Mitgliederversammlung habe vorbehaltlich der Empfehlung durch den Bundesvorstand einen Beschluß zur Neuregelung der Hinterbliebenenunterstützung für Witwen und Waisen vorgesehen.[7] Der Bundesvorstand sollte diese Empfehlung aussprechen. Zur Anrechnung von Pensions- bzw. Ruhegeldbezügen für ausgeschiedene Abgeordnete des Bundestages und der Landtage habe die Mitgliederversammlung ebenfalls einen Beschluß gefaßt, der dem Protokoll zu entnehmen ist. Kollege Lappas bittet den Bundesvorstand, der Mitgliederversammlung den Beschluß entsprechend dem Protokoll zu empfehlen.

[In der folgenden Diskussion wurde festgestellt, dass die Ansprüche von Wahlangestellten, die vor erreichen der Altersgrenze ausscheiden, noch einer endgültigen Klärung bedürfen. Abschließend empfiehlt der BV der Mitgliederversammlung der Unterstützungskasse, der Neuregelung zuzustimmen.]

26.9.1972, Nr. 281. Wilhelm Gronau wurde ohne Prozess im Oktober 1973 in die DDR abgeschoben. Vgl. WdA 24, 5.10.1973, Nr. 40, S. 8. Zur Person Gronau siehe Hans-Dieter Baroth: Mein Kollege Kommunistenfresser, ein Agent für den Osten, in: GMH 48, 1997, Nr. 1, S. 33–41.

5   An der Begegnung am 18./19.10.1972 in Berlin-Schmöckwitz nahmen vonseiten des DGB teil: Heinz O. Vetter, Maria Weber, Alfons Lappas, Gerhard Schmidt und Bernd Otto sowie vonseiten des FDGB: Herbert Warnke, Helmut Bayreuther, Werner Heilemann und Helmut Thiele. Als Tagesordnung wurde vereinbart: 1. Fragen der Familienzusammenführung, 2. Zusammenarbeit in Fragen der Sozialversicherung, 3. Probleme illegaler Arbeitnehmer, 4. Informationsaustausch und Aktivierung der Zusammenarbeit der Bibliotheken von DGB und FDGB, 5. Kulturelle Zusammenarbeit. Vgl. Vermerke von Alfons Lappas und Bernd Otto an Heinz O. Vetter vom 18.10.1972, DGB-Archiv, DGB-BV, Abt. Vorsitzender 5/DGAI001697. Siehe auch: ND, 20.10.1972, Nr. 312.

6   Siehe hierzu Prüfbeschluss der 32. BV-Sitzung vom 23.6.1972 (Dok. 62).

7   Auf der 20. Mitgliederversammlung der Unterstützungskasse des DGB e. V. am 22.8.1972 wurde mit 11 Stimmen bei 3 Enthaltungen beschlossen, die Unterstützungsrichtlinien für Abgeordnete des Bundestages und der Landtage vom 1.11.1972 so zu ändern, dass Versorgungsleistungen nach dem Diätengesetz des Bundestages bzw. gleicher Gesetze oder Verordnungen der Landtage und Parlamente der Stadtstaaten auf die Unterstützungsleistungen der UK anzurechnen seien. Vgl. DGB-Archiv, DGB-BV, Abt. Vorsitzender 5/DGAI000477.

3. ERWEITERUNG DES EBFG

Kollege *Vetter* erläutert ausführlich das Arbeitspapier, das den Bundesvorstandsmitgliedern mit Schreiben vom 15. August 1972 übermittelt wurde.[8] Er weist darauf hin, daß in den Fachorganisationen sehr unterschiedliche Auffassungen herrschen. Kollege Loderer hat bereits in einem Brief mitgeteilt, daß der Metallgewerkschaftsbund eine Erweiterung des EBFG über den EWG-Bereich hinaus ablehnt.[9]

Dagegen befürworten die Holz- und Bauarbeiter eine größere Ausdehnung. Übermorgen werden die 16 Gewerkschaftsvorsitzenden zu einer weiteren Beratung in Luxemburg zusammenkommen. Es ist selbstverständlich, daß bei der jetzt eingetretenen Lage die vorgesehene Gründungsversammlung vom 30.11. und 1.12.1972 bis auf weiteres verschoben werden muß, bis alle Unklarheiten beseitigt sind.

Kollege *Loderer* teilt mit, daß sich sowohl der Vorstand der IG Metall als auch der Exekutivausschuß des Europäischen Metallgewerkschaftsbundes sehr eingehend mit dieser Frage beschäftigt haben. Der Europäische Metallgewerkschaftsbund hat ein Memorandum verabschiedet, dem sich wahrscheinlich die IG Metall anschließen wird.[10] Die IG Metall spricht sich auch für die Zukunft für eine Zweckorganisation und nicht für eine europäische Regionalorganisation aus. Die Rest-EFTA-Länder könnten den Status einer assoziierten Mitgliedschaft erhalten, die an allen Beratungen teilnehmen können. Möglich wäre auch ein Koordinierungsausschuß. Kollege Loderer legt die Gründe für die Ablehnung dar, u. a. die Zusammensetzung, die Interessenvertretung, die Finanzierungsfrage, die Gewerkschaftsausschüsse.

Kollege *Vetter* weist darauf hin, daß vom DGB keine bindenden Zusagen vorliegen. Er hat mehrfach betont, daß ohne ausreichende Diskussion und Beschlußfassung im Bundesvorstand nichts verabschiedet werden kann. Das Arbeitspapier vom 15. August stellt nur eine Diskussionsgrundlage dar.

---

8 Arbeitspapier siehe Dok. 66.
9 In dem Schreiben Loderers vom 28.7.1972 an Heinz O. Vetter führte er zur geplanten Erweiterung des EBFG aus: »Rein zahlenmäßig würden in der Generalversammlung der neuen Organisation die 55 Stimmen der Gewerkschaften der bisherigen EWG-Länder 61 Stimmen der Gewerkschaften aus den EFTA-Ländern gegenüberstehen. Im Exekutivkomitee wäre das Stimmenverhältnis 8:10. Mit anderen Worten: die Gewerkschaften der Länder, die bisher an der Entwicklung der EWG keinen Anteil genommen haben, könnten in beiden Organen die Vertreter der EWG-Gewerkschaften überstimmen. Außerdem mutet es grotesk an, wenn gerade der TUC, der sich bis zuletzt gegen den Beitritt Englands zur EWG gewehrt hat, nunmehr in der neuen europäischen Gewerkschaftsorganisation einen maßgeblichen Einfluß haben würde [...]«. DGB-Archiv, DGB-BV, Abt. Vorsitzender 5/DGAI000477.
10 Auf der 5. Sitzung des EMB-Exekutivausschusses am 21.9.1972 wurde in Hinblick auf die Anpassung der europäischen Gewerkschaftsstrukturen ein Memorandum für die erweiterte Europäische Gemeinschaft verabschiedet, in dem die wichtigsten Grundsätze für die Struktur eines Europäischen Gewerkschaftsbundes enthalten waren. Vgl. Nachrichten für die Gewerkschafter in Betrieb und Büro, hrsg. v. IMB, Nr. 37, Oktober 1972, S. 3, sowie DGB-Archiv, DGB-BV, Internationale Abt. 5/DGAJ000267.

Dokument 65 2./3. Oktober 1972

Die Kollegen *Hauenschild* und *Schmidt* (IG Bergbau u. Energie) unterstreichen die Ausführungen des Kollegen Loderer und lehnen eine Erweiterung des EBFG über den EWG-Bereich hinaus ab.

Nach Auffassung des Kollegen *Pfeiffer* drängt sich der Verdacht auf, daß in den Internationalen Berufssekretariaten und in den Bünden unterschiedlich diskutiert wird. Er jedenfalls habe gegenüber anderen Darstellungen erfahren, daß Kollege Vetter als einziger der allgemeinen Auffassung widersprochen habe. Für seinen Bereich müssen Möglichkeiten einer Stärkung der Zusammenarbeit im gesamteuropäischen Bereich gesucht werden. Kollege Pfeiffer unterstützt die Ausführungen des Kollegen Loderer zu den Ausschüssen.

Kollege *Lappas* weist darauf hin, daß das vorgelegte Papier die Wiedergabe des Sachberatungsstandes und nicht das Produkt des GBV ist. Auch nach seiner Auffassung sind die Gewerkschaftsausschüsse in dem Satzungsentwurf relativ schlecht weggekommen, was auf den TUC zurückzuführen ist, aber noch zu ändern wäre.

Kollege *Kluncker* teilt die Äußerungen des Kollegen Loderer vollinhaltlich. Kollege Kluncker weist darauf hin, daß man bei den weiteren Gesprächen zu einer Grundsatzentscheidung kommen muß, ob man eine europäische Regionalorganisation oder eine Organisation will, die auf die EWG Einfluß nimmt.

Kollege *Muhr* sieht das Arbeitspapier ebenfalls im Sinne einer berichterstattenden Darstellung. Er erinnert daran, daß immer gesagt wurde, daß man einen Bund braucht, der uns in der Gemeinschaft vertritt. Kollege Muhr spricht sich ebenfalls nur für den Beitritt der neu in die EWG eintretenden Länder aus, so daß gar kein Gründungskongreß stattzufinden braucht.

Kollege *Vetter* informiert darüber, daß am 30. Oktober ein Gespräch zwischen dem IBFG und dem Weltverband der Arbeit unter Beteiligung der wesentlichsten Mitglieder der beiden Bünde stattfindet.[11]

Kollege *Buschmann* hält ein »Gelenk« zum IBFG für notwendig. Es kommt darauf an, daß eine Form gefunden wird, die dem IBFG nicht wehtut und gleichzeitig einen Sonderstatus entwickelt, der dem Gedanken Rechnung trägt, im Rahmen der EWG Politik zu machen.

Kollege *Kluncker* bittet darum, daß die Auffassungen, die für den DGB getroffen werden müssen, nicht für die Berufssekretariate gelten müssen, da eine unterschiedliche Interessenlage vorhanden ist. Er weist darauf hin, daß er in zwei Internationalen ist, wobei eine für und eine gegen eine Aufteilung in Regionalbereiche ist.[12]

In der weiteren Diskussion, an der sich die Kollegen *Sperner, Wagner, Vetter, Mirkes, Hauenschild, Kluncker, Lappas, Loderer, Muhr, Schmidt* (IG Berg-

---

11 Siehe Protokoll der gemeinsamen Sitzung von IBFG und WVA am 30./31.10.1972 in Brüssel, auf der eine Fortsetzung der Arbeitskontakte zwischen den beiden Organisationen im Juni 1973 in Genf beschlossen wurde. DGB-Archiv, DGB-BV, Abt. Frauen 5/DGAR000327.
12 Die ÖTV war vertreten in der Internationale der öffentlichen Dienste (IÖD) und in der Internationalen Transportarbeiterförderation (ITF). Im Gegensatz zur ITF war die IÖD für eine Aufteilung in Regionalbereiche. Vgl. ÖTV-Geschäftsbericht 1972–1975, Stuttgart 1976, S. 31 ff.

bau u. Energie) sowie die Kollegin *Weber* beteiligen, werden u. a. die Vor- und Nachteile einer eventuellen Neugründung der ERO [Europäischen Regional-Organisation] besprochen. Kollege *Vetter* faßt die Diskussion in dem Sinne zusammen, daß mehrheitlich die Meinung vertreten wird, daß die Haltung des DGB die Gründung eines Europäischen Gewerkschaftsbundes bzw. zur Erweiterung des EBFG über den Rahmen der Europäischen Gemeinschaften hinaus unter den gegenwärtigen Bedingungen ablehnend sein soll.

Ende der Sitzung: 18.15 Uhr

Fortsetzung der Sitzung: 3.10.1972, um 10.15 Uhr

4. GENEHMIGUNG DES PROTOKOLLS DER 1. BUNDESVORSTANDSSITZUNG

Der Bundesvorstand genehmigt das Protokoll der 1. Bundesvorstandssitzung.

5. ERSTELLUNG VON EINHEITLICHEM BILDUNGSMATERIAL ZUR MITBESTIMMUNG

Kollege *Vetter* verweist auf die ausführliche Vorlage, deren Inhalt bereits in der Kommission Aktionsprogramm beraten worden ist.[13] Er bittet den Bundesvorstand um Zustimmung zu dem Projekt und – für den Fall, daß die in der Vorlage geschilderte Fremdfinanzierung sichergestellt ist – vorsorglich zur Bereitstellung von DM 50.000,-- aus den Mitteln zur Popularisierung des Aktionsprogramms.

Kollege *Frister* spricht sich grundsätzlich für das Vorhaben aus. Er ist jedoch der Meinung, daß die vorgesehenen DM 300.000,-- zunächst nur für Grundlagenstudien ausreichen. Kollege Frister regt an, dem Projekt zuzustimmen, mit der Auflage, nach Abschluß der Studien dem Bundesvorstand das Ergebnis vorzulegen, damit dieser über die Inhalte und das weitere Vorgehen diskutieren und entscheiden kann.

Der Bundesvorstand stimmt dem Projekt und der vorsorglichen Bereitstellung von DM 50.000,-- aus den Mitteln zur Popularisierung des Aktionsprogramms zu mit der Maßgabe, die Studienergebnisse zu gegebener Zeit im Bundesvorstand zu diskutieren.

6. ANTRAG NR. 320 DES 9. ORDENTLICHEN BUNDESKONGRESSES;
PROGRAMM DES DGB FÜR ARBEITNEHMERINNEN –
ERGÄNZUNG: HILFEN FÜR DAS ALTER

Kollegin *Weber* bittet um Zustimmung zu der Ergänzung des Programms für Arbeitnehmerinnen durch den Wortlaut des vom Bundeskongreß als Mate-

---

13 Auf der Sitzung des Arbeitskreises Mitbestimmungsbildung am 6.9.1972 wurde der organisatorische, personelle und inhaltliche Rahmen des Projekts beschlossen und an die Kommission Aktionsprogramm weitergeleitet. In der Form eines Baukastensystems sollte ein einheitliches Bildungsmaterial zur Ausbildung der Mitbestimmungsträger konzipiert werden. Vgl. DGB-Archiv, DGB-BV, Abt. Gesellschaftspolitik 5/DGAK000040.

rial an den Bundesvorstand überwiesenen Antrags Nr. 320.[14] Damit würde eine von vielen als notwendig angesehene Vervollständigung des Programms erreicht.

[In der nachfolgenden kurzen Diskussion werden eine sprachliche Überarbeitung und eine Kommentierung für Funktionäre vorgeschlagen und die Neuauflage des Programms verabschiedet.]

7. INTERNATIONALE MEDIENKOMMISSION

Kollege *Stephan* erläutert kurz die Vorlage und fügt ergänzend hinzu, daß für die zu gründende gemeinnützige Gesellschaft das Studio Hamburg ins Auge gefaßt worden sei. Er bittet für den Geschäftsführenden Bundesvorstand darum, den in der Erklärung der drei Gewerkschaftsbünde DGB, SGB und ÖGB dargelegten Plänen, vor allem im Hinblick auf Standardisierung der Geräte und Erstellung von gemeinsamen Bildungsprogrammen in Kassettenform sowie eventuell Gründung einer Gesellschaft, zuzustimmen.[15] Damit wäre die Möglichkeit gegeben, alle näheren Einzelheiten mit den österreichischen und schweizerischen Kollegen abzuklären. Vor der Bildung der erwähnten Gesellschaft würde der Bundesvorstand selbstverständlich eingehend unterrichtet werden.

[Nach kurzer Diskussion stimmt der Bundesvorstand der vorgelegten Rahmenvereinbarung zu.]

8. 1. MAI

Kollege *Stephan* bezieht sich auf sein Schreiben vom 14.9.1972 an die Gewerkschaftsvorsitzenden und bittet noch einmal um Verständnis für die außergewöhnliche Situation einer aus verschiedenen Gründen nicht zustande gekommenen GBV-Empfehlung.[16] Wegen der Eilbedürftigkeit der Sache und der Notwendigkeit einer Entscheidung in der heutigen Bundesvorstandssitzung mußte dieser Weg gewählt werden. Kollege Stephan verweist auf Einzelheiten der Vorlage, die drei unterbreiteten Vorschläge und die Möglichkeit des Umlageverfahrens nach der Satzung. Er berichtet dann über die bereits

---

14 Als Ergänzung des Programms sollte der Punkt 10 »Hilfe für das Alter« (Antrag 320) hinzugefügt werden. Zur Unterstützung der aus Altersgründen ausscheidenden Arbeitnehmer sollten folgende Hilfen angeboten werden: »1. Vorbereitung auf den Ruhestand, 2. flexiblere Arbeitszeit als Hilfe für den Übergang, 3. Ausbau der Altersforschung, 4. ausreichende soziale Sicherung, 5. Bildungsangebot als Lebenshilfe und Betätigungsfeld, 6. altersgerechter Wohnungsbau, 7. Sicherstellung personeller Hilfe und 8. altersgerechtes Konsumangebot.« Protokoll 9. Bundeskongreß, Teil: Anträge und Entschließungen, S. 274f.
15 Die enge Zusammenarbeit der drei deutschsprachigen Gewerkschaftsbünde bei Produktion, Vertrieb und Tausch von Bild- und Tonträgern wurde auf einer Konferenz der drei Gewerkschaftsbünde am 28./29.2.1972 in Wien beschlossen. Vgl. DGB-Archiv, DGB-BV, Sekretariat Günter Stephan 5/DGCU000341.
16 In dem 4-seitigen Schreiben Stephans über die zukünftige Finanzierung der Maiveranstaltungen mit einer Anlage über den Erlös der verkauften Maiabzeichen 1972 in den neun DGB-Landesbezirken wurde ein Bedarf zur Durchführung der Maiveranstaltungen 1973 von 1 Mio. DM veranschlagt und wurden Finanzierungsvorschläge unterbreitet. DGB-Archiv, DGB-BV, Abt. Vorsitzender 5/DGAI000477.

von einigen Gewerkschaften eingegangenen Antworten. Die Gewerkschaft ÖTV hat sich für den Vorschlag Solidaritätsfonds ausgesprochen. Die DPG ist der Auffassung, daß die Finanzierung zur Hälfte aus dem Solidaritätsfonds und je zu einem Viertel durch die Vorstände und die Bezirks- und Ortsverwaltungen der Gewerkschaften erfolgen sollte. Die IG Bau, Steine, Erden befürwortet eine Finanzierung je zur Hälfte aus dem Solidaritätsfonds und dem Haushalt des DGB. Kollege Stephan weist noch einmal auf die politische Bedeutung des Themas hin und trägt die Befürchtungen der Landesbezirksvorsitzenden vor, daß bei einem Wegfall von DGB-Veranstaltungen zum 1. Mai andere, auch außerparlamentarische Kräfte in den freien Raum stoßen und gegen die Gewerkschaften arbeiten würden. Er bittet abschließend um die Meinungsäußerung der übrigen Bundesvorstandsmitglieder zur Frage der Maifinanzierung.

Kollege *Schmidt* spricht sich für die IG Bergbau und Energie für eine Entnahme der Summe aus dem Solidaritätsfonds aus. Eine zusätzliche Belastung der Hauptkasse seiner Gewerkschaft sei unmöglich.

Kollege *Mirkes* ist der Meinung, daß in der Vorlage eine Alternative völlig fehlt, nämlich die Entnahme der Mittel aus dem Etat des DGB. Er widerspricht der Ansicht des Kollegen Stephan, die Summe im Umlageverfahren erhalten zu können, da §4, Ziff. 5[17] der Satzung eine solche Maßnahme nur zur Deckung außerordentlicher Auslagen zuläßt. Davon könne aber bei einer solchen, sich jedes Jahr wiederholenden Ausgabe nicht die Rede sein. Auch die Belastung des Solidaritätsfonds sei nicht diskutabel. Er sei ohnehin in den letzten Jahren zu viel für Dinge in Anspruch genommen worden, für die er nicht geschaffen worden sei. Kollege Mirkes vertritt die Auffassung, daß der GBV ernsthaft prüfen müsse, die Mittel für die Finanzierung des 1. Mai künftig in den ordentlichen Haushalt des DGB einzusetzen.

Zum Thema Solidaritätsfonds gibt Kollege *Muhr* in Vertretung von Kollegen Lappas bekannt, daß der Fonds am 31.7.1972 einen Bestand von 5,98 Mio. DM hatte. Davon sind ca. 4,5 Mio. DM bereits durch Beschlüsse gebunden.

Kollege *Vetter* erinnert noch einmal daran, daß durch den Beschluß des Bundeskongresses eine neue Finanzierungsaufgabe auf den DGB zugekommen ist, über deren Deckungsmöglichkeit nun bedauerlicherweise erst hinterher diskutiert werden müsse. Es werde sicher unabwendbar sein, zu prüfen, wie die Finanzierung des 1. Mai künftig in den Haushalt des DGB, eventuell zu Lasten anderer Aufgaben, eingesetzt werden könne. Aber für den 1. Mai 1973 sei eine außergewöhnliche Situation eingetreten, die man versuchen müsse, zu bewältigen.

Kollege *Loderer* wiederholt die grundsätzliche Meinung seiner Organisation, daß die Finanzen des Bundes nicht ausreichen, um die Aufgaben zu erfüllen, die man von ihm verlangt, und deshalb eine Verbesserung der Finanzlage notwendig wäre. Zur Sache selbst ist Kollege Loderer der Auffassung,

---

17 §4, Ziff. 5 der Satzung des DGB: »Zur Deckung außerordentlicher Ausgaben des Bundes können vom Bundesausschuß mit Zweidrittelmehrheit seiner stimmberechtigten Mitglieder Sonderbeiträge beschlossen werden.«

daß die Finanzierung des 1. Mai weder Angelegenheit des Solidaritätsfonds noch eines Umlageverfahrens sein kann. Als Übergangslösung für das Jahr 1973 schlägt Kollege Loderer die Entnahme der Mittel je zur Hälfte aus dem Haushalt des DGB und aus dem Solidaritätsfonds vor, mit der Maßgabe, die Finanzierung des 1. Mai künftig in den Etat des DGB einzusetzen. Zum Thema Solidaritätsfonds stellt Kollege Loderer den Antrag, dem Bundesvorstand einen Bericht über die Entwicklung des Fonds in den letzten Jahren vorzulegen.

Kollege *Vetter* stellt fest, daß der Bundesvorstand mit der Erstellung und Vorlage eines solchen Berichts einverstanden ist.

Kollege *Frister* spricht sich für seine Gewerkschaft für eine Entnahme der Mittel für 1973 je zur Hälfte aus dem Solidaritätsfonds und dem Haushalt des DGB aus. Das weitere Verfahren sollte in der Haushaltskommission geprüft werden.

Kollege *Buschmann* erklärt, daß nach Meinung der GTB für 1973 der Solidaritätsfonds in Anspruch genommen und die spätere Finanzierung in einer mittelfristigen Planung geklärt werden sollte.

Kollege *Hauenschild* hält als Übergangslösung für 1973 eine Belastung des Solidaritätsfonds und des Haushalts des DGB je zur Hälfte für den einzig möglichen Weg bei einer späteren Übernahme der Kosten in den Etat. Für den Solidaritätsfonds scheint ihm eine Aufstockung erforderlich. Er ist außerdem der Meinung, daß die Mai-Veranstaltungen so effektiv wie möglich organisiert werden sollten.

Die Kollegen *Sickert* und *Rothe* weisen darauf hin, daß in ihren Bereichen die Maiveranstaltungen keineswegs nur mit dem Maiabzeichenverkauf finanziert werden konnten, sondern erhebliche Unterstützungen der Gewerkschaften notwendig waren. Sollten sich die Gewerkschaften durch den Kongreßbeschluß[18] nicht mehr gebunden fühlen, sich an dem bisherigen Umlageverfahren zu beteiligen, würde der vorgesehene Anteil aus der 1 Mio. DM bei weitem nicht für die Finanzierung des 1. Mai 1973 in ihren Landesbezirken ausreichen.

Kollege *Vetter* plädiert dafür, in dieser Übergangsphase nicht von der bisher üblichen Verfahrensweise abzugehen, d. h. zusätzliche Hilfen von Kommunen und ähnlichen Einrichtungen und finanzielle Beteiligung der örtlichen Gewerkschaften in Anspruch zu nehmen. Diese Quellen müßten wenigstens für das Übergangsjahr noch zur Verfügung stehen, wenn nicht die gesamte Finanzierung gefährdet werden solle. Nach den Erfahrungsberichten über den 1. Mai 1973 müßten dann Überlegungen über die Gesamtfinanzierung angestellt werden.

Kollege *Schmidt* weist noch einmal darauf hin, daß die Hauptkasse seiner Gewerkschaft nicht in der Lage wäre, einen Beitrag zu leisten. Der DGB

---

18 Auf dem 9. Ordentlichen Bundeskongress 1972 wurde der Antrag 277 der Deutschen Postgewerkschaft angenommen, laut dem auf den Verkauf der Maiabzeichen künftig verzichtet werden sollte. Protokoll 9. Bundeskongreß, Teil: Anträge und Entschließungen, S. 221.

müsse jetzt über das Jahr 1973 hinwegkommen, und dann sollte man längerfristig größere Finanzierungsmöglichkeiten suchen. Im Übrigen wüßte er gern, in welchem Rahmen, welcher Art und Größenordnungen die Maiveranstaltungen vorgesehen seien, für die die bescheidene Finanzkraft ausreichen müsse.

Kollege *Sperner* unterstützt die Meinung des Kollegen Vetter, daß es für 1973 bei der bisher üblichen Finanzierungsweise auf örtlicher Ebene bleiben muß. Danach müsse dann der gesamte Komplex überprüft werden.

Kollege *Hauenschild* gibt zu bedenken, daß viele Kollegen trotz des Kongreßbeschlusses doch ein DGB-Abzeichen zum 1. Mai erwarten, und regt Überlegungen für eine Ersatzlösung an.

Kollege *Stephan* antwortet, daß eine Prüfung dieser Frage bereits erfolgt ist, aber aus Finanzgründen zu einem negativen Ergebnis geführt hat. Zu der Frage von Kollegen Schmidt nach der Planung für die Maiveranstaltungen weist Kollege Stephan auf die früher im Bundesvorstand geführte Diskussion. Mit den Landesbezirksvorsitzenden, die die Verantwortung für die Mittelverteilung in ihrem Bereich haben, ist ausführlich über die Notwendigkeit von konzentrierten und effektiven Veranstaltungen beraten worden. Die Ergebnisse von 1973 werden dann erneut ausgewertet und überprüft werden.

Kollege *Vetter* stellt abschließend folgenden Beschluß des Bundesvorstandes fest:

Die durch den Berliner Kongreßbeschluß ausfallenden Mittel aus dem Maiabzeichenverkauf in Höhe von ca. 1 Mio. DM werden – als einmalige Sonderlösung für den 1. Mai 1973 – aus dem Haushalt des DGB und dem Solidaritätsfonds abgedeckt. Die bisher erfolgte zusätzliche Finanzierung der Maiveranstaltungen durch die örtlichen Gewerkschaften soll auch 1973 im gleichen Umfang beibehalten werden. Die DGB-Landesbezirke erhalten nach der vorliegenden Aufschlüsselung die Mittel zugeteilt. Sie tragen die Verantwortung für die Veranstaltungen in ihrem Bereich. Die Mittel sollen schwerpunktmäßig, die bisher üblichen Aktivitäten berücksichtigend, und mit dem Ziel größtmöglicher Effektivität eingesetzt werden.

Nach Abschluß der Mai-Veranstaltungen 1973 wird sich der Bundesvorstand erneut mit der Angelegenheit beschäftigen. Inzwischen soll die künftige Aufnahme der Mittel zur Finanzierung der Maiveranstaltungen in den ordentlichen Haushalt des DGB vorbereitet werden.

9. INFORMATION ÜBER GEHALTSNEUREGELUNG AB 1. OKTOBER 1972

[*Woschech* berichtet ausführlich über das Ergebnis der Verhandlungen mit dem Gesamtbetriebsrat. Der Bundesvorstand nimmt das Ergebnis der Verhandlungen mit dem Gesamtbetriebsrat über die Gehaltsneuregelung ab 1.10.1972 zustimmend zur Kenntnis.[19]]

---

19 Vgl. auch TOP 11 der 1. BV-Sitzung am 5./6.9.1972 (Dok. 63).

10. Konferenz über Emigration und Immigration vom 24. bis 26. April 1972 in Belgrad

Kollege *Woschech* weist auf das umfangreiche Material hin, das den Bundesvorstandsmitgliedern über die o. a. Konferenz übermittelt wurde.[20] Zu der Frage, ob und wie der DGB sich an einer eventuellen zweiten Fachkonferenz beteiligen kann, trägt Kollege Woschech ergänzend einige Details aus Ablauf und Atmosphäre der Konferenz in Belgrad vor. Er erwähnt u. a. die sicher nicht gleichen Absichten und Erwartungen der teilnehmenden Delegationen und die politischen Motivationen, die bei den Beiträgen einzelner Gewerkschaftsdelegationen erkennbar wurden. Es sei schließlich gelungen, die Konferenz auf das Fachliche zurückzuführen. Das beschlossene Kommuniqué sei ein Kompromiß, den der DGB eingebracht habe.[21] Der Geschäftsführende Bundesvorstand sei zu der Meinung gekommen, daß der DGB in der durch die Belgrader Konferenz gebildeten Kommission (Sechsergruppe) mitarbeiten solle, allerdings unter gewissen Bedingungen, z. B. daß es sich bei einer nächsten Konferenz ausschließlich um eine fachliche Konferenz handeln müsse, die auch nicht zu politischen Zwecken mißbraucht werden und zu keiner Institutionalisierung führen dürfe. Ob sich der DGB an einer eventuellen zweiten Fachkonferenz beteiligen wird, wird von den Vorschlägen abhängen, die diese Kommission zum gegebenen Zeitpunkt – wahrscheinlich im Frühjahr 1973 – den Gewerkschaftsbünden der Emigrations- und Immigrationsländer unterbreitet. Darüber werde dann der Bundesvorstand zu beschließen haben. Kollege Woschech bittet für den GBV, den Bericht zustimmend zur Kenntnis zu nehmen und damit einverstanden zu sein, daß der DGB mit den vorgetragenen Prämissen vorläufig in der Kommission mitarbeitet.

Kollege *Loderer* berichtet von Erfahrungen und Gesprächen mit Kollegen der jugoslawischen Brudergewerkschaft zum gleichen Thema. Von Seiten der IG Metall sei der Standpunkt vertreten worden, daß bei einem alle Arbeitnehmer und alle Gewerkschaften berührenden Problem jeweils der Bund die Federführung haben müsse. Er habe außerdem darauf hingewiesen, daß es selbstverständlich sei, bei diesen Dingen die Beschlüsse von IBFG und EBFG

---

20 Materialien zu diesem Tagesordnungspunkt: Bericht von Hans Schumacher: Vielleicht ein erster Schritt, in: Die neue Gesellschaft, 1972, Nr. 6, S. 432–435; Bericht des Referats Ausländische Arbeitnehmer vom 27.6.1972; Bericht von Max Diamant (IGM) vom 24.5.1972; Bericht von Otto Stadt (NGG) vom 28.4.1972 und von Hans Tigges (CPK) vom 2.5.1972 zur Konferenz in Belgrad. DGB-Archiv, DGB-BV, Abt. Vorsitzender 5/DGAI000477. In der Sitzung des Arbeitskreises Ausländische Arbeitnehmer am 7./8.1972 wurden die Konferenz und die Teilnahme des DGB positiv bewertet. Vgl. DGB-Archiv, DGB-BV, Abt. Ausländische Arbeitnehmer 5/DGAZ000497.

21 In dem Kommuniqué wurde einleitend die Notwendigkeit dieses Treffens hervorgehoben und das Fehlen eines Abschlussdokuments bedauert. »Der Meinungsaustausch wies auf zahlreiche Probleme hin, zu denen die Gewerkschaften auf bilateralen und multilateralen Beratungen Lösungsvorschläge ausarbeiten sollten. Die Delegationen [...] werden ihren Gewerkschaftsvorständen vorschlagen, mit der Abhaltung der nächsten Konferenz übereinzustimmen, [...]. Zur Vorbereitung der zweiten Konferenz wählte das Treffen eine Kommission, zusammengesetzt von je 3 Vertretern der Gewerkschaften der Abgabe- und Aufnahmeländer, und zwar DGB, Jugoslawien, Algerien (UGTA), LO Schweden, CFDT (Frankreich), gemeinsame Vertreter aus Italien.« DGB-Archiv, DGB-BV, Abt. Vorsitzender 5/DGAI000477.

zu berücksichtigen. Für die IG Metall sei gegenüber der Brudergewerkschaft Jugoslawiens keine Festlegung erfolgt. Kollege Loderer regt an, daß auch die anderen Gewerkschaften so verfahren, um für den DGB eine geschlossene Linie zu gewährleisten. Abschließend spricht er sich für den Vorschlag des GBV unter Berücksichtigung der vorgetragenen Bedingungen aus.

Auch Kollege *Pfeiffer* trägt ähnliches aus dem Bereich seiner Gewerkschaft und der Gewerkschaft NGG vor. Er regt ebenfalls eine Koordinierung und gründliche Untersuchung der einzelnen Bestrebungen an.

Kollege *Vetter* begrüßt die offene Erörterung der Probleme. Er ist der Meinung, daß unter allen Umständen ein Unterlaufen unserer internationalen Einbindung durch derartige Konferenzen verhindert werden muß.

Abschließend stellt Kollege Vetter fest, daß der Bundesvorstand den Bericht zustimmend zur Kenntnis nimmt und mit der Mitarbeit des DGB in der durch die Belgrader Konferenz beschlossenen Kommission – unter Berücksichtigung der diskutierten Prämissen und Offenhaltung der endgültigen Entscheidung – einverstanden ist. Außerdem soll der IBFG mit diesen Fragen befaßt werden.

11. Verschiedenes

a) Kollege *Kluncker* schlägt vor, daß der Geschäftsführende Bundesvorstand, basierend auf den Kongreßbeschlüssen, ein mittelfristiges Arbeitsprogramm erstellt und dem Bundesvorstand vorlegt.

Kollege *Vetter* berichtet, daß der GBV in seiner gestrigen Sitzung beschlossen hat, die Ergebnisse sowohl des DGB-Bundeskongresses als auch der nachfolgenden Gewerkschaftskongresse auszuwerten, um die Schwerpunkte der künftigen Arbeit festlegen zu können. Der Bundesvorstand soll für seine Sitzung im Dezember eine entsprechende Vorlage erhalten.

[Der Bundesvorstand verabschiedet die Presseerklärung mit kleinen redaktionellen Änderungen zum Kontakt mit dem FDGB.[22]]

Kollege *Wagner* regt zusätzliche Maßnahmen und Materialien für die Erstwähler an.

Die Kollegen *Vetter* und *Woschech* erläutern kurz die bereits geplanten Vorhaben.

Die Frage des Kollegen *Buschmann*, ob auch von der CSU und der FDP auf die den Parteien übermittelten Wahlforderungen des DGB eine Antwort eingegangen sei, verneint Kollege *Vetter*. Sie werden dem Bundesvorstand gegebenenfalls unverzüglich übermittelt.[23]

Ende: 12.30 Uhr

---

22 DGB hält Spitzengespräch mit FDGB aufrecht, in: ND, 3.10.1972, Nr. 294.
23 Zu den »Wahlprüfsteinen« des DGB gab es Stellungnahmen der SPD (Schreiben Willy Brandts vom 22.9.1972) und der CDU (Schreiben Rainer Barzels vom 15.9.1972). DGB-Archiv, DGB-BV, Abt. Vorsitzender 5/DGAI000477.

DOKUMENT 66

2./3. Oktober 1972: Arbeitspapier der Abteilung DGB-Vorsitzender: Erweiterung des EBFG

Ms., hekt., 4 S.[1]

DGB-Archiv, 5/DGAI000477.

Die nachfolgenden Ausführungen gehen von der Überlegung aus, daß die Ursachen und Absichten (wirtschaftliche, politische und gesellschaftliche Lage der Arbeitnehmer in einem geschlossenen Wirtschaftsraum) für die Gründung eines nationalen Bundes (z. B. DGB) *im wesentlichen*[2] die gleichen sind, die den EBFG begründen. Sie sind für seine Erweiterung auf die Europäischen Gemeinschaften ab 1.1.1973 bzw. auf die neue europäische Freihandelszone (EG + Rest-EFTA) bereits jetzt oder in schnellem zeitlichem Tempo durchgreifend.

Durch die Unterzeichnung des Freihandelsabkommens zwischen EWG und Rest-EFTA[3] wurde eine Entwicklung eingeleitet, die nicht nur den Parallelismus für den Zollabbau aller 16 europäischen Länder in einem befristeten Zeitraum sicherstellt, sondern eine über Assoziierungsabkommen hinausgehende wirtschaftliche Zusammenarbeit begründet. Die Ende Juli mit den Rest-EFTA-Ländern unterzeichneten Abkommen enthalten eine sogenannte »Evolutiv-Klausel«, die eine Weiterentwicklung und Vertiefung der Beziehungen avisiert.

Bekanntlich hofft die Schweiz zu einer »gestaltenden Mitwirkung« in der europäischen Gemeinschaft zu kommen. Schweden möchte seine Zölle gegenüber Drittländern an diejenigen der Gemeinschaft anpassen. Beide Länder wollen auch in der Verkehrs-, Umweltschutz- und Industriepolitik zu einer engeren Zusammenarbeit mit der Gemeinschaft finden. Eine Harmonisierung im Handels- und Steuerrecht wird dabei nicht ausgeschlossen. Selbst währungspolitisch streben Schweden, die Schweiz und Österreich eine engere Zusammenarbeit mit der EWG an.[4]

---

1 Das Arbeitspapier der Abt. Vorsitzender vom 10.8.1972 wurde auf der 4. Sitzung des GBV am 14.8.1972 beschlossen und den Bundesvorstandsmitgliedern mit Schreiben vom 15.8.1972 übermittelt. Einzelfragen zu diesem Papier sollten auf der 1. BV Sitzung am 5./6.9.1972 (Dok. 63) diskutiert werden und eine eingehende Diskussion auf der BV-Klausur am 2./3.10.1972 (Dok. 65) stattfinden. DGB-Archiv, DGB-BV, Abt. Vorsitzender 5/DGAI000202 und 5/DGAI000477.
2 Im Original Unterstreichung.
3 Am 22.7.1972 wurde das Freihandelsabkommen zwischen der EWG und den nicht beitrittswilligen EFTA-Staaten – Island, Österreich, Portugal, Schweden und Schweiz – unterzeichnet. Das Abkommen mit Finnland konnte nur paraphiert werden, da am 19.7.1972 die finnische Minderheitsregierung zurückgetreten war. Der Vertrag wurde am 5.10.1973 in Brüssel unterzeichnet. Vgl. Generalsekretariat der Kommission der EG (Hrsg.): Bulletin der EG 9/1972, S. 11–22 und 10/1973, S. 63.
4 Auf der EFTA-Ministerkonferenz im November 1972 in Wien wurde der Auf- und Ausbau der wirtschaftlichen Kooperation mit der Gemeinschaft als Ziel proklamiert. Vgl. Anton Müller-Engstfeld: Ein Europa der Fünfzehn. Der gewerkschaftliche Zusammenschluß nach der Erweiterung der Europäischen Gemeinschaft, in: Europa-Archiv, 1973, Folge 6, S. 201–208, hier: S. 202.

Angesichts dieser Entwicklung, die zu einem weitgehend einheitlichen Wirtschaftsraum von fast 300 Millionen Menschen führt, muß ernsthaft geprüft werden, ob die von den Gewerkschaften der Rest-EFTA-Länder geäußerte Absicht, bei einer Erweiterung des EBFG mit einem Sonderstatus beteiligt zu werden länger ignoriert werden kann. Nach ihrer Auffassung müßte eine Organisation geschaffen werden, die in der Lage ist, bei der politischen, wirtschaftlichen und gesellschaftlichen Entwicklung des Europas der 16 ein entscheidendes Wort mitzureden. Da Portugal nicht zur Diskussion steht[5], auch die Gewerkschaften Irlands einen Sonderfall bilden[6], geht es konkret um den Beitritt der Gewerkschaften Schwedens, Finnlands, Österreichs und der Schweiz.

Es darf davon ausgegangen werden, daß der EBFG zur Stunde noch eine völlig intakte, arbeitsfähige Organisation darstellt, die beachtliche Erfolge aufweisen kann und keinerlei Auflösungstendenzen zeigt. Sie steht jedoch unter dem Zwang, sich bis Ende des Jahres zu einer europäischen Gewerkschaftsorganisation auszuweiten, die der neuen durch *zwei* Ereignisse hervorgerufenen Situation Rechnung trägt: 1. durch die Entscheidung der Länder Großbritannien, Irland, Norwegen und Dänemark, am 1.1.1973 der Europäischen Gemeinschaft beizutreten; 2. durch die mit den Rest-EFTA-Ländern Finnland, Schweden, Schweiz und Österreich vereinbarten Sonderregelungen.

Die Erweiterung der Europäischen Gemeinschaft erfordert auch eine Erweiterung des EBFG um die beitrittswilligen Gewerkschaftsbünde der oben aufgeführten Länder. Der Sonderstatus der Gewerkschaften aus den Rest-EFTA-Ländern kommt dadurch zum Ausdruck, daß die gleichen Rechte und Pflichten der angeschlossenen Bünde folgende *Einschränkung* erfahren sollen: Bei Fragen, die vorwiegend die Existenz und Arbeitsweise der EWG oder EFTA berühren, nehmen – falls ein entsprechender Antrag vorliegt – nur die Bünde der infrage kommenden Länder an der Abstimmung teil.

Folgende europäische Gewerkschaftsbünde haben sich für diese Lösung ausgesprochen: FGTB-Belgien, LO-Dänemark, FO-Frankreich, TUC-Großbritannien, CISL-Italien, UIL-Italien, CGT-Luxemburg, NVV-Niederlande, LO-Norwegen, SGB-Schweiz, SAK-Finnland, LO-Schweden, TCO-Schweden, ÖGB-Österreich. In zwei weniger bedeutsamen Fragen bestehen bei FO-Frankreich und UIL-Italien Bedenken.[7]

---

5 Zu den portugiesischen Gewerkschaften hatten weder der DGB noch der IBFG Kontakte, da von der portugiesischen Militärdiktatur keine internationalen Gewerkschaftskontakte erlaubt wurden. Siehe auch: Grundsatzbeschluss des 9. Weltkongresses des IBFG vom 2. bis 9.7.1969 in Brüssel, DGB-Archiv, DGB-BV, Internationale Abt. 5/DGAJ000180.

6 Viele Mitgliedsorganisationen des Irischen Gewerkschaftsbundes (ICTU) waren Landesgruppen der britischen Gewerkschaften aus dem TUC. Außerdem gehörten viele Irische Gewerkschaften den zuständigen internationalen Berufssekretariaten an. Vonseiten des ICTU gab es Kontakte zum IBFG bzw. EBFG, jedoch keine Mitgliedschaft. Vgl. Vorstandssitzung des IBFG vom 24./25.11.1972 in Brüssel, DGB-Archiv, DGB-BV, Internationale Abt. 5/DGAJ000769.

7 Die beiden Gewerkschaftsbünde befürworteten im Gegensatz zu den anderen Gewerkschaftsbünden eine enge Zusammenarbeit mit den Gewerkschaften der anderen ideologischen Richtungen (WVA und WGB). Vgl. 6-seitiger Vermerk Volker Jungs für Heinz O. Vetter vom 10.11.1972 zu den Verhandlungen über die EBFG-Erweiterung, DGB-Archiv, DGB-BV, Internationale Abt. 5/DGAJ000769.

Dokument 66 2./3. Oktober 1972

Für den DGB hat der Vorsitzende auf die in seinen Reihen geäußerten Bedenken gegen eine Lösung hingewiesen, bei der die Grenzen der Organisation und der Europäischen Gemeinschaft nicht mehr deckungsgleich seien. Diese Bedenken stellen jedoch die ganze Organisation infrage. Die Vorsitzenden Aspengren (Norwegen) und Nielsen (Dänemark) gaben deutlich zu erkennen, daß ihre Organisationen dem neuen europäischen Bund nicht beitreten würden, wenn die Bünde der Rest-EFTA trotz ihrer Bereitschaft von einer Vollmitgliedschaft ausgeschlossen blieben.

Gesprächsweise war zu erfahren, daß dieser Weigerung auch ein politisches Kalkül zugrunde liegt: Die Vorsitzenden der skandinavischen Gewerkschaften fürchten die »integrierende Kraft der Ostsee«, die bei einem gewerkschaftspolitischen Vakuum in Finnland und Schweden zu unerwünschten Initiativen des Ostblocks führen könne.[8] Diese politische Motivierung ist ebenso ernst zu nehmen wie der Hinweis auf die europäische Autorität des schwedischen Gewerkschaftsvorsitzenden Arne Geijer, dessen Name und Mitwirkung dem erweiterten EBFG bei der Wahrnehmung der Arbeitnehmerinteressen von großem Nutzen sei.

In diesem Zusammenhang darf nicht unerwähnt bleiben, daß die christlichen Gewerkschaften auf europäischer Ebene schon seit Jahr und Tag in dem jetzt auch vom EBFG angestrebten Rahmen zusammenarbeiten. Der Europäischen Organisation des WVA gehören außer Gewerkschaftsbünden der Niederlande, Belgiens, Luxemburgs, Frankreichs und Italiens auch zwei Gewerkschaftsorganisationen der Schweiz und eine Gewerkschaftsorganisation Österreichs an. Die Diskussion mit den Christen über eine Zusammenarbeit in Europa würde erleichtert, wenn das gleiche territoriale Gebiet die Basis der Gespräche bildete.[9]

Die Befürchtung, daß die neue europäische Organisation einer Nabelschau erliege, ist unbegründet. Allen europäischen Gewerkschaftsbünden ist bewußt, daß beispielsweise die Wirtschaftskonzentration, die in den multinationalen Unternehmen ihren sichtbaren Ausdruck findet, ein weltweites Problem ist, das internationale Solidarität im IBFG erfordert. Auch keine europäische Gewerkschaft verkennt Verpflichtung und Verantwortung gegenüber den Entwicklungsländern und somit eine Thematik, die ebenfalls nur im IBFG behandelt werden kann.

Daher wurde in allen Gesprächen streng darauf geachtet, daß in den Satzungen des EBFG und des IBFG keinerlei Zieldifferenzen auftreten. Es ist vielmehr das Bestreben des DGB, daß schon in die Satzungen als »organisatorisches Gelenk« eine Bestimmung aufgenommen wird, die vorsieht, daß Präsident und Generalsekretär der einen Organisation Sitz und Stimme im Exekutivausschuss der anderen Organisation haben. Es ist daran zu erinnern, daß der hierauf bezogene Punkt 5 der entsprechenden Entschließung des IBFG-Kongresses in London durch den DGB formuliert und durch die über-

---

8 Vgl. hierzu detaillierter Müller-Engstfeld: Ein Europa der Fünfzehn, S. 203.
9 Zu den Gesprächen beider Organisationen siehe Dok. 65, Fußnote 11.

7. November 1972 **Dokument 67**

wiegende Mehrheit der Antragsberatungskommission, aber gegen den Willen der Mehrheit der europäischen Organisationen gebilligt wurde.[10]
Der IBFG-Vorstand wird sich auf seiner Sitzung im November 1972 mit dieser Frage befassen.[11]
Die Vertreter der 16 europäischen Bünde werden am 14.9. und 4.10.1972 über noch offenstehende Satzungsfragen beraten, so daß der Bundesvorstand spätestens in seiner November-Sitzung endgültig über seine Mitgliedschaft im EBFG (neu) entscheiden muß.[12]

DOKUMENT 67

7. November 1972: Protokoll der 3. Sitzung des Bundesvorstandes

Hans-Böckler-Haus in Düsseldorf; Vorsitz: Heinz O. Vetter; Protokollführung: Isolde Funke, Marianne Jeratsch; Sitzungsdauer: 10.10–16.20 Uhr; ms. vermerkt: »Vertraulich«.[1]

Ms., hekt., 13 S., 2 Anlagen.[2]

DGB-Archiv, 5/DGAI000537.

Beginn der Sitzung: 10.10 Uhr

[*Vetter* eröffnet die Sitzung und begrüßt die Gäste der LO Schweden, Norwegen und Dänemark, die Generalsekretäre der EFTA-TUC, des IBFG und des EBFG und schlägt vor, den Punkt »Europäischer Gewerkschaftsbund« als ersten Tagesordnungspunkt zu behandeln.[3]]

---

10 Vgl. Beratungsunterlagen und Referate zum 10. Weltkongress des IBFG vom 10.–14.7.1972 in London, in: DGB-Archiv, DGB-BV, Internationale Abt. 5/DGAJ000205.
11 An der ersten Vorstandssitzung nach dem 10. Weltkongress des IBFG nahmen auch Vertreter des EBFG, des Gewerkschaftsausschusses der EFTA-Länder und der Internationalen Berufssekretariate teil. Beratungsunterlagen und Protokoll zur 58. Vorstandssitzung am 24./25.11.1972 in Brüssel, in: DGB-Archiv, DGB-BV, Internationale Abt. 5/DGAJ000769.
12 Vgl. den aufschlussreichen Bericht Volker Jungs (Abt. Europäische Integration beim BV des DGB) zur Entwicklung des Europäischen Gemeinschaft. Volker Jung: Der neue Europäische Gewerkschaftsbund, in: GMH 34, 1973, Nr. 4, S. 206–217.
1 Einladungsschreiben vom 13.10. und 24.10.1972. Nicht anwesend: Gerd Muhr, Günter Stephan, Philipp Seibert, Heinz Vietheer (vertreten durch Anni Moser). DGB-Archiv, DGB-BV, Abt. Vorsitzender 5/DGAI000477.
2 Anlage: Anwesenheitsliste, Entschließung des DGB zur Frage der Lohnorientierungsdaten.
3 Im Schreiben vom 18.10.1972 an die Bundesvorstandsmitglieder teilte Heinz O. Vetter mit, dass die Vorsitzenden der skandinavischen Gewerkschaftsbünde ihre Auffassung zur Gründung eines Europäischen Gewerkschaftsbundes auf der 3. BV-Sitzung vortragen würden. DGB-Archiv, DGB-BV, Abt. Vorsitzender 5/DGAI000477.

Dokument 67   7. November 1972

Tagesordnung:
1. Europäischer Gewerkschaftsbund
2. Terminplanung Januar bis Dezember 1973
3. Tagesordnung für die 2. Bundesausschusssitzung am 6.12.1972
4. Genehmigung des Protokolls der 2. Bundesvorstandssitzung
5. Berichterstattung über die Begegnung mit dem FDGB
6. Verschiedenes
7. Beirat Gesellschaft für Jugendheime
8. Beschwerdeausschuss für den Unfallunterstützungsfonds für ehrenamtliche Gewerkschaftsfunktionäre
9. Kapitalerhöhung bei der BfG
10. Israelische Delegationen in der BRD
11. Sitzung Kommission Aktionsprogramm
12. DGB-Zielprojektion 1973–1977
13. Überarbeitung der Broschüre »DGB-Vorschläge zur Steuerreform«
14. Entschließung des DGB zur Frage von Lohnorientierungsdaten
15. Anpassung der Unterstützungen ab 1.1.1973

1. EUROPÄISCHER GEWERKSCHAFTSBUND

In einem Rückblick auf die bisherige Entwicklung der Diskussion um die Erweiterung des EBFG zeigt Kollege *Vetter* noch einmal den Stand der Debatte im DGB und die Gründe für die Meinungsbildung im Bundesvorstand am 2.10.1972 auf, sich für die sogenannte kleine Lösung auszusprechen, d. h. den EBFG um die Gewerkschaften der Beitrittsländer zu erweitern, während die Gewerkschaften der restlichen europäischen Länder dem erweiterten Bund als Assoziierte angehören sollen. In der Sitzung am 2.10.1972 sei es von einigen Kollegen als Mangel empfunden worden, nicht im Besitz des Satzungsentwurfs für den erweiterten EBFG zu sein. Kollege Vetter erklärt, daß er von der Überlegung ausgegangen sei, eine Entscheidung über die grundsätzlichen politischen Fragen herbeizuführen und sich nicht in der Erörterung von Detailfragen zu erschöpfen. Kollege Vetter berichtet sodann über die Sitzung der Vorsitzenden und Generalsekretäre der 16 europäischen IBFG-Gewerkschaften am 4.10.1972 in Luxemburg[4], in der er den Beschluß des Bundesvorstandes vom 2.10.1972 vorgetragen und erläutert hat. Es habe sich zwar gezeigt, daß der DGB mit seiner Auffassung allein steht, daß die übrigen Bünde aber seine Argumente ernst nehmen und sich nach Kräften bemühen wollen, die entstandenen Bedenken auszuräumen und einen Kompromiß zu finden. Das gilt besonders auch für die Frage der Verbindung des europäischen Bundes zum IBFG durch ein organisches Gelenk. Unter diesen Umständen, so habe der Generalsekretär des IBFG betont, wäre die Schaffung eines Bundes zu begrüßen, dem alle europäischen IBFG-Gewerkschaften angehören. In Anbetracht der aufgetretenen Schwierigkeiten sei dann beschlossen worden, den ursprünglich für den Gründungskongreß des erweiterten Bundes vorgesehenen Termin 30.11./1.12.1972 für eine *interne* Arbeitskonferenz erweiterter Delegationen der einzelnen Bünde zu benut-

---
4   Beratungsunterlagen zur Sitzung des EBFG und des Gewerkschaftsausschusses der EFTA-TUC am 4.10.1972 in Luxemburg zur Erweiterung der gewerkschaftlichen Zusammenarbeit in Europa, DGB-Archiv, DGB-BV, Internationale Abt. 5/DGAJ000280.

zen, mit dem Ziel, in ausführlicher Diskussion die noch offenen Fragen zu erörtern und zu klären.⁵ Im Hinblick auf diese Sitzung schlägt Kollege Vetter vor, die strittigen Punkte noch einmal herauszuarbeiten und dazu auch die Meinung der anwesenden ausländischen Kollegen zu hören, um eventuell in dem einen oder anderen zu einer anderen Auffassung als in der Sitzung am 2.10.1972 zu kommen.

Kollege *Nielsen*⁶ dankt für die Möglichkeit, die Meinung seiner Organisation im Bundesvorstand vortragen zu können. Er bestätigt, daß die von Kollegen Vetter in Luxemburg vorgetragene Auffassung die übrigen Teilnehmer sehr betroffen habe. Er selbst habe immer dafür plädiert, die dem EBFG und dem Gewerkschaftsausschuß EFTA/TUC angehörenden Organisationen zu einem Bund zusammenzuschließen mit einem organischen Gelenk zum IBFG. Diese Auffassung werde von allen großen Gewerkschaften seines Bundes geteilt. Man sei sich einig, daß eine andere als die große Lösung für die skandinavischen Gewerkschaften katastrophal sein würde und eine Spaltung unbedingt vermieden werden müsse. Eine solche Spaltung könnte auch das politische Gewicht der skandinavischen Gewerkschaften, besonders gegenüber außenpolitischen Einflüssen, schwächen.⁷ Kollege Nielsen gibt weiterhin zu bedenken, daß es eine Vielzahl von Problemen gibt, die alle Gewerkschaften in ganz Europa in der gleichen Weise betreffen und die gemeinsam besser zu bewältigen wären. Ein Zusammenschluß von ca. 30 Millionen Arbeitnehmern im europäischen Raum würde darüber hinaus den gewerkschaftlichen Einfluß im Sinne aller sehr verstärken.

Kollege *Geijer*⁸ bekräftigt die von Kollegen Nielsen vorgetragene Meinung. Auch seine Organisation sei durch den Beschluß des DGB-Bundesvorstandes sehr beunruhigt. Es sei der Eindruck entstanden, als wolle der DGB mit seiner Haltung für die kleinere Lösung eine Trennung der Gewerkschaften in Europa. Aber es sei nicht seine und seiner Kollegen Aufgabe, den Beschluß des Bundesvorstandes zu beeinflussen. Er halte es jedoch für seine Pflicht, auf die Konsequenzen hinzuweisen, die er nach sich ziehen könne. Als Beispiel für fehlende oder schlechte Zusammenarbeit im Rahmen des IBFG berichtet Kollege Geijer über die gewerkschaftliche Situation in Asien.⁹ Er bittet die Kollegen des DGB, ihre Argumente noch einmal ernsthaft zu überdenken,

---

5   Zu den Ergebnissen der Arbeitskonferenz in Luxemburg, an der die Delegationen von sieben Gewerkschaftsbünden der Beitrittsstaaten der EG sowie sieben Gewerkschaftsbünden aus den Rest-EFTA-Staaten teilgenommen hatten, siehe Volker Jung: Gewerkschaftliche Gegenmacht in Europa, in: Die Quelle 23, 1972, Heft 12, S. 559 f. sowie Vermerk Volker Jungs vom 3.12.1972 zu den Ergebnissen der Arbeitskonferenz, in: DGB-Archiv, DGB-BV, Internationale Abt. 5/DGAJ000267.
6   Thomas Nielsen (geb. 1917), Präsident des dänischen Gewerkschaftsbundes sowie Präsident des Nordischen Gewerkschaftsbundes und Vizepräsident des IBFG.
7   Siehe Anton Müller-Engstfeld: Ein Europa der Fünfzehn, S. 203.
8   Arne Geijer (1910–1979), Präsident des schwedischen Gewerkschaftsbundes und Vorstandsmitglied des IBFG.
9   Die Zusammenarbeit in der asiatischen Regional-Organisation des IBFG litt unter der Dominanz der japanischen Gewerkschaften in der Organisation. Vgl. Berichte von Dieter Bielenstein (Büro Tokio FES) zur Gewerkschaftssituation in Asien, DGB-Archiv, DGB-BV, Internationale Abt. 5/DGAJ000192.

um zu verhindern, daß es im europäischen Raum zu ähnlichen Schwierigkeiten kommt.

Kollege *Aspengren*[10] betont noch einmal das Bedauern seiner Organisation über den negativen Ausgang des Referendums in Norwegen.[11] Sein Bund sei immer für den Beitritt zur EWG gewesen, wie er auch den großen Zusammenschluß der europäischen Gewerkschaftsbünde befürwortet habe. Für seine Organisation sei es klar, daß sie nicht über Fragen zu entscheiden habe, die die EWG-Gewerkschaften betreffen, es bestehe aber der Wunsch, in all den Fragen zusammenzuarbeiten, die die europäischen Gewerkschaften gemeinsam berühren, wie z. B. Umweltschutz, multinationale Gesellschaften u. a. Kollege Aspengren weist abschließend auf den politischen Aspekt des Problems hin. Abgesehen von einigen christlichen Gruppierungen werden die dem IBFG angehörenden europäischen Gewerkschaftsbewegungen wesentlich von Sozialdemokraten getragen. So habe es z. B. vor kurzem in Skandinavien im Hinblick auf eine verstärkte Zusammenarbeit eine Begegnung zwischen Gewerkschafts- und Regierungsvertretern gegeben. Ein großer gewerkschaftlicher Zusammenschluß in Europa könne so auch zu einer verbesserten und effektiveren Kooperation mit den fortschrittlichen sozialdemokratischen Kräften Europas führen.

Kollege *Vetter* dankt den skandinavischen Kollegen und erinnert kurz an die Zeit, als der DGB sich bemüht hat, bei den europäischen Gewerkschaftskollegen um Verständnis für den Beitritt zur EWG und damit für die Schaffung eines großen Europa zu werben.

Kollege *Kersten* erklärt für den IBFG, daß er die Bildung eines großen europäischen Bundes befürwortet, unter der Voraussetzung, daß, wie bereits erwähnt, ein organisches Gelenk geschaffen wird, das eine Doppelpolitik verhindert und zu einer Zusammenarbeit führt, die einen Split in der Gewerkschaftsarbeit vermeidet. Kollege Kersten erinnert kurz an die auf Initiative des IBFG-Generalsekretärs bereits 1971 begonnenen Gespräche über eine Erweiterung des EBFG[12] und geht dann auf die Frage der Berufssekretariate ein[13], die nach seiner Kenntnis nicht so schwierig ist, wie einige Kollegen befürchten. Aus gewerkschafts- und gesamtpolitischen Gründen sollte man sich für eine große Lösung aussprechen. Mit den christlichen Gewerkschaf-

---

10 Tor Aspengren (1917–2004), Vorsitzender des norwegischen Gewerkschaftsbundes.
11 Am 24./25.9.1972 fand in Norwegen eine Volksbefragung zum EWG-Beitritt statt. Mit 53,5 % wurde der EWG-Beitritt von der Bevölkerung abgelehnt. Vgl. Norwegens emotionales Nein, in: SZ, 27.9.1972, S. 4. Beim Referendum engagierte sich auch Willy Brandt im August 1972 auf einer Kundgebung in Oslo. Vgl. SPD-Pressedienst, P/XXVII/177 vom 17.8.1972.
12 Die ersten Gespräche über Erweiterung des EBFG zwischen dem IBFG und den Generalsekretären aller IBFG-Gewerkschaften in Europa fanden am 19./10.6.1971 in Frankfurt/M. und am 5./6.11.1971 in Oslo statt. Vgl. DGB-Geschäftsbericht 1969–1971, S. 14.
13 Zu den Berufssekretariaten siehe die Sitzungen des Exekutivausschusses des EBFG im Jahre 1972, DGB-Archiv, DGB-BV, Internationale Abt. 5/DGAJ000280. Siehe auch: Peter Rütters: Internationale Berufssekretariate. Entstehung – Entwicklung – Aktivitäten, in: Peter Rütters/Michael Schneider/Erwin Schweißhelm/Rüdiger Zimmermann (Hrsg.): Internationale Gewerkschaftsorganisationen. Bestände im Archiv der sozialen Demokratie und in der Bibliothek der Friedrich-Ebert-Stiftung, Bonn 2001, S. 9–30.

ten in Europa ist inzwischen auch ein erstes Gespräch geführt worden[14], das in gutem Klima verlaufen ist. Wichtig sei, abzugrenzen, wo die Aufgaben des europäischen und des internationalen Bundes liegen, aber nach Gesprächen mit Kollegen Rasschaert sehe er da keine Schwierigkeiten.[15] Möglicherweise könne schon für die Sitzung am 30.11./1.12.1972 ein detaillierter Vorschlag über die Zusammenarbeit der beiden Bünde vorgelegt werden. Wichtig werde es sein, in der am 23./24.11.1972 stattfindenden Sitzung des IBFG[16] die noch vorhandene Kritik auszuräumen und die Kollegen von der Notwendigkeit einer großen Lösung zu überzeugen.

Kollege *Kluncker* dankt den skandinavischen Kollegen für ihre Meinungsäußerung und betont, daß es in den wesentlichen Inhalten keine Zielkonflikte gibt, z. B. die Zusammenarbeit im IBFG zu intensivieren, keine europäische Isolation innerhalb des IBFG zu schaffen und keine differenzierte Politik von EWG- und Nicht-EWG-Ländern im Bereich des IBFG. Nach seiner Meinung sei jedoch die wirksamste Interessenvertretung der Arbeitnehmer nicht über einen europäischen Bund, sondern über die Dachorganisation IBFG zu erreichen. Eine zweite Möglichkeit seien für die Gewerkschaften die Berufssekretariate, bei denen auch eine Differenzierung in EWG- und Nicht-EWG-Länder nicht angebracht sei. Tatsache sei, daß unsere nationalen Regierungen Entscheidungsprozesse auf die verschiedenen Brüsseler Instanzen verlagert haben.[17] Unsere Mitglieder fordern mit Recht, daß wir den bestmöglichen Einfluß auf die Entscheidungen dieser Körperschaften nehmen. Bei einem großen europäischen Bund würde das zur Folge haben, daß für solche Fragen ein unterschiedliches Stimmrecht geschaffen werden müßte. Kollege Kluncker hält eine solche Lösung für die davon betroffenen Kollegen für unzumutbar. Um trotzdem zu einer Koordinierung der gesamteuropäischen Interessen zu kommen, schlägt Kollege Kluncker die Wiederbelebung einer Europäischen Regionalorganisation im IBFG vor[18], zu deren Unterstützung

---

14 Die Europäische Organisation des Weltverbandes der Arbeitnehmer (EO-WVA) hatte auf ihrem Kongress am 19.5.1972 in Luxemburg den Beschluss gefasst, dass eine einheitliche Gewerkschaftsstruktur auf europäischer Ebene an erster Stelle vor einem Abkommen zwischen dem WVA und den dem IBFG in Europa angeschlossenen Organisationen geschaffen werden müsse. Schreiben von Jean Kulakowski (Generalsekretär EO-WVA) an Theo Rasschaert (Generalsekretär EBFG) und Kare Sandegren (Generalsekretär EFTA-TUC) vom 7.7.1972 zu einem Gespräch über den Inhalt, die Form und die Mittel einer einheitlichen gewerkschaftlichen Struktur in Europa, DGB-Archiv, DGB-BV, Internationale Abt. 5/DGAJ000267. Das erste Gespräch der EO-WVA mit dem EBFG und der EFTA-TUC fand am 16.9.1972 in Genf und das zwischen dem IBFG und dem WVA am 30.10./31.10.1972 statt. Vgl. DGB-Archiv, DGB-BV, Internationale Abt. 5/DGAJ000267 und 5/DGAJ000769. Siehe auch: Dok. 65, Fußnote 11.
15 Siehe Arbeitspapier Volker Jungs vom 10.11.1972 über den aktuellen Stand der Diskussion zur Erweiterung des EBFG, DGB-Archiv, DGB-BV, Internationale Abt. 5/DGAJ000769.
16 Siehe Dok. 65, TOP 3.
17 Siehe hierzu: Jürgen Mittag/Wolfgang Wessels: Die Gipfelkonferenzen von Den Haag (1969) und Paris (1972). Meilensteine für Entwicklungstrends der Europäischen Union, in: Knipping/Schönwald: Aufbruch zum Europa, S. 3–27.
18 Die Europäische Regional-Organisation des IBFG (ERO-IBFG) löste sich im Jahr der Gründung des EBFG, im April 1969, auf. Vgl. Willy Buschak: Der Europäische Gewerkschaftsbund und die Europäischen Gewerkschaftsverbände, in: Optenhögel u. a.: Europ. Gewerkschaftsorganisationen, S. 10.

seine Gewerkschaft bereit wäre. Abschließend geht Kollege Kluncker kurz auf die Möglichkeiten bzw. Schwierigkeiten der Zusammenarbeit mit ideologisch anders ausgerichteten Gewerkschaften in Europa ein.

Kollege *Vetter* erinnert daran, daß es bereits einmal eine Europäische Regionalorganisation gegeben hat, die ihre Wirkungsmöglichkeiten nicht nur aus personellen Gründen verlor, sondern weil an ihre Stelle EBFG und Gewerkschaftsausschuß EFTA/TUC getreten sind. Es kann also keine befriedigende Lösung sein, eine solche Europäische Regionalorganisation wieder ins Leben zu rufen.

Kollege *Loderer* betont, daß er in der Zielsetzung, eines Tages zu einem großen Europa zu kommen, mit den skandinavischen Kollegen völlig übereinstimmt, nur ist er der Meinung, daß man die 6. Stufe nicht vor die 1. setzen dürfe. Im übrigen habe er sorgfältig registriert, daß Kollege Vetter offenbar eine Änderung des Beschlusses der Bundesvorstandssitzung vom 2.10.1972 anstrebe. Nach seiner Ansicht sei die Zeit nicht reif für einen solchen Schritt, und er müsse bei seinem damaligen Nein bleiben. Der EBFG ist, so fährt Kollege Loderer fort, als Zweckverband gegründet und hat ausschließlich die Interessen im EWG-Bereich zu vertreten. Das ist eine Tatsache mit politischen Hintergründen und Zusammenhängen und nicht eine Frage der Solidarität. Die Erfahrungen aus seinem Bereich bestätigen die Möglichkeit einer guten Zusammenarbeit mit den skandinavischen Kollegen, und er könne bei allem Verständnis für die Situation nicht recht einsehen, wieso die Verweigerung einer Vollmitgliedschaft im EBFG katastrophale Folgen für die Zusammenarbeit zwischen den skandinavischen Gewerkschaften mit sich bringen solle. Andererseits teile er auch nicht die Zuversicht von Kollegen Kersten in bezug auf den IBFG. Er habe die Diskussion auf dem Londoner Weltkongreß[19] und die Befürchtungen der Gewerkschaften aus den Ländern der Dritten Welt noch gut in Erinnerung. Kollege Loderer bittet die skandinavischen Kollegen, auch diese Dinge mit in die Diskussion einzubeziehen. Den Vorwurf, daß die am 2.10.1972 beschlossene Haltung des DGB zu einer Trennung der europäischen Gewerkschaften führen könne, könne er nicht akzeptieren, denn die Beschlüsse seien nicht auf Trennung, sondern auf Zusammenarbeit angelegt. Nach Meinung seiner Organisation solle der Wunsch der Gewerkschaften der Rest-EFTA-Länder, im Rahmen des EBFG beteiligt zu sein, so berücksichtigt werden, daß man einen Status assoziierter Mitglieder schafft, die an allen Beratungen des EBFG teilnehmen. Außerdem könnte ein besonderer Koordinierungsausschuß gegründet werden, der für allgemeine europäische Fragen zuständig ist. In diesem Zusammenhang bemängelt Kollege Loderer die bisher unterbliebene Diskussion des Satzungsentwurfs, der, wie er an einem Beispiel aufzeigt, nach Auffassung seiner Gewerkschaft den Status von Mitgliedern erster und zweiter Klasse schaffen würde. Unter Hinweis auf ein Memorandum des Europäischen Metallgewerkschaftsbundes[20] erklärt Kollege Loderer, daß seine Organisation an dem Beschluß des Bundesvorstandes vom 2.10.1972 festhält. Abschließend versichert Kollege Loderer die Bereit-

---

19 Zum 10. Weltkongress des IBFG siehe Dok. 66, Fußnote 10.
20 Vgl. Dok. 65, Fußnote 10.

schaft zur Unterstützung und Zusammenarbeit mit den skandinavischen Kollegen.

Kollege *Vetter* weist darauf hin, daß gerade der unterschiedliche Status kein Streitpunkt der Diskussion gewesen ist und alle Organisationen außerhalb der EWG sich freiwillig dazu bereit erklärt haben. Im Übrigen habe er immer erklärt, daß der DGB hinsichtlich der Satzungsdebatte frei sei, und dieser Zustand bestehe unverändert fort.

Kollege *Nielsen* bestätigt die Ausführungen von Kollegen Vetter vollinhaltlich. Er ist darüber hinaus mit Kollegen Vetter einig, daß die Europäische Regionalorganisation ihre Rolle ausgespielt und eine Wiederbelebung keine Aussicht auf Erfolg hat. Er geht dann kurz auf die Einwirkungsmöglichkeiten der Gewerkschaften auf die EWG ein und erklärt, daß mit der sozialdemokratischen Regierung seines Landes abgesprochen ist, daß sie mit den übrigen skandinavischen Ländern in ein ständiges Gespräch über die EWG-Politik eintreten wird, was in der gleichen Weise auf Gewerkschaftsebene vorgesehen ist. Die von Kollegen Loderer vorgeschlagene Assoziierung der Gewerkschaftsorganisationen der EFTA-Länder hält Kollege Nielsen nicht für diskutabel. Einen solchen Status biete man im allgemeinen Entwicklungsländern an, sie aber wollten eine echte Zusammenarbeit. Kollege Nielsen erklärt abschließend, daß sein Gewerkschaftsbund sich bei Durchführung der kleinen Lösung aus den genannten Gründen nicht in der Lage sehen würde, dem EBFG beizutreten. Das gleiche gilt, wie man hört, für den TUC.

Auch Kollege *Buschmann* dankt den skandinavischen Kollegen. Er ist der Meinung, daß wir Organisationsformen zu suchen haben, die uns stärken. Was die Europäer für sich als Regionalpolitik in Anspruch genommen haben, sollte man nach seiner Auffassung auch den anderen zubilligen, d. h. in der Internationale Regionalbereiche zu schaffen, die gleichberechtigt sind und die Möglichkeit entwickeln, spezifische Aufgaben zu behandeln. Die europäische Gewerkschaftsarbeit muß auf jeden Fall im IBFG verankert sein.

Kollege *Rasschaert* geht kurz auf die Lage des EBFG nach der Auflösung der ERO ein. Er erinnert daran, daß der EBFG ein reiner Zweckverband ist, der im echten Sinne keine Gewerkschaftspolitik in Europa betreiben kann. Dies ist allein dem IBFG vorbehalten, zu dem der EBFG noch immer keine durch die Satzung verankerten rechtlichen Beziehungen hat. Kollege Rasschaert legt dar, was wir machen können und was wir schon versucht haben, zu erreichen: Die kürzlich stattgefundene EWG-Gipfelkonferenz hat zwar die Probleme nicht gelöst, hat aber gezeigt, daß die Rolle der Gewerkschaften als Gesprächspartner anerkannt worden ist, besonders im Hinblick auf die Erarbeitung eines Sozialprogramms für die Gemeinschaft.[21] Zum zweiten müssen wir als Gewerkschaften eine Spaltung in Europa vermeiden. Wir haben zu lange nebeneinander gelebt. Wir müssen zusammenarbeiten. Eine Lösung ist

---

21 Zur EWG-Gipfelkonferenz in Paris hatte Bundeskanzler Willy Brandt einen umfassenden Europäischen Sozialplan vorgeschlagen, der weitgehend den Forderungen des DGB entsprach. Vgl. DGB begrüßt EWG-Sozialplan von Willy Brandt, in: Die Quelle 23, 1972, Heft 11, S. 327, sowie auch Dok. 64.

versucht worden durch die Aufnahme von besonderen Abstimmungsmodalitäten in den Satzungsentwurf. Wenn das auch keine optimale Lösung ist, so hoffe er doch, daß es so möglich sei, in einer großen europäischen Organisation zusammenzuarbeiten und trotzdem Gesprächspartner für die Gemeinschaft zu bleiben. Unerläßlich sei eine klare Aufgabenteilung mit dem IBFG. Zwei Dinge erscheinen ihm besonders wichtig: Die europäische Organisation darf sich nicht mit Entwicklungspolitik beschäftigen, die allein Aufgabe des IBFG ist, genauso wie etwaige Verhandlungen mit der AFL/CIO zum Wiedereintritt in den IBFG.

Kollege *Vetter* dankt den ausländischen Kollegen für die offene Diskussion mit den Mitgliedern des Bundesvorstandes und für ihre Bereitschaft, die Standpunkte ihrer Organisation vorgetragen zu haben.

Anschließend eröffnet Kollege Vetter die interne Diskussion des Bundesvorstandes. Er teilt mit, daß der TUC definitiv erklärt habe, dem EBFG in der jetzigen Form nicht beizutreten, und erinnert daran, daß Kollege Nielsen sich in der gleichen Weise geäußert hat, wenn den anderen skandinavischen Gewerkschaftsbünden nicht der Eintritt in den Europäischen Bund ermöglicht würde. Kollege Vetter weist noch einmal darauf hin, daß er die Meinung des Bundesvorstandes in Luxemburg unmissverständlich vertreten hat, andererseits die Bereitschaft der übrigen Kollegen vorhanden war, über offene Fragen zu diskutieren, um zu einer für alle befriedigenden Lösung zu kommen. Vielleicht könne dazu doch noch die Konferenz beitragen, die am 30.11./1.12.1972 in Luxemburg stattfinden wird. Kollege Vetter erwähnt, daß die von den Metallgewerkschaftsbünden wegen ihrer internationalen Tagung in San Francisco gewünschte Terminverschiebung nicht mehr möglich war, und bittet den Bundesvorstand, Vorschläge für die Zusammensetzung der DGB-Delegation nach Luxemburg zu machen.

In der nachfolgenden Diskussion, an der sich die Kollegen *Loderer, Vetter, Kluncker, Hauenschild, Carl, Frister, Buschmann, Schmidt* (IG Bergbau und Energie) beteiligen, werden noch einmal kurz das Für und Wider der geplanten Konferenz, die Zusammensetzung und Erfolgsaussichten erörtert. Kollege *Vetter* regt an, die Vorsitzenden kurzfristig zu einer besonderen Sitzung über diese Probleme zusammenzubitten, um noch einmal ausführlich zu beraten, welche Lösungsmöglichkeiten bzw. Vermittlungsvorschläge eventuell vom DGB in Luxemburg eingebracht werden können.

Die Kollegen *Hauenschild* und *Mirkes* begrüßen diesen Vorschlag des Kollegen Vetter und sind ebenfalls der Meinung, daß man versuchen sollte, einen Kompromiß zu finden.

Kollege *Vetter* stellt nach kurzer Diskussion fest, daß die Sondersitzung am 21. November 1972, um 17.00 Uhr, in Düsseldorf stattfinden soll. Teilnehmer der Sitzung werden die Vorsitzenden der Gewerkschaften, ihre Stellvertreter und die Mitglieder des Geschäftsführenden Bundesvorstandes sein. Rechtzeitig für diese Sitzung und zu den Beratungen in den Vorständen der Gewerkschaften wird ausführliches Material übersandt werden. Eine Satzungssynopse aus der bisherigen EBFG-Satzung und den von den Sekretariaten EBFG-EFTA/TUC zusammengetragenen Vorschlägen wird verteilt.[22]

Der Bundesvorstand erklärt sich mit der Sondersitzung am 21.11.1972 einverstanden.

2. Terminplanung Januar bis Dezember 1973

Der Bundesvorstand nimmt den vorgelegten Terminplan für 1973 zustimmend zur Kenntnis.

3. Tagesordnung für die 2. Bundesausschusssitzung am 6.12.1972

[Im Anschluss an die Diskussion über die vorgelegte Tagesordnung werden folgende Tagesordnungspunkte beschlossen: 1. Genehmigung des Protokolls der 1. Bundesausschusssitzung, 2. Bericht zur gewerkschaftspolitischen und organisatorischen Situation, 3. EBFG, 4. Entnahme aus dem Solidaritätsfonds, 5. Gehaltsneuregelung für die DGB-Beschäftigten, 6. Fragestunde und 7. Verschiedenes.]

4. Genehmigung des Protokolls der 2. Bundesvorstandssitzung

[Mit einer redaktionellen Änderung wird das Protokoll genehmigt.]

5. Berichterstattung über die Begegnung mit dem FDGB

Kollege *Vetter* verweist auf den Bericht an den Bundesvorstand vom 26.10.1972.[23] Ergänzend dazu teilt er mit, daß im Rahmen der Berichterstattung in der »Tribüne« keine polemischen Darstellungen gegeben worden sind.[24]

Auf einen Einwurf des Kollegen *Mirkes* berichtet Kollege *Vetter*, daß sich Herbert Warnke in aller Form sowohl von dem speziellen Fall Gronau als auch von der Methode distanziert hat.[25] In diesem Zusammenhang unterrichtet Kollege Vetter den Bundesvorstand über den gegenwärtigen Stand des Falles Gronau.

---

22 14-seitige Gegenüberstellung der Satzung (Statut) des EBFG, angenommen auf dem Kongress in Den Haag vom 23. bis 25.4.1969 mit dem Satzungsvorschlag von EBFG und EFTA/TUC (Gewerkschaftsausschuss der Länder der Europäischen Freihandelszone). Text in: DGB-Archiv, DGB-BV, Abt. Vorsitzender 5/DGAI000477.

23 Der 3-seitige Bericht über das Informationsgespräch DGB – FDGB am 18./19.10.1972 im FDGB-Gästehaus Berlin-Schmöckwitz wurde von Bernd Otto erstellt. DGB-Archiv, DGB-BV, Abt. Vorsitzender 5/DGAI000477. Siehe auch: Bernd Otto: Gewerkschaftskontakte sind Beiträge zur Entspannung, in: Die Quelle 23, 1972, Heft 11, S. 503–508.

24 Gemeint war der Artikel Zum Gespräch FDGB – DGB, in: Tribüne 28, 23.10.1972, Nr. 208, S. 1 f.

25 Siehe 2. Bundesvorstandssitzung am 2./3.10.1972, TOP 1 (Dok. 65).

Dokument 67 7. November 1972

Auf die Frage des Kollegen *Schwiedel* nach Verbindungen zwischen Einzelgewerkschaften antwortet Kollege *Vetter,* daß man im Prinzip diese Verbindungen bejaht, aber die nächste Spitzenbegegnung im Februar 1973 abwarten will.

6. VERSCHIEDENES

[Es wird berichtet über die Einführung der Mitbestimmung bei co op[26] und über ein Schreiben von Vorstandsmitgliedern der CDA an den Bundesvorstand, in dem um eine Zusammenkunft nach den Wahlen gebeten wird. Der Bundesvorstand ist mit einem solchen Treffen einverstanden.[27]]

7. BEIRAT GESELLSCHAFT FÜR JUGENDHEIME

[Dem Personalvorschlag für die Besetzung des Beirats wird zugestimmt.]

8. BESCHWERDEAUSSCHUSS FÜR DEN UNFALLUNTERSTÜTZUNGSFONDS FÜR EHRENAMTLICHE GEWERKSCHAFTSFUNKTIONÄRE

[Der Bundesvorstand ist mit der Berufung von Wilhelm Kaltenborn einverstanden.]

9. KAPITALERHÖHUNG BEI DER BfG

Ergänzend zu der Vorlage teilt Kollege *Lappas* mit, daß die co op den Wunsch geäußert hat, weitere 10 Mio. DM von dem genehmigten Kapital abzurufen, wovon sie 8 Mio. DM zeichnen möchte. Das würde dann auf der nächsten Aufsichtsratssitzung anstehen. Kollege Lappas weist in diesem Zusammenhang auf das Tempo der Kapitalbedarfsentwicklung bei der BfG hin. Er schlägt vor, dieses Problem zusammen mit dem Haushalt 1973 und der Ausstattung des Solidaritätsfonds zu beraten. Kollege Lappas bittet um Zustimmung zur Vorlage.

Kollege *Vater* erinnert an die Zeit, in der die co op innerhalb des Gewerkschaftsbereichs Anteile zu einem erheblichen Aufgeld verkauft hat. Damals sei erklärt worden, daß die co op über ihre Quote hinaus keine zusätzliche Aktie bekäme, wenn nicht noch Bedarf von anderen Gewerkschaften oder des DGB vorliegen würde.

---

26 Am 4./5.12.1972 fand in Hamburg ein Sonderkongress der co op-Gruppe statt, auf dem die Neuordnung des Unternehmens zur co op AG als Dachorganisation mit der Zentrale in Frankfurt/M. beschlossen wurde. Im Laufe des Jahres 1973 wurde die paritätische Mitbestimmung im Aufsichtsrat der co op eingeführt. Vgl. Die Quelle 24, 1973, Heft 1, S. 12 f.

27 Der Brief der CDA vom 2.11.1972 war mitunterzeichnet von den Bundesvorstandsmitgliedern Maria Weber, Karl-Heinz Hoffmann (ÖTV) und Walter Schongen (GTB); sie unterstellten dem DGB direkte Wahlkampfunterstützung für die SPD und somit einen Verstoß gegen das Prinzip der Einheitsgewerkschaft. Passagen des Briefes wurden veröffentlicht in der »FR« am 8.11., der »FAZ« am 10.11. und der »Die Welt« am 10.11.1972. Vgl. DGB-Archiv, DGB-BV, Sekretariat Martin Heiß 5/DGCS000096.

[Nach kurzer Diskussion ist der Bundesvorstand einverstanden mit der vorgeschlagenen Form der Kapitalerhöhung (50 Mio. DM) bei der BfG. Er nimmt zustimmend zur Kenntnis, dass die Mittel hierfür, wie vorgeschlagen, von VTG und DGB gemeinsam aufgebracht werden.]

MITTAGSPAUSE: 13.55 BIS 15.00 UHR

10. ISRAELISCHE DELEGATIONEN IN DIE BRD

Kollege *Vetter* teilt mit, daß israelische Gewerkschafter nach der Flugzeugentführung in der Presse erklärt haben, sie würden keine Delegationen mehr in die Bundesrepublik entsenden.[28] Bisher sei aber dieser Beschluß der Histadrut beim DGB nicht eingegangen. Daher sei vom DGB auch keine Aussage gemacht worden. Nach Auffassung des Kollegen Vetter sollte alles vermieden werden, um die Situation zu verhärten.

[In der anschließenden Diskussion werden kurze Lagedarstellungen in den einzelnen Bereichen gegeben. Man kommt überein, zunächst die weitere Entwicklung abzuwarten.]

11. SITZUNG KOMMISSION AKTIONSPROGRAMM

[Der Bundesvorstand stimmt dem Vorschlag zu, dass in Anbetracht der fortgeschrittenen Zeit der übersandte Wortlaut des Kommentars zum Aktionsprogramm nicht in der für heutigen Sitzung zu beraten ist. Die zuständige Abteilung soll den Text stilistisch überarbeiten und erneut vorgelegen.]

12. DGB-ZIELPROJEKTION 1973 BIS 1977

Kollege *Neemann* erwähnt zu Beginn seiner Erläuterungen, dass der vorliegende Entwurf mit allen in Frage kommenden Abteilungen des Hauses beraten und im Wirtschaftspolitischen Ausschuß des DGB mit der Zustimmung der Gewerkschaftsvertreter verabschiedet worden ist.[29] Kollege Neemann bietet an, auf Wunsch den materiellen Inhalt der Zielprojektion zu erläutern, möchte sich sonst aber auf die veränderte Form der Darstellung beschränken. Wie aus dem Entwurf ersichtlich, wird vorgeschlagen, nur noch die volkswirtschaftlichen Daten 1972 und die Zielwerte 1977 auszuweisen. Der Text-

---

28 Nach dem Münchner Olympia-Attentat (siehe Dok. 63, Fußnote 12) gingen die Auslandsreisen von Israelis zurück. Vgl. Der Spiegel 26, 30.10.1972, Nr. 45, S. 140–143.
29 8-seitiger Entwurf mit tabellarischem Anhang »DGB-Zielprojektion 1973 bis 1977 – wirtschaftliche und soziale Entwicklungsmöglichkeiten« von Georg Neemann und Hartmut Görgens, DGB-Archiv, DGB-BV, Abt. Vorsitzender 5/DGAI000477. Zu den unterschiedlichen Zahlenangaben zwischen Vorlage und Protokoll gab es keine Anmerkungen und/oder Berichtigungen im Protokoll der 3. BV-Sitzung am 9.12.1972 (Dok. 69). Die Zielsetzungen des DGB für eine optimale Steigerung der Lebensqualität waren: 1. Sicherung der Vollbeschäftigung und des Wirtschaftswachstums, 2. Stabilisierung des Preisniveaus, 3. Verbesserung der Einkommens- und Vermögensverteilung zugunsten der Arbeitnehmer, 4. Verkürzung der Arbeitszeit und 5. Verbesserungen der öffentlichen Leistungen. Die Zielprojektion ist abgedr. in: ND, 23.11.1972, Nr. 358.

Dokument 67 7. November 1972

teil zur Zielprojektion bleibt wie bisher gestaltet. In Ergänzung dazu hat das WSI eine Prognose erarbeitet, die aufzeigt, wie die für 1973 vorausgeschätzte Entwicklung noch im Sinne der gewerkschaftlichen Ziele zu beeinflussen ist. Kollege Neemann fährt fort, daß grundsätzlich auf dem DGB-Bundeskongreß in Berlin mit dem Antrag Nr. 73 die weitere Erstellung einer DGB-Zielprojektion bestätigt worden ist.[30] Innerhalb der Gewerkschaften ist jedoch eine Diskussion über die Frage der Form der Darstellung im Gange, die sich u. a. in den auf dem Kongreß unwidersprochenen Äußerungen des Kollegen Kluncker niedergeschlagen hat. Kollege Kluncker hatte dem Kongreß empfohlen, die unmittelbar wirtschaftlichen Daten mit stärkerem wissenschaftlichen Prognosecharakter dem WSI zu übertragen. Auch Kollege Neemann hält diese Aufgabenverteilung zwischen WSI und Wirtschaftspolitischer Abteilung des DGB aus verschiedenen Gründen für zweckmäßig, die er kurz darlegt.

Kollege *Kluncker* dankt Kollegen Neemann, daß er in so fairer Weise nach einem Kompromiß zwischen den Diskussionen im Bundesvorstand und Bundesausschuß und dem Kongreßantrag gesucht hat. Er bittet um Verständnis, wenn er trotzdem gegen die Zielprojektion stimmen wird, und erinnert an seine bereits früher vorgetragenen Bedenken und Einwände. Kollege Kluncker geht dann auf einige Punkte der Vorlage ein und kritisiert besonders die Formulierungen in Punkt 4 zum Jahresurlaub, die er in diesem Zusammenhang für überflüssig und unangebracht hält[31], sowie die Formulierung auf Seite 8 »... keine *unmittelbaren* Rückschlüsse ...«.[32]

Nachdem Kollege *Neemann* erklärt hat, daß die Ziffer 4 ganz aus der Zielprojektion herausgenommen werden kann und das beanstandete Wort »unmittelbar« gestrichen wird, sagt Kollege *Kluncker* zu, nicht gegen die Zielprojektion zu stimmen, sondern sich der Stimme zu enthalten.

Kollege *Buschmann* begrüßt die Fortführung der Zielprojektion und weist auf die schwierige wirtschaftliche Situation in seinem Bereich hin, die eine mittelfristige Planung, bessere Daten und Vorausschätzungen unbedingt erforderlich macht. Es wäre auch notwendig, einmal Prioritäten zwischen den einzelnen Wirtschaftszweigen festzusetzen. In diesem Zusammenhang regt Kollege Buschmann an, in einer besonderen Sitzung des Bundesvorstandes einmal gründlich über wirtschaftspolitische Fragen zu diskutieren, die nach seiner Ansicht Grundlage gewerkschaftlicher Arbeit sind.

---

30 Der angenommene Antrag der CPK zur Wirtschaftspolitik und zur »Konzertierten Aktion« sah vor, dass die unterschiedlichen Auffassungen der Teilnehmer an der »Konzertierten Aktion« stärker als bisher im Kommuniqué sichtbar gemacht werden sollten. Protokoll 9. Bundeskongreß, Teil: Anträge und Entschließungen, S. 67 f.

31 Der Ursprungstext des gestrichenen Punktes 4 der Vorlage: Zur Verkürzung der Arbeitszeit: »Besonders wichtig ist es, den Jahresurlaub zu verlängern und das Rentenalter vorzuverlegen. In den nächsten Jahren sollte das Alter für die flexible Altersgrenze in der Rentenversicherung, das ab 1. Januar 1973 63 Jahre beträgt, schrittweise weiter in Richtung auf das 60. Lebensjahr herabgesetzt werden.

32 Das Wort »unmittelbaren« wurde herausgestrichen aus dem Satz: »Die Einkommenssummen, die der DGB-Zielprojektion zugrunde gelegt sind, lassen darüber hinaus keine *unmittelbaren* Rückschlüsse auf die im Einzelfall nötigen Tariferhöhungen zu.«, ebd.

Kollege *Vetter* stellt in Aussicht, daß eine solche Debatte vielleicht in einer zusammen mit der Neuen Heimat im Februar/März 1973 vorgesehenen Klausurtagung geführt werden könnte.

Kollege *Loderer* bittet, damit einverstanden zu sein, daß er ohne Diskussion im Bundesvorstand der Abteilung Wirtschaftspolitik schriftlich Formulierungsvorschläge seiner Gewerkschaft, die nicht den Inhalt verändern, übergeben kann.

Abschließend stellt Kollege *Vetter* fest, daß der Bundesvorstand unter Berücksichtigung der diskutierten Änderungen und unter Festhaltung der persönlichen Willenserklärung des Kollegen Kluncker[33] mit der vorgelegten Zielprojektion des DGB einverstanden ist.

13. ÜBERARBEITUNG DER BROSCHÜRE »DGB-VORSCHLÄGE ZUR STEUERREFORM«

[Der Bundesvorstand verabschiedet die überarbeitete Fassung der »Vorschläge des DGB zur Steuerreform«, die noch vor den Bundestagswahlen herausgegeben werden soll.[34]]

14. ENTSCHLIESSUNG DES DGB ZUR FRAGE VON LOHNORIENTIERUNGSDATEN

[Mit einigen Ergänzungen und redaktionellen Änderungen verabschiedet der Bundesvorstand die Entschließung »DGB wiederholt Ablehnung von Lohnorientierungsdaten«.[35]]

15. ANPASSUNG DER UNTERSTÜTZUNGEN AB 1.1.1973

[Der Bundesvorstand schlägt der Mitgliederversammlung der Unterstützungskasse des DGB e.V. vor, alle Unterstützungen mit Wirkung vom 1. Januar 1973 um 9,5% und die Unfallunterstützung für ehrenamtliche Funktionäre um 11,9% zu erhöhen.]

Ende der Sitzung: 16.20 Uhr

---

33 Siehe Diskussionsbeitrag Klunckers nach den Erläuterungen von Neemann in diesem Dokument sowie die Fußnoten 30 und 31.
34 42-seitige Broschüre mit tabellarischem Anhang, fertiggestellt am 16.10.1972 von Hans-Georg Wehner (Abt. Wirtschaftspolitik), DGB-Archiv, DGB-BV, Abt. Vorsitzender 5/DGAI000477. Inhaltliche Erläuterungen zur Broschüre in: Die Quelle 24, 1973, Heft 2, S. 73–77.
35 Vgl. ND, 8.11.1972, Nr. 338.

Dokument 68

21. November 1972: Protokoll der Sondersitzung des Bundesvorstandes

Hilton Hotel in Düsseldorf; Vorsitz: Heinz O. Vetter; Protokollführung: Isolde Funke, Marianne Jeratsch; Sitzungsdauer: 17.10-19.30 Uhr; ms. vermerkt: »Vertraulich«.[1]

Ms., hekt., 5 S., 1 Anlage.[2]

DGB-Archiv, 5/DGAI000537.

Beginn der Sitzung: 17.10 Uhr

Kollege *Vetter* eröffnet die Sondersitzung des Bundesvorstandes. Er bittet, vorab einige Terminfragen zu klären. Der Vorsitzende der SPD hat ihn gebeten, mitzuteilen, daß am Nachmittag des 5.12.1972, also am Tage der 4. Bundesvorstandssitzung, 16.00 Uhr, die sozialdemokratischen Bundesvorstandsmitglieder zur Gewerkschaftsratssitzung zusammentreten.[3] Der Geschäftsführende Bundesvorstand schlägt deshalb vor, die Bundesvorstandssitzung nach Bonn zu verlegen. Somit würde dann um 9.00 Uhr die Arbeitsausschußsitzung der VTG[4] und um 10.00 Uhr die Bundesvorstandssitzung stattfinden. Kollege Walter Hesselbach wird zum Tagesordnungspunkt »Kontoführungsgebühren« an der Bundesvorstandssitzung teilnehmen. Der Bundesvorstand ist mit der Durchführung der 4. Bundesvorstandssitzung am 5.12.1972 in Bonn einverstanden.

Tagesordnung:
1. Bericht zur Lage
2. Erweiterung des EBFG

1. BERICHT ZUR LAGE

Kollege *Vetter* berichtet dem Bundesvorstand über ein Gespräch mit dem Bundeskanzler.[5] Nach Auffassung von Kollegen Vetter müßte versucht werden, als erstes das Personalvertretungsgesetz durchzubekommen; danach müßte die Mitbestimmungsfrage angefaßt werden. Es erscheint Kollegen Vetter denkbar, daß die FDP, um hier einen Einstieg zu bekommen, auf den Gedanken käme, Großkomplexe aus der Wirtschaft herauszugreifen und sie

---
1 Einladungsschreiben vom 9.11. und 13.11.1972. Nicht anwesend: Karl Buschmann, Günter Döding, Erich Frister, Herbert Schwiedel. DGB-Archiv, DGB-BV, Abt. Vorsitzender 5/DGAI000477. Beratungsunterlagen zu dieser Sitzung wurden am 10.11.1972 von Heinz O. Vetter den Vorsitzenden und Stellvertretern der Gewerkschaften und Industriegewerkschaften zugesandt.
2 Anlage: Anwesenheitsliste.
3 Zur Sitzung des Gewerkschaftsrats vgl. Dok. 69, Fußnote 19.
4 An der Sitzung des VTG Arbeitsausschusses am 5.12.1972 von 9.00-9.55 Uhr nahmen vom BV Alfons Lappas, Maria Weber und Heinz Vietheer teil. Neben dem Jahresabschluss und dem Geschäftsbericht für 1971 wurden Gebäude- und Grundstücksverkäufe besprochen. Sitzungsprotokoll, in: DGB-Archiv, DGB-BV, Sekretariat Martin Heiß 5/DGCS000017.
5 Vetter hatte am 20.11.1972 um 17.30 Uhr ein Einzelgespräch mit Willy Brandt, vgl. Terminkalender im WBA, A1, 44.

vielleicht probeweise der Mitbestimmung zuzuführen. Der DGB und die Gewerkschaften werden in der Frage der Mitbestimmung ziemlich massiv auftreten müssen. Kollege Vetter weist darauf hin, daß sich der Bundesvorstand bald mit den Forderungen an die neue Bundesregierung befassen müsse, wobei die Wahlprüfsteine eine gute Grundlage bieten würden. Ob das schon in der Sitzung am 5.12.1972 möglich wäre, erscheine ihm fraglich.

An der anschließenden Diskussion beteiligen sich die Kollegen *Sperner, Vetter, Karl-Heinz Hoffmann, Kluncker, Loderer* und *Hauenschild*, wobei Kollege Vetter unabhängig vom eigentlichen Thema darauf hinweist, daß wahrscheinlich im Januar ein Gespräch zwischen dem Bundesvorstand oder einem entsprechend gebildeten Ausschuß und CDA/DGB-Gewerkschaftern stattfinden wird.[6] Es kommt die Zustimmung zur Reihenfolge der Forderungen Personalvertretungsgesetz und Mitbestimmung zum Ausdruck. Um die Probleme ausführlich diskutieren zu können, wird eine Klausurtagung des Bundesvorstandes vorgeschlagen.

Der Bundesvorstand ist mit der Durchführung einer Klausurtagung am Samstag, dem 9. Dezember 1972, im Hause der IG Metall, Frankfurt, einverstanden.

2. ERWEITERUNG DES EBFG

In einer Rückschau schildert Kollege *Vetter* noch einmal ausführlich die Entwicklung und den Stand der Diskussion über eine Erweiterung des EBFG, wie sie im Bundesvorstand, auf europäischer Ebene und auch im IBFG geführt wurde. Nach den letzten Erfahrungen könne mit einiger Sicherheit erwartet werden, daß die übrigen europäischen Bünde bereit wären, die vom DGB vorgebrachten Vorbehalte gegen eine große Lösung auszuräumen. Sicher würde es gefährlich sein, anzunehmen, daß der TUC und die skandinavischen Gewerkschaftsbünde nur mit der Drohung spielten, einem kleinen Bund nicht beizutreten. Es wäre, auch um eine mögliche Isolation des DGB zu vermeiden, wünschenswert, wenn die Bereitschaft bestünde, tragbare Kompromisse einzugehen und einen Weg zur Gemeinsamkeit zu suchen. Kollege Vetter weist auch auf die politische Bedeutung der Entscheidung für die Situation in Europa hin. Er erinnert daran, daß der Beschluß des Bundesvorstandes unverändert besteht, daß aber die Bereitschaft ausgesprochen worden sei, heute noch einmal strittige Punkte zu diskutieren. Kollege Vetter bittet darum, eine gemeinsame Linie festzulegen, die die DGB-Delegation sowohl in der Vorstandssitzung des IBFG Ende November als auch auf der EBFG-Konferenz in Luxemburg vertreten könne.[7] Abschließend faßt Kollege

---

6 Auf der 23. GBV-Sitzung am 5.2.1973 wurde die Festlegung eines Aussprachetermins mit den CDU-Sozialausschüssen zurückgestellt, DGB-Archiv, DGB-BV 5/DGAI000206; und auf der 45. GBV-Sitzung am 30.7.1973 wurden als Termine für die Aussprache der 30.8. bzw. 7.9.1973 in Aussicht genommen, 5/DGAI000212.

7 In der 14. Sitzung des GBV am 13.11.1972 wurde die Zusammensetzung der Delegation für Luxemburg festgelegt. Neben Heinz O. Vetter als Delegationsleiter sollten Martin Heiß, Georg Neemann, Karl Buschmann, Karl Hauenschild, Adorf Mirkes, Alois Pfeiffer, Volker Jung und Anton Müller-Engstfeld teilnehmen. DGB-Archiv, DGB-BV, Abt. Vorsitzender 5/DGAI000204.

Dokument 68 21. November 1972

Vetter noch einmal die nach seiner Meinung strittigen Punkte zusammen. Da ist zunächst die Sorge, wie man sicherstellen kann, daß ein großer Bund der IBFG-Gewerkschaften in Europa seine Aufgaben innerhalb der EWG voll wahrnehmen kann. Unabhängig von den noch festzulegenden Abstimmungsmodalitäten wird das Generalsekretariat des neuen Bundes in die Brüsseler Gegebenheiten so eingebunden sein, daß es seiner Kernaufgabe gerecht werden muß und sich nicht in allgemeiner Europapolitik verlieren kann. Auch die Nähe des Wirtschafts- und Sozialausschusses dürfte wirksam dazu beitragen. Der zweite Punkt ist die unabdingbare Schaffung eines Gelenks zwischen IBFG und EBFG durch eine entsprechende Satzungsformulierung, nicht zuletzt, um den Sorgen der Gewerkschaften aus der 3. Welt zu begegnen. Die in der Anfangsdiskussion vorgebrachten Widerstände gegen eine solche Bindung sind nach Ansicht von Kollegen Vetter inzwischen im Sinne unserer Vorstellungen ausgeräumt. Ein weiterer strittiger Punkt ist die Frage des Verhältnisses des neuen Bundes zu den Gewerkschaftsausschüssen.[8] Hier haben die neu hinzukommenden Gewerkschaftsbünde, insbesondere der TUC, Sorge, daß der Bund durch die Gewerkschaftsausschüsse majorisiert werden könne. Der DGB sei von Anfang an der Meinung gewesen, daß die Gewerkschaftsausschüsse auf europäischer Ebene im gleichen Umfang wie bisher in einen großen Bund eingebracht werden müßten. Kollege Vetter verweist abschließend auf das dem Bundesvorstand übersandte Material und bittet um Diskussion insbesondere der Satzungssynopse.[9]

Auf die Frage von Kollegen *Kluncker* nach der Beitragsleistung des TUC an den neuen Bund antwortet Kollege *Vetter,* daß der TUC zwar bisher seine Ankündigung, zunächst zur zwei Drittel des Beitrages zu zahlen, nicht ausdrücklich zurückgenommen habe, daß aber ein Nachgeben des TUC unter dem Druck der anderen sicher sei. Zur personellen und sachlichen Ausweitung des Sekretariats sei das auch unbedingt erforderlich.

Kollege *Stadelmaier* erinnert daran, daß der Beschluß des Bundesvorstandes vom 2.10.1972[10] zu diesem Thema formal noch besteht, und bittet, ihn aufzuheben.

Auch Kollege *Hauenschild* ist der Meinung, daß der DGB für das eigene Verhalten nicht davon ausgehen sollte, daß die englischen und skandinavischen Gewerkschaften mit ihrer Drohung pokern. Deshalb ist es wohl nötig, einen anderen Weg als den vom 2.10.1972 zu suchen. Kollege Hauenschild weist noch auf einige Probleme hin, die einer Diskussion bzw. Klärung bedürfen, so z. B. der Status der Gewerkschaftsausschüsse im neuen Bund, das

---

8 Im Artikel 4 des Satzungsentwurfes wurden die Gewerkschaftsausschüsse als Zusammenschlüsse aller demokratischen Gewerkschaften für einen oder mehrere Wirtschaftsbereiche definiert. »Sie konstituieren sich selbst und geben sich eine eigene Geschäftsordnung. Über die Beteiligung eines Gewerkschaftsausschusses im Rahmen der Satzung entscheidet der Exekutivausschuß«. Satzungssynopse, S. 4, DGB-Archiv, DGB-BV, Abt. Vorsitzender 5/DGAI000477.
9 Folgende Beratungsunterlagen lagen zur Sitzung vor: 1. Aktueller Stand der Diskussion, 2. Fortsetzung der Verhandlungen, 3. Satzungsgegenüberstellung (Satzungssynopse) und 4. Europäische Gewerkschaftsstruktur, vgl. ebd.
10 Siehe 2. BV-Sitzung am 2./3.10.1972, TOP 3 (Dok. 65).

Verhältnis zu den Internationalen Berufssekretariaten, mögliche Aversionen des TUC gegenüber der EWG. Es müßte auch garantiert sein, daß nach diesem ersten Schritt einer großen europäischen Organisation nicht der zweite Schritt schon eingeplant sei zur weiteren Öffnung für andere Verbände z. B. aus dem kommunistischen Bereich. Das würde unweigerlich zu unüberwindlichen Schwierigkeiten in den Internationalen Berufssekretariaten und den außereuropäischen Gewerkschaften im IBFG führen und muß unter allen Umständen verhindert werden. Unter Berücksichtigung dieser Dinge halte er die vorgelegte Kompromißlösung für akzeptabel. Sie sei allerdings auch kein Anlaß zu übertriebenem Optimismus und werde sicher nicht die Möglichkeit schaffen, auf diese Weise nationale Probleme zu lösen.

Nach Ansicht von Kollegen *Vetter* wäre es gut, die Stellung der Gewerkschaftsausschüsse unverändert zu belassen. Eine Majorisierung des Bundes würde dann nicht möglich sein. Kollege Vetter erläutert kurz die entsprechenden Satzungsvorschläge des DGB.

Kollege *Loderer* erinnert daran, daß er in den vorausgegangenen Sitzungen des Bundesvorstandes die Meinung des Vorstandes der IG Metall zur geplanten Erweiterung des EBFG eindeutig vorgetragen habe. An dieser Haltung habe sich im Prinzip nichts geändert. Die Bereitschaft, tragbaren Kompromissen zuzustimmen, sei nur so zu verstehen, daß die IG Metall angesichts der eingetretenen Situation trotz der weiterhin bestehenden Bedenken einer gemeinsamen Linie nicht im Wege stehen will, um auch künftig in Europa mitbestimmen und mitgestalten zu können. Kollege Loderer berichtet dann von den Schwierigkeiten, die bereits in die Internationalen der Gewerkschaften ausstrahlen. So ist bekannt geworden, daß die englischen Metaller angeblich aus finanziellen Gründen aus der Metallinternationale auszutreten beabsichtigen und nur noch im Europäischen Metallgewerkschaftsbund vertreten sein wollen.[11] Das würde auf der internationalen Gewerkschaftsebene unabsehbare Folgen haben. Unrichtig seien auch Pressemeldungen, daß ein erster Schritt zu europäischer Tarifpolitik gemacht worden ist. Bis dahin sei es noch ein weiter und mühsamer Weg. Kollege Loderer geht sodann auf einzelne Artikel der Satzung ein. Er begrüßt die vorgelegte Neuformulierung des Artikel 6[12], bedauert andererseits, daß die von der IG Metall vorgeschlagene Neufassung des Artikel 3 vom Geschäftsführenden Bundesvorstand insofern geändert worden ist, als nun wieder die EFTA genannt wird. Sie sei eine sterbende Organisation, und es gehe doch vorwiegend um die Interessen der EWG. Abschließend äußert Kollege Loderer die Meinung, daß bei einem Durchsetzen der DGB-Meinung zu den von Kollegen Vetter genannten drei strittigen Positionen ein annehmbarer Kompromiß gefunden sein würde.

---

11 Auf der am 21./22.9.1972 stattgefundenen Exekutivausschusssitzung des EMB erklärte die britische Metallarbeitergewerkschaft, enger mit dem EMB zusammenzuarbeiten bzw. Mitglied im EMB zu werden. Vgl. Europäischer Gewerkschaftsbund in der Gemeinschaft (EMB), Tätigkeitsbericht 1971–1974 des Sekretariats, vorgelegt zur 2. Generalversammlung des EMB am 30./31.10.1974 in Frankfurt/M., Brüssel 1974, S. 19 f.

12 Der Artikel 6 des Satzungsentwurfs regelte den Verteilungsschlüssel der Kongressdelegierten und die Anzahl der Delegiertenvertreter der Gewerkschaftsausschüsse. Vgl. Satzungssynopse, S. 6, DGB-Archiv, DGB-BV, Abt. Vorsitzender 5/DGAI000477.

Dokument 68 21. November 1972

Kollege *Muhr* erläutert, unter welchen Gesichtspunkten der Geschäftsführende Bundesvorstand zu dem vorgelegten Formulierungsvorschlag für Artikel 3 gekommen ist.[13] Es sollte sowohl durch die Aufnahme des Wortes »vorwiegend« erreicht werden, daß die normale Tagesarbeit nicht durch wechselnde Mehrheiten behindert wird, als auch durch Nennung der EFTA diesen Gewerkschaften die Gewißheit vermittelt werden, daß ihre Interessen in gleicher Weise berücksichtigt werden.

Im übrigen dürfe eine perfekte Lösung wohl kaum möglich sein. Kollege Muhr betont abschließend, daß er nach wie vor die Entwicklung grundsätzlich für falsch halte, aber Realist genug sei, um einzusehen, daß der DGB nicht eine Sperre in Europa darstellen könne. Er schließe sich deshalb der Mehrheitsmeinung für einen Kompromiß an.

Kollege *Loderer* erklärt sich für die IG Metall mit dem vom Geschäftsführenden Bundesvorstand vorgelegten Formulierungsvorschlag für Artikel 3 einverstanden.

Kollege *Karl-Heinz Hoffmann* ist ebenfalls der Meinung, daß dem Bundesvorstand wohl nichts anderes übrigbleiben wird, als der Kompromißlösung für einen großen Bund zuzustimmen. Er sieht jedoch die Gefahr der Konfliktverlagerung auf die Gewerkschaftsausschüsse bzw. Fachinternationalen, wie sie sich bereits auf einer kürzlich in Salzburg abgehaltenen Tagung gezeigt habe.[14] Kollege Hoffmann berichtet kurz über Schwierigkeiten, die sich in den Fachinternationalen ergeben haben, denen die ÖTV angehört, und weist auch auf das Problem von Gewerkschaftsbünden im asiatischen Raum hin, deren Länder in irgendeiner Form mit der EWG zusammenarbeiten.[15]

Kollege *Seibert* weist auf die Problematik der Gewerkschaftsausschüsse hin, die sich nach vorliegenden Unterlagen Geschäftsordnungen usw. selbst geben könnten. Auf jeden Fall müßte vermieden werden, daß eine Berufsinternationale auf dem Umweg der Finanzierung Einfluß auf einen Gewerkschaftsausschuß nehmen könnte.

Kollege *Vetter* wirft ein, daß die Exekutive über die Aufnahme eines Gewerkschaftsausschusses entscheidet.

Kollege *Pfeiffer* erinnert daran, daß man in der Bundesvorstandssitzung in Dortmund[16] übereingekommen war, daß die Gewerkschaftsausschüsse frei bleiben müßten, um ihre entsprechende Form zu finden. Kollege Pfeiffer berichtet über unterschiedliche Diskussionen in den einzelnen Organisationen, wobei besonders die Aussagen der skandinavischen Gewerkschaften im Ge-

---

13 Der vom DGB formulierte Artikel 3 sah vor: »Bei Fragen, die vorwiegend die Existenz und Arbeitsweise der EWG oder der EFTA berühren, nehmen nur die Bünde der in Frage kommenden Länder an der Abstimmung teil.« Satzungssynopse, S. 4, ebd.
14 Die Konferenz der europäischen Mitgliedsverbände der ITF fand am 9./10.1972 in Salzburg statt. Vgl. ITF-Nachrichten, September 1972, Nr. 9, S. 135.
15 Möglicherweise bezog sich Hoffmann auf die Ende Oktober in Hongkong stattgefundene Asienkonferenz der IÖD, in der u. a. das Verhältnis zu den europäischen Staaten diskutiert wurde. Ein ausführlicher Bericht dieser Tagung ist nicht überliefert, lediglich ein Kurzbericht über diese Tagung in: ÖTV-Magazin, 1972, Nr. 12, S. 13.
16 Vgl. 2. BV-Sitzung am 2./3.10.1972 (Dok. 65).

gensatz zu denen ihrer Bünde standen. Er spricht sich für den vorliegenden Kompromiß aus.

Kollege *Kluncker* wird zwar dem Kompromiß zustimmen, ist aber der Auffassung, daß er an der Sache vorbeigeht. Er bittet, zu erwägen, ob die EFTA wirklich aufgenommen werden muß. Nach seiner Auffassung ist die FO in Frankreich nur eine Schattenorganisation und keine wirkliche Interessenvertretung.[17] Kollege Kluncker spricht die Frage der Abgrenzung zwischen den Internationalen Berufssekretariaten und den Fachausschüssen an und berichtet über die Lage in den zwei Internationalen, denen er angehört.[18]

Abschließend faßt Kollege *Vetter* die Diskussion zusammen. Die Bundesvorstandsmitglieder stimmen dem vorgelegten Kompromißvorschlag zu. Somit ist der Beschluß des Bundesvorstandes vom 2.10.1972 aufgehoben.

Ende der Sitzung: 19.30 Uhr

DOKUMENT 69

5. Dezember 1972: Protokoll der 4. Sitzung des Bundesvorstandes

Volksfürsorgehaus in Bonn; Vorsitz: Heinz O. Vetter; Protokollführung: Isolde Funke, Marianne Jeratsch; Sitzungsdauer: 10.10–14.00 Uhr; ms. vermerkt: »Vertraulich«.[1]

Ms., hekt., 8 S., 2 Anlagen.[2]

DGB-Archiv, 5/DGAI000537.

Beginn der Sitzung: 10.10 Uhr

[*Vetter* eröffnet die Sitzung in den Räumen der Bank für Gemeinwirtschaft und begrüßt den Direktor der BfG Bonn.]

---

17 Die dem IBFG angehörende CGT-FO (kurz FO) war neben der kommunistischen CGT und der sozialistisch-christlichen CFDT der kleinste der französischen Gewerkschaftsbünde. Die FO deckte ein breites politisches Spektrum ab, war aber konsequent antikommunistisch und vertrat eine moderate Gewerkschaftspolitik. Vgl. Volker Jung/Ernst Piehl: Jüngste Entwicklungen in der westeuropäischen Gewerkschaftsbewegung, in: Otto Jacobi u. a.: Kritisches Jahrbuch 1972, S. 235–259.
18 Gemeint sind die Internationale Transportarbeiterföderation (ITF) und die Internationale der Öffentlichen Dienste (IÖD). Zur Lage dieser internationalen Berufssekretariate siehe ÖTV-Geschäftsbericht 1968–1971, S. 34–36 und ÖTV-Geschäftsbericht 1972–1975, S. 31–34.
1 Einladungsschreiben vom 9.11. und 23.11.1972. Nicht anwesend: Günter Stephan, Gerhard Vater, Eugen Loderer (vertreten durch Karl-Heinz Troche). DGB-Archiv, DGB-BV, Abt. Vorsitzender 5/DGAI000477.
2 Anlage: Anwesenheitsliste, 20-seitige Ausarbeitung »Zusammenstellung der Haupt- und Nebenforderungen des DGB an Bundesregierung und Parteien«.

Dokument 69 5. Dezember 1972

Tagesordnung:
1. Forderungen an die Bundesregierung
2. Beschluß gemäß Ziffer 6 der Beitragsordnung, hier: Antrag der Gewerkschaft GLF
3. Kontoführungsgebühren
4. Verschiedenes

1. FORDERUNGEN AN DIE BUNDESREGIERUNG

Nach Auffassung von Kollegen *Vetter* müsse eine Betrachtung zur nationalen und internationalen Lage ein wesentlicher Punkt der heutigen Sitzung sein. Ferner müsse die morgige Bundesausschußsitzung vordiskutiert werden. Kollege Vetter erinnert daran, daß vorgesehen war, die Forderungen des DGB an die zukünftige Bundesregierung morgen oder übermorgen in einer Pressekonferenz bekannt zu geben. Er bezweifelt aber, daß das so kurzfristig noch möglich sei. Gleichzeitig weist Kollege Vetter darauf hin, daß ein großer Teil des Bundesvorstandes heute Nachmittag mit dem Bundeskanzler und mit Leuten, die bei der zukünftigen Regierung eine entscheidende Rolle spielen werden, zusammenkommen wird.

Auf die Bitte des Kollegen Vetter erläutert Kollege *Kluncker* die Äußerungen des SPD-Sprechers Schulz.³ In der Zwischenzeit habe ein Gespräch zwischen dem stellvertretenden Vorsitzenden der SPD und ihm stattgefunden, wobei eine offizielle Erklärung abgegeben wurde, die Kollege Kluncker verliest.⁴ Weiter möchte er keine Erklärungen dazu abgeben. Eine Teilnahme an der Sitzung des Gewerkschaftsrats sei damit für ihn möglich. Kollege Kluncker glaubt nicht, daß der DGB nach seiner Sitzung am Samstag noch Einfluß nehmen könne, da die Koalitionsgespräche⁵ in dieser Woche bereits abgeschlossen würden. Wenn eine Erklärung des DGB überhaupt sinnvoll sein sollte, dann müßte sie heute, aber spätestens morgen abgegeben werden.

---

3   Der Sprecher des SPD-Parteivorstands, Jochen Schulz, hatte sich in einem Artikel im SPD-Pressedienst dahingehend geäußert, dass insbesondere der GEW-Vorsitzende Frister, der ÖTV-Vorsitzende Kluncker und Wolfgang Roth (Vorsitzender der Jungsozialisten) kein Recht haben, nach dem Wahlsieg Forderungen für ihre »Heerhaufen« zu stellen. Vgl. Auf den Teppich bleiben! Das Gesamtinteresse hat Vorrang, in: SPD-Pressedienst, P/XXVII/228 vom 28.11.1972. Frister und Kluncker forderten eine Distanzierung des Parteivorstands von diesen Äußerungen. Vgl. Protestwelle gegen SPD-Sprecher Schulz, in: FR, 30.11.1972 sowie Artikel des SPD-Bundestagsabgeordneten Fred Zander in Metall 24, 5.12.1972, Nr. 25. Schriftverkehr zur Kontroverse siehe auch: AdsD, Helmut-Schmidt-Archiv 1/HSAA006023.
4   In der dpa-Meldung vom 4.12.1972 wurde mitgeteilt, dass in einem Gespräch zwischen Helmut Schmidt und Heinz Kluncker die Auseinandersetzung beigelegt wurde: »[...] nach Mitteilung des SPD-Sprechers bedauerte Schmidt, dass sich Schulz in seinem Artikel ›im Ton vergriffen‹ und ›sachlich unbegründete Vorwürfe gegen den Vorsitzenden der Gewerkschaft ÖTV‹ erhoben habe.« Auf der Sitzung des Gewerkschaftsrates am 5.12.1972 wurde über die Beilegung der Kontroverse berichtet. Vgl. AdsD, SPD-PV Bundesgeschäftsführer Holger Börner 2/PVCO000062. Die von Kluncker verlesene Erklärung ist nicht in den Akten der SPD, des Helmut-Schmidt-Archivs, des DGB-Archivs und des ÖTV-Archivs überliefert.
5   Die Koalitionsverhandlungen zwischen SPD und FDP zur Regierungsneubildung wurden am 6.12.1972 abgeschlossen. Vgl. SPD-Pressemitteilungen und Informationen vom 8.12.1972, Nr. 620/72. Detailliert zu dem Koalitionsergebnis: Vermerk Bundeskanzler Brandts über die Verhandlungen von SPD und FDP am 8.12.1972, AdsD, WBA, A8 ungeordnet, abgedr. in: Willy Brandt. Berliner Ausgabe, Bd. 7, Bonn 2001, S. 396–404.

5. Dezember 1972 **Dokument 69**

Kollege *Vetter* berichtet, daß er mit dem Bundeskanzler seit vierzehn Tagen keinen Kontakt gehabt habe. Nach seiner Auffassung kommt es auf die Lage an, in welcher Form der DGB an die Öffentlichkeit tritt. Wenn jetzt schon eine Erklärung abgegeben werden sollte, dann sollte das morgen nach der Bundesausschußsitzung geschehen. Zweitens müßte der DGB in der Lage sein, wenn die Regierung vorgestellt[6] wird und eine Erklärung abgibt, sofort reagieren zu können. Drittens sollte dann auf die vorgelegte Regierungserklärung geantwortet werden.[7] Jetzt müßte überlegt werden, ob die Prüfsteine[8] eine gute Grundlage für die Forderungen an die Bundesregierung bieten. Vielleicht sollte ein Prioritätenkatalog aufgestellt werden.[9] Die allgemeine tarifpolitische bzw. wirtschaftspolitische Situation müsste klar abgehoben werden. Kollege Vetter betont, dass er den Parteienvertretern die Einstellung des DGB zur Mitbestimmung deutlich gemacht habe. Die FDP lässt erkennen, daß sie bereit sei, die Vermögensbildung in den verschiedensten Formen voranzutreiben, während die SPD in dieser Frage noch unentschlossen sei. Die Opposition werde dann bestimmt mit konkreten Vorschlägen in die Lücke stoßen. Kollege Vetter spricht dann noch kurz die Fragen der Bildungsreform, Einbeziehung der beruflichen Bildung in die allgemeine Bildung, des Bodenrechts und der Steuerreform an.

Kollege *Schmidt* ist der Meinung, dass den Parteien der Standpunkt des Bundesvorstandes aus der heutigen Sitzung mitgeteilt werden müßte. Der nächste Samstag sei zu spät. Den Koalitionsparteien sollten die acht Prüfsteine unverändert als Forderungen des DGB vorgetragen werden. Zur Frage der Mitbestimmung spricht sich Kollege Schmidt für die Ausdehnung der Montanmitbestimmung, so wie sie ist, auf andere Wirtschaftszweige aus.

Kollege *Buschmann* ist der Auffassung, daß man sowohl bei den Forderungen an die neue Bundesregierung als auch bei der Planung über eigene Aktivitäten Prioritäten setzen und überlegen sollte, was kurz-, mittel- und langfristig zu erreichen ist. Er warnt in diesem Zusammenhang davor, eine Politik zu machen, die sich nur an den Gesetzgeber richtet. Die Gewerkschaften müssen bei ihren Aktivitäten so viel Spielraum behalten, daß sie auch eigene Erfolge vorweisen können. Nach Ansicht von Kollegen Buschmann sollte man neben die unabdingbare, aber wahrscheinlich zu Schwierigkeiten führende Forderung nach Mitbestimmung die baldige Verabschiedung eines vernünftigen Personalvertretungsgesetzes und vielleicht das Thema überbetriebliche Mitbestimmung stellen, zu dem wir einiges auszusagen hätten. Für

---

6 Die Ministerliste wurde am 12.12.1972 veröffentlicht, vgl. Maihofer soll Vermögensplan ausarbeiten, in: FAZ, 13.12.1972. Die Vereidigung der Bundesminister fand in der 4. Sitzung des 7. Deutschen Bundestages am 15.12.1972 statt. Siehe Stenogr. Berichte 7. Deutscher Bundestag, 4. Sitzung, Bd. 81, S. 26 f.
7 Zur Regierungserklärung Willy Brandts siehe 7. Sitzung des 7. Deutschen Bundestages vom 18.1.1973, ebd., S. 121 ff. Stellungnahme des DGB zur Regierungserklärung siehe ND, 18.1.1973, Nr. 16.
8 Gemeint waren die Forderungen des DGB zur Bundestagswahl (Wahlprüfsteine). Vgl. 1. BV-Sitzung am 5.9.1972 (Dok. 63, Fußnote 11).
9 Der Prioritätenkatalog (vordringliche Punkte aus den Wahlprüfsteinen, die für den DGB unverzichtbar waren) war abgedr. in: Die Quelle 23, 1972, Heft 12, S. 546.

Dokument 69 5. Dezember 1972

besonders wichtig aber hält Kollege Buschmann die Forderung nach einer Veränderung des Tarifvertragsgesetzes. Sie würde besondere Leistungen für Organisierte ermöglichen und so die Chance bieten, zu einer wesentlichen Steigerung der Mitgliederzahlen zu kommen. Das wiederum würde sich positiv auf die Durchsetzung der Mitbestimmung auswirken.

Kollege *Loderer* hat den Eindruck, daß die Terminierung der Bundesvorstands- und Bundesausschusssitzungen im Hinblick auf die Koalitionsverhandlungen[10] schlecht geplant ist. Die Reihenfolge hätte zumindest so sein müssen, daß heute im Gewerkschaftsrat klare Aussagen gemacht werden könnten. Darum solle man sich auch jetzt noch bemühen. Das bisher in der Diskussion Gesagte könne er unterstreichen. Es decke sich weitgehend mit dem Forderungskatalog, den die IG Metall bereits erarbeitet hat. Sie habe darüber hinaus noch Themen genannt wie das Mitbestimmungssicherungsgesetz, den § 116 Arbeitsförderungsgesetz, das Eherecht u. a.[11]

Kollege *Vetter* betont noch einmal, daß er in den zurückliegenden vierzehn Tagen in Gesprächen mit den zuständigen Parteienvertretern die Auffassungen des DGB, insbesondere zum Thema Mitbestimmung, eindeutig vorgetragen habe.

Kollege *Rothe* hält es für besonders nötig, eindeutige Forderungen hinsichtlich der Mitbestimmung und des Personalvertretungsgesetzes zu erheben. Er befürchtet, daß ein Teil der Kollegen bei der SPD sich der Gefährlichkeit des FDP-Mitbestimmungsmodells[12] gar nicht bewußt ist. Kollege Rothe regt außerdem eine klare Aussage zur Stabilitätspolitik, zum Wettbewerb, zum Kartellgesetz und zur Preisbindung der 2. Hand an.

Kollege *Vetter* erwähnt, daß in den nächsten Tagen ein von der FDP angebotenes Gespräch stattfinden soll, in dem nochmals unsere Vorstellungen zur Mitbestimmung vorgetragen werden.[13]

Kollege *Muhr* ist im Gegensatz zu einigen Kollegen nicht der Meinung, daß das Timing der Sitzungen falsch gewesen ist. Abgesehen von den Koalitionsverhandlungen gelte es ja auch, Einfluss zu nehmen auf die Regierungserklärung. Sie werde sicher weniger Einzelthemen als vor drei Jahren enthalten, und gerade deshalb sei es wichtig, auf die Punkte zu dringen, die uns besonders interessieren. Auf jeden Fall müßte immer wieder deutlich gemacht wer-

---

10 Die Koalitionsverhandlungen fanden ihren Abschluss nach den beiden Sitzungen am 5. bzw. 6.12.1972. Siehe Fußnote 5 in diesem Dokument.
11 Die Prüfsteine der IG Metall waren abgedr. in: Der Gewerkschafter 20, 1972, Nr. 11 und der Forderungskatalog in: Metall 24, 5.12.1972, Nr. 25.
12 Zum FDP-Mitbestimmungsmodell siehe 22. BV-Sitzung vom 7.9.1971 (Dok. 48, Fußnote 13) sowie Heinz O. Vetter: Ohne Parität keine Mitbestimmung, in: Die Quelle 23, 1972, Heft 12, S. 552.
13 Das erste Gespräch zwischen dem DGB und dem Präsidium der FDP zur Mitbestimmung und Vermögensbildung fand am 21.2.1973 in Bonn statt. Daran nahmen teil vonseiten der FDP: Hans-Dietrich Genscher, Wolfgang Mischnick, Karl Hermann Flach, Werner Maihofer, Joachim Stanke und vonseiten des DGB: Heinz O. Vetter, Georg Neemann, Ernst Breit, Bernd Otto, Detlef Hensche. Gesprächsprotokoll in: DGB-Archiv, DGB-BV, Abt. Gesellschaftspolitik 5/DGAK000054. Siehe auch: ND, 22.2.1973, Nr. 62.

den, daß unsere Wahlprüfsteine jetzt noch genauso gelten wie vor der Wahl, und daß wir zu keinem Kompromiss in den Grundsätzen bereit sind.

Auch Kollege *Stadelmaier* betont die Dringlichkeit einer Veränderung des Tarifvertragsgesetzes, die er für gleichrangig mit der Mitbestimmung hält.

Kollege *Hauenschild* fürchtet, daß alles viel komplizierter wird, als wir es uns jetzt vorstellen, dass man uns mit Kompromissen konfrontiert, die dann auch in der Regierungserklärung ihren Niederschlag finden. Es würde dann sicher nicht genügen, nur auf unsere Prüfsteine zu verweisen. Wir sollten deshalb vielleicht auch einmal überlegen, was wir tun können und tun wollen, wenn unsere Prüfsteine nicht die entsprechende Berücksichtigung finden, wie weit der DGB stillhalten würde und wo er nicht mehr schweigen könnte. Nötig wäre es nach Ansicht von Kollegen Hauenschild auch, z. B. zum Thema Vermögensbildung etwas sagen zu können, wenn die Koalitionspartner uns einen Kompromißvorschlag vorlegen. Für wichtig hält Kollege Hauenschild vor allem eine gemeinsame Linie im DGB. Das Thema Bildungsurlaub bittet er, nicht zu sehr in den Vordergrund zu stellen. Nach den Erfahrungen seiner Gewerkschaft und wohl auch anderer wäre die Erfüllung dieser Forderung zur Zeit nicht zu verkraften.

Kollege *Vetter* berichtet, das der Bundeskanzler die Absicht hat, sich während seines Urlaubs unter kritischer Würdigung des Ergebnisses der Koalitionsverhandlungen mit der Erarbeitung seiner Regierungserklärung zu beschäftigen. Zum Thema Vermögensbildung, so fährt Kollege Vetter fort, dürfte die SPD nach seinen Informationen zur Zeit selbst keine konkreten Vorschläge machen. Die Entscheidung darüber solle erst auf dem Parteitag der SPD im April fallen.[14]

Kollege *Drescher* glaubt auch, daß eine Einflußnahme auf Koalitionsverhandlungen und Regierungserklärung noch möglich ist. In dieser Richtung sei z. B. auch auf Länderebene schon einiges vom DGB getan worden, so in Niedersachsen in Gesprächen mit den obersten Parteigremien der SPD.[15]

Kollege *Schwab* berichtet von einem Gespräch seines Landesvorstandes mit einem Mitglied der Verhandlungskommission insbesondere über das Mitbestimmungsproblem. Von diesem Mitglied ist gesagt worden, daß es in der Regierungserklärung wohl heißen müßte, daß die Mitbestimmung kommen muß, daß man aber der FDP die Möglichkeit geben sollte, bis zum nächsten Parteitag von ihren Vorstellungen herunterzukommen und sich dem DGB zu nähern. Unter diesem Gesichtspunkt, so meint Kollege Schwab, sei es umso dringlicher, unsere Forderungen deutlich auszusprechen.

---

14 Auf dem SPD-Parteitag vom 10. bis 14.4.1973 in Hannover fand eine Diskussion und Beschlussfassung zu den Leitsätzen der SPD zur Beteiligung der Arbeitnehmer am wachsenden Produktivvermögen statt. Zur Parteitagsdiskussion siehe SPD Parteitag 1973, S. 683 ff. sowie die Anträge, S. 1074–1087.

15 Auf der Landesausschusssitzung der SPD-Niedersachsen am 25.11.1972 forderte Drescher unter TOP 1 »Stellungnahme zur Bundestagswahl«, dass die Wahlprüfsteine des DGB bei den Koalitionsverhandlungen Berücksichtigung finden sollten. Vgl. AdsD, SPD-Bezirk Hannover II, Akte: »Landesausschuß 1972 und 1973« (unverzeichnet).

Dokument 69 5. Dezember 1972

Kollegen *Schmidt* geht es nicht darum, am heutigen Tage eine Erklärung abzugeben, sondern die Taktik für das weitere Vorgehen festzulegen, wie sie vor dem 19. November begonnen wurde.[16] Daß die SPD in einer Koalitionsregierung Kompromisse machen muß, sei wohl klar, nur gehe es darum, falsche Kompromisse möglichst zu verhindern. Was sich in Sachen Mitbestimmung abzeichne, sei für die Gewerkschaften nicht akzeptabel. Man müsse deshalb über die entsprechenden Kontakte noch einmal versuchen, klarzumachen, worauf es uns ankommt. Kollege Schmidt bittet, auch das Thema Energiepolitik in die Forderungen an die Bundesregierung mit aufzunehmen.

Kollege *Woschech* warnt davor, anzunehmen, daß zwischen SPD und FDP auf dem Gebiet der Bildungsreform ein für uns erfreulicher Kompromiß möglich ist. So versteht beispielsweise die FDP im Gegensatz zu uns die Gesamtschule oder die Sekundarstufe 2 als eine Einrichtung ohne den Bereich berufliche Bildung. Deshalb sollten wir diese Fragen unbedingt mit aufnehmen. Das gleiche gilt für den Punkt Bildungsurlaub. Trotz der Schwierigkeiten, die bei einer Verwirklichung dieser Forderung auf uns zukommen würden, sollte man das Thema nicht unter den Tisch fallen lassen. Als Kompromißvorschlag bietet sich die stufenweise Einführung des Bildungsurlaubs in der Form an, wie es in Berlin und Hessen geschehen ist.[17] Kollege Woschech bittet außerdem um Berücksichtigung der Jugendpolitischen Forderungen des DGB.[18]

Kollege *Clauss* erläutert kurz das Modell des in Hessen eingeführten stufenweisen Bildungsurlaubs. Er äußert darüber hinaus Befürchtungen über die Art, wie die FDP sich offenbar mit der beruflichen Bildung beschäftigen will. Er regt an, die berufliche Bildung nicht nur unter bildungspolitischen Gesichtspunkten, sondern auch unter strukturpolitischen Aspekten zu behandeln, weil man damit den FDP-Bestrebungen besser entgegentreten könne.

Kollege *Vetter* schlägt vor, morgen nach der Bundesausschußsitzung die Ergebnisse der Sitzungen von heute und morgen in einer Pressekonferenz bekannt zugeben.

Kollegin *Weber* spricht sich ebenfalls für eine Veröffentlichung am morgigen Tag aus. Die Fragen des Bildungsurlaubs und der Integration der beruflichen Bildung in die allgemeine Bildung müssen in den Forderungen klar enthalten

---

16 Am 19.11.1972 fand die vorgezogene Bundestagswahl statt. Vgl. u. a. Diskussion zu den Forderungen des DGB zur Bundestagswahl auf der 1. BV-Sitzung am 5./6.9.1972 (Dok. 63).

17 Vgl. Berlin: Gesetz zur Förderung der Teilnahme an Bildungsveranstaltungen vom 16.7.1970 (Berlin GVBl. S. 1140), abgedr. in: Bildungsurlaub, Gesetze, Pläne, Kontroversen, zsgest. von Dietrich Urbach und Wolfgang Dietrich Winterhager, Berlin/New York 1975, S. 42 ff. und Hessen: Gesetz über Sonderurlaub für Jugendgruppenleiter vom 28.3.1951 (Hessen GVBl. S. 15), in: Herbert Nierhaus: Bildungsurlaub, Berlin 1972, S. 114. In einigen Bundesländern wurde im Jahre 1974 der bezahlte Bildungsurlaub gesetzlich eingeführt. Auch in Tarifverträgen wurden im zunehmenden Maße zwischen 1972 und 1974 Bildungsurlaubsregelungen vereinbart. Vgl. DGB-Geschäftsbericht 1972–1974, Abt. Tarifpolitik, S. 243 f.

18 Vgl. Reform des Bildungswesens, jugendpolitische Forderungen der Gewerkschaftsjugend vom 15.7.1971, in: DGB-Archiv, DGB-BV, Sekretariat Maria Weber 5/DGCV000013. Siehe auch: Wahlprüfstein 3 »Bildungsreform«, (Dok. 63, Fußnote 11) sowie Woschech verlangt klare Aussage zur Bildungsreform, in: ND, 30.11.1972, Nr. 366.

sein. Bei der jetzigen beruflichen Bildung nach dem Berufsbildungsgesetz bestehen echte Mitbestimmungschancen. Was später kommt, weiß man nicht.
Kollege *Breit* ist ebenfalls der Meinung, dass nicht mehr viel Zeit zu verlieren wäre. Da das Ergebnis der Koalitionsverhandlungen das Ergebnis für die Regierungserklärung und die Regierungsarbeit sein werde, müsse schnell gehandelt werden. Hinterher könne nichts mehr geändert werden. Kollege Breit spricht sich ebenfalls für die Gleichstellung der beruflichen mit der allgemeinen Bildung und für eine Änderung des Tarifvertragsgesetzes aus. Kurz wirft er die Fragen des Personalvertretungsgesetzes und des Bodenrechts auf.

Nach Auffassung des Kollegen *Wagner* sollte darauf geachtet werden, daß die Bereiche Energie- und Strukturpolitik nicht in die Hände der Liberalen kommen, sondern bei den Sozialdemokraten bleiben, da diese Fragen für uns sehr wichtig sind. Ferner sollte die Frage des Bundespresserahmengesetzes nicht länger aufgeschoben werden.

Kollege *Vetter* schließt die Diskussion und schlägt vor, das heutige Ergebnis heute Nachmittag im Gewerkschaftsrat der SPD[19] und morgen im Bundesausschuß vorzutragen. Am Ende der Bundesausschußsitzung soll eine Pressekonferenz gegeben werden, in der auf der Basis unserer Wahlvorstellungen Schwerpunkte herausgestellt werden.

2. BESCHLUSS GEMÄSS ZIFFER 6 DER BEITRAGSORDNUNG, HIER: ANTRAG DER GEWERKSCHAFT GLF

Der Bundesvorstand empfiehlt dem Bundesausschuß, dem vorgelegten Antrag der GLF auf Beitragsbefreiung für das Jahr 1973 und Gewährung einer Unterstützung in Höhe von DM 500.000,-- für das Jahr 1973 zuzustimmen.

3. KONTOFÜHRUNGSGEBÜHREN

Kollege *Neemann* gibt einen kurzen Überblick über die bisherige Diskussion zum Thema Kontoführungsgebühren und das Ergebnis der DGB-Bemühungen, die Arbeitnehmer von den Gebühren zu entlasten. Der Versuch, mit der Spitze der Arbeitgeberverbände zu einer generellen Vereinbarung zu kommen, daß die Arbeitgeber sich mit einem steuerfrei bleibenden Betrag von DM 2,50 an den Gebühren beteiligen, ist gescheitert. Die Meinung der Gegenseite war, daß solche Vereinbarungen von den Tarifpartnern auszuhandeln wären.

Kollege *Hesselbach*[20] nimmt zu dem Thema aus der Sicht der Bank für Gemeinwirtschaft Stellung und erklärt, daß die Bank erst dann über eine Ge-

---

19 In den Akten des SPD-Parteivorstandes sind nur das Einladungsschreiben Hans Hermsdorfs vom 29.11.1972 und eine Liste der Absagen zur Gewerkschaftsratssitzung am 5.12.1972 überliefert. Ein Protokoll dieser Sitzung ist nicht überliefert, auch nicht im Bestand Vorsitzender des DGB-Archivs. Siehe AdsD, SPD-PV, Schatzmeister, I A-9 Gewerkschaftsrat, 1.1.1968–31.12.1984.
20 In einem Schreiben vom 27.11.1972 bat Heinz O. Vetter, Walter Hesselbach an der BV-Sitzung teilzunehmen, um die Frage der Kontoführungsgebühren zu erörtern. DGB-Archiv, DGB-BV, Abt. Vorsitzender 5/DGAI000477. Walter Hesselbach leitete 1958–1977 die Bank für Gemeinwirtschaft (BfG). Vgl. Schneider: Hesselbach, S. 65–120.

Dokument 69 5. Dezember 1972

bührenerhebung entscheiden werde, wenn der Bundesvorstand einen entsprechenden Beschluß gefasst hat. Die Situation bei der BfG ist so, daß bei Führung von ca. 240.000 Lohnkonten der Bank jährlich Kosten in Höhe von ca. 12 Mio. DM entstehen. Der Zustrom solcher Lohnkonten hält an, weil die BfG bisher keine Gebühren berechnet. Es ist abzusehen, wann die Bank die ständig steigenden Kosten nicht mehr tragen kann. Deshalb ist nach gründlicher Überprüfung der Bewegungen auf den Lohnkonten der Vorschlag erarbeitet worden, generell 6, für Gewerkschaftsmitglieder 8 Buchungen im Monat gebührenfrei zu lassen, wobei Lastschriften nicht berücksichtigt werden. Die darüber hinausgehenden Buchungen sollen mit je DM 0,40 berechnet werden. Bei einer Regelung mit 8 Freibuchungen würden ca. 80% der Lohnkonten gebührenfrei gehalten. Aus der Sicht der BfG wäre es wünschenswert, wenn diese Regelung zum 1.1.1973 eingeführt würde. Man kann erwarten, dass sich im Rahmen des Wettbewerbs eine Reihe anderer Geldinstitute dieser Regelung anschließen werden.

[In der nachfolgenden Diskussion ist man sich einig, dass die vorgeschlagene Regelung akzeptabel ist. Gegen die Einführung sprechen jedoch zwei Gründe a) die durch den Gesetzgeber ins Auge gefasste Verpflichtung der Unternehmer zur Übernahme von DM 2,50 pro Monat und b) der Beschluss des letzten Bundeskongresses, Gebührenfreiheit für Lohn- und Gehaltskonten zu erreichen.[21] Abschließend stellt *Vetter* fest, dass der Bundesvorstand grundsätzlich dem von Hesselbach vorgetragenen Vorschlag zustimmt, eine Beschlussfassung darüber aber so lange, d. h. bis spätestens April 1973, zurückstellt, bis die weiteren in der Diskussion angesprochenen Möglichkeiten überprüft sind.]

4. Verschiedenes

Kollege *Vetter* bittet den Bundesvorstand, damit einverstanden zu sein, die für den 9. Dezember 1972 vorgesehene weitere Sitzung in Frankfurt abzuhalten. Es könnte dann sowohl über die aktuelle Situation, über in der heutigen Sitzung nicht behandelte Tagesordnungspunkte als auch über das von den Kollegen Kluncker und Breit angesprochene Thema »Stabilitätspakt« beraten werden.

[*Kluncker* schlägt vor, wegen der laufenden Tarifverhandlungen die geplante Klausur des Bundesvorstands am 9.1.1973 ausfallen zu lassen. Mit beiden Vorschlägen ist der Bundesvorstand einverstanden.]

Ende der Sitzung: 14.00 Uhr

---

21 Vgl. Antrag 87 der IG Metall zur Gebührenfreiheit für Lohn und Gehaltskonten. Protokoll 9. Bundeskongreß, Teil: Anträge und Entschließungen, S. 78 f.

DOKUMENT 70

6. Dezember 1972: Protokoll der 2. Sitzung des Bundesausschusses

Hilton Hotel in Düsseldorf; Vorsitz: Heinz O. Vetter; Protokollführung: Isolde Funke, Marianne Jeratsch; Sitzungsdauer: 10.10–13.20 Uhr; ms. Vermerkt: »Vertraulich«.[1]

Ms., hekt. 9 S., 1 Anlage.[2]

DGB-Archiv, 5/DGAI000445.

Beginn der Sitzung: 10.10 Uhr

[*Vetter* eröffnet die Sitzung, weist darauf hin, dass um 14.30 Uhr eine Pressekonferenz zu den Forderungen des DGB an die Bundesregierung stattfindet, und gedenkt anschließend der verstorbenen Willi Richter und Franz Valentiner.[3]]

Tagesordnung:
1. Genehmigung des Protokolls der 1. Bundesausschußsitzung
2. Entnahme aus dem Solidaritätsfonds
3. Gehaltsneuregelung für die DGB-Beschäftigten
4. Beschluß gemäß Ziffer 6 der Beitragsordnung, hier: Antrag der Gewerkschaft Gartenbau, Land- und Forstwirtschaft
5. Bericht zur gewerkschaftspolitischen und organisatorischen Situation

1. GENEHMIGUNG DES PROTOKOLLS DER 1. BUNDESAUSSCHUSSSITZUNG[4]

[Das Protokoll wird genehmigt.]

2. ENTNAHME AUS DEM SOLIDARITÄTSFONDS

[Der Bundesausschuss ist damit einverstanden, dass zur Finanzierung der Maifeier 1973 DM 500.000,-- aus dem Solidaritätsfonds entnommen werden können.]

---

1 Einladungsschreiben vom 31.10. und 9.11.1972 (Ergänzung der Tagesordnung durch TOP 4). DGB-Archiv, DGB-BV, Abt. Vorsitzender 5/DGAI000410.
2 Anlage: Anwesenheitsliste.
3 Willi Richter (1.10.1894–27.11.1972), DGB-Vorsitzender von 1956–1962, vgl. Nachruf in: ND, 27.11.1972, Nr. 361 und Die Quelle 23, 1972, Heft 12, S. 554 f. Zur Biografie siehe Gerhard Beier: Willi Richter. Ein Leben für die soziale Neuordnung, Köln 1978. Franz Valentiner (7.11.1896–24.11.1972), Vorsitzender der Gewerkschaft Holz und Kunststoff von 1951–1953, vgl. Nachruf in: Holzarbeiter Zeitung, 1973, Nr. 1, S. 18. Kurzbiografie siehe Helga Grebing/Hans-Otto Hemmer/Gottfried Christmann (Hrsg.): Das HolzArbeiterBuch. Die Geschichte der Holzarbeiter und ihrer Gewerkschaften, Köln 1993, S. 198.
4 Die 1. Bundesausschusssitzung nach dem 9. Ordentlichen Bundeskongress fand am 6.9.1972 statt. Vgl. DGB-Archiv, Abt. Vorsitzender 5/DGAI000445.

Dokument 70 6. Dezember 1972

3. GEHALTSNEUREGELUNG FÜR DIE DGB-BESCHÄFTIGTEN

[Der Bundesausschuss nimmt die mit dem Gesamtbetriebsrat vereinbarte Gehaltsneuregelung und Korrektur des Tätigkeitskataloges zustimmend zur Kenntnis.[5]]

4. BESCHLUSS GEMÄSS ZIFFER 6 DER BEITRAGSORDNUNG, HIER: ANTRAG DER GEWERKSCHAFT GARTENBAU, LAND- UND FORSTWIRTSCHAFT

[Der Bundesausschuss beschließt, die Gewerkschaft GLF für das Jahr 1973 von der Beitragsleistung an den DGB zu befreien und darüber hinaus auch für das Jahr 1973 einen Zuschuss in Höhe von DM 500.000,--aus dem Solidaritätsfonds zu gewähren.[6]]

5. BERICHT ZUR GEWERKSCHAFTSPOLITISCHEN UND ORGANISATORISCHEN SITUATION

Kollege *Vetter* will in seinem Bericht auch auf die Probleme im europäischen Bereich eingehen, möchte sich aber im Hinblick auf die eingetretene politische Situation in der Bundesrepublik hauptsächlich mit den aktuellen Fragen beschäftigen, die sich aus der Bundestagswahl für die Gewerkschaften ergeben.[7] Er erwähnt die am Vortage stattgefundene Sitzung des Gewerkschaftsrates der SPD, die dazu dienen sollte, die Forderungen des DGB an die neue Bundesregierung[8] noch einmal deutlich zu machen; die aber auch gezeigt hat, wie wichtig es sein wird, mit der die Regierung tragenden Partei ständigen Kontakt zu halten, um eine Einflußnahme im Sinne der Arbeitnehmer zu gewährleisten. In diesem Zusammenhang spricht Kollege Vetter die in den letzten Wochen aufgekommene Diskussion um die Einheitsgewerkschaft an, die ihren Anfang eigentlich auf dem DGB-Bundeskongreß in Berlin genommen hat. Führende Kollegen aus GBV und Gewerkschaften, die der CDA angehören, haben in einem Schreiben bestimmte Vorkommnisse kritisiert und um eine klärende Aussprache nach den Wahlen gebeten.[9] Das wird in absehbarer Zeit geschehen. Auf die Bundestagswahl zurückkommend, erinnert Kollege Vetter daran, daß der DGB mit seinen auf Grundsatz- und Aktionsprogramm basierenden 8 Wahlprüfsteinen den Arbeitnehmern eine Meßlatte an die Hand geben wollte, um sie für ihre eigenen Interessen

---

5 Vgl. Beschluss der 1. BV-Sitzung am 5./6.9.1972, Dok. 63, TOP 11.
6 Vgl. Beschluss der 4. BV-Sitzung am 5.12.1972, Dok. 69, TOP 2.
7 Zur vorgezogenen Bundestagswahl am 19.11.1972 siehe u. a. Faulenbach: Das sozialdemokratische Jahrzehnt, S. 247 ff.
8 Weder in den Nachlässen von Willy Brandt und Herbert Wehner sowie im Depositum Helmut Schmidt und den Akten des Parteivorstands im ADSD noch in den Akten des DGB-Bundesvorstandes ist ein Protokoll oder eine Einladung zur Gewerkschaftsratssitzung überliefert. Lediglich auf der SPD-Präsidiumssitzung am 30.11.1972 war unter dem TOP »Verschiedenes« vermerkt, dass für die Sitzung des Gewerkschaftsrats am 5.12.1972 mit Heinz O. Vetter am 4.12.1972 die Tagesordnung abgesprochen werden sollte. Vgl. AdsD, SPD-PV, Bundesgeschäftsführer Holger Börner 2/PVCO000010.
9 Zum Schreiben vgl. 3. BV-Sitzung am 7.11.1972, Dok. 67, Fußnote 27.

urteilsfähig zu machen im Hinblick auf die Wahlprogramme der Parteien. Auch ihr Willen zum Engagement sollte angeregt werden. Daß das gelungen ist, hat sich deutlich gezeigt, und es gibt den Gewerkschaften auch eine Legitimation für ihr Auftreten jetzt nach der Wahl. Kollege Vetter geht kurz auf die unqualifizierten Angriffe von Personen und Organisationen während und nach der Wahl auf den DGB ein.[10] Man sollte sie nach seiner Ansicht nicht überbewerten, aber auch nicht völlig vergessen. Kollege Vetter fährt fort, daß es sicher allen Verantwortlichen bewußt ist, welche Schwierigkeiten die bevorstehende Bildung einer Koalitionsregierung mit sich bringt. Gerade deshalb ist es wichtig, die Interessen der Arbeitnehmer und die Forderungen ihrer Gewerkschaften immer wieder nachhaltig vorzutragen. Mit der verstärkten Kritikfähigkeit der Arbeitnehmer für diese Bundestagswahl ist selbstverständlich auch ihre Kritikfähigkeit gegenüber der neuen Bundesregierung gewachsen. Und sie werden mit Recht erwarten, daß diese Bundesregierung alles tut, um die Forderungen der Gewerkschaften soweit wie möglich zu erfüllen. Kollege Vetter berichtet sodann kurz von einer Reihe von Gesprächen, die in dieser Richtung inzwischen geführt worden sind. Dabei ist von verantwortlichen Persönlichkeiten versichert worden, daß zwar nicht alle in den Wahlprüfsteinen erhobenen Forderungen in einer Legislaturperiode voll zu erfüllen sind, daß aber auf allen Gebieten durch diese Bundesregierung entscheidende Schritte nach vorn getan werden sollen.

Leitlinie der Gespräche war, daß in den kommenden vier Jahren die Stellung der Gewerkschaften in diesem Staat durch gezielte Maßnahmen verstärkt und gefestigt werden muß. Dazu sind als Beispiele angeführt worden die Neufassung des Tarifvertragsgesetzes, das Arbeitsrechtsbereinigungsgesetz und die Mitbestimmung mit dem Problem Leitende Angestellte. Kollege Vetter wendet sich nun kurz dem Thema Stabilität zu, das insbesondere von Arbeitgebern und Unternehmern im Augenblick hochgespielt wird. Bei der Bevölkerung besteht, in Unkenntnis der wirklichen Situation, eine gewisse Neigung, der Stabilität Vorrang vor Lohnerhöhungen einzuräumen. Tatsache ist jedoch, daß die Unternehmer weder ernsthaft willens noch in der Lage sind, die Preise stabil zu halten, falls die Gewerkschaften sich auf einen sogenannten Stabilitätspakt einlassen würden. Das haben in der Vergangenheit erfolglose Versuche von Otto A. Friedrich und Bundeswirtschafts- und Finanzminister Schmidt mit den Verantwortlichen des Groß- und Einzelhandels gezeigt.[11] Die Gewerkschaften haben seit 1945 bei ihren Lohnforderungen

---

10 Siehe u. a. Äußerungen des SPD-Vorstandssprechers Jochen Schulz, Dok. 69, Fußnoten 3 und 4; die Pressekonferenz des BDA-Präsidenten Otto A. Friedrich am 23.10.1972 zu den Wahlprüfsteinen des DGB, in: Die Quelle 23, 1972, Heft 11, S. 409 f. sowie O. A. Friedrich: DGB Wahlkatalog ist maßlos und unverantwortlich, in: Handelsblatt, 26.10.1972. Auf dem FDP-Kongress in Freiburg im Breisgau wurde die Bindung der SPD an die Gewerkschaften scharf kritisiert, vgl. SPD-Mehrheit brächte Gewerkschaftsbürokratie, in: Handelsblatt, 25.10.1972; Nach der Wahl die Rechnung: Die DGB-Wahlhilfe ist nicht umsonst. Die SPD muß sich nach einem Wahlsieg bei den Gewerkschaften revanchieren, in: Handelsblatt, 13.11.1972.
11 Zur Preisstabilität siehe entsprechende Artikel in: Die Quelle 23, 1972, Heft 11, S. 407 f. und Heft 12, S. 547 ff. Auf der 25. (26.7.1972) und 26. (5.10.1972) Sitzung der »Konzertierten Aktion« fanden Diskussionen zur Verbesserung der Stabilitätspolitik statt. Vgl. DGB-

ihr Verantwortungsbewußtsein bewiesen. So wird es auch weiterhin bleiben. Aber sie werden aus ihrer Sicht heraus selbst bestimmen, welche Lohnforderungen sie zu stellen haben. Zusammenfassend geht Kollege Vetter noch einmal auf einige der wichtigen Forderungen des DGB an diese Koalitionsregierung ein. Unabdingbar ist die Forderung nach Einführung der paritätischen Mitbestimmung. Es wird auch den Verantwortlichen der FDP noch einmal mit aller Deutlichkeit klargemacht werden, warum wir auf der Durchsetzung des bewährten Montan-Modells bestehen.[12] Bestenfalls ließe sich noch über eine Veränderung der von uns angegebenen Kriterien reden. Ebenso wichtig ist unsere Forderung nach Verabschiedung eines neuen Personalvertretungsgesetzes mit der Qualität des Betriebsverfassungsgesetzes. Auch in diesem Punkt ist der FDP deutlich gemacht worden, daß der von Bundesinnenminister Genscher vorgelegte Gesetzentwurf für uns nicht akzeptabel ist.[13] Eine gewisse Aufgeschlossenheit bei SPD und FDP ist gegenüber unseren Forderungen zur überbetrieblichen gesamtwirtlichen Mitbestimmung festzustellen. Die Einführung von Wirtschafts- und Sozialräten[14], von oben nach unten, scheint denkbar. Wie die FDP sich dazu stellen wird, insbesondere im Hinblick auf die Kammerfrage, muß abgewartet werden. Weiter zu erwähnen sind u. a. die Neugestaltung des Tarifvertragsgesetzes, die Novellierung des § 116 AFG[15] und natürlich die Bildungsreform mit dem Schwerpunkt berufliche Bildung. Besonders dieses letztgenannte vielfältige Problem wird im Hinblick auf Ressortzuständigkeiten und Kammerfragen noch eine Reihe von Schwierigkeiten mit sich bringen, auf deren Lösung die Gewerkschaften unbedingt Einfluß nehmen müssen. Diese und andere Forderungen sind

---

Geschäftsbericht 1972–1974, Abt. Wirtschaftspolitik, S. 362 f., vgl. auch Kommuniqué der 26. Sitzung der Konzertierten Aktion, DGB-Archiv, DGB-BV, Sekretariat Günter Stephan 5/DGCU000051. Siehe auch: Schreiben Heinz O. Vetter an Bundeswirtschafts- und Bundesfinanzminister Helmut Schmidt vom 27.7.1972, mit dem Hinweis, dass in den künftigen Gesprächen der »Konzertierten Aktion« die Stabilisierung des Preisniveaus durch Maßnahmen zur Verbesserung des Wettbewerbs und der Marktordnung das wichtigste Thema sei. DGB-Archiv, DGB-BV, Abt. Wirtschaftspolitik 5/DGAN000097.

12 Zum Montanmitbestimmungsgesetz siehe u. a. Müller: Strukturwandel, S. 218 ff.; Ranft: Vom Objekt zum Subjekt, S. 28 ff.

13 Siehe Entwurf zum Bundespersonalvertretungsgesetz (Bundestagsdrucksache VI/3721) und 6. BA-Sitzung vom 3.3.1971 (Dok. 39, Fußnote 24).

14 Als Instrument zur gesamtgesellschaftlichen Mitbestimmung forderte der DGB die Errichtung eines Wirtschafts- und Sozialrates auf den Ebenen des Bundes, der Länder und der Regionen. Als Vorbild für dieses Modell diente der Bundeswirtschafts- und Sozialrat (BWSR). Der paritätisch zusammengesetzte BWSR beriet die Bundesregierung und den Bundestag umfassend auf dem Gebiet der gesamten Wirtschafts- und Sozialpolitik. Detailliertere Ausführungen zu diesem Modell bei Wilhelm Kaltenborn: Problem gesamtgesellschaftlicher Mitbestimmung, in: GMH 24, 1973, Nr. 10, S. 634–643, hier: S. 638 f. sowie Mitbestimmung im gesamtgesellschaftlichen Bereich, in: GMH 22, 1971, Nr. 9, S. 571 ff., hier: »III. Bundeswirtschafts- und Sozialrat«. Das Gesamtpapier zur gesamtgesellschaftlichen Mitbestimmung wurde auf der 6. Bundesausschusssitzung am 3.3.1971 verabschiedet (Dok. 39).

15 Beim Tarifvertragsgesetz sollte die Zulässigkeit tariflicher Differenzierungsklauseln und Effektivklauseln sichergestellt werden und die Beseitigung der gesetzlichen Unterscheidung zwischen Arbeitern und Angestellten aufgehoben werden, beim AFG § 116 sollte ein gesetzliches Verbot der Aussperrung erfolgen. Siehe auch: Wahlprüfstein Nr. 7 »Weiterentwicklung des Arbeits- und Tarifrechts«.

noch einmal schwerpunktmäßig in einem Papier zusammengefaßt worden, das der Bundesregierung in den nächsten Tagen übergeben wird.[16] Zur Frage der Vermögensbildung wird nach den bisherigen Informationen in der Regierungserklärung nur eine allgemein gehaltene Formulierung zu finden sein. Kollege Vetter hofft, daß der Bundesausschuß in seiner nächsten Sitzung über die Stellungnahme des DGB zur Vermögensbildung abschließend beraten kann. Diesen Teil seines Berichtes abschließend, erklärt Kollege Vetter, daß beabsichtigt ist, in der ersten Hälfte des kommenden Jahres einen Bildungspolitischen Kongreß[17] des DGB abzuhalten, der das gesamte Bildungsthema zum Inhalt haben soll. Damit soll erreicht werden, daß die GEW nicht allein mit solchen Aktivitäten belastet wird.

Kollege Vetter gibt einen kurzen Bericht über die im Oktober 1972 erfolgten ersten Kontaktgespräche einer Spitzendelegation des DGB mit dem FDGB in Berlin. Erst nach dem für Februar/März vorgesehenen zweiten Gespräch in Düsseldorf[18] soll durch Bundesvorstand und Bundesausschuß entschieden werden, ob und in welcher Weise die Kontakte mit dem FDGB weitergeführt werden sollen.

Zum Thema Europäischer Gewerkschaftsbund und zu der vor einigen Tagen in Luxemburg abgehaltenen Konferenz schildert Kollege Vetter kurz die Situation, die, wie er erwähnt, im Bundesvorstand noch nicht diskutiert werden konnte. Das soll in der Sitzung am 9.12. geschehen.[19] Bekanntlich hatte der DGB dem Wunsch der Rest-EFTA-Gewerkschaften, dem EBFG beizutreten, sehr kritisch gegenübergestanden, weil der Bund dann nicht mehr deckungsgleich mit der EWG wäre. Es besteht die Sorge, daß in einem solchen großen Bund die Arbeit nicht mehr mit der für unsere Mitglieder notwendigen Effektivität geleistet werden kann. Die zweite Besorgnis war, daß dieser große Bund zu einer weiteren Steigerung der gewerkschaftlichen Ballung in Europa beitragen würde, einer Ballung, die dem IBFG schaden könnte und die auch von den Gewerkschaften in der 3. Welt mit großer Sorge betrachtet wird. Eine neue und festgelegte Regelung der Beziehungen zwischen IBFG und EBFG wäre deshalb unabdingbar. Der dritte Punkt, der noch zu klären ist, ist die Stellung der Gewerkschaftsausschüsse in dem neuen Bund. Einige der neuen Mitglieder, insbesondere der TUC, haben eine sehr abweichende und eigenwillige Auffassung zu diesem Problem, der aus der Sicht des DGB energisch entgegenzutreten ist. Der DGB wird sich ebenfalls entschieden dafür einsetzen, daß in der Präambel der Satzung des neuen Bundes die Ziele der

---

16 Auf der Klausurtagung des BV am 9.12.1972 (Dok. 71) wurden die Haupt- und Nebenforderungen des DGB an die Bundesregierung verabschiedet. DGB-Archiv, DGB-BV, Abt. Vorsitzender 5/DGAI000477.
17 Die erste »Bildungspolitische Konferenz« fand vom 3. bis 8.11.1973 in Essen statt. Weitere Konferenzen folgten im turnusmäßigen Abstand von 3 Jahren. Die Konferenz löste die bisher stattgefundenen Bundestagungen für Berufliche Bildung ab. Zur Konferenz und deren Ergebnissen siehe DGB-Geschäftsbericht 1972–1974, Abt. Bildung, S. 142–147 sowie DGB-Archiv, DGB-BV, Abt. Bildung 5/DGAV000711 und 5/DGAV001183.
18 Zum Treffen des DGB mit dem FDGB am 14./15.3.1973 siehe TOP 9c der 7. BV-Sitzung am 3.4.1977 (Dok. 77) sowie Abschlusskommuniqué des Treffens, in: ND, 15.3.1973, Nr. 86.
19 Siehe Dok. 71.

Dokument 70 6. Dezember 1972

freien Gewerkschaftsbewegung eindeutig niedergelegt werden. Kollege Vetter teilt mit, daß in der Zeit bis zu dem für den 8. und 9. Februar 1973 vorgesehenen Gründungskongreß[20] des neuen Bundes auf der Basis der Konferenz in Luxemburg eine Besprechung über die noch offen gebliebenen Punkte stattfinden wird. Kollege Vetter hofft, daß sie eine Klärung in der Form bringt, die dem DGB eine Teilnahme am Gründungskongreß ermöglicht. Er bittet den Bundesausschuß, den Bundesvorstand in die Lage zu versetzen, die geschilderten Fragen abschließend zu beraten und zu entscheiden.

Kollege *Strothmann* spricht die Probleme, die im Zusammenhang mit IBFG und EBFG zu sehen sind, an. Bisher sei der EBFG deckungsgleich mit der EWG gewesen. Nun werde sich das ändern. Dänemark, Irland und England treten in die EWG ein und Assoziierungswünsche von Ländern, die nicht der EWG angehören, werden vorgetragen. Kollege Strothmann fragt, ob organisatorisch nicht die Möglichkeit besteht, daß der EBFG Regionalorganisation des IBFG wird.[21]

Kollege *Vetter* erklärt, daß die Bindung zwischen IBFG und EBFG durch Schaffung eines organischen Gelenks stärker werden soll, indem der Generalsekretär und der Vorsitzende des IBFG Sitz und Stimmrecht im Exekutivausschuß des EBFG und umgekehrt haben sollen. Dies muß allerdings noch auf dem nächsten IBFG-Kongreß geregelt werden.

Kollege *Benz* greift zwei Punkte aus dem Bericht des Kollegen Vetter heraus. Zunächst erinnert er an die Diskussion im Bundesausschuß zum Wirtschafts- und Sozialrat, wo sehr unterschiedliche Auffassungen vertreten wurden. Nach seiner Meinung kann ein Wirtschafts- und Sozialrat nur sinnvoll sein, wenn gleichzeitig die Arbeitgeberkammern Zug um Zug abgebaut werden. Die Gewerkschaften sollten sich nicht auf Halblösungen abdrängen lassen. Zur Beruflichen Bildung übergehend, fragt Kollege Benz, ob er es richtig verstanden habe, daß zukünftig die Kammern auch über die schulische Ausbildung mitbestimmen. Er bittet um Konkretisierung, wie es gedacht sei, wenn man das zentralisieren wolle.

Kollege *Vetter* berichtet, daß vor der letzten Regierungsbildung ein Kreis der Vorsitzenden mit einem designierten Minister zusammengekommen sei und einige Punkte festgelegt hätte, die in der nächsten Periode kommen müßten.[22]

---

20 Am 8./9.2.1973 in Brüssel, im »Maison des Huit Heures« (Zentrale der belgischen Gewerkschaften) trafen sich 250 Delegierte von 17 nationalen Gewerkschaftsbünden aus 15 Ländern zur Gründungsversammlung und zum 1. Kongress des neuen Europäischen Gewerkschaftsbunds (EGB). Zum Gründungskongress siehe ND, 8.2.1973, Nr. 42 sowie WdA 24, 16.2.1973, Nr. 7.
21 Strothmann meinte die Europäische Regionalorganisation (ERO) des IBFG, welche mit der Gründung des EBFG 1969 aufgelöst wurde. Sie war ein europäischer Gewerkschaftszusammenschluss, der über die EWG-Mitgliedsstaaten hinausging. Die Gewerkschaftsbünde der EFTA-Staaten Großbritannien, Schweden, Norwegen, Dänemark und Österreich gründeten daraufhin den »Trade Union Congress« für den EFTA-Bereich. Vgl. Werner Oesterheld/ Werner Olle: Gewerkschaftliche Internationalisierung in Westeuropa – Zur Entwicklung des Europäischen Gewerkschaftsbundes (EGB), in: Hoffmann/Gabaglio: EGB, S. 12f.
22 Gemeint war die 25. BV-Sitzung vom 7.12.1971, an der als Gast der Bundesminister für Bildung und Wissenschaft, Hans Leussink, teilnahm (siehe Dok. 53).

Ein großer Teil davon sei eingetreten. Diesen Weg könne man heute aber nicht mehr gehen. Wenn wir jetzt die Jugendbildung insgesamt sehen, ergibt sich die Frage, welche Schritte können wir tun, ohne die geforderten Prinzipien zu verletzen und ohne die Dinge aufzugeben, die wir bereits in der Hand haben. Kollege Vetter hofft, daß sich der Gedanke durchsetzt, die Jugendbildungsfragen mit den anderen Bildungsfragen in einem Ministerium zusammenzufassen, und zwar im Arbeitsministerium. Dabei käme es dann auch auf den Minister an. Sollte die Frage der Kammern in der Entwicklung der Berufsbildung nach unseren Zielsetzungen eine Rolle spielen, dann könne der DGB an der Frage der Kammern nicht vorbeigehen.

Kollegin *Weber* weist darauf hin, daß sie sich einig über die Integration der beruflichen Bildung in die allgemeine Bildung waren. Wahrscheinlich werde das Wissenschaftsministerium die Zuständigkeit bekommen. Allerdings müsse abgesichert werden, daß keine der Zuständigkeiten der Gewerkschaften verloren gehe. In jedem Falle seien die Mitbestimmungsrechte der Gewerkschaften in diesem Bereich zu wahren.

Kollege *Benz* fragt, inwieweit die individuelle Ausbildung Unterstützung findet. Nach seiner Auffassung würde das eine neue Situation zum Nachteil der Gewerkschaften auslösen.

Kollegin *Weber* glaubt, daß das ein Mißverständnis sei. Das sei aus der Gesetzgebung heraus nicht möglich und auch nicht gewollt. Es müßte dann von den Gewerkschaften bekämpft werden.

Kollege *Woschech* berichtet, daß im Gewerkschaftsrat der SPD weder von einem Vertreter der Partei noch von einem Vertreter der Regierung eine Äußerung gemacht worden sei, die im Gegensatz zu unseren Vorstellungen und Leitsätzen zur beruflichen Bildung stehe. Der Vorgang der Integration von allgemeiner Bildung und beruflicher Bildung müsse sich auch in den gemeinsamen Kammern vollziehen. Das könne nicht in der nächsten Legislaturperiode ausgeschlossen werden. Von den Gewerkschaften ist im Gewerkschaftsrat der SPD darauf hingewiesen worden, daß nicht jahrelang diskutiert werden könne, sondern es müsse ein Anfang gemacht werden.

Kollege *Loderer* weist auf die Aufgeschlossenheit hin, die gestern im Gewerkschaftsrat gegenüber unseren Vorstellungen und Forderungen ersichtlich wurde. In der Frage der Mitbestimmung sollte an dem Montan-Modell festgehalten werden. Auf den EBFG eingehend weist Kollege Loderer auf seine Bedenken hin, die er in verschiedenen Sitzungen geäußert hat. Der EBFG müsse ein Zweckverband bleiben und die Interessen der Arbeitnehmer innerhalb der EWG auch in Zusammenhang mit den multinationalen Unternehmen vertreten. Er dürfe keine Regionalorganisation werden. Eine neue Situation sei durch den Beitrittswunsch der Rest-EFTA-Länder geschaffen worden. Diesem Wunsch sei der Bundesvorstand nach längeren Beratungen nachgekommen. Kollege Loderer stellt fest, daß diese Entwicklung der Bünde auf Europaebene beachtliche Auswirkungen auf die Berufsinternationalen hätte, was bereits auf der Tagung des IMB in San Francisco zu bemerken

Dokument 70 6. Dezember 1972

gewesen sei.[23] Abschließend weist Kollege Loderer darauf hin, daß das Wort »Frei« im Namen des neuen Gewerkschaftsbundes nicht mehr enthalten sei; allerdings würde in der Präambel zur Satzung noch von freien Organisationen gesprochen. Es dürfe nicht geschehen, daß den Kommunisten die Tür geöffnet werde.

Kollege *Seibert* unterstützt die Ausführungen des Kollegen Loderer zur Namensgebung des neuen europäischen Gewerkschaftsbundes. Die Namensgebung konnte bisher nicht ausdiskutiert werden. Kollege Seibert ist der Meinung, daß die Bundesvorstandsdelegation für den Gründungskongreß mit dem Mandat ausgestattet werden sollte, auf dem Wort »Frei« zu beharren.

Kollege *Hauenschild* erinnert daran, daß der Bundesvorstand unter dem ultimativen Druck der Engländer und Skandinavier nachgegeben und Konzessionen gemacht habe. Es dürften jetzt aber nach dem Gründungskongreß nicht Folgen entstehen, daß der DGB gezwungen wäre, wieder auszutreten. Die Vorbereitung auf diesen Gründungskongreß müßte gründlich sein. Wenn der erste Anlauf einer Gründung im Februar nicht gelingen sollte, müßte sie eben verschoben werden. Kollege Hauenschild weist abschließend auf das schwierige Problem der Industrieausschüsse hin.

Kollege *Lappas* erklärt, daß in den Vorbereitungssitzungen für den Gründungskongreß die Vertreter des DGB eindeutig und unnachgiebig die Haltung eingenommen haben, wie sie in den Beschlüssen festgehalten wurde. Eine andere ideologische Richtung bedeute auch der Weltverband der Arbeitnehmer. Der Sprecher des TUC, der Generalsekretär der Transportarbeitergewerkschaft, sei konsequent der Meinung gewesen, daß man für alle ideologischen Richtungen offen sein müßte, ohne daß er sagte, welche Richtung er meine. Mehrere Sprecher der Gewerkschaftsbünde wollen diese Öffnung für andere ideologische Richtungen haben. Während der Sprecher des TUC, Jack Jones, für eine Öffnung zu Gunsten der kommunistischen Bünde ist, sprechen sich die Belgischen und Niederländischen Gewerkschaftsbünde für eine Öffnung zum Weltverband der Arbeitnehmer aus. Kollege Lappas ist ebenfalls der Ansicht, daß alles sorgfältig vorbereitet werden müsse. Kollege Lappas spricht sich ebenfalls für die Beibehaltung des Wortes »Frei« aus. Eine Entscheidung darüber, wer später aufgenommen wird, erfolgt immer im Exekutivausschuß.

Kollege *Kluncker* unterstreicht die Ausführungen des Kollegen Hauenschild. Kollege Kluncker weist auf die FO in Frankreich und auf ihre Rolle in diesem Land hin. Er fragt, was in den Ländern ist, wo die Gewerkschaftsbewegung geteilt ist, wo es nicht nur kommunistische, sondern auch christliche Verbän-

---

23 Auf der Sitzung des IMB-Zentralkomitees vom 28.11. bis 1.12.1972 in San Francisco wurde eine Entschließung über regionale Gruppierungen von IMB-Verbänden verabschiedet, die eine Stärkung der europäischen Metallarbeiterverbände ermöglichte (Gründung des EMB), welche nicht gleichzeitig eine Schwächung der Aktionsmöglichkeiten des IMB beinhaltete. Vgl. Bericht über die Tätigkeit des Sekretariats von 1971–1973, Bd.1, Brüssel 1974, S. 138f.

de gibt.[24] Nach Ansicht des Kollegen Kluncker muß die Frage der Fachausschüsse sehr eingehend diskutiert werden.

Kollege *K. H. Hoffmann* vertritt die Auffassung, daß das so zwar nicht alles gut sei, aber auf der anderen Seite die Gemeinsamkeiten in Europa nicht aufgehoben werden dürften. Er weist auf die noch ungeklärten Fragen wie z. B. Beitragsfrage und Mitarbeit der englischen Gewerkschaften in den europäischen Gremien hin.

Kollege *Vetter* regt noch einmal an, die Entscheidung über die europäischen Probleme auf den Bundesvorstand zu delegieren, da die Vorsitzenden der Gewerkschaften mit ihren vielfältigen internationalen Erfahrungen einen guten Überblick über die Dinge haben. Sollte eine gemeinsame Linie nicht gefunden werden, würde der Bundesausschuß in die Entscheidung einbezogen. Kollege Vetter geht dann noch einmal kurz auf die Luxemburger Diskussion über das Wort »Frei« im Namen des neuen europäischen Bundes und die unterschiedlichen Motivationen für und gegen die Aufnahme dieses Wortes ein.[25]

Kollege *Glasbrenner* ist der Meinung, daß die Probleme des öffentlichen Dienstes im Hinblick auf Regierungsprogramm und Regierungserklärung deutlicher herausgestellt werden müßten. Es sollte versucht werden, eine positive Aussage dazu zu erreichen, um den sichtbar gewordenen konservativen Tendenzen u. a. im Genscher-Entwurf zum Personalvertretungsgesetz entgegentreten zu können.

Kollege *Vetter* versichert, daß dieses Anliegen berücksichtigt wird, und verweist außerdem auf die besonderen Initiativen der Vorsitzenden der betroffenen Gewerkschaften.

Kollegin *Fuchs* legt Wert darauf, daß die die Frauen betreffenden vielfältigen Probleme den ihnen gebührenden Platz in den Forderungen des DGB erhalten, auch im Hinblick auf das größer gewordene politische Bewußtsein der Frauen.

Kollege *Dürrbeck* ist der Auffassung, daß man in der Mitbestimmungsfrage eindeutige Formulierungen verwenden, d. h. von paritätischer oder qualifizierter gleich Montanmitbestimmung sprechen sollte, um insbesondere bei den Kollegen Begriffsverwirrungen zu vermeiden. Wenn der DGB mit seinen Forderungen schon die Einführung der Mitbestimmung nach dem Montanmodell erreichen würde, wäre das nach seiner Ansicht schon ein begrüßenswerter Fortschritt. In Zusammenhang mit dem Thema Leitende Angestellte hält er es für wichtig, die Zuständigkeit der Arbeitsdirektoren für diesen Per-

---

24 Neben Frankreich gab es in Italien, den Niederlanden und Luxemburg christliche und kommunistische Gewerkschaftsverbände. Vgl. detaillierter Oesterheld/Olle: Gewerkschaftliche Internationalisierung in Westeuropa, S. 13 f.
25 Siehe hierzu Sitzung des EBFG mit dem Gewerkschaftsausschuss der EFTA-TUC am 4.10.1972 in Luxemburg zu TOP 2 Aussprache über den Satzungsentwurf sowie die Arbeitskonferenz zur Erweiterung der gewerkschaftlichen Zusammenarbeit in Europa am 30.11. und 1.12.1972 in Luxemburg. DGB-Archiv, DGB-BV, Internationale Abt. 5/DGAJ000267.

Dokument 70 6. Dezember 1972

sonenkreis zu erreichen. Er bittet um Auskunft, ob diese Zuständigkeit in den gemeinwirtschaftlichen Unternehmen schon hergestellt ist.

Kollege *Vetter* stimmt Kollegen Dürrbeck in bezug auf die Mitbestimmungsfrage zu. Man sei sich einig, die qualifizierte Mitbestimmung zu fordern. Die Zuständigkeit des Arbeitsdirektors für die leitenden Angestellten sei bei der BfG bereits eindeutig entschieden. Im übrigen bestehe ein Arbeitskreis der Arbeitsdirektoren der gemeinwirtschaftlichen Unternehmen, der sich u. a. auch mit der Weiterentwicklung dieser Frage beschäftige.[26]

Kollege *Rittner* erklärt ergänzend, daß auch bei der Volksfürsorge die Zuständigkeit der Arbeitsdirektoren für die leitenden Angestellten festgelegt sei.

Kollege *Schumacher* ist der Meinung, daß es sicher politisch-taktisch richtig ist, der neuen Bundesregierung keine Prioritätenliste vorzulegen. Das könne uns aber nicht entbinden von der Überlegung, was für uns wichtiger ist als das andere, was kurz-, mittel- und langfristig realisiert werden kann und muß. Von besonderer Wichtigkeit für alle Gewerkschaften erscheint ihm die Veränderung des Tarifvertragsgesetzes. Er begrüßt in diesem Zusammenhang die Einsetzung einer Arbeitsgruppe, die die Vorstellungen des DGB und seiner Gewerkschaften zu diesem Gesetz erarbeiten soll.[27]

Kollege *Hoffmann*, ÖTV, bezieht sich auf die Äußerungen des Kollegen Vetter zum Brief der CDA-Kollegen und regt an, daß der DGB neben den Bemühungen um eine wirkungsvolle Zusammenarbeit mit der neuen Koalitionsregierung von sich aus die Initiative ergreift, zu einer Normalisierung des Verhältnisses mit der CDU zu kommen.

Kollege *Vetter* weist darauf hin, daß sich der DGB zunächst mit den aktuellen Problemen beschäftigen muß und sich wahrscheinlich erst Mitte Januar mit den von Kollegen Hoffmann angeschnittenen Fragen befassen kann.

Abschließend stellt Kollege Vetter fest, daß der Bundesausschuß die vorgetragenen Berichte und Vorschläge zustimmend zur Kenntnis genommen hat.

Ende der Sitzung: 13.20 Uhr

---

26 Eine Überlieferung der Sitzungen des Arbeitskreises ist erst ab 1979 belegt, vgl. DGB-Archiv, DGB-BV, Abt. Vorsitzender 5/DGAI001891.
27 Nach dem 9. DGB-Bundeskongress wurde ein Arbeitsrechtlicher Ausschuss gebildet, da im bisherigen Sozialpolitischen Ausschuss eine intensive Beschäftigung mit arbeitsrechtlichen Fragen nicht möglich gewesen war. Auf der ersten Sitzung dieses Ausschusses am 6./7.12.1972 legte die Abt. Arbeitsrecht ein Arbeitspapier zur Änderung des § 1 des Tarifvertragsgesetzes (Inhalt und Form des Tarifvertrages) und zur gesetzlichen Absicherung von Differenzierungs- und Effektivklauseln vor. Vgl. DGB-Archiv, DGB-BV, Abt. Arbeitsrecht 5/DGBR000025.

DOKUMENT 71

9. Dezember 1972: Protokoll der Klausurtagung des Bundesvorstandes

IG-Metall Haus in Frankfurt/M.; Vorsitz: Heinz O. Vetter; Protokollführung: Isolde Funke, Marianne Jeratsch; Sitzungsdauer: 10.10–13.30 Uhr; ms. vermerkt: »Vertraulich«.[1]

Ms., hekt., 8 S., 2 Anlagen.[2]

DGB-Archiv, 5/DGAI000537.

Beginn der Sitzung: 10.10 Uhr

[Vetter eröffnet die Klausurtagung.]

Tagesordnung:
1. Genehmigung des Protokolls der 3. Bundesvorstandssitzung
2. Bundesvorstandssitzung im Juli 1973
3. Auswertung der Beschlüsse des DGB-Bundeskongresses und der Gewerkschaftstage 1972
4. Vorschläge zur Änderung des Ausländerrechts
5. Europa
6. Aussprache über gewerkschaftliche Forderungen an die zukünftige Bundesregierung

1. GENEHMIGUNG DES PROTOKOLLS DER 3. BUNDESVORSTANDSSITZUNG

Der Bundesvorstand genehmigt das Protokoll der 3. Bundesvorstandssitzung.

2. BUNDESVORSTANDSSITZUNG IM JULI 1973

[Wegen weiterer Terminabklärungen ist der Bundesvorstand mit der Vertagung dieses Punktes einverstanden.]

3. AUSWERTUNG DER BESCHLÜSSE DES DGB-BUNDESKONGRESSES UND DER GEWERKSCHAFTSTAGE 1972

[Da noch nicht alle Materialien zur Auswertung vorliegen, ist der Bundesvorstand mit einer Vertagung dieses Punktes einverstanden.]

4. VORSCHLÄGE ZUR ÄNDERUNG DES AUSLÄNDERRECHTS

Kollege *Woschech* weist auf die den Bundesvorstandsmitgliedern zugeschickte Vorlage hin.[3] Die Vorentwürfe sind in den Hauptvorständen der Gewerk-

---

1 Einladungsschreiben vom 23.11.1972. Nicht anwesend: Martin Heiß, Georg Drescher, Armin Clauss. DGB-Archiv, DGB-BV, Abt. Vorsitzender 5/DGAI000477.
2 Anlage: Anwesenheitsliste, Zusammenstellung der Haupt- und Nebenforderungen des DGB an Bundesregierung und Parteien.
3 Anschreiben Franz Woschechs an die Bundesvorstandsmitglieder vom 16.11.1972 mit dem beigefügten 5-seitigen Arbeitspapier »Für eine Reform des Ausländerrechts«, DGB-Archiv, DGB-BV, Abt. Vorsitzender 5/DGAI000477. Grundlage für dieses Arbeitspapier waren die

Dokument 71 9. Dezember 1972

schaften beraten worden. In der letzten Sitzung des Arbeitskreises für ausländische Arbeitnehmer sind die eingegangenen Änderungsvorschläge voll berücksichtigt und eingearbeitet worden. Kollege Woschech bittet, der Vorlage zuzustimmen.

In der anschließenden Diskussion, an der sich die Kollegen *Vetter, Woschech, Sickert, Schwab, Kluncker, Hauenschild* und *Sperner* beteiligen, kommt zum Ausdruck, daß die mit dieser Frage zusammenhängenden Probleme ausführlich in den Vorständen beraten werden müssen, bevor man zu einer Beschlußfassung kommt. In der Diskussion wird besonders zu den Fragen der Infrastruktur, der Wohnungsverhältnisse, der Familienzusammenführung, der Schulprobleme Stellung genommen.

Der Bundesvorstand ist mit der Vertagung bis zur Februar-Sitzung einverstanden.

5. EUROPA

Kollege *Lappas* gibt einen Überblick über die Diskussion und die Ergebnisse der Konferenz in Luxemburg am 30.11. und 1.12. und verweist dazu auf das vorgelegte Papier vom 3.12.1972.[4] Über die Rolle der Gewerkschaftsausschüsse in der neuen Organisation, insbesondere die Anzahl der Delegierten und das Stimmrecht auf dem Kongreß, ist es zunächst zu Meinungsverschiedenheiten gekommen. Der Standpunkt des DGB wurde zwar weitgehend geteilt, aber die Vertreter der Ausschüsse wollten noch vor dem Gründungskongreß erneut untereinander beraten. Die Position der Gewerkschaftsausschüsse, die nach der bestehenden Regelung nicht mehr als ein Drittel der Delegierten auf dem Kongreß stellen, soll nicht beeinträchtigt werden. Meinungsverschiedenheiten gab es ebenfalls über Finanzierungsfragen, d. h. über den Haushalt und den Gemeinschaftsfonds. Besonders der TUC, unterstützt von Kollegen aus den skandinavischen Ländern, wandte sich scharf gegen die Errichtung eines Gemeinsamen Fonds. Weitgehende Einigung wurde über eine gleichmäßige finanzielle Beteiligung der Mitgliedsbünde entsprechend der Zahl ihrer Mitglieder mit einer Beitragshöhe von ca. 700 FB[5] für je 1.000 Mitglieder erzielt. Der TUC hat dem nicht widersprochen, aber auch nicht ausdrücklich zugestimmt. Über beide Themen könnte es auf dem Gründungskongreß noch zu Diskussionen kommen. Ohne Vorbehalte akzeptiert wurde der Vorschlag des DGB, ein organisches Gelenk zwischen der neuen Organisation und dem IBFG zu schaffen. Da eine satzungsmäßige Verankerung beim IBFG erst auf dem nächsten Kongreß möglich wäre, hat der Generalsekretär des IBFG,

---

vom Bundesvorstand am 2.11.1971 (Dok. 50) verabschiedeten Leitsätze: »Die Deutschen Gewerkschaften und die ausländischen Arbeitnehmer«, in denen es u.a. hieß: »[...] das Ausländerrecht ist im Sinne einer freiheitlichen demokratischen Ordnung zu reformieren«. Siehe hierzu auch die Sitzungen des Arbeitskreises Ausländischer Arbeitnehmer, in: DGB-Archiv, DGB-BV, Abt. Ausländische Arbeitnehmer 5/DGAZ000497.

4 Vermerk von Volker Jung (Abteilung Europäische Integration) zu den Ergebnissen der Arbeitskonferenz »Erweiterung der gewerkschaftlichen Zusammenarbeit in Europa«, siehe DGB-Archiv, DGB-BV, Internationale Abt. 5/DGAJ000267.

5 700 Belgische Francs entsprachen ca. 33 DM (ca. 18 €).

9. Dezember 1972 **Dokument 71**

Kollege Kersten, nicht ausdrücklich auf dem Stimmrecht im EBFG-Exekutivausschuß bestanden. Eine Präsenz ex officio wäre ihm ausreichend. Hierzu soll ein offizieller Briefwechsel zwischen EBFG und IBFG die gemeinsame Auffassung festlegen. Über die Struktur des künftigen Sekretariats hat es erhebliche Meinungsverschiedenheiten in Luxemburg gegeben, die noch nicht beseitigt werden konnten. Der Gründungskongress wird darüber abstimmen müssen. Der DGB blieb bei seiner Ansicht, daß das Sekretariat ein aus dem Generalsekretär und verantwortlichen Sekretären gebildetes Kollegium sein müsse, während der TUC auf dem Standpunkt beharrte, daß das Sekretariat lediglich aus einem Generalsekretär und gegebenenfalls einem stellvertretenden Generalsekretär bestehen solle, denen ein Mitarbeiterstab zur Verfügung steht. Am meisten umstritten war die Formulierung der Präambel, die eventuell in die Form einer Gründungserklärung gekleidet werden kann, deren Bestandteil die Satzung sein würde. Dahinter verbergen sich offensichtlich ideologische Meinungsverschiedenheiten, die die Abgrenzung gegenüber den anderen Gewerkschaftsbünden in Europa und die Beziehungen der neuen Organisation zum IBFG betreffen. Der DGB hat nachdrücklich darauf gedrängt, in den Namen der neuen Organisation wieder das Wort »Frei« aufzunehmen, um die Haltung des Bundes auch optisch deutlich zu machen. Der TUC und andere waren nicht dieser Meinung und haben die Ansicht vertreten, der Bund müsse offen sein. Es ist allerdings nicht klar geworden, was damit tatsächlich gemeint ist, ob offen gegenüber Kommunisten, Christen oder anderen. Der in Luxemburg schließlich von allen Delegationen gebilligte Text der Präambel stellt enge Beziehungen zwischen der neuen Gewerkschaftsorganisation und dem IBFG her, lässt aber gleichzeitig die Tür für eine spätere Zusammenarbeit mit anderen Gewerkschaftsbünden in Europa offen.[6] Es würde die Aufgabe des Exekutivausschusses der neuen Organisation sein, die Form und den Zeitpunkt einer späteren Zusammenarbeit zu bestimmen. Im Hinblick auf den Gründungskongreß im Februar[7], der endgültig über diese Frage entscheiden wird, wäre es wichtig, die Haltung des DGB festzulegen. Es empfiehlt sich, bei der bisherigen Auffassung zu bleiben, daß der neue Bund in seinem Namen auch das Wort »frei« führen soll. Nach dem

---

6 Die Präambel lautete: »Die nachstehend aufgeführten Organisationen [es folgte die Liste der Gründungsorganisationen], alle Mitglieder des IBFG und demzufolge ohne Vorbehalte in Übereinstimmung mit den Prinzipien der freien demokratischen Gewerkschaftsbewegung, beschließen, gemeinsam die sozialen, wirtschaftlichen und kulturellen Interessen der Arbeitnehmer auf europäischer Ebene im Allgemeinen und im Besonderen bei allen europäischen Institutionen, einschließlich der Europäischen Gemeinschaften und der EFTA, zu vertreten und zu fördern. Sie werden ihre Aufmerksamkeit der Wahrung und Verstärkung der Demokratie in Europa widmen. Zur Erreichung dieses Ziels erarbeitet die [Organisation] ein Grundsatzprogramm und koordiniert die Tätigkeit der angeschlossenen Organisationen durch europäische Aktionsprogramme. [...]«. DGB-Archiv, DGB-BV, Internationale Abt. 5/DGAJ000267.

7 Zum Gründungskongress der neuen Gewerkschaftsorganisation in Europa am 8./9.2.1973 in Brüssel und den Verhandlungszielen des DGB sowie zur Sitzung der Arbeitsgruppe – FGTB Belgien, LO Dänemark, DGB, TUC Großbritannien und CISL Italien – am 9.1.1973 vgl. Vermerke Volker Jungs vom 13.12.1972 und 4.1.1973, DGB-Archiv, DGB-BV, Internationale Abt. 5/DGAJ000267.

Dokument 71 9. Dezember 1972

Stand der Diskussion besteht jedoch die Möglichkeit, dass der Gründungskongreß mehrheitlich anders entscheidet.

Auf die Frage des Kollegen *Kluncker,* welche Haltung der DGB zu einer möglichen weiteren Öffnung der neuen Organisation einnimmt, erklärt Kollege *Lappas,* daß darüber noch nicht abschließend beraten wurde. Bisher sei der DGB grundsätzlich gegen eine Aufnahme von kommunistischen Organisationen, die Haltung gegenüber dem WVA[8] sei differenzierter.

Kollege *Loderer* ist der Meinung, dass der DGB sich auch auf dem Gründungskongreß für die Aufnahme des Wortes »frei« in den Namen des neuen Bundes einsetzen sollte. Wichtiger als das Durchsetzen dieser Forderung sei jedoch die Entscheidung darüber, wie der DGB sich im Hinblick auf eine mögliche weitere Öffnung des neuen Bundes verhalten soll. Es wäre sicher nicht richtig, zu sagen, da der DGB zum FDGB usw. Beziehungen pflegt, könnte er in dieser Richtung offen sein. Zu bedenken ist auch, daß die kommunistischen Organisationen in Frankreich und Italien z. B. Mitglieder des WGB sind. Und ob wir uns so weit engagieren wollen, muß gründlich überlegt werden. Kollege Loderer berichtet in diesem Zusammenhang kurz über die entsprechenden Erfahrungen bei der Gründung des Europäischen Metallarbeiterbundes.[9] Abschließend betont Kollege Loderer, daß die Position der Gewerkschaftsausschüsse in der neuen Organisation auf keinen Fall verschlechtert werden sollte.

Kollege *Vetter* geht kurz auf die Verhältnisse im Wirtschafts- und Sozialausschuß der EWG hinsichtlich der Zusammenarbeit mit den kommunistischen Organisationen ein. Er schildert ebenfalls kurz den Stand der Gespräche mit dem WVA. Hinsichtlich der Zusammenarbeit mit kommunistischen Organisationen nehmen nach Meinung von Kollegen Vetter die Berufsinternationalen eine besondere Position ein. Es gibt bereits Berufsinternationalen, die durch Mitgliedschaft, Kooptation oder Assoziierung von Organisationen aus dem WGB-Bereich dorthin Verbindung haben. Nach seiner Ansicht liegen die Sorgen um die Schwierigkeiten nicht so sehr bei den Bünden, sondern mehr bei den Berufsinternationalen. Das betrifft uns zwar nicht direkt, aber was dort geschieht, wird sich auch auf die europäischen Gewerkschaftsausschüsse auswirken. Kollege Vetter stellt die Frage, ob wir die Zusammenarbeit mit den kommunistischen Organisationen, soweit sie zwingend nötig ist, nicht eher auf die Fachorganisationen übertragen sollten, weil sie einer solchen Entscheidung gar nicht ausweichen können, und zunächst die Bundesebene auslassen. Im übrigen ist er der Auffassung, den in Luxemburg vorgetragenen Standpunkt des DGB auch auf dem Gründungskongreß zu vertreten.

In bezug auf die Namensgebung des neuen Bundes erinnert Kollege *Seibert* daran, daß der Europäische Bund Freier Gewerkschaften seinen Namen seinerzeit in Anlehnung an den IBFG nicht nur als Demonstration für die Öf-

---

8 Vgl. Klausurtagung des BV am 2./3.10.1972, Dok. 65, TOP 3.
9 Vgl. Europäischer Metallgewerkschaftsbund (Hrsg.): Mit Gegenmacht und Gestaltungskraft für Europas Arbeitnehmer. 40 Jahre Europäischer Metallgewerkschaftsbund, Brüssel 2011, S. 46ff. sowie. 31. BV-Sitzung vom 29.5.1972, Dok. 61, Fußnote 11.

fentlichkeit erhalten hat, sondern damit auch zum Ausdruck gebracht werden sollte, daß in ihm nur dem IBFG angeschlossene Bünde Platz haben. Es sollte alles getan werden, um diesen Gedanken fortzuführen. Wenn wir mit unseren Vorstellungen hinsichtlich des Namens auf dem Gründungskongreß nicht durchkommen, müßte auf jeden Fall in der Präambel durch eine entsprechende Formulierung das unveränderte Verhältnis zum IBFG festgelegt sein. In der Satzung müßte darüber hinaus unbedingt festgelegt werden, daß der Exekutivausschuß nur mit einer Zweidrittelmehrheit über die Aufnahme weiterer Mitglieder entscheiden kann. Hinsichtlich der Zusammenarbeit mit kommunistischen Organisationen teilt Kollege Seibert die Auffassung von Kollegen Vetter. Abschließend geht Kollege Seibert noch kurz auf die Position der Gewerkschaftsausschüsse ein, die auch nach seiner Meinung unverändert bleiben sollte.

Kollege *Hauenschild* ist der Meinung, daß auf dem Gründungskongreß geklärt werden muß, welche politische Richtung die neue Organisation einschlagen will. Er schlägt vor, daß der DGB in einer offiziellen Erklärung des Bundesvorstandes feststellt, daß er unter der Voraussetzung in den Bund eintritt, daß keine Änderung der politischen Konzeption möglich ist. Eine solche Erklärung sollte vorbereitet und auch andere Delegationen bewogen werden, ähnliche Erklärungen abzugeben. Es müßte auch sichergestellt werden, daß alle Delegationsmitglieder des DGB diese Meinung einheitlich vertreten. Kollege Hauenschild hält es aus der Sicht seiner Gewerkschaft nicht für möglich, mit Kommunisten im neuen Bund zusammenzusitzen. Nach seiner Erfahrung kommen diese Tendenzen im übrigen nicht nur aus Italien und Frankreich, sondern gleichermaßen aus England.

Kollege *Vetter* bestätigt, daß die Haltung der englischen Gewerkschaften auf diesem Gebiet sehr unterschiedlich ist. So haben sie beispielsweise nach dem Ausscheiden von AFL/CIO aus vielfältigen Gründen auch versucht, den IBFG klein zu halten. Sicher kann man nicht annehmen, daß sie den WGB an dessen Stelle setzen wollen, doch kommen aus den kommunistischen Kräften innerhalb des TUC auch Tendenzen in die Zusammenarbeit im europäischen Bereich. Der harte Widerstand des TUC gegen den Gemeinschaftsfonds ist nicht von besonderer Bedeutung, wenn die Arbeit und der Etat des Sekretariats durch klar festgelegte Beiträge der Mitgliedsorganisationen abgesichert sind. Kollege Vetter erwähnt ergänzend, daß er mit Victor Feather vor dessen Moskaureise ein Gespräch gehabt hat[10], um eine gemeinsame Linie festzulegen. Das bevorstehende Ausscheiden von V. Feather aus Altersgründen könnte möglicherweise zu einer aus unserer Sicht negativen Veränderung der Politik des TUC führen.

Kollege *Muhr* unterstreicht die Ausführungen von Kollegen Hauenschild. Er ist der Meinung, daß das Wegfallen des Wortes »frei« im Namen des neuen Bundes schon eine gewisse Bedeutung und Absicht aufzeigen würde. Dabei brauchte die Sorge vor einer Zusammenarbeit mit den Kommunisten im

---

10 Der TUC-Vorsitzende, Victor Feather, war vom 7.–10.12.1972 zu Gesprächen mit dem Zentralrat der Sowjetischen Gewerkschaften in Moskau. Berichte über dieses Treffen sowie das Abschlusskommuniqué in: DGB-Archiv, DGB-BV, Internationale Abt. 5/DGAJ000514.

Dokument 71   9. Dezember 1972

europäischen Bereich längst nicht so groß zu sein wie die Sorge, welche katastrophalen Auswirkungen dies im internationalen Bereich, im IBFG und in den Internationalen Berufssekretariaten, mit großer Sicherheit haben würde. Auch eine eventuelle Zusammenarbeit mit dem WVA sollte nach Ansicht von Kollegen Muhr noch gründlich überlegt und diskutiert werden. Die Haltung des WVA gegenüber dem IBFG sei z. B. in Genf oft sehr negativ gewesen.[11] Hinsichtlich des organischen Gelenks bedauert Kollege Muhr die Erklärung des Kollegen Kersten, die nach seiner Ansicht noch nicht nötig war und auch nicht dem entsprach, was der Vorstand des IBFG beschlossen hat. Der IBFG-Generalsekretär sollte nicht auf sein Recht verzichten, Sitz und Stimme in der neuen Organisation zu haben.

Kollege *Kluncker* ist der Meinung, daß man im Vorfeld der Diskussion einige Illusionen ablegen sollte. Er hält beispielsweise die Einflußmöglichkeiten des IBFG in den anderen Erdteilen für sehr gering, genauso wie die Stellung beispielsweise der FO und des christlichen Gewerkschaftsbundes in Frankreich.[12] Anknüpfend an die vorausgegangene Diskussion erklärt Kollege Kluncker, daß er für seine Organisation nicht bereit ist, eine Zusammenarbeit mit den Kommunisten abzulehnen, aber einer Zusammenarbeit mit den Christen zuzustimmen. Dann müsse konsequent die IBFG-Linie beibehalten werden, die beides ausschließt. Seine Gewerkschaft sei der Meinung, daß für die neue Organisation in Europa die gleichen Grundsätze gelten sollten wie für den IBFG. Auch Kollege Kluncker spricht sich für die Beibehaltung des Wortes »frei« im Namen der neuen Organisation aus.

Kollege *Vater* unterstreicht die Ausführungen der Kollegen Seibert und Hauenschild. Er warnt aber davor, so zu tun, als wären heute der IBFG oder die Berufsinternationalen oder die einzelnen Industrieausschüsse absolut lupenrein in der politischen Zusammensetzung ihrer angeschlossenen Gewerkschaften. In diesem Zusammenhang weist er auf die SAK in Finnland hin.[13] Man muß den Anfängen in den internationalen Berufssekretariaten, aber auch in den Industrieausschüssen wehren. Wenn das nicht geschieht, wird das auch beim IBFG eintreten, was hier im einzelnen schon befürchtet wurde.

Kollege *Adolf Schmidt* schließt sich den sorgenvollen Stimmen an. Er spricht sich gegen den Verzicht des Wortes »frei« aus. Das würde auch Rückwirkungen im eigenen Lande haben. Kollege Schmidt berichtet kurz über seine Erfahrungen mit der Gewerkschaft christlicher Bergarbeiter im Saarland.[14]

---

11 Muhr bezog sich auf die Tagungen der Internationalen Arbeitskonferenz in Genf, auf denen die Vertreter der WVA durch Koalition und/oder Blockbildungen versuchten, die Position des IBFG zu schwächen. Vgl. DGB-Geschäftsbericht 1972–1974, Abt. Sozialpolitik, S. 79.
12 Vgl. hierzu Sondersitzung des Bundesvorstandes am 21.11.1972, Dok. 68, Fußnote 17.
13 In der SAK waren gleichberechtigt Sozialdemokraten und Kommunisten im Vorstand vertreten. Vgl. Valkonen: Finnische Gewerkschaften, S. 64ff. sowie 7. BV-Sitzung vom 3./4.3.1970, Dok. 18, Fußnote 31.
14 Zum Gewerkschaftsstreit des Industrieverbandes Bergbau-Einheitsgewerkschaft 1952–1953 und der Auseinandersetzung mit dem Christlichen Gewerkschaftsbund Saar, siehe DGB-Archiv, DGB-BV, Abt. Organisation 5/DGAL000154 und 5/DGAL000155 sowie Busemann: Saarländische Gewerkschaften, S. 59ff.

Kollege *Seibert* fragt, was geschehen soll, wenn die DGB-Delegation mit ihrer Auffassung, daß das Wort »frei« in der Namensgebung bleiben muß, nicht durchkommt.

Kollege *Lappas* ist der Auffassung, daß weder die eine Position (TUC für die Streichung) noch die andere Position (DGB für »frei«) die Zweidrittelmehrheit auf dem Gründungskongreß bekommen wird, die aber bei strittigen Fragen notwendig ist. Kollege Lappas spricht sich für die Beibehaltung des Wortes »frei« aus.

Die Delegation des DGB für den Gründungskongress am 8. und 9. Februar 1973 setzt sich aus folgenden Kollegen zusammen:
Vetter, Lappas, Neemann, Stephan, Sperner, Adolf Schmidt, Hauenschild, Seibert, Pfeiffer, Vietheer, Vater, Mirkes oder van Haaren, Loderer, Stadelmaier, Breit, Buschmann, Michels und Wagner. Die ÖTV entsendet einen Beobachter.

Abschließend faßt Kollege *Vetter* die Diskussion zusammen. Die Delegation wird die Linie, die hier vorgetragen wurde, vertreten, wird aber mit dem Mandat ausgestattet, falls eine entsprechende Situation eintritt, neu zu beraten und zu beschließen. Die Delegation wird so früh anreisen, daß sie sich am Vorabend zu einem Gespräch treffen kann. Falls noch weitere Gewerkschaftsvorsitzende teilzunehmen wünschen, entfällt die Teilnahme der Landesbezirksvorsitzenden.

6. AUSSPRACHE ÜBER GEWERKSCHAFTLICHE FORDERUNGEN AN DIE ZUKÜNFTIGE BUNDESREGIERUNG

Die Kollegen *Vetter* und *Muhr* berichten eingangs kurz über das Gespräch, das sie am 8.12.1972 mit Spitzenvertretern der FDP geführt haben und in dessen Mittelpunkt das Thema Mitbestimmung gestanden hat.[15] Dabei sind die Vorstellungen des DGB noch einmal eindeutig vorgetragen worden. Nach den Gesprächen mit SPD und FDP ist zu erwarten, daß es in der Regierungserklärung ein Ja zur Mitbestimmung geben wird, ohne ein bestimmtes Modell anzusprechen. Sicher scheint aber auch zu sein, daß die FDP von ihrer Auffassung in bezug auf die Leitenden Angestellten nicht abgeht. Bei der Begegnung mit der FDP ist die Bildung einer gemeinsamen Arbeitsgruppe in Aussicht genommen worden, die gesellschaftspolitische Fragen diskutieren soll.

Kollege *Vetter* bittet sodann den Bundesvorstand, damit einverstanden zu sein, die vorgelegte Zusammenstellung der Haupt- und Nebenforderungen des DGB an Bundesregierung und Parteien Punkt für Punkt zu beraten, um

---

15 Zu diesem informellen Gespräch sind keine Notizen überliefert. In der Sitzung der FDP-Bundestagfraktion am 7.12.1972 wurde nur dieses Gespräch angekündigt: »[...] 5. Der Vorstand stimmt zu, daß Herr Mischnick am Freitag, dem 8.12.1972, um 9.00 Uhr, zusammen mit Herrn Ollesch [Parlamentarischer Geschäftsführer] und Herrn Spitzmüller [stellv. Fraktionsvorsitzender] ein Gespräch mit dem Vorsitzenden des DGB, Herrn Vetter und dessen Begleitung führt. [...]« Ein Bericht über dieses Treffen ist nicht überliefert. Friedrich-Naumann-Stiftung, Archiv des Liberalismus, Bestand Wolfgang Mischnick, Signatur A41-1.

endgültig festzulegen, welche Prioritäten der DGB auch im Hinblick auf die Regierungserklärung setzt.

[Nach ausführlicher Diskussion über die 12 Schwerpunkte wird das vorgelegte Papier mit einer Reihe von Änderungen, Umstellungen und Ergänzungen verabschiedet (s. Anlage).[16]]

Ende der Sitzung: 13.30 Uhr

DOKUMENT 72

5. Februar 1973: Protokoll der 5. Sitzung des Bundesvorstandes

Hans-Böckler-Haus in Düsseldorf; Vorsitz: Heinz O. Vetter; Protokollführung: Isolde Funke, Marianne Jeratsch; Sitzungsdauer: 17.10-19.30 Uhr; ms. vermerkt: »Vertraulich«.[1]

Ms., hekt., 8 S., 1 Anlage.[2]

DGB-Archiv, 5/DGAI000537.

Beginn der Sitzung: 17.10 Uhr

[*Vetter* eröffnet die Sitzung.]

Tagesordnung:
 1. Genehmigung der Protokolle der Bundesvorstandssitzungen am 21.11., 5.12. und 9.12.1972
 2. Verschiedenes
 3. Haushalt 1973
 4. Entnahme und Lage des Solidaritätsfonds
 6. Bauhütte Göttingen
 6. Jahresbericht der VTG für 1971
 7. Prüfung des Jahresabschlusses 1972
 8. 1. Mai
 9. Vorschläge zur Änderung des Ausländerrechts
 10. Delegation für die ILO-Konferenz 1973 in Genf
 11. Tagesordnung für die 3. Bundesausschusssitzung am 7.3.1973

---

16 Die 12 Schwerpunkte basierten auf den Forderungen des DGB zur Bundestagswahl 1972 (»Prüfsteine«) und auf den Forderungskatalogen der einzelnen Abteilungen des DGB. Die Schwerpunkte waren: Mitbestimmung, Vermögensbildung, Bildungsreform, größere soziale Sicherheit und bessere Gesundheitssicherung, Wirtschaftspolitik, Verwirklichung der rechtlichen, wirtschaftlichen und sozialen Gleichstellung der Frau, Weiterentwicklung des Arbeits- und Tarifrechts, Umweltschutz, Öffentlicher Dienst, Handwerk, jugendpolitische Forderungen und Ausländische Arbeitnehmer. Zu detaillierten Ausführungen zu den Schwerpunkten siehe DGB-Archiv, DGB-BV, Abt. Vorsitzender 5/DGAI000477.
 1 Einladungsschreiben vom 10.1.1973, DGB-Archiv, DGB-BV, Abt. Vorsitzender 5/DGAI000478.
 2 Anlage: Anwesenheitsliste.

12. Wahlaufruf für die Personalratswahlen im öffentlichen Dienst
13. Einladung von Bundesministern zur Aussprache mit dem Bundesvorstand
14. Presseerklärung

1. GENEHMIGUNG DER PROTOKOLLE DER BUNDESVORSTANDSSITZUNGEN AM 21.11., 5.12. UND 9.12.1972

Der Bundesvorstand genehmigt die o. a. Protokolle.

2. VERSCHIEDENES

a) Vorteilsregelung für Gewerkschaftsmitglieder[3]

Kollege *Vietheer* spricht die kontroverse Diskussion in der Öffentlichkeit über Vorteilsregelungen für Gewerkschaftsmitglieder an und schlägt vor, daß sich der Bundesvorstand mit dieser Frage befassen soll.

[Nach kurzer Diskussion kommt der Bundesvorstand überein, die Frage der Vorteilsregelung in der nächsten Sitzung zu behandeln.]

b) Arbeitsrechtlicher Beraterkreis[4]

[Nachdem *Kluncker* den Antrag gestellt hat diesen Punkt auf die Tagesordnung der nächsten Bundesvorstandssitzung zu setzen, kommt es zu einer kurzen Diskussion über die Zusammensetzung dieses Kreises. Anschließend wird dem Antrag Klunckers zugestimmt.]

3. HAUSHALT 1973

Kollege *Lappas* verweist auf den vorliegenden Haushaltsvoranschlag für 1973 und erläutert die einzelnen Positionen.[5] Die Haushaltskommission und der GBV empfehlen die Verabschiedung des Haushaltsvoranschlages.

Kollege *Vater* weist darauf hin, daß der Haushalt, der mit rund 83,1 Mio. DM ein Rekordhaushalt ist, nur durch die Entnahme von 480.000,-- DM aus dem Überschuß ausgeglichen werden konnte. Die Haushaltskommission hat sich sehr eingehend mit diesem Haushaltsvoranschlag beschäftigt und empfiehlt dem Bundesvorstand, in einer Klausurtagung folgende vier Fragen zu diskutieren:

---

3 Auf dem 8. Ordentlichen Gewerkschaftstag der HBV vom 1.–6.10.1972 in Dortmund wurde zur Tarifpolitik der Initiativantrag Nr. 22 »Tarifergebnisse nur noch für Gewerkschaftsmitglieder« verabschiedet. Protokoll 8. Ordentlicher Gewerkschaftstag der HBV vom 1. Oktober bis 6. Oktober 1972 in Dortmund, Düsseldorf o. J., S. 819; siehe auch: Antrag 158 der ÖTV »Vorteilsregelung für Gewerkschaftsmitglieder« auf dem DGB-Bundeskongress. Protokoll 8. Bundeskongreß, Teil: Anträge und Entschließungen, S. 158. Vgl. DGB will Sonderleistungen für Mitglieder, in: Die Welt, 4.1.1973; demgegenüber sprach sich der stellv. Vorsitzende der IG-Metall, Hans Mayr, gegen die Forderung des DGB nach einer Begünstigungsklausel aus, vgl. Kölner Stadt-Anzeiger, 12.1.1973.
4 Siehe hierzu Diskussion, insbesondere zur Besetzung des Arbeitskreises, auf der 7. BV-Sitzung am 3.4.1973 (Dok. 77, TOP 2).
5 Schreiben Lappas' an die Bundesvorstandsmitglieder vom 9.1.1973 mit beigefügtem Haushaltsentwurf, DGB-Archiv, DGB-BV, Abt. Vorsitzender 5/DGAI000478.

1. die organisatorische Struktur des DGB und seiner Gewerkschaften und damit seine Personalstruktur einschl. Lösungen für die Gewerkschaften GLF und Kunst
2. EDV-Planung für DGB und Gewerkschaften
3. Verhältnis des DGB zur DAG
4. die Lage des Solidaritätsfonds

Im übrigen empfiehlt die Haushaltskommission die Annahme und Weiterreichung des Haushaltsvoranschlages an den Bundesausschuß.

[In der folgenden Diskussion gab es Nachfragen zu den folgenden Haushaltspositionen: Ausbildung von Nachwuchssekretären, Beiträge an wissenschaftliche und kulturelle Institute, Haushaltssituation der Akademie der Arbeit, Koordinierung der Spendengesuche durch den GBV, eventuelle Zusammenlegung der Jugendzeitschriften »Solidarität« und »ran« und Mehrzuteilung der Sachmittel für die Landesbezirke und für die Personengruppenarbeit. *Heiß* will auf Nachfrage zur Personengruppe Arbeiter in der nächsten Sitzung die Richtlinien vorlegen. Abschließend wird dem Bundesausschuss empfohlen, den vorgelegten Haushaltsvoranschlag für 1973 zu verabschieden.]

4. ENTNAHME UND LAGE DES SOLIDARITÄTSFONDS

Kollege *Lappas* erläutert kurz die in der Vorlage vom 28.12.1972 enthaltenen Positionen, die die Ansprüche darstellen, die zunächst für 1973 auf den Solidaritätsfonds zukommen.[6] Die Zuwendung an die GGLF hat der Bundesausschuß bereits im Dezember beschlossen. Die bisher übliche Zahlung an den Gemeinschaftsfonds des EBFG wird nach Lage der Dinge für den neuen europäischen Bund wahrscheinlich wegfallen. Ausgaben wie etwa für die Popularisierung des Aktionsprogramms, die in 1972 und 1973 laufen, sind nicht mehr aufgeführt und vom Bestand des Solidaritätsfonds abgezogen. Weitere große Forderungen an den Fonds sind zu erwarten z. B. für die bevorstehenden Sozialwahlen. Kollege Lappas erinnert daran, daß er bereits 1969 und 1970 angekündigt hat, daß aus dem Solidaritätsfonds jährlich 1,5 Mio. DM mehr ausgegeben als eingenommen werden. Die im November übermittelte Übersicht über die Entwicklung der letzten 10 Jahre läßt erkennen, daß durch die Mehrinanspruchnahme der Zeitpunkt der totalen Auflösung des Solidaritätsfonds in greifbare Nähe gerückt ist.[7] Der Bestand des Fonds betrug Ende 1972 1,946 Mio. DM. Die Ausgaben werden auch 1973 die Einnahmen übersteigen, die aus den Beiträgen der Gewerkschaften zu erwarten sind. 1974 werden zwar die halbe Million für die Finanzierung des 1. Mai und der Ausfallbeitrag für die GTB in Höhe von 400.000 DM wegfallen. Wenn aber die Funktionsfähigkeit des Solidaritätsfonds erhalten bleiben soll, wird es un-

---

6 Die Gesamtausgaben des Solidaritätsfonds betrugen 4.010.000 DM. Vgl. ebd.
7 In dem »persönlich-vertraulichen« Schreiben vom 6.11.1972 an die Bundesvorstandsmitglieder zeigte Lappas auf, dass der Bestand des Solidaritätsfonds, jeweils auf das Jahresende bezogen, von rund 15,8 Mio. DM am 31.12.1962 kontinuierlich auf 7,7 Mio. DM am Ende des Jahres 1971 zurückgegangen war. Vgl. ebd.

umgänglich nötig sein, eine Änderung der Situation herbeizuführen. Kollege Lappas weist in diesem Zusammenhang auch auf das Problem der Kapitalausstattung der gemein-wirtschaftlichen Unternehmen hin.

[Im Folgenden wird über eine mögliche Verbesserung der Einnahmesituation (Überschüsse aus dem Haushalt dem Fonds übertragen) oder über eine Reduzierung der Leistungen aus dem Fonds (Prioritätensetzung) diskutiert. Abschließend wird der Vorlage über die Leistungen aus dem Solidaritätsfonds für das Jahr 1973 zugestimmt. Eine grundsätzliche Debatte über den Solidaritätsfonds soll in einer vorgesehenen Klausurtagung des BV geführt werden.]

5. BAUHÜTTE GÖTTINGEN[8]

Der Bundesvorstand nimmt davon Kenntnis, daß die bisher auf persönliche Treuhänder lautenden Anteile des DGB an der Bauhütte Göttingen in Höhe von 11.700,-- DM auf die VTG übertragen werden. Er stimmt ferner zu, daß die VTG von der Gewerkschaft HBV einen weiteren Anteil von 1.000,-- DM zum Nennwert übernimmt.

6. JAHRESBERICHT DER VTG FÜR 1971

[Der Bundesvorstand nimmt den Geschäftsbericht der VTG für das Jahr 1971 zur Kenntnis.]

7. PRÜFUNG DES JAHRESABSCHLUSSES 1972

[Der Bundesvorstand ist einverstanden, dass für die Jahresabschlüsse des DGB und der VTG die ATH, Allgemeine Treuhandgesellschaft m.b.H., Hamburg, bestellt wird.]

8. 1. MAI

[Der Bundesvorstand beschließt das von Maikommission und GBV vorgeschlagene Mai-Motto 1973: »mitdenken – mitbestimmen – mitverantworten DGB«.]

---

[8] Die Bauhüttenbewegung wurde unmittelbar nach dem Ersten Weltkrieg aufgrund der Wohnungsnot gegründet. Die Bewegung verstand sich als Produktivgenossenschaft auf dem Weg zur Vergesellschaftung der Bauwirtschaft. 1933 wurde die Bauhüttenbewegung, wie alle genossenschaftlichen und gewerkschaftlichen Einrichtungen, gleichgeschaltet und der DAF unterstellt. Nach 1945 begann der lokale Wiederaufbau der Bauhütten, die örtlichen Verwaltungsstellen der Gewerkschaften und der DGB beteiligten sich am Gesellschaftskapital. Zur Geschichte der Bauhüttenbewegung insbesondere nach 1945 vgl. Gerhard Werbik i.A. der IG Bau-Steine-Erden: Bauhütten. Gemeinwirtschaft auf eigenen Wegen, Frankfurt/M. 1960; Peter Rütters: Vom Scheitern der Bauhüttenbewegung in den Westzonen (1945–1949), in: IWK 37, 2001, Heft 4, S. 421–448.

Dokument 72 5. Februar 1973

9. VORSCHLÄGE ZUR ÄNDERUNG DES AUSLÄNDERRECHTS

[Der Bundesvorstand verabschiedet die Vorlage »Für eine Reform des Ausländerrechts« vom 1.2.1973.[9]]

10. DELEGATION FÜR DIE ILO-KONFERENZ 1973 IN GENF

Kollege Muhr bittet den Bundesvorstand um Zustimmung zu den vom GBV vorgeschlagenen Mitgliedern der deutschen Arbeitnehmerdelegation zur 58. Tagung der Internationalen Arbeitskonferenz 1973 in der Zeit vom 6. bis 28.6.1973.

[Nach kurzer Diskussion insbesondere über die Auswahl des der Delegation angehörenden Arztes werden als Vertreter des DGB dem Bundesministerium für Arbeit und Sozialordnung benannt: als Delegierter Gerd Muhr und als Berater zu einzelnen Tagesordnungspunkten: Heinz Wolf (DGB), Hans-Horst Viehof (DGB), Hans Diers (ÖTV), Bruno Köbele (BSE), Karl Jorstarndt (DGB), Helmut Schüssler (DGB) und Dr. med. Bernd Gruss (Leitender Werksarzt der Rheinstahl-Hüttenwerke AG. Hattingen a. d. Ruhr).]

11. TAGESORDNUNG FÜR DIE 3. BUNDESAUSSCHUSSSITZUNG AM 7.3.1973

[Der Bundesvorstand beschließt folgende Tagesordnung: 1. Genehmigung des Protokolls der 2. Bundesausschusssitzung, 2. Bericht zur gewerkschaftspolitischen und organisatorischen Situation, 3. Haushalt 1973, 4. Entnahme aus dem Solidaritätsfonds, 5. Fragestunde und 6. Verschiedenes.]

12. WAHLAUFRUF FÜR DIE PERSONALRATSWAHLEN IM ÖFFENTLICHEN DIENST

Der Bundesvorstand stimmt dem Aufruf des DGB zu den Personalratswahlen 1973 sowohl in der Fassung für deutsche als auch für ausländische Beschäftigte mit einer redaktionellen Änderung zu.[10]

---

9 Auf der Grundlage der vom Bundesvorstand am 2.11.1971 verabschiedeten Leitsätze »Die deutschen Gewerkschaften und die ausländischen Arbeitnehmer« (Vgl. TOP 8, Dok. 50) wurde eine Reform des Ausländergesetzes gefordert. Die Vorlage war eine überarbeitete Fassung, des den Hauptvorständen der Gewerkschaften am 21.12.1972 für Ergänzungs- und Abänderungsvorschläge zugeleiteten Entwurfs. Siehe auch: BV-Klausurtagung am 9.12.1972, TOP 4 (Dok. 71). In 11 Punkten wurden u. a. der Rechtsanspruch auf Erteilung einer Aufenthaltsgenehmigung (bei einer Arbeitserlaubnis von der Arbeitsbehörde sowie deren Verlängerung) und das Recht auf politische Betätigung und Meinungsäußerung gefordert.
10 Vgl. DGB-Aufruf zur Personalratswahl: Besseres Gesetz gefordert, in: ND, 21.2.1973, Nr. 59.

13. Einladung von Bundesministern zur Aussprache mit dem Bundesvorstand

Kollege *Vetter* verweist auf die Vorlage.[11] Es ist vorgesehen, die Minister jeweils für 13.00 Uhr zur Aussprache einzuladen. Um 14.00 Uhr soll dann ein gemeinsames Mittagessen stattfinden.

Kollege Vetter sagt zu, dem Bundesvorstand eine Terminliste zuzuschicken, wenn die Termine mit den Ministern abgestimmt sind.

Der Bundesvorstand ist mit diesem Verfahren einverstanden.

14. Presseerklärung

[In der Diskussion zum vorgelegten Entwurf einer Presseerklärung zur Erhöhung der Hörfunk- und Fernsehgebühren[12] hat die Mehrzahl der BV-Mitglieder Bedenken gegen die Herausgabe einer solchen Erklärung zum jetzigen Zeitpunkt. Sie sind auch der Meinung, dass der DGB nicht kompetent sei, sachliche Punkte wie Rationalisierung usw. anzusprechen, die besser von den in den Rundfunkräten vertretenen Kollegen vorgebracht werden könnten. Nachdem *Stephan* kurz die Hintergründe dargestellt hat, die zu der Vorlage geführt haben, wird vom BV die Beschlussfassung über eine solche Stellungnahme vorerst zurückstellt.]

Ende der Sitzung: 19.30 Uhr

---

11 Nach der Vorlage vom 5.2.1972 hatten die Bundesminister Klaus von Dohnanyi, Erhard Eppler, Hans Friderichs, Georg Leber, Walter Arendt und Helmut Schmidt den Wunsch zu einer Aussprache mit dem BV geäußert. DGB-Archiv, DGB-BV, Abt. Vorsitzender 5/DGAI000478.

12 Die Intendanten der ARD und das ZDF schlugen den Landesministerpräsidenten eine Erhöhung der Rundfunkgebühren von 8,50 auf 12 DM zum 1. Januar 1974 vor. Vgl. SZ, 4.2.1973.

DOKUMENT 73

6. Februar 1973: Protokoll der Sitzung des Gesellschaftspolitischen Ausschusses des Bundesvorstandes

Hans-Böckler-Haus in Düsseldorf; Vorsitz: Heinz O. Vetter; Protokollführung: Isolde Funke, Marianne Jeratsch; Sitzungsdauer: 10.10–16.30 Uhr; ms. vermerkt: »Vertraulich«.[1]

Ms., hekt., 6 S., 1 Anlage.[2]

DGB-Archiv, 5/DGAI000537.

Beginn der Sitzung: 10.10 Uhr

[*Vetter* eröffnet die Sitzung des Ausschusses.]

Tagesordnung:
1. Verschiedenes
2. Vermögensbildung
3. Europa

1. VERSCHIEDENES

[*Lappas* informiert über die abzurechnenden Reisekosten für die DGB-Delegation nach Brüssel.

Anschließend gibt *Vetter* die Termine zum Empfang für die gewerkschaftlich organisierten Bundestagsabgeordneten[3] und Gespräch mit Mischnick, Genscher, Flach und Maihofer, an dem außer ihm Neemann, Breit, Otto und Hensche teilnehmen sollen, bekannt.[4] Ein Gespräch mit NRW Wirtschaftsminister Horst-Ludwig Riemer (FDP) werde wahrscheinlich am 13.2.1973 stattfinden.[5] Anschließend berichtet Vetter kurz über seine Zusammenkunft mit dem Vorsitzenden der FDP vor drei Wochen.[6]]

---

1 Einladungsschreiben vom 5.1.1973. Dem Schreiben war beigefügt ein 12-seitiger Bericht der Sachbearbeitergruppe »Vermögensbildung« von Detlef Hensche zur bisherigen Diskussion und zum gegenwärtigen Diskussionsstand (drei Möglichkeiten zur Vermögensbildung) sowie als Anlagen die Anträge 27 bis 32 zur Vermögensbildung des 9. Ordentlichen Bundeskongresses des DGB und eine Gegenüberstellung der Thesen zur Vermögenspolitik mit dem Grundsatz- und Aktionsprogramm des DGB. DGB-Archiv, DGB-BV, Abt. Vorsitzender 5/DGAI000478.
2 Anlage: Anwesenheitsliste.
3 Der Empfang wurde am 21.2.1973 im Bundeshaus-Restaurant durchgeführt. Vgl. Vetter zu MdB: Prüfsteine bleiben Grundlage unserer Erwartungen, in: ND, 22.2.1973, Nr. 63.
4 Zum Gespräch mit dem FDP-Präsidium am 21.2.1973 siehe auch: Dok. 71, Fußnote 15.
5 Neben der Diskussion um das »Riemer-Modell« in der Mitbestimmungsfrage ging es um die Forderung Riemers anlässlich der Tarifverhandlung in der nordrhein-westfälischen Eisen- und Stahlindustrie, dass Schiedsgerichte aus Experten die Forderungen der jeweiligen Sozialpartner auf ihre volkswirtschaftliche Konsequenz hin überprüfen und bewerten sollten. Vgl. Neue Ruhr Zeitung, 3. und 4.1.1973, Kölner Stadtanzeiger und Kölner Rundschau, 5.1.1973. Zu den Verhandlungen und deren Ergebnis: Metall Pressedienst, 5.1.1973 und 11.1.1973.
6 Heinz O. Vetter traf sich am 13.1.1973 mit dem FDP-Vorsitzenden Walter Scheel in Bonn zu einem Gespräch über Fragen der Mitbestimmung. Einzelheiten zu diesem Gespräch wurden

2. Vermögensbildung

Kollege *Vetter* gibt einleitend einige Erläuterungen zum Diskussionsstand und zu dem vorgelegten Papier der Sachbearbeitergruppe.[7] Er verweist namentlich auf die parallelen Entwürfe der Labour Party in Großbritannien[8] und der sozialdemokratischen Regierung in Dänemark[9]; in Dänemark sei allerdings der Vorschlag einer überbetrieblichen Ertragsbeteiligung mit dem Ziel der wirtschaftlichen Mitbestimmung gekoppelt.

In der darauffolgenden Diskussion besteht unter allen Beteiligten Einigkeit in folgenden Punkten:

- Vermögensbildung und Mitbestimmung sind keine Alternativen. Insbesondere kann Vermögensbildung nicht als Ersatz für Mitbestimmung diskutiert und angeboten werden. In diesem Zusammenhang besteht auch Einverständnis darüber, daß die Forderungen nach Mitbestimmung in dieser Legislaturperiode Vorrang vor allen anderen Forderungen haben.
- Vermögensbildung kann und darf nicht zu einem Hindernis für aktive Tarifpolitik werden. Soweit es um Einkommensverbesserungen für die Arbeitnehmer geht, hat die gewerkschaftliche Lohnpolitik absoluten Vorrang.

Die allgemeine politische Diskussion über die Vermögensbildung hat in der Vergangenheit Illusionen genährt: In weiten Kreisen herrscht der Eindruck, als ob eine große Lösung der Vermögensbildung die Einkommenssituation der begünstigten Arbeitnehmer spürbar verbesserte. Dies ist nicht der Fall.

Pläne der überbetrieblichen Ertragsbeteiligung, die durch die ausschließliche Verpflichtung zur Gewährung von Unternehmensanteilen eine finanzielle Belastung der Unternehmen vermeiden, verschaffen dem begünstigten Arbeitnehmer nach den bisherigen Größenvorstellungen Zertifikate im Nennwert von maximal DM 230,-. Angesichts der vorauszusehenden Preissteigerungen dürfte dieses Zertifikat im Falle seiner Verfügbarkeit kaum zur Anhebung des materiellen Lebensstandards beitragen. Andere Pläne – etwa ein gesetzlicher Investivlohn –, die größere Barabschöpfungen vorsehen, vermögen zwar auf diesem Wege höhere Barbeträge zur Verfügung zu stellen – aber auf Kosten der jeweils erreichbaren Lohnerhöhungen. In jedem Fall müsse – auch hierüber bestand Einigkeit – die gewerkschaftliche Politik vorrangig dahin gehen, fahrlässig genährte Illusionen zu zerstören.

---

nicht bekannt gegeben und sind aktenmäßig auch nicht überliefert. Vgl. Rheinische Post, 15.1.1973.

7 In einem Fernschreiben vom 16.1.1973 beantragte Heinz Kluncker eine Vertagung der Diskussion auf die Märzsitzung, um noch genügend Zeit für eine Meinungsbildung über das Arbeitspapier zu haben. In der GBV-Sitzung am 18.1.1973 wurde dieses Fernschreiben erörtert. Der GBV sprach sich für eine Erhaltung des Termins am 6.2.1973 aus. DGB-Archiv, DGB-BV, Abt. Vorsitzender 5/DGAI000206.

8 Auf dem Parteitag der Labour Party vom 2.–6.10.1972 in Blackpool wurde im Programmentwurf zur Vermögensbildung ein staatlicher Kapitalfonds für Arbeitnehmer erwogen. Vgl. Labour Weekly, 7.7.1972.

9 Vgl. Vermögensbildungsfonds für dänische Arbeitnehmer, in: WAZ, 1.2.1973.

Dokument 73 6. Februar 1973

Mehrere Kollegen sprachen sich im Grundsatz für die Annahme des DGB-Modells (Überlegung I)[10] aus. Die aktive Tarifpolitik sei nicht in der Lage, an den Vermögensverhältnissen, jedenfalls hinsichtlich des Produktivvermögens, etwas zu ändern. Es sei sogar zweifelhaft, ob sich die zunehmende Konzentration des Produktivkapitals in immer weniger Händen ohne gesetzliche Eingriffe aufhalten lasse. Andererseits gehöre die Forderung nach gerechter Vermögensverteilung zu den politischen Grundanliegen nicht nur der politischen Parteien, sondern auch der Gewerkschaften. Aus diesem Grunde dränge sich die Suche nach einer politischen Lösung auf. Von allen bisher diskutierten und vorgelegten Plänen biete das DGB-Modell die Aussicht einer wirksamen, wenn auch allmählichen Umverteilung des Produktivvermögens, ohne zugleich Hindernisse für die gewerkschaftliche Tarifpolitik oder für eine Steuerreform zu errichten. Da das DGB-Modell nunmehr ausschließlich unbare Abführung, also die Übertragung von Unternehmensanteilen, vorsehe, blieben Tarifpolitik und Steuererhöhungen von der Einführung einer derartigen Ertragsbeteiligung unberührt. Aus diesem Grunde bestehe auch keine Konkurrenz zu dem – im Übrigen unbestrittenen – Ziel der Verbesserung der Lebensqualität. (Kollegen *Vetter, Hauenschild, Stadelmaier, Buschmann* sowie teilweise *Muhr*.)

Andere Kollegen sprechen sich für den Vorrang von Maßnahmen zur Verbesserung der Lebensqualität aus. Dazu gehören auch Steuererhöhungen und andere Instrumente zur Umverteilung zwischen privatem und öffentlichem Sektor. Vorrangiges Ziel solle nicht die Umverteilung des privaten Produktivkapitals sein; sie sei nach dem DGB-Modell ohnehin nur sehr langfristig angelegt und befriedige nicht die Illusionen, die bei zahlreichen Arbeitnehmern genährt worden seien. Viel wichtiger sei ein Gleichgewicht zwischen dem Wachstum des privaten und des öffentlichen Sektors. Nicht Vermögenstitel für einzelne Arbeitnehmer, sondern öffentliche Dienstleistungen, Schulen, Krankenhäuser und andere Investitionen hätten Vorrang. Die Suche nach der großen Lösung der Vermögensbildung sei geeignet, von jenen Notwendigkeiten abzulenken. (Kollegen *Kluncker, Loderer, Seibert, Sickert*.)

Breiten Raum nahm das Problem der Kontrolle wirtschaftlicher Macht ein. Es wurden Zweifel laut, ob die langfristig angelegte Umverteilung auf dem Wege der Ertragsbeteiligung ein geeignetes Instrument zur Kontrolle wirtschaftlicher Macht und zur Bewältigung der Konzentrationsprobleme sei. Überdies erscheine es nicht ausgeschlossen, daß die Unternehmer die Umverteilung durch konterkarierende Maßnahmen verhindern, zumindest jedoch entscheidend aufhalten könnten. (Kollege *Kluncker*)

Hinzu komme folgende Erwägung: Die Forderung nach kollektiven Fonds ziele zwar auf eine allmähliche Umverteilung wirtschaftlicher Macht. Andererseits enthalte das Modell in der jetzt vorliegenden Fassung die Verbeu-

---

10 Das Modell I einer überbetrieblichen Ertragsbeteiligung basierte im Wesentlichen auf Antrag 27 des 9. Ordentlichen Bundeskongresses des DGB 1972. Danach sollten die Unternehmen ausschließlich zur Abführung unbarer Beteiligungen verpflichtet werden und die Zertifikate erst nach Ablauf von 10 Jahren zum Börsenhandel freigegeben werden. Vgl. Diskussionspapier der Sachbearbeitergruppe, S. 6–8. DGB-Archiv, DGB-BV, Abt. Vorsitzender 5/DGAI000478.

gung vor dem individualistischen Vermögensbegriff, in dem die Zertifikate nach Ablauf einer Sperrfrist an der Börse gehandelt werden können. Damit seien die Fonds der – früher bereits gesehenen – Gefahr ausgesetzt, daß sie aus Gründen der Kurspflege und Renditesicherung eine kapitalorientierte Politik betreiben müßten. Angesichts derartiger Gefahren frage es sich, welche inhaltliche Änderung durch die allmähliche Ansammlung von Unternehmensanteilen in Arbeitnehmerfonds bewirkt werden solle. Daher erscheine es notwendig, neben der Mitbestimmung nach weiteren Wegen der Kontrolle wirtschaftlicher Macht zu suchen. Hierher gehöre etwa die Sozialisierung, z. B. der privaten Banken (Kollege *Frister*). Im gleichen Zusammenhang sei die Steuerpolitik zu erwähnen; dabei gehe es nicht nur um eine Erhöhung der Spitzensteuersätze; mit Hilfe der Steuerpolitik könne zugleich auf die private Investitionstätigkeit Einfluss ausgeübt werden, u. a. unter dem Ziel, das Ungleichgewicht zwischen privaten und öffentlichen Investitionen zu beseitigen. Mit diesen vorrangigen Aufgaben sei allerdings die Eigentumsfrage noch nicht endgültig geklärt (Kollege *Breit*). Bevor jedoch derartige Wege zur demokratischen Kontrolle wirtschaftlicher Macht noch nicht abschließend geklärt seien, erscheine die Festlegung auf einen bestimmten Weg der Vermögensbildung gefährlich, zumindest aber voreilig.

(Kollegen Loderer, Frister, Breit.)

Darüber hinaus wurden noch folgende Erwägungen angestellt:

Kollege *Buschmann* gibt zu bedenken, ob sich nicht beide Ziele, Verbesserung der Lebensqualität und Vermögensbildung, vereinbaren ließen. So könnten die Unternehmen verpflichtet werden, bestimmte Gewinnanteile in kollektive Fonds zu zahlen, an denen die Arbeitnehmer beteiligt würden; die Fonds würden jene Mittel sodann zur Finanzierung von Gemeinschaftsaufgaben einsetzen.

Kollege *Vetter* erwiderte, daß dies allerdings Barabführungen voraussetze, die letztlich vom Konsumenten oder – durch Lohnverzicht – durch Arbeitnehmer bezahlt würden; dann seien Steuererhöhungen der richtigere Weg.

Kollege *Sperner* schlug vor, bestimmte Konzeptionen der Vermögensbildung zunächst auf Branchenebene zu testen; die IG Bau, Steine, Erden sei bereit, gegebenenfalls durch Tarifvertrag bestimmte Modelle im Experiment zu verwirklichen.

Kollege *Schmidt* widersprach diesem Vorschlag; Vorstellungen und Konzeptionen zur Vermögensbildung könnten und dürften nur einheitlich für den DGB entwickelt werden.

Die Kollegen *Vetter* und *Neemann* stellten zum Schluß der Diskussion fest, daß die Beratung noch nicht abgeschlossen sei; insbesondere müßten die Thesen zur Vermögenspolitik (Überlegung II)[11] noch im einzelnen beraten

---

11 Die Fünf Thesen zur Vermögenspolitik waren: 1. Bei der Konzentration des Produktivvermögens handelt es sich um das Problem der Kontrolle wirtschaftlicher Macht und nicht in erster Linie um das Problem einer anderen Vermögensverteilung, 2. Die Lösung des Problems der Konzentration des Produktivvermögens kann nur durch die Demokratisierung der Wirtschaft erfolgen, 3. Reformen zur Verbesserung der Qualität des Lebens haben Vorrang gegenüber

Dokument 73   6. Februar 1973

werden. Insgesamt fassen sie die Meinung der Mehrheit dahin zusammen, dass gegenwärtig weder das DGB-Modell akzeptiert, noch auf der Grundlage der »Thesen zur Vermögenspolitik« rundweg abgelehnt werden könne. Aus diesem Grund sprechen sie sich für einen Kompromiß aus.

Kollege *Vetter* faßt – unter Zustimmung der übrigen Mitglieder des Bundesvorstandes – den wesentlichen Inhalt eines solchen Kompromisses zusammen:

1. Mitbestimmung und Vermögensbildung sind keine Alternativen. Mitbestimmung gehört darüber hinaus zu den vorrangigen Forderungen in der gegenwärtigen Legislaturperiode, von der sich die Gewerkschaften durch Pläne der Vermögensbildung nicht ablenken lassen.
2. Die Steuerreform darf nicht durch Vermögensbildung behindert werden; das bedeutet insbesondere, dass die beschlossenen Steuererhöhungen voll ausgeschöpft werden müssen. Aktive Tarifpolitik muß von Plänen der Vermögensbildung unberührt bleiben.
3. Vermögensbildungspläne, die etwa durch Barabführungen die künftige Tarifpolitik erschweren, oder die durch Übertragung der Unternehmensanteile an private Banken oder private Kapitalanlagegesellschaften die bisherigen Machtverhältnisse unverändert lassen, müssen mit dem entschiedenen Widerstand der Gewerkschaften rechnen.

Der Bundesvorstand beschließt:

1. Der GBV wird bis zur nächsten Sitzung eine Beschlußvorlage über einen derartigen Kompromiß vorlegen.
2. Die Sitzung des Bundesausschusses wird um einen Monat vertagt; die Sitzung wird nunmehr stattfinden am Mittwoch, dem 4. April 1973.

3. EUROPA

Kollege *Vetter* berichtet über den Ablauf der Tagung am 8. und 9.2.1973 in Brüssel.[12] Am Abend des 7.2. trifft die DGB-Delegation zu einem Arbeitsessen zusammen. Kollege Vetter erinnert an die am 9.12.1972 festgelegte grundsätzliche Haltung des DGB, die während des Kongresses gegebenenfalls nach erneuter Beratung geändert werden kann. Am Morgen des 8.2. werden die Vorsitzenden der Bünde noch einmal zusammenkommen, um ihre Meinungen auszutauschen. Danach wird die Gründungsversammlung eröffnet, auf der die Satzung verabschiedet werden soll. Anschließend wird das Exekutivkomitee des neuen Bundes über die Personalvorschläge beraten. Für den

---

Maßnahmen zur Vermögensverteilung, 4. Aktive Lohnpolitik hat Vorrang gegenüber Maßnahmen zur Vermögensverteilung und 5. Maßnahmen zur Verbesserung der gesetzlichen Sparförderung bleiben davon unberührt. Vgl. Diskussionspapier der Sachbearbeitergruppe S. 8–11.

12 Zum Gründungskongress fand am 9.1.1973 in Brüssel eine Sitzung der Arbeitsgruppe mit FGTB Belgien, LO Dänemark, DGB, TUC und CISL Italien statt, auf der ein Entwurf für die Geschäftsordnung des Kongresses und einer für den Kongressablauf verabschiedet wurden. Vgl. DGB-Archiv, DGB-BV, Abt. Vorsitzender 5/DGAI2979.

6. Februar 1973 **Dokument 73**

Morgen des 8.2. sind dann die Wahlen des Vorsitzenden, des Generalsekretärs, des stellvertretenden Generalsekretärs und der Rechnungsprüfer vorgesehen. Daran schließen sich die Begrüßungsreden verschiedener Vertreter an. Der Vorsitzende des neuen Bundes wird dann das Schlusswort sprechen.

Kollege Vetter weist noch einmal auf die strittigen Punkte hin, die auch im Vermerk vom 25.1.1973 festgehalten sind.[13]

Zu den Wahlen berichtet Kollege Vetter, daß die Kollegen Rasschaert als Generalsekretär und Sandegren als stellvertretender Generalsekretär vorgeschlagen werden sollen. Für den Vorsitz im neuen Bund haben der belgische und der dänische Vorsitzende sowie der englische Generalsekretär ihr Interesse bekundet, wobei Victor Feather aus Altersgründen dieses Amt nur bis zum Herbst d.J. ausüben würde. Abschließend auf die Namensgebung für den neuen Bund eingehend, spricht sich Kollege Vetter erneut für die Einbeziehung der Präambel in die Satzung des neuen Bundes aus.

[In der anschließenden Diskussion werden eingehend die Fragen der Namensgebung, der Präambel und des Vorsitzenden des neuen Bundes erörtert. Der Bundesvorstand spricht sich dafür aus, dass der bisherige Vorsitzende des EBFG auch der Vorsitzende des neuen europäischen Gewerkschaftsbundes werden sollte.[14]]

Ende der Sitzung: 16.30

---

13 Vgl. 6-seitiger Vermerk Volker Jungs zu den strittigen Punkten: 1. Namensnennung, 2. Präambel, 3. Gewerkschaftsausschüsse, 4. Personengruppenausschüsse und 5. Präsidentschaft. Vgl. DGB-Archiv, DGB-BV, Sekretariat Martin Heiß 5/DGCS000068. Zur Diskussion dieser Fragen auf dem EGB-Gründungskongress siehe auch: Archiv der Gegenwart XLIII, 1973, hrsg. v. Heinrich von Siegler, Bonn/Wien/Zürich 1974, S. 17657.
14 Auf der Gründungsversammlung des EGB am 8./9.2.1973 in Brüssel wurde der Vorsitzende des britischen Gewerkschaftsbundes TUC, Victor Feather, zum Präsidenten gewählt. Seine drei Stellvertreter waren Heinz O. Vetter, der dänische Gewerkschaftsvorsitzende Thomas Nielson und der belgische Gewerkschaftsvorsitzende George Debunne. Vgl. ND, 9.2.1973, Nr. 42; WdA 24, 16.2.1973, Nr. 7, S. 1; Europäische Gewerkschaften bilden eine neue Gruppierung, in: FR, 9.2.1973 sowie Gewerkschaften formieren »Gegenmacht«, in: Handelsblatt, 12.2.1973. Vgl. schon den Diskussionsverlauf in Dok. 51, TOP 5.

DOKUMENT 74

6. März 1973: Protokoll der 6. Sitzung des Bundesvorstandes

Hans-Böckler-Haus in Düsseldorf; Vorsitz: Heinz O. Vetter; Protokollführung: Isolde Funke, Marianne Jeratsch; Sitzungsdauer: 15.15 bis 19.20 Uhr; ms. vermerkt: »Vertraulich«.[1]

Ms., hekt., 11 S., 2 Anlagen.[2]

DGB-Archiv, 5/DGAI000537.

Beginn der Sitzung: 15.15 Uhr

[*Vetter* eröffnet die Sitzung]

Tagesordnung:
1. Genehmigung der Protokolle der Bundesvorstandssitzungen am 5. und 6.2.1973
2. Vermögensbildung
3. Vorteilsregelung für Gewerkschaftsmitglieder
4. Personelle Besetzung des Arbeitsrechtlichen Beraterkreises
5. Festlegung eines Termins für eine Klausurtagung zu organisatorischen Fragen auf Empfehlung der Haushaltskommission
6. Richtlinien für die Arbeit der Personengruppe Arbeiter
7. Finanzplan VTG für 1973
8. Änderung der Satzung der VTG
9. Änderung des Regulativs für die Verwaltung der Liegenschaften
10. Änderung der Geschäftsanweisung für die Verwaltung des Treuhandvermögens
11. Revisionsbericht
12. Unterstützungsangelegenheit Kollege Schlesinger
13. Richtlinien für die Landesbezirkskonferenzen
14. Maiplakat 1973
15. Bestätigung von Landesbezirksvorstandsmitgliedern hier: Landesbezirk Baden-Württemberg
16. Bestätigung von Landesbezirksvorstandsmitgliedern hier: Landesbezirk Rheinland-Pfalz
17. Verschiedenes

1. GENEHMIGUNG DER PROTOKOLLE DER BUNDESVORSTANDSSITZUNGEN AM 5. UND 6.2.1973

[Der Bundesvorstand genehmigt die beiden Protokolle.]

---

1 Einladungsschreiben vom 12.2. und 22.2.1973. Nicht anwesend: Günter Stephan, Franz Woschech, Heinz Vietheer (vertreten durch Anni Moser), Walter Sickert (vertreten durch Fritz Giersch), Peter Michels (vertreten durch Bert Hartig). DGB-Archiv, DGB-BV, Abt. Vorsitzender 5/DGAI000478.
2 Anwesenheitsliste, Ergebnisprotokoll der internen Bundesvorstandssitzung (Dok. 75).

6. März 1973 **Dokument 74**

2. Vermögensbildung

Kollege *Vetter* berichtet über die vorangegangene Sitzung der Arbeitsgruppe aus Vertretern einzelner Gewerkschaften, die mit dem Auftrag zusammengekommen sei, eine Beschlußvorlage zu erarbeiten.[3] Doch außer Kollegen Sperner und ihm selbst hätten – angesichts der kurzfristigen Einberufung – die zuständigen Sachbearbeiter teilgenommen, so daß wiederum die unterschiedlichen Meinungen aufeinandergestoßen seien. Dementsprechend gäbe das jetzt vorliegende Papier seines Erachtens nicht die Meinung des Bundesvorstandes, so wie sie sich in der letzten Sitzung herausgebildet habe, wieder.[4] Seines Erachtens müsse eine Stellungnahme des DGB folgende Punkte enthalten:

- die Klarstellung, dass Beteiligung am Produktivkapital nicht mit Vermögensbildung herkömmlicher Art verwechselt werden dürfe; dabei gelte es auch, Illusionen zu verhindern;
- eine gesetzliche Lösung der Beteiligung am Produktivvermögen dürfe nicht in Widerspruch zu anderen gesellschaftspolitischen Zielen der Gewerkschaften geraten: Weder sei die Vermögensbeteiligung eine Alternative zur Mitbestimmung, aktiven Tarifpolitik und sozialen Steuerreform zur Sicherung der Qualität des Lebens, noch dürfe eine gesetzliche Lösung der Vermögensbeteiligung jene Ziele gefährden.
- Sodann müssten sich die wesentlichen Elemente einer gesetzlichen Beteiligung am Produktivkapital anschließen, die zum einen Zielkonflikte zu den vorstehend genannten Forderungen vermeiden und zum anderen eine wirksame Beteiligung der Arbeitnehmer gewährleisten.

Das nunmehr vorliegende Papier zähle dagegen lediglich auf, was eine Vermögensbeteiligung nicht dürfe. Dagegen fehle eine Aussage über die Mindestbedingungen, die ein Vermögensbeteiligungsgesetz nach den Vorstellungen der Gewerkschaften erfüllen müsse.[5]

Kollege Vetter läßt ein Papier verteilen und fügt hinzu, daß dies nicht etwa als Beschlußvorlage gedacht sei, sondern lediglich erläutern solle, welche Mindestbedingungen ein gewerkschaftlicher Beschluß zur Vermögensbeteiligung enthalten solle.[6]

---

3 Die Arbeitsgruppe setzte sich zusammen aus: Heinz O. Vetter, Rudolf Sperner, Folkmar Kath (BSE), Fritz Abegg (CPK), Karl Pitz (IGM), Hajo Witzthum (ÖTV), Werner Rittershofer (DPG) und Ernst Ringelstein (GTB). Vgl. Schreiben Heinz O. Vetter vom 2.3.1973 an die BV-Mitglieder mit beigefügtem Arbeitspapier zur Vermögensbeteiligung vom 28.2.1973, DGB-Archiv, DGB-BV, Abt. Vorsitzender 5/DGAI000478.
4 Vgl. Dok. 73.
5 In dem Arbeitspapier vom 28.2.1973 (Vgl. Fußnote 3 in diesem Dokument) wurden die Vermögensbeteiligungspläne wie Bankenfonds und private Kapitalanlagegesellschaften, Vermögensbeteiligung als Ersatz für die Mitbestimmung, Barleistungen und gesetzlicher Investivlohn abgelehnt.
6 2-seitiger Entwurf Detlef Hensches vom 6.3.1973 zur Vermögensbeteiligung, DGB-Archiv, DGB-BV, Abt. Vorsitzender 5/DGAI000478.

Sodann bittet Kollege *Vetter,* daß Kollege Hesselbach über den Stand der Beratungen in der vom Parteivorstand der SPD eingesetzten Vermögensbildungskommission berichtet.[7]

Kollege *Hesselbach* erläutert den in der Anlage zum Protokoll beigefügten Entwurf eines Vermögensbeteiligungskonzepts, der von einer Arbeitsgruppe der Vermögensbildungskommission verabschiedet worden ist.[8] Auch die Kommission des Parteivorstandes habe sich vor der schwierigen Situation gesehen, zum einen eine wirksame Beteiligung der Arbeitnehmer am Produktivkapital sicherzustellen und gleichzeitig zu verhindern, daß damit die Verwirklichung anderer Ziele erschwert werde. Das gelte namentlich für die Steuerreform und die aktive Tarifpolitik. Aus diesem Grunde sei die Kommission gänzlich davon abgekommen, den Unternehmen Barleistungen aufzuerlegen. Barabführungen, etwa in Gestalt eines Investivlohnes, belasteten die Unternehmen, schränkten den Spielraum für Steuererhöhungen ein, erschwerten die Tarifpolitik und würden darüber hinaus je nach der Marktlage über die Preise auf den Konsumenten überwälzt; in einzelnen Fällen könne sich eine zu starke Kostenbelastung überdies nachteilig auf die Investitionspolitik auswirken. Aus diesem Grunde sähen die nunmehr vorliegenden Leitlinien vor, daß die abführungspflichtigen Unternehmen einen Teil ihres Gewinns dazu verwenden müßten, ihr Grundkapital zu erhöhen. Die so entstehenden neuen Unternehmensanteile seien gratis an einen Vermögensbildungsfonds abzuführen. Darüber hinaus müßten die Unternehmen bei sonstigen Kapitalerhöhungen dem Fonds Gesellschaftsanteile anbieten. Diese Art der Vermögensbeteiligung stelle für das Unternehmen keine Kostenbelastung dar, tangiere also weder eine künftige Steuerreform noch die Tarifpolitik. Sie gehe ausschließlich zu Lasten der Alteigentümer. Überspitzt formuliert könne man sagen: Beabsichtigt sei eine allmähliche Expropriation der Alteigentümer. Die Kommission habe die Auswirkungen an einigen Beispielen durchgerechnet. Danach befänden sich nach ca. 10 Jahren etwa 18–20% des Produktivvermögens der abführungspflichtigen Gesellschaften in den Arbeitnehmerfonds. Bei Daimler-Benz betrage die Quote nach 20 Jahren 33%, bei der Deutschen Bank 40%.

Die vom ersten Jahr an bei den Fonds eingehenden Dividenden und Gewinnanteile sollten zunächst nicht weiter ausgeschüttet werden; vielmehr solle der Fonds sie für Infrastruktur-Investitionen der öffentlichen Hand zur Verfügung stellen. Immerhin erreiche dieses Aufkommen nach 7 Jahren insgesamt ca. 8 Mrd. DM. Erst nach Ablauf der Sperrfrist könne der Arbeitnehmer zugleich seinen Gewinnanteil auf das jeweils freigewordene Zertifikat verlangen. Durch diesen Verzicht auf unmittelbare Gewinnausschüttung würden

---

7 Zu den Kommissionssitzungen siehe DGB-Archiv, DGB-BV, Abt. Gesellschaftspolitik 5/DGAK000050 und 5/DGAI000051; AdsD, SPD-Bundestagsfraktion, VII. Wahlperiode, 2/BTFG002339.
8 In der Kommissionssitzung am 7.2.1973 wurde vermutlich der Entwurf verabschiedet (Leitantrag des PV zum Parteitag), vgl. AdsD, SPD-PV, Bundesgeschäftsführer Holger Börner 2/PVCO000074. Es ist kein Protokoll dieser Sitzung überliefert und auch als Anlage zum Protokoll der BV-Sitzung ist der Entwurf nicht beigefügt, lediglich der Leitantrag zum Parteitag vom 8.3.1973.

also noch – jenseits einer Steuerreform – zusätzliche Mittel für öffentliche Infrastruktur-Investitionen frei.

In der darauffolgenden Diskussion geht es zunächst um das von der Arbeitsgruppe vorgelegte Papier (vom 2. März 1973).

Die Kollegen *Hauenschild, Buschmann, Lehlbach* und *Stadelmaier* teilen die Ansicht von Kollegen Vetter, daß die Vorlage für eine Stellungnahme des DGB nicht ausreiche. Der DGB könne sich nicht darauf beschränken, zu erklären, was alles mit einer Vermögensbeteiligung nicht bewirkt werden dürfe. Vielmehr müsse ein Beschluß des Bundesvorstandes und Bundesausschusses zugleich positiv die Elemente enthalten, die der Gesetzgeber in jedem Fall verwirklichen müsse.

Kollege *Schmidt* (IGBE) berichtet, daß sich der Vorstand seiner Gewerkschaft inzwischen mit dem Problem befaßt habe und folgende Prämissen beschlossen habe:

Erstens dürfe nicht die Illusion erweckt werden, als ob die Beteiligung am Produktivkapital die Vermögenssituation des einzelnen Arbeitnehmers verbessern werde.

Zweitens müsse eine einheitliche Regelung für alle Arbeitnehmer geschaffen werden; Branchenlösungen seien nicht tragbar.

Drittens sei ein Vermögensbeteiligungskonzept nicht denkbar ohne die Errichtung von Arbeitnehmerfonds.

Die Kollegen *Hauenschild, Buschmann* und *Stadelmaier* schlagen vor, darüber abzustimmen, ob sich der DGB positiv für ein Konzept der überbetrieblichen Beteiligung am Produktivvermögen entscheiden solle oder nicht. Im ersten Fall müsse der Beschluß des DGB zumindest Minimalforderungen für einen solchen Vermögensbeteiligungsplan enthalten. Die Aufstellung allein eines Negativ-Katalogs sei politisch unredlich. Im Übrigen weisen sie darauf hin, daß die Ablehnung einer Beteiligung am Produktivvermögen durch den DGB den Mitgliedern kaum verständlich zu machen sei. Die SPD werde voraussichtlich ein plausibles Konzept verabschieden, das den bisherigen Überlegungen im DGB entspreche. Darüber hinaus beabsichtige die Regierung, in dieser Legislaturperiode einen Gesetzentwurf vorzulegen.[9] Die Mitglieder würden es kaum verstehen, wenn der DGB angesichts solcher Vorschläge und im Widerspruch zum Aktionsprogramm eine Vermögensbeteiligung ablehne.

Kollege *Loderer* erwidert, daß sich eine Abstimmung über die Forderungen des DGB-Aktionsprogramms nach überbetrieblicher Ertragsbeteiligung erübrige. Die IG Metall könne sich jedoch nicht damit einverstanden erklären, daß unter Berufung auf jene Forderungen des Aktionsprogramms Vermögensbildungspläne und Fondslösungen angestrebt werden würden, die

---

9 Der SPD/FDP-Vermögensbildungskompromiß wurde am 19.2.1974 im Bundeskabinett verabschiedet. Vgl. Informationsdienst der SPD: Intern-Dokument Nr.1, Die Koalitionsvereinbarung zur Mitbestimmung und zur Vermögensbildung; AdsD, SPD-Bundestagsfraktion, VII. Wahlperiode, 2/BTFG000609 und 2/BTFG000610 sowie Gesellschaftspolitische Kommentare 21, 1.3.1974, Nr. 5.

gleichzeitig [die] anderen gewerkschaftlichen Ziele gefährdeten. Er sei im Übrigen der Ansicht, daß das vorgelegte Papier akzeptabel sei. Die IG Metall habe sich für die Alternative 2 im Sinne des ursprünglichen Berichts der Sachbearbeitergruppe entschieden.[10] Von dieser Warte sei das nunmehr ausgearbeitete Papier gerade noch hinnehmbar. Keinesfalls könne er jedoch weitergehenden Mindestbedingungen zustimmen, die eben all jene Gefahren heraufbeschwören, die nach der Vorstellung der IG Metall und auch wohl nach der Mehrheit des Bundesvorstandes verhindert werden sollten. So habe Kollege Farthmann zum Beispiel berichtet, daß der Gesetzgeber bei einer Regelung der Vermögensbeteiligung, jedenfalls in dieser Legislaturperiode, an einer Einbettung in das Bankensystem nicht vorbeikommen werde. Er halte es daher für politisch gefährlich, wenn der DGB – gewollt oder ungewollt – zu derartigen Lösungen die Hand reiche.

Kollege *Kluncker* pflichtet dem bei. Er fügt hinzu, daß eine Abstimmung in der gegenwärtigen Sitzung kaum möglich sei. Er wisse nicht, über welches der inzwischen vorliegenden Papiere und mündlich vorgetragenen Konzepte er abstimmen solle.

Kollege *Frister* sieht in Übereinstimmung mit Kollegen Loderer gleichfalls die Gefahr, daß ein positives Bekenntnis zur Beteiligung der Arbeitnehmer am Produktivkapital unter den gegenwärtigen Bedingungen und Mehrheitsverhältnissen in Bonn zwangsläufig zu einer Banken-Lösung führen werde.[11]

Kollege *Hesselbach* erwidert, daß sich die SPD, auch die SPD-Bundestagsfraktion, dies nicht werde leisten können.

Kollege *Breit* berichtet, daß sich inzwischen der Hauptvorstand der DPG mit dem Fragenkreis befaßt habe. Er habe sich im Prinzip ausgesprochen für die Haltung der IG Metall, also die Überlegung II im ursprünglichen Sachbearbeiterbericht. Der Hauptvorstand habe es jedoch offengelassen, gegebenenfalls auch einem Papier zuzustimmen, das zugleich positive Mindestbedingungen für ein Vermögensbeteiligungsgesetz enthalte. Im Übrigen reiche es nicht aus, sich ausschließlich auf das Aktionsprogramm zu berufen. Immerhin enthalte das DGB-Grundsatzprogramm die Forderung nach Überführung marktbeherrschender Unternehmen und Schlüsselindustrien in Gemeineigentum.[12] Er wolle damit keine Diskussion über die Notwendigkeit dieser Forderung provozieren. Jedoch müsse man sich darüber im Klaren sein, daß möglicherweise ein Widerspruch zu dieser Forderung des Grundsatzprogramms

---

10 Vgl. Modell II (fünf Thesen zur Vermögenspolitik) des Diskussionspapiers der Sachbearbeitergruppe, in: Dok. 73, Fußnote 11.
11 Nach dem vermögenspolitischen Programm der FDP (Freiburger Parteitag 1971) sollten die Fonds in das bestehende Banken- und Sparkassensystem integriert werden. Vgl. Fußnote 13 in diesem Dokument sowie Karl Neumann: Vermögensbildung und Vermögenspolitik, Hannover 1974, S. 61 f. Auch die CDU präferierte eine Banken-Lösung, vgl. Entwurf der Kommission »Eigentum/Vermögensbildung« der CDU/CSU-Bundestagsfraktion und der CDU-Bundespartei, in: Union in Deutschland, 1973, Nr. 23.
12 In den Wirtschaftspolitischen Grundsätzen des DGB-Grundsatzprogramms von 1963 wurde unter »III. Mittel der Wirtschaftspolitik«, im 5. Punkt »Kontrolle wirtschaftlicher Macht« gefordert: »[...] die Überführung von Schlüsselindustrien und anderen markt- und wirtschaftsbeherrschenden Unternehmen in Gemeineigentum.«. DGB-Grundsatzprogramm, abgdr. in: Protokoll 3. Außerordentlicher Bundeskongreß, S. 454–460.

entstehe, wenn sich der DGB vorschnell für einen bestimmten Weg der Beteiligung am Produktivkapital entscheide. Er sehe jedenfalls die Gefahr, daß eine Fondslösung langfristig der Überführung von Schlüsselunternehmen in Gemeineigentum entgegenstehen könne. Im Übrigen sehe er im gegenwärtigen Zeitpunkt eine ähnliche Gefahr im Verhältnis zur Mitbestimmung. Die FDP habe gerade in den letzten Wochen mehrfach deutlich gemacht, daß sie den allergrößten Wert auf eine gesetzliche Lösung der Vermögensbeteiligung lege.[13] Es sei nicht ausgeschlossen, daß sie dabei mit dem Gedanken spiele, einen gesellschaftspolitischen Ersatz für die Verwirklichung der Mitbestimmung anzubieten, da die Einigungschancen zur Mitbestimmung in der gegenwärtigen Koalition wesentlich geringer als in der Vermögensbeteiligung sind. Auch er sei – ebenso wie die Kollegen Loderer und Kluncker – nicht der Ansicht, daß in der gegenwärtigen Sitzung abgestimmt werden solle. Vielmehr müsse der Bundesvorstand eine Formulierung finden, die einerseits eine klare Stellungnahme zu Irrwegen in der Vermögensbildung enthalte und andererseits die Diskussion über den gesellschaftspolitischen Stellenwert eines Vermögensbeteiligungsplanes noch offenhält.

Kollege *Hesselbach* äußert Zweifel, ob tatsächlich ein Widerspruch zwischen überbetrieblicher Vermögensbeteiligung und der Sozialisierung bestehe. Warum sollten nicht Unternehmen, deren Gesellschaftskapital zum Teil bei Arbeitnehmerfonds liege, zu einem späteren Zeitpunkt in Gemeineigentum überführt werden; man könnte sogar umgekehrt voraussagen, daß bei einer anderen Verteilung des Gesellschaftskapitals die Überführung in Gemeineigentum politisch leichter sei.

Kollege *Vetter* stimmt Kollegen Breit insofern zu, als die Diskussion über die Einbeziehung einer Vermögensbeteiligung in den Gesamtzusammenhang gesellschaftspolitischer Ziele der Gewerkschaften noch offen bleiben müsse. In der Tat müsse auch über das Verhältnis zwischen Vermögensbeteiligung und Sozialisierung noch ernsthaft beraten werden. Andererseits seien die Gewerkschaften jedoch im gegenwärtigen Zeitpunkt zu einer klaren Stellungnahme herausgefordert. Die SPD werde sich auf ihrem unmittelbar bevorstehenden Parteitag mit einem Konzept der Vermögensbeteiligung befassen.[14] Die FDP habe ihr Programm bereits seit ihrem Freiburger Parteitag vorliegen.[15] Die CDU habe die Absicht bekundet, noch in den nächsten anderthalb Jahren auch zur Vermögensbeteiligung weitere Vorstellungen zu entwickeln.[16] Da-

---

13 Vgl. Äußerungen des FDP-Generalsekretärs Karl-Hermann Flach zur gesetzlichen Regelung bei der Frage der Vermögensbildung, siehe WdA 24, 9.3.1973, Nr. 10, S. 2 sowie Flach: FDP und DGB suchen Mitbestimmungskompromiß, in: Die Welt, 7.3.1973.
14 Vgl. Leitsätze der SPD zur Beteiligung der Arbeitnehmer am wachsenden Produktivvermögen, vorgelegt von der Kommission »Vermögensbildung« beim PV der SPD für den Parteitag vom 10.4.–14.4.1973 in Hannover, sowie Materialien zu den Leitsätzen. SPD Parteitag 1973, S. 585–732 sowie Anträge zur Vermögensbildung, S. 1074–1087.
15 Vgl. Die Freiburger Thesen der FDP zur Gesellschaftspolitik, Zweiter Teil: Vermögensbildung, Bonn 1972, S. 33–56.
16 Auf dem Hamburger CDU-Parteitag vom 18.–20.11.1973 wurde mehrheitlich ein Konzept zur gesetzlichen Gewinnbeteiligung auf betrieblicher Ebene verabschiedet. Siehe Kurt Brüß: CDU-Parteitag und Vermögensbildung, in: Gesellschaftspolitische Kommentare 21, 1.3.1974, Nr.5 sowie Hans Schumacher: Nur langsam voran: Mitbestimmung und Vermögensbildung auf dem CDU-Parteitag, in: Neue Gesellschaft 20, 1973, S. 979–983.

rüber hinaus beabsichtige die Bundesregierung, einen Gesetzentwurf einzubringen. In dieser Situation könne der DGB weder schweigen noch die Vermögensbeteiligung generell ablehnen, noch sich auf einen Negativ-Katalog beschränken.

Kollege *Sperner* äußert Zweifel daran, ob die Sozialisierungsforderung des DGB-Grundsatzprogramms wirklich ein ernstzunehmendes Hindernis darstelle, im gegenwärtigen Zeitpunkt zur Vermögensbeteiligung Stellung zu beziehen. Er hält es für eine solche gewerkschaftliche Stellungnahme für notwendig, eine Begriffsbestimmung aufzunehmen. Zahlreiche Meinungsverschiedenheiten, Missverständnisse und nicht zuletzt Illusionen innerhalb der Mitgliedschaft seien auf den falschen Ausdruck »Vermögensbildung« zurückzuführen. Die Beteiligung am zuwachsenden Produktivkapital sei eben etwas anderes als Vermögensbildung im herkömmlichen Sinne. Es liege an den Gewerkschaften, durch eine klare Begriffsbestimmung zur Bewußtseinsbildung der Kollegen beizutragen. Im Übrigen halte er es für notwendig, daß der DGB die unabdingbaren Elemente einer Beteiligung am Produktivvermögen festlege. Dies müsse jedoch im Bundesvorstand oder in einer Kommission geschehen, der einzelne Bundesvorstandsmitglieder angehörten; im Kreise der Sachbearbeiter sei eine solche Lösung, wie die vorangegangene Sitzung gezeigt habe, nicht zu finden. Was den Inhalt der gewerkschaftlichen Forderungen zur Beteiligung am Produktivvermögen angehe, so habe er den Ausführungen des Kollegen Hesselbach mit Interesse entnommen, daß die anfallenden Gewinne zur Verbesserung der Infrastruktur eingesetzt werden könnten. Er sehe hierin eine wertvolle Verbindung zwischen dem Ziel des Aktionsprogramms nach Beteiligung der Arbeitnehmer am Produktivvermögen und der Forderung nach Verbesserung der Lebensqualität.

Kollege *Vetter* schlägt vor, zur weiteren Beratung der endgültigen Beschlußvorlage an den Bundesausschuß eine Sondersitzung einzuberufen. Eine solche Beschlußvorlage müsse aus seiner Sicht sowohl einen Negativ-Katalog als auch Minimalforderungen der Gewerkschaften enthalten, und zwar sowohl Minimalforderungen, die Widersprüche zu anderen gewerkschaftlichen Zielen auf dem Gebiet der Tarifpolitik, Steuerpolitik und Mitbestimmung ausräumten, als auch eine wirksame Beteiligung der Arbeitnehmer am wachsenden Produktivkapital sicherstellen. Andererseits müsse die weitere innergewerkschaftliche Diskussion über den Stellenwert einer überbetrieblichen Vermögensbeteiligung im Gesamtzusammenhang gewerkschaftlicher Ziele offen bleiben.

Der Bundesvorstand beschließt, am Vormittag des 23. März 1973 in Bonn zu einer Sondersitzung zusammenzutreten.[17]

Pause: 17.50 bis 18.15 Uhr

---

17 Siehe Dok. 76.

6. März 1973 **Dokument 74**

3. VORTEILSREGELUNG FÜR GEWERKSCHAFTSMITGLIEDER

Die Beratung wird bis zur Bundesvorstandsklausur Ende Mai 1973 zurückgestellt.

4. PERSONELLE BESETZUNG DES ARBEITSRECHTLICHEN BERATERKREISES

Die Beratung wird zurückgestellt.

5. FESTLEGUNG EINES TERMINS FÜR EINE KLAUSURTAGUNG ZU ORGANISATORISCHEN FRAGEN AUF EMPFEHLUNG DER HAUSHALTSKOMMISSION

[Die Klausurtagung wird in der Zeit vom 31. Mai bis 2. Juni 1973 durchgeführt.]

6. RICHTLINIEN FÜR DIE ARBEIT DER PERSONENGRUPPE ARBEITER

Kollege *Vetter* weist auf die vorliegenden Unterlagen hin.[18]

In der anschließenden Diskussion, an der sich die Kollegen *Kluncker, Vetter, Heiß, Rothe, G. Schmidt, Stadelmaier, Schwab* und *Hauenschild* beteiligen, wird darauf hingewiesen, dass vorgesehen gewesen sei, zunächst die gesamte Problematik der Personengruppenarbeit zu durchleuchten, bevor neue Richtlinien für die Personengruppe Arbeiter verabschiedet würden. Die Richtlinien für die anderen Personengruppen sollten in diesem Zusammenhang ebenfalls überarbeitet werden. Das sei aber bisher nicht geschehen. Die Kollegen diskutieren über den Kongreßbeschluß in dieser Angelegenheit und über seine Erfüllung.[19]

Beschluß:

Der Bundesvorstand beschließt, die vorgelegten Richtlinien für die Arbeit der Personengruppe Arbeiter zurückzustellen.

Ferner beschließt der Bundesvorstand, einen Bundes-Arbeiterausschuß zu bilden.[20] Die Gewerkschaften des DGB können je einen Vertreter benennen, in der Regel das für Arbeiterfragen zuständige Vorstandsmitglied. Den Vorsitz im Bundes-Arbeiterausschuß führt das zuständige Bundesvorstandsmitglied. Der Bundes-Arbeiterausschuß tritt nach Bedarf zusammen. Die Kosten trägt der Bundesvorstand.

Eine erneute Vorlage erfolgt zusammen mit der Vorlage der gemeinsamen Rahmenrichtlinien für die Personengruppen.

---

18 Der Vorlage von Martin Heiß waren beigefügt der 5-seitige Richtlinienentwurf für die Arbeit der Personengruppe Arbeiter vom 8.12.1972 (vorläufige Annahme durch dem GBV am 29.1.1973) und ein 21-seitiges Diskussionspapier von Martin Heiß vom 6.3.1973: »Versuch einiger Thesen zu einer gewerkschaftlichen Politik der Arbeiter«. DGB-Archiv, DGB-BV, Abt. Vorsitzender 5/DGAI000478.

19 Auf dem Außerordentlichen DGB-Bundeskongress 1971 wurde gemäß Antrag 50 der ÖTV beschlossen, auf allen Ebenen des DGB Personengruppenausschüsse für Arbeiter zu bilden. Protokoll 3. Außerordentlicher Bundeskongreß, Teil: Anträge und Entschließungen, S. 44 ff.

20 Die konstituierende Sitzung des Bundes-Arbeiterausschusses fand am 31.1.1974 statt. Vgl. DGB-Archiv, DGB-BV, Abt. Arbeiter-Handwerk 5/DGAA000148 sowie DGB-Geschäftsbericht 1972–1974, Abt. Arbeiter-Handwerk, S. 275 f.

Dokument 74 6. März 1973

7. FINANZPLAN VTG FÜR 1973

[Der Bundesvorstand stimmt dem Finanzplan der VTG für 1973 zu.]

8. ÄNDERUNG DER SATZUNG DER VTG

[Der Bundesvorstand empfiehlt der Gesellschaftsversammlung der VTG eine Änderung des §2 der Satzung.[21]]

9. ÄNDERUNG DES REGULATIVS FÜR DIE VERWALTUNG DER LIEGENSCHAFTEN

[Der Bundesvorstand beschließt, die Anweisung für die Verwaltung der Liegenschaften, wie vom Beirat der VTG empfohlen, neu zu fassen.]

10. ÄNDERUNG DER GESCHÄFTSANWEISUNG FÜR DIE VERWALTUNG DES TREUHANDVERMÖGENS

[Nach kurzer Diskussion beschließt der Bundesvorstand, die Geschäftsanweisung für die Verwaltung des Treuhandvermögens, wie vom Beirat der VTG empfohlen, zu ändern. Jedem Bundesvorstandsmitglied ist auf Wunsch der Prüfungsbericht zur Kenntnisnahme vorzulegen.]

11. REVISIONSBERICHT

Kollege *Lappas* weist auf den vorgelegten Revisionsbericht und die darin enthaltene Beanstandung zu den Ausgaben der Landesbezirke Hessen und Rheinland-Pfalz während des letzten Bundeskongresses hin. Er erläutert den Revisionsbericht und erklärt, daß bei der Planung des nächsten Bundeskongresses diese Beanstandung berücksichtigt werden soll. Kollege Lappas bittet um Zustimmung zum Revisionsbericht.

[In der Diskussion wird vorgeschlagen, dass sich der GBV vor dem nächsten Kongress mit den Landesbezirksvorsitzenden abspricht und dass die Revisoren mit den Landesbezirksvorsitzenden eine Aussprache führen. Anschließend nimmt der Bundesvorstand den Bericht der

Revisionskommission zustimmend zur Kenntnis.]

12. UNTERSTÜTZUNGSANGELEGENHEIT KOLLEGE SCHLESINGER

Kollege *Lappas* verweist auf die vorgelegten Unterlagen[22] und erklärt, daß die Berechtigung dieses Anliegens nicht bestritten werden könne, jedoch die

---

21 Der Beirat der VTG beschloss auf seiner Sitzung am 6.2.1973, §2 zu ändern: »Gegenstand des Unternehmens ist die treuhänderische Verwaltung von Vermögenswerten für den Deutschen Gewerkschaftsbund und für dem Deutschen Gewerkschaftsbund angeschlossene Gewerkschaften.« In dem alten §2 war die treuhänderische Verwaltung nur auf den DGB bezogen. DGB-Archiv, DGB-BV, Abt. Vorsitzender 5/DGAI000478.
22 Schreiben Leonhard Mahleins vom 21.12.1972 zur Auslegung der Unterstützungsrichtlinien bei Rentenumwandlung bzw. Neuberechnung von Erwerbsunfähigkeitsrente in Altersruhegeld am Beispiel des ehemaligen GV-Mitglieds der DruPa, Otto Schlesinger, DGB-Archiv, DGB-BV, Abt. Vorsitzender 5/DGAI000478.

Richtlinien keine andere Regelung zuließen. Kollege Lappas gibt bekannt, daß die Gremien der Unterstützungskasse Mitte des Jahres neue Vorschläge für die Richtlinien unterbreiten würden. Die Gewerkschaften könnten auch eigene Vorschläge an die Unterstützungskasse vorlegen.

Nach Auffassung von Kollegen *Mahlein* handelt es sich nicht um eine finanzielle Frage, sondern um den Rechtsgrundsatz. Die Unterstützungsrichtlinien seien zumindest zweideutig. Dieser Fall schwebe jetzt schon drei Jahre. Kollege Schlesinger sei nicht nur Kollege, sondern auch 15 Jahre Hauptvorstandsmitglied gewesen. Der Beschwerdeausschuß habe gegen Schlesiger entschieden. Nach Ansicht des Kollegen Mahlein hätte man eine großzügige Regelung treffen können, zumal auch Kollege Muhr den Anspruch anerkannt habe. Kollege Mahlein weist auf einen Fall bei Textil hin, der aber mit diesem nicht zu vergleichen sei.

[In der anschließenden Diskussion kommt der dringende Bedarf nach neuen Richtlinien zum Ausdruck. Die Unterlagen sowie die Berichte von Lappas und Mahlein werden zur Kenntnis genommen.]

13. Richtlinien für die Landesbezirkskonferenzen

Kollege *Hartig* bittet, die Ziffer 11 der vorgelegten Richtlinien dahingehend zu ändern, daß jede Gewerkschaft mindestens zwei Vertreter entsenden kann.[23]

Die Beschlußfassung wird zurückgestellt, damit das zuständige Vorstandsmitglied Erläuterungen geben kann.[24]

14. Maiplakat 1973

[Der Bundesvorstand wählt für 1973 das Maiplakat »Pfeil« aus. Es soll versucht werden, das Motto größer herauszubringen. Auf jeden Fall sollen die Buchstaben »DGB« größer gestaltet werden.]

15. Bestätigung von Landesbezirksvorstandsmitgliedern hier: Landesbezirk Baden-Württemberg

[Der Bundesvorstand empfiehlt dem Bundesausschuss die Willi Siedentöp und Herbert Neumann als Mitglieder des Landesbezirksvorstandes Baden-Württemberg zu bestätigen.[25]]

---

23 In der Vorlage der Abt. Organisation vom 14.2.1973 wurde unter Ziffer 11 (Delegiertenzahlen der Landesbezirkskonferenzen) festgelegt: »Jede Gewerkschaft erhält zunächst einen Delegierten. Die Verteilung der weiteren Delegierten auf die Gewerkschaften wird durch Errechnen der Mitgliederzahl pro Delegierter ermittelt [...].« DGB-Archiv, DGB-BV, Abt. Vorsitzender 5/DGAI000478.
24 Das zuständige Vorstandsmitglied war Franz Woschech.
25 Der Bundesausschuss bestätigte die Wahl in seiner 3. Sitzung am 4.4.1973 (Dok. 78).

16. BESTÄTIGUNG VON LANDESBEZIRKSVORSTANDSMITGLIEDERN HIER: LANDESBEZIRK RHEINLAND-PFALZ

[Der Bundesvorstand empfiehlt dem Bundesausschuss, Gerd Andres (CPK) als Mitglied des Landesbezirksjugendausschusses und dessen Stellvertreter, Klaus Fricke (DruPa), als Mitglied des Landesbezirksvorstandes Rheinland-Pfalz zu bestätigen.[26]]

17. VERSCHIEDENES

a) Auf die Frage des Kollegen *Loderer* erklärt Kollege *Vetter,* daß die Angelegenheit Verfahrensordnung für Schiedsverfahren, § 16 der Satzung des DGB, im Bundesvorstand beraten werden wird.

b) Kollege *Loderer* gibt bekannt, dass die IG Metall vom 13. bis 15. September 1973 in München eine wissenschaftliche Tagung zu Fragen des Streiks und der Aussperrung durchführen wird. Eine schriftliche Mitteilung wird noch erfolgen.

c) Auf die Frage des Kollegen *A. Schmidt* nach den Weltjugendfestspielen[27] teilt Kollege *Vetter* mit, daß der Bundesvorstand schriftlich informiert werden wird.

d) Auf die Frage des Kollegen *Sierks* nach dem § 116 AFG erwidert Kollege *Muhr,* daß ein Gesetzgebungsverfahren vorläufig nicht in Betracht komme. Der Verwaltungsrat wird Richtlinien beschließen. Man wird sich dann darauf beschränken müssen, in Genf die neuen Richtlinien auf ihre Vereinbarkeit prüfen zu lassen.

Ende der Sitzung: 19.20 Uhr[28]

DOKUMENT 75

6. März 1973: Ergebnisprotokoll der internen Bundesvorstandssitzung

Hans-Böckler-Haus in Düsseldorf; Vorsitz: Heinz O. Vetter; Protokollführung: Bernd Otto; Sitzungsdauer: 14.00–15.00 Uhr.

Ms., hekt., S. 1.

DGB-Archiv, 5/DGAI000537.

---

26 Der Bundesausschuss bestätigte die Wahl in seiner 3. Sitzung am 4.4.1973 (Dok. 78).
27 Die X. Weltfestspiele der Jugend und Studenten fanden vom 25.7. bis 5.8.1973 in Ostberlin statt. Erstmals war die Gewerkschaftsjugend in der bundesdeutschen Delegation vertreten. Vgl. hierzu ND, 26.7.1973, Nr. 238 und 27.7.1973, Nr. 239 sowie DGB-Geschäftsbericht 1972–1974, Abt. Jugend, S. 480f.
28 Im Anschluss fand eine Besprechung über die bevorstehende Mitbestimmungskampagne statt, die mit einem kleinen Umtrunk verbunden wurde. Vgl. Fernschreiben Heinz O. Vetters vom 2.3.1973, DGB-Archiv, DGB-BV, Abt. Vorsitzender 5/DGAI000478.

1. Der Bundesvorstand ist mit der Durchführung einer Klausurtagung in der Zeit vom 31. Mai bis 2. Juni 1973 einverstanden. In dieser Klausurtagung wird sich der Bundesvorstand u. a. mit der Frage des politischen Extremismus auseinandersetzen. Der BfG-Vorstand wird eine Einladung an den DGB-Bundesvorstand richten.[1]

2. Der Bundesvorstand beschließt, daß ihm umgehend eine chronologische Darstellung der Entwicklung der Frage der Mitgliedschaft von Studenten in den DGB-Gewerkschaften vorzulegen ist. Bis zur Klärung der o. a. Fragen haben Aussagen in der Öffentlichkeit zu unterbleiben.[2]

3. Der Bundesvorstand beschließt, dass ihm umgehend von der Abteilung Jugend ein umfassender schriftlicher Überblick über die Beteiligung der DGB-Jugend an den Weltjugendfestspielen 1973 in Ostberlin vorgelegt werden soll, aus dem hervorgeht, mit welchen Jugendorganisationen die DGB-Jugend in dieser Sache bisher zusammengearbeitet hat.[3]

DOKUMENT 76

23. März 1973: Protokoll der Sitzung des Bundesvorstandes zur Vermögensbeteiligung

Friedrich-Ebert-Stiftung in Bonn; Vorsitz: Heinz O. Vetter; Protokollführung: Detlef Hensche, Isolde Funke, Marianne Jeratsch; Sitzungsdauer: 11.00–14.30 Uhr; ms. vermerkt: »Vertraulich«.[1]

Ms., hekt., 7 S., 2 Anlagen.[2]

DGB-Archiv, 5/DGAI000537.

Beginn der Sitzung: 11.00 Uhr

Kollege *Vetter* stellt einleitend richtig, daß er auf der Pressekonferenz am 19. März 1973 nicht etwa verkündet habe, der DGB lege nunmehr ein Vermögensbeteiligungsmodell auf der Grundlage einer Fonds-Lösung vor.[3] Derartige Meldungen beruhten auf einer fehlerhaften Wiedergabe seiner Äußerungen durch einen dpa-Korrespondenten. Auf der Pressekonferenz sei es

---

1 Die Klausurtagung zu diesem Thema fand erst vom 1.–3.10.1973 statt (Dok. 88).
2 Auf der Sitzung des DGB-Organisationsausschusses am 8./9.2.1973 wurde das Thema »Mitgliedschaft von Studenten in DGB-Gewerkschaften« behandelt. Zur Diskussion hierzu siehe Dok. 80 sowie DGB-Archiv, DGB-BV, Sekretariat Franz Woschech 5/DGCQ000055.
3 Vgl. 7. BV-Sitzung am 3.4.1973 (Dok. 77) und 8. BV-Sitzung am 8.5.1973 (Dok. 81).
1 Einladungsschreiben vom 14.3. und 19.3.1973. Nicht anwesend: Günter Stephan, Gerd Muhr, Maria Weber, Armin Clauss, Karl Schwab, Walter Sickert (vertreten durch Walter Küttner), Wilhelm Rothe (vertreten durch Xaver Senft) und Franz Woschech (kam später zur Sitzung). DGB-Archiv, DGB-BV, Abt. Vorsitzender 5/DGAI000478.
2 Anlagen: Anwesenheitsliste, Papier von Eugen Loderer zur 6. BV-Sitzung am 6.3.1973. Darin bittet er um die Wiedergabe seines zweiten Diskussionsbeitrages zu TOP 2 »Vermögensbildung« – Dieser Beitrag wurde im Protokoll der Sitzung nicht aufgenommen, ebd.
3 Vgl. Vetter kündigt Beteiligungsmodell an, in: Neue Ruhr Zeitung, 20.3.1973.

schwergewichtig um landespolitische Fragen sowie um die Mitbestimmung gegangen. Die Vermögensbeteiligung sei nur am Rande erwähnt worden; in diesem Zusammenhang habe er mitgeteilt, daß der GBV auf der vorangegangenen Sitzung ein Papier zur Vorlage für den Bundesvorstand verabschiedet habe.[4] Er habe ausdrücklich klargestellt, dass die verbindliche Entscheidung erst später im Bundesvorstand und Bundesausschuß getroffen werde.

Kollege Vetter leitet dann zu der inhaltlichen Beratung des vorgelegten Papiers vom 19. März über und erläutert den wesentlichen Inhalt der Vorlage.[5] Abschließend weist er noch darauf hin, dass inzwischen auch die Vermögensbildungskommission des SPD-Parteivorstandes ein Modell der Vermögensbeteiligung verabschiedet habe; es habe den Inhalt, den Kollege Hesselbach auf der vorangegangenen Bundesvorstandssitzung erläutert habe.[6]

Auf Fragen der Kollegen *Frister* und *Vetter* gibt Kollege *Farthmann* noch einige Erläuterungen zu dem von der Vermögensbildungskommission des SPD-Parteivorstandes vorgelegten Modell. Die Kommission sei davon ausgegangen, daß bei Abführung von Unternehmensanteilen, die durch Kapitalerhöhungen geschaffen würden, weder die Investitionsneigung noch der Spielraum für die künftige Tarifpolitik berührt werden. Im Übrigen habe er in der Kommission grundsätzliche Bedenken gegen das Modell geltend gemacht:

1. Er habe die Befürchtung, daß über die Vermögensbildung zusätzliche Bindungen der Arbeitnehmer an ihre Unternehmen entstünden. Zu der ohnehin schon bestehenden Bindung an den Arbeitsplatz trete die Gewinnerwartung; dies werde künftige Reformvorhaben – namentlich solche, die zu Lasten der Gewinne gehen – erschweren.

2. Eine Überführung einzelner Unternehmen in gesellschaftliches Eigentum werde aller Voraussicht nach erschwert werden.

3. Das Modell sei insofern in sich schlüssig, als es vom Prinzip der unbaren Abführung ausgehe (ebenso wie das vorliegende DGB-Papier). Nur werde dies seines Erachtens Theorie bleiben. Im Zuge der parlamentarischen Behandlung werde mit Sicherheit die Öffnung für Barleistungen erhalten bleiben. Dies werde sich nicht zuletzt aus verfassungsrechtlichen Erwägungen ergeben. Es sei nämlich verfassungsrechtlich bedenklich, ob der Gesetzgeber den Gesellschaftern, namentlich in Personenhandelsgesellschaften, zusätzliche Gesellschafter aufzwingen könne. Müsse man daher mit der Möglichkeit der Barabgeltung rechnen, so falle das ganze Modell, namentlich seine Kostenneutralität, in sich zusammen.

---

4 Siehe 29. Sitzung des GBV am 19.3.1973, DGB-Archiv, DGB-BV, Abt. Vorsitzender 5/DGAI000208.
5 Die 4-seitige Vorlage vom 19.3.1973 zur Beteiligung am Produktivvermögen gab den Diskussionsstand der letzten BV-Sitzung (Dok. 74) wieder und war Anlage zum Einladungsschreiben vom 19.3.1973. DGB-Archiv, DGB-BV, Abt. Vorsitzender 5/DGAI000478.
6 Leitsätze der SPD zur Beteiligung des Arbeitnehmers am wachsenden Produktivvermögen, vorgelegt von der Kommission »Vermögensbildung« beim PV der SPD, entsprechend dem Abschlussbericht der Kommission am 8.3.1973, in: DGB-Archiv, DGB-BV, Abt. Vorsitzender 5/DGAI000478 – Anlage zum Einladungsschreiben vom 19.3.1973.

Kollege *Vetter* entgegnet, daß die vom DGB ins Gespräch gebrachte Vermögensbeteiligung eine spätere Vergesellschaftung nicht verbaue. Desgleichen überzeuge ihn der Hinweis auf angebliche verfassungsrechtliche Bedenken nicht. Sofern sich wirklich bei Personenhandelsgesellschaften Schwierigkeiten in den Weg stellten, sei an einen Rechtsformzwang zu denken, der ja ohnehin auch in Zusammenhang mit der Mitbestimmung schon seit einiger Zeit diskutiert werde.

Die Kollegen *Hauenschild, Sierks, Stadelmaier, Buschmann* und *Vetter* weisen im Übrigen auf die zunehmenden betrieblichen Vermögensbeteiligungen hin.[7] Gerade hier sei damit zu rechnen, daß die Arbeitnehmer an ihr Unternehmen und an ihren Betrieb gebunden würden. Angesichts der zunehmenden Bedeutung derartiger Experimente – von der Ausgabe von Belegschaftsaktien bis hin zu stillen Beteiligungen – sei es notwendig, eine Alternative zur Vermögensbeteiligung aufzuzeigen. Und die könne nur in überbetrieblicher Beteiligung liegen. Gerade bei diesem Weg der überbetrieblichen Vermögensbeteiligung bestünden die von Kollegen Farthmann in den Vordergrund gerückten Bedenken der Betriebsbindung nicht.

Kollege *Buschmann* fügt hinzu, daß der DGB nunmehr eine Entscheidung treffen müsse, wolle er nicht unglaubwürdig werden. Aus diesem Grund plädiere er für die Annahme des vorgelegten Papiers. Es sei insbesondere deshalb akzeptabel, da es sich auf die Festlegung einiger Grundsätze beschränke.[8] In der technischen Ausgestaltung bleibe noch genügend Spielraum – nicht nur für den Gesetzgeber, sondern auch für die Gewerkschaften im Rahmen künftiger Stellungnahmen. So könne er nach den Erfahrungen in seiner Organisation schon jetzt ankündigen, daß man um eine Zinsbedienung der Zertifikate und um einen Zertifikatshandel nicht herumkommen werde. Die Arbeitnehmer erwarteten Vermögenswerte, über die sie verfügen könnten und die ebenso wie andere Beteiligungen mit Gewinnanteilen bedient würden.

Auch die Kollegen *Sierks* und *Drescher* sprechen sich für eine Entscheidung in der Sache aus. Der DGB könne es sich nicht leisten, die Entscheidung in dieser Frage weiter aufzuschieben. Außerdem sei in dem vorliegenden Papier mit der wünschenswerten Klarheit festgehalten, daß zwischen den verschiedenen gesellschaftspolitischen Zielen der Gewerkschaften ein Zusammen-

---

7 Bis zum 30.6.1973 erhielten fast 13 Millionen Beschäftigte durch 724 Tarifverträge vermögenswirksame Leistungen. Vgl. DGB-Geschäftsbericht 1972–1974, Abt. Tarifpolitik, S. 246 f.
8 Unter Zugrundelegung der Anforderungen des DGB an die Beteiligung der Arbeitnehmer am Produktivvermögen wurden in dem Beratungspapier vier Grundsätze aufgeführt: »1. Die Unternehmen haben Beteiligungen, die durch Kapitalerhöhung zu schaffen sind, abzuführen. Barleistungen sind auszuschließen. 2. Die Unternehmensanteile sind auf dezentrale, nicht miteinander konkurrierende Fonds zu übertragen, die unter Ausschluß von Banken und privaten Kapitalgesellschaften zu bilden sind. Die Fonds müssen – unter Einbeziehung der öffentlichen Interessen – von begünstigten Arbeitnehmern selbst verwaltet werden. 3. Die Arbeitnehmer aller Bereiche bis zu einer bestimmten Einkommenshöhe erhalten gratis wertgleiche Zertifikate, über die sie erst nach Ablauf einer Sperrfrist verfügen können. 4. Gewinne aus den Unternehmensbeteiligungen werden nicht ausgeschüttet; die Fonds sollen sie zur Finanzierung von Infrastruktur-Investitionen im öffentlichen Bereich zur Verfügung stellen.« Beratungspapier, S. 3. (siehe Fußnote 5 in diesem Dokument).

hang bestehe. Natürlich werde da in Zukunft noch manches geklärt werden müssen. Dies befreie jedoch nicht von der Notwendigkeit, beim gegenwärtigen Stand der öffentlichen Diskussion über die Vermögensbeteiligung einige Grundsätze zu verabschieden.

Auch Kollere *Sperner* spricht sich für die Annahme des vorgelegten Papiers aus. Selbstverständlich werde es nicht alle zufrieden stellen. Aber zumindest gebe es eine Grundlage ab, von der aus künftige Entwicklungen und Gesetzgebungsvorschläge einheitlich beurteilt werden könnten.

Kollege *Loderer* hält den bisherigen Diskussionsrednern entgegen, daß sich der DGB in einer so wichtigen Frage nicht unter Druck setzen lassen dürfe. Aus diesem Grunde sehe er keinen Ansatz, bereits jetzt zu entscheiden, auch soweit es nur um die Verabschiedung von Grundsätzen gehe. Der bevorstehende SPD-Parteitag sei für ihn kein Datum, sich zu diesem Fragenkreis vorher verbindlich zu äußern. Im Übrigen zeige das vorgelegte Papier, daß eben noch nicht alles bis zu Ende durchdacht sei. Der Zusammenhang zwischen Vermögensbeteiligung auf der einen, der Durchsetzung gesellschaftlicher Reformen sowie der Vergesellschaftung auf der anderen Seite sei noch nicht geklärt; vielmehr solle dies ja gerade den künftigen Beratungen vorbehalten bleiben. Dann sei es aber nicht angängig, sich bereits jetzt auf Grundsätze zur Vermögensbeteiligung, die immerhin modellartigen Charakter hätten, festzulegen. Hinzu komme, daß die Mitglieder ganz überwiegend falsche Vorstellungen mit der Vermögensbeteiligung verbinden; Illusionen seien weit verbreitet. Bisher hätten die Gewerkschaften noch nicht die dazu notwendige Aufklärung betrieben, namentlich um jene Illusionen zu zerstören. Wenn der DGB nunmehr Grundsätze einer Vermögensbeteiligung verabschiede, die jene Erwartungen nicht erfüllen könnten, so werde ein großer Teil der Mitglieder später enttäuscht sein. Darüber hinaus bestünden zahlreiche technische Unklarheiten. So habe Kollege Hesselbach bei einer Diskussion im Hause der IG Metall nicht erklären können, welche Rechte und Möglichkeiten der Zertifikatsinhaber nach dem Ablauf der Sperrfrist habe. Solle der Fonds die Zertifikate zurückkaufen? Wenn ja, mit welchen Mitteln? Oder sollen die Zertifikate an der Börse gehandelt werden? Sind Berechnungen angestellt worden, die den Umfang zu erwartender Konsumstöße ermitteln? Alles Fragen, die bis heute nicht geklärt seien. Die IG Metall habe im Übrigen ihre Haltung in fünf Thesen zusammengefasst, wie sie in dem Bericht der Sachbearbeitergruppe enthalten seien.[9] Mit der Veröffentlichung dieser Thesen habe die IG Metall – entgegen dem bisweilen erhobenen Vorwurf – keinesfalls gegen Kongreßbeschlüsse verstoßen. Der 9. Ordentliche Bundeskongreß habe zur Vermögensbeteiligung keine Sachentscheidung getroffen, sondern den ganzen Komplex unter Einbeziehung »aller zur Sache gestellten Anträge« an den Bundesausschuß überwiesen. Es könne keiner Gewerkschaft verwehrt werden, im Rahmen der noch offenen Diskussion ihre Meinung zur Interpretation und Fortführung der »zur Sache gestellten

---

9 Vgl. Bericht der Sachbearbeitergruppe vom 22.12.1972 (Dok. 74). Die fünf Thesen der IG Metall (Modell II) im Sachbearbeiterbericht waren Grundlage der vom Vorstand der IG Metall beschlossenen Leitgedanken zur Vermögenspolitik, vgl. Metall-Pressedienst, 17.10.1972.

Anträge« kundzutun. Was endlich den Hinweis auf die zunehmenden betrieblichen Beteiligungen angehe, so überzeuge ihn dieses Argument nicht. Betriebliche Beteiligungen würden jetzt und in Zukunft vor allem dann gewährt, wenn für die begünstigten Arbeitnehmer spürbare Beträge heraussprängen; bezeichnend sei in diesem Zusammenhang ein Gespräch mit Philip Rosenthal gewesen, bei dem Philip Rosenthal gerade diesen Punkt, also die recht hohen Gewinnerwartungen der Belegschaft, hervorgehoben habe.[10] In florierenden Unternehmen und Branchen würden die Unternehmer diesen Weg auch künftig beschreiten unabhängig von einer gesetzlichen Lösung der überbetrieblichen Ertragsbeteiligung und erst recht unabhängig von einer Entscheidung der Gewerkschaften zur Vermögensbeteiligung. Angesichts der zahlreichen noch offenen Fragen halte er es für richtiger, wenn der Bundesausschuß in der Sache nicht entscheidet, sondern den ganzen Fragenkomplex an den Kongreß zurückgibt.

Kollege *Frister* schließt sich den Ausführungen des Kollegen Loderer an; auch er schlägt vor, daß der Bundesausschuß nach abschließender Beratung des gesamten Fragenkreises die Entscheidung an den Kongreß zurückgibt.

Kollege *Vetter* bestreitet, daß durch die Verabschiedung des vorliegenden Papiers die künftige Beratung innerhalb der Gewerkschaften in irgendeiner Weise blockiert werde. Es bestehe Einverständnis, daß es verschiedene gesellschaftspolitische Ziele der Gewerkschaften gebe. Sie stünden zum Teil gleichrangig nebeneinander, zum Teil bedingten sie einander. Das Verhältnis unterschiedlicher Forderungen zueinander zu bestimmen, sei stets notwendig, wenn es auch nicht ein für allemal verbindlich festgelegt werden könne. Vielfach hänge der Vorrang einzelner Forderungen von der jeweiligen politischen Situation, dem politischen Bewußtsein der Mitglieder, den wirtschaftlichen Entwicklungstendenzen und parlamentarischen Mehrheiten ab. So gehöre beispielsweise die Forderung nach Mitbestimmung in der gegenwärtigen Gesetzgebungsperiode an die erste Stelle. Bis hierhin bestehe Einverständnis. Wenn nun darüber hinaus verlangt werde, daß der Bundesvorstand zu allen gesellschaftspolitischen Zielbereichen Modelle erarbeiten und dem Kongreß vorlegen solle, so befürchte er, daß der Kongreß dieser Aufgabe nicht gewachsen sein werde. Dies könne nur schrittweise geschehen. Was dagegen bei jedem einzelnen Schritt beachtet werden müsse, sei die Notwendigkeit, daß sämtliche gewerkschaftlichen Forderungen miteinander vereinbar sein müßten. Diese Forderung sei im vorliegenden Fall jedoch erfüllt. Zwischen der Vermögensbeteiligung auf der einen und der Mitbestimmung, der Überführung in Gemeineigentum, der Steuerreform und anderen gewerkschaftlichen Zielen auf der anderen Seite bestehe kein Widerspruch. Die vorliegenden Grundsätze zur Vermögensbeteiligung seien daher weder ein Hindernis für weitere Beratungen über zusätzliche Wege und Instrumente zur gesellschaftlichen Reform und zur Kontrolle wirtschaftlicher Macht, noch präjudizierten sie künftige, stets situationsabhängige Entscheidungen der Gewerkschaften über politische Schwerpunkte und über den zeitlichen Vorrang einzelner Forderungen.

---

10 Vgl. Kurzreferat Philip Rosenthal auf der 20. BV-Sitzung am 1.6.1972 (Dok. 33).

Dokument 76 23. März 1973

Kollege *Kluncker* erklärt, daß er dem vorliegenden Papier nicht zustimmen könne. Er lasse sich dabei insbesondere von folgenden Bedenken leiten:
1. In dem Modell, das dem Antrag 27 zum 9. Ordentlichen Bundeskongreß beigefügt war, habe es noch gelautet, daß die »verteilungs- und gesellschaftspolitischen Ziele nur über ewige Sperrfristen erreicht werden könnten«. Nunmehr sei von vornherein eine begrenzte Sperrfrist vorgesehen. Dabei sei bis heute nicht die Frage beantwortet worden, ob und warum etwa die Ziele der Vermögensbeteiligung auch mit begrenzten Sperrfristen erreichbar seien.
2. Er befürchte nach wie vor, daß auch das vorliegende Konzept eine Abwälzung der Kosten und Gewinnminderungen der Alteigentümer über die Preise nicht ausschließe.
3. Außerdem sehe er einen Widerspruch zwischen den Ziffern 3 und 4 der vorliegenden Grundsätze. Es gehe nicht an, auf der einen Seite eine Zinsbedienung der Zertifikate auszuschließen, aber auf der anderen Seite nach Ablauf der Sperrfrist eine Verfügung über die Zertifikate freizugeben. Wer sollte etwa ein Papier erwerben, das keine Zinsen abwirft? Dann müsse letztlich der Fonds verpflichtet werden, die Zertifikate zurückzukaufen. Aber aus welchen Mitteln? Sofern nicht etwa der Staat einspringe, müsse der Fonds letztlich die Aktien und Unternehmensanteile veräußern, um die Zertifikate zurückkaufen zu können. Damit sei dann das Ziel der Vermögensverteilung endgültig preisgegeben.

Kollege *Vetter* antwortet, daß die ewigen Sperrfristen deshalb fallengelassen seien, weil man dies angesichts der verbreiteten Erwartungen den Mitgliedern nicht hätte zumuten können. Diese Korrektur der reinen Lehre könne man hinnehmen, da letztlich die Fonds über die Unternehmensanteile verfügten, namentlich Stimmrechte aus ihnen ausüben würden. Da die Fonds im übrigen nicht untereinander in Konkurrenz stehen würden, sei nicht zu befürchten, daß sie sich etwa wie private Kapitalisten verhalten würden. Zu dem von Kollegen Kluncker behaupteten Widerspruch zwischen den Nummern 3 und 4 der Grundsätze erklärt Kollege Vetter, daß es sich lediglich um Grundsätze handele; alles andere sei eine Frage der künftigen technischen Ausgestaltung. So sei etwa daran zu denken, daß die Zertifikatsinhaber nach Ablauf der Sperrfrist die aufgelaufenen Zinsen erhalten. In diesem Falle würden die bei den Fonds eingehenden Dividenden und Gewinnanteile für einen begrenzten Zeitraum in Gestalt von öffentlichen Anleihen in die Verbesserung der Infrastruktur fließen. Aus den Zinsen solcher Anleihen und den Rücklaufmitteln würden dann zu einem späteren Zeitpunkt die Zinsansprüche der Zertifikatsinhaber befriedigt werden können.

Kollege *Hauenschild* befürchtet, daß die Gewerkschaften ihre Glaubwürdigkeit verlieren, wenn sie plötzlich all das nicht mehr wahrhaben wollen, was sie jahrelang vertreten und gefordert hätten. Seit Jahren nähmen die Gewerkschaften in öffentlichen Darstellungen Anstoß an der Konzentration des Produktivvermögens. Seit Jahren verlangten sie eine Umverteilung zugunsten der Arbeitnehmer. Diese Forderung habe in das jüngste Aktionsprogramm Eingang gefunden und sei Bestandteil der Wahlprüfsteine[11] gewesen. Im Übrigen sei es aus sachlichen Gründen notwendig, daß nunmehr eine Entscheidung falle. Die Opposition werde mit zunehmender Lautstärke auf der Vorlage eines Vermögensbildungsgesetzes bestehen. Hinzu kämen die zahlreichen Versuche betrieblicher Beteiligungen. Im Übrigen halte er die vorliegenden Grundsätze für annehmbar. Widersprüche zur Tarifpolitik und zur Steuerreform bestünden nicht. Und wenn im übrigen die Befürchtung laut werde, daß die Vergesellschaftung bei Annahme eines Vermögensbeteiligungskonzeptes in Frage gestellt werde, so sehe er in der nächsten Zeit ohnehin keine Chance für irgendeine Form der Sozialisierung.

Kollege *Stadelmaier* bemerkt zu dem Einwand des Kollegen Loderer über die mangelnde Aufklärungsarbeit, daß dieser Vorwurf zahlreiche politische Forderungen der Gewerkschaften treffe. Dann hätten auch zu anderen Fragen bisher keine Beschlüsse gefaßt werden dürfen. Er halte es für möglich und notwendig, im gegenwärtigen Zeitpunkt einen Beschluß über die Vermögensbeteiligung zu treffen, und zwar im Sinne des vorgelegten Papiers.

Kollege *Vietheer* neigt gleichfalls zur Annahme des vorliegenden Papiers: Er räumt jedoch ein, daß auch für ihn noch zahlreiche Zweifel bestehen. Noch sei nicht geklärt, in welcher Form die Fonds verwaltet und kontrolliert werden sollten. Sei sichergestellt, ob die Gewerkschaften Einfluß auf die Fondsverwaltungen ausüben könnten? Bei dem gegenwärtigen Organisationsgrad sei eher das Gegenteil zu befürchten. Welche Politik werde der Fonds betreiben?

Zur Frage der Fondsverwaltung verweist Kollege *Vetter* auf die Betriebsratswahlen. Auch in die Betriebsräte würden ganz überwiegend gewerkschaftlich organisierte Kollegen gewählt.

Kollege *Breit* spricht sich dafür aus, im gegenwärtigen Zeitpunkt noch keine Entscheidung zu treffen, weder im positiven noch im negativen Sinne. Er zweifle nicht daran, daß die vorgelegten Grundsätze zur Vermögensbeteiligung ein denkbarer Weg seien, um eine allmähliche Umverteilung des Produktivvermögens zu erreichen. Gleichzeitig sehe er hierin Chancen einer zusätzlichen Kontrolle wirtschaftlicher Macht. Auch bestehe Einverständnis darüber, daß die Konzentration des Produktivvermögens mit den herkömmlichen Mitteln, namentlich auf dem Wege der Lohnpolitik, nicht aufgehalten, geschweige denn rückgängig gemacht werden könne. Wenn er dennoch Bedenken gegen den Vorschlag der Vermögensbeteiligung habe, so im Wesentlichen aus folgenden Gründen: Für ihn sei das Verhältnis zwischen Vermögensbeteiligung auf der einen Seite und Mitbestimmung sowie Vergesellschaftung auf der anderen Seite noch nicht geklärt. Theoretisch möge zwar alles miteinander in Einklang stehen. Damit sei jedoch noch nichts für die Frage gewonnen, ob nicht im Hinblick auf die politische Durchsetzbarkeit die eine Forderung die andere behindere. Das gelte namentlich für die Forderung des DGB-Grundsatzprogramms nach Vergesellschaftung von Schlüsselindu-

---

11 Vgl. Dok. 63, Fußnote 11.

strien und von markt- und wirtschaftsbeherrschenden Unternehmen.[12] Bis zur Stunde sei weder geklärt, in welcher Form diese Forderung verwirklicht werden solle, noch, welche Mittel die Gewerkschaften zu ihrer Durchsetzung einsetzen sollten. Solange dies aber nicht geschehen sei, könne er sich kaum auf einen bestimmten Weg gewerkschaftlicher Strategie, wie ihn die Vermögensbeteiligung enthalte, festlegen. Aus diesem Grunde halte er es für richtiger, zunächst Zeit zu gewinnen und die Entscheidung auszusetzen. Im übrigen sehe er auch den bereits von Kollegen Kluncker vorgebrachten Widerspruch zwischen den Nummern 3 und 4 der vorliegenden Grundsätze.

Kollege *Vater* erklärt: Auch er sei lange Zeit in der Frage der Vermögensbeteiligung unentschieden gewesen; es gehe ihm nicht viel anders als dem Kollegen Vietheer. Gleichwohl sei er für die Annahme des vorliegenden Papiers. Ausschlaggebend sei dabei insbesondere die Erfahrung, die er in der eigenen Organisation gemacht habe: Vermögensbeteiligung werde zunehmend diskutiert. Das sei bereits vor Jahren in der Auseinandersetzung mit den Vorstellungen Lebers so gewesen: Zahlreiche Gewerkschaften hätten sich gegen jenen Weg der Sparförderung ausgesprochen, seien jedoch später durch die Entwicklung überrollt worden und schlössen nunmehr selbst vermögenswirksame Tarifverträge ab.[13] Er fürchte, dass es den Gewerkschaften hinsichtlich des zweiten Weges der Vermögensbeteiligung ebenso gehen werde. Das gelte insbesondere, wenn sich nunmehr auch die SPD für eine Vermögensbeteiligung aussprechen werde. Und erst recht könnten die Gewerkschaftsvorstände kaum noch ihren Mitgliedern plausibel machen, daß sie von der Vermögensbeteiligung nichts hielten, wenn der Gesetzgeber diese Fragen ernsthaft in Angriff nehme. Im Übrigen sei durch die Annahme der vorliegenden Grundsätze politisch nichts blockiert.

In der folgenden Diskussion spricht sich Kollege *Wagner* in Anlehnung an die Ausführungen des Kollegen Loderer gegen die Annahme des Papiers aus.

Umgekehrt empfehlen die Kollegen *Michels* und *G. Schmidt*, die vorgelegten Grundsätze zu billigen.

Der Bundesvorstand beschließt mit 14 gegen 4 Stimmen ohne Enthaltungen, das vorliegende Papier dem Bundesausschuß zur Beschlußfassung zu überweisen.

Ende der Sitzung: 14.30 Uhr

---

12 Vgl. DGB-Grundsatzprogramm von 1963 – Wirtschaftspolitische Grundsätze, III. 5 Die Kontrolle wirtschaftlicher Macht – Protokoll 2. Außerordentlicher Bundeskongreß 1963, S. 459.
13 Die IG Metall nahm zur Vermögenspolitik eine distanzierte, kritische bzw. ablehnende Haltung ein. Die Bedenken wurden in den Leitgedanken zur Vermögenspolitik formuliert, siehe Fußnote 9 in diesem Dokument sowie Erklärung Loderers zur Vermögensbildung in Dok. 77. Der Abschluß eines ersten vermögenswirksamen Tarifvertrages wurde zum 1.7.1970 mit dem Gesamtverband Industrieller Arbeitgeberverbände abgeschlossen. Vgl. Eugen Loderer: Qualität des Lebens statt Vermögenspolitik, in: Karl H. Pitz (Hrsg.): Das Nein zur Vermögenspolitik, Reinbek 1974, S. 9–24. Siehe auch: Metall Pressedienst, 9.5.1970 sowie DGB-Archiv, DGB-BV, Abt. Gesellschaftspolitik 5/DGAK000052.

Dokument 77

3. April 1973: Protokoll der 7. Sitzung des Bundesvorstandes

Hans-Böckler-Haus in Düsseldorf; Vorsitz: Heinz O. Vetter; Protokollführung: Isolde Funke, Marianne Jeratsch; Sitzungsdauer: 10.10–14.05 Uhr; ms. vermerkt: »Vertraulich«.[1]

Ms., hekt., 13 S., 1 Anlage.[2]

DGB-Archiv, 5/DGAI000537.

Beginn der Sitzung: 10.10 Uhr

[*Vetter* eröffnet die Sitzung. Auf Antrag von Vetter und Kluncker wird die Tagesordnung um die Punkte 7 und 8 ergänzt.]

Tagesordnung:
1. Genehmigung des Protokolls der 6. Bundesvorstandssitzung
2. Arbeitsrechtlicher Beraterkreis
3. Richtlinien für die Landesbezirkskonferenzen
4. X. Weltjugendfestspiele
5. Ausnahmeregelung für die Beitragszahlung der GEW an den DGB
6. Spendengesuche
7. Lage der GEW in Bayern
8. Einladung des DGB vom 22.2.1973, hier: Beteiligung nach parteipolitischen Aktivitäten
9. Verschiedenes

1. Genehmigung des Protokolls der 6. Bundesvorstandssitzung

[Der Bundesvorstand genehmigt das Protokoll mit der folgenden Ergänzung Loderers zu TOP 2 »Vermögensbildung«.]

»Kollege Loderer erklärt: Auch die IG Metall spreche sich dafür aus, daß die Unternehmen stärker herangezogen werden – aber nicht für Vermögensbildungsfonds, sondern zur Finanzierung und Verbesserung der Lebensqualität. Es stelle sich die Frage, ob der DGB nunmehr auf die Linie der SPD einschwenken solle. Dabei sei jedoch noch nicht einmal klar, wie sich der bevorstehende Parteitag der SPD entscheiden werde; erst recht sei ungeklärt, was später im Parlament geschehe. Im Übrigen frage er den Kollegen Vetter, welches Papier jetzt dem Bundesausschuß vorgelegt werden solle. Inzwischen lägen folgende Vorschläge vor:
1. der Bericht der Sachbearbeiter-Gruppe mit den drei Überlegungen;
2. das Papier der Kommission vom 27.2.1973;

---

1 Einladungsschreiben vom 21.3.1973. Nicht anwesend: Maria Weber, Günter Stephan, Walter Sickert (vertreten durch Fritz Giersch). DGB-Archiv, DGB-BV, Abt. Vorsitzender 5/DGAI000478.
2 Anlage: Anwesenheitsliste.

3. das Papier, das heute während der Sitzung verteilt worden sei; dabei überrasche es ihn, daß nunmehr ein neues Papier vorgelegt werde, obwohl der Vorschlag der Kommission vom 27.2.1973 verteilt worden sei und zur Entscheidung anstehe;

4. die Vorschläge der SPD, wie sie von Kollegen Hesselbach während der Sitzung vorgetragen worden seien.

Damit stelle sich die Frage, was in dieser Situation geschehen solle. Die Methode der Entscheidungsvorbereitung sei zu beanstanden; mit solch einem Stil könne er sich nicht abfinden.«[3]

2. ARBEITSRECHTLICHER BERATERKREIS[4]

Kollege *Muhr* verweist auf die Vorlage, die der Geschäftsführende Bundesvorstand auf Antrag des Kollegen Kluncker bezüglich der Zusammensetzung des Arbeitsrechtlichen Beraterkreises erstellt hat, wobei die Zugehörigkeit von Professor Rüthers zum Beraterkreis im Vordergrund steht.[5] Der Geschäftsführende Bundesvorstand ist zu der Auffassung gekommen, daß es angesichts des Charakters der Beraterkreise des WSI nicht angeraten ist, Prof. Rüthers wegen der kritisierten Veröffentlichung kurzfristig abzuberufen, weil dann mit großer Wahrscheinlichkeit spontane Reaktionen der anderen Professoren zu erwarten wären. Damit wäre der Beraterkreis grundsätzlich in Frage gestellt. Zweckmäßiger erschien dem Geschäftsführenden Bundesvorstand, Prof. Rüthers bei einer eventuell in Zukunft bevorstehenden neuen Besetzung des Beraterkreises gegebenenfalls auszuwechseln. In diesem Zusammenhang äußert Kollege Muhr die Meinung, daß man sich auch mit den von Prof. Däubler aufgestellten Thesen, die Prof. Rüthers glossiert hat, einmal kritisch auseinandersetzen sollte.[6]

---

3 Der ausformulierte Text war den Beratungsunterlagen der BV-Sitzung am 22.3.1973 beigefügt.
4 Auf der 5. Sitzung des Bundesvorstandes am 5.2.1973 (Dok. 72) beantragte Kluncker, dieses Thema auf der 6. Sitzung zu behandeln. Auf dieser Sitzung wurde es jedoch zurückgestellt. DGB-Archiv, DGB-BV, Abt. Vorsitzender 5/DGAI0000478.
5 Auf der 25. Sitzung des GBV am 19.2.1973 erhielt Gerd Muhr den Auftrag, zu gegebener Zeit personelle Veränderungen vorzunehmen und auf die Arbeit des Beraterkreises einzuwirken. DGB-Archiv, DGB-BV, Abt. Vorsitzender 5/DGAI000207. Die Beratungsvorlage mit dem Vorschlag, eine personelle Änderung des Kreises vorerst nicht durchzuführen, wurde den BV-Mitgliedern am 7.3.1973 zugestellt.
6 Ausgangspunkt der Diskussion war ein Schreiben von Erich Frister an Heinz O. Vetter vom 31.10.1972, in dem er die unverzügliche Beendigung der Zugehörigkeit von Prof. Rüthers zum Arbeitsrechtlichen Beraterkreis forderte, aufgrund eines Artikels in der Juristenzeitung, 1972, Nr. 20, S. 636f., in dem dieser das Gutachten von Prof. Däubler zum Beamtenstreik politisch diffamiert und damit Prof. Däubler zum Verfassungsfeind gestempelt habe. Siehe Wolfgang Däubler: Der Kampf um das Beamtenstreikrecht. Zur gewerkschaftlichen Strategie im öffentlichen Dienst, in: GMH 23, 1972, Nr. 5, S. 310–324. In der Folge kam es zu einem Schriftverkehr zwischen Heinz Gester, Friedhelm Farthmann, Otto Kunze, Heinz O. Vetter und Gerd Muhr zur personellen Zusammensetzung des Arbeitskreises. DGB-Archiv, DGB-BV, Abt. Vorsitzender 5/DGAI000478.

Kollege *Kluncker* ist der Auffassung, daß das zuletzt genannte Thema heute nicht zur Diskussion stehe, sondern die Frage, ob das WSI eines nach seiner Ansicht reaktionären Beraters bedarf.

Kollege *Frister* kritisiert noch einmal die unsachliche und polemische Art von Prof. Rüthers, sich mit dem von Prof. Däubler im Auftrag einer Gewerkschaft angefertigten Gutachten auseinander zusetzen. Er möchte wissen, ob die vom Geschäftsführenden Bundesvorstand in Aussicht gestellte Überprüfung der Zusammensetzung des Beraterkreises in absehbarer Zeit erfolgen soll.

Die Kollegen *G. Schmidt, Muhr* und *Vetter* legen noch einmal grundsätzlich die bisherige Praxis der Berufung von Wissenschaftlern in die Beraterkreise des WSI dar, die nicht ausschließen kann und soll, daß Wissenschaftler unterschiedlicher Richtung und Auffassung zusammentreffen. In diesem Fall sollte es nicht zuerst um die Ausdeutung und Beurteilung von reaktionär, links oder rechts gehen, sondern darum, daß der Eklat des Ausschlusses von Prof. Rüthers, dessen Dienste wir uns heute noch wie früher bedienen, und die mit Sicherheit folgende Solidarisierung der Wissenschaftler in den Beraterkreisen vermieden werden. Deshalb wird die Bitte des Geschäftsführenden Bundesvorstandes wiederholt, in der vorgeschlagenen taktischen Weise zu verfahren.[7]

Kollege *Kluncker* erklärt, daß er die so vorgetragene Meinung des Geschäftsführenden Bundesvorstandes toleriert, daß er aber die Angelegenheit in der nachfolgenden Sitzung des Kuratoriums des WSI noch einmal aufgreifen werde.[8]

Kollege *Vetter* stellt fest, daß der Bundesvorstand der Meinung ist, Prof. Rüthers nicht kurzfristig aus dem Arbeitsrechtlichen Beraterkreis des WSI abzuberufen. Bei einer eventuell in Zukunft vorzunehmenden Neubesetzung des Beraterkreises soll überprüft werden, ob Prof. Rüthers gegebenenfalls auszuwechseln wäre. Einzelheiten sollen im Kuratorium des WSI besprochen werden.

3. RICHTLINIEN FÜR DIE LANDESBEZIRKSKONFERENZEN

Kollege *Woschech* erläutert den vorgelegten Vorschlag des Organisationsausschusses und weist darauf hin, daß der Beschluß im Organisationsausschuß einstimmig, also auch vom Vertreter des Landesbezirks Nordrhein-Westfalen, gefaßt worden sei.[9]

---

7 Aus Anlass seines 70. Geburtstages legte Otto Kunze im September 1974 den Vorsitz des Beraterkreises nieder. Dieser Kreis wurde nicht wieder einberufen. Vgl. Schreiben Friedhelm Farthmanns an Gerd Muhr vom 24.9.1974, DGB-Archiv, DGB-BV, Abt. Arbeitsrecht 5/DGBR000027 sowie Schreiben Gerd Muhrs vom 23.10.1974 zur 95. GBV-Sitzung am 28.10.1974, DGB-Archiv, DGB-BV, Abt. Vorsitzender 5/DGAI000221.
8 Auf der Kuratoriumssitzung des WSI am 3.4.1973 wurde kurz über die personelle Zusammensetzung des Arbeitsrechtlichen Beraterkreises diskutiert. Vgl. DGB-Archiv, DGB-BV, Sekretariat Günter Stephan 5/DGCU000414.
9 Vgl. Dok. 74, Fußnote 23.

Dokument 77 3. April 1973

[Nach kurzer Diskussion wird dem Bundesausschuss empfohlen, die vorlegten Richtlinien zu beschließen.]

4. X. WELTJUGENDFESTSPIELE

Kollege *Woschech* erläutert die dem Beschlussvorschlag des Geschäftsführenden Bundesvorstandes auf Teilnahme der Gewerkschaftsjugend an den X. Weltjugendfestspielen beigefügten Anlagen.[10] Er weist besonders auf die wesentlichen Änderungen hin, die bei einem Vergleich des internationalen und des nationalen Aufrufs für die Weltjugendfestspiele ersichtlich werden und die durch die in Anlage 3 aufgestellten Forderungen der Gewerkschaftsjugend zur Änderung des nationalen Aufrufs noch verstärkt werden sollen.[11] Da die im Bundesjugendring zusammengeschlossenen großen Verbände bereits ihre Zustimmung zu diesen Änderungsvorschlägen zugesagt haben, ist mit ihrer Durchsetzung fest zu rechnen. Kollege Woschech macht weiter darauf aufmerksam, daß auf Initiative der Gewerkschaftsjugend, in Zusammenarbeit und mit Billigung der Verantwortlichen aller im Bundestag vertretenen Parteien sowie des Jugend- und Außenministeriums, Voraussetzungen für das nationale Vorbereitungsgremium erreicht worden sind, die eine gute Mehrheit der demokratischen Jugendverbände und damit die Durchsetzungsmöglichkeiten ihrer Vorstellungen in dem Gremium gewährleisten. Auch der IBFG hat unter den gestellten Bedingungen keine Einwände gegen die Beteiligung der Gewerkschaftsjugend an den Weltfestspielen erhoben. Kollege Woschech bittet für den Geschäftsführenden Bundesvorstand um die Zustimmung des Bundesvorstandes, daß eine Delegation der Gewerkschaftsjugend unter den aus Anlage 4 zu ersehenden Bedingungen an den X. Weltjugendfestspielen teilnehmen kann.[12]

An der nachfolgenden Diskussion beteiligen sich die Kollegen *Kluncker, Vietheer, Woschech, Vetter, Hauenschild, Sierks, Muhr, Loderer* und *Mirkes.*

---

10 Auf der 28. Sitzung des GBV am 12.3.1973 wurde beschlossen, dass unter bestimmten Voraussetzungen die Abt. Jugend an den Weltjugendfestspielen teilnehmen kann. DGB-Archiv, DGB-BV, Abt. Vorsitzender 5/DGAI000208 – Beschlussvorlage mit 5 Anlagen. Siehe auch detaillierter: DGB-Archiv, DGB-BV, Abt. Jugend 5/DGAU000026, 5/DGAU000075 und 5/DGAU000612 sowie DGB-Archiv, DGB-BV, Sekretariat Günter Stephan 5/DGCU000092.

11 Gegenüber dem Ursprungstext wurden folgende Änderungen gefordert: »Deshalb werden wir mit unserer Teilnahme am Festival insbesondere deutlich machen, daß wir uns gegen faschistische und autoritäre Regime [wie Spanien, Portugal, Griechenland und die Türkei] wenden«, und weiter »Wir [verurteilen die Aggression der USA gegen Vietnam] begrüßen die Einleitung des Friedens für die Völker Indochinas und appellieren an die Bundesregierung [sich dieser Verurteilung anzuschließen,] sich materiell ohne politische Vorbedingungen am Wiederaufbau Vietnams wirkungsvoll zu beteiligen und auf die Einhaltung des Friedensabkommens für Vietnam zu drängen. Die Jugend der Bundesrepublik rufen wir auf, die materielle Solidarität mit Vietnam zu verstärken«. In den eckigen Klammern befinden sich die gestrichenen Passagen des Ursprungstextes.

12 Entsprechend dem Beschluss des Bundesjugendausschusses sollte die Gewerkschaftsjugend teilnehmen, wenn: »1. Das Gesamtkontingent der Teilnehmer aus den demokratischen Verbänden eine deutliche Mehrheit hat, 2. Die Teilnehmer der Gewerkschaftsjugend sich in allen Foren und Seminaren frei äußern können und 3. Die Delegation der Gewerkschaftsjugend sich intensiv auf die Teilnahme an dieser Veranstaltung vorbereitet.« Vgl. DGB-Archiv, DGB-BV, Abt. Jugend 5/DGAU000075.

Im Prinzip ist man sich einig, daß bei Zustimmung der zuständigen Regierungsstellen und der Verantwortlichen der demokratischen Parteien unter Berücksichtigung der gestellten Bedingungen einer Teilnahme der Gewerkschaftsjugend nichts im Wege steht. Es wird jedoch Wert darauf gelegt, daß eine deutliche Abgrenzung und Differenzierung zum Inhalt des internationalen Aufrufs in dem nationalen Aufruf und ebenso in Vortrag und Diskussion zum Ausdruck gebracht wird. Es werden außerdem einige redaktionelle Änderungen diskutiert. Die Absicht, einen Vorbereitungslehrgang für die Teilnehmer durchzuführen, wird begrüßt.

Kollege *Vetter* stellt abschließend fest: Der Bundesvorstand faßt den Vorsorgebeschluß, daß die Gewerkschaftsjugend unter den in Anlage 4 der Vorlage und den in der Sitzung diskutierten Bedingungen an den X. Weltjugendfestspielen 1973 teilnehmen kann. In der Sitzung des Bundesvorstandes im Mai soll über den Fortgang der Verhandlungen im Vorbereitungsgremium erneut berichtet werden.

5. AUSNAHMEREGELUNG FÜR DIE BEITRAGSZAHLUNG DER GEW AN DEN DGB

Kollege *Lappas* erinnert an die bereits geführten Diskussionen in dieser Frage und erläutert die Vorlage. Er bittet den Bundesvorstand, für das Jahr 1973 einen fiktiven Mitgliedsbeitrag von DM 6,50 pro Mitglied und Monat festzulegen.

[Nach kurzer Diskussion wird dem Bundesausschuss empfohlen, einen fiktiven Mitgliedsbeitrag von DM 6,50 pro Mitglied und Monat festzulegen.]

6. SPENDENGESUCHE

a) International Rescue Committee[13]

Kollege *Lappas* berichtet, daß der Geschäftsführende Bundesvorstand der Meinung war, den Spendenantrag der o. a. Organisation abzulehnen mit der Begründung, daß die Vietnamhilfe des DGB über den IBFG zur Wiederherstellung von demokratischen Gewerkschaften konzentriert wird. Zwischenzeitlich haben Gespräche zwischen Herrn Jorysz und Kollegen Vetter sowie einzelnen Gewerkschaftsvorsitzenden stattgefunden, so daß Kollege Lappas der Auffassung ist, dass man die Angelegenheit doch noch mal überprüfen sollte.

In der anschließenden Diskussion, an der sich die Kollegen *Loderer, Vetter* und *Lappas* beteiligen, wird darauf hingewiesen, daß bisher nicht nur die IG Metall, sondern auch andere Gewerkschaften an diese Organisation ge-

---

13 Spendengesuch an den DGB vom 27.10.1972 und Schreiben von Alfons Lappas an Rudolf Jorysz vom 12.3.1973 über den Stand der Beratungen. Vgl. DGB-Archiv, DGB-BV, Abt. Vorsitzender 5/DGAI000478. Siehe auch Diskussion und Beschluss auf der 9. BV-Sitzung am 5.6.1973 und 4. BA-Sitzung am 6.6.1973 (Dok. 84 und 85). Zur Errichtung und Eröffnung des Hans-Böckler-Kinderheimes in Saigon siehe DGB-Archiv, DGB-BV, Internationale Abt. 5/DGAJ000598.

spendet haben und daß das Vietnamprogramm nur ein Teil ihres Gesamtprogramms der internationalen Hilfe ist.

Der Bundesvorstand kommt überein, die Entscheidung über den Spendenantrag der IRC zurückzustellen, bis genaue Einzelheiten der IBFG-Hilfe abgeklärt sind.

[Das Spendengesuch von Medico International wird abgelehnt. Das der Deutschen Krebsgesellschaft wird mit der Begründung abgelehnt, dass Krebsforschung eine öffentliche Aufgabe ist und Gewerkschaftsgelder nur für den Gewerkschaftsbereich zur Verfügung stehen.]

7. LAGE DER GEW IN BAYERN

Kollege *Vetter* verweist auf das dem Bundesvorstand in Abschrift übersandte Fernschreiben des DGB-Landesbezirks Bayern, in dem der Landesbezirksvorstand beantragt, die Frage der Mitgliedsrechte von Studierenden unter besonderer Berücksichtigung der in der GEW Bayern eingetretenen Situation im Bundesvorstand zu behandeln.[14] Er bittet zunächst Kollegen Rothe um seinen Bericht.

Kollege *Rothe* erläutert den im Fernschreiben wiedergegebenen Beschluss seines Landesbezirksvorstandes, der sich mit der Situation befaßt, die nach dem Rücktritt eines Teiles des Landesvorstandes der GEW in Bayern eingetreten ist.[15] Besondere Bedeutung kommt nach Auffassung des DGB bei den aufgetretenen Schwierigkeiten der unklaren und nicht satzungskonformen Position der Studenten innerhalb der GEW Bayerns zu, die zwar nur außerordentliche Mitglieder sind, aber andererseits sowohl bei der Berechnung des Delegiertenschlüssels berücksichtigt werden, als auch als Delegierte mit vollem Stimmrecht wählbar sind. Diese Situation und ihre Auswirkungen haben schon seit längerer Zeit in Bayern zu erheblichen Schwierigkeiten und auch harten Auseinandersetzungen innerhalb der GEW geführt, von denen auch der DGB berührt wurde. Kollege Rothe nennt einige Beispiele aus örtlichen Bereichen. Obwohl der Hauptvorstand der GEW eine klare Aussage über die Mitgliedschaft von Studenten gemacht hat, fürchtet Kollege Rothe, daß auch die baldige Abhaltung einer Vertreterversammlung der GEW Bayern mit der Neuwahl eines Vorstandes die Schwierigkeiten nicht grundsätzlich ausräumen wird, wenn nicht durch Bundesvorstand und Bundesausschuß des DGB klare Richtlinien über die Mitgliedschaft von Studenten erlassen werden.

14 Fernschreiben von Wilhelm Rothe an Heinz O. Vetter vom 27.3.1973 mit dem Beschluss des LB Bayern zur Situation des Landesverbands Bayern der GEW. Mit Schreiben vom 28.3.1973 erhielten die BV-Mitglieder von Heinz O. Vetter zur Information 1. den Beschluss des LB Bayern, 2. Schreiben Erich Fristers vom 2.4.1973 an Heinz O. Vetter zur Situation der GEW in Bayern, 3. Zeitungsausschnitt aus der »Süddeutschen Zeitung« vom 30.3.1973, »GEW beschäftigt den DGB«, und 4. eine Chronologie der GEW Bayerns von 1949 bis Juli 1973, zusammengestellt von Erich Frister. DGB-Archiv, DGB-BV, Abt. Vorsitzender 5/DGAI000478.
15 Der bayerische GEW-Landesvorsitzende Kurt Gmählich und 24 Mitglieder des Landesvorstandes waren zum 1.4.1973 von ihren Ämtern zurückgetreten wegen linksradikaler Aktivitäten im Landesverband. Vgl. Ende der bayerischen GEW-Querelen in Sicht?, in: Erziehung und Wissenschaft, 1.4.1973, Nr. 4, S. 10.

3. April 1973 **Dokument 77**

Kollege *Frister* hält es für erforderlich, im Hinblick auf den Beschluß des Landesbezirksvorstandes des DGB und den Bericht des Kollegen Rothe die Lage in Bayern auch aus der Sicht der GEW etwas ausführlicher darzustellen. Zunächst erscheint es ihm wichtig, darauf hinzuweisen, daß nicht die im Amt verbliebenen Landesvorstandsmitglieder der GEW Bayern wegen ihrer gewerkschaftlichen Haltung und Einstellung zu kritisieren seien, sondern weit mehr die zurückgetretenen Kollegen, die sich aus der Verantwortung zurückgezogen haben. So haben sie z. B. auch in den zurückliegenden Monaten durch gezieltes Unterdrücken von Neuaufnahmen gewerkschaftsschädigendes Verhalten bewiesen. Über ihren Rücktritt sei der Hauptvorstand der GEW erst durch die Zeitung informiert worden.[16] Wichtig sei jetzt aber vor allem, aus der Misere herauszukommen. Kollege Frister erklärt, daß er bereits eine Reihe von Gesprächen mit den bayerischen Kollegen geführt habe, um durch die Ausarbeitung und Durchsetzung von Satzungsänderungen in der für Juli vorgesehenen Vertreterversammlung zu stabilen Verhältnissen in Bayern zu kommen.[17] Wenn Bundesvorstand und Bundesausschuß in der Frage der Mitgliedschaft von Studenten zu einer Entscheidung kommen, sei er bereit, den Beschluß in seinem Hauptvorstand zu übernehmen und für die Berücksichtigung in der Satzung zu sorgen.[18] Im Übrigen sei es zu einfach, die Schwierigkeiten in Bayern nur auf die Studentenfrage zurückzuführen. Auch innerparteiliche sogenannte Flügelkämpfe in der SPD, die unterschiedliche Entwicklung der Mitgliederzahlen, die Konkurrenzsituation zu den großen Lehrerverbänden u. a. müßten als Hintergrund gesehen werden.[19] Wenn eine Stabilisierung der Lage in Bayern gelingen soll, sei es aber vor allem notwendig, daß die inzwischen aufgetretene Diskrepanz zwischen dem Hauptvorstand der GEW und dem DGB-Landesbezirk Bayern aufgehoben wird. Gegensätzliche und nicht abgesprochene Erklärungen vor der Öffentlichkeit könnten die Situation nur verschlechtern. Kollege Frister berichtet kurz von einem durch den Landesbezirk geplanten Hintergrundgespräch mit der Presse, das auf seine Intervention durch Kollegen Vetter verschoben worden ist. Falls Kollege Rothe nicht erklären könnte, daß dieses Pressegespräch über Angelegenheiten der GEW unterbleibt, bittet Kollege Frister um einen Beschluß des Bundesvorstandes, daß der DGB-Landesbezirk Bayern gehalten ist, sich von einer solchen, eine Gewerkschaft betreffenden Intervention fernzuhalten.[20]

---

16 Über die Rücktritte siehe GEW beschäftigt den DGB, in: FR 30.3.1973.
17 Auf der Landesvorstandssitzung am 7.4.1973 wurde der bisherige stellv. Vorsitzende, Rolf Eckart, zum kommissarischen Landesvorsitzenden gewählt und auf der Landesvertreterversammlung im Juli im Amt bestätigt. Vgl. Erziehung und Wissenschaft, 1.5.1973, Nr. 5, S. 1 und 1.8.1973, Nr. 8, S. 12.
18 Zu Frage der Mitgliedschaft von Studenten wurde vom Hauptvorstand am 3.7.1971 eine Kommission eingesetzt, die Richtlinien erarbeiten sollte. Die verschiedenen Alternativentwürfe der Kommission wurden vom Hauptvorstand am 17.3.1973 abgelehnt. Vgl. GEW-Geschäftsbericht 1971–1974, S. 94 f.
19 Die GEW stand in Konkurrenz zum Deutschen Philologenverband.
20 Mit diesem Beschlussantrag bezog sich Frister auf § 2 der DGB-Satzung, nach dem Stellungnahmen oder Eingriffe anderer Art bei Auseinandersetzungen in einer Gewerkschaft des DGB nicht zu den Aufgaben des Bundes gehören. Dies galt auch für die Landesbezirke (§ 11 der DGB-Satzung).

Dokument 77   3. April 1973

Kollege *Vetter* ist der Meinung, daß eine Pressekonferenz des Landesbezirks zu dieser Frage nur so verstanden werden kann, daß sie eine Hilfe zur Klärung bringt. Einen anderen Charakter könne eine solche Pressekonferenz nicht haben. Das Engagement des Landesbezirks sei damit zu erklären, daß durch die Satzungssituation und die Praxis und Politik einiger Gruppen in der GEW eine Unterwanderung der ordentlichen GEW-Mitglieder und Repräsentanten befürchtet wurde. Kollege Vetter geht abschließend kurz auf die Frage der Mitgliedschaft von Studenten in den Gewerkschaften ein.

Im Hinblick auf das vom Landesbezirk vorgesehene Pressegespräch regt Kollege *Woschech* einen Kompromiß in der Form an, daß es nicht abgesagt wird, aber unter Mitwirkung des Hauptvorstandes der GEW stattfindet. Das Problem der Mitgliedschaft von Studenten in den Gewerkschaften werde, so erklärt Kollege Woschech, bereits im Organisationsausschuß beraten.[21] Angesichts der eingetretenen Lage sei es vielleicht zweckmäßig, die Arbeit an diesem Punkt zu beschleunigen, um zu einer baldigen Vorlage für Bundesvorstand und Bundesausschuß zu kommen.

Kollege *Kluncker* legt Wert auf die Feststellung, daß es zwischen ÖTV und GEW bei der Organisierung von Mitgliedern keine Konkurrenzsituation gebe, insbesondere auch nicht in Bayern. Er berichtet als Beispiel kurz von dem Auflösungsbeschluß eines GEW-Kreisverbandes in Bayern und dessen Übertrittsantrag zur ÖTV. Im Einvernehmen zwischen ÖTV und GEW sei dieser Antrag abgelehnt worden, weil die ÖTV keine Mitgliedergruppen aus dem Bereich Schule und Bildung organisiere. Kollege Kuncker geht kurz auf die Bereiche in Wissenschaft und Forschung ein, in denen die ÖTV Mitglieder organisiert hat. Gemeinsame Gespräche der Vorstände von ÖTV und GEW stehen bevor.

Die Kollegen *Loderer, Hauenschild, Seibert, Vietheer* und *Breit* sind der Auffassung, daß es zunächst grundsätzlich Sache der einzelnen Gewerkschaft ist, mit Schwierigkeiten im eigenen Bereich fertig zu werden. Das gelte für die GEW wie für alle anderen Gewerkschaften. Erst wenn ausdrücklich um Unterstützung gebeten werde, könne der Bundesvorstand sich damit befassen. Von gemeinsamem Interesse sei allerdings die Frage der Mitgliedschaft von Studenten, die bisher in den Satzungen einiger Gewerkschaften noch unterschiedlich geregelt sei.[22] Die Kollegen berichten von Erfahrungen mit

---

21 Die Diskussion um die Mitgliedschaft von Studenten wurde auf der Sitzung des DGB-Organisationsausschusses am 8./9.2.1973 erstmals besprochen. Auf der außerordentlichen Sitzung des DGB-Organisationsausschusses am 4.5.1973 (Dok. 80) wurde dem BV empfohlen, die Diskussion weiterzuführen, da das Material für nicht ausreichend gehalten wurde, einen Beschluss zu fassen. Vgl. DGB-Archiv, DGB-BV, Sekretariat Franz Woschech 5/DGCQ000055. Vgl. Diskussion auf der 9. und 10. BV-Sitzung am 5.6. und 3.7.1973 (Dok. 84 und 86).

22 Nach den Satzungen der DruPa, IGM, ÖTV, DPG und GTB konnten Studenten ordentliche Mitglieder werden und bei der GEW sagten die Satzungen der Landesverbände Baden-Württemberg, Bayern, Hessen und Rheinland-Pfalz nichts über die Mitgliedschaft von Studierenden aus, während bei den anderen Landesverbänden die Studierenden als außerordentliche Mitglieder aufgenommen werden konnten. Vgl. Beratungsvorlage für die Sitzung des DGB-Organisationsausschusses am 8./9.2.1973, DGB-Archiv, DGB-BV, Sekretariat Franz Woschech 5/DGCQ000055.

organisierten Studenten aus ihren Bereichen. Dabei wird das unterschiedliche Interesse an der Mitgliedschaft von Studenten deutlich. Trotzdem ist man sich einig, daß der Organisationsausschuß eine für alle Gewerkschaften gültige und tragbare Regelung erarbeiten sollte. Vorausgehende Stellungnahmen zu diesem Punkt in der Öffentlichkeit sollten unterbleiben.

Kollege *Frister* weist darauf hin, daß die Beschäftigung mit der Angelegenheit nicht durch die GEW, sondern durch den DGB-Landesbezirk Bayern gewünscht wurde. Er erklärt außerdem, daß die Mitgliedschaft von Studenten für die GEW als Nachwuchs eine Lebensfrage der Organisation ist, ähnlich wie die Organisierung von Lehrlingen für die anderen Gewerkschaften, besonders im Hinblick auf die starken Konkurrenzorganisationen. Wichtig sei natürlich, daß eine Majorisierung der Arbeitnehmer durch die Studenten nicht möglich sei. So sehe es die Satzung vor, und das müsse organisatorisch durchgesetzt werden.

Kollege *Rothe* möchte noch einmal deutlich machen, daß es dem DGB bei der besonders schwierigen politischen Situation in Bayern unmöglich ist, auf Fragen nach Satzung und Kongreßbeschlüsse, auch wenn sie eine einzelne Gewerkschaft betreffen, ständig auszuweichen. Er erläutert an einigen Beispielen, daß gerade die Mitgliedschaft von Studenten und ihr Verhalten auch in der Vergangenheit in Bayern politischer Sprengstoff gewesen sind. Deshalb bitte er noch einmal dringend, die Mitgliedschaft von Studenten eindeutig zu regeln. Auf den Kompromißvorschlag von Kollegen Woschech eingehend, schlägt Kollege Rothe vor, daß Kollege Frister zu einem klärenden Gespräch in seinen Landesbezirksvorstand kommt. Die vorgesehene Pressezusammenkunft könnte dann auch abgesagt werden. Es sei im Übrigen nicht beabsichtigt gewesen, dieses Pressegespräch nur zum Thema GEW abzuhalten. Eine Reihe anderer, den DGB betreffende Fragen hätten zur Diskussion stehen sollen.

Kollege *Frister* erklärt seine Bereitschaft zu einem Zusammentreffen mit dem Vorstand des DGB-Landesbezirks Bayern.[23] Er bittet trotzdem um die Beantwortung seiner Frage, ob es gebilligt werden kann, daß ein DGB-Landesbezirk zu einem internen Anliegen einer Gewerkschaft ein Pressegespräch abhält.

Kollege *Vetter* ist der Meinung, daß dies nur dann gebilligt werden kann, wenn vorher mit der betroffenen Gewerkschaft Kontakt aufgenommen worden ist. Im übrigen gibt er der Hoffnung Ausdruck, daß die ausführliche Diskussion dazu beigetragen hat, die zwischen dem Landesbezirk und der GEW in dieser Sache bestandenen Differenzen ausräumen zu helfen.

---

23 Am 14.4.1973 fand ein Gespräch zwischen Wilhelm Rothe, Erich Frister und dem IG Metall-Bezirksleiter Erwin Essl über die Situation der bayerischen GEW statt. Diesem Gespräch folgte eine ausgiebige Diskussion in der DGB-Landesbezirksvorstandssitzung am 15.4.1973, nach der festgestellt wurde, dass die GEW Bayern »weder prokommunistisch noch linksradikal unterwandert« sei, der Rücktritt des Vorstandes wurde missbilligt. Vgl. Erziehung und Wissenschaft, 1.5.1973, Nr. 5.

Dokument 77 3. April 1973

Zur Beratung der Frage der Mitgliedschaft von Studenten regen die Kollegen G. *Schmidt, Buschmann* und *Wochech* an, daß die Gewerkschaften ihre Vorstellungen dazu rechtzeitig mitteilen, kompetente Vertreter, möglichst die zuständigen Vorstandsmitglieder, in den Organisationsausschuß entsenden, frühere Stellungnahmen und auch das Thema Bundeswehr mit in die Beratung einbeziehen.

Kollege *Vetter* faßt das Ergebnis der Diskussion wie folgt zusammen: Der Bundesvorstand ist der Meinung, daß die Vorgänge in der GEW Bayern eine innergewerkschaftliche Angelegenheit und von der GEW selbst zu regeln sind. Differenzen mit dem DGB-Landesbezirk sollten ausgeräumt werden. Der Organisationsausschuß wird beauftragt, sich unter Verwendung der heutigen Diskussionsergebnisse mit der Frage der Mitgliedschaft von Studenten zu befassen und für eine der nächsten Bundesvorstandsitzungen eine Beschlussvorlage zu erarbeiten.

8. EINLADUNG DES DGB VOM 22.2.1973, HIER: BETEILIGUNG NACH PARTEIPOLITISCHEN AKTIVITÄTEN

Kollege *Kluncker* berichtet, daß ein von Kollegen Muhr unterzeichnetes Schreiben vom 22.2.1973 an die Gewerkschaften des öffentlichen Dienstes mit der Einladung an die Vorstände für Gespräche am 13.3. mit der FDP und am 14.3. mit der SPD eingegangen ist. Kurz vor dem Gespräch mit der SPD wurde dem stellvertretenden Vorsitzenden der ÖTV mitgeteilt, daß er an diesem Gespräch nicht teilnehmen könne, da er nicht Mitglied dieser Partei sei.[24] Kollege Kluncker verwahrt sich gegen dieses Verfahren. Wenn man von vornherein sagen würde, daß nur Sozialdemokraten an einem solchen Gespräch teilnehmen könnten, wäre das in Ordnung. Es ginge aber nicht, daß man eine Einladung kurzfristig und wie oben begründet rückgängig macht.

Kollege *Muhr* bedauert diesen Vorfall, der in seiner Abwesenheit passiert ist. Es habe leider zu spät einen Kontakt zwischen dem zuständigen Sekretär der Abteilung Sozialpolitik und Prof. Schäfer[25] gegeben, der erst kurz vor der Sitzung den Teilnehmerkreis auf Sozialdemokraten beschränkte. In Zukunft werden solche Zwischenfälle vermieden werden.

9. VERSCHIEDENES

a) Kundgebung Personalvertretungsgesetz

Kollege *Vetter* gibt einen kurzen Bericht über die Kundgebung zum Personalvertretungsgesetz am 2.4.1973 in Bonn.[26]

---

24 Der stellvertretende ÖTV-Vorsitzende, Karl-Heinz Hermann, war CDU Mitglied.
25 Prof. Dr. Friedrich Schäfer (1915–1988), stellv. Vorsitzender der SPD-Bundestagsfraktion (1969–1980) und Vorsitzender des Innenausschusses des Deutschen Bundestages (1969–1976).
26 Vgl. Vetter: Beschäftigte im öffentlichen Dienst nicht länger benachteiligen! – DGB-Kundgebung Für ein fortschrittliches Personalvertretungsgesetz, in: ND, 2.4.1973, Nr. 113.

b) Paritätische Mitbestimmung

Kollege *Vetter* weist auf die Erklärung der BDA hin, die jeder paritätischen Mitbestimmung eine Absage erteilt hat.[27] Er ist jedoch der Meinung, daß der DGB keine offizielle Gegenerklärung dazu abgeben sollte, sondern. lediglich bei Veranstaltungen auf diese Erklärung eingegangen werden sollte, wie er es bereits schon gemacht habe.

Der Bundesvorstand schließt sich der Auffassung des Kollegen Vetter an.

c) Kontakte mit dem FDGB

Kollege *Loderer* nimmt an, daß der Bundesausschuß morgen in dem Bericht zur Lage über die Begegnung DGB/FDGB informiert wird. Vorher sollte das aber auch im Bundesvorstand geschehen.

Kollege *Vetter* weist darauf hin, daß in der Zwischenzeit keine Bundesvorstandssitzung stattgefunden hat, lediglich die Sitzung zur Vermögensbeteiligung. Dadurch ist die Information der Gewerkschaftsvorsitzenden in der Gewerkschaftsratssitzung erfolgt. Selbstverständlich wird er morgen in der Bundesausschußsitzung über diese Begegnung berichten.

Einleitend erklärt Kollege Vetter, daß sich schon bei der ersten Begegnung mit dem FDGB abgezeichnet hat, dass der FDGB sich gewissermaßen gehalten sieht, den Kontakt mit dem DGB nicht mehr abzuwehren. Bei der Begegnung am 13./14. März 1973 ist deutlich geworden, dass sich schon allein aus der ersten Erfahrung nach der Paraphierung des Grundvertrages[28] gezeigt hat, daß die Begegnungen zwischen DGB und seinen Gewerkschaften und dem FDGB und seinen Fachabteilungen nur in geordneten und völlig kontrollierbaren Schritten aufeinander erfolgen können.[29] Man ist zu der Auffassung gekommen, nach der Ratifizierung des Grundvertrages wieder eine Kommission zusammentreffen zu lassen, die den Inhalt der Gespräche technisch ausdeutet, um damit Maßstäbe für die nächsten Begegnungen zu erhalten. Der FDGB und DGB waren als Kommission der Meinung, daß nach den Gesprächen zwischen den Geschäftsführenden Bundesvorständen von FDGB und DGB nunmehr die Begegnungen auf die Ebene der einzelnen Gewerkschaften übertragen werden kann, soweit diese es wollen. Es ist auch ausdrücklich erwähnt worden, daß jede einzelne Gewerkschaft frei ist, diesen Weg zu beschreiten. Die nächste Phase würde dann die Begegnung

---

27 Vgl. Erklärung des Arbeitskreises Mitbestimmung beim Bundesverband der Deutschen Arbeitgeberverbände, in: dpa – Sozialpolitische Nachrichten vom 2.4.1973, abgedr. in: Presse- und Funknachrichten der IG Metall, 10.4.1973, Nr. XXII/71 sowie Heftige Auseinandersetzung um die Mitbestimmung, in: Rheinische Post, 31.3.1973.
28 Der am 8.11.1972 paraphierte Grundlagenvertrag (auch Grundvertrag genannt) wurde vom Bundesminister für besondere Aufgaben, Egon Bahr, – für die Bundesrepublik Deutschland – und vom Staatssekretär Michael Kohl – für die DDR – am 21.12.1972 in Ostberlin unterzeichnet. Vertragstext: BGBl. I, 1973, S. 423–429. Zum Vertrag siehe auch: DzD VI., Bd. 2, 1.1.1971–31.12.1972, Dok. 216 und 217, S. 712 ff. sowie Bahr: Zu meiner Zeit, S. 393 ff. und Nakath: Die Verhandlungen.
29 Kommuniqué des Treffens: ND, 15.3.1973, Nr. 86 sowie Beratungsunterlagen der DGB-Delegation, in: DGB-Archiv, DGB-BV, Abt. Vorsitzender 5/DGAI001695 und 5/DGAI001697.

zwischen den Landesbezirksvorständen sein. Darüber ist zwar Einvernehmen erzielt worden, aber ein Abruf solcher Begegnungen ist noch in die Formulierung der technischen Kommission und in die Willensbildung des Bundesvorstandes, auch auf der anderen Seite, gestellt worden.[30] Weiter war man der Meinung, daß man der Begegnung der Bundesausschüsse nicht ausweichen könnte. Im späteren Verlauf ist daran gedacht, eine Art Symposium stattfinden zu lassen über die Art der betrieblichen Demokratie, und zwar Mitbestimmung und Betriebsverfassungsgesetz unsererseits sowie der sozialistischen Betriebsdemokratie in der DDR. Ferner ist auch darüber gesprochen worden, daß, wenn eine Delegation der Gewerkschaftsjugend an den Weltjugendfestspielen teilnimmt, diese Delegation mit dem Jugendausschuss des FDGB Kontakt aufnimmt.[31] In den Fragen der Gesellschaftsordnung und des gewerkschaftlichen Selbstverständnisses ist man im Prinzip keinen Schritt weiter gekommen. Jede Seite hat dazu ihre Auffassung dargelegt, worüber eine nicht sehr ergiebige Diskussion stattgefunden hat. Abschließend erklärt Kollege Vetter, daß abgesprochen wurde, daß die beiden Organisationen, sobald der Grundvertrag ratifiziert[32] worden ist, die ihnen möglichen Schritte unternehmen werden, damit dieser Vertrag in seinem humanitären Charakter voll ausgefüllt wird.

Auf die Frage des Kollegen *Muhr* nach dem Thema der betrieblichen Selbstverpflichtung berichtet Kollege *Vetter,* daß der FDGB gesagt hat, daß das ihre generelle Aufgabe ist; die Selbstverpflichtung stelle ihre Auffassung dar. Man ist jedoch der Meinung, daß einzelne Überspitzungen, die sich gezeigt haben, nach der Ratifizierung des Grundvertrages von selbst zurückgehen würden.

Kollege *Vietheer* fragt, wer die Initiative für die Kontaktaufnahme zwischen den Einzelgewerkschaften ergreift.

Kollege *Vetter* erklärt, daß in einem Schreiben an die einzelnen Organisationen noch einmal mitgeteilt wird, daß einer Kontaktaufnahme auf dieser Vorstandsebene nichts im Wege steht. Wer nun anfängt, ist eine Frage, die wir selbst regeln müssen. Kollege Vetter ist der Auffassung, daß die Vorstände selbst entscheiden können.

---

30 Das Gespräch über die Weiterführung der Beziehungen DGB/FDGB zwischen den Beauftragten des DGB (Bernd Otto, Walter Fritze) und dem FDGB (Gerhard Schulze und Edith Steininger) fand am 22.6.1973 in Ostberlin statt. Gesprächsprotokoll in: DGB-Archiv, DGB-BV, Abt. Vorsitzender 5/DGAI001695.
31 Das erste offizielle Gespräch zwischen den Jugendvertretern des DGB und des FDGB fand am 20.7.1973 statt. Dabei wurde beschlossen, dass die erste offizielle DGB-Jugenddelegation vom 11. bis 15.11.1973 die DDR besuchen sollte. DGB-Archiv, DGB-BV, Abt. Jugend 5/DGAU000560.
32 Der Vertrag wurde mit 268 gegen 217 Stimmen vom Deutschen Bundestag in seiner 31. Sitzung am 11.5.1973 ratifiziert. Vgl. Verhandlungen des Deutschen Bundestags, 7. Wahlperiode, Bd. 82, S. 1633 ff. In der 394. Sitzung des Bundesrats am 25.5.1973 wurde der Vertrag mit der Mehrheit der CDU/CSU-regierten Bundesländer abgelehnt. Vgl. Stenographischer Bericht der 394. Sitzung des Bundestags, S. 168 ff. Die Bayerische Landesregierung reichte am 22.5.1973 eine Normenkontrollklage gegen diesen Vertrag beim Bundesverfassungsgericht ein. Das Gericht entschied am 31.7.1973, dass der Vertrag mit dem Grundgesetz vereinbar sei. Aktenzeichen 2 BvF 1/73.

Auf die Frage des Kollegen *Hauenschild* nach der gegenseitigen Information teilt Kollege *Vetter* mit, daß die technische Kommission den gegenseitigen Austausch von Gewerkschaftsorganen behandeln soll.

Kollege *Kluncker* weist auf den bestehenden Beschluß hin, daß sondiert werden sollte, ob Kontakte mit den Gewerkschaften des FDGB möglich sind. Wenn jetzt Kontakte aufgenommen werden sollen, muß ein neuer Beschluß gefaßt werden.

Kollege *Vetter* erklärt, daß vorgesehen ist, den Gesprächsinhalt mit dem FDGB in einem Rundschreiben den Vorständen der Gewerkschaften zur besseren Information zuzuleiten. Danach sollten erst Kontakte aufgenommen werden. Im Prinzip könnte heute schon beschlossen werden, daß die Gewerkschaften für eine Kontaktaufnahme frei sind.[33]

Kollege *Buschmann* spricht sich ebenfalls für eine erste Behandlung in den Vorständen und dann im Bundesvorstand aus.

Die Frage des Kollegen *Kluncker*, ob der Beschluß mit dem Kontaktverbot bis auf den DGB so lange bestehen bleibt, wird vom Kollegen *Vetter* bejaht.

Die Kollegen *Drescher* und *Clauss* sprechen Probleme der grenznahen Bezirke und eine mögliche Kontaktaufnahme an.

Kollege *Vetter* sagt zu, daß die Vorstellungen der Landesbezirke für eine Kontaktaufnahme mit berücksichtigt werden.

Der Bundesvorstand nimmt den Bericht des Kollegen Vetter zur Kenntnis und spricht sich für eine erneute Behandlung nach Beratung in den Gewerkschaftsvorständen aus.

d) Gespräche mit Parteien

Auf die Frage des Kollegen *Buschmann* nach Gesprächen mit Parteien, die neben Mitbestimmung und Vermögensbeteiligung auch Tarifvertragsgesetz behandeln, erklärt Kollege *Vetter*, daß Parteien in der jetzigen Situation gar nicht ansprechbar sind. Bei der SPD sollte der Parteitag abgewartet werden, um dann in Gespräche zu kommen. Gespräche mit der FDP werden in den nächsten vier Wochen stattfinden, wo die o. a. Fragen angesprochen werden. Die CDU befindet sich zur Zeit in einem Gärungsprozeß in Bezug auf gesellschaftspolitische Fragen. Es liegt eine Einladung der CDU vor, der aber erst nach Rückkehr von Kollegin Maria Weber Folge geleistet werden wird.

Ende der Sitzung: 14.05 Uhr

---

33 Siehe Dok. 83.

DOKUMENT 78

4. April 1973: Protokoll der 3. Sitzung des Bundesausschusses

Hotel Intercontinental in Düsseldorf; Vorsitz: Heinz O. Vetter; Protokollführung: Isolde Funke, Marianne Jeratsch; Sitzungsdauer: 10.10–16.20 Uhr; ms. vermerkt: »Vertraulich«.[1]

Ms., hekt., 18 S., 2 Anlagen.[2]

DGB-Archiv, 5/DGAI000445.

Beginn der Sitzung 10.10 Uhr

[*Vetter* eröffnet die Sitzung.]

Tagesordnung:
 1. Genehmigung des Protokolls der 2. Bundesausschußsitzung
 2. Bericht zur organisatorischen und gewerkschaftspolitischen Situation
 3. Beteiligung am Produktivkapital
 4. Haushalt 1973
 5. Leistungen aus dem Solidaritätsfonds
 6. Ausnahmeregelung für die Beitragszahlung der GEW an den DGB
 7. Bericht der Revisoren
 8. Richtlinien für die Landesbezirkskonferenzen
 9. Bestätigung von Landesbezirksvorstandsmitgliedern, hier: Landesbezirk Baden-Württemberg
 10. Bestätigung von Landesbezirksvorstandsmitgliedern, hier: Landesbezirk Rheinland-Pfalz

1. ENEHMIGUNG DES PROTOKOLLS DER 2. BUNDESAUSSCHUSSSITZUNG

[Der Bundesausschuss genehmigt das Protokoll.]

2. BERICHT ZUR ORGANISATORISCHEN UND GEWERKSCHAFTSPOLITISCHEN SITUATION

Kollege *Vetter* beginnt seinen Bericht mit einem kurzen Überblick über die internationale Situation. Die Lage des IBFG hat sich, dank der Aktivitäten des Generalsekretärs, außerhalb Europas mehr gefestigt, als man es erwarten konnte. Insbesondere ist der Kontakt zu den nationalen Organisationen der 3. Welt vertieft worden. In diesem Zusammenhang berichtet Kollege Vetter von seinen Kurzbesuchen in Malaysia, Singapur und Südkorea, die er anläßlich eines von ihm geleiteten und von DGB, Friedrich-Ebert-Stiftung

---

1 Einladungsschreiben vom 21.3.1973. Ursprünglich sollte die Sitzung am 3.3.1973 stattfinden (Einladungsschreiben vom 23.1.1973). Wegen der Beratung im Bundesvorstand über die Vermögensbildung (Dok. 74) wurde die Sitzung mit Schreiben vom 12.2.1973 auf den 4.4.1973 verlegt. DGB-Archiv, DGB-BV, Abt. Vorsitzender 5/DGAI000411.
2 Anlagen: Anwesenheitsliste; Antrag der IG Metall zu TOP 3: »Beteiligung am Produktivkapital«.

und den gemeinwirtschaftlichen Unternehmen getragenen Forums in Tokio machte.³ Die Gespräche mit den dortigen Gewerkschaftsvertretern haben ergeben, daß nicht vordringlich wirtschaftliche oder politische Hilfestellung gewünscht wird, sondern vielmehr die Bereitstellung von Fachleuten für den Aufbau einer Gemeinwirtschaft im sozialen Wohnungsbau und im gewerkschaftlichen Bank- und Versicherungswesen. Kollege Vetter fährt fort, daß er die Rückreise von Asien in Moskau unterbrochen habe. Die Gespräche mit den Vertretern der sowjetischen Gewerkschaften hatten Themen wie das Kontaktprogramm 1973 mit dem DGB und die für Januar 1974 vorgesehene Regionalkonferenz der ILO zum Inhalt. Es wurde auch über die Absicht gesprochen, anläßlich dieser Konferenz eine Zusammenkunft aller europäischen Delegationsleiter durchzuführen, um die Möglichkeiten einer Zusammenarbeit in zentralen, die Industrienationen betreffenden Fragen zu prüfen.⁴ Kollege Vetter geht dann kurz auf den im Hinblick mit der bevorstehenden Neugründung des Europäischen Gewerkschaftsbundes geäußerten Vorschlag der Ostblockgewerkschaften zu einem Zusammenschluß mit dem neuen Bund ein.⁵

Zu der am 8. und 9. Februar erfolgten Gründung des erweiterten Europäischen Gewerkschaftsbundes gibt Kollege Vetter einen kurzen Rückblick auf die vorausgegangene Entwicklung vom Verbindungsbüro der freien europäischen Gewerkschaften zur Gründung des EBFG im April 1969, seine nicht satzungsmäßig festgelegten Beziehungen zum IBFG und die nicht abgeschlossenen Probleme wie Aktionsprogramm, Zusammenarbeit mit Christen und Kommunisten, Industrieausschüsse. Diese Probleme stellen sich auch dem neuen Bund. Die gemeinsamen Aufgaben, die sich aus dem wirtschaftlich zusammenwachsenden Westeuropa über die bestehenden Gemeinschaften hinaus ergeben, waren der Grund für den Wunsch der europäischen IBFG-Gewerkschaften, sich zu einem großen Bund zusammenzuschließen. Obwohl nach langen Verhandlungen einige Auflagen des DGB sowohl in der Namensgebung als auch in der Zielsetzung nicht voll erfüllt wurden, hat der DGB schließlich der Gründung des großen Bundes, der Wahl des TUC-Generalsekretärs zum 1. Präsidenten und auch der Satzung zugestimmt. Eine zur Satzung gehörende Präambel legt den Charakter des Bundes wie seine Bindung an den IBFG fest. Es wurde auch ein Sonderabstimmungsverfahren in die Satzung aufgenommen, das eine Vernachlässigung der EWG-Interessen verhindern wird. Es wird nun Aufgabe des DGB sein, im Exekutivausschuß des EGB für die Durchführung der gestellten Aufgaben und eine vernünf-

---
3 Vgl. Bericht von Harald Simon vom 3.2.1973 über die Ostasienreise Heinz O. Vetters vom 16. bis 30.1.1973, DGB-Archiv, DGB-BV, Internationale Abt. 5/DGAJ000516. Auch Vetter nach Ostasien, in: ND, 16.1.1973, Nr. 14. Siehe auch: DGB will sich in Asien engagieren, in: SZ, 27./28.1.1973.
4 Am 19.1.1974 fand in Genf im Rahmen der 2. Europäischen Regionalkonferenz der IAO ein konsultatives Treffen der Vorsitzenden und Generalsekretäre der europäischen Gewerkschaftsbünde statt. Vgl. Presseerklärung des Treffens, in: DGB-Archiv, DGB-BV, Internationale Abt. 5/DGAJ000523.
5 Vgl. Heinz O. Vetter sprach mit Alexander Schelepin, in: Die Quelle 24, 1973, Heft 2, S. 51 sowie Vetter und Schelepin für Besuchsaustausch, in: FAZ, 31.1.1973 und Gewerkschaften des Ostblocks wollen in Brüssel dabeisein, in: NRZ, 31.1.1973.

tige, effektive Politik zu sorgen. In der letzten Sitzung beispielsweise haben die DGB-Vertreter die englischen Kollegen erneut eindringlich darauf hingewiesen, daß sie ihre Weigerung aufgeben müssen, in den Organen der Gemeinschaft mitzuarbeiten.⁶ Nach letzten Informationen scheint sich in dieser Frage auch ein Meinungswandel zu vollziehen. Das gilt offenbar ebenso für die Einstellung der englischen Gewerkschaften zur Mitbestimmung. Kollege Vetter verweist abschließend auf einen informativen Artikel zu Europafragen, der dem Bundesausschuß übermittelt werden soll.⁷

Kollege Vetter berichtet sodann kurz über das zweite Sitzungsgespräch zwischen DGB und FDGB, das am 14. und 15. März in Düsseldorf stattgefunden hat. Bei diesem Gespräch wurde deutlich, daß der FDGB zwar an einer Weiterführung der Kontakte zum DGB und seinen Gewerkschaften interessiert ist, dies aber nur Schritt für Schritt unter ständiger Kontrolle tun will. Ein besonderer Punkt der Gespräche von Seiten des FDGB war die Ratifizierung des Grundvertrages und der Begleitverträge.⁸ Daraus ergab sich die Absprache, unmittelbar nach der Ratifizierung zusammenzutreffen, um die besonderen Hilfen zu beraten, die in humanitärer Richtung dann gegeben werden können. Einige der Themen werden Familienzusammenführung, Grenzwege, Umweltschutz und Abschluß eines Sozialversicherungsabkommens sein. Gesprächspunkte im gewerkschaftlichen Bereich waren die Vorstandskontakte zwischen den einzelnen Gewerkschaften von DGB und FDGB, die Darstellung der gesellschaftlichen Lage, des gewerkschaftlichen Selbstverständnisses und der Aufgaben in beiden Teilen Deutschlands mit Vergleichen von Betriebs- und Unternehmensverfassung einerseits und sozialer Betriebsdemokratie und neuer Form von Tarifpolitik andererseits. Ein detaillierter Bericht über dieses Spitzengespräch wird Bundesvorstand und Bundesausschuß zugeleitet. Er soll in den Vorständen der Gewerkschaften beraten werden, damit der Bundesvorstand in seiner Mai-Sitzung über die Fortsetzung bzw. Erweiterung der Kontakte entscheiden kann.⁹

Abschließend geht Kollege Vetter auf die innenpolitische und innergewerkschaftliche Situation ein und erwähnt die erfolgreiche Entwicklung der Mitgliederzahlen mit der Überschreitung der 7-Millionengrenze.¹⁰ Gegenüber Bundesregierung und Parteien wird sich der DGB nun, nach einer gewissen Schonzeit, verstärkt für die Verwirklichung der in den Wahlprüfsteinen auf

---

6 Vgl. Sitzung des Exekutivausschusses des EGB am 9.3.1973, DGB-Archiv, DGB-BV, Abt. Vorsitzender 5/DGAI003910. Auf Wunsch von Victor Feather fand am 7.4.1973 ein Treffen mit Heinz O. Vetter statt, bei dem u.a. die Mitarbeit der TUC in den Gremien der EWG behandelt wurde. Vgl. Gedächtnisprotokoll von Harald Simon vom 15.4.1973. Vgl. DGB-Archiv, DGB-BV, Internationale Abt. 5/DGAJ000516.
7 Müller-Engstfeld: Ein Europa der Fünfzehn, S. 201–208.
8 Das Kommuniqué zum Treffen DGB – FDGB findet sich in: ND, 15.3.1973, Nr. 86. Zum Vertragstext gab es Zusatzprotokolle (Begleitverträge) u.a. zu Vermögensfragen, Staatsangehörigkeitsfragen, zur Familienzusammenführung, zu Reiseerleichterungen und zur Verbesserung des nichtkommerziellen Warenverkehrs. Vgl. Nakath: Die Verhandlungen, S. 39 f. Siehe auch: Anmerkungen in Dok. 77, Fußnote 28.
9 Die Vorlage (Bericht) wurde erst zur 9. BV-Sitzung am 5.6.1973 vorgelegt (Dok. 84).
10 Der Mitgliederstand der DGB-Gewerkschaften war zum 31.12.1972 6.885.548 und stieg zum 31.12.1973 auf 7.167.523. Vgl. DGB-Geschäftsbericht 1972–1974, Abt. Organisation, S. 447 f.

der Grundlage des Aktionsprogramms festgelegten Ziele einsetzen. Neben der Bildung und der beruflichen Bildung werden die Fragen des Personalvertretungsgesetzes, die Erweiterung der paritätischen Mitbestimmung, Steuerreform und Änderung und Verbesserung des Tarifvertragsgesetzes im Mittelpunkt der Gespräche mit Regierung und Parteien stehen. Das Präsidium der CDU hat inzwischen eine Einladung ausgesprochen, die nach Klärung einiger interner Fragen in Kürze angenommen wird.[11] Mit der FDP bereiten zweiseitige Arbeitsgruppen ein abschließendes Gespräch über den gesamten gesellschaftspolitischen Bereich vor.[12] Nach ihrem Parteitag werden mit der SPD über den Gewerkschaftsrat hinaus Gespräche geführt.[13] Die in gesellschaftspolitischen Fragen in Bewegung geratenen Parteifronten lassen hoffen, daß wenigstens in einigen Punkten die Erfüllung unserer Forderungen in den Bereich des Möglichen rückt, wenn man sich auch darüber klar sein muß, daß nicht alle Ziele in einer Legislaturperiode zu erreichen sind. In Zusammenhang mit der Preissituation erwähnt Kollege Vetter eine Äußerung von Bundeswirtschaftsminister Friderichs, der überraschenderweise deutlich erklärt hat, daß Mitte des Jahres eine neue Lohnexplosion drohen wird, wenn sich in der Preisentwicklung keine Wende ergibt.[14] Die nächste Konzertierte Aktion am 18.5. wird die Verantwortlichen für die gegenwärtige Lage sicher deutlicher als bisher markieren müssen.[15] Abschließend kritisiert Kollege Vetter scharf die vor einigen Tagen erfolgte absolute Absage der Arbeitgeber an die paritätische Mitbestimmung. Er habe dazu bereits deutlich in seinem Referat auf der Bonner-Kundgebung zum Personalvertretungsgesetz Stellung genommen[16] und werde das bei weiteren öffentlichen Veranstaltungen tun.

---

11 Ein Antwortschreiben des DGB auf die Einladung Rainer Barzels vom 16.2.1973 zu einem Gespräch mit dem CDU-Präsidium ist in den Akten nicht überliefert. Erst am 5.12.1973 kam es zu einem Treffen zwischen dem neuen CDU-Vorsitzenden Helmut Kohl und Heinz O. Vetter sowie Maria Weber in Düsseldorf. DGB-Archiv, DGB-BV, Abt. Vorsitzender 5/DGAI001978. Es fanden jedoch 1973 mehrere Gespräche mit den CDU-Sozialausschüssen statt, insbesondere zum Themenkomplex der paritätischen Mitbestimmung. Vgl. DGB-Archiv, DGB-BV, Sekretariat Martin Heiß 5/DGCS000096.
12 Vgl. FDP und DGB lassen Arbeitsgruppen nach Kompromissen suchen, in: WAZ, 22.2.1973 sowie Arbeitsgruppen für Gespräche DGB/FDP, in: Rheinische Post, 3.4.1973. Zu den Gesprächen mit der FDP siehe auch: DGB-Archiv, DGB-BV, Sekretariat Martin Heiß 5/DGCS000012.
13 Auf Wunsch Vetters sollten in den Ausschüssen und Kommissionen des SPD-Parteivorstandes namhafte Gewerkschafter vertreten sein. Im Schreiben Börners vom 28.6.1973 an Vetter wurde, nach Beratung in der PV-Sitzung am 22.6.1973, diesem Wunsch entsprochen. Vgl. DGB-Archiv, DGB-BV, Abt. Vorsitzender 5/DGAI001805. Auf der Sitzung des SPD-PV am 9.9.1973 war Heinz O. Vetter anwesend zum TOP 1 Innenpolitik und Arbeitsprogramm der Koalition und zur Zusammensetzung und Konstituierung des Gewerkschaftsrats. Vgl. AdsD, SPD-PV, Bundesgeschäftsführer Holger Börner 2/PVCO000002.
14 In einem Gespräch mit dem »Handelsblatt« führte Bundeswirtschaftsminister Friderichs aus, dass ohne Preiswende eine neue Lohnkostenexplosion drohe, Ohne Preiswende droht Lohnkostenexplosion, in: Handelsblatt, 2.4.1973.
15 Vgl. Kommuniqué der 28. Sitzung der Konzertierten Aktion, Dok. 82.
16 Vgl. hierzu Redemanuskript Heinz O. Vetters zur Kundgebung »Für ein fortschrittliches Personalvertretungsgesetz« am 2.4.1973 in der Bonner Beethovenhalle, DGB-Archiv, DGB-BV, Abt. Vorsitzender 5/DGAI000125. Am 21.3.1973 fand vor dem Innenausschuss des Deutschen Bundestages eine Anhörung von Vertretern des DGB und der DGB-Gewerkschaften über das neue Personalvertretungsgesetz statt. Vgl. ÖTV-Magazin, 1973, Nr. 4, S. 2.

Kollege Vetter bittet, weitere interessierende Punkte in der anschließenden Diskussion zu erörtern.

Zum Thema Spitzengespräche DGB/FDGB fragt Kollege *Teubler*, ob er es richtig verstanden habe, daß die Gewerkschaftsvorstände einen Bericht erhalten sollen, auf dessen Grundlage sie über eventuelle Einzelkontakte entscheiden werden. Wenn das so ist, meint Kollege Teubler, müsse zunächst der Bundesausschuß die bisherigen Empfehlungen aufheben, um solche Beschlüsse zu ermöglichen.

Kollege *Vetter* bejaht die Frage des Kollegen Teubler und erläutert noch einmal kurz das vorgesehene Verfahren.

Kollege *Fehrenbach* ist der Meinung, daß in den Bericht zur Lage auch die Erwähnung der bevorstehenden und für die gesamte Mitbestimmungsdebatte wichtigen parlamentarischen Beratungen zur neuen Unternehmensverfassung der Bundespost gehört.[17] Er weist außerdem auf das Thema Personalvertretungsgesetz und die angestrebte Übertragung der Regelungen des Betriebsverfassungsgesetzes auf das PVG hin und erwähnt in diesem Zusammenhang die am 2.4. durchgeführte Kundgebung zum PVG in Bonn.

Kollege *Vetter* unterstreicht die Bedeutung einer neuen Postverfassung für die gesamte Mitbestimmungsfrage. Nach seinen Informationen wird die parlamentarische Behandlung in der zweiten Hälfte des Jahres erfolgen. Mit der regierungsführenden Partei[18] werden nach ihrem Parteitag die entsprechenden Verhandlungen verstärkt fortgesetzt werden.

Kollege *Stadelmaier* begrüßt es, daß das Thema Tarifvertragsgesetz zu den vordringlichen Punkten gehört, die vom DGB mit den Parteien diskutiert werden sollen. Im Prinzip sind sich alle Gewerkschaften über die Dringlichkeit dieses Problems einig. Deshalb wäre es wünschenswert, wenn dieses Thema auch von allen Gewerkschaften mehr in den Vordergrund der Diskussion gestellt würde.

Kollege Stadelmaier bittet abschließend um eine kurze Erläuterung der Stellung der Industrieausschüsse im EGB.

Zum Thema Tarifvertragsgesetz teilt Kollege *Vetter* mit, daß zur Zeit eine Zusammenfassung der Rechtslage sowohl für den europäischen als auch für den deutschen Bereich erfolgt, um in der bevorstehenden politischen Debatte die nötigen Argumente zu haben. Ein Arbeitspapier wird so bald wie möglich vorgelegt werden.

Anschließend schildert Kollege Vetter kurz die Situation der Industrieausschüsse bzw. Internationalen Berufssekretariate, die in der Vergangenheit in mehrfacher Hinsicht ein unkoordiniertes Eigenleben geführt haben. Der IBFG bemüht sich um eine Änderung der Lage. Dabei ist zu berücksichtigen,

---

17 Vgl. Gesetzentwurf der Fraktionen von SPD und FDP über die Unternehmensverfassung der Deutschen Bundespost, Bundestagsdrucksache VII/81 vom 25.1.1973. Stellungnahmen der DPG zu dem Gesetzentwurf in: Deutsche Post 25, 5.2. bzw. 5.3.1970, Nr. 3 und Nr. 5 sowie Post-Mitbestimmung: Modell oder Mißgriff? in: SZ, 9.3.1973.
18 Die regierungsführende Partei SPD hatte vom 10. bis 14.4.1973 ihren Parteitag in Hannover.

daß das Verhältnis zwischen IBFG und Internationalen Berufssekretariaten ähnlich dem zwischen DGB und Einzelgewerkschaften ist. Die praktische Politik wird weitgehend in den Fachorganisationen gemacht. Kollege Vetter geht dann kurz auf die Situation im europäischen Bereich ein und erwähnt insbesondere die Abneigung der englischen Kollegen gegen starke Fachorganisationen, die – bei ihren ca. 200 Einzelorganisationen – eine Majorisierung des EGB durch die Industrieausschüsse fürchten.[19] Es wird Aufgabe des DGB und der anderen EWG-Gewerkschaften im EGB sein, die zwar in der Satzung verankerte, aber im Einzelnen noch nicht festgelegte Mitwirkung der Industrieausschüsse durchzusetzen.

Kollege *Judith* begrüßt die klare Aussage des DGB zur paritätischen Mitbestimmung auf die letzten Äußerungen der Arbeitgeber zu diesem Thema.[20] Daran anknüpfend, bittet er um eine Information über die inzwischen erfolgten Gespräche zwischen DGB und FPD in Sachen Mitbestimmung, die Zeitungsmeldungen zufolge bereits eine gewisse Kompromißbereitschaft erkennen lassen sollen.[21] Er stellt die Frage, ob der DGB nach wie vor zu seinem Modell der qualifizierten Mitbestimmung steht. Kollege Judith möchte außerdem wissen, warum die beiden, seit 1952 mit der qualifizierten Mitbestimmung lebenden Gewerkschaften IG Metall und IG Bergbau und Energie nicht in der Kommission vertreten sind, die mit der FDP verhandelt.

Kollege *Vetter* erklärt, daß es in den Gesprächen mit der FDP von Seiten des DGB keinerlei Kompromisse in der Mitbestimmungsfrage gegeben hat. Andererseits ist jedoch der Eindruck gewonnen worden, daß es nicht ausgeschlossen ist, daß die FDP sich in Einzelpositionen von ihren letzten Parteitagsbeschlüssen abwenden könnte. In weiteren Gesprächen sollte deshalb nach Ansicht des DGB versucht werden, die DGB-Vorstellungen durchzusetzen.

Zur Frage der Beteiligung von Vertretern der IG Metall und der IG Bergbau und Energie an dem durch Arbeitskreise vorbereiteten Spitzengespräch zwischen DGB und FDP erklärt Kollege Vetter, daß einer Erweiterung des Kreises nichts im Wege steht.

Kollege Vetter stellt abschließend fest, daß der Bundesausschuß den Bericht zur organisatorischen und gewerkschaftspolitischen Situation zustimmend zur Kenntnis genommen hat.

PAUSE: 11.10 BIS 11.20 UHR

---

19 Siehe hierzu Gespräch zwischen Victor Feather und Heinz O. Vetter am 7.4.1973, Fußnote 6 in diesem Dokument.
20 In einer Presseerklärung des DGB vom 30.3.1973 (ND, 1973, Nr. 110) kritisierte der DGB die Forderungen der Bundesvereinigung der Deutschen Arbeitgeberverbände nach einer abgesicherten Mehrheit der Eigentümer im Aufsichtsrat und die Ablehnung jeglicher Form von paritätischer Mitbestimmung.
21 Siehe u. a. Flach: FDP und DGB suchen Mitbestimmungs-Kompromiß, in: Die Welt, 7.3.1973.

3. BETEILIGUNG AM PRODUKTIVKAPITAL

Kollege *Vetter* verweist zunächst auf den Beschluß des Bundesvorstandes vom 23.3.1973[22], der dem Bundesausschuß als Beschlußvorlage zugeleitet worden ist. Er weist gleichzeitig auf die Bedeutung dieses Themas hin sowie die öffentliche Diskussion, die um die heutige Beratung in Gang gekommen ist. Die in der Presse vielfach hochgespielte Auseinandersetzung um diese Frage darf nicht dazu führen, daß die – wie üblich – offene Diskussion ausbleibt.[23]

Kollege Vetter stellt sodann die Entwicklung der Willensbildung um die Frage der Vermögensbeteiligung innerhalb der Gewerkschaften dar. Ausgehend vom Auftrag des Berliner Bundeskongresses[24], soll der Bundesausschuß nunmehr eine klare Stellungnahme in dieser Frage abgeben. Die gegenwärtige politische Situation sowie der erklärte Wille aller Parteien, in der Frage der Vermögenspolitik gesetzliche Initiativen zu ergreifen, macht es erforderlich, daß auch die Gewerkschaften Position beziehen. Bei der Darstellung der geschichtlichen Entwicklung betont Kollege Vetter, dass die Diskussion um die Beteiligung der Arbeitnehmer am Produktivkapital nicht in erster Linie von den Gewerkschaften ausgegangen ist. Die verschiedenen Beschlüsse von Bundesvorstand, Bundesausschuß und Bundeskongressen seit 1968 haben deutlich gemacht, daß es sich bei der herkömmlichen Vermögensbildung nur um Sparförderung handelt. Diese klare Unterscheidung ist jedoch noch nicht bis zu jedem Mitglied vorgedrungen, es ist deshalb weiterhin eine intensive Aufklärungsarbeit notwendig. Nachdem der Bundeskongreß 1972 alle zur Sache gestellten Anträge an den Bundesausschuß zur weiteren Beratung und Beschlussfassung überwiesen hat, liegt nunmehr ein Entwurf für eine Stellungnahme vor, der sich in allen wesentlichen Bestandteilen mit dem Antrag 27 des letzten Bundeskongresses deckt. Nachdem die IG Metall im Oktober letzten Jahres und die ÖTV im Februar dieses Jahres ihre Einwände und Bedenken geltend gemacht haben[25], ist die Vorlage erneut abgeändert worden, um diese Bedenken zu berücksichtigen. Der gesellschaftspolitische Ausschuß und der Bundesvorstand ist schließlich mehrheitlich zu der Auffassung gelangt, daß die vorliegende Vorlage diesen Bedenken gerecht geworden ist.[26] Der Vorschlag bewegt sich auf der Basis des Aktionsprogrammes[27], in dem die

---

22 Vgl. Dok. 76.
23 So einige Artikel vom 31.3.1973: Krach im DGB und Vermögenspolitik im DGB weiter umstritten, in: WAZ; Neuer heftiger Streit um Mitbestimmung, in: Kölner Stadt-Anzeiger; Vor wichtigen Entscheidungen über die Vermögensbildung, in: Frankfurter Allgemeine Zeitung sowie DGB vor Auseinandersetzung über die Vermögensbildung, in: Die Welt.
24 Auf dem 9. Ordentlichen Bundeskongress des DGB 1972 in Berlin wurde der Antrag 27, der detaillierte Vorschläge für ein Vermögensbildungsmodell mit Fonds enthielt, nicht verabschiedet. Der Kongress beschloss deshalb, den Bundesausschuss zu beauftragen, »[...] auf der Grundlage aller dem Kongreß zur Sache gestellten Anträge [...]« ein neues Modell zu beraten und zu verabschieden. Vgl. Protokoll 9. Bundeskongreß, S. 208.
25 Siehe Leitgedanken der IG Metall vom 17.10.1972 in: Metall Pressedienst, 17.10.1972 sowie die einstimmig beschlossenen 8 Forderungen des ÖTV-Hauptvorstands für eine überbetriebliche Ertragsbeteiligung, abgedr. in: ÖTV-Magazin, 1973, Nr. 4, S. 4.
26 Vgl. Diskussion zu TOP 2 in Dok. 73.
27 Siehe DGB-Aktionsprogramm 1971, Forderung 3 »Bessere Vermögensverteilung«, Düsseldorf, Februar 1971, S. 16–18 sowie Dok. 44, Fußnote 8.

Beteiligung aller Arbeitnehmer am Produktivvermögen durch eine Ertragsbeteiligung gefordert ist. Den zur Sache gehörenden Anträgen des letzten Bundeskongresses ist dadurch Rechnung getragen worden, daß im letzten Absatz des Vorschlages betont wird, im Rahmen eines gesellschaftspolitischen Reformkonzeptes müsse der Stellenwert der Vermögensbeteiligung noch endgültig geklärt werden. Diese Formulierung enthält nach Auffassung des Kollegen Vetter auch gleichzeitig eine konkrete Verpflichtung für den DGB, die Arbeiten an einem derartigen Konzept nunmehr zügig anzugehen.

Kollege Vetter faßt seine Ausführungen in drei Punkten zusammen:

Erstens macht es die politische Situation erforderlich, daß die Gewerkschaften eine Stellungnahme zur vermögenspolitischen Diskussion mit einem konkreten Vorschlag abgeben. Ohne konkrete Vorstellungen ist die politische Entwicklung sehr viel schwerer zu beeinflussen als mit nur negativen Stellungnahmen.

Zweitens sind die eingebrachten Bedenken nach Meinung der Mehrheit des Bundesvorstandes durch mehrere Abänderungen berücksichtigt worden.

Drittens schließlich ist der Bundesvorstand mehrheitlich der Meinung, daß der Bundesausschuß seine ihm vom Bundeskongreß übertragene Aufgabe nur durch eine Entscheidung in der Sache erfüllen kann.

Auch Kollege *Loderer* geht zunächst auf die Berichterstattung in der Presse über die heutige Beratung ein. Er betont, daß vielfach mit einer falschen Optik berichtet worden ist. Es geht weder um eine persönliche Kontroverse zwischen dem Kollegen Vetter und ihm, noch um eine Auseinandersetzung zwischen der IG Metall und dem DGB. Vielmehr handelt es sich um eine Kontroverse in grundsätzlichen Fragen, bei der die IG Metall keineswegs alleine da steht. Auch andere Gewerkschaften teilen die Bedenken der IG Metall, wie sie in den sieben Punkten vom letzten Oktober formuliert worden sind.[28]

Kollege Loderer geht sodann zunächst auf die allgemeine vermögenspolitische Diskussion und die bevorstehenden Beratungen des SPD-Parteitages ein. Seiner Meinung nach ist es keineswegs erforderlich, daß der DGB durch einen Beschluß auf der Grundlage des vorliegenden Papiers seine Meinung äußert. Auch eine Ablehnung der Vorlage ist keineswegs als Meinungslosigkeit des DGB zu werten. Unter langfristigen gewerkschaftspolitischen Aspekten ist aus der Sicht der IG Metall die vorgelegte Beschlußvorlage außerordentlich bedenklich. Die gleichen Bedenken gelten auch gegenüber den Vorstellungen der SPD, die sich im Wesentlichen mit dem DGB-Vorschlag decken. Daraus kann aber nicht abgeleitet werden, daß die Thesen der IG Metall gegen die SPD geschrieben sind, schon rein zeitlich gesehen, ist eine derartige Interpretation abwegig. Die Bedenken der IG Metall sind einerseits grundsätzlicher und langfristiger Natur, andererseits ergeben sie sich aber auch aus der vorgegebenen politischen Situation. Die Durchsetzungschancen für Vorstellungen gemäß dem Vorschlag des Bundesvorstandes sind nach Meinung des Kollegen Loderer äußerst gering. Gerade wer es mit inneren

---

28 Zu den Leitgedanken der IG Metall zur Vermögenspolitik vgl. Dok. 76, Fußnote 9.

Dokument 78 4. April 1973

Reformen ernst meint, muß vorrangig eine höhere Qualität des Lebens, eine Demokratisierung von Wirtschaft und Gesellschaft durchsetzen sowie eine aktive Tarifpolitik der Gewerkschaften ermöglichen. Diese drei Punkte zusammen bilden das einheitliche Konzept, das am ehesten den Interessen der Arbeitnehmer dient und auch am ehesten durchsetzbar ist. Dieses Konzept deckt sich mit den Forderungen des DGB-Grundsatzprogramms.

Wenn die SPD trotz dieser lange bekannten Position zu anderen Auffassungen gelangt, so ist dies zwar zu akzeptieren, ebenso müsse man aber akzeptieren, wenn die IG Metall zu anderen Auffassungen gelangt ist.

Erneut auf die öffentliche Diskussion um den bevorstehenden Parteitag der SPD eingehend, meint Kollege Loderer, daß es als abwegig anzusehen ist, die Haltung der IG Metall mit einer Unterstützung für Gruppen auf dem Parteitag oder gar mit Bündnispolitik gleichzusetzen. Da die Position der IG Metall erkennbar und durchschaubar ist, sind derartige Vermutungen in den Bereich der Fabel zu verweisen. Die schrille Begleitmusik in der öffentlichen Meinung darf kein Anlaß sein, von grundsätzlich als richtig erkannten Positionen abzugehen.

Kollege Loderer geht sodann auf die vermögenspolitische Diskussion seit dem letzten Bundeskongreß des DGB ein. Nach wie vor steht die IG Metall zu dem, was sie in Berlin mitbeschlossen hat. Zur Frage der überbetrieblichen Ertragsbeteiligung ist jedoch zu betonen, daß sie nur in Zusammenhang mit dem beschlossenen Gesamtkatalog für Reformvorstellungen zu sehen sind. Da im Aktionsprogramm im entsprechenden Kapitel an erster Stelle Maßnahmen der Wirtschafts-, Finanz- und Steuerpolitik, an zweiter Stelle die Ausschöpfung der tariflichen Möglichkeiten der gesetzlichen Sparförderung und erst an dritter Stelle die überbetriebliche Ertragsbeteiligung stehen, ergibt sich hieraus nach Meinung des Kollegen Loderer eine Rangfolge. Zwar kann der Bundesvorstand und Bundesausschuß Prioritäten zwischen diesen drei Zielen setzen, es ist aber sachgerechter, diese Ziele als eine Einheit anzusehen, die Priorität ist einzig und allein vom Maßstab der jeweiligen Durchsetzungsmöglichkeiten zu messen. Die Frage der Durchsetzungsmöglichkeit wird aber gerade von der IG Metall und anderen Gewerkschaften anders beurteilt als von der Mehrheit des Bundesvorstandes.

Kollege Loderer weist weiter darauf hin, daß der Bundeskongreß im Laufe der Beratungen den Antrag 7, den Antrag 78 und den Antrag I 3 verabschiedet hat.[29] Die zum Teil einstimmig erfolgte Verabschiedung dieser Anträge ist seiner Meinung nach in der Beschlußvorlage eindeutig zu kurz gekommen, obgleich sie mit der Vermögenspolitik in einem untrennbaren Zusammenhang stehen. Die entsprechenden Auflagen bei der Beschlußfassung über den Antrag 27[30] sind deshalb als nicht eingehalten anzusehen.

29 Antrag 7 (IG Metall): Forderungen des DGB zur Gesellschaftsreform; [Initiativ-] Antrag I 3 (IG Metall): Mitbestimmung und Betriebsverfassung sowie Antrag 78 (LB Rheinland-Pfalz): Verwirklichung des DGB-Grundsatzprogramms. Vgl. Protokoll 9. Bundeskongreß, Teil: Anträge und Entschließungen, S. 11 f., 17 f. und 71 f.
30 Der Bundeskongress beschloss den Bundesvorstand zu beauftragen, dem Bundesausschuss auf der Basis aller dem Bundeskongress gestellten Anträge (Anträge 27 bis 32) ein Modell zur überbetrieblichen Ertragsbeteiligung vorzulegen. Siehe Fußnote 24 in diesem Dok.

4. April 1973 **Dokument 78**

Kollege Loderer geht sodann auf das geäußerte Argument ein, die IG Metall habe seit dem letzten Bundeskongreß einen Kurswechsel vorgenommen. Er erinnert hierbei an die Beratungen des Vorstandes der IG Metall im Februar 1972, in der bereits die grundsätzlichen Bedenken der IG Metall gegen eine Fondslösung formuliert worden sind. Diese Bedenken sind in einer Entschließung dem GBV mitgeteilt worden und auch allgemein schon immer bekannt gewesen. Die Veröffentlichung der 7 Thesen der IG Metall vom Oktober 1972 ist nur eine konsequente Fortsetzung dieser Position, die Notwendigkeit zur Information der Öffentlichkeit ergab sich aus dem Recht der Mitgliederschaft der IG Metall, von der Diskussion um grundsätzlich kontroverse Standpunkte innerhalb des DGB zu erfahren.

Kollege Loderer kommt sodann zur Kritik an der Vorlage selbst. Erneut betont er den untrennbaren Zusammenhang mit dem Gesamtkonzept für gesellschaftliche Reformen. So wird. z. B. die Vorlage den Steuerreform-Vorstellungen der Gewerkschaften nicht gerecht. So ist es z. B. sicherlich unmöglich, gleichzeitig eine höhere Steuerbelastung der Eigentümer und eine überbetriebliche Ertragsbeteiligung durchzusetzen. Es muß aber nach Meinung der IG Metall mit allen Mitteln verhindert werden, steuerpolitische Maßnahmen zu Gunsten der Arbeitnehmer weiter hinauszuzögern.

Kollege Loderer spricht sodann die vorgesehene Bemessungsgrundlage an; da das Konzept auf Aktiengesellschaften zugeschnitten ist, muß der Gesetzgeber für viele Gesellschaften einen Zwang zur Rechtsformen-Änderung schaffen, was aber schwerlich auf absehbare Zeit durchsetzbar sein dürfte. Auch sieht die Vorlage nach Meinung des Kollegen Loderer völlig davon ab, daß durch eine breitere Streuung des Produktivvermögens an der Abhängigkeitsstellung des einzelnen Arbeitnehmers nichts geändert wird. Schließlich ergibt sich auch ein Widerspruch zur Tarifpolitik der Gewerkschaften, da Belastungen für die Anteilseigner stets den Gewerkschaften bei der nächsten Tarifrunde vorgerechnet werden. Zur Frage der Selbstverwaltung der Fonds schließlich dürfte nach Meinung des Kollegen Loderer als gewiß gelten, daß im Parlament eine Eingliederung der Fonds in das bestehende Bankensystem beschlossen wird. Da weiterhin die FDP die Prioritäten zwischen Mitbestimmung und Vermögenspolitik eindeutig anders setzt als der DGB, ist die Gefahr nicht ausgeräumt, daß die Durchsetzungschancen für ein Mitbestimmungskonzept verkleinert werden. Schließlich sind auch nach wie vor die Bedenken gegen die vorgesehene Sperrfristen-Regelung nicht ausgeräumt worden, die sich aus der Gefahr ergeben, daß nach Ablauf der Sperrfristen in größerem Umfange Zertifikate veräußert werden.

Kollege Loderer faßt die Meinung der IG Metall wie folgt zusammen:

Die ablehnende Haltung der IG Metall bewegt sich im Rahmen der Berliner Beschlüsse, nicht dagegen die Beschlußvorlage der Mehrheit des Bundesvorstandes. Die dem Auftrag des Bundeskongresses beigegebenen Anträge zur Sache, insbesondere der Antrag 7, sind trotz Erwähnung in der Vorlage inhaltlich nicht ausreichend berücksichtigt. Es ist weiterhin nicht notwendig, in der Sache zum gegenwärtigen Zeitpunkt einen positiven Beschluß zu fassen.

Erforderlich ist vielmehr, eine umfassende Konzeption zur Gesellschaftsreform auf der Basis der Anträge 7, 78 und I 3 zu erarbeiten.

Kollege Loderer stellt deshalb den Antrag, durch einen entsprechenden Beschluß den Bundesvorstand zu beauftragen, bis zum nächsten Bundeskongreß ein derartiges geschlossenes Konzept vorzulegen. Auch bei Ablehnung dieses und Annahme des Antrages des Bundesvorstandes dürfte sich der nächste Bundeskongreß auf jeden Fall erneut mit der Frage der Vermögenspolitik befassen.

Kollege *Vetter* lässt zunächst den Antrag der IG Metall verteilen und bittet um Einbeziehung dieses Antrages in die weitere Diskussion (Der Wortlaut des Antrages ist diesem Protokoll als Anlage beigefügt).[31]

Sodann erhält Kollege *Hesselbach* das Wort und betont vorweg, daß er die von Kollegen Loderer angestellten grundsätzlichen Überlegungen teilt. Es ist aber nach Meinung des Kollegen Hesselbach auch auf einige Punkte einzugehen, die Kollege Loderer nicht ausgesprochen hat. So ist besonders daran zu erinnern, daß die vermögenspolitische Diskussion erst aufgekommen ist, als der totale Sozialisierungsgedanke aufgegeben worden war. Von den in der Vergangenheit diskutierten Vorschlägen zur Lösung der vermögenspolitischen Frage hat kein einziger Plan die grundsätzlichen Bedenken ausräumen können, die Kollege Loderer hier vorgetragen hat. Auch gegen das dem Bundesausschuß nun vorliegende Konzept lassen sich Einwände bringen, dennoch wird dieser Vorschlag am ehesten den geäußerten Bedenken gerecht. Man muß, meint Kollege Hesselbach, anerkennen, daß die vermögenspolitischen Vorstellungen in ein Gesamtkonzept zur Gesellschaftsreform eingebettet sind. Es geht deshalb gegenwärtig keineswegs um Prioritäten, sondern um das Gesamtkonzept. Zwar gibt es sicherlich, was ihre Durchsetzbarkeit betrifft, zeitliche Rangfolgen für die einzelnen Bestandteile des Gesamtkonzeptes. Eine möglicherweise geringe Durchsetzbarkeit eines Teils der Konzeption darf aber nicht davon abhalten, sich grundsätzlich für ein

---

31 Der Beschlussantrag lautete: »Der Bundesausschuss beauftragt den Gesellschaftspolitischen Ausschuß, die gewerkschaftlichen Forderungen zur Gesellschaftsreform zu einer geschlossenen Konzeption zusammenzufassen. Grundlage dieser Arbeit sind insbesondere die folgenden Aufträge des Berliner Bundeskongresses an den Bundesvorstand:
   – Erarbeitung eines Programms zur Finanzierung und Durchsetzung gesellschaftlicher Reformen (Antrag 7)
   – Verstärkte Bemühungen um die Überführung von Schlüsselindustrien und anderen markt- und wirtschaftsbeherrschenden Unternehmen in Gemeineigentum (Antrag 78)
   – Erarbeitung eines Modells zur Gesellschaftsreform als Grundlage für eine spätere Neufassung des DGB-Grundsatzprogramms (Initiativantrag 3).
   In diesem Zusammenhang ist der politische Stellenwert einer Beteiligung der Arbeitnehmer am Produktivvermögen durch ein DGB-Modell zur überbetrieblichen Ertragsbeteiligung zu prüfen. Das Ergebnis dieser Arbeit des Gesellschaftspolitischen Ausschusses ist dem nächsten Bundeskongreß zur Beschlußfassung vorzulegen.
   Vorrangige Ziele sind jetzt die Durchsetzung der beschlossenen gewerkschaftlichen Forderungen zur
   – Mitbestimmung der Arbeitnehmer in den Betrieben, Unternehmen und in der Gesamtwirtschaft
   – Steuerreform nach den DGB-Vorschlägen.«.

derartiges Konzept auszusprechen. So ist es nach Meinung des Kollegen Hesselbach nicht gerechtfertigt, grundsätzlich andere vermögenspolitische Vorstellungen, wie sie z. B. die FDP hat, zum Anlaß zu nehmen, eine eigene Konzeption zu unterlassen oder hinauszuschieben. Auch in der Vergangenheit hat der DGB seine eigene Haltung in wesentlichen politischen Fragen deutlich gemacht, selbst wenn die jeweilige Bundesregierung von völlig anderen Vorstellungen ausging. Nach Auffassung des Kollegen Hesselbach geht es bei dem heute vorliegenden Konzept nicht darum, eine neue Kleinkapitalisten-Mentalität zu schaffen, sondern um die Einleitung von grundlegenden Strukturveränderungen, die zusammen mit anderen Maßnahmen unsere Gesellschaft von Grund auf zu verändern in der Lage sind. Daß ein fundamentaler Unterschied zwischen Vermögensbeteiligung und Sparförderung besteht, hat die Beschlußvorlage klargestellt, und dies ist nach Meinung des Kollegen Hesselbach das grundsätzlich Neue an dem vorliegenden Konzept. Die Diskussion der letzten Monate hat in erheblichem Maße zu dieser Klarstellung beigetragen und insofern einen großen Fortschritt gebracht.

Kollege Hesselbach geht sodann auf einige der vorgebrachten Sachargumente ein und betont zunächst, daß ein Gegensatz zwischen Mitbestimmung im Unternehmen und Neuverteilung des Eigentums nicht zu sehen sei. Der Anspruch auf Mitbestimmung ist nach allgemeiner Meinung als völlig losgelöst vom Eigentum an Produktionsmitteln zu sehen. Die Diskussion um die Mitbestimmung in öffentlichen Unternehmen und in den Unternehmen der Gemeinwirtschaft hat dies deutlich gemacht. Wenn es bei der Mitbestimmung um einen Abbau von Zwängen und eine Einschränkung der Abhängigkeiten geht, so ist hiermit doch nicht die Frage der Vermögensverteilung zu lösen. Eine Lösung dieses Problems bleibt deshalb nach wie vor notwendig.

Auf das Argument eingehend, die Vermögenspolitik gefährde die Durchsetzung der Steuerreform, betont Kollege Hesselbach den Unterschied zwischen einer Belastung der Unternehmen und einer Belastung der Eigentümer. Da durch die vorgesehene Lösung nur die Eigentümer herangezogen werden, wird die Steuerkraft der Unternehmen wie auch ihre Kostenstruktur in keiner Weise berührt. Auch die Gefahr von Preisüberwälzungen kann sich deshalb nach Auffassung des Kollegen Hesselbach nicht ergeben. Weiterhin ist die Notwendigkeit eines Rechtsformenzwanges bei der Formulierung der vermögenspolitischen Vorstellungen durchaus gesehen worden. Da eine derartige Maßnahme aber auch z. B. bei der Diskussion um die Mitbestimmung im Unternehmen eine gewichtige Rolle spielt, ergeben sich durch ähnliche Probleme bei der vermögenspolitischen Lösung keine zusätzlichen Schwierigkeiten. Auch das Argument einer möglichen Kapitalflucht-Bewegung kann nach Meinung des Kollegen Hesselbach nicht als entscheidend gegen das Konzept vorgebracht werden, da es stets bei Maßnahmen der inneren Reformen ins Spiel gebracht wird und sich deshalb abnutzt.

Auf die Gefahr eines möglichen Einbaues der Fonds in das Bankensystem sowie das Risiko eines Konsumstoßes nach Ablauf der Sperrfristen eingehend, betont Kollege Hesselbach den Willen der Vermögens-Kommission der SPD, derartige Risiken auszuschließen. Auch wenn in größerem Ausmaß nach Ablauf der Sperrfristen Zertifikate verkauft werden sollten, ist das Fondssystem aufgrund der Erfahrungen der Vergangenheit doch in der Lage, diese Probleme zu lösen. Zu bedenken ist hierbei nach Meinung des Kollegen Hesselbach auch die nach sieben Jahren erhebliche Möglichkeit für den Fonds, Mittel am Kapitalmarkt aufzunehmen.[32]

Zusammenfassend meint Kollege Hesselbach, daß bei aller Skepsis gegenüber den nunmehr vorliegenden Vorstellungen berücksichtigt werden muß, in welchem Ausmaß man von den herkömmlichen Vorstellungen der Vermögensbildung durch diese Konstruktion wegkommen kann. Viele technische Probleme sind nach Meinung des Kollegen Hesselbach bei der Konkretisierung grundsätzlich lösbar. Seiner Meinung nach könne es sich die Arbeitnehmerbewegung nicht erlauben, zum gegenwärtigen Zeitpunkt keinen Vorschlag für die politische Diskussion zu machen.

Auch Kollege *Stadelmaier* betont zunächst die dem Bundesausschuß auferlegte Verpflichtung, angesichts der gegenwärtigen politischen Situation und dem Auftrag des Bundeskongresses gemäß ein Modell zur Vermögensbeteiligung der Öffentlichkeit vorzulegen. Sowohl im Aktionsprogramm als auch in den Prüfsteinen zur Bundestagswahl ist klar gesagt worden, daß nach Auffassung des DGB eine überbetriebliche Ertragsbeteiligung der Arbeitnehmer am Produktivvermögen durchzusetzen ist. Dass z. B. in den Wahlprüfsteinen die Vermögensbeteiligung an zweiter Stelle hinter der Mitbestimmung steht, macht nach Auffassung des Kollegen Stadelmaier deutlich, welchen Rang diese Forderung in unseren Vorstellungen zur Gesellschaftsreform einzunehmen hat. Weiterhin betont Kollege Stadelmaier, daß er ebenso wie Kollege Hesselbach die steuerpolitischen Bedenken der IG Metall durch das vorliegende Konzept für ausgeräumt hält. Auch die im Grundsatzprogramm erhobene Forderung nach Überführung der Schlüsselindustrien in Gemeineigentum steht dem Vermögens-Konzept nicht entgegen, vielmehr muß bedacht werden, daß diese Forderung auch auf Jahre hinaus unerfüllt bleiben wird. Bezüglich der Gefahr einer Einschränkung der gewerkschaftlichen Tarifpolitik und dem Risiko eines möglichen Konsumstoßes nach Ablauf der Sperrfristen unterstreicht Kollege Stadelmaier die Äußerungen des Kollegen Hesselbach.

Die Notwendigkeit einer Aussage des DGB zum gegenwärtigen Zeitpunkt ergibt sich nach Meinung des Kollegen Stadelmaier aus zwei Gründen: Einmal besteht beim Unterlassen einer Aussage zur vermögenspolitischen Diskussion die Gefahr, daß betriebliche Ertragsbeteiligungssysteme weiterhin fortschreiten. Zum anderen kann die Diskussion um die vermögenspolitische Lösung nicht den Parteien allein vorbehalten bleiben, da sonst eine Regelung an den Interessen der Arbeitnehmer vorbeigehen wird. Auf die Argumentation des Kollegen Loderer eingehend fragt Kollege Stadelmaier schließlich, warum der Aspekt des fehlenden Abbaus der Verfügungsgewalt bei der Vermögenspolitik so große Betonung gefunden hat. Eine derartige Fragestellung trifft nach Meinung des Kollegen Stadelmaier das vermögenspolitische Kon-

---

32 Vgl. hierzu Abschnitt: »Konzept« der »Leitsätze der SPD zur Beteiligung der Arbeitnehmer am wachsenden Produktivvermögen«, siehe Dok. 76, Fußnote 6.

zept nicht, da in der Beschlußvorlage der Mitbestimmung eindeutige Priorität eingeräumt worden ist.

Auch Kollege *Georgi* ist im Gegensatz zum Kollegen Loderer der Meinung, das vermögenspolitische Problem könne der DGB nicht weiter vor sich herschieben. In der Mitgliedschaft und unter den Funktionären wird diese Frage so intensiv diskutiert, daß eine Entscheidung heute Klarheit bringen muß. Die Bedenken des Kollegen Loderer gegen die Vorlage des DGB sind nach Meinung des Kollegen Georgi nur zum Teil berechtigt, sie schlagen z. B. nicht durch bei den Fragen der Steuerreform, des Rechtsformenzwangs und der Kostenbelastung. Er kritisiert allerdings an der Vorlage, daß zur Frage der Sperrfrist keine konkrete Aussage getroffen worden ist. Dadurch besteht die Gefahr, daß bei der Diskussion um die einzelne Ausformung des Modells erneut eine grundsätzliche Debatte heraufbeschworen wird. Demgegenüber geht es aber nach Meinung des Kollegen Georgi heute vor allem darum, die gewerkschaftliche Diskussion um diese Frage abzuschließen, um das Unbehagen bei den Funktionären endgültig auszuräumen. Für den Fall eines Beschlusses sollte nach Meinung des Kollegen Georgi aber klargestellt werden, daß er dann allgemeinverbindlich für alle Gewerkschaften ist, gerade um nicht erneut ein Unbehagen in der Mitgliedschaft zu provozieren.

Kollege *Hauenschild* schließt sich zunächst den Ausführungen des Kollegen Hesselbach, soweit sie sich auf Sachfragen bezogen, an. Auf die gegenwärtige politische Situation eingehend meint Kollege Hauenschild, daß zwar die bevorstehenden Beratungen auf dem Parteitag der SPD nicht als Zwang für den DGB, ebenfalls einen Beschluß zu fassen, anzusehen sind. Umgekehrt sollte aber auch berücksichtigt werden, daß auch ohne eine Stellungnahme des DGB noch in dieser Legislaturperiode über ein Konzept zur Vermögensbeteiligung Beschluß gefaßt werden wird. Gerade ein Unterlassen einer Stellungnahme des DGB in dieser Frage ermöglicht es nach Meinung des Kollegen Hauenschild politisch andersstehenden Kräften, die Durchsetzung innerer Reformen weiterhin zu blockieren. Kollege Hauenschild plädiert deshalb dafür, trotz Berücksichtigung der langfristigen Perspektiven heute einen Beschluß zu fassen. Die Forderung der IG Metall nach einem umfassenden Konzept zur Gesellschaftsreform ist im Falle eines Beschlusses dabei keineswegs als erledigt anzusehen, vielmehr sollte dieses Gesamtkonzept auch seiner Meinung nach, nach der Beschlußfassung zügig erstellt werden.

Kollege *Kluncker* geht zunächst auf die öffentliche Diskussion der letzten Tage ein und unterstreicht die Meinung verschiedener Vorredner, daß dies kein Datum für die heutige Diskussion sein kann. Seiner Meinung nach ist es aber wesentlich, zu berücksichtigen, welcher Erwartungshorizont bei den Arbeitnehmern gegenwärtig in der Frage der Vermögenspolitik besteht. Diese Stellungnahme des DGB zum gegenwärtigen Zeitpunkt muß nach Meinung des Kollegen Kluncker zur Konsequenz haben, daß diese vielfach falschen Erwartungen doch bestätigt werden. Dieses Risiko ist nach Einschätzung des Kollegen Kluncker so groß, daß seine Gewerkschaft zum gegenwärtigen Zeitpunkt in der Sache den Vorstellungen des Bundesvorstandes nicht zustimmen kann. Auch die zeitliche Nähe der heutigen Beratungen zum Parteitag der SPD macht es nach Meinung des Kollegen Kluncker erforderlich, eine Beschlußfassung über die vermögenspolitische Konzeption erneut zu verschieben. Diese zeitliche Nähe beschwört die Gefahr herauf, daß eine Entscheidung des DGB, wie immer sie auch ausfällt, als Zustimmung zu Vorstellungen bestimmter Gruppierungen innerhalb der SPD mißbraucht wird.

Kollege Kluncker geht sodann auf die Beschlußvorlage ein und betont, daß trotz der intensiven Diskussion der letzten Zeit auch diese Vorlage nicht mehr Klarheit bringen kann als frühere. Dazu bleibt die eigentliche Zielsetzung des Konzeptes nach Meinung des Kollegen Kluncker zu undeutlich.

Die beiden hauptsächlichen Bedenken der ÖTV liegen nach Darstellung des Kollegen Kluncker in folgenden Punkten:

Einmal kann auch unter Berücksichtigung der Argumente des Kollegen Hesselbach nicht geleugnet werden, daß Kostenbelastungen eintreten können, was die steuerpolitischen und tarifpolitischen Bedenken nach wie vor gültig sein läßt. Die Verfügung des Staates über zusätzliche Mittel zur Finanzierung von Infrastruktur-Reformen ist aber nach Auffassung der ÖTV auf jeden Fall sicherzustellen. Der zweite Haupteinwand richtet sich gegen die vorgesehene Lösung der Sperrfristen-Frage. Kollege Kluncker verweist in diesem Zusammenhang auf die frühere Diskussion um ewige Sperrfristen und erklärt, daß ein Modell, das in dieser entscheidenden Frage inkonsequent ist, nicht für die ÖTV akzeptabel ist. Abschließend weist Kollege Kluncker auf den Umstand hin, daß angesichts der bestehenden Meinungs-Differenzen auch bei einer positiven Beschlußfassung des Bundesausschusses ein Unbehagen bleiben muß. Da angesichts dieser Situation eine erneute Diskussion um die Vermögenspolitik auf dem nächsten Bundeskongreß zu erwarten ist, hält Kollege Kluncker es für richtig, gemäß dem Antrag der IG Metall die vermögenspolitische Konzeption von vornherein in ein Gesamtkonzept zu gesellschaftlichen Veränderungen einzubetten. Da eine Entscheidung im Sinne des Antrages des Bundesvorstandes nur sehr schwer zu korrigieren ist, unterstützt Kollege Kluncker im Namen seiner Organisation den Antrag des Kollegen Loderer.

Auch Kollege *Preiß* geht zunächst auf die Frage ein, ob tatsächlich ein Zwang besteht, zum gegenwärtigen Zeitpunkt eine Stellungnahme des DGB zu erarbeiten. Auch wenn berücksichtigt wird, daß mit dieser Stellungnahme politische Initiativen von völlig anderer Ausgangslage her abgewehrt werden sollen, stellt sich nach Meinung des Kollegen Preiß doch die Frage, ob hiermit nicht ein Substanzverlust in der politischen Aussage des DGB vorgenommen wird. Diese gesetzliche Regelung der vermögenspolitischen Frage ist nach Meinung des Kollegen Preiß ein bedeutender Einbruch in unsere klassischen Bereiche der Tarifpolitik. Von daher ergibt sich ein fundamentaler Unterschied zu den Vorstellungen der Gewerkschaften zur Steuerreform, als eine Frage, die im Gegensatz zur Frage der Vermögensverteilung durch Tarifvertrag nicht gelöst werden kann.

Kollege Preiß bemängelt sodann an der Vorlage die Interpretierbarkeit nach mehreren Seiten gleichzeitig und erläutert dies durch eine Kritik der einzelnen Punkte der Vorlage. Weiter ist das ursprüngliche Ziel der Machtkontrolle durch das Abgehen von ewigen Sperrfristen in entscheidendem Maße verlassen worden, da jedes Einführen einer begrenzten Sperrfrist nach Meinung des Kollegen Preiß dazu führen muß, daß man wieder in die Denkweise individualistischer Vermögens-Theoretiker verfällt.

Kollege Preiß erläutert weiterhin seine Einschätzung der gegenwärtigen politischen Situation und schlägt vor, zum Zweck der Machtkontrolle vorrangig das Konzept der gemeinwirtschaftlichen Mitbestimmung mit Inhalt zu füllen und nicht vermögenspolitische Initiativen zu ergreifen. Er weist schließlich auf die FDP-Vorstellungen hin, durch eine vermögenspolitische Lösung die gewerkschaftlichen Mitbestimmungsforderungen zu unterlaufen, und bezweifelt, ob der Bundesausschuß im Falle der Annahme der Bundesvorstandsvorlage dem Auftrag des Bundeskongresses von Berlin 1972 gerecht wird.

In der weiteren Diskussion geben noch die Kollegen *Sperner, Breit, Frister, Rappe, Schumacher, Benz, Ulbrich, Hesselbach* und *Loderer* zum Teil ausführliche Stellungnahmen ab. Dabei sprechen sich die Kollegen *Sperner, Rappe, Schumacher* und *Ulbrich* für die Annahme der Bundesvorstandsvorlage aus, während Kollege *Hesselbach* nochmals die Gesamtkonzeption in der technischen Ausgestaltung erläutert. Demgegenüber plädieren die Kollegen *Breit, Frister, Benz* und *Loderer* für die Annahme des Vorschlages der IG Metall.

Nach Meinung der Befürworter sprechen für die Annahme des Bundesvorstandsvorschlages zum gegenwärtigen Zeitpunkt vor allem folgende Argumente:

a) Die Einbeziehung der Anträge 7, 78 und I 3 des letzten Bundeskongresses in die Überlegungen ist gewährleistet. Der Auftrag an den Bundesvorstand, auf der Basis dieser Anträge ein Gesamtkonzept zu entwerfen, ist durch die heutige Beschlußfassung über einen Teil der Gesamtkonzeption keineswegs verschüttet. (Kollegen Sperner und Ulbrich).

b) Durch eine Stellungnahme zum gegenwärtigen Zeitpunkt besteht die Möglichkeit, ein Abgleiten des Gesetzgebungsverfahrens in Richtungen, die wir einmütig nicht wünschen, zu verhindern. (Kollegen Schumacher, Rappe, Sperner).

Die Alternative hierzu wäre ein erneutes Verschieben bis zu einer politischen Situation, die auf absehbare Zeit nicht eintreten wird. (Kollege Rappe).

c) Durch ein Gesetz zur überbetrieblichen Ertragsbeteiligung wird eine aktive Tariflohnpolitik der Gewerkschaften nicht stärker eingeschränkt als durch andere Maßnahmen des Gesetzgebers, die von den Gewerkschaften in der Vergangenheit einmütig unterstützt worden sind. (Kollegen Sperner, Rappe, Schumacher, Ulbrich).

Ähnliche Überlegungen sind maßgebend in der Frage der Steuerreform. (Kollegen Rappe und Schumacher).

d) Ein Abgehen von früheren Vorstellungen bezüglich der ewigen Sperrfristen ermöglicht ein aktives Interesse der bezugsberechtigten Arbeitnehmer. Ohne

Dokument 78 4. April 1973

dieses Interesse ist ein Erreichen der politischen Ziele der gewerkschaftlichen Vermögenspolitik nicht gewährleistet. (Kollegen Sperner und Rappe).

e) Die Interpretierbarkeit der vorgelegten Beschlußvorlage ergibt sich aus dem Kompromiß-Zwang, da die Meinungen von 16 Einzelgewerkschaften zusammenzufassen waren. Allgemeine Grundprinzipien erweitern in der Realisierungsphase wesentlich besser den Spielraum des DGB als ein ausgefeiltes Modell. (Kollegen Rappe und Sperner).

f) Nur durch eine Stellungnahme gemäß dem Vorschlag des Vorstandes kann die noch stark individualistisch ausgerichtete Diskussion um Vermögensbildung innerhalb der Mitglieder in neue Bahnen gelenkt werden. (Kollegen Rappe, Schumacher und Ulbrich).

Nach Meinung der Gegner sprechen für die Annahme des Vorschlages der IG Metall vor allem folgende Argumente:

a) Die Frage der Kostenbelastung der Unternehmen ist keineswegs zweifelsfrei geklärt. Daraus ergeben sich nach wie vor erhebliche Konsequenzen sowohl steuerpolitischer als auch tarifpolitischer Art. Diese Konsequenzen können die gewerkschaftliche Position in den Fragen der Steuerreform und der Tarifpolitik wesentlich beeinträchtigen. (Kollegen Breit, Frister, Benz und Loderer).

b) Die stärkere Belastung der Alteigentümer erschwert aus politischen Gründen die Durchsetzung einer fortschrittlichen Steuerreform und gibt den Unternehmern in den Tariflohnverhandlungen ein zusätzliches Argument zur Abwehr von Forderungen der Gewerkschaften in die Hand. (Kollegen Breit, Frister und Benz).

Dadurch wird der politische Spielraum der Gewerkschaften vor allem in der Tarifpolitik eingeschränkt. (Kollege Loderer).

c) Da die Mehrheit der Mitglieder mit der Vermögenspolitik materielle Vorteile verbindet, sind die Schwierigkeiten zu groß, zum gegenwärtigen Zeitpunkt die vermögenspolitische Diskussion in eine Richtung zu lenken. (Kollege Breit).

d) Durch die beschränkte Verfügbarkeit der Anteile und der darauf anfallenden Erträge wird auf der Eigentümerseite eine neue Kategorie von Eigentümern mit minderem Recht geschaffen. (Kollegen Breit und Frister).

e) Angesichts der gegenwärtigen Bewußtseinslage der Arbeitnehmer in ihrer Mehrheit besteht bei der Realisierung des Konzepts sogar auch dann, wenn es unverwässert verwirklicht wird, die Gefahr einer Entfremdung der Arbeitnehmer von ihren Organisationen. (Kollegen Breit, Benz und Loderer).

f) Die geringe Konkretisierung der Vorlage erlaubt es nicht, einer Beschlußfassung zuzustimmen. Insofern ist der Auftrag des Bundeskongresses an den Bundesausschuß nicht erfüllt. (Kollegen Frister, Benz und Loderer).

g) Dies gilt besonders für die Ziffer 4 der Vorlage, bei der unklar bleibt, ob die Zinsen den Anteilen gutgeschrieben werden oder nicht. (Kollegen Frister und Loderer).

h) Angesichts der gegenwärtigen politischen Konstellation ist es so gut wie sicher, daß Vermögensbildungs-Fonds, die nicht in das Bankensystem integriert sind, sich nicht durchsetzen lassen. (Kollege Frister).

i) Die Behauptung in der Vorlage, Kostenprobleme, Überwälzungserscheinungen und Gefährdungen einer sozialen Steuerreform könnten nicht auftreten, ist unhaltbar. Die entsprechenden Einwände konnten bisher nicht zweifelsfrei widerlegt werden. (Kollegen Frister, Benz und Loderer).

Im Anschluß an diese Diskussion verweist Kollege *Vetter* auf ein zwischenzeitlich verteiltes Papier, in dem versucht wird, die Ziffer 4 des Abschnittes II zu konkretisieren.[33] Er betont die Notwendigkeit, bei der Weiterverfolgung des Konzeptes im Falle der Annahme dem Sinn dieses Änderungsvorschlages zu entsprechen.

Nach einer Feststellung, daß der Antrag des Bundesvorstandes, zum gegenwärtigen Zeitpunkt eine Stellungnahme abzugeben, gegenüber dem Antrag der IG Metall als zweifellos weitergehender anzusehen ist, läßt Kollege Vetter über den Antrag des Bundesvorstandes abstimmen.

Die Abstimmung ergibt 55 Stimmen für den Antrag des Bundesvorstandes und 52 Stimmen dagegen.

Kollege *Vetter* betont abschließend die Notwendigkeit, entsprechend dem Abschnitt III, 2 des Beschlusses, nunmehr zügig mit den Beratungen um ein Gesamtkonzept zur Gesellschaftsreform zu beginnen.[34]

4. HAUSHALT 1973

[*Vater* erläutert einzelne Positionen des vorgelegten Haushaltsvoranschlages für 1973, der mit 83.155.000,-- DM abschließt. Weiter führt er aus, dass die Haushaltskommission in ihrer Sitzung am 9.1.1973 eingehend Fragen der organisatorischen und personellen Struktur des DGB und seiner Mitgliedsgewerkschaften diskutiert und dem Bundesvorstand empfohlen hat, in einer Klausurtagung folgende Fragen zu diskutieren und einer Lösung zuzuführen: 1. organisatorische Struktur des DGB und seiner Mitgliedsgewerkschaften und im Zusammenhang damit die Personalstruktur des DGB und seiner Gewerkschaften einschließlich einer Lösung für die Gewerkschaften GLF und Kunst, 2. EDV-Planung für DGB und Gewerkschaften, 3. Verhältnis DGB

---

33 Ziffer 4 einschließlich des Änderungsvorschlags in eckigen Klammern sah vor: »Gewinne aus den Unternehmensbeteiligungen werden [bis zum Verfügungszeitpunkt] nicht ausgeschüttet; die Fonds sollen [diese Gewinne (einschließlich der anfallenden Zinsen und Zinseszinsen) zwischenzeitlich] zur Finanzierung von Infrastruktur-Investitionen im öffentlichen Bereich zur Verfügung stellen«. Vgl. Vorlage, S. 3. DGB-Archiv, DGB-BV, Abt. Vorsitzender 5/DGAI000411.

34 III.2 lautete: »Es ist die Aufgabe der weiteren Beratungen, insbesondere zu den Anträgen 7 (Programm zur Finanzierung und Durchsetzung gesellschaftlicher Reformen), 78 (Überführung von Schlüsselindustrien und anderen markt- und wirtschaftsbeherrschenden Unternehmen in Gemeineigentum) und I/3 (Modell zur Gesellschaftsreform, für die spätere Neufassung des Grundsatzprogramms) des 9. Ordentlichen Bundeskongresses des DGB, den politischen Stellenwert einer Beteiligung am Produktivvermögen im Rahmen eines Gesamtsystems der Kontrolle wirtschaftlicher Macht festzulegen«. Vgl. Vorlage, S. 4. Ebd.

Dokument 78 4. April 1973

zu DAG und 4. Lage des Solidaritätsfonds.[35] Anschließend verabschiedet der Bundesausschuss einstimmig den Haushalt 1973 in der vorgelegten Fassung.]

5. LEISTUNGEN AUS DEM SOLIDARITÄTSFONDS

[*Vater* berichtet ergänzend zur Vorlage von Alfons Lappas über die Entwicklung des Solidaritätsfonds in den letzten Jahren und über die Situation des Fonds im Jahre 1973. In der folgenden Diskussion zu einzelnen Positionen der Vorlage wird abschließend festgehalten, dass der Bundesvorstand in seiner Klausurtagung eingehend über den Solidaritätsfonds auch im Hinblick auf die Entwicklung der letzten Jahre beraten muss. Bei 5 Stimmenthaltungen stimmt der Bundesausschuss den Leistungen aus dem Solidaritätsfonds für 1973 in der vorgelegten Form zu.]

6. AUSNAHMEREGELUNG FÜR DIE BEITRAGSZAHLUNG DER GEW AN DEN DGB[36]

[Bei 4 Gegenstimmen und zwei Stimmenthaltungen beschließt der Bundesausschuss, für die Beitragsleistung der GEW an den DGB im Jahre 1973 gemäss Ziffer 6 der Beitragsordnung eine Anhebung des fiktiven Mitgliedsbeitrags von bisher 4,70 DM auf 6,50 DM pro Mitglied und Monat festzulegen.]

7. BERICHT DER REVISOREN

[Nach den Ausführungen des Sprechers der Revisionskommission über die Prüfung der Bundeshauptkasse, einschließlich der Abrechnung des 9. Ordentlichen Bundeskongresses, sowie zu den Abschlüssen des Solidaritätsfonds, der Unterstützungskasse und der Vermögensverwaltung für das Jahr 1971, wurde der Revisionsbericht zustimmend zur Kenntnis genommen.]

8. RICHTLINIEN FÜR DIE LANDESBEZIRKSKONFERENZEN

[Der Bundesausschuss beschließt einstimmig die vorgelegten »Richtlinien gemäss § 11 Ziffer 5 der Satzung des DGB für die Einberufung und Durchführung der Landesbezirkskonferenzen.«]

9. BESTÄTIGUNG VON LANDESBEZIRKSVORSTANDSMITGLIEDERN, HIER: LANDESBEZIRK BADEN-WÜRTTEMBERG

[Der Bundesausschuss bestätigt einstimmig Willi Siedentop und Herbert Neumann als Mitglieder des Landesbezirksvorstandes Baden-Württemberg.]

---

35 Vgl. TOP 1 der Klausurtagung des Bundesvorstandes vom 1.–3.10.1973 (Dok. 88).
36 Vgl. Antragsschreiben, mit einer 3-seitigen Anlage zur Neuordnung der Beiträge, von Erich Frister und Armin Müller vom 5.3.1973 an Alfons Lappas, DGB-Archiv, DGB-BV, Abt. Vorsitzender 5/DGAI000411.

10. Bestätigung von Landesbezirksvorstandsmitgliedern,
hier: Landesbezirk Rheinland-Pfalz

[Der Bundesausschuss bestätigt einstimmig Gerd Andres, CPK, für den Landesbezirks-Jugendausschuss, und dessen Stellvertreter Klaus Fricke, DruPa, als Mitglieder des Landesbezirksvorstandes Rheinland-Pfalz.]

Ende der Sitzung: 16.20 Uhr

Dokument 79

17. April 1973: Schreiben des Vorsitzenden des DGB, Vetter, an den Bundeskanzler, Willy Brandt, zur Preispolitik[1]

Briefkopf: Heinz Oskar Vetter, Vorsitzender des Deutschen Gewerkschaftsbundes, 4000 Düsseldorf, Hans-Böckler-Haus, Hans-Böckler-Strasse 39.

Ms., hekt., 3 S.

DGB-Archiv, 5/DGAI000479.

[Adresse Bundeskanzleramt]

Sehr geehrter Herr Bundeskanzler!

Die trotz lohnpolitischer Zurückhaltung der Gewerkschaften anhaltenden Preissteigerungen geben uns Veranlassung, uns unmittelbar an Sie zu wenden. Der anhaltende Preisanstieg führt dazu, daß die Kaufkraft der Tarifverdienste hinter dem realen Wachstum des Sozialprodukts zurückbleibt. Infolge dieser Preissteigerungen reichen die bisher abgeschlossenen Tariferhöhungen[2] nicht mehr aus, um die Nettoeinkommen der Arbeitnehmer im Ausmaß der erwarteten Steigerung der verfügbaren Gewinn- und Vermögenseinkommen zu erhöhen. Wir halten es daher für dringend erforderlich, ergänzende Stabilitätsmaßnahmen zu veranlassen, die diese verteilungspolitischen Probleme berücksichtigen und ein erneutes Vorprellen der Gewinn- und Vermögenseinkommen verhindern.

Aus diesem Grunde wenden wir uns auch entschieden gegen die wiederholt gemachten Vorschläge, die Preisentwicklung durch eine globale, auch die Kaufkraft der Arbeitnehmerverdienste einschränkende Politik zu dämpfen. Der Versuch, die wahrscheinlich zu mehr als 50% nicht konjunkturell

---

1 Ein gleichlautendes Schreiben ging auch an Bundesfinanzminister Helmut Schmidt und Bundeswirtschaftsminister Hans Friderichs. Das Schreiben wurde auch vom zuständigen geschäftsführenden Bundesvorstandsmitglied für Wirtschaftspolitik, Georg Neemann, mitunterzeichnet.
2 Laut Jahreswirtschaftsbericht der Bundesregierung 1973 stiegen die Verbraucherpreise 1972 zwischen 8–9% die Tariflöhne demgegenüber im Durchschnitt um 6,7% und die Tarifgehälter durchschnittlich um 8,3%. Vgl. DGB-Geschäftsbericht 1972–1974, Abt. Tarifpolitik, S. 234ff.

bedingten Preiserhöhungen durch globale Konjunkturmaßnahmen zu bekämpfen, wird nicht den erwünschten Erfolg haben, sondern die Gefahr einer stagflationären Entwicklung mit zunehmenden sozialen Spannungen heraufbeschwören. Kommt es im Verlauf einer solchen Dämpfungspolitik zu vermehrten Betriebsstillegungen, so wird der Konzentrationsprozeß und damit die Vermachtung der Märkte, die eine entscheidende strukturelle Ursache für den beschleunigten Preisanstieg sind, weiter zunehmen.[3] Wir bitten Sie daher dringend, die bereits im Wirtschaftsbericht der Bundesregierung vorgeschlagenen Stabilitätsmaßnahmen[4] durch die folgenden gewerkschaftlichen Vorschläge zu ergänzen. Dabei unterscheiden wir bewußt Maßnahmen, die sofort, mittelfristig, und erst längerfristig wirken, dafür aber auf die strukturellen Ursachen des Preisanstiegs Einfluß nehmen.

Zu den Sofortmaßnahmen gehören

1. das endgültige Verbot der Preisbindung der 2. Hand und aller Preisempfehlungen;
2. die Heraufsetzung der Einkommens- und Körperschaftsteuervorauszahlungen;
3. Erhöhung der Stabilitätsanleihen.

Zu den mittelfristigen Maßnahmen zählen wir

4. Aussetzung der degressiven Abschreibung;
5. Entwicklung einer preisstabilisierenden Vergabepolitik, auch für die Länder und Gemeinden;
6. Ausbau einer preisstabilisierenden Verbraucherinformation durch Erweiterung der Warentests und regionaler Preisvergleiche.

Zu den längerfristigen Maßnahmen gehören nach unserer Überzeugung Verbesserungen der Wettbewerbsgesetzgebung durch

7. Einführung einer vorbeugenden Fusionskontrolle für alle Unternehmen mit einem Jahresumsatz über 500 Mio. DM;
8. Verbot aller Markt- und Preisabstimmungen zwischen Einzelunternehmen oder durch Wirtschaftsverbände oder zentrale Verbandseinrichtungen;
9. Verbot aller Ausschließlichkeitsverträge, die die Belieferung andrer Unternehmen oder den Vertrieb der Erzeugnisse anderer Produzenten einschränkt oder untersagt.

Darüber hinaus bitten wir Sie, sofort eine Sachverständigenkommission einzuberufen, die den Preisbildungsprozess in den durch den Einfluß wirt-

---

3 Nach Ansicht der Gewerkschaften kam es durch Unternehmenskonzentrationen, Preisabsprachen und Preisempfehlungen zu einer Aushöhlung des Wettbewerbs. Die zunehmende »Vermachtung der Märkte« erwies sich gegenüber der staatlichen Preisdämpfungspolitik als unangreifbar. Vgl. Günter Pehl: Der Preisanstieg hat viele Quellen, in: Die Quelle 24, 1973, Heft 11, S. 433–435.
4 Vgl. Jahreswirtschaftsbericht 1973 der Bundesregierung, Bundestagsdrucksache VII/225 vom 21.2.1973 sowie DGB zum Wirtschaftsbericht der Bundesregierung, in: ND, 26.2.1973, Nr. 68.

schaftlicher Macht weniger Unternehmen gestörten Märkten untersucht und Vorschläge erarbeitet, wie die Preisbildung in diesen vermachteten und von keiner Kartellrechtsnovelle erfaßten Bereichen den allgemeinen Stabilitätszielen untergeordnet werden kann.

Selbst dann, wenn diese Maßnahmen überwiegend nur langfristig wirksam werden, ist eine sofortige Inangriffnahme notwendig, um das Vertrauen in eine stabile Wirtschaft zu sichern. Eine zufriedenstellende Preisentwicklung, bei Aufrechterhaltung der Vollbeschäftigung, ist ebenfalls nur langfristig zu erreichen.

Der Deutsche Gewerkschaftsbund wird die Regierung bei ihren Bemühungen wie bisher mit allen Kräften unterstützen.

Die zuständigen Ressortminister für Wirtschaft und Finanzen haben wir mit gleicher Post über unsere Vorschläge informiert.[5]

Mit freundlichen Grüßen
(Unterschriften Heinz O. Vetter und Georg Neemann)[6]

DOKUMENT 80

4. Mai 1973: Ergebnisprotokoll der außerordentlichen Sitzung des Organisationsausschusses

Haus IG Bau, Steine, Erden in Frankfurt/M.; Vorsitz: Franz Woschech; Protokollführung: Undine Bubel; Sitzungsdauer: 14.00–17.00 Uhr.[1]

Ms., hekt., 2 S., 1 Anlage.[2]

DGB-Archiv, Sekretariat Franz Woschech 5/DGCQ000055.

Beginn der Sitzung: 14.00 Uhr

Kollege *Woschech* begrüßt die Anwesenden und dankt der IG Bau, Steine, Erden für die Bereitstellung des Sitzungssaales und die Gastfreundschaft.

---

5 Der Brief wurde vom Bundesminister der Finanzen, Helmut Schmidt, mit Schreiben vom 7.5.1973 an Georg Neemann beantwortet. DGB-Archiv, DGB-BV, Abt. Wirtschaftspolitik 5/DGAN000092.
6 Ein redaktionell überarbeiteter Brief, aber mit den identischen 9 Sofortmaßnahmen, wurde nach der 8. Bundesvorstandssitzung (Dok. 81) am 8.5.1973 an Bundeskanzler Willy Brandt verschickt. DGB-Archiv, DGB-BV, Abt. Wirtschaftspolitik 5/DGAN000092. Siehe auch: Erneuter Stabilitätsappell, in: ND, 8.5.1973, Nr. 169. Zu dem verabschiedeten zweiten Stabilitätsprogramm der Bundesregierung am 9.5.1973 hatte Dr. Hartmut Görgens (Abt. Wirtschaftspolitik) eine 5-seitige Stellungnahme erstellt, die in Die Quelle 24, 1973, Heft 6, S. 241–243 abgedruckt wurde.
1 Einladungsschreiben Franz Woschechs an die Mitglieder des Organisationsausschusses vom 5.4. und 25.4.1973 mit beigefügter Beschlussvorlage, statistischem Material zur Entwicklung der Schüler- und Studentenzahlen und einer Chronologie zur Frage der Mitgliedschaft von Studierenden in Gewerkschaften. DGB-Archiv, DGB-BV, Sekretariat Franz Woschech 5/DGCQ000055.
2 Anlage: Teilnehmerliste.

Dokument 80   4. Mai 1973

Einziger Punkt der Tagesordnung:
Mitgliedschaft von Studenten in den Gewerkschaften.

Kollege *Woschech* führt aus, daß eine Berichterstattung in der Frankfurter Rundschau zu diesem Thema eine Reihe von Diskussionen ausgelöst hat, die den Bundesvorstand im April 1973[3] zu dem Beschluß veranlaßt haben, den Organisationsausschuß zu bitten, bis zur Junisitzung des Bundesvorstandes und des Bundesausschusses eine Beschlußvorlage zu erarbeiten.

In der folgenden Diskussion von denkbaren Beschlußvorschlägen wurden noch einmal die Meinungen der einzelnen Gewerkschaften vorgebracht. Dabei traten zum Teil stark divergierende Auffassungen zutage, die zu der Auffassung führten, daß die Gesamtproblematik an diesem Tage nicht bis zu einer Empfehlung für den Bundesvorstand ausdiskutiert werden könne.

U. a. wurde in der Diskussion eine wissenschaftliche Untersuchung der Problematik empfohlen. Kollege Dr. Lenk von der Stiftung Mitbestimmung[4] wurde gebeten zu erwägen, ob mit einer solchen Untersuchung ein Stipendiat der Stiftung Mitbestimmung beauftragt werden könne.

Es wurde auch zum Ausdruck gebracht, daß die Abteilung Organisation weitere Vorarbeiten zu leisten habe, um für später ausreichende Diskussionsgrundlagen zur Verfügung zu haben. In die weiteren Beratungen über die Mitgliedschaft von Studenten sollen Vertreter des Bildungsausschusses und des Bundesjugendausschusses mit einbezogen werden.

Der Organisationsausschuß beschloß, dem Bundesvorstand folgendes mitzuteilen:

Der Organisationsausschuß ist zu der Auffassung gekommen, daß es aufgrund der heutigen Diskussion und der bisher vorliegenden Materialien noch nicht möglich ist, für die beschlußfassenden Gremien eine Empfehlung zu geben. Da die Diskussionen weitergeführt werden müssen, empfiehlt der Organisationsausschuß dem Bundesvorstand, nicht unter Zeitdruck zu handeln.[5]

Das Material, das dem Organisationsausschuß als Diskussionsgrundlage zur Verfügung stand, soll dem Bundesvorstand zur Kenntnisnahme zugeleitet werden.

Ende der Sitzung: 17.00 Uhr

---

3 Siehe Dok. 77, TOP 7.
4 Erhard Lenk (geb. 1934), 1968–77 Geschäftsführer der Stiftung Mitbestimmung des Studienförderungswerks des DGB und 1977–84 Geschäftsführer der Hans-Böckler-Stiftung.
5 In der 9. und 10. Bundesvorstandssitzung (Dok. 84 und 86) wurde die überarbeitete Vorlage der Abt. Organisation diskutiert, aber kein Beschluss gefasst. Eine neue Vorlage sollte zu einem späteren Zeitpunkt wieder vorgelegt werden.

Dokument 81

8. Mai 1973: Protokoll der 8. Sitzung des Bundesvorstandes

Hans-Böckler-Haus in Düsseldorf; Vorsitz: Heinz O. Vetter; Protokollführung: Isolde Funke, Marianne Jeratsch; Sitzungsdauer: 10.15 bis 14.15 Uhr; ms. vermerkt: »Vertraulich«.[1]

Ms., hekt., 15 S., 1 Anlage.[2]

DGB-Archiv, 5/DGAI000537.

Beginn der Sitzung: 10.15 Uhr

[*Vetter* eröffnet die Sitzung, gratuliert Vater zum Geburtstag und begrüßt Frank (LB Hessen) zur ersten Teilnahme an einer BV-Sitzung. Ergänzend wird der TOP 2 aufgenommen.]

Tagesordnung:
1. Genehmigung der Protokolle der Bundesvorstandssitzungen am 23.3. und 3.4.1973
2. Konjunkturelle Situation und Maßnahmen der Bundesregierung
3. X. Weltjugendfestspiele, hier: Bericht über den Stand der Vorbereitungen
4. DGB-Vorschlag eines Vierten Gesetzes zur Änderung des Gesetzes zum Schutze der arbeitenden Jugend (Jugendarbeitsschutzgesetz)
5. Kontakte mit dem FDGB
6. Tagesordnung für die 4. Bundesausschusssitzung am 6.6.1973
7. Vorschläge zum Sozialen Aktionsprogramm in der Europäischen Gemeinschaft
8. Forderungen des DGB zur Hochschulreform
9. Kontoführungsgebühren
10. Verschiedenes

1. Genehmigung der Protokolle der Bundesvorstandssitzungen am 23.3. und 3.4.1973

[Mit einer Ergänzung des Kollegen *Kluncker* zum Protokoll vom 3.4.1973[3] werden beide Protokolle genehmigt.]

2. Konjunkturelle Situation und Massnahmen der Bundesregierung

Die Kollegen *Vetter* und *Neemann* sind der Meinung, daß es angesichts der eingetretenen konjunkturellen Situation und der von der Bundesregierung geplanten Maßnahmen nötig ist, zu diskutieren, ob und gegebenenfalls in welcher Form der DGB Stellung nehmen sollte.

---

1 Einladungsschreiben 19.4.1973. Nicht anwesend: Ernst Breit, Herbert Stadelmaier, Walter Sickert (vertreten durch Fritz Giersch), Jan Sierks (vertreten durch Willi Prüm), Wilhelm Rothe (vertreten durch Xaver Senft). DGB-Archiv, DGB-BV, Abt. Vorsitzender 5/DGAI000479.
2 Anlage: Anwesenheitsliste.
3 Zu TOP 5 »Lage der GEW in Bayern« sollte seiner Aussage: »Im Einvernehmen zwischen ÖTV und GEW sei dieser Antrag abgelehnt worden, weil die ÖTV keine Mitgliedergruppen aus dem Bereich Schule und Bildung organisiere.« hinzugefügt werden, »<u>für die die GEW zuständig sei</u>«.

Dokument 81   8. Mai 1973

Kollege *Neemann* führt aus, daß zwei wesentliche Anlässe zu den Reaktionen der letzten Tage geführt haben, d. h. zu den Gesprächen zwischen Wirtschafts- und Finanzminister und den bevorstehenden Beratungen im Wirtschafts- und Gesamtkabinett; nämlich einmal die Überschreitung der Preiserhöhungsmarke um über 8% und zum anderen die Vorlage eines Sondergutachtens des Sachverständigenrates.[4] Bedauerlicherweise ist der DGB von der Bundesregierung nicht über die geplanten Maßnahmen informiert worden, so daß wir uns weitgehend auf Presseberichte stützen müssen.[5] Kollege Neemann geht kurz auf einzelne Bereiche wie den Wegfall steuerlicher Abschreibungsmöglichkeiten für Investitionen ein. Für besonders gravierend hält Kollege Neemann die sogenannte Stabilitätsabgabe, die zunächst bei Einkommensgrenzen von DM 100.000,-- für Ledige und DM 200.000,-- für Verheiratete erhoben werden sollte.[6] Man spricht aber jetzt von einer drastischen Herabsetzung der Grenze auf DM 24.000,-- für Ledige und DM 48.000,-- für Verheiratete. Untersuchungen darüber, wie viele Arbeitnehmer unter diese zuletzt genannte Grenze fallen, liegen zur Zeit nicht vor. Es wäre also zu überlegen, wie und ob der DGB gerade zu diesem Thema Stellung nimmt.

Kollege *Vetter* ergänzt, daß von der Bundesbank eine Einkommensgrenze von DM 30.000,-- für Ledige und DM 60.000,-- für Verheiratete empfohlen werden wird.

Nach Ansicht von Kollegen *Loderer* kann kein Zweifel bestehen, daß sich unsere Einstellung nicht geändert hat. Die Lage an der Preisfront ändert sich jedoch ständig, und es ist unverkennbar, daß die Unternehmer rücksichtslos jeden Spielraum zur Überwälzung auf die Preise ausnutzen. Er erläutert dies an einigen Beispielen aus seinem Bereich. Nach den letzten Tarifabschlüssen der IG Metall ist eine Geldentwertung eingetreten wie nie zuvor, und es ist zu erwarten, daß die anderen Gewerkschaften am Ende des Jahres in der gleichen schwierigen Situation sein werden wie jetzt die IG Metall. Deshalb hält Kollege Loderer eine unmißverständliche, ablehnende Stellungnahme des DGB zu allen Maßnahmen, die die Arbeitnehmer noch mehr belasten, für unbedingt erforderlich.

Kollege *Vetter* schlägt vor, das an den Bundeskanzler gerichtete Schreiben des DGB vom 17.4.1973 zum gleichen Thema mit in die Diskussion einzubeziehen. Er bittet außerdem, die Frage mit zu erörtern, ob wir uns den Mitgliedern gegenüber in einen gewissen Erfolgszwang begeben, wenn wir bestimmte Dinge ablehnen oder kritisieren. Was wird man von uns erwarten, wenn die Bundesregierung unsere Meinungen und Forderungen nicht berücksichtigt?

---

4   Sondergutachten zur konjunkturpolitischen Lage im Mai 1973 des Sachverständigenrates zur Begutachtung der gesamtwirtschaftlichen Entwicklung, Bundestagsdrucksache VII/530 vom 9.5.1973. Im Vorfeld der Gutachtens wurde der DGB vom Vorsitzenden der Sachverständigenkommission, Norbert Kloten, zu einem Meinungsaustausch über die aktuelle Konjunkturlage am 13.4.1973 nach Wiesbaden eingeladen. Vgl. DGB-Archiv, DGB-BV, Sekretariat Martin Heiß 5/DGCS000075.

5   Zu den Stabilitätsmaßnahmen der Bundesregierung und dem Stabilitätsgutachten vgl. Minister beraten über Stabilitätsgutachten, in FR, 7.5.1973 sowie »Fünf Weise« fordern eine Gewaltkur gegen Preise, in: NRZ, 8.5.1973.

6   Vgl. hierzu »Sondergutachten«, Punkt 34, S. 13., Bundestagsdrucksache VII/530 vom 9.5.1973.

Kollege *Schwab* ist zwar der Meinung, daß das Herausfinden einer einigermaßen gerechten Einkommensgrenze für die Stabilitätsabgabe sicher schwierig ist, daß man es aber nicht bei einer generellen Ablehnung ohne Nennung von Zahlen belassen sollte. Er kritisiert außerdem den geplanten Wegfall der Abschreibungsmöglichkeiten für den Bau von 1- und 2-Familien-Häusern sowie Eigentumswohnungen. Gerade von dieser Maßnahme werden nach seiner Ansicht viele unserer Mitglieder hart getroffen.[7] Der DGB sollte sich dagegen aussprechen.

Kollege *Kluncker* sieht sich insbesondere im Hinblick auf die Mitgliederstruktur seiner Gewerkschaft außerstande, der Nennung von Zahlen hinsichtlich der Einkommensgrenze für die Stabilitätsabgabe zuzustimmen. Abgesehen davon hat er nach den bisherigen Erfahrungen berechtigte Zweifel, daß eine solche Maßnahme in Richtung Stabilität überhaupt eine Wirkung hat, die auch für die Masse der Arbeitnehmer eine Verbesserung der Lage bringt.

Kollege *Hauenschild* teilt die Bedenken von Kollegen Kluncker hinsichtlich der Nennung von Zahlen. Man sollte stattdessen deutlich dazu sagen, daß die Arbeitnehmer nicht zweimal zur Kasse gebeten werden dürfen, nämlich einmal durch maßvolle Lohnpolitik und zum anderen durch Maßnahmen der Steuerreform. Nicht die Gewerkschaften sind schuld an den eingetretenen Schwierigkeiten, sondern die Unternehmer, die ihre gute Situation rücksichtslos ausnutzen. Auch davon sollte man sprechen. Kollege Hauenschild erwähnt in diesem Zusammenhang Äußerungen von Bundeswirtschaftsminister Dr. Friderichs vor Unternehmern in Hannover, daß konjunktur- und stabilitätspolitische Maßnahmen zunächst da anzusetzen hätten, wo nachweislich die bessere Einkommenslage sei, nämlich bei den Unternehmern.[8]

Kollege *Drescher* erinnert daran, daß der DGB immer die Auffassung vertreten hat, daß wirtschaftspolitisch bedingte Preisentwicklungen auch nur mit wirtschaftspolitischen und nicht mit einkommenspolitischen Mitteln bekämpft werden dürfen. Das bedeutet zwangsläufig die Ablehnung jeglicher Art von Konjunkturzuschlag. Er regt an, das Schwergewicht einer DGB-Stellungnahme auf die in den 9 Punkten enthaltenen Forderungen im Schreiben an den Bundeskanzler vom 17.4.73 zu legen.

Kollege *Vetter* berichtet von Äußerungen der Finanzminister von Italien, Großbritannien und Irland anlässlich der Sitzung des Monnet-Komitees am 3.5.1973 in Brüssel[9], die die Analyse der Bundesregierung bestätigt haben,

---

7 Vgl. hierzu »Sondergutachten«, Punkt 40, S. 15, Ebd.
8 Zur Ansprache Hans Friderichs' zur Eröffnung der Hannover-Messe, vgl.Friderichs: Gefahr für Wirtschaftsordnung bei rücksichtsloser Ausnutzung des Marktes, in: SZ, 27.4.1973 sowie Friderichs schließt Lohn- und Preisstopp aus Appell an Arbeitgeber und Gewerkschaften, in: FAZ, 27.4.1973.
9 Zur Sitzung des Monnet-Komitees vgl. DGB-Archiv, DGB-BV, Abt. Vorsitzender 5/DGAI000126 und 5/DGAI002363. Das Komitee wurde auf Initiative von Jean Monnet, unterstützt von Politikern und auch dem DGB (Ludwig Rosenberg), am 14.10.1955 gegründet. Die konstituierende Sitzung des Aktionskomitees fand am 18.1.1956 in Paris statt. Vgl. DGB-Archiv, DGB-BV, Abt. Vorsitzender 5/DGAI003917. Das Aktionskomitee löste sich 1975 auf, da mit der Schaffung des Europäischen Rates die Arbeit des Komitees überflüssig wurde. Vgl. DGB-Archiv, DGB-BV, Abt. Vorsitzender 5/DGAI002364. Zur Arbeit des Komitees siehe auch: Jean Monnet: Erinnerung eines Europäers, München/Wien 1978.

daß die Ursachen der aufgetretenen wirtschaftspolitischen Schwierigkeiten nicht etwa nur in hausgemachter Inflation zu suchen sind. Sie sind für ihre Länder allerdings auch nicht bereit, eine Stabilitätspolitik wie die Bundesregierung zu betreiben.

Kollege *Seibert* erinnert daran, daß Bundesfinanzminister Schmidt wie alle Mairedner sich in München gegen eine Konjunkturabgabe ausgesprochen hat.[10] Er würde es für einen Verstoß gegen das Prinzip halten, wenn wir Zahlen setzen, aber für erforderlich ansehen, daß wir uns nach wie vor gegen dieses Mittel wenden. Kollege Seibert meint, daß der Inhalt des Schreibens vom 17.4.1973 an den Bundeskanzler so ausgewogen ist, daß man bei dieser Haltung bleiben sollte. Vielleicht sollte der DGB im gleichen Sinne auch einmal den Bundesrat ansprechen.

Auch Kollege *Loderer* hält die in dem genannten Schreiben enthaltenen Gesichtspunkte für brauchbar und für eine Linie, bei der man bleiben sollte. Eine einheitliche Sprachregelung ist s.E. für den DGB nur förderlich. Im Übrigen teilt er die Befürchtungen von Kollegen Vetter nicht, daß durch eine klare Stellungnahme des DGB Erwartungen bei den Mitgliedern erweckt werden, wir könnten aus eigener Kraft Veränderungen herbeiführen. Wir müßten im Gegenteil ganz sicher mit Vorwürfen rechnen, wenn der DGB jetzt schweigt. Kollege Loderer spricht die Bitte aus, daß die Gewerkschaftsvertreter in der bevorstehenden Konzertierten Aktion massiv auftreten und versuchen, die Urheber der jetzigen Misere an den Pranger zu stellen.[11] Er warnt noch einmal davor, daß die Gewerkschaften zu gewissen Zahlen Ja sagen und damit einer Steuererhöhung das Wort reden.

Zur Beleuchtung der tariflichen Situation legt Kollege *Heiß* eine Übersicht über die inzwischen erfolgten und für den Rest des Jahres noch zu erwartenden Tarifabschlüsse vor. Auch er unterstreicht, nach allen vorausgegangenen Erklärungen und Gesprächen, wie wichtig es ist, bei der Ablehnung jeglichen Konjunkturzuschlages zu bleiben.

Kollege *Buschmann* ist der Meinung, daß wir angesichts der fortgesetzten Preissteigerungen zum Angriff gegen die vorgehen sollten, die dafür verantwortlich sind. Anhand von Beispielen, die in großer Zahl vorhanden sind, sollte man der Öffentlichkeit gegenüber demonstrieren – wie auch in der Konzertierten Aktion –, wo die Schuldigen zu suchen sind.

Kollege *Hauenschild* schlägt zum Thema Preise ergänzend vor, die Bundesregierung zur Registrierung von Preiserhöhungen zu ermuntern und Verbraucher-, Industrie- und Endabgabepreise vielleicht durch Anzeige- und Registrierungspflicht durchsichtiger zu machen, selbst wenn das im Augenblick nur schwer realisierbar erscheint.

Kollege *Neemann* betont, daß der DGB auf diesem Gebiet in der Vergangenheit keineswegs untätig gewesen ist. Das ließe sich an vielen Beispielen belegen. Nur konnte die Arbeit auf dem Gebiet der Verbraucheraufklärung und

---

10 Helmut Schmidt war Redner auf der zentralen Maikundgebung des DGB in München.
11 Zur 28. Sitzung der Konzertierten Aktion siehe DGB-Archiv, DGB-BV, Sekretariat Martin Heiß 5/DGCS000148 sowie Dok. 82.

der Preisvergleiche nicht in dem gewünschten Umfang fortgesetzt werden, weil seinerzeit die Mittel dafür zum großen Teil gestrichen wurden. Zum gesamten Komplex scheint Kollegen Neemann die Meinung des Bundesvorstandes vorherrschend, auf der Linie des Schreibens an den Bundeskanzler vom 17.4.1973 zu bleiben und in einem weiteren Brief unsere Forderungen erneut zu unterstreichen.

Es folgt eine kurze Diskussion über Einzelaspekte, an der sich die Kollegen *Vetter, Schwab, Seibert, Wagner, Hauenschild* und *Buschmann* beteiligen.

Kollege *Vetter* faßt das Ergebnis der Diskussion wie folgt zusammen: Der Bundesvorstand ist der Meinung, daß der DGB zu den von der Bundesregierung geplanten Maßnahmen nicht im einzelnen Stellung nimmt, sondern die im Schreiben vom 17.4.1973 an den Bundeskanzler enthaltenen Forderungen und Vorschläge in ergänzter Form in einem erneuten Schreiben unterstreicht. In der gleichen Form soll die Meinung des DGB bei dem Gespräch mit Bundeswirtschaftsminister Friderichs am 14.5. und in der Konzertierten Aktion am 18.5.1973 mit aller Deutlichkeit vertreten werden.[12]

3. X. Weltjugendfestspiele, hier: Bericht über den Stand der Vorbereitungen

Entsprechend dem Beschluß der letzten Bundesvorstandssitzung gibt Kollege *Woschech* einen kurzen Bericht über den Fortgang der Verhandlungen im Vorbereitungsgremium für die Weltjugendfestspiele. Als negatives Ergebnis ist zu verzeichnen, daß die im Bundesvorstand diskutierten Änderungsvorschläge zum nationalen Aufruf nicht durchgesetzt werden konnten, weil sie im Wesentlichen nur von einer Organisation, dem Bund Katholischer Jugend, voll unterstützt wurden. Kollege Woschech geht kurz auf die Gründe ein, die zu diesem Ergebnis geführt haben und die vorher nicht bekannt gewesen sind. Positiv zu vermerken ist die Mehrheit der Teilnehmer der demokratischen Verbände bei der Delegiertenaufschlüsselung, nämlich 470 zu 330, und die freie Meinungsäußerung während des Festivals.[13] Ein zusätzliches positives Ergebnis der Verhandlungen ist die Zusicherung, daß die Verbände eigenes Informationsmaterial zur Verteilung während der Festspiele mitbringen und ein eigenes Büro mit entsprechenden technischen Einrichtungen in Ostberlin errichten können. Kollege Woschech ist der Meinung, daß im Ganzen gesehen, keine Veranlassung besteht, den Vorsorgebeschluß des Bundesvorstandes aus der letzten Sitzung zu ändern.

Kollege *Hauenschild* bezieht sich auf ein Interview des Vorsitzenden des Bundes Katholischer Jugend, in dem die von Kollegen Woschech geschilderte

---

12 Am Vorgespräch zur Sitzung der »Konzertierten Aktion« mit Bundeswirtschaftsminister Friderichs am 14.5.1973 von 18.00–20.00 Uhr in Bonn-Duisdorf nahmen Heinz O. Vetter, Martin Heiß, Georg Neemann, Eugen Loderer und Rudolf Henschel teil. DGB-Archiv, DGB-BV, Sekretariat Martin Heiß 5/DGCS000148 sowie Dok. 82.
13 Vgl. Erklärung des Bundesjugendringes, verabschiedet auf der Hauptversammlung am 6.5.1973 in Bonn, zur Teilnahme an den Weltfestspielen. Vgl. DGB-Archiv, DGB-BV, Abt. Jugend 5/DGAU000311.

Dokument 81   8. Mai 1973

Situation bestätigt wurde.[14] Kollege Hauenschild fragt, ob die Gewerkschaftsjugend nicht ebenso wie der Bund Katholischer Jugend eine eigene Erklärung zum nationalen Aufruf als Basis für die Teilnahme an den Spielen formulieren könnte.

Kollege *Haas* begrüßt den Vorschlag von Kollegen Hauenschild. Er weist gleichzeitig noch einmal darauf hin, daß die Abfassung eines eigenen nationalen Aufrufs, der vom internationalen Aufruf in wesentlichen Punkten abweicht, ein Novum in der Geschichte der Weltjugendfestspiele darstellt. Zur Materialmitnahme berichtet Kollege Haas, daß eine Broschüre in Vorbereitung ist, die in hoher Auflage während der Spiele zur Verteilung kommen soll. Sollten die jetzt getroffenen Absprachen später nicht eingehalten werden, sei jederzeit die Möglichkeit gegeben und auch vorgesehen, aus Ostberlin abzureisen und vor der Öffentlichkeit dazu Stellung zu nehmen. Nach den bisherigen Erkenntnissen könne man jedoch hoffen, daß dies nicht nötig sei.

Kollege *Vetter* hält eine Teilnahme der Gewerkschaftsjugend an den Weltjugendfestspielen auch deshalb für wünschenswert, damit in Ostberlin autorisierte Vertreter der Verbände zu Wort kommen und nicht wie in früheren Jahren sogenannte gewerkschaftliche Gruppen, die keinerlei Legitimation besitzen.

Kollege Vetter stellt abschließend fest, daß der Bundesvorstand, unter Berücksichtigung der diskutierten Einzelheiten, seinen in der vorigen Sitzung gefaßten Vorsorgebeschluß über die Teilnahme der Gewerkschaftsjugend an den Weltjugendfestspielen bestätigt. Zu gegebener Zeit soll im Bundesvorstand über den Verlauf der Spiele berichtet werden.

4. DGB-Vorschlag eines Vierten Gesetzes zur Änderung des Gesetzes zum Schutze der arbeitenden Jugend (Jugendarbeitsschutzgesetz)

Kollege *Woschech* verweist auf die vorliegende Unterlage, die das Ergebnis einer dreijahrelangen Beratung ist.[15] Der Entwurf ist sehr gründlich beraten worden sowohl in den Hauptvorständen als auch in den zuständigen Abteilungen sowie auf der Jugendarbeitstagung in Solingen.[16] Kollege Woschech bittet im Namen des Geschäftsführenden Bundesvorstandes um Zustimmung zum Entwurf.

---

14 Vgl. Interview mit dem CDU-MdB Hermann Kroll-Schlüter zu den Bedingungen für die Teilnahme des BKJ an den Weltjugendfestspielen, in: Kölner Stadt-Anzeiger, 9.4.1973. Siehe auch: Erklärungen, Aufrufe der teilnehmenden bundesdeutschen Jugendgruppen, in: DGB-Archiv, DGB-BV, Sekretariat Franz Woschech 5/DGCQ000040.
15 Der 40-seitige DGB-Vorschlag eines vierten Gesetzes zur Änderung des Gesetzes zum Schutze der arbeitenden Jugend unter dem Titel: »Mehr Schutz der arbeitenden Jugend« war eine Gegenüberstellung des geltenden Rechts mit dem DGB-Vorschlag. DGB-Archiv, DGB-BV, Abt. Vorsitzender 5/DGAI000479.
16 Vgl. Bundesarbeitstagung der Gewerkschaftsjugend am 10./11.4.1973 in Solingen, DGB-Archiv, DGB-BV, Abt. Jugend 5/DGAU000178 sowie Sekretariat Günter Stephan 5/DGCU000093.

[Im Folgenden werden die Bedenken des Kollegen *Kluncker* bezüglich der Seeschifffahrt und jugendlichen Bundesbeamten diskutiert und anschließend der DGB-Gesetzesvorschlag verabschiedet.]

5. KONTAKTE MIT DEM FDGB

[*Vetter* berichtet, dass die Vorlage noch an einigen Punkten überarbeitet und zur nächsten Sitzung vorliegen wird.[17]]

Kollege *Loderer* teilt mit, daß die IG Metall einen Brief des Zentralvorstandes des FDGB bekommen hat. Kollege Loderer fragt nach den getroffenen Vereinbarungen.

Kollege *Vetter* verweist auf das veröffentlichte Kommuniqué, das allen Vorständen zugegangen ist.[18] Er ist der Auffassung, dass die IG Metall antworten sollte, daß die Vorschläge aus den Verhandlungen noch nicht abschließend beraten worden sind.

6. TAGESORDNUNG FÜR DIE 4. BUNDESAUSSCHUSSSITZUNG AM 6.6.1973

[Nach kurzer Diskussion kommt man überein, die Frage der Mitgliedschaft von Studenten nicht zu erörtern. Anschließend wird die Tagesordnung beschlossen.[19]]

7. VORSCHLÄGE ZUM SOZIALEN AKTIONSPROGRAMM IN DER EUROPÄISCHEN GEMEINSCHAFT

Kollege *Muhr* geht kurz auf die Vorgeschichte und den Weg zu einem europäischen Aktionsprogramm in Fragen der Sozialpolitik ein. Bekanntlich beinhalteten die Verträge zur Europäischen Wirtschaftsgemeinschaft[20] ausschließlich wirtschaftliche Aspekte und überließen soziale Fragen sozusagen der automatischen Folgewirkung des Gemeinsamen Marktes. Ähnlich war

---

17 Siehe Dok. 83.
18 Kommuniqué zum Treffen DGB/FDGB am 14./15.3.1973, abgedr. in: ND, 16.3.1973, Nr. 86.
19 Der Organisationsausschuss hatte keine Empfehlung für die beschlussfassenden Gremien des DGB zu diesem Themenkomplex abgegeben. Siehe Dok. 80. Als Tagesordnung wurde beschlossen: 1. Genehmigung des Protokolls der 3. BA-Sitzung, 2. Bericht zur gewerkschaftspolitischen und organisatorischen Situation, 3. Zwischenbericht über Kontakte DGB/FDP, 4. Sozialwahlprogramm 1974, 5. Fragestunde und 6. Verschiedenes.
20 Am 25.3.1957 wurden in Rom von Deutschland, Frankreich, Italien und den Beneluxstaaten die sog. »Römischen Verträge« unterzeichnet. Der Erste beinhaltete die Gründung der »Europäischen Wirtschaftsgemeinschaft« (EWG) und der Zweite die der »Europäischen Atomgemeinschaft« (Euratom). Beide Verträge traten am 1.1.1958 in Kraft. Ziel des EWG-Vertrages war es, durch die Förderung des Handels und die Integration die Ausweitung der Wirtschaft zu erreichen. Vgl. Thomas Läufer (Bearb.): EWG-Vertrag. Grundlage der Europäischen Gemeinschaft, 5. Aufl., Bonn 1990.
21 Die Europäische Gemeinschaft für Kohle und Stahl (EGKS, auch Montanunion genannt) war ein europäischer Wirtschaftsverband und Vorläufer der Europäischen Gemeinschaft (EG). Gegründet wurde die EGKS am 18.4.1951 durch den Vertrag von Paris und trat am 23.7.1952 in Kraft. Der Vertrag wurde für eine Dauer von 50 Jahren abgeschlossen und 2002 nicht mehr verlängert. Gründerstaaten waren Belgien, Deutschland, Frankreich, Italien,

es in den Verträgen der EGKS.²¹ Ausnahmen waren die Wanderarbeiterabkommen und der Europäische Sozialfonds.²² 1962 sollte versucht werden, auf einer Konferenz Fragen einer gemeinsamen europäischen Sozialordnung zu klären.²³ Aber diese Konferenz wurde von den Regierungen der 6 Mitgliedsländer sabotiert. Dem Wirtschafts- und Sozialausschuss fehlte ein eigenes Initiativrecht. Erst in jüngster Zeit gibt es einen gemeinsamen Versuch, Richtlinien für Mindestbedingungen bei Massenentlassungen zu schaffen.²⁴ Angesichts dieser Lage hat die Bundesregierung auf unsere Anregung und mit unserer Unterstützung auf der Gipfelkonferenz im Oktober 1972 in Paris eine Initiative ergriffen, mit dem Ergebnis, daß die Organe der EG bis zum 1.1.1974 ein Aktionsprogramm für konkrete Maßnahmen im Bereich der Sozialpolitik zu verabschieden haben, und zwar unter

Beteiligung der Tarifvertragsparteien. Zur Vorbereitung dieses Aktionsprogramms hat es eine Reihe von Stellungnahmen gegeben.²⁵ Nun sollen in einer europäischen Sozialkonferenz am 28.6.1973 die Beteiligten, d. h. Arbeitnehmer- und Arbeitgeberverbände, in einem gemeinsamen Anhörungsverfahren zu den vorgelegten Entwürfen gehört werden.²⁶ Der Bundesvorstand soll heute darüber befinden, ob der vorgelegte DGB-Entwurf alle nötigen Aspekte enthält. Im Gegensatz zu den Entwürfen des EGB und der Kommission, die

---

Luxemburg und die Niederlande. Der Vertag gab allen Mitgliedstaaten Zugang zu Kohle und Stahl, ohne Zoll zahlen zu müssen. Gleichzeitig wurde eine Hohe Behörde gegründet, die im Bereich der Montanindustrie, also der Kohle- und Stahlproduktion, gemeinsame Regelungen für alle Mitgliedstaaten treffen konnte. Vgl. Rasch/Düwell: Montanunion.

22 Die Verordnungen des Rates der Europäischen Wirtschaftsgemeinschaft über die Soziale Sicherheit der Wanderarbeitnehmer wurden veröffentlicht im Amtsblatt der europäischen Gemeinschaften vom 16.12.1959 und traten am 1.1.1959 in Kraft. In den Verordnungen wurde festgeschrieben, dass Jahresberichte über die Situation der Wanderarbeiter zu erstellen seien. Vgl. DGB-Archiv, DGB-BV, Abt. Sozialpolitik 5/DGAO000094.

23 Vom 10. bis 15.12.1962 fand in Brüssel die Europäische Konferenz über die Soziale Sicherheit statt. 150 Vertreter der Gewerkschaften, der Arbeitgeber, der Wissenschaft und Träger der sozialen Sicherheit diskutierten Fragen der Harmonisierung der Sozialen Sicherheit. Vgl. DGB-Geschäftsbericht 1962–1965, Abt. Sozialpolitik, S. 212ff., siehe auch: Konferenzmaterialien in: DGB-Archiv, DGB-BV, Abt. Sozialpolitik 5/DGAO000092 und 5/DGAO000093.

24 Auf der Tagung des Ständigen Ausschusses für Beschäftigungsfragen (Unterausschuss des Wirtschafts- und Sozialausschusses) der Europäischen Gemeinschaften am 26.10.1972 in Brüssel wurde das Arbeitspapier der Europäischen Kommission vom 11.9.1972 zum Problem der Massenentlassungen diskutiert. Es sollte eine gemeinschaftliche Initiative zu Massenentlassungen angestrebt werden, die folgende Punkte mit einbezog: »1. Festlegung des Begriffs Massenentlassung, 2. Verfahren für den Fall, dass ein Unternehmen eine solche Maßnahme in Aussicht nehmen wird und 3. Rechtsform eines etwaigen Aktes auf Gemeinschaftsebene«. Vgl. DGB-Archiv, DGB-BV, Abt. Sozialpolitik 5/DGAO000095.

25 Bei den Beratungsunterlagen lagen Stellungnahmen zum Aktionsprogramm vor: Thesenentwurf »Für ein soziales Europa«, beschlossen auf dem 9. Kongreß der Sozialdemokratischen Parteien der Europäischen Gemeinschaft am 26./27.5.1973 in Bonn; »Leitlinien für ein sozialpolitisches Aktionsprogramm«, am 18.4.1973 von der Rat von den Europäischen Kommission vorgelegt; »Memorandum. Soziales Aktionsprogramm der Europäischen Gemeinschaften. Ziele und Prioritäten« vom Europäischen Gewerkschaftsbund; vom DGB »Vorschläge zum Sozialen Aktionsprogramm in der Europäischen Gemeinschaft«, verabschiedet auf der 32. GBV-Sitzung am 9.4.1973. DGB-Archiv, DGB-BV, Abt. Vorsitzender 5/DGAI000209.

26 Zur Konferenz in Luxemburg und zu deren Beschlüssen siehe DGB-Archiv, DGB-BV, Internationale Abt. 5/DGAJ000658.

sich mehr auf politische Orientierung und grundsätzliche Fälle beschränken, macht der DGB-Entwurf die Ziele und Maßnahmen und die dazu führenden einzelnen Schritte deutlich. In einer für den 14.5.1973 vorgesehenen Sitzung des EGB soll das DGB-Papier vorgelegt und versucht werden, möglichst viel von seinem Inhalt in das EGB-Papier zu übernehmen.[27] Kollege Muhr bittet um Zustimmung zu der Vorlage.

Kollege *Vetter* verweist auf die von der Abteilung Frauen vorgelegten Ergänzungswünsche, die mit in die Diskussion einzubeziehen sind.[28]

Kollege *Hauenschild* fragt, ob jeder nationale Bund im EGB einen eigenen Vorschlag vorlegt oder eine gemeinsame EGB-Vorlage erarbeitet wird, was nach seiner Ansicht vorzuziehen sei. Im übrigen bemängelt Kollege Hauenschild die schlechte sprachliche Ausführung des Papiers, das sicher so für die Mitglieder nicht verständlich sei.

Kollege *Muhr* antwortet, daß das Papier zunächst nur als Diskussionsgrundlage für den EGB gedacht ist. Außerdem werden die nationalen Bünde keine eigenen Vorschläge vorlegen.

Abgesehen von einigen sprachlichen Unebenheiten begrüßt Kollege *Loderer* den Entwurf als eine gute Arbeit. Für besonders positiv hält er die Formulierungen zur Tarifpolitik. Er bittet, nach Möglichkeit zusätzlich das Verbot der Aussperrung in die Diskussion beim EGB einzubringen.

Kollege *Kluncker* spricht sich ebenfalls für die Annahme der Vorlage aus. Er bittet nur, noch einmal zu überprüfen, ob mit dem Begriff der öffentlich-rechtlichen Arbeitsschutzvorschriften auch die in einigen Fällen in der Bundesrepublik stattdessen angewendeten Vorschriften des Verkehrsrechts abgedeckt sind. Im Übrigen sollte nach seiner Ansicht der Entwurf nicht veröffentlicht werden.

Kollege *Muhr* sagt die gewünschte Überprüfung zu und bittet außerdem darum, einige stilistische Änderungen in dem Papier vornehmen zu dürfen. Der DGB-Vorschlag wird nur dem EGB und der Bundesregierung vorgelegt, damit diese unsere Vorstellungen im Ministerrat berücksichtigen kann.

Kollege *Vetter* stellt abschließend fest, daß der Bundesvorstand die »Vorschläge zum Sozialen Aktionsprogramm in der Europäischen Gemeinschaft« mit den vorgelegten Ergänzungen verabschiedet. Eine stilistische Überarbeitung darf vorgenommen werden.

---

27 Mit Schreiben vom 15.5.1973 verschickte das EGB-Sekretariat an den Präsidenten des Ministerrats der EG das EGB-Memorandum zum sozialen Aktionsprogramm in der EG, in dem die Vorschläge des DGB – außer in der Frage der Mitbestimmung – weitgehend berücksichtigt wurden. Vgl. Schreiben Volker Jung an die GBV-Mitglieder vom 30.5.1973, DGB-Archiv, DGB-BV, Abt. Sozialpolitik 5/DGAO000090.
28 Neben redaktionellen Änderungen sollte der Punkt »Soziale Infrastruktur« hinzugefügt werden. Darin wurde der Ausbau einer sozialen Infrastruktur (Kindergärten, Ganztagsschulen, soziale Dienste für Kranke und Alte) gefordert, damit eine Vereinbarkeit von Berufsleben und Familienleben ermöglicht werde.

Dokument 81   8. Mai 1973

8. FORDERUNGEN DES DGB ZUR HOCHSCHULREFORM

Kollegin *Weber* weist auf die Notwendigkeit der Veröffentlichung von Grundsätzen zur Hochschulreform hin. Zur Bitte des Kollegen Hauenschild auf stilistische Überprüfung erklärt Kollegin Weber, daß bereits eine Reihe von Formulierungen im Ausschuß geändert worden ist. Das vorliegende Papier soll u. a. die Grundlage für den Gesamtbildungskongreß darstellen.[29] Kollegin Weber bittet um Zustimmung zu den vorliegenden Forderungen.

In der folgenden Diskussion. an der sich die Kollegen *Schwab, Kluncker, Jostarndt, Frister, Vetter, Hauenschild, Vietheer* und die Kollegin *Weber* beteiligen, werden Fragen des Ordnungsrechts an den Hochschulen, des Rechtscharakters der Akademien in Dortmund, Frankfurt und Hamburg und der Prüfungen erörtert. Eine Überprüfung der Frage der Akademien wird zugesagt.

[Der Bundesvorstand verabschiedet die vorgelegten Forderungen. Anschließend trägt *Vetter* die Bitte des Bundesministers für Bildung und Wissenschaft, Dr. Klaus von Dohnanyi, zu einer Aussprache mit dem Bundesvorstand im Juni vor, in der dieser seine Bildungskonzeption erläutern möchte. Der Bundesvorstand ist mit der Aussprache mit Bundesminister von Dohnanyi in seiner Sitzung am 5.6.1973 in Hamburg einverstanden.[30]]

9. KONTOFÜHRUNGSGEBÜHREN

In Ergänzung zu der Vorlage erinnert Kollege *Neemann* an die vielfältigen Bemühungen auf verschiedenen Ebenen, die der DGB in der Angelegenheit Kontoführungsgebühren unternommen hat, um zu einem für die Arbeitnehmer befriedigenden Ergebnis zu kommen.[31] Es gab Gespräche und Schriftwechsel mit Banken und Sparkassen, insbesondere mit Dr. Geiger[32], dem Präsidenten des Sparkassen- und Giroverbandes, die Einführung von Gebühren zu unterlassen bzw. vorschnelle Entscheidungen zu verhindern. In öffentlichen Erklärungen und direktem Kontakt mit Otto A. Friedrich[33] ist die Übernahme der Gebühren durch die Arbeitgeber gefordert worden. Brieflich und in Gesprächen mit der Bundesregierung ist eine gesetzliche Regelung sondiert worden. Alle Bemühungen sind erfolglos geblieben. Die letzte Reaktion der Bundesregierung ist aus der Vorlage zu entnehmen. Danach scheint

---

29 Der Entwurf wurde in der Sitzung des Bildungspolitischen Ausschusses/Arbeitsausschusses Hochschulpolitik am 26./27.3.1973 verabschiedet. Vgl. DGB-Archiv, DGB-BV, Abt. Bildung 5/DGAV000073.
30 Vgl. Dok. 84. Zum Zusammenhang siehe Bocks: Mehr Demokratie gewagt?.
31 3-seitige Vorlage Neemanns vom 26.4.1973. Auf der Grundlage des Gesprächs am 3.4.1973 im Bundesarbeitsministerium wurde der Beschlussvorschlag erstellt, dass der GBV beauftragt wird, darauf hinzuwirken, dass die Barzahlung von Löhnen und Gehältern per Gesetz zur Pflicht gemacht wird und dass Abweichungen von dieser Regelung nur nach Vereinbarung möglich sind. Vgl. DGB-Archiv, DGB-BV, Abt. Vorsitzender 5/DGAI000479. Vgl. hierzu auch 4. BV-Sitzung am 5.12.1972 (Dok. 69) und 9. BV-Sitzung am 5.6.1973 (Dok. 84).
32 Helmut Geiger (geb. 1928), von 1972 bis 1993 Präsident des Sparkassen- und Giroverbandes.
33 Otto Andreas Friedrich (1902–1975), 1969–1973 Präsident der BDA.

ein anderer Weg als der vorgeschlagene zur Zeit nicht erfolgversprechend. Kollege Neemann bittet deshalb um Annahme des Beschlußvorschlages.

Kollege *Vetter* unterstreicht die Ausführungen von Kollegen Neemann. Er ist zwar der Meinung, dass es zunächst vielleicht schwierig sein könnte, der Mitgliedschaft den neuen Weg verständlich zu machen, sieht aber im Augenblick auch keine andere Möglichkeit, als durch gesetzlich festgelegte Barleistung und neue tarifvertragliche Vereinbarungen hinsichtlich der Kontoführungsgebühren Vorteile für die Arbeitnehmer zu erreichen.

Kollege *Lappas* weist auf die Schwierigkeiten hin, die sich durch einen solchen Beschluß für die Bank für Gemeinwirtschaft ergeben könnten. Er bittet, auch diesen Gesichtspunkt zu berücksichtigen, und erinnert an die voraufgegangene Diskussion im Bundesvorstand.

Kollege *Kluncker* ist der Auffassung, daß das Thema BfG in diesem Zusammenhang nicht diskutiert werden könne. Dazu bedürfe es einer besonderen Vorlage.

In der nachfolgenden Diskussion, an der sich die Kollegen *Vetter, Lappas, Kluncker, Michels, Schwab, Neeman, Muhr, Loderer* und *Gelhorn* beteiligen, wird das Für und Wider des vorgelegten Vorschlages erörtert und die Fragen des öffentlichen Dienstes angesprochen. Man ist sich einig, daß der vorgeschlagene Weg keine optimale Lösung darstellt, sich aber im Augenblick keine anderen Möglichkeiten bieten.

Der Bundesvorstand faßt anschließend folgenden Beschluß:

Der Geschäftsführende Bundesvorstand wird beauftragt, darauf hinzuwirken, daß die Barzahlung von Löhnen und Gehältern per Gesetz zur Pflicht gemacht wird und daß Abweichungen von dieser Regelung nur nach Vereinbarung möglich sind.

10. Verschiedenes

a) Berichterstattung über die Gespräche zwischen DGB und FDP

Kollege *Vetter* bittet die Leiter der beiden Arbeitsgruppen Mitbestimmung und Vermögensbeteiligung, die Kollegen Vietheer und Neemann, um Berichterstattung.

Kollege *Vietheer* berichtet über die Tagung der Arbeitsgruppe Mitbestimmung am 5. Mai 1973.[34] Es galt, die Spitzengespräche zwischen DGB und FDP vorzubereiten. In der Frage der Zusammensetzung der Arbeitnehmerorgane gab es keine unterschiedliche Auffassung. Bei der Besetzung des Aufsichts-

---

34 An dieser Sitzung nahmen vonseiten der FDP teil: Bundesinnenminister Werner Maihofer, NRW-Wirtschaftsminister Horst-Ludwig Riemer und die Bundestagsabgeordneten Klaus-Jürgen Hoffie und Hansheinrich Schmidt (Kempten); seitens des DGB: Ernst Breit, Heinz Vietheer, Bernd Otto, Detlev Hensche und Siegfried Balduin. Es wurden 5 Punkte behandelt: 1. Größenkriterien zur Bestimmung der unter die Mitbestimmung fallenden Unternehmen, 2. Unter die Mitbestimmungsregelung fallende Rechtsformen, 3. Zusammensetzung des Aufsichtsrates, 4. Wahlverfahren und 5. Arbeitsdirektoren. Vgl. Sitzungsprotokoll vom 7.5.1973, in: DGB-Archiv, DGB-BV, Sekretariat Martin Heiß 5/DGCS000012.

Dokument 81   8. Mai 1973

rates war allgemein festzustellen, daß die FDP auch von der Gleichwertigkeit ausgeht. Aber sie versteht darunter etwas anderes; sie will eine dritte Bank für die leitenden Angestellten. Dem haben die DGB-Teilnehmer energisch widersprochen, und es konnte keine Übereinstimmung erzielt werden. In der Frage des Wahlverfahrens für die betrieblichen Arbeitnehmervertreter scheint die FDP Spielraum zu haben, und sie zeigte sich den Argumenten der DGB-Vertreter zugänglich. Außerbetriebliche Vertreter lehnt die FDP aber ab. In der Frage des Arbeitsdirektors ist eine Einigung denkbar. Kollege Vietheer hat versucht, in zehn Thesen die Position des DGB betreffend leitende Angestellte in der Sitzung darzustellen. Das Gespräch mit der FDP diente lediglich der Klärung; es sollten keine Kompromisse geschlossen werden.

In der anschließenden Diskussion, an der sich die Kollegen *Vetter*, *Wagner* und *Hauenschild* beteiligen, weist Kollege Vetter noch einmal darauf hin, daß die Gespräche nur die unterschiedlichen Auffassungen und erkennbare Möglichkeiten für eine Einigung in Spitzengesprächen aufzeigen sollten.

Kollege *Neemann* berichtet über die Sitzung der Arbeitsgruppe Vermögensbeteiligung am 6. Mai 1973.[35] Die Diskussion ist dadurch belastet gewesen, daß der DGB durch den Bundesausschußbeschluß ein Rahmengefüge hat, während die FDP die Thesen des Freiburger Parteitages hat. Nach langer Diskussion wurden dann folgende drei Unterschiede herausgearbeitet:

a) Vorrangige Veränderung der privaten Vermögensverteilung (DGB) oder Teilhabe aller Wirtschaftsbürger an der gesamten Vermögensbildung (FDP). Damit verbunden die Frage, wer bezugsberechtigt sein soll, Produzenten in abhängiger Beschäftigung oder alle Verbraucher.

b) Sollen die zu bildenden Fonds eher den Charakter einer kollektiven Gegenmacht haben (DGB) oder soll durch die Fonds ein völliger Abbau von Macht angestrebt werden (FDP)?

c) Soll der Fonds ordnungspolitische Aufgaben erhalten (Verwendung für Investitionssteuerung, keine Verstärkung des Rentabilitätsprinzips als Steuerungsinstrument) (DGB) oder soll das Rentabilitätsprinzip als Steuerungsinstrument auch graduell unangetastet bleiben (FDP)?

In der Frage der Sperrfristen gibt es keine prinzipiellen Differenzen zwischen FDP und DGB. Bei dem Gespräch ist der Eindruck entstanden, daß man sich in einem Spitzengespräch in einzelnen Fragen näherkommen könnte. Alle FDP-Teilnehmer haben bestätigt, daß für sie die Mitbestimmung Vorrangigkeit hat.

Kollege *Vetter* sagt zu, daß dem Bundesvorstand ausführliche Protokolle über diese beiden Sitzungen zur Verfügung gestellt werden. Auf den Einwurf des Kollegen Buschmann eingehend, daß die Novellierung des Tarifvertragsgesetzes, hier Gleichstellung der Organisierten gegenüber den Unorganisierten, eine sehr wichtige Frage ist, erklärt Kollege *Vetter,* dass er dieses Thema in dem Spitzengespräch berücksichtigen werde.

---

35 An der Sitzung der Arbeitsgruppe »Vermögensbildung« nahmen seitens der FDP und des DGB die gleichen Vertreter wie bei der »Mitbestimmungsgruppe« teil. Vgl. ebd.

Kollege Vetter teilt abschließend mit, daß in Kürze ein Gespräch mit dem CDU-Präsidium stattfinden wird.[36]

b) Erkrankung von ehemaligen Bundesvorstandsmitgliedern

[*Vetter* berichtet über die ernsthafte Erkrankung der ehemaligen GBV-Mitglieder Hermann Beermann und Kurt Stühler.]

c) Gespräch mit Breschnew

[Für ein Gespräch am 19.5.1973 mit dem Generalsekretär der KPdSU, Breschnew, im Kanzlerbungalow[37] haben neben drei GBV-Mitgliedern die Gewerkschaftsvorsitzenden Frister, Loderer und Vater ihre Teilnahme zugesagt. Sperner und A. Schmidt sollen zwecks Teilnahme befragt werden.]

d) Kernwaffenversuche im Pazifik

Der Bundesvorstand wird sich dem Protest des IBFG gegen Kernwaffenversuche im Pazifik anschließen.[38]

e) Bundestagung der CDU-Sozialausschüsse

Kollege *Vetter* teilt mit, daß im Hinblick auf die Bundestagung der CDU-Sozialausschüsse eine Pressemeldung herausgegeben werden soll, in der zu den Mitbestimmungsvorstellungen der Sozialausschüsse kritisch Stellung genommen wird.[39]

---

36 Vgl. hierzu Ausführungen in Dok. 78, Fußnote 11. Zum geplanten Gespräch siehe auch: NRZ, 16.5.1973. Grund für das vorerst nicht stattgefundene Gespräch war der Rücktritt Rainer Barzels am 9.5.1973 vom Vorsitz der CDU/CSU-Bundestagsfraktion (vgl. Barzels Rücktritterklärung, in: FAZ, 10.5.1973) und im Juni vom Parteivorsitz. Zu seinem Nachfolger wurde auf dem 21. CDU-Parteitag am 12.6.1973 in Bonn Helmut Kohl gewählt. Vgl. Helmut Kohl: Erinnerungen 1930–1982, München 2004, S. 316 ff.

37 An dem Gespräch waren beteiligt a) Mitglieder der deutsch-sowjetischen Wirtschaftskommission unter der Leitung von Bundeswirtschaftsminister Friderichs, b) Vertreter der deutschen Wirtschaft, die an den Wirtschafts- und Handelsbeziehungen mit der UdSSR besonders interessiert waren, und c) Gewerkschaftsvertreter. Vgl. WBA, A8, 142. Am 21.5.1973 fand ein einstündiges Gespräch zwischen Breschnew und Gewerkschaftern auf dem Petersberg statt, an dem u. a. teilnahmen: Heinz O. Vetter, Gerd Muhr, Hermann Brandt (DAG), Heinz Kluncker, Karl Hauenschild, Rudolf Sperner und Philipp Seibert. Ursprünglich sollte dieses Treffen in Dortmund stattfinden. Vgl. Vetter bei Breschnew, in: FR, 22.5.1973 und Vetter: Kein Bitten und Schenken, in: Die Welt, 22.5.1973.

38 Zur Bekämpfung der französischen Atombombenversuche im Pazifik wurde auf der IBFG-Konferenz am 26./27.4.1973 in Cuernavaca/Mexiko zum Boykott der französischen Fluggesellschaft Air France und in einigen Ländern auch zum Boykott französischer Weine aufgerufen. Vgl. Rundschreiben des IBFG zur Aktion vom 17.5.1973, DGB-Archiv, DGB-BV, Internationale Abt. 5/DGAJ000415 sowie IBFG ruft zum Boykott auf, in: FR, 7.5.1983 und ND, 11.5.1973, Nr. 176.

39 Vgl. DGB zum Mitbestimmungsmodell der CDU-Sozialausschüsse, in: ND, 9.5.1973, Nr. 170. Die Bundestagung der CDU-Sozialausschüsse fand im Beisein von Heinz O. Vetter am 19./20.5.1973 in Bochum statt. Vgl. CDU-Sozialausschüsse wollen mitbestimmen in Partei und Gewerkschaft, in: Die Quelle 24, 1973, Heft 6, S. 255 f. sowie Berichte zur Bundestagung, CDU-Sozialausschüsse steuern ein verändertes Unternehmensrecht an, in: SZ, 21.5.1973 und Kongreß der CDU-Sozialausschüsse, in: FAZ, 21.5.1973.

f) Protokoll über die Sitzung der Kommission zur Durchführung des Aktionsprogramms am 3.4.1973

Die Mitglieder der o. a. Kommission genehmigen das Protokoll vom 3.4.1973.[40]

g) Bundesvorstandsklausur, 31.5. bis 2.6.1973

[Der GBV schlägt vor, die vorgesehene Bundesvorstandsklausurtagung wegen organisatorischer Schwierigkeiten zu verschieben. Nachdem *Vetter* mögliche Termine abgefragt hat, wird beschlossen, die Klausurtagung auf den 1.10., mittags, bis 3.10.1973 zu verschieben. Daran sollen auch Landesbezirksvorsitzende teilnehmen.[41]]

h) »ran«

Kollege *Vetter* bittet, die vorgesehene Abbestellung von »ran« noch einmal kritisch zu untersuchen.[42]

i) Beauftragter für Verbraucherfragen

[Der GBV wird sich mit der Forderung des Gewerkschaftstages von HBV beschäftigen, die Stelle eines Beauftragten für Verbraucherfragen zu schaffen, ähnlich der des Wehrbeauftragten.[43]]

j) Streik in Holland

[*Hauenschild* berichtet über den Streik, der die holländischen Gewerkschaften in finanzielle Schwierigkeiten gebracht haben soll.[44] Der Hauptvorstand der IG Chemie-Papier-Keramik möchte sich im Rahmen der Internationale an einer Spende beteiligen. *Vetter* teilt mit, dass die holländischen Gewerkschaften bisher noch nicht wegen finanzieller Schwierigkeiten an den DGB nicht herangetreten sind.]

---

40 In der Sitzung fand eine Aussprache statt über die Zeitung »pro Mitbestimmung« und zu aktuellen Fragen der Mitbestimmung und Maßnahmen zur Durchsetzung der Mitbestimmung. Vgl. DGB-Archiv, DGB-BV, Abt. Vorsitzender 5/DGAI001444.
41 Als Tagesordnungspunkte waren vorgesehen: 1. Auftrag der Haushaltskommission, 2. Probleme der Extremisten und 3. Frage des Arbeitsprogramms.
42 Vgl. Schreiben Leonhard Mahleins vom 4.5.1973, in dem er mitteilte, dass der Hauptvorstand der DruPa beschlossen hat, den Bezug von 14.000 Exemplaren zum 1.7.1973 einzustellen. Vgl. DGB-Archiv, DGB-BV, Abt. Jugend 5/DGAU000311.
43 Vgl. angenommener Antrag 153 zum Verbraucherschutz, in: Protokoll 8. Ordentlicher Gewerkschaftstag der HBV vom 1. Oktober bis 6. Oktober 1972 in Dortmund, Düsseldorf o. J., S. 499 und 680.
44 Die Forderungen der Streikenden waren u. a. ein Festbetrag je Prozent steigender Lebenshaltungskosten. Vgl. Informationsdienst des Industriebond NVV, Nr. 6 (19.3.1973) und Nr. 24 (16.5.1973), in: AdsD, Bestand IG Metall 5/IGMA180156, Abt. Frauen. Der IG Metall-Hauptvorstand erklärte sich auf seiner Sitzung am 9.4.1973 solidarisch mit den seit 5 Wochen in den Niederlanden Streikenden und schickte ein Solidaritätstelegramm an den Industriebond NVV. Vgl. Metall Pressedienst, 10.4.1973 sowie AdsD, Bestand IG Metall 5/IGMA020060, Abt. Vorstand. Zur finanziellen Unterstützung der Streikenden durch die CPK und der IG Metall, siehe 9. BV-Sitzung, TOP 14d (Dok. 84).

k) Sozialwahlen 1974

[*Muhr* kündigt für die nächste Sitzung des Bundesvorstandes eine Vorlage zu den Sozialwahlen an.]

Ende der Sitzung: 14.15 Uhr

Dokument 82

18. Mai 1973: Kommuniqué der 28. Sitzung der Konzertierten Aktion

Ms., hekt., 3 S.

DGB-Archiv, Sekretariat Martin Heiß 5/DGCS000148.

Am 18. Mai 1973 fand unter dem Vorsitz von Bundeswirtschaftsminister Dr. Hans Friderichs, der dabei vorübergehend von Bundesfinanzminister Helmut Schmidt vertreten wurde, und in Anwesenheit von Bundesbankpräsident Dr. Karl Klasen das 28. Gespräch im Rahmen der Konzertierten Aktion mit Vertretern der Gewerkschaften, Spitzenorganisationen der Wirtschaft und dem Sachverständigenrat statt.[1] Im Mittelpunkt der Beratungen stand das von der Bundesregierung am 9. Mai 1973 beschlossene Stabilitätsprogramm[2] sowie die sich daraus ergebenden Konsequenzen für die weitere wirtschaftliche Entwicklung und das Verhalten aller Beteiligten.

In der Beurteilung der derzeitigen Wirtschaftslage stimmten alle Beteiligten voll überein. Sie unterstrichen gemeinsam die dringende Notwendigkeit, der bedrohlichen Eskalation des Preisanstiegs mit allen sich daraus ergebenden wirtschafts-, finanz- und gesellschaftspolitischen Gefahren möglichst bald Einhalt zu gebieten. Angesichts der bereits weit verbreiteten inflatorischen Preis- und Einkommenserwartungen sei dieses Ziel jedoch weder kurzfristig noch durch nur leichte korrigierende Maßnahmen zu erreichen. Harte und einschneidende Maßnahmen seien unerläßlich.

Bundeswirtschaftsminister Friderichs begründete und erläuterte das Stabilitätsprogramm der Bundesregierung[3] und wies insbesondere auf die Konsequenzen für das weitere preis- und lohnpolitische Verhalten hin. Mit diesem Programm seien für die Marktteilnehmer straffere Daten gesetzt und damit die Spielräume für weitere Kosten- und Preissteigerungen erheblich eingeengt worden.

---

1 Protokoll und Beratungsunterlagen zur 28. Sitzung der Konzertierten Aktion, in: DGB-Archiv, DGVB-BV, Sekretariat Martin Heiß 5/DGCS000148.
2 Vgl. »Zweites Stabilitätsprogramm«, Pressemitteilung Nr. 486/73 vom 10.5.1973 des Presse- und Informationsamtes der Bundesregierung sowie Dok. 81, Fußnote 4.
3 Der Wortlaut der 2-seitigen Erklärung Hans Friderichs zum Stabilitätsprogramm wurde als Telex dem Protokoll beigefügt. Vgl. DGB-Archiv, DGB-BV, Sekretariat Martin Heiß 5/DGCS000148.

Dokument 82 18. Mai 1973

Die besondere Belastung der Investitionen und der höheren Einkommen sei keineswegs Ausdruck einer Politik gegen die Unternehmen, sondern entspreche angesichts der gegenwärtigen und absehbaren Konjunkturentwicklung den stabilitätspolitischen Erfordernissen. Der Erfolg dieses harten, aber konsequenten Programms hänge weitgehend davon ab, inwieweit diese von der Wirtschaftspolitik gesetzten neuen Daten und Signale von den Marktteilnehmern aufgenommen und stabilitätsgerecht in den eigenen Kalkulationen berücksichtigt werden. Würden die bis zum Durchschlagen der Restriktionswirkung noch bestehenden Spielräume für Kosten- und Preiserhöhungen weiterhin ohne Rücksicht auf die Gesamtentwicklung ausgeschöpft, so sei weder mit einer baldigen Korrektur der Preisentwicklung zu rechnen noch seien dann im weiteren Verlauf für Wachstum und Beschäftigung gefährliche Fehlentwicklungen auszuschließen.

Die Beteiligten stimmten bei Kritik an Einzelheiten dem Stabilitätsprogramm insgesamt zu und erklärten sich bereit, dieses Programm nach Kräften mitzutragen.[4] Es müsse jetzt das vorrangige Ziel aller Beteiligten sein, eine Tendenzwende in der Preisentwicklung durch gemeinsame Anstrengungen herbeizuführen.

Die Unternehmerverbände verwiesen auf die zentrale Bedeutung insbesondere der Rationalisierungsinvestitionen für die weitere Wirtschaftsentwicklung und erklärten, daß ein Übersteuern der Investitionsdämpfung vermieden werden müsse. In nüchterner Einschätzung der Gefahren, die von der Kosten- und Preisentwicklung drohen, sei die Unternehmerseite jedoch bereit, alles in ihren Kräften Stehende zu tun, damit es tatsächlich zu einer möglichst frühen Tendenzwende zur Stabilität komme. Sie wiesen ferner auf die Notwendigkeit eines ausreichenden Beitrages der öffentlichen Hand hin.

Die Gewerkschaften erklärten, daß die bisherige Tarifpolitik bereits einen Beitrag zur Stabilitätspolitik darstelle. Im Stabilitätsprogramm der Bundesregierung müßten die wettbewerbs- und verbraucherpolitischen Maßnahmen noch stärker akzentuiert werden. Sie forderten außerdem eine stärkere Durchleuchtung der Preisbildung in jenen Bereichen, in denen der Wettbewerb nicht ausreichend wirksam sei.[5]

Die Gesprächsteilnehmer stimmten darin überein, daß es auf weitere Sicht darauf ankomme, die erwarteten Stabilitätserfolge des Programms zu konsolidieren. Über die daraus entstehenden Konsequenzen für die Ansprüche des Staates und der autonomen Gruppen an das Sozialprodukt und die damit verbundenen Fragen der Einkommens- und Vermögenspolitik solle im Herbst in dieser Gesprächsrunde weiter beraten werden.

Das nächste Gespräch im Rahmen der Konzertierten Aktion findet am 25. September 1973 um 10.00 Uhr statt.

---

4 Das Stabilitätsprogramm wurde durch den DGB in einem 6-seitigen Papier der Abt. Wirtschaftspolitik (Hartmut Görgens) vom 10.5.1973 bewertet. Vgl. ebd.
5 Vgl. DGB: Sachverständige sollen Preisbildung untersuchen, in: ND, 18.5.1973, Nr. 187.

DOKUMENT 83

21. Mai 1973: Schreiben des Vorsitzenden des DGB, Vetter, an die Mitglieder des Bundesvorstandes und des Bundesausschusses zu den Kontakten mit dem FDGB

Ms., hekt., 4 S.

Liebe Kolleginnen, liebe Kollegen!
In der Bundesvorstandssitzung am 3. April bzw. in der Bundesausschußsitzung am 4. April 1973 in Düsseldorf habe ich mündlich über die bisherigen Gespräche mit dem FDGB berichtet.[1] Wir sind übereingekommen, in unseren nächsten Sitzungen abschließend die Frage der Normalisierung unserer Beziehungen zum FDGB und seinen Mitgliedsorganisationen zu erörtern.

Nachstehend gebe ich eine geraffte schriftliche Information über die wichtigsten Gesprächsergebnisse der Begegnung vom 13./14.3.1973 in Düsseldorf.

In Fortsetzung der im Oktober 1972 in Berlin-Schmöckwitz begonnenen Gespräche[2] mit dem FDGB fand am 13./14. März 1973 in Düsseldorf eine zweite Begegnung mit einer FDGB-Delegation unter Leitung von Herbert Warnke statt. Hauptgegenstände der Beratungen waren auch diesmal Fragen der Gewerkschaftsarbeit und der gewerkschaftlichen Interessenvertretung, wie sie sich aus den unterschiedlichen Gesellschaftsordnungen ergeben.

Die Düsseldorfer Aussprache fand in einer aufgeschlossenen, sachlichen Atmosphäre statt. Beide Delegationen bestätigten die Nützlichkeit ihres Informations- und Meinungsaustausches, der als wichtiger Schritt zur Normalisierung der Beziehungen verstanden wurde. Die Delegationen waren sich einig in der Notwendigkeit einer baldigen Ratifizierung des Grundvertrages, von dem eine Sicherung des Friedens, Entspannung in Europa sowie die Schaffung menschlicher Erleichterungen erhofft werden. Beide Seiten kamen überein, weitere Schritte zur Normalisierung der Beziehungen zwischen FDGB und DGB zu gehen, wobei insbesondere an die Aufnahme von Beziehungen zwischen den Industriegewerkschaften und Gewerkschaften des FDGB und des DGB, die Begegnung der jeweiligen Bundesjugendausschüsse und des gewerkschaftlichen Informationsaustausches gedacht ist. Weiterhin soll ein Austausch von Gewerkschaftsjournalisten sowie von Studiendelegationen erfolgen. Die kulturellen Kontakte sollen intensiviert werden. Damit bieten sich ausreichende Anknüpfungspunkte für eine sinnvolle Vertiefung der Beziehungen.

Vorbehaltlich einer entsprechenden Beschlußfassung könnten in weiteren Vorgesprächen die Beauftragten beider Bünde konkrete Vorschläge für eine Verbreiterung der Kontakte ausarbeiten.

---

1 Vgl. Dok. 77 und 78.
2 Vgl. BV-Sitzung vom 7.11.1972, TOP 5 (Dok. 67).

Dokument 83 21. Mai 1973

Zur Verbesserung der gegenseitigen Information werden die beiden Bünde ihre wichtigsten gewerkschaftlichen Veröffentlichungen austauschen. Dem gleichen Ziel dient der Austausch von Gewerkschaftsjournalisten sowie von Studiendelegationen, die sich ein realistisches Bild von den jeweiligen Lebens- und Arbeitsbedingungen der Arbeitnehmer in beiden deutschen Staaten machen sollen. Als Studienobjekt in der Bundesrepublik wurden die Mitbestimmungsrechte der Arbeitnehmer genannt. In der DDR soll die »sozialistische Betriebsdemokratie« näher untersucht werden.[3] Da sich sowohl der FDGB als auch der DGB mit kulturellen Fragen befassen, kann hier ein weiterer Schwerpunkt künftiger Beziehungen liegen. Dabei wird u. a. an die Entsendung von Theater- und Orchesterensembles sowie an eine Mitwirkung im Rahmen der Ruhrfestspiele bzw. der Arbeiterfestspiele der DDR gedacht.

Sehr nachdrücklich haben wir in den Gesprächen mit dem FDGB darauf hingewiesen, daß wir von der Erwartung ausgehen, daß ein Ausbau von Gewerkschaftskontakten zu praktischen Ergebnissen für die arbeitenden Menschen führt. Von der FDGB-Delegation wurde betont, daß nach der Ratifizierung des Grundvertrages[4] neue Möglichkeiten für eine befriedigende Lösung sozialer Probleme, etwa der Fragen der Familienzusammenführung, der Sozialversicherung sowie der Freizügigkeit, geschaffen werden.

Beide Seiten hielten es für nützlich, unmittelbar nach der Ratifizierung des Grundvertrages entsprechend zusammengesetzte Delegationen mit den gewerkschaftlichen Hilfen zu befassen, seine humanitären Möglichkeiten einschließlich des kleinen Grenzverkehrs[5] voll auszuschöpfen.

Neben den hier angesprochenen Fragenkreisen, die in die öffentliche Berichterstattung eingeflossen sind, wurden folgende Probleme erörtert:

Internationale Gewerkschaftskontakte / Europäischer Gewerkschaftsbund

Es herrschte Einverständnis darüber, daß die internationalen Gewerkschaftskontakte wesentlich zu einer Verbesserung des internationalen Klimas beitragen und das Zusammenleben der Völker Europas erleichtern helfen. Eingehend wurden die unterschiedlichen Auffassungen über die Schaffung eines neuen Europäischen Gewerkschaftsbundes erörtert. Der FDGB brachte seine Sorge zum Ausdruck, dass mit der Gründung des Europäischen Gewerkschaftsbundes eine Festschreibung der gegenwärtigen europäischen Gewerkschaftssituation verbunden sei, die man in Anbetracht der ernsthaften Entspannungsbemühungen der Staaten des Warschauer Paktes ablehnen müsse.

---

3 Siehe hierzu: Claus Friedrich: Sozialistische Betriebspraxis in der DDR, Frankfurt/M. 1975.
4 Der am 21.12.1972 abgeschlossene Grundlagenvertrag wurde am 11.5.1973 (Bundesrepublik) sowie am 13.6.1973 (DDR) ratifiziert und trat am 21.6.1973 in Kraft. Vgl. DzD VI., Bd. 3, bearb. von Kaiser/Hofmann/Janzen, München 2005, S. XIVff.
5 Der Grundlagenvertrag von 1972 verbesserte auch die Reise- und Besuchsmöglichkeiten an der deutsch-deutschen Grenze: Der grenznahe Verkehr erlaubte es der Bevölkerung der grenznahen Städte und Landkreise der Bundesrepublik im Rahmen des jährlichen Besuchstagekontingents die Einreise in die grenznahen Kreise der DDR. Siehe auch: Dok. 78, Fußnote 8 und Dok. 77, Fußnote 28 sowie Nakath: Die Verhandlungen, S. 39f.

21. Mai 1973 **Dokument 83**

Europäische Gewerkschaftskonferenz / Europäische Regionalkonferenz der IAO
Der FDGB ließ sein Interesse an der Durchführung einer eigenständigen europäischen Gewerkschaftskonferenz erkennen. Wir haben hier zum Ausdruck gebracht, warum der DGB diese Konferenz ablehnt und es vorzieht, anläßlich einer europäischen Regionalkonferenz der Internationalen Arbeitsorganisation in einer gesonderten Aussprache der Delegationsleiter anhand gemeinsam interessierender Fragen, z. B. Umweltschutz der europäischen Industrieländer, zu erörtern, ob und wie eine Zusammenarbeit der europäischen Gewerkschaften möglich ist.[6] Beide Delegationsleiter erinnerten an die Auffassung aller europäischen Gastdelegationen auf dem Finnischen Gewerkschaftskongress, zur Vorbereitung dieser geplanten Aussprache in Genf ein sogenanntes Sechser-Treffen (Schweden, Großbritannien, BRD; UdSSR, DDR, Ungarn) durchzuführen.[7]

In Anbetracht der bisherigen positiv verlaufenen Gespräche und des auch vom FDGB vorgetragenen Wunsches zur Normalisierung der gewerkschaftlichen Beziehungen sollten Bundesvorstand und Bundesausschuß über eine Fortsetzung und Verbreiterung der Kontakte mit dem FDGB und seinen Gewerkschaften beraten und Beschluß fassen.

Beschlußvorschlag:[8]
Bundesvorstand und Bundesausschuß nehmen zustimmend vom Ergebnis[9] der bisherigen Gespräche mit dem FDGB Kenntnis.

Bundesvorstand und Bundesausschuß beschließen die Fortführung der Spitzenkontakte. Sie sind damit einverstanden, daß in weiteren Vorbereitungsgesprächen von den Beauftragten beider Bünde nähere Einzelheiten für eine Verbreiterung der Kontakte erörtert werden. Den Hauptvorständen der[10] Gewerkschaften und Industriegewerkschaften wird die Kontaktaufnahme mit den entsprechenden Organisationen des FDGB freigestellt. Entgegenstehende Beschlüsse des DGB sind hiermit aufgehoben.
Mit freundlichen Grüßen
Unterschrift
Heinz O. Vetter – Vorsitzender –

---

6 Die 2. Europäische Regionalkonferenz fand vom 14.1. bis 23.1.1974 in Genf statt. Vgl. DGB-Archiv, DGB-BV, Abt. Sozialpolitik 5/DGAQ000079 sowie Dok. 95.
7 Zum Kongress des Zentralverbandes der Finnischen Gewerkschaften (SAK) vom 30.6.–2.7.1971 in Helsinki, vgl. Dok. 48, TOP 3.
8 Auf der 9. BV-Sitzung am 5.6.1973 (Dok. 84) und auf der 4. Bundesausschusssitzung am 6.6.1973 (Dok. 85) wurde dem Beschlussvorschlag zugestimmt.
9 Handschriftlich eingefügt anstelle von »Inhalt«.
10 »Hauptvorständen der« handschriftlich eingefügt.

Dokument 84

5. Juni 1973: Protokoll der 9. Sitzung des Bundesvorstandes

Hotel Loews Hamburg Plaza in Hamburg; Vorsitz: Heinz O. Vetter; Protokollführung: Isolde Funke, Marianne Jeratsch; Sitzungsdauer: 10.05–16.30 Uhr; ms. vermerkt: »Vertraulich«.[1]

Ms., hekt., 12 S., 2 Anlagen.[2]

DGB-Archiv, 5/DGAI000537.

Beginn der Sitzung: 10.05 Uhr

[*Vetter* eröffnet Sitzung und weist auf das vorgesehene Gespräch mit Bundesminister von Dohnanyi hin.]

Tagesordnung:
1. Genehmigung des Protokolls der 8. Bundesvorstandssitzung
2. Mitbestimmung, hier: Leitende Angestellte
3. Kontakte mit dem FDGB
4. Popularisierung von Forderungen aus dem DGB-Aktionsprogramm II. Halbjahr 1973 und I. Halbjahr 1974
5. Sozialwahlen 1974
6. Revisionsbericht
7. Bestätigung von Landesbezirksvorstandsmitgliedern
8. Aktionskomitee für die Vereinigten Staaten von Europa, hier: Mitgliedsbeitrag des DGB
9. Spende des DGB an das International Rescue Committee
10. Presseerklärungen
11. Mitgliedschaft von Studierenden in Gewerkschaften
12. Kontoführungsgebühren
13. Bayerisches Landesbürgerkomitee Rundfunkfreiheit
14. Verschiedenes

1. Genehmigung des Protokolls der 8. Bundesvorstandssitzung

[Das Protokoll wird mit einer redaktionellen Änderung genehmigt.]

2. Mitbestimmung, hier: Leitende Angestellte

Kollege *Vetter* erläutert, daß die vorgelegten Papiere[3] gemeinsam durch die Abteilungen Angestellte, Gesellschaftspolitik und Sozialpolitik erarbeitet

---

1 Einladungsschreiben vom 19.4. und 22.5.1973. Nicht anwesend: Adolf Schmidt, Ernst Breit, (vertreten durch Gustav Fehrenbach), Karl Schwab (vertreten durch Mathias Manz). DGB-Archiv, DGB-BV, Abt. Vorsitzender 5/DGAI000479.
2 Anlagen: Anwesenheitsliste, Einführender Vortrag des Bundesministers für Bildung und Wissenschaft, Dr. Klaus von Dohnany, zu einem Gespräch über bildungspolitische Fragen beim DGB, 13 S.
3 Mit Schreiben vom 17.5.1973 erhielten die BV-Mitglieder 2 Vorschläge. Die Vorlage I faßte die politische Problematik des Bemühens um eine Sondervertretung für leitende Angestellte zusammen und die Vorlage II war ein Versuch zur Abgrenzung des Personenkreises der »Leitenden Angestellte«, gedacht als Hintergrundmaterial. DGB-Archiv, DGB-BV, Abt. Vorsitzender 5/DGAI000479.

worden sind. Die Unterlagen sollen vor allem als Argumentationsmaterial für die bevorstehenden Diskussionen mit den Parteien dienen. Unter diesem Gesichtspunkt bittet Kollege Vetter um Verabschiedung der Vorlage.

Auf die Frage von Kollegen *Kluncker*, ob wir uns nicht auf die Linie Betriebsverfassungsgesetz 1972 zurückziehen und keine Kompromißmöglichkeiten andeuten sollten, geht Kollege *Muhr* kurz auf die Problematik Leitende Angestellte in Zusammenhang mit dem BetrVG und die damalige Argumentation des DGB ein, die ein solches Vorgehen nicht möglich macht.[4]

Kollege *Stephan* spricht sich ebenfalls aus organisationspolitischen Gründen für die Verabschiedung der Vorlage für den internen Gebrauch aus. Wenn sie auch einen nicht alle befriedigenden Kompromiß darstellt, so ist doch zum ersten Mal eine in sich geschlossene Zusammenstellung des Problems der Leitenden Angestellten gefunden worden, mit der man arbeiten kann.

Kollege *Sperner* stellt die Frage, ob der Zeitpunkt richtig ist, den Versuch einer Abgrenzung zu unternehmen, wenn man berücksichtigt, daß das Papier sicher auch an die Öffentlichkeit kommen wird. Er erläutert kurz die Abgrenzungsschwierigkeiten, die sich für den Organisationsbereich seiner Gewerkschaft ergeben.[5]

Kollege *Muhr* weist darauf hin, daß das Papier nicht versucht, einen gesellschaftspolitisch gemeingültigen Begriff Leitende Angestellte zu prägen und abzugrenzen. Es sollte vielmehr dazu dienen, aufzuzeigen, daß wir keine bestimmte Festlegung auf einen Personenkreis mit irgendeinem Begriff Leitende Angestellte vornehmen können. So müssen beispielsweise Arbeitskreise für Leitende Angestellte[6], wie sie bei einigen Gewerkschaften und DGB-Organen bestehen, grundsätzlich offen sein für Interessenten aus diesem Bereich.

Kollege *Vietheer* hält die Vorlage für ausgewogen, gerade auch weil sie frei ist von Abgrenzungsideologien. Er geht noch einmal kurz auf die Problematik des § 5,3 des BetrVG[7] ein und regt an, bei organisationspolitischen Gesprächen mit dem betroffenen Personenkreis verstärkt darauf hinzuweisen, dass wir eine Novellierung des BetrVG anstreben.

Kollege *Kluncker* hat große Bedenken, einen Arbeitskreis Leitende Angestellte überhaupt gewerkschaftlich zu etablieren. Damit würde s.E. eine Sonderstellung unnötigerweise unterstrichen. Er erinnert an entsprechend negative Beispiele aus den Fachbereichen seiner Gewerkschaft, wie er u.a. auch der

---

4 Vgl. 16. BV-Sitzung vom 2.2.1971, TOP 7 (Dok. 35).
5 Zu den Angestellten in Leitungsfunktionen im Bereich der IG Bau, Steine, Erden siehe Geschäftsbericht der BSE 1972–74, S. 471 ff.
6 Am 8. September 1971 wurde der Bundesarbeitskreis »Angestellte in Leitungsfunktionen« des Bundes-Angestelltenausschusses gegründet. Gleichzeitig wurde in der Abt. Angestellte beim DGB-BV das Referat »Leitende Angestellte« eingerichtet. Vgl. DGB-Archiv, DGB-BV, Abt. Angestellte 5/DGAT000004 sowie DGB-Geschäftsbericht 1972–1974, Abt. Angestellte, S. 514 f.
7 Der § 5,3 kennzeichnet jene leitenden Angestellten, die Aufgrund bestimmter Voraussetzungen nicht dem Betriebsverfassungsgesetz unterliegen sollen, wenn sie 1. zur selbstständigen Einstellung und Entlassung von Arbeitnehmern berechtigt sind, 2. eine Generalvollmacht oder Prokura besitzen und 3. der Leitungsebene eines Unternehmens angehören, siehe Ziffer 1–3 des Paragrafen. Vgl. BGBl. I, 15.1.1971, S. 13.

Dokument 84 5. Juni 1973

Meinung ist, daß die Frauenausschüsse die Integration der weiblichen Mitglieder in die Gewerkschaften erschweren. Kollege Kluncker betont jedoch nachdrücklich, daß das nicht bedeutet, daß er gegen die Organisierung von Leitenden Angestellten sei. Er befürworte im Gegenteil die volle Integration in die Gewerkschaftsbewegung. Gerade in seiner Gewerkschaft sei eine große Zahl von Leitenden Angestellten organisiert; nur werden sie nicht als Sondergruppe angesprochen, sondern im Rahmen der Angestellten- und Beamtenarbeit betreut.

Die Kollegen *Stephan* und *Michels* weisen darauf hin, daß es derartige Ausschüsse oder Arbeitskreise, zum Teil unter anderer Bezeichnung, schon seit einiger Zeit gibt, die sehr positive Arbeit leisten. Ein Zwang zur Bildung neuer Ausschüsse bestehe selbstverständlich nicht.

Die Kollegen *Loderer* und *Hauenschild* begrüßten die Vorlage als eine gute und informative Arbeit. Wenn man auch nicht jeden Satz unterstreichen kann, so sollte doch das Papier insgesamt als gemeinsame Arbeitsgrundlage akzeptiert und ebenfalls den DGB-Kreisen als Argumentationsmaterial zur Verfügung gestellt werden.

Kollegin *Weber* weist die Auffassung von Kollegen Kluncker über die negative Wirkung der Einrichtung der Frauenausschüsse entschieden zurück. Sie hält außerdem den Vergleich zwischen Frauenausschüssen und Ausschüssen für Leitende Angestellte für unzutreffend. Im übrigen habe das Jahr der Arbeitnehmerin mit einer großen Zahl von Neuaufnahmen die Richtigkeit der frauenspezifischen Arbeit bewiesen.[8]

Kollege *Fehrenbach* spricht sich ebenfalls für die Verabschiedung der Vorlage als Leitlinie und Hintergrundmaterial aus. Er macht darauf aufmerksam, daß sich bei der bevorstehenden Novellierung des Personalvertretungsgesetzes ähnliche Probleme wie beim BetrVG auch für den entsprechenden Personenkreis der Beamten ergeben werden. Auch das sollte bei der künftigen Diskussion mit berücksichtigt werden.

An der Diskussion über einzelne Formulierungen der Vorlage beteiligen sich die Kollegen *Hauenschild, Kluncker, Muhr, Rothe, Loderer, Sickert, Stephan, Vetter, Fehrenbach* und *Vietheer*. Es werden einige Streichungen und textliche Veränderungen vorgenommen.

Kollege *Vetter* stellt abschließend fest, daß das vorgelegte Papier als gemeinsame interne Arbeitsgrundlage für die bevorstehenden Gespräche mit den Parteien dienen soll. Es wird eingebaut werden in eine allgemeine Mitbestimmungskonzeption zur Aktivierung unserer Politik. Eine besondere Vorlage dazu wird der geschäftsführende Bundesvorstand in Kürze verabschieden und dem Bundesvorstand zur Beratung vorlegen.

Der Bundesvorstand nimmt die Vorlage »Mitbestimmung – hier: Leitende Angestellte« mit den in der Diskussion beschlossenen Änderungen zustimmend zur Kenntnis.

---

8 Im Jahr der Arbeitnehmerinnen 1972 wurden 64.778 Frauen als Gewerkschaftsmitglied gewonnen. Das waren 55,4% aller Neuzugänge der DGB-Gewerkschaften in jenem Jahr. Vgl. DGB-Geschäftsbericht 1972–1974, Abt. Frauen, S. 114.

3. KONTAKTE MIT DEM FDGB

Kollege *Vetter* weist auf seinen Brief an die Mitglieder des Bundesvorstandes hin und fragt, ob die Darstellung so ausreichend sei oder ob sie noch konkretisiert werden müsse.[9]

In der anschließenden Diskussion, an der sich die Kollegen *Loderer, Vetter, Vietheer, Kluncker, Hauenschild* und *Sickert* beteiligen, werden u. a. Fragen der Auseinandersetzung über die gesellschaftlichen Ordnungen in beiden Teilen Deutschlands und der gegenseitigen Information erörtert. Man kommt überein, einen Katalog von Mindestforderungen und Minuspunkten zu erstellen und den Mitgliedern des Bundesvorstandes zur Verfügung zu stellen.

Kollege *Loderer* weist u. a. auf den bevorstehenden Besuch einer sowjetischen Metall-Delegation hin.[10] Zum Abschluß dieses Besuches soll wie beim Besuch der IG-Metall-Delegation in der Sowjetunion ein Kommuniqué verabschiedet werden, in dem Kontakte zwischen dem IBFG und dem WGB befürwortet werden sollen.[11] Die IG Metall wird das Kommuniqué so nicht unterschreiben, sondern darauf hinweisen, daß der DGB und seine Mitgliedsgewerkschaften der Auffassung sind, daß Angelegenheiten internationaler Verbände auch nur Sache dieser Verbände sein können.

Beschluß:

Der Bundesvorstand nimmt zustimmend vom Ergebnis der bisherigen Gespräche mit dem FDGB Kenntnis.

Er empfiehlt dem Bundesausschuß folgenden Beschluß:

Der Bundesausschuß beschließt die Fortführung der Spitzenkontakte. Er ist damit einverstanden, dass in weiteren Vorbereitungsgesprächen von den Beauftragten beider Bünde nähere Einzelheiten für eine Verbreiterung der Kontakte erörtert werden.

Den Hauptvorständen der Gewerkschaften und Industriegewerkschaften wird die Kontaktaufnahme mit den entsprechenden Organisationen des FDGB freigestellt.

Entgegenstehende Beschlüsse des DGB sind hiermit aufgehoben.

4. POPULARISIERUNG VON FORDERUNGEN AUS DEM DGB-AKTIONSPROGRAMM II. HALBJAHR 1973 UND I. HALBJAHR 1974

[Nach kurzer Diskussion über den von Stephan vorgelegten Beschlussvorschlag wird dem Bundesausschuss empfohlen, DM 1.375.000,-- aus dem Solidaritätsfonds zu bewilligen und die Maßnahmen in Abstimmung mit der

---

9 Siehe Dok. 83.
10 Die Sowjetische Delegation war unter der Führung des Vorsitzenden des Zentralkomitees der Gewerkschaft der Hüttenarbeiter, Iwan Iwanowitsch Kostjukow, vom 30.5. bis 8.6.1973 in der Bundesrepublik. Vgl. Metall 25, 12.6.1973, Nr. 12.
11 Vgl. gemeinsames Kommuniqué, abgedr. in: Metall Pressedienst, 8.6.1973.

Kommission zur Durchführung des DGB-Aktionsprogramms zu planen und durchzuführen.]

5. SOZIALWAHLEN 1974

Im Hinblick auf die ausführliche Vorlage möchte sich Kollege *Muhr* zunächst darauf beschränken, zur Finanzierung des Sozialwahlkampfes einige Bemerkungen zu machen.[12] Die vorgesehenen 3 Mio. DM können nach den Erfahrungen des Sozialwahlkampfes 1968 nur ein Minimalprogramm abdecken. Wir gehen jedoch davon aus, daß die eine oder andere besonders betroffene Gewerkschaft mit eigenen Maßnahmen den Sozialwahlkampf unterstützt und somit der Gesamtumfang der finanziellen Mittel aufgestockt wird. Eine Koordinierung der Maßnahmen durch den DGB sollte vorgenommen werden. Kollege Muhr weist besonders darauf hin, daß entgegen früherer Übung diesmal nur ein Drittel der Kosten aus dem Solidaritätsfonds abgedeckt werden soll, während zwei Drittel dem Haushalt des DGB entnommen werden. Er regt an, zu einem späteren Zeitpunkt darüber zu beraten, ob nicht in Zukunft im ordentlichen Haushalt des DGB Rückstellungen für die Sozialwahlen vorgesehen werden sollten. Abschließend weist Kollege Muhr besonders darauf hin, daß bei der Werbung in der Boulevardpresse auch die Bild-Zeitung berücksichtigt wird, weil sie als Werbeträger noch immer große Breitenwirkung hat.

Kollege *Vater* stellt im Namen der Haushaltskommission den Antrag, die in der Vorlage vorgesehene 1 Mio. DM aus dem Solidaritätsfonds 1974 zwar vorsorglich zu beschließen, aber mit der Bedingung, daß sie an den Solidaritätsfonds zurückgezahlt werden muß, wenn dies ein Überschuß aus dem Kalenderjahr 1973 möglich macht.

[Nach kurzer Diskussion über den vorgesehenen Betrag aus dem Solidaritätsfonds schlägt *Kluncker* ergänzend zu der Kostenaufstellung auf Seite 7 der Vorlage unter 1974 vor: »[DM] 1.000.000,-- aus dem Solidaritätsfonds, sofern dieser Betrag nicht aus den ordentlichen Haushaltsmitteln aufgebracht werden kann.« Mit dieser vorgeschlagenen Ergänzung stimmt der Bundesvorstand der Vorlage Sozialwahlen 1974 – Wahlkampfwerbung zu.]

6. REVISIONSBERICHT

[Der Bundesvorstand nimmt den Bericht der Revisionskommission über Prüfung der Bundeshauptkasse am 28./29.3.1973 zustimmend zur Kenntnis.]

---

12 Die Beratungsvorlage vom 22.5.1973 berücksichtigte die veränderte Situation, unter der die Sozialwahlen durchgeführt wurden. Vgl. DGB-Archiv, DGB-BV, Abt. Vorsitzender 5/DGAI000479. Durch die Änderung des Selbstverwaltungsgesetzes vom 7.8.1973 (BGBl. I, 1973, S. 957), der Wahlordnung für die Sozialversicherung vom 13.8.1973 (BGBl. I, 1973, S. 962) und durch die Rentenreformgesetzgebung hatte sich der Kreis der Wahlberechtigten fast verdoppelt. Zu den Sozialwahlen 1974 vgl. DGB-Geschäftsbericht 1972–1974, Abt. Sozialpolitik, S. 64 ff.

7. BESTÄTIGUNG VON LANDESBEZIRKSVORSTANDSMITGLIEDERN

[Der Bundesvorstand empfiehlt dem Bundesausschuss die Kollegen Manfred Alles als Mitglied des LV Berlin, Günter Niebrügge und Dr. Dieter Galas als Mitglieder des LV Niedersachsen; Horst Morich als Mitglied und Peter Deutschland als Stellvertreter des LV Nordmark; Georg Voss und Manfred Wachmann als Mitglieder sowie Ernst Urban als Stellvertreter des LV Nordrhein-Westfalen zu bestätigen.[13]]

8. AKTIONSKOMITEE FÜR DIE VEREINIGTEN STAATEN VON EUROPA, HIER: MITGLIEDSBEITRAG DES DGB[14]

Kollege *Lappas* weist auf die bisherigen Diskussionen über das sogenannte Monnet-Komitee hin. Der DGB habe bisher seine Mitgliedschaft für notwendig erachtet. Der Mitgliedsbeitrag betrug knapp DM 40.000,--, der auf fünf Kostenträger umzulegen war. Neben dem DGB waren dies die IG Bergbau und Energie, IG Chemie-Papier-Keramik, IG Metall und die ÖTV. Nun sei von zwei Mitträgerorganisationen die Beteiligung für 1972 in Frage gestellt worden. Es ergibt sich nun die Frage der Finanzierung, ob der Beitrag auf die verbleibenden drei Kostenträger umgelegt werden soll, sich noch mehr Organisationen beteiligen oder ob der DGB den Beitrag allein tragen soll.

Kollege *Hauenschild* regt an, zu überprüfen, ob dieses Komitee überhaupt noch sinnvoll sei. Daraus müßten dann die Konsequenzen gezogen werden.

Kollege *Vetter* weist auf die Zusammensetzung des Monnet-Komitees und auf die Vielzahl europäischer Organisationen hin. Er schlägt vor, die Diskussion über diese Angelegenheit vorzutragen, und sagt eine Darstellung über die europäische Bewegung insgesamt zu.

Der Bundesvorstand ist mit der Verfahrensweise einverstanden.

9. SPENDE DES DGB AN DAS INTERNATIONAL RESCUE COMMITTEE

Kollege *Lappas* weist auf die Zurückstellung dieses Tagesordnungspunktes in der Bundesvorstandssitzung am 3.4.1973 hin, damit die Gewerkschaften die Möglichkeit hatten, diesen Spendenantrag des IRC in ihren Vorständen zu besprechen. Die jetzige Aktion des IRC ist für ein Kinderkrankenhaus für napalmgeschädigte Kinder in Südvietnam vorgesehen. Der IBFG wird eine Spende zur Unterstützung der Gewerkschaften Vietnams, die im Wiederaufbau begriffen sind, geben. Jetzt bleibt die Frage, ob sich der DGB und seine Gewerkschaften engagieren wollen oder ob sie auf die Aktion des IBFG verweisen.

[Nach der anschließenden Diskussion, in der u. a. die Anregung gegeben wird, zukünftig für alle Spendenaktionen des DGB und seiner Gewerkschaften einen Pool zu bilden, wird dem Bundesausschuss empfohlen, einen Betrag von DM 50.000,-- aus dem Solidaritätsfonds zu bewilligen.]

---

13 Der Bundesausschuss bestätigte diese Empfehlung in seiner 4. Sitzung am 6.6.1973 (Dok. 85).
14 Zum Komitee siehe Dok. 81, Fußnote 9.

PAUSE: 12.25 UHR BIS 12.40 UHR

Gespräch mit dem Bundesminister für Bildung und Wissenschaft, Dr. Klaus von Dohnanyi

[*Vetter* begrüßt den Bundesminister und seine Begleitung[15] und bedankt sich für die Möglichkeit, über die Arbeiten und Pläne des Bundesministeriums informiert zu werden und andererseits in offener Diskussion die Meinung des DGB zu bildungspolitischen Fragen vorzutragen.]

Bundesminister *von Dohnanyi* bedankt sich für die Einladung in den Bundesvorstand und geht dann im Einzelnen auf die drei Themenbereiche Bildungsgesamtplan, Hochschulgesetzgebung und Berufsbildung ein (siehe Anlage).

In der nachfolgenden Aussprache äußert Kollegin *Weber* die dringende Bitte, den DGB und seine Gewerkschaften mehr als bisher rechtzeitig in die Beratungen über bildungspolitische Vorhaben einzubeziehen. Beim Bildungsgesamtplan beispielsweise war die Möglichkeit einer Meinungsäußerung überhaupt nicht gegeben, und auch die Mitwirkung an den Vorbereitungen für die Berufsbildungsgesetze sei nicht ausreichend. Kollegin Weber wendet sich dann ausführlicher dem die Gewerkschaften besonders berührenden Thema Berufsbildung zu. Sie ist der Meinung, daß die Aufteilung der Mittel für die einzelnen Bildungsbereiche sehr zu Ungunsten der beruflichen Bildung erfolgt und hier für die Zukunft eine Änderung unbedingt erforderlich ist. Sicher werden sonst die im Ansatz positiven Pläne des Ministeriums z. B. hinsichtlich überbetrieblicher Ausbildungsstätten u. ä. nicht durchführbar sein. Angesichts der großen Zahl von Lehrlingen im Vergleich zur Zahl der Studierenden scheinen Kollegin Weber die Probleme der Hochschule über lange Zeit überbewertet zu sein. Man sollte sich nun verstärkt mit dem gleichen Interesse den Problemen der auszubildenden jungen Arbeitnehmer zuwenden. Kollegin Weber bittet deshalb Bundesminister von Dohnanyi, sich mit aller Kraft für die Verbesserung der beruflichen Bildung einzusetzen.

Kollege *Woschech* ist der Auffassung, daß das von Bundesminister von Dohnanyi positiv erwähnte Berufsgrundschuljahr nur wenig mit der Integration zwischen allgemeiner und beruflicher Bildung zu tun hat. Das gleiche gilt seiner Ansicht nach für die Errichtung überbetrieblicher Ausbildungsstätten. In diesem Zusammenhang ist u. a. negativ zu vermerken, daß die Kosten für die Berufsausbildung nun vom Staat statt vom Betrieb aufzubringen sind und die bisher bestehenden minimalen Rechte der Betriebsräte geschmälert werden können. Das müßte unbedingt verhindert werden. Abschließend geht Kollege Woschech kurz auf die Frage Bildungsurlaub und den als ersten Schritt diskutierten Bildungsurlaubsanspruch für Jugendliche bis 25 Jahre ein.

---

15 Klaus von Dohnanyi bestätigte die Einladung Heinz O. Vetters vom 10.5.1973 mit Schreiben vom 23.5.1973. Darin teilte er mit, dass er in Begleitung des Parlamentarischen Staatssekretärs Karl Fred Zander, des Staatssekretärs Reimut Jochimsen und des Leiters der Abt. Berufliche Bildung, Horst Lemke, erscheinen werde. DGB-Archiv, DGB-BV, Abt. Vorsitzender 5/DGAI000479.

Kollege *Sperner* ist der Meinung, daß man doch nicht versäumen sollte, zu erwähnen, daß sich eine positive Entwicklung in der Berufsausbildung abzeichnet, die besonders für den Bereich des Handwerks tiefgreifende Änderungen erwarten läßt.

Kollege *Frister* warnt davor, sich in einen Gegensatz Hochschule und Berufliche Bildung drängen zu lassen. Es wäre sicher falsch, einfach zu sagen, daß die Hochschulen zu viel Geld bekommen haben, ohne die Aufteilung der Mittel auf die einzelnen Fachbereiche, wie Medizin oder Naturwissenschaften, zu berücksichtigen. Richtig ist, so fährt Kollege Frister fort, daß wir in der Frage des Hochschulausbaus an Grenzen stoßen. Mit dirigistischen Maßnahmen ist allerdings das Problem auch nicht zu lösen. Die soziale Struktur der Studenten ist weitgehend unverändert und das Problem der Arbeiterkinder an Hochschulen nicht gelöst. Von daher ist auf diesem Gebiet noch viel zu tun. Bei Überlegungen über die Akademikerentwicklung sollte man nach Meinung von Kollegen Frister beispielsweise auch einmal daran denken, ob man nicht an der Gehaltsstruktur z. B. im öffentlichen Dienst etwas ändern müßte, denn sicher steht die Nachfrage nach Studienplätzen in engem Zusammenhang mit der Einkommenserwartung. Die Bundesregierung sollte sich um eine Reform des öffentlichen Laufbahnrechts bemühen. Abschließend weist Kollege Frister auf die durch die Stabilitätsmaßnahmen eingetretene schwierige Situation bei Ländern und Gemeinden hinsichtlich Schulbaus usw. hin.

Bundesminister *von Dohnanyi* geht auf die vorgetragenen Argumente ein und gibt einen Überblick aus der Sicht seines Ministeriums.

Kollege *Vetter* dankt abschließend Bundesminister von Dohnanyi im Namen des Bundesvorstandes herzlich für das offene Gespräch und bringt seine Hoffnung auf weitere gute Zusammenarbeit zum Ausdruck.

MITTAGSPAUSE: 13.55 BIS 15.25 UHR

10. PRESSEERKLÄRUNGEN

a) DGB-Erklärung zur Mitbestimmung

[In der kurzen Diskussion über den Entwurf der Presseerklärung wird noch einmal festgestellt, dass ein Grundsatzbeschluss des Bundesvorstandes besteht, nur von »qualifizierter Mitbestimmung« zu sprechen. Mit einigen redaktionellen Änderungen wird die Weitergabe des Entwurfs an den Bundesausschuss empfohlen.[16]]

b) DGB-Erklärung zur tarifpolitischen Lage

[Nach kurzer Diskussion empfiehlt der Bundesvorstand, den Entwurf mit einigen redaktionellen Änderungen dem Bundesausschuss zur Verabschiedung vorzulegen.[17]]

---

16 DGB-Bundesausschuss warnt vor Mitbestimmungskompromiss, in: ND, 6.6.1973, Nr. 100.
17 DGB: Wo bleibt der Stabilitätsbeitrag der Unternehmer?, in: ND, 6.6.1973, Nr. 101.

11. Mitgliedschaft von Studierenden in Gewerkschaften

Kollege *Rothe* bedauert, daß in der Vorlage empfohlen wird, eine Beschlußfassung über die Mitgliedschaft von Studenten in den Gewerkschaften auf einen späteren Zeitpunkt zu verschieben. Nach seiner Ansicht müßte der Bundesvorstand unbedingt in seiner Juli-Sitzung darüber entscheiden, nicht zuletzt auch wegen der in der GEW Bayern bevorstehenden Neuwahlen. Er kritisiert außerdem das Fehlen ausreichender Alternativvorschläge in den übergebenen Unterlagen des Organisationsausschusses.[18]

Kollege *Woschech* erklärt, daß dem Organisationsausschuß weder von einem Gewerkschaftsvorstand noch einem Landesbezirk weitere Alternativvorschläge gemacht worden sind. Auf der Grundlage des bis jetzt vorliegenden Materials konnte sich der Organisationsausschuß jedoch auf keine Empfehlung an den Bundesvorstand einigen. Deshalb sollte die Angelegenheit zunächst nochmals in den Hauptvorständen beraten werden, um zu einem späteren Zeitpunkt zu einer gemeinsamen Vorlage zu kommen.

[Nach kurzer Diskussion einigt sich der BV darauf, dass das vorgelegte Material und die Zeit ausreichend sind, um in der Julisitzung des Bundesvorstandes eine Entscheidung zu treffen.]

12. Kontoführungsgebühren

Unter Hinweis auf die Vorlage vom 30. Mai 1973 und die Diskussion in der Bundesvorstandssitzung im Mai bittet Kollege *Lappas* um Zustimmung zu dem Beschlußvorschlag, der der BfG eine Entscheidung über die Erhebung von Kontoführungsgebühren anheimstellen würde.

An der nachfolgenden kurzen Diskussion beteiligen sich die Kollegen *Drescher, Lappas, Hauenschild, Michels, Sickert, Vetter* und *Buschmann*. Es wird u. a. die Frage angesprochen, ob der Zeitpunkt für die Einführung von Kontoführungsgebühren angesichts der Stabilitätsdebatte richtig gewählt wird. Andererseits dürfe zu erwarten sein, daß die Sparkassen sich der von der BFG vorgegebenen großzügigen Regelung anschließen würden. Außerdem wird angeregt, eine Verzinsung von auf Gehaltskonten festliegenden Beträgen vorzusehen.

Der Bundesvorstand faßt folgenden Beschluß:

Unabhängig von der angestrebten gesetzlichen oder tarifvertraglichen Regelung zur Abdeckung der mit der Führung von Lohn- und Gehaltskonten verbundenen Kosten wird der Aufsichtsrat der BfG anheimgestellt, in der Sitzung am 11. Juli d.J. unter Berücksichtigung der bei der BfG gegebenen

---

18 Als Beratungsunterlagen erhielten die BV-Mitglieder: das Kurzprotokoll der außerordentlichen Sitzung des Organisationsausschusses (Dok. 80) sowie die Sitzungsunterlagen a) Beschlussvorschläge (ergänzt durch die von Franz Woschech während der Sitzung vorgelegten weiteren Vorschläge), b) Material zur quantitativen Entwicklung der Schüler- und Studentenzahlen bis 1980 und c) Chronologie zur Frage der gewerkschaftlichen Mitgliedschaft von Studierenden.

Notwendigkeiten über die Einführung von Gebühren bei Lohn- und Gehaltskonten zu entscheiden.[19]

13. BAYERISCHES LANDESBÜRGERKOMITEE RUNDFUNKFREIHEIT

[Der Bundesvorstand bewilligt dem DGB-Landesbezirk Bayern DM 25.000,-- zweckgebunden für einen Wahlaufruf in o. a. Angelegenheit.]

14. VERSCHIEDENES

a) Europäische Sozialkonferenz[20]

Kollege *Lappas* berichtet, daß der Exekutivausschuß des EGB Bedingungen für die Teilnahme seiner Mitglieder an dieser Europäischen Sozialkonferenz gestellt hat.[21] Der Ministerrat ist auf diese Vorschläge teilweise eingegangen und hat die Quotierung zugunsten des EGB geändert. Kollege Lappas berichtet kurz über die Gründe der Ablehnung des EGB. Der DGB solle die Auffassung des EGB bekräftigen, wonach eine Teilnahme nicht in Frage komme, wenn die Bedingungen, die an den Ministerrat gestellt wurden, nicht erfüllt werden.

[Nach kurzer Diskussion beschließt der Bundesvorstand, die Beschlüsse des EGB in dieser Angelegenheit zu unterstützen.]

b) Gespräch mit Breschnew

Kollege *Vetter* kündigt eine Aufzeichnung von Botschafter Falin über das Gespräch einer DGB-Delegation mit dem Generalsekretär des Zentralkomitees der KPdSU, Breschnew, an.[22]

---

19 Das Aufsichtsratspräsidium der BfG sprach sich für die Einbeziehung einer gesetzlichen Lösung in der Frage der Kontogebühren aus. Vgl. 51. GBV-Sitzung vom 24.9.1973, in: DGB-Archiv, DGB-BV, Abt. Vorsitzender 5/DGAI000213.
20 Am 28.6.1973 sollte in Luxemburg unter Beteiligung der Regierungen, Gewerkschaften und Arbeitgeberverbände eine Sozialkonferenz stattfinden, um sich über Prioritäten eines Aktionsprogramms zu einigen. Vorbericht zur Konferenz und zu den inhaltlichen Vorstellungen der Gewerkschaften siehe Die Quelle 24, 1973, Heft 6, S. 253 f. Weil der Ministerrat auf einer Beteiligung der Angestelltengewerkschaften an der Konferenz bestand, boykottierte der EGB die Konferenz. Von den 35 der Arbeitnehmerseite vorbehaltenen Sitzen sollten 24 dem EGB zustehen und die restlichen den kommunistischen Gewerkschaften und Vertretern der Angestellten (Deutsche und Dänische Angestelltenverbände). Ausschlaggebend für die Nichtteilnahme des EGB an der Konferenz war die Einladung der »Internationalen Konföderation der Leitenden Angestellten« (CIC), deren Mitgliederzahl auf 200.000 geschätzt wurde, von denen zwei Drittel Führungskräfte und der Rest »kleine Arbeitgeber« waren. Vgl. Klassenkampf in Brüssel, in: Die Zeit 28, 6.7.1973, Nr. 28.
21 Auf der Exekutivausschusssitzung am 9.3.1973 wurde unter TOP 6 beschlossen, dass sich der EGB im Falle einer Nichteinigung über den Repräsentationsgrad der Gewerkschaftsorganisationen bei der Sozialkonferenz im Juni 1973 weigere, an dieser Konferenz teilzunehmen. Siehe Schreiben zu diesem Beschluss des Generalsekretärs, Theo Rasschaert, vom 14.3.1973 an den Präsidenten des Ministerrats der EG, Christian Calmes. Vgl. DGB-Archiv, DGB-BV, Abt. Vorsitzender 5/DGAI003910.
22 Vgl. Dok. 81, Fußnote 37. Valentin Falin (geb. 1926), Botschafter d. UdSSR in Bonn.

c) Boykott des Postverkehrs von und nach Frankreich

Kollege *Vetter* berichtet, daß ein Telegramm des IBFG-Generalsekretärs über den Vorschlag der Tagung des IBFG mit den Internationalen Berufssekretariaten am 31. Mai 1973 eingegangen ist, wonach in der ersten Juliwoche der Postverkehr von und nach Frankreich boykottiert werden soll.[23] Der Beschluß wird in den nächsten Tagen herbeigeführt. Der IBFG-Generalsekretär bittet den DGB, diesen Boykott zu unterstützen.[24]

[In der anschließenden Diskussion werden u. a. rechtliche Bedenken vorgetragen, da das deutsche Arbeitsrecht einen solchen Boykott nicht zulässt. *Vetter* sagt zu, in Brüssel nähere Einzelheiten zu erfragen.]

d) Streik in Holland[25]

Auf die Frage des Kollegen *Buschmann* nach der Streiklage in Holland teilt Kollege *Vetter* mit, daß sich die Holländer an die Metall-Internationale gewandt haben. Aus diesem Grunde hat die IG Metall eine Summe von DM 100.000,-- bereitgestellt.

Kollege *Hauenschild* gibt bekannt, daß die IG Chemie-Papier-Keramik eine Summe von [DM] 25.000,-- bis 30.000,-- zur Verfügung gestellt hat.

Ende der Sitzung: 16.30 Uhr

---

23 Am 21.6.1973 fand ein nationaler Protesttag des ganzen französischen öffentlichen Dienstes statt. Grund war, dass die beschlossenen Maßnahmen (Tarifabkommen 1972) für eine etappenweise Gehaltsanpassung im Jahr 1973 noch nicht stattfanden. Vgl. IPTT-Nachrichten, Juli 1973, Nr. 7.
24 Die Unterstützung des Boykotts durch den IBFG sollte nur stattfinden, wenn sich die IBFG-Gewerkschaftsbünde in Europa offiziell verpflichteten, den Boykott zu unterstützen. Vgl. Telegramm von Otto Kersten an den DGB-Bundesvorstand, in: DGB-Archiv, DGB-BV, Abt. Vorsitzender 5/DGAI000479.
25 Siehe Dok. 81, Fußnote 44.

DOKUMENT 85

6. Juni 1973: Protokoll der 4. Sitzung des Bundesausschusses

Kongresszentrum in Hamburg; Vorsitz: Heinz O. Vetter; Protokollführung: Isolde Funke, Marianne Jeratsch; Sitzungsdauer: 10.15–13.20 Uhr; ms. vermerkt: »Vertraulich«.[1]

Ms., hekt., 8 S., 4 Anlagen.[2]

DGB-Archiv, 5/DGAI000445.

Beginn der Sitzung: 10.15 Uhr

[*Vetter* eröffnet die Sitzung und informiert über Einzelheiten des neuen Kongresszentrums, das als Tagungsort für den 10. Ordentlichen Bundeskongress des DGB zur Diskussion steht.]

Tagesordnung:
1. Genehmigung des Protokolls der 3. Bundesausschußsitzung
2. Zwischenbericht über Kontakte DGB/FDP
3. Sozialwahlprogramm 1974
4. Popularisierung von Forderungen aus dem DGB-Aktionsprogramm, II. Halbjahr 1973 und I. Halbjahr 1974
5. Bestätigung von Landesbezirksvorstandsmitgliedern
6. Mitbestimmung, hier: Leitende Angestellte
7. Presseerklärung »DGB-Bundesausschuß warnt vor Mitbestimmungskompromiß«
8. Spende des DGB an das International Rescue Committee
9. Bericht zur gewerkschaftspolitischen und organisatorischen Situation
10. Fragestunde

1. GENEHMIGUNG DES PROTOKOLLS DER 3. BUNDESAUSSCHUSSSITZUNG

[*Vetter* teilt mit, dass Hesselbach, Kluncker und Preiß um Änderungen des Protokolls bitten.[3] Mit den Änderungen wird das Protokoll genehmigt.]

2. ZWISCHENBERICHT ÜBER KONTAKTE DGB/FDP

Kollege *Vetter* berichtet kurz über Sitzungen von Fachgruppen »Mitbestimmung« und »Vermögensbeteiligung«, die die gegenseitigen Standpunkte feststellen, aber nicht nach Kompromißmöglichkeiten suchen sollten.[4] Nach

---
1 Einladungsschreiben vom 15.4.1973 mit der Ergänzung zur Tagesordnung. Hinzugekommen waren die TOPs 2, 4, 5 und 6. DGB-Archiv, DGB-BV, Abt. Vorsitzender 5/DGAI000411.
2 Anlagen: Anwesenheitsliste, Vorlage: Mitbestimmung und leitende Angestellte (Neufassung), Pressemeldungen: DGB-Bundesausschuss warnt vor Mitbestimmungskompromiß, in: ND, 6.6.1973, Nr. 200 und DGB: Wo bleibt Stabilitätsbeitrag der Unternehmer?, in: ND, 6.6.1973, Nr. 201.
3 Die Änderungen (redaktioneller Art; Wort- bzw. Satzergänzungen) bezogen sich auf ihre Diskussionsbeiträge zu TOP 3 »Beteiligung am Produktivkapital«.
4 Vgl. 7-seitigen Bericht Detlef Hensches vom 28.5.1972 über die Sitzungen der Fachgruppen am 5./6.5.1973. DGB-Archiv, DGB-BV, Abt. Vorsitzender 5/DGAI000411. Siehe auch: 8. BV-Sitzung vom 8.5.1973, TOP 10a, Dok. 81, Fußnote 34.

dieser Vorbereitung soll nun im Juli ein Spitzengespräch mit dem Präsidium der FDP geführt werden.⁵ Kollege Vetter weist noch darauf hin, daß auch Gespräche mit der CDU in Vorbereitung sind.

Der Bundesausschuß nimmt den Bericht des Kollegen Vetter zur Kenntnis.

3. SOZIALWAHLPROGRAMM 1974

Kollege *Muhr* geht davon aus, daß eine ausführliche Erläuterung der schriftlichen Vorlage zu den Sozialwahlen 1974, die der Bundesvorstand in seiner gestrigen Sitzung beraten und mit geringfügigen Änderungen verabschiedet hat, nicht erforderlich ist. Er wendet sich kurz den allgemeinen Problemen der Sozialwahlen zu und den Schlußfolgerungen, die DGB und Gewerkschaften zu ziehen haben. Fast von Anfang an haben die Sozialwahlen nur in begrenztem Umfang den Charakter von Wahlen gehabt. Die seit 1953 mit 42% bis 1968 auf 20,8% zurückgegangenen Wahlbeteiligungen sind ein Beweis für das verbesserungsbedürftige System. Wünschenswert wäre ein Berufungsverfahren, wie es z.B. bei der Bundesanstalt für Arbeit angewendet wird. Wenn der DGB bisher in dieser Richtung nicht stärker initiativ geworden ist, dann hauptsächlich deshalb, weil er nicht all den Verbänden und Vereinigungen die Teilnahme am Berufungsverfahren zugestehen kann, die jetzt vorschlagsberechtigt sind. Es wäre denkbar, daß sich der Widersinn des jetzigen Wahlsystems bei den nächsten Wahlen selbst beweist.

Kollege Muhr geht dann kurz auf die in der Vorlage geschilderten Veränderungen für Wahlkampf und Wahlgang ein:

1. Vergrößerung der Zahl der Wahlberechtigten und damit eines Personenkreises, der den Gewerkschaften nicht besonders nahesteht.
2. Veränderung der Technik der Wahlen durch Einführung der Briefwahl über einen Zeitraum von 7 Wochen.
3. Zulassung von Interessengemeinschaften u.ä. durch die Entscheidung des Bundesverfassungsgerichtes.

Aus diesen Gründen muß der Wahlkampf mehr als bisher in die Öffentlichkeit getragen werden. Eine Sympathiewerbung muß die Leistungen des DGB und seiner Gewerkschaften hervorheben.

Zum finanziellen Teil: Die Vorlage bedeutet ein Minimalprogramm, bei dem davon ausgegangen wird, daß die eine oder andere besonders betroffene Gewerkschaft von sich aus Aktivitäten entwickelt, die mit denen des DGB abgestimmt sein sollten. 1968 erforderte die Durchführung des Wahlprogramms 2,3 Mio. DM, die voll zu Lasten des Solidaritätsfonds gingen. Für 1974 erscheint 3 Mio. DM ein entsprechender Betrag.

[Nach den Ausführungen Muhrs stimmt der Bundesausschuss der Vorlage zu.]

---

5 Das Spitzengespräch fand nach Abschluss der Fachgruppensitzungen am 15./16.9.1973 in Schloss Gymnich (bei Bonn) statt. Vgl. DGB-Archiv, DGB-BV, Abt. Gesellschaftspolitik 5/DGAK000054.

4. POPULARISIERUNG VON FORDERUNGEN AUS DEM DGB-AKTIONSPROGRAMM, II. HALBJAHR 1973 UND I. HALBJAHR 1974

[Der Bundesausschuss bewilligt zur Popularisierung des DGB-Aktionsprogramms für den Zeitraum II. Halbjahr 1973 bis I. Halbjahr 1974 DM 1.375.000,-- aus dem Solidaritätsfonds. Die einzelnen Maßnahmen werden in Abstimmung mit der Kommission zur Durchführung des Aktionsprogramms geplant und durchgeführt.]

5. BESTÄTIGUNG VON LANDESBEZIRKSVORSTANDSMITGLIEDERN

[Als Mitglieder der Landesbezirksvorstände werden bestätigt: Manfred Alles (Berlin), Günter Niebrügge, Dieter Galas (Niedersachsen), Horst Morich, Peter Deutschland (Nordmark), Georg Voss, Manfred Wachmann, Ernst Urban (Nordrhein-Westfalen).]

6. MITBESTIMMUNG, HIER: LEITENDE ANGESTELLTE

Kollege *Vetter* verweist auf die dem Bundesausschuß übermittelte Vorlage zur Problematik der leitenden Angestellten im Rahmen der gegenwärtigen Auseinandersetzungen um die Unternehmensmitbestimmung, die der Bundesvorstand in seiner gestrigen Sitzung ausführlich beraten hat.

Auf den Gesamtkomplex Mitbestimmung eingehend, erwähnt Kollege Vetter die Notwendigkeit der Entwicklung stärkerer Aktivitäten zur Durchsetzung unserer Forderungen, insbesondere für den Fall, daß sich herausstellen sollte, daß die Mitbestimmung über den Gesetzgebungsweg nicht so schnell wie gewünscht verwirklicht werden kann. Die dafür erforderlichen Vorarbeiten laufen bereits einige Zeit, so daß sicher im September mit einer entsprechenden Kampagne begonnen werden kann. Dabei ist besonders an die Mobilisierung und Aufklärung der Arbeitnehmerschaft in den Betrieben gedacht, die nach unseren Vorstellungen unter die Mitbestimmung fallen sollen. Aber auch die breite Mitgliedschaft und z. B. die 4 Millionen Arbeitnehmer im Bereich des Handwerks usw. gilt es, ausreichend zu informieren. Ein solcher umfassender Plan muß gemeinsam beraten und auch gemeinsam getragen werden.

Abschließend bittet Kollege Vetter um Zustimmung zu der Vorlage, die, für die interne Diskussion gedacht, auch den DGB-Kreisen zur Verfügung gestellt werden soll.

Kollege *Stephan* erläutert kurz die durch den Bundesvorstand beratenen und vorgeschlagenen Änderungen der Vorlage auf den Seiten 2, 3, 11/12, 14 und 15 (Neufassung siehe Anlage).

Der Bundesausschuß stimmt der Vorlage »Mitbestimmung – hier: Leitende Angestellte« mit den vorgetragenen Änderungen zu.

Dokument 85   6. Juni 1973

7. PRESSEERKLÄRUNG »DGB-BUNDESAUSSCHUSS WARNT VOR MITBESTIMMUNGSKOMPROMISS«

[In der Diskussion werden redaktionelle Änderungen am Entwurf empfohlen. Die neuformulierte Presseerklärung wird nach der Pause nach kurzer Diskussion verabschiedet (s. Anlage).]

PAUSE: 11.45 BIS 12.15 UHR

8. SPENDE DES DGB AN DAS INTERNATIONAL RESCUE COMMITTEE

[*Lappas* berichtet, dass die Spende von DM 50.000,-- aus dem Solidaritätsfonds für ein Krankenhaus für napalmgeschädigte Kinder in Saigon vorgesehen sei.[6] Auf *Dürrbecks* Frage, ob ausschließlich für Südvietnam gespendet wird, teilt *Lappas* mit, dass die Gewerkschaftsjugend DM 12.000,-- gesammelt hat und diesen Betrag für Nordvietnam zur Verfügung stellt. Anschließend wird die Spende bewilligt.]

9. BERICHT ZUR GEWERKSCHAFTSPOLITISCHEN UND ORGANISATORISCHEN SITUATION

Kollege *Vetter* bittet den Bundesausschuß, damit einverstanden zu sein, in den Bericht zur Lage auch eine Information über den Stand der Kontakte zwischen DGB und FDGB aufzunehmen.

Er wendet sich dann kurz dem in der letzten Bundesausschußsitzung gefaßten Beschluß zur Vermögensbeteiligung zu und spricht die Bitte aus, die Diskussion über dieses Thema nicht durch Provokation von außen aufleben zu lassen, sondern zunächst hinter die Forderungen des DGB nach Mitbestimmung zurückzustellen. Die Entwicklung in den Parteien und im Parlament sollte in Ruhe abgewartet werden, und wir sollten selbst entscheiden, zu welchem Zeitpunkt aus organisationspolitischer Sicht das Thema wieder aufgegriffen wird.

Zur inneren Lage der Bundesrepublik will sich Kollege Vetter auf die für die Gewerkschaften besonders schwierige preis- und tarifpolitische Situation beschränken, zu der der Bundesvorstand gestern eingehend den Entwurf einer Presseerklärung diskutiert hat, die dem Bundesausschuß zur Verabschiedung vorliegt. Kollege Vetter geht kurz auf die Entwicklung der letzten Monate und das stabilitätsbewußte Verhalten der Gewerkschaften ein, das seinen ersten Ausdruck in den maßvollen Tarifabschlüssen der IG Metall gefunden hatte. Inzwischen haben die Unternehmer rücksichtslos jede Möglichkeit zur Preiserhöhung ausgenutzt, und die Arbeitnehmer fühlen sich durch die ständigen Preissteigerungen angesichts ihrer maßvollen Lohnerhöhungen übervorteilt. Die Schwierigkeiten in allen Bereichen werden zunehmen, und der DGB und seine Gewerkschaften können nicht länger schweigen, besonders dann nicht, wenn Vertreter der Bundesregierung und der Arbeitgeber den Eindruck zu erwecken versuchen, als hinge der Erfolg des eingeleiteten Stabilitäts-

---
6 Vgl. 7. BV-Sitzung vom 3.4.1973, TOP 6a, Dok. 77, Fußnote 13.

programms vom Wohlverhalten der Gewerkschaften ab. Kollege Vetter verliest den Entwurf einer Erklärung des Bundesausschusses zur tarifpolitischen Lage und stellt abschließend die Zustimmung des Bundesausschusses fest (s. Anlage).[7]

Kollege Vetter erläutert dann den den Mitgliedern des Bundesausschusses übermittelten Bericht über das zweite Spitzengespräch zwischen Vertretern des DGB und des FDGB, das am 13. und 14.3.1973 in Düsseldorf stattgefunden hat.[8] Im Hinblick auf die bisher positiv verlaufenen Gespräche und den auch vom FDGB vorgetragenen Wunsch nach Normalisierung der gewerkschaftlichen Beziehungen sollte über eine Fortsetzung und Verbreiterung der Kontakte mit dem FDGB und seinen Gewerkschaften beraten und Beschluß gefaßt werden. Dabei müßte dann auch der bis jetzt bestehende Beschluß aufgehoben werden, der lediglich eine Prüfung der Kontaktmöglichkeiten vorsah.[9] Für die erweiterte Kontaktnahme regt Kollege Vetter die Erstellung eines Kataloges von Mindestforderungen und Voraussetzungen an, der den Mitgliedern des Bundesausschusses zur Verfügung gestellt werden soll.

An der nachfolgenden kurzen Diskussion beteiligen sich die Kollegen *Loderer*, *Vetter*, *Mirkes* und *Frister*. Es wird vorgeschlagen, daß Gewerkschaften und DGB sich untereinander über neue Kontakte mit dem FDGB und seinen Gewerkschaften informieren. Auch sollten sich der DGB und die in ihm zusammengeschlossenen Gewerkschaften aus allen Angelegenheiten heraushalten, die nur zwischen IBFG und WGB direkt behandelt werden können.

Der Bundesausschuss faßt folgenden Beschluß:

Der Bundesausschuß nimmt zustimmend vom Ergebnis der bisherigen Gespräche mit dem FDGB Kenntnis.

Der Bundesausschuß beschließt die Fortführung der Spitzenkontakte. Er ist damit einverstanden, daß in weiteren Vorbereitungsgesprächen von den Beauftragten beider Bünde nähere Einzelheiten für eine Verbreiterung der Kontakte erörtert werden.

Den Hauptvorständen der Gewerkschaften und Industriegewerkschaften wird die Kontaktaufnahme mit den entsprechenden Organisationen des FDGB freigestellt.

Entgegenstehende Beschlüsse des DGB sind hiermit aufgehoben.

10. FRAGESTUNDE

Kollege *Vetter* bittet Kollegen Vietor um einen kurzen Bericht über die jüngsten Ereignisse in Hamburg, die in Zusammenhang mit der Neuen Heimat stehen.

---

7 Die Vorlage hatte die Überschrift: »Erklärung zur tarifpolitischen Situation«. Die Pressemitteilung erhielt die Überschrift: »DGB: Wo bleibt der Stabilitätsbeitrag der Unternehmer?«.
8 Vgl. Dok. 83.
9 Gemeint war der angenommene Antrag 67 »Ostkontakte« des 8. Ordentlichen Bundeskongresses 1969.

Dokument 85 6. Juni 1973

Kollege *Vietor* führt aus, daß die Hausbesetzungen in Hamburg nicht mit denen in Frankfurt vergleichbar sind. Es handelt sich hier wie auch in Hannover um echte Sanierungsgebiete.[10] Nach Beschlüssen der Stadt sind die Häuser zum Abbruch bestimmt, um unzumutbare Wohnverhältnisse zu beenden. Der überwiegende Teil der Mieter war dankbar für die Umsiedlung in ordentliche Wohnungen. Mieterinitiativen wie Presseberichterstattung, so auch der »Vorwärts«[11], operieren mit unfairen Methoden. Die Neue Heimat hat sich jetzt entschlossen, künftig nicht mehr so zurückhaltend zu sein, sondern scharf auf provozierende und unwahre Berichterstattung zu reagieren. Dabei soll auch auf die eigentlichen Aufgaben der NH und ihre Leistungen im sozialen Wohnungsbau, im Bau von Altenwohnungen, Kinderheimen, Schulen, in der Städtebauforschung usw. hingewiesen werden.

Kollegin *Fuchs* stellt die Frage, ob die schlechte Berichterstattung nicht vielleicht auch darauf zurückzuführen sei, daß die Neue Heimat die gesellschaftspolitischen Vorstellungen des DGB nicht mehr so vertritt wie früher. Statt scharf zu reagieren, sollte sie besser ihre Politik überdenken.

[Nach Meinung *Fristers* ist dies eine Grundsatzdiskussion über die gesellschaftspolitische Funktion der Neuen Heimat, die nicht unter dem Tagesordnungspunkt »Fragestunde« geführt werden sollte. Er regt an, dieses Thema vorbereitet zu einem besonderen Tagesordnungspunkt der nächsten Bundesausschußsitzung zu machen. Der Bundesausschuss stimmt dem Vorschlag zu, das Thema Neue Heimat in seiner nächsten Sitzung zu beraten.]

Ende der Sitzung: 13.20 Uhr

---

10 Zu den Hausbesetzungen im Hamburger Sanierungsviertel Hohenfelde und in der Ekhofstraße vgl. Der Spiegel 46, 30.4.1973, Nr. 18, S. 86 f. sowie DGB-Archiv, DGB-BV, Sekretariat Martin Heiß 5/DGCS000095. Zur NH als Sanierungsträger im Wohnungsbau siehe Kramper: Neue Heimat, S. 463 ff.
11 Vgl. Artikel von Dieter Stöker: Skandal an der Alster. In rührender Sorge um Preis und Profit. Gewerkschaftseigene Bewobau im Spekulationsgeschäft ganz vorn, in: Vorwärts, 31.5.1973, Nr. 22. Die Bewobau war eine Tochtergesellschaft der NH.

Dokument 86

3. Juli 1973: Protokoll der 10. Sitzung des Bundesvorstandes

Hans-Böckler-Haus in Düsseldorf; Vorsitz: Gerd Muhr; Protokollführung: Isolde Funke, Marianne Jeratsch; Sitzungsdauer: 10.15–14.20 Uhr; ms. vermerkt: »Vertraulich«.[1]

Ms., hekt., 9 S., 2 Anlagen.[2]

DGB-Archiv, 5/DGAI000537.

Beginn der Sitzung: 10.15 Uhr

[*Muhr* eröffnet die Sitzung und gedenkt des verstorbenen Kurt Stühlers.[3]]

Tagesordnung:
1. Aktionen der Fluglotsen
2. Volksentscheid in Bayern
3. Genehmigung des Protokolls der 9. Bundesvorstandssitzung
4. Mitbestimmungsaktivitäten 1973/74
5. Stabilitätsmaßnahmen Herbst 1973
6. Tagesordnung für die 5. Bundesausschusssitzung am 5.9.1973
7. 10. Ordentlicher Bundeskongress des DGB 1975
8. Mitgliedschaft von Studierenden in Gewerkschaften
9. Bundeswehr und Mitgliedschaft in den Gewerkschaften
10. Europäische Sozialkonferenz
11. Bericht über FDGB/DGB-Vorgespräch
12. Verschiedenes

1. Aktionen der Fluglotsen[4]

[*Muhr* weist auf die Aktionen der Fluglotsen hin und fragt, ob der Bundesvorstand einer Presseerklärung zustimmen könne, die einen Appell an die Fluglotsen zur Solidarität mit den Arbeitnehmern, die jetzt in Urlaub fliegen

---

1 Einladungsschreiben vom 12.6. und 19.6.1973. Nicht anwesend: Heinz O. Vetter, Alfons Lappas, Günter Stephan, Gerhard Vater, Rudolf Sperner (vertreten durch Konrad Carl), Leonhard Mahlein (vertreten durch Herbert Schwiedel), Heinz Vietheer (vertreten durch Anni Moser), Ernst Breit (vertreten durch Gustav Fehrenbach), Karl Buschmann (vertreten durch Walter Schongen), Georg Drescher (vertreten durch Wolfgang Schultze), Peter Michels (vertreten durch Adolf Müller), Manfred Wagner (vertreten durch Theo Schuler). DGB-Archiv, DGB-BV, Abt. Vorsitzender 5/DGAI000479.
2 Anlagen: Anwesenheitsliste, Begründung der Vorlage »Stabilitätskampagne im Herbst 1973« durch Georg Neemann.
3 Kurt Stühler war im Alter von 68 Jahren am 23.6.1973 gestorben. Er war von 1958 bis 1969 Mitglied des Geschäftsführenden Bundesvorstandes, zuständig für die Abteilung Finanzen. Nachruf in: Die Quelle 24, 1973, Heft 7/8, S. 328 f.
4 Vom 31.5. bis 23.11.1973 streikten die Fluglotsen für höhere Gehälter und bessere Arbeitsbedingungen. 1973 waren die Fluglotsen noch Beamte bei der Bundesanstalt für Flugsicherung und durften nicht streiken. Stattdessen machten die Fluglotsen »Dienst nach Vorschrift« (Bummelstreik). Siehe auch zur beamtenrechtlichen Problematik des Streiks: ND, 3.8.1973, Nr. 251 und 28.8.1973, Nr. 262.

wollen, richtet. In der anschließenden Diskussion spricht sich der Bundesvorstand gegen die Herausgabe einer Presseerklärung aus.]

2. VOLKSENTSCHEID IN BAYERN

[Der Bundesvorstand nimmt den Bericht von Rothe über den Volksentscheid zur Rundfunkfreiheit in Bayern Kenntnis und dankt dem Landesbezirk für seine Aktivitäten in dieser Angelegenheit.]

3. GENEHMIGUNG DES PROTOKOLLS DER 9. BUNDESVORSTANDSSITZUNG

[Nach dem Hinweis des Kollege *Kluncker,* dass geänderte Vorlagen noch einmal mit dem Protokoll der jeweiligen Sitzung versandt werden sollen, wird das Protokoll der 9. Sitzung genehmigt.]

4. MITBESTIMMUNGSAKTIVITÄTEN 1973/74

Kollege *Muhr* erinnert daran, daß Bundesvorstand und Bundesausschuß in ihren Sitzungen im Juni in Hamburg zur Popularisierung des Aktionsprogramms für den Zeitraum II. Halbjahr 1973 und I. Halbjahr 1974 einen Betrag von 1,375 Mio. DM bewilligt haben.[5] In der entsprechenden Vorlage waren thesenartig Vorschläge zur Mitbestimmungsaktion enthalten. Eine detaillierte Vorlage zu den Mitbestimmungsaktivitäten 1973/74 ist dem Bundesvorstand nun mit Datum vom 26.6.1973 übermittelt worden.[6] Vor Eintritt in die inhaltliche Diskussion der Vorlage bittet Kollege Muhr im Namen des Geschäftsführenden Bundesvorstandes, diese insofern in Zusammenhang mit der von Kollegen Neemann erarbeiteten Vorlage »Stabilitätsmaßnahmen Herbst 1973« zu sehen, als sich durch letztere zeitliche Verschiebungen im Ablauf der Mitbestimmungsaktivitäten als notwendig erweisen könnten. Der Geschäftsführende Bundesvorstand ist der Auffassung, daß bei anhaltender Preisentwicklung im Herbst dieses Jahres entsprechende Aktionen des DGB und seiner Gewerkschaften unerläßlich sind, daß daneben aber nicht zur gleichen Zeit und in vollem Umfang das Programm zur Popularisierung der Mitbestimmung laufen sollte, wenn nicht der Erfolg beider Aktionen gefährdet werden soll. Durch eine gewisse zeitliche Verschiebung der Mitbestimmungsaktivitäten könnte sich auch eine Finanzierungsmöglichkeit für die von Kollegen Neemann vorgeschlagenen Aktionen ergeben, die sonst nicht erreichbar wäre. Kollege Muhr bittet den Bundesvorstand, damit einverstanden zu sein, aus den geschilderten Gründen den Punkt »Stabilitätsmaßnahmen« im Anschluß an diesen Tagesordnungspunkt zu behandeln.

[In der nachfolgenden Diskussion ist man sich einig, dass angesichts der zu erwartenden schwierigen Lohn- und Preissituation im Herbst Aktionen

---
5 Vgl. Dok. 84 und 85.
6 In der 7-seitigen Vorlage (Diskussionspapier) Heinz O. Vetters wurde die breitangelegte Kampagne ab Herbst 1973 (u. a. zentrale, regionale und örtliche Veranstaltungen, sowie Einflussnahme auf die politischen Parteien, zur Publizierung der gewerkschaftlichen Mitbestimmungsforderung) dargestellt. DGB-Archiv, DGB-BV, Abt. Vorsitzender 5/DGAI000479.

zu diesem Komplex Vorrang haben müssen. Dies soll kein Zurückstellen der Mitbestimmungsforderungen bedeuten, nur ein Verschieben bestimmter Hauptaktivitäten zur Mitbestimmung. Anschließend stimmt der Bundesvorstand der Vorlage vom Grundsatz her zu. Einzelheiten über den zeitlichen Ablauf der Aktionen sollen in seiner September- oder Oktober-Sitzung beschlossen werden.]

5. STABILITÄTSMASSNAHMEN HERBST 1973

Kollege *Neemann* möchte, bevor er die dem Bundesvorstand mit Datum vom 29.6.1973 übermittelte Vorlage im einzelnen erläutert[7], kurz auf das Problem Zielprojektion eingehen. Er erinnert noch einmal daran, daß die Erstellung von Zielprojektionen durch den DGB auf den Kongreßbeschlüssen von München und dem Grundsatzprogramm des DGB basiert und daß der Bundesvorstand im vergangenen Jahr eine veränderte Form der Zielprojektion, d. h. eine Änderung in der Formulierung wie auch im Zahlenwerk, beschlossen hatte.[8] Wenn man davon ausgeht, daß die kommenden Monate für die Gewerkschaften auf tarifpolitischem Gebiet große Schwierigkeiten bringen werden, hält es Kollege Neemann für unmöglich, diese Situation auch noch durch die Nennung von Daten und Zahlen zu erschweren; das heißt, daß der DGB sich aus den genannten Gründen nicht in der Lage sieht, eine Zielprojektion, und sei es in der Form von 1972, zu veröffentlichen. Wahrscheinlich wird auch das WSI eine Einschränkung seiner Prognose vornehmen. Für den internen Gebrauch werden natürlich die nötigen Unterlagen erarbeitet. Sie sollen aber nicht der Öffentlichkeit zugänglich gemacht werden. Eine Diskussion über diesen Punkt sollte vielleicht in der nächsten Sitzung des Bundesvorstandes erfolgen. Kollege Neemann erläutert sodann die Vorlage »Stabilitätskampagne im Herbst 1973« im einzelnen (siehe Anlage).

Kollege *Mayr* informiert den Bundesvorstand über die Absicht der IG Metall, in ihren Gremien in den nächsten Wochen mit der gleichen Zielrichtung wie der DGB dieses Thema ausführlich zu beraten.[9]

Kollege *Muhr* begrüßt diese Absicht und bittet für den Fall konkreter Maßnahmen um Abstimmung mit dem DGB.

In Ergänzung zu den Ausführungen von Kollegen Neemann erinnert Kollege *Heiß* an die Diskussionen in der Konzertierten Aktion und bei der Begegnung mit dem Bundeswirtschaftsminister im Mai.[10] Damals sah sich der Bundeswirtschaftsminister nicht in der Lage, zu erklären, daß das Stabilitätsprogramm der Bundesregierung noch in diesem Herbst in einer für die

---

7 Zur 4-seitigen Vorlage gab es eine 7-seitige ergänzende Begründung vom 2.7.1973. Ebd.
8 Vgl. 3. BV-Sitzung vom 7.11.1972, TOP 12 (Dok. 67).
9 Zum Diskussionsprozess innerhalb der IG Metall siehe u. a. Der Gewerkschafter 21, 1973, Nr. 8.
10 Im Anschluss des 28. Gesprächs der Konzertierten Aktion am 18.5.1973 gab Bundeswirtschaftsminister Hans Friderichs, als Anlage zum Protokoll, eine 2-seitige Erklärung zum Stabilitätsprogramm der Bundesregierung ab. Protokoll und Erklärung in: DGB-Archiv, DGB-BV, Abt. Vorsitzender 5/DGAI001461. Kommuniqué des 28. Gesprächs, siehe Dok. 82.

Tarifpolitik der Gewerkschaften befriedigenden Weise Erfolge zeigen würde. Er hielt im Gegenteil Preisüberwälzungsmöglichkeiten der Unternehmer für diesen Zeitraum noch für gegeben. Aktionen des DGB und seiner Gewerkschaften, wie in der Vorlage vorgeschlagen, sind also unerläßlich.[11] In diesem Zusammenhang informiert Kollege Heiß den Bundesvorstand, daß der Bundeswirtschaftsminister eine Einladung für den 19. September angenommen hat, vor dem Tarifpolitischen und dem Wirtschaftspolitischen Ausschuss zu referieren und anschließend aktuelle Fragen zu diskutieren.[12] Angesichts der schwierigen und für die einzelnen Gewerkschaften unterschiedlichen tarifpolitischen Situation unterstützt Kollege Heiß die Auffassung von Kollegen Neemann zur Zielprojektion des DGB. Er halte es andererseits für wichtig, im Bundesvorstand eine gemeinsame Ausgangsbasis für die Aussagen des DGB und seiner Gewerkschaften zu finden. In die Diskussion sollte auch die Frage des Teuerungszuschlages bzw. Nachschlages einbezogen werden, die immer mehr an Bedeutung gewinnt.

Zum Thema »Zielprojektion« verweist Kollege *Kluncker* auf seine wiederholt vorgetragene Auffassung. Er will sich nicht im einzelnen dazu äußern, begrüßt aber die eingetretene Entwicklung. In bezug auf die Vorlage der Abteilung Wirtschaftspolitik äußert Kollege Kluncker Bedenken gegen die Formulierungen auf Seite 1 hinsichtlich der »ordnungspolitischen Reformmaßnahmen«.[13]

Zur Situation seiner Gewerkschaft erklärt Kollege Kluncker folgendes: Die Gewerkschaft ÖTV wird in einem Spitzengespräch mit Bundesinnenminister Genscher und anderen am 10.7. die Zahlung des dritten Drittels des 13. Monatsgehalts für den öffentlichen Dienst fordern.[14] Diese Forderung wird nicht mit der Teuerung begründet werden. Die Gremien der ÖTV werden sich Anfang September mit der Stellungnahme der Bundesregierung zu dieser Forderung beschäftigen. Gegebenenfalls könnten im 3. Quartal des Septembers Kampfmaßnahmen eingeleitet und durchgeführt werden. Kollege Kluncker

---

11 Die Forderungen: 1. Ausbau der Verbraucherinformation, 2. Ausbau der öffentlichen Beschaffungs- und Vergabepolitik zu einem Instrument öffentlicher Preisregulierung, 3. Ausbau der Markt- und Preisordnungen für Bauland und Wohnungen und 4. Entwicklung öffentlicher Kontrollen der Preisbildung marktmächtiger Unternehmen, sollten auf Kundgebungen bis in die Kreisebenen, unterstützt von Anzeigen- und Flugblattaktionen, bekannt gemacht werden. Vgl. Vorlage vom 29.6.1973, DGB-Archiv, DGB-BV, Abt. Vorsitzender 5/DGAI000479.
12 Siehe hierzu: DGB-Archiv, DGB-BV, Abt. Tarifpolitik 5/DGAY000006 und Minister Friderichs beim Tarifpolitischen Ausschuss des DGB, in: ND, 19.9.1973, Nr. 301.
13 Die von Klunker beanstandete Formulierung: »[...], daß es ordnungspolitische Reformmaßnahmen gibt, mit denen die Unternehmer zu einem anderen stabilitätskonformen Preisverhalten gezwungen werden können«, stand im Kontext der Aufforderung an die Regierung, die vom DGB seit Jahren geforderten wettbewerbs- und ordnungspolitischen Reformen endgültig einzuleiten und durchzuführen. Vgl. Vorlage, DGB-Archiv, DGB-BV, Abt. Vorsitzender 5/DGAI000479.
14 An dem Spitzengespräch nahmen von Arbeitgeberseite teil: Bundesinnenminister Hans-Dietrich Genscher, für die Tarifgemeinschaft der Länder Hans Wertz (Finanzminister NRW) und für den Kommunalen Arbeitgeberverband OB Arnulf Klett (Stuttgart). Die Verhandlungen über die Zusatztarifverträge wurden am 12.9.1973 fortgesetzt und mit der Durchsetzung des vollen 13. Monatsgehalts abgeschlossen. Vgl. ÖTV Magazin, 1973, Nr. 8, S. 3 und 1973, Nr. 10, S. 3–5.

weist auf die Schwierigkeiten hin, die sich ergeben könnten, wenn zur gleichen Zeit einerseits Aktionen der ÖTV zu ihrer Tarifforderung laufen, die nicht mit Preissteigerungen begründet ist, andererseits eine Kampagne des DGB im Hinblick auf die Preissteigerungen. Die ÖTV wird sich zwar mit dem DGB solidarisch erklären, wird aber auf keinen Fall ihre eigenen Maßnahmen zurückstellen. Kollege Kluncker gibt außerdem zu bedenken, daß am 25. September die nächste Sitzung der Konzertierten Aktion stattfindet.[15] Er würde es für unerträglich halten, wenn öffentliche Kundgebungen des DGB in der vorgeschlagenen Art stattfinden und gleichzeitig bei der Konzertierten Aktion der Eindruck von Übereinstimmung mit den Arbeitgebern entstehen könnte. Er erinnert in diesem Zusammenhang an die letzte Sitzung der Konzertierten Aktion.[16] Mindestens müßten dann für die Konzertierte Aktion Erklärungen der DGB-Delegation so festgelegt sein, daß den Mitgliedern gegenüber eine einheitliche Haltung demonstriert wird.

Kollege *Muhr* bestätigt die Schwierigkeit von gleichzeitig laufenden tarif- und preispolitischen Aktivitäten, ist aber der Meinung, daß man trotzdem versuchen sollte, einen gemeinsamen Weg zu finden.

Kollege *Schwab* regt an, in die Diskussion auch den Gesichtspunkt mit einzubeziehen, daß die Tarifvereinbarungen nicht nur durch die Preissteigerungen negativ beeinflußt werden, sondern auch durch die für eine wachsende Zahl von Arbeitnehmern ungünstige Steuergesetzgebung. Es könnte sicher eine gute Unterstützung der tarifpolitischen Zielsetzungen der Gewerkschaften bedeuten, konkrete Forderungen zur Veränderung der Steuergesetzgebung, wie Heraufsetzung des Freibetrages usw., zu erheben.

Kollege *A. Schmidt* begrüßt die Aussprache über die unvermeidbar auf die Gewerkschaften zukommenden Schwierigkeiten. Die Vorlage kann s.E. jedoch nur als Diskussionsgrundlage dienen, die nicht zur Veröffentlichung bestimmt ist. Es wird ohnehin schwer werden, den diffizilen Gesamtzusammenhang in Kundgebungen oder Flugblättern allgemein verständlich darzustellen. Das sollte man bei der Planung unbedingt bedenken. Das Gleiche gilt für die »ordnungspolitischen Maßnahmen«, von denen die Vorlage spricht. Die Verwirklichung der Novellierung des Kartellgesetzes beispielsweise wird sicher nicht den erwarteten Effekt haben. Über diese Dinge müßte in einer weiteren Bundesvorstandssitzung unbedingt noch einmal gesprochen werden. Wir sollten auf keinen Fall bei den Arbeitnehmern Hoffnungen erwecken, die sich nicht erfüllen lassen. Ein abgestimmtes Verhalten des DGB und seiner Gewerkschaften hält Kollege Schmidt für unerläßlich. Er spricht sich außerdem für den Fortfall der Zielprojektion aus.

Kollege *Muhr* bestätigt, daß die Vorlage allein dazu dienen sollte, eine gemeinsame Linie zu finden.

---

15 Zur 29. Tagung der Konzertierten Aktion (Protokoll, Kommuniqué und Sitzungsbericht von Manfred Piecha, WSI) siehe DGB-Archiv, DGB-BV, Sekretariat Martin Heiß 5/DGCS000148 sowie DGB: Gegebenenfalls Restriktionsmaßnahmen lockern, in: ND, 25.9.1973, Nr. 311.
16 Vgl. Dok. 82.

Auch Kollege *Hauenschild* ist der Überzeugung, daß der DGB und seine Gewerkschaften sich im Herbst zu Wort melden müssen, und begrüßt die vorbereitende Diskussion. Die bisherige Tarifpolitik der Gewerkschaften konnte nur so verantwortet werden, daß sie ein Beitrag zur Stabilität sein sollte. Wenn aber das Stabilitätsprogramm der Bundesregierung beispielsweise eine Gewinnexplosion bei den Unternehmern nicht verhindert, wird es unmöglich, den Mitgliedern gegenüber eine gemäßigte Tarifpolitik zu begründen. Wir müssen für den Herbst darauf vorbereitet sein, der Öffentlichkeit die Gründe für unsere veränderte Haltung zu nennen. Andererseits sollte man sorgfältig darauf achten, keine falschen Hoffnungen bei den Arbeitnehmern zu erwecken, daß man die Preissteigerungen in den Griff bekommen könnte, denn auch die internationalen und währungspolitischen Zusammenhänge spielen dabei eine Rolle, die man ebenfalls versuchen sollte, darzustellen. Zum Thema Zielprojektion hat Kollege Hauenschild Zweifel, ob es möglich sein wird, daß der DGB sich dazu nicht äußert. Auch das WSI wird sich s.E. an der Diskussion der wirtschaftswissenschaftlichen Institute beteiligen müssen.

Kollege *Neemann* stellt richtig, daß nur an den Wegfall der DGB-Zielprojektion gedacht ist. Das WSI wird weiterhin eine Prognose erstellen, wenn auch wahrscheinlich in veränderter Form. Es wird dann allerdings auch nicht ganz zu verhindern sein, daß vielleicht die WSI-Prognose an die Stelle der DGB-Zielprojektion gesetzt wird.[17]

Kollege *Fehrenbach* begrüßt ebenfalls die rechtzeitige Diskussion des schwierigen Problems, ist aber der Meinung, daß die endgültige Entscheidung über Einzelheiten auf die September- bzw. Oktober-Sitzung des Bundesvorstandes verschoben werden sollte. Für seine Gewerkschaft bestätigt er die gleiche Situation wie Kollege Kluncker für die ÖTV, ist aber trotzdem der Auffassung, dass Aktionen zur Preisentwicklung im September oder Oktober den Forderungen der Gewerkschaften des öffentlichen Dienstes nach Sonderzuwendungen nicht entgegenstehen würden.

Kollege *Muhr* bestätigt, daß bei normaler Entwicklung eine endgültige Beschlußfassung über die vorgesehenen Maßnahmen durch den Bundesvorstand im September ausreichend wäre. Sollte sich eine unerwartete Zuspitzung der Situation ergeben, müßte im August eine außerordentliche Sitzung des Bundesvorstandes einberufen werden.

Kollege *Henschel* erläutert noch einmal die wirtschaftliche Situation und die Überlegungen, die zur Erarbeitung der Vorlage geführt haben. Er geht dabei auf die von der Bundesregierung möglicherweise zu ergreifenden Maßnahmen gegen die Preissteigerungen und ihre Konsequenzen ein. Kollege Henschel hält es für unerläßlich, daß vor der ersten Ankündigung von Lohnforderungen im Herbst die Öffentlichkeit über die Situation und die sich

---

17 Der Bundesvorstand beschloss in seiner Klausurtagung vom 1. bis 3.10.1973 (Dok. 88), zum Jahreswechsel 1973/74 keine eigenen Zielprojektionen zu veröffentlichen. Die Projektionen sollten durch das WSI fortgesetzt werden. Siehe auch: DGB Geschäftsbericht 1972–1974, Abt. Wirtschaftspolitik S. 273.

daraus ergebenden Folgerungen sowie über die von den Gewerkschaften vorgeschlagenen Maßnahmen aufgeklärt wird. Der Begriff »ordnungspolitische Reformmaßnahmen« bedeutet, so erläutert Kollege Henschel, gezielte Preis- und Kalkulationskontrolle bei den marktstarken Unternehmen. Die Bundesregierung müßte dazu veranlaßt werden, mit dem DGB gemeinsam zu überlegen, wie solche Kontrollen durchzuführen sind. Wir haben eigene Vorstellungen, wollen damit aber vorläufig nicht an die Öffentlichkeit gehen. Kollege Henschel wendet sich kurz der Frage der Verbraucheraufklärung zu und stellt abschließend fest, daß eine perfekte Lösung der anstehenden Probleme kurzfristig nicht möglich ist, daß aber die Bundesregierung erneut aufgefordert werden müßte, mit uns gemeinsam zu überlegen und erste Schritte zu unternehmen.

Kollege *Seibert* geht noch einmal kurz auf die Situation im öffentlichen Dienst ein. Auch er ist der Meinung, daß im Herbst besondere Aktivitäten des DGB und der Gewerkschaften nötig sein werden. Man sollte sie gut vorbereiten und deshalb die endgültige Beschlußfassung darüber in der nächsten Bundesvorstandssitzung vornehmen.

Kollege *Kluncker* spricht sich ebenfalls für eine Beschlußfassung in der September-Sitzung des Bundesvorstandes aus. Nach seiner Überzeugung sind Aktionen im August weder ratsam noch erforderlich, weil sich bis dahin keine neuen Entwicklungen ergeben werden. Außerdem sollten alle geplanten Aktivitäten noch einmal genau durchdacht und beraten werden, wenn sie tatsächlich wirksam sein sollen.

Kollege *Muhr* stellt abschließend das Einverständnis des Bundesverstandes dazu fest, daß auf der Grundlage des vorliegenden Papiers und der heutigen Diskussion in den Sitzungen von Bundesvorstand und Bundesausschuß im September erneut über das Thema beraten wird.

6. TAGESORDNUNG FÜR DIE 5. BUNDESAUSSCHUSSSITZUNG AM 5.9.1973

[Der Bundesvorstand beauftragt den GBV, ausnahmsweise die Tagesordnung für die 5. Bundesausschusssitzung zu erstellen, da im August keine BV-Sitzung stattfindet.]

7. 10. ORDENTLICHER BUNDESKONGRESS DES DGB 1975

[Nach kurzer Diskussion wird die Abteilung Organisation und Verwaltung beauftragt, zu prüfen, ob in Hamburg in einer der neuerbauten Ausstellungshallen die Durchführung des 10. Ordentlichen Bundeskongresses im Mai 1975 möglich ist. Sollte es aus technischen Gründen nicht möglich sein, hat die Abteilung den Auftrag, in einer anderen Stadt die Voraussetzungen zur Durchführung des Bundeskongresses zu prüfen.]

8. MITGLIEDSCHAFT VON STUDIERENDEN IN GEWERKSCHAFTEN

Kollege *Woschech* weist darauf hin, daß es dem Geschäftsführenden Bundesvorstand nach eingehender Beratung nicht möglich war, zu einer Beschlußempfehlung an den Bundesvorstand zu kommen. Trotzdem sollte die Diskussionsgrundlage vom 26.6.1973 dem Bundesvorstand zur Kenntnis gebracht werden. Kollege Woschech erläutert danach kurz einige Punkte der Vorlage.[18]

[In der nachfolgenden Diskussion wird festgestellt, dass bei den meisten Gewerkschaften zur Zeit kein Bedürfnis besteht, einen Beschluss des Bundesvorstandes über die Mitgliedschaft von Studierenden herbeizuführen. Kollege *Rothe* erinnert noch einmal an die Schwierigkeiten innerhalb der GEW in Bayern, die eine Beschlussfassung nötig machen, weil auch der DGB unmittelbar betroffen wird. Eine weitere Behandlung des Tagesordnungspunktes wird zurückstellt. Der Organisationsausschuss soll dem GBV eine neue Vorlage unterbreiten, die im BV beraten werden soll.]

9. BUNDESWEHR UND MITGLIEDSCHAFT IN DEN GEWERKSCHAFTEN

[Die Aufstellung über die Gewerkschaftsmitglieder, die sich zur Ableistung des Wehr- bzw. Ersatzdienstes abgemeldet haben, wird zur Kenntnis genommen.[19]]

10. EUROPÄISCHE SOZIALKONFERENZ

Kollege *Muhr* weist auf das den Bundesvorstandsmitgliedern vorliegende Schreiben des EGB vom 21. Juli 1973 hin[20], in dem ein Kompromißvorschlag unterbreitet wird. In der EGB/WVA-EG-Gruppe des Wirtschafts- und Sozialausschusses sei die DAG schon immer vertreten. Jetzt würde sich die Frage ergeben, ob der DGB der Berufung eines DAG-Vertreters in die DGB-Delegation innerhalb des EGB-Kontingents zustimmen könnte. Die DAG über EURO-FIET[21] in die Sekretariatsdelegation des EGB aufzunehmen wäre kritischer. Wenn die Sozialkonferenz nicht an dem Problem der DAG scheitern sollte, bliebe s.E. nur diese Lösung übrig.

[Nach der anschließenden Diskussion wurde mit 12 gegen 5 Stimmen bei einer Stimmenthaltung der Beschluss gefasst, dass versucht werden solle, an einer Teilnahme der DAG vorbeizukommen. Sollte sich jedoch herausstellen, dass die Konferenz wegen der Nichtteilnahme nationaler Organisationen wie

---

18 Schreiben Franz Woschechs an die Bundesvorstandsmitglieder vom 26.6.1973 mit beigefügter 3-seitiger Diskussionsgrundlage der 40. Sitzung des GBV am 25.6.1973, DGB-Archiv, DGB-BV, Abt. Vorsitzender 5/DGAI000211 und 5/DGAI000479.
19 Die Gewerkschaften meldeten jährlich die Anzahl der Gewerkschaftsmitglieder, die sich zur Ableistung des Wehr- bzw. Ersatzdienstes abgemeldet hatten. Für das Jahr 1972 waren es 46.271 männliche Jugendliche zwischen 18 und 21 Jahren. Vgl. Vorlage der Abt. Organisation und Verwaltung vom 26.6.1973, in: DGB-Archiv, DGB-BV, Abt. Vorsitzender 5/DGAI000479.
20 Schreiben Theo Rasschaerts an Heinz O. Vetter vom 21.6.1973. Vgl. DGB-Archiv, DGB-BV, Abt. Vorsitzender 5/DGAI000479.
21 Die DAG war Mitglied in der am 7./8.11.1972 in Kopenhagen gegründeten Europäischen Regionalorganisation – Internationaler Bund der Privatangestellten (EURO-FIET). Dem Vorstand gehörten vom DGB Günter Stephan und von der HBV Heinz Vietheer an. Zu den Vorstands- und Präsidiumssitzungen siehe Aktenbestand Günter Stephan in DGB-Archiv.

der DAG scheitern würde, wird die Aufnahme eines Vertreters der DAG in die DGB-Delegation innerhalb des EGB akzeptiert, wobei dieser eine Vertreter zusätzlich sowohl dem Kontingent des DGB als auch dem Kontingent des EGB zugeschlagen werden muss.]

11. Bericht über FDGB/DGB-Vorgespräch

[Der Bundesvorstand nimmt das Gesprächsprotokoll vom 22.6.1973 über die Weiterführung der Beziehungen DGB-FDGB zur Kenntnis.[22]]

12. Verschiedenes

a) FDP/DGB Spitzengespräch

Kollege *Muhr* teilt mit, daß die FDP den Wunsch geäußert hat, das für den 13./14. Juli 1973 vorgesehene Spitzengespräch zu verschieben. Als mögliche Termine wurden der 1./2.8. und der 7./8.8.1973 vorgeschlagen.

Auf die Bitte des Kollegen *Sierks* nach einer schnellen Berichterstattung sagt Kollege *Muhr* zu, daß der Bundesvorstand sofort nach Abschluß des Gesprächs schriftlich informiert werden wird.

b) Bundesvorstandssitzung im August

Kollege *Muhr* weist darauf hin, daß die Bundesvorstandssitzung im August wie üblich ausfällt. Die nächste Sitzung ist somit am 4. September 1973 in Freiburg.

Auf die Anregung von Kollegen *Hauenschild,* sich für die nächste Sitzung Gedanken zu mittel- und langfristigen Programmen zu machen, erwidert Kollege *Neemann,* daß bereits erste Vorschläge vorliegen. Es müßte noch die Frage der Federführung geklärt werden.

Ende der Sitzung: 14.20 Uhr

---

22 Das Gesprächsprotokoll wurde den BV-Mitgliedern von Bernd Otto am 27.6.1973 zugesandt. Seitens des DGB hatten Bernd Otto und Walter Fritze, vom FDGB Gerhard Schulze und Edith Steiniger teilgenommen. DGB-Archiv, DGB-BV, Abt. Vorsitzender 5/DGAI000479.

DOKUMENT 87

4. September 1973: Protokoll der 11. Sitzung des Bundesvorstandes

Colombi-Hotel in Freiburg; Vorsitz: Heinz O. Vetter; Protokollführung: Isolde Funke, Marianne Jeratsch; Sitzungsdauer: 10.05 bis 18.20 Uhr; ms. vermerkt: »Vertraulich«.[1]

Ms., hekt., 15 S., 4 Anlagen.[2]

DGB-Archiv, 5/DGAI000537.

Beginn der Sitzung: 10.15 Uhr

[*Vetter* eröffnet die Sitzung und gedenkt des verstorbenen Heinz Meier, Leiter der Hauptkasse des DGB.]

Tagesordnung:
1. Genehmigung des Protokolls der 10. Bundesvorstandssitzung
2. Aufnahmeantrag der DAG an den EGB
3. Öffentlichkeitsaktionen in den kommenden beiden Halbjahren
    - preispolitische Aktivitäten -
    - Mitbestimmungsaktivitäten -
    - Stellungnahme des DGB zur aktuellen steuerpolitischen Diskussion -
4. Jahresrechnung 1972
5. Gehaltsregelung für DGB-Beschäftigte
6. Bericht über die europäische und internationale Gewerkschaftslage
7. Neue Heimat
8. Novellierung des Tarifvertragsgesetzes (Antrag 180 des 9. Ordentlichen Bundeskongresses)
9. Bestätigung von Landesbezirksvorstandsmitgliedern
10. 10. Ordentlicher Bundeskongress des DGB 1975

1. GENEHMIGUNG DES PROTOKOLLS DER 10. BUNDESVORSTANDSSITZUNG

[Das Protokoll wird genehmigt.]

2. AUFNAHMEANTRAG DER DAG AN DEN EGB

Kollege *Vetter* erinnert an die Diskussion in der letzten Bundesvorstandssitzung über die eventuelle Teilnahme eines DAG-Vertreters an der geplanten Europäischen Sozialkonferenz. Der Bundesvorstand hatte seinerzeit beschlossen, daß ein DAG-Vertreter nur dann teilnehmen darf, wenn sonst die Abhaltung der Konferenz in Frage gestellt würde und wenn dieser DAG-Vertreter nicht auf das Kontingent des DGB angerechnet wird. Nun hat die

---

1 Einladungsschreiben vom 5.7. und 16.8 1973. Nicht anwesend: Maria Weber, Eugen Loderer, Adolf Schmidt (vertreten durch Helmut Gelhorn), Adolf Mirkes (vertreten durch Gerd van Haaren). DGB-Archiv, DGB-BV, Abt. Vorsitzender 5/DGAI000480.
2 Anlagen: Anwesenheitsliste, Gesamtwirtschaftliche Perspektiven 1973/74 und Stichworte zur aktuellen Konjunkturlage, beide herausgegeben vom Bundesministerium für Wirtschaft, Tischvorlage zur Mitbestimmung.

DAG als weiteren Schritt – unter Berufung auf skandinavische Beispiele – den Antrag gestellt[3], als Mitglied in den Europäischen Gewerkschaftsbund aufgenommen zu werden. Zwar ist die DAG offiziell z. B. bereits im Wirtschafts- und Sozialausschuß der EG und auch in der Internationale der Privatangestellten vertreten; jedoch gibt es für eine Mitgliedschaft der DAG im EGB neben dem Deutschen Gewerkschaftsbund als Einheitsgewerkschaft keinerlei sachliche Rechtfertigung. Deshalb schlägt der Geschäftsführende Bundesvorstand die Ablehnung des Aufnahmegesuchs der DAG vor.

[Nach kurzer Diskussion wird der Antrag der DAG abgelehnt, da neben dem DGB als Einheitsgewerkschaft keine weitere Gewerkschaft der Bundesrepublik aufgenommen werden soll.]

3. Öffentlichkeitsaktionen in den kommenden beiden Halbjahren – preispolitische Aktivitäten – Mitbestimmungsaktivitäten – Stellungnahme des DGB zur aktuellen steuerpolitischen Diskussion

Einleitend erinnert Kollege *Vetter* kurz an die Diskussion in der Juli-Sitzung des Bundesvorstandes über die Konsequenzen der preispolitischen Aktivitäten und der parallel laufenden Mitbestimmungskampagne.[4] Das Mitbestimmungsthema hat in den vergangenen Tagen besondere Aktualität erhalten durch die Beratungen der Koalitionsexperten. Wie erwartet, ist keine Einigung erzielt werden.[5] Die Gespräche sollen noch vor dem Spitzentreffen DGB/FDP fortgesetzt werden.[6]

Kollege Vetter bittet Kollegen Neemann, zum Thema »Preispolitische Aktivitäten« zu sprechen und den nachgetragenen Tagesordnungspunkt »Stellungnahme des DGB zur aktuellen steuerpolitischen Diskussion« mit einzubeziehen, zu dem ein Telegramm von Kollegen Loderer vorliegt.

Kollege *Neemann* verweist auf die nach ausführlicher Diskussion in der Juli-Sitzung zustande gekommene Meinung des Bundesvorstandes, von den für die Stabilitätskampagne im Herbst 1973 vorgesehenen spektakulären Maßnahmen, wie Großkundgebungen und Flugblattaktion, abzusehen. Wenn auch der Preisindex im Augenblick – wahrscheinlich saisonbedingt – von 7,9

---

3 Schreiben des DAG-Vorsitzenden Hermann Brandt an das Exekutivkomitee des EGB vom 23.7.1973 mit dem Antrag auf Mitgliedschaft im EGB. Als skandinavisches Beispiel wird Schweden angeführt, da die LO Schweden und der Gewerkschaftsbund TCO Schweden (Tjänstemannens Centralorganisation) Mitglieder im EGB waren. DGB-Archiv, DGB-BV, Internationale Abt. 5/DGAJ000524. Zur geplanten Teilnahme der DAG an der Europäischen Sozialkonferenz siehe Pressemeldungen der DAG, 18.6.1973, Nr. 5 sowie TOP 14 der 9. BV-Sitzung (Dok. 84).
4 Vgl. Dok. 86.
5 In einer zweitägigen Klausurtagung am 1./2.9.1973 hatte die Regierungskoalition die Mitbestimmungsfrage beraten. Vgl. Parlamentarisch-Politischer Pressedienst 24, 22.8.1973, Nr. 160. Über die Ergebnisse des Gesprächs informierte Bundeskanzler Brandt die Gewerkschaftsredakteure am 7.9.1973, in: ebd., 7.9.1973, Nr. 172.
6 Im zweiten Spitzengespräch am 15./16.9.1973 auf Schloss Gymnich (Erftstadt) wurden Fragen der Mitbestimmung und der Vermögensbildung besprochen. Siehe DGB-Archiv, DGB-BV, Sekretariat Martin Heiß 5/DGCS000012 sowie ND, 17.9.1973, Nr. 287 und Die Quelle 24, 1973, Heft 10, S. 395–397.

Dokument 87   4. September 1973

auf 7,2 zurückgegangen ist, so kann man doch für die kommenden Monate nicht unbedingt mit einer günstigen Entwicklung rechnen. Der Bundesvorstand müßte deshalb darüber entscheiden, ob und in welcher Form Aktionen durchgeführt werden sollen. Kollege Neemann unterbreitet folgende Vorschläge:

1. Schreiben an den Bundeskanzler, anknüpfend an unseren Brief vom Mai d.J.[7]
2. Abdruck eines entsprechenden Artikels in der Ausgabe Pro Nr. 16, die am 1.10.1973 erscheint.[8]
3. Behandlung des Themas im monatlichen Materndienst für regionale Tageszeitungen sowie Einschaltung eines besonderen Public-Relations-Artikels
4. Behandlung des Themas im neuen vom Geschäftsführenden Bundesvorstand beschlossenen »Aushangdienst für Schaukästen«, der in diesem Jahr noch dreimal erscheinen soll[9]
5. Herausgabe einer Information im Rahmen des neuen Info-Blatt-Systems
6. Anfertigung einer Rededisposition für Funktionäre
7. Einflußnahme und Abstimmung mit den Verbraucherverbänden

Letzteres soll weitgehend auf örtlicher Ebene geschehen. Parallel dazu wird Ende September/Anfang Oktober eine Aktion der SPD laufen, die aber nicht mit dem DGB abgesprochen ist.[10] Kollege Neemann bittet um Diskussion der Vorschläge.

Kollege *Seibert* ist der Meinung, daß es nötig ist, neben den Protest gegen die Preissteigerungen die Forderung nach Kontrolle der Preissteigerungen zu setzen. Diese Forderung müßte aber auch auf den europäischen Bereich und die Großkonzerne ausgedehnt werden. Eine gründliche Aufklärung der Mitglieder über Zusammenhänge und Ursachen der Preissteigerungen und unsere Möglichkeiten hält Kollege Seibert für vordringlich.

Kollege *Michels* berichtet von der Stimmung der Kollegen in Nordrhein-Westfalen, die von den Gewerkschaften rechtzeitige Lohnverhandlungen mit einkalkulierter Preisentwicklung erwarten, vom DGB aber Maßnahmen in Richtung Preisdämpfung. Bei irgendwelchen Aktionen müßte man unbedingt auf die Grenzen unserer Möglichkeiten hinweisen.

---

7 Fernschreiben an Bundeskanzler Willy Brandt zum Stabilitätsprogramm der Bundesregierung. Vgl. Fußnote 5 im ersten Brief an Bundeskanzler Willy Brandt vom 17.4.1973 (Dok. 79).
8 Die im Boulevard-Stil aufgemachte Zeitung »pro mitbestimmung« erschien zwischen November/Dezember 1970 und August 1976. Sie sollte zur Popularisierung des DGB-Aktionsprogramms beitragen sowie Informationen und Erfahrungsberichte zur Mitbestimmung geben. Die Auflage betrug durchschnittlich 1,5 Millionen Exemplare. Vgl. u. a. DGB-Geschäftsbericht 1972-1974, Abt. Werbung, S. 540. Die Nr. 16 berichtete u. a. über den »Fleischboykott« der Verbraucher in NRW.
9 Vgl. 49. GBV-Sitzung vom 3.9.1973. Der Aushangdienst erschien in einer Auflagenhöhe von 2.000 Exemplaren und sollte jeweils aktuelle gewerkschaftspolitische Themen behandeln. DGB-Archiv, DGB-BV, Abt. Vorsitzender 5/DGAI000212, siehe auch: DGB Geschäftsbericht 1972-1974, Abt. Werbung, S. 542.
10 Vgl. SPD plant bundesweite Verbraucher-Aktion, in: Parlamentarisch-Politischer Pressedienst 24, 21.8.1973, Nr. 159.

Kollege *Rothe* hält es für unerläßlich, auch die Preisgestaltung der öffentlichen Hand zu erwähnen und zu erläutern.

Kollege *Sickert* hat den Eindruck, daß sich unter den Kollegen, besonders den jüngeren, die Meinung festsetzt, daß die Gewerkschaften nicht mehr tun, als die Löhne an die Preise anzugleichen. 20 Jahre haben die Gewerkschaften ihre Lohn- und Tarifpolitik unabhängig von der Preispolitik gemacht. Wir sollten uns jetzt nicht an die Preisentwicklung binden lassen.

Kollege *Schwab* ist der Meinung, daß das auch nicht geschieht, denn sonst müßte man für 1974 Forderungen stellen, die über 20 % liegen. Aber die Gewerkschaften können der Preisdiskussion auch nicht einfach ausweichen. Sie wird ihnen aufgedrängt.

Kollege *Sperner* hält die Situation für alle für schwierig. Man sollte aber auch bedenken, daß Beschlüsse des DGB in der Durchführung in der Hauptsache bei den Gewerkschaften liegen, und nur ein kleiner Kreis wird gegebenenfalls bereit sein, in diesen Fragen aktiv tätig zu werden. Kollege Sperner warnt auch davor, über der Diskussion über die Preisentwicklung zu vergessen, herauszustellen, welche großen Erfolge die Gewerkschaften in ihren Tarifverträgen für die soziale Absicherung der Arbeitnehmer erreicht und zu welchen gesetzgeberischen Maßnahmen im Bereich der Sozialpolitik sie für die Arbeitnehmer beigetragen haben.

Auch die Forderung nach Mitbestimmung wird durch die Preisdiskussion in der Richtung beeinträchtigt, daß man den Mitgliedern nur schwer verständlich machen kann, dass Aufsichtsräte keinen Einfluß auf die Preisgestaltung der Unternehmen haben. Alle diese Fragen müssen berücksichtigt werden, wenn man Aktionen plant, die zum falschen Zeitpunkt mehr schaden als nützen können. Bei Protesten gegen Preiserhöhungen sollte man solche herausgreifen, die erklär- und beweisbar sind.

Kollege *Vetter* schildert noch einmal kurz die Situation zu Anfang des Jahres beim Abschluß des Metalltarifvertrages.[11] Wenn die Preisentwicklung so weiterläuft, können wir nicht so tun, als sei in der Zwischenzeit nichts geschehen. Selbst wenn die IG Metall heute zu einem Abschluß kommen sollte, werden andere Gewerkschaften vor ähnlichen Schwierigkeiten stehen. Kollege Vetter erwähnt, daß er in seinem Referat morgen vor dem Kongreß der Gewerkschaft Holz und Kunststoff fordern wird, in allen öffentlich-rechtlichen Massenmedien Pflichtsendungen einzuführen, die der Aufklärung der Verbraucher dienen, ähnlich wie es mit den täglichen Marktberichten für die Landwirtschaft geschieht.[12]

---

11 Der Anfang 1973 vereinbarte »stabilitätskonforme« Tarifabschluss der IG Metall von 8,5 % wurde durch den Preisauftrieb schnell entwertet. In der Urabstimmung über diesen Tarifabschluss lehnten 55,2 % der stimmberechtigten Stahlarbeiter in der Stahlindustrie Nordrhein-Westfalens diesen Abschluss ab. Vgl. Metall Pressedienst, 12.1.1973; vgl. Walther Müller-Jentsch: Die spontane Streikbewegung 1973, in: Jacobi u. a.: Kritisches Jahrbuch 1974, S. 44 ff.
12 Rede Heinz O. Vetters, in: 9. Ordentlicher Gewerkschaftstag der Gewerkschaft Holz und Kuststoff. 3. Bis 9.9.1973 in Freiburg im Breisgau, Düsseldorf o. J., S. 43-46. Auf dem Kongress wurde eine tarifpolitische Offensive angekündigt, und eine Resolution über den Austritt aus der »Konzertierten Aktion« erhielt eine knappe Mehrheit.

Dokument 87   4. September 1973

Kollege *Kluncker* hält es für selbstverständlich, daß bei einem Tarifabschluß durch die IG Metall alle anderen nachziehen werden.[13]

Kollege *Frister* hält Protestaktionen im Augenblick nicht für zweckmäßig. Nach seiner Ansicht muß aber die Aufklärung der Verbraucher und Mitglieder erheblich verbessert werden, z. B. durch konkretere Informationen über Preisbildung, auch in einzelnen Branchen und Großkonzernen.

Kollege *Hauenschild* ist der Meinung, daß wir angesichts der eingetretenen Situation nicht anders können, als zu reagieren – sei es in Form von Aufklärung oder Protest. Zielrichtung müssen die Unternehmer sein. Aber wir werden uns auf eine sehr detaillierte Diskussion vorbereiten müssen, denn die andere Seite wird ebenfalls reagieren mit Daten aus einzelnen, verschieden gelagerten Industriezweigen. Wir sollten uns auch nicht nur auf Verbraucherpreise konzentrieren, sondern auch über Zusammenhänge bei den Erzeugerpreisen, auch im europäischen Bereich, informieren.

Auf die Frage von Kollegen *Buschmann,* ob die Abteilung Wirtschaftspolitik einmal an einem Beispiel für einen bestimmten Bereich aufzeigen könnte, wie sich die Preisentwicklung und die Preisgestaltung bis hin zum verkauften Produkt vollzieht, wendet Kollege *Neemann* ein, daß das zwar möglich wäre, aber das Einverständnis der zuständigen Gewerkschaft nötig wäre. Kollege *Buschmann* sichert das für seinen Bereich zu.

Kollege *Sierks* würde es für nützlich halten, wenn die in den Wirtschaftsausschüssen[14] der unter das Betriebsverfassungsgesetz fallenden Unternehmen tätigen Betriebsräte die Möglichkeit der Einsichtnahme in die monatliche Industrieberichterstattung nutzen würden, um die Entwicklung der Erzeugerpreise zu verfolgen und zu kontrollieren. Eine gewerkschaftsinterne Aufklärung auf diesem Gebiet hält er für erforderlich.

Kollege *Vetter* hält es für eine grundsätzliche Frage, ob es Aufgabe der Wirtschaftsausschüsse sein kann, die Preispolitik der Unternehmen zu kontrollieren. Das würde mit großen Schwierigkeiten verbunden sein. Was wir wollen, sind Preiskontrollen von außen durch eine neutrale Stelle.

Auch Kollege *Kluncker* vertritt diese Auffassung. Die Wirtschaftsausschüsse sind kein eigentliches Instrument für die Gewerkschaften.

Kollege *Seibert* möchte wissen, ob wir, ohne Regreßansprüche fürchten zu müssen, Kaufenthaltung, d. h. Boykott anregen können. Er empfiehlt eine enge Zusammenarbeit mit den Verbraucherverbänden.

Kollege *Wagner* berichtet kurz von seinen negativen Erfahrungen hinsichtlich Preis- und Lohnstopp in den USA.

---

13 Kluncker bezog sich auf die Spitzengespräche zwischen der IG Metall und dem Arbeitgeberverband Gesamtmetall am 31.8. und 4.9.1973 zu vorgezogenen Lohn- und Gehaltsverträgen, vgl. Metall Pressedienst, 5.9.1973.

14 Im vierten Teil des Betriebsverfassungsgesetzes »Mitwirkung und Mitbestimmung der Arbeitnehmer« (§§ 74–113 BetrVG) wurde in den §§ 106–110 »Unterrichtung in wirtschaftlichen Angelegenheiten« ein Wirtschaftsausschuß eingeführt, dem jedoch keine allgemein verbindliche Definition zugrunde lag. Zu den Handlungsbedingungen des Ausschusses, siehe Dahl: Wirtschaftsausschuß.

4. September 1973 **Dokument 87**

Kollege *Vetter* schlägt vor, die Diskussion zu diesem Punkt zu unterbrechen und nach dem Gespräch mit dem Bundeswirtschaftsminister fortzusetzen. Abschließend verliest er eine Sympathieerklärung der Jusos zu den sogenannten wilden Streiks.[15]

Kollege *Neemann* wendet sich dem Thema Steuerpolitik zu, das in den letzten Wochen und Monaten bei den Diskussionen in den Betrieben eine erhebliche Rolle gespielt hat. Um eine Stellungnahme des DGB zu den neuen Vorschlägen zu erarbeiten, hat der Arbeitskreis »Steuer- und Finanzpolitik« unter Beteiligung von Vertretern fast aller Gewerkschaften getagt und folgende Alternativen betreffend Steuerentlastung der Arbeitnehmer entwickelt:

1. Der DGB fordert solche Entlastungen zum 1.1.1974.
2. Es wird gefordert, die Steuerreform in ihren wichtigsten Schwerpunkten nicht erst 1976, sondern bereits 1975 in Kraft zu setzen.
3. Gefordert wird die Inkraftsetzung der Steuerreform bereits 1975 mit dem Hinweis, dass der DGB schon im Laufe des Jahres 1974 Lohnsteuerentlastungen verlangt, sofern es die konjunkturelle Lage erlaubt.[16]

Die Meinungen im Arbeitskreis waren sehr unterschiedlich. Er hat sich schließlich mehrheitlich für die dritte Alternative ausgesprochen. Kollege Neemann zeigt noch einmal kurz die eingehende und schwierige Diskussion im Bundesvorstand zu Fragen der Steuerreform auf. Besondere Bedeutung hat das Thema inzwischen auch dadurch erhalten, daß die CDU – nach außen wirkungsvoll – eine Senkung der Steuerlast für die Arbeitnehmer zum 1.1.1974 gefordert hat.[17] Man erwartet dadurch eine mildernde Wirkung auf die Lohnforderungen der Gewerkschaften. Wenn die auch widersprüchlichen Äußerungen anderer CDU-Vertreter wie Biedenkopf und Filbinger entgegenstehen, so steckt andererseits die Bundesregierung in dem Dilemma, neben der Durchsetzung des Stabilitätsprogramms nicht gleichzeitig für Steuersenkungen eintreten zu können. Für die heutige Diskussion im Bundesvorstand war eine Entscheidung darüber vorgesehen, ob der DGB die Inkraftsetzung der Steuerreform bereits für 1975 und Lohnsteuerentlastungen schon im Laufe des Jahres 1974 fordern soll. Kollege Loderer hat nun in einem Fernschreiben für die IG Metall gefordert, dieses Thema in der heutigen Bundesvorstandssitzung nicht zu behandeln und keine Beschlüsse zu fassen. Die IG

---

15 Der Bundesausschuss der Arbeitsgemeinschaft der Jungsozialisten hatte in seiner Sitzung am 3.9.1973 die spontanen Arbeitsniederlegungen als legitime Maßnahme bezeichnet und gleichzeitig die zuständigen SPD-Gremien aufgefordert, sich auf die Seite der Arbeiter zu stellen, wenn die Gewerkschaften diesen Streik aus formalrechtlichen Gründen nicht tragen könnten. Für das SPD-Präsidium erklärte Willy Brandt in der Pressemeldung Nr. 264/73 die Juso-Stellungnahme als abträglich für die SPD und belastend für die gebotene Solidarität mit den Gewerkschaften. AdsD, SPD-PV, Bundesgeschäftsführer Holger Börner 2/PVCO000002. Zu den Streiks 1973 vgl. Redaktionskollektiv »express«: Spontane Streiks 1973 – Krise der Gewerkschaftspolitik, Offenbach/M. 1974.
16 Siehe Protokoll der Sitzung des Arbeitskreises vom 27.8.1973, DGB-Archiv, DGB-BV, Abt. Wirtschaftspolitik 5/DGAN000093.
17 In einem Interview mit dem »Handelsblatt« vom 14.8.1973 sprach sich der CDU-Bundestagsabgeordnete Albert Leicht aufgrund der Steuereinnahmen für Steuersenkungen zum 1.1.1974 aus. Vgl. AdsD, SPD-Bundestagsfraktion, VII. Wahlperiode, 2/BTFG002842.

Dokument 87   4. September 1973

Metall möchte ihre Forderungen im richtigen Zeitpunkt vortragen, d. h. unter Umständen tarifpolitische mit steuerpolitischen Forderungen verbinden. Kollege Neemann ist der Meinung, daß darüber diskutiert werden muß, weil es der Sache sicher nicht dienlich wäre, wenn jede Gewerkschaft für sich allein Forderungen vorträgt.

UNTERBRECHUNG DER SITZUNG: 12.00 UHR

GESPRÄCH MIT DEM BUNDESWIRTSCHAFTSMINISTER DR. FRIDERICHS

Kollege *Vetter* unterbricht die Sitzung und begrüßt Bundeswirtschaftsminister Dr. Friderichs, die Staatssekretäre Dr. Rohwedder und Dr. Schlecht sowie Ministerialdirektor. Dr. Tietmeyer[18] im Namen des Bundesvorstandes.[19] Kollege Vetter erklärt, daß es nach der soeben geführten Diskussion über wirtschaftspolitische Fragen für die Mitglieder des Bundesvorstandes von großem Interesse sein wird, die Auffassung der Bundesregierung zur gegenwärtigen Situation zu hören.

Bundeswirtschaftsminister *Dr. Friderichs* dankt für die Möglichkeit einer offenen Aussprache mit den Führungsgremien des DGB. Er versichert vorab sein und der Bundesregierung Verständnis für die schwierige Situation der Gewerkschaften in den letzten Wochen. Dr. Friderichs geht dann auf einige Punkte wie Kartellnovelle[20], Preisbindung der 2. Hand[21], Preisauszeichnungspflicht[22] usw. ein, die zu den Forderungen des DGB gehören und inzwischen von der Bundesregierung verwirklicht worden sind. Er gibt außerdem einen kurzen Überblick über die konjunkturelle Lage. Um gemeinsam überlegen zu können, wie man das Jahr 1974 angehen sollte, seien, so fährt der Minister fort, für den heutigen Tag einige Rechenbeispiele zusammengestellt worden, die aber ausschließlich als Modelle anzusehen seien.

Diese drei Modellrechnungen (siehe Anlage) erläutert *Dr. Tietmeyer* im einzelnen.[23]

---

18 Detlev Karsten Rohwedder (1932–1991), Otto Schlecht (1925–2003), Hans Tietmeyer (geb. 1931). Ausführliche Biografische Daten siehe Munzinger Personenarchiv.
19 Einladungsschreiben an den Bundeswirtschaftsminister Hans Friderichs vom 13.8.1973. Auf der 43. GBV-Sitzung am 16.7.1973 informierte Vetter den GBV über das geplante Gespräch am 4.9.1973. Vgl. DGB-Archiv, DGB-BV, Abt. Vorsitzender 5/DGAI000212.
20 Zur Kartellrechtsnovelle (Bundestagsdrucksache VI/2520) vgl. Dok. 90, Fußnote 5.
21 Die vertikale Preisbindung, auch Preisbindung der zweiten Hand genannt, wurde durch die Verabschiedung der Kartellrechtsnovelle (Bundestagsdrucksache VI/2520) in der 42. Sitzung des Deutschen Bundestages am 14.6.1973 verboten. Vgl. Verhandlungen des Deutschen Bundestages, 7. Wahlperiode, Bd. 83, S. 2307 ff. Siehe auch: Dok. 90, Fußnote 5.
22 Die Preisauszeichnungsverordnung (PR Nr. 3/73, BGBl. I, 24.5.1973, Nr. 38) trat am 1. Juli 1973 in Kraft. Die Verordnung sollte eine sachlich zutreffende und vollständige Verbraucherinformation sowie Preiswahrheit und Preisklarheit gewährleisten und die Preisvergleichsmöglichkeiten der Verbraucher gegenüber Handel und Gewerbe stärken und den Wettbewerb fördern.
23 Die 3 Arbeitshypothesen zur staatlichen Konjunkturpolitik und der Tarifpolitik sind: 1. »Die staatliche Konjunkturpolitik wird sofort schrittweise gelockert. Tarifabschlüsse von 12½ % (zusätzlich kostenneutrale Vorabanhebung im Umfang der in den letzten Monaten vereinbarten außertariflichen Zulagen). 2. Die staatliche Konjunkturpolitik bleibt vorerst restriktiv; damit werden die Spielräume für Preiserhöhungen der Unternehmen zunehmend eingeengt.

4. September 1973 **Dokument 87**

An der nachfolgenden Diskussion beteiligen sich von Seiten des DGB die Kollegen *Vetter, Hauenschild, Rothe, Leermann, Seibert, Clauss, Frister, Buschmann, Sperner, Gelhorn, van Haaren, Wagner* und *Drescher*. Dabei werden die einzelnen Modellrechnungen und die sich daraus ergebenden Konsequenzen angesprochen. Die Frage der Preisentwicklung und -Gestaltung, auch von Export- und Importgütern und in Zusammenhang mit der Verhaltensweise multinationaler Konzerne, wird diskutiert; ebenso das Thema Steuerreform und einzelne, nach Meinung des DGB im Interesse der Arbeitnehmer vorzuziehende Maßnahmen wie Erhöhung des Freibetrages, des Weihnachtsfreibetrages usw. Probleme der Konzentration in einzelnen Wirtschaftsbereichen und ihre Auswirkungen auf die Beschäftigten werden angesprochen und die Frage nach der Veröffentlichung von Orientierungsdaten gestellt. Es wird außerdem angeregt, aus sachlichen wie aus personellen Gründen die für den 25.9.1973 vorgesehene Sitzung der Konzertierten Aktion zu verlegen. Die Kollegen sind der Meinung, daß sich bei einer Fortsetzung der Preisentwicklung oder einer nur geringfügigen Dämpfung des Preisanstiegs und gleichzeitigem Ausbleiben von Steuererleichterungen für die Arbeitnehmer die bevorstehenden Tarifverhandlungen äußerst schwierig gestalten werden. Man hält es für unrealistisch, das vom Bundeswirtschaftsministerium für die wirtschaftliche Entwicklung im kommenden Jahr als günstigstes angesehene Modell 3 durchzusetzen.

An der Diskussion von Seiten des Bundeswirtschaftsministeriums beteiligen sich Minister *Dr. Friderichs*, Staatssekretär *Dr. Schlecht* und *Dr. Tietmeyer*. Sie erläutern in Beantwortung der gestellten Fragen einzelne Punkte der Modellrechnungen. Bei diesen Modellen ist man bewußt nicht von steuerlichen Veränderungen ausgegangen. Die Bundesregierung sieht das Problem zwar, ist aber der Meinung, daß in der derzeitigen konjunkturpolitischen Lage höchstens Teile der Steuerreform vorgezogen werden können. Gespräche darüber werden geführt. Orientierungsdaten sollen nicht herausgegeben werden. Abschließend regt der Minister an, daß DGB und Bundeswirtschaftsministerium auf dem Gebiet der Verbraucherpolitik zusammenarbeiten. Er bietet auch materielle Unterstützung seines Hauses an und bittet um Abstimmung der beiderseitigen Aktivitäten.

Kollege *Vetter* dankt Dr. Friderichs und seinen Mitarbeitern für die offene Aussprache. Es wird festgelegt, daß Einzelheiten über das Gespräch nicht veröffentlicht werden.

MITTAGSPAUSE: 14.00 BIS 15.15 UHR

Tarifabschlüsse von 12 ½% (zusätzlich kostenneutrale Vorabanhebung...w. o.). 3. Die staatliche Konjunkturpolitik bleibt vorerst restriktiv (Steuereinnahmen gelten bis Mitte des Jahre 1974); damit werden die Spielräume für Preiserhöhungen der Unternehmen zunehmend eingeengt. Tarifabschlüsse von nicht über 10% (zusätzlich kostenneutrale Vorabanhebung... w. o.)«. Arbeitspapier des Bundesministeriums für Wirtschaft zu den gesamtwirtschaftlichen Perspektiven 1973/74 vom 29.8.1973, S. 3, in: DGB-Archiv, DGB-BV, Abt. Vorsitzender 5/DGAI000480.

Dokument 87 4. September 1973

Kollege *Vetter* kommt auf das Angebot von Minister Friderichs zurück, gemeinsam zur Aufklärung und im Interesse der Verbraucher tätig zu werden. Er umreißt kurz den Inhalt einer Erklärung zu diesem Thema, die dem Bundesausschuß morgen zur Verabschiedung vorgelegt werden könnte. Der Entwurf einer solchen Erklärung soll später vom Bundesvorstand beraten werden.

Kollege *Michels* begrüßt diese Initiative, hält es aber trotzdem für notwendig, daß die Abteilung Wirtschaftspolitik besonders krasse Beispiele der Preiserhöhung und -Entwicklung als Material zur Verfügung stellt.

Kollege *Vietheer* bittet, zu beachten, daß man Kritik an Handelsspannen nicht generell ausspricht, sondern dabei differenziert.

Kollege *Vetter* erwähnt in diesem Zusammenhang den Gesprächswunsch des Präsidenten der Hauptgemeinschaft des Deutschen Einzelhandels.[24] Der Bundesvorstand hat gegen ein solches Gespräch keine Einwände.

Kollege *Frister* hält es nach dem Gespräch mit dem Bundeswirtschaftsminister für eindeutig, daß die Preisentwicklung nicht in erster Linie auf die Nachfrage zurückgeht, sondern darauf, daß marktbeherrschende Unternehmen die Preise bestimmen. Um das nachweisen zu können, müßte detailliertes Material zur Verfügung gestellt werden.

Kollege *Heiß* berichtet, daß für das erste Halbjahr 1973 eine Erhöhung der Tariflöhne und -Gehälter um 9,5% (effektiv 11,0%) zu verzeichnen ist.[25]

Kollege *Kluncker* betrachtet für seine Organisation den DGB-Bundesvorstand nicht als Clearingstelle für Tariffragen. Er kann nur Informationsstelle sein. Wer glaubt, das Ergebnis von Tarifverträgen aus Formeln ableiten zu können, geht an den Realitäten vorbei. Wenn nicht zu Anfang des Jahres die Gefahr bestanden hätte, in einen Loyalitätskonflikt mit einer Regierung zu kommen, die wir selbst gewollt haben, hätten wir uns schon damals anders verhalten.[26] Die Lage hat sich verändert. Außertarifliche Regelungen können bei uns nicht getroffen werden, weil wir durch Gesetz gebunden sind. Solange man nicht weiß, wie die Verhandlungen bei der IG Metall ausgegangen sind, sollte man Zahlenspiele unterlassen. Kollege Kluncker bittet darum, hinsichtlich der Preisaktivitäten keine Beschlüsse zu fassen, die über die der Juli-Sitzung des Bundesvorstandes hinausgehen.

---

24 Ein Gespräch mit Friedrich Gottlieb Conzen ist nicht überliefert. Möglicherweise fand dieses Gespräch am 25.9.1973 statt, da beide an der 29. Sitzung der Konzertierten Aktion teilnahmen. Siehe Protokoll der Sitzung, in: DGB-Archiv, DGB-BV, Sekretariat Martin Heiß 5/DGCS000148.
25 Vgl. die durchschnittliche Tariferhöhung im Tarifbericht 1973, Fußnote 26 in diesem Dokument.
26 Die durchschnittlichen Tarifabschlüsse im ersten Halbjahr 1973 sahen Erhöhungen von 8,4% vor, womit die Gewerkschaften einen Beitrag zur Stabilitätspolitik der Bundesregierung zu liefern meinten. Die erhöhten Tarifgehälter wurden jedoch durch den Preisauftrieb schnell entwertet. Vgl. Tarifbericht für das erste Halbjahr 1973, DGB-Archiv, DGB-BV, Abt. Tarifpolitik 5/DGAY000013, siehe auch: ND, 3.9.1973, Nr. 267.

Kollege *Vetter* ist der Meinung, daß der DGB durchaus nicht Clearingstelle sein muß, daß aber die Diskussionen des heutigen Tages doch den Nutzen hatten, die Auffassung der Regierung genauer kennenzulernen. Unabhängig von der Grundsatzdiskussion ergebe sich außerdem die Möglichkeit und die Notwendigkeit für den Bundesvorstand, einen Beschluß hinsichtlich der Verbraucherpolitik zu fassen.

Kollege *Gelhorn* hält es bei der Unterschiedlichkeit der Probleme der einzelnen Gewerkschaften auch für ausgeschlossen, die Tarifpolitik gemeinsam abzustimmen. Ein solcher Versuch ist aber nach seiner Auffassung auch gar nicht unternommen worden. Wir wollten uns über den Stand der Wirtschaft und mögliche Entwicklungen in den nächsten Monaten informieren und gemeinsam den Versuch einer Analyse machen. Das ist richtig und notwendig.

Kollege *Hauenschild* ist der Ansicht, daß neben den Aktivitäten zur Verbraucheraufklärung nicht vergessen werden sollte, unsere bereits mehrfach erhobenen Forderungen an die Bundesregierung erneut vorzutragen. Wir müssen nach wie vor an ihnen festhalten. Er regt an, daß WSI und Abteilung Wirtschaftspolitik die von den Vertretern des Bundeswirtschaftsministeriums vorgetragenen Modelle analytisch nachvollziehen, um zu überprüfen, bei welcher Lohnpolitik welche Reaktion, insbesondere im Hinblick auf die Arbeitsplatzfrage, eintreten könnte.

Angesichts der Bedeutung, die ein Tarifabschluß der IG Metall für alle haben würde, schlägt Kollege *Vetter* vor, dies der IG Metall in einem Fernschreiben des Bundesvorstandes deutlich zu machen.[27]

Nach Meinung von Kollegen *Buschmann* sollten wir einmal ernsthaft diskutieren, wie unsere Politik in der Zukunft aussehen soll. Der DGB ist s.E. dafür da, Akzente für uns alle zu setzen. Kollege Buschmann geht dann noch kurz auf die außenhandelspolitischen Maßnahmen im Rahmen des Stabilitätsprogramms der Bundesregierung ein, die beispielsweise für seinen Bereich ein Minimum an Preisstabilität, dafür aber den Verlust von vielen tausend Arbeitsplätzen mit sich bringen.[28] Eine solche Politik zu Lasten der Beschäftigten kann nicht widerspruchslos hingenommen werden. Aber nicht eine Gewerkschaft allein soll in diese Auseinandersetzung gehen, sondern der DGB soll sich solidarisch erklären.

Kollege *Sperner* weist darauf hin, daß für die einzelnen Gewerkschaften unterschiedliche Schwierigkeiten auftreten würden, wenn jetzt die IG Metall zu einem Abschluß kommen sollte. Dann würde das geschehen, was wir, wie es auch Kollege Kluncker gesagt hat, nicht wollen, daß Daten für alle gesetzt

---

27 Vgl. DGB: Solidarität mit der IG Metall, in: ND, 6.9.1973, Nr. 275.
28 In einem offenen Brief an die Bundestagsabgeordneten hatte die GTB auf ein erhöhtes Beschäftigungsrisiko hingewiesen, welches durch die Importerleichterungen für Textilien im Rahmen des Stabilitätsprogramms entstanden sei. Durch diese zusätzlichen Einfuhren würden fast 9.000 Arbeitsplätze in der Textil- und Bekleidungsindustrie ersetzt. Vgl. GTB-Geschäftsbericht 1971-1973, S. 85 ff. sowie Textilgewerkschaft: Gefahr durch Import, in: FAZ, 28.8.1973.

Dokument 87   4. September 1973

werden in der Tarifpolitik. Kollege Sperner geht kurz auf die besonderen Schwierigkeiten in seinem Bereich durch die Konkurse in der Bauindustrie ein.[29] Er hält es für wichtig, daß der DGB eine Politik entwickelt neben der globalen Mitbestimmung, die die Arbeitnehmer in Gewerbezweigen erreicht, wo wir noch Mitglieder für unsere Organisation gewinnen können. Daran mangelt es noch. In der Zusammenarbeit mit den Verbraucherverbänden, die Kollege Sperner für nützlich und nötig hält, sollten wir darauf achten, daß wir unsere Politik mit deren Hilfe und nicht umgekehrt betreiben.

Kollege *Kluncker* bedauert, daß für die Diskussion der angesprochenen Probleme nicht mehr Zeit zur Verfügung steht. Hinsichtlich der Preissituation sieht er eine Kontinuität der Linie von Juli und September und keine Meinungsverschiedenheiten im Hinblick auf die von Kollegen Neemann gemachten Vorschläge. Anders ist es mit den Modelltheorien des Bundeswirtschaftsministers. Sie bringen keine Veränderung des Verteilungsmechanismus. Wir werden immer wieder mit denselben Argumenten konfrontiert, wie u. a. der Überbetonung der Lohnpolitik als Ursache für Preissteigerungen. Für Kollegen Kluncker ist Lohn-, Einkommens- und Gesellschaftspolitik eine Sache. Gegenüber den Modellen des Ministers und uns sind durch das Grundsatzprogramm des DGB Trennungsstriche gezogen.[30] Eine Übereinstimmung ist nicht möglich. Kollege Kluncker ist entgegen Kollegen Vetter der Auffassung, daß der IG Metall kein Telegramm geschickt werden sollte, um die Situation nicht zu erschweren. Man könnte höchstens eine Solidaritätserklärung abgeben. Im übrigen ist er ebenfalls davon überzeugt, daß ein jetzt getätigter Abschluß bei IG Metall über deren Bereich hinaus Auswirkungen haben wird.

Kollege *Gelhorn* sieht die Situation anders als Kollege Kluncker. Was der Bundesminister vorgetragen hat, muß im Interesse der Mitglieder abgewogen werden. Es gibt keine Entscheidungen zwischen den Modellen 1, 2 oder 3. Nach Auffassung von Kollegen Gelhorn war es eine wichtige Zusammenkunft, die auch für die tarifpolitischen Entscheidungen wichtige Hinweise gegeben hat. Kollege Gelhorn regt an, die Aussagen des Bundesministers und seiner Begleitung zu überprüfen.

Kollege *Rothe* glaubt, daß die tarifpolitischen Entscheidungen, wie sie getroffen werden, nur dem Augenblick gerecht werden können. Eine Zurückhaltung in der Tarifpolitik ist nicht zuletzt dadurch unzumutbar, weil die Mitglieder das nicht mitmachen, sondern andere Wege suchen würden, um die Forderungen durchzusetzen. Wenn es gelingt, entsprechende Tariferhöhungen, die den Arbeitnehmern gerecht werden, durchzusetzen, wirkt sich das auf die Preise aus. Dann gibt es also keine Stabilität.

---

29 Die Konkurse im Baugewerbe stiegen von 11,9 % (1972) auf 18 % (1974). Vgl. BSE-Geschäftsbericht 1972–1974, S. 49 sowie Interview Sperners mit der »NRZ« vom 17.8.1973: »Lohn künftig bei Pleiten sichern«. Siehe auch: Gewerkschaften drängen: Lohnschutz bei Pleiten, in: pro mitbestimmung, November 1973, Nr. 17, sowie Rudolf Sperner: Mehr Sicherheit bei Konkursen, in: Die Quelle 24, 1973, Heft 10, S. 399 f. und DGB fordert grundlegende Änderung der Konkursordnung, in: ND, 4.9.1973, Nr. 269.
30 Kluncker bezog sich darauf, dass die drei vorgestellten Modelle im Widerspruch zu den wirtschaftspolitischen Grundsätzen des Grundsatzprogramms von 1963 standen. Vgl. Protokoll 2. Außerordentlicher Bundeskongreß 1963, S. 454 ff.

Kollege *Vetter* schlägt ebenfalls vor, die hier vorgetragenen Aussagen durch die Abteilung Wirtschaftspolitik analysieren und in der nächsten Sitzung kurz darstellen zu lassen.

Der Bundesvorstand ist mit einer Überprüfung durch die Abteilung Wirtschaftspolitik einverstanden.

Kollege Neemann erinnert an seine morgens vorgetragenen sieben Punkte und bittet um Beschlußfassung.

Beschluß:

Der Bundesvorstand beschließt, folgende Maßnahmen durchzuführen:
1. Brief an den Bundeskanzler[31]
2. Abdruck eines entsprechenden Artikels in der Ausgabe Pro Nr. 16 (Erscheinungsdatum 1.10.1973)
3. Behandlung des Themas im monatlichen Materndienst für regionale Tageszeitungen sowie

Einschaltung eines besonderen PR-Artikels

4. Behandlung des Themas im neuen vom Geschäftsführenden Bundesvorstand beschlossenen »Aushangdienst für Schaukästen«. Dieser Dienst soll im Laufe des Jahres noch dreimal erscheinen.
5. Herausgabe einer Information im Rahmen des neuen info-Blatt-Systems
6. Anfertigung einer Rededisposition für Funktionäre
7. Einflußnahme und Abstimmung mit den Verbraucherverbänden

Kollege *Muhr* geht auf den Einwurf des Kollegen Sperner ein, daß die Gewerkschaften die Beitragssteigerung in der Sozialversicherung nicht im gleichen Zuge mit den anderen Steuererhöhungen betrachten. Es kann aber schon morgen passieren, daß das Bundeskabinett den Beschluß faßt, einen Teil des Überschusses aus der Beitragserhöhung der Sozialversicherung wieder in den Haushalt einzusetzen. In diesem Augenblick wäre es richtiger, zu sagen, sie sollen den Beitrag senken, wenn er nicht voll gebraucht wird.

Kollege *Vetter* regt an, den Bundesfinanzminister nach dem Stand dieser Angelegenheit zu befragen und ihm unsere Meinung mitzuteilen.

Kollege *Neemann* weist auf seinen Diskussionsbeitrag zur Steuerpolitik von heute Vormittag hin und empfiehlt dem Bundesvorstand, heute keinen Beschluß zu fassen.

Der Bundesvorstand stellt die Beratung steuerpolitischer Fragen zurück.

Kollege *Vetter* geht zu den Mitbestimmungsaktivitäten über und weist auf die Vorlage vom 26.6.1973 hin, der bereits in der letzten Bundesvorstands-

---

31 In dem 5-seitigen Brief von Heinz O. Vetter vom 21.9.1973 zur Mitbestimmungsfrage wurde insbesondere der Standpunkt des DGB zu den leitenden Angestellten dargestellt. Eine Kopie des Briefes erhielten Arbeitsminister Walter Arendt und der SPD-Parteivorstand. Vgl. AdsD, IG Metall Archiv, Abt. Grundsatzfragen/Mitbestimmung, Koalitionsentwurf 1974 zur Mitbestimmung 5/IGMA090908.

Dokument 87 4. September 1973

sitzung im Grundsatz zugestimmt wurde. Jetzt muß geklärt werden, ob der DGB zu Kompromissen in der Frage der Leitenden Angestellten bereit ist oder bei seinem Standpunkt der Ablehnung einer Sondervertretung bleibt. Am 13.9.1973 werden sich erneut die Koalitionsexperten zum Thema Mitbestimmung treffen. Kollege Vetter läßt den Entwurf einer Presseerklärung zur Mitbestimmung, die in der morgigen Sitzung des Bundesausschusses verabschiedet werden soll, verteilen.[32]

[In der anschließenden Diskussion wird eine Sondervertretung der Leitenden Angestellten abgelehnt und der Entwurf der Presseerklärung diskutiert und verabschiedet. Falls die Koalitionsverhandlungen und ein Spitzengespräch mit der FDP zur Mitbestimmung nicht zu den vom DGB gewünschten Ergebnissen führen, soll der Bundeskanzler ersucht werden, eine Delegation des DGB-Bundesvorstandes zu empfangen.]

4. JAHRESRECHNUNG 1972

[Die Jahresrechnung wird zustimmend zur Kenntnis genommen und dem Bundesausschuss ebenfalls zur Kenntnisnahme empfohlen.]

5. GEHALTSREGELUNG FÜR DGB-BESCHÄFTIGTE

Kollege *Lappas* berichtet, daß die Verhandlungen der Kommissionen des Geschäftsführenden Bundesvorstandes und des Gesamtbetriebsrates am Freitagnachmittag gescheitert sind. Der GBR beharrt auf seine Forderung nach 15%iger Gehaltserhöhung ab 1.10.1973 sowie einer Teuerungszulage von je DM 150,-- für die Monate Juli bis September. Dem steht das Angebot des GBV gegenüber, die Gehälter um 10% ab 1.10.1973 zu erhöhen. Ferner wird angeboten, alle Kreisvorsitzenden nach Gruppe 9 umzugruppieren sowie weitere strukturelle Verbesserungen vorzunehmen, die im Laufe des Jahres 1974 zu verschiedenen Zeitpunkten in Kraft treten sollten. Da die Verhandlungen gescheitert sind, muß eine Einigungsstelle geschaffen werden. Der GBR schlägt als Vorsitzenden den Kollegen Werner Vitt, im Verhinderungsfalle Günter Volkmar, vor. Diese Einigungsstelle kann nur einen Beschlußvorschlag an den Bundesausschuß unterbreiten. Kollege Lappas bittet den Bundesvorstand, seinen Bericht zur Kenntnis zu nehmen und damit einverstanden zu sein, daß der GBV die personelle Besetzung der Einigungsstelle, der nach Möglichkeit der Kollege Vater als Vorsitzender der Haushaltskommission angehören sollte, vornehmen kann. Ggf. müßte für die Monate Oktober bis Dezember eine Übergangslösung gefunden werden, da der Bun-

---

32 Die Tischvorlage der Presseerklärung lautete: »Der DGB begrüßt es, daß die Mitbestimmung nach dem übereinstimmenden Willen beider Regierungsparteien auf der Grundlage der Gleichberechtigung von Arbeitnehmern und Anteilseignern verwirklicht werden soll. Zu den in den letzten Tagen verbreiteten Gerüchten über einen angeblichen Mitbestimmungskompromiß zwischen den beiden Regierungsparteien erklärt der DGB, daß die Haltung der Gewerkschaften unverändert feststeht. Eine Sondervertretung leitender Angestellter lehnen die Gewerkschaften ab. Der DGB warnt vor Kompromissen, die das Vertrauen der Arbeitnehmer in die Bundesregierung erschüttern und Unruhe in die Belegschaft tragen würden«. DGB-Archiv, DGB-BV, Abt. Vorsitzender 5/DGAI000480.

desausschuß erst im Dezember wieder tagt. Der GBR wäre mit einer solchen Übergangslösung einverstanden.

[Im Folgenden weist Kluncker auf die Sitzung der Haushaltskommission hin, in der man sich gegen eine Abschlagszahlung ausgesprochen hatte, damit die Höhe des Abschlages nicht als zusätzlicher Teuerungszuschlag umfunktioniert werden kann. Anschließend wird der Bericht zur Kenntnis genommen und der GBV beauftragt, die Besetzung der Einigungsstelle in seiner nächsten Sitzung vorzunehmen. Dem Bundesausschuss wird empfohlen, den GBV zu ermächtigen, auf Antrag des GBR eine 10%ige Abschlagszahlung pro Monat bis zur Beschlussfassung durch den Bundesausschuss vorzunehmen.]

6. BERICHT ÜBER DIE EUROPÄISCHE UND INTERNATIONALE GEWERKSCHAFTSLAGE

Der Bundesvorstand ist damit einverstanden, daß Kollege Vetter in der morgigen Sitzung des Bundesausschusses über die europäische und internationale Gewerkschaftslage berichtet.

7. NEUE HEIMAT

Kollege *Vetter* weist auf die vorliegende Unterlage und die morgige Beratung im Bundesausschuß hin. Er teilt mit, daß der Vorstand der Neuen Heimat heute noch einmal tagt und morgen weiteres Hintergrundmaterial verteilen wird.[33] Falls die Diskussion morgen nicht zu Ende geführt werden kann, soll der Punkt auf die Dezember-Sitzung vertagt werden. Kollege Vetter wird den Bundesausschuß bitten, die Diskussion auf Tonband aufnehmen zu dürfen.[34]

8. NOVELLIERUNG DES TARIFVERTRAGSGESETZES
(ANTRAG 180[35] DES 9. ORDENTLICHEN BUNDESKONGRESSES)

Kollege *Muhr* verweist auf die dem Bundesvorstand übermittelte ausführliche Darstellung zur Sache im Schreiben vom 14.8.1973 an Kollegen Sperner, aus dem sich die bisher getroffenen Maßnahmen ergeben.[36] Der Bundesvorstand

---

33 Neben einer 10-seitigen systematischen Übersicht der Anregungen, Fragen und Bemerkungen aus Briefen der Bundesausschussmitglieder war der Entwurf einer Einleitungsrede Vetters für die Bundesausschusssitzung am 5.9.1973 zum Thema »NEUE HEIMAT« beigefügt. DGB-Archiv, DGB-BV, Abt. Vorsitzender 5/DGAI000480.
34 In der Bundesausschusssitzung wurde beschlossen, ein Ergebnisprotokoll zu dem Tagesordnungspunkt »Neue Heimat« anzufertigen. Das 22-seitige »Ergebnisprotokoll« sowie eine Zusammenfassung der Diskussionsbeiträge wurden als Anlage dem Protokoll beigefügt. Vgl. DGB-Archiv, DGB-BV, Abt. Vorsitzender 5/DGAI000413.
35 Der Antrag »Sicherung des Grundrechts der Koalitionsfreiheit« wurde von der HBV gestellt. Darin wurde gefordert: »1. eine Neuformulierung der Arbeitskampfrichtlinien des DGB, 2. Ein gesetzliches Verbot der Aussperrung und 3. Eine gesetzliche Regelung der Zulässigkeit von Differenzierungsklauseln, Effektiv- und Verdienstsicherungsklauseln in Tarifverträgen«. Protokoll 9. Bundeskongreß, Teil: Anträge und Entschließungen, S. 149 f.
36 In dem 4-seitigen Schreiben Muhrs wurden neben dem Sachstandsbericht die Vorschläge der Abt. Arbeitsrecht zur Änderung des § 1 Tarifvertragsgesetz (Inhalt und Form des Tarifvertrages) beigefügt. DGB-Archiv, DGB-BV, Abt. Vorsitzender 57DGAI000480.

müßte heute darüber befinden, ob sofort mit Öffentlichkeitsaktionen begonnen werden soll – die dann aber mit den Aktionen zu Preisen und Mitbestimmung kollidieren könnten –, oder ob zunächst noch einmal FDP und CDU zu Gesprächen aufgefordert werden sollten. Das Ergebnis dieser Gespräche könnte in der nächsten Bundesvorstandssitzung vorgetragen und entsprechende Vorschläge für die weitere Behandlung der Angelegenheit gemacht werden. Der Geschäftsführende Bundesvorstand empfehle letzteres.

Kollege *Kluncker* bezieht sich auf ein Urteil des Arbeitsgerichts Stuttgart und gibt zu bedenken, daß auch eine Änderung des Streikrechts nötig sei.

Kollege *Muhr* erläutert, daß aus taktischen Gründen Arbeitskampffragen, wie auch das Verbot der Aussperrung, im Augenblick in die Aktivitäten nicht einbezogen sind. Es bestünde sonst die Gefahr, auch in der einen Sache nicht weiterzukommen, wenn die anderen Dinge gleichzeitig mit hineingenommen werden.

Kollege *Buschmann* erklärt sich mit dem geplanten Vorgehen einverstanden.

Kollege *Vetter* stellt abschließend die Zustimmung des Bundesvorstandes fest, dem Vorschlag des GBV folgend in der nächsten Bundesvorstandssitzung über die Ergebnisse der zwischenzeitlichen Aktivitäten zu berichten und Vorschläge für das weitere Vorgehen vorzulegen.

9. Bestätigung von Landesbezirksvorstandsmitgliedern

[Der Bundesvorstand empfiehlt dem Bundesausschuss die Kollegen Adolf Fabry und Adolf Kapfer (beide IGBE) als Mitglieder des LBV Bayern; Heinz Wolf (ÖTV), Gerhard Pohl (GdED), Dieter Hoge und Horst Kynast (beide GHK) als Mitglieder des LBV Hessen; Otto vom Steeg (IGM) und Heinz Wolf (DruPa) als Mitglieder des LBV Nordmark; Horst Kynast und Erwin Bernert (beide GHK) sowie Helmut Breiden (GGLF) als Mitglieder des LBV Rheinland-Pfalz zu bestätigen.[37]]

Zu TOP 3.

[*Vetter* verliest ein Telegramm des SPD-Vorstandes als Antwort auf die Juso-Erklärung zu den »wilden« Streiks und den Entwurf einer Presseerklärung zu Verbraucherfragen, welche für die Bundesausschussberatung noch einmal überarbeitet werden soll.[38]]

10. 10. Ordentlicher Bundeskongress des DGB 1975

Der Bundesvorstand stellt die Beratung bis zur nächsten Sitzung zurück.

Ende der Sitzung: 18.20 Uhr

---

37 Der Bundesausschuss bestätigte die Wahl in seiner 5. Sitzung am 5.9.1973. Vgl. DGB-Archiv, DGB-BV, Abt. Vorsitzender 5/DGAI000445.
38 Zum SPD-Telegramm siehe Fußnote 15 in diesem Dokument und Pressemeldung: DGB intensiviert Verbraucherinformationen, in: ND, 6.9.1973, Nr. 276.

Dokument 88

1. bis 3. Oktober 1973: Beschlussprotokoll der Klausurtagung des Bundesvorstandes

Hotel Gravenbruch in Neu Isenburg; Vorsitz: Heinz O. Vetter; Protokollführung: Isolde Funke, Marianne Jeratsch; Sitzungsdauer: 1. Oktober: 10.00 bis 3. Oktober: 13.25 Uhr; ms. vermerkt: »Vertraulich«.[1]

Ms., hekt., 6 S., 1 Anlage.[2]

DGB-Archiv, 5/DGAI000537.

Beginn der Sitzung: 1.10.1973, 10.00 Uhr

Tagesordnung:
1. Auftrag des Bundesausschusses, hier: Anregung der Haushaltskommission
2. Gewerkschaftspresse – speziell Jugendmagazin 'ran
3. Probleme des politischen Extremismus
4. Arbeitsprogramm des DGB-Bundesvorstandes, hier: Behandlung der gesellschaftspolitischen Anträge des DGB-Bundeskongresses Berlin 1972
5. Prognose des WSI
6. Mitbestimmung
7. Lage und Politik der Bank für Gemeinwirtschaft

1. AUFTRAG DES BUNDESAUSSCHUSSES,
hier: Anregung der Haushaltskommission

1.1. Die organisatorische Struktur des DGB und seiner Gewerkschaften und damit seine Personalstruktur einschl. Lösungen für die Gewerkschaften GLF und Kunst.[3]

1.1.1. Der Bundesvorstand nimmt den Bericht zur Reform der Verwaltungsstruktur des DGB zur Kenntnis.
Er beauftragt den Geschäftsführenden Bundesvorstand, das Modell einer Reform des DGB und der ihm angeschlossenen Gewerkschaften auszuarbeiten. Dies bedeutet u. a., eine eingehende Strukturanalyse der DGB-Organisation vorzunehmen und zu überprüfen, welche organisatorischen und personellen

---

1 Einladungsschreiben vom 11.9.1973. Nicht anwesend: Peter Michels (vertreten durch Bert Hartig). DGB-Archiv, DGB-BV, Abt. Vorsitzender 5/DGAI000480.
2 Anlage: Anwesenheitsliste.
3 Mit Schreiben vom 7.9.1973 verschickte Franz Woschech als Beratungsunterlagen: 1. Die organisatorische Struktur des DGB und seiner Gewerkschaften und damit seine Personalstruktur einschließlich Lösungen für die Gewerkschaften GLF und Kunst, 2. EDV-Planung für DGB und Gewerkschaften und 3. Verhältnis DGB zur DAG (Diskussionsunterlage). In einem Schreiben vom 24.9.1973 wurden als ergänzende Unterlagen hinzugefügt: 1. Zusammenlegungen von DGB-Kreisen in den Landesbezirken Bayern und Nordmark und 2. Satzungsentwurf der Gewerkschaft Kunst und Medien. DGB-Archiv, DGB-BV, Abt. Vorsitzender 5/DGAI000480.

Dokument 88 1. bis 3. Oktober 1973

Veränderungen im Sinne einer stärkeren Rationalisierung durchgeführt werden können.

Außerdem wird festgelegt:

- Der Geschäftsführende Bundesvorstand soll einen Stellenplan für alle DGB-Bereiche erstellen und dem Bundesvorstand zur Beschlußfassung vorlegen.
- Der Geschäftsführende Bundesvorstand soll dem Bundesvorstand ergänzend berichten, in welchem Umfang Beschäftigte des DGB von dritter Seite finanziert werden, wer diese dritte Seite ist und wo die Beschäftigten eingesetzt werden.
- Der Geschäftsführende Bundesvorstand soll Richtlinien gemäß § 9 Ziffer 5 Buchstabe f)[4] überprüfen und dem Bundesvorstand zur Weiterleitung an den Bundesausschuß vorlegen.
- Der Geschäftsführende Bundesvorstand soll entsprechend der Diskussion vom 6. März 1973 (Bundesvorstandssitzung)[5] eine Vorlage über Rahmenrichtlinien der Personengruppen erstellen und dem Bundesvorstand zur Beschlussfassung vorlegen.

1.1.2. Der Bundesvorstand beauftragt den Geschäftsführenden Bundesvorstand, die in der Vorlage enthaltenen Vorschläge zur Errichtung gemeinsamer Verwaltungseinrichtungen für den Bund und die Gewerkschaften in Abstimmung mit den Geschäftsführenden Vorständen der Gewerkschaften weiter zu verfolgen und zu gegebener Zeit detaillierte Entscheidungsvorschläge zu unterbreiten.

Nach Möglichkeit sollen die ersten Arbeitsergebnisse zu 1.1.1. und 1.1.2. in der nächsten Klausurtagung des Bundesvorstandes, die voraussichtlich im Januar 1974 in einer Schule oder Begegnungsstätte des DGB oder der Gewerkschaften stattfinden soll, erörtert werden.[6]

1.1.3. Der Bundesvorstand nimmt den Bericht des Kollegen Pfeiffer über die Situation der GGLF zur Kenntnis und bejaht im Prinzip die politische Existenzberechtigung dieser Gewerkschaft.[7] Eine Entscheidung über die zukünftige Gestaltung der GGLF wird vertagt.

Der Geschäftsführende Bundesvorstand wird beauftragt, die in der Diskussion vorgetragenen Lösungsmöglichkeiten gemeinsam mit der GGLF zu überprüfen und eine Beschlußvorlage für den Bundesvorstand vorzubereiten.

---

4 In dem Satzungsparagrafen 9 wurden die Aufgaben des Bundesvorstandes festgelegt. Unter Ziffer 5 f hatte der Bundesvorstand dem Bundesausschuss Richtlinien für die Geschäftsführung der Landesbezirke und Kreise vorzulegen.
5 Vgl. Dok. 74.
6 Auf der Klausurtagung am 5./6.2.1974 wurde diese Thematik nicht behandelt, siehe Dok. 99.
7 Zwischen 1970 und 1973 verlor die GGLF 18,2 % ihrer Mitglieder. Gleichzeitig wurden die Zahlstellen um ein Drittel reduziert aufgrund des Beschäftigungsrückgangs im Organisationsbereich. Vgl. Geschäftsbericht der GGLF 1971–1973, Bereich Organisation, Werbung, Verwaltung, S. 65 ff.

1.1.4. Der Bundesvorstand nimmt den Bericht des Kollegen *Sprenger* zur Lage der Gewerkschaft Kunst zur Kenntnis.

Im Hinblick auf die von der Gewerkschaft Kunst geplante Namensänderung empfiehlt der Bundesvorstand der IG Druck und Papier und der Gewerkschaft Kunst, im Verlauf des nächsten Vierteljahres erneut den Versuch einer Einigung in Sachen »Medien« zu machen.

Der Geschäftsführende Bundesvorstand wird zu der Mitte November stattfindenden Tagung des Gewerkschaftsrates der Gewerkschaft Kunst Vertreter entsenden, die die Meinung des Bundesvorstandes zu der vorgesehenen Satzungs- bzw. Namensänderung vortragen werden.[8]

1.2. EDV-Planung für DGB und Gewerkschaften

Der Bundesvorstand nimmt den Zwischenbericht über den Einsatz der Elektronischen Datenverarbeitung (EDV) in Gewerkschaften und DGB zur Kenntnis und beauftragt die Arbeitsgruppe, ihre Arbeit in der vorgegebenen Weise fortzusetzen.

1.3. Verhältnis des DGB zur DAG

Dem Bundesvorstand soll für seine November-Sitzung ein Formulierungsvorschlag für ein Schreiben an die DAG vorgelegt werden, in dem die Eingliederung der DAG in die Gewerkschaften des DGB angeboten wird.[9]

1.4. Die Lage des Solidaritätsfonds

Der Bundesvorstand nimmt die vorgelegten Übersichten des Kollegen Lappas zur Kenntnis.[10]

In dem für die nächste Klausur zu erarbeitenden Papier zu organisatorischen und personellen Fragen (siehe auch TOP 1.1.) soll die Entwicklung des Solidaritätsfonds und seine zukünftige Verwendung mit einbezogen werden.

---

8 Die Gewerkschaft Kunst hatte am 23.10.1973 offiziell den Antrag gestellt, die Organisationsbezeichnung in »Gewerkschaft Kunst und Medien« zu ändern. Der GBV war in seiner 55. Sitzung am 29.10.1973 der Auffassung, dass dafür im Bundesvorstand eine Beratung notwendig sei, da nach der DGB-Satzung § 15,2 die Organisationsbereiche und Organisationsbezeichnungen nur in Übereinstimmung mit den betroffenen Gewerkschaften und nach Zustimmung des Bundesausschusses geändert werden können. Vgl. DGB-Archiv, DGB-BV, Abt. Vorsitzender 5/DGAI000214. Auf der Sitzung des Gewerkschaftsrates am 13./14.11.1973 in Hamburg wurde die Satzungsänderung beschlossen. Vgl. DGB-Archiv, DGB-BV, Sekretariat Günter Stephan 5/DGCU000164 sowie ND, 16.11.1973, Nr. 384.
9 Mit Schreiben vom 24.8.1973 erhielten die BV-Mitglieder von Günter Stephan eine Dokumentation zum Verhältnis DGB zur DAG seit Anfang der 1960er Jahre, zusammengestellt von der Arbeitsgruppe »DAG« des Organisationsausschusses. DGB-Archiv, DGB-BV, Abt. Vorsitzender 5/DGAI000480. Brief an die DAG vom 6.12.1973, siehe Dok. 93.
10 Dem Schreiben Lappas' vom 25.9.1973 wurden als Beratungsunterlage beigefügt: die 10-Jahres-Übersicht 1962–1971, eine Übersicht über die weitere Entwicklung im Jahre 1973 sowie eine Vorschau auf die Entwicklung des Jahres 1973.

2. GEWERKSCHAFTSPRESSE – SPEZIELL JUGENDMAGAZIN RAN

Der Bundesvorstand vertagt die Entscheidung über das Jugendmagazin ran um zwei Monate, damit die Gewerkschaften die Möglichkeit haben, in ihren Vorständen die Angelegenheit eingehend vorzuberaten.

3. PROBLEME DES POLITISCHEN EXTREMISMUS

Der Bundesvorstand des DGB hat sich erneut mit der Abgrenzung gegen politische Extremisten beschäftigt. Er stellt fest, daß die Tätigkeit für oder die Unterstützung von linksextremen Parteien, Vereinigungen oder Gruppierungen unvereinbar mit der Mitgliedschaft in einer DGB-Gewerkschaft ist.

Zu diesen linksextremen Organisationen, die eine gewerkschaftsfeindliche Aktivität entfalten, zählen beispielsweise die KPD, die KPD/ML und die von ihnen gegründete »Revolutionäre« oder »Rote Gewerkschaftsopposition«, die sogenannten Arbeiter-Basis-Gruppen sowie die anderen Gruppierungen mit gleichen oder ähnlichen Zielen.

Der DGB-Bundesvorstand fordert alle Mitgliedsgewerkschaften auf, die organisatorischen Schlußfolgerungen aus diesem Grundsatzbeschluß – erforderlichenfalls Satzungsänderungen – zu ziehen.

Bei der Veröffentlichung dieses Beschlusses soll ein Hinweis auf die bereits erfolgte Beschlußfassung zur NPD gegeben werden.[11]

4. ARBEITSPROGRAMM DES DGB-BUNDESVORSTANDES, HIER: BEHANDLUNG DER GESELLSCHAFTSPOLITISCHEN ANTRÄGE DES DGB-BUNDESKONGRESSES BERLIN 1972

Die Behandlung dieses Tagesordnungspunktes wird in der November-Sitzung des Bundesvorstandes erfolgen.

5. PROGNOSE DES WSI

Der Bundesvorstand ist damit einverstanden, daß das WSI für das laufende Jahr sowie für 1974 eine Prognose erstellt und veröffentlicht.

Der Geschäftsführende Bundesvorstand wird beauftragt, dem Bundesvorstand rechtzeitig für die November-Sitzung eine politische Stellungnahme

---

11 Der vorgelegte Beschluss wurde auf der Sitzung des Ausschusses »Politischer Extremismus« am 11.9.1973 verabschiedet. »Die Tätigkeit für oder die Unterstützung von rechts- oder linksextremen Parteien, Vereinigungen oder Gruppierungen ist mit der Mitgliedschaft in der Gewerkschaft unvereinbar. Zu diesen Organisationen gehören zur Zeit neben der NPD und anderen rechtsextremen Gruppierungen mit gleicher oder ähnlicher Zielsetzung: KPD, KPD/ML, Kommunistischer Bund und Kommunistischer Arbeiterbund, Arbeiter-Basis-Gruppen und die von ihnen gegründete Revolutionäre Gewerkschaftsopposition. Sie entfalten eine gewerkschaftsfeindliche Tätigkeit und sind gegnerische Organisationen.« Vgl. DGB-Archiv, DGB-BV, Sekretariat Karl Schwab 5/DGCQ000063. Der Bundeskongress hatte 1966 einen Beschluss über die Unvereinbarkeit der gleichzeitigen Mitgliedschaft in der NPD und einer zum DGB gehörenden Gewerkschaft gefasst, vgl. Protokoll 7. Bundeskongreß, Initiativantrag 1, S. 238 f. sowie weitere Beschlüsse, zur NPD-Frage, vgl. Entschließungen Nr. 75 und 79, in: Protokoll 8. Bundeskongreß, Teil: Anträge und Entschließungen, S. 321–328.

ohne Zahlentabelle zur Beschlußfassung vorzulegen, die insbesondere auch auf die Bundesbankpolitik und die besonderen Schwierigkeiten einiger Branchen eingehen soll.

In diesem Zusammenhang erneuert der Bundesvorstand seinen in der Juli-Sitzung gefaßten Beschluß, dass der DGB in diesem Jahr keine Zielprojektion veröffentlicht.

6. MITBESTIMMUNG

6.1. Der Bundesvorstand beschließt mit Mehrheit, die für den 16. Oktober 1973 in Aussicht genommene Großkundgebung zur Mitbestimmung nicht durchzuführen.[12]

6.2. Der Bundesvorstand ist damit einverstanden, am 10.10.1973 zu einer Sondersitzung mit dem Bundeskanzler in Bonn zusammenzukommen.[13]

7. LAGE UND POLITIK DER BANK FÜR GEMEINWIRTSCHAFT[14]

Der Bundesvorstand nimmt den Bericht des Kollegen Hesselbach zur Lage und Politik der BfG zur Kenntnis und stellt fest, daß sich die Konzeption der BfG mit dem Gemeinwirtschaftspapier des DGB deckt.[15]

7.1. Der Bundesvorstand nimmt den Bericht über die Beteiligungen der BfG zur Kenntnis.

7.1.1. Der Bundesvorstand ist damit einverstanden, daß der Beirat des Bund-Verlages um schriftliche Abstimmung über die Eingliederung der EVA in den Bund-Verlag gebeten wird.[16]

7.1.2. Der Bundesvorstand nimmt zur Kenntnis, daß die BfG die Fitting-Gießerei stilllegen wird.[17] Es werden angemessene Sozialpläne für die Beschäftigten in Zusammenarbeit mit der IG Metall und dem DGB erarbeitet werden.

---

12 Die ursprünglich vorgesehene Großkundgebung am Vorabend der SPD-Bundeskonferenz für Arbeitnehmer in Duisburg wurde abgesagt, da am anderen Tag der SPD-Vorsitzende Brandt vor der SPD-Arbeitsgemeinschaft für Arbeitnehmerfragen die Regierungskonzeption vorlegte. Die Großveranstaltung fand erst am 7. Mai 1974 in Essen statt. Vgl. 15. BV-Sitzung vom 2.4.1974 (Dok. 104).
13 Vgl. Dok. 89.
14 Mögliche Beratungsthemen wurden von Walter Hesselbach mit Schreiben vom 23.7.1973 Heinz O. Vetter mitgeteilt. Nach Telefonat zwischen Johannes Naber und Werner Schulz am 11.9.1973 wurden die endgültigen Themen festgelegt. DGB-Archiv, DGB-BV, Abt. Vorsitzender 5/DGAI000480.
15 Siehe Vorstandsbericht in: BfG-Geschäftsbericht 1973, S. 12 ff. und zum Gemeinwirtschaftspapier des DGB siehe gemeinsame Sitzung des BV mit den Vorständen der gemeinwirtschaftlichen Unternehmen am 24.5.1972, siehe Dok. 58, Fußnote 12.
16 Die Gesellschafterversammlung der Europäischen Verlagsanstalt (EVA) hatte entschieden, dass der Verlag zum 1.1.1974 in den Bund-Verlag überführt werden sollte. Vgl. Bericht Alfons Lappas' über die Gesellschafterversammlung in der 51. GBV-Sitzung am 24.9.1973, DGB-Archiv, DGB-BV, Abt. Vorsitzender 5/DGAI000213. Siehe auch: »express«, Extrablatt zur Buchmesse 1973, »Politische Liquidierung der Europäischen Verlagsanstalt.«.
17 Die BfG war über ihre Tochtergesellschaft Union Treuhand GmbH an der GG Fitting Gießereigesellschaft, Sonstra, mehrheitlich beteiligt. Vgl. BfG-Jahresbericht 1973, S. 47.

Dokument 89 10. Oktober 1973

7.1.3. Der Bundesvorstand stimmt dem Beschluß des Vorstandes der BfG zu, zur Zeit von einer Liquidation der g-u-t abzusehen und das Unternehmen unter Berücksichtigung der vorgetragenen Rationalisierungsmaßnahmen vorläufig weiterzuführen.[18]

7.2. Der Bundesvorstand ist damit einverstanden, daß zum Thema Kapitalbedarf der BfG ein kleiner Arbeitskreis gebildet wird, der unter Berücksichtigung der Diskussionsergebnisse Lösungsmöglichkeiten, insbesondere die Bildung einer Holding, überprüft und eine Beschlußvorlage erarbeitet.[19]

7.3. Der Bundesvorstand ist damit einverstanden, daß das Thema »Audiovision« im November behandelt wird.

Ende der Sitzung: 3. Oktober 1973, 13.25 Uhr

DOKUMENT 89

10. Oktober 1973: Kurzprotokoll der Mitbestimmungsdiskussion mit Bundeskanzler Willy Brandt

Bristol Hotel in Bonn; Vorsitz: Heinz O. Vetter; Protokollführung: Bernd Otto; Sitzungsdauer: 14.00–15.00 Uhr.

Ms., hekt., 3 S.

DGB-Archiv, 5/DGAI000537.

Beginn der Sitzung: 14.00 Uhr

Kollege *Vetter* begrüßt den Bundeskanzler[1] zur Aussprache mit dem DGB-Bundesvorstand und erläutert kurz die Grundposition des DGB in der Mitbestimmungsfrage. Danach ist der DGB zwar in Detailfragen durchaus flexibel, er lehnt jedoch aus grundsätzlichen gesellschaftspolitischen Überlegungen heraus eine Aufspaltung der Arbeitnehmerschaft und damit eine Sondervertretung sog. leitender Angestellter ab. Das Prinzip der Gleichberechtigung und Gleichgewichtigkeit muß Grundlage jeder künftigen Mitbestimmungsregelung sein. Gefährlich sei jede Lösung, die dem Betriebsegoismus in seinen vielfältigen Formen Vorschub leistet. Nach gewerkschaftlicher Auffassung hat sich die Montanmitbestimmung bewährt und sollte zur Grundlage einer Ausweitung der Mitbestimmung werden.

---

18 Vgl. hierzu: g-u-t Aufsichtsratssitzung vom 25.1.1974, in: DGB-Archiv, Bestand ACE, Geschäftsführung Lutz Gosepath 5/DGED000040.
19 Zur Diskussion über eine BfG-Holding siehe 17. BV-Sitzung vom 4.6.1974 (Dok. 108) sowie Erläuterungen von Walter Hesselbach zum Holdingkonzept auf der Klausurtagung des BV am 30.9./1.10.1974 (Dok. 111).
1 Neben dem Bundeskanzler nahmen Staatssekretär Karl Ravens, Ministerialdirektor Manfred Lahnstein und Referent Günter Guillaume an der Sitzung teil. DGB-Archiv, DGB-BV, 5/DGAI000481.

10. Oktober 1973 **Dokument 89**

Kollege *Loderer* erläutert die Absetzung der geplanten DGB-Mitbestimmungsgroßkundgebung[2] und betont, dass die IG Metall »nicht einen Zentimeter« von ihren Grundsätzen abweichen wird. Auf Beschluß des IG-Metall-Vorstandes seien dies u. a. das Bestellungsverfahren, die Ablehnung der Urwahl sowie eine Sondervertretung für leitende Angestellte.[3] Eine Sondergruppe leitender Angestellter sei unter Umständen zu akzeptieren, wenn es gelänge, die sog. oberen Angestellten mit Arbeitgeberfunktion oder unmittelbarer Arbeitgebernähe auszuschalten. Die in der Diskussion befindliche Idee eines Wahlmännergremiums[4] wird als bedenklich charakterisiert, es sei denn, Betriebsräte wären die Wahlmänner. Die Ablehnung eines Sonderstatus für leitende Angestellte wird mit dem Hinweis auf die damit verbundene Aufspaltung der Arbeitnehmerschaft, der Überrepräsentation einer Minderheitengruppe sowie der gefährlichen Signalwirkungen für andere Gruppen begründet.

Bundeskanzler *Brandt* dankt für die Gelegenheit zur Aussprache und erläutert die vier wichtigsten Probleme, die im Mittelpunkt der Regierungsarbeit stehen. Neben der Lösung des Mitbestimmungsproblems, das in enger Verbindung mit der Humanisierung der Arbeitswelt gesehen wird, stehen Fragen der Steuerreform inklusive der mit ihr verbundenen vermögenspolitischen Aspekte, des Bodenrechts sowie der Bildungsreform mit dem Schwerpunkt berufliche Bildung zur Diskussion. Brandt geht kurz auf den Inhalt des Schreibens von Kollegen Vetter vom 21.9.1973[5] ein und betont, daß die Mitbestimmung bisher noch im Vorfeld der Beschlußfassung stehe. Die Position seines freidemokratischen Partners, so wie sie sich nach dem Freiburger Programm darstelle[6], sei »nicht unbedenklich«, unbestritten sei jedoch die Tatsache, daß auch maßgebliche Sozialdemokraten eine andere Haltung etwa zum Wahlverfahren einnehmen als die Gewerkschaften. Einem »Dreiklassenwahlrecht« wird der Kanzler nicht zustimmen. Als eine der noch offenen

---

2 Vgl. hierzu Dok. 88, Fußnote 12.
3 In der Sitzung des geschäftsführenden Vorstandes der IG Metall am 27.8.1973 wurde die Beschlussvorlage zur Urwahl und zur Sonderstellung für leitende Angestellte diskutiert. Vgl. AdsD, IG Metall Archiv, 5/IGMA030231. Sowie Beschluss der Vorstandssitzung der IG Metall am 7.9.1973, in: Presse- und Funknachrichten der IG Metall, 11.9.1973, Nr. XXII/175. Siehe auch: Arbeitspapier der Abt. Gesellschaftspolitik vom 6.6.1973 zum Problem der Mitbestimmung und leitende Angestellte. DGB-Archiv, DGB-BV, Abt. Gesellschaftspolitik 5/DGAK000055.
4 Nach dem Mitbestimmungskompromiss der Regierungskoalition vom 19.1.1974 sollten alle Aufsichtsratsmitglieder der Arbeitnehmer, die unternehmensangehörigen Arbeitnehmer und die Vertreter der Gewerkschaften durch Wahlmänner der Arbeitnehmer des Unternehmens gewählt werden. Die Wahl des Wahlmännergremiums sollte nach dem Vorbild der Regelung im Montan-Mitbestimmungsergänzungsgesetz von 1956 gestaltet werden. Die Wahlmännerplätze von Arbeitern, Angestellten und leitenden Angestellten sollten ihrem zahlenmäßigen Verhältnis im Unternehmen entsprechen. Vgl. DGB-Archiv, DGB-BV, Abt. Gesellschaftspolitik 5/DGAK000042.
5 Siehe Dok. 87, Fußnote 31.
6 Bei den Freiburger Thesen der Liberalen war der Kernpunkt der Mitbestimmung das Aufsichtsratsmodell für Kapitalgesellschaften mit über 1500 Beschäftigten: 6 Kapitalvertreter, 4 Arbeitnehmer und 2 Leitende Angestellte. Ein revidierter Vorschlag der FDP sah ein Vertretungsmodell von 6:5:1 vor. Vgl. Metall Pressedienst, 5.10.1973.

Fragen wird die Betriebsgröße der zu erfassenden Unternehmen bezeichnet. Ende nächsten Monats soll ein kleiner Arbeitskreis zusammentreten und eventuelle Lösungsmöglichkeiten erörtern. Kernstück der zukünftigen Mitbestimmungsregelung solle die »Anlehnung an die Montanmitbestimmung« sein.

Der Kanzler äußert abschließend seinen Eindruck, wonach der DGB lieber auf einen Kompromiß und eine Mitbestimmungsregelung in dieser Legislaturperiode verzichte, wenn nicht eine enge Anlehnung an die Montanregelung gegeben sei.

Kollege *Adolf Schmidt* bittet den Kanzler, die bisherigen positiven Erfahrungen mit der Montanmitbestimmung für zukünftige Mitbestimmungsregelungen zu berücksichtigen, die Gruppeninteressen Barrieren setzt und eine angemessene Lösung der Frage der Vertretung der leitenden Angestellten, die voll in die Gesamtarbeitnehmervertretungen einbezogen seien, beinhalte, und eine solidarische Vertretung gewährleiste. Im Vorstand der mitbestimmten Unternehmung soll ein Arbeitsdirektor, getragen vom Vertrauen der Arbeitnehmer, an der unternehmerischen Willensbildung mitwirken und die Arbeitnehmerinteressen in die Entscheidungen miteinbeziehen.

Kollege *Stephan* macht zwei Anmerkungen zum Thema leitende Angestellte, die er als »Dollpunkt« der Mitbestimmungsdiskussion charakterisiert. Die Realisierung der Mitbestimmungsforderung sei eine Voraussetzung für die weitere Koalition mit der FDP. Eine gerichtliche Abklärung des Begriffs der leitenden Angestellten, wie sie die FDP erwarte, sei als unzureichend abzulehnen. Eine befriedigende Lösung sei nur durch eine klare politische Entscheidung zu erreichen.

Kollege *Muhr* macht auf die politische Situation aufmerksam und betont, daß zur Zeit niemand wisse, wo eine zukünftige Bundestagsmehrheit liegen werde. Die Methode des Abhakens sei bei einem Kompromiß unzureichend. Insbesondere im Hinblick auf den nächsten Wahlkampf und die dann vom DGB vorzulegenden »Prüfsteine« sei eine klare Haltung notwendig. Eingehend wird der verfassungsrechtliche Aspekt einer »Besitzstandsgarantie« für die Montanmitbestimmung vorgetragen.

Kollege *K. H. Hoffmann* spricht sich gegen jede gesetzgeberische Absicherung von »Spezialistenansprüchen« aus, die, wie das Beispiel der Fluglotsen zeige, erhebliche Gefahren heraufbeschwören würde.[7] Eine Auseinanderdividierung von Arbeitnehmerinteressen sei abzulehnen und dürfe nicht durch die Gesetzgebung begünstigt werden.

Kollege *Hauenschild* betont, daß er ungeachtet möglicher Prüfsteine einen vertretbaren Kompromiß in dieser Legislaturperiode vorziehen würde, da nicht sicher sei, ob die Arbeitnehmerschaft 1976 bei ihrer Wahlentscheidung

---

7 In einem Gespräch des DGB und der ÖTV mit dem Bundesverkehrsministerium wurden vonseiten der Gewerkschaften Lösungen nur für Fluglotsen abgelehnt. Vgl. DGB-Lösung für alle Teile der Flugsicherung, in: ND, 28.8.1973, Nr. 262. Im September/Oktober fanden Gespräche zwischen Bundesverkehrsminister Lauritz Lauritzen und dem Verband Deutscher Flugleiter statt. Vgl. u. a. Lufthansa-Vorstand appelliert an die Flugleiter, in: SZ, 27.9.1973.

von der Lösung der Mitbestimmungsfrage ausgehen werde. Die schlechten Erfahrungen mit dem Arbeitnehmerbewußtsein in den Belegschaften des Betriebsverfassungsgesetzbereiches, die teilweise persönliche Ambitionen vor gewerkschaftliche Anliegen setzen, müssen zu Bedenken Anlaß geben.

Der Bundesvorstand solle die Möglichkeit nutzen und in Anwesenheit des Kanzlers die Fragen der Konjunkturpolitik erörtern.

Kollege *Vetter* faßt die wichtigsten Diskussionspunkte zusammen und unterstreicht die Bedeutung von Aufklärungsmaßnahmen zur Verbesserung der Bewußtseinslage der Arbeitnehmer.

Kollege *Fehrenbach*, der in Vertretung des erkrankten Kollegen Breit spricht, verweist auf Diskussionen über eine neue Postverfassung und die zukünftige Besetzung des Postverwaltungsrates.[8] Gefährlichen Isolierungstendenzen, wie sie beim Koalitionspartner erkennbar seien, müsse man eine Absage erteilen. Die vom Kollegen Loderer vorgetragenen Gesichtspunkte seien auch für öffentliche Unternehmen, hier der Post, gültig.

Zusammenfassend betonen Kanzler *Brandt* und Kollege *Vetter*, daß der begonnene Meinungsaustausch in der Mitbestimmungsfrage noch in diesem Jahr fortgesetzt werden solle.

Ende der Diskussion: 15.00 Uhr

In der nachfolgenden konjunkturpolitischen Aussprache vertritt der Kanzler den Standpunkt, daß es trotz gewisser Abschwächungen noch verfrüht sei, eine Änderung des wirtschaftspolitischen Kurses sowie eine Modifizierung der Stabilitätsmaßnahmen vorzunehmen.

Von gewerkschaftlicher Seite werden ernste Sorgen über die gefährlichen Entwicklungen in einigen Wirtschaftsbereichen vorgetragen.[9]

---

8 Zur Postverfassung, siehe AdsD, Deutsche Postgewerkschaft, Hauptvorstand 5/DPGA580453.
9 Beispielsweise die Bedrohung der Arbeitsplätze in der Textilindustrie, siehe Fußnote 28 in Dok. 87, sowie die gestiegenen Konkurse in der Bauindustrie mit 42,9% gegenüber 1972, siehe Dok. 87, Fußnote 29; vgl. hierzu BSE-Geschäftsbericht 1972–74, S. 31 ff. Siehe auch: Erklärung des DGB-Bundesvorstandes zur konjunkturpolitischen Lage, in: ND, 15.10.1973, Nr. 331.

Dokument 90   12. Oktober 1973

DOKUMENT 90

12. Oktober 1973: Brief des Vorsitzenden des DGB, Vetter, an den Bundeskanzler, Willy Brandt, zur Preisstabilität[1]

Ms., Durchschlag, 5 S.

DGB-Archiv, 5/DGAN000092.

Sehr geehrter Herr Bundeskanzler!
Der Bundesvorstand des Deutschen Gewerkschaftsbundes stimmt mit der Regierung darin überein, daß die Stabilisierung des Preisniveaus zu den gegenwärtig wichtigsten wirtschaftlichen und gesellschaftlichen Aufgaben gehört. Die von der Bundesregierung und der Bundesbank angewandte globale Preisdämpfungspolitik zeigt aber ebenso wie die in wenigen Jahren viermal wiederholte DM-Aufwertung nicht den erhofften Erfolg.[2] Die zunehmende Marktmacht der Unternehmen durch Kapitalverflechtung und Konzentration sowie nationale und internationale Markt- und Preisabstimmungen haben in den letzten Jahren immer wieder neue Preiserhöhungsmöglichkeiten gegeben. Einschlägige Erfahrungen zeigen, daß bei der gegenwärtigen Marktstruktur die deutschen Unternehmen auch bei nachlassender Nachfrage und selbst noch bei steigender Arbeitslosigkeit ihre Preise zur Durchsetzung ihrer Profitinteressen erhöhen. Die Beschleunigung des Preisanstiegs erfordert allein zur Aufrechterhaltung der Kaufkraft der Arbeitsverdienste immer höhere Lohnsteigerungen. Die hohen Preissteigerungen begünstigen dagegen einseitig die Kapitaleigner und verschärfen damit die sozialen Spannungen.

Der Deutsche Gewerkschaftsbund hat deshalb schon in früheren Gesprächen im Rahmen der Konzertierten Aktion darauf hingewiesen, daß mehr Preisstabilität bei Vollbeschäftigung und gerechter Einkommensverteilung nur erreicht werden kann, wenn Maßnahmen ergriffen werden, die die Marktmacht von Unternehmen und damit deren Gewinn- und Preiserhöhungsspielräume einengen.[3] Dazu gehört auch, daß die vom Markt nicht mehr kontrollierte Preis- und Gewinnplanung der marktstarken Unternehmen einer öffentlichen Kontrolle unterstellt wird. Dem gegenüber lehnen die deutschen Gewerkschaften jedoch einen Preisstopp als ungeeignet ab. Wir sind vielmehr der Auffassung, daß Preisstabilität in einer dynamischen Wirtschaft sich immer

---
1 Das Schreiben wurde auch vom geschäftsführenden Bundesvorstandsmitglied für Wirtschaftspolitik, Georg Neemann, mitunterzeichnet.
2 Von Ende 1969 bis Ende 1972 erhöhten sich die Währungsreserven der Bundesbank um das Dreifache und die Dollarbestände stiegen um das Neunfache, aufgrund der hohen amerikanischen Zahlungsbilanzdefizite und der damit verbundenen Überflutung der Weltwirtschaft mit Dollarströmen. Der Liquiditätszuwachs verschärfte in der Bundesrepublik das Inflationsproblem und sorgte für einen permanenten Aufwertungsdruck der D-Mark. Zwischen dem 27.10.1969 und dem 29.6.1973 fanden vier DM-Aufwertungen statt. Vgl. Weimer: Deutsche Wirtschaftsgeschichte, S. 235 ff.
3 Vgl. u. a. Protokoll und Beratungsunterlagen zur 28. Sitzung der Konzertierten Aktion, in: DGB-Archiv, DGB-BV, Vorstandssekretariat Martin Heiß 5/DGCS000148 – Kommuniqué der Sitzung siehe Dok. 82 sowie Schreiben an Bundeskanzler Willy Brandt zur Preispolitik vom 17.4.1973 (Dok. 79).

nur aus der Kompensation von steigenden und sinkenden Preisen ergeben kann. Die Preiskontrolle soll deshalb die Hintergründe der Preissteigerungen und ggf. auch Spielräume für Preissenkungen offenlegen und so beurteilungsfähig machen, wie dies für die Löhne und Lohnsteigerungen immer der Fall war. Wir erwarten, daß bereits eine derartig durchsichtige Kalkulation dazu beitragen kann, daß ungerechtfertigte Preissteigerungen unterbleiben.

Die Tatsache, daß die maßvollen Tarifabschlüsse des Winterhalbjahres 1972/73 durch die unerwartet hohen, weder von der Kostenentwicklung noch von der Kapazitätsauslastung her begründete Preiswelle überrollt wurden[4], hat gezeigt, daß die Gewerkschaften ihre Lohnpolitik künftig nur dann auf eine rationale Basis stellen können, wenn die Preispolitik der Unternehmer wieder unter Kontrolle gebracht wird.

Um die Kontrollfunktion des Marktes zu stärken, wo immer es noch möglich ist, halten wir

– den Ausbau der Verbraucherinformation und -aufklärung sowie
– den Aufbau einer preisorientierten Vergabepolitik der öffentlichen Hand

für vordringlich.

Auf bereits vermachteten Märkten mit ausgeschaltetem Preiswettbewerb sind nach unserer Auffassung

– die Weiterentwicklung bzw. Konzipierung einer Miet- und Bodenpreisordnung und
– die Entwicklung von Preis- und Kalkulationskontrollen marktstarker Unternehmen

von größter Bedeutung.

Die in diesem Jahr verabschiedete Kartellrechtsnovelle stellt nach unserer Überzeugung einen ersten guten Schritt in die richtige Richtung dar.[5] Diese seit vielen Jahren erste Gesetzesverbesserung wird jedoch ohne eine Flankierung durch zusätzliche verbraucher- und vergabepolitische Maßnahmen keine spürbare Wirkung auf das Preisverhalten der Unternehmer ausüben. In den bereits monopolistisch beherrschten und weitgehend vermachteten Märkten kann diese Gesetzesreform keine Wirkung erwarten lassen. Neue unerwartete Preiswellen können daher nach wie vor nicht ausgeschlossen werden.

Ein erneutes Überrollen künftiger Tarifabschlüsse durch neue Preiswellen muß unter allen Umständen verhindert werden, wenn ernste soziale Konflikte ausbleiben sollen. Deshalb halten wir es im gegenwärtigen Zeitraum für vordringlich, Ad-hoc-Kommissionen zu bilden, die sofort Möglichkeiten konkreter und gezielter Preisstabilisierungsmaßnahmen untersuchen und Vorschläge für derartige Maßnahmen auf den wichtigsten Gebieten der Ver-

---

4 Vgl. Tarifbericht für das erste Halbjahr 1973, DGB-Archiv, DGB-BV, Abt. Tarifpolitik 5/DGAY000013; ND, 3.9.1973, Nr. 267 sowie Dok. 87, Fußnoten 11 und 13.
5 Die Kartellrechtsnovelle (Bundestagsdrucksache VI/2520) wurde am 14.6.1973 verabschiedet und trat am 4.8.1973 in Kraft. Vgl. DGB begrüßt Annahme der Kartellnovelle, in: ND, 15.6.1973, Nr. 206.

braucheraufklärung, der Vergabepolitik, des Miet- und Bodenrechts und der Preiskontrolle marktstarker Unternehmen vorlegen.[6] Dabei müßten die Gewerkschaften gehört werden.

Die Kommission zur Untersuchung der Möglichkeiten des weiteren Ausbaues der Verbraucherpolitik und -information soll vor allem aufzeigen, wie eine Verbraucherinformation ausgestaltet und organisiert sein muß, damit der Verbraucher ein kritisches Marktverhalten entwickelt und ungerechtfertigte Preissteigerungen erkennt und ihnen ausweicht. Die Kommission sollte auch Hinweise erarbeiten, die zu einer effizienteren Organisation und Aufgabenstellung der bestehenden Verbraucherorganisationen führen. Die Verbraucherinformation in den Massenmedien sollte den gleichen Raum einnehmen wie die kommerzielle Werbung.

Über diese Aspekte hinaus sollten in der Kommission auch langfristige Vorhaben erarbeitet werden wie die Einführung des Faches Verbraucherkunde an Schulen oder die Errichtung eines Verbraucherschutzamtes. Dabei könnte man auf den entsprechenden Ansätzen zur Verbraucherpolitik in der mittelfristigen Finanzplanung des Bundes aufbauen.

Die Kommission zur Untersuchung der Möglichkeiten des Aufbaues einer preisstabilisierenden Vergabepolitik der öffentlichen Hand soll vor allem untersuchen, wie die öffentliche Auftragsvergabe in stärkerem Maße als bisher in den Dienst der Stabilitätspolitik gestellt werden kann. Daher sollte vor allem geprüft werden, inwieweit die Entwicklung eines Preisorientierungsrahmens für die von der öffentlichen Hand bezogenen Güter eine gezieltere Ausgabenpolitik möglich macht. Diese Preisorientierung sollte gewährleisten, daß sich die Preisentwicklung im Bereich der öffentlichen Nachfrage in die vom Wirtschaftsbericht der Bundesregierung jährlich projektierte Gesamtentwicklung einordnet.

Die Kommission zur Weiterentwicklung der Miet- und Bodenpreisordnung soll über die auf diesem Gebiet bereits geleisteten Arbeiten hinaus prüfen, welche Maßnahmen erforderlich erscheinen, um ausreichenden Wohnraum zu erschwinglichen Kosten für alle Arbeitnehmer zur Verfügung zu stellen. Diese Maßnahmen müssen dazu führen, daß die Angebotsübermacht der Anbieter von Bauland, Bauleistungen und Wohnungen abgebaut wird und Subventionen nicht zu einem Alibi für Preis- und Mieterhöhungen werden.

Die Kommission zur Untersuchung der Möglichkeiten einer Preis- und Kalkulationskontrolle marktstarker Unternehmen soll abweichend vom Auftrag der Monopolkommission nicht das Ausmaß monopolistischer Marktstörungen untersuchen, sondern rationale Verfahren zur Preis- und Gewinnkontrolle auf den bereits vermachteten Märkten suchen.

Wir sind uns bewußt, daß mit diesen Aufgaben auf weiten Gebieten Neuland beschritten wird und nur in wenigen Fällen kurzfristige Erfolge erwartet werden können. Wir sind jedoch überzeugt, daß das Vertrauen der Bevölkerung

---

6 Vgl. DGB fordert Kommissionen zur Preisbildung, in: ND, 30.10.1973, Nr. 356.

in die stabilitätspolitischen Bemühungen der Regierung wachsen wird, wenn diese Vorschläge entschlossen aufgegriffen werden.

Mit vorzüglicher Hochachtung!
Heinz O. Vetter   Georg Neemann

DOKUMENT 91

6. November 1973: Protokoll der 12. Sitzung des Bundesvorstandes

Städtischer Saalbau in Essen; Vorsitz: Heinz O. Vetter; Protokollführung: Isolde Funke, Marianne Jeratsch; Sitzungsdauer: 10.10–14.05 Uhr; ms. vermerkt: »Vertraulich«.[1]

Ms., hekt., 12 S., 2 Anlagen.[2]

DGB-Archiv, 5/DGAI000537.

Beginn der Sitzung: 10.10 Uhr

[*Vetter* eröffnet die Sitzung. Auf Wunsch der DPG wird die Tagesordnung um den Punkt Reform der Deutschen Bundespost ergänzt. Vater bittet unter dem Punkt »Verschiedenes« eine Mitteilung der Haushaltskommission zur Neufassung der Anstellungsverträge für GBV-Mitglieder und Landesbezirksvorsitzende geben zu können.]

Tagesordnung:
1. Genehmigung der Protokolle der 11. Bundesvorstandssitzung und der Bundesvorstandsklausur
2. Internationale und europäische Gewerkschaftspolitik
3. Postverfassungsgesetz
4. Umweltprogramm des DGB
5. Arbeitsprogramm des DGB-Bundesvorstandes, hier: Behandlung der gesellschaftspolitischen Anträge des DGB-Bundeskongresses Berlin 1972
6. Tagesordnung für die 6. Bundesausschusssitzung am 5.12.1973
7. Sozialwahlen 1974,
   hier: Kandidatenlisten für BfA und Angestellten-Ersatzkassen
8. Jahresbericht der VTG für 1972
9. Fluglotsenstreik 1973
10. Audiovision
11. Bestätigung von Landesbezirksvorstandsmitgliedern
12. Harmonisierung der Beschäftigungsbedingungen von Gewerkschaftsangestellten
13. Leistungen aus dem Solidaritätsfonds
14. DGB-Bundeskongress 1975

---

1 Einladungsschreiben vom 11. und 24.10.1973. Nicht anwesend: Gerd Muhr, Adolf Schmidt, Karl Hauenschild (vertreten durch Ferdinand Eichhorn), Wilhelm Rothe (vertreten durch Xaver Senft). DGB-Archiv, DGB-BV, Abt. Vorsitzender 5/DGAI000481.
2 Anlagen: Anwesenheitsliste, Presseerklärung: DGB begrüßt Mitbestimmungs-Position der CDU in NRW, in: ND, 6.11.1973, Nr. 369.

775

Dokument 91 6. November 1973

15. DGB-Stellungnahme zur WSI-Prognose
16. Mitbestimmungsdiskussion
17. Verschiedenes

1. GENEHMIGUNG DER PROTOKOLLE DER 11. BUNDESVORSTANDSSITZUNG UND DER BUNDESVORSTANDSKLAUSUR

[Der Bundesvorstand genehmigt die beiden Protokolle.]

2. INTERNATIONALE UND EUROPÄISCHE GEWERKSCHAFTSPOLITIK

Im Hinblick auf die bevorstehenden Sitzungen von EGB und IBFG hält Kollege *Vetter* eine Meinungsbildung des Bundesvorstandes zu einigen Punkten für erforderlich. In Ergänzung der den Bundesvorstandsmitgliedern übersandten Unterlagen[3] stellt Kollege Vetter kurz den Aufbau der Gremien der Internationalen Arbeitsorganisation dar. In diese Gremien entsenden alle angeschlossenen Nationen Delegationen, die jeweils gleichermaßen aus Vertretern der Regierungen, Gewerkschaftsbund, Arbeitgebervertretern zusammengesetzt sind. Bei Ländern mit mehreren Gewerkschaftsbünden, wie z. B. Frankreich und Italien, wechseln die Gewerkschaftsvertreter im rollierenden System. Kollege Vetter erinnert daran, daß vor etwa zehn Jahren eine Europäische Regionalkonferenz der ILO stattgefunden hat[4], der im Jahre 1968 eine zweite folgen sollte, die aber wegen der Okkupation der CSSR durch die Warschauer-Pakt-Staaten nicht durchgeführt wurde. Nun ist die Abhaltung einer solchen Konferenz für Januar 1974 geplant.[5] Kollege Vetter geht kurz auf die jahrelangen Bemühungen der Ostblockgewerkschaften um das Zustandekommen einer Europäischen Gewerkschaftskonferenz ein, die der DGB stets abgelehnt hat, der aber einige westeuropäische Bünde durchaus wohlwollend gegenübergestanden haben. Als dann während des Kongresses des Finnischen Gewerkschaftsbundes SAK im Jahre 1971 der Vorschlag zu einem konsultativen Treffen der nationalen Gewerkschaftsspitzen im Rahmen der 2. Europäischen Regionalkonferenz der ILO gemacht wurde, wurde dies als ein diskutabler Ausweg angesehen. Im Hinblick auf die im Januar

---

3 Als Beratungsunterlagen wurden den Bundesvorstandsmitgliedern a) ein 7-seitiges Papier »Versuch einer Darstellung der internationalen Gewerkschaftslage aus der Sicht des DGB mit dem Schwerpunkt Europa« und b) das Referatsmanuskript Heinz O. Vetters vom 13.11.1970 »Die Ostkontakte des Deutschen Gewerkschaftsbundes« übersandt. DGB-Archiv, DGB-BV, Abt. Vorsitzender 5/DGAI000481.
4 Im Gegensatz zu Vetters Annahmen fand die erste Europäische Regionalkonferenz der ILO vom 24.1. bis 5.2.1955 in Genf statt. Berichte zur Konferenz, in: DGB-Archiv, DGB-BV, Abt. Wirtschaftspolitik 5/DGAN000106. Die zweite Konferenz sollte vom 1. bis 14.12.1968 in Genf stattfinden. Vgl. ILO-Nachrichten, 27.9.1967, Nr. 12. Möglicherweise meinte Vetter die Europäische Konferenz über soziale Sicherheit vom 10. bis 15.12.1962 in Brüssel. Vgl. DGB-Geschäftsbericht 1962–1965, Abt. Sozialpolitik, S. 212 ff. Siehe auch: Dok. 81, Fußnote 23.
5 Die Konferenz fand vom 14.–23.1.1974 in Genf statt. Im Rahmen dieser Konferenz fand am 19.1. ein konsultatives Treffen der Vorsitzenden und Generalsekretäre der Europäischen Gewerkschaftsbünde statt, bei dem u. a. eine bessere bilaterale Zusammenarbeit sowie eine Konferenz Ende 1974 zum Thema: »Humanisierung der Arbeit« vereinbart wurden. Vgl. DGB-Archiv, DGB-BV, Internationale Abt. 5/DGAJ000523.

stattfindende Konferenz der ILO werden nun Beschlüsse des DGB zu diesem konsultativen Treffen notwendig, die auch in die Novembersitzungen der Exekutivausschüsse von EGB und IBFG einzubringen sind.[6] Der Geschäftsführende Bundesvorstand hat sich in einer besonderen Sitzung am 30.10.1973 ausführlich mit diesem Problem beschäftigt und ist zu der Auffassung gekommen, daß der DGB unter gewissen Voraussetzungen einem solchen konsultativen Treffen zustimmen sollte; das heißt, das Treffen sollte sich unter gar keinen Umständen mit Themen beschäftigen, die in den Aufgabenbereich unserer internationalen Bünde IBFG und EGB gehören.[7] Es soll ein Thema gewählt werden, das unabhängig von gesellschaftlichen und wirtschaftlichen Systemen alle berührt, wie zum Beispiel Umweltfragen, angefangen vom Arbeitsplatz bis zur Reinhaltung von Luft und Wasser. Außerdem sollte die im Juni 1972 abgehaltene gewerkschaftliche Apartheid-Konferenz der ILO als Modell genommen werden.[8]

Die Kollegen *Loderer* und *Stadelmaier* fragen danach, wer zu dem Treffen einladen und wer es leiten wird und wer von Seiten des DGB daran teilnehmen soll.

Kollege *Vetter* berichtet ergänzend, daß die skandinavischen Gewerkschaften vorgeschlagen haben, die Einladung zu dem konsultativen Treffen den vier europäischen Gewerkschaftsvertretern im Verwaltungsrat der ILO (Bundesrepublik, Großbritannien, Norwegen und UdSSR) zu übertragen. Dieses Vierergremium sollte sich als unabhängige vorbereitende Gruppe konstituieren. Die Leitung des Treffens soll aus der Mitte der Teilnehmer gewählt werden. Von Seiten des DGB sollen das Mitglied des Verwaltungsrates der ILO, also Kollege Muhr, und der DGB-Vorsitzende, eventuell noch ein Berater, an dem Treffen teilnehmen.

Kollege *Vetter* stellt fest, daß der Bundesvorstand mit der Beteiligung des DGB an dem konsultativen Treffen im Rahmen der 2. Europäischen Regionalkonferenz der ILO unter den genannten Voraussetzungen einverstanden ist.

---

6 Die Sitzung des Exekutivausschusses des EGB fand am 24.11.1973 statt. Dort wurde beschlossen, dass die Teilnahme an der Konferenz jeder einzelnen Organisation obliegt und nicht Sache des EGB sei. Vgl. DGB-Archiv, DGB-BV, Internationale Abt. 5/DGAJ000212. Auf der Vorstandssitzung des IBFG am 21./22.11.1973 wurde die Tagesordnung für die Konferenz verabschiedet: 1. Bericht des Generalsekretärs: »Die menschlichen Werte in der Sozialpolitik der IAO für Europa«, 2. Einige der dringlichsten Beschäftigungsprobleme in Europa und 3. Sicherung der Einkommen in Europa im Lichte der Strukturveränderung. Vgl. DGB-Archiv, DGB-BV, Internationale Abt. 5/DGAJ000523.
7 Gemeint war u. a. die formale Ungleichbehandlung von christlichen und kommunistischen Gewerkschaften bei der Aufnahme in den EGB. Die fortbestehende Mitgliedschaft der christlichen Gewerkschaften im WVA war kein Hinderungsgrund für die Aufnahme, während die weitere Mitgliedschaft der kommunistischen Gewerkschaften im WGB eine entscheidende Rolle spielte. Vgl. Oesterheld/Olle: Gewerkschaftliche Internationalisierung in Westeuropa, S. 14.
8 Die internationale Gewerkschaftskonferenz gegen Apartheid fand erst am 15./16.6.1973 in Genf statt. Vgl. DGB-Archiv, DGB-BV, Internationale Abt. 5/DGAJ000804, siehe auch: Gegen die Rassendiskriminierung in Südafrika, in: ND, 18.6.1973, Nr. 209.

Dokument 91 6. November 1973

Kollege *Loderer* bittet um Auskunft über die nächste Exekutivausschußsitzung des EGB. Er hält es für erforderlich, daß der Bundesvorstand heute darüber befindet, welche Haltung die DGB-Vertreter im Exekutivausschuß des EGB bei einer möglichen Diskussion über eine Erweiterung des EGB einnehmen sollen.

Kollege *Vetter* teilt mit, daß die nächste Exekutivausschußsitzung des EGB am 24. November stattfinden soll. Die Tagesordnung ist noch nicht bekannt. Er bittet Kollegen Lappas, zu den noch durch den Bundesvorstand zu beratenden Problemen auf europäischer Ebene – Erweiterung des EGB und Mitarbeiter der Kommunisten in der 2. Gruppe des WSA[9] – zu sprechen.

Kollege *Lappas* beginnt mit einem Rückblick auf die Probleme, die sich mit der Erweiterung des EBFG und der Gründung des EGB seinerzeit ergeben haben und die auch heute noch die Lage im EGB weitgehend bestimmen. Er erinnert an die Meinung des DGB, den EBFG nur auf 9 Mitglieder, deckungsgleich mit der EG, zu erweitern, und die anderer Bünde, eine geographische Erweiterung über die EG hinaus vorzunehmen. Von daher mußten sich andere Zielvorstellungen und Aufgabenstellungen ergeben, die auch heute noch Konfliktpunkte innerhalb des EGB sind. Der TUC ist der Wortführer dieser anderen Gruppe, zum Teil unterstützt von den Skandinaviern. Er ist der Auffassung, daß es ohne geographische Begrenzung auf die EG eine umfassende Organisation geben müsse, die auch alle ideologischen Richtungen in sich vereinigen sollte. Wir vertreten dagegen den Standpunkt, daß diese Organisation die Aufgabe hat, die unterschiedlichen gewerkschaftlichen Strategien auf einen Nenner zu bringen, um die Interessen der Arbeitnehmer gegenüber der Europäischen Gemeinschaft wirksam vertreten zu können. Bedauerlicherweise ist auch das Sekretariat des EGB nicht stark genug, um integrierend zu wirken und die unterschiedlichen Standpunkte zu überbrücken. Zur Zeit ist die Situation so, daß der EGB mit dem WVA im Gespräch ist wegen der Aufnahme in den EGB. Dies kann nach unserer Meinung nur auf der Grundlage der in der Präambel der EGB-Satzung festgelegten Grundsätze des IBFG geschehen, die u. E. für jede Erweiterung gelten. Dem steht die Auffassung des TUC und anderer nach totaler Ausweitung auf alle Richtungen entgegen. Wir vertreten die Ansicht, daß der EGB sich in einer Sondierungsphase befindet, die er auch noch braucht, daß man die Bemühungen um die Aufnahme des WVA verstärkt, aber unter gewissen Konditionen, fortsetzen und keine Beschlüsse über andere Aufnahmeanträge fassen sollte.

Zu einem anderen Problem, die Zusammenarbeit in der Gruppe 2 des Wirtschafts- und Sozialausschusses betreffend, schlägt der Geschäftsführende Bundesvorstand eine Initiative des DGB vor, die einerseits eine Entwicklung einleiten würde, die wir ohnehin nicht verhindern können, die uns andererseits aus der Isolation und der Rolle des Bremsers im EGB herausbringen würde. Die Situation ist folgende: Die drei Gruppen im WSA haben neuerdings, ähnlich wie die ILO in Genf, Sekretariate – mit offiziellem Status –,

---

9 In der Gruppe 2 des WSA waren die Arbeitnehmervertreter der Gewerkschaftsbünde vertreten.

die den Gruppen zur Verfügung stehen. Wir haben bisher verhindert, daß das Sekretariat auch den Kommunisten zur Verfügung steht. Das wird aber höchstens so lange möglich sein, wie ein Arbeitnehmervertreter Präsident des WSA ist.[10] Es ist zu überlegen, ob man nicht ähnlich wie bei der Annäherung an die Christen verfahren könnte, in der Vorbereitung auf Plenarsitzungen zunächst getrennte Sitzungen, später gemeinsame mit den kommunistischen Gewerkschaftsvertretern abzuhalten, um zu Übereinstimmungen zu kommen. Wenn die Kommunisten mitarbeiten, würde uns das auch erlauben, ihre tatsächliche Einstellung zu Europa zu prüfen. Kollege Lappas bittet den Bundesvorstand um Beratung und Zustimmung zu den vorgetragenen Vorschlägen des GBV.

Kollege *Vetter* berichtet ergänzend über Gerüchte, die von französischer Seite verbreitet werden, daß der DGB sich für den Beitritt der kommunistischen Gewerkschaften Frankreichs in den DGB ausgesprochen habe.[11] Das Gegenteil sei der Fall. Im übrigen werde es interessant sein, in diesem Zusammenhang mehr über die Ergebnisse der kürzlich in Varna stattgefundenen Konferenz des WGB zu erfahren.[12]

An der nachfolgenden Diskussion beteiligen sich die Kollegen *Stadelmaier, Vetter, Eichhorn, Seibert, Mirkes, Kluncker* und *Loderer*. Die Kollegen sind übereinstimmend der Meinung, daß eine Beschlußfassung im EGB zu Aufnahmeanträgen zunächst nicht erfolgen soll. In Zusammenhang mit den geschilderten Problemen sei aber auch die Situation der Industrieausschüsse zu sehen. Die Kollegen berichten über die Lage in ihren internationalen Fachgremien. Angesichts der vielfältigen und unterschiedlichen Zusammensetzungen, Arbeitsweisen und Zielsetzungen der einzelnen internationalen Gremien auf Fachebene wird darum gebeten, möglichst bald dem Bundesvorstand eine schriftliche Übersicht über die Situation in den einzelnen Internationalen Berufssekretariaten, in den Industrie- und Fachausschüssen zu geben, die auch eine Darstellung der Absichten der einzelnen Gremien enthalten soll. Die Kollegen sagen bei Bedarf ihre Mithilfe bei der Beschaffung der nötigen Unterlagen zu.[13]

Kollege *Vetter* sagt die Erstellung einer solchen umfassenden Übersicht zu.

---

10 Präsident des Wirtschafts- und Sozialausschusses war seit dem September 1972 Alfons Lappas. Zu seiner Kandidatur und Wahl, siehe 32. BV-Sitzung am 23.6.1972, TOP 9 (Dok. 62).
11 Bei einer Zusammenkunft des DGB mit der CDFT am 30.10.1973 berichtete Edmund Maire (Generalsekretär CDFT), dass der Generalsekretär der CGT, Séguy, unter Berufung auf ein Gespräch mit Heinz O. Vetter in Budapest behauptet habe, das sich der TUC und der DGB für eine Aufnahme von CGT und CFDT in den EGB ausgesprochen hätten. Vgl. DGB-Archiv, DGB-BV, Internationale Abt. 5/DGAJ000768.
12 Der 8. Weltkongress des WGB fand vom 15.–20.10.1973 in Varna statt. Auf diesem Kongress wurden die Statuten dahingehend geändert, dass assoziierte Mitglieder (z. B. der italienische Gewerkschaftsbund CGIL) in jeder Organisation des WGB mitwirken konnten. Vgl. Der Weltgewerkschaftsbund 1945–1985, hrsg. v. Bundesvorstand des FDGB, Abt. Internationale Verbindungen, Berlin (Ost) 1986, S. 88 ff.
13 Informationsmaterial zur Übersicht über die internationalen Berufssekretariate auf der europäischen Ebene, in: DGB-Archiv, DGB-BV, Internationale Abt. 5/DGAJ000270.

Abschließend stellt Kollege Vetter die Zustimmung des Bundesvorstandes zu folgenden Punkten fest:

1. Der DGB wird zu gegebener Zeit seine Zustimmung zur Zusammenarbeit mit den kommunistischen Gewerkschaftsvertretern in der Gruppe 2 des WSA geben.
2. Der DGB wird eine Beschlußfassung im EGB über mögliche Aufnahmeanträge ablehnen und seine bisher vertretene Auffassung beibehalten. Zu einem späteren Zeitpunkt wird der Bundesvorstand erneut über dieses Thema beraten.

3. POSTVERFASSUNGSGESETZ

Kollege *Vetter* weist auf das abgelichtete Schreiben des Kollegen Hertslet an Kollegen Schmidt[14] hin und bittet um Zustimmung zu dem eingerückten Beschlußvorschlag.

Nach kurzer Diskussion, an der sich die Kollegen *Woschech*, *Fehrenbach* und *Vetter* beteiligen, faßt der Bundesvorstand folgenden Beschluß:

Für die Deutsche Bundespost ist eine neue Unternehmensverfassung erforderlich. Die neue Verfassung muß von folgenden Grundsätzen getragen sein:

Die Deutsche Bundespost wird im Rahmen ihrer öffentlichen Aufgabenstellung nach den Grundsätzen der Gemeinwirtschaftlichkeit unter Berücksichtigung der sozialen Interessen der Beschäftigten geleitet.

Der Bedarf der Dienstleistungen ergibt sich aus den Bedürfnissen der Bürger und ist nach den wirtschaftlichen Möglichkeiten der Deutschen Bundespost und ggf. mit Hilfe des Bundes zu decken. Diese Verpflichtung schließt die Übertragung von Aufgaben der Deutschen Bundespost an die private Wirtschaft aus.

Die Deutsche Bundespost wird von einem Vorstand und einem Aufsichtsrat geleitet.

Die Aufsicht des zuständigen Bundesministers über die Deutsche Bundespost wird auf das politisch Notwendige beschränkt.

Der Aufsichtsrat setzt sich je zur Hälfte aus Vertretern der Beschäftigten der Deutschen Bundespost und ihrer Gewerkschaften (Beschäftigtenvertreter) sowie aus Vertretern des öffentlichen Interesses (Bundestag und Bundesrat) zusammen.

Dem Aufsichtsrat wird eine unmittelbare Einflußnahme bei allen grundsätzlichen Fragen des Personalwesens, bei grundlegenden Maßnahmen der Organisation, Rationalisierung und Automation mit wesentlichen Auswirkungen

---

14 Schreiben von Heinz Hertslet an Gerhard Schmidt vom 2.11.1973 mit dem beigefügten Beschlussvorschlag, der sich deckte mit dem inhaltlich gleichen Beschluss der SPD-Arbeitnehmerkonferenz vom 19.–21.10.1973 in Duisburg. Vgl. DGB-Archiv, DGB-BV, Abt. Vorsitzender 5/DGAI000481, siehe auch: Angenommene Anträge und Entschließungen der Bundeskonferenz der Arbeitsgemeinschaft für Arbeitnehmerfragen 19.–21. Oktober 1973, hrsg. v. SPD Vorstand, Duisburg o. J., S. 40 f.

für die Beschäftigten sowie bei der Besetzung wichtiger Führungspositionen eingeräumt.

Ein Mitglied des zu bildenden Vorstandes ist verantwortlich zuständig für die personellen und sozialen Fragen. Es darf nicht gegen den Willen der Mehrheit der Beschäftigtenvertreter im Aufsichtsrat berufen und abberufen werden.

Die Deutsche Bundespost ist uneingeschränkt berechtigt, Tarifverträge abzuschließen.

Kollege *Fehrenbach* übermittelt den Dank des Kollegen Breit für die Genesungswünsche während seiner Krankheit.

4. UMWELTPROGRAMM DES DGB

Kollege *Vetter* verweist auf die Vorlage, die als Verfolgung der Richtlinien zum Umweltschutz zu sehen ist. Ferner besteht ein Auftrag des Bundeskongresses, ein Programm vorzulegen. Die vorgelegten Thesen sind von allen Gewerkschaften zusammengestellt und in der Arbeitskommission eingehend beraten worden. Die Vorlage wurde vom Geschäftsführenden Bundesvorstand lediglich gestrafft.[15]

[In der Diskussion werden Anregungen zur Änderung bzw. Überarbeitung gegeben und anschließend beschlossen, das DGB-Umweltprogramm zur Beratung in die Vorstände der Gewerkschaften und Industriegewerkschaften sowie der Landesbezirke zu geben. Bis zum 31. Januar 1974 sollen schriftliche Änderungsvorschläge etc. an die Abteilung Gesellschaftspolitik eingereicht werden. Danach wird eine neue Vorlage für den Bundesvorstand erarbeitet.]

5. ARBEITSPROGRAMM DES DGB-BUNDESVORSTANDES,
   HIER: BEHANDLUNG DER GESELLSCHAFTSPOLITISCHEN ANTRÄGE DES
   DGB-BUNDESKONGRESSES 1972

Kollege *Vetter* verweist auf die Anträge 7, 78 und I 3 des 9. Ordentlichen Bundeskongresses und verliest einige Passagen aus den Anträgen.[16] Er teilt mit, daß man zu der Auffassung gekommen sei, zunächst dem Antrag 7 in der Beratung und Erfüllung den Vorzug zu geben. Dies bedeutet, daß sich der Gesellschaftspolitische Ausschuß nach Vorberatung der Sachbearbeiter mit dem Antrag 7 befaßt. Bis zum nächsten Bundeskongreß soll ein gesellschaftspolitisches Reformprogramm, praktisch eine Neufassung des Grundsatzprogramms, vorgelegt werden. Es wird vorgeschlagen, daß ein Arbeitsausschuß aus allen Gewerkschaften unter Federführung der Abteilung Gesellschaftspo-

---

15 Die Vorlage (50 Thesen des DGB-Umweltprogramms und deren 62-seitige Begründung) wurde auf der 52. GBV-Sitzung am 8.10.1973 verabschiedet. DGB-Archiv, DGB-BV, Abt. Vorsitzender 5/DGAI0000213. Das Programm wurde auf der 7. Sitzung des Bundesausschusses am 6.3.1974 verabschiedet (Dok. 103).

16 Antrag 7 (IG Metall – Forderungen des DGB zur Gesellschaftsreform), Antrag 78 (DGB LB Rheinland-Pfalz – Verwirklichung des DGB-Grundsatzprogramms) und Antrag I3 (Ernst Breit und Genossen – Modell zur Gesellschaftsreform), in: Protokoll 9. Bundeskongreß, Teil: Anträge und Entschließungen, S. 11 f., 71 f. und 282 f.

Dokument 91 6. November 1973

litik zur Vorberatung zusammengesetzt wird.[17] Danach soll eine Beratung im Gesellschaftspolitischen Ausschuß und dann in der Bundesvorstandsklausur am 5./6.2.1974 erfolgen. Kollege Vetter bittet den Bundesvorstand um Zustimmung.

Der Bundesvorstand ist mit dem von Kollegen Vetter vorgeschlagenen Verfahren einverstanden.

6. TAGESORDNUNG FÜR DIE 6. BUNDESAUSSCHUSSSITZUNG AM 5.12.1973

[Als Tagesordnung für die Bundesausschusssitzung wird beschlossen: 1. Genehmigung des Protokolls der 5. Bundesausschusssitzung, 2. Bericht zur gewerkschaftspolitischen und organisatorischen Situation, 3. Neue Heimat, 4. Bestätigung von Landesbezirksvorstandsmitgliedern, 5. Leistungen aus dem Solidaritätsfonds, 6. 10. Ordentlicher DGB-Bundeskongress 1975, 7. DGB-DAG, 8. Fragestunde und 9. Verschiedenes.]

7. SOZIALWAHLEN 1974,
   HIER: KANDIDATENLISTEN FÜR BfA UND ANGESTELLTEN-ERSATZKASSEN

[Nach kurzer Diskussion über die Kriterien zur Listenaufstellung beschließt der Bundesvorstand, den von der Auswahlkommission zusammengestellten Kandidatenvorschlägen für die DGB-Listen zu den Wahlen für die Vertreterversammlungen der Bundesversicherungsanstalt für Angestellte, Barmer Ersatzkasse, Deutsche Angestellten-Krankenkasse, Kaufmännische Krankenkasse Halle, Techniker-Krankenkasse, Hamburg-Münchner Ersatzkasse und Hanseatische von 1826 und Merkur Ersatzkasse zuzustimmen.]

8. JAHRESBERICHT DER VTG FÜR 1972

[Der Geschäftsbericht wird von Bundesvorstand zur Kenntnis genommen.]

9. FLUGLOTSENSTREIK 1973

[Wegen Abwesenheit von Gerhard Schmidt wird der Tagesordnungspunkt abgesetzt. Eine Information zu diesem Thema soll in der Dezember-Sitzung erfolgen.]

---

17 Die erste Sitzung der Sachbearbeitergruppe des Gesellschaftspolitischen Ausschusses zum Antrag 7 fand am 8.1.1974 statt, weitere folgten bis zum März 1975. DGB-Archiv, DGB-BV, Abt. Gesellschaftspolitik 5/DGAK000056 und 5/DGAK000057. Auf der Sitzung des Gesellschaftspolitischen Ausschusses am 7.4.1975 wurde der Bericht zum Auftrag des Antrags 7 des 9. DGB-Bundeskongresses verabschiedet. Diesen Bericht erhielt Bundeskanzler Helmut Schmidt mit Schreiben vom 5.5.1975 von Heinz O. Vetter. Dem Antwortschreiben vom 22.5.1975 fügte Schmidt 10 Thesen, die bei der Erörterung der Investitionslenkung berücksichtigt werden sollten, bei. Vgl. DGB-Archiv, DGB-BV, Abt. Gesellschaftspolitik 5/DGAK000058.

10. AUDIOVISION

[*Stephan* regt an, die Behandlung diese Tagesordnungspunkt zu verschieben. Nach weiteren Sitzungen mit den Vertretern des Österreichischen, Schweizerischen und Luxemburgischen Gewerkschaftsbundes und dem Bekanntwerden der Aktivitäten der BfG auf diesem Gebiet[18] soll die Situation überprüft und eine Beratung mit der BfG durchgeführt werden. Das Ergebnis sollte dann dem Bundesvorstand im Frühjahr 1974 vorgetragen werden. Der Bundesvorstand ist mit einer späteren Behandlung des Themas einverstanden.]

11. BESTÄTIGUNG VON LANDESBEZIRKSVORSTANDSMITGLIEDERN

[Der Bundesvorstand empfiehlt dem Bundesausschuss, die Wahl von Friedrich Dast (GHK) in den LV Baden-Württemberg, Rolf Eckart und Adam Stupp (beide GEW) in den LV Bayern, Egon Schäfer (CPK) in den LV Hessen, Irmgard Kroymann (Landesfrauensekretärin, DGB-LV NRW) und Gisbert Gemein (GEW) in den LV NRW zu bestätigen.[19]]

12. HARMONISIERUNG DER BESCHÄFTIGUNGSBEDINGUNGEN VON GEWERKSCHAFTSANGESTELLTEN

Der Tagesordnungspunkt wird bis zur nächsten Sitzung zurückgestellt.

13. LEISTUNGEN AUS DEM SOLIDARITÄTSFONDS

[Es wird beschlossen, dem Bundesausschuss zu empfehlen: 1. Die GGLF wird für 1974 gemäß Ziffer 6 der Beitragsordnung von ihrer 12%igen Beitragsverpflichtung an den DGB befreit. 2. Zur Erfüllung ihrer Aufgaben erhält die GGLF im Jahre 1974 aus dem Solidaritätsfonds einen Zuschuss in Höhe von DM 900.000,--.[20]]

14. DGB-BUNDESKONGRESS 1975

[Der Bundesvorstand empfiehlt dem Bundesausschuss, zu beschließen, den 10. Ordentlichen DGB-Bundeskongress in der Zeit vom 25.5. bis 31.5.1975 in München durchzuführen.]

---

18 Die BfG führte Planungsgespräche mit dem Österreichischen Gewerkschaftsbund über Aktivitäten auf dem audiovisuellen Gebiet, die jedoch ab November nicht mehr weitergeführt wurden. Vgl. Schreiben von Alfred Ströer (ÖGB) an Günter Stephan vom 30.10.1973. In einem Schreiben an Bruno Kreisky vom 5.11.1973 – zur Kenntnis an Heinz O. Vetter am 30.11.1973 – führte Walter Hesselbach u. a. aus, dass der Vorstand der BfG die Aktivitäten auf dem audiovisuellen Gebiet nicht erweitern und kleinere Beteiligungen einfrieren wolle. DGB-Archiv, DGB-BV, Sekretariat Günter Stephan 5/DGCU000068. Zu dieser Thematik siehe auch: Dok. 65, TOP 7.
19 Der Bundesausschuss bestätigte die Wahl in seiner 6. Sitzung am 5.12.1973. DGB-Archiv, DGB-BV, Abt. Vorsitzender 5/DGAI000413.
20 Siehe Beschluss in der 6. Sitzung des Bundesausschusses am 5.12.1973, ebd.

Dokument 91   6. November 1973

15. DGB-Stellungnahme zur WSI-Prognose

Kollege *Neemann* berichtet, daß entsprechend den Diskussionsergebnissen der Bundesvorstandsklausur inzwischen eine Reihe von Stellungnahmen und Forderungen des DGB veröffentlicht worden sind. Er erwähnt u. a. ein an den Bundeskanzler gerichtetes Schreiben[21], das die Forderung nach gezielter Lockerung des globalen Restriktionskurses zum Inhalt hat, eine Presseerklärung zur konjunkturellen Lage[22], zur Einbringung des Bundeshaushaltsentwurfs und zur modifizierten Wiederinkraftsetzung des 7b.[23] Auch das WSI hat anläßlich seiner Status-quo-Prognose eine Presseerklärung herausgegeben, die ebenfalls die Lockerung der Bremsmaßnahmen fordert. Kollege Neemann erläutert dann kurz die dem Bundesvorstand übermittelte Unterlage.[24]

Kollege *Kluncker* ist im Prinzip mit der Vorlage einverstanden. Er fürchtet allerdings, daß mit dem unter Punkt 3 der Vorlage angeführten Vorziehen von Maßnahmen aus dem Steuerreformpaket[25] Hoffnungen geweckt werden, die keine Aussicht auf Verwirklichung haben. Er verweist in diesem Zusammenhang auf die unverständliche Unterschiedlichkeit der Abstimmung über die Erhöhung des Weihnachtsfreibetrages auf der Arbeitnehmerkonferenz der SPD in Duisburg[26] und im Bundestag.

Auch Kollege *Neemann* hält die erwähnten Abstimmungsergebnisse für unverständlich, ist aber trotzdem der Auffassung, daß der DGB an seiner Minimalforderung nach Erhöhung des Weihnachtsfreibetrages von 100 auf 300,-- DM festhalten soll.

Kollege *Loderer* äußert sein Befremden darüber, daß das WSI zu einem Zeitpunkt, wo eine Reihe schwieriger Tarifauseinandersetzungen bevorsteht,

---

21 Schreiben an Bundeskanzler Willy Brandt vom 12.10.1973, siehe Dok. 90.
22 Vgl. Erklärung des DGB-Bundesvorstands zur konjunkturpolitischen Lage, in: ND, 15.10.1973, Nr. 331.
23 Seit 1949 gab es die steuerliche Abschreibungsmöglichkeit für Baukosten (sog. »7b Abschreibung« bei der Einkommenssteuer). Durch das am 1.1.2006 in Kraft getretene »Gesetz zur Abschaffung der Eigenheimzulage« vom 22.12.2005 (BGBl. I, S. 3690) wurde diese Steuervergünstigung nicht mehr gewährt. Zum Bundeshaushalt 1974, siehe DGB: Ausgabenbremse im Bundeshaushalt lockern, in: ND, 24.10.1973, Nr. 345.
24 Zur überarbeiteten Fassung der WSI-Prognose und deren konjunkturpolitischen Schlussfolgerungen siehe TOP 5 der BV-Klausur vom 1.–3.10.1973 (Dok. 88), sie wurde dem BV mit Schreiben von Georg Neemann am 28.10.1973 übersandt.
25 Nach Punkt 3 der Schlussfolgerungen, »[...] ist für eine rechtzeitige und reformpolitisch gezielte Vorbereitung eines Konjunkturstützungsprogramms zu sorgen. Dabei ist dem Vorziehen von Maßnahmen aus dem Steuerreformpaket ein Vorrang einzuräumen.« Konjunkturpolitische Schlußfolgerungen aus der Status-quo-Prognose des WSI vom 24.10.1973, S. 2, in: DGB-Archiv, DGB-BV, Abt. Vorsitzender 5/DGAI000481.
26 In den Anträgen W67 bis W72 waren unterschiedliche Steuerfreibeträge aufgeführt. Mit der Überweisung an den PV zur Weiterleitung an die Bundestagsfraktion und die sozialdemokratischen Kabinettsmitglieder des Bundes wurde beschlossen, »[...] den Arbeitnehmerfreibetrag und den Weihnachtsfreibetrag unter Einbeziehung eines Urlaubsfreibetrages aus Vereinfachungsgründen ab 1.1.1974 in einen Steuerfreibetrag von DM 780,-- zusammenzufassen und mit 22% von der Steuerschuld abzusetzen. Im Vorgriff hierauf soll bereits für Weihnachten 1973 der Weihnachtsfreibetrag auf DM 300,-- erhöht werden.« Bundeskonferenz der Arbeitsgemeinschaft für Arbeitnehmerfragen 19. bis 21. Oktober 1973, Duisburg. Angenommene Anträge und Entschließungen, Bonn 1974, S. 8 f.

eine Prognose veröffentlicht, die die Situation der Gewerkschaften in den Tarifverhandlungen erheblich erschweren wird. Der Vortrag des Kollegen Glasstetter[27] in der Bundesvorstandsklausur sei sehr begrüßenswert gewesen, habe aber s.E. nicht erkennen lassen, daß das WSI eine für die gewerkschaftliche Tarifpolitik so abträgliche Prognose herausgeben werde.

Die Kollegen *Vater* und *Neemann* widersprechen dieser Auffassung des Kollegen Loderer. Sinn und Zweck des Vortrags des Kollegen Glasstetter sei es gewesen, dem Bundesvorstand mit aller Deutlichkeit die für die Gewerkschaften ungünstige Prognose des WSI und ihre Auswirkungen auf die bevorstehenden Tarifverhandlungen darzustellen. Der Bundesvorstand habe sich trotzdem für eine Veröffentlichung der Prognose ausgesprochen.

Kollege *Neemann* geht kurz auf die trotz versuchter Absprache unterschiedlichen Forderungen von DGB und IG Metall auf Erhöhung des Weihnachtsfreibetrages auf 300 bzw. 500,-- DM[28] sowie auf ein Schreiben der IG Metall ein und bittet abschließend noch einmal um Zustimmung zu dem vorgelegten Material.

Kollege *Buschmann* schildert die immer schwieriger werdende Situation in seinem Wirtschaftsbereich. Die Zahl der Kurzarbeiter und Arbeitslosen wird weiter steigen, und die Kollegen wollen wissen, was der DGB tun wird.[29]

Kollege Buschmann bittet den Bundesvorstand um den Beweis seiner Solidarität und Zustimmung zu der Forderung nach sofortiger Lockerung der Restriktionsmaßnahmen, d. h. die Ziffer 2 des vorgelegten Papiers soll an die erste Stelle gesetzt werden.[30]

Kollege *Mirkes* und Kollege *Carl* unterstützen den Vorschlag des Kollegen Buschmann und weisen auf ähnliche Schwierigkeiten in ihren Bereichen hin.

In Zusammenhang mit Punkt 3 der Vorlage weist Kollege *Seibert* darauf hin, daß das Bundeskabinett jetzt die Durchführung der Steuerreform zum 1.1.1975 beschlossen hat, also zu einem vorgezogenen Termin.[31] Er regt an,

---

27 In dem Beschlussprotokoll und dem Protokollentwurf sowie in den beigefügten Beratungsunterlagen der Klausurtagung gibt es keine Hinweise auf das Referat von Werner Glasstetter zu TOP 5: Prognose des WSI.
28 Zur Erhöhung des Weihnachtsfreibetrages siehe auch: Metall-Pressedienst 21, 11.9.1973, Nr. 146.
29 Im Jahr 1972 wurden in der Textil- und Bekleidungsindustrie 31.000 Arbeitnehmer entlassen. Die Kurzarbeiterzahl stieg im Oktober 1973 auf 51.000 (im September 1973 waren es noch 20.000) an. Vgl. Textil Bekleidung 24, 1973, Nr. 11, S. 2. In den letzten Monaten des Jahres 1973 schlossen 200 Betriebe und 108 wurden zur Schließung angemeldet, insgesamt wurden dadurch 42.000 Arbeitsplätze vernichtet. Vgl. WdA 24, 7.12.1973, Nr. 49.
30 Ziffer 2 der Schlussfolgerungen lautete: »[...] um die Jahreswende [muss] eine sukzessive generelle Lockerung der Restriktionsmaßnahmen erfolgen, die – je nach den konjunkturpolitischen Erfordernissen – bis zu einer völligen und vorzeitigen Aufhebung des Stabilitätsprogramms führen sollte. [...]«. Konjunkturpolitische Schlussfolgerungen, S. 2. DGB-Archiv, DGB-BV, Abt. Vortsitzender 5/DGAI000481
31 Bundesfinanzminister Helmut Schmidt hatte am 11.9.1973 dem Kabinett einen ausgearbeiteten Detailplan zur Umsetzung der vorgezogenen Einkommensteuerreform vorgelegt. Der Plan sah u. a. vor: Anhebung des Grundfreibetrages, für alle Steuerzahler gleich hohe Kinderfreibeträge und Anhebung der Progressionszone zum 1.1.1975. Vgl. Bökenkamp: Ende des Wirtschaftswunders, S. 98.

diesen Kabinettsbeschluß für eine der nächsten Bundesvorstandssitzungen durch die Abteilung Wirtschaftspolitik kommentieren zu lassen.

Kollege *Neemann* sagt dies zu, obwohl die Frage der Auswirkungen der Inkraftsetzung des Steuerreformpakets zum 1.1.1975 bereits mehrfach in Schriften der Abteilung Wirtschaftspolitik behandelt worden ist.

Kollege *Vetter* stellt abschließend fest, daß der Bundesvorstand der vorgelegten Stellungnahme zur WSI-Prognose unter Berücksichtigung der diskutierten Umstellungen zustimmt.

16. MITBESTIMMUNGSDISKUSSION

Kollege *Vetter* berichtet, daß am 26.11.1973 ein Gespräch mit der SPD-Fraktionsspitze stattfinden wird.[32] Das Spitzengespräch innerhalb der Koalition wird vorher nicht durchgeführt. Ferner teilt Kollege Vetter mit, daß für den 20.11.1973, 15.00 Uhr, die nächste Gewerkschaftsratssitzung vorgesehen ist.

Eine Befragung der Gewerkschaftsvorsitzenden ergibt, daß 12 Kollegen den Termin 20.11. nicht wahrnehmen können. Kollege Vetter wird die Partei informieren und die Absetzung des Termins für die Gewerkschaftsratssitzung empfehlen.[33]

Kollege *Kluncker* vermißt bei den Mitbestimmungsaktivitäten bisher eine Stellungnahme zum öffentlichen Sektor. Bisher war nur vom gewerblichen und industriellen Sektor die Rede. Kollege Kluncker schlägt vor, eine kleine Kommission einzuberufen.

Kollege *Vetter* sagt eine Überprüfung zu.

17. VERSCHIEDENES

17.1. Haushaltskommission

[*Vater* gibt zu Protokoll, dass die Haushaltskommission die Anstellungsverträge für GBV-Mitglieder und Landesbezirksvorsitzende beraten, überarbeitet und verabschiedet hat. Der GBV wird gebeten, die alten Texte zurückzuziehen und die neuen Vertragstexte zu unterschreiben.]

17.2. DGB-DAG

[Der Bundesvorstand nimmt den vorgelegten Entwurf eines Schreibens an den Bundesvorstand der DAG zur Kenntnis.[34] Die Vorstände der Gewerkschaften und Industriegewerkschaften werden den Entwurf beraten und ggf.

---

32 Weder im Bestand der SPD-Bundestagsfraktion noch im Nachlass Herbert Wehners sowie im DGB-Archiv gibt es Aufzeichnungen zu diesem Gespräch. Im Parlamentarisch-Politischen Pressedienst 24, Nr. 277 vom 27.11.1973 wurde mitgeteilt, dass zwischen der SPD-Bundestagsfraktionsspitze und dem GBV ein Treffen stattgefunden hatte.
33 Auf der SPD-Vorstandssitzung am 9.11.1973 wurde die Zusammensetzung des Gewerkschaftsrates beschlossen und darauf hingewiesen, dass 1973 keine Sitzung des Gewerkschaftsrates mehr stattfinde. Vgl. AdsD, SPD-PV, Bundesgeschäftsführer Holger Börner 2/PVCO000003.

Änderungsvorschläge unterbreiten. Die Beratung im Bundesvorstand erfolgt am 4.12.1973. Anschließend soll der Bundesausschuss um Zustimmung gebeten werden.]

17.3. Haltung der CDU in Rheinland und Westfalen zur Mitbestimmung
[Der Bundesvorstand ist mit der Presseerklärung zur Haltung der CDU in Rheinland und Westfalen einverstanden.[35]]

Ende der Sitzung: 14.05 Uhr

DOKUMENT 92

4. Dezember 1973: Protokoll der 13. Sitzung des Bundesvorstandes

Hans-Böckler-Haus in Düsseldorf; Vorsitz: Heinz O. Vetter; Protokollführung: Isolde Funke, Marianne Jeratsch; Sitzungsdauer: 10.20–16.05 Uhr; ms. vermerkt: »Vertraulich«.[1]

Ms., hekt., 12 S., 5 Anlagen.[2]

DGB-Archiv, 5/DGAI000537.

Beginn der Sitzung: 10.20 Uhr

[*Vetter* eröffnet Sitzung und gedenkt des verstorbenen GBV-Mitglieds Franz Woschech.]

Tagesordnung:
1. Genehmigung des Protokolls der 12. Bundesvorstandssitzung
2. Terminplanung Januar bis Dezember 1974
3. Einladung Bundesminister Eppler
4. Konzertierte Aktion
5. Harmonisierung der Beschäftigungsbedingungen von Gewerkschaftsangestellten
6. Gehaltsregelung für die Beschäftigten des DGB

---

34 In dem Briefentwurf vom 31.10.1973 der Abt. Organisation und Verwaltung wurden der DAG Verhandlungen über die organisatorische Eingliederung in den DGB angeboten. Endfassung des Briefes, siehe Dok. 93.
35 Vgl. ND, 6.11.1973, Nr. 369. Auf dem Parteitag der CDU im Rheinland und Westfalen wurde in der Mitbestimmungsfrage – im Gegensatz zum CDU-Bundesvorstand – eine Bekenntnis zu Parität mit Gleichheit des Stimmrechts befürwortet und eine Sondervertretung für leitende Angestellte abgelehnt.
1 Einladungsschreiben vom 12. und 20.11.1973. Nicht anwesend: Erich Frister (vertreten durch Erwin Walz), Karl Buschmann (vertreten durch Walter Schongen), Wilhelm Rothe (vertreten durch Jakob Deffner). DGB-Archiv, DGB-BV, Abt. Vorsitzender 5/DGAI000482.
2 Anlagen: Anwesenheitsliste, 4 Presseerklärungen: 1. »Zum 25. Jahrestag der allgemeinen Erklärung der Menschenrechte durch die UN« (ND, 5.12.1973, Nr. 411), 2. »Erklärung des DGB zur Wirtschaftslage« (ND, 5.12.1973, Nr. 413), 3. »DGB setzt sich für Lehrer ein« (ND, 5.12.1973, Nr. 714) und 4. »Reduzierung der Umtauschquoten für DDR-Besucher verlangt« (ND, 6.12.1973, Nr. 417).

Dokument 92   4. Dezember 1973

7. Urlaubsneuregelung für die Beschäftigten des DGB
8. Änderung der Sonderregelung für Wahlangestellte des DGB
9. DGB-DAG
10. 1. Mai 1974
11. Stammkapitalerhöhung bei der Neuen Heimat Städtebau GmbH
12. Erhöhung des Aktienkapitals bei der BfG
13. Einrichtung eines Spendenpools
14. Spendenersuchen des International Rescue Committee
15. Anpassung der Unterstützungen ab 1.1.1974
16. Wahl eines Revisors
17. Verschiedenes

1. GENEHMIGUNG DES PROTOKOLLS DER 12. BUNDESVORSTANDSSITZUNG

Kollege *Vetter* trägt den Wunsch von Kollegen Lappas vor, zu Punkt »Internationale und europäische Gewerkschaftspolitik« des Protokolls der 12. Bundesvorstandssitzung eine Ergänzung des Beschlusses am Ende der Seite 4 vorzunehmen. Er verliest den Formulierungsvorschlag des Kollegen Lappas, der – unter bestimmten Bedingungen – eine positive Haltung des DGB zu möglichen Aufnahmeanträgen der EO-WVA-Verbände zum Inhalt hat.[3]

Kollege *Lappas* begründet kurz seinen Ergänzungsvorschlag. Er weist darauf hin, daß nach seiner Ansicht die damalige Diskussion wohl eine Ablehnung von Aufnahmeanträgen kommunistischer Organisationen an den EGB ergeben hat. Der Bundesvorstand habe jedoch der Auffassung zugestimmt, daß die Bemühungen um die Aufnahme von EO-WVA-Verbänden in den EGB verstärkt fortgesetzt werden sollten, und zwar mit gewissen Konditionen, d. h. Anerkennung der Satzung des EGB und Austritt aus dem WVA.

[*Loderer* hält es im Übrigen für dringend erforderlich, dass der Bundesvorstand zu klaren Beschlüssen über seine Haltung auf europäischer und internationaler Ebene kommt und stellt den Antrag, diese Probleme umgehend im Bundesvorstand zu behandeln. *Vetter* schlägt vor, diese Thematik in die Tagesordnung für die Klausurtagung des BV am 5./6.2.1974 aufzunehmen. Nach kurzer Diskussion wird die folgende Fassung – wie im Schreiben von Lappas vorgeschlagen – beschlossen:]

»1. Der DGB wird zu gegebener Zeit seine Zustimmung zur Zusammenarbeit mit Vertretern der CGT/CGIL in der Gruppe II des WSA geben bzw. die Initiative dazu ergreifen.

2. Der DGB spricht sich für eine positive Beschlußfassung im EGB über mögliche Aufnahmeanträge der EO-WVA-Verbände aus, wenn sichergestellt ist, daß diese Verbände die Satzung des EGB voll anerkennen und der IBFG gegen die Aufnahme keine Einwendung erhebt.

---

3   Schreiben Alfons Lappas' an Heinz O. Vetter vom 27.11.1973 mit dem Ergänzungsvorschlag zur Aufnahme der Verbände der Europäischen Regionalorganisation des Weltverbands der Arbeitnehmer (EO-WVA) in den EGB. DGB-Archiv, DGB-BV, Abt. Vorsitzender 5/DGAI000482.

4. Dezember 1973 **Dokument 92**

3. Der DGB wird eine Beschlußfassung im EGB über eventuelle Aufnahmeanträge kommunistischer Organisationen ablehnen und seine in dieser Frage bisher vertretene Auffassung beibehalten.

4. Der Bundesvorstand behält sich vor, den gesamten Fragenkomplex zu einem späteren Zeitpunkt erneut zu beraten.«

Mit dieser Änderung genehmigt der Bundesvorstand das Protokoll der 12. Bundesvorstandssitzung.

2. TERMINPLANUNG JANUAR BIS DEZEMBER 1974

[Der BV nimmt zustimmend zur Kenntnis, dass die Kreditausschusssitzung der BfG vom 20. auf den 19. März 1974 verschoben wird.]

3. EINLADUNG BUNDESMINISTER EPPLER

[Der BV beschließt, Bundesminister Erhard Eppler für einen Vortrag über die Entwicklungspolitik in der Bundesausschusssitzung am 6.3.1974 einzuladen.[4]]

4. KONZERTIERTE AKTION

a) Antrag des Gewerkschaftstages der Gewerkschaft Holz und Kunststoff
[Der im Wortlaut vorliegenden Antrag des Gewerkschaftstages der Gewerkschaft Holz und Kunststoff, dass der DGB aus der Konzertierten Aktion austreten soll[5], wird von *Vater* begründet, und *Vetter* bittet um Beratung, ob der Bundesausschuss mit dieser Angelegenheit befasst werden soll. Nach kurzer Diskussion kommt der Bundesvorstand zu der Auffassung, dass, gemäß dem bisherigen Verfahren, die GHK dem nächsten Bundeskongress des DGB einen entsprechenden Antrag vorlegen soll. Eine zwischenzeitliche Befassung des Bundesausschusses sei nicht erforderlich.]

b) Terminierung der nächsten Sitzung der Konzertierten Aktion
Die Kollegen *Vetter* und *Neemann* berichten, daß vom Bundeswirtschaftsminister – offenbar angeregt durch Vertreter des Bundesverbandes der Deutschen Industrie -vorgeschlagen worden ist, am 6.12.1973 zu einer Sitzung der Konzertierten Aktion über das Jahresgutachten des Sachverständigenrates zusammenzukommen. Abgesehen davon, daß der 6. Dezember aus Termingründen für die meisten DGB-Vertreter nicht akzeptabel gewesen sei, habe

---

4 Auf der 54. GBV-Sitzung am 22.10.1973 trug Vetter den Wunsch Epplers vor, im Bundesvorstand oder Bundesausschuss die Entwicklungspolitik der Bundesregierung vorzustellen. DGB-Archiv, DGB-BV, Abt. Vorsitzender 5/DGAI000214.
5 Der von der Mehrheit der Delegierten angenommene Antrag B 1 der Bundesjugendkonferenz auf dem 9. Ordentlichen Gewerkschaftstag der GHK hatte folgenden Wortlaut: »Der Hauptvorstand fordert beim DGB den Austritt aus der Konzertierten Aktion, um so eine Einschränkung seiner Handlungsfreiheit [in der] Tarifautonomie zu verhindern.«.
Begründung: »Der Austritt aus der Konzertierten Aktion ist deshalb begründet, weil sich die Konzertierte Aktion als Institution ungeeignet erwiesen hat, an der sachlichen, objektiven Klärung und Lösung der wirtschaftlichen und gesellschaftlichen Aufgaben mitzuwirken.«
9. Ordentlicher Gewerkschaftstag der GHK. 3. bis 9. September 1973, Düsseldorf o. J., S. 679.

man dem Bundeswirtschaftsminister in einem kurzen Schreiben mitgeteilt, daß der DGB die Behandlung eines Gutachtens in der Konzertierten Aktion nicht für opportun halte, das sich überhaupt nicht mit der aktuellen Situation befaßt.[6] Wie zu erfahren war, wird der Sachverständigenrat am 18.12.1973 nun ein Sondergutachten erstatten, das am 19.12.1973 im Kabinett beraten werden soll.[7] Da in der Presse und von anderen Stellen die Version verbreitet wird, der DGB habe aus politischen Motiven die Konzertierte Aktion am 6.12. verhindert, sollte festgestellt werden, daß der DGB aus den genannten Gründen eine Teilnahme am 6.12. nicht zusagen konnte.[8] Grundsätzlich ist er bereit, an einer Sitzung der Konzertierten Aktion dann teilzunehmen, wenn ein Sondergutachten vorliegt und eine ausreichende Zeit zur Bearbeitung dieses Gutachtens gegeben war.

Der Bundesvorstand schließt sich dieser Auffassung an.

5. HARMONISIERUNG DER BESCHÄFTIGUNGSBEDINGUNGEN VON GEWERKSCHAFTSANGESTELLTEN

Kollege *Schmidt*, GBV, weist darauf hin, daß es gelungen ist, eine synoptische Darstellung fast aller Anstellungsbedingungen aller Gewerkschaften zu erarbeiten. Er bittet die Bundesvorstandsmitglieder, mit dafür zu sorgen, daß dem DGB Änderungen in den Gehaltsregulativen sofort mitgeteilt werden, damit sie abgestimmt werden können.

6. GEHALTSREGELUNG FÜR DIE BESCHÄFTIGTEN DES DGB

[Nachdem Gerhard *Schmidt* das schriftliche Abstimmungsergebnis zur Gehaltsneuregelung für die Beschäftigten des DGB mitgeteilt hat, nimmt der BV das Ergebnis zur Gehaltsneuregelung für die Beschäftigten des DGB zum 1.10.1973 sowie zu den zum 1.4. und 1.10.1974 vorgesehenen Strukturmaßnahmen zur Kenntnis: Von 134 stimmberechtigten Bundesausschussmit-

---

6 Im Jahresgutachten 1973 des Sachverständigenrates hatten die Wissenschaftler die Auswirkungen der Ölkrise nicht mehr berücksichtigen können, weil sich die Situation erst zuspitzte, als das Gutachten fast fertig war. Vgl. Jahresgutachten 1973, Bundestagsdrucksache VII/1273. Mitglieder des Sachverständigenrates waren die Professoren Wilhelm Bauer, Armin Gutowski, Claus Köhler, Norbert Kloten und Olaf Sievert. Zur Nichtteilnahme des DGB an der Sitzung der Konzertierten Aktion siehe Schreiben Georg Neemanns an Bundesminister Hans Friderichs vom 27.11.1973, DGB-Archiv, DGB-BV, Abt. Wirtschaftspolitik 5/DGAN000097.
7 In die konjunkturpolitischen Beschlüsse des Bundeskabinetts wurde die Situation im Mineralölsektor mit einbezogen. Vgl. Presse- und Informationsamt der Bundesregierung, Pressemitteilung, Nr. 1531/73 vom 19.12.1973. Des Weiteren beschloss die Bundesregierung zur Einsparung auf dem Treibstoffsektor für alle ein alterniendes Fahrverbot ab 19.1.1974 für Fahrzeuge mit geraden und ungeraden Endziffern des amtlichen Kennzeichens von Samstag 16.00 Uhr bis montags 3.00 Uhr. Vgl. Ebd., Pressemitteilung, Nr. 1532/73 vom 19.12.1973. Sondergutachten vom 18.12.1973 siehe Bundestagsdrucksache VII/456. Zur Stellungnahme des DGB zum Sondergutachten, siehe Die Quelle 25, 1974, Heft 1, S. 7.
8 Dem DGB wurde vorgehalten, er habe wegen der Tarifverhandlungen im öffentlichen Dienst und in der Metallindustrie die Teilnahme abgesagt. Vgl. hierzu Artikel Konzertierte Aktion erst wieder 1974, in: FAZ, 4.12.1973 sowie DGB hält Konzertierte Aktion für unnötig, in: FR, 1.12.1973.

4. Dezember 1973 **Dokument 92**

gliedern haben 118 schriftlich abgestimmt, davon 116 Ja-Stimmen, 1 Nein-Stimme, 1 Stimmenthaltung.]

7. URLAUBSNEUREGELUNG FÜR DIE BESCHÄFTIGTEN DES DGB

[Auf Beschluss des GBV[9] soll Bundesvorstand und Bundesausschuss empfohlen werden, eine verbesserte Urlaubsregelung zu beschließen. Der Grundurlaub soll einheitlich von 20 auf 25 Tage, der Urlaub nach Vollendung des 35. Lebensjahres von 25 auf 28 Tage pro Jahr angehoben werden. Für über 50-jährige bleibt der Urlaubsanspruch von 30 Arbeitstagen unverändert. Nach kurzer Diskussion beschließt der BV, dem Bundesausschuss zu empfehlen, den entsprechenden Paragrafen der Allgemeinen Anstellungsbedingungen für die Beschäftigten des DGB mit Wirkung vom 1.1.1974 zu ändern.]

8. ÄNDERUNG DER SONDERREGELUNG FÜR WAHLANGESTELLTE DES DGB

[Der Bundesvorstand empfiehlt dem Bundesausschuss zu beschließen, die vorgelegte Neufassung[10] der »Sonderregelung für Wahlangestellte« zum 1.1.1974 für alle danach zu schließenden Anstellungsverträge für Wahlangestellte, mit Ausnahme der Mitglieder des Geschäftsführenden Bundesvorstandes und der Landesbezirksvorsitzenden, in Kraft zu setzen.]

9. DGB-DAG

Kollege *Stephan* erinnert daran, daß in der Bundesvorstandsklausur Anfang Oktober der Auftrag erteilt wurde, den Entwurf eines Schreibens an die DAG vorzulegen. Das ist in der Bundesvorstandssitzung im November in Essen geschehen. Dieser Entwurf sollte in den Vorständen der Gewerkschaften beraten und Änderungen vorgeschlagen werden. Eine von der Gewerkschaft HBV angeregte Änderung ist, unterstrichen, in den jetzt vorliegenden Entwurf übernommen worden.[11] Die Gewerkschaft Textil-Bekleidung hat ihre Zustimmung mitgeteilt. Die Gewerkschaft NGG hat empfohlen, die Angelegenheit bis nach den Sozialwahlen zu vertagen. Das war auch die Meinung des Bundesangestelltenausschusses.[12] In einer gemeinsamen Sitzung von Geschäftsführendem Bundesvorstand und Landesbezirksvorsitzenden ist jedoch

---

9 Vgl. 53. GBV-Sitzung vom 19.11.1973, DGB-Archiv, DGB-BV, Abt. Vorsitzender 5/DGAI000215.
10 Die bisher gültige Sonderregelung für Wahlangestellte war am 16.4.1958 vom Bundesausschuss beschlossen worden. Vgl. DGB-Archiv, DGB-BV, Abt. Vorsitzender 5/DGAI000440.
11 In dem Briefentwurf vom 4.12.1973 wurde im ersten Absatz der letzte Halbsatz gegenüber dem Entwurf vom 30.10.1973 von »[...], dass sich die programmatischen Aussagen der Deutschen Angestelltengewerkschaft heute nur noch unwesentlich von denen des Deutschen Gewerkschaftsbundes unterscheiden«, in »[...], dass sich die programmatischen Aussagen der DAG denen des DGB in wesentlichen Punkten angenähert haben«, geändert. DGB-Archiv. DGB-BV, Abt. Vorsitzender 5/DGAI000482.
12 Nach Ansicht von Günther Döding (NGG) hätte das Schreiben Verwirrung bei den Angestellten in den Betrieben hervorrufen und sich negativ bei den Sozialwahlen niederschlagen können. Vgl. Protokoll der Sitzung des Bundes-Angestelltenausschusses am 20.11.1973, DGB-Archiv, DGB-BV, Abt. Angestellte 5/DGAT000012.

Dokument 92 4. Dezember 1973

mit großer Mehrheit die Ansicht vertreten worden, schon jetzt ein Schreiben an die DAG zu senden.[13]

Kollege *Kluncker* spricht sich für Gespräche mit der DAG zum baldmöglichen Zeitpunkt aus und ist dagegen, bis nach den Sozialwahlen zu warten. Er hat jedoch Bedenken, dem Vorstand der DAG bereits in dem Schreiben mitzuteilen, welches Modell am Ende der Verhandlungen stehen soll. Kollege Kluncker erläutert im einzelnen die Gründe für seine Bedenken, die im wesentlichen in den Mehrheitsverhältnissen bei der DAG liegen. Er kritisiert außerdem die Formulierung des ersten Absatzes des Briefentwurfs[14] und erklärt, auf eine entsprechende Frage des Kollegen *Seibert* eingehend, daß nicht die Absicht besteht, eine Mammutgewerkschaft des Öffentlichen Dienstes unter Einbeziehung von Bahn und Post zu bilden. Abschließend rät er, aus taktischen Gründen davon abzusehen, DGB-Presseerklärungen über DAG-Auflösungserscheinungen herauszugeben.[15]

Kollege *Muhr* ist der Meinung, daß von einem Gesprächsangebot an die DAG zum jetzigen Zeitpunkt keine negativen Auswirkungen auf die Sozialwahlen zu erwarten sind. Eher wird das Gegenteil der Fall sein. Auf den Einwand des Kollegen *Kluncker,* in dem Schreiben an die DAG besser kein bestimmtes Organisationsmodell anzubieten, gibt Kollege *Muhr* zu bedenken, daß der erste, fast gleichlautende Entwurf bereits in die Öffentlichkeit und in die Hände der DAG gekommen ist.[16] Ein Weglassen der betreffenden Passagen könnte zu falschen Schlußfolgerungen führen. Er hält das Beziehen einer klaren Position für besser.

Auch Kollege *Vietheer* ist der Auffassung, daß die Beschlußfassung über ein Gesprächsangebot an die DAG nicht vertagt werden sollte. Nach Bekanntwerden dieses Vorhabens in der Presse würde eine Verzögerung mit Sicherheit negative Folgen für den DGB haben. Er erläutert dann kurz den Änderungsvorschlag der Gewerkschaft HBV für den ersten Absatz des Schreibens.

Kollege *Stadelmaier* betont die grundsätzliche Zustimmung seiner Gewerkschaft zu den geplanten Aktivitäten, begründet aber noch einmal die Bedenken wegen des Zeitpunktes.

Kollege *Loderer* erinnert an seine Einwände hinsichtlich der Terminierung eines solchen Angebots in der Novembersitzung des Bundesvorstandes und fragt, ob die Voraussetzungen inzwischen andere sind. Sollte dies der Fall sein, würde er seine Zustimmung geben, sich aber der Empfehlung des Kollegen Kluncker anschließen, nicht sofort mit konkreten Modellvorstellungen aufzuwarten. Abschließend stellt er die Frage, ob der Bundesangestelltenausschuß dem Briefentwurf zugestimmt hat.

---

13 Vgl. Protokoll der Sitzung des GBV mit den Landesbezirksvorsitzenden und den Vorstandssekretären am 27.11.1973, DGB-Archiv, DGB-BV, Abt. Vorsitzender 5/DGAI000215.
14 Der erste Absatz lautete: »Die gesellschaftliche und politische Entwicklung in der Bundesrepublik Deutschland hat dazu geführt, daß sich die programmatischen Aussagen der DAG denen des DGB in wesentlichen Punkten angenähert haben.« Siehe Entwurf vom 4.12.1973.
15 Vgl. 30 Betriebsräte verlassen die DAG, in: ND, 12.11.1973, Nr. 375 sowie Massenaustritt bei der DAG. 140 Funktionäre und Mitglieder traten zum DGB über, in: FR, 7.11.1973.
16 Der erste Entwurf war vom 31.10.1973.

4. Dezember 1973 **Dokument 92**

Kollege *Stephan* verneint dies. Er erläutert im einzelnen die Bedenken des Bundesangestelltenausschusses sowohl wegen des Zeitpunktes als auch der Aktivität als Ganzes. Die Kollegen befürchten in jedem Fall eine Erschwerung ihrer eigenen Angestelltenarbeit.

Es folgt eine ausführliche Diskussion, an der sich die Kollegen *Loderer, Vetter, Vietheer, Kluncker, Hauenschild, Schmidt* (IGBE), *Schmidt* (GBV), *Stephan, Muhr, Sperner und* Kollegin *Weber* beteiligen. Man erörtert noch einmal das Für und Wider des Zeitpunktes, wobei die Mehrheit der Kollegen sich für das sofortige Gesprächsangebot ausspricht. Es sollte, ebenfalls nach der Mehrheitsmeinung der Kollegen, ohne Aufführung von Organisationsmodellen so gehalten sein[17], daß es eine reale Chance zur Auslotung von Lösungsmöglichkeiten bietet. Man ist sich einig, daß ein Nein der DAG zu einer absoluten Verhärtung der Fronten führen wird. Auch die Aufnahme der DAG als 17. Gewerkschaft in den DGB ist nicht diskutabel. Nach der Erörterung einiger Formulierungsänderungen schlägt Kollege *Vetter* vor, daß ein neuer Entwurf erarbeitet wird, der am nächsten Morgen kurz beraten und dann dem Bundesausschuß zur endgültigen Beschlußfassung vorgelegt werden soll.

Der Bundesvorstand ist mit diesem Vorschlag einverstanden.

10. 1. Mai 1974

[Nach kurzer Diskussion der Vorlage beschließt der Bundesvorstand das Maimotto 1974, »25 Jahre DGB – Menschlichkeit und sozialer Fortschritt«, und nimmt die Auswertung der Maiberichtsbogen 1973 zur Kenntnis.]

11. Stammkapitalerhöhung bei der Neuen Heimat Städtebau GmbH

[Nach der Diskussion über die Vorlage von Lappas ist der BV mit der Beteiligung des DGB an der Stammkapitalerhöhung bei der NHS von 12,6 Mio. DM auf 25 Mio. DM im Rahmen der Quote von 20,36% einverstanden. Den per 1. Dezember 1973 fälligen Betrag von DM 813.000,-- stellt die VTG aus ihren Erträgen zur Verfügung, die zum 15.1.1974 fällige Summe von DM 2.439.000,-- wird im Vorgriff auf künftige Kapitalerträge finanziert.]

12. Erhöhung des Aktienkapitals bei der BfG

Kollege *Lappas* erläutert die Vorlage und macht auf die Diskussion der Unterstützungskasse aufmerksam, wo Kollege Vater Bedenken gegen eine Beteiligung der Unterstützungskasse geäußert habe. Der Vorstand der Un-

---

17 Die Aussage bezog sich auf folgende Passage des Entwurfs: »Der Bundesvorstand des Deutschen Gewerkschaftsbundes ist übereinstimmend zu der Auffassung gekommen, Euch Verhandlungen über die organisatorische Eingliederung der DAG in den DGB anzubieten, mit dem Ziel
   – der Schaffung einer starken Gewerkschaft des privaten Dienstleistungsbereichs im DGB;
   – der Schaffung einer einheitlichen Gewerkschaft des öffentlichen Dienstes, des Verkehrswesens und der Versorgungswirtschaft im DGB;
   – der Integration der Angestellten in Industrie, Handwerk und Gewerbe in die Industriegewerkschaften des DGB.«.

Dokument 92   4. Dezember 1973

terstützungskasse habe sich mit dieser Sache befaßt und beschlossen, diese Beteiligung im Rahmen der Quote zu zeichnen.

Kollege *Vater* ist der Auffassung, daß der DGB die Erhöhung des Aktienkapitals im Rahmen seiner Quote mitmachen sollte. Es sei aber unter keinen Umständen tragbar, daß Gelder aus der Unterstützungskasse verwandt würden. Diese Gelder einer Aktiengesellschaft als Aktienkapital zuzuführen, sei keine mündelsichere Anlage. Kollege Vater erinnert an die Diskussionen im Bundesvorstand über die bisherigen Entnahmen aus der Unterstützungskasse für Kapitalerhöhungen bei der BfG. Für diesen heute vorgeschlagenen Betrag von 1.572.000,-- DM aus der Unterstützungskasse kann der Kollege Vater seine Zustimmung nicht geben.

[Nach Diskussion ist der BV mit der Beteiligung des DGB an der Erhöhung des Aktienkapitals der BfG zum Jahresende 1973 in Höhe von 50 Mio. DM im Rahmen seiner bisherigen Quote von 15,42% einverstanden. Die Finanzierung wird wie folgt vorgenommen: VTG (Kapitalerträge) DM 4.681.440,--; DGB (Haushaltsmittel aus 1972) DM 3.000.000,-- und Unterstützungskasse DM 1.572.000,--. Dabei wird betont, dass die Entnahme aus der Unterstützungskasse eine einmalige Angelegenheit sei; in Zukunft müsse eine andere Finanzierungsmöglichkeit gefunden werden.]

13. EINRICHTUNG EINES SPENDENPOOLS

[Die Aufbringung der Mittel zur Errichtung eines Spendenpools, an dem sich der DGB und die Gewerkschaften beteiligen, wird zur Überprüfung durch die Hauptkassierer der Gewerkschaften zurückgestellt.]

14. SPENDENERSUCHEN DES INTERNATIONAL RESCUE COMMITTEE

[Es wird beschlossen, die Vorlage zurückzustellen.]

15. ANPASSUNG DER UNTERSTÜTZUNGEN AB 1.1.1974

[Der BV schlägt der Mitgliederversammlung der Unterstützungskasse des DGB e.V. vor, ab dem 1.1.1974 alle Unterstützungen um 11,35% und die Unfallunterstützung an ehrenamtliche Gewerkschaftsfunktionäre um 9,1% zu erhöhen.]

16. WAHL EINES REVISORS

[Der BV beschließt, dem Bundesausschuss vorzuschlagen, Heinz Werner Meyer (IGBE) für den ausgeschiedenen Ernst Baumann (Gew. Leder) zu wählen.[18]]

---

18 Auf der 6. Sitzung des Bundesausschusses am 6.12.1973 wurde die Wahl bestätigt. DGB-Archiv, DGB-BV, Abt. Vorsitzender 5/DGAI000413.

17. VERSCHIEDENES

a) DGB-Kontakte zu ausländischen Gewerkschaften

Kollege *Vetter* bittet die Mitglieder des Bundesvorstandes, die Internationale Abteilung des DGB über geplante Delegationsreisen ins Ausland oder ausländische Delegationsbesuche in der Bundesrepublik zu unterrichten. Damit soll eine umfassende Information wie auch mögliche Unterstützung gesichert werden.

Kollege *Vietheer* regt eine Information auch über die Kontakte DGB/FDGB an. Kollege *Vetter* sagt die Behandlung des Themas in der Bundesvorstandsklausur im Februar zu.

b) § 218 – Schreiben der Humanistischen Union

Kollege *Vetter* informiert den Bundesvorstand über wiederholte Versuche der Humanistischen Union, den DGB für eine Kampagne in Sachen § 218 zu gewinnen.[19]

Der Bundesvorstand spricht sich gegen eine solche Beteiligung aus.

c) Stellungnahme der Vertrauensdozenten der Stiftung Mitbestimmung zu den sogenannten Extremistenbeschlüssen

Diese Angelegenheit soll als ordentlicher Tagesordnungspunkt in der nächsten Bundesvorstandssitzung behandelt werden.

d) Begegnung des Israelischen Botschafters mit dem Bundesvorstand

Der Bundesvorstand ist damit einverstanden, den Israelischen Botschafter in seiner Sitzung im Februar zu einem kurzen Besuch zu empfangen.

e) Vorlage der GEW zur Lehrerausbildung und Lehrerbesoldung

Der Bundesvorstand nimmt von der Erklärung der GEW zur Lehrerausbildung und Lehrerbesoldung zustimmend Kenntnis und wird sie dem Bundesausschuß zur Beschlußfassung empfehlen (s. Anlage).

f) Klausurtagung des Bundesvorstandes

Kollege *Vetter* informiert den Bundesvorstand, daß die für Februar 1974 vorgesehene Klausurtagung des Bundesvorstandes nicht beim Beamtenheimstättenwerk in Hameln, sondern von der Volksfürsorge ausgerichtet, wahrscheinlich in Hamburg stattfinden wird.

MITTAGSPAUSE: 14.00 BIS 15.10 UHR

g) 10. Ordentlicher Bundeskongreß 1975

[In Folge der Behebung der beanstandeten Mängel im Kongresszentrum Hamburg beschließt der BV, dem Bundesausschuss zu empfehlen, den Bun-

---

19 Zur Debatte um die Reform des § 218 siehe Profittlich: Mehr Mündigkeit wagen, insbes. S. 196 ff.

Dokument 92   4. Dezember 1973

deskongress in Hamburg durchzuführen und seinen Beschluss zugunsten der Stadt München zu revidieren.[20]]

h) Presseerklärung zum 25. Jahrestag der Allgemeinen Erklärung der Menschenrechte durch die Vereinten Nationen
[Der BV wird dem Bundesausschuss den Entwurf einer Presseerklärung vorlegen (s. Anlage).[21]]

i) Verdoppelung der Umtauschquoten für Besucher in der DDR
Kollege *Vetter* trägt den Vorschlag des Kollegen Michels vor, daß der Bundesvorstand und die Gewerkschaften den FDGB auffordern sollen, auf die Regierung der DDR einzuwirken, die Umtauschquoten auf den früheren Stand zu reduzieren. Durch Erhöhung der Umtauschquote seien besonders Rentner betroffen.[22]

Nach kurzer Diskussion, an der sich die Kollegen *Michels, Kluncker, Vetter* und *Sickert* beteiligen, beschließt der Bundesvorstand, dem Bundesausschuß einen geeigneten Vorschlag zu unterbreiten (s. Anlage).

j) Erklärung des DGB zur Wirtschaftslage[23]

Die Kollegen *Vetter, Sickert, Schmidt* (IGBE), *Sierks, Kluncker, Neemann, Loderer* und *Breit* diskutieren den vorgelegten Entwurf einer Erklärung des DGB zur Ölkrise und machen Änderungsvorschläge.

Der Bundesvorstand wird dem Bundesausschuß den geänderten Entwurf einer Erklärung zur Wirtschaftslage vorlegen (s. Anlage).

Ende der Sitzung: 16.05 Uhr

---

20 Siehe 12. Sitzung des Bundesvorstandes vom 6.11.1973, TOP 14 (Dok. 91).
21 Siehe ND, 5.12.1973, Nr. 411.
22 Laut Antrag von Peter Michels sollte der Bundesvorstand erwägen, »[...] Besuche von Gewerkschaftsdelegationen sowie Einladungen an Vertreter des FDGB aufzuschieben, um dem FDGB die Gelegenheit zu geben, auf die Regierung der DDR einzuwirken, die Umtauschquoten in DM Ost – insbesondere für Rentner – wieder auf den früheren Stand zu reduzieren. DGB-Archiv, DGB-BV, Abt. Vorsitzender 5/DGAI000482. Gegenüber der alten Umtauschquote waren ab dem 15.11.1973 Rentner vom Mindestaustausch nicht mehr ausgenommen. Die Beträge stiegen um das Vierfache (20 DM für das Gebiet der DDR) und um das Zweifache (10 DM für Ostberlin). Vgl. Vorlage für das Politbüro des Zentralkomitees der SED vom 30.10.1973, in: Dokumente zur Deutschlandpolitik, VI. Reihe/Bd. 3, S. 330 ff., Dok. 84.
23 Diesem Tagesordnungspunkt waren neben dem Entwurf der DGB-Erklärung zur Ölkrise folgende Beratungsunterlagen der Abt. Wirtschaftspolitik beigefügt: 1. Konjunktur- und wachstumspolitische Aspekte der Ölverknappung für das Jahr 1974, 2. Hauptpunkte einer Kritik am Mehrheitsgutachten des Sachverständigenrates und 3. Wirtschaftspolitische Informationen des DGB Nr. 10/1973 vom 29.11.1973 zur Ölkrise. Vgl. DGB-Archiv, DGB-BV, Abt. Vorsitzender 5/DGAI000482. Siehe auch: Die Quelle 24, 1973, Heft 12, S. 483 f.

Dokument 93

5. Dezember 1973: Brief des DGB an die DAG zwecks Gesprächs zur Herstellung der deutschen Gewerkschaftseinheit[1]

Ms., hekt., 1 S.[2]

DGB-Archiv, 5/DGAI000482.

Sehr geehrte Kolleginnen und Kollegen!

Der Bundesvorstand des Deutschen Gewerkschaftsbundes ist der Auffassung, dass der Zeitpunkt gekommen sei, mit der Deutschen Angestelltengewerkschaft Gespräche zu führen, die zum Ziel haben, die Einheit der deutschen Gewerkschaftsbewegung herzustellen.

Die Tatsache einer politischen Übereinstimmung in bestimmten Sachfragen schafft diese Einheit nicht allein. Auch eine stärkere Abstimmung in Sachfragen oder das Bilden von Tarifgemeinschaften könne diesem Anliegen nicht gerecht werden. Die Einheit der Gewerkschaftsbewegung könne nur heißen: Einheit der Organisation der Gewerkschaften.

Eine einheitliche Organisation sei eine der Voraussetzungen, um den noch unbefriedigenden gewerkschaftlichen Organisationsgrad der Angestellten erheblich zu verbessern. Das aber sei in Anbetracht der sich wandelnden gesellschaftlichen Gegebenheiten eine wesentlich Bedingung, um die Interessen aller abhängig Beschäftigten auch in der Zukunft wirksam vertreten lassen zu können.

Das Organisationsprinzip des Deutschen Gewerkschaftsbundes, entstanden aus geschichtlicher Erfahrung, habe sich bewährt. In den letzten Jahren sei ganz offensichtlich bei den Angestellten die Einsicht gewachsen, daß auch ihre Interessen nur gemeinsam mit den Interessen aller anhängig Beschäftigten durchgesetzt werden können.

In Anbetracht der Verantwortung gegenüber den Mitgliedern und allen abhängig Beschäftigten in der Bundesrepublik Deutschland bringe der Bundesvorstand des Deutschen Gewerkschaftsbundes die Hoffnung zum Ausdruck, daß der Bundesvorstand der DAG bereit sei, Gespräche mit dem DGB aufzunehmen.[3]

---

1 Beschlossen auf der 6. Sitzung des Bundesausschusses am 5.12.1973, TOP 10. DGB-Archiv, DGB-BV, Abt. Vorsitzender 5/DGAI000413. Abgedr. in: ND, 6.12.1973, Nr. 418. Der Brief wurde als Telex verschickt am 5.12.1973 um 17.55 Uhr und befindet sich in: AdsD, Bestand DAG Bundesvorstand, Ressort Vorsitzender (z. Zt. unverzeichnet).
2 Die Briefentwürfe vom 31.10.1973 und 4.12.1973 waren mit handschriftlichen Korrekturen von Heinz O. Vetter versehen.
3 Der DGB-Bundesvorstand erhielt am 6.12.1973 ein Telex des DAG-Bundesvorstandes (Hermann Brandt und Hans Katzenbach), in dem das Gesprächsangebot angenommen wurde. Weiter wurde ausgeführt: »Angesichts der Notwendigkeit gewerkschaftlicher Solidarität hat der 10. Bundeskongreß der DAG den Bundesvorstand aufgefordert, Verhandlungen mit dem Bundesvorstand des DGB aufzunehmen, auch mit dem Ziel der Übereinstimmung über

Dokument 94   21. Dezember 1973

Mit freundlichen Grüßen
Deutscher Gewerkschaftsbund
Bundesvorstand
Heinz Oskar Vetter   Günter Stephan[4]
Vorsitzender   Vorstandsmitglied

DOKUMENT 94

21. Dezember 1973: Schreiben des Bundeskanzlers, Willy Brandt, an den Vorsitzenden des DGB, Vetter, zur aktuellen Wirtschaftspolitik

Hekt., 5 S.

DGB-Archiv, Sekretariat Martin Heiß 5/DGCS000165.

Sehr geehrter Herr Vetter,

für Ihren Brief vom 6. Dezember, in dem Sie mir die Gründe für Ihre Terminabsage zur Konzertierten Aktion darlegen, danke ich Ihnen sehr.[1] Ich gehe davon aus, daß Ihre Bedenken durch die Verlegung der Konzertierten Aktion auf den 10. Januar 1974 ausgeräumt sind.[2]

Ihrer ebenfalls in diesem Brief geäußerten Bitte, Herrn Frister vor der Kabinettssitzung am 12. Dezember zu einer Aussprache zu empfangen, konnte ich aus Termingründen zu meinem Bedauern nicht entsprechen. Ich bitte Sie

---

Wege und Maßnahmen, die im Interesse einer einheitlichen Gewerkschaftsbewegung zum Abbau bzw. zur Aufhebung gewerkschaftlicher Konkurrenz führen. Organisationsformen und -prinzipien sollten allerdings nicht zum Dogma erhoben, sondern aus ihrer Zweckmäßigkeit angewendet werden. Wirksame gewerkschaftliche Interessenvertretung muß deshalb sowohl die beruflichen als auch die betriebs- und branchenbezogenen Aspekte berücksichtigen. Auch wir sind davon überzeugt, daß der außerordentlich geringe Organisierungsgrad der Angestellten nicht zuletzt eine Folge gewerkschaftlicher Konkurrenz ist. Die große Zahl der gewerkschaftlich nicht organisierten Angestellten stellt uns die Aufgabe, gemeinsam nach Wegen zu suchen, die geeignet sind, hier einen Wandel zu schaffen.« DGB-Archiv, DGB-BV, Sekretariat Martin Heiß 5/DGCS000082.

4   Günter Stephan war das zuständige Bundesvorstandsmitglied für die Abt. Angestellte.
1   Vetters Brief vom 6.12.1973 ist weder in den Abteilungen Vorsitzender, Gesellschaftspolitik, Wirtschaftspolitik sowie im Nachlass Heinz O. Vetter noch in den Akten der Geschäftsführenden Bundesvorstandsmitglieder überliefert. Auch im Willy-Brandt-Archiv, Helmut-Schmidt-Archiv, den Beständen SPD-PV und SPD-Bundestagsfraktion sowie dem Bundesarchiv gibt es keine Bestätigung des Briefes.
2   In einem Fernschreiben vom 10.12.1973 an Heinz O. Vetter begründete Friderichs die Verlegung auf den 10.1.1974 damit, dass bis Ende des Jahres ein Sondergutachten über die gesamtwirtschaftlichen Konsequenzen der Erdölversorgungslage vorliegen werde und auf der Sitzung die gesamtwirtschaftliche Lage und die Perspektive der wirtschaftlichen Entwicklung 1974 erörtert werden sollten. DGB-Archiv, DGB-BV, Sekretariat Martin Heiß 5/DG000165.

dafür um Verständnis. Die Auffassungen der Gewerkschaft Erziehung und Wissenschaft zu den betreffenden Fragen sind mir jedoch gut bekannt.³

Was die von Ihnen angesprochene Regelung der Mitbestimmung anbetrifft, dürfen Sie versichert sein, daß die von uns angestrebte Lösung die Vorstellungen des DGB und seiner Gewerkschaften berücksichtigt.

Lassen Sie mich jedoch noch auf Ihre Briefe vom 12. und 19. Oktober zurückkommen, in denen Sie mir die Haltung des Deutschen Gewerkschaftsbundes zur aktuellen Wirtschaftspolitik darlegen.⁴ Wegen der von Ihnen, insbesondere in dem Brief vom 19. Oktober, angesprochenen konkreten Vorschläge von grundsätzlicher Bedeutung habe ich die zuständigen Ressorts um eine gründliche Überprüfung und Stellungnahme gebeten.⁵ Ich bitte Sie daher um Nachsicht für eine gewisse zeitliche Verzögerung der Antwort, die sich deswegen ergab.

Die Besorgnisse, die Sie wegen der Entwicklung der Beschäftigung in einzelnen Bereichen unserer Wirtschaft äußern, werden von mir geteilt.⁶ Die Erdölversorgungskrise hat zweifellos zu einer weiteren Verschärfung der Lage geführt.⁷ Wir werden daher im nächsten Jahr kaum mit einem realen Wachstum unserer Wirtschaft rechnen können.

---

3 Bei dem Gespräch sollte es um Lehrerausbildung und Lehrerbesoldung gehen. Vgl. Brief Erich Fristers an Willy Brandt vom 27.11.1973. Die Bundesregierung beschloss am 12.12.1973 zur Lehrerbesoldung, dass die Ministerpräsidentenkonferenz auf ihrer nächsten Sitzung darüber beraten sollte. AdsD, Gewerkschaft Erziehung und Wissenschaft (GEW) Hauptvorstand 5/GEWA000349. Auf der Sitzung des Hauptvorstands der GEW am 15.12.1973 wurde das weitere Vorgehen aufgrund des Beschlusses der Bundesregierung beschlossen. Neben Gesprächen mit Willy Brandt und dem Vorsitzenden der Ministerpräsidentenkonferenz, Hans Koschnick, sollten Gespräche der GEW-Landesvorsitzenden mit den jeweiligen Ministerpräsidenten und Arbeitskampfmaßnahmen vor der Beschlussfassung der Ministerpräsidenten am 15.2.1974 stattfinden. Vgl. Erziehung und Wissenschaft, 1.1.1974, Nr. 1, S. 3.
4 Brief vom 12.10.1973, siehe Dok. 90. In dem Brief vom 19.10.1973 gingen Vetter und Neemann auf die Stabilisierungsmaßnahmen von Bundesregierung und Bundesbank ein. Sie führten aus, dass insbesondere die Geld- und Kreditpolitik und die Importerhöhungen im Rahmen des Stabilisierungsprogramms Klein- und Mittelbetriebe der Verbrauchsgüterindustrie am stärksten träfen und gestiegene Kurzarbeit, Entlassungen und Betriebsstilllegungen die Folge seien. Der DGB erwartete von der Bundesregierung, »[...] eine gezielte Lockerung der Restriktionsmaßnahmen und durch geeignete kredit- und handelspolitische Erleichterungen [alles zu tun], um die bestehende Gefährdung der Arbeitsplätze in den durch die Globalmaßnahmen unangemessen betroffenen Wirtschaftszweigen und Regionen nicht noch weiter zu verschärfen«. DGB-Archiv, DGB-BV, Abt. Wirtschaftspolitik 5/DGAN000092.
5 Brandt meinte hier den Brief vom 12.10.1973, in dem vorgeschlagen wurde, Ad-hoc-Kommissionen zu bilden. Vgl. Dok. 90.
6 Möglicherweise nimmt Brandt hier Bezug auf die am 13.12.1973 stattgefundene Protestkundgebung der Gewerkschaft Textil-Bekleidung auf dem Bonner Marktplatz für die Erhaltung der Arbeitsplätze in der Textilindustrie. Vgl. Textil-Bekleidung 25, 1974, Nr. 1, S. 12 f. sowie Die Quelle 25, 1974, Heft 1, S. 6 f.
7 In dem 40-seitigen Sondergutachten wurde u. a. wegen der Ölversorgungslücke und -verteuerung ein vermindertes Wirtschaftswachstum erwartet; die Verbraucherpreise würden um mindestens 8 % steigen. Vgl. Sondergutachten »Zur gesamtwirtschaftlichen Auswirkungen der Ölkrise« vom 19.12.1973, Bundestagsdrucksache VII/456. Bundeswirtschaftsminister Friderichs hatte in der 67. Sitzung des Bundestages vom 29.11.1973 in seiner Rede ausgeführt, dass es 1974 vermutlich kein Wirtschaftswachstum geben werde. Vgl. Bulletin des Presse- und Informationsamtes der Bundesregierung, Nr. 173, 30.11.1973, S. 1541 ff. Am Ende des

Dokument 94 21. Dezember 1973

Um den Beschäftigungsschwierigkeiten entgegenzuwirken, hat die Bundesregierung in den letzten Wochen – zuletzt durch die Beschlüsse vom 19. Dezember – ihre Konjunkturpolitik weiterentwickelt.[8]

Die beschlossenen Maßnahmen dienen im weitesten Sinne der Sicherung und der Neuschaffung von Arbeitsplätzen. Es kommt dabei vor allem darauf an, die stark abgesunkene Investitionsbereitschaft der Unternehmen wieder anzuregen. Wir haben daher die Investitionssteuer aufgehoben und die degressiven Abschreibungsmöglichkeiten wieder zugelassen.[9] Die Industrie wird dadurch in die Lage versetzt, sich auf die neue Energieversorgungssituation einzustellen und notwendige Strukturanpassungen vorzunehmen.

Unser besonderes Augenmerk haben wir auf die härter betroffenen Regionen und Sektoren unserer Wirtschaft gerichtet. Der Bauwirtschaft, der Textil- und Bekleidungsindustrie, der Schuh- und Lederwarenindustrie sowie dem Fremdenverkehrsgewerbe helfen wir durch ein Bündel von Maßnahmen bei der Bewältigung der Schwierigkeiten.

Ich nenne:

– den Bau von 50 000 Sozialwohnungen durch zusätzliche Förderung,

– die verstärkte Vergabe von öffentlichen Bauaufträgen des Bundes,

– die Aufhebung der Streckung bei den Gemeinschaftsaufgaben »Verbesserung der regionalen Wirtschaftsstruktur« und »Verbesserung der Agrarstruktur und des Küstenschutzes«,

– die Aufhebung der Sperre im ERP-Haushalt 1973 in Höhe von 230 Mio. DM,

– den Auftrag an die Kreditanstalt für Wiederaufbau, ein Kreditprogramm für kleine und mittlere Unternehmen in den betroffenen Sektoren zu eröffnen,

– den Verzicht auf Verlängerung der Kontingentaufstockung für Textilimporte aus asiatischen Ländern; die Beschränkung der Kontingente gegenüber Staatshandelsländern auf den bisher ausgenutzten Rahmen.

Sehr schwierig stellt sich die Lage gegenwärtig in der Automobilindustrie dar.[10] Ich erwarte jedoch, daß die Aufhebung der Restriktionen für die Inve-

---

Jahres 1974 war die Wachstumsrate des Bruttosozialprodukts auf 0,3 % zurückgegangen, die Inflationsrate lag bei 6,9 % und die Arbeitslosenquote bei 2,5 %. Zahlen aus: Arbeits- und Sozialpolitik. Statistiken 1975, hrsg. v. Bundesministerium für Arbeit und Sozialordnung, Bonn 1975.

8 Vgl. Konjunkturpolitische Beschlüsse der Bundesregierung vom 19.12.1973, in: Presse- und Informationsamt der Bundesregierung, Pressemeldung, Nr. 1531/73 vom 19.12.1973.

9 Unter »I. Steuerpolitik« der Konjunkturpolitischen Maßnahmen wurde für Wirtschaftsgüter, die nach dem 30.11.1973 bestellt wurden, keine Investitionssteuer mehr erhoben und die degressive Abschreibung für bewegliche Wirtschaftsgüter und Anlagevermögen wieder zugelassen. Vgl. ebd.

10 Vgl. u. a. Auto-Neuzulassungen im November stark geschrumpft, in: WAZ, 19.12.1973 sowie VW: Sorge um Arbeitsplätze, in: FR, 19.12.1973.

stitionen und die Modifizierung des Sonntagsfahrverbots[11] in diesem Bereich zu einer Beruhigung beitragen können.

Die Bundesregierung war ferner der Auffassung, daß es gegenwärtig nicht erforderlich ist, den privaten Verbrauch durch die Aufhebung des Stabilitätszuschlags für hohe Einkommen zu stärken, sondern daß der Vorrang jetzt bei den öffentlichen Investitionen im Infrastrukturbereich liegen soll. Der investive Bereich wurde daher von der vorläufigen Haushaltsführung im Jahr 1974 ausgenommen. Der Bundesminister für Wirtschaft wurde beauftragt, Vorschläge für zusätzliche gezielte Maßnahmen zur Verbesserung der Infrastruktur in strukturschwachen Gebieten vorzulegen. Darüber hinaus werden für den Fall einer zu starken Konjunkturabschwächung zusätzliche Investitionsprogramme vorbereitet.

Daneben gewährt die Bundesregierung zur sozialen Flankierung dieser Maßnahmen dort besondere Hilfen, wo außergewöhnliche Härten entstanden sind, zum Beispiel durch die Entwicklung der Heizölpreise.

Was die Preisentwicklung betrifft, so haben sich die Aussichten, bald eine Tendenzwende zu erreichen, durch die Entwicklung im Erdölbereich erheblich verschlechtert. Die von Ihnen vorgeschlagene Einrichtung von Ad-hoc-Kommissionen zur Untersuchung konkreter und gezielter Preisstabilisierungsmaßnahmen habe ich mit Interesse aufgenommen. In einigen Bereichen wird bereits im Sinne Ihrer Vorschläge verfahren. Im öffentlichen Auftragswesen wurde bei Bund, Ländern und Gemeinden darauf hingewiesen, die Möglichkeiten einer preisstabilisierenden Vergabepolitik zu nutzen. In der Verbraucherpolitik werden durch den Verbraucherbeirat beim BMWi – unter Beteiligung des DGB – die wesentlichen Aufgaben wahrgenommen.

Einen kritischen Punkt unseres Wirtschaftssystems sprechen Sie an, wenn Sie auf die Preisplanung der marktstarken Unternehmen hinweisen. Hier werden wir die durch das neue Kartellgesetz geschaffenen Möglichkeiten ausschöpfen.[12] Die verschärfte Mißbrauchsaufsicht über marktbeherrschende Unternehmen (§ 22), insbesondere aber die Mißbrauchsaufsicht über unverbindliche Preisempfehlungen (§ 38a) – die den wichtigsten Teil aller Preise erfaßt – geben die Grundlage ab für die notwendigen Eingriffsmöglichkeiten. Die Bundesregierung hat die Kartellbehörden des Bundes und der Länder ersucht gegen mißbräuchliche Preisentwicklungen entsprechend diesen Vorschriften streng vorzugehen.

Im speziellen Fall der Mineralölprodukte wird gegenwärtig zwischen Bundesregierung, Bundeskartellamt und Mineralölwirtschaft ein System der Offenlegung und Prüfung der Preiskalkulationen praktiziert. Ich hoffe, daß wir damit zu der auf diesem Sektor dringend notwendigen Preisberuhigung kom-

---

11 Zum alternierenden Sonntagsfahrverbot ab dem 19.1.1974 siehe Energiepolitische Beschlüsse des Bundeskabinetts vom 19.12.1973, vgl. Presse- und Informationsamt der Bundesregierung, Pressemeldung, Nr. 1532/73 vom 19.12.1973 sowie Dok. 92, Fußnote 7: 13. BV-Sitzung vom 4.12.1973.
12 Vgl. Kartellrechtsnovelle, Bundestagsdrucksache VI/2520, siehe auch: Dok. 90, Fußnote 5. Kritische Anmerkungen zur Kartellrechtsnovelle von Georg Neemann, in: Die Quelle 24, 1973, Heft 7/8, S. 289–291.

men. Sollte sich dieses System auf Dauer jedoch nicht bewähren, wird die Bundesregierung nicht zögern, die Möglichkeiten des Energiesicherungsgesetzes weiter auszuschöpfen.

Wie mir der Bundeswirtschaftsminister zugesichert hat, wird er den DGB zu bilateralen Gesprächen über die von Ihnen genannten Themenbereiche einladen. Ich rege an, daß auch wir das Gespräch zu gegebener Zeit fortsetzen.

Mit freundlichen Grüßen und
den besten Wünschen zu Weihnachten

< Ihr Willy Brandt >

DOKUMENT 95

12. Januar 1974: Schreiben des Vorsitzenden des DGB, Vetter, an die Vorsitzenden der Mitgliedsgewerkschaften des Europäischen Gewerkschaftsbundes[1]

Ms., 3 S.

DGB-Archiv, 5/DGAJ000787.

Liebe Kollegen!

Als sich im Juli 1973 die Vorsitzenden von sechs nationalen Gewerkschaftsbünden in Wien zu einem informellen Gespräch über die Möglichkeiten für die Gestaltung weiterer Gewerkschaftsbeziehungen in Europa trafen[2], stellten sie übereinstimmend fest, daß weitere Gespräche im kleinsten Kreis zu einer Verengung der Diskussion führen würden. Um die für alle Organisationen in Europa wichtige Erörterung auf einer möglichst breiten Basis führen zu können, bestätigten wir das Ergebnis der Beratung anläßlich des Kongresses der SAK in Helsinki 1971[3], ein konsultatives Treffen aller Vorsitzenden und Generalsekretäre der nationalen Bünde im Rahmen der 2. Europäischen Regionalkonferenz der ILO durchzuführen. Die Absicht eines solchen Treffens war und ist, zu einer originären Willensbildung über das Ob und Wie weiteren gewerkschaftlichen Zusammenwirkens in Europa zu kommen. Ein Ein-

---

1 Anlass des Schreibens war das konsultative Treffen der Delegationen bzw. Vorsitzenden oder Generalsekretäre der nationalen Gewerkschaftsbünde im Rahmen der 2. Europäischen Regionalkonferenz der ILO am 19.1.1974 in Genf. Zur Konferenz siehe DGB-Archiv, DGB-BV, Internationale Abt. 5/DGAJ000787.
2 An dem Gespräch am 28./29.7.1973 nahmen neben Heinz O. Vetter teil: Victor Feather (TUC), Arne Geijer (LO Schweden), Alexander N. Schelepin (sowjetischer WZSPS), Sandor Gaspar (ungarischer SZOT) und Wolfgang Bayreuther (FDGB). Vgl. den 15-seitigen Bericht Harald Simons vom 1.8.1973 über das Gespräch, in: DGB-Archiv, DGB-BV, Internationale Abt. 5/DGAJ000787. Siehe auch: Internationales Gespräch führender Gewerkschafter, in: ND, 30.7.1973, Nr. 242.
3 Zu den Gesprächen anlässlich des Kongresses des Finnischen Gewerkschaftsbundes SAK vom 30.6.–2.7.1971 vgl. Fußnoten 15 und 17 der 22. BV-Sitzung am 7.9.1971 (Dok. 48).

12. Januar 1974 **Dokument 95**

verständnis zur Abhaltung dieses Konsultativtreffens wollten die Teilnehmer des Gespräches in Wien bei ihren befreundeten Organisationen einholen. Weitere Vorgespräche wurden in diesem Zusammenhang nicht vorgesehen.

In bilateralen Begegnungen erreichten wir während der Folgezeit die Bereitschaft fast aller angesprochenen Organisationen, an den Treffen teilzunehmen.[4] Während es zu keiner weiteren Erörterung des Treffens im Rahmen des IBFG oder des EGB kam, konnten wir feststellen, daß es zwischenzeitlich zu einer Reihe von multilateralen Treffen kam, in denen schon bereits Details über mögliche Ergebnisse des Genfer Treffens besprochen wurden.[5]

Die Position des Bundesvorstandes des DGB hatte ich Euch bereits in einem Schreiben vom 7. November 1973 mitgeteilt.[6] Ich halte es jetzt aber doch für zweckmäßig, unseren Standpunkt zu wiederholen, insbesondere weil es den Anschein hat, als hätten sich einzelne Beteiligte bereits auf organisatorische Konsequenzen weitgehend abgestimmt, wogegen wir uns an die ursprüngliche Absprache halten möchten, wonach in Genf eine unbeeinflußte originäre Willensbildung gemeinsam gefunden werden soll.

In meinem Brief vom 7. November 1973 hatte ich darauf hingewiesen, daß ein mögliches Thema von europäischer Tragweite, das sich für eine gemeinsame Erörterung eignet, der Umweltschutz sein könnte. Sollten wir uns in Genf darauf einigen, hierzu eine weitere europäische Tagung nach dem Muster der Apartheid-Konferenz im Rahmen der ILO durchzuführen[7], dann ist es völlig ausreichend, wenn wir unseren Arbeitnehmervertretern im ILO-Verwaltungsrat ein klares Mandat für die Vorbereitung einer solchen Tagung geben. Es bedarf in keinem Fall eines ständigen Ausschusses oder gar der Einrichtung eines festen Sekretariats.

Für den DGB darf ich erklären, daß wir im Prinzip an dem Vorschlag zur Durchführung einer solchen fachlichen Tagung von europäischer Relevanz im Rahmen der ILO festhalten und die Bildung eines ständigen Ausschusses bzw. Einsetzung eines Sekretariats ablehnen werden.[8] Hierdurch wird die noch keineswegs abgeschlossene Konsolidierung des Europäischen Gewerkschaftsbundes entscheidend gestört.

---

4 Auf einer Sitzung am 12.8. 1973 in Stockholm wurden die westeuropäischen Gewerkschaftsbünde informiert über das »Wiener Gespräch«, um eine Entscheidung in ihren Bünden herbeizuführen über die Teilnahme an der europäischen Gewerkschaftskonferenz. Vgl. Schreiben Arne Geijers an Heinz O. Vetter vom 27.10.1973, DGB-Archiv, DGB-BV, Internationale Abt. 5/DGAJ000787.
5 So trafen sich beispielsweise im September und Oktober in Kopenhagen die Nordischen Gewerkschaftsorganisationen zu weiteren Beratungen über die organisatorische Vorbereitung der Konferenz. Vgl. Schreiben Arne Geijer an Heinz O. Vetter vom 27.10.1973, ebd.
6 In dem Schreiben Heinz O. Vetters an die Vorsitzenden der Mitgliedsgewerkschaften des Europäischen Gewerkschaftsbundes wurden die Diskussion und der Beschluss der 12. BV-Sitzung am 6.11.1973 (Dok. 91, TOP 2) zum konsultativen Treffen mitgeteilt. Siehe auch: DGB-Archiv, DGB-BV, Internationale Abt. 5/DGAJ000787.
7 Zur Anti-Apartheid-Konferenz siehe Fußnote 8 der 12. BV-Sitzung am 6.11.1973 (Dok. 91).
8 Vgl. Diskussion auf der 12. BV-Sitzung am 6.11.1973 (Dok. 91, TOP 2).

Dies ist insbesondere schwerwiegend, weil wir gerade vor diesbezüglichen wichtigen Beratungen anläßlich der Klausurtagung des Europäischen Gewerkschaftsbundes am 24. und 25. Januar d.J. stehen.[9]

Angesicht der gegenwärtigen Situation und der jüngsten Erfahrungen mit politischer Erpressung, als die sich der Ölboykott arabischer Staaten klar ausweist[10], hält der DGB es für richtig, daß wir anläßlich unseres konsultativen Treffens in Genf auch untersuchen, wie weit wir gegenüber diesen Maßnahmen zu einer gemeinsamen Haltung der Gewerkschaften auf europäischer Ebene über alle ideologischen Unterschiede hinweg kommen. Angesichts der Gefährdung von Hunderttausenden von Arbeitsplätzen aufgrund dieser Entwicklung hat die praktische internationale Solidarität der Arbeitnehmer zweifellos eine ganz hervorragende aktuelle Bedeutung. Hierbei ist die politische Erpressung mit wirtschaftlichen Mitteln genauso zu bekämpfen wie die ausbeuterische Haltung der multinationalen Konzerne.

In einigen Tagen werden wir uns in Genf zusammenfinden. Ich darf versichern, daß der DGB in jeder Phase dieser Begegnung zu einer offenen Diskussion und zu einer positiven Zusammenarbeit bereit ist. Ein gutes Gelingen im Interesse der Förderung, der Entspannung und des Friedens in Europa dürfte sicher in unser aller Interesse sein.

Mit freundlichen Grüßen
Heinz O. Vetter

---

9 Auf der Sitzung des Exekutivausschusses ging es u. a. um die Aufnahme der acht ehemaligen Mitgliedsgewerkschaften der EO-WVA, darunter auch die französische CFDT, sowie um die mögliche Aufnahme der italienischen Gewerkschaft CGIL, gegen deren Aufnahme der DGB, die französische FO und die christlichen Gewerkschaften Belgiens, der Schweiz und Luxemburgs waren. Sitzungsprotokoll in: DGB-Archiv, DGB-BV, Sekretariat Günter Stephan 5/DGCU000275.
10 Aufgrund des vierten Nahost-Krieges zwischen Israel und den arabischen Staaten (6. bis 24.10.1973) beschloß am 17.10.1973 die Organisation der Erdöl exportierenden Länder (OPEC), die Produktion und den Export von Erdöl zu verringern, bis Israel die besetzten Gebiete in Ägypten und Jordanien wieder räumen würde. Am 20.10.1973 begannen die neun OPEC-Staaten einen Ölausfuhrstopp gegenüber den USA und den Niederlanden und eine 75% verringerte Ausfuhr in andere Staaten. Vgl. Die Erdölerpressung, in: Der Spiegel 27, 5.11.1973, Nr. 45, S. 23 ff.

Dokument 96

22. Januar 1974: Fernschreiben des Vorsitzenden des DGB, Vetter, an den Bundeskanzler, Willy Brandt, zur Mitbestimmung[1]

Ms., Durchschlag, 2 S.

DGB-Archiv, 5/DGAK000041.

Sehr geehrter Herr Bundeskanzler!

Nachdem wir bisher in den Massenmedien und aufgrund eines persönlichen Gesprächs zwischen Bundesarbeitsminister Arendt und Herrn Farthmann über die Einigung in der Mitbestimmungsfrage unterrichtet worden sind[2], kam es uns darauf an, auf der Grundlage einer exakten schriftlichen Information im Bundesvorstand des DGB ein sachkundiges Urteil zu bilden.[3] Aus diesem Grunde habe ich auf jede weitere mündliche Erläuterung verzichtet. Ich darf nunmehr Ihre Hilfe in Anspruch nehmen, eine unverzügliche schriftliche Information aus dem zuständigen Ministerium zu erhalten.[4]

Dieses Verfahren ist um so notwendiger, als wir bisher den Eindruck gewinnen mußten, daß die mündliche Berichterstattung über die einzelnen Thesen des Koalitionskompromisses zur Mitbestimmung widersprüchliche Aussagen hervorgerufen hat.[5]

Insbesondere die Behandlung der leitenden Angestellten, auf die der DGB und die Gewerkschaften in letzter Zeit in mehrfachen Beschlüssen und Er-

---

1   In einem Briefentwurf der Abt. Vorsitzender an Bundeskanzler Willy Brandt, ebenfalls vom 22.1.1974, wurde detaillierter auf den Mitbestimmungskompromiss eingegangen, mit der abschließenden Feststellung, dass u. a. die Forderungen des DGB – keine Sonderrechte für leitende Angestellte, Parität und Wahlverfahren – auch nicht ansatzweise verwirklicht worden seien und sich somit die FDP-Position gegenüber den Vorstellungen der SPD durchgesetzt habe. Vgl. DGB-Archiv, DGB-BV, Abt. Gesellschaftspolitik 5/DGAK000041.
2   Am 19.1.1974 einigten sich die Koalitionsparteien von SPD und FDP in einem Spitzengespräch auf eine Regelung der Mitbestimmung in den Großbetrieben. Vgl. Einigung über gesellschaftliche Reform-Schwerpunkte. Brandt: Tragbare und für Sozialdemokraten zu bejahende Lösung, in: Parlamentarisch-Politischer Pressedienst 25, 22.1.1974, Nr. 15.
3   Am 23.1.1973 verschickte Detlef Hensche im Auftrag von Heinz O. Vetter die Koalitionspapiere zur Mitbestimmung und zur Vermögensbildung für die außerordentliche BV-Sitzung (Dok. 97). Vgl. DGB-Archiv, DGB-BV, Abt. Gesellschaftspolitik 5/DGAK000041.
4   In einem Telex vom 22.1.1974 fragte Eugen Loderer nach dem Text des Gespräches zwischen Heinz O. Vetter und Walter Arendt am 21.1.1974. Walter Fritze, Leiter der Presseabteilung, teilte Loderer per Telex mit, dass ein Gespräch bisher nicht stattgefunden hatte und ebenfalls kein telefonischer Meinungsaustausch. Mit Datum vom 22.1.1974 gab es jedoch eine Notiz für Heinz O. Vetter: »Herr Minister Arendt bittet dringend um ihren Anruf«. Vgl. DGB-Archiv, DGB-BV, Abt. Gesellschaftspolitik 5/DGAK000041.
5   Zu den unterschiedlichen Reaktionen auf den Koalitionskompromiss von Gewerkschaften, Arbeitgeberverbänden und Mitgliedern der Regierungskoalition siehe »Stimmungsbericht aus Bonn, 24. Jan. zur Mitbestimmungsdiskussion« von Walter Böhm, Verbindungsstelle des DGB-Bundesvorstandes in Bonn, in: DGB-Archiv, DGB-BV, Abteilung Gesellschaftspolitik 5/DGAK000041 sowie: Schröder: Verbände und Mitbestimmung, S. 108 und 115 ff.

Dokument 96 22. Januar 1974

klärungen ein wachsendes Gewicht gelegt haben, scheint nicht akzeptabel.[6] Ich möchte an dieser Stelle nochmals wiederholen, daß eigenständige Wahl- oder Vorschlagsrechte der leitenden Angestellten aus grundsätzlichen Erwägungen auf den Widerspruch der Gewerkschaften stoßen müssen. Eigenständige Vorschlagsrechte der leitenden Angestellten werden die Parität im Aufsichtsrat verhindern und in Gestalt eines »Drei-Klassen-Wahlrechts« die Belegschaft spalten. Eine solche Regelung wäre gegenüber dem gegenwärtigen Rechtszustand ein Rückschritt; die Arbeitnehmer und ihre Gewerkschaften würden dafür kein Verständnis aufbringen können.

Ich bitte Sie daher, dem DGB möglichst bald eine genaue Information über den Inhalt der Einigung zukommen zu lassen, damit wir gegebenenfalls in einer außerordentlichen Bundesvorstandssitzung zu den vorliegenden Thesen Stellung nehmen können. Zugleich gehe ich davon aus, daß die sozialdemokratische Partei und Bundestagsfraktion keine verbindlichen Beschlüsse fassen, bevor nicht die Stellungnahme des DGB und seiner Gewerkschaften vorliegt.[7]

Mit freundlichen Grüßen
< Heinz Oskar Vetter >

---

6 Im Koalitionskompromiss wurde, wie von der FDP verlangt, den leitenden Angestellten ein Platz auf der Arbeitnehmerbank eingeräumt. Siehe auch: Beschlüsse zu den leitenden Angestellten auf der 9. BV-Sitzung am 5.6.1973 und auf der 4. BA-Sitzung am 6.6.1973 (Dok. 84 und 85). Vgl. auch zu den Sonderrechten der Angestellten: DGB hält an seinen Mitbestimmungsforderungen fest, in: ND, 22.1.1974, Nr. 9 sowie DGB gegen Dreiteilung der Arbeitnehmerseite im Aufsichtsrat, in: Die Quelle 25, 1974, Heft 2, S. 49 f.
7 Auf der Fraktionssitzung am 22.1.1974 berichteten Walter Arendt über den Mitbestimmungskompromiss und Philip Rosenthal über die Vereinbarung zur Vermögenspolitik. Die SPD-Fraktion billigte ebenso wie die Fraktion der FDP die Koalitionsvereinbarungen, vgl. AdsD, SPD-Bundestagsfraktion, VII. Wahlperiode, 2/BTFG000043. Auch die Arbeitsgemeinschaft für Arbeitnehmerfragen in der SPD billigte den Kompromiss, vgl. SPD-Pressemitteilungen und Informationen, Nr. 31/74 vom 23.1.1974.

DOKUMENT 97

29. Januar 1974: Ergebnisprotokoll der außerordentlichen Sitzung des Bundesvorstandes

Gewerkschaftshaus der IG Metall in Frankfurt/M.; Vorsitz: Heinz O. Vetter; Protokollführung: Isolde Funke, Marianne Jeratsch; Sitzungsdauer: 10.15–13.30 Uhr; ms. vermerkt: »Vertraulich«.[1]

Ms., hekt., 2 S., 2 Anlagen.[2]

DGB-Archiv, 5/DGAI000537.

Beginn der Sitzung: 10.15 Uhr

Kollege *Vetter* eröffnet die außerordentliche Sitzung des Bundesvorstandes in Frankfurt.

Kollege *Vetter* informiert die Bundesvorstandsmitglieder über ein Gespräch, das auf Einladung des Vorsitzenden der SPD stattgefunden hat.[3] An diesem Gespräch haben teilgenommen seitens der Gewerkschaften Breit, Hauenschild, Loderer, Kluncker, Seibert, Adolf Schmidt und Vetter, die Minister Arendt und Schmidt, vom Parteivorstand Wehner und Nau sowie einige Mitarbeiter der Partei, seitens der Wirtschaft Seidag, Präsident des Verbandes Mittel- und Großbetriebe im deutschen Einzelhandel, sowie Mitarbeiter aus dem unmittelbaren Bereich des Bundeskanzlers. Anfang Februar soll ein weiteres Gespräch über die gesamtwirtschaftliche Lage und die erkennbare weitere Entwicklung stattfinden.[4]

Kollege *Vetter* geht zum eigentlichen Thema der Sitzung über und berichtet, daß am Vorabend auf Anweisung von Walter Arendt der Mitbestimmungsspezialist des Bundesarbeitsministeriums zu einer vergleichenden Aussprache über das Koalitionspapier und die Vorstellungen des DGB zur Verfügung gestanden hat.[5] Das ermöglicht eine genauere Aussage zu einzelnen Punkten

---

1 In dem Telex vom 22.1.1974 teilte Vetter den Bundesvorstandsmitgliedern mit, dass anstelle der vorgesehenen Zusammenkunft der Gewerkschaftsvorsitzenden aufgrund des Mitbestimmungskompromisses eine außerordentliche Bundesvorstandssitzung stattfinden solle. Nicht anwesend: Alfons Lappas, Günter Stephan, Alois Pfeiffer, Gerhard Vater und Heinz Kluncker (vertreten durch Karl-Heinz Hoffmann). DGB-Archiv, DGB-BV, Abt. Vorsitzender 5/DGAI000482. Vgl. auch: Sondersitzung des DGB-Vorstands zur Mitbestimmung, in: ND, 23.1.1974, Nr. 12.
2 Anlagen: Anwesenheitsliste, 6-seitiges Positionspapier (Arbeitspapier) vom 1.2.1974 zur Vorbereitung der Bundesausschusssitzung, in dem der Koalitionskompromiss an den gewerkschaftlichen Forderungen zur Mitbestimmung gemessen wurde.
3 Im Terminkalender von Willy Brandt war am 25.1.1974 für 17.00–20.00 Uhr ein Gespräch mit der Gewerkschaftsspitze eingetragen. Vgl. AdsD, WBA, A1, 63. Notizen Willy Brandts zu diesem Gespräch in WBA, A8, 95.
4 Auf der 65. GBV-Sitzung am 28.1.1974 berichtete Vetter über das Gespräch vom 25.1. und wies darauf hin, dass eine weitere Gesprächsrunde mit Wirtschaftsvertretern für den 7.2.1974 geplant sei. Vgl. DGB-Archiv, DGB-BV, Abt. Vorsitzender 5/DGAI000218.
5 Am 28.1.1974 wurde der erste Referentenentwurf den unmittelbar an der Gesetzesbildung beteiligten Ressorts zugeleitet. Der zuständige Referent im Arbeitsministerium war Ministerialdirektor Karl Fitting (1912–1990). Vgl. Gesellschaftspolitischer Informationsdienst, 7.2.1974, Nr. 2.

Dokument 97 29. Januar 1974

in der heutigen Diskussion. Im Namen des Geschäftsführenden Bundesvorstandes schlägt Kollege Vetter vor, die einzelnen Punkte des synoptischen Vergleichs durchzugehen, um so zu einer Gesamtbeurteilung zu kommen.[6] Der Geschäftsführende Bundesvorstand hat sich zwar seine Meinung gebildet, sieht aber davon ab, ein abschließendes Urteil oder einen Vorschlag zur Haltung des DGB abzugeben. Die Meinungsbildung muß s.E. gemeinsam erfolgen, damit DGB und Gewerkschaften auch gemeinsam das Ergebnis tragen. Gegebenenfalls sollte eine abschließende Erklärung auch durch den Bundesausschuß abgegeben werden.

Der Bundesvorstand diskutiert eingehend die einzelnen Punkte des vorgelegten synoptischen Vergleichs zwischen der Mitbestimmungseinigung der Koalitionsparteien SPD und FDP vom 19.1.1974 sowie den Vorstellungen des DGB (DGB-Entwurf eines Mitbestimmungsgesetzes von 1968[7] sowie Bundesausschußbeschlüsse vom 6.6. und 5.12.1973.[8])

Beschluß:

Der Bundesvorstand beschließt, die Bundesausschußmitglieder zu einer außerordentlichen Sitzung am Samstag, dem 16. Februar 1974, nach Hamburg einzuberufen.

Ferner beschließt der Bundesvorstand, daß das Ergebnis der heutigen Diskussion als Arbeitspapier für die außerordentliche Bundesausschußsitzung vorgelegt werden soll. Vorab soll dieses Arbeitspapier noch einmal in der Bundesvorstandsklausur am 5./6.2.1974 beraten werden (s. Anlage).

Ende der Sitzung 13.30 Uhr

---

6 Synoptischer Vergleich zur Mitbestimmung und Vermögensbildung, DGB-Archiv, DGB-BV, Abt. Gesellschaftspolitik 5/DGAK000041.
7 Entwurf eines Gesetzes über die Mitbestimmung der Arbeitnehmer in Großunternehmen und Großkonzernen, hrsg. v. DGB-Bundesvorstand, Düsseldorf 1968.
8 Vgl. Dok. 85, TOP 6; zum Beschluss der BA-Sitzung vom 5.12.1973 siehe Keine faulen Kompromisse in der Mitbestimmung, in: ND, 5.12.1973, Nr. 412.

DOKUMENT 98

31. Januar 1974: Schreiben des Bundeskanzlers, Willy Brandt, an den Vorsitzenden des DGB, Vetter, zur Mitbestimmung

Ms., Original, 2 S.

DGB-Archiv, 5/DGAK000041.

Sehr geehrter Herr Vetter,

ich bedanke mich aufrichtig für Ihre rasche Unterrichtung über die Behandlung des Mitbestimmungsthemas durch den Bundesvorstand des DGB.[1] Mit verzerrenden Darstellungen derartiger Diskussionen müssen wir uns alle hin und wieder auseinandersetzen. Auch deshalb ist die durch Sie erfolgte, unverzügliche Richtigstellung Ihrer Äußerungen, die in der Tat zu Mißverständnissen hätten führen können, für mich von großem Wert.[2]

Was die Sache angeht, so wird die Bundesregierung in naher Zukunft den gesetzgebenden Körperschaften einen präzisen Vorschlag zuleiten. Im Verlauf des Gesetzgebungsverfahrens werden wir uns wohl darum bemühen müssen, Unklarheiten zu beseitigen und zu einer Lösung zu kommen, die – trotz verständlicher Vorbehalte im einzelnen – von allen demokratischen und reformwilligen Kräften in unserem Lande bewußt mitgetragen werden kann. Dabei weiß ich das außerordentlich kritische, aber sachliche und von hohem Ernst getragene Urteil zu würdigen, zu dem Sie und Ihre Kollegen im DGB-Bundesvorstand gelangt sind.

Die Bundesregierung wird den festen Boden der von den Koalitionsparteien erarbeiteten Lösung nicht verlassen. Im weiteren Verlauf der Diskussion wird es uns – so hoffe ich – außerdem gelingen, manche Mißverständnisse auszuräumen.

So glaube ich beispielsweise, daß wir eine »Dreiteilung der Belegschaft« im Sinne eines auch für mich unannehmbaren »Dreiklassenwahlrecht« erfolgreich vermieden haben. Ich darf Sie darüber hinaus herzlich bitten, Ihre Befürchtungen hinsichtlich der behaupteten Sonderstellung der »leitenden Angestellten« im Lichte des Gesetzestextes erneut sorgfältig und vorbehaltlos zu überprüfen.[3] Dabei dürfen Sie davon ausgehen, daß die wesentlichen

---

1 Diese Aussage bezog sich auf die außerordentliche BV-Sitzung vom 29.1.1974, siehe Dok. 97.
2 Möglicherweise bezog sich Brandt hier auf Vetters Äußerungen in der Pressekonferenz nach der außerordentlichen Bundesvorstandssitzung. Darin führte er u. a. aus, dass der DGB mit allen zu Gebote stehenden Mitteln den Mitbestimmungskompromiss zu Fall bringen wolle. Diese Äußerungen gaben Anlass zu den unterschiedlichsten Interpretationen. Vgl. DGB will Mitbestimmungs-Konzept der Koalition zu Fall bringen, in: SZ, 30.1.1974.
3 Im Koalitionskompromiss und in dem späteren Gesetzentwurf (vgl. Bundestagsdrucksache VII/2172 vom 29.4.1974) sah der DGB weiterhin »schwerwiegende Mängel«, insbesondere bei der Sonderstellung der leitenden Angestellten (§ 6) und dem »Wahlmännerverfahren« (§§ 10 ff.). Auf der Pressekonferenz nach der a.o. Bundesvorstandssitzung (Dok. 97) erklärte Vetter, dass der DGB »mit allen zu Gebote stehenden Mitteln« die Dreiteilung der Belegschaft und das Wahlverfahren verhindern wolle. Vgl. SZ, 30.1.1974.

Dokument 99   5./6. Februar 1974

Punkte der Mitbestimmungsregelung im Koalitionspapier klar festgelegt sind. Auslegungsakrobatik kann und wird es gerade hier nicht geben.

Ihre Bereitschaft zur Fortsetzung des Gesprächs in Fragen der Mitbestimmung mit mir sowie den Kontakt mit dem Fraktionsvorsitzenden begrüße ich sehr.[4] Wir alle können gerade den Rat der Gewerkschaften in dieser Frage gebrauchen.

Wegen eines Gesprächstermins darf ich mich zu gegebener Zeit mit Ihnen in Verbindung setzen.

Mit freundlichen Grüßen
< Ihr Willy Brandt >[5]

P.S. Ich würde es begrüßen, wenn Bundesminister Arendt zur Sitzung Ihres Bundesausschusses eingeladen werden könnte.[6]

DOKUMENT 99

5./6. Februar 1974: Protokoll der Klausurtagung des Bundesvorstandes

Hotel Maritim in Travemünde; Vorsitz: Heinz O. Vetter; Protokollführung: Isolde Funke, Marianne Jeratsch; Sitzungsdauer: 5. Februar, 9.40–22.20 Uhr, 6. Februar, 8.45–13.40 Uhr; ms. vermerkt: »Vertraulich«.[1]

Ms., hekt., 18 S., 1 Anlage.[2]

DGB-Archiv, 5/DGAI000537.

Beginn der Sitzung: 5.2.1974, 9.40 Uhr

[*Vetter* eröffnet die Klausurtagung und *Rittner* begrüßt im Namen der Vorstände der Volksfürsorge die Bundesvorstandsmitglieder.]

Tagesordnung:
1. Genehmigung des Protokolls der 13. Bundesvorstandssitzung
2. Termine
3. Haushalt 1974 sowie Stellenplan

---

4   Die Koalitionsfraktionen standen in dieser Frage im ständigen Kontakt mit dem DGB, durch die Bundestagsabgeordneten Hermann Rappe (Hauptvorstand CPK, stellv. Mitglied des Arbeits- und Sozialausschusses, Vorsitzender der SPD-Arbeitsgruppe Mitbestimmung), Friedhelm Farthmann (Geschäftsführer WSI) und Adolf Schmidt (Vorsitzender IGBE). Vgl. Schröder: Verbände und Mitbestimmung, S. 113.
5   Hs. unterzeichnet.
6   Hs. hinzugefügt. Bundesminister Arendt erläuterte auf der a.o. Bundesausschusssitzung am 16.2.1974 den Mitbestimmungskompromiss der Bundesregierung. Vgl. Dok. 100.
1   Einladungsschreiben vom 11.1. und 22.1.1974. Nicht anwesend: Eugen Loderer (vertreten durch Hans Mayr), Wilhelm Rothe (vertreten durch Jakob Deffner). DGB-Archiv, DGB-BV, Abt. Vorsitzender 5/DGAI000483.
2   Anlage: Anwesenheitsliste.

4. Internationale Lage
5. Gesellschaftspolitische Situation (Mitbestimmung und Vermögensbildung)
6. Umweltprogramm
7. Antrag 7
8. Stellungnahme des DGB zum Vorschlag der Kommission der Europäischen Gemeinschaften über eine Fünfte Richtlinie über die Struktur der Aktiengesellschaft (Strukturrichtlinie)
9. Tagesordnung für die 7. Bundesausschusssitzung am 6.3.1974
10. Einladung des Vorstandes der Stiftung Mitbestimmung zur Aussprache mit dem Bundesvorstand
11. Zeitschrift »pro«
12. Zusammenarbeit mit dem Bundesministerium für Bildung und Wissenschaft
13. Arbeitskampfrichtlinien
14. Interviews für Springer-Zeitungen
15. Verschiedenes

[*Lappas* berichtet über den Stand der Reform der Richtlinien der Unterstützungskasse. Nach kurzer Diskussion sichert er zu, dass die bereits an die Vorstände der Gewerkschaften versandte Unterlage noch einmal an die Vorsitzenden geschickt wird.]

1. GENEHMIGUNG DES PROTOKOLLS DER 13. BUNDESVORSTANDSSITZUNG

[Der Bundesvorstand genehmigt das Protokoll.]

2. TERMINE

Kollege *Vetter* teilt zwei Vorschläge des Bundeskanzlers bzw. des Vorsitzenden der SPD mit. Erstens wäre es die Frage, ob man den Gewerkschaftsrat noch sehr kurzfristig vor der außerordentlichen Bundesausschußsitzung einberufen oder es bei dem Termin 19.2.1974, spätnachmittags, belassen sollte. Der zweite Vorschlag wäre, den Bundesarbeitsminister zur Erläuterung des Koalitionspapiers zur außerordentlichen Bundesausschußsitzung einzuladen. Kollege Vetter schlägt vor, der zweiten Bitte des Bundeskanzlers zu entsprechen und den Minister für den Morgen der außerordentlichen Bundesausschußsitzung einzuladen.[3] Am Nachmittag könnte dann der Bundesausschuß seine Stellungnahme erarbeiten. Die Gewerkschaftsratssitzung sollte am 19.2.1974 durchgeführt werden.[4]

Beschluß:

Der Bundesvorstand beschließt, den Bundesarbeitsminister zur a.o. Bundesausschußsitzung am 16.2.1974, morgens, einzuladen. Der Bundesvorstand ist mit dem Termin 19.2.1974, spätnachmittags, für die Gewerkschaftsratssitzung einverstanden.

---

3 Siehe Dok. 100.
4 In der Sitzung des Gewerkschaftsrates berichteten Walter Arendt über die Abschlussverhandlungen zur Mitbestimmung mit der FDP und Helmut Schmidt über die wirtschaftliche Situation. Die anschließende Diskussion zu den beiden Ausführungen ging bis 23.00 Uhr. Vgl. Kurzprotokoll der vierstündigen Sitzung in: AdsD, SPD-Parteivorstand, Bundesgeschäftsführer Holger Börner 2/PVCO000127.

Dokument 99   5./6. Februar 1974

Auf die Frage des Kollegen *Kluncker* nach Verschiebung des Termins 12.2.1974 mit dem Bundesverteidigungsminister Leber, da von der ÖTV niemand teilnehmen kann und wahrscheinlich ein Arbeitskampf stattfinden wird[5], erklärt Kollege *Vetter,* daß er versuchen wird, noch im Laufe des Tages mit Minister Leber zu sprechen.

3. HAUSHALT 1974 SOWIE STELLENPLAN

Kollege *Vetter* verweist auf die dem Bundesvorstand übersandten Unterlagen »Haushaltsvoranschlag 1974«[6] sowie »Stellenplan«[7], zu denen die Kollegen Lappas und Schmidt im einzelnen Stellung nehmen werden. Die Erstellung einer Organisationsanalyse bis zu diesem Zeitpunkt ist nicht möglich gewesen.[8] Sie wird in einer späteren Klausurtagung vorzulegen und zu beraten sein. Wichtig und notwendig aber ist, daß durch die Verabschiedung des Haushalts 1974 die sich zum Teil zwangsläufig ergebenden organisatorischen und personalpolitischen Konsequenzen auch im Hinblick auf die zu diskutierende DGB-Reform gezogen werden können.

Kollege *Lappas* erläutert den Haushaltsvoranschlag in einzelnen Positionen. Er weist u. a. darauf hin, daß die Beitragseinnahmen in 1973 höher als erwartet sein werden, daß die gleiche Entwicklung aber nicht für 1974 zu erwarten ist. Auf Empfehlung der Haushaltskommission und der Hauptkassierer wird deshalb von einer 4%igen Steigerung für 1974 ausgegangen. Wenn diese Steigerung in den ersten vier bis fünf Monaten nicht erreicht wird, soll, so regt es die Haushaltskommission an, über eine Neuorientierung auf der Ausgabenseite beraten werden. Kollege Lappas geht u. a. kurz auf die Personalkosten ein, die die 60%-Grenze zwar um 1,6% überschreiten, deren Rückführung auf 60% bis Jahresende aber möglich erscheint. Er erwähnt die auf dem Stand von 1973 eingefrorenen Sachkosten der Landesbezirke, die zu überprüfende Aufstockung der Mittel für die Ortskartelle und die stark reduzierten Mittel für Werbung. Kollege Lappas schildert außerdem kurz

---

5 Vom 10. bis 13.2.1974 fand ein Arbeitskampf im öffentlichen Dienst statt. Aufgrund der Preissteigerungsrate von 8% und der gesetzten Lohnleitlinie von 10% durch die Bundesregierung, forderte die ÖTV Lohn- und Gehaltserhöhungen von 15%. Am 13.2. einigten sich die Tarifpartner auf eine Lohn- und Gehaltserhöhung um 11%, mindestens jedoch um 170 DM. Zum Streik vgl. u. a. ÖTV-Report, 1974, Nr. 2 und 3 sowie Hemmer/Simon: Kluncker, S. 169 ff. und Faulenbach: Das sozialdemokratische Jahrzehnt, S. 399.

6 Der Haushaltsvoranschlag wurde vom GBV am 7.1. und von der Haushaltskommission am 15.1.1974 verabschiedet. Vgl. Schreiben Alfons Lappas' an die Bundesvorstandsmitglieder vom 18.1.1974, DGB-Archiv, DGB-BV, Abt. Vorsitzender 5/DGAI000483.

7 In dem Schreiben Gerhard Schmidts an die Bundesvorstandsmitglieder vom 23.1.1974 sind die Stellenpläne für alle DGB-Bereiche aufgelistet. Bei den Plänen sind die Soll- den Ist-Stellen gegenübergestellt. Vgl. ebd.

8 Grundlage war ein Arbeitspapier der Abt. Organisation und Verwaltung vom 12.11.1973, welches auf der 62. Sitzung am 7.1.1974 beschlossen wurde. Ziel der Organisationsanalyse sollte es sein, gesichertes Material zu liefern über die konkreten Aufgaben des DGB auf allen seinen Organisationsebenen, die Aufbau- und Ablauforganisationen dieser Ebenen sowie den Umfang und die Qualität der Informationskanäle. Vgl. DGB-Archiv, DGB-BV, Abt. Vorsitzender 5/DGAI000217. Zur Durchführung der Organisationsanalyse sowie zu deren Aufgaben und Zielen siehe DGB-Geschäftsbericht 1972–1974, S. 459 f.

die Situation, die sich aus der nötigen Erhöhung des Gesellschaftskapitals des BFW und der Finanzierung der Sozialwahlen durch Kreditnahme ergeben hat. Abschließend erklärt Kollege Lappas, daß der Geschäftsführende Bundesvorstand beim Haushaltsvoranschlag 1974 sehr drastische Eingriffe in praktisch allen sachlichen Ausgabetiteln vorgenommen hat, um den Ausgleich sicherzustellen. Die Haushaltskommission hat dem Voranschlag mit dem Vorbehalt zugestimmt, ihn Mitte des Jahres erneut zu überprüfen. Nicht eingeplant in den Haushalt 1974 sind eventuelle Verbesserungen der Gehälter der DGB-Beschäftigten und eventuelle Bereitstellungen an die VTG für die Aufstockung der Gesellschafteranteile bei den gemeinwirtschaftlichen Unternehmen, wobei bei der BfG die Gründung einer Holding erwartet wird.[9]

Zur voraussichtlichen Entwicklung des Solidaritätsfonds 1974 verweist Kollege Lappas auf die übersandte Übersicht und erläutert kurz die einzelnen Positionen.[10] Es wird zu überlegen sein, welche Aktivitäten angesichts der Lage zu reduzieren oder zu Lasten anderer Ausgabeverpflichtungen zu finanzieren sind. Der Geschäftsführende Bundesvorstand versucht, alles, was an Ausgabeverpflichtungen besteht, im ordentlichen Haushalt aufzufangen; aber das kann nur Schritt für Schritt erfolgen.

Kollege Lappas bittet den Bundesvorstand im Namen des Geschäftsführenden Bundesvorstandes und der Haushaltskommission um Zustimmung zu dem vorgelegten Haushaltsvoranschlag 1974.

Kollege *Schmidt*, GBV, weist darauf hin, daß die Personalkosten für 1974 um rund 2,5 Mio. DM niedriger angesetzt worden sind, als es nach den Berechnungen nötig gewesen wäre. Das aufzufangen, ist eine Aufgabe, die erst im Laufe des Jahres durch eine Vielzahl kleiner Schritte durchzuführen und hoffentlich zu erfüllen ist. Voraussetzung für die konsequente Durchführung von Personaleinsparungsmaßnahmen ist die Analyse der Aufgaben des DGB und die darauf basierende politische Schlußfolgerung. Danach erst ist eine abschließende Diskussion über den Stellenplan möglich. Kollege Schmidt geht auf einige Positionen des vorgelegten Stellenplans ein. Der Geschäftsführende Bundesvorstand wird mit allen Kräften bemüht sein, den gekürzten Haushaltsansatz für Personal so zu erreichen, wie er vorgesehen ist. Im Herbst jedoch wird sich für den Bundesvorstand die Frage stellen, ob, wie hoch und woher eine Gehaltserhöhung für die DGB-Beschäftigten finanziert werden soll.

---

9 Am 14.11.1974 wurde die »Beteiligungsgesellschaft für Gemeinwirtschaft AG«, Frankfurt/M. (BGAG) durch den DGB und die in ihm zusammengeschlossenen Gewerkschaften gegründet. Sie sollte die Mehrzahl (außer der Neuen Heimat), der von ihren Gründern getragenen Einzelwirtschaften unter dem gemeinsamen Dach einer gewerkschaftlichen Holdinggesellschaft zusammenfassen. Zur Holding, deren Satzung und Aufgaben siehe Alfons Lappas: Beteiligungsgesellschaft für Gemeinwirtschaft, in: Öffentliche Wirtschaft und Gemeinwirtschaft, Frankfurt/M. 1975, S. 22–24; DGB-Geschäftsbericht 1972–1974, Abt. Finanzen, S. 325 f.; Nagel: BfG, S. 183 ff.
10 Für die voraussichtliche Entwicklung des Solidaritätsfonds für das Jahr 1974 wurden die Ausgaben mit 4,4 Mio. DM angegeben. Größte Posten waren die Zuwendungen an die GGLF, die Gewerkschaft Kunst, den Solidaritätsfonds des IBFG sowie für das DGB-Aktionsprogramm. Vgl. Schreiben Alfons Lappas' an die Bundesvorstandsmitglieder vom 20.1.1974, DGB-Archiv, DGB-BV, Abt. Vorsitzender 5/DGAI000483.

Dokument 99 5./6. Februar 1974

Kollege *Stephan* macht den Bundesvorstand anhand von Zahlenvergleichen aus den vergangenen Jahren auf die unabwendbaren Reduzierungen der Werbemaßnahmen für 1974 aufmerksam. Mit dem Ansatz des Werbeetats auf DM 900.000,-- und der nicht mehr möglichen Mittelentnahme aus dem Solidaritätsfonds verringern sich die Werbemöglichkeiten auf weniger als ein Viertel des bisherigen. Kollege Stephan nennt eine Reihe von Maßnahmen, die eingestellt oder wesentlich gekürzt werden müssen.

Für die Haushaltskommission bestätigt Kollege *Vater* die Ausführungen des Kollegen Lappas. Der Bundesvorstand soll und muß wissen, daß der Haushalt 1974 nicht mehr ausgeglichen hätte vorgelegt werden können, wenn nicht finanzielle Mittel aus dem freien Kapitalmarkt in Anspruch genommen worden wären. Trotzdem hat die Haushaltskommission dem Haushaltsvoranschlag 1974 mit dem Vorbehalt der erneuten Überprüfung zugestimmt, wenn die Einnahmeerwartungen in den ersten Monaten des Jahres 1974 nicht erreicht werden. Die Haushaltskommission hat außerdem beschlossen, den Bundesvorstand in seiner heutigen Sitzung damit zu beschäftigen, daß die Gewerkschaft HBV nach dem Stand vom 15.1.1974 einen Beitragsrückstand von rund 1,850 Mio. DM gegenüber dem DGB hat und sich damit nicht satzungsgemäß verhält.

Kollege *Mirkes* spricht die Frage und Notwendigkeit einer Kapitalerhöhung bei der BfG an und möchte unter allen Umständen gesichert wissen, daß die mögliche Gründung einer Holding vor der Beschlußfassung durch den Vorstand der BfG im Bundesvorstand eingehend beraten wird.[11] Das Projekt Organisationsanalyse DGB hält Kollege Mirkes für sehr begrüßenswert. Er regt jedoch an, zu überlegen, ob es nicht sinnvoll wäre, den Organisationsausschuß in die Arbeiten mit einzubeziehen bzw. zwei Kollegen aus den Gewerkschaften an der Projektgruppe zu beteiligen.

Kollege *Vetter* weist darauf hin, daß das vorgelegte Papier zunächst nur als Information für den Bundesvorstand über den vorgesehenen Rahmen der Arbeit gedacht ist. Weitergehende Überlegungen müssen später angestellt werden.

Zum Thema Gründung einer Holding bei der BfG gibt Kollege Vetter seiner Überzeugung Ausdruck, daß der Bundesvorstand zu gegebener Zeit mit diesem Problem beschäftigt wird.

PAUSE: 11.00 BIS 11.15 UHR

Kollege *Kluncker* bittet nochmals, Material nicht in letzter Sekunde herauszugeben. Es sollte berücksichtigt werden, daß vorher eine ganztägige Vorstandssitzung der Gewerkschaften stattfinden kann. Kollege Kluncker weist auf Ziffer 9 der Geschäftsordnung des DGB hin, die eine Haushaltsplanglie-

---

11 Zur Kapitalerhöhung bei der BfG und zur Gründung einer Holding siehe Diskussion auf der Klausurtagung vom 1. bis 3.10.1973, TOP 7 (Dok. 88) sowie auf der 17. (4.6.1974) und 18. (2.7.1974) BV-Sitzung (Dok. 108 und 109). Zur Kapitalerhöhung im September 1974 und zur Gründung der Holding Ende 1974, siehe BfG AG (Hrsg.): Jahresbericht 1974, Frankfurt/M. 1975, S. 18.

814

derung nach Bundesvorstand, Landesbezirke und Kreise vorsieht.[12] Dies ist in der Vorlage nicht geschehen. Er bittet, dies in Zukunft zu berücksichtigen. Abschließend spricht sich Kollege Kluncker für eine Beteiligung der Gewerkschaften an dem Projekt Organisationsanalyse aus.

Kollege *Schmidt*, IGBE, hält eine mögliche Kapitalerhöhung der BfG für sehr problematisch. Es müßte die Frage gestellt werden, wer sich überhaupt beteiligen kann. Dazu kommt, daß es Gewerkschaften, wie die IGBE, gibt, die sich beteiligen können, aber überlegen müssen, ob sie das dürfen. Es müßte bald zu einer klaren Situation gekommen werden.

Kollege *Seibert* hatte geglaubt, einen Spielraum bei den Personalkosten für die in diesem Jahr vorzunehmende Verbesserung der Gehälter zu sehen. Dies ist aber nicht der Fall. Vielmehr sollten 4,3 Mio. DM in diesem Jahr eingespart werden.

Aufgrund des Beschlusses der Haushaltskommission möchte Kollege *Vietheer* die Situation bei HBV darstellen. Seit dem 1.4.1969 bekommt die Gewerkschaft HBV keine finanzielle Unterstützung mehr vom DGB. Sie bekam vom kommenden Jahr an die Auflage, immer 1% mehr zu zahlen. Dazu kam dann die Aufstockung von 6% auf 9% an die Unterstützungskasse. Die Gewerkschaft HBV zahlt jetzt 12% an den DGB. Es handelt sich jetzt lediglich um einen Beitragsrückstand; wobei zu bemerken ist, daß die Gew. HBV mit der Beitragszahlung immer drei Quartale zurückliegt. Jetzt gäbe es zwei Alternativen, entweder Antrag auf Stundung oder Antrag auf Erlaß. Die Gewerkschaft HBV möchte beides nicht. In diesem Zusammenhang weist Kollege Vietheer auf die Konkurrenzsituation mit der DAG hin. Abschließend bittet er den Bundesvorstand, heute keine Entscheidung zu treffen, sondern damit einverstanden zu sein, daß die Geschäftsführenden Bundesvorstände des DGB und der Gewerkschaft HBV die Angelegenheit gemeinsam beraten.

Kollege *Buschmann* regt an, zu überprüfen, ob die Wahlen, wie Sozialwahlen, Personalratswahlen usw., nicht mit öffentlichen Mitteln durchgeführt werden könnten. Er schlägt vor, eine mittelfristige Vorlage für die Jahre 1976 und 1977 unter Fortschreibung von gleich-bleibenden Ausgaben zu erstellen, wobei die Gewerkschaften ebenfalls dem DGB mittelfristig ihre Möglichkeiten darzulegen hätten. Vielleicht könnte man diese Frage in einer der nächsten Sitzungen diskutieren.

Kollege Buschmann ist der Auffassung, daß die zu erwartende Einnahmensteigerung mit 4% zu niedrig angesetzt ist.

Kollege *Vetter* ruft die Einkommensentwicklung in Erinnerung. Es müßte auch eine nächste Klausur beschlossen werden, vielleicht im Abstand von drei Monaten, wo der Haushalt nach den letzten Erkenntnissen erneut überprüft werden muß. Gegebenenfalls müßten Prioritäten gesetzt werden.

---

12 Nach Ziffer 9 der Geschäftsordnung sollte der jährlich dem Bundesvorstand vorzulegende Haushaltsentwurf einschließlich Stellenplan aufgegliedert sein in: Bundesvorstandsverwaltung, Landesbezirksverwaltung und Kreise des DGB. Vgl. Geschäftsordnung des Bundesvorstandes, beschlossen auf der 96. GBV-Sitzung am 2.11.1971, DGB-Archiv, DGB-BV, Abt. Organisation 5/DGAL000156.

Dokument 99 5./6. Februar 1974

Kollege *Muhr* teilt mit, daß die Frage der Finanzierung der Wahlen durch öffentliche Gelder sehr eingehend diskutiert worden ist. Man ist zu dem Ergebnis gekommen, davon abzusehen, da damit nicht nur die Konkurrenz mit Finanzmitteln ausgestattet, sondern auch die Bildung neuer Organisationen hervorgerufen wird. Kleinere Organisationen würden damit aufgewertet werden. Das alles sollte nach Möglichkeit verhindert werden.

Kollege *Kluncker* teilt die Bedenken von Gerd Muhr. Er stellt die Frage, ob die Finanzierung von Sekretären durch andere Stellen vereinbar ist mit der Tariffähigkeit.

Kollege *Stadelmaier* bezieht sich auf die Ausführungen von Kollegen Buschmann und ist der Ansicht, daß damit auch die von der GTB bereits gut gelöste Beitragsfrage für die anderen Gewerkschaften zu sehen ist. Man sollte in einigen Monaten ausführlich auch über dieses Problem und seine Konsequenzen diskutieren. Kollege Stadelmaier spricht außerdem die Frage der Ausbildung von Nachwuchssekretären und die Beiträge an die Internationale u. ä. an.

Angeregt durch den Diskussionsbeitrag von Kollegen Kluncker, ergibt sich nachfolgende eine kurze Erörterung des Problems der Bezahlung von DGB-Sekretären aus öffentlichen Mitteln, an der sich die Kollegen *Sickert, Vetter, Muhr* und *Kluncker* beteiligen. Staatliche sowie Mittel der öffentlichen Körperschaften werden in verschiedenen Bereichen für die Bezahlung von Sekretären mit eingesetzt, wie z. B. im Jugend-, Bildungs- und Schulungsbereich, zur Betreuung ausländischer Arbeitnehmer und in geringem Maße im Rechtsschutz. Diese Mittel dienen jedoch nur der Unterstützung des Staates in seinen diesbezüglichen Aufgabenbereichen und bringen den Staat oder öffentliche Körperschaften nicht in die Rolle des Arbeitgebers und damit die Gewerkschaften auch nicht in zulässige Abhängigkeiten.

Kollege *Lappas* faßt die Diskussion wie folgt zusammen:

Die exakte Einhaltung der Geschäftsordnung des DGB bei der Aufstellung und Beratung von Haushalten führt insofern zu Schwierigkeiten, als im Haushalt nur global die Mittel für die einzelnen Landesbezirke beschlossen werden. Anschließend ist es Aufgabe der Landesbezirksvorstände, gemeinsam mit den Kreisen die jeweils verfügbaren Mittel festzulegen. Eine Übersicht über die den Kreisen zugeteilten Mittel wäre also nur nachträglich möglich, kann aber dem Bundesvorstand, falls gewünscht, selbstverständlich später zur Verfügung gestellt werden.

Zur Kapitalaufstockung bei der BfG erinnert Kollege Lappas an die Klausur des Bundesvorstandes in Gravenbruch und den dort gefaßten Beschluß, eine Arbeitsgruppe einzusetzen, die die Voraussetzungen für die Bildung einer Holding prüft. Das Ergebnis wird ohne Zweifel im Bundesvorstand vor einer endgültigen Beschlußfassung durch den Vorstand der BfG beraten werden.

Nach den erfolgten Abstrichen im Sachkostenbereich ist es unabwendbar erforderlich, Einsparungen bei den Personalkosten vorzunehmen, um den Haushalt auf ein tragbares Volumen zu bringen. Nach dem Iststand von 1973 hat die erste Hochrechnung der Personalkosten einen Zuwachs von 23 % ergeben. Dabei sind u. a. die 11 %ige Gehaltserhöhung, die automatischen Höhergruppierungen sowie die Erhöhung der Sozialversicherungsbeiträge und die bevorstehende Umgruppierung der Kreisvorsitzenden zu berücksichtigen.

Zur Höhe der Einnahmeerwartungen hält es Kollege Lappas für verantwortlicher, zunächst von einer durchschnittlichen 4%igen Steigerung auszugehen, als später vor einem schlechteren Ergebnis zu stehen.

In der Frage der Beitragshöhe hält Kollege Lappas die Einführung der Beitragsdynamik für die beste Lösung.

Abschließend geht Kollege Lappas kurz auf die Beiträge zu internationalen Organisationen ein und erwähnt u. a., daß im Rahmen des IBFG beispielsweise eine Reihe von Organisationen die Beitragserhöhung nicht mitgetragen haben. Der Kongreß des EGB in Kopenhagen wird mit Sicherheit eine Beitragserhöhung beschließen.[13]

Kollege *Schmidt*, GBV, geht kurz auf die Frage der Ausbildung von Nachwuchssekretären ein, die grundsätzlich nur für den DGB gedacht ist. Da der DGB aber im vergangenen Jahr 50 Mitarbeiter an die Gewerkschaften abgegeben hat, ist das auch als gewisse Leistungen für die Gewerkschaften anzusehen. Sicher werden auch bei der Ausbildung Einsparungen vorgenommen werden müssen. Davon ausgenommen ist der Rechtsschutz.

Zum Projekt Organisationsanalyse DGB bestätigt Kollege Schmidt, daß es sich bei dem übersandten Papier um eine erste Information handelt. In der zweiten Phase ist die Beteiligung des Organisationsausschusses bzw. von Vertretern der Gewerkschaften unerläßlich. Kollege Schmidt bekräftigt noch einmal, daß eine effektive Personalplanung erst nach Festlegung der Aufgaben erfolgen kann.

Kollege *Vetter* betont noch einmal die Notwendigkeit, auch im Hinblick auf die künftige Reformdiskussion, dem Geschäftsführenden Bundesvorstand durch Verabschiedung des vorgelegten Haushalts die Möglichkeit zu geben, die sich aus dem Haushalt ergebenden verwaltungs-, organisations- und personalpolitischen Konsequenzen anzupacken. Er bittet deshalb den Bundesvorstand, mit dem Vorbehalt der eventuellen Überprüfung nach ca. einem halben Jahr, den vorgelegten Haushaltsvoranschlag 1974 (einschließlich Stellenplan) zustimmend zur Kenntnis zu nehmen und dem Bundesausschuß zur Annahme zu empfehlen.

Der Bundesvorstand nimmt den Haushaltsvoranschlag 1974 zustimmend zur Kenntnis und wird ihn dem Bundesausschuß zur Verabschiedung empfehlen. Falls erforderlich, wird um die Jahresmitte 1974 eine Überprüfung erfolgen.

---

13 Auf dem außerordentlichen EGB-Kongress vom 23. bis 25.5.1974 in Kopenhagen ging es insbesondere um die Neuaufnahmen der christlichen Gewerkschaftsbünde sowie die daraus folgende Satzungsänderung (Zusammensetzung des Exekutivausschusses), um den Entwurf eines Aktionsprogramms des EGB sowie u. a. um die Wahl Heinz O. Vetters zum EGB-Präsidenten. Eine Beitragserhöhung der Mitgliedsorganisationen wurde vorerst nicht beschlossen. Vgl. DGB-Archiv, DGB-BV, Internationale Abt. 5/DGAJ000211.

Dokument 99   5./6. Februar 1974

4. INTERNATIONALE LAGE

Kollege *Vetter* bittet um Verständnis für Umfang und verspätete Zusendung der Unterlagen, in die noch die Ergebnisse des Konsultativen Treffens in Genf und der Klausurtagung des EGB aufgenommen werden sollten.[14] Außerdem sollte mit dem Papier erstmalig eine grundsätzliche Darstellung über vergangene und gegenwärtige internationale Politik gegeben werden, so daß für künftige Beschlußfassungen nur eine Fortschreibung dieser Unterlage erforderlich ist. Kollege Vetter geht dann in einem historischen Rückblick auf die in weiten Zeiträumen parallel laufende Entwicklung von Gewerkschaften und Bundesrepublik und ihre Einbindung in internationale Organisationen ein, die weitgehend abhängig war von den Machtverhältnissen zwischen USA und UdSSR. Nach der Phase des Kalten Krieges haben sich die Gewerkschaften für die Entspannungspolitik ausgesprochen, was auch aus Grundsatzprogramm und Satzung hervorgeht. Noch vor der Bundesregierung haben die Gewerkschaften 1968 die ersten Schritte zur Kontaktaufnahme mit der Sowjetunion getan, der dann weitere Ostblockstaaten folgten. Das hat letztlich auch dazu geführt, daß die DDR bzw. der FDGB sich Kontakten nicht verschließen konnten. In diesem Zusammenhang weist Kollege Vetter auf die Ursachen und Hintergründe der Spaltung auf internationaler Ebene in IBFG und WGB hin.[15] Er schließt eine Betrachtung der Entwicklung innerhalb des IBFG an, der zunächst stark amerikanisch geprägt war. Die amerikanischen Gewerkschaften waren es auch, die im Rahmen des IBFG die Entspannungsbemühungen des DGB mißbilligten. Jedoch wäre es falsch, darin die eigentliche Ursache für ihren späteren Austritt aus dem IBFG zu sehen. Kollege Vetter gibt einen kurzen Überblick über die amerikanischen Gewerkschaftsverhältnisse.[16]

Kollege Vetter wendet sich nun den bilateral geführten Ostkontakten des DGB zu. Sie haben sich im Prinzip normalisiert, aber es stellt sich nun die Frage, in welcher Form sie weitergeführt werden können. Man kann sie auch nicht losgelöst vom Geschehen im europäischen Raum betrachten. Dort ist seit langem die Gefahr zu beobachten, daß von östlicher Seite über eine

---

14 Das Arbeitspapier »Internationale Gewerkschaftspolitik des DGB im europäischen Rahmen« wurde am 29.1.1973 von Erwin Kristoffersen den BV-Mitgliedern zugesandt. Das Arbeitspapier war in zwei Teile gegliedert: Teil 1 war eine 29-seitige zusammenfassende Darstellung der gegenwärtigen Diskussion, in der das konsultative Treffen der Vorsitzenden und Generalsekretäre der nationalen Gewerkschaftsbünde im Rahmen der 2. Europäischen Regionalkonferenz der IAO am 19.1.1974 in Genf und die EGB-Vorstandsklausur am 24./25.1.1974 berücksichtigt wurden. Teil 2 waren Hintergrundinformationen zu diesen Tagungen in Form einer Dokumentation. Vgl. DGB-Archiv, DGB-BV, Abt. Vorsitzender 5/DGAI000483.
15 Zum Zerbrechen des WGB und zur Gründung des IBFG nach dem Zweiten Weltkrieg siehe Hans Gottfurcht: Die internationale Gewerkschaftsbewegung im Weltgeschehen, Köln 1962, insbes. S. 169 ff. sowie W. Reutter/P. Rütters: Internationale und europäische Gewerkschaftsorganisationen. Geschichte, Struktur und Einfluss, in: Schroeder/Weßels: Gewerkschaftshandbuch, S. 512 ff.
16 Zum Verhältnis des DGB zur AFL-CIO siehe DGB-Geschäftsbericht 1972–1974, Internationale Abt., S. 39; Schriftwechsel zwischen George Meany und Heinz O. Vetter von 1973, in: Teil 2 des Arbeitspapiers; zum Verhältnis der beiden Gewerkschaftsbünde zueinander in den 1970er Jahren siehe auch: DGB-Archiv, DGB-BV, Internationale Abt. 5/DGAJ000271 und 5/DGAJ000575.

gezielte Konferenztaktik Aufweichungsversuche gestartet werden. Kollege Vetter erläutert das an einer Reihe von Beispielen. Das Ziel einer Europäischen Gewerkschaftskonferenz stand hinter all diesen östlichen Bemühungen, die bereits bei einigen Mitgliedern des EGB auf Sympathie gestoßen sind. Kollege Vetter erinnert an den ersten massiven Vorstoß der Ostblockgewerkschaften in dieser Sache auf dem Kongress des Finnischen Gewerkschaftsbundes im Jahre 1971 und die sich daraus ergebenden Aktivitäten. Der DGB hat seitdem verstärkt auf die Durchführung einer Konferenz der europäischen Gewerkschaften im Rahmen der ILO gedrängt und hat schließlich mit der Unterstützung einiger skandinavischer Kollegen erreicht, daß die vier Arbeitnehmervertreter im Verwaltungsrat der ILO – Kollege Muhr sowie jeweils ein englischer, norwegischer und sowjetischer Vertreter – als Vorbereitungskomitee für ein solches Treffen eingesetzt wurden. Das am 19. Januar stattgefundene Konsultative Treffen in Genf hat dank der Initiative und der festen Haltung der DGB-Vertreter zu dem Ergebnis geführt, daß ein weiteres Treffen sich mit dem alle berührenden Thema »Humanisierung der Arbeitswelt« befassen soll, daß auch weiterhin Vorbereitung und Durchführung solcher Treffen im Rahmen der ILO erfolgen sollen und daß wiederum die vier Arbeitnehmervertreter im Verwaltungsrat der ILO in Verbindung mit den nationalen Bünden diese Treffen organisieren werden.[17]

Trotz dieses Erfolges der DGB-Bemühungen sollte die Gefahr nicht unterschätzt werden, die sich aus den verstärkten Versuchen kommunistischer Einflußnahme auf europäischer und internationaler Ebene, vor allem auch im Rahmen des EGB durch die angestrebte Aufnahme kommunistischer Verbände, ergibt.

Kollege Vetter geht abschließend auf die Situation innerhalb des EGB ein, insbesondere auf die Aufnahmebemühungen der kommunistischen Verbände und die vom DGB unter gewissen Bedingungen unterstützte Aufnahme der europäischen Verbände des WVA.

MITTAGSPAUSE: 13.15 BIS 15.00 UHR

In der Zeit von 15.00 bis 17.10 Uhr findet eine interne Sitzung der Gewerkschaftsvorsitzenden mit den Mitgliedern des GBV statt.[18]

5. GESELLSCHAFTSPOLITISCHE SITUATION (MITBESTIMMUNG UND VERMÖGENSBILDUNG)

[Der Bundesvorstand diskutiert eingehend anhand des vorgelegten Arbeitspapiers[19] Einzelaspekte des Koalitionskompromisses, um für den Bundesausschuss eine Entschließung zu erarbeiten.]

17 Die Tagung der ILO fand vom 28.2. bis 1.3.1975 in Genf statt. Siehe 22. BV-Sitzung vom 4.3.1975, TOP 17 (Dok. 116).
18 Über diese Sitzung gibt es weder im DGB-Archiv noch in den Aktenbeständen der Gewerkschaften im AdsD eine Niederschrift oder Aufzeichnung einzelner Teilnehmer.
19 Das Arbeitspapier wurde auf der a.o. Bundesvorstandssitzung am 29.1.1974 beschlossen, vgl. Dok. 97, Fußnote 2. Das 6-seitige Arbeitspapier war ein Vergleich des Koalitionskompromisses mit den gewerkschaftlichen Forderungen.

Dokument 99 5./6. Februar 1974

PAUSE: 18.10 BIS 18.15 UHR

Kollege *Vetter* begrüßt im Namen des Bundesvorstandes herzlich den Botschafter des Staates Israel, Ben-Horin, und seinen Begleiter, Sozialreferenten Ron Pri-el.[20] Er versichert die große Anteilnahme am Schicksal Israels und die Bereitschaft, alle Hilfe zu geben, die wir als Gewerkschaften geben können, um die Dinge in Nahost zu einem guten Ende zu bringen. Führende deutsche Gewerkschaftsvertreter werden Gelegenheit nehmen, auf dem bevorstehenden Kongreß der HISTADRUTH die Haltung der deutschen Gewerkschaften gegenüber dem Staat Israel noch einmal deutlich zu machen.[21]

Botschafter *Ben-Horin* dankt sehr für die Möglichkeit, dem Bundesvorstand des DGB in einem vertraulichen Bericht die Situation Israels darstellen zu können. Er schildert im folgenden die außen- und innenpolitische Lage des Staates Israel und bittet abschließend die deutschen Gewerkschaften um die Fortsetzung ihrer freundschaftlichen Unterstützung.

PAUSE: 19.30 BIS 21.00 UHR

FORTSETZUNG ZU TOP 5. »GESELLSCHAFTSPOLITISCHE SITUATION«

[Nach eingehender Diskussion soll der Entschließungsentwurf noch einmal überarbeitet werden.]

ENDE: 22.20 UHR

FORTSETZUNG: 6.2.1974, 8.45 UHR

FORTSETZUNG ZU TOP 4. »INTERNATIONALE LAGE«

Kollege *Muhr* bittet den Bundesvorstand noch einmal um seine grundsätzliche Zustimmung zu den von Kollegen Vetter kurz geschilderten Ergebnissen des Konsultativen Treffens und zur Haltung der DGB-Vertreter bei den weiteren Verhandlungen. Folgende Positionen sind einzuhalten:

1. Die Vorbereitung solcher Tagungen verbleibt auch für die Zukunft bei den jeweiligen europäischen Verwaltungsratsmitgliedern der ILO. Es wird kein selbständiges Sekretariat eingesetzt.
2. Die Tagesordnung muß in Zusammenhang mit Tätigkeiten stehen, deren sich die ILO annimmt (z. B. Humanisierung der Arbeitswelt).

---

20 Einladungsschreiben Heinz O. Vetters vom 11.1.1974 auf der Grundlage des BV-Beschlusses vom 4.12.1973 (Dok. 92) und Antwortschreiben von Eliashiv Ben-Horin vom 24.1.1974, DGB-Archiv, DGB-BV, Abt. Vorsitzender 5/DGAI000483. Eliashiv Ben-Horin (geb. 1921) war von 1970–1974 israelischer Botschafter in der Bundesrepublik Deutschland.
21 Vetter nahm am 12. Kongress der Histadrut vom 11.–13.3.1974 teil. Auf dem Kongress hielt er Grußbotschaften für den DGB und den EGB. Vgl. DGB-Archiv, DGB-BV, Internationale Abt. 5/DGAJ000831. Zum Verhältnis DGB – Histadrut vgl. DGB (Hrsg.): 20 Jahre Partnerschaft, Düsseldorf 1995.

3. Der Termin solcher Treffen sollte nach Möglichkeit mit Terminen ähnlich strukturierter Tagungen der ILO in Zusammenhang stehen.
4. Die Treffen können nur in Genf stattfinden.

Wenn einer dieser Punkte aufgegeben würde, könnte das ein Schritt in Richtung Europäische Gewerkschaftskonferenz bedeuten.

Kollege *Vetter* gibt zu überlegen, ob es nötig und nützlich ist, die von Kollegen Muhr genannten Grundsätze noch einmal offiziell durch den Bundesvorstand beschließen zu lassen, nachdem sie im Prinzip Inhalt der nach dem Konsultativen Treffen verabschiedeten Entschließung und damit Grundlage der weiteren Arbeit sind. Kollege Vetter weist noch einmal darauf hin, daß es nur der harten und unmißverständlichen Haltung der DGB-Vertreter zu verdanken ist, daß solche Richtlinien festgelegt werden konnten.

Die Kollegen *Hauenschild* und *Sperner* sind der Meinung, daß es angesichts der kommunistischen Aufweichungsversuche nicht schaden kann, die deutsche Position noch einmal deutlich auszusprechen und als Richtpunkte für die weiteren Verhandlungen festzusetzen. Das soll nicht aus Mißtrauen geschehen, sondern aus Prinzip. Im übrigen halten sie das vorgelegte Arbeitspapier für eine der besten Unterlagen seit langer Zeit.

Auf die Frage des Kollegen *Stadelmaier* nach Zustandekommen und Teilnehmern des Konsultativen Treffens gibt Kollege *Vetter* einen Rückblick auf die Entwicklung seit der Finnischen Konferenz von 1971 und die trotz großer Widerstände der Ostblockgewerkschaften erfolgreich durchgesetzte Politik des DGB.

Kollege *Mirkes* hält es für gut, daß unabhängig von dem vorgelegten Papier die grundsätzliche Haltung des DGB noch einmal diskutiert worden ist. Zum Bereich des EGB übergehend, möchte Kollege Mirkes noch einmal bestätigt wissen, daß trotz anderslautender Pressemeldungen der 4-Punkte-Beschluß des Bundesvorstandes hinsichtlich der möglichen Aufnahme der WVA-Verbände und der Ablehnung der Aufnahmebestrebungen der kommunistischen Verbände in den EGB nach wie vor Gültigkeit hat. Für die Haltung der DGB-Vertreter ist das wichtig, weil ähnliche Bestrebungen in den Internationalen Berufssekretariaten zu beobachten sind, denen man in gleicher Weise gegenübertreten sollte. Kollege Mirkes möchte außerdem wissen, wie sich die DGB-Delegation für den im Mai stattfindenden Kongress des EGB zusammensetzen wird.

Kollege *Lappas* teilt mit, daß der DGB nach der Satzung des EGB 18 Mandate hat. Ein Vorschlag über die Zusammensetzung der DGB-Delegation wird in der nächsten Bundesvorstandssitzung vorgelegt.

Kollege Lappas berichtet weiter, daß sich, wie in dem vorgelegten Papier ausführlich dargestellt, die DGB-Vertreter im Exekutivausschuß des EGB bei der letzten Sitzung getreu dem Bundesvorstandsbeschluß verhalten haben und darüber hinaus eine Reihe anderer Kollegen zu der gleichen Haltung bewegen konnten, so daß das Ergebnis der Abstimmungen im Sinne des DGB sehr erfreulich war. Die WVA-Verbände können mit unseren Bedingungen

Dokument 99 5./6. Februar 1974

aufgenommen werden, die Kommunisten bleiben draußen. Das zitierte Weiterführen von Gespräch mit der CGIL ist uninteressant und u. a. der Haltung von V. Feather zu verdanken, der in Kopenhagen abtreten wird.[22]

Kollege *Vietheer* wendet sich dem Thema FDGB zu und bittet, so bald wie möglich einen Erfahrungsaustausch innerhalb des Bundesvorstandes zu ermöglichen, um auch hier eine einheitliche Linie zu finden.

Kollege *Vetter* sagt dies für die nächste Bundesvorstandssitzung zu.

Angeregt durch die Frage des Kollegen *Stadelmaier*, ob es möglich erscheint, sich bei der Gründung von Industrieausschüssen ähnlich einheitlich zu verhalten, wie es hinsichtlich der WVA- und kommunistischen Verbände zum EGB geschehen ist, ergibt sich eine Diskussion, an der sich die Kollegen *Vetter, Hauenschild, Vater, Lappas, Buschmann* und *Pfeiffer* beteiligen. Die Kollegen berichten über Erfahrungen aus ihren Bereichen und die sehr unterschiedlichen Zusammensetzungen von Industrieausschüssen und Internationalen Berufssekretariaten. Von daher dürfte eine einheitliche Linie nicht durchführbar sein, jedoch sollten die Probleme im EGB diskutiert und die Festsetzung von Richtlinien angestrebt werden.

Anschließend diskutieren die Kollegen *Vater, Vetter* und *Pfeiffer* kurz das Problem eines möglichen Zusammenschlusses der drei italienischen Gewerkschaftsverbände, die teilweise schon von einem gemeinsamen Büro aus operieren. Man sollte bei der Uneinheitlichkeit auf nationaler Ebene den Einigungsbestrebungen nicht eine zu schnelle Entwicklung beimessen, andererseits die Entwicklung auf internationaler Ebene sehr genau betrachten.[23]

Im Hinblick auf eine Reihe von Gewerkschaftstagen, die in diesem Jahr abgehalten werden, stellt Kollege *Stadelmaier* die Frage, ob man eine einheitliche Linie bezüglich der Einladung oder Nichteinladung von Vertretern kommunistischer Organisationen finden könnte. Seine Gewerkschaft neigt dazu, keine Einladungen auszusprechen.

Die Kollegen *Vetter* und *Hauenschild* sind der Auffassung, daß man eine einheitliche Haltung sicher nicht für alle festlegen kann, sondern daß jede Gewerkschaft für sich, nach dem Grad der bisherigen Kontaktnahme mit Ostblockgewerkschaften, diese Frage entscheiden muß, wie auch der DGB für seinen Bundeskongreß sicher nicht an entsprechenden Einladungen vorbeikommt. Es sollte auf jeden Fall darauf geachtet werden, daß anwesende Ostblockvertreter keine Gelegenheit erhalten, beispielsweise durch Gefälligkeitsresolutionen Kongreßthemen umzufunktionieren.

Kollege *Buschmann* lobt die gute Grundlagenarbeit, die mit dem vorgelegten Papier geleistet worden ist. Auf der Basis dieses Papiers sollte noch einmal

---

22 Bericht über ein Gespräch zwischen einer Delegation des EGB und einer Delegation der italienischen CGIL vom 20.11.1973 in London, TOP 6 der Sitzung des EGB-Exekutivausschusses am 24./25.1.1974, siehe Arbeitspapier der Abt. Europäische Integration zu diesem TOP.
23 Zur Gewerkschaftssituation in Italien siehe auch: Rainer Zoll: Italiens Gewerkschaften zwischen Einheit und Vereinigung, in: Jacobi u. a.: Kritisches Jahrbuch 1974, S. 283–298, siehe auch: Anmerkungen in den Fußnoten 17 (Dok. 49), 3 (Dok. 58) und 10 (Dok. 104).

gründlich die weitere Haltung des DGB angesichts der verstärkten Aufweichungsversuche der Ostblockorganisationen diskutiert werden.

Kollege *Vetter* faßt abschließend kurz die einzelnen Punkte der Diskussion zusammen.

Der Bundesvorstand faßt folgende Beschlüsse:

Der Bundesvorstand stimmt den Ausführungen von Kollegen Vetter sowie dem vorgelegten Arbeitspapier zur internationalen Politik des DGB zu.

Der Bundesvorstand billigt das Verhalten der DGB-Vertreter anläßlich des Konsultativen Treffens im Rahmen der 2. Europäischen Regionalkonferenz der ILO. Der DGB wird an einer gewerkschaftlichen europäischen Konferenz im Rahmen der ILO zum Thema »Humanisierung der Arbeitswelt« teilnehmen. Voraussetzung ist, daß die europäischen Arbeitnehmervertreter im Verwaltungsrat der ILO die Tagung vorbereiten und diese in Genf stattfindet.

Der Bundesvorstand ist der Auffassung, daß der Entwicklung der multinationalen Unternehmen besondere Aufmerksamkeit zu widmen ist. Hierbei ist eine enge Zusammenarbeit mit den Industriegewerkschaften und Gewerkschaften sowie deren Internationalen Berufssekretariaten anzustreben.

Der Bundesvorstand billigt die Haltung der DGB-Vertreter in den Gesprächen mit den Verbänden des EO-WVA bezüglich ihres Beitritts zum EGB. In diesem Zusammenhang bestätigt er nochmals seinen diesbezüglichen Beschluß vom 6. November 1973.

Der Bundesvorstand nimmt zur Kenntnis, daß ein erstes unverbindliches Gespräch zwischen den Vertretern des EGB und der CGIL stattgefunden hat. Er hat keine Einwendungen gegen die unverbindliche Fortsetzung dieser Gespräche.

Der Bundesvorstand spricht sich für eine weitere enge Zusammenarbeit zwischen EGB und den europäischen Gewerkschaftsausschüssen aus.

FORTSETZUNG ZU TOP 5. »GESELLSCHAFTSPOLITISCHE SITUATION«

Der Bundesvorstand diskutiert den zweiten Entwurf einer Entschließung für den Bundesausschuß und macht Änderungsvorschläge.

Beschluß:

Der Bundesvorstand verabschiedet den Entwurf einer Entschließung für den Bundesausschuß, der noch einmal überarbeitet und den Bundesvorstandsmitgliedern sofort zugeleitet werden soll.[24] Dieser Entwurf soll aber erst in

---

24 Der verabschiedete Text hatte folgenden Wortlaut: »Der DGB-Bundesausschuß hat sich in seiner Sitzung am 16. Februar 1974 mit dem Koalitionskompromiß zur Mitbestimmung befaßt. Der DGB erkennt an, daß die Bundesregierung mit dem vorgelegten Koalitionskompromiß ihren Willen bekundet, die Forderung der Arbeitnehmer nach gleichberechtigter Mitbestimmung zu verwirklichen. Der Entwurf enthält zahlreiche Bestimmungen, die eine Grundlage für die weitere Fortentwicklung der Unternehmensverfassung im Sinne der Mitbestimmungsforderung bieten.
Zugleich enthält der Kompromiß jedoch schwerwiegende Mängel, ohne deren Beseitigung das Ziel paritätische Mitbestimmung durch eine einheitliche Arbeitnehmervertretung in Frage gestellt ist: Insbesondere die vorgesehenen Sonderrechte leitender Angestellter [...]

der Bundesausschußsitzung am 16.2.1974 verteilt werden. Zur Vorbereitung der o. a. Bundesausschußsitzung soll den Bundesausschußmitgliedern der synoptische Vergleich zwischen der Mitbestimmungseinigung der Koalitionsparteien SPD und FDP vom 19.1.1974 sowie den Vorstellungen des DGB (DGB-Entwurf eines Mitbestimmungsgesetzes von 1968 sowie Bundesausschußbeschlüsse vom 6.6. und 5.12.1973) zugeschickt werden. Das vorgelegte Arbeitspapier wird nicht weitergeleitet.

Die Frage der Vermögensbildung wird vorgetragen.

6. UMWELTPROGRAMM

[Nach der Diskussion mit einigen Änderungsvorschlägen zum überarbeiteten Programmentwurf[25] wird beschlossen, dem Bundesausschuss das Umweltprogramm zur Verabschiedung vorzulegen.]

7. ANTRAG 7

[*Vetter* erläutert das in der Vorlage vom 29.1.1974 dargestellte Arbeitsprogramm für die weiteren Beratungen des Antrags 7.[26] Nach kurzer Diskussion erklärt sich der Bundesvorstand mit dem vorgeschlagenen Verfahren der Behandlung des Antrags 7 einverstanden.]

8. STELLUNGNAHME DES DGB ZUM VORSCHLAG DER KOMMISSION DER EUROPÄISCHEN GEMEINSCHAFTEN ÜBER EINE FÜNFTE RICHTLINIE ÜBER DIE STRUKTUR DER AKTIENGESELLSCHAFT (STRUKTURRICHTLINIE)

[Nach kurzer Diskussion verabschiedet der Bundesvorstand die vorgelegte Stellungnahme, die an die Bundesregierung, EG-Kommission und an den EGB weitergeleitet werden soll.[27]]

Keine gleichberechtigte Mitgliedschaft außerbetrieblicher Arbeitnehmervertreter [...] Beschränkung der Unternehmensmitbestimmung allein auf Unternehmen mit i. d. R. 2.000 Beschäftigten. [...]
Der DGB appelliert an den Gesetzgeber, die vorstehend aufgezeigten Mängel des Koalitionskompromisses im weiteren Fortgang der Beratungen zu beseitigen. Grundlage einer dauerhaften Mitbestimmungsregelung können nur die in der Montanmitbestimmung bewährten Forderungen der Arbeitnehmer und ihrer Gewerkschaften sein«. DGB-Archiv, DGB-BV, Abt. Vorsitzender 5/DGAI000483. Zum endgültigen Beschluss des Bundesausschusses siehe Dok. 100, Fußnote 5.

25 Auf der 12. BV-Sitzung am 6.11.1974 (Dok. 91) wurde beschlossen, dass der Entwurf des Umweltprogramms in den Vorständen der Einzelgewerkschaften und Landesbezirke erneut beraten werden sollte und die Ergebnisse bis Ende Januar 1974 der Abt. Gesellschaftspolitik beim DGB-Bundesvorstand mitzuteilen seien, damit eine neue Vorlage erarbeitet werden könne. Vgl. Schreiben Heinz O. Vetters an die Bundesvorstandsmitglieder vom 28.1.1974, DGB-Archiv, DGB-BV, Abt. Vorsitzender 5/DGAI000483.

26 Die vom Bundesvorstand eingesetzte Sachbearbeitergruppe hatte in der Sitzung am 8.1.1974 eine 5-seitige Empfehlung für das weitere Verfahren beschlossen. Zur Sachbearbeitergruppe vgl. 12. BV-Sitzung vom 6.11.1973, Dok. 91, Fußnote 17.

27 8-seitige Stellungnahme des DGB vom 16.1.1974 zum Richtlinienentwurf (Bundestagsdrucksache 7/363), DGB-Archiv, DGB-BV, Abt. Vorsitzender 5/DGAI000483.

9. Agesordnung für die 7. Bundesausschusssitzung am 6.3.1974

[Es wird folgende Tageordnung beschlossen: 1. Genehmigung des Protokolls der 6. Bundesausschusssitzung, 2. Bericht zur gewerkschaftspolitischen und organisatorischen Situation, 3. Haushalt 1974, 4. Umweltprogramm DGB, 5. Nachwahl für den Geschäftsführenden Bundesvorstand, 6. Verschiedenes, 7. Fragestunde und der Vortrag des Bundesministers Eppler über die Entwicklungspolitik der Bundesregierung.]

10. Einladung des Vorstandes der Stiftung Mitbestimmung zur Aussprache mit dem Bundesvorstand

[Der Bundesvorstand ist einverstanden, dass der Vorstand der Stiftung Mitbestimmung zu einer der nächsten Bundesvorstandssitzungen eingeladen wird.[28]]

11. Zeitschrift »pro«

Kollege *Vetter* verweist auf die Vorlage[29] bezüglich der weiteren Herausgabe der Zeitung »pro«. Nach seiner Ansicht sollte zunächst generell die Frage geklärt werden, ob der Bundesvorstand die Weiterführung von »pro« für richtig und notwendig hält, ob seine Aufgabe mit der bevorstehenden Gesetzgebung zur Mitbestimmung erschöpft ist, oder ob »pro« in der Phase der Einführung der Mitbestimmung noch nützlich sein kann, oder ob die Zeitung, wie die bevorstehende Sonderausgabe in Sachen Sozialverwaltung zeigt, auch für andere Bereiche genutzt werden kann.

Kollege *Stephan* schildert kurz die finanzielle Lage. Für zwei Ausgaben steht das erforderliche Geld noch zur Verfügung. Die Finanzierung weiterer Ausgaben in diesem Jahr ist nach seiner Auffassung völlig offen, weil noch vorhandene Mittel für die Mitbestimmung eingesetzt werden müssen und weder der Werbeetat noch s.E. der Solidaritätsfonds weitere Entnahmen ermöglichen.

Kollege *Lappas* wiederholt seine bereits im Geschäftsführenden Bundesvorstand gestellt Frage, ob die in »pro« behandelten Themen nicht mit der gleichen Wirksamkeit in den Gewerkschaftszeitungen publiziert werden können, zumal über die Wirkung der Zeitung noch keine Übersicht vorliegt.

Die Kollegen *Wagner* und *Stadelmaier* sowie die Kollegin *Weber* berichten, daß die Zeitung in den Betrieben sehr gut angekommen ist, und sprechen sich für eine Weiterführung aus. Auch Kollege *Stephan* erklärt, daß alle ein-

---

28 Auf der 62. GBV-Sitzung am 7.1.1974 wurde beschlossen, dem Bundesvorstand vorzuschlagen, im Rahmen der BV-Sitzung am 5.3.1974 ein Gespräch mit dem Vorstand über Politik und Praxis der Stiftung zu führen. Vgl. DGB-Archiv, DGB-BV, Abt. Vorsitzender 5/DGAI000217.
29 In der Vorlage wurde neben Empfehlungen für die zukünftige redaktionelle Gestaltung der Zeitung auch die finanzielle Situation der Zeitung dargelegt. Die Ausgaben für die zweite Hälfte 1974 sollten aus Mitteln des Solidaritätsfonds bestritten werden. Vgl. DGB-Archiv, DGB-BV, Abt. Vorsitzender 5/DGAI000483.

gegangenen Stellungnahmen positiv sind. Nach seiner Ansicht sind Gewerkschaftszeitungen keine Ersatzlösung.

Kollege *Lappas* weist noch einmal auf die allgemein schlechte Finanzsituation hin und bittet vor einer endgültigen Entscheidung um die Vorlage eines genauen Meinungsbildes der Zeitung.

Kollege *Stephan* sagt einen Überblick über die Wirksamkeit und die Reaktionen auf »pro« an den Bundesvorstand zu.

Kollege *Vater* hält die Zeitung zwar für gut und nützlich, kann einer Weiterführung aber nur dann zustimmen, wenn ein Deckungsvorschlag für die Finanzierung vorgelegt wird.

Kollege *Buschmann* ist der Meinung, daß eine endgültige Entscheidung in dieser Frage erst getroffen werden kann, wenn die politische Diskussion über die kurz-, mittel- und langfristigen Aufgaben des DGB und damit auch über seine Selbstdarstellung geführt worden ist.

Kolleg Vetter stellt abschließend fest:

Der Bundesvorstand ist der Auffassung, daß über das Ob und Wie der Weiterführung der Zeitung »pro« zunächst in dem dafür zuständigen Gremium, der Kommission zur Durchführung des Aktionsprogramms, beraten werden soll.

12. Zusammenarbeit mit dem Bundesministerium für Bildung und Wissenschaft

Kollege *Vetter* zieht den Tagesordnungspunkt zurück, da die Angelegenheit noch einer Überprüfung und internen Beratung bedarf.

13. Arbeitskampfrichtlinien

Kollege *Muhr* zieht den Tagesordnungspunkt zurück. Er soll an den Anfang der nächsten Sitzung gesetzt werden.

14. Interviews für Springer-Zeitungen

Kollege *Neemann* weist darauf hin, daß es sich gezeigt habe, daß es erstens keine einheitliche Regelung für die Berücksichtigung einzelner Zeitungen bei der Anzeigenverteilung gäbe, und zweitens die Frage geklärt werden müßte, ob Springer-Zeitungen Interviews gegeben werden sollen oder können. Nach seiner Auffassung sei es die Entscheidung des Einzelnen, welcher Zeitung er Interviews gibt. Auch die Springer-Zeitungen sollten berücksichtigt werden.

Die Kollegen *Vetter, Vietheer, Mirkes, Stephan, Fritze, Hauenschild* und *Sickert* diskutieren eingehend die Angelegenheit, auch im Hinblick auf frühere Erörterungen. Es wird festgestellt, daß in Anbetracht der sehr unterschiedlichen Pressesituation in den Kommunen und Ländern keine einheitliche Regelung verabschiedet werden kann. Kollege *Hauenschild* bittet die Bundesvorstandsmitglieder, zukünftig der Zeitung »aktiv«, aus dem Unternehmensbereich der Chemie, keine Interviews zu geben, da sie eindeutig Arbeitgeberpolitik betreibt.

15. Verschiedenes

a) Entschließung zur Steuerpolitik

[Nach kurzer Diskussion verabschiedet der Bundesvorstand eine Entschließung zur Steuerpolitik.[30]]

b) Mineralölsteuersenkung

[Der Bundesvorstand nimmt die Bitte *Neemanns* zur Kenntnis, dass sich die Bundesvorstandsmitglieder nicht in eine Diskussion gegen eine Mineralölsteuersenkung einlassen sollen.[31]]

c) Arbeiterausschüsse auf Landesbezirks- und Kreisebene

[Dem Bundesausschuss soll vorgeschlagen werden, von der Bildung von Arbeiterausschüssen auf Landesbezirks- und Kreisebene abzusehen.]

d) Erstes Gespräch DGB-DAG

Kollege *Stephan* trägt die Empfehlung der kleinen Kommission des Bundes-Angestelltenausschusses vor[32], für das erste Gespräch mit der DAG eine Delegation des Bundesvorstandes zu wählen. Der Geschäftsführende Bundesvorstand schlägt folgende Teilnehmer vor: Loderer, Kluncker und Vietheer sowie Vetter und Stephan. Diese Kollegen sollten das erste Gespräch im Sinne des Briefes führen.[33] Nach dem ersten Gespräch sollte weiter beraten werden.

Kollege *Stadelmaier* bittet, in die Delegation aufgenommen zu werden.

Kollege *Vetter* weist darauf hin, daß es darauf ankommt, wen die DAG benennt. Bisher hat sie ein Vierer-Kolleg vorgeschlagen. Falls die Delegation größer werden sollte, wird Kollege Stadelmaier berücksichtigt.

Der Bundesvorstand ist mit der Teilnahme der Kollegen Kluncker, Loderer, Stephan, Vetter und Vietheer an dem ersten Gespräch mit der DAG einverstanden.

Ende der Sitzung: 13.40 Uhr

---

30 Siehe DGB fordert Lohnsteuerentlastung noch 1974, in: ND, 7.2.1974, Nr. 32.
31 Zu diesem Diskussionspunkt hatte Neemann den Bundesvorstandsmitgliedern am 30.1.1974 eine Ausarbeitung der Abt. Wirtschaftspolitik zu den Preissteigerungen für Mineralölprodukte zugesandt. In der Ausarbeitung wurde der Behauptung der Mineralölindustrie widersprochen, dass die gestiegenen Rohölpreise zu den Preisanhebungen geführt hätten und eine Senkung der Mineralölsteuer die Benzin- und Heizölpreise senken könnte. DGB-Archiv, DGB-BV, Abt. Vorsitzender 5/DGAI000483.
32 Zur Kommissionsempfehlung, siehe DGB-Archiv, DGB-BV, Abt. Angestellte 5/DGAT000013. Zum Gespräch siehe Dok. 106.
33 Siehe Dok. 93.

DOKUMENT 100

16. Februar 1974: Protokoll der außerordentlichen Sitzung des Bundesausschusses

Kongreßzentrum in Hamburg; Vorsitz: Heinz O. Vetter; Protokollführung: Detlef Hensche, Isolde Funke, Marianne Jeratsch; Sitzungsdauer: 10.05–18.05 Uhr; ms. vermerkt: »Vertraulich«.[1]

Ms., hekt., 7 S., 3 Anlagen.[2]

DGB-Archiv, 5/DGAI000445.

Beginn der Sitzung: 10.05 Uhr

Kollege *Vetter* eröffnet die Sitzung und schlägt vor, daß der Bundesausschuß in einem ersten Teil dem anwesenden Bundesminister Arendt die Gelegenheit gibt, die Grundzüge des vorliegenden Koalitionskompromisses zu erläutern; außerdem stehe Walter Arendt für weitere Fragen zur Verfügung. Daran solle sich in einem zweiten Teil die interne Beratung über eine Stellungnahme des DGB anschließen.

Die Mitglieder des Bundesausschusses sind mit diesem Verfahren einverstanden.

Der Bundesminister *Arendt* erläutert den Koalitionskompromiß zur Mitbestimmung: Der Entwurf sei ein Kompromiß. Beide Koalitionspartner seien in einigen entscheidenden Fragen von gegensätzlichen Vorstellungen ausgegangen: So habe sich die FDP in den Freiburger Thesen u. a. zum Prinzip der Urwahl bekannt; des weiteren sollte durch das neue Mitbestimmungsgesetz auch die Montanmitbestimmung abgelöst werden; Gewerkschaftsvertreter sollten nicht in die Aufsichtsräte entsandt werden; die leitenden Angestellten sollten als eigenständige Gruppe (Faktor Disposition) im Aufsichtsrat vertreten sein. Diesen Hintergrund dürfe man bei der Beurteilung des Entwurfs nicht übersehen.

---

1 Einladungsschreiben vom 30.1.1974 sowie ergänzendes Schreiben vom 8.2.1974 mit dem beigefügten synoptischen Vergleich zwischen der Mitbestimmungseinigung der Koalitionsparteien SPD und FDP vom 19.1.1974 und den Vorstellungen des DGB. DGB-Archiv, DGB-BV, Abt. Vorsitzender 5/DGAI000413.

2 Anlagen: Anwesenheitsliste, Beschlussentwurf des Bundesvorstandes (siehe Dok. 99) und Entschließung des Vorstands der IG Metall vom 12.2.1974 zum Mitbestimmungskompromiss. Leitlinie des Beschlusses war die Entschließung des 10. Ordentlichen Gewerkschaftstages vom 27.9. bis 2.10.1971 in Wiesbaden zur Mitbestimmungsfrage (Protokoll 10. Bundeskongreß, Teil: Anträge und Entschließungen, S. 586 ff.); darin wurde ausdrücklich jeder Versuch verurteilt, »[...] den Arbeitnehmern bestimmte Mitbestimmungsmodelle aufzudrängen, die hinter den Regelungen des Montanmitbestimmungsgesetzes von 1951 zurückblieben«. Deswegen war der Koalitionskompromiss für die IG Metall nicht akzeptabel. Vgl. Telex Eugen Loderers an Heinz O. Vetter vom 12.2.1974, DGB-Archiv, DGB-BV, Abt. Vorsitzender 5/DGAI000413.

16. Februar 1974 **Dokument 100**

Zu den einzelnen Bestimmungen hebt Bundesminister Arendt hervor:
- Die Mitbestimmung solle für alle Unternehmen gelten, die in der Regel mehr als 2.000 Arbeitnehmer beschäftigen; dies erscheine ausreichend; danach würden ca. 650 Unternehmen mit insgesamt mehr als 5 Mio. Arbeitnehmern unter die Mitbestimmung fallen.
- Die Montanmitbestimmung werde bestehen bleiben, sofern nicht die beteiligten Gewerkschaften und die Unternehmensvorstände von sich aus beabsichtigen, das neue Mitbestimmungsgesetz auch für ihren Bereich zu übernehmen.
- Die Aufsichtsräte sollten sich paritätisch zusammensetzen. In diesem Zusammenhang sei eine Regelung zur Auflösung der Patt-Situation notwendig. Der Entwurf habe auf die Bestellung eines sogenannten neutralen Mannes verzichtet. Man könne davon ausgehen, daß beide Seiten unter dem Zwang zur Einigung stünden, so daß sich aus diesem Grunde für den Regelfall ein Kompromiß im Aufsichtsrat erwarten lasse. Lediglich für Grenzfälle sei eine Sonderregelung notwendig. Dies gelte für die Vorstandsbestellung. Dabei kämen drei Möglichkeiten in Betracht: Entscheidung durch ein Gericht, Letztentscheidung durch die Hauptversammlung oder ein besonderes Einigungsverfahren. Die beiden erstgenannten Möglichkeiten müßten als unpraktikabel bzw. politisch unvertretbar ausscheiden. Aus diesem Grunde sei daran gedacht, ein besonderes Einigungsverfahren vorzuschreiben: Im ersten Wahlgang sei eine Zweidrittelmehrheit notwendig; werde diese Mehrheit nicht erreicht, so müsse eine paritätisch besetzte Einigungsstelle zusammentreten; den Vorsitz in der Einigungsstelle habe der stellvertretende Aufsichtsratsvorsitzende; bei Stimmengleichheit erhalte dieser Vorsitzende den Stichentscheid.
- Sämtliche Arbeitnehmervertreter werden durch eine Wahlmännerversammlung gewählt. Im übrigen werde das Gesetz das Wahlverfahren der Anteilseigner nach den gleichen Prinzipien neu regeln; auch hier werde es einen Minderheitenschutz geben. Bei der Wahl der Arbeitnehmervertreter würden die Gruppen der Arbeiter, Angestellten und leitenden Angestellten einen Minderheitenschutz erhalten.
- Im übrigen werde sich das Wahlverfahren an die Wahlordnung zum Mitbestimmungsergänzungsgesetz anlehnen. Erreiche ein Kandidat im ersten Wahlgang in der Wahlmännerversammlung nicht 50% der Stimmen, so schließe sich ein zweiter Wahlgang an. In diesem Zusammenhang müsse noch abschließend geklärt werden, ob Wahlvorschläge zum zweiten Wahlgang bereits mit einem geringeren Quorum unterbreitet werden könnten.
- Den klassischen Arbeitsdirektor werde es nicht geben; darauf könne man umso mehr verzichten, als sämtliche Vorstandsmitglieder grundsätzlich mit Zweidrittelmehrheit bestellt werden müssen.
- Es sei nicht daran gedacht, im Zusammenhang mit dem Mitbestimmungsgesetz eine Begrenzung für Aufsichtsratstantiemen gesetzlich einzuführen. Die Frage müsse noch weiter geklärt werden; z. B. sei offen, in welcher Höhe Aufsichtsratstantiemen angemessen seien.

Dokument 100 16. Februar 1974

Auf Fragen der Kollegen *Schwiedel, Karl-Heinz Hoffmann, Stephan, Hauenschild, Stadelmaier, Dürrbeck, Esders, Plumeyer, Vetter* und *Vitt* gibt Bundesminister *Arendt* sodann noch weitere Erläuterungen:
- Der vorliegende Gesetzentwurf gelte nur für Kapitalgesellschaften. Die Einbeziehung von einzelkaufmännisch betriebenen Unternehmen und Personengesellschaften setze eine grundlegende Reform des Unternehmensrechts voraus; so sei etwa an einen Rechtsformzwang für große Unternehmen zu denken. Dieser Fragenkreis werde jedoch zur Zeit in der Unternehmensrechtskommission beim Bundesjustizministerium beraten.
- Tendenzbetriebe seien in den vorangegangenen Gesprächen zwischen den Koalitionspartnern nicht ausdrücklich erwähnt worden. Die Frage müsse daher noch abschließend geklärt werden. In Betracht kämen dabei zwei Möglichkeiten: Entweder würden Tendenzunternehmen generell ausgenommen oder das Gesetz sehe auch für Tendenzunternehmen eine paritätische Besetzung der Aufsichtsräte vor, nehme jedoch tendenzbezogene Entscheidungen von der Mitbestimmung der Arbeitnehmerbank aus.
- Es sei nicht möglich, die Anzahl der außerbetrieblichen Arbeitnehmervertreter über die im Entwurf vorgesehene Quote hinaus zu erhöhen; immerhin sei zu berücksichtigen, daß der Organisationsgrad in zahlreichen Unternehmen nicht so groß sei, daß sich daraus eine höhere Repräsentanz der Gewerkschaftsvertreter rechtfertige.
- Je nach der Belegschaftsstärke solle der Aufsichtsrat aus 12, 16 oder 20 Mitgliedern bestehen. Dabei werde das Verhältnis zwischen betrieblichen und außerbetrieblichen Arbeitnehmervertretern wie folgt aussehen:
12 Aufsichtsratsmitglieder: 4 : 2
16 Aufsichtsratsmitglieder: 6 : 2
20 Aufsichtsratsmitglieder: 7 : 3
- Das künftige Mitbestimmungsgesetz werde die Mitbestimmung lediglich für Großunternehmen zwingend vorschreiben. Tarifvertragliche Vereinbarungen für Unternehmen, die nicht unter das Mitbestimmungsgesetz fielen, würden auch künftig davon unberührt bleiben.
- Es werde an den Gewerkschaften liegen, die Vertreter der leitenden Angestellten in eine einheitliche Arbeitnehmerpolitik einzubinden. Wer leitender Angestellter sei, sei zur Zeit noch nicht endgültig geklärt. Im übrigen sei nicht daran gedacht, § 105 Aktiengesetz im künftigen Mitbestimmungsgesetz zu ändern.
- Das Gesetz werde – wie auch die schon geltenden Mitbestimmungsregelungen – ein Abberufungsrecht während der Amtszeit vorsehen.
- Der vorliegende Entwurf gelte allein für privatwirtschaftliche Unternehmen. Über Mitbestimmungsregelungen in öffentlichen Unternehmen müsse noch gesondert befunden werden; dies beziehe sich auch auf die Reform der Postverfassung.
- An ein Vorschaltgesetz zum Mitbestimmungsgesetz, das die Amtsperiode der zur Zeit amtierenden Aufsichtsräte verlängere, sei nicht gedacht; dies sei auch nicht notwendig.

16. Februar 1974   **Dokument 100**

MITTAGSPAUSE: 13.20 BIS 14.45 UHR

Grundlage für die anschließende interne Beratung ist die in der Anlage beigefügte Bundesvorstandsvorlage. Außerdem legt die IG Metall den Entwurf eines Beschlusses vor (s. Anlage).

An der Aussprache beteiligen sich die Kollegen *Vetter, Georgi, Vietheer, Karl-Heinz Hoffmann, Hauenschild, Preiss, Kluncker, Stadelmaier, Schwiedel, Benz, Janzen, Breit, Seibert, Judith, Dürrbeck* und *Loderer*.

Kollege *Loderer* erläutert die von der IG Metall entworfene Beschlußvorlage: Die gegenwärtige Auseinandersetzung um ein Mitbestimmungsgesetz müsse im geschichtlichen Zusammenhang gesehen werden. Die Durchsetzung der Montanmitbestimmung 1951/52 sei seinerzeit als erster Schritt zur gesellschaftlichen Neuordnung betrachtet worden. Auch heute sei die gewerkschaftliche Forderung nach Mitbestimmung kein Selbstzweck, den man von anderen Neuordnungsplänen isolieren könne. Hinzu kommen müßten weitere Instrumente zur Kontrolle wirtschaftlicher Macht bis hin zu dem noch ungelösten Problem der Investitionslenkung. Der geschichtliche und politische Gesamtzusammenhang werde durch den vorliegenden Entwurf, der allzu sehr von zeitbedingten und kurzfristigen Koalitionsrücksichtnahmen geprägt sei, verschüttet. Allerdings enthalte der Entwurf gegenüber den Freiburger Thesen der FDP zahlreiche Verbesserungen. Doch auch dem stünden auf der anderen Seite gravierende Mängel gegenüber. Dies gelte zum einen für die Sonderstellung der leitenden Angestellten. Es sei die bisherige, unumstrittene Politik der Gewerkschaften gewesen, diesen Personenkreis einzuhalten. In diesem Falle würden jedoch in der Regel leitende Angestellte in den Aufsichtsrat gewählt werden, die der Kapitalseite näherstünden als den Arbeitnehmern; damit sei die Parität in Frage gestellt. Ziehe man den Kreis der leitenden Angestellten dagegen groß, so bestehe die Gefahr einer weiteren Verselbständigung dieses Personenkreises sowohl in organisationspolitischer wie in betriebsverfassungsrechtlicher Hinsicht; ein weiteres Aufblühen von Sprecherausschüssen werde die Folge sein. Der Entwurf dränge zum anderen den gewerkschaftlichen Einfluß zurück. Die außerbetrieblichen Arbeitnehmervertreter seien unterrepräsentiert. Damit werde die Gefahr heraufbeschworen, daß die Gewerkschaften künftig im Namen einer »Mitbestimmung« für Unternehmensentscheidungen geradestehen müßten, auf die sie keinen Einfluß hätten. Dies seien im wesentlichen die Gründe, die die IG Metall dazu bewogen hätten, den vorliegenden Entwurf abzulehnen. Dabei müsse man insbesondere nach den geschichtlichen Erfahrungen berücksichtigen, daß ein solches Gesetz für 10 oder 20 Jahre unverändert Bestand haben werde. Und gerade die Erfahrungen mit dem Betriebsverfassungsgesetz legten die Sorge nahe, daß Grundzüge einer Mitbestimmungsregelung, die heute beschlossen würden, damit für alle Zukunft festgeschrieben seien. Gesetzliche Grundlage des Mitbestimmungsgedankens sei dann nicht mehr die Montanmitbestimmung sondern die Mitbestimmungsregelung des allgemeinen Gesetzes.

Die Kollegen *Georgi* und *Vietheer* sehen gleichfalls durch die Sonderregelung für leitende Angestellte die Parität gefährdet.

Kollege *Vietheer* fügt hinzu, daß die Gewerkschaften mit einer solchen Stellungnahme selbstverständlich keine Diffamierung der leitenden Angestellten betreiben sollten. Damit würden die bisherigen Organisationserfolge in Frage gestellt. Doch ungeachtet dessen müsse bei der Regelung des Mitbestimmungsentwurfs damit gerechnet werden, daß zahlreiche Vertreter der leitenden Angestellten den Arbeitnehmern fernstünden und im Prinzip die Politik des Vorstandes im Aufsichtsrat unterstützen würden. Im übrigen regt Kollege Vietheer an, die zur Zeit noch bestehenden Verhandlungsspielräume zu nutzen: Dies gilt u. a. für die Festlegung der Größenmerkmale; er selbst habe in den vergangenen Gesprächen mit Vertretern der FDP den Eindruck gewonnen, daß eine Übernahme der DGB-Größenkriterien nicht ausgeschlossen sei.

Kollege *Judith* schließt sich der Ansicht, daß der vorliegende Entwurf keine paritätische Mitbestimmung gewähre, an. Richtiger müsse das Gesetz den Namen erhalten »Gesetz zur Erhöhung der Zahl der Arbeitnehmervertreter in BVG-Betrieben«. Die Sonderrechte für leitende Angestellte seien ein Einbruch in die Parität. Es sei in sich widersprüchlich, Personen, die wegen ihrer Nähe zum Arbeitgeber und ihrer arbeitgeberähnlichen Funktionen nicht betriebsratsfähig seien, als Arbeitnehmervertreter in den Aufsichtsrat zu wählen. Die außerbetrieblichen Arbeitnehmervertreter seien unterrepräsentiert. Außerdem enthalte die Regelung einen Affront gegen die Gewerkschaften: Die Gewerkschaftsvertreter hätten ihre Legitimation in der Entsendung durch demokratisch verfaßte Gewerkschaften. Eine zusätzliche Wahl durch Wahlmänner sei damit unvereinbar. Zwar spare der Entwurf die Montanmitbestimmung aus dem Geltungsbereich des künftigen allgemeinen Gesetzes aus; auf der anderen Seite sei keine Garantie gegeben, um ein weiteres Auszehren der Montanmitbestimmung zu verhindern. Bisher habe der Besitzstand im zurückliegenden Konzentrationsprozeß durch privatrechtliche Vereinbarungen sowie durch die beiden Mitbestimmungssicherungsgesetze erhalten bleiben können. Für die Zukunft sei dagegen zu befürchten, daß Unternehmen, die jetzt noch unter die Montanmitbestimmung fielen, aus dieser Regelung herauswachsen würden.

Die Kollegen *Preiss, Benz, Dürrbeck* und *Janzen* stimmen den Ausführungen der Vorredner bei: Schon die Montanmitbestimmung sei ein Kompromiß gewesen. Nunmehr bestehe die Gefahr, daß die gewerkschaftliche Mitbestimmungsforderung durch eine Gesetzesregelung diskreditiert werde, die den Namen Mitbestimmung nicht verdiene. Die Arbeitnehmervertreter erhielten mit Rücksicht auf die Sonderrechte leitender Angestellter in der Regel nicht die Chance, ihre Interessen durchzusetzen. Außerdem werde durch diese Regelung eine Sondervertretung höherer Angestellter erstmalig festgeschrieben, und zwar ohne die Möglichkeit, sie später wieder zu beseitigen. Dies habe nicht nur Konsequenzen für die Mitbestimmung im Unternehmen und Betrieb, sondern werde zugleich organisationspolitische Auswirkungen haben.

16. Februar 1974 Dokument 100

Kollege *Janzen* fügt hinzu: Es wäre illusionär, den Gewerkschaften ein Umschwenken in ihrer Angestelltenpolitik anzuraten: Etwa in dem Sinne, künftig den Kreis der leitenden Angestellten weiter zu ziehen. Die enge Begrenzung der leitenden Angestellten im Sinne von § 5, Abs. 3, Betriebsverfassungsgesetz[3] beruhe doch gerade auf dem Gedanken, möglichst viele Arbeitnehmer unter den Schutz der Betriebsverfassung zu stellen. Von diesem Kurs könnten die Gewerkschaften auch künftig nicht abweichen.

Kollege *Karl-Heinz Hoffmann* erklärt, daß auch die ÖTV nicht bereit sei, über die Mängel im vorliegenden Entwurf hinwegzusehen. Andererseits müsse er feststellen, daß die ÖTV hinsichtlich der leitenden Angestellten nicht vor unüberwindlichen organisationspolitischen Problemen stehe. Im Organisationsbereich der ÖTV würden 42 Unternehmen unter die Mitbestimmung fallen. Dabei handele es sich überwiegend um Betriebe, in denen die ÖTV auch in den Reihen der sogenannten leitenden Angestellten vertreten sei. Desgleichen könne die ÖTV das vorgesehene Verhältnis zwischen betrieblichen und außerbetrieblichen Arbeitnehmervertretern sowie das Wahlverfahren akzeptieren. Er lege jedoch großen Wert darauf, daß durch das Mitbestimmungsgesetz weiterführende Mitbestimmungsvereinbarungen, namentlich mit kleineren Unternehmen, nicht verbaut würden.

Kollege *Hauenschild* führt aus, daß die kritische Beurteilung des vorliegenden Mitbestimmungsentwurfs einheitlich sei. Auch er könne dem Entwurf seine Zustimmung nicht geben. Andererseits gebe er folgendes zu bedenken: Die Gewerkschaften müßten in Zukunft mit dem Gesetz leben. Allerdings sei die Lage schwieriger, wenn die Sonderrechte leitender Angestellter in der Regel zu einem 11:9-Verhältnis führen würden. Dies sei jedoch zur Zeit nicht absehbar. Umgekehrt sei das Abberufungsrecht eine zusätzliche Sicherung dafür, daß auch der Vertreter der leitenden Angestellten sich in eine einheitliche Arbeitnehmerpolitik im Aufsichtsrat einbeziehen lasse. Er spreche sich daher für die IG Chemie dafür aus, die Bundesvorstandsvorlage zu verabschieden.

Kollege *Stadelmaier* schließt sich diesem Vorschlag an. Eine Verabschiedung der Bundesvorstandsvorlage bedeute keineswegs, daß sich der DGB in etwa mit dem vorliegenden Mitbestimmungsentwurf einverstanden erkläre. Der DGB habe bisher und werde auch in Zukunft

eine Sonderregelung für leitende Angestellte ablehnen; und dies sei einer der wesentlichsten Mängel des Entwurfs. Auf der anderen Seite könne er jedoch nicht die Auffassung teilen, daß die Rolle der Gewerkschaften durch das künftige Mitbestimmungsgesetz in Frage gestellt sei.

---

3 Der § 5,3 kennzeichnet jene leitenden Angestellten, die Aufgrund bestimmter Voraussetzungen (Ziffer 1–3 dieses Paragrafen) nicht dem Betriebsverfassungsgesetz unterliegen sollen. Die Voraussetzungen sind: wenn die leitenden Angestellten nach Dienststellung und Dienstvertrag 1. zur selbstständigen Einstellung und Entlassung von Arbeitnehmern berechtigt sind, 2. Generalvollmacht oder Prokura haben und 3. im Wesentlichen eigenverantwortliche Aufgaben wahrnehmen, die ihnen regelmäßig übertragen werden. Vgl. BGBl. I, 15.1.1972, S. 13.

Dokument 100 16. Februar 1974

Kollege *Breit* führt aus, daß von vornherein, und zwar seit der Regierungserklärung Bundeskanzler Brandts, mit einem Kompromiß zu rechnen war.⁴ Betrachte man dabei die Regelungen im einzelnen, so müsse man feststellen, daß die Gewerkschaften im Grunde damit leben könnten. Das gelte etwa für das Wahlmännerprinzip, für die Größenkriterien, für die Anzahl der außerbetrieblichen Arbeitnehmervertreter. Natürlich entspreche dies nicht vollständig den gewerkschaftlichen Forderungen. Man könne derartige Regelungen jedoch als ersten Schritt hinnehmen. Gravierender sei allerdings die Sonderstellung der leitenden Angestellten. In diesem Zusammenhang sei jedoch zu berücksichtigen, was im Zusammenhang mit der Mitbestimmungsregelung insgesamt auf dem Spiele stehe. Niemand habe erwarten können, daß die FDP gänzlich von ihren Freiburger Thesen abrücken würde. Im übrigen sei nicht abzusehen, unter welchen politischen Verhältnissen die Forderungen des DGB in Gestalt eines Gesetzes Wirklichkeit werden könnten. Aus diesen Gründen schlage er eine Beschlußfassung auf der Grundlage des Bundesvorstandsentwurfs vor.

Die Kollegen *Kluncker* und *Seibert* setzen sich dafür ein, aus den vorliegenden Beschlußentwürfen des DGB-Bundesvorstandes und der IG Metall einen Kompromiß zu entwerfen.

Nach weiterer Diskussion wird auf Vorschlag des Kollegen *Vetter* eine Redaktionskommission gebildet; ihr gehören die Kollegen Vetter, Kluncker, Hauenschild und Loderer an.

Die Redaktionskommission legt nach einer Unterbrechung der Sitzung den anliegenden Entwurf vor.

Er wird bei einer Enthaltung einstimmig angenommen.⁵

Ende der Sitzung: 18.05 Uhr

---

4 In der Regierungserklärung am 18.1.1973 führte Willy Brandt zur Mitbestimmung u. a. aus: »[...] Jedermann weiß, daß es zwischen den Regierungsparteien unterschiedliche Auffassungen gibt; aber genauso wie wir uns beim Betriebsverfassungsgesetz verständigt haben, werden wir auch hier eine Lösung finden.« Stenogr. Bericht 7. Deutscher Bundestag, 7. Sitzung, Bd. 81, S. 131.
5 In der Erklärung des Bundesausschusses wurden die Ansätze für eine Neuordnung der Unternehmensverfassung hervorgehoben, ohne dabei von den ursprünglichen Forderungen abzuweichen. Gleichzeitig wurde der Bundesvorstand aufgeforderte, »sich bei den Fraktionen für die Verwirklichung der gewerkschaftlichen Forderungen einzusetzen«. Vgl. Erklärung des DGB-Bundesausschusses zum Mitbestimmungskompromiß, in: ND, 18.2.1974, Nr. 38.

DOKUMENT 101

28. Februar 1974: Brief des Vorsitzenden des DGB, Vetter, an den Bundeskanzler, Willy Brandt, zum Mitbestimmungsentwurf der Bundesregierung

Ms., Durchschlag, 5 S.

DGB-Archiv, 5/DGAK000042.

Sehr geehrter Herr Bundeskanzler,

nachdem die Bundesregierung vor wenigen Tagen den Entwurf eines Mitbestimmungsgesetzes verabschiedet hat[1], haben zahlreiche Gewerkschafter aus ihrer Enttäuschung keinen Hehl gemacht. Auch ich habe auf einem Pressegespräch erklärt, dass der vorliegende Entwurf für die Gewerkschaften nicht akzeptabel ist.[2] Am 5. und 6. März werden sich nochmals Bundesvorstand und Bundesausschuß des DGB mit dem Gesetzentwurf befassen[3] und eine wesentliche Stellungnahme des DGB festlegen.[4] Gestatten Sie daher, daß ich Ihnen noch vorher meine Bedenken gegenüber dem vorliegenden Gesetzentwurf darlege und erläutere.

Der DGB und seine Gewerkschaften sehen in der Mitbestimmung eine Mittel, um die kurz- und langfristigen sozialen und gesellschaftlichen Interessen der Arbeitnehmer in großen Unternehmen durchzusetzen. In dieser Zielrichtung haben wir uns in der Vergangenheit stets in Übereinstimmung mit der Sozialdemokratischen Partei befunden.[5]

Die Gewerkschaften haben in der Geschichte immer wieder den Beweis erbracht, daß sie bei der Wahrung der Interessen der Arbeitnehmer zugleich die

---

1 Mit dem Regierungsentwurf, der am 20.2.1974 vorgelegt wurde, hatte sich die Koalition über wesentliche Eckpunkte einer gesetzlichen Regelung zur Mitbestimmung geeinigt. Vgl. Bundestagsdrucksache 7/2172. Der Text des Regierungsentwurfs war abgedr. in: Sozialpolitische Informationen VII, hrsg. v. Bundesministerium für Arbeit- und Sozialordnung, 27.2.1974, Nr. 8. Für die Gewerkschaften war insbesondere die Verhinderung der Parität durch Alleinentscheidungsrecht der Eigentümer sowie die Verstärkung der Gruppenrechte und die Schaffung von Sonderrechten für leitende Angestellte eine Verschlechterung gegenüber dem Koalitionskompromiss vom 19.1.1974.
2 Pressegespräch Heinz O. Vetters nach der a.o. Sitzung des Bundesvorstandes vom 29.1.1974 (Dok. 97). Vgl. DGB will Mitbestimmungs-Konzept der Koalition zu Fall bringen, in: SZ, 30.1.1974.
3 Vgl. Dok. 102 und 103.
4 Vgl. DGB zum Regierungsentwurf eines Mitbestimmungsgesetzes, in: ND, 6.3.1974, Nr. 51 sowie DGB-Bundesausschuß zum Mitbestimmungskompromiß, in: Die Quelle 25, 1974, Heft 3, S. 99 f.
5 Siehe SPD Parteitagsbeschlüsse zur paritätischen Mitbestimmung, orientiert am Vorbild der Montan-Mitbestimmung, in: Protokoll des außerordentlichen Parteitags vom 13./15.11.1959, Anträge zum Unterabschnitt »Die Gewerkschaften in der Wirtschaft«, S. 589–592; Protokoll des SPD-Parteitags vom 11./14.5.1970 in Saarbrücken, Antrag 701, S. 1122 f., der Gesetzentwurf der SPD-Bundestagsfraktion über die Sicherung der Montan-Mitbestimmung vom 16.12.1968 (Bundestagsdrucksache V/3600). Zum Verhältnis DGB und SPD in der Frage der Mitbestimmung siehe auch: Heinz O. Vetter: DGB und politische Parteien, in: GMH 25, 1974, Nr. 4, S. 204 f.

Belange der Gesamtgesellschaft im Auge behalten. Die Praxis der Montanmitbestimmung ist ein sichtbares Beispiel für eine derartige verantwortliche Ausübung wirtschaftlichen und politischen Einflusses durch Arbeitnehmer und Gewerkschaften.

Aus der vorstehend skizzierten Aufgabe der Mitbestimmung ergeben sich zwangläufig einige Grundsätze für die gesetzliche Regelung, die in ihrer Verknüpfung ein einheitliches Gebäude darstellen, aus dem kein Stein herausgebrochen werden darf, soll nicht das Ganze gefährdet werden. Dazu gehört in erster Linie die paritätische Besetzung der Aufsichtsräte und die gleichgewichtige Beteiligung der Arbeitnehmer bei allen Aufsichtsratsentscheidungen. Jede gesetzliche Regelung, die den Anteilseigner ein Stimm-Vorrecht einräumt, verdient nicht den Namen »Mitbestimmung«. Die Arbeitnehmer und ihre Gewerkschaften können nur dann für unternehmerische Entscheidungen Verantwortung übernehmen, wenn sie die wirksame Möglichkeit hatten, auf das Zustandekommen und die Gestalt dieser Entscheidungen gleichberechtigt Einfluß zu nehmen.

Zu den unverzichtbaren Grundsätzen gehört zum zweiten, daß die Arbeitnehmerbank im Aufsichtsrat als kollektive und einheitliche Interessenvertretung gestaltet wird; jede Aufspaltung in einzelne Gruppen ist mit dem Prinzip der gemeinsamen Interessenwahrnehmung unvereinbar. Sonderrechte und Wahl-Privilegien einzelner Arbeitnehmergruppen schwächen die Belegschaft und ihre Interessenvertretungen Von diesem Prinzip haben sich DGB und SPD sowohl bei der Auseinandersetzung um das Betriebsverfassungsgesetz und Personalvertretungsgesetz von 1952 und 1953 als auch bei der Reform beider Gesetze in der vergangenen und gegenwärtigen Legislaturperiode leiten lassen. Nichts anderes darf für die Mitbestimmung im Aufsichtsrat gelten. Zu diesen elementaren Grundsätzen einer jeden Mitbestimmungsregelung kommen noch weitere wesentliche Forderungen wie die Beteiligung der Gewerkschaften bei der Mitbestimmung im Aufsichtsrat, die Wahl und Kontrolle der Arbeitnehmervertreter durch die Betriebsräte, die Berufung eines vom Vertrauen der Arbeitnehmer abhängigen Arbeitsdirektors.

In zahlreichen Gesprächen, insbesondere im Herbst des vergangenen Jahres[6], mußten wir den Eindruck gewinnen, daß die Grundelemente einer wirksamen Mitbestimmung von dem Sozialdemokratischen Regierungspartner nicht in Frage gestellt würden. Dies entsprach im übrigen Ihrer eigenen Ankündigung in der Regierungserklärung[7], daß die Mitbestimmung auf der Grundlage der Gleichberechtigung und Gleichgewichtigkeit von Arbeitnehmern und Kapitaleignern verwirklicht werden würde. Diese Ankündigung verband sich mit der Feststellung, daß im Rahmen der Mitbestimmung kein »Drei-Klassen-Wahlrecht« geschaffen werden dürfe.

Umso größer war unsere Enttäuschung, als wir bereits nach Bekanntwerden des Koalitionskompromisses vom 19. Januar d.J. feststellen mußten, daß

---

6 Vgl. u. a. Mitbestimmungsdiskussion mit Willy Brandt am 10.10.1973, Dok. 89.
7 Vgl. Regierungserklärung Willy Brandts vom 18.1.1973, in: Stenogr. Berichte 7. Deutscher Bundestag, 7. Sitzung, Bd. 81, S. 121–134.

wesentliche gewerkschaftliche und sozialdemokratische Forderungen nicht verwirklicht waren. Vergleicht man darüber hinaus den nunmehr vorliegenden Regierungsentwurf mit den unverzichtbaren Elementen einer Mitbestimmungsregelung, so scheint uns der Entwurf vollends unannehmbar. Wir können nicht verstehen, daß Sie, Herr Bundeskanzler, die Kritik an einem Gesetzentwurf, der mit dem Stichentscheidungsrecht der Hauptversammlung aus sozialdemokratischer Sicht noch hinter den Freiburger Thesen der FDP zurückbleibt, dadurch diskreditieren, daß Sie sie in den Bereich des politisch extremen rücken.[8] Es kann doch nicht übersehen werden, daß mit diesem Entwurf Positionen aufgegeben werden, die Jahrzehntelang in Sozialdemokratie und Gewerkschaften unangefochten als gesellschaftspolitisches Herzstück galten. Und die über Grenzen hinaus als wesentliche Bestandteile eines Konzepts angesehen wurden, den Hausforderungen unserer Zeit mit den Mitteln des demokratischen Sozialismus zu begegnen.

Die vorgesehene Regelung enthält den Arbeitnehmern die paritätische Mitbestimmung vor. Zwar sollen die Arbeitnehmer eine zahlenmäßig scheinbar gleich starke Vertretung im Aufsichtsrat erhalten. Doch zahlreiche Bestimmungen heben die Chance zur gleichgewichtigen Interessendurchsetzung wieder auf. Das gilt zum einen für den Entscheidungsvorrang der Eigentümer bei der Vorstandsbestellung sowie bei der Ausübung von Beteiligungsrechten an anderen Unternehmen. Aus den gleichen Gründen, aus denen wir das jüngste Mitbestimmungsmodell der CDU abgelehnt haben[9], müssen wir uns gegen diese empfindliche Einschränkung der Parität im Regierungsentwurf wenden.

Darüber hinaus ist die gleichgewichtige Interessenvertretung der Arbeitnehmer durch Gruppenrechte ernsthaft gefährdet. Das gilt insbesondere für die Sonderrechte leitender Angestellter im Sinne des § 5 Abs. 3 BetrVG. In diesem Zusammenhang sei nochmals darauf hingewiesen, daß sich die Gewerkschaften niemals gegen die Wahl leitender Angestellter in den Aufsichtsrat gewehrt haben: lediglich die Sondervertretung der Gruppe der leitenden Angestellten widerspricht dem gesellschaftlichen Prinzip der einheitlichen Interessenvertretung. Hinzu kommt die Eingrenzung der Gruppe der sogenannten leitenden Angestellten auf die Personen, die nach § 5 Abs. 3 BetrVG von der Betriebsratswahl ausgeschlossen sind. Dabei handelt es sich nach gewerkschaftlicher Rechtsauffassung um solche Personen, die der Interessenvertretung der Belegschaft, dem Betriebsrat, als Kontrahenten gegenüberstehen.

---

8 Eine entsprechende Äußerung Willy Brandts gegenüber der massiven Kritik der Gewerkschaften am Gesetzentwurf zur Mitbestimmung (vgl. u. a. Interview mit Friedhelm Farthmann, in: Der Spiegel 28, 25.2.1974, Nr. 9, S. 22) lässt sich nicht belegen.
9 Auf dem 22. Bundesparteitag der CDU am 18./20.11.1973 in Hamburg wurde ein Modell zur Mitbestimmung verabschiedet, auf das sich alle Gruppen der Partei (Sozialausschüsse, Mittelstandsvereinigung und Wirtschaftsrat) verständigt hatten. Das Mitbestimmungsmodell der CDU sah eine Parität von Eigentümer- und Arbeitnehmervertretern im Aufsichtsrat vor, jedoch sollte auf der Arbeitnehmerseite ein leitender Angestellter sitzen. Vgl. Niederschrift des Parteitages, Bonn 1974, S. 512-514. Zur Kritik des DGB am Mitbestimmungsmodell der CDU, siehe ND, 20.11.1973, Nr. 389. Die Bedenken der BDA gegen dieses Modell in: Jahresbericht der BDA, 1. Dezember 1972-30. November 1973, o. O. o. J., S. 185.

Dokument 101 28. Februar 1974

Der Kreis beschränkt sich damit auf die obersten Bereiche der betrieblichen Hierarchie. Nach den zur Zeit vorliegenden Daten macht dieser Personenkreis ca. 0,5 bis 1,5 Prozent der Belegschaften aus. Wie schon jetzt zu erfahren war, werden die Arbeitgeber, wenn der Regierungsentwurf Gesetz wird, bei künftigen Betriebsratswahlen der gewerkschaftlichen Rechtsauffassung entgegenkommen.[10]

Die Angehörigen dieses – engen – Personenkreises sind in ihrer Haltung und ihrem politischen Standort eher den Anteilseignern und Unternehmensvorständen zuzuordnen als den Arbeitnehmern und ihren Interessenvertretungen: Betriebsräte und Gewerkschaften. Angesichts dieser Sachlage hilft auch der wohlgemeinte Rat nicht weiter, die Gewerkschaften müßten sich eben in Zukunft mehr um diesen Personenkreis kümmern und versuchen ihn gewerkschaftlich zu organisieren, er kommt der Empfehlung gleich, die Herren Quandt, Flick und Oetker gewerkschaftlich zu organisieren.

Schon der Koalitionskompromiß vom 19. Januar d.J. enthielt durch Sonderrechte der leitenden Angestellten im Sinne des § 5 Abs. 3 BetrVG eine ernsthafte Gefährdung der Parität. Diese Gefahr hat sich nunmehr durch die Bestimmungen des Regierungsentwurfs verschärft. Zum einen besteht nicht mehr die Möglichkeit, für den zweiten Wahlgang neue Wahlvorschläge mit einem geringeren Vorschlagsquorum zu unterbreiten, so daß auch in Ausnahmefällen die Chance verbaut ist, über das Wahlverfahren Kandidaten in den Aufsichtsrat zu berufen, die sich in eine einheitliche Interessenvertretung der Arbeitnehmerbank einfügen. Zum anderen sollen künftig auch solche Mitglieder des oberen Managements in den Aufsichtsrat gewählt werden können, die bislang nach § 105 Aktiengesetz dem Aufsichtsrat nicht angehören dürften.[11] Der Regierungsentwurf beschwört daher auf Grund der Sonderrechte leitender Angestellter die ernsthafte Gefahr herauf, daß in strittigen Fragen, in denen die Anteilseigner nicht ohnehin ein Stimm-Vorrecht genießen, Abstimmungsergebnisse im Verhältnis 11 zu 9 zu Lasten der Arbeitnehmer zu erwarten sind.

Darüber hinaus und unabhängig von der Gefährdung der Parität müssen wir uns gegen jede Begründung von Sonderrechten im Aufsichtsrat wehren, da sie dem Prinzip der einheitlichen Interessenvertretung widersprechen. Auch hier war bereits der Koalitionskompromiß vom 19. Januar für die Gewerkschaften nicht tragbar. Der nunmehr vorliegende Regierungsentwurf enthält in dieser Frage noch weitere empfindliche Einbrüche; um nur einige zu nennen: Die Wahlmänner können nicht mehr von den Betriebsräten vorgeschlagen werden, eine Abberufung der Aufsichtsratsmitglieder ist nicht mehr auf Antrag

---

10 Die BDA sah in dem Gesetzentwurf ihre Position einer eigenständigen Vertretung der leitenden Angestellten nicht erfüllt. Zur Kritik des BDA am Gesetzentwurf siehe Jahresbericht der BDA, 1. Dezember 1973–30. November 1974, o. O. o. J., S. 155–162.

11 In § 105 Aktiengesetz über die Unvereinbarkeit der Zugehörigkeit zum Vorstand und zum Aufsichtsrat lautet der Abs. 1 »Ein Aufsichtsratsmitglied kann nicht zugleich Vorstandsmitglied, dauernd Stellvertreter von Vorstandsmitgliedern, Prokurist oder zum gesamten Geschäftsbetrieb ermächtigter Handlungsbevollmächtigter der Gesellschaft sein«. Aktiengesetz vom 6.9.1965 (BGBl. I, S. 1089).

der Betriebsräte möglich. Dies alles fördert die Tendenzen zur Spaltung der Belegschaften und der Arbeitnehmerschaft – Tendenzen, die sich gegen das Prinzip der solidarischen Arbeitnehmerpolitik, und damit im Grunde gegen die Gewerkschaften richtet.

Hinzu kommt, dass zahlreiche andere wesentliche Forderungen der Gewerkschaften nicht erfüllt sind. Dies gilt u. a. für das Wahlverfahren, die angemessene, d. h. gleichgewichtige Beteiligung von Gewerkschaftsvertretern in den Aufsichtsräten großer Unternehmen, für den Arbeitsdirektor und für die Größenmerkmale. Zudem sind wichtige Unternehmen, und zwar Versicherungsvereine auf Gegenseitigkeit und sogenannte Tendenzunternehmen[12] nunmehr von der Mitbestimmungsregelung ausgenommen. Ich möchte es bei diesen Beispielen bewenden lassen. Ausschlaggebend für die politische Beurteilung dürften in erster Linie die Verstöße gegen unverzichtbare Grundelemente einer wirksamen Mitbestimmungsregelung sein: Die fehlende Parität sowie die Gruppenrechte leitender Angestellter. Dabei handelt es sich um Mängel, die die Mitbestimmungsregelung insgesamt in Frage stellen. Auch wir, sehr geehrter Herr Bundeskanzler, wissen, daß Kompromisse geschlossen werden müssen. Die Substanz der gewerkschaftlichen und – wie ich als Sozialdemokrat hinzufügen möchte – sozialdemokratischen Mitbestimmungsforderung ist jedoch nicht kompromißfähig. Und der vorliegende Regierungsentwurf rührt in der Tat an den Kern der politischen Forderung auf gleichberechtigte Mitbestimmung. Die Arbeitnehmer erhalten nicht die Chance auf paritätische Mitwirkung bei allen Unternehmensentscheidungen. Ja, darüber hinaus leitet die Schaffung überspitzter Gruppenrechte einen gesellschaftspolitischen Rückschritt ein. Eine gesetzliche Regelung auf der Grundlage des Regierungsentwurfs würde daher nicht nur das Ziel der paritätischen Mitbestimmung vereiteln. Sie würde zudem durch Schaffung elitärer Gruppenrechte die solidarische Arbeitnehmerpolitik in Betrieben und Unternehmen empfindlich beeinträchtigen. Ein derartiges Mitbestimmungsgesetz würde den Arbeitnehmern daher nicht nur nichts bringen, sondern ihre Stellung gegenüber dem geltenden Rechtszustand noch verschlechtern.

Ich rechne daher, sehr geehrter Herr Bundeskanzler, mit Ihrem Verständnis, wenn der DGB und seine Gewerkschaften den vorliegenden Regierungsentwurf ablehnen. Es geht, wie ich meine, um die Glaubwürdigkeit gewerkschaftlicher und sozialdemokratischer Politik.

Mit freundlichen Grüßen
< Heinz Oskar Vetter >

---

12 Im Gegensatz zum Koalitionskompromiss vom 19.1.1974 sollte dieses Gesetz nicht mehr angewendet werden bei: Versicherungsvereinen auf Gegenseitigkeit, wirtschaftlichen Vereinen und auf jene Unternehmen, die »[...] überwiegend politischen, koalitionspolitischen, konfessionellen, karitativen, erzieherischen, wissenschaftlichen und künstlerischen Bestimmungen [...]« dienen sowie Tendenzunternehmen wie Zeitungs-, Zeitschriften- und Buchverlage, vgl. § 1 Abs. 4 Mitbestimmungsgesetz, in: Bundestagsdrucksache 7/2172.

DOKUMENT 102

5. März 1974: Protokoll der 14. Sitzung des Bundesvorstandes

Hans-Böckler-Haus in Düsseldorf; Vorsitz: Heinz O. Vetter; Protokollführung: Isolde Funke, Marianne Jeratsch; Sitzungsdauer: 15.15–19.20 Uhr; ms, vermerkt: »Vertraulich«.[1]

Ms., hekt., 10 S., 4 Anlagen.[2]

DGB-Archiv, DGAI000537.

Beginn der Sitzung: 15.15 Uhr[3]

[*Vetter* eröffnet die Sitzung. *Kluncker* bittet um Erörterung des Rechtsschutzreports der Volksfürsorge und seine Verteilung durch den DGB; auf Wunsch *Vietheers* soll über die Konferenz »Humanisierung der Arbeit als gesellschaftspolitische und gewerkschaftliche Aufgabe« gesprochen werden.]

Tagesordnung:
1. Genehmigung der Protokolle der a.o. Bundesvorstandssitzung am 29.1.1974 sowie der Bundesvorstandsklausur am 5./6.2.1974
2. Maiplakat
3. Stellungnahme zu den Markierungspunkten der Bundesregierung zur beruflichen Bildung
4. Arbeitskampfrichtlinien
5. Benennung der Kandidaten des DGB für Verwaltungsrat und Vorstand der Bundesanstalt für Arbeit
6. 25-Jahrfeier DGB
7. BAG-Urteil über leitende Angestellte
8. Spendenbeschlüsse
9. Spendenpool
10. Kapitalerhöhung Büchergilde

---

1 Einladungsschreiben vom 12.2.1974. Nicht anwesend: Leonhard Mahlein, Philipp Seibert, Wilhelm Rothe (vertreten durch Xaver Senft) und Julius Lehlbach (vertreten durch Heinz Andersch). DGB-Archiv, DGB-BV, Abt. Vorsitzender 5/DGAI0000484.
2 Anlagen: Anwesenheitsliste, Presseerklärung zum BAG-Urteil über leitende Angestellte (siehe ND, 6.3.1974, Nr. 47), Stellungnahme zum Regierungsentwurf des Mitbestimmungsgesetzes (siehe ND, 6.3.1974, Nr. 51), Stellungnahme zum Gutachten Hans-Dietrich Genschers über die angebliche Verfassungswidrigkeit der Paritätischen Mitbestimmung (siehe ND, 6.3.1974, Nr. 49).
3 Vor der Bundesvorstandssitzung fand um 10.00 Uhr eine interne Bundesvorstandssitzung (GBV und Vorsitzende der Einzelgewerkschaften) statt. Vgl. Einladungsschreiben vom 20.2.1974. Eine Tagesordnung wurde erst in der Sitzung festgelegt. Nach handschriftlicher Aufzeichnung Heinz O. Vetters wurden folgende Themen behandelt: 1. Wahl des Nachfolgers für Franz Woschech, 2. Verhältnis Gewerkschaftsvorsitzende/GBV in besonderen Fragen – ohne Bezug auf die Parteizugehörigkeit, 3. Allgemeines Gewerkschaftsimage, 4. Zusammensetzung der DGB-Delegation für die Gespräche mit der DAG und 5. Mitbestimmung, hier: Vorschlagsrecht der Gewerkschaften für außerbetriebliche Arbeitnehmervertreter. Ein Protokoll dieser Sitzung wurde nicht erstellt. DGB-Archiv, DGB-BV, Abt. Vorsitzender 5/DGAI000484.

5. März 1974 **Dokument 102**

11. FDGB
12. Verschiedenes
13. Mitbestimmung,
    hier: Regierungsentwurf eines Mitbestimmungsgesetzes

1. Genehmigung der Protokolle der a.o. Bundesvorstandssitzung am 29.1.1974 sowie der Bundesvorstandsklausur am 5./6.2.1974

[Der Bundesvorstand genehmigt beide Protokolle.]

2. Maiplakat

[*Stephan* weist auf die drei aufgestellten Entwürfe für das Maiplakat 1974 hin. Der Geschäftsführende Bundesvorstand hat sich für das Plakat mit den darin aufgeführten 24 letzten Maiplakaten entschieden und empfiehlt dem Bundesvorstand dieses Plakat ebenfalls auszuwählen. In der folgenden Diskussion werden Anregungen für die Gestaltung des Plakats gegeben; abschließend wird das Maiplakat mit den darin aufgeführten 24 letzten Maiplakaten für den 1. Mai 1974 verabschiedet.]

3. Stellungnahme zu den Markierungspunkten der Bundesregierung zur beruflichen Bildung[4]

Kollegin *Weber* verweist auf die vorliegende Stellungnahme, die im Ausschuß mit den Kollegen aller Gewerkschaften und Landesbezirke ausgearbeitet wurde, und bittet um Zustimmung.[5]

[In der anschließenden Diskussion werden aktuelle Fragen der beruflichen Bildung, wie Angebot der Lehrstellen und Einführung des Berufsgrundbildungsjahres, erörtert. Nachdem Sierks und Kluncker schriftliche Stellungnahmen abgegeben haben, verabschiedet der Bundesvorstand eine Stellungnahme des DGB zu dem Gesetz zur beruflichen Bildung mit der Maßgabe, dass die noch vorgelegten Stellungnahmen berücksichtigt werden.[6]]

---

4 Die Markierungspunkte enthielten mehrere weitreichende Vorschläge, deren Grundlage die »Notwendigkeit einer verstärkten öffentlichen Verantwortung für die berufliche Bildung« war. Siehe Bundesministerium für Bildung und Wissenschaft: Grundsätze zur Neuordnung der beruflichen Bildung (Markierungspunkte), Bonn 1973, S. 5. Die Grundsätze zur Reform des Berufsbildungsgesetzes von 1969 wurden an die beteiligten Verbände und Organisationen zur Stellungnahme verschickt. Zur Reform der beruflichen Bildung in den 1970er Jahren siehe Busemeyer: Wandel trotz Reformstau, hier: S. 79–105.

5 Der DGB-Bundesausschuss für berufliche Bildung hatte in seiner Dezembersitzung eine vorläufige Stellungnahme zu den veröffentlichten Markierungspunkten erarbeitet. Mit den Änderungs- und Ergänzungswünschen vonseiten der Gewerkschaften hatte er in seiner 65. Sitzung am 28.1.1974 die vorgelegte Stellungnahme verabschiedet. Vgl. DGB-Archiv, DGB-BV, Abt. Berufliche Bildung 5/DGAW000785 und Abt. Vorsitzender 5/DGAI000218. Zur Berufsbildungsreform siehe auch: DGB-Geschäftsbericht 1972–1974, Abt. Berufliche Bildung, S. 186 ff.

6 In der Vorlage des ÖTV-HV, des Sekretariats 4 – Bildungspolitik vom 28.2.1974 und in der von Jan Sierks vom 5.3.1974 wurde die Auffassung vertreten, dass der Forderungscharakter klarer und präziser formulierte werden sollte. Vgl. DGB-Archiv, DGB-BV, Abt. Berufliche Bildung 5/DGAW000785.

Dokument 102 5. März 1974

4. ARBEITSKAMPFRICHTLINIEN

Kollege *Muhr* weist darauf hin, daß die Vorlage einer Neufassung der Arbeitskampfrichtlinien einem Beschluß des 9. Ordentlichen Bundeskongresses entspricht.[7] Der Arbeitsrechtliche Ausschuß und der Tarifpolitische Ausschuß haben nach eingehenden Beratungen den vorliegenden Entwurf erarbeitet.[8] Der Geschäftsführende Bundesvorstand hat von einer Beschlußempfehlung abgesehen. Er bittet den Bundesvorstand, zu entscheiden, ob das vorgelegte Papier als »Empfehlung« oder als »Richtlinie« zu verabschieden ist, oder ob es sich gegebenenfalls bei der heutigen Diskussion um eine erste Lesung handeln soll. Kollege Muhr geht abschließend kurz auf einige Positionen des vorgelegten Entwurfs ein.

[Neben redaktionellen Änderungen in den Paragraphen 1 und 3[9] konzentriert sich die nachfolgende Diskussion auf gewerkschaftspolitische und politische Gesichtspunkte, die § 8 in seinen einzelnen Ziffern betreffen.[10] Anschließend verabschiedet der Bundesvorstand mit den diskutierten Änderungen die vorgelegten Arbeitskampfrichtlinien, die dem Bundesausschuss in seiner Juni-Sitzung zur endgültigen Beschlussfassung vorgelegt werden sollen.[11]]

---

7 Antrag 180 der Gewerkschaft HBV zur »Sicherung des Grundrechts der Koalitionsfreiheit«, vgl. Protokoll 9. Bundeskongreß, Teil: Anträge und Entschließungen, S. 149 f. Aufgrund der Beschlüsse des Bundesarbeitsgerichts vom 21.4.1971 und 26.10.1971, in denen Arbeitskampfregeln aufgestellt wurden, die eine gewerkschaftliche Betätigungsfreiheit im Arbeitskampf sehr stark einschränken würden, sollten die auf dem DGB-Gründungskongress 1949 beschlossenen »Richtlinien des DGB zur Führung von Arbeitskämpfen« überarbeitet werden. Die Arbeitskampf-Entscheidungen des BAG wurden vollständig abgedruckt, in: Recht der Arbeit, 1971, S. 185 ff.
8 Die Vorlage der Abt. Arbeitsrecht wurde nach mehreren gemeinsamen Sitzungen des Tarifpolitischen und Arbeitsrechtlichen Ausschusses am 5.12. 1973 verabschiedet. Gegenüber den bisherigen Arbeitskampfrichtlinien sollten die Bindungen der Gewerkschaften in Arbeitskampffragen an die Bundesrichtlinien möglichst ausgeschlossen oder nur noch freiwillig übernommen werden. Vgl. DGB-Archiv, DGB-BV, Abt. Arbeitsrecht 5/DGBR000025 und Sekretariat Martin Heiß 5/DGCS000059.
9 In den §§ 1–3 wurden die Regeln zur Führung von Arbeitskämpfen der zuständigen Gewerkschaften niedergeschrieben. Ebd.
10 § 8 lautete: »1. Die Arbeitskampfführende Gewerkschaft hat Regelungen zu treffen, ob und wie zur Erhaltung der Arbeitsplätze erforderliche Notstandsarbeiten zu verrichten sind. 2. Die Satzungen oder Arbeitskampfrichtlinien der Gewerkschaften sollen die Gewerkschaftsmitglieder verpflichten, von den Gewerkschaften gebilligte Notstandsarbeiten durchzuführen. 3. Sie sollen Bestimmungen darüber enthalten, dass Notstandsarbeiten für den Fall von Aussperrungen nicht geleistet werden. Dies gilt nicht, wenn schwerwiegende und nicht wiedergutzumachende Schäden für die Allgemeinheit verhindert werden sollen. 4. Bei Arbeitskämpfen in Bereichen der Versorgung mit lebensnotwendigen Gütern ist dafür Sorge zu tragen, dass eine Notversorgung aufrechterhalten bleibt.«. Ebd.
11 In der Sitzung des Bundesausschusses am 5.6.1974 wurden die Arbeitskampfrichtlinien mehrheitlich verabschiedet. Vgl. Sitzungsprotokoll, in: DGB-Archiv, DGB-BV, Abt. Vorsitzender 5/DGAI000414.

5. Benennung der Kandidaten des DGB für Verwaltungsrat und Vorstand der Bundesanstalt für Arbeit

[Der Bundesvorstand beschließt, für die nächste Legislaturperiode der Selbstverwaltungsorgane der Bundesanstalt für Arbeit die, in der Vorlage vom 7.2.1974, vorgeschlagenen Nominierungen vorzunehmen.[12]]

6. 25-Jahrfeier DGB

Kollege *Stephan* berichtet über die verschiedenen Überlegungen des Geschäftsführenden Bundesvorstandes, das 25-jährige Bestehen des DGB im Oktober d.J. mit einer Feierstunde zu würdigen. Eine gemeinsame Veranstaltung anläßlich der Eröffnung des Gewerkschaftstages der IG Druck und Papier wurde von dieser nicht gewünscht. Eine Feierstunde am Ort der Gründung des DGB in München scheint wegen der hohen Kosten nicht diskutabel. Eine weitere Alternative wäre eine dem Bundesangestelltentag in Braunschweig vorgeschaltete Feierstunde gewesen, die aber aus verschiedenen Gründen keine Mehrheit im GBV gefunden hat. Die am meisten diskutierte Möglichkeit war eine Feierstunde in der Paulskirche in Frankfurt mit einer begrenzten Teilnehmerzahl, von der wegen der jüngsten Ereignisse in Frankfurt[13] aber ebenfalls Abstand genommen wurde. Es wäre nun noch zu erwägen, in einem großen mitbestimmten Betrieb eine solche Feierstunde durchzuführen. Der GBV hat sich nicht auf einen einheitlichen Vorschlag einigen können und bittet den Bundesvorstand, zu beraten, ob und gegebenenfalls in welcher Form das 25-jährige Bestehen des DGB begangen werden soll.

[In der Diskussion wird überwiegend die Meinung vertreten, keine besondere Feierstunde abzuhalten, und beschlossen, die für den 4. September 1974 vorgesehene Bundesausschusssitzung auf den 2. Oktober in Düsseldorf zu verlegen. Im ersten, öffentlichen Teil dieser Sitzung, wird des 25-jährigen Bestehens des DGB mit einer kurzen Festansprache des DGB-Vorsitzenden gedacht, anschließend folgt die routinemäßige Bundesausschusssitzung.]

7. BAG-Urteil über leitende Angestellte

[*Muhr* verliest ein soeben übermitteltes Urteil des Bundesarbeitsgerichts über leitende Angestellte, nach dem der Begriff des leitenden Angestellten weitgehend im Sinne des § 5 Absatz 3 Betriebsverfassungsgesetz auszulegen sei.[14] Er sagt den Bundesvorstandsmitgliedern eine Ablichtung dieses Urteils zu.

---

12 Die Benennung der Kandidaten wurde entsprechend der von Gewerkschaften und Landesbezirken gemachten Vorschläge beschlossen. Die Namen der insgesamt 29 vorgeschlagenen Kandidaten siehe Beratungsvorlage in: DGB-Archiv, DGB-BV, Abt. Vorsitzender 5/DGAI000484.
13 Vgl. Anmerkung in Fußnote 29 in diesem Dokument.
14 In der Urteilsbegründung wurde dargelegt, dass die leitenden Angestellten in einer Schlüsselstellung typische Unternehmerfunktionen ausüben und damit Teilhaber an dem unternehmerischen Entscheidungsprozess sind und sich somit ein natürlicher Interessengegensatz zu den anderen Arbeitnehmern ergebe. Vgl. Beschluss vom 5.3.1974 – 2 AZR 455/73, in: Mitglieder des Bundesarbeitsgerichts (Hrsg.): Entscheidungen des BAG, Bd. 26, S. 36–60. Zur schriftlichen Urteilsbegründung siehe detailliert: Die Quelle 25, 1974, Heft 5, S. 217 ff.

Dokument 102 5. März 1974

Anschließend verliest er eine Presseerklärung zu diesem Urteil, mit der der Bundesvorstand einverstanden ist.[15]]

8. SPENDENBESCHLÜSSE

[In der Diskussion zur Vorlage, wird insbesondere das Für und Wider der Spende in Höhe von 100.000,-- DM an das Kuratorium Unteilbares Deutschland erörtert. Anschließend wird dem Bundesausschuss empfohlen, aus Mitteln des Solidaritätsfonds für 1974 die Spenden an die

Friedrich-Ebert-Stiftung (DM 150.000,--), dem Kuratorium Unteilbares Deutschland (DM 100.000,--) und der Jakob-Kaiser-Stiftung (DM 35.000,--) zu bewilligen. Weiterhin wird beschlossen, dass dem Geschäftsführenden Vorsitzenden des Kuratoriums, Dr. Wilhelm Wolfgang Schütz, in der für den 25.3.1974 vorgesehenen Aussprache erklärt wird, dass die Spende letztmalig in dieser Höhe gezahlt wird.[16]]

9. SPENDENPOOL

Kollege *Lappas* verweist auf die mit Schreiben vom 18.1.1974 übersandte Übersicht über die Spenden- bzw. Beitragsverpflichtungen des DGB.[17] Er gibt der Hoffnung Ausdruck, daß damit die durch die Vorlage vom 22.11.1973 entstandenen Mißverständnisse ausgeräumt sind, daß der Geschäftsführende Bundesvorstand die in dieser Liste enthaltenen Verpflichtungen in den vom Bundesvorstand mehrfach vorgeschlagenen Spendenpool einbeziehen wolle. Diese sollen auch künftig aus dem Haushalt des DGB bzw. aus dem Solidaritätsfonds gedeckt werden. Vorgesehen ist lediglich – ausgehend von Anregungen aus dem Bundesvorstand –, künftig an die Gewerkschaften und den DGB herangetragene Spendenwünsche, wie z. B. von Amnesty International und dem International Rescue Committee, durch ein einheitliches Engagement zu regeln. Der Bundesvorstand könnte über solche Spendenersuchen beraten, gegebenenfalls die Spendenhöhe festlegen und diese in der Weise aufteilen, daß 20% der Summe durch den DGB und die restlichen 80% durch Umlage auf die Gewerkschaften entsprechend ihrer Mitgliederzahlen aufgebracht werden.

[In der anschließenden Diskussion kommt der Bundesvorstand zur Auffassung, dass vor einer endgültigen Beschlussfassung die beim DGB und den Gewerkschaften eingehenden entsprechenden Spendenwünsche gesammelt

---

15 Siehe Anmerkung in Fußnote 2 in diesem Dokument.
16 Der Bundesausschuss bestätigte in seiner 7. Sitzung am 6.3.1974 diesen Beschluss (Dok. 103). In dem Gespräch ging es auch darum, dass sich der DGB, als einer der maßgeblichen finanziellen Unterstützer, nach der organisatorischen Umgestaltung des Kuratoriums nicht mehr darin vertreten sah. Vgl. Kopie des Schreibens Wilhelm Wolfgang Schütz an Wolfgang Mischnick, Egon Franke und Johann Baptist Gradl vom 9.5.1974 zu diesem Komplex, in: DGB-Archiv, DGB-BV, Sekretariat Günter Stephan 5/DGCU000419.
17 Die Übersicht der Spenden und Beitragsverpflichtungen des DGB an wissenschaftliche und kulturelle Institute und Wohlfahrtsorganisationen (gemeinnützige Einrichtungen) wies insgesamt 510.900 DM aus. Vgl. DGB-Archiv, DGB-BV, Abt. Vorsitzender 5/DGAI000484.

und das Verfahren in einer der nächsten Sitzungen des Bundesvorstandes beraten werden soll.]

10. KAPITALERHÖHUNG BÜCHERGILDE

[Der Bundesvorstand beschließt, der Beteiligung der VTG des DGB an der Kapitalerhöhung der Büchergilde Gutenberg von DM 500.000,-- auf DM 750.000,-- zuzustimmen. Weiterhin nimmt der Bundesvorstand die Mitteilung von *Lappas* zur Kenntnis, dass die geplante Kapitalerhöhung beim Berufsfortbildungswerk durch die VTG mit 3,8 Mio. DM sich ändert, da die Neue Heimat Städtebau ihrem Anteil von 51% auf 48% reduziert hat und dies eine zusätzliche Zeichnung von DM 300.000,-- durch die VTG bedeutet.]

11. FDGB

Kollege *Vetter* informiert den Bundesvorstand, daß es nicht möglich gewesen ist, den vorgesehenen schriftlichen Bericht über die Erfahrungen der Gewerkschaften im Kontakt mit den Organisationen des FDGB für die heutige Sitzung zu liefern. Die bisher eingegangenen Informationen beziehen sich fast ausschließlich auf technische Fragen, so daß eine politische Schlußfolgerung nicht erfolgen konnte. Kollege Vetter bittet die Vorsitzenden noch einmal, möglichst umgehend ihre detaillierten Erfahrungsberichte an die Abteilung Vorsitzender des DGB zu geben, damit in der nächsten Sitzung eine fruchtbare Diskussion über die politischen Konsequenzen und eine gemeinsame Linie geführt werden kann. Er informiert den Bundesvorstand abschließend darüber, daß ein an Herbert Warnke gerichtetes Schreiben wegen der Herabsetzung der Umtauschquoten und des Schießbefehls der DDR bisher nicht beantwortet wurde[18], andererseits aber über sogenannte technische Kontakte die Frage ausgesprochen wurde, ob der DGB einer Einladung des FDGB folgen würde.

[Nachdem *Loderer* und *Vater* über die Erfahrungen ihrer Gewerkschaften mit den entsprechenden Fachorganisationen des FDGB berichtet hatten, wurde vereinbart, dass nach dem Eingang der nötigen Unterlagen in der nächsten Bundesvorstandssitzung über die Möglichkeit weiterer Kontakte zum FDGB und eine gemeinsame Linie beraten werden soll.[19]]

---

18 Das Schreiben Vetters vom 25.1.1974 an Herbert Warnke hatte zur Grundlage die Beschlüsse der 12. BV-Sitzung am 4.12.1973 (Dok. 92) sowie der 6. Bundesausschusssitzung am 6.12.1973, DGB-Archiv, DGB-BV 5/DGAI000413. In dem Antwortschreiben Warnkes vom 18.3.1974 bekundete er das Interesse des FDGB an einer Fortführung der Kontakte und weiterer Delegationsaustausche. Die Fragen zur Zwangsumtauschquote und zum Schießbefehl wurden jedoch abgewehrt mit der Formel: »Nichteinmischung in den Angelegenheiten der anderen«. DGB-Archiv, DGB-BV, Abt. Vorsitzender 5/DGAI001692.
19 Erst in der 16. Sitzung des Bundesvorstandes am 7.5.1974 standen die Kontakte zum FDGB wieder auf der Tagesordnung (Dok. 105).

Dokument 102 5. März 1974

12. VERSCHIEDENES

a) Rechtsschutzreport der Volksfürsorge

Kollege *Kluncker* spricht ein Rundschreiben vom 14. Februar 1974, unterschrieben von Kollegen Peter Pletsch, an, mit dem die Broschüre »Rechtsschutzreport« der Volksfürsorge versandt und in dem um Stellungnahme bis zum 28. Februar gebeten wurde.[20] Er verliest einige Passagen der Broschüre, die s.E. in der vorliegenden Form nicht verteilt werden kann.

Nach kurzer Diskussion, an der sich die Kollegen *Lappas, Mirkes, Hauenschild, Schmidt* (GBV), *Kluncker* und *Vetter* beteiligen, wird das weitere Verfahren wie folgt festgehalten: Die Stellungnahmen der Gewerkschaften gehen ein, werden berücksichtigt und dann wird beraten, was weiter geschehen soll.

b) Konferenz »Humanisierung der Arbeit als gesellschaftspolitische und gewerkschaftliche Aufgabe«

Kollege *Vietheer* spricht die nach seiner Ansicht unzureichende Information des Bundesvorstandes über die durch den GBV zunächst für März vorgesehene und nun auf Mai verschobene Konferenz zum Thema »Humanisierung der Arbeitswelt« an. Sein Vorstand ist der Auffassung, daß eine für alle Gewerkschaften so wichtige Tagung des DGB im Bundesvorstand hätte beraten werden sollen.

Kollege *Vetter* gibt einen kurzen Bericht über die Planungen und Vorarbeiten zu der nun am 16. und 17. Mai 1974 im Hotel Sheraton in München stattfindenden Konferenz.[21] Wenn auch Einzelheiten über diese Tagung aus den Protokollen des GBV ersichtlich gewesen sind, so sagt Kollege Vetter doch für ähnliche Anlässe eine frühzeitige Information des Bundesvorstandes zu.

c) 2. Kongreß des Europäischen Gewerkschaftsbundes vom 23. bis 25. Mai 1974 in Kopenhagen,
hier: Zusammensetzung der DGB Delegation

[*Lappas* erläutert die Vorlage, und *Kluncker* bittet um seinen Austausch gegen Karl-Heinz Hoffmann. Anschließend ist der Bundesvorstand mit der vorgeschlagenen Zusammensetzung der DGB-Delegation für die o. a. Konferenz einverstanden.[22]]

---

20 In der 15-seitigen Broschüre, die nicht publiziert wurde, ging es um eine Familienrechtsschutzversicherung für Gewerkschaftsmitglieder. Die Broschüre wurde erstellt von der Volksfürsorge in Zusammenarbeit mit der Ad-hoc-Arbeitsgruppe »Vorteilsregelungen für Gewerkschaftsmitglieder«. Vgl. DGB-Archiv, DGB-BV, Sekretariat Karl Schwab 5/DGCR000047.
21 Die Konferenz »Humanisierung der Arbeit als gesellschaftspolitische Aufgabe« wurde in Zusammenarbeit mit dem Internationalen Institut für Arbeitsstudien des Internationalen Arbeitsamtes durchgeführt. Positionspapiere und Redemanuskripte zur Konferenz, siehe DGB-Archiv, DGB-BV, Abt. Angestellte 5/DGAT000015 und 5/DGAT000016. Zur Konferenz siehe auch: Das Mitbestimmungsgespräch, 1974, Nr. 7/8; Die Quelle 25, 1974, Heft 6, S. 244–246 sowie DGB-Geschäftsbericht 1972–1974, S. 26 f.
22 Unter Berücksichtigung der europäischen Funktionen wurde vom GBV die Zusammensetzung der Delegation vorgeschlagen; für den GBV: Vetter, Muhr, Weber, Heiß, Lappas, Neemann, Gerhard Schmidt und für die Gewerkschaften: Sperner, Adolf Schmidt, Hauenschild, Seibert, Vietheer, Vater, Loderer, Stadelmaier, Kluncker, Breit und Buschmann. Der

d) Energiekonferenz des EGB

Kollege *Lappas* informiert den Bundesvorstand darüber, daß in der Januarsitzung des Exekutivausschusses des EGB eine interne Konferenz über Energiefragen erwogen wurde, die jetzt kurzfristig auf den 15. und 16. März 1974 in Luxemburg terminiert worden ist.[23] Kollege Vetter wird als Vizepräsident des EGB ein einführendes Referat halten, dem sich Diskussion und Zusammenfassung der Ergebnisse anschließen. Wegen der kurzen Frist bis zu der Konferenz war eine vorausgehende Befassung des Bundesvorstandes nicht möglich. Kollege Lappas bittet den Bundesvorstand um nachträgliche zustimmende Kenntnisnahme. Die 12 auf den DGB entfallenden Delegiertenmandate sind wie folgt aufgeteilt worden: GBV 4: die Kollegen Vetter und Neemann sowie zwei Sachverständige; Gewerkschaften 8: je ein Vorstandsmitglied und Sachverständiger der am meisten berührten Gewerkschaften Bergbau und Energie, Metall, Chemie, Papier, Keramik und ÖTV.

Der Bundesvorstand nimmt die Ausführungen des Kollegen Lappas zustimmend zur Kenntnis.

e) Europäische Sozialkonferenz

Kollege *Vetter* berichtet, daß trotz zwischenzeitlich eingetretener Schwierigkeiten die auf der Gipfelkonferenz in Paris beschlossene Sozialkonferenz – noch unter Leitung von Walter Arendt – stattfinden soll.[24]

f) Verhandlungen IBFG/WVA

Kollege *Vetter* informiert den Bundesvorstand über die Fortschritte, die hinsichtlich einer Vereinigung von IBFG und WVA auf einer Sitzung am 2. März 1974 in Genf erreicht wurden.[25]

g) Finanzierung 1. Mai

Kollege *Michels* spricht die Schwierigkeiten an, die es selbst in großen Orten bei der Durchführung von Maiveranstaltungen gibt, da einige Gewerkschaften ihren Ortsverwaltungen verbieten, sich an der Finanzierung dieser Maiveranstaltungen zu beteiligen.

In der anschließenden Diskussion erörtern die Kollegen *Hauenschild, Sierks, Michels, Buschmann, Drescher, Vetter* und *Stephan* die Frage der Finanzie-

---

Verteilerschlüssel für die Zusammensetzung der Delegationen wurde im § 6 der Satzung des EGB festgelegt. Zum Kongreßablauf siehe Kampf für ein soziales Europa, in: Die Quelle 25, 1974, Heft 6, S. 248 f. und DGB-Archiv, DGB-BV, Internationale Abt. 5/DGAJ000211.
23 Zu Konferenzablauf, Arbeitspapieren und Beschlüssen siehe DGB-Archiv, DGB-BV, Internationale Abt. 5/DGAJ000230.
24 Die dreigliedrige Sozialkonferenz im Rahmen der Europäischen Gemeinschaft fand am 16.12.1974 in Brüssel statt. Zu Beratungsunterlagen und Redemanuskripten zur Konferenz siehe DGB-Archiv, DGB-BV, Internationale Abteilung 5/DGAJ000176 und 5/DGAJ000320. Zu den Ergebnissen des »Pariser Gipfels« siehe auch: Dok. 64, Fußnote 5.
25 In der 3. Sitzung waren die beiden Gewerkschaftsinternationalen übereingekommen, einen gemeinsamen Arbeitsausschuß IBFG/WVA zu bilden, der über die weitere Zusammenarbeit und eine mögliche Vereinigung beider Organisationen beraten sollte. Vgl. gemeinsame Erklärung zum Treffen, in: DGB-Archiv, DGB-BV, Sekretariat Martin Heiß 5/DGCS000066.

rung von Maiveranstaltungen, wobei auf die diesbezüglichen Beschlüsse der Gewerkschaften hingewiesen wird.

13. MITBESTIMMUNG

Kollege *Vetter* verweist auf den vorgelegten Entwurf einer Erklärung zur Mitbestimmung, die der Bundesvorstand beraten und der Bundesausschuß in seiner morgigen Sitzung zur Verabschiedung empfehlen sollte. Die Abgabe einer erneuten Erklärung nach der außerordentlichen Bundesausschußsitzung und dem dort von Walter Arendt gegebenen Bericht erscheint unerläßlich, weil der nun verabschiedete Regierungsentwurf weitere Verschlechterungen aus gewerkschaftlicher Sicht enthält, die nicht unwidersprochen hingenommen werden können.[26] Ähnliche Reaktionen hat es bereits im Bundesvorstand der AfA und in der Fraktion der SPD gegeben.[27]

An der nachfolgenden ausführlichen Diskussion über Einzelaspekte und Formulierungen des vorlegten Entwurfs beteiligen sich die Kollegen *Stephan, Wagner, Vetter, Hauenschild, Hensche, G. Schmidt, Lappas, Klunker, Vietheer, Farthmann, Loderer, Muhr, Clauss, Mirkes, Schwab* und *Stadelmaier*.

Der Bundesvorstand kommt abschließend zu der Meinung, daß die Vorlage, unter Berücksichtigung der, noch einmal überarbeitet und dem Bundesausschuß in seiner morgigen Sitzung vorgelegt werden soll (siehe Anlage). In einer weiteren Erklärung soll außerdem gegen den Versuch von Bundesinnenminister Genscher Stellung genommen werden, durch ein Gutachten die angebliche Verfassungswidrigkeit der paritätischen Mitbestimmung nachzuweisen (siehe Anlage).[28]

FORTSETZUNG ZU TOP 12 »VERSCHIEDENES«

h) Erhöhung des Arbeitslosenbeitrages

Auf die Frage des Kollegen *Schwab* nach einer eventuellen Erhöhung des Arbeitslosenbeitrages durch die Bundesanstalt für Arbeit erklärt Kollege *Muhr*, daß unsere Vertreter im Verwaltungsrat einer Neufestsetzung nicht zugestimmt haben und damit auch im laufenden Jahr nicht zu rechnen ist.

---

26 Zum Regierungsentwurf vom 20.2.1974, Bundestagsdrucksache 7/2172, siehe auch: Schreiben Heinz O. Vetter an Willy Brandt vom 18.2.1974 (Dok. 101) sowie Spiegelinterview von Friedhelm Farthmann zum Mitbestimmungsentwurf, Der Spiegel 28, 25.2.1974, Nr. 9, S. 22.
27 Zur Sitzung des AfA-Bundesausschusses vom 28.2.1974 siehe AdsD, SPD-PV, Bundesgeschäftsführer Holger Börner 2/PVCO000079. Der AfA-Bundesausschuß wollte in enger Kooperation mit der SPD-Bundestagsfraktion den Regierungsentwurf im Gesetzgebungsverfahren verbessern. Insbesondere eine Mitbestimmung unterhalb der Parität, die Sonderstellung der leitenden Angestellten und der uneingeschränkte Tendenzschutz waren für die AfA nicht akzeptabel. Erklärung der AfA in: DGB-Archiv, DGB-BV, Abt. Vorsitzender 5/DGAI000484.
28 Beide Anlagen zu diesem TOP siehe Fußnote 2 in diesem Dokument.

5. März 1974 **Dokument 102**

i) Frankfurter Vorgänge

Der Bundesvorstand ist überwiegend der Auffassung, daß der DGB keine Stellungnahme zu den jüngsten Ereignissen in Frankfurt abgeben soll.[29]

j) Delegierte zur Bundesversammlung

Kollege *Clauss* schildert die Schwierigkeiten aus seinem Bereich, alle führenden Gewerkschafter zu Delegierten für die im Mai stattfindende Bundesversammlung zu benennen.[30] Der Bundesvorstand ist der Auffassung, daß der DGB in dieser Angelegenheit nicht intervenieren soll.

k) Woche der Wissenschaft

Auf die Frage des Kollegen *Hauenschild* nach der Woche der Wissenschaft informiert Kollege *Stephan* den Bundesvorstand über die Initiative des Kollegen Franz Woschech, in Zusammenarbeit mit der GEW die Woche der Wissenschaft auf breitere Ebene zu stellen.[31] Es sind einige Gewerkschaften, die sich finanziell hätten beteiligen können, befragt worden. Dann folgten einige Vorbesprechungen, an denen Vertreter der Hauptvorstände teilgenommen haben, und die das Ergebnis brachten, die Woche der Wissenschaft auf eine neue Linie zu bringen. Daraufhin wurden Einwände von der ÖTV vorgebracht, worauf noch einmal alle Gewerkschaften angesprochen wurden. Die IG Metall akzeptierte ebenfalls die neue Form nicht. Nur die GEW hat sich bereit erklärt, noch einmal die Woche der Wissenschaft wie bisher, mit dem Zuschuss von DM 5.000,-- der IG Metall, durchzuführen.

Ende der Sitzung: 19.20 Uhr

---

29 Am 21.2.1974 räumte die Polizei im Frankfurter Westend besetzte Häuser. Seit 1970 besetzten Lehrlinge, Studenten und ausländische Familien leer stehende Häuser im Frankfurter Westend. Die Polizei musste diese Häuser für die Bodenspekulanten und Privatbesitzer räumen. Die SPD in Frankfurt missbilligte diese Bodenspekulationen. Vgl. Der Spiegel 28, 25.2.1974, Nr. 9, S. 29–32. Zum »Frankfurter Häuserkampf«, siehe Wolfgang Kraushaar: Die Frankfurter Sponti-Szene. Eine Subkultur als politische Versuchsanordnung, in: AfS 44, 2004, S. 105–121.
30 Bei der Zusammensetzung der Bundesversammlung für die Wahl des Bundespräsidenten können die Parteien auch Persönlichkeiten aus dem öffentlichen Leben benennen. Nach Ablauf der Amtszeit von Gustav Heinemann wurde bei der Bundesversammlung am 15.5.1974 Walter Scheel zum Bundespräsidenten gewählt.
31 1965 wurde im Rahmen der Ruhrfestspiele in Zusammenarbeit zwischen DGB und GEW, später nach ihrer Gründung kam die Ruhr-Universität Bochum noch hinzu, die »Woche der Wissenschaft« durchgeführt. Vgl. DGB-Geschäftsbericht 1962–1965, Abt. Bildungswesen, S. 375. Zur inhaltlichen Neuausrichtung dieser Veranstaltungsreihe wurde eine Ad-hoc-Arbeitsgruppe des DGB-Organisationsausschusses gebildet. Vgl. DGB-Archiv, DGB-BV, Abt. Kulturpolitik 5/DGCP000033.

Dokument 103

6. März 1974: Protokoll der 7. Sitzung des Bundesausschusses

Hotel Intercontinental in Düsseldorf; Vorsitz: Heinz O. Vetter; Protokollführung: Isolde Funke, Marianne Jeratsch; Sitzungsdauer: 10.10–14.00 Uhr; ms. vermerkt: »Vertraulich«.[1]

Ms., hekt., 7 S., 5 Anlagen.[2]

DGB-Archiv, DGAI000445.

[*Vetter* eröffnet die Sitzung. Der GBV bzw. BV schlagen vor als zusätzlichen TOP »Mitbestimmung«.]

Tagesordnung:
1. Genehmigung des Protokolls der 6. Bundesausschußsitzung
2. Haushalt 1974
3. Spendenbeschlüsse
4. DGB-Umweltprogramm
5. Nachwahl eines GBV-Mitgliedes
6. Bildung von Arbeiterausschüssen auf Landesbezirks- und Kreisebene
7. Mitbestimmung
8. Bundesausschußsitzung im September 1974
9. Solidaritätserklärung für die IG Metall

1. Genehmigung des Protokolls der 6. Bundesausschusssitzung

[Das Protokoll der 6. Bundesausschusssitzung wird genehmigt.]

2. Haushalt 1974

[*Lappas* erläutert einzelne Positionen, des vom Bundesvorstand in seiner Sitzung vom 5.2.1974 verabschiedeten Haushaltsvoranschlags 1974. Nach ergänzenden Informationen von *Vater*, dass der Haushaltsvoranschlag nur durch Inanspruchnahme von Krediten ausgeglichen wurde, der Anteil der Personalkosten auf 61,4 % angewachsenen sei und deshalb keine Mittel für eventuelle Gehaltserhöhungen der DGB-Beschäftigten zum 1.10.1974 zur Verfügung stehen, machte abschließend *Stephan* noch auf die Kürzungen im Werbeetat aufmerksam, wodurch künftig eine Reihe von Aktivitäten eingestellt werden müssten. Nach kurzer Diskussion wurde der DGB-Haushalt 1974 mit einer Gegenstimme und drei Stimmenthaltungen verabschiedet.]

---

1 Einladungsschreiben vom 11.1. und 12.2.1974 mit beigefügter Tagesordnung. DGB-Archiv, DGB-BV, Abt. Vorsitzender 5/DGAI000413.
2 Anlagen: Anwesenheitsliste, »DGB zum Regierungsentwurf eines Mitbestimmungsgesetzes«, »DGB weist Angriff Genschers gegen die Mitbestimmung zurück«, »DGB verurteilt Ankündigung von Preiserhöhungen«, »Solidaritätserklärung für die streikenden Metallarbeiter« – (alle Erklärungen sowie das Redemanuskript Erhard Epplers wurden abgedruckt im DGB-Nachrichtendienst, ND 48, 49, 52 und 53).

3. Spendenbeschlüsse

[Mit der Empfehlung des Bundesvorstands bewilligt der Bundesausschuss aus Mitteln des Solidaritätsfonds für 1974 die Spenden für die Friedrich-Ebert-Stiftung, das Kuratorium Unteilbares Deutschland und die Jakob-Kaiser-Stiftung. Außerdem ist der Bundesausschuss mit einer Ankündigung gegenüber den Spendenempfängern über Kürzungen im nächsten Jahr einverstanden.]

4. DGB-Umweltprogramm

[Nachdem *Vetter* an einigen der niedergelegten Thesen die Bedeutung dieses Programms erläutert hat, wird das DGB-Umweltprogramm einstimmig verabschiedet.³]

5. Nachwahl eines GBV-Mitgliedes

[Nachdem *Schmidt*, GBV, erklärt hat, dass laut Satzung des DGB Nachwahlen mit Zweidrittelmehrheit erfolgen müssen, bittet *Hauenschild* um eine Besprechungspause.]

Pause: 11.00 bis 11.15 Uhr

[*Mirkes* trägt die Auffassung der Gewerkschaftsvorsitzenden vor, Karl Schwab, Vorsitzender des DGB-Landesbezirks Baden-Württemberg, als Mitglied des Geschäftsführenden Bundesvorstandes zu wählen. Nachdem sich Schwab dem Bundesausschuss vorgestellt hat, beginnt der Wahlgang.]

6. Bildung von Arbeiterausschüssen auf Landesbezirks- und Kreisebene

[*Heiß* erläutert die Vorlage.⁴ Anschließend beschließt der Bundesausschuss, dass die Bildung von Arbeiterausschüssen auf DGB-Landesbezirks- und DGB-Kreisebene bis zum Erlass gemeinsamer Rahmenrichtlinien für die Personengruppen und der Überprüfung ihrer organisationspolitischen Notwendigkeit zurückgestellt wird.]

---

3 Auf dem 9. Ordentlichen Bundeskongress wurde in den Anträgen 33 und 34 der Bundesvorstand aufgefordert, ein Umweltprogramm zu entwickeln. Vgl. Protokoll 9. Bundeskongreß, Teil: Anträge und Entschließungen, S. 37 ff. Die Thesen des DGB-Umweltprogramms sind abgedr. in: hektografiertes Manuskript, DGB-Bundesvorstand, Abt. Gesellschaftspolitik, o. J.
4 Das von der Abteilung Arbeiter-Handwerk vorgelegte Arbeitspapier vom 13.2.1974 gab den Diskussionsstand über die Beschlusslage zu den Richtlinien wieder. Während der Bundes-Arbeiterausschuss (DGB-Satzung § 7 Ziffer 8) sich bereits am 31.1.1974 konstituiert hatte, wurden Arbeiterausschüsse auf der Ebene der DGB-Landesbezirke und -Kreise bisher nicht gebildet. Die Richtlinien für die Personengruppe Arbeiter wurde am 4.11.1980 vom Bundesvorstand verabschiedet. Die Richtlinien wurden abgedruckt in: DGB-Geschäftsbericht 1978–1981, Abt. Arbeiter/Handwerk, S. 339 ff.

Dokument 103   6. März 1974

FORTSETZUNG ZU TOP 5. »NACHWAHL EINES GBV-MITGLIEDES«

[*Vetter* gibt das Abstimmungsergebnis bekannt: 110 abgegebene Stimmen, davon 106 Ja-Stimmen, 1 Nein-Stimme und 3 Stimmenthaltungen. Damit ist Kollege Karl Schwab laut Satzung des DGB als Mitglied des Geschäftsführenden Bundesvorstandes gewählt, und er nimmt die Wahl an.]

7. MITBESTIMMUNG

Kollege *Vetter* trägt die einhellige Meinung des Bundesvorstandes vor, daß die nach der außerordentlichen Bundesausschußsitzung in Hamburg[5] eingetretene Situation in der Mitbestimmungsdiskussion eine erneute, eindeutige Stellungnahme des Bundesausschusses erfordert. Der jetzt vorgelegte Regierungsentwurf enthält gegenüber dem in Hamburg diskutierten Entwurf weitere Verschlechterungen[6], die es nötig machen, daß der Bundesausschuß noch einmal unmißverständlich zum Ausdruck bringt, was für den DGB tragbar ist und was nicht. Kollege Vetter geht kurz auf das jüngste Urteil des Bundesarbeitsgerichts zum Thema leitende Angestellte ein[7], das möglicherweise doch noch Auswirkungen auf den Gesetzentwurf haben wird. Er bittet um Diskussion und Verabschiedung des vorgelegten Entwurfs einer Erklärung »DGB zum Regierungsentwurf eines Mitbestimmungsgesetzes«.

Ein weiterer Entwurf einer Presseerklärung ist vorgelegt worden, der kritisch dazu Stellung nimmt, daß Bundesinnenminister Genscher Presseberichten zufolge durch ein in seinem Hause angefertigtes Gutachten versucht, die Verfassungswidrigkeit der paritätischen Mitbestimmung nachzuweisen, und damit möglicherweise Einfluß auf die Koalitionsverhandlungen genommen hat. Auch diese Erklärung bittet Kollege Vetter zu verabschieden.

Kollege *Judith* bestätigt, daß die in Hamburg ausgesprochenen Befürchtungen durch den Regierungsentwurf noch übertroffen worden sind. Er befürwortet ausdrücklich eine erneute Erklärung und ist außerdem der Meinung, daß der Geschäftsführende Bundesvorstand beauftragt werden sollte, in einer Großkundgebung die Haltung des DGB und seiner Gewerkschaften zur Mitbestimmung noch einmal deutlich zu machen.

[Nach kurzer Diskussion werden mit einigen redaktionellen Änderungen einstimmig die Presseerklärungen »DGB zum Regierungsentwurf eines Mitbestimmungsgesetzes« und »DGB weist Angriff Genschers gegen die Mitbestimmung zurück« verabschiedet.[8]]

GESPRÄCH MIT BUNDESMINISTER EPPLER

Kollege *Vetter* begrüßt Bundesminister Eppler im Namen des Bundesausschusses herzlich.[9] Er weist auf die über lange Jahre gute Zusammenarbeit

---
5 Vgl. Dok. 100.3
6 Siehe Dok. 101, Fußnote 1.
7 Siehe Dok. 102, Fußnote 2.
8 Siehe Anmerkungen in Fußnote 2 in diesem Dokument.
9 Siehe dazu das Einladungsschreiben Heinz O. Vetters an Erhard Eppler vom 11.1.1974, aufgrund des Bundesvorstandsbeschlusses vom 4.12.1973 (Dok. 92) und Bestätigungsschreiben Epplers vom 6.2.1974, in: DGB-Archiv, DGB-BV, Abt. Vorsitzender 5/DGAI000413.

852

6. März 1974 **Dokument 103**

zwischen seinem Ministerium und dem DGB hin, die nicht nur fruchtbare Gespräche, sondern auch konkrete Ergebnisse gebracht hat.

Bundesminister *Eppler* dankt für die Gelegenheit einer offenen Aussprache mit den Mitgliedern des Bundesausschusses. In einem ausführlichen Vortrag nimmt er zur gegenwärtigen internationalen und nationalen Lage aus der Sicht seines Ministeriums Stellung (s. Anlage).

[In der anschließenden Diskussion werden aktuelle Fragen der Wirtschafts- und Entwicklungspolitik erörtert.[10]]

8. BUNDESAUSSCHUSSSITZUNG IM SEPTEMBER 1974

[*Vetter* informiert darüber, dass der Bundesvorstand beschlossen hat, die für den 4. September 1974 vorgesehene Bundesausschusssitzung auf den 2. Oktober zu verlegen. Im ersten, öffentlichen Teil dieser Sitzung wird des 25-jährigen Bestehens des DGB mit einer kurzen Festansprache des DGB-Vorsitzenden gedacht. Es folgt dann im zweiten Teil die routinemäßige Sitzung. Die Verlegung der Sitzung wird zustimmend zur Kenntnis genommen.]

9. SOLIDARITÄTSERKLÄRUNG FÜR DIE IG METALL

Der Bundesausschuß ist mit einer Solidaritätserklärung zum Streik der IG Metall im Gebiet Unterweser-Ems einverstanden (s. Anlage).[11]

Ende der Sitzung: 14.00 Uhr

---

10 In der Protokollniederschrift der Sitzung wurde die Diskussion nicht wiedergegeben. Vgl. DGB-Archiv, DGB-BV, Abt. Vorsitzender 5/DGAI000413.
11 Zum dreiwöchigen Arbeitskampf der Metallarbeiter im Unterwesergebiet siehe auch: Dietrich Eissegg: Der Streik der Metallarbeiter im Unterwesergebiet 1974, in: Jacobi u. a.: Kritisches Jahrbuch 1974, S. 116–129; Forschungsgruppe »Metallerstreik«: Streik und Arbeiterbewußtsein. Eine sozialwissenschaftliche Untersuchung des Metallerstreiks im Unterwesergebiet, Frankfurt/M. 1979.

DOKUMENT 104

2. April 1974: Protokoll der 15. Sitzung des Bundesvorstandes

Hans-Böckler-Haus in Düsseldorf; Vorsitz: Heinz O. Vetter; Protokollführung: Isolde Funke, Marianne Jeratsch; Sitzungsdauer: 11.15–13.30 Uhr; ms. vermerkt: »Vertraulich«[1].

Ms., hekt., 8 S., 1 Anlage.[2]

DGB-Archiv, 5/DGAI000537.

Beginn der Sitzung: 11.15 Uhr

[*Vetter* eröffnet die Sitzung.]

Tagesordnung:
1. Genehmigung des Protokolls der 14. Bundesvorstandssitzung
2. Geschäftsverteilung GBV
3. Mitbestimmungssituation
4. Europäischer Gewerkschaftsbund – EGB
5. Benennung der Mitglieder der deutschen Arbeitnehmerdelegation zur 59. Internationalen Arbeitskonferenz in der Zeit vom 5. bis 26.6.1974 in Genf
6. Revisionsbericht
7. Spendenersuchen des International Rescue Committee
8. Mieterhöhungen in Gewerkschaftshäusern
9. Prüfung des Jahresabschlusses 1973
10. VTG-Finanzplan 1974
11. Mitwirkung des DGB am »Umweltforum«
12. 10. Ordentlicher Bundeskongress in der Zeit vom 25. bis 31.5.1975 in Hamburg
13. Bestätigung des DGB-Landesbezirksvorsitzenden Baden-Württemberg
14. Bestätigung von Landesbezirksvorstandsmitgliedern, hier: Landesbezirk Saar
15. Verschiedenes

1. GENEHMIGUNG DES PROTOKOLLS DER 14. BUNDESVORSTANDSSITZUNG

Der Bundesvorstand genehmigt das Protokoll der 14. Bundesvorstandssitzung.

2. GESCHÄFTSVERTEILUNG GBV

Der Bundesvorstand nimmt zur Kenntnis, daß Kollege Karl Schwab die Aufgaben des Kollegen Woschech unverändert übernommen hat.

---

1 Einladungsschreiben vom 8. und 10.3.1974. Nicht anwesend: Gerd Muhr, Günter Stephan, Leonhard Mahlein, Heinz Vietheer (vertreten durch Anni Moser), Eugen Loderer (vertreten durch Hans Mayr). DGB-Archiv, DGB-BV, Abt. Vorsitzender 5/DGAI000484.
2 Anlage: Anwesenheitsliste.

3. Mitbestimmungssituation

Kollege *Vetter* teilt mit, daß sich die Gewerkschaftsvorsitzenden und der GBV in ihrer internen Beratung bereits mit dieser Frage befaßt haben. Sie sind übereingekommen, daß sie noch einmal über die Mitbestimmungspolitik insgesamt beraten müssen. Kollege Vetter weist auf die Vorlage über eine Mitbestimmungskundgebung hin.[3] Der Bundesvorstand muß nun über die Art und den Termin der Veranstaltung entscheiden. Es ist zu wählen zwischen einer Großkundgebung und einer zentralen Betriebs- und Vertrauensleutekonferenz. Kollege Vetter gibt die voraussichtliche Terminplanung über die Behandlung des Gesetzentwurfes bekannt. Am 5. April wird sich der Bundesrat mit dem Entwurf befassen. Darauf wird die Bundesregierung den Gesetzentwurf auch gegen den Rat des Bundesrates in den Bundestag einbringen. Danach wird Anfang Mai die erste Lesung stattfinden, die eine Weiterleitung an die Bundestagsausschüsse ergeben wird. Es folgen dann die Tagungen der Ausschüsse mit Hearings. Es kann davon ausgegangen werden, daß diese Tagungen unmittelbar vor der Sommerpause beendet sind und nach der Sommerpause, im September, die zweite Lesung beginnt.

In der anschließenden Diskussion, an der sich die Kollegen *Clauss*, *Vetter*, *Mayr*, *Stadelmaier*, *Eichhorn*, *Kluncker* und *Sperner* sowie die Kollegin *Weber* beteiligen, wird eingehend das Für und Wider einer Großkundgebung und einer zentralen Betriebsräte- und Vertauensleutekonferenz diskutiert.

Beschluß:

Der Bundesvorstand beschließt, am Nachmittag des 7. Mai 1974 (nach der Bundesvorstandssitzung) eine zentrale Betriebsräte- und Vertrauensleutekonferenz in der Grugahalle in Essen durchzuführen.[4]

4. Europäischer Gewerkschaftsbund – EGB

Kollege *Lappas* verweist auf das umfangreiche Material, das dem Bundesvorstand zum Thema Erweiterung des EGB übersandt wurde und das über die Entwicklung einschließlich der Exekutivausschußsitzung am 7. März informiert.[5] Er erinnert an den Beschluß des Bundesvorstandes vom November vergangenen Jahres, der die Zustimmung des DGB zur Aufnahme der EO-WVA-Verbände unter bestimmten Bedingungen und die Ablehnung der Aufnahmeanträge von CGIL und CGT zum Inhalt hatte. Inzwischen hat

---

3   In der Vorlage wurden als Termine der 27.4. bzw. 11.5. vorgeschlagen und die Veranstaltung sollte entweder eine Großkundgebung oder eine zentrale Betriebsrätekonferenz sein. Siehe hierzu Beschluss der 71. GBV-Sitzung vom 25.3.1974. DGB-Archiv, DGB-BV, Abt. Vorsitzender 5/DGAI000219.
4   Berichte über die Kundgebung siehe u. a.: WdA 24, 10.5.1974, Nr. 19, S. 3 sowie Über 6000 Arbeiter klatschten für Brandt Beifall, in: FR, 8.5.1974.
5   In zwei Schreiben vom 20. und 28.3.1974 erhielten die Bundesvorstandmitglieder von Alfons Lappas als Beratungsunterlagen: Bericht über die zweite Begegnung zwischen einer Delegation des EGB und einer Delegation der CGIL am 3.3.1974; Bericht des IBFG über den Kongress des WGB vom 15. bis 22.10. in Varna; Protokolle der Sitzungen des Exekutivausschusses des EGB vom 25.9.1973, 24./25.1. und 7.3.1974; Satzung des EGB. DGB-Archiv, DGB-BV, Abt. Vorsitzender 5/DGAI000484.

Dokument 104   2. April 1974

der Exekutivausschuß mit Mehrheit der Aufnahme christlicher Organisationen aus dem europäischen Bereich zugestimmt.[6] Die von der belgischen FGTB versuchte Kopplung mit den kommunistischen Aufnahmeanträgen ist an der Intervention des DGB gescheitert. Der DGB vertritt die Auffassung, daß bisher keine Möglichkeit zu ausreichender Prüfung der Aufnahmeanträge insbesondere der CGIL und deren Absichten gegeben war und daß die unbedingt erforderliche Konsultation des IBFG nicht erfolgen konnte. Im Gegensatz zu dem verstärkt laufenden Auflösungsprozess des WVA[7] ist die CGIL trotz ihrer Bemühungen um den Assoziationsstatus noch Vollmitglied des WGB und in dessen Führungsorganen vertreten.[8] Eine Umwandlung der Vollmitgliedschaft wäre erst durch eine Satzungsänderung auf der nächsten Exekutivausschußsitzung des WGB im Oktober 1974 möglich.[9] Die Absichtserklärungen der CGIL werden von den Mitgliedern des EGB unterschiedlich beurteilt. Solange nicht zuverlässig geprüft werden kann, ob tatsächlich der klare Wille der CGIL vorhanden ist, konstruktiv im EGB mitzuarbeiten, müssen auf jeden Fall Zweifel bestehen, daß vielleicht doch eine langfristig angelegte Strategie die Arbeit im EGB stören soll. Die im Exekutivausschuß des EGB vertretenen italienischen Kollegen befürworten die Aufnahme der CGIL. Man muß befürchten, daß die italienischen Freunde ihre internen Schwierigkeiten, die z. B. bei dem Bemühen um eine einheitliche Gewerkschaftsorganisation auftreten, von Rom nach Brüssel verlegen möchten. Es wird in diesem Zusammenhang von Interesse sein, welches Ergebnis eine für Anfang April in Rimini geplante Konferenz der drei italienischen Bünde haben wird.[10] Auch das Ergebnis eines weiteren, für den 10. April vorgesehenen Sondierungsgesprächs zwischen Vertretern des EGB und der CGIL sollte mit in die weiteren Überlegungen einbezogen werden. Auf keinen Fall kann die Zeit bis zum EGB-Kongress ausreichen, um über den Aufnahmeantrag der CGIL mit absoluter Zuverlässigkeit entscheiden zu können, zumal die nächste Vorstandssitzung des IBFG, die sich mit diesem Problem beschäftigen könnte, erst nach dem Kongress, und zwar am 30. und 31. Mai

---

6 In der Sitzung des Exekutivausschusses vom 7.3.1974 wurden die Aufnahmeanträge von acht nationalen Mitgliedsorganisationen der EO-WVA mit jeweils einer Gegenstimme angenommen. Die aufgenommenen Organisationen waren: Nederlands Katholiek Vakverbond (NKV), Lëtzebuerger Chrëschtleche Gewerkschaftsbond (LCGB), Confédération des syndicats chrétiens de Suisse (CSC), Schweizer Verband Evangelischer Arbeitnehmer (SVEA), Confédération des syndicats chrétiens (CSC), Christelijk Nationaal Vakverbond (CNV), Confédération francaise démocratique du travail (CFDT) und Solidarité des travailleurs basques.
7 Mit der Aufnahme der ehemaligen Mitgliedsgewerkschaften der EO-WVA auf dem außerordentlichen EGB-Kongress im Mai 1974 löste sich gleichzeitig der EO-WVA auf. Lediglich die Mitglieder der Christlichen Gewerkschaften Deutschlands traten nicht dem EGB bei. Vgl. Oesterheld/Olle: Gewerkschaftliche Internationalisierung in Westeuropa, S. 14.
8 Vgl. Der Weltgewerkschaftsbund 1945–1985, hrsg. v. Bundesvorstand des FDGB, Ostberlin 1986, S. 88 ff.
9 Siehe Berichte über die 25. Generalratstagung des WGB vom 15. bis 18.10.1974 in Havanna, in: Tribüne 30, 17.10. und 21.10.1974, Nr. 204 und 206.
10 Bei dem Treffen der Fabrikräte von CGIL, CISL und UIL kam es zu keinem Ergebnis, die Trennungslinie zwischen den drei Gewerkschaftsbünden aufzuheben. Vgl. Sergio Turone: Dall »autunuo caldo« alla »primavera gelida« (1969–1985), in: CGIL (Hrsg.): Il lavoro della Confederazione, Milano 1988, S. 323.

stattfindet.[11] Der DGB sollte deshalb im EGB die Meinung vertreten, daß ausreichend Zeit gegeben sein muß, den Aufnahmeantrag der CGIL zu prüfen. Es besteht die Chance, für diese Auffassung eine Mehrheit im EGB zu finden. Kollege Lappas verliest einen Formulierungsvorschlag für einen entsprechenden Beschluß des Bundesvorstandes.

An der nachfolgenden Diskussion beteiligen sich die Kollegen *Pfeiffer, Lappas, Vetter, Eichorn, Stadelmaier* und *Kluncker*. Dabei werden die Situation der italienischen Gewerkschaftsbünde, einige Punkte der Aufnahme von WVA-Verbänden sowie das Problem des Aufnahmeantrags der CGIL und seiner Auswirkungen auf die Industrieausschüsse kurz erörtert.

Der Bundesvorstand faßt folgenden Beschluß:

Der DGB verlangt, daß vor der Beschlußfassung im Europäischen Gewerkschaftsbund über einen eventuellen Aufnahmeantrag des italienischen Gewerkschaftsbundes CGIL – wie bei den Aufnahmeanträgen der Mitgliedsbünde der EO-WVA – ein schriftlicher Bericht über die Gespräche zwischen den Delegationen des EGB und der CGIL am 20. November 1973, am 3. März 1974 und am 10. April 1974 vorgelegt wird.

Der DGB verlangt darüber hinaus, daß der IBFG-Vorstand, der zum 30. und 31. Mai einberufen wurde, politisch ordentlich konsultiert wird.

Kollege *Vetter* spricht ein weiteres Problem in Zusammenhang mit dem bevorstehenden Kongress des EGB im Mai an, und zwar die Nachfolge für Victor Feather als Präsident des EGB. Nach dem augenblicklichen Stand der Diskussion sieht es so aus, daß die italienischen Kollegen den Kollegen Debunne[12] favorisieren (wahrscheinlich ohne Aussicht auf eine Mehrheit), die skandinavischen Kollegen sicher eine Kandidatur des Kollegen Thomas Nielsen[13] unterstützen würden. Wir haben bisher bei dieser Diskussion die Meinung vertreten, daß wir nicht an Personenfragen interessiert sind, sondern zunächst die Klärung der politischen und weltanschaulichen Probleme im EGB für erforderlich halten. Trotzdem ist von einigen Kollegen die Ansicht geäußert worden, daß ein deutscher Kollege die Präsidentschaft übernehmen sollte. Die englischen Kollegen würden wahrscheinlich einen solchen Vorschlag unterstützen bzw. vorbringen, über dessen Erfolgsaussichten jedoch noch Unklarheit besteht. Kollege Vetter bittet den Bundesvorstand um Meinungsäußerung, wie die Vertreter des DGB sich in dieser Frage im Rahmen des EGB verhalten sollen.

Kollege *Mirkes* spricht sich für eine Unterstützung des Vorschlages der skandinavischen Kollegen aus.

---

11 Vgl. Protokoll der Vorstandssitzung, DGB-Archiv, DGB-BV, Internationale Abt. 5/DGAJ000519.
12 Georges Debunne (1918–2008) war von 1968–1983 Präsident des Gewerkschaftsbundes FGTB in Belgien.
13 Thomas Nielsen (geb. 1917) war von 1967–1981 Präsident des dänischen Gewerkschaftsbundes sowie ab 1972 Präsident des Nordischen Gewerkschaftsbundes und Vizepräsident des IBFG.

Kollege *Kluncker* erinnert an die Gespräche während des letzten EGB-Kongresses im Februar des vergangenen Jahres und die Zusage der englischen und skandinavischen Kollegen, nach erfolgter Wahl des Kollegen Feather beim nächsten Kongress die Kandidatur des Kollegen Vetter zu unterstützen. Er möchte wissen, was aus dieser Zusage geworden ist. Im Übrigen ist er der Meinung, daß Kollege Vetter nicht das Risiko einer Niederlage eingehen sollte.

Auch Kollege *Vetter* ist der Auffassung, daß wir uns nicht auf Experimente einlassen sollten, wenn erkennbar ist, daß eine sichere Mehrheit fraglich ist. Er wird versuchen, in Gesprächen insbesondere mit den englischen Kollegen die Frage der Kandidatur zu klären. Der Bundesvorstand soll in seiner nächsten Sitzung über das Ergebnis informiert werden.

5. BENENNUNG DER MITGLIEDER DER DEUTSCHEN ARBEITNEHMER-DELEGATION ZUR 59. INTERNATIONALEN ARBEITSKONFERENZ IN DER ZEIT VOM 5. BIS 26.6.1974 IN GENF

[Der Bundesvorstand beschließt, dem Bundesministerium für Arbeit und Sozialordnung als Delegierten Gerd Muhr und als Berater zu den einzelnen Tagesordnungspunkten: Karl Kehrmann (DGB), Karl Jostarndt (DGB), Bruno Köbele (BSE), Helmut Schüssler (DGB), Georg Kittelmann (GGLF), Heinz Richter (DGB), Ferdinand Koob (IGM) und Ursula Engelen-Kefer (DGB) zu benennen.]

6. REVISIONSBERICHT

[Der Bericht der Revisionskommission des DGB über die Prüfung der Bundeshauptkasse wird zustimmend zur Kenntnis genommen.]

7. SPENDENERSUCHEN DES INTERNATIONAL RESCUE COMMITTEE

[Nach kurzer Diskussion stellt *Vetter* fest, dass durch die unterschiedlichen Auffassungen der Gewerkschaften zur Errichtung eines Spendenpools[14] keine einheitliche Lösung gefunden werden konnte.]

8. MIETERHÖHUNGEN IN GEWERKSCHAFTSHÄUSERN

Der Bundesvorstand beschließt die in der Anlage 1 der Vorlage vom 11.3.1974 vorgeschlagene Mieterhöhung[15] und ersucht alle Vorstände der Gewerkschaften, ihren Bezirksleitungen und Ortsverwaltungen von der bevorstehenden Mieterhöhung Kenntnis zu geben, ihre Notwendigkeit zu bejahen und – wenn erforderlich – die Ortsverwaltungen in den Stand zu setzen, die erhöhten Mieten zu zahlen.

---

14 Siehe hierzu Diskussion zu TOP 9 der 14. BV-Sitzung vom 5.3.1974 (Dok. 102).
15 Grund für die Mieterhöhung zum 1.1.1975 war das Defizit der VTG im Bereich Vermietung von 1,3 Mio. DM (1973) und der zu erwartende Verlust von 2,2 Mio. DM (1974). In Anlage 1 der Vorlage wurden die gewerkschaftlich genutzten Mietflächen in acht Mietgruppen (vorher fünf) aufgefächert und die Objekte diesen Gruppen zugeordnet. Durch diese breitere Fächerung wurde eine jährliche Mehreinnahme von ca. 1,1 Mio. DM erwartet.

9. Prüfung des Jahresabschlusses 1973

[Für die Prüfung des Jahresabschlusses 1973 sowohl für den DGB als auch für die VTG wird die ATH, Hamburg, bestellt.]

10. VTG-Finanzplan 1974

[Der Bundesvorstand stimmt dem Bau- und Finanzplan der VTG für 1974 zu.]

11. Mitwirkung des DGB am »Umweltforum«[16]

[Nach kurzer Diskussion beschließt der Bundesvorstand eine Teilnahme an weiteren Veranstaltungen des Umweltforums abzulehnen, sofern nicht dessen Satzung in wesentlichen Punkten (Empfehlungskompetenz, Arbeitsweise, Zusammensetzung) geändert wird. Dem Vorstand des Umweltforums sowie dem Bundesinnenminister soll dieser Beschluss brieflich mitgeteilt werden. Voraussetzung für eine zukünftige Teilnahme des DGB solle sein: 1. Prinzipiell paritätische Besetzung des Umweltforums (z. B. Kooperation von Wissenschaftlern), 2. Empfehlungskompetenz des Umweltforums an Bundesregierung und Bundestag, 3. Bildung von Arbeitsschwerpunkten in der Tätigkeit des Umweltforums und 4. Ergebnisse etwaiger Verhandlungen werden dem GBV zur Zustimmung vorgelegt.]

12. Ordentlicher Bundeskongress in der Zeit vom 25. bis 31.5.1975 in Hamburg

[Der Bundesvorstand empfiehlt dem Bundesausschuss gemäß § 8 der DGB-Satzung, die Anzahl der Delegierten für den 10. Ordentlichen Bundeskongress auf 478 festzulegen. Die auf jede Gewerkschaft entfallende Zahl der Delegierten ermittelt der Bundesvorstand nach der Zahl der Mitglieder, für die Beiträge an den Bund abgeführt wurden. Als Abrechnungszeitraum wird das dritte und vierte Quartal 1973 und das erste und zweite Quartal 1974 zu Grunde gelegt.]

13. Bestätigung des DGB-Landesbezirksvorsitzenden Baden-Württemberg

[Der Bundesvorstand empfiehlt dem Bundesausschuss, Günter Erlewein (ÖTV) als Landesbezirksvorsitzenden des Landesbezirks Baden-Württemberg zu bestätigen.[17]]

---

16 Die Arbeitsgemeinschaft für Umweltfragen war Träger des im Umweltprogramm der Bundesregierung vom 30.9.1971 festgelegten »Umweltforums«. Vgl. Umweltprogramm der Bundesregierung, hrsg. v. Bundesinnenministerium, Bonn 1971. Die erste Veranstaltung des Gremiums fand am 27.11.1973 statt, deren Verlauf von der Mehrzahl der Anwesenden negativ beurteilt wurde. Vgl. hierzu Ausführungen zum Sachstand in der Beratungsvorlage, DGB-Archiv, DGB-BV, Abt. Vorsitzender 5/DGAI000484. Zur weiteren Mitarbeit in der Arbeitsgemeinschaft siehe DGB-Geschäftsbericht 1975–77, Abt. Gesellschaftspolitik, S. 39 f.
17 Der Bundesausschuss bestätigte die Wahl in seiner 8. Sitzung am 5.6.1974. Vgl. DGB-Archiv, DGB-BV, Abt. Vorsitzender 5/DGAI000414.

Dokument 105 7. Mai 1974

14. BESTÄTIGUNG VON LANDESBEZIRKSVORSTANDSMITGLIEDERN
   HIER: LANDESBEZIRK SAAR

[Der Bundesvorstand empfiehlt dem Bundesausschuss, Adolf Baldauf (Vors. GEW-LV Saarland) als Mitglied des Landesbezirksvorstandes Saar zu bestätigen.[18]]

15. VERSCHIEDENES

a) Broschüre »Rechtsschutzreport«[19]

[*Schwab* berichtet, dass nach Eingang der Stellungnahmen der Gewerkschaften und anschließenden Gesprächen mit der Volksfürsorge Rechtsschutz die o. a. Broschüre nicht verbreitet wird.]

b) Woche der Wissenschaft[20]

[*Schwab* teilt mit, dass die IG Metall inzwischen ihre Zusage, sich mit DM 5.000,-- an der Finanzierung der »Woche der Wissenschaft« zu beteiligen, zurückgezogen habe, weil sie an dem zu behandelnden Thema nicht interessiert sei. Er bittet Hans Mayr um Überprüfung dieser Entscheidung.]

Ende der Sitzung: 13.30 Uhr

DOKUMENT 105

7. Mai 1974: Protokoll der 16. Sitzung des Bundesvorstandes

Hans-Böckler-Haus in Düsseldorf; Vorsitz: Heinz O. Vetter; Protokollführung: Isolde Funke, Marianne Jeratsch; Sitzungsdauer: 10.10–12.40 Uhr; ms. vermerkt: »Vertraulich«.[1]

Ms., hekt., 6 S., 1 Anlage.[2]
DGB-Archiv, 5/DGAI000537.

Beginn der Sitzung: 10.10 Uhr

[*Vetter* eröffnet Sitzung und begrüßt den neuen Vorsitzenden des DGB-Landesbezirks Baden-Württemberg, Günter Erlewein, sowie den Generalsekretär des IBFG, Otto Kersten.]

---

18 Ebd.
19 Vgl. hierzu Diskussion zu TOP 12a der 14. BV-Sitzung vom 5.3.1974 (Dok. 102).
20 Vom 10. bis 13.7.1975 fand im Rahmen der Ruhrfestspiele die »Woche der Wissenschaft« statt. Die Veranstaltung hatte zum Thema: »Grenzen der Bildung – Grenzen der Demokratie?« Siehe Bericht über die Tagung, in: Die Quelle 26, 1975, Heft 7/8, S. 331.
1 Einladungsschreiben vom 3.4. und 23.4.1974. Nicht anwesend: Alfons Lappas, Georg Neemann, Leonhard Mahlein (vertreten durch Herbert Schwiedel), Adolf Mirkes, Karl Buschmann. DGB-Archiv, DGB-BV, Abt. Vorsitzender 5/DGAI000484.
2 Anlage: Anwesenheitsliste.

7. Mai 1974 **Dokument 105**

Tagesordnung:
1. Erweiterung des EGB, hier: CGIL
2. FDGB
3. Genehmigung des Protokolls der 15. Bundesvorstandssitzung
4. Tagesordnung für die 8. Bundesausschusssitzung am 5.6.1974
5. Revisionsbericht
6. Bestätigung von Landesbezirksvorstandsmitgliedern
7. Nachwahl zum Beirat Bund-Verlag GmbH
8. Verschiedenes

1. ERWEITERUNG DES EGB, HIER: CGIL

Kollege *Vetter* erinnert kurz an die Verhandlungen über die Aufnahme der EO-WVA-Verbände in den EGB, an die inzwischen erfolgte mehrheitliche Zustimmung des Exekutivausschusses des EGB[3] dazu und weist auf die durch den EGB-Kongreß in Kopenhagen noch erforderliche, aber nicht in Zweifel stehende Ratifizierung der Aufnahmeanträge der EO-WVA-Verbände hin.[4]

Im Hinblick auf die für den 9. Mai einberufene Exekutivausschußsitzung des EGB, die sich wiederum mit dem Problem beschäftigen wird, ob dem Kongreß in Kopenhagen ein Aufnahmeantrag der CGIL vorgelegt werden soll, bittet Kollege Vetter den Bundesvorstand, noch einmal die Meinung des DGB festzulegen bzw. zu bestätigen, die er in dieser Sitzung zu dem Komplex CGIL vortragen soll.[5] Aus diesem Grund ist auch Kollege Kersten anwesend, um eine denkbare Auffassung des IBFG-Vorstandes dazu vorzutragen. Kollege Vetter gibt einen kurzen Überblick über die Entwicklung und den Stand der Gespräche mit der CGIL. Unerläßlich erscheint eine Konsultation des IBFG zu diesem Problem – genauso wie vor der Aufnahme der WVA-Verbände –, die aber erst nach dem EGB-Kongreß in Kopenhagen in der für Ende Mai vorgesehenen Vorstandssitzung möglich ist.

Kollege *Kersten* berichtet über die Meinungsbildung innerhalb des IBFG zur Aufnahme der CGIL in den EGB, die zu sehr kontroversen Auffassungen geführt hat, zumal sie nicht nur auf europäischer, sondern auch auf internationaler Ebene erhebliche Probleme aufwirft. Trotzdem ist zu erwarten, daß z. B. die Mehrheit der europäischen Mitgliedsorganisationen sich für die Aufnahme der CGIL in den EGB aussprechen wird. Kollege Kersten geht kurz auf die politischen Aspekte dieser Angelegenheit ein und berührt kurz das Thema CGT.[6] Er erwähnt ein weiteres, damit zusammenhängendes Problem,

---
3 Siehe Beschluss des Exekutivausschusses vom 7.3.1974. Vgl. Dok. 104, Fußnote 6.
4 Siehe Dok. 104, Fußnote 7.
5 Auf der Sitzung hielt der Exekutivausschuss an seinem Beschluss fest, den IBFG in der Frage eines Beitrittsantrags der CGIL vorab zu konsultieren. Da diese Konsultation erst nach dem EGB-Kongress stattfand, ermächtigte der Kongress den Exekutivausschuss auf seiner Sitzung am 9.7.1974 den Aufnahmeantrag anzunehmen und zu ratifizieren. Vgl. DGB-Archiv, DGB-BV, Internationale Abt. 5/DGAJ000212. Zur Diskussion um den Aufnahmeantrag siehe TOP 3 der 18. BV-Sitzung vom 2.7.1974 (Dok. 109).
6 Die französische Gewerkschaft CGT hatte sondierende Gespräche geführt zwecks Aufnahme in den EGB. Vgl. Tätigkeitsbericht des EGB 1973–76, Brüssel 1976, S. 38. Während die fortbestehende Mitgliedschaft der christlichen Gewerkschaften im WVA kein Hinderungsgrund für die Aufnahme in den EGB war, spielte in der Diskussion um die Aufnahme der kommunistischen Gewerkschaft deren Mitgliedschaft im WGB eine entscheidende Rolle.

861

nämlich die Struktur der Internationalen Berufssekretariate und deren Gefährdung durch Einzelaktionen der CGIL, z. B. im Metallbereich. Angesichts der eingetretenen Lage hält es Kollege Kersten für dringend erforderlich, die Aufnahme der CGIL in den EGB um einige Monate zu verschieben, um, wie bei dem WVA, die Haltung und die wirklichen Absichten der CGIL ausreichend prüfen zu können.

Die Kollegen *Stephan*, *Loderer* und *Hauenschild* berichten kurz über Erfahrungen aus ihren Bereichen auf internationalem Gebiet.[7] Sie sind ebenfalls der Meinung, daß man den Aufnahmeantrag der CGIL gründlich prüfen und nicht schon auf dem EGB-Kongreß in Kopenhagen behandeln sollte.

Kollege *Vetter* stellt abschließend fest, daß es für die DGB-Vertreter noch leichter sein wird, auf dem EGB-Kongreß diese Meinung zu vertreten, wenn der DGB keine personellen Ansprüche hinsichtlich der Präsidentschaft stellt.

Der Bundesvorstand faßt folgenden Beschluß:

1. Der DGB bestätigt seinen Beschluß vom 6. November 1973: Der DGB wird zu gegebener Zeit seine Zustimmung zur Zusammenarbeit mit Vertretern der CGT/CGIL in der Gruppe II [Arbeitnehmervertreter] des WSA geben bzw. die Initiative dazu ergreifen.

2. Der DGB betrachtet die Beschlußfassung über die Aufnahmeanträge der EO-WVA-Verbände als abgeschlossen.

3. Der DGB wird eine Beschlußfassung im EGB über evtl. Aufnahmeanträge der französischen CGT ablehnen und seine in dieser Frage bisher vertretene Auffassung beibehalten.

4. Der DGB stimmt einer Aufnahme der italienischen CGIL in den Europäischen Gewerkschaftsbund unter der Voraussetzung zu, daß der Exekutivausschuß des IBFG eine positive Stellungnahme abgibt. Er spricht sich dafür aus, daß der Kongreß dem Exekutivausschuß des EGB das Mandat erteilt, die CGIL endgültig aufzunehmen, ohne daß diese Aufnahme einer Ratifizierung durch den nachfolgenden Kongreß bedarf.

Kollege *Vetter* bittet den Bundesvorstand um kurze Behandlung eines dringenden Problems, nämlich des Aufbaus freier Gewerkschaften in Portugal. Er berichtet über die durch den zukünftigen Ministerpräsidenten einer portugiesischen Mitte-Links-Regierung, Soares, ausgesprochene Bitte um Unterstützung auch durch den DGB.[8] Eine solche Unterstützung wäre umso wert-

---

7 Bei den Ausführungen ging es um die Zusammenarbeit der CGIL mit der dem EGB und IBFG angeschlossenen Organisationen in der EURO-FIET, dem Europäischen Metallarbeiter Bund und in der Europäischen Föderation der Chemiearbeiter. Stephan, Loderer und Hauenschild gehörten dem Vorstand an bzw. waren Vorsitzende der jeweiligen Gewerkschaftsorganisation.

8 Mário Soares (geb. 1924) war der Vorsitzende der Sozialistischen Partei (PS), die am 19.4.1973 in Bad Münstereifel, unter Mitwirkung des damaligen Bundeskanzlers Willy Brandt, gegründet wurde. Soares war auf Einladung der SPD vom 23. bis 26.4.1974 und am 3.5.1974 in der Bundesrepublik. Zu den Gesprächen gab es eine inhaltliche Zusammenfassung von Veronika Isenberg. In den Gesprächen am 3.5. ging es insbesondere um Unterstützungen beim Aufbau von demokratischen Strukturen in Portugal. Vgl. AdsD, SPD-PV, Sign. 11484 sowie Nachlass Bruno Friedrich, 1/BFAA001536.

voller, als starke kommunistische Kräfte versuchen, die sich neu bildenden Gewerkschaften in ihre Gewalt zu bringen. Der Belgische Gewerkschaftsbund FGTB hat z. B. bereits eine Summe von insgesamt umgerechnet DM 130.000,-- zugesagt. Kollege Vetter bittet um Diskussion.

Kollege *Kersten* berichtet, daß der IBFG bereits am 29. April eine Delegation nach Portugal entsandt hat, die die Situation prüfen und Hilfe beim Aufbau der Gewerkschaften leisten soll.[9] Auch finanzielle Unterstützung durch den IBFG ist vorgesehen. Kollege Kersten gibt einen kurzen Überblick über die politische Lage. Angesichts der großen Schwierigkeiten bittet Kollege Kersten dringend um personelle und finanzielle Hilfe durch den DGB.

An der nachfolgenden kurzen Diskussion beteiligen sich die Kollegen *Vetter, Kersten, Hauenschild, Kristoffersen* und *Loderer.*

Der Bundesvorstand faßt folgenden Beschluß:

Der DGB wird für den geplanten Aufbau von freien Gewerkschaften in Portugal, zunächst für ca. einen Monat, einen Kollegen der Internationalen Abteilung dem IBFG zur Verfügung stellen. DM 100.000,-- werden dem IBFG auf Abruf bereitstehen. Weitere DM 100.000,-- werden in Aussicht gestellt. Die in Aussicht genommene personelle und finanzielle Unterstützung wird davon abhängig gemacht, daß die Prüfungen des IBFG über die Erfolgsaussichten in Portugal ein positives Ergebnis haben. Der DGB wird prüfen, ob die vorgesehene Summe dem Solidaritätsfonds entnommen werden kann. Sollte dies nicht möglich sein, werden die Gewerkschaften um anteilige Beteiligung gebeten werden.[10]

2. FDGB

Kollege *Vetter* spricht die für die nächste Zeit geplanten Kontakte des DGB und seiner Gewerkschaften mit dem FDGB und dessen Gewerkschaften an. Er stellt die Frage zur Diskussion, ob diese Kontakte wegen der eingetretenen politischen Situation in der Bundesrepublik zeitlich herausgeschoben werden sollten, oder ob es ausreichend wäre, die Delegationen kühl und reserviert zu empfangen.[11]

---

9 Die Delegation setzte sich aus zwei Mitgliedern der Generalsekretariate des IBFG, des IMF, des EURO-FIET und dem europäischen Repräsentanten der Histadrut zusammen. Der Delegationsbericht sowie der Bericht des zweiten Delegationsbesuches vom 17. bis 19.5.1974 unter der Leitung von Otto Kersten, wurde auf der Sitzung des Exekutivausschusses des IBFG am 30./31.5.1974 zur Kenntnis genommen. Vgl. DGB-Archiv, DGB-BV, Internationale Abt. 5/DGAJ000519.
10 Auf seiner Klausurtagung am 30.9./1.10.1974 beschloss der Bundesvorstand, die finanziellen Mittel zur Unterstützung des Gewerkschaftsaufbaus zur Verfügung zu stellen (TOP 3, Dok. 111).
11 Die Beziehungen zum FDGB wurden unterbrochen wegen der Verhaftung des ehemaligen Kanzlerreferenten Günter Guillaume am 25.4.1974 und der sich daraus ergebenen innenpolitischen Konsequenzen. Alle vorgesehenen Treffen des DGB und seiner Gewerkschaften wurden vorerst abgesagt. Erst vom 21. bis 24.10.1974 weilte eine Delegation der IG Bau/Holz des FGDB auf Einladung der Gewerkschaft Holz und Kunststoff in der Bundesrepublik. Dabei kam es auch zu einer kurzen Begegnung mit Heinz O. Vetter. Vgl. Wirtschafts- und Tätigkeitsbericht 1973-1976 der GHK, Düsseldorf 1976, S. 162 f.

Dokument 105 7. Mai 1974

Nach kurzer Diskussion, an der sich die Kollegen *Hauenschild, Loderer, Jacobi, Vetter, Frister, Rothe, Schwiedel, Schwab* und *Stephan* beteiligen, faßt Kollege *Vetter* das Ergebnis wie folgt zusammen:

Der Bundesvorstand spricht sich dafür aus, die bereits fest terminierten Kontakte mit dem FDGB und seinen Gewerkschaften durchzuführen. Die Delegationen sollen aufgrund der politischen Lage mit der nötigen Zurückhaltung empfangen werden.

Terminabsprachen für weitere Kontakte sollen im Moment nicht vorgenommen werden.

Die Gewerkschaftsvorstände werden autonom entscheiden, wenn und soweit sich die Lage in der Bundesrepublik ändert.

3. GENEHMIGUNG DES PROTOKOLLS DER 15. BUNDESVORSTANDSSITZUNG

Der Bundesvorstand genehmigt das Protokoll der 15. Bundesvorstandssitzung.

4. TAGESORDNUNG FÜR DIE 8. BUNDESAUSSCHUSSSITZUNG AM 5.6.1974

[Als Tagesordnung wird beschlossen: 1. Genehmigung der Protokolle der a.o. Bundesausschusssitzung am 16.2.1974 und der 7. Bundesausschusssitzung, 2. Bericht zur gewerkschaftspolitischen und organisatorischen Situation, 3. Arbeitskampfrichtlinien, 4. Bericht der Revisoren, 5. 10. Ordentlicher Bundeskongress in der Zeit vom 25. bis 31.5.1975 in Hamburg, 6. Bestätigung von Landesbezirksvorstandsmitgliedern, 7. Fragestunde und 8. Verschiedenes.]

5. REVISIONSBERICHT

[Der Bericht der Revisionskommission über die am 5.4.1974 vorgenommene Prüfung der Bundeshauptkasse wird zustimmend zur Kenntnis genommen.]

6. BESTÄTIGUNG VON LANDESBEZIRKSVORSTANDSMITGLIEDERN

[Der Bundesvorstand empfiehlt dem Bundesausschuss, die Wahl von Josef Goldbach in den LV Bayern, Günter Marquard und Klaus Jürgen Weber in den LV Berlin, Horst Morsch und Gerhard Jens in den LV Nordmark, Dieter Sprung in den LV Nordrhein-Westfalen, Henry Roos und Siegfried Kruska in den LV Rheinland-Pfalz zu bestätigen.[12]]

7. NACHWAHL ZUM BEIRAT BUND-VERLAG GMBH

[Der Bundesvorstand ist mit der Wahl Schwabs in den Beirat einverstanden.]

---

12 Der Bundesausschuss bestätigte die Wahl in seiner 8. Sitzung am 5.6.1974. Vgl. DGB-Archiv, DGB-BV, Abt. Vorsitzender 5/DGAI000414.

8. Verschiedenes

a) Kollege *Vetter* verliest die Erklärung des Parteipräsidiums der SPD zum Rücktritt von Bundeskanzler Willy Brandt. Er berichtet über die aktuelle Situation.[13]

b) Kollege *Vetter* informiert den Bundesvorstand über Einzelheiten der am Nachmittag stattfindenden Mitbestimmungskundgebung des DGB.[14]

Ende der Sitzung: 12.40 Uhr

Dokument 106

18. Mai 1974: Gespräch des DGB-Bundesvorstandes mit Bundeskanzler Helmut Schmidt

Friedrich-Ebert-Stiftung in Bonn; Protokollführung: Bernd Otto; Sitzungsdauer: 11.15–13.40 Uhr; Aktennotiz, hekt., 6 S.[1]

DGB-Archiv, 5/DGAI000484.

Teilnehmer:

GBV: Vetter, Muhr, Weber, Heiß, Neemann, Schmidt, Stephan, Schwan

Landesbezirksvorsitzende: Drescher, Erlewein, Lehlbach, Wagner, Sierks

Vorstandsverwaltung: Otto, Becker, Fritze

Bundesvorstand: Loderer, Schwiedel, Sprenger, Vater, Buschmann, Stadelmaier, Mirkes, Hauenschild, Sperner, A. Schmidt, Seibert, Breit, Vietheer

Bundeskanzler Schmidt, Staatssekretärin Schlei, Persönlicher Referent, Pressesprecher Grünewald, Bundesminister Genscher (ab 12.30 Uhr)

Beginn 11.15 Uhr

Bundeskanzler *Schmidt* begrüßt einleitend die Mitglieder des Bundesvorstandes, die der in Abstimmung mit Kollegen Heinz O. Vetter ausgesprochenen Einladung zur Aussprache nach Bonn gefolgt sind.[2] Bundesminister

---
13 Vgl. Telex Günter Königs an Heinz O. Vetter vom 6.5.1974, 08.15 Uhr, mit der Erklärung des SPD-Bundesgeschäftsführers Holger Börner zum Rücktrittsgesuch Willy Brandts sowie Erklärung des Präsidiums vom 7.5.1974, 10.30 Uhr, in: DGB-Archiv, DG-BV, Abt. Vorsitzender 5/DGAI000484. Den Wortlaut der Erklärung siehe SPD Pressemitteilungen und Informationen, 7.5.1974, Nr. 208. Zum Kanzlerrücktritt siehe auch: Faulenbach: Das sozialdemokratische Jahrzehnt, S. 398 ff.; Soell: Schmidt, S. 319 ff.; Willy Brandt. Berlin Ausgabe Bd. 5, bearb. von Karsten Rudolph, Bonn 2002, S. 132 ff. und Merseburger: Brandt, S. 720–738.
14 Zur DGB-Kundgebung in Essen und deren Ablauf siehe WdA 24, 10.5.1974, Nr. 19.
1 Im Aktenbestand des Depositum Helmut Schmidt im AdsD sind keine Dokumente zu diesem Gespräch überliefert.
2 In dem Schreiben – »persönlich/vertraulich« – Heinz O. Vetters an die Bundesvorstandsmitglieder vom 10.5.1974 teilte er mit, dass der Bundesfinanzminister Helmut Schmidt in einem Gespräch am 10.5.1974 ausdrücklich den Wunsch geäußert habe, sich nach seiner Wahl zum Bundeskanzler am 18.5.1974 demonstrativ mit den Gewerkschaften zu treffen. DGB-Archiv, DGB-BV, Abt. Vorsitzender 5/DGAI000484.

Dokument 106 18. Mai 1974

Genscher ist wegen einer diplomatischen Verpflichtung entschuldigt und wird erst später zur Aussprache kommen können. Schmidt geht auf die Gründe für die Regierungskrise der letzten Wochen ein und erläutert die Schwierigkeiten der sozial-liberalen Koalition. Er betont, daß Willy Brandt einen wichtigen Beitrag zur Lösung der Krise geleistet hat, und unterstreicht, daß auch das jetzt gebildete Kabinett, dem zahlreiche Gewerkschafter angehören, kein Gewerkschaftskabinett sein kann und daß man den Vorwurf, die Bundesrepublik werde zu einem Gewerkschaftsstaat, entschieden zurückweisen müsse.[3] Die große Zahl der Gewerkschaftsvertreter möchte Schmidt jedoch nicht als einen Zufall, sondern als die feste Absicht zur Verbesserung des Verhältnisses auch zum Deutschen Gewerkschaftsbund verstanden wissen. Es solle deutlich werden, daß er, Schmidt, sich große Mühe gebe, dies gilt auch für die Mitglieder seines Kabinetts, deutlich zu machen, daß die Arbeitnehmerschaft, der Kern dieser Gesellschaft, durch angemessene personelle Berücksichtigung Beachtung findet. Schmidt weist darauf hin, daß selbstverständlich auch die Gewerkschafter in ihren neuen Funktionen möglicherweise anders denken und handeln müssen, als sie es als Gewerkschafter in ihren alten Funktionen möglicherweise getan hätten. Schmidt geht dann auf die Schwerpunkte seiner Regierungserklärung ein und erläutert die einzelnen Programmpunkte Steuerreform und Kindergeld, Mitbestimmung, Bodenrecht, Umweltschutz und berufliche Bildung.[4] Zur Frage der Mitbestimmung erklärt Schmidt, daß hier das vom früheren Bundeskabinett vorgelegte Konzept im Bundestag zu beraten sei und daß er davon ausgehe und die Hoffnung habe, daß Verbesserungen noch angebracht werden können. Schmidt weist darauf hin, daß 1976 nur dann ein neues Kabinett gebildet werde, dem ebenfalls zahlreiche Gewerkschafter angehören, wenn die Gewerkschaften sich dazu bereitfinden, den ihnen zukommenden Teil mitzutragen. Schmidt vertritt die Auffassung, daß in der Vergangenheit eine mangelhafte Berichterstattung über die Erfolge der Bundesregierung erfolgt ist. Der Kanzler betont, daß er eine kritische Begleitung seiner Arbeit durch die Gewerkschaften sehr wohl zu schätzen wisse, er möchte jedoch betonen, daß ebenfalls Erfolge angemessen dargestellt werden. Erhebliche Sorgen bereiten dem Kanzler die gegenwärtig zu verzeichnenden Preisexplosionen, die kaum zu verkraften seien.[5] Bestimmte Preissteigerungen seien unabweisbar und durch die weltwirtschaftliche Ver-

---

3 Neben den ehemaligen Gewerkschaftsvorsitzenden der IGBE, Walter Arendt und der BSE, Georg Leber, dem ehemaligen zweiten Vorsitzenden der Postgewerkschaft, Kurt Gscheidle, sowie dem Hauptvorstandsmitglied der IGM, Hans Matthöfer, waren alle sozialdemokratischen Kabinettsmitglieder, einschließlich deren Staatssekretäre, Mitglied einer DGB-Gewerkschaft.
4 Siehe Regierungserklärung Helmut Schmidts in der 100. Sitzung des Bundestages, in: Verhandlungen des Deutschen Bundestages. 7. Wahlperiode, Bd. 88, Bonn 1974, S. 6593–6605, auch abgedr. in: Bulletin des Presse- und Informationsamtes der Bundesregierung, 18.5.1974, Nr. 60, S. 593–604.
5 Die Inflationsrate der Bundesrepublik Deutschland stieg von 1,9% (1969) über 5,5% (1972) auf 6,9 bzw. 7,0% (1973/74); danach ging der Preisanstieg zurück. Vgl. Schneider: Kleine Geschichte, S. 364. Zur Beschleunigung des Preisauftriebs 1974 in der Bundesrepublik siehe u.a.: Handelsblatt, 13.5.1974 sowie Pressemeldungen der Deutschen Bundesbank zum Preisanstieg und zur wirtschaftlichen Entwicklung 1974, in: Kölner Stadt-Anzeiger, 16.4.1974.

flechtung bedingt. Schmidt betont und bittet um Vertraulichkeit, daß die Bundesregierung ausgearbeitete Pläne zur Sicherung der Beschäftigungslage im Falle einer internationalen krisenhaften Entwicklung und eines unangemessenen Preisauftriebes besitzt. Von diesen Plänen könne jedoch nur im Falle einer ernsthaften Gefährdung durch außenwirtschaftliche Verflechtungen Gebrauch gemacht werden. Schmidt verweist darauf, daß die gegenwärtige Konjunkturausgleichsrücklage einen Gesamtbetrag von 9 Milliarden DM ausmache, der ggf. konjunkturpolitisch verwandt werden könne. Ohne Zweifel stünden im Bewußtsein der Bevölkerung die Preise im Vordergrund des allgemeinen Interesses. Mit dieser Hypothek im Nacken müsse man an die Aufgaben der nächsten Zeit herangehen. In seinen Ausführungen zur Bildungspolitik spricht sich der Kanzler für Kürzungen im Hochschulbereich aus, wo man sich bisher goldene Nasen verdient habe. Die Mitglieder des Bundesvorstandes stimmen ihm in der Beurteilung zu, daß eine Umstellung der Studienförderung auf Darlehen ein Mittel zur Verbesserung der gegenwärtigen Situation sein könne. Von der geplanten Steuerreform erwartet der Kanzler eine 4%ige Nettoeinkommensverbesserung für die Bezieher kleiner, mittlerer Einkommen. Insgesamt bedeutet die Reform der Lohnsteuer und des Kindergeldes einen Gesamtaufwand von ca. 12 Milliarden DM zugunsten dieser Arbeitnehmerschichten. Gerade die Steuerreform stelle einen wichtigen Beitrag zur Verbesserung der materiellen Situation der Arbeitnehmer dar.

Kollege *Vetter* dankt für die Einladung zur Aussprache und bittet die Teilnehmer auf das Wohl des neuen Kanzlers zu trinken. Der Vorsitzende erklärt, daß er in der Regierungserklärung ein Stimmungsbild der Gesellschaft wiederfindet, und greift das Stichwort Gewerkschaftsstaat im Gegensatz zum Unternehmerstaat auf. Er betont, daß in keinem Falle von den Gewerkschaften eine Gewerkschaftsregierung angestrebt werde; eine Regierung müsse immer Regierung für das Volk sein. Vetter hält es jedoch für angemessen, daß Rolle und Standort der Gewerkschaften in der Gesellschaft Berücksichtigung finden. Er verweist auf einen Artikel in der »Frankfurter Allgemeinen Zeitung« vom 18.5.1974[6] und vertritt die Auffassung, daß die starke Berücksichtigung von führenden Gewerkschaftsrepräsentanten in der neuen Bundesregierung ein natürlicher Vorgang im Rahmen einer sozialdemokratischen Regierung darstellen solle. Auf die besonderen Schwierigkeiten des Deutschen Gewerkschaftsbundes eingehend, verweist Vetter auf Angriffe gegen einzelne Gewerkschaftsführer aber auch gegen den Bund, die im Zusammenhang mit dem Gedanken der Einheitsgewerkschaft insbesondere von christlich-demokratischen Arbeitnehmervertretern vorgetragen werden. Vetter betont, daß die Gewerkschaften grundsätzlich jeder Bundesregierung, die sich aktiv für die Wahrnehmung von Arbeitnehmerinteressen einsetzt,

---

6 Gemeint war hier der Artikel von Walter Kannengießer, »Schmidt will die Gewerkschaften an sich binden. Wie taktische Überlegungen die Personalpolitik beeinflussen«. In dem Artikel wurde die gewerkschaftliche Zugehörigkeit von Minister und Staatssekretären aufgeführt, um damit die Abhängigkeit der Kabinettsmitglieder von ihren Gewerkschaften aufzuzeigen. Siehe auch: Ein Bonner Gewerkschaftskabinett. Den linke SPD-Flügel hat Schmidt bei der Regierungsbildung übergangen, in: SZ, 15.5.1974.

ihre Hilfe zusagen werden. Dies gelte selbstverständlich auch für eine an Arbeitnehmerinteressen orientierte Regierungspolitik der Bundesregierung Schmidt-Genscher. Der DGB-Vorsitzende greift ein Wort von Bundesaußenminister Genscher auf, der in einer Presseerklärung gesagt haben soll, daß er nicht bereit sei, nachdem man die Freiheit erkämpft habe, diese Freiheit zugunsten von Gewerkschaften oder Verbänden aufzugeben. Kollege Vetter betont, daß für die Gewerkschaften die Lösung der wirtschaftlichen Probleme des Jahres 1974 im Vordergrund steht. Er regt an, statt von Sparen von sinnvollem Geldausgeben zu reden. Er betont, daß vorrangige Arbeitnehmerinteressen ohne Zweifel die Probleme der beruflichen Bildung sowie der Mitbestimmung der Arbeitnehmer seien. Besonderes Augenmerk müsse man auf die »linken Verführer« in der Arbeitnehmerschaft richten, die sich bemühten, Sonderinteressen durchzusetzen.[7] Kollege Vetter ist sich bewußt, daß die Mitbestimmung nur sehr schwierig durchzusetzen sei und daß ebenfalls eine Aktivierung der Arbeitnehmerschaft zur Durchsetzung dieser Mitbestimmungsforderung nur relativ schwer durchzusetzen sei. Dennoch komme dieser gesellschaftspolitisch bedeutsamen Frage eine große Aufmerksamkeit zu. Kollege Vetter verweist auf das Projekt »Humanisierung der Arbeit«, das ursprünglich vom Bundesarbeitsministerium, vom Ministerium für Technologie und Wissenschaft gefördert werden sollte.[8] Er bittet darum, bei den bevorstehenden regierungsamtlichen Projekten eine angemessene gewerkschaftliche Beteiligung sicherzustellen. Kollege Vetter spricht sich für eine Verbesserung der Kommunikation zwischen Regierung und Gewerkschaften aus und betont, daß hier die Möglichkeit gegeben ist, zu einem Abbau von Schwierigkeiten, Umwegen, Mißverständnissen etc. zu gelangen. Dies bedeute keine Gefährdung der Unabhängigkeit der Regierung. Kollege Vetter erneuert das Angebot auf Zusammenarbeit und ist der Meinung, daß man ohne Eitelkeit miteinander für eine gemeinsame Sache kämpfen solle.

In der anschließenden Diskussion betont Kollege *Loderer*, es sei ein Vorteil, daß man sich gut kenne, und begrüßt die frühe Begegnung mit dem Bundesvorstand des Deutschen Gewerkschaftsbundes. Er unterstreicht die Aussagen in der DGB-Stellungnahme zur Regierungserklärung[9], die wesentliche Punkte des Regierungsprogramms von Bundeskanzler Schmidt nachdrücklich unterstützen. Loderer betont, daß man bisher die Erfolge viel zu schlecht verkauft habe. Manchmal sei man gezwungen, die Mitgliedschaft

---

7 Vetter meinte hier wohl insbes. den Kommunistischen Bund Westdeutschlands (KBW), der im gewerkschaftlichen Bereich verstärkte Aktivitäten entwickelte. In der 18. Bundesvorstandssitzung wurde unter TOP 11d beschlossen, den Katalog der »Unvereinbarkeitsbeschlüsse« vom 3.10.1973 (Dok. 88) um den KBW zu erweitern (Dok. 109, Fußnote 21).

8 Der Bundesminister für Forschung und Technologie, Hans Matthöfer (1925–2009), brachte 1974 das staatliche Aktions- und Forschungsprogramm »Humanisierung des Arbeitslebens« (HdA) auf den Weg. Inhaltlich ging es vorrangig um die Verbesserung gesundheitsgefährdender Arbeitsbedingungen. Es ging aber auch um die Anerkennung des Arbeitnehmers als rechtlich geachteten Arbeitsbürger. Zum Programm des HdA siehe Abelshauser: Nach dem Wirtschaftswunder, hier: S. 288–297. Der HdA-Haushalt steigerte sich von 11,3 Mio. DM (1974) während der Amtszeit Matthöfers auf insgesamt 234 Mio. DM (1974–1978). Vgl. ebd., S. 289.

9 Vgl. ND, 17.5.1974, Nr. 133.

zu ihrem Glück zu zwingen. Er verweist auf einen Artikel in der »Welt«, den Bundeskanzler Schmidt als frei erfunden bezeichnet[10], und betont die Notwendigkeit der Mitbestimmungsforderung. Schlechte Regelungen müsse man unter dem richtigen Namen und nicht unter dem Etikett Mitbestimmung verkaufen. Die Gewerkschaften seien bereit, ein aufrichtiger Partner in der Sache, mit der man im Grundsatz übereinstimme, zu sein. Man werde jedoch dort kritisch sein, wo es darauf ankomme, der Regierung zu helfen. Dies gelte insbesondere im Hinblick auf eine mögliche Unterstützung gegenüber dem Koalitionspartner FDP. Loderer verweist auf die Aktivitäten des Deutschen Gewerkschaftsbundes in der Frage der Humanisierung der Arbeit, die man möglicherweise tarifpolitisch regeln wolle.[11] Allzu große Differenzierungen gelte es zu vermeiden.

Kollege *Hauenschild,* der sich eine freiwillige Redezeitbeschränkung auferlegt, begrüßt die vorgelegte Regierungserklärung sowie die in ihr enthaltenen Darstellungen der vorgegebenen Sachzwänge. Er spricht sich dafür aus, wirtschaftliche Zusammenhänge zu verdeutlichen und Begriffsschwierigkeiten der breiten Bevölkerungsschicht zu vermeiden. Bildungshilfen seien erbeten, nicht jedoch die heute zahlreich auf dem Markt gehandelten Konfliktstrategien.

Bundeskanzler *Schmidt* vertritt die Auffassung, daß die Gewerkschaften die Erfolge der Bundesregierung als ihre eigenen Erfolge vertreten sollten. Zitat: »Erfolge müßt Ihr als Eure Erfolge vertreten.«

Kollege *Sperner* verweist darauf, daß eine nüchterne Beurteilung des politischen Trends in der Bundesrepublik zu dem Ergebnis führe, daß der erfolgte Regierungswechsel grundsätzlich positiv zu beurteilen sei. »Leute wollen den starken Mann.«

Kollege *Adolf Schmidt* vertritt die Auffassung, daß mit der Regierungserklärung ein neuer Anfang/ein neuer Beginn gesetzt werde, weil diesmal der Schwerpunkt auf die inneren Reformen gelegt werde. Er bringt seine Hoffnung auf ein besseres Verhältnis zwischen Gewerkschaften und Regierung zum Ausdruck und ist der Meinung, daß ein gewisser Zwang zur Zusammenarbeit bestehe. Er spricht sich für eine stärkere politische Abstimmung von Erklärungen und politischen Stellungnahmen aus, die verstärkt über den Vorstandstisch der Gewerkschaften laufen sollten.

---

10 Möglicherweise bezog sich Schmidt auf den Artikel von W. Hertz-Eicherode: Ein Labour-Kanzler in Bonn. Schmidt braucht politische Zustimmung über die Gewerkschaften hinaus, in: Die Welt, 18.5.1974. Auch in diesem Artikel wurde indirekt vor dem »Gewerkschaftsstaat« gewarnt.
11 Loderer bezog sich zum einen auf die Ergebnisse der DGB-Konferenz »Humanisierung der Arbeit« am 17.5.1974 in München (vgl. hierzu 14. BV-Sitzung vom 5.3.1974, TOP 12b, Dok. 102, Fußnote 19) sowie zum anderen auf den von der IG Metall abgeschlossenen Lohnrahmentarifvertrag im November 1973 in Nordwürttemberg-Nordbaden, in dem humanitäre Arbeitsbedingungen durchgesetzt wurden. Zu den einzelnen Bestimmungen des Lohnrahmentarifvertrages siehe Reimar Birkwald: Bestimmungen des Lohnrahmentarifvertrages II der Metallindustrie von Nordwürttemberg-Nordbaden vom 1.11.1973, in: Günter Keil/August Oster: Humanisierung des Arbeitslebens. Eine Dokumentation, Bad Honnef 1976, S. 281–285.

Kollege *Stadelmaier* schließt sich der Auffassung an, daß es der früheren Bundesregierung nicht gelungen sei, eine angemessene Leistungsdarstellung vorzunehmen. Er spricht sich dafür aus, in der politischen Diskussion Begriffe aus dem Sportleben zu verwenden. Zur Steuerpolitik vertritt er die Meinung, daß zum gegenwärtigen Zeitpunkt keine Anhebung der Mehrwertsteuer erfolgen dürfe.

Kollege *Vetter* begrüßt den um 12.30 Uhr erscheinenden Bundesaußenminister Genscher und betont, daß seine Teilnahme an der Aussprache für den Deutschen Gewerkschaftsbund keineswegs selbstverständlich sei. Er verweist auf den mühsamen Abbau von Schranken zur FDP und macht auf die Schwierigkeiten aufmerksam, die heute gegen die Gewerkschaften durch starke Angriffe in der Öffentlichkeit vorgetragen werden, insbesondere durch die Verwendung bestimmter politischer Terminologien. So verweist Kollege Vetter auf eine Aussage der FDP, wonach die Freiheit an die Gewerkschaften abgegeben werden solle.[12] Es sei sicherlich notwendig, die Fronten klar zu ziehen und ggf. Mißverständnisse aufzudecken. Er äußert die Bitte, daß der Bundesaußenminister zu einem späteren Zeitpunkt eine aufklärende Antwort geben möge.

Kollege *Muhr* unterstreicht die Auffassung, daß die Informationspolitik der Bundesregierung nicht immer gut konzipiert gewesen sei. Eine mangelhafte, auch zeitliche Vorwegabstimmung verhindere positive Wertungen in der Gewerkschaftspresse. Die Begleitmusik sei deswegen manchmal zu spät erfolgt.

Eine Aufforderung zur ständigen Konsultation spricht Kollege *Buschmann* aus, der die Meinung vertritt, daß zum gegenwärtigen Zeitpunkt wirtschaftspolitische Maßnahmen eingeleitet werden müssen. Er stellt die Frage nach einer möglichen Novellierung des Tarifvertragsgesetzes in Anbetracht der ökonomischen Situation, die die Gewerkschaften zunehmend in Zugzwang setze. Kollege Buschmann vertritt die Auffassung, daß dringend Freiheitsräume für die Entfaltung der Gewerkschaften notwendig seien, insbesondere in einer Zeit, wo der Gürtel enger geschnallt werden müsse.

Kollege *Heiß* begrüßt die Aussage der neuen Bundesregierung, daß sie nicht daran denke, einen Lohn- und Preisstopp oder Arten der Indexklauseln einzuführen.

Kollege *Vetter* verweist auf die Diskussion in der Konzertierten Aktion.

Kollege *Neemann* greift den Gedanken auf und geht kurz auf die in der Konzertierten Aktion erstellten Orientierungsdaten ein, die, obwohl angeblich vertraulich, meist schon vor der Sitzung in der Presse zu lesen seien.

Kollegin *Weber* dankt für die Herausstellung der beruflichen Bildung in der neuen Regierungserklärung, in der Regierungskonzeption der Bundesregierung und äußert starke Kritik an der früher praktizierten Hochschulpolitik.

---

12 In einem Interview mit dem »Bonner Generalanzeiger« richtete Genscher eine scharfe Warnung an die Adresse der Gewerkschaften und Verbände, die mit ihrer Politik dafür sorgen würden, dass die Freiheit ersticke. Vgl. Genscher warnt Gewerkschaften und Verbände, in: FAZ, 15.5.1974.

Kollegin Weber setzt sich für eine stärkere Beteiligung der gesellschaftlichen Gruppen in den Hochschulgremien ein und vertritt die Auffassung, daß man die bisherige Spielwiese von einer interessierten Gruppe beseitigen müsse. Die praktizierte Baupolitik sei auf Dauer nicht tragbar.

– Zwischenruf von Bundesminister Genscher: Sehr richtig. –

Kollege *Vetter* betont noch einmal die besondere Genugtuung darüber, daß der Bundesaußenminister an der heutigen Aussprache teilnimmt und daß der DGB an einer Weiterführung der bisherigen Zusammenarbeit mit dem Auswärtigen Amt interessiert sei. Kollege Vetter sagt eine Unterstützung der Außenpolitik zu, soweit sie eine kontinuierliche Fortführung der bisher eingeschlagenen Linie beinhalte.

Bundesaußenminister *Genscher,* der sich als Vertreter des Koalitionspartners versteht und als solcher in dieser Eigenschaft an der heutigen Aussprache teilnimmt, spürt beim Bundesvorstand eine positive Grundeinstellung gegenüber der neuen Regierung Schmidt-Genscher. Er betont, daß die Regierungserklärung voll inhaltlich von der FDP mitgetragen wird. Es sei der FDP keineswegs leicht gefallen, sich auf die gegenwärtige Mitbestimmungshaltung hinzubewegen. Er distanziert sich von gewissen Vorhaltungen, in denen gestanden hat, daß der DGB nicht unser Koalitionspartner sei.[13] Er erläutert die Problemsituation, in der ähnliche Aussagen entstanden sind. Er habe ein prinzipielles Mißtrauen gegenüber von Organisationsmacht, was man nicht einseitig verstehen dürfe, denn hier seien auch Arbeitgeberverbände angesprochen, geäußert. Genscher vertritt die Auffassung, daß die Leistungsbilanz der früheren Bundesregierung positiv sei. Man habe die Ergebnisse jedoch schlecht verkauft. Zitat: »Niemand versucht die Konfrontation mit den Gewerkschaften. Meine Teilnahme an dieser Sitzung ist ein Zeichen für unser positives Interesse.«

Kanzler *Schmidt* unterstreicht, daß die Tatsache der schnellen Begegnung mit dem DGB-Bundesvorstand einen Hinweis auf die positive Grundeinstellung der Regierung gegenüber den Gewerkschaften gebe, und erneuert seinen Vorschlag, die Ergebnisse der Regierungspolitik als Ergebnisse gewerkschaftlicher Einflußnahmen zu verkaufen. Der zahlenmäßig größere Koalitionspartner müsse sich häuten und auch für Kritik offen sein. Darstellungen der Heidi Wi[e]czorek und anderer Jungsozialisten finde er zum Brechen.[14] Mit

---

13 Bezogen auf den Regierungsentwurf zur Mitbestimmung führte Genscher auf dem Bremer Landesparteitag der FDP aus, dass dieser Entwurf, trotz der Kritik des DGB, vonseiten der FDP nicht geändert werde, da der DGB nicht der dritte Koalitionspartner sei. Vgl. FAZ, 22.4.1974.
14 Die damalige Bundesvorsitzende der Jungsozialisten, Heidemarie Wieczorek-Zeul, hatte in einem Interview mit der Hamburger Zeitschrift »Das da« dem Bundeskanzler [Willy Brandt] vorgeworfen, er würde die Inflation über die Einschränkung der öffentlichen Ausgaben beschränken, bei den Reformvorhaben drastisch sparen und die SPD-Steuer-Parteitagsbeschlüsse [siehe Parteitag in Hannover vom 10.–14.4.1973], die Steuerlastquote durch eine schärfere Besteuerung der höheren Einkommen und großen Vermögen anzuheben, nicht umsetzen. Vgl. Die SPD macht alles falsch, in: Das da, 1974, Nr. 4, S. 56 f. Zur Kritik an Wieczorek-Zeul und den Forderungen zur Vergesellschaftung zahlreicher Schüsselindustrien auf dem Juso-Bundeskongress vom 25.–27.1.1974 in München und den entsprechenden

der einseitigen Kritik der jungen Linke müsse Schluß sein. Vieles sei unter gewerkschaftlicher Einflußnahme geschehen. Dies müsse auch entsprechend dargestellt werden. Kanzler Schmidt unterstreicht die Notwendigkeit frühzeitiger Kontaktaufnahme und betont, daß man das Telefon von beiden Seiten aufnehmen könne. Er setzt sich für eine Veränderung der Öffentlichkeitswirkung der Konzertierten Aktion ein. Insbesondere müsse der Lenkungsausschuß stärker als bisher Berücksichtigung finden und keineswegs vorzeitige Stellungnahmen abgeben. Die Bildungspolitik ist nach Auffassung des Kanzlers von großer Bedeutung. Hier seien klare gewerkschaftliche Reformvorstellungen notwendig und erwünscht. Er betont, daß nach seiner Auffassung Bildungspolitik nicht nur Angelegenheit einer einzelnen zuständigen Gewerkschaft, hier der GEW, sein könne. Bildungspolitik sei umfassend und beschränke sich nicht auf eine Reform der Besoldungspolitik. Stellung und Rolle des öffentlichen Dienstes betrachtet der Kanzler als ein gesamtgesellschaftliches Problem, das auf dem Wege sei, ein verfassungsrechtliches Problem zu werden. Er spricht sich dafür aus, etwa zum Zeitpunkt Herbst eine Abklärung der notwendigen Schritte vorzunehmen. Er ist sich darüber klar, daß hier erhebliche Schwierigkeiten im gewerkschaftlichen Raum auftauchen können. Er dankt noch einmal für die Aussprache und bringt seine Hoffnung auf gute Zusammenarbeit zum Ausdruck.

Kollege *Vetter* dankt im Namen des Bundesvorstandes für die Einladung und betont, daß diese Begegnung unter dem Zeichen »Symbolkraft und Realismus« gestanden habe. Er sagt eine weitgehende Unterstützung der Regierungspolitik durch die Gewerkschaften zu.[15]

Dauer der Aussprache: 11.15 bis 13.40

Anträgen zu den Landeskonferenzen Nordrhein-Westfalen und Bayern der Jungsozialisten im April 1974, siehe AdsD, SPD-PV, Bundesgeschäftsführer Holger Börner 2/PVCO000004 und 2/PVCO000085. Zu den Beschlüssen des Bundeskongresses der Jungsozialisten siehe Christoph Butterwegge/Karl Drewes: Die Jungsozialisten nach 74, München/Hamburg 1974 sowie die Kritik an den Beschlüssen u. a. von Holger Börner in: SPD-Pressedienst, P/XXIX/19 vom 28.1.1974.

15 Nach dem Gespräch gaben Armin Grünewald und Heinz O. Vetter Presseerklärungen zu den inhaltlichen Diskussionspunkten ab. Vgl. Ingeborg Jahn: DGB an der Spitze der Empfangsliste. Bundeskanzler Schmidt sprach mit Gewerkschaftsvertretern/Vetter: Keine Differenzen, in: FR, 20.5.1974.

Dokument 107

30. Mai 1974: Bericht über das Gespräch DGB/DAG in Hannover[1]

Hekt., 5 S.

DGB-Archiv, Sekretariat Martin Heiß 5/DGCS000082.

Liebe Kollegin, liebe Kollegen,

wie in der Bundesvorstands- und Bundesausschußsitzung in Frankfurt/Main besprochen, gebe ich Euch nachfolgend eine kurze Darstellung über unser Gespräch mit der DAG und die daraus zu ziehenden Schlußfolgerungen:

An dem Gespräch nahmen teil von Seiten der DAG:
Hermann Brandt (Vorsitzender), Gerda M. Hesse (stellv. Vorsitzende), Hans Katzbach (stellv. Vorsitzender), Karl Kaula (Hauptkassierer), Heinz Groteguth

von Seiten des DGB:
Heinz Oskar Vetter, Eugen Loderer, Heinz Kluncker, Heinz Vietheer, Herbert Stadelmaier, Günter Stephan.

Im Verlauf der Unterredung wurde klar:

1. eine fast völlige Übereinstimmung in gesellschaftspolitischen Fragen (die Unterschiede konnte man mit der Lupe suchen; sie bestehen z. B. bei Gruppenrechten und Minderheitenschutz), in organisatorischen Fragen jedoch waren die Vorstellungen vollkommen konträr.

2. Die DAG bot bei diesem Gespräch eine Zusammenarbeit in allen Sach- und Fachfragen an und wünschte die Bildung von Tarifgemeinschaften in allen Bereichen, vor allem dort, wo eine Zusammenarbeit bei Tarifverhandlungen nicht vorhanden ist oder wo sie früher vorhanden war und in der Zwischenzeit nicht mehr praktiziert wird.

Es war im Gespräch von Seiten der DAG mehrmals die Rede davon, daß diese Zusammenarbeit in Sach-, Fach- und Tariffragen zwar einen gewissen Abschnitt in den weiteren Verhandlungen darstellen sollte, jedoch ergab sich sehr schnell, daß jede organisatorische Konsequenz fehlt.

In diesen Bereich gehört auch der zu einem sehr frühen Zeitpunkt dieses Gesprächs diskutierte Vorschlag, im Rahmen einer gemeinsamen Untersuchung den Grund für den schlechten Organisationsgrad der Angestellten zu erforschen. Auf Grund der Diskussionen im Bundesvorstand und der fehlenden organisatorischen Konsequenzen wird jedoch eine solche *gemeinsame* Untersuchung (auch im Rahmen des DGB-Gewerkschaftsbarometers) nicht mehr realisierbar sein, da sie zu falschen Rückschlüssen führen könnte.

---

1 Der Bericht wurde von Günter Stephan am 11.6.1974 an die Bundesvorstandsmitglieder versandt. Auf der 17. Bundesvorstandssitzung am 4.6.1974 wurde unter TOP 10 mündlich über dieses Gespräch berichtet. (Dok. 108). Bericht über dieses Gespräch siehe auch: Sozialpolitische Nachrichten, hrsg. v. dpa, 3.6.1974, Nr. 22, S. 1 f.

Dokument 107 30. Mai 1974

Die DAG wurde in diesem Sinne von uns bereits verständigt und darüber unterrichtet, daß wir in unserem Bereich eine eigene Untersuchung zu dieser Frage und zur Frage des Verhaltens der Angestellten bei den Sozialwahlen anstellen werden.

3. Alle grundsätzlichen Fragen zu einem Zusammenschluß zwischen DAG und DGB, zu einer engeren Kooperation oder sogar einer Fusion ergaben, daß hier zwar gewisse Vorstellungen im DGB-Bereich (Dienstleistungsgewerkschaft etc.) vorhanden sind, jedoch keine Vorschläge der DAG entgegengenommen werden konnten. Die DAG verwies, auf diesen Bereich angesprochen, immer wieder auf eine im DGB notwendig werdende Reform, sprach zum Beispiel von der Bildung einer Mediengewerkschaft unter Einschluß des Deutschen Journalisten-Verbandes und glaubt, erst wenn diese Reform, zu der sie keine originären Vorstellungen präzisierte, vollzogen sei, überhaupt weiter über Aspekte einer engeren organisatorischen Zusammenarbeit sprechen zu können.

4. Ein weiteres Gespräch, das auf Einladung der DAG zustande kommen soll, wurde für den Herbst vereinbart.

Obwohl von weiteren Gesprächen auch keine positiven Ergebnisse zu erhoffen sind, scheint es nicht vertretbar, bereits bei einer ersten Begegnung die Gespräche als gescheitert zu erklären.[2]

---

2 Im Schreiben vom 5.6.1974 informierten Hermann Brandt und Hans Katzbach die Mitglieder des DAG-Gewerkschaftsrates und des Beirates sowie die Vorstände und Leitungen der Bundesberufsgruppen, Landesverbände und Bezirke über die Ergebnisse des Gesprächs: »[...] In diesem Gespräch ist klargestellt worden, daß es bei dem Bemühen, gewerkschaftliche Konkurrenz und ihre organisationsschädigenden Folgen abzubauen, nicht um Fusionskonstruktionen gehen kann, die zur Aufgabe der DAG führen. Klargestellt ist auch, daß es keine Fortsetzung der Gespräche geben wird, wenn durch ungerechtfertigte Behauptungen die Mitglieder der DAG verunsichert werden und in der Öffentlichkeit ein falscher Eindruck entsteht. [...] Es ist nicht sinnvoll, zu Beginn der Gespräche auf unterschiedliche Meinungen und Standpunkte hinzuweisen, die zunächst dargestellt, aber nicht diskutiert worden sind. Wichtig ist, daß wir übereingekommen sind, in einer gemeinsamen Analyse die Ursachen für den geringen Organisationsgrad der Angestellten zu untersuchen. Und richtig ist, daß wir uns erst danach über Wege und Möglichkeiten der Verständigung unterhalten wollen. Das Gespräch soll im Oktober fortgesetzt werden. Es gibt jedoch keinen Anlaß zu bestimmten Schlußfolgerungen. Wir müssen uns aber auch vor übersteigerten Erwartungen hüten [...].« AdsD, Bestand DAG-Bundesvorstand, Akte DAG-DGB, vorläufige Signatur RV-2-9001d.
Die für Oktober geplante Fortsetzung des Gesprächs fand nicht statt; u. a. wurde dies vonseiten der DAG begründet mit dem Antrag A 56 »Entschließung zum Verhältnis von DGB und DAG« der Gewerkschaft HBV auf dem 8. Bundesangestelltentag des DGB vom 9. bis 11.10.1974, der ohne Diskussion einstimmig angenommen worden war; in diesem Antrag wurde entschieden abgelehnt, »[...] als Zwischenlösung Aktions- und Tarifgemeinschaften mit der DAG zu akzeptieren. Der DAG darf keine Gelegenheit gegeben werden, die Erfolge der DGB-Gewerkschaften als ihre eigenen darzustellen. [Der Bundesangestelltentag hält es nur dann für sinnvoll] Gespräche fortzusetzen, wenn erkennbar wird, daß die DAG bereit ist, organisationspolitische Konsequenzen zu ziehen.« Protokoll des 8. Bundesangestelltentags des DGB, S. 249f. Siehe auch: DAG Informationen des Bundesvorstandes Nr. 8/74 vom 17.10.1974, in: AdsD, Bestand DAG-Bundesvorstand, Akte DAG-DGB, vorläufige Signatur RV-2-9001d.

Schlußfolgerungen:

Die DAG scheint auf Grund innerorganisatorischer Schwierigkeiten nicht in der Lage zu sein, ein ernsthaftes Gespräch über organisatorische Lösungsmöglichkeiten mit dem DGB zu führen. Es wurde immer wieder betont, daß man lt. Satzung dafür eine 4/5-Mehrheit der Delegierten benötige, die man nicht erhalten würde. Außerdem scheint vor allem bei der politischen Zusammensetzung der Führungsgremien (Gewerkschaftsrat) ein starker Widerstand gegen jede solcher Überlegungen zu bestehen. Es geht der DAG darum, Aktionsgemeinschaften in Sach- und Fachfragen zu bilden sowie ins Tarifgeschäft mit den DGB-Gewerkschaften stärker einzusteigen.[3]

Dies wird mit dem durchsichtigen Argument vorgetragen, daß dabei ein Abbau der Konkurrenz zu verzeichnen wäre und aus dem Bereich der 80% Unorganisierten mehr Mitglieder für beide Gewerkschaften gewonnen werden könnten.

Alle bisher vorgetragenen Vorstellungen des DGB im Hinblick auf organisatorische Lösungen werden konsequent abgelehnt.

Bei den politischen Aspekten ist der Hinweis von DAG-Seite beachtenswert, daß bei einer Zwangsfusion, käme sie zustande, höchstens 20 bis 30% DAG-Mitglieder für den DGB erfaßt würden, während der übrige Rest unter Umständen eine neue rechts-gerichtete Angestelltenorganisation bilden könnte.

Es wurde außerdem zu Beginn des Gesprächs von dem DAG-Vorsitzenden unmißverständlich darauf hingewiesen, daß die DAG weder aus finanziellen noch aus organisatorischen Gründen weder heute noch in der Zukunft unter dem Zwang eines organisatorischen Zusammenschlusses stehen würde.

Diese Darstellung ergibt, daß alle weiteren Bemühungen, in nächster Zeit zu einem Abbau der organisatorischen Unterschiede zwischen DAG und DGB zu kommen, voraussichtlich ergebnislos verlaufen werden.[4]

Zu Eurer Kenntnisnahme noch einmal folgende Fakten:

1. Mitgliederentwicklung in den letzten 10 Jahren[5]

Jahr	DAG	DGB
1963	479.457	767.110
1965	475.561	835.202
1967	481.286	878.982
1969	467.796	930.233
1971	469.932	1.065.550
1972	ca. 475.000	1.140.803

---

3 Die DAG strebte einen »organisatorischen Verbund« in der Form einer Aktions- und Tarifgemeinschaft mit dem DGB an und verhandelte nicht über eine Fusion. Vgl. Gewerkschaftsreform heißt nicht Fusion, in: Der Angestellte, 1974, Nr. 6/7, S. 5.
4 Detailliert zum Verhältnis der DAG zum DGB in den Jahren 1972 bis 1975 insbesondere zu den organisationspolitischen Vorstellungen beider Gewerkschaften und dem damit verbundenen Scheitern weiterer Gespräche, siehe Müller: Die DAG, S. 413–416.
5 Die Mitgliederzahlen wurden entnommen der Materialsammlung zur DAG für die 1. Sitzung des DGB-Arbeitskreises »DAG« am 21.2.1973, siehe DGB-Archiv, DGB-BV, Abt. Angestellte

Dokument 108   4. Juni 1974

2. Internationale Zusammenarbeit

Die DAG ist Mitglied im Internationalen Bund der Privatangestellten (FIET) neben DGB und HBV und damit auch Mitglied in der EURO-FIET, der europäischen Sektion von FIET im EGB.[6]

Die DAG ist jedoch n i c h t Mitglied im IBFG und EGB. Es liegt jedoch ein Aufnahmegesuch für den EGB vor, über das der Bundesvorstand noch beraten muß, da eine Aufnahme dort nur erfolgen kann, wenn der DGB seine Zustimmung dazu erteilen würde.[7]

Ich hoffe, Euch mit dieser kurzen Darstellung einen Überblick über die Gesprächsrunde in Hannover gegeben zu haben, und bin selbstverständlich zu weiteren detaillierten Auskünften gern bereit.

Mit freundlichen Grüßen
< Günter Stephan >

Dokument 108

4. Juni 1974: Protokoll der 17. Sitzung des Bundesvorstandes

Haus der Bank für Gemeinwirtschaft in Frankfurt/M.; Vorsitz: Heinz O. Vetter; Protokollführung: Isolde Funke, Marianne Jeratsch; Sitzungsdauer: 15.10–19.05 Uhr; ms. vermerkt: »Vertraulich«.[1]

Ms., hekt., 9 S., 1 Anlage.[2]

DGB-Archiv, 5/DGAI00053.

[*Vetter* eröffnet die Sitzung. Die Tagesordnung wird ergänzt um die Punkte 1 sowie 9 bis 11.]

Tagesordnung:
1. Sozialwahlen 1974
2. Genehmigung des Protokolls der 16. Bundesvorstandssitzung
3. Änderung der Reisekostenregelung des DGB
4. Erhöhung des Kilometergeldes für die Benutzung des privateigenen Pkw für Dienstzwecke
5. Änderung der Richtlinien für die Gewährung von Leistungen aus dem Sozialfonds für die Beschäftigten des DGB
6. Geschäftsanweisung in Personalangelegenheiten

5/DGAT000017. Die der Mitgliederzahlen der DAG wurden entnommen den Statistischen Jahrbüchern der Bundesrepublik Deutschland nach Angaben der DAG, einschließlich der Mitglieder in den der DAG angeschlossenen Verbänden. Zur Mitgliederentwicklung der DAG siehe auch: Müller: Die DAG, S. 332 (Tabelle 29: Mitglieder DAG u. DGB 1960–1982).
6 Siehe hierzu 10. Sitzung des Bundesvorstandes vom 3.7.1973, TOP 10 (Dok. 86).
7 Siehe hierzu 11. Sitzung des Bundesvorstandes vom 4.9.1973, TOP 2 (Dok. 87).
1 Einladungsschreiben vom 8. und 21.5.1974. Nicht anwesend: Gerd Muhr, Maria Weber. DGB-Archiv, DGB-BV, Abt. Vorsitzender 5/DGAI000484.
2 Anlage: Anwesenheitsliste.

7. Bestätigung von Landesbezirksvorstandsmitgliedern
8. Wieder- bzw. Neubesetzung des Wirtschafts- und Sozialausschusses der Europäischen Gemeinschaften
9. Berufsfortbildungswerk
10. Gespräch DGB/DAG
11. Benennung und Abberufung von Aufsichtsratsmitgliedern im Montanbereich
12. EGB
13. Verschiedenes
14. BfG-Holding

1. SOZIALWAHLEN 1974

Kollege *Bungert* gibt einen kurzen Bericht über die bisher vorliegenden Wahlergebnisse der Sozialwahlen 1974. Sie sind für den DGB äußerst unbefriedigend und unerfreulich.[3] Auch das noch ausstehende Endergebnis wird daran nichts ändern. Es ist zu verzeichnen, daß auch die DAG ähnliche, zum Teil noch gravierendere Stimmeneinbußen hinnehmen mußte.[4] Kollege Bungert geht kurz auf die möglichen Gründe des schlechten Wahlergebnisses ein. Eine der Ursachen ist darin zu sehen, daß erstmalig Interessengemeinschaften zur Wahl zugelassen waren, die z. B. bei den Ersatzkassen mit dem Namen von Kassen werben konnten.[5] Zum anderen waren beispielsweise bei der BfA 1,2 Millionen Wahlunterlagen unzustellbar. Außerdem sind von der BfA Wahlunterlagen an jeden Inhaber einer Versicherungsnummer verschickt worden, auch wenn er gar nicht versicherungspflichtig ist. Dies alles sollte jedoch nicht darüber hinwegtäuschen, daß es dem DGB nicht gelungen ist, die Wähler und vor allem seine Mitglieder auf die DGB-Listen zu vereinigen. Abschließend trägt Kollege Bungert den Vorschlag des Kollegen Muhr vor, daß der Bundesvorstand eine Stellungnahme zu den Sozialwahlen abgibt.

---

3 Durch das »Achte Änderungsgesetz des Selbstverwaltungsgesetzes« vom 7.8.1973, BGBl. I, S. 957, wurde das Wahlrecht verändert und eine allgemeine Briefwahl eingeführt, d. h. die Wahlunterlagen wurden automatisch zugesandt. Aufgrund dieser Änderung verbesserte sich die Wahlbeteiligung von 20,5% (1968) auf 43,7% (1974). Zwar hatte der DGB in absoluten Zahlen seinen Stimmenanteil steigern können, jedoch bei der hohen Wahlbeteiligung einen geringeren prozentualen Stimmenanteil. Vgl. Überraschende Ergebnisse bei den Sozialwahlen 1974, in: ND, 28.6.1974, Nr. 178 sowie Klaus Bungert: Soziale Selbstverwaltung. Die Sozialwahlen 1974, in: Soziale Sicherheit, 1974, Nr. 8, S. 230.
4 Von den Gewerkschaften erreichte die DAG das beste Wahlergebnis (insgesamt ca. 20%). Sie konnte somit das 2,6-Fache ihrer Mitgliederzahl an Wählern mobilisieren (1968 das 1,7-Fache). Vgl. Tätigkeitsbericht 1971–1975. Vorgelegt dem DAG Bundeskongress 1975. 11. Bundeskongress der DAG vom 13.10. bis 17.10.1975 in Wiesbaden, Hamburg o. J., S. 30. Zu den Wahlergebnissen der Gewerkschaften siehe entsprechende Zeitungsartikel, etwa: Die Angestellten fügen dem DGB und der DAG eine empfindliche Schlappe zu, in: Die Welt, 31.5.1974; Eine Demonstration gegen den Gewerkschaftsbund, in: FAZ, 1.6.1974; Was machten die Gewerkschaften falsch, in: FR, 14.6.1974; Bestürzung über Debakel der Gewerkschaften, in: SZ, 3.7.1974.
5 Bei der Bundesversicherungsanstalt für Angestellte trat erstmals die Gruppe »Gemeinschaft von Versicherten und Rentnern der Angestelltenversicherung« an und erhielt über 20% der Stimmen. Bei den Trägern der Krankenversicherung-Ersatzkassen bekamen die Interessengruppen mit den Namen des jeweiligen Versicherungsträgers zwischen 11 bis 60% der Stimmen. Die Wahlbeteiligung lag zwischen 40 und 52%. Zu den Sozialwahlen siehe DGB-Geschäftsbericht 1972–1974, Abt. Sozialpolitik, S. 66–72.

Dokument 108 4. Juni 1974

An der nachfolgenden kurzen Diskussion beteiligen sich die Kollegen *Vetter, Kluncker, Bungert, Michels, Buschmann* und *Loderer*. Man ist sich einig, daß eine Stellungnahme zum jetzigen Zeitpunkt nicht erfolgen soll. Für die nächste Sitzung des Bundesvorstandes im Juli soll eine Analyse über die Ergebnisse der Sozialwahlen 1974 vorgelegt werden. Dabei sollen die Angestelltenpolitik des DGB und seiner Gewerkschaften sowie der Standort des DGB und der Gewerkschaften in der Öffentlichkeit mit einbezogen werden.

2. GENEHMIGUNG DES PROTOKOLLS DER 16. BUNDESVORSTANDSSITZUNG

Der Bundesvorstand genehmigt das Protokoll der 16. Bundesvorstandssitzung.

3. ÄNDERUNG DER REISEKOSTENREGELUNG DES DGB

[Nach kurzer Diskussion der Vorlage wird beschlossen, dem Bundesausschuss die Änderung der Reisekostenregelung für die Inlands- und Auslandsspesen gemäß der Vorlage der Abteilung Personal vom 14.5.1974 mit Wirkung vom 1.6.1974 zu empfehlen.[6]]

4. ERHÖHUNG DES KILOMETERGELDES FÜR DIE BENUTZUNG DES PRIVATEIGENEN PKW FÜR DIENSTZWECKE

[Der Bundesvorstand empfiehlt dem Bundesausschuss die Anhebung des Kilometergeldes von DM 0,25 auf DM 0,30 mit Wirkung vom 1.6.1974. Die Frage der Benutzung des privateigenen Pkw durch ehrenamtliche Kollegen soll zu einem späteren Zeitpunkt erörtert werden.]

5. ÄNDERUNG DER RICHTLINIEN FÜR DIE GEWÄHRUNG VON LEISTUNGEN AUS DEM SOZIALFONDS FÜR DIE BESCHÄFTIGTEN DES DGB

[Der Bundesvorstand beschließt, den vorgelegten Entwurf zur Änderung der Richtlinien über die Gewährung von Unterstützungen aus dem Sozialfonds für die Beschäftigten des DGB dem Bundesausschuss zur Annahme zu empfehlen.[7]]

6. GESCHÄFTSANWEISUNG IN PERSONALANGELEGENHEITEN

[Der Bundesvorstand beschließt, die Annahme der in der Vorlage aufgeführten Änderung des Absatzes I A Ziffer 3 der Geschäftsanweisung für Personalangelegenheiten dem Bundesausschuss zu empfehlen.[8]]

---

6 Gegenüber der vom Bundesausschuss am 6.9.1972 beschlossenen Reisekostenregelung wurden das Tage- und Übernachtungsgeld bei den in- und ausländischen Dienstreisen angehoben und eine Unterteilung in ein- und mehrtägige Dienstreisen vorgenommen. DGB-Archiv, DGB-BV, Abt. Vorsitzender 5/DGAI000484.
7 In den geänderten Richtlinien wurde der Eigenanteil, gegenüber den Richtlinien vom 1.1.1972, bei den unteren Gehaltsgruppen niedriger angesetzt. Siehe Beschlussvorschlag der Abt. Personal vom 14.5.1974.
8 In diesem Absatz wurde die Gehaltsgruppe geändert, die eine Genehmigungspflicht zur Einstellung von Sekretären durch die Personalabteilung des Bundesvorstandes erforderte.

7. BESTÄTIGUNG VON LANDESBEZIRKSVORSTANDSMITGLIEDERN

[Der Bundesvorstand schlägt dem Bundesausschuss vor, Helmut Buhl, Albert Kaliweit (beide IGM) und Dieter Sprung (Gewerkschaft Leder) als Mitglieder des LBV Niedersachsen zu bestätigen.[9]]

8. WIEDER- BZW. NEUBESETZUNG DES WIRTSCHAFTS- UND SOZIALAUSSCHUSSES DER EUROPÄISCHEN GEMEINSCHAFTEN

Kollege *Lappas* erläutert kurz die Vorlage und erklärt, daß die IG Bergbau und Energie ihren Anspruch wieder geltend machen wird, wenn der Kohle- und Stahlausschuß aufgelöst und eine Fusion mit dem Wirtschafts- und Sozialausschuß durchgeführt wird.[10]

[Der Bundesvorstand beschließt zur Neubesetzung des Wirtschafts- und Sozialausschusses dem Bundesministerium für Wirtschaft für die Gruppe II (Arbeitnehmervertreter) als Mitglieder zu benennen: Karl-Heinz Friedrichs (IGM), Karl Hauenschild (CPK), Karl-Heinz Hoffmann (ÖTV), Alfons Lappas (DGB), Gerd Muhr (DGB), Alois Pfeifer (GGLF), Maria Weber (DGB) und als Ersatzmitglieder: Walter Schmidt (IGM), Ferdinand Eichhorn (IGCPK), Heinrich Jacobi (ÖTV), Karl Schwab (DGB), Günter Stephan (DGB), Willi Lojewski (GGLF) und Martin Heiß (DGB). Für die Gruppe III (Vertreter verschiedener Interessen) werden benannt: Marlies Kutsch (IGBE) und Dr. Karl Trescher (co op) und als Ersatzmitglieder Doris Schneider-Zugowski (DGB) und Heinz Lauber (co op).]

9. BERUFSFORTBILDUNGSWERK

Kollege *Lappas* erklärt, daß Kollegin Weber die Absicht hatte, diese Angelegenheit nach ihrem Urlaub in der Juli-Sitzung zu behandeln. Er selbst kann nur allgemein berichten und nicht über die einzelnen Vorgänge. Hinsichtlich der Management-Akademie Bad Zwischenahn hat der Verwaltungsrat mehrheitlich beschlossen, sich von diesem Gebäude und Grundstück zu trennen.[11] Über die Frage, ob die MAZ mit ihrem Lehrinhalt bestehen bleibt, wird noch weiter im Verwaltungsrat und Geschäftsführenden Bundesvorstand disku-

---

9 Der Bundesausschuss bestätigte die Wahl in seiner 8. Sitzung am 5.6.1974. DGB-Archiv, DGB-BV, Abt. Vorsitzender 5/DGAI000414.
10 In der 78. GBV-Sitzung am 27.5.1974 wurde unter TOP 7 »WSA-Benennungen« mitgeteilt, dass die IG Bergbau und Energie aus personellen Gründen auf ihr bisheriges Mandat im WSA verzichtet. Vgl. DGB-Archiv, DGB-BV, Abt. Vorsitzender 5/DGAI000219. Der Beratende Ausschuss für Kohle und Stahl (Sektorenausschuss) hatte bestimmte Vollmachten auf der Grundlage des Vertrages von Paris. Seit der Fusion der Exekutiven (Hohe Behörde und EWG-Kommission) verlor der Ausschuss an Bedeutung. Vgl. Zwischenbericht der Abt. Europäische Integration vom 4.12.1973 zu Antrag 64 – gewerkschaftliche Einflussmöglichkeiten auf der Ebene der Europäischen Gemeinschaft – an den DGB-Bundeskongress 1972, DGB-Archiv, DGB-BV, Sekretariat Günter Stephan 5/DGCU000374.
11 In der Verwaltungsratssitzung am 25.4.1974 wurde beschlossen, dass aufgrund des Jahresverlustes von ca. 300.000 DM die Akademie nicht mehr weitergeführt werden sollte. Das Gebäude der Akademie wurde veräußert und der Betrieb bis zum 31.12.1974 abgewickelt. Vgl. Sitzungsprotokoll, in: DGB-Archiv, DGB-BV, Abt. Berufliche Bildung 5/DGAW000329.

tiert. Was die Fachschule für Informatik betrifft, sind die Dinge hochgespielt worden.[12] Die Fachschule wurde im Einvernehmen mit dem Kultusminister NRW im Rahmen der Ersatzschulen von uns eingerichtet und betrieben. Vom Kultusministerium war der Abschluß eines »Staatlich geprüften Informatikers« in Aussicht gestellt worden; in diesem Sinne hatte das BFW die Schüler angeworben. Nun hat das Kultusministerium das wieder rückgängig gemacht; der Abschluß ist nunmehr »Staatlich geprüfter Techniker«. Energische Eingriffe in die personelle Struktur und Gesamtstruktur des BFW haben zu Aktionen geführt, die von draußen gesteuert werden. Die Geschäftsführung bemüht sich, diese Dinge in den Griff zu bekommen. Mit Riesenschäden, Ersatzansprüchen, ist nicht zu rechnen.

Nach kurzer Diskussion, an der sich die Kollegen *Vietheer, Lappas, Vetter* und *Sperner* beteiligen, sagt Kollege Lappas zu, nach fernmündlicher Abstimmung mit Kollegin Weber einen Vorbericht an die Bundesvorstandsmitglieder zu senden. Danach erfolgt die Beratung in der Juli-Sitzung des Bundesvorstandes.

10. Gespräch DGB/DAG

Kollege *Vetter* gibt einen kurzen Bericht über das durch den Bundesvorstand beschlossene und am 30. Mai in Hannover durchgeführte Gespräch zwischen Spitzenvertretern des DGB und der DAG.[13] Obwohl das Gespräch in offener und freimütiger Atmosphäre stattfand und auch eine Fortsetzung für den Herbst verabredet wurde, sind die Ergebnisse als unbefriedigend zu bezeichnen. Die innerorganisatorischen Schwierigkeiten und die unterschiedlichen Gruppierungen in der DAG spielen dabei eine entscheidende Rolle.[14] Einigkeit bestand in der Beurteilung der besonders durch die Sozialwahlergebnisse zutage getretenen Notwendigkeit einer verbesserten Angestelltenpolitik. Eine in der Zielsetzung abgestimmte Untersuchung wurde ins Auge gefaßt. Im Übrigen wurden organisatorische Fragen im Gespräch ausgeklammert. Es war klar, daß die Vertreter der DAG entsprechend ihrer alten Taktik auf einer Annäherung der Zusammenarbeit, d. h. in erster Linie einer gemeinsamen Tarifarbeit, bestanden, bevor weitergehende Fragen diskutabel wären. Eine solche Aktionsgemeinschaft auf tarifpolitischem Gebiet ist wiederum für den DGB unannehmbar.

---

12 Lappas bezog sich auf den Artikel »Studenten: ›der DGB hat uns betrogen‹. Streik an der Computer-Schule«, in: Express, 24.5.1974. Darin behaupteten Studenten, dass der DGB bei ihrer Bewerbung falsche Angaben zum Schulabschluss gemacht hätte. Auf der Verwaltungsratssitzung des Berufsfortbildungswerks am 28.6.1974 wurde die Situation des »DV-Bildungszentrums« diskutiert und beschlossen, dass unter den veränderten Kultusminister-Richtlinien eine Fortführung der Einrichtung in Hochdahl nur durch eine Zusatzfinanzierung nach dem AFG zur Ersatzschulfinanzierung möglich sei. Vgl. Protokoll in: DGB-Archiv, DGB-BV, Abt. Berufliche Bildung 5/DGAW000329.
13 Siehe Dok. 107.
14 Stephan meinte hier den DAG-Gewerkschaftsrat mit seinem Vorsitzenden Johannes Terhaardt, der gegen den Annäherungskurs Brandts und seiner Verhandlungskommission war. Der Gewerkschaftsrat forderte eine Beteiligung an den Verhandlungen mit dem DGB. Vgl. Protokoll Nr. VII der Gewerkschaftsratssitzung am 25.5.1974, TOP 1, AdsD, Bestand DAG Bundesvorstand, Gewerkschaftsrat 5/DAGA200005.

Kollege *Stephan* teilt mit, daß von Seiten der DAG die Kollegen Brandt, Katzbach, Kaula und Grothegut sowie die Kollegin Hesse, von Seiten des DGB die Kollegen Vetter, Kluncker, Loderer, Stadelmaier, Vietheer und er selbst an dem Gespräch teilgenommen haben. Wenn auch in gesellschafts- und gewerkschaftspolitischen Fragen zwischen den beiden Organisationen keine gravierenden Unterschiede bestehen, so sieht Kollege Stephan nach dem Gespräch in Organisationsfragen kein Weiterkommen.

An der nachfolgenden Diskussion beteiligen sich die Kollegen *A. Schmidt, Vetter, Kluncker, Mirkes* und *Stephan*. Es werden die verschiedenen Gruppierungen innerhalb der DAG angesprochen, die eine völlig unterschiedliche Haltung zu einem Zusammengehen mit dem DGB einnehmen. Aus dieser Situation heraus scheint es nach wie vor aussichtslos, dafür eine satzungsgemäße Kongreßmehrheit zu erlangen. Die Kollegen sind sich einig, daß eine Aktionsgemeinschaft in Tariffragen, wie von der DAG angestrebt, nicht infrage kommt. Im Übrigen wird kritisiert, daß die DAG entgegen der getroffenen Abrede mit Auslegungen des Gesprächsinhaltes an die Öffentlichkeit gegangen ist.[15]

Kollege *Vetter* sagt abschließend einen schriftlichen Bericht über das Gespräch DGB/DAG zu; die Erstellung wird die Abteilung Angestellte übernehmen.

11. BENENNUNG UND ABBERUFUNG VON AUFSICHTSRATSMITGLIEDERN IM MONTANBEREICH

Unter Hinweis auf seine nicht erfolgte Wiederbenennung für den Aufsichtsrat der Mannesmann AG, die vermuteten Gründe und die Verfahrensweise ersucht Kollege *Buschmann* um Information über die üblicherweise praktizierte Benennung und Abberufung von Aufsichtsratsmitgliedern im Montanbereich.

Kollege *Vetter* schildert kurz die übliche Verfahrensweise über den zuständigen Ausschuß des DGB. Im Laufe der Jahre ist es immer wieder vorgekommen, daß trotz des eindeutigen Benennungsrechtes des DGB für einen Aufsichtsrat die betrieblichen Vertreter ihre anderslautenden Vorstellungen für die Besetzung des Aufsichtsrates mit allem Nachdruck vorgetragen haben.[16] In solchen Fällen wäre es weder für den DGB nach außen noch für den be-

---

15 Siehe Artikel im »Kölner Stadt-Anzeiger« vom 31.5.1974, in dem über das Spitzengespräch berichtet wurde.
16 Auf Beschluss der Kommission Mitbestimmung beim DGB sollten Eugen Loderer, Friedrich Halstenberg, Karl Schwab, Heinrich Strohauer, Wolfgang Spieker und Maria Weber dem neuen Aufsichtsrat angehören. In einem Schreiben von Rudolf Judith (Kommissionsmitglied) vom 25.4.1974 wurden diese zur Betriebsrätevollversammlung am 8.5.1974 eingeladen, auf der die Neuwahl der betrieblichen und außerbetrieblichen Arbeitnehmervertreter stattfand. Maria Weber und Karl Schwab wurden für die ausgeschiedenen Aufsichtsratsmitglieder Karl Buschmann und Helmut Duvernell (Leiter der Sozialakademie) auf der Betriebsrätevollversammlung gewählt. Warum eine Wiederwahl Karl Buschmanns nicht stattfand, ist in den Akten, einschließlich der Überlieferung im Mannesmann-Archiv, nicht überliefert. Zur Wahl und zur ersten Aufsichtsratssitzung am 4.7.1974 siehe DGB-Archiv, DGB-BV, Sekretariat Maria Weber 5/DGCV000010.

nannten DGB-Kandidaten zumutbar gewesen, die Kandidatur unter allen Umständen gegen den Wunsch der im Betrieb vertretenen Gewerkschaft bzw. die betrieblichen Vertreter aufrecht zu erhalten.

Kollege *Loderer* ergänzt die Darstellung des Kollegen Vetter durch einen kurzen Bericht über die Lage bei der Mannesmann AG, dessen Aufsichtsrat er als stellvertretender Vorsitzender angehört.[17]

Mit dem Hinweis auf die schwierige Situation bei der Mannesmann AG sprechen die Kollegen *Vetter* und *Loderer* gegenüber Kollegen Buschmann ihr Bedauern über aufgetretene Verfahrensmängel im Zusammenhang mit der nicht erfolgten Wiederbenennung für den Aufsichtsrat der Mannesmann AG aus.

12. EGB

Kollege *Vetter* weist darauf hin, daß in der Sitzung des Exekutivausschusses des EGB am 9. Juli über den Aufnahmeantrag der CGIL in den EGB entschieden werden soll. Er bittet den Bundesvorstand, damit einverstanden zu sein, über die Haltung des DGB zu dieser Frage in der Sitzung am 2. Juli endgültig zu befinden, in der ein ausführlicher Bericht über die Gesamtsituation im EGB und über die Haltung der Mitglieder des IBFG gegeben werden soll.

Kollege *Loderer* erklärt, daß weder er noch sein Vertreter wegen eines internationalen Kongresses in Stockholm an der Bundesvorstandssitzung am 2. Juli teilnehmen können.[18] Er möchte deshalb schon heute die Meinung der IG Metall zu dieser Frage vortragen. Die IG Metall ist der Auffassung, daß man den Aufnahmeantrag der CGIL in den EGB auf jeden Fall solange zurückstellen muß, bis der WGB auf seinem im Spätherbst stattfindenden Kongreß über den Assoziierungsstatus der CGIL entschieden hat.[19] Erst danach sollte eine endgültige Entscheidung getroffen werden. Kollege Loderer geht kurz auf die Einigungsbestrebungen der drei italienischen Metallgewerkschaften unter Führung der größten, kommunistischen, Metallgewerkschaft und die Bemühungen der italienischen Bünde, ihre nationalen Schwierigkeiten auf europäischer Ebene auszutragen, ein.[20]

---

17 Informationen zu den geplanten Stilllegungen und Produktionsverlagerungen an den Standorten Remscheid, Krefeld, Hilden, Wickede und Huckinge, siehe detaillierter TOP 2 der Sitzung des Wirtschaftsausschusses der Mannesmann AG vom 31.5.1974, DGB-Archiv, DGB-BV, Sekretariat Günter Stephan 5/DGCU000019 sowie Geschäftsbericht der Mannesmann AG von 1974.
18 Vom 2. bis 6.7.1974 fand in Stockholm der 23. Weltkongress des Internationalen Metallarbeiterbundes (IMB) statt, auf dem Eugen Loderer zum Präsidenten gewählt wurde, nachdem er zuvor vom Zentralkomitee des IMB zum Nachfolger Otto Brenners gewählt worden war. Vgl. IG Metall-Geschäftsbericht 1974–1976, S. 44 f.
19 Siehe hierzu auch Bundesvorstandssitzung am 2.4.1974, Dok. 104, Fußnote 8 und 9.
20 Die Metallsektionen der UGIL, CISL und CGIL (sozialistischer, christlicher und kommunistischer Orientierung) schlossen sich zur FLM zusammen und wurden 1975 gemeinsam mit der französischen Force Ouvrière gegen die Stimmen der IG Metall in den Europäischen Metallarbeiterbund (EMB) aufgenommen. Zum Verhältnis der IG Metall zum EMB und zum Internationalen Metallarbeiterbund (IMB) siehe IG Metall-Geschäftsbericht 1974–1976, S. 47 f.

4. Juni 1974 **Dokument 108**

Kollege *Hauenschild* äußert den Wunsch, eine objektive Information über die Situation der drei italienischen Gewerkschaftsbünde und ihre Einigungsbestrebungen zu erhalten. Kollege *Vetter* wird versuchen, dem Bundesvorstand einen solchen Bericht vorzulegen.

Der Bundesvorstand wird in seiner Sitzung am 2. Juli abschließend über die Haltung des DGB zum Aufnahmeantrag der CGIL in den EGB beraten.

13. Verschiedenes

a) Kollege *Vetter* weist auf die Unterlagen hin, die den Bundesvorstandsmitgliedern zur Information über die angeblichen Äußerungen des Kollegen Hensche während des 23. Europäischen Gesprächs in Recklinghausen übergeben worden sind. Nach den vorliegenden Tonbandabschriften sind die von dpa zitierten und insbesondere von der »Welt« aufgegriffenen angeblichen Aussagen des Kollegen Hensche wörtlich nicht geäußert worden.[21] Es wird weiter geprüft werden, ob aus dem Gesamtzusammenhang eine entsprechende Meinung des Kollegen Hensche abgeleitet werden kann. Gegebenenfalls müßten die nötigen Konsequenzen gezogen werden.

In der anschließenden Diskussion, an der sich die Kollegen *Kluncker, Vetter, Hauenschild, Sperner, Seibert, A. Schmidt* und *Buschmann* beteiligen, wird die Arbeit der Abteilung Gesellschaftspolitik grundsätzlich und kritisch erörtert.

b) Kollege *Vietheer* stellt den Antrag, entsprechend seiner früher gegebenen Anregung den Katalog zum »Unvereinbarkeitsbeschluß« um den Kommunistischen Bund Westdeutschland zu erweitern, nachdem die GEW ihre früheren Bedenken zurückgestellt hat.

Kollege *Vetter* sagt dies zu.

c) Auf die Frage des Kollegen *Kluncker* nach der Bundesvorstandssitzung im Juli teilt Kollege *Vetter* mit, daß die nächste Sitzung des Bundesvorstandes am 2. Juli 1974 um 10.00 Uhr im Hause des Beamtenheimstättenwerkes in Hameln stattfindet.

---

21 »Die Welt« vom 1.6.1974 bezog sich auf eine dpa-Meldung vom 30.5.1974, in der Detlef Hensche (Leiter der Abt. Gesellschaftspolitik) im Rahmen des 23. Europäischen Gesprächs [Thema: Demokratisierung der Wirtschaft in Europa] zur Mitbestimmung die Thesen aufgestellt haben sollte: »1. Der DGB sehe in der Mitbestimmung eine Vorbereitung auf die Sozialisierung; 2. er habe sie nie isoliert betrachtet, sondern stets im Zusammenhang mit gesamtwirtschaftlicher Planung und Vergesellschaftung der Groß- und Schlüsselindustrien; 3. die Sozialisierung bestimmter Industrien bleibe eine DGB-Grundsatzforderung, die jedoch augenblicklich durch die Parteien tabuisiert werde; 4. die geltende und geplante Mitbestimmung diene dem ›Eintrainieren‹ der gewerkschaftlichen Aufsichtsrats- und Vorstandsmitglieder auf den Zeitpunkt der Sozialisierung«. Bis auf die These, dass die Vergesellschaftung Bestandteil des DGB-Grundsatzprogramms sei, wurden vom DGB alle Bemerkungen Hensches dementiert. Siehe DGB: Mitbestimmung kein Schritt zur Sozialisierung, in: ND, 30.5.1974, Nr. 150, dazu auch: Kölner Stadt-Anzeiger, 1.6.1974 und FAZ, 4.6.1974.

14. BfG-Holding

Kollege *Vetter* verweist auf den von Kollegen Lappas übersandten Vermerk vom 25. April[22] und bittet Kollegen Hesselbach um seinen Bericht.

Kollege *Hesselbach* gibt einen detaillierten Bericht über die bereits seit längerem angestellten und nunmehr konkretisierten Überlegungen zur Bildung einer Holding.[23] Kollege Hesselbach stellt u. a. dar, daß durch die Bildung einer Holding das Problem der wachsenden Kapitalerhöhungen auf absehbare Zeit gelöst werden kann. Die Holding würde eine Zusammenfassung nur der gewerkschaftlichen Aktionäre in einer Gesellschaft mit der gleichen Beteiligung wie bei der BfG sein. Der Einfluß der Gewerkschaften wäre ungeschmälert. Den Aktionären, d. h. den Gewerkschaften, könnten statt der bisherigen zu versteuernden Dividende Zinsen durch die Holding gezahlt und damit ein höherer Ertrag erreicht werden. Der Holding könnten Beteiligungen der BfG übertragen werden. Damit wäre den gewerkschaftlichen Aktionären die Möglichkeit der Einflußnahme gegeben. Außerdem würde dies eine positive Wirkung für die BfG in der Diskussion um den wirtschaftlichen Einfluß der Banken haben. Es könnten weiterhin Reserven für einige z. Z. notleidende Engagements der BfG gebildet werden. Kollege Hesselbach führt weiter aus, daß vorgesehen ist, daß die Holding den gleichen Vorstand und Aufsichtsrat wie die BfG haben soll. Auch ein Name ist bereits gefunden: Beteiligungsgesellschaft für gemeinwirtschaftliche Unternehmen (Bfg).[24] Aufsichtsrat und

22 In dem vertraulichen Vermerk von Alfons Lappas ging es um eine Sitzung am 17.4.1974 im Haus der BfG in Frankfurt/M., in der die Schritte zur Konkretisierung der Bildung einer Holding-Gesellschaft diskutiert wurden. Daran nahmen teil: Alfons Lappas, Heinz-Werner Meyer, Karl Heinz Troche, Gerhard Vater, Heinz Vosshennrich und vom BfG-Vorstand: Walter Hesselbach, Thomas Wegschneider und Werner Schulz. Zur BfG-Holding siehe auch die Klausurtagung des Bundesvorstandes am 5./6.2.1974, TOP 3 (Dok. 99) sowie zur Gründung der BfG-Holding die Klausurtagung des Bundesvorstandes am 30.9./1.10.1974 (Dok. 111).
23 Konkrete Schritte zur Bildung der Holding waren vorgesehen in der Sitzung des DGB-Finanzausschusses am 5.6.1974 und in der Sitzung des Aufsichtsrats und des Aufsichtsratspräsidiums am 19.9.1974. Zur Gründung der BfG-Holding siehe die Klausurtagung des Bundesvorstandes am 30.9./1.10.1974 (Dok. 111).
24 Die Beteiligungsgesellschaft für Gemeinwirtschaft AG (BGAG) wurde am 14.11.1974 mit einem Grundkapital von 100 Mio. DM gegründet. Von dieser Gesellschaft wurden maßgebliche Beteiligungen an der BfG, der Volksfürsorge Lebensversicherung AG, der Volksfürsorge Deutsche Sachversicherung AG, der co op Zentrale AG, der co op Handels- und Produktions-AG und dem g-u-t Gemeinwirtschaftlichen Unternehmen für Touristik übernommen. Sie sollte insbesondere den Finanzbedarf der gemeinwirtschaftlichen Unternehmen über Kredite der Gewerkschaften organisieren und gleichzeitig die Führung und das Management der gewerkschaftlichen Unternehmen professionalisieren. Zur Gründung siehe ND, 22.11.1974, Nr. 319; Die Quelle 25, 1974, Heft 12, S. 492 f. und DGB-Geschäftsbericht 1972–1974, S. 325 f. Aufgrund der Skandale in der deutschen Gemeinwirtschaft der 1980er Jahre – NEUE HEIMAT und co op – beschlossen die Delegierten des 14. Bundeskongresses des DGB einen vollständigen Ausstieg aus der Gemeinwirtschaft. Vgl. Protokoll 14. Ordentlicher Bundeskongreß 1990,Frankfurt/M. 1990. S. 373 f. Siehe auch: Niklaus Hüwe: Die Beteiligungsgruppe der Gewerkschaften 1989, in: Michael Kittner (Hrsg.): Gewerkschaftsjahrbuch 1989, Köln 1989, S. 631. Mit der Übernahme des Vorstandsvorsitzes der BGAG durch Hans Matthöfer verwandelte sich die BGAG von einer Holdinggesellschaft gemeinwirtschaftlicher Unternehmen in eine gewerkschaftliche Vermögensverwaltungsgesellschaft. Vgl. Anke Hassel: Organisation: Struktur und Entwicklung, in: Schroeder/Weßels: Gewerkschaftshandbuch, S. 116–118; siehe auch zur Neuordnung des gewerkschaftlichen Beteiligungsvermögens: Abelshauser: Nach dem Wirtschaftswunder, S. 607 ff.

Hauptversammlung könnten spätestens im September endgültig die Bildung der Holding beschließen. Wenn es auch noch eine Reihe von Einzelproblemen gibt, so steht der Bildung der Holding doch grundsätzlich nichts mehr im Wege.

In der nachfolgenden Diskussion, an der sich die Kollegen *Mirkes, Hesselbach, Buschmann, Vetter, A. Schmidt, Sperner, Vater, Loderer, Hauenschild* und *Michels* beteiligen, werden einzelne, mit der geplanten Holding zusammenhängende Fragen erörtert.

Kollege *Vetter* stellt abschließend fest, daß der Bundesvorstand den Bericht des Kollegen Hesselbach über die Bildung einer Holding zustimmend zur Kenntnis nimmt.

Ende der Sitzung: 19.05 Uhr

DOKUMENT 109

2. Juli 1974: Protokoll der 18. Sitzung des Bundesvorstandes

Haus des Beamtenheimstättenwerkes in Hameln; Vorsitz: Heinz O. Vetter; Protokollführung: Isolde Funke, Marianne Jeratsch; Sitzungsdauer: 11.20–13.50 Uhr: ms. vermerkt: »Vertraulich«.[1]

Ms., hekt., 8 S., 2 Anlagen.[2]

DGB-Archiv, 5/DGAI000537.

Beginn der Sitzung: 11.20 Uhr

[*Vetter* eröffnet die Sitzung. Anschließend berichten *Peter Müller* und *Waldemar Reuter* über die Arbeit des Beamtenheimstättenwerkes.]

Tagesordnung:
1. Genehmigung des Protokolls der 17. Bundesvorstandssitzung
2. Oktobersitzung des Bundesvorstandes
3. Haltung des DGB zum Aufnahmeantrag der CGIL in den EGB
4. Tarifautonomie
5. 1. Mai 1974
6. Stellvertretung im Exekutivausschuß des EGB
7. Auswahl- und Weiterförderungskriterien der Stiftung Mitbestimmung
8. Kindergeld für ausländische Arbeitnehmer

---

1 Einladungsschreiben vom 10. und 20.6.1974. Nicht anwesend: Georg Neemann, Leonhard Mahlein (vertreten durch Herbert Schwiedel), Erich Frister (vertreten durch Helmut Lohmann), Alois Pfeiffer, Eugen Loderer, Jan Sierks (vertreten durch Willi Prüm). DGB-Archiv, DGB-BV, Abt. Vorsitzender 5/DGAI000485.
2 Anlagen: Anwesenheitsliste, Presseerklärung zur arbeits- und sozialrechtlichen Gleichstellung ausländischer Arbeitnehmer – DGB gegen Diskriminierung ausländischer Arbeitnehmer, in: ND, 3.7.1974, Nr. 184.

9. Jahresrechnung für die Zeit vom 1.1. bis 31.12.1973
10. Kapitalerhöhung BfG
11. Verschiedenes

1. GENEHMIGUNG DES PROTOKOLLS DER 17. BUNDESVORSTANDSSITZUNG

Der Bundesvorstand genehmigt das Protokoll der 17. Bundesvorstandssitzung.

2. OKTOBERSITZUNG DES BUNDESVORSTANDES

Kollege *Vetter* teilt mit, daß der Geschäftsführende Bundesvorstand und die Vorsitzenden der Gewerkschaften vor dieser Sitzung etwa eine Stunde über verschiedene Dinge diskutiert haben.[3] Sie sind zu der Auffassung gekommen, die Oktobersitzung des Bundesvorstandes am 30.9. und 1.10. 1974 durchzuführen, und zwar in Form einer Klausurtagung. Der GBV wird hierfür einen Problemkatalog zusammenstellen.

3. HALTUNG DES DGB ZUM AUFNAHMEANTRAG DER CGIL IN DEN EGB

Kollege *Lappas* erinnert an die vorausgegangenen Diskussionen im Bundesvorstand und den 4-Punkte-Beschluß vom 7. Mai 1974, in dem einige Grundsätze zur Haltung des DGB festgelegt sind.[4] Wie bereits in der Bundesausschußsitzung im Juni erwähnt, ist die in Punkt 4 des Bundesvorstandsbeschlusses erwartete klare Stellungnahme des IBFG zum Aufnahmeantrag der CGIL in den EGB ausgeblieben. Das Protokoll der Vorstandssitzung des IBFG vom 30./31. Mai 1974 enthält lediglich einige unverbindliche Formulierungen, die mit Hinweis auf die Autonomie des EGB dessen Exekutivausschuß die alleinige Entscheidung dieser Frage überlassen.[5] Nach Berichten über den Verlauf der Vorstandsitzung des IBFG hat die Mehrzahl der Vertreter aus dem asiatischen und afrikanischen Bereich sich gegen die Öffnung des

---

3 Ein Ergebnisprotokoll zu dieser Sitzung wurde nicht erstellt. Im Schreiben Vetters vom 24.6.1974 an die Bundesvorstandsmitglieder wurden folgende Beratungspunkte für das Gespräch aufgeführt: 1. Das Interview Helmut Schmidts mit der Süddeutschen Zeitung, Nr. 131 vom 8.6.1974 mit der Überschrift: »Das Realisierbare machen, das Unmögliche nicht erst versuchen«, 2. Der Artikel Vetters in der »WdA« vom 7.6.1974 mit der Überschrift »Die Ruhe nach dem Sturm« und 3. Ein Schreiben von Hans Katzer (Sozialausschüsse der CDA) vom 10.6.1974 an Heinz O. Vetter, Maria Weber und Gerd Muhr wegen Vetters Äußerungen auf der Vertreterversammlung der GEW am 5.6.1974 in Mainz zu Einheitsgewerkschaft und gewerkschaftlicher Unabhängigkeit. Laut Protokoll legte Vetter die Gründe für gewerkschaftliche Haltung zur Unterstützung der Regierung Helmut Schmidt dar, vgl. stenografische Aufnahme des GEW-Bundeskongresses, S. 21 ff. Aufgrund dieser Äußerungen lud der Vorstand der CDA den GBV zu einem klärenden Gespräch ein. Vgl. DGB-Archiv, DGB-BV, Abt. Vorsitzender 5/DGAI000485. In der 82. GBV-Sitzung vom 24.6.1974 wurde der CDA-Brief behandelt und beschlossen, dass nach Rücksprache mit dem Bundesvorstand möglichst im September ein Gespräch stattfinden sollte. Vgl. DGB-Archiv, DGB-BV, Abt. Vorsitzender 5/DGAI000220.
4 Vgl. 16. BV-Sitzung, TOP 1 (Dok. 105).
5 Siehe Sitzungsprotokoll des Exekutivausschusses, in: DGB-Archiv, DGB-BV, Internationale Abt. 5/DGAJ000519.

EGB für die kommunistisch orientierte CGIL ausgesprochen. Die Mehrheit der europäischen Vertreter im IBFG war für die Aufnahme der CGIL. Möglicherweise hätte eine Abstimmung im Vorstand des IBFG eine zahlenmäßige Mehrheit gegen die Aufnahme der CGIL ergeben. Dem hätte jedoch die zwar minderheitliche, aber starke Position der europäischen Bünde gegenübergestanden, die den IBFG finanziell und politisch tragen. Um einen Eklat zu vermeiden, hat man sich auf die eingangs erwähnte unverbindliche Erklärung beschränkt. Für den Bundesvorstand ergibt sich daraus die Notwendigkeit, erneut seine Position zu bestimmen, damit die EGB-Vertreter in der Exekutivausschußsitzung des EGB am 9. Juli eine Handlungsrichtlinie haben. Als logische Schlußfolgerung der bisherigen Haltung bietet sich eine Annäherung an die von Kollegen Loderer in der Juni-Sitzung des Bundesvorstandes vorgetragene Meinung der IG Metall an, auf jeden Fall die endgültige Entscheidung des WGB über den Assoziierungsstatus der CGIL abzuwarten.[6] Der Geschäftsführende Bundesvorstand hat gestern nach ausführlicher Diskussion entschieden, einen entsprechenden Beschlußvorschlag vorzulegen.[7] Damit würde auch ein gewisser Druck auf den WGB erhalten bleiben, tatsächlich im Herbst über den Status der CGIL zu entscheiden.

Kollege Vetter gibt ergänzend einen kurzen Bericht über die italienische Situation, die, wie in anderen europäischen Ländern, z. B. in Frankreich, volksfrontähnliche Formen der linken Parteien aufweist.[8] Auswirkungen der politischen Lage auf die gewerkschaftliche Situation sind unausweichlich. Kollege Vetter geht auf die Kräfteverteilung innerhalb der offiziell nach Vereinigung strebenden drei italienischen Gewerkschaftsbünde ein. Als sicher sei anzunehmen, daß eine gut funktionierende kommunistische Basis in den Großbetrieben in der Lage wäre, die Führung der Kommunisten in der italienischen Gewerkschaftsbewegung entscheidend zu verstärken. Die CGIL versuche, durch die Aufnahme in den EGB diese Entwicklung zu beschleunigen. Der DGB hat immer den Standpunkt vertreten, daß nationale Schwierigkeiten nicht auf internationaler Ebene ausgetragen werden dürfen. Formal hat die CGIL alles getan, in Erklärungen, Schreiben usw., um ihre Aufnahme in den EGB für die anderen EGB-Mitglieder zu erleichtern. Sie hat u. a. erklärt, und das auch in ihrer Satzung festgelegt, daß sie aus dem WGB austreten wird, wenn im Herbst ihr Assoziierungsstatus nicht bestätigt werden sollte. Natürlich weiß niemand, wie im Zweifelsfall dieser Status definiert und wirklich angewendet wird. Diese Haltung der CGIL hat bewirkt, daß außer dem DGB und der französischen FO sich inzwischen – abgesehen von der

---

6 Vgl. 17. BV-Sitzung, TOP 12 (Dok. 108).
7 Der Beschlussentwurf lautete: »Der DGB-Bundesvorstand ersucht die Mitglieder des EGB-Exekutiv-Ausschusses, die Behandlung des Aufnahmeantrages der CGIL in der Sitzung des EGB-Exekutiv-Ausschusses am 9. Juli zu vertagen. Der DGB-Bundesvorstand ist mit der Aufnahme der CGIL erst unter der Voraussetzung einverstanden, daß die Mitgliedschaft der CGIL im Weltgewerkschaftsbund durch Beschluß der zuständigen Organe des WGB in einen Assoziierungsstatus umgewandelt wird.« 83. GBV-Sitzung vom 1.7.1974, DGB-Archiv, DGB-BV, Abt. Vorsitzender 5/DGAI000220.
8 Zur Gewerkschaftssituation in Italien siehe auch: Rainer Zoll: Italiens Gewerkschaften zwischen Einheit und Vereinigung, in: Jacobi u. a.: Kritisches Jahrbuch 1974, S. 283–298.

noch nicht erkennbaren Stellungnahme der in Kopenhagen aufgenommenen christlichen Verbände – alle anderen Bünde für die Aufnahme der CGIL in den EGB ausgesprochen haben. Es sei zu vermuten, daß bei einer möglichen Abstimmung in der Exekutivausschußsitzung des EGB am 9. Juli die Entscheidung entsprechend ausfallen würde. Trotzdem solle zunächst der Beschluß des WGB über den Assoziierungsstatus der CGIL abgewartet werden.

An der nachfolgenden Diskussion beteiligen sich die Kollegen *Kluncker, G. Schmidt, Mirkes, Vetter, Hauenschild, Sperner, Wagner, Lappas* und Kollegin *Weber*. Die Kollegen sind sich einig, daß die DGB-Vertreter in der Exekutivausschußsitzung des EGB am 9. Juli für eine Vertagung des Aufnahmeantrags der CGIL eintreten sollen, bis der Assoziierungsstatus der CGIL durch endgültigen Beschluß des WGB geklärt ist. Man sollte jedoch in einem offiziellen Beschluß des Bundesvorstandes die Entscheidung des DGB nicht von dem der Gremien des WGB abhängig erscheinen lassen. Es wird in der Diskussion auch auf die Folgewirkungen hinsichtlich der bereits offiziell geäußerten Beitrittsabsichten der französischen CGT hingewiesen.

Der Bundesvorstand faßt folgenden Beschluß:

Der DGB-Bundesvorstand ersucht die Mitglieder des EGB-Exekutivausschusses, die Behandlung des Aufnahmeantrages der CGIL in der Sitzung des Exekutivausschusses am 9. Juli zu vertagen, da der Status der CGIL im WGB noch nicht geklärt ist.

Der Bundesvorstand ist damit einverstanden, daß der Standpunkt des DGB den Mitgliedern des EGB rechtzeitig vor der Sitzung des Exekutivausschusses am 9.7. in einem Schreiben erläutert wird.[9]

4. TARIFAUTONOMIE

Kollege *Heiß* verweist auf die dem Bundesvorstand rechtzeitig übermittelte ausführliche Vorlage und bittet um Zustimmung zu dem vorgelegten Beschlußvorschlag.[10]

Kollege *Muhr* bittet, in diesem Zusammenhang auch die Frage zu erörtern, welchen Vorrang die Tarifpolitik gegenüber der Gesetzgebung erhalten soll. Er nennt als Beispiele von der Bundesregierung im Rahmen der IAO zu ratifizierende internationale Übereinkommen, wie das Urlaubsgesetz, die Ausformulierung des inzwischen fertiggestellten Arbeitsgesetzbuches, oder solche Gesetzgebungsvorhaben wie die, das Konkursausfallgeld betreffend, die erst

---

9 Schreiben Volker Jungs vom 5.7.1974 an die Mitglieder und stellvertretenden Mitglieder des EGB-Exekutivausschusses, in dem der Bundesvorstandsbeschluss erläutert wurde. Vgl. DGB-Archiv, DGB-BV, Abt. Vorsitzender 5/DGAI0003922.
10 Der Vorlage Martin Heiß' vom 11.6.1974 waren fünf Anlagen beigefügt: 1. Notwendigkeit, Voraussetzung und Möglichkeiten einer koordinierten gewerkschaftlichen Tarif- und Besoldungspolitik, 2. bis 4. Empfehlungen des tarifpolitischen Ausschusses vom 23.4.1974 zur gewerkschaftlichen Tarifpolitik, zum gleichen Lohn für gleiche Arbeit und zu den Indexklauseln und den Laufzeiten, 5. Manuskript des WSI-Tarifarchivs: Tarifvertragliche Vereinbarungen über Bildungsurlaub. Gesamtübersicht, Stand: 31.12.1973, DGB-Archiv, DGB-BV, Abt. Vorsitzender 5/DGAI000485.

nach Jahren zustande kommen würden, wenn man den Abschluß entsprechender Tarifverträge abwarten wollte. Er ist sich über die Problematik dieser Dinge sehr wohl im klaren, hält aber eine Diskussion darüber in Zusammenhang mit der vorgelegten Beschlußvorlage für dringend erforderlich, zumal die Gewerkschaften in einigen Bereichen tarifpolitisch sowieso keine Einwirkungsmöglichkeiten haben.

Kollege *Heiß* berichtet, daß über diese Probleme im Tarifpolitischen Ausschuß, in Zusammenarbeit mit der Abteilung Arbeitsrecht, eingehend diskutiert worden sei. Man ist zu der Überzeugung gekommen, daß nicht zuletzt aus organisationspolitischen Gründen der Tarifpolitik Vorrang zukommt.

Kollege *Kluncker* äußert zunächst Bedenken gegen die zu allgemein gehaltene Formulierung der politischen Aussage in der Einleitung des Beschlußvorschlages.[11] Er verweist auf das ausdrückliche Bekenntnis des Bundeskanzlers zur Tarifautonomie in dessen Regierungserklärung, das nicht unerwähnt bleiben dürfe. Zum anderen ist er der Auffassung, daß durch den Beschlußvorschlag mit angeführten Anlagen die Tarifpolitischen Grundsätze von 1967 wieder in einer Weise in die Diskussion gebracht werden, die den politischen Gegebenheiten der Gegenwart nicht mehr entsprechen.[12] Er empfiehlt, auch auf ihre politischen Wirkungsmöglichkeiten hin, die Dinge noch einmal zu überprüfen, zumal für eine Beschlußfassung keine Eile geboten sei.

Kollege *Heiß* erläutert, daß der Auszug aus den Tarifpolitischen Grundsätzen von 1967 nur als Material dem Beschlußvorschlag beigefügt wurde. Daß diese, vor allem im Hinblick auf das neue Betriebsverfassungsgesetz, überarbeitungsbedürftig sind, sei klar.

An der nachfolgenden Diskussion beteiligen sich die Kollegen *Muhr, Vetter, Wagner, Kluncker, Stadelmaier, Sperner, Heiß, Breit, Hauenschild, Schwab* und Kollegin *Weber*. Man kommt zunächst überein, die Einleitung entsprechend der Anregung des Kollegen Kluncker zu ändern. Außerdem könnte der Punkt 1 der Beschlußvorlage gestrichen werden.[13] Im weiteren Verlauf der Erörterung kommt man zu der Auffassung, daß die dem Beschlußvorschlag angefügten Empfehlungen des Tarifpolitischen Ausschusses, niedergelegt in den Anlagen 3 und 4, akzeptiert werden können, daß aber über die in der

---

11 Die Einleitung des Beschlussvorschlages lautete: »Der DGB-Bundesvorstand hat sich mit der gegenwärtig zu verzeichnenden Gefährdung der Tarifautonomie befaßt. Diese Gefährdung geht zum einen von politischen Aktivitäten in Richtung auf verstärkte staatliche Gewerkschaftskontrollen aus. Zum anderen ist sie in Empfehlungen von Wissenschaftlern zu sehen, eine Stabilisierung der Preise mit Hilfe unterschiedlicher – insgesamt untauglicher – Instrumente der Lohnkontrolle zu erreichen. Ausländische und geschichtliche Erfahrungen beweisen, dass derartige Rezepte für das angestrebte Ziel wertlos sind, für die Arbeitnehmer jedoch erhebliche Gefahren mit sich bringen.«. Ebd.
12 Die Koordinierung der Tarifpolitik und die Erstellung gemeinsamer tarifpolitischer Grundsätze wurden auf der tarifpolitischen Klausurtagung im Dezember 1966 beschlossen. Vgl. Dok. 45, in: Kieseritzky: Quellen 13, S. 377–383.
13 »Der DGB-Bundesvorstand bekräftigt die tarifpolitischen Grundsätze aus dem Jahre 1967 (Anlage 1) und sieht keinen Anlaß von diesen abzuweichen. Ebenfalls nimmt er die Empfehlungen des Tarifpolitischen Ausschusses vom 23.4.1974 (Anlage 2–4) zur Kenntnis und unterstützt sie in vollem Maße«. Ebd.

Anlage 2 festgehaltene Empfehlung und die von Kollegen Muhr vorgetragene Problematik zu einem späteren Zeitpunkt eingehend diskutiert werden muß. Außerdem müssen die Tarifpolitischen Grundsätze neu überdacht werden.

Der Bundesvorstand kommt deshalb überein, den Tagesordnungspunkt »Tarifautonomie« möglichst in der Novembersitzung des Bundesvorstandes erneut zu behandeln.[14]

5. 1. Mai 1974

Kollege *Stephan* erläutert die Vorlage und teilt mit, daß von den rund 450 durchgeführten Maiveranstaltungen 380 erfaßt sind. Für das nächste Jahr ist zu überlegen, wie mit den vorhandenen finanziellen Mitteln auszukommen ist, oder ob ggf. eine stärkere Konzentration der Maiveranstaltungen unumgänglich sei.[15]

Nach kurzer Diskussion, an der sich die Kollegen *G. Schmidt, Michels, Stadelmaier, Vetter* und *Stephan* beteiligen, ist der Bundesvorstand mit der weiteren Verfahrensweise wie folgt einverstanden:

Die Landesbezirke werden Anfang Oktober über die zukünftige Gestaltung und Finanzierung der Maiveranstaltungen beraten und die Ergebnisse an die Abteilung Werbung geben. Mitte Oktober wird der Maiausschuß sich mit dieser Frage befassen. Anschließend erfolgt die Beratung im Bundesvorstand.

6. Stellvertretung im Exekutivausschuss des EGB

[Der BV benennt Maria Weber als Stellvertreterin für Vetter und Karl Schwab als Stellvertreter für Lappas.]

7. Auswahl- und Weiterförderungskriterien der Stiftung Mitbestimmung

Kollege *Vetter* erklärt, daß die Auswahl- und Weiterförderungskriterien der Stiftung Mitbestimmung vorgelegt worden sind, um eine Meinungsbildung herbeizuführen.[16] Er schlägt vor, diese Kriterien in den Vorständen der Ge-

---

14 In der 20. BV-Sitzung am 5.11.1974 wurde unter TOP 5 der Diskussionsstand im Tarifpolitischen Ausschuss mitgeteilt und zur Kenntnis genommen (Dok. 112).
15 Die Auswertung der Mai-Berichtsbögen der DGB-Landesbezirke und Kreise fußte auf deren organisationsinterner Berichterstattung zu den Besucherzahlen, den Störungen, den Referentenmaterialien und Plakaten, der Finanzierung und den Presseberichten. Der Vorlage vom 24.6.1974 waren 13 Anlagen beigefügt mit Beschlüssen und Berichten einzelner DGB-Landesbezirke und -Kreise. Zur Maiberichtserstattung 1974 siehe auch: DGB-Archiv, DGB-BV, Abt. Werbung-Medienpolitik 5/DGDM000230.
16 Die Kriterien wurden in einer gemeinsamen Sitzung zwischen dem GBV und dem Vorstand der Stiftung am 1.4.1974 vereinbart. Zu den beiden vorrangigen Auswahlkriterien, a) dem gewerkschaftlichen und gesellschaftspolitischen Engagement und b) der persönlichen und fachlichen Qualifikation für das gewählte Studium, kamen als weitere Kriterien hinzu: der bisherige Berufs- und Bildungsweg, Berufsziel und Berufsperspektiven, bisherige Studienleistungen und Semesterzahl sowie die soziale und wirtschaftliche Lage. Vgl. Schreiben Erhard Lenks (Geschäftsführer, Stiftung Mitbestimmung) vom 11.6.1974 an die Bundesvorstandsmitglieder, DGB-Archiv, DGB-BV, Abt. Vorsitzender 5/DGAI000485.

werkschaften zu beraten und dem Vorstand der Stiftung eventuelle Vorschläge zu unterbreiten, damit anschließend im Kuratorium der Stiftung Beschluß gefaßt werden kann.

Der Bundesvorstand ist mit der Verfahrensweise einverstanden.

8. KINDERGELD FÜR AUSLÄNDISCHE ARBEITNEHMER

Kollege *Schwab* berichtet, daß diese Frage kurzfristig akut geworden ist. Der Geschäftsführende Bundesvorstand hat sich damit befaßt und ist zu der Auffassung gekommen, daß der Bundesvorstand nach wie vor den Grundsatz vertreten sollte, daß die ausländischen Arbeitnehmer arbeits- und sozialrechtlich den vergleichbaren deutschen Arbeitnehmern gleichzustellen sind. Wegen der Absichten der Bundesregierung, im Zusammenhang mit der Kindergeldneuregelung ausländische Arbeitnehmer, deren Kinder sich im Heimatland befinden, zu benachteiligen[17], hat der GBV die Kollegen Muhr und Schwab beauftragt, sowohl mit den Koalitionsfraktionen als auch mit dem Bundesarbeitsministerium Gespräche aufzunehmen mit dem Ziel, die arbeits- und sozialrechtliche Gleichstellung der ausländischen Arbeitnehmer zu erhalten. Im Namen des GBV bittet Kollege Schwab den Bundesvorstand, diesen Grundsatz zu bekräftigen.

Nach kurzer Diskussion, an der sich die Kollegen *Hauenschild, Vetter, Schwab* und *Sperner* beteiligen, bestätigt der Bundesvorstand den Grundsatz, daß die ausländischen Arbeitnehmer arbeits- und sozialrechtlich den vergleichbaren deutschen Arbeitnehmern gleichzustellen sind, und verabschiedet eine entsprechende Presseerklärung (s. Anlage).

9. JAHRESRECHNUNG FÜR DIE ZEIT VOM 1.1. BIS 31.12.1973

[Die von *Lappas* vorgelegte Jahresrechnung für die Zeit vom 1.1. bis 31.12.1973 in der 6,6 Mio. DM dem Treuhandvermögen zugewiesen werden sollen, wird vom Bundesvorstand, vorbehaltlich der Prüfung der Einzelheiten durch die Haushaltskommission, in der vorgelegten Fassung zugestimmt.]

---

17 In dem Gesetzentwurf der SPD- und FDP-Bundestagsfraktionen zur Vereinheitlichung des Familienlastenausgleichs (Bundestagsdrucksache 7/2032 vom 24.4.1974) sollten zum 1.1.1975 für die in den »[...] jeweiligen Vertragsstaaten lebenden Kinder, Kindergeldsätze [bezahlt werden], die den dortigen Unterhalts- und Erziehungskosten unter Berücksichtigung der dort gewährten vergleichbaren Leistungen Rechnung [...] tragen.« Ebd., S. 9. Dieses sollte gelten für die ausländischen Arbeitnehmer aus den Anwerbeländern Griechenland, Jugoslawien, Portugal, Spanien und Türkei, während die Arbeitnehmer aus den Mitgliedstaaten der Europäischen Gemeinschaft die deutsche Staatsangehörige Kindergeld nach dem neuen Gesetz erhalten sollten. Die Bundesregierung hatte mit den Regierungen der Vertragsstaaten im Rahmen der Abkommen über die soziale Sicherheit niedrigere Kindergeldsätze als bisher vereinbart. Im Rahmen der Steuerreform zum 1.1.1975 wurde das Gesetz am 20.12.1974 verkündet. Vgl. BGBl. I, 1974, Nr. 143, S. 3716. Zum Kindergeldgesetz für ausländische Arbeitnehmer siehe auch: DGB-Archiv, DGB-BV, Abt. Ausländische Arbeitnehmer 5/DGAZ001227.

10. KAPITALERHÖHUNG BfG

Im Hinblick auf die zum 31.8.1974 notwendige Kapitalerhöhung bei der BfG[18] bittet Kollege *Lappas* im Namen des Geschäftsführenden Bundesvorstandes um die Zustimmung des Bundesvorstandes zur Beteiligung des DGB an dieser Kapitalerhöhung von 50 Mio. DM mit 15,42 %.

Kollege *Vater* befürwortet im Prinzip die Beteiligung des DGB an der Kapitalerhöhung der BfG, er bittet aber die Beschlußfassung mit der Einschränkung »vorbehaltlich der Prüfung der Haushaltskommission«.

Der Bundesvorstand beschließt:

Der Bundesvorstand stimmt der anteilmäßigen Beteiligung des DGB an der Kapitalerhöhung der BfG vorbehaltlich der Prüfung der Haushaltskommission zu.

11. VERSCHIEDENES

a) »Welt der Arbeit«

Kollege *Stadelmaier* spricht Anzeigen gewerkschaftsfeindlicher Unternehmen in der »Welt der Arbeit« sowie das neue Gesicht der WdA an.[19]

Kollege *Lappas* erklärt, daß sich der Beirat des Bund-Verlages fast in jeder Sitzung mit diesem Problem befaßt.

b) »Aktionskomitees gegen Berufsverbote«

Kollege *Michels* teilt mit, daß der DGB-Landesbezirksvorstand NRW am 24.6.1974 beschlossen hat, daß weder die DGB-Kreise noch die Gewerkschaften des DGB in NRW sich an sogenannten »Aktionskomitees gegen Berufsverbote« beteiligen.[20] Die bisherigen Stellungnahmen des Bundesvorstandes zu Extremisten im öffentlichen Dienst sind eindeutig und schließen

---

18 Der DGB sollte über die VTG entsprechend des bisherigen Anteils am Grundkapital der BfG auch bei der Kapitalerhöhung anteilmäßig zeichnen. GBV-Beschluss in der 83. Sitzung am 1.7.1974, DGB-Archiv, DGB-BV, Abt. Vorsitzender 5/DGAI000220. Detailliert zur Kapitalerhöhung siehe BfG-Jahresbericht 1974, Frankfurt/M. 1975, S. 18.

19 Mit Nr. 7 vom 15.2.1974 änderten sich die Aufmachung der Titelseite und die Konzeption der »WdA«. Im ersten Teil der Zeitung wurde die Politik im engeren Sinne behandelt, der zweite Teil hatte als Leitmotiv »Mensch und Gesellschaft« und anschließend folgten »Kultur«, »Medien« und »Unterhaltung«. Vgl. Ausführungen der Redaktion zur neuen Konzeption der Zeitung in WdA, 1974, Nr. 7, S. 2. In den Beiratssitzungen des Bund-Verlags am 25.4. und 2.7.1974 wurde ein 9-Punkte-Kriterienkatalog zur Ablehnung von Inserats- und Beilagen-Aufträgen beschlossen. Insbesondere sollten gewerkschaftsfeindliche, nationalsozialistische, kriegshetzerische, erotische und marktschreierische Anzeigen sowie Heiratsanzeigen und Inserate für Sexartikel, Darlehensvermittlungsfirmen und Zeitarbeitsvermittlungs-Institute zurückgewiesen werden. Vgl. DGB-Archiv, DGB-BV, Sekretariat Günter Stephan 5/DGCU000200.

20 Aufgrund des Erlasses der Ministerpräsidenten vom Januar 1972 (auch »Extremistenbeschluss« oder »Radikalenerlass« genannt) bildeten sich Initiativgruppen und Aktionskomitees gegen »Berufsverbote«, mit unterschiedlicher politischer und weltanschaulicher Auffassung, die mit öffentlichen Aktionen und Protestschreiben an den Bundeskanzler und die Ministerpräsidenten der Bundesländer gegen diesen Erlass protestierten. Zum »Radikalenerlass« siehe auch: 30. BV-Sitzung vom 2.5.1972, TOP 2 (Dok. 60).

eine Zusammenarbeit mit Organisationen, deren Demokratieverständnis zweifelhaft ist, aus. Der Bundesvorstand möge in seiner nächsten Sitzung hierzu in ähnlicher Weise Stellung nehmen und die Landesbezirke sowie die Gewerkschaften entsprechend informieren.

Der Bundesvorstand nimmt die Mitteilung zur Kenntnis.

c) Beamtenheimstättenwerk

Kollege *Vietheer* berichtet über die besseren Verhältnisse im Beamtenheimstättenwerk nach den Eintritten von Peter Müller und Waldemar Reuter in die Geschäftsführung des BHW.

d) KB-West

Der Bundesvorstand beschließt, den Katalog zum »Unvereinbarkeitsbeschluß« vom 3.10.1973 um den »Kommunistischen Bund Westdeutschland« zu erweitern.[21]

Ende der Sitzung: 13.50 Uhr

DOKUMENT 110

3. September 1974: Protokoll der 19. Sitzung des Bundesvorstandes

Artium Hotel in Braunschweig; Vorsitz: Heinz O. Vetter; Protokollführung: Isolde Funke, Marianne Jeratsch; Sitzungsdauer: 10.05–16.45 Uhr; ms. vermerkt: »Vertraulich«.[1]

Ms., hekt., 10 S., 1 Anlage.[2]

DGB-Archiv, 5/DGAI000537.

Beginn der Sitzung: 10.05 Uhr

[*Vetter* eröffnet die Sitzung.]

---

21 Der Kommunistische Bund Westdeutschland war ein Zusammenschluss mehrerer K-Gruppen und wurde am 12.6.1973 in Bremen gegründet. Sein »Zentralorgan« war die »Kommunistische Volkszeitung«. Nachdem die politische Arbeit der Gruppe 1982 weitgehend eingestellt worden war, löste sie sich 1985 endgültig auf. Zur Politik der K-Gruppen dargestellt an ihren »Zentralorganen«, siehe Kühn: Stalins Enkel. Zum Unvereinbarkeitsbeschluss, vgl. auch Klausurtagung des Bundesvorstandes vom 1.–3.10.1973, TOP 3 (Dok. 88).

1 Einladungsschreiben vom 7. und 19.8.1974. Nicht anwesend: Gerd Muhr, Adolf Schmidt, Leonhard Mahlein (vertreten durch Herbert Schwiedel), Philipp Seibert, Gerhard Vater (vertreten durch Kurt Georgi), Walter Sickert (vertreten durch Anneliese Girnatis-Holtz) und Armin Clauss (vertreten durch Jochen Richert). DGB-Archiv, DGB-BV, Abt. Vorsitzender 5/DGAI000485.

2 Anlage: Anwesenheitsliste.

Dokument 110 3. September 1974

Tagesordnung:
1. Genehmigung des Protokolls der 18. Bundesvorstandssitzung
2. Das Umweltforum
3. Tagesordnung für die 9. Bundesausschusssitzung am 2.10.1974
4. Mitbestimmung; Vorbereitung des Anhörungsverfahrens des Bundestagsausschusses für Arbeit; Gespräche mit Bundestagsfraktionen
5. Neuordnung der Unterstützungskasse
6. Revisionsbericht
7. Bestätigung von Landesbezirksvorstandsmitgliedern
8. Ausländische Arbeitnehmer,
   hier: Empfehlungen über Maßnahmen der beruflichen Aus- und Fortbildung für ausländische Arbeitnehmer
9. Ordentlicher Bundeskongress
10. Familien- und Wohnungsrechtsschutz für ACE-Mitglieder
11. Stammkapitalerhöhung bei der Neuen Heimat Städtebau
12. Verschiedenes

1. GENEHMIGUNG DES PROTOKOLLS DER 18. BUNDESVORSTANDSSITZUNG

Der Bundesvorstand genehmigt das Protokoll der 18. Bundesvorstandssitzung.

2. DAS UMWELTFORUM[3]

Kollege *Vetter* erläutert die Vorlage und bittet um entsprechende Beschlußfassung.[4]

Beschluß:

Der Bundesvorstand sieht in folgenden Grundsätzen zur Zusammensetzung und Durchführung des Umweltforums einen tragbaren Kompromiß und stimmt der Mitwirkung von Delegierten des DGB zu:

1. Die zweite Veranstaltung des Umweltforums findet in unveränderter Zusammensetzung statt; anschließend soll zu einer Effektivierung eine Halbierung der Delegiertenzahl angestrebt werden.

2. In jeder Veranstaltung des Umweltforums wird ein gesellschaftspolitisch umstrittenes Schwerpunktthema behandelt. Die mündlichen Erörterungen des Umweltforums werden durch schriftliche Thesen der beteiligten Gruppen sowie ein einführendes, den sich aus den Thesen ergebenden Sach- und Meinungsstand wiedergebendes Referat vorbereitet.

---

3 Siehe Diskussion zum Umweltforum auf der 15. BV-Sitzung vom 2.4.1974, Top 11 und Fußnote 16 (Dok. 104).
4 Nach der ersten Veranstaltung war es aufgrund der Kritik zwischenzeitlich zu Verhandlungen über die Änderung in der Zusammensetzung und der Durchführung des Umweltforums gekommen. Die DGB-Forderungen nach Arbeitsschwerpunkten sowie die Behandlung eines gesellschaftspolitisch umstrittenen Schwerpunktthemas pro Veranstaltung fanden die Zustimmung, aber nicht die prinzipiell paritätische Besetzung des Umweltforums. In der Vorlage wurden der Sachstand und die Problematik des ausgehandelten Kompromiss skizziert. Vgl. Beschlussvorlage Vetters zum Umweltforum, DGB-Archiv, DGB-BV, Abt. Vorsitzender 5/DGAI000485.

3. Im Anschluß an das Umweltforum veröffentlicht der Sitzungsvorstand eine an die Adresse von Bundesregierung, Bundestagsfraktionen und Öffentlichkeit gerichtete Zusammenfassung des Diskussionsstandes. Aus dieser Zusammenfassung sollen Gemeinsamkeiten und Verschiedenheiten in den Auffassungen der am Umweltforum beteiligten Gruppen zum jeweiligen Sachthema deutlich werden.

3. TAGESORDNUNG FÜR DIE 9. BUNDESAUSSCHUSSSITZUNG AM 2.10.1974

[Der Bundesvorstand beschließt die folgende Tagesordnung: 1. Genehmigung des Protokolls der 8. Bundesausschusssitzung, 2. Bericht zur gewerkschaftspolitischen und organisatorischen Situation, 3. Bericht der Revisoren, 4. 10. Ordentlicher Bundeskongress, 5. Bestätigung von Landesbezirksvorstandsmitgliedern, 6. Leistungen aus dem Solidaritätsfonds, 7. Fragestunde und 8. Verschiedenes.]

Kollege *Vetter* informiert den Bundesvorstand über die Programmgestaltung und Vorbereitung zur 25-Jahrfeier des DGB am 2. Oktober 1974 in der Neuen Messe Düsseldorf.[5]

Auf die Frage des Kollegen *Hauenschild*, ob eine Erklärung des Bundesausschusses zur Erklärung der Bundesvereinigung der Deutschen Arbeitgeberverbände zu gesellschaftspolitischen Fragen vorbereitet wird, erwidert Kollege *Vetter*, daß der DGB bereits eine Erklärung herausgegeben hat.[6] Es wird jetzt eine Analyse des 1968 und des jetzt veröffentlichten Papiers der BDA erstellt. Dem Bundesausschuß könnte kurzfristig eine Kurzfassung der Analyse zugestellt werden.

---

5 Der Programmablauf sah vor, dass zur Eröffnung Karl Buschmann (einziger Gewerkschaftsvorsitzender, der Delegierter auf dem DGB-Gründungkongress 1949 war) sprechen sollte, anschließend sollte ein Film gezeigt werden über die Gründungszeit des DGB und den Münchner Kongress. Außerdem waren Ansprachen von Bundeskanzler Helmut Schmidt und Vetter vorgesehen. Siehe Beschluss der 87. GBV-Sitzung vom 26.8.1974, DGB-Archiv, DGB-BV, Abt. Vorsitzender 5/DGAI000220.

6 Auf der Pressekonferenz der BDA am 19.8.1974 erläuterte Hanns Martin Schleyer das Positionspapier der BDA zu gesellschaftspolitischen Grundsatzfragen. Im ersten Teil des Papiers, den ordnungstheoretischen Grundlagen, wurde insbesondere der mangelnde Widerstand gegenüber dem Machtanspruch der Gewerkschaften, vor allem gegenüber Forderung nach paritätischer Mitbestimmung, zum Ausdruck gebracht. Im zweiten Teil, den sozial- und gesellschaftspolitischen Schwerpunktaufgaben, wurde die Unterordnung der gewerkschaftlichen Lohnpolitik unter die Preis- und Verteilungsvorstellungen der Unternehmer sowie die Einführung des Kostenerstattungsprinzips und eine finanzielle Beteiligung der Versicherten im Krankheitsfall gefordert und weitere Leistungsverbesserungen in der Rentenversicherung abgelehnt. Vgl. Kurz-Nachrichten-Dienst der BDA, 20.8.1974, Nr. 50 sowie Der Arbeitgeber 26, 6.9.1974, S. 625–630. Der DGB sah dieses Arbeitgeber-Programm als »arrogant, falsch und rückschrittlich« an, siehe DGB – zum gesellschaftspolitischen Programm der Arbeitgeber, in: ND, 21.8.1974, Nr. 215.

Dokument 110 3. September 1974

4. MITBESTIMMUNG; VORBEREITUNG DES ANHÖRUNGSVERFAHRENS DES BUNDESTAGSAUSSCHUSSES FÜR ARBEIT; GESPRÄCHE MIT BUNDESTAGS-FRAKTIONEN

Kollege *Vetter* berichtet, daß bisher ein Gespräch mit der Bundestagsfraktion der SPD über die Chancen der Verbesserung des Regierungsentwurfs im Rahmen der parlamentarischen Beratungen stattgefunden hat. In diesem Gespräch wurde festgelegt, einen Arbeitsausschuß aus Vertretern der Fraktion und des DGB für die weiteren Beratungen einzusetzen. Dieser Ausschuß hat bisher zweimal getagt; einmal unter dem Vorsitz des jetzigen Staatssekretärs Buschfort, dann unter Vorsitz des Kollegen Rappe.[7] Ein Gespräch mit Vertretern der FDP-Fraktion ist nicht in Aussicht, eher schon mit dem Parteipräsidium der CDU. Nach den scharfen Angriffen der CDA gegen den DGB hat entgegen anderslautenden Meldungen weder ein »Friedensschluß« noch ein Gespräch stattgefunden, weil Hans Katzer unseren Terminvorschlag nicht annehmen konnte.[8] Es ist nun ein Gespräch für Mitte Oktober vorgesehen. In den beiden Gesprächen mit dem Arbeitsausschuß SPD/DGB wurde deutlich, daß die SPD praktisch keine Möglichkeit gegenüber der FDP sieht, den Mitbestimmungsentwurf in der Frage des Verfahrens der Vorstandsbestellung (Stichentscheid) und hinsichtlich der leitenden Angestellten zu verändern.[9] Lediglich bei der Bestellung eines Arbeitsdirektors scheinen sich Änderungschancen zu ergeben, als Gegenleistung zum Stichentscheid der Hauptversammlung. Die Frage des Arbeitsdirektors müßte, so habe man erklärt, noch einmal im Bundesvorstand des DGB beraten werden. Dabei ist zu bedenken, daß der Arbeitsdirektor in der Montanmitbestimmung durch

---

7 Hermann Rappe wurde 1972 in den Bundestag gewählt und war federführend in der Kommission der SPD-Bundestagsfraktion, die den Auftrag hatte, mit dem Koalitionspartner FDP einen Kompromiss in Sachen Mitbestimmung zu verhandeln. Zur Arbeit dieser Kommission siehe Interview mit Hermann Rappe, in: Mitbestimmung 52, 2006, S. 22–25. Die Gespräche des Arbeitsausschusses fanden am 24.4. und 4.7.1974 statt. Vonseiten des DGB nahmen daran teil: Heinz O. Vetter, Gerd Muhr, Bernd Otto, Walter Böhm, Lorenz Schwegler und Detlef Hensche. Schwerpunktthemen der Gespräche waren: a) Verfahren der Vorstandsbestellung und Arbeitsdirektor, b) Leitende Angestellte und c) Geltungsbereich des Mitbestimmungsgesetzes, insbesondere Anwendung auf Tendenzunternehmen und Versicherungsvereine auf Gegenseitigkeit. Die Mitglieder der Arbeitsgruppe sahen Änderungsmöglichkeiten bei den Punkte a) und c), während Änderungen bei den Leitenden Angestellten nicht gegenüber der FDP durchzusetzen seien. Vgl. Bericht von Detlef Hensche an Heinz O. Vetter vom 26.8.1974, DGB-Archiv, DGB-BV, Abt. Gesellschaftspolitik 5/DGAK000059. Ein weiteres Gespräch dieser Arbeitsgruppe fand am 25.9.1974 statt, mit den Schwerpunktthemen: Leitende Angestellte und Vorbereitung zum »Mitbestimmungs-Hearing«. Ebd.
8 Ursprünglich war das Gespräch zwischen den Vorständen der CDA und des DGB am 17.9.1974 geplant. Aus terminlichen Gründen wurde es auf den 18.10.1974 im Adam-Stegerwald-Haus verlegt. Vgl. 87. GBV-Sitzung vom 26.8.1974, DGB-Archiv, DGB-BV, Abt. Vorsitzender 5/DGAI000220. Über dieses Gespräch ist kein Bericht und/oder Protokoll überliefert. Zum Anlass dieses Gesprächs siehe Dok. 109, Fußnote 3.
9 In einem weiteren Gespräch dieser Arbeitsgruppe am 25.9.1974 wurden mögliche Kompromiss- und Übergangslösungen zur Sonderstellung der leitenden Angestellten erarbeitet, falls in den parlamentarischen Beratungen eine Revision der Sonderstellung der leitenden Angestellten von der FPD abgelehnt werde. Vgl. DGB-Archiv, DGB-BV, Abt. Gesellschaftspolitik 5/DGAK000059.

die Arbeitnehmerbank vorgeschlagen wird, die ein Übergewicht von außerbetrieblichen Arbeitnehmervertretern aufweist.[10] Damit wird eine gewisse Unabhängigkeit vom Betrieb gewährleistet. Nach dem neuen Mitbestimmungsentwurf werden die betrieblichen Arbeitnehmervertreter in jedem Fall die Mehrheit haben. Es könnte sich dann bei der Bestellung eines Arbeitsdirektors ein nicht ungefährlicher Betriebssyndikalismus[11] ergeben. Auch das Problem der leitenden Angestellten scheine sich nicht lösen zu lassen. Die SPD strebt zwar ein Gruppenwahlverfahren und evtl. eine Begriffsdefinition »AT-Angestellter« an, aber jede Änderung der Regelung über leitende Angestellte dürfte auf den Widerstand der FDP stoßen. Kollege Vetter erinnert in diesem Zusammenhang an das entsprechende Urteil des BAG und die Diskussion im Bundesvorstand.[12] Wichtig wird es sein, daß die DGB-Vertreter vor dem für den 16. Oktober (Fortsetzung evtl. 18. Oktober) vorgesehenen Hearing ihre Haltung festlegen. Die Delegation des DGB wird aus ca. 10 Vertretern bestehen, wobei die besonders betroffenen Gewerkschaften je 2, der DGB 3 und weitere noch festzulegende Gewerkschaften je einen Sachverständigen entsenden sollen.[13] Hinzu kommt eine Gruppe von ca. 20 bis 30 Personen, die so ausgesucht werden, daß sie gegebenenfalls mit den o. a. Sachverständigen ausgetauscht werden können.

Kollege *Georgi* stimmt der Ansicht zu, daß man das Thema Arbeitsdirektor im Augenblick nicht aufgreifen sollte. Da offenbar im Mitbestimmungsentwurf keine Änderungen zum Thema leitende Angestellte möglich sind, regt Kollege Georgi an, eine Gesetzesdefinition zum Begriff leitende Angestellte zu fordern.

In der nachfolgenden Diskussion, an der sich die Kollegen *Hauenschild, Vetter* und *Kluncker* beteiligen, werden kurz Verfahrensfragen zum Hearing und zur Benennung der Sachverständigen erörtert.

Kollege *Vetter* erwähnt abschließend, daß nach dem Hearing der DGB und seine Gewerkschaften vor der Frage stehen werden, wie sie sich zu der dann erkennbaren Endfassung des Mitbestimmungsgesetzes stellen werden. Im Bundesvorstand müßte dann über eine gemeinsame Haltung diskutiert wer-

---

10 So werden beispielsweise bei einem 11-köpfigen Aufsichtsrat von den insgesamt fünf Arbeitnehmervertretern drei von den Spitzenorganisationen der Gewerkschaften vorgeschlagen, die nicht Betriebsangehörige sind. Vgl. § 6 Abs. 3 und 4 Montan-Mitbestimmungsgesetz.
11 Nach § 7 »Zusammensetzung des Aufsichtsrates« sollten auf der Arbeitnehmerbank die betrieblichen gegenüber den außerbetrieblichen Arbeitnehmervertretern in der Überzahl sein. Vgl. Bundestagsdrucksache 7/2172, S. 6. Nach Ansicht des DGB könnten dadurch betriebliche Perspektiven und »betriebsegoistische« Tendenzen überwiegen. Vgl. hierzu auch: Gerhard Leminisky: Der Mitbestimmungsvorschlag der Koalition, in: GMH 25, 1974, Nr. 3, S. 138f.
12 Siehe hierzu 14. BV-Sitzung vom 5.3.1974, TOP 7 (Dok. 102).
13 Laut stenografischem Protokoll der 51. (16.10.1974) und 52. (4.11.1974) Sitzung des Bundestagsausschusses für Arbeit und Sozialordnung zur Anhörung der Sachverständigen zum Mitbestimmungsentwurf (Bundestagsdrucksache 7/2172) nahmen vonseiten des DGB teil: Heinz O. Vetter, Detlef Hensche, Ernst Wolf Mommsen (Vorstandsvorsitzender der Fr. Krupp GmbH), Rudolf Judith, Wolfgang Spieker (beide IGM), Werner Vitt, Ewald Bergk (beide CPK), Walter Beer (IGBE), Karl Heinz Hofmann (ÖTV) und Dieter Noth (HBV). Beide Protokolle in: DGB-Archiv, DGB-BV, Sekretariat Karl Schwab 5/DGCR000022.

den, wobei die grundsätzliche Haltung des DGB zu ordentlich im Bundestag verabschiedeten Gesetzen außer Frage steht.

5. Neuordnung der Unterstützungskasse

Kollege *Lappas* erläutert eingehend die den Bundesvorstandsmitgliedern ausgehändigten Unterlagen zur Neuordnung der Unterstützungskasse.[14] Er weist nachdrücklich darauf hin, daß die Unterstützungskasse in jedem Fall ab 1. Januar 1975 körperschaftssteuerpflichtig würde, wenn sie nicht den Stand der Leistungen reduziert. Die ATH habe nun eine Lösung gefunden, der sich alle Gewerkschaften anschließen könnten. In diesem Zusammenhang weist Kollege Lappas auf die vorgelegte Vereinbarung über die Zahlung von 0-, Invaliden- und Hinterbliebenen-Versorgung hin. Er erläutert dann die Mitteilungen der Gewerkschaften zur vorgesehenen Neuordnung und teilt mit, daß die Mehrheit sich gegen die Einführung der Mitbestimmung in der Unterstützungskasse ausgesprochen hat. Abschließend bittet Kollege Lappas den Bundesvorstand, den Vorschlägen der Mitgliederversammlung der Unterstützungskasse zur Vereinbarung über die Zahlung von Alters-, Invaliden- und Hinterbliebenen-Versorgung und zur Neufassung der Unterstützungsrichtlinien zuzustimmen.

In der anschließenden Diskussion, an der sich die Kollegen Loderer, Vietheer, Lappas, Kluncker, Kerneck, Vetter, Georgi, Mähle, G. Schmidt, Hauenschild, Breit, Buschmann, Pfeiffer, Sierks, Mirkes sowie die Kolleginnen Weber und Girnatis-Holtz beteiligen, wird eingehend die Neuordnung der Unterstützungskasse sowie die Einführung der Mitbestimmung in der Unterstützungskasse erörtert, wobei nochmals nachdrücklich auf die Körperschaftssteuerpflichtigkeit ab 1.1.1975 hingewiesen wird. Es soll überprüft werden, ob im zweiten Absatz der vorgesehenen Vereinbarung ein Satz eingefügt werden kann, daß einzelne oder Kollektiv-arbeitsvertragliche Regelungen unberührt bleiben.[15] Kollege Kluncker sagt zu, daß er am 6.9. nach Düsseldorf kommen wird, um noch vorhandene Unklarheiten zu beseitigen.

Beschluß:

Der Bundesvorstand empfiehlt der Mitgliederversammlung der Unterstützungskasse, die Neufassung der Unterstützungsrichtlinien sowie die Vereinbarung über die Zahlung von Alters-, Invaliden-und Hinterbliebenen-Versorgung zu beschließen. Der Bundesvorstand spricht sich mit Mehrheit gegen die Einführung der Mitbestimmung in der Unterstützungskasse aus.

---

14 Den Beratungsunterlagen waren neben dem Protokoll der 23. Mitgliederversammlung der Unterstützungskasse des DGB e.V. vom 15.7.1974 eine Vereinbarung über die Zahlung von Alters-, Invaliden- und Hinterbliebenen-Versorgung und die neuen Unterstützungsrichtlinien nach der ersten Lesung der Mitgliederversammlung am 15.7.1974 beigefügt. Vgl. DGB-Archiv, DGB-BV, Abt. Vorsitzender 5/DGAI000485.
15 Gemeint war § 1 Abs. 2 der vorgesehenen neuen Unterstützungsrichtlinien: »Die nach den nachfolgenden Paragraphen zu erbringenden Leistungen können insbesondere gekürzt und geändert werden, wenn und soweit dies zur Erhaltung der Körperschaftssteuerfreiheit der Unterstützungskasse erforderlich ist.«.

6. REVISIONSBERICHT

[Der BV nimmt den Bericht der Revisionskommission des DGB über Prüfung der Bundeshauptkasse am 10.7.1974 zustimmend zur Kenntnis und empfiehlt Weiterleitung an den Bundesausschuss.]

7. BESTÄTIGUNG VON LANDESBEZIRKSVORSTANDSMITGLIEDERN[16]

a) Landesbezirk Bayern

[Der Bundesvorstand empfiehlt dem Bundesausschuss, Hans Mittler (Bezirksvorsitzender, München DPG) als Mitglied des LBV zu bestätigen.]

b) Landesbezirk Berlin

[Der Bundesvorstand empfiehlt dem Bundesausschuss, Eleonore Kujawa (Vors. GEW-LV Berlin), Heinz Blumensath (ständiger Vertreter, GEW-LV Berlin), Waldemar Hirsch (Vors., DPG-LV Berlin), Lothar Lange (ständiger Vertreter, DPG-LV Berlin), Martin Michaelis (Vors. GGLF-LV Berlin) und Gerhard Dachrodt (ständiger Vertreter, GGLF-LV Berlin) als Mitglieder des LBV zu bestätigen.]

c) Landesbezirk Nordrhein-Westfalen

[Der Bundesvorstand empfiehlt dem Bundesausschuss, Horst Krämer (CPK, Bez. NRW), als Stellvertreter für Dieter Utzerath (Landesjugendausschuss) im LBV zu bestätigen.]

d) Landesbezirk Rheinland-Pfalz

[Der Bundesvorstand empfiehlt dem Bundesausschuss, Karin Roth (Vors. Landesfrauenausschuss, DPG), Henny Roos (Landesfrauenausschuss, ÖTV), Klaus Hecht (ÖTV, DGB-Landesbezirksjugendausschuss) als Mitglieder des LBV zu bestätigen.]

Kollege *Vetter* weist in diesem Zusammenhang auf die begründete Sorge hin, daß die DKP versucht, ihre Mitglieder in Landesbezirksvorstände des DGB wählen zu lassen. Zu gegebener Zeit werden Bundesvorstand und Bundesausschuß ihre Haltung hierzu diskutieren müssen.[17]

---

16 Der Bundesausschuss bestätigte diese Vorschläge in seiner 9. Sitzung am 2.10.1974. Vgl. DGB-Archiv, DGB-BV, Abt. Vorsitzender 5/DGAI000415.
17 Am 2.9.1974 fand eine Besprechung des GBV mit den Landesbezirksvorsitzenden statt. Erörtert wurden die DKP-Mitgliedschaft von hauptamtlichen Mitarbeitern in den DGB-Organisationen sowie der Einfluss kommunistischer Gruppierungen in den Gewerkschaftsorganisationen, insbesondere im Jugendsektor. Es wurde beschlossen, dass die Bestätigung von Kommunisten für DGB-Gremien nur nach eingehender vorheriger Überprüfung sowie unter deutlichem Hinweis auf die Tatsache der Mitgliedschaft in einer kommunistischen Gruppierung erfolgen solle. Vgl. Sitzungsprotokoll, in: DGB-Archiv, DGB-BV, Abt. Vorsitzender 5/DGAI000220.

Dokument 110 3. September 1974

8. AUSLÄNDISCHE ARBEITNEHMER
HIER: EMPFEHLUNGEN ÜBER MASSNAHMEN DER BERUFLICHEN AUS- UND FORTBILDUNG FÜR AUSLÄNDISCHE ARBEITNEHMER

[Auf Empfehlung des Geschäftsführenden Bundesvorstandes nimmt der Bundesvorstand die »Empfehlungen über Maßnahmen der beruflichen Aus- und Fortbildung für ausländische Arbeitnehmer« zustimmend zur Kenntnis.[18]]

9. 10. ORDENTLICHER BUNDESKONGRESS

[Nach kurzer Diskussion werden dem Bundesausschuss die Meldetermine für Anträge und Delegierte sowie die Tagesordnung vorgeschlagen.]

10. FAMILIEN- UND WOHNUNGSRECHTSSCHUTZ FÜR ACE-MITGLIEDER

Kollege *Schwab* verweist auf die Vorlage und bittet den Bundesvorstand, zustimmend zur Kenntnis zu nehmen, daß der ACE seinen Mitgliedern Familien- und Wohnungsrechtsschutz ohne Verkehrsrechtsschutz für eine jährliche Zusatzprämie von DM 60,-- vermitteln wird.

[In der nachfolgenden Diskussion werden Bedenken gegen eine ausschließlich ACE-Mitgliedern zugängliche neue Versicherung erhoben. Ergänzend erläutert *Baumann* (ACE), die mit der Volksfürsorge Rechtsschutz AG abgesprochene Vorteilsregelung für ACE-Mitglieder, die bei großzügiger Handhabung auch anderen Gewerkschaftsmitgliedern zugutekommen kann. Nach einer weiteren kurzen Diskussion stellt *Vetter* abschließend fest, daß die Angelegenheit zunächst in den Vorständen der Gewerkschaften behandelt und dann in einer der nächsten Sitzungen des Bundesvorstandes endgültig beraten werden soll.]

11. STAMMKAPITALERHÖHUNG BEI DER NEUEN HEIMAT STÄDTEBAU

Kollege *Lappas* verweist auf die Vorlage und bittet um Zustimmung zur Beteiligung des DGB an der Kapitalerhöhung bei der NHS.[19] Die im letzten Satz der Vorlage erwähnte Zuweisung aus evtl. Haushaltsüberschüssen 1974 wird,

---

18 Die ausgearbeiteten Empfehlungen wurden gemeinsam vom Arbeitskreis Ausländische Arbeitnehmer in Zusammenarbeit mit dem Ausschuss für Berufliche Bildung am 30.10.1973 erarbeitet. Nach den Stellungnahmen der Gewerkschaften zu dem Empfehlungsentwurf wurde das Papier in der abschließenden Ausschusssitzung am 25./26.4.1974 verabschiedet. Vgl. DGB-Archiv, DGB-BV, Abt. Ausländische Arbeitnehmer 5/DGAZ000027 und 5/DGAZ000191. Auf der 84. GBV-Sitzung vom 15.7.1974 wurden die Empfehlungen zustimmend zur Kenntnis genommen. Vgl. DGB-Archiv, DGB-BV, Abt. Vorsitzender 5/DGAI000220. Wesentliche Punkte dieser Empfehlung waren die berufliche Ausbildung und die berufliche Weiterbildung der ausländischen Arbeitnehmer, deren Vorbereitung schon im Anwerbeland stattfinden sollte.

19 In einem Brief der Vorsitzenden der NHS vom 8.8.1974 an alle Gesellschafter wurde, wie in der Aufsichtsratssitzung am 12.7.1974 mitgeteilt, eine Erhöhung des Stammkapitals gefordert. Die bisherige Nominalbeteiligung der VGT des DGB betrug 5.090.000 DM und sollte um 3.050.000 DM erhöht werden. Der GBV hatte in seiner 88. Sitzung am 2.9.1974 dieser Erhöhung zugestimmt. Vgl. DGB-Archiv, DGB-BV, Abt. Vorsitzender 5/DGAI000220.

wie in anderen Fällen, nur in Übereinstimmung mit der Haushaltskommission vorgenommen werden.

In der anschließend kurzen Diskussion, an der sich die Kollegen *Mirkes, Lappas, Georgi, Vetter* und *Hauenschild* beteiligen, wird die Frage des Aufgeldes von 20% erörtert.[20] Kollege *Vetter* sagt zu, in seiner Eigenschaft als Aufsichtsratsvorsitzender das Thema grundsätzlich diskutieren zu lassen.

Der Bundesvorstand faßt folgenden Beschluß

Die VTG des DGB beteiligt sich an der zum 15. November 1974 vorgesehenen Erhöhung des Stammkapitals der NHS von 25 auf 40 Mio. DM im Rahmen ihres bisherigen Anteils von 20,35%. Der dafür erforderliche Betrag in Höhe von DM 3.660.000,-- (einschl. Aufgeld von 20%) wird von der VTG des DGB aus laufenden und künftigen Kapitalerträgen dargestellt. Eine Ergänzung dieser Mittel kann durch Zuweisungen aus evtl. Haushaltsüberschüssen des Jahres 1974 an das Treuhandvermögen erfolgen.

12. Verschiedenes

a) Maßnahmen des DGB zum »Internationalen Jahr der Frau 1975«

Der Bundesvorstand nimmt die vorläufigen Vorschläge der Abteilung Frauen zur Durchführung von Maßnahmen im »Internationalen Jahr der Frau 1975« zustimmend zur Kenntnis.[21] Die zuständige Ministerin Focke soll eingeladen werden, im Rahmen des nächsten DGB-Bundeskongresses ein Referat über die Situation der arbeitenden Frau zu halten.

b) Chile

[Der Bundesvorstand ist mit der Veröffentlichung einer Erklärung des DGB zum Jahrestag des chilenischen Militärputsches einverstanden und verweist in diesem Zusammenhang auf die in der Vergangenheit geleisteten vielfältigen Hilfsmaßnahmen des DGB auf internationalem, außenpolitischem und finanziellem Gebiet.[22]]

---

20 Bei einem Ausgabebetrag von 120% je Anteil erhöhte sich der Nominalbetrag der neuen Stammeinlage um 610.000 DM. Vgl. hierzu Brief der NHS vom 8.8.1974. Als Anlage war eine Aufstellung der künftigen Beteiligungsverhältnisse der NHS aufgrund der vorgesehenen Kapitalerhöhung beigefügt.
21 In der Sitzung des Bundesfrauenausschusses vom 5. bis 9.8.1974 wurde ein Aktionsprogramm erarbeitet für das von der UN ausgerufene Jahr der Frau mit dem Schwerpunkt Frauendiskriminierung. Als Motto für das Jahr wurde vorgeschlagen: »Gleichberechtigung, Entwicklung und Frieden«. Vgl. DGB-Archiv, DGB-BV, Abt. Frauen 5/DGAR000061. Zur Bilanz der Aktivitäten des Internationalen Jahres der Frau siehe Sitzung des Bundesfrauenausschusses vom 10.3.1976, DGB-Archiv, DGB-BV, Abt. Frauen 5/DGAR000093 sowie DGB-Geschäftsbericht 1975–1977, Abt. Frauen, S. 142f.
22 In seiner Erklärung verurteilte der Bundesvorstand u. a. die Menschenrechtsverletzungen, die Auflösung der Gewerkschaftsorganisationen, die Beschränkung des Vereinigungsrechtes und des Rechts zu kollektiven Tarifverhandlungen und forderte die Freilassung aller inhaftierten Arbeitnehmer und Gewerkschafter. Vgl. DGB zum Jahrestag des chilenischen Militärputsches, in: ND, 5.9.1974, Nr. 223.

Dokument 110 3. September 1974

c) Aufnahme der CGIL in den EGB

Unter Hinweis auf das dem Bundesvorstand zugegangene Protokoll über die am 9. Juli stattgefundene Exekutivausschußsitzung des EGB berichtet Kollege *Vetter* kurz, daß bereits bei der Abstimmung über den Antrag des DGB die Aufnahme der CGIL in den EGB bis zur endgültigen Entscheidung des Generalrates des WGB über den Status der CGIL zu vertagen, das spätere Ergebnis erkennbar war. Die CGIL wurde mit großer Mehrheit in den EGB aufgenommen.[23] Zu einem späteren Zeitpunkt wird zu prüfen sein, ob die CGIL sich an die vorher abgegebenen Erklärungen zur Einordnung in den EGB und zum eventuellen Austritt aus dem WGB hält.[24] Es ist außerdem damit zu rechnen, daß sich in absehbarer Zeit das Problem eines Aufnahmeantrags der CGT stellt.[25] In einer in Kürze stattfindenden Zusammenkunft mit Vertretern des Nordischen Gewerkschaftsrates soll auch deren Auffassung zu diesem Problem in Erfahrung gebracht werden.[26]

In der nachfolgenden kurzen Diskussion, an der sich die Kollegen *Mirkes, Vetter, Hauenschild, Lappas* und *Buschmann* beteiligen, wird die Meinung vertreten, daß der DGB zu einem möglichen Aufnahmeantrag der CGT rechtzeitig und unmißverständlich seine Auffassung vortragen sollte, daß bei einer weiteren Aufweichung des EGB mit einem Zurückziehen des DGB aus dem Europäischen Gewerkschaftsbund gerechnet werden muß.

d) Angelegenheit Faltermaier

Kollege *Kluncker* berichtet kurz über die Angelegenheit des wegen Spionageverdachts verhafteten Kollegen Faltermaier.[27]

---

23 Der Beschluss zum Beitritt der CGIL wurde mit 21 gegen 7 Stimmen gefasst. Gegen die Aufnahme stimmten die drei DGB-Vertreter im Exekutivausschuss ebenso wie die Vertreter des französischen Bundes Force Ouvrière sowie die christlichen Verbände der Schweiz, Belgiens und Luxemburgs. Vgl. Sitzungsprotokoll, in: DGB-Archiv, DGB-BV, Abt. Vorsitzender 5/DGAI003922 sowie Die Quelle 25, 1974, Heft 9, S. 355.
24 Zum Assoziationsstatus der CGIL im WGB vgl. 15. BV-Sitzung am 2.4.1974, Dok. 104, Fußnoten 8 und 9.
25 Im Zusammenhang mit dem Beitrittsgesuch der CGT zum EGB kam es am 5.11.1976 zu einem Gespräch zwischen Vertretern der CGT und des EGB. Auslöser für das Gespräch war ein Brief des Generalsekretärs der CGT, Georges Séguy, an den EGB-Präsidenten, Heinz O. Vetter, vom 10.3.1976, in dem er nachfragte, warum es bisher zu keinen Kontakten zur Klärung des EGB-Beitritts gekommen sei. Vgl. DGB-Archiv, DGB-BV, Internationale Abt. 5/DGAJ000819. Siehe auch: 16. BV-Sitzung vom 7.5.1974, Dok. 105, Fußnote 6.
26 Vom 9. bis 11.9.1974 fand in Hamburg eine Begegnung des GBV mit den Vorständen der Gewerkschaftsbünde aus Dänemark, Finnland, Norwegen und Schweden statt. Gesprächsthemen waren die wirtschaftliche und gesellschaftspolitische Entwicklung der einzelnen Länder und die Konsequenzen für die Gewerkschaftspolitik sowie die europäische und internationale Situation. Vgl. ND, 6.9.1974, Nr. 227.
27 Hans Faltermaier wurde am 29.8.1974 wegen des Verdachts der geheimdienstlichen Tätigkeit für die DDR festgenommen und am 30.8. vom ÖTV-Hauptvorstand beurlaubt. Am 30.5.1976 wurde er vom Stuttgarter Oberlandesgericht zu zwei Jahre Freiheitsstrafe verurteilt. Das Gericht sah es als erwiesen an, dass er von 1969 bis 1974 in nachrichtendienstlicher Verbindung zum Ministerium für Staatssicherheit (MfS) gestanden hatte. Vgl. Rüdiger Zimmermann: 100 Jahre ÖTV. Biographien, Frankfurt/M. 1996, S. 60. Siehe auch: Der ÖTV-Vorsitzende Kluncker über die Verhaftung Faltermaiers bestürzt, in: FAZ, 2.9.1974.

3. September 1974 **Dokument 110**

In diesem Zusammenhang wird die Frage von privaten Reisen hauptamtlicher Gewerkschaftsfunktionäre in die DDR, die Einladung von Fachgewerkschaften des FDGB an die entsprechenden DGB-Gewerkschaften sowie das Problem gegenseitiger Einladungen zu den jeweiligen Kongressen angesprochen. An der Diskussion beteiligen sich die Kollegen *Hauenschild, Frister, Vetter, Breit, Georgi* und *Kluncker.*

e) Vorbesprechung zur Sitzung des Gewerkschaftsrates

Kollege *Vetter* teilt mit, daß auf Anregung von Kollegen Loderer vor der Sitzung des Gewerkschaftsrates am 26. September 1974 eine Vorbesprechung stattfinden soll. Zeitpunkt und Ort werden rechtzeitig mitgeteilt werden.[28]

f) Leistungen aus dem Solidaritätsfonds,
hier: Überschwemmungskatastrophe Bangladesch

Kollege *Vetter* informiert den Bundesvorstand über einen Spendenaufruf des IBFG für die Überschwemmungskatastrophe in Bangladesh. Nach Abklärung näherer Einzelheiten wird Bundesvorstand und Bundesausschuß im Oktober eine entsprechende Vorlage vorgelegt werden.

g) Gehaltssituation

Kollege *Schmidt* informiert den Bundesvorstand über die Forderungen des Gesamtbetriebsrates zur Gehaltserhöhung der DGB-Beschäftigten.[29] Präjudizierende Wirkungen auf die Gehaltssituation bei den Gewerkschaften sollen vermieden werden.

h) Beitragsrückstand der Gewerkschaft HBV

Kollege *Vietheer* informiert den Bundesvorstand darüber, daß die Gewerkschaft HBV große Anstrengungen unternommen hat, ihre Beitragsschuld gegenüber dem DGB abzutragen. Die angelaufene Summe hat sich entscheidend verringert. Es besteht begründete Hoffnung, in absehbarer Zeit zu einer satzungsgerechten Beitragszahlung zu kommen.

i) Berufsfortbildungswerk des DGB

Kollegin *Weber* informiert den Bundesvorstand darüber, daß dieser anhand eines Berichtes über die Lage des Berufsfortbildungswerkes unterrichtet werden solle.[30] Eine evtl. Aussprache könne dann während der Klausurtagung des Bundesvorstandes erfolgen.

---

28 Nach Schreiben Vetters vom 17.9.1974 an die Mitglieder des Gewerkschaftsrates fand diese Vorbesprechung um 11 Uhr im Haus der BfG, Bonn, statt; um 15 Uhr folgte die Sitzung des Gewerkschaftsrates in der Friedrich-Ebert-Stiftung. Siehe auch: Einladungsschreiben zur Gewerkschaftsratssitzung von Alfred Nau an Günter Stephan vom 17.7.1974. Vgl. DGB-Archiv, DGB-BV, Sekretariat Günter Stephan 5/DGCU000170. In den Aktenbeständen des DGB und des SPD-PV ist keine Niederschrift der Gewerkschaftsratssitzung überliefert.
29 In den jährlich stattfindenden Gehaltsrunden wurde zum 1.10.1974 eine Aufstockung des Gehalts um 11,5% beschlossen. Siehe auch: Bundesvorstandsklausur (Dok. 111) sowie DGB-Geschäftsbericht 1972–1974, Abt. Personal, S. 435f.
30 Vgl. Ausführungen zu TOP 9 der 17. BV-Sitzung vom 4.6.1974 (Dok. 108).

Dokument 110 3. September 1974

j) Antrag zum Satzungsentwurf der DPG

Kollege *Vetter* berichtet, daß der Hauptvorstand der Deutschen Postgewerkschaft den Wunsch geäußert hat, die Meinung des Bundesvorstandes dazu zu hören, wie die Mitgliedschaft von solchen Mitgliedern geregelt werden sollte, die inzwischen in Arbeitgeberfunktionen übergewechselt sind. Zum bevorstehenden Kongreß der DPG liegen verschiedene Anträge zu der entsprechenden neuen Satzungsregelung vor.[31]

An der nachfolgenden kurzen Diskussion beteiligen sich die Kollegen *Breit, Vetter, Vietheer* und *G. Schmidt*. In der nächsten Bundesvorstandssitzung soll abschließend über das Thema beraten werden.

k) Erklärung zur Wirtschafts- und Beschäftigungslage

Nach kurzer Diskussion, an der sich die Kollegen *Vetter, Michels, Hauenschild, Mirkes, Wagner* und *Neemann* beteiligen, kommt der Bundesvorstand zu der Auffassung, daß zunächst Kollege Vetter in seinem morgigen Referat vor dem Gewerkschaftstag der NGG und in der Landespressekonferenz Niedersachsen am gleichen Tage [zur Wirtschafts- und Beschäftigungslage] Stellung nehmen solle.[32]

Ende der Sitzung: 16.45 Uhr

---

31 Auf dem Kongress der DPG 1974 in Hamburg wurde der Antrag 1359a, Ziffer 6 zum Satzungsentwurf »Ruhen der Mitgliedschaft während der Ausübung von Arbeitgeberfunktion« vom Antragsteller (DPG-Hauptvorstand) zurückgezogen. Vgl. 11. Ordentlicher Kongreß der Deutschen Post Gewerkschaft vom 20. bis 26.10. 1974 in Hamburg. Angenommene Anträge und Dringlichkeitsanträge. Anlage zum Protokoll, Frankfurt/M. o. J., S. 209.
32 In dem Referat auf dem NGG-Kongress 1974 in Wolfsburg wies Vetter u. a. die Behauptungen zurück, dass die gewerkschaftliche Tarifpolitik Arbeitsplätze gefährde, und er wandte sich gegen die unkontrollierte verfehlte Investitionspolitik großer Konzerne, die zur Existenzgefährdung für Tausende von Arbeitnehmern führe. Er forderte, dass die Investitionsentscheidungen von den Unternehmen untereinander abgestimmt und öffentlich kontrolliert werden sollten. Ein weiterer Punkt waren die Bemühungen der Bundesregierung, durch die Stabilitätspolitik die Preisentwicklung in den Griff zu bekommen. Vgl. Protokoll über Verhandlungen des 7. Ordentlichen Gewerkschaftstages der Gewerkschaft NGG vom 1.–5.9.1974 in Wolfsburg, Hamburg o. J., S. 192–207.

DOKUMENT 111

30. September/1. Oktober 1974: Kurzprotokoll der Klausurtagung des Bundesvorstandes

Hotel Quality Inn in Ratingen; Vorsitz: Heinz O. Vetter; Protokollführung: Isolde Funke, Marianne Jeratsch; Sitzungsdauer: 30. September: 10.05–19.00 Uhr, 1. Oktober: 9.00–16.30 Uhr; ms. vermerkt: »Vertraulich«.[1]

Ms., hekt., 12 S., 2 Anlagen.[2]

DGB-Archiv, 5/DGAI000537.

Beginn der Sitzung: 30.9., 10.05 Uhr

[*Vetter* eröffnet die Klausurtagung und gibt einen Überblick über die zur Diskussion stehendem Tagesordnungspunkte. Vorab werden die Beschlussvorlagen zum 10. Ordentlichen Bundeskongress und die Vorlage zu den Hilfsmaßnahmen für den Aufbau freier Gewerkschaften in Portugal erörtert.]

1. 10. ORDENTLICHER BUNDESKONGRESS DES DGB,
   HIER: ANZAHL DER DELEGIERTEN

Der Bundesvorstand beschließt die Zahl der auf jede Gewerkschaft entfallenden Delegierten entsprechend der vorgelegten Unterlage vom 20. September 1974.[3]

2. GASTTEILNEHMER DER GEWERKSCHAFTEN UND DES DGB FÜR DEN
   10. ORDENTLICHEN BUNDESKONGRESS

Der Bundesvorstand nimmt die vorgelegte Aufstellung der Gastteilnehmer der Gewerkschaften und der DGB-Landesbezirke zustimmend zur Kenntnis.[4]

---

1 Einladungsschreiben vom 6.9.1974. Nicht anwesend: Adolf Mirkes (vertreten durch Gerhard van Haaren), Eugen Loderer, Rudolf Sperner und Kurt Hauenschild (nahm nur am ersten Tag der Klausurtagung teil.). Eine »Langfassung« des Protokolls ist nicht überliefert. Weder in dem Einladungsschreiben noch im Protokoll wurde ein Tagesordnung angegeben. DGB-Archiv, DGB-BV, Abt. Vorsitzender 5/DGAI000485. In der 88. (2.9.1974) bis 91. (23.9.1974) GBV-Sitzung wurden die Themen zur Bundesvorstandsklausur behandelt aber keine endgültige Tagesordnung aufgestellt. Vgl. DGB-Archiv, DGB-BV, Abt. Vorsitzender 5/DGAI000220 und 5/DGAI000221.
2 Anlagen: Zwei Anwesenheitslisten.
3 Die Gesamtzahl der Delegierten betrug 478 gegenüber 453 (9. Ordentlicher Bundeskongress 1972). Gemäß § 7, Ziff. 6 wird die Zahl der auf jede Gewerkschaft entfallenden Delegierten nach der Zahl der Mitglieder ermittelt, für die Beiträge an den Bund abgeführt wurden. Berechnungszeitraum hierfür war das III. Quartal 1973 bis II. Quartal 1974. Zur Verteilung der Delegierten auf die einzelnen Gewerkschaften siehe Vorlage Karl Schwabs vom 20.9.1974 sowie Protokoll 10. Bundeskongreß, Teilnehmerverzeichnis, S. 3–15.
4 Für die Gastteilnehmer wurden insgesamt 188 Plätze zur Verfügung gestellt, 148 für die Gewerkschaften und 40 für die DGB-Landesbezirke, siehe Vorlage Karl Schwabs vom 20.9.1974 sowie Protokoll 10. Bundeskongreß, Teilnehmerverzeichnis, S. 21–26 und 32 f.

Dokument 111 30. September/1. Oktober 1974

3. HILFSMASSNAHMEN FÜR DEN AUFBAU FREIER GEWERKSCHAFTEN IN PORTUGAL, HIER: BESCHLUSS DES BUNDESVORSTANDES VOM 7.5.1974

Der Bundesvorstand empfiehlt dem Bundesausschuß, aus dem Solidaritätsfonds den Betrag von DM 100.000,-- zur Mitfinanzierung des Aufbaues freier Gewerkschaften in Portugal zu bewilligen.[5]

Nach der Verabschiedung der o. a. Beschlußvorlagen durch den Bundesvorstand gibt Kollege *Vetter* unter Hinweis auf die Diskussionsunterlagen vom 6.9.1974 und 13.9.1974[6] eine Übersicht über die zur Beratung stehenden Problemkreise Mitbestimmung, Wirtschaftspolitik, Tarifpolitik, Berufliche Bildung sowie Öffentlichkeitsarbeit. Als besonders diskussionswürdig wird die Erörterung des Verhältnisses Gewerkschaften/Bundesregierung herausgestellt und in diesem Zusammenhang auf die bevorstehende Mitbestimmungsregelung verwiesen.[7]

Kollege *Seibert* empfiehlt unter Hinweis auf die Haltung der IG Metall[8] eine elastische Politik des DGB in dem bevorstehenden Mitbestimmungshearing, die eventuell später notwendig werdende Korrekturen nicht ausschließt.

Kollege *Hauenschild* diskutiert die Mitbestimmungsfrage im Hinblick auf den Ausgang der nächsten Bundestagswahl.

5 Siehe Beschluss der 16. BV-Sitzung, TOP1 (Dok. 105).
6 Die 35-seitige Vorlage (Beratungspapier) zur gegenwärtigen Lage und Problemen der Gewerkschaften wurde in zwei Teilen an die Bundesvorstandsmitglieder verschickt. Im ersten Teil wurden die politisch-gesellschaftliche Entwicklung seit 1971/72 aufgezeigt und die gewerkschaftlichen Antworten darauf skizziert. Im zweiten Teil wurden jene politischen Bereiche der gewerkschaftlichen Arbeit dargestellt, die im Fokus der öffentlichen Auseinandersetzung standen oder von reformpolitischer Bedeutung waren. Weitere Materialien zur Diskussion waren der Aufsatz von Heinz O. Vetter: Gewerkschaften im Visier der Reaktion, abgedr. in: GMH 25, 1974, Nr. 10, S. 602–614 sowie ein 9-seitiges Arbeitspapier zur Diskussion über die verfassungsrechtliche Zulässigkeit der Mitbestimmung. Grundlage für dieses Diskussionspapier war ein Gutachten von zwei Verfassungsrechtlern, Thomas Raiser und Rupert Scholz, im Auftrag des SPD-Justizministers Gerhard Jahn, in dem verfassungsrechtliche Bedenken gegen den Regierungsentwurf im Hinblick auf Artikel 9 (Koalitionsfreiheit) und Artikel 14 (Eigentum) des Grundgesetzes erhoben wurden sowie eine Verletzung der Tarifautonomie konstatiert wurde. Vgl. Schröder: Verbände und Mitbestimmung, S. 183 f. sowie DGB zur Verfassungsmäßigkeit der Mitbestimmung, in: ND, 30.10.1974, Nr. 286.
7 Die Leitfragen zu diesem Diskussionspunkt waren: »[...] Wie haben die Gewerkschaften in der Öffentlichkeit und gegenüber der Mitgliedschaft ihr Verhältnis zur Bundesregierung zu bestimmen? [...] In welchem Maße können die Gewerkschaften durch geeignetes Auftreten die Position des sozialdemokratischen Koalitionspartners bei der Ausreizung von Koalitionskompromissen stärken? [...] Mit welcher Intensität sollen die Gewerkschaften ihre Forderungen nach konjunkturbelebenden Maßnahmen zur Geltung bringen? [...] Wie ist – auch für die Öffentlichkeit – das Verhältnis zwischen gewerkschaftlicher Tarifpolitik und staatlicher Stabilitätspolitik zu bestimmen? [...] Wie stellen sich die Gewerkschaften zu den Sonderproblemen der Tarifauseinandersetzungen des öffentlichen Dienstes? [...]« Siehe Beratungspapier, S. 11 f. Zur Mitbestimmung siehe auch: TOP 4 der 19. BV-Sitzung am 3.9.1974 (Dok. 110).
8 Die IG Metall hatte auf ihrem Gewerkschaftstag vom 15.9. bis 21.9.1974 in Hannover die ablehnende Haltung gegenüber dem Koalitionskompromiss bekräftigt. Sie forderte die Bundestagsfraktionen auf, eine Mitbestimmungsregelung zu verabschieden, die mindestens der Montanmitbestimmung entspräche. Vgl. Protokoll 11. Gewerkschaftstag der IG Metall vom 15.–21.9.1974 in Hannover, Bd. 2, die angenommene Entschließung »E 8«, Frankfurt/M. 1974, S. 511–514.

Kollege *Mahlein* stellt die Frage nach der Herausnahme des Tendenzschutzes aus dem vorgelegten Mitbestimmungsentwurf.

Kollege *Rothe* bringt seine Sorge über einen möglichen Mißbrauch der Mitbestimmungsidee zum Ausdruck und gibt einen Überblick über die von ihm in Diskussionen gesammelten persönlichen Erfahrungen.

Kollege *Vetter* erinnert daran, daß laut Beschluß des Bundesvorstandes keine öffentliche Kampagne gegen die vorgesehene Mitbestimmungsregelung geführt werden soll.

Kollege *Stephan* gibt eine Übersicht zu der Problematik »leitende Angestellte«.

Kollege *Seibert* spricht sich, nach einer Information von Kollegen *Vetter* über den Stand der politischen Meinungsbildung in Bonn, erneut für eine realistische Haltung des DGB in der Mitbestimmungsdiskussion aus.

Kollege *G. Schmidt* unterstreicht, daß ein Hearing noch keine Verhandlung bedeutet und daß demnach im Bundestagshearing die bisherige DGB-Haltung ohne Einschränkung vertreten werden kann.

Kollege *Clauss* ist der Meinung, daß die DGB-Mitbestimmungsargumentation nicht von der Mitgliedschaft verstanden wird und daß die vom Bundesvorstand festgelegten »DGB-Essentials«[9] auf Dauer nicht durchzuhalten seien.

Kollege *Vetter* betont, daß die politische Situation und die Machtkonstellation in Bonn und nicht die Haltung der Öffentlichkeit ausschlaggebender Bedeutung sein werden.

Kollege *Buschmann* erinnert an die Auseinandersetzung um das Montanmitbestimmungsgesetz von 1951 sowie das Betriebsverfassungsgesetz von 1952 und spricht sich für eine realistische Haltung des DGB in der Mitbestimmungsfrage aus und warnt vor überzogenen Forderungen.[10]

Kollege *Breit* ist der Auffassung, daß im Mitbestimmungshearing keine möglichen Kompromisse bzw. Zugeständnisse des DGB angedeutet werden sollten. Stattdessen solle noch einmal der Versuch, unternommen werden, die bundesweite Öffentlichkeit für fortschrittliche Mitbestimmungsvorstellungen zu gewinnen. Kollege Breit vermißt den Hinweis auf den öffentlichen Dienst, in dem ebenfalls die paritätische Mitbestimmung auf gesetzlicher Grundlage angestrebt wird.[11]

---

9 Die vier DGB-Essentials waren: 1. Paritätische Besetzung des Aufsichtsrates, 2. Keine Sonderprivilegien für sog. Leitende Angestellte, 3. Zwingende Anwesenheit außerbetrieblicher Arbeitnehmervertreter und 4. Wahl der betrieblichen Arbeitnehmervertreter im Aufsichtsrat durch den Betriebsrat. Siehe auch: Beratungspapier, S. 16 f.
10 Zur Auseinandersetzung um die Montanmitbestimmung 1951 und um das Betriebsverfassungsgesetz 1952 siehe u. a. Schneider: Kleine Geschichte, S. 270–282 sowie Milert/Tschirbs: Andere Demokratie, S. 393–420.
11 Die DPG forderte in den Gesprächen zum Gesetzentwurf über die Unternehmensverfassung der Deutschen Bundespost eine paritätische Zusammensetzung des Aufsichtsrates. Vgl. Geschäftsbericht der DPG 1971–1974, S. 22 ff. Zum Postverfassungsgesetz siehe auch: TOP 3 der 12. BV-Sitzung vom 6.11.1973 (Dok. 91).

Dokument 111 30. September/1. Oktober 1974

Kollege *Vetter* spricht die Frage der Tantiemenregelung an und erinnert an die Verpflichtung zur Abführung von Tantiemenanteilen an die Stiftung Mitbestimmung.[12]

Kollegin *Weber* ist ebenfalls für eine klare Betonung der bisherigen DGB-Position im bevorstehenden Mitbestimmungshearing. Sie gibt eine Übersicht über die Haltung der Sozialausschüsse, insbesondere im Hinblick auf die von den Sozialausschüssen vertretene Urwahlkonzeption.[13] Kollegin Weber sieht in der Mitbestimmung vorrangig eine gesellschaftspolitische Aufgabe von großer Bedeutung, die entschieden vertreten werden müsse.

Kollege *Hauenschild* spricht sich für eine kritische Würdigung des Mitbestimmungsreferentenentwurfes aus und erinnert daran, daß die Mitbestimmung von bestimmten politischen Gruppierungen als Tarnkappe für weitergehende politische Vorstellungen behauptet wird (Juso – Vergesellschaftung – Sozialisierung). Insbesondere sei zu gewährleisten, daß der DGB mit einer Stimme spreche.

Kollege *Frister* vertritt die Auffassung, daß eine »Sprachregelung« die Feinde der Gewerkschaften nicht von einer Diskriminierung der gewerkschaftlichen Forderungen abhalten wird. Wichtig sei es, deutlich zu machen, daß es bei der Mitbestimmungsfrage nicht um eine Posten-, sondern um eine Machtverteilung in dieser Gesellschaft gehe. Er sieht das Dilemma der Gewerkschaften in einer Schwäche des Arbeitnehmerbewußtseins im Hinblick auf die Notwendigkeit der kollektiven Interessenvertretung. Kollege Frister ist der Auffassung, daß die DGB-Haltung gegen eine Urwahlkonzeption beibehalten werden solle.

---

12 Laut § 3 der Satzung der 1954 gegründeten Stiftung Mitbestimmung, sollten zur Erfüllung des Stiftungszweckes u. a. die Zuwendungen von Personen dienen, die als Repräsentanten des DGB oder einer Einzelgewerkschaft einem Aufsichtsrat angehören. Auf dem 6. Bundeskongress des DGB 1962 wurde auf Antrag der IG Metall beschlossen, dass zwischen 20 und 50 % der Tantiemen als Beitrag an die Stiftung Mitbestimmung oder ähnliche Einrichtungen abzuführen seien. Vgl. Antrag 242 (Tantiemenregelung), in: Protokoll 6. Ordentlicher Bundeskongreß, S. 803 f. Auf dem DGB-Bundeskongress 1975 wurde die Abführungspflicht neu beziffert (vgl. Antrag 13 des Bundesvorstandes zur Begrenzung der Aufsichtsrats-Vergütung); dies wurde nach der Zusammenfassung der Stiftung Mitbestimmung und der Hans-Böckler-Gesellschaft zur Hans-Böckler-Stiftung 1977 durch Beschluss des DGB-Bundesausschusses vom 7.3.1979 bestätigt. Siehe hierzu auch Peter Hanau: Die Verpflichtung zur Abführung von Aufsichtsratsvergütungen an die Hans-Böckler-Stiftung, Arbeitspapier 254 der Hans-Böckler-Stiftung, Düsseldorf 2012.

13 Die Urwahlkonzeption sah vor, dass die betrieblichen Arbeitnehmervertreter im Aufsichtsrat durch alle Arbeitnehmer eines Unternehmens bis 8.000 Beschäftigte gewählt werden. Bei einer Beschäftigtenzahl von über 8.000 sollte ein Wahlmännergremium eingesetzt werden. Zu den Wahlverfahren siehe die §§ 9–16 des Mitbestimmungsentwurfs. Zur Mitbestimmungsdiskussion in der CDU/CSU und der CDA siehe auch: Hans Werner Dahl: Sozialpolitik der CDU/CSU, in: Soziale Ordnung, 30.6.1976, Nr. 2, S. 26 ff. sowie Beratungsunterlagen der Sitzungen der CDU-Sozialausschüsse, in: DGB-Archiv, DGB-BV, Sekretariat Martin Heiß 5/DGCS000104.

30. September/1. Oktober 1974 **Dokument 111**

Kollege *Vietheer* meldet Kritik an Formulierungen der vorgelegten Diskussionspapiere an und spricht sich für positivere Formulierungen, insbesondere auf Seite 18 der Diskussionsunterlage[14], aus.

Kollege *Vetter* faßt die Diskussion zusammen und betont, daß der DGB in den bevorstehenden Mitbestimmungshearings eine elastische Haltung einnehmen wird, sehr deutlich seine bisherigen Vorstellungen vertreten und auf die besondere gesellschaftspolitische Bedeutung der Mitbestimmung aufmerksam machen wird. In einem Vorgespräch der Hearingsteilnehmer in Hamburg soll eine einheitliche Linie gewährleistet werden.[15] Nach dem Mitbestimmungshearing in Bonn sollen weitergehende Einzelheiten in der nächsten Bundesvorstandssitzung erörtert werden.

MITTAGSPAUSE: 13.00 BIS 14.20 UHR

Kollege *Neemann* macht unter Hinweis auf die vorgelegten Diskussionsunterlagen auf die mangelnde Koordinierung in wirtschaftspolitischen Erklärungen zwischen DGB-Bundesvorstand und Einzelgewerkschaften aufmerksam. Als besonders hinderlich habe sich in der Vergangenheit die mangelnde politische Repräsentanz im Wirtschaftspolitischen Ausschuß herausgestellt.[16] Eine Harmonisierung und Verbesserung der Information und Koordination sei dringend geboten.

Kollege *Kluncker* dankt für die übersandten Diskussionsmaterialien, sieht jedoch einige Widersprüche in den vorgelegten Papieren, insbesondere in den wirtschaftspolitischen Ausführungen des Diskussionspapiers vom 6.9. sowie des Diskussionspapiers vom 13.9.

Kollege *Buschmann* spricht sich für eine entschiedene Politik der Vollbeschäftigung aus. Eindeutige Erklärungen der Gewerkschaftsführung würden zu einer Verstärkung des Vertrauenskapitals der Mitgliedschaft in ihre Gewerkschaftsführung führen.

Kollege *Michels* unterstreicht die unzureichenden Aktivitäten des Wirtschaftspolitischen Ausschusses und verweist auf Probleme der Preispolitik, der Investitionslenkung sowie der Strukturpolitik.

---

14 Diese Seite enthielt für die öffentliche Auseinandersetzung politische und juristische Hinweise auf Möglichkeiten für künftige Änderungen des Mitbestimmungsgesetzes.
15 Die Vorbesprechung mit den DGB-Sachverständigen fand am 14.10.1974 in Hamburg statt. Eingeladen wurden auch die Arbeitsdirektoren Heinz Kegel (Ruhrkohle AG) und Günter Sieber (Hoesch Hüttenwerke AG). Beide Arbeitsdirektoren waren vom Bundestagsausschuss als Sachverständige für das Hearing eingeladen worden. Vgl. Einladungsschreiben Detlef Hensches vom 7.10.1974, in: DGB-Archiv, DGB-BV, Abt. Gesellschaftspolitik 5/DGAK000059.
16 Neemann beklagte hier die zunehmenden innergewerkschaftlichen Konflikte bei konkreten Vorschlägen zur Preisstabilisierung, die bestimmte Produktionsbereiche betrafen und die Lohn- und Beschäftigungssituation der Arbeitnehmer dieser Bereiche berührten. Durch das Veto der betroffenen Organisationen würden konkrete gewerkschaftliche Forderungen oft blockiert, wodurch die Forderungen in ihrer politischen Wirkung stark eingeschränkt würden. Vgl. detaillierter Beratungspapier, S. 5 f.

Dokument 111   30. September/1. Oktober 1974

Für Kollegen *Vater* gibt es erhebliche Differenzen in der Einschätzung der politischen Situation zwischen dem vorgelegten Papier sowie der zu erwartenden wirtschaftspolitischen Entwicklung im Jahre 1975.[17] Er erwähnt das holzverarbeitende Handwerk als Beispiel für Teile des gefährdeten Ausbaugewerbes. Kollege Vater sieht ein Konjunkturtief in den nächsten Monaten heraufkommen.

Kollege *Neemann* betont, daß er nicht verantwortlich sei für kritische Formulierungen im ersten Papier.

Kollege *Vetter* warnt in diesem Zusammenhang davor, einen nutzlosen Gegensatz zwischen den Papieren zu konstruieren, und betont die Verantwortlichkeit des Geschäftsführenden Bundesvorstandes für die vorgelegten Diskussionspapiere.

Kollege *Vietheer* sieht eine Möglichkeit der Aktivierung des Wirtschaftspolitischen Ausschusses durch Erörterung aktueller wirtschaftspolitischer Probleme. Er sieht insgesamt in einer aktuellen Aufgabenstellung eine größere Attraktivität der DGB-Ausschüsse.

Kollege *Seibert* ist der Auffassung, daß die vorgelegte Analyse des DGB richtig sei. Man müsse sie nur richtig lesen und verstehen.

Kollege *Frister* spricht sich dafür aus, daß das Wirtschafts- und Sozialwissenschaftliche Institut des DGB bessere Maßstäbe als bisher für die wirtschaftliche Entwicklung liefert. Man müsse agieren und nicht reagieren.

Kollege *Vetter* verweist auf die Probleme der sogenannten Mobilitätsforderung im Zusammenhang mit Fragen der Dauerarbeitslosigkeit. Er richtet besonderes Augenmerk auf den Fragenkreis der Verlagerung von Produktionsstätten ins Ausland.[18]

Kollege *Hauenschild* ist der Auffassung, daß in den vorgelegten Papieren eine begrüßenswerte kritische Beurteilung getroffen worden sei und daß deutlich geworden sei, in welchem Maße die Gewerkschaften heute agieren könnten. Er begrüßt das Aufzeigen der beschränkten Lösungsmöglichkeiten der zur Diskussion stehenden Fragen. Nach seiner Auffassung sind sektorale, strukturelle und konjunkturpolitische Aktivitäten notwendig. Die Papiere machen deutlich, daß die wirtschaftspolitische Lage komplizierter sei, als es manche Leute darstellten. Von einer Änderung der Wirtschaftsordnung sei eine Lösung der offenen Fragen nicht zu erwarten.

---

17 In dem Diskussionspapier wurde für 1975 mit einer Arbeitslosigkeit von 2 %, einer Preissteigerungsrate um 7 % und mit einem realen Wachstum von 2,5 % gerechnet (vgl. S. 2 und 27). Demgegenüber erwartete die Bundesregierung eine Arbeitslosigkeit von knapp 2,5 %, eine Preissteigerungsrate von 7,5 % und ein reales Wachstum von 3–3,5 %. Vgl. Bulletin des Presse- und Informationsamtes der Bundesregierung, 23.9.1974, Nr. 104, S. 1072 sowie Orientierungsdaten der gesamtwirtschaftlichen Entwicklung 1975, vom 23.9.1974, hrsg. v. Bundesministerium für Wirtschaft. Beide Materialien waren Beratungsunterlagen zur 32. Sitzung der Konzertierten Aktion am 24.9.1974, DGB-Archiv, DGB-BV, Sekretariat Martin Heiß 5/DGCS000165.
18 Durch die gesteigerte Kapitalmobilität wurde die Verlagerung von Produktionsstätten in Billiglohnländer erleichtert, insbesondere bei der Textil-, Leder- und Schuhindustrie. Vgl. hierzu 11. BV-Sitzung vom 4.9.1973, Dok. 87, Fußnote 25.

30. September/1. Oktober 1974 **Dokument 111**

Kollege *Vetter* unterstreicht den beschränkten Aktionsrahmen der Gewerkschaften und betont ihre Verpflichtung in der Sorge um die Schwächeren in der Gesellschaft (Arbeitslose).

Kollege *Drescher* betont die Forderung nach einer verbesserten und umfassenden Strukturpolitik in der Bundesrepublik. Er sieht eine Verpflichtung zur Beseitigung von Arbeitslosigkeit.

Kollege *Kluncker* betont, daß das DGB-Grundsatzprogramm nach wie vor die Basis der wirtschaftspolitischen Überlegungen der Gewerkschaften sei.

Kollege *Clauss* erörtert Einzelfragen der Ordnungs-, Struktur- und Konjunkturpolitik. Er gibt praktische Beispiele aus den Bundesländern. Offen sei die Frage nach weiteren Lenkungs- und Steuerinstrumenten. Er verweist auf die besondere Rolle der ausländischen Arbeitnehmer.[19]

PAUSE: 16.30 UHR BIS 16. 45 UHR

Kollege *Heiß* spricht sich dafür aus, die sogenannten »Schubladengesetze« der Länder zu überprüfen.

Kollege *Seibert* zeigt am Beispiel der Textilwirtschaft die Problematik der gegenwärtigen Wirtschaftspolitik auf.

Kollege *Breit* begrüßt die offene Darstellung wirtschaftspolitischer Probleme und betont, daß bereits heute eine Investitionslenkung de facto gegeben sei (Subventions- und Steuerpolitik). Besonders problematisch sei die Situation in Ballungsräumen. Es sei wichtig, daß Arbeit zu den Menschen und nicht die Menschen zu der Arbeit gebracht würden. Das bedeute automatisch eine Lenkung der Investitionen. Kollege Breit spricht sich für eine Aktivierung des Wirtschaftspolitischen Ausschusses aus. Eine angemessene Repräsentation der Vorstände der Einzelgewerkschaften müsse gewährleistet werden. Er stellt die Frage, warum die wirtschaftspolitischen Papiere vom Mai 1974 nicht in das vorgegebene Diskussionspapier eingegangen seien.[20]

Kollege *Sperner* vertritt die Meinung, daß die praktische Arbeit der Gewerkschaften im Vordergrund der Erörterung stehen müsse. Die Wirtschaftspolitik ist nach seiner Meinung nicht von Namen bzw. von Einzelpolitiken abhängig. Er gibt einen Überblick über die besonderen Probleme der Bauwirtschaft.

Kollege *Wagner* macht auf die besonderen nationalen und internationalen Verflechtungen der Volkswirtschaften aufmerksam. Er spricht sich für eine Rohstoffversorgung zu vernünftigen Preisen aus, betont die Rolle des freien Welthandels und der Handelspolitik. Er erwartet von einer Analyse der Kapitalmarktsituation weiterführende Aufschlüsse zur Wirtschafts- und Kon-

---

19 Durch den Anwerbestopp von ausländischen Arbeitnehmern vom 23.11.1973 und die beginnende Arbeitslosigkeit bei ausländischen Arbeitnehmern ergaben sich Fragen zum Arbeitslosengeld und in diesem Zusammenhang zur Arbeitserlaubnis sowie zur Aufenthaltserlaubnis für die Zeit der Arbeitslosigkeit. Vgl. hierzu DGB-Archiv, DGB-BV, Abt. Ausländische Arbeitnehmer 5/DGAZ000617.
20 Gemeint waren die »Wirtschaftspolitischen Informationen des DGB«, 3.5.1974, Nr. 6, hrsg. v. Georg Neemann, mit einer Analyse zur konjunkturpolitischen Situation und zu den Agrarbeschlüssen von Brüssel.

Dokument 111   30. September/1. Oktober 1974

junkturpolitik. Er empfiehlt, die vorgelegte Prognosstudie über Strukturänderungen in der Bundesrepublik eingehend zu untersuchen.[21] Nach seiner Meinung müssen die Gewerkschaften im Zusammenhang mit der Mitbestimmungsforderung die Forderung nach einer Intensivierung der Entwicklungsplanung stellen.

Nach Auffassung von Kollegen *Sickert* gibt es eine Begriffsverwirrung über die Investitionspolitik und die Fragen der Investitionslenkung. Kollege Sickert gibt praktische Beispiele über die unbefriedigende Situation im sozialen Wohnungsbau, über Fehlbelegungsprobleme und empfiehlt, die Forderungskataloge zu überprüfen.

Kollege *Vetter* greift die Frage der Mobilität ausländischer Arbeitnehmer auf und macht darauf aufmerksam, daß es sich hier nicht um eine Manipulationsmasse bzw. Beschäftigungsreserve handeln kann. Er warnt vor möglichen negativen fremdenfeindlichen Haltungen der Bevölkerung. Er regt eine stärkere Einschaltung der Landesbezirke in die Landes-, Regional- und Strukturpolitik an.

Kollege *Loderer* begrüßt die vorgelegten Diskussionsmaterialien. Nach seiner Meinung seien die Alternativen offen. Er empfiehlt, die Grundvorstellungen des ersten Teils mit denen des zweiten Teils in Übereinstimmung zu bringen. Die Krisentheorien sieht er als zu negativ dargestellt. Besonderes Augenmerk widmet Kollege Loderer der Problematik der multinationalen Unternehmen. Er betont, daß Investitionslenkung nicht Planung und nicht Bürokratisierung à la Ostblock bedeuten dürfe. Besonders problematisch sei die Verlagerung von Produktionsstätten in ausländische Länder (Niedriglohnländer). Bei der Diskussion um die Investitionslenkung gehe es vorrangig darum, die staatlichen Stellen, soweit vorhanden, zu nutzen, Informationssysteme zu verbessern und eventuell eine Kapazitätssteuerung in bestimmte Wirtschaftssektoren einzuleiten.

Kollege *Neemann* faßt die Diskussion zu wirtschaftspolitischen Fragen zusammen und dankt für die zahlreichen weiterführenden Hinweise aus dem Kreise des Bundesvorstandes. Der Geschäftsführende Bundesvorstand wird dem Bundesvorstand eine Vorlage über die künftige Zusammensetzung und Aufgabenstellung des Wirtschaftspolitischen Ausschusses unterbreiten. Kollege Neemann vertritt die Auffassung, daß die Diskussion über wirtschaftspolitische Fragen bisher in Bundesvorstandssitzungen zu kurz gekommen sei. Nach dieser Bemerkung erfolgt eine Kommentierung der in der Diskussion vorgetragenen Beiträge. Es besteht eine Übereinstimmung mit Kollegen Loderer zu Fragen der Investitionslenkung. Hier seien bereits erste Vorarbeiten getroffen. Das vorgelegte Papier sei nicht als abschließendes Papier zu verstehen. Die konjunkturpolitischen Maßnahmen der Bundesregierung

---

21 Die Prognos AG wurde 1959 als eine Ausgründung der Universität Basel gegründet. Nach dem Schweizer Bankenverein wurde 1995 die Verlagsgruppe Georg von Holtzbrink Alleinaktionär. 1965 wurde der erste Prognos Deutschland Report erstellt. Bis heute gilt der Report als Kompendium zur Zukunft Deutschlands und als Planungsinstrument für Entscheidungsträger aus Wirtschaft und Politik. Hier: Prognos Report Nr. 5: Die Bundesrepublik Deutschland, Basel 1973.

werden als unzureichend kritisiert. Besonderes Augenmerk wird dem sozialen Wohnungsbau zu schenken sein. In der Frage der Steuerpolitik wird eine größere Transparenz angestrebt. Abschließend werden Fragen der Aufbereitung wirtschaftspolitischer Daten, der Verbesserung der Information sowie Aspekte der Verbraucherpolitik angesprochen. In etwa 14 Tagen soll den Mitgliedern des Bundesvorstandes ein Papier zur Reform des Bankensystems in der Bundesrepublik übermittelt werden.[22]

Kollege *Vetter* stellt die Frage, ob die Mitglieder des Bundesvorstandes beabsichtigen, der Einladung der Ständigen Vertretung der DDR in Bonn zur Teilnahme an einem Cocktailempfang anläßlich des 25. Jahrestages der Gründung der DDR Folge zu leisten.[23]

Der Bundesvorstand kommt nach kurzer Aussprache zu der Auffassung, der Einladung der Ständigen Vertretung der DDR zur Teilnahme an einem Cocktailempfang anläßlich des 25. Jahrestages der DDR-Staatsgründung nicht zu folgen.

ENDE: 19.00 UHR

FORTSETZUNG: 1.10.1974, 9.00 UHR

Kollege *Vetter* begrüßt die Mitglieder des Bundesvorstandes und eröffnet die Beratung.

Kollege *G. Schmidt* bittet um Genehmigung eines Verhandlungsrahmens für die bevorstehende DGB-Gehaltsrunde in Höhe der durchschnittlichen Gehaltszuwächse der Beschäftigten der Einzelgewerkschaften im Jahre 1974.

Kollege *Kluncker* betont das Recht der DGB-Beschäftigten auf einen Kollektivvertrag. Er spricht sich dagegen aus, unter Hinweis auf den Tendenzschutz, den eigenen Betriebsrat niederzuknüppeln. Er ist der Meinung, daß die Tendenz, nicht der Betrieb geschützt sei.

Kollege *G. Schmidt* stimmt zu, konkretisiert die anstehende Rahmenrichtlinie auf 11,5%, inklusive eines vom Betriebsrat geforderten Sockelbetrages.

Der Bundesvorstand stimmt dem vorgeschlagenen Verhandlungsrahmen für die nächste DGB-Gehaltsrunde zu und wird ihn dem Bundesausschuß zur Annahme empfehlen.[24]

---

22 Grundlage für das Arbeitspapier war die Insolvenz der Herstatt-Bank in Köln im Juni 1974 aufgrund von Devisenspekulationen. Diese war die größte Bankenpleite der deutschen Nachkriegsgeschichte. Vgl. u. a. Der Spiegel 28, 1.7.1974, Nr. 27, S. 17–21. Auf der 21. Sitzung des Bundesvorstandes am 3.12.1974 wurde unter TOP 17c dieses Arbeitspapier kurz besprochen. Zur Reform des Bankensektors siehe auch: Antrag 69 der HBV zur Neuordnung des Bankensektors, in: 10. Ordentlicher Bundeskongreß 1975, Teil: Anträge und Entschließungen, S. 80 f.
23 Zum Jahrestag der DDR-Gründung siehe Artikel in: WdA 24, 4.10.1974, Nr. 40, S. 5.
24 In seiner 9. Sitzung am 2.10.1974 ermächtigte der Bundesausschuss den GBV, im Rahmen der bei den Gewerkschaften im Jahre 1974 durchgeführten Gehaltserhöhungen für ihre Mitarbeiter und des sich daraus ergebenen Durchschnitts, die Gehälter der DGB-Beschäftigten anzuheben. Die Gehaltstariferhöhung lag bei 11,5%. Vgl. Sitzungsprotokoll, in: DGB-Archiv, DGB-BV, Abt. Vorsitzender 5/DGAI000415.

Dokument 111 30. September/1. Oktober 1974

Kollege *Vetter* verliest einen Artikel der »Frankfurter Allgemeinen Zeitung«, in dem der BDA-Präsident Schleyer den Gewerkschaften Machtstreben unterstellt.[25] Kollege Vetter betont, daß die Suche um die rechte Mitte die Bundesvorstandsklausur charakterisiere.

Kollege *Sperner* unterstreicht die Bemühungen um eine eigene Politik der Gewerkschaften. Er spricht sich gegen unkoordinierte und unabgestimmte Äußerungen zu gewerkschaftspolitischen Fragen aus.

Kollege *Vetter* unterstreicht, daß die Aussagen der Mitglieder des Bundesvorstandes, wie auch seine eigenen, stets im Rahmen des Grundsatzprogrammes liegen. Auf die Berichterstattung, insbesondere einer arbeitnehmerfeindlichen Presse, habe man jedoch keinen Einfluß. Dies könne zu widersprüchlichen Darstellungen führen.

Danach führt Kollege Vetter das vorgelegte Papier zur Tarifpolitik in die Diskussion ein.[26]

Kollege *Heiß* macht mehrere Ausführungen und verweist insbesondere auf die Situation des Tarifpolitischen Ausschusses und seine Versuche, diesen attraktiver zu machen. Als mangelhaft habe sich der Grad der Information sowie der Koordination herausgestellt. Die Wahrung der Vertraulichkeit werde angestrebt, um nicht zuletzt dadurch eine größere Transparenz der Einzelaktivitäten der Einzelgewerkschaften auf dem tarifpolitischen Sektor zu erhalten. Die tarifpolitischen Aktivitäten des DGB, insbesondere auf europäischer Ebene, seien bisher nicht erfolgreich gewesen. Dies liege vornehmlich an der mangelnden Mitarbeit der übrigen EGB-Mitgliedsorganisationen.

Kollege *Vetter* macht auf die besonderen Schwierigkeiten im tarifpolitischen Sektor aufmerksam.

Unter Hinweis auf die »solidarische Lohnpolitik« in Schweden betont Kollege *Buschmann* die Notwendigkeit einer größeren Solidarität der Gewerkschaften in tarifpolitischen Fragen. Er spricht sich für eine Abstimmung und Koordinierung der Gewerkschaften aus. Nach seiner Auffassung müsse eine tarifliche Besserstellung der organisierten Arbeitnehmer umgehend verwirklicht werden. Angesichts geringer werdender Wachstumsraten und einer dadurch bedingten Einengung der gewerkschaftlichen Aktionsrahmen seien materielle Veränderungen zukünftig schwerer durchsetzbar. Die Grenzen aktiver Lohnpolitik seien damit erreicht. Er spricht sich für eine Suche nach neuen Möglichkeiten aus und betont die Rolle der Gewerkschaften als Garanten einer demokratischen Ordnung.

---

25 In dem Artikel kritisierte Schleyer die Gewerkschaften, indem er u. a. ausführte: »Die Machtpolitik der Gewerkschaften ist keine Erfindung böswilliger Unternehmer, sondern konkretes Ziel einer gesellschaftsverändernden und das pluralistische Prinzip zutiefst mißachtenden Strategie.«, Schleyer übt scharfe Kritik an Gewerkschaften, in: FAZ, 1.10.1974.
26 Das Arbeitspapier (S. 25 f.) des Beratungspapiers vom 13.9.1974 beschrieb, dass aufgrund der konjunkturellen Situation die Tarifpolitik flexibel gestaltet werden sollte, insbesondere bei der Festlegung der Laufdauer; zunehmend würden die Gewerkschaften gezwungen, eine differenzierte Lohn- und Gehaltspolitik zu betreiben. Zu den Problemen der Koordination, Information und Öffentlichkeitsdarstellung der Tarifpolitik der Gewerkschaften wurden Lösungsvorschläge aufgeführt.

30. September/1. Oktober 1974 **Dokument 111**

Kollege *Loderer* verweist auf die tarifpolitische Praxis der IG Metall und auf die Grundlagen ihrer tarifpolitischen Arbeit. Er hat seine Zweifel an der Einbeziehung des Begriffes Solidarität in mögliche tarifpolitische Auseinandersetzungen über gewerkschaftspolitische Grundsatzfragen.

Kollege *Sperner* ist der Meinung, daß eine gewisse Konkurrenz notwendigerweise gegeben sein müsse. Daraus erwachsen s.E. auch Vorteile für die übrigen Organisationen.

Kollege *Kluncker* betont seine Auffassung, wonach der DGB keine allgemeinverbindliche Tarifclearingstelle sein könne. Man habe gemeinsame Ziele im Rahmen des Aktionsprogramms. Die Auffassung von Kollegen Buschmann über mögliche lohnpolitische Enthaltsamkeit würde sich in der Praxis nicht auszahlen. Tarifpolitik ist nach seiner Meinung Ausfluß von Macht und nicht von Geist. Kollege Kluncker spricht sich für einen angemessenen Interessenausgleich aus und macht auf die Grenzen der Koordinierung der Tarifpolitik aufmerksam. Er sagt ein deutliches Ja zur Verbesserung der internen Informationsarbeit.

Kollege *Vetter* kommentiert die Aussagen von Kollegen Kluncker und betont, daß der öffentliche Dienst in die tarifpolitische Entwicklung eingeordnet werden müsse.

Kollege *Seibert* zieht historische Parallelen zu den Bundesregierungen Erhard und Kiesinger und spricht sich für Vorreiterfunktionen einzelner Gewerkschaften aus.[27]

Kollege *Breit* äußert die Auffassung, daß eine Koordinierungsfunktion des DGB wegen einer zunehmend stärkeren Beteiligung der Mitgliedschaft an der Entwicklung von Forderungen nicht zu realisieren sei. Es sei eine Utopie, die Personalkosten im öffentlichen Dienst in den Griff zu bekommen. Eine Einwirkung sei nur über Gesetzgebungsverfahren bei einer Begrenzung der Aufgabenstellung des öffentlichen Dienstes möglich. Eine intensive Aufklärungs- und Informationsarbeit sei notwendig, um auf die Gefährdung der Tarifautonomie aufmerksam zu machen und diese zu verhindern. Ziel müsse ein größeres Verständnis der Bevölkerung für die anstehenden Probleme sein. Er ist der Meinung, daß die Einzelgewerkschaften nicht an einer eigenständigen Tarifpolitik gehindert werden könnten oder sollten.

Kollegin *Weber* greift die in der Diskussion gemachten Vorschläge zur Diskussion eines Kataloges tarifpolitischer Aktivitäten und der Festlegung von Zielen und Gegenständen tarifpolitischer Maßnahmen auf.

Kollege *Buschmann* warnt noch einmal vor einem möglichen Entsolidarisierungsprozeß durch überzogene Tarifforderungen, die sich zwangsläufig in den Preisen niederschlagen müssen.

---

27 Zur Tarifpolitik und zur lohnpolitischen Zurückhaltung der Gewerkschaften in der wirtschaftlichen Rezession ab Mitte 1966 siehe Schneider: Kleine Geschichte, S. 329 ff. und Arno Klönne/Hartmut Reese: Zeiten des Umbruchs – Die Gewerkschaften unter der Großen Koalition, in: Hemmer/Schmitz: Geschichte der Gewerkschaften, S. 253 ff. sowie Abelshauser: Wirtschaftsgeschichte seit 1945, S. 344.

Dokument 111   30. September/1. Oktober 1974

Kollege *Loderer* gibt eine Übersicht über die von der Stahltarifkommission der IG Metall in NRW aufgestellten Forderungen.[28]

Unter Hinweis auf die Bemühungen um ein einheitliches Arbeitsgesetzbuch macht Kollege *Muhr* auf die Problematik der Konkurrenz Tarifordnung/ gesetzliche Regelung aufmerksam.

Nach Auffassung von Kollegen *Vetter* stehen vier Probleme im Vordergrund: Verteilungsprobleme, das Verhältnis Gesetz und Tarifvertrag, Fragen der Information und Koordination untereinander sowie die verantwortliche personelle Besetzung in den politischen Ausschüssen. Darüber hinaus sei es notwendig, schwergewichtige politische Diskussionen frei von administrativen Belastungen im Bundesvorstand zu führen.

Kollege *Heiß* dankt für die gemachten wertvollen Anregungen der Bundesvorstandsmitglieder.

PAUSE: 12.00 BIS 12.20 UHR

Kollegin *Weber* gibt einen umfassenden Überblick über die Probleme der beruflichen Bildung und erläutert einzelne Vorstellungen des DGB.

[In der nachfolgenden Diskussion werden Einzelaspekte der Diskussion um die berufliche Bildung erörtert.]

MITTAGESSEN: 13.20 BIS 14.20 UHR

[Beim Mittagessen: Begrüßung von Cesar Chavez, United Farm Workers of America, und anschließend Zusammenfassung der Diskussion durch *Vetter*.[29]]

Danach Aussprache mit Vertretern der BfG, Hesselbach und van Heukelum.

Kollege *Vetter* begrüßt die Kollegen Hesselbach und van Heukelum zur Erörterung der Problemkreise BfG-Holding und Coop-AG.[30]

Kollege *van Heukelum* gibt nach einfahrenden Vorbemerkungen von Kollegen *Hesselbach* eine Übersicht über die geplante Neuordnung der Coop-Gruppe mit der Zielrichtung der Gründung einer Coop-Holding. Die Coop-Holding soll in der Anfangsphase ein Kapital von 100 Mio. DM haben. Gesellschafter sollen der Bund deutsche Konsumgenossenschaften (50%), die Bank für

---

28 Die Tarifforderungen der Eisen- und Stahlindustrie in NRW waren: 1. Erhöhung der Tariflöhne und -gehälter um 14% und der Ausbildungsvergütung um 100 DM je Ausbildungsjahr, 2. Erhöhung der Urlaubstage um 4 Arbeitstage sowie 3., im Rahmen der allgemeinen Arbeitsbedingungen, Sicherung des sozialen Besitzstandes und Verlängerung der Kündigungsfristen für ältere Arbeitnehmer. Vgl. Presse- und Funknachrichten der IG Metall, 26.9.1974, Nr. XXIII/184.
29 Cesar Estrada Chavez war Vorsitzender der 1965 aus Landarbeitergewerkschaft National Farm Workers Association und Agricultural Workers Organization Committee gegründeten Einheitsgewerkschaft United Farm Workers Organizing Committee (UFWOC). Zur Farmarbeiterbewegung in den USA siehe Peter M. Michels: Wetbacks, Kojoten und Gorillas. Arbeitskämpfe der Farmarbeiter in den USA, Frankfurt/M. 1976. Chavez war Anfang Oktober in der Bundesrepublik, er informierte den Bundesvorstand über den zweijährigen Streik der kalifornischen Traubenpflücker und warb für einen Boykott der Trauben. Vgl. WdA 24, 11.10.1974, Nr. 41, S. 3 sowie Der Säemann 26, 1974, Nr. 11, S. 6.
30 Vgl. hierzu 17. BV-Sitzung vom 4.6.1974, TOP 14 (Dok. 108).

30. September/1. Oktober 1974 **Dokument 111**

Gemeinwirtschaft (25 %), der Revisionsverband deutscher Konsumgenossenschaften (15 %) sowie internationale, insbesondere skandinavische Gewerkschaftsorganisationen (10 %) sein. Die Holding, deren Sitz in Frankfurt sein soll, soll als Muttergesellschaft des Konzerns koordinierende Funktionen, d. h. Planung, Finanzierung und Gesamtsteuerung, wahrnehmen. Es wird vorgeschlagen, Kollegen van Heukelum zum Vorstandsvorsitzenden der Holding zu wählen. Die Zahl der Mitarbeiter in der Frankfurter Konzernspitze soll relativ klein sein. Eine größere Abwanderung aus Hamburg ist nicht zu erwarten, zumal die bisherige Coop-Zentrale AG als warenwirtschaftliche Zentrale der Unternehmensgruppe in Hamburg bleibt.

Kollege *Hesselbach* erläutert den Mitgliedern des Bundesvorstandes seinen Vorschlag zur Bildung einer BfG-Holding und trägt u. a. die nachstehend aufgeführten Gesichtspunkte vor:

- Die Holding wird noch in diesem Jahr mit einem Grundkapital von 100 Mio. DM (Rücklagen 50 Mio. DM) und in der Rechtsform einer Aktiengesellschaft errichtet.
- Der Name der Holding lautet voraussichtlich »Beteiligungsgesellschaft für Gemeinwirtschaft Aktiengesellschaft«.
- Neben den Organen (Vorstand und Aufsichtsrat) wird die Holding nur mit einem kleinen Stab leitender Angestellter ausgestattet, die sich der Bereiche Sekretariat, Recht, Rechnungswesen, Finanzen, Beteiligungsverwaltung, Revision, Orga, Gemeinwirtschaft und Personal annehmen.
- Der Vorstand der Holding besteht aus: Dr. Walter Hesselbach, Frankfurt, 1 DGB-Vertreter (ehrenamtlich).
Der Aufsichtsrat der Holding besteht aus den Kollegen:
Heinz O. Vetter, Düsseldorf, Hermann Kauertz, Frankfurt, Eugen Loderer, Frankfurt, Erwin Bilgen, Düsseldorf, Artur Freyeisen, Frankfurt, Werner Hamann, Hamburg, Karl Hauenschild, Hannover, Heinz Kluncker, Stuttgart, Alfons Lappas, Düsseldorf, Dr. Heinz Markmann, Düsseldorf, Heinz-Werner Meyer, Bochum, Dr. Wilhelm Nölling, Hamburg, Ursula Röser, Essen, Adolf Schmidt, Bochum, Gisela Seemann, Hamburg, Hans Spahn, Frankfurt, Rudolf Sperner, Frankfurt, Karl-Heinz Troche, Frankfurt, Albert Vietor, Hamburg, Günter Volkmar, Düsseldorf.
Hinzu kommen ggf. die Kollegen: Gerhard Vater, Düsseldorf, Karl Buschmann, Düsseldorf.
Alle nicht vertretenen Gewerkschaftsvorsitzenden sind ständige Gäste im Aufsichtsrat.

In der Aussprache werden die einzelnen Aspekte der geplanten Neuordnungsmaßnahmen eingehend diskutiert. Die Mitglieder des Bundesvorstandes sollen in einem gesonderten Schreiben über die wichtigsten Neuordnungsgrundsätze unterrichtet werden. In den einzelnen Vorständen der Gewerkschaften wird eine Diskussion der zu treffenden Maßnahmen erfolgen.

Mit dem Dank an alle Teilnehmer schließt Kollege *Vetter* die Sitzung.

Ende der Sitzung: 16.30 Uhr

Dokument 112

5. November 1974: Protokoll der 20. Sitzung des Bundesvorstandes

Hotel Arabella in München; Vorsitz: Heinz O. Vetter; Protokollführung: Isolde Funke, Marianne Jeratsch; Sitzungsdauer: 10.05–15.10 Uhr; ms. vermerkt: »Vertraulich«.[1]

Ms., hekt., 9 S., 3 Anlagen.[2]

DGB-Archiv, 5/DGAI000537.

Beginn der Sitzung: 10.05 Uhr

[*Vetter* eröffnet die Sitzung und teilt mit, dass Kluncker gebeten habe, den TOP »DGB-Zielprojektion 1975« als ersten Tagesordnungspunkt zu behandeln; anschließend wird Ulrich Preußner als künftiger Nachfolger Walter Fritzes vorgestellt.[3]]

Tagesordnung:
1. DGB-Zielprojektion 1975
2. Genehmigung der Protokolle der 19. Bundesvorstandssitzung und der Bundesvorstandsklausur am 30.9./1.10.1974
3. Tagesordnung für die 10. Bundesausschusssitzung am 4.12.1974
4. Bestätigung von Landesbezirksvorstandsmitgliedern
5. Verschiedenes
6. Angestelltenstudie

1. DGB-Zielprojektion 1975

Kollege *Neemann* verweist auf die dem Bundesvorstand übersandte Vorlage[4] und schlägt vor, wegen der ungewöhnlich starken Unterschiede der Konjunkturentwicklung im Herbst 1974 auch diesmal von der Veröffentlichung einer Zielprojektion abzusehen.[5] Diese auf Globalzahlen beruhende Zielprojektion

---

1 Einladungsschreiben vom 11. und 23.10.1974. Nicht anwesend: Gerd Muhr, Ernst Breit, Karl Buschmann, Adolf Schmidt. DGB-Archiv, DGB-BV, Abt. Vorsitzender 5/DGAI000486.
2 Anlagen: Anwesenheitsliste, Presseerklärung zur Arbeitslosigkeit (ND, 5.11.1974, Nr. 292) und Wirtschaftspolitische Informationen des DGB, 29.10.1974, Nr. 11, mit Informationen über das Gutachten der Wirtschaftsforschungsinstitute und das 950-Millionen-Sonderprogramm der Bundesregierung. Zum Sonderprogramm der Bundesregierung siehe Dok. 113, Fußnote 5.
3 Walter Fritze schied zum 30.1.1975 aus. Vgl. Neuer Leiter der DGB-Bundespressestelle, in: ND, 3.2.1975, Nr. 34.
4 In der 3-seitigen Vorlage vom 25.10.1974 wurden Möglichkeiten für die weitere Vorgehensweise bei der Behandlung von Antrag 297 bzw. 73 des 8. bzw. 9. DGB-Bundeskongresses (mittelfristige Zielprojektionen) aufgezeigt. Neben dem Wortlaut der Anträge beinhaltete die Vorlage eine Darstellung der bisherigen Durchführung des Antrages 297. Vgl. DGB-Archiv, DGB-BV, Abt. Vorsitzender 5/DGAI000486.
5 In der Sitzung des Bundesvorstandes vom Juli 1973 wurde unter TOP 5 der Beschluss gefasst, die Zielprojektionen nicht mehr zu veröffentlichen (Dok. 86). Wegen der Preissteigerungen im Jahre 1973 und der Folgen der Ölkrise wurde auf der Klausurtagung des BV im Oktober 1973 unter TOP 5 der Beschluss erneuert (Dok. 88).

5. November 1974 **Dokument 112**

würde weniger denn je Schlüsse auf die Entwicklung in den Einzelbranchen zulassen und bestenfalls unechte Durchschnitte darstellen, von denen die einzelnen Wirtschaftszweige mehr oder weniger stark abweichen würden. Für die interne Arbeit wird die Abteilung Wirtschaftspolitik Berechnungen der mittelfristigen Entwicklungsmöglichkeiten auf der Grundlage der bisherigen Zielprojektionsansätze anfertigen. Kollege Neemann bittet den Bundesvorstand um Entscheidung über die in der Vorlage aufgeführten Alternativen.[6]

Kollege Neemann geht abschließend kurz auf das Arbeitslosenproblem, das von fünf Instituten erstellte Gemeinschaftsgutachten sowie die in der Öffentlichkeit mißverständlich interpretierte Projektion des WSI ein.[7]

An der nachfolgenden Diskussion beteiligen sich die Kollegen *Kluncker, Vetter, Loderer, Hauenschild* und *Neemann*. Sie stimmen den Ausführungen von Kollegen Neemann zu.

Der Bundesvorstand beschließt, auch für 1975 keine Zielprojektion des DGB zu veröffentlichen. Die von der Abteilung Wirtschaftspolitik erstellten Berechnungen sollen den Vorständen der Einzelgewerkschaften vorgelegt werden.

In diesem Zusammenhang berichtet Kollege *Loderer* Einzelheiten über Verlauf und Ergebnisse der Tarifverhandlungen in der nordrhein-westfälischen Stahlindustrie.[8]

Kollege *Kluncker* informiert den Bundesvorstand über eine Empfehlung des Geschäftsführenden Vorstandes seiner Gewerkschaft an die Große Tarifkommission, bei den bevorstehenden Verhandlungen im Öffentlichen Dienst 6% Lohn- bzw. Gehaltserhöhung, DM 50,-- Sockelbetrag und DM 300,-- Urlaubsgeld jährlich zu fordern.[9]

---

6 Die Berechnungen sollten entweder a) den Vorständen der Einzelgewerkschaften vorgelegt werden, oder sie könnten b) je nach Wunsch von den Vorständen der einzelnen DGB-Gewerkschaften bei der Abt. Wirtschaftspolitik abgerufen werden, oder aber c) intern nur in der Abt. Wirtschaftspolitik verbleiben.
7 Zur Kontroverse: Die Wirtschaftsinstitute gingen in ihrer Prognose von 1 Mio. Arbeitslosen im Winter 1974/75 aus, das WSI von 700.000. In der Kurzfassung der WSI-Prognose für die Presse wurde der geschätzte saisonale Anstieg der Arbeitslosenzahl ab September 1974 von 250.000 der prognostizierten Arbeitslosenzahl zugerechnet. Zur Kontroverse vgl. WSI: Keine Korrektur der Prognose, in: ND, 25.10.1974, Nr. 283. Zum Herbstgutachten der Wirtschaftsinstitute siehe Die Lage der Weltwirtschaft und der westdeutschen Wirtschaft (abgeschlossen am 17.10.1974), in: Wochenbericht des Deutschen Instituts für Wirtschaftsforschung, 24.10.1974 sowie die kritische Stellungnahme zu dem Gutachten: Günter Pehl: Ohne staatliche Hilfe keine Konjunktur-Wende, in: GMH 25, 1974, Nr. 12, S. 733-742.
8 In der fünften Verhandlungsrunde wurde der Tarifvertrag mit einer Laufzeit von 12 Monaten für die 2.220.000 Beschäftigten der Eisen- und Stahlindustrie NRW abgeschlossen. Neben einer Tariferhöhung von 9% und zwei Sonderzahlungen wurden die Ausbildungsvergütung erhöht, zwei Arbeitstage mehr Urlaub vereinbart, der Kündigungstermin des Sonderabkommens über die Zahlung des 13. Monatsgehaltes auf den 31.12.1975 vorgezogen und die Kündigungsschutzformel für ältere Arbeitnehmer ausgebaut. Vgl. Metall Pressedienst, 28.10.1974.
9 Wie die ÖTV hatte auch die Deutsche Postgewerkschaft die Lohn- und Gehaltstarifverträge zum 31.12.1974 gekündigt. Die Tarifverhandlungen für die 1,4 Millionen Beschäftigten im öffentlichen Dienst begannen am 12.12.1974. Vgl. Die Quelle 25, 1974, Heft 12, S. 494.

Dokument 112 5. November 1974

2. Genehmigung der Protokolle der 19. Bundesvorstandssitzung und der Bundesvorstandsklausur am 30.9./1.10.1974

[Der Bundesvorstand genehmigt das Protokoll der 19. Sitzung und das der Klausurtagung mit zwei redaktionellen Änderungen (Wortergänzungen).]

3. Tagesordnung für die 10. Bundesausschusssitzung

Auf die Bitte des Kollegen *Kluncker*, im Bundesausschuß eine Analyse der Sozialwahlen vorzunehmen, erwidert Kollege *Vetter,* daß der Bundesvorstand im Dezember eine Vorberatung durchführen muß.

Kollege *Hauenschild* bittet zu überlegen, ob der Bundesvorstand nicht zu einigen Anträgen an den nächsten Bundeskongress ein Positionspapier erarbeiten sollte. Im Bundesausschuß könnten hierfür Ansatzpunkte gefunden werden.

Kollege *Vetter* sagt zu, daß sich der Geschäftsführende Bundesvorstand in seiner nächsten Sitzung mit dieser Frage beschäftigen wird. In den Sitzungen des Bundesvorstandes und Bundesausschusses im Dezember könnte die Frage andiskutiert und in der ersten Sitzung im neuen Jahr abschließend beraten werden.

[Anschließend werden für die 10. Bundesausschusssitzung am 4.12.1974 folgende Tagesordnungspunkte beschlossen: 1. Genehmigung des Protokolls der 9. Bundesausschusssitzung,

2. Bericht zur gewerkschaftspolitischen und organisatorischen Situation, 3. Bericht der Revisoren,

4. Bestätigung von Landesbezirksvorstandsmitgliedern, 5. 1. Mai, 6. Sozialwahlen, 7. Fragestunde und 8. Verschiedenes.]

4. Bestätigung von Landesbezirksvorstandsmitgliedern

Kollege *Vetter* weist darauf hin, daß in einige DGB- bzw. Gewerkschaftsorgane DKP-Mitglieder gewählt worden sind.[10]

Nach kurzer Diskussion, an der sich die Kollegin *Weber* und die Kollegen *Loderer, Schwab, Hauenschild, Vetter, Sperner, Vietheer* und *Frister* beteiligen, bittet Kollege *Vetter* die Landesbezirksvorsitzenden, ihm persönlich bei der Einreichung von Bestätigungsanträgen ihre Bemerkungen zur Person mitzuteilen.

[Der Bundesvorstand empfiehlt dem Bundesausschuss, Walter Wahl (DPG Bezirksleiter), Josef Prieschl (DPG Bezirk Stuttgart) als Mitglied des LBV Baden-Württemberg, Kurt Weber (DPG Bezirksleiter), Hermann Klein (DPG Bezirk Trier) und Walter Wende (NGG Ludwigshafen) als Mitglied des LBV Rheinland-Pfalz, Egon Biefeld (CPK Bezirksleiter), Peter Helwin (LB-Saar),

---

10 Zur Arbeit der DKP-orientierten Betriebsräte und Vertrauensleute in den Gewerkschaftsgremien siehe Gerhard Leminsky: Zur Gewerkschaftsarbeit der DKP, in: GMH 25, 1974, Nr. 4, S. 256.

5. November 1974   **Dokument 112**

Klaus Hippchen (Landesbezirksjugendsekretär) und Erwin Irmisch (IGM) als Mitglieder des LBV Saar zu bestätigen.[11]]

5. VERSCHIEDENES

a) Tarifautonomie

Kollege *Heiß* erinnert an die vorausgegangenen Diskussionen im Bundesvorstand über die Frage der Tarifautonomie. Der Tarifpolitische Ausschuß hat eine kleine Kommission eingesetzt, die alle nötigen Vorarbeiten leisten wird. Es ist vorgesehen, daß sich danach der Tarifpolitische Ausschuß, Anfang Februar 1975 der GBV und im März 1975 der Bundesvorstand mit dem Problem beschäftigen werden.

Der Bundesvorstand nimmt diese Information zustimmend zur Kenntnis.[12]

b) Arbeitslosigkeit

Kollege *Frister* spricht das Problem der Arbeitslosigkeit in der Bundesrepublik an.[13] Er ist der Meinung, daß der DGB im Hinblick auf die wahrscheinlich weiter anwachsenden Arbeitslosenzahlen etwas unternehmen und sich äußern müßte.

Kollege *Vetter* weist darauf hin, daß die Mitglieder des GBV bei öffentlichen Auftritten diesem Problem nicht ausgewichen sind. Er ist gleichwohl der Meinung, daß sich der DGB intensiv mit diesen Fragen beschäftigen muß – in Zusammenarbeit mit den Landesbezirken des DGB. In einer Begegnung mit dem Präsidenten der Bundesanstalt für Arbeit, Stingl, am 9.12.1974 wird das Thema ebenfalls eingehend diskutiert werden.[14]

Kollege *Wagner* regt an, das Thema auf die Tagesordnungen der nächsten Bundesvorstandssitzungen zu setzen, damit sich der Bundesvorstand jeweils über die Lage informieren und gegebenenfalls nötige Beschlüsse fassen kann. Die Landesbezirke und die Gewerkschaften sollten den DGB laufend mit Material versorgen.

---

11 Der Bundesausschuss bestätigte die Wahl in seiner 10. Sitzung am 4.12.1974. Vgl. DGB-Archiv, DGB-BV, Abt. Vorsitzender 5/DGAI000415.
12 In der 22. BV-Sitzung am 4.3.1975 wurden unter TOP 5 die vom Tarifpolitischen Ausschuss erarbeiteten »Grundsätze zur Tarifpolitik« verabschiedet, die eine Überarbeitung der Tarifpolitischen Grundsätze vom 4.4.1967 waren (siehe Dok. 54, in: Kieseritzky: Quellen 13, S. 440 ff.). Ausführungen zu den neuen Grundsätzen: siehe Geschäftsbericht von Martin Heiß auf dem 10. Ordentlichen Bundeskongress, Protokoll 10. Bundeskongreß, S. 67 f. sowie Text: hektografiertes Manuskript der Abteilung Tarifpolitik beim DGB-Bundesvorstand, Düsseldorf o. J., in: DGB-Archiv, DGB-BV, Abt. Tarifpolitik 5/DGAY000014 und 5/DGAY000015.
13 Die Arbeitslosenquote stieg von 1,2 % (1973) über 2,5 % (1974) auf 4,6 % (1975). Gleichzeitig sank die Wachstumsrate von 4,7 % (1973) auf –1,1 % (1975). Vgl. Hradil: Soziale Ungleichheit, S. 187 ff.
14 Bei dem Gespräch wurden u. a. das in der Bundesvorstands- und Bundesausschusssitzung am 3. und 4.12.1974 beschlossene Sofortprogramm des DGB zur Bekämpfung der Arbeitslosigkeit diskutiert. Vgl. ND, 10.12.1974, Nr. 336. Zum Sofortprogramm siehe ND, 4.12.1974, Nr. 331 sowie TOP 7 der BV-Sitzung vom 3.12.1974 (Dok. 114). Josef Stingl (1919–2004) war von 1968 bis 1984 Präsident der Bundesanstalt für Arbeit.

Dokument 112 5. November 1974

Kollege *Neemann* begrüßt das vorgeschlagene Vorgehen und bittet um Übersendung von Informationen. Er geht noch einmal kurz auf das Gemeinschaftsgutachten der Wirtschaftswissenschaftlichen Institute ein und kritisiert die dort ohne Erläuterungen genannten Zahlen sowie die von der Bundesregierung in den Orientierungsdaten genannten Prozentsätze.[15]

Nachfolgend berichten die Kollegen *Lehlbach, Sierks, Drescher, Sickert, Rothe, Erlewein, Michels* und *Wagner* über die Arbeitsmarktlage in ihren Landesbezirken.

Kollege *Loderer* geht kurz auf die Situation in der Automobilindustrie[16] ein und erwähnt Einzelheiten aus einem Gutachten der Prognos AG zu diesem Komplex. Er hält es für dringend erforderlich, daß das WSI sich vorrangig mit dem Problem der Arbeitslosigkeit beschäftigt und dem DGB und den Gewerkschaften Material an die Hand gibt, das sie in die Lage versetzt, tätig zu werden, damit auch die Kollegen draußen merken, daß wir etwas tun.

Kollege *Vater* regt in diesem Zusammenhang auch Branchenuntersuchungen durch das WSI an.

Kollege *Stadelmaier* erwähnt, daß man von einer Erhöhung der Mehrwertsteuer im Hinblick auf Infrastrukturmaßnahmen spricht. Dagegen müßte der DGB protestieren.

Kollege *Vetter* faßt die Diskussion wie folgt zusammen:

Das WSI wird beauftragt, sich vorrangig mit dem Problem der Arbeitslosigkeit zu beschäftigen, und zwar aus regional-, struktur- und konjunkturpolitischer Sicht. Die Landesbezirke und möglichst auch die Gewerkschaften werden ihre Unterlagen zur Verfügung stellen. Der Bundesvorstand soll damit in die Lage versetzt werden, gegenüber der Bundesregierung erneut seine Absichten zu Bekämpfung der Arbeitslosigkeit mit Nachdruck zu vertreten. Es soll außerdem eine rechtzeitige Abstimmung mit Planungsabsichten der Bundesregierung erreicht werden.

Der Bundesvorstand verabschiedet nach kurzer Diskussion eine Presseerklärung zu diesem Thema (Anlage).

c) Mitbestimmung

Kollege *Vetter* berichtet über die beiden ersten Tage des Mitbestimmungshearings vor dem Bundestagsausschuß für Arbeit und Sozialordnung.[17] Die DGB-Sachverständigen hätten bei ihren Äußerungen die gewerkschaftliche Forderung nach Ausweitung der Montanmitbestimmung zugrunde gelegt. Von hier aus hätten sich die zum Teil negativen, zum Teil positiven Stellungnahmen zum Regierungsentwurf ergeben. Dabei konnte man allgemein fest-

---

15 Vgl. hierzu die Diskussion auf der Klausurtagung des Bundesvorstandes, Dok. 111, Fußnote 17.
16 Zur Situation in der Automobilindustrie, insbesondere deren Umsatz- und Ertragsrückgang um 5,5 bis 7,7 % siehe IG Metall-Geschäftsbericht 1974–1976, S. 87 ff.
17 Zum Mitbestimmungs-Hearing am 16.10., 4.11. sowie 7.11.1974 vgl. die Artikel von Detlef Hensche, in: Die Quelle 25, 1974, Heft 11 und 12, S. 434 f. und 486 f. sowie Lauschke: Mehr Demokratie, S. 79 ff.

stellen, daß sich die Montanmitbestimmung bewährt habe; auch die Vertreter von BDA und BDI hätten dies einräumen müssen.

Zur Frage der leitenden Angestellten hätte der DGB vorrangig darauf abgestellt, daß der im Regierungsentwurf eng begrenzte Kreis der leitenden Angestellten im Grunde gar nicht in den Aufsichtsrat gehöre; die im Regierungsentwurf vorgesehene Regelung werde zu einer Verwischung der klaren Kompetenzverteilung zwischen Aufsichtsrat als Kontrollorgan und Vorstand als leitendem Organ führen. Die leitenden Angestellten im Aufsichtsrat kontrollierten sich letztlich selbst; überdies seien Loyalitätskonflikte mit dem Vorstand zu befürchten.

Insgesamt habe er den Eindruck, daß in der Mitbestimmungsfrage in letzter Zeit einiges in Bewegung geraten sei. Wenn in diesem Zusammenhang Elemente der Montanmitbestimmung in den Regierungsentwurf übernommen werden sollten, so müsse allerdings deutlich gemacht werden, daß die Montanmitbestimmung aus mehreren unverzichtbaren Merkmalen bestehe: Parität, neutraler Mann, keine Sonderrechte für leitende Angestellte; möglicherweise würden auch Fragen des Wahlverfahrens in der nächsten Zeit eine größere Rolle spielen.

Ebenso wie in der öffentlichen Diskussion sei auch im Bundestagshearing mehrfach die Frage des Verhältnisses von Mitbestimmung und Tarifautonomie angesprochen worden. Die DGB-Sachverständigen hätten zum einen darauf hingewiesen, daß nicht der Aufsichtsrat, sondern der Vorstand für die Tarifpolitik zuständig sei. Im Übrigen seien Vorstände paritätisch mitbestimmter Unternehmen – da es eben immer <u>nur</u> um Parität gehe – immer noch »gegnerfrei« im Sinne der Tarifautonomie. Keinesfalls schrieben das Grundrecht der Koalitionsfreiheit sowie der Grundsatz der Tarifautonomie einen Fortbestand der Eigentümer-Abhängigkeit der Vorstände vor. Allerdings werde die Frage der verfassungsrechtlichen Zulässigkeit der Mitbestimmung in nächster Zeit eine noch größere Rolle spielen. Aus diesem Grunde plane der DGB im Frühjahr nächsten Jahres eine öffentliche Tagung zu diesem Thema. Zur Vorbereitung habe vor kurzem ein Gespräch mit mehreren Rechtswissenschaftlern stattgefunden.[18]

6. ANGESTELLTENSTUDIE[19]

Kollege *Stephan* ist der Meinung, daß die den Bundesvorstandsmitgliedern vorliegende Angestelltenstudie heute nicht abschließend beraten werden

---

18 Zur Verfassungsmäßigkeit der Mitbestimmung fand am 29./30.10.1974 ein rechtspolitisches Kolloquium in Gelsenkirchen mit Rechtswissenschaftlern und Arbeitsrichtern statt. Vgl. ND, 30.10.1974, Nr. 286, siehe auch: Verfassungsrechtliche Angriffe gegen die Mitbestimmung, in: Das Mitbestimmungsgespräch 20, 1974, Heft 11, S. 216–219. Die verfassungsrechtliche Diskussion wurde hervorgerufen durch das im Auftrag des Bundesjustizministers erstellte und unter Verschluss gehaltene Rechtsgutachten der Professoren Thomas Raiser (Gießen) und Rupert Scholz (Berlin). Siehe hierzu Dok. 111, Fußnote 6.
19 Im Auftrag des DGB führte das Institut für angewandte Sozialwissenschaften (Infas) im August/ September 1974 eine für die berufstätigen Angestellten repräsentative Erhebung in der Bundesrepublik (ohne Westberlin) durch. Dabei wurden 1.424 Angestellte (einschließlich Auszubildende) befragt. Von den Befragten waren rd. 30 % Gewerkschaftsmitglieder und rd. 70 %

Dokument 112 5. November 1974

sollte. Der Bundesangestelltenausschuß sollte beauftragt werden, im Frühjahr 1975 dem Bundesvorstand seine aus der Studie gezogenen Konsequenzen vorzulegen. Kollege Stephan schlägt vor, die Sozialwahlen heute aus der Studie auszuklammern, da Gerd Muhr nicht anwesend ist. Er erläutert dann ausführlich die Fragenbereiche und Ergebnisse dieser Studie. Zur Frage der DAG berichtet er in diesem Zusammenhang, daß die DAG wohl zu einem neuen Gespräch einladen, aber mit den alten Vorstellungen kommen würde, d. h. Arbeitsgemeinschaft für vier bis fünf Jahre, Mitgliederabwerbestopp, Tarifgemeinschaft.

Kollege Stephan glaubt nicht, daß der DGB eine neue Angestelltenpolitik betreiben müsse. Es müßten sich vielmehr die Einstellungen der Gewerkschaften zu der Angestelltenarbeit ändern. Es sind nur rund 20% aller Angestellten organisiert. Kollege Stephan unterbreitet das Angebot der Abteilung Angestellte, für die Gewerkschaften bereitzustehen, die ihre Mitarbeit in Anspruch nehmen wollen.

MITTAGSPAUSE: 12.55 BIS 14.05 UHR

Nach kurzer Diskussion über die Angestelltenstudie und die Angestelltenarbeit, an der sich die Kollegen *Vietheer, Vetter, Sickert* und *Vater* beteiligen, kommt der Bundesvorstand überein, den Bundesangestelltenausschuß zu beauftragen, Konsequenzen aus dieser Angestelltenstudie zu ziehen und sie dem Bundesvorstand vorzulegen. Dieser Tagesordnungspunkt soll in der Februarsitzung 1975 erneut behandelt werden, da das die letzte Bundesvorstandssitzung ist, in der der Bundesvorstand Anträge an den Bundeskongreß einreichen kann.[20]

FORTSETZUNG ZU TOP 5. »VERSCHIEDENES«

d) DGB Bundesjugendkonferenz

[*Vetter* bittet die Gewerkschaftsvorsitzenden, soweit möglich, an der Bundesjugendkonferenz vom 19. bis 21. November 1974 in Ludwigshafen, teilzunehmen.[21]]

Nichtmitglieder. Es wurden Angaben erhoben zu: a) Selbstbild der Angestellten, b) der Gewerkschaft, c) Aufgaben der Gewerkschaften und Erwartungen, d) Beitrittsverhalten und e) Sozialwahlen.

20 Auf der BV-Klausurtagung am 4./5.2.1975 wurde unter TOP 18 u. a. der Antrag des Bundesvorstandes zur »Angestelltenpolitik des DGB« diskutiert (Dok. 115), Text abgedr. in: Antrag 278 zum 10. Ordentlichen Bundeskongress, in: Protokoll 10. Bundeskongreß, S. 269 ff.

21 Auf der 8. Bundesjugendkonferenz wurden neben den Forderungen zur beruflichen Bildung mit Mehrheit Anträge zum Austritt der Gewerkschaften aus der »Konzertierten Aktion«, zur Abschaffung des Tendenzparagrafen des Betriebsverfassungsgesetzes und zur Unannehmbarkeit des Regierungsentwurfes zur Mitbestimmung angenommen. Anträge, Entschließungen der Bundesjugendkonferenz, in: DGB-Archiv, DGB-BV, Abt. Jugend 5/DGAU000033 und 5/DGAU000310.

5. November 1974 **Dokument 112**

e) Kommission zur Durchführung des Aktionsprogramms

[*Vetter* teilt mit, dass die für heute vorgesehene Sitzung der Kommission zur Durchführung des Aktionsprogramms auf einen späteren Zeitpunkt verschoben wird.]

f) Kollege *Loderer* bittet um die Beantwortung folgender Fragen:

1) GBV-Protokoll vom 23.9.1974: Ist über das Gespräch mit der FDP-Spitze noch etwas Besonderes zu berichten?[22]

2) GBV-Protokoll vom 16.9.1974: Können die beschlossenen finanziellen Hilfen für Portugal ohne Schwierigkeiten aus dem Solidaritätsfonds entnommen werden?

3) GBV-Protokoll vom 14.10.1974: Welche Überlegungen stehen hinter der Empfehlung, Kuala Lumpur als Tagungsort für den nächsten IBFG-Weltkongress und Kollegen Narayanan als neuen Präsidenten des IBFG zu wählen?

Zu 2) antwortet Kollege *Lappas,* daß die finanzielle Hilfe für Portugal aus dem Solidaritätsfonds abgedeckt werden kann. Er erinnert an die Beschlüsse von Bundesvorstand und Bundesausschuß.[23]

Zu 1) bezieht sich Kollege *Vetter* auf seine Ausführungen zur Mitbestimmungsdiskussion und zu dem Verlauf der Mitbestimmungshearings.

Zu 3) schildert Kollege *Vetter* kurz die bisherige Diskussion im IBFG-Vorstand. Die Abhaltung des IBFG-Weltkongresses in Kuala Lumpur würde durch Inanspruchnahme von Charterflügen und die Bereitstellung des dortigen Parlamentsgebäudes keine größeren Kosten erfordern als ein anderer Tagungsort. Andererseits könnte damit eine deutliche Demonstration für die Gewerkschaften in dieser Region erreicht werden.

Zum Nachfolgekandidaten des ausscheidenden IBFG-Präsidenten McDonald erklärt Kollege Vetter, daß der IBFG-Vorstand bemüht war, den besten farbigen Kollegen für dieses Amt zu gewinnen. Er schildert kurz den Werdegang und die Persönlichkeit von Kollegen Narayanan.[24] Der Vorstand des IBFG

---

22 Nach dem Treffen des DGB mit dem Parteivorstand der FDP am 15./16.9.1974 fanden zwei weitere Treffen der Mitglieder des Geschäftsführenden Bundesvorstandes mit der FDP statt. Am 18.9. mit den gewerkschaftlich organisierten FDP-Bundestagsabgeordneten Hansheinrich Schmidt (GEW), Jürgen Möllemann (GEW), Helga Schuchardt (ÖTV), Klaus-Jürgen Hoffie (ÖTV) und Alfred Ollesch (IGBE) und am 19.9.1974 mit den Bundestagsfraktionsmitgliedern: Friedrich Hölscher, Otto Graf Lambsdorff, Wolfgang Mischnick, Hansheinrich Schmidt (Kempten) und Kurt Spitzmöller. Niederschriften dieser Treffen siehe DGB-Archiv, DGB-BV, Sekretariat Martin Heiß 5/DGCS000039.
23 Vgl. TOP 3 der Bundesvorstandsklausur vom 30.9./1.10.1974 (Dok. 111).
24 P. P. Narayanan (1923–1996) war Präsident der Asiatischen Regionalorganisation des IBFG und Präsident des Malaysian Trade Union Congress. Auf dem 11. Weltkongress des IBFG vom 17.–25.10.1975 in Mexiko-City wurde er zum IBFG-Präsidenten gewählt und behielt dieses Amt bis zu seinem Tod 1996. Vgl. Nachruf auf Narayanan, in: IBFG-Tätigkeitsbericht 1995–1998 für den 17. Weltkongress in Durban vom 3. bis 7.4.2000. Zur Wahl Narayanans, vgl. Beratungsunterlagen und Protokoll zum 11. Weltkongress des IBFG, in: DGB-Archiv, DGB-BV, Internationale Abt. 5/DGAJ000451 und 5/DGAJ000535. Kongressunterlagen zum 17. Weltkongress des IBFG, in: DGB-Archiv, DGB-BV, Internationale Abt. 5/DGAJ000862.

Dokument 112 5. November 1974

wird endgültig Ende November über beide Komplexe entscheiden. Dem Bundesvorstand wird in seiner Dezembersitzung über die Ergebnisse berichtet werden.

g) Kollege *Loderer* bezieht sich auf eine Anfrage des Kollegen Frister zu seiner Haltung zur DKP. Kollege Loderer verweist auf seine Ausführungen während des IG Metall-Kongresses und zitiert Passagen aus dem Geschäftsbericht.[25] Solange die DKP als Partei zugelassen ist und DKP-Mitglieder die Satzung und die Beschlüsse der IG Metall befolgen, ist keine Handhabe gegeben, sie aus der IG Metall auszuschließen. Es scheinen sich jedoch neue Entwicklungen bei der DKP anzubahnen, die zu neuen Erkenntnissen führen könnten. Kollege Loderer bittet darum, eventuell neues Material zur Verfügung gestellt zu bekommen.

h) Kollege *Vietheer* gibt zu Protokoll, daß die Gewerkschaft HBV, den Auflagen der Haushaltskommission folgend, ihre Beiträge bis einschließlich II. Quartal an den DGB gezahlt hat und Einzahlungen für das III. Quartal 1974 noch vor der nächsten Bundesausschußsitzung erfolgen werden.

i) Die Kollegen *Michels* und *Frister* bitten, das Thema »Aktionskomitees gegen Berufsverbote« angesichts der fortgeschrittenen Zeit nicht mehr zu behandeln, sondern wegen der Wichtigkeit zu einem ordentlichen Tagesordnungspunkt in der nächsten Bundesvorstandssitzung zu machen.

Die Kollegen *Frister* und *Hauenschild* geben zusätzliche Informationen aus ihren Bereichen.

Kollege *Vetter* schlägt vor, daß der GBV weiteres Material heranzieht und dann eine entsprechende Erklärung für den DGB herausgibt.

Der Bundesvorstand ist mit diesem Vorschlag einverstanden.

Ende der Sitzung: 15.10 Uhr

---

25 Auf dem Gewerkschaftstag führte Loderer dazu aus: »Die DKP, die als eine legale Partei in der Bundesrepublik die Plattform für Arbeiter hat, ist genauso wie andere Parteien in der Einheitsgewerkschaft zu Hause, und zwar so lange, wie sie gemäß unseren gewerkschaftlichen Grundsätzen in unserer Einheitsorganisation arbeitet.« Protokoll 11. Ordentlicher Gewerkschaftstag der IG Metall vom 15.–21.9.1974 in Hannover, Frankfurt/M. 1974, Bd. 1, S. 563.

DOKUMENT 113

25. November 1974: Schreiben des Vorsitzenden des DGB, Vetter, an Bundeskanzler Helmut Schmidt zur wirtschaftspolitischen Situation[1]

Hekt., 3.S.

DGB-Archiv, 5/DGAN000092.

Sehr geehrter Herr Bundeskanzler!

Erlauben Sie uns, daß wir Ihnen zur gegenwärtigen wirtschaftlichen Situation, auch im Zusammenhang mit dem Gutachten des Sachverständigenrates[2], eine Stellungnahme des DGB wie folgt kurz skizzieren.

Bereits in seiner ersten Stellungnahme zum Gutachten des Sachverständigenrates hat es der DGB als unvertretbar bezeichnet, daß die Gutachter bereit sind, einen weiteren Anstieg der Arbeitslosenzahlen in der nächsten Zeit in Kauf zu nehmen[3], obwohl unter den gesetzlich vorgegebenen Zielen, die der Rat zu beachten hat, die Vollbeschäftigung am meisten gefährdet ist.

Diese Aussage gilt umso mehr, als niemand mehr mit Sicherheit ausschließen kann, daß die Zahl der Arbeitslosen im Verlauf der nächsten Monate die Millionengrenze erreichen oder deutlich überschreiten wird. Im Gegensatz zum Sachverständigenrat kann der DGB eine solche weitgehende Beeinträchtigung des Zieles Vollbeschäftigung nicht hinnehmen. Dies umso mehr, da mit einer Millionenzahl von Arbeitslosen wegen der möglichen negativen psychologischen Auswirkungen auf die gesamtwirtschaftliche Entwicklung unkalkulierbare Risiken verbunden sind, die in gesamtrechnerischen Prognosen überhaupt nicht abgeschätzt werden können.

Nicht zuletzt um einen dringend notwendigen Stimmungsumschwung in der Wirtschaft zu bewegen, bleibt der DGB bei seiner bereits mehrfach geäußerten Auffassung, daß mit einer konjunkturanregenden Auftragsvergabe des Staates aus Mitteln der Konjunkturausgleichsrücklage nicht weiter gezögert werden soll. Konkret hat der DGB bereits zu einem früheren Zeitpunkt folgende Maßnahmen vorgeschlagen:[4]

---

1 In dem 4-seitigen Antwortschreiben Schmidts an Vetter vom 4.12.1974 zeigte er die Grundlinien der zukünftigen Konjunkturpolitik der Bundesregierung auf. Dabei lag das Schwergewicht auf einer Belebung der Investitionstätigkeit, wie sie im späteren »Programm stabilitätsgerechter Aufschwung« beschlossen wurde (siehe Fußnote 5 in diesem Dokument). AdsD, Helmut-Schmidt-Archiv, 1/HSAA007350.
2 Das Jahresgutachten 1974/75 des Sachverständigenrates zur Begutachtung der gesamtwirtschaftlichen Entwicklung – Vollbeschäftigung für Morgen – wurde am 20.11.1974 vorgelegt.
3 Zentrale These des Gutachtens war, dass die Stagnation der privaten Investitionen in den vorangegangenen Jahren die Arbeitslosigkeit verursacht hatte, u. a. durch die exzessive Lohnpolitik der Gewerkschaften (Sachverständigengutachten, Ziffer 139, S. 68 ff.). Bis zu einer konjunkturellen Trendwende im Laufe des Jahres 1975 erwarteten die Gutachten aufs ganze Jahr bezogen eine merklich höhere Zahl an Arbeitslosen als 1974 (Sachverständigengutachten, Ziffer 278, S. 118).
4 Siehe Forderungen des DGB im Schreiben an Bundeskanzler Willy Brandt vom 21.12.1973 zur aktuellen Wirtschaftspolitik (Dok. 94).

Dokument 113   25. November 1974

1. Aufstockung bzw. vorgezogene Durchführung von Investitions- und Beschaffungsplänen der Bundesbahn und -post
2. Bereitstellung zusätzlicher Mittel für den Neubau von Sozialwohnungen zu niedrigen Mieten, für die Altbaumodernisierung sowie für städtebauliche Sanierungs- und Entwicklungsmaßnahmen
3. Investitionshilfen des Bundes und der Länder für den Ausbau des öffentlichen Personennahverkehrs
4. Zusätzliche Investitionsmaßnahmen für überbetriebliche Ausbildungsstätten sowie zur Beseitigung von Engpässen an den Berufs- und Hochschulen (z. B. Ausbau medizinischer Studienplätze)
5. Beschleunigter Bau- und Ausbau von Krankenhäusern mit Hilfe höherer Zuschüsse für Krankenhausfinanzierung
6. Fortführung der mit den beiden Sonderprogrammen vom Februar und September eingeleiteten Investitionshilfemaßnahmen zum Ausbau der kommunalen Infrastruktur in struktur- und beschäftigungspolitischen Problemgebieten[5]

Aufgrund einer Analyse des Arbeitsmarktes ist der DGB zu der Ansicht gekommen, daß die beschäftigungspolitischen Sofortmaßnahmen im Vergleich zu den beiden bisherigen Programmen einen erheblich größeren Umfang haben und sektoral und regional ausgeweitet werden müßten.[6]

Der DGB-Bundesvorstand wird sich nach der Sitzung des DGB-Bundesausschusses am 4. Dezember 1974 erlauben, um ein Gespräch mit Ihnen,

---

5   Die beiden Sonderprogramme (Konjunkturprogramme) der Bundesregierung (Bundestagsdrucksache 7/1700 bzw. 7/2589) hatten einen Umfang von 600 bzw. 950 Mio. DM. In der Stellungnahme des DGB zum Sonderprogramm vom September wurde der Umfang der Programme für nicht ausreichend gehalten, um die zunehmende Arbeitslosigkeit zu bekämpfen. Vgl. ND, 12.9.1974, Nr. 232.
    Zur Förderung von Stabilität, Beschäftigung und Wachstum wurde von der Bundesregierung das »Programm stabilitätsgerechter Aufschwung« verabschiedet (Bundestagsdrucksache 7/2979). Es beinhaltete folgende Punkte: 1. Investitionen, die zwischen dem 1.12.1974 und 30.6.1975 durchgeführt wurden, erhielten eine Zulage von 7,5 %, 2. die Bundesanstalt für Arbeit erhielt zusätzlich 600 Millionen DM zur Bekämpfung der Arbeitslosigkeit, 3. für Maßnahmen zur Verbesserung der Energieversorgung waren 350 Millionen DM vorgesehen, 4.–6. für bundeseigene Projekte des Hochbaus, die Anschaffung von Fahrzeugen für den Bundesgrenzschutz und für Fern- und Wasserstraßen wurden insgesamt 830 Millionen DM bereitgestellt und für die Schaffung von 5000 überbetrieblichen Arbeitsplätzen wurden zunächst 150 Millionen DM zur Verfügung gestellt. Vgl. Presse und Informationsamt der Bundesregierung, Pressemitteilung, Nr. 1481/74 vom 12.12.1974.
6   Das 18-seitige Arbeitspapier der Abt. Wirtschaftspolitik vom 27.11.1974 (Vorlage für die BV-Sitzung am 3.12.1974, TOP 7, Dok. 114) bezog sich im Einzelnen auf die beschäftigungspolitischen Sofortmaßnahmen: 1. Sofortprogramm der öffentlichen Gebietskörperschaften, 2. Art des Vollzugs der öffentlichen Haushalte in 1975, 3. Bundesbankpolitik, 4. arbeitsmarktpolitische Maßnahmen der Bundesanstalt für Arbeit und betriebliche Personalpolitik und 5. steuerliche Förderung der privaten Investitionen. DGB-Archiv, DGB-BV, Abt. Vorsitzender 5/DGAI000486.

sehr geehrter Herr Bundeskanzler, nachzusuchen, damit wir Ihnen die oben angesprochenen Fragen mündlich in ausführlicher Form darlegen können.[7]
Mit vorzüglicher Hochachtung!
<Heinz O. Vetter>   <Georg Neemann>

Dokument 114

3. Dezember 1974: Protokoll der 21. Sitzung des Bundesvorstandes

Hotel Loews Hamburg Plaza in Hamburg; Vorsitz: Heinz O. Vetter; Protokollführung: Isolde Funke, Marianne Jeratsch; Sitzungsdauer: 10.05–16.15 Uhr; ms. vermerkt: »Vertraulich«.[1]

Ms., hekt., 12 S., 1 Anlage.[2]

DGB-Archiv, 5/DGAI000537.

Beginn: 10.05 Uhr

[*Vetter* eröffnet die Sitzung; anschließend bittet *Kluncker* den GBV, die Beratungsvorlagen mit der Niederschrift zu versenden.]

Tagesordnung:
1. Genehmigung des Protokolls der 20. Bundesvorstandssitzung und Ergänzung des Protokolls der 19. Bundesvorstandssitzung
2. Nächste Bundesvorstandssitzung
3. Perspektiven für den Bundeskongreß
4. Analyse der Sozialwahlen
5. 1. Mai 1975
6. Mitbestimmung
7. Maßnahmen zur Bekämpfung von Arbeitslosigkeit
8. Betriebsratswahlen 1975
9. Unterstützungskasse des DGB e. V.
   Anpassung der Unterstützungen ab 1. Januar 1975
   1. Unterstützungskasse des DGB e. V.
   2. Unfallunterstützungsfonds für ehrenamtliche Gewerkschaftsfunktionäre
10. Baugenossenschaft Holzkirchen – Kündigung des Genossenschaftsanteils durch die VTG
11. Erweiterung der Aufsichtsräte der Volksfürsorge-Gesellschaften

---

7 In der Bundesausschusssitzung am 4.12.1974 berichtete Georg Neemann über das Schreiben an den Bundeskanzler. Es wurden keine Beschlüsse über ein künftiges Gespräch mit Helmut Schmidt gefasst. Vgl. DGB-Archiv, DGB-BV, Abt. Vorsitzender 5/DGAI000415. Schmidt hatte in seinem Schreiben vom 4.12.1974 die Anregung eines Gespräches mit dem Bundesausschuss befürwortet.
1 Einladungsschreiben vom 8. und 19.11.1974. Nicht anwesend: Rudolf Sperner (vertreten durch Konrad Karl), Eugen Loderer (vertreten durch Hans Mayr), Armin Clauss (vertreten durch Jochen Richert). DGB-Archiv, DGB-BV, Abt. Vorsitzender 5/DGAI000486.
2 Anlage: Anwesenheitsliste.

Dokument 114 3. Dezember 1974

12. Solidaritätsfonds,
   hier: Spende für die von der Hurrikan-Katastrophe betroffenen Menschen in Honduras
13. Beitragsbefreiung für die Gewerkschaft Gartenbau, Land- und Forstwirtschaft gem. Ziffer 6 der Beitragsordnung
14. Gewerkschaft Gartenbau, Land- und Forstwirtschaft
15. Bestätigung von Landesbezirksvorstandsmitgliedern
16. Gewerkschaftliche Forderungen zur Medienpolitik
17. Verschiedenes

1. GENEHMIGUNG DES PROTOKOLLS DER 20. BUNDESVORSTANDSSITZUNG UND ERGÄNZUNG DES PROTOKOLLS DER 19. BUNDESVORSTANDSSITZUNG

[Das Protokoll der 20. Sitzung Bundesvorstandssitzung wird genehmigt. Im Protokoll der 19. Sitzung wird nachträglich der Beschluss zu TOP 5 »Neuordnung der Unterstützungskasse« wie folgt ergänzt: »über ein gerechteres Beitrags- und Unterstützungssystem soll 1975 erneut im Kassenvorstand beraten werden.«[3]]

2. NÄCHSTE BUNDESVORSTANDSSITZUNG

[*Vetter* schlägt vor, dass im Februar die zweitägige Bundesvorstandssitzung stattfinden soll. Der Bundesvorstand beschließt, am 4./5.2.1975 in Düsseldorf die Klausurtagung u. a. zur Vorbereitung des Bundeskongresses durchzuführen.]

3. PERSPEKTIVEN FÜR DEN BUNDESKONGRESS

Kollege *Vetter* berichtet über die Erledigung der Anträge 254 und 7 des letzten Bundeskongresses, über die in der Klausurtagung des Bundesvorstandes beraten werden soll. Ferner müßte sich der Bundesvorstand mit der Konzertierten Aktion befassen. In diesem Zusammenhang teilt Kollege Vetter mit, daß die nächste Sitzung der Konzertierten Aktion am 15. Januar 1975 sein wird.[4] Nach Auffassung des Kollegen Vetter könnte das vom Kollegen Hauenschild geforderte Positionspapier für den Bundeskongreß zur aktuellen Politik, zur Gesellschaftspolitik, erarbeitet werden.[5]

---

3 Vgl. Schreiben Karl Buschmanns an Heinz O. Vetter vom 12.11.1974 mit dem Wunsch der nachträglichen Änderung dieser Protokollpassage DGB-Archiv, DGB-BV, Abt. Vorsitzender 5/DGAI000486.
4 In der 33. Sitzung wurden folgende Diskussionspunkte behandelt: das Konjunkturprogramm der Bundesregierung vom 12.12.1974, die Preispolitik 1975 sowie die Lohn- und Einkommenspolitik 1975. Vgl. DGB-Archiv, DGB-BV, Sekretariat Martin Heiß 5/DGCS000166. Siehe auch: DGB-Appell an Regierung und Arbeitgeber, in: ND, 16.1.1975, Nr. 10.
5 Vgl. den angenommenen Antrag 4 der CPK: »Gewerkschaften und Reformpolitik – Demokratisierung von Wirtschaft und Gesellschaft«, in: Protokoll 10. Bundeskongreß, Teil: Anträge und Entschließungen, S. 5 f.

[Anschließend erinnert *Vater* an den Antrag des GHK zum Austritt aus der Konzertierten Aktion⁶, und *Hauenschild* weist darauf hin, dass das Positionspapier die Arbeit der Antragsberatungskommission erleichtern könne.]

4. ANALYSE DER SOZIALWAHLEN

Die Kollegen *Vetter* und *Muhr* weisen darauf hin, daß ein vom Sozialpolitischen Ausschuß des Bundesvorstands eingesetzter Arbeitskreis »Analyse der Sozialwahl 1974« erst Mitte November seine Arbeit abgeschlossen hat. Der Sozialpolitische Ausschuß wird Mitte Februar 1975 dieses Arbeitsergebnis beraten.⁷ Es wird angeregt, den Punkt deshalb von der heutigen Tagesordnung abzusetzen und für die März-Sitzung des Bundesvorstands wieder aufzunehmen. Auch die Beratung im Bundesausschuß sollte dementsprechend auf die Märzsitzung vertagt werden.

Der Bundesvorstand ist damit einverstanden, daß der Punkt »Analyse der Sozialwahlen« von der heutigen Tagesordnung abgesetzt und die Beratung im Bundesvorstand wie auch im Bundesausschuß erst in den Märzsitzungen der Gremien erfolgen wird.

5. 1. MAI 1975

Kollege *Stephan* erläutert die den Bundesvorstandsmitgliedern unterbreitete Vorlage⁸ und bittet um Zustimmung. Gleichzeitig schlägt der Geschäftsführende Bundesvorstand dem Bundesvorstand vor, folgendes Maimotto für 1975 zu beschließen: »Gleiche Rechte – Gleiche Chancen – Internationales Jahr der Frau – DGB«.

[In der anschließenden Diskussion werden eingehend die einzelnen Punkte der Vorlage erörtert, insbesondere der Verkauf von Maiabzeichen und die Unterstützung der Kreise durch die Gewerkschaften.⁹ Anschließend fasst der

---

6 Vgl. Antrag 72 der GHK, mit dem der Bundesvorstand aufgefordert wurde, unverzüglich aus der »Konzertierten Aktion« auszutreten, damit die volle wirtschafts- und tarifpolitische Handlungsfreiheit wiederhergestellt würde. Protokoll 10. Bundeskongreß, S. 82 f. Dieser Antrag erfuhr seine Erledigung durch den Initiativantrag 71A von Heinz Kluncker und Genossen, der sich »gegen den Mißbrauch der Zielprojektionen im Jahreswirtschaftsbericht der Bundesregierung, gegen lohnpolitische Empfehlungen des Sachverständigenrates und gegen jede indirekte Beeinflussung der öffentlichen Meinung durch die Konzertierte Aktion« wandte. Die »Konzertierte Aktion« sollte nur als ein unverbindlicher Gesprächskreis zur Erörterung allgemeiner wirtschaftspolitischer Probleme angesehen werden. Ebd., S. 290.
7 Auf der Sitzung des Sozialpolitischen Ausschusses am 13./14.2.1975 wurde das Analysepapier verabschiedet. Siehe DGB-Archiv, DGB-BV, Abt. Sozialpolitik 5/DGAO000091.
8 In der Vorlage vom 14.11.1974 wurden die Möglichkeiten zur Finanzierung der Maiveranstaltungen aufgezeigt, nachdem durch den Ausfall der Einnahmeerlöse aus dem Verkauf der Maiabzeichen zwischen 1973–1975 eine erhebliche zusätzliche Belastung des DGB-Etats erfolgt war.
9 Auf dem 9. Ordentlichen Bundeskongresses 1972 wurde Antrag 277 der Deutschen Postgewerkschaft angenommen. Darin sollte auf den Verkauf von Maiabzeichen künftig verzichtet werden, da der Abzeichenverkauf die Kassen der Einzelgewerkschaften zu sehr belasten würde. Demgegenüber wurde in der Vorlage u. a. neben dem Verkauf von Maiabzeichen auch die finanzielle Unterstützung der Gewerkschaften zur Finanzierung der Maiveranstaltungen vorgeschlagen.

931

Dokument 114 3. Dezember 1974

BV mit 6 Gegenstimmen und 1 Stimmenthaltung den Beschluss, dem Bundesausschuss zu empfehlen, die geänderten Punkte 1. bis 7. der Vorlage vom 14.11.1974 zur Kenntnis zu nehmen und aus dem ordentlichen Haushalt des DGB für den 1. Mai 1975 DM 600.000,-- zu bewilligen. In der sich anschließenden Diskussion über das vorgeschlagene Maimotto wird beschlossen, dass die Redaktionskommission weitere Vorschläge unterbreiten soll.]

6. MITBESTIMMUNG

Kollege *Vetter* erinnert zunächst an die Auseinandersetzungen um die von der Bundesregierung seinerzeit angekündigten gesellschaftspolitischen Reformvorhaben wie z. B. zur beruflichen Bildung und zur Mitbestimmung. Reformen würden bekämpft, auch wenn sie nicht mit besonderen finanziellen Aufwendungen verbunden sind. Es zeichnet sich bedauerlicherweise eine allgemeine Reformmüdigkeit ab. Der DGB wird dazu erneut seinen Standpunkt darstellen müssen. Zur Frage der Mitbestimmung ist die Haltung des DGB bis heute unverändert vorgetragen worden. Auf demonstrative Aktionen ist aufgrund mehrfacher Beschlüsse des Bundesvorstandes verzichtet worden. In vielen Gesprächen mit Vertretern der Koalitionsparteien und der Bundestagsfraktionen von SPD und FDP ist versucht worden, die Hauptforderungen des DGB zur Ausweitung der Mitbestimmung durchzusetzen. Die Meinung des DGB zur Ausdehnung der Montanmitbestimmung konnte in den Hearings des Bundestagsausschusses für Arbeit und Sozialordnung mit aller Deutlichkeit vertreten werden. Eine schriftliche Stellungnahme wird bis zum 9.12.1974 erfolgen.[10] Weitere Gespräche mit Vertretern von SPD und FDP sind vorgesehen. Trotzdem ist nicht abzusehen, daß die Bemühungen des DGB voll erfolgreich sein werden. Auch eine Abstimmung mit wechselnden Mehrheiten, wie sie von einigen Kreisen ins Gespräch gebracht wird, dürfte bei allen Interessierten auf Ablehnung stoßen. Erkennbar ist, daß in den Koalitionsfraktionen der Wunsch besteht, das Mitbestimmungsgesetz auf jeden Fall in dieser Legislaturperiode zu verabschieden.

Kollege *Hauenschild* berichtet kurz über Diskussionen unter den Spitzenfunktionären seiner Gewerkschaft, in denen ebenfalls der Wunsch nach Verabschiedung des Mitbestimmungsgesetzes zum Ausdruck kommt.

Kollege *Vetter* bekräftigt noch einmal die Haltung des DGB, die unter allen Umständen solange vertreten wird, wie das Parlament über den Gesetzentwurf berät. Sollte das Gesetz in der vorliegenden Fassung verabschiedet werden, wird der DGB es zwar akzeptieren, aber dann auch überlegen müssen, wie er zu seiner weiteren Verbesserung beitragen kann.

Der Bundesvorstand nimmt die Situationsschilderung des Kollegen Vetter zur Mitbestimmung zustimmend zur Kenntnis.

---
10 Die Stellungnahme des DGB im Anhörungsverfahren vom 16.10. sowie am 4. und 7.11.1974 wurden abgedr. in: Die Quelle 25, 1974, Heft 11, S. 434f. und Nr. 12, S. 484f. Zum Anhörungsverfahren und der zusätzlichen vierten Anhörung am 19.12.1974, in deren Mittelpunkt die Verfassungskonformität des Regierungsentwurfes stand, siehe Lauschke: Mehr Demokratie, S. 79f.

7. Massnahmen zur Bekämpfung von Arbeitslosigkeit

Kollege *Neemann* dankt den Bundesvorstandsmitgliedern für die Zurverfügungstellung umfangreichen Materials, das für die Erarbeitung des vorgelegten »Programms zur Bekämpfung der Arbeitslosigkeit« von großem Nutzen war.¹¹ Die Vorlage wurde in Zusammenarbeit von WSI, Sozial- und Wirtschaftspolitischer Abteilung des DGB erstellt. Kollege Neemann weist zunächst darauf hin, daß dem Bundeskanzler mit einem Schreiben vom 25.11.1974 bereits kurz die Meinung des DGB zur gegenwärtigen wirtschaftspolitischen Frage vorgetragen worden ist.¹² In diesem Schreiben wurde angekündigt, daß der DGB nach den Sitzungen von Bundesvorstand und Bundesausschuß Anfang Dezember um ein Gespräch nachsuchen wird, um die Ansichten und Forderungen des DGB mündlich ausführlich zu erläutern. Kollege Neemann bittet den Bundesvorstand, zu entscheiden, ob auf der Grundlage des vorgelegten Papiers so verfahren werden soll. Entsprechende Beschlüsse der Bundesregierung sind nach unseren Informationen erst nach dem Pariser Gipfeltreffen zu erwarten.¹³ Kollege Neemann erläutert im folgenden kurz einige Positionen der Vorlage und betont, daß für den DGB die ersten vier Punkte der Vorschläge für beschäftigungspolitische Sofortmaßnahmen absoluten Vorrang haben. Gegen die von der Bundesregierung geplante steuerliche Förderung von privaten Investitionen¹⁴ hat der DGB zwar Bedenken angemeldet, ist aber der Auffassung, sie aus bestimmten Gründen nicht ablehnen zu sollen. Abschließend erläutert Kollege Neemann kurz, wie es zu den bedauerlicherweise verfrühten Äußerungen des Kollegen Markmann zu dem dem Bundesvorstand vorliegenden Papier gekommen ist.

Er bittet den Bundesvorstand um Diskussion über den Inhalt der Vorlage und um Entscheidung über das vorgeschlagene Verfahren.

Kollege *Muhr* bezieht sich auf den Teil der Vorlage, der die Maßnahmen der Bundesanstalt für Arbeit betrifft.¹⁵ Abschließende Informationen sind noch nicht möglich, weil die Gespräche mit der Bundesregierung noch nicht beendet sind. Wahrscheinlich wird die Bundesregierung der Bundesanstalt DM 500 Mio. zur Verfügung stellen, die zur Durchführung von Maßnahmen zur Förderung der Arbeitsaufnahme dienen sollen. Trotz dieses Betrages ist

---

11 Zum Programm siehe Anmerkungen in Dok. 113, Fußnote 5.
12 Siehe Dok. 113.
13 Am 9./10.12.1974 fand in Paris ein Gipfeltreffen der neun europäischen Staats- und Regierungschefs statt. Sie beschlossen die Einrichtung eines Europäischen Rates, der dreimal jährlich zusammenkommen sollte. Der Vorsitz des Europäischen Rates sollte, ebenso wie der Vorsitz im Ministerrat, halbjährlich zwischen den Mitgliedsstaaten rotieren. Vgl. Abschlusskommuniqué des Gipfels, in: Brunn: Europäische Einigung, S. 201.
14 Zum Konjunkturprogramm der Bundesregierung siehe Fußnote 5 und zu den beschäftigungspolitischen Sofortmaßnahmen Dokument 113, Fußnote 6.
15 Unter dem Programmpunkt »Arbeitsmarktpolitik, Bundesanstalt für Arbeit und betriebliche Personalpolitik« (S. 13–16 der Vorlage) wurden von der Bundesanstalt u. a. gefordert: a) Maßnahmen zur Arbeitsbeschaffung, b) die Förderung der Arbeitsaufnahme, c) die Verstärkung des Winterbaus, d) die Förderung beruflicher Fortbildung und Umschulung und e) eine stärkere Zusammenarbeit von Betrieben und der Bundesanstalt für Arbeit, insbesondere bei der Personalpolitik und der Arbeitszeit.

Dokument 114 3. Dezember 1974

vor allzu großem Optimismus zu warnen, denn die Möglichkeiten der Bundesanstalt, regulierend einzugreifen, sind schon in normalen Zeiten begrenzt. Die für 1974 zur Verfügung stehenden Mittel sind noch nicht einmal ausgeschöpft worden, weil es bei den Beteiligten an Initiative und Interesse gefehlt hat. In dem für den 9.12.1974 vorgesehenen Gespräch des Geschäftsführenden Bundesvorstandes mit dem Präsidenten der Bundesanstalt für Arbeit, Stingl, wird der DGB erneut seine Vorschläge vortragen.[16]

In der nachfolgenden Diskussion beteiligen sich die Kollegen *Kluncker, Vetter, Frister, Neemann, Mayr, Hauenschild, Mirkes, Rothe, Sierks* und *Wagner*. Die Kollegen begrüßen die Erstellung des Papiers und sind im Prinzip mit seinem Inhalt einverstanden. Es werden eine Reihe von Formulierungsänderungen erörtert sowie Ergänzungsvorschläge gemacht.

Beschluß:

Der Bundesvorstand stimmt unter Berücksichtigung der Änderungs- und Ergänzungsvorschläge der Vorlage »Programm zur Bekämpfung der Arbeitslosigkeit« zu. Die Forderungen des DGB sollen dem Bundeskanzler möglichst umgehend in einem Gespräch erneut vorgetragen und ausführlich erläutert werden. Der Bundesausschuß soll in seiner morgigen Sitzung über das Vorhaben informiert und gebeten werden, eine Presseerklärung des DGB zu verabschieden, die in einer Zusammenfassung die Hauptpunkte des vorliegenden Programms zum Inhalt hat.[17]

FORTSETZUNG ZU TOP 5. »1. MAI 1975«

Die Mitglieder des Bundesvorstandes diskutieren über die vorgelegten Vorschläge für das Maimotto 1975.

MITTAGSPAUSE: 13.00 BIS 14.15 UHR

Nach weiterer Diskussion über die Vorschläge beschließt der Bundesvorstand für 1975 folgendes Maimotto: »Sichere Arbeitsplätze Gerechtigkeit – Starke Gewerkschaften – Internationales Jahr der Frau – DGB«.[18]

8. BETRIEBSRATSWAHLEN 1975

Kollege *Muhr* bittet den Bundesvorstand, die vorgelegten und vom Geschäftsführenden Bundesvorstand beschlossenen zwei Wahlaufrufe – getrennt nach deutschen und ausländischen Arbeitnehmern – zu den im Frühjahr 1975 stattfindenden Betriebsratswahlen zu verabschieden.[19] Die Entwürfe entspre-

---

16 Vgl. DGB-Gespräch mit der Bundesanstalt für Arbeit, in: ND, 10.12.1974, Nr. 336.
17 Vgl. DGB-Programm zur Bekämpfung der Arbeitslosigkeit, in: ND, 5.12.1974, Nr. 331.
18 Es standen insgesamt 17 Maimottos zur Diskussion. Aus den Vorschlägen: a) »Das Erreichte verteidigen – Gleiche Chancen für alle: Internationales Jahr der Frau – DGB«, b) »Sicherheit – Gerechtigkeit – starke Gewerkschaften« und c) »Sichere Arbeitsplätze – gleiche Rechte – gleich Chancen« wurde das Maimotto gebildet. Vgl. DGB-Archiv, DGB-BV, Abt. Vorsitzender 5/DGAI000486.
19 Die Betriebsratswahlen fanden in der Zeit vom 1.3. bis 31.5.1975, zum zweiten Mal auf der Grundlage des Betriebsverfassungsgesetzes vom 15.1.1972, statt.

chen im Wesentlichen den früheren Vorlagen. Aus bestimmten Gründen, die u. a. auch in einem Gespräch zwischen Geschäftsführendem Bundesvorstand und CDA angeschnitten wurden, ist jedoch in den Wahlaufruf für die deutschen Arbeitnehmer eine Formulierung aufgenommen worden, die darauf hinzielt, möglichst eine Beteiligung von nichtdemokratischen Kandidaten auf den Gewerkschaftslisten zu verhindern.[20] Sicher wird es schwer sein, dies durchzusetzen, aber es sollte wenigstens zur Solidarität aller Demokraten aufgerufen werden. Im Übrigen wird der DGB wie bei den früheren Betriebsratswahlen nur koordinierend und helfend für die Gewerkschaften tätig werden. Im Rahmen des Werbeetats sind für gemeinsame Werbemaßnahmen DM 109.000,-- angesetzt worden.

Kollege *Vetter* geht kurz auf das von Kollegen Muhr erwähnte Gespräch zwischen Geschäftsführendem Bundesvorstand und CDA ein, das sich u. a. auch mit den bevorstehenden Betriebsratswahlen befaßte. Auch im Hinblick auf die in den vergangenen Landtagswahlkämpfen aufgetretenen Schwierigkeiten – die sich möglichst in Nordrhein-Westfalen nicht wiederholen sollten – haben die Vertreter der CDA um eine angemessene und vernünftige Beteiligung auf den Listen der DGB-Gewerkschaften gebeten.[21] Eine Zusammenarbeit mit Kommunisten könne allerdings für sie nicht in Frage kommen. Sicher würde es der gemeinsamen Sache nicht dienlich sein, wenn die CDA eigene Listen mit DGB-Kollegen einbringen würde. Es sollte deshalb die Gemeinsamkeit aller Demokraten bei den Betriebsratswahlen erhalten bleiben.

[In der nachfolgenden kurzen Diskussion werden einige Formulierungsänderungen vorgeschlagen, und unter Berücksichtigung der Änderungen werden beiden Aufrufe des DGB für die Betriebsratswahlen 1975 beschlossen.[22]]

---

20 Der Passus in der Vorlage lautete: »Gute Gewerkschaften sind gleichzeitig gute Demokraten. Sie wissen, daß unabhängige Gewerkschaften nur in der Demokratie existieren und in ihr ihre Ziele verwirklichen können. Betriebsratswahlen erfordern deshalb die Solidarität aller Demokraten. Bei der Aufstellung der Kandidatenlisten sollte deshalb nicht die Zugehörigkeit zu einer bestimmten Partei ausschlaggebend sein, sondern das aktive Eintreten für die Arbeitnehmerinteressen auf der Grundlage der freiheitlich- demokratischen Ordnung unseres Grundgesetzes«.
21 Das Gespräch fand am 18.10.1974 im Adam-Stegerwald-Haus der CDA statt. Siehe DGB-Archiv, DGB-BV, Sekretariat Martin Heiß 5/DGCS000100. In seinem mündlichen Bericht führte Vetter auf der 10. Sitzung des Bundesausschusses am 4.12.1974 dazu Folgendes aus: »[…] In dem Gespräch des Geschäftsführenden Bundesvorstands mit Vertretern der CDA wurde deutlich, daß sich aus dieser Richtung Schwierigkeiten für Betriebsratswahlen ergeben können. In Auswirkung der Landtagswahlen in Bayern und Hessen und auch durch die Konfrontation der AfA in den Betrieben ist es zu einer größeren Bindung der CDA-Arbeitnehmer an die CDU gekommen. Sie leiten daraus die Forderung nach einer ›gerechteren‹, d. h. stärkeren Repräsentation der der CDU angehörenden DGB-Kollegen in den neuen Betriebsräten ab. Die CDA-Vertreter ließen im Gespräch mit dem GBV erkennen, daß sie notfalls gewillt seien, eigene Listen mit CDA-Kollegen aufzustellen. Im Hinblick auf die öffentliche Meinung und die zu erhaltende Gewerkschaftseinheit wäre es sicher zweckmäßig, solchen Schwierigkeiten so weit wie möglich aus dem Wege zu gehen und zu versuchen, eine vernünftige Ausgewogenheit der Gewerkschaftslisten für die Betriebsratswahlen zu erreichen […]«. DGB-Archiv, DGB-BV, Abt. Vorsitzender 5/DGAI000415.
22 Aufruf: Für die Solidarität aller Demokraten bei den Betriebsratswahlen, in: ND, 8.1.1975, Nr. 4 sowie in: Die Quelle 26, 1975, Heft 2, S. 49. Die Ergebnisse der Wahlen, siehe in: DGB-Geschäftsbericht 1975–1977, Abt. Arbeitsrecht, S. 103.

9. UNTERSTÜTZUNGSKASSE DES DGB E.V.
   ANPASSUNG DER UNTERSTÜTZUNGEN AB 1. JANUAR 1975
   1. UNTERSTÜTZUNGSKASSE DES DGB E.V.
   2. UNFALLUNTERSTÜTZUNGSFONDS FÜR EHRENAMTLICHE GEWERKSCHAFTSFUNKTIONÄRE

[Der BV schlägt der Mitgliederversammlung der Unterstützungskasse des DGB e.V. vor, alle festgesetzten Unterstützungen mit Wirkung vom 1. Januar 1975 um 11,2% und die Unfallunterstützung an ehrenamtliche Gewerkschaftsfunktionäre vom 1. Januar 1975 um 11,6% zu erhöhen.]

10. BAUGENOSSENSCHAFT HOLZKIRCHEN – KÜNDIGUNG DES GENOSSENSCHAFTSANTEILS DURCH DIE VTG[23]

[Der BV stimmt der Aufkündigung des Genossenschaftsanteiles von DM 500,-- an der Baugenossenschaft Holzkirchen durch die VTG zu.]

11. ERWEITERUNG DER AUFSICHTSRÄTE DER VOLKSFÜRSORGE-GESELLSCHAFTEN

[1. Als weitere Anteilseignervertreter im Aufsichtsrat der Volksfürsorge-Lebensvers. AG sollen Eugen Loderer (noch nicht beschlossen), Adolf Schmidt, Heinz Kluncker nominiert und weitere Sitze von Albert Vietor und Thomas Wegscheider eingenommen werden. 2. Als weitere Anteilseignervertreter im Aufsichtsrat der Volksfürsorge-Sachvers. AG sollen Rudolf Sperner, Karl Hauenschild (noch nicht beschlossen), Karl Buschmann, Gerhard Vater nominiert und ein weiterer Sitz von Thomas Wegscheider eingenommen werden. 3. Schlägt der BV vor, dass für die Unternehmensgruppe Volksfürsorge ein Beirat berufen werden soll.]

12. SOLIDARITÄTSFONDS
    HIER: SPENDE FÜR DIE VON DER HURRIKAN-KATASTROPHE BETROFFENEN MENSCHEN IN HONDURAS[24]

Kollege *Lappas* verweist auf die Vorlage und bitte um Zustimmung.

In der anschließenden Diskussion, an der sich die Kollegen *Frister, Vater, Kluncker, Vetter* und *Hauenschild* beteiligen, wird u.a. auf die Eigenart des

---

23 Der Genossenschaftsanteil wurde durch die VTG Bayern zur Wohnraumbeschaffung für einen DGB-Beschäftigten erworben. Außerdem erhielt die Baugenossenschaft ein zinsloses Darlehen. Durch die Umwandlung der VTG Bayern wurden der Genossenschaftsanteil und der Anspruch auf das Darlehen auf die VTG übertragen. Die VTG kündigte die Mitgliedschaft in der Baugenossenschaft. Siehe Beschlussvorlage Alfons Lappas' vom 25.11.1974, DGB-Archiv, DGB-BV, Abt. Vorsitzender 5/DGAI000486.
24 Das vom Hurrikan zwischen dem 18. und 20.9.1974 verursachte Hochwasser und die darauffolgenden Schlammlawinen hatten 5.000 Menschen getötet und über 60.000 Menschen obdachlos gemacht. Die Spende des IBFG sowie der Internationalen Föderation der Plantagen- und Landarbeiter galt insbesondere den Landarbeitern, die ihre Existenzgrundlage verloren hatten. Vgl. Schreiben Otto Kerstens an Heinz O. Vetter vom 7.11.1974 zur Unterstützungsaktion des IBFG, in: DGB-Archiv, DGB-BV, Internationale Abt. 5/DGAJ000412.

Verfahrens hingewiesen, da der DGB jedes Jahr an den Solidaritätsfonds des IBFG DM 1.050.000,-- überweist und jetzt noch extra spenden soll. Ferner wird vorgeschlagen, die Spende auf DM 25.000,-- zu erhöhen.

Mit 4 Gegenstimmen und 1 Stimmenthaltung beschließt der Bundesvorstand, dem Bundesausschuß folgenden Beschlußvorschlag zu unterbreiten:

Dem IBFG in Brüssel wird zur Finanzierung von Hilfsprojekten für die von der Hurrikan-Katastrophe in Honduras betroffenen Menschen aus dem Solidaritätsfonds ein Betrag von DM 15.000,-- zur Verfügung gestellt.[25]

13. BEITRAGSBEFREIUNG FÜR DIE GEWERKSCHAFT GARTENBAU, LAND- UND FORSTWIRTSCHAFT GEM. ZIFFER 6 DER BEITRAGSORDNUNG

[Der BV empfiehlt dem Bundesausschuss, dass die GGLF für das Jahr 1975 von der Beitragsleistung an den DGB zu befreien sei.[26]]

14. GEWERKSCHAFT GARTENBAU, LAND- UND FORSTWIRTSCHAFT

Kollege *Schwab* erläutert seine Vorlage und stellt fest, daß die Vorschläge in der Haushaltskommission keine Zustimmung gefunden haben.[27]

Kollege *Lappas* berichtet über die Gründe zur Meinungsbildung in der Haushaltskommission. Die Haushaltskommission hat die Auffassung vertreten, daß die organisatorische Integration auch nur in Teilabschnitten einer Organisation in die Organisation des DGB im Augenblick nicht so wie vorgeschlagen entschieden werden sollte, vor allen Dingen nicht vor dem Bundeskongreß. Ggf. könnten entsprechende Anträge an den Bundeskongreß gerichtet werden. Die Haushaltskommission hat sich für eine Gehaltserhöhung für die Beschäftigten der GGLF im Sinne der DGB-Regelung ausgesprochen. Die Haushaltskommission bittet den Bundesvorstand, der Vorlage vom 3.12.1974 zuzustimmen.[28] Weitere Schritte sollten der Diskussion nach dem Bundeskongreß vorbehalten werden.

Kollege *Vater* unterstreicht die Ausführungen des Kollegen Lappas und weist noch darauf hin, daß die Haushaltskommission diesen Tagesordnungspunkt in Anwesenheit der Kollegen Pfeiffer und Rothkopf beraten hat. Die Gehaltsabrechnung der GGLF-Kollegen kann selbstverständlich, wie in der Vorlage des Kollegen Schwab vorgeschlagen, in die Gehaltsabrechnung des DGB integriert und über die EDV-Anlage der BfG abgewickelt werden.

---

25 Der Bundesausschuss bestätigte einstimmig diesen Beschluss in seiner 10. Sitzung am 4.12.1974. DGB-Archiv, DGB-BV, Abt. Vorsitzender 5/DGAI000415.
26 In der 10. Sitzung des Bundesausschusses wurde dieser Beschluss bestätigt. Ebd.
27 In der Vorlage vom 18.11.1974 wurde vorgeschlagen, die Gehälter der GGLF-Beschäftigten der DGB-Gehaltstabelle anzupassen, wobei 60% aus dem Beitragsaufkommen und die restlichen 40% der tatsächlichen Personalkosten aus dem Solidaritätsfonds entnommen werden sollten. Außerdem wurde vorgeschlagen, Bürogemeinschaften DGB – GGLF vor Ort anzustreben.
28 Die Vorlage entsprach, mit Ausnahme des letzten Absatzes [Die Gehaltsabrechnung…], dem späteren Beschluss.

Dokument 114 3. Dezember 1974

Kollege *Pfeiffer* erinnert an die Diskussion in der Bundesvorstandsklausurtagung in Gravenbruch.[29] Es ist aufgrund dieser Diskussion versucht worden, zu verwaltungsmäßigen Überlegungen zu kommen, die innerhalb des § 12 der DGB-Satzung gelegen haben. Dieser Punkt wird aber unterschiedlich angesehen. Die Vertreter der GGLF haben sich in der gestrigen Sitzung der Haushaltskommission den Argumenten gebeugt.

Beschluß:

Der Bundesvorstand empfiehlt dem Bundesausschuß, folgendes zu beschließen:

Zur Deckung der Kosten, die zur Anhebung der Gehälter der Beschäftigten der GGLF um 11,5% zum 1.1.1975 jährlich entstehen (11,5% von DM 3.086.430,75) wird der GGLF zusätzlich zu den bisher gewährten Mitteln für 1975 aus dem Solidaritätsfonds ein Betrag von 355 TDM bewilligt. Insgesamt beträgt die Zuwendung 1975 demzufolge DM 1.255.000,--.

Die Gehaltsabrechnung der Gewerkschaft GLF wird in die Gehaltsabrechnung des DGB integriert und beide werden ab nächstes Jahr über die EDV-Anlage der BfG abgewickelt.

Kollege *Vater* weist darauf hin, daß auch noch eine andere Gewerkschaft Ausfallbeiträge hat. Ein entsprechender Antrag auf Beitragsbefreiung müßte spätestens im März 1975 vorliegen.

15. BESTÄTIGUNG VON LANDESBEZIRKSVORSTANDSMITGLIEDERN

[Der Bundesvorstand empfiehlt dem Bundesausschuss, die Wahl von Peter Kripzak und Herbert Bachmann als Mitglieder des LBV Rheinland-Pfalz zu bestätigen.[30]]

16. GEWERKSCHAFTLICHE FORDERUNGEN ZUR MEDIENPOLITIK

Kollege *Stephan* erläutert noch einmal kurz sein Schreiben vom 25.11.1974, mit dem der vom DGB-Presse- und Rundfunkausschuß empfohlene Entwurf der »Gewerkschaftlichen Forderungen zur Medienpolitik« übersandt worden ist.[31] Er bittet den Bundesvorstand um Zustimmung zu dem Vorschlag, eventuelle Änderungswünsche zu dem vorgelegten Entwurf bis zum 20. Januar 1975 an den DGB zu geben, die dann bis zur Februar-Sitzung des Bundesvorstandes mit den beteiligten Gewerkschaften Druck und Papier und Kunst nochmals beraten werden könnten. Der Bundesvorstand könnte im Februar

---

29 Siehe Diskussion zu TOP 1.1. auf der Klausurtagung vom 1. bis 3.10.1973 (Dok. 88).
30 Der Bundesausschuss bestätigte die Wahl in seiner Sitzung am 4.12.1974. Vgl. DGB-Archiv, DGB-BV, Abt. Vorsitzender 5/DGAI000415.
31 In der gemeinsamen Sitzung des DGB-Presse- und DGB-Rundfunkausschusses am 12.11.1974 wurde ein Katalog von medienpolitischen Forderungen verabschiedet mit dem Untertitel »Thesen zu Presse, Rundfunk und Fernsehen«. In der Bundesvorstandsklausur (Dok. 115, TOP 12) wurde dieses »Arbeitspapier« verabschiedet. In der 11. Bundesausschusssitzung am 5.3.1974 wurde das Papier abgelehnt und eine überarbeitete Fassung nach dem Bundeskongress erwartet. Vgl. DGB-Archiv, DGB-BV, Sekretariat Günter Stephan 5/DGCU000067.

das Papier diskutieren. Im März könnte es durch den Bundesausschuß verabschiedet und dem Bundeskongreß im Mai gedruckt vorgelegt werden.

Der Bundesvorstand ist mit der vorgeschlagenen Verfahrensweise einverstanden.

17. VERSCHIEDENES

a) Kollege *Vetter* weist auf die dem Bundesvorstand absprachegemäß übersandte Ausarbeitung über Radikale im öffentlichen Dienst hin. Die im Oktober zu befürchtenden DKP-Aktivitäten sind bisher nicht eingetreten. Gegebenenfalls könnte in der Februar-Sitzung des Bundesvorstandes über neue Erkenntnisse berichtet werden.

b) [*Vetter* informiert über die Angelegenheit Walter Böhm, und *Vietheer* ergänzt, dass seine Gewerkschaft Walter Böhm in erster Instanz Rechtsschutz gewähren wird.[32]]

c) Kollege *Vietheer* spricht die von Kollegen Neemann übersandte Ausarbeitung seiner Abteilung über aktuelle und grundsätzliche Probleme des Bankensektors an.[33] Er findet die Arbeit ausgezeichnet, möchte jedoch anregen, die Ausführungen zur Verstaatlichung der Banken neu zu formulieren und mit besseren, bei uns ja vorhandenen Argumenten zu belegen.

Kollege *Neemann* sagt zu, die Anregung zu berücksichtigen.

d) Nach Ansicht von Kollegen *Hauenschild* sollte auf die von der CGD in großer Zahl verteilten Flugblätter mit falschen Angaben über die Einkünfte der hohen Gewerkschaftsfunktionäre nicht mit einer richtigstellenden Übersicht reagiert werden. Vielleicht könnte man das Thema besser einmal pauschal in der »Welt der Arbeit« behandeln.[34]

---

32 Walter Böhm wurde am 11.11.1974 wegen nachhaltiger Überschreitung seiner dienstlichen Kompetenzen fristlos entlassen, unabhängig von seiner Verhaftung wegen des Verdachts der nachrichtendienstlichen Tätigkeit für die DDR. Vgl. ND, 12.11.1974, Nr. 302 sowie Die Quelle 25, 1974, Heft 12, S. 583 f. Der Spionageverdacht wurde nicht bestätigt und das Ermittlungsverfahren im April 1975 eingestellt. Die fristlose Kündigung Böhms wurde vom DGB zurückgenommen, er erhielt jedoch seine alte Position nicht zurück; auch eine von ihm gewünschte Ehrenerklärung des DGB gab es nicht. Vgl. Der Spiegel 28, 17.2.1975, Nr. 8, S. 23–26 sowie ND, 12.2.1975, Nr. 44. Zum Gesamtkomplex Walter Böhm siehe auch: DGB-Archiv, DGB-BV, Abt. Vorsitzender 5/DGAI001383.

33 Zur Diskussion über die Banken sowie über die Forderungen, die Geldinstitute in »gemeinnützige Gesellschaften« zu überführen, siehe u. a. BV-Klausurtagung (Dok. 111, Fußnote 22) sowie das Arbeitspapier des gesellschaftspolitischen Arbeitskreises zur Reform des Bankensystems aus gewerkschaftlicher Sicht (DGB-Archiv, DGB-BV, Abt. Gesellschaftspolitik 5/DGAK000019) und das Themenheft »Kritik an den Banken in der BRD«, in: WSI-Mitteilungen 28, 1975, Heft 7.

34 In dem Flugblatt des Christlichen Gewerkschaftsbundes Deutschlands (CGB) »Die Arbeitnehmer werden entmündigt! ....und das Geld kassieren die DGB Bosse!« wurde der Vorwurf erhoben, dass durch das geplante Mitbestimmungsgesetz die Arbeitnehmer entmündigt würden und gleichzeitig die DGB-Funktionäre sich Tausende von Aufsichtsratsposten zugeschanzt hätten und somit noch reicher würden. Auf den GBV-Sitzungen vom 21.10. und 18.11.1974 wurde eine Verleumdungsklage gegen die CGD diskutiert, jedoch verworfen. Vgl. 94. und 98. GBV-Sitzung, DGB-Archiv, DGB-BV, Abt. Vorsitzender 5/DGAI000221.

Kollege *Vetter* erwähnt, daß die CGD seit zwei Jahren und insbesondere in den letzten Landtagswahlkämpfen solche Flugblätter verteilt hat, deren Inhalt jetzt auch in einer in großer Zahl veröffentlichten Zeitschrift der Sparkassen abgedruckt wurde. Dagegen hat der DGB scharf protestiert. Diese Angelegenheit ist inzwischen bereinigt. Wie Kollege Hauenschild sind auch andere Vorsitzende der Meinung, daß man zwar etwas unternehmen sollte, aber nicht in Form eines Flugblattes. Sicher wird das Thema auch während des Betriebsratswahlkampfes wieder hochgespielt werden. Es ist daran gedacht, in einer Ausgabe von »Pro«, vielleicht im Februar, auf die Angelegenheit einzugehen.[35]

Im Hinblick auf die Diskussionen in seiner Gewerkschaft unterstützt Kollege *Breit* die Auffassung von Kollegen Vetter, daß rechtzeitig auf die Angriffe der CGD reagiert werden sollte.

e) [Die von *Vietheer* vermisste Berichterstattung über die Bundesjugendkonferenz in Karlsruhe soll in der Februar-Sitzung erfolgen. Der Bundesausschuss soll einen Bericht in seiner März-Sitzung erhalten.]

Ende der Sitzung: 16.15 Uhr

DOKUMENT 115

4./5. Februar 1975: Protokoll der Klausurtagung des Bundesvorstandes

Hans-Böckler-Haus in Düsseldorf; Vorsitz: Heinz O. Vetter; Protokollführung: Isolde Funke, Marianne Jeratsch; Sitzungsdauer: 4. Februar, 9.15–18.20 Uhr, 5. Februar, 9.10–14.10 Uhr; ms. vermerkt: »Vertraulich«.[1]

Ms., hekt., 11 S., 3 Anlagen.[2]

DGB-Archiv, 5/DGAI000537.

Beginn der Sitzung: 4.2., 9.15 Uhr

1955 formierte sich der Christliche Gewerkschaftsbund als konfessioneller Gewerkschaftsdachverband und verstand sich als eine politische Konkurrenzgewerkschaft zum DGB. Vgl. zur Entstehung und Entwicklung des CGD bis 1960: Schroeder: Katholizismus, S. 185 ff. Zur Organisation des Christlichen Gewerkschaftsbundes von 1959 bis 1999 siehe Schroeder/Weßels: Gewerkschaftshandbuch, Datenanhang, S. 642–644.

35 In pro, März 1975, Nr. 21, veröffentlichte Vetter sein Gehalt und die Einnahmen aus seinen sechs Aufsichtsratsmandaten sowie die Tantiemen, die Abgabe an die Stiftung Mitbestimmung und die Steuerabgaben, um die Flugblattangaben der CGD zu entkräften.

1 Einladungsschreiben vom 12.12.1974. Alle Mitglieder anwesend. DGB-Archiv, DGB-BV, Abt. Vorsitzender 5/DGA000486.

2 Anlagen: Anwesenheitslisten; Stellungnahme des Bundesvorstandes des DGB zur Berufsbildungsreform und Jugendarbeitslosigkeit – »DGB fordert schnelle Hilfe für Jugendliche« (vorab abgedr. in: ND, 31.1.1975, Nr. 32); Anträge und Entschließungen des DGB-Bundesvorstandes an den 10. Ordentlichen DGB-Bundeskongress.

4./5. Februar 1975 **Dokument 115**

[*Vetter* eröffnet die Sitzung, verabschiedet den bisherigen Vorsitzenden des DGB-Landesbezirks Nordrhein-Westfalen, Peter Michels, und begrüßt den neuen Vorsitzenden, Bert Hartig.]

Tagesordnung:
1. Aktuelle Situation zur beruflichen Bildung
2. Genehmigung des Protokolls der 21. Bundesvorstandssitzung
3. Parität in den Handwerkskammern – Drittelbeteiligung in den Handwerkskammertagen
4. Bericht über die Bundesjugendkonferenz
5. 10. Ordentlicher Bundeskongress des DGB vom 25. bis 31.5.1975 in Hamburg, hier: Reisekostenregelung
6. Hafenrundfahrt anlässlich des 10. Ordentlichen Bundeskongresses
7. Richtlinien für die Durchführung von Schiedsverfahren nach § 16 der DGB-Satzung
8. Bestätigung von Landesbezirksvorstandsmitgliedern
9. Stellenplan 1975
10. Tagesordnung für die 11. Bundesausschusssitzung am 5.3.1995
11. DGB-Haushalt
    a) Nachtrag zum Haushalt 1974
    b) Entwurf des Haushaltsplanes 1975
12. Gewerkschaftliche Forderungen zur Medienpolitik
13. Verschiedenes
14. Gespräch der Gewerkschaftsvorsitzenden
15. Mai-Plakat 1975
16. Gesetz zur Verbesserung der betrieblichen Altersversorgung
17. Reisekosten bei Bundesvorstands- und Bundesausschusssitzungen
18. Anträge des DGB-Bundesvorstandes an den 10. Ordentlichen DGB-Bundeskongress

1. AKTUELLE SITUATION ZUR BERUFLICHEN BILDUNG

Kollege *Vetter* stellt das Einverständnis des Bundesvorstandes fest, das Thema »Berufliche Bildung« an den Anfang der Tagesordnung zu setzen, um eventuell kurzfristig politische und Verfahrensentscheidungen zu treffen.

Kollegin *Weber* berichtet, daß Kollege Vetter nach Beratung im Geschäftsführenden Bundesvorstand den Bundeskanzler um ein Gespräch mit den zuständigen Spitzenvertretern des DGB zum Thema Berufliche Bildung gebeten hat.[3] Eine Antwort darauf ist bisher nicht erfolgt. Durch Vorstandsmitglieder einiger Gewerkschaften hat der DGB gestern erfahren, daß der Bundeskanzler für den heutigen Abend zu einem aus Vertretern verschiedener

---

3 In dem Schreiben Maria Webers und Heinz O. Vetters vom 22.1.1975 wurden als vordringlichste Aufgaben des neuen Berufsbildungsgesetzes angesehen: a) die Sicherung von ausreichend qualifizierten Ausbildungsplätzen für Jugendliche, b) Neuregelung der Finanzierung der Berufsausbildung und c) die Mitbestimmung der Gewerkschaften in allen Fragen und Bereichen der Berufsausbildung. Zudem wurde in dem Brief das Schreiben der fünf Spitzenverbände der Arbeitgeber vom 13.1.1975 an den Bundeskanzler kritisiert, in dem die Arbeitgeber neue Ausbildungsplätze angeboten hatten, unter der Bedingung, auf bestimmte Reformen zu verzichten. Beide Schreiben in: DGB-Archiv, DGB-BV, Abt. Vorsitzender 5/DGAI000486, auszugsweise abgedr. in: ND, 17.1.1975, Nr. 13 und 22.1.1975, Nr. 18. Die Gewerkschaftsvorsitzenden der DruPa, der HBV, der DPG und der IGM teilten ebenfalls zwischen dem 23. und 27.1.1975 ihre Vorstellungen zur Reform der beruflichen Bildung brieflich dem Bundeskanzler mit.

941

Dokument 115 4./5. Februar 1975

Gruppen zusammengesetzten persönlichen Informationsgespräch über Fragen der Beruflichen Bildung und der Jugendarbeitslosigkeit eingeladen hat.[4] Die gleichen Themen sollen auch in einer weiteren Sitzung am 11.2.1975 beraten werden, zu der u. a. auch die Vorsitzenden des DGB und einiger Gewerkschaften geladen sind.[5] An beiden Begegnungen werden jedoch Vertreter der Arbeitgeber und der Wirtschaft teilnehmen, so daß eine offene Aussprache mit den Vertretern der Regierung nicht möglich sein wird. Unter diesen Umständen bittet Kollegin Weber den Bundesvorstand, zu überlegen, ob nicht zumindest für die Zusammenkunft am heutigen Abend die Gewerkschaftsvertreter (wie bereits IG Metall) ihre Teilnahme absagen sollten.[6] Es könnte dann noch einmal versucht werden, kurzfristig das erbetene Gespräch zwischen Bundeskanzler und Gewerkschaftsvertretern zu erreichen.

Kollege *Vetter* berichtet ergänzend, daß er in dem von Kollegin Weber erwähnten Brief an den Bundeskanzler ebenfalls um ein Gespräch mit einer Fachdelegation des DGB zum Thema Öffentlicher Dienst und Beamte gebeten hatte. Im Gegensatz zum Thema Berufliche Bildung ist für dieses Gespräch bereits ein Termin Ende Februar angeboten worden. Kollege Vetter ist der Meinung, daß der DGB vor der entscheidenden Kabinettssitzung über die Berufsbildungsreform unbedingt Gelegenheit erhalten müsse, seine Meinung dem Bundeskanzler vorzutragen.

An der nachfolgenden ausführlichen Diskussion beteiligen sich die Kollegen *G. Schmidt, Sperner, Vetter, Hauenschild, A. Schmidt, Loderer, Schwab,*

---

4 Am 4.2.1975 fand im Bundeskanzleramt ein informelles Treffen von Berufsbildungssachverständigen statt, zu dem auch vier Vertreter von Gewerkschaften eingeladen wurden. Neben Bruno Koebele, Hermann Rappe, Herbert Nierhaus (Bildungswerk der) war auch Hans Preiss, IGM, eingeladen, der aber an diesem Treffen nicht teilnahm. Hauptthemen des Treffens waren Probleme der Berufsschule, Fragen der Abstimmung zwischen Schule und Betrieb, die Ausbildungsordnungen und die Finanzierung der Berufsbildung. Dieses Treffen diente als Vorbereitung für das Gespräch am 11.2.1975. Vgl. AdsD, Helmut-Schmidt-Archiv 1/HSAA007013 sowie Berufliche Bildung, Kurzinformation 3/75 vom 24.2.1975.
5 Vonseiten der Gewerkschaften nahmen an diesem Treffen teil: Heinz O. Vetter, Eugen Loderer, Karl Hauenschild, Rudolf Sperner und Hermann Brandt (DAG). Weitere Teilnehmer waren neben dem Bundeskanzler die Minister Apel, Rohde, die Staatssekretäre des Bundeswirtschafts- bzw. Bundesarbeitsministeriums sowie des Bundeskanzleramtes, die fünf Repräsentanten der Spitzenorganisationen der Arbeitgeber und die beiden Vorsitzenden des Bundesausschusses für Berufsbildung (u. a. Maria Weber). Die vierstündige Besprechung wurde nur zur Hälfte dem Thema Berufsbildung und zum andern der Frage ausländischer Kapitalbildung in der Bundesrepublik gewidmet. In der abschließenden gemeinsamen Erklärung wurden strittige Punkte wie die Frage der Finanzierung und der Organisation der Berufsausbildung ausgeklammert. Besprechungsprotokoll und gemeinsame Erklärung in Helmut-Schmidt-Archiv 1/HSAA007013.
6 In dem Fernschreiben der IG Metall an das Bundeskanzleramt (Manfred Schüler) vom 3.2.1975 wurde eine Teilnahme an der Zusammenkunft am 11.2.1975 mit dem Bundeskanzler bestätigt. Die Teilnahme an dem Treffen vom 4.2.1975 hielt die IG Metall für nicht erforderlich. Vgl. Helmut-Schmidt-Archiv 1/HSAA007013. Aufgrund des Schreibens der Arbeitgeberverbände vom 13.1.1975 weigerte sich die IG Metall, an einem Spitzengespräch mit den Zentralvorständen der Heizungsbranche über eine geplante Ausbildungsordnung sowie an einem Gespräch über Ausbildungsordnungen im Metallhandwerk am 7.2.1975 im Bundeswirtschaftsministerium teilzunehmen. Vgl. IG Metall Pressedienst, 21.1.1975, Nr. XXIII./12 und Helmut-Schmidt-Archiv 1/HSAA007013.

Breit, Kluncker, Frister, Buschmann und Kollegin *Weber.* Man ist sich einig, daß ein Gespräch zwischen Bundeskanzler und einer Fachdelegation des DGB wünschenswert ist, und erwägt das Für und Wider der Teilnahme von Gewerkschaftsvertretern an der am Abend stattfindenden Zusammenkunft. Kollege *Vetter* berichtet von einem zwischenzeitlich geführten Telefonat mit Staatssekretärin Schlei, die zugesichert hat, daß dem Wunsch des DGB, vor der erst am 14.2.1975 stattfindenden entscheidenden Kabinettssitzung zum Thema Berufsbildungsreform gehört zu werden, Rechnung getragen würde.[7]

Der Bundesvorstand faßt folgenden Beschluß:

Der Bundesvorstand beschließt, daß erneut mit allem Nachdruck versucht werden soll, vor den abschließenden Beratungen des Kabinetts ein Gespräch zwischen der DGB-Delegation und dem Bundeskanzler über die anstehenden Fragen der beruflichen Bildung durchzuführen. Ferner vertritt der Bundesvorstand die Auffassung, daß die eingeladenen Gewerkschaftsvertreter an dem für den Abend des 4.2.1975 vorgesehenen Informationsgespräch mit dem Bundeskanzler teilnehmen sollen.

Der Bundesvorstand verabschiedet eine Stellungnahme des Bundesvorstandes des DGB zur Berufsbildungsreform und Jugendarbeitslosigkeit (s. Anlage).

2. GENEHMIGUNG DES PROTOKOLLS DER 21. BUNDESVORSTANDSSITZUNG

[Der Bundesvorstand genehmigt das Protokoll mit der Satzänderung auf der Seite 1, dass Kluncker den GBV erneut bittet, die Vorlagen rechtzeitig zu übermitteln.]

PAUSE: 10.50 BIS 13.30 UHR

3. PARITÄT IN DEN HANDWERKSKAMMERN – DRITTELBETEILIGUNG IN DEN HANDWERKSKAMMERTAGEN

[*Heiß* erläutert die Vorlage und berichtet über die aktuelle Situation. *Vater* weist darauf hin, dass die paritätische Mitbestimmung bei den Handwerkskammern das Endziel bleibt. Der Bundesvorstand ist der Auffassung, dass durch eine Ein-Drittel-Beteiligung der Arbeitnehmervertreter in den Vollversammlungen des Handwerkskammertages kein Widerspruch zu der im Beschluss des 9. Ordentlichen DGB-Bundeskongresses (Antrag Nr. 235)[8] erhobenen Forderung besteht, mittels einer Novellierung der Handwerksordnung die paritätische Mitbestimmung in den Handwerkskammern durchzusetzen.]

---

7 Marie Schlei (1919–1983) war ab dem 16.5.1974 parlamentarische Staatssekretärin im Bundeskanzleramt. Am 14.2. fand nachmittags ein Ministergespräch über die Reform der beruflichen Bildung statt. Vgl. Helmut-Schmidt-Archiv, ebd. Vorher fand eine Besprechung zwischen Helmut Schmidt, Helmut Rohde und einer DGB-Delegation zur Berufsbildungsgesetzgebung statt. Es wurden dabei die Fragen der beruflichen Schulen, der Qualität der Berufsausbildung, der Finanzierung und der Organisation der Berufsausbildung diskutiert. Vgl. Berufliche Bildung, Kurzinformation vom 24.2.1975.
8 Vgl. Antrag 235 der IG Metall »Mitbestimmung in den Selbstverwaltungsorganen des Handwerks«, in: Protokoll 9. Bundeskongreß, Teil: Anträge und Entschließungen, S. 187 f.

Dokument 115 4./5. Februar 1975

4. BERICHT ÜBER DIE BUNDESJUGENDKONFERENZ

Kollege Schwab verweist auf seinen vorliegenden Bericht über die Situation der Jugendarbeit und die 9. Bundesjugendkonferenz des DGB[9], der als Information für die Bundesvorstandsmitglieder gedacht ist.

In der anschließenden Diskussion, an der sich die Kollegen *Hauenschild, Rothe, Lehlbach, Schwab, Buschmann, Kluncker* und *Muhr* beteiligen, werden die Probleme der Jugendarbeit erörtert. Es wird die Auffassung vertreten, daß die Gewerkschaften oftmals gegeneinander ausgespielt werden. In Bayern wird seitens der Jungen Union und der CSU der Aufbau einer Lehrlingsunion betrieben[10], der man Aufmerksamkeit schenken sollte.

Beschluß:

Der Bundesvorstand nimmt den schriftlich vorlegten Bericht des Kollegen Schwab über die Situation der Jugendarbeit und die 9. Bundesjugendkonferenz des DGB zu Kenntnis.

Der Bundesvorstand beauftragt den Kollegen Schwab, eine Liste der Teamer, die eingesetzt werden, zu erstellen und kritisch zu durchleuchten.

5. 10. ORDENTLICHER BUNDESKONGRESS DES DGB VOM 25. BIS 31.5.1975
IN HAMBURG,
HIER: REISEKOSTENREGELUNG

[Der Bundesvorstand empfiehlt dem Bundesausschuss, die vorgelegte Reisekostenregelung zu beschließen.[11]]

6. HAFENRUNDFAHRT ANLÄSSLICH DES 10. ORDENTLICHEN BUNDESKONGRESSES

[Der Bundesvorstand beschließt, von der Durchführung einer Hafenrundfahrt anlässlich des 10. Ordentlichen Bundeskongresses abzusehen, weil keine entsprechende Schiffskapazität zur Verfügung steht.]

---

9 Neben einer 11-seitigen Darstellung des Ist-Zustandes der Jugendarbeit waren als Anlagen beigefügt: a) Auszug aus dem Tagungsprotokoll der DGB-Landesjugendsekretäre vom 27./28.5.1974 zur Situation der gewerkschaftlichen Jugendarbeit in den Landesbezirken und b) Auszug aus dem Sitzungsprotokoll des Bundesjugendausschusses vom 27./28.8.1974 mit Berichten über die stattgefundenen Jugendkonferenzen der Gewerkschaften.
10 In der mündlichen Ergänzung zum Geschäftsbericht auf der 9. Bundesjugendkonferenz führte Bundesjugendsekretär Walter Haas aus, dass in Bayern und Baden-Württemberg geplant werde, eine Lehrlingsunion aufzubauen. Vgl. DGB-Archiv, DGB-BV, Abt. Jugend 5/DGAU000313.
11 Für die Dauer der Bundeskongresse wurden immer besondere Tageldregelungen beschlossen. Gegenüber dem 9. Bundeskongress sollte sich das Tageld von 25 auf 30 DM erhöhen. Ansonsten galten die allgemeinen Reisekostenregelungen des DGB. DGB-Archiv, DGB-BV, Abt. Vorsitzender 5/DGAI000486.

7. Richtlinien für die Durchführung von Schiedsverfahren nach § 16 der DGB-Satzung[12]

[Auf Antrag von *Loderer,* die Beschlussfassung des Antrags zu vertagen, wird beschlossen, die Beratung zurückzustellen.]

8. Bestätigung von Landesbezirksvorstandsmitgliedern

[Der Bundesvorstand empfiehlt dem Bundesausschuss, die Wahl von Klaus Scheunemann (Gew. Kunst) als Mitglied des LBV Hessen sowie die neugewählten und benannten Mitglieder des LBV NRW zu bestätigen.[13]]

9. Stellenplan 1975

[Der Bundesvorstand verabschiedet den Stellenplan 1975 und beauftragt den GBV, für die nächste Bundesvorstandssitzung eine Übersicht über die Stellen vorzulegen, die nicht vom DGB finanziert werden.]

10. Tagesordnung für die 11. Bundesausschusssitzung am 5.3.1975

[Es wird folgende Tagesordnung beschlossen: 1. Genehmigung des Protokolls der 10. Bundesausschusssitzung, 2. Bericht zur gewerkschaftspolitischen und organisatorischen Situation, 3. Gewerkschaftliche Forderungen zur Medienpolitik, 4. DGB-Haushalt a)Nachtrag zum Haushalt 1974 und b) Entwurf des Haushaltsplanes 1975, 5. Analyse der Sozialwahlen, 6. 10. Ordentlicher Bundeskongress des DGB vom 25. bis 31.5.1975 in Hamburg, hier: Reisekostenregelung, 7. Bestätigung von Landesbezirksvorstandsmitgliedern, 8. Fragestunde und 9. Verschiedenes.]

11. DGB-Haushalt

a) Nachtrag zum Haushalt 1974

b) Entwurf des Haushaltsplanes 1975

[*Lappas* erläutert den Nachtragshaushalt 1974, der Neuausgaben von 9,8 Mio. DM vorsieht und den Voranschlag für den Haushaltsplan 1975, der mit einem Betrag von 105.339.000,-- DM abschließt. Im Anschluss an die Nachfragen zu einzelnen Haushaltspositionen empfiehlt der Bundesvorstand dem Bundesausschuss, den Nachtrag zum Haushalt 1974 anzunehmen und dem Haushaltsplan 1975 in der vorgelegten Form zuzustimmen.]

---

12 Ein entsprechender Antrag zur Änderung der Richtlinien wurde weder in den folgenden Bundesvorstandssitzungen noch auf dem 10. Ordentlichen Bundeskongress 1975 verabschiedet. Erst auf dem Außerordentlichen Bundeskongress 1981 wurde § 16 geändert. Bis dahin galt als Anhang zur Satzung § 19 Abs. 2 bis 8, in denen der organisatorische Ablauf des Verfahrens festgelegt wurde. Vgl. Protokoll 10. Bundeskongreß, Anhang II, Satzung, S. 20f.

13 Der Bundesausschuss bestätigte die Wahl in seiner Sitzung am 5.3.1975. Vgl. DGB-Archiv, DGB-BV, Abt. Vorsitzender 5/DGAI000415.

12. Gewerkschaftliche Forderungen zur Medienpolitik

Kollege *Stephan* verweist auf das mit Datum vom 27.1.1975 dem Bundesvorstand übermittelte Papier und erläutert kurz die bis zum 21.1.1975 eingegangenen und berücksichtigten Änderungswünsche.[14] Die heute per Fernschreiben eingegangenen Änderungsvorschläge der Neuen Heimat sollten nach seiner und der beteiligten Gewerkschaften Meinung unberücksichtigt bleiben.[15] Kollege Stephan bittet den Bundesvorstand, das Papier in der vorliegenden Form zu verabschieden und dem Bundesausschuß zur Annahme zu empfehlen, damit es dem Bundeskongreß in gedruckter Form vorgelegt werden kann.

[Nach kurzer Diskussion empfiehlt der Bundesvorstand dem Bundesausschuss, die gewerkschaftlichen Forderungen zur Medienpolitik mit den im Schreiben vom 27.1.1975 mitgeteilten Änderungen zu verabschieden, damit sie dem Bundeskongress in gedruckter Form vorgelegt werden können. Stephan wird beauftragt, der Neuen Heimat die Entscheidung des Bundesvorstandes, die von der Neuen Heimat gewünschten Änderungen nicht zu berücksichtigen, zu erläutern.[16]]

13. Verschiedenes

Auf drei entsprechende Fragen von Kollegen *Loderer* antwortet Kollege *Vetter* wie folgt:

a) Angelegenheit Böhm

[Vetter informiert über den Sachstand in der Angelegenheit Böhm und wird dem Bundesvorstand zu gegebener Zeit einen abschließenden Bericht geben.]

b) Besuch des Vorsitzenden des Zentralrates der sowjetischen Gewerkschaften A. N. Schelepin, am 30.1.1975 beim DGB

Kollege *Vetter* berichtet kurz über das auf Wunsch von Alexander N. Schelepin am 30.1.1975 im Hause des DGB stattgefundene Arbeitsgespräch.[17] Themen waren u. a. Vertiefung der bilateralen Beziehungen (verstärkte Kontakte von Fachsekretären zu Themen wie Mitbestimmung, Sozialpolitik u. a. bis zu gemeinsamen Symposien), Kulturaustausch, Unterstützung bei Handelsbeziehungen und für die KSZE. Ferner habe Schelepin das Thema ei-

---

14 Die Vorlage mit den Ergänzungs- und Änderungswünschen der Gewerkschaften wurde in der 103. GBV-Sitzung am 27.1.1975 verabschiedet. Die geänderte Fassung des medienpolitischen Papiers findet sich in: DGB-Archiv, DGB-BV, Abt. Vorsitzender 5/DGAI000486.
15 In dem Fernschreiben der Neuen Heimat vom 3.2.1975 sollten Abänderungswünsche im Teil »Kabelfernsehen« berücksichtigt werden, da bei der Formulierung des Antrages zum Kabelfernsehen nicht an die Beteiligungsverhältnisse der Neuen Heimat bei der ABV (Antennenverwaltungs- und Betreuungsgesellschaft) gedacht worden war.
16 In der 11. Bundesausschusssitzung am 5.3.1975 wurden die Forderungen in der vorliegenden Form nicht verabschiedet. Zum frühstmöglichen Termin sollte dem Bundesausschuss eine neue Vorlage zur Beratung vorlegt werden. Vgl. DGB-Archiv, DGB-BV, Abt. Vorsitzender 5/DGAI000415.
17 Zum Besuch der Delegation des Zentralrates der sowjetischen Gewerkschaften siehe ND, 30.1.1975, Nr. 30.

ner gemeinsamen Chile-Konferenz und einer Konferenz über Inflation und Arbeitslosigkeit in Europa angeschnitten. Von Interesse war außerdem, daß Schelepin sich der Berlin-Frage gegenüber etwas aufgeschlossener zeigte. Die zu diesem Problem für den DGB praktikablen Wege müssen noch diskutiert werden. Ein wichtiger Gesprächspunkt war die Konferenz europäischer Gewerkschaften zur Humanisierung der Arbeitswelt in Genf.

c) Konferenz europäischer Gewerkschaften zur Humanisierung der Arbeitswelt

Nach dem Wunsch der sowjetischen Gewerkschaften und auch anderer Bünde sollte diese von der ILO am 28.2./1.3.1975 in Genf veranstaltete Konferenz nicht als eine für sich durchgeführte Fachkonferenz angesehen werden, sondern als Beginn einer Serie ähnlicher Veranstaltungen mit eigenem Büro etc.[18] Damit wäre die Möglichkeit eines Einbruchs in die europäische und internationale Organisation der westlichen Gewerkschaftsbünde gegeben. Der DGB hat selbstverständlich seine bisher vertretene Ablehnung der sowjetischen Wünsche aufrechterhalten und hofft, sie auch in Genf durchsetzen zu können.

Kollege *Muhr* teilt einige ergänzende Einzelheiten über die Vorbereitung der o. a. Konferenz mit.

d) Mitarbeiter im Bereich Vorsitzender

[*Vetter* teilt mit, dass Ulrich Preussner ab dem 1.2.1975 Leiter der DGB-Pressestelle und Walter Fritze, nach dem Ausscheiden von Bernd Otto, die Funktion des Vorstandssekretärs interimsweise einnimmt. Richard Becker ist als neuer Vorstandssekretär vorgesehen; über seinen Nachfolger als Chefredakteur bei der »Welt der Arbeit« wird noch diskutiert.]

e) Berufsinternationalen

[Auf Anregung von *Kluncker* sagt *Vetter* eine Übersicht über die europäische Situation in den Berufsinternationalen zu.]

Ende der Sitzung: 18.20 Uhr

Fortsetzung der Sitzung: 5.2.1975, 9.10 Uhr

14. Gespräch der Gewerkschaftsvorsitzenden

[*Mirkes* bestätigt den Gesprächstermin am 4. März 1975 im Anschluss an die Bundesvorstandssitzung.[19]]

---

18 Berichte Alfons Lappas' und Gerd Muhrs über die Konferenz siehe TOP 17 der 22. BV-Sitzung am 4.3.1975 (Dok. 116). Siehe auch: Bericht zur Konferenz von Ursula Engelen-Kefer, in: Die Quelle 26, 1975, Heft 4, S. 158 f.
19 Im Vorfeld der Bundeskongresse lud der jeweils »dienstälteste« Gewerkschaftsvorsitzende die anderen Gewerkschaftsvorsitzenden zur Absprache über die personellen Neubesetzungen im Geschäftsführenden Bundesvorstand ein. Protokolle zu diesen Sitzungen wurden nicht erstellt.

Dokument 115   4./5. Februar 1975

15. Mai-Plakat 1975

[Der Bundesvorstand entscheidet sich für das »Mai-Plakat mit den Wolken« für 1975.]

16. Gesetz zur Verbesserung der betrieblichen Altersversorgung

[Die Vorlage wird zurückgezogen.]

17. Reisekosten bei Bundesvorstands- und Bundesausschusssitzungen

[Der Bundesvorstand hebt seinen Beschluss vom 6. April 1965 auf. Ab März 1975 wird der DGB die Kosten wieder übernehmen.[20]]

Fortsetzung zu TOP 13. »Verschiedenes«

f) Protokolle der Bundesvorstands- und Bundesausschußsitzungen

[*Vetter* teilt mit, dass angeregt worden sei, nach jeder Sitzung kurzfristig ein Beschlussprotokoll zu erstellen, während das Protokoll in der üblichen Form später zugesandt werden solle. Es wird beschlossen, dass für diese Sitzung probeweise kurzfristig nach der Sitzung ein Beschlussprotokoll erstellt werden soll. Das Protokoll in der üblichen Form soll später verschickt werden.]

g) Gespräch des Bundesfinanzministers Apel mit dem Bundesvorstand

[Der Bundesvorstand beschließt, dass das Gespräch am 4. März 1975, 13.00 Uhr, stattfinden soll.[21]]

h) Arbeitgeberflugblatt gegen die Mitbestimmung

Kollege *Vetter* teilt mit, daß eine Antwort auf das Flugblatt »In Sachen Mitbestimmung« der Bundesvereinigung der Deutschen Arbeitgeberverbände in Vorbereitung ist. Der DGB wird auf dieses Flugblatt eventuell in einer Ausgabe von »Pro« antworten.[22]

i) Probleme des politischen Extremismus

Kollege *Frister* berichtet kurz über Diskussionen innerhalb der Mitgliedschaft seiner Organisation und über Beschlüsse von Gremien der GEW, die sich mit Abgrenzungsnotwendigkeiten gegenüber der DKP und ihren Nebenorganisationen, wie der SEW, beschäftigten. Da für den zum 8. März 1975 einberu-

---

20 In der 26. BV-Sitzung vom 6.4.1965, TOP 3, wurde beschlossen, dass die Kosten für die Teilnahme an den Sitzungen von den Gewerkschaften getragen werden. DGB-Archiv, DGB-BV, Abt. Vorsitzender 5/DGAI000534.
21 Auf der 103. GBV-Sitzung am 27.1.1975 wurde der Wunsch Hans Apels diskutiert, in einer der nächsten Bundesvorstandssitzungen ein kurzes Referat über wirtschafts- und gesellschaftspolitische Fragen aus der Sicht des Finanzministeriums zu halten. DGB-Archiv, DGB-BV, Abt. Vorsitzender 5/DGAI00022. Zum Gespräch siehe Dok. 116.
22 In pro, März 1975, Nr. 21, S. 1, wurde unter dem Titel »Kampagne gegen Mitbestimmung« nur mit einer kleinen Notiz auf die 2 Mio. Faltblätter der BDA hingewiesen.

fenen außerordentlichen Gewerkschaftstag der GEW eine Erörterung dieser Probleme zu erwarten ist[23], möchte Kollege Frister noch einmal die Meinung des Bundesvorstandes zum weiteren Verfahren zu diesem Fragenkomplex und zum vom Bundesvorstand gefaßten Unvereinbarkeitsbeschluß hören.

[Im Anschluss an die Diskussion fasst der Bundesvorstand den Beschluss, dass keine Veranlassung besteht, den Beschluss vom 1. Oktober 1973 zu ändern oder zu ergänzen.[24] Der Bundesvorstand wird auch keinen Antrag auf dem Kongress einbringen.]

18. Anträge des DGB-Bundesvorstandes an den 10. Ordentlichen DGB-Bundeskongress

[Der Bundesvorstand diskutiert ausführlich die vom Geschäftsführenden Bundesvorstand vorgelegten Antrags- und Entschließungsentwürfe für den 10. Ordentlichen Bundeskongress des DGB[25] und beauftragt den GBV, die Entwürfe der Anträge des Bundesvorstandes an den 10. Ordentlichen Bundeskongress entsprechend der Diskussion und der schriftlich eingereichten Vorschläge neu- bzw. umzuformulieren und zu entscheiden, ob im Einzelfall eine erneute Beratung im Bundesvorstand notwendig ist. Der GBV wird dem Bundesvorstand die überarbeiteten bzw. unverändert gebliebenen Anträge so bald wie möglich zusenden.]

Ende der Sitzung: 14.10 Uhr

---

23 Auf der außerordentlichen Vertreterversammlung wurde in die Satzung als weiterer Grund für einen Ausschluss aus der GEW ein »Verstoß gegen Unvereinbarkeitsbeschlüsse des DGB« aufgenommen. In solchen Fällen sollte künftig der Hauptvorstand der GEW entscheiden. Zu den Beschlüssen der a.o. Vertreterversammlung siehe GEW-Geschäftsbericht 1974–1977, S. 27 ff. sowie Satzung § 8d.
24 Vgl. Klausurtagung des Bundesvorstandes, TOP 3 (Dok. 88).
25 Dem Schreiben vom 17.1.1974 an die Bundesvorstandsmitglieder wurde eine Liste mit 24 Anträgen zu gewerkschaftspolitischen Themen beigefügt, u. a. zu Arbeitslosigkeit, Mitbestimmung, Berufsausbildung. Gleichzeitig wurde als Generalthema für den Kongress »Humanisierung der Arbeit« vorgeschlagen. DGB-Archiv, DGB-BV, Abt. Vorsitzender 5/DGAI000486.

Dokument 116

4. März 1975: Protokoll der 22. Sitzung des Bundesvorstandes

Hans-Böckler-Haus in Düsseldorf; Vorsitz: Heinz O. Vetter; Protokollführung: Isolde Funke, Marianne Jeratsch; Sitzungsdauer: 10.10–17.45 Uhr; ms. vermerkt: »Vertraulich«.[1]

Ms., hekt., 12 S., 3 Anlagen.[2]

DGB-Archiv, 5/DGAI000537.

Beginn der Sitzung: 10.10 Uhr

[*Vetter* eröffnet die Sitzung und gratuliert Otto Sprenger zum Geburtstag. *Lappas* erinnert an den Beschluss der letzten Sitzung (TOP 17), wonach der DGB die Kosten für die Sitzungsteilnehmer übernimmt. Er schlägt vor, die Abrechnungsformulare in den Sitzungen zu verteilen, auszufüllen und anschließend direkt die Beträge zu überweisen.]

Tagesordnung:
1. Genehmigung des Protokolls der Bundesvorstandsklausur am 4./5.2.1975
2. Bericht über die Situation der Berufsbildungsreform
3. Analyse der Sozialwahlen
4. Schreiben des DAG-Vorstandes vom 27.2.1975
5. Grundsätze für die Tarifpolitik
6. Berufsinternationalen im europäischen Bereich
7. 10. Ordentlicher Bundeskongress des DGB,
   hier: 1. Präsidium, 2. Mandatsprüfungskommission, 3. Schriftführer
8. 10. Ordentlicher Bundeskongress des DGB,
   hier: Wahl der Antragskommission
9. Bestätigung der Landesbezirksvorstandsmitglieder
10. Revisionsberichte
11. Geschäftsbericht 1975 der VTG des DGB
12. Finanzplan 1975 der VTG des DGB
13. Bestellung von Wirtschaftsprüfern
14. Tagungsort der 23. Bundesvorstandssitzung am 8.4.1975
15. Programm des IBFG für das Internationale Jahr der Frau,
    hier: Weltkongress des IBFG in Mexiko vom 17. bis 25.10.1975
16. Erklärung des DGB zum Urteil des Bundesverfassungsgerichts in Sachen § 218
17. Konferenz europäischer Gewerkschaften zur Humanisierung der Arbeitswelt
18. Erklärung »DGB und ausländische Arbeitnehmer«

---

1 Einladungsschreiben vom 12.2.1975. Nicht anwesend: Eugen Loderer (vertreten durch Hans Mayr), Alfred Schmidt, Erich Frister, Philipp Seibert, Herbert Stadelmeier, Armin Clauss (vertreten durch Jochen Richert). DGB-Archiv, DGB-BV, Abt. Vorsitzender 5/DGAI000487.
2 Anlagen: Anwesenheitsliste, Erklärung zum Bundesverfassungsgerichtsurteil in Sachen § 218, (abgedr. in: ND, 5.3.1975, Nr. 78), Erklärung zur Situation der ausländischen Arbeitnehmer (abgedr. in: ND, 5.3.1975, Nr. 79).

4. März 1975 **Dokument 116**

1. Genehmigung des Protokolls der Bundesvorstandsklausur am 4./5.2.1975

[*Vetter* schlägt vor, für weitere drei Bundesvorstandssitzungen Beschlussprotokolle zu erstellen und danach im Bundesvorstand erneut zu beraten. Anschließend werden das Protokoll der Klausurtagung und für weitere drei Bundesvorstandssitzungen die Beschlussprotokolle genehmigt. Die in der letzten Sitzung zugesagten Übersichten über die Stellen, die nicht vom DGB finanziert werden (TOP 9), und über die europäische Situation in der Berufsinternationalen (TOP 13e) sollen in 14 Tagen den Bundesvorstandmitgliedern übermittelt werden.]

2. Bericht über die Situation der Berufsbildung

Kollegin *Weber* berichtet über den Verlauf verschiedener Gespräche, die im Februar auf Einladung der Bundesregierung zum Thema Bildungsreform stattgefunden haben.[3] Die Ergebnisse der Gespräche, an denen auch Kollegen der Gewerkschaften und zum Teil der gegnerischen Seite teilgenommen haben, waren nicht sehr befriedigend. Es wurde klar, daß nicht mehr als ein Kompromiß erreichbar ist, der jetzt in Form eines Referentenentwurfs auf dem Tisch liegt.[4] Obwohl Einzelheiten des Entwurfs noch nicht durchgearbeitet werden konnten, ist erkennbar, daß er in den Hauptpunkten nicht den Forderungen des DGB entspricht, d. h. Finanzierung der Berufsbildung und Schaffung einer

Bundesanstalt für Berufsbildung. Es besteht kein Zweifel, daß der DGB weiterhin an seinen Forderungen festhalten muß. Schwierigkeiten ergeben sich jedoch hinsichtlich des zeitlichen Ablaufs des weiteren Verfahrens. Wenn das Gesetz noch in dieser Legislaturperiode verabschiedet werden soll – was nur im Sinne des DGB sein kann –, dann müßte der vorgesehene Terminplan mit Einbringung des Gesetzes im Bundestag im April d.J. eingehalten werden.[5]

---

3 Die Februargespräche über die Berufsbildung mit dem Bundeskanzler fanden am 4.2. und 11.2.1975 statt. Außerdem fand am 7.2. ein Gespräch zwischen Helmut Rohde und dem DGB-Bundesausschuss für berufliche Bildung, am 14.2. eine Besprechung zwischen dem Bundeskanzler, dem Bildungsminister und einer DGB-Delegation sowie am 18.2. eine Sitzung des Bundesausschusses für Berufsbildung mit dem Bildungsminister statt, auf der Helmut Rohde die im Bundeskabinett beschlossenen Eckwerte der Finanzierungsregelung im Berufsbildungsgesetz und die Organisation der Berufsbildungsverwaltung vortrug. Vgl. Dok. 115, Fußnoten 4 bis 7 sowie Berufliche Bildung, Kurzinformation 3/75 vom 24.2.1975.
4 Am 26.2.1975 wurde ein noch nicht abgestimmter Referentenentwurf eines Berufsbildungsgesetzes als Grundlage für das Anhörungsverfahren vorgelegt. Die Vertreter des DGB nahmen unter der Leitung von Maria Weber am 17.3.1975, bei einer nicht öffentlichen Anhörung beim Bundesminister für Bildung und Wissenschaft, zu dem Referentenentwurf Stellung. Vgl. DGB-Archiv, DGB-BV, Abt. Vorsitzender 5/DGAI001034 sowie DGB: Berufsbildungsgesetzentwurf verbessern, in: ND, 18.3.1975, Nr. 95. Siehe auch die detaillierte Stellungnahme durch Otto Semmler zur Reform der Berufsbildung, in: Die Quelle 26, 1975, Heft 4, S. 185–188.
5 Am 16.4.1975 wurde vom Bundeskabinett der Regierungsentwurf zum Berufsbildungsgesetz gebilligt. Der Regierungsentwurf entsprach nur in einigen Punkten den Forderungen der Gewerkschaften, so bei der Einführung einer Berufsausbildungsabgabe. Vgl. Bundesratsdrucksache 160/3/75 vom 28.5.1975.

Trotz aller sachlichen Bedenken sollte der DGB dies bejahen. Man müßte dann versuchen, mit allen noch gegebenen politischen Einflußmöglichkeiten zu einer Verbesserung des Gesetzentwurfes zu kommen.

An der nachfolgenden Diskussion beteiligen sich die Kollegen *Vetter, Mayr, Hauenschild, Breit, Mirkes, Buschmann, Muhr* und Kollegin *Weber*. Obwohl der Wortlaut des Gesetzentwurfes den Gewerkschaften noch nicht vorliegt, ist man sich nach den bisher bekanntgewordenen Einzelheiten einig, daß er den Hauptforderungen des DGB nicht entspricht. Ein Schreiben an den Bundeskanzler wird angeregt, in dem eine offizielle Anhörung des DGB gefordert werden soll. Man ist sich im Prinzip einig, daß nach allen Schwierigkeiten im Kabinett der Kompromiß von Minister Rohde die Würdigung des DGB verdient. Das Für und Wider des vorgesehenen Zeitplans für die Gesetzesvorlage wird erörtert. Man ist der Meinung, daß der Bundesausschuß in seiner morgigen Sitzung so ausführlich informiert werden sollte.

Kollegin *Weber* berichtet in diesem Zusammenhang ergänzend, daß in Zusammenarbeit mit der Abteilung Jugend des DGB-Bundesvorstandes gemeinsame Maßnahmen zur Jugendarbeitslosigkeit besprochen worden sind.[6]

Kollege *Kluncker* stellt unter Würdigung der bisher diskutierten Maßnahmen folgenden Antrag:

Neben den von offiziellen Stellen, wie den Arbeitsämtern, der Bundesanstalt für Arbeit u.ä., ergriffenen Maßnahmen zur Verbesserung der Situation der jugendlichen Arbeitslosend sollten der DGB und die Gewerkschaften auf allen Ebenen Räume und Personal zur Betreuung von jugendlichen Arbeitslosen zur Verfügung stellen. Dafür sollte, soweit erforderlich, vom Bundesausschuß aus dem Solidaritätsfonds ein Betrag bis zu 1 Mio. DM freigegeben werden.

Kollege Kluncker ist der Auffassung, daß die Gewerkschaften nicht allein den offiziellen Stellen die Lösung dieses Problems überlassen können und sollen. Man könnte versuchen, durch die Bereitstellung von Gewerkschaftssekretären und durch den Appell an Ausbilder und GEW-Mitglieder Kurse einzurichten, die den Jugendlichen Überbrückungshilfen anbieten. Man sollte dies auch dann tun, wenn nur einem kleineren Teil der jugendlichen Arbeitslosen damit geholfen werden könnte.

Die Kollegen *Vetter, Sickert, Sierks, G. Schmidt, Muhr, Rothe, Hauenschild, Wagner* und Kollegin *Weber* begrüßen im Prinzip den von Kollegen Kluncker gemachten Vorschlag zur Eigeninitiative. Aus Berichten einzelner Kollegen wird deutlich, daß in dieser Richtung schon mehr getan wurde, als allgemein

---

6 Aufgrund einer Vereinbarung zwischen den Abt. Jugend und Berufliche Bildung beim DGB-Bundesvorstand fand am 14.2.1975 eine gemeinsame Sitzung der Landesjugendsekretäre und Landessekretäre für Berufliche Bildung statt, auf der eine Koordinierung der Aktionen zur Reform der Berufsbildung und zur Jugendarbeitslosigkeit beschlossen wurde. Vgl. DGB-Archiv, DGB-BV, Abt. Berufliche Bildung 5/DGAW000173. Siehe auch den Bericht über die Demonstration »Für eine bessere Berufsbildung und gegen Jugendarbeitslosigkeit« am 1.2.1975 in Mainz, in: Solidarität 26, 1975, Nr. 3/4, S. 6f. sowie zu weiteren Aktionen die DGB-Jugendzeitung: ran 5, Heft 2 und 3, und: Solidarität 26, 1975, Nr. 1/2.

bekannt ist.⁷ Es könnte in der Öffentlichkeit nur noch deutlicher herausgestellt werden. Die Kollegen informieren sodann den Bundesvorstand über Maßnahmen der Arbeitsämter, der Bundesanstalt für Arbeit u. a., die zum Teil nur auf geringes Interesse der Jugendlichen gestoßen sind. Auch über dieses Thema. sollte der Bundesausschuß morgen kurz informiert werden.

Kollege *Mayr* begrüßt die bisher vom DGB vorgelegten Vorschläge, die Jugendarbeitslosigkeit betreffend. Er regt an, den Antrag des Kollegen Kluncker zur Überprüfung an den Geschäftsführenden Bundesvorstand zu überweisen. Er soll in der nächsten Sitzung des Bundesvorstands einen Situationsbericht geben und, falls nötig, konkrete Vorschläge für weitere Maßnahmen unterbreiten. Die Diskussion über eventuelle Bereitstellung von 1 Mio. DM für die genannten Zwecke sollte bis dahin zurückgestellt werden.

Der Bundesvorstand nimmt die vorgetragenen Anregungen zustimmend zur Kenntnis.

3. ANALYSE DER SOZIALWAHLEN

Kollege *Muhr* verweist auf die Vorlage vom 14. Februar 1975 und bittet den Bundesvorstand, damit einverstanden zu sein, daß er in der morgigen Sitzung des Bundesausschusses ausführlich berichten wird.⁸ Er fragt, ob noch weitere Änderungen gewünscht werden, und was nach der Verabschiedung durch den Bundesausschuß mit dieser Analyse geschehen soll, eventuelle Veröffentlichung.

In der anschließenden Diskussion, an der sich die Kollegen *Kluncker, Wagner, Mayr, Sickert, Muhr, Vetter, Buschmann, Stephan* und *Breit* beteiligen, wird die Erstellung der vorgelegten Analyse begrüßt, jedoch eine Veröffentlichung abgelehnt. Es werden kurz Einzelpunkte der Analyse angesprochen. Eine rechtzeitige Vorbereitung der nächsten Sozialwahlen im Bundesvorstand und Bundesausschuß wird angeregt. Kollege *Muhr* bittet, auf Seite 24 im zweiten Absatz den Anfang des dritten Satzes wie folgt abzuändern: »Nur 26% der Wähler, die Splittergruppen gewählt haben, ...« (statt »Nur 10% aller Wähler und nur 14% der Wähler, ...«).⁹

---

7 So veranstaltete beispielsweise die Gewerkschaftsjugend in Hessen gemeinsam mit Gewerkschaftern aus der kommunalen Jugendpflege und den Arbeitsämtern Seminare, Wochenend- und Wochenseminare mit arbeitslosen Jugendlichen, in denen Freizeit- und Bildungsangebote sowie Beratung und Unterstützung bei der Arbeitssuche angeboten wurden. Vgl. Solidarität 26, 1975, Nr. 1/2, S. 10 f. Hauptschwerpunkt der gewerkschaftlichen Jugendarbeit war ab 1974 die Bekämpfung der Jugendarbeitslosigkeit. Vgl. DGB-Geschäftsbericht 1975–1977, Abt. Jugend, S. 450 ff.

8 Die 32-seitige Wahlanalyse wurde vom Sozialpolitischen Ausschuß des DGB in seiner Sitzung am 13./14.2.1975 verabschiedet. Zur Wahlanalyse siehe DGB-Geschäftsbericht 1972–1974, Abt. Sozialpolitik, S. 66 ff.; vgl. auch die Diskussion zu TOP 4 der 21. BV-Sitzung (Dok. 114).

9 Der zweite Absatz auf Seite 24 lautete: »Die Umfrage befaßte sich auch mit den Gründen, die die Wähler veranlaßten, andere Listen als DGB und DAG zu wählen. Danach kann die von der Presse nach den Wahlen hochgespielte ›Gewerkschaftsfeindlichkeit‹ als Motiv nicht bestätigt werden. *Nur 10% aller Wähler und nur 14% der Wähler, die Splittergruppen gewählt haben*, begründen ihre Wahlentscheidung mit einer Protesthaltung gegenüber den Gewerkschaften. Dagegen können 35% der Wähler kleinerer Gruppen nicht angeben, aus welchen Gründen sie sich für diese Stimmabgabe entschieden haben.« Siehe Wahlanalyse, ebd.

Beschluß:

Der Bundesvorstand nimmt die Analyse der Sozialwahlen zur Kenntnis und spricht sich für eine frühzeitige Vorbereitung der nächsten Sozialwahlen aus.

4. SCHREIBEN DES DAG-BUNDESVORSTANDES VOM 27.2.1975[10]

[In der nächsten Sitzung soll darüber beraten werden, in welcher Weise auf den Brief des DAG-Bundesvorstandes vom 27.2.1975 reagiert werden soll.]

5. GRUNDSÄTZE FÜR DIE TARIFPOLITIK

[Der Bundesvorstand verabschiedet die vom Tarifpolitischen Ausschuss erarbeiteten »Grundsätze für die Tarifpolitik«.[11] Sie sollen, wie bisher üblich, im Bundesausschuss nicht diskutiert werden.]

6. BERUFSINTERNATIONALEN IM EUROPÄISCHEN BEREICH

[Da die Übersicht über die europäische Situation in den Berufsinternationalen erst in den nächsten 14 Tagen dem Bundesvorstand übermittelt werden kann, ist der Bundesvorstand einverstanden, diesen Punkt in der nächsten Sitzung zu beraten.]

7. 10. ORDENTLICHER BUNDESKONGRESS DES DGB

[Schwab teilt mit, dass 286 Anträge eingegangen sind. Anschließend wird die Besetzung des Präsidiums mit Anke Fuchs, Heinz O. Vetter und Jan Sierks vorgeschlagen und die Mitglieder der Mandatsprüfungskommission und der Schriftführer nominiert.[12]]

8. 10. ORDENTLICHER BUNDESKONGRESS DES DGB
   HIER: WAHL DER ANTRAGSBERATUNGSKOMMISSION

[Der Bundesvorstand wählt in die Antragsberatungskommission: Konrad Carl, Heinz Werner Meyer, Paul Plumeyer, Uwe Körner, Helmut Bänker, Ernst Reuter, Josef Rothkopf, Kurt Humpert, Kurt Georgi, Bruno Krammer,

---

10 Das Schreiben von Hermann Brandt wurde in der Sitzung des Bundes-Angestelltenausschusses am 11./12.3.1975 gemeinsam mit dem Schreiben vom 17.10.1974 sowie dem Leitartikel: »Unser Verhältnis zum DGB« in der DAG-Zeitschrift »Der Angestellte« 28, 3.3.1975, Nr. 300, diskutiert. Vgl. DGB-Archiv, DGB-BV, Abt. Angestellte 5/DGAT000017. In dem Brief vom 27.2. wurde auf die Erklärung von Gewerkschaftsrat, Bundesvorstand und Beirat der DAG Bezug genommen, dass ein Gespräch nur stattfinden könne, wenn der DGB-Vorstand den Standpunkt der DAG zur Unverletzbarkeit der Organisationsform der DAG vorher anerkennen würde. Brief abgedr. in: DAG Informationen für den Bundesvorstand Nr. 1/75, in: AdsD, Bestand DAG, RV-2-90001b sowie Müller: Die DAG, S. 415f. Siehe auch: TOP 4 der 23. BV-Sitzung (Dok. 117).
11 Siehe hierzu die Diskussion in der 18. BV-Sitzung, TOP 4 (Dok. 109) sowie in der 20. BV-Sitzung, TOP 5a (Dok. 112).
12 Für die Besetzung der Mandatsprüfungskommission und der Schriftführung wurde jeweils ein Delegierter pro Gewerkschaft benannt.

Gerhard van Haaren, Hans Mayr, Georg Benz, Günter Döding, Siegfried Merten, Reinhold Heise, Hans Birkle und Wilhelm Werner.]

9. BESTÄTIGUNG VON LANDESBEZIRKSVORSTANDSMITGLIEDERN

[Der Bundesvorstand empfiehlt dem Bundesausschuss, neu gewählte und benannte Mitglieder der LB Baden-Württemberg, Bayern, Berlin, Hessen, Niedersachsen, Nordmark, Rheinland-Pfalz und Saar zu bestätigen.[13]]

10. REVISIONSBERICHTE

[Der Bundesvorstand nimmt die Berichte der Revisionskommission über die am 24.10., 19.11. und 19.12.1974 vorgenommenen Prüfungen der Bundeshauptkasse zur Kenntnis.]

11. GESCHÄFTSBERICHT 1973 DER VTG DES DGB

[Der Bundesvorstand nimmt den Jahresbericht der VTG für das Jahr 1973 zustimmend zur Kenntnis, der vom Beirat der VGT gebilligt und der Gesellschafterversammlung zur Verabschiedung empfohlen werden soll.]

12. FINANZPLAN 1975 DER VTG DES DGB

[Der Bundesvorstand stimmt dem vorgelegten Finanzplan der VTG für 1975 in Höhe von 16,967 Mio. DM zu.]

GESPRÄCH DES BUNDESVORSTANDES MIT BUNDESFINANZMINISTER APEL

Kollege *Vetter* begrüßt Bundesfinanzminister Apel und dankt für die Möglichkeit eines offenen Gespräches mit den Mitgliedern des Bundesvorstandes. Er erinnert kurz an die Unterstützung, die die Gewerkschaften zur Durchsetzung von Reformvorhaben der Bundesregierung geleistet haben. Das gilt auch für die kürzlich durchgeführte Steuerreform, zu deren besserem Verständnis auch der DGB beigetragen hat.[14]

Minister *Apel* bedankt sich für die Einladung in den Bundesvorstand. Er geht kurz auf die Steuerreform ein, deren Auswirkungen sich erst voll im Laufe der Zeit zeigen werden und die er nicht gewillt ist, kurzfristig wieder zu verändern.

Minister Apel wendet sich dann Fragen der Konjunktur, des Haushaltes, der Bundesbankpolitik und der Einwirkungen von außen auf die Konjunktur der Bundesrepublik zu. Zur Lage insgesamt neigt er einer zurückhaltenden Prognose zu.

An der nachfolgenden Diskussion beteiligen sich die Kollegen *Vetter, Hauenschild, Buschmann, Rothe, Mayr, Muhr, Wagner* und Minister *Apel*. Es wer-

---

13 Der Bundesausschuss bestätigte die Wahl in seiner Sitzung am 5.3.1975. Vgl. DGB-Archiv, DGB-BV, Abt. Vorsitzender 5/DGAI000415.
14 Siehe hierzu u. a. die Pressemeldungen des DGB zur Aufklärung über tatsächliche Entlastungen durch die Steuerreform, in: ND, 22.1.1975, Nr. 19 und 24.1.1975, Nr. 23.

den Fragen des Kauf- und Sparverhaltens der Bevölkerung, der Tarifpolitik der Gewerkschaften, der Preisstabilität, Probleme der Arbeitslosigkeit und der Kurzarbeit, Auswirkungen der internationalen Rohstoff- und Konjunkturpolitik u. a. erörtert.

Minister *Apel* faßt seine Lagebeurteilung so zusammen, daß angesichts der Entwicklung der letzten Wochen absoluter Pessimismus nicht gerechtfertigt ist, warnt aber vor zu großem Optimismus für die nächsten Monate. Er dankt für die Möglichkeit des Gesprächs mit dem Bundesvorstand und hofft auf baldige Fortsetzung des Kontaktes.

MITTAGSPAUSE: 14.20 BIS 15.25 UHR

13. BESTELLUNG VON WIRTSCHAFTSPRÜFERN

[Der Bundesvorstand bestellt für die Prüfung der Jahresabschlüsse 1974 für den DGB und die VTG die ATH Allgemeine Treuhandgesellschaft mbH.]

14. TAGUNGSORT DER 23. BUNDESVORSTANDSSITZUNG AM 8.4.1975

[Da vom 7. bis 11.4.1970 die Antragsberatungskommission für den 10. Ordentlichen Bundeskongress im Saal 3 des Hans-Böckler-Hauses tagen wird, beschließt der Bundesvorstand seine nächste Sitzung in Saal 4 durchzuführen.]

15. PROGRAMM DES IBFG FÜR DAS INTERNATIONALE JAHR DER FRAU,
    HIER: WELTKONGRESS DES IBFG IN MEXIKO VOM 17. BIS 25.10.1975

[Der Bundesvorstand nimmt die Anregung von Maria Weber zur Kenntnis, sowohl zum internationalen Symposium des IBFG über die Eingliederung der Frauen in die Gewerkschaften, das unmittelbar vor dem Kongress in Mexiko stattfinden wird, als auch zum Weltkongress des IBFG möglichst viele Kolleginnen zu entsenden.

Die DGB-Delegation zum Weltkongress soll dann festgelegt werden, wenn geklärt ist, ob Gewerkschaftsvorsitzende in ihrer Eigenschaft als Präsidenten von Berufsinternationalen an dem Kongress teilnehmen werden.]

16. ERKLÄRUNG DES DGB ZUM URTEIL DES BUNDESVERFASSUNGSGERICHTS IN
    SACHEN § 218[15]

Kollege *Vetter* verweist auf das vorgelegte Fernschreiben der IG Metall, in dem um Beratung des Bundesvorstandes über eine Erklärung des DGB zum Urteil des Bundesverfassungsgerichtes in Sachen § 218 und deren Überwei-

---

15 Aufgrund der Verfassungsbeschwerde der CDU erklärte das Bundesverfassungsgericht die vom Bundestag 1974 beschlossene Fristenregelung für »nicht verfassungsgemäß«. Vgl. Urteil des BVerfG vom 25.2.1975 – 1/BvF 1/74. 1976 verabschiedete der Bundestag den neu verfassten § 218 StGB, der an die Entscheidung des Bundesverfassungsgerichtsurteils angepasst war. Siehe dazu Profittlich: Mehr Mündigkeit wagen, insbes. S. 176 ff.

sung zur Verabschiedung durch den Bundesausschuß gebeten wird.[16] Kollege Vetter gibt zu bedenken, daß die Urteilsbegründung bisher noch nicht bekannt ist und deshalb eine ins Einzelne gehende Stellungnahme kaum möglich sein dürfte. Er bittet um Diskussion, wie der DGB sich im Augenblick verhalten soll. Kollege Vetter informiert den Bundesvorstand in diesem Zusammenhang, daß Einzelaktionen von DGB-Landesbezirken und -Kreisen in dieser Sache vorher nicht vom Geschäftsführenden Bundesvorstand genehmigt und gebilligt waren.[17]

Kollege *Mayr* ist der Meinung, daß im Hinblick auf die bereits erfolgten Erklärungen von Kirchen und Parteien und die zu erwartende Diskussion auf dem bevorstehenden Bundeskongreß eine erste Stellungnahme des Bundesausschusses des DGB unerläßlich ist, auch wenn die Urteilsbegründung noch nicht im einzelnen bekannt ist.

Kollege *Buschmann* verliest eine Erklärung, die der große Beirat seiner Gewerkschaft zum Urteil des Bundesverfassungsgerichtes in der vergangenen Woche abgegeben hat. Diese Erklärung wurde auch von den christlichen Kollegen im Beirat gebilligt. Eine ähnlich formulierte Stellungnahme müßte s.E. auch dem Bundesausschuß möglich sein.

Die Kollegen *Hauenschild, Stadelmaier, Mirkes, Kluncker* und *Frister* sprechen sich ebenfalls, auch unter Hinweis auf den vom 9. Ordentlichen Bundeskongreß des DGB mit großer Mehrheit gefaßten Beschluß[18], für eine Erklärung des Bundesausschusses des DGB zum Urteil des Bundesverfassungsgerichtes aus. Die Stellungnahme sollte ähnlich wie die der Gewerkschaft Textil-Bekleidung formuliert werden und außerdem kurz auf die richterliche Selbstbeschränkung des Bundesverfassungsgerichtes eingehen.

Kollegin *Weber* verweist noch einmal auf ihre persönliche Haltung zum diskutierten Thema.

Abschließend berät der Bundesvorstand über den Entwurf einer Erklärung des DGB zum Urteil des Bundesverfassungsgerichts in Sachen §218 und verabschiedet ihn zur Weiterleitung an den Bundesausschuß in seiner morgigen Sitzung.[19]

---

16 In dem Fernschreiben vom 3.3.1975 bat Hans Mayr, die vom Vorstand der IG Metall herausgegebene Erklärung dem Bundesausschuss zur Verabschiedung vorzulegen. Text der Erklärung in: DGB-Archiv, DGB-BV, Abt. Vorsitzender 5/DGAI000487 sowie Stellungnahmen der IG Metall zu §218 in: Metall 27, 11.3.1975, Nr. 5, S. 8f.
17 So distanzierte sich Vetter von dem Demonstrationsaufruf des zuständigen DGB-Sekretärs in Karlsruhe, der zu einer Protestdemonstration vor dem Bundesverfassungsgericht gegen die erwartete Ablehnung der Fristenregelung aufgerufen hatte. Vgl. Vetter fordert Respekt vor den Bundesrichtern, in: Neue Ruhr Zeitung, 25.2.1975.
18 Der Bundeskongress 1972 hatte durch Antrag 304 den Gesetzgeber aufgefordert, in §218 in eine Fristenlösung vorzusehen.
19 Siehe Erklärung des Bundesausschusses des DGB zum Urteil des Bundesverfassungsgerichts in Sachen §218 StGB, in: ND, 5.3.1975, Nr. 78.

Dokument 116 4. März 1975

17. KONFERENZ EUROPÄISCHER GEWERKSCHAFTEN ZUR HUMANISIERUNG DER ARBEITSWELT

Kollege *Lappas* verweist auf die den Bundesvorstandsmitgliedern vorliegenden Erklärungen über die Konferenz europäischer Gewerkschaften zur Humanisierung der Arbeitswelt, die am 28.2. und 1.3.1975 in Genf stattgefunden hat.[20] Er berichtet kurz über Ablauf und Ergebnis der Konferenz, die sowohl vom Fachlichen als auch vom Politischen ohne besondere Schwierigkeiten abgelaufen ist. Wie früher haben die Vertreter der Ostblockgewerkschaften zwar versucht, die Konferenz zu politischen Erklärungen zu benutzen und vor allem die Trennung derartiger Veranstaltungen von der ILO zu erreichen. Durch die konsequente Haltung der DGB-Delegation ist es jedoch gelungen, dies zu verhindern. Von besonderer Bedeutung ist die Erklärung im Kommuniqué, daß wiederum die vier europäischen Arbeitnehmervertreter im Verwaltungsrat der ILO den Auftrag erhalten haben, zu prüfen, ob eine weitere Konferenz – falls möglich im Laufe des Jahres 1976 – stattfinden soll.

Kollege *Muhr* ergänzt den Bericht des Kollegen Lappas durch einige Einzelheiten. Der Bundesvorstand sollte zu gegebener Zeit darüber beraten, ob der DGB sich weiterhin an diesen Konferenzen beteiligt.

Nach kurzer Diskussion, an der sich die Kollegen *Kluncker, Muhr, Hauenschild* und *Buschmann* beteiligen, kommt der Bundesvorstand zu der Auffassung, daß das Thema in einer der nächsten Sitzungen noch einmal erörtert werden sollte.

18. ERKLÄRUNG »DGB UND AUSLÄNDISCHE ARBEITNEHMER«

[In der Diskussion um den vorgelegten Entwurf wird die Herausgabe einer solchen Erklärung, insbesondere im Zusammenhang mit den Betriebsratswahlen, begrüßt und anschließend beschlossen, dem Bundesausschuss in seiner morgigen Sitzung die Erklärung zur Verabschiedung vorzulegen.[21]]

Ende der Sitzung: 17.45 Uhr

---

20 Das Beschlussprotokoll und das verabschiedete 14-Punkte-Kommuniqué sowie die 10-Punkte-Erklärung über die Humanisierung der Arbeitswelt, insbesondere Arbeitssicherheit, Gesundheitsschutz und Sozialbedingungen der Arbeitnehmer, finden sich in: DGB-Archiv, DGB-BV, Internationale Abt. 5/DGAJ00242.
21 In der Erklärung wurde die Situation der ausländischen Arbeitnehmer im Zusammenhang mit der Arbeitsmarktsituation beschrieben: höhere prozentuale Arbeitslosenquote gegenüber den deutschen Arbeitnehmern, hohe Zahl von illegal Beschäftigten; und die Gewerkschaften wurden als deren Interessenvertreter dargestellt. Wortlaut der Erklärung in: ND, 5.3.1975, Nr. 79.

DOKUMENT 117

7./8. April 1975: Protokoll der 23. Sitzung des Bundesvorstandes

Hans-Böckler-Haus in Düsseldorf; Vorsitz: Heinz O. Vetter; Protokollführung: Isolde Funke, Marianne Jeratsch; Sitzungsdauer: 7. Oktober, 16.10–18.25 Uhr, 8. Oktober, 10.15–14.07 Uhr; ms. vermerkt. »Vertraulich«.[1]

Ms., hekt., 10 S., 2 Anlagen.[2]

DGB-Archiv, 5/DGAI000537.

Beginn der Sitzung: 7.4.1975, 16.10 Uhr

[*Vetter* eröffnet die Sitzung.]

Tagesordnung:
1. Antrag 7 des 9. Ordentlichen Bundeskongresses
2. Genehmigung des Protokolls der 22. Bundesvorstandssitzung
3. Berufsinternationalen im europäischen Bereich (europäische Gewerkschaftsausschüsse)
4. DAG
5. Kontakte zum FDGB
6. Erledigung des Initiativantrages Nr. 16 (Antrag Nr. 152) des 9. Ordentlichen Bundeskongresses
7. DGB-Programm für ältere Arbeitnehmer
8. 60. Internationale Arbeitskonferenz in der Zeit vom 4. bis 25.6.1975 in Genf – Benennung der DGB-Vertreter
9. Ersatzbestellung für die Arbeitsgesetzbuch-Kommission
10. Beirat des Pensionssicherungsvereins
11. Revisionsbericht vom 26.2.1975
12. a) Übernahme der Anteile der RFFU an der Beteiligungsgesellschaft für Gemeinwirtschaft AG, Frankfurt/Main
    b) Beteiligung an der Allgemeinen Beamtenbank AG, Hamburg
13. Gesetz zur Verbesserung der betrieblichen Altersversorgung
14. Verschiedenes

1. Antrag 7 des 9. Ordentlichen Bundeskongresses

Kollege *Vetter* verweist auf den dem Bundesvorstand vorliegenden Entwurf des Berichtes zu Antrag 7.[3] In einer kurzen Rückschau erinnert Kollege Vetter

---

1 Einladungsschreiben vom 12. und 17.3.1975. Nicht anwesend: Georg Neemann, Gerhard Schmidt, Leonhard Mahlein, Eugen Loderer (vertreten durch Hans Mayr), Karl Hauenschild (vertreten durch Ferdinand Eichhorn), Günther Pehl und Gerhard Leminsky. Am 7.4.1975 fand eine vorgezogene Bundesvorstandssitzung zu Antrag Nr. 7 gemeinsam mit dem Gesellschaftspolitischen Ausschuss statt. Einladungsschreiben vom 25.2. und 14.3.1975. DGB-Archiv, DGB-BV, Abt. Vorsitzender 5/DGAI000487.

2 Anlagen: Anwesenheitsliste, Presseerklärung: DGB: Erste Anzeichen der Besserung auf dem Arbeitsmarkt, abgedr. in: ND, 8.5.1975, Nr. 106.

3 Der 55-seitige Bericht zur Erledigung des Antrags Nr. 7 wurde den Bundesvorstandsmitgliedern am 10. und 17.3.1975 zugesandt. Der Bericht umfasste die Problemkreise der gewerkschaftlichen Bildungsprogrammatik, der Arbeitsbedingungen, der Regionalpolitik, der Umwelt-und Verkehrspolitik und die Frage der Koordinierung und Anwendung neuer staatlicher Instrumente zur Durchführung einer konsequenten Reformpolitik.

an die Bildung des Gesellschaftspolitischen Ausschusses, an den zeitlichen Ablauf der Beratungen über den o. a. Kongreßbeschluß und die später erfolgte Entscheidung des Bundesvorstandes, einen Sachbearbeiterausschuß zur intensiveren Befassung mit Antrag 7 einzusetzen.[4] Dieser aus Vertretern aller Gewerkschaften zusammengesetzte Sachbearbeiterausschuß sollte – wie geschehen – dem Gesellschaftspolitischen Ausschuß, d. h. dem Bundesvorstand, ein Papier zur Verabschiedung unterbreiten, das dann dem bevorstehenden Bundeskongreß vorgelegt werden könnte. Kollege Vetter geht kurz auf die Schwierigkeiten ein, die sich bei der Bearbeitung des Antrags 7 ergeben haben. Es sind dies die gegenüber der Antragstellung Anfang 1972 veränderten politischen und wirtschaftlichen Verhältnisse, zeitliche Gegebenheiten und die teilweise sehr unregelmäßig erfolgte Vertretung der Gewerkschaften in dem Sachbearbeiterausschuß. Auch die Information der Vorsitzenden durch die im Ausschuß vertretenen Sachbearbeiter über den Verlauf der Arbeiten war nicht in allen Fällen kontinuierlich und umfassend. Die Problematik der Beratung und Verabschiedung des vorgelegten Berichtsentwurfs durch den Bundesvorstand in relativ kurzer Zeit ist deshalb sicher nicht von der Hand zu weisen. Trotzdem bittet Kollege Vetter den Bundesvorstand im Hinblick auf die Bedeutung des Antrags 7 und angesichts der Tatsache, daß zum bevorstehenden Bundeskongreß Anträge zur Neufassung des Grundsatzprogramms vorliegen[5], denen das Ergebnis von Antrag 7 als Material zur Verfügung gestellt werden könnte, um Beratung des vorliegenden Berichtsentwurfs. Er schlägt vor, daß der Bundesvorstand vielleicht in 14 Tagen noch einmal zusammentreten könnte, um in seiner Sitzung am 6. Mai zur endgültigen Verabschiedung des Papiers zu kommen.[6]

An der nachfolgenden ausführlichen Diskussion beteiligen sich die Kollegen *Vietheer, Vetter, Eichhorn, Mirkes, Frister, Muhr, Kluncker, Breit* und *Stadelmaier*.

Die Arbeit des Sachbearbeiterausschusses wird grundsätzlich anerkannt. Es wird jedoch gleichzeitig darauf hingewiesen, daß es sich bei dem vorgelegten Papier nicht um die Aussage eines politisch verantwortlichen Gremiums handelt. Die Kollegen stellen übereinstimmend fest, daß im Hinblick auf die Bedeutung dieses Kongreßbeschlusses und angesichts der inzwischen eingetretenen politisch und wirtschaftlich veränderten Lage eine ausreichende Diskussion in den Vorständen und den meinungsbildenden Gremien der Gewerkschaften nicht stattfinden konnte. Eine Weiterbefassung der zuständigen Gremien mit der umfassenden Thematik und Problematik von Antrag 7 ist erforderlich. Da der mit Antrag 7 verbundene Kongreßauftrag an den Bundesvorstand zeitlich nicht befristet war, kommen die anwesenden Bun-

---

4 Auf der 12. Bundesvorstandssitzung am 6.11.1973 (TOP 5, Dok. 91) wurden beschlossen, dass sich zunächst der Gesellschaftspolitische Ausschuss mit dem Antrag beschäftigen sollte. Die Einrichtung von Arbeitsgruppen aus Sachbearbeitern der einzelnen Gewerkschaften, der Landesbezirke und des Bundesvorstandes, die Vorlagen zu den einzelnen Bereichen erstellen sollten, wurde in der Bundesvorstandsklausur am 5./6.2.1974 (TOP 7, Dok. 99) beschlossen.
5 Dieses waren die Anträge Nr. 1 bis 6, welche eine Überarbeitung des Grundsatz- und Aktionsprogramms des DGB forderten. Wortlaut der Anträge siehe Protokoll 10. Bundeskongreß, Teil: Anträge und Entschließungen, S. 3–8.
6 Vgl. TOP 2 der 24. Bundesvorstandssitzung (Dok. 118).

desvorstandsmitglieder zu der Auffassung, daß dem bevorstehenden Bundeskongreß ein abschließender Bericht zu Antrag 7 nicht vorgelegt werden soll und kann. Die Beratung darüber muß fortgesetzt werden. Kollege Vetter sollte in seinem mündlichen Geschäftsbericht in diesem Sinne kurz darauf eingehen, und im Erledigungsvermerk zu Antrag 7 sollte auf diese mündliche Berichterstattung kurz hingewiesen werden. Der Bundesvorstand soll in seiner morgigen Sitzung um Zustimmung zu diesem Vorschlag gebeten werden. Außerdem sollen die Mitarbeiter im Sachbearbeiterausschuß entsprechend informiert werden.

ENDE DER SITZUNG: 18.25 UHR

FORTSETZUNG DER SITZUNG: 8.4.1975, 10.15 UHR

[Der Bundesvorstand beschließt, dass die Reisekosten für die Bundesvorstands- und Bundesausschussmitglieder nicht überwiesen, sondern bar ausgezahlt werden sollen.[7]]

Kollege *Mirkes* informiert den Bundesvorstand über die Entscheidung des Kollegen Georg Neemann, auf dem 10. Ordentlichen DGB-Bundeskongreß nicht mehr zu kandidieren, und weist auf die vorgelegte Presseerklärung hin, die mit dem Kollegen Neemann abgestimmt worden ist.[8] Die Gewerkschaftsvorsitzenden werden über einen Nachfolger beraten und den Bundesvorstand zu gegebener Zeit informieren.

FORTSETZUNG ZU TOP 1. »ANTRAG 7 DES 9. ORDENTLICHEN BUNDESKONGRESSES«

Kollege *Vetter* erläutert noch einmal die Arbeit des vom Bundesvorstand für den Gesellschaftspolitischen Ausschuß eingesetzten Sachbearbeiterausschusses zu Antrag 7. Er zeigt die Schwierigkeiten auf, die sich, abgesehen von der veränderten Ausgangslage seit 1972, durch die fehlenden Diskussionsmöglichkeiten in den Gremien der Gewerkschaften ergeben haben. Kollege Vetter erläutert sodann die von den gestern anwesenden Bundesvorstandsmitgliedern vertretene Auffassung, die Bearbeitung des Antrags 7 über den bevorstehenden Bundeskongreß hinaus fortzusetzen, den Bundeskongreß im mündlichen Geschäftsbericht des Vorsitzenden entsprechend zu informieren und im Erledigungsvermerk zu Antrag 7 auf diese Berichterstattung hinzuweisen. Die dafür vorgesehenen Formulierungen könnten in der Bundesvorstandssitzung am 6. Mai 1975 noch einmal kurz beraten werden. Die an der Erarbeitung des vorliegenden Berichtsentwurfs beteiligten Sachbearbeiter sollen über das vorgesehene Verfahren vorab unterrichtet werden.

Kollege *Loderer* als Vorsitzender der antragstellenden Gewerkschaft erklärt sich mit diesem Vorschlag im Prinzip einverstanden. Er legt Wert auf die Feststellung, daß, gemessen an der Bedeutung des Antrags 7, die weitere Bearbeitung nach dem Bundeskongreß zügig und terminiert fortgesetzt wird.

---

7 Siehe auch: TOP 17 der Klausurtagung des Bundesvorstandes am 4./5.2.1975 (Dok. 115).
8 Aus Krankheitsgründen kandidierte Georg Neemann auf dem 10. Ordentlichen Bundeskongress nicht mehr für den Geschäftsführenden Bundesvorstand. Vgl. ND, 8.4.1975, Nr. 104.

[Nach kurzer Diskussion fasst der Bundesvorstand den Beschluss, dass die Bearbeitung des Antrags 7 noch nicht abgeschlossen ist und weiter fortgesetzt werden muss. Der DGB-Vorsitzende wird in seinem mündlichen Geschäftsbericht den 10. Ordentlichen Bundeskongress entsprechend informieren; diese Formulierungen wird der Bundesvorstand in seiner nächsten Sitzung am 6.5.1975 beraten. Im Erledigungsvermerk zu Antrag 7 soll der Hinweis auf den mündlichen Bericht erfolgen. Die Vorsitzenden kommen außerdem überein, ihre zuständigen Sachbearbeiter umgehend entsprechend zu unterrichten und darauf hinzuweisen, dass noch kein veröffentlichungsreifes Material vorliegt.]

2. GENEHMIGUNG DES PROTOKOLLS DER 22. BUNDESVORSTANDSSITZUNG

[Der Bundesvorstand genehmigt das Protokoll der 22. Bundesvorstandssitzung.]

3. BERUFSINTERNATIONALEN IM EUROPÄISCHEN BEREICH (EUROPÄISCHE GEWERKSCHAFTSAUSSCHÜSSE)

Kollege *Lappas* verweist auf die Vorlage, in der die Lage beschrieben worden ist, und teilt mit, daß in die Föderation der agrarischen Gewerkschaften die christlichen Gewerkschaften aus Belgien und den Niederlanden sowie die kommunistische Gewerkschaft aus Italien neu aufgenommen worden sind. Diese neue Zusammensetzung wird dem Bundesvorstand noch zugeleitet werden.[9]

[In der Diskussion werden Ergänzungen zu der vorgelegten Liste gegeben; über die Erfahrungen in den einzelnen Bereichen wird berichtet. Anschließend kommt der Bundesvorstand überein, dass dieser Tagesordnungspunkt in der September-Sitzung ausführlich diskutiert werden soll. Die Gewerkschaften sollen gebeten werden, über die jetzige Situation und die voraussichtliche Entwicklung in ihren Bereichen zu berichten, damit eine umfassende Übersicht für den Bundesvorstand erstellt werden kann.]

4. DAG

[*Stephan* berichtet, dass der Brief der DAG vom 27.2.1975[10] im Geschäftsführenden Bundesvorstand und im Bundes-Angestelltenausschuss beraten wurde. In der anschließenden Diskussion wurden die Erfahrungen mit der DAG und die Haltungen der Gewerkschaften zur DAG erörtert. Anschließend wurde folgende Verfahrensweise beschlossen: 1. der Eingang der beiden Briefe der DAG vom 17.10.1974 und vom 27.2.1975 soll bestätigt werden. Es

---

9 Auf der Sitzung der Bundesvorstandsklausur am 4./5.2.1975 wurde um Informationen über die Situation der europäischen Industrieausschüsse gebeten (TOP 13e, Dok. 115). In der Übersicht vom 12.3.1975 zu den 11 Industrieausschüssen wurden deren regionale Ausdehnung, die vertretenen Gewerkschaftsrichtungen und deren Verhältnis zu den internationalen Berufssekretariaten und zum EGB aufgelistet. DGB-Archiv, DGB-BV, Abt. Vorsitzender 5/DGAI000487.
10 Vgl. TOP 4 der Bundesvorstandssitzung vom 4.3.1975 (Dok. 116).

soll ohne Kommentar darauf hingewiesen werden, dass eine Antwort zu gegebener Zeit erfolgt, 2. die Antwort soll auf dem DGB-Bundeskongreß Ende Mai öffentlich gegeben werden. Die Frage könnte in den mündlichen Geschäftsberichten an- und in der Diskussion weiter ausdiskutiert werden und 3. die Abstimmung über die vorgesehenen Formulierungen soll in der Sitzung des Bundesvorstandes am 23. Mai 1975 erfolgen.]

5. KONTAKTE ZUM FDGB

Kollege *Vetter* regt im Namen des Geschäftsführenden Bundesvorstandes an, nach einer längeren Phase des Ruhens der Beziehungen, dem FDGB vorzuschlagen, mit einer DGB-Spitzendelegation im Sommer 1975 die Kontakte fortzusetzen. Es wird außerdem erwogen, den Leiter der Ständigen Vertretung der DDR, Minister Dr. Kohl, nach mehrfachen Anfragen demnächst beim DGB zu empfangen.[11]

[Nach der Diskussion, in der über Erfahrungen im Kontakt mit den entsprechenden Gewerkschaften des FDGB bzw. über geplante Kontaktaufnahmen berichtet wird, beschließt der Bundesvorstand, dass der DGB seine Beziehungen zum FDGB mit einer Spitzendelegation im Sommer 1975 fortsetzen solle.]

6. ERLEDIGUNG DES INITIATIVANTRAGES NR. 16 (ANTRAG NR. 152) DES 9. ORDENTLICHEN BUNDESKONGRESSES

[In Erledigung des Initiativantrages Nr. 16 (Antrag Nr. 152) des 9. Ordentlichen Bundeskongresses[12] stimmt der Bundesvorstand dem vorgelegten Organisationsmodell für eine Neugliederung der Rentenversicherung zu.]

7. DGB-PROGRAMM FÜR ÄLTERE ARBEITNEHMER

[Der Bundesvorstand verabschiedet ein »DGB-Programm für ältere Arbeitnehmer« in der vorgelegten Fassung. Dem Programm soll ein Vorwort vorangestellt werden.[13]]

---

11 Am 29.4.1975 empfing Heinz O. Vetter in seinem Arbeitszimmer Michael Kohl zum Antrittsbesuch. Gesprächsthemen waren: das deutsch-deutsche Verhältnis und die Kontakte des DGB zum FDGB. Vgl. DGB-Archiv, DGB-BV, Abt. Vorsitzender 5/DGAI001140.

12 Initiativantrag 16 (abgeänderter Antrag 152 der IG Chemie, Papier, Keramik, der u. a. die Errichtung einer Bundesanstalt für Arbeiter forderte) verlangte vom Bundesvorstand die Vorlage einer Konzeption zur Verbesserung der Organisation der gesetzlichen Rentenversicherung, die eine Gleichbehandlung der Versicherten gewährleisten sollte. Protokoll 9. Bundeskongreß, Teil: Anträge und Entschließungen, S. 293 (Antrag 152, S. 130).

13 In dem 31-seitigen Programmentwurf ging es um die Verbesserung der Chancen für ältere Arbeitnehmer, eine vollwertige Tätigkeit unter zumutbaren Arbeitsbedingungen und mit angemessener Entlohnung bis zum Übergang in den Ruhestand auszuüben. Dieses Programm wurde gemeinsam mit dem »Programm des DGB zur Verbesserung der Lebenssituation älterer Menschen« 1979 von der Abt. Sozialpolitik als Broschüre herausgegeben. Parallel zu dem 1975er-Programm erschien eine Studie des WSI: »Die Lebenslage älterer Menschen in der Bundesrepublik Deutschland«; vgl. WSI-Studie zur Wirtschafts- und Sozialforschung Nr. 31, Köln 1975.

8. 60. INTERNATIONALE ARBEITSKONFERENZ IN DER ZEIT VOM
4. BIS 25.6.1975 IN GENF – BENENNUNG DER DGB-VERTRETER

Der Bundesvorstand beschließt die Zusammensetzung der DGB-Delegation: Delegierter ist Gerd Muhr und zu den einzelnen Tagesordnungspunkten sollen benannt werden: Karl Kehrmann (DGB), Georg Kittelmann (GGLF), Heinz Richter (DGB), Ferdinand Koob (IGM), Horst Kowalak (DGB), Ursula Engelen-Kefer (DGB), Maria Weber (DGB, stellvertretende Delegierte), Anni Moser (HBV) und Harald Simon (DGB).

9. ERSATZBESTELLUNG FÜR DIE ARBEITSGESETZBUCH-KOMMISSION

[Der Bundesvorstand benennt als Nachfolger für den zwischenzeitlich ausgeschiedenen Kurt Thon nun Karl Gröbing (ÖTV) für die Arbeitsgesetzbuch-Kommission.[14]]

10. BEIRAT DES PENSIONSSICHERUNGSVEREINS[15]

[Der Bundesvorstand nimmt die Vorstellungen des Aufsichtsrates des Pensionssicherungsvereins zur Besetzung des Beirates zur Kenntnis.]

11. REVISIONSBERICHT VOM 26.2.1975

[Der Bundesvorstand nimmt den Bericht der Revisionskommission über die vorgenommene Prüfung der Bundeshauptkasse zur Kenntnis.]

12. A) ÜBERNAHME DER ANTEILE DER RFFU AN DER BETEILIGUNGSGESELLSCHAFT FÜR GEMEINWIRTSCHAFT AG, FRANKFURT/MAIN
B) BETEILIGUNG AN DER ALLGEMEINEN BEAMTENBANK AG, HAMBURG

[Nach kurzer Diskussion der Übernahme der Anteile der RFFU wird beschlossen, dass die VTG

---

14 Der von der Bundesregierung 1970 berufenen Sachverständigenkommission zur Schaffung eines Arbeitsgesetzbuches gehörten neben den Vertretern der Arbeitsrechtswissenschaft, der Arbeitsgerichtsbarkeit, der Arbeitsbehörden, der Arbeitgeberverbände und einem Vertreter der DAG seitens des DGB Karl Kehrmann (DGB), Olaf Radke, später Michael Kittner (IGM), Karl Lichtenstein (CPK) und der Rechtsanwalt Kurt Thon an. Zu den Beratungen der Arbeitsgesetzbuchkommission siehe auch: DGB-Geschäftsberichte 1969–1971 und 1972–1974, Abt. Sozialpolitik, S. 142f. und 85f. Zur Ursprungsbesetzung der Kommission vonseiten des DGB siehe 5. BV-Sitzung vom 6.1.1970, TOP 6 (Dok. 10).
15 Durch das Gesetz zur Verbesserung der betrieblichen Altersversorgung (Betriebsrentengesetz – BetrAVG) vom 19.12.1974 (BGBl. I, S. 3610) wurde mit Wirkung vom 1.1.1975 auf privatrechtlicher Basis als Versicherungsverein auf Gegenseitigkeit ein Pensionssicherungsverein ins Leben gerufen, welchem die Aufgabe der Insolvenzsicherung der betrieblichen Altersversorgung übertragen wurde. Zur Vertretung der Arbeitnehmerinteressen war ein Beirat vorgesehen, den der Aufsichtsrat besetzen wollte. Er sollte aus 12 Personen bestehen, wovon je 4 auf die Arbeitnehmer, auf die Arbeitgeber sowie auf die privaten Lebensversicherer entfielen. Die Arbeitnehmerseite sollte 2 Vertreter des DGB und je einen der DAG und der ULA entsenden.

a) die RFFU-Anteile an der Beteiligungsgesellschaft für Gemeinwirtschaft AG und

b) aus der vorgesehenen Kapitalerhöhung der Allgemeinen Beamtenbank Aktien im Werte von höchstens nominal DM 100.000,-- übernehmen soll.

Außerdem soll die RFFU in einem Schreiben auf die Problematik ihres Beschlusses hingewiesen werden.]

13. GESETZ ZUR VERBESSERUNG DER BETRIEBLICHEN ALTERSVERSORGUNG

[Der Bundesvorstand stimmt der vorgesehenen Neufassung von § 19 der Unterstützungsrichtlinien zu und empfiehlt sie der Mitgliederversammlung zur Annahme.[16]]

14. VERSCHIEDENES

a) Presseerklärung »DGB: Erstes Anzeichen der Besserung auf dem Arbeitsmarkt«

[Nach kurzer Diskussion verabschiedet der Bundesvorstand die Presseerklärung mit Ergänzungs- und Änderungsvorschlägen: »DGB: Erstes Anzeichen der Besserung auf dem Arbeitsmarkt«.[17]]

b) DGB-Delegationen in die USA

Kollege Vetter sagt dem Bundesvorstand einen Bericht über die Reisen von drei DGB-Delegationen in die USA zu.[18]

c) DGB-Delegation zum IBFG-Weltkongreß in Mexiko

[Der Bundesvorstand beschließt die Zusammensetzung der DGB-Delegation zum IBFG-Weltkongress in Mexiko: Heinz O. Vetter, Gerd Muhr, Maria Weber, Alfons Lappas, Gerhard Schmidt, Karl Schwab, Karl Buschmann, Leonhard Mahlein, Adolf Mirkes, Philipp Seibert, Herbert Stadelmaier und Heinz Vietheer als ordentliche Delegierte und als Gastdelegierte Martin Heiß sowie Anke Fuchs und Liesel Winkelsträter (auf Kosten ihrer Gewerkschaften).]

d) Gewerkschaftliche Forderungen zur Medienpolitik

[Der Bundesvorstand bekräftigt den Beschluss des Bundesausschusses, die Forderungen zur Medienpolitik dem Bundeskongress nicht vorzulegen.]

---

16 Aufgrund des Gesetzes zur Verbesserung der betrieblichen Altersversorgung durften die Leistungen der Unterstützungskasse: a) für Alters-, Erwerbsunfähigkeit und Unfallunterstützung, b) für Witwenunterstützungen und c) für Halbwaisen- und Vollwaisenunterstützungen bestimmte Beträge nicht überschreiten.
17 Siehe Fußnote 2 in diesem Dokument.
18 Der Informationsaustausch über die weiteren Möglichkeiten einer Zusammenarbeit mit den US-Gewerkschaften fand zwischen Januar und März 1975 statt. Vgl. Berichte Erwin Kristoffersen vom März 1975, in: DGB-Archiv, DGB-BV, Internationale Abt. 5/DGAJ000575.

e) Pressemitteilung des IBFG zur sofortigen humanitären Unterstützung der Zivilbevölkerung von

Südvietnam[19]

[Nach Überprüfung der vom IBFG vorgesehenen Hilfsmaßnahmen wird sich der Bundesvorstand in seiner nächsten Sitzung am 6.5.1975 mit einer eventuellen finanziellen Hilfe des DGB beschäftigen.]

Ende der Sitzung: 14.07 Uhr

DOKUMENT 118

6. Mai 1975: Protokoll der 24. Sitzung des Bundesvorstandes

Hans-Böckler-Haus in Düsseldorf; Vorsitz: Heinz O. Vetter; Protokollführung: Isolde Funke, Marianne Jeratsch; Sitzungsdauer: 14.25–16.45 Uhr; ms. vermerkt: »Vertraulich«.[1]

Ms., hekt., 5 S., 1 Anlage.[2]

DGB-Archiv, 5/DGAI000537.

Beginn der Sitzung: 14.25 Uhr

[*Vetter* eröffnet die Sitzung.]

Tagesordnung:
1. Genehmigung des Protokolls der 23. Bundesvorstandssitzung
2. Antrag 7 des 9. Ordentlichen Bundeskongresses
3. Humanitäre Unterstützung der Zivilbevölkerung von Südvietnam
4. Tagesordnung für die 12. Bundesausschusssitzung am 24.5.1975
5. 1. Mai 1975
6. DAG
7. Verschiedenes

1. GENEHMIGUNG DES PROTOKOLLS DER 23. BUNDESVORSTANDSSITZUNG

[Der Bundesvorstand genehmigt das Sitzungsprotokoll.]

---

19 Der Südvietnamesische Gewerkschaftsbund CVT hatte Ende März 1975 ein Hilfskomitee gegründet und um internationale Unterstützung nachgesucht. Der Finanzausschuss des IBFG hatte beschlossen, 5.000 US-Dollar an das Hilfskomitee zu überweisen. Weitere Hilfe für die Arbeitnehmerorganisationen und zum Wiederaufbau des Landes sollte erst nach Beendigung der Kampfhandlungen in Südvietnam erfolgen. Vgl. DGB-Archiv, DGB-BV, Internationale Abt. 5/DGAJ000184.

1 Einladungsschreiben vom 9.4. und 15.4.1975. Nicht anwesend: Alfons Lappas, Georg Neemann, Alois Pfeiffer, Leonhard Mahlein (vertreten durch Herbert Schwiedel), Walter Sickert (vertreten durch Fritz Giersch), Julius Lehlbach (vertreten durch Franz Schapfel). Mit Schreiben vom 28.4.1975 wurde die Bundesvorstandssitzung auf 14.00 Uhr verlegt, da Vetter morgens eine Einladung des Bundespräsidenten hatte und um 13.00 Uhr ein Empfang aus Anlass des 50. Geburtstags von Tomas Kosta vorgesehen war. DGB-Archiv, DGB-BV, Abt. Vorsitzender 5/DGAI000487.

2 Anlage: Anwesenheitsliste.

6. Mai 1975 **Dokument 118**

2. Antrag 7 des 9. Ordentlichen Bundeskongresses

Kollege *Vetter* erläutert kurz den vom Geschäftsführenden Bundesvorstand vorgelegten Entwurf einer Formulierung für den mündlichen Geschäftsbericht zu Antrag 7[3] und verweist außerdem auf den von der IG Metall dazu vorgelegten Formulierungsvorschlag.[4] Er erwähnt abschließend den im letzten »Spiegel« erschienenen Artikel zu Antrag 7, der offensichtlich auf der alten Fassung des Abschnitts V basiert.[5]

Kollege *Loderer* begründet die Vorlage der IG Metall. Ihm erscheint u. a. die darin enthaltene gemeinsame Verantwortung von Bundesvorstand und Bundesausschuß für die weitere Bearbeitung des Antrags 7 sowie die Festsetzung einer Frist für den Abschluß der Arbeiten notwendig.

An der anschließenden Diskussion beteiligen sich die Kollegen *Vetter, Kluncker, Hauenschild, G. Schmidt, Breit* und *Loderer*. Sie erörtern einzelne Formulierungen beider Entwürfe.

Der Bundesvorstand faßt folgenden Beschluß:

Der Bundesvorstand ist damit einverstanden, daß Kollege Vetter in seinem mündlichen Geschäftsbericht den 10. Ordentlichen Bundeskongreß über den Antrag 7 des 9. Ordentlichen Bundeskongresses im Sinne der Vorlagen des Geschäftsführenden Bundesvorstandes und der IG Metall informieren wird.

3. Humanitäre Unterstützung der Zivilbevölkerung von Südvietnam

Kollege *Vetter* informiert den Bundesvorstand darüber, daß der IBFG eventuelle Hilfsmaßnahmen für Vietnam prüft.[6]

---

3 In dem 3-seitigen Entwurf wurde der Ablauf der Beratungen unter den veränderten wirtschaftlichen Entwicklungen aufgezeigt und abschließend mitgeteilt, dass sich der Bundesvorstand entschlossen hatte, den vorläufigen und noch nicht abgeschlossenen Bericht dem Bundeskongress nicht vorzulegen, sondern ihn als Grundlage für die weitere Beratung zu benutzen. Vgl. hierzu Rede Vetters zum Geschäftsbericht, in: Protokoll 10. Bundeskongreß, S. 48 f.
4 In dem Entwurf wurden drei Gründe für die weitere Bearbeitung des Antrags benannt: 1. sollten die Möglichkeiten und Grenzen staatlicher und gewerkschaftlicher Reformpolitik dargestellt und die gewerkschaftlichen Grundsatzforderungen weiter konkretisiert werden, 2. die Ergebnisse des Antrags 7 sollten mit den Schlussfolgerungen des Initiativantrags 3 (Modelle zur Gesellschaftsreform) und Antrag 78 (Verwirklichung des DGB-Grundsatzprogramms) des 9. Ordentlichen Bundeskongresses abgestimmt und zusammengefasst werden und 3. die Beschlüsse des 10. Ordentlichen Bundeskongresses zu gesellschafts-, wirtschafts- und sozialpolitischen Problemen sollten in den zukünftigen Beratungen mit einbezogen werden. Außerdem sollte bis zum Sommer 1977 ein abgeschlossenes Gesamtkonzept vorgelegt werden, welches zugleich die Grundlage für eine Überarbeitung des DGB-Grundsatz- und Aktionsprogramms sein sollte. Vgl. DGB-Archiv, DGB-BV, Abt. Vorsitzender 5/DGAI000487.
5 Vgl. Nahziel verwässert, in: Der Spiegel 29, 5.5.1975, Nr. 19, S. 38 f. In Teil V des Berichts zu Antrag 7 wurden »Probleme und Bedingungen der Durchsetzung gewerkschaftlicher Forderungen zur Gesellschaftsreform« aufgezeigt. Grundlage für den »Spiegel«-Artikel war das Diskussionspapier zur Bundesvorstandssitzung am 7./8.4.1975.
6 In einem Vermerk Erwin Kristoffersens an Heinz O. Vetter vom 29.4.1975 empfahl er dem Bundesvorstand, vorläufig keine zusätzliche Unterstützung vonseiten des DGB zu leisten. Vgl. DGB-Archiv, DGB-BV, Abt. Vorsitzender 5/DGAI000487. Siehe auch: Dok. 117, Fußnote 19.

Dokument 118 6. Mai 1975

4. TAGESORDNUNG FÜR DIE 12. BUNDESAUSSCHUSSSITZUNG AM 24.5.1975

[Auf Anfrage *Klunckers* nach der Erfüllung des Bundesausschussbeschlusses zur Behandlung des Problems Jugendarbeitslosigkeit im Bundesvorstand erwidern *Maria Weber* und *Schwab,* dass mehrere Beratungen der betroffenen Abteilungen stattgefunden haben. Die Berichterstattung wird unter dem Punkt »Verschiedenes« erfolgen. Anschließend wird folgende Tagesordnung beschlossen: 1. Genehmigung des Protokolls der 11. Bundesausschusssitzung, 2. Vorschau auf den 10. Ordentlichen DGB-Bundeskongress, 3. Fragestunde und 4. Verschiedenes, a) Jugendarbeitslosigkeit.]

5. 1. MAI 1975

[*Stephan* teilt mit, dass die Berichtsbogen noch nicht vorliegen. Die Umfrage bei den Landesbezirksvorsitzenden habe ergeben, dass mehr Teilnehmer als im Jahr 1974 die Veranstaltungen besucht hatten. Er weist noch darauf hin, dass auf dem Bundeskongress anhand von Anträgen eine Diskussion zur Finanzierung der Maiveranstaltungen erfolgen wird.[7] In der anschließenden Diskussion beschließt der Bundesvorstand, das Thema »1. Mai« in einer der nächsten Bundesvorstandssitzungen oder in einer Sondersitzung zu beraten.]

6. DAG

[Nach kurzer Diskussion stimmt der Bundesvorstand grundsätzlich der von Stephan vorgelegten Darstellung in den mündlichen Geschäftsberichten zum 10. Ordentlichen Bundeskongress des DGB als Antwort auf die Schreiben der DAG vom 17.10.1974 und 27.2.1975[8] zu. Ein dem Inhalt der Darstellung im mündlichen Geschäftsbericht entsprechender Brief soll der DAG vor dem Bundeskongress zugeschickt werden.]

7. VERSCHIEDENES

a) 25. Bundesvorstandssitzung

[Der Bundesvorstand beschließt, die ursprünglich für den 23. Mai 1975 vorgesehene Bundesvorstandssitzung erst am Samstag, dem 24. Mai 1975, um 10.00 Uhr in Hamburg durchzuführen. Die für diesen Termin vorgesehene Bundesausschusssitzung wird am 24.5. auf 14.00 Uhr verlegt.[9]]

---

7 Siehe Anträge Nr. 266 bis 270, die sich mit der zukünftigen Finanzierung der Maiveranstaltungen befassten. Vgl. Protokoll 10. Bundeskongreß, Teil: Anträge und Entschließungen, S. 261–268.
8 Zum Verhältnis DGB – DAG siehe den mündlichen Geschäftsbericht Günter Stephans, in: Protokoll 10. Bundeskongreß, S. 87 ff.
9 Die Bundesvorstandssitzung wurde verlegt, weil Heinz O. Vetter, Maria Weber und Herbert Stadelmaier von Bundespräsident Walter Scheel mit dem Bundesverdienstkreuz ausgezeichnet wurden (vgl. DGB-Pressdienst zum Bundeskongress SD 1/75 vom 24.5.1975) und wegen der Eröffnung der 29. Ruhrfestspiele in Recklinghausen. Zur Geschichte der Ruhrfestspiele siehe 50 Jahre Ruhrfestspiele, hrsg. v. Ruhrfestspiele Recklinghausen GmbH, Essen 1996.

b) Lage beim Volkswagenwerk

[Der Bundesvorstand nimmt den Bericht *Loderers* über die Lage beim Volkswagenwerk zur Kenntnis.[10]]

c) Angelegenheit Walter Böhm

[*Vetter* berichtet über den Stand der Angelegenheit Walter Böhm.]

d) Teilnahme von Kolleginnen am 10. Ordentlichen DGB-Bundeskongreß

[Aufgrund des geringen Anteils gemeldeter weiblicher Delegierter, spricht sich der Bundesvorstand nach kurzer Diskussion dafür aus, dass Maria Weber und Vetter den Bundesfrauenausschuss zum Bundeskongress in Hamburg einladen sollen.[11]]

e) Gespräch des Bundesvorstandes mit Bundesminister Helmut Rohde

[Der Bundesvorstand ist damit einverstanden, dass Bundesminister Rohde zur Sitzung des Bundesvorstandes am 10. Juni 1975 eingeladen wird.[12]]

f) Aktuelle wirtschaftspolitische Situation

[*Frister, Vetter, Muhr, Mirkes, A. Schmidt, Loderer* und *Kluncker* diskutieren kurz über wirtschaftspolitische Fragen, insbesondere die Probleme von Arbeitslosigkeit, Kurzarbeit und Strukturpolitik. Man sei sich einig, dass diese Fragen auch auf dem bevorstehenden Bundeskongress zur Sprache kommen werden. Es wird beschlossen, dem Bundeskongress einen Initiativantrag zur aktuellen wirtschaftspolitischen Situation vorzulegen, über den der Bundesvorstand in seiner Sitzung am 24. Mai 1975 beraten soll.[13]]

Ende der Sitzung: 16.45 Uhr:[14]

---

10 Aufgrund von Verlusten von über 800 Mio. DM im Jahr 1974 wurde von VW-Chef Toni Schmücker dem Aufsichtsrat ein Sanierungskonzept vorgelegt, in dem u. a. die Belegschaft von 133.000 Angestellten bis Ende 1975 um 25.000 Angestellte reduziert werden sollte. Vgl. IG Metall-Geschäftsbericht 1974–1976, S. 98 f. sowie VW und Mitbestimmung, in: WdA 26, 23.5.1975, Nr. 21, S. 7 f. und Titelgeschichte: Massenentlassungen, Millionenverluste, Managementkrise. Was wird aus VW?, in: Der Spiegel 29, 14.4.1975, Nr. 16, S. 25–33.
11 Von den insgesamt 478 Delegierten waren 34 weibliche gemeldet. Vgl. mündlicher Geschäftsbericht von Maria Weber, Protokoll 10. Bundeskongreß, S. 51, sowie Teilnehmerverzeichnis, S. 3–15, ebd.
12 Bei der 1. Bundesvorstandssitzung nach dem Bundeskongress am 30.6.1975 fand das Gespräch mit Helmut Rohde statt. Thema war die Gesetzgebung der beruflichen Bildung. Vgl. DGB-Archiv, DGB-BV, Abt. Vorsitzender 5/DGAI000887 sowie ND, 1.7.1975, Nr. 178.
13 Vgl. TOP 3 der 25. Bundesvorstandssitzung (Dok. 119) sowie Initiativantrag 71 B, Protokoll 10. Bundeskongreß, Teil: Anträge und Entschließungen, S. 290 ff.
14 Aufgrund der Entscheidung Georg Neemanns, nicht mehr für den Geschäftsführenden Bundesvorstand zu kandidieren, fand im Anschluss an die Bundesvorstandssitzung auf Einladung Adolf Mirkes ein Treffen der Gewerkschaftsvorsitzenden statt, um sich auf einen Kandidaten für ein weiteres Mitglied des GBV zu verständigen. Vgl. Einladungsschreiben Adolf Mirkes' vom 15.4.1975, in: DGB-Archiv, DGB-BV, Abt. Vorsitzender 5/DGAI000487.

Dokument 119   24. und 26. Mai 1975

DOKUMENT 119

24. und 26. Mai 1975: Protokoll der 25. Sitzung des Bundesvorstandes

Congress-Centrum in Hamburg; Vorsitz: Heinz O. Vetter; Protokollführung: Isolde Funke, Marianne Jeratsch; Sitzungsdauer: 24. Mai: 10.05–13.05 Uhr; 26.Mai: 18.20–19.20 Uhr; ms. vermerkt: »Vertraulich«.[1]

Ms., hekt., 6 S., 1 Anlage.[2]

DGB-Archiv, 5/DGAI000537.

Beginn der Sitzung: 24.5.1975, 10.05 Uhr

[*Vetter* eröffnet die Sitzung]

Tagesordnung:
1. Genehmigung des Protokolls der 25. Bundesvorstandssitzung
2. 1. Bundesvorstandssitzung
3. 10. Ordentlicher DGB-Bundeskongress
4. Revisionsbericht
5. Vorläufige Jahresrechnung für die Zeit vom 1.1. bis 31.12.1974
6. Verschiedenes

1. GENEHMIGUNG DES PROTOKOLLS DER 24. BUNDESVORSTANDSSITZUNG

[Das Protokoll wird genehmigt; die Beratung über die Protokollgestaltung soll auf der nächsten Sitzung stattfinden.]

2. 1. BUNDESVORSTANDSSITZUNG

Kollege *Vetter* trägt den Vorschlag des Geschäftsführenden Bundesvorstandes vor, die vorgesehene Sitzung am 10. Juni ausfallen zu lassen und die erste Sitzung am 1. Juli in Frankfurt durchzuführen, da am nächsten Tag Sitzungen der Bank für Gemeinwirtschaft vorgesehen sind. Außerdem liegt eine Einladung des Präsidiums der Deutschen Bundesbank zu einer Diskussion mit dem Bundesvorstand vor.

[Nach kurzer Diskussion wird beschlossen, dass die Sitzung am 30.6.1975, 18.00 Uhr beginnen und am 1.7.1975 fortgesetzt werden soll.]

3. 10. ORDENTLICHER DGB-BUNDESKONGRESS

a) Initiativantrag zur aktuellen wirtschaftlichen Situation

Kollege *Stephan* erläutert kurz den vom Geschäftsführenden Bundesvorstand vorgelegten Entwurf eines Initiativantrags zur aktuellen wirtschaftlichen Si-

---
1 Einladungsschreiben vom 9.5.1975. Alle anwesend. DGB-Archiv, DGB-BV, Abt. Vorsitzender 5/DGAI000487.
2 Anlage: Anwesenheitsliste.

tuation. Ein solcher Antrag sollte, einem Beschluß aus der letzten Bundesvorstandsitzung entsprechend, vom Bundesvorstand auf dem Bundeskongress eingebracht werden.

An der nachfolgenden Diskussion beteiligen sich die Kollegen *Vetter, Loderer, Hauenschild, Breit, Henschel, A. Schmidt, Vietheer, Rothe, Sickert, Sperner, Muhr, Clauss, Georgi, Buschmann, Frister, Seibert* und *Stephan*. Die Kollegen sind im Prinzip mit dem Inhalt des Entwurfs einverstanden, halten jedoch eine Straffung des Textes sowie einige Änderungen und Ergänzungen für erforderlich. Insbesondere sollte der Hinweis auf die Auswirkungen der weltweiten wirtschaftlichen Rezession auf die wirtschaftliche Entwicklung in der Bundesrepublik gegeben werden. Auch die Verantwortung der privaten Banken sollte deutlicher herausgestellt werden. Unter Berücksichtigung der Diskussion soll der Entwurf noch einmal überarbeitet und dem Bundesvorstand erneut vorgelegt werden.

b) Initiativantrag zur Mitbestimmung

In der weiteren Diskussion sind sich die Kollegen *Hauenschild, Vetter, Loderer, Seibert, A. Schmidt, Georgi, Kluncker* und *Breit* einig, einen Initiativantrag zur Mitbestimmung einzubringen, der noch einmal die Forderung des DGB nach paritätischer Mitbestimmung bekräftigt. Es werden Verfahrensfragen in Zusammenhang mit einem vom DGB-Landesbezirk Berlin eingereichten Antrag besprochen.[3] Der Bundesvorstand kommt überein, dass der Entwurf eines Initiativantrages zur Mitbestimmung erarbeitet und vorgelegt werden soll.

c) Antrag 122

[In der Diskussion über den Antrag und die Problematik der in ihm angesprochenen Einheitsversicherung[4] war Konsens, dass versucht werden soll, durch einen Initiativantrag o.ä. eine Änderung des Wortlauts des zur Annahme empfohlenen Antrags in dem Sinne zu erreichen, dass in der Öffentlichkeit nicht der Eindruck entsteht, der DGB fordere die Einheitsversicherung.]

d) Initiativantrag zur Beruflichen Bildung

Auf eine Anfrage des Kollegen *Hauenschild* teilt Kollegin *Weber* mit, daß das neueste Material zur Beruflichen Bildung an die Gewerkschaften gege-

---

3 In dem vom Bundeskongress angenommenen Antrag 8 »Einführung der paritätischen Mitbestimmung« wurde die Kritik am Regierungsentwurf in knappen zwei Punkten zusammengefasst. Der Antrag wurde ergänzt durch den Initiativantrag 8A (siehe Fußnote 13 in diesem Dokument). Vgl. Protokoll 10. Bundeskongreß, Teil: Anträge und Entschließungen, S. 9f.
4 Antrag 122 der IG Metall »Betr. Sozialpolitik« entsprach von der Breite der Themen her fast dem Charakter eines sozialpolitischen Grundsatzprogramms. Der Antrag umfasste drei Bereiche: 1. die Krankenversicherung (Gesundheitspolitik, ärztliche Versorgung und Um- und Neugestaltung des Kassenarztrechts), 2. die Rentenversicherung (Altersgrenze, Rentenformel, Situation der Frau, Finanzierung der Rentenversicherung und Organisations- und Strukturbereinigung in der Sozialversicherung) und 3. die betriebliche Altersversorgung. Der Absatz zur »Organisations- und Strukturbereinigung in der Sozialversicherung« wurde gestrichen und neu formuliert, als Initiativantrag 122 A. Vgl. Protokoll 10. Bundeskongreß, Teil: Anträge und Entschließungen, S. 132–136 und 293.

ben wurde und ein Initiativantrag für den Bundeskongreß vorbereitet ist.⁵ Zum vorgesehenen Inhalt diskutieren kurz die Kollegen *Frister, Hauenschild, Georgi, Vetter, Loderer* und die Kollegin *Weber*.

e) Antrag 45⁶

Kollege *Hauenschild* macht auf die unrichtige Formulierung »Internationale Berufssekretariate des IBFG« im Antrag aufmerksam und weist außerdem auf die Problematik der Formulierung »Gewerkschaftsausschüsse des EGB« hin. Nach kurzer Diskussion, an der sich die Kollegen *Kluncker, Vetter, Lappas* und *Hauenschild* beteiligen, sagt Kollege *Lappas* eine Überprüfung des beanstandeten Textes zu.

f) Antrag 260

Kollege *Kluncke*r bittet wegen der allgemeinen innerorganisatorischen Schwierigkeiten den Bundesvorstand, den Antrag auf dem Bundeskongreß zurückzuziehen. Er gibt zu Protokoll, daß seine Gewerkschaft bereit ist, bei den Beratungen im Arbeiterausschuß und im Bundesvorstand im Sinne des Antrags mitzuwirken.⁷ Der Bundesvorstand ist mit dem Vorschlag einverstanden.

4. REVISIONSBERICHT

[*Mirkes* erinnert daran, dass der Bundeskongress die Revisionskommission wählen muss und teilt mit, dass dem Bundeskongress Norbert Fischer (IGM), Heinz-Werner Meyer (IGBE) und Werner Schüßler (DruPa) vorgeschlagen werden. Der Bundesvorstand nimmt den Bericht der Revisionskommission über die vorgenommene Prüfung der Bundeshauptkasse und die Mitteilung des Kollegen Mirkes zur Kenntnis.]

5. VORLÄUFIGE JAHRESRECHNUNG FÜR DIE ZEIT VOM 1.1. BIS 31.12.1974

[Nach einigen Erläuterungen *Lappas‹*, nimmt der Bundesvorstand die vorläufige, überprüfte Jahresrechnung in Höhe von 110.484.954,42 DM für die Zeit vom 1.1. bis 31.12.1974 zur Kenntnis.]

---

5 In den Initiativanträgen 204 B (ÖTV) und 204 C zu dem vom Bundeskabinett am 16.4.1975 vorgelegten Entwurf des Bundesbildungsgesetzes wurden die gewerkschaftlichen Forderungen für die Regelungen zur Finanzierung und Organisation der Berufsbildung sowie zum Geltungsbereich des Gesetzes detaillierter präzisiert. Vgl. Protokoll 10. Bundeskongreß, Teil: Anträge und Entschließungen, S. 294 ff.
6 Die beanstandete Formulierung in Antrag 45 »Entschließung zum Europäischen Gewerkschaftsbund« wurde durch den Initiativantrag 45 A abgeändert. Die Änderung wurde notwendig, weil die Berufssekretariate keine Institutionen des IBFG waren. Vgl. Protokoll 10. Bundeskongreß, Teil: Anträge und Entschließungen, S. 46 ff. und 290.
7 In dem zurückgezogenen Antrag wurde von der ÖTV im Bundes-Arbeiterausschuß ein Unterausschuss »Behördenarbeiter« und im Bundes-Angestelltenausschuss ein Unterausschuss »Behördenangestellte« gefordert. Vgl. hierzu Arbeitspapier Karl-Heinz Föbrichs (Abt. Tarifpolitik) vom 12.5.1975 zur Diskussion über diese beiden Unterausschüsse in den beiden Ausschüssen, DGB-Archiv, DGB-BV, Sekretariat Martin Heiß 5/DGCS000135.

6. Verschiedenes

a) Abgrenzungsschwierigkeiten der Gewerkschaften HBV und NGG[8]

Kollege *Vetter* bittet die Vorsitzenden der Gewerkschaften HBV und NGG, auf ihre Delegierten einzuwirken, damit diese Angelegenheit auf dem Bundeskongreß nicht angesprochen wird.

b) Teilnahme des 1. Sekretärs der Ständigen Vertretung der DDR beim DGB-Bundeskongreß

Kollege *Vetter* teilt mit, daß der 1. Sekretär der Ständigen Vertretung der DDR bemängelt hat, daß er innerhalb der inländischen Gäste des Bundeskongresses seinen Platz erhalten hat. Er gehöre aber zum Ausland und wünsche eine Platzierung innerhalb der ausländischen Gäste.[9]

Der Bundesvorstand spricht sich gegen eine Platzierung des 1. Sekretärs der Ständigen Vertretung der DDR innerhalb der ausländischen Gäste aus.

c) Teilnahme des Bundeskanzlers beim DGB-Bundeskongreß

Kollege *Vetter* teilt mit, daß Bundeskanzler Helmut Schmidt am 28. Mai 1975 den Bundeskongreß besuchen und ein Referat halten wird.[10]

Ende der Sitzung: 13.05 Uhr[11]

Fortsetzung der Sitzung: 26.5.1975, 18.20 Uhr

Fortsetzung der Beratung zu TOP 3.
»10. Ordentlicher DGB-Bundeskongress«

a) Initiativantrag zur aktuellen wirtschaftlichen Situation

Die Kollegen *Vetter, Vietheer, Hauenschild, Frister, Kluncker, Georgi, Stephan, Henschel, Stadelmaier, Sperner, Breit* und *G. Schmidt* diskutieren den überarbeiteten Entwurf eines Initiativantrages zur aktuellen wirtschaftlichen Situation. Der Bundesvorstand stimmt einem Vorschlag des Kollegen *Kluncker* zu, einen Absatz des Antrags 71 in den o. a. Initiativantrag zu übernehmen und den Antrag 71 dann mit geringfügiger Änderung unter der neuen Überschrift »Gegen Mißbrauch wirtschaftlicher Daten« dem Kongreß zur Annahme zu empfehlen. Es werden Verfahrensfragen besprochen.

---

8 Im Saarland fanden Abwerbungen von HBV-Mitgliedern durch die NGG statt. Siehe hierzu detailliert die Landesbezirksvorstandssitzung vom 11.4.1975, in: DGB-Archiv, Landesbezirk Saar 5/DGBN000016 sowie die Sitzungen des Geschäftsführenden Bundesvorstandes vom 21.4. und 5.5.1975, DGB-Archiv, DGB-BV, Abt. Vorsitzender 5/DGAI000224.
9 Nach den Unterlagen des Kongressbüros wurde Günter Behnisch als »Gast Inland« geführt. Vgl. DGB-Archiv, DGB-BV, Abt. Organisation 5/DGAL000158. Im Protokollband des Bundeskongresses wurde Günter Behnisch nicht aufgeführt, und eine Kongressabsage ist nicht überliefert.
10 Redetext in: Protokoll 10. Bundeskongreß, S. 222–232.
11 Der Bundesvorstand kam überein, dass die abschließende Beratung der noch offenen Fragen zu einzelnen Anträgen am 26.5.1975 nach Beendigung des ersten Kongresstages stattfinden sollte.

Abschließend verabschiedet der Bundesvorstand mit den diskutierten Änderungen den Initiativantrag zur aktuellen wirtschaftlichen Situation.[12]

b) Antrag 45

Der Bundesvorstand stimmt dem von Kollegen Lappas vorgelegten Änderungsvorschlag des Antrags 45 zu.

c) Initiativantrag zur Mitbestimmung

Die Kollegen *Vetter, Georgi, Mirkes, Hauenschild, A. Schmidt, Loderer, Kluncker, Frister, Muhr* und *Schwab*, diskutieren über den Entwurf eines Initiativantrages des Bundesvorstandes zur Mitbestimmung. Mit den besprochenen Änderungen wird die Vorlage vom Bundesvorstand verabschiedet.[13]

d) Antrag 122

Zu Antrag 122 wird von den Kollegen *A. Schmidt, Muhr, Georgi* und *Vetter* das weitere Verfahren erörtert und vom Bundesvorstand gebilligt.

Ende der Sitzung: 19.20. Uhr

---

12 Antrag 71 »Entschließung zur Wirtschaftspolitik« wurde durch die beiden Initiativanträge 71 A »Entschließung gegen Mißbrauch wirtschaftlicher Daten« und 71 B »Zur aktuellen wirtschaftlichen Situation« ersetzt. Vgl. Protokoll 10. Bundeskongreß, S. 81 f. und 290 ff.
13 Im Initiativantrag 8 A »Entschließung zur Mitbestimmung in Großunternehmen und Konzernen« wurden die grundsätzliche Position des DGB zur qualifizierten Mitbestimmung ausgeführt und die Bedenken zum Regierungsentwurf verdeutlicht. Vgl. Protokoll 10. Bundeskongreß, Teil: Anträge und Entschließungen, S. 284 ff.

Mitglieder des DGB-Bundesvorstandes 1969 bis 1975

DGB-Geschäftsführender Bundesvorstand	Amtsdauer
Vorsitzender	1969–1982 Heinz Oskar Vetter
Stellvertretender Vorsitzender Abt. Sozialpolitik/Arbeitsrecht	1969–1990 Gerd Muhr
Stellvertretender Vorsitzender Abt. Bildung/Tarifpolitik	1956–1972 Bernhard Tacke
Abt. Frauen/Bildung/Berufliche Bildung	1956–1982 Maria Weber
Abt. Wirtschaftspolitik	1967–1975 Georg Neemann
Abt. Finanzen/Europäische Integration	1969–1977 Alfons Lappas
Abt. Tarifpolitik/Arbeiter und Handwerk	1972–1980 Martin Heiß
Abt. Organisation/Jugend	1969–1973 Franz Woschech
Abt. Organisation/Jugend/Kulturpolitik/Ausländische Arbeitnehmer	1974–1982 Karl Schwab
Abt. Angestellte/Werbung/Medienpolitik	1962–1982 Günter Stephan
Abt. Beamte	1956–1972 Waldemar Reuter
Abt. Beamte/Öffentlicher Dienst/Personal	1972–1982 Gerhard Schmidt

Gewerkschaften	Vorsitzende
IG Bau, Steine, Erden (BSE)	1966–1982 Rudolf Sperner
IG Bergbau und Energie (IGBE)	1969–1985 Adolf Schmidt
IG Chemie, Papier, Keramik (IGCPK)	1969–1982 Karl Hauenschild

Mitglieder des DGB-Bundesvorstandes 1969 bis 1975

IG Druck und Papier (DruPa)	1968–1983 Leonhard Mahlein
Gewerkschaft der Eisenbahner Deutschlands (GdED)	1959–1979 Philipp Seibert
Gewerkschaft Erziehung und Wissenschaft (GEW)	1968–1981 Erich Frister
Gewerkschaft Gartenbau, Land- und Forstwirtschaft (GGLF)	1969–1975 Alois Pfeiffer
Gewerkschaft Handel, Banken und Versicherungen (HBV)	1965–1980 Heinz Vietheer
Gewerkschaft Holz und Kunststoff (GHK)	1959–1977 Gerhard Vater
Gewerkschaft Kunst (Kunst)	1966–1973 Wolfgang Windgassen (Vertreten im BV von Joachim Freitag) 1974–1980 Otto Sprenger
Gewerkschaft Leder (Leder)	1959–1976 Adolf Mirkes
IG Metall (IGM)	1956–1972 Otto Brenner 1972–1983 Eugen Loderer
Gewerkschaft Nahrung, Genuss, Gaststätten (NGG)	1966–1978 Herbert Stadelmaier
Gewerkschaft Öffentliche Dienste, Transport und Verkehr	1964–1982 Heinz Kluncker
Deutsche Postgewerkschaft (DPG)	1949–1971 Carl Stenger 1971–1982 Ernst Breit
Gewerkschaft Textil und Bekleidung (GTB)	1963–1978 Karl Buschmann

DGB-Landesbezirke	**Vorsitzende** (nicht stimmberechtigt)
LB Baden-Württemberg	1968–1975 Karl Schwab
LB Bayern	1969–1978 Wilhelm Rothe
LB Berlin	1960–1982 Walter Sickert
LB Hessen	bis 1972 Philipp Pleß ab 1972 Armin Clauss

Mitglieder des DGB-Bundesvorstandes 1969 bis 1975

LB Niedersachsen	bis 1970 Helmut Greulich ab 1970 Georg Drescher
LB Nordmark	1969–1986 Jan Sierks
LB Nordrhein-Westfalen	1968–1975 Peter Michels
LB Rheinland-Pfalz	1965–1986 Julius Lehlbach
LB Saar	bis 1972 Leo Moser ab 1972 Manfred Wagner

Bei den Sitzungen des Bundesvorstands waren weiterhin regelmäßig der Bundesvorstandsekretär sowie die DGB-Pressestelle, die Verbindungsstelle des DGB in Bonn, die »Welt der Arbeit«, die »Quelle« und die »Gewerkschaftlichen Monatshefte« durch die Chefredakteure bzw. deren Leiter vertreten:

Bundesvorstandssekretär	Bernd Otto, Walter Fritze
DGB-Verbindungsstelle, Bonn	Kurt Hirche, Walter Böhm
DGB-Pressestelle	Walter Fritze, Ulrich Preußner
»Welt der Arbeit«	Richard Becker
»Die Quelle«	Günter Pehl
»Gewerkschaftliche Monatshefte«	Walter Fabian, Gerhard Leminsky

Verzeichnis der Archivalien

(Die Bestandsnummern zu den einzelnen Archivalien sind in den Fußnoten der jeweiligen Dokumente angegeben.)

DGB-Archiv im Archiv der sozialen Demokratie der Friedrich-Ebert-Stiftung, Bonn
Abteilung Vorsitzender
    Protokolle des Bundesvorstandes, Bundesausschusses, Geschäftsführender Bundesvorstand, Vorstandssekretäre, Sachakten, Schriftverkehr, Bundespressestelle und Parlamentarische Verbindungsstelle, Bonn
Vorstandssekretariat Bernhard Tacke
Vorstandssekretariat Franz Woschech
Vorstandssekretariat Günter Stephan
Vorstandssekretariat Alfons Lappas
Vorstandssekretariat Georg Neemann
Vorstandsekretariat Martin Heiß
Vorstandssekretariat Maria Weber
Internationale Abteilung
Abteilung Gesellschaftspolitik
Abteilung Beamte
Abteilung Jugend
Abteilung Frauen
Abteilung Tarifpolitik
Abteilung Wirtschaftspolitik
Abteilung Ausländische Arbeitnehmer
Abteilung Sozialpolitik
Abteilung Werbung – Medienpolitik
Abteilung Organisation
Abteilung Arbeitsrecht
Abteilung Angestellte
Abteilung Bildung
Abteilung Berufliche Bildung
DGB-Landesbezirke Rheinland-Pfalz, Nordrhein-Westfalen, Baden-Württemberg, Bayern
Bestand ACE, Geschäftsführung

Archiv der IG Metall, DGB-Mitgliedgewerkschaften und der DAG im Archiv der sozialen Demokratie der Friedrich-Ebert-Stiftung, Bonn
IG Metall, Hauptvorstand
Deutsche Postgewerkschaft, Hauptvorstand
Gewerkschaft Textil-Bekleidung, Hauptvorstand
Gewerkschaft Handel, Banken und Versicherungen, Hauptvorstand
Gewerkschaft Erziehung und Wissenschaft, Hauptvorstand
Deutsche Angestellten-Gewerkschaft, Bundesvorstand

Willy-Brandt-Archiv im Archiv der sozialen Demokratie der Friedrich-Ebert-Stiftung, Bonn (WBA)
Persönliche Unterlagen, Biografisches Material (A 1)
Bundeskanzler (A 8)

SPD: Parteivorsitzender/Parteipräsidium/Parteivorstand 1964–1987 (A 11)
Reisen und Veranstaltungen (A 19)

Helmut-Schmidt-Archiv im Archiv der sozialen Demokratie der Friedrich-Ebert-Stiftung, Bonn (HSA)

Bundesminister
Bundeskanzler

Archiv der sozialen Demokratie der Friedrich-Ebert-Stiftung, Bonn

Parteivorstand der SPD – Protokolle des Parteivorstandes und Parteirates 1969–1975
Parteivorstand der SPD – Bundesgeschäftsführer Holger Börner
Parteivorstand der SPD – Schatzmeister (Gewerkschaftsrat)
Bundestagsfraktion der SPD, Fraktionssitzungen VI./VII. Wahlperiode
SPD-Bezirk Hannover II
Nachlass Herbert Werner, Bundestagsfraktion

Archiv des Liberalismus der Friedrich-Naumann-Stiftung

Bestand Wolfgang Mischnick

Bundesarchiv Koblenz

Bundesministerium für Wirtschaft – Konzertierte Aktion – Aktenbestand B 102

Verzeichnis der Periodika

Allgemeine Deutsche Lehrerzeitung
Der Angestellte, hrsg. v. DAG
Der Arbeitgeber
Archiv für Sozialgeschichte (AfS)
Ästhetik und Kommunikation
Berliner Zeitung
Bundesgesetzblatt (BGBl.)
Das da
DGB-Informationsdienst (ID)
DGB-Nachrichtendienst (ND)
DGB-Pressespiegel
Deutsche Beamte, hrsg. v. Abt. Beamte beim DGB-Bundesvorstand
Deutsche Polizei, hrsg. v. Gewerkschaft der Polizei
Deutsche Post, hrsg. v. Deutsche Postgewerkschaft
DKP-Pressedienst
Druck und Papier, hrsg. v. IG Druck und Papier
Düsseldorfer Nachrichten
Einheit, hrsg. v. IG Bergbau und Energie
Einigkeit, hrsg. v. Gewerkschaft Nahrung, Genuss, Gaststätten
Erziehung und Wissenschaft, hrsg. v. Gewerkschaft Erziehung und Wissenschaft
Europa Archiv
Express, hrsg. v. Sozialistisches Büro
Frankfurter Allgemeine Zeitung (FAZ)
Frankfurter Neue Presse (FNP)
Frankfurter Rundschau (FR)
Frauen und Arbeit, hrsg. v. Abt. Frauen beim DGB-Bundesvorstand
Gesellschaftspolitischer Informationsdienst
Gesellschaftspolitische Kommentare
Gewerkschaftliche Monatshefte (GMH)
Der Gewerkschafter, hrsg. v. IG Metall
Handelsblatt
ILO-Nachrichten, hrsg. Internationales Arbeitsamt, Genf
IMB-Pressedient, hrsg. v. Internationaler Metallarbeiterbund
Industriekurier
Informationsdienst Gewerkschaftspresse
Internationale Wissenschaftliche Korrespondenz (IWK)
Kölner Stadt-Anzeiger
Labour Weekly
Metall, hrsg. v. IG Metall
Metall-Pressedient, hrsg. v. IG Metall
Mitbestimmung, hrsg. v. Hans-Böckler-Stiftung
Das Mitbestimmungsgespräch, hrsg. v. Hans-Böckler-Gesellschaft
Münchner Merkur
Neue Gesellschaft

Neue Juristische Wochenschrift (NJW)
Neue Ruhr Zeitung
Odboror, Funktionärszeitung der tschechoslowakischen Gewerkschaften
ÖTV-Magazin
ÖTV-Report
Parlamentarisch-Politischer Pressedienst
Pressemeldungen der DAG
pro mitbestimmung, hrsg. v. DGB
Die Quelle, Funktionärszeitung des DGB
ran, Zeitschrift der DGB-Jugend
Recht der Arbeit
Rheinische Post
Ruhr Nachrichten
Der Säemann, hrsg. v. Gewerkschaft Gartenbau, Land- und Forstwirtschaft
Solidarität, hrsg. v. Abt. Jugend beim DGB-Bundesvorstand
Soziale Ordnung, hrsg. v. Sozialausschüsse der CDU
Soziale Sicherheit
Sozialpolitische Informationen
Sozialpolitische Nachrichten
SPD-Pressedienst
Der Spiegel
Stuttgarter Nachrichten
Süddeutsche Zeitung (SZ)
Textil-Bekleidung, hrsg. v. Gewerkschaft Textil-Bekleidung
Tribüne, Zentralorgan des FDGB
UZ, Zeitung der Deutschen Kommunistischen Partei (DKP)
Der Volkswirt
Westdeutsche Allgemeine Zeitung (WAZ)
Die Welt
Welt der Arbeit (WdA)
WSI-Mitteilungen
Die Zeit

Verzeichnis der abgekürzt zitierten gedruckten Quellen und Literatur

(Weitere Quellen und Literaturangaben finden sich in den Anmerkungen)

Abelshauser: Wirtschaftsgeschichte	Werner Abelshauser: Wirtschaftsgeschichte der Bundesrepublik Deutschland (1945–1980), Frankfurt/M. 1983.
Abelshauser: Ruhrkohlenbergbau	Werner Abelshauser: Der Ruhrkohlenbergbau seit 1945. Wiederaufbau, Krise, Anpassung, München 1984.
Abelshauser: Wirtschafts geschichte seit 1945	Werner Abelshauser: Deutsche Wirtschaftsgeschichte seit 1945, München 2004.
Abelshauser: Nach dem Wirtschaftswunder	Werner Abelshauser: Nach dem Wirtschaftswunder. Der Gewerkschafter, Politiker und Unternehmer Hans Matthöfer, Bonn 2009.
Abmayr: Bleicher	Hermann G. Abmayr: Wir brauchen kein Denkmal. Willi Bleicher. Der Arbeiterführer und seine Erben, Stuttgart 1992.
Alemann/Weßels: Verbände	Ulrich von Alemann/Bernhard Weßels (Hrsg): Verbände in vergleichender Perspektive. Beiträge zu einem vernachlässigten Feld, Berlin 1997.
Armingeon: Westdeutsche Gewerkschaften	Klaus Armingeon: Die Entwicklung der westdeutschen Gewerkschaften 1950–1985, Frankfurt/M./New York 1988.
Bahr: Zu meiner Zeit	Egon Bahr: Zu meiner Zeit, München 1996.
Baring: Machtwechsel	Arnulf Baring: Machtwechsel. Die Ära Brandt-Scheel, Stuttgart 1982.
Becker/Jentsch: Brenner	Jens Becker/Harald Jentsch: Otto Brenner. Eine Biografie, Göttingen 2007.
Beier: Schulter an Schulter	Gerhard Beier: Schulter an Schulter, Schritt für Schritt: Lebensläufe deutscher Gewerkschafter von August Bebel bis Theodor Thomas, Köln 1983.
Bergmann: Beiträge	Joachim Bergmann (Hrsg.): Beiträge zur Soziologie der Gewerkschaften, Frankfurt/M. 1979.
Bergmann u. a.: Gewerkschaften	Joachim Bergmann/Otto Jacobi/Walther Müller-Jentsch: Gewerkschaften in der Bundesrepublik. Gewerkschaftliche Lohnpolitik zwischen Mitgliederinteressen und ökonomischen Systemzwängen, Frankfurt/M./Köln 1975.
Bergmann/Müller-Jentsch: Gewerkschaftliche Lohnpolitik	Joachim Bergmann/Walther Müller-Jentsch: Gewerkschaften in der Bundesrepublik, Bd. 2: Gewerkschaftliche Lohnpolitik im Bewusstsein der Funktionäre, Frankfurt/M./New York 1977.
Bocks: Mehr Demokratie gewagt?	Philipp B. Bocks: Mehr Demokratie gewagt? Das Hochschulrahmengesetz und die sozial-liberale Reformpolitik 1969–1976, Bonn 2012.

Bökenkamp: Ende des Wirtschaftswunders	Gérard Bökenkamp: Das Ende des Wirtschaftswunders. Geschichte der Sozial-, Wirtschafts- und Finanzpolitik in der Bundesrepublik 1969–1998, Stuttgart 2010.
Bösche: Konsumgenossenschaften	Burchard Bösche: Kurze Geschichte der Konsumgenossenschaften, Hamburg 2004.
Bollinger: Prager Frühling	Stefan Bollinger: Dritter Weg zwischen den Blöcken? – Prager Frühling 1968. Hoffnung ohne Chance, Berlin 1995.
Borgmann: Reformgesetz	Wolfgang Borgmann: Reformgesetz in der Bewährung. Theorie und Praxis des Betriebsverfassungsgesetzes von 1972, Opladen 1987.
Borsdorf u. a.: Gewerkschaftliche Politik	Ulrich Borsdorf u. a. (Hrsg.): Gewerkschaftliche Politik: Reform aus Solidarität. Zum 60. Geburtstag von Heinz O. Vetter, Köln 1977.
Brede: Privatisierung	Helmut Brede (Hrsg.): Privatisierung und die Zukunft der öffentlichen Wirtschaft, Baden-Baden 1988.
Brunn: Europäische Einigung	Gerhard Brunn: Die europäische Einigung von 1945 bis heute, Stuttgart 2002.
BSE-Geschäftsbericht	Geschäftsbericht der IG BSE 1972–1974, hrsg. Hauptvorstand der IG BSE, Frankfurt/M. 1975.
Buchstab: Burgbacher	Günter Buchstab: Fritz Burgbacher (1900–1978). Ein Lebensbild, Sankt Augustin 2000.
Bude: Deutsche Karrieren	Heinz Bude: Deutsche Karrieren. Lebenskonstruktionen sozialer Aufsteiger aus der Flakhelfer-Generation, Frankfurt/M. 1987.
Busemann: Saarländische Gewerkschaften	Wilfried Busemann: Kleine Geschichte der saarländischen Gewerkschaften nach 1945, Saarbrücken 2005.
Busemeyer: Wandel trotz Reformstau	Marius Busemeyer: Wandel trotz Reformstau. Die Politik der beruflichen Bildung seit 1970, Frankfurt/M. / New York 2009.
Dahl: Wirtschaftsausschuß	Wolfgang Dahl: Der Wirtschaftsausschuß nach dem Betriebsverfassungsgesetz vom 15. Januar 1972. Aspekte der Handlungsbedingungen und der Arbeit eines Informationsorgans der betrieblichen Arbeitnehmervertretung, Diss., Köln 1981.
Deppe u. a.: Geschichte	Frank Deppe / Georg Fülberth / Jürgen Harrer (Hrsg.): Geschichte der deutschen Gewerkschaftsbewegung, 4., aktualisierte u. neu bearb. Aufl., Köln 1989.
DGB-Geschäftsbericht	Geschäftsberichte des Deutschen Gewerkschaftsbundes 1962–1965, 1965–1968, 1969–1971, 1972–1974, 1975–1977, 1978–1981, 1990–1994 und 2006–2009, hrsg. v. Bundesvorstand des DGB, Düsseldorf o. J.
DPG-Geschäftsbericht	Geschäftsbericht der DPG 1971–1974, hrsg. Hauptvorstand der DPG, Frankfurt/M. 1974.

Verzeichnis der abgekürzt zitierten gedruckten Quellen und Literatur

DzD VI	Bundesministerium für Gesamtdeutsche Fragen (Hrsg.): Dokumente zur Deutschlandpolitik Reihe VI, Bd. 1, 21.Oktober 1969 bis 31. Dezember 1970, bearb. von Daniel Hofmann, München 2002. Reihe VI, Bd. 2, Teilbd.1 und 2, 1. Januar 1971 bis 31. Dezember 1972. Die Bahr-Kohl-Gespräche 1970 – 1973, bearb. von Hanns Jürgen Küsters, München 2004. Reihe VI, Bd. 3, 1. Januar 1973 bis 31. Dezember 1974, bearb. von Monika Kaiser, München 2005.
Ehmke: Mittendrin	Horst Ehmke: Mittendrin. Von der Großen Koalition zur Deutschen Einheit, Berlin 1994.
Elvert: Die europäische Integration	Jürgen Elvert: Die europäische Integration, Darmstadt 2006.
Faulenbach: Das sozialdemokratische Jahrzehnt	Bernd Faulenbach: Das sozialdemokratische Jahrzehnt. Von der Reformeuphorie zur neuen Unübersichtlichkeit. Die SPD 1969–1982, Bonn 2011.
Gehrke/Horn: 1968 u. d. Arbeiter	Bernd Gehrke/Gerd-Rainer Horn (Hrsg): 1968 und die Arbeiter. Studien zum »proletarischen Mai« in Europa, Hamburg 2007.
GEW-Geschäftsbericht	Geschäftsberichte der GEW 1968–1971, 1971–1974, 1974–1977, hrsg. Hauptvorstand der GEW, Darmstadt 1971, 1974 und 1977.
GGLF-Geschäftsbericht	Geschäftsbericht der GGLF 1971–1973, hrsg. Hauptvorstand der GGLF, Kassel 1974.
Gleitze: Sozialkapital	Bruno Gleitze: Sozialkapital und Sozialfonds als Mittel der Vermögenspolitik. Beiträge zur Frage der überbetrieblichen Ertragsbeteiligung für die Vermögensbildung der Arbeitnehmer, 2., erg. Aufl., Köln 1969.
Greinert: Berufsausbildung	Wolf-Dietrich Greinert: Das »deutsche System« der Berufsausbildung. Geschichte, Organisation, Perspektiven (Studien zur vergleichenden Berufspädagogik, Bd. 1), Baden-Baden 1995.
Grewe u. a.: Funktionärskarrieren	Hartmut Grewe/Horst-Udo Niedenhoff/Manfred Wilke: Funktionärskarrieren im DGB. Zum Generationswechsel an der Spitze der DGB-Gewerkschaften (Forschungsbericht/Konrad-Adenauer-Stiftung, Nr. 67), Melle 1988.
Götz: Vetter	Heinz Oskar Vetter. Christian Götz befragt und porträtiert den Vorsitzenden des Deutschen Gewerkschaftsbundes, Köln/Frankfurt/M. 1977.
GTB-Geschäftsbericht	Geschäftsbericht der GTB 1971–1973, 1974–1977, hrsg. Hauptvorstand der GTB, Düsseldorf o. J.
Hakkarainen: CSCE	Petri Hakkarainen: A State of Peace in Europe. West Germany and the CSCE, 1966–1975, New York/Oxford 2011.
Hemmer: Breit	Hans-Otto Hemmer (Hrsg.): Ausgleich mit Augenmaß. Gespräche mit Ernst Breit, Düsseldorf 2010.
Hemmer/Schmitz: Geschichte der Gewerkschaften	Hans-Otto Hemmer/Kurt Thomas Schmitz (Hrsg.): Geschichte der Gewerkschaften in der Bundesrepublik Deutschland. Von den Anfängen bis heute, Köln 1990.
Hemmer/Simon: Kluncker	Hans-Otto Hemmer/Hartmut Simon (Hrsg.): Auf die Wirkung kommt es an. Gespräche mit Heinz Kluncker, Frankfurt/M. 2000.

Verzeichnis der abgekürzt zitierten gedruckten Quellen und Literatur

Herbst: Marshallplan	Ludolf Herbst (Hrsg.): Vom Marshallplan zur EWG. Die Eingliederung der Bundesrepublik Deutschland in die westliche Welt, München 1990.
Hildebrandt/Schwitzer: Quellen 12	Jens Hildebrandt unter Mitarbeit von Boris Schwitzer (Bearb.): Der deutsche Gewerkschaftsbund 1956–1963 (Quellen zur Geschichte der deutschen Gewerkschaftsbewegung im 20. Jahrhundert, Bd. 12), hrsg. v. Klaus Schönhoven und Hermann Weber, Bonn 2005.
Hoffmann/Gabaglio: EGB	Reiner Hoffmann/Emiloi Gabaglio (Hrsg.): Ein offener Prozeß. 11 Versuche über den europäischen Gewerkschaftsbund, Münster 1998.
Hoffmann: NPD	Uwe Hoffmann: Die NPD. Entwicklung, Ideologie und Struktur, Franfurt/M./Berlin etc. 1999.
Hradil: Soziale Ungleichheit	Stefan Hradil: Soziale Ungleichheit in Deutschland, Opladen 2001.
IGM-Geschäftsbericht	Geschäftsberichte der IG Metall 1968–1970, 1971–1973, 1974–1976, hrsg. IG Metall Vorstand, Frankfurt/M. o. J.
Jacobi u. a.: Kritisches Jahrbuch 1972	Otto Jacobi/Walther Müller-Jentsch/Eberhard Schmidt (Hrsg.): Gewerkschaften und Klassenkampf. Kritisches Jahrbuch 1972, Frankfurt/M. 1972.
Jacobi u. a.: Kritisches Jahrbuch 1974	Otto Jacobi/Walther Müller-Jentsch/Eberhard Schmidt (Hrsg.): Gewerkschaften und Klassenkampf. Kritisches Jahrbuch 1974, Frankfurt/M. 1974.
Jacobi u. a.: Kritisches Jahrbuch 1975	Otto Jacobi/Walther Müller-Jentsch/Eberhard Schmidt (Hrsg.): Gewerkschaften und Klassenkampf. Kritisches Jahrbuch 1975, Frankfurt/M. 1975.
Kalbitz, Otto Brenner	Rainer Kalbitz: Die Ära Otto Brenner in der IG Metall, Frankfurt/M. 2001.
Kaiser: Quellen 11	Josef Kaiser (Bearb.): Der Deutsche Gewerkschaftsbund 1949–1956 (Quellen zur Geschichte der deutschen Gewerkschaftsbewegung im 20. Jahrhundert, Bd. 11), hrsg. v. Klaus Schönhoven und Hermann Weber, Köln 1996.
Katzer: Gewerkschaftsjugendbewegung	Peter Katzer: Zur Gewerkschaftsjugendbewegung. Probleme und Entwicklungen seit Ende der sechziger Jahre, Frankfurt/M. 1977.
Kempter: Loderer	Klaus Kempter: Eugen Loderer und die IG Metall – Biografie eines Gewerkschafters, Filderstadt 2003.
Kieseritzky: Quellen 13	Wolther von Kieseritzky (Bearb.): Der deutsche Gewerkschaftsbund 1964–1969 (Quellen zur Geschichte der deutschen Gewerkschaftsbewegung im 20. Jahrhundert, Bd. 13), hrsg. v. Klaus Schönhoven und Hermann Weber, Bonn 2006.
Knipping/Schönwald: Aufbruch zum Europa	Franz Knipping/Matthias Schönwald (Hrsg.): Aufbruch zum Europa der zweiten Generation. Die europäische Einigung 1969–1984 (Europäische und internationale Studien, Bd. 3), Trier 2004.
Koch: Brandt	Peter Koch: Willy Brandt. Eine politische Biographie, Berlin 1988.

Verzeichnis der abgekürzt zitierten gedruckten Quellen und Literatur

Köpper: Gewerkschaften u. Außenpolitik	Ernst-Dieter Köpper: Gewerkschaften und Außenpolitik. Die Stellung der westdeutschen Gewerkschaften zur wirtschaftlichen und militärischen Integration der Bundesrepublik in die Europäische Gemeinschaft und in die NATO, (Campus Forschung, Bd. 248), Frankfurt/M./New York 1982.
Kössler/Stadtland: Funktionäre	Till Kössler/Helke Stadtland (Hrsg.): Vom Funktionieren der Funktionäre. Politische Interessenvertretung und gesellschaftliche Integration in Deutschland nach 1933, Essen 2004.
Kraus/Geisen: Sozialstaat Europa	Katrin Kraus/Thomas Geisen (Hrsg.): Sozialstaat in Europa. Geschichte, Entwicklung, Perspektiven, Wiesbaden 2001.
Kramper: Neue Heimat	Peter Kramper: NEUE HEIMAT. Unternehmenspolitik und Unternehmensentwicklung im gewerkschaftlichen Wohnungs- und Städtebau 1950–1982 (Vierteljahrschrift für Sozial- und Wirtschaftsgeschichte, Beiheft: Nr. 200), Stuttgart 2008.
Krelle u. a.: Ertragsbeteiligung	Wilhelm Krelle/Johann Schuck/Jürgen Siebke: Überbetriebliche Ertragsbeteiligung der Arbeitnehmer. Mit einer Untersuchung über die Vermögensstruktur der Bundesrepublik Deutschland, 2 Bde.,Tübingen 1968.
Kühn: Stalins Enkel	Andreas Kühn: Stalins Enkel, Maos Söhne. Die Lebenswelt der K-Gruppen in der Bundesrepublik der 70er Jahre, Frankfurt/M./New York 2005.
Lauschke: Mehr Demokratie	Karl Lauschke: Mehr Demokratie in der Wirtschaft. Die Entstehungsgeschichte Mehr Demokratie des Mitbestimmungsgesetzes 1976, hrsg. v. Hans-Böckler-Stiftung, 2 Bde., Düsseldorf 2006.
Lauschke: Postgewerkschaft	Karl Lauschke: »Zusammenhalten und gestalten«. Von der traditionellen Beamtenorganisation zur streitbaren Gewerkschaft. Die Deutsche Postgewerkschaft bis zur Bildung von ver.di, Hamburg 2009.
Lauschke: GUV/FAKULTA	Karl Lauschke: 100 Jahre Solidarität. Die Geschichte der GUV/FAKULTA 1910–2010, Kirchheim 2010.
Leminsky/otto: Politik und Programmatik	Gerhard Leminsky/Bernd Otto (Bearb.): Politik und Programmatik des Deutschen Gewerkschaftsbundes, Köln 1974.
Lichtenstein: Reuther	Nelson Lichtenstein: The Most Dangerous Man in Detroit. Walter Reuther and the Fate of American Labor, New York 1995.
Link: Amerikanische Gewerkschaften	Werner Link: Deutsche und amerikanische Gewerkschaften und Gewerkschaftsleute 1945–1975, Düsseldorf 1978.
Loesch: Gemeinwirtschaftliche Unternehmen	Archim von Loesch: Die gemeinwirtschaftlichen Unternehmen der deutschen Gewerkschaften. Entstehung, Funktionen, Probleme, Köln 1979.
Lompe: Sozialstaat	Klaus Lompe: Sozialstaat und Krise. Bundesrepublikanische Politikmuster der 70er und 80er Jahre, Frankfurt/M./Bern etc. 1987.
Marcus: Macht d. Mächtigen	Hermann Marcus: Die Macht der Mächtigen – Deutschland und seine Wirtschaftsriesen, Düsseldorf 1970.

Verzeichnis der abgekürzt zitierten gedruckten Quellen und Literatur

Martens u. a.: Arbeit u. Technik	Helmut Martens / Gerd Peter / Frieder Wolf: Arbeit und Technik in der Krise. Gewerkschaftliche Politik und alternative Bewegung (Sozialforschungsstelle Dortmund (SfS), Beiträge aus der Forschung, Bd. 2), Dortmund 1984.
Merseburger: Brandt	Peter Merseburger: Willy Brandt. 1913–1992. Visionär und Realist, Stuttgart / München 2002.
Meyer: Kuratorium	Christoph Meyer: Die deutschlandpolitische Doppelstrategie: Wilhelm Wolfgang Schütz und das Kuratorium Unteilbares Deutschland 1954–1972, Landsberg am Lech 1997.
Milert / Tschirbs: Andere Demokratie	Werner Milert / Rudolf Tschirbs: Die andere Demokratie. Betriebliche Interessenvertretung in Deutschland, 1848 bis 2008, Essen 2012.
Mittag: EU	Jürgen Mittag: Kleine Geschichte der Europäischen Union. Von der Europaidee bis zur Gegenwart, Münster 2008.
Mühlbradt / Lutz: Sozialpartnerschaft	Werner Mühlbradt / Egon Lutz: Der Zwang zur Sozialpartnerschaft. Hintergründe der Zusammenarbeit von Gewerkschaften und Arbeitgebern, Neuwied / Berlin 1969.
Müller: Strukturwandel	Gloria Müller: Strukturwandel und Arbeitnehmerrechte: Die wirtschaftliche Mitbestimmung in der Eisen- und Stahlindustrie 1945–1975, Essen 1991.
Müller: Die DAG	Hans-Peter Müller: Die Deutsche Angestellten-Gewerkschaft im Wettbewerb mit dem DGB. Geschichte der DAG 1947–2001, Baden-Baden 2011.
Müller: Dürrbeck	Stefan Müller: Heinz Dürrbeck (1912–2001). Gewerkschafter, Sozialist und Bildungsarbeiter, Essen 2010.
Müller-Jentsch / Ittermann: Industrielle Beziehungen	Walther Müller-Jentsch / Peter Ittermann: Industrielle Beziehungen. Daten, Zeitreihen, Trends 1950–1999, Frankfurt / M. / New York 2000.
Nagel: BfG	Rolf W. Nagel: Die Transformation der Bank für Gemeinwirtschaft (BfG) als morphologisch-typologisches Problem. Die Entstehung und Entwicklung eines Kreditinstituts, Diss., Berlin 1992.
Nakath: Die Verhandlungen	Detlef Nakath: Die Verhandlungen zum deutsch-deutschen Grundlagenvertrag 1972. Zum Zusammenwirken von SED-Politbüro und DDR-Außenministerium bei den Gesprächen mit der BRD (Hefte zur DDR-Geschichte, Bd. 8), Berlin 1993.
Nonn: Ruhrbergbaukrise	Christoph Nonn: Die Ruhrbergbaukrise. Entindustrialisierung und Politik 1958–1969, (Kritische Studien zur Geschichtswissenschaft, Bd. 149) Göttingen 2001.
ÖTV-Geschäftsbericht	Geschäftsberichte der ÖTV 1968–1971, 1972–1975, hrsg. Hauptvorstand der ÖTV, Stuttgart o. J.
Optenhögel u. a.: Europ. Gewerkschaftsorganisationen	Uwe Optenhögel / Michael Schneider / Rüdiger Zimmermann: Europäische Gewerkschaftsorganisationen. Bestände im Archiv der sozialen Demokratie und der Bibliothek der Friedrich-Ebert-Stiftung, Bonn 2003
Osterroth / Schuster: Chronik	Chronik der deutschen Sozialdemokratie. Daten, Fakten, Hintergründe, Chronik, Bd. 3: 1974 bis 1982, hrsg. v. Franz Osterroth und Dieter Schuster, Bonn 2005.
Otte: Volksfürsorge	Wolfgang Otte (Red.): 75 Jahre Volksfürsorge: kleine Geschichte 1913–1988, Hamburg 1988.

Verzeichnis der abgekürzt zitierten gedruckten Quellen und Literatur

Otto: Mitbestimmung	Bernd Otto: Die Bemühungen der Gewerkschaften im Deutschen Reich und in der Bundesrepublik Deutschland um eine Konzeption überbetrieblicher Mitbestimmung, Diss., Köln 1970.
Pinl: Arbeitnehmer-Patriachat	Claudia Pinl: Das Arbeitnehmer-Patriachat – die Frauenpolitik der Gewerkschaften, Köln 1977.
Pirker: Blinde Macht	Theo Pirker: Die blinde Macht. Gewerkschaftsbewegung in Westdeutschland, Teil 2: 1953–1960. Weg und Rolle der Gewerkschaften im neuen Kapitalismus, Berlin 1979.
Platzer: Unternehmensverbände	Hans-Wolfgang Platzer: Unternehmensverbände in der EG – ihre nationale und transnationale Organisation und Politik, (Schriftenreihe Europa-Forschung, Bd. 9) Kehl am Rhein/Straßburg 1984.
Popp: Öffentliche Aufgaben	Klaus Popp: Öffentliche Aufgaben der Gewerkschaften und innerverbandliche Willensbildung, Berlin 1975.
Protokoll 2. Außerord. Bundeskongreß	Protokoll 2. Außerordentlicher Bundeskongreß, Düsseldorf, 21. und 22. November 1963, hrsg. v. Bundesvorstand des DGB, Düsseldorf o. J.
Protokoll 3. Außerord. Bundeskongreß	Protokoll 3. Außerordentlicher Bundeskongreß, Düsseldorf, 14. Mai bis 15. Mai 1971, hrsg. v. Bundesvorstand des DGB, Düsseldorf o. J.
Protokoll 6. Bundeskongreß	Protokoll 6. Ordentlicher Bundeskongreß, Hannover, 22. bis 27. Oktober 1962, hrsg. v. Bundesvorstand des DGB, Düsseldorf o. J.
Protokoll 7. Bundeskongreß	Protokoll 7. Ordentlicher Bundeskongreß, Berlin, 9. bis 14. Mai 1966, hrsg. v. Bundesvorstand des DGB, Düsseldorf o. J.
Protokoll 8. Bundeskongreß	Protokoll 8. Ordentlicher Bundeskongreß, München, 18. bis 23. Mai 1969, hrsg. v. Bundesvorstand des DGB, Düsseldorf o. J.
Protokoll 9. Bundeskongreß	Protokoll 9. Ordentlicher Bundeskongreß, Berlin, 25. bis 30. Juni 1972, hrsg. v. Bundesvorstand des DGB, Düsseldorf o. J.
Protokoll 10. Bundeskongreß	Protokoll 10. Ordentlicher Bundeskongreß, Hamburg, 25. bis 30. Mai 1975, hrsg. v. Bundesvorstand des DGB, Düsseldorf o. J.
Profittlich: Mehr Mündigkeit wagen	Sonja Profittlich: Mehr Mündigkeit wagen. Gerhard Jahn (1927–1998). Justizreformer der sozial-liberalen Koalition, (Politik- und Gesellschaftsgeschichte, Bd. 85), Bonn 2010.
Ranft: Vom Objekt zum Subjekt	Norbert Ranft: Vom Objekt zum Subjekt: Montanmitbestimmung, Sozialklima und Strukturwandel im Bergbau seit 1945, Köln 1988.
Rasch/Düwell: Montanunion	Manfred Rasch/Kurt Düwell (Hrsg.): Anfänge und Auswirkungen der Montanunion auf Europa. Die Stahlindustrie in Politik und Wirtschaft, Essen 2007.
Remeke: Gewerkschaften und Sozialgesetzgebung	Stefan Remeke: Gewerkschaften und Sozialgesetzgebung. DGB und Arbeitnehmerschutz in der Reformphase der sozialliberalen Koalition, Essen 2005.
Remeke: Weber/Muhr	Stefan Remeke: Anders Links sein. Auf den Spuren von Maria Weber und Gerd Muhr, Essen 2012.

Verzeichnis der abgekürzt zitierten gedruckten Quellen und Literatur

Reuther: Porträts	Helmut Reuther (Hrsg.): Porträts des Deutschen Gewerkschaftsbundes, München 1969.
Richert: Subjekt	Jochen Richert (Hrsg.): Subjekt und Organisation. Neuorientierung gewerkschaftlicher Bildungsarbeit, Münster 1994.
Riechers: Gramsci	Christian Riechers: Antonio Gramsci: Marxismus in Italien, Franfurt/M. 1970.
Schildt u. a.: Dynamische Zeiten	Axel Schildt/Detlef Siegfried/Karl Christian Lammers (Hrsg.): Dynamische Zeiten. Die 60er Jahre in beiden deutschen Gesellschaften,(Hamburger Beiträge zur Sozial- und Zeitgeschichte, Bd. 37), Hamburg 2000.
Schmidt: Verhinderte Neuordnung	Eberhard Schmidt: Die verhinderte Neuordnung. 1945–1952. Zur Auseinandersetzung um die Demokratisierung der Wirtschaft in den westlichen Besatzungszonen und in der Bundesrepublik Deutschland, Frankfurt/M. 1981.
Schmidt: Keynesianismus	Ingo Schmidt: Gewerkschaften und Keynesianismus. Eine regulationstheoretische Untersuchung keynesianischer Konzeptionen in der deutschen Gewerkschaftsbewegung, Münster 1997.
Schmuhl: Arbeitsmarktpolitik	Hans-Walter Schmuhl: Arbeitsmarktpolitik und Arbeitsverwaltung in Deutschland 1871–2002. Zwischen Fürsorge, Hoheit und Markt, Nürnberg 2003.
Schneider: Demokratie	Michael Schneider: Demokratie in Gefahr? Der Konflikt um die Notstandsgesetze: Sozialdemokratie, Gewerkschaften und intellektueller Protest (1958–1968), (Reihe Politik- und Gesellschaftsgeschichte, Bd. 17), Bonn 1986.
Schneider: Kleine Geschichte	Michael Schneider: Kleine Geschichte der Gewerkschaften. Ihre Entwicklung in Deutschland von den Anfängen bis heute, 2., überarb. und aktualisierte Aufl., Bonn 2000.
Schneider: Hesselbach	Michael Schneider: Walter Hesselbach. Bankier und Unternehmer, Bonn 1995.
Schöllgen: Brandt	Gregor Schöllgen: Willy Brandt. Die Biographie, Berlin/München 2001.
Schröder: Verbände und Mitbestimmung	Michael Schröder: Verbände und Mitbestimmung. Die Einflußnahme der beteiligten Verbände auf die Entstehung des Mitbestimmungsgesetzes von 1976. Eine Fallstudie, Diss., München 1983.
Schroeder: Gewerkschaftspolitik	Wolfgang Schroeder: Gewerkschaftspolitik zwischen DGB, Katholizismus und CDU 1945 bis 1960. Katholische Arbeiterführer als Zeitzeugen in Interviews, Köln 1990.
Schroeder: Katholizismus	Wolfgang Schroeder: Katholizismus und Einheitsgewerkschaft. Der Streit um den DGB und der Niedergang des Sozialkatholizismus in der Bundesrepublik bis 1960, (Reihe Politik- und Gesellschaftsgeschichte, Bd. 30), Bonn 1992.
Schroeder/Weßels: Gewerkschaftshandbuch	Wolfgang Schroeder/Bernhard Weßels (Hrsg.): Die Gewerkschaften in Politik und Gesellschaft der Bundesrepublik Deutschland. Ein Handbuch, Wiesbaden 2003.
Schönhoven: Die deutschen Gewerkschaften	Klaus Schönhoven: Die deutschen Gewerkschaften, Frankfurt/M. 1987.

Verzeichnis der abgekürzt zitierten gedruckten Quellen und Literatur

Schönhoven: Wendejahre	Klaus Schönhoven: Wendejahre. Die Sozialdemokratie in der Zeit der Großen Koalition 1966–1969, (Die deutsche Sozialdemokratie nach 1945, Bd. 2), Bonn 2004.
Schönhoven/Braun: Generationen	Klaus Schönhoven/Bernd Braun (Hrsg.): Generationen in der Arbeiterbewegung, (Schriftenreihe der Stiftung Reichspräsident Friedrich-Ebert-Gedenkstätte, Bd. 12), München 2005.
Schumann u. a.: Septemberstreiks	Michael Schumann/Frank Gerlach/Albert Gschlössl/Petra Milhoffer: Am Beispiel der Septemberstreiks – Anfang der Rekonstruktionsperiode der Arbeiterklasse? Eine empirische Untersuchung, Frankfurt/M. 1971.
Senoo: KSZE	Tetsuji Senoo: Die Bedeutung der Konferenz über Sicherheit und Zusammenarbeit in Europa für die Ostpolitik Willy Brandts unter besonderer Berücksichtigung der gesamteuropäischen Konzeptionen Egon Bahrs und der Koordination des Vorgehens mit den westlichen Partnern 1969–1975, Diss., Bonn 2008.
Soell: Schmidt	Hartmut Soell: Helmut Schmidt. 1969 bis heute. Macht und Verantwortung, München 2008.
SPD Parteitag 1970	Protokoll des Parteitages der Sozialdemokratischen Partei Deutschlands. 11. bis 14. Mai 1970 in Saarbrücken, Bonn o. J.
SPD außerord. Parteitag	Protokoll des außerordentlichen Parteitages der Sozialdemokratischen Partei Deutschlands. 18. bis 20. November 1971, Bonn o. J.
SPD Parteitag 1973	Protokoll des Parteitages der Sozialdemokratischen Partei Deutschlands. 10. bis 14. April 1973 in Hannover, Bonn o. J.
Templin: Lehrzeit	David Templin: »Lehrzeit – keine Leerzeit«. Die Lehrlingsbewegung in Hamburg 1968–1972, (Hamburger Zeitspuren, Bd. 9), München 2011.
Triesch; Gewerkschaftsstaat	Günter Triesch: Gewerkschaftsstaat oder sozialer Rechtsstaat?, Stuttgart 1974.
Valkonen: Finnische Gewerkschaften	Marjaana Valkonen: Zentralorganisation der Finnischen Gewerkschaften 1907–1987, Helsinki 1991.
Weimer: Deutsche Wirtschaftsgeschichte	Wolfram Weimer: Deutsche Wirtschaftsgeschichte. Von der Währungsreform bis zum Euro, Hamburg 1998.
Weinert: Gemeinwirtschaft	Rainer Weinert: Das Ende der Gemeinwirtschaft. Gewerkschaften und gemeinwirtschaftliche Unternehmen im Nachkriegsdeutschland, (Campus Forschun, Bd. 713), Frankfurt/M./New York 1994.
Weiß: ÖTV	Gerhard Weiß: Die ÖTV. Politik und gesellschaftspolitische Konzeptionen der Gewerkschaft ÖTV 1966–1976, Marburg 1977.
Wilke: Funktionäre	Manfred Wilke: Die Funktionäre. Apparat und Demokratie im Deutschen Gewerkschaftsbund, München/Zürich 1979.
Wilke u. a.: DKP	Manfred Wilke/Hans-Peter Müller/Marion Brabant: Die Deutsche Kommunistische Partei (DKP). Geschichte – Organisation – Politik, Köln 1990.
Winkler: Deutsche Geschichte	Heinrich August Winkler: Der Lange Weg nach Westen, Bd. 2: Deutsche Geschichte 1933–1990, Bonn 2005.

Witjes: Gewerkschaftliche Führungsgruppen	Claus Winfried Witjes: Gewerkschaftliche Führungsgruppen. Eine empirische Untersuchung zum Sozialprofil, zur Selektion und Zirkulation sowie zur Machtstellung westdeutscher Gewerkschaftsführungen, Berlin 1976.
Zacher: Staat und Gewerkschaften	Hans Friedrich Zacher: Staat und Gewerkschaften. Zur Doppelverfassung einer Arbeitnehmergesellschaft, Heidelberg/Karlsruhe 1977.
Zimmer/Weßels: Verbände	Annette Zimmer/Bernhard Weßels (Hrsg.): Verbände und Demokratie in Deutschland, Opladen 2001.

Abkürzungsverzeichnis

AA	Auswärtiges Amt
abgedr.	Abgedruckt
Abs.	Absatz
Abt.	Abteilung
ACE	Auto Club Europa e. V.
acon	activ contact (»Markenzeichen« für die DGB-Gesellschaft für Werbung und Kommunikation GmbH)
ADF	Aktion Demokratischer Fortschritt
ADGB	Allgemeiner Deutscher Gewerkschaftsbund
AdsD	Archiv der sozialen Demokratie, Friedrich-Ebert-Stiftung, Bonn
AfA	Arbeitsgemeinschaft für Arbeitnehmerfragen in der SPD
AFG	Arbeitsförderungsgesetz
AFL-CIO	American Federation of Labor – Congress of Industrial Organizations (US-amerikanische Arbeitnehmervereinigung)
AfS	Archiv für Sozialgeschichte
AG	Aktiengesellschaft
AK	Arbeitskreis
Anm.	Anmerkung
a.o.	außerordentlich
ARD	Arbeitsgemeinschaft der öffentlich-rechtlichen Rundfunkanstalten der Bundesrepublik Deutschland
Art.	Artikel
ATH	Allgemeine Treuhandgesellschaft
BA	Bundesausschuss
BAG	Bundesarbeitsgericht
BBZ	Britische Besatzungszone
BDA	Bundesvereinigung der Deutschen Arbeitgeberverbände e. V.
BDI	Bundesverband der Deutschen Industrie
Bearb.	Bearbeiter
bes.	besonders
BfA	Bundesversicherungsanstalt für Angestellte
BfG	Bank für Gemeinwirtschaft AG
Bfg	Beteiligungsgesellschaft für gemeinwirtschaftliche Unternehmen
BFW	Berufsfortbildungswerk des DGB
BGAG	Beteiligungsgesellschaft für Gemeinwirtschaft AG des DGB
BGBl.	Bundesgesetzblatt
BHW	Beamtenheimstättenwerk
BJA	Bundesjugendausschuss
BK	Bundeskongress
BM	Bundesminister/Bundesministerium
BRD	Bundesrepublik Deutschland
BPA	Bundespresseamt
BSE	IG Bau, Steine, Erden

Abkürzungsverzeichnis

BSV	Bank für Spareinlagen und Vermögensbildung AG
BV	Bundesvorstand
BetrVG	Betriebsverfassungsgesetz
BVG	Betriebsverfassungsgesetz
CDA	Sozialausschüsse der Christlich-Demokratischen Arbeitnehmerschaft der CDU
CDU	Christlich Demokratische Union Deutschlands
CGB	Christlicher Gewerkschaftsbund Deutschlands
CGD	Gesamtverband der Christlichen Gewerkschaften Deutschlands des CGB
CGIL	Confederazione Generale Italiana del Lavoro
CGSP	Centrale Générale des Services Publiques
CGT	Confédération Générale du Travail
CFDT	Confédération Française Démocratique du Travail
CISL	Confederazione Italiana Sindacati Lavoratori (italienische Arbeitnehmervereinigung)
co op	cooperation (Markenzeichen der deutschen Konsumgenossenschaften)
CPK	IG Chemie-Papier-Keramik
CSSR	Ceskoslovenská Socialistická Republika (Tschechoslowakische Sozialistische Republik)
CSU	Christlich Soziale Union in Bayern
DAF	Deutsche Arbeitsfront
DAG	Deutsche Angestelltengewerkschaft
DDR	Deutsche Demokratische Republik
DFU	Deutsche Friedens-Union
DGB	Deutscher Gewerkschaftsbund
DIHT	Deutscher Industrie- und Handelstag
Dipl. Ing.	Diplom Ingenieur
DJU	Deutsche Journalisten Union
DKP	Deutsche Kommunistische Partei
DM	Deutsche Mark
d. Mts.	des Monats
DMV	Deutscher Metallarbeiterverband
Dok.	Dokument(e)
dpa	Deutsche Presse-Agentur
DPG	Deutsche Postgewerkschaft
Dr.	Doktor
DruPa	IG Druck und Papier
DVU	Deutsche Volksunion
EBFG	Europäischer Bund Freier Gewerkschaften
EFTA	European Free Trade Association
EDV	Elektronische Datenverarbeitung
EGKS	Europäische Gemeinschaft für Kohle und Stahl
EG	Europäische Gemeinschaft
EGS	Europäisches Gewerkschaftssekretariat
EGB	Europäischer Gewerkschaftsbund
EMB	Europäischer Metallarbeiter Bund
ERO	Europäische Regionalorganisation des IBFG
EO	Europäische Organisation
EWG	Europäische Wirtschaftsgemeinschaft
FAZ	Frankfurter Allgemeine Zeitung
FDGB	Freier Deutscher Gewerkschaftsbund
FDP	Freie Demokratische Partei
FES	Friedrich-Ebert-Stiftung

Abkürzungsverzeichnis

FGB	Freier Gewerkschaftsbund
FGTB	Fédération Générale du Travail de Belgique (belgischer Gewerkschaftsdachverband)
FIET	Fédération Internationale des Employés, Techniciens et Cadres (Internationaler Bund der Privatangestellten – IBP)
FNP	Frankfurter Neue Presse
FO	Force Ouviére
FR	Frankfurter Rundschau
GBV	Geschäftsführender Bundesvorstand des DGB
GdED	Gewerkschaft der Eisenbahner Deutschlands
GdP	Gewerkschaft der Polizei
gem	gemäß
GEW	Gewerkschaft Erziehung und Wissenschaft
Gew.	Gewerkschaft
gew.	gewerkschaftlich(es)
gf.	Geschäftsführend
GF	Geschäftsführer
GfJ	Gesellschaft für Jugendheime
GGLF	Gewerkschaft Gartenbau, Land- und Forstwirtschaft
GHK	Gewerkschaft Holz und Kunststoff
GmbH	Gesellschaft mit beschränkter Haftung
GMH	Gewerkschaftliche Monatshefte
GTB	Gewerkschaft Textil-Bekleidung
g-u-t	Gemeinwirtschaftliche Unternehmen für Tourismus
GUV	Gewerkschaftliche Unterstützungseinrichtung für Verkehrsberufe bzw. Verkehrsteilnehmer
HA	Hauptabteilung
hauptamtl.	hauptamtlich
HBS	Hans-Böckler-Stiftung
HBV	Gewerkschaft Handel, Banken und Versicherungen
hekt.	Hektografiert
HSA	Helmut-Schmidt-Archiv
HV	Hauptvorstand
HwO	Handwerksordnung
HWP	Hochschule für Wirtschaft und Politik, Hamburg
i. A.	im Auftrag
IAA	Internationales Arbeitsamt (der IAO, Genf)
IAK	Internationale Arbeitskonferenz, Genf
IAO	Internationale Arbeitsorganisation (engl. ILO – International Labour Organisation)
IBFG	Internationaler Bund Freier Gewerkschaften
IBP	Internationaler Bund der Privatangestellten
ICTU	Irish Congress of Trade Union
ID	Informationsdienst des DGB
IG	Industriegewerkschaft
IGBE	Industriegewerkschaft Bergbau und Energie
IGM	Industriegewerkschaft Metall
IHK	Industrie-und Handelskammer
ILO	Internationale Arbeits-Organisation
IMB	Internationaler Metallarbeiter Bund
Infas	Institut für angewandte Sozialwissenschaft
IPTT	Internationale des Personals der Post-, Telegraphen- und Telefonbetriebe
ISK	Internationaler Sozialistischer Kampfbund
ITF	Internationale Transportarbeiter Föderation
IWK	Internationale Wissenschaftliche Korrespondenz

Abkürzungsverzeichnis

kfm.	kaufmännisch(e)
KGB	Komitee für Staatssicherheit beim Ministerrat der UdSSR
KP	Kommunistische Partei
KPD	Kommunistische Partei Deutschlands
KPdSU	Kommunistische Partei der Sowjetunion
KPO	Kommunistische Partei-Opposition
KSZE	Konferenz über Sicherheit und Zusammenarbeit in Europa
KSVG	Künstlersozialversicherungsgesetz
KZ	Konzentrationslager
LB	Landesbezirk
LO	Landesorganisation
LBV	Landesbezirksvorstand
LV	Landesverband
LZB	Landeszentralbank
MdA	Mitglied des Abgeordnetenhauses, Berlin
MdB	Mitglied des Bundestags
MdEP	Mitglied des Europaparlaments
MdL	Mitglied des Landtags
MdR	Mitglied des Reichstages
MfS	Ministerium für Staatssicherheit der DDR
MinDir	Ministerial Direktor
Mio.	Million(en)
MP	Ministerpräsident
Mrd.	Milliarde(n)
ms.	maschinenschriftlich
NATO	North Atlantic Treaty Organization
ND	Nachrichtendienst des DGB
NGG	Gewerkschaft Nahrung-Genuss-Gaststätten
NH	Neue Heimat
NHS	Neue Heimat Städtebau
NPD	Nationaldemokratische Partei Deutschlands
Nr.	Nummer
NRW	Bundesland Nordrhein-Westfalen
NRZ	Neue Ruhr-Zeitung
NVV	Nederlands Verbond van Vakverenigingen
OECD	Organization for Economic Cooperation and Development
OB	Oberbürgermeister
ÖGB	Österreichischer Gewerkschaftsbund
ÖTV	Gewerkschaft Öffentliche Dienste, Transport und Verkehr
PEN	Poets Essayists Novelists (internationale Schriftstellervereinigung)
PerVG	Personalvertretungsgesetz
Prof.	Professor(in)
PSts	Parlamentarischer Staatssekretär
PV	Parteivorstand
RFFU	Rundfunk-Fernseh-Film-Union der Gewerkschaft Kunst
S.	Seite(n)
s.	siehe
SAK	Suomen Ammattiliittojen Keskusjärjestö (Zentralverband der Finnischen Gewerkschaften)
SAP	Sozialistische Arbeiterpartei Deutschlands

Abkürzungsverzeichnis

s.E.	seines Erachtens
SED	Sozialistische Einheitspartei Deutschlands
Sekr.	Sekretär
StGB	Strafgesetzbuch
Sts	Staatssekretär
Sowjet.	Sowjetisch
SPD	Sozialdemokratische Partei Deutschlands
SPÖ	Sozialistische Partei Österreichs
SWF	Südwestfunk
SZ	Süddeutsche Zeitung
TCO	Tjänstermänns Centralorganisation (schwedischer Gewerkschaftsbund der Angestellten)
TDM	Tausend Deutsche Mark
TH	Technische Hochschule
TOP	Tagesordnungspunkt
TUC	Trades Union Congress
TÜRK-IS	Türkischer Gewerkschaftsbund
UAW	United Automobile Workers (amerikanische Arbeitnehmervertretung)
UdSSR	Union der Sozialistischen Sowjetrepubliken
UFWOC	United Farm Workers Organization Committee (amerikanische Landarbeitergewerkschaft)
UIL	Unione Italiana del Lavoro (italienische Arbeitnehmervertretung)
ULA	Union der Leitenden Angestellten
UNESCO	United Nations Educational, Scientific and Cultural Organization
UNO	United Nations Organization
USA	United States of America
VDR	Verband Deutscher Rentenversicherungsträger
VDS	Verband Deutscher Studentenschaften
vgl.	vergleiche
v.H.	vom Hundert
Vors.	Vorsitzende(r)
VS	Verband deutscher Schriftsteller
VTG	Vermögens- und Treuhandgesellschaft
VW	Volkswagen (GmbH, AG)
WAZ	Westdeutsche Allgemeine Zeitung
WBA	Willy-Brandt-Archiv
WdA	Welt der Arbeit
WGB	Weltgewerkschaftsbund
WiSoA/WSA	Wirtschafts- und Sozialausschuss der Europäischen Gemeinschaft
WSI	Wirtschafts- und Sozialwissenschaftliche Institut des DGB
WVA	Weltverband der Arbeitnehmer (christliche Gewerkschaftsinternationale)
WWI	Wirtschaftswissenschaftliches Institut des DGB, Vorläufer des WSI
ZDF	Zweites Deutsches Fernsehen
Ziff.	Ziffer
ZK	Zentralkomitee

Personenregister

Abegg, Fritz, Vorsitzender Industriegruppe Kautschuk u. Kunststoffverarbeitung der CPK, DGB-AG Vermögensbildung 649
Adam, Hermann, 1958–75 DGB-BV, Abt. Organisation 170, 570
Ahlers, Conrad (1922–1980), Journalist, 1962–66 stellv. Chefredakteur *Der Spiegel*, 1966–68 stellv. Leiter des BPA, 1969–72 Leiter des BPA, 1972–80 MdB (SPD), 1980 Intendant der Deutschen Welle 381, 400
Allardt, Helmut (1907–1987), 1958–60 Generaldirektor der EWG, 1963–68 Botschafter in Madrid, 1968–72 Botschafter in Moskau 152
Alles, Manfred (geb. 1940), HBV, Landes-Angestelltenausschuss und Vorstandsmitglied DGB-LB Berlin 727, 735
Almstedt, Günter, HBV, Schulungs- und Bildungsausschuss, ab 1971 Vorstandsmitglied DGB-LB Rheinland-Pfalz 466
Amerongen, Wolff von (1918–2007), Unternehmer, 1969–88 Präsident des DIHT, 1955–2000 Ostausschuss der deutschen Wirtschaft 214, 335, 410
Andersch, Heinz (geb. 1924), 1966–86 stellv. Vorsitzender DGB-LB Rheinland-Pfalz, 1986–87 Vorsitzender DGB-LB Rheinland-Pfalz, Mitglied des Bundesangestelltenausschusses 221, 564, 840
Andres, Gerd (geb. 1951), 1972–74 Vorstandsmitglied DGB-LB Rheinland-Pfalz, 1974–98 Sekr. beim HV der CPK, 1988–2005 PSts Bundesministerium für Arbeit und Sozialordnung, 2005–07 BM für Arbeit und Soziales 658, 699
Apel, Hans (1932–2011), 1974–74 PSts Auswärtiges Amt, 1974–78 BM der Finanzen, 1978–82 BM der Verteidigung, 1970–88 PV, 1984–86 Präsidium der SPD, 1965–90 MdB (SPD) 942, 948, 955 f.
Arendt, Walter (1925–2005), Bergmann, ab 1949 Angestellter der IGBE, 1959–64 Mitglied im gf. Vorstand und 1964–69 Vorsitzender der IGBE, 1967–69 Präsident des Internationalen Bergarbeiterverbandes, 1969–76 BM für Arbeit und Sozialordnung 10, 30, 37, 55, 83, 85, 102, 108, 112, 121, 128, 175, 192, 210, 257, 310, 349, 351, 381, 454, 459, 641, 759, 805 ff., 810 f., 828 ff, 847 f. 866
Arndt, Klaus Dieter (1927–1974), 1963–65 MdA (SPD), 1965–74 MdB (SPD), 1967–70 PSts im Bundesministerium für Wirtschaft, 1968–74 Präsident des Deutschen Instituts für Wirtschaftsforschung, 1972–74 stellv. Vorsitzender der SPD-Bundestagsfraktion 175
Aspengren, Thor (1917–2004), Vorsitzender des norwegischen Gewerkschaftsbundes 592, 596
Averjanow, Boris A., Abteilungsleiter für Internationale Beziehungen im Zentralrat der Sowjetischen Gewerkschaften 114, 393, 420, 429, 522 ff.
Bachmann, Herbert, HBV, Landes-Angestelltenausschuss, ab 1975 Vorstandsmitglied DGB-LB Rheinland-Pfalz 938
Bänker, Helmut, GdED, Antragsberatungskommission 10. BK 1975 954
Bahr, Egon (geb. 1922), Journalist, 1976–81 Bundesgeschäftsführer der SPD, 1972–90 MdB (SPD), 1967 Botschafter im Auswärtigen Amt, 1969–73 Sts im Bundeskanzleramt, 1972–74 BM für besondere Aufgaben und Bundesbevollmächtigter für Berlin, 1974–76 BM für wirtschaftliche Zusammenarbeit, 1984–94 Direktor des Instituts für Friedensforschung an der Uni Hamburg 677

Personenregister

Baldauf, Adolf, Vorsitzender GEW-LV Saarland, 1971–77 Vorstandsmitglied DGB-LB Saar 860

Bajic, Andreja, Vorstandsmitglied im Zentralrat des Jugoslawischen Gewerkschaftsbundes 209

Balduin, Siegfried, ab 1971 DGB-BV, Abt. Gesellschaftspolitik 713

Ballentin, Gerd (geb. 1929), 1963–69 Zweiter Vorsitzender, ab 1969 Vorsitzender LV Berlin der DruPa 94

Barzel, Rainer Candidus (1924–2006), 1957–87 MdB (CDU), 1962–63 BM für gesamtdeutsche Fragen, 1964–73 Vorsitzender CDU/CSU-Bundestagsfraktion, 1971–73 CDU-Bundesvorsitzender, 1982–83 BM für innerdeutsche Beziehungen, 1983–84 Präsident des Deutschen Bundestages 454, 531, 569, 589, 683, 715

Bauer, Wilhelm (1904–1974), Ökonom, 1964–74 Mitglied (Vorsitzender 1964–70) des Sachverständigenrates zur Begutachtung der gesamtwirtschaftlichen Entwicklung 139, 408, 790

Baumhöver, Wolfgang, 1970 Sekr., ab 1976 Bezirksleiter CPK Nordmark--Berlin, ab 1969 Vorstandsmitglied DGB-LB Nordmark 103

Baumann, Ernst (geb. 1922), kfm. Angestellter, 1957–65 Bezirksleiter Gew. Leder NRW, 1965–73 Hauptkassierer Gew. Leder, Mitglied der DGB-Revisionskommission, GF Wirtschaftsdienst GmbH des ACE, 1973–79 stellv. Vorsitzender ACE 342, 363, 561, 794, 900

Baumgart, Reinhard (1929–2003), Schriftsteller, 1970–74 stellv. Vorsitzender Verband Deutscher Schriftsteller 381

Baur, G. Friedrich (geb. 1921), Dipl. Ing., Siemens AG, 1973–81 Vorstand Siemens AG, Präsidiumsmitglied der BDA 453

Bayreuther, Wolfgang (geb. 1928), Maschinenschlosser, seit 1955 Mitglied des FDGB-Präsidiums, Mitglied des Sekretariats (verantwortlich für Agitation und Propaganda) des FDGB-BV, 1971–77 stellv. FDGB-Vorsitzender 534, 580, 802

Becker, Richard (geb. 1926), Journalist, 1950/51 Redakteur der *WdA*, 1951–57 Redakteur der *GMH*, 1957–62 Wirtschaftsredakteur und 1962–75 Chefredakteur der *WdA*, 1976–88 Intendant des Deutschlandfunks 42 f., 130, 865, 947, 977

Beer, Walter (geb. 1928), Dreher, 1968–78 Leiter Abt. Mitbestimmung beim HV der IGBE, 1978–88 gf. Vorstandsmitglied und 1985–88 Zweiter Vorsitzender IGBE 897

Beermann, Hermann (1903–1973), Modelltischler, 1946–49 Vorsitzender DGB (BBZ) Bezirk Niedersachsen, 1950–56 Vorsitzender DGB-LB Niedersachsen, 1956–69 Mitglied DGB-GBV, zuständig für Sozialpolitik, 1962–69 stellv. DGB-Vorsitzender 96, 208, 363, 715,

Ben-Aharon, Yitzhak (1906–2006), 1958–62 Minister für Transport, 1969–77 Alignment Party, 1969–73 General-sekretär der Histadrut 446, 451 f.

Ben-Horin, Eliashiv (geb. 1921), 1970–74 Botschafter Israels in der BRD 820

Benz, Georg (geb. 1921), Schreiner, 1949–53 und 1955–64 Beiratsmitglied der IGM, 1964–83 Mitglied gf. Vorstand der IGM 285, 349, 403, 624 f., 695 ff., 831 ff., 955

Berg, Fritz (1901–1971), Unternehmer, 1949–71 Präsident des BDI 128, 137

Bergk, Ewald (geb. 1929), Vorstandssekr. beim HV der CPK 897

Berk, Karl van (1910–1998), Bergmann, 1950–56 Bezirkssekr. IGBE Duisburg, 1956–71 Mitglied des gf. Vorstandes der IGBE, Leiter HA Tarifpolitik, 1967–75 MdL NRW (SPD) 114 f., 121 f., 496 f., 563

Berkhan, Karl-Wilhelm (1915–1994), 1969–75 PSts beim Bundesminister der Verteidigung, 1975–85 Wehrbeauftragter des Deutschen Bundestages, SPD 480 f.

Bernert, Erwin, GHK, ab 1973 Vorstandsmitglied DGB-LB Rheinland-Pfalz 762

Beykirch, Heinrich (1921–1972), kfm. Angestellter, 1957–72 DGB-BV, Leiter Abt. Tarifpolitik 136 f., 215, 405

Biedenkopf, Kurt (geb. 1930), 1964–70 Prof. für Handels-, Wirtschafts- und Arbeitsrecht an der Uni Bochum, 1968–70 Vorsitzender der Mitbestimmungskommission der Bundesregierung, 1973–77 CDU-Generalsekretär, 1990–2002 Ministerpräsident des Freistaats Sachsen 51, 53 f., 175, 183, 185, 189, 192, 198 ff., 205, 354, 753

998

Biedorf, Wilhelm (1907–1975), Industriekaufmann, 1952–72 Geschäftsführer Bund-Verlag 321, 323, 326
Biefeld, Egon, Bezirksleiter CPK, ab 1974 Vorstandsmitglied DGB-LB Saar 920
Birkle, Hans, DPG, Antragsberatungskommission 10. BK 1975 955
Blank, Theodor (1905–1972), 1949–72 MdB (CDU), 1955–56 BM der Verteidigung, 1957–65 BM für Arbeit und Sozialordnung, 1965–69 stellv. Vorsitzender der CDU/CSU-Bundestagsfraktion 10
Bleicher, Willi (1907–1981), Bäcker, 1936–45 KZ-Haft, 1948–50 gf. Vorstand IGM, 1951–55 Bevollmächtigter IGM Göppingen, 1955–59 Sekr. und 1959–72 IGM-Bezirksleiter Stuttgart, bis 1954 KPD, seit 1954 SPD 26, 36
Blessing, Karl (1900–1971), 1958–69 Präsident der Deutschen Bundesbank 139, 318
Blüm, Nobert (geb. 1935), Werkzeugmacher, Mitglied der IGM,1968–75 Bundesvorsitzender der Sozialausschüsse der CDA, 1972–81 und 1983–2002 MdB (CDU), 1982–98 BM für Arbeit und Sozialordnung 11, 229
Blumensath, Heinz, GEW, ab 1974 Vorstandsmitglied DGB-LB Berlin 899
Bock, Werner (1898–1964), Weber, 1969–63 Vorsitzender der GTB 36
Böckler, Hans (1875–1951), Metallschläger, 1928–33 MdR (SPD), 1947–51 Vorsitzender des DGB, 1949–51 Vizepräsident des IBFG 27
Böhm, Walter (geb. 1918), 1967–72 Gewerkschaftsberater der FES in Indonesien, 1972–74 Leiter der Parlamentarischen Verbindungsstelle des DGB, Bonn 11, 42, 62, 454, 805, 896, 939, 946, 969, 977
Börner, Holger (1931–2006), 1967–72 PSts Bundesministerium für Verkehr, 1972–76 SPD-Bundesgeschäftsführer, 1976–87 MP von Hessen, 1987–2003 Vorsitzender der FES 42, 200, 612, 620, 650, 683, 753, 786, 811, 848, 865, 872, 979
Boljahn, Richard (1912–1992), 1953–69 Vorsitzender DGB-Kreis Bremen, 1946–69 Bremer Bürgerschaft, 1951–69 SPD-Fraktionsvorsitzender, Vorstandsmitglied DGB-LB Niedersachsen-Bremen 108
Brandel, Kuno (1907–1983), Werkzeugmacher, 1949–54 Redakteur *Metall*.

1954–61 gf. Vorstand IGM, 1961 Amtsenthebung, 1961–70 Mitarbeiter in der HV der BSE, vor 1933 KPD, KPO, nach 1945 SPD 324
Brandt, Hermann (geb. 1922), Speditionskaufmann, 1961–64 Mitglied des gf. Vorstandes der DAG, 1964–67 stellv. Vorsitzender und Leiter Abt. Tarifpolitik, 1967–87 DAG-Vorsitzender 175, 405, 715, 749, 797, 873 f., 942, 954
Brandt, Willy (1913–1992), 1949–57, 1961 und 1969–92 MdB (SPD), 1957–66 Regierender Bürgermeister Berlins, 1964–87 SPD-Vorsitzender, 1966–69 Bundesaußenminister, 1969–74 Bundeskanzler 7 ff., 11, 13, 15, 29, 37, 51, 54, 63, 70, 73, 76 ff., 120, 134, 141, 167, 174 f., 188, 193, 195, 212, 214, 243, 252, 257, 280, 293, 298 ff., 305, 339, 355, 365, 430, 443, 474, 501, 403, 536, 547, 569, 576, 589, 596, 599, 606, 612 f., 620, 699, 701, 750, 753, 768, 772, 784, 798 f., 802, 805, 807, 809 f., 834 ff., 848, 862, 865 f., 871, 927, 978
Breit, Ernst (1924–2013), Postinspektor, 1971–82 Vorsitzender Deutsche Postgewerkschaft, 1982–90 DGB-Vorsitzender, 1977–78 Vizepräsident und 1978–81 Präsident der IPTT 28, 36, 38, 477, 485, 499, 525, 579, 614, 703, 713, 722, 739, 781, 918, 976
Breiden, Helmut, GGLF, ab 1973 Vorstandsmitglied DGB-LB Rheinland-Pfalz 762
Brenner, Otto (1907–1972), Betriebselektriker, 1952–56 gleichberechtigter und 1956–72 Vorsitzender der IGM, 1926 SPD, 1931 SAP, nach 1945 SPD 10, 27, 36, 43, 58, 66, 85, 102, 112, 121, 128, 136, 153, 161, 175 f. 229, 250, 296, 331, 405, 407, 432, 455, 468, 500, 503, 526, 529, 541, 562, 565, 574, 577, 882, 976
Breschnew, Leonid Iljitsch (1906–1982), 1960–64 und ab 1977 Vorsitzender des Präsidiums des Obersten Sowjets (Staatsoberhaupt), 1964–66 Erster Sekr., 1966–82 Generalsekr. des ZK der KPdSU 715, 731
Bruchmann, Kurt, Leiter ÖTV Bildungszentrum Berlin-Wannsee 548
Buhl, Helmut (1926–1987), 1973–87 IGM-Bezirksleiter Hannover, Vorstandsmitglied DGB-LB Niedersachsen 879
Buiter, Harm (1922–1971), niederländischer Gewerkschafter, ab 1956 Generalsekr. des Gewerkschaftsaus-

schusses der EGKS, 1967–71 Generalsekretär des IBFG 159, 192, 232, 320, 330, 394, 489
Bungert, Klaus (1926–2006), 1969–74 DGB-BV, Referatsleiter Abt. Sozialpolitik, 1979–84 Bürgermeister sowie 1974–79 und 1984–94 OB von Düsseldorf, 1981–85 Vorsitzender SPD-Ratsfraktion Düsseldorf 877 f.
Burgbacher, Fritz (1900–1978), 1957–76 MdB (CDU), Leiter des Arbeitskreises »Eigentum« der CDU/CSU-Bundestagsfraktion, 1960–67 Bundesschatzmeister der CDU 184, 189, 222 ff.
Buschfort, Hermann (geb. 1928), Feinmechaniker, 1959–74 1. Bevollmächtigter der IGM Bocholt, 1965–74 MdB (SPD), 1968–74 Mitglied im Vorstand der Bundestagsfraktion. 1974–82 PSts beim Bundesarbeitsministerium 175, 896
Buschmann, Karl (1914–1988), Maurer, ab 1951 Mitglied des Hauptvorstands und 1963–78 Vorsitzender der GTB 27, 36, 40 f., 58, 89, 98, 104, 117, 124 ff., 128 ff., 136, 168, 185, 197, 202 ff., 225, 230, 239, 246, 255, 262, 299, 310, 314, 319, 333, 341, 374, 378, 405, 436, 449, 453, 458, 460, 462 f., 467, 472, 477 f., 483, 494, 498, 502 f., 505 f., 510, 533, 541, 544, 553, 559, 578, 576, 582, 586, 589, 599 f. 604, 606 f., 613 f., 635, 644 f., 651, 661, 676, 679, 706 f., 714, 730, 732, 739, 752, 755, 757, 762, 785, 787, 815 f., 822, 826, 846 f., 860, 865, 870, 878, 881 ff., 885, 895, 898, 902, 907, 909, 914 fg., 917 f. 930, 936, 943, 952 f. 955, 957 f., 965, 971, 976
Carl, Konrad (geb. 1930), 1968 Mitglied im Bundesvorstand, 1969–82 stellv. und 1982–91 Bundesvorsitzender der BSE 68, 98, 121, 153, 338, 432, 515, 526, 533, 739, 954
Chavez, Cesar Estrada (1927–1993), Gründer und Vorsitzender der amerikanischen Landarbeitergewerkschaft UFWOC 916
Claus, Heinz, Mitglied FDGB-BV 60, 311
Clauss, Armin, Landesjugendausschuss DGB-LB Rheinland-Pfalz 170
Clauss, Armin (geb. 1938), Postbeamter, 1962–72 hauptamtl. Gewerkschaftssekr. der IGM, 1972–76 Vorsitzender des DGB-Landesbezirks Hessen, 1970–2003 MdL Hessen (SPD), 1976–87 Sozialminister des Landes Hessen 42, 629, 659, 893, 929, 950, 976

Coenen, Hans (1905–1984), Vorstand Karstadt AG, Präsidiumsmitglied der BDA 453
Conzen, Friedrich Gottlieb (1913–2006), Unternehmer, 1969–84 Präsident der Hauptgemeinschaft des Deutschen Einzelhandels 756
Dachrodt, Gerhard, GGLF, Vorstandsmitglied DGB-LB Berlin 899
Daerr, Eberhard (1912–2005), 1969–72 Generaloberstabsarzt (Inspekteur des Sanitäts- und Gesundheitswesens) 480
Däubler, Wolfgang (geb. 1939), Rechtswissenschaftler, Prof. an der Uni Bremen, Arbeitsrechtlicher Beraterkreis des WWI 668 f.
Dast, Friedrich, GHK, ab 1974 Vorstandsmitglied DGB-LB Baden-Württemberg 783
Debunne, Georges (1918–2008), 1947 Generalsekretär und 1956–68 Präsident der CGSP, 1968 Generalsekretär der FGTB und Vizepräsident des IBFG, 1975–82 Präsident der Arbeitnehmergruppe im WSA der EG, 1982–85 Präsident des EGB 65, 647, 857
Deffner, Jakob (geb. 1929), 1957–78 hauptamtl. Vorstandsmitglied DGB-LB Bayern, 1978–90 Vorsitzender DGB-LB Bayern, 1974–82 MdL Bayern (SPD), 1983–91 Mitglied des Bayerischen Senats 344, 351, 377, 523, 787, 810
Detemple, Oskar, Vorstandsmitglied DGB-LB Saar 357, 415, 432, 454
Deutschland, Peter (geb. 1944), 1970–82 HBV-Landesleitung Nordmark, ab 1973 Vorstandsmitglied, 1983–90 Vorsitzender DGB-LB Nordmark 727, 735
Diamant, Max (1908–1992), 1962–73 Leiter Abt. Ausländische Arbeitnehmer beim Vorstand der IGM 588
Diers, Hans, ÖTV, beratendes Mitglied der Deutschen Arbeitnehmerdelegation zur 57. Tagung der IAK, Genf 528, 640
Dimitriewskij, Anatolij, Zentralrat der Sowjet. Gewerkschaften 525
Dirks, Walter (1901–1991), Schriftsteller, Journalist, 1945–85 Hrsg. der *Frankfurter Hefte*, 1956–66 Redakteur Westdeutscher Rundfunk, 1967–77 SWF 112
Disdarevic, Raif, Vorstandsmitglied im Zentralrat des Jugoslawischen Gewerkschaftsbundes 209
Döding, Günter (1930–2005), Zigarrensortierer, ab 1966 Zweiter Vorsitzender

und 1978–89 Vorsitzwender der NGG 403 f., 427, 498, 518, 579, 606, 791, 955

Dohnanyi, Klaus von (geb. 1928), Jurist, 1968–69 Sts Bundesministerium f. Wirtschaft, 1969–72 PSts Bundesministerium für Bildung und Wissenschaft, 1972–74 BM für Bildung und Wissenschaft, 1976–81 Staatsminister im AA, 1981–88 Erster Bürgermeister von Hamburg, 1969–81 MdB (SPD) 501, 641, 712, 722, 728 f.

Dorn, Wolfram (geb. 1924), 1961–72 MdB (FDP), 1962–68 Vorsitzender des AK Innenpolitik der FDP-Bundestagsfraktion, 1968–69 stellv. Fraktionsvorsitzender 1969–72 PSts Bundesministerium des Innern, FDP 340, 354

Drescher, Georg (1921–2003), Bezirksleiter GTB Niedersachsen-Nordmark, 1970–84 Vorsitzender DGB-LB Niedersachsen 42, 328, 334, 351, 436, 445, 454, 533, 542, 564, 579, 615, 629, 661, 679, 705, 730, 739, 755, 847, 865, 911, 922, 977,

Drewitz, Ingeborg (1923–1986), Schiftstellerin, 1969–74 stellv. Vorsitzende Verband deutscher Schriftsteller 381, 507

Duda, Edmund (geb. 1919), Elektromaschinenbauer, 1956–63 Bundesjugendsekr., 1963–70 Leiter DGB-Bundesschule Oberursel, 1970–84 DGB-BV, Referent Abt. Sozialpolitik, ab 1970 Vorstand und 1974 stellv. Vorsitzender der Bundesanstalt für Arbeit 363

Dudene, Heinrich, (geb. 1930), 1968–72 stellv. Vors. DGB-LB Hessen, ab 1972 Landesgf. SPD-Hessen 523

Dürrbeck, Heinz (1912–2001), Radiotechniker, Ingenieur, 1954–77 Mitglied des gf. Vorstands der IGM, seit 1928 SPD 62, 349 f., 627 f., 736, 830 ff.

Düvel, Hasso (geb. 1945), Mitglied der Bezirksleitung IGM Hannover, Vorstandsmitglied DGB-LB Niedersachsen, 1988–90 Bezirksleiter IGM Hannover, 1990–2004 Bezirksleiter IGM Berlin-Brandenburg-Sachsen 328

Duvernell, Helmut (1907–1995), Rechtswissenschaftler, ab 1954 Dozent und später bis 1973 Leiter der Sozialakademie, Dortmund 447, 881

Eckart, Rolf, bis 1973 stellv., ab 1973 Landesvorsitzender GEW Bayern, ab 1973 Vorstandsmitglied DGB-LB Bayern 673, 783

Ehrenberg, Herbert (geb. 1926), 1963–68 Leiter der volkswirtschaftlichen Abt. beim HV der BSE, 1971–72 Sts im Bundesministerium für Arbeit und Sozialordnung, 1976–82 BM für Arbeit und Sozialordnung, 1972–90 MdB (SPD) 10

Eichhorn Ferdinand (1918–1981), Technischer Kaufmann, 1960–68 Mitglied des gf. HV und 1966–78 stellv. Vorsitzender der CPK 153, 163, 168, 240, 245, 415, 422, 518, 775, 779, 855, 879, 959 f.

Eick, Hans (1906–1979), 1968–72 Hauptkassierer der IGM, DGB-Unterstützungsausschuss für Unterstützungsfonds ehemaliger Gewerkschafter 257, 516

Emde, Hans Georg (1919–2013), 1969–72 Sts im Bundesministerium der Finanzen, 1973–87 Direktorium und Zentralbankrat der Deutschen Bundesbank, 1961–69 MdB (FDP) 570

Emminger, Otmar (1911–1986), Ökonom, 1969–77 stellv. und 1977–79 Präsident der Deutschen Bundesbank 318

Enderwitz, Herbert (geb. 1906), 1961 Vorsitzender GEW-LV Hessen, 1966–72 Mitglied im gf. BV der GEW 415

Engelen-Kefer, Ursula (geb. 1943), 1974–84 DGB-BV Abt. Sozialpolitik, 1984–90 Vizepräsidentin der Bundesanstalt für Arbeit, 1990–2006 stellv. DGB-Vorsitzende 30, 858, 947, 964

Engelmann, Bernt (1921–1994), Schriftsteller, 1977–83 Vorsitzender des Verbands Deutscher Schriftsteller, 1972–84 Vorstand des PEN-Zentrums 99, 105

Eppler, Erhard (geb. 1926), 1968–74 BM für wirtschaftliche Zusammenarbeit, 1970–91 SPD-Bundesvorstand, 1973–89 SPD-Präsidium, 1973–92 Vorsitzender der Grundwertekommission 460, 641, 787, 789, 825, 850, 852 f.

Erlewein, Günter (geb. 1923), 1964–74 GF und Vorsitzender ÖTV Heilbronn, 1974–78 Vorsitzender DGB-LB Baden-Württemberg, 1968–88 MdL Baden-Württemberg (SPD) 859 f., 865, 922

Ertl, Josef (1925–2000), 1961–87 MdB (FDP), 1969–83 BM für Ernährung, Landwirtschaft und Forsten, 1971–83 FDP-Landesvorsitzender Bayern 380, 408

Personenregister

Esders, Heinz (geb. 1923), 1962–69 Mitglied im HV, 1969–83 stellv. Vorsitzender der DPG 415, 432, 830
Essl, Erwin (1910–2001), 1950–70 Bezirksleiter IGM München, 1954–74 MdL Bayern (SPD) 675
Esser, Otto (1917–2004), 1965–78 Vorstandsvorsitzender Arbeitsring der Arbeitgeberverbände d. Chemischen Industrie Bayern, 1978–86 Präsident der BDA 453
Fabian, Eugen, Gew. Leder, ab 1970 Vorstandsmitglied DGB-LB Rheinland-Pfalz 317
Fabian, Eugen, IGM, ab 1970 Vorstandsmitglied DGB-LB Saar 317
Fabian, Walter (1902–1992), Publizist, 1957–70 Chefredakteur der *GMH,* seit 1924 SPD, 1931 SAP, nach 1945 SPD 42, 130, 320–326, 331, 334 f. 364, 977
Fabry, Adolf, IGBE, ab 1973 Vorstandsmitglied DGB-LB Bayern 762
Faerber, Ernst (1914–1998), Generalleutnant, 1971–73 Inspekteur des Heeres, 1973–75 Oberbefehlshaber der NATO für Zentraleuropa 480 f.
Falin, Valentin Michajlowitsch (geb. 1926), 1971–78 Botschafter d. UdSSR in der Bundesrepublik 731
Faltermeier, Hans (1922–1992), Speditionskaufmann, 1952–74 Mitglied des HV der ÖTV 327, 329, 342, 521
Farthmann, Friedhelm (geb. 1930), 1961–66, Referent im WWI, 1966–71 Leiter Abt. Mitbestimmung und Gesellschaftspolitik im DGB-BV, 1971–75 MdB (SPD), 1975–85 Minister für Arbeit, Gesundheit und Soziales in NRW 175 ff., 180, 182 f., 189 f., 198 f., 201, 222, 225, 283 f., 309, 341, 437, 391 f. 416, 459, 473, 475, 554 f., 652, 660 f. 668 f. 805, 810, 837, 848
Feather, Victor Grayson Hardie (1908–1976), 1960–69 stellv. und 1969–73 Generalsekr. der TUC 64 f., 232, 633, 647, 682, 685, 802, 822, 857 f.
Fehrenbach, Gustav (1925–2001), Postbote, 1965 Mitglied der CDA, 1971–82 stellv. Vorsitzender der DPG, 1982–90 stellv. DGB-Vorsitzender 85, 121, 126, 252 f., 276, 549, 684, 722, 724, 739, 744, 771, 780 f.
Fette, Christian (1895–1971), Buchdrucker, 1931–33 stellv. Gauvorsteher Verband Deutscher Buchdrucker Rheinland und Westfalen, 1946–48 Vorsitzender Gew. Druck und Graphik NRW, 1948–51 Vorsitzender DruPa, 1951–52 DGB-Vorsitzender, 1953–58 Mitarbeiter Pressestelle Neue Heimat, Hamburg 27
Feury, Otto Freiherr von (1906–1998), seit 1969 stellv. Vorsitzender des Deutschen Bauernverbands 408
Filbinger, Hans Georg (1913–2007), 1966–78 MP Baden-Württembergs, CDU 498, 753
Fink, Gustav (geb. 1910), Kellner, 1951–70 Mitglied des gf. Vorstandes der NGG 255
Fischer, Norbert, IGM, DGB-Revisionskommission 972
Fittkau, Anton (1922–1991), Werkstoffprüfer, 1959–64 Vorsitzender DGB-Kreis Bielefeld und Vorstandsmitglied DGB-LB NRW, 1964 persönlicher Referent von Ludwig Rosenberg, 1966–69 Vorstandssekretär des DGB-Vorsitzenden Ludwig Rosenberg 34, 83, 98
Flach, Karl Hermann (1929–1973), 1959–62 Bundesgeschäftsführer und 1971–73 Generalsekretär der FDP, 1972 MdB 614, 642, 653, 685
Focke, Katharina (geb. 1922), 1966–69 MdL NRW (SPD), 1969–80 MdB (SPD), 1969–72 PSts Bundeskanzleramt, 1972–76 BM f. Jugend, Familie Gesundheit, 1979–89 MdEP 576, 578, 901
Franke, Egon (1913–1995), 1947–52 und 1958–73 Mitglied des SPD-PV, 1964–73 Mitglied SPD-Präsidium, 1969–82 BM für innerdeutsche Beziehungen, 1951–87 MdB (SPD) 204, 844
Freitag, Joachim, 1962–69 Mitglied des Vorstands der Gewerkschaft Kunst und Vertreter der Gewerkschaft Kunst im DGB-Bundesvorstand 41, 85, 92, 164, 249, 253, 268, 276, 3456, 381, 462, 507, 556, 976
Freitag, Walter (1889–1958), Werkzeugdreher, 1920–33 Leiter DMV-Bezirk Hagen, in NS-Zeit KZ-Haft, 1947–48 Vorsitzender IGM (BBZ), 1948–52 gleichberechtigter IGM-Vorsitzender, 1952–56 DGB-Vorsitzender, 1953–56 Vizepräsident IBFG, 1949–53 MdB (SPD) 27
Frey, Gerhard (1933–2013), rechtsradikaler Publizist und Politiker, seit 1963 Verleger der *Deutschen National-Zeitung,* 1971–2009 Gründer und Bundesvorsitzender DVU 536, 553

Fricke, Klaus, DruPa, ab 1973 Vorstandsmitglied DGB-LB Rheinland-Pfalz 658, 699
Friedrich, Otto Andreas (1902–1975), 1939–65 Vorstand der Phönix AG, Schatzmeister und Vizepräsident des BDI, 1969–73 Präsident der BDA 214, 236, 428, 453 f. 621, 712
Friedrichs, Günter, (geb.1928) IGM, Kommission der Bundesregierung für wirtschaftlichen und sozialen Wandel 388, 466
Friedrichs, Karl Heinz (geb. 1921), IGM-Vorstand, Leiter Abt. Wirtschaftspolitik 574, 879
Friderichs, Hans (geb. 1931), 1963–64 stellv. und 1964–69 Bundesgeschäftsführer der FDP, 1974–77 stellv. Bundesvorsitzender der FDP, 1972–77 BM für Wirtschaft, 1965–69 und 1972–77 MdB (FDP) 56, 641, 683, 699, 705, 707, 715, 717, 741 f., 754 ff., 790, 798 f.
Frieser, Heinz (geb. 1920), 1953 Bezirkspersonalrat in Hamburg, 1959–67 Vorstandsmitglied der GdED, 1967–82 stellv. Vorsitzender der GdED, 1982–87 Vorstand der Deutschen Bundesbahn 85, 98
Frister, Erich (1927–2005), Lehrer, 1960–68 Mitglied des Vorstandes und 1968–81 Bundesvorsitzender der GEW 39, 85 f., 92, 156, 158, 162 f., 169, 172, 186, 197, 203, 205, 224, 240, 242 f., 251, 254, 272, 274, 288, 312, 320, 335, 348, 361, 415, 462, 496, 499, 502, 505 ff., 514, 520 f. 525, 532, 542, 547, 549, 553, 583, 586, 600, 606, 616, 645, 652, 660, 663, 668 f., 672 f., 675, 695 ff., 712, 715, 729, 737 f., 752, 755 f., 787, 798 f. 864, 885, 903, 908, 910, 920 f., 926, 934, 936, 943, 948 ff., 957, 960, 969, 971 ff., 976
Fritze, Walter (1908–1999), Redakteur, 1960–74 Leiter der DGB-Bundespressestelle 42, 60, 88, 144, 157, 202, 239, 245, 273, 381, 459, 471, 525, 532, 534, 678, 747, 805, 826, 865, 918, 947, 977
Fuchs, Anke (geb. 1937), 1964–68 Rechtsschutzsekr. beim DGB-LB Nordmark, 1968 Bezirksleitung Hamburg der IG Metall, 1971–77 HV der IGM, 1977–82 Sts im Bundesministerium für Arbeit und Sozialordnung, 1982 BM für Jugend, Familie und Gesundheit, 1987–91 Bundesgeschäftsführerin der SPD, 1980–2002 MdB (SPD), 1998–2002 Vizepräsidentin des Deutschen Bundestages, 2003–2010 Vorsitzende der FES 10, 540, 627, 738, 954, 965
Funke, Isolde, Mitarbeiterin der Abt. Vorsitzender des DGB-BV 97 f., 109, 115, 121, 153, 185, 221, 239, 247, 292, 306, 320, 331, 338, 346, 357, 377, 390, 415, 427, 432, 445, 454, 467, 477, 489, 496, 515, 533, 541, 548, 557, 564, 579, 593, 606, 611, 619, 629, 636, 642, 648, 659, 667, 680, 703, 722, 733, 739, 748, 763, 775, 787, 807, 810, 828, 840, 850, 854, 860, 876, 885, 893, 905, 918, 929, 940, 950, 959, 966, 970
Galas, Dieter (geb. 1938), Gesamtschuldirektor, GEW, ab 1973 Vorstandsmitglied DGB-LB Niedersachsen 727, 735
Gall, Rolf (geb. 1920), Journalist, 1949–61 Redakteur *ÖTV-Report,* 1961–72 verantwortl. Redakteur des *Leder Echo* 130
Gaspar, Sandor, (geb. 1917), 1965–85 Generalsekr. Zentralrat der ungarischen Gewerkschaften, 1969–85 Präsidiumsmitglied WGB 522, 525, 546, 802
Gefeller, Wilhelm (1906–1983), Schlosser, 1947–49 stellv. und 1949–69 Bundesvorsitzender der CPK, 1953–57 MdB (SPD) 27, 36 f., 83, 98, 153
Geiger, Helmut (geb. 1928), Volkswirt, 1965 MdB (CDU), 1972–93 Präsident d. Sparkassen- und Giroverbandes 712
Geijer, Arne (1910–1979), 1956–73 Präsident des schwedischen Gewerkschaftsbundes, 1957–66 Präsident des IBFG 64, 592, 595, 802 f.
Gemein, Gisbert, GEW-Landesvors. NRW, GEW, ab 1973 Vorstandsmitglied DGB-LB NRW 783
Geissler, Heiner (geb. 1930), 1967–77 Sozialminister Rheinland-Pfalz, 1982–85 BM für Jugend, Familie und Gesundheit, 1977–89 Generalsekr. der CDU, 1989–94 Mitglied im CDU-Präsidium 179
Gelhorn, Helmut (geb. 1920), 1965–69 Leiter Abt. Betriebsräte im HV, 1969–71 gf. Vorstand der IGBE, 1971–78 2. Vorsitzender der IGBE 221, 496, 526, 548, 713, 748, 755, 757 f.
Genscher, Hans-Dietrich (geb. 1927), Jurist, 1965–98 MdB (FPD), 1969–74 BM des Innern, 1974–92 BM des Auswärtigen und Vizekanzler, 1974–85 FDP-Bundesvorsitzender 115, 183, 380, 454, 474, 614, 622, 627, 642, 742, 840, 848, 850, 852, 865 f., 868, 870 f.,

1003

Gent, Fritz, 1962–65 Zweiter Landesbezirksvorsitzender und 1965–80 Landesbezirksvorsitzender NRW der DruPa 130, 325, 439

Georgi, Kurt (1920–1999), Tischler, 1960–77 stellv. und 1977–81 Vorsitzender der GHK, SPD 349, 354, 398, 490 f. 693, 831 f., 893, 897 f. 901, 903, 954, 971 ff.

Gester, Heinz (geb. 1930), Jurist, 1958–69 Mitarbeiter der Rechtsabteilung, 1969–90 Justiziar des DGB 44, 172, 175, 284 f., 299 f., 541, 668

Giersch, Fritz (1915–1981), Kaufmann, ab 1955 Bezirkssekretär der GdED und Vorstandsmitglied DGB-LB Berlin, MdA (CDU) 432, 441, 496, 530, 648, 667, 703, 966

Girnatis-Holtz, Anneliese (geb. 1920), 1957–75 hauptamtl. Vorstandsmitglied, stellv. Vorsitzende DGB-LB Berlin 204, 530, 564, 893, 898

Glasbrenner, Walter, DPG, Mitglied DGB-Bundesausschuss 627

Glasstetter, Werner (geb. 1937), Ökonom, wissenschaftlicher Referent WSI 785

Gleitze, Bruno (1903–1980), Volkswirt, 1949–53 Abteilungsleiter und 1954–58 Geschäftsführer des WWI des DGB, 1966–67 Minister für Wirtschaft und Verkehr NRW, SPD 184

Gmählich, Kurt, bis 1973 GEW-Landesvorsitzender Bayern, Vorstandsmitglied DGB-LB Bayern 317, 672

Grünewald, Armin (1930–1993), Journalist, 1961–72 Bonner Wirtschaftskorrespondent der *Stuttgarter Zeitung*, 1973–80 stellv. Sprecher der Bundesregierung 865, 872

Goldbach, Josef, ab 1974 Vorstandsmitglied DGB-LB Bayern, Mitglied im Bundes-Angestelltenausschuss 864

Goppel, Alfons (1905–1991), 1962–78 MP Bayerns, CSU 498

Gorges, Walter (gest. 1971), Vorstandsmitglied DGB-LB Rheinland-Pfalz 466

Gosepath, Lutz (Ludwig) (geb. 1929), bis 1970 Bezirksleiter DPG Hamburg, 1970–71 Mitglied im HV der DPG, 1971–83 Geschäftsführer des ACE 363, 768

Graaff, Carlo (1914–1975), 1955–59 und 1965–75 MdB (FDP), 1972–75 Vorsitzender Wirtschaftsausschuss des Bundestages 380

Gradl, Johann Baptist (1904–1988), 1965–66 BM für Vertriebene, Flüchtlinge und Kriegsgeschädigte, 1957–80 MdB (CDU) 844

Greese, Dieter, Bezirksjugendausschuss und ab 1970 Vorstandsmitglied DGB-LB Rheinland-Pfalz 317

Greulich, Helmut (1923–1993), Werkzeugmechaniker, 1963–78 MdL Niedersachsen (SPD), 1963–66 Mitglied und 1966–70 Vorsitzender DGB-LB Niedersachsen, 1970–74 Minister für Wirtschaft und öffentliche Arbeiten in Niedersachsen 83, 176, 221, 247, 264, 292, 977

Gronau, Wilhelm (geb. 1914), 1958–62 pers. Referent von Willi Richter, Sekretär der Kommission DGB-Aktionsprogramm, 1968–72 Leiter Referat Wiedervereinigung, wegen Spionage für die DDR verhaftet 60 f., 106, 176, 225, 239, 242, 245, 279, 298, 579 f. 601

Groteguth, Heinz (geb. 1918), seit 1947 hauptamtl. Mitarbeiter der DAG, 1971–80 Mitglied im DAG-BV 873

Gruss, Bernd, Werkarzt Rheinstahl Hütten-werke AG, Hattingen 640

Gscheidle, Kurt (1924–2003), Feinmechaniker, 1956–59 und 1976–80 MdB (SPD), 1957–60 stellv. Vorsitzender DPG, 1969–74 Sts und 1974–80 BM für Verkehr und für das Post- und Fernmeldewesen, 1980–82 BM für Post- und Fernmeldewesen 26, 866

Guillaume, Günter (1927–1995), Mitarbeiter des Staatssicherheitsdienstes der DDR, 1956 in dessen Auftrag Übersiedlung in die Bundesrepublik, 1957–74 Mitglied der SPD, 1969–74 Mitarbeiter im Bundeskanzleramt, seit 1972 im pers. Stab des Bundeskanzlers, 1974 wegen Spionage verhaftet und 1981 in die DDR abgeschoben 15, 62, 768, 863

Gutowski, Armin (1930–1987), Volkswirt, 1970–78 Mitglied im Sachverständigenrat zur Begutachtung der gesamtwirtschaftlichen Entwicklung 413, 790

Haaren, Gerhard van (1926–1988), Oberlederzuschneider, 1959–76 stellv. und 1976–80 Erster Vorsitzender der Gewerkschaft Leder 292, 306, 432, 440, 509, 528, 635, 748, 755, 905, 955

Haas, Walter (geb. 1941), Maschinenschlosser, 1968–78 Bundesjugendsekretär, 1978–97 gf. Vorstand DGB-LB NRW, 1997–2006 Vorsitzender DGB-LB NRW 293, 354, 419 f., 440, 469, 708, 944

Hacker, Walter (1929–1971), 1969–71 Bezirksleiter IGBE Saar, Vorstandsmitglied DGB-LB Rheinland-Pfalz und Saar 210

Hämäläinen, Niilo (1922–2001), 1966–74 Vorsitzender Zentralverband der Finnischen Gewerkschaften (SAK), 1979–83 MEP (Sozialdemokratische Partei) 469

Haferkamp, Wilhelm (1923–1995), 1950–53 Leiter der Abt. Sozialpolitik im DGB-LB NRW, 1953–57 hauptamtl. Vorstandsmitglied im DGB-LB NRW, 1957–62 Vorsitzender DGB-LB NRW, 1962–67 DGB-GBV, Abt. Sozialpolitik, 1967–84 Mitglied der EG-Kommission, ab 1973 deren Vizepräsident, 1958–66 MdL NRW (SPD) 32, 85

Haller, Heinz (geb. 1914), 1970–72 zweiter Sts im Bundesministerium der Finanzen 269 f.

Halstenberg, Friedrich (1920–2010), Aufsichtsrat Mannesmann AG, 1972–80 MdL NRW (SPD), 1978–84 Bundesschatzmeister der SPD 881

Hansen, Heinrich (1895–1971), Steindrucker, 1946–50 Zweiter Vorsitzender der IG Graphisches Gewerbe u. Papierverarbeitung, 1950–51 Zweiter Vorsitzender und 1952–62 Erster Vorsitzender der DruPa 357

Hansen, Werner (1905–1972), kaufmännischer Angestellter, 1947–56 Vorsitzender DGB-LB NRW, 1956–69 DGB-GBV, 1953–57 MdB (SPD), vor 1933 ISK, nach 1945 SPD 221, 320, 334

Hantsche, Werner, Mitarbeiter der Abt. Arbeitswelt beim FDGB-BV 60, 278, 311, 336

Harmuth, Thea (1904–1956), Büroangestellte, 1948–49 Bildungs- und Landesfrauensekr. im Bayerischen Gewerkschaftsbund, 1949–56 DGB-GBV 31

Hartig, Bert (geb. 1925), 1958 Landesjugendsekretär und 1965 Leiter der Abt. Bildung und berufliche Bildung beim DGB-LB NRW, 1968–75 stellv. Vorsitzender des DGB-LB NRW 83, 331, 454, 541, 648, 657, 763, 941

Hartwig, Heinrich, IGBE, ab 1970 Vorstandsmitglied DGB-LB Niedersachsen 328

Haselmayr, Helmut, DGB-Kommission Pressefreiheit 130

Hauenschild, Karl (1920–2006), Industriekaufmann, 1960–69 Mitglied im HV, 1969–82 Vorsitzender der CPK, 1960–82 ICF-(Vize-)Präsident, 1979–84 MdEP (SPD) 27 f., 36 f., 58, 83, 86 f., 90, 92, 108, 118 f. 124, 126, 128, 136, 153, 175f, 181, 192, 203, 212, 229, 237, 249 ff., 253 f., 265, 268, 272, 274, 276, 285, 288 f., 295, 300, 310, 320, 345, 349, 362 ff., 373 f., 378, 384, 389, 403, 405, 407, 415, 422, 434 ff., 440, 449, 453, 457, 460, 462, 468, 473, 476, 481 f., 498, 500, 503, 505 f., 511, 513 f., 530, 532, 534, 537 ff., 542, 545, 547 f. 559, 562 f., 567, 574, 576, 579, 582, 586 f., 600, 602 f. 615, 626, 630, 633, 635, 644, 651, 655, 661, 664, 670, 674, 679, 693, 705 ff., 711 f., 714 ff., 724 f., 727, 730, 732, 744, 747, 752, 755, 757, 770, 775, 793, 807, 821 f. 826, 830 f. 833 f. 846 ff. 851, 862 ff., 865, 869, 879, 883, 885, 888f, 891, 895, 897 f. 901 ff., 908, 910, 917, 919 f. 926, 930 ff. 934, 936, 939 f. 942, 944, 952, 955, 957 ff., 967, 971–975

Hecht, Klaus, ÖTV, DGB-Landesbezirksjugendausschuss, ab 1974 Vorstandsmitglied DGB-LB Rheinland-Pfalz 899

Heidorn, Adolf (geb. 1908), Telegraphen-Mechaniker, 1924–33 Mitglied im DMV, 1948–66 Leiter Abt. Bildung beim DGB-LB Niedersachsens, 1966–74 gf. Vorstand im DGB-LB Niedersachsen, vor 1933 ISK, nach 1945 SPD 221, 264, 292, 445

Heilemann, Werner (geb. 1925), seit 1962 FDGB-Bezirksvorsitzender Dresden und Mitglied FDGB-BV 580

Heinemann, Gustav (1899–1976), Rechtsanwalt, 1949–50 BM des Innern, 1966–69 BM der Justiz, 1969–74 Bundespräsident, 1946–52 CDU, 1952–57 Gesamtdeutsche Volkspartei, seit 1957 SPD, 1957–69 MdB (SPD) 353, 365, 849

Heiß, Martin (1922–2005), Maler, 1957–68 Mitglied im HV, 1968–72 stellv. Vorsitzender der GTB, 1972–80 Mitglied des DGB-GBV, CDU 27 f., 29, 31, 34 f., 98 f., 104, 271, 274, 284, 292, 398, 533, 539, 558, 565, 574, 602, 606 f., 629, 638, 647, 655, 683, 704, 706 f., 713, 717, 738, 741 ff., 749, 756, 772, 798, 842, 846 f., 851, 865, 870, 873, 879, 888 f., 908, 910 f., 914, 916, 921, 925, 930, 935, 943, 965, 972, 975

Heise, Reinhold, ÖTV, Antragsberatungskommission 10. BK 1975 955

Helbing, Horst (1921–1968), Journalist, 1963–68 Chefredakteur von *Die Quelle* 83, 162

Personenregister

Helterhof, Horst (1931–1990), ab 1970 Landesbezirksvorsitzender NGG Berlin, ab 1971 Vorstandsmitglied DGB-LB Berlin 466
Helwin, Peter, ab 1974 Vorstandsmitglied DGB-LB Saar 920
Hensche, Detlef (geb. 1938), Jurist, 1969–71 wiss. Referent im WWI, 1971–75 Leiter Abt. Gesellschaftspolitik beim DGB-BV, 1975–92 gf. Vorstand DruPa / IG Medien, 1992–2001 Vorsitzender IG Medien 47, 535, 565, 614, 642, 649, 659, 713, 733, 805, 828, 848, 883, 896 f., 909, 922
Henschel, Rudolf (geb. 1922), 1948–57 Leiter der Abt. Wirtschaftspolitik beim DGB-LB Berlin, 1957–67 Mitarbeiter und 1967–85 DGB-BV, Leiter der Abt. Wirtschaftspolitik und Vorstandssekretär 122, 136 f., 142, 292 ff., 329, 339, 384, 450, 453 f., 707, 744 f., 971, 973
Hermsdorf, Hans (1914–2001), kfm. Angestellter, 1953–74 MdB (SPD), 1971–74 PSts im Bundesministerium für Wirtschaft und Finanzen, Mitglied des SPD Gewerkschaftsrates 174, 617
Hertslet, Heinz (gest. 2009), DPG 780
Hesse, Gerda M. (1918–2006), 1960–83 Mitglied im DAG-Bundesvorstand, 1971–83 stellv. Vorsitzende 405
Hesselbach, Walter (1915–1993), 1958 Vorstandssprecher und von 1961–77 Vorstandsvorsitzender der BfG, 1977–85 Aufsichtsratsvorsitzender der BfG und Vorsitzender der Gewerkschaftsholding BGAG 175, 343, 368 ff., 373 ff., 376, 416, 459, 466, 606, 617 f., 650, 652 ff., 660, 662, 688, 690 f., 695, 733, 767 f., 783, 884 f., 916 f.
Heyder, Gunther (1926–1992), Redakteur *Die Quelle*, 1974 Cheflektor und Prokurist Bund-Verlag 307, 353, 561
Hinne, Klaus W., CPK, beratendes Delegationsmitglied der 56. Tagung 1971 der IAK 363
Hippchen, Klaus, Landesbezirksjugend-sekr., ab 1974 Vorstandsmitglied DGB-LB Saar 921
Hirche, Kurt (1904–1994), Kaufmann, 1953–55 Leiter der HA Wirtschaft beim DGB-BV, 1955–71 Leiter der Parlamentarischen Verbindungsstelle des DGB, Bonn 11, 42, 276, 30, 370, 454, 977
Hirsch, Waldemar, Vorsitzender DPG-LV Berlin, ab 1974 Vorstandsmitglied DGB-LB Berlin 899

Höffner, Joseph Kardinal (1906–1987), 1962–69 Bischof von Münster, 1969–87 Erzbischof von Köln, 1976–87 Vorsitzender der Deutschen Bischofskonferenz 513
Höhnen, Wilfried, Referent WWI 355, 453
Hoffie, Klaus Jürgen (geb. 1936), Unternehmer, 1971–2005 Landevorstandsmitglied FDP-Hessen, 1972–81 und 1983–87 MdB (FDP) 713
Hoffmann, Joachim, seit 1959 Mitglied FDGB-BV, Redaktion d. Zeitschrift *Die Arbeit* 60
Hoffmann, Josef (geb. 1926), 1961–84 gf. HV GTB, zuständig für Personalpolitik, Unterstützungsausschuss für Unterstützungsfonds ehemaliger Gewerkschafter 516
Hoffmann, Karl-Heinz (geb. 1928), 1965–69 Hauptgeschäftsführer der CDA, 1968–88 stellv. Vorsitzender ÖTV, 1979–89 MdEP (CDU) 182 f., 229, 282, 311, 356, 491, 494, 562,f., 602, 607, 610, 624, 627 f., 770, 807, 830 f., 833, 846, 879
Hoge, Dieter, GHK, ab 1973 Vorstandsmitglied DGB-LB Hessen 762
Honsálek, Gerd, stellv. gf. Vorsitzender Kuratorium Unteilbares Deutschland 297
Hoppe, Annelies (geb. 1922), Lehrerin, 1951–68 Mitglied des gf. Vorstandes des GEW-LV Berlin, 1968–71 Zweite stellv. und 1971–81 Erste stellv. Vorsitzende der GEW 156, 186, 272, 288, 355
Hüllen, Herbert van (1910–1977), Unternehmer, 1961–76 Vorsitzender des Gesamtverbandes der metallindustriellen Arbeitgeberverbände, Präsidiumsmitglied BDA 453
Humpert, Kurt, HBV, Antragsberatungskommission 10. BK 1975 954
Iffland, Rudi, DGB-Werbegesellschaft acon 176
Irmisch, Erwin, IGM, ab 1974 Vorstandsmitglied DGB-LB Saar 921
Irmler, Heinrich (1911–2002), 1953–64 Vorstandsmitglied, Vize- und Präsident der LZB Niedersachsen und NRW, 1964–79 Mitglied im Präsidium der Deutschen Bundesbank 318
Jablonsky, Helmut, ab 1971 Vorstandsmitglied DGB-LB Saar 466
Jacobi, Heinrich (geb. 1913), Bankkaufmann, 1957–64 Mitglied des HV der

ÖTV, 1964–76 stellv. Vorsitzender der ÖTV 284 f., 864, 879
Jahn, Gerhard (1927–1998), 1957–90 MdB (SPD), 1967–69 PSts im Auswärtigen Amt, 1969–74 BM der Justiz, 1979–95 Präsident des Deutschen Mieterbundes 307, 531
Jahn, Hans (1885–1960), Schmied, 1927–33 Vorstand Deutscher Eisenbahnerverband und Allgemeiner Deutscher Beamtenbund, in der NS-Zeit Emigration, 1948–59 Erster Vorsitzender GdED, 1953–58 Präsident ITF, 1949–60 MdB (SPD) 27, 36, 906
Janzen, Karl-Heinz (geb. 1926), 1971 gf. Vorstandsmitglied IGM, 1986–89 Zweiter Vorsitzender IGM 831 f., 833
Jens, Gerhard, ab 1974 Vorstandsmitglied DGB-LB Nordmark 864
Jeratsch, Marianne, Mitarbeiterin der Abt. Vorsitzender des DGB-BV 153, 185, 221, 239, 247, 264, 281, 292, 306, 320, 331, 338, 346, 357, 377, 390, 415, 427, 432, 445, 454, 467, 477, 486, 496, 515, 526, 533, 541, 548, 557, 564, 579, 593, 606, 611, 619, 629, 636, 642, 648, 659, 667, 680, 703, 722, 733, 739, 748, 763, 775, 787, 807, 810, 828, 840, 850, 854, 860, 876, 885, 893, 905, 918, 929, 940, 950, 959, 966, 970
Jochimsen, Reimut (1933–1999), Volkswirt, 1970–73 Planungsabt. im Bundeskanzleramt, 1973–78 Sts Bundesministerium f. Bildung u. Wissenschaft, 1978–90 versch. Ministerien NRW, 1980–90 MdL NRW (SPD) 728
Jorysz, Rudolf, Intern. Rescue Committee 671
Jostarndt, Karl (geb. 1927), 1971–92 Referatsleiter Bildung u. Kulturpolitik DGB-BV 502, 712, 858
Judith, Rudolf (1925–2000), Maschinenschlosser, 1966–72 ehrenamtl. Mitglied und 1972–86 gf. Mitglied IGM Vorstand, 1979/80 Präsident beratender Ausschuss der EGKS 575, 685, 831 f., 852, 881, 897
Jung, Volker, (geb. 1942), 1972–75 Leiter Abt. Europäische Integration. 1975–83 Leiter Abt. Gesellschaftspolitik DGB-BV, 1983–98 MdB (SPD) 65, 576, 578, 591, 593, 595, 597, 607, 630 f., 647, 711, 888
Junge, Hermann, FDGB-BV 60, 239
Junghans, Hans-Jürgen (1922–2003), 1957–87 MdB (SPD), Vorstandsmitglied SPD-Bundestagsfraktion, Mitglied im Bundeswirtschaftsausschuss des Bundestages 175
Junker-Seeliger, Hilde (geb. 1922), Verkäuferin, 1957–71 Mitglied der (Haupt-)Abt. Frauen und 1965–71 Vorstandssekr. von Maria Weber, 1971–78 Pädagogische Leiterin der Bildungsstätte »Haus Neuland« in Bielefeld 98 f.
Kaliweit, Albert, IGM, ab 1974 Vorstandsmitglied DGB-LB Niedersachsen 879
Kampffmeyer, Hans (1912–1996), Stadtplaner, Plett-Preisträger 331
Kapfer, Adolf, IGBE, ab 1973 Vorstandsmitglied DGB-LB Bayern 762
Karl, Albin (1889–1976), Porzellanmaler, 1928–33 stellv. Vorsitzender Fabrikarbeiterverband, 1947–49 stellv. Vorsitzender DGB (BBZ), 1949–56 DGB-GBV, SPD 482
Kasten, Günter, ab 1971 Vorstandsmitglied DGB-LB Niedersachsen 466
Kath, Folkmar, BSE, DGB-AG Vermögensbildung 649
Katzbach, Hans (geb. 1928), 1947–60 DAG-Bezirksleiter NRW, 1960–77 stellv. DAG-Vorsitzender 873 f., 881
Katzer, Hans (1919–1996), Kaufmann, 1957–80 MdB, CDU, 1950–63 Bundesgeschäftsführer und 1963–77 Vorsitzender der CDU-Sozialausschüsse, 1965–69 BM für Arbeit und Sozialordnung, 1969–80 stellv. Vorsitzender der CDU/CSU-Bundestagsfraktion 10, 175, 305, 886, 896
Kaula, Karl (geb. 1928), 1966–74 DAG-Landesverbandsleiter Hessen, ab 1974 Bundesvorstand DAG 873, 881
Kegel, Heinz, (geb. 1921), Elektriker, 1960–65 gf. Vorstand IGBE, 1966–69 Arbeitsdirektor Hibernia AG und 1969–81 Ruhrkohle AG, 1962–66 MdL NRW (SPD) 909
Kehrmann, Karl (geb. 1921), Rechtsanwalt, seit 1967–94 DGB-BV, Referatsspäter Abteilungsleiter Arbeits- und Tarifrecht, 1990–94 Vorstandssekr. von Ursula Engelen-Kefer, 1971–92 ehrenamtl. Richter am Bundesarbeitsgericht 362 f., 858, 964
Keller, Berthold (geb. 1927), Schneider, 1962–72 persönlicher Referent des Vorsitzenden, 1972–78 gf. Mitglied im Hauptvorstand und 1978–90 Vorsitzender der GTB 40, 85

Kempel, Günter, GGLF, ab 1970 Vorstandsmitglied DGB-LB Rheinland-Pfalz 210
Kersten, Otto (1928–1982), Volkswirt, 1965–72 Leiter der Abt. Ausland / Internationale Abteilung des DGB-BV, 1972–82 Generalsekr. des IBFG 66, 68, 144, 161f., 202, 226, 234, 254, 266, 273, 276, 336, 393, 404f., 418ff., 422, 429, 461f., 468, 489, 515, 523f., 561, 596, 598, 631, 634, 732, 860ff.936
Kienbaum, Gerhard (1919–1998), 1954–69 MdL NRW (FDP), 1962–66 Minister für Wirtschaft, Mittelstand und Verkehr, NRW, 1969–72 MdB (FDP), 1975 CDU 380
Kiesewetter, Manfred (geb. 1935), Landesjugendausschuss DGB-LB Hessen, Regionalsekr. BfW Hessen, 1976–90 Vorsitzender DGB-Kreis Frankfurt/M., 1977–93 SPD-Stadtverordneter Frankfurt/M. 170
Kiesinger, Kurt Georg (1904–1988), 1949–58 und 1969–80 MdB (CDU), 1958–66 MP Baden-Württembergs, 1966–69 Bundeskanzler, 1967–71 CDU-Bundesvorsitzender 51, 915
Kirkland, Lane (1922–1999), 1979–95 Präsident der AFL-CIO. 68, 135
Kittelmann, Georg (1922–1996), Fleischer, 1963–82 Sekr. Abt. Tarifpolitik der GGLF 858, 964
Klasen, Karl (1909–1991), Bankkaufmann, 1970–77 Präsident der Deutschen Bundesbank 212, 318f., 401, 411, 414, 443, 717
Klein, Bernhard, ab 1971 Vorstandsmitglied DGB-LB Berlin 466
Klein, Hermann, DPG, ab 1974 Vorstandsmitglied DGB-LB Rheinland-Pfalz 920
Klett, Arnulf (1905–1974), 1945–74 Oberbürgermeister von Stuttgart 742
Kloos, André (1922–1989), 1962–65 stellv. und 1965–70 Vorsitzender des niederländischen Gewerkschaftsbundes NVV, 1969–70 stellv. Vorsitzender des EBFG, 1971–80 Präsident der VARA (sozialistische Rundfunk- und Fernsehgesellschaft), Hilversum 233
Kloten, Norbert (1926–2006), Volkswirtschaftler, 1969–75 Mitglied, ab 1970 Präsident des Sachverständigenausschusses zur Begutachtung der volkswirtschaftlichen Entwicklung 411 ff., 505, 704, 790

Kluncker, Heinz (1925–2005), Industriekaufmann, 1961–64 Mitglied des gf. HV, 1964–82 Vorsitzender der ÖTV, SPD 14, 27f., 36f., 45, 58f., 84, 86f., 90f., 100, 102, 108, 112, 115f., 118, 122, 125ff., 136, 154, 159f., 164, 167f., 170, 176, 180, 182f., 193, 195f., 201, 204, 208, 223f., 228, 231, 233, 236, 244ff., 265, 269, 271, 274, 276, 294f., 309, 312f., 316, 335, 338, 341, 347, 373f., 378, 381f., 402f., 405, 407, 415, 421f., 434, 440ff., 449, 457, 460, 462f., 465, 467, 470, 474, 478f., 481f., 485, 498, 500, 502f., 508ff., 513, 518, 520ff., 527, 529, 534, 539, 541f., 546f., 549, 559, 562f., 567, 570, 573f., 576, 582, 589, 597f., 600, 604f., 607f., 611f., 618, 626f., 630, 632, 634, 637, 643f., 662f., 655, 664, 666–670, 674, 676, 679, 693f., 703, 705, 709, 711ff., 715, 723ff., 733, 740, 742ff., 752, 756ff, 761f., 779, 784, 786, 792f., 796, 807, 812, 814ff., 827, 831, 834, 840f., 846, 848, 855, 857f., 873, 878, 881, 883, 888f., 897f., 902f., 909, 911, 913, 915, 917ff., 929, 931, 934, 936, 943f., 947, 952f., 957f., 960, 967f., 971ff., 976
Koch, Harald (1907–1992), Wirtschaftswissenschaftler, 1964–69 Mitglied des Sachverständigenausschusses zur Begutachtung der gesamtwirtschaftlichen Entwicklung 175,
Köbele, Bruno (geb. 1934), 1969–82 Bundesvorstand, 1982–91 stellv. Bundesvorsitzender, 1991–95 Bundesvorsitzender der BSE, 1985–95 Präsident der Europäischen Föderation der Holz und Bauarbeiter 640, 858
Köhler, Claus (geb. 1928), Volkswirtschaftler, 1969–74 Mitglied des Sachverständigenrates zur Begutachtung der gesamtwirtschaftlichen Entwicklung 374, 411, 790
Köhnlechner, Manfred (1925–2002), 1958–70 Syndikus und Generalbevollmächtigter des Bertelsmann-Konzerns 310
Köpping, Walter (geb. 1923), 1964–83 Leiter Abt. Bildung beim HV der IGBE 322
Körner, Uwe, (geb. 1929), Bezirkssekr. DruPa Schleswig-Holstein, Antragsberatungskommission 10. BK 1975 954
Kogon, Eugen (1903–1987), Publizist und Soziologe, 1946–87 Mitherausgeber der *Frankfurter Hefte*, 1951–68 Prof. für

wissenschaftliche Politik an der TH Darmstadt 112
Kohl, Helmut (geb. 1930), 1969–76 MP Rheinland-Pfalz, 1969–73 stellv., 1973–98 CDU-Bundesvorsitzender, 1976–98 MdB (CDU), 1982–98 Bundeskanzler 498, 683, 715
Kohl, Michael (1929–1981), 1961–73 Mitarbeiter/Sts im Ministerium für Auswärtige Angelegenheiten der DDR, 1974–78 Leiter der Ständigen Vertretung der DDR in der BRD 677, 963
Kolitsch, Eduard, CPK, ab 1969 Vorstandsmitglied DGB-LB Berlin 112
Koob, Ferdinand (geb. 1924), Maurer, seit 1973 gf. Vorstand IGM, CDA 858, 964
Koschnick, Hans (geb. 1929), 1967–85 Bremer Bürgermeister, 1970/71 und 1981 Bundesratspräsident, 1975–79 stellv. SPD-Vorsitzender, 1987–94 MdB (SPD) 799
Kosta, Tomas (geb. 1925), 1972–87 Geschäftsführer Bund-Verlag und Europäische Verlagsanstalt 966
Kowalak, Horst, DGB-BV, Leiter Abt. Berufliche Bildung 31, 964
Krämer, Horst, CPK, ab 1974 Vorstandsmitglied DGB-LB NRW 899
Krämer, Karl (geb. 1934), 1961 Tarifsekr. beim HV und 1964–89 gf. Vorstand IGBE 83
Kramer, Hermann, CPK, ab 1971 Vorstandsmitglied DGB-LB Saar 480
Krammer, Bruno, Gewerkschaft Kunst, Antragsberatungskommission 10. BK 1975 954
Kreisky, Bruno (1911–1990), österreichischer Politiker, 1938–45 Exil in Schweden, 1956–83 Abgeordneter zum Nationalrat (SPÖ), 1967–83 Vorsitzender der SPÖ, 1970–83 Bundeskanzler der Republik Österreich 783
Krelle, Wilhelm (1916–2004), Volkswirt, 1958–81 Prof. für Volkswirtschaftslehre an der Uni Bonn 184
Kripzak, Peter, ab 1975 Vorstandsmitglied DGB-LB Rheinland-Pfalz 938
Kristoffersen, Erwin (1932–1995), 1959–67 Bevollmächtigter der IGM, 1968–73 Auslandsmitarbeiter der FES, ab 1973 DGB-BV, Leiter der Internationalen Abt. 135, 818, 863, 965, 967
Kroll, Hans (1898–1967), 1958–62 Botschafter der Bundesrepublik in Moskau 152
Kroll-Schlüter, Hermann (geb. 1939), 1972–90 MdB (CDU) 708

Kroymann, Irmgard, Landesfrauensekr. u. ab 1973 Vorstandsmitglied DGB-LB NRW 783
Kruczek Wladyslaw (1910–2003), 1971–80 Vorsitzender des Zentralrates der polnischen Gewerkschaften, 1954–81 Mitglied des ZK der polnischen KP, 1961–81 Mitglied des Polnischen Parlaments 365
Kruska, Siegfried, ab 1974 Vorstandsmitglied DGB-LB Rheinland-Pfalz 864
Kubel, Alfred (1909–1999), Kaufmann, 1946 MP von Braunschweig, 1946/47–75 MdL Niedersachsen (SPD), 1970–76 MP Niedersachsens 291
Kühlmann-Stumm, Knut Freiherr von (1916–1977), Land- und Forstwirt, 1957–72 MdB (FDP), 1963–71 Vorsitzender FDP-Bundestagsfraktion, 1972 FDP-Mandat niedergelegt, Übertritt zur CDU 380
Kühn, Alfred, IGM, ab 1970 Vorstandsmitglied DGB-LB Saar 317
Küller, Hans-Detlef, DGB-BV, Referent Abt. Gesellschaftspolitik 366
Kürten, Josef, DruPa, DGB-Beschwerdeausschuss für Unterstützungsfonds ehemaliger Gewerkschafter 517
Küttner, Walter, Vorstandsmitglied DGB-LB Berlin 659
Kujawa, Eleonore, Vorsitzender GEW-LV Berlin, ab 1974 Vorstandsmitglied DGB-LB Berlin 899
Kummernuss, Adolph (1895–1979), Hafenarbeiter, 1947–49 HV der ÖTV (BBZ), 1949–64 Vorsitzender ÖTV, SPD 36
Kunze, Otto (1904–1982), 1950–69 Justiziar des DGB-BV, 1959–69 Vorsitzender der Arbeitsgemeinschaft sozialdemokratischer Juristen in Deutschland 370, 688 f.
Kutsch, Marlies (1919–1989), 1953–79 Sekr. für Frauenarbeit später Leiterin Abt. Frauen der IGBE 879
Kynast, Horst, GHK, ab 1970 Vorstandsmitglied DGB-LB Rheinland-Pfalz und ab 1973 auch LB Hessen 210, 762
Laabs, Herbert, persönlicher Referent im Leitungsstab des Bundesverteidigungsministeriums 480
Lamby, Werner, Ministerialdirektor im Bundesministerium der Finanzen 339 f.
Lange, Leberecht, DruPa, ab 1970 Vorstandsmitglied DGB-LB Niedersachsen 328

Lange, Lothar, DPG, ab 1974 Vorstandsmitglied DGB-LB Berlin 899
Langemann, Hans, Präsidiumsmitglied der BDA 453
Lantzke, Ulf (1927–1986), 1968–74 Leiter Abt. Energiepolitik u. Grundstoffe im Bundeswirtschaftsministerium 339
Lappas, Alfons (geb. 1929), Waldfacharbeiter, 1961–68 Mitglied des gf. Hauptvorstands und 1968–69 Vorsitzender der GGLF, 1969–77 DGB-GBV, 1977–86 Vorstandmitglied BGAG 26 f., 35, 40, 60 f., 86, 94, 96, 102, 111, 128, 153, 156 f., 170, 181, 202, 205, 212, 214, 225, 229, 265 ff., 273, 281 f., 302, 309, 311 f., 322, 325 f., 334, 339, 343, 359, 364, 369, 373 ff., 380, 387 f., 399 f., 416, 423, 430 f., 436 ff., 448, 457 f., 463, 467, 478, 481 f., 493 f., 509 f., 512, 516, 526, 529, 531, 539 f., 544 f., 550 ff., 556, 558–564, 571, 573, 575 f., 580, 582, 585, 602, 606, 626, 630, 632, 635, 637 ff., 642, 656 f., 671, 698, 713, 727, 730 f., 736, 739, 760, 765, 767, 778 f., 788, 793, 807, 811 ff., 816 f., 821 f., 825 f., 844–848, 850, 855, 857, 860, 879 f., 848, 868, 888, 890 ff., 898, 900 ff., 917, 925, 936 f., 945, 947, 949, 958, 962, 965 f., 972, 974 f.
Lappas, Günther (geb, 1932), 1987–93 Vorsitzender der GGLF 103
Lattmann, Dieter (geb. 1926), Schriftsteller, 1969–74 Mitbegründer und Vorsitzender des Verbands deutscher Schriftsteller, 1972–80 MdB (SPD), 1977–85 Präsidium des Goethe-Instituts 381
Lauritzen, Lauritz (1910–1980), 1966–72 BM für Wohnungswesen und Städtebau, 1972–74 BM für Verkehr, Post- und Fernmeldewesen, 1969–80 MdB (SPD) 770
Leber, Georg (1920–2012), Maurer, 1955–57 stellv. und 1957–66 Vorsitzender der IG BSE, 1957–83 MdB (SPD), 1969–72 BM für Verkehr und für Post- und Fernmeldewesen und 1972–78 BM der Verteidigung 10, 36 f., 120, 175, 207, 328, 435, 459, 521, 641, 666, 812, 866
Legien, Carl (1861–1920), Drechsler, 1891–1919 Vorsitzender Generalkommission der Gew. Deutschlands, 1919–20 ADGB-Vorsitzender, SPD 345
Lehlbach, Julius (1922–2001), 1965–86 Vorsitzender des DGB-LB Rheinland-Pfalz 41, 43, 83, 176, 179, 221, 284, 432, 466, 498, 538 f., 564, 651, 840, 865, 922, 944, 966, 977
Leminsky, Gerhard (geb. 1934), Wirtschaftswissenschaftler, 1967–71 Leiter Abt. Gesellschaftspolitik am WWI, 1971–81 Schriftleiter der *GMH*, 1980–93 Geschäftsführer der HBS 42, 388 ff, 466, 535, 977
Lemke, Horst, Leiter Abt. Berufl. Bildung im Bundesministerium für Bildung und Wissenschaft 728
Lenk, Erhard (geb. 1934), Wirtschaftswissenschaftler, 1968–77 Geschäftsführer der Stiftung Mitbestimmung und 1977–84 der Hans-Böckler-Stiftung 702, 890
Leussink, Hans (1912–2008), 1960–62 Präsident der Westdeutschen Rektorenkonferenz, 1965–69 Präsident des Wissenschaftsrates, 1969–72 BM für Bildung und Wissenschaft, parteilos 466, 500 ff., 624
Lichtenstein, Karl, (CPK), Sachverständigenkommission Arbeitsgesetzbuch 170, 964
Liepelt, Klaus (geb. 1931), Meinungsforscher, 1958–94 Mitbegründer, Geschäftsführer und Leiter des infas-Institut 254, 313
Link, Fred, 1972–79 Vorstandsmitglied DGB-LB Hessen, 1979–93 DGB-BV, Leiter Abt. Vorsitzender 523
Loderer, Eugen (1920–1995), Metallfacharbeiter, 1963–68 Vorsitzender DGB-LB Baden-Württemberg, 1968–72 stellv., 1972–83 Vorsitzender der IG Metall 28, 34, 36, 65 f., 281, 447, 449, 453, 455, 462 f., 489, 500, 526, 528, 532–535, 538 ff., 542, 550, 554, 559, 564 f., 574 f., 581 f., 585 f., 588 f., 598 ff., 605, 607, 609 f., 611, 614, 625 f., 632, 635, 644 f., 651 ff., 658 f., 662 f., 665 ff., 670 f., 674, 677, 687 ff., 692–697, 704, 706 f., 709, 711, 713, 715, 724 f., 737, 748 f., 753, 769, 771, 777 ff., 784 f., 788, 792 f., 796, 805, 807, 810, 827 f., 831, 834, 845 f., 848, 854, 862 f., 868 f., 873, 878, 881 f., 885, 887, 898, 903, 905, 912, 915 ff., 919 f., 912, 925 f., 929, 936, 942, 945 f., 950, 959, 961, 967, 969, 971 f., 974, 976
Loga-Sowinski, Ignacy, (1914–1992), 1956–71 Mitglied des Zentralkomitees der KP und Vorsitzender des Zentralrats der polnischen Gewerkschaften, 1957–69 Vizepräsident des WGB 110, 129, 146, 161 f., 164, 166, 201, 309, 336, 365

Lohmann, Helmut, Gesamtverband Niedersächsischen Lehrer, Vorstandsmitglied DGB-LB Niedersachsen 328, 885
Lojewski, Willi (geb. 1924), Kaufmann, Landarbeiter, 1968–75 stellv. und 1975–87 Vorsitzender der GGLF 879
Lotz, Kurt (1912–2005), 1968–71 Vorstandsvorsitzender von VW 392
Ludwig, Gustav (geb. 1931), Lehrer, 1969–77 Vorsitzender GEW-Landesverband Hessen, 1974–77 Mitglied des gf. Vorstandes der GEW 158
Mähle, Lothar, DGB-BV, Referent Abt. Finanzen 898
Mahlein, Leonhard (1921–1985), Buchdrucker, 1956–65 Zweiter und 1965–68 Erster Vorsitzender DruPa Bayern, 1968–83 Vorsitzender DruPa 28, 39, 107, 273, 275, 320, 381, 415, 432, 445, 473, 477, 482, 496, 507, 509, 515, 656 f., 716, 739, 840, 854, 860, 885, 893, 907, 959, 965 f., 976
Mahlstedt, Fredy, ÖTV, beratendes Mitglied der Deutschen Arbeitnehmerdelegation zur 57. Tagung der IAK, Genf 528
Maihofer, Werner (1918–2009), 1972–74 BM für bes. Aufgaben, 1974–78 BM des Innern, 1970–78 Mitglied des FDP-Präsidium, 1972–80 MdB (FDP) 613 f., 642, 713
Maire, Edmund (geb. 1931), Chemiker, 1971–88 Generalsekr. CFDT 779
Maiziére, Ulrich de (1912–2006), General, 1966–72 Generalinspekteur der Bundeswehr 480 f.
Marek, Edward, Leiter Abt. Ökonomische Analyse beim Zentralrat des Polnischen Gewerkschaftsbundes 173
Markmann, Heinz (geb. 1926), 1962–67 Sekr. DGB-BV, Abt. Wirtschaftspolitik, 1966–69 Geschäftsführer und 1969–89 Leiter des WWI bzw. WSI, SPD 136 f., 293, 318, 388, 405, 466, 475, 917, 933
Marquard, Günter, ab 1974 Vorstandsmitglied DGB-LB Berlin 864
Matthöfer, Hans (1925–2009), Volkswirt, 1961–72 Leiter der Abt. Bildung beim Vorstand der IGM, 1961–87 MdB (SPD), 1973–84 Mitglied des SPD-PV, 1972–74 PSts beim Bundesministerium für wirtschaftliche Zusammenarbeit, 1974–78 BM für Forschung und Technologie, 1978–82 BM der Finanzen, 1987–97 Vorsitzender des Vorstandes der gewerkschaftlichen Vermö-gensholding BGAG 10, 175, 866, 868, 884
Mayr, Hans (1921–2009), 1972–81 Zweiter und 1981–86 Erster Vorsitzender der IGM, 1961–64 MdL Baden-Württemberg (SPD) 511, 564, 568, 576, 637, 741, 810, 854 f., 860, 929, 934, 950, 952 f., 955, 957, 959,
Meany, Georg (1894–1980), 1952–79 Präsident des AFL-CIO 67, 206, 232 f., 235, 290, 309, 471, 818
Mendel, Wilhelm, ab 1971 Vorstandsmitglied DGB-LB Nordmark 466
Merten, Siegfried (1928–1993), 1972–76 Mitglied des gf. HV, 1976–83 stellv. Vorsitzender ÖTV, 1983–91 Vorstandsvorsitzender ACE 955
Mertes, Werner (1919–1985), 1961–76 MdB (FDP), 1964–76 parlament. Geschäftsführer der FDP-Bundestagsfraktion 380
Meyer, Hans-Georg, DGB-Jugend, stellv. Vorstandsmitglied DGB-LB Rheinland-Pfalz 210
Meyer, Heinz Werner (1932–1994), Bergmann, 1957–64 Sekretär im HV der IGBE, 1964–84 Leiter Abt. Organisation und ab 1969 gf. Vorstand, 1984 stellv. und 1985–90 Vorsitzender der IGBE, 1990–94 DGB-Vorsitzender 176, 794, 884, 917, 954, 972
Michaelis, Martin (geb. 1914), 1968 stellv. 1974–79 Vorsitzender GGLF-Berlin, ab 1974 Vorstandsmitglied DGB-LB Berlin 899
Michels, Peter (1910–1990), Chemielaborant, 1957–67 Mitglied und 1967–69 Vorsitzender des gf. Vorstands des DGB-LB NRW 41, 83, 86, 106 f., 127, 132, 134, 176, 180, 253 f., 285, 306, 331, 345, 378, 381, 389, 422, 440, 454, 479, 491, 536, 538 f., 541, 568, 635, 648, 666, 713, 724, 730, 739, 750, 756, 763, 796, 847, 878, 885, 890, 892, 904, 090, 922, 926, 941, 977
Michels, Willi (1919–2003), Formschmied, 1945–55 Betriebsrat der Rheinstahl AG, 1955–59 Mitarbeiter und 1959–72 Leiter des Zweigbüros der IGM in Düsseldorf, 1960–72 Vorstandsmitglied IGM, 1961–72 MdB (SPD), 1961–64 MdEP 200
Mirkes, Adolf (1913–1998), Schumacher, 1953–59 stellv. und 1959–76 Vorsitzender der Gewerkschaft Leder 27, 40, 85, 89, 108, 132, 157, 164, 169, 176, 196, 205, 236, 250, 260, 264, 292, 325, 327,

1011

334, 345, 350, 357, 366, 422, 432, 449,
463, 498, 509, 530, 533 f., 538, 558 f.,
574, 582, 585, 600 f., 607, 635, 670, 737,
748, 779, 785, 814, 821, 826, 846, 848,
851, 857, 860, 865, 881, 885, 888, 898,
901 f., 904 f., 934, 947, 952, 957, 960 f.,
965, 969, 972, 974, 976
Mischnick, Wolfgang (1921–2002),
1957–94 MdB (FDP), 1961–63 BM für
Vertriebene, Flüchtlinge und Kriegsgeschädigte, 1963–68 stellv., 1968–90
Vorsitzender der FDP-Bundestagsfraktion, 1964–88 stellv. Vorsitzender der
FDP 380, 454, 531, 614, 635, 642, 644,
925
Mittler, Hans, Vorsitzender DPG-Bezirk
München, ab 1974 Vorstandsmitglied
DGB-LB Bayern 899
Möller, Alex (1903–1985), 1945–69
Vorstandsvorsitzender der Karlsruher
Lebensversicherung, 1961–76 MdB
(SPD), 1964–69 und 1972–76 stellv.
Vorsitzender der SPD-Bundestagsfraktion, 1969–71 BM der Finanzen
13, 212 f., 264, 269 ff., 292, 340, 405,
411
Mohn, Reinhard (1921–2009), 1950
Gründer Bertelsmann-Verlag 310
Mommsen, Ernst Wolf (1910–1979),
1970–72 Staatssekr. Bundesministerium
der Verteidigung, Vorstandsvorsitzender
Fr. Krupp GmbH 480 f., 570, 897
Monnet, Jean (1888–1979), 1919–23
stellv. Generalsekr. des Völkerbundes,
1950–52 Präsident der Pariser
Schuman-Plan-Konferenz, 1952–55
Präsident der Hohen Behörde der
Montanunion, 1955 Gründer des
»Aktionskomitees für die Vereinigten
Staaten von Europa« 394, 705, 727
Morich, Horst (geb. 1934), GHK,
Vorstandsmitglied DGB-LB Nordmark,
1981–93 Vorsitzender der GHK
727, 735
Morsch, Horst, ab 1974 Vorstandsmitglied
DGB-LB Nordmark 864
Moser, Anni (geb. 1927), 1961 gf. HV der
HBV, 1964–76 stellv. Vorsitzende der
HBV 320, 593, 648, 739, 854, 964
Moser, Leo (geb. 1920), Maler, 1956–60
Vorsitzender IGM Verwaltungsstelle
Saarbrücken, 1955/56 und 1959/60
Mitglied des Beirats, 1960–72 Vorsitzender des DGB-LB Saar, 1960–75 MdL
Saarland (SPD) 42, 176, 331, 357, 415,
432, 454, 526, 977,

Müller, Adolf (1916–2005), Schleifer,
1961–87 MdB (CDU), 1955–58 Mitglied
des Vorstandes und 1958–78 stellv.
Vorsitzender DGB-LB NRW. 306, 558,
739
Müller, Walter, SPD, Frankfurter Kreis
200
Müller-Engstfeld, Anton, pers. Europa-Referent Heinz O. Vetters 576, 590,
592, 595, 607, 682
Muhr, Gerd (1924–2000), Mechaniker,
1963–69 Mitglied des gf. Vorstand der
IGM, 1969–90 stellv. DGB-Vorsitzender
27, 30, 48, 51 f., 58, 96, 102, 125, 128,
130, 132, 134, 136, 168, 170 f., 175 f.,
183, 193, 203, 208, 212, 215, 223,
227 ff., 236 f., 240, 244 ff., 253, 257 f.,
261, 264 f., 295, 299 ff., 310, 312, 315,
319 f., 324, 327, 334, 344 ff., 348 ff., 359,
362, 379 ff., 395 ff., 421, 424, 432, 449,
453, 455, 462, 464 f., 469, 473 f., 490 ff.,
497 f., 518 f., 521, 525, 528 ff., 532,
534 f., 539 f., 543, 546 f., 550 f., 558,
562 f., 568, 572 ff., 581 f., 585, 593, 610,
614, 633 ff., 640, 644, 657 ff., 668 ff.,
676, 678, 709, 711, 713, 715, 717, 723 f.,
726, 734, 739 ff., 743–747, 759, 761 f.,
770, 775, 777, 792 f., 816, 819 ff., 826,
842 f., 846, 848, 854, 858, 865, 870,
876 f., 879, 886, 888 ff., 893, 896, 916,
918, 924, 931, 933 ff., 944, 947, 952 f.,
955, 958, 960, 964 f., 969, 971, 974 f.
Mußgnug, Martin (1936–1997), 1971–91
NPD-Vorsitzender 536
Naber, Johannes, Vorstandssekretär
DGB-BV 58, 130, 136, 226, 388, 436,
536, 767
Narayanan, P. P. (1923–1996), Präsident
Malaysian Trade Union Congress,
1975–96 IBFG-Präsident 925
Nau, Alfred (1906–1983), 1946–75
Schatzmeister der SPD und Mitglied des
SPD-PV, 1958–83 Mitglied des
SPD-Präsidiums, 1954–70 stellv.
1970–83 Vorsitzender der FES 357,
416, 903
Neemann, Georg (1917–1993), kaufmännischer Angestellter, 1957–63 Bezirksleiter IGM Münster / Ostwestfalen,
1963–67 Vorsitzender DGB-LB NRW,
1967–75 DGB-GBV 25, 27, 29, 32 f.,
40, 58, 84 f., 102, 122 ff., 127 f., 136,
153, 175 f., 187, 193 ff., 212, 214, 223,
226 f., 235, 269, 292, 295, 319, 328 ff.,
340 f., 354, 380, 382 f., 386, 401 f., 405,
407, 415, 425, 430, 442, 445, 465, 483,
500, 505 f., 514, 529, 554, 558, 570,

574 f., 603 ff., 607, 614, 617, 635, 642, 645, 699, 701, 703 f., 706 f., 712 ff., 739 ff., 744, 747, 749 f., 752 ff., 758 f., 772, 775, 784 ff., 789 f., 796, 799, 801, 826 f., 846 f., 860, 865, 870, 885, 904, 909 ff., 918 f., 922, 929, 933 f., 939, 959, 961, 966, 969, 975

Neumann, Herbert, ab 1973 Vorstandsmitglied DGB-LB Baden-Württemberg 657, 698

Niebrügge, Günter, ab 1973 Vorstandsmitglied DGB-LB Niedersachsen 727, 735

Nielsen, Meino (1922–1993), Maschinenbauer, 1957–60 Sekr. GGLF in Stade, 1960–64 DGB-Rechtsberater, 1964–84 stellv. Vorsitzender DGB-LB Niedersachsen-Bremen 247, 533

Nielsen, Thomas (geb. 1917), Präsident des dänischen Gewerkschaftsbundes sowie Präsident des Nordischen Gewerkschaftsbundes und Vizepräsident des IBFG 65, 592, 595, 599 f., 857

Nierhaus, Herbert (geb. 1929), 1964–91 Leiter Abt. Bildungswesen DAG-BV, Leiter DAG-Bildungswerk 615, 942

Nölling, Wilhelm (geb. 1934), Wirtschaftswissenschaftler, Aufsichtsrat BfG--Holding, 1969–74 MdB (SPD), 1976–82 Wirtschafts- später Finanzsenator in Hamburg 917

Offergeld, Rainer (geb. 1937), 1969–84 MdB (SPD), 1972 PSts Bundesministerium für Wirtschaft und Finanzen, 1975–78 PSts im Bundesministerium der Finanzen, 1978–82 BM für wirtschaftliche Zusammenarbeit 570

Ollesch, Alfred (1915–1978), Ingenieur, 1955–61 MdL NRW (FDP), 1961–78 MdB (FDP), 1969–78 Parlamentarischer Fraktionsgeschäftsführer der FDP-Bundestagsfraktion 380, 635, 925

Otto, Bernd (geb. 1940), kaufmännischer Angestellter, 1966 Referent DGB-BV Abt. Mitbestimmung / Wirtschaftspolitik, 1970–74 Vorstandssekretär des DGB, 1975–80 Arbeitsdirektor und 1980–89 Vorstandsvorsitzender der co op AG 42, 60 f., 299, 308, 337, 339, 354, 380, 453, 466, 490, 509, 580, 601, 614, 658, 678, 713, 747, 768, 865, 896, 947, 977

Pagelsdorf, Ulrich, HBV, an 1970 Vorstandsmitglied DGB-LB Niedersachsen 328

Paulig, Oswald (1922–2006), 1968–72 Präsident des Bundes der Konsumgenossenschaften, 1972–75 Vorstandsvorsitzender co op, 1975–85 Aufsichtsratsvorsitzender co op AG, 1953–82 Mitglied der Hamburger Bürgerschaft (SPD) von 1965–70 deren Fraktionsvorsitzender, 1970–80 Vorsitzender SPD-LO Hamburg 373

Pehl, Günter (geb. 1923), Journalist, 1952–56 Referent für steuer- und finanzpolitische Fragen im Wirtschaftswissenschaftlichen Institut des DGB (WWI), 1956–62 Redakteur *Die Quelle*, 1962–69 verantwortlicher Redakteur der DGB-Angestelltenzeitschrift *Wirtschaft und Wissen*, 1969–88 verantwortlicher Redakteur der DGB-Funktionärszeitung *Die Quelle* 30, 42, 83, 187, 198, 306, 365, 395, 445, 467 f., 700, 919, 959, 977

Petrovic, Dusan, Präsident Jugoslawischer Gewerkschaftsbund 471, 531

Pfeiffer, Alois (1924–1987), Waldfacharbeiter, ab 1956 GGLF-Landesbezirksleiter NRW, 1966–68 Mitglied des geschäftsführenden Vorstands, 1968–69 stellv. und 1969–75 Vorsitzender der GGLF, 1975–84 DGB-GBV, 1984–87 EG-Kommissar 40, 65, 83, 85, 87, 126, 128, 136, 153, 157, 221, 251, 272, 276, 285, 327, 345, 358, 436, 440, 449, 455, 477, 505, 514, 529, 535, 542, 551, 554, 568, 582, 589, 607, 610, 635, 764, 807, 822, 857, 885, 898, 937 f., 966, 976

Pimenow, Pjotr T., Präsidiumsmitglied, stellv. Präsident des Zentralrats der Sowjet. Gewerkschaften 144, 152, 267 f., 272 f., 525, 547

Pinther, Helmut, DGB-BV Referent Abt. Sozialpolitik 60, 170, 203, 237, 239, 247, 265, 299

Pitz, Karl, IGM, DGB-AG Vermögensbildung 649

Plaumann, Erwin (geb. 1917), ab 1970 GdED-HV, Hauptkassierer, 454

Pleitgen, Hans (geb. 1925), ab 1969 Bezirksleiter IGM, Frankfurt/M., ab 1970 Vorstandsmitglied DGB-LB Saar 317

Pleß, Philipp (1906–1973), Dreher, Journalist, 1963–67 Mitglied des Vorstandes und 1967–72 Vorsitzender DGB-LB Hessen, 1958–73 MdL Hessen (SPD) 129, 334, 479, 533, 976

Plumeyer, Paul (geb. 1929), 1961–69 Vorsitzender der Verwaltungsstellen Mainz und Leverkusen, 1969–80 Mitglied des gf. HV der CPK 830, 954

1013

Pöhlmann, Siegfried (geb. 1923), NPD Landesvorsitzender Bayern 536
Pohl, Gerhard (1922–1991), ab 1972 Bezirksleiter GdED, Frankfurt/M., ab 1973 Vorstandsmitglied DGB-LB Hessen, 1981 gf. Vorstand, 1984–87 stellv. Vorsitzender GdED 762
Pommeränig, Klaus, Jugendsekretär DGB-Berlin 420, 439
Preiss, Hans (geb. 1927), 1965–70 IGM-Bildungsstätte Lohr, 1970–72 pers. Ref. Otto Brenners, 1972–90 gf. Vorstand 942
Preußner, Ulrich (geb. 1923), 1974–88 DGB-Pressesprecher 918, 977
Pri-el, Ron, Sozialreferent der israelischen Botschaft, Bonn 820
Prieschl, Josef, DPG, ab 1974 Vorstandsmitglied DGB-LB Baden-Württemberg 920
Prochorow, W. I., Sekretär und gf. Vorstand des Zentralrats der Sowjetischen Gewerkschaften 144
Prüm, Willi, ab 1971 hauptamtl. Vorstandsmitglied DGB-LB Nordmark 526, 530, 703
Pukinow, Iwan, Zentralrat der Sowjetischen Gewerkschaften 525
Radke, Olaf (1922–1972), Jurist, 1948–72 Jurist der IG Metall, 1950–54 und 1956–72 MdL Hessen (SPD) 170, 362, 490, 494, 528, 964
Rall, Günter (1918–2009), Generalleutnant, 1971–74 Inspekteur der Luftwaffe 480
Rappe, Hermann (geb. 1929), 1953 hauptamtl. Mitarbeiter der CPK (Jugendsekr., dann Bezirks- und Hauptvorstandssekr.), 1966–82 Mitglied des gf. HV, 1982–93 Vorsitzender der CPK, 1972–98 MdB (SPD) 287, 695 f., 810, 896, 942
Rasschaert, Theo (geb. 1927), belgischer Gewerkschafter, 1967–69 Generalsekr. des Europ. Gewerkschaftssekretariat des IBFG, 1969–73 Generalsekr. des EBFG und 1973–75 des EGB 330, 597, 599, 647, 731, 746
Rauschenbach, Gerhard, 1959–70 Vizepräsident des Bundeskartellamts 139
Reischl, Gerhard, 1969–71 PSts Bundesministerium der Finanzen, SPD 339 f., 354
Reuter, Ernst, GEW, Antragskommission 10. BK 1975 369, 954

Reuter, Waldemar (1920–1993), Jurist, 1950–52 Leiter der Abt. Arbeitsrecht und 1952–54 der Abt. Beamte beim DGB-LB NRW, 1955 in gleicher Funktion beim DGB-BV, 1956–72 DGB-GBV, 1972–82 Geschäftsführer Beamten-Heimstätten-Werk, SPD 27 f., 33, 60, 88, 93, 159, 163 f., 170, 185, 203, 206, 272, 285, 302, 311 f., 314, 327, 334, 336, 354, 357, 380, 404, 415, 432, 454, 467 f., 509, 512 ff., 521, 530, 565, 885, 893, 975
Reuther, Walter P. (1907–1970), Werkzeugmacher, 1946–70 Präsident der UAW, 1952–55 Präsident des Congress of Industrial Organizations, 1955–67 Vizepräsident der AFL-CIO 192, 290
Richert, Jochen (1938–1997), Bergmann, 1969–76 Vorstandsmitglied und 1976–86 Vorsitzender DGB-LB Hessen, 1986–94 DGB-GBV 893, 929, 950
Richter, Heinz, DGB-BV, Abt. Organisation, Leiter des Sekretariats Gew. Kunst beim DGB 310, 342, 381, 475, 507, 858, 964
Richter, Willi (1894–1972), Feinmechaniker, 1946 Vorsitzender des FGB-Hessen, 1949–56 DGB-GBV, 1965–62 DGB-Vorsitzender, 1949–57 MdB (SPD) 27, 439, 619
Riemer, Horst-Ludwig (geb. 1933), Jurist, 1970–79 Wirtschaftsminister NRW, 1980–83 MdB (FDP) 54, 460, 642, 713
Ringelstein, Ernst (1937–1993), 1968–93 GTB-HV Abt. Wirtschaftspolitik, DGB-AG Vermögensbildung 649
Rittershofer, Werner, DPG, DGB-AG Vermögensbildung 649
Rittner, Walter (1920–1985), bis 1979 Vorsitzender der Unternehmensgruppe Volksfürsorge 343, 369, 372 f., 446, 628, 810
Roeder, Franz-Josef (1909–1979), 1959–79 MP Saarland, Landesvorsitzender CDU Saar 498
Rohwedder, Detlev Karsten (1932–1991), 1969–78 Sts im Bundeswirtschaftsministerium 339 f., 570, 754
Rohde, Helmut (geb. 1925), 1957–87 MdB (SPD), 1969–74 PSts Bundesministerium für Arbeit und Sozialordnung, 1973–84 Vorsitzender AfA, 1976–78 BM für Bildung und Wissenschaft, 1975–84 Mitglied des SPD-PV 340, 354, 942 f., 951 f., 969

Roos, Henny, ÖTV, Landesfrauenausschuss, ab 1974 Vorstandsmitglied DGB-LB Rheinland-Pfalz 899
Roos, Henry, ab 1974 Vorstandsmitglied DGB-LB Rheinland-Pfalz 864
Rosenberg, Ludwig (1903–1977), kaufmännischer Angestellter, 1946/47 Sekr. gew. Zonensekretariat BBZ, 1948/49 Sekretär Gewerkschaftsrat der vereinten Zonen, 1949–62 DGB-GBV, 1959–62 stellv. und 1962–69 DGB-Vorsitzender 26f., 31, 65, 84, 96, 99, 194, 221, 321, 324, 705
Rosenthal, Philip (1916–2001), Unternehmer u. Politiker, 1969–83 MdB (SPD), 1970–71 PSts im Bundesministerium für Wirtschaft 175, 340, 354, 432. 436, 663, 806
Roth, Karin (geb. 1949), bis 1979 DPG anschließend IGM, Vorsitzende Landesfrauenausschuss, ab 1974 Vorstandsmitglied DGB-LB Rheinland-Pfalz, 1979 gf. Vorstand IGM Abt. Frauen und 1984 Grundsatzabteilung, 1992 gf. Vorstand DGB-LB Nordmark 899
Rothe, Wilhelm (1914–2003), Schlosser, 1957–69 DGB-BV, Leiter Abt. Angestellte, 1957–69 Vorstandsmitglied BfA, 1969–78 Vorsitzender DGB-LB Bayern 41, 89, 121, 164, 169, 176, 181, 221, 336f., 345, 377, 421, 427, 445, 454, 468, 473, 523, 537f., 542f., 561, 574, 579, 586, 614, 655, 659, 672f., 675, 703, 724, 730, 740, 746, 751, 755, 758, 775, 787, 810, 840, 864, 907, 922, 934, 944, 952, 955, 971, 976
Rothenbergers, Luise, GEW, ab 1970 stellv. Vorstandsmitglied DGB-LB Rheinland-Pfalz 210
Rothkopf, Josef (1920–1984), Ofensetzer, 1959–69 Bezirksleiter der GGLF Rheinland-Pfalz, Hessen und Saarland (ab 1967), 1969–83 stellv. Vorsitzender der GGLF 221, 281, 342, 937, 954
Rüthers, Bernd, (geb. 1930), Rechtswissenschaftler, 1967–72 Mitglied des arbeitsrechtlichen Beraterkreises des DGB 668f.
Sandegren, Kare (geb. 1929), Sekr. im Norwegischen Gewerkschaftsbund für internationale Angelegenheiten, Generalsekretär EFTA-TUC 597, 647
Sander, Manfred, IGBE, ab 1971 Vorstandsmitglied DGB-LB Saar 466, 479
Schäfer, Egon (geb. 1938), Starkstromelektriker, 1968–73 Sekr. CPK-Bezirk Hessen, 1973–78 Bezirksleiter CPK Hessen und Vorstandsmitglied DGB-LB Hessen, 1978–82 Mitglied des gf. HV, 1982 stellv. Vorsitzender CPK 783
Schäfer, Friedrich (1915–1988), 1969–80 stellv. Vorsitzender SPD-Bundestagsfraktion und 1969–76 Vorsitzender des Innenausschusses des Deutschen Bundestages, 1957–67 und 1969–80 MdB (SPD) 676
Schäfer, Karl, BSE, ab 1970 stellv. Vorstandsmitglied DGB-LB Rheinland-Pfalz und Saar 170, 231
Schapfel, Franz, Vorstandsmitglied DGB-LB Rheinland-Pfalz 966
Scheel, Walter (geb. 1919), 1953–74 MdB (FDP), 1968–74 FDP-Bundesvorsitzender, 1961–66 BM für wirtschaftliche Zusammenarbeit, 1969–74 BM des Auswärtigen und Vizekanzler, 1974–79 Bundespräsident 108, 365, 380, 642, 849, 968
Scheer, Günter (geb. 1930), 1951–63 Jugendsekr. DuPa Bezirk Berlin, ab 1963 Redakteur Abt. Jugend DGB-BV und später bis 1993 DGB-BV Leiter Abt. Werbung und Medienpolitik, 1968–89 ZDF-Fernsehrat u. Kuratorium Unteilbares Deutschland, Mitarbeiter des MfS 176
Schellenberg, Ernst (1907–1984), 1952–76 MdB (SPD), 1957–72 Vorsitzender AK Sozialpolitik der SPD bis 1976 Vorsitzender Bundestagsausschuss für Sozialpolitik, 1966–75 stellv. Vorsitzender der Bundestagsfraktion 175
Schelepin, Alexander N. (1918–1994), sowj. Politiker, 1958–61 KGB-Chef, 1961–67 Sekretär des Zentralkomitees der KPdSU, 1962–65 stellv. Ministerpräsident, 1964–75 Mitglied des Politbüros und Präsidiums des KPdSU, 1967–75 Vorsitzender des Sowjetischen Gewerkschaftsbundes 144–152, 157, 160, 166, 201, 426, 446, 461f., 522ff., 534, 547, 681, 802, 946f.,
Scheunemann, Klaus, Gew. Kunst, Vorstandsmitglied DGB-LB Hessen 945
Schiller, Karl (1911–1994), 1946–57 Hamburger Bürgerschaft (SPD), 1961–65 Wirtschaftssenator von Berlin, 1965–72 MdB (SPD), 1966–72 BM für Wirtschaft und 1971–72 zusätzlich BM der Finanzen 13, 58, 124, 127, 136–141, 143, 175, 187, 195, 211f., 295f., 306,

1015

382 ff., 401 ff., 405 ff., 411, 414, 433 ff., 443 f., 454, 484, 499 f.,
Schlecht, Otto (1925–2003), 1973–82 beamteter Sts im Bundesministerium für Wirtschaft 139, 406, 570, 754 f.
Schlei, Marie (1919–1983), 1969–81 MdB (SPD), 1974–76 PSts im Bundeskanzleramt, 1976–78 BM für wirtschaftliche Zusammenarbeit 943
Schlesinger, Otto, gf. Vorstand der DruPa 648, 656 f.
Schleyer, Hanns Martin (1915–1977), 1973–77 Präsident der BDA, 1977 entführt und ermordet durch die RAF 14, 295, 453, 895, 914
Schlobben, Hanns P. (geb. 1908), Redakteur, 1950–72 Sekretär und 1972–73 DGB-BV, Leiter Abt. Werbung 130
Schmale, Günther, GTB, ab 1970 Vorstandsmitglied DGB-LB Rheinland-Pfalz 318
Schmidt, Adolf (geb. 1925), Grubenschlosser, 1954–63 Leiter der Geschäftsstelle der IGBE Gießen, 1963–64 Tarif- und Betriebssekr. der IGBE Gießen, 1965 Bezirksleiter der IGBE Hessen und Rheinland-Pfalz und Mitglied im gf. Vorstand, 1969–85 Vorsitzender der IGBE, 1972–87 MdB (SPD), 1975–77 stellv. Vorsitzender SPD-Bundestagsfraktion 37 f., 136, 154, 160, 163, 176, 210, 229, 251, 264, 289, 312, 315 f., 325, 333 ff., 340 f., 373 f., 388, 435, 440 f., 496 f., 511, 515, 526, 529, 542, 547 f., 558, 563, 568, 574 f., 582, 585 ff., 600, 613, 616, 634 f., 645, 651, 658, 715, 722, 743, 748, 770, 775, 780, 793, 796, 807, 810, 815, 846, 865, 869, 881, 883, 885, 893, 917 f., 936, 942, 950, 969, 971, 974 f.
Schmidt, Alfred, DGB-BV, Referent Abt. Wirtschaftspolitik 65, 221, 526
Schmidt, Gerhard (1919–1984), Kaufmann, 1952 Leiter Beamtensekretariat der ÖTV, 1964–72 Mitglied des gf. Vorstandes der ÖTV, 1972–82 DGB-GBV, 1958–76 MdA (SPD) 27, 33, 61, 513, 530, 542, 549, 565, 568, 580, 655, 666, 669, 679, 780, 782, 790, 793, 812 f., 817, 846, 848, 851, 865, 888, 890, 898, 903 f., 907, 913, 942, 952, 959, 965, 967, 973, 975
Schmidt, Hansheinrich (1922–1994), Oberlehrer, 1962–82 MdB (FDP) Vorsitzender sozialpolitischen Bundesausschuss der FDP 380, 713, 925

Schmidt, Helmut (geb. 1918), 1953–62 und 1965–87 MdB (SPD), 1965–67 stellv. und 1967–69 Vors. der SPD--Bundestagsfraktion, 1968–84 stellv. SPD-Vorsitzender, 1961–65 Innensenator in Hamburg, 1969–72 BM der Verteidigung, 1972–74 der Finanzen, 1974–82 Bundeskanzler 8, 13, 15, 70, 78, 175, 450, 466, 480 f., 565, 569 ff., 612, 620 ff., 641, 699, 706, 717, 782, 785, 798, 807, 811, 865–869, 871 f., 886, 895, 927, 929, 942 f., 973
Schmidt, Horst (1925–1976), SPD, 1969–76 hessischer Minister für Gesundheit und Soziales 397
Schmidt, Walter (geb. 1929), Hauer, 1968–87 gf. Vorstand IGBE, Mitglied DGB-Kommission Mitbestimmung 575
Schmidt, Walter, IGM, Ersatzmitglied im WSA der EG 879
Schneider, Wolfgang, DGB-BV, Referent Abt. Sozialpolitik 53, 227, 348, 380, 439, 473
Schneider-Zugowski, Doris (geb. 1946), DGB-BV, Referentin Abt. Wirtschaftspolitik 879
Schnez, Albert (1911–2007), 1968–71 Generalleutnant, Inspekteur des Heeres 206
Schöllhorn, Johann Baptist (1922–2009), Volkswirt, 1967–72 Sts im Bundesministerium für Wirtschaft / Bundesministerium der Finanzen, 1973–89 Präsident der Landeszentralbank in Schleswig-Holstein 137–141, 149, 407, 410, 412
Schongen, Walter (geb. 1927), Verwaltungsangestellter, 1958–74 Sekr. und Mitglied im gf. HV der GTB, 1974–86 stellv. Vorsitzender GTB, Mitglied der CDA 602, 739, 787
Schroeter, Horst von (1919–2006), Konteradmiral, 1971–76 stellv. Inspekteur der Marine 480
Schüler, Manfred, 1973–74 beamt. Sts Bundesministerium der Finanzen, 1976–80 Chef d. Bundeskanzleramts 942
Schüssler, Helmut, DGB-BV, Referent Abt. Sozialpolitik 363, 640, 858
Schüssler, Werner (geb. 1925), IG DruPa, DGB-Beschwerdeausschuss für Unterstützungsfonds ehemaliger Gewerkschafter, Revisionskommission 517, 531
Schütz, Klaus (geb. 1926), 1957–62 MdB (SPD), 1960–66 Berliner Senator, 1966–67 Sts Auswärtiges Amt, 1967–77 Regierender Bürgermeister von Berlin,

1968–77 Landesvorsitzender der Berliner SPD, 1977–81 deutscher Botschafter in Israel 207
Schütz, Wilhelm Wolfgang (1911–2002), 1951–57 Berater des Bundesministerium für gesamtdeutsche Fragen, 1954–72 gf. Vorsitzender des Kuratoriums Unteilbares Deutschland 297, 844
Schuler, Theo, ab 1971 Vorstandsmitglied DGB-LB Saar 530, 739
Schultze, Wolfgang (geb. 1936), Werkzeugmacher, 1959–64 Jugendsekr. CPK-Bezirk Niedersachsen und 1964–72 Organisation und Schulung, 1972–80 stellv. Vorsitzender DGB-LB Niedersachsen, 1980 Mitglied des gf. HV der CPK, 1974–2003 MdL Niedersachsen (SPD) 564, 739
Schulz, Jochen, Sprecher SPD-PV 612, 621
Schulze, Gerhard, FDGB 678, 747
Schumacher, Erhard, DGB-BV, Referent Abt. Gesellschaftspolitik, ab 1981 GF Büchergilde Gutenberg 184, 224, 433, 435, 459
Schumacher, Hermann (geb. 1928), seit 1966 gf. HV der GTB, ab 1971 Hauptkassierer 628, 695 f.
Schwab, Karl (1920–2003), Bäcker, 1955–69 zweiter und ab 1957 erster Bevollmächtigter IGM Verwaltungsstelle Stuttgart, 1969–75 Vorsitzender DGB-LB Baden-Württemberg, 1974–82 DGB-GBV 26 f., 34, 41, 65, 68, 86, 92, 106, 169, 176, 180, 209, 223, 243, 325, 327, 345, 363, 417 f., 479, 537 f., 542, 568, 572, 579, 615, 630, 655, 659, 705, 707, 712 f., 722, 743, 751, 766, 846, 848, 851 f., 854, 860, 869, 879, 881, 889 ff., 897, 900, 905, 920, 937, 942, 944, 954, 965, 968, 974 ff.
Schwark, Karlheinz (geb. 1923), 1966–83 stellv. Vorsitzender der GHK 432, 440, 548
Schwegler, Lorenz (geb. 1944), Rechtsanwalt, 1971 Referent WWI, 1972–77 DGB BV Abt. Gesellschaftspolitik, 1977 Sekr., 1980–88 Mitglied gf. HV, 1988–93 Vorsitzender des HBV 896
Schweitzer, Hans (1920–1988), 1960–84 Bezirksleiter CPK Rheinland-Pfalz / Saar, ab 1971 Vorstandsmitglied DGB-LB Saar, 1967–87 MdL Rheinland-Pfalz (SPD) 480
Schwiedel, Herbert (1914–1976), 1965–69 Bezirksvorsitzender DruPa Niedersachsen, ab 1969 Zweiter

Vorsitzender 445, 453, 509, 602, 606, 739, 830 f., 860
Séguy, Georges (geb. 1927), Eisenbahner, 1967–82 Generalsekr. der CGT 779, 902
Sherewtschuk, Alexej, Zentralrat der Sowjet. Gewerkschaften 525
Seibert, Philipp (1915–1987), Kaufmann, 1959–79 Erster Vorsitzender der GdED, 1961–76 MdB (SPD) 27, 36, 38, 91 f., 98, 102, 116 f., 125, 165, 169, 176, 200, 207, 221, 240, 294, 338, 363, 421 f., 435, 454, 503, 510, 512 ff., 534, 551, 553, 557, 568, 570, 574, 579, 593, 610, 626, 632 ff., 644, 674, 706 f., 715, 745, 750, 752, 755, 779, 785, 792, 807, 815, 831, 834, 840, 846, 865, 883, 893,906 f., 910 f., 915, 950, 965, 971, 976
Seitz, Alois (1908–1973), IGM, 1958–70 hauptamtl. Vorstandsmitglied DGB-LB Bayern 121, 338, 343 f., 347, 351
Senft, Xaver (1919–1984), Steinmetz, 1958–82 hauptamtl. Vorstandsmitglied und stellv. Vorsitzender DGB-LB Bayern 176, 180, 221, 240, 427, 445, 498, 523, 659, 703, 775, 840
Sickert, Walter (geb. 1919), Schlosser, 1950–54 Vorstandsmitglied BSE, 1954–60 ehrenamtl. Vorstandsmitglied und hauptamtl. Geschäftsführer BSE Berlin, 1960–82 Vorsitzender DGB-LB Berlin, 1963–81 MdA (SPD) 41, 131 f., 136, 162, 164, 166 ff., 176, 185, 197, 207, 228, 240, 244, 249, 253, 274, 276, 295, 310, 312, 325, 334, 343 ff., 349, 357, 381, 420, 432, 479 f., 496, 521, 530, 538 ff., 542, 553, 559, 564, 579, 586, 630, 644, 648, 659, 667, 703, 724 f., 730, 751, 796, 816, 826, 893, 912, 922, 924, 952 f., 966, 971, 976
Siedentöp, Willi, ab 1973 Vorstandsmitglied DGB-LB Berlin 657, 698
Sieber, Günter, Arbeitsdirektor Hoesch, Hüttenwerke AG 909
Sierks, Jan (geb. 1924), 1969–86 Vorsitzender DGB-LB Nordmark 41, 176, 233, 240, 404, 459, 503, 526, 530, 658, 661, 670, 703, 747, 752, 796, 841, 847, 865, 885, 898, 922, 934, 952, 954, 972
Sievert, Olaf (geb. 1933), Wirtschaftswissenschaftler, 1970–85 Mitglied des Sachverständigenrates zur Begutachtung der gesamtwirtschaftlichen Entwicklung 790
Simon, Harald, DGB-BV, Referent Abt. Ausland / Internationale Abteilung

131, 148, 171, 309, 525, 528, 532, 681 f., 802, 864
Sittmann, Tassilo, Architekt, Plett-Preisträger 331
Soares, Mario (geb. 1924), Vorsitzender der Sozialistischen Partei Portugals 862
Sperner, Rudolf (1919–2010), Bauhelfer, 1955–60 Bezirksleiter der BSE Westfalen, 1960–63 Mitglied des HV, 1963–66 stellv. und 1966–82 Vorsitzender der BSE 37, 58, 85, 98, 108, 121, 128, 136, 153, 176, 183, 223, 240, 249, 253 ff., 276, 324, 332, 334, 338, 350, 373 f., 376, 405, 432, 449, 453, 458, 462, 468, 479, 481 f., 510, 512, 515, 526, 529, 533, 542, 547, 559, 562, 567, 572 ff., 582, 587, 607, 630, 635, 645, 649, 654, 662, 695 f., 715, 723, 729, 739, 751, 755, 757 ff., 761, 793, 821, 846, 855, 865, 869, 880, 883, 885, 888 f., 891, 905, 911, 914 f., 917, 920, 929, 936, 942, 971, 973, 975
Spieker, Wolfgang (1937–2009), Jurist, 1960–65 Syndikus Vorstandsverwaltung der IGM, 1976–94 Geschäftsführer WSI 881, 897
Spitzmüller, Kurt (geb. 1921), 1970–74 Mitglied im FDP-Bundesvorstand, 1957–69 und 1971–82 MdB (FDP), 1971–76 stellv. Vorsitzender, 1976–80 parlamentarischer Geschäftsführer, 1980–82 Fraktionsgeschäftsführer der FDP-Bundestagsfraktion 635
Sprenger, Otto (1907–2006), ehrenamtlicher Vorsitzender RFFU, 1973–80 Vorsitzender Gew. Kunst 41, 765, 865, 950, 976
Spreti, Karl Graf von (1907–1970), 1949–56 MdB (CSU), 1956–70 Deutscher Botschafter in versch. Ländern 246
Sprung, Dieter, ab 1974 Vorstandsmitglied DGB-LB NRW 864
Sprung, Dieter, Gew. Leder, ab 1974 Vorstandsmitglied DGB-LB Niedersachsen 879
Stadelmaier, Herbert (1916–2009), Industriekaufmann, 1949–62 gf. HV, 1962–66 Zweiter Vorsitzender und 1966–78 Vorsitzender der NGG 40, 85, 87, 92, 117, 121, 164, 168, 176, 196 f., 240, 245 f., 284, 292, 325, 327, 329, 365, 421, 425, 427, 434, 441, 478 f., 481 ff., 518, 542, 547 f., 559, 574, 579, 608, 615, 635, 644, 651, 655, 661, 665, 684, 692, 703, 777, 779, 792, 816, 821 f. 825, 827, 829, 831, 833, 846, 848, 855, 857, 865, 870, 873, 881, 889 f., 892, 922, 957, 960, 965, 968, 973, 976

Stähnisch, Alfred (geb. 1919), Lederarbeiter, 1950–51 Bezirksleiter Gew. Leder Niedersachsen, 1951 Organisationssekr. beim HV, 1953–80 Mitglied im gf. HV Gew. Leder, 1972–80 Redakteur des *Leder-Echo* 357, 366
Steeg, Otto von (1927–1993), IGM, 1973–86 Bezirksleiter IGM Küste, ab 1973 Vorstandsmitglied DGB-LB Nordmark 762
Steffen, Jochen (1922–1987), 1958–77 MdL Schleswig-Holstein (SPD), 1965–75 Landesvorsitzender SPD Schleswig-Holstein, 1966–73 SPD-Fraktionsvorsitzender Landtag Schleswig-Holstein, 1968–77 Mitglied im SPD-PV, 1980 Parteiaustritt 200
Steininger, Edith, Mitarbeiterin des Instituts des FDGB für Gewerkschaftspolitik in Westdeutschland 60, 239, 278, 678
Steinmetz, Hans, BSE, ab 1970 stellv. Vorstandsmitglied DGB-LB Rheinland-Pfalz und Saar 210, 231
Stenger, Carl (1905–1982), 1949–71 Vorsitzender der DPG, 1960–69 Präsident der IPTT, 1957–61 MdB (SPD) 27, 36, 38, 100, 121, 162, 230, 245, 252, 323, 325, 327, 334, 337, 341, 345, 381, 415, 432, 447, 449, 467, 477, 485, 459, 976
Stephan, Günter (1922–2012), Buchhändler, 1961–62 Zweiter Vorsitzender HBV, 1962–82 DGB-GBV 32, 94, 99, 103 f., 117, 130, 133, 136, 162, 171, 176, 181, 206 f., 221, 228, 233, 298 f., 302, 308 ff., 312 ff., 323, 327, 345, 353, 360 ff., 369, 373, 380 f., 383, 397, 417 ff., 425, 430, 440, 448 ff., 454, 471 f., 478, 488, 491 ff., 498, 509, 517, 523, 537, 548, 558, 566, 573 ff., 584 ff., 587, 593, 611, 622, 635, 641, 648, 659, 667, 669 f., 708, 723 ff., 735, 739, 746, 765, 770, 783, 791, 793, 798, 804, 807, 814, 825 ff., 830, 841, 842 f., 847 ff., 854, 862, 864 f., 873, 876, 879 ff., 890, 892, 903, 907, 923 f., 931, 938, 946, 953, 962, 968, 970, 971, 973, 975
Stingl, Josef (1919–2004), 1952–68 Angestellter IHK Berlin, 1968–84 Präsident Bundesanstalt für Arbeit, 1953–68 MdB (CDU), 1974 CSU 921, 934
Stühler, Kurt (1904–1973), Buchhalter, 1953–56 Mitglied des gf. HV der CPK, 1956–69 DGB-GBV 96, 221, 321, 715, 739

Stoltenberg, Gerhard (1928–2001), 1963–98 MdB (CDU), 1965–69 BM für wissenschaftliche Forschung, 1971–82 MP Schleswig-Holsteins, 1982–89 BM der Finanzen, 1989–92 BM der Verteidigung 498

Stoph, Willi (1914–1999), 1931 Mitglied der KPD, ab 1948 im SED-Parteivorstand, 1952–55 Minister des Inneren der DDR, 1956–60 der Nationalen Verteidigung, 1962–64 stellv. Vorsitzender des Ministerrates, 1964–73 stellv. und 1973–89 Vorsitzender des Staatsrates (Staatsoberhaupt der DDR) 243, 252, 257, 280

Storch, Anton (1892–1975), Tischler, 1921–23 Gauleiter Zentralverband der christlichen Holzarbeiter, 1946–48 Vorstand DGB (BBZ), 1948–49 Direktor Verwaltung für Arbeit des Vereinigten Wirtschaftsgebiets, 1949–57 BM für Arbeit und Sozialordnung, 1949–68 MdB (CDU) 10

Storti, Bruno (1913–1994), 1958–76 Generalsekretär des italienischen Gewerkschaftsbundes CISL 192, 233

Stotz, Eugen (1944–1990), Journalist und Redakteur der Gewerkschaftszeitung und Mitglied des Vorstands der DruPa, 1975–82 Geschäftsführer Büchergilde Gutenberg, 1982–88 freier Mitarbeiter des ACE 85, 90 f., 106 f., 130, 325

Ströer, Alfred (1920–2011), Werkzeugmacher, 1956–59 Jugendsekretär des ÖGB, 1959–87 Leitender Sekretär des ÖGB und Mitglied des Präsidiums, 1973–87 Vizepräsident des EGB, 1966–72 Abgeordneter zum Nationalrat (SPÖ) 783

Strohauer, Heinrich, Aufsichtsrat Mannesmann AG 881

Stupp, Adam, GEW, Vorstandsmitglied DGB-LB Bayern 783

Suchowicz, Witold Sektorenleiter Internationale Verbindungen, Polnischer Gewerkschaftsbund 173

Tacke, Bernhard (1907–1994), Weber, 1947–49 gf. Vorstand und 1949–56 stellv. Vorsitzender der GTB, 1956–72 stellv. DGB-Vorsitzender, CDU 11, 27, 29 ff., 34 f., 58, 89, 97, 101 f., 114, 116, 124, 128 ff., 136, 154, 161, 164, 169, 176, 185, 191 f., 195, 199, 202, 204, 206, 212, 214 ff, 224 f., 227, 240, 245, 252 f., 258, 273, 275 f., 297, 310, 319, 321 f., 325 f., 329, 339, 379, 383 ff., 393 f., 405, 412, 415–422, 425 ff., 441, 445, 453 f., 497, 502, 505 f., 513 f., 522, 529, 541, 558, 565, 975

Terhaardt, Johannes (1914–1988), 1960–79 Vorsitzender DAG-Gewerkschaftsrat 880

Teubler, Artur (geb. 1913), 1958–76 Bezirksvorsitzender NGG NRW, Mitglied DGB-Bundesausschuss 684

Thadden, Adolf von (1921–1996), 1964–71 NPD-Vorsitzender 536

Thiele, Helmut, Präsidiumsmitglied FDGB-BV 368, 556, 580

Thome, Arnold, ab 1971 Vorstandsmitglied DGB-LB Saar 466

Thon, Kurt (1923–1978), Rechtsanwalt, Mitglied der Sachverständigenkommission zur Schaffung eines Arbeitsgesetzbuches 170, 964

Thönnessen, Werner (1928–2001), 1957–71 Angestellter im IGM Vorstand, Leiter der Presseabteilung, 1972–89 stellv. Generalsekretär des IMB 130, 334

Tietmeyer, Hans (geb. 1931), Ministerialdirektor u. 1982–89 Sts im Bundesministerium der Finanzen, 1993–99 Präsident d. Deutschen Bundesbank 754 f.

Tito, Josip Broz (1892–1980), 1945–53 Ministerpräsident und 1953–80 Staatspräsident von Jugoslawien 308

Troche, Karl-Heinz (1924–1975), bis 1971 Erster Bevollmächtigter IGM Dortmund, ab 1971 IGM Hauptkassierer, DGB-Unterstützungsausschuss für Unterstützungsfonds ehemaliger Gewerkschafter 511, 516, 561, 611, 884, 917

Trost, Paul, (geb. 1912), kfm. Angestellter, 1949–71 Mitglied des HV der GTB, Hauptkassierer 517

Ulbrich, Heinz (1916–1995), Kaufmann, 1952–54 Sekr. Angestelltenarbeit der NGG Bayern, 1954–78 Landesleiter NGG Bayern, 1971–77 Mitglied des bayerischen Senats 350, 695 f.

Urban, Ernst, ab 1973 Vorstandsmitglied DGB-LB NRW 727, 735

Utzerath, Dieter, Landesjugendausschuss und ab 1974 Vorstandsmitglied DGB-LB NRW 899

Valentiner, Franz (1896–1972), Schuhmacher, 1947 Vorstand und 1948 Vorsitzender Gew. Holz (BBZ), 1949–51 stellv. und 1951–53 Vorsitzender Gew. Holz, SPD 619

Vanni, Rafael, Generalsekretär der ital. Gewerkschaft UIL 526

Personenregister

Vater, Gerhard (1924–1982), Schreiner, 1949–57 GF der Verwaltungsstelle Dortmund der GHK, 19657–60 stellv. und 1960–77 Vorsitzender der GHK 40, 85, 90, 102 f., 107, 121, 165, 169, 176, 205, 221, 233, 249 ff., 264, 359, 380, 388, 399, 403, 410, 420, 423, 431 f., 433, 449, 463, 466, 472, 481 ff., 510, 512, 529, 539, 548, 559, 571 f., 574, 576, 579, 602, 611, 634, 637, 666, 697 f., 703, 715, 726, 739, 760, 775, 785 f., 789, 793 f., 807, 814, 822, 826, 845 f., 850, 865, 884 f., 892 f., 910, 917, 922, 924, 931, 936 ff., 943, 976

Vergin, Siegfried (geb. 1933), 1971–91 Vorsitzender GEW-LV Baden-Württemberg, ab 1971 Vorstandsmitglied DGB-LB Baden-Württemberg, 1990–98 MdB (SPD) 466

Vetter, Heinz Oskar (1917–1990), Grubenschlosser, 1960–64 Mitglied des gf. Vorstands und 1964–69 Zweiter Vorsitzender IGBE, 1969–82 DGB-Vorsitzender, 1974–79 Präsident des EGB, 1979 Vizepräsident des IBFG, 1979–89 MdEP (SPD) 7 f., 10 f., 13 f., 25–29, 44–47, 52, 54, 58, 60 ff., 64 ff. 70–78, 83–92, 94, 96–112, 118–122, 124–131, 133–136, 144 ff., 151 f., 156–162, 165–169, 174–178, 180–185, 188 f., 191–207, 210 f., 214 ff., 221–226, 228 f., 232–241, 243–257, 261–264, 266–269, 271–274, 276 ff., 281, 283–301, 304, 306–311, 313, 315, 317–327, 329–342, 345–358, 361 ff., 365–371, 373–381, 386–391, 393 ff., 398–405, 407, 415 f., 422, 426–434, 436 f., 439–462, 464, 466–471, 473–481, 483–492, 496, 498–507, 509, 511–515, 517 f., 520–543, 546–571, 573–583, 585–589, 591, 593–625, 627–636, 641–661, 663–687, 690, 697, 699, 701, 703–716, 719, 721–725, 727–737, 739 f., 746, 74–763, 767–772, 775–783, 786 ff., 793, 795–799, 802–828, 830 f., 834 f., 845–855, 857 f., 860–873, 876, 878, 880–891, 893–922, 924–927, 929 ff., 934 ff., 939–943, 946 ff., 950–961, 963, 965–975

Viehof, Hanshorst (geb. 1940), 1969–83 Referent, später Leiter Abt. Bildung DGB-BV, 1973–80 und ab 1990 GF Berufsfortbildungswerk des DGB, 1982–85 Bundesministerium für Arbeit 528, 640

Vietheer, Heinz (1921–1996), kfm. Angestellter, 1955–58 Landesbezirksleiter der HBV Niedersachsen, 1958–60 Mitarbeiter und 1960–65 gf. Vorstandsmitglied des DGB-LB Niedersachsen, 1965–80 Vorsitzender der HBV 39, 58, 85, 91, 128, 136, 144, 157, 169, 176, 181, 197, 208, 223, 230, 235, 240, 249, 254, 276, 306, 320, 345, 364, 374, 377 f., 389, 405, 421 ff., 453, 457, 460, 468, 472, 489, 516, 530,539, 549, 557, 559, 570, 574, 579, 593, 604, 635, 637, 648, 665 f., 670, 674, 678, 712 ff., 723 ff., 739, 744, 756, 792 f., 795, 815, 822, 826 f., 831 f., 840, 846, 848, 854, 865, 873, 880 f., 883, 893, 898, 903 f., 909 f., 920, 924, 926, 939 f., 960, 965, 971, 973, 976

Vietor, Albert (1922–1984), 1963–82 Vorstandsvorsitzender NH 331 ff., 343, 368 f., 371 ff., 476, 737 f., 917, 936

Vitt, Werner (geb. 1926), 1957–60 Bezirksleiter der CPK Rheinland-Pfalz, 1960–69 Mitglied des gf. Hauptvorstandes dort 1960–69 Leiter Hauptabt. Jugend und Bildung, und ab 1966 Abt. Betriebsräte und Rechtswesen, 1969–90 stellv. Vorsitzender der CPK 287, 290, 292, 363, 378, 398 f., 466, 491, 548, 551, 554 ff., 760, 830, 897

Volpp, Hans, NGG, ab 1971 Vorstandsmitglied DGB-LB Rheinland-Pfalz 479

Volkmar, Günter (1923–2006), 1955 gf. HV HBV, 1978 Zweiter Vorsitzender und 1980–88 Vorsitzender HBV 760, 917

Vomberg, Hubert, Vorstandsmitglied der GdED 404, 557

Voss, Georg (geb. 1930), 1965–72 GF BSE Dortmund, 1972–82 Landesvorsitzender BSE NRW, ab 1973 Vorstandsmitglied DGB-LB NRW 727, 735

Vosshenrich, Heinz (1922–1985), Industriekaufmann, 1960–68 CPK Bezirksleiter Baden-Württemberg, 1968–84 Mitglied des gf. HV 320, 325, 884

Wachmann, Manfred, HBV, ab 1973 Vorstandsmitglied DGB-LB NRW 727, 735

Wagner, Manfred (geb. 1934), 1972–98 Vorsitzender DGB-LB Saar, 1970–79 MdL Saarland (SPD) 42, 530, 533, 535, 537 f., 551, 554, 582, 589, 617, 635, 666, 707, 714, 739, 752, 755, 825, 848, 865, 888 f., 904, 911, 921f, 934, 952 f., 955, 977

Wahl, Walter (1933–1989), 1974–89 DPG-Bezirksleiter Stuttgart, ab 1974

Vorstandsmitglied DGB-LB Baden-Württemberg 920
Walz, Erwin (geb. 1919), Lehrer, 1954–80 Geschäftsführer der GEW 320, 325, 787,
Wannagat, Georg Paul (1916–2006), Jurist, 1954–62 Landessozialgericht Baden-Württemberg, 1962–69 Präsident Landessozialgericht Hessen, 1969–84 Präsident Bundessozialgericht 503
Warnke, Herbert (1902–1975), Dachdecker, 1949–75 Erster Vorsitzender FDGB, 1950–75 Mitglied im ZK der SED 60 ff., 70, 73 f., 165, 168, 175, 210, 225, 238, 246 f., 249, 252, 263 f., 267, 278, 281, 311, 336, 345, 534, 580, 601, 719, 845
Weber, Hans Georg, ab 1971 Vorstandsmitglied DGB-LB Rheinland-Pfalz 466
Weber, Klaus Jürgen, ab 1974 Vorstandsmitglied DGB-LB Berlin 864
Weber, Kurt, DPG-Bezirksleiter, Vorstandsmitglied DGB-LB Rheinland-Pfalz 920
Weber, Maria (1919–2002), Schneiderin und Werkstoffprüferin, 1950–56 Mitarbeiterin der HA Frauen DGB-BV, 1956–82 DGB-GBV, 1972–82 stellv. Vorsitzende des DGB, seit 1949 Mitglied der CDU-Sozialausschüsse, seit 1969 Mitglied der CDU 27–31, 61, 65, 93, 98, 104 f., 153, 197, 203, 229, 247, 257, 264 f., 325, 327, 333 f., 432, 447, 461, 467, 481, 500, 502, 514, 529, 538, 558, 562 f., 565, 568, 570, 572, 574 f., 580, 583, 602, 606, 616, 615, 659, 667, 679, 683, 712, 724, 728, 748, 793, 825, 841, 846, 855, 865, 870 f., 876, 879 ff., 886, 888 f., 898, 903, 908, 915 f., 920, 941 ff., 951 f., 956 f., 964 f., 968 f., 971 f., 975
Weber, Paul Andreas (1893–1980), Lithograf, Zeichner und Maler 101
Wegschneider, Thomas (geb. 1933), seit 1972 BfG-Vorstand, 1977–90 Sprecher BfG Vorstand, ab 1982 Vorstandsvorsitzender 884
Wehner-Hans-Georg (geb. 1937), seit 1966 Referatsleiter Abt. Wirtschaftspolitik, ab 1985 Vorstandssekr. u. Leiter Abt. Wirtschaftpolitik DGB-BV 187, 300, 605
Wehner, Herbert (1906–1990), 1949–83 MdB (SPD), 1957–58 und 1964–66 stellv. Vorsitzender der SPD-Bundestagsfraktion, 1958–73 stellv. Vorsitzender der SPD, 1966–69 BM für gesamtdeutsche Fragen, 1969–83 Vorsitzender SPD-Bundestagsfraktion 70, 74, 175, 204, 304, 306, 346, 454, 459, 531, 620, 786, 807
Weizsäcker, Carl Friedrich von (1912–2007), Mitbegründer der Vereinigung Deutscher Wissenschaftler, 1970–80 Leiter des Max-Planck-Instituts 573
Wende, Walter, NGG, ab 1974 Vorstandsmitglied DGB-LB Rheinland-Pfalz 920
Wenzlau, Friedrich, DGB-Kommission Pressefreiheit 130
Werner, Wilhelm, GTB, Antragsberatungskommission 10. BK 1975 955
Wertz, Hans (1922–2012), Verwaltungsbeamter, 1954–75 MdL NRW (SPD), 1966–75 Finanzminister NRW, 1976–90 Präsident der Landeszentralbank von NRW 742
Wieczorek-Zeul, Heidemarie (geb. 1942), 1974–77 Juso-Bundesvorsitzende, 1984–2005 Mitglied im PV und Präsidium der SPD, 1985–2005 stellv. Parteivorsitzende, 1998–2009 BM f. wirtschaftl. Zusammenarbeit und Entwicklung, 1987–98 MdB (SPD), 1979–87 MdEP 871
Wilden, Engelbert (geb. 1923), IGM Verwaltungsstelle Saarbrücken ab 1971 Vorstandsmitglied DGB-LB Saar 530
Winkelsträter, Liesel (geb. 1921), kaufm. Angestellte, 1951–69 Frauensekretariat CPK-Bezirk Hessen, 1969–82 gf. HV CPK, 1962–70 MdL Hessen (SPD) 965
Witzthum, Hajo, ÖTV, DGB-AG Vermögensbildung 649
Wischnewski, Hans-Jürgen (1922–2005), 1957–90 MdB (SPD), 1966–68 BM für wirtschaftliche Zusammenarbeit, 1968–72 SPD Bundesgeschäftsführer, 1970–85 Mitglied des SPD-PV und des Präsidiums 204, 212
Witt, Heinz, ab 1971 Vorstandsmitglied DGB-LB Berlin 466
Wolf, Heinz, DGB-BV, Referent Abt. Sozialpolitik 363, 528, 640
Wolf, Heinz (1924–1982), 1968–72 stellv., 1972–82 Bezirksvorsitzender ÖTV Hessen, ab 1973 Vorstandsmitglied DGB-LB Hessen 762
Wolf, Heinz (1917–1993), 1973–80 Bezirksvorsitzender DruPa, ab 1973 Vorstandsmitglied DGB-LB Nordmark 762
Woschech, Franz (1919–1973), Pädagoge, 1956–59 Sekretär beim Vorstand der GEW, 1959–69 Geschäftsführer der

Personenregister

GEW NRW, Mitglied des HV der GEW, 1969–73 DGB-GBV 24f., 27f., 34, 44, 86, 88, 93, 100, 102, 111, 119, 129–134, 163, 169f., 185, 196, 203, 207ff., 231, 237, 240f., 244, 254f., 257, 259f., 265, 267, 273, 276ff, 282, 292f., 308, 314ff., 322, 325ff., 331, 334, 342f., 359, 363f., 373, 380f., 387, 405, 415, 429f., 437, 439ff., 446, 454, 469, 471, 475, 479ff., 494, 502, 504, 511, 518f., 521, 526, 529, 534, 538f., 542, 545, 557f., 571, 587ff., 616, 625, 629f., 648, 657, 659, 669f., 679f., 701f., 707f., 728, 730, 745f., 763, 780, 787, 840, 849, 854, 975

Zander, Karl Fred (1935–2012), 1969–80 MdB (SPD), 1972–74 PSts Bundesministerium Bildung und Forschung und 1974–82 Bundesministerium Jugend, Familie, Gesundheit 612, 728

Zelazna, Malgorzata, Delegationsleiterin, polnischer Gewerkschaftsbund 173

Sach- und Ortsregister

Abtreibung (§ 218 StGB) 496, 504, 509, 513 f., 531, 795, 950, 956 f.,
Allgemeine Treuhandgesellschaft *siehe: Gemeinwirtschaft*
American Federation of Labor – Congress of Industrial Organization (AFL-CIO) 191 f., 206, 222, 232 ff., 235, 240, 290, 309, 471, 489, 600, 633, 818, 992
Angestellte *siehe auch: Deutsche Angestelltengewerkschaft, Deutscher Gewerkschaftsbund* 18 f., 23, 32, 35, 37 f., 48, 51 ff., 56, 114, 134, 150, 179, 259, 279, 284, 314, 348, 380, 389, 396, 430, 464, 487 f., 490 ff., 549, 635, 759, 782, 797 f., 809, 823, 828 ff., 848, 881, 896 f., 901, 917 f., 969., 973 f.
Arbeiter, Arbeiterinnen *siehe: Arbeitnehmer*
Arbeitgeber 34, 50, 52, 54 ff., 58, 102, 108, 113, 115 f., 140, 142, 179, 187 f., 197, 214, 216 f., 220, 228, 236, 257, 324, 336, 344, 361, 382, 385, 392, 405 f., 427 f., 444, 451, 453, 466, 473 f., 489, 500, 504, 510, 551, 554, 562, 572 f., 617, 621, 666, 683, 685, 705, 710, 712, 731, 736, 742 f., 752, 769, 776, 805, 816, 826, 832, 838, 871, 895, 904, 930, 941 f., 948, 964
– Bundesverband der Deutschen Industrie 14, 128, 299, 442, 923, 992
– Bundesvereinigung der Deutschen Arbeitgeberverbände 14, 34, 54, 58, 138 f., 197, 236, 299, 308, 428 f., 432, 442, 446, 450, 453 f., 459, 484, 621, 677, 685, 712, 837 f., 895, 914, 923, 948, 992
– Gespräche DGB-Arbeitgeber 75, 488f, 432, 442, 446, 450, 453,
Arbeitnehmer passim 8, 15, 18–34, 45–67, 93, 97 f., 121, 125, 139–144, 165 f., 179–198f 209, 213–237 257, 269, 271, 291–297, 303, 305, 308, 318–335, 340, 353, 363, 367, 372, 380, 395 f., 433–466, 476–497, 501, 566–595, 615–630, 643–654, 675–696, 704–710, 720, 723, 728, 731–760, 767–771, 774, 778, 785, 804–866, 901–963
– Arbeitnehmerinnen 12, 18, 20, 32, 99, 103 f., 579, 583, 724
– ausländische Arbeitnehmer 26, 131 ff., 209, 314, 432, 475, 477, 479, 487, 512, 519, 630, 636, 640, 885, 891, 894, 900, 911 f., 934
Arbeitnehmerkammer 83, 89, 176–181, 188, 197, 209, 281, 283–286, 309, 338, 342, 347, 351, 390 f., 447
Arbeitskammer *siehe: Arbeitnehmerkammer*
Arbeitskampf, Streik 9, 14, 34, 36 ff., 44, 55 f., 93, 112–118, 149, 153 f., 187, 214 ff., 239, 246, 270 f., 292, 300, 307, 365, 381, 401, 423 f., 489, 500, 503, 511, 541, 546, 622, 658, 668, 711, 716, 732, 737, 739, 751, 753, 761 f., 775, 782, 799, 8121 f. 826, 840, 842, 850, 853, 864, 880, 916
Arbeitslosigkeit 15 f., 26, 772, 910 f., 918, 921 f., 927 ff. 933 f. 947, 949, 956
Arbeitsschutz 12, 22, 47, 49, 165, 703, 708, 711
Arbeitszeit, Arbeitszeitverkürzung 47, 122, 125, 216, 248, 258, 316, 584, 663 f., 933
Asien 156, 595, 610, 681
Aussperrung *siehe: Arbeitskampf*
Auto Club Europa 320, 328, 338, 342, 357, 363, 372, 378, 768, 894, 900
Automation, Rationalisierung 19, 113, 140, 165, 191, 218, 270, 358, 510 ff., 578, 641, 718, 764, 768, 780
Bad Godesberg 215, 254, 313, 346, 357, 366, 375
Baden-Württemberg *siehe auch: Deutscher Gewerkschaftsbund – Landesbezirke* 34. 36. 41, 178, 180, 285, 489, 497 f., 511, 944
Bank für Gemeinwirtschaft *siehe: Gemeinwirtschaft*
Bayern *siehe auch: Deutscher Gewerkschaftsbund – Landesbezirke* 34, 89,

Sach- und Ortsregister

110, 178, 180 f., 269, 285, 331, 336 f., 351, 398, 497 f., 533, 536 ff., 541, 543, 667, 672–676, 703, 730, 739 f., 746, 872, 935 f., 944
Beamte *siehe auch: Deutscher Gewerkschaftsbund, Deutscher Beamtenbund* 19, 33, 38, 53, 58, 83, 93, 137, 139, 179, 197, 307, 314, 492, 509, 512, 549, 668, 709, 724, 739, 795, 883, 885, 893, 942, 959, 964 f.
Berlin *siehe auch: Deutscher Gewerkschaftsbund – Landesbezirke* 32 f., 41, 0 ff., 85, 116, 131 ff., 145 f., 152, 156, 158, 160, 164 f., 166 ff., 186, 189, 196 f., 204, 207, 242–252, 254, 256, 263, 267 ff., 271–277, 281 f., 286 ff, 298, 301, 306, 310 ff., 324, 327, 332, 345, 369 f., 393, 398, 419 ff., 426, 429, 439 ff., 461 f., 469 f., 502, 512, 521 f., 524 f., 548, 557, 566, 543, 579, 616, 688, 923, 947
Berlin (Ost) 60 f., 147, 158, 167, 204 f., 225, 238 f., 242–252, 263, 279, 301 ff., 311 ff., 345, 439, 525, 531, 556, 580, 601, 623, 658 f., 677 f., 707 f., 719, 779, 796
Berufliche Bildung 728
Betriebsrat, Betriebsratswahlen *siehe: Mitbestimmung*
Betriebsverfassungsgesetz *siehe: Mitbestimmung*
Bonn 11, 24, 38, 42, 69, 72, 74, 85, 93, 115, 127, 134, 136, 174, 184, 193, 212, 256, 291, 306, 346, 355, 357, 366, 370, 379 f., 382, 394, 405, 432, 438 f., 454, 469, 500, 503 f., 536 f., 606, 611, 614, 642, 652, 654, 659, 676, 683 f., 707, 710, 715, 734, 767 f., 799, 865, 903, 907, 909, 913, 974
Boltenhagen 60, 242–245, 251, 263, 280
Bremen 39, 42, 113, 115 f., 177, 222, 230, 284, 398, 439, 893
Brüssel 64, 159, 248, 256, 264, 266, 289, 302, 316, 320, 334, 370, 408, 496, 522, 524 f., 534, 550, 562 ff., 582, 590 ff., 597, 608, 624, 631, 642, 646, 647, 705, 710, 732, 776, 847, 856, 937
Bundesanstalt für Arbeit 15, 574, 734, 840, 843, 848, 921, 928, 933 f., 952 f., 963
Bundesarbeitsgericht 177, 218, 541, 546, 842 f., 852
Bundesjugendausschuss *siehe: Deutscher Gewerkschaftsbund*
Bundesbank/-präsidium/-präsident *siehe: Deutsche Bundesbank*
Bundeskanzler 7, 9, 15, 51, 54, 70, 74, 76 f., 120, 134, 141, 155, 167, 175, 195, 204, 212, 214, 232, 257, 293, 300, 305, 307, 340, 349, 354 f. 365, 388, 505, 430, 435, 443, 464, 474, 485, 500 ff., 521, 524, 547, 567, 576, 599, 606, 612 f., 655, 699, 701, 704 f., 706 f., 749 f., 759 f., 767 ff., 772, 782, 784, 798, 805, 807, 809, 811, 834 f., 837, 839, 862, 865, 868 f., 871 f., 889, 892, 895, 927, 929, 933 f., 941 ff., 961 f., 973
Bundesminister, Bundesministerium, Bundesregierung 7, 11, 13, 15, 37, 47, 54, 56 ff., 60. 66 f., 74, 76, 78, 116, 120 f., 123, 125, 138, 140 f., 143, 148–152, 155, 157, 160, 164, 166 f., 174 f., 183, 185, 188, 193, 198, 203f, 209, 211 f., 216, 219, 226 f., 235, 241, 243 f., 252, 269, 273, 275, 285, 287, 293, 296–308, 310, 318, 330, 335 f., 339 f., 348 f., 363, 365, 377, 381, 384 f. 395, 397, 400, 404, 407 ff., 412 ff., 419 f., 433, 435 f., 443 f., 450, 453, 455, 459, 465, 474, 476, 485, 488 f., 501 f., 505, 547, 556, 570, 574, 576, 607, 611 ff., 616, 619–623, 628, 635, 654, 670, 682, 691, 699 ff., 703 ff., 710 ff., 717 f., 729, 736, 741 f., 744 f., 750, 753 ff., 760, 772, 774, 789 f., 799 ff., 809 f., 812, 818, 823 ff., 835, 840 f., 855, 859, 866–871, 888, 891, 895, 904, 906, 910, 912, 915, 918, 922, 927 f., 930 ff., 951, 955, 964
– Arbeit und Sozialordnung 18, 153, 156, 170, 175, 188, 208, 258, 299 f., 310, 340, 342, 348, 362, 528, 576, 640, 712, 807, 835, 858, 868, 891, 916, 942, 959, 964
– Bildung und Wissenschaft 502, 728, 811, 826, 841
– Finanzen 10, 339, 411, 701,
– Verteidigung 10, 207, 337
– Wirtschaft 56, 124 ff., 136 ff., 141, 188, 193 ff., 229, 266, 295 f., 302, 339 f., 382 ff., 401 ff., 405, 407, 409, 414, 432, 442, 496, 499, 505, 544, 683, 699, 705, 707, 715, 717, 741 f., 748, 753–758, 789 f., 799, 879, 910, 924
Bundespräsident 189, 333, 353, 365, 849, 966, 968
Bundesrat 149, 241, 350, 361, 386, 397, 450, 497 ff., 678, 760, 780, 855, 951
Bundesrepublik Deutschland passim
Bundestag *siehe: Deutscher Bundestag*
Bundesvereinigung der Deutschen Industrie *siehe: Arbeitgeber*
Bundesvereinigung der Deutschen Arbeitgeberverbände *siehe: Arbeitgeber*
Bundeswehr 149, 153, 170, 185, 206, 292, 302, 331, 336 f., 480, 676, 739, 746
Ceskoslovenská Socialistiocká Republika (CSSR) *siehe: Tschechoslowakei*

Christlich Demokratische Arbeitnehmerschaft (CDA), CDU-Sozialausschüsse 30, 83, 89, 179, 285, 447, 458, 565, 602, 607, 620, 628, 683, 715, 886, 896, 908, 935

Christlich Demokratische Union (CDU) 13,19,31, 35, 50 f., 52, 54 f., 148, 179 f., 184, 186 f., 189, 200, 209, 221–225, 241, 285, 287, 300, 352, 365, 395 f., 457, 454, 484, 488, 497 ff., 531, 547, 558, 565, 569, 589, 607, 628, 652 f., 676, 678 f., 683, 708, 715, 734, 753, 762, 775, 787, 837, 896,908, 935, 956

Christlich Soziale Union (CSU) 13, 29, 55, 184, 186 f., 189, 209, 221–225, 241, 287, 306, 340, 395, 454, 484, 497, 531, 547, 569, 652, 678, 715, 908

Christliche Gewerkschaften, Christlicher Gewerkschaftsbund Deutschlands (CGB) 856, 939

Confédération Générale du Travail – Force Ouvrière (CGT-FO) 611, 681 f., 888, 962

Confédérazione Italiana Sindicati Lavoratori (CISL) 471, 591, 631, 646, 856, 882

Deutsche Angestelltengewerkschaft 77 f, 139, 178, 227, 380, 308 f., 405, 459, 487 ff., 638, 698, 715, 746–749, 763, 765, 782, 786 ff., 791 ff., 797, 815, 827, 840, 873–877, 880 f., 924, 942, 950, 953 f., 959, 962, 964, 966, 968

Deutsche Bundesbahn 39, 408, 491, 928

Deutsche Bundesbank 58, 139 f., 142 f., 187, 212, 297, 318 f., 329, 374, 382, 384, 401 f., 405, 409 ff., 414, 443 f., 704, 7 17, 767, 772, 799, 866, 928, 955, 970

Deutsche Demokratischer Republik (DDR) 59, 61 f., 90, 151 f., 164, 166, 174, 204, 225, 242 ff., 247, 249, 251 f., 275, 278 ff., 298, 312 f., 419, 461, 470, 489, 556, 588, 677 f., 720 f., 787, 796, 818, 845, 902 f., 913, 939, 963, 973

Deutsche Friedensunion (DFU) 99, 105 f.

Deutsche Kommunistische Partei (DKP) 106, 112, 114 f., 187, 272, 377, 490, 521, 549, 553 f., 889, 920, 926, 939, 948

Deutscher Beamtenbund 227, 355, 405

Deutscher Bundesjugendring 439 ff., 469, 670, 707

Deutscher Bundestag 11, 13, 15, 29, 33, 39, 48, 52 f., 54 f., 67, 73, 97 f., 99, 101, 105 f., 134, 149, 175, 197, 200, 219, 241, 257, 291, 295, 299, 305 f., 308, 348–351, 354, 362, 379 f., 386 f., 393, 396 f., 408, 464, 473 f., 485, 491 f., 497, 531, 536, 558 f., 580, 612 f., 621, 642, 670, 676, 713, 754, 757, 770, 780, 810, 834, 836, 855, 859, 866, 894, 896, 907, 909, 922 f., 932, 951, 956

- Bundestagsfraktionen 10, 13, 38, 51, 70, 74, 184, 186, 189, 200, 203 f., 209, 241, 210 ff., 225, 241, 256, 294 ff., 301, 304, 306, 308, 340, 344 ff., 353, 365, 380, 395, 398, 408, 454, 484, 544, 547, 635, 650 ff., 676, 675, 683, 715, 753, 784, 786, 798, 806, 835, 848, 891, 894 ff., 906, 925, 932
- Bundestagswahlen 9.11. 54, 119, 130, 148, 203, 305, 564–569, 605, 613, 615 f., 620 f., 636, 692, 906

Deutscher Gewerkschaftsbund passim Abteilung 25–44, 66
- Angestellte 19, 85, 361, 369, 380, 541, 543, 722 f., 791, 797 f., 827, 846, 875, 954, 975
- Ausländische Arbeitnehmer 26, 67, 131, 133, 209, 471, 475, 535, 588, 630, 900, 911, 950, 958
- Beamte 24, 33, 93, 220, 314, 336 f., 404, 975
- Bildung 49, 417, 529, 623, 712, 849, 975
- Finanzen 96, 206, 339, 431, 493, 552,739, 813, 975
- Frauen 20, 164 f., 513, 531, 582, 716, 724, 901, 975
- Gesellschaftspolitik 24, 25, 61, 84, 139, 175, 177, 184, 190, 193, 212, 214, 222–225, 283, 285, 293, 298, 301, 307, 335, 352, 354, 362, 366, 376, 447, 459, 475, 485, 490, 495, 554 f., 565, 583, 614, 650, 666, 722, 734, 769, 781 f., 798, 805, 808, 824, 851, 859, 883, 896, 909, 930, 939
- Internationale Abt. 24, 26, 64, 66, 68, 135, 156, 159, 162, 171, 190, 201, 206, 234, 266, 287, 308, 336, 394, 471, 524 f., 531, 535, 551, 574, 576, 578, 581, 591, 593 ff., 627, 630 ff., 671, 681 f., 710, 715, 749, 776 ff., 795, 802, 818, 820, 847, 657, 861, 863, 886, 902, 925, 936
- Jugend 18, 21 f., 93, 95, 260, 336, 419 f., 439 f., 459, 469, 658 f.,. 670, 678, 707 f., 716, 924, 944, 952 f.
- Organisation 25 f., 32, 34, 131, 190, 232, 233, 255, 257, 259, 322 f., 331, 342, 359, 466, 634, 657, 682, 702, 746, 787, 812, 815, 973
- Sozialpolitik 156, 190, 227, 237 f., 344, 348, 351, 362, 380, 439, 464, 491, 497, 543, 634, 676, 710 f., 721, 726, 776, 877, 931, 953, 963
- Wirtschaftspolitik 25, 40, 46, 58, 84, 1221–127, 136, 138, 193, 216, 219, 320, 329, 382–386, 402 f., 405, 409, 418,

1025

Sach- und Ortsregister

422, 454, 465, 477, 483, 496, 505 f., 594, 603f,f., 741–744, 772, 756 f., 759, 786, 918 f., 931
- Werbung-Medienpolitik 31, 179, 181, 207, 449, 472, 517, 750, 890
- Akademien *siehe: Bundesschulen*

Aktionsprogramm *siehe auch: Kommission Aktionsprogramm* 12, 19, 46 ff., 65, 104, 185, 228 f., 380, 415, 417 f., 425, 436, 449 f., 455 f., 487 f., 515, 520, 548, 552, 566 ff., 571, 620, 638, 642, 651–654, 664, 681–692, 722, 725 f., 733, 735, 740, 750, 817, 901, 915, 960, 967

Angestellte, Leitende Angestellte 52, 344, 357, 360 ff., 460, 497, 621, 627 ff., 714, 722 ff., 733, 735, 768 ff., 805 f., 831–843, 852, 917, 923 f.

Berufsfortbildungswerk des DGB *siehe auch: Berufliche Bildung* 877, 879 f., 903

Bundesausschuss passim 21, 23 f., 27, 32–34, 40, 45 f., 51 f., 55, 62, 69ff, 83, 96, 281–292, 346–356, 390–404, 426, 486–494, 619–628, 680–699, 719, 733–738, 828–834, 850–853

Bundesfrauenausschuss 20, 32, 105, 901, 969

Bundesjugendausschuss *siehe auch Gewerkschaftsjugend* 93,2 93, 420, 429, 469, 541 f., 670, 702, 719, 944

Bundeskongress
- 1966 Berlin 59, 553
- 1969 München 25 f., 32, 34, 43, 59, 145, 151 f., 177, 242, 313, 375, 510, 741
- 1971 Düsseldorf 22, 25, 43 f., 487, 492, 494, 529, 538, 655
- 1972 Berlin 34 f., 46, 54, 70, 265, 283, 479, 542, 545, 547, 587, 604, 620, 686, 689 f., 695, 763, 766, 775
- 1975 Hamburg 46 f., 57, 775, 782 f., 908, 945

Bundespressestelle 24, 42, 106, 120, 303, 390, 453, 523, 525, 918, 947, 977

Bundesschulen, Akademien 31 f., 35, 38, 40, 291, 398, 415, 417, 425, 638, 881

Bundesvorstand passim 24 f., 69 f.

Fonds »Ehemaliger Gewerkschaftsangestellter«, Unterstützungskasse 72, 99, 105, 248, 261, 265, 281 f., 334, 338, 343, 378, 387, 430, 438, 477 f., 485 f., 493 f., 515 f., 548, 552, 557, 559 f., 579 f., 605, 657, 698, 775, 783, 787, 790, 793, 811, 815, 894, 898, 929 f., 936, 965

Gehälter (DGB) 23, 99, 102 f., 208, 218, 222, 231, 248, 259, 281 ff., 292, 431, 437, 454, 466, 510, 547, 565, 571 f., 579, 587, 619 f., 713, 748, 760, 787, 790, 812, 816, 850, 903, 913

Gesamtbetriebsrat 34, 94, 102f, 111, 268, 321, 259, 267, 282, 374, 437, 518, 571, 587, 620, 760, 903

Geschäftsführender Bundesvorstand (GBV) passim 29–33, 84–100. 107 f. 176, 221–241, 266. 277, 311, 338, 364, 419, 454–485, 517–529, 575–590, 637–656, 710, 819, 843, 846–865, 921–929, 945, 949

Gewerkschaftshäuser 96, 222, 230, 298, 498, 511, 516, 553, 807, 854, 858

Gewerkschaftsjugend, gewerkschaftliche Studenten- und Lehrlingsgruppen 17 f., 21 f., 34, 95, 240, 248, 260, 264, 277, 292,f., 307, 317, 331, 337, 419, 425, 440, 469, 480, 616, 658 f., 670–676, 678, 702, 708, 736, 880, 953

Grundsatzprogramm 22, 25, 43, 46 f. 49 f., 181, 260, 367, 385, 406, 520, 631, 632, 654, 665–668, 690, 697, 741, 758, 781, 818, 883, 911, 914, 960, 967, 971

Haushalt, Finanzen 23 ff., 35ff, 94, 102, 185, 205 f., 208, 259, 338 f., 343, 347, 352, 357, 359, 390, 399, 430, 467, 473, 486, 493, 509 f., 515 f., 561, 565, 571, 585 ff., 636 ff., 680, 697 f., 726, 759, 794, 810, 812–817, 850, 900, 932, 945
- Haushaltskommission 205, 359 f., 399,423, 431, 466, 477 f., 481 f., 485, 493, 499, 525, 571, 586, 637, 648, 655, 697, 716, 726, 760 f., 773, 775, 786, 812–815, 8921 f., 901, 926, 937 f.

Kommissionen
- Aktionsprogramm *siehe auch: Deutscher Gewerkschaftsbund – Aktionsprogramm* 24, 73, 83, 89, 95, 176, 188 f., 262, 284, 375, 381, 397, 456, 460, 517, 568, 574, 583, 594, 603, 716, 826, 925
- Mitbestimmung 96 f., 377, 575, 881
- Reformkommission *siehe auch: Deutscher Gewerkschaftsbund Satzungsreform* 44 f., 66, 83, 85, 87 f., 99 f., 196, 338
- Revisionskommission 111, 210, 343, 352, 474, 482, 493, 538, 544 f., 557, 561, 571, 656, 698, 726, 858, 864, 955, 964, 972

Kreis- und Bezirksausschüsse 25, 60, 102, 105 f., 122, 206, 256, 313, 397, 417, 432, 475, 477, 480, 511, 515, 519, 548, 555, 575, 724, 735, 763, 851, 892

Landesbezirke
- Baden-Württemberg 34, 96, 176, 466, 575, 648, 657, 680, 698, 783, 851, 859 f., 920, 955, 976
- Bayern 41, 89, 110, 176, 317, 336, 338, 343, 347, 351, 398, 426, 523, 537, 561,

672f., 675, 731, 762f., 783, 864, 899, 955, 976
- Berlin 41, 94, 112, 132, 176, 207, 246–252, 263, 267, 273, 276, 287, 312, 317, 345, 357, 360, 400, 441, 466, 477, 480, 514, 524, 530, 572, 727, 735, 864, 899, 955, 971, 976
- Hessen 103, 170, 176f., 283, 523, 526, 656, 703. 762, 783, 945, 955, 976
- Niedersachsen 39, 42, 45, 108, 176, 328, 351, 466, 727, 735, 879, 955, 977
- Nordmark 41f., 103, 176, 431, 466, 530, 727, 735, 762, 763, 864, 955
- Nordrhein-Westfalen 33, 41, 86, 176, 536, 558, 669, 727, 735, 783, 864, 892, 899, 941, 945, 977
- Rheinland-Pfalz 32, 35, 41, 43, 170, 176, 178, 210, 317, 466, 480, 648, 656, 658, 680, 688, 699, 762, 781, 864, 899, 920, 938, 955, 977
- Saar 42, 130, 176, 210, 231, 317, 466, 480, 530, 533, 854, 860, 920f., 955, 977

Medienpolitik, Presse, Film 19, 24, 42, 145, 154, 179, 193, 262, 289, 336, 385, 412, 418, 472, 492, 547, 565f., 764, 870, 930, 938, 941, 945f., 965

Organisationsausschuss 77, 257, 342, 359, 659, 674, 701, 709, 730, 746, 765, 817, 849

Parlamentarische Verbindungsstelle 11, 24, 42, 85, 370, 454, 497, 805, 977

Rechtshilfe, Rechtsschutz 178, 196, 239f., 247, 254f., 258f., 307, 314ff., 320, 328, 338, 342, 357, 364, 373, 378, 387, 463, 512, 816f., 840, 846, 860, 894, 939

Satzung, Satzungsreform 22, 25, 43–45, 85, 87, 95, 100, 177, 181, 189, 190, 291, 326f., 430, 450, 519ff., 541ff., 584ff.

Solidaritätsfonds *siehe auch: Spenden* 23, 112, 122, 130, 134, 170f., 209, 229f., 266, 282, 302, 355, 359, 378f., 86, 390, 397, 399f., 418, 423f., 432, 436ff., 454ff., 463, 483, 486, 490, 515, 531, 545, 525, 561, 565, 567, 571, 576, 585ff., 601f., 619f., 636–640, 680, 698, 725ff., 734, 765, 775, 782f., 813f., 825, 844, 851, 863,895, 903, 906, 925, 930, 936ff., 952

Spenden, Unterstützungen *siehe auch: Solidaritätsfonds* 130, 170, 209, 267, 338, 341, 347, 355, 404, 466, 573, 638, 667, 671f., 727, 780, 794, 840, 844, 850f., 854, 858, 904, 937

Tarifpolitischer Ausschuss 114, 117, 188, 220, 889

Wirtschaftspolitischen Ausschuss 122, 126, 328, 603, 909

Wirtschaftswissenschaftliches Institut (WWI) bzw.

Wirtschafts- und Sozialwissenschaftliches Institut (WSI) 14, 318, 329, 338, 343, 376, 388, 392, 416, 425, 442, 453, 456ff., 475f., 487, 506, 544, 570, 604, 668f., 741, 743f., 757, 763, 766, 776, 784ff., 810, 888, 919, 922, 933, 939, 963

Zeitung, Zeitschriften
- Der Deutsche Beamte 314, 980
- Der Gewerkschafter 10, 398, 402, 417, 472, 503, 614, 741
- Die Quelle 24, 30–35, 42, 44, 52f., 66, 83, 130, 141, 169, 187f., 196, 198, 229, 233, 273, 306f., 340, 353, 365, 369, 381, 384, 394f., 439, 444f., 448, 472, 488, 492, 498, 510ff., 546f., 561, 566, 570, 601f., 621, 681, 700f., 715, 731, 758, 790, 799, 806, 835, 846f., 860, 884, 902, 922, 939, 947, 951, 977
- Einheit 121, 114
- Einigkeit 40. 371
- Erziehung und Wissenschaft 39, 672
- Gewerkschaftliche Monatshefte (GMH) 10f., 13f., 19, 21ff., 30f., 39ff., 65, 135, 175, 198, 321, 354f., 363, 368, 389, 417, 495f., 499, 562, 580, 593, 622, 668, 835, 897, 906, 919f., 977
- Metall 112, 200, 214, 398, 472, 503, 567, 612, 614, 642, 662, 666, 686, 716, 712, 751, 785, 919, 942, 957
- Nachrichtendienst (ND) 13, 15, 32–42, 53f., 60, 66, 93, 98, 120f., 128, 141, 149, 157, 171, 187, 191ff., 203ff., 235ff., 263ff., 288ff., 302, 344ff., 377–402, 442, 460–472, 490ff., 520, 531, 556ff., 578ff., 603, 613, 623, 640ff., 676ff., 700, 715, 729–745, 770–792, 827–836, 850, 868, 877, 883ff., 901, 918–930, 939ff., 950ff., 961, 969,
- ÖTV-Magazin 115, 610, 683, 686
- Ran 17, 324, 356, 532, 540, 638, 716, 763, 766, 952
- Recht der Arbeit 11, 842
- Solidarität 22, 952f.
- Soziale Sicherheit 48, 877
- Textil-Bekleidung 799
- Welt der Arbeit (WdA) 13, 40, 43, 112, 117, 125, 146, 187, 277, 353ff., 359, 382ff., 394, 401, 412, 425, 448, 451, 464, 471, 503f., 547, 558, 567, 580, 624, 785, 855, 865, 886, 913, 939, 947, 969, 977
- WSI-Mitteilungen 14, 939

Deutscher Gewerkschaftsbund, Mitgliedsgewerkschaften
- Deutsche Postgewerkschaft (DPG) 17, 23, 26f., 36, 38, 43, 116, 128, 172, 363, 525, 529f., 585, 649, 652, 674, 684, 771, 775, 899, 904, 907, 919f., 941, 976
- Gewerkschaft der Eisenbahner Deutschlands (GdED) 17, 23, 27, 36, 38f., 85, 116f., 128, 207, 518, 579, 762
- Gewerkschaft Erziehung und Wissenschaft (GEW) 17, 20, 34, 39, 92, 156, 158, 186, 205, 210, 242, 256, 269, 272, 274, 335, 355, 379, 506f., 521, 525, 527, 544, 612, 623, 667, 671-675, 680, 698, 703, 730, 746, 783, 795, 799, 849, 860, 872, 883, 886, 899, 925, 948f., 952
- Gewerkschaft Gartenbau, Land- und Forstwirtschaft (GGLF) 16f., 20, 35, 40, 83, 85, 103, 128, 170, 210, 220, 242, 357ff., 449, 455, 515f., 544, 619f., 638, 762, 774m, 764, 783, 813, 858, 879, 899, 930, 937f., 964
- Gewerkschaft Handel, Banken und Versicherungen (HBV) 16f., 32, 39, 85, 108, 146, 181, 207f., 221, 230, 236, 328, 336, 364, 373, 377f., 389, 415, 423f., 472, 492, 516, 546, 637, 639, 716, 746, 761, 791f., 814f., 842, 874, 876, 897, 903, 913, 926, 941, 964, 973
- Gewerkschaft Holz und Kunststoff (GHK) 17, 40, 62, 111, 210, 226, 420, 423, 440, 472, 619, 751, 762, 783, 789, 863, 931
- Gewerkschaft Kunst 17, 40f., 85, 229f., 369, 381, 464, 507, 544, 763, 765, 813, 945
- Gewerkschaft Leder 17, 27, 40, 208, 260, 291, 317, 342, 418, 440, 561, 794, 879
- Gewerkschaft Nahrung-Genuss-Gaststätten (NGG) 17, 40, 85, 92, 117, 146, 258, 282, 310, 327, 342, 356, 371, 418,472, 428f., 482, 492, 518, 544, 548, 588f., 791, 904, 920, 973
- Gewerkschaft Öffentliche Dienste, Transport und Verkehr (ÖTV) 14, 17, 23, 27, 33-37, 45, 53, 56, 60, 62, 112, 115-119, 126, 146, 154, 160, 172, 182f., 207f., 218, 220f., 236f., 245, 255, 257, 268f., 289, 308f., 316ff., 329, 335, 342, 351, 356, 360, 388, 391, 401, 440f., 465f., 506f., 513, 518, 522, 228, 543, 546, 548, 562, 582, 585, 602, 610ff., 628, 635, 637, 640, 649, 655, 674, 683, 686, 694, 703, 727, 742ff., 762, 770, 812, 833, 841, 847, 850, 859, 879, 897, 899, 902, 919, 925, 964, 972
- Gewerkschaft Textil-Bekleidung (GTB) 16f., 24, 27, 31, 35, 40, 42, 65, 89, 99, 104, 117, 133, 171f., 177, 185, 207, 230, 246, 255, 257, 283f., 291, 299, 315ff., 399, 447, 453, 462ff., 472, 492, 517, 541, 544f., 548, 552, 557ff., 565, 574ff, 586, 591, 602, 631, 638, 646, 674, 791, 799, 816, 957, 976
- Industriegewerkschaft Bau, Steine, Erden (BSE) 8, 17, 20, 23, 62, 68, 85, 131f., 170, 172, 210, 231, 257, 315, 324, 342, 376, 378, 389, 453, 585, 639f., 645, 649, 701, 723, 758, 863, 975
- Industriegewerkschaft Bergbau und Energie (IGBE) 10, 17, 23, 29, 37, 112, 114f., 119, 128, 154, 192, 196, 210, 289, 291, 322, 328, 418, 435, 440f., 465, 479, 497, 575, 585, 600, 651, 685, 727, 762, 793f., 796, 810, 815, 866, 879, 897, 925, 972, 975
- Industriegewerkschaft Chemie-Papier--Keramik (CPK) 17, 23, 27, 31, 36f., 52, 60, 62, 85, 90, 95, 100, 103, 112, 133, 176, 181, 212, 219, 257, 300, 336, 363, 378, 389, 422, 440, 448, 453, 465f., 480, 482, 555, 579, 588, 604, 649, 658, 699, 716, 727, 732, 783, 810, 833, 879, 897, 920, 930, 963f., 975
- Industriegewerkschaft Druck und Papier (DruPa) 17, 39, 59f., 62, 84, 90f., 94, 106f., 130, 273, 275, 287, 325f., 328, 342, 357, 381, 401, 418, 432, 439, 453, 470, 473, 487, 496, 507517, 544, 549, 561, 656, 658, 674, 699, 706, 762, 765, 843, 941, 972, 976
- Industriegewerkschaft Metall (IGM) 8. 14, 17, 19, 23, 27, 30, 33f., 36. 42, 46f., 56f., 62, 73, 101, 112-119, 132f., 154, 172, 200, 203-208, 214, 219, 227f., 236f., 257, 271, 274, 316ff., 336, 362, 366, 378, 388f., 398, 448, 453, 464-470, 472, 479, 489, 492, 500, 503f., 511, 522, 528, 532, 535, 540, 542, 549, 555, 560f., 574f., 581,588f., 607-610, 614, 618, 630, 637, 649ff., 658, 662, 666f., 671, 674f., 680, 685-697, 704, 709, 716, 725, 727, 732, 736, 741, 751-759, 762, 767, 785, 807, 828, 831, 834, 849ff., 858, 860, 866, 869, 879, 882, 887, 897, 906, 908, 916, 921, 926, 941ff, 956f., 964, 967-972, 976

Deutscher Industrie und Handelstag 214, 335, 442, 461

Deutschlandpolitik, Deutsche Einheit
siehe auch: Ostpolitik, Ostkontakte
59f., 152, 252, 297, 299, 321

- Kuratorium Unteilbares Deutschland 292, 297, 400, 844, 851
Dortmund 21, 32, 37, 40, 55, 111, 114 f., 121, 128, 447, 573, 579, 610, 637, 712, 715 f.
Düsseldorf *siehe auch: Deutscher Gewerkschaftsbund* 24, 30, 40, 44, 50, 54, 60 ff., 64, 70, 83, 96, 109, 111, 115, 118, 153, 176, 185, 215,221, 231, 238 f., 241, 244–251, 253, 263 f., 267, 279 ff., 287, 292, 301, 303 f., 309, 311 ff., 338, 346, 373, 377, 390, 415, 427, 437, 445, 454, 469, 472, 486, 492, 496, 515, 523–526, 533, 541, 546, 564, 593, 600, 606, 619, 623, 636, 642, 648, 658, 680, 682, 699, 703, 719, 737, 739, 787, 840, 843, 850, 854, 860, 895, 898, 917, 930, 940, 950, 959, 966
Einheitsgewerkschaft/-prinzip *siehe: Gewerkschaften*
Einzelgewerkschaft *siehe: Deutscher Gewerkschaftsbund – Mitgliedsgewerkschaften*
Entwicklungsländer, Entwicklungspolitik 135, 600, 789, 825, 863
Erfurt 234
Essen 40, 55, 230, 261, 389, 623, 767, 775, 791, 855, 865, 917
Europapolitik 26, 70, 76, 174, 190, 289, 276, 608
Europäische Gemeinschaft 30, 578, 581, 709
Europäische Regionalorganisation des IBFG (ERO) 63, 540, 581 ff., 597 ff., 624
Europäische Sicherheitskonferenz 146, 151, 155, 158, 234, 481
Europäische Wirtschaftsgemeinschaft (EWG) 63 f., 141, 151, 190, 270, 353, 372, 394, 408, 471, 508, 540, 550 f., 563, 570, 574, 577, 581 f., 590 f., 596–599, 608 ff., 623 ff., 632, 681 f., 685, 709, 879
Europäischer Bund Freier Gewerkschaften (EBFG) 63 f., 76, 111, 135, 158, 190, 289, 330, 393 f., 471, 488, 540, 548–551, 573 f., 579, 581 ff., 588, 590–601, 606 ff., 623–627, 631, 638, 647, 681, 778
Europäisches Gewerkschaftssekretariat (EGS) 540
Europäisches Gespräch 883
European Free Trade Association (EFTA) 63 f., 508, 540, 550, 581, 590–601, 609 ff., 623–627, 631
Fernsehen/Rundfunk 32, 41, 275, 310, 353, 356, 498, 537, 547, 938
Force Ouvrière *siehe: Confédération Générale du Travail – Force Ouvrière*

Frankfurt/M. 21, 31 f., 35, 38, 64, 145, 228, 368, 375, 377, 406, 415, 417, 425 f., 451, 454, 480 f., 596, 602, 607, 618, 629, 701, 712, 738, 807, 813, 843, 849, 873, 876, 884, 917, 959, 964, 970
Freiburg/Brsg.
Freie Demokratische Partei (FDP) 51, 105, 119 f., 141, 188, 296, 300 f., 307 f., 352, 354, 365, 380, 397, 408, 454, 460, 464, 484, 490, 531, 570, 589, 606, 612–616, 621 f., 635, 642, 652 f., 676, 679, 683 ff., 689, 691, 695, 709, 713 f., 733 f., 747, 749, 760, 762, 769 f., 805 f., 808, 811, 824, 828, 831 ff., 837, 869 ff., 891, 896 f., 925, 932
Freier Deutscher Gewerkschaftsbund (FDGB) 41, 59–63, 70, 73 f., 77, 90 ff., 101, 147, 151, 158, 160, 165–169, 174 f., 185, 201, 203–207, 210 ff., 221, 225 f., 228, 234, 238 f., 241–256, 262 ff., 267, 269, 273, 278 ff., 287 ff., 292, 297, 301 f., 307, 311 ff., 331, 336, 345, 354, 393, 439, 534, 548, 556, 580, 589, 594, 601, 623, 677 ff., 682, 684, 703, 709, 719–722, 725, 736 f., 739, 747, 795 f., 802, 818, 822, 841,m 845, 861, 863 f., 903, 959, 963
Friedrich-Ebert-Stiftung 8, 15, 68 f., 72, 357, 366, 392, 456, 458, 659, 680, 844, 851, 865, 903
Garmisch-Partenkirchen 507, 509
Gastarbeiter *siehe: ausländische Arbeitnehmer*
Gemeinwirtschaft 148, 366, 368–373, 375, 377, 457 f., 476, 488
- Alte Volksfürsorge, Volksfürsorge 196 f., 241, 255 f., 314, 338, 342 f., 357, 364, 368–376, 416, 437, 446, 560, 628, 795, 809, 840, 846, 860, 884, 900, 929, 936
- Bank für Gemeinwirtschaft 75, 96, 108, 121, 184, 264 f., 331, 338 f., 342 f., 360, 368 ff., 4373–377, 388, 416, 427, 432, 437 f., 446, 448, 466, 488, 496, 499, 532, 573, 579, 594, 602 f., 611, 617 f., 628, 659, 713, 730 f., 763, 767 f., 783, 788 f., 793 f., 813–816, 877, 884, 886, 892, 903, 916 f., 937 f., 970
- Beteiligungsgesellschaft für Gemeinwirtschaft AG (BGAG) 35, 813, 884, 917, 959, 964 f.
- Bund-Verlag GmbH 83, 95, 321–325, 334, 466, 496, 499, 527, 530, 532, 767, 861, 864
- Genossenschaften/Konsumgenossenschaften/co op 43, 229, 368, 602, 879, 884, 916 f.
- Gesellschaft für Jugendheime (GfJ) 83, 95 f., 594, 602

1029

Sach- und Ortsregister

- g-u-t-Reisen 307, 317, 372, 768, 884
- Neue Heimat 75, 108, 320, 332–334, 343, 368, 370 f., 375 f., 416, 448, 468, 507 ff., 514, 738, 748, 761, 782, 845, 884
- Vermögens- und Treuhandgesellschaft (VTG) 83, 95 f., 186, 210, 222, 230, 265, 387 f., 415, 423, 438, 448, 477, 479, 510 f., 515 f., 527, 530, 533, 538, 565, 603, 606, 636, 639, 648, 656, 775, 782, 973, 813, 845, 854, 858 f., 892, 901, 929, 936, 950, 955 f., 964

Genossenschaften siehe: *Gemeinwirtschaft*

Gewerkschaft der Polizei (GdP) 331, 335, 450

Gewerkschaften *DGB-Mitgliedsgewerkschaften siehe: Deutscher Gewerkschaftsbund – Mitgliedsgewerkschaften*
- amerikanische 135, 232, 309, 489, 818
- bulgarischer 67, 202 f., 264 f., 287, 393, 470, 526, 534
- dänische 63, 65, 550, 591, 595, 631, 643, 646 f., 731, 857
- finnische 147, 158, 191, 201, 233 f., 591 f., 634, 721, 776, 802, 819, 821, 902
- israelische 446, 451 f., 594, 603
- italienische 65, 190, 232, 471, 489, 526, 591 f., 627, 631 f., 646, 776, 779, 804, 822, 856 f., 862, 882 f., 887, 962
- japanische 146, 156, 158, 595
- jugoslawische 67, 130–134, 185, 209, 287, 308, 310, 354, 389, 432, 467–471, 475, 531, 535, 588 f.
- kanadische 290, 308
- norwegische 63 f., 147, 550, 591 f., 593, 596, 624, 777, 819, 902
- österreichische 147, 550, 584, 591 f., 624, 783
- polnische 63, 73, 108, 146 f., 155, 161–168, 173, 201 f., 273, 298, 309, 336, 364 f., 394, 547
- portugiesische 68, 862 f., 905 f., 925
- rumänische 67, 159, 203, 267, 469
- schwedische 64, 389, 591 f., 595, 802, 588, 593, 721, 749, 902
- sowjetische 66 f., 69, 76, 90 f., 108, 144–152, 154–161, 169, 191, 201 f., 211, 234, 245, 254, 264, 267–277, 286–289, 312, 354, 393, 404, 418–422, 426–429, 432, 439 ff., 446, 461 f., 469 f., 522–525, 531 f., 534 f., 547, 564, 633, 681, 715, 725, 802, 818, 946 f.
- tschechoslowakische 67, 92, 419, 468, 470
- türkische 308, 357, 363, 467, 675
- ungarische 67, 147, 287, 309, 354, 469 f., 522, 525, 546, 721, 802

Gewerkschaftsbarometer 247 f., 254, 307, 313 f., 873

Gewerkschaftsjugend, gewerkschaftliche Studenten- und Lehrlingsgruppen 17, 21 f., 34, 95, 240, 248, 260, 264, 277, 292 f., 307, 317, 337, 419, 440, 469, 480, 616, 658, 670 f., 675, 678, 708, 736, 953

Gewerkschaftsrat siehe: *Sozialdemokratische Partei Deutschlands*

Hamburg 37, 40, 57. 70, 111, 116, 145, 207, 255 f., 310, 314, 331, 333, 368, 376, 392, 425 f., 442, 449, 467, 475, 542, 545, 584, 602, 683, 712, 722, 733, 737 f., 740, 745, 765, 782, 795 f., 801, 828, 837, 852, 854, 859, 864, 871 f., 877, 902, 904, 909, 917, 929, 941, 944 f., 959, 968 ff.

Hannover 37, 78, 101, 392, 615, 653, 684, 705, 738, 871, 873, 876, 860, 906, 917, 926

Hans-Böckler-Gesellschaft 200, 341, 425,

Hattingen 95, 640

Hessen siehe auch: *Deutscher Gewerkschaftsbund – Landesbezirke* 158, 365, 497 f., 417, 616, 674, 935, 953

Histadrut 451, 466, 603, 820, 863

Industrien
- Baugewerbe 118, 132, 758
- Bergbau 114 f., 118, 339, 371, 435, 497,
- Chemische 56, 118, 228, 503
- Druck 401
- Eisen- und Stahl 113, 115, 642, 916, 919
- Energiewirtschaft 84
- Land- und Forstwirtschaft 143 f., 358, 408, 751
- Metall 55 f., 218, 319, 489, 500, 549, 790, 869
- Mineralöl 801, 827
- Öffentlicher Dienst 12, 14, 37, 46, 53, 85, 115. 117, 125, 176, 182, 218, 220, 314, 404, 416, 510, 512, 521,542, 549, 627, 637, 640, 668, 676, 691, 713, 729, 742, 744 f., 790, 792 f., 812, 830, 872, 892, 907, 915, 939
- Textilgewerbe 13, 40, 771, 799

Industriegewerkschaft *DGB-Mitgliedsgewerkschaften siehe: Deutscher Gewerkschaftsbund, Mitgliedsgewerkschaften*

Institut für angewandte Sozialwissenschaft (Infas) 119, 188, 215, 254, 313, 923

Institut für Zukunftsforschung 307, 353, 369, 373, 378, 379, 390 ff., 415 f., 456 f., 467, 475, 487,

Internationale Arbeitskonferenz 185, 190, 208, 357, 362, 526, 528, 594 f., 634, 640, 854, 858, 959, 964

Sach- und Ortsregister

Internationale Arbeitsorganisation (IAO) 30, 68, 146, 362, 384, 419, 546, 681, 721, 727, 776 f., 818, 888
Internationaler Bund Freier Gewerkschaften (IBFG) 63 f., 64, 68, 134 f., 147 f., 158 f., 191 f., 232 ff., 240, 290, 320, 330, 335, 394, 461, 471, 488 f., 508, 523 ff., 529, 534, 540, 549 ff., 557, 560 f., 574, 582, 588–600, 607–611, 621, 623 f., 630–634, 670 ff., 680–685, 715, 725, 727, 732, 737, 776 ff., 788, 803, 813, 817 f., 847, 855 ff., 860–863, 876, 882, 886 f., 901, 925, 936 f., 950, 956, 965 ff., 972
Internationaler Bund der Privatangestellten 746, 862 f., 876
Internationaler Solidaritätsfonds 561, 937
Israel 13, 63, 346, 446, 451 f., 531, 533, 538, 564, 569, 594, 603, 795, 804, 820,
Jugendarbeitslosigkeit 940, 942f, 952 f., 968
Jugoslawien 67, 131–134, 153, 171, 308, 310, 393, 468–471, 531, 535, 588 f., 891
Kassel 24, 252 f., 256, 280, 513
Köln 14, 33, 39, 83, 93, 116, 308, 364, 442, 450, 453, 477, 513, 913
Kommunismus 8, 65, 67, 115, 147,157, 190, 233 f., 256, 276, 280, 377 f., 394, 432, 442, 469, 549, 580, 606, 611, 626, 631–634,, 675, 681, 731. 766, 777–780, 788 f., 819, 821 f., 856, 863, 868, 882 f., 887, 893, 899, 935, 962
Kommunistische Partei der Sowjetunion (KPdSU) 715, 731
Konzertierte Aktion 5, 8, 10, 13, 55–59, 70, 73, 75, 122–128, 136 f., 139, 143 f., 186 f., 193–196, 217, 224, 264, 266. 292, 295 f., 302, 320, 328, 378, 381–386, 401 ff., 405 f., 408, 410, 412, 414, 432, 442–445, 461, 465, 488, 496, 499 f., 503 f. 506, 569 f. 604, 622, 683, 706 f., 717 f. 741, 743, 751, 755 f., 772, 787, 789 f., 798, 870, 872, 910, 924, 930 f.
Krankenversicherung 41, 48, 305, 877, 871
Kuratorium Unteilbares Deutschland *siehe: Deutschlandpolitik, Deutsche Einheit*
Linksradikalismus *siehe: Kommunismus*
Lohnpolitik *siehe auch: Tarifpolitik* 213, 236, 295, 319, 329, 382, 384 f., 402, 407, 409, 412, 433, 435 f., 444, 453, 463, 646, 665, 695, 705, 757 f., 773, 785, 914
– gleiche Entlohnung für gleichwertige Arbeit 20, 32, 888, 931, 934
– Lohnfortzahlung 49, 153, 171, 195, 230

– Lohnleitlinien, Orientierungsdaten 57 f., 126, 137, 193 ff., 330, 382–386, 401–409, 411–414, 501, 570, 593 f., 605, 755, 780
– Preise – Löhne 140, 219, 236,329, 365, 382, 384, 386, 402, 406, 411, 414, 444, 570, 736, 812, 870, 895, 915
Magdeburg 60, 247–253, 263, 278 ff., 311 f., 336, 345
Maifeiern, Maiaufrufe, 1. Mai 53, 171, 221, 229, 313, 357, 362, 515, 517, 575, 616, 793, 931 ff.
Mitbestimmung
– Arbeitsdirektor 51, 53 f., 199, 215, 376, 438, 627 f., 713 f., 770, 829, 836, 839, 896 f., 909
– Betriebsrat 30 f., 34, 36, 38, 94, 102 f., 111, 114, 118, 208, 228, 231, 237, 259, 267, 339, 344, 348, 356, 374, 380, 395 f., 437, 464, 512, 518, 528, 571, 587, 620, 760, 832, 903, 907, 913, 958
– Betriebsratswahlen 396, 415, 424, 446, 449 f., 455 f., 490, 497 f., 515, 419, 549, 665, 837 f., 929, 934 f., 940
– Betriebsverfassungsgesetz 13, 18, 22, 51 f., 55, 175,183, 192 f., 198, 228, 236, 238, 240, 291 f., 299 ff., 307 f., 335, 338, 344, 346 ff., 350, 353, 360 ff., 378 ff., 395 ff., 428, 437, 439, 449, 454 f., 460, 464, 473, 485 f., 490 f., 496–500, 512, 526, 528, 533, 535, 540, 565, 573, 622, 678, 723, 752, 832 ff., 836, 843, 889, 907, 924, 934
– Montanmitbestimmung 199, 622, 627, 768,824, 828 f., 831 f., 896, 906 f., 922 f., 932
– Personalvertretung, Personalvertretungsgesetz 13, 53, 120, 183, 188, 192, 221,227 f., 236, 238, 397 f., 435, 465, 488, 535, 606 f., 613 f., 617, 622, 627, 648, 676, 683, 724, 836,
– Sachverständigenkommission 51, 53 f., 175, 183, 185, 189, 192, 198 ff., 205, 354
– Stiftung Mitbestimmung 200, 338, 341, 347, 702, 795, 811, 825, 885, 890, 908, 940
Mittelfristige Finanzplanung 428, 430 f., 466, 487, 575, 774
Monnet-Komitee 394, 705, 727
Montanmitbestimmung *siehe: Mitbestimmung*
Moskau 11, 13, 61, 66 f., 73, 144 f., 152, 154–158, 166, 186, 245, 267, 272, 276 f., 286, 288, 324, 393, 404, 419, 426, 429, 432, 439, 524, 532, 534, 633, 681
München 26, 32, 34, 38, 57, 67, 87, 92, 109 f., 145, 151 f., 177, 242, 256, 262, 269,

1031

Sach- und Ortsregister

296, 313, 375, 536, 564, 569, 658, 706, 741, 783, 796, 843, 846, 869, 871, 899, 918
Nationaldemokratische Partei Deutschlands (NPD) *siehe auch: Rechtsextremismus* 101, 122, 130, 149, 153, 170, 365, 437, 490, 536, 549, 553 f., 766
Niederlande 159, 233, 577, 591 f., 677, 710, 716, 804, 962
Niedersachsen *siehe auch: Deutscher Gewerkschaftsbund – Landesbezirke* 42, 398, 615, 904
Nordrhein-Westfalen *siehe auch: Deutscher Gewerkschaftsbund – Landesbezirke* 34, 40, 132, 180, 196, 261, 325 f., 364, 432, 439 f., 460, 642, 713, 742, 750, 775, 872, 880, 916, 919, 935
Olympische Spiele 109 f. 569, 603
Organization for Economic Cooperation and Development (OECD) 141
Ostpolitik, Ostkontakte 7, 13, 59, 66–69, 90 ff., 135, 145, 147, 153 f., 162, 168 f., 174 f., 185 f., 190 ff., 201,. 232, 277, 287, 297 f., 307. 321, 365, 400, 429, 451 f., 468, 489, 737, 776
Paris 578, 597, 599, 705, 709 f., 847, 879, 933
Personalvertretungsgesetz *siehe: Mitbestimmung*
Polen 67, 155, 162 ff., 191, 202, 273, 275, 287, 298, 331, 336, 354, 393, 441, 469 f.
Portugal 68, 590 f., 670, 862 f., 891, 905 f., 925
Preise, Preisentwicklung 56 f., 59, 70, 77, 101, 122–127, 136–144, 186 f., 193, 212 f., 217, 236, 293–296, 303 ff., 318 f., 340, 365, 407 f., 410–415, 418, 442–445, 453, 455, 508, 511, 571, 603, 614, 621 f., 643, 650, 685, 691, 699 ff., 704–707, 717 f., 740, 742–745, 748–758, 762, 772 ff., 801, 827, 850, 866 f., 889, 904, 909 ff., 918, 930, 956
Rechtsextremismus *siehe auch: NPD* 130, 280, 297, 365, 490, 536, 549
Recklinghausen 84, 883, 968
Rheinland-Pfalz *siehe auch: Deutscher Gewerkschaftsbund – Landesbezirke* 38, 178 ff., 285, 351, 497 f., 674
Rom 526, 562
Ruhrfestspiele 720, 849, 860, 969
Saarbrücken 122, 130, 153, 170, 175, 835
Saarland *siehe auch: Deutscher Gewerkschaftsbund – Landesbezirke* 42, 114 f., 130, 177, 283–286, 339, 423, 497 f., 537, 634, 973

Sachverständigenkommission »Arbeitsgesetzbuch« *siehe: Bundesministerium – Arbeit und Sozialordnung*
Sachverständigenrat zur Begutachtung der gesamtwirtschaftlichen Entwicklung, Gutachten 18, 58, 123, 139, 141, 143, 374, 385, 405, 411, 413 f., 444, 499, 704, 717, 789, 790, 796, **927**, 931
Schlichtung/-ordnung/-vereinbarung *siehe auch: Tarifautonomie* 489, 500, 503
Schmöckwitz 61, 565, 580, 601, 719
Sowjetunion 66 f., 90 f., 148, 150, 155, 157, 159, 268, 272, 276 f., 286, 288 f., 393, 419–422, 426, 429, 439 ff., 469, 524, 534, 725, 818
Sozialdemokratische Partei Deutschlands (SPD) 7–11, 16, 29 f., 33–39, 42 f., 48, 50, 54, 70, 73 f., 84, 119 f., 124,174 f., 180 f., 188, 193, 195, 200, 204,212, 214, 248, 256, 291, 294, 296, 300–308, 340, 344–349, 353 ff., 365, 380, 397 ff., 403, 408, 412, 435,454,459 ff., 464, 484, 488, 490, 531, 69 f., 589, 596, 602, 606, 612–617, 620 ff., 625, 635, 650–653, 660–668, 673, 676, 679, 683 f.,687 f., 691–694, 750, 753, 759, 762, 767, 780, 784, 786, 798, 805–811, 824, 828, 835f, 848 f., 862, 865, 867, 871 f., 891, 897, 903, 906,932
Sozialgesetzgebung 10. 12, 30, 49
Sozialpolitik *siehe auch: Lohnfortzahlung, Vermögensbildung* 46, 48, 58, 344
– Krankenversicherungsreform 41, 48, 305, 877, 971
– Renten, Rentenreform 10, 12, 41, 46, 48 f., 84, 295, 305, 312, 390, 400, 604, 656, 726, 820, 895, 963 f., 971
Sozialwahlen 638, 717, 722, 726, 734 f., 782, 791 f., 813, 815, 874, 876 ff., 920, 924, 929, 931, 945, 950, 953 f.
Springen/Taunus 84 f., 131 ff., 487, 510
Städtebau 239. 241, 333, 368, 371, 430, 448, 468, 508, 738, 788, 793, 845, 894, 900, 928
Streik *siehe: Arbeitskampf*
Südafrika 68, 777
Steuern, Lohnsteuer 74, 212 ff., 219, 226, 235, 239, 246, 269 f., 293 ff., 303, 401, 409, 495, 564, 569, 718, 753, 827, 884
Tarifautonomie 12, 58, 121, 172, 193, 330, 385 f., 402 f., 406, 409, 411, 453, 578, 789, 885, 888 f., 906, 915, 921, 923
Tarifpolitik *siehe auch: Lohnpolitik* 9, 37, 45, 55–58, 69, 112, 115, 117, 119, 121,123, 133, 172, 184, 186, 190, 215, 218–221, 403, 409,442, 555, 578, 609, 637, 643 f., 646, 649 f., 654, 660, 665,

682, 688–696, 711, 718, 742, 744, 751, 754, 757 f., 785, 888 f., 904, 906, 914 f., 921, 923, 950, 954, 956
- Tarifkommissionen, -verhandlungen 9, 68, 116 f., 126, 195, 217–220, 245, 401, 489, 500, 618, 755, 785, 790. 901, 916 f.

Trades Union Congress (TUC), EFTA-TUC 63 ff., 159, 232 f., 540, 550, 581 f, 591, 593 ff., 597–601, 607 ff., 623 f., 626 f., 630 f., 633, 635, 646, 681 f., 778 f., 802

Travemünde 810

Tschechoslowakei (CSSR) 59, 66 f., 90 ff, 155, 159, 393, 468 ff., 776

Ungarn 67, 153, 287, 939, 469 f., 731

Union der Leitenden Angestellten (ULA) 361, 964

Union der Sozialistischen Sowjetrepubliken (UdSSR) *siehe: Sowjetunion*

Unione Italiana del Lavoro (UIL) 471, 526, 591, 836

United Automobile Workers (UAW) 135, 192 ff., 232, 240, 290

United Nations Organization (UNO) 290, 787, 901

Unternehmen
- Grube Luisenthal 114
- Hoesch AG 113, 118, 128, 909
- Howaldt Werke 113
- Klöckner AG 113
- Ruhrkohle AG 371, 435, 497, 909
- Volkswagen AG 339, 392, 800, 962, 969

Unternehmer *siehe: Arbeitgeber*

Verband Deutscher Rentenversicherungsträger (VDR) 295

Vereinigte Staaten von Amerika (USA) 37, 135, 147, 149, 155, 192, 290, 419, 471, 670, 752, 804, 818, 916, 965

Vermögensbildung, Vermögensbildungsgesetz 10, 12, 15, 23, 36, 48, 70, 75, 97 f., 108, 121, 139 f., 184, 186, 189, 209, 216, 221–224, 232, 270, 339 f., 353 ff., 369–372, 395, 410, 433–436, 459 f., 476 f., 483 f., 488, 495, 565, 567 ff., 573, 613 ff., 623, 636, 642–654, 660, 665 ff., 697, 714, 749, 805, 811, 819, 824

Vermögensverwaltungs- und Treuhandgesellschaft (VTG) *siehe: Gemeinwirtschaft*

Vietnam 147, 670, 967

Warschau 11, 13, 61, 66, 162, 166, 173, 191, 202, 309, 354

Wehrdienstverweigerung *siehe: Bundeswehr*

Weltgewerkschaftsbund 67, 471, 779, 887

Weltjugendfestspiele 667, 670, 703, 707 f.

Wirtschafts- und Sozialwissenschaftliches Institut der Gewerkschaften *siehe: Deutscher Gewerkschaftsbund – WSI*

Wirtschaftswissenschaftliches Institut der Gewerkschaften *siehe: Deutscher Gewerkschaftsbund – WWI*

Wohnungsbau *siehe: Städtebau*

Zeitungen
- Frankfurter Allgemeine Zeitung 257, 361, 402, 407, 602, 613, 681, 686, 705, 715, 757, 790, 870 f., 877, 883, 902, 914
- Frankfurter Rundschau 134, 236, 252, 272, 325, 407, 542, 602, 612, 673, 702, 704, 715, 790, 800, 855, 872, 877, 897
- Der Spiegel 14, 141, 166, 200, 243 f., 246, 257, 267, 310, 339, 354 f., 361, 365, 369, 392, 414, 439, 468, 497, 558, 603, 738, 804, 837, 848, 849, 913, 939, 967, 969
- Süddeutsche Zeitung 212, 324, 361, 365, 401, 408, 464, 504, 596, 641, 684, 705, 715, 770, 809, 867, 877
- Handelsblatt 198, 361, 382, 412, 621, 647, 683, 753, 866

Zielprojektionen *siehe: Deutscher Gewerkschaftsbund – Abt. Wirtschaftspolitik*

Quellen zur Geschichte der deutschen Gewerkschaftsbewegung im 20. Jahrhundert

Band 12:
Der Deutsche Gewerkschaftsbund 1956–1963
Bearbeitet von
Jens Hildebrandt und
Boris Schwitzer

2005 | 970 Seiten
78,00 Euro
ISBN 978-3-8012-4156-8

Band 13:
Der Deutsche Gewerkschaftsbund 1964–1969
Bearbeitet von
Wolther von Kieseritzky

2006 | 914 Seiten
78,00 Euro
ISBN 978-3-8012-4157-5

www.dietz-verlag.de

Verlag J.H.W. Dietz Nachf. – Dreizehnmorgenweg 24 – 53175 Bonn
Tel. 0228/18 48 77-0 – Fax 0228/23 41 04 – info@dietz-verlag.de

Quellen zur Geschichte der deutschen Gewerkschaftsbewegung im 20. Jahrhundert

Band 14:
Die Interzonenkonferenzen der deutschen Gewerkschaften 1946–1948
Bearbeitet von
Werner Müller

2007 | 520 Seiten
48,00 Euro
ISBN 978-3-8012-4158-2

Band 15:
Der Freie Deutsche Gewerkschaftsbund 1945–1949/50
Eingeleitet und bearbeitet von Peter Rütters unter Mitarbeit von Marion Goers

2011 | 1.028 Seiten
68,00 Euro
ISBN 978-3-8012-4209-1

www.dietz-verlag.de

Verlag J. H. W. Dietz Nachf. – Dreizehnmorgenweg 24 – 53175 Bonn
Tel. 0228/18 48 77-0 – Fax 0228/23 41 04 – info@dietz-verlag.de